U0589771

程惠芳　浙江东阳人，浙江大学经济学硕士，复旦大学金融学博士，浙江工业大学二级教授、博士生导师。2001 年美国纽约城市大学研究生院访问教授，2006 年美国哥伦比亚大学高级访问学者。1994—2000 年任浙江工业大学经贸管理学院常务副院长，2001—2009 年任浙江工业大学经贸管理学院院长，现任浙江工业大学中国数字经济与全球经贸规则研究院院长。浙江工业大学应用经济学一级学科硕士点和博士点负责人，浙江省一流学科应用经济学学科（A 类）带头人（2016—2024 年），浙江省人民政府咨询委员会委员（2003—2022 年），浙江省有突出贡献中青年科技专家（2003 年），浙江省十大杰出女性（2006 年），浙江省“151”人才工程重点资助及第一层次人才，浙江省政协委员（1997—2007 年），享受国务院政府特殊津贴（1998 年），全国优秀教师（2007 年），第十一届全国人大代表（2008—2012 年），国家级教学名师（2009 年），全国三八红旗手（2013 年），浙江省特级专家（2015 年），全国教书育人楷模（2015 年），国家高层次人才特殊支持计划领军人才（教学名师）（2016 年），浙江省杰出教师（2019 年）。

自 1986 年开始从事国际贸易、国际直接投资、国际金融和开放型经济发展理论与政策的教学和研究工作，在国内较早提出我国对外直接投资比较优势理论、对外直接投资与宏观经济内外均衡、国际直接投资是开放经济内生变量等理论与政策。主持完成国家自然科学基金面上项目 5 项，其中两项课题结题成果被国家自然科学基金委员会管理科学部评为优秀。主持完成国家社会科学基金项目两项，主持完成国家社会科学基金重大招标项目“全面提高开放型经济水平研究”（2013—2017 年），获免验结题。主持完成国家社会科学基金重大项目“新时期中国产业与贸易政策协同发展机制与实施路径研究”（2018—2023 年）。在《经济研究》《管理世界》《世界经济》等权威期刊和一级期刊发表论文 50 余篇，出版著作 20 余部，获国家级和省部级科研成果奖 10 余项，研究咨询报告获省级以上领导批示 30 余项。

内容简介

本书是国家社会科学基金重大招标课题“新时期中国产业与贸易政策协同发展机制与实施路径研究”（批准号 18ZDA067）阶段性研究成果。党的二十大报告提出，加快构建新发展格局，着力推动高质量发展。本书深入分析近半个世纪以来世界总需求与总供给和世界经济大国总需求与总供给的变化趋势及其变化规律。基于世界五大洲及主要经济体长期序列数据，深入揭示了全球范围内总需求与总供给格局变化的阶段性特征与结构性趋势，世界五大洲和主要经济大国的国内需求与国内供给占总需求与总供给的比例从 90% 下降到 80% 左右，世界大多数国家和地区的经济发展仍然是以国内大循环为主体。商品和服务进出口贸易的国际需求在总需求与总供给中的比例从 10% 提升到 20%，国际贸易对世界各国的总需求、总供给及经济增长发挥了重要作用，经济全球化仍然在深化发展，经济全球化发展历史潮流不可阻挡。采用动态比较与趋势追踪方法，构建了“双循环”互动机制理论框架，为我国加快形成双循环新发展格局提供了系统化理论依据与实证支撑。

本书对新时期我国产业结构与贸易结构互动变化及其经济效应进行了深入理论与实证分析，构建了开放经济条件下产业结构与贸易结构互动演变的理论分析框架和多层次实证模型，系统考察了制造业、服务业、医药、纺织服装、数字经济等多个关键行业中产业与贸易结构协同演变对现代化水平提升和经济高质量发展的内在机制，提出产业结构与贸易结构协同变化对高质量发展具有重要推动作用。本书建立了“产业—贸易”结构互动演变的动态传导机制理论，丰富了全球价值链分工体系下产业与贸易政策协同发展的理论体系。

本书对开放经济下知识资本与制造业全要素生产率进行深入研究，系统比较了不同类型知识资本对全要素生产率的异质性促进效应，揭示了研发资本、人力资本、创新设施资本与技术资本在不同创新水平经济体中作用差异及优化配置路径，并分析制度环境对知识资本配置效应的调节作用，提出产业结构及贸易结构协同升级对经济高质量发展和现代化水平提升具有显著促进效应。本书基于“宏观—中观—微观”三重数据，构建了“知识资本—制度质量—全要素生产率”动态传导机制，丰富了开放经济条件下创新驱动发展理论体系。

本书提出构建以国内大循环为主体、国内国际双循环相互促进的新发展格局的五大枢纽体系，加强对产业结构和贸易结构协同升级的政策支持，推动产业与贸易协同高质量发展的政策建议。本书对我国加快构建新发展格局，加快推动高质量发展具有重要理论与实践价值。

国家一级科技查新单位浙江省科技信息研究院对本书的科技查新结论：本书理论创新和研究方法创新性明显。

1. 本书系统研究了全球总需求与总供给动态演变规律，基于世界五大洲及主要经济体长期序列数据，深入揭示了全球范围内总需求与总供给格局变化的阶段性特征与结构性趋势。不同于以往仅限于单一国家和地区、单一指标或静态描述的研究，本书采用动态比较与趋势追踪方法，通过跨国比较分析，构建了“双循环”互动机制理论框架，为我国“双循环”战略提供了系统化理论依据与实证支撑。

2. 本书构建了开放经济条件下产业结构与贸易结构互动演变的理论分析框架和多层次实证模型，系统考察了制造业、服务业、医药、纺织服装、数字经济等多个关键行业中产业与贸易结构协同演变对现代化水平提升和经济高质量发展的内在机制。不同于以往将产业结构或贸易结构孤立分析研究，本书建立了“产业—贸易”结构互动演变的动态传导机制理论，丰富了全球价值链分工体系下产业与贸易政策协同发展的理论体系。

3. 本书系统比较了不同类型知识资本对全要素生产率的异质性促进效应，揭示了研发资本、人力资本、创新设施资本与技术资本在不同创新水平经济体中的作用差异及优化配置路径，并分析了制度环境对知识资本配置效应的调节作用。不同于以往局限于单一知识资本类别研究，本书基于“宏观—中观—微观”三重数据，构建了“知识资本—制度质量—全要素生产率”动态传导机制，丰富了开放经济条件下创新驱动发展理论体系。

本书是国家社会科学基金重大招标课题
“新时期中国产业与贸易政策协同发展机制与实施路径研究”
（批准号：18ZDA067）阶段性研究成果

新时期产业与贸易协同发展及其格局变化比较研究（上）

Comparative Study on the Coordinated Development and Structural Changes of Industry and Trade in the New Era (Volume 1)

程惠芳　等著

图书在版编目（CIP）数据

新时期产业与贸易协同发展及其格局变化比较研究：上下册 / 程惠芳等著. -- 北京 : 中国发展出版社，2024. 11. -- ISBN 978-7-5177-1471-2

Ⅰ. F124；F72

中国国家版本馆CIP数据核字第2025MW7710号

书　　名：新时期产业与贸易协同发展及其格局变化比较研究（上下册）
著作责任者：程惠芳　等
责 任 编 辑：雒仁生　王　沛
出 版 发 行：中国发展出版社
联 系 地 址：北京经济技术开发区荣华中路22号亦城财富中心1号楼8层（100176）
标 准 书 号：ISBN 978-7-5177-1471-2
经　销　者：各地新华书店
印　刷　者：北京盛通印刷股份有限公司
开　　本：710mm × 1000mm　1/16
印　　张：100.5　插页4
字　　数：1595千字
版　　次：2024年11月第1版
印　　次：2024年11月第1次印刷
定　　价：538.00元（全2册）

联 系 电 话：（010）68990630　68990625
购 书 热 线：（010）68990682　68990686
网 络 订 购：http://zgfzcbs. tmall. com
网 购 电 话：（010）88333349　68990639
本 社 网 址：http://www.develpress. com
电 子 邮 件：370118561@qq.com

前　言

在漫长的世界经济发展史上，产业与贸易发展是世界各国的发展战略和国家利益的重要组成部分，产业发展与贸易发展始终是各国政府和企业界高度关注与重视的战略性问题。党的二十大报告提出，推进高水平对外开放。依托我国超大规模市场优势，以国内大循环吸引全球资源要素，增强国内国际两个市场两种资源联动效应，提升贸易投资合作质量和水平。稳步扩大规则、规制、管理、标准等制度型开放。推动货物贸易优化升级，创新服务贸易发展机制，发展数字贸易，加快建设贸易强国。以科技创新引领新质生产力发展，建设现代化产业体系。坚持把发展经济的着力点放在实体经济上，推进新型工业化，加快建设制造强国①。中国特色社会主义进入新时代，要实现加快建设贸易强国和制造强国的战略目标，迫切需要加快推动产业与贸易协同高质量发展。本书对产业与贸易协同高质量发展理论和政策进行深入分析，对产业结构与贸易结构互动变化规律进行国际比较研究，研究成果对加快构建以国内大循环为主体、国内国际双循环相互促进的新发展格局，加快建设制造强国和贸易强国具有重要理论意义和应用价值。

在世界经济学术发展史上，产业发展与贸易政策是古典经济学和当代经济理论及政策研究的焦点问题，有关"自由还是保护""市场调节还是政府干预"的产业政策与贸易政策争论几乎贯穿整个经济学发展历程。在百年未有之大变局下，产业发展、贸易增长、投资增长、经

---

① 习近平：《高举中国特色社会主义伟大旗帜 为全面建设社会主义现代化国家而团结奋斗——在中国共产党第二十次全国代表大会上的报告》，新华社，2022年10月25日。

济增长、全球产业链价值链战略布局，与增强本国的国际竞争力和增加国民福利都存在着密切关系。全球经贸格局深刻变化和全球产业链价值链深化发展正在推动全球经贸规则体系新一轮重构，区域性经贸规则体系加快发展，全球性多边经贸规则体系与区域经贸规则体系竞争加剧，世界经济治理体系出现碎片化发展趋势，世界经济环境深刻复杂变化，经济全球化与逆全球化斗争激烈，产业政策与贸易政策协动调节成为研究新热点。

产业政策是一国政府为实现一定的经济社会目标而对产业的形成和发展进行干预的各种政策总和。贸易政策是一国政府为实现开放经济发展与国际收支平衡而对进出口贸易进行干预的各种政策总和。不同经济发展阶段、不同经济发展水平的国家对产业政策与贸易政策的关注重点和研究内容存在明显差异。同一国家在不同经济发展阶段对产业政策与贸易政策的关注重点和研究内容也存在明显差异。经济繁荣时期多主张自由贸易政策，经济衰退时期则多采取保护贸易政策，表明产业政策与贸易政策的研究是随经济社会发展阶段变化而不断变化和发展的。由于产业发展与贸易发展是动态变化的，产业政策与贸易政策的研究也必定是动态发展的。产业政策与贸易政策既是传统的研究领域，又是不同时期经济研究的热点和难点问题。

当今世界经济正处于新一轮大变革大调整大发展的关键时期，国际贸易、国际直接投资、产业结构、全球产业链价值链等世界经贸格局都发生了深刻变化，全球经济结构失衡、收入分配不均加剧、全球经济治理体系缺陷等多重冲击叠加，经济全球化发展的动力、内涵、规模、速度和结构将发生深刻变化[①]。美国新一届政府提出“美国优先”“美国再伟大”，美国实施单边贸易保护主义，多边投资贸易规则体系面临深刻调整。美国实施单边贸易保护主义出现新特点，把产业政策与贸易政策互动结合起来，把国内法律、国内所得税政策与贸易保护政策结合起来，对外实施保护贸易政策，提高进口商品关税的税率；对内则实施所得税改革，大幅度降低美国企业、产业和个人的所得税率，让资本、企业、产业回到美国，让美国再工业化和美国经济繁荣发展。美国单方面挑起

① 权衡:《经济全球化发展：实践困境与理论反思》,《复旦学报（社会科学版）》，2017 年第 6 期。

的全球贸易战以国家安全、不公平竞争、知识产权保护为借口，把关税政策、知识产权、限制美国技术出口与限制中国企业对美国技术产业投资结合起来，全面遏制先进制造业和贸易投资发展。在美国贸易保护主义出现动态复杂变化的情况下，我国如何通过产业政策与贸易政策协同创新，如何把产业政策与贸易政策互动有效结合起来，精准应对贸易战，加快我国产业政策和贸易政策协同创新成为当前迫切需要研究解决的重大战略问题。

全球产业格局正在发生复杂深刻变化。新一轮信息科技革命与产业革命互动的经济全球化发展趋势日益明显，信息技术、互联网技术、大数据、人工智能、生物和生命工程技术、新能源技术、新材料技术不断突破，不断培育和发展新型产业及新经济增长点。发达国家之间、发展中国家之间的产业技术创新的国际竞争加剧，数字经济、智能制造、生物产业、新能源等新型战略性产业的国际竞争激烈，开放型经济体的要素禀赋结构与产业发展路径和全球产业链重构正在发生重大变化。在全球产业格局和新型国际分工体系复杂变化过程中，我国如何抓住新技术革命和产业革命的战略机遇，增强企业和产业在全球范围配置资源能力？如何加快提升产业的关键核心技术研究开发能力？如何加快提升在全球价值链分工体系中的地位和竞争力？我国产业创新发展和转型升级面临重大机遇和严峻挑战。

全球贸易格局正在发生重大变化。在世界贸易组织（WTO）多边贸易体系推动下，越来越多的发展中国家参与国际贸易，世界货物进出口贸易由以发达国家为主的格局向发达国家与发展中国家平行增长的格局转变。全球商品贸易中心正在从欧洲、美洲向亚洲转移，亚洲成为全球最大的商品贸易中心，欧洲、美洲和亚洲的全球贸易中心地位发生明显变化，形成亚洲、欧洲、美洲三大洲动态竞争的世界贸易格局。全球贸易大国格局发生深刻变化，中国已经成为世界货物贸易大国，中国、美国、德国、日本等世界贸易大国之间的竞争加剧。在全球贸易格局复杂深刻变化中，美国政府推行贸易保护主义政策，贸易战的影响范围持续扩大。美国单方面挑起的全球贸易战使 WTO 多边贸易体系发展面临严峻挑战，国际贸易保护政策与自由贸易政策斗争加剧，使我国对外贸易和国际直接投资发展的不确定性增加。在当前复杂且快速变化的国际经济环境下，构建以国内大循环为主体、国内国际双循环相互促进的新发展格局，加强产业创新与贸易创新的协同发展具有紧迫性。

党的二十大报告提出，未来五年是全面建设社会主义现代化国家开局起步的关键时期，主要目标任务是：经济高质量发展取得新突破，科技自立自强能力显著提升，构建新发展格局和建设现代化经济体系取得重大进展[①]。我国如何抓住新时期技术革命、产业革命与贸易政策重大变化的机遇，增强产业的自主创新能力和关键核心技术研发能力，提高全要素生产率，提升产业和贸易协同高质量发展，加快实现从制造业大国和贸易大国向制造业强国和贸易强国转变？如何加快构建以国内大循环为主体、国内国际双循环相互促进的新发展格局已经成为迫切需要研究解决的重大战略问题。本书是在国家社会科学基金重大招标课题“新时期中国产业与贸易政策协同发展机制与实施路径研究”的研究报告基础上进一步深化的成果，对新时期中国产业政策与贸易政策协同发展机制与实施路径进行深入调查研究，目的是深入研究产业与贸易协同高质量发展机制，揭示产业结构、消费结构与贸易结构协同转型升级和互动变化规律，提出构建新时期中国产业政策与贸易政策协同调控体系。本书对新时期中国产业政策与贸易政策协同发展的研究具有重要战略意义和应用价值。

本书对近半个世纪以来世界总需求和总供给格局变化特征、五大洲总需求与总供给的区域格局变化趋势、世界主要经济大国总需求和总供给变化路径进行了深入比较分析，对五大洲第一产业、第二产业和服务业结构及三次产业内部结构变化规律进行深入探讨；深入研究世界总需求和总供给与世界经济大国总需求和总供给的变化规律及变化路径，为我国加快构建以国内大循环为主体、国内国际双循环相互促进的新发展格局提供决策参考。我国提出构建以国内大循环为主体、国内国际双循环相互促进的新发展格局，既是应对百年未有之大变局和国际经济环境复杂变化的重大战略，又符合世界经济大国循环发展的客观规律。我们认为双循环新发展格局是个复杂的系统工程，既与全球经贸格局深刻变化存在密切关系，又与国内区域经济格局变化和产业结构变化密切关联。因此，双循环新发展格局需要从国家层次、区域层次、产业层次的格局

① 习近平：《高举中国特色社会主义伟大旗帜 为全面建设社会主义现代化国家而团结奋斗——在中国共产党第二十次全国代表大会上的报告》，新华社，2022年10月25日。

变化进行深入分析。国家层次的双循环新发展格局需要对全球总需求和总供给格局变化趋势以及经济、贸易、产业格局变化趋势进行深入分析，探讨全球总需求和总供给格局变化规律。区域层次和产业层次的双循环新发展格局是国家层次新发展格局的重要组成部分和重要支撑。区域层次的双循环新发展格局的目标是实现区域经济高质量发展和区域现代化，产业层次的双循环新发展格局的目标是实现产业现代化，区域层次和产业层次的双循环新发展格局是构建国家层次的双循环新发展格局的重要基础。

本书提出构建双循环新发展格局的实施路径是依托国内巨大市场需求，在畅通国内生产、分配、交换、消费的大循环的基础上，更高层次、高水平、高质量对外开放，以国内大循环为主体，带动国际循环发展，实现国内国际双循环相互促进的新发展格局。构建国内国际双循环互动体系，构建产业结构与贸易结构良性互动升级，充分发挥国际贸易、国际投资促进产业和企业的要素优化配置的作用，通过国际贸易和国际投资促进国内生产要素从低生产率水平向高生产率水平的企业和产业集聚，推动产业结构、贸易结构和消费结构协同升级。提高国际贸易与国际直接投资协同发展能力，通过对外直接投资加快培育具有创新能力的中国跨国公司，推动产业链的全球布局，促进产业从低端向中高端转型。加快打破双循环体系运转的政策性和制度性障碍，探索建立国内产业政策和贸易政策统筹协调机制，建议成立由发展和改革、经济和信息、商务、科技、财政、金融、国土资源等组成国内国际双循环统筹协调体制，对产业政策、创新政策和贸易政策进行统筹调控，推动国内产业与贸易协同发展，加快从商品、市场和要素开放型经济体制向制度型开放经济体制转变。

本书建立开放经济条件下产业结构与贸易结构互动演变规律的理论分析框架和计量模型，提出产业结构与贸易结构具有互动演变规律。本书提出开放经济发展中，一国的产业结构决定贸易结构，贸易结构又反过来促进产业结构转型升级，产业结构与贸易结构具有互动演变规律。深入研究产业结构与贸易结构互动演变规律，对建立全球价值链分工下产业与贸易政策协同机制及匹配理论框架，对全球价值链分工体系下产业政策、贸易政策与开放经济内外均衡发展的政策组合调节体系框架，具有重要理论价值和政策实施应用价值。

本书利用耦合协调模型及面板模型的系统 GMM 估计和双向固定效应，对新时期我国产业结构、消费结构与贸易结构协同变化以及经济效应进行了实证分析，提出我国的产业结构、消费结构与贸易结构形成互动发展系统，产业结构、消费结构与贸易结构存在显著的正向促进作用。产业结构、消费结构与贸易结构互动升级，成为经济高质量发展的重要结构性推动力量。新时期提升产业结构、消费结构与贸易结构互动升级水平成为经济高质量发展的重要任务，迫切需要加强对产业结构、消费结构和贸易结构的协同升级的政策支持。

本书构建动态面板系统 GMM 方法对数字经济与数字贸易的互动机制及实施路径进行实证检验，提出我国数字经济与数字贸易存在良性互动机制，数字产业化、产业数字化是数字经济与数字贸易互动关系的重要途径，数字经济与数字贸易协同发展对经济高质量发展具有显著促进作用。

本书基于我国 31 个省份 2004—2019 年的面板数据，构建系统 GMM 估计和双向固定效应模型，对纺织服装产业及贸易协同发展以及对纺织服装产业高质量发展和可持续发展的影响进行实证分析，提出纺织服装产业和贸易发展协同水平有所提升。纺织服装产业对纺织服装贸易的促进弹性为 0.4226，纺织服装贸易对纺织服装产业的促进弹性为 0.0468。纺织服装产业和贸易协同发展通过资源配置效应、规模经济效应和技术进步效应促进传统产业高质量发展及可持续发展。

本书应用皮尔逊检验和系统 GMM 回归等分析方法，探究服务业和服务贸易结构互动效应，提出服务业发展和服务贸易结构变化存在互动效应，通过索洛余值法测算了样本国家的全要素生产率，并运用双向固定效应模型分析了服务业与服务贸易结构协同发展对全要素生产率的影响，提出服务业与服务贸易结构协同发展与全要素生产率之间存在正向促进作用，发达国家服务业与服务贸易协同度对全要素生产率的影响促进作用大于发展中国家。

本书应用耦合协调模型探讨了医药行业与医药贸易协同发展机制，根据对医药行业与医药贸易的协同发展的实证分析可知，医药行业发展对医药贸易具有正向作用机制，医药贸易发展反过来对医药行业也具有促进机制。世界主要国家医药行业与医药贸易大都呈现“高耦合度和低耦合协调度”的趋势，反映出医药行业与医药贸易存在比较明显的协同发展机制，但是国家之间协同发展水平存在比较明显的差异，我国医药行业与医药贸易存在比较明显的互动发展机制。

本书利用全球 65 个经济体 1996—2019 年的产业结构、贸易结构与现代化水平相关数据，深入分析产业结构、贸易结构与现代化水平的相互关系，并通过横向与纵向比较分析，提出我国现代化水平指数、产业结构指数和贸易结构指数变化特征，探讨产业结构、贸易结构与现代化水平之间的内在互动机制，并对产业结构与贸易结构互动变化对现代化水平提升的促进作用进行了实证分析。把产业结构及贸易结构的耦合度作为核心解释变量，分析得出产业结构和贸易结构通过耦合来促进现代化水平指数提升。通过回归分析，验证了产业结构及贸易结构的耦合指数对现代化指数具有正向的促进效应，而且通过要素优化配置、人才、技术的跨部门优化配置，扩大了产业结构与贸易结构对现代化水平的促进作用。

本书对开放经济下知识资本、创新发展与制造业全要素生产率进行深入研究，运用宏观知识生产函数模型估计不同类型的知识资本对不同经济体的全要素生产率的影响效应。结果显示：虽然研发资本、人力资本、创新设施资本和技术资本投入对全要素生产率均具有显著正效应，但是不同知识资本要素对不同创新水平经济体的全要素生产率影响存在明显差异。我们发现知识资本对创新领导经济体影响程度顺序为：人力资本 > 研发资本 > 技术资本 > 创新设施资本。对创新追赶经济体影响程度顺序为：人力资本 > 创新设施资本 > 研发资本 > 技术资本。对创新缓慢经济体影响程度顺序为：人力资本 > 创新设施资本 > 技术资本 > 研发资本。根据知识资本、创新发展对制造业全要素生产率影响的理论和实证分析，结果表明，创新投入和知识资本对制造业全要素生产率具有显著的促进作用，但不同类型、不同区域的创新投入对制造业全要素生产率的提升作用存在差异性。

在项目研究和本书撰写过程中，我们运用了联合国贸易和发展会议（UNCTAD）的 200 多个国家货物贸易和服务贸易数据库、世界银行 WDI（World Development Indicators）、国际货币基金组织（IMF）的 IFS（International Financial Statistics）、DOTS（Direction of Trade Statistics）、BOPS（Balance of Payments Statistics）以及 WTO 数据库，世界投入产出数据库 WIOD 和有关 FDI 数据库的产业、贸易、投资和金融等数据库的

数据，联合国产业数据库建立产业结构、贸易结构、消费结构数据统计分析数据库，建立200多个国家贸易发展、产业发展路径的统计分析数据库，对二十国集团（G20）国家和“一带一路”共建国家的贸易结构和产业结构演变规律数据统计分析数据库。建立了国际贸易数据库、国际产业数据库、国际消费数据库、全球经贸规则文献库、国际贸易政策文献库；1948—2021年全球200个国家货物进出口贸易数据库，1970—2021年全球服务贸易进出口数据库，1980—2021年全球185个国家和地区国际直接投资数据库，1980—2020年全球185个国家和地区产业数据库。

本书由程惠芳教授提出写作大纲和全书篇章结构，课题组成员分工进行研究和写作。参加本书撰写的作者分工为：第一章程惠芳，第二章程惠芳、柳军锋、洪晨翔，第三章程惠芳、徐颖，第四章程惠芳、余文文，第五章程惠芳、林屹、田文达，第六章程惠芳、王俊錡，第七章程惠芳、刘新颖，第八章程惠芳、陈超、俞萍、陆嘉俊，第九章程惠芳、汤世易、林胜斌、庄博。全书由程惠芳教授进行修改和统稿。程惠芳教授的博士研究生洪晨翔、曹安、袁佳煜、金姿、林胜斌，杜群阳教授的博士研究生刘登鳌、朱喆，程惠芳教授的硕士研究生孙麟、张庆文、吴嘉怡、孙月瞳、钱雨璐、张松豪、宁华鹏参加全书文献综述的校对工作。在此，衷心感谢课题组成员对课题研究和写作的共同努力，还要感谢浙江理工大学文武老师和浙江工业大学岑丽君老师参加了第一章的国际经济周期协动性模型及计量工作，感谢洪晨翔博士研究生参加了第三章和第五章的计量模型及计算工作，感谢林胜斌、曹安博士研究生参加数字贸易发展指数计算和在全球数字贸易博览会中对指数发布工作的支持，感谢程惠芳教授的硕士研究生许泽华、林屹、陆怡、陈雪阳对世界各国制造业、农产品贸易、货物贸易和服务贸易等数据的整理计算。本书是上述成员共同努力的成果，感谢课题组所有成员的辛勤付出！

本书是国家社会科学基金重大招标课题“新时期中国产业与贸易政策协同发展机制与实施路径研究”（批准号：18ZDA067）阶段性研究成果，衷心感谢全国哲学社会科学工作办公室对国家社会科学重大项目研究和出版专著的支持！本书编辑和出版过程中，得到中国发展出版社的大力支持，衷心感谢王忠宏社长的大力支持！向本书研究和出版过程中给予支持和帮助的所有领导、朋友和课题研究人员表示衷心感谢！

由于时间紧迫，世界和五大洲的总需求与总供给变化时间跨度长，新时期产业与贸易政策协同发展机制和实施路径的影响因素比较复杂，我们对新时期产业与贸易政策协同发展机制和实施路径的研究水平有限，本书不足之处在所难免，请读者批评指正。

程惠芳

2024 年 10 月 10 日于杭州

目　　录

第一章

世界总需求和总供给变化与国内国际双循环新发展格局

摘 要

党的二十大报告提出：加快构建新发展格局，着力推动高质量发展[①]，坚持社会主义市场经济改革方向，坚持高水平对外开放，加快构建以国内大循环为主体、国内国际双循环相互促进的新发展格局[②]。加快推动高质量发展，加快构建以国内大循环为主体、国内国际双循环相互促进的新发展格局，是迈向实现社会主义现代化新征程中迫切需要研究的重大理论和政策问题。总需求与总供给互动协调发展是国内国际双循环新发展格局中重要的组成部分。本章对世界总需求和总供给格局变化趋势、五大洲总需求与总供给的格局变化、世界主要经济大国总需求和总供给变化进行深入比较分析，旨在了解世界范围、五大洲区域及主要经济大国总需求和总供给格局变化的新趋势，探讨世界总需求和总供给及世界经济大国总需求和总供给的变化规律，为我国加快构建以国内大循环为主体、国内国际双循环相互促进的新发展格局提供决策参考。

一、世界总需求格局发生深刻变化

本章对世界、五大洲及主要国家和地区的总需求规模的变化进行比较分析，一是对居民最终消费支出和政府最终消费支出、国内资本

---

①② 习近平:《高举中国特色社会主义伟大旗帜 为全面建设社会主义现代化国家而团结奋斗——在中国共产党第二十次全国代表大会上的报告》，新华社，2022 年 10 月 25 日。

形成及商品和服务出口贸易的规模变化趋势及比例变化进行深入比较分析。二是对世界总需求结构变化进行深入比较分析，主要是对世界、五大洲及主要国家和地区的总需求构成比例、分布格局和需求结构变化进行比较分析。

近半个世纪以来，世界总需求格局发生深刻变化，主要变化体现在以下六个方面。其一是全球、五大洲和主要国家及地区的总需求规模持续增长，世界总需求规模从 1970 年的 3.82 万亿美元增加到 2022 年的 131.2 万亿美元（现价美元），其中世界最终消费支出从 1970 年的 2.49 万亿美元增加到 2022 年的 72.16 万亿美元（现价美元）。同期世界资本形成总额从 9436 亿美元增加到 27.6 万亿美元（现价美元），商品和服务出口额从 3852 亿美元增加到 31.4 万亿美元（现价美元）。其二是世界各国的国内居民消费需求、国内政府消费需求和国内投资需求（资本形成）总和在世界总需求构成中所占比例达到 70%~80%，世界大多数国家的经济发展是以国内大循环为主体的。其三是国际需求（商品和服务出口贸易额）在世界总需求中比例持续提升，世界商品和服务出口贸易额占世界 GDP 的比例从 1970 年的 11% 增加到 2022 年的 29%。国际贸易、国际投资对世界总需求和世界经济发展作用不断增强，国内国际双循环相互促进的新发展格局对世界经济稳定发展以及世界各国经济可持续发展都具有战略意义和重要支撑。其四是亚洲、欧洲和美洲总需求在全球总需求格局中地位发生明显变化，亚洲超过欧洲和美洲居全球第一位，亚洲已经成为全球消费中心、投资中心和经济中心。其五是世界总需求和五大洲及其区域总需求分布不均衡成为常态趋势，非洲总需求和大洋洲总需求规模增长缓慢，非洲和大洋洲总需求与亚洲、欧洲和美洲的总需求差距持续扩大。五大洲内部总需求分布格局也发生了深刻变化，北美洲、东亚、东南亚、欧洲成为全球重要的消费中心、投资中心和国际贸易中心。其六是世界五大洲之间及发达国家和发展中国家之间的人均最终消费水平差距持续扩大。

二、世界总供给格局发生深刻变化

本章对世界总供给格局变化进行深入分析，主要对世界总供给规模、总供给格局和总供给结构变化进行深入比较分析。世界总供给量的分布格局变化由世界国内生产总值和世界商品及服务进口总值变化进行分析，世界总供给的结构格局变化则由全球第一、二、三产业结构及其产业内结构变化进行深入比较分析。研究结果显示，一是世界总供给规模持续扩大，世界总供给规模从1970年的3.8万亿美元增加到2022年的131.6万亿美元，其中世界国内生产总值（GDP）从1970年的3.4万亿美元增加到2022年的100.8万亿美元（现价美元），同期世界商品和服务进口贸易额从3861亿美元增加到30.77万亿美元（现价美元）。二是世界总供给分布格局发生深刻变化。亚洲、美洲、欧洲三大洲总供给规模占比发生明显变化，2011年亚洲总供给规模超过欧洲和美洲居世界首位，同年亚洲GDP超过美洲和欧洲居全球第一位，亚洲已经成为世界经济中心。目前，五大洲总供给规模是亚洲第一、美洲第二、欧洲第三，非洲和大洋洲的总供给规模增长相对缓慢，非洲、大洋洲与亚洲、美洲、欧洲的总供给规模差距不断扩大。三是世界商品和服务进口贸易额在世界总供给中比例明显提升，世界商品和服务进口贸易额在世界总供给中比例从1970年的10%上升到2019年的22%，国际贸易进出口规模持续扩大，参加国际贸易的国家数量越来越多，世界市场时空范围不断拓展，国际贸易增长和经济增长的协动性趋势更加明显，国际贸易对三次产业发展促进作用持续增强，这些都表明经济全球化仍然在深化发展，经济全球化发展历史潮流不可阻挡。四是世界经济发展水平不平衡加剧，五大洲区域内和国家之间总供给、GDP、人均GDP水平很不平衡，发达国家与发展中国家之间发展水平不均衡进一步加剧。五是国际进出口贸易持续增长、世界经济持续增长、制造业和服务业持续增长趋势明显，五大洲和国家之间的国际贸易增长率和经济增长率周期性及协动性变化趋势明显增强。

三、世界与主要经济大国的产业结构发生深刻变化

本章对1970—2019年世界产业结构变化进行深入的比较分析，世界产业结构发生了深刻变化。产业结构变化的分析结果显示，一是三次产业的比例发生明显变化，第一产业、第二产业比例持续下降，服务业比例明显提高。世界第一产业增加值占三次产业总增加值的比例从1970年的9.4%下降到2019年的4.2%，同期第二产业增加值占三次产业总增加值的比例从37.3%下降到27.9%，服务业增加值占三次产业总增加值的比例从53.3%增加到67.9%。二是五大洲三次产业分布格局发生了明显变化，亚洲在第一产业和第二产业的规模居全球第一位，美洲服务业供给规模居全球第一位。三是主要经济大国在产业供给规模中的地位发生

明显变化，中国第一产业和第二产业居全球第一位，美国服务业居全球第一位。

四、构建以国内大循环为主体、国内国际双循环相互促进的新发展格局符合世界经济发展规律

本章对世界总需求和总供给、五大洲总需求和总供给以及美国、中国、德国、日本、英国、法国等经济大国总需求和总供给的变化趋势进行深入比较分析，结果显示，世界五大洲和主要经济大国都呈现以国内大循环为主体、国内国际双循环相互促进的发展趋势，我国提出构建以国内大循环为主体、国内国际双循环相互促进的新发展格局符合世界经济发展客观规律。

根据世界总需求和总供给以及经济大国总需求和总供给比较分析，结果显示，20 世纪 90 年代以来，国际贸易加快发展，国际贸易占世界总需求和总供给的比例持续提升，经济全球化加快发展，不仅促进世界总需求和总供给及五大洲总需求和总供给规模持续扩大，促进世界各国经济持续较快增长，有效促进世界范围消费增长和投资增长，还推动世界范围的经济结构和产业结构的转型升级，推动三次产业结构及其内部结构调整变化。世界经济发展实践证明，构建以国内大循环为主体、国内国际双循环相互促进的新发展格局，推动高水平对外开放和经济全球化，有利于持续扩大世界总需求和总供给规模，开放经济发展和经济全球化有利于世界各国经济繁荣发展。

五、提出构建以国内大循环为主体、国内国际双循环相互促进的新发展格局的若干建议

本章提出构建以国内大循环为主体、国内国际双循环相互促进的新发展格局的枢纽体系，双循环发展格局的枢纽体系主要由五大枢纽构成：市场枢纽（需求侧枢纽）、产业枢纽（供给侧枢纽）、开放制度枢纽（国际双循环制度枢纽）、人才枢纽（创新动力侧枢纽）和物流枢纽（交通物流保障枢纽），五大枢纽体系在国内国际双循环新发展格局中发挥着重要的作用，为加快构建高质量发展新格局提供重要支撑。

关键词：总需求；总供给；双循环新发展格局；产业结构；需求结构；现代化

党的二十大报告提出：全面建成社会主义现代化强国，总的战略安排是分两步走：从二〇二〇年到二〇三五年基本实现社会主义现代化；从二〇三五年到本世纪中叶把我国建成富强民主文明和谐美丽的社会主义现代化强国。2035 年基本实现社会主义现代化，其中重要的目标之一是到 2035 年人均国内生产总值达到中等发达国家水平。我国人均 GDP 要达到中等发达国家人均 GDP 水平，根据测算，未来我国年均经济增长需要保持在 4.73% 左右。要持续实现经济增长的战略目标，需要构建以国内大循环为主体、国内国际双循环相互促进的新发展格局，深入分析经济增长空间和经济增长潜力，深入探讨创新发展、全面深化改革开放、产业结构转型升级和高质量发展战略举措，深入研究推动经济增长的动力变革、质量变革、效率变革。我们认为构建以国内大循环为主体、国内国际双循环相互促进的新发展格局是个复杂的系统工程，既与全球经贸格局深刻变化存在密切关系，又与国内区域经济格局变化和产业结构变化密切关联。因此，双循环新发展格局需要从国家层次、产业层次，区域层次的发展格局变化进行深入分析。国家层次的双循环发展格局需要对全球总需求和总供给格局变化趋势以及经济、贸易、产业格局变化趋势进行深入分析，探讨全球总需求和总供给格局变化规律，为构建我国双循环新发展格局提供决策参考。区域层次和产业层次新发展格局是国家新发展格局的重要组成部分和重要支撑。区域层次新发展格局的目标是实现区域经济高质量发展和区域现代化，产业层次新发展格局的目标是实现产业现代化，区域层次和产业层次新发展格局是构建国家新发展格局的重要基础。

本节对全球总需求与总供给的格局变化趋势进行深入分析，对五大洲区域总需求和总供给格局变化和主要发达国家总需求和总供给变化进行深入比较分析，为我国构建以国内大循环为主体、国内国际双循环相互促进的新发展格局提供决策参考。

第一节　有关国内国际双循环新发展格局的主要研究文献回顾

世界百年未有之大变局加速演进，全球经济贸易格局、国际贸易、国际直接投资、产业结构、全球产业链和价值链等国际经济发展格局发生了深刻复杂变化。自2008年国际金融危机以来，全球贸易增长持续低迷，原有的以“消费国—生产国—资源国”为核心链条的全球贸易“大循环”变得不可持续（余振等，2018）[①]。美国为维护世界霸权地位，实施美国优先战略和贸易投资保护主义，实施贸易战与科技战，试图全方位遏制中国发展。地缘政治冲突频发和局部地区发生战争导致全球产业链供应链的外部环境不断恶化，大国博弈将经济贸易问题逐渐政治化，多重因素不断推动全球价值链向更加复杂和更加多元的方向重塑（洪永淼，2022）[②]。

构建以国内大循环为主体、国内国际双循环相互促进的新发展格局是根据我国经济发展新阶段、国际经济发展环境复杂变化作出的重大战略决策，是事关全局的系统性深层次变革，具有极其重大的战略意义。面对深刻复杂的国内外经济发展环境变化，如何加快构建以国内大循环为主体、国内国际双循环相互促进的新发展格局，深入分析双循环新发展格局构建的重要影响因素成为当前迫切需要深入研究的重大理论和政策问题。本节对双循环新发展格局的内涵、理论基础、测度方法、影响因素和政策体系等研究文献进行系统梳理，为加快构建双循环新发展格局提供参考。

一、有关双循环新发展格局的定义及经济循环理论的研究文献

（一）有关双循环新发展格局的定义

近年来，有关双循环新发展格局已经成为国内理论和政策研究的热点，对有关双循环新发展格局进行了深入探讨（见表1-1）。刘鹤（2020）[③]指出深入理解新发展格局的内涵需要把握好几个重大关系。一是从国内大循环与国内国际双循环的关系看，国内大循环是基础，两者是统一体。二是从供给和需求的关系看，要坚持深化供给侧结构性改革这条主线。三是从深化改革和推动发展的关系看，构建新发展格

① 余振、周冰惠、谢旭斌等：《参与全球价值链重构与中美贸易摩擦》，《中国工业经济》2018年第7期。

② 洪永淼：《从当前世界变局看中国经济双循环新发展格局构想的重要意义》，《财贸经济》2022年第43卷第9期。

③ 刘鹤：《加快构建以国内大循环为主体、国内国际双循环相互促进的新发展格局》，《人民日报》2020年11月25日。

局必须全面深化改革。汤铎铎等（2020）[①]认为“双循环”战略至少有三方面政策内涵：一是要改变激励出口的政策导向，把满足国内需要作为发展的出发点和落脚点，充分挖掘中国超大规模市场优势和内需潜力；二是要提升产业基础能力和产业链现代化水平，加快关键核心技术攻关，改变出口导向战略形成的中国长期处于价值链中低端的分工地位，提高满足内需的能力；三是要改变外向型经济主导的发展格局，形成内外经济循环相互促进和平衡增长、经济增长的动力更加协调的新发展格局。刘志彪（2020）[②]指出“双循环”战略的基本逻辑为：扩大内需—虹吸全球资源—发展创新经济—以基础产业高级化、产业链现代化为目标，构建以国内经济为主体的大循环格局—促进形成国内国际双循环相互促进的新发展格局。马建堂和赵昌文（2020）[③]强调“双循环”是开放的国内国际双循环，而不是封闭的国内单循环；是在国内统一大市场基础上的大循环，而不是各自为政的小循环。黄群慧（2021）[④]提出了“阶段—模式—动力”的三维理论解释，认为构建新发展格局是与现代化新阶段相适应的经济现代化路径，是中国基于自身资源禀赋和发展路径而探索的、以自立自强为本质特征的、突破“依附性”、具有“替代性”的一种经济现代化模式，是一种充分利用大国经济优势、围绕自主创新驱动经济循环畅通无阻的经济现代化战略。江小涓和孟丽君（2021）[⑤]认为对国民经济“内循环”“外循环”通常有两种理解：一种是从国民经济核算的角度，另一种是从产品市场和资源供给的角度。

① 汤铎铎等：《全球经济大变局、中国潜在增长率与后疫情时期高质量发展》，《经济研究》2020 年第 55 卷第 8 期。

② 刘志彪：《重塑中国经济内外循环的新逻辑》，《探索与争鸣》2020 年第 7 期。

③ 马建堂、赵昌文：《更加自觉地用新发展格局理论指导新发展阶段经济工作》，《管理世界》2020 年第 36 卷第 11 期。

④ 黄群慧：《新发展格局的理论逻辑、战略内涵与政策体系——基于经济现代化的视角》，《经济研究》2021 年第 56 卷第 4 期。

⑤ 江小涓、孟丽君：《内循环为主、外循环赋能与更高水平双循环——国际经验与中国实践》，《管理世界》2021 年第 37 卷第 1 期。

表 1-1　　具有代表性的双循环新发展格局的定义及研究文献

作者	双循环新发展格局的定义	研究文献
刘鹤（2020）	国内大循环是基础，两者是统一体；坚持深化供给侧结构性改革；全面深化改革	《加快构建以国内大循环为主体、国内国际双循环相互促进的新发展格局》
汤铎铎等（2020）	把满足国内需要作为发展的出发点和落脚点；提高满足内需的能力；改变外向型经济主导的发展格局	《全球经济大变局、中国潜在增长率与后疫情时期高质量发展》
刘志彪（2020）	扩大内需—虹吸全球资源—发展创新经济—以基础产业高级化、产业链现代化为目标	《重塑中国经济内外循环的新逻辑》
马建堂和赵昌文（2020）	是开放的国内国际双循环，而不是封闭的国内单循环；是在国内统一大市场基础上的大循环，而不是各自为政的小循环	《更加自觉地用新发展格局理论指导新发展阶段经济工作》
黄群慧（2021）	一种充分利用大国经济优势、围绕自主创新驱动经济循环畅通无阻的经济现代化战略	《新发展格局的理论逻辑、战略内涵与政策体系——基于经济现代化的视角》
江小涓和孟丽君（2021）	包含两种角度：国民经济核算；产品市场和资源供给	《内循环为主、外循环赋能与更高水平双循环——国际经验与中国实践》

资料来源：根据相关文献整理所得。

（二）有关经济循环与发展格局理论的主要研究文献

霍利斯·钱纳里最早提出“发展格局”的概念（Patterns of Development，另译为“发展方式”），他从国家规模的角度阐述了“大国格局”和“小国格局”，并且以偏重内向政策还是外向政策为标准区分两种类型[①]。魁奈认为经济科学的基本任务就是研究允许生产循环过程中反复出现的技术和社会条件，他在《经济表》中刻画了社会总产品的再生产与流通过程，并将整个流通过程分解为商品和货币流通

① 霍利斯·钱纳里、莫尔塞斯·塞尔昆：《发展的格局（1950—1970）》，中国财政经济出版社1989年版。

的五次交换行为[①]。魁奈的发现在经济思想史上产生了深远的影响，它经过马克思的深化研究变成了科学的“再生产图示”，经过瓦尔拉斯的深化研究变成了“一般均衡体系”，经过里昂惕夫的深化研究变成了完美的“投入—产出表”，而且被誉为凯恩斯“乘数理论”的粗略表述。

马克思在《资本论》中分析了再生产过程，它包含生产、分配、流通、消费四个环节，国民经济循环就是由这些环节相互作用构成的整体系统。马克思分别从微观经济和宏观经济的角度分析了经济循环。首先，马克思对物质生产部分中的单个产业资本循环做了经典的分析，将单个企业的资本分为货币资本、生产资本和商品资本三种形式，分析了单个资本循环的三个阶段，即购买阶段、生产阶段和售卖阶段，认为“产业资本的连续进行的现实循环，不仅是流通过程和生产过程的统一，而且是它的所有三个循环的统一”[②]。其次，他分析了国民经济整体的循环，认为经济循环就是社会再生产中社会总产品的实现，社会再生产是连续不断的运动，“这个运动不仅是价值补偿，而且是物质补偿，因而既要受社会产品的价值组成部分相互之间的比例的制约，又要受它们的使用价值，它们的物质形态的制约”[③]，在生产和分配之后，社会总产品各个组成部分经过流通进入消费，获得价值上的补偿和使用价值的替换，从而达到社会总产品的实现。瓦尔拉斯在《纯粹经济学要义》中提出了一般均衡理论，他认为在整个经济体系处于均衡状态的时候，所有消费品和生产要素的价格以及它们的产出和供给，将有一个确定的均衡值；在“完全竞争”的均衡条件下，出售一切生产要素的总收入和出售一切消费品的总收入必将相等[④]。里昂惕夫在《投入产出经济学》中提出的投入产出分析方法，为研究社会生产各部门之间的相互依赖关系，特别是系统地分析经济内部各产业之间错综复杂的交易提供了一种实用方法。在开放式的投入产出体系里，表示经济的各生产部门每单位产出的价格将等于它在生产过程中的支出总额[⑤]。魁奈、马克思、瓦尔拉斯和里昂惕夫的研究，揭示了国民经济的生产过程和流通过程的系统性规律，分析

---

① 魁奈:《魁奈经济著作选集》，商务印书馆 1979 年版。

②③ 马克思:《资本论》，人民出版社 2004 年版。

④ 里昂·瓦尔拉斯:《纯粹经济学要义》，商务印书馆 1989 年版。

⑤ 沃西里·里昂惕夫:《投入产出经济学》，商务印书馆 1980 年版。

了再生产过程的结构、产出和供给的均衡以及开放式投入产出体系，从而成为研究国内经济循环的理论基础。

（三）有关经济发展理论与发展格局主要研究文献

库兹涅茨、李斯特和钱纳里是经济发展重要代表学者。1941 年，西蒙·库兹涅茨出版了《国民收入及其构成》①，库兹涅茨利用大量的统计资料详细地研究了国民收入及其构成的含义，自此形成了估算国民收入的方法，建立了现代国民收入核算体系的基本结构，1944 年联合国货币金融大会（布雷顿森林会议）决定把 GDP 作为衡量一国经济总量的主要工具，西蒙·库兹涅茨成为 GDP 之父，保罗·萨谬尔逊曾评价西蒙·库兹涅茨是 20 世纪经济学的巨人，他是测算国民收入的奠基者，开创了计量经济学的历史。

李斯特在《政治经济学的国民体系》中提出了国家生产力理论，认为国家生产力应该是“生产力的平衡或协调”，即各地区、各部门和各类工作之间相互协作的有机整体，它不仅关注各种工作之间的协作，而且更加重视各种生产力的性质及其主次关系，在一个发展完善的国家经济体系内部，工业的发展将带来其他各类工作的普遍繁荣。他特别强调国内市场的作用，认为“国内市场的重要性十倍于国外市场”②。而且主张在工业发展的初级阶段采取政府保护政策，扶持本国工业生产力发展，特别是通过交通条件的改善，降低国内市场的交易成本，建立统一的国内市场，依靠国内市场促进民族工业发展。库兹涅茨在《各国的经济增长》中通过实证分析不同类型国家的经济结构，发现了国家规模与外贸依存度的反比例关系。“对外贸易业务和对比优势改变的贡献，对国家的经济规模来说是反函数，国家较小，贡献就更大”③。在较小的发达国家中，对外贸易可能成为使它达到发达国家这一组类的人均生产率水平的关键因素；而在对外贸易占比较小的大国，对外贸易扩大对国内生产结构改变的贡献是较为有限的。可见，大国经济增长的动力主要来自国内需求，大国更应该依靠国内需求推动经济发展，促进生产结构的改变。钱纳里在《发展的格局（1950—1970）》中更加明确地阐述了大国发展动力和发展格局问题，他根据 110 个国家的经济数据，分析它们在发展过

① 西蒙·库兹涅茨：《国民收入及其构成》，商务印书馆 1985 年版。

② 弗里德里希·李斯特：《政治经济学的国民体系》，商务印书馆 1961 年版。

③ 西蒙·库兹涅茨：《各国的经济增长》，商务印书馆 1999 年版。

程中经济结构的变化趋势，并对大国发展格局和小国发展格局进行比较研究，主要是依据各国外贸格局的相似度来划分的。他指出，大国普遍采取内向型发展政策，这种内向型发展政策在国内资源积累和资源配置方面都有反映①。

美国经济学家霍利斯·钱纳里（Chenery,1980）②把工业化分为六个阶段：第一阶段产业结构以农业为主，生产力水平很低。第二阶段是工业化初期阶段，产业结构由以农业为主的传统结构逐步向以现代化工业为主的工业化结构转变，工业中则以食品、烟草、采掘、建材等初级产品的生产为主。这一时期的产业主要是以劳动密集型产业为主。第三阶段是工业化中期的重化工业阶段，制造业内部由轻型工业的增长转向重型工业的增长，第三产业开始发展，这一阶段重化工产业大部分属于资本密集型产业。第四阶段是工业化中后期阶段，第一产业和第二产业增加值占比持续下降，服务业（第三产业）进入持续快速增长，并成为区域经济增长的主要拉动力量。第五阶段是后工业化社会，制造业内部结构由资本密集型产业为主导向以技术密集型产业为主导转换，技术密集型产业快速发展是主要特征。第六阶段是现代化社会，技术密集型产业和现代服务业加快发展阶段。

二、产业国际分工、产业发展与国际贸易发展的主要研究文献回顾

产业国际分工与国际贸易发展和贸易政策的研究已经有 200 多年历史，国际贸易理论与政策研究经历了古典国际贸易理论、现代国际贸易理论、新贸易理论及新—新贸易理论四个阶段。随着国际分工深化和国际贸易发展，国际贸易理论与贸易政策的研究内容不断扩大，国际贸易与贸易政策的理论分支日益增多。本节把国际贸易理论发展按产业间分工与贸易发展、产业内分工与贸易发展、异质性企业分工与贸易发展、产品内分工与贸易发展所对应的主要代表性人物及主要代表性文献进行分析。

（一）产业间分工与国际贸易理论的主要研究文献

产业间分工（Inter-Industry Specialization）是以各国自然资源的绝对

① 霍利斯·钱纳里、莫尔塞斯·塞尔昆:《发展的格局（1950—1970）》，中国财政经济出版社 1989 年版。

② Chenery Hollis B., “Interactions between industrialization and exports,” *American Economic Review*, 1980, 70（2）.

优势、比较优势、要素禀赋优势为依据的国际分工，由产业间国际分工推动贸易发展称为产业间国际贸易理论。产业间国际贸易理论的基本假设：国际贸易产生基础的假设：世界上存在两个国家，生产不同产业的两种产品，生产要素是同质劳动力，世界各国存在各自的自然资源优势，各国根据自身的绝对优势、比较优势、要素禀赋优势进行专业化国际分工和专业化生产，然后根据等价交换原则开展商品国际贸易，各国都能从国际专业分工和国际贸易中获得贸易利益。贸易利益是指投入不变的情况下，通过发挥自身优势的国际化专业化生产，然后进行国际贸易就能使产出增加，产出增加就带动消费增加，从而使各国的福利增长，国际贸易发展对各国都是有利的，为自由贸易发展提供重要理论依据。

1. 古典国际贸易理论：绝对优势理论和比较优势理论

英国经济学家亚当·斯密（Smith A.，1776）[①] 和李嘉图（Ricardo，1817）[②] 是古典国际贸易理论主要代表。英国经济学家亚当·斯密在《国民财富与分配论》（1776）[③] 中提出国际贸易产生的基础是两个国家之间的绝对优势差异，两个国家根据各自的绝对优势进行产业间专业化分工生产并进行商品贸易，两个国家都能从专业化生产和国际贸易中获得贸易利益，贸易利益是指投入不变，产出增加和福利增长，贸易利益是根据绝对优势的国际产业专业化分工并进行贸易而产生的。亚当·斯密的绝对优势论是国际自由贸易发展的理论奠基石。李嘉图在《政治经济学》（1817）[④] 提出国际贸易发展基础是比较优势的相对差别，每个国家应该生产并出口其具有“比较优势”的产品，进口其具有“比较劣势”的产品。比较优势理论揭示并解释大部分的国际贸易现象，发展了绝对优势贸易理论，成为迄今公认的最重要的贸易理论。绝对优势理论与比较优势理论构成古典国际贸易理论。

2. 新古典国际贸易理论：要素禀赋理论

要素禀赋理论被称为新古典国际贸易理论，也被称为现代国际贸易理论。瑞典著名经济学家赫克歇尔（Heckscher，1917）[⑤] 发表的《外贸

---

①③ Smith A., *The Wealth of Nations*, University of Chicago Press, 1776.

②④ Ricardo D., *The Principles of Political Economy and Taxation*, John Murray, 1817.

⑤ Heckscher E. F., “The effect of foreign trade on the distribution of income,” *Ekonomisk Tidskrif.* 1917（21）.

对收入分配的影响》论文，将劳动力和资本两种生产要素纳入国际贸易理论研究，提出要素密集度和资本 / 劳动比的新概念，认为国际贸易产生的基础是贸易国家之间存在的劳动力与资本两种要素禀赋差异，即资本 / 劳动比差异是国际贸易比较优势基础，提出一国应该出口由本国相对充裕的生产要素所生产的产品，进口由本国相对稀缺的生产要素所生产的产品。如果一个国家是劳动力富裕廉价，而资本相对稀缺的国家，就应该发挥劳动力充裕廉价的优势生产劳动密集型产品并出口劳动密集型产品，进口相对稀缺资本密集型产品。俄林（Ohlin，1933）[①]在赫克歇尔理论的基础上出版了《区际贸易和国际贸易》专著，认为国家之间要素禀赋差异是国际贸易产生的重要基础，赫克歇尔和俄林形成了著名的"赫克歇尔—俄林理论"（简称 H–O 理论）。要素禀赋理论为现代国际贸易发展奠定了重要基础，或者说现代国际贸易理论是从要素禀赋理论基础上进一步深化发展而来的。

斯托尔珀—萨缪尔森定理（Stolper 和 Samuelson，1941）[②]提出了要素价格均等化定理（Factor Price Equalization）[③]，即国际贸易会导致产业内同质要素的绝对和相对收入均等化，国际贸易能替代要素在国际之间流动。劳动密集型国家随着劳动密集型产品出口增长，对劳动力需要增加，劳动力价格会逐步提升，资本价格（利息）/ 劳动价格（工资）的比例会发生变化。资本密集型国家随着资本密集型产品出口增长，对资本需求增加，资本价格利息就提升，资本价格（利息）/ 劳动价格（工资）的比例也会发生变化，等到国际贸易发展到一定程度，两个国家的劳动力价格（工资）与资本价格（利率）会出现均等化趋势或趋同趋势。在开放经济条件下，国际贸易发展到一定水平，国家之间的劳动力价格与资本价格会出现趋同现象，称作赫克歇尔—俄林—萨缪尔森定理（即 H–O–S 定理）。

英籍波兰经济学家罗伯津斯基（Rybczynski，1955）[④]在《要素禀赋与相对商品价格》中提出罗伯津斯基定理（Rybczynski Theorem），指出在

---

① Ohlin B., *Interregional and International Trade*, Harvard University Press, 1933.

② Stolper W. F., P. A. Samuelson, "Protection and real wages," *The Review of Economic Studies*, 1941, 9（1）.

③ Samuelson P. A., "International trade and the equalisation of factor prices," *The Economic Journal*, 1948, 58（230）.

④ Rybczynski T. M., "Factor endowment and relative commodity prices," *Economica*, 1955, 22（88）.

商品相对价格不变的前提下，某一要素的增加会导致密集使用该要素部门的生产增加，而另一部门的生产下降。美国经济学家 Leontiev（1953）[①] 用美国投入产出数据对要素禀赋理论进行验证，他利用投入产出分析法发现美国出口产品的资本—劳动比要低于进口产品的资本—劳动比，这不符合要素禀赋理论提出的美国应该出口资本密集产业理论，该发现被称为里昂惕夫之谜。里昂惕夫之谜引发经济学界对要素禀赋理论深化研究，提出同质劳动力向异质劳动力转变思路，如劳动力分为非熟练劳动与熟练劳动（Skill Labor）、要素密集度逆转（Reversal of Factor Intensity）、需求偏向（Demand Bias）、关税及其他扭曲（Tariffs and Other Distortions）等理论，推动国际贸易产生的基础从自然资源绝对优势、比较优势和要素禀赋差异逐步转向规模报酬差异、技术创新差异和同质产品与差异化产品等新贸易理论转变。

（二）产业内分工与国际贸易发展

20 世纪 60 年代以来，随着重化工业发展、跨国公司发展、规模经济收益递增以及经济一体化导致发达国家间产业内贸易的快速发展，国际分工从产业间分工向产业内分工（Intra-Industry Specialization）转变，国际产业内分工推动产业内国际贸易发展，研究产业内贸易理论被称为新国际贸易理论。

1. 产业内分工与国际贸易理论

Verdoorn（1960）[②] 将产业内贸易定义为"一国既出口同时又进口某种同一产业的产品"（如汽车进出口贸易、电脑进出口贸易、手机进出口贸易）。20 世纪 60 年代以来，伴随着产业内贸易的发展，一批知名经济学者深入研究战后国际贸易的新模式和国际贸易新格局，如新要素贸易理论（New Factor Trade Theory）、需求偏好相似理论（Theory of Demand Preference Similarity）和竞争优势理论（Competitive Advantage Theory）。（1）新要素贸易理论。新要素贸易理论赋予了生产要素除土地、劳动和资本外更丰富的内涵。以 Schultz（1961）[③]、Kenen（1965）[④]、

① Leontiev W., "Domestic production and foreign trade," *Proceedings of the American Philosophical Society*, 1953, 97 (4).

② Verdoorn P. J., "The intra-block trade of Benelux," *International Economic Association*, 1960.

③ Schultz T. W., "Investment in human capital," *American Economic Review*, 1961, 51 (1).

④ Kenen P. B., "Nature, capital, and trade," *Journal of Political Economy*, 1965, 73 (5).

Keesing（1966）[①] 为代表的人力资本理论（Human Capital Theory）将人力资本作为一种新的生产要素引入，通过对劳动力进行投资，提高其素质和技能，进而提升劳动生产率。以 Posner（1961）[②]、Vernon（1966）[③] 为代表的技术差距论（Theory of Technological Gap）认为技术是过去对研究与发展进行投资的结果，也可以作为一种资本或独立的生产要素。由于各国对技术创新和技术革新存在差异，因而存在着一定的技术差距，技术资源相对丰裕或技术发展领先的发达国家便享有生产和出口技术密集型产品的比较优势，进而发生技术密集型产业内贸易。（2）需求偏好相似理论。Linder（1961）[④] 提出需求偏好相似理论，指出收入水平是影响需求消费结构和贸易结构的重要因素，发达国家之间需求偏好越相似，国际贸易可能性就越大。（3）竞争优势理论。波特（Porter，1990）的《国家竞争优势》[⑤] 中提出企业、行业和国家形成的产品差异型竞争优势理论，认为产品差异型竞争优势主要缘于企业持续的"创新"活动，解释了要素禀赋结构相似条件下的国际贸易和产业内贸易现象。Helpman 和 Krugman（1985）[⑥] 提出传统贸易理论不能解释现有的贸易量、现有的贸易构成、公司内贸易的作用和现有规模以及外商直接投资、贸易自由化的福利效果，进而提出基于产业规模差异和技术创新差异的国际贸易比较优势新理论。

2. 产业内分工、垄断竞争与新国际贸易理论发展——把贸易政策引入国际贸易理论

Balassa（1966）[⑦] 认为第二次世界大战后贸易增长主要归因于资源禀赋和技术水平都相似的发达国家间同类工业品的产业内贸易量的增长，并指出规模报酬递增是重要影响因素。虽然多数经济学家已认识到规模

① Keesing D. B.，"Labor skills and comparative advantage，" *American Economic Review*，1966，56（1/2）.

② Posner M. V.，"International trade and technical change，" *Oxford Economic Papers*，1961，13（3）.

③ Vernon R.，"International investment and international Trade in the Product Cycle，" *Quarterly Joural of Economics*，1966，80（2）.

④ Linder S. B.，*An Essay on Trade and Transformation*，John Wiley and Sons Press，1961.

⑤ Porter M. E.，*The Competitive Advantage of Nations*，Macmillan Pr.Ltd.，1990.

⑥ Helpman E.，P. Krugman. *Market Structure and Foreign Tade：Increasing Returns，Imperfect Competition，and the International Economy*，MIT press，1985.

⑦ Balassa B.，"Tariff reductions and trade in manufacturers among the industrial countries，" *American Economic Review*，1966，56（3）.

收益递增是国际贸易的基础之一，但一旦放松规模收益不变的假设而将规模经济引至国际贸易理论，就必须面对市场结构问题，无论是寡头竞争还是以张伯伦理论为原型的垄断竞争均缺乏公认的一般均衡分析基础（张培刚和刘建洲，1995）[①]。因此在20世纪70年代前，学界还无法在规模经济和不完全竞争假设下分析国际贸易问题。Dixit和Stiglitz（1977）[②]合著的《垄断竞争与最优产品多样性》一文将以上问题用一个简单而又巧妙的模型表达出来，具体构建了一个内部规模经济的垄断竞争模型，即Dixit-Stiglitz模型（即DS模型），该理论将内部规模经济和消费者多样性偏好的问题转化成商品数量和种类的权衡：在具有规模经济的生产技术条件下，大批量地生产较少种类商品，可节约资源，使生产的平均成本下降。从模型的假设看，规模报酬递增可用商品总成本等于固定成本和不变的边际成本之和的假定来表达，从而呈现内部规模经济的特征。而消费者偏好多样化，之前是难以进行模型化处理，而DS模型将消费者的多样性偏好体现在消费者的效用函数中，这和传统的消费者无差异曲线的凸性特征是一致的，以此体现消费者的偏好多样性。采用连续函数的形式，效用函数可写为：

$$U = Y = \left[\int_0^n y_1 \frac{\sigma - 1}{\sigma}, \sigma > 1 \right] \tag{1-1}$$

y是产品的数量，n是产品的种类数，σ是不同商品间的替代弹性。U是n的增函数，体现了消费者的多样性偏好。此函数就是“Dixit-Stiglitz效用函数”。基于此函数根据消费者效用最大化问题（UMP）求出行业内各种产品的需求函数，再结合生产者利润最大化问题（PMP）求出各种产品的均衡价格。最后利用价格的表达式和张伯伦垄断竞争的自由进入（FE，利润为零）的条件求得每个厂商的均衡产量和产品种类。通过上述表达式，消费者的效用随着产品种类的增加而增大，总的产品价格随着产品种类的增多而趋于下降。考虑劳动力的变化，得到了规模报酬递增的效应，即随着劳动（工人）的增多，人们的福利（效用）是

① 张培刚、刘建洲：《新贸易理论及其与发展中国家的关系》，《经济学家》1995年第2期。

② Dixit A. K., J. E. Stiglitz, “Monopolistic competition and optimum product diversity,” *American Economic Review*, 1977, 67（3）.

逐步改善的。Dixit 和 Stiglitz（1977）[①]构建的 DS 模型成为新贸易理论（New Trade Theory）的基石。他们认为，即使两国的初始条件完全相同，但若存在规模经济，两国同样可以选择在不同的行业进行分工，进而开展贸易。Dixit 和 Stiglitz（1977）最大的贡献是克服了在一般均衡模型中研究内生递增规模经济的技术问题，从而为产业和贸易政策在不完全竞争市场结构中的分析提供研究方法。

继 Dixit 和 Stiglitz（1977）之后，Dixit 和 Norman（1980）[②]以及 Lancaster（1980）[③]各自独立地形成了规模经济和不完全竞争可以在没有各自比较优势的情况下促进国际贸易产生的思想。Krugman（1979）[④]发表的论文《报酬递增、垄断竞争与国际贸易》开创性地将 Dixit 和 Stiglitz（1977）的“多样性偏好”方法应用到国际贸易理论中，从而用简单的技巧将规模报酬递增的思想进行模型化，提出报酬递增和垄断竞争贸易理论，该理论是新贸易理论发展史上一篇具有里程碑意义的论文。Krugman（1979）的模型虽然已经非常简单清晰，但在扩展中仍然有一些困难，即使加入运输成本这样的变动，也可能使得模型的解变得非常复杂。Krugman（1980）[⑤]在其《规模经济、产品差异化与贸易模式》一文中对这一模型进行了修正和简化。使用具体的 CES 效用函数（Constant Elasticity of Substitution Production Function）固定替代弹性生产函数，从而使得真实工资不再是消费量的函数。

自垄断竞争贸易理论提出之后，越来越多的人认为规模经济是解释贸易增长之间关系的重要因素。Ethier（1982）[⑥]运用 DS 模型讨论了

---

① Dixit A. K., J. E. Stiglitz, “Monopolistic competition and optimum product diversity,” *American Economic Review*, 1977, 67（3）.

② Dixit A., V. Norman, *Theory of International Trade: A Dual, General Equilibrium Approach*, Cambridge University Press, 1980.

③ Lancaster K., “Intra-industry trade under perfect monopolistic competition,” *Journal of International Economics*, 1980, 10（2）.

④ Krugman P., “Increasing returns, monopolistic competition, and international trade,” *Journal of International Economics*, 1979, 9（4）.

⑤ Krugman P., “Scale economies, product differentiation, and the pattern of trade,” *American Economic Review*, 1980, 70（5）.

⑥ Ethier W. J., “National and international returns to scale in the modern theory of international trade,” *American Economic Review*, 1982, 72（3）.

规模经济和中间品增加之间的关系。Ethier 模型促进 Romer（1990）[①] 及 Grossman 和 Helpman（1989[②]，1990[③]）发展出的内生增长理论。内生增长理论在垄断竞争框架下，用差异化的中间投入品代替新贸易理论中的差异化最终品。与新贸易理论中最终产品的种类增多会导致更高消费效用非常类似，差异化投入品种类的增多也会导致产出的增加，促进经济增长。

从产业内贸易或者新贸易理论发展看，国际贸易可通过差异化中间投入品的增加影响一个国家的产品创新，从而导致经济增长，前提条件是垄断竞争、规模经济和技术创新在国际间存在溢出效应。Grossman 和 Helpman（1991）[④] 对内生增长理论在国际贸易中的应用做了深入的研究。内生增长理论和 Krugman 垄断竞争理论在技术手段上一脉相传，可被视为动态化的 Krugman 贸易理论。

在 20 世纪 80 年代以前，国际贸易学界仍基于完全竞争的基本假设，随着 Krugman 垄断竞争贸易理论的诞生，Brander 和 Spencer（1985）[⑤] 将垄断竞争中政府政策作为重要变量纳入国际贸易理论模型，通过国家政策支持提升本国处于国际垄断产业的国际竞争力，强调政府政策如何干预才能给本国带来好处，什么政策的干预才是最优的选择。

（三）异质性企业国际分工与国际贸易理论研究文献

国际贸易在最初阶段表现为产业间的分工，比较优势和要素禀赋能很好地解析该种贸易模式。随着国际分工和国际贸易的深入，产业内分工开始出现并占据主导地位，推动新贸易理论产生。随着国际分工的进一步深化和企业国际化发展，出现由企业国际分工而产生的新—新贸易

① Romer P. M.，“Endogenous technological change，” *Journal of Political Economy*，1990，98（5）.

② Grossman G. M.，E. Helpman，“Product development and international trade，” *Journal of Political Economy*，1989，97（6）.

③ Grossman G. M.，E. Helpman，“Comparative advantage and long-run growth，” *American Economic Review*，1990，80（4）.

④ Grossman G. M.，E. Helpman，“Trade，knowledge spillovers，and growth，” *European Economic Review*，1991，35（2-3）.

⑤ Brander J. A.，B. J. Spencer，“Export subsidies and international market share rivalry，” *Journal of International Economics*，1985，18（1-2）.

理论（New-New Trade Theory）。新—新贸易理论是以 Melitz（2003）[①] 的异质性企业贸易（Heterogeneous-Firms Trade）理论和 Antràs（2003）[②] 的企业内生边界理论（Endogenous Boundary Theory of the Firm）为基础理论。

1. 异质性企业贸易理论研究文献

Bernard 等（1995）[③] 在分析贸易自由化效应时发现出口企业比非出口企业具备更强的竞争力。Clerides 等（1998）[④] 用摩洛哥、墨西哥、哥伦比亚的数据证明了生产率与企业出口行为呈正相关。Bernard 和 Wagner（2001）[⑤] 基于动态企业利润最大化出口决策模型，通过对德国企业的面板数据进行检验，发现沉默成本能影响企业决策，生产率较高的企业才会选择出口。Bernard 和 Jensen（1999）[⑥] 利用美国 1984—1992 年数据得出：出口企业的生产率和成功率均高于非出口企业。Aw 等（2000）[⑦] 基于韩国和中国台湾的微观企业数据测度企业的全要素生产率（TFP）与出口贸易的关联度，结果显示台湾地区的全要素生产率与出口贸易呈较强的正相关，而韩国相关性较弱。以上文献均表明参与国际贸易的企业在规模和生产率上要高于参与国内销售的企业，但并没有实际的理论支撑。

Melitz（2003）[⑧] 开创性地引入一个垄断竞争的动态产业一般均衡模型，将企业生产率差异纳入模型，研究不同生产率水平如何影响企业出口决策以及贸易自由化如何影响产业内资源再配置，提出国际贸

---

① Melitz M. J., "The impact of trade on intra - industry reallocations and aggregate industry productivity," *Econometrica*, 2003, 71（6）.

② Antràs P., "Firms, contracts, and trade structure," *Quarterly Journal of Economics*, 2003, 118(4).

③ Bernard A. B., J. B. Jensen, Lawrence R. Z., "Exporters, jobs, and wages in US manufacturing: 1976–1987," *Brookings papers on economic activity/ Microeconomics*, 1995.

④ Clerides S. K., S. Lach, J. R. Tybout, "Is learning by exporting important? Micro–dynamic evidence from Colombia, Mexico, and Morocco," *Quarterly Journal of Economics*, 1998, 113（3）.

⑤ Bernard A. B., J. Wagner, "Export entry and exit by German firms," *Weltwirtschaftliches Archiv*, 2001, 137（1）.

⑥ Bernard A. B., J. B. Jensen, "Exceptional exporter performance: cause, effect, or both," *Journal of International Economics*, 1999, 47（1）.

⑦ Aw B. Y., S. Chung, M. J. Roberts, "Productivity and turnover in the export market: micro–level evidence from the Republic of Korea and Taiwan（China）," *The World Bank Economic Review*, 2000, 14（1）.

⑧ Melitz M. J., "The impact of trade on intra - industry reallocations and aggregate industry productivity," *Econometrica*, 2003, 71（6）.

易具有促进同一产业内生产要素从低生产率企业向高生产率企业转移，国际贸易具有促进企业之间生产要素优化配置的效应，生产率最高的企业进入国际市场，生产率较高企业面向国内市场，生产率低企业退出市场。

Melitz（2003）① 理论模型是异质性企业贸易理论的基本理论框架。Melitz 模型对消费者偏好的假设与新贸易理论相似，均采用 CES 形式 DS 多样化偏好，推导出任意品种在国内市场销售所获得的收益，即 $r_d = R\left(p_d / P\right)^{1-\sigma}$。其中，$p_d$是销售价格，$R$是消费者总支出，$P$是产业价格指数，$\sigma$为不同品种间的固定替代弹性。在生产技术方面，Melitz 模型假设市场结构为垄断竞争型，劳动是唯一的投入要素，且工资标准化为 1。模型中存在许多处于边缘的潜在进入厂商，他们可以在支付f_e单位劳动的沉没成本后进入该产业。这些潜在进入厂商事前并不确定其生产率水平，而支付了沉没成本后就可以从一个固定分布$g(\phi)$中获取自己的生产率水平ϕ。每个品种的生产都要支付f_d单位劳动的固定成本和一个取决于生产率水平的可变成本，即生产$q(\phi)$单位产出的总劳动量为：$l(\phi) = +f_d + q(\phi)/\phi$。

异质性生产率影响企业出口决策：

每个企业只生产一个品种根据利润最大化一阶条件，国内销售品种的均衡价格是边际成本之上的一个加成，即$p_d = \left(\dfrac{\sigma}{\sigma-1}\right)\dfrac{1}{\varphi} = \dfrac{1}{p\varphi}$。对于销售到国外市场的品种，由于存在冰山型贸易成本$\tau(\tau > 1)$，其价格水平是国内价格乘以这个贸易成本系数，即$p_x = \tau / P\phi$。这样既可以得到企业在国外市场所获收益$r_x(\phi)$与国内市场所获收益$r_x(\phi)$的关系，即$r_x(\phi) = \tau^{1-\sigma} r^d(\phi)$。企业同时服务于两个市场，固定成本分摊为生产固定成本f_d和出口固定成本f_x。进而得出企业在国内和国外市场所获利润分别为：$\pi_d(\varphi) = r_d(\varphi)/\sigma - f_d$ 和 $\pi_d(\varphi) = r_d(\varphi)/\sigma - f_x$。可以看出，生产固定成本的存在意味着具有一个零利润生产率分割点φ_d^*，低于这个生产率水平的企业将不得不退出市场；出口固定成本则意味着存在一个出

① Melitz M. J., "The impact of trade on intra - industry reallocations and aggregate industry productivity," *Econometrica*, 2003, 71 (6).

口生产率水平分割点 φ_x^*，低于这个生产率水平的企业会退出出口市场。进一步调整后可以得到两个生产率分割点的关系，即 $\varphi^{*}=\Lambda\varphi^{*}d$，其中 $\Lambda=\tau\left(f_x/f_d\right)^{1/(\sigma-1)}$。如此一来，对于足够高的出口固定成本以致 $\Lambda>1$，出口生产率分割点就会高于零利润生产率分割点。结果是，生产率最高的企业才会选择出口，中等生产率水平企业服务于国内市场，低生产率企业则会退出市场。

Melitz（2003）建立的理论模型解释了异质性生产率如何影响企业出口决策，在 Melitz（2003）提出理论模型后，很多学者以该模型为基础进行检验与拓展。Bernard 等（2003）[①] 通过扩展李嘉图模型，使其成为包含多个国家、允许地理壁垒及不完全竞争，存在企业异质性的贸易模式，研究结果显示，出口企业拥有较高的生产率和较大的规模。Baldwin（2005）[②] 基于 Melitz（2003）模型，分析了国内企业（Domestic Firms，D-types）、出口企业（Export Firms，X-types）和不生产企业（Non-producers，N-types）等不同类型企业间的生产率差异，证实了高生产率企业选择出口的结论。Ghironi 和 Melits（2005）[③] 也引入 Melitz（2003）的基本假定，建立了一个随机的、宏观动态一般均衡两国贸易模型，并假定企业的生产率存在差异以及垄断竞争的市场结构，模型证明了只有相对高生产率的企业出口。Yeaple（2005）[④] 用一个同质企业的一般均衡框架，设定这些企业会选择异质的技术，但其选择是确定的，模型分析得出出口企业一般规模更大，会选择高级技术，支付高工资，且生产率更高。

---

① Bernard A. B.，J. Eaton，J. B. Jensen，et al.，"Plants and productivity in international trade，" *American Economic Review*，2003，93（4）.

② Baldwin R.，" Heterogeneous firms and trade：testable and untestable properties of the Melitz model，" *NEBR Working Paper*，2005（11471）.

③ Ghironi F.，M. J. Melitz，" International trade and macroeconomic dynamics with heterogeneous firms，" *Quarterly Journal of Economics*，2005，120（3）.

④ Yeaple S. R.，"A simple model of firm heterogeneity，international trade，and wages，" *Journal of International Economics*，2005，65（1）.

Namini 和 López（2006）[①] 建立了一个动态一般均衡模型，分析比较企业随机选择进入出口市场和谨慎选择进入出口市场两种情况下的福利状况，结果得出贸易自由化的积极效应会使企业谨慎进入出口市场，但其负面效应也会让企业选择随机地进入。Bustos（2011）[②] 假设企业可以通过付出固定成本进行投资来降低成本，同样产生了基准异质性模型中出现的生产率排序效应：具有更高生产率的企业由于产量更大，能够通过较大的市场获得边际成本下降的收益来弥补固定成本。Kasahara 和 Lapham（2013）[③] 在 Melitz（2003）的基础上引入进口的固定成本和企业生产所使用中间品进口的决策，结果得出：由于企业通过进口可以优化中间品投入的组合实现可变成本的下降，生产率高的企业也就是市场占有率高的企业，更愿支付进口的固定成本来实现可变成本或产品质量的改善。

2. 贸易自由化影响产业内企业资源再配置研究文献——贸易自由化有利于提高产业资源配置效率

产业处于稳定状态时需要满足自由进出条件，即企业进入产业的期望价值等于沉没成本。企业进入的期望价值等于成功进入的概率乘以利润，后者又由国内市场利润和出口利润两个部分构成。基于不同品种收益之间的关系式、零利润生产率分割点、出口生产率分割点公式等，该自由进出条件可由下式给出：

$$v_e = \frac{nf_d}{\delta}\int_{\varphi_d^*}^{\infty}\left[\left(\frac{\varphi}{\varphi_d^*}\right)^{\sigma-1}-1\right]g(\varphi)d\varphi + \frac{nf_x}{\delta}\int_{\varphi_x^*}^{\infty}\left[\left(\frac{\varphi}{\varphi_x^*}\right)^{\sigma-1}-1\right]g(\varphi)d\varphi = f \quad (1\text{-}2)$$

上述自由进出条件的关键含义在于，它实际上在 φ_d^* 和 φ_x^* 之间定义了一种负向联系。在封闭条件下，出口的生产率水平分割点 φ_x^* 取值接近于无穷大；贸易自由化使 φ_x^* 下降至一个有限值。为了保证等式平衡，φ_d^* 必须上升。贸易自由化增加了企业生产率水平高于出口生

① Namini J. E., R. A. López, "Random Versus Conscious Selection into Export Markets Theory and Empirical Evidence," *Working Paper*, 2006.

② Bustos P., "Trade liberalization, exports, and technology upgrading: Evidence on the impact of Mercosur on Argentinian firms," *American Economic Review*, 2011, 101（1）.

③ Kasahara H., B. Lapham, "Productivity and the decision to import and export: theory and evidence," *Journal of International Economics*, 2013, 89（2）.

产率分割点的概率，从而提升了企业的期望利润。为了保证进入的期望收益等于沉没成本，成功进入该产业的概率就需要下降。这种变化意味着资源在产业内不同企业间实现了再分配：那些高于旧的但低于新的零利润生产率分割点的低生产率企业必须退出市场，那些只服务于国内市场的中等生产率企业的收益降低，而高生产率水平的企业则在出口市场实现了规模收益扩张。这种调整的结果是产业总体生产率水平得到提升，即贸易自由化通过产业内资源再配置实现了新的贸易利益。Melitz（2003）[①]之后的多数文献运用不同的方法得出了较一致的结论，即贸易自由化会促进原来的出口企业更多的出口，新的更多企业加入出口行列并使这些出口企业获利，但竞争的加剧也会让原先生产率不高的企业选择退出市场，从而能够提高一国企业的整体生产率水平。如 Baldwin 和 Nicoud（2004）[②]将内生化增长率纳入 Melitz 模型。Baldwin 和 Nicoud（2008）[③]研究了企业异质性情况下贸易与增长间的关系。Bernard 等（2006）[④]建立了一个典型的多产品厂商新—新贸易理论模型框架分析贸易自由化的影响。Atkeson 和 Burstein（2010）[⑤]假设了企业可以在一个研发强度范围内选择，研发强度越大，研发成本越大，边际成本下降也越多。同样生产率高的企业研发强度也更高，出口企业的研发强度也高于非出口企业，这充分表明贸易自由化不仅会提高企业出口概率，也会提高企业创新的可能性。Fan 等（2015）[⑥]将进口中间产品的种类和质量内生化，讨论了贸易自由化通过企业进口中间品的结构和质量变化对企业出口表现的影响。Caliendo 和

① Melitz M. J., "The impact of trade on intra - industry reallocations and aggregate industry productivity," *Econometrica*, 2003, 71（6）.

② Baldwin R., F. Robert–Nicoud, " The Impact of Trade on Intraindustry Reallocation and Aggregate Industry Productivity: A Comment," *NEBR Working Paper*, 2004（10718）.

③ Baldwin R., F. Robert–Nicoud, "Trade and growth with heterogeneous firms," *Journal of International Economics*, 2008, 74（1）.

④ Bernard A. B., J. B. Jensen, P. K. Schott, "Trade costs, firms and productivity," *Journal of Monetary Economics*, 2006, 53（5）.

⑤ Atkeson A., A. T. Burstein, "Innovation, firm dynamics, and international trade," *Journal of Political Economy*, 2010, 118（3）.

⑥ Fan H., Y. A. Li, S. R. Yeaple, "Trade liberalization, quality, and export prices," *Review of Economics and Statistics*, 2015, 97（5）.

Rossi-Hansberg（2012）[①]的模型证明了，随着贸易自由化，除了企业间出现资源配置的效率提高，原来的企业也会由于产量的增加或减少而改变企业内部的治理结构。Caliendo 等（2015）[②]、Bown 和 Crowley（2007）[③]讨论了外生的自由贸易政策即以最惠国（MFN）关税削减为代表的贸易自由化视为一国贸易利益、企业福利增进的主要来源渠道。

基于 Melitz（2003）模型[④]，Helpman 等（2004）[⑤]进一步考察企业生产率差异如何影响出口决策，通过国内销售、出口和 FDI 三种选择进行分析。设定一个包含N个国家的经济体，使用唯一的要素——劳动L来生产$H+1$个部门的产品。其中一个部门用一个劳动可以生产一单位同质产品，另有H个部门生产差异化产品。外生变量β_h表示花费在部门h上费用占总收入的比重，剩下的部分$1-\sum h\beta_h$是用于生产同质产品的部分。国家i拥有L^i的劳动且其工资率是w^i。考虑某一生产差异化产品部门h，设其生产产品的单位产品劳动投入为a，且a服从随机分布$G(a)$，F_1表示 FDI 的固定成本，F_D和F_x表示进入国内市场和出口市场的固定成本。产品从i国出口到j国的冰山运输成本为$\Gamma^{ij}>1$，在进入市场后，竞争环境为垄断竞争。设定消费者对于产品h的偏好是标准的 CES 形式，替代弹性是$\varepsilon=1/(1-\alpha)>1$，从偏好可以退出需求函数$A^I P^{-\varepsilon}$，在垄断竞争条件下，产品的价格是$p=w^i\alpha/\alpha$。$i$国的企业是通过出口还是外商直接投资（FDI），来服务j国市场，涉及一个权衡（trade-off）：相对于出口，FDI 节约运输成本；相对于 FDI，出口节省国外生产的固定成本W。假设均衡时，没有企业会既出口又 FDI，假设$(w_j/w_i)^{\varepsilon-1}F_1>(\Gamma^{\varepsilon-1})F_X>F_D$，可以求得均衡条件下的国内市场、出口和 FDI 的利润。结果得出：生产率低于$(a_D^i)^{1-\varepsilon}$的企业会退出市场，而生产率介于$(a_D^i)^{1-\varepsilon}$和$(a_x^{ij})^{1-\varepsilon}$之间的

① Caliendo L., E. Rossi-Hansberg, "The impact of trade on organization and productivity," *Quarterly Journal of Economics*, 2012, 127（3）.

② Caliendo L., R. C. Feenstra, J. Romalis, et al., " Tariff reductions, entry, and welfare: theory and evidence for the last two decades," *National Bureau of Economic Research*, 2015（21768）.

③ Bown C. P., M. A. Crowley, "Trade deflection and trade depression," *Journal of International Economics*, 2007, 72（1）.

④ Melitz M. J., "The impact of trade on intra-industry reallocations and aggregate industry productivity," *Econometrica*, 2003, 71（6）.

⑤ Helpman E., M. J. Melitz, S. R. Yeaple, "Export versus FDI with heterogeneous firms," *American Economic Review*, 2004, 94（1）.

企业在国内市场销售的同时会选择出口，而只有生产率高于$\left(a_I^{ij}\right)^{1-\varepsilon}$的企业在国内市场销售的同时还会对外直接投资。Nocke 和 Yeaple（2006）[①]建立了一个包含异质性企业的一般均衡框架分析企业进入国际市场的方式，包括出口、绿地投资和跨国并购，结果证明，企业的异质性尤其是企业移动能力在此发挥主要作用，跨国并购的企业既包括拥有最高生产率的企业，也包括拥有最低生产率的企业，且模型得出绿地投资方式对于本国经济发展更有利，而跨国并购对于东道国更有利。

（四）产品内分工与国际贸易研究文献——全球价值链分工与中间品贸易发展

自 20 世纪 80 年代以来，经济全球化加速了人员、资本和技术等要素的跨国流动，跨国公司为实现成本最小化，开始实施资源全球配置战略，推动全球产业链理论发展。在全球产业链发展背景下，国际分工模式逐渐发生根本性的变化，产品生产过程中的各个环节和工序被分散到不同国家去进行，从而形成了以工序、区段和环节为对象的分工范式，即产品内分工（卢锋，2004）[②]。产品内国际分工克服了传统产业间分工和产业内分工中假定产品生产过程不可分割、全部生产过程在某一国家或经济体内进行的局限性，瓦解了福特式一体化生产模式，使企业能够在全球范围内合理布置其各生产工序和环节，并最大限度地获得要素成本节约效益和专业化收益。这种新型的国际分工形态将国家间建立在比较优势基础上的分工体系从完整的产品，深入产品内部的工序和环节，从而引发全球生产与贸易模式的根本性改变。更为重要的是，产品内分工为发展中国家通过参与简单加工环节，在符合比较优势原理基础上融入国际经济系统提供了新的切入点，使众多发展中国家成为当代全球化进程的参与者。

1. 产品内分工理论研究文献

产品内分工（Intra-Product Specialization）这一概念最初由美国学者 Seven W. Arndt 提出，Arndt（1997）[③]在讨论全球化与开放经济环境下离岸外包对就业和工资的影响时首次使用了该术语，不过他并没有对该术

① Nocke V., S. Yeaple, " Globalization and Endogenous Firm Scope," *NEBR Working Paper*, 2006（12322）.

② 卢锋：《产品内分工》，《经济学（季刊）》2004 年第 4 期。

③ Arndt S. W., "Globalization and the Open Economy," *The North American Journal of Economics and Finance*, 1997, 8（1）.

语进行详细解释。中国学者卢锋（2004）[①] 建立了一个以产品内分工概念为中心的分析框架，对产品内分工的概念、发生背景、部门表现、产生基础、决定因素及发展原因进行了全面阐述。卢锋（2004）认为产品内分工“是一种特殊的经济国际化过程或展开结构，其核心内涵是特定产品生产过程不同工序或区段通过空间分散化展开成跨区或跨国性的生产链条或体系，因而有越来越多国家参与特定产品生产过程不同环节或区段的生产或供应活动”。

20 世纪 60—70 年代就有学者敏锐地注意到一些产品内国际分工的早期表现，如 Balassa（1967）[②] 用“垂直专业化”（Vertical Specialization）这一概念指出商品的生产过程被分解为多个连续的特殊阶段进行专业化生产，结果使中间品贸易不断扩大；Dixit 和 Grossman（1982）[③] 考察多区段生产系统如何在不同国家分配工序区段，及关税等政策变动对这类国际分工的影响。20 世纪 90年代中后期，对产品内国际分工现象的研究进入一个快速发展期，但不同研究者对这一现象采用了不同概念来加以定义，常见的有：垂直专业化（Vertical Specialization，Hummels 等，2001[④]）、外包（Outsourcing，Katz 和 Murphy，1992[⑤]；Feenstra 和 Hanson，1996[⑥]）、任务贸易（Trade in Tasks，Grossman 和 Rossi-Hansberg，2008[⑦]）、分散化生产（Fragmentation，Jones 和 Kierzkowski，2018[⑧]；Deardorff，2001[⑨]）、全球生产

① 卢锋：《产品内分工》，《经济学（季刊）》2004 年第 4 期。.

② Balassa B. A., *Trade Liberalization among Industrial Countries: Objectives and alternatives*, New York: McGraw-Hill, 1967.

③ Dixit A. K., G. M. Grossman, “Trade and Protection with Multistage Production,” *The Review of Economic Studies*, 1982, 49 (4).

④ Hummels D., J. Ishii, K. M. Yi, “The nature and growth of vertical specialization in world trade,” *Journal of International Economics*, 2001, 54 (1).

⑤ Katz L. F., K. M. Murphy, “Changes in relative wages, 1963 - 1987: supply and demand factors,” *Quarterly Journal of Economics*, 1992, 107 (1).

⑥ Feenstra R. C., G. H. Hanson, “Globalization, Outsourcing, and Wage Inequality,” *American Economic Review*, 1996, 86 (2).

⑦ Grossman G. M., E. Rossi-Hansberg, “Trading tasks: A simple theory of offshoring,” *American Economic Review*, 2008, 98 (5).

⑧ Jones R. W., H. Kierzkowski, “*The role of services in production and international trade: A theoretical framework*”, *World Scientific Book Chapters*, 2018.

⑨ Deardorff A. V., “International provision of trade services, trade, and fragmentation,” *Review of International Economics*, 2001, 9 (2).

网络/分享（Global Production Sharing，Ng和Yeats，2001[①]；Feenstra和Hanson，2003[②]）、价值链分割（Slicing the Value Chain，Krugman等，1995[③]）、生产的非本地化（Delocalization，Leamer，1996[④]）、中间品贸易（Intra-mediate Trade，Antweiler和Trefler，2002[⑤]）等。到目前为止，并没有一个被普遍接受的统一概念，而只是建立在不同概念基础上的研究侧重点各有不同。

（1）产品内国际分工与垂直专业化分工

国内外学者较多采用"垂直专业化"这一术语，Hummels等（2001）[⑥]认为垂直专业化需要满足以下三个条件:（1）产品生产过程可以分解为两个或两个以上连续的阶段或环节;（2）至少要有两个或两个以上的国家或地区在特定产品的生产过程中创造附加值;（3）其中至少要有一个国家或地区在产品的生产过程中使用进口的中间投入，并且一部分的最终产品要用于出口。根据这些条件可发现垂直专业化的本质与产品内国际分工非常接近。

（2）产品内国际分工与全球价值链分工

全球价值链分工是对当前国际分工特征描述最多的又一概念。价值链理论来自管理学，该理论中蕴含的"工序""附加值概念"为之后的全球价值链分工理论演绎奠定了较好的研究基础。美国杜克大学教授Gary Gereffi在管理学价值链理论的基础上，首次提出了全球商品链这一概念。Gereffi（1999）[⑦]通过对跨国公司主导下的价值链活动进行研究，认为当前世界经济中的生产活动更显现出网络化特征，跨国公司

---

① Ng F., A. Yeats, *Production Sharing in East Asia: who does what for whom, and why? Global Production and Trade in East Asia*. Springer US, 2001.

② Feenstra R. C., G. H. Hanson, "Global production sharing and rising inequality: A survey of trade and wages", *Handbook of International Trade*, 2003.

③ Krugman P., R. N. Cooper, T. N. Srinivasan, "Growing world trade: causes and consequences," *Brookings Papers on Economic Activity*, 1995（1）.

④ Leamer E. E., "Wage inequality from international competition and technological change: theory and country experience," *The American Economic Review*, 1996, 86（2）.

⑤ Antweiler W. D., "Trefler. Increasing returns and all that: a view from trade," *American Economic Review*, 2002, 92（1）.

⑥ Hummels D., J. Ishii, K. M. Yi, "The nature and growth of vertical specialization in world trade," *Journal of International Economics*, 2001, 54（1）.

⑦ Gereffi G., "International trade and industrial upgrading in the apparel commodity chain," *Journal of International Economics*, 1999, 48（1）.

作为国际生产网络的主体，将世界范围内的各种生产相关企业紧密地联系到商品的全球生产链中。全球商品链中的基本单位是节点，任意一个节点都包含原材料投入、运营组织、市场营销等内容环节。虽然该理论是围绕着跨国公司的商品概念，但为之后全球价值链空间布局的提出提供了思路。Gereffi 在全球商品链基础上又提出了全球价值链（GVC）这个概念，GVC 提供了一种研究生产活动在全球空间范围内布局的方法，同时这个概念的提出也深刻揭示了当前世界经济运行中的动态特征。全球价值链分工理论进一步解释了当前跨国公司主导下的生产活动跨地域布局，价值链包含设计、生产、组装、营销、售后服务等一系列环节，产品的国别属性越来越模糊，很难用产品的最后出口国来准确描述该产品的国别属性。联合国工业发展组织（UNIDO，2002）[①] 也对全球价值链的概念做出了定义：这是一种在全球范围内的生产活动，该生产链涵盖商品生产与服务环节，这种接通区域的生产、加工、销售、回收等环节的跨国性生产网络，可被解读为一种全球性的价值链。比较之下可发现，全球价值链分工不仅包括生产制造环节的各节点跨国分工，还包括设计、营销等环节的跨国安排，接近于实体产品内国际分工与服务产品内国际分工的综合。当产品内国际分工从广义角度理解为某特定产品从核心价值的发掘提炼、概念设计、样品试制到正式生产制造、营销推广再到售后服务的整个过程被分成不同的阶段或环节分散在不同的国家 / 地区进行时，则产品内国际分工与全球价值链分工基本一致。

综上所述，上述不同分工概念的核心都是指分工及贸易对象从产品层面深入工序层面，原一体化的生产过程被切割为不同的工序、环节、任务进行全球分散化生产这一经济现象。而产品内国际分工这一概念更能维护国际分工从产业间发展到产业内再进一步发展到产品内的逻辑顺序和理论上的历史传承（蒲华林，2011[②]）。

---

① United Nations Industrial Development Organization, " Industrial Development Repon 2002/2003: competing Through Innovation and Learning," *Vienna*: *Wnited Nations Industrial Development Organization*, 2002.

② 蒲华林:《产品内国际分工与贸易对我国贸易平衡的影响分析》,《国际贸易问题》2011 年第 4 期。

2. 产品内贸易与产业间、产业内贸易的联系与区别研究文献

产品内贸易（International Intra-Product Trade）是指由产品内国际分工所引起的零部件、中间投入品贸易（田文，2005）[①]。产品内贸易与产业间贸易（International Inter-Industry Trade）、产业内贸易（International Intra-industry Trade）既紧密相连又有所区别。

产业间贸易是指不同产业之间产品的跨国贸易；产业内贸易是指同一产业内部产品的跨国双向贸易活动，而所谓同一产业内部的商品一般要求按照国际贸易商品标准分类（Standard International Trade Classification，SITC）至少前三位相同，即至少属于同类（Division）、同章（Chapter）、同组（Group）的商品。田文（2005）认为产品内贸易与产业间贸易、产业内贸易是交集的关系，他指出当把产品内贸易所涉及的零部件、中间品按照 SITC 三分位类别进行分类时，“跨及的产业可能从类到章到组，如在汽车生产的产品内分工结构中，中间产品包括发动机、仪表盘、刹车、离合器、电池、轮胎、座位、外壳等许多产品，在这些产品中，一部分仍属产业内分工，另一部分则已不属一个产业内了”。但卢锋（2004）[③] 认为产品内贸易与产业内贸易存在本质的区别：“标准贸易理论大都研究最终产品，它们暗含一个基本假定，就是所有产品都在特定国家内部生产，因而没有考虑产品生产过程发生工序和区段国际分工的可能性。产品内分工，虽然在语义上似乎应当包含在行业内分工的范围以内，但是鉴于国际贸易理论对行业内贸易和分工概念的标准理解，产品内分工与行业内分工含义存在本质区别”。丁小义和程惠芳（2018）[④] 认为产品内贸易与产业间贸易、产业内贸易既有联系又有区别，前者以中间品为主，而后两者以最终品为主，但这些中间品既可能属于同一产业，也可能属于不同产业。因此在产品层面，产品内贸易与产业间贸易、产业内贸易存在本质的区别，但在产业层面，产品内贸易与产业间贸易、产业内贸易又存在交集关系。随着生产技术的进步，生产过程越复杂，生产过程可分割的环节越多，这三种贸易形态越容易互相转

---

①② 田文：《产品内贸易的定义、计量及比较分析》，《财贸经济》2005 年第 5 期。

③ 卢锋：《产品内分工》，《经济学（季刊）》2004 年第 4 期。

④ 丁小义、程惠芳：《高、低端型产品内国际分工模式变迁及驱动因素分析》，《数量经济技术经济研究》2018 年第 35 卷第 9 期。

换，也越加密不可分。

三、有关双循环新发展格局计量研究的主要文献

江小涓和孟丽君（2021）[①]运用外贸依存度来衡量经济增长与国外资源、市场的关联程度。王一鸣（2021）[②]采用对外贸易依存度分析国际经济大循环的演变，并根据“外需”和“内需”地位的变化，提出“客观上要求转向以国内大循环为主体的新发展格局”。洪俊杰和隋佳良（2023）[③]通过构建国内大循环指数，计算制造业出口企业在全球价值链中的位置以衡量高水平对外开放，考察国内大循环对高水平对外开放的影响。

李帮喜等（2021）[④]利用1957—2017年投入产出表，构建了中国经济的三大部类表，分析了中国经济结构的变化逻辑和由此带来的发展模式变迁路径。丁晓强和张少军（2022）[⑤]利用中国30个省（自治区、直辖市）的投入产出表，考察1987—2017年中国经济双循环的分布格局、依存强度、竞争优势以及内卷程度等特征。李敬和刘洋（2022）[⑥]基于国内投入产出表透视了中国国民经济内循环的结构与关系。黄仁全和李村璞（2022）[⑦]基于世界投入产出模型，测度了中国与世界主要经济体的外循环发展水平，对比了经济增长动力的异同。郑休休等（2022）[⑧]结合区域间投入—产出表与海关进出口交易数据，构建了出口和进口两类国际大循环指标、国内销售和国内购买两类国内大循环指标，利用面板数据联立方程组模型定量检验了国内大循环与国际大循环之间的相互影响。侯俊军等（2023）[⑨]基于新发展格局“经济循环”的内涵特征构建了一个

---

① 江小涓、孟丽君：《内循环为主、外循环赋能与更高水平双循环——国际经验与中国实践》，《管理世界》2021年第37卷第1期。

② 王一鸣：《百年大变局、高质量发展与构建新发展格局》，《管理世界》2021年第36卷第12期。

③ 洪俊杰、隋佳良：《立足国内大循环，推进高水平对外开放——基于全球价值链位置视角的研究》，《国际贸易问题》2023年第1期。

④ 李帮喜、赵奕菡、冯志轩等：《价值循环、经济结构与新发展格局：一个政治经济学的理论框架与国际比较》，《经济研究》2021年第56卷第5期。

⑤ 丁晓强、张少军：《中国经济双循环的测度与分析》，《经济学家》2022年第2期。

⑥ 李敬、刘洋：《中国国民经济循环：结构与区域网络关系透视》，《经济研究》2022年第57卷第2期。

⑦ 黄仁全、李村璞：《中国经济国内国际双循环的测度及增长动力研究》，《数量经济技术经济研究》2022年第39卷第8期。

⑧ 郑休休、刘青、赵忠秀：《产业关联、区域边界与国内国际双循环相互促进——基于联立方程组模型的实证研究》，《管理世界》2022年第38卷第11期。

⑨ 侯俊军、岳有福、叶家柏：《供需双循环测度与中国经济平稳增长》，《统计研究》2023年第40卷第3期。

理解双循环的分析框架，从企业间中间产品供给循环和对企业的最终产品需求循环视角测度了我国供给端和需求端双循环，并通过结构分解分析（Structural Decomposition Analysis，SDA）方法探究了双循环视角下我国经济的平稳增长。林卫斌等（2022）[①] 运用非竞争型投入产出法对进口商品在经济循环中的价值流向进行细分，以准确衡量内外需求对经济增长的贡献以及国内生产体系对国际供应链的依赖程度，并在此基础上从需求和供给两个视角理解新发展格局。

国内外研究者提出全球价值链的测度方法应用于双循环的测度。Hummels 等（2001）[②]、Koopman 等（2014）[③]、王直等（2015）[④]、程大中（2015）[⑤]、王直等（2017a）[⑥]、王直等（2017b）[⑦]、祝坤福等（2022）[⑧] 学者提出全球价值链的测度方法应用于双循环的测度。Fan 等（2019）[⑨]、黄群慧和倪红福（2021）[⑩] 从国内需求、国外需求以及增加值之间的关系等方面，测算中国由内外循环驱动的增加值提升能力。王欠欠和田野（2022）[⑪] 基于全球价值链生产分解框架对 2000—2021 年中国经济循环的演变特征进行测度，并进一步利用因素结构分解方法探究各类

---

① 林卫斌、吴嘉仪、施发启:《构建新发展格局的科学内涵及理论逻辑——基于非竞争型投入产出法的分析》,《统计研究》2022 年第 39 卷第 10 期。

② Hummels D., Ishii J., Yi K. M., "The nature and growth of vertical specialization in world trade," *Journal of International Economics*, 2001, 54 (1).

③ Koopman R., Wang Z., Wei S. J., "Tracing value-added and double counting in gross exports," *American Economic Review*, 2014, 104 (2).

④ 王直、魏尚进、祝坤福:《总贸易核算法：官方贸易统计与全球价值链的度量》,《中国社会科学》2015 年第 9 期。

⑤ 程大中:《中国增加值贸易隐含的要素流向扭曲程度分析》,《经济研究》2015 年第 49 卷第 9 期。

⑥ Wang Z., Wei S. J., Yu X., et al., "Measures of participation in global value chains and global business cycles," *National Bureau of Economic Research*, 2017a, w23222.

⑦ Wang Z., Wei S. J., Yu X., et al., "Characterizing global value chains: production length and upstreamness," *National Bureau of Economic Research*, 2017b, w23261.

⑧ 祝坤福，等:《全球价值链中跨国公司活动测度及其增加值溯源》,《经济研究》2022 年第 57 卷第 3 期。

⑨ Fan Z., Zhang Y., Liao C., "Global or regional value chains? evidence from china," *International Regional Science Review*, 2019, 42 (5-6).

⑩ 黄群慧、倪红福:《中国经济国内国际双循环的测度分析——兼论新发展格局的本质特征》,《管理世界》2021 年第 37 卷第 12 期。

⑪ 王欠欠、田野:《中国经济双循环的测度及增长结构分解》,《经济学动态》2022 年第 11 期。

经济循环对中国经济增长的贡献。陈全润等（2022）[①]将一国的增加值在本国吸收的部分定义为一国GDP中的内循环部分，反之为外循环部分。邵朝对和苏丹妮（2023）[②]构建了包含多阶段生产和内生移民决策的价值链空间均衡模型，对中国价值链分工进行福利评估和空间解构。倪红福和田野（2023）[③]构建了纳入要素国民权属异质性的国内国际经济循环测度新框架，测度分析了2005—2016年各国经济的国内国际循环。黎峰（2021）[④]以Koopman的出口分解框架为基础提出总产出分解模型，对本国局部Lentief逆矩阵和全局Lcontief逆矩阵所代表的生产活动区位进行识别，将一国总产出分解为国内循环和国际循环。但其未考虑与全球价值链核算密切相关的重复统计问题。李跟强和潘文卿（2023）[⑤]从价值链的视角，构建双循环增加值构成模型和嵌入双循环框架的经济增加值核算模型，并利用OECD-AMNE数据库实证考察2005—2016年中国双循环的增加值构成、内外互动特征及其对中国GDP的贡献（见表1-2）。

表1-2　有关双循环新发展格局测度研究的主要文献

测度视角	作者	样本区间	研究对象	数据库
传统指标	江小涓和孟丽君（2021）	2009—2018年	中国	世界银行、UNCTAD、海关总署、中国统计年鉴
	王一鸣（2021）	1978—2018年	中国	国家统计局
	洪俊杰和隋佳良（2023）	2000—2013年	中国30个省（自治区、直辖市）	中国工业企业数据库、中国海关数据库、世界投入产出数据库

① 陈全润、许健、夏炎等：《国内国际双循环的测度方法及我国双循环格局演变趋势分析》，《中国管理科学》2022年第30卷第1期。

② 邵朝对、苏丹妮：《中国价值链分工的福利效应与空间解构：双循环视角》，《世界经济》2023年第46卷第1期。

③ 倪红福、田野：《中国经济双循环的动态变迁与国际比较——引入要素权属异质性的全球价值链分解新框架》，《经济学（季刊）》2023年第23卷第5期。

④ 黎峰：《国内国际双循环：理论框架与中国实践》，《财经研究》2021年第47卷第4期。

⑤ 李跟强、潘文卿：《双循环与经济增加值解构：基于价值链的视角》，《经济理论与经济管理》2023年第43卷第11期。

续表

测度视角	作者	样本区间	研究对象	数据库
投入—产出表	李帮喜等（2021）	1957—2017 年	中国	国家统计局
	丁晓强和张少军（2022）	1987—2017 年	中国 30 个省（自治区、直辖市）	各省统计局及国务院发展研究中心
	李敬和刘洋（2022）	2012—2017 年	中国 31 个省（自治区、直辖市）	中国碳核算数据库
	黄仁全和李村璞（2022）	1995—2018 年	中国、美国、日本、欧盟、东盟、金砖国家	OECD
	郑休休等（2022）	2006—2017 年	中国 30 个省（自治区、直辖市）	中国工业统计年鉴、中国经济普查年鉴
	侯俊军等（2023）	2005—2016 年	中国	OECD-AMNE
全球价值链	黄群慧和倪红福（2021）	2000—2014 年	中国、美国、英国、法国、俄罗斯、日本、意大利、加拿大、德国、印度、巴西等国	WIOD
	王欠欠和田野（2022）	2000—2021 年	62 个经济体、35 个行业	ADB
	陈全润等（2022）	2000—2014 年	43 个经济体、56 个产业	WIOD
	邵朝对和苏丹妮（2023）	2002—2012 年	中国 30 个省（自治区、直辖市）和世界 20 个主要经济体	中国科学院、WIOD
	倪红福和田野（2023）	2005—2016 年	43 个国家、34 个行业	OECD
	黎峰（2021）	2000—2014 年	中国制造业	WIOD
	李跟强和潘文卿（2023）	2005—2016 年	中国和美国	—

资料来源：根据相关文献整理所得。

四、有关加快构建双循环新发展格局的影响因素的研究文献

习近平总书记指出，供给侧和需求侧是管理和调控宏观经济的两个

基本手段[①]。在构建新发展格局过程中，畅通内循环，既需要扩大内需，又需要深化供给侧结构性改革（洪银兴等，2023[②]）。

（一）有关供给侧影响因素的研究文献

在供给侧影响双循环新发展格局的因素中，科技创新能力和产业链供应链发展水平是学者们关注的重点。

1. 有关科技创新能力的研究文献

创新是发展的第一动力，也是解决深层次矛盾、突破发展瓶颈的根本出路（谢伏瞻等，2020[③]）。创新应该贯穿经济社会发展的各个方面，实现知识创新、理论创新、科技创新、企业创新、产品创新、市场创新、品牌创新、制度创新、人才创新、文化创新等全面创新，其中科技创新是全面创新的核心（任声策等，2023[④]）。历次科技革命带来的产业革命，以及世界科技中心转移带来的世界经济中心转移，无不说明科技与经济间的紧密关系。当前，科技领域的国际竞争更加激烈，特别是美国频频打压我国高科技企业，并推动与我国“技术脱钩”，增强自主创新能力尤为紧迫（蔡昉等，2020[⑤]）。由于国际高技术生产要素供给不确定性，我国生产要素面临一些关键核心技术约束，这将对我国生产要素供给端提出大量创新问题，必须通过科技创新掌握核心技术，加快科技自立自强。努力实现更多“从 0 到 1”的突破，才能在日趋激烈的国际竞争中掌握主动权，稳定经济发展根基（洪银兴，2022[⑥]）。

2. 有关产业链供应链现代化的研究文献

提升产业链供应链现代化水平是形成以国内大循环为主体、国内国际双循环相互促进的新发展格局的必然要求（中国社会科学院工业经济

---

① 《习近平经济文选》（第一卷），中央文献出版社 2025 年版。

② 洪银兴、王辉龙、耿智：《从供给和需求两侧夯实新发展格局的根基》，《经济学动态》2023 年第 6 期。

③ 谢伏瞻、刘伟、王国刚等：《奋进新时代 开启新征程——学习贯彻党的十九届五中全会精神笔谈（上）》，《经济研究》2020 年第 55 卷第 12 期。

④ 任声策、杜梅、陈强：《新发展格局下我国科技创新体系的适配性与路径研究》，《经济学家》2023 年第 2 期。

⑤ 蔡昉、陈晓红、张军等：《研究阐释党的十九届五中全会精神笔谈》，《中国工业经济》2020 年第 12 期。

⑥ 洪银兴：《贯彻新发展理念的中国式现代化新道路》，《经济学家》2022 年第 11 期。

研究所课题组和张其仔，2021[①]），也是提升供给质量、打通国民经济循环堵点的关键（黄群慧，2020[②]）。

与许多国家相比，我国参与全球产业分工的链条较长且范围广泛，在全球产业链中已居于重要位置。但同时，我国产业链仍然面临增值能力不足等问题，整体上仍处于全球产业链、价值链的中低端。当全球产业链分工协作网络受到冲击时，部分创新密集型行业的境外上游供应链断供风险就会加剧，导致产业核心技术缺乏，进而阻碍产业循环（祝合良和王春娟，2021[③]）。因此，推动全球产业链发展和维护全球产业链安全，是与我国自身发展直接相关的重大利益（江小涓和孟丽君，2021[④]）。

（二）有关需求侧影响因素的研究文献

在需求侧影响双循环新发展格局的因素中，学者们主要围绕收入分配和消费需求展开。

1. 有关收入分配影响的研究文献

居民收入分配直接关系扩大消费和国内经济大循环（王一鸣，2020[⑤]）。肖土盛等（2022）[⑥]也指出改善收入分配格局、提高居民可支配收入是构建以国内大循环为主体、国内国际双循环相互促进的新发展格局的重要基础。虽然我国收入分配体系建设已取得积极进展，但收入分配领域存在的问题仍然比较突出。多位学者的研究已经表明，21世纪以来我国居民收入增长与潜在消费需求是不匹配的，中低收入人群获得感不高，城乡收入差距扩大（李实和朱梦冰，2018[⑦]；黄群慧和

---

① 中国社会科学院工业经济研究所课题组，张其仔：《提升产业链供应链现代化水平路径研究》，《中国工业经济》2021年第2期。

② 黄群慧：《“双循环”新发展格局：深刻内涵、时代背景与形成建议》，《北京工业大学学报（社会科学版）》2020年第21卷第1期。

③ 祝合良、王春娟：《“双循环”新发展格局战略背景下产业数字化转型：理论与对策》，《财贸经济》2021年第42卷第3期。

④ 江小涓、孟丽君：《内循环为主、外循环赋能与更高水平双循环——国际经验与中国实践》，《管理世界》2021年第37卷第1期。

⑤ 王一鸣：《百年大变局、高质量发展与构建新发展格局》，《管理世界》2020年第36卷第12期。

⑥ 肖土盛、孙瑞琦、袁淳等：《企业数字化转型、人力资本结构调整与劳动收入份额》，《管理世界》2022年第38卷第12期。

⑦ 李实、朱梦冰：《中国经济转型40年中居民收入差距的变动》，《管理世界》2018年第34卷第12期。

陈创练，2021[①]；朱青，2021[②]；韩文龙和蒋枢泓，2022[③]）。同时，居民收入在国民收入分配中的比重总体也呈下降趋势，居民收入分配状况不但没有得到应有的改善，反而变差了，无论是初次分配还是再分配，收入分配都是向政府部门倾斜（方福前，2021[④]）。因此，解决好这些问题，是提升消费能力、扩大内需，进而实现双循环新发展格局的重要前提条件。

2. 有关消费需求影响的研究文献

我国国内经济大循环中的最后环节体现在消费上，人民日益增长的美好生活需要最为直接的体现是居民消费；消费体系无疑对于扩大内需、畅通国内经济大循环具有最终的牵引效应（黄群慧，2021[⑤]）。政策实践方面，我国早在2006年和2011年制定的“十一五”规划和“十二五”规划中就明确指出对“两头在外”的贸易模式进行调整，提出“立足扩大国内需求推动发展，把扩大国内需求特别是消费需求作为基本立足点”（裴长洪和刘洪愧，2021[⑥]），充分体现了对消费的重视程度。但从经济增长模式来看，我国经济的高增长主要依靠出口与投资需求的拉动，国内消费市场挖掘得相对不够（刘伟和陈彦斌，2021[⑦]），体现在低收入群体有消费意愿，但支付能力不强，中等收入群体有较强的支付能力，但因公共服务不足和保障水平较低导致总体消费倾向偏低。如果我国的居民消费率能够在迈向社会主义现代化的过程中不断提高，将会形成巨大的国内市场，有效打通国内国际双循环。

五、有关加快构建双循环新发展格局的政策体系研究文献

构建新发展格局是中国进入新发展阶段、以新发展理念为指导的新的现代化战略选择，这个新的现代化战略的基本内涵是以高水平的自立

---

① 黄群慧、陈创练：《新发展格局下需求侧管理与供给侧结构性改革的动态协同》，《改革》2021年第3期。

② 朱青：《论“新发展格局”下的财税改革》，《财贸经济》2021年第42卷第5期。

③ 韩文龙、蒋枢泓：《新发展阶段实现共同富裕的理论逻辑与实现路径》，《社会科学战线》2022年第4期。

④ 方福前：《中国居民消费潜力及增长点分析——基于2035年基本实现社会主义现代化的目标》，《经济学动态》2021年第2期。

⑤ 黄群慧：《“双循环”新发展格局：深刻内涵、时代背景与形成建议》，《北京工业大学学报（社会科学版）》2021年第21卷第1期。

⑥ 裴长洪、刘洪愧：《构建新发展格局科学内涵研究》，《中国工业经济》2021年第6期。

⑦ 刘伟、陈彦斌：《“两个一百年”奋斗目标之间的经济发展：任务、挑战与应对方略》，《中国社会科学》2021年第3期。

自强和科技自主创新来实现经济循环的畅通无阻。围绕构建新发展格局这个基本内涵，相应的政策体系也需要不断创新完善。因此，对于双循环新发展格局的政策体系研究，也是学者们研究的重点。

（一）有关畅通国内大循环的政策体系研究文献

在畅通国内大循环方面，学者们主要从生产、分配、流通、消费等环节的一般规律着手研究如何推动形成双循环新发展格局。

1. 有关生产环节循环的研究文献

从生产环节看，我国经济循环不畅的主要表现之一在于，科技创新能力和产业创新能力还有待提升，科技创新体系和产业创新体系还不完整，造成产业供给质量不高，不能满足消费者对消费品转型升级的要求（黄群慧，2021①）。因此，生产环节方面畅通国内大循环，要从加强科技自主创新、推动产业结构升级两个方面着手（徐奇渊，2020②）。首先，要加强科技自主创新和关键核心技术攻关（逄锦聚，2020③）。发挥集中力量办大事的制度优势，在"卡脖子"关键技术问题上集中攻关（黄群慧，2021④；陈劲和阳镇，2021⑤）。其次，要推进产业链现代化，实现产业结构升级（张建华等，2023⑥）。重点在于推进产业基础高级化（任继球，2022⑦）、促进制造业数字化智能化升级（郭克莎和田潇潇，2021⑧）、补齐产业链供应链短板（张二震和戴翔，2023⑨）、围绕产业链部署创新链（洪银兴和杨玉珍，2021⑩）在提高产业链供应链控制力上下功夫（鲁

① 黄群慧：《"双循环"新发展格局：深刻内涵、时代背景与形成建议》，《北京工业大学学报（社会科学版）》2021 年第 21 卷第 1 期。

② 徐奇渊：《双循环新发展格局：如何理解和构建》，《金融论坛》2020 年第 25 卷第 9 期。

③ 逄锦聚：《深化理解加快构建新发展格局》，《经济学动态》2020 年第 10 期。

④ 黄群慧：《新发展格局的理论逻辑、战略内涵与政策体系——基于经济现代化的视角》，《经济研究》2021 年第 56 卷第 4 期。

⑤ 陈劲、阳镇：《新发展格局下的产业技术政策：理论逻辑、突出问题与优化》，《经济学家》2021 年第 2 期。

⑥ 张建华、赵英，刘慧玲：《国内国际双循环视角下中国产业结构转型升级研究》，《中国工业经济》2023 年第 9 期。

⑦ 任继球：《从外循环到双循环：我国产业政策转型的基本逻辑与方向》，《经济学家》2022 年第 1 期。

⑧ 郭克莎、田潇潇：《加快构建新发展格局与制造业转型升级路径》，《中国工业经济》2021 年第 11 期。

⑨ 张二震、戴翔：《以"双循环"新发展格局引领经济高质量发展：理论逻辑与实现路径》，《南京社会科学》2023 年第 1 期。

⑩ 洪银兴、杨玉珍：《现代化新征程中农业发展范式的创新——兼论中国发展经济学的创新研究》，《管理世界》2021 年第 39 卷第 5 期。

保林和王朝科，2021[①]）。

2. 有关分配环节循环的研究文献

居民收入水平直接决定了居民消费能力，进而影响国家的内需消费潜力。在分配环节，优化收入分配结构，发展壮大中等收入群体，能够为扩大内需增强国内循环提供支撑（杨灿明，2021[②]；刘培林等，2021[③]）。扩大内需的前提是要提高居民收入（李福岩和李月男，2022[④]；陆江源等，2022[⑤]），特别是持续提高国民收入分配中居民收入比重、劳动报酬在初次分配中的比重以及居民收入中财产性收入比重“三个比重”。此外，中等收入群体的规模决定了国内市场的规模，持续扩大中等收入群体规模也被众多学者认为是双循环新发展格局分配环节的重要内容（张占斌和毕照卿，2022[⑥]；乔晓楠等，2023[⑦]）。

3. 有关流通环节循环的研究文献

“建设现代流通体系对构建新发展格局具有重要意义”[⑧]。畅通国内大循环，在流通环节，学界主要是从加快完善国内统一大市场、建设现代综合运输体系两个方面进行了探讨。第一，打破区域壁垒，深化要素市场化改革，建设全国统一开放市场（马建堂，2021[⑨]）。在流通环节应深化要素市场化改革，打破制约要素和商品自由流动的各种体制机制障碍（余淼杰，2020[⑩]；董志勇和李成明，2020[⑪]；张帅等，

---

① 鲁保林、王朝科：《畅通国民经济循环：基于政治经济学的分析》，《经济学家》2021 年第 1 期。

② 杨灿明：《构建现代财税金融体制对优化收入分配格局的启示与意义》，《经济学动态》2021 年第 9 期。

③ 刘培林、钱滔、黄先海等：《共同富裕的内涵、实现路径与测度方法》，《管理世界》2021 年第 37 卷第 8 期。

④ 李福岩、李月男：《构建新发展格局：生成逻辑、核心内容与战略意义》，《经济学家》2022 年第 4 期。

⑤ 陆江源、相伟、谷宇辰：《“双循环”理论综合及其在我国的应用实践》，《财贸经济》2022 年第 43 卷第 2 期。

⑥ 张占斌、毕照卿：《经济高质量发展》，《经济研究》2022 年第 57 卷第 4 期。

⑦ 乔晓楠、李欣、蒲佩芝：《共同富裕与重塑中国经济循环——政治经济学的理论逻辑与经验证据》，《中国工业经济》2023 年第 5 期。

⑧ 孙琳：《王一鸣委员：建设现代流通体系 对构建新发展格局具有重要意义》，《人民政协报》2021 年 5 月 7 日。

⑨ 马建堂：《建设高标准市场体系与构建新发展格局》，《管理世界》2021 年第 37 卷第 5 期。

⑩ 余淼杰：《“大变局”与中国经济“双循环”发展新格局》，《上海对外经贸大学学报》2020 年第 27 卷第 6 期。

⑪ 董志勇、李成明：《国内国际双循环新发展格局：历史溯源、逻辑阐释与政策导向》，《中共中央党校（国家行政学院）学报》2020 年第 24 卷第 5 期。

2022[①]）。第二，加快构建现代综合交通网络体系和现代物流体系（汪旭晖和赵博，2021[②]）。依托大数据、云计算、物联网等数字技术与交通运输行业融合创新，打造智慧交通体系；同时要加大新基建领域布局和投资力度，发展智慧物流、配套物流、应急物流、快递物流，打通区域之间、城乡之间以及城市内部商品物流的主干动脉及微循环通道（蒲清平和杨聪林，2020[③]）。

4. 有关消费环节循环的研究文献

消费是终点也是新起点，是释放内需潜力、增强经济发展动力的着力点。在消费环节，学术界主要从提升消费能力、增加消费意愿，促进消费方式的多元化发展等方面来展开讨论（徐卓顺等，2022[④]；苏立君和梁俊尚，2021[⑤]）。第一，健全收入分配制度，完善社会保障体系，确保居民“能消费”“敢消费”。学者们普遍强调促进消费，首先要提升居民的消费能力（王一鸣，2020[⑥]），其次要增强居民的消费意愿，完善多层次的社会保障体系（李实等，2020[⑦]），加快医疗、教育、住房、养老等领域的改革，提高民生保障标准，消除居民消费的后顾之忧（陆江源等，2022[⑧]）。第二，完善消费环境，拓展新型消费领域，加快消费新模式新业态的发展，促进居民“愿消费”“肯消费”（刘斌等，2022[⑨]）。以高质量有效供给匹配多样化消费需求，有序取消行政性限制消费购买规定，

① 张帅、王志刚、金徽辅：《双循环的经济增长效应：基于国内贸易的视角》，《数量经济技术经济研究》2022 年第 39 卷第 11 期。

② 汪旭晖、赵博：《新发展格局下流通业促进形成强大国内市场的内在机制与政策思路》，《经济学家》2021 年第 10 期。

③ 蒲清平、杨聪林：《构建“双循环”新发展格局的现实逻辑、实施路径与时代价值》，《重庆大学学报（社会科学版）》2020 年第 26 卷第 6 期。

④ 徐卓顺、赵奚、夏海利：《“双循环”新发展格局下消费升级对产业结构的影响》，《社会科学战线》2022 年第 3 期。

⑤ 苏立君、梁俊尚：《构建国内国际经济双循环的政治经济学投入产出分析》，《数量经济技术经济研究》2021 年第 38 卷第 9 期。

⑥ 王一鸣：《百年大变局、高质量发展与构建新发展格局》，《管理世界》2020 年第 36 卷第 12 期。

⑦ 李实，Terry Sicular，Finn Tarp：《中国收入不平等：发展、转型和政策》，《北京工商大学学报（社会科学版）》2020 年第 35 卷第 4 期。

⑧ 陆江源、相伟、谷宇辰：《“双循环”理论综合及其在我国的应用实践》，《财贸经济》2022 年第 43 卷第 2 期。

⑨ 刘斌、李川川，李秋静：《新发展格局下消费结构升级与国内价值链循环：理论逻辑和经验事实》，《财贸经济》2022 年第 43 卷第 3 期。

充分挖掘县乡消费潜力（李福岩和李月男，2022[①]）。

（二）有关促进国内国际双循环的政策体系研究文献

在促进国内国际双循环方面，学者们主要从对外开放、保障机制与治理体系等角度进行思考。

1. 有关高水平对外开放的主要研究文献

推动更高水平开放，深化自贸区（港）建设和加强区域经济合作的做法受到学界的普遍认可（洪银兴等，2023[②]）。在自贸区（港）建设方面，关键在于探索对外开放新体制机制，不断总结经验形成模式，拓展对外开放深度和广度（董志勇和李成明，2020[③]；汪建新和杨晨，2021[④]）。在深度方面，高质量高标准建设自贸区（港），对接国际高水平经贸规则，搭建国际化、法治化、便利化营商环境，通过“降成本”吸引高质量外资，推动贸易和投资自由便利（刘志彪和孔令池，2021[⑤]；裴长洪，2023[⑥]）。在广度方面，不断积累自贸区（港）建设经验，以自由贸易区（港）制度体系为基础，适时推广经验模式，实现更大范围、更宽领域的对外开放（韩剑和许亚云，2021[⑦]）。在加强区域经济合作方面，依托区域合作平台，在保障发展安全的前提下，将高水平“引进来”和高质量“走出去”相结合，将引外补内和以内促外相结合，形成全方位、多层次、多元化的对外开放格局（谢富胜和匡晓璐，2022[⑧]）。

2. 有关优化营商环境的研究文献

在完善高水平开放政策保障机制方面，学者们主要从优化营商环

---

① 李福岩、李月男：《构建新发展格局：生成逻辑、核心内容与战略意义》，《经济学家》2022年第4期。

② 洪银兴、王辉龙、耿智：《从供给和需求两侧夯实新发展格局的根基》，《经济学动态》2023年第6期。

③ 董志勇、李成明：《国内国际双循环新发展格局：历史溯源、逻辑阐释与政策导向》，《中共中央党校（国家行政学院）学报》2020年第24卷第5期。

④ 汪建新、杨晨：《促进国内国际双循环有效联动的模式、机制与路径》，《经济学家》2021年第8期。

⑤ 刘志彪、孔令池：《从分割走向整合：推进国内统一大市场建设的阻力与对策》，《中国工业经济》2021年第8期。

⑥ 裴长洪：《我国设立自由贸易试验区十周年：基本经验和提升战略》，《财贸经济》2023年第44卷第7期。

⑦ 韩剑、许亚云：《RCEP及亚太区域贸易协定整合——基于协定文本的量化研究》，《中国工业经济》2021年第7期。

⑧ 谢富胜、匡晓璐：《以问题为导向构建新发展格局》，《中国社会科学》2022年第6期。

境、人民币国际化战略、推动制度型开放等方面来展开讨论。一是优化营商环境（魏婕和任保平，2021[①]；李海舰等，2022[②]；江小涓等，2022[③]；朱灏等，2023[④]）。通过积极贯彻落实《外商投资法》及法规等相关配套措施、完善知识产权价值评估的市场定价机制、构建多元化商事争议解决机制，打造公平诚信法治的市场环境（陈伟光等，2021[⑤]），使优质外资企业成为推动国内国际双循环相互促进的重要力量（王维平和牛新星，2021[⑥]；郝彬凯，2023[⑦]；中国社会科学院财经战略研究院课题组和何德旭，2023[⑧]）。二是加快推动人民币国际化。人民币走向国际对内可以稳定本国汇率，提高我国抵抗金融风险的能力，对外有利于为我国外循环营造一个公正、稳定的国际货币体系（杨荣海，2021[⑨]）。新形势下推进人民币国际化，需要推动构建多元化国际货币体系的发展，进一步拓展人民币国际化的深度和广度，向境外机构投资者进一步开放国内金融市场（裴长洪和刘洪愧，2021[⑩]；李俊久，2022[⑪]；宁吉喆，2023[⑫]）。三是推动制度型开放，张宇燕（2018）认为中国对外开放是一个由局部向总体、由低级向高级的渐进过程。黄建忠（2024）提出高水平开放的特征是制度型开放的不断深化。既要对标高水平国际经贸规则，实施主动开放，也要全面提升区域开放水平，优化开放格局环境。魏浩等（2022）认

---

① 魏婕、任保平:《新发展阶段国内外双循环互动模式的构建策略》,《改革》2021 年第 6 期。

② 李海舰、朱兰、孙博文:《新发展格局：从经济领域到非经济领域——加速启动“五位一体”新发展格局的构建》,《数量经济技术经济研究》2022 年第 39 卷第 10 期。

③ 江小涓、隆国强、王金照等:《学习阐释党的二十大精神笔谈》,《中国工业经济》2022 年第 11 期。

④ 朱灏、史昭君、朱泊翰:《国际国内双循环新发展格局构造特征研究》,《中国软科学》2023 年第 9 期。

⑤ 陈伟光、明元鹏，钟列炀:《构建“双循环”新发展格局：基于中国与世界经济关系的分析》,《改革》2021 年第 6 期。

⑥ 王维平、牛新星:《试论“双循环”新发展格局与经济高质量发展的良性互动》,《经济学家》2021 年第 6 期。

⑦ 郝彬凯:《高质量利用外资促进“双循环”：理论逻辑、现实基础与政策取向》,《经济学家》2023 年第 8 期。

⑧ 中国社会科学院财经战略研究院课题组，何德旭:《优化营商环境与扩大国内需求》,《财贸经济》2023 年第 44 卷第 8 期。

⑨ 杨荣海:《人民币国际化“双循环”程度测算：模型与实证》,《经济学家》2021 年第 9 期。

⑩ 裴长洪、刘洪愧:《构建新发展格局科学内涵研究》,《中国工业经济》2021 年第 9 期。

⑪ 李俊久:《人民币国际化的推进：历史逻辑、理论逻辑与现实逻辑》,《经济学家》2022 年第 3 期。

⑫ 宁吉喆:《中国式现代化的方向路径和重点任务》,《管理世界》2023 年第 39 卷第 3 期。

为中国的制度型开放经历了初步探索和有序调整、主动对接和渐进开放、深度融入和创新引领三个阶段，目前表现出全方位开放、开放范围向边境内延伸、国际规则与国内规则双向互动的特点。佟家栋（2022）提出截至2021年底，中国已经设立了21个自由贸易试验区。中国设立自由贸易试验区的目标明确，即深化中国经济体制改革，建设高水平开放经济平台，提升对外开放的质量，并以这些“试验田”为模板，进行复制推广，最终建成具有中国特色的开放型市场经济制度。裴长洪（2024）认为制度型开放是我国在国际经贸规则重构背景下，塑造国际合作和竞争新优势的主动选择。为履行入世承诺，我国积极对标世界贸易组织（WTO）规则，采取修订和完善国内经贸法律法规，大幅削减贸易壁垒等措施，拓宽了制度型开放的实践领域。盛斌和黎峰（2022）提出制度型开放是全球经贸新规则竞争的需要，以深层经济制度融合为特征的新一代国际经贸规则已逐渐成为高水平贸易与投资协定及谈判的特征，以制度型开放为核心推进高水平对外开放。王文涛（2023）认为“坚持推进高水平对外开放，稳步扩大规则、规制、管理、标准等制度型开放”为高水平对外开放指明了前进方向、提供了根本遵循。

3. 有关全球治理体系的主要研究文献

在全球治理体系方面，学者们主要从维护完善多边贸易体制、积极参与国际经贸规则制定、为全球治理提出中国方案等角度来展开。我国要通过积极推进与其他国家的双边或多边贸易协定，争取把现有的各类自由贸易协定进一步升级（谢伏瞻等，2021[①]；钱学锋和裴婷，2020[②]）。加快商签中日韩自由贸易协定、区域全面经济伙伴关系协定（RCEP）、中欧全面投资协定等促进区域贸易的谈判，并积极参与国际经贸规则制定（陈伟光和聂世坤，2022[③]）。不仅要在联合国、国际货币基金组织、世界银行、世界卫生组织等国际组织中发挥积极作用，还要主动发挥负

① 谢伏瞻、马建堂、洪银兴等：《中国共产党与中国特色社会主义政治经济学——庆祝中国共产党成立一百周年笔谈》，《经济研究》2021年第56卷第6期。

② 钱学锋、裴婷：《国内国际双循环新发展格局：理论逻辑与内生动力》，《重庆大学学报（社会科学版）》2020年第27卷第1期。

③ 陈伟光、聂世坤：《构建新发展格局：基于国家治理与全球治理互动的逻辑》，《学术研究》2022年第1期。

责任大国作用，积极参与处理国际问题（郭威和刘晓阳，2021①）。

综上所述，围绕双循环新发展格局，学者们分别从理论与实践、历史与现实等多个维度进行深入研究，研究文献非常丰富。随着国内国际经济形势深刻变化，双循环新发展格局仍然有深化研究空间。

一是双循环新发展格局的发展规律性的理论分析有待进一步深化对双循环新发展格局的规律性、阶段性和周期性的研究，有助于更加深刻理解双循环新发展格局战略的重要性和紧迫性。

二是双循环新发展格局需要进一步深化实证分析，目前缺乏对世界主要发达国家和发展中国家的总需求和总供给格局变化的实证比较分析，对全球及主要发达国家的总需求和总供给的格局变化趋势的国际比较分析，可以为加快构建以国内大循环为主体、国内国际双循环相互促进的新发展格局提供决策参考。

本章重点对全球总需求和总供给格局变化进行深入实证分析，对五大洲和世界主要国家的总需求和总供给格局变化进行国际比较分析，探讨全球和主要国家总需求和总供给格局变化新趋势，旨在为加快构建我国双循环新发展格局提供科学依据和决策参考。

第二节　世界总需求及其构成比例变化

一、总需求与总供给及双循环新发展格局的内涵

总需求与总供给是国内国际双循环新发展格局中最重要的组成部分。总需求是指在价格、收入和其他经济变量既定条件下，消费者、厂商和政府消费支出总和。总需求由国内需求和国际需求构成，国内需求包括最终消费需求和投资需求，最终消费需求又包括居民最终消费支出和政府最终消费支出。投资需求由资本形成来计量，资本形成是反映固定资本净投资规模的重要指标，主要是指一定时期内资本资产（厂房、设备、车辆等投资品）的净投资，它等于一定时期内资本资产总投资扣除折旧和其他有形损耗后的新增资本，可用于反映一定时期的投资需求。国际需求由商品和服务出口贸易额计量。考虑国际统计数据可获得和可比较，总需求不包括

---

① 郭威、刘晓阳:《风险防范视阈下的全球经济治理变革——变迁历程、演进逻辑与中国定位》,《经济学家》2021 年第 10 期。

中间使用或中间需求。因此，总需求 = 国内需求 + 国际需求 = 居民最终消费支出 + 政府最终消费支出 + 资本形成 + 商品和服务出口。总需求变化与一国经济发展水平、人均 GDP、居民收入水平、政府财政收入、商品和服务价格、企业投资能力及国际市场对商品和服务需求等有关系，总需求变化也与财政政策、金融政策、消费政策、贸易政策等具有密切的关系。

总供给是指一个国家或地区在一定时期内（通常为 1 年）由社会生产活动提供给市场的可供最终使用的产品和劳务的总和。总供给包括国内供给和国际供给，国内总供给由国内生产总值（GDP）计量，国内生产总值是一个国家或地区在一定时期内，运用生产要素所生产的全部最终产品和服务的市场价值总和。国内生产总值是国民经济核算的核心指标，也是衡量一个国家或地区经济发展水平的重要指标。国内生产总值包括国内生产活动提供第一产业和第二产业的物质产品，还包括第三产业（服务业）提供的服务。国际供给是由商品和服务进口贸易额计量。为考虑统计数据可获得和可比较，总供给不包括中间投入，即不考虑国内生产总值中当年不能进行分配的部分，如人工培育正在生长过程中的牲畜、树木、由于天灾人祸造成的损失等。因此，总供给 = 国内供给 + 国际供给 = 国内生产总值 + 商品和服务进口。总供给是由生产要素（劳动力、资本、技术、数字及自然资源）的投入数量、生产要素投入组合效率和产业结构水平决定的，总供给水平也与政府的要素配置能力和经济政策调控水平存在密切关系。

本节从全球视野出发，对全球五大洲（亚洲、美洲、欧洲、非洲、大洋洲）内部区域以及主要发达经济体和发展中经济体的总需求与总供给的规模变化和构成比例进行比较分析，对世界主要国家或地区的总需求格局与总供给格局变化趋势和特征进行比较分析。在一定时期内，总需求与总供给总量平衡时，总供给 = 总需求，即居民最终消费支出 + 政府最终消费支出 + 资本形成 + 商品和服务出口 = 国内生产总值 + 商品和服务进口（C+I+G+X=GDP+M）。

总需求与总供给的结构循环格局主要是考察供给结构与需求结构是否发生协同变化，其中供给结构变化主要考察全球 GDP 分布格局以及第一、二、三产业结构变化，需求结构变化主要考察总需求中居民最终消费、政府最终消费、资本形成、商品和服务出口的构成比例变化以及消费结构变化。供给结构与需求结构匹配或协同变化时，有效需求与有效供给互动，资源实现优化配置，总需求与总供给在国内国际双循环新发展格局中运行顺畅。

本章对总需求格局变化进行比较分析，一是对总需求规模的变化进行比较分析，主要是对最终消费支出（居民最终消费支出和政府最终消费支出）、国内资本形成及商品和服务出口贸易的规模变化趋势进行比较分析。二是对总需求结构变化进行比较分析，主要是对总需求构成比例和消费结构变化进行比较分析。总需求格局变化不仅涉及国内消费和国内投资需求变化，还涉及商品和服务出口贸易变化。总需求格局还与总供给格局存在互动变化关系，在一定时期总供给变化决定总需求变化，总需求变化反过来会影响和促进总供给变化，总需求与总供给相互促进循环格局如图 1-1 所示。本章主要是对全球五大洲及主要国家的总需求规模及结构变化进行比较分析。

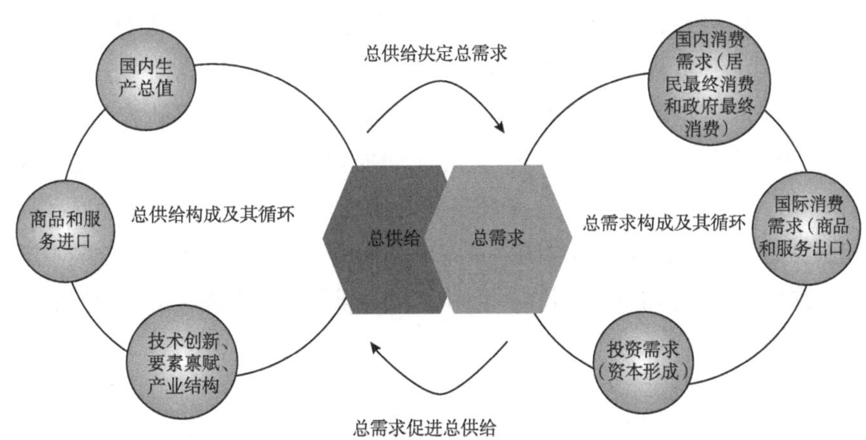

图 1-1 总需求与总供给相互促进循环格局

资料来源：作者制作。

二、世界总需求规模及其构成比例变化

（一）世界总需求规模变化

世界总需求是世界各经济体的最终消费需求（居民最终消费支出和政府最终消费支出）、投资需求（资本形成）和世界商品及服务出口贸易额的总和。1970—2022 年，世界总需求规模持续增长，世界总需求规模从 1970 年的 20.2 万亿美元增长到 2022 年的 115.9 万亿美元，从世界总需求规模数据变化看，2008 年国际金融危机和 2020 年新冠疫情全球

蔓延对世界总需求产生负增长的影响，2018 年美国“贸易战”对世界总需求并没有产生明显影响（见图 1–2）。

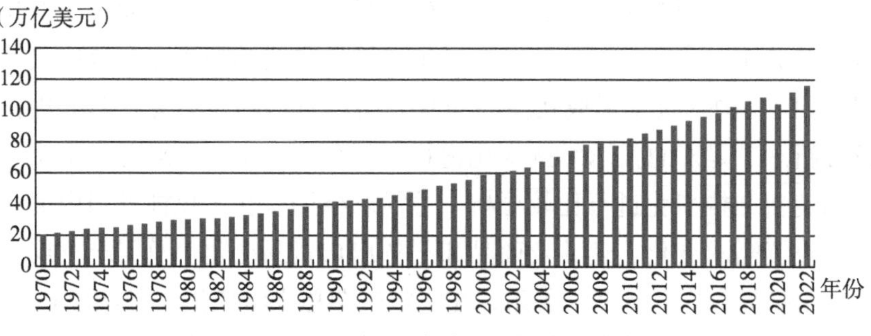

图 1-2　1970—2022 年世界总需求规模变化

资料来源：根据联合国贸易和发展会议数据库数据制作。

世界最终消费支出总额从 1970 年的 2.49 万亿美元增加到 2022 年的 65.9 万亿美元，其中世界居民最终消费支出总额从 1.95 亿美元增加到 51 万亿美元，世界政府最终消费支出总额从 5313 亿美元增加到 14.95 万亿美元。世界总资本形成额从 9428 亿美元增加到 24.2 万亿美元，世界商品和服务出口贸易额从 3850 亿美元增加到 26.2 万亿美元（见图 1–3、图 1–4）。21 世纪以来，商品和服务贸易增长加快，2002 年开始世界商品和服务出口贸易额规模超过国内资本形成规模，表明商品和服务国际化进一步深化发展，商品和服务国际化和经济全球化的历史潮流不可阻挡。

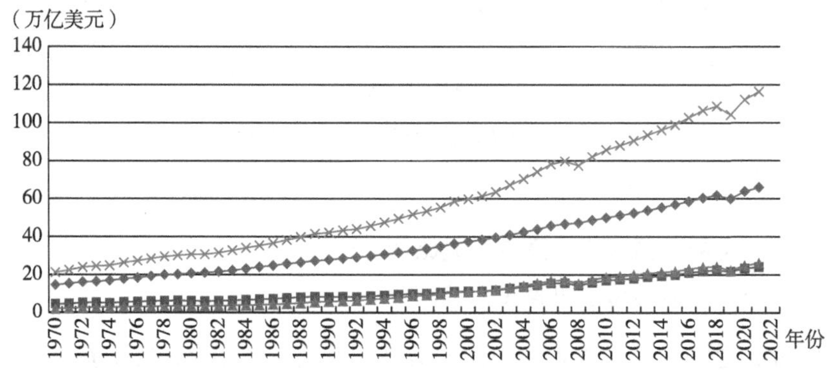

图 1-3　1970—2022 年世界总需求、居民最终消费支出、总资本形成、商品和服务出口规模变化

资料来源：根据联合国贸易和发展会议数据库数据制作。

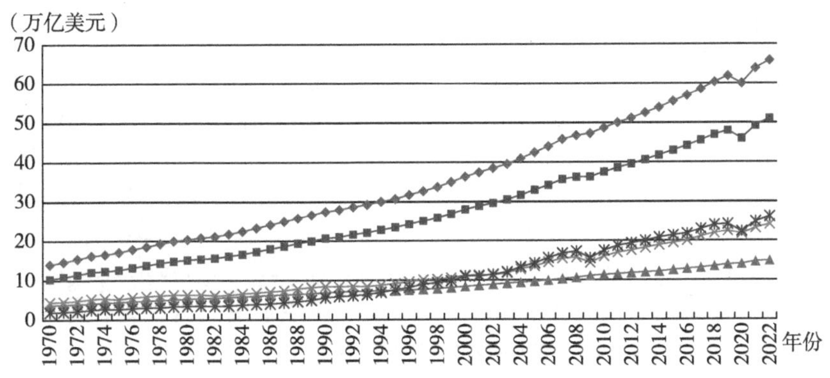

图 1-4　1970—2022 年世界最终消费支出额、居民最终消费支出总额、政府最终消费支出总额、总资本形成额、商品和服务出口额变化

资料来源：根据联合国贸易和发展会议数据库数据制作。

1970—2022 年，世界最终消费支出规模持续稳定增长，从世界最终消费支出规模数据变化看，2020 年新冠疫情全球蔓延对世界最终消费支出产生负增长的影响，而 2008 年国际金融危机和 2018 年美国“贸易战”对世界最终消费支出影响不明显（见图 1–5）。

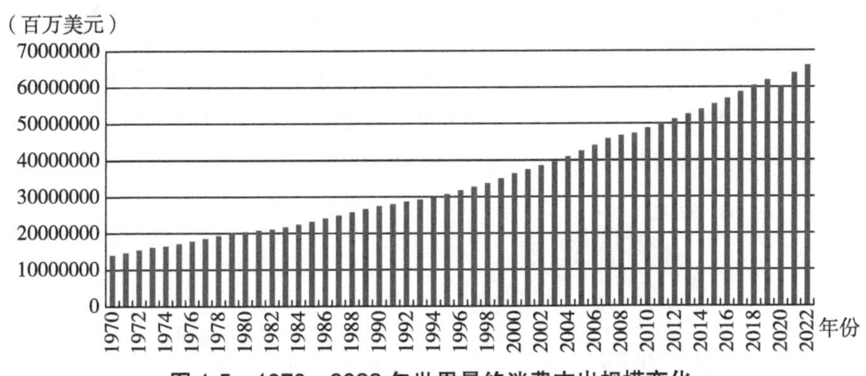

图 1-5　1970—2022 年世界最终消费支出规模变化

资料来源：根据联合国贸易和发展会议数据库数据制作。

1970—2022 年，世界总资本形成规模持续稳定增长，2008 年国际金融危机和 2020 年新冠疫情全球蔓延对世界总资本形成规模产生负增长的影响。数据表明，国际金融危机和新冠疫情对世界投资产生明显冲击性影响（见图 1–6）。

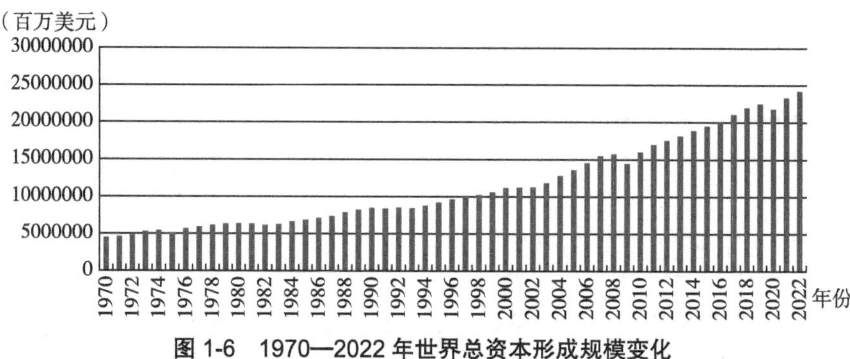

图 1-6　1970—2022 年世界总资本形成规模变化

资料来源：根据联合国贸易和发展会议数据库数据制作。

1970—2022 年，世界货物和服务出口贸易规模持续稳定增长，2008 年国际金融危机和 2020 年新冠疫情在全球蔓延对世界货物和服务出口贸易产生负增长的影响。数据表明，国际金融危机和新冠疫情对世界货物和服务出口贸易产生明显冲击性影响（见图 1–7、图 1–8、图 1–9）。

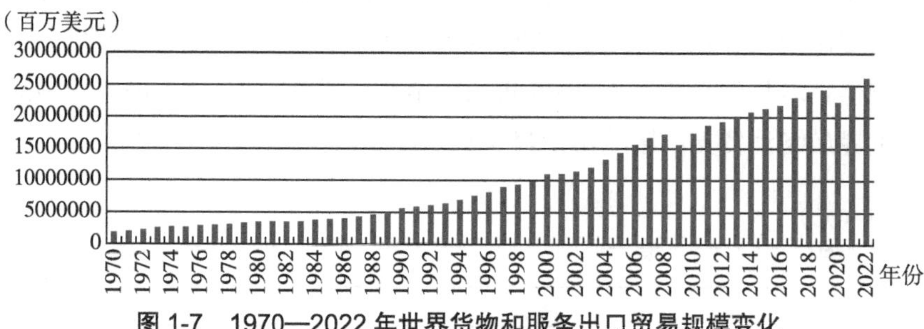

图 1-7　1970—2022 年世界货物和服务出口贸易规模变化

资料来源：根据联合国贸易和发展会议数据库数据制作。

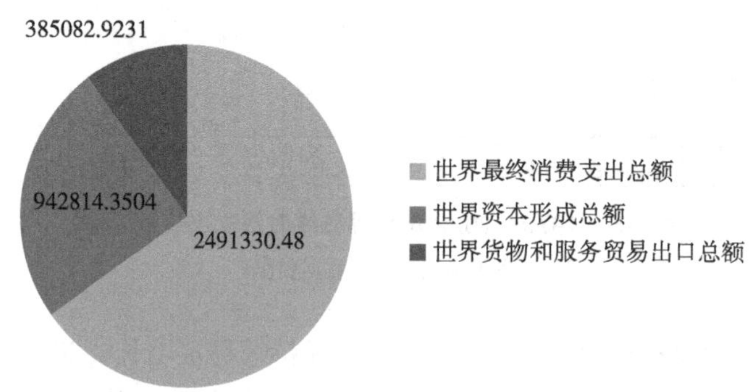

图 1-8　1970 年全球消费需求构成（百万美元）

资料来源：根据联合国贸易和发展会议数据库数据制作。

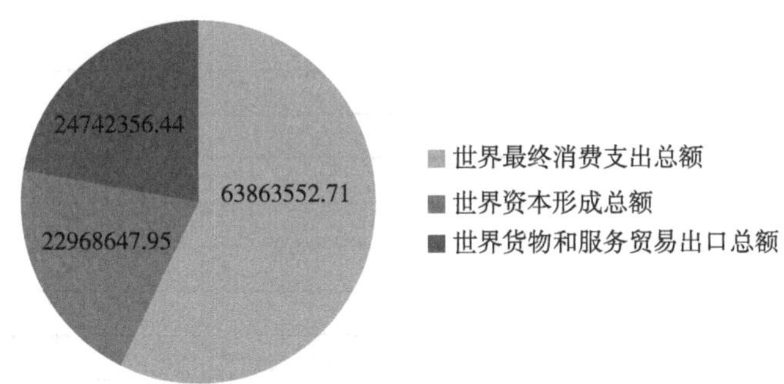

图 1-9 2019 年全球消费需求构成（百万美元）

资料来源：根据联合国贸易和发展会议数据库数据制作。

（二）世界总需求构成比例变化

本节从世界总需求构成变化的视角对国内总需求和国际总需求比例变化进行比较分析。国内总需求构成比例从世界最终消费总支出、世界居民最终消费总支出、世界政府最终消费总支出、世界资本形成总额占世界 GDP 的比例和占世界总需求的比例变化进行比较分析。国际总需求由世界商品和服务出口贸易总额占世界 GDP 和世界总需求的比例变化来进行比较分析。

1. 世界总需求占世界GDP的比例变化分析

1970—2022 年，世界最终消费支出占世界 GDP 的比例从 1970 年的 77% 下降到 2022 年的 73%。1970 年以来，世界最终消费支出占世界 GDP 的比例一直稳定在 70% 以上（见图 1-10、表 1-3）。同期世界居民最终消费支出占世界 GDP 的比例基本稳定在 57%~58%，世界政府最终消费支出占世界 GDP 的比例从 1970 年的 21% 下降到 2022 年的 17%。同期世界资本形成总额占世界 GDP 的比例从 1970 年的 25% 上升到 2022 年的 27%。世界商品和服务出口贸易额占世界 GDP 的比例从 1970 年的 11% 增加到 2022 年的 29%，上升了 18 个百分点，说明世界商品和服务贸易出口对 GDP 的增长作用明显增强。1995 年以来，世界商品和服务贸易的出口额占世界 GDP 的比例持续提升，超过世界政府消费支出占世界 GDP 比例，也超过世界资本形成占世界 GDP 的比例，世界货物和服务出口贸易额占世界 GDP 的比例提升实际上就是世界货物和服务出口贸易依存度持续提升，世界出口贸易依存度提升就表明世界经济开放水平持续提升。

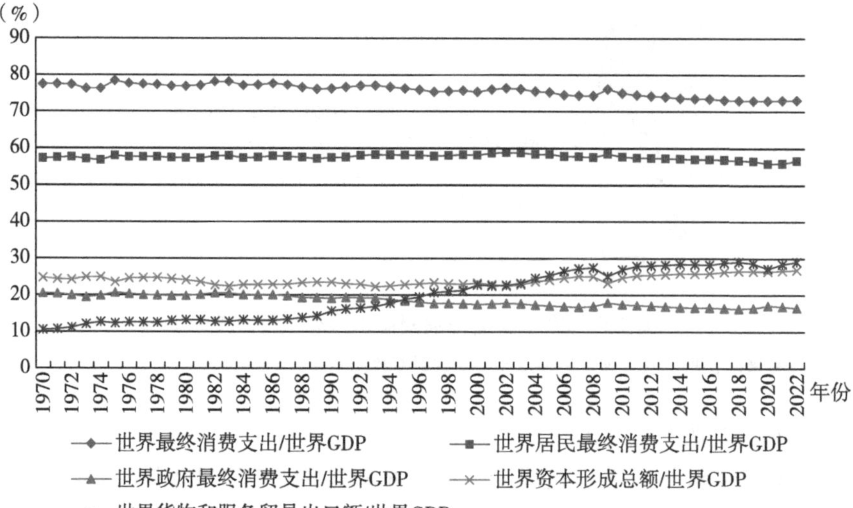

图 1-10　1970—2022 年世界总需求构成占世界 GDP 的比例变化

资料来源：根据联合国贸易和发展会议数据库数据制作。

表 1-3　1970—2022 年世界最终消费支出、居民最终消费支出、政府最终消费支出、资本形成总额、货物和服务贸易出口额占世界 GDP 的比例变化

年份	世界最终消费支出 / 世界 GDP	世界居民最终消费支出 / 世界 GDP	世界政府最终消费支出 / 世界 GDP	世界资本形成总额 / 世界 GDP	世界货物和服务贸易出口额 / 世界 GDP
1970	77%	57%	21%	25%	11%
1971	78%	57%	20%	24%	11%
1972	77%	58%	20%	24%	11%
1973	76%	57%	19%	25%	12%
1974	76%	57%	20%	25%	13%
1975	78%	58%	21%	24%	12%
1976	78%	58%	20%	25%	13%
1977	77%	58%	20%	25%	13%
1978	77%	58%	20%	25%	13%
1979	77%	57%	20%	24%	13%
1980	77%	57%	20%	24%	13%
1981	77%	57%	20%	24%	13%
1982	78%	58%	21%	23%	13%
1983	78%	58%	21%	22%	13%
1984	77%	57%	20%	23%	13%
1985	77%	58%	20%	23%	13%

续表

年份	世界最终消费支出 / 世界 GDP	世界居民最终消费支出 / 世界 GDP	世界政府最终消费支出 / 世界 GDP	世界资本形成总额 / 世界 GDP	世界货物和服务贸易出口额 / 世界 GDP
1986	78%	58%	20%	23%	13%
1987	77%	58%	20%	23%	13%
1988	77%	58%	19%	23%	14%
1989	76%	57%	19%	24%	14%
1990	76%	57%	19%	24%	16%
1991	77%	58%	19%	23%	16%
1992	77%	58%	19%	23%	16%
1993	77%	58%	19%	22%	17%
1994	77%	58%	19%	23%	18%
1995	76%	58%	18%	23%	19%
1996	76%	58%	18%	23%	19%
1997	75%	58%	18%	23%	21%
1998	76%	58%	18%	23%	21%
1999	76%	58%	18%	23%	21%
2000	75%	58%	17%	23%	23%
2001	76%	59%	18%	23%	22%
2002	76%	59%	18%	22%	23%
2003	76%	59%	18%	23%	23%
2004	75%	58%	17%	24%	25%
2005	75%	58%	17%	24%	25%
2006	75%	58%	17%	25%	27%
2007	74%	58%	17%	25%	27%
2008	74%	58%	17%	25%	28%
2009	76%	58%	18%	23%	25%
2010	75%	58%	17%	25%	27%
2011	75%	57%	17%	25%	28%
2012	74%	57%	17%	26%	28%
2013	74%	57%	17%	26%	28%
2014	74%	57%	17%	26%	28%
2015	74%	57%	17%	26%	28%
2016	74%	57%	17%	26%	28%
2017	73%	57%	16%	26%	29%
2018	73%	57%	16%	27%	29%
2019	73%	57%	16%	27%	29%
2020	73%	56%	17%	27%	27%

续表

年份	世界最终消费支出 / 世界 GDP	世界居民最终消费支出 / 世界 GDP	世界政府最终消费支出 / 世界 GDP	世界资本形成总额 / 世界 GDP	世界货物和服务贸易出口额 / 世界 GDP
2021	73%	56%	17%	27%	28%
2022	73%	57%	17%	27%	29%

资料来源：根据联合国贸易和发展会议数据库数据计算制作。

2. 世界总需求构成比例变化分析

1970—2022 年，世界总需求构成比例发生比较明显变化，世界最终消费支出占世界总需求的比例从 1970 年的 69% 下降到 2022 年的 57%，下降了 12 个百分点，其中世界居民最终消费支出占世界总需求的比例从 50.8% 下降到 43.9%，下降了约 7 个百分点，世界政府最终消费支出占世界总需求的比例从 18.2% 下降到 12.9%，下降了 5.3 个百分点。世界资本形成总额占世界总需求的比例从 1970 年的 21.9% 下降到 2022 年的 20.8%，世界资本形成总额占比基本保持稳定。世界货物和服务贸易出口额占世界总需求的比例从 1970 年的 9.3% 上升到 2022 年的 22.5%，上升了约 13 个百分点（见图 1-11、表 1-4）。数据表明，1995 年以来，世界总需求中，国内消费需求占世界总需求的比例明显下降，而国际需求占世界总需求的比例明显上升，说明世界贸易组织对国际贸易发展和世界范围的开放经济发展具有积极促进作用。

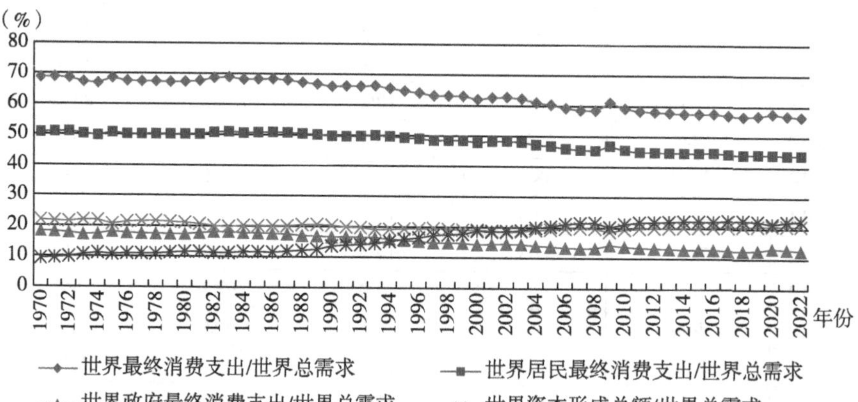

图 1-11 1970—2022 年世界最终消费支出、居民最终消费支出、政府最终消费支出、资本形成总额、货物和服务贸易出口额占世界总需求的比例变化

资料来源：根据联合国贸易和发展会议数据库数据制作。

表 1-4　1970—2022 年世界最终消费支出、居民最终消费支出、政府最终消费支出、资本形成总额、货物和服务贸易出口额占世界总需求比例变化

年份	世界最终消费支出 / 世界总需求	世界居民最终消费支出 / 世界总需求	世界政府最终消费支出 / 世界总需求	世界资本形成总额 / 世界总需求	世界货物和服务贸易出口额 / 世界总需求
1970	69%	50.8%	18.2%	21.9%	9.3%
1971	69%	50.9%	18.1%	21.6%	9.6%
1972	69%	51.1%	17.8%	21.5%	9.9%
1973	67%	50.4%	17.2%	22.0%	10.7%
1974	67%	49.8%	17.4%	21.9%	11.2%
1975	69%	50.7%	18.1%	20.6%	10.8%
1976	68%	50.2%	17.7%	21.4%	11.0%
1977	67%	50.2%	17.5%	21.5%	11.0%
1978	67%	50.2%	17.5%	21.6%	10.9%
1979	67%	50.2%	17.3%	21.4%	11.4%
1980	67%	50.2%	17.4%	21.1%	11.6%
1981	68%	50.3%	17.7%	20.7%	11.6%
1982	69%	50.9%	18.1%	20.0%	11.3%
1983	69%	51.1%	18.1%	19.8%	11.3%
1984	68%	50.7%	17.8%	20.2%	11.7%
1985	68%	50.8%	17.7%	20.2%	11.6%
1986	68%	50.9%	17.7%	20.2%	11.5%
1987	68%	50.8%	17.4%	20.1%	11.8%
1988	67%	50.5%	17.0%	20.6%	12.2%
1989	67%	50.2%	16.9%	20.7%	12.5%
1990	66%	49.7%	16.6%	20.4%	13.6%
1991	66%	49.7%	16.7%	19.9%	14.0%
1992	66%	49.9%	16.6%	19.7%	14.1%
1993	66%	50.1%	16.5%	19.2%	14.5%
1994	66%	49.8%	16.0%	19.3%	15.2%
1995	65%	49.3%	15.6%	19.4%	16.0%
1996	64%	49.1%	15.2%	19.5%	16.4%
1997	63%	48.5%	14.9%	19.6%	17.3%
1998	63%	48.6%	14.8%	19.3%	17.5%
1999	63%	48.6%	14.8%	19.2%	17.7%
2000	62%	47.9%	14.4%	19.1%	18.8%
2001	63%	48.3%	14.5%	18.8%	18.5%
2002	63%	48.4%	14.6%	18.4%	18.7%
2003	62%	48.1%	14.4%	18.7%	19.0%

续表

年份	世界最终消费支出 / 世界总需求	世界居民最终消费支出 / 世界总需求	世界政府最终消费支出 / 世界总需求	世界资本形成总额 / 世界总需求	世界货物和服务贸易出口额 / 世界总需求
2004	61%	47.2%	14.0%	19.1%	19.9%
2005	60%	46.8%	13.7%	19.3%	20.3%
2006	59%	46.0%	13.4%	19.6%	21.1%
2007	59%	45.6%	13.2%	19.9%	21.5%
2008	59%	45.4%	13.4%	19.7%	21.7%
2009	61%	46.9%	14.4%	18.7%	20.2%
2010	59%	45.6%	13.8%	19.5%	21.3%
2011	58%	45.0%	13.5%	19.8%	21.8%
2012	58%	44.9%	13.4%	20.0%	21.9%
2013	58%	44.8%	13.2%	20.1%	22.1%
2014	58%	44.6%	13.0%	20.2%	22.2%
2015	58%	44.6%	13.0%	20.2%	22.2%
2016	58%	44.7%	13.0%	20.3%	22.1%
2017	57%	44.3%	12.8%	20.5%	22.4%
2018	57%	44.1%	12.7%	20.7%	22.6%
2019	57%	44.2%	12.9%	20.7%	22.4%
2020	58%	44.1%	13.5%	20.9%	21.5%
2021	57%	43.9%	13.2%	20.8%	22.2%
2022	57%	43.9%	12.9%	20.8%	22.5%

资料来源：根据联合国贸易和发展会议数据库数据计算制作。

从世界总需求构成比例数据比较分析，可以看出，1970 年世界居民最终消费支出、政府最终消费支出和资本形成总额占世界总需求的比例为 91%（见图 1-12），即从世界范围看，国内需求占总需求的比例高达 91%。21 世纪以来，货物和服务贸易出口占总需求比例明显上升，2022 年世界居民最终消费支出和资本形成总额占世界总需求的比例仍然高达 77.5%（见图 1-13），国际需求即世界货物和服务贸易出口额占世界总需求的比例为 22.5%，货物和服务贸易出口额占全球总需求的比例明显提升，货物和服务贸易出口在总需求格局中作用有所增强。但是从世界总需求构成比例看，国内消费需求和投资需求占总需求的比例高达 77.5%~91%，以国内需求为主体成为世界需求发展的总趋势和总特征。

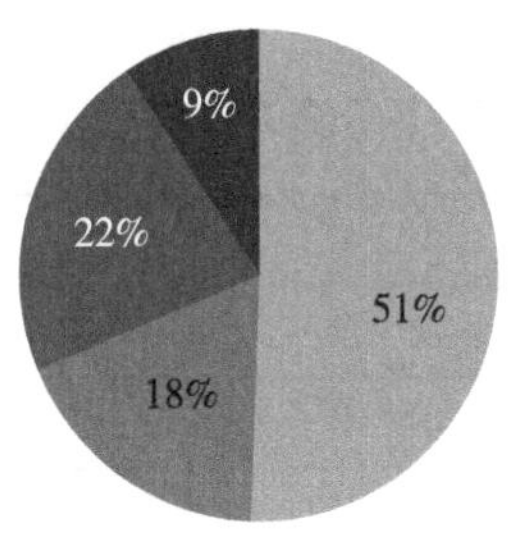

图 1-12　1970 年世界总需求构成比例

资料来源：根据联合国贸易和发展会议数据库数据制作。

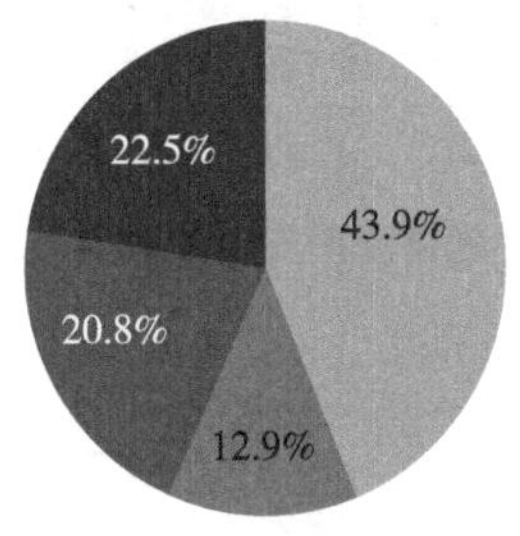

图 1-13　2022 年世界总需求构成比例

注：因图中数据仅保留小数点后一位，加总可能不是 100%，以下同。

资料来源：根据联合国贸易和发展会议数据库数据制作。

从世界总需求构成比例变化分析，国内总需求（最终消费需求和投资需求）是总需求格局的主体，国际需求（货物和服务贸易出口）是总需求的主要组成部分。党中央提出“以国内大循环为主体、国内国际双循环相互促进的新发展格局”是符合世界总需求格局变化趋势和发展规律的，构建新发展格局的关键在于如何构建以国内大循环为主体、国内国际双循环相互促进的新发展格局。

（三）世界最终消费需求格局变化

世界最终消费需求是由世界各经济体的居民最终消费支出额、政府最终消费支出额的总和构成。1970—2022 年，世界居民最终消费支出和政府最终消费支出持续增长，世界各经济体居民最终消费支出总额从 1970 年的 10.37 万亿美元增加到 2022 年的 51.07 万亿美元，同期，世界各经济体政府最终消费支出总额从 3.7 万亿美元增加到 14.95 万亿美元。1970—2022 年，世界各经济体居民最终消费支出总额占世界最终消费支出总额的比例一直保持在 76% 左右，同期，世界政府最终消费支出总额占全球最终消费支出总额的比例为 24% 左右（见图 1-14、图 1-15）。

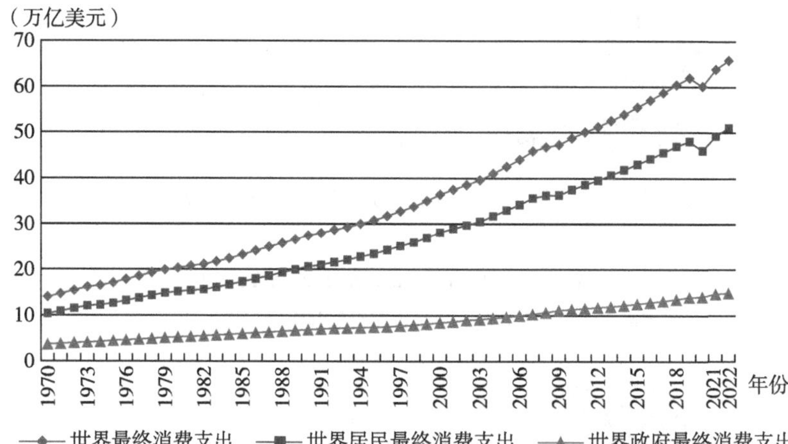

图 1-14　1970—2022 年世界最终消费支出、居民最终消费支出和政府最终消费支出规模变化

资料来源：根据联合国贸易和发展会议数据库数据制作。

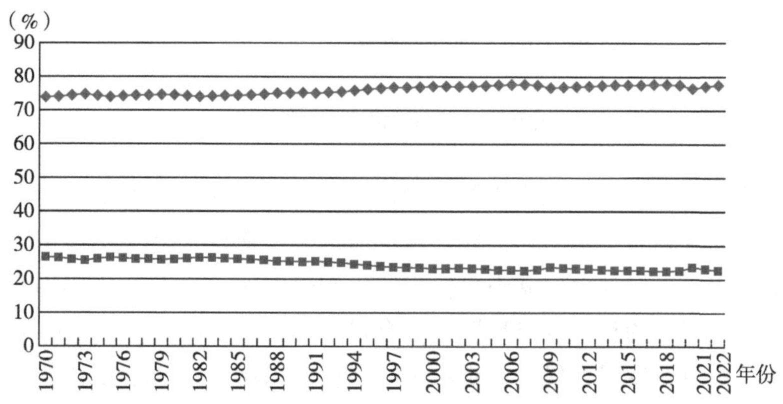

图 1-15　1970—2022 年世界居民最终消费支出总额、政府最终消费支出总额占世界最终消费支出总额的比例变化

资料来源：根据联合国贸易和发展会议数据库数据制作。

（四）五大洲需求格局变化比较分析

1. 五大洲需求规模及其分布格局变化

五大洲需求规模格局变化分析，主要是对美洲、欧洲、亚洲、非洲、大洋洲的总需求规模及其构成比例变化进行比较分析。1970—2022 年，美洲、欧洲、亚洲、非洲、大洋洲的需求规模持续增长，其中美洲从1970年的7.69万亿美元增加到2022年的34.4万亿美元，同期，欧洲从8.44万亿美元增加到31.1万亿美元，亚洲从3.3万亿美元增加到45.07万亿美元。2011年以来，亚洲总需求规模超过美洲和欧洲，成为世界总需求增长最快区域，非洲总需求从6316亿美元增加到3.7万亿美元，大洋洲总需求从3989亿美元增加到2.14万亿美元（见图1-16）。

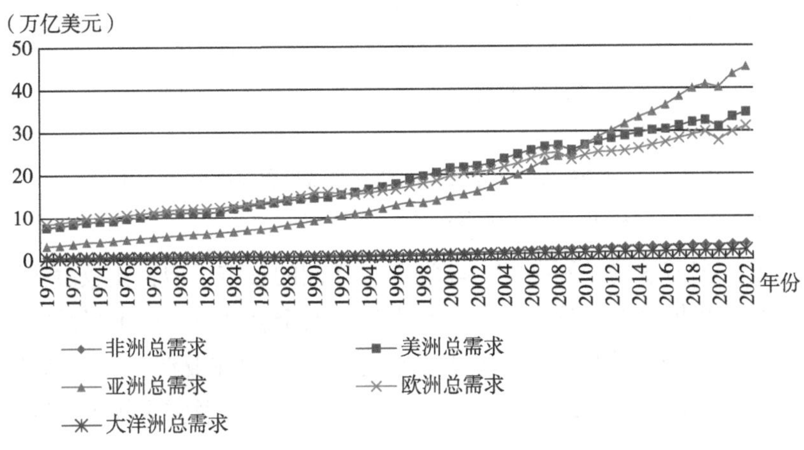

图1-16 1970—2022年五大洲总需求变化

资料来源：根据联合国贸易和发展会议数据库数据制作。

1970年以来，五大洲需求规模格局发生变化。一是欧洲、美洲、亚洲总需求在世界总需求中的地位发生明显变化。1970—1992年，欧洲总需求规模居世界第一位。1993—2008年，美洲总需求规模居世界第一位。2011年以来，亚洲总需求规模居世界第一位。二是五大洲需求规模分布不均衡加剧，非洲与大洋洲的总需求增长比较缓慢，非洲与大洋洲的总需求规模与亚洲、欧洲、美洲的总需求规模差距不断扩大。

1970—2022年，五大洲需求构成比例发生了明显变化，美洲总需求占世界总需求的比例从1970年的38%下降到2022年的30%，下降了8个百分点。同期，欧洲总需求占世界总需求的比例从41%下降到27%，下降了14个百分点。亚洲总需求占世界总需求比例从1970年的16%增加到2022年的39%，提高了23个百分点。非洲总需求占世界总需求的比例基本稳定在3%左右，大洋洲总需求占世界总需求的比例基本稳定在2%左右（见图1-17）。

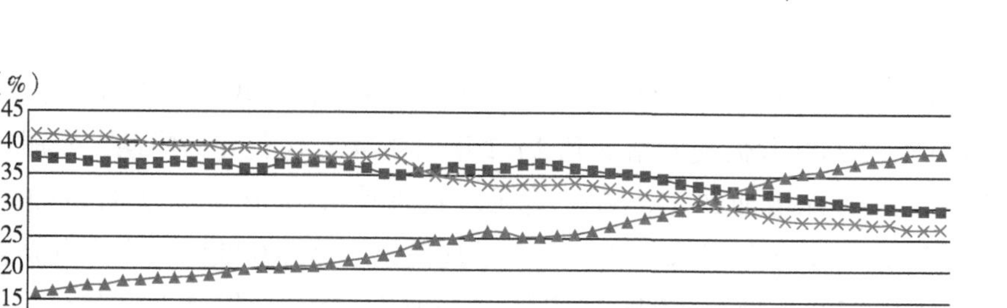

图 1-17　1970—2022 年五大洲总需求占世界总需求的比例变化

资料来源：根据联合国贸易和发展会议数据库数据制作。

五大洲需求增长不平衡。非洲和大洋洲的总需求增长比较缓慢。五大洲需求规模分布不均衡，非洲和大洋洲两个合计总量在世界总需求中的比例只有 5% 左右。五大洲需求中心主要集中在亚洲、美洲和欧洲，非洲和大洋洲的总需求规模与亚洲、美洲、欧洲的总需求规模差距持续扩大（见表 1–5）。

表 1-5　　1970—2022 年五大洲总需求占世界总需求的比例变化

年份	非洲总需求 / 世界总需求	美洲总需求 / 世界总需求	亚洲总需求 / 世界总需求	欧洲总需求 / 世界总需求	大洋洲总需求 / 世界总需求
1970	3%	38%	16%	41%	2%
1971	3%	37%	16%	41%	2%
1972	3%	37%	17%	41%	2%
1973	3%	37%	17%	41%	2%
1974	3%	37%	17%	41%	2%
1975	3%	37%	18%	40%	2%
1976	3%	37%	18%	40%	2%
1977	3%	37%	19%	40%	2%
1978	3%	37%	19%	40%	2%
1979	3%	37%	19%	40%	2%
1980	3%	37%	19%	40%	2%
1981	3%	37%	20%	39%	2%
1982	3%	36%	20%	39%	2%
1983	3%	36%	20%	39%	2%
1984	3%	37%	20%	38%	2%

续表

年份	非洲总需求 / 世界总需求	美洲总需求 / 世界总需求	亚洲总需求 / 世界总需求	欧洲总需求 / 世界总需求	大洋洲总需求 / 世界总需求
1985	3%	37%	20%	38%	2%
1986	3%	37%	21%	38%	2%
1987	3%	37%	21%	38%	2%
1988	3%	37%	21%	38%	2%
1989	3%	36%	22%	38%	2%
1990	3%	35%	22%	38%	2%
1991	3%	35%	23%	38%	2%
1992	3%	36%	24%	36%	2%
1993	3%	36%	25%	35%	2%
1994	3%	36%	25%	35%	2%
1995	3%	36%	26%	34%	2%
1996	3%	36%	26%	34%	2%
1997	3%	36%	26%	33%	2%
1998	3%	37%	25%	34%	2%
1999	3%	37%	25%	34%	2%
2000	3%	37%	26%	34%	2%
2001	3%	36%	26%	34%	2%
2002	3%	36%	26%	34%	2%
2003	3%	35%	27%	33%	2%
2004	3%	35%	28%	32%	2%
2005	3%	35%	28%	32%	2%
2006	3%	35%	29%	32%	2%
2007	3%	34%	30%	32%	2%
2008	3%	33%	30%	31%	2%
2009	3%	33%	32%	30%	2%
2010	3%	33%	33%	30%	2%
2011	3%	32%	33%	29%	2%
2012	3%	32%	34%	29%	2%
2013	3%	32%	35%	28%	2%
2014	3%	32%	36%	28%	2%
2015	3%	31%	36%	28%	2%
2016	3%	31%	37%	28%	2%
2017	3%	30%	37%	28%	2%
2018	3%	30%	38%	27%	2%
2019	3%	30%	38%	27%	2%
2020	3%	30%	39%	27%	2%

续表

年份	非洲总需求/世界总需求	美洲总需求/世界总需求	亚洲总需求/世界总需求	欧洲总需求/世界总需求	大洋洲总需求/世界总需求
2021	3%	30%	39%	27%	2%
2022	3%	30%	39%	27%	2%

资料来源：根据联合国贸易和发展会议数据库数据制作。

2. 五大洲最终消费支出格局变化

五大洲最终消费支出由五大洲中的居民最终消费支出和政府最终消费支出总和构成。1970 年以来，美洲、欧洲、亚洲、非洲、大洋洲的总需求规模持续增长，美洲最终消费支出规模从 1970 年的 6 万亿美元增加到 2022 年的 23.8 万亿美元，居全球第一位。同期，亚洲最终消费支出规模从 2.02 万亿美元增加到 22.4 万亿美元，2011 年亚洲最终消费支出规模超过欧洲，居全球第二位。欧洲最终消费支出规模从 5.4 万亿美元增加到 15.9 万亿美元，居全球第三位。欧洲最终消费支出规模出现波动性增长，2008 年国际金融危机以来，欧洲最终消费支出进入缓慢波动性增长阶段，增长乏力。非洲最终消费支出规模从 1970 年的 3647 亿美元增加到 2022 年的 2.4 万亿美元，同期，大洋洲最终消费支出规模从 2731 亿美元增加到 1.39 万亿美元，非洲和大洋洲的最终消费支出规模增长比较缓慢，非洲和大洋洲的最终消费支出规模与美洲、亚洲和欧洲最终消费支出规模差距不断扩大（见图 1–18、表 1–6）。

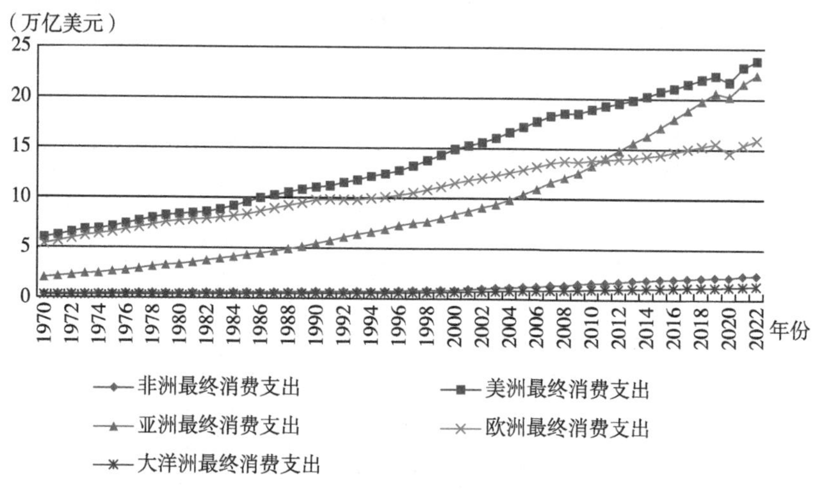

图 1-18　1970—2022 年五大洲最终消费支出变化

资料来源：根据联合国贸易和发展会议数据库数据制作。

表 1-6 1970—2022 年五大洲最终消费支出额变化（单位：百万美元，2015 年不变价）

年份	非洲最终消费支出	美洲最终消费支出	亚洲最终消费支出	欧洲最终消费支出	大洋洲最终消费支出
1970	364704	6008543	2024309	5367121	273146
1971	389669	6227703	2142482	5627778	282281
1972	403363	6534186	2284687	5916368	295613
1973	417971	6813419	2446064	6211159	312623
1974	458119	6899407	2476592	6381261	329850
1975	467804	7092392	2661004	6568597	337037
1976	484383	7412538	2775605	6837870	347188
1977	507610	7690373	2951735	7040362	353001
1978	524767	7982400	3140956	7297810	361047
1979	521891	8225409	3299499	7563633	366339
1980	520973	8349372	3385697	7725129	377289
1981	560596	8455707	3564474	7828350	392844
1982	558597	8547515	3754716	7894770	400529
1983	555899	8828808	3942899	8028277	408830
1984	583956	9170399	4125831	8167401	419016
1985	616614	9556494	4320219	8364030	435706
1986	616259	9973888	4492349	8648240	446560
1987	623218	10254821	4679609	8936976	461283
1988	646743	10548636	4931188	9233568	479066
1989	659534	10835900	5148263	9493802	497321
1990	687044	11041472	5450486	9791119	505057
1991	700565	11196057	5728397	9853008	514157
1992	728959	11528541	6103555	9812473	523698
1993	719020	11789035	6383951	9817348	534921
1994	723415	12172281	6607377	9963764	557758
1995	750464	12433200	6906044	10094228	578008
1996	793896	12767817	7268010	10307078	594541
1997	824098	13239412	7520609	10529801	622161
1998	842757	13775691	7651230	10829292	652375
1999	866490	14322073	7984731	11151835	677062
2000	874547	14920802	8399746	11504111	694453
2001	980298	15274851	8724254	11784960	715705
2002	1034862	15618228	9104405	12006149	744083

续表

年份	非洲最终消费支出	美洲最终消费支出	亚洲最终消费支出	欧洲最终消费支出	大洋洲最终消费支出
2003	1091146	16029471	9408341	12254066	781575
2004	1139130	16595547	9875549	12557391	815118
2005	1223309	17151131	10432540	12875842	844146
2006	1261661	17718215	10955225	13197170	882389
2007	1424566	18264011	11661301	13577356	919999
2008	1422038	18531487	12102785	13784580	931088
2009	1559091	18494300	12590123	13686378	957508
2010	1627686	18938601	13289091	13861703	992909
2011	1673727	19266304	14124102	13952369	1025462
2012	1756931	19541848	14872964	14007826	1045539
2013	1887751	19859193	15630527	14079761	1066472
2014	1953922	20249851	16323415	14262376	1091697
2015	2017710	20730934	17156651	14428685	1130847
2016	2042504	21044595	18001988	14715243	1169001
2017	2106291	21470465	18851137	15005893	1205361
2018	2176502	21933607	19787987	15276448	1238507
2019	2223589	22303260	20610743	15548639	1240696
2020	2240772	21669090	20251483	14644508	1270517
2021	2411823	23166321	21539104	15435087	1336248
2022	2441720	23775471	22386986	15910092	1387133

资料来源：根据联合国贸易和发展会议数据库数据制作。

五大洲居民最终消费支出规模持续增长。美洲居民最终消费支出规模从 1970 年的 4.27 万亿美元增加到 2022 年的 19.64 万亿美元，居全球首位。同期，亚洲居民最终消费支出规模从 1.63 万亿美元增加到 16.79 万亿美元，2011 年亚洲居民最终消费支出规模超过欧洲，居全球第二位。欧洲居民最终消费支出规模从 1970 年的 3.97 万亿美元增加到 2022 年的 11.60 万亿美元，居全球第三位。同期，非洲居民消费支出规模从 2977 亿美元增加到 2.06 万亿美元，大洋洲居民最终消费支出规模从 2037 亿美元增加到 9823 亿美元。非洲和大洋洲的居民消费支出增长比较缓慢，非洲和大洋洲的居民最终消费支出规模与美洲、亚洲和欧洲的居民最终消费支出规模差距持续扩大（见图 1–19、表 1–7）。

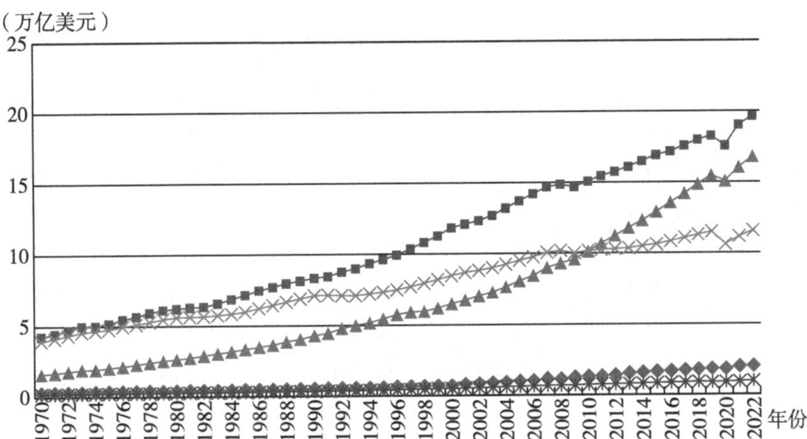

图 1-19　1970—2022 年五大洲居民消费支出变化

资料来源：根据联合国贸易和发展会议数据库数据制作。

表 1-7　1970—2022 年五大洲居民消费支出额变化（单位：百万美元，2015 年不变价）

年份	非洲居民最终消费支出	美洲居民最终消费支出	亚洲居民最终消费支出	欧洲居民最终消费支出	大洋洲居民最终消费支出
1970	297777	4273628	1628939	3966012	203724
1971	320511	4463591	1713046	4152301	210133
1972	332580	4742438	1828832	4367072	220500
1973	344448	5001467	1949260	4587575	235019
1974	377272	5030430	1968970	4679584	245982
1975	383280	5172189	2082396	4779345	247348
1976	393293	5462668	2159688	4975785	256761
1977	411991	5694477	2307276	5124855	259853
1978	426283	5943768	2445304	5301492	264527
1979	418753	6144159	2575300	5495841	268332
1980	419526	6220521	2654655	5604962	275651
1981	452369	6302533	2761764	5641707	289324
1982	447321	6350284	2910824	5667839	294663
1983	441978	6583533	3061850	5755821	298678
1984	465522	6876456	3199707	5857895	301102
1985	497684	7164895	3365745	5999160	314424
1986	495881	7478589	3504549	6224503	321710
1987	501908	7718141	3660094	6442386	332059

续表

年份	非洲居民最终消费支出	美洲居民最终消费支出	亚洲居民最终消费支出	欧洲居民最终消费支出	大洋洲居民最终消费支出
1988	519877	7975874	3881089	6684911	346457
1989	530887	8156411	4055345	6905084	360503
1990	553589	8343943	4303814	7117682	364283
1991	565974	8459472	4477315	7150853	370467
1992	586217	8760388	4798373	7110530	376602
1993	582418	9004439	5014175	7107895	386069
1994	586784	9372429	5202868	7228470	403795
1995	611163	9624176	5459925	7338460	417964
1996	657354	9950443	5755876	7507113	431031
1997	676718	10364400	5938142	7710450	452311
1998	700282	10844230	5974591	7951673	474903
1999	714059	11314265	6203961	8206192	494261
2000	721025	11863781	6502644	8484078	508080
2001	823932	12125705	6751510	8690155	522946
2002	872108	12367841	7053764	8837191	545743
2003	921239	12718779	7301602	9016125	574556
2004	950968	13221773	7662215	9261130	601146
2005	1030951	13727868	8087676	9521885	622252
2006	1055390	14231633	8456652	9770194	653027
2007	1188442	14699260	8996284	10080802	683020
2008	1170962	14874579	9307225	10195673	684847
2009	1300462	14691839	9586284	10022117	707479
2010	1353737	15098809	10119536	10174318	735663
2011	1373203	15480032	10709946	10260162	758691
2012	1441784	15769708	11255604	10303043	776868
2013	1563611	16117255	11810056	10362201	792296
2014	1623632	16509013	12343660	10506400	810849
2015	1676074	16927824	12934549	10632977	838531
2016	1706405	17184580	13587944	10855857	864056
2017	1762787	17595773	14226649	11101392	889128
2018	1819850	17998273	14897281	11331415	909326
2019	1851812	18267888	15496824	11520629	889587
2020	1856678	17577534	15088612	10614176	896251

续表

年份	非洲居民最终消费支出	美洲居民最终消费支出	亚洲居民最终消费支出	欧洲居民最终消费支出	大洋洲居民最终消费支出
2021	2028580	19029805	16051899	11188257	937267
2022	2062157	19641979	16792596	11595752	982390

资料来源：根据联合国贸易和发展会议数据库数据制作。

1970—2022年，五大洲最终消费支出占世界最终消费支出的比例发生了明显变化。美洲最终消费支出占世界最终消费支出的比例从1970年的43%下降到2022年的36%，虽然下降了7个百分点，但是仍稳居世界第一位。欧洲最终消费支出占世界最终消费支出的比例从1970年的38%下降到2022年的24%，下降了14个百分点，从世界第二位退居世界第三位。亚洲最终消费支出占世界最终消费支出的比例从1970年的14%上升到2022年的34%，上升了20个百分点，从世界第三位上升到世界第二位（见图1-20、表1-8）。从变化趋势看，亚洲最终消费支出的占比有可能超过美洲，成为世界最终消费第一大市场。非洲最终消费支出占世界最终消费支出的比例从1970年的3%上升到2022年的4%，同期大洋洲最终消费支出占世界最终消费支出的比例一直保持在2%，原因在于大洋洲人口少，居民消费增长比较缓慢。

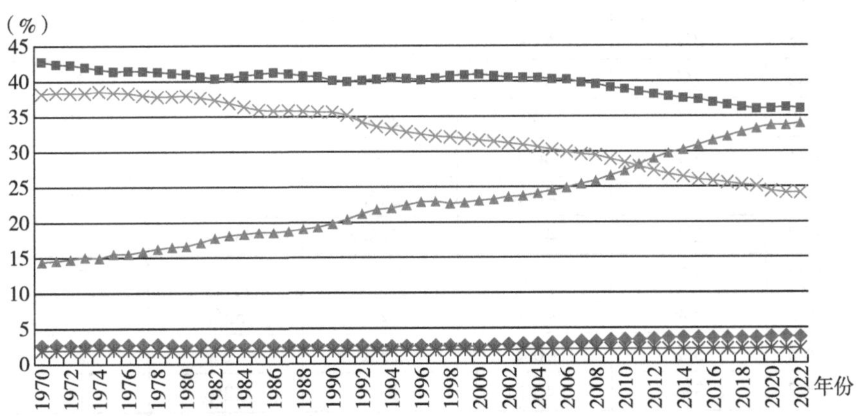

图1-20 1970—2022年五大洲最终消费支出占世界最终消费支出比例变化

资料来源：根据联合国贸易和发展会议数据库数据制作。

表 1-8　1970—2022 年五大洲最终消费支出占世界最终消费支出的比例变化

年份	非洲最终消费支出 / 世界最终消费支出	美洲最终消费支出 / 世界最终消费支出	亚洲最终消费支出 / 世界最终消费支出	欧洲最终消费支出 / 世界最终消费支出	大洋洲最终消费支出 / 世界最终消费支出
1970	3%	43%	14%	38%	2%
1971	3%	42%	15%	38%	2%
1972	3%	42%	15%	38%	2%
1973	3%	42%	15%	38%	2%
1974	3%	42%	15%	39%	2%
1975	3%	41%	16%	38%	2%
1976	3%	42%	16%	38%	2%
1977	3%	41%	16%	38%	2%
1978	3%	41%	16%	38%	2%
1979	3%	41%	17%	38%	2%
1980	3%	41%	17%	38%	2%
1981	3%	41%	17%	38%	2%
1982	3%	40%	18%	37%	2%
1983	3%	41%	18%	37%	2%
1984	3%	41%	18%	36%	2%
1985	3%	41%	19%	36%	2%
1986	3%	41%	19%	36%	2%
1987	2%	41%	19%	36%	2%
1988	3%	41%	19%	36%	2%
1989	2%	41%	19%	36%	2%
1990	3%	40%	20%	36%	2%
1991	3%	40%	20%	35%	2%
1992	3%	40%	21%	34%	2%
1993	2%	40%	22%	34%	2%
1994	2%	41%	22%	33%	2%
1995	2%	40%	22%	33%	2%
1996	3%	40%	23%	32%	2%
1997	3%	40%	23%	32%	2%
1998	2%	41%	23%	32%	2%
1999	2%	41%	23%	32%	2%
2000	2%	41%	23%	32%	2%
2001	3%	41%	23%	31%	2%
2002	3%	41%	24%	31%	2%

续表

年份	非洲最终消费支出 / 世界最终消费支出	美洲最终消费支出 / 世界最终消费支出	亚洲最终消费支出 / 世界最终消费支出	欧洲最终消费支出 / 世界最终消费支出	大洋洲最终消费支出 / 世界最终消费支出
2003	3%	41%	24%	31%	2%
2004	3%	40%	24%	31%	2%
2005	3%	40%	25%	30%	2%
2006	3%	40%	25%	30%	2%
2007	3%	40%	25%	30%	2%
2008	3%	40%	26%	29%	2%
2009	3%	39%	27%	29%	2%
2010	3%	39%	27%	28%	2%
2011	3%	39%	28%	28%	2%
2012	3%	38%	29%	27%	2%
2013	4%	38%	30%	27%	2%
2014	4%	38%	30%	26%	2%
2015	4%	37%	31%	26%	2%
2016	4%	37%	32%	26%	2%
2017	4%	37%	32%	26%	2%
2018	4%	36%	33%	25%	2%
2019	4%	36%	33%	25%	2%
2020	4%	36%	34%	24%	2%
2021	4%	36%	34%	24%	2%
2022	4%	36%	34%	24%	2%

资料来源：根据联合国贸易和发展会议数据库数据制作。

1970—2022 年，五大洲居民消费支出占世界居民消费总支出的比例发生了明显变化。美洲居民消费支出占世界居民消费总支出的比例从 41.2% 下降到 38.5%，虽然有一定下降，但仍稳居世界第一位。欧洲居民消费支出占世界居民消费总支出的比例从 1970 年的 38.2% 下降到 2022 年的 22.7%，下降了 15.5 个百分点，从世界第二位退居世界第三位。亚洲居民消费支出占世界居民消费总支出的比例从 1970 年的 15.7% 上升到 2022 年的 32.9%，上升了 17.2 个百分点，从世界第三位上升到世界第二位。非洲居民消费支出占世界居民消费总支出的比例从 1970 年的 2.9% 上升到 2022 年的 4.0%，同期大洋洲居民消费支出占世界居民消费总支出的比例从 2.0% 下降到 1.9%（见图 1–21、表 1–9）。

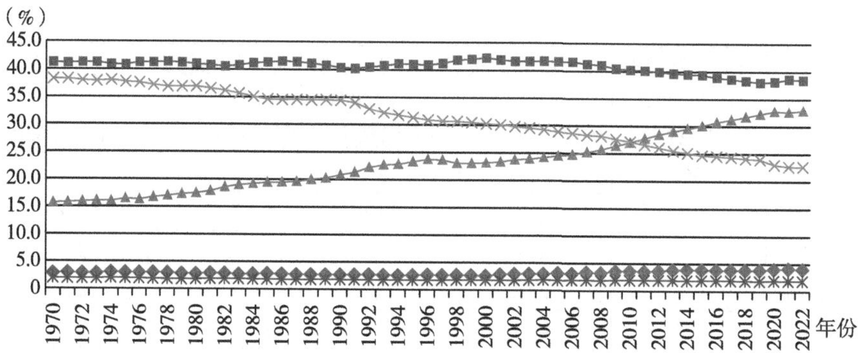

图 1-21　1970—2022 年五大洲居民消费支出占世界居民消费总支出的比例变化

资料来源：根据联合国贸易和发展会议数据库数据制作。

表 1-9 1970—2022 年五大洲居民消费支出占世界居民消费总支出的比例变化

年份	非洲居民消费支出 / 世界居民消费总支出	美洲居民消费支出 / 世界居民消费总支出	亚洲居民消费支出 / 世界居民消费总支出	欧洲居民消费支出 / 世界居民消费总支出	大洋洲居民消费支出 / 世界居民消费总支出
1970	2.9%	41.2%	15.7%	38.2%	2.0%
1971	3.0%	41.1%	15.8%	38.2%	1.9%
1972	2.9%	41.3%	15.9%	38.0%	1.9%
1973	2.8%	41.3%	16.1%	37.9%	1.9%
1974	3.1%	40.9%	16.0%	38.0%	2.0%
1975	3.0%	40.8%	16.4%	37.7%	2.0%
1976	3.0%	41.2%	16.3%	37.6%	1.9%
1977	3.0%	41.3%	16.7%	37.1%	1.9%
1978	3.0%	41.3%	17.0%	36.9%	1.8%
1979	2.8%	41.2%	17.3%	36.9%	1.8%
1980	2.8%	41.0%	17.5%	36.9%	1.8%
1981	2.9%	40.8%	17.9%	36.5%	1.9%
1982	2.9%	40.5%	18.6%	36.2%	1.9%
1983	2.7%	40.8%	19.0%	35.7%	1.9%
1984	2.8%	41.2%	19.2%	35.1%	1.8%
1985	2.9%	41.3%	19.4%	34.6%	1.8%
1986	2.8%	41.5%	19.4%	34.5%	1.8%

续表

年份	非洲居民消费支出/世界居民消费总支出	美洲居民消费支出/世界居民消费总支出	亚洲居民消费支出/世界居民消费总支出	欧洲居民消费支出/世界居民消费总支出	大洋洲居民消费支出/世界居民消费总支出
1987	2.7%	41.4%	19.6%	34.5%	1.8%
1988	2.7%	41.1%	20.0%	34.4%	1.8%
1989	2.7%	40.8%	20.3%	34.5%	1.8%
1990	2.7%	40.3%	20.8%	34.4%	1.8%
1991	2.7%	40.2%	21.3%	34.0%	1.8%
1992	2.7%	40.5%	22.2%	32.9%	1.7%
1993	2.6%	40.8%	22.7%	32.2%	1.7%
1994	2.6%	41.1%	22.8%	31.7%	1.8%
1995	2.6%	41.0%	23.3%	31.3%	1.8%
1996	2.7%	40.9%	23.7%	30.9%	1.8%
1997	2.7%	41.2%	23.6%	30.7%	1.8%
1998	2.7%	41.8%	23.0%	30.6%	1.8%
1999	2.7%	42.0%	23.0%	30.5%	1.8%
2000	2.6%	42.3%	23.2%	30.2%	1.8%
2001	2.8%	41.9%	23.4%	30.1%	1.8%
2002	2.9%	41.7%	23.8%	29.8%	1.8%
2003	3.0%	41.7%	23.9%	29.5%	1.9%
2004	3.0%	41.7%	24.2%	29.2%	1.9%
2005	3.1%	41.6%	24.5%	28.9%	1.9%
2006	3.1%	41.7%	24.8%	28.6%	1.9%
2007	3.3%	41.2%	25.2%	28.3%	1.9%
2008	3.2%	41.1%	25.7%	28.1%	1.9%
2009	3.6%	40.5%	26.4%	27.6%	1.9%
2010	3.6%	40.3%	27.0%	27.1%	2.0%
2011	3.6%	40.1%	27.8%	26.6%	2.0%
2012	3.6%	39.9%	28.5%	26.1%	2.0%
2013	3.8%	39.7%	29.1%	25.5%	1.9%
2014	3.9%	39.5%	29.5%	25.1%	1.9%
2015	3.9%	39.4%	30.1%	24.7%	1.9%
2016	3.9%	38.9%	30.7%	24.6%	2.0%

续表

年份	非洲居民消费支出 / 世界居民消费总支出	美洲居民消费支出 / 世界居民消费总支出	亚洲居民消费支出 / 世界居民消费总支出	欧洲居民消费支出 / 世界居民消费总支出	大洋洲居民消费支出 / 世界居民消费总支出
2017	3.9%	38.6%	31.2%	24.4%	2.0%
2018	3.9%	38.3%	31.7%	24.1%	1.9%
2019	3.9%	38.0%	32.3%	24.0%	1.9%
2020	4.0%	38.2%	32.8%	23.1%	1.9%
2021	4.1%	38.7%	32.6%	22.7%	1.9%
2022	4.0%	38.5%	32.9%	22.7%	1.9%

资料来源：根据联合国贸易和发展会议数据库数据制作。

五大洲政府最终消费支出规模稳定增长，其中亚洲政府最终消费支出规模从1970年的4115亿美元增加到2022年的5.6万亿美元，2014年以来，亚洲政府最终消费支出规模超过美洲和欧洲，居世界首位（见图1–22、表1–10）。欧洲政府最终消费支出规模从1.43万亿美元增加到4.37万亿美元，居世界第二位，美洲政府最终消费支出规模从1.73万亿美元增加到4.15万亿美元，居世界第三位。非洲政府最终消费支出规模从1970年701亿美元增加到3827亿美元，大洋洲政府最终消费支出规模从1970年的687亿美元增加到2022年的4043亿美元。

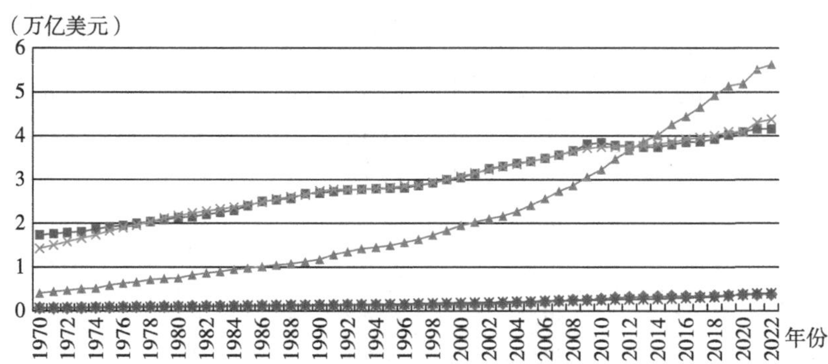

图1-22　1970—2022年五大洲政府最终消费支出变化

资料来源：根据联合国贸易和发展会议数据库数据制作。

表 1-10 1970—2022 年五大洲政府消费支出占世界政府消费总支出的比例变化

年份	非洲政府消费支出 / 世界政府消费总支出	美洲政府消费支出 / 世界政府消费总支出	亚洲政府消费支出 / 世界政府消费总支出	欧洲政府消费支出 / 世界政府消费总支出	大洋洲政府消费支出 / 世界政府消费总支出
1970	1.9%	46.7%	11.1%	38.5%	1.9%
1971	1.9%	45.7%	11.6%	39.0%	1.9%
1972	1.8%	44.8%	11.9%	39.6%	1.9%
1973	1.8%	43.7%	12.4%	40.2%	1.8%
1974	1.9%	43.4%	12.2%	40.5%	1.9%
1975	1.9%	42.5%	13.2%	40.5%	2.0%
1976	2.0%	41.8%	13.6%	40.8%	1.9%
1977	2.0%	41.5%	13.8%	40.7%	1.9%
1978	2.0%	40.9%	14.3%	40.9%	1.9%
1979	2.1%	40.5%	14.5%	41.1%	1.9%
1980	2.0%	40.5%	14.3%	41.3%	1.9%
1981	2.0%	39.7%	15.2%	41.1%	1.9%
1982	2.0%	39.5%	15.6%	40.9%	1.9%
1983	2.0%	39.4%	15.9%	40.8%	1.9%
1984	2.1%	39.3%	16.2%	40.4%	2.0%
1985	2.0%	39.7%	16.2%	40.1%	2.0%
1986	2.0%	40.0%	16.3%	39.8%	2.0%
1987	1.9%	39.7%	16.4%	39.9%	2.0%
1988	2.0%	39.4%	16.6%	40.0%	2.0%
1989	2.0%	39.8%	16.8%	39.4%	2.0%
1990	2.0%	39.0%	17.2%	39.7%	2.1%
1991	2.0%	38.5%	18.2%	39.2%	2.0%
1992	2.1%	38.5%	18.9%	38.5%	2.1%
1993	2.0%	38.3%	19.5%	38.2%	2.1%
1994	1.9%	38.1%	19.8%	38.1%	2.1%
1995	1.9%	37.8%	20.2%	37.9%	2.2%
1996	1.9%	37.3%	20.8%	37.9%	2.2%
1997	2.0%	37.2%	21.3%	37.4%	2.2%
1998	1.8%	36.9%	21.9%	37.1%	2.3%
1999	1.9%	36.7%	22.5%	36.7%	2.2%
2000	1.9%	36.2%	23.2%	36.6%	2.2%

续表

年份	非洲政府消费支出/世界政府消费总支出	美洲政府消费支出/世界政府消费总支出	亚洲政府消费支出/世界政府消费总支出	欧洲政府消费支出/世界政府消费总支出	大洋洲政府消费支出/世界政府消费总支出
2001	1.9%	36.2%	23.4%	36.3%	2.2%
2002	1.9%	36.3%	23.5%	36.1%	2.2%
2003	1.9%	36.1%	23.6%	36.0%	2.3%
2004	2.1%	35.8%	24.2%	35.7%	2.3%
2005	2.0%	35.4%	24.9%	35.3%	2.3%
2006	2.1%	34.9%	25.7%	34.9%	2.3%
2007	2.3%	34.5%	26.4%	34.4%	2.3%
2008	2.4%	34.3%	26.8%	34.2%	2.3%
2009	2.4%	34.3%	27.6%	33.5%	2.2%
2010	2.4%	33.9%	28.5%	33.0%	2.3%
2011	2.6%	32.7%	30.0%	32.4%	2.3%
2012	2.7%	32.0%	31.1%	31.9%	2.3%
2013	2.7%	31.2%	32.3%	31.5%	2.3%
2014	2.7%	30.7%	33.0%	31.3%	2.3%
2015	2.7%	30.3%	33.9%	30.7%	2.3%
2016	2.6%	30.0%	34.6%	30.5%	2.4%
2017	2.6%	29.4%	35.4%	30.2%	2.4%
2018	2.6%	29.0%	36.4%	29.6%	2.4%
2019	2.6%	28.8%	36.8%	29.3%	2.5%
2020	2.7%	29.0%	36.8%	28.9%	2.6%
2021	2.6%	28.2%	37.4%	29.2%	2.7%
2022	2.6%	27.8%	37.6%	29.3%	2.7%

资料来源：根据联合国贸易和发展会议数据库数据制作。

3. 五大洲投资需求格局变化

五大洲投资需求规模以五大洲资本形成总额变化进行比较分析。1970—2022 年，五大洲投资需求格局发生明显变化，亚洲资本形成总额从 1970 年的 8570 亿美元增加到 2022 年的 12.14 万亿美元，在 2006 年居全球第一位（见图 1-23、图 1-24、表 1-11），亚洲已经成为全球投资和资本形成中心。同期，欧洲资本形成总额从 2.15 万亿美元增加到 4.75 万亿美元，欧洲资本形成总额占世界资本形成总额的比例从

1970年的48.1%下降到2022年的19.6%，下降了28.5个百分点，从居世界第一位下降到世界第三位。特别是2009年欧洲主权债务危机以来，欧洲投资增长乏力。美洲资本形成总额从1.24万亿美元增加到6.24万亿美元，美洲资本形成总额占世界资本形成总额的比例从2000年的35.5%下降到2022年的25.8%，美洲投资增长比较平缓。非洲资本形成总额从1970年的1324亿美元增加到2022年的6483亿美元，同期大洋洲资本形成总额从877亿美元增加到4306亿美元，非洲和大洋洲的资本形成总额增长缓慢，非洲和大洋洲的资本形成规模与亚洲、美洲和欧洲的差距持续扩大。

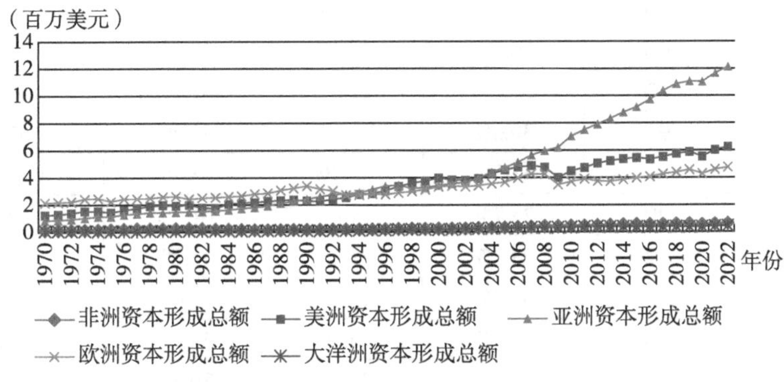

图1-23　1970—2022年五大洲资本形成总额变化

资料来源：根据联合国贸易和发展会议数据库数据制作。

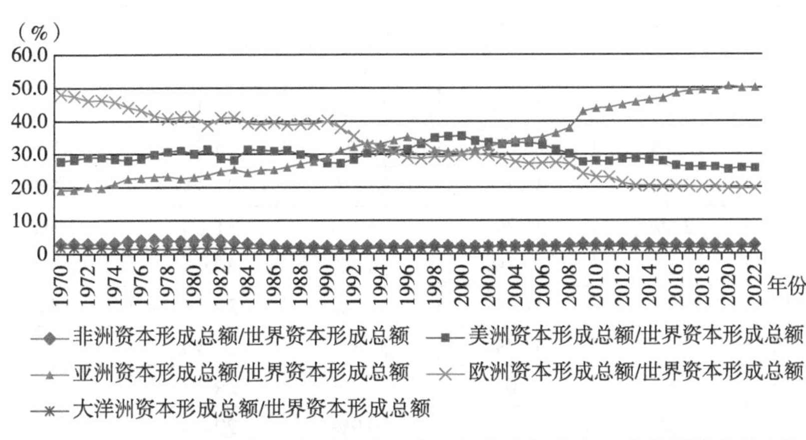

图1-24　1970—2022年五大洲资本形成总额占世界资本形成总额的比例变化

资料来源：根据联合国贸易和发展会议数据库数据制作。

表 1-11　1970—2022 年五大洲资本形成总额占世界资本形成总额的比例变化

年份	非洲资本形成总额 / 世界资本形成总额	美洲资本形成总额 / 世界资本形成总额	亚洲资本形成总额 / 世界资本形成总额	欧洲资本形成总额 / 世界资本形成总额	大洋洲资本形成总额 / 世界资本形成总额
1970	3.0%	27.8%	19.1%	48.1%	2.0%
1971	3.0%	28.3%	19.3%	47.5%	1.9%
1972	2.9%	29.1%	20.0%	46.2%	1.8%
1973	3.0%	29.1%	19.8%	46.4%	1.8%
1974	3.1%	28.5%	21.1%	45.8%	1.6%
1975	3.7%	28.1%	22.6%	44.1%	1.5%
1976	3.9%	28.6%	22.8%	43.3%	1.4%
1977	4.2%	29.8%	23.1%	41.6%	1.3%
1978	4.0%	30.7%	23.3%	40.7%	1.4%
1979	3.7%	31.0%	22.6%	41.2%	1.4%
1980	4.0%	30.0%	23.0%	41.4%	1.5%
1981	4.4%	31.5%	23.7%	38.7%	1.7%
1982	4.0%	28.7%	24.8%	41.0%	1.5%
1983	3.6%	28.2%	25.4%	41.2%	1.7%
1984	3.0%	31.4%	24.4%	39.4%	1.7%
1985	2.7%	31.3%	25.2%	39.0%	1.7%
1986	2.4%	31.0%	25.3%	39.6%	1.6%
1987	2.2%	31.2%	26.1%	38.9%	1.7%
1988	2.2%	29.9%	27.0%	39.1%	1.8%
1989	2.2%	29.0%	27.8%	39.3%	1.8%
1990	2.2%	27.3%	28.9%	40.1%	1.5%
1991	2.3%	27.2%	31.2%	37.9%	1.4%
1992	2.3%	28.4%	32.3%	35.5%	1.5%
1993	2.3%	30.3%	33.4%	32.3%	1.6%
1994	2.3%	31.7%	33.1%	31.2%	1.8%
1995	2.3%	31.1%	34.3%	30.6%	1.7%
1996	2.4%	31.6%	35.2%	29.0%	1.8%
1997	2.3%	33.3%	34.1%	28.6%	1.8%
1998	2.5%	35.0%	31.3%	29.3%	1.9%
1999	2.3%	35.4%	30.9%	29.4%	1.9%
2000	2.3%	35.5%	30.6%	29.9%	1.7%
2001	2.2%	34.1%	31.6%	30.2%	1.8%
2002	2.3%	33.6%	32.3%	29.7%	2.0%

续表

年份	非洲资本形成总额 / 世界资本形成总额	美洲资本形成总额 / 世界资本形成总额	亚洲资本形成总额 / 世界资本形成总额	欧洲资本形成总额 / 世界资本形成总额	大洋洲资本形成总额 / 世界资本形成总额
2003	2.4%	33.1%	33.4%	28.9%	2.2%
2004	2.4%	33.5%	34.3%	27.7%	2.1%
2005	2.4%	33.5%	34.8%	27.1%	2.1%
2006	2.5%	32.9%	35.2%	27.3%	2.1%
2007	2.5%	31.4%	36.4%	27.5%	2.1%
2008	2.8%	30.2%	37.9%	27.0%	2.0%
2009	3.0%	27.6%	43.0%	24.1%	2.3%
2010	2.8%	28.0%	43.9%	23.1%	2.2%
2011	2.7%	27.9%	44.1%	23.0%	2.3%
2012	2.8%	28.7%	45.0%	21.3%	2.2%
2013	2.8%	28.8%	45.8%	20.5%	2.1%
2014	2.8%	28.3%	46.4%	20.4%	2.0%
2015	2.8%	27.9%	46.9%	20.4%	1.9%
2016	2.8%	26.6%	48.5%	20.3%	1.8%
2017	2.6%	26.2%	49.1%	20.2%	1.8%
2018	2.7%	26.2%	49.4%	20.0%	1.7%
2019	2.7%	26.1%	49.1%	20.4%	1.6%
2020	2.6%	25.4%	50.6%	19.6%	1.8%
2021	2.6%	25.9%	50.0%	19.7%	1.8%
2022	2.7%	25.8%	50.1%	19.6%	1.8%

资料来源：根据联合国贸易和发展会议数据库数据计算制作。

4. 五大洲货物和服务贸易出口格局变化

国际需求变化主要通过货物和服务贸易出口来进行比较分析，五大洲货物和服务贸易出口持续增长，其中欧洲货物和服务贸易出口额从 1970 年的 8943 亿美元增加到 2022 年的 10.3 万亿美元。1970—2022 年，欧洲货物和服务贸易出口额长期居世界第一位，欧洲是货物和服务出口第一大贸易中心。亚洲货物和服务贸易出口额从 1970 年的 4689 亿美元增加到 2022 年的 10.5 万亿美元，2022 年亚洲货物和服务贸易出口额超过欧洲，成为世界第一。美洲货物和服务贸易出口额从 4343 亿美元增加到 4.35 万亿美元，居世界第三位。同期，非洲货物和服务贸易出口额从 1312 亿美元增加到 6225 亿美元，大洋洲货物和服务贸易出口额从 387 亿美元增加到 3295 亿美元，非洲和大洋洲的货物和服务贸易出口规模与欧洲、亚洲、美洲的差距不断扩大（见图 1–25、图 1–26、图 1–27 和表 1–12）。

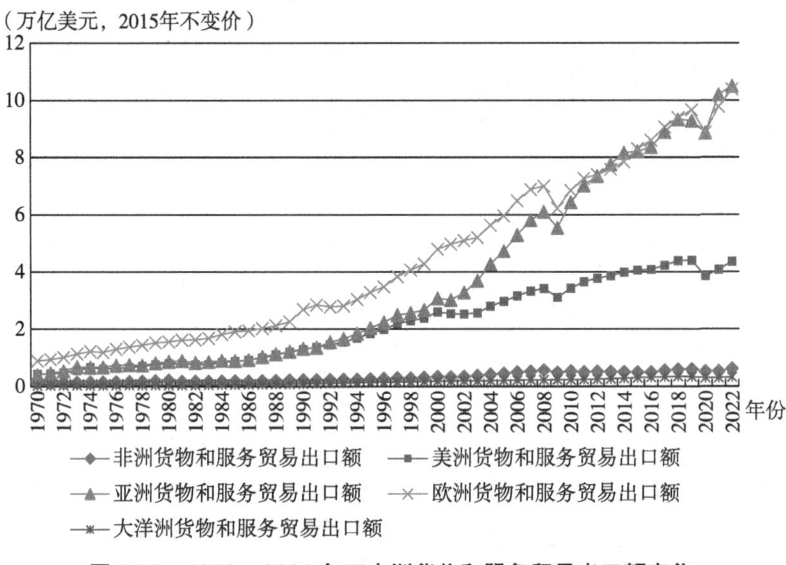

图 1-25　1970—2022 年五大洲货物和服务贸易出口额变化

资料来源：根据联合国贸易和发展会议数据库数据制作。

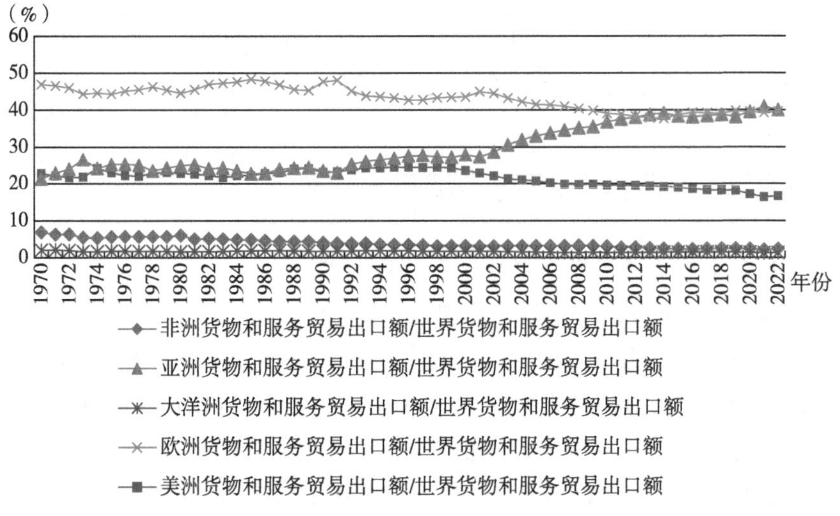

图 1-26　1970—2022 年五大洲货物和服务贸易出口额占世界货物和服务贸易出口额的比例变化

资料来源：根据联合国贸易和发展会议数据库数据制作。

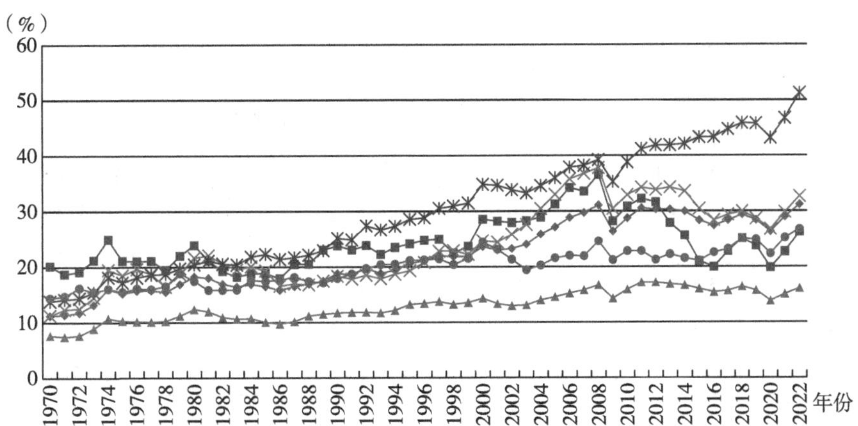

世界货物和服务贸易出口/世界五大洲GDP　非洲货物和服务贸易出口/世界五大洲GDP
美洲货物和服务贸易出口/世界五大洲GDP　亚洲货物和服务贸易出口/世界五大洲GDP
欧洲货物和服务贸易出口/世界五大洲GDP　大洋洲货物和服务贸易出口/世界五大洲GDP

图 1-27　1970—2022 年世界五大洲货物和服务贸易出口额占世界五大洲 GDP 的比例变化

资料来源：根据联合国贸易和发展会议数据库数据制作。

表 1-12　1970—2022 年五大洲货物和服务贸易出口额占世界货物和服务贸易出口额的比例变化

年份	非洲货物和服务贸易出口额/世界货物和服务贸易出口额	美洲货物和服务贸易出口额/世界货物和服务贸易出口额	亚洲货物和服务贸易出口额/世界货物和服务贸易出口额	欧洲货物和服务贸易出口额/世界货物和服务贸易出口额	大洋洲货物和服务贸易出口额/世界货物和服务贸易出口额
1970	7%	23%	21%	47%	2%
1971	6%	22%	23%	47%	2%
1972	6%	22%	24%	46%	2%
1973	5%	22%	27%	44%	2%
1974	5%	24%	24%	45%	2%
1975	6%	23%	25%	44%	2%
1976	6%	22%	25%	45%	2%
1977	6%	22%	25%	46%	2%
1978	6%	23%	24%	46%	2%
1979	6%	23%	24%	45%	2%
1980	6%	23%	25%	45%	2%

续表

年份	非洲货物和服务贸易出口额/世界货物和服务贸易出口额	美洲货物和服务贸易出口额/世界货物和服务贸易出口额	亚洲货物和服务贸易出口额/世界货物和服务贸易出口额	欧洲货物和服务贸易出口额/世界货物和服务贸易出口额	大洋洲货物和服务贸易出口额/世界货物和服务贸易出口额
1981	5%	23%	25%	46%	2%
1982	5%	22%	24%	47%	2%
1983	5%	22%	24%	47%	2%
1984	5%	22%	24%	48%	2%
1985	5%	22%	23%	48%	2%
1986	5%	23%	23%	48%	2%
1987	4%	23%	24%	47%	2%
1988	4%	24%	24%	46%	2%
1989	4%	24%	24%	45%	2%
1990	4%	23%	24%	48%	2%
1991	4%	23%	23%	48%	2%
1992	4%	24%	25%	45%	2%
1993	4%	24%	26%	44%	2%
1994	4%	24%	27%	44%	2%
1995	3%	24%	27%	43%	2%
1996	3%	24%	28%	43%	2%
1997	3%	24%	28%	43%	2%
1998	3%	24%	27%	43%	2%
1999	3%	24%	27%	44%	2%
2000	3%	24%	28%	44%	2%
2001	3%	23%	27%	45%	2%
2002	3%	22%	29%	45%	2%
2003	3%	21%	31%	43%	2%
2004	3%	21%	32%	42%	2%
2005	3%	21%	33%	42%	1%
2006	3%	20%	34%	41%	1%
2007	3%	20%	35%	41%	1%

续表

年份	非洲货物和服务贸易出口额/世界货物和服务贸易出口额	美洲货物和服务贸易出口额/世界货物和服务贸易出口额	亚洲货物和服务贸易出口额/世界货物和服务贸易出口额	欧洲货物和服务贸易出口额/世界货物和服务贸易出口额	大洋洲货物和服务贸易出口额/世界货物和服务贸易出口额
2008	3%	20%	35%	40%	1%
2009	3%	20%	36%	40%	2%
2010	3%	20%	37%	39%	1%
2011	3%	20%	38%	39%	1%
2012	3%	20%	38%	38%	1%
2013	3%	19%	39%	38%	1%
2014	2%	19%	39%	38%	1%
2015	2%	19%	38%	39%	1%
2016	2%	19%	38%	39%	1%
2017	2%	18%	39%	39%	1%
2018	2%	18%	39%	39%	1%
2019	3%	18%	38%	40%	1%
2020	2%	17%	40%	40%	1%
2021	2%	16%	41%	39%	1%
2022	2%	17%	40%	40%	1%

资料来源：根据联合国贸易和发展会议数据库数据制作。

第三节　五大洲区域需求格局变化分析

一、亚洲区域需求格局变化分析

（一）亚洲总需求格局变化

亚洲总需求是亚洲居民最终消费支出额、政府最终消费支出额、亚洲资本形成总额及亚洲货物和服务贸易出口额的总和。亚洲总需求规模持续增长，亚洲总需求额从1970年的5649亿美元增加到2018年的41.86万亿美元（按现价美元计算），亚洲最终消费支出额从3539亿美元增加到21.14万亿美元，其中亚洲居民最终消费支出额从2929亿美元增加到2018年的15.83万亿美元，亚洲政府最终消费支出额从558亿美元增加到 5.29 万亿美元。亚洲资本形成总额从 1970 年的 1578 亿美元增加到 2018 年的 11.29 万亿美元，同期亚洲货物和服务贸易出口额从 583 亿美元增加到 9.44 万亿美元（见图 1–28）。

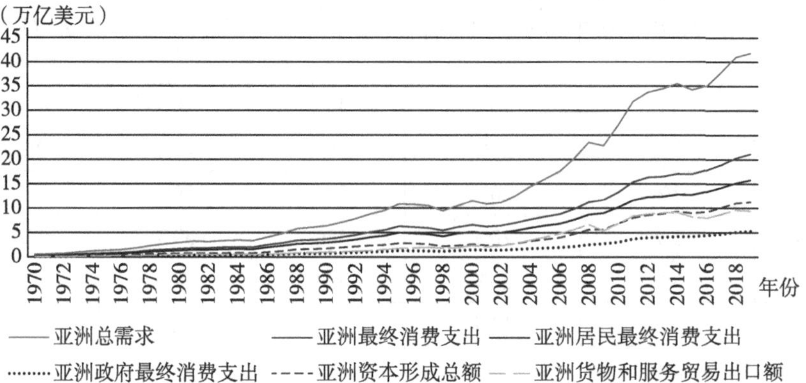

图 1-28　1970—2018 年亚洲总需求、最终消费支出、居民最终消费支出、政府最终消费支出、资本形成总额、货物和服务贸易出口额变化

资料来源：根据联合国贸易和发展会议数据库数据制作。

1970—2019 年，亚洲总需求构成比例发生明显变化，最终消费支出占亚洲总需求的比例从 1970 年的 63% 下降到 2019 年的 51%，其中居民最终消费支出额占总需求的比例从 51.9% 下降到 37.8%，下降了 14.1 个百分点。政府最终消费支出额占总需求的比例从 9.9% 增加到 12.6%，政府最终消费支出稳中有升。亚洲资本形成总额占亚洲总需求的比例从 27.9% 下降到 27.0%，亚洲资本形成总额占亚洲总需求的比例稳定，投资稳定增长（资本形成总额稳定增长）是亚洲总需求增长、消费增长和经济较快增长的重要推动力量。亚洲货物和服务贸易出口额占亚洲总需求的比例从 1970 年的 10.3% 增加到 2019 年的 22.5%，亚洲货物和服务贸易出口额在总需求中的比例大幅提升，表明国际需求在亚洲总需求中的作用增强，特别是在 2004—2008 年，亚洲货物和服务贸易出口额在总需求中的比例曾经高于资本形成总额。但是 2015 年以来，由于美国实施贸易保护主义和经济全球化面临严峻挑战，亚洲货物和服务贸易出口额在总需求中的比例出现下降趋势（见图 1–29、图 1–30 和表 1–13）。

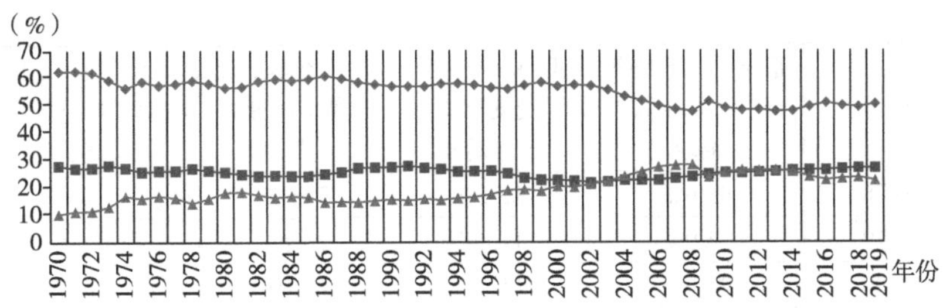

图 1-29　1970—2019 年亚洲最终消费支出、资本形成总额、货物和服务贸易出口额占亚洲总需求的比例变化

资料来源：根据联合国贸易和发展会议数据库数据制作。

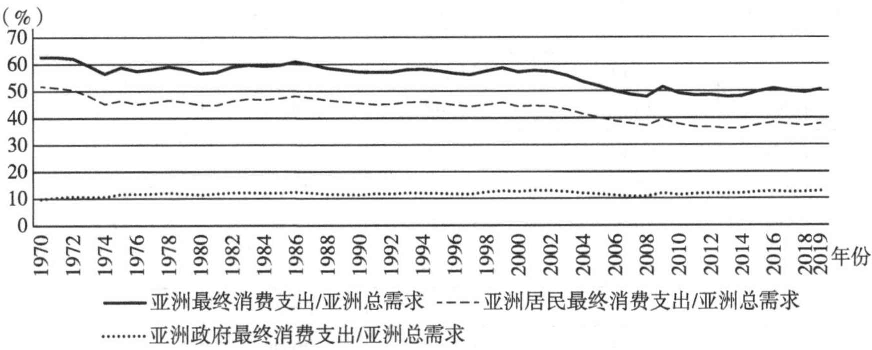

图 1-30　1970—2019 年亚洲最终消费支出、居民最终消费支出、政府最终消费支出占亚洲总需求的比例变化

资料来源：根据联合国贸易和发展会议数据库数据制作。

表 1-13　1970—2019 年亚洲居民最终消费支出、政府最终消费支出、资本形成总额、货物和服务出口额占亚洲总需求的比例变化

年份	亚洲居民最终消费支出 / 亚洲总需求	亚洲政府最终消费支出 / 亚洲总需求	亚洲资本形成总额 / 亚洲总需求	亚洲货物和服务出口额 / 亚洲总需求
1970	51.9%	9.9%	27.9%	10.3%
1971	51.3%	10.4%	26.9%	11.3%
1972	50.6%	10.7%	27.2%	11.5%
1973	48.2%	10.6%	28.2%	13.0%
1974	45.3%	10.6%	27.2%	16.9%
1975	46.6%	11.7%	25.7%	16.0%
1976	45.2%	11.7%	26.1%	16.9%
1977	45.8%	11.8%	26.2%	16.2%

续表

年份	亚洲居民最终消费支出 / 亚洲总需求	亚洲政府最终消费支出 / 亚洲总需求	亚洲资本形成总额 / 亚洲总需求	亚洲货物和服务出口额 / 亚洲总需求
1978	46.6%	12.1%	27.0%	14.3%
1979	46.0%	11.8%	26.2%	16.0%
1980	44.9%	11.4%	25.6%	18.2%
1981	44.8%	11.8%	24.9%	18.5%
1982	46.4%	12.2%	24.2%	17.3%
1983	47.1%	12.2%	24.4%	16.3%
1984	46.8%	12.1%	24.2%	16.9%
1985	47.3%	12.1%	24.2%	16.5%
1986	48.2%	12.3%	24.9%	14.5%
1987	47.5%	12.1%	25.5%	14.9%
1988	46.6%	11.6%	27.1%	14.6%
1989	46.0%	11.5%	27.3%	15.1%
1990	45.6%	11.4%	27.4%	15.7%
1991	45.1%	11.8%	27.8%	15.3%
1992	45.2%	11.7%	27.2%	15.8%
1993	45.8%	12.1%	26.8%	15.4%
1994	46.1%	12.0%	25.8%	16.1%
1995	45.6%	11.9%	26.0%	16.5%
1996	44.8%	11.7%	26.0%	17.5%
1997	44.3%	11.6%	25.1%	19.0%
1998	45.0%	12.3%	23.5%	19.2%
1999	45.8%	12.7%	22.8%	18.7%
2000	44.3%	12.6%	22.6%	20.4%
2001	44.6%	13.0%	22.4%	20.1%
2002	44.3%	12.9%	21.7%	21.1%
2003	43.2%	12.5%	22.1%	22.2%
2004	41.4%	11.9%	22.6%	24.0%
2005	40.2%	11.6%	22.6%	25.7%
2006	38.8%	11.1%	22.6%	27.5%
2007	37.9%	10.7%	23.3%	28.0%
2008	37.2%	10.7%	23.9%	28.2%
2009	39.5%	12.0%	24.8%	23.7%
2010	37.8%	11.3%	25.4%	25.5%

续表

年份	亚洲居民最终消费支出 / 亚洲总需求	亚洲政府最终消费支出 / 亚洲总需求	亚洲资本形成总额 / 亚洲总需求	亚洲货物和服务出口额 / 亚洲总需求
2011	36.6%	11.7%	25.3%	26.4%
2012	36.6%	11.9%	25.5%	26.1%
2013	36.1%	11.8%	25.8%	26.3%
2014	36.2%	11.9%	26.2%	25.8%
2015	37.3%	12.3%	26.4%	24.0%
2016	38.3%	12.6%	26.4%	22.7%
2017	37.6%	12.3%	26.8%	23.3%
2018	37.1%	12.4%	27.0%	23.6%
2019	37.8%	12.6%	27.0%	22.5%

资料来源：根据联合国贸易和发展会议数据库数据制作。

（二）亚洲总需求区域分布格局变化

亚洲总需求区域分布格局变化主要是对东亚、南亚、东南亚、西亚和中亚的最终消费支出（包括居民最终消费支出额和政府最终消费支出额）、投资需求（资本形成总额）以及商品和服务出口的规模及其构成比例变化进行比较分析。东亚总需求从 1970 年 3196 亿美元增加到 2019 年的 21.8 万亿美元（按现价美元计算），同期，南亚总需求从 1041 亿美元增加到 4.3 万亿美元，西亚总需求从 449 亿美元增加到 3 万亿美元，东南亚总需求从 378 亿美元增加到 3.02 万亿美元，中亚总需求从 1992 年的 532 亿美元增加到 2789 亿美元。从图 1–31 可以看出，东亚总需求持续较快增长，南亚、东南亚、西亚和中亚总需求增长相对比较缓慢。

亚洲总需求区域分布格局不均衡发展，东亚总需求占亚洲总需求的比例从 1970 年的 63.1% 增加到 2019 年的 67.2%，在 1986—2004 年东亚总需求占亚洲总需求的比例超过 70%。南亚总需求占亚洲总需求的比例从 1970 年的 20.6% 下降到 2019 年的 13.3%，下降了约 7 个百分点，说明南亚总需求增长出现明显下降趋势。东南亚总需求从 7.5% 上升到 9.3%，2005 年以来东南亚总需求出现持续稳定增长趋势。西亚总需求占亚洲总需求的比例从 8.9% 增加到 9.3%，由于西亚一些国家受到美国经济制裁，西亚的总需求波动性变化比较明显。中亚国家的总需求占亚洲总需求的比例仅为 1% 左右，中亚总需求规模非常小（见图 1–31、图 1–32 和表 1–14）。

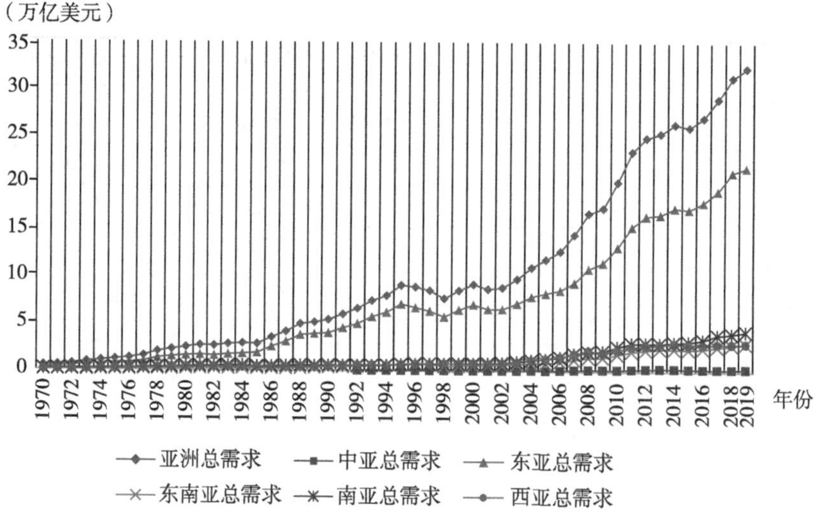

图 1-31　1970—2019 年亚洲总需求区域分布变化

资料来源：根据联合国贸易和发展会议数据库数据制作。

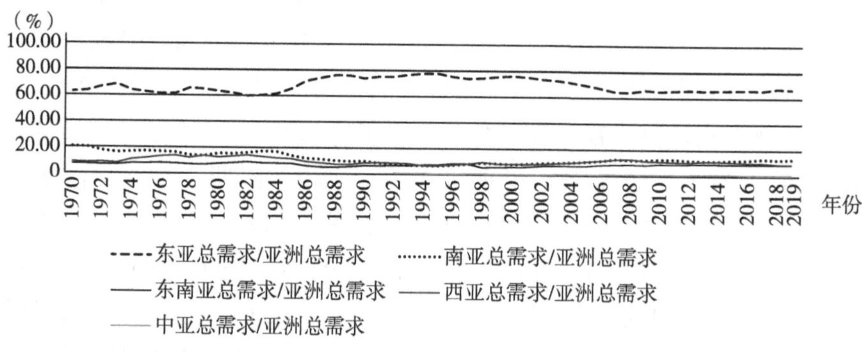

图 1-32　1970—2019 年亚洲总需求区域分布格局变化

资料来源：根据联合国贸易和发展会议数据库数据制作。

表 1-14　　1970—2019 年亚洲总需求区域分布格局变化

年份	东亚总需求 / 亚洲总需求	南亚总需求 / 亚洲总需求	东南亚总需求 / 亚洲总需求	西亚总需求 / 亚洲总需求	中亚总需求 / 亚洲总需求
1970	63.1%	20.6%	7.5%	8.9%	—
1971	63.8%	20.4%	7.3%	8.4%	—
1972	66.9%	17.6%	6.8%	8.8%	—
1973	68.8%	16.2%	6.9%	8.0%	—
1974	64.3%	16.9%	7.8%	11.0%	—
1975	63.0%	17.2%	7.9%	11.9%	—

续表

年份	东亚总需求 / 亚洲总需求	南亚总需求 / 亚洲总需求	东南亚总需求 / 亚洲总需求	西亚总需求 / 亚洲总需求	中亚总需求 / 亚洲总需求
1976	61.7%	16.8%	8.2%	13.4%	—
1977	61.7%	16.4%	7.9%	13.9%	—
1978	66.0%	14.4%	7.3%	12.4%	—
1979	65.2%	13.7%	7.1%	14.0%	—
1980	63.6%	15.8%	7.8%	12.8%	—
1981	62.4%	15.5%	8.5%	13.6%	—
1982	60.2%	16.2%	9.2%	14.4%	—
1983	60.7%	17.4%	8.5%	13.4%	—
1984	62.0%	17.3%	8.3%	12.4%	—
1985	65.9%	14.3%	8.1%	11.7%	—
1986	71.9%	12.2%	6.3%	9.7%	—
1987	74.3%	11.5%	5.6%	8.6%	—
1988	76.5%	10.5%	5.4%	7.6%	—
1989	76.3%	10.0%	6.0%	7.7%	—
1990	74.1%	10.3%	6.7%	8.9%	—
1991	75.4%	8.7%	6.7%	9.2%	—
1992	75.4%	8.1%	6.8%	8.8%	0.8%
1993	77.0%	7.0%	6.9%	8.4%	0.7%
1994	78.0%	7.0%	7.4%	7.0%	0.6%
1995	78.0%	6.9%	7.6%	7.0%	0.5%
1996	75.6%	7.5%	8.6%	7.7%	0.5%
1997	74.2%	8.3%	8.4%	8.5%	0.6%
1998	74.7%	9.2%	5.7%	9.8%	0.6%
1999	75.9%	8.8%	6.0%	8.7%	0.5%
2000	76.5%	8.2%	6.1%	8.7%	0.4%
2001	75.7%	8.9%	6.4%	8.5%	0.5%
2002	74.1%	9.4%	7.2%	8.9%	0.5%
2003	73.1%	9.7%	7.3%	9.4%	0.6%
2004	71.8%	10.2%	7.2%	10.1%	0.6%
2005	69.8%	10.9%	7.5%	11.1%	0.7%
2006	67.5%	11.6%	8.2%	11.8%	0.9%
2007	64.8%	12.9%	8.6%	12.7%	1.0%
2008	64.8%	12.3%	8.8%	13.1%	1.0%

续表

年份	东亚总需求 / 亚洲总需求	南亚总需求 / 亚洲总需求	东南亚总需求 / 亚洲总需求	西亚总需求 / 亚洲总需求	中亚总需求 / 亚洲总需求
2009	66.4%	12.4%	8.5%	11.7%	1.0%
2010	65.4%	13.0%	9.2%	11.4%	1.0%
2011	66.0%	12.9%	9.1%	11.0%	1.0%
2012	66.5%	12.2%	9.3%	10.8%	1.1%
2013	66.0%	11.8%	9.5%	11.5%	1.3%
2014	66.3%	11.8%	9.2%	11.5%	1.2%
2015	66.5%	12.3%	9.1%	11.1%	1.2%
2016	66.7%	12.6%	9.2%	10.6%	0.9%
2017	66.3%	13.5%	9.1%	10.2%	0.9%
2018	67.8%	12.9%	9.1%	9.4%	0.8%
2019	67.2%	13.3%	9.3%	9.3%	0.9%

资料来源：根据联合国贸易和发展会议数据库数据制作。

（三）亚洲最终消费需求格局变化

亚洲最终消费规模是亚洲各经济体居民最终消费支出额和各经济体政府最终消费支出额的总和。亚洲最终消费需求格局变化主要是对东亚、南亚、东南亚、西亚和中亚的居民最终消费支出和政府最终消费支出规模及比例进行比较分析。亚洲最终消费支出额从 1970 年的 3538 亿美元增加到 2019 年的 21.14 万亿美元，同期，东亚最终消费支出额从 2015 亿美元增加到 13.6 万亿美元，南亚最终消费支出额从 864 亿美元增加到 3 万亿美元，东南亚最终消费支出额从 303 亿美元增加到 2.15 万亿美元，西亚最终消费支出额从 356 亿美元增加到 2.19 万亿美元，中亚最终消费支出额从 1992 年的 362 亿美元增加到 1772 亿美元（见图 1–33）。

亚洲最终消费支出区域分布格局一直很不平衡，东亚最终消费支出额占亚洲最终消费支出额的比例一直维持在 60% 以上，1987—2004 年甚至超过 70%。南亚最终消费支出额占亚洲最终消费支出额的比例从 1970 年的 24.4% 下降到 2019 年的 14.2%，东南亚和西亚的最终消费支出额占亚洲最终消费支出额的比例分别在 10% 上下波动，中亚最终消费支出额占亚洲最终消费支出额的比例在 1% 上下波动（见图 1–34 和表 1–15）。

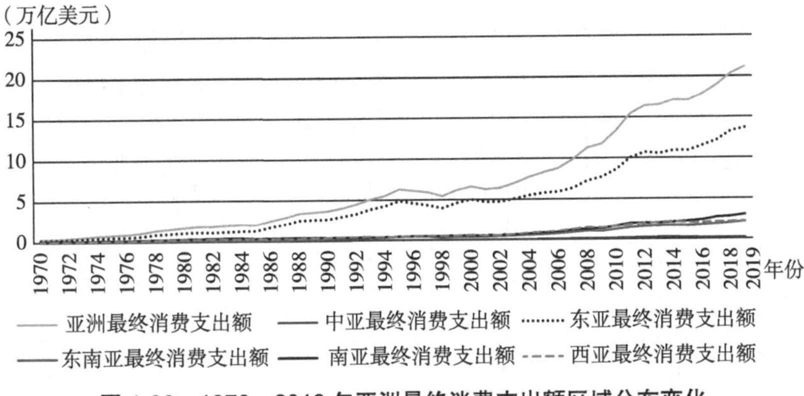

图 1-33 1970—2019 年亚洲最终消费支出额区域分布变化

资料来源：根据联合国贸易和发展会议数据库数据制作。

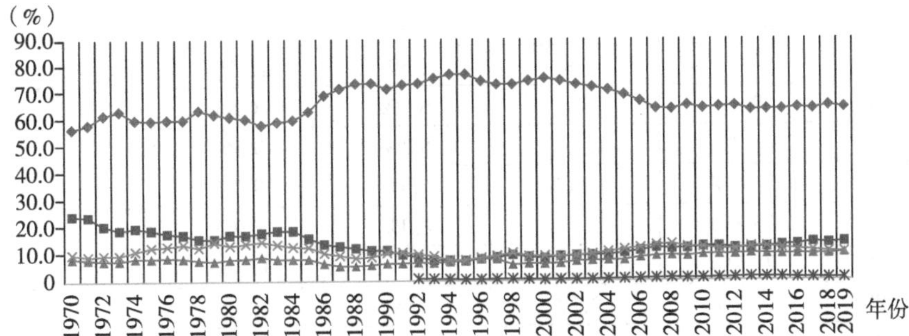

图 1-34 1970—2019 年亚洲最终消费支出额区域分布及占比变化

资料来源：根据联合国贸易和发展会议数据库数据制作。

表 1-15 1970—2019 年东亚、南亚、东南亚、西亚、中亚最终消费支出额占亚洲最终消费支出额的比例变化

年份	东亚最终消费支出额 / 亚洲最终消费支出额	南亚最终消费支出额 / 亚洲最终消费支出额	东南亚最终消费支出额 / 亚洲最终消费支出额	西亚最终消费支出额 / 亚洲最终消费支出额	中亚最终消费支出额 / 亚洲最终消费支出额
1970	57.0%	24.4%	8.6%	10.1%	—
1971	58.5%	24.0%	8.2%	9.3%	—
1972	62.1%	20.6%	7.6%	9.7%	—
1973	63.5%	19.1%	7.8%	9.7%	—
1974	60.3%	19.8%	8.7%	11.3%	—

续表

年份	东亚最终消费支出额 / 亚洲最终消费支出额	南亚最终消费支出额 / 亚洲最终消费支出额	东南亚最终消费支出额 / 亚洲最终消费支出额	西亚最终消费支出额 / 亚洲最终消费支出额	中亚最终消费支出额 / 亚洲最终消费支出额
1975	60.0%	19.0%	8.5%	12.5%	—
1976	60.3%	17.8%	8.8%	13.0%	—
1977	60.3%	17.3%	8.6%	13.8%	—
1978	63.8%	15.8%	7.8%	12.6%	—
1979	62.3%	15.6%	7.4%	14.6%	—
1980	61.4%	17.2%	8.1%	13.3%	—
1981	60.5%	17.1%	8.4%	14.0%	—
1982	58.3%	18.0%	9.0%	14.7%	—
1983	59.5%	18.7%	8.2%	13.6%	—
1984	60.2%	18.8%	8.3%	12.7%	—
1985	63.3%	15.9%	8.3%	12.5%	—
1986	69.3%	13.7%	6.5%	10.4%	—
1987	71.9%	12.9%	5.7%	9.5%	—
1988	73.7%	12.2%	5.6%	8.5%	—
1989	73.8%	11.3%	6.0%	8.9%	—
1990	71.7%	11.4%	6.6%	10.4%	—
1991	73.2%	9.7%	6.6%	10.6%	—
1992	73.7%	8.9%	6.7%	9.9%	0.8%
1993	75.6%	7.8%	6.7%	9.2%	0.8%
1994	77.0%	7.7%	7.0%	7.6%	0.7%
1995	77.1%	7.4%	7.2%	7.7%	0.5%
1996	74.6%	8.0%	8.2%	8.6%	0.6%
1997	73.3%	8.7%	8.0%	9.3%	0.7%
1998	73.2%	9.7%	5.9%	10.5%	0.7%
1999	74.7%	9.0%	6.5%	9.3%	0.6%
2000	75.5%	8.5%	6.2%	9.3%	0.5%
2001	74.7%	9.2%	6.6%	9.1%	0.5%
2002	73.3%	9.4%	7.4%	9.4%	0.5%
2003	72.3%	9.6%	7.6%	10.0%	0.6%
2004	71.2%	9.7%	7.6%	10.8%	0.7%
2005	69.4%	10.4%	7.8%	11.6%	0.7%
2006	67.1%	11.1%	8.7%	12.3%	0.8%
2007	64.3%	12.2%	9.2%	13.3%	0.9%
2008	64.0%	11.9%	9.4%	13.6%	1.0%
2009	65.4%	12.0%	9.1%	12.5%	0.9%

续表

年份	东亚最终消费支出额/亚洲最终消费支出额	南亚最终消费支出额/亚洲最终消费支出额	东南亚最终消费支出额/亚洲最终消费支出额	西亚最终消费支出额/亚洲最终消费支出额	中亚最终消费支出额/亚洲最终消费支出额
2010	64.3%	12.7%	9.7%	12.4%	1.0%
2011	64.9%	12.7%	9.7%	11.7%	1.0%
2012	65.2%	12.1%	9.8%	11.7%	1.1%
2013	63.8%	12.2%	10.2%	12.6%	1.3%
2014	63.8%	12.4%	10.0%	12.6%	1.3%
2015	63.8%	13.1%	9.8%	12.0%	1.2%
2016	64.4%	13.4%	9.8%	11.5%	1.0%
2017	64.0%	14.2%	9.8%	11.1%	0.9%
2018	65.1%	13.8%	9.8%	10.5%	0.8%
2019	64.4%	14.2%	10.1%	10.4%	0.8%

资料来源：根据联合国贸易和发展会议数据库数据制作。

（四）亚洲资本形成格局变化

亚洲资本形成规模持续增长，亚洲资本形成总额从1970年的1578亿美元增加到2019年的11.3万亿美元（按现价美元计算），同期，东亚资本形成总额从1232亿美元增加到8.19万亿美元，南亚资本形成总额从178亿美元增加到1.3万亿美元，东南亚资本形成总额从75亿美元增加到8807亿美元，西亚资本形成总额从93亿美元增加到8190亿美元，中亚资本形成总额从170亿美元增加到1016亿美元（见图1–35）。

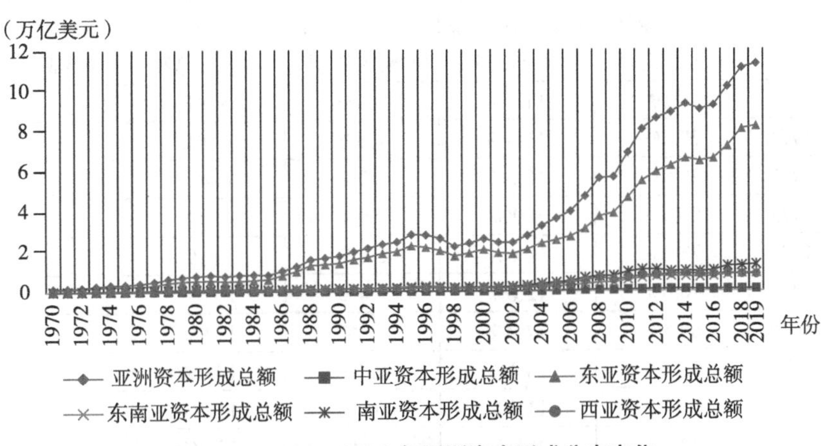

图1-35 1970—2019年亚洲资本形成分布变化

资料来源：根据联合国贸易和发展会议数据库数据制作。

亚洲资本形成区域集中度和分布度不均衡，东亚资本形成总额占亚洲资本形成总额的比例一直保持在70%左右，1987—1995年甚至高达80%左右，即亚洲投资资本70%~80%集中在东亚区域。南亚、西亚、东南亚的资本形成总额占亚洲资本形成总额的比例都出现波动性变化，南亚资本形成总额占亚洲资本形成总额的比例大体上保持在10%左右，东南亚资本形成总额占亚洲资本形成总额的比例大体在7%左右波动，西亚资本形成总额占亚洲资本形成总额的比例大体在8%左右波动。中亚资本形成总额占亚洲资本形成总额的比例仅为1%左右（见图1–36和表1–16）。

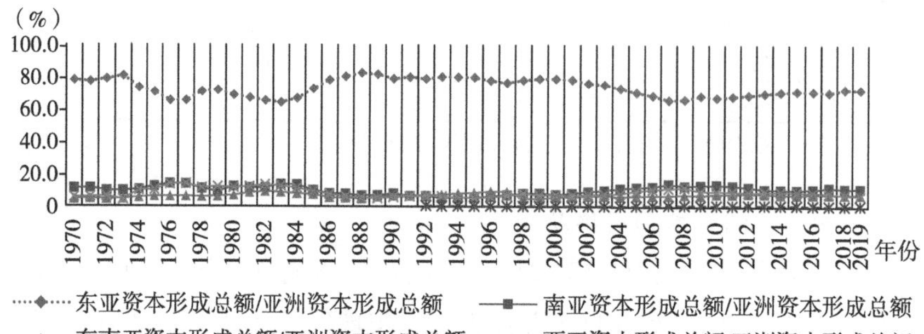

图1-36　1970—2019年亚洲区域资本形成总额占比变化

资料来源：根据联合国贸易和发展会议数据库数据制作。

表1-16　1970—2019年亚洲资本形成格局变化

年份	东亚资本形成总额/亚洲资本形成总额	南亚资本形成总额/亚洲资本形成总额	东南亚资本形成总额/亚洲资本形成总额	西亚资本形成总额/亚洲资本形成总额	中亚资本形成总额/亚洲资本形成总额
1970	78.1%	11.3%	4.8%	5.9%	—
1971	77.5%	11.5%	4.9%	6.0%	—
1972	78.9%	10.0%	4.7%	6.4%	—
1973	80.9%	9.9%	4.9%	4.4%	—
1974	73.6%	10.6%	5.8%	10.1%	—
1975	70.8%	12.6%	6.4%	10.3%	—
1976	65.5%	14.2%	6.5%	13.9%	—
1977	65.5%	14.1%	6.4%	14.0%	—
1978	71.2%	11.1%	6.0%	11.7%	—
1979	72.0%	9.3%	6.4%	12.4%	—
1980	69.0%	12.5%	6.9%	11.7%	—

续表

年份	东亚资本形成总额 / 亚洲资本形成总额	南亚资本形成总额 / 亚洲资本形成总额	东南亚资本形成总额 / 亚洲资本形成总额	西亚资本形成总额 / 亚洲资本形成总额	中亚资本形成总额 / 亚洲资本形成总额
1981	67.3%	11.7%	8.6%	12.4%	—
1982	65.5%	11.6%	9.3%	13.6%	—
1983	64.3%	13.9%	9.0%	12.8%	—
1984	66.9%	13.5%	8.1%	11.5%	—
1985	72.9%	10.1%	7.6%	9.4%	—
1986	78.4%	8.3%	5.7%	7.7%	—
1987	80.4%	8.0%	5.3%	6.3%	—
1988	82.7%	6.9%	5.0%	5.5%	—
1989	81.9%	7.0%	6.0%	5.2%	—
1990	79.2%	8.1%	6.8%	5.9%	—
1991	80.2%	6.7%	6.9%	6.3%	—
1992	79.2%	6.6%	7.0%	6.5%	0.8%
1993	80.3%	5.4%	7.4%	6.5%	0.4%
1994	80.3%	5.6%	8.2%	5.5%	0.4%
1995	80.1%	5.7%	8.5%	5.3%	0.4%
1996	78.0%	6.3%	9.5%	5.9%	0.3%
1997	76.5%	7.2%	9.3%	6.7%	0.3%
1998	78.3%	8.1%	5.1%	8.0%	0.4%
1999	79.2%	8.4%	4.8%	7.3%	0.4%
2000	79.2%	7.4%	5.9%	7.2%	0.3%
2001	78.5%	8.2%	6.0%	7.0%	0.4%
2002	76.2%	9.3%	6.6%	7.4%	0.5%
2003	75.4%	9.9%	6.5%	7.7%	0.5%
2004	73.3%	11.4%	6.4%	8.4%	0.6%
2005	70.8%	12.0%	6.7%	9.8%	0.7%
2006	68.7%	12.5%	7.1%	10.7%	0.9%
2007	66.1%	14.2%	7.1%	11.6%	1.1%
2008	66.4%	13.0%	7.6%	12.0%	1.0%
2009	68.6%	13.3%	7.2%	9.8%	1.0%
2010	67.6%	13.7%	8.2%	9.5%	0.9%
2011	68.2%	13.2%	8.1%	9.6%	1.0%
2012	69.1%	12.4%	8.4%	9.1%	1.0%
2013	70.2%	10.9%	8.3%	9.5%	1.1%
2014	70.9%	10.8%	7.8%	9.4%	1.1%

续表

年份	东亚资本形成总额 / 亚洲资本形成总额	南亚资本形成总额 / 亚洲资本形成总额	东南亚资本形成总额 / 亚洲资本形成总额	西亚资本形成总额 / 亚洲资本形成总额	中亚资本形成总额 / 亚洲资本形成总额
2015	71.5%	10.6%	7.6%	9.2%	1.1%
2016	71.3%	11.0%	7.9%	8.9%	0.9%
2017	70.8%	12.1%	7.8%	8.5%	0.8%
2018	72.7%	11.3%	7.8%	7.5%	0.8%
2019	72.6%	11.5%	7.8%	7.3%	0.9%

资料来源：根据联合国贸易和发展会议数据库数据制作。

（五）亚洲货物和服务贸易出口区域分布格局变化

亚洲货物和服务贸易出口额从1970年的581亿美元增加到2022年的12.4万亿美元（见图1–37），亚洲货物和服务贸易额居世界第一位。亚洲货物和服务贸易进口额从1970年的553亿美元增加到2022年的11.4万亿美元，亚洲货物和服务贸易出口额大于进口额，为1万亿美元，即亚洲货物和服务贸易顺差是1万亿美元。1970—2022年，亚洲货物和服务贸易出口区域分布不太均衡，其中东亚货物和服务贸易出口额占亚洲货物和服务贸易出口总额的比例为55%左右，东南亚货物和服务贸易出口额占亚洲货物和服务贸易出口总额的比例为19%左右，西亚货物和服务贸易出口额占亚洲货物和服务贸易出口总额的比例为18%左右，南亚货物和服务贸易出口额占亚洲货物和服务贸易出口总额的比例为8%左右，中亚货物和服务贸易出口额的占比只有1%左右（见图1–38、表1–17）。

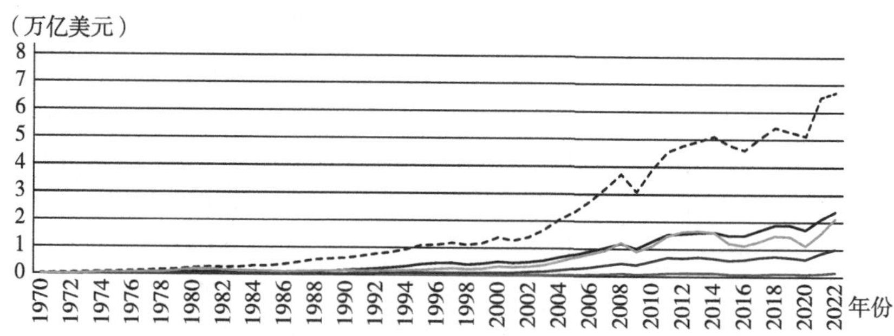

图1-37　1970—2022年亚洲货物和服务贸易出口额变化

资料来源：根据联合国贸易和发展会议数据库数据制作。

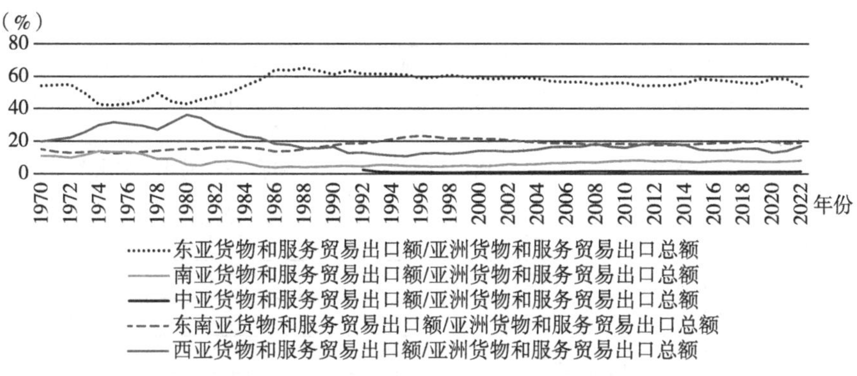

图 1-38 1970—2022 年亚洲货物和服务贸易出口格局变化

资料来源：根据联合国贸易和发展会议数据库数据制作。

表 1-17 1970—2022 年亚洲货物和服务贸易出口格局变化

年份	东亚货物和服务贸易出口额 / 亚洲货物和服务贸易出口总额	东南亚货物和服务贸易出口额 / 亚洲货物和服务贸易出口总额	南亚货物和服务贸易出口额 / 亚洲货物和服务贸易出口总额	西亚货物和服务贸易出口额 / 亚洲货物和服务贸易出口总额	中亚货物和服务贸易出口额 / 亚洲货物和服务贸易出口总额
1970	54%	15%	11%	20%	—
1971	55%	14%	11%	21%	—
1972	55%	13%	10%	22%	—
1973	49%	13%	12%	26%	—
1974	43%	14%	14%	30%	—
1975	42%	13%	14%	32%	—
1976	43%	13%	14%	31%	—
1977	45%	14%	12%	29%	—
1978	49%	14%	9%	27%	—
1979	44%	15%	9%	32%	—
1980	43%	15%	6%	36%	—
1981	45%	15%	5%	34%	—
1982	47%	16%	7%	29%	—
1983	50%	16%	8%	26%	—
1984	54%	16%	7%	23%	—
1985	58%	15%	5%	22%	—
1986	64%	14%	4%	18%	—
1987	64%	14%	4%	18%	—
1988	65%	15%	4%	16%	—
1989	64%	16%	4%	16%	—
1990	61%	18%	5%	17%	—

续表

年份	东亚货物和服务贸易出口额 / 亚洲货物和服务贸易出口总额	东南亚货物和服务贸易出口额 / 亚洲货物和服务贸易出口总额	南亚货物和服务贸易出口额 / 亚洲货物和服务贸易出口总额	西亚货物和服务贸易出口额 / 亚洲货物和服务贸易出口总额	中亚货物和服务贸易出口额 / 亚洲货物和服务贸易出口总额
1991	64%	19%	5%	13%	—
1992	62%	19%	4%	13%	2%
1993	62%	20%	5%	12%	1%
1994	61%	21%	5%	11%	1%
1995	61%	23%	5%	11%	1%
1996	59%	23%	5%	12%	1%
1997	60%	23%	4%	13%	1%
1998	61%	22%	5%	12%	1%
1999	60%	22%	5%	13%	1%
2000	59%	21%	5%	14%	1%
2001	59%	21%	5%	14%	1%
2002	59%	21%	6%	14%	1%
2003	59%	20%	6%	14%	1%
2004	59%	19%	6%	15%	1%
2005	57%	19%	7%	16%	1%
2006	57%	19%	7%	17%	1%
2007	57%	18%	7%	17%	1%
2008	55%	18%	7%	18%	2%
2009	56%	18%	8%	17%	1%
2010	56%	18%	8%	16%	1%
2011	54%	18%	8%	18%	2%
2012	54%	18%	8%	19%	2%
2013	55%	18%	8%	18%	2%
2014	56%	18%	7%	18%	1%
2015	58%	18%	7%	15%	1%
2016	58%	19%	8%	14%	1%
2017	57%	19%	8%	15%	1%
2018	56%	19%	8%	16%	1%
2019	56%	20%	8%	16%	1%
2020	59%	20%	7%	13%	1%
2021	58%	19%	8%	14%	1%
2022	54%	19%	8%	17%	1%

资料来源：根据联合国贸易和发展会议数据库数据制作。

二、欧洲区域总需求格局变化分析

欧洲总需求格局变化主要是分析欧洲最终消费支出（包括居民最终消费支出和政府最终消费支出）、投资需求（资本形成总额）及货物和服务贸易出口的规模变化与构成比例变化，而欧洲区域总需求分布格局变化主要对东欧、北欧、西欧和南欧的总需求规模和比例变化进行比较分析。

（一）欧洲总需求规模变化

1970—2018 年，欧洲总需求规模变化可以分为两个阶段，一是 1970—2008 年欧洲总需求处于持续增长阶段，欧洲总需求规模从 1970 年的 1.6 万亿美元增加到 2008 年的 30.07 万亿美元，欧洲最终消费支出额从 9732 亿美元增加到 16.7 万亿美元，其中居民最终消费支出额从 7251 亿美元增加到 11.8 万亿美元，欧洲政府最终消费支出额从 2211 亿美元增加到 4.4 万亿美元，欧洲资本形成总额从 4318 亿美元增加到 5.25 万亿美元，货物和服务贸易出口额从 1917 亿美元增加到 9.9 万亿美元。二是 2009—2018 年欧洲总需求处于波动性缓慢下降阶段，2009 年欧洲主权债务危机以来，欧洲总需求规模从 2008 年的 30.07 万亿美元下降到 2009 年的 26 万亿美元，2009—2016 年欧洲总需求规模一直在 28 万亿美元上下波动，2018 年欧洲总需求规模为 30.8 万亿美元，仍然维持在 2008 年水平，从数据可以看出欧洲总需求经历 10 年停滞增长阶段。

欧洲最终消费支出额从 2008 年的 15.3 万亿美元增加到 2018 年的 16.1 万亿美元，2018 年欧洲最终消费支出额还没有恢复到 2008 年的规模水平。2009—2018 年欧洲居民最终消费支出额从 11.1 万亿美元增加到 11.8 万亿美元，欧洲政府最终消费支出额从 4.2 万亿美元增加到 4.3 万亿美元，欧洲资本形成总额从 3.96 万亿美元增加到 4.78 万亿美元，欧洲资本形成总额也还没有恢复到 2008 年的水平。欧洲货物和服务贸易出口额从 6.9 万亿美元增加到 9.9 万亿美元，2009—2018 年欧洲货物和服务贸易出口增长比较明显，国际需求对欧洲总需求和经济增长发挥重要作用（见图 1–39）。

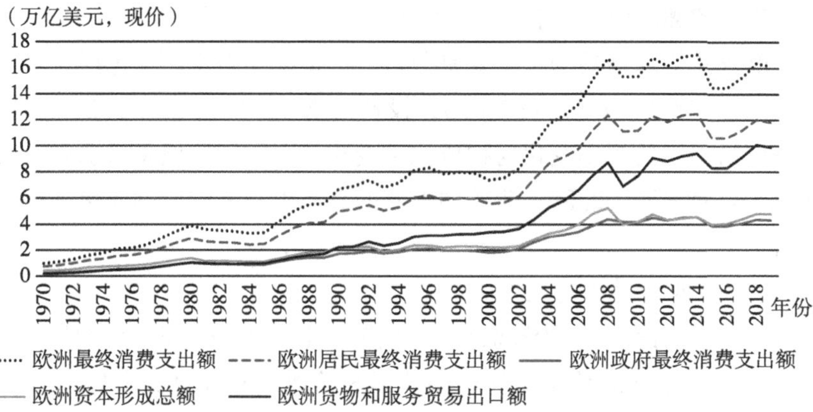

图 1-39　1970—2018 年欧洲总需求规模变化

资料来源：根据联合国贸易和发展会议数据库数据制作。

（二）欧洲总需求构成比例变化

1970—2019 年，欧洲最终消费支出（包括居民最终消费支出和政府最终消费支出）、投资需求（资本形成总额）及货物和服务贸易出口占欧洲总需求比例发生明显变化，欧洲居民最终消费支出占欧洲总需求的比例从 47.1% 下降到 38.3%，下降了 8.8 个百分点。欧洲政府最终消费支出占欧洲总需求的比例从 13.8% 增加到 14.0%，近 50 年来欧洲政府最终消费支出占总需求的比例基本稳定在 14%~16%。欧洲资本形成总额占欧洲总需求比例从 27.0% 下降到 15.5%，下降了 11.5 个百分点。1989 年以来，欧洲资本形成总额占总需求的比例持续下降，欧洲投资乏力趋势明显。如果中国与欧洲的投资协定生效，促进中国企业加大对欧洲投资，可以有效缓解欧洲投资乏力的问题，中国与欧洲的投资协定生效具有互利共赢效应。欧洲货物和服务贸易出口占欧洲总需求比例从 12.0% 增加到 32.1%，增加了 20.1 个百分点（见图 1-40、表 1-18），欧洲货物和服务贸易出口对欧洲总需求增长和经济增长发挥非常重要的作用，而中国的货物和服务贸易进口规模持续扩大对欧洲出口规模增长发挥重要作用，加强中国与欧洲进出口货物和服务贸易合作是实现中欧长期互利共赢的重要基础条件。

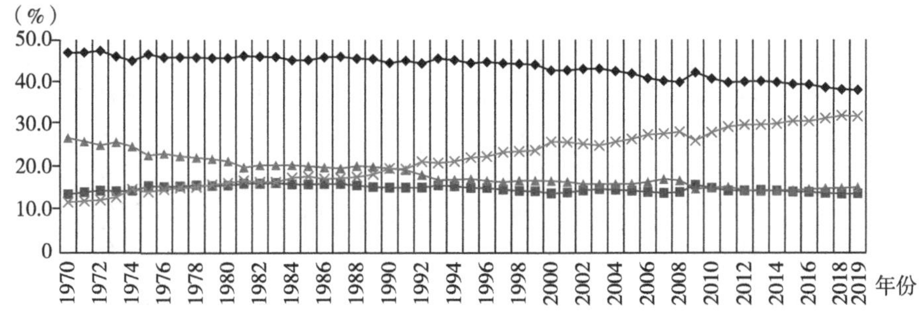

图 1-40　1970—2019 年欧洲总需求构成比例变化

资料来源：根据联合国贸易和发展会议数据库数据制作。

表 1-18　1970—2019 年欧洲居民最终消费支出、政府最终消费支出、资本形成总额、货物和服务贸易出口占欧洲总需求的比例变化

年份	欧洲居民最终消费支出 / 欧洲总需求	欧洲政府最终消费支出 / 欧洲总需求	欧洲资本形成总额 / 欧洲总需求	欧洲货物和服务贸易出口 / 欧洲总需求
1970	47.1%	13.8%	27.0%	12.0%
1971	47.2%	14.3%	26.2%	12.2%
1972	47.5%	14.7%	25.3%	12.5%
1973	46.2%	14.6%	26.0%	13.2%
1974	45.3%	14.7%	25.1%	15.0%
1975	46.7%	15.8%	23.0%	14.4%
1976	46.0%	15.7%	23.4%	15.0%
1977	46.0%	15.8%	22.8%	15.4%
1978	46.0%	16.0%	22.4%	15.6%
1979	45.9%	15.9%	22.1%	16.1%
1980	45.8%	16.0%	21.7%	16.5%
1981	46.3%	16.4%	20.2%	17.1%
1982	46.2%	16.4%	20.7%	16.7%
1983	46.1%	16.5%	20.7%	16.7%
1984	45.4%	16.2%	20.7%	17.7%
1985	45.3%	16.2%	20.4%	18.1%
1986	46.0%	16.3%	20.2%	17.5%
1987	46.2%	16.2%	19.9%	17.6%
1988	45.7%	15.9%	20.5%	17.9%
1989	45.6%	15.6%	20.3%	18.5%
1990	44.7%	15.5%	19.9%	19.9%
1991	45.2%	15.4%	19.6%	19.8%
1992	44.6%	15.5%	18.4%	21.5%

续表

年份	欧洲居民最终消费支出 / 欧洲总需求	欧洲政府最终消费支出 / 欧洲总需求	欧洲资本形成总额 / 欧洲总需求	欧洲货物和服务贸易出口 / 欧洲总需求
1993	45.7%	15.9%	17.2%	21.2%
1994	45.3%	15.8%	17.3%	21.6%
1995	44.7%	15.4%	17.5%	22.5%
1996	44.9%	15.3%	17.0%	22.7%
1997	44.6%	14.9%	16.7%	23.7%
1998	44.5%	14.6%	17.0%	23.9%
1999	44.3%	14.6%	17.0%	24.1%
2000	42.9%	14.0%	17.0%	26.1%
2001	43.0%	14.2%	16.7%	26.0%
2002	43.3%	14.8%	16.3%	25.7%
2003	43.3%	15.1%	16.3%	25.3%
2004	42.8%	14.9%	16.3%	26.1%
2005	42.2%	14.7%	16.3%	26.8%
2006	41.1%	14.4%	16.7%	27.8%
2007	40.5%	14.1%	17.4%	28.0%
2008	40.2%	14.3%	17.1%	28.4%
2009	42.4%	16.0%	15.1%	26.4%
2010	41.0%	15.3%	15.4%	28.3%
2011	40.1%	14.7%	15.6%	29.6%
2012	40.3%	14.7%	14.8%	30.1%
2013	40.5%	14.8%	14.6%	30.2%
2014	40.2%	14.7%	14.7%	30.4%
2015	39.7%	14.4%	14.8%	31.0%
2016	39.6%	14.4%	15.0%	31.0%
2017	38.9%	14.1%	15.3%	31.7%
2018	38.5%	13.9%	15.3%	32.3%
2019	38.3%	14.0%	15.5%	32.1%

资料来源：根据联合国贸易和发展会议数据库数据制作。

（三）欧洲总需求区域分布格局变化

欧洲总需求区域分布格局变化主要对东欧、北欧、西欧、南欧的总需求规模及其比例变化进行比较分析。1970—2019 年，欧洲区域总需求分布格局发生明显变化。一是东欧总需求占欧洲总需求的比例变化幅度比较大，东欧总需求占欧洲总需求的比例从 32.0% 下降到 6.0%，再从 6.0% 增加到 15.2%，说明东欧的总需求和经济增长波动幅度比较大。近半个世纪以来，东欧总需求占欧洲总需求比例从 32.0% 下降到 15.2%，下降了 16.8 个百分点，表明东欧的总需求和经济增长在欧洲的地位明显下降。二是西欧的总需求规模持续增长，西欧总需求占欧洲总需求比例从 36.4% 增加到 44.1%，1993—1996 年，西欧总需求占欧洲总需求的比例曾经超过 50%，表明西欧是欧洲总需求的中心区域。三是北欧总需求规模持续增长，北欧总需求占欧洲总需求的比例从 17.5% 增加到 2019 年的 22.9%，北欧的总需求在欧洲的地位稳中有升。四是南欧总需求持续增长，南欧总需求占欧洲总需求的比例从 14.1% 增加到 17.8%，1988—2010 年，南欧总需求占欧洲总需求的比例超过 20%（见图 1-41、图 1-42、表 1-19、图 1-43、图 1-44）。

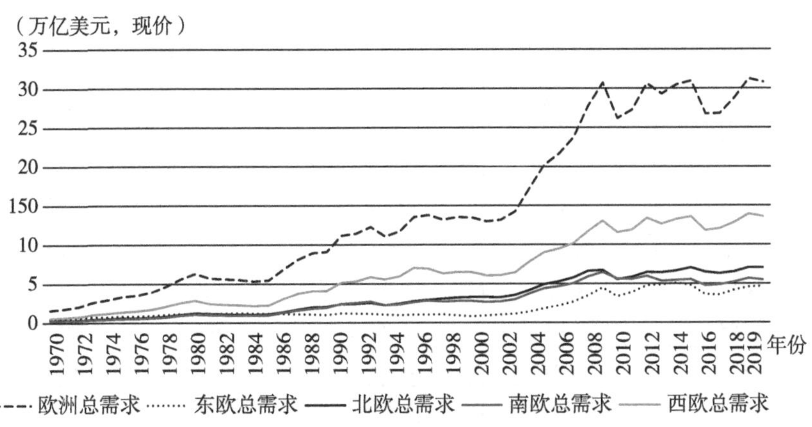

图 1-41 1970—2019 年欧洲区域总需求规模变化

资料来源：根据联合国贸易和发展会议数据库数据制作。

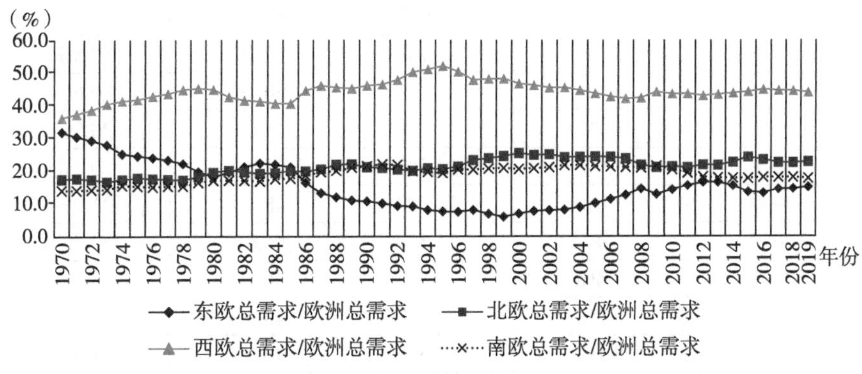

图 1-42 1970—2019 年欧洲区域总需求构成比例变化

资料来源：根据联合国贸易和发展会议数据库数据制作。

表 1-19　　1970—2019 年欧洲总需求分布格局变化

年份	东欧总需求 / 欧洲总需求	北欧总需求 / 欧洲总需求	西欧总需求 / 欧洲总需求	南欧总需求 / 欧洲总需求
1970	32.0%	17.5%	36.4%	14.1%
1971	30.6%	17.7%	37.6%	14.1%
1972	29.4%	17.5%	38.8%	14.3%
1973	28.1%	16.8%	40.7%	14.4%
1974	25.4%	17.4%	41.6%	15.6%
1975	24.7%	17.9%	42.0%	15.4%
1976	24.1%	17.7%	43.0%	15.2%
1977	23.4%	17.4%	43.8%	15.4%
1978	22.3%	17.3%	45.0%	15.4%
1979	19.9%	18.2%	45.4%	16.4%
1980	18.1%	19.7%	45.1%	17.1%
1981	19.7%	20.3%	42.8%	17.2%
1982	21.4%	19.8%	41.8%	17.1%
1983	22.5%	19.2%	41.4%	16.9%
1984	22.1%	19.5%	40.8%	17.6%
1985	21.3%	20.1%	40.8%	17.7%
1986	16.5%	20.0%	44.8%	18.7%
1987	13.3%	20.7%	46.3%	19.7%
1988	12.1%	22.1%	45.7%	20.2%
1989	11.1%	22.3%	45.4%	21.2%
1990	10.8%	21.3%	46.3%	21.6%
1991	10.1%	21.1%	46.7%	22.1%
1992	9.3%	20.6%	48.0%	22.0%
1993	9.2%	20.2%	50.4%	20.1%
1994	8.1%	20.9%	51.2%	19.8%
1995	7.6%	20.7%	52.2%	19.5%
1996	7.5%	21.5%	50.4%	20.6%
1997	8.1%	23.5%	48.0%	20.5%
1998	6.9%	24.0%	48.3%	20.8%
1999	6.0%	24.7%	48.3%	21.0%
2000	6.9%	25.5%	46.8%	20.7%
2001	7.8%	25.0%	46.3%	20.9%
2002	8.0%	25.2%	45.5%	21.2%
2003	8.1%	24.3%	45.6%	21.9%
2004	8.9%	24.4%	44.8%	21.8%
2005	10.2%	24.5%	43.8%	21.6%

续表

年份	东欧总需求 / 欧洲总需求	北欧总需求 / 欧洲总需求	西欧总需求 / 欧洲总需求	南欧总需求 / 欧洲总需求
2006	11.4%	24.4%	42.9%	21.4%
2007	12.6%	23.9%	42.2%	21.2%
2008	14.5%	21.9%	42.5%	21.1%
2009	12.9%	21.2%	44.3%	21.6%
2010	14.3%	21.4%	43.7%	20.5%
2011	15.6%	21.1%	43.7%	19.5%
2012	16.6%	21.9%	43.1%	18.3%
2013	16.7%	21.9%	43.5%	18.0%
2014	15.5%	22.7%	43.8%	17.9%
2015	13.6%	24.3%	44.2%	17.8%
2016	13.3%	23.5%	45.0%	18.2%
2017	14.5%	22.7%	44.7%	18.1%
2018	14.7%	22.6%	44.6%	18.2%
2019	15.2%	22.9%	44.1%	17.8%

资料来源：根据联合国贸易和发展会议数据库数据制作。

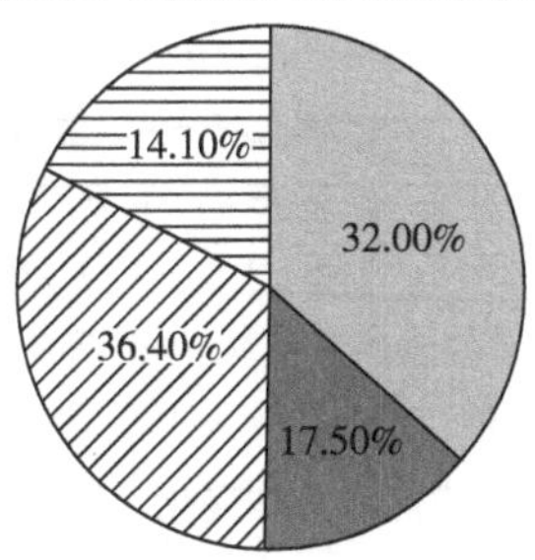

图 1-43 1970 年欧洲总需求区域分布

资料来源：根据联合国贸易和发展会议数据库数据制作。

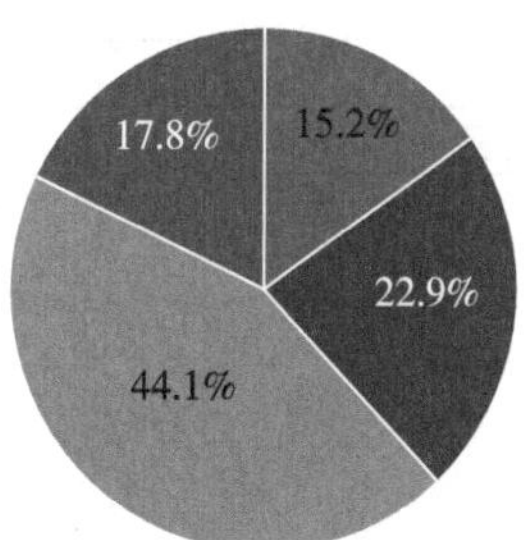

图 1-44 2019 年欧洲总需求区域分布

资料来源：根据联合国贸易和发展会议数据库数据制作。

（四）欧洲投资区域分布格局变化

1970—2019 年，欧洲投资区域格局发生了明显变化，一是东欧资本形成规模及其占比波动变化明显，东欧资本形成总额占欧洲资本形成总额的比例明显下降。东欧资本形成总额占欧洲资本形成总额的比例从 40.1% 下降到 15.8%，下降了 24.3 个百分点。1994—2004 年，东欧资本形成总额占欧洲资本形成总额的比例下降到 10% 以下，表明东欧投资增长及投资环境不太稳定。二是西欧持续成为欧洲主要投资中心，西欧资本形成总额占欧洲资本形成总额的比例从 33.8% 增加到 44.2%，增加了 10.4 个百分点。1993—1999 年，西欧资本形成总额占欧洲资本形成总额的比例达到 50%，西欧在欧洲投资中心地位比较稳定。三是北欧资本形成总额占欧洲资本形成总额的比例明显提升，北欧资本形成总额占欧洲资本形成总额的比例从 13.4% 增加到 23.9%，增加了 10.5 个百分点。四是南欧资本形成总额占欧洲资本形成总额的比例稳中有升，南欧资本形成总额占欧洲资本形成总额的比例从 12.6% 增加到 16.4%（见图 1–45、图 1–46 和表 1–20）。

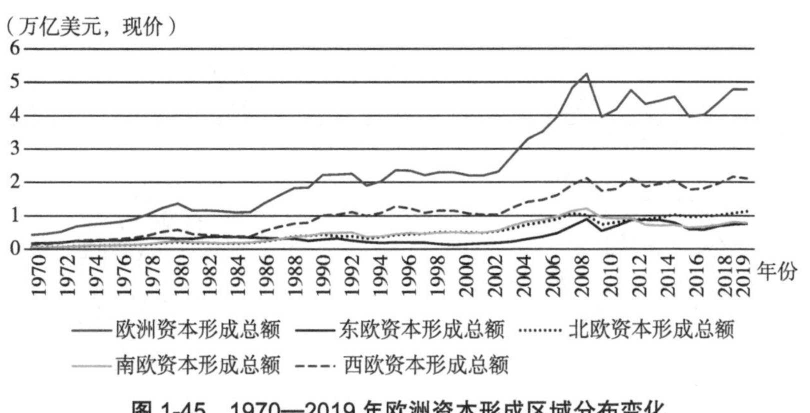

图 1-45　1970—2019 年欧洲资本形成区域分布变化

资料来源：根据联合国贸易和发展会议数据库数据制作。

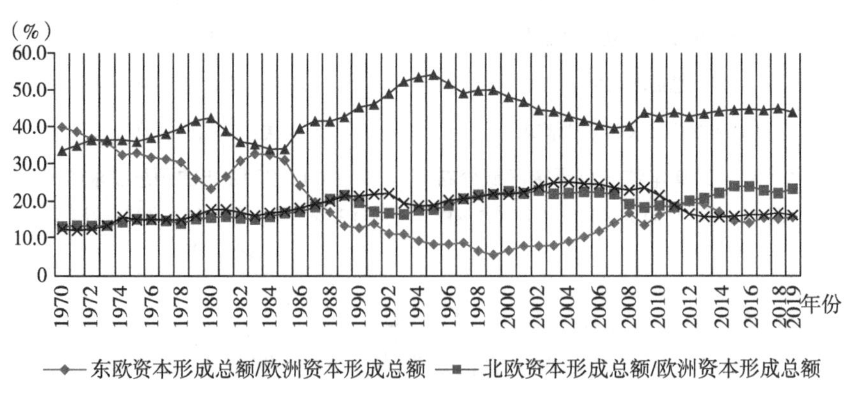

图 1-46　1970—2019 年欧洲资本形成总额占比变化

资料来源：根据联合国贸易和发展会议数据库数据制作。

表 1-20　　1970—2019 年欧洲资本形成分布格局变化

年份	东欧资本形成总额 / 欧洲资本形成总额	北欧资本形成总额 / 欧洲资本形成总额	西欧资本形成总额 / 欧洲资本形成总额	南欧资本形成总额 / 欧洲资本形成总额
1970	40.1%	13.4%	33.8%	12.6%
1971	39.0%	13.6%	35.2%	12.3%
1972	37.1%	13.5%	36.8%	12.6%
1973	36.0%	13.6%	36.8%	13.6%
1974	32.6%	14.6%	36.8%	16.0%
1975	33.2%	15.4%	36.3%	15.2%
1976	32.0%	15.3%	37.4%	15.3%
1977	31.5%	14.9%	38.3%	15.3%
1978	30.8%	14.2%	39.8%	15.2%
1979	26.3%	15.4%	41.9%	16.4%
1980	23.6%	15.8%	42.7%	17.9%
1981	26.8%	16.0%	39.2%	18.0%
1982	31.0%	15.6%	36.3%	17.2%
1983	32.9%	15.3%	35.5%	16.2%
1984	32.7%	16.0%	34.2%	17.0%
1985	31.3%	17.0%	34.3%	17.5%
1986	24.4%	17.4%	39.8%	18.3%
1987	20.0%	18.7%	41.8%	19.5%
1988	17.2%	20.8%	41.7%	20.2%
1989	13.5%	21.9%	42.9%	21.7%
1990	12.9%	19.9%	45.5%	21.6%
1991	14.1%	17.4%	46.4%	22.1%
1992	11.4%	17.0%	49.2%	22.3%
1993	11.2%	16.6%	52.5%	19.6%
1994	9.5%	17.8%	53.7%	19.0%
1995	8.6%	17.9%	54.4%	19.1%
1996	8.5%	19.1%	51.9%	20.5%
1997	9.0%	20.9%	49.3%	20.8%
1998	6.7%	21.9%	50.1%	21.3%
1999	5.7%	22.0%	50.2%	22.1%
2000	6.9%	22.8%	48.3%	22.0%
2001	8.1%	22.3%	47.0%	22.6%
2002	8.1%	23.0%	44.7%	24.1%

续表

年份	东欧资本形成总额 / 欧洲资本形成总额	北欧资本形成总额 / 欧洲资本形成总额	西欧资本形成总额 / 欧洲资本形成总额	南欧资本形成总额 / 欧洲资本形成总额
2003	8.2%	22.1%	44.4%	25.2%
2004	9.3%	22.3%	43.0%	25.4%
2005	10.5%	22.7%	41.9%	24.9%
2006	12.0%	22.5%	40.7%	24.8%
2007	14.3%	22.1%	39.8%	23.8%
2008	17.0%	19.4%	40.4%	23.1%
2009	13.7%	18.5%	44.1%	23.8%
2010	16.4%	19.0%	42.9%	21.7%
2011	18.1%	18.5%	44.2%	19.2%
2012	20.0%	20.4%	43.0%	16.7%
2013	19.4%	21.0%	43.8%	15.9%
2014	17.3%	22.4%	44.5%	15.8%
2015	14.9%	24.2%	44.8%	16.1%
2016	14.3%	24.2%	45.0%	16.5%
2017	15.7%	23.1%	44.7%	16.5%
2018	15.4%	22.4%	45.2%	17.0%
2019	15.8%	23.9%	44.2%	16.4%

资料来源：根据联合国贸易和发展会议数据库数据制作。

（五）欧洲商品和服务出口贸易区域分布格局变化

欧洲商品和服务出口贸易额从1970年的1919亿美元增加到12.24万亿美元（见图1-47），欧洲商品和服务出口贸易额居世界第二位。同期欧洲商品和服务进口贸易额从1969亿美元增加到11.5万亿美元。2022年，欧洲商品和服务出口贸易额大于进口额7400万美元，即欧洲商品和服务贸易顺差为7400万美元。欧洲商品和服务出口贸易区域分布不太均衡，西欧商品和服务出口贸易额占欧洲商品和服务出口贸易总额的比例为50%左右，北欧商品和服务出口贸易额占欧洲商品和服务出口贸易总额比例为24%左右，南欧商品和服务出口贸易额、东欧商品和服务出口贸易额占欧洲商品和服务出口贸易总额的比例均为15%左右（见图1-48和表1-21）。

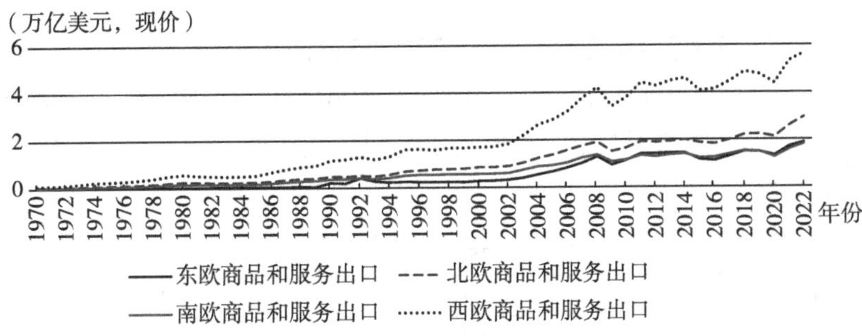

图 1-47 1970—2022 年欧洲商品和服务出口贸易额变化

资料来源：根据联合国贸易和发展会议数据库数据制作。

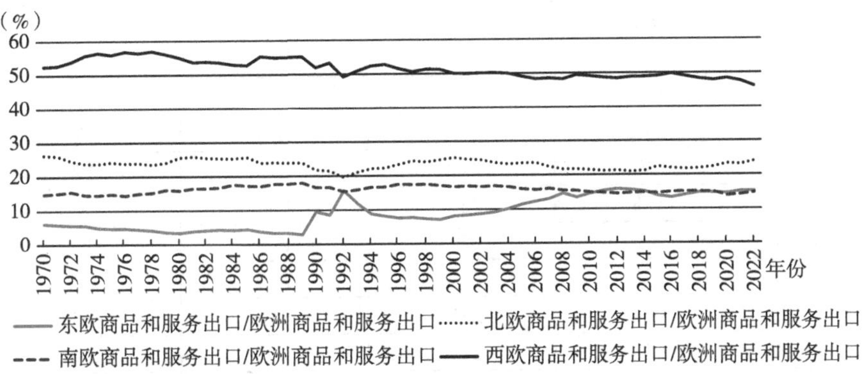

图 1-48 1970—2022 年欧洲商品和服务出口贸易分布格局变化

资料来源：根据联合国贸易和发展会议数据库数据制作。

表 1-21 1970—2022 年欧洲商品和服务出口贸易分布

年份	东欧商品和服务出口 / 欧洲商品和服务出口	北欧商品和服务出口 / 欧洲商品和服务出口	南欧商品和服务出口 / 欧洲商品和服务出口	西欧商品和服务出口 / 欧洲商品和服务出口
1970	6%	26%	15%	53%
1971	6%	26%	15%	53%
1972	6%	25%	16%	54%
1973	6%	24%	15%	56%
1974	5%	24%	15%	57%
1975	5%	24%	15%	56%
1976	5%	24%	14%	57%
1977	5%	24%	15%	56%
1978	4%	24%	15%	57%
1979	4%	24%	16%	56%
1980	3%	26%	16%	55%
1981	4%	26%	16%	54%

续表

年份	东欧商品和服务出口 / 欧洲商品和服务出口	北欧商品和服务出口 / 欧洲商品和服务出口	南欧商品和服务出口 / 欧洲商品和服务出口	西欧商品和服务出口 / 欧洲商品和服务出口
1982	4%	25%	17%	54%
1983	4%	25%	17%	54%
1984	4%	25%	18%	53%
1985	4%	26%	17%	53%
1986	4%	24%	17%	55%
1987	3%	24%	18%	55%
1988	3%	24%	18%	55%
1989	3%	24%	18%	55%
1990	10%	22%	17%	52%
1991	9%	21%	17%	53%
1992	16%	20%	15%	49%
1993	12%	21%	16%	51%
1994	9%	22%	17%	52%
1995	8%	22%	17%	53%
1996	8%	23%	18%	52%
1997	8%	24%	17%	51%
1998	7%	24%	17%	51%
1999	7%	25%	17%	51%
2000	8%	25%	17%	50%
2001	8%	25%	17%	50%
2002	9%	25%	17%	50%
2003	9%	24%	17%	50%
2004	10%	23%	17%	50%
2005	11%	24%	16%	49%
2006	12%	24%	16%	48%
2007	13%	22%	16%	49%
2008	15%	22%	15%	48%
2009	13%	22%	15%	49%
2010	15%	21%	15%	49%
2011	15%	21%	15%	49%
2012	16%	21%	14%	48%
2013	16%	21%	15%	49%
2014	15%	21%	15%	49%
2015	14%	22%	15%	49%
2016	13%	22%	15%	50%

续表

年份	东欧商品和服务出口 / 欧洲商品和服务出口	北欧商品和服务出口 / 欧洲商品和服务出口	南欧商品和服务出口 / 欧洲商品和服务出口	西欧商品和服务出口 / 欧洲商品和服务出口
2017	14%	22%	15%	49%
2018	15%	22%	15%	48%
2019	15%	22%	15%	48%
2020	15%	23%	14%	48%
2021	15%	23%	14%	48%
2022	15%	24%	15%	46%

资料来源：根据联合国贸易和发展会议数据库数据制作。

三、美洲需求格局变化分析

（一）美洲总需求规模变化

美洲需求格局变化主要对美洲居民最终消费支出额、美洲政府最终消费支出额、美洲资本形成总额及美洲商品和服务出口额及其占美洲总需求的比例变化进行比较分析。美洲总需求规模持续较快增长，美洲总需求额从 1970 年的 1.45 万亿美元增加到 2019 年的 33.7 万亿美元，同期美洲居民最终消费支出额从 8231 亿美元增加到 19.1 万亿美元，美洲政府最终消费支出额从 2318 亿美元增加到 4.24 万亿美元，美洲资本形成总额从 2941 亿美元增加到 5.9 万亿美元，美洲商品和服务出口贸易额从 1037 亿美元增加到 4.4 万亿美元（见图 1–49）。

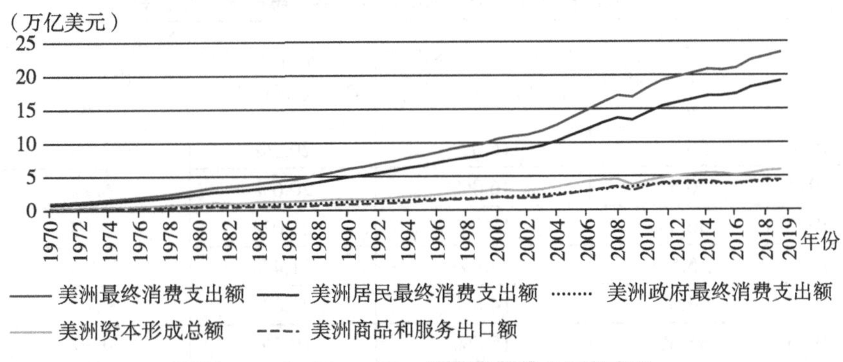

图 1-49 1970—2019 年美洲总需求规模变化

资料来源：根据联合国贸易和发展会议数据库数据制作。

（二）美洲总需求构成比例变化

1970—2019 年，美洲总需求比例变化不明显，居民最终消费支出占美洲总需求比例基本稳定在55%左右，美洲政府最终消费支出占美洲总需求的比例从16.0%下降到12.6%，美洲资本形成总额占美洲总需求的比例从20.2%下降到17.5%，美洲货物和服务贸易出口额占美洲总需求的比例则从7.1%上升到13.0%，增加了近6个百分点，说明美洲的商品和服务出口规模持续扩大，国际需求对美洲总需求增长和经济增长的拉动作用有所增强（见图1–50和表1–22）。

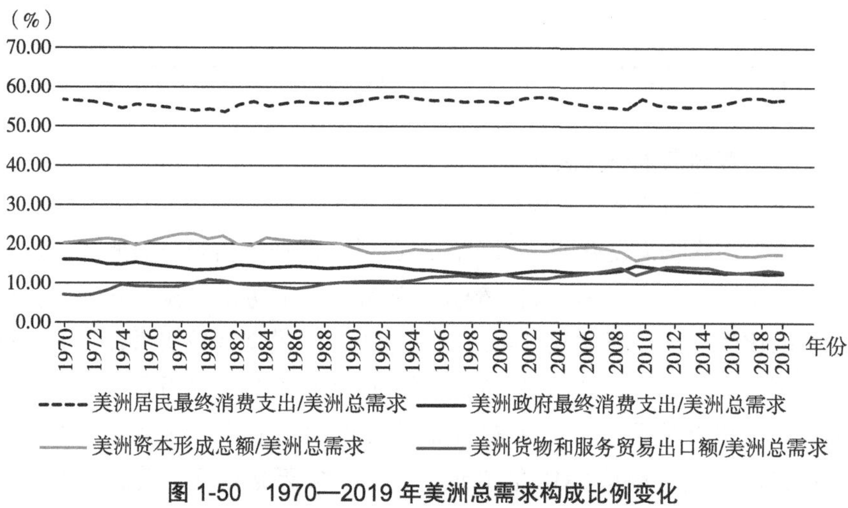

图1-50　1970—2019年美洲总需求构成比例变化

资料来源：根据联合国贸易和发展会议数据库数据制作。

表1-22　1970—2019年美洲居民最终消费支出、政府最终消费支出、资本形成总额、货物和服务贸易出口额占美洲总需求的比例变化

年份	美洲居民最终消费支出/美洲总需求	美洲政府最终消费支出/美洲总需求	美洲资本形成总额/美洲总需求	美洲货物和服务贸易出口额/美洲总需求
1970	56.7%	16.0%	20.2%	7.1%
1971	56.5%	16.0%	20.6%	6.9%
1972	56.3%	15.7%	21.0%	7.1%
1973	55.5%	14.9%	21.4%	8.2%
1974	54.6%	14.8%	21.0%	9.7%
1975	55.6%	15.3%	19.7%	9.3%
1976	55.3%	14.7%	20.7%	9.2%
1977	54.9%	14.3%	21.7%	9.1%
1978	54.4%	13.9%	22.5%	9.2%
1979	54.0%	13.4%	22.6%	10.0%

续表

年份	美洲居民最终消费支出 / 美洲总需求	美洲政府最终消费支出 / 美洲总需求	美洲资本形成总额 / 美洲总需求	美洲货物和服务贸易出口额 / 美洲总需求
1980	54.3%	13.5%	21.3%	10.9%
1981	53.6%	13.7%	22.0%	10.6%
1982	55.5%	14.6%	20.0%	9.9%
1983	56.3%	14.5%	19.6%	9.6%
1984	55.1%	13.9%	21.5%	9.6%
1985	55.7%	14.1%	21.1%	9.0%
1986	56.3%	14.3%	20.7%	8.7%
1987	56.0%	14.1%	20.7%	9.1%
1988	55.9%	13.8%	20.3%	9.9%
1989	55.8%	13.9%	20.1%	10.2%
1990	56.4%	14.2%	18.9%	10.4%
1991	57.1%	14.6%	17.7%	10.5%
1992	57.5%	14.3%	17.7%	10.5%
1993	57.6%	14.0%	18.0%	10.4%
1994	57.0%	13.5%	18.7%	10.8%
1995	56.6%	13.4%	18.4%	11.6%
1996	56.7%	13.0%	18.5%	11.8%
1997	56.2%	12.7%	19.2%	12.0%
1998	56.4%	12.5%	19.6%	11.6%
1999	56.3%	12.4%	19.6%	11.8%
2000	56.0%	12.2%	19.6%	12.3%
2001	57.1%	12.7%	18.6%	11.5%
2002	57.4%	13.1%	18.3%	11.3%
2003	57.2%	13.2%	18.3%	11.3%
2004	56.2%	13.0%	18.9%	12.0%
2005	55.6%	12.8%	19.2%	12.3%
2006	55.0%	12.8%	19.4%	12.8%
2007	54.9%	12.9%	18.9%	13.3%
2008	54.6%	13.3%	18.1%	14.0%
2009	57.1%	14.6%	16.0%	12.3%
2010	55.6%	14.2%	16.7%	13.4%
2011	55.1%	13.7%	16.9%	14.3%
2012	55.0%	13.3%	17.5%	14.3%

续表

年份	美洲居民最终消费支出 / 美洲总需求	美洲政府最终消费支出 / 美洲总需求	美洲资本形成总额 / 美洲总需求	美洲货物和服务贸易出口额 / 美洲总需求
2013	55.0%	13.1%	17.7%	14.1%
2014	55.4%	12.9%	17.8%	14.0%
2015	56.3%	12.7%	18.0%	13.1%
2016	57.3%	12.8%	17.0%	12.8%
2017	57.3%	12.7%	17.0%	13.0%
2018	56.6%	12.5%	17.5%	13.4%
2019	56.8%	12.6%	17.5%	13.0%

资料来源：根据联合国贸易和发展会议数据库数据制作。

（三）美洲总需求区域分布格局变化

美洲总需求区域分布很不均衡，北美总需求占美洲总需求的比例高达 80% 左右。1970—1975 年、1983—1994 年、2002—2005 年，北美总需求占美洲总需求的比例高达 85%，但是从 2008 年国际金融危机以来，北美总需求占美洲总需求的比例下降到 80% 以下。南美总需求占美洲总需求的比例从 1970 年的 9.0% 增加到 2019 年的 12.4%，中美总需求占美洲总需求的比例从 4.1% 增加到 6.2%。加勒比海总需求占美洲总需求比例仅为 1% 左右（见图 1-51、图 1-52 和表 1-23）。

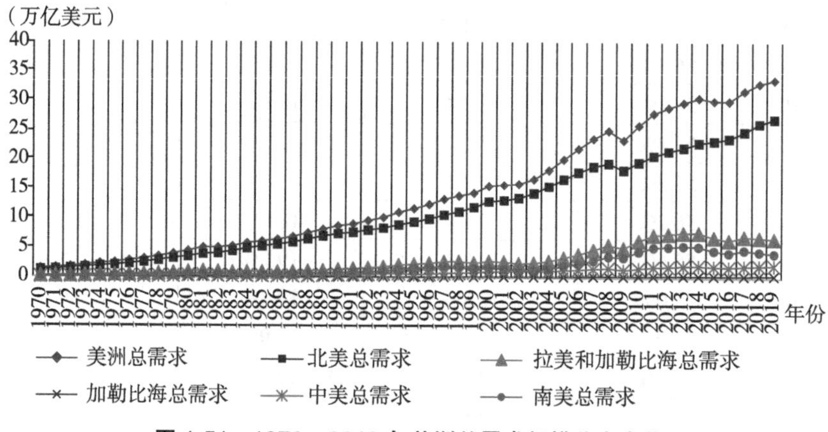

图 1-51　1970—2019 年美洲总需求规模分布变化

资料来源：根据联合国贸易和发展会议数据库数据制作。

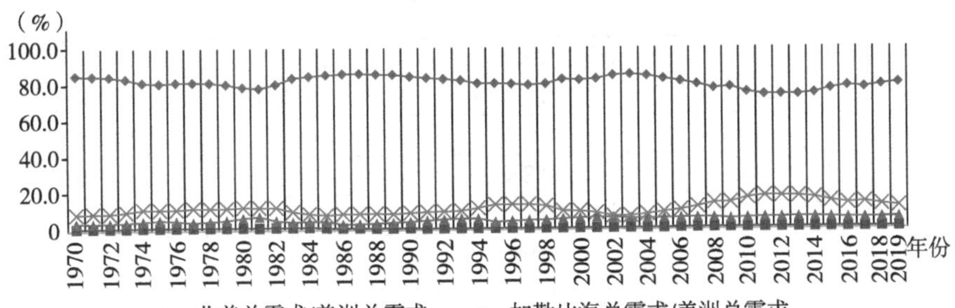

图 1-52 1970—2019 年美洲总需求区域分布变化

资料来源：根据联合国贸易和发展会议数据库数据制作。

表 1-23 1970—2019 年美洲总需求区域分布变化

年份	北美总需求 / 美洲总需求	加勒比海总需求 / 美洲总需求	中美总需求 / 美洲总需求	南美总需求 / 美洲总需求
1970	85.7%	1.2%	4.1%	9.0%
1971	85.3%	1.3%	4.1%	9.3%
1972	85.1%	1.3%	4.2%	9.3%
1973	83.8%	1.4%	4.5%	10.3%
1974	81.8%	1.5%	5.2%	11.6%
1975	81.3%	1.6%	5.7%	11.4%
1976	81.7%	1.5%	5.2%	11.6%
1977	81.8%	1.4%	4.5%	12.2%
1978	81.6%	1.5%	5.0%	12.0%
1979	80.7%	1.5%	5.6%	12.2%
1980	79.0%	1.5%	6.9%	12.6%
1981	78.5%	1.4%	7.6%	12.5%
1982	80.6%	1.5%	5.3%	12.5%
1983	84.0%	1.5%	4.5%	10.1%
1984	84.9%	1.5%	4.7%	8.9%
1985	85.7%	1.2%	4.8%	8.3%
1986	86.4%	1.2%	3.4%	9.0%
1987	86.4%	1.1%	3.4%	9.0%
1988	85.9%	1.1%	3.8%	9.2%
1989	85.8%	1.1%	4.2%	8.9%
1990	84.8%	1.1%	4.6%	9.6%
1991	83.9%	0.9%	5.2%	9.9%
1992	83.3%	0.8%	5.7%	10.1%
1993	82.5%	0.8%	6.3%	10.4%
1994	80.9%	0.9%	6.2%	12.0%

续表

年份	北美总需求 / 美洲总需求	加勒比海总需求 / 美洲总需求	中美总需求 / 美洲总需求	南美总需求 / 美洲总需求
1995	80.8%	0.9%	4.4%	14.0%
1996	80.4%	0.8%	4.7%	14.0%
1997	79.9%	0.8%	5.3%	14.0%
1998	80.5%	0.9%	5.4%	13.2%
1999	82.9%	0.9%	5.9%	10.3%
2000	82.6%	0.9%	6.4%	10.1%
2001	83.2%	0.9%	6.6%	9.3%
2002	85.0%	0.9%	6.8%	7.3%
2003	85.5%	0.8%	6.2%	7.5%
2004	84.7%	0.8%	6.1%	8.3%
2005	83.2%	0.9%	6.2%	9.7%
2006	81.8%	1.0%	6.4%	10.8%
2007	80.0%	1.0%	6.5%	12.5%
2008	77.8%	1.1%	6.6%	14.5%
2009	78.4%	1.0%	5.8%	14.8%
2010	75.7%	1.0%	6.2%	17.2%
2011	74.1%	1.0%	6.5%	18.4%
2012	74.4%	1.0%	6.5%	18.1%
2013	74.3%	1.0%	6.7%	18.1%
2014	75.0%	1.0%	6.7%	17.3%
2015	77.3%	1.1%	6.4%	15.3%
2016	78.8%	1.1%	6.1%	14.1%
2017	78.0%	1.1%	6.1%	14.8%
2018	79.4%	1.1%	6.2%	13.3%
2019	80.3%	1.1%	6.2%	12.4%

资料来源：根据联合国贸易和发展会议数据库数据制作。

（四）美洲资本形成分布格局变化

美洲资本形成规模持续增长，美洲资本形成分布格局基本稳定。北美资本形成总额占美洲资本形成总额的比例一直保持稳定在 80% 左右，1970—1972 年、1983—1990 年、1999—2005 年，北美资本形成总额占美洲资本形成总额的比例超过 85%，北美是美洲甚至是全球的重要投资中心之一。南美资本形成总额占美洲资本形成总额的比例保持在 9% 左右，中美资本形成总额占美洲资本形成总额的比例保持在 5% 左右，加勒比海资本形成总额占美洲资本形成总额的比例保持在 1% 左右（见

图 1-53、图 1-54 和表 1-24）。

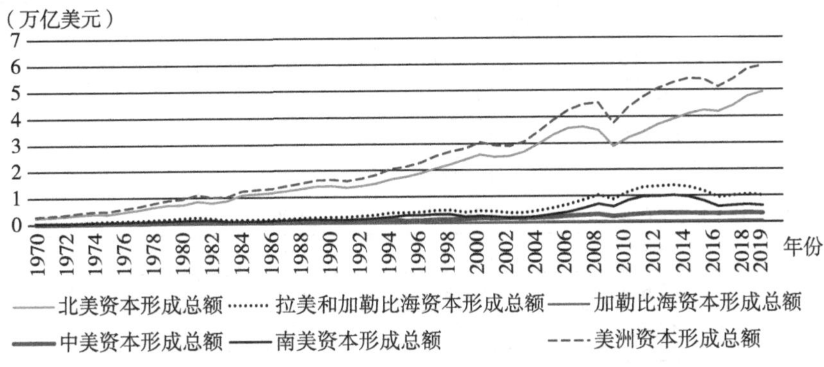

图 1-53　1970—2019 年美洲资本形成规模变化

资料来源：根据联合国贸易和发展会议数据库数据制作。

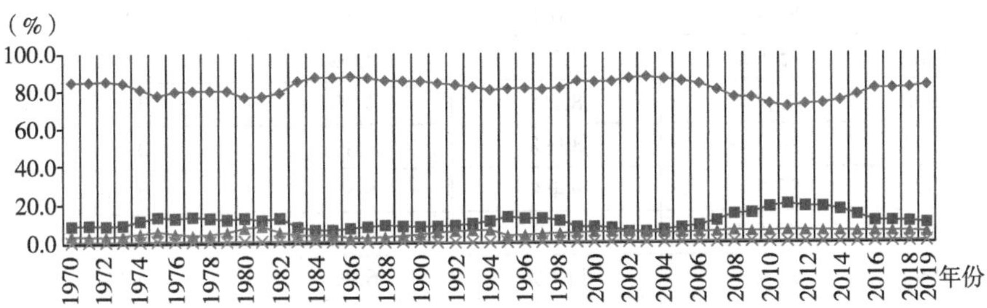

图 1-54　1970—2019 年美洲资本形成区域分布比例变化

资料来源：根据联合国贸易和发展会议数据库数据制作。

表 1-24　1970—2019 年美洲资本形成分布格局变化

年份	北美资本形成总额 / 美洲资本形成总额	南美资本形成总额 / 美洲资本形成总额	中美资本形成总额 / 美洲资本形成总额	加勒比海资本形成总额 / 美洲资本形成总额
1970	85.3%	9.5%	4.2%	1.0%
1971	85.4%	9.7%	3.8%	1.1%
1972	85.7%	9.4%	3.8%	1.1%
1973	84.9%	9.8%	4.3%	1.1%
1974	81.4%	12.0%	5.4%	1.2%
1975	78.2%	14.0%	6.4%	1.4%
1976	80.2%	13.4%	5.3%	1.2%
1977	80.5%	14.0%	4.4%	1.1%

续表

年份	北美资本形成总额 / 美洲资本形成总额	南美资本形成总额 / 美洲资本形成总额	中美资本形成总额 / 美洲资本形成总额	加勒比海资本形成总额 / 美洲资本形成总额
1978	80.8%	13.3%	4.8%	1.1%
1979	80.5%	12.5%	5.9%	1.1%
1980	77.2%	13.4%	8.2%	1.2%
1981	77.6%	12.3%	9.0%	1.1%
1982	79.5%	13.4%	5.9%	1.2%
1983	85.6%	8.7%	4.6%	1.2%
1984	87.7%	7.0%	4.2%	1.1%
1985	87.5%	7.1%	4.6%	0.9%
1986	88.3%	8.0%	2.8%	0.9%
1987	87.4%	8.8%	3.0%	0.8%
1988	86.1%	9.6%	3.5%	0.8%
1989	85.9%	9.1%	4.0%	0.9%
1990	85.7%	8.7%	4.7%	0.9%
1991	84.7%	8.9%	5.8%	0.7%
1992	83.8%	9.4%	6.3%	0.5%
1993	82.5%	10.1%	6.8%	0.5%
1994	81.0%	11.6%	6.9%	0.5%
1995	81.6%	13.8%	4.0%	0.6%
1996	82.0%	13.0%	4.3%	0.7%
1997	81.4%	13.0%	4.9%	0.7%
1998	82.2%	11.9%	5.2%	0.7%
1999	85.6%	8.4%	5.4%	0.7%
2000	85.0%	8.5%	5.8%	0.7%
2001	85.3%	8.0%	5.9%	0.7%
2002	87.2%	6.1%	6.0%	0.7%
2003	87.8%	6.0%	5.6%	0.6%
2004	86.8%	7.0%	5.5%	0.6%
2005	85.7%	8.1%	5.4%	0.8%
2006	84.1%	9.4%	5.8%	0.8%
2007	81.1%	12.0%	6.2%	0.8%
2008	77.1%	15.3%	6.7%	0.9%
2009	76.9%	15.9%	6.2%	1.0%
2010	73.7%	19.1%	6.3%	0.9%
2011	72.0%	20.5%	6.7%	0.8%

续表

年份	北美资本形成总额/美洲资本形成总额	南美资本形成总额/美洲资本形成总额	中美资本形成总额/美洲资本形成总额	加勒比海资本形成总额/美洲资本形成总额
2012	73.3%	19.3%	6.6%	0.8%
2013	73.8%	19.1%	6.4%	0.8%
2014	75.5%	17.5%	6.3%	0.8%
2015	78.4%	14.7%	6.1%	0.8%
2016	81.7%	11.4%	6.1%	0.9%
2017	81.6%	11.5%	6.1%	0.9%
2018	82.0%	11.2%	5.9%	0.9%
2019	83.2%	10.3%	5.6%	0.9%

资料来源：根据联合国贸易和发展会议数据库数据制作。

（五）美洲货物和服务贸易出口区域分布格局变化

美洲货物和服务贸易出口额在1970年为1038亿美元（见图1–55），美洲货物和服务贸易进口额在1970年为1013亿美元。2022年，美洲货物和服务贸易进口额大于出口额为1.09万亿美元，即美洲货物和服务贸易逆差为1.09万亿美元。美洲1970—2018年货物和服务贸易出口区域分布很不均衡，其中北美货物和服务贸易出口额占美洲货物和服务贸易出口额的比例为70%以上，中美、南美、加勒比海的货物和服务贸易出口额占美洲货物和服务贸易出口的比例分别为13%、16%、1.7%（见图1–56）。

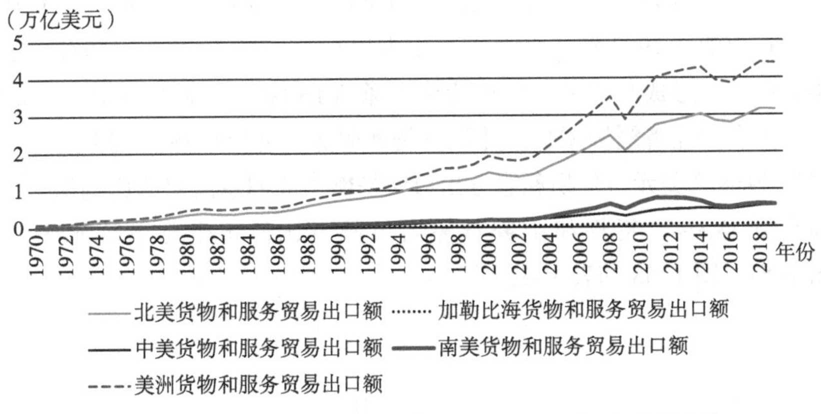

图1-55 1970—2018年美洲货物和服务贸易出口贸易额变化

资料来源：根据联合国贸易和发展会议数据库数据制作。

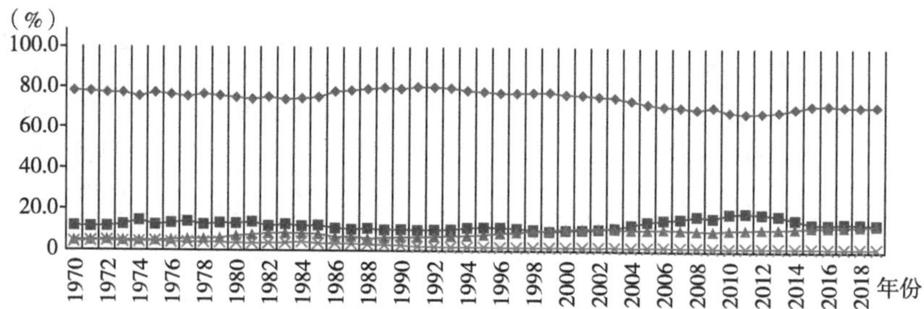

图 1-56　1970—2018 年美洲货物和服务贸易出口区域分布变化

资料来源：根据联合国贸易和发展会议数据库数据制作。

四、非洲总需求区域分布格局变化

1970—2019 年非洲总需求由非洲居民最终消费支出和政府最终消费支出、资本形成总额、货物和服务贸易出口所构成。非洲总需求从 1369 亿美元增加到 3.19 万亿美元，其中非洲最终消费支出规模从 715 亿美元增加到 1.97 万亿美元，居民最终消费支出规模从 568 亿美元增加到 1.66 万亿美元，非洲居民最终消费支出占非洲总需求的比例从 41.5% 增加到 52.0%。非洲政府最终消费支出从 147 亿美元增加到 3178 亿美元，非洲政府最终消费支出占非洲总需求的比例从 10.8% 下降到 10.0%。非洲投资需求规模（资本形成总额）从 420 亿美元增加到 6150 亿美元，非洲资本形成总额占非洲总需求的比例从 30.6% 下降到 19.3%，非洲资本形成总额在 1976—1982 年非洲总需求中占比高达 40% 左右，在 1982—1992 年非洲资本形成总额从 40.6% 持续下降到 16.1%，导致非洲 1992—2001 年总需求和经济缓慢增长。非洲货物和服务贸易出口额从 235 亿美元增加到 5985 亿美元，货物和服务出口贸易额占非洲总需求的比例从 17.2% 提高到 18.8%，货物和服务贸易出口额占比低于全球平均水平（见图 1–57、图 1–58 和表 1–25）。

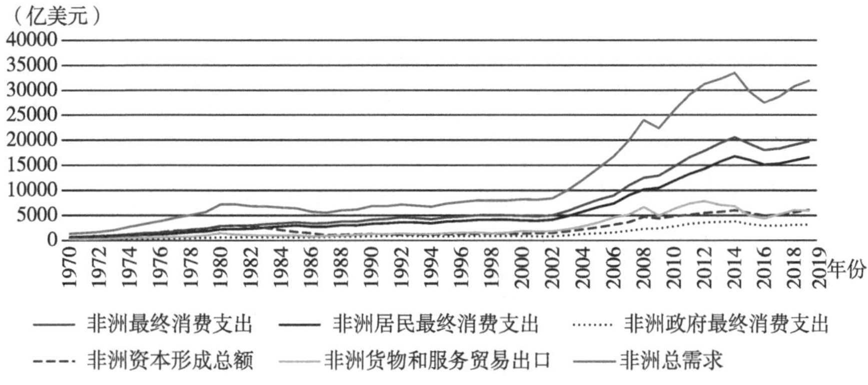

图 1-57 1970—2019 年非洲总需求规模变化

资料来源：根据联合国贸易和发展会议数据库数据制作。

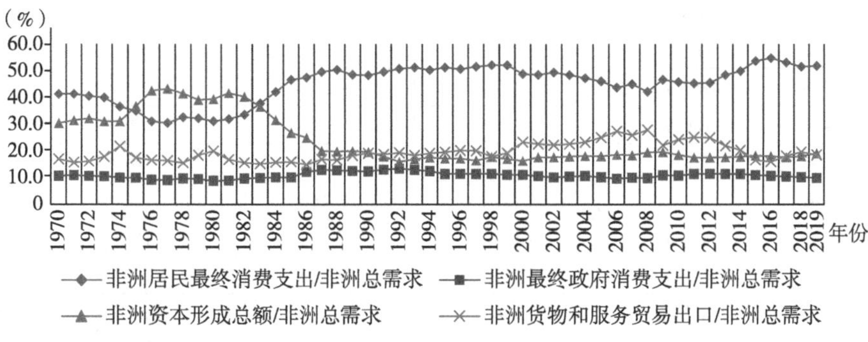

图 1-58 1970—2019 年非洲总需求构成变化

资料来源：根据联合国贸易和发展会议数据库数据制作。

表 1-25 1970—2019 年非洲居民最终消费支出、政府最终消费支出、资本形成总额、货物和服务贸易出口额占非洲总需求的比例变化

年份	非洲居民最终消费支出 / 非洲总需求	非洲政府最终消费支出 / 非洲总需求	非洲资本形成总额 / 非洲总需求	非洲货物和服务贸易出口额 / 非洲总需求
1970	41.5%	10.8%	30.6%	17.2%
1971	41.5%	11.0%	31.7%	15.9%
1972	40.7%	10.6%	32.4%	16.3%
1973	40.2%	10.5%	31.3%	18.1%
1974	36.7%	10.0%	31.3%	22.0%
1975	35.3%	10.0%	37.0%	17.6%
1976	31.3%	9.2%	42.8%	16.7%
1977	30.7%	9.2%	43.5%	16.6%

续表

年份	非洲居民最终消费支出 / 非洲总需求	非洲政府最终消费支出 / 非洲总需求	非洲资本形成总额 / 非洲总需求	非洲货物和服务贸易出口额 / 非洲总需求
1978	32.9%	9.7%	41.7%	15.7%
1979	32.5%	9.6%	39.3%	18.6%
1980	31.4%	8.8%	39.6%	20.2%
1981	32.1%	9.0%	41.9%	17.0%
1982	33.8%	9.8%	40.6%	15.8%
1983	38.0%	9.9%	36.8%	15.4%
1984	42.3%	10.1%	31.8%	15.9%
1985	46.8%	10.1%	27.0%	16.1%
1986	47.7%	12.2%	25.2%	15.0%
1987	49.8%	13.0%	20.2%	17.1%
1988	50.5%	12.8%	20.0%	16.8%
1989	48.7%	12.6%	20.2%	18.5%
1990	48.6%	12.4%	19.7%	19.3%
1991	49.8%	13.1%	18.2%	18.9%
1992	51.0%	13.4%	16.1%	19.5%
1993	51.4%	13.0%	17.1%	18.5%
1994	50.5%	12.5%	17.8%	19.3%
1995	51.5%	11.4%	17.4%	19.8%
1996	50.8%	11.5%	17.4%	20.3%
1997	51.7%	11.4%	16.6%	20.3%
1998	52.4%	11.5%	17.9%	18.2%
1999	52.3%	11.1%	17.1%	19.5%
2000	49.0%	11.1%	16.5%	23.5%
2001	48.8%	10.7%	17.8%	22.8%
2002	49.6%	10.1%	17.9%	22.5%
2003	48.6%	10.4%	18.2%	22.8%
2004	47.5%	10.7%	18.4%	23.5%
2005	46.3%	10.2%	18.3%	25.3%
2006	43.9%	9.7%	18.9%	27.5%
2007	45.2%	10.0%	18.7%	26.2%
2008	42.4%	9.9%	19.7%	28.0%
2009	46.9%	11.0%	19.8%	22.4%
2010	46.0%	10.9%	18.7%	24.4%
2011	45.5%	11.4%	17.7%	25.4%

续表

年份	非洲居民最终消费支出/非洲总需求	非洲政府最终消费支出/非洲总需求	非洲资本形成总额/非洲总需求	非洲货物和服务贸易出口额/非洲总需求
2012	45.7%	11.5%	17.7%	25.2%
2013	48.7%	11.4%	17.8%	22.1%
2014	50.1%	11.4%	18.0%	20.5%
2015	53.9%	11.0%	18.5%	16.7%
2016	55.0%	10.8%	18.2%	16.1%
2017	53.3%	10.4%	17.9%	18.3%
2018	51.7%	10.2%	18.2%	19.8%
2019	52.0%	10.0%	19.3%	18.8%

资料来源：根据联合国贸易和发展会议数据库数据制作。

1970 年以来，非洲最终消费支出变化大体上可以分为四个阶段，1970—1990 年是持续稳定增长阶段，非洲最终消费支出从 1970 年的 715 亿美元增加到 1990 年的 4201 亿美元（见图 1-59）。1990—2001 年是缓慢增长阶段，非洲最终消费支出从 1990 年的 4201 亿美元增加到 2001 年的 4857 亿美元（见图 1-60）。2001—2014 年是较快增长阶段，非洲最终消费支出从 2001 年的 4857 亿美元增加到 2014 年的 2.06 万亿美元（见图 1-61）。2015—2019 年是波动性负增长阶段，非洲最终消费支出从 2014 年的 2.06 万亿美元下降到 2019 年的 1.76 万亿美元（见图 1-62）。

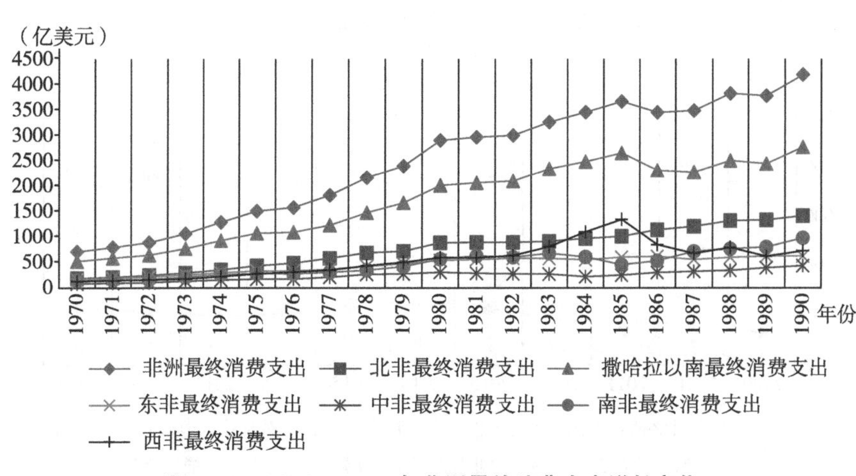

图 1-59 1970—1990 年非洲最终消费支出增长变化

资料来源：根据联合国贸易和发展会议数据库数据制作。

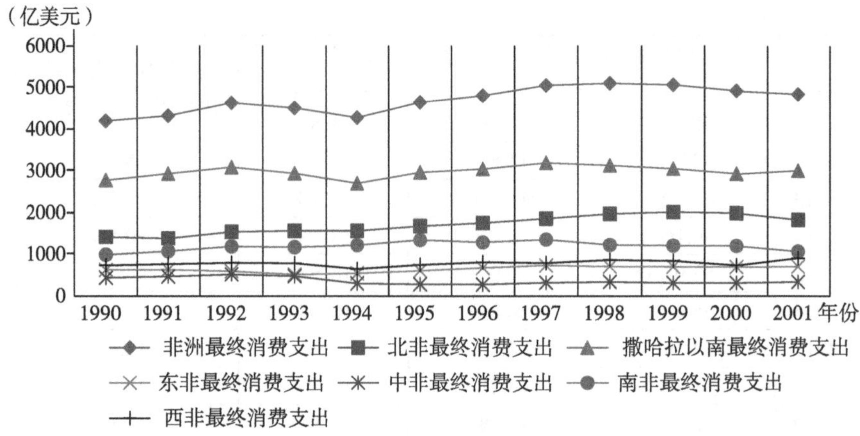

图 1-60　1990—2001 年非洲最终消费支出增长变化

资料来源：根据联合国贸易和发展会议数据库数据制作。

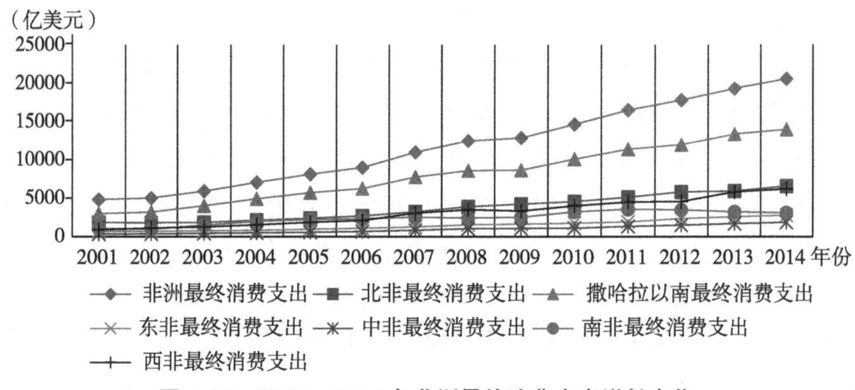

图 1-61　2001—2014 年非洲最终消费支出增长变化

资料来源：根据联合国贸易和发展会议数据库数据制作。

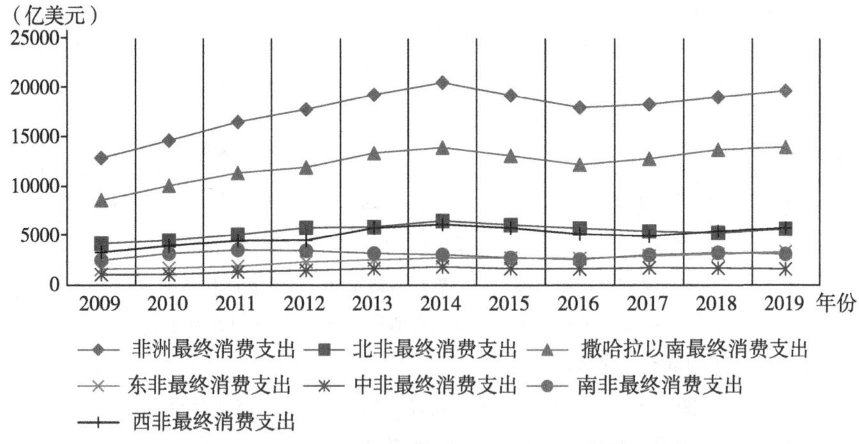

图 1-62　2009—2019 年非洲消费支出增长变化

资料来源：根据联合国贸易和发展会议数据库数据制作。

非洲区域最终消费支出规模分布中，北非最终消费支出额从1970年的190亿美元增加到2019年的5726亿美元，北非最终消费支出额占非洲最终消费支出总额的比例从26.6%增加到29%。1986—2002年，北非最终消费支出额占比曾经达到35%左右。西非最终消费支出额从1970年的129亿美元增加到2019年的5809亿美元，西非最终消费支出额占非洲最终消费支出总额的比例从18%增加到29.4%。南非最终消费支出额从1970年的141亿美元增加到2019年的3184亿美元，南非的最终消费支出额占非洲最终消费支出总额的比例从19.7%下降到16%。1992—2005年，南非区域最终消费支出额占非洲最终消费支出总额的比例保持在25%左右。2004年以来，南非区域最终消费支出额占非洲最终消费支出总额的比例从28.2%持续下降到2019年的16%，下降幅度约达12个百分点。东非最终消费支出额从168亿美元增加到3402亿美元，东非最终消费支出额占非洲最终消费总额的比例从23%下降到17.2%，中非最终消费支出额从86亿美元增加到1642亿美元，中非最终消费支出额占非洲最终消费总额的比例从12.1%下降到8.3%（见图1–63、图1–64）。从上述数据比较分析，北非和西非的最终消费支出规模及其占比稳中有升，南非、东非的最终消费支出占比明显下降，说明南非和东非经济增长明显下降，南非和东非区域经济发展缺乏稳定性。中非在最终消费支出规模及其占比都在非洲垫底，中非经济发展和消费水平都很低。

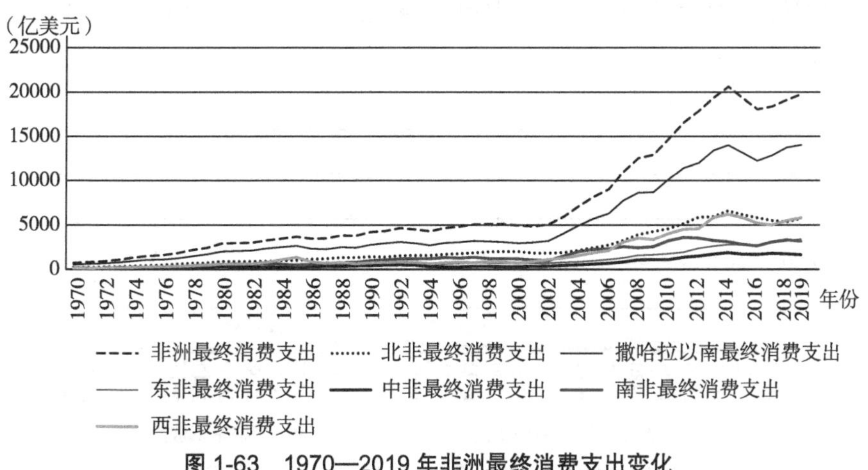

图1-63 1970—2019年非洲最终消费支出变化

资料来源：根据联合国贸易和发展会议数据库数据制作。

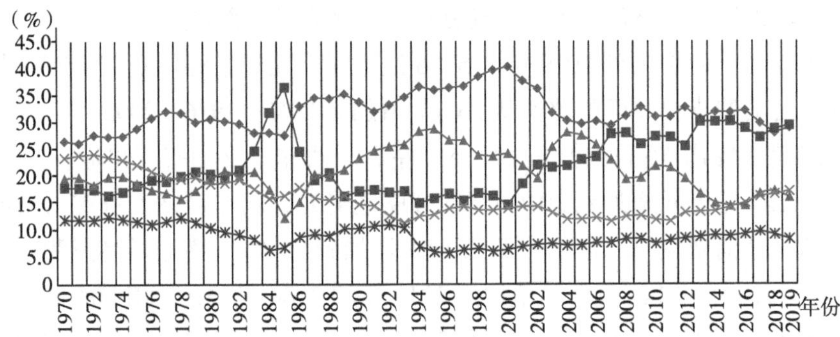

图 1-64　1970—2019 年非洲最终消费支出区域分布变化

资料来源：根据联合国贸易和发展会议数据库数据制作。

非洲货物和服务贸易出口规模及格局变化，非洲货物和服务贸易出口额从 234 亿美元增加到 7537 亿美元，同期非洲货物和服务贸易进口额从 238 亿美元增加到 8221 亿美元，非洲货物和服务贸易逆差是 784 亿美元。

五、大洋洲总需求规模及分布变化

大洋洲总需求规模从 1970 年的 627 亿美元增加到 2022 年的 2.55 万亿美元，同期大洋洲最终消费支出从 379 亿美元增加到 1.5 万亿美元，大洋洲资本形成总额（投资需求）从 171 亿美元增加到 4919 亿美元，货物和服务贸易出口额从 77.8 亿美元增加到 5568 亿美元（见图 1–65、表 1–26）。

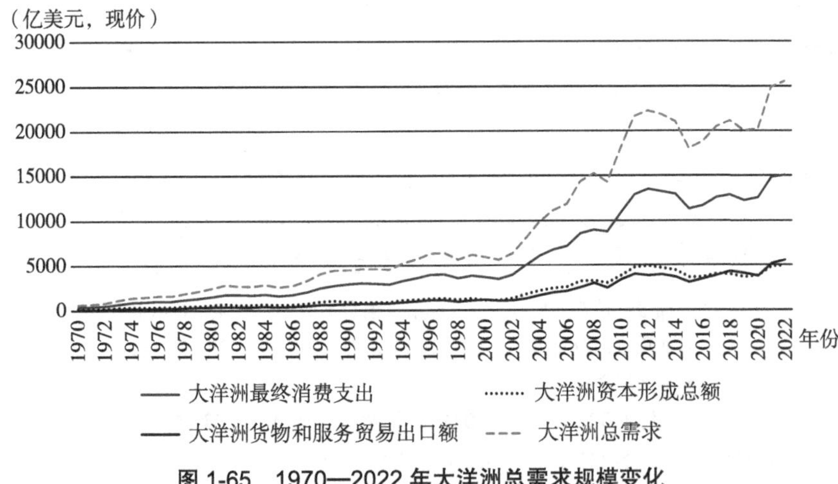

图 1-65　1970—2022 年大洋洲总需求规模变化

资料来源：根据联合国贸易和发展会议数据库数据制作。

表 1-26 1970—2019 年大洋洲最终消费支出、居民最终消费支出、政府最终消费支出、资本形成总额、货物和服务贸易出口额变化（单位：百万美元）

年份	大洋洲最终消费支出	大洋洲居民最终消费支出	大洋洲政府最终消费支出	大洋洲资本形成总额	大洋洲货物和服务贸易出口额
1970	37893	30078	7815	17069	7785
1971	42856	33811	9045	18146	8976
1972	50537	39696	10841	19945	11677
1973	70684	55452	15233	30477	15896
1974	88982	68283	20699	33389	19546
1975	95368	72113	23255	33878	19842
1976	101842	77636	24206	36688	22060
1977	104176	79299	24877	35263	22007
1978	120137	91371	28765	43595	26666
1979	132382	100633	31749	47824	33842
1980	153705	115974	37732	57251	35916
1981	175982	132923	43059	69217	37432
1982	175590	132713	42878	57660	35722
1983	169976	128040	41936	60217	35890
1984	177477	132120	45356	67034	42049
1985	161960	121001	40959	60526	37361
1986	175475	131271	44205	62768	41046
1987	204912	154139	50773	74871	50256
1988	251310	190057	61253	98138	60341
1989	275866	209553	66313	106158	64817
1990	291028	220010	71019	91128	68679
1991	303403	228567	74835	85026	72697
1992	297711	223711	74000	88510	75876
1993	288718	217955	70763	90093	77582
1994	328375	249977	78397	110095	88988
1995	357416	272258	85158	116209	100298
1996	393013	300209	92804	128392	111307
1997	396735	303751	92984	131782	112438
1998	355738	271600	84139	117341	94733
1999	383235	293197	90038	129462	108344
2000	365822	280181	85641	111578	117294
2001	346870	265702	81168	111404	106382
2002	391409	300458	90951	131342	109603
2003	500892	384463	116429	176721	128785

续表

年份	大洋洲最终消费支出	大洋洲居民最终消费支出	大洋洲政府最终消费支出	大洋洲资本形成总额	大洋洲货物和服务贸易出口额
2004	605593	463734	141860	218156	163066
2005	672930	513607	159322	244965	194264
2006	714213	545537	168676	258234	210528
2007	856528	654217	202312	323859	253073
2008	897389	677240	220149	328634	301009
2009	876568	662106	214462	304526	247703
2010	1087809	819680	268129	384106	338050
2011	1290378	970126	320252	475395	400859
2012	1348916	1021122	327795	492803	384855
2013	1325280	1004622	320657	467143	394822
2014	1295880	981503	314457	442114	367565
2015	1131492	855356	276202	365461	309053
2016	1167994	879888	288200	366812	346852
2017	1258014	945056	312960	405037	386332
2018	1285059	956929	328039	397269	431377
2019	1222249	890808	331441	364215	407901

资料来源：根据联合国贸易和发展会议数据库数据制作。

大洋洲总需求构成比例变化比较平稳，其中大洋洲最终消费支出占大洋洲总需求的比例保持在 61% 左右（居民最终消费支出占总需求的比例为 46% 左右，政府最终消费支出占总需求的比例为 15% 左右），资本形成总额占总需求的比例为 20% 左右，货物和服务贸易出口额占总需求的比例在 18% 左右（见图 1–66、表 1–27）。

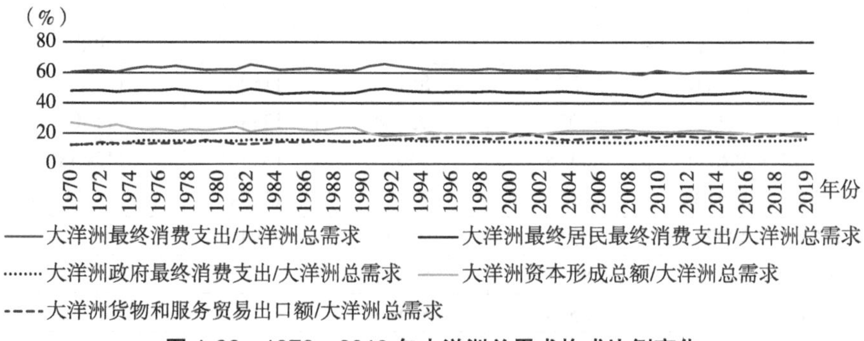

图 1-66　1970—2019 年大洋洲总需求构成比例变化

资料来源：根据联合国贸易和发展会议数据库数据制作。

表 1-27 1970—2019 年大洋洲最终消费支出、居民最终消费支出、政府最终消费支出、资本形成总额、货物和服务贸易出口额占大洋洲总需求的比例变化

年份	大洋洲最终消费支出 / 大洋洲总需求	大洋洲居民最终消费支出 / 大洋洲总需求	大洋洲政府最终消费支出 / 大洋洲总需求	大洋洲资本形成总额 / 大洋洲总需求	大洋洲货物和服务贸易出口额 / 大洋洲总需求
1970	60%	48%	12%	27%	12%
1971	61%	48%	13%	26%	13%
1972	62%	48%	13%	24%	14%
1973	60%	47%	13%	26%	14%
1974	63%	48%	15%	24%	14%
1975	64%	48%	16%	23%	13%
1976	63%	48%	15%	23%	14%
1977	65%	49%	15%	22%	14%
1978	63%	48%	15%	23%	14%
1979	62%	47%	15%	22%	16%
1980	62%	47%	15%	23%	15%
1981	62%	47%	15%	24%	13%
1982	65%	49%	16%	21%	13%
1983	64%	48%	16%	23%	13%
1984	62%	46%	16%	23%	15%
1985	62%	47%	16%	23%	14%
1986	63%	47%	16%	22%	15%
1987	62%	47%	15%	23%	15%
1988	61%	46%	15%	24%	15%
1989	62%	47%	15%	24%	15%
1990	65%	49%	16%	20%	15%
1991	66%	50%	16%	18%	16%
1992	64%	48%	16%	19%	16%
1993	63%	48%	16%	20%	17%
1994	62%	47%	15%	21%	17%
1995	62%	47%	15%	20%	17%
1996	62%	47%	15%	20%	18%
1997	62%	47%	15%	21%	18%
1998	63%	48%	15%	21%	17%
1999	62%	47%	14%	21%	17%
2000	62%	47%	14%	19%	20%
2001	61%	47%	14%	20%	19%
2002	62%	48%	14%	21%	17%

续表

年份	大洋洲最终消费支出 / 大洋洲总需求	大洋洲居民最终消费支出 / 大洋洲总需求	大洋洲政府最终消费支出 / 大洋洲总需求	大洋洲资本形成总额 / 大洋洲总需求	大洋洲货物和服务贸易出口额 / 大洋洲总需求
2003	62%	48%	14%	22%	16%
2004	61%	47%	14%	22%	17%
2005	61%	46%	14%	22%	17%
2006	60%	46%	14%	22%	18%
2007	60%	46%	14%	23%	18%
2008	59%	44%	14%	22%	20%
2009	61%	46%	15%	21%	17%
2010	60%	45%	15%	21%	19%
2011	60%	45%	15%	22%	19%
2012	61%	46%	15%	22%	17%
2013	61%	46%	15%	21%	18%
2014	62%	47%	15%	21%	17%
2015	63%	47%	15%	20%	17%
2016	62%	47%	15%	19%	18%
2017	61%	46%	15%	20%	19%
2018	61%	45%	16%	19%	20%
2019	61%	45%	17%	18%	20%

资料来源：根据联合国贸易和发展会议数据库数据制作。

大洋洲货物和服务贸易出口额从 1970 年的 77.8 亿美元增加到 2022 年的 5568 亿美元，同期大洋洲货物和服务进口额从 87 亿美元增加到 4474 亿美元。2022 年大洋洲货物和服务贸易顺差为 894 亿美元。

六、五大洲人均最终消费水平比较分析

自 1970 年以来，世界人均最终消费水平和五大洲人均最终消费水平持续提升。世界人均最终消费额从 1970 年的 673 美元提高到 2019 年的 8279 美元，但是五大洲之间人均最终消费水平差异非常大。大洋洲的人均最终消费额从 1970 年的 1902 美元上升到 2019 年的 29012 美元，居全球第一位。美洲人均最终消费额从 1970 年的 2040 美元上升到 2019 年的 23072 美元，居全球第二位。欧洲人均最终消费额从 1970 年的 1381 美元增加到 2019 年的 21488 美元，居全球第三位。亚洲人均最终消费额从 1970 年的 168 美元增加到 2019 年的 4597 美元，亚洲人均最终消费水平明显低于全球人均最终消费水平（8279 美元）。随着亚洲经济的不断发展，亚洲人均最终消费水平还有巨大增长潜力。非洲人均最终消费水平从1970年的197美元增加到2019年的1512美元，非洲人均消费水平与大洋洲、美洲、欧洲的差距非常大（见图1–67），随着非洲经济的发展，非洲人均最终消费水平增长具有巨大空间。

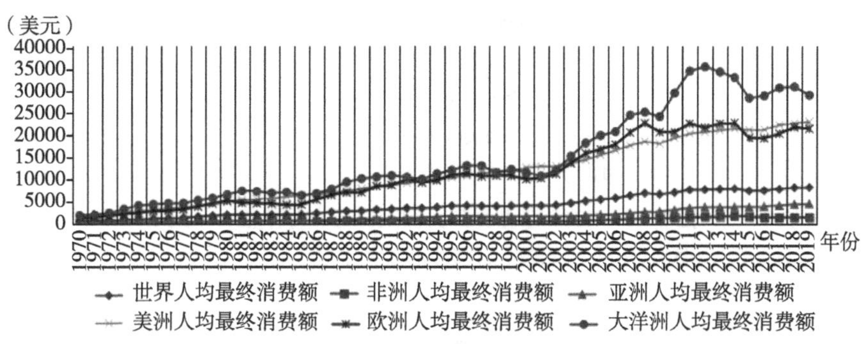

图 1-67 1970—2019 年世界及五大洲人均最终消费水平比较

资料来源：根据联合国贸易和发展会议数据库数据制作。

五大洲人均最终消费水平不平衡与人口规模、经济发展、科技发展、要素禀赋等诸多因素有关。大洋洲人均最终消费水平居全球首位，主要原因是大洋洲资源丰富、经济发达、人口规模小，大洋洲总人口数量从1970年的1992万人增加到2019年的4212万人（见图1–68、图1–69、图1–70），大洋洲人口数量仅占全球总人口比例的0.55%，大洋洲的国内生产总值占全球的比例为1.9%，因此大洋洲人均最终消费水平就比较高。

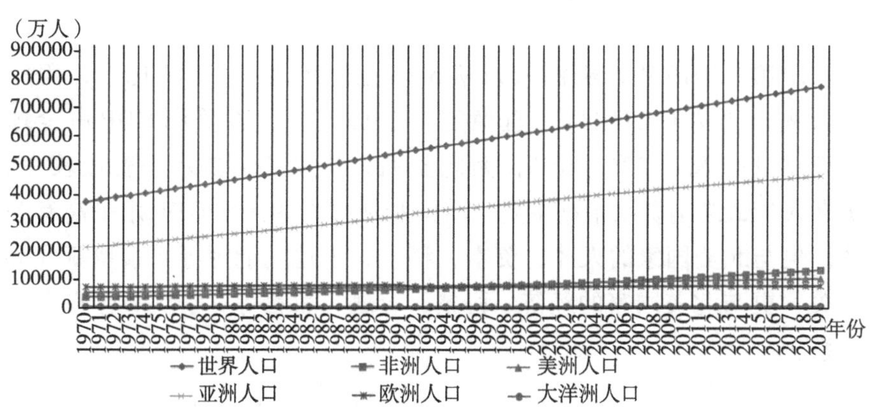

图 1-68 1970—2019 年世界及五大洲人口变化

资料来源：根据联合国贸易和发展会议数据库数据制作。

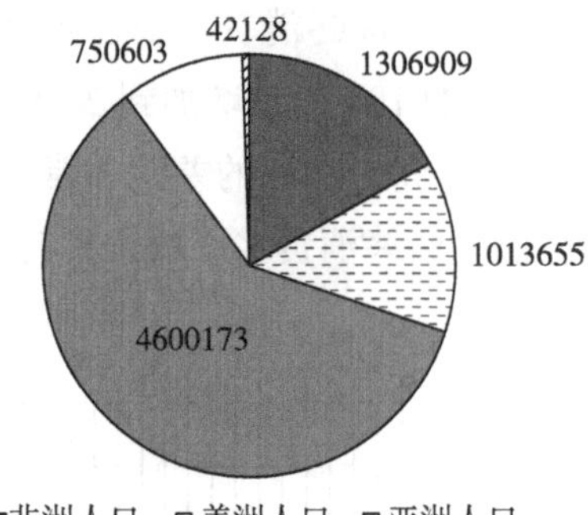

图 1-69　2019 年世界五大洲人口分布（单位：千人）

资料来源：根据联合国贸易和发展会议数据库数据制作。

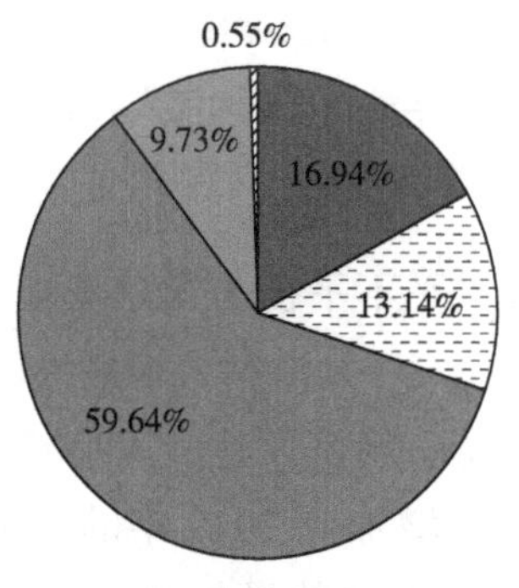

图 1-70　2019 年世界五大洲人口占世界人口的比例

资料来源：根据联合国贸易和发展会议数据库数据制作。

1970—2019 年，美洲人口从 5.16 亿人增加到 10.13 亿人，美洲人口占全球人口的比例一直稳定在 13% 左右，而美洲 GDP 占全球 GDP 的比例高达 33%~40%，因此美洲人均最终消费水平就比较高。美洲人均最终消费水平高主要与美国和加拿大的人均 GDP 水平高有关系，也与北美国家的人才、资本、科技、土地、能源等要素禀赋优势有关，更与北美国家的经济、科技、金融、教育等竞争优势存在密切关系。

欧洲人口从1970年的7.04亿人增加到2019年的7.5亿人，近50年来欧洲人口规模只增加了4600万人，欧洲人口增长缓慢导致欧洲人口占全球人口的比例从19%下降到9.73%，同期欧洲国内生产总值占全球国内生产总值的比例从40%下降到25%。尽管欧洲人口占全球人口的比例和欧洲GDP占全球GDP的比例出现双下降趋势（见图1-71、图1-72），但是由于欧洲人口规模小，欧洲GDP的规模大，所以欧洲的人均GDP和人均最终消费水平都比较高。

1970—2019年，亚洲人口从20.9亿人增加到46亿人，亚洲人口占全球人口比例一直高达60%左右，亚洲成为全球人口最密集中心，亚洲拥有明显的人力资源优势或人口红利。亚洲GDP占全球GDP的比例从1970年的15%增加到2019年的37.8%（见图1-72），虽然亚洲经济保持较快的增长，但是由于亚洲人口规模巨大，人均GDP和人均最终消费水平一直低于全球平均水平。2019年全球人均最终消费额为8279美元，而亚洲人均最终消费额只有4597美元。亚洲人均最终消费水平明显低于大洋洲、美洲、欧洲，这与亚洲人口规模巨大有关，也与亚洲整体经济发展和科技发展水平与美洲和欧洲存在明显差距有关，还与亚洲要素禀赋不充裕具有密切关系。

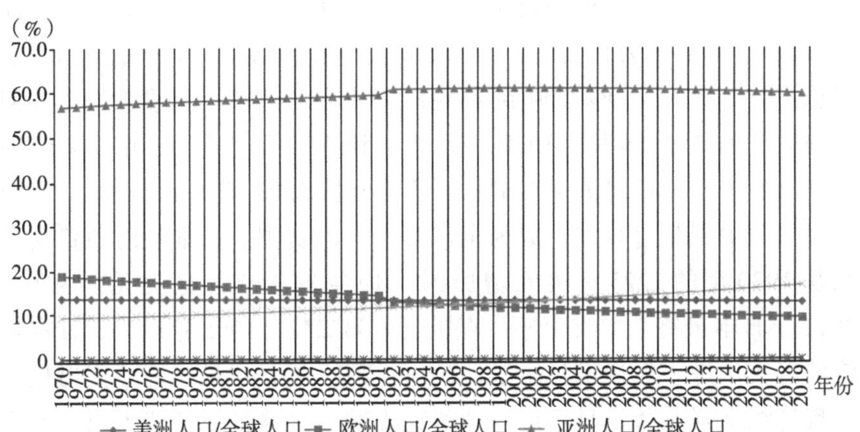

图1-71 1970—2019年五大洲人口占全球人口的比例变化

资料来源：根据联合国贸易和发展会议数据库数据制作。

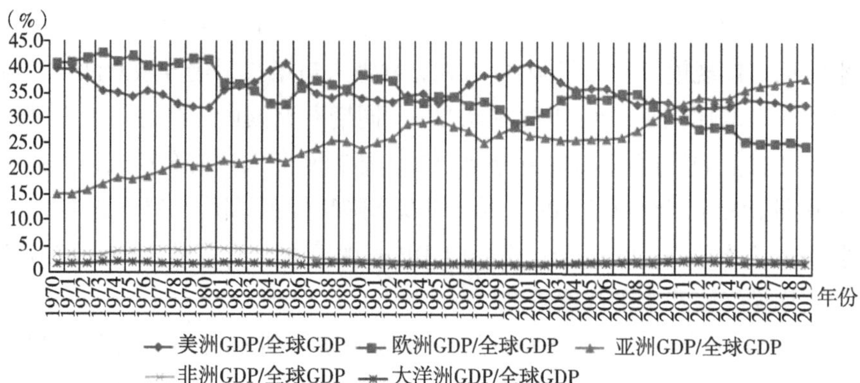

图 1-72　1970—2019 年五大洲 GDP 占全球 GDP 的比例变化

资料来源：根据联合国贸易和发展会议数据库数据制作。

七、世界主要国家和地区总需求格局变化

（一）世界主要国家和地区最终消费需求规模比较分析

1970—2019 年，世界多数国家和地区的最终消费需求规模持续增长。按照国家和地区的最终消费支出规模排序，可以把全球 200 多个国家和地区分为十几个层次。2019 年最终消费需求规模在 2 万亿美元以上的世界消费大国和地区主要是美国、中国、日本、德国、英国、法国、印度等。美国的最终消费支出额从 1970 年的 8440 亿美元增加到 2019 年的 17.6 万亿美元，美国的最终消费支出额占全球最终消费支出总额的比例从 33.9% 下降到 27.6%，美国是全球第一消费大国。同期中国最终消费支出额从 591 亿美元增加到 7.98 万亿美元，中国最终消费支出额占全球最终消费支出总额的比例从 2.4% 增加到 12.5%。2013 年以来，中国超过日本，成为全球第二大消费国。日本最终消费支出额从 1970 年的 1225 亿美元增加到 2019 年的 3.82 万亿美元，1970—2012 年日本最终消费支出额一直居全球第二位。1995 年以来，日本最终消费支出进入缓慢增长阶段，2014—2019 年日本最终消费支出规模呈现持续下降趋势，日本最终消费支出额占全球最终消费支出额比例从 1995 年的 16.0% 下降到 2019 年的 6.0%，下降了 10 个百分点。2014 年以来，日本成为全球第三大消费国。德国最终消费支出额从 1990 年的 1.33 万亿美元增加到 2019 年的 2.81 万亿美元，同期德国最终消费支出额占全球最终消费支出总额的比例从 7.7% 下降到 4.4%，德国是全

球第四大消费国。英国最终消费支出额从 1970 年的 1112 亿美元增加到 2019 年的 2.34 万亿美元，英国最终消费支出额占全球最终消费支出总额的比例从 4.5% 下降到 3.7%。法国最终消费支出额从 1059 亿美元增加到 2.09 万亿美元，法国最终消费支出额占全球最终消费支出总额的比例从 4.3% 下降到 3.3%。印度最终消费支出额从 1970 年的 553 亿美元增加到 2.06 万亿美元，印度最终消费支出额占全球最终消费总额的比例从 2.2% 增加到 2019 年的 3.2%，1970 年印度最终消费支出额与当年中国最终消费支出规模相差不多，但是 2019 年印度最终消费支出规模与中国最终消费规模差距明显扩大（见图 1-73、表 1-28）。

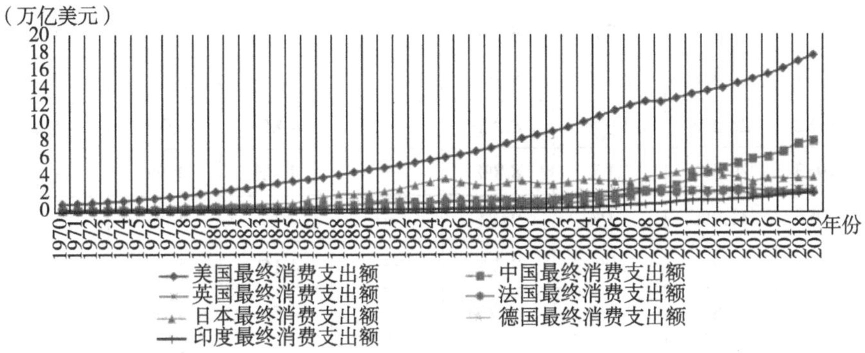

图 1-73 1970—2019 年最终消费支出额在 2 万亿美元以上的国家和地区最终消费额变化

资料来源：根据联合国贸易和发展会议数据库数据制作。

表 1-28 1970—2019 年世界主要国家最终消费支出额占全球最终消费支出额的比例变化

年份	美国最终消费支出额 / 全球最终消费支出额	中国最终消费支出额 / 全球最终消费支出额	日本最终消费支出额 / 全球最终消费支出额	德国最终消费支出额 / 全球最终消费支出额	英国最终消费支出额 / 全球最终消费支出额	法国最终消费支出额 / 全球最终消费支出额	印度最终消费支出额 / 全球最终消费支出额
1970	33.9%	2.4%	4.9%	—	4.5%	4.3%	2.2%
1971	33.2%	2.3%	5.2%	—	4.6%	4.3%	2.2%
1972	31.6%	2.3%	6.1%	—	4.7%	4.6%	2.1%
1973	28.9%	2.3%	6.9%	—	4.4%	5.0%	2.0%
1974	28.0%	2.1%	6.9%	—	4.3%	4.8%	2.1%

续表

年份	美国最终消费支出额 / 全球最终消费支出额	中国最终消费支出额 / 全球最终消费支出额	日本最终消费支出额 / 全球最终消费支出额	德国最终消费支出额 / 全球最终消费支出额	英国最终消费支出额 / 全球最终消费支出额	法国最终消费支出额 / 全球最终消费支出额	印度最终消费支出额 / 全球最终消费支出额
1975	27.1%	2.1%	7.0%	—	4.5%	5.4%	1.8%
1976	27.9%	1.9%	7.3%	—	4.0%	5.3%	1.6%
1977	27.4%	1.9%	8.0%	—	3.9%	5.2%	1.7%
1978	25.7%	1.9%	9.5%	—	4.1%	5.4%	1.7%
1979	24.8%	2.1%	8.7%	—	4.7%	5.7%	1.6%
1980	24.4%	2.2%	8.2%	—	5.4%	5.9%	1.8%
1981	26.4%	2.1%	8.7%	—	5.1%	5.2%	1.8%
1982	28.2%	2.0%	8.2%	—	4.8%	4.9%	1.9%
1983	29.9%	2.1%	8.8%	—	4.4%	4.6%	2.0%
1984	31.9%	2.1%	9.0%	—	4.1%	4.2%	1.9%
1985	33.6%	2.0%	9.2%	—	4.1%	4.3%	1.9%
1986	30.8%	1.6%	11.7%	—	4.5%	5.1%	1.8%
1987	29.0%	1.5%	12.6%	—	4.9%	5.5%	1.7%
1988	28.2%	1.7%	13.5%	—	5.3%	5.3%	1.7%
1989	29.1%	1.9%	12.8%	—	5.1%	5.1%	1.6%
1990	27.7%	1.5%	11.8%	7.7%	5.4%	5.6%	1.5%
1991	27.3%	1.4%	12.7%	7.7%	5.5%	5.4%	1.2%
1992	27.0%	1.5%	13.1%	8.2%	5.4%	5.6%	1.2%
1993	27.9%	1.8%	15.0%	7.9%	4.7%	5.2%	1.1%
1994	27.6%	1.5%	15.8%	7.8%	4.7%	5.1%	1.2%
1995	26.2%	1.9%	16.0%	8.3%	4.7%	5.3%	1.2%
1996	27.0%	2.2%	13.9%	7.9%	4.8%	5.3%	1.2%
1997	28.5%	2.4%	12.8%	7.0%	5.4%	4.7%	1.3%
1998	30.1%	2.6%	11.8%	7.0%	5.7%	4.8%	1.4%
1999	30.9%	2.8%	13.1%	6.7%	5.6%	4.6%	1.4%
2000	32.4%	3.0%	13.7%	5.7%	5.4%	4.1%	1.4%

续表

年份	美国最终消费支出额 / 全球最终消费支出额	中国最终消费支出额 / 全球最终消费支出额	日本最终消费支出额 / 全球最终消费支出额	德国最终消费支出额 / 全球最终消费支出额	英国最终消费支出额 / 全球最终消费支出额	法国最终消费支出额 / 全球最终消费支出额	印度最终消费支出额 / 全球最终消费支出额
2001	33.7%	3.2%	12.2%	5.7%	5.4%	4.1%	1.5%
2002	33.7%	3.3%	11.4%	5.8%	5.6%	4.3%	1.4%
2003	31.7%	3.2%	11.0%	6.3%	5.8%	4.8%	1.4%
2004	30.3%	3.2%	10.6%	6.3%	6.1%	4.9%	1.4%
2005	30.0%	3.4%	9.8%	6.0%	6.0%	4.7%	1.6%
2006	29.6%	3.7%	8.7%	5.8%	5.9%	4.6%	1.6%
2007	27.8%	4.2%	7.7%	5.7%	6.0%	4.7%	1.8%
2008	26.3%	4.8%	8.0%	5.7%	5.2%	4.8%	1.8%
2009	26.8%	5.5%	8.9%	5.6%	4.5%	4.7%	1.9%
2010	25.9%	6.0%	8.9%	5.1%	4.3%	4.3%	2.2%
2011	24.3%	7.0%	8.9%	5.1%	4.2%	4.2%	2.3%
2012	24.5%	7.9%	8.8%	4.7%	4.2%	3.8%	2.3%
2013	24.4%	8.7%	7.2%	4.9%	4.2%	3.9%	2.3%
2014	24.8%	9.4%	6.5%	4.9%	4.4%	3.8%	2.4%
2015	27.0%	10.8%	6.1%	4.4%	4.4%	3.4%	2.7%
2016	27.5%	11.0%	6.6%	4.5%	4.0%	3.4%	2.8%
2017	27.1%	11.3%	6.1%	4.5%	3.7%	3.4%	3.1%
2018	27.0%	12.2%	6.0%	4.6%	3.8%	3.4%	3.1%
2019	27.6%	12.5%	6.0%	4.4%	3.7%	3.3%	3.2%

资料来源：根据联合国贸易和发展会议数据库数据制作。

1970—2019年，国家和地区之间最终消费分布很不平衡，大国消费集中度有所提高。世界前30个消费大国和地区的最终消费额占全球最终消费总额的比例从1970年的67.4%上升到2019年的81.1%，最终消费额占全球最终消费总额的比例为1%以上的国家主要是美国、中国、日本、德国、英国、法国、印度、意大利、加拿大、俄罗斯、韩国、澳大利亚、墨西哥、印度尼西亚、荷兰等。美国一直是全球第一消费大国，美国最终消费额占全球最终消费总额的比例高达30%左右，中国是全球第二大消费国，中国最终消费额占全球最终消费总额的比例从1970年的2.4%上升到2019年的12.5%，2019年中国最终消费支出额相当于德国、法国、英国、荷兰四个国家最终消费支出之和，但是14亿人口的中国最终消费规模还不到美国最终消费规模的一半（见图1–74、表1–29）。

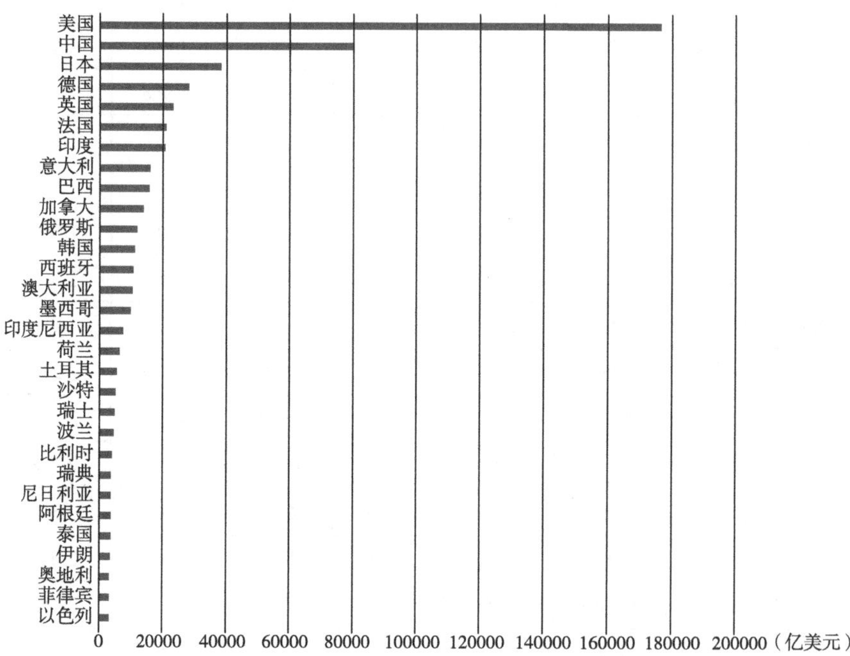

图1-74　2019年全球最终消费额前30的国家和地区排序

资料来源：根据联合国贸易和发展会议数据库数据制作。

表1-29　世界主要国家和地区最终消费额占全球最终消费总额的比例

国家（地区）	1970年	1978年	1988年	1995年	2000年	2009年	2013年	2015年	2016年	2017年	2018年	2019年
美国	33.9%	25.7%	28.2%	26.2%	32.4%	26.8%	24.4%	27.0%	27.5%	27.1%	27.0%	27.6%
中国大陆	2.4%	1.99%	1.7%	1.9%	3.09%	5.5%	8.79%	10.8%	11.0%	11.3%	12.2%	12.5%
日本	4.9%	9.59%	13.5%	16.0%	13.7%	8.9%	7.2%	6.1%	6.69%	6.1%	6.09%	6.09%
德国	—	—	—	8.3%	5.79%	5.6%	4.9%	4.4%	4.5%	4.59%	4.69%	4.4%
英国	4.5%	4.1%	5.3%	4.7%	5.4%	4.5%	4.2%	4.4%	4.09%	3.7%	3.8%	3.7%
法国	4.3%	5.49%	5.3%	5.3%	4.1%	4.7%	3.9%	3.4%	3.4%	3.49%	3.49%	3.3%

续表

国家（地区）	1970年	1978年	1988年	1995年	2000年	2009年	2013年	2015年	2016年	2017年	2018年	2019年
印度	2.2%	1.7%	1.7%	1.2%	1.4%	1.9%	2.3%	2.7%	2.8%	3.1%	3.1%	3.2%
意大利	3.4%	3.3%	4.7%	3.8%	3.5%	3.9%	3.09%	2.6%	2.69%	2.69%	2.69%	2.5%
加拿大	2.7%	2.49%	2.69%	2.0%	2.2%	2.4%	2.5%	2.2%	2.2%	2.2%	2.2%	2.1%
俄罗斯	—	—	—	1.2%	0.69%	2.0%	2.9%	1.7%	1.69%	1.99%	1.8%	1.8%
韩国	0.3%	0.59%	0.8%	1.5%	1.5%	1.4%	1.69%	1.7%	1.79%	1.79%	1.8%	1.79%
澳大利亚	1.2%	1.49%	1.4%	1.3%	1.2%	1.6%	2.09%	1.7%	1.8%	1.8%	1.79%	1.69%
墨西哥	1.5%	1.49%	1.1%	1.2%	2.2%	1.5%	1.8%	1.6%	1.5%	1.59%	1.59%	1.5%
印度尼西亚	—	—	—	—	—	0.8%	1.1%	1.0%	1.1%	1.1%	1.1%	1.2%
荷兰	1.1%	1.79%	1.3%	1.4%	1.2%	1.4%	1.1%	1.0%	1.09%	1.09%	1.09%	1.09%
土耳其	0.8%	1.09%	0.69%	0.7%	0.8%	1.1%	1.3%	1.2%	1.1%	1.1%	0.9%	0.9%
沙特	0.1%	0.6%	0.5%	0.4%	0.5%	0.5%	0.7%	0.8%	0.8%	0.8%	0.8%	0.8%
瑞士	0.6%	1.09%	1.0%	1.09%	0.8%	0.8%	0.8%	0.8%	0.8%	0.8%	0.7%	0.7%
波兰	0.9%	0.8%	0.3%	0.5%	0.69%	0.8%	0.79%	0.7%	0.69%	0.79%	0.7%	0.7%
中国台湾	0.2%	0.3%	0.69%	0.8%	0.9%	0.6%	0.69%	0.6%	0.69%	0.7%	0.69%	0.69%
比利时	0.7%	1.1%	0.8%	0.9%	0.79%	0.8%	0.79%	0.6%	0.6%	0.6%	0.6%	0.69%
瑞典	1.1%	1.1%	1.09%	0.8%	0.79%	0.7%	0.8%	0.7%	0.79%	0.7%	0.6%	0.69%
尼日利亚	0.1%	0.3%	0.2%	0.1%	0.1%	0.5%	0.79%	0.8%	0.69%	0.59%	0.69%	0.69%
泰国	0.2%	0.3%	0.3%	0.5%	0.3%	0.4%	0.5%	0.5%	0.5%	0.5%	0.5%	0.6%
马来西亚	0.1%	0.2%	0.2%	0.2%	0.2%	0.3%	0.4%	0.4%	0.4%	0.49%	0.49%	0.4%
越南	0.1%	0.1%	0.0%	0.1%	0.1%	0.2%	0.2%	0.3%	0.3%	0.3%	0.3%	0.3%
新加坡	0.1%	0.1%	0.1%	0.2%	0.2%	0.2%	0.3%	0.3%	0.3%	0.3%	0.3%	0.3%
合计	67.4%	66.09%	73.2%	82.3%	84.0%	79.7%	79.0%	80.0%	80.5%	80.1%	80.8%	81.1%

资料来源：根据联合国贸易和发展会议数据库数据制作。

（二）人均最终消费水平比较分析

全球国家和地区之间的人均最终消费水平差异非常大，2019 年百慕大是全球最高人均最终消费地区，人均最终消费支出额为 70762 美元 / 年（见图 1–75），索马里是全球最低人均最终消费地区，人均最终消费支出额仅为 85 美元 / 年。

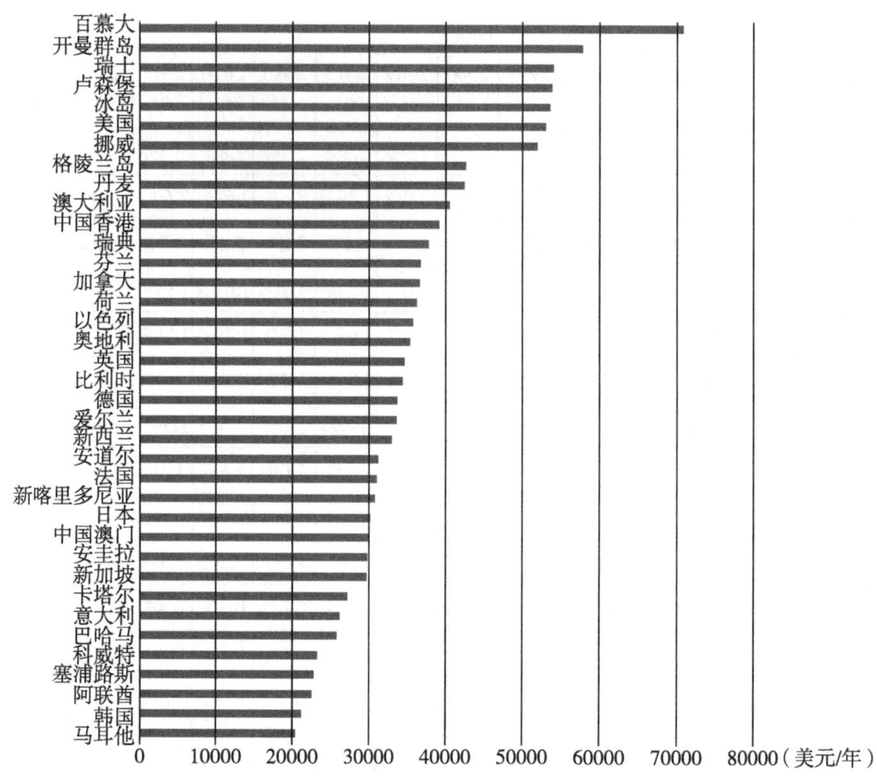

图 1-75　2019 年人均消费支出 2 万美元以上的国家和地区

资料来源：根据联合国贸易和发展会议数据库数据制作。

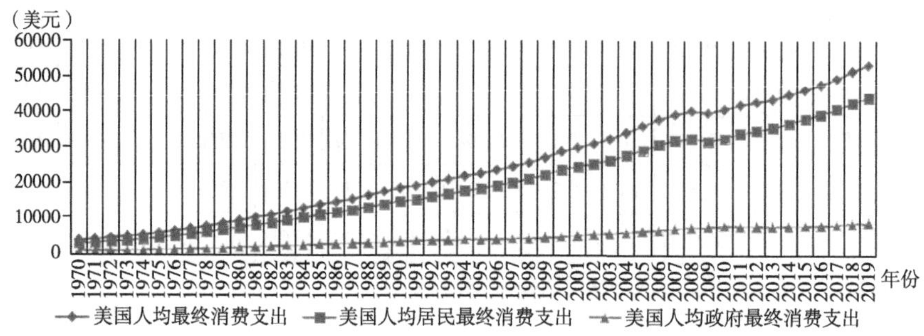

图 1-76　1970—2019 年美国人均最终消费支出变化

资料来源：根据联合国贸易和发展会议数据库数据制作。

表 1-30　1970—2019 年美国人均最终消费支出与美国人均 GDP 变化（单位：美元）

年份	美国人均最终消费支出	美国人均居民最终消费支出	美国人均政府最终消费支出	美国人均 GDP
1970	3978	3065	912	5082
1971	4269	3289	980	5467
1972	4626	3578	1049	5950
1973	5024	3921	1103	6571
1974	5466	4255	1212	7059
1975	6015	4672	1344	7627
1976	6567	5156	1411	8401
1977	7186	5670	1516	9249
1978	7901	6269	1632	10349
1979	8686	6921	1765	11455
1980	9531	7572	1960	12344
1981	10455	8286	2169	13724
1982	11139	8790	2349	14175
1983	12088	9590	2498	15257
1984	13015	10376	2639	16793
1985	14032	11187	2845	17877
1986	14802	11790	3011	18695
1987	15590	12449	3140	19637
1988	16635	13350	3286	20983
1989	17699	14202	3497	22394
1990	18706	14980	3727	23449
1991	19272	15361	3912	23988
1992	20236	16194	4042	25159
1993	21104	17007	4097	26206
1994	22037	17849	4188	27559
1995	22827	18558	4269	28578
1996	23719	19383	4335	29845
1997	24669	20212	4456	31318
1998	25758	21188	4570	32688
1999	27179	22364	4815	34321
2000	28878	23815	5062	36131

续表

年份	美国人均最终消费支出	美国人均居民最终消费支出	美国人均政府最终消费支出	美国人均GDP
2001	29991	24633	5358	36936
2002	31045	25364	5681	37825
2003	32430	26449	5980	39288
2004	34173	27885	6288	41519
2005	36042	29438	6604	43921
2006	37793	30882	6911	46111
2007	39325	32065	7260	47781
2008	40344	32653	7692	48198
2009	39802	31926	7876	46919
2010	40818	32756	8062	48259
2011	41940	33939	8001	49621
2012	42792	34839	7954	51304
2013	43506	35560	7945	52771
2014	44878	36882	7996	54711
2015	46170	38103	8067	56546
2016	47488	39310	8178	57749
2017	49199	40818	8380	59833
2018	51349	42569	8779	62720
2019	53048	44002	9046	64854

资料来源：根据联合国贸易和发展会议数据库数据制作。

（三）主要国家投资需求格局变化

世界投资需求规模以全球资本形成规模来进行比较分析。1970—2019年，全球投资需求（资本形成总额）的格局发生明显变化，主要是美国、中国和日本在全球资本形成中的地位发生深刻变化。1970—2009年，美国一直是全球资本形成第一大国。2008年国际金融危机后，美国资本形成规模明显缩小，美国资本形成总额占全球资本形成的比例明显下降。2001年以来，中国资本形成规模持续快速增长，中国资本形成总额占全球资本形成总额的比例从1970年的3.3%上升到2019年的27.0%，2010年以来，中国超过美国成为全球资本形成第一大国。1970—1994年，日本资本形成持续增长，1995年以来，日本资本形成总额占全球资本形成总额的比例从 21.49% 下降到 2019 年的 5.4%，2019 年日本资本形成总额居全球第三位（见图 1–77、图 1–78 和表 1–31）。欧洲国家中的德国、法国、英国、意大利的资本形成总额出现下降态势，欧洲国家的投资需求增长缓慢。澳大利亚、西班牙、墨西哥、伊朗等资本形成总额占全球的比例基本稳定。

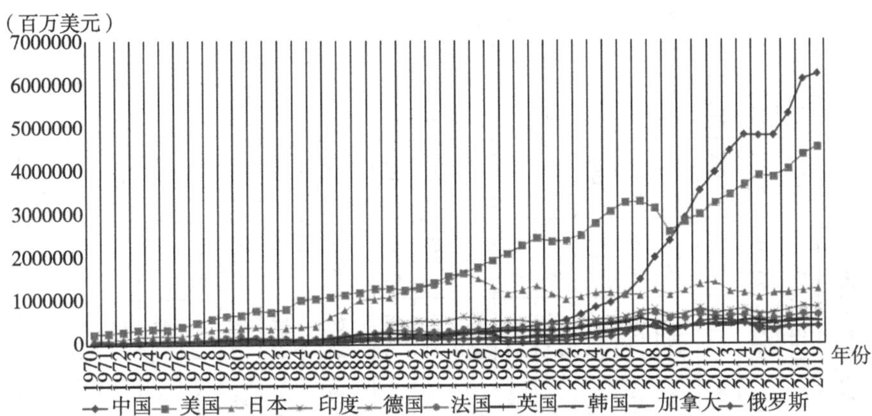

图 1-77　1970—2019 年全球前 10 大投资国家资本形成规模变化

资料来源：根据联合国贸易和发展会议数据库数据制作。

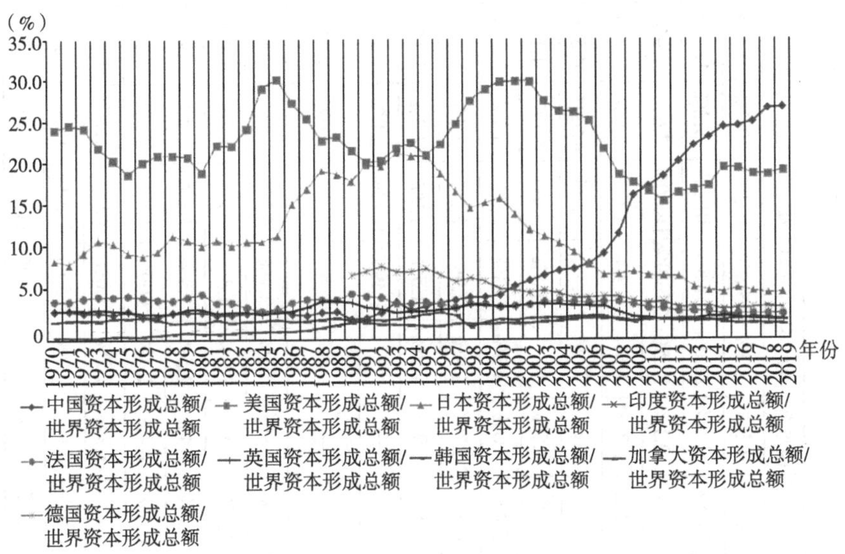

图 1-78　1970—2019 年全球投资大国资本形成总额占世界资本形成总额的比例变化

资料来源：根据联合国贸易和发展会议数据库数据制作。

表 1-31　世界主要国家资本形成总额占全球资本形成的比例变化

国家	1970 年	1978 年	1990 年	1995 年	2001 年	2008 年	2009 年	2010 年	2011 年	2012 年	2013 年	2014 年	2015 年	2016 年	2017 年	2018 年	2019 年
中国	3.3%	3.1%	2.3%	3.8%	6.2%	12.3%	16.8%	17.8%	19.04%	20.7%	22.69%	23.6%	24.7%	24.9%	25.3%	26.9%	27.0%
美国	24.5%	21.5%	22.0%	21.5%	30.1%	19.2%	18.3%	17.3%	16.1%	17.1%	17.5%	18.0%	20.0%	19.9%	19.3%	19.2%	19.7%
日本	9.3%	12.1%	18.5%	21.49%	14.69%	7.6%	7.9%	7.4%	7.3%	7.4%	6.1%	5.7%	5.5%	6.09%	5.6%	5.3%	5.4%
印度	1.1%	1.2%	1.6%	1.3%	1.6%	3.0%	3.69%	4.1%	4.0%	3.7%	3.3%	3.4%	3.6%	3.8%	4.3%	3.9%	3.8%
德国	—	—	7.5%	8.3%	5.7%	4.99%	4.5%	4.2%	4.4%	3.7%	3.8%	3.9%	3.4%	3.6%	3.7%	3.8%	3.6%
法国	4.4%	4.5%	5.3%	4.3%	3.9%	4.49%	4.1%	3.6%	3.6%	3.2%	3.2%	3.2%	2.9%	2.9%	2.9%	2.9%	2.9%
英国	3.4%	3.0%	4.3%	3.3%	3.8%	3.1%	2.69%	2.5%	2.3%	2.3%	2.3%	2.6%	2.7%	2.5%	2.3%	2.3%	2.3%
韩国	0.3%	0.7%	1.9%	2.9%	2.2%	2.2%	2.09%	2.3%	2.3%	2.1%	2.1%	2.2%	2.2%	2.3%	2.5%	2.4%	2.2%
加拿大	2.1%	1.9%	2.2%	1.5%	1.9%	2.3%	2.1%	2.3%	2.3%	2.4%	2.3%	2.2%	1.9%	1.8%	1.9%	1.8%	1.7%
俄罗斯	—	—	—	1.49%	0.99%	2.8%	1.7%	2.3%	2.7%	2.8%	2.7%	2.3%	1.6%	1.5%	1.8%	1.69%	1.7%
印度尼西亚	—	—	—	—	—	0.9%	1.3%	1.5%	1.69%	1.7%	1.69%	1.5%	1.5%	1.6%	1.6%	1.69%	1.6%
意大利	3.1%	2.8%	4.5%	3.1%	3.1%	3.2%	3.09%	2.7%	2.5%	1.9%	1.8%	1.8%	1.6%	1.7%	1.7%	1.7%	1.6%
澳大利亚	1.5%	1.4%	1.3%	1.3%	1.2%	1.8%	1.9%	2.1%	2.3%	2.3%	2.1%	1.9%	1.6%	1.6%	1.7%	1.5%	1.3%
西班牙	1.2%	1.4%	2.5%	1.8%	2.1%	2.9%	2.4%	1.9%	1.69%	1.3%	1.2%	1.2%	1.2%	1.2%	1.2%	1.3%	1.3%
巴西	0.8%	1.4%	1.4%	2.09%	1.4%	2.3%	2.2%	3.0%	3.1%	2.8%	2.7%	2.5%	1.6%	1.4%	1.4%	1.2%	1.2%
墨西哥	1.2%	1.2%	1.2%	1.0%	2.0%	1.7%	1.5%	1.5%	1.5%	1.5%	1.5%	1.4%	1.4%	1.3%	1.3%	1.2%	1.2%
伊朗	0.5%	1.1%	0.5%	0.59%	0.59%	1.1%	1.2%	1.2%	1.2%	1.3%	1.1%	0.9%	0.7%	0.7%	0.8%	0.8%	1.0%
合计	56.69%	57.4%	77.0%	79.69%	81.4%	75.6%	77.1%	77.79%	77.8%	78.2%	77.9%	78.1%	78.1%	78.9%	79.3%	79.5%	79.6%

资料来源：根据联合国贸易和发展会议数据库数据制作。

第四节　世界总供给规模与格局变化分析

一、世界总供给增长及其构成

总供给是指一国或地区在一定时期内的最终产品和服务按价格计算的货币价值总量，总供给包括两个部分：一是国内生产活动提供的产品和服务的供给，即国内生产总值；二是国外产品和服务的供给，即商品和服务进口额。因此，一国或地区总供给是国内生产总值和国外的商品和服务进口额的总和，世界总供给是全球各经济体的国内生产总值和世界商品和服务进口额的总和。

总供给规模扩大和国内生产总值增长是由劳动、资本、技术、数字、自然资源等生产要素投入、要素禀赋、产业结构和投入组合效率决定的，总供给规模增长既与劳动力、土地、资本、技术、数字等生产要素禀赋和优化配置具有密切关系，又与第一、二、三产业结构变化和供给侧结构性改革具有密切关系，也与要素配置的体制机制存在密切关系，还与一定时期的市场价格变化具有密切关系，总供给会随着市场价格提高而增加。土地、能源、自然资源是经济增长的基础性资源，人才是经济高质量增长的第一战略资源，科技创新是经济发展的第一生产力，数字是数字经济发展的重要生产要素，产业技术创新和产业结构转型升级成为拓展生产可能性曲线边界，商品和服务国际化和要素优化配置的体制机制是提升有效总供给水平的制度安排。

世界总供给的格局变化是指世界、五大洲和世界各经济体的国内生产总值及商品和服务进口贸易结构变化，在一定程度上反映了世界、五大洲国内生产总值增长有关的要素禀赋结构和产业结构变化，也在一定程度上反映了世界、五大洲及世界主要国家的经济结构变化。

二、世界总供给规模变化分析

世界总供给格局变化可以分为世界总供给规模变化和总供给结构变化。世界总供给规模变化由世界国内生产总值及世界商品和服务进口总值的规模变化进行比较分析，世界总供给的结构格局则主要对全球国内生产总值的第一、二、三产业结构及其内部行业结构变化进行比较分析，供给侧结构性改革是增强供给结构对需求变化的适应性和灵活性，不断让新需求催生新供给，让新供给创造新需求，在供给与需求互相推动中实现经济持续发展。

（一）世界GDP变化分析

世界总供给规模由世界各经济体的国内生产总值总和与世界各经济体的商品和服务进口贸易总和所构成，世界总供给的规模变化反映世界国内生产总值、世界商品和服务进口贸易额以及五大洲和世界主要国家在世界总供给规模中的地位变化。国内生产总值指的是一国（或地区）在一定时期内在其境内生产出的全部最终产品和劳务的市场价值总和，国内生产总值是国民经济核算的核心指标，也是衡量一个国家或地区经济发展水平的重要指标。一定时期内国内生产总值与市场价格变化具有密切关系，考虑价格变化影响，GDP 分为名义 GDP 和实际 GDP，名义 GDP 是指运用当期市场价格计算的最终产品和服务的市场价值总和，名义 GDP 是最终产品的数量乘以当前价格，在进行国际比较分析时可以用当前美元 GDP（GDP in current US dollars）。实际 GDP 是指运用某一基期市场价格计算的最终产品和服务的市场价值总和，实际 GDP 是最终商品和服务的数量乘以不变价格，在国际比较时可以用不变美元 GDP（GDP in constant US dollars）。名义 GDP 与实际 GDP 可以进行互相计算，名义 GDP= 实际 GDP × GDP 平减指数，本章采用实际 GDP 数据（2015 年美元不变价 GDP）和名义 GDP 数据进行比较分析。世界 GDP 是世界各经济体的国内生产总值的总和，世界 GDP 格局变化主要是指世界、五大洲、世界主要国家 GDP 增长和分布格局变化，世界 GDP 增长和分布格局变化在一定程度上能反映世界经济中心的转移变化趋势。

世界实际 GDP 从 1970 年的 18.1 万亿美元增加到 2022 年的 90.12 万亿美元（2015 年美元不变价）（见图 1–79），同期世界名义 GDP 从 3.42

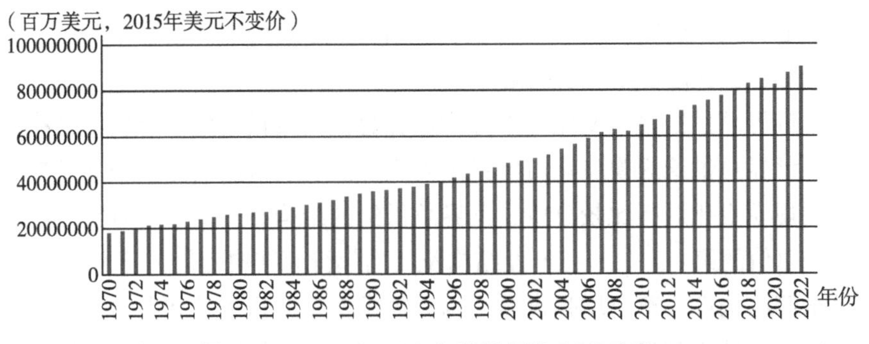

图 1-79　1970—2022 年世界实际 GDP 变化

资料来源：根据联合国贸易和发展会议数据库数据制作。

万亿美元增加到 101 万亿美元。2008 年国际金融危机以来，美国等国家实施宽松货币政策，商品和服务价格明显上涨，导致世界名义 GDP 明显高于世界实际 GDP（见图 1–80）。

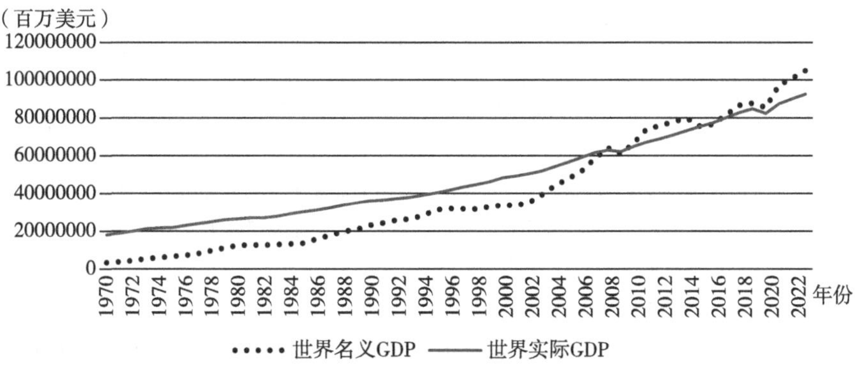

图 1-80　1970—2022 年世界实际 GDP 和名义 GDP 变化

资料来源：根据联合国贸易和发展会议数据库数据制作。

（二）世界商品和服务进口贸易额变化分析

世界商品和服务进口贸易额从 1970 年的 1.95 万亿美元增加到 2022 年的 26 万亿美元（2015 年美元不变价），商品和服务进口贸易额以美元现价计算是从 1971 年的 3861 亿美元增加到 2023 年的 30.7 万亿美元。美国等国家实施宽松货币政策，商品和服务价格明显上涨，以美元现价计算世界商品和服务进口贸易额明显高于以美元不变价计算的数据（见图 1–81、图 1–82）。

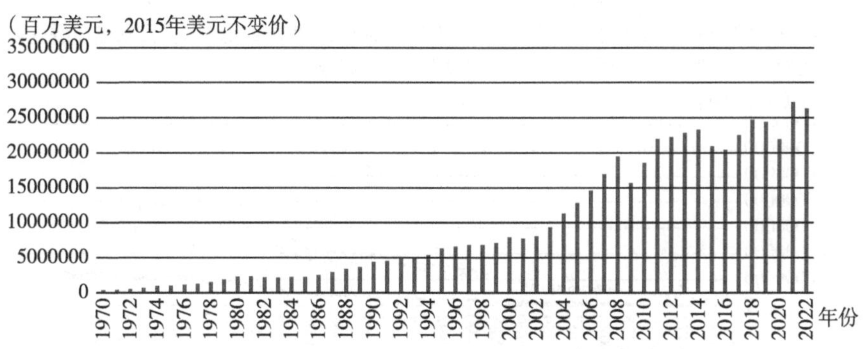

图 1-81　1970—2022 年世界商品和服务贸易进口额变化

资料来源：根据联合国贸易和发展会议数据库数据制作。

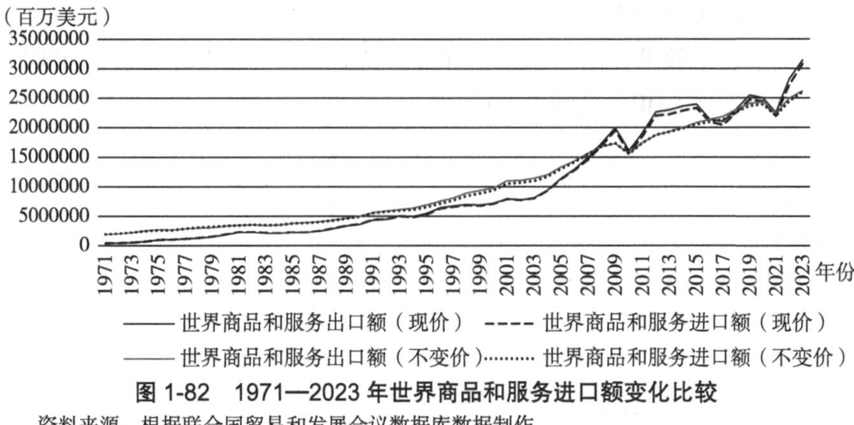

图 1-82　1971—2023 年世界商品和服务进口额变化比较

资料来源：根据联合国贸易和发展会议数据库数据制作。

（三）世界总供给规模及其格局变化

1970—2022 年，世界总供给规模持续扩大，世界总供给规模从 1970 年的 20 万亿美元增加到 2022 年的 116 万亿美元（2015 年美元不变价）（见图 1-83）。如果以美元现价计算，世界总供给规模从 1970 年的 3.8 万亿美元增加到 2022 年的 131.6 万亿美元（美元现价）（见图 1-84）。

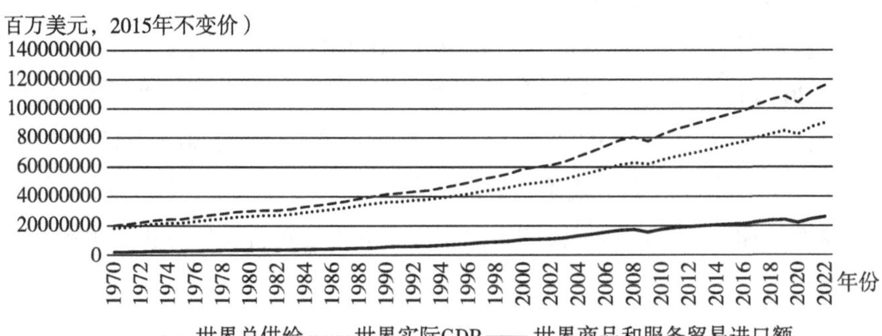

图 1-83　1970—2022 年世界总供给、世界实际 GDP 及世界商品和服务贸易进口额变化

资料来源：根据联合国贸易和发展会议数据库数据制作。

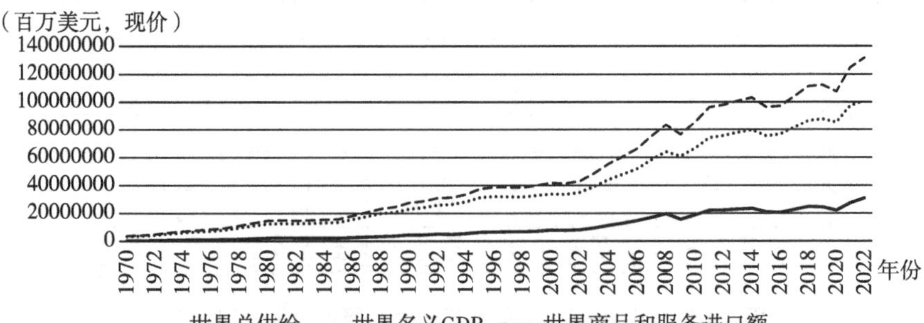

图 1-84　1970—2022 年世界总供给、世界名义 GDP 及世界商品和服务进口额变化

资料来源：根据联合国贸易和发展会议数据库数据制作。

1970—2022年，世界总供给格局发生了深刻变化。世界GDP占世界总供给的比例从1970年的90.3%下降到2022年的77.6%，世界商品和服务进口贸易额在世界总供给中的比例从1970年的9.7%上升到2022年的22.4%（见图1–85、图1–86），图中表明在1970—2022年，世界商品和服务进口贸易占比持续提升，商品和服务进口贸易在世界总供给中地位增强，商品和服务进口贸易持续增加，在一定程度上反映出经济全球化发展速度加快。但是，2008年国际金融危机以来，全球商品和服务贸易进口占世界总供给比例保持相对稳定，美国实施“美国优先”战略和贸易保护主义，在美国的带领下，经济全球化与逆全球化斗争加剧，贸易自由化与贸易保护主义之间斗争加剧，经济全球化进入调整和重构的新阶段（见表1–32）。

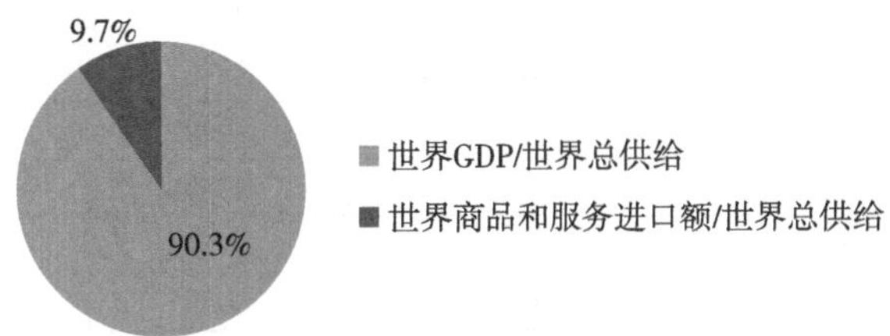

图1-85　1970年世界总供给构成比例

资料来源：根据联合国贸易和发展会议数据库数据制作。

图1-86　2022年世界总供给构成比例

资料来源：根据联合国贸易和发展会议数据库数据制作。

表 1-32　1970—2022 年世界 GDP、世界商品和服务进口额占世界总供给的比例变化

年份	世界名义 GDP/世界总供给	世界商品和服务进口额 / 世界总供给	世界实际 GDP/世界总供给	世界商品和服务进口额 / 世界总供给
1970	90%	10%	90%	10%
1971	90%	10%	90%	10%
1972	90%	10%	90%	10%
1973	89%	11%	89%	11%
1974	86%	14%	89%	11%
1975	87%	13%	89%	11%
1976	86%	14%	89%	11%
1977	86%	14%	88%	12%
1978	86%	14%	89%	11%
1979	85%	15%	88%	12%
1980	84%	16%	88%	12%
1981	84%	16%	88%	12%
1982	85%	15%	89%	11%
1983	86%	14%	89%	11%
1984	85%	15%	89%	11%
1985	86%	14%	89%	11%
1986	86%	14%	88%	12%
1987	86%	14%	88%	12%
1988	85%	15%	88%	12%
1989	85%	15%	88%	12%
1990	84%	16%	87%	13%
1991	84%	16%	86%	14%
1992	84%	16%	86%	14%
1993	84%	16%	86%	14%
1994	84%	16%	86%	14%
1995	83%	17%	85%	15%
1996	83%	17%	84%	16%
1997	82%	18%	84%	16%
1998	82%	18%	83%	17%
1999	82%	18%	83%	17%
2000	81%	19%	82%	18%
2001	81%	19%	82%	18%
2002	81%	19%	82%	18%
2003	81%	19%	82%	18%
2004	80%	20%	81%	19%
2005	79%	21%	80%	20%

续表

年份	世界名义 GDP/世界总供给	世界商品和服务进口额 / 世界总供给	世界实际 GDP/世界总供给	世界商品和服务进口额 / 世界总供给
2006	78%	22%	79%	21%
2007	78%	22%	79%	21%
2008	77%	23%	78%	22%
2009	80%	20%	80%	20%
2010	78%	22%	79%	21%
2011	77%	23%	78%	22%
2012	77%	23%	78%	22%
2013	77%	23%	78%	22%
2014	77%	23%	78%	22%
2015	78%	22%	78%	22%
2016	79%	21%	78%	22%
2017	78%	22%	78%	22%
2018	78%	22%	78%	22%
2019	78%	22%	78%	22%
2020	80%	20%	79%	21%
2021	78%	22%	78%	22%
2022	77%	23%	78%	22%

资料来源：根据联合国贸易和发展会议数据库数据制作。

三、五大洲总供给规模及其格局变化分析

五大洲总供给由五大洲 GDP 和五大洲商品和服务进口额构成，1970 年以来，五大洲总供给格局发生了深刻变化，主要变化是欧洲 GDP、美洲 GDP、亚洲 GDP 在世界 GDP 中的比例发生了明显变化。

（一）五大洲GDP变化分析

1970—2022 年，五大洲的实际 GDP 规模持续增长，其中美洲 GDP 规模从 1970 年的 6.97 万亿美元增加到 2022 年的 28.7 万亿美元（2015 年美元不变价），1984—2012 年，美洲实际 GDP 一直稳居世界第一位。同期欧洲实际 GDP 从 7.34 万亿美元增加到 21.47 万亿美元，1970—1983 年，欧洲实际 GDP 居世界首位，1984 年欧洲 GDP 被美洲赶超，1984—2008 年，欧洲实际 GDP 居世界第二位。2009 年，亚洲实际 GDP 超过欧洲，欧洲实际 GDP 退居世界第三位。亚洲实际 GDP 从 1970 年的 2.91 万亿美元增加到 2022 年的 35.32 万亿美元，2009 年亚洲实际 GDP 超过欧洲，2013 年以来，亚洲实际 GDP 超过美洲并稳居世界第一位。非洲实际 GDP 从 1970 年

的 4879 亿美元增加到 2022 年的 2.87 万亿美元，同期大洋洲实际 GDP 从 3847 亿美元增加到 1.73 万亿美元（见图 1–87）。

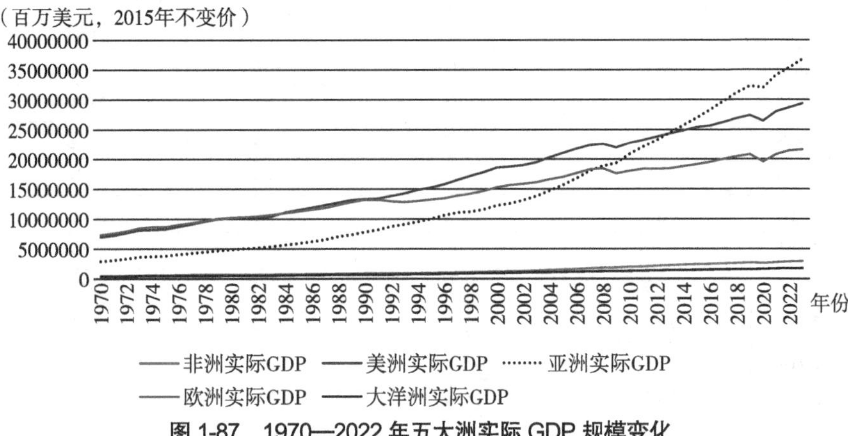

图 1-87　1970—2022 年五大洲实际 GDP 规模变化

资料来源：根据联合国贸易和发展会议数据库数据制作。

1970—2022 年，五大洲实际 GDP 格局发生了明显变化。欧洲实际 GDP 占世界 GDP 的比例从 1970 年的 40.5% 下降到 2022 年的 23.8%，下降了 16.7 个百分点。同期美洲实际 GDP 占世界 GDP 的比例从 38.5% 下降到 31.9%，下降了 6.6 个百分点。亚洲实际 GDP 占世界 GDP 的比例从 1970 年的 16.1% 增加到 2022 年的 39.2%，增加了 23.1 个百分点。同期非洲实际 GDP 占世界 GDP 的比例从 2.7% 增加到 3.2%，大洋洲实际 GDP 占世界 GDP 的比例从 2.1% 下降到 1.9%（见图 1–88、表 1–33）。

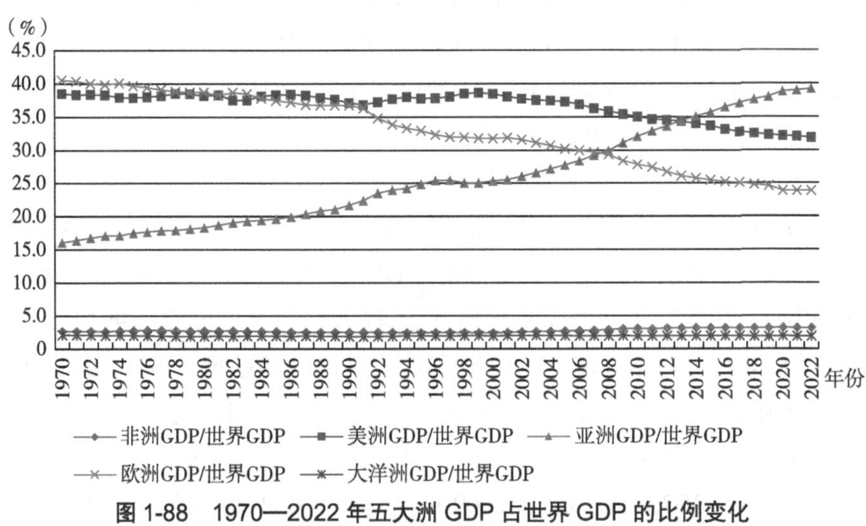

图 1-88　1970—2022 年五大洲 GDP 占世界 GDP 的比例变化

资料来源：根据联合国贸易和发展会议数据库数据制作。

表 1-33　1970—2022 年五大洲实际 GDP 占世界 GDP 的比例变化

年份	非洲 GDP/世界 GDP	美洲 GDP/世界 GDP	亚洲 GDP/世界 GDP	欧洲 GDP/世界 GDP	大洋洲 GDP/世界 GDP
1970	2.7%	38.5%	16.1%	40.5%	2.1%
1971	2.7%	38.4%	16.4%	40.4%	2.1%
1972	2.7%	38.4%	16.8%	40.0%	2.1%
1973	2.6%	38.3%	17.1%	39.9%	2.0%
1974	2.8%	37.9%	17.2%	40.1%	2.0%
1975	2.8%	37.9%	17.5%	39.7%	2.1%
1976	2.8%	38.0%	17.7%	39.4%	2.0%
1977	2.8%	38.2%	17.9%	39.1%	1.9%
1978	2.8%	38.5%	17.9%	38.8%	1.9%
1979	2.7%	38.5%	18.2%	38.7%	1.9%
1980	2.8%	38.2%	18.4%	38.7%	1.9%
1981	2.7%	38.3%	18.7%	38.3%	1.9%
1982	2.8%	37.6%	19.1%	38.7%	1.9%
1983	2.7%	37.6%	19.3%	38.5%	1.9%
1984	2.6%	38.2%	19.4%	37.8%	1.9%
1985	2.6%	38.3%	19.7%	37.5%	1.9%
1986	2.6%	38.4%	19.9%	37.2%	1.9%
1987	2.5%	38.3%	20.4%	36.9%	1.9%
1988	2.5%	37.9%	20.9%	36.8%	1.9%
1989	2.5%	37.7%	21.1%	36.8%	1.9%
1990	2.5%	37.1%	21.7%	36.8%	1.9%
1991	2.6%	36.8%	22.4%	36.3%	1.8%
1992	2.5%	37.3%	23.5%	34.8%	1.9%
1993	2.5%	37.7%	24.0%	33.9%	1.9%
1994	2.4%	38.0%	24.3%	33.3%	1.9%
1995	2.4%	37.8%	24.9%	33.0%	2.0%
1996	2.5%	37.8%	25.4%	32.3%	2.0%
1997	2.5%	38.1%	25.5%	32.0%	2.0%
1998	2.5%	38.5%	25.1%	32.0%	2.0%
1999	2.5%	38.6%	25.1%	31.8%	2.0%
2000	2.4%	38.5%	25.3%	31.8%	2.0%
2001	2.5%	38.1%	25.6%	31.9%	2.0%
2002	2.6%	37.8%	26.0%	31.6%	2.0%
2003	2.6%	37.6%	26.6%	31.2%	2.0%
2004	2.7%	37.5%	27.2%	30.7%	2.0%
2005	2.7%	37.3%	27.8%	30.2%	2.0%

续表

年份	非洲 GDP/世界 GDP	美洲 GDP/世界 GDP	亚洲 GDP/世界 GDP	欧洲 GDP/世界 GDP	大洋洲 GDP/世界 GDP
2006	2.8%	36.9%	28.4%	30.0%	2.0%
2007	2.8%	36.3%	29.3%	29.7%	2.0%
2008	2.9%	35.9%	29.9%	29.4%	1.9%
2009	3.0%	35.4%	31.1%	28.4%	2.0%
2010	3.1%	35.0%	32.1%	27.8%	2.0%
2011	3.0%	34.7%	32.9%	27.4%	2.0%
2012	3.1%	34.5%	33.7%	26.7%	2.0%
2013	3.2%	34.3%	34.5%	26.1%	2.0%
2014	3.2%	34.0%	35.1%	25.8%	2.0%
2015	3.2%	33.7%	35.7%	25.5%	1.9%
2016	3.2%	33.1%	36.5%	25.2%	1.9%
2017	3.2%	32.7%	37.1%	25.0%	1.9%
2018	3.2%	32.5%	37.6%	24.8%	1.9%
2019	3.2%	32.3%	38.1%	24.6%	1.9%
2020	3.2%	32.1%	38.9%	23.8%	2.0%
2021	3.2%	32.1%	39.0%	23.8%	1.9%
2022	3.2%	31.9%	39.2%	23.8%	1.9%

资料来源：根据联合国贸易和发展会议数据库数据制作。

从五大洲实际 GDP 和名义 GDP 数据变化看，1970—2008 年，美洲、欧洲、亚洲和非洲的实际 GDP 远大于全球名义 GDP，而 2009 年以来美洲、欧洲、亚洲和非洲的名义 GDP 高于实际 GDP，这在一定程度上与美国等发达国家 2008 年国际金融危机后采取量化宽松货币政策和通货膨胀有一定关系（见图 1-89、图 1-90、图 1-91、图 1-92）。

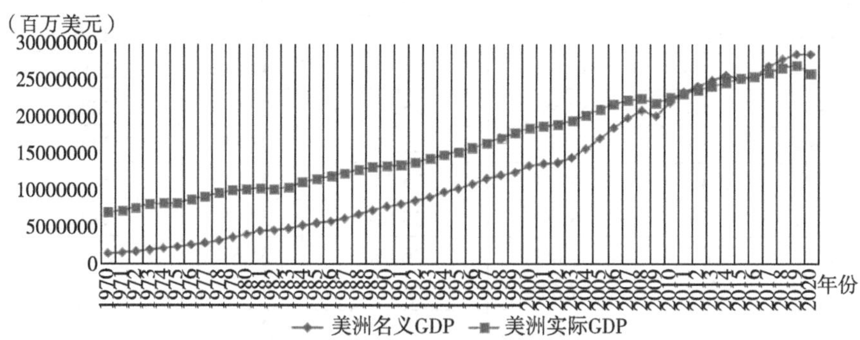

图 1-89　1970—2020 年美洲名义 GDP 与实际 GDP 变化

资料来源：根据联合国贸易和发展会议数据库数据制作。

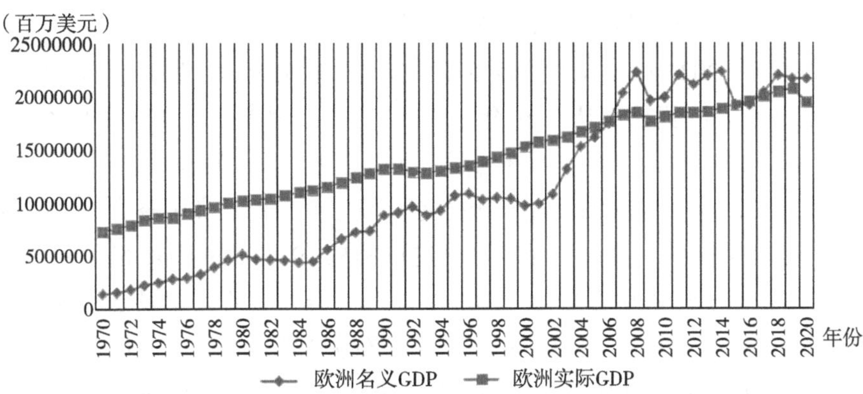

图 1-90 1970—2020 年欧洲名义 GDP 与实际 GDP 变化

资料来源：根据联合国贸易和发展会议数据库数据制作。

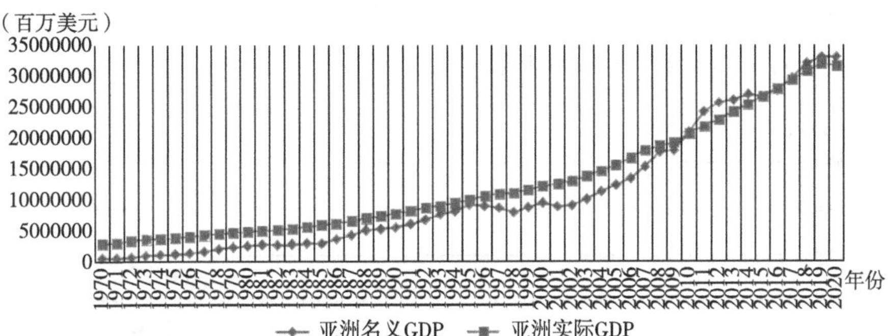

图 1-91 1970—2020 年亚洲名义 GDP 与实际 GDP 变化

资料来源：根据联合国贸易和发展会议数据库数据制作。

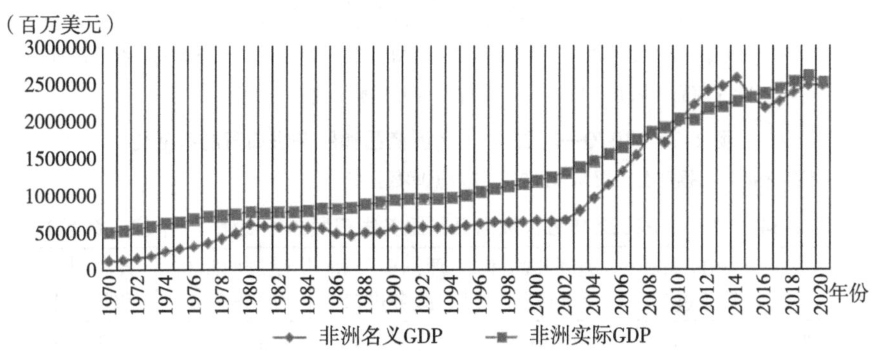

图 1-92 1970—2020 年非洲名义 GDP 与实际 GDP 变化

资料来源：根据联合国贸易和发展会议数据库数据制作。

（二）五大洲商品和服务进口贸易变化分析

1970—2022 年，五大洲商品和服务进口贸易额持续增长。欧洲的商品和服务进口贸易额从 1970 年的 9187 亿美元增加到 2022 年的 9.67 万亿美元，1970—2012 年，欧洲的商品和服务进口额一直稳居世界第一位，2013—2022 年，欧洲的商品和服务进口额与亚洲商品和服务进口额交替成为世界第一位。美洲商品和服务进口额从 1970 年的 4940 亿美元增加到 2022 年的 5.70 万亿美元，2002 年以来，美洲的商品和服务进口贸易额居世界第三位。亚洲商品和服务进口额从 1970 年的 3474 亿美元增加到 2022 年的 9.43 万亿美元，2022 年亚洲商品和服务进口额居世界第二位，从发展趋势看，亚洲商品和服务进口额将超过欧洲。非洲商品和服务进口额从 1970 年的 1557 亿美元增加到 2022 年的 8113 亿美元，同期大洋洲的商品和服务进口贸易额从 349 亿美元增加到 4031 亿美元（见图 1–93、表 1–34、图 1–94 和表 1–35）。

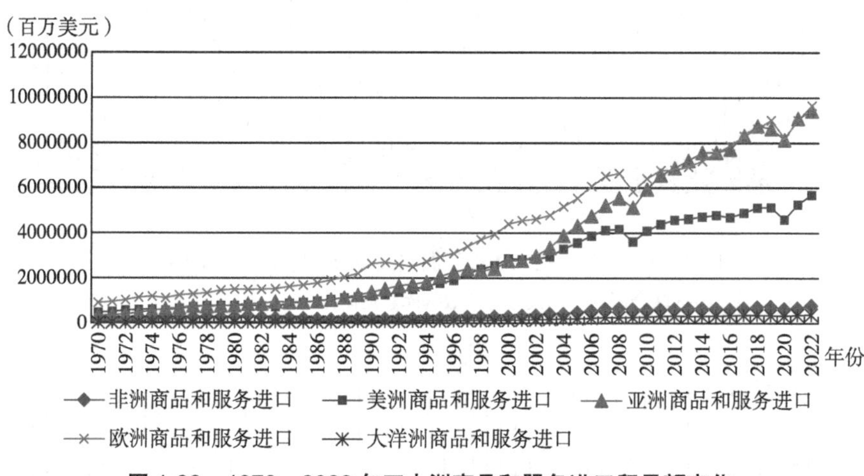

图 1-93　1970—2022 年五大洲商品和服务进口贸易额变化

资料来源：根据联合国贸易和发展会议数据库数据制作。

表 1-34　1970—2022 年五大洲商品和服务进口贸易额变化　（单位：百万美元）

年份	非洲商品和服务进口	美洲商品和服务进口	亚洲商品和服务进口	欧洲商品和服务进口	大洋洲商品和服务进口
1970	155682	494015	347434	918723	34913
1971	161917	523985	375112	973348	32787
1972	164522	576133	412949	1049551	33134
1973	178761	617941	493643	1162886	40800

续表

年份	非洲商品和服务进口	美洲商品和服务进口	亚洲商品和服务进口	欧洲商品和服务进口	大洋洲商品和服务进口
1974	199686	625531	574066	1204473	43118
1975	222059	596930	655001	1142017	39705
1976	240800	675843	694902	1260961	41671
1977	272839	739373	782319	1305129	40885
1978	294049	781174	763184	1355318	43484
1979	277972	797873	790360	1477403	44800
1980	295330	796056	805884	1524450	47308
1981	343604	821049	874092	1503326	52252
1982	289878	767023	883192	1517120	49272
1983	243343	743227	973540	1534058	51213
1984	234972	895711	950597	1641769	58074
1985	230541	942537	944748	1711300	58289
1986	201610	1007478	995476	1794837	56600
1987	180027	1067619	1060011	1924047	61957
1988	188548	1143842	1146370	2063875	72960
1989	204179	1169612	1263155	2216509	78294
1990	211489	1217041	1386614	2655481	75307
1991	221393	1278468	1529467	2711713	76527
1992	220774	1396809	1669264	2609650	80744
1993	228917	1510041	1741596	2523650	86202
1994	232619	1665299	1836726	2730709	98868
1995	240399	1787966	2086014	2946515	103764
1996	270774	1911573	2282498	3107503	113170
1997	299769	2198551	2417484	3415653	122025
1998	309415	2412072	2336293	3712974	127412
1999	302275	2568052	2424483	3939789	141984
2000	310280	2877484	2778241	4407909	141693
2001	347822	2840904	2796077	4553154	144822
2002	365557	2850405	2997852	4629765	161910
2003	427116	2959930	3359213	4793854	182140
2004	431686	3308969	3900388	5181097	203953
2005	506236	3580579	4330218	5549773	219473
2006	571733	3888851	4758454	6079991	237169

续表

年份	非洲商品和服务进口	美洲商品和服务进口	亚洲商品和服务进口	欧洲商品和服务进口	大洋洲商品和服务进口
2007	656702	4139785	5234570	6536903	268308
2008	668813	4177968	5564582	6664557	259976
2009	634745	3622999	5135574	5847907	270268
2010	628652	4119027	5944120	6441608	300489
2011	631393	4400095	6582788	6802658	332620
2012	644115	4591358	6903883	6810237	337810
2013	681090	4643566	7239816	6967367	330458
2014	680683	4732460	7585617	7209428	335573
2015	666998	4792936	7587266	7569325	336326
2016	642670	4711793	7743345	7887505	353731
2017	681525	4903284	8327162	8316065	377171
2018	739167	5132169	8764877	8637633	381085
2019	760967	5140936	8634788	9010131	364257
2020	660559	4605835	8142896	8221902	342935
2021	700407	5265015	9095027	9003178	371545
2022	811290	5699808	9425068	9666911	403089

资料来源：根据联合国贸易和发展会议数据库数据制作。

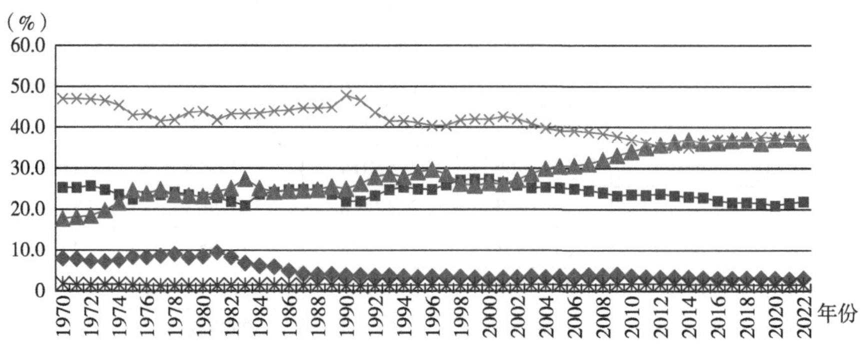

图 1-94　1970—2022 年五大洲商品和服务进口占世界比例变化

资料来源：根据联合国贸易和发展会议数据库数据制作。

表 1-35　　1970—2022 年五大洲商品和服务进口占世界比例变化

年份	非洲商品和服务进口 / 世界商品和服务进口	美洲商品和服务进口 / 世界商品和服务进口	亚洲商品和服务进口 / 世界商品和服务进口	欧洲商品和服务进口 / 世界商品和服务进口	大洋洲商品和服务进口 / 世界商品和服务进口
1970	8.0%	25.3%	17.8%	47.1%	1.8%
1971	7.8%	25.3%	18.1%	47.1%	1.6%
1972	7.4%	25.8%	18.5%	46.9%	1.5%
1973	7.2%	24.8%	19.8%	46.6%	1.6%
1974	7.5%	23.6%	21.7%	45.5%	1.6%
1975	8.4%	22.5%	24.7%	43.0%	1.5%
1976	8.3%	23.2%	23.8%	43.3%	1.4%
1977	8.7%	23.5%	24.9%	41.6%	1.3%
1978	9.1%	24.1%	23.6%	41.9%	1.3%
1979	8.2%	23.5%	23.3%	43.6%	1.3%
1980	8.5%	22.9%	23.2%	43.9%	1.4%
1981	9.6%	22.8%	24.3%	41.8%	1.5%
1982	8.3%	21.9%	25.2%	43.3%	1.4%
1983	6.9%	21.0%	27.5%	43.3%	1.4%
1984	6.2%	23.7%	25.1%	43.4%	1.5%
1985	5.9%	24.2%	24.3%	44.0%	1.5%
1986	5.0%	24.8%	24.5%	44.3%	1.4%
1987	4.2%	24.9%	24.7%	44.8%	1.4%
1988	4.1%	24.8%	24.8%	44.7%	1.6%
1989	4.1%	23.7%	25.6%	44.9%	1.6%
1990	3.8%	21.9%	25.0%	47.9%	1.4%
1991	3.8%	22.0%	26.3%	46.6%	1.3%
1992	3.7%	23.4%	27.9%	43.7%	1.4%
1993	3.8%	24.8%	28.6%	41.4%	1.4%
1994	3.5%	25.4%	28.0%	41.6%	1.5%
1995	3.4%	25.0%	29.1%	41.1%	1.4%
1996	3.5%	24.9%	29.7%	40.4%	1.5%
1997	3.5%	26.0%	28.6%	40.4%	1.4%
1998	3.5%	27.1%	26.3%	41.7%	1.4%
1999	3.2%	27.4%	25.9%	42.0%	1.5%
2000	3.0%	27.4%	26.4%	41.9%	1.3%

续表

年份	非洲商品和服务进口 / 世界商品和服务进口	美洲商品和服务进口 / 世界商品和服务进口	亚洲商品和服务进口 / 世界商品和服务进口	欧洲商品和服务进口 / 世界商品和服务进口	大洋洲商品和服务进口 / 世界商品和服务进口
2001	3.3%	26.6%	26.2%	42.6%	1.4%
2002	3.3%	25.9%	27.2%	42.1%	1.5%
2003	3.6%	25.3%	28.7%	40.9%	1.6%
2004	3.3%	25.4%	29.9%	39.8%	1.6%
2005	3.6%	25.2%	30.5%	39.1%	1.5%
2006	3.7%	25.0%	30.6%	39.1%	1.5%
2007	3.9%	24.6%	31.1%	38.8%	1.6%
2008	3.9%	24.1%	32.1%	38.4%	1.5%
2009	4.1%	23.4%	33.1%	37.7%	1.7%
2010	3.6%	23.6%	34.1%	36.9%	1.7%
2011	3.4%	23.5%	35.1%	36.3%	1.8%
2012	3.3%	23.8%	35.8%	35.3%	1.8%
2013	3.4%	23.4%	36.5%	35.1%	1.7%
2014	3.3%	23.0%	36.9%	35.1%	1.6%
2015	3.2%	22.9%	36.2%	36.1%	1.6%
2016	3.0%	22.1%	36.3%	37.0%	1.7%
2017	3.0%	21.7%	36.8%	36.8%	1.7%
2018	3.1%	21.7%	37.1%	36.5%	1.6%
2019	3.2%	21.5%	36.1%	37.7%	1.5%
2020	3.0%	21.0%	37.1%	37.4%	1.6%
2021	2.9%	21.5%	37.2%	36.8%	1.5%
2022	3.1%	21.9%	36.2%	37.2%	1.5%

资料来源：根据联合国贸易和发展会议数据库数据制作。

四、五大洲供给格局变化分析

1970—2019 年，亚洲、欧洲、美洲总供给规模（国内生产总值 + 商品和服务进口额，以美元现价计算）持续增长。1970—2000 年，非洲和大洋洲总供给增长相对缓慢，21 世纪以来，非洲和大洋洲的总供给也出现较快增长态势。2008 年以来，欧洲、非洲和大洋洲的总供给出现波动性增长的趋势（见图 1–95、图 1–96、图 1–97、图 1–98、图 1–99）。

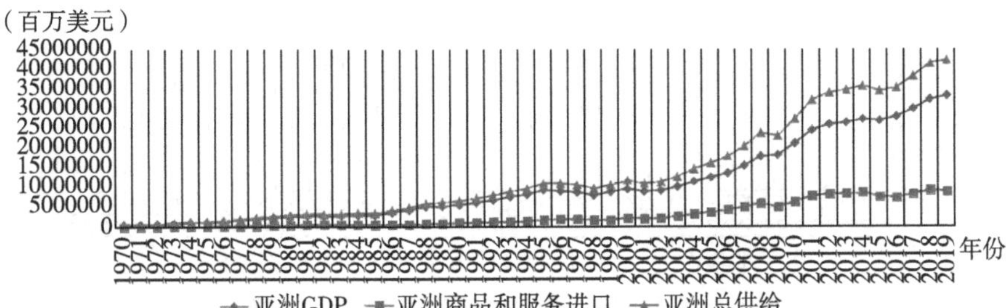

图 1-95　1970—2019 年亚洲总供给规模变化

资料来源：根据联合国贸易和发展会议数据库数据制作。

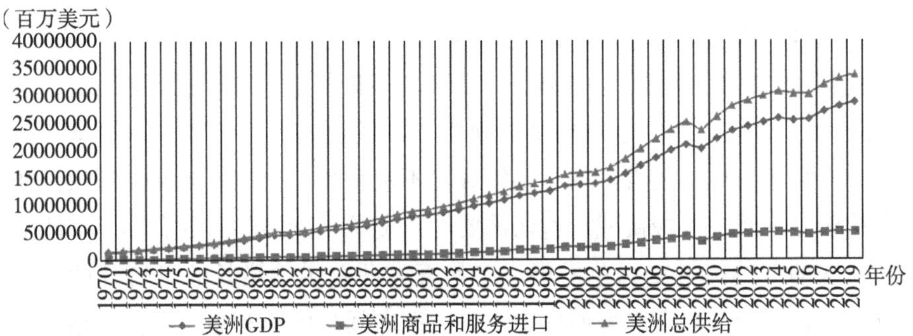

图 1-96　1970—2019 年美洲总供给规模变化

资料来源：根据联合国贸易和发展会议数据库数据制作。

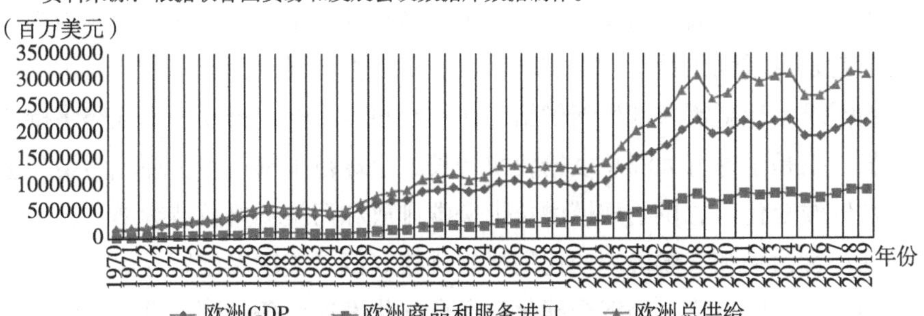

图 1-97　1970—2019 年欧洲总供给规模变化

资料来源：根据联合国贸易和发展会议数据库数据制作。

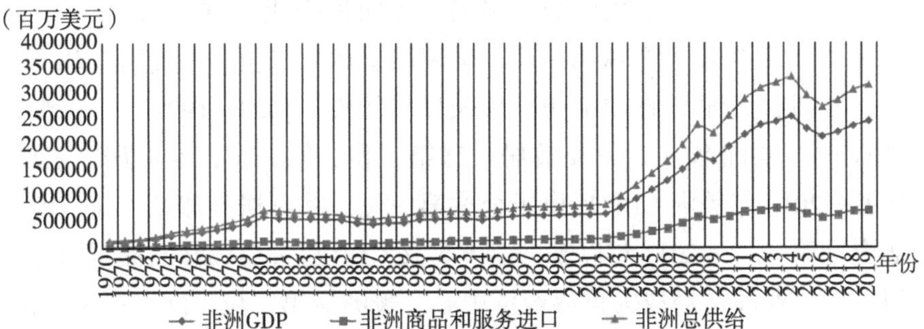

图 1-98　1970—2019 年非洲总供给规模变化

资料来源：根据联合国贸易和发展会议数据库数据制作。

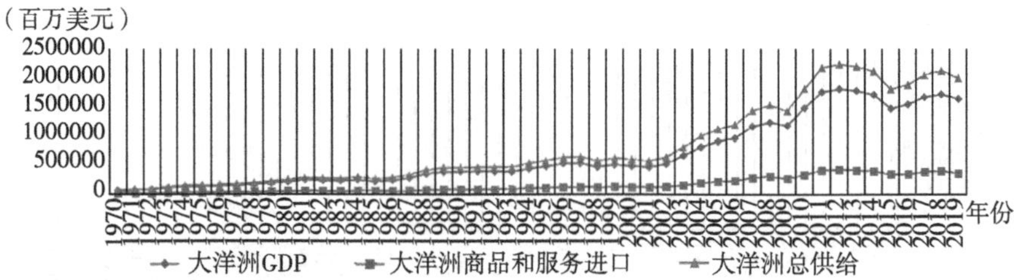

图 1-99　1970—2019 年大洋洲总供给规模变化

资料来源：根据联合国贸易和发展会议数据库数据制作。

未来五大洲 GDP 及世界总供给规模持续增长面临严峻挑战，一是全球资源和能源是否能持续支撑五大洲 GDP 和总供给规模不断持续增长的挑战。21 世纪以来，全球总供给规模持续较快增长，需要全球资源和能源持续配套支撑，随着全球总供给规模不断增长，全球资源和能源供给能力及潜力将面临严峻挑战，迫切需要增强资源和能源的节约利用及节能减排，推动节约能源的绿色发展。二是五大洲总供给增长的可持续性的挑战，在总供给与总需求大循环中，五大洲之间总供给和总需求存在结构性失衡问题，既存在产能过剩与有效供给不足的矛盾，又存在消费过度与有效需求不足的矛盾，需要寻找有效供给增长的新空间，加快供给侧结构性改革就是要增强供给结构对需求变化的适应性和灵活性，不断让新供给创造新需求，让新需求催生新供给，在供给与需求互相推动中实现经济持续增长。三是全球五大洲总供给较快增长，全球范围都产生了环境污染和极端性气候变化，总供给规模增长带来碳排放和污染物排放持续增长，人类面临环境污染和气候极端变化的严峻挑战。四是美国实施贸易保护主义和美国优先发展战略，经济全球化与逆全球化发展竞争加剧，世界经济治理碎片化趋势明显，五大洲之间发展不平衡进一步加剧。

世界五大洲名义 GDP 分布格局发生明显变化。1970—1982 年，欧洲名义 GDP 规模居全球第一位，美洲居全球第二位，亚洲居全球第三位，非洲和大洋洲的 GDP 规模增长比较缓慢。1983—1992 年，美洲名义 GDP 与欧洲名义 GDP 交替居全球第一位、第二位，亚洲居第三位。1997—2010 年美洲 GDP 规模居全球第一位，欧洲居全球第二位，亚洲居全球第三位。2011 年以来，亚洲名义 GDP 超过美洲和欧洲，居全球第一位，亚洲已经成为世界经济中心，美洲居第二位，欧洲居第三位。2017 年以来，亚洲、美洲、欧洲的 GDP 差距有所扩大（见图 1-100、

表1-36、图1-101）。非洲名义GDP居全球第四位、大洋洲名义GDP居全球第五位，非洲和大洋洲的GDP规模增长仍然比较缓慢，非洲和大洋洲的GDP规模与亚洲、美洲、欧洲的差距持续扩大。从五大洲名义GDP分布格局变化看，欧洲联盟、美国20世纪80年代产业结构调整、中国改革开放、欧洲主权债务危机等重大事件和中国实施创新发展重大战略变化对五大洲GDP分布格局变化产生了深刻影响。

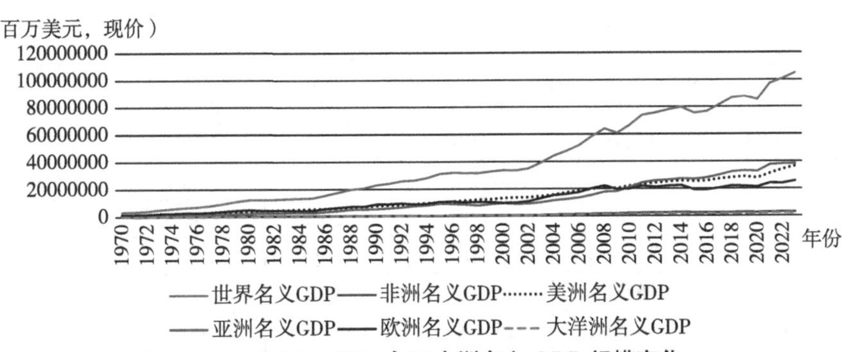

图1-100 1970—2022年五大洲名义GDP规模变化

资料来源：根据联合国贸易和发展会议数据库数据制作。

表1-36 1970—2019年世界五大洲名义GDP占全球名义GDP的比例变化

年份	美洲名义GDP/全球名义GDP	亚洲名义GDP/全球名义GDP	欧洲名义GDP/全球名义GDP	非洲名义GDP/全球名义GDP	大洋洲名义GDP/全球名义GDP
1970	39.40%	15.10%	40.50%	3.40%	1.60%
1971	39.20%	15.10%	40.70%	3.40%	1.60%
1972	37.60%	15.80%	41.50%	3.40%	1.70%
1973	35.10%	17.00%	42.50%	3.40%	1.90%
1974	34.70%	18.30%	40.90%	4.10%	2.00%
1975	34.00%	17.90%	42.00%	4.20%	1.90%
1976	35.10%	18.60%	40.10%	4.30%	1.90%
1977	34.30%	19.70%	39.90%	4.40%	1.70%
1978	32.60%	21.00%	40.50%	4.30%	1.70%
1979	32.00%	20.60%	41.50%	4.40%	1.60%
1980	31.80%	20.40%	41.20%	4.90%	1.70%
1981	35.20%	21.60%	36.70%	4.60%	1.90%
1982	36.10%	21.10%	36.50%	4.50%	1.80%
1983	36.80%	21.80%	35.20%	4.50%	1.80%
1984	39.10%	22.00%	32.80%	4.20%	1.80%
1985	40.50%	21.30%	32.60%	4.10%	1.60%

续表

年份	美洲名义GDP/全球名义GDP	亚洲名义GDP/全球名义GDP	欧洲名义GDP/全球名义GDP	非洲名义GDP/全球名义GDP	大洋洲名义GDP/全球名义GDP
1986	36.70%	23.00%	35.70%	3.10%	1.50%
1987	34.60%	24.00%	37.20%	2.60%	1.60%
1988	33.80%	25.50%	36.50%	2.50%	1.70%
1989	35.00%	25.30%	35.50%	2.40%	1.80%
1990	33.70%	23.90%	38.30%	2.40%	1.70%
1991	33.40%	25.10%	37.50%	2.30%	1.60%
1992	33.00%	26.10%	37.20%	2.20%	1.50%
1993	34.30%	28.70%	33.40%	2.20%	1.40%
1994	34.70%	28.90%	32.90%	1.90%	1.50%
1995	32.80%	29.60%	34.20%	1.90%	1.50%
1996	34.00%	28.30%	34.10%	1.90%	1.60%
1997	36.50%	27.40%	32.40%	2.00%	1.70%
1998	38.20%	25.10%	33.20%	2.00%	1.50%
1999	38.00%	26.80%	31.70%	2.00%	1.50%
2000	39.60%	28.20%	28.90%	1.90%	1.40%
2001	40.60%	26.60%	29.50%	1.90%	1.40%
2002	39.50%	26.20%	31.00%	1.90%	1.50%
2003	36.90%	25.70%	33.60%	2.00%	1.70%
2004	35.50%	25.80%	34.70%	2.20%	1.80%
2005	35.90%	26.00%	33.90%	2.40%	1.90%
2006	35.80%	26.00%	33.80%	2.50%	1.90%
2007	34.20%	26.30%	34.90%	2.60%	2.00%
2008	32.70%	27.70%	34.90%	2.80%	1.90%
2009	33.30%	29.60%	32.40%	2.80%	1.90%
2010	33.10%	31.60%	30.10%	3.00%	2.20%
2011	31.80%	32.90%	29.90%	3.00%	2.40%
2012	32.20%	34.20%	28.10%	3.20%	2.40%
2013	32.30%	33.80%	28.40%	3.20%	2.30%
2014	32.40%	34.10%	28.20%	3.20%	2.20%
2015	33.70%	35.60%	25.60%	3.10%	2.00%
2016	33.50%	36.40%	25.20%	2.80%	2.00%
2017	33.30%	36.70%	25.20%	2.80%	2.10%
2018	32.40%	37.30%	25.60%	2.80%	2.00%
2019	32.70%	37.80%	24.80%	2.80%	1.90%

资料来源：根据联合国贸易和发展会议数据库数据制作。

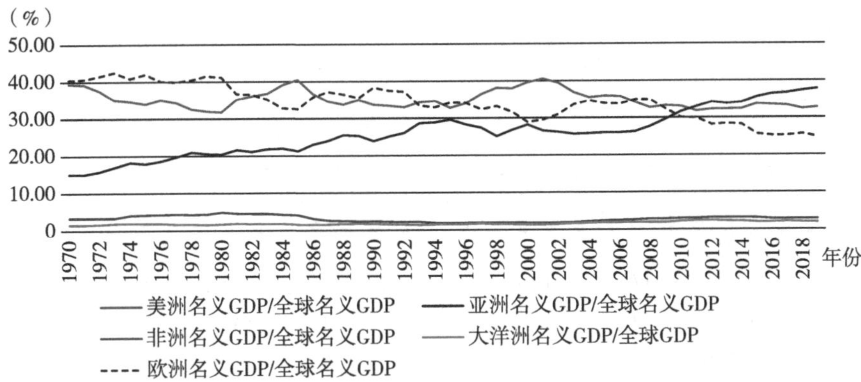

图 1-101 1970—2018 年五大洲名义 GDP 占世界名义 GDP 的比例变化

资料来源：根据联合国贸易和发展会议数据库数据制作。

五、五大洲名义GDP区域格局变化分析

（一）美洲名义GDP区域分布格局变化

美洲名义 GDP 规模持续较快增长，但是美洲 GDP 区域分布很不均衡。北美名义 GDP 占美洲名义 GDP 的 80% 左右，北美是美洲的经济中心，也是全球经济中心。拉美和加勒比海名义 GDP 占美洲名义 GDP 的 18% 左右，南美名义 GDP 占美洲名义 GDP 的 11% 左右，中美名义 GDP 占美洲名义 GDP 的 5% 左右，加勒比海名义 GDP 占美洲名义 GDP 的 1% 左右。拉美和加勒比海、南美、中美、加勒比海等区域的经济增长相对比较缓慢（见图 1–102、图 1–103、表 1–37）。

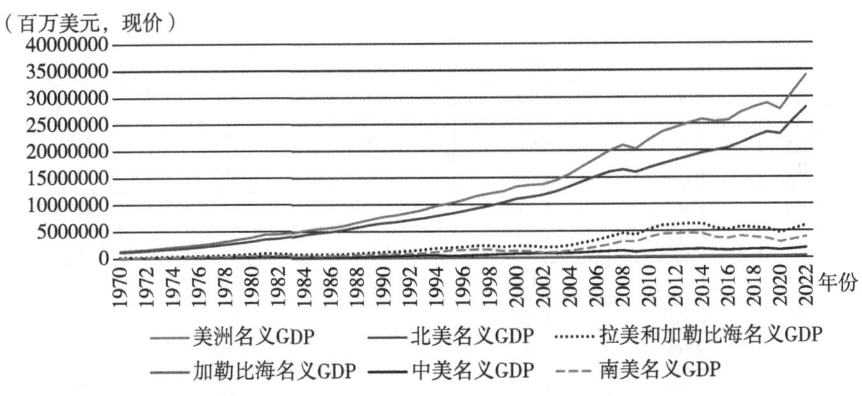

图 1-102 1970—2022 年美洲名义 GDP 区域分布变化

资料来源：根据联合国贸易和发展会议数据库数据制作。

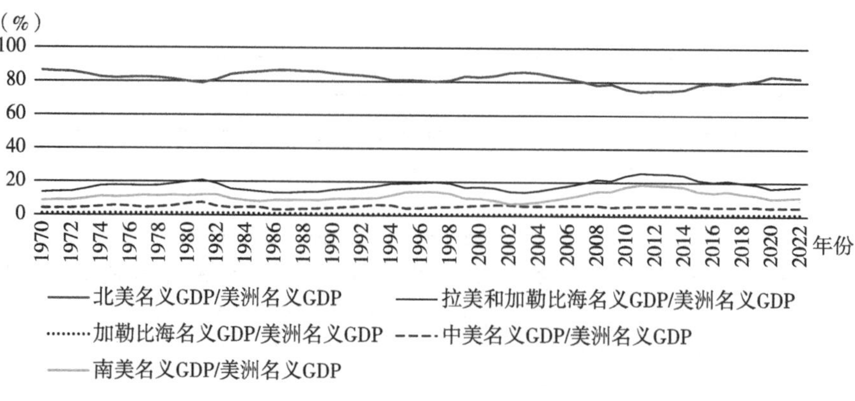

图 1-103　1970—2022 年美洲区域名义 GDP 占美洲名义 GDP 的比例变化

资料来源：根据联合国贸易和发展会议数据库数据制作。

表 1-37　1970—2022 年美洲区域名义 GDP 占美洲名义 GDP 的比例变化

年份	北美名义GDP/美洲名义GDP	拉美和加勒比海名义GDP/美洲名义GDP	加勒比海名义GDP/美洲名义GDP	中美名义GDP/美洲名义GDP	南美名义GDP/美洲名义GDP
1970	86%	14%	1%	4%	9%
1971	86%	14%	1%	4%	9%
1972	86%	14%	1%	4%	9%
1973	84%	16%	1%	5%	10%
1974	82%	18%	1%	5%	11%
1975	82%	18%	1%	6%	11%
1976	82%	18%	1%	5%	11%
1977	82%	18%	1%	5%	12%
1978	82%	18%	1%	5%	12%
1979	81%	19%	1%	6%	12%
1980	80%	20%	1%	7%	12%
1981	79%	21%	1%	8%	12%
1982	81%	19%	1%	5%	12%
1983	84%	16%	1%	5%	10%
1984	85%	15%	1%	5%	9%
1985	86%	14%	1%	5%	8%
1986	87%	13%	1%	3%	9%
1987	87%	13%	1%	3%	9%
1988	86%	14%	1%	4%	9%
1989	86%	14%	1%	4%	9%
1990	85%	15%	1%	4%	10%
1991	84%	16%	1%	5%	10%

续表

年份	北美名义GDP/美洲名义GDP	拉美和加勒比海名义GDP/美洲名义GDP	加勒比海名义GDP/美洲名义GDP	中美名义GDP/美洲名义GDP	南美名义GDP/美洲名义GDP
1992	84%	16%	1%	6%	10%
1993	83%	17%	1%	6%	10%
1994	81%	19%	1%	6%	12%
1995	81%	19%	1%	4%	14%
1996	81%	19%	1%	4%	14%
1997	80%	20%	1%	5%	14%
1998	81%	19%	1%	5%	13%
1999	83%	17%	1%	6%	10%
2000	83%	17%	1%	6%	10%
2001	84%	16%	1%	6%	9%
2002	86%	14%	1%	6%	7%
2003	86%	14%	1%	6%	7%
2004	85%	15%	1%	6%	8%
2005	84%	16%	1%	6%	10%
2006	82%	18%	1%	6%	11%
2007	80%	20%	1%	6%	13%
2008	78%	22%	1%	6%	15%
2009	79%	21%	1%	5%	15%
2010	76%	24%	1%	6%	17%
2011	74%	26%	1%	6%	19%
2012	75%	25%	1%	6%	18%
2013	75%	25%	1%	6%	18%
2014	76%	24%	1%	6%	17%
2015	79%	21%	1%	6%	15%
2016	80%	20%	1%	5%	14%
2017	79%	21%	1%	5%	15%
2018	80%	20%	1%	5%	13%
2019	81%	19%	1%	5%	12%
2020	83%	17%	1%	5%	11%
2021	83%	17%	1%	5%	11%
2022	82%	18%	1%	5%	11%

资料来源：根据联合国贸易和发展会议数据库数据制作。

（二）亚洲名义GDP区域分布格局变化

1970 年以来，亚洲名义 GDP 增长经历三个阶段。1970—1995 年，亚洲名义 GDP 处于持续稳定增长阶段，亚洲名义 GDP 规模从 1970 年的 5151 亿美元增加到 1995 年的 9.21 万亿美元。1996—2002 年，由于 1997 年亚洲金融危机和 2001 年美国“9·11 事件”，亚洲进入六年的经济衰退调整阶段，亚洲名义 GDP 从 1995 年的 9.21 万亿美元回落到 1997 年的 8.6 万亿美元、1998 年的 7.8 万亿美元，2002 年才回升到 9.1 万亿美元。2003—2008 年是亚洲名义 GDP 快速增长阶段，2001 年中国加入世界贸易组织，进出口贸易快速增长带动投资、消费和经济快速增长，中国开放经济发展带动亚洲名义 GDP 快速增长。2009—2019 年为亚洲名义 GDP 波动性快速增长阶段，这一阶段的 2008 年国际金融危机、2018 年美国“贸易战”对亚洲进出口贸易及经济增长产生外部冲击，对亚洲名义 GDP 增长产生短期影响，但是这一阶段亚洲名义 GDP 总体上保持较快增长。

亚洲名义 GDP 区域分布不均衡，东亚名义 GDP 占亚洲名义 GDP 的比例高达 70% 左右，东亚是亚洲经济增长中心，也是世界经济增长中心，东亚的中国、日本、韩国的名义 GDP 占全球名义 GDP 的比例也比较高。南亚名义 GDP 占亚洲名义 GDP 的 13% 左右，西亚名义 GDP 占亚洲名义 GDP 的 10% 左右，东南亚名义 GDP 占亚洲名义 GDP 的比例为 10% 左右，中亚名义 GDP 占亚洲名义 GDP 的比例仅为 1% 左右。南亚、西亚、东南亚的名义 GDP 规模比较平衡，中亚名义 GDP 增长比较平稳（见图 1-104、图 1-105、表 1-38）。

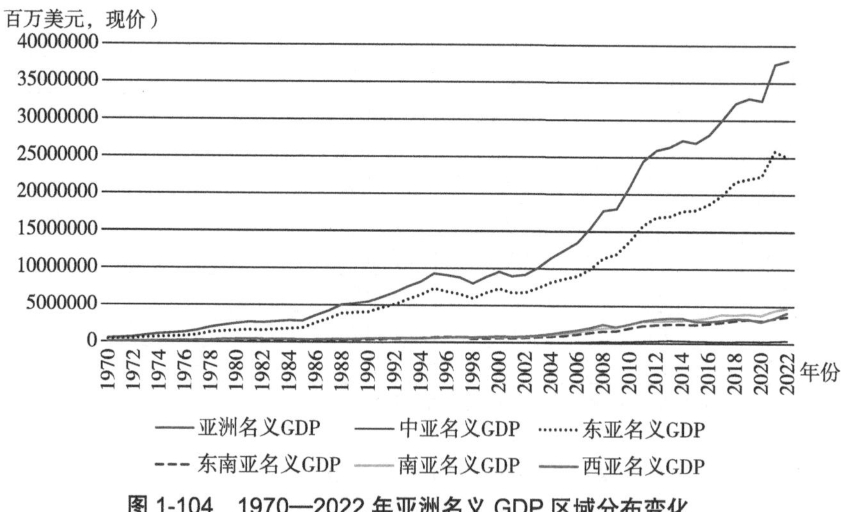

图 1-104　1970—2022 年亚洲名义 GDP 区域分布变化

资料来源：根据联合国贸易和发展会议数据库数据制作。

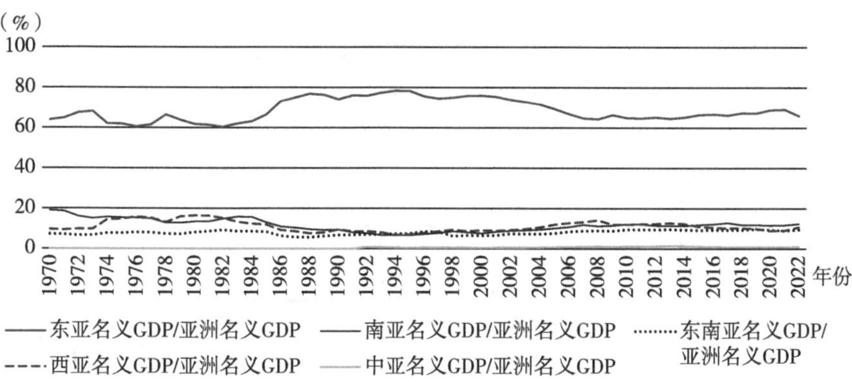

图 1-105 1970—2022 年亚洲名义 GDP 区域分布变化

资料来源：根据联合国贸易和发展会议数据库数据制作。

表 1-38 1970—2022 年亚洲名义 GDP 区域分布变化

年份	东亚名义GDP/ 亚洲名义 GDP	南亚名义GDP/ 亚洲名义 GDP	东南亚名义GDP/ 亚洲名义 GDP	西亚名义GDP/ 亚洲名义 GDP	中亚名义GDP/ 亚洲名义 GDP
1970	64%	19%	7%	10%	—
1971	65%	19%	7%	9%	—
1972	67%	16%	7%	10%	—
1973	68%	15%	7%	10%	—
1974	62%	16%	8%	14%	—
1975	62%	16%	8%	15%	—
1976	61%	15%	8%	16%	—
1977	62%	15%	8%	15%	—
1978	66%	13%	7%	13%	—
1979	64%	13%	7%	16%	—
1980	62%	14%	8%	17%	—
1981	61%	13%	9%	16%	—
1982	60%	15%	9%	15%	—
1983	62%	16%	9%	13%	—
1984	63%	16%	9%	12%	—
1985	67%	13%	8%	12%	—
1986	73%	11%	6%	9%	—
1987	75%	11%	6%	9%	—
1988	77%	10%	6%	8%	—
1989	76%	9%	6%	8%	—
1990	74%	10%	7%	10%	—
1991	76%	8%	7%	9%	—

续表

年份	东亚名义GDP/亚洲名义GDP	南亚名义GDP/亚洲名义GDP	东南亚名义GDP/亚洲名义GDP	西亚名义GDP/亚洲名义GDP	中亚名义GDP/亚洲名义GDP
1992	76%	8%	7%	9%	1%
1993	77%	7%	7%	8%	1%
1994	78%	7%	7%	7%	1%
1995	78%	7%	8%	7%	0
1996	76%	7%	9%	8%	0
1997	74%	8%	8%	9%	1%
1998	75%	9%	6%	9%	1%
1999	76%	8%	7%	9%	0%
2000	76%	8%	7%	9%	0%
2001	75%	8%	7%	9%	0%
2002	74%	9%	7%	9%	1%
2003	73%	9%	8%	10%	1%
2004	72%	10%	8%	11%	1%
2005	69%	10%	8%	12%	1%
2006	67%	11%	9%	13%	1%
2007	65%	12%	9%	13%	1%
2008	64%	11%	9%	14%	1%
2009	66%	12%	9%	12%	1%
2010	65%	12%	10%	12%	1%
2011	65%	12%	10%	12%	1%
2012	65%	12%	10%	12%	1%
2013	65%	11%	10%	13%	1%
2014	65%	11%	10%	13%	1%
2015	66%	12%	9%	11%	1%
2016	67%	12%	9%	11%	1%
2017	66%	13%	10%	10%	1%
2018	67%	12%	10%	10%	1%
2019	67%	12%	10%	10%	1%
2020	69%	12%	9%	9%	1%
2021	69%	12%	9%	9%	1%
2022	66%	13%	10%	11%	1%

资料来源：根据联合国贸易和发展会议数据库数据制作。

（三）欧洲名义GDP区域分布格局变化

欧洲名义 GDP 规模增长可以分为四个阶段。1970—1980 年，欧洲名义 GDP 持续增长，欧洲名义 GDP 从 1970 年的 1.38 万亿美元增加到 1980 年的 5.1 万亿美元。1981—2002 年为波动性缓慢增长阶段，欧洲名义 GDP 从 1981 年的 4.63 万亿美元增加到 2002 年的 10.78 万亿美元。2003—2008 年为 GDP 快速增长阶段，欧洲名义 GDP 从 2003 年的 13.1 万亿美元增加到 2008 年的 22.2 万亿美元。2009—2019 年是欧洲名义 GDP 波动性衰退型增长阶段，欧洲名义 GDP 从 2009 年的 19.6 万亿美元增加到 2019 年的 20.8 万亿美元，2019 年欧洲 GDP 规模回到 2007 年水平（见图 1-106、图 1-107）。

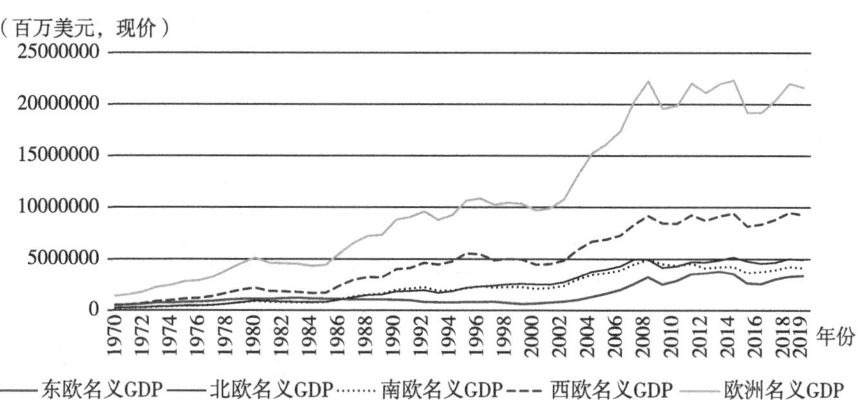

图 1-106　1970—2019 年欧洲名义 GDP 区域分布变化

资料来源：根据联合国贸易和发展会议数据库数据制作。

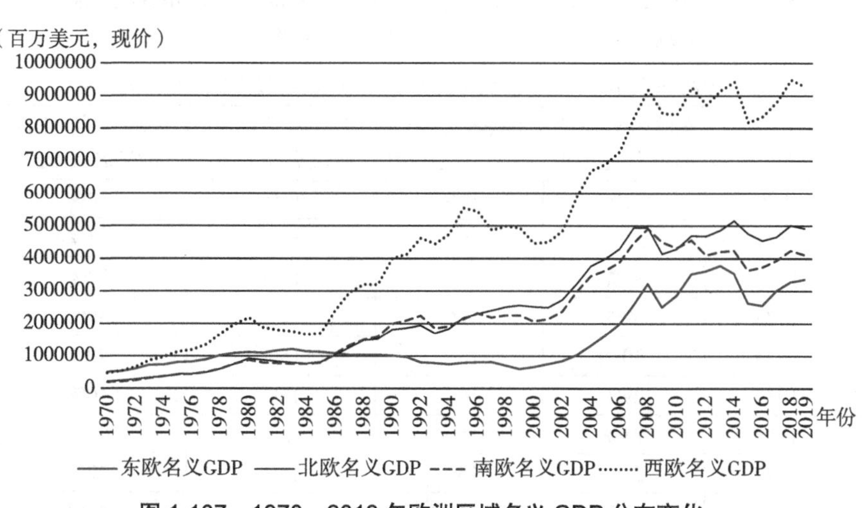

图 1-107　1970—2019 年欧洲区域名义 GDP 分布变化

资料来源：根据联合国贸易和发展会议数据库数据制作。

近半个世纪以来，欧洲名义 GDP 区域分布格局发生了明显变化，一是东欧名义 GDP 占欧洲名义 GDP 的比例大幅下降，东欧名义 GDP 占欧洲名义 GDP 的比例从 1970 年的 37% 下降到 2019 年的 15%（见图 1-108、表 1-39），下降了 22 个百分点。二是北欧名义 GDP 占欧洲名义 GDP 的比例从 16% 上升到 23%，上升了 7 个百分点。三是南欧名义 GDP 占欧洲名义 GDP 的比例从 1970 年的 14% 上升到 2019 年的 19%，上升了 5 个百分点。四是 1974 年以来，西欧名义 GDP 占欧洲名义 GDP 的比例一直稳定在 40% 以上，稳居欧洲第一位，1993—1996 年，西欧名义 GDP 占欧洲名义 GDP 的比例超过 50%，西欧一直是欧洲的经济中心，也是世界的经济中心。

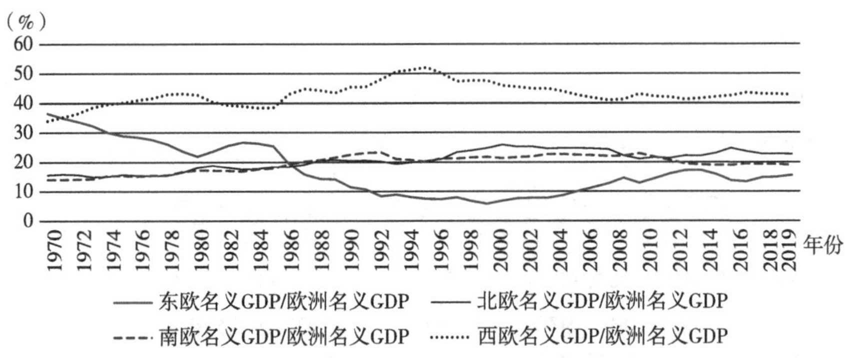

图 1-108　1970—2019 年欧洲区域名义 GDP 占欧洲名义 GDP 的比例变化

资料来源：根据联合国贸易和发展会议数据库数据计算制作。

表 1-39　1970—2019 年欧洲区域名义 GDP 占欧洲名义 GDP 的比例变化

年份	东欧名义 GDP/欧洲名义 GDP	北欧名义 GDP/欧洲名义 GDP	南欧名义 GDP/欧洲名义 GDP	西欧名义 GDP/欧洲名义 GDP
1970	37%	16%	14%	34%
1971	35%	16%	14%	35%
1972	34%	16%	14%	37%
1973	32%	15%	14%	39%
1974	30%	15%	15%	40%
1975	29%	16%	15%	40%
1976	28%	15%	15%	41%
1977	28%	15%	15%	42%
1978	26%	15%	15%	43%
1979	24%	16%	17%	43%

续表

年份	东欧名义 GDP/欧洲名义 GDP	北欧名义 GDP/欧洲名义 GDP	南欧名义 GDP/欧洲名义 GDP	西欧名义 GDP/欧洲名义 GDP
1980	22%	18%	17%	43%
1981	24%	19%	17%	40%
1982	26%	18%	17%	39%
1983	27%	17%	17%	39%
1984	26%	18%	18%	38%
1985	25%	18%	18%	38%
1986	19%	18%	19%	43%
1987	16%	19%	20%	45%
1988	14%	21%	21%	44%
1989	14%	21%	22%	44%
1990	11%	21%	23%	45%
1991	11%	21%	23%	46%
1992	8%	20%	23%	48%
1993	9%	19%	21%	51%
1994	8%	20%	21%	51%
1995	7%	20%	20%	52%
1996	7%	21%	21%	50%
1997	8%	23%	21%	47%
1998	7%	24%	22%	48%
1999	6%	25%	22%	48%
2000	7%	26%	21%	46%
2001	8%	25%	22%	46%
2002	8%	25%	22%	45%
2003	8%	25%	23%	45%
2004	9%	25%	23%	44%
2005	10%	25%	22%	43%
2006	11%	25%	22%	42%
2007	13%	24%	22%	41%
2008	15%	22%	22%	41%
2009	13%	21%	23%	43%
2010	14%	22%	22%	42%
2011	16%	21%	21%	42%
2012	17%	22%	19%	41%
2013	17%	22%	19%	42%

续表

年份	东欧名义 GDP/欧洲名义 GDP	北欧名义 GDP/欧洲名义 GDP	南欧名义 GDP/欧洲名义 GDP	西欧名义 GDP/欧洲名义 GDP
2014	16%	23%	19%	42%
2015	14%	25%	19%	43%
2016	13%	24%	19%	44%
2017	15%	23%	19%	43%
2018	15%	23%	19%	43%
2019	15%	23%	19%	43%

资料来源：根据联合国贸易和发展会议数据库数据计算制作。

（四）非洲名义GDP分布格局变化

1970 年以来，非洲名义 GDP 增长经历了三个阶段。1970—1980 年，非洲名义 GDP 处于持续增长阶段，从 1970 年的 1164 亿美元增加到 1980 年的 6105 亿美元。1981—2001 年，非洲名义 GDP 规模处于稳定阶段，从 1981 年的 5790 亿美元增加到 2001 年的 6424 亿美元，长达 20 年时间整个非洲名义 GDP 只增加了 630 亿美元，经济增长经历了长期停滞不前。2002 年以来，非洲名义 GDP 进入比较快的增长阶段，从 6605 亿美元增加到 2019 年的 2.46 万亿美元，非洲经济进入加快发展新阶段。非洲名义 GDP 分布格局发生了一些变化，非洲撒哈拉以南地区、北非和西非地区的名义 GDP 增长相对比较快，南非、中非和东非地区的名义 GDP 增长比较缓慢（见图 1–109）。

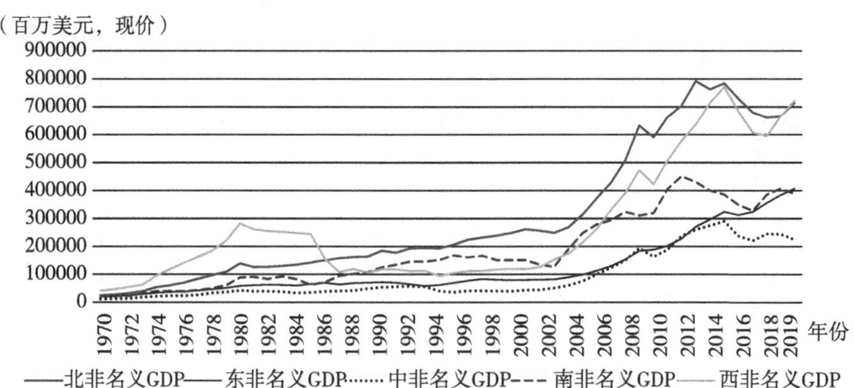

图 1-109　1970—2019 年非洲名义 GDP 变化

资料来源：根据联合国贸易和发展会议数据库数据计算制作。

近半个世纪以来，非洲名义 GDP 的区域分布格局发生了深刻变化。1970—1986 年，西非名义 GDP 占非洲名义 GDP 的比例居第一位，1975—1985 年，西非名义 GDP 占非洲名义 GDP 的比例达到 45% 左右，1989—2001 年，西非的经济增长趋缓，西非名义 GDP 占非洲名义 GDP 的比例下降到 20% 左右，2002 年以来经济恢复较快增长，2019 年，西非名义 GDP 占非洲名义 GDP 的比例达到 29.4%，又回到非洲第一位。1987—2018 年，北非经济增长加快，北非的名义 GDP 占非洲名义 GDP 的比例稳居第一位。南非的名义 GDP 占非洲名义 GDP 的比例出现波动性变化，1987—2011 年，南非的名义 GDP 占非洲名义 GDP 的 20% 左右，在非洲曾经居第三位，但是从 2012 年以来，南非经济增长放缓，南非的名义 GDP 占非洲名义 GDP 的比例持续下降。2019 年，南非名义 GDP 占非洲名义 GDP 的比例为 15.8%，居非洲第四位。东非名义 GDP 占非洲名义 GDP 的比例呈波动性变化，1981—2011 年，东非名义 GDP 占非洲名义 GDP 的比例为 10% 左右，2012 年以来，东非经济增长加快，2019 年，东非名义 GDP 占非洲名义 GDP 的比例达到 16.6%，居非洲第三位。中非名义 GDP 占非洲名义 GDP 的比例大部分年份在 10% 以下，中非是非洲经济规模最小的区域。非洲名义 GDP 主要集中在撒哈拉以南地区，撒哈拉以南地区的名义 GDP 占非洲名义 GDP 的 70% 左右（见图 1-110、表 1-40）。

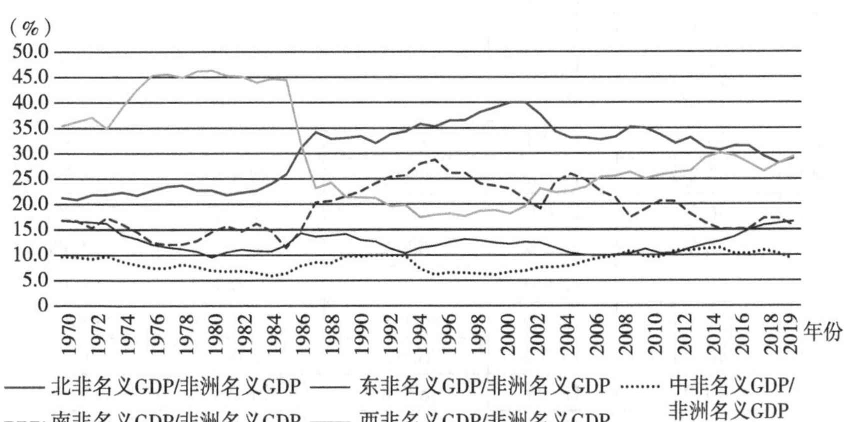

图 1-110　1970—2019 年非洲名义 GDP 区域分布变化

资料来源：根据联合国贸易和发展会议数据库数据计算制作。

表 1-40　　1970—2019 年非洲名义 GDP 区域分布格局变化

年份	北非名义 GDP/非洲名义 GDP	东非名义 GDP/非洲名义 GDP	中非名义 GDP/非洲名义 GDP	南非名义 GDP/非洲名义 GDP	西非名义 GDP/非洲名义 GDP
1970	21.2%	16.8%	9.7%	16.8%	35.5%
1971	20.9%	16.6%	9.6%	16.7%	36.3%
1972	21.8%	16.5%	9.2%	15.3%	37.2%
1973	21.9%	16.2%	9.7%	17.3%	34.9%
1974	22.3%	13.9%	8.7%	16.1%	39.0%
1975	21.7%	13.1%	8.0%	14.5%	42.6%
1976	22.7%	12.1%	7.4%	12.5%	45.4%
1977	23.4%	11.5%	7.4%	12.0%	45.6%
1978	23.7%	11.2%	8.1%	12.1%	44.9%
1979	22.7%	10.7%	7.7%	12.8%	46.2%
1980	22.7%	9.6%	6.9%	14.5%	46.3%
1981	21.8%	10.5%	6.8%	15.7%	45.3%
1982	22.3%	11.1%	6.8%	14.7%	45.2%
1983	22.6%	10.8%	6.5%	16.2%	44.0%
1984	24.0%	10.8%	5.9%	14.7%	44.7%
1985	25.8%	11.9%	6.4%	11.4%	44.4%
1986	31.1%	14.3%	7.8%	14.9%	31.9%
1987	34.2%	13.6%	8.6%	20.4%	23.2%
1988	32.9%	13.9%	8.4%	20.6%	24.2%
1989	33.1%	14.2%	9.8%	21.6%	21.4%
1990	33.4%	13.0%	9.7%	22.5%	21.3%
1991	32.1%	12.7%	10.0%	24.1%	21.2%
1992	33.8%	11.3%	9.9%	25.4%	19.6%
1993	34.3%	10.3%	9.9%	25.7%	19.8%
1994	35.8%	11.4%	7.3%	28.0%	17.4%
1995	35.3%	11.8%	6.1%	28.8%	17.9%
1996	36.5%	12.6%	6.6%	26.2%	18.2%
1997	36.6%	13.1%	6.5%	26.2%	17.6%
1998	38.1%	12.9%	6.3%	24.0%	18.7%
1999	39.1%	12.4%	6.1%	23.6%	18.8%
2000	40.0%	12.2%	6.7%	23.0%	18.1%
2001	40.0%	12.5%	6.9%	21.0%	19.6%
2002	37.7%	12.4%	7.6%	19.2%	23.1%
2003	34.3%	11.4%	7.6%	24.3%	22.3%
2004	33.1%	10.4%	7.9%	26.0%	22.6%
2005	33.1%	10.0%	8.8%	24.8%	23.3%

续表

年份	北非名义 GDP/非洲名义 GDP	东非名义 GDP/非洲名义 GDP	中非名义 GDP/非洲名义 GDP	南非名义 GDP/非洲名义 GDP	西非名义 GDP/非洲名义 GDP
2006	32.7%	9.9%	9.5%	22.5%	25.4%
2007	33.3%	10.0%	9.8%	21.3%	25.6%
2008	35.2%	10.3%	10.8%	17.3%	26.4%
2009	35.0%	11.2%	9.7%	19.0%	25.1%
2010	33.7%	10.3%	9.6%	20.6%	25.8%
2011	32.0%	10.4%	10.8%	20.5%	26.3%
2012	33.1%	11.3%	10.9%	18.0%	26.6%
2013	31.1%	12.1%	11.2%	16.3%	29.2%
2014	30.7%	12.7%	11.4%	15.1%	30.2%
2015	31.5%	13.5%	10.3%	15.1%	29.6%
2016	31.4%	15.0%	10.3%	15.2%	28.1%
2017	29.5%	15.9%	10.9%	17.2%	26.5%
2018	28.1%	16.2%	10.3%	17.2%	28.1%
2019	29.0%	16.6%	9.2%	15.8%	29.4%

资料来源：根据联合国贸易和发展会议数据库数据计算制作。

（五）大洋洲名义GDP区域格局变化

大洋洲名义 GDP 规模变化大体上分为两个阶段。1970—2001 年，大洋洲名义 GDP 处于平稳增长阶段，名义 GDP 规模从 1970 年的 538 亿美元增加到 2001 年的 4592 亿美元。2002—2020 年，大洋洲名义 GDP 进入波动性较快增长阶段，大洋洲名义 GDP 规模从 2002 年的 5135 亿美元增加到 2020 年的 1.6 万亿美元。大洋洲名义 GDP 区域分布格局，澳大利亚名义 GDP 占大洋洲名义 GDP 的比例为 85% 左右，新西兰名义 GDP 占大洋洲名义 GDP 的比例为 11% 左右（见图 1-111、图 1-112）。

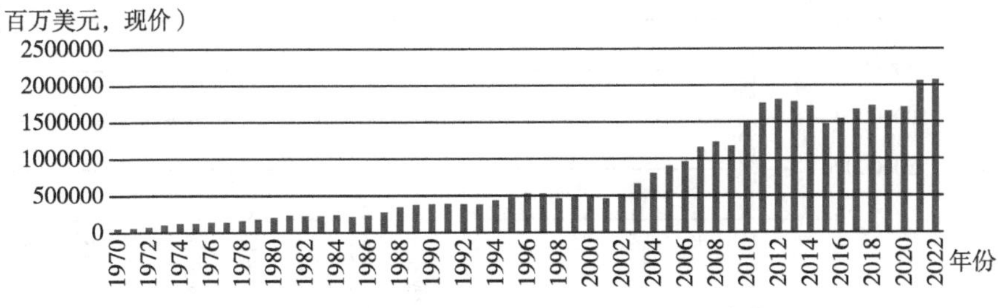

图 1-111　1970—2022 年大洋洲名义 GDP 变化

资料来源：根据联合国贸易和发展会议数据库数据计算制作。

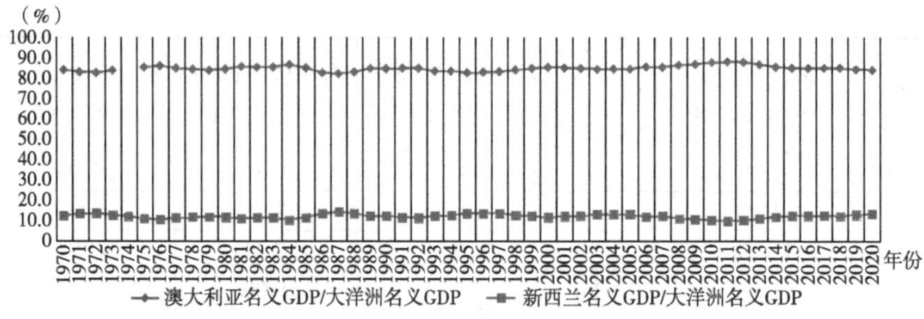

图 1-112　1970—2020 年大洋洲名义 GDP 区域分布变化

资料来源：根据联合国贸易和发展会议数据库数据计算制作。

六、世界经济大国名义GDP格局变化

1970—2022 年，世界经济大国格局发生了深刻变化。2022 年名义 GDP 居世界前四位的国家是美国、中国、日本、德国（见图 1–113、图 1–114）。美国一直是世界第一经济大国，美国名义 GDP 从 1970 年的 1.07 万亿美元增加到 2022 年的 25.85 万亿美元。美国名义 GDP 占世界名义 GDP 的比例从 1970 年的 32% 下降到 2022 年的 26%，下降了 6 个百分点。2011 年以来，中国成为世界第二经济大国，中国名义 GDP 从 1970 年的 926 亿美元增加到 2022 年的 17.96 万亿美元，中国名义 GDP 占世界名义 GDP 的比例从 1970 年的 3% 增加到 2022 年的 18%，增加了 15 个百分点。日本的名义 GDP 从 1970 年的 2126 亿美元增加到 2022 年的 4.23 万亿美元，同期日本的名义 GDP 占世界名义 GDP 的比例从 6% 下降到 4%。德国名义 GDP 从 1990 年的 1.77 万亿美元增加到 2022 年的 4.76 万亿美元，同期德国的名义 GDP 占世界名义 GDP 的比例从 8% 下降到 4%（见表 1–41）。

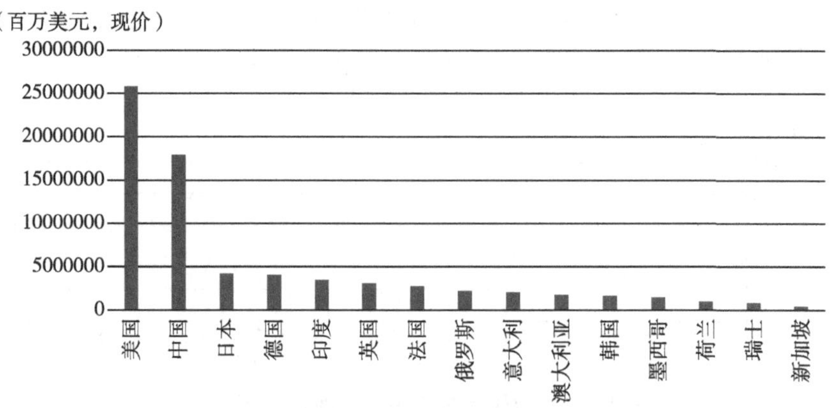

图 1-113　2022 年世界主要经济大国名义 GDP 排序

资料来源：根据联合国贸易和发展会议数据库数据计算制作。

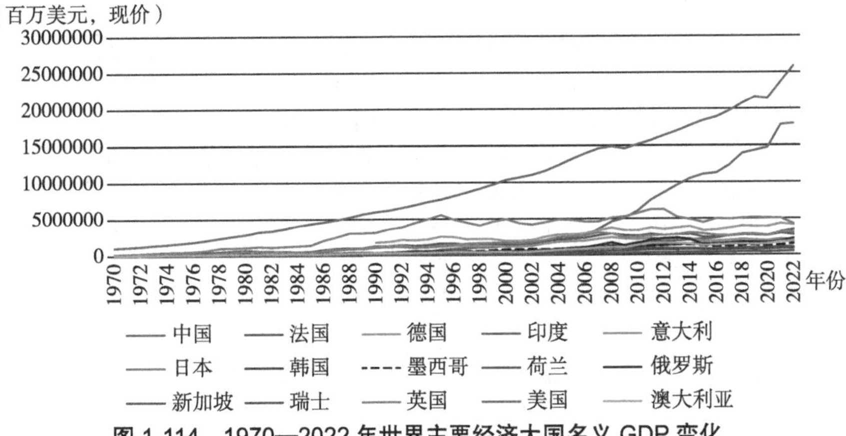

图 1-114　1970—2022 年世界主要经济大国名义 GDP 变化

资料来源：根据联合国贸易和发展会议数据库数据计算制作。

表 1-41　1970—2022 年世界主要经济大国名义 GDP 占世界名义 GDP 的比例变化

年份	中国名义GDP/世界名义GDP	美国名义GDP/世界名义GDP	日本名义GDP/世界名义GDP	德国名义GDP/世界名义GDP	法国名义GDP/世界名义GDP	印度名义GDP/世界名义GDP	英国名义GDP/世界名义GDP	澳大利亚名义GDP/世界名义GDP	瑞士名义GDP/世界名义GDP	韩国名义GDP/世界名义GDP
1970	3%	32%	6%	8%	4%	2%	4%	1%	1%	—
1971	3%	31%	6%	—	4%	2%	4%	1%	1%	—
1972	3%	30%	7%	—	5%	2%	4%	1%	1%	—
1973	3%	27%	8%	—	5%	2%	4%	2%	1%	—
1974	2%	26%	8%	—	5%	2%	3%	2%	1%	—
1975	2%	25%	8%	—	5%	2%	4%	2%	1%	—
1976	2%	26%	8%	—	5%	1%	3%	2%	1%	—
1977	2%	26%	9%	—	5%	1%	3%	1%	1%	—
1978	2%	25%	11%	—	5%	1%	3%	1%	1%	1%
1979	2%	24%	10%	—	6%	1%	4%	1%	1%	1%
1980	2%	23%	9%	—	6%	2%	5%	1%	1%	1%
1981	2%	25%	10%	—	5%	2%	4%	2%	1%	1%
1982	2%	27%	9%	—	5%	2%	4%	2%	1%	1%
1983	2%	28%	10%	—	4%	2%	4%	1%	1%	1%
1984	2%	31%	10%	—	4%	2%	3%	2%	1%	1%
1985	2%	32%	10%	—	4%	2%	4%	1%	1%	1%
1986	2%	29%	13%	—	5%	2%	4%	1%	1%	1%
1987	2%	28%	14%	—	5%	2%	4%	1%	1%	1%
1988	2%	27%	15%	—	5%	2%	5%	1%	1%	1%
1989	2%	27%	15%	—	5%	1%	4%	2%	1%	1%

续表

年份	中国名义GDP/世界名义GDP	美国名义GDP/世界名义GDP	日本名义GDP/世界名义GDP	德国名义GDP/世界名义GDP	法国名义GDP/世界名义GDP	印度名义GDP/世界名义GDP	英国名义GDP/世界名义GDP	澳大利亚名义GDP/世界名义GDP	瑞士名义GDP/世界名义GDP	韩国名义GDP/世界名义GDP
1990	2%	26%	14%	8%	6%	1%	5%	1%	1%	1%
1991	2%	26%	15%	8%	5%	1%	5%	1%	1%	1%
1992	2%	25%	15%	8%	5%	1%	5%	1%	1%	1%
1993	2%	26%	17%	8%	5%	1%	4%	1%	1%	1%
1994	2%	26%	18%	8%	5%	1%	4%	1%	1%	2%
1995	2%	25%	18%	8%	5%	1%	4%	1%	1%	2%
1996	3%	25%	15%	8%	5%	1%	4%	1%	1%	2%
1997	3%	27%	14%	7%	5%	1%	5%	1%	1%	2%
1998	3%	29%	13%	7%	5%	1%	5%	1%	1%	1%
1999	3%	30%	14%	7%	5%	1%	5%	1%	1%	2%
2000	4%	31%	15%	6%	4%	1%	5%	1%	1%	2%
2001	4%	32%	13%	6%	4%	1%	5%	1%	1%	2%
2002	4%	31%	12%	6%	4%	1%	5%	1%	1%	2%
2003	4%	29%	12%	6%	5%	2%	5%	1%	1%	2%
2004	4%	28%	11%	6%	5%	2%	5%	2%	1%	2%
2005	5%	27%	10%	6%	5%	2%	5%	2%	1%	2%
2006	5%	27%	9%	6%	4%	2%	5%	2%	1%	2%
2007	6%	25%	8%	6%	5%	2%	5%	2%	1%	2%
2008	7%	23%	8%	6%	5%	2%	5%	2%	1%	2%
2009	8%	24%	9%	6%	4%	2%	4%	2%	1%	2%
2010	9%	23%	9%	5%	4%	3%	4%	2%	1%	2%
2011	10%	21%	8%	5%	4%	3%	4%	2%	1%	2%
2012	11%	22%	8%	5%	4%	2%	4%	2%	1%	2%
2013	12%	22%	7%	5%	4%	2%	4%	2%	1%	2%
2014	13%	22%	6%	5%	4%	3%	4%	2%	1%	2%
2015	15%	24%	6%	4%	3%	3%	4%	2%	1%	2%
2016	15%	25%	7%	5%	3%	3%	4%	2%	1%	2%
2017	15%	24%	6%	5%	3%	3%	3%	2%	1%	2%
2018	16%	24%	6%	5%	3%	3%	3%	2%	1%	2%
2019	16%	25%	6%	4%	3%	3%	3%	2%	1%	2%
2020	17%	25%	6%	5%	3%	3%	3%	2%	1%	2%
2021	18%	24%	5%	4%	3%	3%	3%	2%	1%	2%
2022	18%	26%	4%	4%	3%	3%	3%	2%	1%	2%

资料来源：根据联合国贸易和发展会议数据库数据计算制作。

七、世界五大洲人均GDP水平变化与经济发展水平比较分析

人均国内生产总值（Per Capita GDP，GDP）是衡量一个国家或地区经济发展水平的重要指标，也是衡量人民生活水平的一个重要指标。人均 GDP 的计算是将一个国家或地区核算期内（通常是一年）实现的国内生产总值与这个国家的常住人口相比进行计算。

（一）世界五大洲人均GDP水平变化

1970 年以来，世界名义人均 GDP 水平持续提升。世界名义人均 GDP 从 1970 年的 927 美元增长到 2023 年的 12985 美元（以美元现价计算）（见表 1-42）。世界名义人均 GDP 水平提升可以分为四个阶段。1970—1990 年，世界名义人均 GDP 处于持续增长阶段，从 1970 年的 927 美元增加到 1990 年的 4327 美元。1990—2000 年，世界名义人均 GDP 处于相对缓慢增长阶段，从 1990 年的 4327 美元增加到 2000 年的 5478 美元。2001—2010 年，世界名义人均 GDP 进入快速增长阶段，从 2001 年的 5377 美元增加到 2010 年的 9494 美元。2011—2023 年，世界名义人均 GDP 又进入波动性缓慢增长阶段，世界名义人均 GDP 从 2011 年的 10427 美元增加到 2023 年的 12985 美元，2011 年以来，世界名义人均 GDP 增长乏力，迫切需要新的经济增长动力变革。

表 1-42　1970—2023 年世界五大洲名义人均 GDP 变化（单位：美元，现价）

年份	世界名义人均GDP	非洲名义人均GDP	美洲名义人均GDP	亚洲名义人均GDP	欧洲名义人均GDP	大洋洲名义人均GDP
1970	927	320	2628	246	1974	2790
1971	1000	346	2820	265	2166	3058
1972	1128	386	3055	313	2522	3535
1973	1346	455	3411	400	3121	4946
1974	1496	599	3756	476	3380	5752
1975	1643	667	4040	512	3855	5975
1976	1743	727	4430	562	3955	6301
1977	1928	815	4794	657	4399	6253
1978	2245	907	5297	814	5257	7245
1979	2539	1031	5885	902	6160	7973
1980	2784	1268	6400	981	6803	9026
1981	2793	1167	7148	1038	6145	10190
1982	2722	1111	7134	985	6042	9594
1983	2740	1090	7340	1023	5936	9449
1984	2769	1032	7897	1044	5657	9863

续表

年份	世界名义人均GDP	非洲名义人均GDP	美洲名义人均GDP	亚洲名义人均GDP	欧洲名义人均GDP	大洋洲名义人均GDP
1985	2792	988	8247	1016	5745	8729
1986	3160	844	8484	1241	7211	9293
1987	3510	785	8903	1434	8463	10940
1988	3856	814	9581	1672	9218	13481
1989	3961	797	10215	1701	9328	14443
1990	4327	867	10763	1751	11154	14409
1991	4466	853	11028	1899	11413	14350
1992	4702	864	11474	2026	13224	13995
1993	4717	838	11953	2236	12085	13627
1994	4974	781	12708	2393	12688	15350
1995	5436	826	13149	2674	14599	16495
1996	5472	843	13741	2568	14879	17958
1997	5370	851	14471	2442	14073	17711
1998	5264	820	14875	2189	14338	15425
1999	5395	811	15156	2398	14213	16490
2000	5478	812	16030	2557	13338	15476
2001	5377	775	16167	2363	13584	14598
2002	5514	779	16126	2389	14795	16057
2003	6108	910	16751	2605	17953	20379
2004	6789	1079	17928	2901	20840	24335
2005	7263	1244	19386	3127	22045	26830
2006	7769	1404	20758	3347	23787	27997
2007	8649	1588	22090	3772	27674	33126
2008	9370	1800	22969	4305	30260	34444
2009	8775	1662	21904	4320	26579	32282
2010	9494	1899	23660	4987	26965	40163
2011	10427	2071	24964	5717	29791	46785
2012	10514	2173	25544	5987	28517	47394
2013	10681	2178	26146	6018	29657	45746
2014	10816	2235	26575	6150	30071	43287
2015	10103	1978	25906	6015	25782	36438
2016	10150	1809	25914	6195	25698	37541
2017	10679	1837	27120	6577	27321	39907
2018	11207	1889	27830	7005	29416	40441
2019	11238	1913	28348	7087	29005	38028
2020	10843	1775	27038	6961	28082	38782
2021	12241	1936	30160	7948	32117	46474

续表

年份	世界名义人均GDP	非洲名义人均GDP	美洲名义人均GDP	亚洲名义人均GDP	欧洲名义人均GDP	大洋洲名义人均GDP
2022	12576	1987	32913	8005	31956	46456
2023	12985	1873	34971	8003	34250	46367

资料来源：根据联合国贸易和发展会议数据库数据计算制作。

从五大洲名义人均GDP的平均水平看，五大洲之间经济发展水平很不平衡。2023年，大洋洲名义人均GDP为46367美元，大洋洲名义人均GDP居世界第一位，美洲名义人均GDP为34971美元，美洲名义人均GDP居世界第二位，欧洲名义人均GDP为34250美元，欧洲名义人均GDP居世界第三位，大洋洲、欧洲与美洲的名义人均GDP平均水平明显高于世界名义人均GDP水平。亚洲名义人均GDP为8003美元，明显低于世界名义人均GDP平均水平，亚洲人均GDP具有很大增长空间。非洲名义人均GDP为1873美元，非洲名义人均GDP处于全球最低水平（见图1-115）。

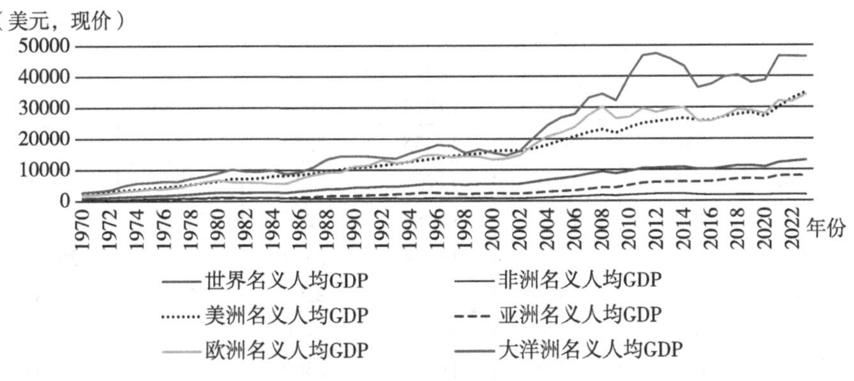

图1-115 1970—2022年世界五大洲名义人均GDP变化

资料来源：根据联合国贸易和发展会议数据库数据计算制作。

1970年以来，世界实际人均GDP水平也持续提升。世界实际人均GDP从1970年的4880美元增长到2023年的11460美元（美元，2015年不变价计算）。同期大洋洲实际人均GDP从1970年的19884美元增加到2023年的38879美元，美洲实际人均GDP从13750美元增加到28189美元，欧洲实际人均GDP从10372美元增加到28765美元，亚洲实际人均GDP从1389美元增加到7744美元，非洲实际人均GDP从1337美元增加到2025美元。大洋洲、欧洲、美洲的实际人均GDP明显高于世界平均水平，亚洲和非洲的实际人均 GDP 明显低于世界平均水平（见表 1–43、图 1–116）。

表 1-43 1970—2023 年世界五大洲实际人均 GDP 变化（单位：美元，2015 年不变价）

年份	世界实际人均 GDP	非洲实际人均 GDP	美洲实际人均 GDP	亚洲实际人均 GDP	欧洲实际人均 GDP	大洋洲实际人均 GDP
1970	4880	1337	13750	1389	10372	19884
1971	4992	1366	14008	1444	10712	20108
1972	5162	1397	14515	1524	11104	20255
1973	5388	1418	15138	1615	11694	20813
1974	5398	1480	15030	1617	11926	20923
1975	5339	1470	14872	1630	11805	20977
1976	5521	1517	15422	1699	12267	21339
1977	5648	1540	15851	1756	12590	21098
1978	5787	1522	16362	1800	12953	21598
1979	5917	1521	16689	1861	13366	21949
1980	5921	1528	16592	1881	13531	22289
1981	5925	1492	16662	1914	13551	22714
1982	5842	1463	16118	1921	13692	22011
1983	5899	1417	16303	1961	13925	22623
1984	6064	1418	17054	2024	14234	23447
1985	6166	1426	17435	2079	14514	23952
1986	6254	1401	17757	2132	14805	24026
1987	6370	1384	18084	2216	15132	24867
1988	6541	1410	18424	2327	15691	25388
1989	6663	1416	18683	2391	16206	25782
1990	6745	1426	18644	2490	16613	25293
1991	6719	1423	18433	2560	16547	24935
1992	6751	1404	18723	2636	17683	25476
1993	6767	1365	18976	2696	17475	26221
1994	6884	1358	19461	2771	17712	26884
1995	6988	1361	19617	2881	18025	27483
1996	7137	1397	20027	3008	18307	28081
1997	7316	1409	20653	3090	18839	28812
1998	7423	1417	21188	3082	19339	29649
1999	7581	1423	21699	3148	19945	30403
2000	7814	1441	22276	3279	20804	30547
2001	7870	1464	22200	3332	21310	31232
2002	7943	1509	22235	3425	21609	31743

续表

年份	世界实际人均 GDP	非洲实际人均 GDP	美洲实际人均 GDP	亚洲实际人均 GDP	欧洲实际人均 GDP	大洋洲实际人均 GDP
2003	8086	1548	22535	3564	21949	32555
2004	8342	1599	23219	3754	22569	33044
2005	8572	1656	23793	3944	23084	33436
2006	8847	1709	24310	4168	23906	34038
2007	9124	1770	24698	4430	24697	34615
2008	9198	1813	24663	4573	24865	34401
2009	8963	1835	23779	4639	23663	34474
2010	9255	1894	24339	4945	24192	34645
2011	9451	1881	24637	5180	24625	35324
2012	9590	1942	24956	5380	24597	35621
2013	9746	1966	25265	5606	24670	35895
2014	9928	1994	25568	5821	25072	36174
2015	10117	2009	25872	6048	25503	36631
2016	10275	1997	25906	6289	25930	36920
2017	10504	2017	26225	6541	26585	37407
2018	10723	2033	26638	6785	27102	37631
2019	10880	2036	26915	6976	27559	37024
2020	10457	1940	25820	6862	25903	37055
2021	11014	1996	27214	7268	27586	38100
2022	11259	2018	27719	7487	28464	38789
2023	11460	2025	28189	7744	28765	38879

资料来源：根据联合国贸易和发展会议数据库数据计算制作。

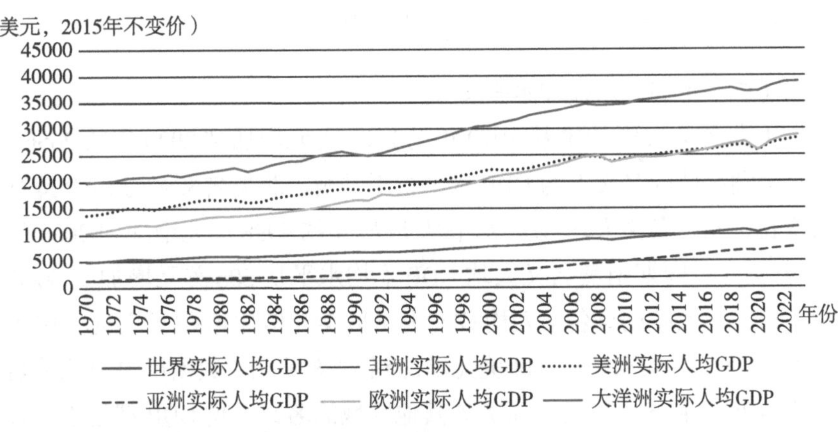

图 1-116 1970—2022 年世界五大洲实际人均 GDP 变化

资料来源：根据联合国贸易和发展会议数据库数据计算制作。

（二）欧洲人均GDP水平变化

欧洲名义人均 GDP 平均水平从 1970 年的 1966 美元增加到 2020 年的 27752 美元。欧洲名义人均 GDP 增长经历五个阶段，1970—1984 年是平稳增长阶段，1985—1995 年是较快增长阶段，1996—2001 年是停滞增长阶段，2002—2008 年是快速增长阶段，2009—2020 年是波动性缓慢增长阶段。欧洲名义人均 GDP 水平区域分布不均衡，西欧名义人均 GDP 平均水平从 1970 年的 2814 美元增加到 4.57 万美元，同期北欧名义人均 GDP 平均水平从 2674 美元增加到 4.5 万美元，南欧名义人均 GDP 水平从 1511 美元增加到 2.5 万美元，东欧名义人均 GDP 水平从 1539 美元增加到 1.06 万美元，东欧经济发展水平明显低于西欧、北欧、南欧（见图 1–117）。

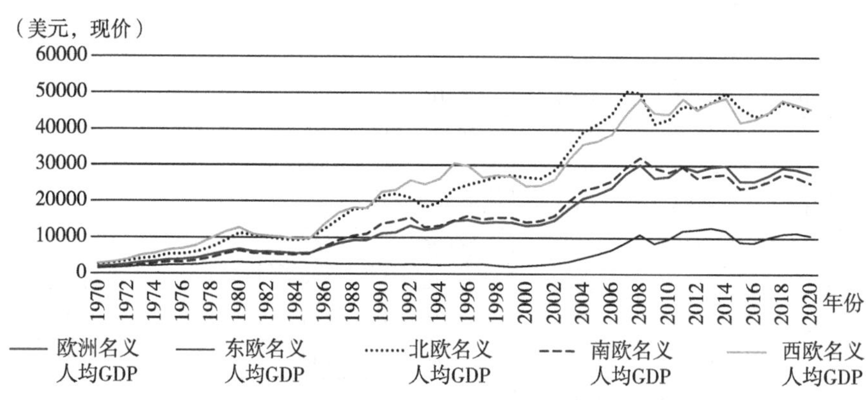

图 1-117　1970—2020 年欧洲名义人均 GDP 变化

资料来源：根据联合国贸易和发展会议数据库数据计算制作。

（三）美洲人均GDP水平变化

美洲名义人均 GDP 从 1970 年的 2608 美元增加到 2020 年的 26565 美元，美洲区域内名义人均 GDP 水平很不平衡。北美名义人均 GDP 持续较快增长，北美名义人均 GDP 水平从 1970 年的 4998 美元增加到 2020 年的 6.1 万美元，同期南美名义人均 GDP 平均水平从 606 美元增加到 6668 美元，拉美和加勒比海名义人均 GDP 从 636 美元增加到 6844 美元，中美名义人均 GDP 平均水平从 744 美元增加到 7328 美元。数据反映出北美名义人均 GDP 达到 6 万美元，而美洲其他区域的名义人均 GDP 都处于 1 万美元以下（见图 1–118），美洲区域内经济发展水平很不平衡。

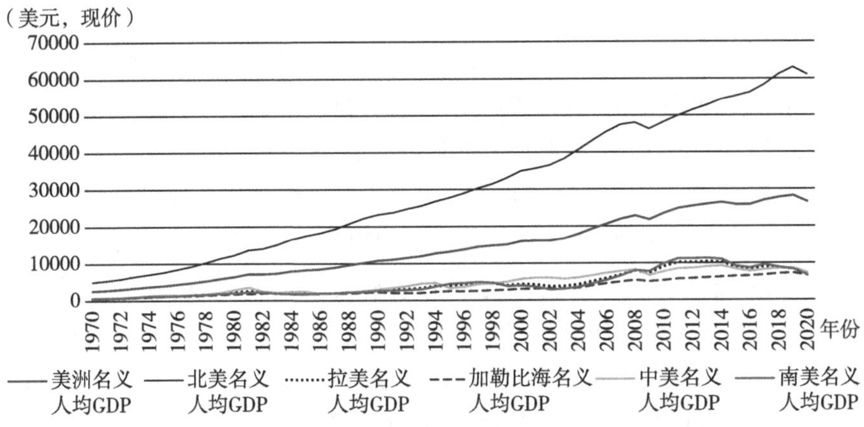

图 1-118　1970—2020 年美洲名义人均 GDP 变化

资料来源：根据联合国贸易和发展会议数据库数据计算制作。

（四）亚洲人均GDP水平变化

亚洲名义人均 GDP 平均水平从 1970 年的 245 美元增加到 2020 年的 7071 美元，亚洲区域内名义人均 GDP 水平分布很不平衡。2020 年，东亚名义人均 GDP 平均水平达到 1.3 万美元，西亚名义人均 GDP 平均水平为 1.05 万美元，东南亚名义人均 GDP 平均水平为 4484 美元，中亚名义人均 GDP 平均水平仅为 3900 美元，南亚名义人均 GDP 平均水平仅为 2139 美元（见图 1–119）。亚洲经济发展水平与欧洲和美洲仍然存在很大差距，亚洲经济增长有巨大潜在空间。

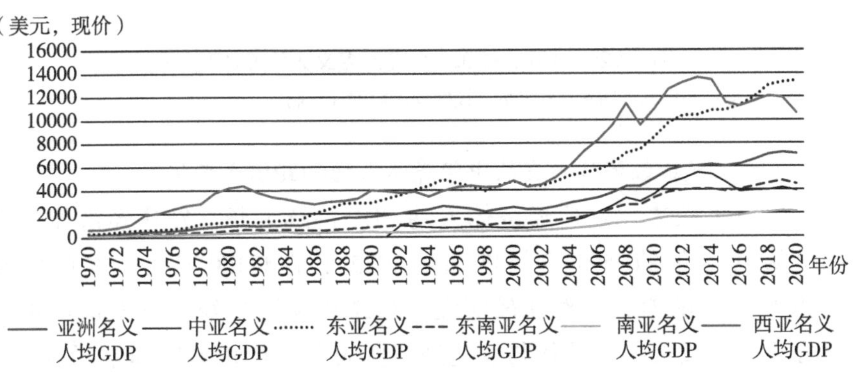

图 1-119　1970—2020 年亚洲名义人均 GDP 变化

资料来源：根据联合国贸易和发展会议数据库数据计算制作。

（五）非洲人均GDP水平变化

非洲名义人均GDP平均水平从1970年的320美元增加到2020年的1862美元，非洲名义人均GDP明显低于全球平均水平。非洲在1970年名义人均GDP平均水平高于亚洲平均水平，但是2020年亚洲名义人均GDP平均水平已经明显高于非洲，反映出非洲经济增长比较缓慢。非洲区域内名义人均GDP分布很不均衡，2020年南非名义人均GDP平均水平为4958美元，南非名义人均GDP水平波动幅度比较大，2011—2012年，南非名义人均GDP超过7000美元。北非名义人均GDP平均水平为3023美元，西非名义人均GDP平均水平为1712美元，东非名义人均GDP平均水平为1197美元，中非名义人均GDP平均水平为1090美元（见图1-120）。

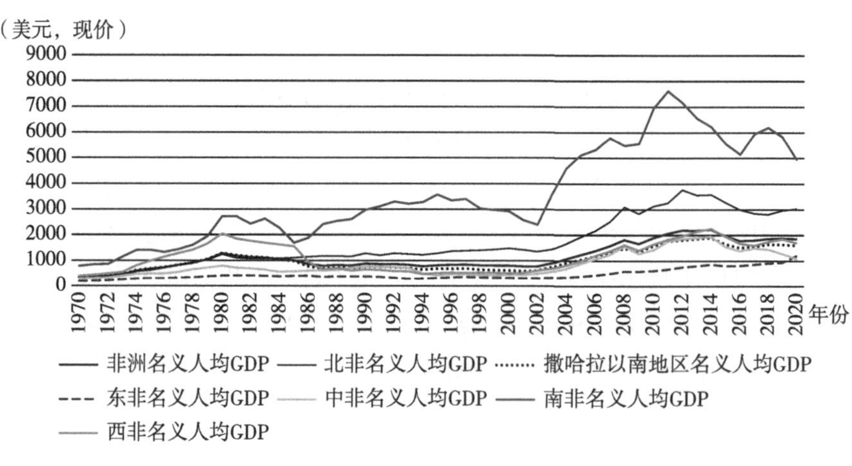

图1-120　1970—2020年非洲名义人均GDP变化

资料来源：根据联合国贸易和发展会议数据库数据计算制作。

（六）发达经济体与发展中经济体人均GDP水平变化

1970年以来，发达经济体人均GDP持续增长，发达经济体人均GDP从1970年的2597美元增加到2022年的47150美元。发展中经济体人均GDP增长相对比较缓慢，2022年发展中经济体人均GDP为6161美元，发展中经济体与发达经济体的人均GDP差距非常明显（见图1-121）。

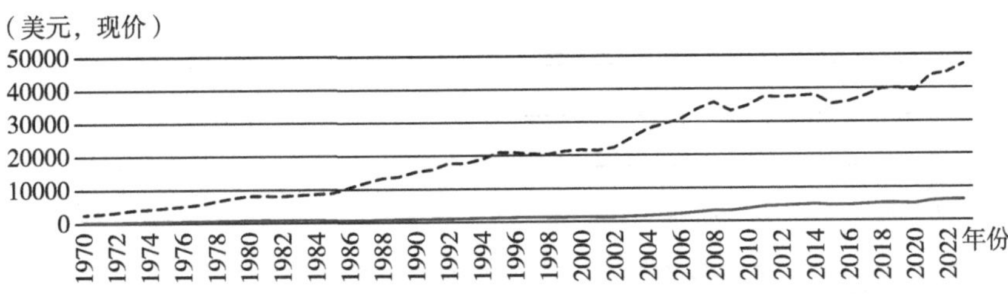

图 1-121　1970—2022 年发达经济体与发展中经济体人均 GDP 变化

资料来源：根据联合国贸易和发展会议数据库数据计算制作。

八、世界主要国家人均GDP水平变化比较分析

世界各国的人均 GDP 和经济发展水平差异非常大，把世界主要国家人均 GDP 水平进行分层次分析，有利于对不同经济发展水平国家进行比较，从而为我国人均 GDP 增长提供参考。

（一）人均GDP达到5万美元以上的国家和地区

2023 年，人均 GDP 达到 5 万美元以上的国家和地区分别是摩纳哥、列支敦士登、卢森堡、百慕大、爱尔兰、瑞士、开曼群岛、卡塔尔、美国、新加坡、丹麦、冰岛、瑞典、荷兰、英属维尔京群岛（见图 1–122、图 1–123）。

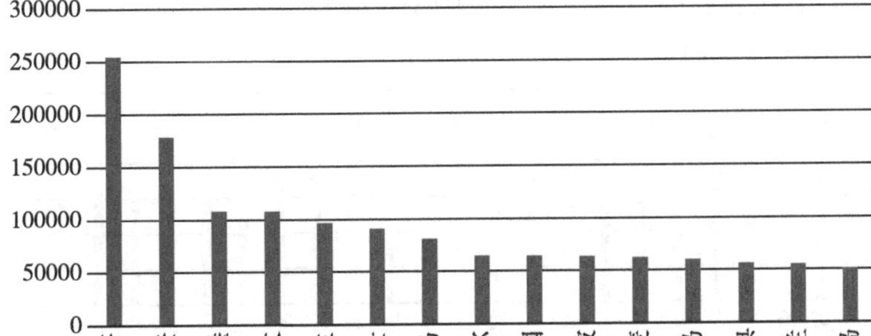

图 1-122　2023 年人均 GDP 达到 5 万美元以上的国家和地区

资料来源：根据联合国贸易和发展会议数据库数据计算制作。

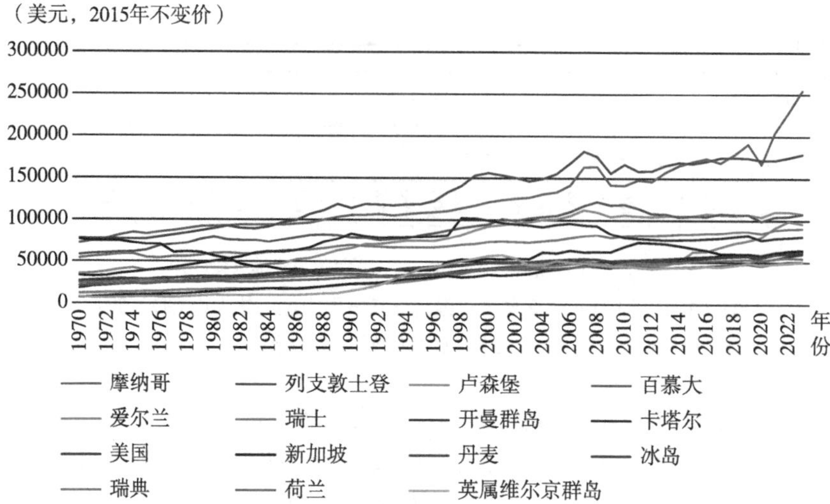

图 1-123　1970—2022 年人均 GDP 达到 5 万美元以上的国家和地区人均 GDP 变化

资料来源：根据联合国贸易和发展会议数据库数据计算制作。

（二）人均GDP达到3万美元以上5万美元以下的国家和地区

2023 年，人均 GDP 达到 3 万美元以上 5 万美元以下的国家和地区分别是格陵兰岛、圣马力诺、英国、芬兰、奥地利、阿拉伯联合酋长国、加拿大、以色列、比利时、中国香港、德国、新西兰、法国、安道尔、中国澳门、日本、韩国、意大利、阿鲁巴、马耳他、塞浦路斯、巴哈马、波多黎各、法属新喀里多尼亚（见图 1–124）。

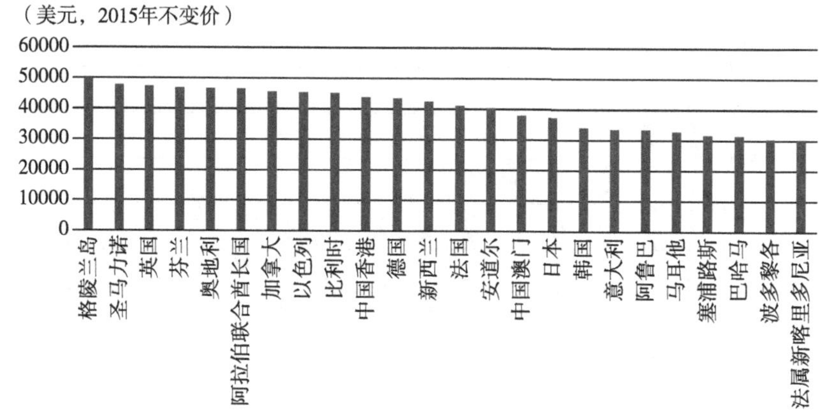

图 1-124　2023 年人均 GDP 达到 3 万美元以上 5 万美元以下的国家和地区

资料来源：根据联合国贸易和发展会议数据库数据计算制作。

（三）人均GDP达到1万美元以上3万美元以下的国家和地区

2023 年，人均 GDP 达到 1 万美元以上 3 万美元以下的国家和地区主要有圣马丁岛、西班牙、文莱、中国台湾、科威特、葡萄牙、希腊、沙特阿拉伯、捷克、匈牙利、智利、阿根廷、罗马尼亚、中国大陆、俄罗斯、墨西哥等（见图 1–125）。2019 年，中国大陆人均 GDP 超过 1 万美元，2023 年中国大陆人均 GDP 达到 12046 美元。2035 年中国大陆基本实现现代化的目标是人均 GDP 达到中等发达国家水平，人均 GDP 需要达到 3 万美元，中国大陆人均 GDP 增长任重而道远。

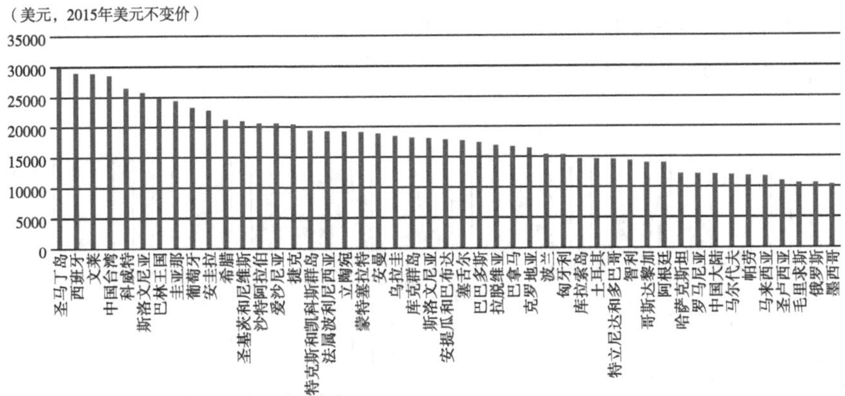

图 1-125　2023 年人均 GDP 达到 1 万美元以上 3 万美元以下的国家和地区

资料来源：根据联合国贸易和发展会议数据库数据计算制作。

第五节　国际经济增长周期协动性变化

1970—2022 年，世界总需求和总供给格局发生深刻变化，世界总需求和总供给规模持续扩大，特别是 20 世纪 90 年代以来世界总需求和总供给增长加快。世界五大洲之间以及五大洲内部的总需求与总供给的发展格局也发生明显变化，五大洲之间以及五大洲内部发展很不平衡。需要进一步深入探讨以下问题：一是世界总需求和总供给增长加快的主要推动力量和影响因素分析，二是五大洲之间以及五大洲内部的总需求和总供给发展很不平衡原因何在，三是如何构建以国内大循环为主体、国内国际双循环相互促进的机制。总供给和总需求格局的深刻变化与一个国家的国内消费、投资、GDP 增长存在密切关系，也与一个国家的国际需求中的进出口贸易发展具有密切关系，因此，本节进一步深入研究世界经济增长的互动性和周期性变化，旨在进一步深入探讨总需求和总供给格局变化中的国内国际双循环相互促进的机制。全球经贸大变局中，除了世界总需求和总供给格局发生了深刻变化，随着经济全球化、国际贸易和全球价值链深化发展，国家之间出现了国际贸易、国际直接投资、经济增长与国际经济周期协动性变化新趋势。

一、经济全球化深化发展，经济增长与国际贸易增长协动性趋势明显增强

1995年以来，在世界贸易组织多边经贸规则体系调节下，世界各国国际贸易和国际投资规模持续扩大，国家之间国际贸易和国际投资持续深化发展，全球五大洲商品进出口贸易增长协同性趋势明显增强（见图1–126、图1–127）。

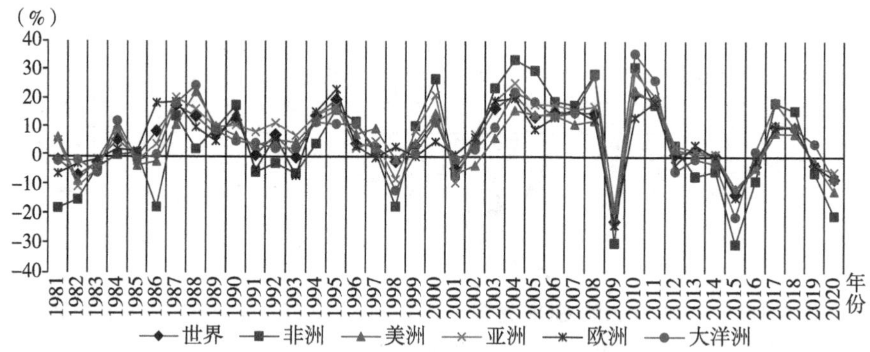

图 1-126　1981—2020 年全球五大洲商品出口贸易增长率协动性趋势

资料来源：根据联合国贸易和发展会议数据库制作。

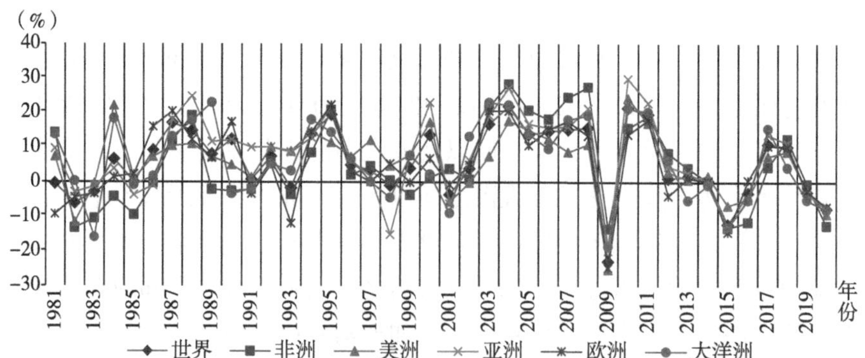

图 1-127　1981—2019 年世界五大洲商品进口贸易增长率协动性趋势

资料来源：根据联合国贸易和发展会议数据库制作。

21世纪以来，随着经济全球化、全球产业链和全球价值链发展，世界各国经济相互联系、相互依赖程度加深，世界经济增长与五大洲经济增长率协动性趋势明显增强（见图1–128），世界各国经济增长互相影响程度持续加深。世界经济与五大洲经济增长率呈协动性和周期性变化，迫切需要增强国际经济政策协同调控，增强全球多边经贸规则体系协同调节。

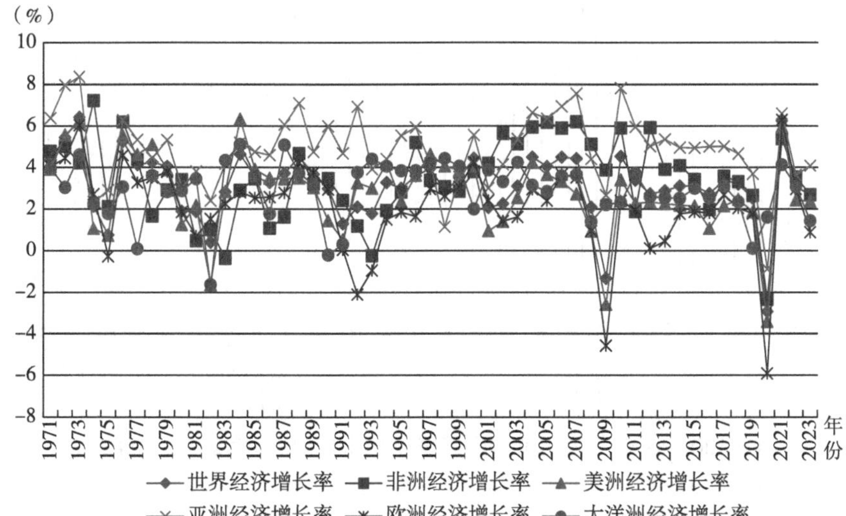

图1-128 1971—2023年世界五大洲经济增长率协动性变化呈增强趋势

资料来源：根据联合国贸易和发展会议数据库制作。

21世纪以来，世界各国经济发展互相联系、互相影响持续深化，亚洲、美洲、欧洲、非洲等区域经济增长的周期性协动性趋势明显增强（见图1–129、图1–130、图1–131、图1–132）。

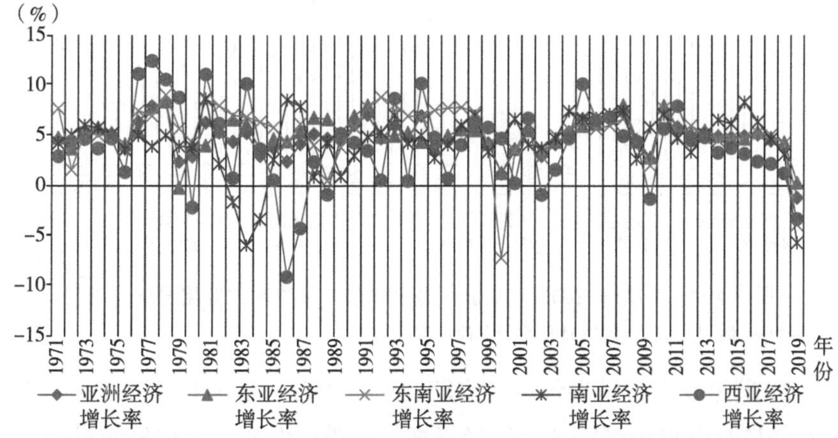

图1-129 1971—2019年亚洲区域经济增长率协动性变化呈增强趋势

资料来源：根据联合国贸易和发展会议数据库制作。

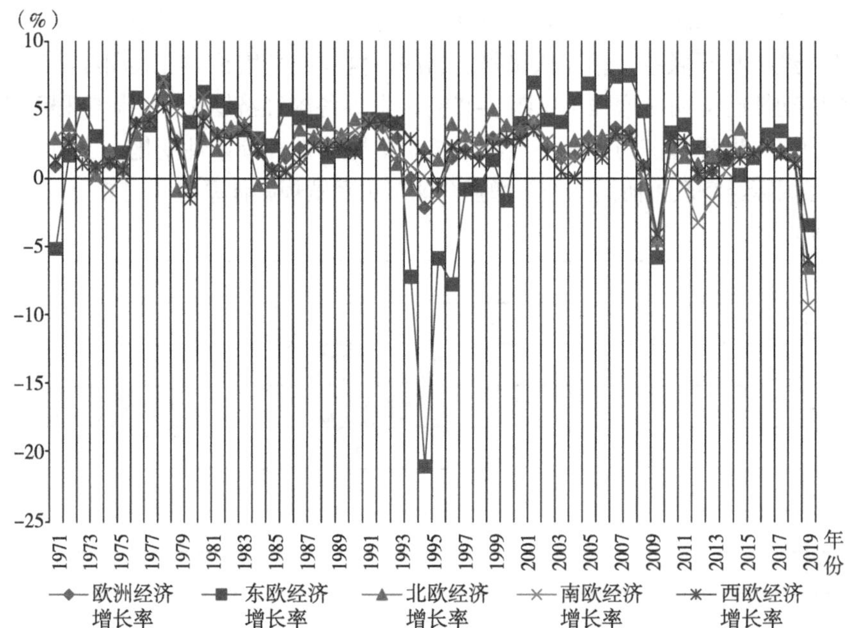

图 1-130　1971—2019 年欧洲区域经济增长率协动性变化呈增强趋势

资料来源：根据联合国贸易和发展会议数据库制作。

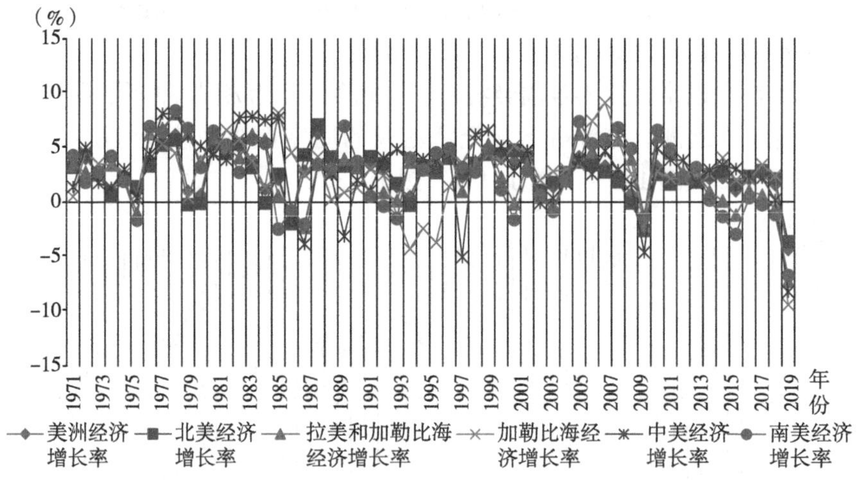

图 1-131　1971—2019 年美洲区域经济增长率协动性变化呈增强趋势

资料来源：根据联合国贸易和发展会议数据库制作。

21 世纪以来，世界各国经济发展互相联系、互相影响持续深化，发达经济体与发展中经济体之间经济增长的周期性和协动性呈明显增强趋势（见图 1–133）。

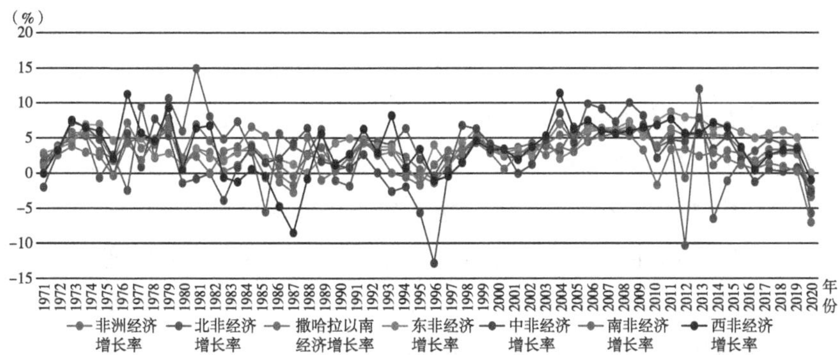

图 1-132　1971—2020 年非洲区域经济增长率协动性变化呈增强趋势

资料来源：根据联合国贸易和发展会议数据库制作。

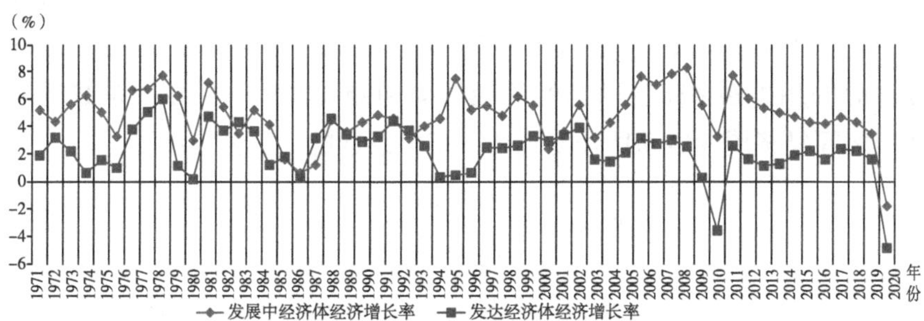

图 1-133　1971—2020 年发达经济体与发展中经济体的经济增长率协动性变化呈增强趋势

资料来源：根据联合国贸易和发展会议数据库制作。

二、国际经济周期协动性变化实证分析

程惠芳和岑丽君①提出在经济全球化和全球价值链发展背景下，经济波动通过贸易、资本、技术、劳动力等多渠道在世界各国经济之间迅速传递、扩散、蔓延，引发国际经济周期协动性变化趋势更加明显，经济全球化发展背景下国际经济周期趋同性及其影响已经成为国际经济学、全球经贸规则与国际贸易政策制定迫切需要研究的新课题。本节对国际贸易、国际直接投资和产业结构经济周期协动性变化进行实证分析，为经济全球化条件下多边经贸规则和国际经济政策协同调节提供理论依据。

（一）国际经济周期协动性计量模型与样本选择

国际经济周期协动性（Business Cycle Co-movements）是指在特定时

① 程惠芳、岑丽君：《FDI、产业结构与国际经济周期协动性研究》，《经济研究》2010 年第 9 期。

期内，国家之间经济周期循环阶段在方向和波幅上所表现出的趋同性，通常是以国家之间实际经济活动相关性来反映经济周期协动性程度，相关系数越大，经济周期协动性程度越高。本节以中国及其 27 个主要贸易伙伴为样本，研究 2000—2007 年国际贸易、国际直接投资和产业结构与经济周期协动性变化的相关性，探讨在经济全球化和全球价值链下中国与其主要贸易伙伴经济周期协动性的主要传递因素和不同传递因素的影响程度差异，并分析这些传递因素对中国经济增长的影响程度，推动多边经贸规则和国际经济政策协同调控。

（二）经济周期协动性的计量模型

从现有研究文献看，通常以两国之间实际经济活动剔除趋势后的双边相关性来衡量经济周期协动性。本节选用实际国内生产总值和总就业指标，以中国与其主要贸易伙伴之间实际经济活动的趋势分离后的周期性部分的相关系数来反映它们的经济周期协动性情况。相关系数越大，两国之间经济周期协动性程度越高。相关系数的计算公式如下：

$$Corr(v_i,v_j)=\frac{cov(v_i,v_j)}{\sqrt{var(v_i)var(v_j)}} \tag{1-3}$$

其中，$Corr(v_i,v_j)$ 表示国家 i 和国家 j 之间实际经济活动 v 的双边相关性，v 对应于实际国内生产总值和总就业的趋势分离后的周期性部分。上述变量都取自然对数。

对于趋势分离方法的选用，研究中主要有四阶差分（用于季度数据）、一阶差分（用于年度数据）、二次趋势分离、Hodrick-Prescott（HP）过滤、线性趋势分离、随机游走趋势分离和 Band-Pass（B-P）过滤法等。本文采用较为普遍的 HP 过滤法。

HP 过滤法的原理是：设 $\{Y_t\}$ 是包含趋势成分和波动成分的经济时间序列，其中 $\{Y_t^T\}$ 是趋势成分，$\{Y_t^C\}$ 是波动成分，则有 $Y_t=Y_t^T+Y_t^C$。一般地，$\{Y_t^T\}$ 常被定义为下面最小化问题的解：

$$\min\sum_{t=1}^{T}\{(Y_t-Y_t^T)^2+\lambda[c(L)Y_t^T]^2\} \tag{1-4}$$

其中，$c(L)$ 是延迟算子多项式。将 $c(L)=(L^{-1}-1)-(1-L)$ 代入式（1-4），HP 滤波问题就是使下面损失函数最小。

$$\min\{\sum_{t=1}^{T}(Y_t - Y_t^T)^2 + \lambda\sum_{t=1}^{T}[(Y_{t+1}^T - Y_t^T) - (Y_t^T - Y_{t-1}^T)]^2\} \tag{1-5}$$

取 λ =100[①]。文中相关资料来源：名义 GDP 数据来自国际货币基金组织的 World Economic Outlook Databases（WEO），单位为百万美元，为克服价格波动的影响，用 2000 年为基期的 GDP 平减指数将其折算成实际 GDP，GDP 平减指数来自国际货币基金组织的 WEO 和 International Financial Statistics（IFS）；发达国家（地区）的总就业数据来自 WEO，发展中国家的总就业数据来自 IFS 和国际劳工组织数据库，单位为百万人。

（三）双边贸易强度计量

本节借鉴 Frankel 和 Rose[②] 中双边贸易强度的计算公式，即分别用国家 i 和国家 j 的总贸易额和名义总产出对两国的双边贸易额进行标准化，具体公式如下：

$$bti_{ijt}^{T} = \frac{X_{ijt} + M_{ijt}}{T_{it} + T_{jt}} \times 100 \qquad bti_{ijt}^{Y} = \frac{X_{ijt} + X_{ijt}}{Y_{it} + Y_{jt}} \times 100 \tag{1-6}$$

其中，X_{ijt} 代表 t 时期国家 i 向国家 j 的出口额，M_{ijt} 代表 t 时期国家 i 从国家 j 的进口额，T_{kt} 和 Y_{kt}（$k=i,j$）分别代表 t 时期国家 i 或国家 j 的总贸易额和名义总产出。该指数值越大，表明双边贸易强度越高。

在面板数据模型计量分析中，将样本期间分成 3 个阶段，借鉴 Calderón César 等[③]（2003）来计算各样本国家在各个阶段的双边贸易强度均值，本文直接给出取对数后的计算公式，具体如下：

$$BTI_{ij\tau}^{T} = \ln(1 + \frac{1}{\tau}\sum_{t} bti_{ijt}^{T}) \qquad BTI_{ij\tau}^{Y} = \ln(1 + \frac{1}{\tau}\sum_{t} bti_{ijt}^{Y}) \tag{1-7}$$

其中，τ 是一个阶段的时间跨度。在分子中加 1 是为了处理零值，因为中国与有些发展中国家在某些年份的双边贸易额为零，但这个发展中国家却包含了重要信息，不可忽略，这也是双边引力模型中对这个问题的标准处理方式。

中国与其贸易伙伴之间的双边贸易数据来自国际货币基金组织的

---

① 一般地，当年度数据时，λ =100；当季度数据时，λ =1600；当月度数据时，λ =14400。

② Frankel J.A., A.K. Rose, "The endogeneity of the optimum currency area criteria," *The Economic Journal*, 1998, 108.

③ Calderón César, et al., "Trade Intensity and Business Cycle Synchronization: Are Developing Countries Any Different," *Research Development of Inter-American Development Bank*, *Working Paper*, 2003.

Direction of Trade Statistics（DOT），以中国为报告国，各国（地区）的总贸易数据来自 IFS，均按出口 FOB、进口 CIF 计，单位为百万美元。

（四）双边直接投资强度计量

本节选取中国实际利用各国（地区）直接投资金额来间接反映中国与其贸易伙伴之间的双边直接投资强度。计算方法类似于 Frankel 和 Rose① 进口强度的计算，公式如下：

$$FDI_{ijt} = \frac{FDI_{ijt}}{FDI_{it} + FDI_{jt}} \tag{1-8}$$

其中，FDI_{ijt} 是 t 时期从 i 国流入 j 国 FDI 量，FDI_{it} 是 t 时期 i 国 FDI 流入量，FDI_{jt} 是 t 时期 j 国 FDI 流入量。该指数值越大，表明实际利用 FDI 强度越大。

中国实际接受各国（地区）直接投资数据来自历年《中国统计年鉴》，中国及贸易伙伴国 FDI 流入总量来自联合国贸易和发展会议（UNCTAD）的 FDI 数据库。

（五）产业结构相似程度计量

在产业结构相似程度的衡量方面，本文用 Krugman② 的绝对值指数构建产业结构差异指数，以间接衡量产业结构相似程度。其具体计算方法如下：

$$IS_{ijt} = \sum_{k=1}^{n} \left| s_{it}^{k} - s_{jt}^{k} \right| \tag{1-9}$$

其中，s_{it}^{k}、s_{jt}^{k} 是 t 时期 k 产业在国家 i、j 的增加值中的权重。资料来源于联合国共同数据库的 National Accounts Estimates of Main Aggregates，产业分类按数据库中国际标准产业分类（ISIC）Rev. 3。IS_{ijt} 指数值越大，国家 i 和国家 j 之间产业结构差异越大，即相似性越低，IS_{ijt} 指数值越小，产业结构相似性越高。

（六）样本选取

本节计算了 2000—2007 年和中国有贸易往来的 197 个国家（地区）与中国的双边贸易额占中国对外贸易总额的比重，求出所有国家（地区）

① Frankel J.A., A.K. Rose, "Is EMU more justifiable ex Post than ex ante," *European Economic Review*, 1997, 41.

② Krugman P., *Geography and Trade*, The MIT Press, 1991 in Calderon, C., A., Chong and E., Stein, "Trade intensity and business cycle synchronization: Are developing countries any different," *Research Development of Inter-American Development Bank*, *Working Paper*, 2003.

的年度均值，得到4年及以上的比重在均值以上的28个国家和地区作为主要贸易伙伴样本（见表1-44），其中包括15个发达国家（地区）和12个发展中国家。

表1-44　　中国主要贸易伙伴与中国的双边贸易份额

国家	2000年	2001年	2002年	2003年	2004年	2005年	2006年	2007年
美国	15.7126	15.7985	15.6661	14.8698	14.7151	14.9268	14.9468	13.9432
日本	17.5332	17.2237	16.4157	15.6924	14.5384	12.9742	11.7873	10.8545
韩国	7.2727	7.0433	7.0976	7.4285	7.7996	7.8725	7.6304	7.3664
德国	4.1505	4.5964	4.4779	4.9197	4.6870	4.4431	4.4399	4.3300
俄罗斯	1.6870	2.0917	1.9201	1.8516	1.8386	2.0454	1.8947	2.2127
新加坡	2.2811	2.1436	2.2575	2.2735	2.3107	2.3371	2.3203	2.1707
马来西亚	1.6959	1.8478	2.2974	2.3646	2.2741	2.1599	2.1076	2.1357
荷兰	1.6703	1.7147	1.7134	1.8138	1.8608	2.0246	1.9585	2.1314
澳大利亚	1.7976	1.7644	1.6808	1.5934	1.7658	1.9129	1.8637	2.0123
英国	2.0875	2.0207	1.8346	1.6911	1.7085	1.7219	1.7415	1.8137
印度	0.6137	0.7061	0.7963	0.8923	1.1781	1.3157	1.4229	1.7796
泰国	1.3963	1.4142	1.3776	1.4868	1.5019	1.5333	1.5743	1.5927
法国	1.6168	1.5577	1.3502	1.5780	1.5273	1.4571	1.4346	1.5556
意大利	1.4532	1.5266	1.4727	1.3785	1.3576	1.3097	1.3961	1.4439
菲律宾	0.6623	0.6990	0.8466	1.1043	1.1541	1.2344	1.3295	1.4089
加拿大	1.4565	1.4461	1.2769	1.1757	1.3437	1.3479	1.3166	1.3952
巴西	0.5997	0.7272	0.7195	0.9385	1.0702	1.0412	1.1520	1.3668
沙特阿拉伯	0.6531	0.7995	0.8225	0.8625	0.8919	1.1326	1.1437	1.1663
印度尼西亚	1.5734	1.3200	1.2762	1.2017	1.1674	1.1809	1.0833	1.1497
西班牙	0.5850	0.5906	0.5655	0.6218	0.6304	0.7430	0.8268	0.9671
伊朗	0.5241	0.6514	0.6025	0.6606	0.6102	0.7096	0.8191	0.9482
阿联酋	0.5259	0.5544	0.6274	0.6827	0.7054	0.7577	0.8067	0.9218
比利时	0.7772	0.8365	0.7886	0.7874	0.8123	0.8257	0.8071	0.8118
越南	0.5199	0.5517	0.5255	0.5444	0.5839	0.5756	0.5652	0.6954

续表

国家	2000 年	2001 年	2002 年	2003 年	2004 年	2005 年	2006 年	2007 年
墨西哥	0.3844	0.5060	0.6407	0.5808	0.6159	0.5458	0.6491	0.6883
南非	0.4324	0.4359	0.4154	0.4547	0.5120	0.5110	0.5601	0.6456
芬兰	0.5825	0.6444	0.4293	0.4067	0.4777	0.4397	0.4590	0.4766
瑞典	0.6381	0.6085	0.4350	0.4898	0.4502	0.4012	0.3818	0.4002
均值	0.4692	0.4691	0.4612	0.4601	0.4584	0.4576	0.4575	0.4607

注：由于俄罗斯在 1992 年以前、比利时在 1997 年以前没有与中国的双边贸易数据，将它们从样本国家略去，同时加入了瑞典；作者根据 DOT 的双边贸易数据和 IFS 的总贸易数据计算得到。

三、回归模型

（一）基本回归模型

本文将研究样本国分成发达国家（地区）与发展中国家，通过贸易强度、FDI 强度与产业结构相似性对经济周期协动性的影响进行分析，建立回归模型如下：

$$Corr(v_{i\tau},v_{j\tau})=\alpha_0+\alpha_1 BTI_{ij\tau}+\alpha_2 FDI_{ij\tau}+\alpha_3 IS_{ij\tau}+u_{ij\tau} \tag{1-10}$$

在模型（1-10）中，$Corr(v_{i\tau},v_{j\tau})$ 衡量 τ 时期国家 i 和国家 j 之间实际经济活动 v 的双边相关性，$BTI_{ij\tau}$ 衡量 τ 时期国家 i 和国家 j 之间的双边贸易强度，分别被总贸易和名义总产出标准化，记为 $BTI^T_{ij\tau}$ 和 $BTI^Y_{ij\tau}$；$FDI_{ij\tau}$ 衡量 τ 时期国家 i 实际利用国家 j 的 FDI 强度；$IS_{ij\tau}$ 衡量 τ 时期国家 i 和国家 j 之间产业结构相似程度。

（二）引入工具变量

在基本模型（1-8）中，双边贸易强度采用传统的 OLS 估计方法获得的估计值可能存在偏差，故借助双边贸易中的引力模型引入工具变量（IV），用两阶段最小二乘法（TSLS）进行估计。基于 Deardorff[①]，

① Deardorff A.V., "Determinants of Bilateral Trade: Does Gravity Work in a Neoclassical World," *NBER Working Paper*, 1995, No.5377.

Fidrmuc①，程惠芳和阮翔②引力模型的有关文献，借鉴 Frankel 和 Rose③，Choe④，Calderon⑤ 等人的做法，考虑到所选工具变量必须符合的条件，本文从地理因素角度出发，选取两国距离、两国各自人口数、两国共同边界的虚拟变量和两国同属某个贸易集团或参与某个自由贸易协定的虚拟变量作为工具变量，建立双边贸易强度对这些变量的回归方程：

$$BTI_{ij} = \gamma_0 + \gamma_1 \ln DIS_{ij} + \gamma_2 POP_i + \gamma_3 POP\_CHI + \gamma_4 ADJ + \gamma_5 FTA + \varepsilon_{ij} \quad (1\text{–}11)$$

其中，DIS_{ij} 是两国首都之间的距离，数据来自 http: //www.indo.com 的距离计算器（distance calculator），单位为英里，POP_i 和 POP_CHI 分别是国家 i 和中国的总人口，数据来自 IFS，单位为百万人；ADJ 是两国共同边界的虚拟变量，当两国有共同边界时取 1，否则取 0；FTA 是两国同属于某个贸易集团或参与某个自由贸易协定的虚拟变量，当两国某一年同属于一个贸易集团或参与某个自由贸易协定时取 1，否则取 0。距离和人口都取自然对数。

（三）双边贸易强度、FDI强度与经济周期协动性

本节把 1991—2007 年分为 1991—1999 年和 2000—2007 年两个阶段，分析中国与其贸易伙伴经济增长的相关性与双边贸易强度、利用外商直接投资强度的关系（见表 1-45），初步发现在 2000—2007 年，GDP 协动性、双边贸易强度、FDI 强度的相关性比 1991—1999 年更明显，表明随着中国经济的全面开放，双边贸易强度、FDI 强度与中国贸易伙伴的经济周期协动性程度有所提高。

---

① Fidrmuc J.，"The Endogeneity of the Optimum Currency Area Criteria，Intraindustry Trade，and EMU Enlargement，" *BOFIT Discussion Papers*，2001，No.8.

② 程惠芳、阮翔：《用引力模型分析中国对外直接投资的区位选择》，《世界经济》2004 年第 11 期。

③ Frankel J.A.，A.K. Rose，"The Endogeneity of the Optimum Currency Area Criteria，" *The Economic Journal*，1998，108.

④ Choe J.，"An Impact of Economic Integration through Trade：On Business Cycles for 10 East Asian Countries，" *Journal of Asian Economics*，2001，12.

⑤ Calderon C.，A. Chong，E. Stein，"Trade Intensity and Business Cycle Synchronization：Are Developing Countries any Different，" *Research Development of Inter-American Development Bank*，*Working Paper*，2003.

表 1-45　　中国及其贸易伙伴的经济增长相关性、双边贸易强度及直接投资强度（1991—2007 年）

因素	年份	美国	中国香港	日本	韩国	德国	荷兰	英国	新加坡	意大利
双边贸易强度	1991—1999	2.1894	9.1317	4.7838	2.6411	0.9375	0.5955	0.5685	1.3179	0.6318
	2000—2007	4.4863	6.6139	7.1446	5.1221	1.7938	1.1875	1.0175	1.6675	0.8448
直接投资强度	1991—1999	2.2138	41.8229	7.3358	2.3575	1.0456	0.3849	1.1318	3.2858	0.4525
	2000—2007	2.1337	20.9046	6.8973	5.5731	1.1109	0.8424	0.7093	3.0764	0.3455
GDP 协动性	1991—1999	0.0427	–0.2666	–0.2366	–0.1248	–0.1669	–0.0219	–0.1617	–0.3246	–0.0729
	2000—2007	0.0289	0.3725	–0.0791	0.2504	0.3584	0.3660	0.3824	0.6698	0.2870
因素	年份	法国	加拿大	澳大利亚	西班牙	芬兰	瑞典	印度	马来西亚	阿联酋
双边贸易强度	1991—1999	0.5116	0.5789	1.0937	0.3127	0.2437	0.3581	0.3190	0.7805	0.3271
	2000—2007	0.8275	0.8285	1.5090	0.4974	0.4394	0.3880	0.9317	1.7220	0.6094
直接投资强度	1991—1999	0.5243	0.4703	0.4240	0.0391	0.0294	0.0924	0.0015	0.4995	0.0130
	2000—2007	0.5370	0.5679	0.5794	0.1342	0.0792	0.1738	0.0339	0.5139	0.0878
GDP 协动性	1991—1999	–0.0336	0.1407	–0.4440	0.1056	–0.2209	–0.0905	–0.0243	–0.0171	–0.2106
	2000—2007	0.2851	0.4309	0.3181	0.2847	0.3587	0.3208	0.7567	0.7820	0.1359
因素	年份	印度尼西亚	泰国	越南	墨西哥	巴西	沙特阿拉伯	菲律宾	南非	伊朗
双边贸易强度	1991—1999	0.9263	0.7107	0.2392	0.1071	0.4272	0.3346	0.3431	0.2462	0.2440
	2000—2007	1.0885	1.2509	0.5412	0.4097	0.8230	0.8006	0.9751	0.4548	0.6457
直接投资强度	1991—1999	0.2020	0.5546	0.0311	0.0005	0.0091	0.0179	0.2754	0.0039	0.0004
	2000—2007	0.2133	0.2659	0.0047	0.0092	0.0268	0.0338	0.3115	0.0831	0.0043
GDP 协动性	1991—1999	–0.0981	–0.2389	0.1814	–0.2777	0.5091	–0.0502	–0.0788	–0.0754	0.4761
	2000—2007	0.3458	0.6896	0.7727	0.2341	0.6737	0.0690	0.9242	0.0689	0.4836

资料来源：作者根据 WEO 的名义 GDP 数据、DOT 和 IFS 的 GDP 平减指数和贸易数据、《中国统计年鉴》实际利用各国直接投资、UNCTAD 的 FDI 数据库的中国及贸易伙伴 FDI 流入总量数据计算得到。

（四）回归结果分析

鉴于中国实际利用各国（地区）直接投资数据的可获得性，根据1991年以来中国的经济增长率变化，将1991—2007年分为三个阶段：1991—1994年、1995—1999年、2000—2007年，计算每个阶段的实际经济活动相关系数（包括实际国内生产总值GDP和总就业EMP）及各解释变量（包括工具变量）的均值（公式见上文），从而共构成27×3=81个样本，对发达国家（地区）组和发展中国家组分别构建面板数据模型。

面板数据模型可以分为混合回归模型、变截距模型和变系数模型，变截距模型和变系数模型又可以分为固定效应模型和随机效应模型。通过F检验，我们选用混合回归模型。运用基于面板数据模型的两阶段最小二乘法（TSLS）估计贸易、FDI和产业结构等传递因素对中国与其贸易伙伴之间经济周期协动性的相对贡献。表1–46和表1–47分别给出了采用不同贸易强度衡量方法时，发达国家（地区）组和发展中国家组的回归结果。

表1-46　　发达国家（地区）组样本回归结果

变量	（1）GDP[a]	（2）GDP[b]	（3）EMP[a]	（4）EMP[b]
双边贸易强度	1.427 （1.50）	2.128* （4.60）	–1.512* （–3.00）	–3.378* （–3.68）
双边投资强度	–1.082 （–1.58）	–1.168* （–4.63）	1.002* （2.73）	1.525* （3.16）
产业结构差异	2.807 （1.43）	1.467*** （1.87）	–2.423** （–2.31）	–0.292 （–0.21）
F值	1.10	6.00*	4.34*	10.62*

注：括号里的数值是t值；*、**、*** 分别表示在1%、5%、10% 的水平上显著；a方程中双边贸易强度是被总贸易标准化，b方程中双边贸易强度是被总产出标准化。

表1-47　　发展中国家组样本回归结果

变量	（1）GDP[a]	（2）GDP[b]	（3）EMP[a]	（4）EMP[b]
双边贸易强度	2.637*	2.516*	0.516	0.357
	–5.34	–5.41	–0.53	–0.37
双边投资强度	–1.563***	–0.522	5.503**	5.613*
	（–1.80）	（–0.47）	–2.59	–2.85
产业结构差异	2.163**	2.535***	5.614**	5.616*
	–2.36	–1.9	–2.61	–2.87
F值	8.82*	7.61*	3.79**	4.87*

注：括号里的数值是t值；*、**、*** 分别表示在1%、5%、10% 的水平上显著；a方程中双边贸易强度是被总贸易标准化，b方程中双边贸易强度是被总产出标准化。

对中国与发达国家贸易伙伴之间的经济周期协动性进行实证检验，结果表明双边贸易强度的系数呈正相关，表明中国与发达贸易伙伴之间的双边贸易强度越大，GDP 周期协动性程度越高；FDI 的系数为负相关，表明中国实际利用发达贸易伙伴的直接投资强度越大，GDP 周期协动性程度越低；产业结构差异指数的系数为正相关，表明产业结构差异越小，相似程度越高，GDP 周期协动性程度越低，即产业结构越相似，则 GDP 周期协动性程度越低。因此，1991—2007 年，中国与发达国家贸易伙伴之间的经济周期协动性的影响因素中，贸易强度的影响最大，其次是产业结构相似性，FDI 强度相对比较小。

对中国与发展中国家贸易伙伴之间的经济周期协动性进行实证检验，结果表明双边贸易强度的系数为正，表明中国与发展中国家贸易伙伴的双边贸易强度越高，GDP 周期协动性程度越高；FDI 呈现显著负效应，表明中国实际利用发展中国家贸易伙伴的 FDI 强度越大，GDP 周期协动性程度越低；产业结构差异指数的系数是正的，表明产业结构相似与 GDP 周期协动性程度呈负相关。中国与发展中国家贸易伙伴之间的经济周期协动性变化中，双边贸易强度与产业结构的影响大于 FDI 强度的影响。

2003—2007 年，中国与发达国家和地区贸易伙伴之间的经济周期协动性的影响因素中，贸易强度的影响最大，其次是产业结构相似性，FDI 强度相对比较小（见表 1–48）。

把表 1–48 中按强度或指数值大小进行分类，按双边贸易强度可以分为“贸易低强度型”“贸易较低强度型”“贸易较高强度型”“贸易高强度型”，按双边投资强度可以分为“低投资强度型”“较低投资强度型”“较高投资强度型”“高投资强度型”，按产业结构差异指数可以分为“产业结构相似型”“产业结构相异型”。

研究结果表明：不同类型国家经济周期协动性强度存在明显差异，中国与美国、日本、韩国、德国、荷兰、英国、新加坡、澳大利亚、印度、马来西亚、印度尼西亚、泰国、菲律宾、加拿大、意大利、巴西、沙特阿拉伯、法国等具有比较强的贸易协动性。中国与韩国、美国、日本、新加坡、德国、荷兰、澳大利亚具有比较强的投资协动性。中国与美国、日本、德国、荷兰、英国、新加坡、意大利、法国、加拿大、澳大利亚、西班牙、墨西哥、瑞典具有比较强的产业结构变化协动性。

表 1-48 中国及其贸易伙伴的双边贸易强度、双边投资强度及产业结构差异指数（2003—2007 年）

因素	美国	中国香港	日本	韩国	德国	荷兰	英国	新加坡	意大利
双边贸易强度	5.1446	6.7794	7.3073	5.5006	1.9894	1.3256	1.0736	1.7603	0.8864
双边投资强度	1.0391	17.6343	4.1065	5.5592	0.8091	0.5358	0.3382	2.2983	0.2489
产业结构差异	0.7587	1.0058	0.6124	0.4099	0.6162	0.6810	0.7276	0.5538	0.6271
因素	法国	加拿大	澳大利亚	西班牙	芬兰	瑞典	印度	马来西亚	阿联酋
双边贸易强度	0.9046	0.8947	1.5766	0.5660	0.4144	0.3602	1.1328	1.8690	0.6818
双边投资强度	0.2546	0.4665	0.5773	0.1005	0.0430	0.1264	0.0344	0.4276	0.1259
产业结构差异	0.7529	0.5359	0.6220	0.6559	0.5095	0.6215	0.4261	0.1531	0.2530
因素	印度尼西亚	泰国	越南	墨西哥	巴西	沙特阿拉伯	菲律宾	南非	伊朗
双边贸易强度	1.0421	1.3286	0.5647	0.4671	0.9794	0.8997	1.1711	0.4966	0.7041
双边投资强度	0.1999	0.2111	0.0476	0.0197	0.0432	0.0660	0.2564	0.2025	0.0320
产业结构差异	0.2078	0.2395	0.3612	0.6050	0.4867	0.3204	0.3220	0.5147	0.1542

资料来源：作者根据 DOT 的双边贸易数据和 IFS 的总贸易数据、历年《中国统计年鉴》的实际利用外商直接投资额和《中国对外直接投资公报》（2003—2007 年）的对外直接投资额、联合国共同数据库 National Accounts Estimates of Main Aggregates 的产业数据计算得到；此处的双边投资强度包含了中国对外直接投资部分，其计算借鉴双边贸易强度。

四、全球价值链下国际经济周期协动性非对称变化

上述分析表明，经济全球化下国际经济周期协动性明显，但是不同类型国家之间国际经济周期协动性存在明显差异，这与全球价值链地位有关系。Ductor 和 Leiva–Leon[①] 提出经济全球化发展推动世界经济显著联动，Bordo 和 Helbling[②] 提出工业化国家经济周期明显趋同，Kose 等[③] 提出新兴市场国家经济周期明显趋同，马丹和何雅兴[④] 提出发展中国家经济周期联动性较弱。发达国家与发展中国家之间经济周期协动性存在明显差异，可能与全球价值链发展水平有一定关系。代谦和何祚宇[⑤] 认为在全球价值链中，制造工序国际分割形成垂直分工，能大幅提高分工参与国贸易与产出的互补性，继而显著加强国际经济周期联动。Burstein[⑥] 等指出，美国母子公司间跨国垂直贸易有助于加强国际产出联动。潘文卿等[⑦] 利用 40 国连续时间 WIOD 数据进行研究，发现价值链既能显著加强国际经济周期联动，又能使传统贸易产生更高的经济联动强化作用。唐宜红等[⑧] 通过双边行业研究发现，制造业、服务业跨行业价值链嵌入与同业嵌入对国际经济周期联动均有促进作用，且前者作用更强。为了对全球价值链及国际经济周期协动性进行深入分析，本节对全球价值链下国际经济周期协动性变化进行进一步研究。

（一）全球价值链下国际经济周期协动性非对称变化

多数学者在衡量国际经济周期联动性时多采用时序相关系数或 CM 同步化指数，前者刻画了实际产出增长或周期成分的区间相关性，但忽

① Ductor L., Leiva–Leon D., “Dynamics of Global Business Cycle Interdependence,” *Journal of International Economics*, 2016, 102(1).

② Bordo M. D., Helbling T. F., “International Business Cycle Synchronization in Historical Perspective,” *NBER Working Papers*, 2010.

③ Kose M. A., et al., “Global Business Cycles: Convergence or Decoupling,” *International Economic Review*, 2012, 53(2).

④ 马丹、何雅兴:《危机传递、逆全球化与世界经济周期联动性》,《统计研究》2019 年第 7 期。

⑤ 代谦、何祚宇:《国际分工的代价：垂直专业化的再分解与国际风险传导》,《经济研究》2015 年第 5 期。

⑥ Burstein A., et al., “Trade, Production Sharing, and the International Transmission of Business Cycles,” *Social Science Electronic Publishing*, 2008, 55(4).

⑦ 潘文卿等:《价值链贸易与经济周期的联动：国际规律及中国经验》,《经济研究》2015 年第 11 期。

⑧ 唐宜红等:《全球价值链嵌入与国际经济周期联动：基于增加值贸易视角》,《世界经济》2018 年第 11 期。

略时间因素，后者可捕捉联动性的即时变动及偶发因素引起的产出逆向波动，进而能准确体现其动态变化。CM 同步化指数如式（1–12）所示，d_t^c 和 d_t^i 分别代表 t 年中国、i 国实际 GDP 增长率，$\overline{d_t^c}$ 和 $\overline{d_t^i}$ 为 T 期内对应均值。鉴于其值域非对称，同时也无法直接识别国际经济周期联动的非对称特征，本节将进行如下两点改进：

$$CM_t^{ci}=1-\frac{1}{2}\left[\frac{d_t^c-\overline{d_t^c}}{\sqrt{\frac{1}{T}\sum_{t=1}^{T}\left(d_t^c-\overline{d_t^c}\right)^2}}-\frac{d_t^i-\overline{d_t^i}}{\sqrt{\frac{1}{T}\sum_{t=1}^{T}\left(d_t^i-\overline{d_t^i}\right)^2}}\right]^2 \tag{1-12}$$

文武等[①]利用式（1–13）将 CM 同步化指数值域由 $(-\infty,1]$ 向 $(-\infty,+\infty)$ 转化，构建对称值域同步化指数 SCM_t^{ci}，以提高正、负向联动的可比性。

$$SCM_t^{ci}=\frac{1}{2}\log\left[1/\left(1-CM_t^{ci}\right)\right] \tag{1-13}$$

构造扩张（EX_t^i）及紧缩（RE_t^i）时期哑变量刻画 i 国各年经济波动实际所处阶段，分别与 SCM_t^{ci} 交互，以考察国际经济周期联动的非对称特征。随后借助 HP 滤波，在极小值约束下利用式（1–14）计算 i 国产出 Y_t^i 的趋势性成分 Y_t^{i*}，进而得到产出缺口 GAP_t^i $\left[GAP_t^i=\ln Y_t^i-\ln Y_t^{i*}\approx\left(Y_t^i-Y_t^{i*}\right)/Y_t^{i*}\right]$，以此为据对哑变量取值。规则是：如果 $GAP_t^i>0$，令 EX_t^i=1、RE_t^i=0；相反，令 EX_t^i=0、RE_t^i=1。

$$\sum_{t=1}^{T}\left(\ln Y_t^i-\ln Y_t^{i*}\right)^2+\lambda\sum_{t=2}^{T-1}\left[\left(\ln Y_{t+1}^{i*}-\ln Y_t^{i*}\right)-\left(\ln Y_t^{i*}-\ln Y_{t-2}^{i*}\right)\right]^2 \tag{1-14}$$

通过代入世界发展指标（WDI）数据库提供的实际 GDP（美元不变价）序列，本节计算了 2000—2014 年国际经济周期在两个不同阶段中的联动性。如表 1–49 所示，国际经济周期表现出“扩张联动低于紧缩联动”的非对称特征。除个别国家外，中国与绝大部分贸易伙伴国经济扩张的联动较弱，经济紧缩的联动较强，表明在深度融入全球价值链的 2000—2014 年，中国无法与世界经济同步扩张，但会与世界经济高度同步地陷入衰退，对稳增长形成较大阻碍。国际经济周期联动的国别差异

① 文武、程惠芳：《全球价值链嵌入与国际经济周期非对称联动》，《统计研究》2021 年第 3 期。

明显，中国与经济增长较快的发展中国家、非欧盟国家经济扩张的联动更弱，而与欧盟国家等经济紧缩的联动更强，对稳增长构成外部冲击。2008 年国际金融危机（以下简称金融危机）后，国际经济周期显现“扩张联动增强、紧缩联动减弱”的新特征，进而能在一定程度上缓解稳增长压力，但扩张联动低于紧缩联动的特征依然客观存在。

表 1-49 国际经济周期协动性均值

贸易伙伴国	该国经济扩张阶段	该国经济紧缩阶段	样本期均值	贸易伙伴国	该国经济扩张阶段	该国经济紧缩阶段	样本期均值
全部样本	0.6304	1.0071	0.8313	俄罗斯	0.6784	0.9446	0.8381
发达国家	0.6315	1.0573	0.8566	西班牙 *#	0.626	0.9768	0.8365
发展中国家	0.6276	0.8831	0.7669	塞浦路斯 *#	0.5645	1.1064	0.8174
欧盟国家	0.7105	1.0134	0.8783	瑞典 *#	0.3454	1.1247	0.8130
非欧盟国家	0.4896	0.9928	0.7373	韩国 *	0.5248	0.9941	0.8064
金融危机前	0.4256	1.1009	0.7828	葡萄牙 *#	1.1582	0.4672	0.7896
金融危机后	0.8693	0.9017	0.8868	克罗地亚 #	0.6909	0.838	0.7889
捷克 *#	1.1079	1.9153	1.5385	德国 *#	1.0936	0.431	0.7844
斯洛伐克 *#	1.319	1.4216	1.3943	匈牙利 *#	1.2723	0.3915	0.7699
芬兰 *#	0.8522	1.7605	1.3366	法国 *#	0.4056	1.1282	0.7428
卢森堡 *#	0.5939	1.5566	1.1073	日本 *	0.2792	1.4062	0.7300
波兰 #	0.9962	1.1436	1.0945	加拿大 *	0.2222	1.2979	0.7242
印度	1.3649	0.7704	1.0478	爱尔兰 *#	0.6683	0.6811	0.6751
瑞士 *	0.7291	1.2518	1.0427	土耳其	0.4194	0.9936	0.6491
奥地利 *#	1.0154	1.0632	1.0377	立陶宛 #	0.5478	0.7511	0.6427
丹麦 *#	0.5781	1.2999	0.9630	英国 *#	0.2148	0.9039	0.6283
美国 *	0.4959	1.663	0.9628	马耳他 *#	0.5645	0.5741	0.5696
荷兰 *#	0.5849	1.2485	0.9388	墨西哥	0.2655	0.8157	0.5589
斯洛文尼亚 *#	0.6644	1.117	0.9360	希腊 *#	0.6412	0.4377	0.5463
巴西	0.6961	1.2495	0.9174	罗马尼亚 #	0.4157	0.6614	0.5303
保加利亚 #	0.5335	1.0198	0.8577	印度尼西亚	0.4561	0.5472	0.5108
比利时 *#	0.6724	1.0514	0.8493	挪威 *	0.288	0.6587	0.4610
意大利 *#	0.4852	1.0882	0.8470	澳大利亚 *	0.1812	0.5679	0.3359

注：① 本表报告了该国（经济体）处于经济扩张或紧缩阶段时，中国与其经济周期联动性均值；② 根据样本期均值排序；③ * 标记发达国家，# 标记欧盟国家。

（二）计量模型、变量与数据

为深入分析经济周期的非对称联动形成机理，本节将深入经济波动不同阶段，研究全球价值链嵌入对国际经济周期联动的影响。为此，本文借鉴程惠芳等①的研究，将 EX_t^i 与 RE_t^i 哑变量及核心解释变量交互，文武和程惠芳②建立如下方程：

$$SCM_t^{ci} = a + \beta_1 GVCE_t^{ci} \times EX_t^i + \beta_2 GVCE_t^{ci} \times RE_t^i + \beta_3 Control_t^{ci} + \varepsilon_t^{ci} \tag{1-15}$$

其中，SCM_t^{ci} 为对称值域同步化指数，$GVCE_t^{ci}$ 代表中国与 i 国制造业双边价值链嵌入度，该变量与 EX_t^i、RE_t^i 哑变量交互后，系数 β_1、β_2 则分别反映了价值链嵌入在 i 国扩张、紧缩两个不同时期对国际经济周期联动性产生的影响。$Control_t^{ci}$ 代表控制变量，ε_t^{ci} 是残差。鉴于数据可得性，本节将利用 2000—2014 年中国与 39 个贸易伙伴国的面板数据估计式（1-15）。各变量构造方法如下。

1. 双边价值链嵌入度（$GVCE$）

文武等③延续 Koopman 等④GVC 参与度的经典测算思路，将其度量范围拓展到双边，构建式（1-16）衡量方法。其中，E_t^{ci} 和 E_t^{ic} 依次为 t 时期中国对 i 国及 i 国对中国的总出口，IV_t^{ci} 和 IV_t^{ic} 依次代表被 i 国出口至第三方的中国增加值、被中国出口至第三方的 i 国增加值。在计算国外增加值项目时，本节对第三方效应予以剔除，将 $SFVA_t^{ci}$ 与 $SFVA_t^{ic}$ 分别定义为 E_t^{ci} 中源于 i 国的价值增值、E_t^{ic} 中源于 i 国的价值增值。目前，多数研究采用单边分解法估算增加值项目，无法追踪第三方效应，同时不能分解并获取双边增加值出口数据，王直等⑤提出的双边出口分解法弥补了以上不足，为剔除第三方效应提供了方法基础。本节利用此方法与 WIOD 数据相结合，获取了式（1-16）所需增加值。

$$GVCE_t^{ci} = \frac{\left(IV_t^{ci} + SFVA_t^{ci}\right) + \left(IV_t^{ic} + SFVA_t^{ic}\right)}{E_t^{ci} + E_t^{ic}} \tag{1-16}$$

① 程惠芳等:《研发强度、经济周期与长期经济增长》,《统计研究》2015 年第 1 期。

②③ 文武、程惠芳:《全球价值链嵌入与国际经济周期非对称联动》,《统计研究》2021 年第 3 期。

④ Koopman R., et al., "Give Credit to Where Credit Is Due: Tracing Value Added in Global Production Chains," *NBER Working Papers*, 2010.

⑤ 王直等:《总贸易核算法：官方贸易统计与全球价值链的度量》,《中国社会科学》2015 年第 9 期。

2. 双边贸易强度（*BTI*）

本文以中国与 i 国间双边出口 E_t^{ci} 和 E_t^{ic} 之和占两国外贸总额 T_t^c 和 T_t^i 之和的比重对其进行度量，如式（1–17）所示。所需数据源于《中国统计年鉴》与 WTO 数据库。

$$BTI_t^{ci}=\frac{E_t^{ci}+E_t^{ic}}{T_t^c+T_t^i} \tag{1-17}$$

3. 产业内贸易程度（*IIT*）

度量方法如式（1–18）所示，E_{tk}^{ci} 和 M_{tk}^{ci} 分别为中国 k 行业对 i 国的出口额及从 i 国的进口额，数据源于法国经济所 CEPII BACI 数据库。

$$IIT_t^{ci}=1-\frac{\sum_k\left|E_{tk}^{ci}-M_{tk}^{ci}\right|}{\sum_k\left|E_{tk}^{ci}+M_{tk}^{ci}\right|} \tag{1-18}$$

4. 直接投资强度（*FDI*）

因数据可得性，本文借鉴程惠芳和岑丽君[①]的做法，以中国吸引 i 国直接投资 $FDIinflow_t^{ci}$ 占两国引进直接投资 $FDIinflow_t^c$、$FDIinflow_t^i$ 总额的比重来度量，数据源于 UNCTAD 的 FDI 数据库与《中国统计年鉴》。

$$FDI_t^{ci}=\frac{FDIinflow_t^{ci}}{FDIinflow_t^c+FDIinflow_t^i} \tag{1-19}$$

5. 产业结构相似度（*IS*）

参考 Duval 等[②]的研究构建如下度量方法。其中，S_{tk}^c 与 S_{tk}^i 分别代表中国 k 行业与 i 国 k 行业增加值产出在本国 GDP 中的占比，数据源于 National Accounts Estimates of Main Aggregates 数据库。

$$IS_t^{ci}=\sum_k\left|S_{tk}^c-S_{tk}^i\right| \tag{1-20}$$

6. 财政政策同步性（*FPS*）

参考黄赜琳和姚婷婷[③]的做法，利用式（1–21）度量。其中，FP_t^c 与

---

① 程惠芳、岑丽君：《FDI、产业结构与国际经济周期协动性研究》，《经济研究》2010 年第 9 期。

② Duval R., et al., "Value-Added Trade and Business Cycle Synchronization," *Journal of International Economics*, 2016,（99）.

③ 黄赜琳、姚婷婷：《中国与"一带一路"沿线国家经济周期协同性及其传导机制》，《统计研究》2018 年第 9 期。

FP_t^i 分别代表中国政府与 i 国政府支出在本国 GDP 中的占比，数据源于 World Economic Outlook 数据库。

$$FPS_t^{ci} = \left| FP_t^c - FP_t^i \right| \tag{1-21}$$

7. 双边汇率波动性（ERS）

本节利用各国 CPI 及名义汇率（本币对美元）计算实际汇率，借助 HP 滤波去趋势获得波动项，然后将中国与 i 国实际汇率波动项 ERV_t^c、ERV_t^i 加总度量双边汇率波动性。数据源于 Penn World Table 数据库。

$$ERS_t^{ci} = ERV_t^c + ERV_t^i \tag{1-22}$$

8. 双边资本账户开放度（FMO）

沿用唐宜红等[①]的方法，利用中国、i 国资本账户开放度指数 FMO_t^c、FMO_t^i 之和度量双向资本账户开放度。数据源于 Chinn 和 Ito 于 2020 年发布的 The Chinn–Ito Index。

$$FMO_t^{ci} = \left| FMO_t^c + FMO_t^i \right| \tag{1-23}$$

9. 双边物理距离（$DIST$）与是否相邻（$NEIB$）

物理距离决定了物流成本与产品跨境流动便利性，同时邻近国家间贸易更便利，这也是影响国际产出联动的因素。因此，本节将对数化双边物理距离与是否相邻哑变量引入模型，数据源于 CEPII 的 Gravity 数据库。以上变量描述性统计如表 1–50 所示。

表 1-50　变量描述性统计

变量	含义	观测值	均值	标准差	最小值	最大值
SCM	经济周期联动性	585	0.8313	1.0826	–0.8906	5.6995
GVCE	双边价值链嵌入度	585	0.1430	0.0635	0.0309	0.4013
BTI	双边贸易强度	585	0.0092	0.0149	0.0001	0.0721
IIT	产业内贸易程度	585	0.4649	0.2717	0.0088	0.9968
FDI	直接投资强度	585	0.0045	0.0122	0.0000	0.0913
IS	产业结构相似度	585	0.5229	0.1429	0.1851	0.8713
FPS	财政政策同步性	585	0.1915	0.0877	0.0010	0.4009

① 唐宜红等:《全球价值链嵌入与国际经济周期联动：基于增加值贸易视角》,《世界经济》2018 年第 11 期。

续表

变量	含义	观测值	均值	标准差	最小值	最大值
ERS	双边汇率波动性	585	0.1887	0.0948	0.0091	0.7137
FMO	双边资本账户开放度	585	0.9333	0.4761	0.000	3.000
DIST	双边物理距离	585	8.8714	0.4507	6.8629	9.7377

注：个别年份源于克罗地亚、立陶宛等国的直接投资较少，导致直接投资强度最小值较小。

（三）整体样本估计结果

在政策实践中，相似的财政政策能够加强两国经济波动的一致性，但经济波动一致的国家往往会实行方向与力度相近的政策，两者互为因果将造成内生性出现，文武等利用系统广义矩（SYS—GMM）方法处理。双边贸易强度与直接投资强度相关系数较高，达到 0.7758，但方差膨胀因子检验显示各变量实际上并无共线性，无须对此处理。表 1–51 报告了模型估计结果，可以发现，依次加入双边价值链嵌入度与 EX_t^i、RE_t^i 的交互项后，各变量估计结果依然稳健，同时 Hansen 过度识别约束检验不能拒绝工具变量有效的原假设，AR（2）自相关检验不能拒绝随机误差项不存在二阶序列相关的原假设，工具变量数小于截面数（39），因此各列结果有效且可靠。

表 1-51　整体样本估计结果

变量	（1）	（2）	（3）
GVCE×EX	−3.1516*** （−8.15）	—	−1.0237** （−2.05）
GVCE×RE	—	3.6429*** （9.51）	2.9432*** （6.19）
BTI	0.1110** （2.55）	0.0930** （2.16）	0.1953** （2.88）
IIT	0.4346*** （4.05）	0.3769*** （3.30）	0.3338*** （3.58）
FDI	−0.4565*** （−3.96）	−0.3980*** （−4.06）	−0.5969*** （−3.63）
IS	0.0132*** （4.10）	0.0215*** （5.80）	0.0201*** （6.04）

续表

变量	（1）	（2）	（3）
FPS	−0.0288*** （−3.18）	−0.0328*** （−4.17）	−0.0267*** （−3.91）
ERS	−0.7767*** （−2.90）	−0.6014** （−2.56）	−0.5112* （−1.97）
FMO	0.4447** （2.14）	0.1575** （2.27）	0.1335** （2.02）
DIST	−0.5887*** （−3.77）	−0.5257*** （−3.75）	−0.7184*** （−3.93）
NEIB	−0.7972*** （−3.47）	−0.2439* （−1.92）	−0.441** （−2.65）
*YEAR*2008	0.8225*** （8.10）	0.8251*** （7.65）	0.7859*** （7.92）
*YEAR*2009	−1.4992*** （−21.86）	−1.5319*** （−20.61）	−1.5943*** （−22.85）
常数项	5.8435*** （4.66）	4.6611*** （4.24）	6.4902*** （4.21）
AR（1）	0.001	0.001	0.006
AR（2）	0.943	0.451	0.333
Hansen 检验	0.160	0.112	0.102
工具变量数	35	35	36
样本数	585	585	585

注：① 括号内数值为 *t* 统计量；② *、** 与 *** 分别表示 10%、5% 与 1% 显著性水平；③ *FPS* 为内生变量，其余变量外生；④ 本文对内生变量用了 collapse 以减少工具变量数。下同。

结果表明，制造业融入全球价值链对国际经济周期联动的影响在不同阶段互异。当贸易伙伴国经济扩张时，双边价值链嵌入对国际经济周期联动性有显著负向影响，而当这些国家陷入紧缩时，双边价值链嵌入对国际经济周期联动性有显著正向影响，这意味着中国融入全球价值链削弱了其与贸易伙伴国产出扩张的联动，加强其与贸易伙伴国产出紧缩的联动，使国际经济周期呈扩张联动低于紧缩联动的特征，不仅导致中国不能利用世界经济扩张有效带动国内经济上行，无法提高产出增长的国际联动性，而且加强了世界经济紧缩对中国的冲击，推动其与贸易伙伴国同步陷入衰退，阻碍稳增长，结果表明，在主动扩大对外开放、拓展全球生产网络的同时，不仅须警惕源于世界各国的风险输入，更要破解中国无法与贸易伙伴国联动扩张的困境。

（四）价值链嵌入度与经济周期的非对称联动

文武等[①]建立《欧洲联盟条约》成员国、OECD 国家、WTO 成员国哑变量，为对应国家取值 1，否则取值 0，与价值链嵌入度交互后回归，表 1–52 第（5）、（6）、（7）列报告了结果。可见，价值链嵌入对中国与三类国家经济周期联动的影响没有明显变动，货币联盟、经济合作、贸易协定等国家关联性不会显著改变实证结果。借鉴潘文卿等[②]、程惠芳等[③]的做法，将双边贸易强度（*BTI*）、贸易伙伴国产出缺口（*GAP*）分别与价值链嵌入度交互，表 1–52 第（8）、（9）列报告了检验结果。可知，贸易强度、经济波幅的变动均不能改变价值链嵌入与国际经济周期联动的关系。以上 4 组检验结果表明本文实证结果是稳健的。

文武等在将所有样本分为发达国家 *HD* 与发展中国家 *LD* 的基础上，还考虑到美、日、韩、澳 4 个非欧盟国家是中国中间投入主要进口来源国，为使之区别于其余非欧盟国家，本文还采取欧盟国家、美、日、韩、澳 4 国与其他非欧盟国家的分组方式。结果表明，源于发达国家、欧盟国家、美、日、韩、澳 4 国的中间投入进口比例下降，有利于加强中国与此类国家经济扩张的联动、减弱中国与此类国家经济紧缩的联动，但减少从发展中国家、其他非欧盟国家的进口比例并无积极影响。这是因为发展中国家和其他非欧盟国家并非中间投入主要进口来源国，中国主要从发达国家、欧盟国家、美、日、韩、澳 4 国大量进口中间投入，而此类国家又是外源冲击的主要来源国，这一行为不仅显著降低出口国内价值含量，而且提高了冲击风险。减少源于此类国家的中间投入进口，可有效规避该不利影响（见表 1–53）。

① 文武、程惠芳：《全球价值链嵌入与国际经济周期非对称联动》，《统计研究》2021 年第 3 期。

② 潘文卿等：《价值链贸易与经济周期的联动：国际规律及中国经验》，《经济研究》2015 年第 11 期。

③ 程惠芳等：《研发强度、经济周期与长期经济增长》，《统计研究》2015 年第 1 期。

表 1-52 稳健性检验结果

变量	检验一		检验二		变量	检验三			检验四	
	去掉六大经济体	去掉高开放度国家	*GVCE* 再度量	差分广义矩方法		欧洲联盟成员国	OECD 国家	WTO 成员国	引入贸易强度交互	引入产出缺口交互
	（1）	（2）	（3）	（4）		（5）	（6）	（7）	（8）	（9）
GVCE×EX	−1.1795** （−2.04）	−3.0635*** （−2.85）	−33.768*** （−4.55）	−1.9887** （−2.32）	*GVCE×EX×VAR*	−0.8150* （−1.97）	−1.5394** （−2.12）	−1.3616*** （−3.76）	−1.4726** （−2.00）	−0.6657*** （−3.84）
GVCE×RE	6.9794*** （8.54）	5.4099*** （3.67）	25.447*** （3.05）	2.9050*** （3.41）	*GVCE×RE×VAR*	2.9334*** （3.67）	4.6099*** （4.81）	5.6405*** （14.87）	5.0254*** （4.20）	0.8084*** （3.02）
BTI	0.3416*** （2.84）	0.2232** （2.17）	0.1224** （2.38）	0.2061** （2.01）	*BTI*	0.1434*** （2.82）	0.1677** （2.25）	0.2131*** （4.15）	0.0585* （1.97）	0.1319** （2.26）
IIT	0.2686*** （4.34）	0.3840*** （3.94）	0.3976*** （3.66）	0.4069* （1.98）	*IIT*	0.3889*** （3.83）	0.3175*** （3.61）	0.2753*** （3.25）	0.4331*** （3.51）	0.5333*** （3.52）
FDI	−0.7093*** （−4.45）	−0.3787* （−1.86）	−0.2315** （−2.42）	−0.2857* （−1.70）	*FDI*	−0.3646*** （−4.34）	−0.3319*** （−3.15）	−0.3887*** （−4.45）	−0.4141** （−2.65）	−0.413*** （−4.44）
IS	0.0160** （2.36）	0.0195*** （3.74）	0.0154*** （3.05）	0.0381*** （3.99）	*IS*	0.0097*** （2.75）	0.0109*** （3.27）	0.0139*** （4.63）	0.0117*** （2.94）	0.0149*** （3.71）
FPS	−0.0212* （−1.79）	−0.0296** （−2.17）	−0.0335** （−2.04）	−0.0239 （−1.62）	*FPS*	−0.0201** （−2.49）	−0.0232** （−2.30）	−0.0238*** （−3.43）	−0.0129 （−1.13）	−0.034*** （−3.47）
ERS	−0.9249*** （−2.88）	−0.2419 （−0.38）	−0.5274** （−2.27）	−1.3182*** （−5.80）	*ERS*	−1.0073*** （−4.76）	−0.7351*** （−3.28）	−0.4857* （−1.89）	−0.6525*** （−2.77）	−0.7289** （−2.46）

续表

变量	检验一		检验二		变量	检验三			检验四	
	去掉六大经济体	去掉高开放度国家	*GVCE* 再度量	差分广义矩方法		欧洲联盟成员国	OECD 国家	WTO 成员国	引入贸易强度交互	引入产出缺口交互
	（1）	（2）	（3）	（4）		（5）	（6）	（7）	（8）	（9）
FMO	0.7611** （2.53）	0.1419* （1.80）	0.1230* （1.89）	0.5792*** （2.72）	*FMO*	0.5410* （1.71）	0.4318** （2.16）	0.2488*** （2.82）	0.1343** （2.19）	0.6678** （2.50）
*YEAR*2008	1.2310*** （7.76）	0.9786*** （4.28）	0.9423*** （5.26）	0.9991*** （7.12）	*YEAR*2008	0.7486*** （6.84）	1.0157*** （9.02）	1.0961*** （6.84）	0.9974*** （6.59）	0.9091*** （6.48）
*YEAR*2009	−1.6988*** （−21.89）	−1.6125*** （−13.65）	−1.7039*** （−16.26）	−1.6715*** （−19.37）	*YEAR*2009	−1.3413*** （−16.69）	−1.5686*** （−18.31）	−1.7291*** （−21.17）	−1.6404*** （−18.49）	−1.5340*** （−10.25）
常数项	−0.7327 （−1.39）	0.1324 （0.53）	0.5667** （2.45）	—	常数项	0.1995 （0.66）	0.1389 （0.53）	−0.0196 （−0.17）	0.197 （0.88）	0.0536 （0.20）
AR（1）	0.000	0.009	0.002	0.000	AR（1）	0.002	0.000	0.006	0.000	0.000
AR（2）	0.307	0.625	0.532	0.132	AR（2）	0.271	0.498	0.883	0.716	0.698
Hansen 检验	0.199	0.420	0.148	0.812	Hansen 检验	0.133	0.277	0.222	0.305	0.228
工具变量数	35	35	35	35	工具变量数	35	35	35	35	35
样本数	495	480	585	585	样本数	585	585	585	585	585

注：① 括号内数值为 *t* 统计量；② *、** 与 *** 分别表示 10%、5% 与 1% 显著性水平。

表 1-53　引入中间投入进口比例的估计结果——对国别差异的考察

区分发达国家、发展中国家研究				区分欧盟国家、美日韩澳 4 国与其他非欧盟国家研究			
变量	（1）	（2）	（3）	变量	（4）	变量	（5）
GVCE×EX	-1.3324^{**} （-2.41）	-1.4303^{**} （-2.62）	-1.2916^{**} （-2.07）	*GVCE×EX*	-2.0337^{***} （-3.05）	*GVCE×EX*	-1.3039^{**} （-2.11）
GVCE×RE	3.1326^{***} （5.24）	3.1217^{***} （5.04）	2.1699^{***} （4.58）	*GVCE×RE*	2.3069^{***} （4.08）	*GVCE×RE*	2.4871^{***} （4.32）
GVCE×EX× *IMD* × *HD*	-3.1286^{***} （-5.58）	—	-2.9253^{**} （-2.51）	*GVCE×EX×* *IMD* × EU	-9.9957^{*} （-1.98）	*GVCE×RE×IMD* × EU	14.6608^{*} （1.92）
GVCE×EX× *IMD* × *LD*	-0.9539 （-0.13）	—	-4.0232 （-0.69）	*GVCE×EX×* *IMD* × MRHA	-2.2527^{***} （-3.29）	*GVCE×RE×IMD* × MRHA	7.6419^{***} （3.89）
GVCE×RE× *IMD* × *HD*	—	4.0767^{***} （5.28）	3.8506^{**} （2.02）	*GVCE×EX×* *IMD* × ROC	-2.0832 （-0.34）	*GVCE×RE×IMD* × ROC	9.6916 （0.98）
GVCE×RE× *IMD* × *LD*	—	-6.2574 （-1.17）	0.5901 （0.14）	—	—	—	—
BTI	0.3552^{**} （2.22）	0.3169^{**} （2.08）	0.1399^{**} （2.21）	*BTI*	0.4192^{***} （2.97）	*BTI*	0.2298^{*} （1.71）
IIT	0.4631^{***} （3.27）	0.5227^{***} （3.67）	0.3301^{**} （2.67）	*IIT*	1.1975^{***} （3.05）	*IIT*	0.5810^{***} （3.84）
FDI	-0.9691^{**} （-2.62）	-1.0270^{***} （-2.89）	-0.6409^{**} （-2.49）	*FDI*	-0.8749^{***} （-3.03）	*FDI*	-1.0683^{***} （-3.12）
IS	0.0235^{***} （4.23）	0.0234^{***} （4.45）	0.0179^{***} （2.99）	*IS*	0.0112^{**} （2.55）	*IS*	0.0299^{***} （5.12）
FPS	-0.0310^{***} （-2.90）	-0.0341^{***} （-3.15）	-0.0051 （-0.86）	*FPS*	-0.0016 （-0.16）	*FPS*	-0.0327^{***} （-2.77）

续表

区分发达国家、发展中国家研究				区分欧盟国家、美日韩澳4国与其他非欧盟国家研究			
变量	（1）	（2）	（3）	变量	（4）	变量	（5）
ERS	−0.6816** （−2.51）	−0.6044** （−2.46）	−0.8712*** （−3.68）	*ERS*	−1.1624*** （−3.40）	*ERS*	−1.1129*** （−3.38）
FMO	0.2968** （2.33）	0.2682** （2.05）	0.3305*** （2.73）	*FMO*	0.3287** （2.47）	*FMO*	0.2738** （2.61）
DIST	−1.2191*** （−2.71）	−1.1015** （−2.67）	−1.3643*** （−2.87）	*DIST*	−0.7672*** （−2.80）	*DIST*	−2.0593*** （−3.47）
NEIB	−0.8793** （−2.30）	−0.7957** （−2.43）	−0.7174** （−2.15）	*NEIB*	−0.9006*** （−3.03）	*NEIB*	−1.2045** （−2.63）
*YEAR*2008	1.3204*** （7.91）	1.3127*** （8.00）	1.1519*** （13.43）	*YEAR*2008	1.7177*** （10.08）	*YEAR*2008	1.5448*** （9.82）
*YEAR*2009	−1.5839*** （−16.16）	−1.5862*** （−16.91）	−1.4213*** （−20.35）	*YEAR*2009	−1.6217*** （−17.05）	*YEAR*2009	−1.6706*** （−20.55）
常数项	10.6989*** （2.98）	9.7216*** （2.97）	12.4274*** （3.04）	常数项	6.4959*** （2.79）	常数项	8.0459*** （3.61）
AR（1）	0.000	0.000	0.000	AR（1）	0.000	AR（1）	0.000
AR（2）	0.705	0.737	0.723	AR（2）	0.639	AR（2）	0.507
Hansen 检验	0.086	0.106	0.177	Hansen 检验	0.107	Hansen 检验	0.084
工具变量数	38	38	40	工具变量数	39	工具变量数	39
样本数	585	585	585	样本数	585	样本数	585

注：① 括号内数值为 t 统计量；② *、** 与 *** 分别表示 10%、5% 与 1% 显著性水平；③ *FPS* 为内生变量，其余变量外生；④ 本文对内生变量用了 collapse 以减少工具变量数。

上述实证分析结果表明，2000—2014年，中国与贸易伙伴国经济周期呈“扩张联动低于紧缩联动”的非对称特征。其中，中国与发展中国家、非欧盟国家扩张协动性更弱，而与发达国家、欧盟国家紧缩协动性更强。中国制造业融入全球价值链削弱了与贸易伙伴国经济扩张的协动，加强了与贸易伙伴国经济紧缩的协动，一定程度上促成非对称协动性特征出现。对国别差异的考察表明，全球价值链嵌入下，中国与发达国家、欧盟国家等经济紧缩的协动性大幅增强。

综上所述，经济全球化的深化发展增强了国际经济周期协动性，由于不同类型国家的全球价值链水平差异，国际经济周期协动性存在一定差异。但是经济全球化和全球价值链发展，总体上国际经济周期协动性是增强趋势。随着国际经济周期协动性增强，迫切需要加强全球多边经贸规则协同调节、加强国际经济政策协同调控，加快建立开放型世界经济发展，才能够使全球经济健康稳定发展。全球价值链下如何加强国际经济政策协同调控？如何适应国际经济周期协动性变化加强多边经贸规则体系建设？经济全球化的深化发展增强了国际经济周期协动性，加强国际经济政策协同调控已经成为全球性最高多边经贸规则新一轮重塑中迫切需要重视和研究的重大理论与政策问题。

第六节　世界产业结构变化分析

党的十九大报告指出，我国经济已由高速增长阶段转向高质量发展阶段，转变发展理念、优化经济结构、转换增长动力不会一帆风顺。中国经济高质量发展与产业结构优化升级具有密切关系。1970年以来，世界总供给和总需求的变化与产业结构变化也存在密切关系。因此，有必要进一步深入分析产业结构变化与总供给和总需求之间的互动机制，进一步深入研究三次产业发展与总供给规模扩大互动关系，三次产业发展与GDP增长的内在联系机制。本节对世界三次产业增加值变化趋势、三次产业结构比例变化及五大洲三次产业结构比例变化进行深入分析。第一产业包括农林牧渔业；第二产业包括制造业、采矿业，建筑业等行业；第三产业包括服务业和其他非物质生产部门，三次产业发展是相互依赖和相互制约的，三次产业结构的变化对国内国际双循环新发展格局具有重要支撑作用。

产业结构是指一个国家或地区的产业之间比例关系，以及产业间的技术经济联系，即产业间相互依存和相互作用的关系。产业结构变化，一是各产业的构成比例变化；二是各产业之间的联系变化；三是产业变化新趋势。钱纳里（Chenery）① 提出产业结构的变化是经济增长的动力，通过构建多国模型，对不同国家经济进行分析，提出了标准产业结构，为之后产业结构的研究提供了理论基础。钱纳里指出，在不同的发展阶段产业结构是不一样的，在工业化初期阶段，无论是就业还是增加值，第一产业的比重都是最大的；当经济发展到工业化中期，产业结构向第二产业过渡，并且由轻工业向重工业转变，与此同时，第三产业也开始逐步发展；在工业化高级阶段，第三产业进入高速发展阶段，成为地区经济增长的主要动力，而第一、第二产业开始逐步稳定。克拉克（Clark，1941）出版了《经济进步的条件》② 一书，他以配第的研究为基础，对 40 多个国家和地区不同时期三次产业的劳动投入产出资料进行了整理和归纳，总结出随着经济发展和人均国民收入水平的提高，劳动力首先由第一产业向第二产业转移，然后再向第三产业转移的演进趋势，被称为“配第—克拉克定理”。配第—克拉克定理起源于英国古典经济学家威廉·配第（Petty，1672）的《政治算术》③，克拉克对三次产业的劳动力流动进行归纳并加以验证。克拉克（Clark）④ 用实证数据对产业结构与经济增长之间的关系进行了分析，并指出“以经济活动与消费者的关系作为分类标准，第一产业为广义的农业；第二产业为工业（包括矿业、制造业和水电气等部门）；第三产业为服务业（包括商业、金融保险业、运输业、政府服务和其他非物质生产部门）”。

目前世界通用的划分方法为：第一产业主要包括农林牧渔业；第二产业主要包括制造业、采矿业、建筑业；第三产业主要由商业、交通运输业、金融业、房地产业、旅游业、教育文化娱乐等组成。三次产业发展是相互依赖和相互制约的，三次产业结构的变化对国内国际双循环新发展格局具有重要支撑作用。

本节结合联合国颁布的国际标准产业分类（ISIC）Rev. 3 和 ISIC Rev.

① Chenery Hollis B., “Interactions between Industrialization and Exports,” *American Economic Review*, 1980, 70（2）.

②④ 科林·克拉克:《经济进步的条件》，中国人民大学出版社 2020 年版。

③ 威廉·配第:《政治算术》，商务印书馆 2014 年版。

4）和我国的《国民经济行业分类》（GB/T 4754—2002）对三大产业进行划分，其中第一产业为农林牧渔业；第二产业为工业和建筑业，工业又分为制造业、采矿业等；第三产业为服务业等，根据 OECD Statistics 中 STAN Database for Structural Analysis 当中的分类方法。本节对世界三次产业增加值和三次产业结构及五大洲三次产业结构变化进行深入分析。第一产业包括农林牧副渔行业；第二产业包括制造业、采矿业、建筑业等行业；第三产业包括服务业和其他非物质生产部门。

一、世界三次产业结构变化分析

1970—2022 年，世界三次产业增加值持续增长，世界产业总增加值从 1970 年的 3.29 万亿美元增加到 2022 年的 96.5 万亿美元，其中世界第一产业（农林牧渔业）增加值从 3109 亿美元增加到 4.39 万亿美元，世界第二产业（制造业、采矿业、建筑业等）增加值从 1.23 万亿美元增加到 27.8 万亿美元，世界第三产业（服务业等）增加值从 1.76 亿美元增加到 64.3 万亿美元（见图 1-134）。

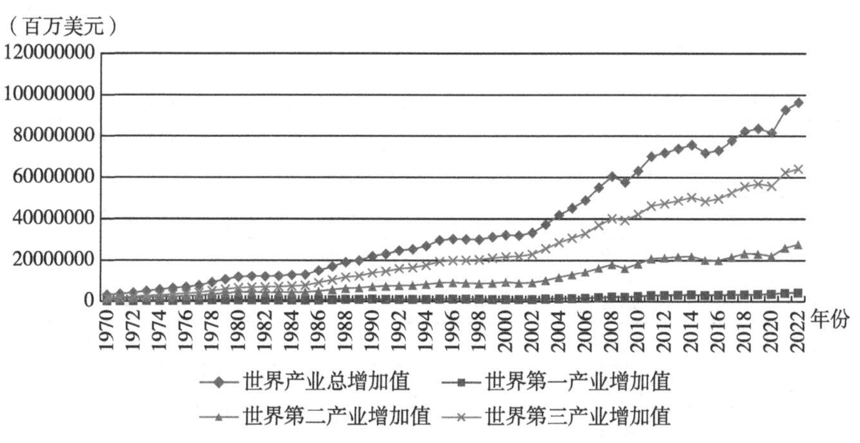

图 1-134 1970—2022 年世界三次产业增加值变化

资料来源：根据联合国贸易和发展会议数据库数据制作。

1970—2022 年，世界三次产业结构发生了明显变化，世界第一、第二产业增加值占世界产业总增加值的比例持续下降，世界第三产业增加值占世界产业总增加值的比例持续上升。世界第一产业增加值占世界产业总增加值的比例从 1970 年的 9.4% 下降到 2022 年的 4.6%，同期世界第二产业增加值占世界产业总增加值的比例从 37.3% 下降到 28.8%，世界第三产业增加值占世界产业总增加值的比例从 53.4% 增加到 66.6%（见图 1-135、表 1-54）。总的来看，全球产业结构已经进入“三二一”结构阶段。

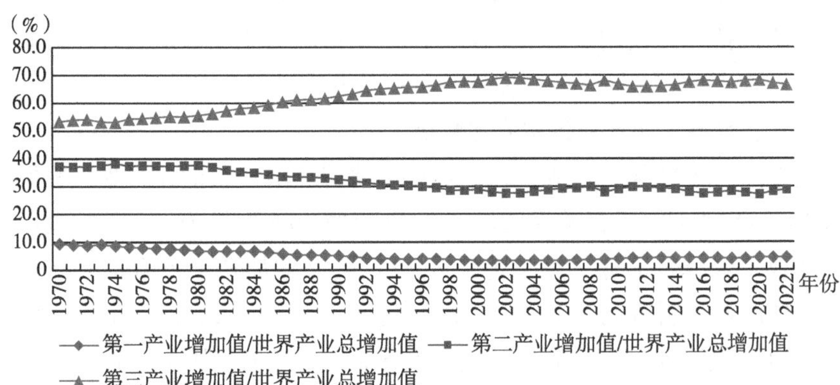

图 1-135　1970—2022 年世界三次产业增加值占世界产业总增加值的比例变化

资料来源：根据联合国贸易和发展会议数据库数据制作。

表 1-54　1970—2022 年世界三次产业增加值占世界产业总增加值的比例变化

年份	第一产业增加值 / 世界产业总增加值	第二产业增加值 / 世界产业总增加值	第三产业增加值 / 世界产业总增加值
1970	9.4%	37.3%	53.4%
1971	9.0%	37.2%	54.0%
1972	8.7%	37.3%	54.2%
1973	9.2%	37.6%	53.3%
1974	8.7%	38.4%	53.2%
1975	8.3%	37.5%	54.4%
1976	8.0%	37.7%	54.5%
1977	7.8%	37.5%	54.9%
1978	7.5%	37.3%	55.3%
1979	7.3%	37.6%	55.2%
1980	6.8%	37.8%	55.6%
1981	6.8%	37.1%	56.3%
1982	6.8%	36.0%	57.4%
1983	6.9%	35.3%	58.1%

续表

年份	第一产业增加值 / 世界产业总增加值	第二产业增加值 / 世界产业总增加值	第三产业增加值 / 世界产业总增加值
1984	6.9%	35.0%	58.5%
1985	6.4%	34.5%	59.4%
1986	5.9%	33.7%	60.6%
1987	5.5%	33.5%	61.3%
1988	5.4%	33.4%	61.3%
1989	5.4%	33.1%	61.7%
1990	5.2%	32.5%	62.5%
1991	4.8%	32.1%	63.3%
1992	4.3%	31.2%	64.6%
1993	4.2%	30.7%	65.1%
1994	4.1%	30.5%	65.4%
1995	3.9%	30.3%	65.7%
1996	4.1%	30.0%	65.9%
1997	4.0%	29.6%	66.4%
1998	3.8%	28.6%	67.5%
1999	3.6%	28.6%	67.8%
2000	3.4%	28.9%	67.6%
2001	3.4%	28.0%	68.6%
2002	3.4%	27.5%	69.1%
2003	3.4%	27.6%	69.0%
2004	3.5%	28.1%	68.4%
2005	3.3%	28.7%	68.0%
2006	3.3%	29.3%	67.4%
2007	3.5%	29.4%	67.0%
2008	3.7%	29.9%	66.4%
2009	3.8%	28.0%	68.2%
2010	4.1%	29.1%	66.8%
2011	4.3%	29.8%	66.0%
2012	4.3%	29.7%	66.0%
2013	4.5%	29.4%	66.1%
2014	4.4%	29.1%	66.5%

续表

年份	第一产业增加值 / 世界产业总增加值	第二产业增加值 / 世界产业总增加值	第三产业增加值 / 世界产业总增加值
2015	4.4%	28.1%	67.5%
2016	4.4%	27.5%	68.2%
2017	4.3%	27.9%	67.8%
2018	4.1%	28.4%	67.5%
2019	4.2%	27.8%	68.1%
2020	4.5%	27.1%	68.4%
2021	4.5%	28.2%	67.3%
2022	4.6%	28.8%	66.6%

资料来源：根据联合国贸易和发展会议数据库数据制作。

1970—2022 年，世界三次产业增加值占世界 GDP 的比例发生了明显变化。世界第一产业增加值占世界 GDP 的比例从 1970 年的 9.1% 下降到 2022 年的 4.4%，同期世界第二产业增加值占世界 GDP 的比例从 35.9% 下降到 27.6%，世界第三产业增加值占世界 GDP 的比例从 51.4% 增加到 63.7%，世界产业结构已经进入以服务业为主的重要发展阶段（见图 1-136、表 1-55）。

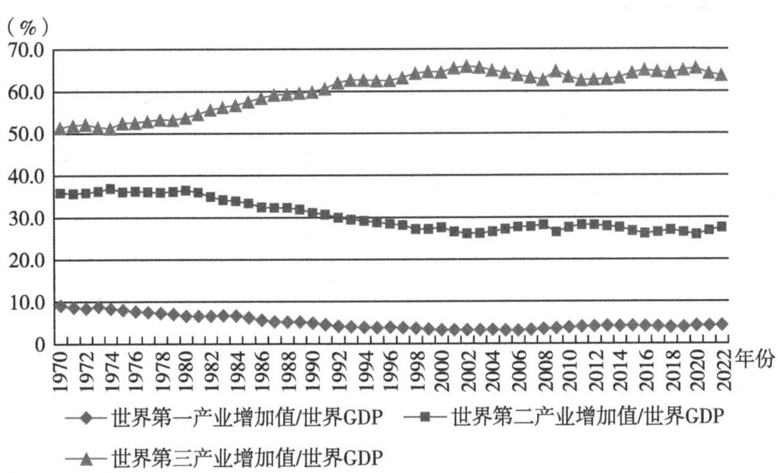

图 1-136　1970—2022 年世界三次产业增加值占世界 GDP 的比例变化

资料来源：根据联合国贸易和发展会议数据库数据制作。

表 1-55 1970—2022 年世界三次产业增加值占世界 GDP 的比例变化

年份	世界第一产业增加值 / 世界 GDP	世界第二产业增加值 / 世界 GDP	世界第三产业增加值 / 世界 GDP
1970	9.1%	35.9%	51.4%
1971	8.7%	35.7%	51.9%
1972	8.4%	35.9%	52.2%
1973	8.9%	36.3%	51.4%
1974	8.3%	37.0%	51.3%
1975	8.0%	36.1%	52.5%
1976	7.7%	36.3%	52.6%
1977	7.5%	36.1%	52.9%
1978	7.3%	36.0%	53.3%
1979	7.1%	36.2%	53.2%
1980	6.6%	36.5%	53.8%
1981	6.6%	36.0%	54.6%
1982	6.6%	35.0%	55.7%
1983	6.7%	34.2%	56.3%
1984	6.7%	34.0%	56.8%
1985	6.2%	33.4%	57.6%
1986	5.7%	32.5%	58.4%
1987	5.3%	32.4%	59.2%
1988	5.2%	32.3%	59.4%
1989	5.2%	32.0%	59.6%
1990	5.0%	31.1%	59.9%
1991	4.6%	30.8%	60.7%
1992	4.1%	30.0%	62.1%
1993	4.0%	29.5%	62.7%
1994	3.9%	29.2%	62.7%
1995	3.8%	28.9%	62.5%
1996	3.9%	28.5%	62.6%
1997	3.8%	28.2%	63.3%
1998	3.7%	27.3%	64.3%
1999	3.4%	27.2%	64.6%
2000	3.3%	27.6%	64.5%

续表

年份	世界第一产业增加值 / 世界 GDP	世界第二产业增加值 / 世界 GDP	世界第三产业增加值 / 世界 GDP
2001	3.3%	26.7%	65.5%
2002	3.3%	26.2%	65.9%
2003	3.2%	26.2%	65.7%
2004	3.3%	26.7%	65.0%
2005	3.2%	27.2%	64.5%
2006	3.2%	27.7%	63.8%
2007	3.3%	27.8%	63.3%
2008	3.5%	28.2%	62.7%
2009	3.6%	26.5%	64.8%
2010	3.9%	27.6%	63.4%
2011	4.0%	28.3%	62.6%
2012	4.1%	28.2%	62.8%
2013	4.2%	27.9%	62.9%
2014	4.2%	27.6%	63.2%
2015	4.2%	26.8%	64.4%
2016	4.2%	26.2%	65.0%
2017	4.1%	26.5%	64.7%
2018	3.9%	27.1%	64.4%
2019	4.0%	26.5%	65.0%
2020	4.3%	25.9%	65.5%
2021	4.3%	26.9%	64.3%
2022	4.4%	27.6%	63.7%

资料来源：根据联合国贸易和发展会议数据库数据制作。

二、五大洲三次产业结构变化分析

（一）亚洲三次产业结构变化

1970—2022 年，亚洲产业总增加值持续增长，亚洲产业总增加值从 1970 年的 4993 亿美元增加到 2022 年的 37 万亿美元，其中亚洲第一产业增加值从 1058 亿美元增加到 2.76 万亿美元，亚洲第二产业增加值从 1885 亿美元增加到 13.78 万亿美元，亚洲第三产业增加值从 2050 亿美元增加到 20.48 万亿美元（见图 1–137、表 1–56）。

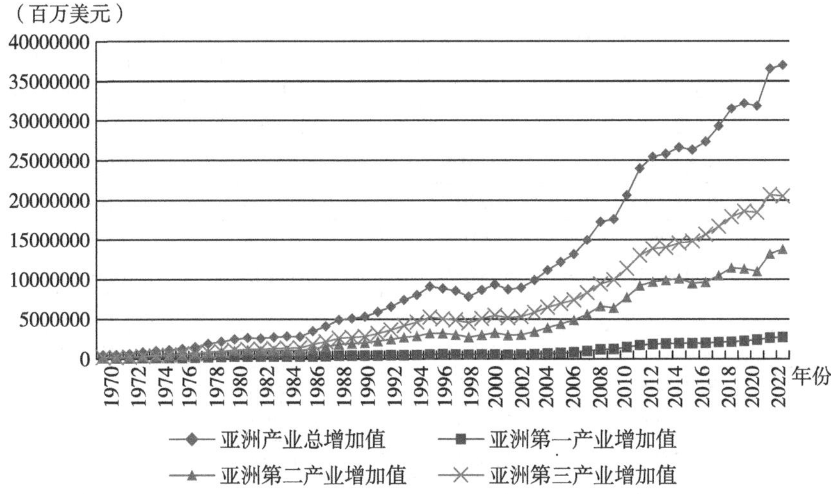

图 1-137 1970—2022 年亚洲三次产业增加值变化

资料来源：根据联合国贸易和发展会议数据库数据制作。

表 1-56 1970—2022 年亚洲三次产业结构变化 （单位：百万美元）

年份	亚洲产业总增加值	亚洲第一产业增加值	亚洲第二产业增加值	亚洲第三产业增加值
1970	499261	105755	188540	204966
1971	549188	107720	212376	229092
1972	665932	119349	262775	283808
1973	875694	152459	354623	368612
1974	1059148	172597	448996	437556
1975	1157218	184300	477015	495902
1976	1296912	191031	543371	562509
1977	1542168	213759	636747	691662
1978	1947396	249797	794441	903157
1979	2201473	285023	917956	998495
1980	2470847	304796	1046345	1119706
1981	2666732	320983	1112784	1232965
1982	2579047	319865	1032457	1226725
1983	2723534	334718	1060484	1328331
1984	2838381	339574	1098396	1400411
1985	2813634	314974	1078052	1420608
1986	3501915	331988	1327994	1841932
1987	4140265	363778	1569168	2207319
1988	4920469	416220	1874345	2629904
1989	5112991	432769	1955897	2724325

续表

年份	亚洲产业总增加值	亚洲第一产业增加值	亚洲第二产业增加值	亚洲第三产业增加值
1990	5337681	436252	2059750	2841679
1991	5921770	428950	2263870	3228951
1992	6573090	467207	2469573	3636309
1993	7417984	485108	2741648	4191228
1994	8046675	505483	2881135	4660057
1995	9102959	566940	3267083	5268937
1996	8862653	599584	3212831	5050238
1997	8571349	581722	3086542	4903085
1998	7811490	557334	2730819	4523336
1999	8683552	573972	3015598	5093981
2000	9366697	569521	3301974	5495202
2001	8747507	547636	3008833	5191038
2002	8967665	570216	3071466	5325983
2003	9904690	619594	3429655	5855441
2004	11162496	706070	3944865	6511561
2005	12174413	759905	4428204	6986304
2006	13160861	831322	4913895	7415644
2007	14979975	1002295	5647560	8330121
2008	17286731	1182747	6662453	9441531
2009	17612157	1236841	6419454	9955862
2010	20613888	1478315	7756907	11378666
2011	23980143	1737581	9211296	13031266
2012	25428442	1844799	9709549	13874094
2013	25822404	1951245	9863852	14007307
2014	26624733	1978358	10099666	14546709
2015	26310870	1985259	9517975	14807636
2016	27347772	2006267	9660134	15681370
2017	29295751	2107351	10501433	16686947
2018	31512529	2160913	11446010	17905553
2019	32183715	2257138	11334735	18591759
2020	31862025	2413927	11003230	18444753
2021	36578864	2679990	13218493	20680232
2022	37013275	2755783	13778055	20479209

资料来源：根据联合国贸易和发展会议数据库数据制作。

1970—2022年，亚洲三次产业结构比例发生了明显变化。1970年以来，亚洲第一产业增加值占亚洲产业总增加值的比例明显下降，亚洲第三产业增加值占亚洲产业总增加值的比例明显上升，亚洲第二产业增加值占亚洲产业总增加值的比例相对稳定。亚洲第一产业增加值占三次产业总增加值的比例从 1970 年的 21.2% 下降到 2022 年的 7.4%，同期亚洲第二产业增加值占亚洲产业总增加值的比例从 37.8% 下降到 37.2%，亚洲第三产业增加值占亚洲产业总增加值的比例从 41.1% 上升到 55.3%（见图 1–138、表 1–57）。

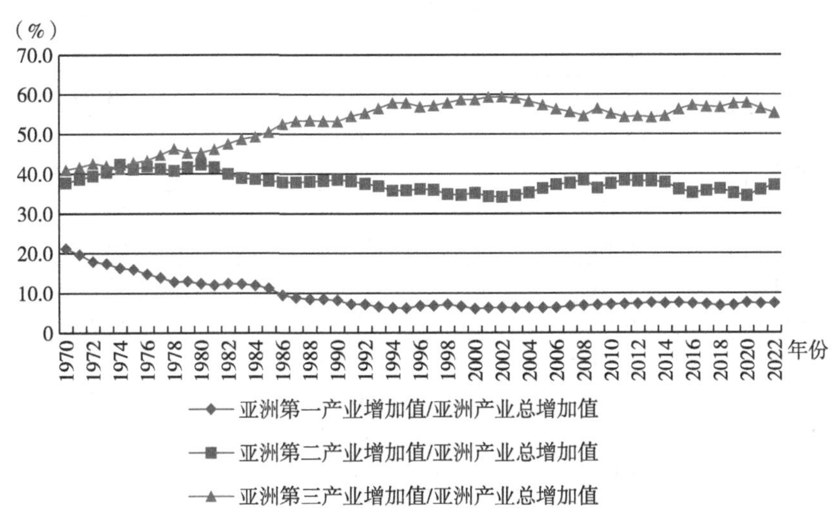

图 1-138　1970—2022 年亚洲产业结构变化

资料来源：根据联合国贸易和发展会议数据库数据制作。

表 1-57　1970—2022 年亚洲三次产业增加值占亚洲产业增加值的比例变化

年份	亚洲第一产业增加值 / 亚洲产业总增加值	亚洲第二产业增加值 / 亚洲产业总增加值	亚洲第三产业增加值 / 亚洲产业总增加值
1970	21.2%	37.8%	41.1%
1971	19.6%	38.7%	41.7%
1972	17.9%	39.5%	42.6%
1973	17.4%	40.5%	42.1%
1974	16.3%	42.4%	41.3%
1975	15.9%	41.2%	42.9%
1976	14.7%	41.9%	43.4%
1977	13.9%	41.3%	44.8%
1978	12.8%	40.8%	46.4%
1979	12.9%	41.7%	45.4%
1980	12.3%	42.3%	45.3%
1981	12.0%	41.7%	46.2%

续表

年份	亚洲第一产业增加值/亚洲产业总增加值	亚洲第二产业增加值/亚洲产业总增加值	亚洲第三产业增加值/亚洲产业总增加值
1982	12.4%	40.0%	47.6%
1983	12.3%	38.9%	48.8%
1984	12.0%	38.7%	49.3%
1985	11.2%	38.3%	50.5%
1986	9.5%	37.9%	52.6%
1987	8.8%	37.9%	53.3%
1988	8.5%	38.1%	53.4%
1989	8.5%	38.3%	53.3%
1990	8.2%	38.6%	53.2%
1991	7.2%	38.2%	54.5%
1992	7.1%	37.6%	55.3%
1993	6.5%	37.0%	56.5%
1994	6.3%	35.8%	57.9%
1995	6.2%	35.9%	57.9%
1996	6.8%	36.3%	57.0%
1997	6.8%	36.0%	57.2%
1998	7.1%	35.0%	57.9%
1999	6.6%	34.7%	58.7%
2000	6.1%	35.3%	58.7%
2001	6.3%	34.4%	59.3%
2002	6.4%	34.3%	59.4%
2003	6.3%	34.6%	59.1%
2004	6.3%	35.3%	58.3%
2005	6.2%	36.4%	57.4%
2006	6.3%	37.3%	56.3%
2007	6.7%	37.7%	55.6%
2008	6.8%	38.5%	54.6%
2009	7.0%	36.4%	56.5%
2010	7.2%	37.6%	55.2%
2011	7.2%	38.4%	54.3%
2012	7.3%	38.2%	54.6%
2013	7.6%	38.2%	54.2%
2014	7.4%	37.9%	54.6%
2015	7.5%	36.2%	56.3%
2016	7.3%	35.3%	57.3%
2017	7.2%	35.8%	57.0%

续表

年份	亚洲第一产业增加值/亚洲产业总增加值	亚洲第二产业增加值/亚洲产业总增加值	亚洲第三产业增加值/亚洲产业总增加值
2018	6.9%	36.3%	56.8%
2019	7.0%	35.2%	57.8%
2020	7.6%	34.5%	57.9%
2021	7.3%	36.1%	56.5%
2022	7.4%	37.2%	55.3%

资料来源：根据联合国贸易和发展会议数据库数据制作。

1970—2022 年，亚洲三次产业增加值占亚洲 GDP 的比例发生了明显变化，亚洲第一产业增加值占亚洲 GDP 的比例从 1970 年的 20.5% 下降到 2022 年的 7.3%，同期亚洲第二产业增加值占亚洲 GDP 的比例从 36.6% 下降到 36.3%，亚洲第二产业发展比较稳定，主要是亚洲制造业发展比较稳健。亚洲第三产业增加值占亚洲 GDP 的比例从 39.8% 增加到 53.9%（见图 1-139、表 1-58）。

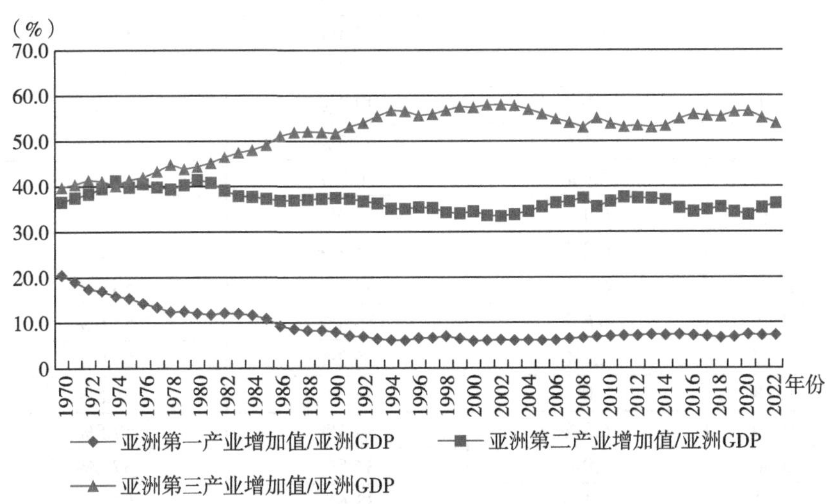

图 1-139　1970—2022 年亚洲三次产业增加值占亚洲 GDP 的比例变化

资料来源：根据联合国贸易和发展会议数据库数据制作 。

表 1-58　1970—2022 年亚洲三次产业增加值占亚洲 GDP 的比例变化

年份	亚洲第一产业增加值/亚洲 GDP	亚洲第二产业增加值/亚洲 GDP	亚洲第三产业增加值/亚洲 GDP
1970	20.5%	36.6%	39.8%
1971	19.0%	37.5%	40.4%
1972	17.4%	38.3%	41.4%

续表

年份	亚洲第一产业增加值 / 亚洲 GDP	亚洲第二产业增加值 / 亚洲 GDP	亚洲第三产业增加值 / 亚洲 GDP
1973	17.0%	39.5%	41.1%
1974	15.8%	41.2%	40.1%
1975	15.4%	39.8%	41.4%
1976	14.3%	40.6%	42.0%
1977	13.4%	39.9%	43.3%
1978	12.4%	39.4%	44.8%
1979	12.5%	40.3%	43.8%
1980	12.1%	41.4%	44.3%
1981	11.8%	40.8%	45.2%
1982	12.1%	39.1%	46.4%
1983	12.0%	37.9%	47.5%
1984	11.7%	37.7%	48.1%
1985	10.9%	37.3%	49.1%
1986	9.2%	36.9%	51.1%
1987	8.6%	36.9%	52.0%
1988	8.2%	37.1%	52.1%
1989	8.3%	37.3%	52.0%
1990	7.9%	37.5%	51.7%
1991	7.1%	37.3%	53.2%
1992	6.9%	36.7%	54.0%
1993	6.4%	36.3%	55.5%
1994	6.2%	35.1%	56.8%
1995	6.1%	35.1%	56.6%
1996	6.6%	35.4%	55.6%
1997	6.6%	35.2%	55.9%
1998	7.0%	34.3%	56.8%
1999	6.5%	34.1%	57.5%
2000	5.9%	34.5%	57.4%
2001	6.1%	33.6%	57.9%
2002	6.2%	33.5%	58.0%
2003	6.1%	33.8%	57.8%
2004	6.2%	34.5%	57.0%
2005	6.1%	35.5%	56.0%
2006	6.2%	36.4%	54.9%
2007	6.5%	36.7%	54.1%
2008	6.6%	37.4%	53.1%
2009	6.8%	35.5%	55.1%

续表

年份	亚洲第一产业增加值 / 亚洲 GDP	亚洲第二产业增加值 / 亚洲 GDP	亚洲第三产业增加值 / 亚洲 GDP
2010	7.0%	36.7%	53.9%
2011	7.1%	37.6%	53.2%
2012	7.1%	37.4%	53.5%
2013	7.4%	37.4%	53.1%
2014	7.3%	37.0%	53.4%
2015	7.4%	35.3%	55.0%
2016	7.2%	34.5%	55.9%
2017	7.0%	34.9%	55.5%
2018	6.7%	35.4%	55.4%
2019	6.9%	34.4%	56.4%
2020	7.4%	33.7%	56.6%
2021	7.2%	35.3%	55.2%
2022	7.3%	36.3%	53.9%

资料来源：根据联合国贸易和发展会议数据库数据制作。

（二）美洲三次产业结构变化

1970—2022 年，美洲产业增加值保持较快增长。美洲三次产业总增加值从 1970 年的 1.32 万亿美元增加到 2019 年的 27.96 万亿美元，其中第一产业增加值从 482 亿美元增加到 4739 亿美元，第二产业增加值从 4342 亿美元增加到 5.73 万亿美元，第三产业增加值从 8405 亿美元增加到 21.76 万亿美元（见图 1–140）。

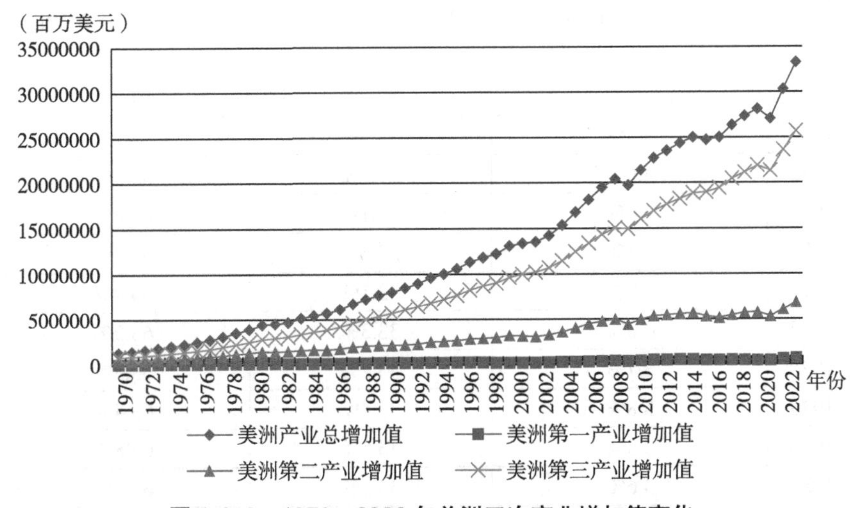

图 1-140　1970—2022 年美洲三次产业增加值变化

资料来源：根据联合国贸易和发展会议数据库数据制作。

美洲三次产业结构发生了明显变化。美洲第一、第二产业增加值占美洲总增加值的比例下降，美洲第一产业增加值占美洲产业总增加值的比例从 1970 年的 3.7% 下降到 2022 年的 2.0%，同期第二产业增加值占美洲产业总增加值的比例从 32.9% 下降到 20.7%，美洲第三产业增加值占美洲产业总增加值的比例从 63.9% 上升到 77.3%（见图 1–141、表 1–59）。

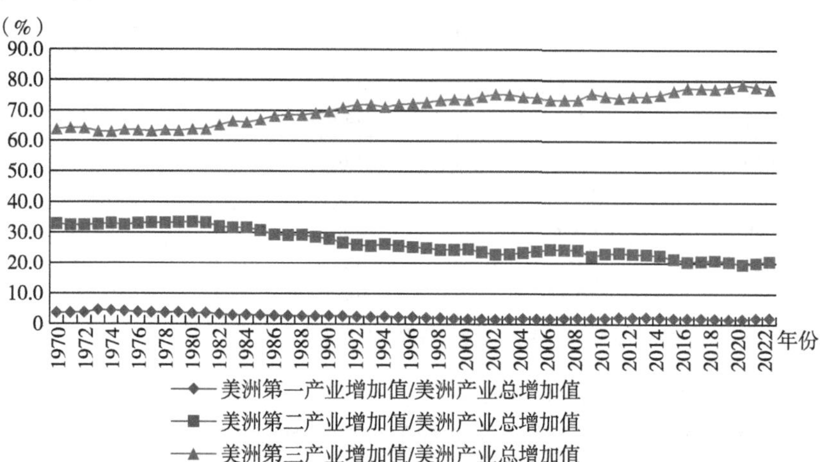

图 1-141　1970—2022 年美洲三次产业增加值占美洲产业总增加值的比例变化

资料来源：根据联合国贸易和发展会议数据库数据制作。

表 1-59　1970—2022 年美洲三次产业增加值占美洲产业总增加值的比例变化

年份	美洲第一产业增加值 / 美洲产业总增加值	美洲第二产业增加值 / 美洲产业总增加值	美洲第三产业增加值 / 美洲产业总增加值
1970	3.7%	32.9%	63.9%
1971	3.7%	32.5%	64.2%
1972	3.8%	32.5%	64.1%
1973	4.6%	32.7%	63.1%
1974	4.4%	33.1%	63.0%
1975	4.3%	32.6%	63.7%
1976	4.0%	33.1%	63.4%
1977	3.8%	33.3%	63.2%
1978	3.7%	33.2%	63.5%
1979	3.8%	33.4%	63.4%
1980	3.5%	33.5%	63.8%
1981	3.6%	33.3%	63.8%
1982	3.3%	32.0%	65.3%

续表

年份	美洲第一产业增加值 / 美洲产业总增加值	美洲第二产业增加值 / 美洲产业总增加值	美洲第三产业增加值 / 美洲产业总增加值
1983	2.9%	31.7%	66.5%
1984	3.0%	31.6%	66.2%
1985	2.9%	30.8%	67.1%
1986	2.7%	29.3%	68.3%
1987	2.7%	29.2%	68.7%
1988	2.6%	29.3%	68.5%
1989	2.6%	28.6%	69.2%
1990	2.7%	28.0%	69.7%
1991	2.6%	26.8%	71.0%
1992	2.4%	26.0%	72.0%
1993	2.3%	25.8%	71.9%
1994	2.5%	26.3%	71.2%
1995	2.2%	25.7%	72.1%
1996	2.3%	25.4%	72.3%
1997	2.2%	25.0%	72.8%
1998	2.0%	24.5%	73.5%
1999	1.7%	24.5%	73.8%
2000	1.7%	24.7%	73.6%
2001	1.7%	23.7%	74.6%
2002	1.6%	23.0%	75.4%
2003	1.7%	23.0%	75.2%
2004	1.9%	23.6%	74.6%
2005	1.7%	24.1%	74.2%
2006	1.7%	24.6%	73.7%
2007	1.8%	24.5%	73.7%
2008	1.9%	24.4%	73.7%
2009	1.8%	22.4%	75.8%
2010	2.0%	23.2%	74.9%
2011	2.2%	23.5%	74.3%
2012	2.1%	23.1%	74.8%
2013	2.3%	22.9%	74.9%
2014	2.1%	22.6%	75.3%

续表

年份	美洲第一产业增加值 / 美洲产业总增加值	美洲第二产业增加值 / 美洲产业总增加值	美洲第三产业增加值 / 美洲产业总增加值
2015	1.9%	21.4%	76.7%
2016	1.9%	20.5%	77.6%
2017	1.9%	20.6%	77.5%
2018	1.7%	21.0%	77.3%
2019	1.6%	20.5%	77.9%
2020	1.7%	19.6%	78.8%
2021	1.9%	20.1%	78.0%
2022	2.0%	20.7%	77.3%

资料来源：根据联合国贸易和发展会议数据库数据制作。

1970—2022 年，美洲三次产业增加值占美洲 GDP 的比例发生了明显变化，美洲第一产业增加值占美洲 GDP 的比例从 1970 年的 3.6% 下降到 2022 年的 2.0%，同期美洲第二产业增加值占美洲 GDP 的比例从 32.2% 下降到 20.3%。美洲第三产业增加值占美洲 GDP 的比例从 62.4% 增加到 75.6%（见图 1-142、表 1-60），美洲第三产业增加值占美洲 GDP 的比例明显高于世界平均水平，美洲第三产业发展对经济增长起着非常重要的作用。

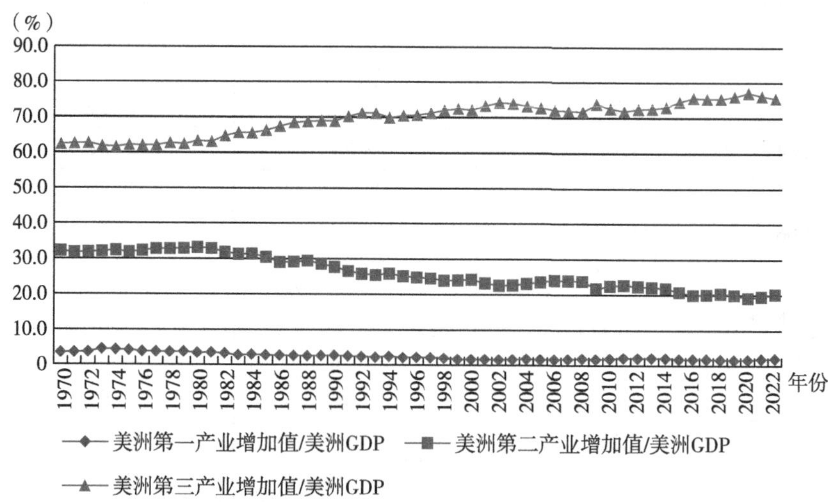

图 1-142　1970—2022 年美洲三次产业增加值占美洲 GDP 的比例变化

资料来源：根据联合国贸易和发展会议数据库数据制作。

表 1-60 1970—2022 年美洲三次产业增加值占美洲 GDP 的比例变化

年份	美洲第一产业增加值 / 美洲 GDP	美洲第二产业增加值 / 美洲 GDP	美洲第三产业增加值 / 美洲 GDP
1970	3.6%	32.2%	62.4%
1971	3.6%	31.7%	62.6%
1972	3.7%	31.8%	62.7%
1973	4.5%	32.1%	61.9%
1974	4.4%	32.4%	61.6%
1975	4.2%	31.8%	62.2%
1976	3.9%	32.3%	62.0%
1977	3.8%	32.8%	62.1%
1978	3.7%	32.7%	62.7%
1979	3.8%	32.9%	62.5%
1980	3.4%	33.2%	63.3%
1981	3.6%	32.9%	63.1%
1982	3.3%	31.8%	64.8%
1983	2.8%	31.3%	65.6%
1984	3.0%	31.4%	65.6%
1985	2.8%	30.5%	66.3%
1986	2.7%	29.0%	67.4%
1987	2.7%	29.2%	68.5%
1988	2.6%	29.4%	68.8%
1989	2.6%	28.6%	69.0%
1990	2.7%	27.7%	68.9%
1991	2.6%	26.5%	70.2%
1992	2.4%	25.8%	71.3%
1993	2.3%	25.5%	71.2%
1994	2.5%	25.8%	69.9%
1995	2.1%	25.2%	70.5%
1996	2.3%	24.8%	70.7%
1997	2.1%	24.5%	71.3%
1998	2.0%	24.0%	72.1%
1999	1.7%	24.0%	72.5%
2000	1.7%	24.2%	72.2%
2001	1.6%	23.3%	73.3%

续表

年份	美洲第一产业增加值 / 美洲 GDP	美洲第二产业增加值 / 美洲 GDP	美洲第三产业增加值 / 美洲 GDP
2002	1.6%	22.6%	74.2%
2003	1.7%	22.7%	74.0%
2004	1.8%	23.1%	73.2%
2005	1.7%	23.6%	72.8%
2006	1.6%	24.1%	72.2%
2007	1.8%	23.9%	71.9%
2008	1.9%	23.8%	71.8%
2009	1.8%	21.8%	73.9%
2010	1.9%	22.5%	72.7%
2011	2.1%	22.7%	72.0%
2012	2.0%	22.4%	72.5%
2013	2.2%	22.2%	72.6%
2014	2.0%	21.9%	73.1%
2015	1.8%	20.9%	74.7%
2016	1.8%	20.0%	75.7%
2017	1.8%	20.1%	75.5%
2018	1.7%	20.5%	75.4%
2019	1.6%	20.0%	76.1%
2020	1.6%	19.2%	77.2%
2021	1.9%	19.6%	76.3%
2022	2.0%	20.3%	75.6%

资料来源：根据联合国贸易和发展会议数据库数据制作。

（三）欧洲三次产业结构变化

1970—2022 年，欧洲产业增加值增长经历了四个阶段。1970—1980 年，欧洲产业增加值处于持续较快增长阶段，欧洲产业总增加值从 1.31 万亿美元增加到 4.82 万亿美元（以现价美元计算）。1981—2000 年，欧洲产业增加值处于平稳增长阶段，欧洲产业总增加值从 4.39 万亿美元增加到 8.71 万亿美元。2001—2008 年，欧洲产业增加值进入快速增长阶段，欧洲产业总增加值从 8.89 万亿美元增加到 19.95 万亿美元。2009—2022 年，欧洲产业增加值处于波动性缓慢增长阶段，欧洲产业总增加值从 17.67 万亿美元增加到 21.5 万亿美元。2020 年欧洲产业总增加值还低于2008年的欧洲产业总增加值，表明欧洲产业增加值经历了波动缓慢增长的十几年（见图1-143）。2021年，欧洲产业增加值进入新一轮增长周期。

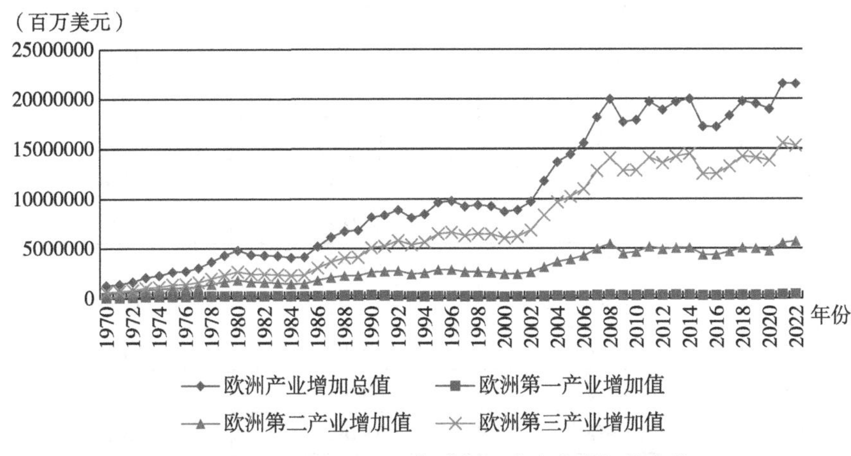

图1-143 1970—2022年欧洲三次产业增加值变化

资料来源：根据联合国贸易和发展会议数据库数据制作。

1970—2022年，欧洲产业结构发生明显变化，欧洲第一产业增加值占欧洲产业总增加值的比例从9.9%下降到2.1%，欧洲第二产业增加值占欧洲产业总增加值的比例从42.1%下降到26.6%，欧洲第三产业增加值占欧洲产业总增加值的比例从48.1%上升到71.3%（见图1-144、表1-61）。

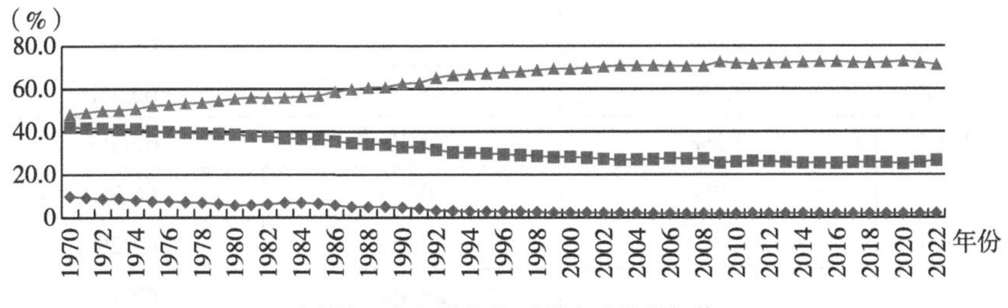

图1-144 1970—2022年欧洲三次产业增加值占欧洲产业总增加值的比例变化

资料来源：根据联合国贸易和发展会议数据库数据制作。

表 1-61　1970—2022 年欧洲三次产业增加值占欧洲产业总增加值的比例变化

年份	欧洲第一产业增加值 / 欧洲产业总增加值	欧洲第二产业增加值 / 欧洲产业总增加值	欧洲第三产业增加值 / 欧洲产业总增加值
1970	9.9%	42.1%	48.1%
1971	9.3%	41.7%	48.9%
1972	8.8%	41.4%	49.8%
1973	8.9%	41.1%	50.0%
1974	8.0%	41.4%	50.7%
1975	7.5%	40.2%	52.4%
1976	7.4%	40.0%	52.6%
1977	7.3%	39.5%	53.3%
1978	6.9%	39.3%	53.8%
1979	6.4%	39.0%	54.6%
1980	5.8%	38.6%	55.6%
1981	5.9%	38.0%	56.1%
1982	6.2%	37.8%	56.0%
1983	7.0%	36.9%	56.1%
1984	6.9%	36.7%	56.4%
1985	6.5%	36.6%	56.9%
1986	5.8%	35.5%	58.7%
1987	5.1%	34.8%	60.1%
1988	5.1%	34.3%	60.7%
1989	5.2%	34.0%	60.9%
1990	4.8%	32.7%	62.6%
1991	4.3%	32.8%	62.9%
1992	3.3%	31.4%	65.3%
1993	3.2%	30.4%	66.5%
1994	2.9%	30.2%	66.9%
1995	2.9%	29.9%	67.2%
1996	2.9%	29.4%	67.7%
1997	2.8%	29.1%	68.1%
1998	2.6%	28.6%	68.8%
1999	2.4%	28.1%	69.5%
2000	2.3%	28.3%	69.4%

续表

年份	欧洲第一产业增加值 / 欧洲产业总增加值	欧洲第二产业增加值 / 欧洲产业总增加值	欧洲第三产业增加值 / 欧洲产业总增加值
2001	2.4%	27.8%	69.8%
2002	2.3%	27.3%	70.5%
2003	2.2%	26.9%	70.9%
2004	2.2%	27.0%	70.8%
2005	1.9%	27.2%	70.9%
2006	1.9%	27.5%	70.6%
2007	1.9%	27.5%	70.6%
2008	2.0%	27.4%	70.6%
2009	1.8%	25.5%	72.7%
2010	1.9%	26.0%	72.0%
2011	2.0%	26.3%	71.7%
2012	2.0%	26.1%	71.9%
2013	2.0%	25.7%	72.3%
2014	2.0%	25.4%	72.6%
2015	1.9%	25.5%	72.6%
2016	1.9%	25.3%	72.8%
2017	2.0%	25.6%	72.4%
2018	1.9%	25.8%	72.3%
2019	1.9%	25.6%	72.5%
2020	2.0%	25.1%	72.9%
2021	2.0%	25.8%	72.3%
2022	2.1%	26.6%	71.3%

资料来源：根据联合国贸易和发展会议数据库数据制作。

1970—2022 年，欧洲三次产业增加值占欧洲 GDP 的比例发生了明显变化，欧洲第一产业增加值占欧洲 GDP 的比例从 1970 年的 9.4% 下降到 2022 年的 1.9%，同期欧洲第二产业增加值占欧洲 GDP 的比例从 39.9% 下降到 24.0%。欧洲第三产业增加值占欧洲 GDP 的比例从 45.6% 增加到 64.2%（见图 1–145、表 1–62）。

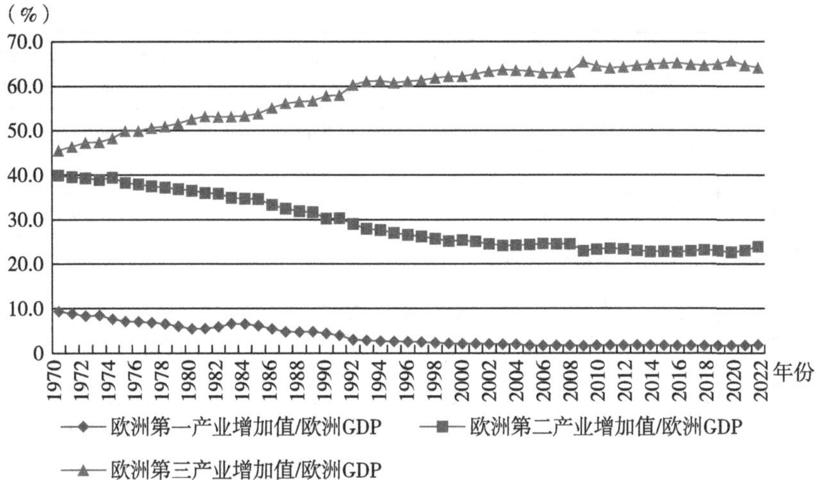

图 1-145　1970—2022 年欧洲三次产业增加值占欧洲 GDP 的比例变化

资料来源：根据联合国贸易和发展会议数据库数据制作。

表 1-62　1970—2022 年欧洲三次产业增加值占欧洲 GDP 的比例变化

年份	欧洲第一产业增加值 / 欧洲 GDP	欧洲第二产业增加值 / 欧洲 GDP	欧洲第三产业增加值 / 欧洲 GDP
1970	9.4%	39.9%	45.6%
1971	8.8%	39.6%	46.4%
1972	8.3%	39.3%	47.3%
1973	8.4%	38.9%	47.4%
1974	7.6%	39.4%	48.2%
1975	7.1%	38.3%	49.9%
1976	7.1%	37.9%	49.9%
1977	6.9%	37.5%	50.5%
1978	6.5%	37.2%	51.0%
1979	6.0%	36.8%	51.6%
1980	5.4%	36.5%	52.6%
1981	5.5%	36.0%	53.2%
1982	5.9%	35.8%	53.1%
1983	6.6%	34.9%	53.1%
1984	6.5%	34.8%	53.3%
1985	6.1%	34.6%	53.8%
1986	5.5%	33.3%	55.1%
1987	4.8%	32.5%	56.1%
1988	4.7%	31.9%	56.5%
1989	4.8%	31.6%	56.7%

续表

年份	欧洲第一产业增加值 / 欧洲 GDP	欧洲第二产业增加值 / 欧洲 GDP	欧洲第三产业增加值 / 欧洲 GDP
1990	4.4%	30.2%	57.9%
1991	3.9%	30.3%	58.0%
1992	3.0%	29.0%	60.3%
1993	2.9%	27.9%	61.1%
1994	2.7%	27.7%	61.2%
1995	2.6%	27.0%	60.8%
1996	2.6%	26.6%	61.1%
1997	2.5%	26.2%	61.4%
1998	2.3%	25.7%	61.9%
1999	2.2%	25.2%	62.2%
2000	2.1%	25.4%	62.2%
2001	2.1%	25.0%	62.8%
2002	2.0%	24.5%	63.4%
2003	2.0%	24.2%	63.8%
2004	2.0%	24.2%	63.6%
2005	1.7%	24.3%	63.5%
2006	1.7%	24.6%	63.1%
2007	1.7%	24.5%	63.1%
2008	1.8%	24.6%	63.3%
2009	1.6%	23.0%	65.5%
2010	1.7%	23.4%	64.6%
2011	1.8%	23.5%	64.1%
2012	1.7%	23.4%	64.3%
2013	1.8%	23.0%	64.7%
2014	1.8%	22.7%	65.0%
2015	1.7%	22.8%	65.2%
2016	1.7%	22.7%	65.3%
2017	1.8%	22.9%	64.9%
2018	1.7%	23.1%	64.7%
2019	1.7%	23.0%	65.0%
2020	1.8%	22.6%	65.7%
2021	1.8%	23.1%	64.7%
2022	1.9%	24.0%	64.2%

资料来源：根据联合国贸易和发展会议数据库数据制作。

（四）非洲三次产业结构变化

1970—2022年，非洲产业总增加值持续增长，非洲产业总增加值增长经历了四个阶段。第一阶段是1970—1980年的较快增长阶段，非洲产业总增加值从1970年的1115亿美元增加到1980年的5779亿美元。第二阶段是1981—2001年的缓慢增长阶段，非洲产业总增加值从1981年的5609亿美元增加到2001年的6234亿美元。第三阶段是2002—2014年的快速增长阶段，非洲产业总增加值从2002年的6412亿美元增加到2014年的2.56万亿美元。第四阶段是2015—2022年的波动性增长阶段，非洲产业总增加值从2015年的2.3万亿美元增加到2022年的2.7万亿美元（见图1-146）。

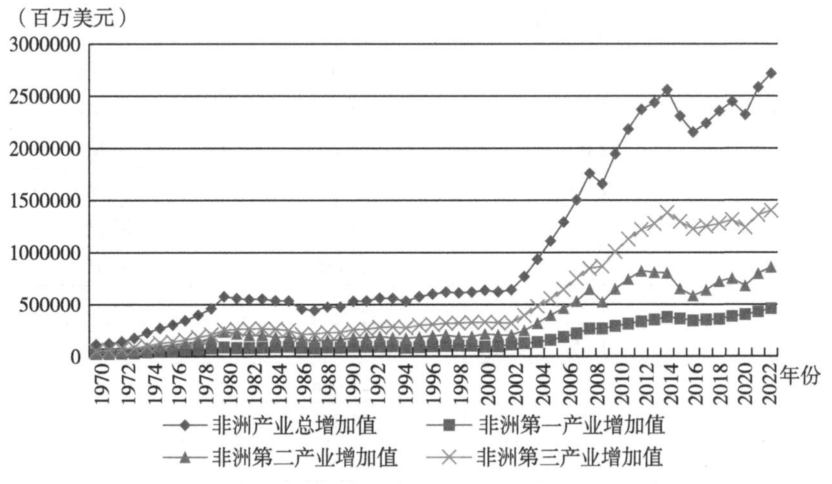

图1-146　1970—2022年非洲三次产业增加值变化

资料来源：根据联合国贸易和发展会议数据库数据制作。

1970—2022年，非洲三次产业结构发生了平缓变化。非洲第一产业增加值占非洲产业总增加值的比例从1970年的20.8%下降到2022年的16.9%，第一产业增加值占比下降了3.9个百分点，非洲第一产业增加值占非洲产业总增加值的比例明显高于欧洲和美洲。同期非洲第二产业增加值占非洲产业总增加值的比例从32.0%下降到31.6%，非洲第三产业增加值占非洲产业总增加值的比例从47.2%增加到51.6%，非洲第三产业增加值占非洲产业总增加值的比例明显低于欧洲和美洲（见图1-147、表1-63）。

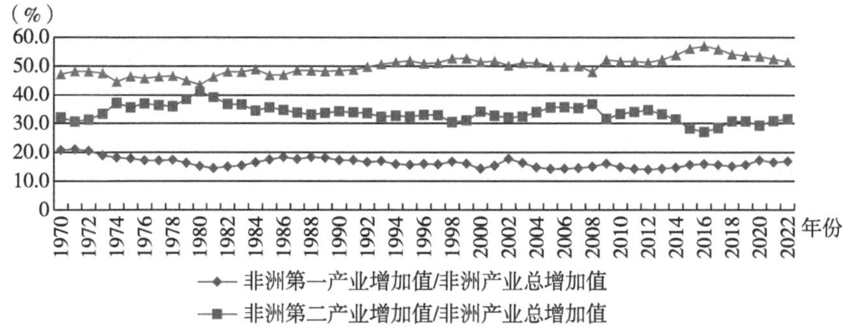

图 1-147　1970—2022 年非洲三次产业增加值占非洲产业总增加值的比例变化

资料来源：根据联合国贸易和发展会议数据库数据制作。

表 1-63　1970—2022 年非洲三次产业增加值占非洲产业总增加值的比例变化

年份	非洲第一产业增加值 / 非洲产业总增加值	非洲第二产业增加值 / 非洲产业总增加值	非洲第三产业增加值 / 非洲产业总增加值
1970	20.8%	32.0%	47.2%
1971	21.0%	30.6%	48.3%
1972	20.5%	31.3%	48.2%
1973	19.0%	33.4%	47.7%
1974	18.2%	37.1%	44.7%
1975	17.8%	35.7%	46.5%
1976	17.3%	37.0%	45.8%
1977	17.2%	36.4%	46.4%
1978	17.4%	35.9%	46.7%
1979	16.4%	38.5%	45.1%
1980	15.2%	41.2%	43.6%
1981	14.5%	39.2%	46.3%
1982	15.1%	36.7%	48.2%
1983	15.4%	36.5%	48.1%
1984	16.6%	34.5%	48.9%
1985	17.5%	35.6%	46.9%
1986	18.3%	34.7%	47.0%
1987	17.6%	33.8%	48.6%
1988	18.4%	33.1%	48.5%
1989	18.1%	33.7%	48.2%
1990	17.4%	34.2%	48.5%

续表

年份	非洲第一产业增加值 / 非洲产业总增加值	非洲第二产业增加值 / 非洲产业总增加值	非洲第三产业增加值 / 非洲产业总增加值
1991	17.3%	33.9%	48.8%
1992	16.6%	33.6%	49.8%
1993	17.0%	32.3%	50.7%
1994	15.9%	32.7%	51.4%
1995	15.7%	32.4%	51.9%
1996	16.0%	33.0%	51.0%
1997	15.9%	32.9%	51.2%
1998	16.8%	30.5%	52.7%
1999	16.1%	31.1%	52.8%
2000	14.4%	34.1%	51.5%
2001	15.4%	32.8%	51.8%
2002	17.7%	32.0%	50.2%
2003	16.4%	32.5%	51.2%
2004	14.8%	34.0%	51.3%
2005	14.3%	35.6%	50.1%
2006	14.4%	35.7%	49.9%
2007	14.5%	35.4%	50.1%
2008	15.1%	36.9%	48.0%
2009	16.1%	31.6%	52.3%
2010	14.9%	33.4%	51.8%
2011	14.3%	34.0%	51.7%
2012	14.0%	34.6%	51.3%
2013	14.4%	33.2%	52.4%
2014	14.7%	31.4%	53.9%
2015	15.6%	28.3%	56.1%
2016	15.9%	27.1%	57.0%
2017	15.6%	28.5%	55.9%
2018	15.1%	30.7%	54.1%
2019	15.6%	30.7%	53.6%
2020	17.3%	29.3%	53.4%
2021	16.6%	30.9%	52.5%
2022	16.9%	31.6%	51.6%

资料来源：根据联合国贸易和发展会议数据库制作。

（五）大洋洲三次产业结构变化

1970—2022 年，大洋洲产业总增加值出现波动性增长，大洋洲产业总增加值从 1970 年的 487 亿美元增加到 2022 年的 1.95 万亿美元。1970—2001 年，大洋洲产业总增加值增长比较缓慢；2002—2012 年，大洋洲产业总增加值增长比较快；2013—2022 年，大洋洲产业总增加值进入波动性增长阶段。大洋洲第一产业增加值从 1970 年的 37.9 亿美元增加到 2022 年的 639 亿美元，同期大洋洲第二产业增加值从 184.2 亿美元增加到 5514 亿美元，大洋洲第三产业增加值从 625 亿美元增加到 1.33 万亿美元（见图 1-148）。

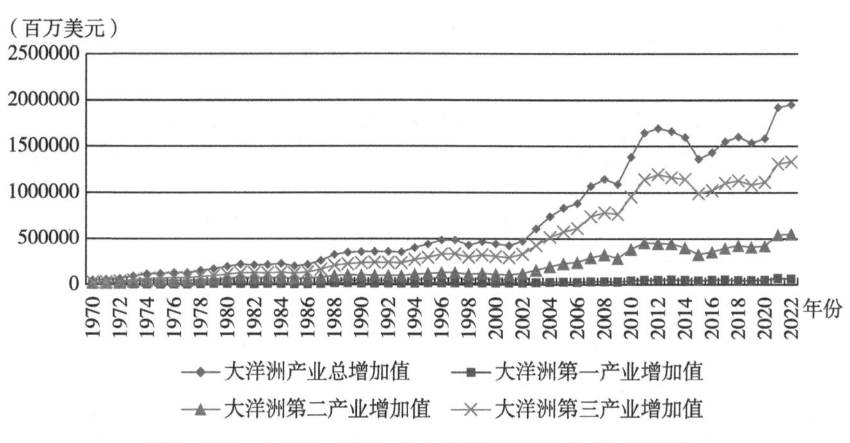

图 1-148　1970—2022 年大洋洲三次产业增加值变化

资料来源：根据联合国贸易和发展会议数据库数据制作。

1970—2022 年，大洋洲三次产业结构发生了明显变化，大洋洲第一产业增加值占大洋洲产业总增加值的比例从 1970 年的 7.8% 下降到 2022 年的 3.3%，同期大洋洲第二产业增加值占大洋洲产业总增加值的比例从 37.8% 下降到 28.3%，大洋洲第三产业增加值占大洋洲产业总增加值的比例从 54.4% 增加到 68.4%（见图 1-149、表 1-64），大洋洲三次产业结构水平与欧洲和美洲比较接近。

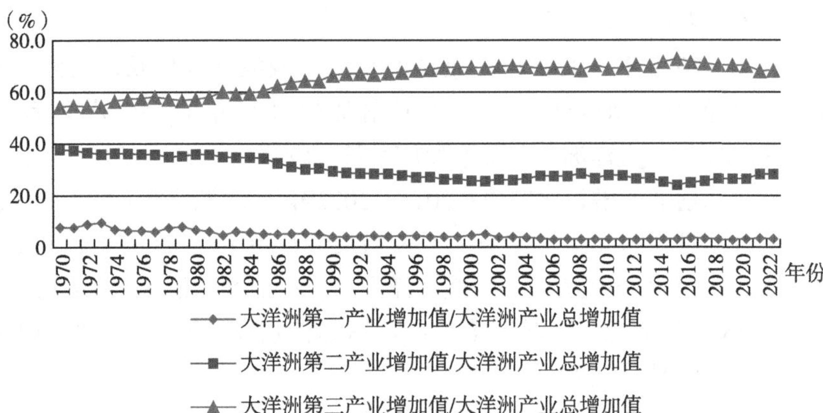

图 1-149　1970—2022 年大洋洲三次产业增加值占大洋洲产业总增加值的比例变化

资料来源：根据联合国贸易和发展会议数据库数据制作。

表 1-64　1970—2022 年大洋洲三次产业增加值占大洋洲产业总增加值的比例变化

年份	大洋洲第一产业增加值 / 大洋洲产业总增加值	大洋洲第二产业增加值 / 大洋洲产业总增加值	大洋洲第三产业增加值 / 大洋洲产业总增加值
1970	7.8%	37.8%	54.4%
1971	7.7%	37.4%	54.8%
1972	9.0%	36.6%	54.5%
1973	9.6%	35.9%	54.5%
1974	7.0%	36.3%	56.7%
1975	6.5%	36.1%	57.4%
1976	6.5%	35.9%	57.6%
1977	6.0%	35.8%	58.2%
1978	7.6%	35.0%	57.4%
1979	8.0%	35.2%	56.8%
1980	6.8%	35.9%	57.3%
1981	6.2%	35.8%	58.0%
1982	4.8%	34.9%	60.2%
1983	6.1%	34.7%	59.3%
1984	5.8%	34.7%	59.5%
1985	5.3%	34.4%	60.4%
1986	5.1%	32.4%	62.5%
1987	5.3%	31.0%	63.7%
1988	5.4%	30.1%	64.5%

续表

年份	大洋洲第一产业增加值 / 大洋洲产业总增加值	大洋洲第二产业增加值 / 大洋洲产业总增加值	大洋洲第三产业增加值 / 大洋洲产业总增加值
1989	5.2%	30.5%	64.3%
1990	4.1%	29.4%	66.5%
1991	4.1%	28.7%	67.2%
1992	4.3%	28.5%	67.2%
1993	4.6%	28.4%	67.0%
1994	4.3%	28.3%	67.4%
1995	4.6%	27.8%	67.6%
1996	4.4%	27.0%	68.6%
1997	4.2%	27.1%	68.7%
1998	4.1%	26.3%	69.7%
1999	4.1%	26.4%	69.5%
2000	4.7%	25.7%	69.6%
2001	5.1%	25.5%	69.4%
2002	3.9%	26.1%	70.0%
2003	4.0%	25.9%	70.1%
2004	3.7%	26.5%	69.8%
2005	3.5%	27.5%	69.1%
2006	3.0%	27.4%	69.6%
2007	3.2%	27.3%	69.4%
2008	3.0%	28.4%	68.5%
2009	3.0%	26.5%	70.4%
2010	3.1%	27.8%	69.0%
2011	3.1%	27.6%	69.3%
2012	3.1%	26.4%	70.5%
2013	3.2%	26.7%	70.1%
2014	3.2%	25.2%	71.6%
2015	3.2%	24.0%	72.8%
2016	3.6%	24.9%	71.5%
2017	3.4%	25.5%	71.1%
2018	3.1%	26.5%	70.4%

续表

年份	大洋洲第一产业增加值 / 大洋洲产业总增加值	大洋洲第二产业增加值 / 大洋洲产业总增加值	大洋洲第三产业增加值 / 大洋洲产业总增加值
2019	3.0%	26.5%	70.5%
2020	3.3%	26.5%	70.3%
2021	3.6%	28.3%	68.1%
2022	3.3%	28.3%	68.4%

资料来源：根据联合国贸易和发展会议数据库数据制作。

三、世界经济大国产业结构变化比较分析

（一）世界第一产业大国比较分析

本节根据联合国《国际标准产业分类》数据库对各国农林牧渔业增加值进行排序，对排名世界前 30 的国家进行比较分析。以 2022 年数据为基准对世界各国第一产业增加值进行排序，第一产业增加值居世界前 30 位的国家分别包括中国、印度、美国、印度尼西亚、尼日利亚、巴西、俄罗斯、日本、伊朗、巴基斯坦、土耳其、泰国、墨西哥、法国、意大利、孟加拉国、越南、西班牙、埃及、肯尼亚等。中国第一产业增加值遥遥领先其他国家，中国稳居第一产业增加值世界第一大国（见图 1-150、表 1-65 和图 1-151）。

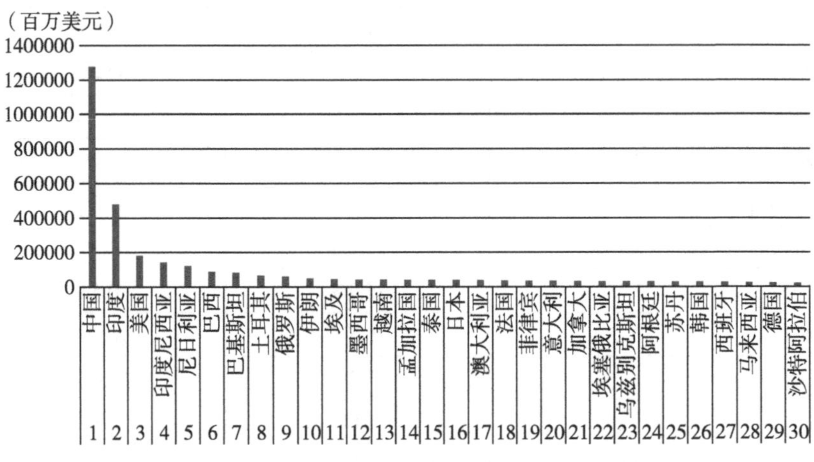

图 1-150　2022 年第一产业增加值居全球前 30 位的国家

资料来源：根据联合国贸易和发展会议数据库数据制作。

表 1-65　1970—2022 年世界第一产业大国的第一产业增加值变化　（单位：百万美元）

年份	中国	印度	美国	尼日利亚	巴西	巴基斯坦	俄罗斯	伊朗	埃及	墨西哥	孟加拉国	泰国	日本	澳大利亚	法国	意大利	阿根廷	马来西亚
1970	159832	110321	60004	15741	15680	15074	—	7527	9038	15335	9909	9211	68249	11167	17253	24701	12880	5371
1971	162869	108250	61584	19946	17279	14611	—	7479	9156	16214	9462	9608	65284	12385	17226	24565	13083	6782
1972	161403	102818	62222	19099	17970	15118	—	8491	9518	16327	8449	9445	73962	10872	18578	22034	13334	7299
1973	175929	110222	63019	18402	17988	15370	—	8984	9801	16990	8472	10336	77296	11463	19951	23521	14763	8158
1974	183142	108543	62043	19711	18222	16013	—	9292	9830	17421	9018	10637	76548	12669	19134	24121	15166	8722
1975	186805	122534	64379	18613	19425	15674	—	10207	10405	17773	8606	11102	75995	13717	17965	24750	14752	8458
1976	183443	115454	62091	17876	19891	16375	—	11403	10778	17952	9328	11773	72566	14083	17450	23393	15443	9493
1977	179407	127042	61630	18717	22298	16788	—	10957	10946	19301	8987	12044	70278	13623	17852	23348	15823	9716
1978	186762	129966	58258	17789	21696	17262	—	11690	10625	20457	9691	13545	70621	16580	20462	23603	16268	9877
1979	198216	113363	61993	15644	22715	17797	—	12399	11218	20030	9627	13298	71538	14541	22192	24985	16728	10445
1980	195283	127975	60317	15622	24878	18973	—	12856	11688	21450	9642	13526	66900	12748	21810	26013	15807	10578
1981	208908	135538	73507	15124	26860	19667	—	13094	11893	22762	10045	14219	66729	14834	21557	26567	16291	11092
1982	232998	133884	74702	15518	26801	20596	—	14026	12372	22314	10061	14570	70731	11591	25145	25846	17217	11828
1983	252389	148360	62375	15410	26678	21503	—	14665	12870	22764	10487	15266	71628	16609	23478	28182	17504	11734
1984	284908	148308	72979	14735	27380	20466	—	15742	13399	23377	10865	15940	73642	16641	24580	27829	17504	12067
1985	290162	148739	84423	17470	30003	22701	—	16985	13827	24254	10940	16659	72862	15479	25997	28009	17173	12307
1986	299786	146168	85223	19106	27596	24052	—	17792	14286	23594	11299	16723	72665	15645	26034	28853	17217	12820
1987	313896	146712	88036	18497	31728	24834	—	18234	14695	23918	11344	16734	74900	15307	26835	30117	16688	13721

续表

年份	中国	印度	美国	尼日利亚	巴西	巴基斯坦	俄罗斯	伊朗	埃及	墨西哥	孟加拉国	泰国	日本	澳大利亚	法国	意大利	阿根廷	马来西亚
1988	321883	170675	80826	20307	31994	25513	—	18117	15143	23015	11257	18493	72576	15983	26420	29670	18077	14466
1989	331778	173553	88878	21275	32906	27265	—	18903	15547	22980	11137	20299	74513	17292	27446	30226	16534	15332
1990	356082	180109	94552	22163	31682	28092	—	20988	16056	24276	12252	19347	74318	18251	29307	29849	17923	15238
1991	364622	175898	96799	22970	32116	29486	—	22167	16702	24843	12449	20661	65974	17282	26566	32624	18672	15224
1992	381765	186572	104229	23507	33862	32287	52557	24447	17029	24610	12722	21583	67779	18191	30449	33539	18496	16268
1993	399711	193442	97740	23947	34196	30581	50455	24683	17453	25356	13044	22017	61583	18945	28632	33330	19069	15757
1994	415701	203134	108169	24561	36741	32179	44498	25204	18122	25312	13154	23486	63083	16169	28789	33745	20494	15459
1995	436481	201376	101340	25442	38848	34293	40183	26138	18648	25621	13114	23786	58238	19575	30027	34228	21647	15068
1996	458746	220722	104009	26441	39996	38313	38108	25610	19220	26595	13521	25045	62077	21148	32012	34695	21398	15750
1997	474799	215360	113467	27542	40321	38360	38758	24880	19880	26582	14332	24924	60913	21300	31986	35432	21496	15856
1998	491408	228719	110665	28627	41695	40093	31672	27736	20597	27434	14790	25095	61905	23442	32983	36399	23373	15418
1999	505168	229430	113846	30088	44416	40874	36833	26208	21318	27772	15491	26306	61632	25049	34657	38483	23950	15492
2000	517295	228143	130803	30966	45626	43365	41271	27223	22042	28086	16635	28095	66223	26043	34341	38295	23530	16430
2001	531779	243034	126090	32141	48391	42421	45835	26541	22860	29548	17157	28960	61174	26877	33355	36997	23777	16402
2002	547197	225208	130547	50004	51574	42465	47166	30351	23683	29214	17158	28993	64799	21089	35255	35347	23234	16872
2003	560874	247237	141312	53507	54568	44226	46452	32333	24835	30298	17686	32459	58444	26495	29878	34046	24831	17890
2004	596207	247687	152775	56858	55663	45300	46989	31995	25680	31056	18409	32098	52403	27631	36244	38065	24469	18726
2005	627407	259599	159634	60877	56286	48238	46759	35330	26527	30097	18815	32079	52226	28434	34136	36211	29066	19212

续表

年份	中国	印度	美国	尼日利亚	巴西	巴基斯坦	俄罗斯	伊朗	埃及	墨西哥	孟加拉国	泰国	日本	澳大利亚	法国	意大利	阿根廷	马来西亚
2006	658783	267228	162316	65390	58897	51276	48067	37607	27376	31904	19744	33338	51497	24130	34208	35989	28913	20333
2007	683455	281943	144493	70098	60810	53454	48641	37980	28383	33297	21359	33974	54671	26106	33940	36163	31382	20613
2008	720219	281255	144791	74492	64319	54853	51459	29886	29334	33562	22630	34970	58848	30616	35459	36828	30696	21404
2009	750382	278779	160844	78874	61921	57223	52307	31776	30264	32629	23741	34885	54362	30391	37773	36271	22684	21415
2010	782410	303288	156397	83470	66068	57811	46041	33314	31315	33419	25552	34725	51547	31428	36490	36540	31649	21928
2011	815672	322692	150423	85904	69793	59415	48736	34138	32168	32610	27063	36912	52253	31717	37945	37383	30881	23429
2012	852754	327492	145890	91663	67642	62057	48033	35845	33107	34585	28267	37911	51721	31448	34752	36673	26905	23655
2013	886528	345735	169661	94355	73298	64224	49916	37758	34101	35627	29367	38177	50916	31797	34083	37039	29992	24124
2014	923704	344987	170743	98384	75343	66352	51331	40891	35126	36751	31078	38067	47989	32265	39094	36199	30923	24618
2015	961103	347228	181835	102042	77840	68304	52809	42103	36205	37432	32560	35606	45966	29964	39149	37916	33256	24975
2016	994284	370831	192348	106232	73774	68954	53751	44185	37326	38524	33933	35194	42263	32776	34309	37894	31687	24063
2017	1035079	395327	188773	109892	84214	70482	54553	45666	38536	39783	35018	36891	42575	31868	37135	36468	32779	25479
2018	1072850	403615	196354	112225	85315	73215	55459	44629	39736	40761	36259	39140	39729	28511	38588	37144	27999	25512
2019	1107716	428479	182570	114876	85669	73902	57373	48703	41066	40883	37441	38756	41457	25737	37697	36556	34001	26008
2020	1144371	446097	185191	117368	89246	76795	57503	50245	42421	41341	38722	37463	38347	31653	35390	34873	31446	25376
2021	1225419	461737	195916	119864	89249	79464	57029	48931	44416	42298	39952	38306	39595	36630	33828	34484	32042	25323
2022	1278267	480031	181387	122120	87692	82963	60821	49591	46181	42972	41172	39267	39082	37818	36363	33862	30604	25336

资料来源：根据联合国贸易和发展会议数据库数据计算整理。

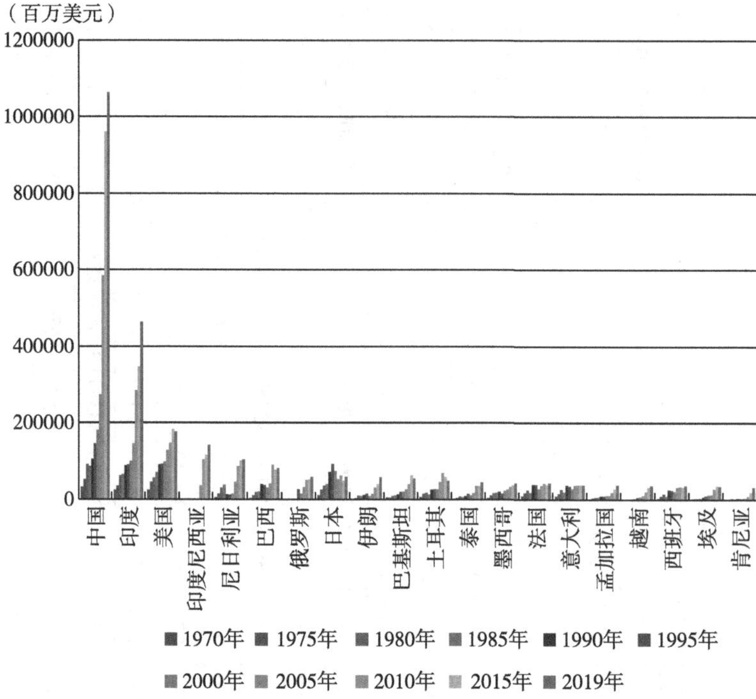

图 1-151　1970—2019 年世界第一产业大国的第一产业增加值变化

资料来源：根据联合国贸易和发展会议数据库数据计算整理。

1970—2019 年，中国第一产业增加值位居世界前列国家中，中国第一产业增加值占世界第一产业增加值的比例发生明显变化，中国第一产业增加值占世界第一产业增加值的比例持续提升，中国第一产业增加值占世界第一产业增加值的比例从 1970 年的 10.5% 增加到 2019 年的 30.3%，稳居世界第一位。同期印度第一产业增加值占世界第一产业增加值的比例从 8.1% 增加到 13.2%，居世界第二位。而美国第一产业增加值占世界第一产业增加值的比例从 1970 年的 8.1% 下降到 2019 年的 5.0%（见图 1–152、表 1–66）。

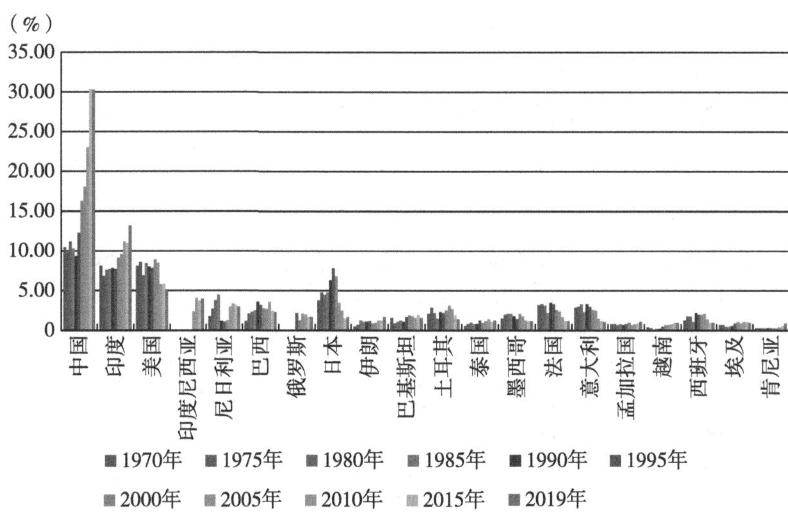

图 1-152 1970—2019 年世界第一产业大国第一产业增加值占世界第一产业总增加值的比例变化

资料来源：根据联合国贸易和发展会议数据库数据计算制作。

表 1-66 1970—2019 年世界第一产业大国第一产业增加值占世界第一产业增加值的比例变化

国家	1970年	1975年	1980年	1985年	1990年	1995年	2000年	2005年	2010年	2015年	2019年
中国	10.5%	9.8%	11.2%	10.3%	9.3%	12.3%	16.3%	18.1%	23.0%	30.4%	30.3%
印度	8.1%	6.8%	7.6%	7.7%	7.8%	7.7%	9.1%	9.6%	11.2%	11.0%	13.2%
美国	8.1%	8.6%	6.9%	8.4%	8.0%	7.8%	8.9%	8.5%	5.8%	5.8%	5.0%
印度尼西亚	—	—	—	—	—	—	—	2.4%	4.1%	3.7%	4.0%
尼日利亚	1.8%	2.7%	3.8%	4.5%	1.2%	1.1%	1.3%	3.0%	3.4%	3.2%	3.0%
巴西	1.2%	2.1%	2.3%	2.5%	3.6%	3.2%	2.8%	2.7%	3.6%	2.5%	2.3%
俄罗斯	—	—	—	—	—	2.2%	1.3%	2.1%	2.0%	1.7%	1.7%
日本	3.8%	4.8%	4.5%	4.8%	6.3%	7.8%	6.8%	3.5%	2.5%	1.5%	1.7%
伊朗	0.5%	0.7%	1.3%	1.1%	1.1%	1.2%	0.9%	1.0%	1.3%	1.3%	1.7%
巴基斯坦	1.6%	0.9%	1.1%	1.3%	1.1%	1.7%	1.9%	1.8%	1.6%	2.0%	1.6%
土耳其	2.1%	2.9%	2.2%	1.5%	2.3%	2.2%	2.5%	3.1%	2.7%	1.9%	1.4%
泰国	0.6%	0.8%	1.0%	0.8%	0.8%	1.3%	1.0%	1.2%	1.4%	1.1%	1.3%
墨西哥	1.5%	2.0%	2.1%	2.1%	1.8%	1.4%	2.1%	1.8%	1.3%	1.2%	1.2%
法国	3.2%	3.3%	3.1%	2.2%	3.5%	3.3%	2.6%	2.4%	1.7%	1.2%	1.2%
意大利	2.9%	3.0%	3.3%	2.3%	3.3%	3.0%	2.6%	2.5%	1.5%	1.2%	1.1%
孟加拉国	0.8%	0.8%	0.7%	0.8%	0.7%	0.8%	1.0%	0.7%	0.8%	0.9%	1.1%
越南	0.4%	0.3%	0.1%	0.2%	0.2%	0.5%	0.7%	0.7%	0.8%	1.0%	1.0%
西班牙	1.3%	1.8%	1.8%	1.1%	2.2%	2.0%	2.0%	2.1%	1.4%	1.0%	1.0%
埃及	0.7%	0.7%	0.5%	0.5%	0.6%	0.9%	1.1%	0.9%	1.1%	1.1%	1.0%

资料来源：根据联合国贸易和发展会议数据库数据计算制作。

1970—2019年，世界前20名国家第一产业增加值占本国GDP的比例总体呈明显下降趋势，中国第一产业增加值占本国GDP的比例从35.1%下降到7.4%，同期印度从40.3%下降到16.0%，美国从2.3%下降到0.8%，日本从5.5%下降到1.2%，法国从6.6%下降到1.6%，巴西从10.4%下降到4.4%，越南从42.7%下降到14.0%（见表1-67）。

表1-67　1970—2019年世界前20名国家第一产业增加值占本国GDP的比例变化

国家	1970年	1975年	1980年	1985年	1990年	1995年	2000年	2005年	2010年	2015年	2019年
中国	35.1%	32.2%	29.9%	28.2%	26.8%	19.8%	14.9%	12.0%	9.6%	8.7%	7.4%
印度	40.3%	35.6%	33.4%	28.6%	27.0%	24.5%	21.1%	17.6%	17.0%	16.2%	16.0%
美国	2.3%	2.7%	2.0%	1.6%	1.5%	1.2%	1.0%	1.0%	1.0%	1.0%	0.8%
印度尼西亚	—	—	—	—	—	—	—	12.0%	13.9%	13.5%	12.7%
尼日利亚	18.9%	14.7%	12.7%	18.2%	21.6%	25.5%	21.4%	26.1%	23.9%	20.6%	21.9%
巴西	10.4%	10.2%	9.9%	11.3%	10.0%	4.9%	4.7%	4.7%	4.1%	4.3%	4.4%
俄罗斯	—	—	—	—	—	6.6%	5.5%	4.2%	3.3%	3.9%	3.5%
日本	5.5%	5.0%	3.3%	2.9%	2.3%	1.7%	1.5%	1.1%	1.1%	1.1%	1.2%
伊朗	13.0%	6.7%	11.1%	12.8%	12.5%	12.6%	8.6%	6.5%	6.5%	10.5%	9.7%
巴基斯坦	36.8%	33.2%	29.2%	28.3%	25.4%	25.8%	27.3%	22.9%	23.3%	23.8%	21.5%
土耳其	26.6%	24.1%	18.7%	14.0%	12.5%	11.2%	10.0%	9.2%	9.0%	6.9%	6.4%
泰国	25.9%	26.9%	23.2%	15.8%	10.0%	9.1%	8.5%	9.2%	10.5%	8.9%	8.3%
墨西哥	10.6%	9.7%	7.3%	8.0%	6.9%	4.4%	3.3%	3.1%	3.2%	3.2%	3.5%
法国	6.6%	4.8%	3.6%	3.3%	3.1%	2.4%	2.1%	1.7%	1.6%	1.6%	1.6%
意大利	8.0%	7.1%	5.7%	4.4%	3.2%	3.0%	2.6%	2.0%	1.8%	2.1%	1.9%
孟加拉国	39.3%	48.8%	34.0%	34.4%	30.4%	25.3%	24.6%	19.3%	17.0%	14.8%	12.7%
越南	42.7%	42.7%	42.7%	43.0%	38.8%	27.2%	24.6%	19.3%	18.4%	17.0%	14.0%
西班牙	9.5%	8.6%	6.5%	5.4%	4.8%	3.9%	3.7%	2.8%	2.4%	2.7%	2.6%
埃及	25.3%	28.8%	20.1%	17.4%	18.0%	16.1%	13.0%	13.7%	13.3%	11.4%	11.0%

资料来源：根据联合国贸易和发展会议数据库数据计算制作。

1991—2019年，在第一产业增加值居世界前20位的国家中，从第一产业就业人数占本国总就业人数的比例变化来看，大部分国家第一产业就业人数占本国总就业人数的比例呈明显下降趋势，中国第一产业总就业人数占本国总就业人数的比例从1991年的59.7%下降到2019年的25.3%，同期印度从63.3%下降到42.6%（见表1-68）。

表1-68 1991—2019年若干国家第一产业就业人数占本国总就业人数的比例变化

国家	1991年	1995年	2000年	2005年	2010年	2015年	2019年
中国	59.7%	52.2%	50.0%	44.8%	36.7%	28.6%	25.3%
印度	63.3%	61.8%	59.7%	56.0%	51.5%	45.3%	42.6%
美国	1.9%	1.8%	1.6%	1.4%	1.4%	1.4%	1.4%
印度尼西亚	55.5%	44.0%	45.3%	44.0%	39.1%	33.0%	28.5%
尼日利亚	50.6%	50.2%	48.8%	45.0%	41.4%	36.9%	35.0%
巴西	19.6%	18.1%	16.5%	16.6%	12.7%	10.2%	9.1%
俄罗斯	14.2%	15.8%	14.5%	10.1%	7.8%	6.7%	5.8%
日本	6.7%	5.7%	5.1%	4.5%	4.1%	3.6%	3.4%
伊朗	25.0%	24.0%	24.4%	24.8%	19.2%	18.0%	17.4%
巴基斯坦	44.8%	44.1%	43.0%	43.1%	43.4%	41.0%	36.9%
土耳其	29.8%	29.1%	27.3%	24.8%	23.7%	20.4%	18.1%
泰国	60.3%	52.0%	48.8%	38.7%	38.3%	32.3%	31.4%
墨西哥	21.1%	20.4%	17.4%	14.9%	13.9%	13.4%	12.5%
法国	6.0%	4.9%	4.1%	3.6%	2.9%	2.7%	2.5%
意大利	8.3%	6.6%	5.2%	4.2%	3.8%	3.8%	3.9%
孟加拉国	69.5%	66.0%	64.8%	51.2%	47.3%	43.5%	38.3%
越南	70.9%	67.0%	65.3%	54.8%	48.7%	44.0%	37.2%
西班牙	10.2%	9.0%	6.7%	5.3%	4.2%	4.1%	4.0%
埃及	39.0%	34.0%	29.6%	30.9%	28.3%	25.8%	20.6%
肯尼亚	44.5%	44.4%	48.7%	61.1%	60.3%	57.3%	54.3%

资料来源：根据联合国贸易和发展会议数据库数据计算制作。

1991—2019年，第一产业增加值居世界前20位国家的第一产业劳动生产率都有比较大的提升，其中美国、法国、意大利、日本等发达国家第一产业劳动生产率明显高于发展中国家。中国虽为世界第一产业大国，但是第一产业劳动生产率较低，2019年中国第一产业劳动生产率仅为5609美元，约是美国第一产业劳动生产率的1/18，甚至低于墨西哥、埃及等国（见表1-69）。

表 1-69　　1991—2019 年若干国家第一产业劳动生产率变化

（单位：第一产业增加值 / 每个劳动力）

国家	1991 年	1995 年	2000 年	2005 年	2010 年	2015 年	2019 年
中国	955.4	1232.9	1437.1	1880.3	2795.4	4325.7	5609
印度	864.7	926.8	1005.8	1072.1	1320.6	1667.7	2075.8
美国	—	—	71172.8	92920.4	82861.8	86890.3	100061.6
印度尼西亚	1321.9	1730.3	1609	1922.7	2219.5	2953.8	3600.5
尼日利亚	1412.5	1422.6	1569.1	2962.3	3884.3	5207.7	5591.2
巴西	2774.4	3216.3	3802.2	4173.5	5938.2	8202.7	9992.4
俄罗斯	5098.1	3604	4040.5	6243.7	7833.2	11110.4	14201.4
日本	—	15788.6	20178.7	18355.9	20019.9	19752.3	17763.2
伊朗	5833.6	6492.5	5905.2	6059	8000.8	9924.9	10739
巴基斯坦	2137.7	2328.3	2474.6	2427.5	2284.4	2404.9	2634.5
土耳其	6388.8	6470.1	7481.3	9047.8	9353.1	10881.4	12336.6
泰国	1996.8	1437.1	1684.5	2251.1	2346	2851.5	3216.5
墨西哥	4040.2	3956.5	4299.8	4835.9	5241.4	5432.5	5892.8
法国	18771.6	26390.3	33767.7	35604.4	46262.3	53430.6	53556.1
意大利	18153.9	25749.9	35281.4	38360.9	43239.6	44924.5	40310.6
孟加拉国	505.6	497.2	551.7	730.5	928.8	1108.7	1284.2
越南	572.7	659.9	750.3	973.2	1140.4	1366.7	1734.9
西班牙	—	17669.5	27489.8	25562	36941.3	44037.7	43005.1
埃及	3122.8	3678.1	4305.7	4294.5	4589.1	5658.1	7679.7
肯尼亚	2583.5	2249.3	2048.9	1827	1605.8	1664.8	1795.3

资料来源：根据 World Bank WDI 数据库、UN data、国民统计账户主要汇总和明细表计算所得。

（二）第一产业大国的农业结构变化比较分析

1. 中国农业结构变化分析

中国是第一产业增加值世界第一大国，2015 年以来，中国第一产业产值占世界第一产业总产值的比例高达 30%。1979 年以来，中国农业结构发生了明显变化，谷物类作物产值占农业总产值的比例从 1979 年的 45% 下降到 2018 年的 20% 左右，下降了近 25 个百分点。水果蔬菜类作物产值占农业总产值的比例从 1985 年的 10% 增加到 2018 年的 33%，水果蔬菜类作物产值占比增加了 23 个百分点。肉类产值占农业总产值的比例从 1977 年的 11% 增加到 2018 年的 23%，肉类产值占农业总产值的比例增加了 12 个百分点（见图 1–153）。中国农业内部结构显著变化反映了中国人的食品结构已经发生了深刻变化，中国人食品消费结构中主食消费持续减少，水果蔬菜类和肉类消费持续增加。

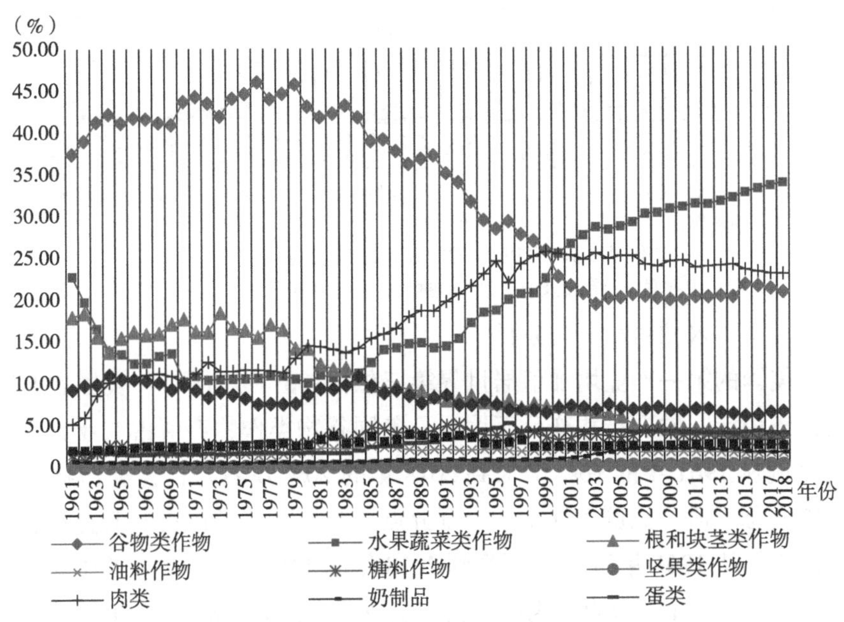

图 1-153 1961—2018 年中国农业结构变化

资料来源：根据联合国粮食及农业组织数据库数据计算制作。

2. 印度农业结构变化分析

印度是第一产业产值世界第二大国。1961—2018 年，印度农业结构发生了明显变化，印度谷物类作物产值占农业总产值的比例从 1980 年的 42% 下降到 2018 年的 28% 左右，谷物类作物产值占农业总产值的比例下降了 14 个百分点。水果蔬菜类作物产值占农业总产值比例从 1961 年的 18% 增加到 2018 年的 24%，水果蔬菜类作物产值占比增加了 6 个百分点。肉类产值占农业总产值的比例从 1961 年的 12% 增加到 2018 年的 22%，肉类产值占农业总产值的比例增加了 10 个百分点（见图 1–154）。印度农业结构变化反映出印度人的食品结构发生了明显变化。

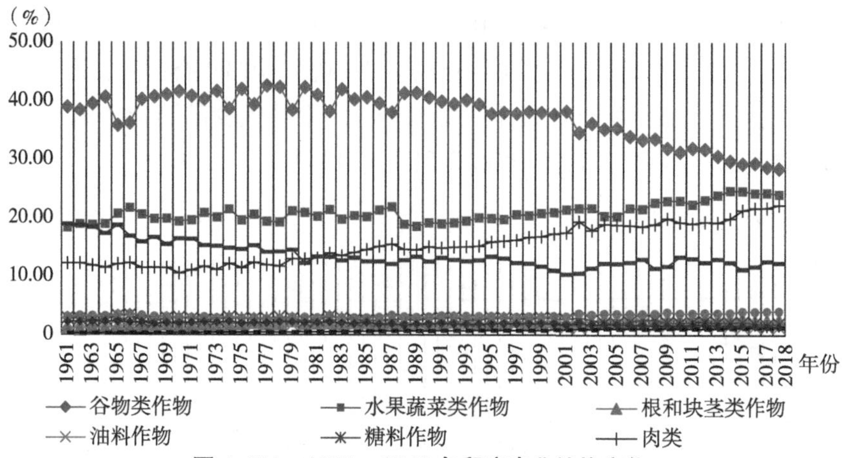

图 1-154　1961—2018 年印度农业结构变化

资料来源：根据联合国粮食及农业组织数据库数据计算制作。

3. 美国农业结构变化分析

美国的第一产业增加值居世界第三位。1961—2018 年，美国农业结构比较稳定，农业结构变化不明显，美国谷物类作物产值占农业总产值的比例从 1961 年的 16% 增加到 2018 年的 20% 左右，谷物类作物产值占农业总产值的比例增加了 4 个百分点。水果蔬菜类作物产值占农业总产值比例从 1961 年的 14% 下降到 2018 年的 11%，水果蔬菜类作物产值占比减少了 3 个百分点。肉类产值占农业总产值的比例从 1961 年的 35% 下降到 2018 年的 34%，肉类产值占农业总产值的比例下降了 1 个百分点（见图 1-155）。美国农业结构稳定反映出美国人的食品结构比较稳定，

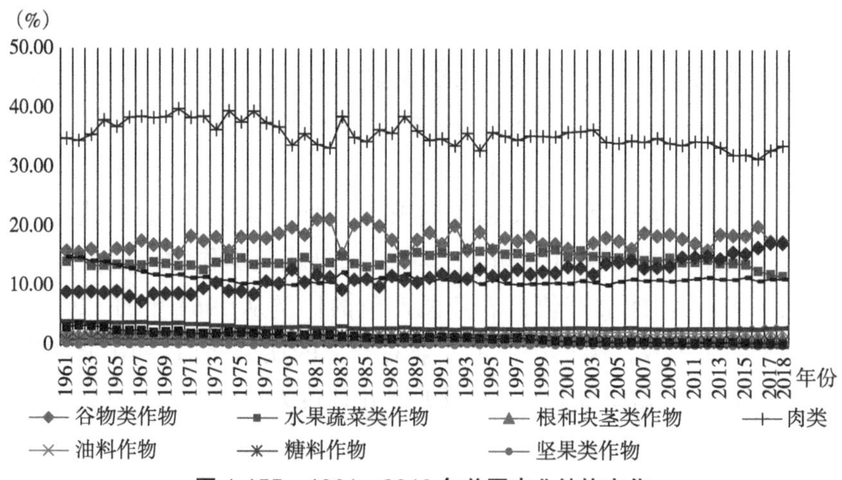

图 1-155　1961—2018 年美国农业结构变化

资料来源：根据联合国粮食及农业组织数据库数据计算制作。

美国人的食品结构中肉类消费比中国人和印度人多，而谷物类和水果蔬菜类食品消费比中国人和印度人少。

4. 世界主要农产品产值变化比较分析

（1）玉米生产大国比较分析

1961 年以来，世界玉米生产大国格局发生了变化。1990 年，中国玉米产值超过美国，成为世界玉米生产第一大国，中国玉米产值持续增长，与玉米产值居世界第二位的美国差距持续扩大（见图 1-156）。巴西是世界玉米生产第三大国，印度尼西亚是世界玉米生产第四大国。

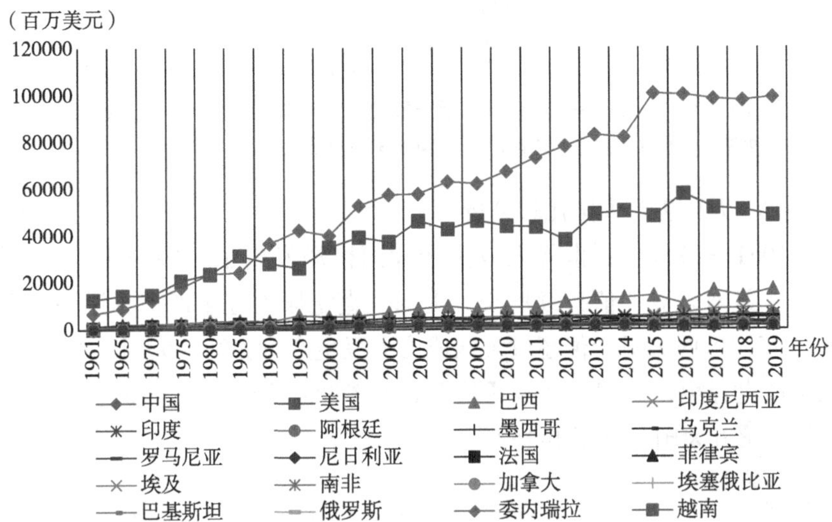

图 1-156 1961—2019 年玉米产值前 20 名的国家该产业产值变化

资料来源：根据联合国粮食及农业组织数据库数据计算制作。

（2）水稻生产大国比较分析

1961—2019 年，世界水稻生产大国的格局基本稳定。1962 年以来，中国水稻产值持续增长，中国一直稳居世界水稻生产第一大国。印度水稻产值持续稳定增长，印度稳居世界水稻生产第二大国。印度尼西亚和日本的水稻产值平稳增长，印度尼西亚和日本分别是世界水稻生产第三大国和第四大国（见图 1-157）。

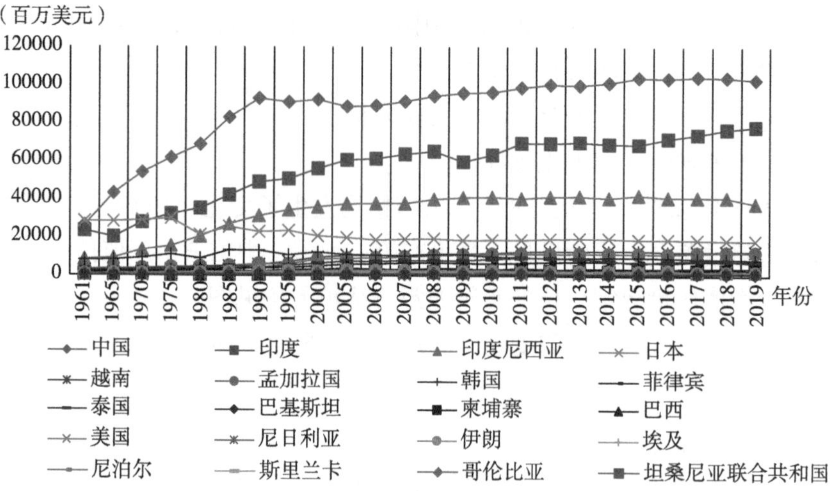

图 1-157　1961—2019 年水稻产值前 20 名的国家该产业产值变化

资料来源：根据联合国粮食及农业组织数据库数据计算制作。

（3）大豆生产大国比较分析

1961—2019 年，世界大豆生产大国格局发生了一些变化。1961 年以来，美国大豆产值持续增长，美国一直稳居大豆生产世界第一大国。2019 年，巴西大豆产值超过美国成为大豆生产世界第一大国。中国是大豆生产世界第三大国，阿根廷是大豆生产世界第四大国，印度是大豆生产世界第五大国（见图 1–158）。

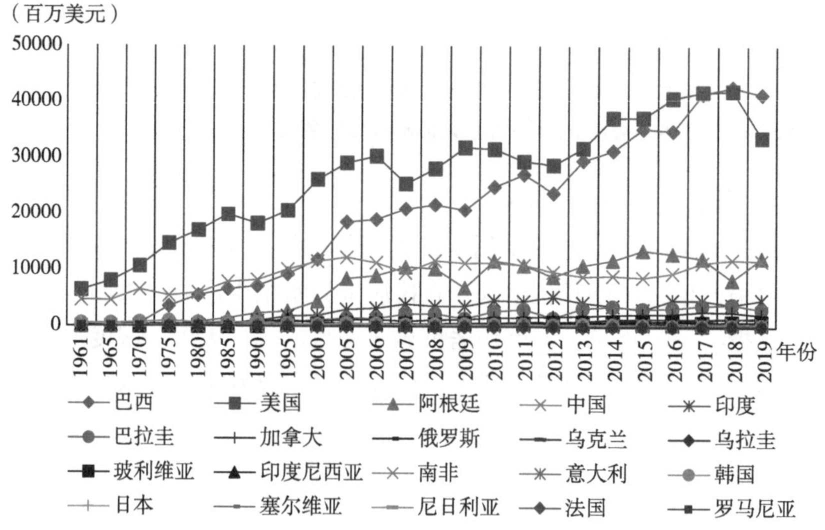

图 1-158　1961—2019 年大豆产值前 20 名的国家该产业产值变化

资料来源：根据联合国粮食及农业组织数据库数据计算制作。

（4）葡萄生产大国比较分析

1961—2019 年，世界葡萄生产大国格局发生了变化。1961—2018 年法国一直是世界葡萄生产第一大国，法国的红酒（葡萄酒）具有很强的国际竞争优势。中国的葡萄生产持续快速发展，葡萄产值逐步超过意大利、智利、美国、西班牙等葡萄生产大国，2019 年，中国葡萄产值超过法国，成为世界葡萄产值第一大国，未来中国有望成为世界红酒生产大国。法国、美国、西班牙、智利、意大利的葡萄产值位居世界前列（见图 1-159），这些国家也具有红酒国际竞争优势。

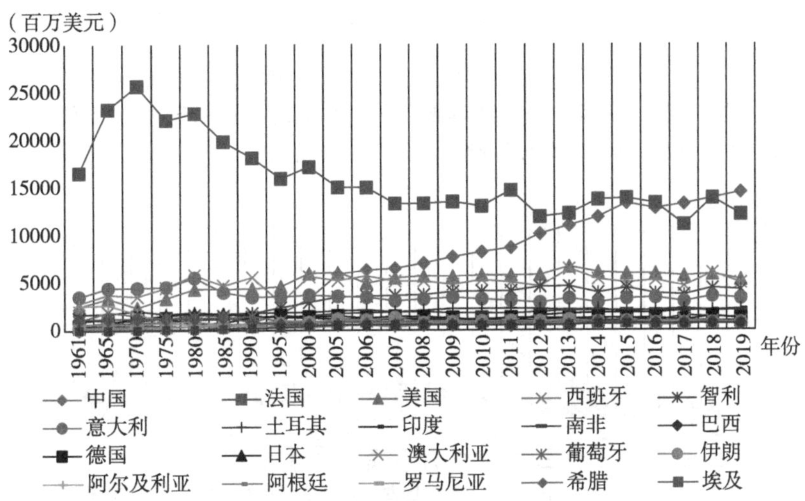

图 1-159 1961—2019 年葡萄产值前 20 名的国家该产品产值变化

资料来源：根据联合国粮食及农业组织数据库数据计算制作。

（5）苹果生产大国比较分析

1961—2019 年，世界苹果生产格局比较稳定。1990 年以来，中国一直是苹果产值世界第一大国。美国是苹果产值世界第二大国，印度和日本的苹果产值均位居世界前列（见图 1-160）。

（6）橙子生产大国比较分析

1961—2019 年，世界橙子生产格局发生了显著变化。1961—2005 年，美国是橙子产值世界第一大国，2005 年以来，美国橙子产值持续下降。2006 年，印度橙子产值超过美国，成为橙子产值世界第一大国。进入 21 世纪，中国橙子产值持续快速增长。2010 年，中国橙子产值超过美国，成为橙子产值世界第二大国（见图 1-161）。

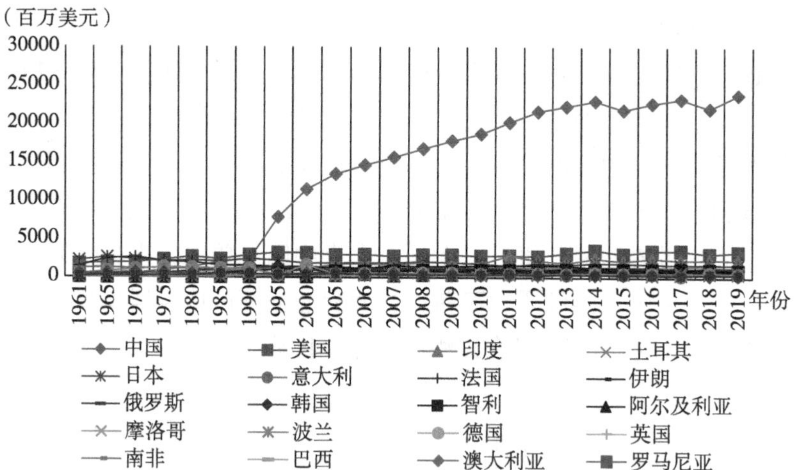

图 1-160　1961—2019 年苹果产值前 20 名的国家该产业产值变化

资料来源：根据联合国粮食及农业组织数据库数据计算制作。

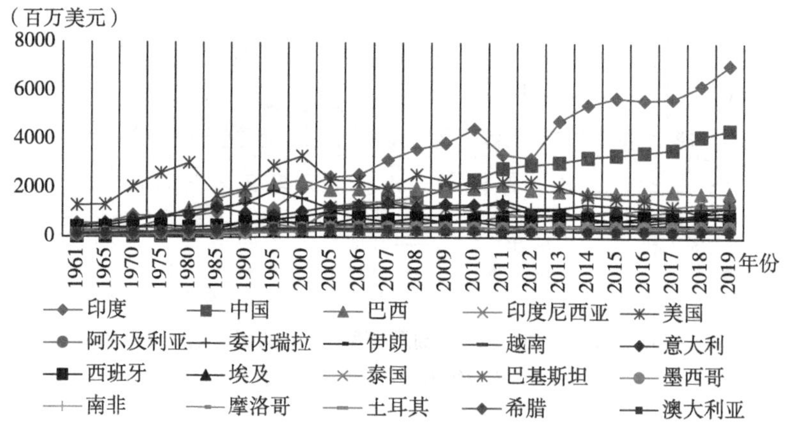

图 1-161　1961—2019 年橙子产值前 20 名的国家该产业产值变化

资料来源：根据联合国粮食及农业组织数据库数据计算制作。

（7）咖啡豆生产大国比较分析

1961—2019 年，世界咖啡豆生产格局基本稳定。巴西一直是咖啡豆产值世界第一大国。越南、哥伦比亚、印度尼西亚、洪都拉斯等国家的咖啡豆产值位居世界前列（见图 1-162）。

（8）茶叶生产大国比较分析

1961—2019 年，世界茶叶生产格局基本稳定。1980 年以来，中国一直是茶叶生产产值世界第一大国。日本、印度、肯尼亚等也是世界茶叶产值大国（见图 1-163）。

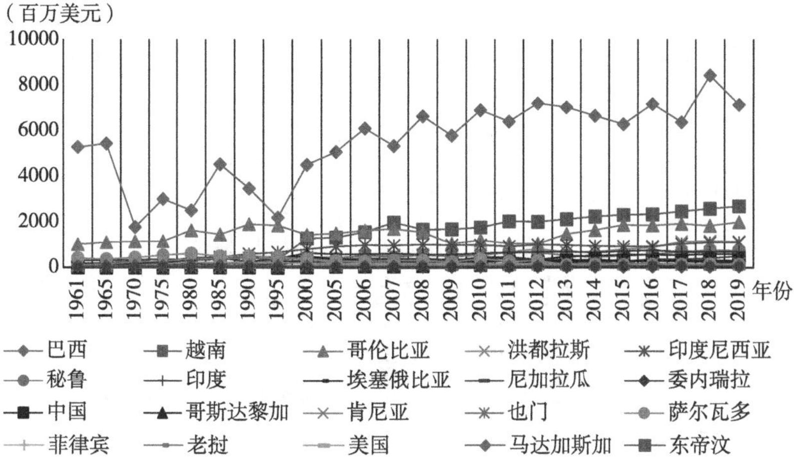

图 1-162　1961—2019 年咖啡豆产值前 20 名的国家该产业产值变化

资料来源：根据联合国粮食及农业组织数据库数据计算制作。

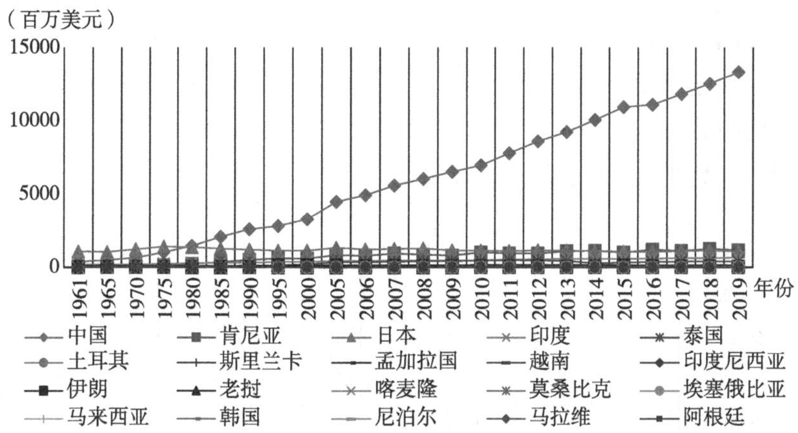

图 1-163　1961—2019 年茶叶产值前 20 名的国家该产业产值变化

资料来源：根据联合国粮食及农业组织数据库数据计算制作。

（9）肉类生产大国比较分析

1961—2018 年，世界肉类生产格局发生了明显变化。1961—1991 年，美国一直是肉类产值世界第一大国。1992 年以来，中国肉类生产持续快速增长，中国超过美国，成为肉类产值世界第一大国，美国成为肉类产值世界第二大国。巴西、日本、俄罗斯等也是肉类产值居世界领先的国家（见图 1-164）。

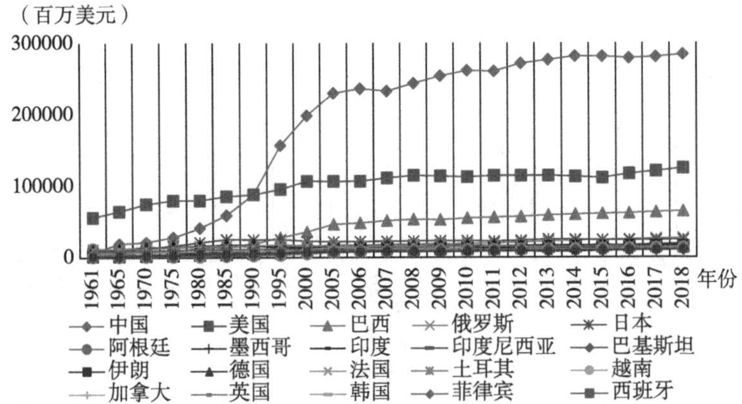

图 1-164　1961—2018 年肉类产值前 20 名国家该产业产值变化

资料来源：根据联合国粮食及农业组织数据库数据计算制作。

（10）奶制品生产大国比较分析

1961—2018 年，世界奶制品生产格局发生了明显变化。1961—1995 年，美国一直是奶制品产值世界第一大国。1996 年以来，印度奶制品生产持续快速增长，印度超过美国，成为奶制品产值世界第一大国，美国成为奶制品产值世界第二大国。2005 年以来，中国奶制品产业发展平稳，中国奶制品产值居世界第三位（见图 1–165）。

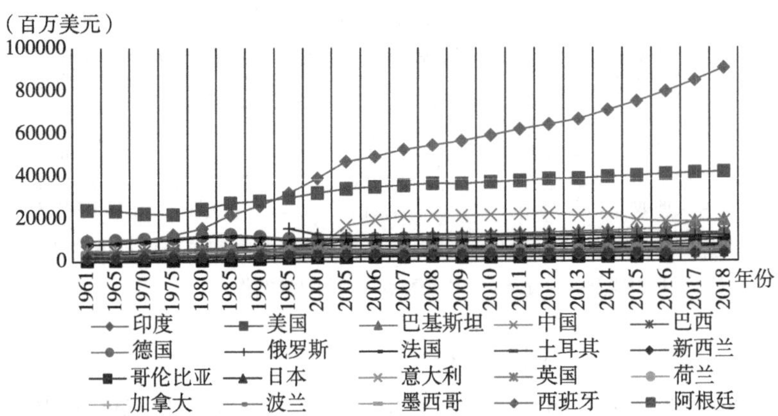

图 1-165　1961—2018 年奶制品产值前 20 名的国家该产业产值变化

资料来源：根据联合国粮食及农业组织数据库数据计算制作。

（11）蛋类生产大国比较分析

1961—2019 年，世界蛋类生产格局发生了明显变化。1961—1990 年，美国是蛋类产值世界第一大国。改革开放以来，中国蛋类生产持续快速发展，1992 年，中国超过美国，成为蛋类产值世界第一大国。日本、巴

西、印度也是蛋类产值位居世界前列的大国（见图 1-166）。

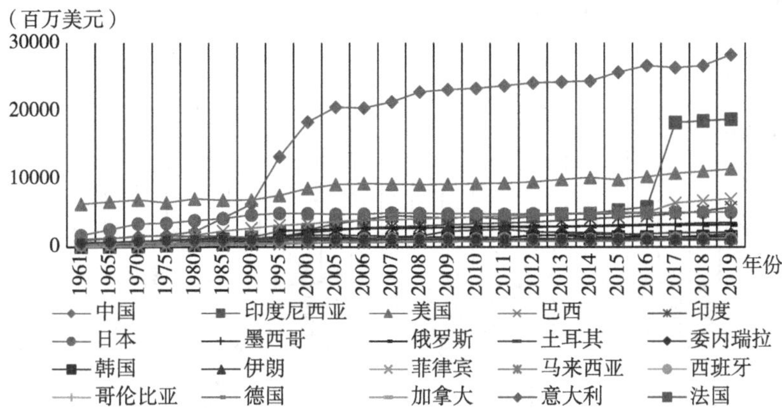

图 1-166　1961—2019 年蛋类产值前 20 名的国家该产业产值变化

资料来源：根据联合国粮食及农业组织数据库数据计算制作。

（12）捕捞渔业大国比较分析

1960—2018 年，世界捕捞渔业格局发生了明显变化。日本、秘鲁、挪威曾经是捕捞渔业产量位居世界前列的国家，20 世纪 90 年代中后期以来，中国捕捞渔业产量快速增长。2000 年以来，中国成为捕捞渔业产量世界第一大国，印度尼西亚、美国、印度、俄罗斯、秘鲁、日本、挪威的捕捞渔业产量均位居世界前列（见图 1-167）。

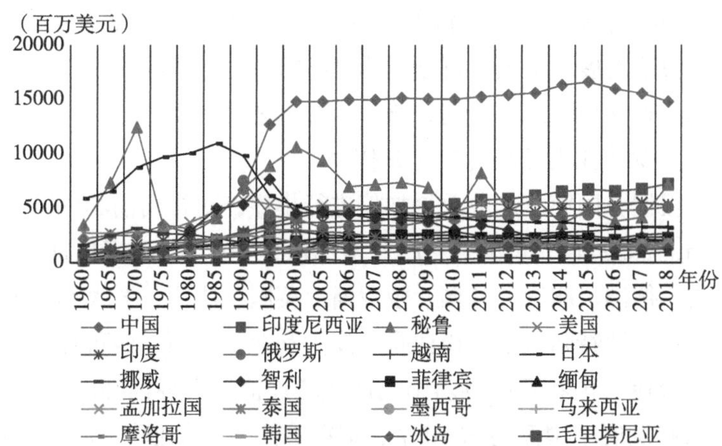

图 1-167　1960—2018 年捕捞渔业产量前 20 名的国家产量变化

资料来源：根据联合国粮食及农业组织数据库数据计算制作。

（13）养殖渔业大国比较分析

1960—2018 年，世界养殖渔业格局基本稳定，1980 年以来，中国一直是养殖渔业产量世界第一大国，印度尼西亚、印度、越南等也是养殖渔业产量位居世界前列的国家（见图 1–168）。

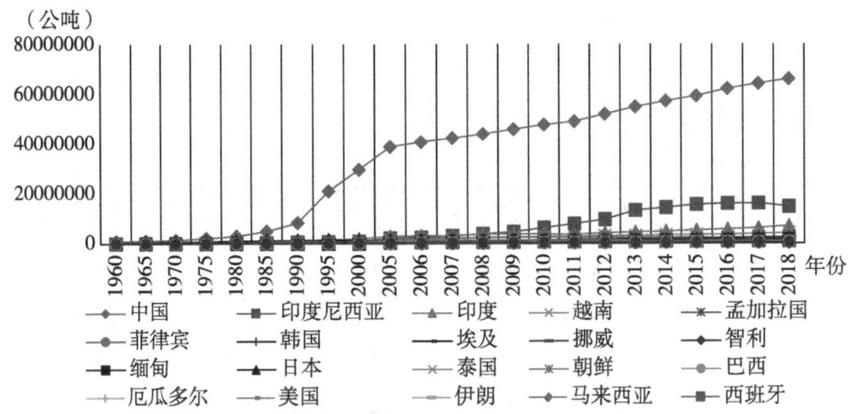

图 1-168　1960—2018 年养殖渔业产量前 20 名的国家产量变化

资料来源：根据联合国粮食及农业组织数据库数据计算制作。

综上所述，从第一产业发展和农业结构变化来看，全球第一产业的生产格局发生了深刻变化。改革开放以来，中国第一产业和农业快速发展，农产品结构不断转型升级，主要农产品的产值和产量居世界第一位，农业世界第一大国地位稳固，农业发展能力和国际竞争力持续增强，中国人的饭碗牢牢端在自己手里。中国第一产业形成以国内大循环为主体、国内国际双循环相互促进的新发展格局已经取得显著成效，依靠本国农牧渔业的快速发展，中国人自己养活自己的能力不断巩固提升。

（三）世界制造业大国制造业结构变化分析

1. 世界制造业大国格局变化分析

本节根据各国第二产业总增加值进行排序，对排名前 30 的国家进行比较分析。2022 年，世界第二产业增加值前 30 名的国家包括中国、美国、日本、德国、印度、韩国、俄罗斯、英国、法国、意大利、加拿大、印度尼西亚、沙特阿拉伯、墨西哥、澳大利亚、巴西、西班牙、土耳其、阿拉伯联合酋长国和泰国等。第二产业增加值居世界前 20 位的国家中，发达国家和发展中国家各占 10 个，但第二产业增加值居世界前 10 位的国家中，发达国家占 7 个，说明发达国家的第二产业仍然规模巨大，实力强劲。1978 年以来，中国第二产业增加值快速增长，中国第二产业增加值从 1978 年的 1042 亿美元增加到 2018 年的 5.51 万亿美元（见图 1–169、图 1–170、表 1–70）。

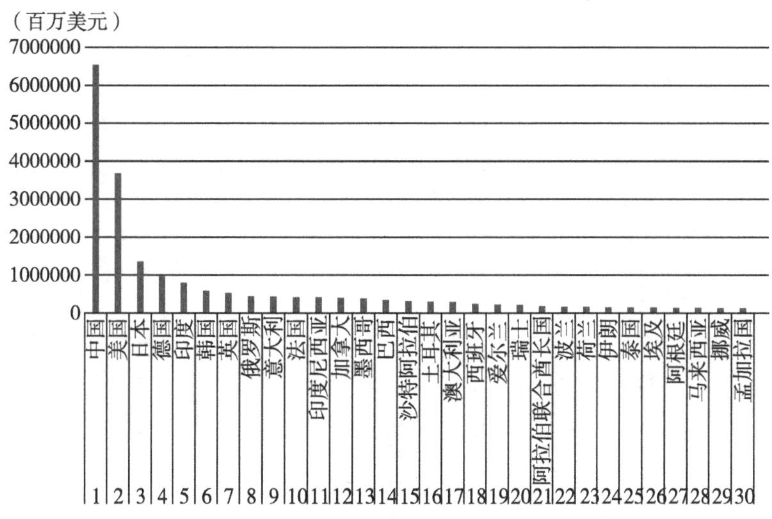

图 1-169　2022 年世界前 30 个制造业大国制造业增加值排序

资料来源：根据 WDI 数据库数据计算所得。

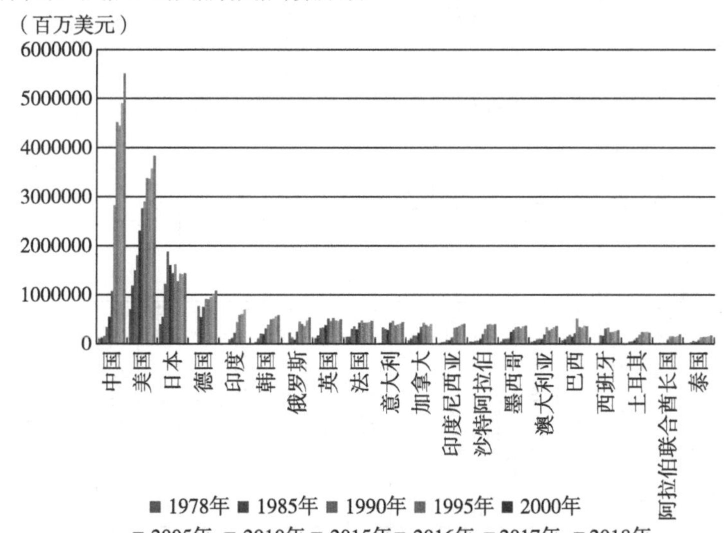

图 1-170　世界制造业大国的第二产业增加值变化

资料来源：根据联合国贸易和发展会议数据库数据计算制作 。

中国第二产业增加值占世界第二产业增加值的比例从 1995 年的 3.74% 增加至 2018 年的 23.67%，2011 年以来，中国第二产业增加值超过美国，居世界第一位。日本第二产业增加值占世界第二产业增加值的比例从 1995 年的 20.40% 下降到 2018 年的 6.18%，美国、德国、英国、法国等发达国家第二产业增加值占世界第二产业增加值的比例也有不同程度的下降（见表 1–71、图 1–171）。

表 1-70　　1970—2022 年世界制造业大国的第二产业增加值变化　　（单位：百万美元）

年份	中国	美国	日本	德国	韩国	英国	俄罗斯	意大利	法国	加拿大	墨西哥	巴西	沙特阿拉伯	澳大利亚	西班牙	瑞士	荷兰
1970	52816	1702081	566288	—	16389	310986	—	257882	235863	152994	93444	81752	75099	71166	126059	99188	95486
1971	59286	1697026	599396	—	17272	312120	—	254956	253937	157386	94470	91399	92259	74565	129759	103229	96501
1972	62383	1791217	646809	—	18138	317741	—	266656	260229	168146	103656	104377	115618	77719	145766	106532	98292
1973	67105	1913266	707607	—	22646	338020	—	291861	276352	186921	114989	122122	145716	82262	160017	109722	101930
1974	68541	1837382	680357	—	25479	320523	—	307848	292341	186193	123806	132502	167674	81528	168807	111402	103967
1975	79164	1714289	683208	—	27897	303217	—	283848	285707	177711	130433	138994	146193	82175	165468	103333	98948
1976	78025	1828745	711770	—	31763	308122	—	308100	294347	187604	137287	155256	177126	85861	166330	101702	102651
1977	86907	1922628	723022	—	38250	317976	—	314836	303959	194177	139995	160071	188026	85449	169843	104651	102146
1978	97956	1989838	757450	—	47632	331372	—	324589	307814	194376	155593	170316	173580	88322	169073	104849	100394
1979	105219	1984715	812370	—	50719	340689	—	346162	311943	203853	174084	181895	197720	90175	166846	106585	99522
1980	121149	1882303	836607	—	49814	319188	—	352957	314631	204287	193227	198713	208226	93443	166854	114183	98950
1981	123614	1868570	861685	—	50749	305177	—	350971	311123	204056	212569	181155	209295	95409	165745	113405	94683
1982	130176	1775248	868203	—	54747	317950	—	350253	310550	193337	209787	181093	151419	90076	160893	109010	89921
1983	144740	1814303	857052	—	64880	332878	—	353287	310415	199831	191358	170366	115270	92776	163026	109279	91495
1984	164956	1987339	875440	—	73476	337261	—	357274	307552	214368	199841	181100	105605	100568	161038	111553	95774
1985	196068	2082471	938998	—	78469	350532	—	361356	309113	225577	207917	196045	87410	105353	164476	117425	99051
1986	217516	2084380	946602	—	87355	361567	—	367232	312837	225984	195874	219006	114430	104020	171462	120916	98384
1987	248302	2202808	990611	—	100559	385420	—	379591	316955	236098	202786	221194	102925	114139	182670	124560	100189

续表

年份	中国	美国	日本	德国	韩国	英国	俄罗斯	意大利	法国	加拿大	墨西哥	巴西	沙特阿拉伯	澳大利亚	西班牙	瑞士	荷兰
1988	281803	2352929	1075032	—	111486	408387	—	398839	333575	250013	206726	215337	121165	121805	194665	126554	104795
1989	287892	2349097	1140733	—	119437	421166	—	417198	346506	251291	216638	221421	119383	125983	207839	129839	108858
1990	296371	2341358	1232162	759356	137591	424989	—	423449	360140	247516	230435	203200	145287	124880	216726	134710	110886
1991	336101	2250922	1268630	779808	155191	402873	—	426203	363629	238150	237631	204460	175500	122642	221049	135116	112950
1992	406782	2269637	1244454	773921	160174	398237	352236	424299	368554	235800	247211	195633	180347	125942	215619	135358	112881
1993	486491	2337671	1213428	734417	172981	401390	305606	409294	352946	241796	248812	210077	176033	130871	205594	134129	112046
1994	573387	2486491	1185360	755903	188837	414889	244998	424194	355140	254206	260084	227214	177796	136996	208856	138860	115800
1995	651999	2600468	1217420	757470	207054	507225	233679	438695	365339	260500	234595	237189	179616	142606	218018	138861	118039
1996	728992	2676712	1266154	735119	223997	519142	221059	440026	364628	264880	259585	240140	184881	144920	221650	135727	121988
1997	800992	2760028	1263233	747536	234744	528808	222382	437253	367484	277582	282295	250677	183715	152943	230627	135790	120988
1998	872365	2859232	1227593	747573	216194	544123	210883	441797	382165	283493	302206	245667	189105	158212	241312	138251	124352
1999	941310	3017005	1217995	749911	240730	566914	230358	444021	396510	298784	307728	239882	176612	164931	254300	138928	128193
2000	1028227	3150862	1247287	781725	265419	561119	258343	454154	416354	315698	323213	252220	189091	163342	267614	140306	131606
2001	1114995	3047358	1201002	775515	274393	576516	273142	456552	426927	314017	315712	251929	183915	170738	280150	145526	134702
2002	1224993	3049562	1176315	758562	296744	574437	282304	460969	430157	322668	310402	258653	173945	181049	284709	146089	134208
2003	1380039	3133222	1194709	755260	313451	579912	308526	456909	434336	326777	313632	261830	200471	184957	291584	145168	132023
2004	1532855	3305687	1229362	776411	338821	569916	340498	467448	444563	337547	325550	281706	216435	191039	295018	144697	136013
2005	1720510	3358657	1269955	778893	353455	556133	353796	470678	449185	347469	333046	287656	227224	196318	302972	150679	137475

续表

年份	中国	美国	日本	德国	韩国	英国	俄罗斯	意大利	法国	加拿大	墨西哥	巴西	沙特阿拉伯	澳大利亚	西班牙	瑞士	荷兰
2006	1953451	3488498	1300413	818339	374561	568464	367399	481576	457134	350945	349792	294128	229059	206834	310940	157545	140122
2007	2249003	3555249	1319515	848035	399493	557899	382251	488559	469062	352436	353823	312120	227638	216309	315159	162860	146255
2008	2471757	3437410	1307452	836951	408706	537313	389632	477149	454610	346629	350793	325209	239174	220318	312521	167542	149136
2009	2732312	3134372	1106613	718574	403991	486524	351978	408929	426984	311609	322281	313452	223666	226936	282711	151394	137387
2010	3081395	3227567	1232259	825368	442879	487723	375094	422883	428762	332598	337365	355576	230235	230466	274823	160443	139430
2011	3412605	3239234	1190738	869446	457014	478067	393459	422387	434205	347459	347934	370305	259348	246425	261861	169948	141849
2012	3698692	3272237	1189737	866009	462299	480331	407301	401854	430176	355519	360311	367811	272174	255801	244868	168340	138502
2013	3996303	3356688	1209572	859805	475312	495767	409005	389380	433317	364567	358307	376271	274236	269014	230299	171779	138016
2014	4284508	3421481	1240874	898240	489005	508372	409374	380822	431194	379917	368570	369648	283930	273602	231720	171578	138500
2015	4540036	3504546	1270525	909868	500561	529781	406237	382902	432169	375253	375526	348909	298855	278214	240015	170602	139171
2016	4813494	3526325	1281459	946841	516279	527937	413095	393218	432033	369012	376511	333197	305653	275871	249703	173844	142379
2017	5094094	3550249	1334937	979172	537907	534693	420198	404873	437474	385186	378727	332892	299091	287574	257842	181472	148179
2018	5393667	3678630	1368410	987700	548461	543321	432144	412414	445386	398027	379588	334379	298721	292007	259399	191342	151939
2019	5656086	3747484	1345243	974665	552658	551034	438617	413899	454120	398551	373542	329699	293860	291221	265311	196566	153347
2020	5793701	3634024	1280327	919588	548553	539590	426088	371760	413340	373080	339607	320763	277906	287996	233671	188924	149616
2021	6304186	3733477	1343602	969661	578464	537996	448613	424517	428856	391590	362380	338257	282912	290181	239246	214625	159326
2022	6540214	3686544	1356612	961588	586416	532905	448254	433008	424380	403049	381446	342712	317749	295018	248046	224622	164190

资料来源：根据联合国贸易和发展会议数据库数据计算制作。

表 1-71　制造业大国第二产业增加值占世界第二产业增加值的比例变化

年份	中国	美国	日本	德国	印度	韩国	俄罗斯	英国	法国	意大利	加拿大	印度尼西亚	沙特阿拉伯	墨西哥	澳大利亚	巴西	西班牙	土耳其	阿拉伯联合酋长国	泰国
1995	3.74%	19.55%	20.40%	8.37%	1.01%	2.26%	1.49%	3.62%	3.89%	3.37%	1.84%	0.92%	0.73%	1.28%	1.11%	1.96%	1.89%	0.59%	—	0.65%
2000	5.91%	24.65%	17.14%	5.78%	1.21%	2.13%	0.94%	4.11%	3.13%	2.98%	2.42%	0.74%	1.09%	2.60%	1.04%	1.61%	1.79%	0.79%	—	0.48%
2005	8.31%	21.39%	11.10%	5.80%	1.71%	2.44%	1.93%	3.97%	3.35%	3.34%	2.68%	1.03%	1.58%	2.23%	1.51%	1.67%	2.42%	0.99%	0.62%	0.60%
2010	15.52%	15.91%	8.89%	5.01%	2.46%	2.16%	2.51%	2.56%	2.60%	2.56%	2.36%	1.77%	1.69%	1.88%	1.88%	2.82%	1.81%	1.04%	0.86%	0.75%
2015	22.49%	16.81%	6.34%	4.53%	2.92%	2.49%	2.02%	2.64%	2.16%	1.91%	1.92%	1.72%	1.96%	1.75%	1.38%	1.74%	1.20%	1.20%	0.78%	0.72%
2016	22.26%	16.85%	7.14%	4.78%	3.05%	2.58%	1.87%	2.37%	2.17%	1.99%	1.81%	1.83%	2.02%	1.59%	1.54%	1.65%	1.24%	1.22%	0.74%	0.74%
2017	22.71%	16.57%	6.57%	4.66%	3.22%	2.61%	2.23%	2.17%	2.07%	1.93%	1.86%	1.85%	1.82%	1.65%	1.58%	1.74%	1.22%	1.16%	0.76%	0.74%
2018	23.67%	16.46%	6.18%	4.66%	—	2.52%	2.32%	2.15%	2.03%	1.92%	—	1.78%	1.73%	1.62%	1.57%	1.54%	1.22%	0.98%	0.85%	0.76%

资料来源：根据 World Bank WDI 数据库、UN data、国民统计账户主要汇总和明细表计算所得。

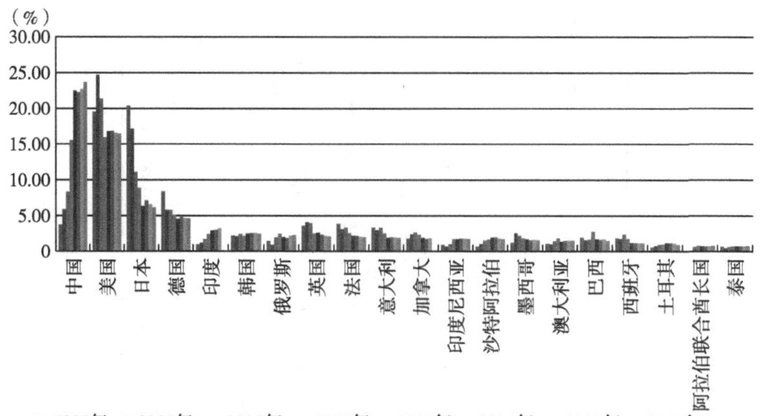

图 1-171　世界制造业大国的第二产业增加值占世界第二产业增加值的比例变化

资料来源：根据联合国贸易和发展会议数据库数据计算制作。

2. 制造业大国制造业结构变化分析

（1）中国制造业规模及其结构变化

2002 年以来，中国制造业进入快速增长和制造业规模快速扩大的重要阶段（见图 1–172）。中国制造业快速发展主要有四种推进力量。一是扩大开放发展和国际市场需求的推动力。2001 年，中国加入世界贸易组织，国际市场需求时空范围不断扩大，促进了国际贸易和外商直接投资的快速增长，中国进出口商品贸易和外商投资的快速增长推动制造业的快速发展。二是居民住房需求推动力。21 世纪以来，随着住房制度改革，居民住房需求不断增长促进房地产业发展，房地产业快速发展拉动金属、家电、交通设备、机械设备、化工制品、纺织业等诸多制造业快速增长。三是国内居民消费需求推动力。改革开放以来，经济高速增长，国内居民收入持续增长，居民消费需求不断扩大，国内消费需求持续增长推动制造业快速增长。四是技术创新推动力。改革开放以来，国家持续鼓励支持企业和产业加快技术创新，技术创新和创新驱动发展促进了制造业快速发展。中国制造业快速发展是国内国际互相推动发展的结果，是以国内大循环为主体、国内国际双循环相互促进的新发展格局的成功典范。

21 世纪以来，中国制造业不仅规模持续快速扩大，而且制造业内部结构也发生了深刻变化。制造业结构变化主要是从传统劳动密集型的轻纺工业向化工制造、石油加工、金属等资本密集型产业以及交通运输设备、计算机、通信和其他电子设备等技术密集型产业转型升级。纺织业产值占制造业总产值的比例从 2000 年的 6% 下降到 2018 年的 3%，同期纺织服装业占比从

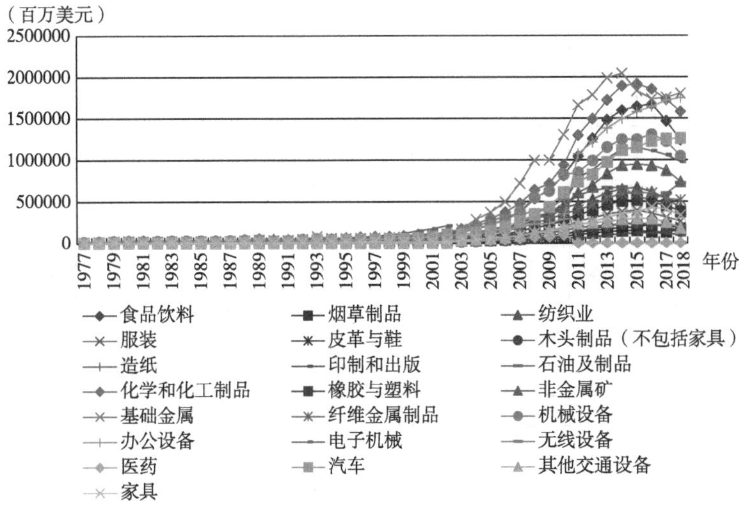

图 1-172　1977—2018 年中国制造业行业产值变化

资料来源：根据联合国数据库数据计算制作。

3% 下降到 2%，纺织服装业不再是制造业的支柱行业。皮革制造、酒、饮料、造纸、塑料等轻工业产值占制造业总产值比例也呈下降趋势。化工制造、石油加工、金属等资本密集型产业的产值占制造业总产值的比例保持相对稳定，交通运输设备以及计算机、通信和其他电子设备等技术密集型的制造业产值占制造业总产值比例有所提高（见图 1–173、表 1–72）。

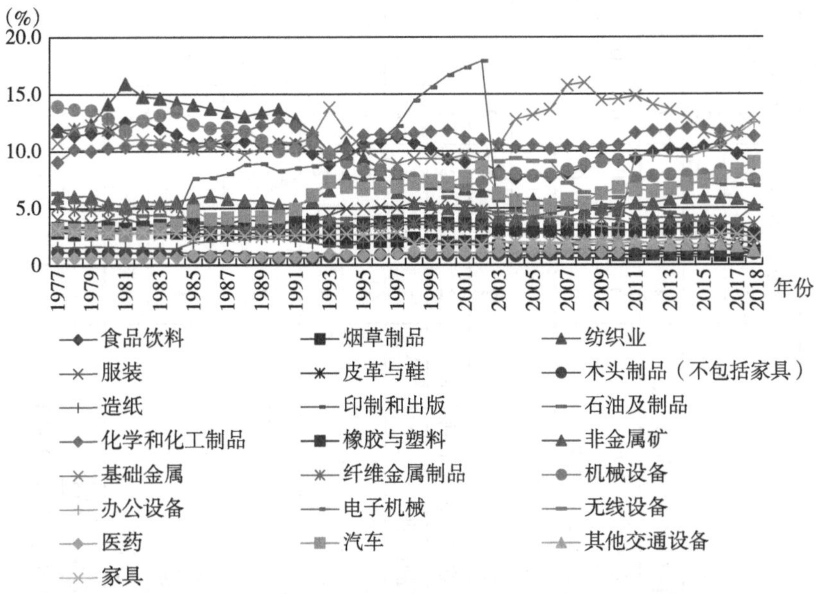

图 1-173　1977—2018 年中国制造业行业产值占制造业总产值的比例变化

资料来源：根据联合国产业数据库数据整理制作。

表 1-72　　2000—2018 年中国制造业行业产值占制造业总产值的比例变化　　（单位：%）

分类	2000年	2001年	2002年	2003年	2004年	2005年	2006年	2007年	2008年	2009年	2010年	2011年	2012年	2013年	2014年	2015年	2016年	2017年	2018年
煤炭开采和洗选业	1	2	2	2	2	2	2	2	3	3	3	4	4	3	3	2	2	2	2
石油和天然气开采业	4	3	2	2	2	2	2	2	2	1	2	2	1	1	1	1	1	1	1
黑色金属矿采选业	0	0	0	0	0	0	0	1	1	1	1	1	1	1	1	1	1	0	0
有色金属矿采选业	0	0	0	0	0	0	1	1	1	1	1	1	1	1	1	1	1	0	0
农副食品加工业	4	4	4	4	4	4	4	4	5	5	5	5	6	6	6	6	6	5	5
食品制造业	2	2	2	2	1	1	1	1	1	2	2	2	2	2	2	2	2	2	2
酒、饮料和精制茶制造业	2	2	2	1	1	1	1	1	1	1	1	1	1	1	1	2	2	2	1
烟草制品业	2	2	2	2	1	1	1	1	1	1	1	1	1	1	1	1	1	1	1
纺织业	6	6	5	5	5	5	5	5	4	4	4	4	3	3	3	4	4	3	3
纺织服装、服饰业	3	3	2	2	2	2	2	2	2	2	2	2	2	2	2	2	2	2	2
皮革、毛皮、羽毛及其制品和制鞋业	2	2	2	1	1	1	1	1	1	1	1	1	1	1	1	1	1	1	1
木材加工和木、竹、藤、棕、草制品业	1	1	1	1	1	1	1	1	1	1	1	1	1	1	1	1	1	1	1
家具制造业	0	0	0	0	1	1	1	1	1	1	1	1	1	1	1	1	1	1	1
造纸和纸制品业	2	2	2	2	2	2	2	2	2	1	1	1	1	1	1	1	1	1	1
印刷和记录媒介复制业	1	1	1	1	1	1	1	1	1	1	0	0	0	1	1	1	1	1	1
文教、工美、体育和娱乐用品制造业	1	1	1	1	1	1	1	1	0	0	0	0	1	1	1	1	1	1	1

续表

分类	2000年	2001年	2002年	2003年	2004年	2005年	2006年	2007年	2008年	2009年	2010年	2011年	2012年	2013年	2014年	2015年	2016年	2017年	2018年
石油加工、炼焦和核燃料加工业	5	5	4	4	5	5	5	4	5	4	4	4	4	4	4	3	3	4	5
化学原料和化学制品制造业	7	6	6	6	6	7	6	7	7	7	7	7	7	7	8	8	8	7	7
医药制造业	2	2	2	2	2	2	2	1	1	2	2	2	2	2	2	2	2	2	2
化学纤维制造业	1	1	1	1	1	1	1	1	1	1	1	1	1	1	1	1	1	1	1
橡胶和塑料制品业	3	3	3	3	3	3	3	3	3	3	3	3	3	3	3	3	3	3	2
非金属矿物制品业	4	4	4	4	4	4	4	4	4	4	4	5	5	5	5	5	5	5	5
黑色金属冶炼和压延加工业	6	6	6	7	9	9	8	9	9	8	8	8	8	7	7	6	5	6	6
有色金属冶炼和压延加工业	3	2	2	2	3	3	4	4	4	4	4	4	4	5	5	5	5	5	5
金属制品业	3	3	3	3	3	3	3	3	3	3	3	3	3	3	3	3	3	3	3
通用设备制造业	4	3	4	4	4	4	4	4	5	5	5	5	4	4	4	4	4	4	4
专用设备制造业	3	2	2	3	2	2	2	3	3	3	3	3	3	3	3	3	3	3	3
交通运输设备制造业	6	7	7	8	7	6	6	7	7	8	8	7	7	7	8	8	9	9	9
电气机械和器材制造业	6	5	5	5	5	5	6	6	6	6	6	6	6	6	6	6	6	6	6
计算机、通信和其他电子设备制造业	9	9	10	11	11	11	11	10	9	8	8	8	8	8	8	8	9	9	10
仪器仪表制造业	1	1	1	1	1	1	1	1	1	1	1	1	1	1	1	1	1	1	1
电力、热力生产和供应业	5	8	8	8	8	7	7	7	6	6	6	6	6	5	5	5	5	5	6

资料来源：根据《中国统计年鉴》《中国工业经济统计年鉴》数据计算制作。

改革开放以来，中国制造业结构转型升级成效明显。中国制造业结构转型升级成效主要是从传统劳动密集型制造业向资本密集型制造业再向技术密集型制造业转变。制造业结构转型升级可以从制造业行业产值排序变化反映出来，1977 年，纺织业产值居制造业产值排序的第 3 位；改革开放初期，纺织业曾经是中国制造业的重要支柱产业。2000 年，纺织业产值居制造业产值排序的第 7 位；2018 年，纺织业产值退居制造业产值排序的第 11 位，纺织业已经退出制造业支柱产业（见图 1–174、图 1–175、图 1–176、图 1–177、表 1–73）。

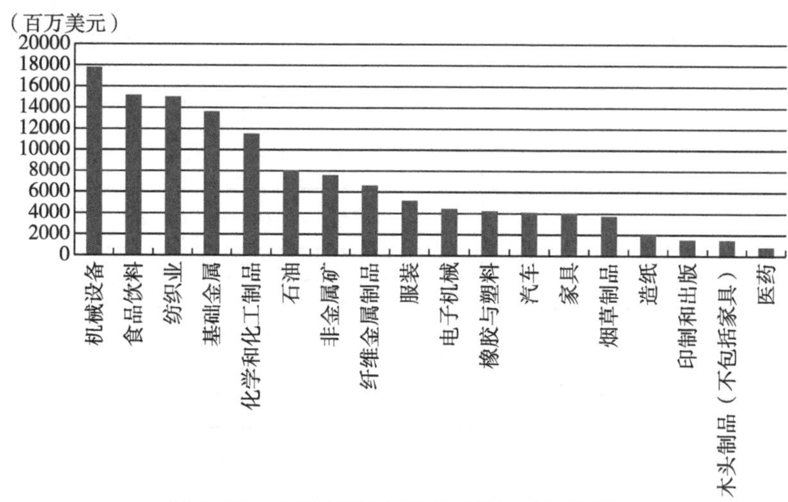

图 1-174　1977 年中国制造业行业产值排序

资料来源：根据联合国产业数据库数据整理制作。

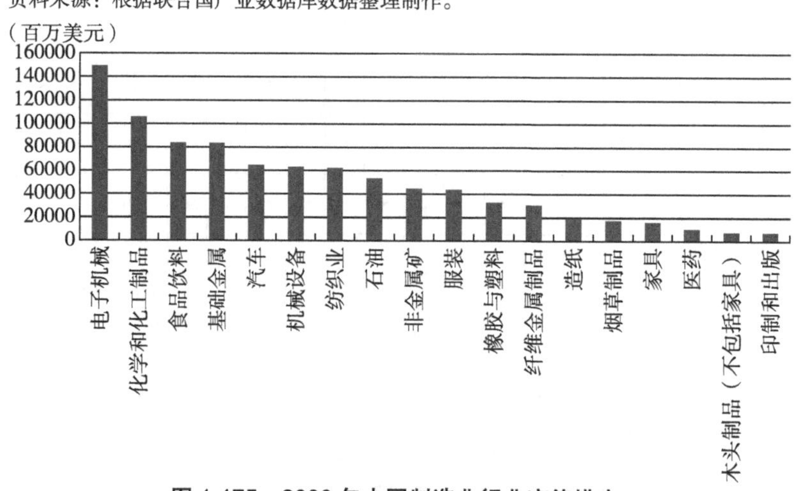

图 1-175　2000 年中国制造业行业产值排序

资料来源：根据联合国产业数据库数据整理制作。

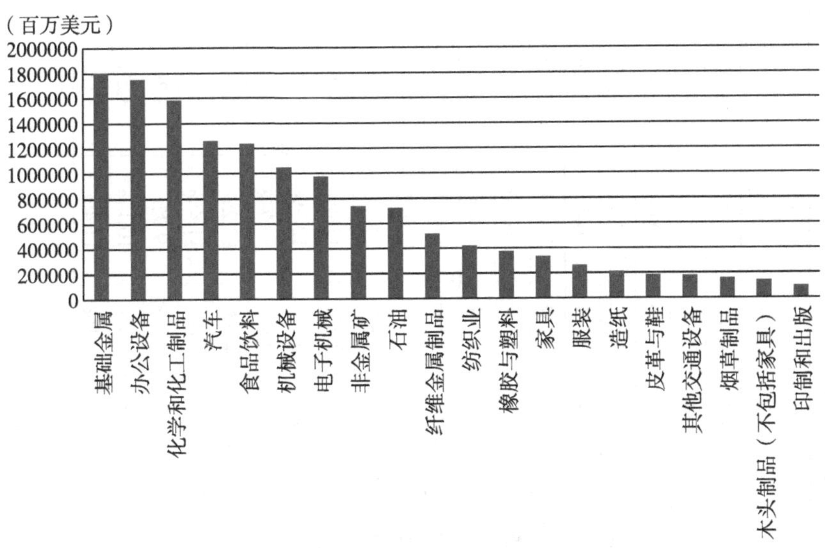

图 1-176 2018 年中国制造业行业产值排序

资料来源：根据联合国产业数据库数据整理制作。

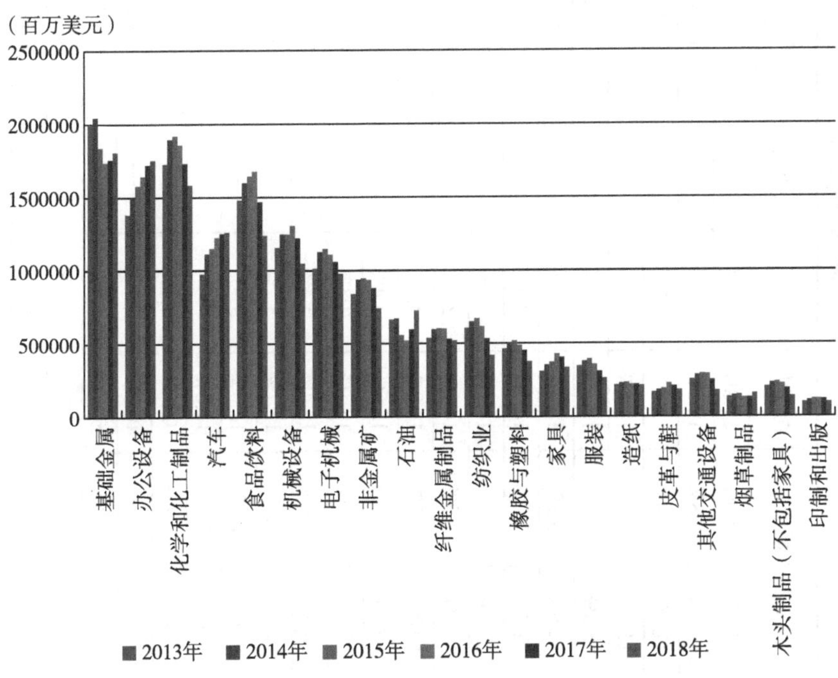

图 1-177 2013—2018 年中国制造业行业产值排序

资料来源：根据联合国产业数据库数据整理制作。

表 1-73　1977—2018 年中国制造业行业产值占制造业总产值的比例变化

年份	食品饮料	烟草制品	纺织业	服装	皮革与鞋	木头制品（不包括家具）	造纸	印制和出版	石油及制品	化学和化工制品	橡胶与塑料
1977	11.9%	3.0%	11.8%	4.1%	—	1.2%	1.6%	1.2%	6.3%	9.1%	3.3%
1978	11.4%	2.8%	12.0%	3.9%	—	1.1%	1.6%	1.1%	5.6%	10.2%	3.4%
1979	11.5%	2.9%	12.4%	3.7%	—	1.1%	1.7%	1.1%	5.5%	10.0%	3.3%
1980	11.7%	2.9%	14.2%	4.0%	—	1.1%	1.6%	1.1%	5.0%	10.3%	3.3%
1981	12.5%	3.1%	15.9%	4.1%	—	1.1%	1.6%	1.1%	4.6%	10.4%	3.2%
1982	12.6%	3.2%	14.8%	3.7%	—	1.1%	1.5%	1.1%	4.4%	10.6%	3.4%
1983	12.0%	3.0%	14.7%	3.5%	—	1.0%	1.5%	1.1%	4.4%	10.6%	3.5%
1984	11.5%	2.9%	14.3%	3.5%	—	0.9%	1.5%	1.1%	4.2%	10.5%	3.6%
1985	10.7%	2.9%	14.1%	3.4%	—	0.8%	2.0%	1.1%	3.8%	10.3%	3.7%
1986	10.8%	2.7%	13.8%	3.4%	—	0.8%	2.1%	1.1%	3.9%	10.6%	3.7%
1987	10.6%	2.7%	13.5%	3.4%	—	0.8%	2.2%	1.1%	3.6%	11.3%	3.7%
1988	10.8%	2.8%	13.1%	3.3%	—	0.8%	2.3%	1.0%	3.3%	11.8%	4.0%
1989	10.6%	2.9%	13.4%	3.4%	—	0.7%	2.4%	1.0%	3.3%	12.3%	3.9%
1990	10.6%	3.1%	13.7%	3.7%	—	0.6%	2.3%	1.0%	3.4%	12.7%	3.8%
1991	10.6%	2.8%	12.8%	3.9%	—	0.6%	2.1%	1.1%	4.0%	12.2%	3.8%
1992	9.8%	2.6%	11.6%	4.0%	—	0.6%	2.0%	1.1%	4.0%	11.4%	3.8%
1993	8.8%	2.2%	9.9%	4.4%	—	0.8%	1.7%	1.0%	4.1%	9.9%	3.3%
1994	9.4%	2.1%	10.7%	4.9%	—	0.8%	1.6%	0.9%	4.1%	10.1%	3.2%
1995	10.6%	2.0%	9.4%	5.0%	—	0.8%	2.1%	0.8%	4.1%	11.4%	3.6%
1996	10.8%	2.2%	8.5%	5.2%	—	0.9%	2.2%	1.0%	4.0%	11.5%	3.7%
1997	11.2%	2.2%	8.0%	5.1%	—	1.0%	2.1%	1.0%	4.3%	11.5%	3.7%

续表

年份	食品饮料	烟草制品	纺织品	服装	皮革与鞋	木头制品（不包括家具）	造纸	印制和出版	石油及制品	化学和化工制品	橡胶与塑料
1998	10.7%	2.3%	7.4%	5.5%	—	0.8%	2.1%	0.9%	4.0%	11.6%	3.8%
1999	10.2%	2.2%	7.2%	5.1%	—	0.9%	2.1%	0.9%	4.3%	11.7%	3.8%
2000	9.3%	2.0%	6.9%	4.9%	—	0.9%	2.1%	0.8%	6.0%	11.8%	3.7%
2001	9.0%	2.0%	6.7%	5.0%	—	0.9%	2.2%	0.9%	5.5%	11.2%	3.6%
2002	9.0%	2.1%	6.5%	4.8%	—	0.9%	2.1%	0.8%	4.9%	11.0%	3.7%
2003	8.2%	1.7%	6.1%	3.4%	1.5%	0.9%	3.1%	0.8%	4.6%	10.6%	3.1%
2004	7.6%	1.4%	5.8%	3.2%	1.4%	0.8%	2.9%	0.6%	4.8%	10.4%	3.1%
2005	7.9%	1.2%	5.8%	3.2%	1.5%	0.9%	2.9%	0.6%	5.2%	10.6%	3.0%
2006	7.7%	1.1%	5.5%	3.1%	1.4%	0.9%	2.8%	0.6%	5.2%	10.2%	3.0%
2007	8.1%	1.1%	5.4%	2.2%	1.4%	1.0%	1.8%	0.6%	5.2%	10.5%	3.1%
2008	8.6%	1.0%	5.0%	2.2%	1.3%	1.1%	1.8%	0.6%	5.2%	10.3%	3.1%
2009	9.4%	1.0%	5.0%	2.3%	1.3%	1.3%	1.7%	0.6%	4.5%	10.4%	3.1%
2010	9.1%	0.9%	4.8%	2.1%	1.2%	1.2%	1.7%	0.6%	4.8%	10.5%	3.1%
2011	9.3%	0.9%	4.2%	2.4%	1.2%	1.3%	1.7%	0.5%	5.2%	11.6%	3.0%
2012	9.9%	0.9%	4.2%	2.4%	1.2%	1.4%	1.6%	0.6%	4.9%	11.8%	3.1%
2013	10.2%	0.9%	4.2%	2.4%	1.1%	1.4%	1.5%	0.7%	4.6%	11.9%	3.2%
2014	10.1%	0.9%	4.1%	2.4%	1.2%	1.4%	1.4%	0.7%	4.3%	12.0%	3.2%
2015	10.4%	0.9%	4.2%	2.5%	1.2%	1.5%	1.5%	0.8%	3.5%	12.1%	3.3%
2016	10.7%	0.8%	3.9%	2.3%	1.5%	1.4%	1.4%	0.8%	3.3%	11.8%	3.1%
2017	9.8%	0.9%	3.6%	2.1%	1.4%	1.3%	1.5%	0.8%	4.0%	11.5%	3.0%
2018	8.8%	1.1%	3.0%	1.9%	1.3%	1.0%	1.5%	0.7%	5.2%	11.3%	2.7%

续表

年份	非金属矿	基础金属	纤维金属制品	机械设备	办公设备	电子机械	无线设备	医药	汽车	其他交通设备	家具
1977	6.0%	10.7%	5.2%	14.0%	—	3.5%	—	0.7%	3.2%	—	3.2%
1978	6.1%	12.0%	4.9%	13.7%	—	3.4%	—	0.6%	3.2%	—	3.0%
1979	6.1%	12.3%	4.9%	13.6%	—	3.4%	—	0.6%	3.2%	—	2.8%
1980	5.5%	11.9%	4.9%	12.9%	—	3.2%	—	0.6%	3.0%	—	2.9%
1981	5.4%	11.0%	5.0%	11.8%	—	3.0%	—	0.6%	2.7%	—	2.9%
1982	5.6%	11.0%	5.2%	12.7%	—	2.8%	—	0.6%	2.9%	—	2.9%
1983	5.5%	10.9%	5.2%	13.2%	—	3.2%	—	0.7%	3.2%	—	2.8%
1984	5.6%	10.5%	5.2%	13.5%	—	4.2%	—	0.7%	3.6%	—	2.8%
1985	5.9%	10.2%	3.1%	12.3%	—	7.6%	—	0.9%	4.8%	—	2.4%
1986	6.1%	10.6%	3.2%	12.0%	—	7.7%	—	0.8%	4.1%	—	2.7%
1987	5.8%	10.2%	3.3%	12.1%	—	8.0%	—	0.8%	4.2%	—	2.6%
1988	5.7%	9.7%	3.1%	11.8%	—	8.8%	—	0.8%	4.3%	—	2.6%
1989	5.7%	10.2%	3.1%	11.0%	—	8.9%	—	0.7%	4.3%	—	2.5%
1990	5.3%	10.8%	3.1%	10.0%	—	8.3%	—	0.7%	4.3%	—	2.6%
1991	5.3%	10.7%	3.1%	10.1%	—	8.5%	—	0.7%	4.9%	—	2.6%
1992	5.7%	11.2%	3.2%	10.7%	—	8.7%	—	0.7%	6.2%	—	2.6%
1993	6.6%	13.9%	3.7%	9.8%	—	8.9%	—	1.0%	7.3%	—	2.7%
1994	7.8%	11.6%	3.7%	9.1%	—	9.4%	—	0.9%	6.9%	—	2.8%
1995	7.5%	10.3%	3.4%	8.4%	—	10.4%	—	0.9%	6.7%	—	2.6%
1996	7.7%	9.3%	3.5%	8.4%	—	10.9%	—	0.9%	6.8%	—	2.7%
1997	6.4%	8.9%	3.5%	8.2%	—	12.2%	—	1.0%	6.9%	—	2.9%
1998	5.4%	9.4%	3.7%	7.6%	—	14.5%	—	1.2%	7.2%	—	1.9%

续表

年份	非金属矿	基础金属	纤维金属制品	机械设备	办公设备	电子机械	无线设备	医药	汽车	其他交通设备	家具
1999	5.4%	9.3%	3.5%	7.4%	—	15.6%	—	1.1%	7.4%	—	1.9%
2000	5.0%	9.3%	3.4%	7.1%	—	16.7%	—	1.2%	7.2%	—	1.8%
2001	4.8%	9.7%	3.4%	7.0%	—	17.3%	—	1.1%	7.8%	—	1.8%
2002	4.7%	9.3%	3.4%	7.3%	—	17.9%	—	1.1%	8.6%	—	1.8%
2003	4.3%	10.5%	3.9%	8.0%	4.4%	4.0%	9.1%	1.2%	6.3%	2.1%	2.1%
2004	4.1%	12.8%	3.9%	8.0%	4.6%	4.2%	9.4%	1.2%	5.7%	1.8%	2.1%
2005	4.0%	13.2%	4.1%	7.8%	4.6%	4.2%	9.1%	1.2%	5.0%	1.9%	2.0%
2006	4.1%	13.7%	4.3%	7.9%	4.2%	4.6%	9.1%	1.2%	5.3%	1.8%	2.0%
2007	4.3%	15.8%	3.8%	8.4%	4.2%	4.9%	7.2%	1.2%	5.8%	2.0%	2.0%
2008	4.6%	16.0%	4.0%	8.8%	3.7%	5.1%	6.4%	1.2%	5.5%	2.1%	2.0%
2009	5.0%	14.5%	4.1%	9.1%	3.4%	5.3%	6.1%	1.1%	6.3%	2.3%	2.0%
2010	5.1%	14.6%	4.0%	9.2%	3.2%	5.3%	6.0%	1.1%	6.8%	2.2%	2.0%
2011	5.4%	14.9%	3.6%	7.6%	9.6%	7.0%	—	—	6.6%	2.1%	1.9%
2012	5.5%	14.1%	3.6%	7.8%	9.6%	6.9%	—	—	6.5%	1.9%	2.0%
2013	5.8%	13.7%	3.7%	7.9%	9.5%	7.0%	—	—	6.7%	1.8%	2.1%
2014	5.9%	13.0%	3.8%	7.9%	9.5%	7.1%	—	—	7.1%	1.8%	2.2%
2015	6.0%	11.6%	3.8%	7.9%	10.0%	7.3%	—	—	7.3%	1.9%	2.4%
2016	5.9%	11.1%	3.8%	8.3%	10.5%	7.1%	—	—	7.8%	1.9%	2.7%
2017	5.8%	11.7%	3.5%	8.1%	11.4%	7.1%	—	—	8.3%	1.7%	2.7%
2018	5.3%	12.9%	3.7%	7.5%	12.5%	7.0%	—	—	9.0%	1.3%	2.4%

资料来源：根据联合国产业数据库数据整理制作。

从中国制造业行业增加值变化分析，2004 年以来，中国制造业排序层次分明，中国制造业第一大产业是基础金属（见图 1–178），基础金属快速发展与房地产业发展、基础设施建设和城市化发展具有密切关系。中国制造业第二大产业是化学和化工制品，制造业第三大产业是食品饮料，制造业第四大产业是机械设备，制造业第五大产业是通信无线设备，通信无线设备产业快速发展与手机快速普及有关系，制造业第六大产业是汽车制造。从中国制造业行业增加值变化趋势看，中国制造业结构变化与美国、德国等发达国家制造业结构变化呈现类似趋势和特征（见图 1–179、图 1–180、图 1–181）。欧美发达国家制造业的支柱产业主要是化学和化工制品、机械设备、食品饮料、计算机办公设备、交通运输设备——汽车和其他运输设备等，其中，化学和化工制品、机械设备、食品饮料、计算机办公设备、交通运输设备等制造业支柱产业比较稳定。

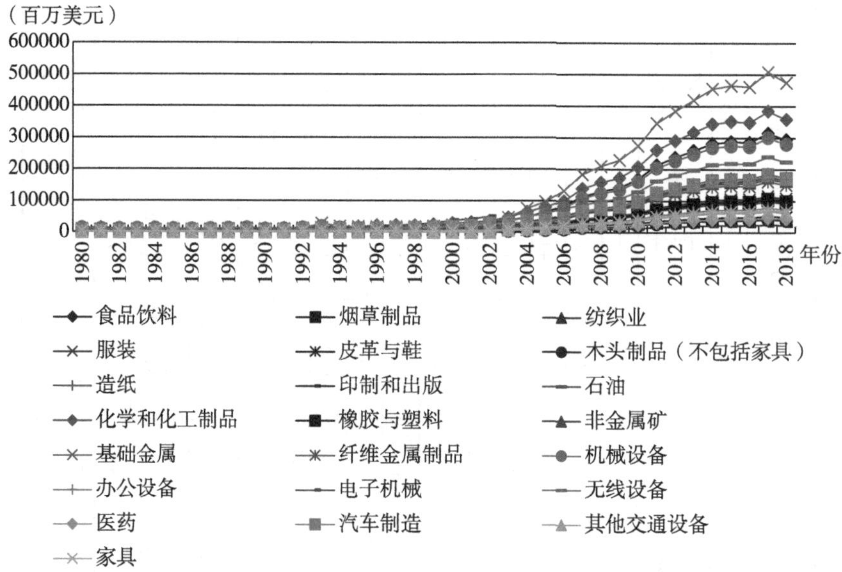

图 1-178　1980—2018 年中国制造业行业增加值变化

资料来源：根据联合国产业数据库数据整理制作。

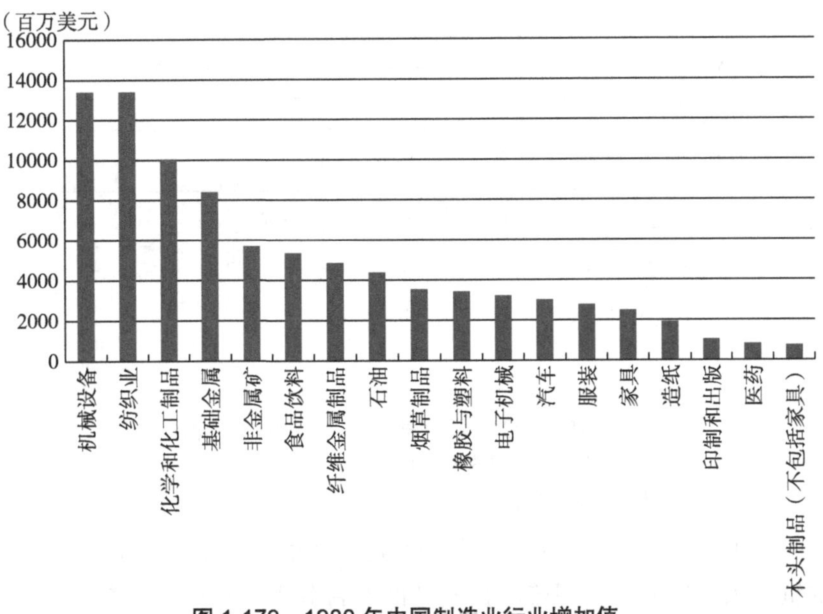

图 1-179 1980 年中国制造业行业增加值

资料来源：根据联合国产业数据库数据整理制作。

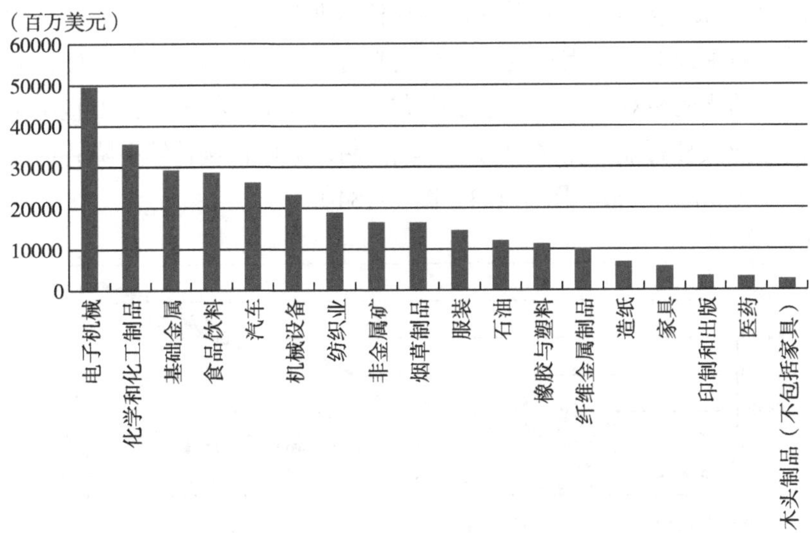

图 1-180 2002 年中国制造业行业增加值排序

资料来源：根据联合国产业数据库数据整理制作。

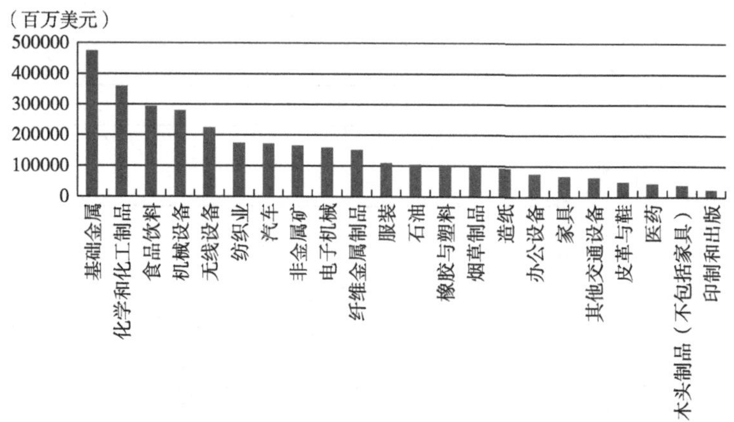

图 1-181　2018 年中国制造业行业增加值排序

资料来源：根据联合国产业数据库数据整理制作。

（2）美国制造业规模及其结构变化

美国是世界制造业强国，美国制造业产值和增加值持续增长。第二次世界大战以来，美国曾经长期是世界制造业产值和增加值第一大国。2010 年，中国制造规模超过美国，美国成为世界制造业产值第二大国。1963 年以来，美国制造业前六位的支柱行业是食品和饮料、化学和化工制品、石油及制品、汽车制造、机械制造、金属制品，这些支柱行业占制造业的比例相对稳定，其他交通设备、计算机办公设备在 20 世纪末成为制造业支柱行业，金属和电子机械占制造业的比例持续下降并退出支柱行业（见图 1–182、图 1–183、图 1–184）。

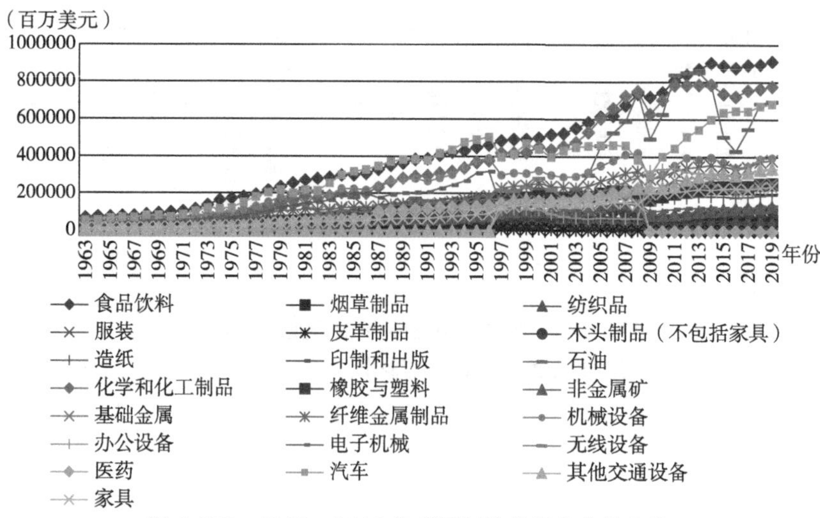

图 1-182　1963—2019 年美国制造业行业产值变化

资料来源：根据联合国产业数据库数据整理制作。

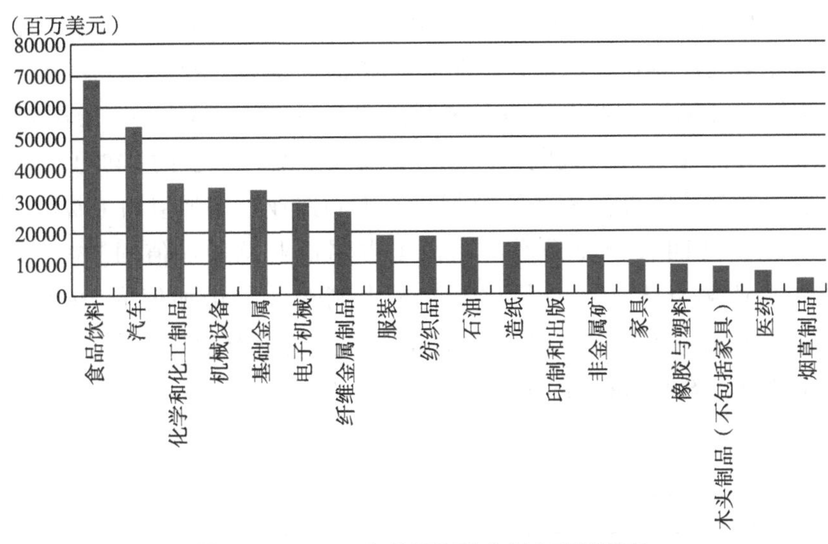

图 1-183 1963 年美国制造业行业产值排序

资料来源：根据联合国产业数据库数据整理制作。

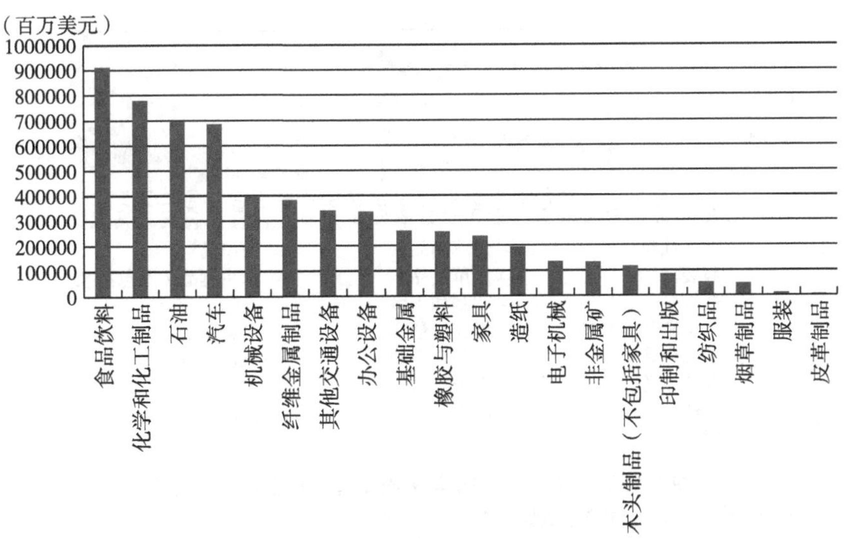

图 1-184 2019 年美国制造业行业产值排序

资料来源：根据联合国产业数据库数据整理制作。

1947—2019 年，美国制造业内部结构发生了显著变化，主要是金属、纺织品、皮革制品、家具等行业增加值占制造业增加值的比例明显下降。美国金属行业增加值占美国制造业总增加值的比例从 1947 年的 9% 下降到 2019 年的 3%，同期纺织品增加值占制造业总增加值的比例从 7% 下降到 1%，皮革制品增加值占比从 6% 下降到 0。美国制造业支柱产业比较稳定，按制造业增加值排序，化学和化工制品是美国制造业第一大产业（占美国制造业总增加值的 17%）。美国制造业第二大产业是计算机电子产业（占制造业总增加值的 14%），美国制造业第三大产业是食品饮料烟草（占制造业总增加值的 13%），美国制造业第四大产业是汽车制造（占制造业总增加值的 7%），美国制造业第五大产业是机械制造（占制造业总增加值的 7%），美国制造业第六大产业是其他交通设备（占制造业增加值的 6%）（见图 1-185、图 1-186、图 1-187、图 1-188、表 1-74）。

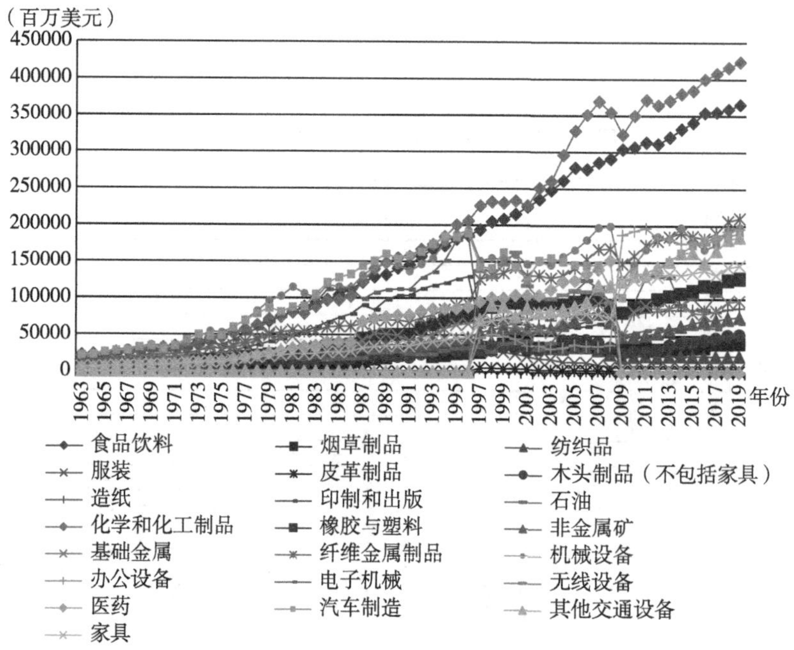

图 1-185　1963—2019 年美国制造业行业增加值变化

资料来源：根据联合国产业数据库数据整理制作。

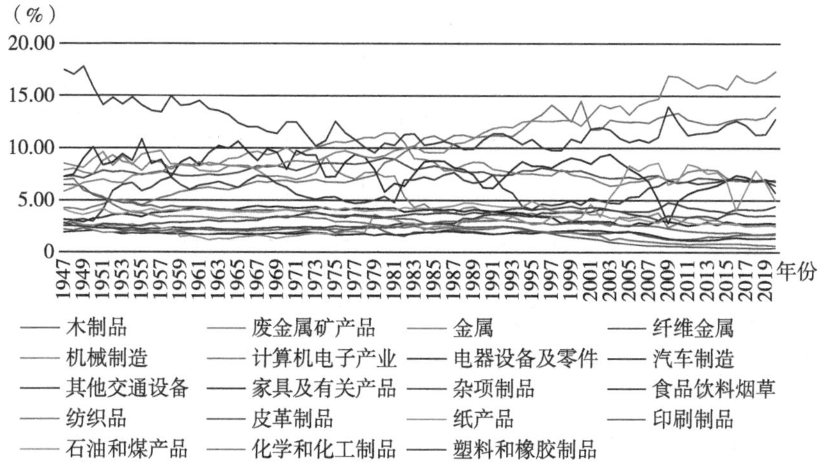

图 1-186　1947—2019 年美国制造业行业增加值占美国制造业总增加值的比例变化

资料来源：根据联合国产业数据库数据整理制作。

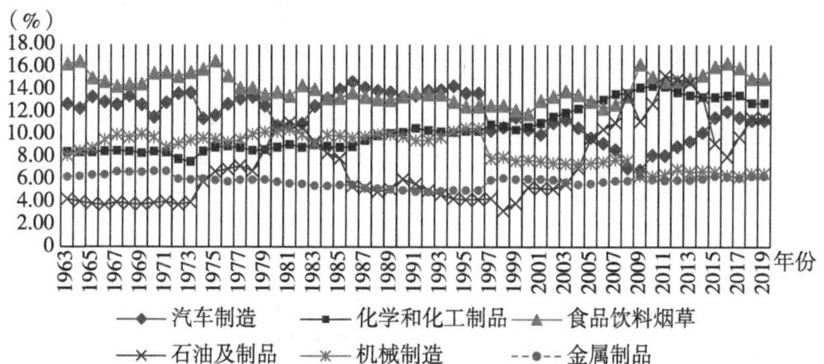

图 1-187　1963—2019 年美国制造业六大支柱行业产值占美国制造业总产值的比例变化

资料来源：根据联合国产业数据库数据整理制作。

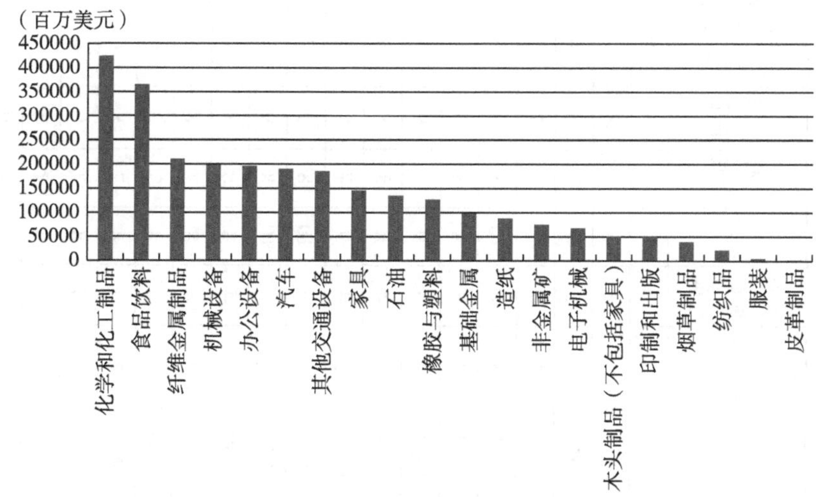

图 1-188　2019 年美国制造业行业增加值排序

资料来源：根据联合国产业数据库数据整理制作。

表 1-74　1947—2019 年美国制造业行业增加值占制造业总增加值的比例变化

（单位：%）

年份	木制品	废金属矿产品	金属	纤维金属	机械制造	计算机电子产业	电器设备及零件	汽车制造	其他交通设备	家具及有关产品	杂项制品	食品饮料烟草	纺织品	皮革制品	纸产品	印刷制品	石油和煤产品	化学和化工制品	塑料和橡胶制品
1947	3	3	9	7	8	4	3	7	3	2	3	18	7	6	4	2	3	6	3
1948	3	3	8	7	8	4	3	7	3	2	3	17	7	6	4	2	3	6	3
1949	2	3	8	7	8	4	3	9	3	2	2	18	6	6	4	2	3	7	2
1950	3	4	9	7	7	4	3	10	3	2	2	16	6	5	4	2	3	7	2
1951	3	4	10	8	9	5	3	8	4	2	2	14	5	5	4	2	3	7	3
1952	2	3	8	8	9	5	4	9	6	2	2	15	5	5	4	2	3	7	3
1953	2	3	9	8	9	5	4	9	6	2	2	14	4	5	4	2	3	7	3
1954	2	4	8	8	8	5	4	9	7	2	2	15	4	5	4	2	3	7	3
1955	2	4	9	7	8	5	3	11	6	2	2	14	4	4	4	2	2	8	3
1956	2	4	10	8	9	5	4	8	6	2	2	14	4	4	4	2	3	8	3
1957	2	4	10	8	9	5	4	9	7	2	2	13	3	4	4	2	2	8	3
1958	2	4	8	8	8	5	4	7	7	2	2	15	3	4	4	2	2	8	3
1959	2	4	8	7	8	6	4	9	6	2	2	14	3	4	4	2	1	8	3
1960	2	4	8	7	8	6	4	9	6	2	2	14	3	4	4	2	2	8	3
1961	2	4	8	7	8	6	4	8	6	2	2	15	3	4	4	2	1	9	3
1962	2	4	8	7	9	6	4	10	7	2	2	14	3	4	4	2	1	8	3
1963	2	4	8	7	8	6	4	10	7	2	2	14	3	4	4	2	1	8	3
1964	2	4	8	8	9	6	4	10	6	2	2	13	3	4	4	2	1	8	3

续表

年份	木制品	废金属矿产品	金属	纤维金属	机械制造	计算机电子产业	电器设备及零件	汽车制造	其他交通设备	家具及有关产品	杂项制品	食品饮料烟草	纺织品	皮革制品	纸产品	印刷制品	石油和煤产品	化学和化工制品	塑料和橡胶制品
1965	2	3	8	8	9	6	4	11	6	2	2	12	3	4	4	2	1	8	3
1966	2	3	8	8	10	7	4	10	7	2	2	12	3	4	4	2	2	8	3
1967	2	3	8	8	10	7	4	9	7	2	2	12	3	4	4	2	2	8	3
1968	2	3	7	8	9	7	4	10	7	2	2	12	3	4	4	2	2	8	3
1969	2	3	7	8	10	7	4	10	7	2	2	11	3	4	4	2	1	8	3
1970	2	3	7	8	10	7	4	8	6	2	2	12	4	4	4	2	2	9	3
1971	2	3	7	8	9	7	4	10	6	2	2	12	3	4	4	2	2	9	4
1972	2	4	7	8	10	7	4	9	5	2	2	11	3	4	4	2	2	9	4
1973	2	3	8	8	10	7	4	9	5	2	2	10	3	4	4	2	2	9	4
1974	2	3	9	9	10	7	4	7	5	2	2	11	3	4	4	2	2	9	4
1975	2	3	8	9	11	7	4	7	5	2	3	13	3	4	4	2	2	10	3
1976	2	3	7	9	11	7	4	9	5	2	2	11	3	4	4	2	2	10	3
1977	2	3	7	8	11	7	4	9	5	2	2	11	3	4	4	2	2	9	4
1978	3	3	8	9	11	7	4	9	5	2	2	10	3	3	4	2	2	9	4
1979	3	3	8	9	11	7	4	8	5	2	2	10	3	3	4	2	4	9	3
1980	2	3	7	9	11	9	4	6	5	2	2	10	3	3	4	2	3	9	3
1981	2	3	7	9	11	9	4	7	5	2	3	10	2	3	4	2	3	10	3
1982	2	3	5	8	11	10	4	6	7	2	3	11	2	3	4	3	3	10	4
1983	2	3	4	8	9	10	4	8	7	2	3	11	3	3	4	3	3	10	4

续表

年份	木制品	废金属矿产品	金属	纤维金属	机械制造	计算机电子产业	电器设备及零件	汽车制造	其他交通设备	家具及有关产品	杂项制品	食品饮料烟草	纺织品	皮革制品	纸产品	印刷制品	石油和煤产品	化学和化工制品	塑料和橡胶制品
1984	2	3	5	8	9	11	4	9	7	2	3	10	2	3	4	3	2	10	4
1985	2	3	4	8	9	11	4	9	7	2	3	10	2	3	4	3	3	10	4
1986	2	3	4	8	8	11	4	9	7	2	3	11	2	3	4	3	2	10	4
1987	2	3	4	8	8	11	4	8	8	2	3	10	2	3	4	3	2	10	4
1988	2	3	4	8	8	11	4	8	7	2	3	10	2	2	5	3	3	11	4
1989	2	3	4	8	9	11	4	7	7	2	3	10	2	2	5	3	3	11	4
1990	2	3	4	8	9	11	4	6	7	2	4	11	2	2	5	3	3	11	4
1991	2	2	4	7	8	11	4	6	7	2	4	11	2	2	4	3	3	12	4
1992	2	3	4	7	8	11	4	7	6	2	4	11	2	3	4	3	3	12	4
1993	2	3	4	7	8	11	4	8	6	2	4	11	2	2	4	3	3	12	4
1994	2	3	4	8	8	12	4	9	4	2	4	10	2	2	4	3	3	13	4
1995	2	3	4	8	8	13	4	8	4	2	3	11	2	2	5	3	3	13	4
1996	2	3	4	8	7	13	3	8	5	2	4	10	2	2	4	3	3	13	4
1997	2	3	3	8	7	14	3	8	5	2	4	10	2	2	4	3	3	13	4
1998	2	3	3	8	8	13	3	9	5	2	4	10	2	2	4	3	4	13	4
1999	2	3	3	8	7	13	3	9	5	2	4	11	2	2	4	3	3	13	4
2000	2	3	3	8	7	15	3	9	5	2	4	11	2	1	4	3	3	12	4
2001	2	3	3	8	7	12	3	8	5	2	4	12	2	1	4	3	5	13	4
2002	2	3	3	7	7	12	3	9	5	2	4	12	2	1	4	3	3	14	4

续表

年份	木制品	废金属矿产品	金属	纤维金属	机械制造	计算机电子产业	电器设备及零件	汽车制造	其他交通设备	家具及有关产品	杂项制品	食品饮料烟草	纺织品	皮革制品	纸产品	印刷制品	石油和煤产品	化学和化工制品	塑料和橡胶制品
2003	2	3	3	7	6	13	3	9	5	2	4	12	1	1	3	3	5	14	4
2004	2	3	3	7	6	13	3	9	5	2	4	11	1	1	3	3	6	14	4
2005	2	3	3	7	7	12	3	8	5	2	4	11	1	1	3	3	8	13	4
2006	2	3	3	7	7	12	3	7	5	2	4	11	1	1	3	3	8	14	4
2007	2	3	3	7	7	12	3	7	6	2	4	11	1	1	3	3	8	15	3
2008	1	2	4	7	7	13	3	5	6	2	4	11	1	1	3	3	9	15	3
2009	1	2	2	7	7	13	3	3	7	1	5	14	1	1	3	2	7	17	4
2010	1	2	3	7	7	13	3	5	7	1	5	12	1	1	3	2	7	17	3
2011	1	2	3	7	8	13	3	6	7	1	4	11	1	1	3	2	8	16	3
2012	1	2	3	7	8	12	3	6	7	1	4	11	1	1	3	2	8	16	4
2013	2	2	3	7	8	12	3	6	7	1	4	11	1	1	3	2	8	16	3
2014	2	2	3	7	8	12	3	6	7	1	4	12	1	0	3	2	8	16	3
2015	2	3	3	7	7	13	3	7	7	1	4	12	1	0	3	2	7	16	4
2016	2	3	3	7	7	13	3	7	7	1	4	13	1	0	3	2	4	17	4
2017	2	3	3	7	7	13	3	7	7	1	4	12	1	0	3	2	6	16	4
2018	2	3	3	7	7	13	3	7	7	1	4	11	1	0	3	2	8	16	4
2019	2	3	3	7	7	13	3	7	7	1	4	11	1	0	3	2	7	17	4

资料来源：根据联合国产业数据库数据整理制作。

（3）日本制造业规模及其结构变化

日本是世界制造业强国，日本制造业产值和增加值均居世界第三位。1963—2018 年，日本制造业增加值平稳增长。其中，1976—1993 年，日本制造业增加值持续较快增长；1995 年，日本增加值规模居世界首位，成为世界制造业第一大国。随着 20 世纪 80 年代末和 90 年代初日本金融危机爆发，日本制造业增加值大幅度下降。1995—2010 年，日本制造业进入缓慢发展阶段；2011—2018 年，日本制造业出现恢复增长趋势（见图 1-189）。

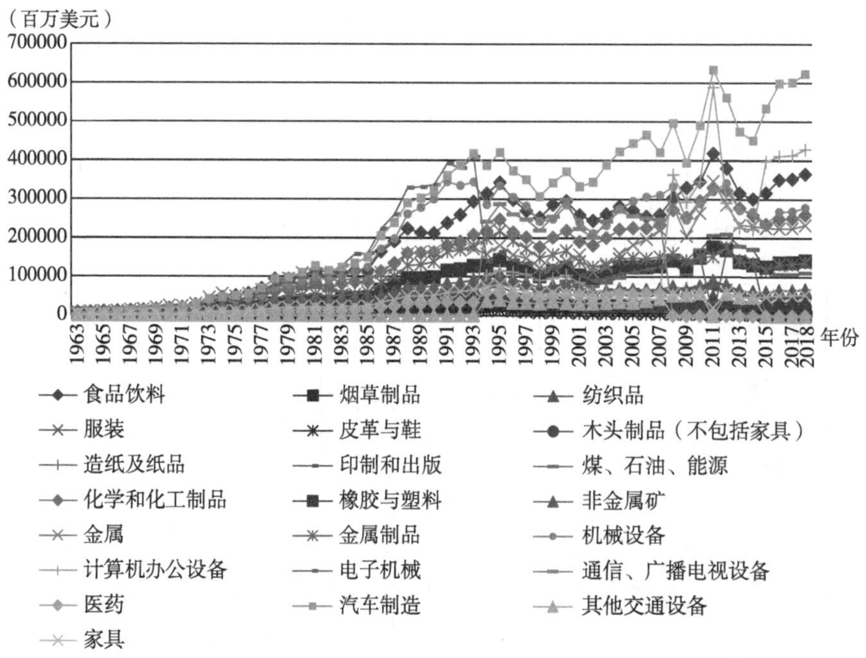

图 1-189　1963—2018 年日本制造业行业产值变化

资料来源：根据联合国产业数据库数据整理制作。

1963—2018 年，日本制造业支柱行业发生了较大转变。1963 年，日本制造业产值居前六位的行业是食品饮料、金属、纺织品、电子机械、汽车制造、化学和化工制品。1994 年，日本制造业产值居前六位的是汽车制造、食品饮料、机械设备、通信及广播电视设备、化学和化工制品、金属制品等。2018 年，日本制造业产值居前五位的是汽车制造、计算机办公设备、食品饮料、机械设备、化学和化工制品等。日本制造业转型升级路径是从劳动密集型制造业向资本技术密集型制造业转变，1994 年以来，汽车制造业产值长期居日本制造业产值排序的首位，汽车制造业成为日本最重要的战略型产业（见图 1–190、图 1–191、图 1–192、图 1–193）。

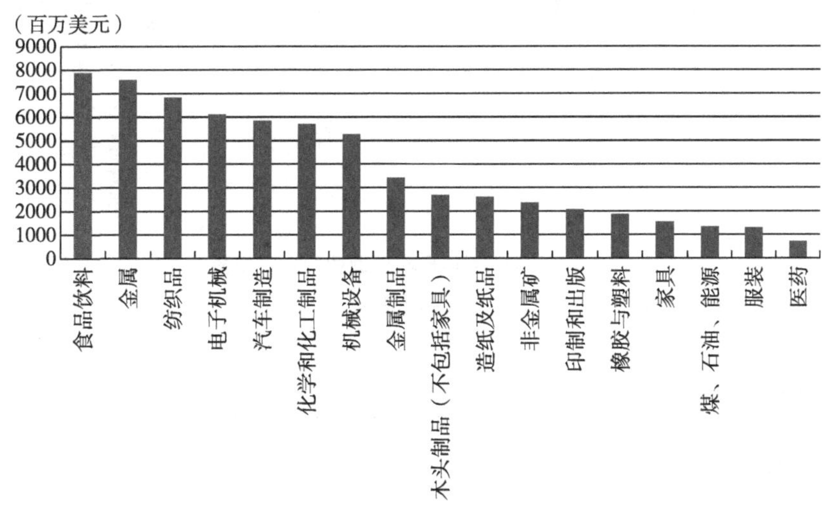

图 1-190 1963 年日本制造业行业产值排序

资料来源：根据联合国产业数据库数据整理制作。

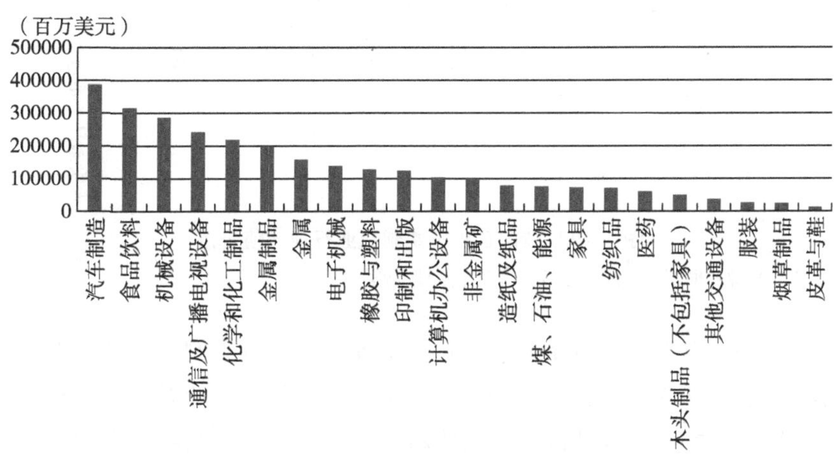

图 1-191 1994 年日本制造业行业产值排序

资料来源：根据联合国产业数据库数据整理制作。

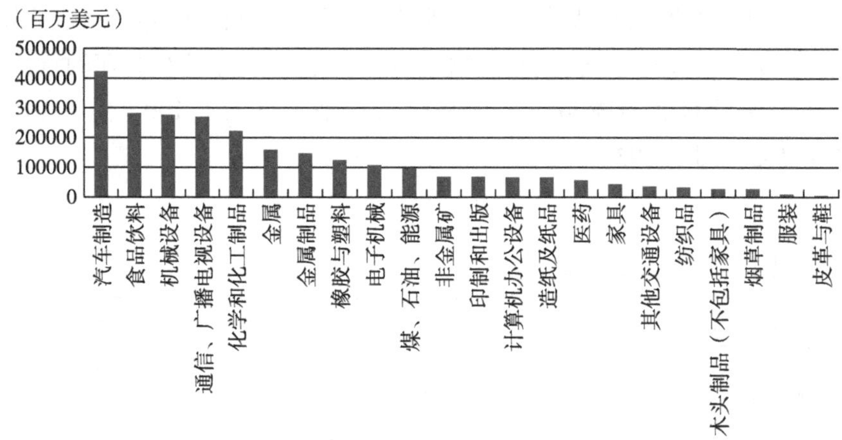

图 1-192　2004 年日本制造业行业产值排序

资料来源：根据联合国产业数据库数据整理制作。

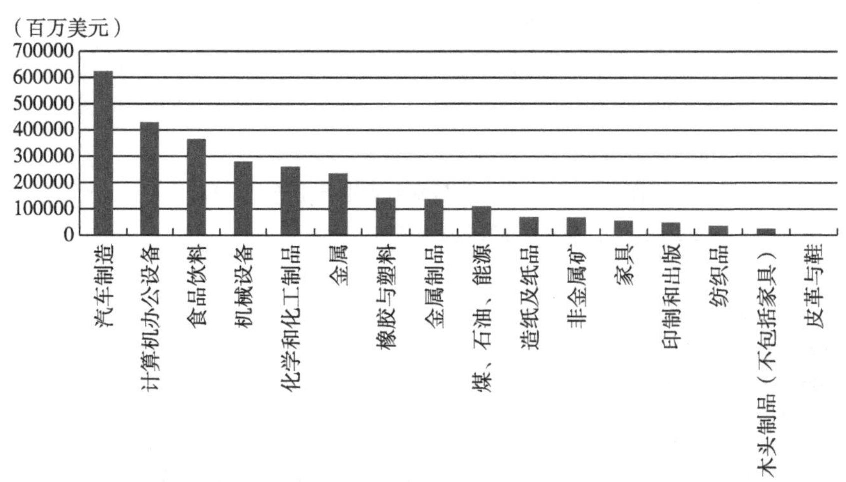

图 1-193　2018 年日本制造业行业产值排序

资料来源：根据联合国产业数据库数据整理制作。

1963 年以来，从日本制造业增加值变化看，日本制造业结构发生了明显变化。1963 年，日本制造业增加值居前七位的行业是化学和化工制品、电子机械、机械设备、食品饮料、汽车制造、纺织品、金属等（见图 1–194、图 1–195）。1980 年，日本制造业增加值居前七位的是机械设备、电子机械、金属、汽车制造、食品饮料、化学和化工制品、金属制品。1995 年，日本制造业增加值居前几位的行业是机械设备、食品饮料、化学和化工制品、汽车制造、通信及广播电视设备、金属制品等。2018

年，日本制造业增加值居前五位的行业是汽车制造、计算机办公设备、食品饮料、化学和化工制品、机械设备（见图 1-196）。

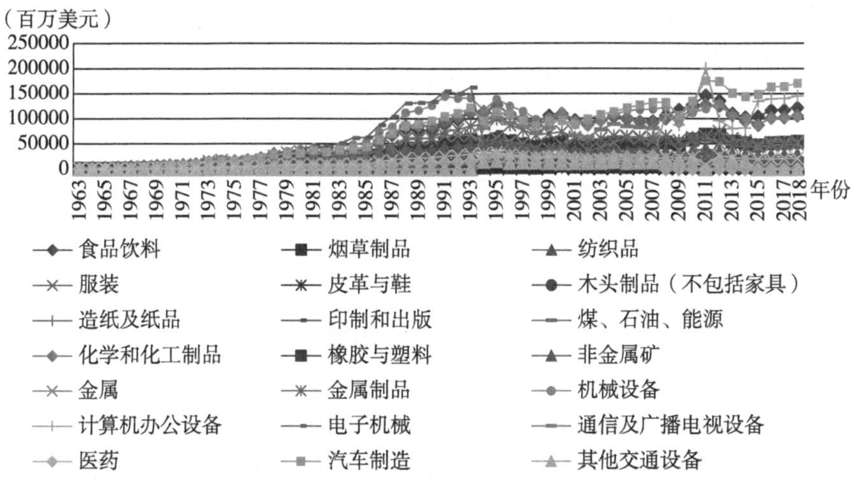

图 1-194　1963—2018 年日本制造业行业增加值变化

资料来源：根据联合国产业数据库数据整理制作。

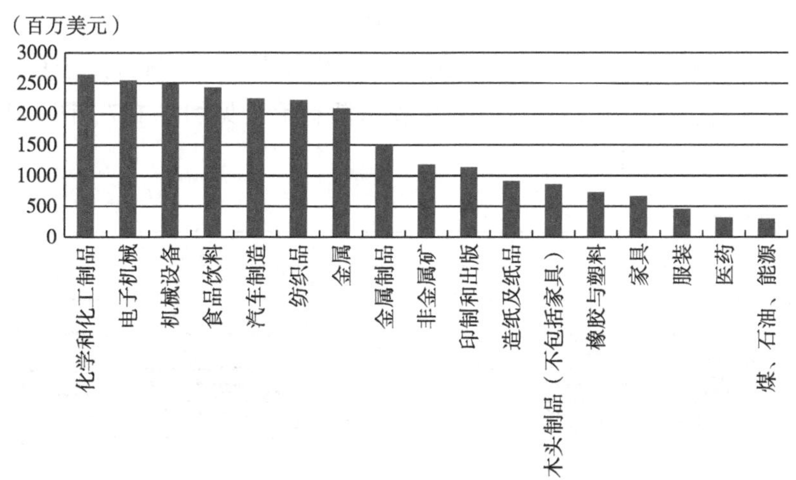

图 1-195　1963 年日本制造业行业增加值排序

资料来源：根据联合国产业数据库数据整理制作。

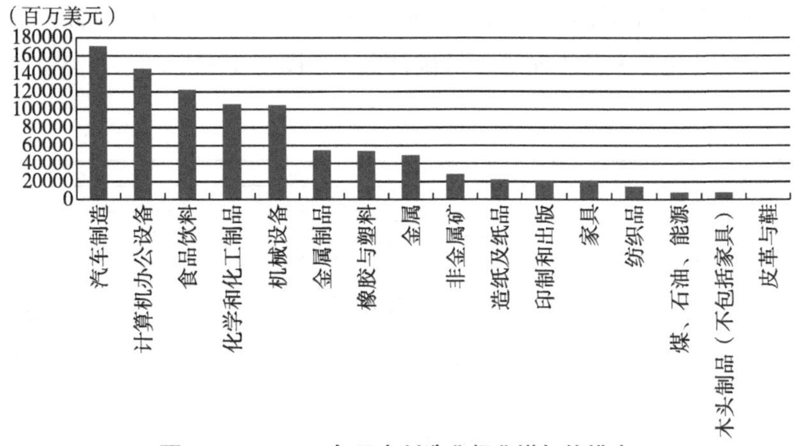

图 1-196　2018 年日本制造业行业增加值排序

资料来源：根据联合国产业数据库数据整理制作。

（4）德国制造业规模及结构变化

德国是世界制造业强国，德国制造业产值和增加值均居世界第四位。1998—2019 年，德国制造业增加值保持较快增长，德国制造业国际竞争优势强劲，机械设备、汽车制造、化学和化工制造、金属制品等具有很强的国际竞争力。德国制造业结构中，制造业增加值排序处于前列的行业是机械设备、汽车制造、化学和化工制品、金属制品、电子机械、食品饮料、计算机办公设备、橡胶与塑料等（见图 1–197、图 1–198、图 1–199、图 1–200）。

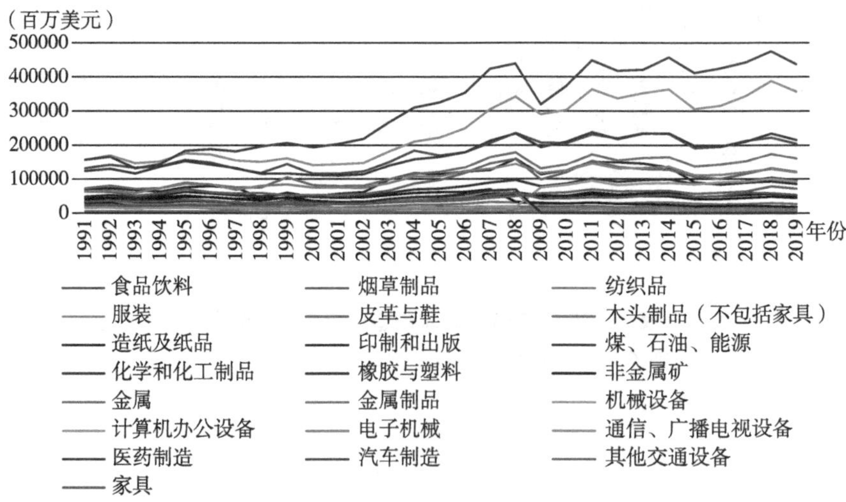

图 1-197　1991—2019 年德国制造业行业产值变化

资料来源：根据联合国产业数据库数据整理制作。

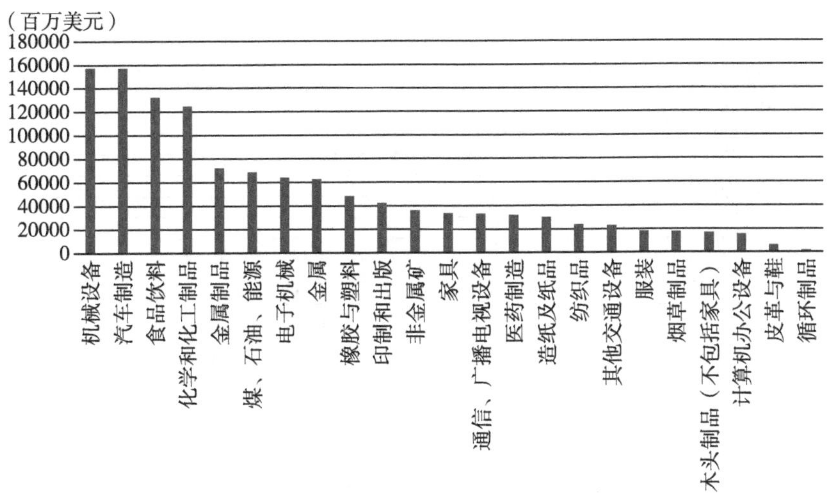

图 1-198 1991 年德国制造业行业产值排序

资料来源：根据联合国产业数据库数据整理制作。

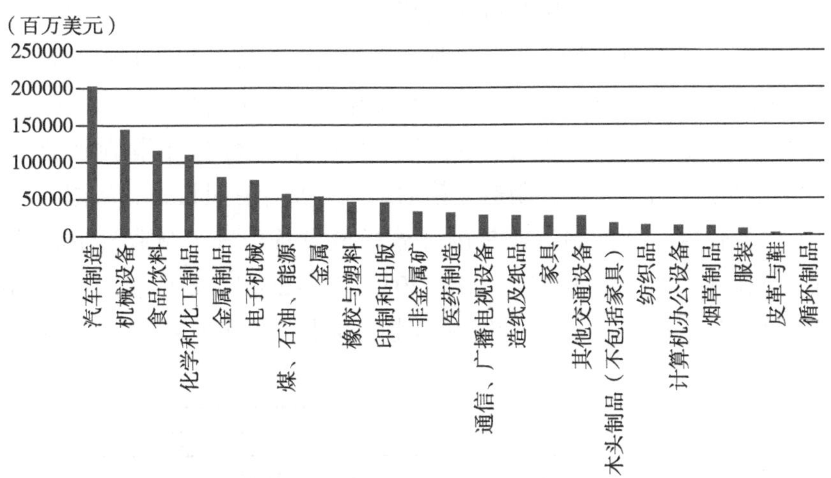

图 1-199 2001 年德国制造业行业产值排序

资料来源：根据联合国产业数据库数据整理制作。

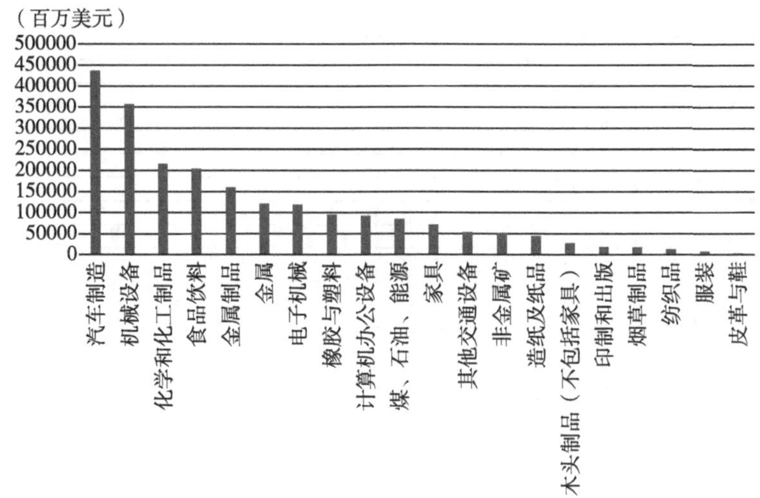

图 1-200　2019 年德国制造业行业产值排序

资料来源：根据联合国产业数据库数据整理制作。

1991—2019 年，德国制造业支柱行业相对稳定。根据德国制造业增加值排序，德国制造业第一大产业是机械设备，德国制造业第二大产业是汽车制造，德国制造业第三大产业是化学和化工制品，德国制造业第四大产业是金属制品，德国制造业第五大产业是金属，德国制造业第六大产业是电子机械，德国制造业第七大产业是计算机设备。从德国制造业结构变化看，德国制造业是围绕着机械设备和汽车制造为中心发展的（见图 1-201、图 1-202、图 1-203、图 1-204）。德国制造业长期国际竞争优势比较强，与德国制造业支柱产业长期稳定发展有密切关系。

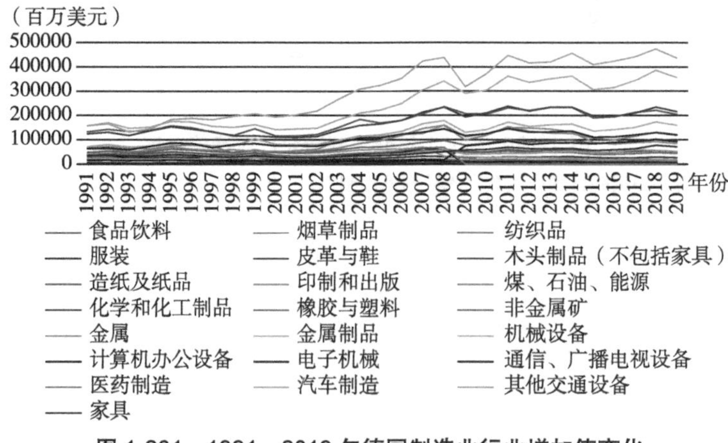

图 1-201　1991—2019 年德国制造业行业增加值变化

资料来源：根据联合国产业数据库数据整理制作。

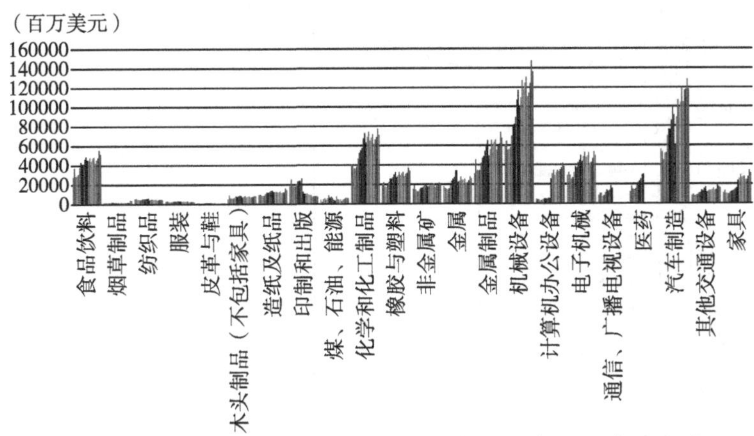

图 1-202　1998—2019 年德国制造业行业增加值变化

资料来源：根据联合国产业数据库数据整理制作。

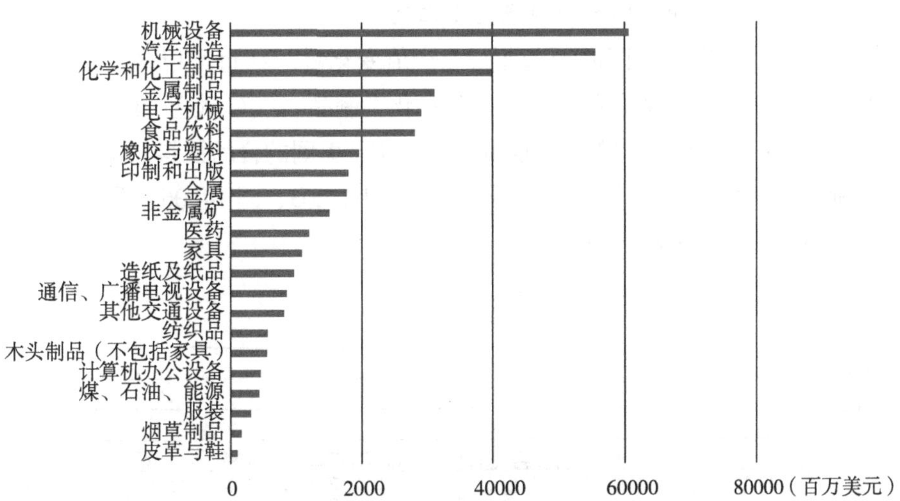

图 1-203　1998 年德国制造业行业增加值排序

资料来源：根据联合国产业数据库数据整理制作。

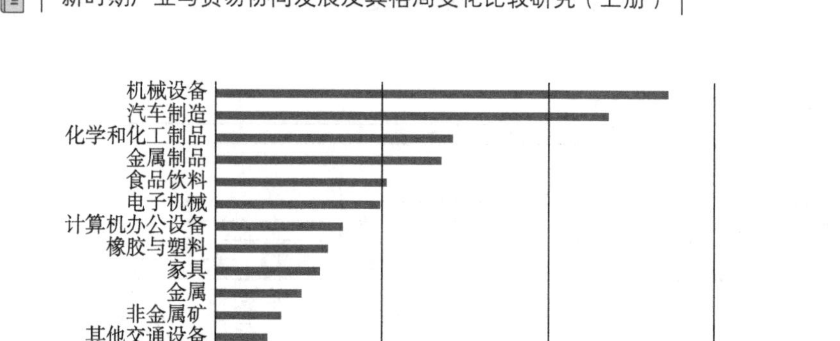

图 1-204　2019 年德国制造业行业增加值排序

资料来源：根据联合国产业数据库数据整理制作。

（四）制造业大国行业规模变化比较

从主要制造业大国的制造业行业产值变化看，21 世纪以来，特别是 2009 年以来，中国的食品饮料、化学和化工制品、汽车制造、机械设备、金属、纺织业产值超过美国，居世界第一位。美国的食品饮料、化学和化工制品、汽车制造产值居世界第二位（见图 1-205、图 1-206、图 1-207、图 1-208、图 1-209、图 1-210）。

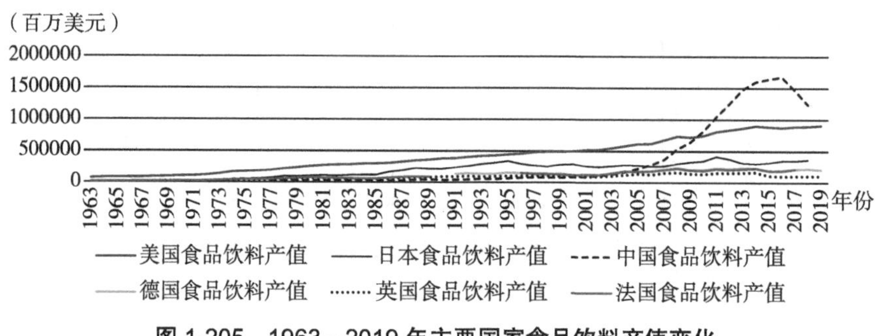

图 1-205　1963—2019 年主要国家食品饮料产值变化

资料来源：根据联合国产业数据库数据整理制作。

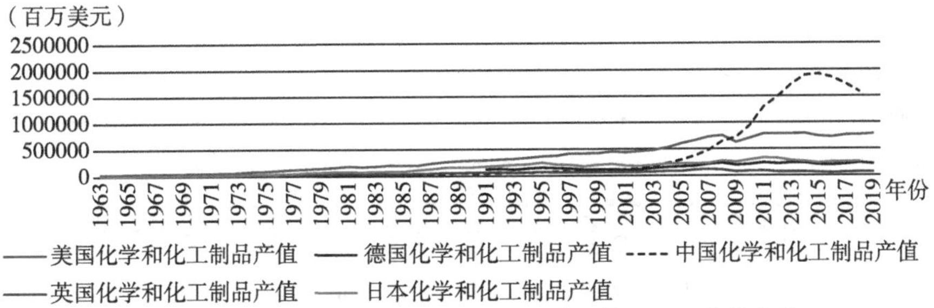

图 1-206　1963—2019 年主要国家化学和化工制品产值变化

资料来源：根据联合国产业数据库数据整理制作。

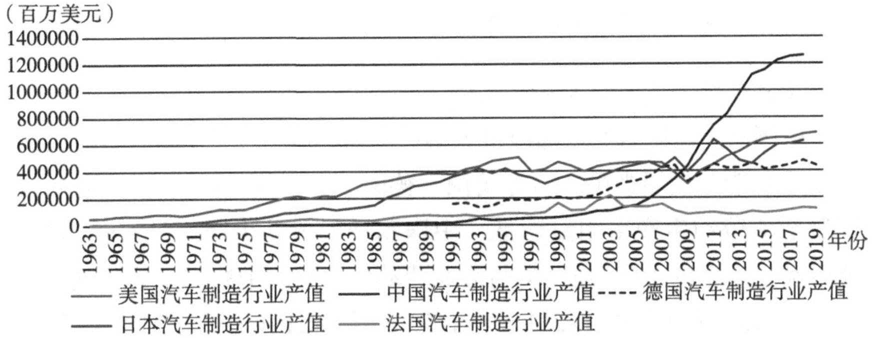

图 1-207　1963—2019 年主要国家汽车制造产值变化

资料来源：根据联合国产业数据库数据整理制作。

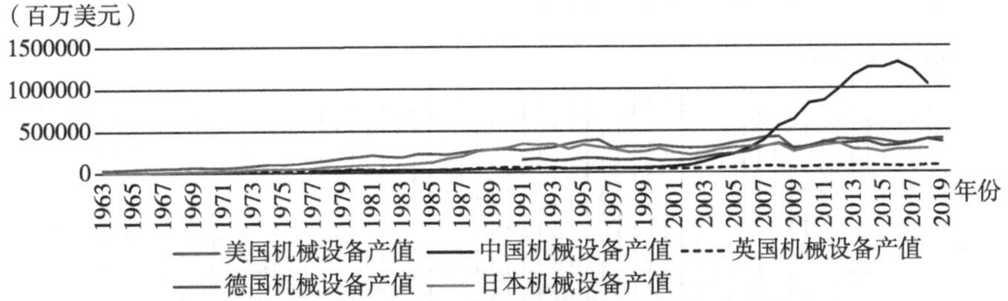

图 1-208　1963—2019 年主要国家机械设备产值变化

资料来源：根据联合国产业数据库数据整理制作。

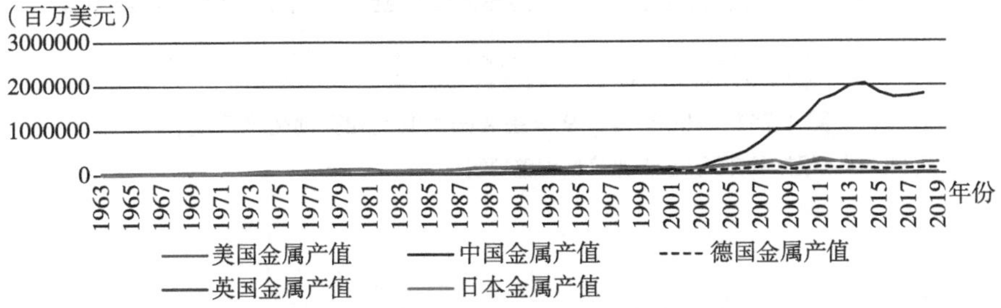

图 1-209　1963—2019 年主要国家金属产值变化

资料来源：根据联合国产业数据库数据整理制作。

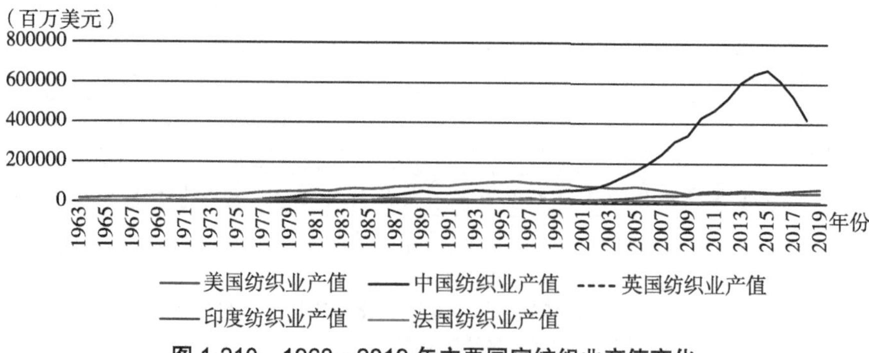

图 1-210　1963—2019 年主要国家纺织业产值变化

资料来源：根据联合国产业数据库数据整理制作。

（五）制造业劳动生产率比较分析

中国已经是制造业增加值世界第一大国，但中国是制造业世界大国，还不是制造业世界强国。对标美国、德国、日本等世界制造业强国，中国制造业劳动生产率明显偏低，中国制造业劳动生产率只有美国制造业劳动生产率的 1/5，是日本制造业劳动生产率的 1/3，是德国制造业劳动生产率的 1/4（见图 1–211、表 1–75）。如何加快制造业创新发展和高质量发展，提高制造业劳动生产率是中国制造业加快形成国内国际双循环相互促进的新发展格局的战略任务。

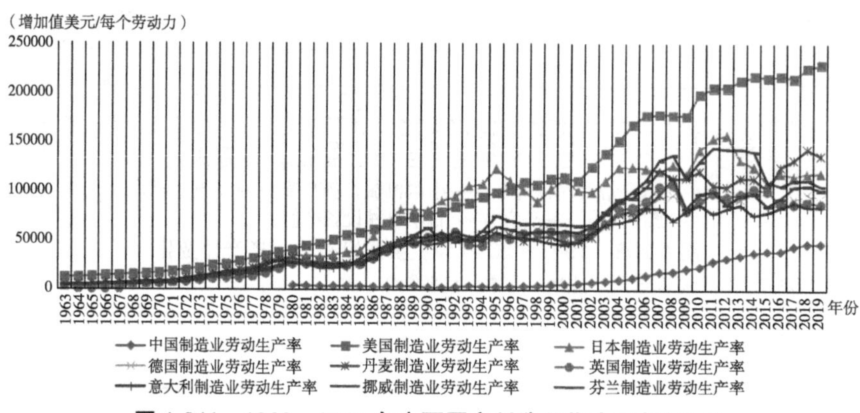

图 1-211　1963—2019 年主要国家制造业劳动生产率变化

资料来源：根据联合国产业数据库数据整理制作。

表 1-75　2019 年主要国家制造业劳动生产率与中国制造业劳动生产率的比较　（单位：%）

制造业行业	美国制造业劳动生产率 / 中国制造业劳动生产率	德国制造业劳动生产率 / 中国制造业劳动生产率	法国制造业劳动生产率 / 中国制造业劳动生产率	日本制造业劳动生产率 / 中国制造业劳动生产率	加拿大制造业劳动生产率 / 中国制造业劳动生产率	荷兰制造业劳动生产率 / 中国制造业劳动生产率	澳大利亚制造业劳动生产率 / 中国制造业劳动生产率	意大利制造业劳动生产率 / 中国制造业劳动生产率
食品饮料	5.2	5.5	1.9	2.3	2.6	2.7	1.9	2
烟草制品	4.8	0.3	—	—	1	0.4	—	0.3
纺织品	2.2	3.8	1.2	1	1.4	1.9	1.2	1.4
服装	2.1	6.2	1.7		1.7	1.9	1.5	1.6
皮革与鞋	3.6	10	4	2.3	1.2	4	3.9	2.9
木头制品（不包括家具）	3.3	7.6	1.7	2.2	3.2	2.4	1.9	1.7
造纸	3	1.6	0.9	1.3	2.2	1.3	1.4	1.1
印制和出版	4.4	6.5	2.4	2.8	2.8	2.9	2.5	2.5
煤、石油、能源	9.8	—	—	2.4	5.3	1.8	2	1.1
化学和化工制品	9.7	7.4	2.4	4.9	3.8	4.4	2.4	2.4
橡胶与塑料	4.7	6	2.3	2.7	2.7	2.9	2.5	2.5
非金属矿	5.1	6	2.3	3.1	3.3	3	3.2	2.2
金属	2.2	3.7	0.7	1.1	1.7	1	1.7	2.5
金属制品	3.4	3.9	1.6	2	2	2.2	1.6	1.7
机械设备	4.8	6.2	2.1	2.8	2.7	3.3	2.1	2.2
计算机办公设备	29	32.1	15.3	14.7	—	26.3	16.2	10.9
电子机械	6.7	8.3	3.2	0	3.7	4.4	2.8	2.9
汽车及交通设备制造	5.3	13.3	2.6	4.1	3.4	3.4	2	2.5
其他交通设备	5.8	7.1	2.4	0	2.4	1.6	1.9	1.9
家具	7.7	8.6	4	4	3.3	4.1	2.9	3.6
制造业劳动生产率平均倍数（倍）	5	4	2	3	3	3	2	2

资料来源：根据联合国产业数据库数据整理制作。

四、世界服务业大国格局与服务业结构变化比较分析

（一）世界服务业大国格局变化分析

1970—2022 年，世界服务业大国格局发生了深刻变化。世界服务业大国格局变化主要体现在三个方面：一是中国成为世界服务业增加值第二大国；二是多数国家服务业增加值占 GDP 的比例持续提升；三是世界服务业结构发生明显变化。

1. 中国成为世界服务业第二大国

2011 年，中国服务业增加值超过日本等发达国家，成为居世界第二位的服务业大国。根据联合国贸易和发展会议数据库对世界各国服务业增加值数据进行排序，1970—2016 年服务业增加值居世界前 20 位的国家是美国、中国、日本、德国、英国、法国、印度、意大利、加拿大、巴西、俄罗斯、西班牙、韩国、澳大利亚、墨西哥、荷兰、瑞士、印度尼西亚、土耳其、沙特阿拉伯。2022 年服务业增加值居世界前 10 位的国家是美国、中国、日本、德国、英国、法国、印度、意大利、加拿大、巴西。美国服务业增加值一直稳居世界第一位，中国服务业增加值居世界第二位（见图 1–212、图 1–213、图 1–214、表 1–76）。

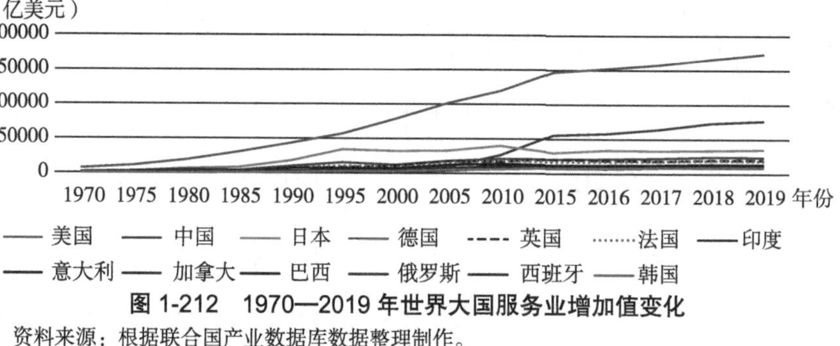

图 1-212　1970—2019 年世界大国服务业增加值变化

资料来源：根据联合国产业数据库数据整理制作。

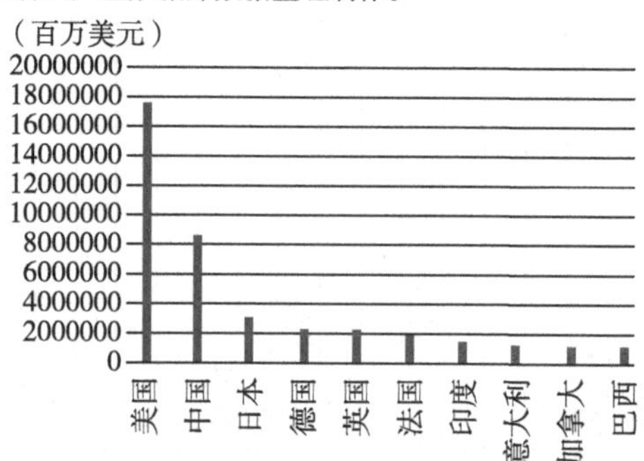

图 1-213　2022 年世界服务业大国的服务业增加值排序

资料来源：根据 UNCTAD 数据库数据整理制作。

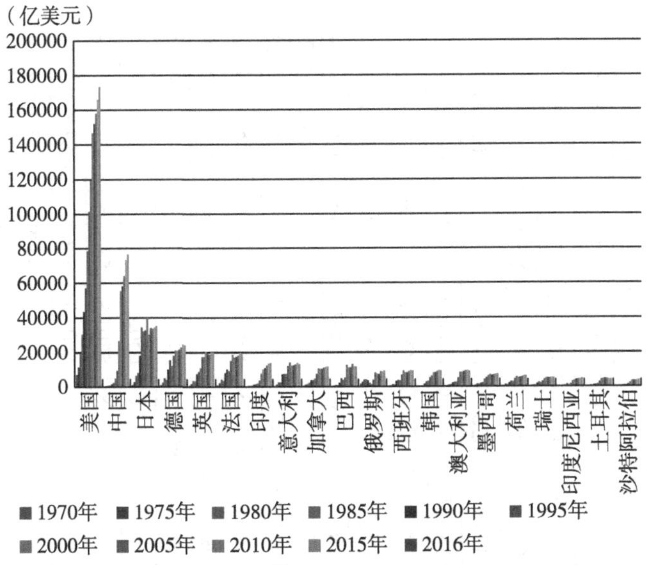

图 1-214　1970—2016 年服务业增加值居世界前 20 位的国家

资料来源：根据 UNCTAD 数据库数据整理制作。

1970—2019 年，从各国服务业增加值占世界服务业增加值的比例来看，美国服务业增加值占世界服务业增加值的比例一直稳定保持在 30% 左右，表明美国服务业世界第一大国的地位比较稳固。中国服务业增加值占世界服务业增加值的比例从 1970 年的 1.29% 增加到 2019 年的 13.51%，中国服务业持续较快发展。日本、德国、英国、法国的服务业增加值占世界服务业增加值的比例出现波动性变化。印度、巴西等发展中国家服务业增加值占世界服务业增加值的比例有所提升，提升速度比较缓慢（见表 1–77）。

2. 服务业增加值占GDP比例持续提升

1970—2019 年，世界多数国家服务业增加值占本国 GDP 的比例持续提升，美国服务业增加值占美国 GDP 的比例从 1970 年的 64.79% 提升到 2019 年的 80.62%，同期中国服务业增加值占中国 GDP 的比例从 24.49% 提升到 53.42%，日本服务业增加值占日本 GDP 的比例从 48.19% 提升到 69.50%，德国服务业增加值占德国 GDP 的比例从 44.64% 提升到 62.85%（见表 1–78、图 1–215）。

表 1-76　1970—2019 年世界服务业大国的服务业增加值变化　（单位：亿美元）

国家	1970 年	1975 年	1980 年	1985 年	1990 年	1995 年	2000 年	2005 年	2010 年	2015 年	2016 年	2017 年	2018 年	2019 年
美国	6986.6	11093.8	19197.7	30354.8	43455.4	57127.6	78578.3	101491.4	119388.8	146721.9	152147.4	157987.1	166080.0	173631.4
中国	226.8	364.0	670.6	898.0	1263.7	2448.3	4776.6	9340.8	26603.8	55604.3	58249.7	64265.0	73328.8	76614.9
日本	1024.5	2712.2	6243.7	7995.9	18002.6	34433.5	32190.0	32795.6	40020.2	30417.3	34173.1	33572.1	34343.5	35323.1
德国	963.5	2490.7	4942.2	3961.7	9875.5	15531.0	11993.9	18105.2	21224.5	20936.3	21496.5	22821.3	24689.8	24268.3
英国	773.7	1601.1	3541.9	3145.4	7263.5	8673.2	10887.7	17520.8	17486.8	20564.6	19034.6	18742.6	20142.9	20027.6
法国	790.9	2040.6	4067.6	3331.5	7889.6	10397.5	9056.4	15086.7	18717.2	17169.9	17476.8	18296.2	19634.0	19126.1
印度	194.6	327.1	589.5	755.9	1109.5	1355.2	1922.0	3660.4	7518.9	10258.0	10937.4	12574.6	13538.9	13923.4
意大利	552.1	1195.0	2571.9	2643.3	7078.2	7168.9	7175.5	12039.7	14151.5	12295.3	12502.2	13032.4	13873.6	13286.0
加拿大	489.3	966.2	1533.2	2120.8	3642.7	3729.4	4576.0	7303.1	10671.6	10473.1	10433.9	11039.5	11622.9	11766.7
巴西	166.4	502.7	911.4	898.2	2123.1	4680.6	3784.1	4999.9	12725.8	11229.2	11349.4	13066.0	11881.1	11687.8
俄罗斯	1645.2	2785.0	4018.6	3977.6	3512.7	1975.2	1239.6	3759.5	8180.5	7643.5	7280.8	8882.1	8971.4	9422.5
西班牙	179.8	538.5	1216.0	1010.2	3057.6	3710.2	3533.5	6899.2	9416.2	8124.3	8366.4	8898.6	9615.6	9421.0
韩国	36.0	86.2	280.2	447.8	1317.3	2791.0	2974.1	5037.1	6257.9	8146.3	8304.4	8906.7	9605.5	9398.8
澳大利亚	215.3	588.1	937.5	1023.5	1978.1	2439.5	2622.0	4850.0	8411.7	8518.6	8781.7	9443.3	9633.5	9114.9
墨西哥	276.7	656.0	1308.1	1199.5	1766.8	2111.5	4082.6	5259.7	6384.4	7142.5	6565.3	6979.4	7339.4	7611.9
荷兰	200.2	562.2	1140.5	842.7	1964.4	2878.4	2737.9	4543.4	5788.1	5361.8	5501.8	5842.6	6401.3	6329.1
瑞士	153.3	401.2	744.7	701.6	1707.8	2348.1	1931.3	2923.1	4275.0	5041.4	5003.7	5062.4	5287.8	5246.5
印度尼西亚	39.3	136.4	296.9	465.7	633.5	1123.4	742.1	1347.2	3070.7	3728.3	4066.9	4429.5	4524.3	4949.9
土耳其	85.1	232.3	405.7	400.9	874.8	1038.5	1447.2	2685.7	4237.9	4622.0	4695.1	4598.7	4239.8	4299.9
沙特阿拉伯	19.6	127.6	459.8	576.8	534.4	651.5	785.2	1156.3	2071.9	3398.8	3483.8	3553.3	3804.1	3999.8

资料来源：根据 UNCTAD 数据库数据计算所得。

表 1-77　　1970—2019 年若干国家服务业增加值占世界服务业增加值的比例变化

国家	1970 年	1975 年	1980 年	1985 年	1990 年	1995 年	2000 年	2005 年	2010 年	2015 年	2016 年	2017 年	2018 年	2019 年
美国	39.79%	31.70%	28.90%	38.84%	31.53%	29.33%	36.21%	33.06%	28.42%	30.36%	30.69%	30.17%	29.96%	30.61%
中国	1.29%	1.04%	1.01%	1.15%	0.92%	1.26%	2.20%	3.04%	6.33%	11.50%	11.75%	12.27%	13.23%	13.51%
日本	5.84%	7.75%	9.40%	10.23%	13.06%	17.68%	14.83%	10.68%	9.53%	6.29%	6.89%	6.41%	6.20%	6.23%
德国	5.49%	7.12%	7.44%	5.07%	7.17%	7.97%	5.53%	5.90%	5.05%	4.33%	4.34%	4.36%	4.45%	4.28%
英国	4.41%	4.58%	5.33%	4.02%	5.27%	4.45%	5.02%	5.71%	4.16%	4.25%	3.84%	3.58%	3.63%	3.53%
法国	4.50%	5.83%	6.12%	4.26%	5.73%	5.34%	4.17%	4.91%	4.46%	3.55%	3.53%	3.49%	3.54%	3.37%
印度	1.11%	0.93%	0.89%	0.97%	0.81%	0.70%	0.89%	1.19%	1.79%	2.12%	2.21%	2.40%	2.44%	2.45%
意大利	3.14%	3.41%	3.87%	3.38%	5.14%	3.68%	3.31%	3.92%	3.37%	2.54%	2.52%	2.49%	2.50%	2.34%
加拿大	2.79%	2.76%	2.31%	2.71%	2.64%	1.91%	2.11%	2.38%	2.54%	2.17%	2.10%	2.11%	2.10%	2.07%
巴西	0.95%	1.44%	1.37%	1.15%	1.54%	2.40%	1.74%	1.63%	3.03%	2.32%	2.29%	2.49%	2.14%	2.06%
俄罗斯	9.37%	7.96%	6.05%	5.09%	2.55%	1.01%	0.57%	1.22%	1.95%	1.58%	1.47%	1.70%	1.62%	1.66%
西班牙	1.02%	1.54%	1.83%	1.29%	2.22%	1.90%	1.63%	2.25%	2.24%	1.68%	1.69%	1.70%	1.73%	1.66%
韩国	0.20%	0.25%	0.42%	0.57%	0.96%	1.43%	1.37%	1.64%	1.49%	1.69%	1.68%	1.70%	1.73%	1.66%
澳大利亚	1.23%	1.68%	1.41%	1.31%	1.44%	1.25%	1.21%	1.58%	2.00%	1.76%	1.77%	1.80%	1.74%	1.61%
墨西哥	1.58%	1.87%	1.97%	1.53%	1.28%	1.08%	1.88%	1.71%	1.52%	1.48%	1.32%	1.33%	1.32%	1.34%
荷兰	1.14%	1.61%	1.72%	1.08%	1.43%	1.48%	1.26%	1.48%	1.38%	1.11%	1.11%	1.12%	1.15%	1.12%
瑞士	0.87%	1.15%	1.12%	0.90%	1.24%	1.21%	0.89%	0.95%	1.02%	1.04%	1.01%	0.97%	0.95%	0.93%
印度尼西亚	0.22%	0.39%	0.45%	0.60%	0.46%	0.58%	0.34%	0.44%	0.73%	0.77%	0.82%	0.85%	0.82%	0.87%
土耳其	0.48%	0.66%	0.61%	0.51%	0.63%	0.53%	0.67%	0.87%	1.01%	0.96%	0.95%	0.88%	0.76%	0.76%
沙特阿拉伯	0.11%	0.36%	0.69%	0.74%	0.39%	0.33%	0.36%	0.38%	0.49%	0.70%	0.70%	0.68%	0.69%	0.71%

注：各国服务业全球占比计算公式 = 各国服务业增加值 / 全球服务业增加值。

资料来源：根据联合国贸易和发展会议数据库数据计算所得。

表 1-78　1970—2019 年服务业大国的服务业增加值占本国 GDP 的比例变化

国家	1970 年	1975 年	1980 年	1985 年	1990 年	1995 年	2000 年	2005 年	2010 年	2015 年	2016 年	2017 年	2018 年	2019 年
美国	64.79%	65.52%	66.85%	69.63%	72.50%	74.36%	76.18%	77.35%	79.12%	79.99%	80.72%	80.42%	80.18%	80.62%
中国	24.49%	22.27%	21.90%	28.98%	32.03%	33.33%	39.43%	40.86%	43.70%	50.27%	51.85%	52.20%	52.77%	53.42%
日本	48.19%	52.00%	56.48%	57.16%	57.46%	63.19%	65.86%	68.96%	70.21%	69.30%	69.42%	68.98%	69.31%	69.50%
德国	44.64%	50.77%	52.00%	54.08%	55.74%	60.07%	61.72%	63.62%	62.49%	62.38%	61.99%	61.97%	62.29%	62.85%
英国	59.20%	66.24%	62.69%	64.29%	66.44%	64.64%	65.66%	69.18%	70.47%	70.12%	70.68%	70.40%	70.50%	70.86%
法国	53.18%	56.44%	57.89%	60.11%	62.05%	64.82%	66.35%	68.57%	70.69%	70.24%	70.53%	70.33%	70.25%	70.24%
印度	31.18%	32.15%	31.52%	32.86%	33.71%	36.45%	40.37%	44.44%	45.03%	47.78%	47.75%	47.89%	48.81%	48.15%
意大利	48.69%	52.48%	53.89%	58.45%	60.17%	61.03%	62.73%	64.82%	66.31%	66.97%	66.65%	66.43%	66.33%	66.31%
加拿大	54.83%	55.20%	55.54%	57.91%	61.11%	61.55%	61.44%	62.25%	65.99%	67.30%	68.27%	66.93%	67.50%	67.57%
巴西	47.24%	46.52%	47.68%	47.91%	52.18%	60.16%	58.01%	56.08%	57.61%	62.31%	63.20%	63.34%	63.01%	63.25%
俄罗斯	37.96%	40.60%	42.75%	43.51%	44.42%	49.10%	47.39%	48.73%	53.13%	55.94%	56.90%	56.30%	53.77%	55.66%
西班牙	43.86%	46.92%	52.25%	55.87%	56.99%	60.37%	59.20%	59.82%	66.28%	67.98%	67.90%	67.80%	67.61%	67.61%
韩国	39.93%	39.58%	42.84%	44.21%	46.49%	49.26%	51.62%	53.88%	54.70%	55.58%	55.36%	54.85%	55.69%	57.08%
澳大利亚	47.69%	53.98%	54.12%	56.32%	61.14%	62.38%	64.14%	63.74%	64.73%	68.28%	67.03%	66.65%	66.03%	66.04%
墨西哥	61.19%	58.58%	55.17%	53.41%	58.91%	58.64%	57.67%	59.94%	60.36%	61.02%	60.91%	60.29%	60.12%	60.58%
荷兰	52.46%	55.86%	58.44%	58.59%	61.71%	63.64%	65.75%	66.32%	68.37%	70.06%	70.22%	70.07%	70.03%	69.78%
瑞士	63.14%	63.12%	62.57%	65.10%	66.17%	66.49%	69.02%	69.51%	70.84%	71.80%	71.93%	71.86%	71.86%	71.73%
印度尼西亚	37.68%	38.28%	35.02%	45.58%	47.32%	47.51%	42.15%	44.26%	40.67%	43.31%	43.64%	43.61%	43.41%	44.23%
土耳其	33.95%	36.15%	42.81%	43.28%	42.15%	44.52%	52.76%	53.04%	54.54%	53.48%	53.99%	53.54%	54.47%	56.47%
沙特阿拉伯	36.50%	27.28%	27.95%	55.52%	45.49%	45.51%	41.43%	35.20%	39.22%	51.95%	54.02%	51.60%	48.37%	50.44%

资料来源：根据 UNCTAD 数据库数据计算所得。

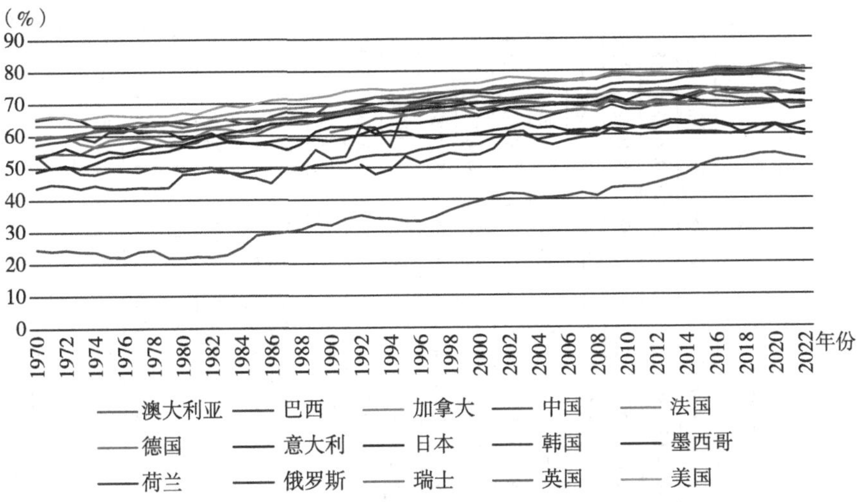

图 1-215 1970—2022 年世界主要国家服务业增加值占本国 GDP 的比例变化

资料来源：根据联合国贸易和发展会议数据库数据计算。

3. 世界服务业大国的全球占比份额发生明显变化

1970—2019 年，世界服务业大国服务结构发生明显变化（见表 1–79），主要体现在以下两个方面：一是全球前 20 大服务业经济体在批发、零售贸易及餐饮业、运输、仓储及通信业以及其他服务业中的市场占有率发生明显变化；二是美国等服务业大国服务业内部结构发生了明显变化。美国在批发、零售贸易及餐饮业的全球占比份额从 1970 年的 38.08% 下降到 2019 年的 26.25%，下降了 11.83 个百分点。中国在批发、零售贸易及餐饮业的全球占比份额从 1.67% 增加到 13.94%，增加了 12.27 个百分点。德国、法国、意大利等发达国家在批发、零售贸易及餐饮业的全球占比份额都出现下降趋势（见表 1–80）。

美国在运输、仓储及通信业的全球占比份额从 1970 年的 40.53% 下降到 2019 年的 31.32%。同期中国在运输、仓储及通信业的全球占比份额从 1.58% 增加到 8.56%，印度在运输、仓储及通信业的全球占比份额从 0.80% 增加到 2.32%，墨西哥在运输、仓储及通信业的全球占比份额从 0.86% 增加到 1.39%（见表 1–81）。

美国在其他服务业的全球占比份额从 1970 年的 40.37% 下降到 2019 年的 31.85%，中国在其他服务业的全球占比份额从 1.05% 增加到 14.32%（见表 1–82）。

表 1-79　1970—2019 年若干国家服务业增加值年增长率变化

国家	1970 年	1975 年	1980 年	1985 年	1990 年	1995 年	2000 年	2005 年	2010 年	2015 年	2016 年	2017 年	2018 年	2019 年
美国	9.29%	9.18%	10.49%	8.75%	6.49%	5.71%	6.59%	6.59%	3.58%	5.34%	3.70%	3.84%	5.12%	4.55%
中国	5.71%	6.41%	15.98%	13.92%	-14.92%	27.51%	14.28%	17.26%	18.72%	11.09%	4.76%	10.33%	14.10%	4.48%
日本	15.33%	11.57%	10.15%	6.05%	1.35%	11.33%	7.32%	-0.58%	6.94%	-11.03%	12.35%	-1.76%	2.30%	2.85%
德国	19.37%	14.29%	9.27%	1.11%	27.85%	19.17%	-11.54%	1.50%	-3.13%	-13.52%	2.68%	6.16%	8.19%	-1.71%
英国	15.23%	19.70%	27.33%	6.35%	20.52%	7.82%	-1.55%	5.60%	1.46%	-3.98%	-7.44%	-1.53%	7.47%	-0.57%
法国	12.34%	28.51%	15.96%	4.21%	24.11%	14.54%	-8.15%	4.34%	-1.91%	-14.69%	1.79%	4.69%	7.31%	-2.59%
印度	9.85%	9.45%	18.46%	5.45%	8.29%	16.13%	4.11%	18.01%	24.32%	5.00%	6.62%	14.97%	7.67%	2.84%
意大利	13.24%	19.83%	20.61%	4.85%	28.02%	5.94%	-7.73%	3.58%	-3.12%	-15.12%	1.68%	4.24%	6.45%	-4.23%
加拿大	13.52%	14.01%	13.63%	2.95%	8.00%	3.07%	7.55%	13.61%	15.67%	-10.94%	-0.37%	5.80%	5.29%	1.24%
巴西	11.41%	22.06%	0.29%	5.63%	-11.14%	41.72%	2.21%	36.02%	29.07%	-25.35%	1.07%	15.12%	-9.07%	-1.63%
俄罗斯	5.77%	16.46%	7.84%	-0.57%	1.94%	1.72%	32.13%	24.59%	23.14%	-33.21%	-4.75%	21.99%	1.01%	5.03%
西班牙	15.87%	22.54%	9.97%	3.66%	31.32%	15.25%	-5.92%	7.58%	-4.74%	-13.33%	2.98%	6.36%	8.06%	-2.02%
韩国	13.22%	7.98%	6.76%	6.67%	15.20%	22.47%	15.74%	19.60%	18.39%	-1.37%	1.94%	7.25%	7.84%	-2.15%
澳大利亚	14.72%	9.43%	16.67%	-11.83%	4.32%	8.25%	-4.44%	11.08%	26.08%	-13.56%	3.09%	7.53%	2.01%	-5.38%
墨西哥	11.36%	22.05%	33.54%	4.07%	21.39%	-31.52%	19.62%	13.34%	16.83%	-9.74%	-8.08%	6.31%	5.16%	3.71%
荷兰	17.54%	20.13%	8.01%	-0.08%	23.02%	18.09%	-6.64%	3.63%	-1.87%	-13.92%	2.61%	6.20%	9.56%	-1.13%
瑞士	20.16%	14.64%	5.12%	1.21%	28.27%	17.13%	-5.61%	3.56%	8.13%	-3.98%	-0.75%	1.17%	4.45%	-0.78%
印度尼西亚	9.21%	23.52%	31.62%	6.11%	17.14%	11.50%	5.75%	9.71%	33.55%	-0.92%	9.08%	8.92%	2.14%	9.41%
土耳其	-2.14%	24.46%	-17.31%	9.62%	46.31%	32.75%	7.47%	23.75%	14.18%	-8.55%	1.58%	-2.05%	-7.80%	1.42%
沙特阿拉伯	11.16%	76.47%	19.50%	-6.75%	8.49%	3.97%	3.00%	12.68%	13.55%	10.87%	2.50%	2.00%	7.06%	5.15%

资料来源：根据 UNCTAD 数据库数据计算整理得出。

表 1-80 1970—2019 年全球前 20 大服务业经济体批发、零售贸易及餐饮业的全球占比份额

国家	1970 年	1975 年	1980 年	1985 年	1990 年	1995 年	2000 年	2005 年	2010 年	2015 年	2016 年	2017 年	2018 年	2019 年
美国	38.08%	30.49%	26.79%	35.85%	28.14%	26.15%	33.22%	29.83%	24.22%	26.49%	26.57%	25.88%	25.62%	26.25%
中国	1.67%	1.13%	0.95%	1.66%	1.02%	1.59%	2.58%	3.37%	7.25%	12.49%	12.57%	12.86%	13.72%	13.94%
日本	7.32%	9.40%	11.08%	10.73%	14.48%	20.48%	16.42%	12.36%	10.50%	6.96%	7.71%	7.25%	6.91%	7.06%
德国	5.95%	6.74%	6.87%	4.47%	6.43%	6.15%	4.27%	4.65%	3.87%	3.31%	3.42%	3.46%	3.56%	3.44%
英国	3.95%	3.82%	4.32%	3.27%	4.55%	3.72%	4.43%	4.85%	3.43%	3.37%	3.03%	2.88%	2.94%	2.91%
法国	4.07%	4.95%	5.02%	3.45%	4.99%	4.48%	3.46%	4.11%	3.54%	2.79%	2.79%	2.75%	2.83%	2.69%
印度	0.67%	0.70%	0.73%	0.86%	0.73%	0.66%	0.82%	1.21%	1.83%	2.17%	2.29%	2.54%	2.61%	2.62%
意大利	3.36%	3.59%	4.41%	3.79%	5.65%	4.05%	3.51%	3.93%	3.21%	2.44%	2.50%	2.51%	2.55%	2.40%
墨西哥	2.67%	3.26%	3.44%	2.86%	2.15%	1.51%	2.86%	2.49%	2.16%	2.32%	2.18%	2.23%	2.25%	2.26%
俄罗斯	7.60%	6.95%	7.16%	6.36%	2.76%	1.75%	1.13%	2.03%	3.12%	2.06%	1.91%	2.23%	2.14%	2.20%
巴西	1.12%	1.65%	1.20%	0.85%	0.88%	1.61%	1.31%	1.42%	3.11%	2.36%	2.27%	2.50%	2.17%	2.09%
西班牙	1.26%	1.87%	2.26%	1.61%	2.85%	2.48%	2.14%	2.87%	2.63%	1.96%	2.04%	2.07%	2.10%	2.01%
加拿大	2.56%	2.61%	2.07%	2.42%	2.50%	1.68%	1.77%	2.09%	2.14%	1.76%	1.75%	1.74%	1.75%	1.74%
印度尼西亚	0.46%	0.80%	0.87%	1.03%	0.87%	1.08%	0.71%	0.86%	1.39%	1.36%	1.44%	1.46%	1.42%	1.50%
韩国	0.28%	0.41%	0.51%	0.70%	1.14%	1.44%	1.34%	1.39%	1.29%	1.38%	1.39%	1.40%	1.41%	1.31%
澳大利亚	0.99%	1.28%	0.97%	1.06%	1.22%	1.10%	1.02%	1.34%	1.60%	1.32%	1.32%	1.31%	1.26%	1.15%
荷兰	1.08%	1.31%	1.34%	0.87%	1.31%	1.31%	1.21%	1.38%	1.21%	1.03%	1.05%	1.06%	1.12%	1.09%
土耳其	0.51%	0.81%	0.71%	0.72%	0.98%	0.84%	0.82%	1.11%	1.17%	1.20%	1.16%	1.13%	1.03%	1.02%
瑞士	0.95%	1.27%	1.28%	1.01%	1.42%	1.24%	0.92%	1.08%	1.27%	1.17%	1.12%	1.09%	1.07%	1.00%
沙特阿拉伯	0.05%	0.17%	0.39%	0.44%	0.23%	0.21%	0.26%	0.31%	0.52%	0.72%	0.70%	0.66%	0.64%	0.67%

资料来源：UNCTAD 数据库。

表 1-81　1970—2019 年全球前 20 大服务业经济体运输、仓储及通信业全球占比份额

国家	1970 年	1975 年	1980 年	1985 年	1990 年	1995 年	2000 年	2005 年	2010 年	2015 年	2016 年	2017 年	2018 年	2019 年
美国	40.53%	32.86%	30.14%	38.96%	29.86%	28.23%	33.07%	29.37%	26.29%	29.58%	30.52%	30.22%	30.36%	31.32%
中国	1.58%	1.61%	1.53%	1.36%	1.37%	1.54%	2.57%	3.14%	5.03%	7.97%	7.91%	8.29%	8.70%	8.56%
日本	7.18%	8.57%	9.27%	10.78%	14.21%	18.80%	15.97%	11.47%	10.48%	7.24%	7.88%	7.30%	7.15%	7.10%
德国	5.17%	6.00%	6.07%	3.98%	5.64%	7.27%	5.27%	5.64%	4.91%	4.50%	4.46%	4.50%	4.69%	4.50%
英国	5.02%	5.29%	5.14%	3.65%	5.67%	4.35%	5.42%	5.64%	4.17%	4.37%	4.02%	3.78%	3.86%	3.77%
法国	4.09%	5.21%	5.64%	4.02%	5.76%	5.15%	4.04%	4.70%	4.22%	3.41%	3.42%	3.45%	3.47%	3.34%
意大利	2.91%	3.21%	3.87%	3.29%	4.89%	3.55%	3.26%	3.89%	3.35%	2.44%	2.51%	2.50%	2.48%	2.33%
印度	0.80%	0.70%	0.70%	0.96%	0.97%	0.84%	1.03%	1.40%	1.78%	2.18%	2.20%	2.27%	2.23%	2.32%
加拿大	2.81%	2.64%	2.29%	2.61%	2.23%	1.63%	1.82%	2.05%	2.03%	1.80%	1.76%	1.76%	1.75%	1.72%
巴西	0.53%	0.84%	0.94%	0.92%	1.11%	0.99%	1.19%	1.47%	2.76%	1.97%	1.89%	2.08%	1.80%	1.70%
韩国	0.23%	0.26%	0.53%	0.68%	1.06%	1.54%	1.64%	1.97%	1.59%	1.84%	1.83%	1.80%	1.78%	1.69%
俄罗斯	7.03%	6.43%	4.41%	3.91%	2.10%	1.76%	0.70%	1.59%	2.14%	1.53%	1.44%	1.66%	1.58%	1.61%
西班牙	1.06%	1.61%	1.93%	1.38%	2.42%	2.04%	1.72%	2.16%	1.99%	1.50%	1.47%	1.50%	1.54%	1.48%
印度尼西亚	0.13%	0.32%	0.42%	0.65%	0.51%	0.68%	0.32%	0.54%	1.00%	1.20%	1.31%	1.41%	1.36%	1.47%
墨西哥	0.86%	1.31%	1.69%	1.48%	1.27%	1.02%	1.97%	1.75%	1.66%	1.56%	1.37%	1.39%	1.40%	1.39%
澳大利亚	1.35%	1.70%	1.40%	1.45%	1.53%	1.32%	1.17%	1.47%	1.78%	1.52%	1.50%	1.50%	1.41%	1.28%
土耳其	0.56%	0.85%	0.84%	0.84%	1.03%	0.87%	1.07%	1.53%	1.49%	1.48%	1.43%	1.37%	1.21%	1.18%
荷兰	1.15%	1.42%	1.44%	0.95%	1.40%	1.37%	1.21%	1.45%	1.29%	1.08%	1.09%	1.11%	1.14%	1.08%
瑞士	0.86%	1.17%	1.17%	0.93%	1.22%	1.17%	0.77%	0.83%	0.86%	0.93%	0.90%	0.87%	0.85%	0.83%
沙特阿拉伯	0.09%	0.15%	0.44%	0.50%	0.30%	0.26%	0.27%	0.28%	0.49%	0.67%	0.68%	0.66%	0.65%	0.67%

资料来源：UNCTAD 数据库。

表 1-82　1970—2019 全球前 20 大服务业经济体年其他服务业全球占比份额

国家	1970 年	1975 年	1980 年	1985 年	1990 年	1995 年	2000 年	2005 年	2010 年	2015 年	2016 年	2017 年	2018 年	2019 年
美国	40.37%	31.95%	29.50%	40.01%	33.11%	30.70%	37.90%	34.89%	30.21%	31.76%	32.04%	31.53%	31.25%	31.85%
中国	1.05%	0.87%	0.91%	0.90%	0.79%	1.08%	1.99%	2.92%	6.30%	11.87%	12.23%	12.85%	13.93%	14.32%
日本	4.84%	6.84%	8.72%	9.91%	12.31%	16.44%	14.05%	9.97%	9.02%	5.90%	6.44%	5.97%	5.79%	5.80%
德国	5.36%	7.55%	8.00%	5.54%	7.74%	8.77%	6.01%	6.36%	5.46%	4.63%	4.60%	4.62%	4.69%	4.50%
英国	4.46%	4.73%	5.80%	4.41%	5.46%	4.74%	5.14%	6.00%	4.40%	4.52%	4.06%	3.76%	3.81%	3.68%
法国	4.80%	6.36%	6.70%	4.64%	5.98%	5.69%	4.45%	5.23%	4.80%	3.83%	3.78%	3.74%	3.78%	3.59%
印度	1.38%	1.10%	1.00%	1.01%	0.80%	0.68%	0.88%	1.14%	1.78%	2.10%	2.18%	2.38%	2.43%	2.43%
意大利	3.11%	3.39%	3.64%	3.24%	5.00%	3.57%	3.25%	3.93%	3.42%	2.60%	2.53%	2.48%	2.49%	2.33%
加拿大	2.88%	2.85%	2.41%	2.85%	2.78%	2.06%	2.29%	2.54%	2.77%	2.37%	2.29%	2.29%	2.27%	2.25%
巴西	0.97%	1.49%	1.54%	1.32%	1.87%	2.98%	2.01%	1.73%	3.06%	2.38%	2.37%	2.57%	2.20%	2.12%
澳大利亚	1.30%	1.85%	1.60%	1.38%	1.50%	1.30%	1.28%	1.68%	2.18%	1.95%	1.97%	2.02%	1.95%	1.81%
韩国	0.16%	0.17%	0.36%	0.50%	0.87%	1.41%	1.33%	1.66%	1.54%	1.75%	1.74%	1.78%	1.82%	1.76%
西班牙	0.91%	1.38%	1.63%	1.15%	1.95%	1.67%	1.43%	2.06%	2.17%	1.62%	1.62%	1.62%	1.66%	1.59%
俄罗斯	10.74%	8.76%	5.96%	4.84%	2.56%	0.60%	0.35%	0.88%	1.53%	1.44%	1.33%	1.53%	1.46%	1.50%
荷兰	1.16%	1.78%	1.94%	1.19%	1.48%	1.56%	1.29%	1.52%	1.45%	1.14%	1.13%	1.13%	1.17%	1.13%
墨西哥	1.27%	1.41%	1.41%	1.01%	0.97%	0.94%	1.52%	1.45%	1.29%	1.19%	1.05%	1.04%	1.02%	1.04%
瑞士	0.84%	1.09%	1.05%	0.85%	1.18%	1.20%	0.91%	0.94%	0.97%	1.02%	0.99%	0.95%	0.94%	0.92%
沙特阿拉伯	0.14%	0.50%	0.88%	0.91%	0.46%	0.39%	0.42%	0.42%	0.48%	0.70%	0.71%	0.69%	0.71%	0.72%
土耳其	0.45%	0.55%	0.51%	0.36%	0.43%	0.35%	0.53%	0.66%	0.86%	0.78%	0.79%	0.70%	0.60%	0.60%
印度尼西亚	0.14%	0.23%	0.28%	0.41%	0.30%	0.38%	0.22%	0.28%	0.46%	0.50%	0.53%	0.54%	0.52%	0.56%

资料来源：UNCTAD 数据库。

21 世纪以来，中国服务业增加值快速增长，但是中国服务业劳动生产率仍然与美国等发达国家存在很大差距。2019 年，美国服务业的每个劳动力增加值是 12.1 万美元，而中国服务业的每个劳动力增加值约为 2.2 万美元，美国服务业每个劳动力增加值约是中国的 5.5 倍（见表 1–83）。中国服务业劳动生产率提升仍然任重道远。

表 1-83　1991—2019 年全球前 20 大经济体服务业每个劳动力增加值

（单位：美元 / 每个劳动力）

国家	1991 年	1995 年	2000 年	2005 年	2010 年	2015 年	2016 年	2017 年	2018 年	2019 年
美国	—	—	99387.8	107998.7	112864.5	116942.1	117222.6	117965.4	119877.6	121014.0
中国	4401.0	4905.3	6559.4	9236.7	14523.2	17728.2	18568.0	19449.8	20689.9	21526.8
日本	—	64522.7	66555.8	68794.7	65998.6	67786.6	67261.6	67227.8	65727.2	64961.3
德国	61132.0	67818.9	72740.0	73277.0	70545.9	72413.0	71929.7	73020.9	73137.3	73425.5
英国	59515.6	64249.6	70378.6	76978.6	77087.3	80873.0	80781.6	80764.3	80780.2	81410.3
法国	71661.6	74482.0	80247.0	78209.8	79026.7	82258.3	83120.4	84143.3	84581.1	86120.7
印度	2562.5	2904.5	3651.1	4405.7	5812.6	7383.9	7809.4	8105.2	8487.3	8806.6
意大利	77688.0	84008.3	87554.8	82566.4	81562.1	78435.6	77823.9	77679.8	77574.0	77966.9
加拿大	—	—	65746.2	68612.1	69012.3	72581.3	72943.7	73334.1	74017.1	73930.0
巴西	17272.2	16379.6	16373.0	16525.1	18357.0	17849.6	17564.6	17372.4	17288.3	17104.6
俄罗斯	17259.1	11281.6	10609.2	12514.1	15296.2	16370.9	16253.1	16453.9	16883.1	17454.1
西班牙	—	62422.9	59099.3	55300.0	57296.1	59352.8	58812.5	59556.5	59754.0	59823.4
韩国	25391.3	28801.5	32814.8	36420.7	41392.1	44145.6	44768.7	45460.1	47013.5	47614.8
墨西哥	22539.5	21993.9	23359.2	21606.6	21056.9	22721.4	23139.5	23538.3	23632.7	22848.1
荷兰	66614.0	67634.2	71737.6	77500.7	76107.2	78426.9	79009.1	79543.3	78973.5	79074.6
瑞士	127555.5	128895.5	136739.8	136324.7	145481.3	145106.6	145416.7	144832.6	146569.3	145914.5
印度尼西亚	4729.5	4483.6	3965.1	5339.0	5873.3	6973.8	7034.7	7101.8	7227.5	7286.8
土耳其	20157.2	22455.8	25697.1	29871.6	29479.6	33017.8	32360.9	33354.5	33527.2	34045.8
沙特阿拉伯	34694.7	32581.7	30984.8	31828.5	37580.3	38363.8	37822.9	37360.9	37369.0	38001.9

资料来源：根据世界银行数据库整理。

（二）世界服务业大国服务业结构变化

1.美国服务业结构变化分析

（1）美国服务业持续较快增长

1947 年以来，美国一直是世界服务业第一大国。美国服务业长期保持较快增长，美国服务业增加值从1970年的6986亿美元增加到2022年的20.8万亿美元（以美元现价计算，见图1–216）。美国第一产业增加值从1970年的252亿美元增加到2022年的约2716亿美元，同期美国工业增加值从约3422亿美元增加到约4.76万亿美元（见图1–217、表1–84）。美国服务业占美国名义GDP的比例从1970年的65%增加到2022年的81%，同期美国第一产业增加值占美国名义GDP的比例从2%下降到1%，美国工业增加值占美国名义GDP的比例从32%下降到18%（见图1–218、表1–85），美国服务业持续发展成为美国经济持续发展的重要推动力。

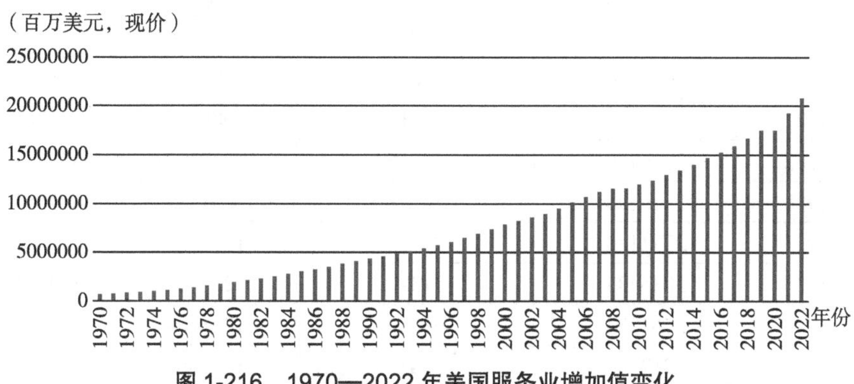

图1-216 1970—2022年美国服务业增加值变化

资料来源：根据联合国贸易和发展会议数据库数据制作。

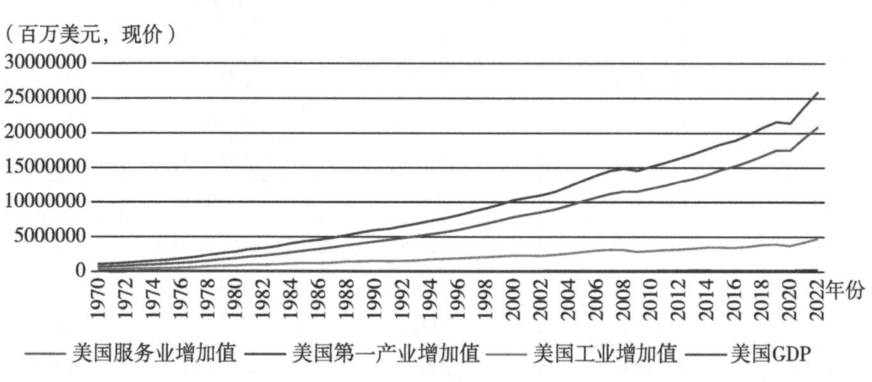

图1-217 1970—2022年美国三次产业增加值变化

资料来源：根据联合国贸易和发展会议数据库数据制作。

表 1-84　1970—2022 年美国服务业增加值和 GDP 变化　（单位：百万美元）

年份	美国服务业增加值	美国第一产业增加值	美国工业增加值	美国 GDP
1970	698664	25288	342290	1078409
1971	763583	27228	363771	1170576
1972	840182	31534	401355	1285528
1973	929587	46214	447950	1432476
1974	1016114	44955	479405	1553036
1975	1109380	46255	511349	1693217
1976	1231671	45286	580936	1882507
1977	1372340	45752	657669	2091876
1978	1558472	53432	741958	2362921
1979	1737464	63029	821728	2640262
1980	1919770	56803	883540	2871946
1981	2142843	68915	999889	3223221
1982	2296910	65726	1006192	3360789
1983	2516198	53518	1051982	3651558
1984	2791146	70783	1185573	4057045
1985	3035483	71377	1233157	4359553
1986	3261334	69419	1253208	4601909
1987	3512086	74835	1328867	4879429
1988	3816477	74985	1449978	5262984
1989	4080726	85823	1506880	5670244
1990	4345537	91073	1551754	5994178
1991	4580152	86583	1537515	6190870
1992	4860934	93894	1576612	6555444
1993	5111218	91037	1649798	6896001
1994	5404421	99504	1779349	7327485
1995	5712759	92166	1875038	7682995
1996	6043437	109455	1944186	8119100
1997	6483659	109245	2033387	8626416
1998	6911837	100405	2104953	9117663
1999	7371464	93065	2223838	9689826
2000	7857026	99033	2355921	10313521
2001	8223602	100282	2326752	10652110
2002	8586678	96282	2317472	11001739

续表

年份	美国服务业增加值	美国第一产业增加值	美国工业增加值	美国 GDP
2003	8976202	115021	2440868	11532329
2004	9524393	144303	2628309	12297518
2005	10152540	129999	2840635	13123112
2006	10712842	126916	3062998	13902859
2007	11233380	145930	3184878	14563752
2008	11550350	146519	3166883	14863501
2009	11558923	129667	2885416	14574453
2010	11992976	145722	3008877	15147351
2011	12381538	179995	3137760	15700083
2012	12951456	179516	3224015	16355565
2013	13405398	215624	3361828	16983150
2014	13994656	200418	3515150	17710546
2015	14711601	181835	3504546	18398376
2016	15249686	167614	3492248	18909237
2017	15901264	177687	3636070	19715546
2018	16687248	177832	3892854	20757458
2019	17505195	162760	3957840	21626526
2020	17506187	161460	3759008	21426131
2021	19257415	226380	4216039	23700369
2022	20826228	271570	4759114	25857535

资料来源：根据联合国贸易和发展会议数据库数据制作。

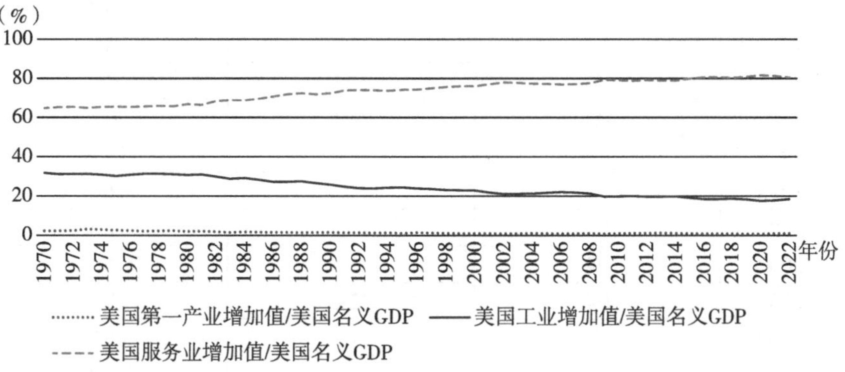

图 1-218　1970—2022 年美国三次产业增加值占美国名义 GDP 的比例变化

资料来源：根据联合国贸易和发展会议数据库数据制作。

表 1-85　1970—2022 年美国三次产业增加值占美国名义 GDP 的比例变化

年份	美国第一产业增加值 / 美国名义 GDP	美国工业增加值 / 美国名义 GDP	美国服务业增加值 / 美国名义 GDP
1970	2%	32%	65%
1971	2%	31%	65%
1972	2%	31%	65%
1973	3%	31%	65%
1974	3%	31%	65%
1975	3%	30%	66%
1976	2%	31%	65%
1977	2%	31%	66%
1978	2%	31%	66%
1979	2%	31%	66%
1980	2%	31%	67%
1981	2%	31%	66%
1982	2%	30%	68%
1983	1%	29%	69%
1984	2%	29%	69%
1985	2%	28%	70%
1986	2%	27%	71%
1987	2%	27%	72%
1988	1%	28%	73%
1989	2%	27%	72%
1990	2%	26%	72%
1991	1%	25%	74%
1992	1%	24%	74%
1993	1%	24%	74%
1994	1%	24%	74%
1995	1%	24%	74%
1996	1%	24%	74%
1997	1%	24%	75%
1998	1%	23%	76%
1999	1%	23%	76%
2000	1%	23%	76%
2001	1%	22%	77%
2002	1%	21%	78%
2003	1%	21%	78%
2004	1%	21%	77%
2005	1%	22%	77%

续表

年份	美国第一产业增加值 / 美国名义 GDP	美国工业增加值 / 美国名义 GDP	美国服务业增加值 / 美国名义 GDP
2006	1%	22%	77%
2007	1%	22%	77%
2008	1%	21%	78%
2009	1%	20%	79%
2010	1%	20%	79%
2011	1%	20%	79%
2012	1%	20%	79%
2013	1%	20%	79%
2014	1%	20%	79%
2015	1%	19%	80%
2016	1%	18%	81%
2017	1%	18%	81%
2018	1%	19%	80%
2019	1%	18%	81%
2020	1%	18%	82%
2021	1%	18%	81%
2022	1%	18%	81%

资料来源：UNCTAD 数据库。

（2）美国服务业结构发生明显变化

1947—2019 年，美国服务业结构发生明显变化。美国服务业大体上分为 15 个大门类，美国服务业之间的比例关系变化以及服务业行业增加值占美国服务业总增加值的比例变化可以反映美国服务业结构的变化趋势。美国服务结构变化的主要趋势特征体现在以下六个方面。一是美国批发服务、零售服务业的增加值占美国服务业增加值的比例明显下降；二是美国政府服务增加值占美国服务业增加值的比例明显下降；三是美国交通仓储服务增加值占美国服务业增加值的比例明显下降；四是科技服务增加值占美国服务业增加值的比例明显提高；五是健康社会服务增加值占美国服务业增加值的比例明显提高；六是美国房地产服务增加值占美国服务业增加值的比例明显提高。2014 年以来，美国房地产服务增加值居美国服务业增加值的首位。美国服务业增加值居前三位的是房地产服务、政府服务、金融保险服务（见图 1–219、图 1–220）。

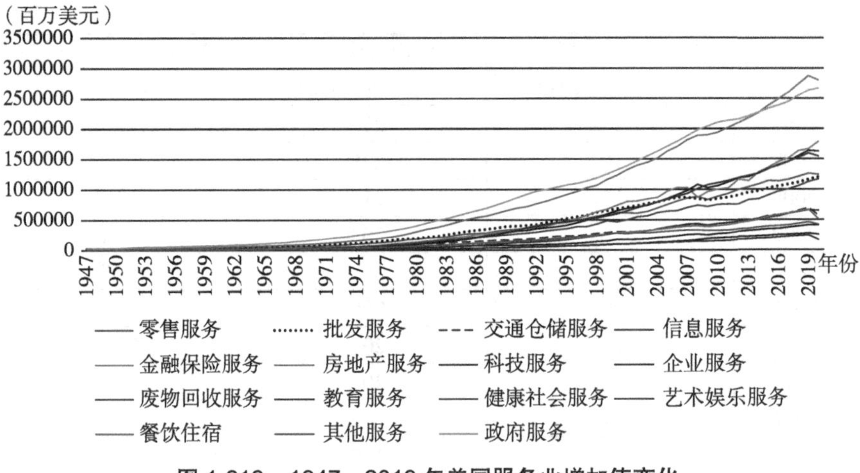

图 1-219　1947—2019 年美国服务业增加值变化

资料来源：根据美国 Bureau of Economic Analysis 数据库数据制作。

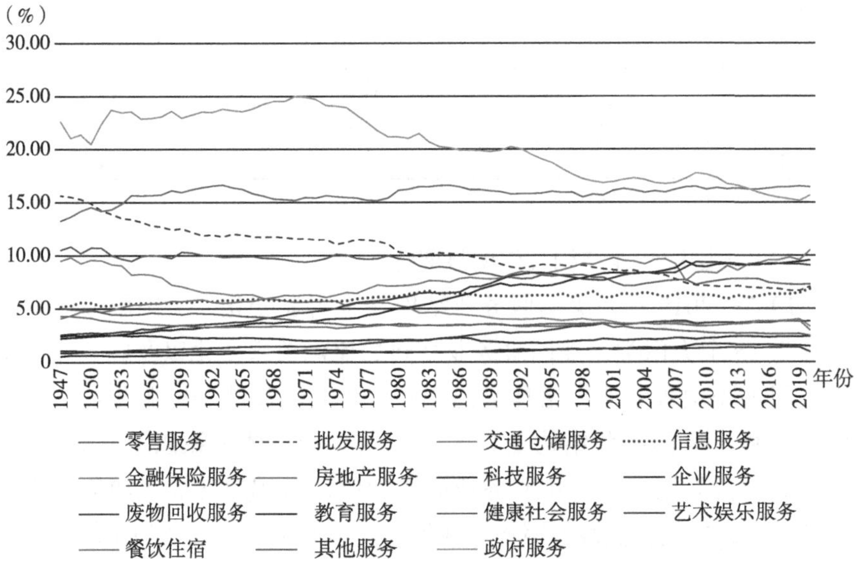

图 1-220　1947—2019 年美国服务行业增加值占美国服务业总增加值的比例变化

资料来源：根据美国 Bureau of Economic Analysis 数据库数据制作。

对美国政府服务增加值变化来进行分析，1948 年以来，美国政府服务增加值持续增长，美国政府服务增加值从 1947 年的 330.5 亿美元增加到 2020 年的 26700 亿美元。1947—1993 年，美国政府服务增加值占美国服务业增加值的比例一直保持在 20% 以上。1947—2013 年，美国政府服务增

加值一直是美国服务业的第一大产业（见图 1–221、图 1–222、图 1–223、图 1–224、图 1–225、图 1–226），2014 年以来，美国房地产服务超过政府服务成为美国服务业第一大产业。

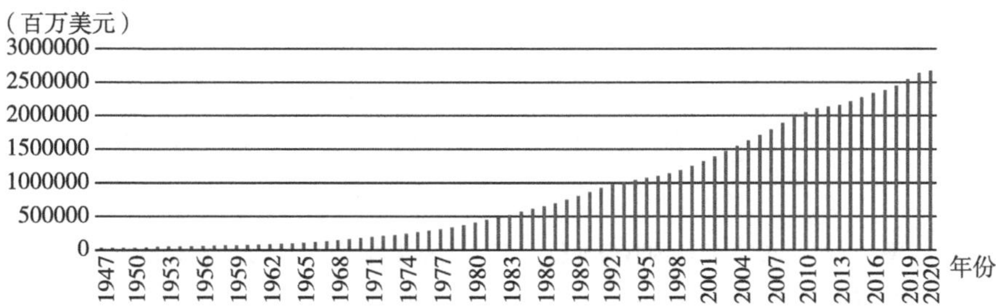

图 1-221　1947—2020 年美国政府服务增加值变化

资料来源：根据美国 Bureau of Economic Analysis 数据库数据制作。

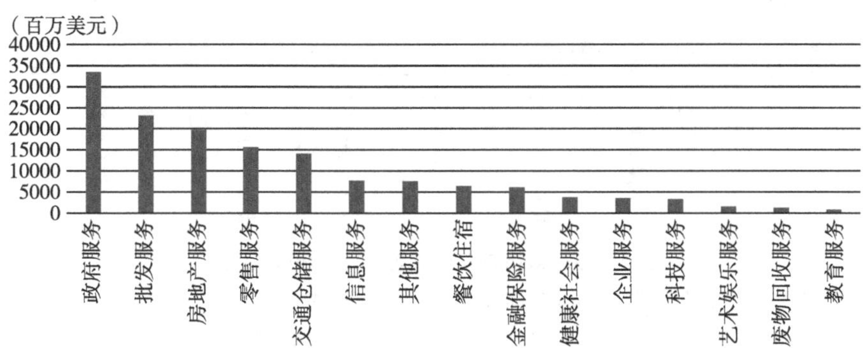

图 1-222　1947 年美国服务业行业增加值排序

资料来源：根据美国 Bureau of Economic Analysis 数据库数据制作。

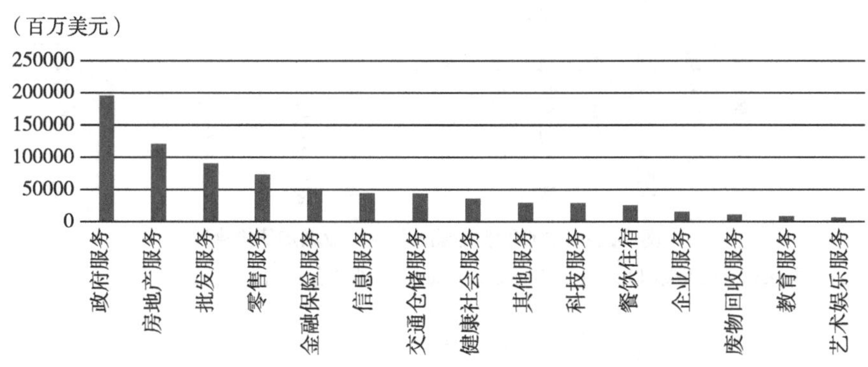

图 1-223　1971 年美国服务业行业增加值排序

资料来源：根据美国 Bureau of Economic Analysis 数据库数据制作。

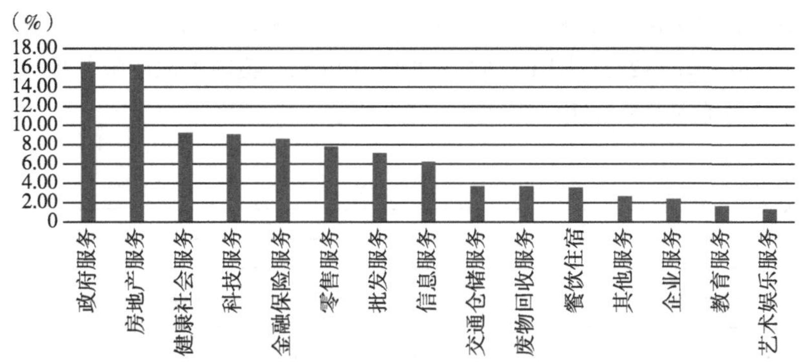

图 1-224　2013 年美国服务业行业增加值占美国服务业增加值的比例排序

资料来源：根据美国 Bureau of Economic Analysis 数据库数据制作。

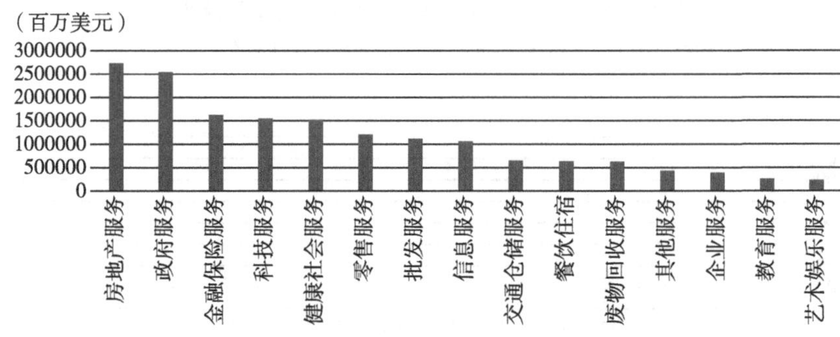

图 1-225　2018 年美国服务业行业增加值排序

资料来源：根据美国 Bureau of Economic Analysis 数据库数据制作。

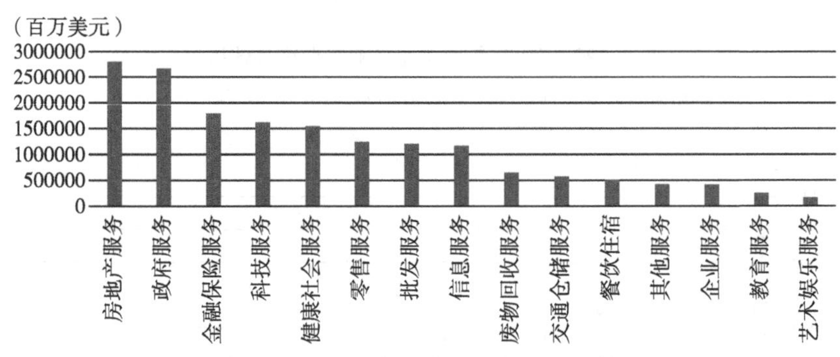

图 1-226　2020 年美国服务业行业增加值排序

资料来源：根据美国 Bureau of Economic Analysis 数据库数据制作。

2.中国服务业结构变化分析

（1）中国服务业持续较快增长

1970—2022 年，中国服务业持续增长，服务业增加值从 1970 年的

226.8 亿美元增加到 2022 年的 9.39 万亿美元，中国已经成为世界服务业第二大国。2014 年，中国服务业增加值超过工业增加值（见图 1–227），服务业成为中国第一大产业。根据《中国第三产业统计年鉴》，中国服务行业细分为 14 个行业，其中服务业增加值增长比较快的行业是批发和零售业，金融业，房地产业，交通运输、仓储和邮政业，公共管理、社会保障和社会组织，信息传输、软件和信息技术服务业，教育服务业等（见图 1–228、表 1–86）。

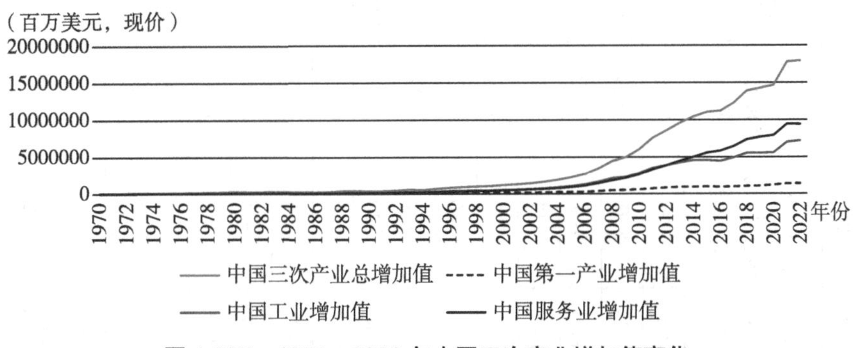

图 1-227 1970—2022 年中国三次产业增加值变化

资料来源：根据联合国贸易和发展会议数据库数据制作。

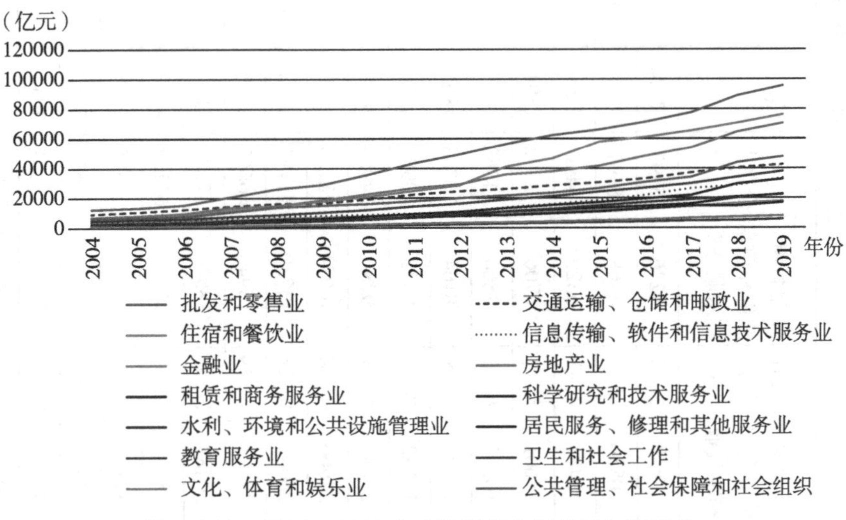

图 1-228 2004—2019 年中国服务业行业增加值变化

资料来源：根据《中国第三产业统计年鉴》数据制作。

表 1-86　2004—2019 年中国服务业行业增加值变化

（单位：亿元）

年份	批发和零售业	交通运输、仓储和邮政业	住宿和餐饮业	信息传输、软件和信息技术服务业	金融业	房地产业	租赁和商务服务业	科学研究和技术服务业	水利、环境和公共设施管理业	居民服务、修理和其他服务业	教育服务业	卫生和社会工作	文化、体育和娱乐业	公共管理、社会保障和社会组织
2004	12454	9304	3665	4236	5393	7174	2628	1760	769	2482	4893	2621	1043	6141
2005	13535	10836	4193	4768	6307	8244	2912	2051	850	3129	5656	2934	1188	6829
2006	15471	12481	4792	5329	8490	9664	3280	2409	944	3542	6179	3210	1325	7605
2007	20938	14601	5548	6706	12338	13810	4695	3441	1111	3997	7693	4014	1631	10830
2008	26182	16363	6616	7860	14863	14739	5608	3993	1266	4628	8887	4629	1922	13784
2009	28985	16727	7118	8164	17768	18655	6191	4722	1480	5272	10482	5083	2231	15162
2010	35746	19132	8069	8882	20981	22782	7785	5637	1752	6102	12042	5981	2496	16210
2011	43445	22433	9173	9780	24958	26784	9407	6966	2040	7281	14429	7496	3007	18006
2012	49394	24660	10464	10974	28723	29360	10838	8241	2405	8040	16283	8990	3447	20117
2013	56284	26043	10228	13730	41191	35988	13335	11010	3056	8625	18951	11034	3868	21693
2014	62424	28501	11159	15940	46665	38001	15276	12251	3473	9706	21160	12734	4275	23509
2015	66187	30488	12154	18546	57873	41701	17112	13480	3852	10855	24253	14955	4931	26623
2016	71291	33059	13358	21899	61122	48191	19483	14591	4254	12793	26770	17092	5484	30643
2017	77658	37173	14690	26401	65395	53965	21888	16199	4763	14704	29918	19027	6648	34024
2018	88904	40337	16521	28734	70610	64623	29469	20175	5096	14793	34001	20653	7301	43923
2019	95651	42466	17903	33392	76251	70445	32638	22624	5861	16983	37934	22355	8138	47791

资料来源：根据《中国第三产业统计年鉴》数据制作。

（2）中国服务业结构变化

2004年以来，中国服务业结构发生了明显变化。金融业增加值占服务业总增加值的比例从2004年的8%增加到2019年的14%，同期房地产业增加值占服务业总增加值的比例从11%增加到13%，租赁和商务服务业增加值占服务业总增加值的比例从4%增加到6%，科学研究和技术服务业增加值占服务业总增加值的比例从3%增加到4%。批发和零售业增加值占服务业总增加值的比例从19%下降到18%，交通运输、仓储和邮政业增加值占服务业总增加值的比例从14%下降到8%（见图1-229），主要是由于互联网的发展，邮政业的增加值占比明显下降。同期住宿和餐饮业增加值占服务业总增加值的比例从6%下降到3%（见表1-87）。中国服务业行业增加值排序发生了明显变化（见图1-230、图1-231）。

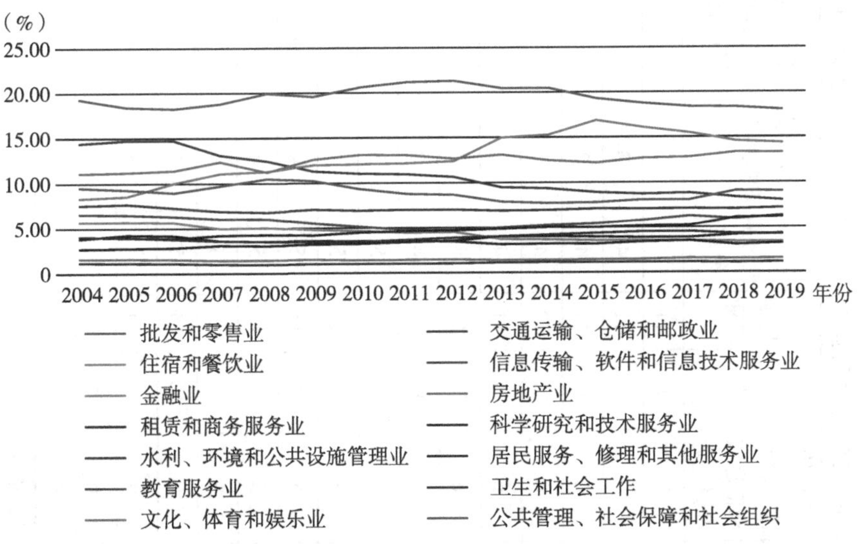

图1-229 2004—2019年中国服务业行业增加值占服务业总增加值的比例变化

资料来源：根据《中国第三产业统计年鉴》数据制作。

表 1-87　　2004—2019 年中国服务业行业增加值占服务业总增加值的比例变化　　（单位：%）

年份	批发和零售业	交通运输、仓储和邮政业	住宿和餐饮业	信息传输、软件和信息技术服务业	金融业	房地产业	租赁和商务服务业	科学研究和技术服务业	水利、环境和公共设施管理业	居民服务、修理和其他服务业	教育服务业	卫生和社会工作	文化、体育和娱乐业	公共管理、社会保障和社会组织
2004	19	14	6	7	8	11	4	3	1	4	8	4	2	10
2005	18	15	6	6	9	11	4	3	1	4	8	4	2	9
2006	18	15	6	6	10	11	4	3	1	4	7	4	2	9
2007	19	13	5	6	11	12	4	3	1	4	7	4	1	10
2008	20	12	5	6	11	11	4	3	1	4	7	4	1	10
2009	20	11	5	6	12	13	4	3	1	4	7	3	2	10
2010	21	11	5	5	12	13	4	3	1	4	7	3	1	9
2011	21	11	4	5	12	13	5	3	1	4	7	4	1	9
2012	21	11	5	5	12	13	5	4	1	3	7	4	1	9
2013	20	9	4	5	15	13	5	4	1	3	7	4	1	8
2014	20	9	4	5	15	12	5	4	1	3	7	4	1	8
2015	19	9	4	5	17	12	5	4	1	3	7	4	1	8
2016	19	9	4	6	16	13	5	4	1	3	7	4	1	8
2017	18	9	3	6	15	13	5	4	1	3	7	5	2	8
2018	18	8	3	6	15	13	6	4	1	3	7	4	2	9
2019	18	8	3	6	14	13	6	4	1	3	7	4	2	9

资料来源：根据《中国第三产业统计年鉴》数据制作。

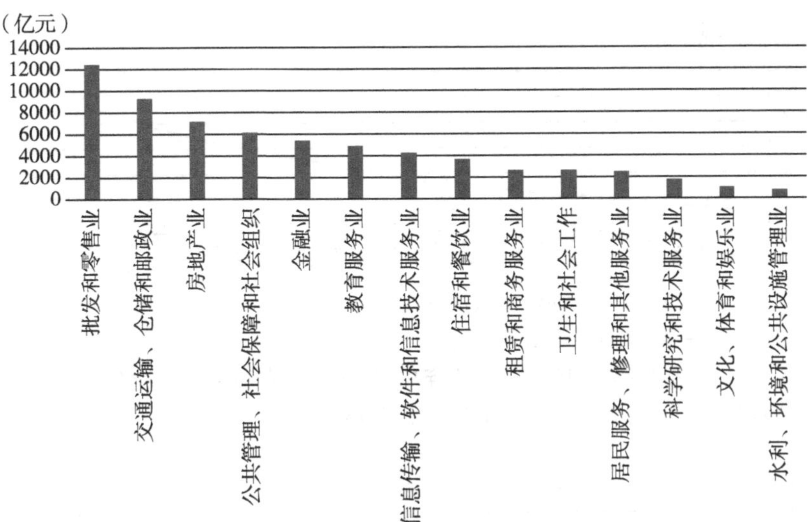

图 1-230 2004 年中国服务业行业增加值排序

资料来源：根据《中国第三产业统计年鉴》数据制作。

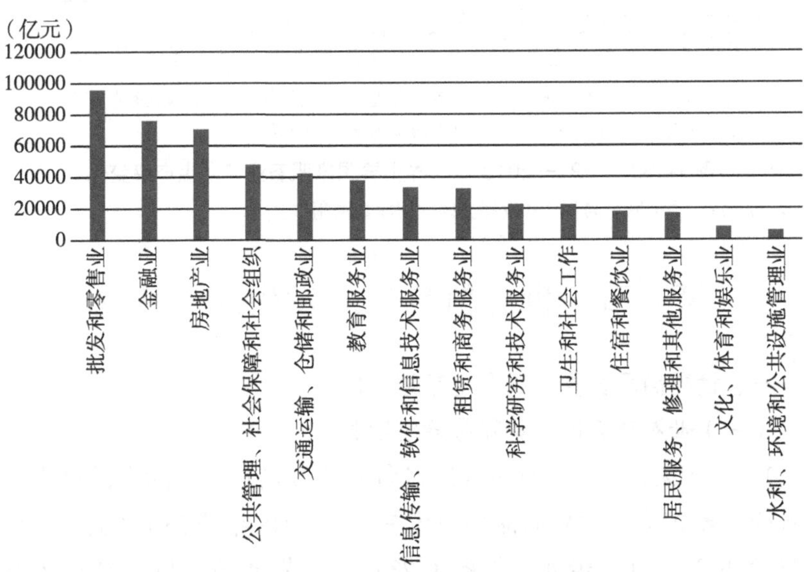

图 1-231 2019 年中国服务业行业增加值排序

资料来源：根据《中国第三产业统计年鉴》数据制作。

（3）中国服务业劳动生产率变化（见图 1–232、图 1–233）

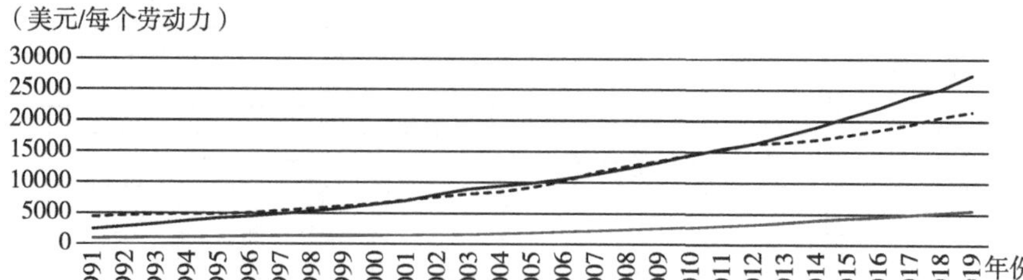

图 1-232　1991—2019 年中国三次产业劳动生产率变化

资料来源：根据《中国第三产业统计年鉴》数据制作。

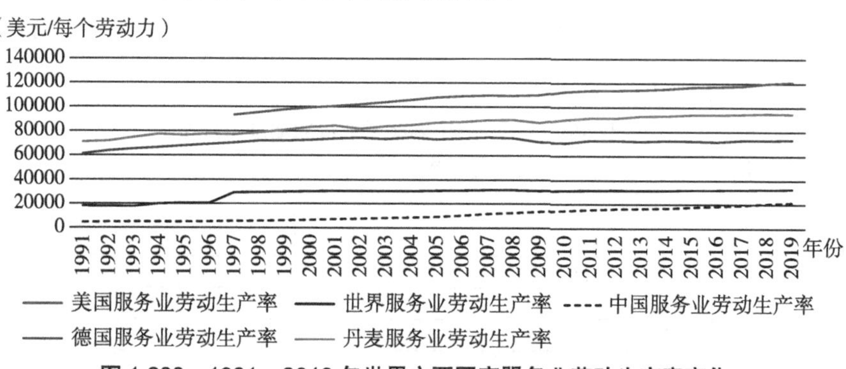

图 1-233　1991—2019 年世界主要国家服务业劳动生产率变化

资料来源：根据联合国贸易和发展会议数据库数据制作。

第七节　世界贸易格局发生深刻变化

一、世界商品贸易格局发生深刻变化

（一）世界商品进出口贸易持续增长

1948 年以来，世界商品进出口贸易持续增长，国际商品进出口贸易规模不断扩大。世界商品出口贸易额从 1948 年的 586 亿美元发展到 2023 年的 23.8 万亿美元（见图 1–234），世界商品进口贸易额从 1948 年的 623 亿美元发展到 2019 年的 24.25 万亿美元（见图 1–235）。2008 年国际金融危机以来，世界商品进出口贸易出现波动性增长，2009 年、2015—2016 年、2020 年世界商品进出口贸易出现明显负增长，世界商品进出口贸易额明显下降。2018 年美国“贸易战”、2020 年新冠疫情全球蔓延导致全球商品进出口贸易额出现负增长，数据表明，金融危机、新冠疫情等对全球商品贸易发展带来明显负面冲击。2022—2023年，全球进出口贸易恢复较快增长，说明全球商品贸易增长具有很强的韧性，商品国际化和经济全球化仍然在深化发展。

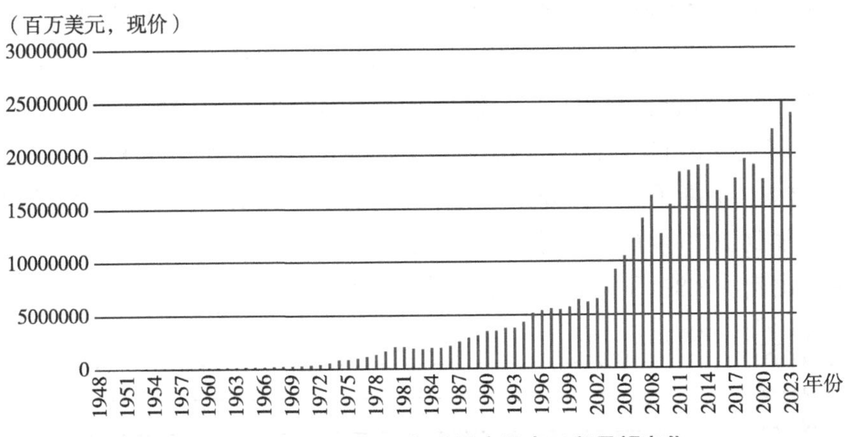

图 1-234 1948—2023年世界商品出口贸易额变化

资料来源：根据 UNCTAD Statistics 商品出口贸易数据制作。

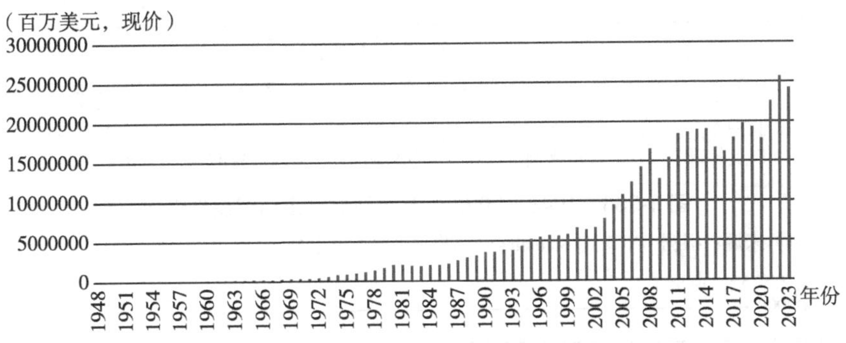

图 1-235 1948—2023年世界商品进口贸易额变化

资料来源：根据 UNCTAD Statistics 商品进口贸易数据制作。

（二）五大洲商品出口贸易格局发生深刻变化

1948—2023年，五大洲商品出口贸易格局发生深刻变化，五大洲商品出口贸易额和商品出口贸易分布很不均衡。欧洲商品出口贸易额从1948年的236亿美元增加到2023年的8.9万亿美元，同期欧洲商品出口贸易额占世界商品出口贸易总额的比例从36.9%增加到37.4%。1948—2010年，欧洲商品出口贸易额一直居世界第一位。亚洲商品出口贸易额从1948年的72亿美元增加到2023年的9.89万亿美元，同期亚洲商品出口贸易额占世界商品出口贸易总额的比例从12.4%增加到41.5%，增加了 29.1 个百分点。2012—2023 年，亚洲商品出口贸易额超过欧洲并稳居世界第一位。美洲商品出口贸易额从 1948 年的 230 亿美元增加到 2023 年的 3.99 万亿美元，同期美洲商品出口贸易额占世界商品出口总额的比例从 39.3% 下降到 16.8%，下降了 22.5 个百分点（见图 1-236、图 1-237、图 1-238、图 1-239、表 1-88），美洲商品出口贸易额居世界第三位。非洲商品出口贸易额从 1948 年 43.7 亿美元增加到 2023 年的 5966 亿美元，非洲商品出口额占世界商品出口总额的比例从 7.5% 下降到 2.5%，下降了 5 个百分点。大洋洲商品出口额从 1948 年的 22.4 亿美元增加到 2023 年的 4299 亿美元，大洋洲商品出口额占世界商品出口总额的比例从 3.8% 下降到 1.8%，下降了 2 个百分点。

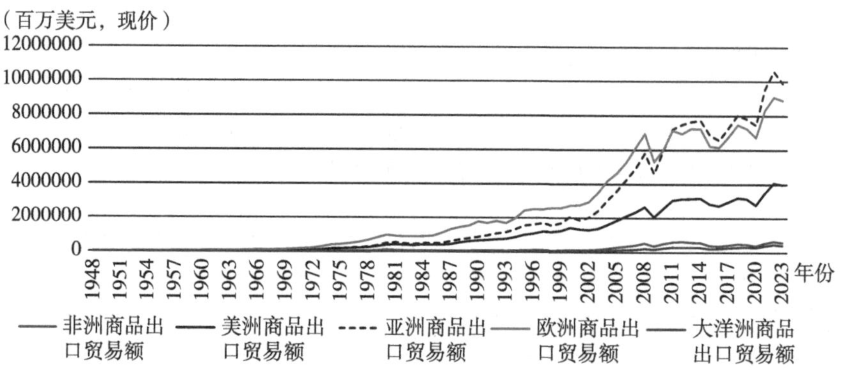

图 1-236 1948—2023 年五大洲商品出口贸易额变化

资料来源：根据 UNCTAD Statistics 商品出口贸易数据制作。

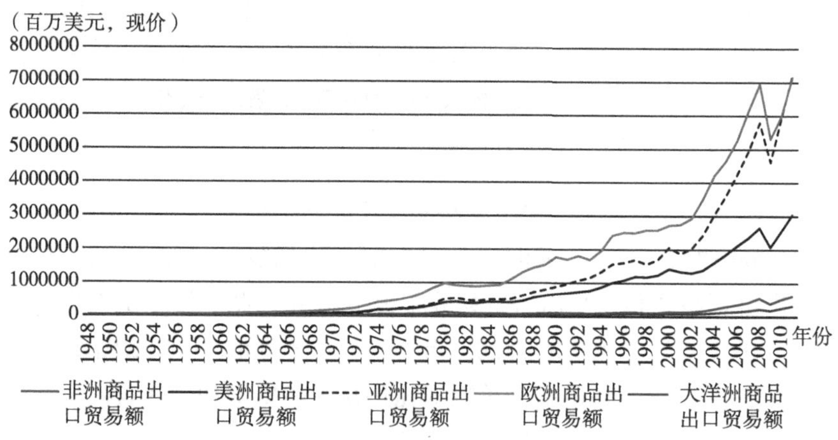

图 1-237 1948—2010 年五大洲商品出口贸易额变化

资料来源：根据 UNCTAD Statistics 商品出口贸易数据制作。

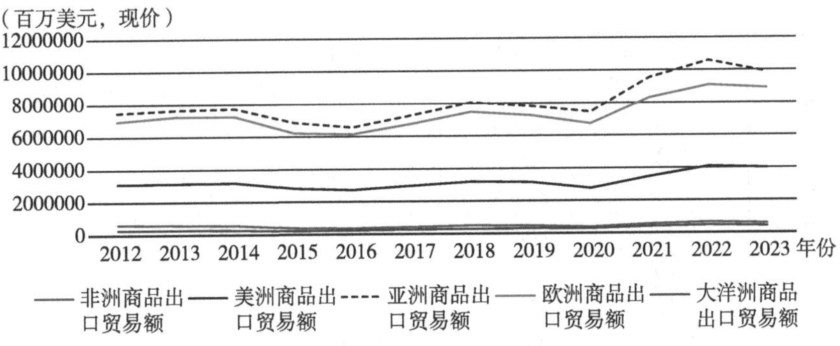

图 1-238　2012—2023 年五大洲商品出口贸易额变化

资料来源：根据 UNCTAD Statistics 商品出口贸易数据制作。

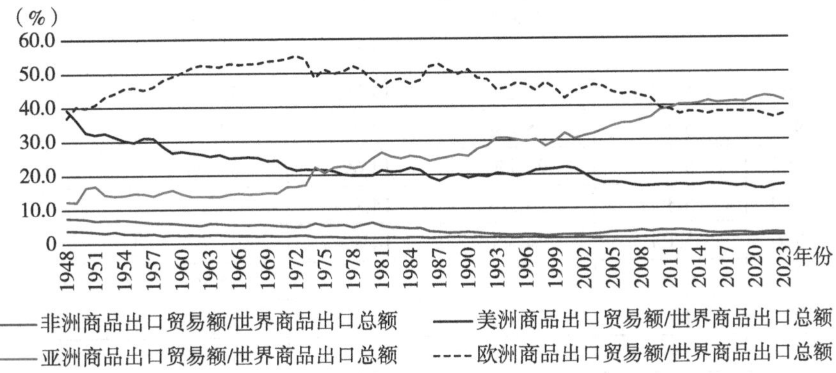

图 1-239　1948—2023 年五大洲商品出口贸易额占世界商品出口总额比例变化

资料来源：根据 UNCTAD Statistics 商品出口贸易数据制作。

表 1-88　1948—2023 年五大洲商品出口贸易额占世界商品出口总额比例变化

年份	非洲商品出口贸易额 / 世界商品出口总额	美洲商品出口贸易额 / 世界商品出口总额	亚洲商品出口贸易额 / 世界商品出口总额	欧洲商品出口贸易额 / 世界商品出口总额	大洋洲商品出口贸易额 / 世界商品出口总额
1948	7.5%	39.3%	12.4%	36.9%	3.8%
1949	7.3%	36.3%	12.3%	40.3%	3.7%
1950	7.2%	32.7%	16.5%	39.9%	3.6%
1951	6.7%	32.1%	17.0%	40.9%	3.4%
1952	6.9%	32.5%	14.4%	43.0%	3.1%
1953	6.8%	31.5%	14.1%	44.2%	3.5%
1954	6.9%	30.4%	14.3%	45.5%	2.9%
1955	6.6%	29.8%	14.8%	45.9%	2.8%
1956	6.4%	31.0%	14.7%	45.2%	2.7%

续表

年份	非洲商品出口贸易额 / 世界商品出口总额	美洲商品出口贸易额 / 世界商品出口总额	亚洲商品出口贸易额 / 世界商品出口总额	欧洲商品出口贸易额 / 世界商品出口总额	大洋洲商品出口贸易额 / 世界商品出口总额
1957	6.0%	31.0%	14.1%	46.0%	2.8%
1958	6.0%	28.6%	15.1%	47.9%	2.3%
1959	5.9%	26.7%	15.7%	49.1%	2.5%
1960	5.7%	27.1%	14.6%	50.3%	2.4%
1961	5.4%	26.6%	13.9%	51.7%	2.4%
1962	5.2%	26.2%	13.9%	52.4%	2.3%
1963	5.8%	25.6%	13.9%	52.2%	2.5%
1964	5.7%	26.0%	13.9%	51.9%	2.5%
1965	5.4%	25.0%	14.5%	52.8%	2.2%
1966	5.4%	25.2%	14.7%	52.6%	2.2%
1967	5.3%	25.4%	14.4%	52.7%	2.2%
1968	5.4%	25.1%	14.6%	52.9%	2.0%
1969	5.3%	24.2%	14.8%	53.5%	2.1%
1970	5.1%	24.3%	14.8%	53.7%	2.1%
1971	4.9%	22.3%	16.5%	54.2%	2.0%
1972	4.7%	21.4%	16.6%	55.1%	2.2%
1973	4.8%	21.6%	17.2%	54.1%	2.3%
1974	5.8%	21.6%	22.3%	48.6%	1.8%
1975	5.1%	21.5%	20.6%	51.1%	1.7%
1976	5.1%	21.0%	22.3%	49.8%	1.7%
1977	5.3%	20.0%	22.6%	50.5%	1.6%
1978	4.6%	19.8%	22.1%	52.1%	1.5%
1979	5.2%	19.8%	22.5%	50.9%	1.5%
1980	5.9%	19.8%	24.9%	48.0%	1.4%
1981	4.9%	21.3%	26.6%	45.7%	1.4%
1982	4.5%	20.9%	25.4%	47.7%	1.5%
1983	4.4%	21.1%	24.8%	48.2%	1.5%
1984	4.2%	22.0%	25.5%	46.7%	1.6%
1985	4.3%	21.4%	25.2%	47.7%	1.5%
1986	3.2%	19.3%	24.1%	51.9%	1.4%
1987	3.1%	18.2%	24.7%	52.5%	1.4%
1988	2.8%	19.6%	25.3%	50.8%	1.6%
1989	2.9%	20.1%	25.8%	49.6%	1.6%
1990	3.0%	19.1%	25.5%	50.9%	1.5%

续表

年份	非洲商品出口贸易额 / 世界商品出口总额	美洲商品出口贸易额 / 世界商品出口总额	亚洲商品出口贸易额 / 世界商品出口总额	欧洲商品出口贸易额 / 世界商品出口总额	大洋洲商品出口贸易额 / 世界商品出口总额
1991	2.8%	19.7%	27.5%	48.4%	1.5%
1992	2.6%	19.4%	28.6%	48.0%	1.5%
1993	2.4%	20.4%	30.7%	44.9%	1.5%
1994	2.2%	20.1%	30.7%	45.4%	1.5%
1995	2.2%	19.5%	30.2%	46.8%	1.4%
1996	2.3%	20.1%	29.7%	46.4%	1.5%
1997	2.3%	21.3%	30.3%	44.7%	1.5%
1998	1.9%	21.5%	28.4%	46.9%	1.3%
1999	2.0%	21.7%	29.8%	45.2%	1.3%
2000	2.3%	22.1%	32.1%	42.3%	1.3%
2001	2.2%	21.7%	30.4%	44.4%	1.3%
2002	2.2%	20.1%	31.3%	45.2%	1.3%
2003	2.3%	18.3%	31.9%	46.2%	1.2%
2004	2.5%	17.5%	33.0%	45.8%	1.2%
2005	2.9%	17.6%	34.2%	44.1%	1.3%
2006	3.0%	17.4%	34.9%	43.4%	1.3%
2007	3.0%	16.8%	35.1%	43.8%	1.3%
2008	3.4%	16.4%	35.9%	43.0%	1.4%
2009	3.1%	16.5%	36.7%	42.3%	1.5%
2010	3.4%	16.7%	38.9%	39.3%	1.7%
2011	3.3%	16.6%	39.3%	39.0%	1.7%
2012	3.5%	16.9%	40.5%	37.6%	1.6%
2013	3.2%	16.6%	40.4%	38.3%	1.6%
2014	3.1%	16.7%	40.6%	38.1%	1.5%
2015	2.5%	17.1%	41.4%	37.6%	1.4%
2016	2.4%	17.0%	40.9%	38.3%	1.5%
2017	2.5%	16.7%	41.1%	38.2%	1.6%
2018	2.6%	16.3%	41.2%	38.3%	1.6%
2019	2.5%	16.5%	41.1%	38.1%	1.7%
2020	2.2%	15.7%	42.2%	38.1%	1.7%
2021	2.5%	15.6%	42.8%	37.3%	1.8%
2022	2.7%	16.4%	42.5%	36.5%	1.9%
2023	2.5%	16.8%	41.5%	37.4%	1.8%

资料来源：根据 UNCTAD Statistics 商品出口贸易数据制作所得。

（三）五大洲商品进口贸易格局发生深刻变化

1948—2023 年，五大洲商品进口贸易格局发生深刻变化，五大洲商品进口贸易额和商品进口贸易分布不均衡。欧洲商品进口贸易额从 1948 年的 291 亿美元增加到 2023 年的 8.81 万亿美元，同期欧洲商品进口贸易额占世界商品进口贸易总额的比例从 47% 下降到 36%，下降了 11 个百分点。1949—2011 年，欧洲商品进口贸易额一直居世界第一位。亚洲商品进口贸易额从 1948 年的 83 亿美元增加到 2023 年的 9.19 万亿美元，同期亚洲商品进口贸易额占世界商品进口贸易总额的比例从 13% 增加到 38%，增加了 25 个百分点。2012—2023 年，亚洲商品进口贸易额超过欧洲并稳居世界第一位。美洲商品进口贸易额从 1948 年的 179 亿美元增加到 2023 年的 5.19 万亿美元，同期美洲商品进口贸易额占世界商品进口总额的比例从 29% 下降到 21%，下降了 8 个百分点，美洲商品进口贸易额居世界第三位。非洲商品进口贸易额从 1948 年的 50 亿美元增加到 2023 年的 6976 亿美元，非洲商品进口贸易额占世界商品进口总额的比例从 8% 下降到 3%，下降了 5 个百分点。大洋洲商品进口贸易额从 1948 年的 18.7 亿美元增加到 2023 年的 3573 亿美元，大洋洲商品进口贸易额占世界商品进口总额的比例从 3% 下降到 1%，下降了 2 个百分点（见图 1-240、图 1-241 和表 1-89）。

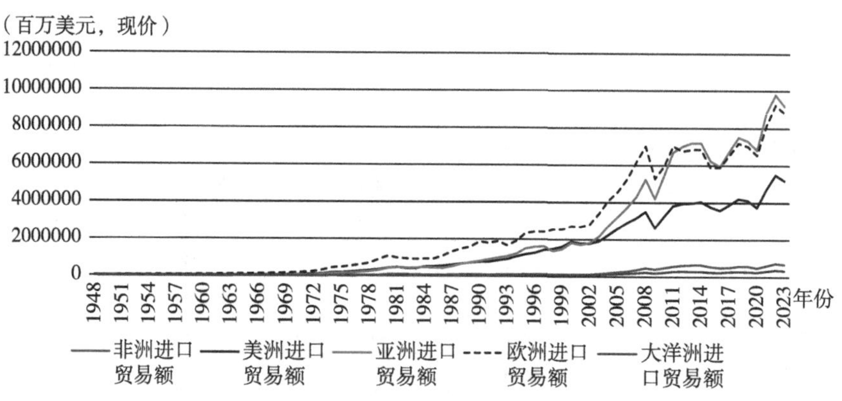

图 1-240　1948—2023 年五大洲商品进口贸易额变化

资料来源：根据 UNCTAD Statistics 商品出口贸易数据制作。

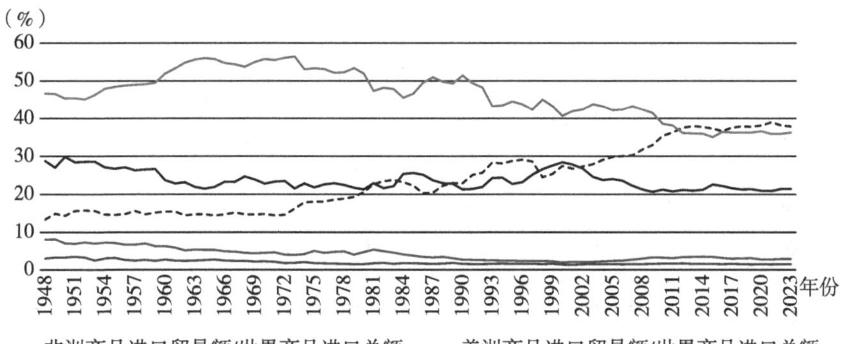

图 1-241 1948—2023 年五大洲商品进口贸易额占世界商品进口总额的比例变化

资料来源：根据 UNCTAD Statistics 商品出口贸易数据制作。

表 1-89 1948—2023 年五大洲商品进口贸易额占世界商品进口总额的比例变化

年份	非洲商品进口贸易额 / 世界商品进口总额	美洲商品进口贸易额 / 世界商品进口总额	亚洲商品进口贸易额 / 世界商品进口总额	欧洲商品进口贸易额 / 世界商品进口总额	大洋洲商品进口贸易额 / 世界商品进口总额
1948	8%	29%	13%	47%	3%
1949	8%	27%	15%	47%	3%
1950	7%	30%	14%	45%	3%
1951	7%	28%	16%	46%	3%
1952	7%	29%	16%	45%	3%
1953	7%	29%	16%	46%	2%
1954	7%	27%	15%	48%	3%
1955	7%	27%	15%	48%	3%
1956	7%	27%	15%	49%	3%
1957	7%	26%	16%	49%	2%
1958	7%	27%	15%	49%	3%
1959	6%	27%	15%	50%	2%
1960	6%	24%	15%	52%	3%
1961	6%	23%	15%	53%	2%
1962	5%	23%	14%	55%	2%
1963	5%	22%	15%	56%	2%
1964	5%	21%	15%	56%	3%
1965	5%	22%	14%	56%	3%

续表

年份	非洲商品进口贸易额 / 世界商品进口总额	美洲商品进口贸易额 / 世界商品进口总额	亚洲商品进口贸易额 / 世界商品进口总额	欧洲商品进口贸易额 / 世界商品进口总额	大洋洲商品进口贸易额 / 世界商品进口总额
1966	5%	23%	15%	55%	2%
1967	5%	23%	15%	54%	2%
1968	4%	25%	15%	54%	2%
1969	4%	24%	15%	55%	2%
1970	4%	23%	15%	56%	2%
1971	5%	23%	14%	56%	2%
1972	4%	23%	15%	56%	2%
1973	4%	22%	16%	56%	2%
1974	4%	23%	18%	53%	2%
1975	5%	22%	18%	53%	2%
1976	4%	23%	18%	53%	2%
1977	5%	23%	19%	52%	2%
1978	5%	22%	19%	52%	2%
1979	4%	22%	19%	53%	1%
1980	5%	21%	21%	52%	1%
1981	5%	23%	23%	47%	2%
1982	5%	22%	23%	48%	2%
1983	5%	22%	24%	48%	2%
1984	4%	25%	23%	46%	2%
1985	4%	26%	22%	47%	2%
1986	3%	25%	20%	50%	2%
1987	3%	24%	20%	51%	2%
1988	3%	23%	22%	50%	2%
1989	3%	23%	23%	49%	2%
1990	3%	21%	23%	51%	2%
1991	3%	21%	25%	49%	2%
1992	3%	22%	26%	48%	1%
1993	3%	24%	28%	43%	2%
1994	2%	24%	28%	43%	2%
1995	2%	23%	29%	45%	2%
1996	2%	23%	29%	44%	2%
1997	2%	25%	29%	42%	2%

续表

年份	非洲商品进口贸易额 / 世界商品进口总额	美洲商品进口贸易额 / 世界商品进口总额	亚洲商品进口贸易额 / 世界商品进口总额	欧洲商品进口贸易额 / 世界商品进口总额	大洋洲商品进口贸易额 / 世界商品进口总额
1998	2%	27%	25%	45%	1%
1999	2%	28%	25%	43%	2%
2000	2%	28%	27%	41%	1%
2001	2%	28%	27%	42%	1%
2002	2%	27%	27%	42%	1%
2003	2%	25%	28%	44%	1%
2004	2%	24%	29%	43%	1%
2005	2%	24%	30%	42%	1%
2006	2%	24%	30%	42%	1%
2007	3%	22%	30%	43%	1%
2008	3%	21%	32%	42%	2%
2009	3%	21%	33%	42%	2%
2010	3%	21%	35%	39%	2%
2011	3%	21%	36%	38%	2%
2012	3%	21%	38%	36%	2%
2013	3%	21%	38%	36%	2%
2014	3%	21%	38%	36%	2%
2015	3%	23%	37%	35%	2%
2016	3%	22%	37%	36%	2%
2017	3%	22%	38%	36%	2%
2018	3%	21%	38%	36%	1%
2019	3%	21%	38%	36%	1%
2020	3%	21%	38%	37%	1%
2021	3%	21%	39%	36%	1%
2022	3%	21%	38%	36%	1%
2023	3%	21%	38%	36%	1%

资料来源：根据 UNCTAD Statistics 商品进口贸易数据制作。

二、全球商品和服务进出口贸易依存度稳中有升

1970—2010 年，全球商品和服务出口贸易依存度、发达经济体和发展中经济体的商品和服务出口贸易依存度持续提升（见图 1-242），表明商品和服务国际化及经济全球化持续深化发展。全球商品和服务出口贸

易依存度（全球商品和服务出口贸易依存度 = 全球商品和服务出口额 / 全球 GDP）从 1970 年的 11.26% 上升到 2010 年 28.77%，同期发达经济体的商品和服务出口贸易依存度（发达经济体商品和服务出口贸易依存度 = 发达经济体商品和服务出口额 / 发达经济体 GDP）从 10.7% 上升到 25.8%，发展中经济体的商品和服务出口贸易依存度（发展中经济体商品和服务出口贸易依存度 = 发展中经济体商品和服务出口额 / 发展中经济体 GDP）从 15.6% 上升到 37.7%。但是，2010—2018 年，全球商品和服务出口贸易依存度、发达经济体和发展中经济体的商品和服务出口贸易依存度出现波动与平缓变化，表明商品和服务国际化及经济全球化进入重要调整阶段。

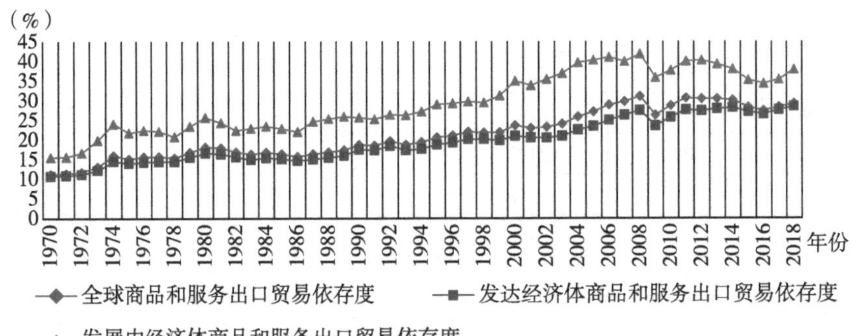

图 1-242　1970—2018 年全球商品和服务出口贸易依存度变化

资料来源：根据 UNCTAD Statistics 数据制作。

1970—2010 年，全球商品和服务进口贸易依存度、发达经济体和发展中经济体的商品和服务进口贸易依存度持续提升，全球商品和服务进口贸易依存度（全球商品和服务进口贸易依存度 = 全球商品和服务进口额 / 全球 GDP）从 1970 年的 11% 上升到 2010 年的 27.84%，同期发达经济体的商品和服务进口贸易依存度（发达经济体商品和服务进口贸易依存度 = 发达经济体商品和服务进口额 / 发达经济体 GDP）从 10.7% 上升到 25.89%，发展中经济体的商品和服务进口贸易依存度（发展中经济体商品和服务进口贸易依存度 = 发展中经济体商品和服务进口额 / 发展中经济体 GDP）从 16% 上升到 35%。但是，2008 年国际金融危机以来，全球商品和服务进口贸易依存度进入相对稳定阶段（见图 1–243），商品和服务国际化及经济全球化进入平缓发展阶段。

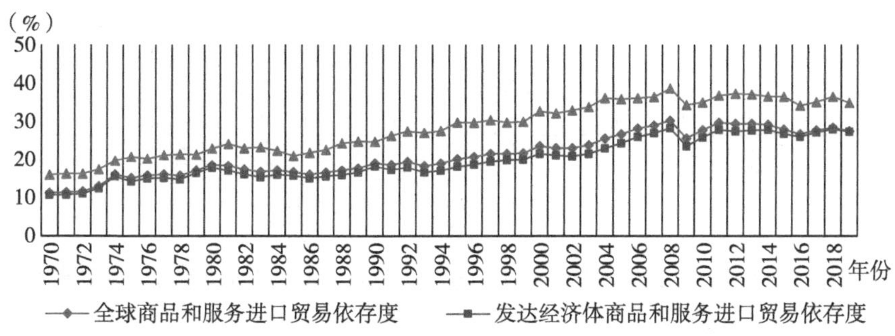

图 1-243　1970—2018 年全球商品和服务进口贸易依存度变化

资料来源：根据 UNCTAD Statistics 商品进口贸易数据制作。

三、发达经济体与发展中经济体在商品贸易中的地位发生明显变化

1954—1999 年，发达经济体的商品出口额占全球商品出口额的比例一直保持在 70% 以上，1969—1972 年，发达经济体的商品出口额占比高达 80% 以上。2000 年以来，发达经济体的商品出口额占全球商品出口额的比例从 70.5% 下降到 54.2%，而同期发展中经济体商品出口额占全球商品出口贸易的比例从 29.4% 上升到 45.8%，发达经济体与发展中经济体的商品进出口贸易比例进入平行发展阶段（见图 1-244、图 1-245）。随着发展中经济体在全球商品出口贸易中的地位提升，发展中经济体对参与全球经贸规则制定和世界经济治理的内生需求也不断提高。

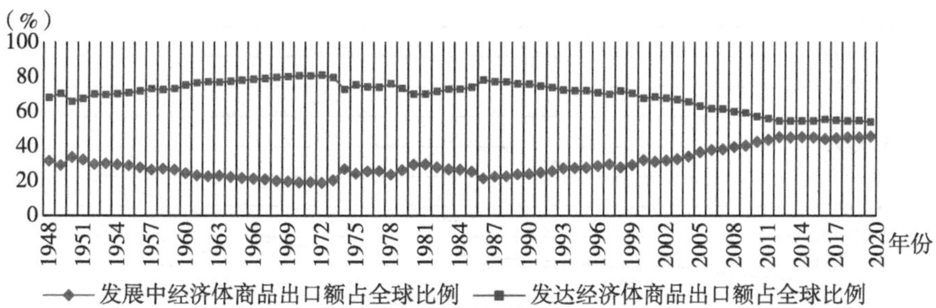

图 1-244　1948—2020 年发达经济体与发展中经济体商品出口贸易额占全球商品出口额的比例变化

资料来源：根据 UNCTAD Statistics 商品出口贸易数据制作。

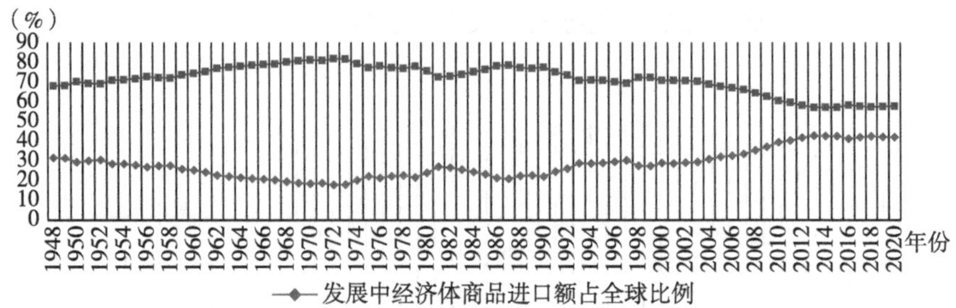

图 1-245　1948—2020 年发达经济体与发展中经济体商品进口额占全球商品进口总额的比例变化

资料来源：根据 UNCTAD Statistics 商品进口贸易数据制作。

四、全球服务贸易格局发生深刻变化

（一）全球服务贸易持续增长

全球服务贸易持续增长，全球服务出口贸易额从 2005 年的 2.69 万亿美元增加到 2023 年的 7.91 万亿美元，全球服务进口贸易额从 2005 年的 2.63 万亿美元增加到 2023 年的 7.34 万亿美元，全球服务贸易格局变化不太明显（见图 1–246、图 1–247、图 1–248、表 1–90、图 1–249、图 1–250）。

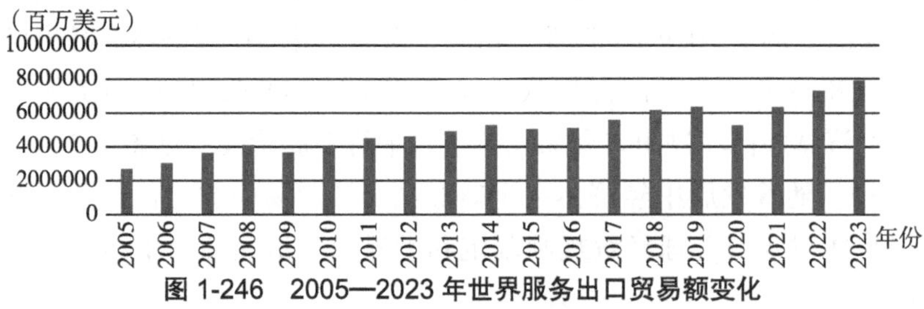

图 1-246　2005—2023 年世界服务出口贸易额变化

资料来源：根据 UNCTAD Statistics 服务出口贸易数据制作。

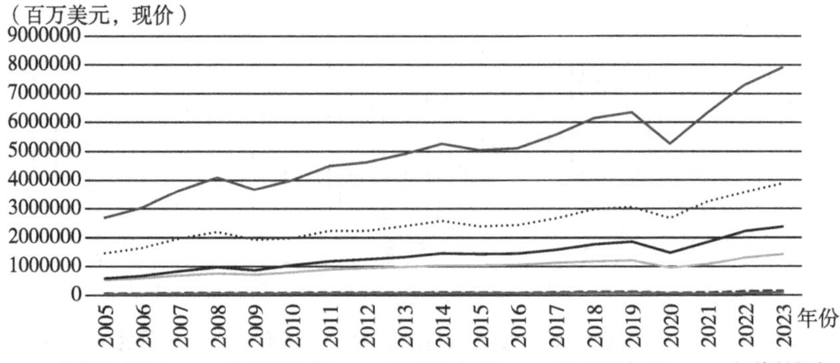

图 1-247　2005—2023 年世界五大洲服务出口贸易额变化

资料来源：根据 UNCTAD Statistics 数据制作。

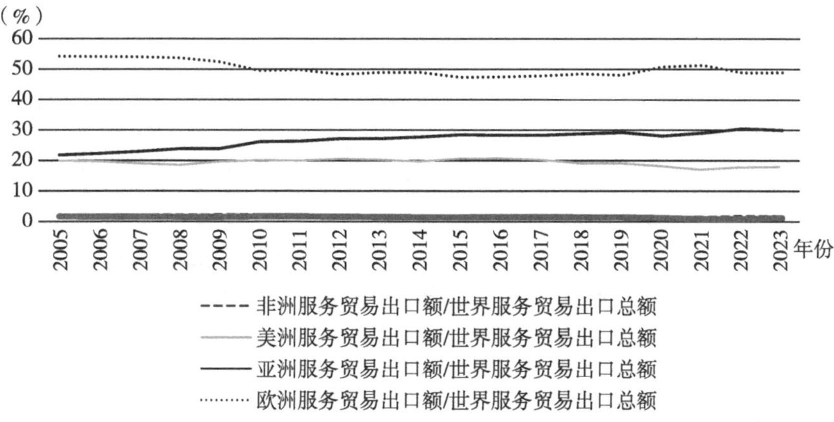

图 1-248　2005—2023 年非洲、美洲、亚洲、欧洲服务贸易出口占世界服务贸易出口总额比例变化

资料来源：根据 UNCTAD Statistics 数据制作。

表 1-90　　2005—2023 年五大洲服务贸易出口额占世界服务贸易出口总额比例变化

年份	非洲服务贸易出口额 / 世界服务贸易出口总额	美洲服务贸易出口额 / 世界服务贸易出口总额	亚洲服务贸易出口额 / 世界服务贸易出口总额	欧洲服务贸易出口额 / 世界服务贸易出口总额	大洋洲服务贸易出口额 / 世界服务贸易出口总额
2005	2%	20%	22%	54%	2%
2006	2%	20%	22%	54%	2%
2007	2%	19%	23%	54%	2%
2008	2%	19%	24%	54%	2%
2009	2%	20%	24%	53%	2%
2010	2%	20%	26%	50%	2%
2011	2%	20%	26%	50%	2%
2012	2%	21%	27%	48%	2%
2013	2%	20%	27%	49%	2%
2014	2%	20%	28%	49%	1%
2015	2%	21%	28%	47%	1%
2016	2%	21%	28%	48%	2%
2017	2%	20%	28%	48%	2%
2018	2%	19%	29%	49%	2%
2019	2%	19%	29%	48%	1%
2020	2%	18%	28%	51%	1%
2021	2%	17%	29%	51%	1%
2022	2%	18%	30%	49%	1%
2023	2%	18%	30%	49%	1%

资料来源：根据联合国贸易和发展会议 UNCTAD Statistics 数据制作。

图 1-249　2005—2023 年世界服务贸易进口总额变化

资料来源：根据联合国贸易和发展会议数据库制作。

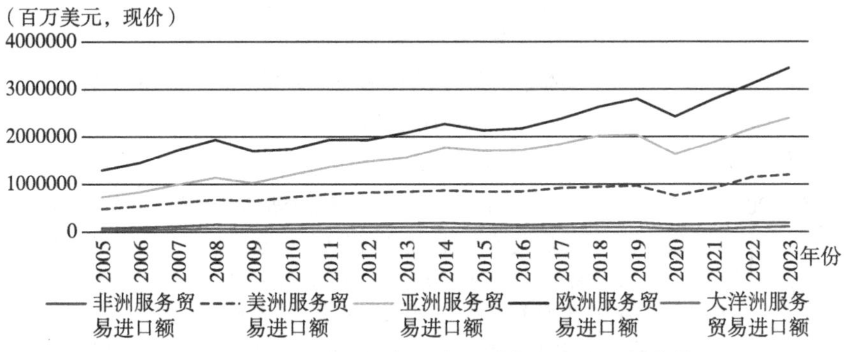

图 1-250　2005—2023 年五大洲服务贸易进口额变化

资料来源：根据联合国贸易和发展会议数据库制作。

1980—2020 年，发达经济体服务贸易出口额从 3124 亿美元增加到 43327 亿美元，发展中经济体服务贸易出口额从 733 亿美元增加到 18940 亿美元（见图 1–251）。

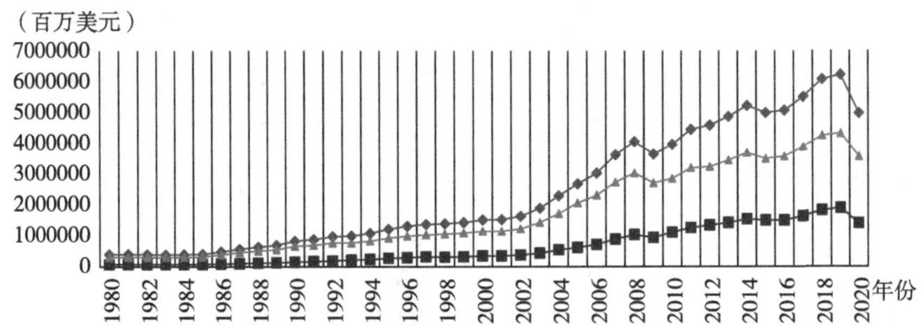

图 1-251　1980—2020 年世界服务贸易出口额变化

资料来源：根据 UNCTAD Statistics 服务贸易数据制作。

1980—2020 年，全球服务贸易进口额从 1980 年的 4477 亿美元增加到 2019 年的 59469 亿美元，同期发达经济体服务贸易进口额从 2957 亿美元增加到37635亿美元，发展中经济体服务贸易进口额从1395亿美元增加到21833亿美元（见图1-252）。2020年新冠疫情在全球蔓延，全球服务贸易进出口额都明显下降，表明新冠疫情对全球服务贸易冲击比较严重。

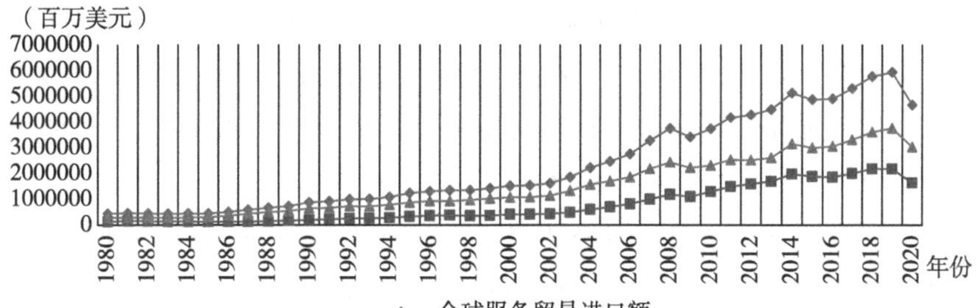

图1-252　1980—2020年全球服务贸易进口额变化

资料来源：根据UNCTAD Statistics 服务贸易数据制作。

（二）全球服务贸易依存度稳中有升，服务贸易依存度明显低于货物贸易

1980—2020年，全球服务贸易出口依存度（全球服务贸易出口依存度=全球服务贸易出口额/全球GDP）从1980年的3.2%增加到2019年的7.1%，2020年由于新冠疫情，全球服务贸易出口依存度又回落到5.9%。1980—2003年，发达经济体服务贸易出口依存度从1980年的3.3%增加到2003年的4.7%，变化幅度比较小。2004—2019年，发达经济体服务贸易出口增长加快，发达经济体服务贸易出口依存度从2005年的5%增加到2019年的8.3%（见图1-253）。

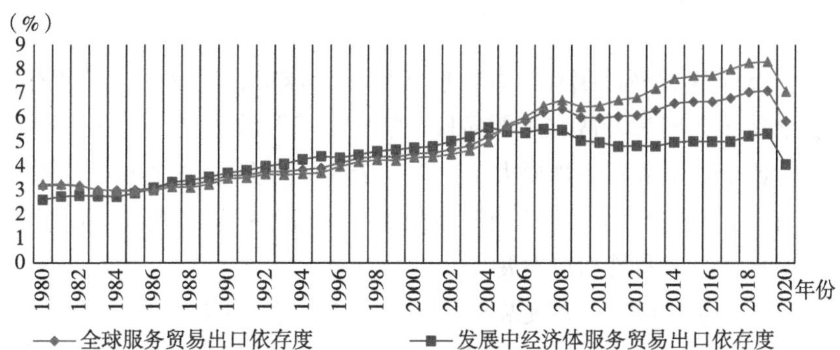

图1-253　1980—2020年全球服务贸易出口依存度变化

资料来源：根据UNCTAD Statistics 服务贸易数据制作。

1980—2020 年，全球服务贸易进口依存度（全球服务贸易进口依存度 = 全球服务贸易进口额 / 全球 GDP）从 1980 年的 3.6% 增加到 2019 年的 6.8%，2020 年由于新冠疫情，全球服务贸易进口依存度回落到 5.5%。1980—2003 年，发达经济体服务贸易依存度从 1980 年的 3.1% 增加到 2004 年的 4.6%，变化幅度比较小。2004—2019 年，发达经济体服务贸易进口增长加快，发达经济体服务贸易进口依存度从 2005 年的 5.2% 增加到 2019 年的 7.2%（见图 1-254）。

1980 年以来，发展中经济体服务贸易进口依存度从 1980 年的 5% 增加到 2019 年的 6.2%，增加速度比较缓慢。但是在 1980—2011 年，发展中经济体服务贸易进口依存度明显高于发达经济体与全球平均水平，而 2015 年以来，发展中经济体服务贸易进口依存度呈现持续下降态势（见图 1-254）。

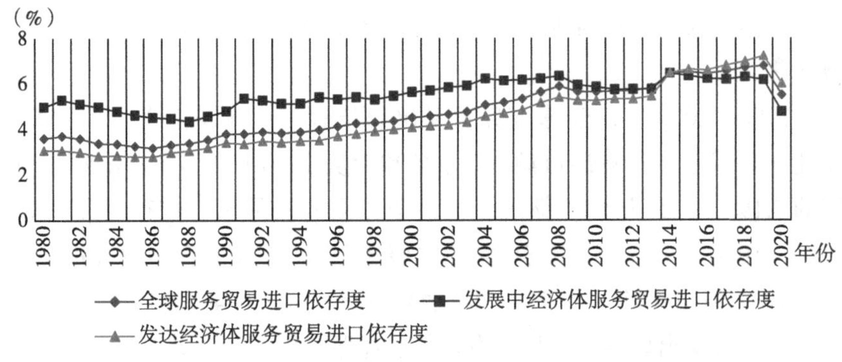

图 1-254　1980—2020 年全球服务贸易进口依存度变化

资料来源：根据 UNCTAD Statistics 服务贸易数据制作。

全球服务贸易进出口依存度明显低于全球货物贸易进出口依存度，表明全球服务贸易开放水平明显低于货物贸易开放水平，全球货物贸易规模远比全球服务贸易规模大（见图 1-255），说明全球服务贸易开放发展具有巨大潜在空间，发达经济体积极推动服务贸易规则改革创新，迫切希望推动服务贸易加快发展。

（三）发达经济体与发展中经济体的服务贸易比例变化

1980 年以来，发达经济体服务贸易出口额占全球服务出口贸易总额的比例一直高达 70% 以上，1986—1988 年甚至高达 80% 以上。发展中经济体的服务贸易出口额占全球服务贸易出口总额的比例一直稳定在30%以下，说明发达经济体的服务贸易出口具有很强竞争优势（见图1-256），美国、欧盟等发达经济体大力推动全球服务贸易规则创新，以促进发达经济体服务贸易出口发展。

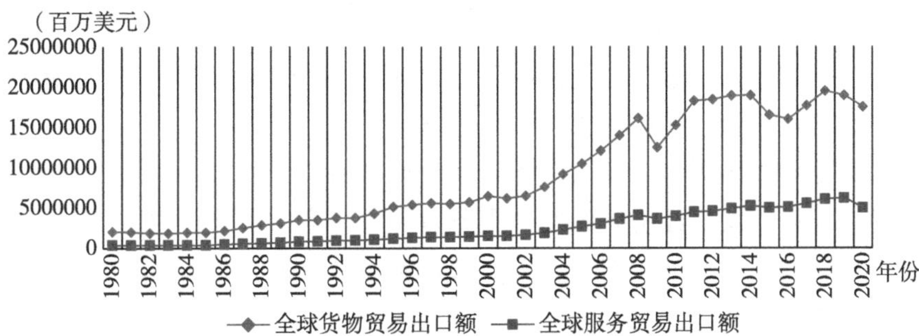

图 1-255　1980—2020 年全球货物贸易与服务贸易出口额比较

资料来源：根据 UNCTAD Statistics 货物贸易与服务贸易数据制作。

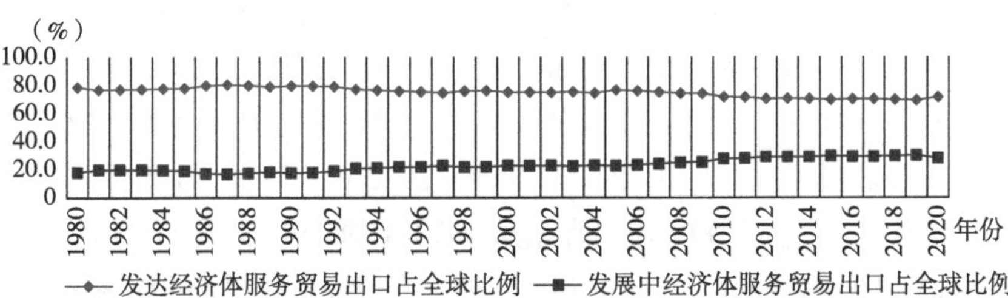

图 1-256　1980—2020 年发达经济体与发展中经济体的服务贸易出口比例变化

资料来源：根据联合国贸易与发展会议数据库数据制作。

1980—2020年，发达经济体服务贸易进口额占全球服务贸易进口总额比例高达61%～75%，发展中经济体服务贸易进口额占全球服务贸易进口总额比例处于25%～39%（见图1-257），美国、欧盟等发达经济体大力推动全球服务贸易规则创新，以促进发达经济体服务贸易进口发展。发展中经济体服务贸易进口逐步增加，2003年以来，发展中经济体服务贸易进口额占全球服务贸易进口总额的比例从2003年的26.3%增加到2015年的38.6%。2015—2020年，发展中经济体服务贸易进口额占比从2015年的38.6%缓慢回落到2020年的35.1%。

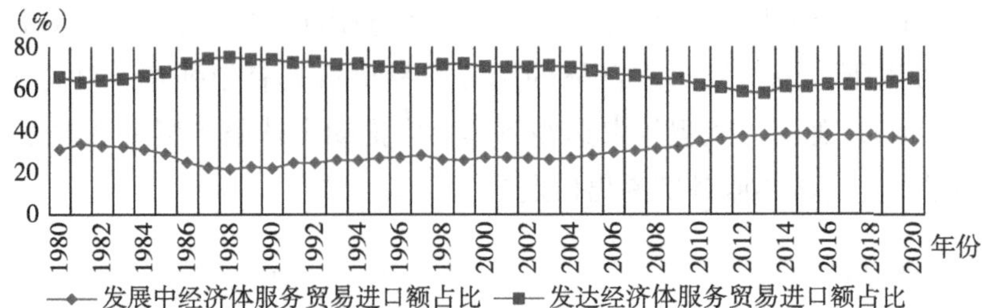

图 1-257　1980—2020 年发达经济体与发展中经济体的服务贸易进口额占比变化

资料来源：根据联合国贸易和发展会议数据库数据制作。

如图 1-257 所示，发达经济体服务贸易出口和进口都具有比较明显的竞争优势，发达经济体为发挥服务贸易出口竞争优势，积极推动全球服务贸易规则的改革创新，大力推动发展中经济体的服务市场开放和服务贸易开放。

五、国际直接投资格局发生深刻变化

（一）国际直接投资存量持续增长

1990—2023 年，国际直接投资（FDI）流出存量规模持续增长。全球直接投资流出存量从 1990 年的 2.19 万亿美元增加到 2023 年的 49.13 万亿美元。欧洲 FDI 流出存量从 1990 年的 9331 亿美元增加到 2023 年的 17.2 万亿美元（见图 1-258）。2002—2022 年，欧洲 FDI 流出存量稳居世界第一位。美洲 FDI 流出存量从 1990 年的 7593 亿美元增加到 2023 年的 17.43 万亿美元，长期居世界第二位。2023 年，美洲 FDI 流出存量超过欧洲，居世界第一位。亚洲 FDI 流出存量从 1990 年的 3531 亿美元增加到 2023 年的 12.54 万亿美元，亚洲 FDI 流出存量居世界第三位（见图 1-259、图 1-260、表 1-91）。

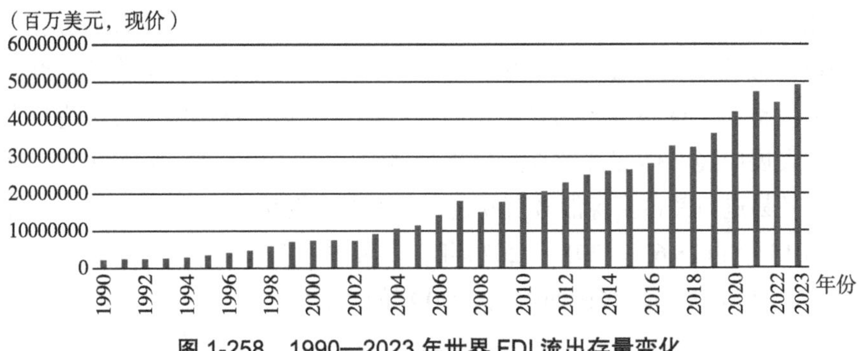

图 1-258　1990—2023 年世界 FDI 流出存量变化

资料来源：根据 UNCTAD Statistics FDI 数据制作。

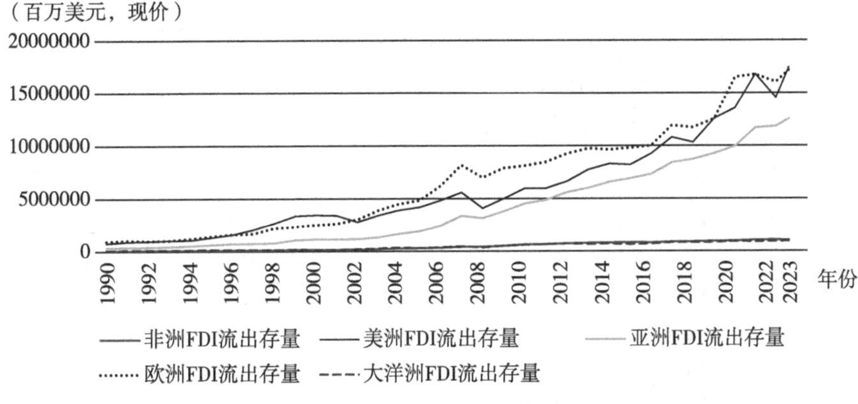

图 1-259　1990—2023 年五大洲 FDI 流出存量变化

资料来源：根据 UNCTAD Statistics FDI 数据制作。

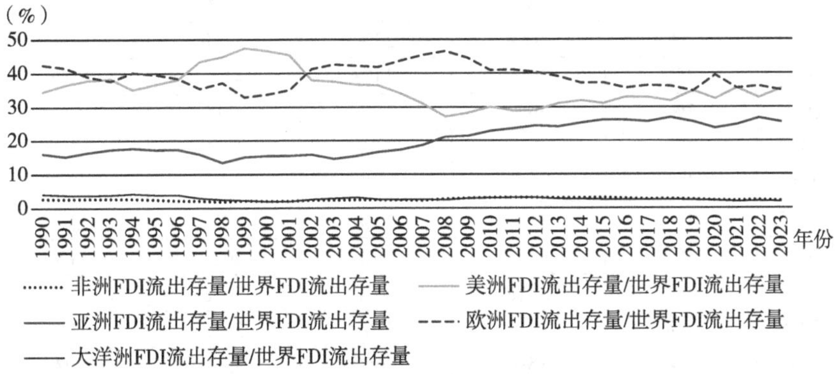

图 1-260　1990—2023 年五大洲 FDI 流出存量占世界 FDI 流出存量的比例变化

资料来源：根据 UNCTAD Statistics FDI 数据制作。

表 1-91　1990—2023 年五大洲 FDI 流出存量占世界 FDI 流出存量的比例变化

年份	非洲 FDI 流出存量 / 世界 FDI 流出存量	美洲 FDI 流出存量 / 世界 FDI 流出存量	亚洲 FDI 流出存量 / 世界 FDI 流出存量	欧洲 FDI 流出存量 / 世界 FDI 流出存量	大洋洲 FDI 流出存量 / 世界 FDI 流出存量
1990	3%	35%	16%	42%	4%
1991	3%	37%	15%	42%	4%
1992	3%	38%	16%	39%	4%
1993	3%	38%	17%	38%	4%
1994	3%	35%	18%	40%	4%
1995	2%	37%	17%	40%	4%
1996	2%	38%	17%	38%	4%
1997	2%	44%	16%	35%	3%
1998	2%	45%	13%	37%	3%

续表

年份	非洲 FDI 流出存量 / 世界 FDI 流出存量	美洲 FDI 流出存量 / 世界 FDI 流出存量	亚洲 FDI 流出存量 / 世界 FDI 流出存量	欧洲 FDI 流出存量 / 世界 FDI 流出存量	大洋洲 FDI 流出存量 / 世界 FDI 流出存量
1999	2%	47%	15%	33%	2%
2000	2%	47%	15%	34%	2%
2001	2%	45%	15%	35%	2%
2002	2%	38%	16%	41%	3%
2003	2%	38%	15%	43%	3%
2004	2%	37%	15%	42%	3%
2005	2%	36%	17%	42%	3%
2006	2%	34%	17%	44%	3%
2007	2%	31%	19%	45%	3%
2008	3%	27%	21%	47%	2%
2009	3%	28%	21%	45%	3%
2010	3%	30%	23%	41%	3%
2011	3%	29%	24%	41%	3%
2012	3%	29%	25%	40%	3%
2013	3%	31%	24%	39%	3%
2014	3%	32%	25%	37%	3%
2015	3%	31%	26%	37%	2%
2016	3%	33%	26%	36%	3%
2017	3%	33%	26%	36%	2%
2018	3%	32%	27%	36%	2%
2019	3%	35%	26%	35%	2%
2020	2%	32%	24%	39%	2%
2021	2%	36%	25%	36%	2%
2022	2%	33%	27%	36%	2%
2023	2%	35%	26%	35%	2%

资料来源：根据 UNCTAD Statistics FDI 数据制作。

1980—2020 年，发达经济体 FDI 流出存量从 4882 亿美元增加到 30.5 万亿美元，发展中经济体 FDI 流出存量从 717 亿美元增加到 8.7 万亿美元（见图 1-261）。

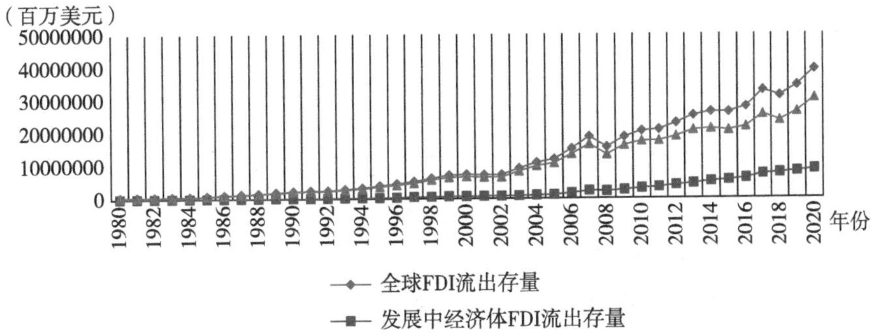

图 1-261　1980—2020 年发达经济体、发展中经济体及全球 FDI 流出存量变化

资料来源：根据 UNCTAD Statistics FDI 数据制作。

1990—2023 年，世界 FDI 流入存量规模持续增长。世界 FDI 流入存量从 1990 年的 2.25 万亿美元增加到 2023 年 44.38 万亿美元（见图 1-262）。欧洲 FDI 流入存量从 1990 年的 1.05 万亿美元增加到 18.52 万亿美元，长期稳居世界第一位。同期美洲 FDI 流入存量从 8686 亿美元增加到 13.1 万亿美元，居世界第二位。同期亚洲 FDI 流入存量从 2696 亿美元增加到 11.76 万亿美元，居世界第三位。非洲和大洋洲的 FDI 流入存量总规模比较小（见图 1-263、表 1-92、图 1-264）。

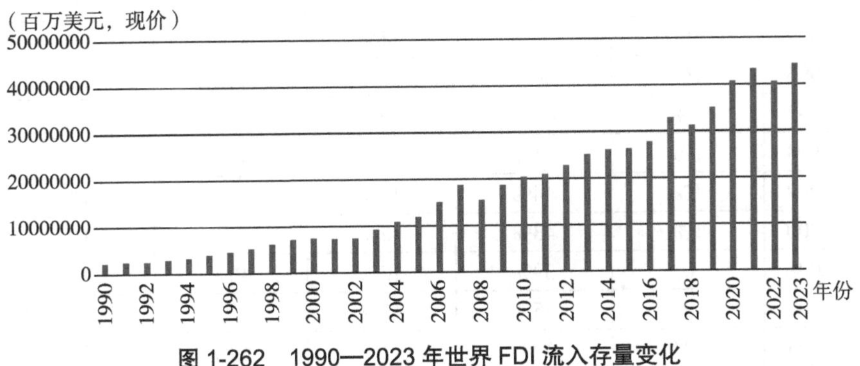

图 1-262　1990—2023 年世界 FDI 流入存量变化

资料来源：根据 UNCTAD Statistics FDI 数据制作。

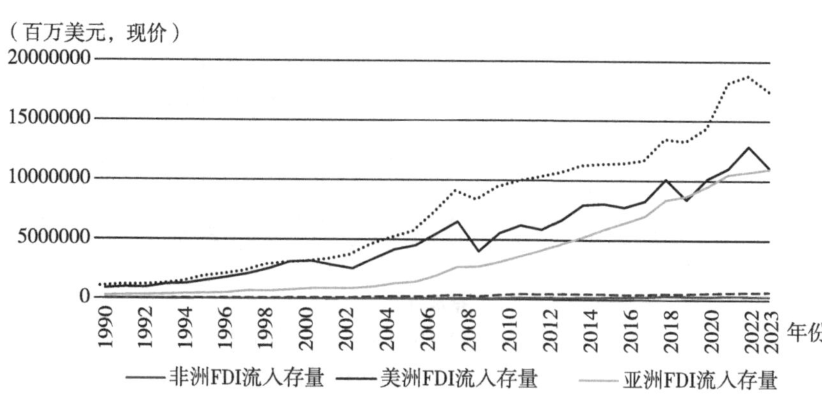

图 1-263　1990—2023 年五大洲 FDI 流入存量变化

资料来源：根据 UNCTAD Statistics FDI 数据制作。

表 1-92　1990—2023 年五大洲 FDI 流入存量占世界 FDI 流入存量的比例变化

年份	非洲 FDI 流入存量 / 世界 FDI 流入存量	美洲 FDI 流入存量 / 世界 FDI 流入存量	亚洲 FDI 流入存量 / 世界 FDI 流入存量	欧洲 FDI 流入存量 / 世界 FDI 流入存量	大洋洲 FDI 流入存量 / 世界 FDI 流入存量
1990	1%	39%	12%	47%	2%
1991	1%	39%	12%	47%	2%
1992	1%	37%	14%	47%	2%
1993	1%	41%	13%	43%	2%
1994	1%	39%	14%	45%	2%
1995	1%	39%	11%	47%	2%
1996	1%	40%	11%	46%	2%
1997	1%	40%	13%	45%	2%
1998	1%	41%	11%	46%	1%
1999	1%	44%	11%	43%	1%
2000	1%	43%	12%	43%	1%
2001	0	39%	12%	46%	2%
2002	0	35%	12%	51%	2%
2003	0	37%	11%	50%	2%
2004	0	38%	12%	47%	2%
2005	0	38%	12%	48%	2%
2006	0	36%	13%	48%	2%
2007	0	35%	14%	48%	2%
2008	1%	26%	18%	54%	2%
2009	1%	30%	17%	51%	2%

续表

年份	非洲 FDI 流入存量 / 世界 FDI 流入存量	美洲 FDI 流入存量 / 世界 FDI 流入存量	亚洲 FDI 流入存量 / 世界 FDI 流入存量	欧洲 FDI 流入存量 / 世界 FDI 流入存量	大洋洲 FDI 流入存量 / 世界 FDI 流入存量
2010	1%	30%	18%	49%	2%
2011	1%	28%	20%	49%	2%
2012	1%	30%	21%	47%	2%
2013	1%	32%	21%	45%	2%
2014	1%	31%	23%	44%	2%
2015	1%	30%	25%	43%	2%
2016	1%	30%	25%	42%	2%
2017	1%	31%	26%	41%	2%
2018	1%	27%	28%	42%	2%
2019	1%	29%	27%	41%	2%
2020	1%	27%	26%	45%	2%
2021	1%	30%	25%	43%	1%
2022	1%	27%	27%	43%	2%
2023	1%	30%	27%	42%	2%

资料来源：根据 UNCTAD Statistics 数据制作。

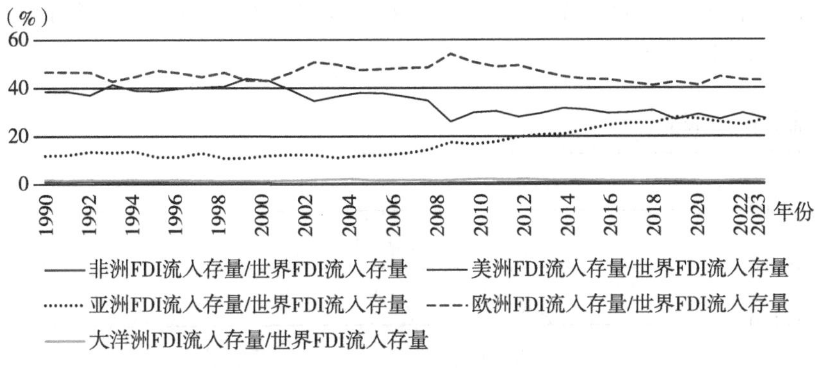

图 1-264 1990—2023 年五大洲 FDI 流入存量占世界 FDI 流入存量的比例变化

资料来源：根据 UNCTAD Statistics 数据制作。

1980—2020 年，发达经济体 FDI 流入存量从 4066 亿美元增加到 29.28 万亿美元，发展中经济体 FDI 流入存量从 2938 亿美元增加到 12.06 万亿美元（见图 1–265）。

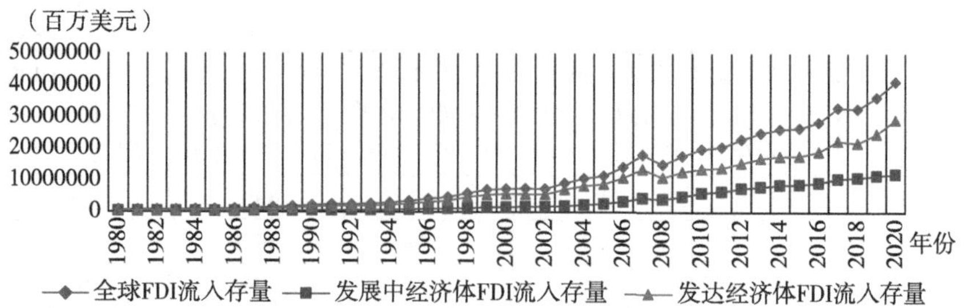

图 1-265　1980—2020 年发达经济体、发展中经济体及全球 FDI 流入存量变化

资料来源：根据 UNCTAD Statistics FDI 数据制作。

（二）国际直接投资年流量呈波动性增长

全球 FDI 年流出额从 1990 年的 2438 亿美元增加到 2023 年 1.55 万亿美元，同期全球 FDI 年流入额从 2048 亿美元增加到 1.33 万亿美元。2000 年以来，全球 FDI 年流入额和流出额均出现波动性增长。2007 年，全球 FDI 年流出额达到高峰值 2.19 万亿美元。2008 年以来，全球 FDI 年流出额波动性更加明显，2023 年全球 FDI 年流出额还没有恢复到 2007 年的水平（见图 1-266、图 1-267）。全球 FDI 年流入额在 2015 年达到峰值 2.05 万亿美元，2023 年的全球 FDI 年流出额还没有恢复到 2015 年的水平（见图 1-268、图 1-269、表 1-93、图 1-270、图 1-271、表 1-94、图 1-272）。

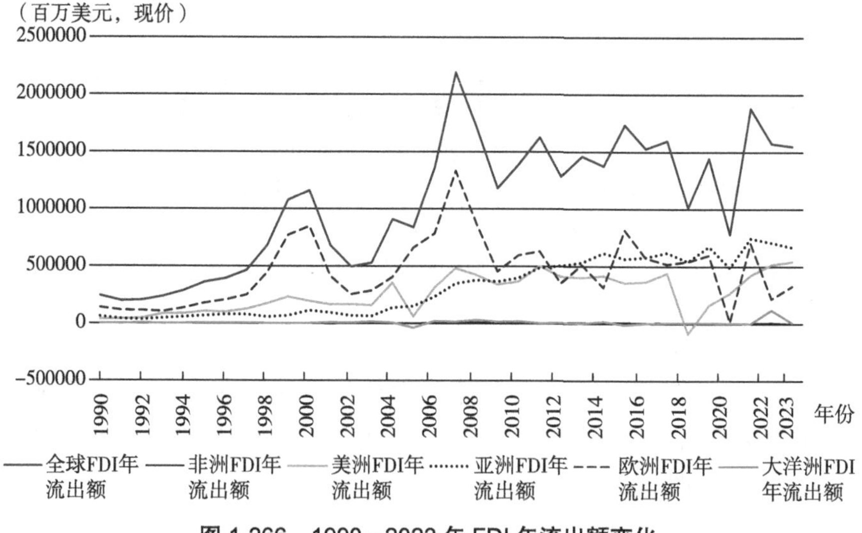

图 1-266　1990—2023 年 FDI 年流出额变化

资料来源：根据 UNCTAD Statistics FDI 数据制作。

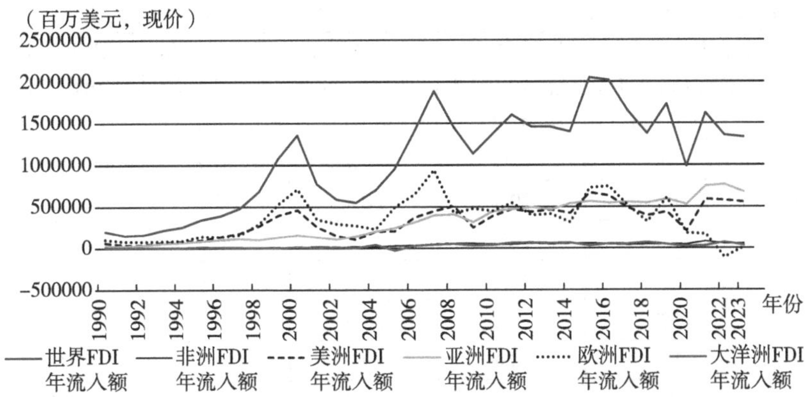

图 1-267 1990—2023 年世界五大洲 FDI 年流入额变化

资料来源：根据 UNCTAD Statistics FDI 数据制作。

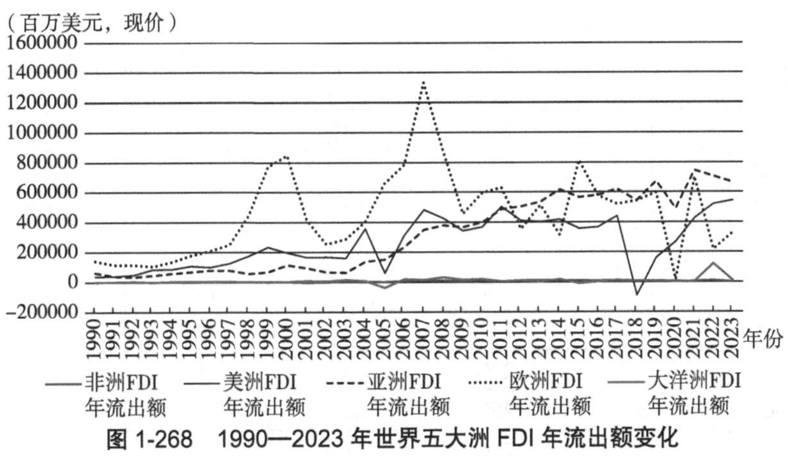

图 1-268 1990—2023 年世界五大洲 FDI 年流出额变化

资料来源：根据 UNCTAD Statistics FDI 数据制作。

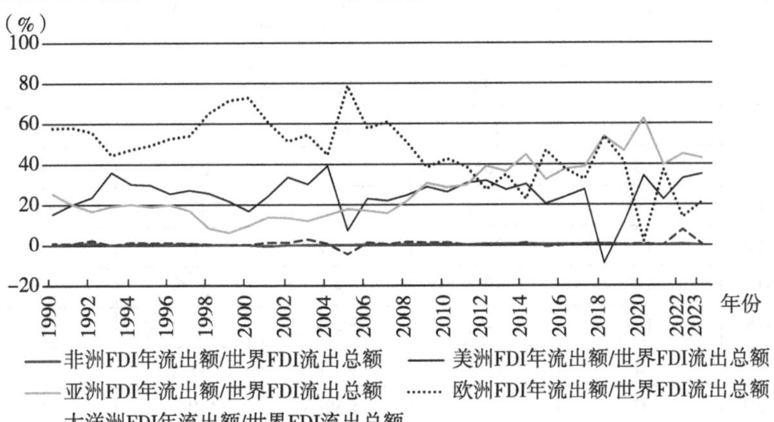

图 1-269 1990—2023 年五大洲 FDI 年流出额占世界 FDI 流出总额的比例变化

资料来源：根据 UNCTAD Statistics FDI 数据制作。

表 1-93　1990—2023 年五大洲 FDI 年流出额占世界 FDI 流出总额的比例变化

年份	非洲 FDI 年流出额 / 世界 FDI 流出总额	美洲 FDI 年流出额 / 世界 FDI 流出总额	亚洲 FDI 年流出额 / 世界 FDI 流出总额	欧洲 FDI 年流出额 / 世界 FDI 流出总额	大洋洲 FDI 年流出额 / 世界 FDI 流出总额
1990	0	15%	25%	58%	1%
1991	1%	20%	20%	58%	1%
1992	1%	24%	17%	56%	3%
1993	0	36%	19%	44%	0
1994	1%	30%	20%	47%	1%
1995	1%	30%	19%	49%	1%
1996	0	26%	20%	53%	1%
1997	1%	27%	17%	54%	1%
1998	0	26%	8%	65%	0
1999	0	22%	6%	72%	0
2000	0	17%	10%	73%	0
2001	0	24%	14%	61%	1%
2002	0	34%	14%	51%	1%
2003	0	30%	12%	54%	3%
2004	0	39%	15%	45%	1%
2005	0	7%	18%	79%	–4%
2006	1%	23%	17%	58%	2%
2007	0	22%	16%	61%	1%
2008	1%	25%	22%	51%	2%
2009	1%	29%	31%	38%	1%
2010	1%	26%	29%	43%	1%
2011	0	31%	30%	39%	0
2012	1%	32%	39%	27%	1%
2013	1%	27%	37%	35%	0
2014	1%	30%	45%	23%	1%
2015	1%	21%	33%	47%	–1%
2016	1%	24%	38%	38%	0
2017	1%	28%	39%	32%	0
2018	1%	–9%	54%	54%	1%
2019	0	11%	47%	41%	1%
2020	0	34%	63%	2%	1%
2021	0	23%	40%	37%	0

续表

年份	非洲 FDI 年流出额 / 世界 FDI 流出总额	美洲 FDI 年流出额 / 世界 FDI 流出总额	亚洲 FDI 年流出额 / 世界 FDI 流出总额	欧洲 FDI 年流出额 / 世界 FDI 流出总额	大洋洲 FDI 年流出额 / 世界 FDI 流出总额
2022	1%	33%	45%	14%	8%
2023	0	35%	43%	21%	1%

资料来源：根据 UNCTAD Statistics FDI 数据制作。

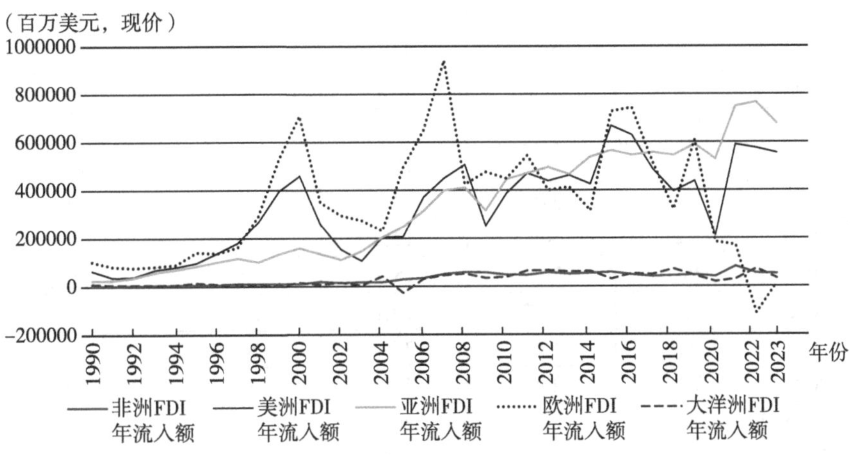

图 1-270 1990—2023 年五大洲 FDI 年流入额变化

资料来源：根据 UNCTAD Statistics FDI 数据制作。

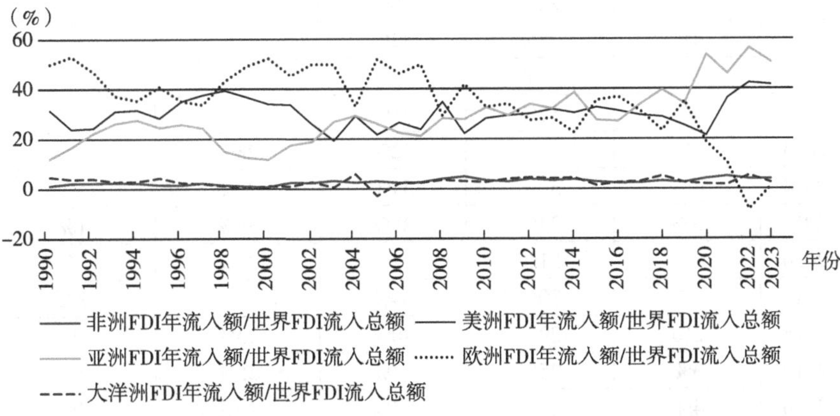

图 1-271 1990—2023 年五大洲 FDI 年流入额占世界 FDI 流入总额的比例变化

资料来源：根据 UNCTAD Statistics FDI 数据制作。

表 1-94　1990—2023 年五大洲 FDI 年流入额占世界 FDI 流入总额的比例变化

年份	非洲 FDI 年流入额 / 世界 FDI 流入总额	美洲 FDI 年流入额 / 世界 FDI 流入总额	亚洲 FDI 年流入额 / 世界 FDI 流入总额	欧洲 FDI 年流入额 / 世界 FDI 流入总额	大洋洲 FDI 年流入额 / 世界 FDI 流入总额
1990	1%	32%	12%	50%	5%
1991	2%	24%	17%	53%	4%
1992	2%	24%	22%	47%	4%
1993	2%	31%	26%	37%	3%
1994	2%	32%	28%	35%	3%
1995	2%	28%	25%	41%	4%
1996	2%	35%	26%	35%	2%
1997	2%	38%	24%	34%	2%
1998	1%	39%	15%	43%	1%
1999	1%	37%	13%	49%	0
2000	1%	34%	12%	52%	1%
2001	3%	34%	18%	45%	1%
2002	3%	26%	19%	50%	3%
2003	3%	19%	27%	50%	1%
2004	3%	29%	29%	33%	6%
2005	3%	22%	26%	52%	–3%
2006	2%	27%	22%	46%	2%
2007	3%	24%	21%	50%	2%
2008	4%	35%	28%	29%	4%
2009	5%	22%	28%	42%	3%
2010	4%	28%	33%	33%	3%
2011	3%	29%	29%	34%	4%
2012	4%	30%	34%	27%	5%
2013	4%	32%	32%	28%	4%
2014	4%	30%	39%	23%	5%
2015	3%	33%	28%	35%	1%
2016	2%	31%	27%	37%	3%
2017	2%	30%	34%	31%	3%
2018	3%	29%	40%	23%	5%
2019	3%	25%	34%	35%	3%
2020	4%	21%	54%	19%	2%
2021	5%	36%	46%	11%	2%
2022	4%	42%	56%	–8%	5%
2023	4%	42%	51%	1%	3%

资料来源：根据 UNCTAD Statistics FDI 数据制作。

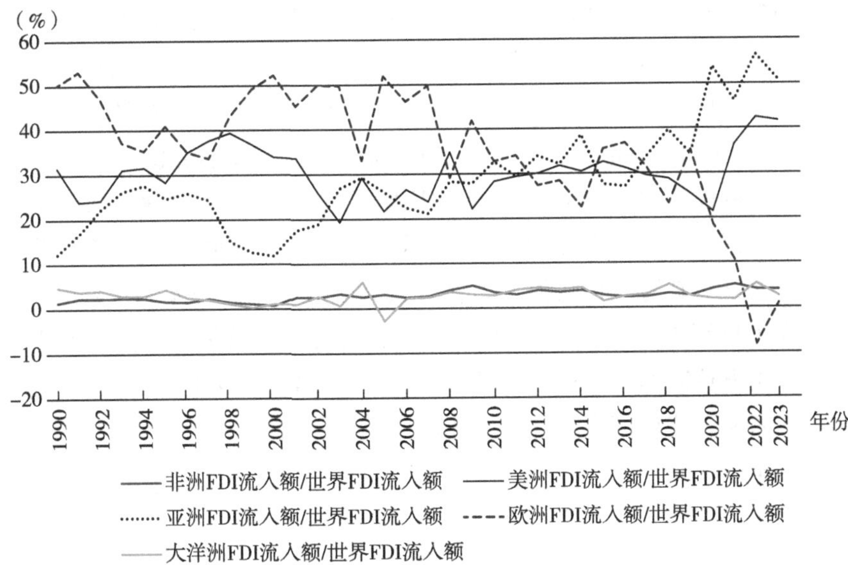

图 1-272　1990—2023 年五大洲 FDI 流入额占世界 FDI 流入额的比例变化

资料来源：根据 UNCTAD Statistics FDI 数据制作。

（三）国际直接投资分布格局发生明显变化

1990—2023 年，FDI 年流量分布格局发生深刻变化，发达经济体 FDI 比例明显下降，发展中经济体 FDI 的比例持续上升。发达经济体 FDI 年流出额占全球 FDI 流出总额的比例从 1970 年的 71.6% 下降到 2020 年的 32.9%，同期发展中经济体 FDI 年流入额占全球 FDI 流入总额的比例从 28.4% 上升到 67.1%（见图 1–273）。2020 年，发展中经济体的 FDI 流入额规模首次超过发达经济体 FDI 流入规模。

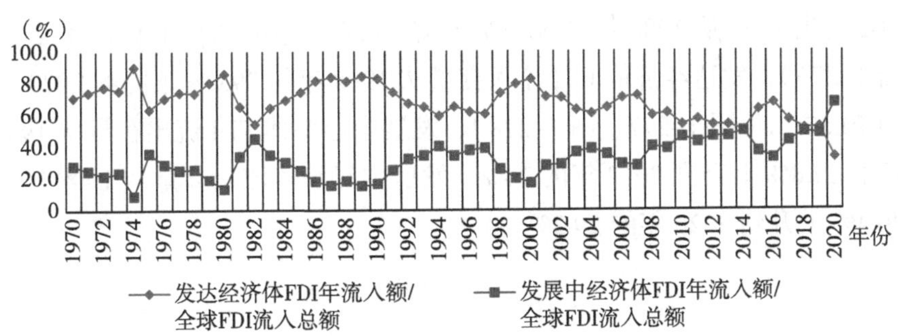

图 1-273　1970—2020 年发达经济体和发展中经济体 FDI 年流入总额占全球 FDI 流入总额的比例变化

资料来源：根据 UNCTAD Statistics FDI 数据制作。

1970—2020 年，FDI 年流出额分布格局发生深刻变化，发达经济体 FDI 流出额占全球 FDI 流出额的比例从 1970 年的 99.7% 下降到 2020 年的 47.8%，下降了 51.9 个百分点。1970—2008 年，发达经济体 FDI 流出额占全球 FDI 流出额的比例一直高达 80% 以上，发达经济体长时期垄断国际直接投资领域。但是，2008 年国际金融危机爆发以来，发达经济体的 FDI 流出额占全球 FDI 流出总额的比例持续下降。2020 年，美国等发达国家对新冠疫情防控不力，导致美国等发达经济体 FDI 流出额大幅下降（见图 1-274）。以中国为代表的发展中经济体 FDI 流出额占全球 FDI 流出总额的比例从 1970 年的 0.3% 上升到 2020 年的 52.2%，发展中经济体 FDI 流出额占全球 FDI 流出额的比例首次超过发达经济体（见图 1-274）。

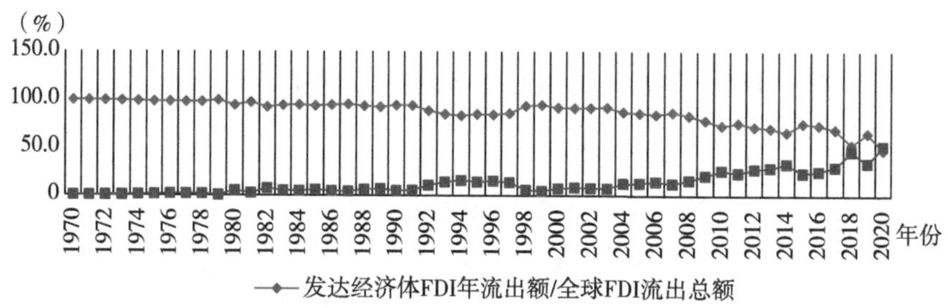

图 1-274　1970—2020 年发达经济体和发展中经济体 FDI 年流出额占全球 FDI 流出总额的比例变化

资料来源：根据 UNCTAD Statistics FDI 数据制作。

1980 年以来，FDI 存量分布格局也发生了深刻变化。发达经济体 FDI 流出存量从 1980 年的 87.2% 下降到 2018 年的 76%（见图 1-275、图 1-276），发达经济体 FDI 流入存量从 1998 年的 79.6% 下降到 2020 年的 70.8%（见图 1-277、图 1-278），发展中经济体 FDI 流出存量从 1980 年的 12.8% 上升到 2018 年的 24%，发展中经济体流入存量从 1998 年的 20.4% 上升到 2020 年的 29.2%。

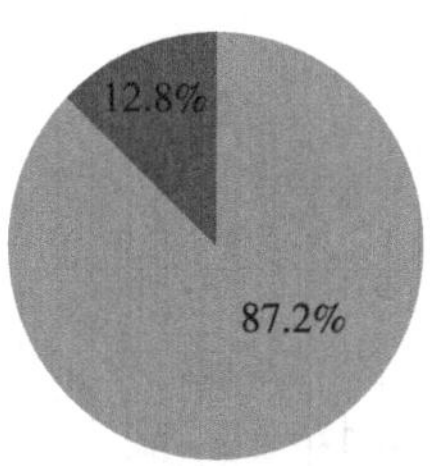

图 1-275 1980 年发达经济体和发展中经济体 FDI 流出存量全球占比

资料来源：根据 UNCTAD Statistics FDI 数据制作。

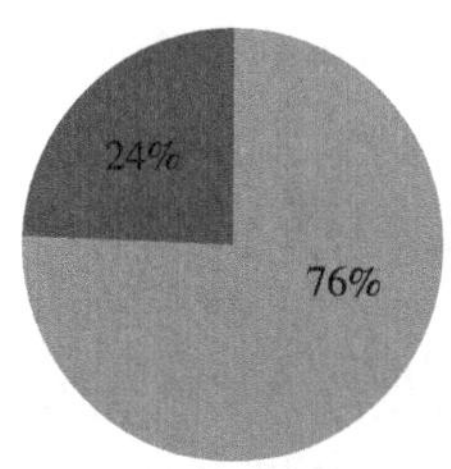

图 1-276 2018 年发达经济体和发展中经济体 FDI 流入存量全球占比

资料来源：根据 UNCTAD Statistics FDI 数据制作。

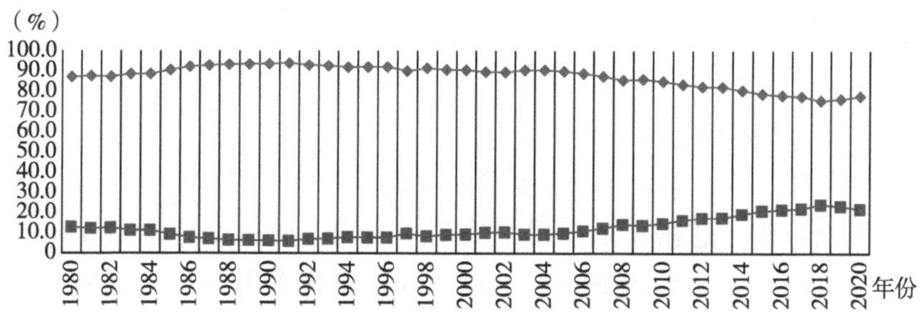

图 1-277 1980—2020 年发达经济体与发展中经济体的 FDI 流出存量比例变化

资料来源：根据 UNCTAD Statistics FDI 数据制作。

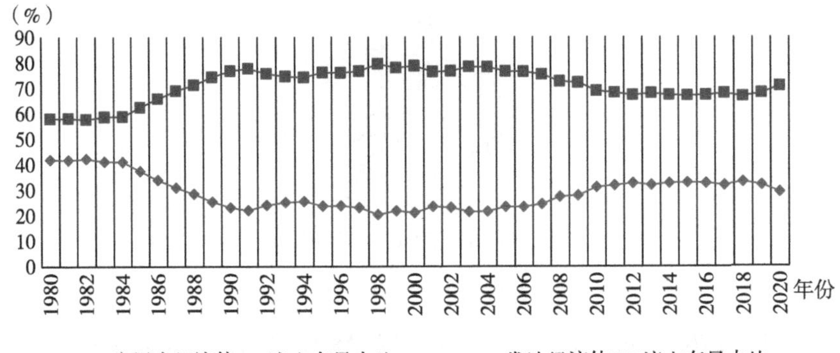

图 1-278　1980—2020 年发达经济体与发展中经济体 FDI 流入存量比例变化

资料来源：根据 UNCTAD Statistics FDI 数据制作。

第八节　研究结论与建议

本章对世界总需求和总供给格局变化趋势、五大洲总需求与总供给的格局变化、世界主要经济体总需求和总供给变化进行深入比较分析，旨在了解世界范围、五大洲区域及主要经济体总需求和总供给格局变化的新趋势，探讨世界总需求和总供给与世界经济体总需求和总供给的变化规律，为我国加快构建以国内大循环为主体、国内国际双循环相互促进的新发展格局提供决策参考。

一、研究结论

（一）构建以国内大循环为主体、国内国际双循环相互促进的新发展格局符合世界经济发展规律

本章对世界、五大洲及主要国家和地区的总需求与总供给的变化进行了比较分析。总需求从居民最终消费支出、政府最终消费支出、国内资本形成及商品和服务贸易出口的规模变化等进行比较分析。研究结论是国内居民消费需求、国内政府消费需求和国内投资需求（资本形成）之和在总需求中所占的比例保持在 70%~80%。总供给量变化从国内生产总值和商品服务进口总值变化进行分析，国内生产总值占总供给的比例保持在 70%~80%。世界大多数国家的经济发展是以国内大循环为主体的，国内国际双循环相互促进的新发展格局符合世界经济发展规律。

（二）国际进出口贸易在总需求和总供给中的比例持续提升，经济全球化发展的历史潮流不可阻挡

研究结论表明，国际需求（世界商品和服务出口贸易额）在世界总需求中的比例持续提升，世界商品和服务出口贸易额占世界 GDP 的比例从 1970 年的 11% 增加至 2022 年的 29%。国际贸易、国际投资对世界总需求和世界经济发展的作用不断增强，国内国际双循环相互促进的新发展格局对世界经济的稳定发展以及世界各国经济的可持续发展都具有战略意义和重要支撑。国际供给（世界商品和服务进口贸易额）在世界总供给中的比例明显提升，世界商品和服务进口贸易额在世界总供给中的比例从 1970 年的 10% 上升到 2019 年的 22%。国际商品贸易和服务贸易进出口规模持续扩大，参加国际贸易的国家数量越来越多，世界市场时空范围不断拓展，国际贸易增长和经济增长的协动性趋势更加明显，国际贸易对经济发展的促进作用持续增强。研究结果表明，经济全球化仍然在深化发展，经济全球化发展的历史潮流不可阻挡。

（三）全球总需求格局发生深刻变化，亚洲总需求超过欧洲和美洲居全球第一位

研究结果表明，亚洲、欧洲和美洲的总需求在全球总需求格局中的地位发生明显变化，亚洲总需求超过欧洲和美洲居全球第一位，亚洲已经成为全球消费中心、投资中心和经济中心。世界总需求和五大洲及其区域总需求分布不均衡成为常态趋势，非洲总需求和大洋洲总需求规模增长缓慢，非洲总需求和大洋洲总需求与亚洲、欧洲和美洲的总需求差距持续扩大。五大洲内部总需求的分布格局也发生了深刻变化，北美、东亚、东南亚、西欧成为全球重要的消费中心、投资中心和国际贸易中心。

（四）全球总供给分布格局发生深刻变化，亚洲总供给规模超过欧洲和美洲居世界首位

世界总供给分布格局发生深刻变化。亚洲、美洲、欧洲的总供给规模占比发生明显变化，2011 年，亚洲总供给规模超过欧洲和美洲居世界首位，同年亚洲 GDP 超过美洲和欧洲居全球第一位，亚洲已经成为世界经济中心。目前五大洲的总供给规模是亚洲第一、美洲第二、欧洲第三，非洲和大洋洲的总供给规模增长相对缓慢，非洲、大洋洲与亚洲、美洲、欧洲的总供给规模差距不断扩大。

二、加快形成以国内大循环为主体、国内国际双循环相互促进的新发展格局建议

在全球经济复杂深刻变化的背景下，着力推动高质量发展，实现中国特色社会主义现代化，构建以国内大循环为主体、国内国际双循环相互促进的新发展格局需要进一步深化发展，有必要深入探讨加快构建双循环新发展格局的有效路径和举措。本节提出构建国内国际双循环新发展格局的路径与若干建议。

（一）构建双循环新发展格局枢纽体系，加快形成内外互动的高质量发展新格局

在百年未有之大变局加速演进，国际经济复杂变化，地缘政治环境动态变化，经济全球化与逆全球化竞争加剧，全球产业链供应链加快重构的背景下，形成以国内大循环为主体、国内国际双循环相互促进的新发展格局是个动态变化的复杂系统工程。要实现国内国际双循环相互促进的系统顺利运行，需要构建内外互动的枢纽体系，加强内外互动的枢纽体系将成为支撑双循环新发展格局建设的重要任务。本章提出构建以国内大循环为主体、国内国际双循环相互促进的新发展格局的枢纽体系。双循环新发展格局的枢纽体系主要由五大枢纽构成：市场枢纽（需求侧枢纽）、产业枢纽（供给侧枢纽）、开放制度枢纽（国际双循环制度枢纽）、人才枢纽（创新动力枢纽）和物流枢纽（交通物流保障枢纽），五大枢纽体系在双循环新发展格局中各自发挥着重要的作用，为加快构建高质量发展新格局提供重要支撑。

（二）加快建设国内外联动的消费需求枢纽体系，加快构建消费需求增长新格局

国内居民消费需求和政府消费需求是总需求最重要的组成部分。着力扩大国内消费需求，消费增长是稳定经济增长和满足人民美好生活需要的最有效途径。一是明确扩大国内消费需求是经济增长主引擎，激发内需潜力，大力提振消费信心，把促进消费与惠民生结合起来，实施最低收入群体的消费支持政策，给最低收入群体定期发放消费券，以稳定最低消费水平。二是着力稳收入、稳房价、稳股价，增强居民财富效应，提升居民消费信心，让居民有钱花、能消费、敢消费。三是增强商品和服务的有效供给，满足国内居民消费新变化和新需求，加快消费结构转型升级，增强优质服务消费供给能力，增强绿色食品供给能力，完善养

老养生服务供给体系。四是加快构建消费需求增长新格局，加快构建“国内消费＋国际消费＋国际贸易”三位一体的消费需求枢纽体系，高度重视国内居民和国内市场的消费需求变化、消费结构和消费增长的新趋势，以扩大居民消费主体，不断满足居民对食品、住房、医疗、交通通信、教育等美好生活需求。鼓励建设一批有世界影响力的国际消费中心，鼓励发展各类著名国内消费中心。

（三）加快建设国内外双循环现代化产业枢纽体系，构建开放型现代化产业体系新格局

产业高质量发展是经济高质量发展的重要基础，产业高质量发展是扩大总供给规模的有效途径，加快现代化产业体系建设对扩大总供给和经济高质量增长具有重要促进作用。一是构建国内外双循环的现代化产业体系，加快世界先进制造业集群中的创新链、产业链、价值链互动机制和互动体系建设，推动我国产业与贸易协同高质量发展。二是加快构建国内外联动发展的数字经济、生命健康和新材料等战略性产业高地，从全球范围积极引进战略性产业的链主企业，积极发展以新一代信息技术、数字技术、新材料、新能源、新装备、生物技术、医疗技术与工业技术交叉融合创新为驱动的未来产业集群。三是加快推动服务型制造业创新发展，促进高新技术、数字技术和高端人才在制造业集聚，加速数字技术与制造技术融合互动，推动传统制造业从产业链、价值链低端向中高端提升，着力提高制造业和服务业全要素生产率和劳动生产率。四是加快形成由国际化产业创新联盟、智能制造产业群、未来产业集群、服务制造型产业集群构成的开放型现代化产业体系新格局。

（四）加快形成更高水平开放型制度新体制，构建高水平开放经济新格局

高水平开放型制度为构建国内国际双循环相互促进的新发展格局提供开放型制度保障。一是加快对标全球高标准经贸规则，稳步推动规则、规制、标准、管理等制度型开放，加快形成更高水平开放型经济新体制，加快建设内外贸一体化的高水平对外开放。二是进一步完善外商投资准入前国民待遇加负面清单管理制度，大幅放宽市场准入，扩大服务业对外开放，提高自由贸易试验区外商投资负面清单开放度和透明度，着力构建与负面清单管理方式相适应的事中、事后监管制

度。三是加快提升自由贸易试验区的制度创新水平，打造新一代人工智能创新发展试验区、国家金融科技创新发展试验区和全球一流的跨境电商示范中心，建设成为贸易强国示范区，加强自贸试验区制度创新，以数字化改革提升贸易投资便利化水平，促进产业与贸易投资协同高质量发展，构建高水平开放经济新格局，加快实现开放经济大国向开放经济强国转变。

（五）加快建设国内国际互动的开放创新人才集聚枢纽体系，构建国内外创新人才交流互动新格局

创新人才是构建国内国际双循环相互促进的新发展格局和加快高质量发展的重要战略资源。一是加快建设开放创新人才体系，建设一批培养、吸引、集聚、配置国内外创新人才中心，成为国内外著名的国际创新人才流动和集聚的交汇中心。以高层次人才创新发展为战略重点，促进创新人才队伍建设与经济高质量协同发展，加快人才大国向人才强国转变。二是建设开放创新人才枢纽，积极吸引全球和全国创新人才，成为高效、高质配置创新人才资源的高地，成为世界创新人才的“蓄水池”，推动创新发展和经济社会高质量发展。三是加快建设一批国内国际双循环国际创新人才中心，推动“一带一路”贸易投资高质量发展的国际创新人才合作中心，加强国内外创新人才交流互动，成为展示中国特色社会主义制度优势的创新人才重要窗口，为构建国内国际双循环相互促进的新发展格局提供创新人才支撑。

（六）加快建设国内外联动的现代化智能化物流体系，构建国内国际双循环的国际航运新格局

国内国际双循环新发展格局需要智能化内外联动的现代国际航运体系。一是加快建设链接内外、多式联运、辐射力强、成链集群的智能化国际航运枢纽，扩大对“一带一路”共建国家港口的国际投资，打造全球港口链体系。二是推动建立统筹国内和国际市场、空港和海港资源、在岸和离岸业务、货物贸易和服务贸易的全球供应链核心枢纽，加快建设大宗商品、货物贸易集散、存储、分拨、转运等多种功能的现代化、数字化、智能化的国际物流运输平台中心。三是深化物流降本增效改革，加快国内国际双循环的现代物流基础设施建设，充分发挥智能化国际航运体系在构建国内国际双循环新发展格局中的基础保障作用。

（七）遵循“人类命运共同体”理念，构建更加多元平衡的全球经贸新格局

习近平主席“推动构建人类命运共同体”①理念为全球最高经贸规则新一轮重构和国内国际双循环新发展格局指明了战略方向，为开放型世界经济发展指明了新发展方向。一是深入贯彻习近平主席“推动构建人类命运共同体”理念，着力构建适应经济全球化发展的全球经贸规则新体系，构建更加多元平衡的全球经贸新格局，要坚定不移地推动以科学、技术、人才和创新为基础的现代化，坚持不懈地推动以规则、规制和法治为基础的法治化②，要坚持发挥市场在配置资源中的决定性作用，坚持“市场有效、政府有为”中国特色市场化道路。二是积极参与世界贸易组织多边经贸体系的改革，积极参与电子商务、数字贸易、服务贸易、中小微企业、贸易与环境等议题谈判和讨论，积极参与数字经济、碳达峰碳中和、绿色发展、产业链供应链重构等新兴领域规则制定。三是坚定支持和维护多边经贸规则体系，构建更加高效安全、多元平衡的全球经贸伙伴关系，积极与全球230个国家和地区发展贸易、投资、技术创新、教育、文化、旅游等多层次多领域国际合作。四是提高《区域全面经济伙伴关系协定》成员国之间国际经贸合作水平，积极争取加入《全面与进步跨太平洋伙伴关系协定》，努力推动二十国集团（G20）规则机制化体系化建设，积极推动“一带一路”共建国家贸易投资高质量发展，积极发展多边互利共赢、包容发展的贸易投资伙伴共同体。努力争取《中欧全面投资协定》生效实施，积极拓展与亚洲、拉丁美洲、非洲等新兴市场贸易和投资，加快建设覆盖全球的高效安全、多元平衡的全球经贸合作网络体系，为国内国际双循环新发展格局创造良好国际经济发展环境。

（八）构建国内国际产业与贸易协同高质量互动体系，促进产业结构、贸易结构、消费结构互动升级新格局

构建双循环新发展格局的实施路径是依托国内巨大市场需求，在畅通国内生产、分配、交换、消费的大循环基础上，更高层次、高水平、高质量对外开放，以国内大循环为主体，带动国际循环发展，实现国内

① 习近平：《论坚持推动构建人类命运共同体》，中央文献出版社2018年版。

② 张燕生：《新中国70年对外经济贸易的转型发展》，《全球化》2019年第11期。

国际双循环相互促进的新发展格局。构建国内国际双循环互动体系，促进产业结构与贸易结构良性互动升级，充分发挥国际贸易、国际投资促进产业和企业的要素优化配置的作用，通过国际贸易和国际投资促进国内生产要素从低生产率水平向高生产率水平的企业和产业集聚，推动产业结构、贸易结构和消费结构协同升级。提高国际贸易与国际直接投资协同发展能力，通过对外直接投资加快培育具有创新能力的中国跨国公司，推动产业链的全球布局，促进产业从低端向中高端转型。

构建国内国际双循环互动体系，坚持现代化、市场化、国际化、法制化改革的方向，打造国际一流营商环境，打通国内国际双循环的政策性、制度性、体制性障碍。长期以来，我国贸易政策主要是出口导向型政策，贸易政策的重点是出口创汇、扩大出口规模，保持进出口贸易增长，忽视通过进出口贸易推动产业创新发展。而产业政策的重点是推动本国战略产业、高新技术产业的加快发展，通过财政政策、金融政策和科技政策促进产业转型升级，贸易政策与产业政策缺乏匹配性和互动性。构建国内国际双循环新发展格局，加快打通双循环体系运转的政策性和制度性障碍，探索建立国内产业政策和贸易政策统筹协调机制，建议成立由发展改革、经济和信息化、商务、科技、财政、金融、国土资源等部门组成的国内国际双循环统筹协调体制，对产业政策、创新政策和贸易政策进行统筹调控，推动国内产业与贸易协同发展，加快从商品、市场和要素开放型经济体制向制度型开放经济转变。

（九）强化产业、贸易、投资协同创新发展，构建高质量发展新格局

随着全球经贸关税税率和非关税壁垒持续下降，服务贸易和投资负面清单制度加快实施，促进贸易投资高质量发展成为国际竞争战略重点。优化进出口贸易结构，努力提升贸易企业技术创新和管理创新能力，支持外贸生产企业采用国际先进技术标准和质量标准，加快推进国际质量标准互认，打造一批制造业高质量与贸易高质量融合发展的优势产业和优势企业，提高资本密集型、技术密集型高附加值商品出口比例，实现产业结构与贸易结构良性互动发展。推动管理咨询服务、科技咨询服务、法律、会计、金融、中医等专业服务出口，提升旅游、运输、建筑等传统服务出口竞争力，加快提高服务贸易在进出口贸易总额中的比例，改善服务贸易国际收支平衡。加快 RCEP 成员国之间的国际产业链战略布局，加快国际产业链和价值链的区域重构，构建贸

易投资高质量发展新格局。

（十）构建贸易投资内外一体化监管新格局，加快提升贸易投资便利化水平

全球最高经贸规则体系重构速度加快，对标全球最高经贸规则，推动制度型开放经济发展，加快建设与全球最高经贸规则接轨的国内调控和监管制度体系。加快建立和完善内外贸一体化监管体制①，促进内外贸法律法规、监管体制、质量标准、检验检疫管理等达到或接近全球最高经贸规则要求。加快建立和完善贸易投资内外一体化的政策调控体系，进一步降低关税税率，加快提升贸易投资便利化水平，优化营商环境，努力提升国际国内技术标准和质量标准一致性②。

（十一）加强全球最高经贸规则的专业人才队伍建设，提高全球最高经贸规则制定的话语权

中国是全球第二经济大国、货物出口贸易第一大国、货物与服务出口贸易第一大国，货物和服务进口贸易第二大国，国际直接投资年流出额第一大国、技术创新第二大国，中国理应为全球最高经贸规则制定和世界经济治理体系建设发挥重要作用。但是目前我国缺乏既精通国际法律和全球最高经贸规则，又需熟悉国内经贸发展实践的高层次专业人才，缺乏参与制定和运行全球最高经贸规则的高层次人才队伍。加快对标全球最高经贸规则，迫切需要加强全球最高经贸规则高层次人才队伍建设，加快培育一大批精通全球最高经贸规则的党政领导干部、专业技术人才和企业家队伍，提高全球经贸规则制定的话语权和运行监督权，加快开放经济制度、规则与政策创新，用推动“构建人类命运共同体”理念引领全球最高经贸新规则体系来应对美国“贸易战”和科技战。鼓励我国高校和研究院所加强对“构建人类命运共同体”理念为核心的新型全球多边经贸规则的理论和政策研究，加强对国内国际双循环新发展格局的理论与政策研究，加强对数字技术、数字产业、数字贸易互动的知识产权保护研究，提高全球最高经贸规则制定的话语权，加快形成展示中国特色社会主义制度优势的开放经济重要窗口，加快形成国内国际双循环相互促进的新发展格局。

①② 商务部《“十四五”对外贸易高质量发展规划》。

参考文献

[1] 蔡昉，陈晓红，张军，等 . 研究阐释党的十九届五中全会精神笔谈 [J]. 中国工业经济，2020（12）.

[2] 陈劲，阳镇 . 新发展格局下的产业技术政策：理论逻辑、突出问题与优化 [J]. 经济学家，2021（2）.

[3] 陈全润，许健，夏炎，等 . 国内国际双循环的测度方法及我国双循环格局演变趋势分析 [J]. 中国管理科学，2022，30（1）.

[4] 陈伟光，明元鹏，钟列炀 . 构建“双循环”新发展格局：基于中国与世界经济关系的分析 [J]. 改革，2021（7）.

[5] 陈伟光，聂世坤 . 构建新发展格局：基于国家治理与全球治理互动的逻辑 [J]. 学术研究，2022（1）.

[6] 程大中 . 中国增加值贸易隐含的要素流向扭曲程度分析 [J]. 经济研究，2014，49（9）.

[7] 程惠芳，岑丽君 . FDI、产业结构与国际经济周期协动性研究 [J]. 经济研究，2010（9）.

[8] 程惠芳，阮翔 . 用引力模型分析中国对外直接投资的区位选择 [J]. 世界经济，2004（11）.

[9] 程惠芳，文武，等 . 研发强度、经济周期与长期经济增长 [J]. 统计研究，2015（1）.

[10] 贝蒂尔・奥林 . 地区间贸易和国际贸易 [M]. 北京：首都经济贸易大学出版社，2001.

[11] 大卫・李嘉图 . 政治经济学及赋税原理 [M]. 北京：商务印书馆，1997.

[12] 代谦，何祚宇 . 国际分工的代价：垂直专业化的再分解与国际风险传导 [J]. 经济研究，2015（5）.

[13] 丁晓强，张少军 . 中国经济双循环的测度与分析 [J]. 经济学家，2022（2）.

[14] 丁小义，程惠芳 . 高、低端型产品内国际分工模式变迁及驱动因素分析 [J]. 数量经济技术经济研究，2018，35（9）.

[15] 董志勇，李成明 . 国内国际双循环新发展格局：历史溯源、逻辑阐释与政策导向 [J]. 中共中央党校（国家行政学院）学报，2020，24（5）.

[16] 方福前 . 中国居民消费潜力及增长点分析——基于 2035 年基本实现社会主义现代化的目标 [J]. 经济学动态，2021（2）.

[17] 弗里德里希・李斯特 . 政治经济学的国民体系 [M]. 北京：商务印书馆，1961.

[18] 郭克莎，田潇潇 . 加快构建新发展格局与制造业转型升级路径 [J]. 中国工业经济，2021（11）.

[19] 郭威，刘晓阳 . 风险防范视阈下的全球经济治理变革——变迁历程、演进逻辑与中国定位 [J]. 经济学家，2021（10）.

[20] 韩剑，许亚云 .RCEP 及亚太区域贸易协定整合——基于协定文本的量化研究 [J]. 中国工业经济，2021（7）.
[21] 韩文龙，蒋枢泓 . 新发展阶段实现共同富裕的理论逻辑与实现路径 [J]. 社会科学战线，2022（4）.
[22] 郝彬凯 . 高质量利用外资促进“双循环”：理论逻辑、现实基础与政策取向 [J]. 经济学家，2023（8）.
[23] 洪俊杰，隋佳良 . 立足国内大循环，推进高水平对外开放——基于全球价值链位置视角的研究 [J]. 国际贸易问题，2023（1）.
[24] 洪银兴，王辉龙，耿智 . 从供给和需求两侧夯实新发展格局的根基 [J]. 经济学动态，2023（6）.
[25] 洪银兴，杨玉珍 . 现代化新征程中农业发展范式的创新——兼论中国发展经济学的创新研究 [J]. 管理世界，2023，39（5）.
[26] 洪银兴 . 贯彻新发展理念的中国式现代化新道路 [J]. 经济学家，2022（11）.
[27] 洪永淼 . 从当前世界变局看中国经济双循环新发展格局构想的重要意义 [J]. 财贸经济，2022，43（9）.
[28] 侯俊军，岳有福，叶家柏 . 供需双循环测度与中国经济平稳增长 [J]. 统计研究，2023，40（3）.
[29] 黄群慧，陈创练 . 新发展格局下需求侧管理与供给侧结构性改革的动态协同 [J]. 改革，2021（3）.
[30] 黄群慧，倪红福 . 中国经济国内国际双循环的测度分析——兼论新发展格局的本质特征 [J]. 管理世界，2021，37（12）.
[31] 黄群慧 .“双循环”新发展格局：深刻内涵、时代背景与形成建议 [J]. 北京工业大学学报（社会科学版），2021，21（1）.
[32] 黄群慧 . 新发展格局的理论逻辑、战略内涵与政策体系——基于经济现代化的视角 [J]. 经济研究，2021，56（4）.
[33] 黄建忠，等 . 统筹高水平开放、高质量发展和高水平安全的思路与对策 [J]. 国际贸易问题，2024（4）.
[34] 黄仁全，李村璞 . 中国经济国内国际双循环的测度及增长动力研究 [J]. 数量经济技术经济研究，2022，39（8）.
[35] 黄赜琳，姚婷婷 . 中国与“一带一路”沿线国家经济周期协同性及其传导机制 [J]. 统计研究，2018（9）.
[36] 霍利斯·钱纳里，莫尔塞斯·塞尔昆 . 发展的格局（1950—1970）[M]. 北京：中国财政经济出版社，1989.
[37] 江小涓，隆国强，王金照，等 . 学习阐释党的二十大精神笔谈 [J]. 中国工业经济，2022（11）.
[38] 江小涓，孟丽君 . 内循环为主、外循环赋能与更高水平双循环——国际经验

与中国实践 [J]. 管理世界，2021，37（1）.
[39] 魁奈 . 魁奈经济著作选集 [M]. 北京：商务印书馆，1979.
[40] 莱昂・瓦尔拉斯 . 纯粹经济学讲义 [M]. 北京：商务印书馆，1989.
[41] 黎峰 . 国内国际双循环：理论框架与中国实践 [J]. 财经研究，2021，47（4）.
[42] 李帮喜，赵奕菡，冯志轩，等 . 价值循环、经济结构与新发展格局：一个政治经济学的理论框架与国际比较 [J]. 经济研究，2021，56（5）.
[43] 李福岩，李月男 . 构建新发展格局：生成逻辑、核心内容与战略意义 [J]. 经济学家，2022（4）.
[44] 李跟强，潘文卿 . 双循环与经济增加值解构：基于价值链的视角 [J]. 经济理论与经济管理，2023，43（11）.
[45] 李海舰，朱兰，孙博文 . 新发展格局：从经济领域到非经济领域——加速启动"五位一体"新发展格局的构建 [J]. 数量经济技术经济研究，2022，39（10）.
[46] 李敬，刘洋 . 中国国民经济循环：结构与区域网络关系透视 [J]. 经济研究，2022，57（2）.
[47] 李俊久 . 人民币国际化的推进：历史逻辑、理论逻辑与现实逻辑 [J]. 经济学家，2022（3）.
[48] 李实，等 . 中国收入不平等：发展、转型和政策 [J]. 北京工商大学学报（社会科学版），2020，35（4）.
[49] 李实，朱梦冰 . 中国经济转型 40 年中居民收入差距的变动 [J]. 管理世界，2018，34（12）.
[50] 林卫斌，吴嘉仪，施发启 . 构建新发展格局的科学内涵及理论逻辑——基于非竞争型投入产出法的分析 [J]. 统计研究，2022，39（10）.
[51] 刘斌，李川川，李秋静 . 新发展格局下消费结构升级与国内价值链循环：理论逻辑和经验事实 [J]. 财贸经济，2022，43（3）.
[52] 刘培林，钱滔，黄先海，等 . 共同富裕的内涵、实现路径与测度方法 [J]. 管理世界，2021，37（8）.
[53] 刘伟，陈彦斌 ."两个一百年"奋斗目标之间的经济发展：任务、挑战与应对方略 [J]. 中国社会科学，2021（3）.
[54] 刘志彪，孔令池 . 从分割走向整合：推进国内统一大市场建设的阻力与对策 [J]. 中国工业经济，2021（8）.
[55] 刘志彪 . 重塑中国经济内外循环的新逻辑 [J]. 探索与争鸣，2020（7）.
[56] 鲁保林，王朝科 . 畅通国民经济循环：基于政治经济学的分析 [J]. 经济学家，2021（1）.
[57] 卢锋 . 产品内分工 [J]. 经济学（季刊），2004（4）.
[58] 陆江源，相伟，谷宇辰 ."双循环"理论综合及其在我国的应用实践 [J]. 财贸经济，2022，43（2）.

[59] 马丹，何雅兴 . 危机传递、逆全球化与世界经济周期联动性 [J]. 统计研究，2019（7）.
[60] 马建堂，赵昌文 . 更加自觉地用新发展格局理论指导新发展阶段经济工作 [J]. 管理世界，2020，36（11）.
[61] 马建堂 . 建设高标准市场体系与构建新发展格局 [J]. 管理世界，2021，37（5）.
[62] 马克思 . 资本论（第 2 卷）[M]. 北京：人民出版社，2004.
[63] 倪红福，田野 . 中国经济双循环的动态变迁与国际比较——引入要素权属异质性的全球价值链分解新框架 [J].经济学（季刊），2023，23（5）.
[64] 宁吉喆 . 中国式现代化的方向路径和重点任务 [J]. 管理世界，2023，39（3）.
[65] 潘文卿，等 . 价值链贸易与经济周期的联动：国际规律及中国经验 [J]. 经济研究，2015（11）.
[66] 逄锦聚 . 深化理解加快构建新发展格局 [J]. 经济学动态，2020（10）.
[67] 裴长洪，刘洪愧 . 构建新发展格局科学内涵研究 [J]. 中国工业经济，2021（6）.
[68] 裴长洪 . 我国设立自由贸易试验区十周年：基本经验和提升战略 [J]. 财贸经济，2023，44（7）.
[69] 裴长洪 . 我国制度型开放与自由贸易试验区（港）实践创新 [J]. 国际贸易问题，2024（3）.
[70] 蒲清平，杨聪林 . 构建“双循环”新发展格局的现实逻辑、实施路径与时代价值 [J]. 重庆大学学报（社会科学版），2020，26（6）.
[71] 蒲华林 . 产品内国际分工与贸易对我国贸易平衡的影响分析 [J]. 国际贸易问题，2011（4）.
[72] 钱学锋，裴婷 . 国内国际双循环新发展格局：理论逻辑与内生动力 [J]. 重庆大学学报（社会科学版），2021，27（1）.
[73] 乔晓楠，李欣，蒲佩芝 . 共同富裕与重塑中国经济循环——政治经济学的理论逻辑与经验证据 [J]. 中国工业经济，2023（5）.
[74] 任继球 . 从外循环到双循环：我国产业政策转型的基本逻辑与方向 [J]. 经济学家，2022（1）.
[75] 任声策，杜梅，陈强 . 新发展格局下我国科技创新体系的适配性与路径研究 [J]. 经济学家，2023（2）.
[76] 邵朝对，苏丹妮 . 中国价值链分工的福利效应与空间解构：双循环视角 [J]. 世界经济，2023，46（1）.
[77] 盛斌，黎峰 . 以制度型开放为核心推进高水平对外开放 [J]. 开放导报，2022（4）.
[78] 苏立君，梁俊尚 . 构建国内国际经济双循环的政治经济学投入产出分析 [J]. 数量经济技术经济研究，2021，38（9）.
[79] 汤铎铎，等 . 全球经济大变局、中国潜在增长率与后疫情时期高质量发展

[J]. 经济研究，2020，55（8）.
[80] 唐宜红，等 . 全球价值链嵌入与国际经济周期联动：基于增加值贸易视角 [J]. 世界经济，2018（11）.
[81] 佟家栋，等 . 中国自由贸易试验区的发展、现状与思考 [J]. 山东大学学报（哲学社会科学版），2022（4）.
[82] 田文 . 产品内贸易的定义、计量及比较分析 [J]. 财贸经济，2005（5）.
[83] 汪建新，杨晨 . 促进国内国际双循环有效联动的模式、机制与路径 [J]. 经济学家，2021（8）.
[84] 汪旭晖，赵博 . 新发展格局下流通业促进形成强大国内市场的内在机制与政策思路 [J]. 经济学家，2021（10）.
[85] 王欠欠，田野 . 中国经济双循环的测度及增长结构分解 [J]. 经济学动态，2022（11）：58–74.
[86] 王文涛 . 以党的二十大精神为指引推进高水平对外开放 [J]. 求是，2023（2）.
[87] 王维平，牛新星 . 试论“双循环”新发展格局与经济高质量发展的良性互动 [J]. 经济学家，2021（6）.
[88] 王一鸣 . 百年大变局、高质量发展与构建新发展格局 [J]. 管理世界，2020，36（12）.
[89] 王直，魏尚进，祝坤福 . 总贸易核算法：官方贸易统计与全球价值链的度量 [J]. 中国社会科学，2015（9）.
[90] 王直，等 . 总贸易核算法：官方贸易统计与全球价值链的度量 [J]. 中国社会科学，2015（9）.
[91] 魏浩，等 .中国制度型开放的历程、特点与战略选择 [J]. 国际贸易，2022（7）.
[92] 魏婕，任保平 . 新发展阶段国内外双循环互动模式的构建策略 [J]. 改革，2021（6）.
[93] 文武，程惠芳 . 全球价值链嵌入与国际经济周期非对称联动 [J]. 统计研究，2021（3）.
[94] 沃西里・里昂惕夫 . 投入产出经济学 [M]. 北京：商务印书馆，1980.
[95] 西蒙・库兹涅茨 . 各国的经济增长 [M]. 北京：商务印书馆，1999.
[96] 肖土盛，孙瑞琦，袁淳，等 . 企业数字化转型、人力资本结构调整与劳动收入份额 [J]. 管理世界，2022，38（12）.
[97] 习近平 . 高举中国特色社会主义伟大旗帜 为全面建设社会主义现代化国家而团结奋斗——在中国共产党第二十次全国代表大会上的报告 [EB/OL]. 新华社，2022–10–25.
[98] 习近平 . 论坚持推动构建人类命运共同体 [M]. 北京：中央文献出版社，2018.
[99] 谢伏瞻，刘伟，王国刚，等 . 奋进新时代 开启新征程——学习贯彻党的

十九届五中全会精神笔谈（上）[J]. 经济研究，2020，55（12）.
[100] 谢伏瞻，马建堂，洪银兴，等. 中国共产党与中国特色社会主义政治经济学——庆祝中国共产党成立一百周年笔谈 [J]. 经济研究，2021，56（6）.
[101] 谢富胜，匡晓璐. 以问题为导向构建新发展格局 [J]. 中国社会科学，2022（6）.
[102] 徐奇渊. 双循环新发展格局：如何理解和构建 [J]. 金融论坛，2020，25（9）.
[103] 徐卓顺，赵奚，夏海利. "双循环" 新发展格局下消费升级对产业结构的影响 [J]. 社会科学战线，2022（3）.
[104] 亚当·斯密. 国民财富的性质和原因的研究（上卷）[M]. 北京：商务印书馆，2003.
[105] 杨灿明. 构建现代财税金融体制对优化收入分配格局的启示与意义 [J]. 经济学动态，2021（9）.
[106] 杨荣海. 人民币国际化 "双循环" 程度测算：模型与实证 [J]. 经济学家，2021（9）.
[107] 余淼杰. "大变局" 与中国经济 "双循环" 发展新格局 [J]. 上海对外经贸大学学报，2020，27（6）.
[108] 余振，周冰惠，谢旭斌，等. 参与全球价值链重构与中美贸易摩擦 [J]. 中国工业经济，2018（7）.
[109] 张二震，戴翔. 以 "双循环" 新发展格局引领经济高质量发展：理论逻辑与实现路径 [J]. 南京社会科学，2023（1）.
[110] 张建华，赵英，刘慧玲. 国内国际双循环视角下中国产业结构转型升级研究 [J]. 中国工业经济，2023（9）.
[111] 张培刚，刘建洲. 新贸易理论及其与发展中国家的关系 [J]. 经济学家，1995（2）.
[112] 张帅，王志刚，金徽辅. 双循环的经济增长效应：基于国内贸易的视角 [J]. 数量经济技术经济研究，2022，39（11）.
[113] 张燕生. 新中国 70 年对外经济贸易的转型发展 [J]. 全球化，2019（11）.
[114] 张宇燕. 中国对外开放的理念、进程与逻辑 [J]. 中国社会科学，2018（11）.
[115] 张占斌，毕照卿. 经济高质量发展 [J]. 经济研究，2022，57（4）.
[116] 郑休休，刘青，赵忠秀. 产业关联、区域边界与国内国际双循环相互促进——基于联立方程组模型的实证研究 [J]. 管理世界，2022，38（11）.
[117] 中国社会科学院财经战略研究院课题组，何德旭. 优化营商环境与扩大国内需求 [J]. 财贸经济，2023，44（8）.
[118] 中国社会科学院工业经济研究所课题组，张其仔. 提升产业链供应链现代化水平路径研究 [J]. 中国工业经济，2021（2）.
[119] 朱灏，史昭君，朱泊翰. 国际国内双循环新发展格局构造特征研究 [J]. 中

国软科学，2023（9）.

[120] 朱青 . 论“新发展格局”下的财税改革 [J]. 财贸经济，2021，42（5）.

[121] 祝合良，王春娟 .“双循环”新发展格局战略背景下产业数字化转型：理论与对策 [J]. 财贸经济，2021，42（3）.

[122] 祝坤福，等 . 全球价值链中跨国公司活动测度及其增加值溯源 [J]. 经济研究，2022，57（3）.

[123] Antràs P.. Firms，contracts，and trade structure[J]. The Quarterly Journal of Economics，2003，118（4）.

[124] Antràs P.，Chor D.. Organizing the global value chain[J]. Econometrica，2013，81（6）.

[125] Bordo M. D.，Helbling T. F..International Business Cycle Synchronization in Historical Perspective[J].NBER Working Papers，2010.

[126] Arndt S. W.. Globalization and the Open Economy[J]. The North American Journal of Economics and Finance，1997，8（1）.

[127] Atkeson A.，A. T. Burstein. Innovation，firm dynamics，and international trade[J]. Journal of political economy，2010，118（3）.

[128] Aw B. Y.，S. Chung，M. J. Roberts. Productivity and turnover in the export market：micro-level evidence from the Republic of Korea and Taiwan（China）[J]. The World Bank Economic Review，2000，14（1）.

[129] Balassa B. A.. Trade liberalization among industrial countries：Objectives and alternatives[M]. New York：McGraw-Hill，1967.

[130] Balassa B.. Tariff reductions and trade in manufacturers among the industrial countries[J]. The American Economic Review，1966，56（3）.

[131] Baldwin R. E.，F. Robert-Nicoud. Trade and growth with heterogeneous firms[J]. Journal of International Economics，2008，74（1）.

[132] Baldwin R.. Heterogeneous firms and trade：testable and untestable properties of the Melitz model[R]. NEBR Working Paper，2005（11471）.

[133] Baldwin R.，F. Robert-Nicoud. The Impact of Trade on Intraindustry Reallocation and Aggregate Industry Productivity：A Comment[R]. NEBR Working Paper，2004.

[134] Bernard A. B.，J. B. Jensen. Exceptional exporter performance：cause，effect，or both？[J]. Journal of international economics，1999，47（1）.

[135] Bernard A. B.，J. Wagner. Export entry and exit by German firms[J]. Weltwirtschaftliches Archiv，2001，137（1）.

[136] Bernard A. B.，J. Eaton，J. B. Jensen，et al.. Plants and productivity in international trade[J]. American economic review，2003，93（4）.

[137] Bown C. P.，M. A. Crowley. Trade deflection and trade depression[J]. Journal of International Economics，2007，72（1）.

[138] Brander J. A.，B. J. Spencer. Export subsidies and international market share rivalry[J]. Journal of international Economics，1985，18（1–2）.

[139] Bustos P.. Trade liberalization，exports，and technology upgrading：Evidence on the impact of MERCOSUR on Argentinian firms[J]. American economic review，2011，101（1）.

[140] Caliendo L.，E. Rossi–Hansberg. The impact of trade on organization and productivity[J]. The quarterly journal of economics，2012，127（3）.

[141] Caliendo L.，R. C. Feenstra，J. Romalis，et al.. Tariff reductions，entry，and welfare：Theory and evidence for the last two decades[R]. National Bureau of Economic Research，2015.

[142] Clerides S. K.，S. Lach，J. R. Tybout. Is learning by exporting important ? Micro–dynamic evidence from Colombia，Mexico，and Morocco[J]. The quarterly journal of economics，1998，113（3）.

[143] Deardorff A. V.. International provision of trade services，trade，and fragmentation[J]. Review of International Economics，2001，9（2）.

[144] Dixit A. K.，G. M. Grossman. Trade and Protection with Multistage Production[J]. The Review of Economic Studies，1982，49（4）.

[145] Dixit A. K.，J. E. Stiglitz. Monopolistic competition and optimum product diversity[J]. The American economic review，1977，67（3）.

[146] Dixit A.，V. Norman. Theory of international trade：A dual，general equilibrium approach[M]. Cambridge University Press，1980.

[147] Ethier W. J.. National and international returns to scale in the modern theory of international trade[J]. The American Economic Review，1982，72（3）.

[148] Fan H.，Y. A. Li，S. R. Yeaple. Trade liberalization，quality，and export prices[J]. Review of Economics and Statistics，2015，97（5）.

[149] Feenstra R. C.，G. H. Hanson. Global production sharing and rising inequality：A survey of trade and wages[J]. Handbook of international trade，2003.

[150] Feenstra R. C.，G. H. Hanson. Globalization，Outsourcing，and Wage Inequality[J]. American Economic Review，1996，86（2）.

[151] Gereffi G.. International trade and industrial upgrading in the apparel commodity chain[J]. Journal of international economics，1999，48（1）.

[152] Gereffi，G.. A commodity chains framework for analyzing global industries[J]. Institute of Development Studies，1999，8（12）.

[153] Ghironi F.， M. J. Melitz. International trade and macroeconomic dynamics with heterogeneous firms[J]. The Quarterly Journal of Economics，2005，120（3）.

[154] Grossman G. M.， E. Helpman. Comparative advantage and long-run growth[J]. American Economic Review，1990，80（4）.

[155] Grossman G. M.， E. Helpman. Product development and international trade[J]. Journal of political economy，1989，97（6）.

[156] Grossman G. M.， E. Helpman. Trade，knowledge spillovers，and growth[J]. European economic review，1991，35（2-3）.

[157] Helpman E.，P. Krugman. Market structure and foreign trade：Increasing returns，imperfect competition，and the international economy[M]. Cambridge：MIT press，1985.

[158] Helpman E.，M. J. Melitz，S. R. Yeaple. Export versus FDI with heterogeneous firms[J]. American economic review，2004，94（1）.

[159] Hummels D.，J. Ishii，K. M. Yi. The nature and growth of vertical specialization in world trade[J]. Journal of international Economics，2001，54（1）.

[160] Hummels D.，Ishii J.，Yi K. M.. The nature and growth of vertical specialization in world trade[J]. Journal of international Economics，2001，54（1）.

[161] Jones R. W.，H. Kierzkowski. The role of services in production and international trade[J]：A theoretical framework[J]. World Scientific Book Chapters，2018.

[162] Kasahara H.，B. Lapham. Productivity and the decision to import and export：Theory and evidence[J]. Journal of international Economics，2013，89（2）.

[163] Katz L. F.，K. M. Murphy. Changes in relative wages，1963 - 1987：supply and demand factors[J]. The quarterly journal of economics，1992，107（1）.

[164] Keesing D. B.. Labor skills and comparative advantage[J]. The American Economic Review，1966，56（1/2）.

[165] Kenen P. B.. Nature，capital，and trade[J]. Journal of political economy，1965，73（5）.

[166] Koopman R.，Wang Z.，Wei S. J.. Tracing value-added and double counting in gross exports[J]. American economic review，2014，104（2）.

[167] Krugman P. R.. Increasing returns，monopolistic competition，and international trade[J]. Journal of international Economics，1979，9（4）.

[168] Krugman P.. Scale economies，product differentiation，and the pattern of trade[J]. American economic review，1980，70（5）.

[169] Krugman P.，R. N. Cooper，T. N. Srinivasan. Growing world trade：causes and consequences[J]. Brookings papers on economic activity，1995，1995（1）.

[170] Krugman, P.. Increasing returns and economic geography[J]. Journal of political economy, 1991, 99（3）.

[171] Lancaster K.. Intra–industry trade under perfect monopolistic competition[J]. Journal of international Economics, 1980, 10（2）.

[172] Leamer E. E.. Wage inequality from international competition and technological change: theory and country experience[J]. The American Economic Review, 1996, 86（2）.

[173] Leontiev W.. Domestic Production and Foreign Trade[J]. Proceedings of the American Philosophical Society, 1953, 97（4）.

[174] Linder S. B.. An essay on trade and transformation[M]. New York: John Wiley and Sons Press, 1961.

[175] Melitz M. J.. The impact of trade on intra - industry reallocations and aggregate industry productivity[J]. econometrica, 2003, 71（6）.

[176] Melitz, M. J., Ottaviano, G. I.. Market size, trade, and productivity[J]. The review of economic studies, 2008, 75（1）.

[177] Namini J. E., R. A. López. Random Versus Conscious Selection into Export Markets Theory and Empirical Evidence[J]. Working Paper, 2006.

[178] Ng F., A. Yeats. Production sharing in East Asia: who does what for whom, and why？ [M]Global production and trade in East Asia. Boston, MA: Springer US, 2001.

[179] Nocke V., S. Yeaple. Globalization and endogenous firm scope[R]. NEBR Working Paper, 2006.

[180] Ohlin B.. Interregional and International Trade [M]. Cambridge: Harvard university Press, 1933.

[181] Porter M. E.. The Competitive Advantage of Nations[M]. London: Macmillan Pr.Ltd, 1990.

[182] Posner M. V.. International trade and technical change[J]. Oxford economic papers, 1961, 13（3）.

[183] Ricardo D.. the Principles of Political Economy and Taxation [M]. London: John Murray, 1817.

[184] Rybczynski T. M.. Factor endowment and relative commodity prices[J]. Economica, 1955, 22（88）.

[185] Samuelson P. A.. International trade and the equalisation of factor prices[J]. The Economic Journal, 1948, 58（230）.

[186] Schultz T. W.. Investment in human capital[J]. The American economic review, 1961, 51（1）.

[187] Stolper W. F., P. A. Samuelson. Protection and real wages[J]. The Review of Economic Studies, 1941, 9（1）.

[188] Timmer M. P., Erumban A. A., Los B., et al.. Slicing up global value chains[J]. Journal of economic perspectives, 2014, 28（2）.

[189] United Nations Industrial Development Organization. Industrial Development Repon 2002/2003: competing Through innovation and Learning[R]. Vienna: Wnited Nations Industrial Development Organization, 2002.

[190] Verdoorn P. J.. The intra-block trade of Benelux[J]. International Economic Association, 1960.

[191] Vernon R.. International investment and international Trade in the Product Cycle[J]. Quarterly Joural of Economics, 1966, 80（2）.

[192] Wang Z., Wei S. J., Yu X., et al.. Characterizing global value chains: production length and upstreamness[R]. National Bureau of Economic Research, 2017.

[193] Yeaple S. R.. A simple model of firm heterogeneity, international trade, and wages[J]. Journal of international Economics, 2005, 65（1）.

第二章

新时期产业结构、消费结构与贸易结构的协同变化研究

摘　　要

在经济全球化和全球价值链分工体系下，产业发展与贸易发展的互动性增强，产业政策与贸易政策的协动性调节体系需要重塑。但是迄今为止，有关产业发展与贸易发展、产业政策与贸易政策的协动性调节理论和实证研究还处在起步阶段，对产业结构、消费结构与贸易结构的协同变化还缺乏深入研究，对我国新时期产业政策与贸易政策的协同机制和实施路径也缺乏深入研究。新时期产业结构、消费结构与贸易结构的协同变化及其经济效应的研究成为现代化新征程高质量发展中迫切需要深入研究的重要理论与政策问题。本章在对全球产业结构、消费结构与贸易结构进行国际比较分析的基础上，根据我国 31 个省份 2002—2017 年的产业结构、消费结构与贸易结构数据，利用耦合协调模型及面板模型的系统 GMM 估计和双向固定效应，对我国新时期产业结构、消费结构与贸易结构的协同变化以及经济效应进行了实证分析，主要研究结论如下。

（1）产业结构、消费结构与贸易结构具有相互促进和互动升级的关系。产业结构、消费结构与贸易结构的互动关系分析结果表明，我国的产业结构、消费结构与贸易结构三者之间存在显著的正向促进作用。具体表现为：产业结构作用于消费结构，消费结构又反作用于产业结构；产业结构作用于贸易结构，贸易结构又反作用于产业结构；消费结构和贸易结构又相互作用，互为影响。三种结构间互动升级的关系中，消费

结构和产业结构的互动升级作用最明显。

（2）产业结构、消费结构与贸易结构的经济效应分析结果表明，产业结构、消费结构与贸易结构的互动升级，成为经济高质量增长的重要结构性推动力量。我国产业结构、消费结构与贸易结构的互动变化，经历过“结构性增速”阶段后逐渐迈向“结构性减速”阶段。在结构性拉动经济增长作用衰减的情况下，新时期提升产业结构、消费结构与贸易结构互动升级水平成为经济高质量发展的重要任务。

（3）产业结构、消费结构和贸易结构的协同升级政策建议：加强对产业结构、消费结构和贸易结构的协同升级的政策支持；加快消费结构升级，满足居民多层次消费需求，实现消费持续增长；深入推进供给侧结构性改革，加快产业结构优化升级，促进产业高质量发展；加强贸易结构与产业结构良性互动，持续提升产业和贸易国际竞争力；加速优化区域之间产业与贸易的协调发展，推动全国统一大市场发展，促进区域经济纵横联动，加快区域之间产业结构、消费结构与贸易结构协同优化升级，促进产业与贸易高质量协同发展。

关键词： 产业结构；消费结构；贸易结构；协同发展

第一节　产业结构、消费结构与贸易结构的互动变化研究文献回顾

一、 有关产业分类标准与产业结构变化

产业结构是各产业构成的比例关系及产业之间的联系。产业结构定义会随产业深化发展和产业联系的变化而变化。产业结构及产业之间联系与产业分类标准具有密切关系，根据产业分类标准可以对产业结构变化规律进行分析。

（一）三次产业分类标准

目前，产业分类标准主要是三次产业分类标准，即把产业分为第一产业、第二产业、第三产业（国内外权威机构都把第三产业称为服务业），第一产业是产品直接取自自然界的部门总和，主要包括农、林、牧、渔业。第二产业是对初级产品进行制造加工的部门总和，主要包括工业（采矿业，制造业，电力、燃气、水的生产和供应业）和建筑业，

其中制造业又可以分为纺织服装、化工、机械、医药、金属、交通运输设备、信息通信等细分行业。第三产业即服务业，是为生产和消费提供各种服务的部门总和，其又可以分为流通服务业、生产性服务业和生活服务业、提高科学文化水平和居民素质的服务业、社会公共需要服务业等细分服务业（见表 2-1）。

表 2-1　　三次产业分类

产业	类别名称
第一产业	农、林、牧、渔业
第二产业	采矿业
	制造业
	电力、燃气、水的生产和供应业
	建筑业
第三产业（服务业）	流通服务业
	生产性服务业和生活服务业
	提高科学文化水平和居民素质的服务业
	社会公共需要服务业

资料来源：作者根据资料整理。

（二）全部经济活动的国际标准产业分类

产业分类标准中第二种分类是联合国《全部经济活动的国际标准产业分类》(*International Standard Industrial Classification of all Economic Activities*, ISIC)（以下简称国际标准产业分类，ISIC），联合国国际标准产业分类（ISIC）是 1948 年由联合国“经济与社会理事会”的“产业分委会”（后改为统计分委员会）提出的产业国际化和标准化分类体系。国际标准产业分类（ISIC）：一是所有经济活动以产业进行划分，二是产业分类基础是多数国家现存产业结构，三是各机构按产业进行分类，与机构所有制形式无关，有多种产品的机构按主要产品的产业进行分类。1948 年联合国国际标准产业分类（ISIC）提出以来，国际标准产业分类经过了四次大修改，目前国际上普遍采用的是联合国国际标准产业分类第三版和第四版（ISIC Rev.3 和 ISIC Rev.4）（见表 2-2）。国际标准产业分类（ISIC）Rev.4 共分为 21 个部门，88 个大类，238 个中类，419 个小类，21 个部门主要包括农业（农、林、牧、渔业）、采矿和采石、制造业、电、煤、气、供水、污水处理、废物管理、建筑业、批发和零售业务、运输和储存、金融和保险、食宿服务、房地产、信息和通信、专业和科技服务、行政服务、公共服务和国防、教育、健康和社会服务、艺术和娱乐服务、其他服务、家庭服务、境外组织和机构服务等部门（见表 2–3）。《中国统计年鉴》中参照联合国国际标准产业分类的统计数据。按国家统计局（《中国统计年鉴》）统计口径分类，我国产业结构具体划分为农林牧渔业、工业、建筑业、交通运输、仓储和邮政业、批发和零售业、住宿和餐饮业、金融业、房地产业以及其他服务业。

表 2-2　　联合国国际标准产业分类（ISIC）版本比较

	ISIC Rev.3	ISIC Rev.4
门类	17	21
大类	60	88
中类	159	238
小类	292	419

资料来源：联合国国际标准产业分类。

表 2-3　　联合国国际标准产业分类部门分类比较

	ISIC Rev.4 21 个部门分类	ISIC Rev.3 17 个部门分类
A	农、林、牧、渔业	农、林、牧
B	采矿和采石	渔业
C	制造业	采矿和采石
D	电、煤、气	制造业
E	供水、污水处理、废物管理	电、煤、气
F	建筑业	建筑业
G	批发和零售业务	批发和零售业务
H	运输和储存	旅游与餐饮
K	金融和保险	运输和储存
I	食宿服务	金融业
L	房地产	房地产
J	信息和通信	公共管理和国防
M	专业和科技服务	教育
N	行政服务	保健和社会服务
Q	公共服务和国防	社会和个人服务
P	教育	家庭服务
R	艺术和娱乐服务	境外组织和机构服务
S	其他服务	
T	家庭服务	
U	境外组织和机构服务	
V	健康和社会服务	

资料来源：联合国国际标准产业分类。

为了便于制造业结构与制造业贸易结构进行比较分析，制造业贸易结构数据可以用世界银行 World Integrated Trade Solution（WITS）数据库的分类（见表 2–4）。

表 2-4　　第二产业和制造业行业分类

一级分类	二级分类	三级分类
第二产业	采石及采矿业	煤炭和褐煤
		原油和天然气
		铀和钍矿石
		金属矿
		其他矿物
	制造业	电力设备制造
		机械设备的制造
		化学品及药品制造
		汽车、挂车和半挂车的制造
		食品及饮料制造
		家具制造
		橡胶和塑料制品的制造
		焦炭和精炼石油产品制造
		办公室设备和计算机制造
		基本金属制造
		医疗器械、电子精密仪器和光学产品制造
		收音机、电视机、通信设备制造
		服装制造
		金属制品制造（机械设备除外）
		其他运输设备制造
		其他非金属矿物制品的制造
		纺织品制造
		纸和纸制品制造
		皮革和相关产品制造
		木材及木材制品和软木制品、草编及编织制造
		印刷、出版及复制品制造
		烟草制造
		电、气、水供应业

（三）按要素密集度的产业分类

第三种产业分类是按要素密集度分类，要素密集度是判断产业发展水平的一个重要特征，一个国家或地区的产业发展水平或产业结构从根本上来说，是由这个国家或地区的要素密集度、要素禀赋结构和产业要素密集度来决定的。要素禀赋结构是指在生产过程和经济发展中使用的自然资源、劳动力、资本、技术等要素丰裕程度和要素投入比例关系，产业要素密集度分类方法通常把产业分为劳动密集型产业、资本密集型产业和技术密集型产业。劳动密集型产业（Labor Intensive Industry）是指主要依靠大量使用劳动力进行生产的产业，主要指农业、林业、渔业和纺织、服装、玩具、皮革、家具等制造业。资本密集型产业（Capital Intensive Industry）是指主要依靠资本和设备投入进行生产的行业，如冶金工业、化学工业、石油工业、机械制造业等重化工业。技术密集型产业（Technological Intensive Industry）是指主要依靠先进科学技术进行生产的制造业和服务业，如医药产业、电子计算机产业、信息通信产业、航空航天业等制造业，技术密集型服务业，如科技服务业、软件服务业、金融服务业等。

林毅夫（2019）在《新结构经济学》[①] 中提出，一个经济体的经济结构（产业结构）内生于它的要素禀赋结构，持续的经济发展是由要素禀赋的变化和持续的技术创新推动的。一国的要素禀赋在任意特定的时刻是给定的，但随着时间的推移是可变的。要素禀赋决定了一国的比较优势，并从而决定了该国的最优产业结构。一个经济体的产业结构通常从劳动密集型产业向资本密集型产业再向技术密集型产业转型升级，如果没有产业结构转变，持续的经济增长将不可能实现（Kuznets，1966）[②]。

二、有关产业结构变化相关研究文献回顾

（一）产业结构研究文献数量变化

根据 Web of Science 文献检索结果，1990 年至 2018 年发表的论文中，以“industrial structure”“structural change”为关键词，分别检索到文献 3015 篇和 2107 篇（见图 2–1、图 2–2）。21 世纪以来，国际期刊文献数量持续增长表明产业结构是经济研究热点之一。

---

① 林毅夫:《新结构经济学》，北京大学出版社 2019 年版。

② Kuznetz Simon, *Modern Economic Growth: Rate*, *Structure and Spread*, Yale University Press, 1966.

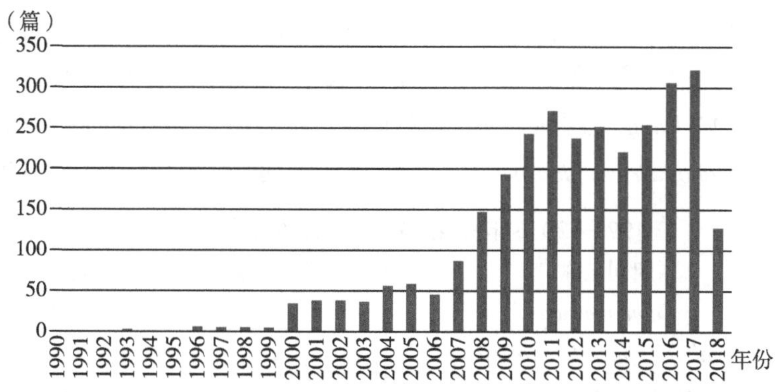

图 2-1　1990—2018 年“industrial structure”相关文献数量

资料来源：作者根据文献整理所得。

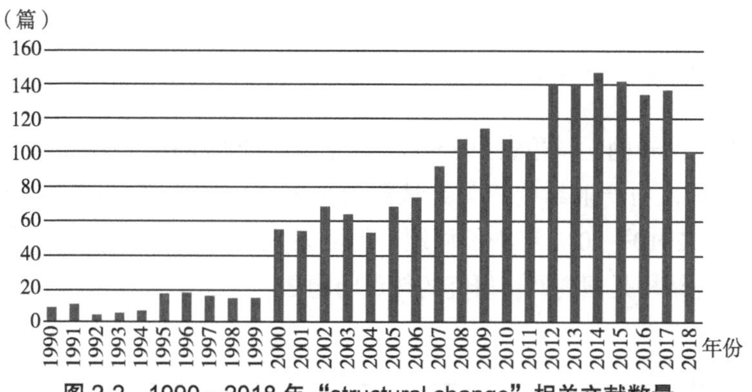

图 2-2　1990—2018 年“structural change”相关文献数量

资料来源：作者根据文献整理所得。

在国际期刊发表的论文中，“industrial structure”相关文献被引量在 100 次以上的有 28 篇。从论文发表期刊来看，*Advances in Social Science Education and Humanities Research*、*Advanced Materials Research*居前 2 位；从文献影响力来看，*Journal of Finance*、*Quarterly Journal of Economics* 等期刊位居前列（见表 2–5）。

表 2-5　　1990—2018 年发表的关于产业结构的研究文献

期刊名称	文献数（篇）	占比（%）
Journal of Finance	2	7.14
Quarterly Journal of Economics	1	3.57
Energy Policy	3	10.7
American Economic Review	1	3.57
Applied Energy	1	3.57

资料来源：作者根据文献整理所得。

在国际期刊发表的论文中，“structural change”相关文献被引量达100次以上的有52篇（见图2-2）。从论文发表期刊来看，*Applied Economics*、*Economic Modelling* 位居前2位；从论文影响力来看，*Econometrica*、*Journal of Applied Econometrics*、*Journal of Econometrics* 期刊的引用率最高（见表2-6）。

表2-6 1990—2018年发表的关于产业结构变化的研究文献

期刊名称	文献数（篇）	占比（%）
Econometrica	6	11.5
Journal of Applied Econometrics	2	3.8
Journal of Econometrics	7	13.5
Energy Policy	8	15.4
Energy Economics	4	7.7
Ecological Economics	3	5.8

资料来源：作者根据文献整理所得。

在中国知网上，检索1985—2018年以“产业结构”为主题的文献有193052篇，与产业结构相关文献数量在2000—2010年呈现持续较快增长态势，2010—2017年增长放缓，但年发表论文仍保持在1万篇以上，表明产业结构是国内经济研究的热点问题之一（见图2-3）。

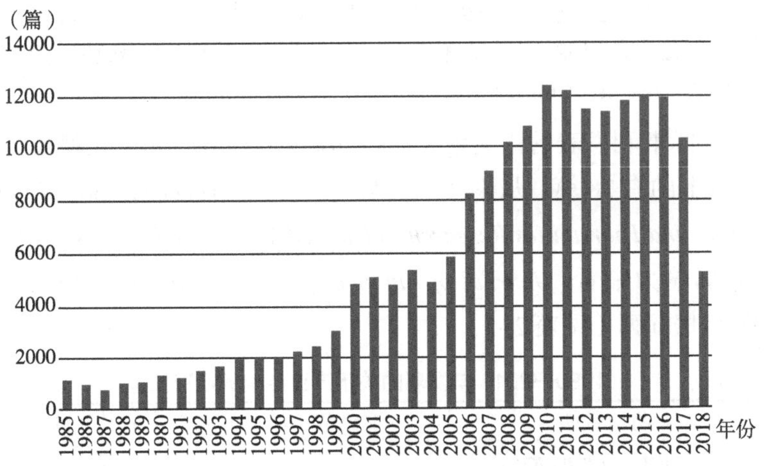

图2-3 1985—2018年“产业结构”相关文献数量变化

资料来源：作者根据文献整理所得。

在中国知网上，检索1985—2018年有关“产业结构”的发表在国内知名度、影响因子较高的12本期刊上，被引量超过40次的有448篇权威文献。经检索发现，这 448 篇文献最高被引量达到 1576 次，被引量超过 100 次的文献多达 208 篇，说明产业结构是经济研究中被关注和重视的热点问题之一。

（二）有关产业结构、产业创新与全球价值链的主要研究文献回顾

1. 有关生产要素与产业结构形成的研究文献回顾

林毅夫（2019）[①] 认为，分析经济发展的起点是经济的禀赋特征。一个经济的禀赋特征在任何给定时间是给定的，但会随着时间的推移而变化。产业发展和产业结构也是以产业的生产要素禀赋及其配置的研究为起点的。有关产业发展及产业结构变化的研究最早可追溯到 17 世纪下半叶至 18 世纪中期。英国经济学家威廉·配第（William Petty）[②] 在 1662 年出版《赋税论》和 1672 年出版《政治算术》，被称为政治经济学之父，也被称为统计学的创始人。威廉·配第提出要从具体的统计资料中去寻找经济现象产生的要素基础，他以劳动价值论为基础，对英、法、荷三国进行了国情和经济实力的数量比较分析，提出劳动是财富之父，土地是财富之母，指出农业经济时代产业发展的最基本生产要素是劳动和土地。威廉·配第深刻分析了税收与国民财富、税收与国家经济实力之间的关系，他认为国民财富的增减是赋税经济效果的主要标志。

法国经济学家弗朗斯瓦·魁奈（Francois Quesnay）在 1758 年发表《经济表》和 1766 年发表《经济表分》[③]，《经济表》是为了解决当时法国的现实经济问题和振兴国民经济而制定出来的，试图通过描述社会各阶级之间的商品流通，论证资本主义社会生产和再生产的客观过程，阐明社会总产品再生产及其在价值和实物形式上如何进行补偿的科学理论。魁奈主张实行自由商品流通，主张通过自由贸易促进经济增长。

英国经济学家亚当·斯密（Adam Smith）1776 年在《国民财富的性质和原因的研究》[④]中最早提出分工与产业发展理论，提出“劳动生产力上最大的进步，以及所有劳动指向和应用的地方展现出的熟练程度、技能和判断力的提高，似乎都源于分工”。亚当·斯密认为制造业分工能够明显提高劳动生产率，分工能够提高劳动生产率的原因有三个。一是

---

① 林毅夫:《新结构经济学》，北京大学出版社 2019 年版。

② William Petty, *A Treatise of Taxes and Contributions*, N. Booke, 1662.

③ 弗朗斯瓦·魁奈:《魁奈〈经济表〉及著作选》，华夏出版社 2006 年版。

④ Adam Smith, *An Inquiry into the Nature and Causes of the Wealth of Nations*, Harriman House Limited, 1776.

每个特定环节的工人技能得到提升；二是分工免除了在不同类型工作之间来回转换耗损的时间；三是大量精简劳动的机械的发明，使一个人能够胜任多个人的工作。亚当·斯密提出，分工促进商业社会发展，而商业社会和商品交换又促进产业分工和产业发展。亚当·斯密认为，分工一旦形成并完全确立，一个人自己的劳动产物便只能满足其欲望中极微小的一部分，他须用自己消费不了的剩余产品进行交换，来满足自己的大部分欲望。这样，每个人都要靠交换生活，或者说在某种程度上，所有人都成了商人，而社会也渐渐成为所谓的商业社会。亚当·斯密提出，分工和交换促进商品价格、商品成本、市场价格形成，市场价格体系和交换体系又促进产业体系发展，从而进一步促进按绝对成本优势进行国际分工和国际贸易发展。亚当·斯密成为古典国际贸易理论的创始人。

英国著名经济学家阿尔弗雷德·马歇尔（Alfred Marshall）在1879年出版了第一本《产业经济学》[①]。马歇尔在《产业经济学》中分析产业发展和财富生产的三种生产要素为劳动力、土地、资本，并指出劳动力、土地、资本都存在报酬递减规律。由于劳动力、土地、资本都存在报酬递减规律，要持续提高三种生产要素的报酬，就需要通过深化劳动分工体系和产业组织体系，促进产业中心和产业组织体系发展，产业组织体系发展又促进现代生产方式和交换方式变化，产业组织体系及市场需求和供给体系进一步深化产业分工，产业分工体系发展促进各种产业比例变化和产业联系，产业之间比例关系和产业之间联系就逐步形成产业结构。

2. 有关产业结构演变的主要研究文献回顾

20世纪30年代以来，国内外学者对产业结构变化进行了广泛且深入的研究，形成多种学术流派。德国经济学家瓦尔特·霍夫曼（Walther Hoffmann，1931）在《工业化的阶段和类型》[②]一书中根据德国工业发展经验提出霍夫曼定理，揭示了工业化进程中工业结构演变的规律。根据霍夫曼系数的不同将德国工业化进程分成四个阶段：工业化第一阶段，霍夫曼系数为5（±1），消费资料工业比重高于资本资料工业比重，轻工业为主；工业化第二阶段，霍夫曼系数为2.5（±1），资本资料工业超过消费资料工业，但是从规模上看，资本资料工业低于消费资料工业，重化工业进入加快发展阶段；工业化第三阶段，霍夫曼系数为1（±0.5），

① 阿尔弗雷德·马歇尔：《产业经济学》，商务印书馆2015年版。

② 瓦尔特·霍夫曼：《工业化的阶段和类型》，上海译文出版社1979年版。

资本资料工业的规模和发展速度基本上与消费资料工业的规模和发展速度持平，轻工业与重化工业处于并行发展阶段；工业化第四阶段，霍夫曼系数在 1 以下，资本资料工业的比重超过消费资料工业的比重，重化工业占据主导地位。

1941 年，俄裔美国著名经济学家西蒙·史密斯·库兹涅茨（Simon Smith Kuznets）出版了《国民收入及其构成》[①]，利用大量的统计资料详细地研究了国民收入及其构成的含义，自此形成了估算国民收入的方法，建立了现代国民收入核算体系的基本结构。1944 年联合国货币金融大会（布雷顿森林会议）决定把国内生产总值（GDP）作为衡量一国经济总量的主要工具，库兹涅茨被称为 GDP 之父。保罗·萨谬尔逊曾评价库兹涅茨是 20 世纪经济学的巨人，他是测算国民收入的奠基者，开创了计量经济学的历史。库兹涅茨在《国民收入及其构成》中指出部门产值和劳动力所占比重在农业部门不断下降，在工业部门总体上升后趋于稳定，在服务部门则不断上升。库兹涅茨在其 1971 年出版的《各国的经济增长——总产值和生产结构》[②] 中提出“人均产值与部门份额间关系”，把国内生产总值主要部门分为 A 部门、I 部门和 S 部门，其中 A 部门包括农业、林业、狩猎业和渔业,I 部门包括矿业及采掘业、制造业、建筑业、电力、煤气、水、运输和通信，S 部门包括商业、银行、保险、房地产、住房的所有权、政府及国防、其他服务等。

日本经济学家赤松要（Akamatsu，1935）提出“雁行形态论”[③]，针对日本产业情况，研究了工业落后国为了缩小与工业发达国家之间的产业差距而采取的一种参与国际分工，实现产业结构高度化的发展模式。他论述了本国产业发展大致经历了“进口—当地生产—开拓出口”的过程，这三个发展阶段像三只飞行的大雁，所以称之为雁行模式。一国可以从国外引进先进的技术，结合本国廉价劳动力，来促进国内企业的技术创新，形成后发优势，进一步促进本国产业结构优化，并趋近于发达国家。

科林·克拉克（Colin Clark，1941）出版了《经济进步的条件》[④] 一书，他以配第的研究为基础，对 40 多个国家和地区不同时期三次产业的

---

① 西蒙·库兹涅茨:《国民收入及其构成》，商务印书馆 1985 年版。

② 西蒙·库兹涅茨:《各国的经济增长——总产值和生产结构》，商务印书馆 2018 年版。

③ 赤松要:《我国羊毛工业品的贸易趋势》，商务印书馆 2014 年版。

④ 科林·克拉克:《经济进步的条件》，中国人民大学出版社 2020 年版。

劳动投入产出资料进行了整理和归纳，总结出随着经济发展和人均国民收入水平的提高，劳动力首先由第一产业向第二产业转移，然后再向第三产业转移的演进趋势，被称为“配第－克拉克定律”。配第－克拉克定律起源于英国古典经济学家威廉·配第的《政治算术》[①]，克拉克对三次产业的劳动力流动进行归纳并加以验证。

美国经济学家霍利斯·钱纳里（Hollis B. Chenery，1980）[②]把工业化分为六个阶段。第一阶段产业结构以农业为主，生产力水平很低。第二阶段为工业化初期阶段，产业结构由以农业为主的传统结构逐步向以现代化工业为主的工业化结构转变，工业中则以食品、烟草、采掘、建材等初级产品的生产为主。这一阶段的产业以劳动密集型产业为主。第三阶段是工业化中期的重化工业阶段，制造业内部由轻型工业的增长转向重型工业的增长，第三产业开始发展，这一阶段重化工产业大部分属于资本密集型产业。第四阶段为工业化中后期阶段，第一产业和第二产业增加值占比持续下降，服务业（第三产业）进入持续快速增长阶段，并成为区域经济增长的主要拉动力量。第五阶段为后工业化社会，制造业内部结构由以资本密集型产业为主导向以技术密集型产业为主导转换，技术密集型产业快速发展是主要特征。第六阶段为现代化社会，是技术密集型产业与现代服务业加快发展阶段。

美国经济学家华尔特·罗斯托（Walt Whitman Rostow，1960，1971）在出版的《经济成长的阶段》[③]和《政治和成长阶段》[④]书中提出人均收入水平与经济成长、经济起飞和产业发展的六个阶段。①传统社会阶段：主导产业是农业；②为起飞创造前提阶段：从传统社会向起飞阶段转变的过渡阶段，农业与食品、饮料、烟草等轻工业加快发展；③起飞阶段：农业劳动力逐渐从农业转向工业，人均收入水平持续提高，城市化发展加快，非耐用消费品的食品、饮料、烟草、纺织业、服装业、铁路运输业等加快发展；④向成熟推进阶段：经济起飞后经济持续发展，工业主导部门是重化工业，如钢铁、机械、化工等；⑤工业高度发达阶段：产

---

① 威廉·配第:《政治算术》，商务印书馆 2014 年版。

② Chenery Hollis B., “Interactions between industrialization and exports,” *American Economic Review*, Vol. 70, No. 2, 1980.

③ Rostow Walt Whitman, *The Stages of Economic Growth*, Cambridge University Press, 1960.

④ Rostow Walt Whitman, *Politics and the Stages of Growth*, Cambridge University Press, 1971.

业主导部门转向耐用消费品部门，交通运输设备、机械、化工、家电、金属制品等资本密集型和技术密集型产业加快发展；⑥追求生活质量阶段：主导产业从工业转向服务业，提高居民生活质量的服务业成为主导部门。罗斯托认为决定经济成长阶段的主要影响因素是科学技术进步和主导产业发展水平。

一方面是从产业内部的角度。第一产业中农业、林业、畜牧业和渔业间的比例关系和变化情况；第二产业中制造业、采矿业、建筑业和电力、燃气及水的生产和供应业等之间的比例关系和变化情况；第三产业中生产性服务业和消费性服务业、传统服务业和现代服务业之间的比例关系和变化情况。另一方面是从产业结构高度化的角度。经济的发展会带来产业结构高度化，劳动生产率的趋同会带来产业结构优化，即产业发展的重心从第一产业转向第二产业，再从第二产业转向第三产业，同时三次产业的产值和就业等比例变化的过程。产业结构的高度化的过程也是劳动密集型产业向知识技术密集型产业转化的过程，在产业结构升级过程中，体力劳动的投入减少，物质资源的消耗也不断降低，而智力劳动和科学技术的投入相对增加，产业内部直接从事生产性劳动的人员比例下降，从事研发、设计和信息服务等服务性劳动的人员比例增加。

3. 有关产业创新发展的主要研究文献回顾

1912 年，美国经济学家约瑟夫·熊彼特在《经济发展理论》[①]一书中首次把“创新”的概念引入经济发展理论。熊彼特论述了经济动态循环和经济发展中的创新理论，指出所谓创新就是建立一种新的生产函数和创新组合，是把一种从来没有过的关于生产要素和生产条件的新组合引入生产体系。而经济发展的本质就是不断实现新组合，“所谓经济发展，就其本质而言，在于对现存劳力及土地的服务以不同方式加以利用”。熊彼特认为“我们所说的经济发展，可以定义为执行新的组合”，新的组合包括五种情况：①采用一种新的产品；②采用一种新的生产方式；③开辟一个新市场；④掠取或控制原材料或半成品的一种新的供应来源；⑤实现任何一种工业的新组织。熊彼特创新理论提出产品创新、生产方式创新、市场创新、供应来源创新、工业组织创新是经济发展的重要推动力量，并认为创新是生产技术和生产组织方式变革的内在因素，经济发展

① 约瑟夫·熊彼特：《经济发展理论》，商务印书馆 2019 年版。

是来自企业和产业内部自身创新创造性的推动。熊彼特创新理论还提出企业家是创新、生产要素新组合以及经济发展的主要组织者和推动者。

在熊彼特提出新的组合理论和经济发展理论后，产业创新理论进一步深化发展。坎宁安（1960）在“Industrial Innovation”[①]一文中提出了“产业创新”一词。英国学者弗里曼（Freeman，1974）在《产业创新经济学》《The Economics of Industrial Innovation》[②]一书中提出产业创新包括五个方面：技术和技能创新、产品创新、流程创新、管理创新（含组织创新）和营销创新。理查德·纳尔逊）Nelson，1987）[③]从应用研究和基础研究的角度分析对产业创新发展的影响。埃德温·曼斯菲尔德（Edwin Mansfield，1995）[④]运用实证分析的方法，研究了产业创新与科学研究之间的关系，研究结果表明：制药业、仪器制造业等高技术产业的产业创新与前沿学术研究密切相关；隶属于政府的科研机构部门对产业创新起到了更积极作用。迈克·霍布德（Mike Hobday,1997）[⑤]从单项技术创新的角度分别讨论了半导体技术和通信技术的产业创新。Kneller（2003）[⑥]、Freel（2005）[⑦]和Versluis（2005）[⑧]分别从德国食品产业、美国的娱乐产业及英国北部的制造业和服务业角度实证分析了产业创新的影响。

我国学者在20世纪90年代开始对产业创新的研究。柳卸林等（1999）[⑨]基于制造业能力与技术能力比较研究了产业创新能力。严潮斌（1999）[⑩]认为产业创新是一种合作创新，是特定产业为了提高核心竞争力

① Cunningham N. J., “Industrial innovation,” *Business Histony*, Vol.2, No.2, 1960.

② Freeman C., *The Economics of Industrial Innovation*, Penguin Books, 1974.

③ Nelson Richard R., *Understanding Technical Change as an Evolutionary Process*, Amsterdam and New York, 1987.

④ Mansfield Edwin, “Academic research underlying industrial innovations: Sources, Characteristics, and Financing,” *Review of Economic & Statistics*, Vol. 77, No. 1, 1995.

⑤ Hobday Mike, “the technological competence of european semiconductor producers,” *International Journal of Technology Management*, Vol. 14, No. 2–4, 1997.

⑥ Kneller Richard, Philip Andrew Stevens, “Frontier technology and absorptive capacity: evidence from OECD manufacturing industries,” *Oxford Bulletin of Economics & Statistics*, Vol. 68, No. 1, 2006.

⑦ Freel Mark S., “Patterns of innovation and skills in small firms,” *Technovation*, Vol. 25, No. 2, 2005.

⑧ Versluis Cokki, “Innovations on thin ice,” *Technovation*, Vol. 25, No. 10, 2005.

⑨ 柳卸林、赵捷：《我国产业技术国际竞争力分析》，《中国工业经济》1999年第7期。

⑩ 严潮斌：《产业创新：提升产业竞争力的战略选择》，《北京邮电大学学报（社会科学版）》1999年第3期。

而主动进行的产业内的相互合作。张耀辉（2002）[①] 认为产业创新是一个产业转型升级的过程，以市场需求为导向，采用新技术，研发新产品，最终形成新产业。洪银兴（2011）[②] 研究了科技创新与创新型经济，认为只要能够着力推进科学发现向新技术的转化，最先应用新发明，就可以产生具有自主知识产权的创新成果，尤其是在重点领域和重点地区可能使最新科学发现和发明在我国得到最先采用，从而占领世界科技和产业的制高点。吴航和陈劲（2014）[③] 深刻剖析了促进中关村创新集群快速发展的体制机制，提出了推动中关村发展成为未来全球第一创新集群的政策建议。吴航和陈劲（2014）[④] 基于动态能力理论视角，选取中国制造企业作为研究对象，探索了出口和对外直接投资对创新绩效的影响机制。柳卸林等（2015）[⑤] 基于创新生态观提出了从创新生态角度思考我国科技管理模式的建议。

4. 有关产业组织与市场结构变化的主要研究文献回顾

20 世纪 30 年代以后，国际上的学者开始对产业组织与市场结构变化进行深入研究。20 世纪 30 年代，欧美国家进入工业化阶段，随着制造业机械化水平提高，食品制造、饮料、烟草、纺织业、服装业、钢铁、机械等产业规模不断扩大，大工业组织不断涌现，市场交换规模不断扩大，产业体系和市场体系发生了深刻变化，私人合伙组织和股份公司等大企业在产业发展中的垄断竞争趋势明显，市场结构从原来完全竞争向垄断竞争转变，国际上产业发展研究从产业结构发展阶段研究开始向产业组织、市场结构与产业创新的研究转变。

英国经济学家马歇尔被认为是产业组织理论的创始人，1890 年马歇尔出版的《经济学原理》[⑥] 首次把“工业组织”纳入经济理论体系进行分析，马歇尔在工业组织分析中提出“大规模生产的主要利益，是技术的经济、机械的经济和原料的经济”。“大工厂的利益在于：专门机械的使用与改良、采购与销售、专门技术和企业经营管理工作的进一步划分”。马歇尔在工业组织分析中还提出“外部经济”与“内部经济”的新概念，

① 张耀辉：《产业创新：新经济下的产业升级模式》，《数量经济技术经济研究》2002 年第 1 期。

② 洪银兴：《科技创新与创新型经济》，《管理世界》2011 年第 7 期。

③ 吴航、陈劲：《中关村：未来全球第一的创新集群》，《科学学研究》2014 年第 1 期。

④ 吴航、陈劲：《新兴经济国家企业国际化模式影响创新绩效机制——动态能力理论视角》，《科学学研究》2014 年第 8 期。

⑤ 柳卸林等：《基于创新生态观的科技管理模式》，《科学学与科学技术管理》2015 年第 1 期。

⑥ Marshall Alfred, *Principles of Economics*, MacMillan, 1890.

外部经济与企业区域集中或工业地区分布有关，内部经济与企业内部资源、组织和经营效率有关。

贝恩在1959年出版的《产业组织》[1]从市场结构、市场行为和市场绩效上研究产业组织理论。法国经济学家让·梯若尔（Jean Tirole，1988）[2]在出版的《产业组织理论》一书中指出“20世纪70年代以前，经济理论家很不重视产业组织，产业组织学也没有像竞争性一般均衡理论所作的那种精致的和一般的分析方法。自20世纪70年代以来，许多一流的理论家开始对产业组织感兴趣”。原因是20世纪70年代，欧美发达国家进入重化工业快速发展阶段，在重化工业发展阶段，产业结构和市场结构发生了深刻变化。重化工业是资本密集型产业，需要大规模资本投入和大规模的生产销售，逐步形成原材料—制造—销售等产业纵向一体化。重化工业发展阶段的企业主体是以大企业为主，大企业发展和产业纵向一体化引发市场垄断竞争，市场结构从原来完全竞争转向垄断竞争，市场运行机制发生了深刻变化。市场结构变化（市场上卖者数量、产业差异程度、成本结构以及供给者纵向一体化的程度等）决定市场运行行为和产业组织行为变化（包括价格、研发、投资、生产、销售、广告等变化），市场运行和产业组织行为变化引发市场绩效和企业绩效变化（效率、垄断价格与边际成本的比率、产品差异性、创新率、利润和分配），迫切需要研究市场结构、产业结构—市场行为、产业行为—市场绩效、企业绩效之间的关系。因此，20世纪70年代产业组织学理论应运而生。梯若尔提出产业组织就是“研究市场运行”，研究产业集中度（CR）、产业垄断、产品选择、产品差异化、产业纵向控制、市场势力（Market Power）、价格竞争和非价格竞争、研发和新技术采用、战略相互作用、合作与博弈等。

5. 有关产业竞争战略与产业五大竞争力主要研究文献回顾

经济学家长期研究产业结构变化，但主要是从产业结构演变和公共政策的角度进行分析，20世纪70—80年代产业结构、产业组织、市场垄断竞争、产业竞争战略等都发生了深刻变化，传统的产业结构分析方法无法解释产业竞争新趋势。美国哈佛大学迈克尔·波特（Michael E. Porter）提出产业竞争战略和产业竞争优势的新理论。迈

---

① Bain Joe S., *Industrial Organization*, Wiley, 1959.

② Jean Tirole, *The Theory of Industrial Organization*, MIT Press, 1988.

克尔·波特是产业经济学研究方面的权威专家，认为产业竞争的本质及竞争战略原理才是研究的核心。迈克尔·波特撰写和出版了一系列有关产业竞争战略与产业竞争优势的著作，1980 年出版《竞争战略》，1985 年出版《竞争优势》，1990 年又出版《国家竞争优势》，被称为竞争战略之父。迈克尔·波特在研究了成百上千个行业基础上，在《竞争战略》一书中建立行业结构、行业之间区别、行业变革、竞争战略和驱动行业竞争五大力量的分析框架，提出产业竞争战略的四大关键要素是：企业优势和劣势、行业机会与威胁、关键领导人的个人价值观、更大范围的社会期望，提出行业内存在的竞争根植于行业的基本经济结构，行业内的竞争状态取决于驱动行业竞争的五大竞争力：①新进入者的威胁，②替代产品或服务的威胁，③买方的议价能力，④供应商的议价能力，⑤现有竞争者之间的竞争。五大竞争力的合力决定了行业竞争的强度和盈利能力，谁拥有最强竞争力，谁就将起到行业发展统领作用。

迈克尔·波特在 1990 年出版的《国家竞争优势》一书中提出，“比较优势理论长期以来在国际竞争分析中处于主流和主导地位，而我则力主竞争优势应该是一国财富的源泉”。他还提出“从国家的层面来考虑时，竞争力的唯一意义就是国家生产力。国家与产业竞争力的关系，也正是国家如何刺激产业改善和创新的关系”“竞争力是每个国家从产业界到政府，人人关心的主要议题”。迈克尔·波特在《国家竞争优势》一书中对 10 个产业竞争力处于全球领先的发达国家进行比较分析，提出国家竞争优势钻石理论和产业结构五大作用力，并提出竞争优势一般可以分为“低成本竞争优势”和“差异性竞争优势”，在竞争优势分析中提出产业集群和价值链（Value Chain）概念，价值链是一个由许多“联系点”连接的网络，这些联系点会影响成本高低或效益大小。迈克尔·波特提出竞争优势的价值链体系：供应商价值链、企业价值链、营销渠道价值链、客户价值链；并提出竞争优势持续力取决于三个方面的重要条件：一是特殊资源的优势、成本优势、创新优势；二是竞争优势种类和数量越多越好；三是竞争优势的持续力是一种持续改善和自我提升的能力。迈克尔·波特认为要保持竞争优势，规划全球战略，确立产业竞争优势。

6. 有关全球价值链与贸易发展主要研究文献回顾

（1）有关全球价值链的定义及变化研究文献

迈克尔·波特（1985）在《竞争优势》[①]一书中开创性地提出了价值链的概念，他从企业层面出发，指出企业的生产活动所产生的一系列价值构成了企业的价值链。Kogut（1985）[②]提出价值增值链（Value Added Chain）概念，认为其是将原材料、劳动力和技术等生产要素进行组合形成不同生产环节，最后生产出最终产品，并经由销售、消费等行为实现价值循环的过程。Hopkins 和 Wallerstein（1986）[③]提出了商品链（Commodity Chains）概念，从商品生产角度将商品链比喻成将生产商品的劳动与生产过程相结合的一张网。Gereffi（1999）[④]提出价值链的参与主体已经从一个国家拓展到多个国家乃至全球，提出了全球商品链（Global Commodity Chain，GCC）概念，并把全球商品链分为采购者驱动型商品链以及生产者驱动型商品链：采购者驱动型商品链重点强调全球采购商在商品链体系下要更加注重研发和市场营销，生产者驱动型商品链则强调跨国公司通过各种方式垂直整合全球生产体系。

20 世纪 90 年代以来，国际学者把价值链概念逐步拓展到跨国界的全球价值链。Gereffi（1999）提出了全球价值链的定义是指跨越国界的产品设计、制造、组装、营销等全部环节的过程，指出全球价值链生动地描绘了全球生产分工模式下价值创造的动态过程和显著特征，提供了一种适用于观察和研究全球生产网络的方法。国内学者苏杭等（2017）[⑤]提出全球价值链是一个产品在国内外市场多个环节的形成过程，主要由研发设计、原材料采购及配置、生产组装、营销物流等若干阶段组成。全球价值链既与生产过程中的国际分工和专业化生产存在密切联系，也与国际贸易中的贸易利益具有密切关系。

---

① 迈克尔·波特：《竞争优势》，华夏出版社 2005 年版。

② Kogut Bruce, "Designing global strategies: Profiting from operational flexibility," *Sloan Management Review*, Vol. 27, No. 1, 1985.

③ Hopkins Terence K., Immanuel Wallerstein, *Commodity Chains in the World Economy Prior to 1800*, Braudel Center, 1986.

④ Gereffi G., "International trade and industrial upgrading in apparel commodity chain," *Journal of International Economics*, Vol. 48, 1999.

⑤ 苏杭等：《要素禀赋与中国制造业产业升级——基于 WIOD 和中国工业企业数据库的分析》，《管理世界》2017 年第 4 期。

（2）有关全球价值链研究文献数量变化

课题组以“global value chain”为关键词在Web of Science检索了1985—2018年发表在各类核心期刊上的文献，总计4201篇，其中引用数超过20次的文献共691篇（部分见表2-7）。首先仔细阅读摘要以确定是否与全球价值链研究有关，在确定范围之后，再加入本课题的文献资料库。下面是文献数量前10名期刊的名称及其出版的相关文献数和占比情况。

表2-7 全球价值链期刊文献分布表（部分）

期刊名称	文献数（篇）	占691篇文献的比例（%）
Journal of Cleaner Production	63	9.1
Supply Chain Management：An International Journal	57	8.2
Geoforum	48	6.9
Supply Chain Management	47	6.8
International Journal of Physical Distribution Logistics Management	46	6.7
Sustainability	45	6.5
World Development	42	6.1
International Journal of Operations & Production Management	39	5.6
Journal of Economic Geography	35	5.1
Environment and Planning A	34	5.0

资料来源：作者根据文献整理所得。

进一步统计历年发表相关论文数量和被引频次，绘制下图（见图2-4、图2-5）。不难发现，相关论文无论是发表数量还是被引用数量自2000年起均不断上升，且上升趋势不断加大。说明全球价值链的相关问题越来越受到学界的广泛关注，已然成为当下国际研究的焦点。

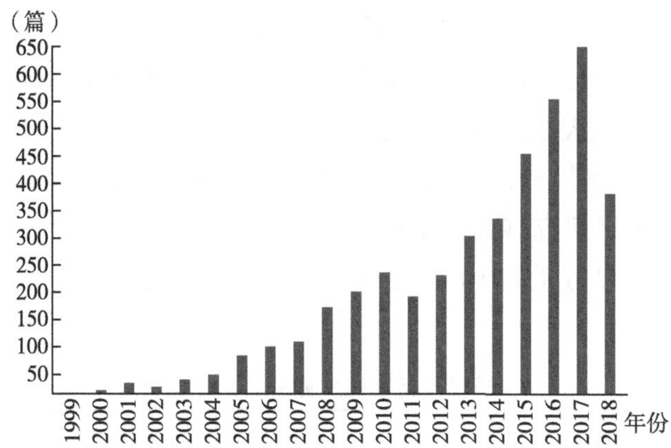

图 2-4　1999—2018 年有关全球价值链发表的相关文献数量

资料来源：作者根据文献整理所得。

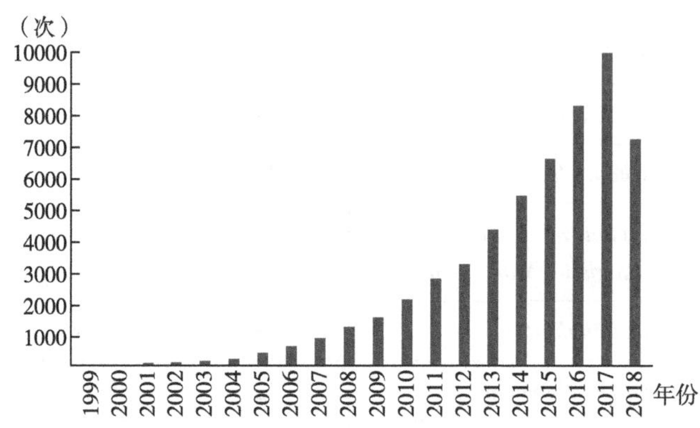

图 2-5　1999—2018 年有关全球价值链相关文献被引用数量

资料来源：作者根据文献整理所得。

我们以全球价值链、国内附加值、国外附加值三个关键词在中国知网上进行搜索，发现自 2002 年以来刊登文章达 4460 篇。其中以全球价值链为关键词在国内知名度、影响因子较高的 17 本期刊中刊发文章总计 300 篇，具体情况如表 2–8 所示。

表 2-8　　2002—2018 年发表的关于全球价值链的研究文献

期刊名称	文献数（篇）	占 300 篇文献的比例（%）
国际贸易问题	89	29.7
中国工业经济	48	16.0
财贸经济	27	9.0
经济学家	24	6.7

续表

期刊名称	文献数（篇）	占 300 篇文献的比例（%）
产业经济研究	20	8.0
数量经济技术经济研究	14	4.7
管理世界	12	4.0
经济研究	11	3.7
世界经济	9	3.0
统计研究	9	3.0
南开经济研究	8	2.7
经济理论与经济管理	7	2.3
经济学动态	7	2.3
中国社会科学	7	2.3
经济地理	5	1.7
金融研究	2	0.7
经济社会体制比较	1	0.3

资料来源：作者根据文献整理所得。

（3）有关全球价值链分工体系与贸易发展主要研究文献

Kandogan（2003）[①] 认为，通过加工贸易将发展中国家与发达国家关联在一起，加工贸易带来的发达国家技术溢出效应促进了发展中国家和地区的技术进步。王洪庆（2006）[②] 通过协整检验等方法，证明了在我国加工贸易中存在发达国家的技术溢出效应。Feenstra 和 Hanson（1996）[③] 将“要素连续统”模型作为分析工具，研究了价值链分工给发达国家和发展中国家带来的影响。

Eaton 和 Kortum（2022）[④] 等认为通过进口高质量中间产品，然后通过投入—产出效应，使进口国生产效率得以提高，该国企业同时可以模

① Kandogan Yener, “Intra-industry trade of transition countries: trends and determinants,” *Emerging Markets Review*, Vol. 4, No. 3, 2003.

② 王洪庆:《我国加工贸易的技术溢出效应研究》,《世界经济研究》2006 年第 7 期。

③ Feenstra Robert C., Gordon H. Hanson, “Globalization, outsourcing, and wage inequality,” *American Economic Review*, Vol. 86, No. 2, 1996.

④ Eaton Jonathan., Samuel Kortum, “Technology, geography, and trade,” *Econometrica*, Vol. 70, No. 5, 2022.

仿进口中间产品来提高自身的生产和研发能力。在价值链分工中，发展中国家以较低成本（与自己生产相比）从发达国家进口机器、设备等资本品或零部件等中间产品，能够接触到凝结在这些产品中的先进技术和科研成果，并在本国的生产制造中加以应用，促进发展中国家消化、吸收、模仿和创新技术，进而提高其科技水平。Grossman 和 Helpman（1991）[①] 的研究结果显示：发展中国家通过从发达国家进口中间产品，其生产力水平可以随着发达国家的成果溢出而得到提高。Keller（1999）[②] 也同样认为，价值链分工中，发展中国家通过从发达国家进口大量的中间产品，可以获得发达国家的技术研发溢出效应，提高发展中国家的生产效率，并能有效刺激发展中国家企业的研发活动。Lemoine 和 Ünal-Kesenci（2003）[③] 认为中国在参与东亚的价值链分工中，提高了机电产品的出口竞争力。在全球价值链分工体系中，发展中国家绝大部分从事的都是劳动密集型的加工组装环节，由此导致对价值链分工下的经济增长效应的研究也都集中在加工贸易的经济增长效应的研究上。张小蒂和孙景蔚（2006）[④] 以中国的经验为研究对象，得出结论：全球价值链分工促进了中国技术水平的提高和产业竞争力的增强。魏巍等（2016）[⑤] 从整体产业和分产业两个层次动态比较不同发展水平国家在全球价值链中的位置差异，研究表明，从整体产业层次来看，发达国家的位置在时序上基本固定，发展中国家和最不发达国家则变化明显；从分产业层次来看，不同发展水平国家的主要转移产业和转移对象均存在明显差异，特别是发展中国家和最不发达国家，时序上转移对象变动频繁。

Hummels et al.（2001）[⑥] 将一国的总出口分解为两部分：第一部分是出口中所含的本国增加值（DV），即在一国出口的产品和服务中涵盖的

① Grossman Gene M., Elhanan Helpman, “Trade, knowledge spillovers, and growth,” *European Economic Review*, Vol. 35, No. 2-3, 1991.

② Keller Wolfgang, “How Trade Patterns and Technology Flows Affect Productivity Growth,” *NBER Working Paper*, 1999, No. 6990.

③ Lemoine Françoise, Deniz Ünal-Kesenci, “Assembly trade and technology transfer: the case of china,” *World Development*, Vol. 32, No. 5, 2004.

④ 张小蒂、孙景蔚：《基于垂直专业化分工的中国产业国际竞争力分析》，《世界经济》2006 年第 5 期。

⑤ 魏巍等：《不同发展水平国家在全球价值链中位置差异分析——基于国际产业转移视角》，《产业经济研究》2016 年第 1 期。

⑥ Hummels David, et al., “The nature and growth of vertical specialization in world trade,” *Journal of International Economics*, Vol. 54, No. 1, 2001.

国内价值增值部分，实现的是本国的贸易增加值；第二部分是出口中隐含的国外增加值（FV），就是本国出口的产品和服务中包含的从其他国家进口的价值，实现的是其他国家的贸易增加值。并且 Hummels 等率先提出，将一国出口产品中所包含进口中间品的价值比例，即 VS 指数，对该国参与垂直专业化分工的程度进行测算，后来学者们在这个原始模型的基础上加以改进和完善。Koopman 等（2010）[①] 将一国出口总值分解为国内增加值和国外增加值两个部分。第一部分为国内增加值，其由四项构成，分别代表进口的最终产品中包含的本国自己的增加值、本国出口到进口国供其用于国内生产的中间品中包含的国内增加值、本国出口给第三国的中间品中包含的国内增加值、出口的中间品中又返回到本国的国内增加值。第二部分为总出口中包含的国外价值增值。Johnson 和 Noguera（2012）[②] 则指出考察、测算一国参与国际分工的程度，可以采用 VAX 指数，该指数等于国内价值增值占总出口的比例，分析结果显示：国际专业化分工程度最高的产业是制造业，发达国家这一指数值较低，影响贸易利益的决定因素是其出口增加值的实现方式。

Koopman 等（2010）综合考虑一国作为中间品供应者和中间品接纳者两种角色，包括国内增加值的间接出口和出口中的国外增加值两部分价值增值，提出用 GVC-Participation 和 GVC-Position 两个指标来分别测算一国或地区参与国际分工的程度和地位。其指出：一国或地区在国际分工中的地位是指该国或该地区参与国际分工的生产环节在全球价值链中的位置。如果其处在 GVC 分工的上游环节，它将向其他国家提供核心原材料或者中间品；如果其处于 GVC 分工的下游环节，就会进口大量中间产品来加工制造最终产品。王岚（2014）[③] 利用 OECD-WTO2013 版 1995—2011 年共 17 年的 WIOD 数据，从整体和行业两个层面测度和分析了中国制造业参与全球价值链分工的程度与地位。周升起等（2014）[④] 基于 TiVA 统计数据，利用 GVC 地位指数这一指标，衡量了中国制造业

① Koopman Robert, et al., "Give Credit Where Credit Is Due: Tracing Value Added in Global Production Chains", *NBER Working Paper*, 2010, No. 16426.

② Johnson Robert C., Guillermo Noguera, "Proximity and production fragmentation," *American Economic Review*, Vol. 102, No. 3, 2012.

③ 王岚：《融入全球价值链对中国制造业国际分工地位的影响》，《统计研究》2014 年第 5 期。

④ 周升起等：《中国制造业在全球价值链国际分工地位再考察——基于 Koopman 等的 "GVC 地位指数"》，《国际贸易问题》2014 年第 2 期。

及其各部门1995—2009年在GVC中的国际分工地位和历史演变情况。岑丽君（2015）[①] 基于增加值贸易数据库，利用全球价值链指数和显示比较优势指数，比较并探讨了中国出口贸易在全球生产网络中的分工和贸易地位。尚涛（2015）[②] 研究发现，我国最大的增加值贸易部门是电子和服装产业，其生产分割程度很高，在购买者驱动的服装类部门，其国际分工地位不仅高而且较稳定，而生产者驱动的电子产业分工地位较低且呈现下降趋势。Wang et al.（2013）[③] 提出多层面的部分增加值贸易完整分解法，并利用WIOD的中日电气和光学设备产品双边贸易数据对总贸易数据进行了分解，分析结果显示：中日两国出口贸易增加值结构存在显著差异，表明两国电气和光学设备在全球生产链中所处的地位不同。日本居上游位置，主要从事产品设计和零部件生产环节；而中国则主要从事加工组装生产环节，出口增加值中以最终产品为主，处于下游位置。尹伟华（2016）[④] 基于2013版WIOD数据库，采用垂直专业化率和GVC地位指数这两个指标，从整体和行业层面系统地分析了中日两国制造业参与全球价值链分工的程度、模式和地位。

全球价值链分工的产生和发展依托于跨国公司资本在国际间的流动。Wang et al.（2013）进一步将KWW出口增加值分解从国家层面拓展至部门和双边贸易的层面，从而实现了在细分行业层面上全面考察对全球价值链分工的增加值分解。Mani（2009）[⑤] 基于KWW增加值分解框架，以企业权属为视角将中国出口的产品和服务中包含的国内增加值进行分解，结果表明：45%左右的中国增加值出口是源自在华的外商直接投资（FDI）。基于贸易所有权统计方法，将外商直接投资要素收益的权属国进行分解，能够如实地反映本国国内增加值的真实来源情况。但采用企业层面的统计方法，需要企业提供充分、完整的海外经营数据，目前现

① 岑丽君：《中国在全球生产网络中的分工与贸易地位——基于TiVA数据与GVC指数的研究》，《国际贸易问题》2015年第1期。

② 尚涛：《全球价值链与我国制造业国际分工地位研究——基于增加值贸易与Koopman分工地位指数的比较分析》，《经济学家》2015年第4期。

③ Wang Zhi, et al., "Quantifying International Production Sharing at the Bilateral and Sector Levels," *NBER Working Paper*, 2013, No. 19677.

④ 尹伟华：《中日制造业参与全球价值链分工模式及地位分析——基于世界投入产出表》，《经济理论与经济管理》2016年第5期。

⑤ Mani S., "Exports of High Technology Products from Developing Countries: Is It a Real or Statistical Artifact," *United Nations University Discussion Paper*, 2009.

实中只有美国 BEA 体系能够满足这项要求。由于无法获取相关数据，严重制约了该方法在现实中的应用。关于该方法的研究，国内学者还处于起步阶段，大多是集中在理论介绍上（贾怀勤，2006）[①]，或者是对中美之间贸易顺差的分析和调整上（吕婕和张子杰，2011）[②]。

许和连等（2018）[③] 结合双边出口增加值核算与社会网络分析方法，将 1995—2011 年中 40 个国家的服务贸易网络重新解构为 4 种增加值网络，分析得出不同服务业增加值网络的结构特征因承接离岸服务外包要素密集度和社团结构的差异而呈现异质性。实证研究发现，承接国服务外包网络地位的提高促进了其在服务业各增加值网络中地位的跃升，生产率提高和技术外溢是一国离岸服务外包网络联系广度、强度及网络中心性影响其服务业网络分工地位的主要渠道。

（4）有关全球价值链下的贸易政策和产业发展研究文献

全球价值链国际分工模式的兴起改变了现有的贸易格局，全球贸易进入新的发展阶段，基于贸易成本与贸易模式的传统贸易政策和贸易规则已不再符合世界经济主流发展趋势，世界各国对于新型体系下的贸易政策产生了新的诉求。

Blanchard 等（2016）[④] 分析全球供应链在贸易政策形成中的作用。全球供应链消除了生产最终产品的地点与生产中间产品的国家之间的联系。全球供应链提供了最优关税政策：当外国最终产品的国内价值高时，一国降低了操纵其最终产品贸易条件的动机，导致进口关税降低；当国内最终产品的外国价值高时，一些保护的利益通过供应链传递给国外供应商。这个机制降低了最优关税。盛斌和陈帅（2015）[⑤] 认为全球价值链要求传统的以边界措施和市场准入问题为核心的贸易政策向以边界内措施和规制融合为核心的第二代贸易政策转变，以实现公平竞争、消除深层经济扭曲和塑造良好的商业和法治环境。

---

① 贾怀勤：《在地贸易统计还是属权贸易统计？——FDI 对传统贸易统计的颠覆及其对策》，《统计研究》2006 年第 2 期。

② 吕婕、张子杰：《中美贸易差额的重新估算——基于所有权贸易核算体系的改进》，《国际贸易问题》2011 年第 5 期。

③ 许和连等：《离岸服务外包网络与服务业全球价值链提升》，《世界经济》2018 年第 6 期。

④ Blanchard Emily J., et al., "Global Supply Chains and Trade Policy," *NBER Working Paper*, 2016, No. 21883.

⑤ 盛斌、陈帅：《全球价值链如何改变了贸易政策：对产业升级的影响和启示》，《国际经济评论》2015 年第 1 期。

申明浩和杨永聪（2012）[①] 基于全球价值链视角对中国的产业升级与金融支持进行研究，指出资本市场的发展与完善能够提升企业在全球价值链中的分工地位，金融支持是影响产业转型升级的重要因素。王玉燕等（2014）[②] 认为随着中国工业逐步融入全球生产网络，全球价值链对中国工业产业升级和技术进步同时产生推动效应和抑制效应，且存在明显的行业异质性特征。赵放和曾国屏（2014）[③] 以深圳的生产性服务业为例，认为当产业仍处于全球价值链中低端环节时，全球价值链与国内价值链的联动效应是影响产业升级的重要因素。盛斌和陈帅（2015）[④] 认为全球价值链也改变了传统的产业升级方式，产业或部门间升级已经逐步转变为在全球价值链背景下的工艺、产品、功能和价值链等多种形态的升级，基于全球价值链的广义贸易政策需要在重新定义与考虑国家核心利益所在的前提下通过更精心的顶层设计为新时代的产业升级服务。陈继勇等（2016）[⑤] 认为中国出口企业更应注重出口国内附加值的提升，而不仅仅是出口规模的扩张，且中国出口企业还需结合自身的异质性特征来调整其在全球价值链分工中的地位，进而实现产品国际竞争力和企业工资水平的双提升。

（三）有关产业结构变化的影响因素研究文献

国外学者从不同角度对产业结构的影响因素及路径问题展开了深入研究和分析。Baumol（1967）[⑥] 提出的鲍莫尔效应和 Kongsamut et al.（2001）[⑦] 基于恩格尔定律提出的恩格尔效应被认为是解释产业结构影响因素和变动路径的最主要理论。鲍莫尔效应（相对价格变化）方面，

---

① 申明浩、杨永聪：《基于全球价值链的产业升级与金融支持问题研究——以我国第二产业为例》，《国际贸易问题》2012 年第 7 期。

② 王玉燕等：《全球价值链嵌入的技术进步效应——来自中国工业面板数据的经验研究》，《中国工业经济》2014 年第 9 期。

③ 赵放、曾国屏：《全球价值链与国内价值链并行条件下产业升级的联动效应——以深圳产业升级为案例》，《中国软科学》2014 年第 11 期。

④ 盛斌、陈帅：《全球价值链如何改变了贸易政策：对产业升级的影响和启示》，《国际经济评论》2015 年第 1 期。

⑤ 陈继勇等：《企业异质性、出口国内附加值与企业工资水平——来自中国的经验证据》，《国际贸易问题》2016 年第 8 期。

⑥ Baumol William J., "Macroeconomics of unbalanced growth: the anatomy of urban crisis," *American Economic Review*, Vol. 57, No. 3, 1967.

⑦ Kongsamut Piyabha, et al., "Beyond balanced growth," *Review of Economic Studies*, Vol. 68, No. 4, 2001.

Acemoglu 和 Guerrieri（2008）[①] 进一步研究发现不同产业部门的产品相对价格不仅受到科学技术进步（速度）影响，对部门生产所使用的不同要素资源密集程度的差异也存在显著反应，进而影响产业结构转型。恩格尔效应（需求收入弹性）方面，Foellmi 和 Zweimüller（2008）[②]、Boppart（2014）[③] 分别以消费品种类和消费者偏好这两种一般形式替代消费者非位似偏好的前提设定，对产业结构转型升级展开了研究分析和理论拓展。此外，国际贸易、市场摩擦、社会保障、公共教育及户籍制度等制度因素对产业结构升级的影响也逐渐受到国外学者的关注并展开探讨。Matsuyama（2009）[④] 在开放经济视角下否定鲍莫尔效应对相对价格产品促使劳动力转移的观点，认为其因价格（成本）优势更可能向国际市场对外出口或者通过比较优势促进相关产品生产技术的进步，进而导致产业部门间需求产值增加和就业劳动扩大；Dekle 和 Vandenbroucke（2012）[⑤] 以中国政府降税来促进非农产业的资本积累和生产为例，指出政府及政策对于产业及产业结构转型的影响。Cheremukhin 等（2015）[⑥] 通过对生产、消费以及劳动力市场扭曲的定量分解分析了在中国产业结构转型发展过程中市场摩擦所产生的作用。就当前文献来看，其全工业生产的前提假设与单因素考量的研究思路与现实数据存在较大差距，同时又普遍缺乏关于消费结构、贸易结构以及投资结构等需求结构对产业及产业结构转型影响的深入分析和研究。

国内学者在国外相关研究理论的基础上进一步对产业结构转型的影响因素及变动路径展开研究。研究主要集中在收入水平、技术进步以

---

① Acemoglu Daron, Veronica Guerrieri, "Capital deepening and nonbalanced economic growth," *Journal of Political Economy*, Vol. 116, No. 3, 2008.

② Foellmi Reto, Josef Zweimüller, "Structural change, engel's consumption cycles and kaldor's facts of economic growth," *Journal of Monetary Economics*, Vol. 55, No. 7, 2008.

③ Boppart Timo, "Structural change and the kaldor facts in a growth model with relative price effects and non-gorman preferences," *Econometrica*, Vol. 82, No. 6, 2014.

④ Matsuyama Kimonori, "Structural change in an interdependent world: a global view of manufacturing decline," *Journal of the European Economic Association*, Vol. 7, No. 2-3, 2009.

⑤ Dekle Robert, Guillaume Vandenbroucke, "A quantitative analysis of china's structural transformation," *Journal of Economic Dynamics & Control*, Vol. 36, No. 1, 2012.

⑥ Cheremukhin Anton, et al., "The Economy of People's Republic of China from 1953," *NBER Working Paper*, 2015, No. 21397.

及外部冲击等要素对产业结构转型升级的影响。杨俊青（2007）[①]通过基于我国经济发展实际的二元经济结构转换新模型研究，指出提高居民尤其是以农民工为代表的社会底层群体收入有利于促进我国产业结构升级；李子伦（2014）[②]比较分析了金砖国家和发达经济体间的产业发展差距，认为劳动积累、资源利用以及科创能力是影响产业结构优化升级的三个重要标准；陈福中和陈诚（2015）[③]指出不同经济体间的技术水平差距是造成全球产业结构非平衡变动的主要动力。关于影响产业结构的诸多因素，我国许多学者进行了广泛研究。胡军和向吉英（2002）[④]认为中国产业结构升级转换的障碍除了缺乏具有竞争力的技术创新外，最现实的问题是与产业转换相配套的关键要素——劳动力供需结构存在着严重的失衡，劳动力供给结构与劳动力需求结构发生着较大的背离。蒋昭侠（2004）[⑤]认为影响产业结构的主导因素是经济全球化以及外资的拉动，随着信息化的快速发展，传统的自然因素随着技术的发展对产业结构的影响力越来越小，科学技术推动了产业结构的深刻变化。陈继勇和盛杨怿（2009）[⑥]认为我国引进外国直接投资所带来的资本供给效应、技术溢出效应促进了产业结构高级化、高效化的发展；然而，受引资结构和质量的影响，外国直接投资强化了我国三次产业结构发展的不均衡，并且外国直接投资引致的国际知识溢出对我国产业发展和结构优化的作用也有限。张南生和曾广录（2009）[⑦]认为促进第三产业内部结构优化的主导因素是政府和市场的相互协调，通过制度体系的完善来提升市场水平，政府宏观政策的指导促进更加自由化市场机制的建立将有利于推动

---

① 杨俊青:《我国二元经济转化的理论与模式——一个有别于西方古典经济论的二元经济结构转化模型》,《南开学报（哲学社会科学版）》2007 年第 2 期。

② 李子伦:《产业结构升级含义及指数构建研究——基于因子分析法的国际比较》,《当代经济科学》2014 年第 1 期。

③ 陈福中、陈诚:《技术变化与产业结构演进：全球非平衡增长视角》,《广东财经大学学报》2015 年第 4 期。

④ 胡军、向吉英:《论我国劳动力供需结构失衡下的产业结构转换》,《当代财经》2002 年第 12 期。

⑤ 蒋昭侠:《产业结构演进机理与实证分析》,《经济管理》2004 年第 13 期。

⑥ 陈继勇、盛杨怿:《外国直接投资与我国产业结构调整的实证研究——基于资本供给和知识溢出的视角》,《国际贸易问题》2009 年第 1 期。

⑦ 张南生、曾广录:《第三产业结构优化的基本路径及合理模式》,《湖南社会科学》2009 年第 1 期。

现代服务业的发展。胡晨光等（2010）[①]在研究集聚经济圈集群产业的扩散与转型时认为，集聚经济圈集群产业结构的演变离不开政府的产业和贸易政策，但更重要的是由于集聚区域自身要素优势而引起集群产业的高速成长与产业自我集聚产生的经济增长，改变了区域经济的收入结构、需求结构，从而引起区域资源禀赋和产业结构的变化。韩颖和倪树茜（2011）[②]通过实证 Fenix 说明了投资和消费对产业结构的影响，认为产业结构优化升级的最终结果必然是第三产业比重的不断增加，而导致第三产业比重增加的两个主导因素是投资和消费。汪彩君和唐根年（2011）[③]以我国制造业全要素生产率和产业梯度系数分析为依据，对制造业已经出现过度集聚或集聚效率较低的行业提出了在大国内部实现梯度转移的路径。通过对产业梯度转移的路径分析，为我国今后调整区域及产业生产要素配置、优化产业结构、促进生产要素优化配置提供了参考意见。梁树广和李亚光（2012）[④]在测算产业结构变动值的基础上，根据产业结构变动影响因素的相关理论和文献，构建了关于产业结构变动与影响因素的计量经济模型，分析了中国产业结构变动的影响因素。结果表明，在影响中国产业结构变动的因素中，人力资本、最终消费、投资和外资等因素有正向作用，R&D 强度有负向影响作用，外贸、城市化、区位等因素对产业结构变动影响较弱，并且不显著。黄帅和王清刚（2012）[⑤]研究了湖北省城镇居民消费结构和科技进步对产业结构的影响，得出结论：湖北省城镇居民消费结构与第二产业之间存在双向因果关系，科技进步能够促进产业结构升级。程惠芳等（2012）[⑥]在研究集群产业扩散转

① 胡晨光等：《集聚经济圈集群产业的扩散与转型——基于多元化集群产业结构演化视角的分析》，《经济学家》2010 年第 7 期。

② 韩颖、倪树茜：《我国产业结构调整的影响因素分析》，《经济理论与经济管理》2011 年第 12 期。

③ 汪彩君、唐根年：《长江三角洲地区制造业空间集聚、生产要素拥挤与集聚适度识别研究》，《统计研究》2011 年第 2 期。

④ 梁树广、李亚光：《中国产业结构变动的影响因素分析——基于省级面板数据的实证研究》，《经济体制改革》2012 年第 4 期。

⑤ 黄帅、王清刚：《湖北省产业结构影响因素的实证分析》，《统计与决策》2012 年第 16 期。

⑥ 程惠芳等：《集群产业扩散转型的路径与条件——基于集聚经济圈的分析》，《社会科学战线》2012 年第 5 期。

型的路径与条件时认为，产业区作为集聚经济圈的构成部分，其产业结构必然会随着经济圈集群产业结构的升级而发生变化，产业区转型的主要动力来自集聚经济圈内部工业化进程和产业结构升级的需要。陈国亮和陈建军（2012）[①] 测算了中国第二、第三产业共同集聚的程度，并从产业和空间两个维度揭示了其内在机制，为促进第二、第三产业协调发展提供了理论依据。苏建军和徐璋勇（2014）[②] 主要借助于面板协整方法来对金融发展、产业结构升级与经济增长之间的关系作探讨，得出金融产业的发展是推动产业结构升级的重要因素，是促进产业优化的必备条件的结论。徐维祥等（2010）[③] 在对以往研究进行综述的基础上，分析了三种外商群体投资（FGI）对地方产业的影响效果，得出融合发展型 FGI 是促进地方产业发展最为理想的一种模式。张翠菊和张宗益（2015）[④] 基于 1997—2012 年中国 30 个省份的面板数据，利用空间自相关分析方法和空间面板计量模型，探讨了中国省级产业结构空间格局及其影响因素。结果显示：我国产业结构调整以投资拉动为主，外商直接投资是最重要的影响因素，而消费需求的拉动作用还有待提高，人力资源投资和技术进步没有形成有效的溢出效应以支持产业结构升级。许庆明等（2015）[⑤] 认为城市群核心城市和非核心城市之间的人口集聚梯度，其实质是区域产业空间结构的反映，它与城市群经济增长、产业部门结构状况有着内在的联系，并影响城市群产业部门结构的高度化进程。

（四）有关产业结构变化有关计量文献回顾

产业结构合理化的度量。产业结构合理化指的是产业间的聚合质量，它一方面是产业之间协调程度的反映，另一方面还应当是资源有

---

① 陈国亮、陈建军：《产业关联、空间地理与二三产业共同集聚——来自中国 212 个城市的经验考察》，《管理世界》2012 年第 4 期。

② 苏建军、徐璋勇：《金融发展、产业结构升级与经济增长——理论与经验研究》，《工业技术经济》2014 年第 2 期。

③ 徐维祥等：《外商群体投资、外部效应与地方产业发展研究综述与展望》，《经济学动态》2010 年第 8 期。

④ 张翠菊、张宗益：《中国省域产业结构升级影响因素的空间计量分析》，《统计研究》2015 年第 10 期。

⑤ 许庆明等：《城市群人口集聚梯度与产业结构优化升级——中国长三角地区与日本、韩国的比较》，《中国人口科学》2015 年第 1 期。

效利用程度的反映，也就是说它是要素投入结构和产出结构耦合程度的一种衡量（干春晖等，2011）①。就这种耦合而言，研究者一般采用结构偏离对产业结构合理化进行衡量，其公式为：

$$E=\sum_{i=1}^{n}\left|\frac{Y_i/L_i}{Y/L}-1\right|=\sum_{i=1}^{n}\left|\frac{Y_i/Y}{L_i/L}-1\right| \tag{2-1}$$

式中，E 表示结构偏离度，Y 表示产值，L 表示就业，i 表示产业，n 表示产业部门数。Y/L 即表示生产率，因此当经济均衡时，$Y_i/L_i=Y/L$，从而 $E=0$；Y_i/Y 表示产出结构，L_i/L 表示就业结构，因此 E 同时也是产出结构和就业结构耦合性的反映。E 值越大，就表示经济越偏离均衡状态，产业结构越不合理。

由于经济非均衡现象是一种常态，在发展中国家这种情形更为突出（Chenery，1980）②，从而 E 值是不可能为 0 的。但是，结构偏离度指标将各产业"一视同仁"，忽视了各产业在经济体中的重要程度，同时绝对值的计算也为研究带来不便。

干春晖等（2011）在研究中国产业结构变迁对经济增长和波动的影响时引入了泰尔指数。泰尔指数又称泰尔熵，最早由泰尔（Theil and Henri，1967）③ 提出，一些学者将之用于地区收入差距问题的研究（王少平和欧阳志刚，2007）④。干春晖等（2011）发现，泰尔指数其实也是一个很好的度量产业结构合理性的指标，其计算公式如下：

$$TL=\sum_{i=1}^{n}\left(\frac{Y_i}{Y}\right)\ln\left(\frac{Y_i}{L_i}\bigg/\frac{Y}{L}\right) \tag{2-2}$$

如果经济处于均衡状态下，也有 $TL=0$，而且该指数考虑了产业的相对重要性并避免了绝对值的计算，同时它还保留了结构偏离度的理论基础和经济含义，因此是对一个产业结构合理化的更好度量。

产业结构高级化的度量。产业结构高级化实际上是产业结构升级的一种衡量，一般文献根据配第 - 克拉克定律采用非农业产值比重作为产业结

① 干春晖等：《中国产业结构变迁对经济增长和波动的影响》，《经济研究》2011 年第 5 期。

② Chenery Hollis B.，"Interactions between industrialization and exports，" *American Economic Review*，Vol. 70，No. 2，1980.

③ Theil，Henri，*Economics and Information Theory*，University of Wisconsin Press，1967.

④ 王少平、欧阳志刚：《我国城乡收入差距的度量及其对经济增长的效应》，《经济研究》2007 年第 10 期。

构升级的度量。虽然说经济非农业产值比重的增加是一个很重要的规律，但是20世纪70年代之后信息技术革命对主要工业化国家的产业结构产生了极大的冲击，出现了“经济服务化”的趋势，而这种传统的度量方式没有办法反映出经济结构的这种动向。在信息化推动下的经济结构的服务化是产业结构升级的一个重要特征，鉴于在“经济服务化”过程中的一个典型事实是第三产业的增长率要快于第二产业的增长率（孙超等，2022）[①]，干春晖等（2011）在研究中国产业结构变迁对经济增长和波动的影响时采用了第三产业产值与第二产业产值之比（TS）作为产业结构高级化的度量指标。这一指标能够清楚地反映出经济结构的服务化倾向，明确揭示产业结构是否朝着“服务化”的方向发展。如果TS值处于上升状态，就意味着经济在向服务化的方向推进，产业结构在升级（见表2-9）。

表2-9　三次产业结构的计量模型

计量模型	具体公式	作者
钱纳里和塞尔昆模型	$\ln X_i = \alpha + \beta_1 \ln Y + \beta_2 \ln Y^2 + \gamma \ln N + \mu$ 式中，X_i 表示三次产业占比，Y 和 N 分别表示不变价格人均GDP和年末总人口	钱纳里、塞尔昆（1989）[②]
随机前沿SFA模型	$\ln(Y_{it}/L_{it}) = \beta_{0,i} + \beta_{1,i}t + \beta_{2,i}\ln(K_{it}/L_{it}) + V_{it} - U_{it}$ 其中，劳动弹性估计值 $(\hat{\alpha}_i) = 1 - \hat{\beta}_{2,i}$ 式中，Y_{it}、L_{it} 和 K_{it} 分别表示 i 产业 t 时期的产出、劳动和资本的投入；V_{it} 为不可控因素冲击的噪声误差；U_{it} 表示技术非效率效应，其中， $M_{it} = \delta_{0,i} + \delta_{1,i}edu + \delta_{2,i}fdi + \delta_{3,i}cz + \delta_{4,i}trade + \delta_{5,i}property + \delta_{6,i}gdppc + \delta_{7,i}temperature + \delta_{8,i}rain + \delta_{9,i}sun + \eta_{it}$	Battese和Coelli（1995）[③]
向量自回归VAR模型	$R_t = \alpha + \sum_{i=1}^{n} \beta_i R_{t-i} + \sum_{j=1}^{k} \gamma_j \ln TM_{t-j} + \varepsilon_t$ 式中，R_t 为产业结构层级指数，TM_t 为技术市场交易额	夏维（2019）[④]

① 孙超等:《政府环境治理对区域创新的影响研究》,《南开经济研究》2022年第12期。

② 钱纳里、塞尔昆:《发展的格局：1950—1970》，中国财政经济出版社1989年版。

③ Battese G. E., T. J. Coelli, "A model for technical inefficiency effects in a stochastic frontier production function for panel data," *Empirical Economics*, Vol. 20, No. 2, 1995.

④ 夏维:《高新技术对区域产业结构升级的影响——基于省际数据的面板VAR分析》,《商业经济》2019年第6期。

续表

计量模型	具体公式	作者
面板模型	$\ln stru_{it}=\alpha_0+\alpha_1\ln salary_{it}+\alpha_2\ln labor_{it}+\alpha_3\ln x_{it}+\mu_i+\eta_t+\varepsilon_{it}$ $\ln stru_{it}=\alpha_0+\alpha_1\ln salary_{it}+\alpha_2\ln labor_{it}+\alpha_3\ln salary_{it}+\alpha_4\ln x_{it}+\mu_i+\eta_t+\varepsilon_{it}$ 式中，$stru_{it}$、$salary_{it}$、$labor_{it}$ 和 x_{it} 分别表示产业结构水平、行业收入差距、人力资本结构和控制变量；μ_i 和 η_t 分别表示个体效应和时间效应	杨秀云、尹诗晨（2020）①

资料来源：作者根据文献整理所得。

三、有关消费结构变化规律及路径研究文献回顾

（一）消费结构定义及分类

消费结构是指在消费行为过程中，各类消费支出在总消费支出中所占的比重及其相互之间的配合、替代、制约诸比例关系，消费结构能够反映一国的经济发展水平、消费偏好和文化水平，消费结构与收入水平、消费形式、消费质量、消费方式、消费层次和不同地域不同阶层消费之间存在密切联系。根据国家统计局《中国统计年鉴》统计口径分类，将我国消费结构划分为 8 个方面，分别为食品烟酒、衣着、居住、生活用品及服务、交通通信、教育文化娱乐、医疗保健以及其他用品及服务。为考察我国居民消费结构的层次变化，综合参考马斯洛需求层次理论，本文将食品烟酒及衣着类消费归为吃穿消费对应生理需求，居住和生活用品及服务类消费归为住用消费对应安全需求，交通通信、教育文化娱乐、医疗保健以及其他用品及服务类消费归为发展型、享受型消费对应社交、尊重及自我实现三个需求。

（二）有关消费结构研究文献数量变化

根据 Web of Science 文献检索结果，1990—2020 年发表论文中，以“consumption structure”为关键词，可得到文献 2360 篇（见图 2-6）。自 2000 年后国外对消费结构的研究论文数量持续增长，消费结构成为经济学研究的热点问题。

① 杨秀云、尹诗晨:《行业收入差距、人力资本结构与产业结构升级》,《西安交通大学学报（社会科学版）》2020 年第 4 期。

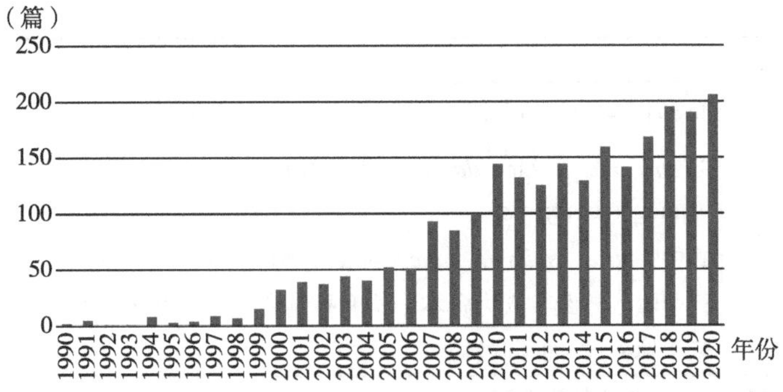

图 2-6　1990—2020 年“consumption structure”相关文献数量变化

资料来源：作者根据文献整理所得。

“consumption structure”相关文献引用量达到 100 次以上的文献有 160 篇。其中，从文献数量来看，*Energy Policy* 发表的文献数量最多；从文献影响力来看，*Journal of Finance* 平均文献引用数最高，达到 281.2 篇（见表 2-10）。

从中国知网上检索 1990—2020 年以“消费结构”为主题的文献共计 27567 篇，具体分布情况如图 2-7 所示。相关文献数量自 1993 年后呈持续上升趋势，2010 年后以“消费结构”为主题的文献数量趋于稳定。近 10 年内每年发表文献数量保持在 1500 篇左右，充分说明消费结构主题仍是国内经济学研究的热点问题。

对 1990—2020 年发表在国内且知名度、影响因子较高的 12 本期刊上，被引量超过 50 次的 177 篇文献进行研究。经检索发现，177 篇文献中最高被引量达到 1527 次，被引量超 100 次的文献为 90 篇，文献分布情况如表 2-11 所示。

表 2-10　1990—2020 年发表的关于消费结构的研究文献分布及被引用情况

期刊名称	文献数（篇）	占比（%）	平均文献引用数（篇）	单篇最高被引次（次）
Energy Policy	52	32.50	148.67	300
Ecological Economics	18	11.25	262.89	665
Journal of Finance	10	6.25	281.20	877
Review of Financial Studies	8	5.00	161.00	245
Energy Economics	7	4.38	160.29	240
American Economic Review	6	3.75	210.00	388

资料来源：作者根据文献整理所得。

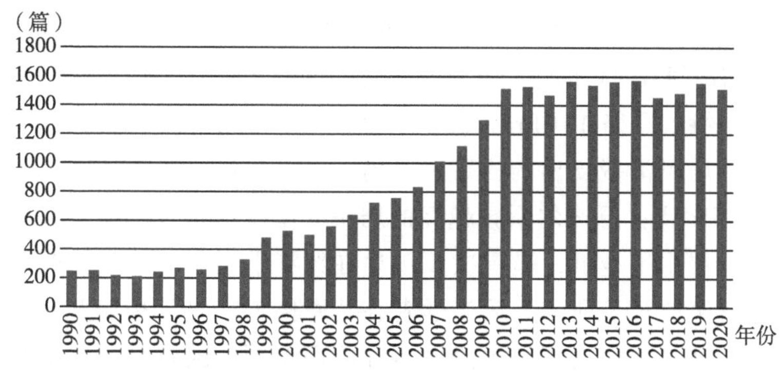

图 2-7　1990—2020 年消费结构相关文献数量变化

资料来源：作者根据文献整理所得。

表 2-11　国内期刊“消费结构”文献分布

所属期刊	被引 50 次以上（篇）	被引 100 次以上（篇）	单篇最高被引量（次）
经济研究	18	12	1012
管理世界	11	8	1527
中国工业经济	17	11	784
数量经济技术经济研究	21	14	208
中国人口资源与环境	29	12	375
财贸经济	5	2	125
统计研究	14	6	181
中国社会科学	3	2	316
中国农村经济	13	6	167
中国软科学	10	4	187
农业经济问题	8	2	117
经济学家	5	1	105
资源科学	23	10	209
合计	177	90	

资料来源：作者根据文献整理所得。

（三）有关消费结构变化主要研究文献回顾

随着经济发展和消费水平变化，消费结构与产业结构之间，消费结构与分配结构之间，消费结构与流通结构之间都出现了许多矛盾，消费和消费结构变化一直是经济理论和经济政策重点研究问题。消费结构升级是消费理论中广受关注的核心问题之一。所谓消费结构升级，就是温饱型消费向享受型消费以及享受型消费向发展型消费变迁的过程。消费结构升级反映了居民从较低生活质量标准向较高生活质量标准的演变，是消费结构随着时代的进步而逐渐优化的过程。

恩斯特·恩格尔（Ernst Engel，1857）[①]在把食品（烟酒）类消费支出所占居民消费支出的比重定义为“恩格尔系数”的基础上提出了“恩格尔定律”：恩格尔系数越高的居民家庭生活水平越低，整个社会的经济发展水平越低，是首次真正地在经济学意义上涉及消费结构转型优化升级的理论研究。后来学者在“恩格尔定律”基础上深入研究和修正，进一步拓展了其理论内涵和应用范围。国外对于消费及消费结构的理论研究在20世纪中期迅速发展，主要包括凯恩斯（Keynes，1936）[②]提出的“绝对收入假说”，杜森伯里（Duesenberry,1949）[③]提出的“相对收入假说”和莫迪利安尼（Modigliani，1954）[④]提出的“生命周期理论”，弗里德曼（Friedman，1957）[⑤]提出的“持久收入假说”以及在这些理论基础上产生的“随机游走假说”“流动性约束假说”“预防性储蓄假说”等。这一阶段，国外学者对于消费结构的探讨主要集中在收入这一核心要素对于其变动的影响机制的深入研究上。Baumol（1967）[⑥]认为，以教育、医疗和艺术为代表的服务消费比重支出不断上涨是经济发展和社会进步的必然趋势。Buera和Kaboski（2012）[⑦]的研究发现，服务消费的增长是导致1950—2000年美国服务业高速发展的主要原因。参照钱纳里等的标准，消费结构升级可依次划分为五个阶段：当人均GDP在1500美元以内时（即工业化前期），人们追求的是基本的生理和物质需求；当人均GDP在1500～3000美元时（即工业化初期），物质消费需求高速成长；当人均GDP在

① Engel E., *Die Productions und Consumption Serhaeltnisse des Koenigsreichs Sachsen*, Zeitschrift des Statistischen Bureaus des Koniglich Sachsischen Ministeriums des Inneren, 1857.

② Keynes John Maynard, *The General Theory of Emloyment, Interest and Money*, Palgrave Macmillan, 1936.

③ Duesenberry James S., *Income, Saving, and the Theory of Consumer Behaviour*, Harvard University Press, 1949.

④ Modigliani Franco, *Utility Analysis and the Consumption Function:An Interpretation of Cross-Section Data*, Rutgers University Press, 1954.

⑤ Friedman M., *The Permanent Income Hypothesis*, Princeton University Press, 1957.

⑥ Baumol William J., “Macroeconomics of unbalanced growth: the anatomy of urban crisis,” *American Economic Review*, Vol. 57, No. 3, 1967.

⑦ Buera Francisco, Joseph P. Kaboski, “The Rise of the Service economy,” *American Economic Review*, Vol. 102, No. 6, 2012.

3000 ～ 5000 美元时（即工业化中期），耐用消费品中的物质消费占据主导，伴随物质消费水平提升，人们对以休闲娱乐、教育和医疗为代表的服务消费需求日益增多；当人均 GDP 在 5000 ～ 10000 美元时（即工业化后期），随着经济结构服务化转型和中产阶级崛起，服务消费需求快速增长并开始占据主导地位；当人均 GDP 超过 10000 美元时（即后工业化阶段），服务业高度发达，服务消费需求占据主导地位。

国内学者对于消费及消费结构进行深入广泛研究。1983 年，由尹世杰教授所撰写的《社会主义消费经济学》[①] 一书，率先在国内将消费经济学作为独立的经济学科对消费及消费结构进行研究分析。张颖熙和夏杰长（2017）[②] 提出服务消费不仅代表着消费结构升级的方向，更重要的是服务消费扩大有助于经济增长和产业结构优化升级。发达国家消费结构升级的经验表明，服务消费代表着消费升级的最终趋势，服务消费比重不断提升是消费结构转型升级的重要表现 。服务消费扩大有助于经济增长和产业结构优化升级。在人均 GDP 超过 10000 美元并趋向 30000 美元的过程中，消费增速放缓，居民消费结构趋于稳定（见表 2–12）。

表 2-12　　居民消费结构的计量模型

计量模型	具体公式	作者
线性支出系统 LES 模型	$p_i x_i = p_i x_i^0 + b_i\left(V - \sum_{i=1}^{n} p_i x_i^0\right)(i = 1,2,3,\cdots,n)$ 式中，p_i、x_i 和 x_i^0 分别表示第 i 种商品的价格和实际需求量及基本需求量，n 为消费类型数	Stone（1954）[③]
扩展的线性支出系统 ELES 模型	$p_i x_i = p_i x_i^0 + \beta_i\left(I - \sum_{i=1}^{n} p_i x_i^0\right)(i = 1,2,3,\cdots,n)$ 以可支配收入 I 替代支出总预算 V，以边际消费倾向 β_i 替代边际预算份额 b_i，其他同上	Lluch（1973）[④]

① 尹世杰：《社会主义消费经济学》，上海人民出版社 1983 年版。

② 张颖熙、夏杰长：《以服务消费引领消费结构升级：国际经验与中国选择》，《北京工商大学学报（社会科学版）》2017 年第 6 期。

③ Stone R.，"Liner expenditure systems and demand analysis：an application to the pattern of british demand，" *The Economic Journal*，Vol. 64，No. 255，1954.

④ Lluch Constantino，"The extended linear expenditure system，" *European Economic Review*，Vol. 4，No. 1，1973.

续表

计量模型	具体公式	作者
几近理想的需求系统 AIDS 模型	$w_i=\alpha_i+\sum_j\gamma_{ij}\log P_j+\beta_i\left(\log\frac{x}{P}\right)$ 其中，$\log P=\alpha_0+\sum_j\alpha_j\log P_j+\frac{1}{2}\sum_j\sum_i\gamma_{ij}\log P_i\log P_j$ 式中，w_i 表示 i 商品支出份额，P_j 表示 j 商品价格，x 表示总支出，γ_{ij} 和 β_i 为相应影响系数	Deaton 和 Muellbauer（1980）[①]
二次几近理想的需求系统 QUAIDS 模型	$w_i=\alpha_i+\sum_j\gamma_{ij}\log P_j+\beta_i\log\left[\frac{m}{a(p)}\right]+\frac{\lambda_i}{b(p)}\left\{\log\left[\frac{m}{a(p)}\right]\right\}^2$ 其中，$b(p)=\prod_{i=1}^{n}p_i^{\beta_i}$，$\lambda(p)=\sum_{i=1}^{n}\lambda_i\ln p_i$ 式中，$b(p)$ 表示柯布道格拉斯函数的价格加总，其他同上	Banks et al.（1997）

资料来源：作者根据文献整理所得。

（四）有关消费结构变化的影响因素研究文献回顾

国外学者对于消费结构的影响因素及变动机制展开研究，主要涉及社会经济发展及保障水平，当前、未来及预期的收入水平，人口（年龄）结构，住房价格，不确定性以及利率等。收入水平方面，Jin et al.（2011）[②] 分析农村家庭 1997—2006 年调查数据发现居民收入的不平等程度会对家庭的消费支出结构产生抑制作用，却会对居民的储蓄水平产生促进作用。住房价格方面，Quigley 和 Raphael（2005）[③] 通过研究多国居民消费数据发现居民消费结构会受各地房价及其波动的影响，呈现出相当程度上的区域差异性。

国内学者的研究在考虑社会生产力发展水平、居民可支配收入、产业结构等传统影响因素的基础上进一步拓展了居民消费信贷、互联网及数字经济发展、国民教育水平以及供给侧结构性改革等政府大政方针等更为微观和细化的因素对于居民消费结构升级的影响，也出现了综合考虑多项影响因素对居民消费结构升级产生作用的研究。袁志

① Deaton Angus, John Muellbauer, *Economics and Consumer Behavior*, Cambridge University Press, 1980.

② Jin Ye, et al., "Income inequality, consumption, and socia-status seeking," *Journal of Comparative Economics*, Vol. 39, No. 2, 2011.

③ Quigley John M., Steven Raphael, "Regulation and the High Cost of Housing in California," *American Economic Review*, Vol. 95, No. 2, 2005.

刚等（2009）[①]指出城镇居民消费结构升级的主要动力是由城镇居民收入水平的提高所导致的消费支出增加及升级商品的物价水平。李军等（2015）[②]通过研究指出居民受教育程度的提高能够有效促进居民消费结构的优化升级。范叙春（2016）[③]通过研究发现居民可支配收入的增长对于居民消费结构的升级存在着显著的门槛效应。李怡然和李桂（2018）[④]综合考虑人口结构和消费结构关系，通过关联分析法得出城乡居民消费及消费结构受人口抚养比的影响会由于城乡居民少儿和老年抚养比对消费率的贡献率方向和大小不同而产生不同的作用。吴孝政和潘国俊（2003）[⑤]、王巧巧等（2018）[⑥]认为消费信贷体系的改善优化和扩张机制会对消费结构的转型升级产生促进作用。唐琦等（2018）[⑦]运用QUAIDS模型发现城镇居民居住类消费的增长变动在相当程度上会对居民其他类别的消费支出产生短期促进而长期抑制的不同作用，进而影响居民消费结构的转型变动和优化升级。消费结构变动的影响因素是多角度、多方面的综合作用而非单一决定的。陈建宝和李坤明（2013）[⑧]以居民收入分配和人口结构为切入点对居民消费结构进行研究发现，高收入阶层人群与较低收入类型居民对特定消费品的偏好越强，则其人口比例的提高就意味着对该类型消费资料的支出比例产生越大的正向作用。潘勇涛和卢建（2013）[⑨]认为居民保障水平、人口年龄结构以及社会信贷约束等不同因素均会对我国城乡居民消费倾向产生不同程度的影响。

四、有关贸易结构变化规律及路径主要研究文献回顾

（一）有关贸易结构定义及其变化研究文献

贸易结构是指各类贸易之间构成比例关系及其相互联系。贸易结

① 袁志刚等:《中国城镇居民消费结构变迁及其成因分析》,《世界经济文汇》2009年第4期。

② 李军等:《教育对我国城镇居民消费结构的影响研究》,《消费经济》2015年第1期。

③ 范叙春:《收入增长、消费结构升级与产品有效供给》,《经济与管理研究》2016年第5期。

④ 李怡然、李桂:《人口年龄结构对居民消费影响的城乡差异分析》,《经济论坛》2018年第3期。

⑤ 吴孝政、潘国俊:《发展消费信贷，促进消费结构升级》,《消费经济》2003年第2期。

⑥ 王巧巧等:《信用卡支付对消费结构的影响研究：消费升级还是消费降级？》,《上海金融》2018年第11期。

⑦ 唐琦等:《中国城市居民家庭的消费结构分析：1995—2013》,《经济研究》2018年第2期。

⑧ 陈建宝、李坤明:《收入分配、人口结构与消费结构：理论与实证研究》,《上海经济研究》2013年第4期。

⑨ 潘勇涛、卢建:《中国城乡居民消费倾向决定因素的实证研究》,《统计与决策》2013年第21期。

构有多层次含义，一般包括商品贸易结构、服务贸易结构、贸易主体结构、进出口市场结构、贸易伙伴结构、贸易方式结构和产业内/产业间贸易结构。樊纲等（2006）①认为，贸易结构可以用各类商品的进出口额占贸易总额的比重表示，反映了对外贸易过程的平衡状态。张曙霄等（2009）②和Sufaira（2015）③认为贸易结构包括商品结构（有形商品和无形商品）、贸易方式结构（加工贸易和一般贸易）、区域结构（贸易地理方向）、模式结构（产业内贸易和产业间贸易），一些国外文献在贸易结构中引入贸易主体结构。贸易主体结构中把跨国企业引入贸易结构比例关系分析中，Feinberg和Phillips（2002）④认为世界贸易中有一半以上的贸易与跨国企业有关，跨国企业包括长臂贸易（Arms-length trade）和跨国公司内部贸易（Intra-firm trade），前者指跨国企业与其他国家非子公司的买家或供应商之间的贸易往来，而后者指跨国企业母公司与国外子公司之间的贸易往来。Antràs（2003）⑤、Yeaple（2011）⑥、Antràs和Yeaple（2014）⑦、Ruhl（2015）⑧等学者均以跨国企业的内部贸易额占贸易总额的比重作为贸易结构的衡量标准。

贸易结构变化规律和趋势判断与贸易分类标准存在一定的关系，不同贸易分类标准可以反映不同视角的贸易结构变化趋势。本研究主要集中于商品贸易结构与产业结构互动关系研究，具体情况如表2-13所示。

---

① 樊纲等:《国际贸易结构分析：贸易品的技术分布》,《经济研究》2006年第8期。

② 张曙霄、郭沛:《中国价格贸易条件与出口商品结构的关系——基于2001—2008年季度数据的分析》,《南开经济研究》2009年第5期。

③ Sufaira C., "Growth and diversification of manufacturing export in india since 1991," *Journal of International Economics*, Vol. 7, No. 1, 2015.

④ Feinberg Susan., Gordon Phillips, "Frim-Specific Resources, Financial-Market Development and the Growth of U.S. Multinationals," *NBER Working Paper*, 2002, No. 9252.

⑤ Antràs Pol, "Firms, contracts, and trade structure," *Quarterly Journal of Economics*, Vol. 118, No. 4, 2003.

⑥ Yeaple Stephen Ross, "Offshoring, foreign direct investment, and the structure of U.S. trade," *Journal of the European Economic Association*, Vol. 4, No. 2, 2011.

⑦ Antràs Pol, Yeaple Stephen Ross, *Multinational Firms and the Structure of International Trade*, Handbook of International Economics, 2014.

⑧ Ruhl Kim J., "How well is US intrafirm trade measured," *American Economic Review*, Vol. 105, No. 5, 2015.

表 2-13　　　　商品贸易结构的主要分类

代表性学者	具体分类	
Lall（2000）[①]	技术密集度	低、中低、中、中高、高技术工业制成品
Egger 和 Larch（2008）[②]	产业内分工模式	产业间产品及产业内产品
裴长洪（2013）[③]	货物商品	初级品、中间品、资本品和消费品
	服务商品	传统型服务、信息化服务、金融保险服务、其他服务
Ma 等（2014）[④]	要素密集度	劳动密集型产品、资本密集型产品
Blanchard 和 Olney（2017）[⑤]	技能密集度	农业、非（低）技能密集型制造业、技能密集型制造业

资料来源：作者依据文献整理所得。

本研究的商品贸易结构分类采用国际标准和国内标准，国内标准主要根据国研网对外经贸数据库统计口径分类，我国贸易结构具体划分为 22 个项目，详细分类及代码如表 2–14 所示。

表 2-14　　　　中国贸易结构细分类型及代码表

代码	具体分类	代码	具体分类
T01	活动物；动物产品	T07	塑料及其制品；橡胶及其制品
T02	植物产品	T08	生皮、皮革、毛皮及其制品；鞍具及挽具；旅行用品、手提包及类似容器；动物肠线（蚕胶丝除外）制品
T03	动、植物油、脂及其分解产品；精制的食用油脂；动、植物蜡	T09	木及木制品；木炭；软木及软木制品；稻草、秸秆、针茅或其他编结材料制品；篮筐及柳条编结品
T04	食品；饮料、酒及醋；烟草、烟草及烟草代用品的制品	T10	木浆及其他纤维状纤维素浆；回收（废碎）纸或纸板；纸、纸板及其制品
T05	矿产品	T11	纺织原料及纺织制品
T06	化学工业及其相关工业的产品	T12	鞋、帽、伞、杖、鞭及其零件；已加工的羽毛及其制品；人造花；人发制品

① Lall Sanjaya, "The technological structure and performance of developing country manufactured exports, 1985–1998," *Oxford Development Studies*, Vol. 28, No. 3, 2000.

② Egger Perter, Mario Larch, "Interdependent preferential trade Agreement memberships: an empirical analysis," *Journal of International Economics*, Vol. 76, No. 2, 2008.

③ 裴长洪:《进口贸易结构与经济增长：规律与启示》,《经济研究》2013 年第 7 期。

④ Ma Yue, et al., "Factor intensity, product switching, and productivity: evidence from Chinese exporters," *Journal of International Economics*, Vol. 92, No. 2, 2014.

⑤ Blanchard Emily J., William W. Olney, "Globalization and human capital investment: export composition drives educational attainment," *Journal of International Economics*, Vol. 106, 2017.

续表

代码	具体分类	代码	具体分类
T13	石料、石膏、水泥、石棉、云母及类似材料的制品；陶瓷产品；玻璃及其制品	T18	光学、照相、电影、计量、检验、医疗或外科用仪器及设备、精密仪器及设备；钟表；乐器；上述物品的零件、附件
T14	天然或养殖珍珠、宝石或半宝石、贵金属、包贵金属及其制品；仿首饰；硬币	T19	武器、弹药及其零件、附件
T15	贱金属及其制品	T20	杂项制品
T16	机器、机械器具、电气设备及其零件；录音机及放声机、电视图像、声音的录制和重放设备及其零件、附件	T21	艺术品、收藏品及古物
T17	光学、照相、电影、计量、检验、医疗或外科用仪器及设备、精密仪器及设备；钟表；乐器；上述物品的零件、附件	T22	特殊交易品及未分类商品

资料来源：作者根据国研网统计口径整理所得。

根据生产过程中其要素禀赋的需要，本节将 T01 ～ T05 归为资源密集型产品（初级品），T16 ～ T19 归为技术密集型产品，其余分类（T06 ～ T15、T20 ～ T22）归为劳动密集型产品，后两类即工业制成品。

（二）有关贸易结构研究文献数量变化

根据 Web of Science 文献检索结果，1990 年至 2020 年发表论文中，以“trade structure”为关键词，可得到文献 4676 篇（见图 2-8）。自 2000 年后国外对贸易结构的研究也基本呈上升趋势，可见贸易结构是国际经济学领域研究的热点问题。

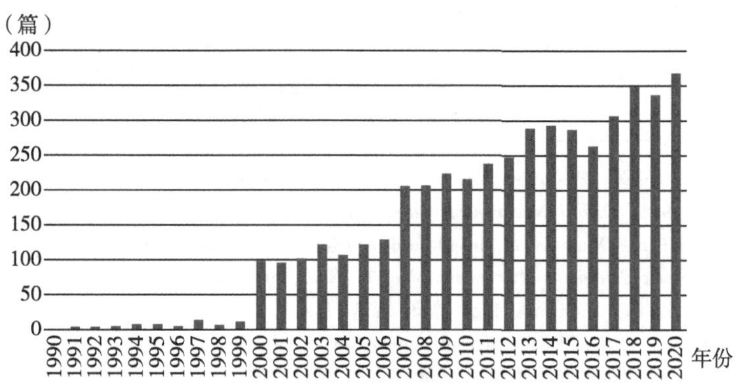

图 2-8　1990—2020 年“trade structure”相关文献数量变化

资料来源：作者根据文献整理所得。

“trade structure”相关文献引用量在100次以上的文献有249篇。其中，从文献数量来看，*Journal of Financial Economics*、*Energy Policy*、*Review of Financial Studies* 发表量位居前三，合计占比超过20%；从文献影响力来看，*Journal of Financial Economics* 平均引用率最高，达到422.48次（见表2-15）。

表2-15　　1990—2020年关于贸易结构的研究文献

期刊名称	文献数（篇）	占比（%）	平均文献引用数（次）	单篇最高被引次（次）
Journal of Financial Economics	21	8.43	422.48	1997
Energy Policy	17	6.83	173.59	463
Review of Financial Studies	16	6.43	230.13	1168
Journal of Finance	13	5.22	324.62	685
Ecological Economics	12	4.82	211.17	316
Journal of International Economics	11	4.42	159.91	304
Journal of Banking & Finance	11	4.42	269.91	693
American Economic Review	9	3.61	208.11	380
Journal of Financial and Quantitative Analysis	9	3.61	251.89	507

资料来源：作者根据文献整理所得。

从中国知网上检索1990—2020年以“贸易结构”为主题的文献有6631篇，具体分布情况如图2-9所示。相关文献数量自2003年后呈井喷式增长，到2014年时达到顶峰，2016年后相关文献数量有所下降，但每年发表数量仍维持在400篇以上，贸易结构仍然是国内经济学研究的重点问题。

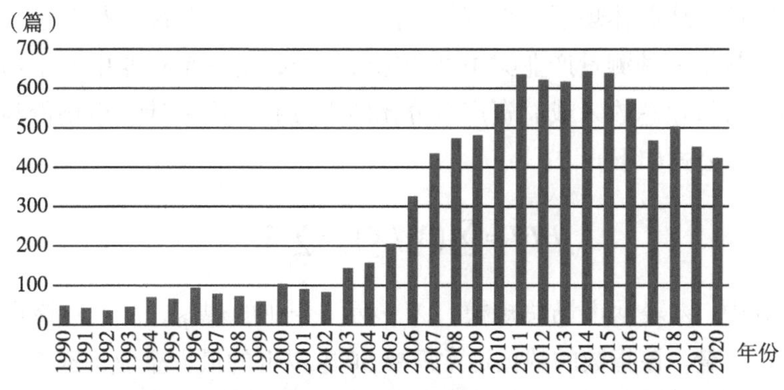

图2-9　1990—2020年贸易结构相关文献数量变化

资料来源：作者根据文献整理所得。

对 1990—2020 年发表在国内知名度、影响因子较高的十二本期刊上，被引量超过 50 次的 149 篇文献进行研究。经检索发现，149 篇文献最高被引量达到 1087 次，被引量超过 100 次的文献为 69 篇，文献分布情况如表 2–16 所示。

表 2-16　国内期刊有关“贸易结构”研究文献分布

所属期刊	被引 50 次以上（篇）	被引 100 次以上（篇）	单篇最高被引次（次）
经济研究	15	8	1087
管理世界	8	6	224
世界经济	13	7	492
数量经济技术经济研究	6	5	272
财贸经济	13	6	225
国际贸易问题	52	18	197
中国工业经济	4	2	187
世界经济研究	24	7	216
经济学季刊	6	2	188
经济学家	3	2	203
统计研究	3	2	111
金融研究	2	4	126
合计	149	69	

资料来源：作者根据文献整理所得。

（三）有关贸易结构变化的测算研究文献

1. 贸易集中度指数法

贸易集中度指数法是一种常用的测量贸易集中度的方法，常用的方法有赫芬达尔－赫希曼指数、泰尔熵指数等，能够体现出口产品的比重分布特征，从而体现了出口贸易产品的多样化水平状况。赫芬达尔－赫希曼指数是一种测量产业集中度的综合指数，指一个行业中各市场竞争主体所占行业总收入或总资产百分比的平方和，用来计量市场份额的变化。具体公式如下：

$$HHI=\sum_{i-1}^{N}\left(X_i/X\right)^2=\sum_{i-1}^{N}S_i^2 \tag{2–3}$$

其中，X 表示市场总规模，X_i 表示 i 企业的规模，N 表示该产业内的企业数量。该指数的数据通常需要 50 家以上的最大企业每家市场占有份额的平方和。HHI 的数值取值范围在 0~1，数值越接近 1，则表明了市场占有集中程度越高，到达 1 的时候就是属于垄断市场。但是该种测量方法对数据的要求比较高。

2. 进出口商品结构变化指数

进出口商品结构变化指数用来反映从基期到报告期商品贸易结构的变化，可以从进口与出口两个方面来细分，公式如下：

$$I_i = \frac{\sum_{j-1}^{N} S_{ij}^1 - S_{ij}^0}{2} \tag{2-4}$$

其中，S_{ij}^0 表示基期国家 j 进口或者出口商品 i 的金额，S_{ij}^1 表示报告期国家 j 出口或者进口商品 i 的金额。如果该指标 I_j 越接近于 1，那么市场结构变化越剧烈，越接近于 0，那么市场结构就处于更加稳定的状况。

3. 出口类似性指数法

出口类似性指数法主要用来反映两个国家之间贸易结构的类似性，能够用于双边贸易分析，公式如下：

$$XS_{jk} = \sum_i \mathrm{Min}\left(h_{ij}, h_{ik}\right) \tag{2-5}$$

其中，h_{ij} 表示商品 i 出口额在国家 j 总出口额中占据的比重，h_{ik} 表示商品 i 出口额在国家 k 总出口额中的比重，表示与存在竞争关系的国家。

XS 的大小与商品的细分种类与范围大小有关，$0<XS<100\%$，该数值越小，则两国的出口相似度越低。

4. 贸易互补性指数

贸易互补性指数主要是提供有关区域内贸易发展的有用信息，反映出两个贸易之间一个出口结构对另一个出口结构在多大程度上匹配，可以用来建立判断 FTA 的潜在价值。公式如下：

$$TC_{ij} = 100 - \sum_i \frac{\left|s_{ik} - h_{ij}\right|}{2} \tag{2-6}$$

其中，h_{ij} 表示商品 i 出口额在国家 j 总出口额中的比重，s_{ik} 表示商品 i 出口额在国家 k 总进口额中占的比重。如果双方贸易结构完全相配，那么 $TC=100$；如果双方贸易结构完全不相配，那么 $TC=0$。

5. 贸易品附加值分析法

樊纲等（2006）[①] 优化了显示技术附加值的方法，推断出生产过程当中更多技术的产品能够有更高的附加值，以公式表示如下：

① 樊纲等：《国际贸易结构分析：贸易品的技术分布》，《经济研究》2006 年第 8 期。

$$RCA_{ij}=\frac{X_{ij}\Big/\sum_{i-1}^{n}X_{ij}}{\sum_{j=1}^{m}X_{ij}\Big/\sum_{j=1}^{m}\sum_{i=1}^{n}X_{ij}} \quad (2\text{-}7)$$

其中，X_{ij}表示i国在j产品上的出口额，m为产品数目，公式中只需简单利用每个国家按产品分类的出口数据和人均GDP数据就可以计算各个产品的显示技术附加值。根据上述公式所得附加值作图，可以得出一个国家贸易品的技术分布图，能够将成千上万的贸易产品形成一个可视化的贸易结构，以更加直观的方法体现出口贸易结构。

6. 出口商品复杂度指数

出口商品复杂度指数是由Rodrik（2006）[①]提出的，用来衡量一国出口商品的技术水平和复杂程度，公式如下：

$$PRODY=\sum\nolimits_{c}\left\{\frac{x_{ic}/\sum_{k}X_{kc}}{\sum_{m}\left(X_{im}/\sum_{k}X_{km}\right)}Y_{c}\right\} \quad (2\text{-}8)$$

其中，Y_c表示国家的人均GDP，$x_{ic}/\sum_{k}X_{kc}$表示商品i在国家c商品出口中的份额，$\sum_{m}\left(X_{im}/\sum_{k}X_{km}\right)$表示所有出口商品$i$的国家在商品出口中的份额。所得的值表示所有出口$i$的国家人均GDP的加权平均值。对特定的商品来说，加权平均收入水平越高，那么该商品的复杂度越高。

7. 贸易结构的边际角度分析方法

贸易结构的边际角度分析方法是研究出口贸易增长来源的重要视角。出口贸易的增长，从结构上可以按二元边际或三元边际分解。二元边际即集约边际和扩展边际。三元边际，进一步将集约边际分解为数量边际和价格边际。出口贸易的二元边际结构差异可以反映不同国家对外贸易的扩张方式和发展前景，识别一国出口增长的来源，为巩固原有的比较优势和贸易地位、开拓新的贸易市场提供行动依据（王孝松等,2014）[②]。目前研究发现对贸易增长贡献变化呈现从数量到广度再到价格的轨迹，这也符合新古典贸易理论的研究结果。二元边际和三元边际的分解及测度，大致分为以下几类公式。

① Rodrik Dani, "What's So Special about China's Exports," *China & World Economy*, Vol. 14, No. 5, 2006.

② 王孝松等:《贸易壁垒如何影响了中国的出口边际？——以反倾销为例的经验研究》,《经济研究》2014年第11期。

简单计数法是一种较为简单的方法，主要通过HS标准海关编码或国际标准产业分类（ISIC）细分贸易的相关数据进行归类，然后对这些数据进行处理得到出口产品的数量、质量、价值或是出口产品的种类多元化来分析集约边际和扩展边际。在出口的时间跨度内，若某种产品一直存在，那么这部分流量就属于集约边际，若一开始不存在后面有出口或是一开始存在后面没有出口，那么这部分流量就属于扩展边际。

Feenstra指数法是由Feenstra（1994）① 提出的，用来测量产品种类变动对消费者福利的影响，提出了CES效用函数，假设获得一单位支付的最小成本$e(\rho_t, I_t)$，公式如下：

$$e(\rho_t, I_t) = \left[\sum\nolimits_{i \in I_t} b_{it} \rho_{it}^{1-\sigma}\right]^{1/(1-\sigma)} \tag{2-9}$$

其中，b_{it}是消费者偏好参数，ρ_{it}是t时期i产品的价格，同时$\sigma >1$，$b_{it} >0$。该模型很好地测量了产品变动与消费者福利的关系，之后将新产品纳入价格指数衡量，反映产品种类变动，被广泛应用。

学者们对集约边际和扩展边际的界定不一致，因此也有不同的测算方法，扩展边际从产品层面、企业层面和国家层面进行测量。

第一，从产品层面来看，如果出口贸易的增长主要是依赖于数量上的增长，则属于集约型增长；如果出口增长依赖于种类扩张，则属于扩展型增长。可以表示为：

$$IM = X_{jis} \Big/ \left(\sum\nolimits_{i \neq j} \sum\nolimits_{s \in X_{jis}} X_{wis}\right) \tag{2-10}$$

$$EM = \left(\sum\nolimits_{i \neq j} \sum\nolimits_{s \in X_{jis}} X_{wis}\right) \Big/ X_w \tag{2-11}$$

上述公式中主要用来解释国家j的集约边际和扩展边际，X_{wis}表示国家i的产品集s上的世界出口，X表示市场－产品的集合，X_{jis}表示国家j在产品集s上对国家i的出口。

第二，从企业层面来看，扩展边际指新的企业进入了一个全新的市场。毛其淋和盛斌（2013）② 重点考察产品和市场退出情况，借鉴

① Feenstra Robert C., "New Product Varieties and the Measurement of International Prices," *American Economic Review*, Vol. 84, No. 1, 1994.

② 毛其淋、盛斌：《贸易自由化、企业异质性与出口动态——来自中国微观企业数据的证据》，《管理世界》2013年第3期。

Bernard et al.（2010）①所采用的方法，得出以下公式：

$$\overbrace{\sum_{k\in Per,N}x_{t,i,k}}^{\text{扩展边际}}$$

$$\sum_{i=1}^{I_t}\sum_{k=1}^{K_t}x_{t,i,k}-\sum_{i=1}^{I_{t-1}}\sum_{k=1}^{K_{t-1}}x_{t-1,i,k}=\overbrace{\underbrace{\sum_{k\in Per}\left(x_{t,i,k}-x_{t-1,i,k}\right)}_{\text{持续的产品与市场组合}}}^{\text{集约边际}}+$$

$$\overbrace{\underbrace{\sum_{k\in Per,N}x_{t,i,k}}_{\text{新的产品与市场组合}}-\underbrace{\sum_{k\in Per,D}x_{t-1,i,k}}_{\text{消失的产品与市场组合}}+\underbrace{\sum_{i=1}^{I_t^P}\sum_{k=1}^{K_t^N}x_{t,i,k}+\sum_{i=1}^{I_t^N}\sum_{k=1}^{K_t^N}x_{t,i,k}+\sum_{i=1}^{I_t^N}\sum_{k=1}^{K_t^N}x_{t,i,k}}_{\text{新的出口}}-}^{\text{扩展边际}} \quad (2\text{–}12)$$

$$\underbrace{\sum_{i=1}^{I_{t-1}^P}\sum_{k=1}^{K_{t-1}^D}x_{t-1,i,k}+\sum_{i=1}^{I_{t-1}^D}\sum_{k=1}^{K_{t-1}^P}x_{t-1,i,k}+\sum_{i=1}^{I_{t-1}^D}\sum_{k=1}^{K_{t-1}^D}x_{t-1,i,k}}_{\text{消失的出口}}$$

公式中对出口产品和市场组合进行了详细的说明，*Per* 分别表示相应的集合。集约边际是从 t–1 期到 t 期的产品与市场的组合增长，而扩展边际则从 4 个方面来体现，分别是新的产品与市场组合、消失的产品与市场组合、新的出口和消失的出口。

第三，从国家层面来看，Felbermayr 和 Kohler（2006）②指出了扩展边际是出口国和其他国家建立新的贸易关系，陈勇兵和孙方（2011）③根据国内外的学者研究得出公式：

$$\Delta T_t=\Delta\overline{T}_tN_{t-1}+\Delta N_t\overline{T}_t=\Delta\overline{T}_tN_{t-1}+\left(\Delta N_{x,t}+n_{t,t}\Delta V_t\right)\overline{T}_t \quad (2\text{–}13)$$

上式中将贸易增长 ΔT_t 表示为集约边际和扩展边际的加权平均，集约边际对应的权数为 t–1 期的平均贸易量，而扩展边际的贡献率以 t 期的平均贸易量为权重。

目前对三元边际的测度主要是 Hummels 和 Klenow（2005）④的三元分解框架（H–K 框架），分为广度、价格与数量边际。

---

① Bernard Andrew B., et al., "Multiple–product firms and product switching", *American Economic Review*, Vol. 100, No. 1, 2010.

② Felbermayr Gabriel J., Wilhelm Kohler, "Exploring the intensive and extensive margins of world trade", *Review of World Economics*, Vol. 142, No. 4, 2006.

③ 陈勇兵、孙方:《国际分散化生产导致了扩展边际增长吗?——来自中国出口产品层面的证据》,《中南财经政法大学学报》2011 年第 3 期。

④ Hummels David, Peter J. Klenow, "The variety and quality of a nation's exports", *American Economic Review*, Vol. 95, No. 3, 2005.

首先，定义 R_{ab} 为 a 国对于 b 国的出口占世界 w 的比重：

$$R_{ab}=\frac{\sum_{i\in I_{ab}}P_{abi}X_{abi}}{\sum_{i\in I_{wb}}P_{wbi}X_{wbi}}=\frac{\sum_{i\in I_{ab}}P_{wbi}X_{wbi}}{\sum_{i\in I_{wb}}P_{wbi}X_{wbi}}\times\frac{\sum_{i\in I_{ab}}P_{abi}X_{abi}}{\sum_{i\in I_{ab}}P_{wbi}X_{wbi}} \tag{2-14}$$

a 是出口国，b 是进口国，I_{ab}、I_{wb} 代表 a 国对 b 国以及世界 w 对 b 国的出口商品集，P_{abi}、P_{wbi} 代表出口价格，X_{abi}、X_{wbi} 代表出口量。

其次，定义 a 国的出口广度边际为：

$$EM_{ab}=\frac{\sum_{i\in I_{ab}}P_{wbi}X_{wbi}}{\sum_{i\in I_{wb}}P_{wbi}X_{wbi}} \tag{2-15}$$

广度边际是指 a 国与世界出口到 b 国重叠商品贸易量占世界 w 总贸易量的比重，这一比值越大说明在更多的商品上 a 国对 b 国实现了出口。

再次，将 a 国的出口深度边际定义如下：

$$IM_{ab}=\frac{\sum_{i\in I_{ab}}P_{abi}X_{abi}}{\sum_{i\in I_{ab}}P_{wbi}X_{wbi}} \tag{2-16}$$

式（2–16）表明深度边际是指向 a 国与世界 w 的出口重叠商品，a 国的出口占世界 w 出口的比重。该结果越大也就说明 a 国对 b 国在相同的商品集内出口了更多的商品。

最后，将深度边际再分解为价格边际 P 和数量边际 Q：

$$IM_{ab}=P_{ab}\times Q_{ab} \tag{2-17}$$

其中，$P_{ab}=\prod_{i\in I_{ab}}\left(\frac{P_{abi}}{P_{wbi}}\right)^{W_{abi}}$ 是出口商品价格指数，$X_{ab}=\prod_{i\in I_{ab}}\left(\frac{X_{abi}}{X_{wbi}}\right)^{W_{abi}}$ 是出口商品数量指数，权重 W_{abi} 的计算如下：

$$W_{abi}=\frac{\dfrac{S_{abi}-S_{wbi}}{\ln S_{abi}-\ln S_{wbi}}}{\sum_{i\in I_{ab}}\dfrac{S_{abi}-S_{wbi}}{\ln S_{abi}-\ln S_{wbi}}} \tag{2-18}$$

S_{abi} 表示 i 种商品出口占 a 国总出口的比重，S_{wbi} 表示 i 种商品出口占世界 w 总出口的比重。

$$S_{abi}=\frac{P_{abi}X_{abi}}{\sum_{i\in I_{ab}}P_{abi}X_{abi}}\ ,\quad S_{wbi}=\frac{P_{wbi}X_{wbi}}{\sum_{i\in I_{ab}}P_{wbi}X_{wbi}} \tag{2-19}$$

由此，将出口份额分为三元边际，即出口广度边际、数量边际与价格边际。

$$R_{ab}=EM_{ab}\times P_{ab}\times Q_{ab} \tag{2-20}$$

此外，按一国对其不同贸易伙伴国的出口比重进行加总，就可以得出一国的贸易扩展边际、贸易价格边际和贸易数量边际指数：

$$EX_a=\prod_{b\in M_{-a}}(EM_{ab})^{\partial_{ab}}\ ,\quad P_a=\prod_{b\in M_{-a}}(P_{ab})^{\partial_{ab}}\ ,\quad Q_a=\prod_{b\in M_{-a}}(Q_{ab})^{\partial_{ab}} \tag{2-21}$$

∂_{ab}是指 a 国对 b 国出口占 a 国总出口的比重。

五、有关产业结构与贸易结构的互动关系研究文献回顾

产业结构与贸易结构一般是“原像”与“镜像”的同源耦合关系（袁欣，2010）①，20 世纪 90 年代以来，国内外学者对产业结构与贸易结构的互动关系进行比较深入的研究，研究文献主要从产业结构与贸易结构相互促进、产业结构促进贸易结构、贸易结构促进产业结构、产业结构与贸易结构相背离四个维度研究产业结构与贸易结构的关系。

（一）有关产业结构与贸易结构互动发展研究文献回顾

产业结构与贸易结构互动发展研究文献表明：产业结构是贸易结构的基础，贸易结构又反作用于产业结构（贺力平和沈侠，1989）②。张曙光（1988）③ 提出，工业化发展终究体现为生产结构和贸易结构的迅速转换，发达国家的结构特征表现为较高的生产结构具有较高的贸易结构，而欠发达国家的结构关系表现为较低的生产结构具有较低的贸易结构。Davis 和 Weinstein（1998）④ 扩展了 Helpman 和 Krugman（1985）⑤ 的理论

---

① 袁欣：《中国对外贸易结构与产业结构：“镜像”与“原像”的背离》，《经济学家》2010 年第 6 期。

② 贺力平、沈侠：《开放经济条件下我国产业结构调整的原则和方向》，《经济学家》1989 年第 6 期。

③ 张曙光：《经济发展及其结构转换中的贸易问题——国际经验和中国的选择》，《中国社会科学》1988 年第 5 期。

④ Davis Donald R., David E. Weinstein, “Market Access, Economic Geography, and Comparative Advantage: An Empirical Assessment”, *NBER Working Paper*, *1998*, No. 6787.

⑤ Helpman E., P. R. Krugman, *Market Structure and Foreign Trade: Increasing Returns, Imperfect Competition and the International Economy*, MIT Press, 1985.

模型，发现规模报酬决定一国生产和贸易结构。张亚斌（2000）[①] 指出比较优势可通过生产结构决定一国的出口商品结构，但出口商品结构的优化可实现比较优势的积累，从而促进产业结构升级。Baxter 和 Kouparitsas（2003）[②] 利用 Herflndahl 指数构建了分散指数并得出发达国家的生产和出口结构具有较高趋同性。Levchenko（2007）[③]、Nunn（2007）[④] 基于理论和经验研究表明，契约执行力较高的国家在契约密集型制造业产品的生产和出口方面具有比较优势。文东伟等（2009）[⑤] 描述了自 1980 年以来中国产业结构、贸易结构以及出口竞争力的演变趋势，结果显示中国生产和出口的行业结构以及出口竞争力呈现高度一致的变化趋势，即由劳动密集型行业转向资本及技术密集型行业，但同时也揭示了中国产业结构和出口结构的变迁很大程度上是跨国公司和外资企业推动的，质疑是一种"统计假象"。Arezki 等（2017）[⑥] 发现，美国能源密集型制造业的相对扩张是伴随着制造业出口增长的。

Krugman（1980）[⑦] 利用 123 个国家 370 个产业跨期 5 年的样本数据实证检验了 H-0 假说，要素禀赋决定贸易结构。苏庆义（2013）[⑧] 构建可分解要素禀赋和技术差异对贸易结构贡献度的理论框架，并运用 30 个经济体 24 个产业 1995—2007 年的数据进行经验分析，研究表明要素禀赋对各国出口结构和贸易结构的贡献度最高，绝对技术差异次之，相对技术差异最小。项松林等（2014）[⑨] 利用中国 1995—2009 年的贸易数据，从劳动力市场变化角度研究农业剩余劳动力的非农转移对发展中国家出口贸易结构的影响，结果发现农业剩余劳动力的非农转移确实促进了老

① 张亚斌：《论制度影响国际贸易的内在机制》，《国际贸易问题》2000 年第 12 期。

② Baxter Marianne, Michael A. Kouparitsas, "Trade structure, industrial structure, and international business cycles," *American Economic Review*, Vol. 93, No. 2, 2003.

③ Levchenko Andreia, "Institutional quality and international trade," *Review of Economic Studies*, Vol. 74, No. 3, 2007.

④ Nunn Nathan, "Relationship-specificity, incomplete contracts, and the pattern of trade," *Quarterly Journal of Economics*, Vol. 122, No. 2, 2007.

⑤ 文东伟等：《FDI、产业结构变迁与中国的出口竞争力》，《管理世界》2009 年第 4 期。

⑥ Arezki Rabah, et al., "On the comparative advantage of U.S. manufacturing: evidence from the shale gas revolution," *Journal of International Economics*, Vol. 107, 2017.

⑦ Krugman Paul, "Scale economics, product differentiation, and the pattern of trade," *American Economic Review*, Vol. 70, No. 5, 1980.

⑧ 苏庆义：《贸易结构决定因素的分解：理论与经验研究》，《世界经济》2013 年第 6 期。

⑨ 项松林等：《农业劳动力转移与发展中国家出口结构：理论与中国经验研究》，《世界经济》2014 年第 3 期。

产品出口增长，但不利于新产品出口扩大。

Hirschman（1958）[①] 指出某些“领先”的出口行业将拉动一国工业化进程。Murphy et al.（1989）[②] 建立了一个提高农业生产率或增加出口导致加快工业化的理论模型。Grossman 和 Helpman（1990）[③] 构造了一个动态的两国贸易和增长（技术内生）模型，表明贸易环境（产业与贸易政策）对一国的长期增长有决定性影响，制造业比较优势对经济结构具有决定性作用。Ventura（1997）[④] 构建了一个理论模型，说明即使在没有技术进步的情况下，出口导向型经济体更容易将生产资源从劳动密集型部门重新分配到资本密集型部门。Chesnokova（2007）[⑤] 构建了一个简单理论模型，如果工业产品世界价格低于维持生计水平，那么开放贸易就会导致去工业化。Duarte 和 Restuccia（2010）[⑥] 利用三部门结构转型模型衡量各国的部门劳动生产率，然后发现贸易开放与工业部门劳动生产力密切相关，但与服务业劳动生产力相关性不大。周申等（2012）[⑦] 构建简明理论框架探讨了贸易结构变动对就业结构的影响。

Chenery et al.（1980）[⑧] 探讨了日本增长模式，追踪了日本 1914—1954 年部分工业部门产出快速增长的源头，肯定了出口水平及构成的作用。Chenery（1980）[⑨] 选定 15~20 年半工业国家需求、贸易和生产结构数据探讨各国工业增长的来源，结果发现出口制成品方面的成功反过来促进了一国资本累积过程中工业的快速增长。Dodzin 和 Vamvakidis

---

① Hirschman A., *The Strategy of Economic Development*, Yale University Press, 1958.

② Murphy Kevin M., et al., “Income distribution, market size, and industrialization,” *The Quarterly Journal of Economics*, Vol. 104, No. 3, 1989.

③ Grossman Gene M., Elhanan Helpman, “Trade innovation and growth,” *American Economic Review*, Vol. 80, No. 2, 1990.

④ Ventura Jaume, “Growth and interdependence,” *Quarterly Journal of Economics*, Vol. 112, No. 1, 1997.

⑤ Chesnokova Tatyana, “Immiserizing deindustrialization: a dynamic trade model with credit constraints,” *Journal of International Economics*, Vol. 73, No. 2, 2007.

⑥ Duarte Margarida, Diego Restuccia., “The role of the structural transformation in aggregate productivity,” *Quarterly Journal of Economics*, Vol. 125, No. 1, 2010.

⑦ 周申等:《贸易结构与就业结构：基于中国工业部门的分析》,《数量经济技术经济研究》2012 年第 3 期。

⑧ Chenery Hollis B., et al., “The pattern of japanese growth, 1914–1954,” *Econometrica: Journal of the Econometric Societ*, Vol. 70, No. 2, 1980.

⑨ Chenery Hollis B., “Interactions between industrialization and exports,” *American Economic Review*, Vol. 70, No. 2, 1980.

（2004）[①] 选取 1960—2000 年 92 个发展中国家的经验数据进行回归分析，回归结果表明，贸易开放度的增加导致工业增加值的生产份额增加和农业份额减少，对服务业影响不显著。李荣林和姜茜（2010）[②] 利用中国 1987—2007 年制造业对外贸易结构与产业结构之间的关系进行多种计量方法剖析：中国对外贸易结构对产业结构具有先导效应的部门主要集中在劳动密集型行业，进口贸易可促进中国资本密集型产业发展。唐东波（2012）[③] 基于全球化纵向分工协作原理，利用中国工业企业微观数据研究了垂直专业化贸易如何影响中国就业结构，发现进口 OECD 等发达国家的中间品提高了中国制造业高技能劳动力的雇用比重，而进口亚非拉等低收入国家中间品带来中国劳动力技能的相对下降。周申等（2012）[④] 运用投入产出法和偏差分解法对中国 1993—2007 年工业制成品贸易结构变化的就业效应进行探究：偏向资本技术密集型产品的贸易结构变动导致就业结构偏向熟练劳动。Braude 和 Menashe（2011）[⑤] 利用 1963—1990 年 33 个国家制造业结构变化数据说明资本积累并不是经济转型的重要原因，而是出口部门发展的结果。Blanchard 和 Olney（2017）[⑥] 利用 102 个国家 45 年的数据来研究出口构成变化如何转变生产方式从而影响人力资本：技能密集型制造业出口的增长可优化国内人力资本结构从而雇用更多高技能劳动力。

Antràs（2003）[⑦] 利用随机效应和 OLS 方法分别对美国 23 个制造业 1987 年、1989 年、1992 年、1994 年数据进行简单回归，指出跨国公司内部进口贸易方式能显著提升国内产业的资本密集度。从发展中国家角度看，如何在当今开放经济时代获得比较利益？"微笑价值曲线"指出

---

① Dodzin Sergei, Athanasios Vamvakidis, "Trade and industrialization in developing economics," *Journal of Development Economics*, Vol. 75, No. 1, 2004.

② 李荣林、姜茜：《我国对外贸易结构对产业结构的先导效应检验——基于制造业数据分析》，《国际贸易问题》2010 年第 8 期。

③ 唐东波：《垂直专业化贸易如何影响了中国的就业结构？》，《经济研究》2012 年第 8 期。

④ 周申等：《贸易结构与就业结构：基于中国工业部门的分析》，《数量经济技术经济研究》2012 年第 3 期。

⑤ Braude Jacob, Yigal Menashe, "The asian miracle: was it a capital-intensive structural change," *Journal of International Trade & Economic Development*, Vol. 20, No. 1. 2011.

⑥ Blanchard Emily J., William W. Olney, "Globalization and human capital investment: export composition drives educational attainment," *Journal of International Economics*, Vol. 106, 2017.

⑦ Antràs Pol, "Firms, contracts, and trade structure," *Quarterly Journal of Economics*, Vol. 118, No. 4, 2003.

由于各国比较优势存在差异，发达经济体垄断了全球产业链中的研发活动和市场影响环节，生产制造环节只由发展中国家承接（Mudambi，2008）[①]。发展中国家需吸取日本和“亚洲四小龙”实现经济转型升级的成功经验，建立在比较优势基础上的对外贸易才能促进国内产业结构升级（林毅夫等，1999）[②]，同时还应获得动态比较优势（代谦和别朝霞，2006）[③] 和扩大南南贸易（欧阳峣等,2012）[④] 促使产业结构优化。刘洪铎和陈和（2016）[⑤] 构建两部门经济增长模型，利用中国 2002—2012 年的省际面板数据，采用系统广义矩估计方法论证了地区出口技术内涵的提升，通过促进技术生产率进步进而驱动产业结构转型。

余剑和谷克鉴（2005）[⑥] 采用 HOV 模型实证研究对外贸易结构、经济增长、资源要素禀赋变化及产业结构变化之间的关系，表明我国建立在比较优势基础上的贸易结构变化能够带来产业结构的升级。王菲（2012）[⑦] 实证研究中国 1994—2010 年出口贸易结构影响产业结构的机制，发现出口贸易部门对非贸易部门技术外溢的正外部性影响促进了中国经济与产业发展，但中国各出口贸易结构部门以及整体出口贸易部门的全要素生产率水平依然较低。孙晓华和王昀（2013）[⑧] 基于半对数模型和结构效应就对外贸易结构对产业结构的带动作用进行了实证检验，结果表明：从两大类贸易产品对三次产业的影响来看，工业制成品的进出口有利于降低第一产业比重，提高第二产业比重，这是我国工业化由初期向中期跨越的特定时期工业化发展战略和对外贸易政策的体现；从结

① Mudambi Ram, “Location, control and innovation in knowledge-intensive industries,” *Journal of Economic Geography*, Vol. 8, No. 5, 2008.

② 林毅夫等:《比较优势与发展战略——对“东亚奇迹”的再解释》,《中国社会科学》1999 年第 5 期。

③ 代谦、别朝霞:《人力资本、动态比较优势与发展中国家产业结构升级》,《世界经济》2006 年第 11 期。

④ 欧阳晓等:《中国与金砖国家外贸的“共享式”增长》,《中国社会科学》2012 年第 10 期。

⑤ 刘洪铎、陈和:《出口技术复杂度视角下的中国省域产业结构演进：理论与例证》,《经济问题探索》2016 年第 5 期。

⑥ 余剑、谷克鉴:《开放条件下的要素供给优势转化与产业贸易结构变革——基于比较优势战略的中国改革开放实践的考察》,《国际贸易问题》2005 年第 11 期。

⑦ 王菲:《中国出口贸易结构影响产业结构的机制——基于贸易内生技术进步经济增长模型的实证研究》,《华东经济管理》2012 年第 3 期。

⑧ 孙晓华、王昀:《对外贸易结构带动了产业结构升级吗？——基于半对数模型和结构效应的实证检验》,《世界经济研究》2013 年第 1 期。

构效应的角度看，进出口结构效应对产业结构升级存在显著的正向影响，但其发挥作用存在一定的时滞。孔炯炯（2014）[①]基于27个制造业部门的相关数据，通过协整检验、向量自回归模型、脉冲响应函数和方差分解等多种计量方法研究发现，出口贸易结构对产业结构有一个正向影响作用，且该影响作用会随时间推移而逐渐增强；而进口贸易结构对产业结构存在一个负向影响作用，该影响作用在短期内抵达峰值后会随时间推移而逐渐弱化；进出口贸易结构对产业结构的影响都存在时滞性。刘斌斌和丁俊峰（2015）[②]研究认为提高工业制成品出口比例将有助于我国第二、第三产业比较劳动生产力趋于均衡水平，进而有助于产业结构合理性调整。孔炯炯（2014）基于1992—2010年我国出口贸易新产品变化以及新旧产品更替状况，探析基于新产品的贸易结构变化对产业结构产生的影响。研究发现，对于绝大多数的制造业部门而言，基于新产品的贸易结构变化对产业结构存在显著的拉动作用，其程度明显强于以全部贸易产品衡量的贸易结构变化带来的影响，且这种显著的产业效应集中在劳动密集型部门而非资本密集型部门。

（二）有关产业结构与贸易结构相背离研究文献

一些学者通过经验数据发现，产业结构与贸易结构有相背离趋势。Leontief（1953）[③]首次对H-O要素禀赋理论提出质疑，他利用投入产出分析法发现美国更多地出口劳动密集型产品，进口资本密集型产品，不符合本国国内生产的比较优势。Wright（1990）[④]总结了美国1879—1940年六个阶段出口增长的成功经验，也发现早期美国出口以资本密集型产品为主，但从1940年开始，劳动密集型产品呈比较优势。Baxter和Kouparitsas（2003）[⑤]基于Herflndahl指数构建分散指数发现发展中国家生产结构与出口结构的分散指数明显高于发达国家。Bergoeing等

① 孔炯炯：《我国进出口贸易结构对产业结构的影响——基于VAR模型的实证分析》，《湖南社会科学》2014年第1期。

② 刘斌斌、丁俊峰：《出口贸易结构的产业结构调整效应分析》，《国际经贸探索》2015年第7期。

③ Leontief W., “Domestic production and foreign trade: the american capital positionre-examined,” *Proceedings of the American Philosophical Society*, Vol. 97, No. 4, 1953.

④ Wright Gavin, “The origins of american industrial success, 1879-1940,” *American Economic Review*, Vol. 80, No. 4, 1990.

⑤ Baxter Marianne, Michael A. Kouparitsas, “Trade structure, industrial structure, and international business cycles,” *American Economic Review*, Vol. 93, No. 2, 2003.

al.（2004）[①] 发现 22 个 OECD 国家在 1970—1998 年制造业出口贸易额占 GDP 份额增长，但制造业增加值占 GDP 份额下降，该现象发生的原因是贸易壁垒下降，可解释制造业产业结构与贸易结构偏离的现象。Rodrik（2010）[②] 基于日本、韩国、中国等国经验，发现每个国家均在短期内成为超级制造大国，其大力发展工业并不是主要依赖比较优势进行专业化分工，更多是短期贸易政策推动。Ma et al.（2014）[③] 探究出口对企业绩效的影响，具体使用 1998—2007 年中国制造业公司的大型面板数据，发现企业一经出口，资本密集度明显低于非出口企业。这是由于企业在出口后为提升全要素生产率会将大量资源由资本密集型向劳动密集型转移。

张曙光（1988）[④] 从统计数据中发现中国表现为相对较高的生产结构和相对较低的贸易结构的奇特组合。李准晔（2005）[⑤] 通过对东亚三个经济体同中国各区域内贸易趋势的分析，发现收入水平高、产业结构相对更优的东部沿海区域表现出相互独立的贸易结构。孔炯炯（2014）[⑥] 利用中国 1991—2010 年 27 个制造业部门的数据，采用 VAR 模型实证分析得出进出口贸易结构对产业结构的影响都存在时滞性，且至少滞后 2 期后才开始显著，进出口贸易结构变化对产业结构变化贡献率低。郭凯明等（2017）[⑦] 利用一个两国多部门的新古典增长模型，测算了不同因素对中国产业结构转型的影响，结果得出国际贸易效应对三个产业就业比重差别的影响相对较小。那么为何会产生背离？一是由于加工贸易的大量存在。袁欣（2010）[⑧] 通过对比中国与日本的贸易结构，发现中国以加工贸易为主的贸易结构的“镜像”并没有反映产业结构的“原像”。跨国

---

① Bergoeing Raphael, et al., “Why is manufacturing trade rising even as manufacturing output is falling,” *American Economic Review*, Vol. 94, No. 2, 2004.

② Rodrik Dani, “Making Room for China in the world economy,” *American Economic Review*, Vol. 100, No. 2, 2010.

③ Ma Yue, et al., “Factor intensity, product switching, and productivity: evidence from chinese exporters,” *Journal of International Economics*, Vol. 92, No. 2, 2014.

④ 张曙光:《经济发展及其结构转换中的贸易问题——国际经验和中国的选择》,《中国社会科学》1988 年第 5 期。

⑤ 李准晔:《中国各区域对外贸易的决定因素分析——中国八大区域与东亚三经济体间的贸易》,《经济研究》2005 年第 8 期。

⑥ 孔炯炯:《我国进出口贸易结构对产业结构的影响——基于 VAR 模型的实证分析》,《湖南社会科学》2014 年第 1 期。

⑦ 郭凯明等:《中国改革开放以来产业结构转型的影响因素》,《经济研究》2017 年第 3 期。

⑧ 袁欣:《中国对外贸易结构与产业结构:“镜像”与“原像”的背离》,《经济学家》2010 年第 6 期。

公司的技术转移和技术溢出影响到自身的核心利益时，他们就会将中国的加工贸易产业升级限制在产品升级和工艺升级等环节，导致中国的产业结构升级产生断点和隔离效应（许南和李建军,2012）[①]，其结果是中国加工贸易产业出现“微笑曲线”化，正在陷入加工贸易的“微笑贫困陷阱”。二是从需求角度认为中国的贸易结构主要由国外需求决定，因此与产业结构没有实现良性互动（张曙霄和张磊，2013）[②]。三是从全球价值链考虑到中国出口部门始终停留在低端环节，以低层次劳动密集型产品出口为主，出口部门与国内产业结构的背离将越来越严重，出口部门对非出口部门的技术溢出效应也会受到影响（洪世勤和刘厚俊，2013）[③]。

金哲松（2003）[④]对20世纪90年代中期之前中国的贸易结构与产业结构的实证分析表明贸易结构和生产结构是明显偏离的，生产以资本密集型产品为主，而出口以劳动密集型产品为主。导致这种现象的原因有三个：一是产业发展的长期性及与此有关的两种结构变动之间的时滞；二是外商直接投资的大幅增长以及与此直接相关的贸易方式的结构性变化影响；三是我国贸易政策和产业政策的不配套以及制造业国有大中型企业低效经营的影响。尹翔硕（2014）[⑤]从该理论上解释了为什么贸易及贸易结构长期不平衡的原因是产业结构不平衡。赵瑞丽等（2017）[⑥]进一步比较了产业集聚对城市产品比较优势演变路径的影响。袁欣（2010）认为一个国家的产业结构实际上是其生产要素禀赋及其利用方式的综合反映，对外贸易结构只不过是产业结构在空间范围上的扩展，两者是同源的，是一种“原像”与“镜像”的耦合关系。但是以机械与设备出口值占出口总值的比重衡量的贸易结构指数和生产结构指数却出现背离，2007年的背离率达到40.4%。这种背离的主要原因在于加工贸易的存在

---

① 许南、李建军:《产品内分工、产业转移与中国产业结构升级》,《管理世界》2012年第1期。

② 张曙霄、张磊:《中国对外贸易结构转型升级研究——基于内需与外需的视角》,《当代经济研究》2013年第2期。

③ 洪世勤、刘厚俊:《出口技术结构变迁与内生经济增长：基于行业数据的研究》,《世界经济》2013年第6期。

④ 金哲松:《中国贸易结构与生产结构偏离的原因分析》,《中央财经大学学报》2003年第3期。

⑤ 尹翔硕:《产业结构、可贸易性与贸易不平衡：一个理论解释》,《世界经济研究》2014年第1期。

⑥ 赵瑞丽等:《产业内集聚、产品关联密度与城市产品比较优势转换》,《国际贸易问题》2017年第8期。

是对外贸易结构“成像”失真造成的。张曙霄和张磊（2013）[①]认为，当前中国对外贸易结构与产业结构没有形成良性互动。中国贸易结构和产业结构产生背离，表现在中国的贸易结构不是由产业结构决定，而是由外国需求因素决定，中国贸易结构与产业结构在比重上和结构指数上存在偏离，贸易结构升级反而会恶化贸易条件，并指出产生这种背离的原因是中国内外需与贸易结构没有产生良性互动以及忽视了外商直接投资的知识技术外溢效应（见表 2–17）。

表 2-17　产业结构与贸易结构关系的代表性作者

主流观点	切入角度	代表性作者
产业结构与贸易结构互动发展	理论研究	Ishikawa（1992）；Davis 和 Weinstein（1998）；张曙光（1998）；张亚斌（2000）
	实证检验	Baxter 和 Kouparitsas（2003）；Levchenko（2007）；Nunn（2007）；文东伟等（2009）；Sudarsan 和 Larmali（2011）；Holz（2011）；欧阳晓等（2012）；Eaton et al.（2016）；Arezki et al.（2017）
产业结构促进贸易结构	理论研究	Oniki 和 Uzawa（1965）；Krugman（1980）；Dinopoulos（1993）；Yanagawa（1996）；Gutierrez 和 Ferrantino（1997）；Amiti（1998）；Holmes 和 Stevens（2005）；江小涓（2007）
	实证检验	Harrigan（1997）；Romalis（2004）；Pradhan（2011）；苏庆义（2013）；Autor et al.（2013）；项松林等（2014）；Raju 和 Pandit（2017）
贸易结构促进产业结构	理论研究	Churchman（1958）；Murphy et al.（1989）；Grossman 和 Helpman（1990）；Mazumada（1996）；Ventura（1997）；Galor 和 Mountford（2006）；Chesnokova（2007）；Duarte 和 Restuccia（2010）；周申等（2012）；Teignier（2018）
	实证检验	Chenery et al.（1959）；Chenery（1980）；Dodzin 和 Vamvakidis（2004）；李荣林和姜茜（2010）；唐东波（2012）；Braude 和 Menashe（2011）；Blanchard 和 Olney（2017）
	促进渠道	林毅夫等（1999）；Antràs（2003）；代谦和别朝霞（2006）；Mudamdi（2008）；欧阳晓等（2012）
		Lall（2002）；廖国民（2003）；蒋瑛和谭新生（2004）；黄卫平（2006）；唐东波（2012）；张会清（2012）；刘洪铎和陈和（2016）

① 张曙霄、张磊:《中国贸易结构与产业结构发展的悖论》,《经济学动态》2013 年第 11 期。

续表

主流观点	切入角度	代表性作者
产业结构与贸易结构相背离	实证检验	Leontief（1953）；Kleiner（1955）；Wright（1990）；Baxter 和 Kouparitsas（2003）；Bergoeing 等（2004）；Rodrik（2010）；Ma 等（2014）
		张曙光（1998）；李准晔（2005）；袁欣（2010）；刘广生（2011）；许南和李建军（2011）；张曙霄和张磊（2013）；洪世勤和刘厚俊（2013）；孙炯炯（2014）；郭凯明等（2017）

资料来源：作者根据文献整理所得。

通过上述国内外研究文献综述可以看出，关于对外贸易结构与产业结构的互动关系研究已经成为国际贸易与产业经济学研究的热点和难点问题。

（三）有关贸易结构与产业结构优化耦合关系研究文献

Shan 和 Sun（1998）①使用中国 1978—1996 年的月度数据，通过格兰杰因果检验，发现中国实际工业品产出与出口贸易存在双向因果关系。Colantone 和 Sleuwaegen（2010）②研究了国际产业分工同企业进退市场的关系，发现越是开放度高的产业，越能阻止新企业进入市场；动态比较优势通过企业的进入和退出市场体现，这对产业结构的演变有重要作用。

21 世纪以来，国内学者对贸易结构变化进行深入研究，邵军和徐康宁（2009）③基于 SITC（Rev.2）4 位数贸易数据以及 Gagnon 和 Rose（1995）④分析了 20 世纪 90 年代以来中国对外贸易结构的动态变化，发现中国的贸易结构总体较为稳定，多数商品在样本期初、期末的贸易平衡状态没有发生显著变化。成蓉和程惠芳（2011）⑤基于按照 HS1996 分类的商品贸易和 EBOPS 分类的服务贸易进出口数据，分析了中印两国的贸易结构，并计算了两国的贸易竞争力、互补性和相似性指数。魏浩等

① Shan Jordan, Fiona Sun, "On the export-led growth hypothesis: the econometric evidence from China," *Applied Economics*, Vol. 30, No. 8, 1998.

② Colantone Italo, Leo Sleuwaegen, "International trade, exit and entry: a cross-country and industry analysis," *Journal of International Business Studies*, Vol. 41, No. 7, 2010.

③ 邵军、徐康宁:《中国的对外贸易结构改变了吗？》,《世界经济文汇》2009 年第 5 期。

④ Gagnon Joseph E., Andrew K. Rose, "Dynamic persistence of industry trade balances: how pervasive is the product cycle," *Oxford Economic Papers*, Vol. 47, No. 2, 1995.

⑤ 成蓉、程惠芳:《中印贸易关系：竞争或互补——基于商品贸易与服务贸易的全视角分析》,《国际贸易问题》2011 年第 6 期。

（2011[①], 2014[②]）分别在 144 种制成品和 230 种制成品按技术含量分类的基础上，研究了我国制成品出口贸易结构和中国进口商品结构。桑百川和李计广（2011）[③] 比较了进出口结构，并测算了中国与主要新兴大国之间的贸易关系和合作潜力。樊茂清和黄薇（2014）[④] 基于非竞争性投入—产出表的宏观估算方法，研究了中国贸易产业结构的演进过程。魏浩（2015）[⑤] 运用有序样本聚类分析的最优分割法分别对出口商品和进口商品进行分类，测算了出口商品结构和进口商品结构的变化。魏浩和王聪（2015）[⑥] 从附加值角度分析了出口贸易商品结构特点。田文等（2015）[⑦] 分析了全球价值链重构对中国制造业产品出口贸易结构波动的影响。陈继勇等（2016）[⑧] 构建了一国对外贸易不平衡的全球价值链分解模型，从贸易增加值角度解析了贸易不平衡的商品结构、国别结构和产业结构。桑百川等（2014）[⑨] 则分析了金砖国家贸易的结构及其比较优势。谭晶荣等（2016）[⑩] 分析了中国与中亚五国的主要农产品贸易现状及结构变化。蔡海亚和徐盈之（2017）[⑪] 利用 2003—2014 年省际面板数据，采用中介效应检验方法，探讨了贸易开放对中国产业结构升级的影响，发现贸易开放在加快产业结构整体优化的同时还有助于服务业与工业内部行业的变革（见表 2–18）。

---

① 魏浩等:《中国制成品出口比较优势及贸易结构研究》,《经济学（季刊）》2011 年第 4 期。

② 魏浩等:《进口制成品在中国市场上的比较优势及其变迁：2000—2011 年》,《经济经纬》2014 年第 5 期。

③ 桑百川、李计广:《拓展我国与主要新兴市场国家的贸易关系——基于贸易竞争性与互补性的分析》,《财贸经济》2011 年第 10 期。

④ 樊茂清、黄薇:《基于全球价值链分解的中国贸易产业结构演进研究》,《世界经济》2014 年第 2 期。

⑤ 魏浩:《中国出口商品结构变化的重新测算》,《国际贸易问题》2015 年第 4 期。

⑥ 魏浩、王聪:《附加值统计口径下中国制造业出口变化的测算》,《数量经济技术经济研究》2015 年第 6 期。

⑦ 田文等:《全球价值链重构与中国出口贸易的结构调整》,《国际贸易问题》2015 年第 3 期。

⑧ 陈继勇等:《全球价值链视角的中国对外贸易不平衡及其结构研究》,《经济管理》2016 年第 4 期。

⑨ 桑百川等:《金砖国家服务贸易发展比较研究》,《经济学家》2014 年第 3 期。

⑩ 谭晶荣等:《“一带一路”背景下中国与中亚五国主要农产品贸易潜力研究》,《商业经济与管理》2016 年第 1 期。

⑪ 蔡海亚、徐盈之:《贸易开放是否影响了中国产业结构升级？》,《数量经济技术经济研究》2017 年第 10 期。

表 2-18　　　　对外贸易结构的计量模型

计量模型	具体公式	作者
贸易引力模型	$M_{ijk}=A_{0k}Y_{ik}^{a_{1k}}Y_{jk}^{a_{2k}}d_{ij}^{a_{3k}}U_{ijk}$ $\ln M_{ijt}=a_0+a_1\ln Y_{it}+a_2\ln Y_{jt}+a_3\ln d_{ij}+a_4F_{ij}+\mu_{ijt}$ 式中，M_{ijk} 表示 i 国和 j 国在 k 商品贸易上的花费，d_{ij} 表示两国距离，a、A 和 U 分别表示系数与修正变量；F_{ij} 表示异质性因素的虚拟变量	Bergstrand（1989）①
系统 GMM 估计	$\ln trade_{it}=\beta_0+\beta_1\ln trade_{i,t-1}+\beta_2\ln OFDI_{i,t-1}+\beta_3\ln SUMGDP_{it}$ $+\beta_4\ln DIST_{it}+\beta_5\ln RER_{it}+\varepsilon_{it}$ 式中，$SUMGDP_{it}$、$DIST_{it}$ 和 RER_{it} 分别表示中国与贸易国 GDP 和地理距离及实际汇率；$trade_{i,t-1}$ 和 $OFDI_{i,t-1}$ 分别表示贸易结构及对外直接投资的滞后一期	胡兵和乔晶（2013）②
向量误差修正 VECM 模型	$\ln SR_t=\beta_1+\beta_2\ln Y_t+\beta_3(\ln Y_t)^2+\beta_4\ln GST_t+\varepsilon_t$ $\ln SH_t=\beta_1+\beta_2\ln Y_t+\beta_3(\ln Y_t)^2+\beta_4\ln GST_t+\varepsilon_t$ $\ln SR_t=\beta_1+\beta_2\ln Y_t+\beta_3(\ln Y_t)^2+\beta_4\ln SST_t+\varepsilon_t$ $\ln SH_t=\beta_1+\beta_2\ln Y_t+\beta_3(\ln Y_t)^2+\beta_4\ln SST_t+\varepsilon_t$ 式中，SR_t 和 SH_t 分别表示产业结构的合理化和高级化指数，GST_t 和 SST_t 分别表示货物贸易和服务贸易的结构指数；Y_t 为人均 GDP，ε_t 是随机误差项	卜伟等（2019）③
面板门槛模型	$TY_{it}=\alpha_i+\beta_0X_{it}+\beta_1\ln EX_{it}I(q_{it}<\gamma)+\beta_2\ln EX_{it}I(q_{it}\geqslant\gamma)+\varepsilon_{it}$ $TY_{it}=\delta_i+\theta_0X_{it}+\theta_1\ln IM_{it}I(q_{it}<\gamma)+\theta_2\ln IM_{it}I(q_{it}\geqslant\gamma)+\varepsilon_{it}$ 其中，$TY_{it}=\frac{(A_{it}-A_{it-1})/A_{it-1}}{(Y_{it}-Y_{it-1})/Y_{it-1}}$ 式中，EX_{it} 和 IM_{it} 分别表示 i 地区 t 时期出口和进口的贸易发展水平，TY_{it} 表示经济增长方式的转变方式；q_{it} 和 γ 分别为门槛变量和现代估计的门槛值；$I(.)$ 和 X_{it} 分别表示性函数和控制变量	陈虹和刘纪媛（2020）④

资料来源：作者根据文献整理所得。

---

① Bergstrand Jeffrey H., "The Generalized Gravity Equation, Monopolistic Competition, and the Factor-proportions Theory in International Trade," *Review of Economics & Statistics*, Vol. 71, No. 1, 1989.

② 胡兵、乔晶:《中国对外直接投资的贸易效应——基于动态面板模型系统 GMM 方法》,《经济管理》2013 年第 4 期。

③ 卜伟等:《中国对外贸易商品结构对产业结构升级的影响研究》,《宏观经济研究》2019 年第 8 期。

④ 陈虹、刘纪媛:《"一带一路"沿线国家基础设施建设对中国对外贸易的非线性影响——基于面板门槛模型的研究》,《国际商务（对外经济贸易大学学报）》2020 年第 4 期。

六、有关产业结构、消费结构及贸易结构升级互动研究文献

当前，对产业结构、消费结构与贸易结构间升级互动的研究基本都以考察其中两者间的互动为主，且关于产业结构与消费结构以及产业结构与贸易结构相对消费结构与贸易结构间互动关系的研究有着更为丰富的相关文献，分别对其间影响机制和作用路径展开深入分析，但是关于产业、消费与贸易三者结构升级互动的研究相对较少，尚未对此建立足够系统和完整的分析系统和框架，值得进一步深入探讨。

（一）有关消费结构、产业结构及贸易结构互动研究文献

迄今为止，有关消费结构、产业结构及贸易结构三者互动的研究文献尚不多见，有关消费结构与产业结构互动或产业结构与贸易结构的研究文献相对多一些。国外对于消费结构和贸易结构互动，以古典经济增长模型中以支出法核算的需求端 GDP 组成部分的关系为主。Kobayashi（2004）① 研究发现日本在后经济泡沫时代存在明显的“产业结构转型引起贸易结构变动进而影响消费结构变化”的三结构作用路径；Markusen（2013）② 在经济增长理论模型中引入消费和出口二变量，并对其分别对产业以及经济所产生的影响作用进行研究，提出了以消费为基础或者说消费主导经济的新发展理论。

国内学者有关消费结构与贸易结构间及产业、消费与贸易结构间互动关系的研究方面，目前研究论文比较少。孙尚清（1988）③ 研究认为，居民可支配收入提高会引起消费需求结构变动，进而在技术创新所带来的劳动生产率上升的作用下，伴随贸易结构调整，最终导致产业结构的转型升级。谢小平和傅元海（2018）④ 基于大国市场优势指出在产业升级的大背景下，通过消费和出口结构的有力关联能够形成经济增长的内生动力，实现新兴产业、国内需求以及比较优势三者的协调互动和发展。

目前国内有关产业结构、消费结构及贸易结构升级互动的研究从论文数量上看甚至比国外还少，尚未形成相对完善的研究框架体系。因此，

---

① Kobayashi Nobuo, “Industrial structure and manufacturing growth during japan’s bubble and post-bubble economies,” *Regional Studies*, Vol. 38, No. 4, 2004.

② Markusen James R., “Putting per-capita income back into trade theory,” *Journal of International Economics*, Vol. 90, No. 2, 2013.

③ 孙尚清：《关于我国社会主义初级阶段的消费模式》，《财贸经济》1988 年第 6 期。

④ 谢小平、傅元海：《大国市场优势、消费结构升级与出口商品结构高级化》，《广东财经大学学报》2018 年第 4 期。

对于产业结构、消费结构及贸易结构升级互动的研究是经济学范畴内尚未充分开发的新兴领域，值得进一步深化研究。

（二）有关产业结构与消费结构互动研究文献

在产业结构与消费结构升级互动研究方面，国外学者普遍认为产业与消费以及双系统结构间存在紧密联系和相互作用，起步较早却主要集中在理论研究方面，缺乏进一步深入实证研究，为国内学者在该领域的探索奠定了坚实的理论基础并指出了合理的研究方向。弗朗索瓦·魁奈（Francois Quesnay，1758）① 最早在其著作《经济表》一书中对居民消费行为对于产业部门流通所造成的影响进行研究。马克思（1872）② 提出以"生产是消费的来源，消费是生产的目的，消费与生产互为依赖、相互依存、两者不可缺其一"为核心观点的社会再生产理论。Leontief（1953）③ 基于投入产出表定量论证了产业和消费二结构间的影响作用。Clark（1940）④ 认为经济体生产的总量和结构可以在确认生产性投资及非生产性投资及存货增量的前提下通过掌握消费的总量和结构加以估计，进一步强调了消费对于产业结构的制约作用。Chenery（1980）⑤ 从资源配置视角对产业和消费二结构间相互作用的关系进行直接考察，指出生产供给结构的形成先后受消费需求结构的等级次序支配，此理论同样适用于经济体工业化的发展进程。Gierańczyk（2010）⑥ 认为技术密集型产品的消费需求会随着居民收入水平和受教育程度的提高而增长，强调了消费对于生产的引导作用。

国内学者基于国外研究的理论，结合我国基本国情和具体实际并创新应用数理推导和模型实证，对我国产业与消费二者结构的升级互动及应用政策展开系统研究，其分析思路逐步深入和清晰。尹世杰（1988）⑦

① 弗朗索瓦·魁奈:《魁奈〈经济表〉及著作选》，华夏出版社 2017 年版，第 8 页。

② 卡尔·马克思:《资本论》，上海三联书店 2018 年版。

③ Leontief W., "Domestic production and foreign trade: the american capital positionre-examined," *Proceedings of the American Philosophical Society*, Vol. 97, No. 4, 1953.

④ Clark J. M., "Toward a concept of workable competition," *American Economic Review*, Vol. 30, No. 2, 1940.

⑤ Chenery Hollis B., "Interactions between industrialization and exports," *American Economic Review*, Vol. 70, No. 2, 1980.

⑥ Gierańczyk Wiesława, "Development of high technologies as an indicator of modern industry in the EU," *Bulletin of Geography. Socio-economic Series*, Vol. 14, No. 14, 2010.

⑦ 尹世杰:《试论需求上升规律》，《消费经济》1988 年第 3 期。

在国内最早通过研究分析国民经济的循环过程中发现“在消费升级过程中消费结构变动推动产业结构调整，而在产业升级过程中产业结构转型又刺激消费结构优化，产业和消费二结构间存在着同时进行（循环）的双向转换作用”，进而在消费需求引导下促进经济体经济增长，揭示了产业和消费二结构间互动关系的基本规律。林白鹏（1993）[①]结合我国产业结构和消费结构实证指出产业结构高度优化以消费结构的优化升级为传导基点。刘保珺（2007）[②]基于SDA（结构分解）模型对我国产业和消费二结构演变及经济增长间的作用关系展开量化研究发现产业和消费双系统结构间存在明显的互动关系和引导作用。查道中和吉文惠（2011）[③]构建VAR模型发现产业结构较经济增长对消费结构的作用相对较弱，同时城乡对比中城镇产业结构对消费结构的正向诱导效应优于农村。俞剑和方福前（2015）[④]综合面板模型的固定和随机效应，对产业与消费结构间的相互关系进行实证研究，指出消费结构优化促进产业结构升级有产业、产品和投资三个途径。张宗益和伍焓熙（2015）[⑤]通过GMM估算发现，人口、经济和社会以及环境的城市化分别作用于我国东、中、西部的不同或全部区域的产业和消费二结构并相互作用。李宝礼和胡雪萍（2016）[⑥]基于空间面板测量模型进一步对其影响路径和强度进行测算。王煌和张秀英（2017）[⑦]在产业和消费二结构变量基础上引入技术创新，发现产业结构优化是通过技术创新来对消费结构升级产生作用的。

（三）有关产业结构与贸易结构互动研究文献

在产业结构与贸易结构升级互动研究方面，国外学者对于产业结构与贸易结构间的双向作用展开了大量的理论分析和实证研究，起步相对

---

① 林白鹏：《走出精神文化消费怪圈的思路》，《消费经济》1993年第Z1期。

② 刘保珺：《我国产业结构演变与经济增长成因的实证分析》，《经济与管理研究》2007年第2期。

③ 查道中、吉文惠：《城乡居民消费结构与产业结构、经济增长关联研究——基于VAR模型的实证分析》，《经济问题》2011年第7期。

④ 俞剑、方福前：《中国城乡居民消费结构升级对经济增长的影响》，《中国人民大学学报》2015年第5期。

⑤ 张宗益、伍焓熙：《新型城镇化对产业结构升级的影响效应分析》，《工业技术经济》2015年第5期。

⑥ 李宝礼、胡雪萍：《城镇化、要素禀赋与城市产业结构升级——基于中国345个城市的空间计量分析》，《贵州财经大学学报》2016年第3期。

⑦ 王煌、张秀英：《技术创新、产业结构升级与国际贸易效应的实证分析》，《统计与决策》2017年第9期。

国内较早但是具体落实到两者互动关系及结构层面上的实证研究相对较少。Davis（1997）[①] 指出产业结构受国内市场规模效应的影响只有在非一般贸易和专业化商品分别较一般贸易和同质化商品而言成本很高甚至高出数倍的情况下才会出现。Shan 和 Sun（1998）[②] 基于我国 1978—1996 年工业生产及贸易的月度数据，利用 Granger 因果检验发现两者具有显著的双向因果关系。Boschma 和 Lammarino（2009）[③] 认为当经济体内外部的知识体系相互兼容或接近时，该地区的多元化贸易结构有助于本区域产业结构的优化升级并能够显著促进其充分就业和经济增长。Colantone 和 Sleuwaegen（2010）[④] 发现企业在市场中的进退行为（国际产业分工）受到动态比较优势所带来的贸易开放度的重要作用，这对产业结构的优化升级具有显著作用及影响。

国内学者对产业结构与贸易结构两者“互为相关、双向作用、有待优化”的互动关系在国外理论基础上进一步展开了深入细致的实证分析，其相关文献主要从理论和实证两个角度进行研究。张亚斌（2000）[⑤] 提出“耦合”（独立系统间相互作用）的概念，认为产业结构通过动态比较优势决定贸易结构，贸易结构通过比较优势积累反作用于产业结构；陈元（2007）[⑥] 指出产业与贸易二结构升级优化相互作用的程度与国际贸易活动对国内产业政策扭曲的程度呈现正向关系；黄凯和唐根年（2012）[⑦] 基于数据分析指出我国产业结构已经实现资源和劳动密集型从低端向高端的转变，但尚未实现向资本和技术密集型的转变，这主要是由于产业与贸易两结构系统间的偏差所造成的。从实证角度，余剑和谷克鉴（2005）[⑧] 基于开放经济背景，通过 HOV 模型对我国要素禀赋与

---

① Davis Donald R., “The Home Market, Trade, and Industrial Structure,” *NBER Working Paper*, 1997, No. 6076.

② Shan Jordan, Fiona Sun, “On the export-led growth hypothesis: the econometric evidence from China,” *Applied Economics*, Vol. 30, No. 8, 1998.

③ Boschma Ron, Simona Lammarino, “Related variety, trade linkages, and regional growth in Italy,” *Economic Geography*, Vol. 85, No. 3, 2009.

④ Colantone Italo, Leo Sleuwaegen, “International trade, exit and entry: a cross-country and industry analysis,” *Journal of International Business Studies*, Vol. 41, No. 7, 2010.

⑤ 张亚斌:《论制度影响国际贸易的内在机制》,《国际贸易问题》2000 年第 12 期。

⑥ 陈元:《我国外贸发展对国内外经济的影响与对策研究》，中国财政经济出版社 2007 年版。

⑦ 黄凯、唐根年:《我国贸易结构与产业结构的偏差》,《经营与管理》2012 年第 11 期。

⑧ 余剑、谷克鉴:《开放条件下的要素供给优势转化与产业贸易结构变革——基于比较优势战略的中国改革开放实践的考察》,《国际贸易问题》2005 年第 11 期。

产业及贸易结构升级之间的关系展开研究，发现我国贸易结构的调整变动通过动态比较优势明显推动了产业结构的转型优化；黄新飞和舒元（2007）[①]构建产业专业化指数并利用协整和脉冲响应指出扩大贸易开放度有利于推动优势产业的专业化生产，进而影响国家的长期经济增长；李小平等（2008）[②]通过 DEA 方法对我国 30 多个工业行业进行分析发现进口较出口对于促进各制造业产量增长和技术进步的作用更加显著；马颖等（2012）[③]在构建联立方程的基础上结合 VAR 模型进行脉冲响应分析，认为中国对外开放促进经济增长的同时也对劳动密集型产业造成了相当程度上的发展阻碍；孙晓华和王昀（2013）[④]通过钱纳里半对数回归模型对产业与贸易结构间的作用效应进行实证分析指出，工业品贸易推动制造业占比提高的同时，也存在时滞效应；程宝栋和刁钢（2014）[⑤]综合技术进步和产业与贸易结构建立动力系统模型指出，国际贸易发展促进技术进步，却并没有真正提升国内产业的核心竞争力（见表 2–19）。

表 2-19　产业、消费与贸易结构互动的代表性研究

主要观点		代表性研究
产业、消费及贸易三者结构间升级互动		孙尚清等（1988）、Nobuo Kobayashi（2004）、Markusen（2006）、Ailshire et al.（2011）、谢小平等（2018）
产业与消费结构间互动	产业结构作用于消费结构	Leontif（1953）、Kalecki（1962）、尹世杰（1988）、林白鹏（1993）、Badibanga 和 Thaddeed（2013）
	消费结构反作用于产业结构	Kuznets（1941）、Borpujari（1987）、Doni（2003）、查道中等（2011）、王煌和张秀英（2017）
产业与贸易结构间互动	产业结构作用于贸易结构	Yanagawa（1996）、Gutierrez et al.（1997）、Baxter et al.（2003）、蔡兴等（2012）、张明智等（2012）、徐赟（2015）
	贸易结构反作用于产业结构	吴进红（2005）、唐东波（2012）、张婕等（2013）、孙晓华等（2013）、李一方等（2017）、张杰等（2017）

资料来源：作者根据文献整理所得。

① 黄新飞、舒元：《贸易开放度、产业专业化与中国经济增长研究》，《国际贸易问题》2007 年第 12 期。

② 李小平等：《国际贸易、技术进步和中国工业行业的生产率增长》，《经济学（季刊）》2008 年第 2 期。

③ 马颖等：《贸易开放度、经济增长与劳动密集型产业结构调整》，《国际贸易问题》2012 年第 9 期。

④ 孙晓华、王昀：《对外贸易结构带动了产业结构升级吗？——基于半对数模型和结构效应的实证检验》，《世界经济研究》2013 年第 1 期。

⑤ 程宝栋、刁钢：《家具产业技术、对外贸易及利润的动态关系分析》，《统计与决策》2014 年第 1 期。

七、文献述评

国内外学者已经对产业结构、消费结构与贸易结构变化与升级进行了深入研究，提出产业结构、消费结构与贸易结构是互动变化和相互促进的关系，但迄今为止，对产业结构、消费结构与贸易结构的互动变化规律及协同发展机制还缺乏深入理论和实证研究。新发展阶段，产业结构、消费结构与贸易结构协同变化应该成为高质量发展的热点和重点问题。目前，关于产业结构、消费结构与贸易结构协同发展，产业政策与贸易政策的互动研究主要存在以下问题。

（一）缺乏产业结构与贸易结构互动发展的评价指标

近年来国内学者对产业结构、消费结构与贸易结构的问题进行了大量研究，但是大部分研究都是分别对产业结构、消费结构与贸易结构变化进行实证分析，缺乏对产业结构、消费结构与贸易结构互动发展理论分析，缺乏对产业结构、消费结构与贸易结构互动发展的评价分析。需要对产业结构、消费结构与贸易结构互动变化机制进行深入分析，构建产业结构、消费结构与贸易结构互动高质量发展的评价指标体系。

（二）缺乏产业结构、消费结构与贸易结构的互动理论体系

虽然消费结构、产业结构与贸易结构都有相对成熟的理论体系，但在国际分工体系变化下三者的互动理论体系尚不成熟。现阶段世界经济增长动力不足，全球产业格局面临重大调整，发达国家试图吸引资金回流，重构制造业优势，而中国人口红利逐渐消失，依靠要素支撑的粗放式经济增长方式已难以为继，国内经济步入“新常态”。如何跨越中等收入陷阱，如何通过优化产业结构，促进贸易结构的高质量发展，推动产业结构与贸易结构的良性耦合发展，是作为新兴发展中大国的中国目前亟待解决的问题。而消费结构、产业结构和贸易结构互动机制理论和政策研究有助于开放型世界经济发展。

（三）缺乏产业与贸易政策的互动机制的政策体系研究

目前研究文献还缺乏对新时期中国产业与贸易政策的互动机制研究，对两者是否协调发展的研究结果结论不一。在后续的研究中，需要对新时期中国产业和贸易政策的协同发展机制进行深入研究，并通过历史的分析和研究来明晰，在全球价值链背景下，产业与贸易政策协同发展的内涵和外延到底是什么？全球价值链分工体系下，新时期中国产业与贸

易政策如何有效互动发展，提升中国在全球价值链分工中的地位，加快产业与贸易高质量发展。

第二节　产业结构、消费结构与贸易结构的变化现状分析

为了深入研究产业结构、消费结构与贸易结构互动变化规律及变化路径，需要对全球第一、第二和第三产业（服务业）之间的比例关系变化的现状进行比较分析；需要对世界产业大国格局以及制造业大国的制造业内部结构变化趋势进行深入分析；对全球产业结构、消费结构、贸易结构互动变化及其变化趋势进行深入比较分析。

一、全球产业结构变化国际比较分析

产业结构是指一国或地区在社会再生产过程中的产业构成、产业发展水平和产业间的经济或技术关联，即资源在产业间的配置情况、各产业产值所占的比重以及产业间的相互作用方式。产业结构有两层含义：从静态角度看，产业结构是一定时期内各产业间的关系结构和数量比例结构；从动态角度看，产业结构是产业间关系和数量比例结构的发展演变的趋势和过程。产业结构变化，一是从产业间比例变化进行分析，即从第一、第二和第三产业（服务业）之间的产值比例关系变化进行分析，这种关系随着经济的发展不断调整和优化，也能够反映一国（或地区）经济发展的阶段变化。二是从产业内部的角度，即从第一产业中农业、林业、畜牧业和渔业间的比例关系和变化情况；第二产业中制造业、采矿业、建筑业和电力、燃气及水的生产和供应业等之间的比例关系和变化情况。本节的全球产业结构变化国际比较分析，从第一、第二、第三产业比例变化及产业大国格局变化进行比较分析。

（一）全球三次产业比例关系发生深刻变化

1970—2019 年，全球第一、第二、第三产业结构发生了深刻变化。全球第一产业（农、林、牧、渔业）的增加值占全球总增加值比例从 1970 年的 9.4% 下降到 2019 年的 4.2%，全球第二产业增加值占全球总增加值比例从 37.3% 下降到 27.9%，全球第三产业（服务业）增加值占全球总增加值比例从 53.3% 上升到 67.9%，全球进入服务经济加快发展新阶段（见图 2–10）。

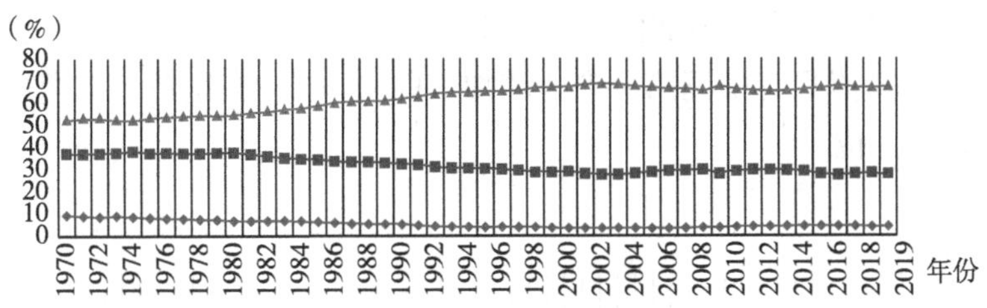

图 2-10 1970—2019 年全球第一、第二、第三产业增加值占全球总增加值比例变化

资料来源：根据联合国贸易和发展会议数据库产业数据制作。

（二）全球产业大国格局发生深刻变化

1. 全球第一产业大国格局变化——中国稳居全球第一产业大国地位

1970—2019 年，全球第一、第二、第三产业大国格局发生深刻变化。中国、印度和美国是居全球前三位的第一产业大国，其间中国一直是第一产业增加值规模居全球第一位的大国，第一产业增加值从 1970 年的 325 亿美元增加到 2019 年的 1.06 万亿美元（见图 2–11），第一产业增加值占全球第一产业增加值比例从 1970 年的 10.5% 增加到 2019 年的 30.3%（见图 2–12），中国饭碗要牢牢端在自己手里是由第一产业生产能力决定的。印度第一产业增加值从 1970 年的 251 亿美元增加到 2019 年的 4638 亿美元（见图 2–11），同期印度第一产业增加值占全球第一产业增加值比例从 8% 上升到 13%（见图 2–12），印度第一产业增加值规模居全球第 2 位。美国第一产业增加值从 1970 年的 252 亿美元增加到 2019 年的 1761 亿美元，同期美国第一产业增

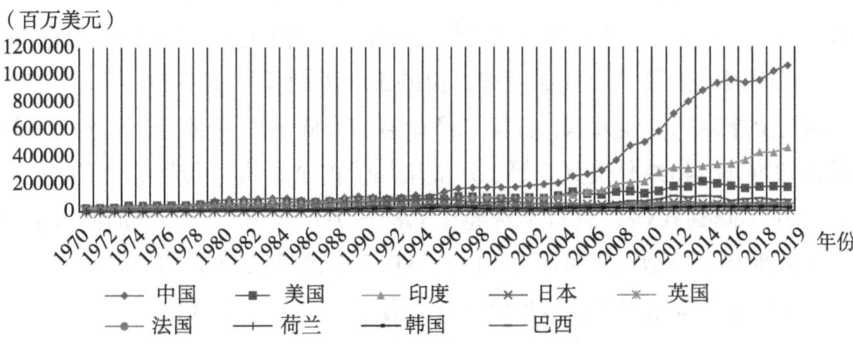

图 2-11 1970—2019 年全球第一产业大国增加值变化

资料来源：根据联合国贸易和发展会议数据库产业数据制作。

加值占全球第一产业增加值比例从 8% 下降到 5%（见图 2–12），美国第一产业增加值只有中国第一产业增加值的 16.6%，美国第一产业增加值居全球第 3 位。

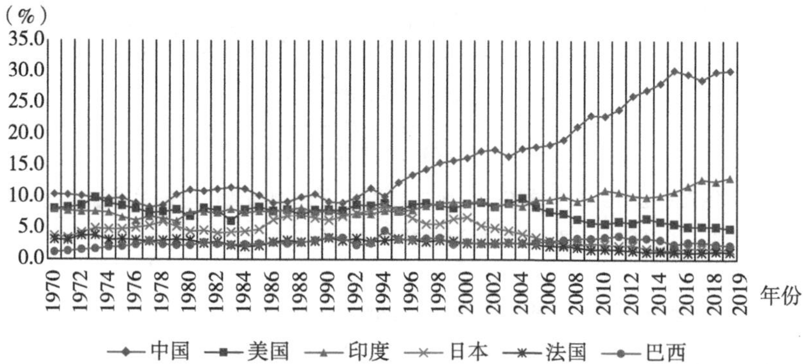

图 2-12　1970—2019 年第一产业大国增加值占全球第一产业增加值比例变化

资料来源：根据联合国贸易和发展会议数据库产业数据制作。

2. 全球第二产业大国格局变化——中国替代美国成为全球工业第一大国

1970— 2019 年，全球第二产业大国格局发生深刻变化。美国曾经在 1970—2010 年一直是全球第二产业居首位的工业大国，美国第二产业增加值从 1970 年的 3422 亿美元增加到 2019 年的 39987 亿美元（见图 2–13），同期美国第二产业增加值占全球第二产业增加值比例从 27.8% 下降到 17.2%（见图 2–14），2011 年以来美国成为全球工业第二大国。中国第二产业增加值从 1970 年的 374 亿美元增加到 2019 年的 56165 亿美元（见图 2–13），同期中国第二产业增加值占全球第二产业增加值比例从 3% 增加到 24.1%（见图 2–14），中国第二产业增加值规模在 2011 年超过美国，2011 年以来，中国替代美国成为第二产业居全球首位的工业大国（见图 2–13）。日本曾经长期是全球第二工业大国，其第二产业增加值从 1970 年的 950 亿美元增加到 2019 年的 14629 亿美元，第二产业增加值占全球第二产业增加值的比例从 7.7% 下降到 6.3%，且日本曾经在 1986—2001 年第二产业增加值占全球比例达到 15% ～ 20%（见图 2–14），2007 年中国第二产业增加值超过日本，2007 年以来日本第二产业增加值居全球第三位（见图 2–13）。

1970—1994 年，美国制造业增加值一直居全球第一位，美国是世界制造业第一大国（见图 2–15）。1995—1996 年日本制造业增加值曾经超过美国，成为世界制造业第一大国（见图 2–16）。1997—2010 年美国制

造业增加值又居全球第一位，20 世纪 70 年代以来，美国制造业世界第一大国地位曾经持续长达近 40 年时间（见图 2-17）。

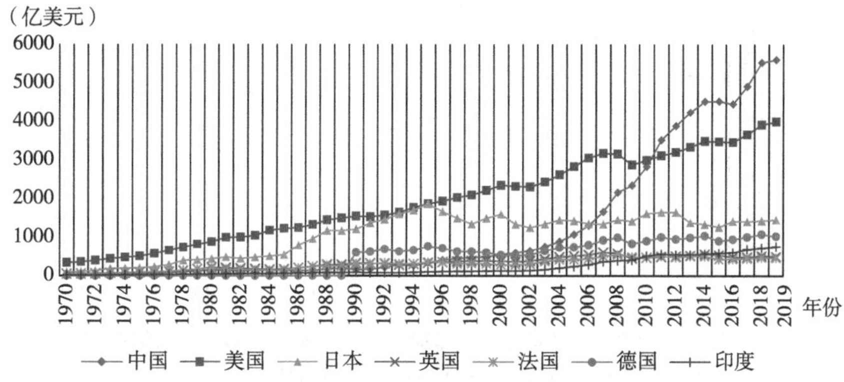

图 2-13 1970—2019 年全球第二产业大国增加值变化

资料来源：根据联合国贸易和发展会议数据库产业数据制作。

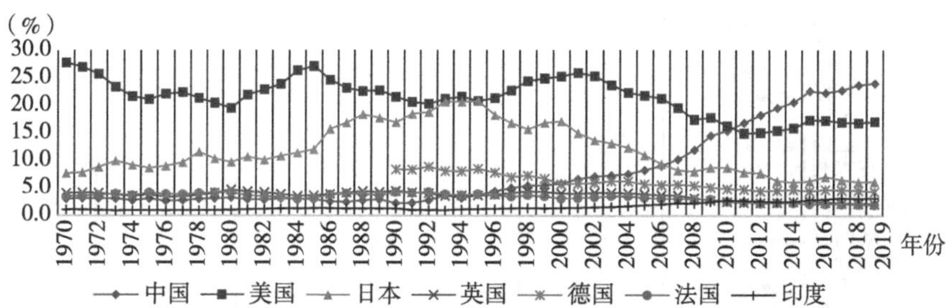

图 2-14 1970—2019 年第二产业大国增加值占全球第二产业增加值比例变化

资料来源：根据联合国贸易和发展会议数据库产业数据制作。

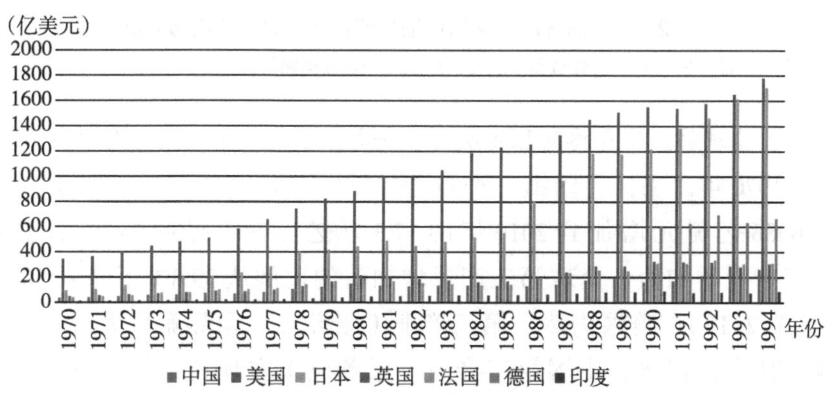

图 2-15 1970—1994 年世界制造业大国增加值变化

资料来源：根据联合国贸易和发展会议数据库产业数据制作。

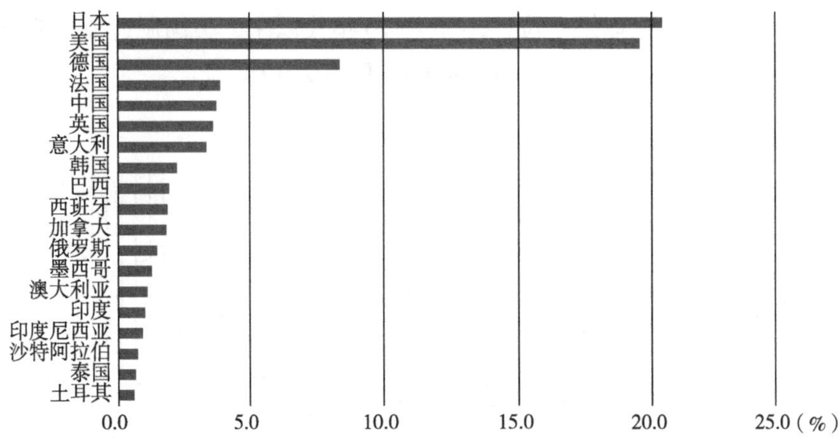

图 2-16　1995 年制造业大国增加值占世界制造业增加值比例排序

资料来源：根据联合国贸易和发展会议数据库产业数据制作。

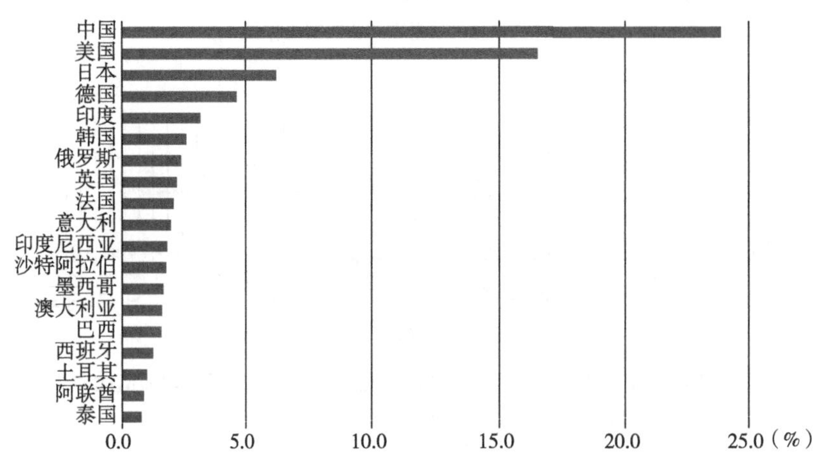

图 2-17　2018 年部分国家制造业增加值占世界制造业增加值比例排序

资料来源：根据联合国贸易和发展会议数据库产业数据制作。

3. 全球第三产业格局稳中有变——美国依然是全球服务业第一大国

1970 年以来，美国第三产业增加值一直居全球第一，从 1970 年的 6986 亿美元增加到 2019 年的 17.3 万亿美元（见图 2–18），美国第三产业增加值占全球第三产业增加值的比例从 39.8% 下降到 30.6%（见图 2–19），美国仍然是第三产业（服务业）国际竞争力最强的国家。21 世纪以来，中国第三产业（服务业）实现持续较快增长，第三产业增加值从 1970 年的 226 亿美元增加到 2019 年的 76614 亿美元（见图2-18），同期中国第三产业增加值占全球第三产业增加值比例从1.3%上升到13.5%（见图2-19），中国在2013年第三产业增加值超过日本并居全球第二位。日本第三产业增加值从1970年的1024亿美元增加到2019年的35323亿美元，日本在1970—2012年第三产业增加值居全球第二位（见图2-18）。1995年以来，日本第三产业增长持续缓慢，2013年日本被中国超过后退居第三位。2013年以来，日本第三产业增长依然平缓，日本第三产业增加值占全球第三产业增加值比例从1995年的17.7%持续下降到2019年的6.2%（见图2-19）。

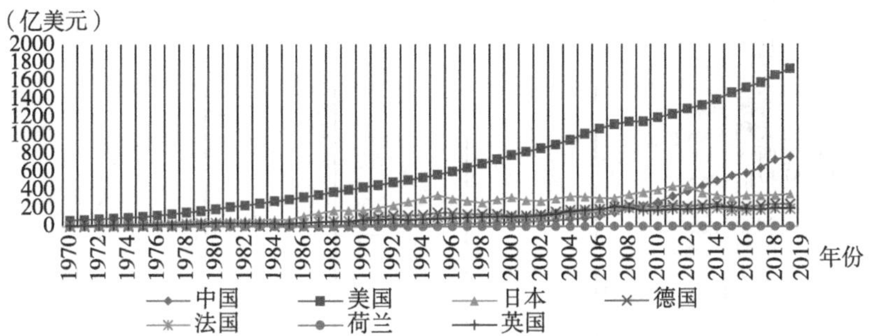

图2-18 1970—2019年全球第三产业大国增加值变化

资料来源：根据联合国贸易和发展会议数据库产业数据制作。

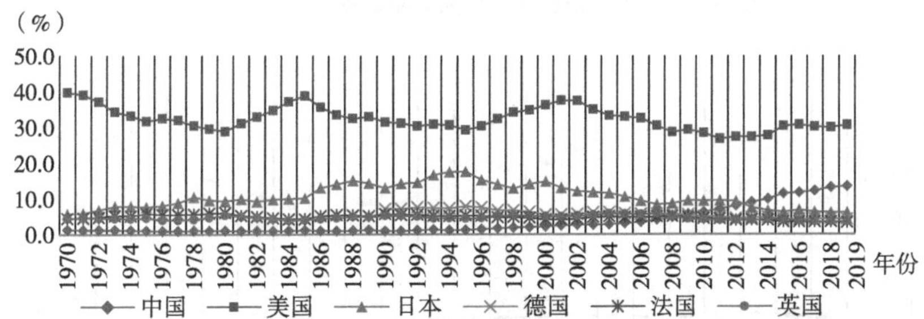

图2-19 1970—2019年第三产业大国增加值占全球第三产业增加值比例变化

资料来源：根据联合国贸易和发展会议数据库产业数据制作。

（三）世界制造业大国的制造业内部结构发生深刻变化

2018年世界前10的制造业大国是中国、美国、日本、德国、印度、韩国、俄罗斯、英国、法国、意大利。本节主要对世界前五的制造业大国的制造业结构变化进行分析。美国曾经长期是世界第一制造业大国，美国制造业增加值占世界制造业增加值从 1996 年的 20.4% 下降到 2018 年的 16.46%。中国制造业增加值占世界制造业增加值比例从 1995 年的 3.74% 增加到 2018 年的 23.67%，中国在 2010 年超过美国成为世界制造业第一大国。日本制造业占世界制造业增加值比例从 20.4% 下降到 6.18%，下降 14 个百分点，但 2018 年日本仍然还是世界制造业第三大国（见图 2–20、图 2–21、图 2–22）。

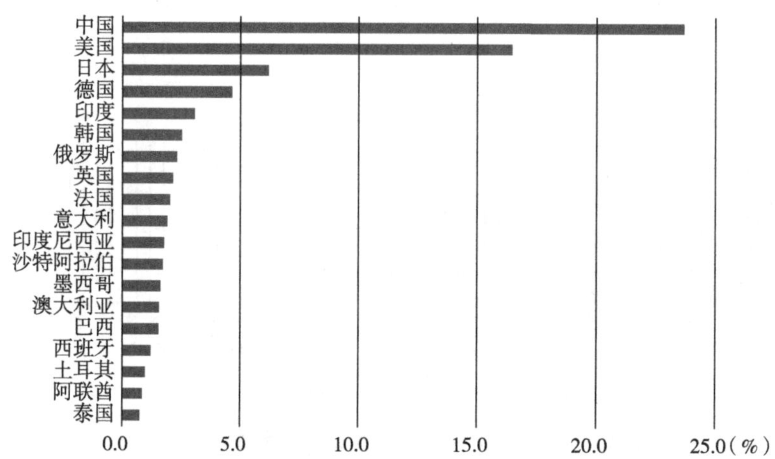

图 2-20　2018 年部分国家制造业占世界制造业增加值比例排序

资料来源：根据联合国贸易和发展会议数据库产业数据制作。

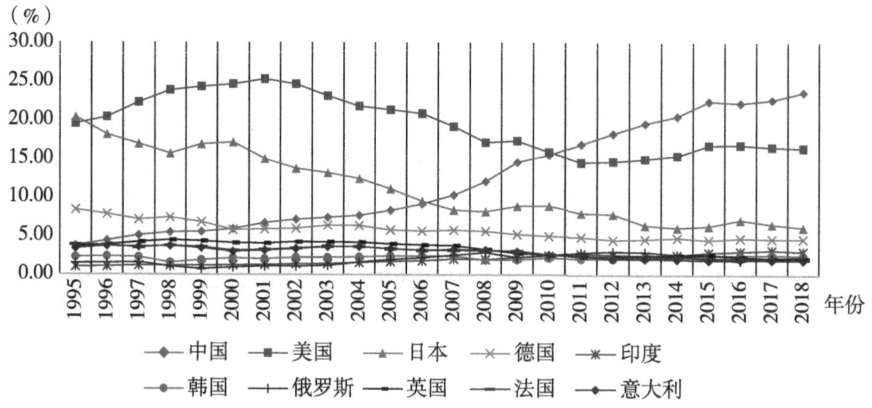

图 2-21　1995—2018 年世界前 10 制造业大国增加值占世界制造业增加值比例

资料来源：根据联合国贸易和发展会议数据库产业数据制作。

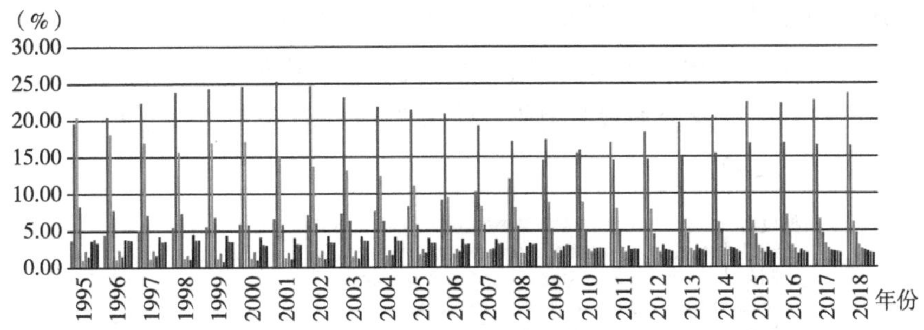

图 2-22 1995—2018 年世界制造业大国增加值占世界制造业增加值比例变化

资料来源：根据联合国贸易和发展会议数据库产业数据制作。

1. 中国制造业结构变化

2002 年以来，中国制造业进入快速发展阶段，2010 年以后中国一直是世界制造业第一大国。1980 年以来中国制造业结构发生明显变化，纺织业增加值占制造业总增加值比例从 1980 年的 15.14% 下降到 2018 年的 5.24%，下降了近 10 个百分点。同期机械设备占比从 15.15% 下降到 8.46%，煤、石油、能源占比从 4.94% 下降到 3.14%，化学和化工制品占比从 11.34% 下降到 10.81%，而同期金属占比从 9.49% 上升到 14.3%，金属成为制造业第一大产业。食品及饮料制造业占比从 6.04% 上升到 8.86%（见图 2–23）。

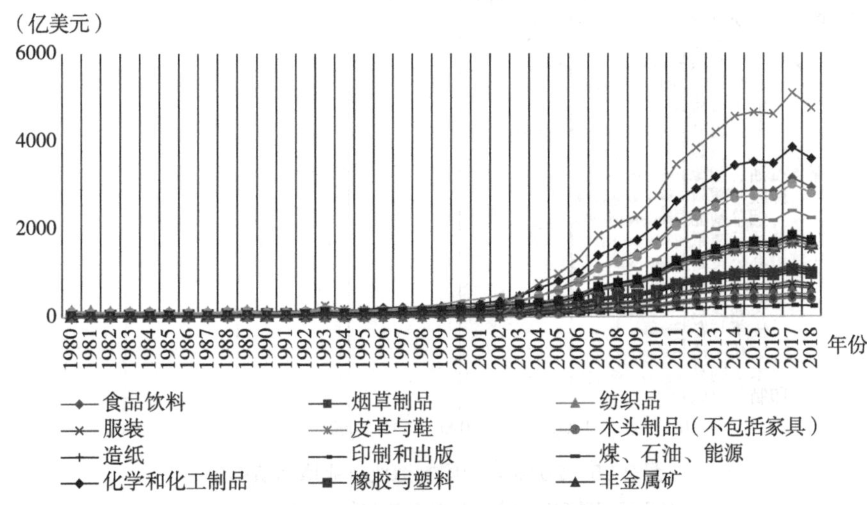

图 2-23 1980—2018 年中国制造业增加值变化

资料来源：根据联合国贸易和发展会议数据库产业数据制作。

2005年以来中国制造业结构进入相对稳定阶段（见图2-24）。2018年中国制造业中金属、化学化工、食品及饮料、机械设备、通信和广播电视设备、汽车及交通设备制造等是制造业的前六大产业（见图2-25、图2-26、图2-27）。

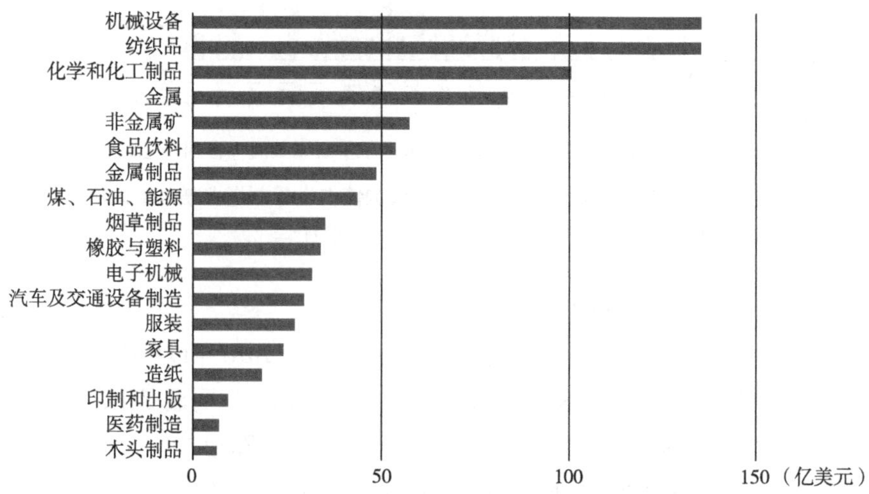

图2-24　2005年中国制造业行业增加值排序

资料来源：根据联合国贸易和发展会议数据库产业数据制作。

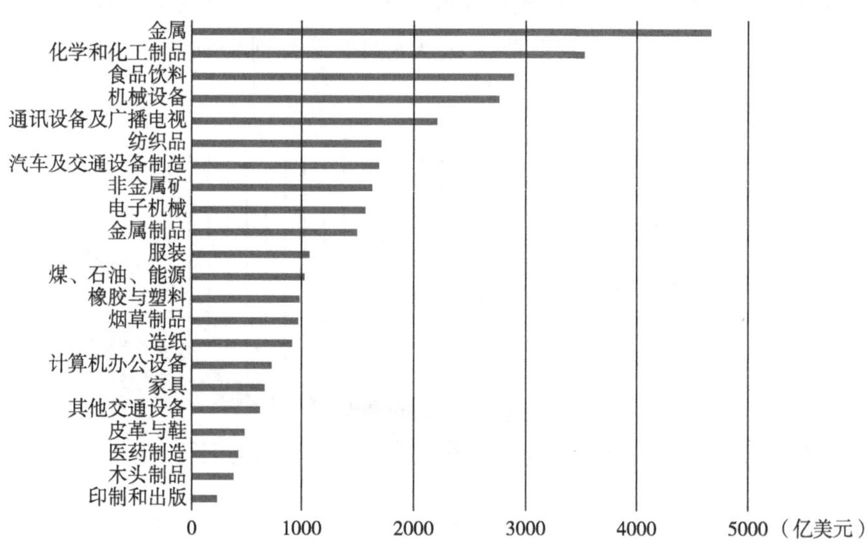

图2-25　2018年中国制造业行业增加值排序

资料来源：根据联合国贸易和发展会议数据库产业数据制作。

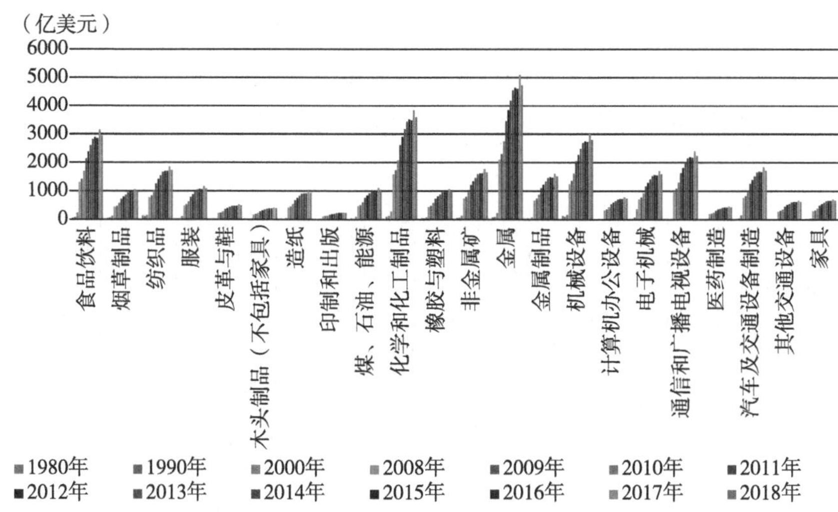

图 2-26　1980—2018 年中国制造业行业增加值变化

资料来源：根据联合国贸易和发展会议数据库产业数据制作。

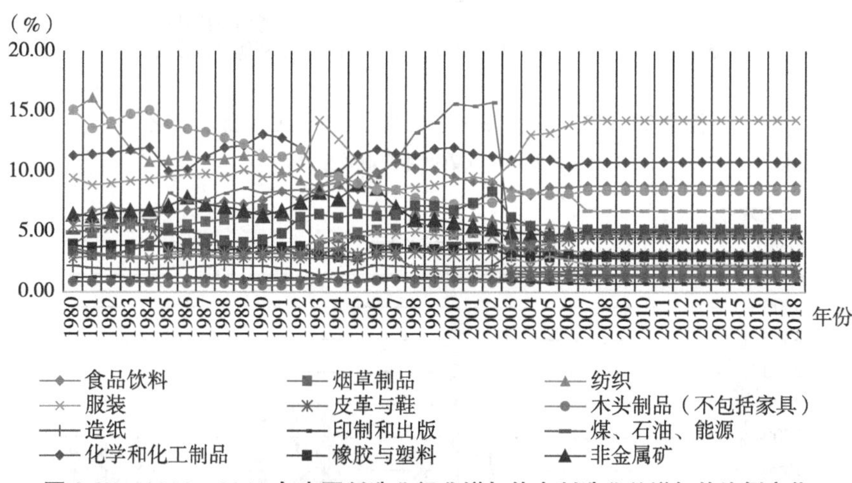

图 2-27　1980—2018 年中国制造业行业增加值占制造业总增加值比例变化

资料来源：根据联合国贸易和发展会议数据库产业数据制作。

2. 美国制造业结构变化

美国曾经长期是世界第一制造业大国，2011 年美国制造业增加值被中国赶超，美国退居世界制造业第二大国地位。1995 年以来，美国制造业结构发生明显变化，美国汽车及交通设备制造业、机械设备制造等占制造业总增加值的比例明显下降，而化学和化工制品制造和食品及饮料制造业增加值持续增长，化学和化工成为美国第一大制造业，食品及饮料是美国第二大制造业（见图 2–28、图 2–29、图 2–30、图 2–31、图 2–32）。2019 年美国制造业增加值居前六位的行业是化学和化工制品、食品及饮料、金属制品、机械设备、计算机办公设备、汽车及交通设备制造业（见图 2–33）。

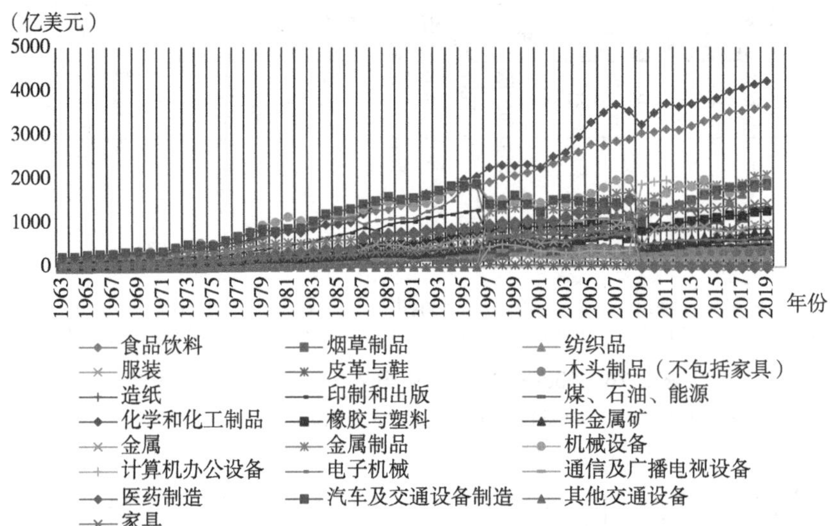

图 2-28　1963—2019 年美国制造业分行业增加值变化

资料来源：根据联合国贸易和发展会议数据库产业数据制作。

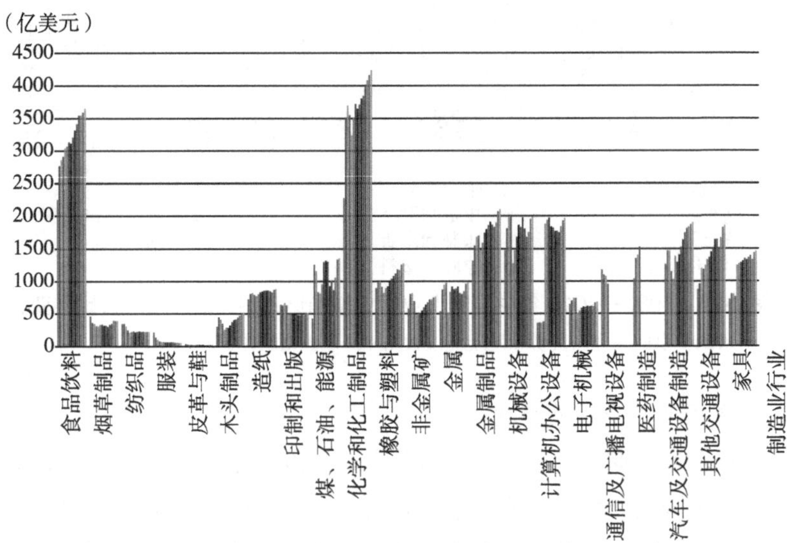

图 2-29　2001—2019 年美国制造业分行业增加值变化

资料来源：根据联合国贸易和发展会议数据库产业数据制作。

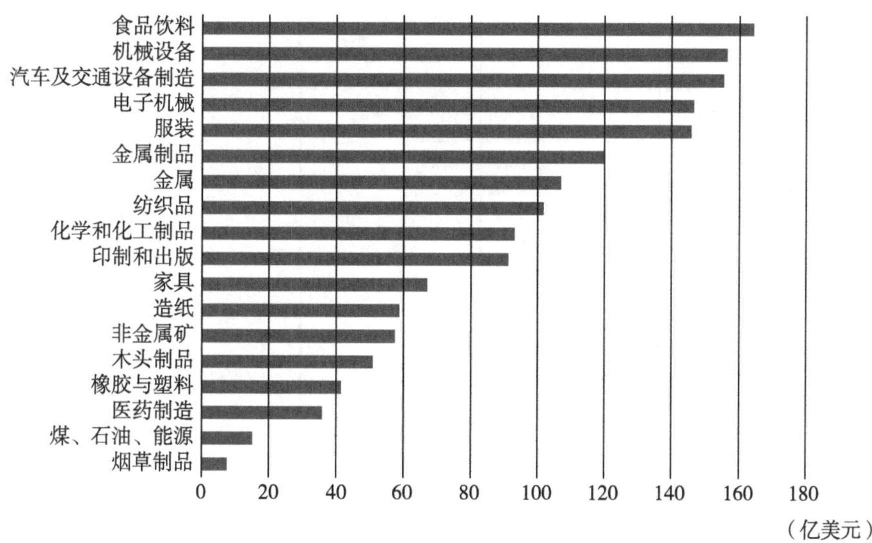

图 2-30 1963 年美国制造业分行业增加值排序

资料来源：根据联合国贸易和发展会议数据库产业数据制作。

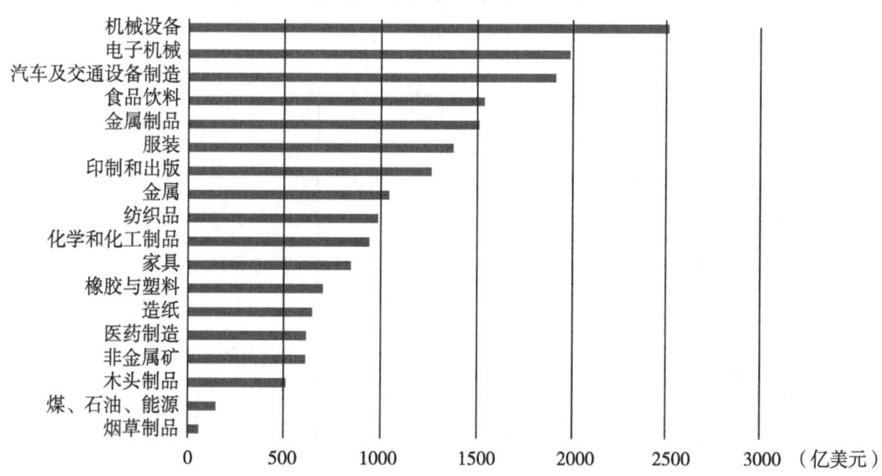

图 2-31 1980 年美国制造业行业增加值排序

资料来源：根据联合国贸易和发展会议数据库产业数据制作。

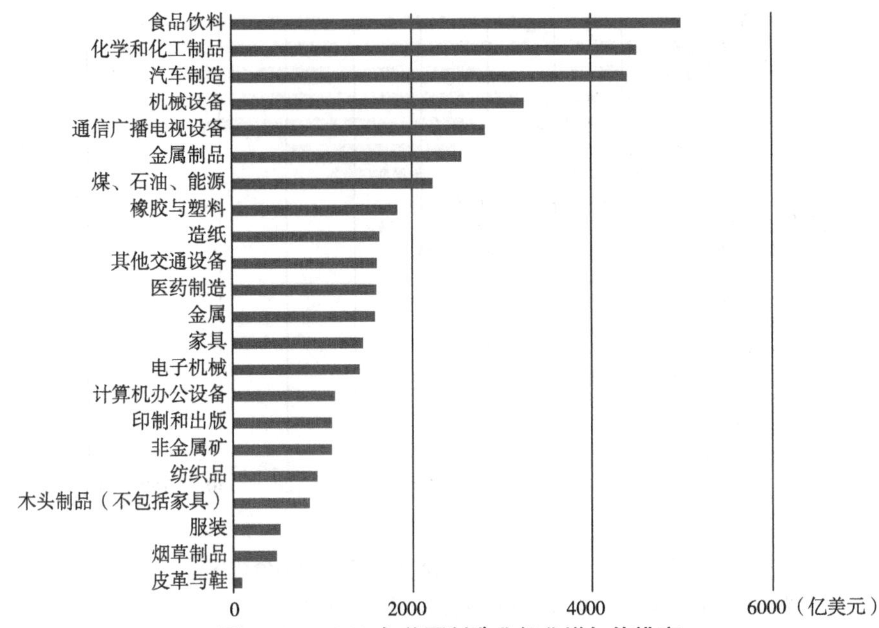

图 2-32　2000 年美国制造业行业增加值排序

资料来源：根据联合国贸易和发展会议数据库产业数据制作。

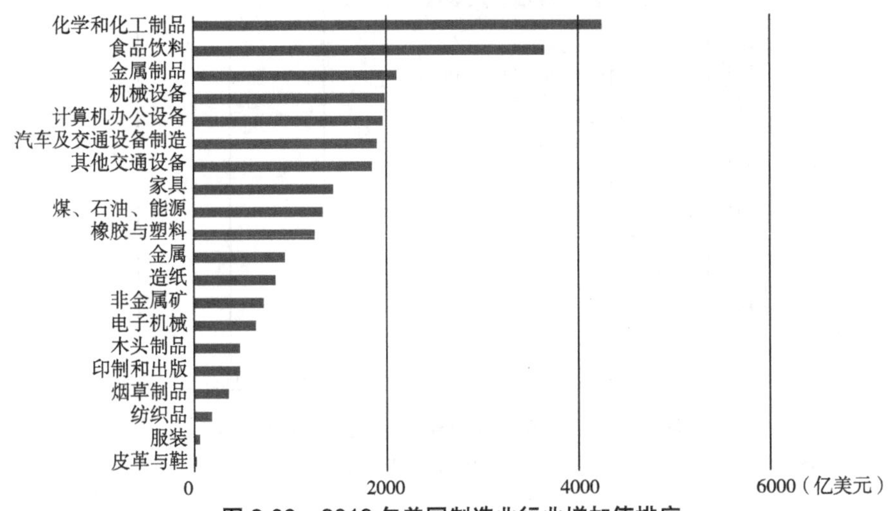

图 2-33　2019 年美国制造业行业增加值排序

资料来源：根据联合国贸易和发展会议数据库产业数据制作。

3. 日本制造业结构变化

1963—2018 年，日本制造业增加值平稳增长。其中，1976—1993 年，日本制造业增加值持续较快增长，1995 年日本增加值规模曾经居世界首位，成为世界制造业第一大国。随着20世纪80年代末和90年代初日本金融危机爆发，其制造业增加值大幅度下降，1995—2010年，日本制造业进入缓慢发展阶段，2011—2018年，日本制造业出现恢复增长趋势（见图2-34、图2-35）。

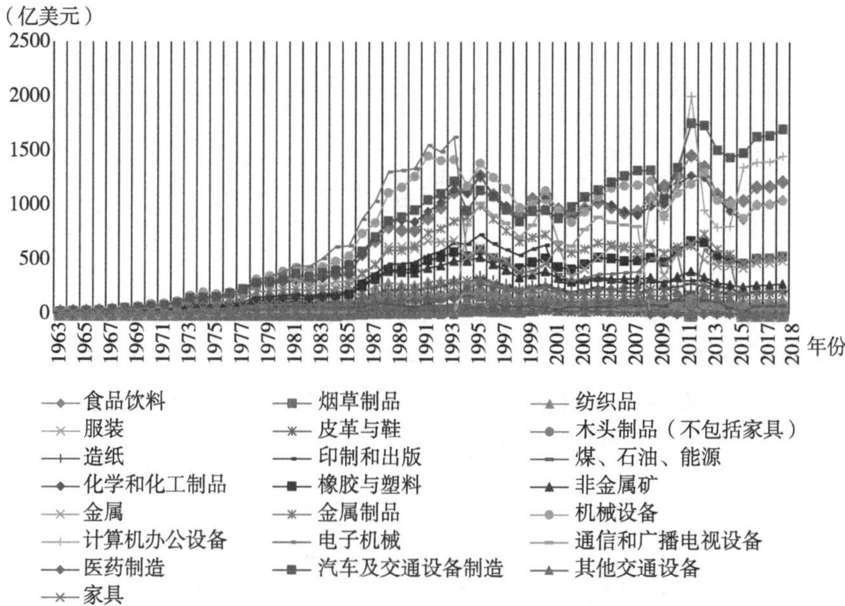

图2-34　1963—2018年日本制造业增加值变化

资料来源：根据联合国贸易和发展会议数据库产业数据制作。

1963年以来，日本制造业结构发生了明显变化。1963年，日本制造业增加值居前七位的行业分别是化学和化工制品、电子机械、机械设备、食品及饮料、汽车及交通设备制造、纺织品、金属（见图2-36）。1980年，日本制造业增加值居前七位的行业是机械设备、电子机械、金属、汽车及交通设备制造、食品及饮料、化学和化工制品、金属制品（见图2-37）。1995年，日本制造业增加值居前六位的行业是机械设备、食品及饮料、化学和化工制品、汽车及交通设备制造、通信和广播电视设备、金属制品（见图2-38）。2018年，日本制造业增加值居前五位的行业是汽车及交通设备制造、计算机办公设备、食品及饮料、化学和化工制品、机械设备（见图2-39）。

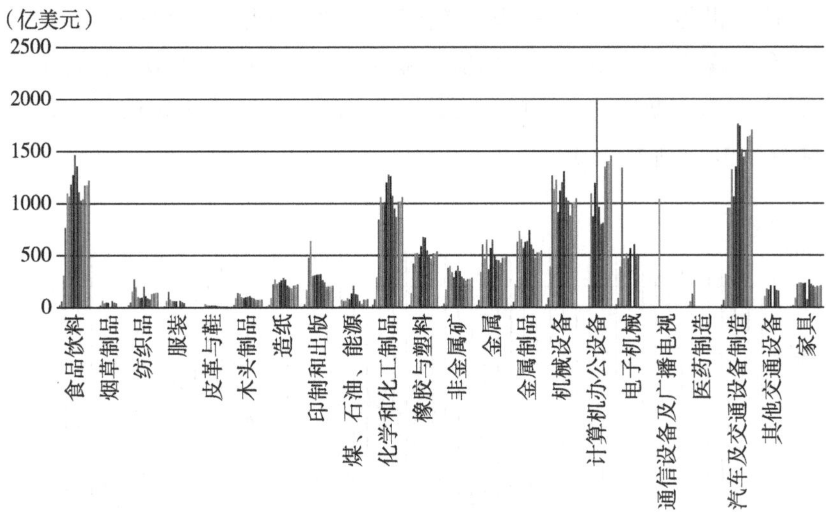

图 2-35　1963—2018 年日本制造业分行业增加值变化

资料来源：根据联合国贸易和发展会议数据库产业数据制作。

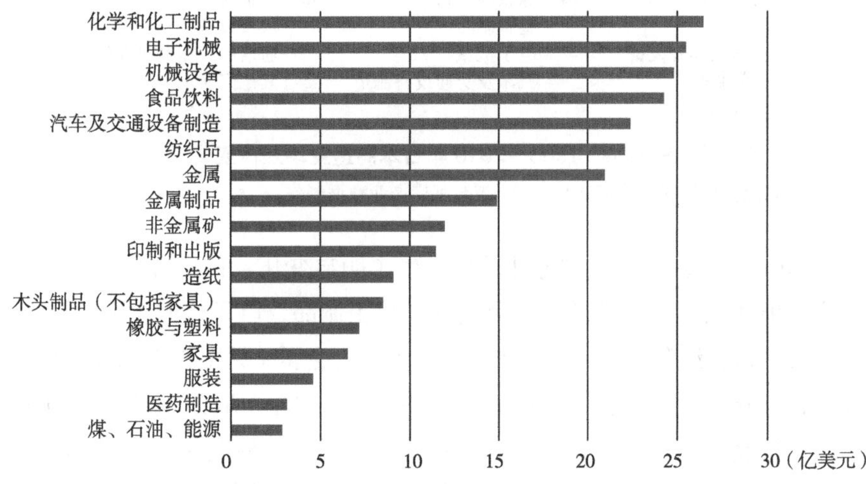

图 2-36　1963 年日本制造业行业增加值排序

资料来源：根据联合国贸易和发展会议数据库产业数据制作。

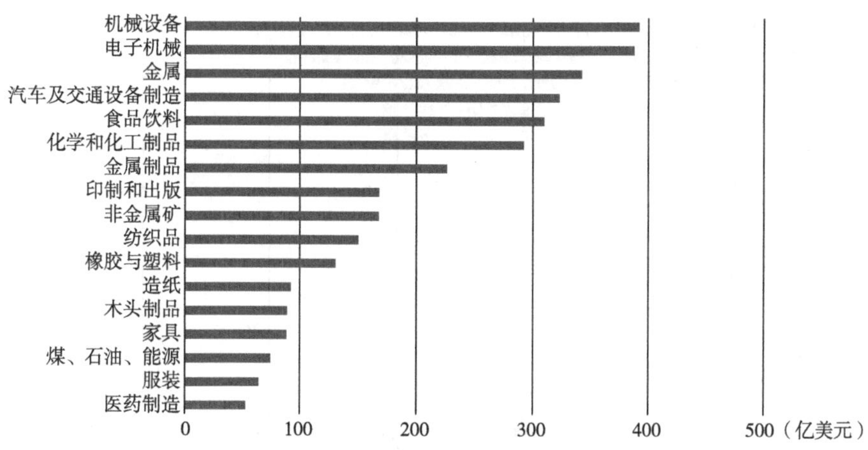

图 2-37 1980 年日本制造业行业增加值排序

资料来源：根据联合国贸易和发展会议数据库产业数据制作。

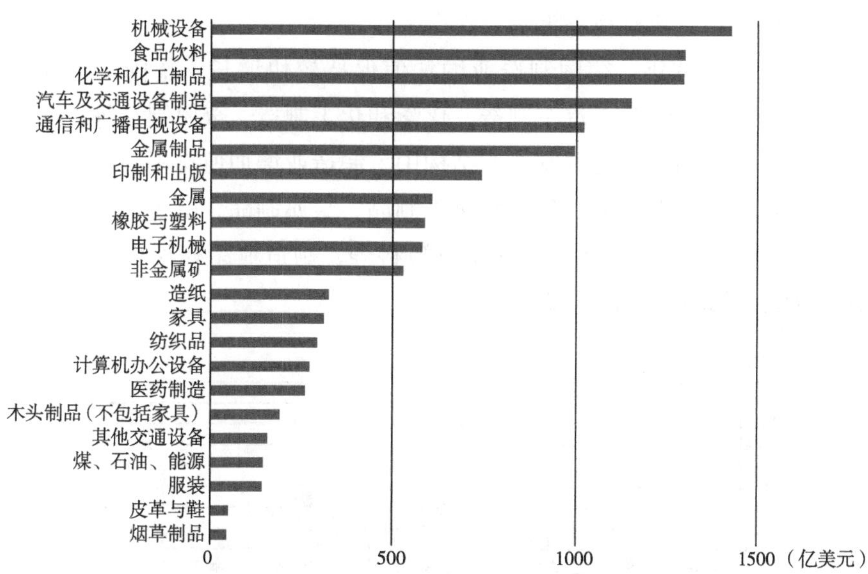

图 2-38 1995 年日本制造业行业增加值排序

资料来源：根据联合国贸易和发展会议数据库产业数据制作。

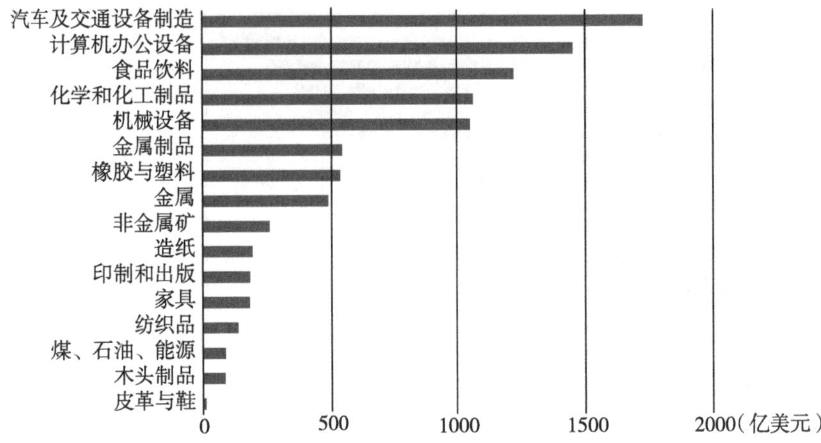

图 2-39　1995 年日本制造业行业增加值排序

资料来源：根据联合国贸易和发展会议数据库产业数据制作。

4. 德国制造业结构变化

1998—2019 年，德国制造业增加值保持较快增长，德国是世界制造业大国，机械设备、汽车制造、化学和化工制造、金属制品等具有很强的国际竞争力。在德国制造业结构中，制造业增加值排序处于前列的是机械设备、汽车制造、化学和化工制品、金属制品、电子机械、食品及饮料、计算机办公设备和橡胶与塑料等，制造业结构比较稳定（见图 2-40、图 2-41、图 2-42）。

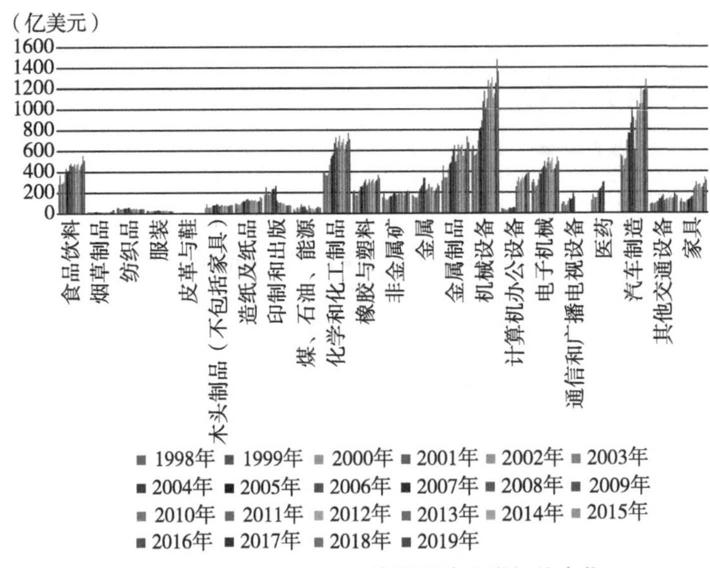

图 2-40　1998—2019 年德国制造业增加值变化

资料来源：根据联合国贸易和发展会议数据库产业数据制作。

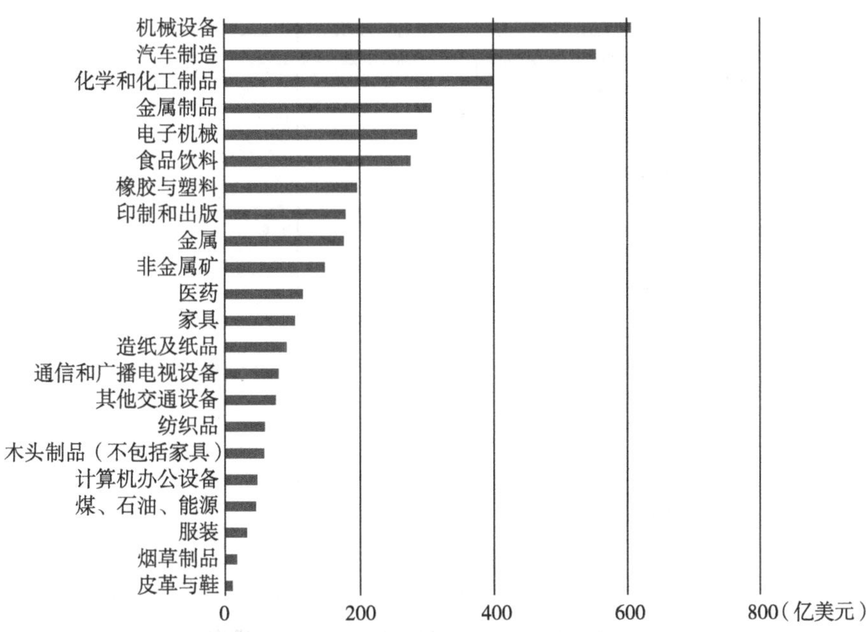

图 2-41　1998 年德国制造业行业增加值排序

资料来源：根据联合国贸易和发展会议数据库产业数据制作。

对制造业大国中国、美国、日本、德国的制造业结构变化进行比较分析，可以反映出制造业结构变化趋势和特征。一是重化工业在制造业大国的制造业结构中的主导地位稳定，化学和化工制品、机械设备、汽车及交通设备制造、食品及饮料等一直是制造业主导产业，但是制造业大国主导产业排序存在明显差异。中国制造业主导产业是金属、食品及饮料、化学和化工制品、机械设备，美国制造业主导产业是化学和化工制品、食品及饮料、金属制品，日本制造业主导产业是汽车及交通设备制造、计算机办公设备和食品及饮料，德国制造业主导产业是机械设备、汽车制造、化学和化工制品。二是制造业优势产业的集中度明显提高。三是制造业主导产业存在趋同变化，制造业中化学和化工制品、机械设备、食品及饮料、汽车及交通设备制造成为制造业大国共同的制造业主导产业。

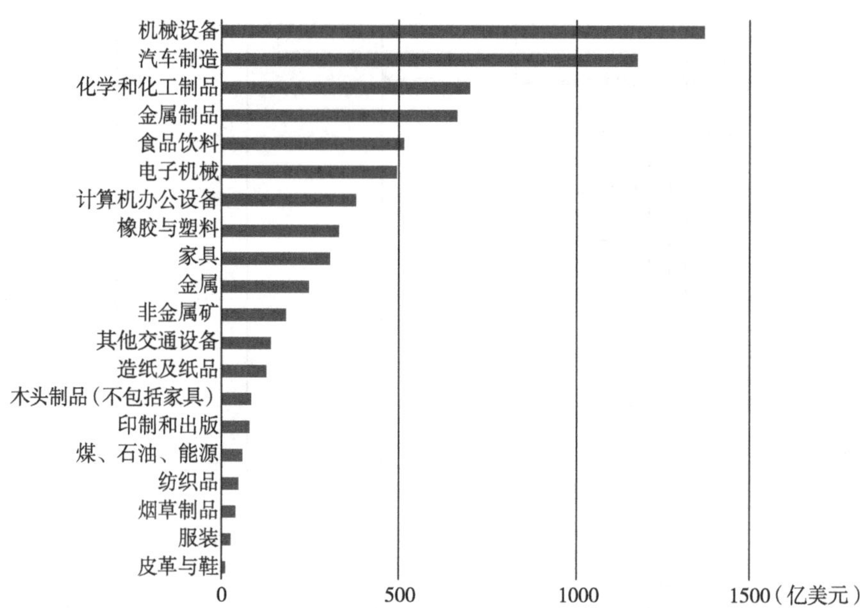

图 2-42　2019 年德国制造业行业增加值排序

资料来源：根据联合国贸易和发展会议数据库产业数据制作。

二、贸易结构变化的国际比较分析

贸易结构是指构成对外贸易活动的要素之间的比例关系及其相互联系，主要表现为对外贸易商品结构、对外贸易方式结构和对外贸易区域结构等。贸易结构可以用各类商品的进出口额占贸易总额的比重表示。根据联合国国际标准产业分类（ISIC）Rev.3，本节把第二产业贸易结构分为采矿及采石业与制造业两大部分，其中，采矿及采石业分为煤炭和褐煤、原油和天然气、金属矿的开采等 5 个产业，制造业划分为电力设备制造、机械和设备的制造、化学品及药品制造、食品及饮料等 23 个行业（见表 2-20）。本节主要对制造业贸易结构中的机械设备、化学品及药品、食品及饮料、汽车、电力设备等出口贸易结构变化进行比较分析。

表 2-20　第二产业贸易分类

一级分类	二级分类	三级分类
第二产业	采矿及采石业	煤炭和褐煤
		原油和天然气
		铀和钍矿石
		金属矿
		其他矿物

续表

一级分类	二级分类	三级分类
第二产业	制造业	电力设备制造
		机械和设备的制造
		化学品及药品制造
		汽车、挂车和半挂车的制造
		食品及饮料制造
		家具
		橡胶和塑料制品的制造
		焦炭和精炼石油产品的制造
		计算机办公设备制造
		基本金属的制造
		医疗、电子和光学产品的制造
		通信和广播电视设备
		服装业
		金属制品的制造
		其他运输设备的制造
		其他非金属矿物制品的制造
		纺织业
		纸和纸制品的制造
		皮革和相关产品制造
		木材及木材制品和软木制品、草编及编织
		记录媒介物的印刷及复制
		烟草制造
		电气水供应业

资料来源：根据世界银行 WITS 数据库数据制作。

（一）制造业制成品出口贸易结构变化

根据联合国国际标准产业分类（ISIC）Rev.3 的产业划分标准，制造业包括化学品及药品、机械设备、汽车制造、食品及饮料、电力设备、通信设备及仪器等 23 个产业。本节选取 2019 年制造业出口贸易规模居前十位的行业，旨在对主要制造业出口贸易结构变化进行比较分析。制造业出口贸易前十位行业包括电力设备，机械设备，化学品及药品，汽车、挂车和半挂车，食品及饮料，家具，橡胶和塑料制品，焦炭和精炼石油产品，办公室设备，基本金属等（见表 2–21）。

表 2-21　　世界制造业前十大行业出口额变化　　（单位：千美元）

行业	1978 年	1986 年	1994 年	2002 年	2011 年	2019 年
电力设备	40963888	94187063	310080025	519026585	1187068740	1781033550
机械设备	120730552	200984646	419627810	590182349	1506208862	1663206253
化学品及药品	71716069	131338188	285201451	516220728	1463906316	1662651507
汽车、挂车和半挂车	97336238	196752978	375558557	599888623	1223099692	1497094767
食品及饮料	134989397	178066107	337429052	420039444	1205117847	1356314220
家具	30616942	62751905	155809468	249823579	696803317	822889704
橡胶和塑料制品	30517423	60501254	151757252	231526348	666567772	813393175
焦炭和精炼石油产品	36876828	49658207	80322210	148993524	966525420	747493185
办公室设备	16796134	64119069	185988811	312385933	508788956	744610727
基本金属	77157598	96137584	177341340	245923667	894223898	724034353

资料来源：根据世界银行 WITS 数据库数据制作。

制造业前十大行业制成品出口贸易总额占世界制造业制成品出口总额比例达到 70% 以上（见表 2-22），制造业前十大行业制成品出口贸易结构变化分析具有代表性（见图 2-43）。其中电力设备出口额由 1978 年的 410 亿美元上升至 2019 年的 17810 亿美元，出口贸易额占世界制造业制成品出口贸易总额比例为 11.61%；机械设备出口额由 1978 年的 1207 亿美元上升至 2019 年的 16632 亿美元，出口额占世界制造业制成品出口贸易总额比例为 10.84%；化学品及药品的出口额由 1978 年的 717 亿美元上升至 2019 年的 16626 亿美元，出口额占世界制造业的制成品出口贸易总额比例为 10.84%；汽车、挂车和半挂车出口额占世界制造业制成品

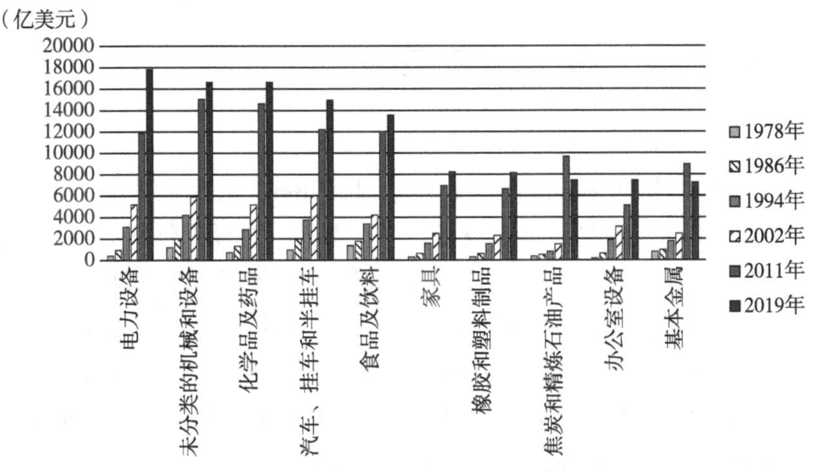

图 2-43　世界制造业前十大行业出口额变化

资料来源：根据世界银行 WITS 数据库数据制作。

出口贸易总额比例为 9.76%；食品及饮料出口额占世界制造业制成品出口贸易总额比例为 8.84%。基本金属出口额占世界制造业制成品出口贸易总额比例为 4.72%（见图 2–44）。

表 2-22　　世界制造业前十大行业出口额占比变化

行业	1978 年	1986 年	1994 年	2002 年	2011 年	2019 年
电力设备	4.48%	5.94%	8.86%	9.76%	8.69%	11.61%
机械设备	13.21%	12.67%	11.99%	11.09%	11.03%	10.84%
化学品及药品	7.85%	8.28%	8.15%	9.70%	10.72%	10.84%
汽车、挂车和半挂车	10.65%	12.40%	10.73%	11.28%	8.95%	9.76%
食品及饮料	14.77%	11.22%	9.64%	7.90%	8.82%	8.84%
家具	3.35%	3.95%	4.45%	4.70%	5.10%	5.36%
橡胶和塑料制品	3.34%	3.81%	4.34%	4.35%	4.88%	5.30%
焦炭和精炼石油产品	4.03%	3.13%	2.30%	2.80%	7.08%	4.87%
办公室设备	1.84%	4.04%	5.32%	5.87%	3.72%	4.85%
基本金属	8.44%	6.06%	5.07%	4.62%	6.55%	4.72%
合计	72%	72%	71%	72%	76%	77%

资料来源：根据世界银行 WITS 数据库数据制作。

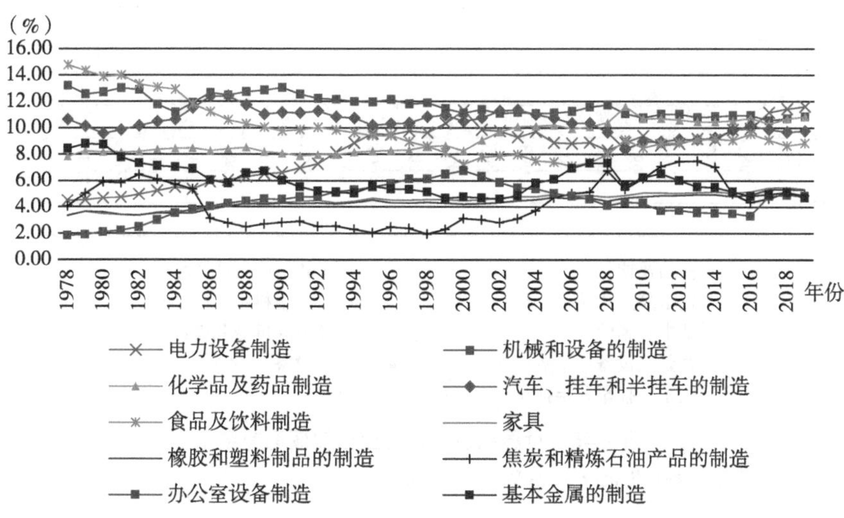

图 2-44　1978—2018 年世界制造业前十大行业出口额占比变化

资料来源：根据世界银行 WITS 数据库数据制作。

从制造业前十大行业出口贸易增速变化来看，世界各制造行业出口增长出现明显周期性变化，在 1985 年、1993 年、2001 年、2009 年、

2015 年和 2019 年都出现了负增长，平均每 8 年会出现一次明显的负增长，近年来周期略有缩短。同时，各制造行业出口贸易增长也出现了明显的协动性变化趋势，总体上同增同减（见表 2–23、图 2–45）。

表 2-23　世界制造业前十大行业出口额增速变化

行业	1979 年	1987 年	1995 年	2003 年	2012 年	2019 年
电力设备	24.03%	21.45%	30.03%	9.46%	0.85%	–1.57%
机械设备	16.68%	17.48%	19.92%	15.70%	–0.48%	–1.70%
化学品及药品	29.17%	21.15%	21.73%	19.64%	–1.51%	–1.53%
汽车、挂车和半挂车	16.84%	19.27%	14.30%	15.95%	1.43%	–2.22%
食品及饮料	19.25%	12.52%	17.53%	16.29%	0.27%	–0.87%
家具	33.61%	26.98%	26.37%	17.44%	–1.07%	–5.43%
橡胶和塑料制品	34.35%	26.39%	26.00%	18.51%	–0.28%	–3.79%
焦炭和精炼石油产品	53.55%	5.37%	7.12%	27.71%	4.87%	–7.69%
办公室设备	28.18%	26.24%	25.26%	7.17%	0.09%	–4.28%
基本金属	27.99%	14.54%	32.79%	21.48%	–8.47%	–10.38%

资料来源：根据世界银行 WITS 数据库数据制作。

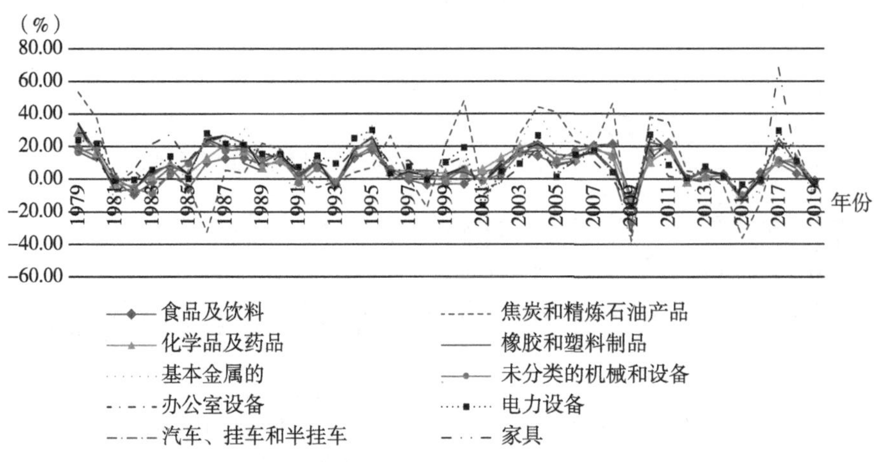

图 2-45　世界制造业各行业出口额增速变化

资料来源：根据世界银行 WITS 数据库数据制作。

（二）制造业商品贸易大国的贸易发展与贸易结构变化

1. 中国制造业商品贸易发展与贸易结构变化

中国是货物贸易世界第一出口大国，中国制造业商品出口额持续较快增长，制造业商品出口额从 1984 年的 141 亿美元增加到 2019 年 2.4 万亿美元（见图 2–46、图 2–47）。按照联合国国际标准产业分类（ISIC），从制造业23个细分类制造业商品出口贸易比例变化考察，制造业商品出口贸易结构发生明显变化，主要是纺织、服装、食品及饮料等劳动密集型商品出口比例大幅度下降，纺织品出口额占比从1984年的24.8%下降到2019年的4.22%，纺织品出口贸易占比下降了20.58个百分点。服装出口贸易占商品出口贸易总额的比例从17.9%下降到7%，食品及饮料出口贸易占商品出口贸易总额比例从23.3%下降到2.86%，下降了20.44个百分点。纺织、服

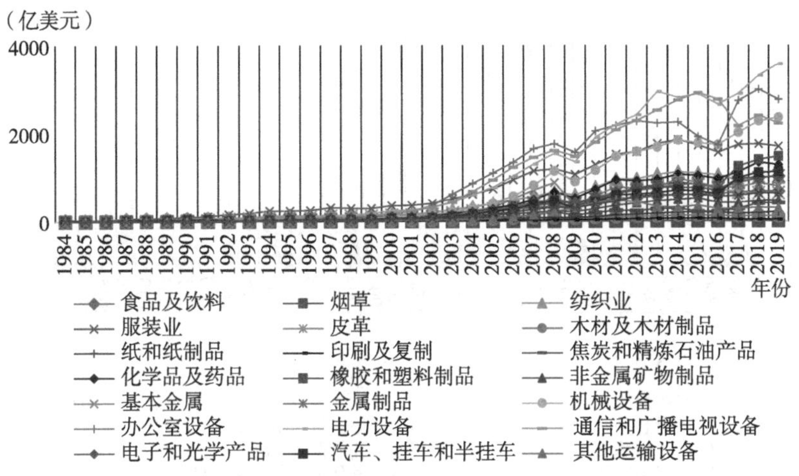

图2-46　1984—2019年中国制造业商品出口额变化

资料来源：根据联合国贸易和发展会议数据库数据制作。

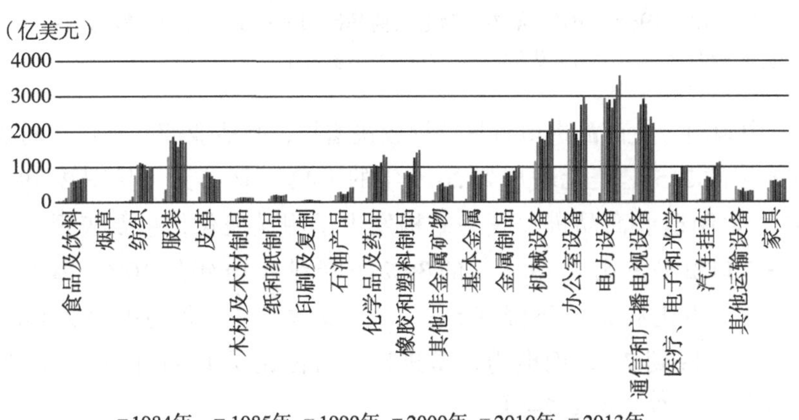

图2-47　1984—2019年中国制造业商品出口额分布

资料来源：根据联合国贸易和发展会议数据库数据制作。

装、食品及饮料等劳动密集型商品出口比例下降52个百分点。资本密集型商品出口额占制造业商品出口总额比例大幅度上升，其中电力设备出口额占比从1.25%上升到14.94%，办公设备出口额占比从0.13%上升到12%，机械设备从2.74%上升到9.83%，广电和通信设备从2.3%上升到9.29%，汽车出口贸易占比从0.57%上升到4.7%（见图2-48）。但是2008年以来，制造业商品出口贸易结构变化趋于相对稳定。

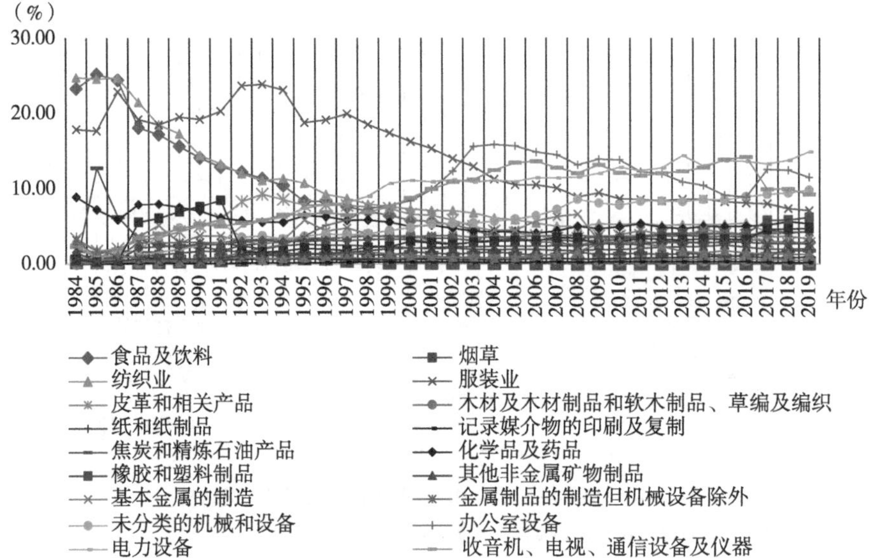

图2-48　1984—2019年中国制造业商品出口额占商品总出口额比例变化

资料来源：根据联合国贸易和发展会议数据库数据制作。

中国制造业商品进口贸易持续较快增长，制造业商品进口贸易额从1984年的215亿美元增加到2019年的1.42万亿美元（见图2-49、图2-50）。制造业商品进口贸易结构发生了明显变化，主要表现在机械设备进口贸易占比从1986年的39%下降到2019年的10%，基本金属进口贸易占比从24%下降到5%，食品及饮料进口贸易占比从1984年的10%下降到7%，而电力设备进口贸易占比从1984年的3%增加到2019年的30%（见图2-51）。

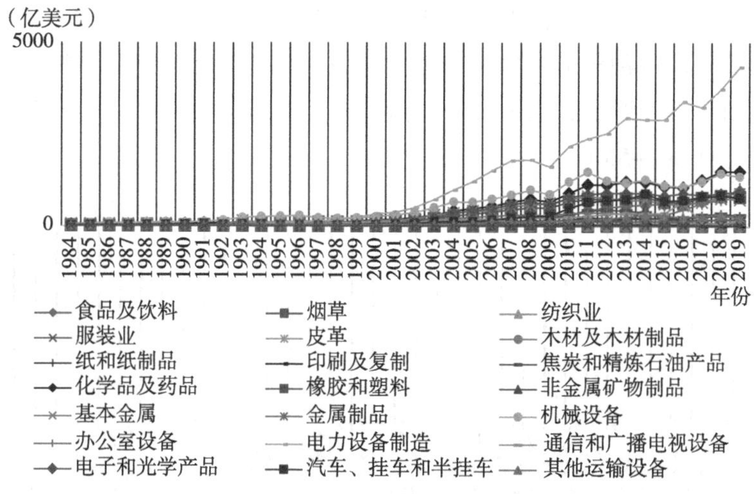

图 2-49　1984—2019 年中国制造业商品进口额变化

资料来源：根据联合国贸易和发展会议数据库数据制作。

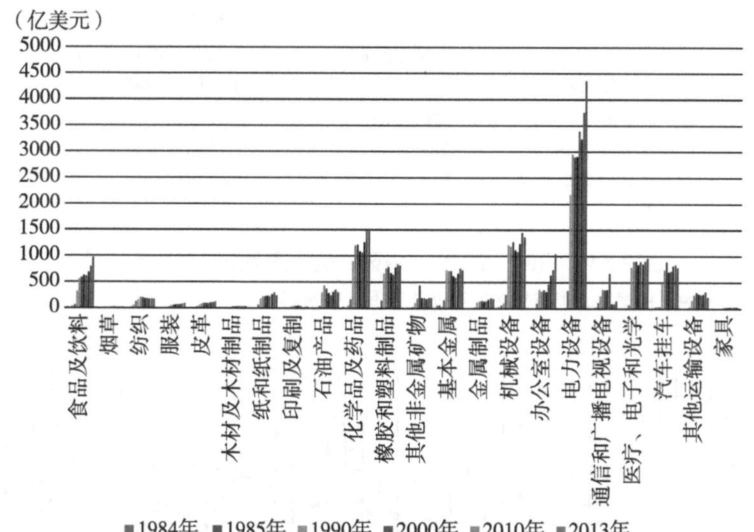

图 2-50　1984—2019 年中国制造业商品进口额分布

资料来源：根据联合国贸易和发展会议数据库数据制作。

2. 美国制造业商品贸易发展与贸易结构变化

美国曾经长期是制造业商品进出口贸易世界第一大国。2010 年，中国商品出口贸易额超过美国。美国成为商品出口贸易额世界第二大国，但仍然是商品进口额世界第一大国。美国制造业商品出口贸易额从 1978

年的 1175 亿美元增加到 2019 年的 10157 亿美元（见图 2–52）。美国制造业商品出口额居前列的商品是化学品及药品、机械设备、汽车、食品及饮料、石油产品、电力设备、橡胶和塑料制品、医疗、电子和光学产品等（见图 2–53）。

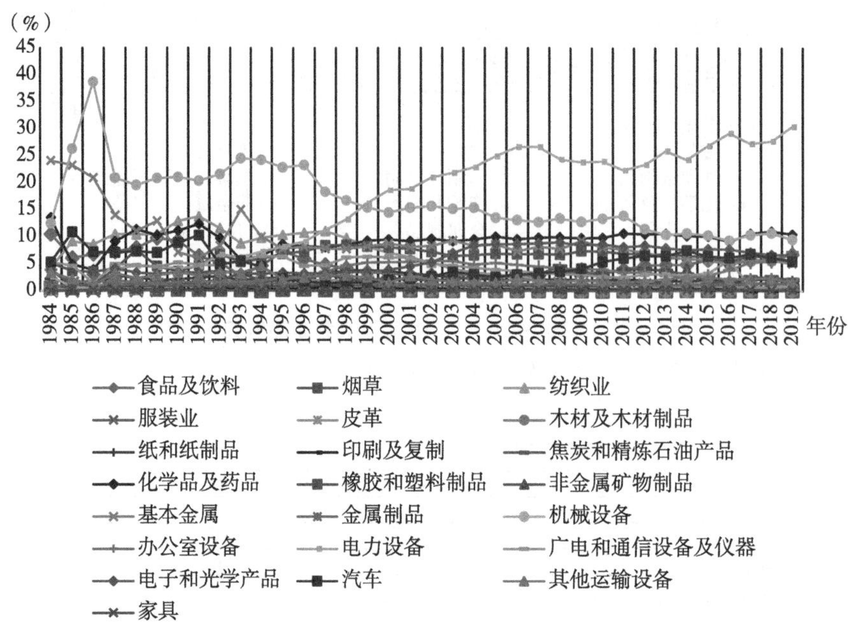

图 2-51　1984—2019 年中国制造业商品进口额比例变化

资料来源：根据联合国贸易和发展会议数据库数据制作。

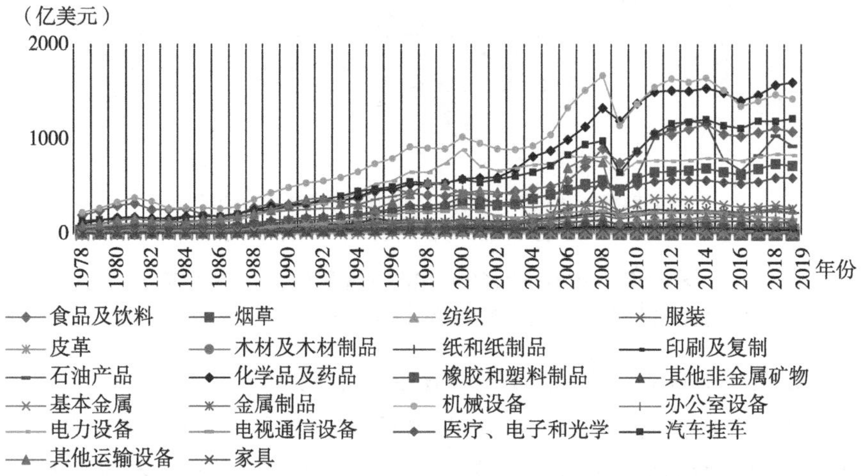

图 2-52　1978—2019 年美国制造业商品出口额变化

资料来源：根据联合国贸易和发展会议数据库数据制作。

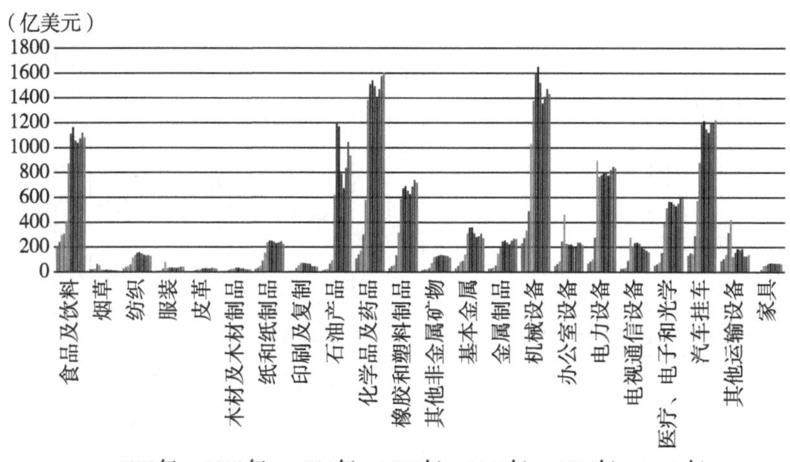

图 2-53　1978—2019 年美国制造业商品出口额分布变化

资料来源：根据联合国贸易和发展会议数据库数据制作。

1978—2019 年，美国制造业商品进出口结构发生了变化，商品出口结构变化主要是食品及饮料出口额占商品出口总额的比例从 1978 年的 16.99% 下降到 2019 年的 10.65%，机械设备出口额占商品出口总额的比例从 19.37% 下降到 14.10%。而化学品及药品出口额占商品出口总额的比例从 1978 年的 9.10% 上升到 2019 年的 15.79%，汽车出口额占商品出口总额的比例从 1980 年的 8% 上升到 2019 年的 12.04%。（见图 2–54）美国商品进口结构变化主要是化学品及药品进口额占商品进口总额的比例从 5.25% 上升到 11.06%，电力设备进口额占商品进口总额的比例从 4.25% 上升到 9.2%，电视通信设备进口额占商品进口总额的比例从 4.96% 上升到 6.16%。

美国制造业商品进口贸易持续增长，制造业商品进口贸易额从 1978 年的 1290 亿美元增加到 2019 年的 22041 亿美元，美国制造业商品进口额居世界第一（见图 2–55）。美国制造业商品进口贸易居前八位的商品是汽车、机械设备、化学品及药品、电力设备、电视通信设备、办公室设备、食品及饮料、服装（见图 2–56、图 2–57）。

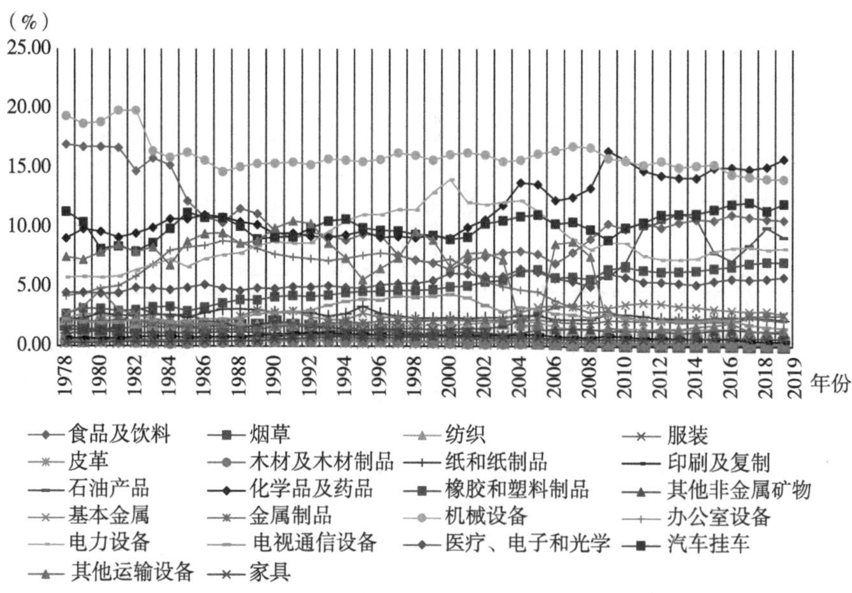

图 2-54　1978—2019 年美国制造业商品出口额比例变化

资料来源：根据联合国贸易和发展会议数据库数据制作。

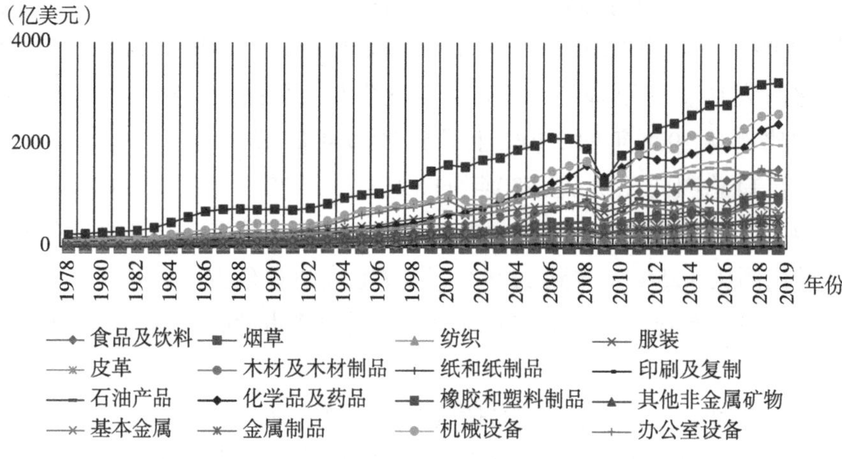

图 2-55　1978—2019 年美国制造业商品进口额变化

资料来源：根据联合国贸易和发展会议数据库数据制作。

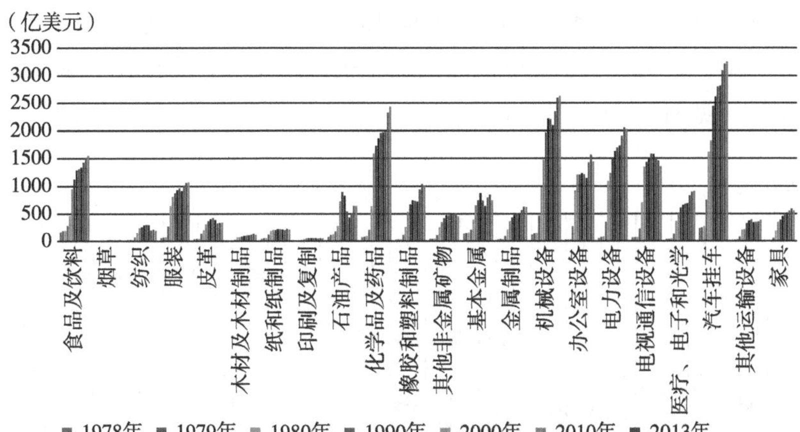

图 2-56　1978—2019 年美国制造业商品进口额分布变化

资料来源：根据联合国贸易和发展会议数据库数据制作。

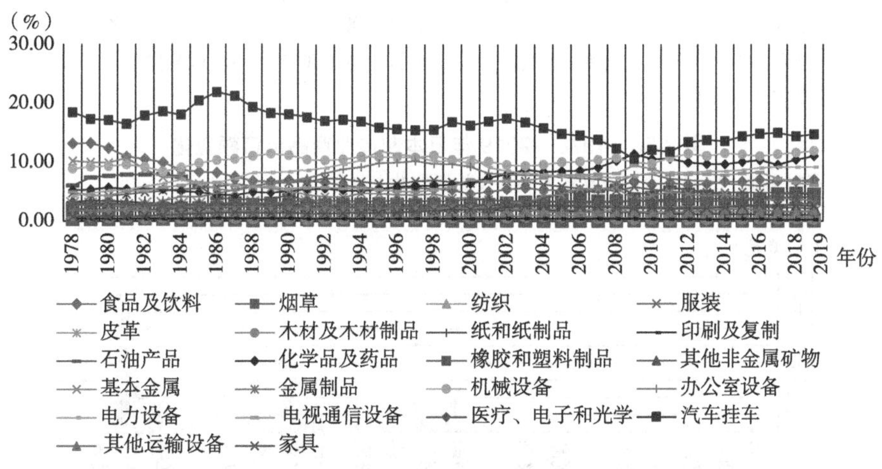

图 2-57　1978—2019 年美国制造业商品进口额比例变化

资料来源：根据联合国贸易和发展会议数据库数据制作。

3. 日本制造业商品贸易发展与贸易结构变化

日本制造业商品进出口贸易额持续增长，日本是制造业商品出口贸易第三大国。日本制造业商品出口额从 1978 年的 941 亿美元增加到 2019 年的 6370 亿美元，同期，日本制造业商品进口额从 343 亿美元增加到 5142 亿美元。日本制造业商品出口额居前列的商品主要是汽车、机械设备、电力设备、化学品及药品、金属和其他运输设备等（见

图 2-58、图 2-59、图 2-60）。日本制造业商品进口额居前列的主要是食品及饮料、电力设备、化学品及药品、机械设备、电子通信设备、服装、汽车等（见图 2-61、图 2-62）。

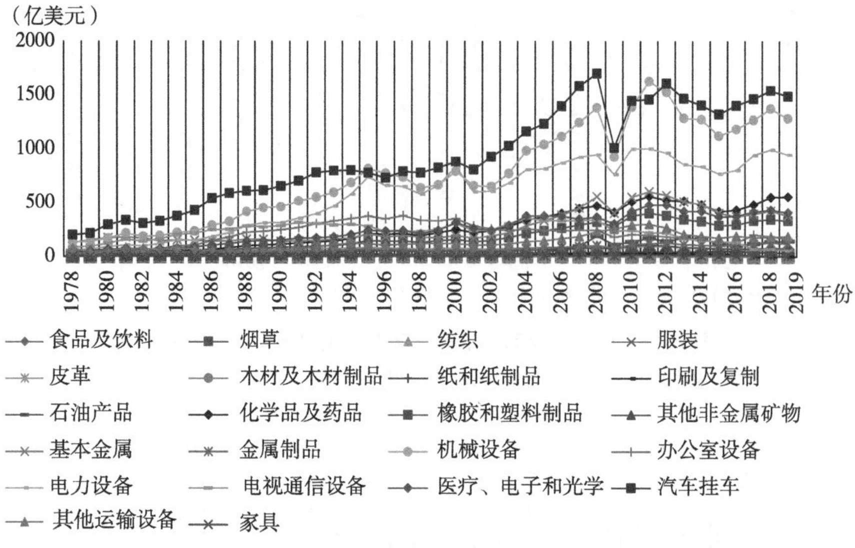

图 2-58　1978—2019 年日本制造业商品出口额变化

资料来源：根据联合国贸易和发展会议数据库数据制作。

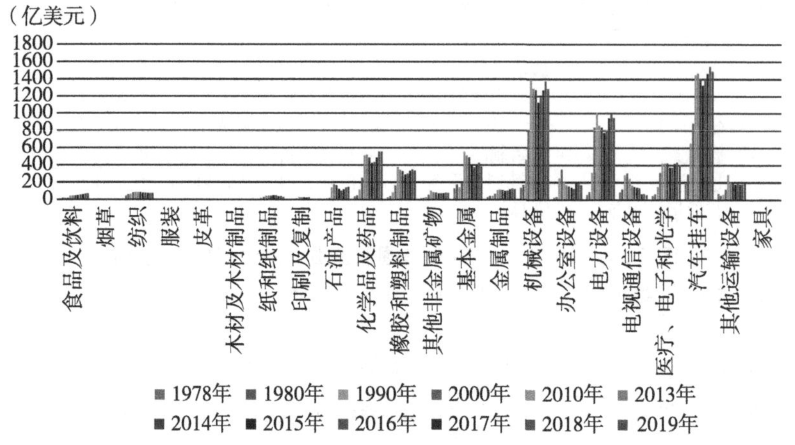

图 2-59　1978—2019 年日本制造业商品出口额分布变化

资料来源：根据联合国贸易和发展会议数据库数据制作。

1978—2019 年，日本制造业商品出口结构发生了比较明显变化。日本制造业商品出口结构变化中，电子通信设备和金属出口额占制造业商品总出口额比例持续下降，汽车、电力设备、机械设备出口额占制造商品总出口额比例稳中有升（见图2-60）。日本制造业商品进口结构变化中，食品及饮料进口额占日本制造业商品进口总额比例持续下降，而电力设备、机械设备等进口额占制造业商品进口总额比例有所上升（见图2-63）。

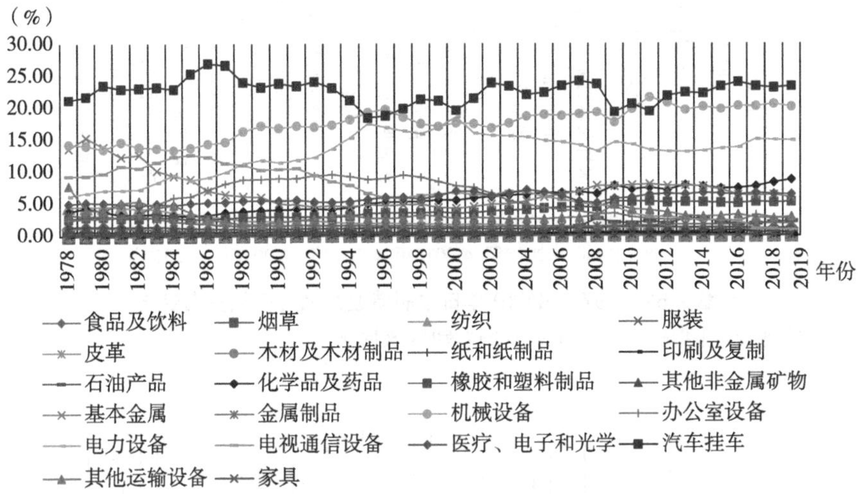

图2-60　1978—2019年日本制造业商品出口额比例变化

资料来源：根据联合国贸易和发展会议数据库数据制作。

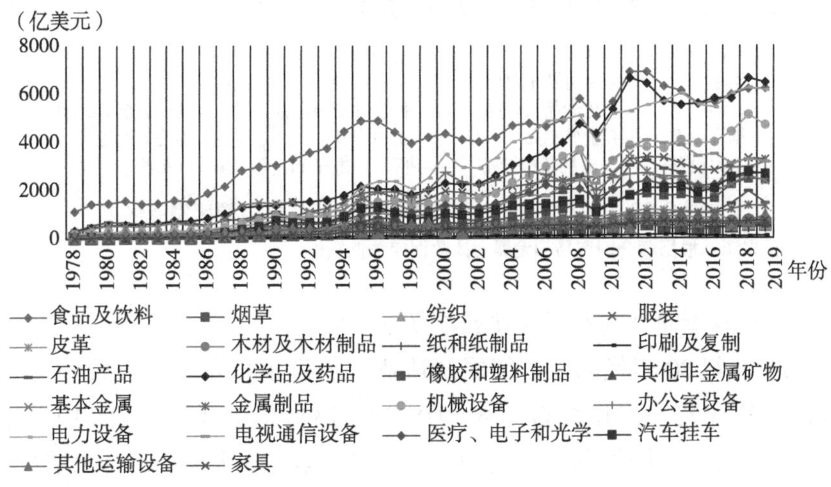

图2-61　1978—2019年日本制造业商品进口额变化

资料来源：根据联合国贸易和发展会议数据库数据制作。

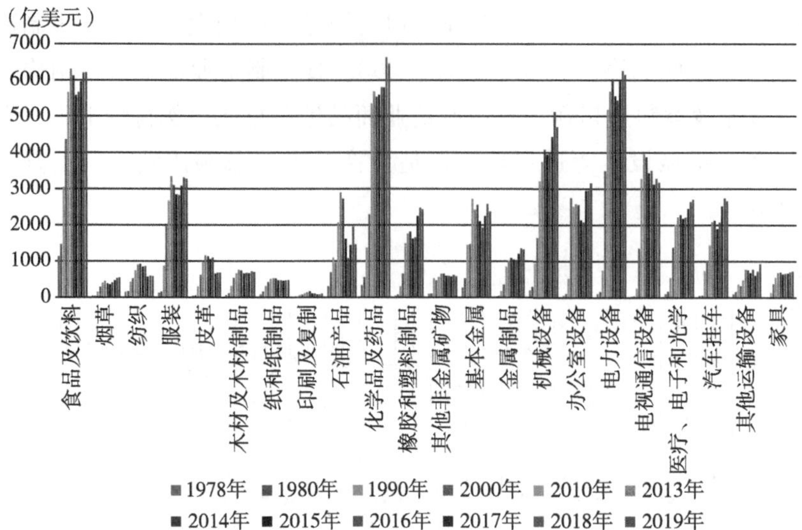

图 2-62　1978—2019 年日本制造业商品进口额分布变化

资料来源：根据联合国贸易和发展会议数据库数据制作。

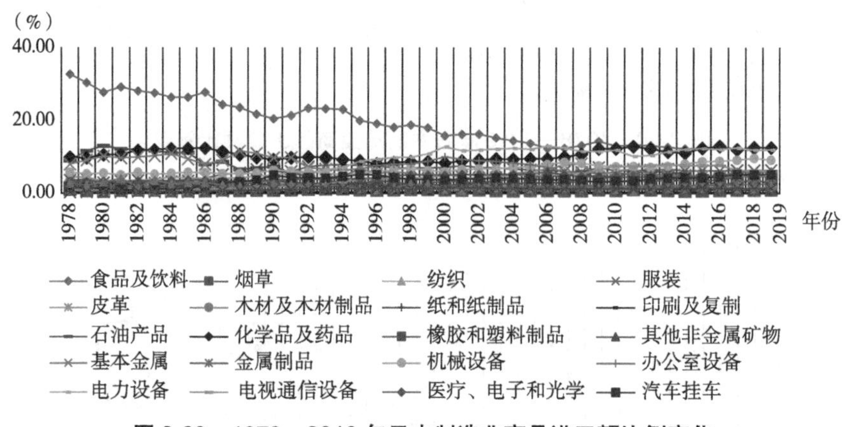

图 2-63　1978—2019 年日本制造业商品进口额比例变化

资料来源：根据联合国贸易和发展会议数据库数据制作。

4. 德国制造业商品贸易发展与贸易结构变化

20 世纪 80 年代以来，德国制造业商品进出口贸易持续较快发展。德国制造业商品出口贸易额从 1978 年的 1325 亿美元增加到 2019 年的 13752 亿美元，同期德国制造业商品进口贸易额从 936 亿美元增加到 10442 亿美元。德国制造业商品出口贸易额居前列的是汽车、机械设备、化学品及药品、电力设备、橡胶和塑料制品、食品及饮料、金属、医疗电子设备、其他运输设备等（见图 2-64、图 2-65、图 2-66）。

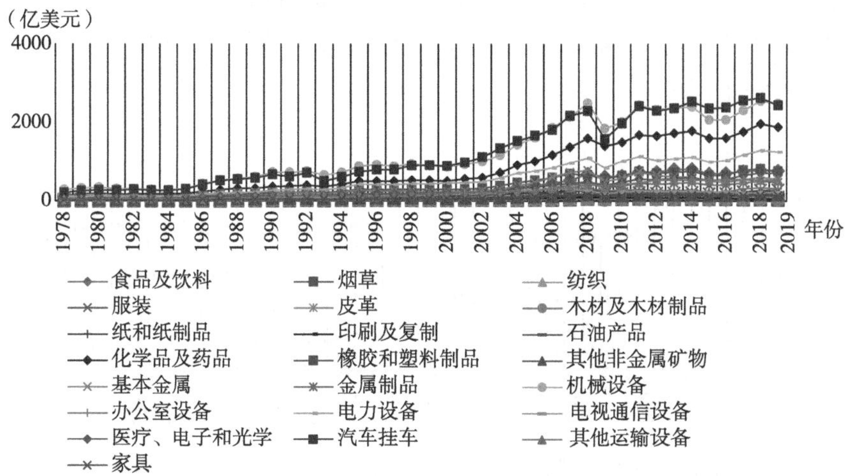

图 2-64　1978—2019 年德国制造业商品出口额变化

资料来源：根据联合国贸易和发展会议数据库数据制作。

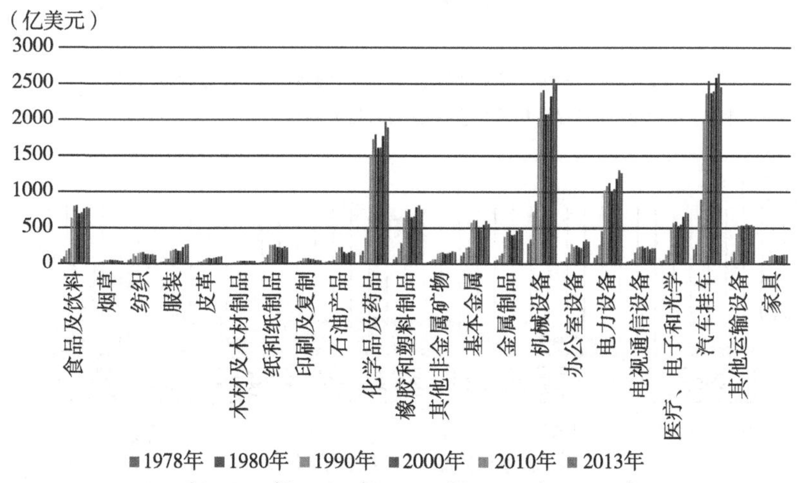

图 2-65　1978—2019 年德国制造业商品出口额分布变化

资料来源：根据联合国贸易和发展会议数据库数据制作。

德国制造业商品进口贸易额居前列的是化学品及药品、汽车挂车、机械设备、电力设备、食品及饮料、金属制品、橡胶和塑料制品、服装、其他运输设备等（见图 2-67）。从德国制造业商品进出口贸易数据进行比较，贸易特点明显。1978—2019 年，德国制造业商品进口贸易结构发生了一些变化，主要变化是食品及饮料进口额占德国商品进口总额的比例持续下降，但德国制造业商品出口贸易结构相对平稳（见图 2-68、图 2-69）。

（%）
25.00
20.00
15.00
10.00
5.00
0.00
1978
1980
1982
1984
1986
1988
1990
1992
1994
1996
1998
2000
2002
2004
2006
2008
2010
2012
2014
2016
2018
2019
年份
食品及饮料
烟草
纺织
服装
皮革
木材及木材制品
纸和纸制品
印刷及复制
石油产品
化学品及药品
橡胶和塑料制品
其他非金属矿物
基本金属
金属制品
机械设备
办公室设备
电力设备
电视通信设备
医疗、电子和光学
汽车挂车
其他运输设备
家具

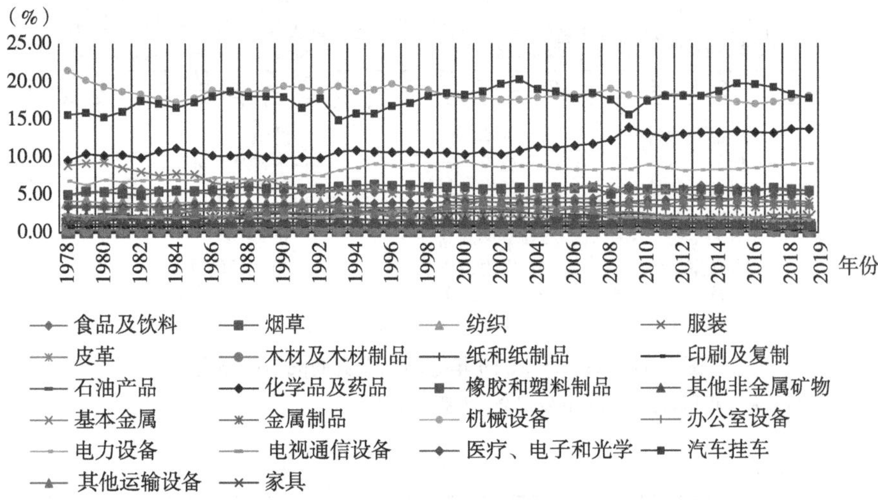

图 2-66　1978—2019 年德国制造业商品出口额比例变化

资料来源：根据联合国贸易和发展会议数据库数据制作。

（亿美元）
2000
1500
1000
500
0
1978
1979
1980
1981
1982
1983
1984
1985
1986
1987
1988
1989
1990
1991
1992
1993
1994
1995
1996
1997
1998
1999
2000
2001
2002
2003
2004
2005
2006
2007
2008
2009
2010
2011
2012
2013
2014
2015
2016
2017
2018
2019
年份
食品及饮料
烟草
纺织
服装
皮革
木材及木材制品
纸和纸制品
印刷及复制
石油产品
化学品及药品
橡胶和塑料制品
其他非金属矿物
基本金属
金属制品
机械设备
办公室设备
电力设备
电视通信设备
医疗、电子和光学
汽车挂车
其他运输设备
家具

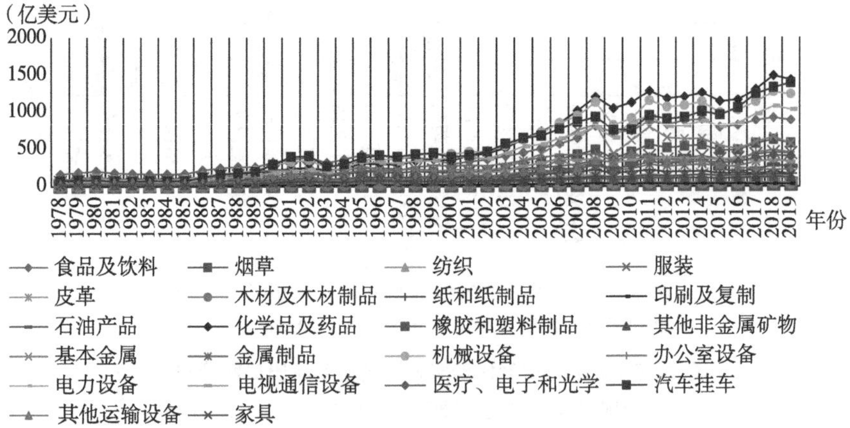

图 2-67　1978—2019 年德国制造业商品进口额变化

资料来源：根据联合国贸易和发展会议数据库数据制作。

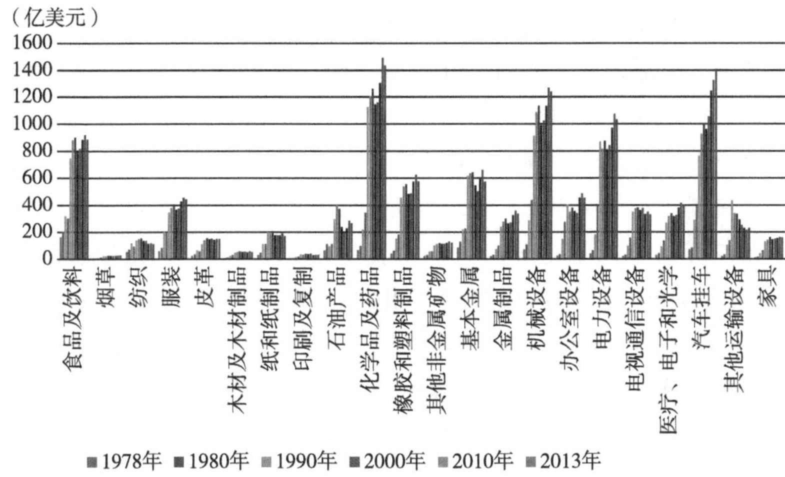

图 2-68　1978—2019 年德国制造业商品进口额分布变化

资料来源：根据联合国贸易和发展会议数据库数据制作。

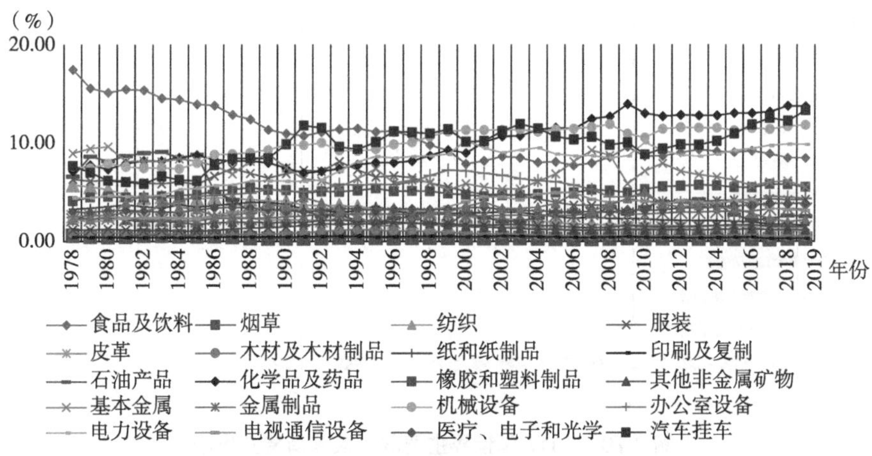

图 2-69　1978—2019 年德国制造业商品进口额比例变化

资料来源：根据联合国贸易和发展会议数据库数据制作。

三、消费结构变化的国际比较分析

消费结构是指在消费行为过程中，各类消费支出在总消费支出中所占的比重及其相互之间的配合、替代、制约诸比例关系。消费结构能够反映一国的经济发展水平、消费偏好和文化水平，消费结构与收入水平、消费形式、消费质量、消费方式、消费层次和不同地域不同阶层消费之间存在密切联系。本节将消费结构中的食品烟酒、衣着、居住、生活用品及服务、交通通信、教育文化娱乐、医疗保健以及其他用品及服务等消费结构变化进行国际比较分析。

（一）消费支出规模国际比较

1. 中国消费规模持续扩大，已经成为世界第二大最终消费支出的国家

2017 年，美国是全球最大消费支出国家，美国最终消费支出额为 16.12 万亿美元，其中居民消费支出额是 13.38 万亿美元，政府消费支出额是 2.74 万亿美元。2017 年，中国最终消费支出额是 6.44 万亿美元，其中，居民消费支出额是 4.69 万亿美元，政府消费支出额是 1.74 万亿美元。中国与美国的最终消费支出规模差距是近 10 万亿美元（见图 2–70），中国与美国居民消费支出规模差距是近 9 万亿美元左右（见图 2–71）。随着经济高质量发展和居民收入水平持续提升，中国消费需求潜力巨大。

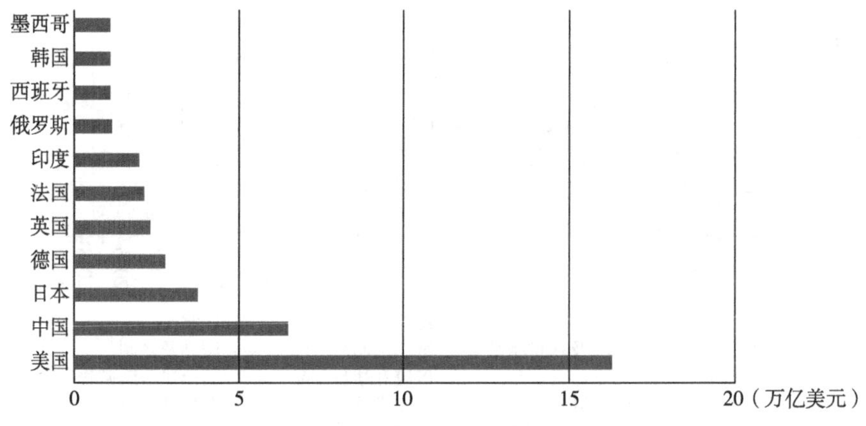

图 2-70　2017 年世界主要国家最终消费支出额

资料来源：根据联合国贸易和发展会议数据库数据制作。

2. 人均消费水平潜力巨大

2017 年，世界主要国家人均最终消费支出分别为：美国 49103 美元，英国 32983 美元，德国 32324 美元，法国 29974 美元，日本 28711 美元，韩国 19002 美元，墨西哥 7147 美元，中国 4533 美元，印度 1356 美元（见图 2–72）。随着经济的高质量发展，中国的人均消费支出将达到发达国家水平，具有巨大消费规模潜力和消费增长空间。

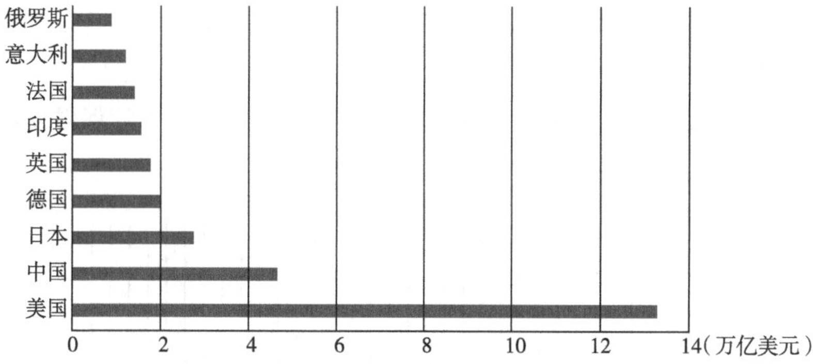

图 2-71 2017 年世界主要国家居民消费支出额

资料来源：根据联合国贸易和发展会议数据库数据制作。

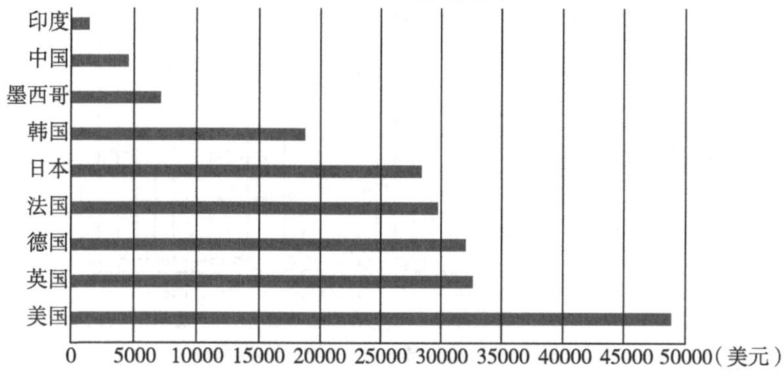

图 2-72 2017 年世界主要国家人均消费支出额

资料来源：根据联合国贸易和发展会议数据库数据制作。

（二）消费结构变化国际比较

1. 美国消费结构变化

1984—2017 年，美国消费结构发生明显变化，住房、医疗、交通和通信的消费支出占个人消费支出前三位，衣食消费支出下降，教育文化和家庭生活用品消费支出相对稳定。美国市场消费战略支点是住房、医疗和交通通信的消费需求变化。

美国消费结构按消费支出大小排序是住、医、行、食、教、用、衣。美国消费支出结构中，住房支出占居民家庭个人总支出的 23%~25%，稳居首位；医疗保健支出占 20% 左右，医疗保健消费支出呈稳中有升的趋势，因此医改是美国社会发展的关键；交通和通信支出占 18%~20%，交通通信消费呈稳中有降趋势；食品烟酒支出占 14% 左右，其中食品支出仅占 8%，食品消费支出持续下降，主要基于食品价格相对低廉；教育、文化和娱乐支出占 8%，家庭生活用品及服务支出占 6.9%，保持稳定；

衣着消费支出仅占 3%，还在持续下降。美国居民在居住，医疗保健，交通和通信，教育、文化和娱乐四方面的支出占个人总支出的 70% 左右。食品烟酒和衣着支出占 17% 左右，持续下降，而居住和医疗保健支出上升（见图 2–73、图 2–74）。

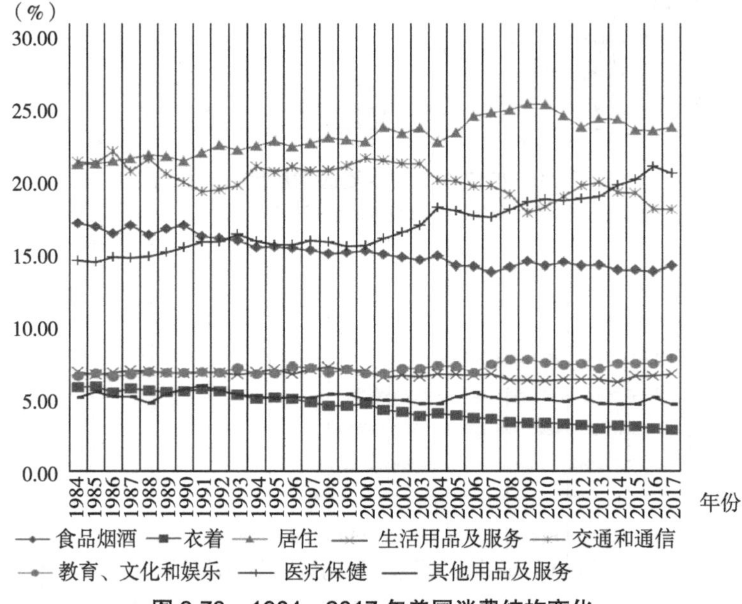

图 2-73　1984—2017 年美国消费结构变化

资料来源：根据美国经济局数据库制作。

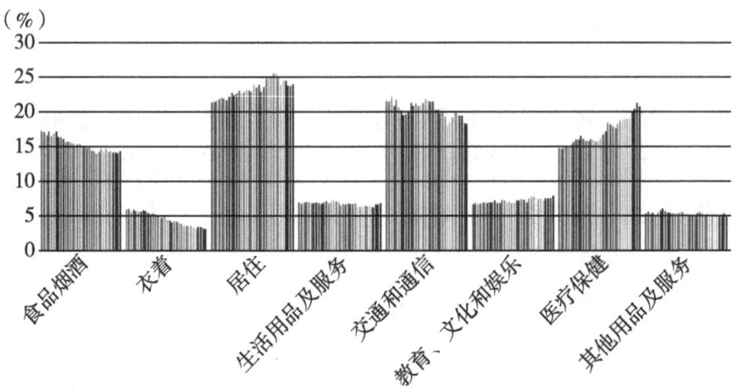

图 2-74　1984—2017 年美国消费结构变化

资料来源：根据美国经济局数据库数据制作。

2. 德国消费结构变化

1995—2017 年，德国消费结构发生明显变化，居住，交通和通信，教育、文化和娱乐占个人消费支出的前三位。在德国居民消费结构中，按消费支出大小排序是住、行、教、食、用、衣、医。1995 年以来，德国居民家庭个人消费支出结构进入相对稳定状态。居住占德国家庭个人消费总支出的 23% 左右，稳居消费支出第一位；交通和通信支出占 17% 左右，居第二位；教育、文化和娱乐消费占 15% 左右，居第三位；食品烟酒消费占 13% 左右，居第四位；生活用品及服务消费占 7% 左右；医疗保健支出占 5% 左右，大幅度低于美国医疗保健消费；衣着消费占 5% 左右。德国消费结构除医疗保健支出占比较低以外，其他消费支出结构与美国相似（见图 2-75、图 2-76）。日本、英国、法国等国家的消费结构变化也与美国消费结构变化类似，发达国家消费结构的趋同现象比较明显，表明经济发展到一定阶段，在收入水平相似的情况下，消费结构变化趋同特征明显，具有客观演变规律。

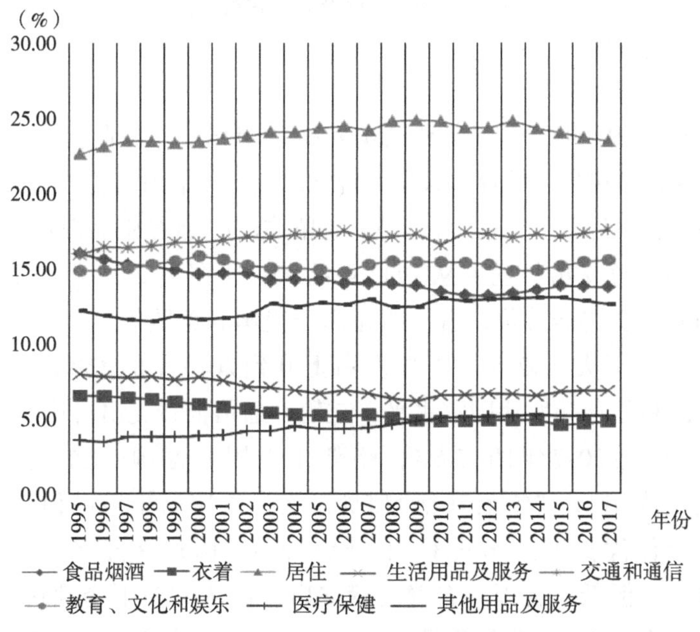

图 2-75 1995—2017 年德国消费结构变化

资料来源：根据 OECD 数据库数据制作。

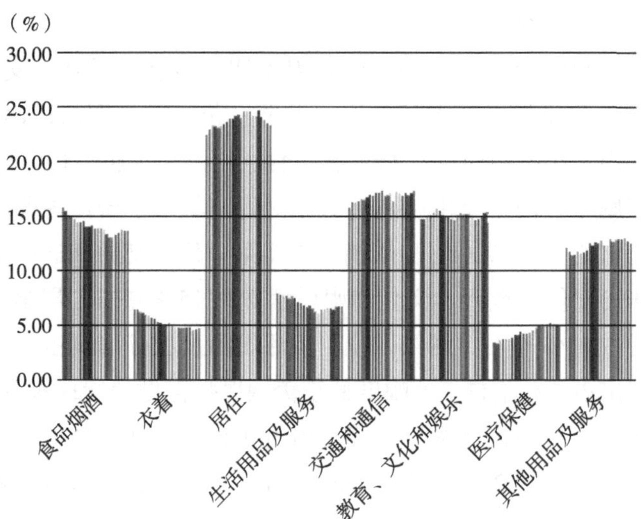

图 2-76 1995—2017 年德国消费结构变化

资料来源：根据 OECD 数据库制作。

3. 中国消费结构变化

1992—2017 年，中国消费结构发生了明显变化，食、衣消费支出持续下降，而住房、教育、医疗消费支出上升。中国消费结构按支出大小排序是食、住、行、教、衣、医、用的结构。食品烟酒消费支出占居民个人消费总支出的比例从 1992 年的 55% 下降到 2017 年的 29%，但食品烟酒消费仍居首位，占比明显高于美国和德国等发达国家；居住消费支出占比从 1992 年的 10% 左右上升到 2013 年的 22%，占比已经接近美国和德国等发达国家水平；交通和通信消费支出占比从 1992 年的 2% 上升到 2017 年的 13.6%，略低于美国和德国；教育、文化和娱乐消费支出从 7.7% 上升到 11.3%，支出占比高于美国但还低于德国；医疗保健支出占比从 3% 上升到 7.9%，医疗保健支出占比已经高于德国，但低于美国。衣着消费支出占比从 11% 下降到 6.76%（见图 2–77、图 2–78）。生活用品及服务支出占比稳中有降，从 7% 下降到 6%，占比接近美国和德国水平。中国消费结构还处于快速变化时期，食品烟酒和衣着消费支出持续下降，与发达国家相比还有较大的下降空间。居住、医疗保健、交通和通信及教育、文化和娱乐等消费水平的提升与结构升级空间巨大。

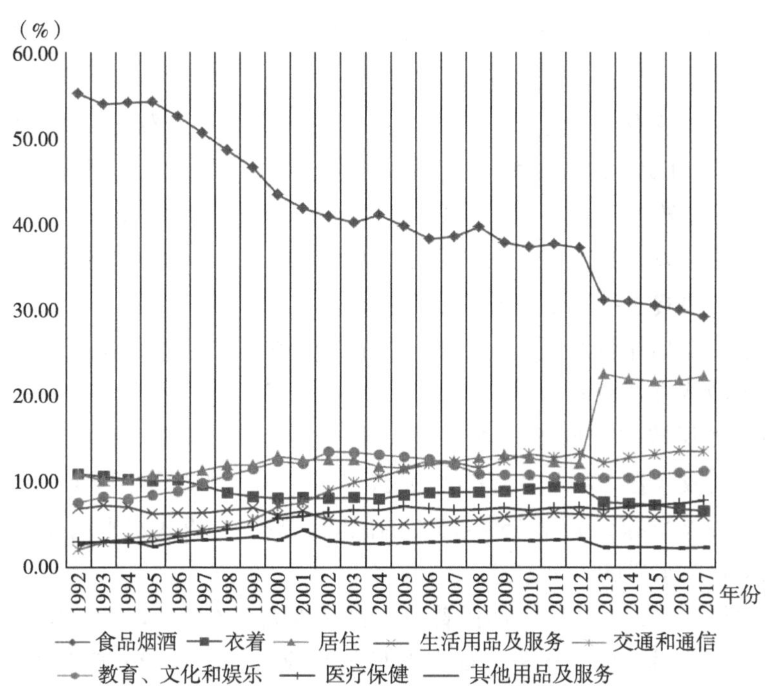

图 2-77 1992—2017 年中国消费结构变化

资料来源：根据《中国统计年鉴》数据制作。

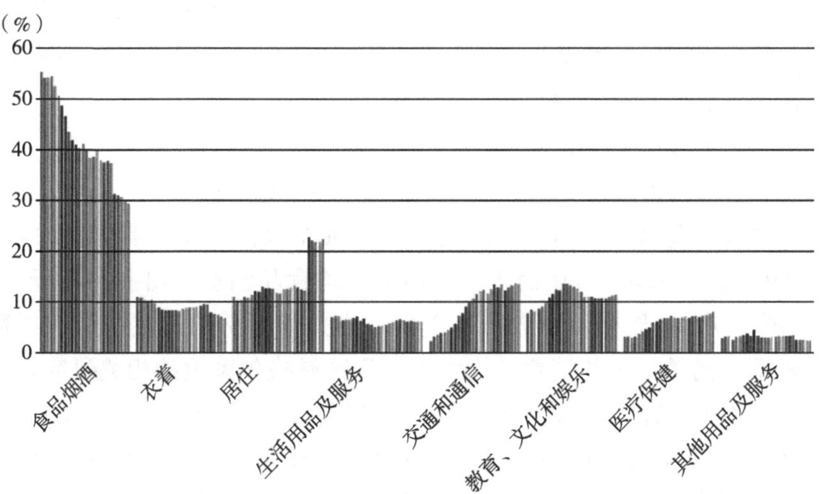

图 2-78 1992—2017 年中国消费结构变化

资料来源：根据《中国统计年鉴》数据制作。

上图数据表明，中国消费结构处于快速变化阶段，消费结构变化与美国、德国等发达国家变化趋同，即食品、衣着消费支出持续下降，居住，教育，文化和娱乐，医疗保健，交通和通信等消费支出持续增加。“十四五”时期，食品烟酒、衣着消费支出还有比较大的下降空间，居住，医疗保健，教育、文化和娱乐等消费支出具有比较大的增长潜力，食品烟酒、居住、医疗保健、交通和通信等消费结构升级具有很大的空间。

四、消费水平变化的国际比较分析

消费支出比例及支出规模变化是衡量一国消费水平的重要指标。人均国民收入在30000~60000美元以上的美、日、英、澳等发达国家，消费率一般保持在75%~85%的区间水平上，同时保持基本稳定状态。而人均国民收入在2000~10000美元的经济转型国家和发展中国家消费率明显低于发达国家，处于55%~75%的区间水平上。收入水平的差距必然带来消费率水平的显著差异。

总体上看，发达国家居民普遍在食品烟酒，衣着，教育、文化和娱乐，医疗保健（除美国外，属于典型的高收入—高消费—低储蓄国家）方面的支出比重较小，而在居住、交通和通信以及休闲娱乐方面的支出比重较大，表明发达国家居民的消费支出已不仅局限在基本温饱与生存问题上，而是有足够的收入用于享受型消费；而发展中国家则在食品烟酒、医疗保健以及教育、文化和娱乐等方面的支出比重较大，消费结构与发达国家存在一定差距。

（一）消费支出国际比较分析

1. 食品烟酒类消费支出占比较大，但下降趋势明显

中国的食品烟酒消费占比长期高达30%以上，2007年至2012年仍在35%左右波动。对比而言，美国的人均食品消费支出占比低于10%（见图2-79）。恩格尔系数是基于食品占人均消费的比重所得的指数，一般用于衡量一国的消费结构水平。我国恩格尔系数的相关研究表明：30%~40%的恩格尔系数水平为相对富裕阶段，而20%以下已经达到了极其富裕阶段。中美两国恩格尔系数的差异尤为明显。毋庸置疑，自1979年以来，中国已经从贫困、温饱过渡到小康和相对富裕水平。自改革开放以来，中国人均消费在稳步上升的同时，恩格尔系数也呈现明显下降趋势，但是与美国等发达国家相比，仍然存在较大差距。

2. 衣着类消费支出差距较小，且呈逐渐稳定趋同态势

各国在衣着消费支出方面的差距并不明显，虽然在消费结构中可以

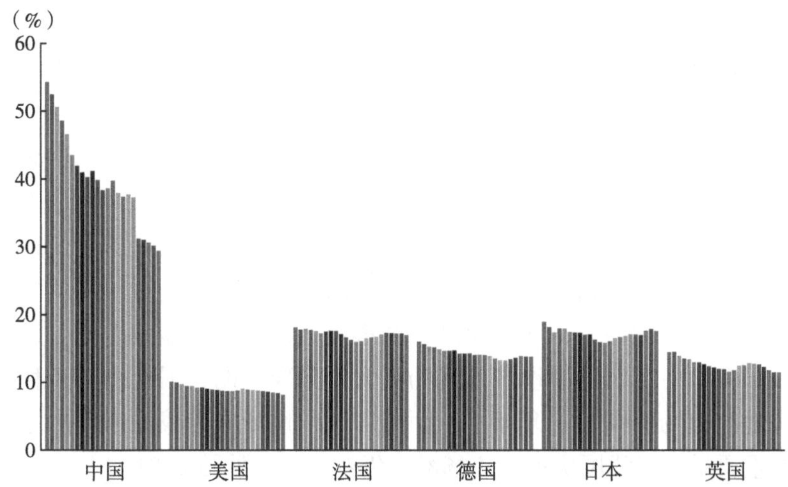

■1992年 ■1993年 ■1994年 ■1995年 ■1996年 ■1997年 ■1998年 ■1999年 ■2000年 ■2001年 ■2002年 ■2003年 ■2004年 ■2005年 ■2006年 ■2007年 ■2008年 ■2009年 ■2010年 ■2011年 ■2012年 ■2013年 ■2014年 ■2015年 ■2016年 ■2017年

图 2-79 1992—2017 年食品烟酒支出占比变化比较

资料来源：根据 OECD 数据库、美国劳工部数据库和国家统计局数据制作。

看出，中国的人均衣着消费占比与各主要发达国家存在差距，但是该差距与中国在食品烟酒支出上的差距相比还是较小的。对比各国的衣着类消费支出所占比重，我们可以看出，各国人均衣着类及相关商品的消费支出占比均低于 10%（见图 2-80），自 2007 年至 2012 年维持在一个相对稳定的状态，可以推断：中国及各主要发达国家在衣着类及相关商品的人均消费上已接近饱和状态。

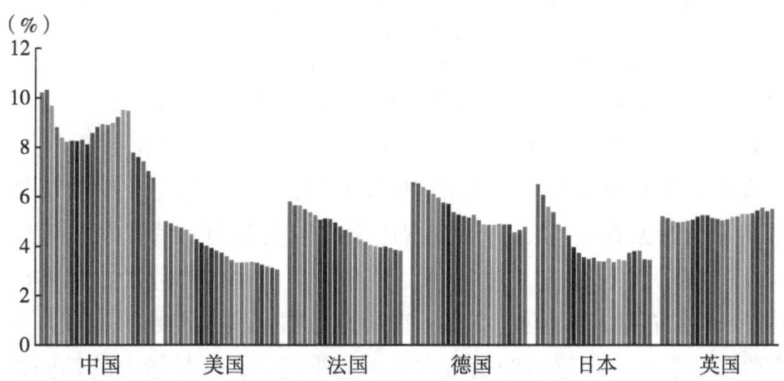

■1992年 ■1993年 ■1994年 ■1995年 ■1996年 ■1997年 ■1998年 ■1999年 ■2000年 ■2001年 ■2002年 ■2003年 ■2004年 ■2005年 ■2006年 ■2007年 ■2008年 ■2009年 ■2010年 ■2011年 ■2012年 ■2013年 ■2014年 ■2015年 ■2016年 ■2017年

图 2-80 1992—2017 年衣着支出占比变化比较

资料来源：根据 OECD 数据库、美国劳工部数据库和国家统计局数据制作。

3. 居住类消费占比急剧增长，房地产市场潜力巨大

近年来，我国出现房价波动等问题。我国的房价对于大多数工薪阶层而言，都是相对较高的，并且我国消费者倾向于买房，看重房子的产权，所以在消费结构中所占据的比重更高，且波动明显。由于许多发达国家人民普遍不担心住房问题，加上租房的普遍性，而且中国的人口基数要比这些国家庞大得多，理论上人均住房支出占比相对于各发达国家应存在差距，但伴随着房地产市场的逐渐开发和完善，近年来就中国人均消费结构占比而言，在住房及公共事业上没有产生显著差异。这主要是我国东、中、西部房地产市场的巨大差异导致的，因此进一步稳定东部房地产市场的同时，开拓中、西部房地产市场成为我国未来房地产市场的重要举措。我国房地产市场潜力仍然巨大（见图 2-81）。

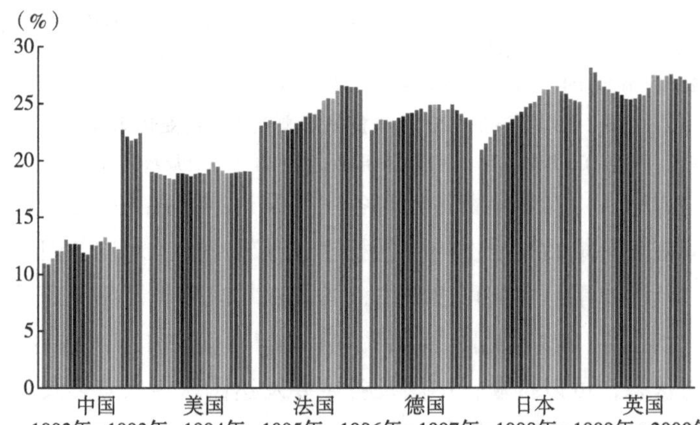

图 2-81　1992—2017 年居住支出占比变化比较

资料来源：根据 OECD 数据库、美国劳工部数据库和国家统计局数据制作。

4. 生活用品及服务消费水平相当，生存消费趋于饱和

从生活用品及服务类占据消费结构的百分比进行对比来看，我国与各主要发达国家在这方面的消费占比没有较大差距，消费水平整体处在 4%~6% 的同一水平线上。生活用品及服务类消费作为除了食品烟酒类消费之外最主要的生存性消费支出，在所列各国家中已经趋于饱和，整体变化波动幅度不大。虽然消费及所占比重差距较小，但是量上的趋同并不代表质上的相当，我国目前的较低且稳定的生活用品及服务消费水平是基于庞大人口基数所带来的廉价劳动力成本而形成的。因此，丰富与人民生活息息相关的生活用品及服务类消费支出的层次，促使生存消费多样化和高端化，进一步推动消费升级，满足人民的美好生活需要（见图 2-82）。

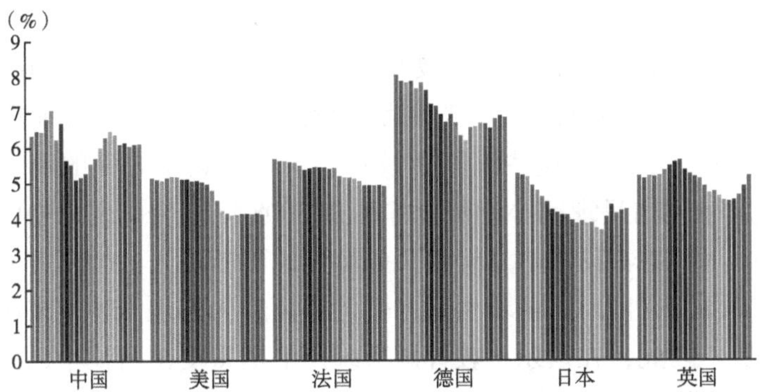

图 2-82 1992—2017 年生活用品及服务支出占比变化比较

资料来源：根据 OECD 数据库、美国劳工部数据库和国家统计局数据制作。

5. 交通和通信类消费快速增长，科技打破现有平衡

我国在交通和通信类的消费支出比重相比各主要发达国家明显较小，但同时逐渐呈现趋同的态势。在 2007 年以前，我国在此方面与各发达国家间有较大差距，但在这些国家的交通和通信消费保持平稳的同时，我国在此方面的支出稳步上涨，从 2007 年至 2012 年，各国在交通和通信上的结构占比相对较为平稳。不难看出，自 2007 年以来，各国在交通和通信上的支出已经逐渐达到平衡。纵然随着时间的推移，各国的人均可支配收入水平在不断上升的同时导致人均消费水平的上升，使得相同结构占比的交通和通信类支出的实际值上升，但不足以影响其结构占比。以 5G 及无人驾驶汽车为代表的交通和通信领域科技的强势发展，将成为打破当前各国现有平衡的重要因素（见图 2-83）。

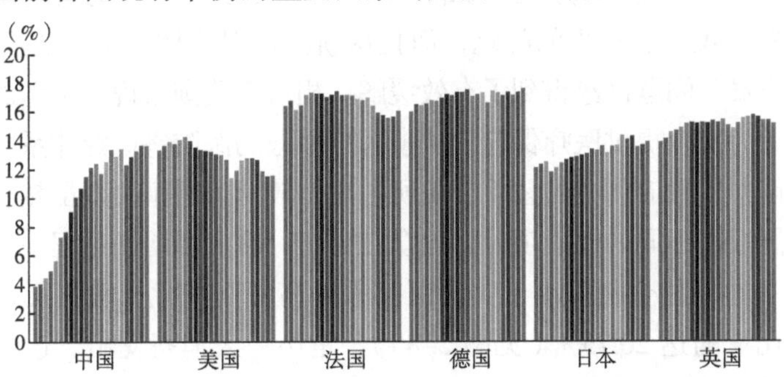

图 2-83 1992—2017 年交通和通信支出占比变化比较

资料来源：根据 OECD 数据库、美国劳工部数据库和国家统计局数据制作。

6. 教育、文化和娱乐消费差距较小，市场活力有待充分激发

我国的教育、文化和娱乐支出占比与各主要发达国家间的占比存在微小的差异，但就发展趋势而言，我们可以看出，经过前期的占比差距拉大后，我国与这些国家在教育、文化和娱乐方面的消费支出占比在一定范围内呈现缩小趋势，并均在2008年以后呈现平稳状态（见图2-84）。伴随着我国的九年制义务教育的不断深入，教育方面的消费占比不断降低；同时，随着生活水平的提高，人们也开始越来越注重享受型消费。因此，在娱乐、教育两项统一的消费支出占比中，两者的消费结构的差距逐渐缩小但仍有差距，市场活力有待充分激发。

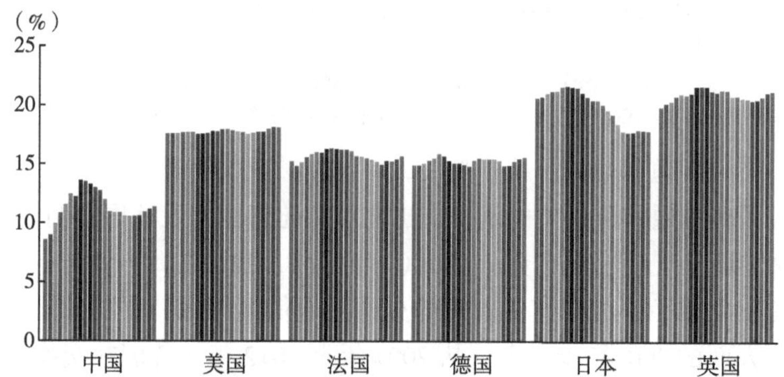

图2-84　1992—2017年教育、文化和娱乐支出占比变化比较

资料来源：根据OECD数据库、美国劳工部数据库和国家统计局数据制作。

7. 医疗保健类消费逐年增长，医保体系有待健全完善

自我国开始建立城乡医疗保障体系以来，已经在一定程度上解决了我国民众看病难、看病贵的问题，而且从新医疗保障体系出台之后，“看病难、看病贵”问题已经得到了有效缓解。相对于我国来说，美国的医保体系主要是为民众提供医疗保险，从事医疗服务的医院等医疗体系主要是私人机构创办，政府创办的公立医院所占比例较低。美国民众虽然获得医疗保险，但根据不同的保险项目，民众在买药、看病和治病过程中仍要承担比例不一的自付金额。由于美国医疗服务高度市场化，美国民众医疗保健支出比重高达20.75%（见图2-85），是第一大消费支出。这也是中美两国消费结构最大的差异所在。另外，其他发达国家具有完善健全的医保制度，由此造成这些国家的医保消费占比普遍较低且稳定。庞大的人口基数使我们无法像法、德、日、英等国家一样通过国家医疗保健体系

负担居民消费，而占比过大的医疗保健消费支出也会严重挤压居民其他类型的消费并阻碍消费升级。因此，根据我国基本国情因地、因时制宜地健全和完善医疗保障体系，是我国医保类消费升级的当务之急。

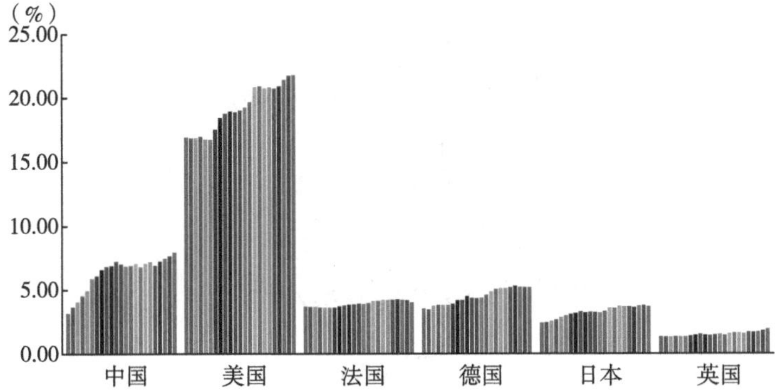

图 2-85　1992—2017 年医疗保健支出占比变化对比

资料来源：根据 OECD 数据库、美国劳工部数据库和国家统计局数据制作

（二）我国东、中、西部地区消费结构变化比较

通过对我国东、中、西部消费数据以及全国平均水平数据的分析，大致可以将三者的消费结构归纳总结如下。

（1）东部地区，在医疗保健，交通和通信，教育、文化和娱乐服务及居住方面的支出远远超出全国平均水平。该地区经济发达，消费能力高，其中，医疗保健与教育、文化和娱乐在居民消费中所占的比例较大（见图 2–86）。

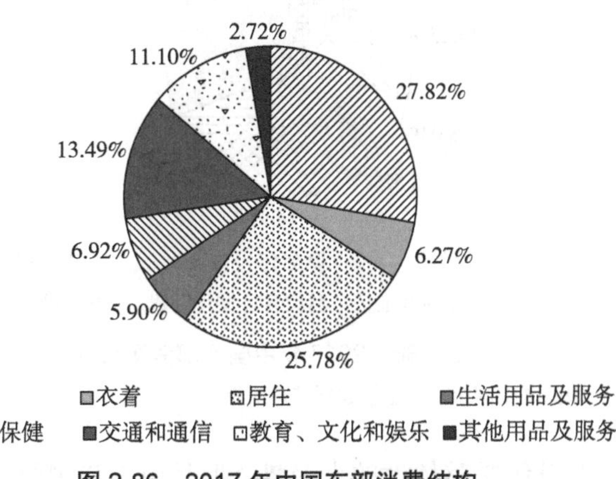

图 2-86　2017 年中国东部消费结构

资料来源：根据《中国统计年鉴》数据整理所得。

（2）中部地区，虽然在医疗保健和教育文化方面的支出比例小于东部地区的比例，但近几年随着经济的发展和有关政策的影响，发展型、享乐型消费方面所占的比重逐渐增大，消费结构趋于合理（见图 2–87）。

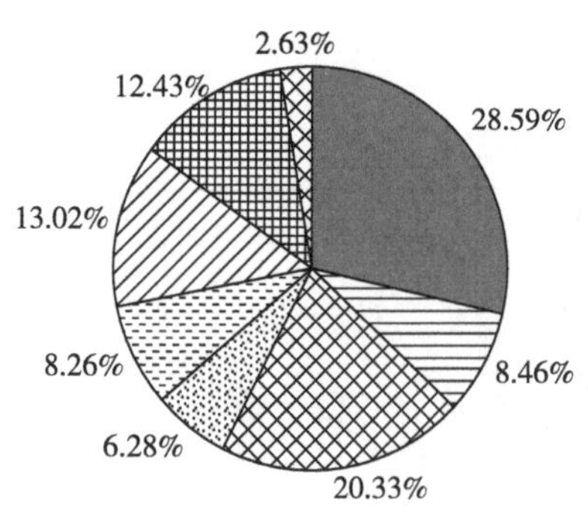

图 2-87　2017 年中国中部消费结构

资料来源：根据《中国统计年鉴》数据整理所得。

（3）西部地区，食品支出仍然占消费支出的较大比例，尤其在西藏地区，更是超过 50%。医疗保健及文化、教育和娱乐的消费支出低于全国平均水平，与东、中部消费支出结构存在较大差距。改善该地区的消费结构是当务之急（见图 2–88）。

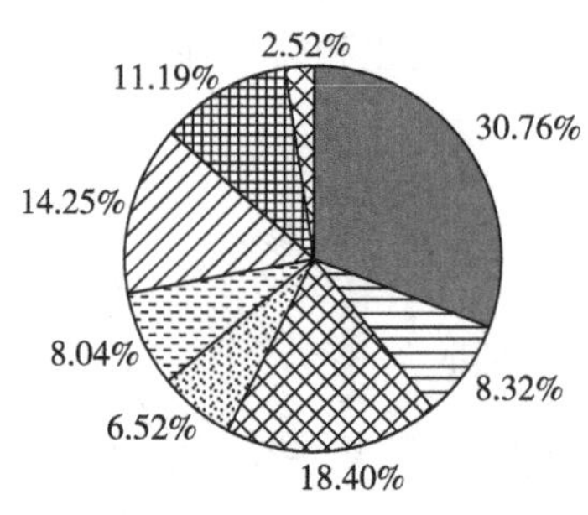

图 2-88　2017 年中国西部消费结构

资料来源：根据《中国统计年鉴》数据整理所得。

虽然消费升级是整体性的大趋势，但是由于我国幅员辽阔，特有的地区差异带来的各地经济发展的巨大差异导致了我国消费升级的结构性分化。东、中、西部地区经济发展差异由来已久，东部地区地理位置优越，濒海临河、交通便利，南宋末期便出现商品经济的萌芽，近代史上的被动开放向东部地区输入了现代产品、科技及管理制度，为日后市场经济的发展打下了物质基础；改革开放更是以东部沿海地区为试点，拉开了我国经济腾飞的序幕。相对闭塞的中、西部地区单纯依靠农产品和原材料作为其经济支柱，经济发展始终落后于东部地区。地区间人均 GDP 的差异导致了我国东、中、西部地区消费水平的差距日益突出。本节将我国居民消费水平分为三大类，分别是高消费水平、中等消费水平以及低消费水平。高消费水平主要集中在东部沿海地区，中等消费水平主要集中在中部城市，而低消费水平则分布在西部以及较边远的一些城市。

五、产业、消费与贸易结构互动变化比较分析

（一）产业结构变化比较分析

1. 国际比较：我国第一、第二产业占比仍然较大，服务业比重较发达国家差距明显

我国三次产业结构中服务业（第三产业）增加值占比已超过工业（第二产业），但同发达国家相比仍有较大差距。选取美、英、德、法、日五国进行横向比较，欧美主要发达国家的第三产业比重均超过 70%，第一产业比重始终保持在 2% 以下水平，而第二产业比重基本维持稳定在 20%~30%。与欧美发达国家相比，我国差距集中表现在第一、第三产业方面，第三产业的增加值及其占比明显低于欧美发达国家，第一、第二产业占比仍然明显高于美、英、德、法、日五国（见图 2-89）。

2. 纵向结构演变：我国服务业比重赶超第一、第二产业，但服务业以生活性服务业为主，生产性服务业比重有待提高

从 1978—2018 年三次产业结构的变动情况来看，我国第一、第二产业增加值占比呈现明显的下降趋势，而服务业增加值占比从 1978 年的 24.6% 逐渐赶超第一产业（1985 年）和第二产业（2012 年），上涨到 2018 年的 53.27%。从产业结构的细分类型看，农林牧渔业（第一产业）增加值占比大幅下降（从 27.93% 降至 7.35%）；第二产业中，工业增加值占比波动下降（从 44.08% 降至 32.75%）的同时，建筑业增加值占比却小幅上涨（从 3.78% 增至 7.12%）；第三产业中，金融业（从 2.08% 增至 7.68%）、房地产业（从 2.17% 增至 7.03%）以及其他第三产业（从

7.22% 增至 22.21%）增加值占比大幅上涨，而批发和零售业波动向上涨幅相对较小（从 6.59% 增至 9.67%），其余产业（交通运输、仓储和邮政业以及住宿和餐饮业）波动变化基本稳定（见图 2–90）。

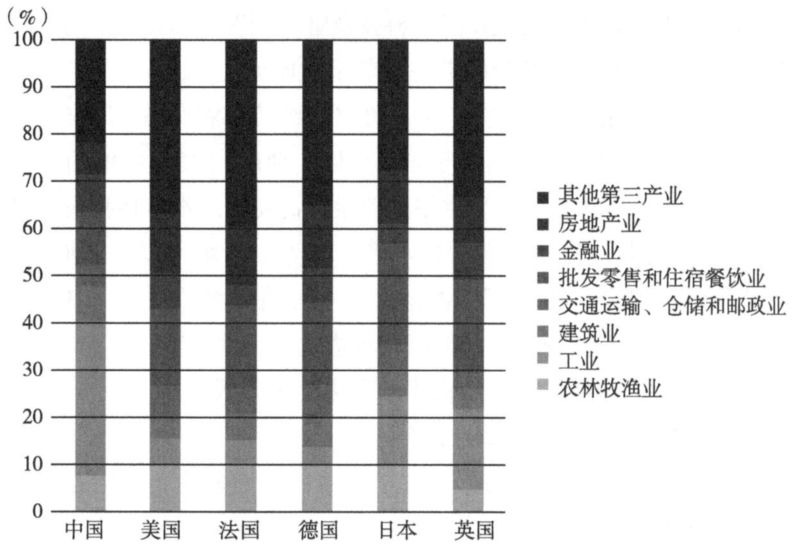

图 2-89　2017 年三次产业结构的国际比较

资料来源：根据 OECD 数据库数据制作。

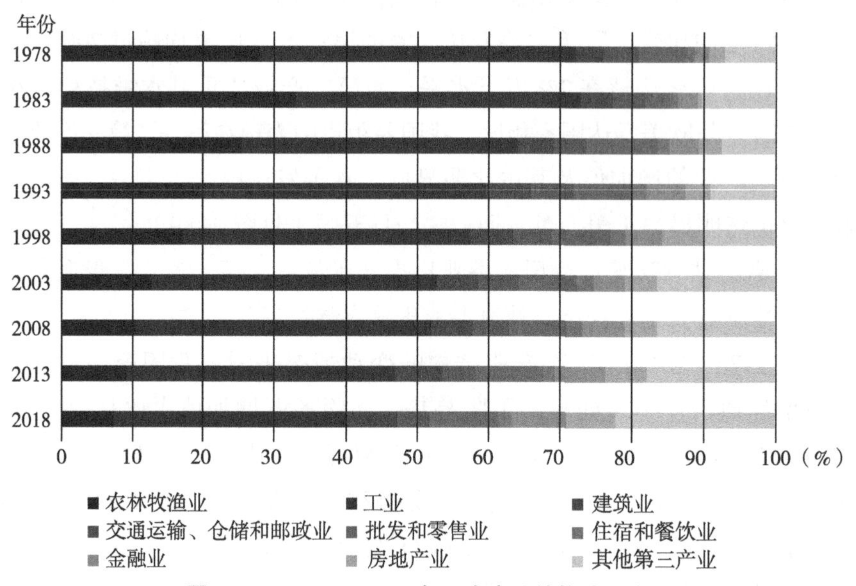

图 2-90　1978—2018 年三次产业结构演进变化

资料来源：根据国家统计局数据库数据制作。

我国服务业的细分类型占比中仍以连接消费环节的生活性服务业为主，而连接生产（产业和贸易）环节的生产性服务业所占比重增长显著但依然较小，表明我国服务业市场繁荣发展的同时也存在产业结构同消费和贸易结构间升级互动的失调。整体而言，我国产业结构阶段式跨越的转型升级态势同样符合配第等学者所提出的产业升级理论。

3. 我国三次产业结构的变化趋势

（1）从数量扩张向质量提高转变。我国已经进入从数量扩张向高质量发展转型的重要阶段，促进产业结构转型升级成为高质量发展的重要任务。

（2）从工业与服务业加快融合发展。工业与服务业融合发展成为产业结构转型升级的重要任务，工业与服务业融合发展会加快现代服务业高质量发展。

（3）从低端制造向高端制造转变。我国在工业上的资本或技术密集型的高附加值产品和服务业上金融、电子商务等方面的发展都取得了巨大进步。以往存在的产业集中程度较低、产业同构现象严重、产业发展模式低端等问题得到有效缓解。

（4）要素驱动向创新驱动转变。随着劳动力红利的消退，我国产业结构创新能力不足的短板逐渐显现。在创新驱动发展战略的推进下，我国的战略性新兴产业及自主知识产权等领域取得快速发展，促进我国产业结构逐渐向产业链高端领域发展布局，将实现中国制造向中国创造的有效升级。

（二）消费结构变化比较分析

1. 国际比较：吃穿型消费仍占据较大比重，发展型、享受型消费比例偏低

我国社会消费品零售总额与居民人均消费支出稳定增长，从 1998 年的 7% 逐渐增长至 2011 年的 21% 后逐渐回落至 2018 年的 19%。2018 年，我国最终消费对 GDP 增长贡献率为 76.2%，居民消费支出占 GDP 的 40% 左右，居民消费支出占 GDP 的比例与欧美发达国家相比仍有较大上升空间。欧美发达国家的消费特征为低储蓄率和超前消费，居民消费支出中用于发展型、享受型消费比例比较高，而中国居民消费结构中吃穿消费仍占据较大比重，但是出现趋同变化趋势，中国吃穿住用的生存型消费正在逐渐向更高层次的发展型、享受型消费转变，符合欧美发达

国家居民消费结构优化升级的一般规律，各分项数据差距缩小。从国际比较来看，我国的居民消费结构既存在差异也具有明显的趋同变化态势（见图 2-91）。

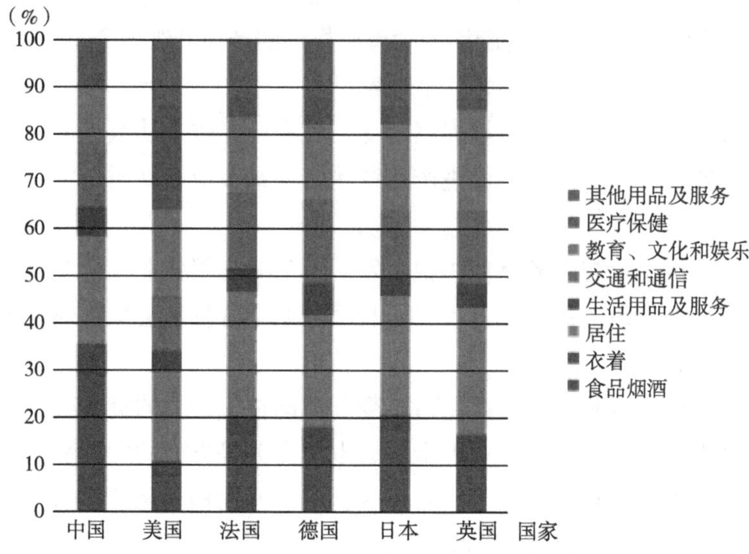

图 2-91　2017 年居民消费结构的国际比较

资料来源：根据 OECD 数据库制作。

2. 纵向结构演变：我国居民消费中的恩格尔系数下降，进入最富裕型国家行列

1992—2018 年，从我国居民消费结构的变动情况来看，吃穿消费在整个消费中的占比呈现明显的下降趋势，尤其是以食品烟酒类消费占比测算的恩格尔系数由 1981 年的 71.94% 逐年连续下降到 2018 年的 28.28%，进入最富裕型国家（联合国以恩格尔系数作为衡量国家贫富程度的指标低于 30%）行列。与之形成鲜明对比的是居住类消费占比的大幅上涨（从 11.03% 增至 23.47%），但同时要认识到因房价上涨带来的居住类消费占比提高会对我国居民消费的其他类型产生相当程度上的挤出效应。与此同时，我国发展型、享受型消费占比明显提高（其中，交通和通信类消费占比从 2.24% 增至 13.45%，医疗保健类消费占比从 3.09% 增至 8.41%，文化、教育和娱乐类消费占比从 7.70% 微涨至 11.23%，其他用品及服务消费占比基本持稳）。另外，从生活用品及服务类消费占比从 6.96% 微降至 6.17% 的变动趋势来看，其有待予以重视但尚未构成对

居民消费结构升级的严重阻碍。此外，居民家庭人均消费支出的分项增长数据同样表明，2018 年发展型、享受型消费及住用型消费支出分别较 1992 年增长了 49.13 倍和 35.94 倍，明显快于吃穿消费（仅增长 11.48 倍）（见图 2-92）。整体来看，从“食衣住医行”逐渐向“食住行医衣”的初步转变是新时期我国居民消费结构优化升级所呈现的主要特征，其变动趋势基本符合且验证了马克思及马斯洛等学者所提出的消费升级规律。

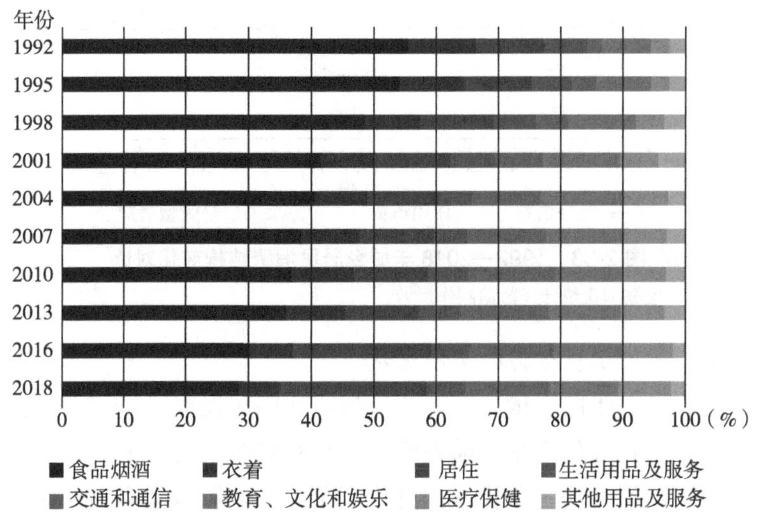

图 2-92 1992—2018 年中国居民消费结构演进变化

资料来源：根据国家统计局数据库数据制作。

由于社会经济发展导致了“城乡二元性”特征的结构差异，我国城乡居民消费结构存在相似性的同时也呈现明显差异。对比城乡居民消费结构发现，城镇居民消费结构中吃穿消费比例大幅下降而发展型、享受型消费比重显著提升，同时居住类消费的大幅增长使整体结构呈现三者层次相对均衡的分布特点；农村居民消费仍以生存型消费为主，但能够明显发现其吃穿住用等消费占比下降而发展型、享受型消费占比提升的变化。城乡居民消费结构间的差异主要以“吃穿消费下降幅度农村大于城镇，城镇居民住用消费增长最快，农村居民发展型、享受型消费增长最快”为特点（见图 2-93）。

虽然城乡居民在消费水平上仍存在较大差距，但由于农村消费升级幅度较城镇更大，其消费结构间差距渐趋缩小。在时空领域我国居民消费结构存在明显的滞后差异，但在城镇化和市场化进程稳步推进的影响下，这种差异性将逐渐缩小并趋同，共同促进我国居民消费结构的优化升级。

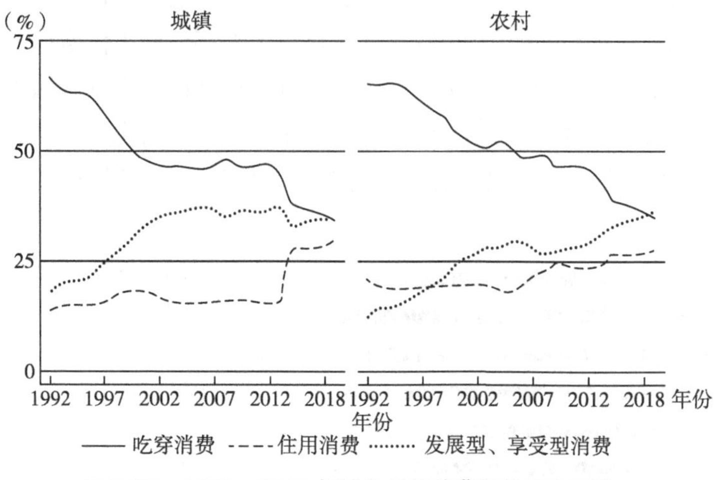

图 2-93　1992—2018 年城乡居民消费结构变化对比

资料来源：根据国家统计局数据制作。

3. 我国居民消费结构的变化趋势

（1）数量扩张向质量提高转变。当前我国居民对于消费品的拥有量已经处于相对较高的水平，随着收入提高和观念转变，消费质量的提升成为我国居民消费的主要诉求。有机蔬菜、高定服装、高档社区等无不体现着居民消费结构的质变。由"量"及"质"的需求转变是居民消费结构转型的任务。

（2）物质消费向精神服务消费转变。在获得充分的物质商品满足后，对于精神服务的高层次消费追求成为我国居民消费结构的主要特点。近年来旅游消费、文化服务、教育培训、养生保健等服务业快速发展，成为新的消费热点。

（3）基本生存向发展享受转变。对于精神生活的追求推动着我国居民的消费结构从吃穿住用等生存型消费向发展型、享受型消费优化转变，交通通信、文化教育娱乐及医疗保健类消费比例的增长是居民为了享受精神服务和保障自身发展所做出的合理选择，享乐体验消费正在逐渐成为居民消费热点领域。

（4）同质化单一消费向差异化多元消费转变。伴随我国消费迈入最富裕型国家行列，居民消费的选择空间大幅拓展，消费层次递进分化，消费热点多元发展，是我国居民消费结构升级的重要标志。

（三）贸易结构变化比较分析

1. 国际比较分析：贸易结构变化明显，贸易结构的国际差距仍然存在

我国贸易依存度在2000—2017年的平均水平约为47%，高于世界平均水平，甚至超过欧美发达国家，表明我国的经济增长更加依赖于国际贸易及对外贸易结构的优化升级（见图2-94）。近年来，我国对外贸易结构改善显著，具体表现为高新技术产品贸易占比快速提高。但不可否认，我国当前仍以劳动密集型产品贸易作为贸易结构的主体，与欧美发达国家普遍的高比重的服务和技术密集型产品进出口结构相比仍有较大差距。我国高新技术产品进出口快速增长的实质是其完整生产链条中的组装加工等劳动密集型的生产环节布局在我国，而非我国完全自主研发的技术密集型产品的贸易增长，反而造成我国资源及劳动力等优势生产要素的浪费。欧美发达国家在初级品贸易比重相对变动不大的情况下，工业制成品贸易占比却逐渐下降，欧美发达国家高附加值的服务贸易增长比较明显，我国贸易结构与欧美发达国家仍然存在明显差距。

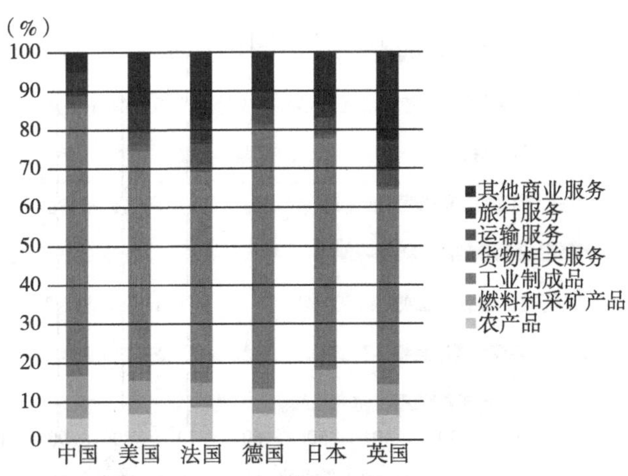

图2-94 2017年对外贸易结构的国际比较

资料来源：根据WTO数据库制作。

2. 纵向结构演变：以工业制成品贸易为主，高新技术产品贸易比重显著提高

从2002—2016年对外贸易结构的变动情况来看，我国工业制成品贸易占比略有下跌（从90.02%下降至87.17%）的同时初级品贸易占比微涨（从9.98%上涨至12.83%），整体而言，我国的对外贸易结构始终保

持着“以工业制成品贸易为主”的状态，这既体现了中国制造业的贸易大国地位，也说明当前我国的对外贸易结构整体趋于稳定。工业制成品中，我国高新技术产品的贸易占比从 1995 年的 11.36% 连续逐年大幅上涨至 2017 年的 30.62%，表明当前我国的对外贸易结构虽然仍然以劳动密集型产品的进出口为主，但也正在逐步由此向以技术密集型产品为主转变。从对外贸易结构的细分类型来看，如图 2–95 所示，我国资源密集型产品的进出口以矿产品（T05）为主（占进出口总额的 8.16%），劳动密集型产品的进出口以化工业产品（T06）、纺织业产品（T11）以及贱金属制品（T15）为主（分别占进出口总额的 5.66%、7.71% 和 6.42%），而技术密集型产品的进出口则主要为电气设备和机械器具及其零配件（T16），占进出口总额的 39.62%。与显著提升的外贸依存度不同，近年来我国的服务业贸易虽然迅速发展，但整体仍然滞后于产业结构的服务化倾向，同时较小比重的消费品进口也无法满足居民消费结构的层次提升，结构间非协同升级互动的问题凸显。

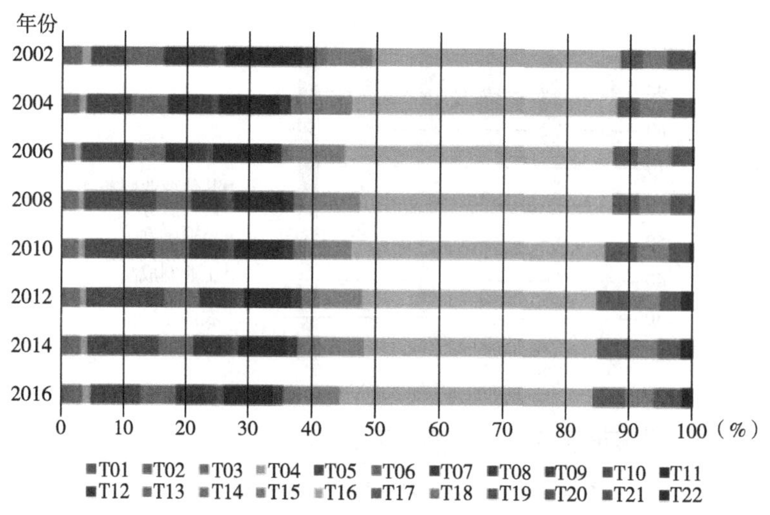

图 2-95　2002—2016 年中国对外贸易结构演进变化

资料来源：根据国研网对外贸易数据库制作。

3. 我国对外贸易结构的变化趋势

（1）数量扩张向质量提高转变。虽然近年来我国无论是在资本、技术密集型产品的进出口上还是在服务业、消费品贸易上都取得了极大进步，整体贸易水平快速提升，但不可否认当前我国的对外贸易结构仍以工业制成品尤其是劳动密集型产品的进出口为主。对外贸易结构的提质增量对于我国实现从贸易大国转变为贸易强国的战略目标具有重大意义。

（2）初级品向工业制成品转变。相较初级品贸易的负效应，工业制成品无论是在自身的附加值方面还是在其创汇能力或者市场竞争力方面都具备更大的发展优势。中国在加入 WTO 后充分利用其双多边贸易体制深度参与和嵌入全球价值链，通过参与国际分工强势发挥其劳动力优势，并促进工业制成品贸易的快速发展，成为贸易结构主体。

（3）资源劳动密集型向资本技术密集型转变。我国资源和劳动密集型产品的进出口仍然占据对外贸易结构的较大比重，但是资本和技术密集型产品的进出口比重不断上涨，即使是资源和劳动密集型贸易产品生产环节中的技术含量也逐渐增加。高新技术产品的贸易在提升对外贸易结构的层次上作用显著，是对外贸易的新亮点。

（4）高速增长向稳定变化转变。我国对外贸易结构经历了高速增长的升级阶段后，近年来无论是贸易总量还是结构分布上都呈现出相对稳定的状态，这既与复杂变化的全球经贸格局相关，也体现了新常态下我国对外贸易结构进入增速换挡期后增幅回落并逐渐收窄的新的阶段特征。面对总量下行的巨大压力，对外贸易结构的优化进程趋于稳定。

（四）产业结构、消费结构与贸易结构互动变化比较

为了对比新时期我国产业、消费与贸易三者结构的升级互动现状，本节将我国细分行业投入产出结构进行比较，如图 2–96 所示。

通过对我国细分行业投入产出结构比例进行比较分析，可以看出我国产业结构、消费结构与贸易结构的转型升级呈现非协同变化态势。我国产业结构投入产出占比较高的依次是建筑、化学产品、批发和零售、食品和烟草以及金属冶炼和压延加工品，以第二产业部分细分行业和第一产业靠前；消费结构投入产出占比较高的依次是食品和烟草、金融、房地产、农林牧渔产品和服务以及住宿和餐饮，以第一、第三产业的部分细分行业靠前；贸易结构投入产出占比较高的依次是通信设备、计算机和其他电子设备、化学产品、电气机械和器材、纺织服装鞋帽皮革羽绒及其制品以及石油和天然气开采产品，以第二产业部分细分行业为主。此外，横向比较，从我国同一行业的产业、消费与贸易三者结构的投入产出占比可以看出，其间差异较大，结构间协调升级互动仍处于相对较低的水平和状态，有待进一步提高和改善。

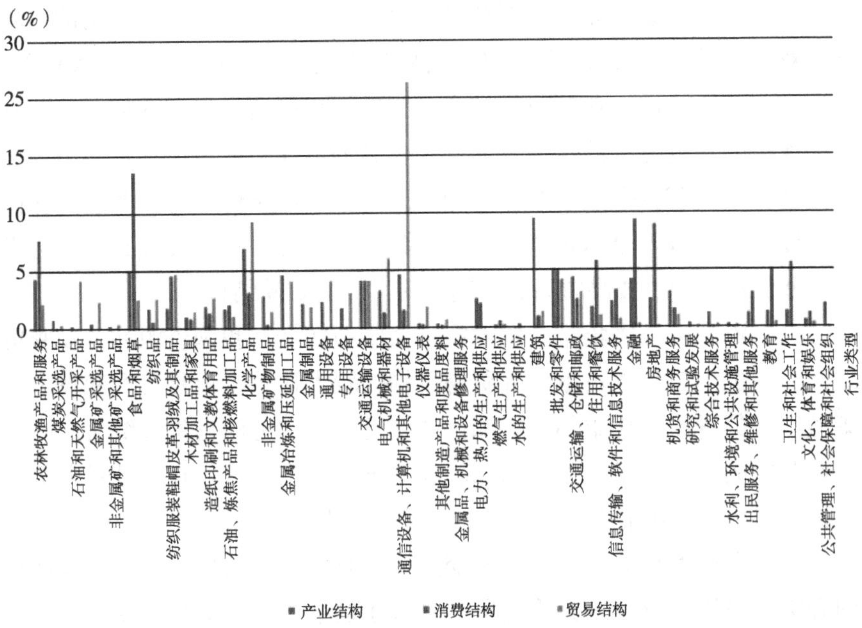

图 2-96　中国细分行业产业、消费及贸易结构比较

资料来源：根据 2017 年《中国地区投入产出表》计算所得。

（五）区域层次产业结构、消费结构与贸易结构互动变化

我国的经济地理区域主要分为东、中、西部三个地区，其经济发展差异来源于地理位置布局、自然资源分布、生活生产习惯及政府政策规划等多方面因素的综合结果，且由来已久。东部地区濒海临河，拥有优越的地理位置和便利的交通条件，商品经济的萌芽和发展最早在此出现。伴随近代中国的被动开放，西方文明的现代科技生产及经营管理技术最先从东部地区输入，深刻影响了当地生产生活习惯与方式，为其经济的优先快速发展奠定了坚实基础。"改革开放"等政策的实施将东部沿海地区作为试点，进一步拉大了东部地区与以初级产品（自然资源等原材料及农副产品）为经济支柱的中、西部地区之间的经济发展差距。东、中、西部之间经济发展水平的差异也导致了我国各地区产业、消费及贸易三者间的水平差距愈发突出，但结构间却呈现出日益明显的"引领趋同"态势。根据国家统计局统计口径分类，我国经济地理区域的省份划分如下（见表 2–24）。

表 2-24　中国经济地理区域（东、中、西部）省份划分

区域	省级行政区	个数（个）
东部	北京、天津、河北、辽宁、上海、江苏、浙江、福建、山东、广东、海南	11
中部	山西、吉林、黑龙江、安徽、江西、河南、湖北、湖南	8
西部	内蒙古、广西、重庆、四川、贵州、云南、西藏、陕西、甘肃、青海、宁夏、新疆	12

资料来源：作者根据国家统计局统计数据整理所得。

1. 产业结构变化比较分析

我国三次产业结构因地理区域差异及与此密切相关的经济发展所导致的结构分化明显。就整体而言，我国三次产业发展水平同样呈现东、中、西部三级阶梯状分化排列的特征，中部和西部与东部的 GDP 水平存在较大差距（见图 2-97）。新时期我国的产业布局顺应全球化浪潮应积极嵌入东亚生产网络，而不仅是东部沿海地区向中西部内陆地区的经济体内部的产业转移，从而进一步加大了产业由东向西的梯度转移难度，进而也拉大了东部与中西部地区的产业水平及结构差距。我国产业结构整体上呈现东部带动中、西部发展的“雁阵”模式，各地区在具体产业类型的分布上存在非协调发展所导致的明显差异。

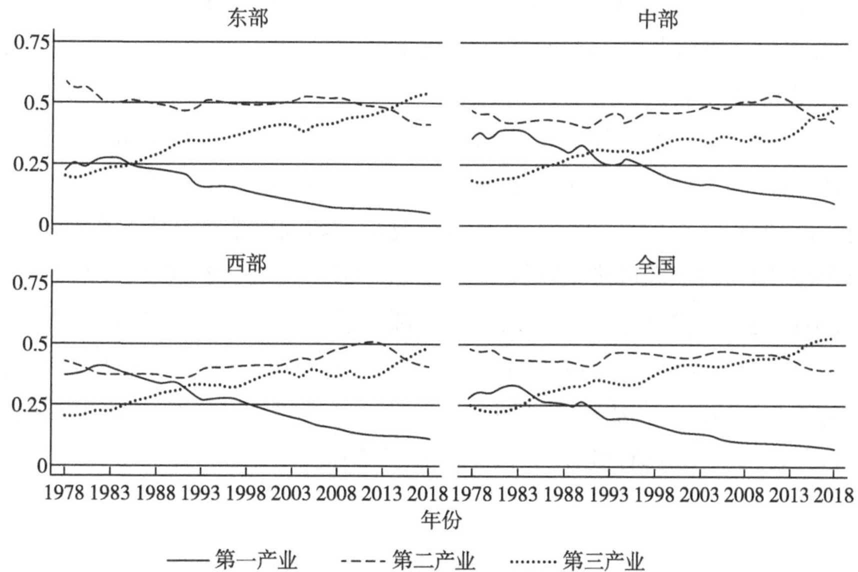

图 2-97　1978—2018 年分地区三次产业结构演进变化

资料来源：根据国家统计局数据库数据制作。

比较我国分地区三次产业结构的演进变化发现，我国区域间产业结构的“雁阵”模式（蔡昉等，2009）[①]突出。中国各地区三次产业结构均呈转型升级态势，但在具体产业细分类型分布上存在显著差异。东部和中、西部地区分别从2014年和2017年开始迈入产业结构的“三二一”阶段的转变，都已实现以服务业（第三产业）为主导的产业结构调整。2018年，各地区产业结构对比中，第一产业占比以西部的11.05%最高，第二产业占比以中部的42.48%最高，第三产业占比以东部的54.47%最高。其中，西部地区在具有高比重第一产业的同时第三产业占比略超过中部，体现出西部地区在服务业优先快速发展的状态下工业化水平仍然较低，缺乏实体力量支撑。而中部地区的产业升级相对落后，正处于提质增量的重要时期，在强化工业发展优势的基础上加快探索服务业的发展。东部产业升级明显优于中西部，但是相对服务化的趋势倾向对其经济发展的长期影响亟待探讨。在我国产业结构中，东部“雁阵”领先的模式明显，区域产业间呈显著的不平衡分布态势。在就业结构的产业分布上看，东部地区吸纳了全国大量劳动力，逐渐在劳动密集型产业上形成明显优势，从而促进产业结构优化的转移升级。同时，由于劳动力和技术等生产要素的差异，中、西部地区产业结构发展落后于东部地区，其间差距虽有所缩小但仍然较大，因此区域协调发展战略有待加快深化落实。

2. 消费结构变化比较分析

整体而言，我国居民消费水平仍以“东部沿海地区高消费、中部地区中等消费、西部边远地区低消费，消费结构连同消费水平呈三级阶梯状分化排列”为主要特征，消费差距及不平衡问题依然存在。但伴随着新时期国家实施区域协调发展战略的规划布局，在消费升级的大趋势下，我国各地区的消费水平及结构发展逐渐向总体均衡转变，呈现“东部先行发展，中部和西部后期跟进渐趋赶超，整体协调发展”的良好态势（见图2–98）。综合比较我国城际、城乡及区域间居民消费结构的发展趋势可以发现，其具有显著的“三维趋同”特征。

① 蔡昉等:《中国产业升级的大国雁阵模型分析》,《经济研究》2009年第9期。

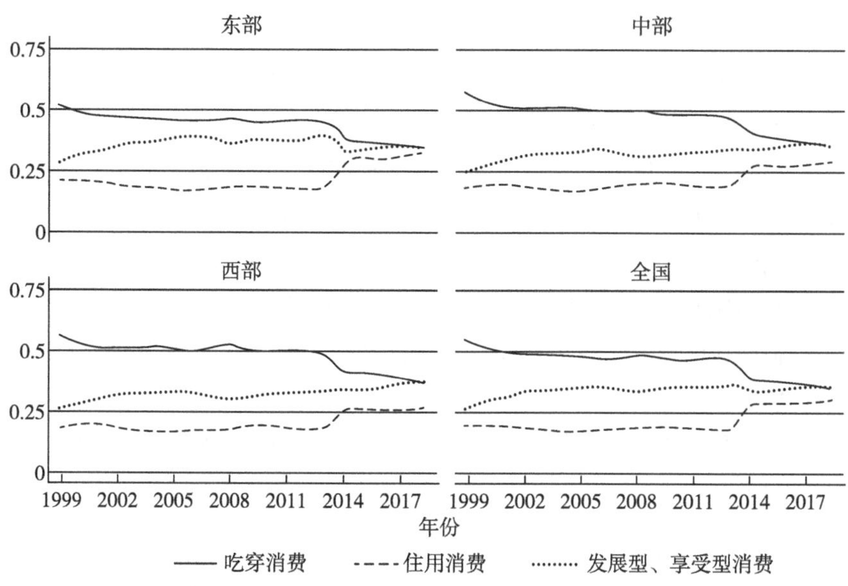

图 2-98 1999—2017 年分地区居民消费结构演进变化

资料来源：根据国家统计局数据库制作。

比较我国分地区居民消费结构的演进变化发现，我国区域间消费结构的“趋同”特征（孙皓和宋平平，2022）① 显著。以我国东部地区的恩格尔系数为基准，可以发现我国中、西部地区与东部地区的消费结构差距呈现先逐步扩大而后逐渐缩小的变化趋势。同时，我国不同地区居民的发展型、享受型消费差距也逐渐缩小，整体消费结构的升级趋势明显。2018 年，在各地区消费结构对比中，吃穿消费和发展型、享受型消费占比均以西部的 36.79% 和 36.89% 最高，而东部拥有最高的住用消费比重，达 31.69%。尤其是我国中、西部的发展型和享受型消费占比分别为 36.54% 和 36.89%，已然赶超东部的 34.40%，分区域水平和结构差距都与 1999 年的居民消费结构差异显著。耐用消费品拥有量水平高，发展型和享受型消费比重大，消费需求旺盛是东部居民消费结构区别于其他地区的主要特征，但近几年来数据显示此特征正因高比重住用消费的挤出效应而逐渐淡化。虽然中、西部地区居民消费水平仍落后于东部地区，但其消费结构升级正逐渐赶超东部，“趋同”特征显著。

① 孙皓、宋平平:《城乡居民消费结构转型升级的趋势性特征与动态机制研究》,《新疆社会科学》2022 年第 2 期。

3. 贸易结构变化比较分析

同产业结构和消费结构相似，我国贸易结构因地理比较优势等原因同样存在明显的结构分化。不同的是，贸易结构更加依赖区域的贸易便利条件。运输条件上，沿海东部地区拥有天然贸易港，可大幅降低贸易费用；政策条件上，东部较中西部拥有更多的政策扶持的自由贸易区；支持条件上，东部较中、西部拥有更多的国际贸易人才和互联网技术支持。因此，作为我国参与国际贸易活动主体的东部地区，其贸易水平远高于中西部，区域间贸易水平差距显著。然而，我国各地区的贸易结构均以工业制成品贸易为主，高新技术和服务贸易为辅，呈现贸易产品的“同质”现象，尤其是工业制成品贸易的内部结构同质性明显（见图 2-99）。

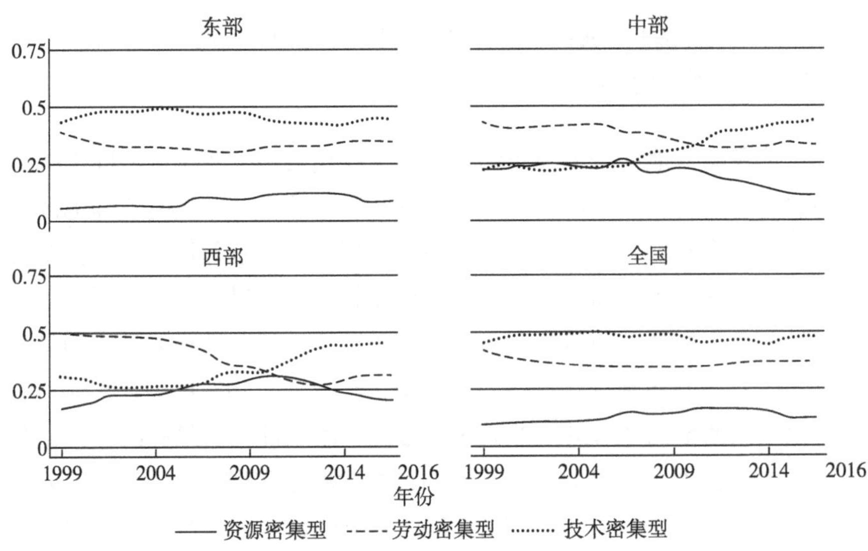

图 2-99　1999—2016 年分地区对外贸易结构演进变化

资料来源：根据国家统计局数据库数据制作。

比较我国分地区对外贸易结构的演进变化发现，我国区域间贸易结构的“同质”现象明显。我国各地区对外贸易结构的转型升级态势明显但在具体贸易产品的细分类型上有所差异。当前我国各地区的贸易结构均以工业制成品为主，且技术密集型产品贸易均得到不同程度发展。2016 年各地区贸易结构对比中，资源密集型产品贸易占比以西部的

20.47% 最高，而劳动密集型以及技术密集型的产品贸易比重均以东部的 38.73% 和 49.12% 最高，其贸易结构与产业结构和消费结构升级互动发展的程度明显优于中、西部地区。但是，中、西部地区分别以 36.65% 和 32.23% 的劳动密集型产品贸易以及 47.21% 和 48.37% 的技术密集型产品贸易与东部地区贸易结构逐渐接近。东部地区与中、西部地区在资源密集型产品贸易上的差距也因近年来东部地区资源密集型产品贸易的增加而逐渐缩小。由于更为活跃的贸易活动和劳动力资源流入以及更为优越的贸易环境和科技人才条件，东部地区技术及劳动密集型产品贸易比重高于中、西部地区，而中、西部地区利用天然比较优势在资源密集型产品上占比较大，贸易结构差异明显，优化进步空间巨大。但是随着区域协调发展战略及“一带一路”倡议的深入推进，我国地区间因地理区位和要素禀赋而产生的贸易结构差异逐渐减小，中、西部地区的贸易发展迎来前所未有的机遇，贸易潜力亟待充分开发，呈现明显的“同质”现象。

4. 产业结构、消费结构与贸易结构互动变化比较分析

为了对比新时期我国分地区产业结构、消费结构与贸易结构互动变化，本节将地区细分行业投入产出结构进行比较，结果如图 2-100 所示。

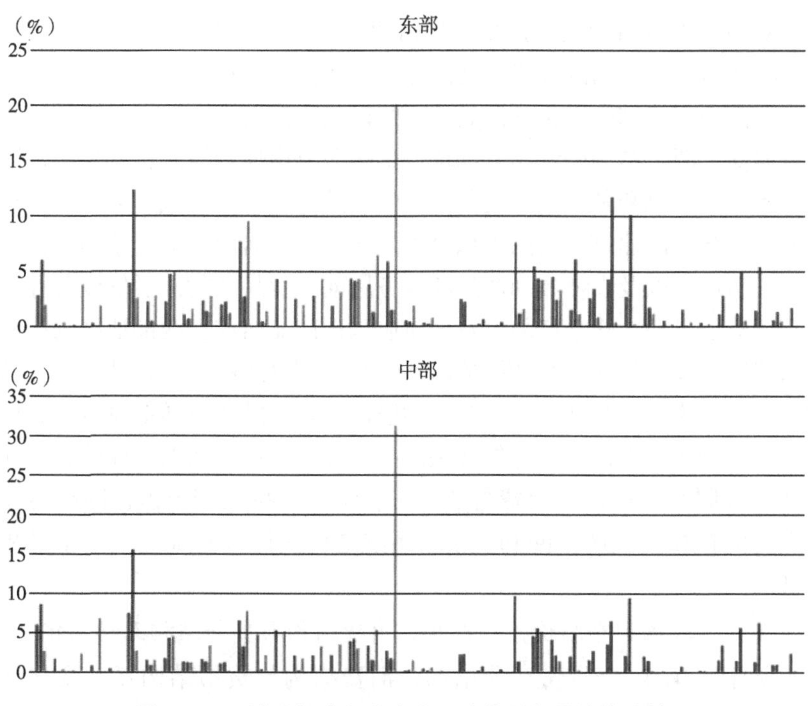

图 2-100 地区细分行业产业、消费及贸易结构比较

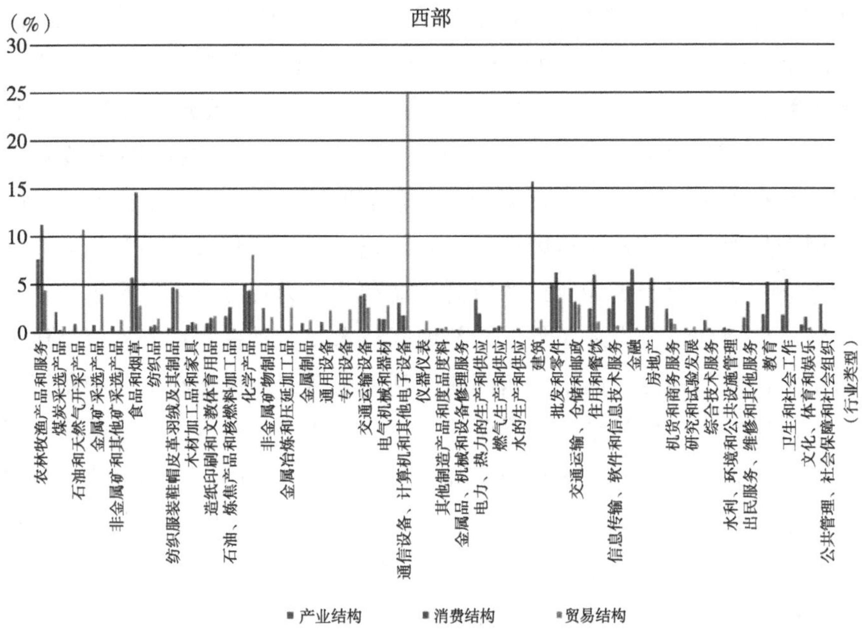

图 2-100　地区细分行业产业、消费及贸易结构比较（续）

资料来源：根据 2017 年《中国地区投入产出表》计算所得。

对地区细分行业投入产出结构占比进行分析发现，我国各区域产业、消费与贸易三者结构的升级互动同样存在非协调态势。由排序可知，当期我国东部的产业结构以化学产品、建筑以及通信设备、计算机和其他电子设备居前，消费结构以食品和烟草、金融以及房地产居前，贸易结构以通信设备、计算机和其他电子设备、化学产品以及电气机械和器材居前；中部的产业结构以建筑、食品和烟草以及化学产品居前，消费结构以食品和烟草、房地产以及农林牧渔产品和服务居前，贸易结构以通信设备计算机和其他电子设备、化学产品以及金属矿采选产品居前；西部地区的产业结构以建筑、农林牧渔产品和服务以及食品和烟草居前，消费结构以食品和烟草、农林牧渔产品和服务以及金融居前，贸易结构以通信设备计算机和其他电子设备、石油和天然气开采产品以及化学产品居前。此外，横向比较各地区同行业产业、消费与贸易三者结构的投入产出占比同样可以看出，其间存在较大的错配和失衡，系统结构间协调升级互动的水平相对较低。

（六）我国31个省份产业结构、消费结构与贸易结构互动变化

基于我国 31 个省份产业结构、消费结构与贸易结构互动变化进行

分析，本文引入系统聚类分析方法对31个省份的结构层次进行归类和描述。聚类分析是依据亲疏程度或相关信息对样本进行统计分类的多元分析方法，其具体的做法是，将各样本视为 n 维变量空间离散的数据点，从而将样本间关系量化为点与点间的距离，按照距离远近即相似程度重复计算后依次归类，直到所有样本指标完全聚合归为一类，由此划分出来的不同类型形成依次排列的分类系统。利用SPSS软件分别对我国31个省份产业、消费和贸易三者结构的细分类型占比的年度截面数据进行系统聚类运算，采用类平均法并选择欧氏距离进行分析，其间的亲疏关系通过最后的谱系图详细展现，在此基础上结合实际经济意义予以合理分析和解释，其具体结果及分析如下。

1. 我国31个省份产业结构变化比较分析

对2017年我国31个省份产业结构进行系统聚类，参照系统聚类谱系图将其分为五个层次，五个层次归类的主要依据在于其三次产业占比差异及细分产业比重上存在的差异。第一层次是“三二一”产业结构中第三产业占比最高的北京和上海，其金融业、房地产业以及其他第三产业占比均位居全国前列；第二层次是“三二一”产业结构中第三产业比例比较高的天津、江苏、浙江、广东、山西、湖南；第三层次是“三二一”产业结构中第三产业比例高于第二产业的辽宁、广西、重庆、四川、贵州、西藏、青海、宁夏、新疆、内蒙古；第四层次是“三二一”产业结构中海南、黑龙江、云南、甘肃；第五层次是产业结构中河北、福建、山东、吉林、安徽、江西、河南、湖北、陕西（见表2–25）。

表2-25　　2017年中国31个省份产业结构聚类区域分布

区域	第一层次	第二层次	第三层次	第四层次	第五层次
东部	北京、上海	天津、江苏、浙江、广东	辽宁	海南	河北、福建、山东
中部		山西、湖南		黑龙江	吉林、安徽、江西、河南、湖北
西部			广西、重庆、四川、贵州、西藏、青海、宁夏、新疆、内蒙古	云南、甘肃	陕西

资料来源：作者根据SPSS16软件结果整理所得。

2. 我国31个省份消费结构变化比较分析

对 2017 年我国 31 个省份消费结构进行系统聚类，参照系统聚类谱系图将其分为五个层次（见表 2-26），五个层次最主要的差别在于其恩格尔系数（即食品烟酒类消费占比）依次上升，同时在其他类消费占比上又呈现不同特点。第一层次的北京和上海食品烟酒类消费占比最小但其居住类消费占比却超过 30%，在远远高于其他省份的同时对其他类型消费产生严重的挤出效应；第二、第三层次的各省份在各类型消费占比上符合全国消费结构转型升级的变动趋势，食品烟酒类和居住类消费占较大比例的同时其余类型消费相对均衡，其差别在于第三层次较第二层次居住类消费占比位居全国前列；第四层次的各省份食品烟酒类消费占比超过 30%，尚未达到联合国所划分的最富裕型消费层次，由此高占比的居住类消费所产生的挤出效应进一步加剧；第五层次的西藏食品烟酒类和衣着类消费占比全国最高，同时也存在相当占比的居住类消费，其余类型消费占比在全国范围内基本属于低水平状态，消费结构升级合理程度相对靠后。聚类结果基本体现出我国 31 个省份间消费水平或能力及居民生活质量的个性差异，同时也反映出普遍高占比的居住类消费对我国各省份消费结构升级都具有显著的挤出效应，以及因地域差异南方较北方衣着类消费占比相对较低等特点。先前经济发达省份在休闲服务类消费占比上明显高于同期经济落后省份，近年来其由于高水平经济发展所导致的消费热点转移优势逐渐丧失，反而极大程度上受到居住类消费占比过高的影响对其他类型消费造成严重的挤出效应。同时，部分经济落后省份受到政府扶持及鼓励政策的作用，消费结构快速升级改善，但其在消费水平方面仍与经济发达省份存在较大差距，充分体现了当前我国分区域、分省份居民消费结构的趋同化现象。

表 2-26　2017 年中国 31 个省份消费结构聚类区域分布

区域	第一层次	第二层次	第三层次	第四层次	第五层次
东部	北京、上海	天津、山东、辽宁	江苏、浙江、河北	福建、广东、海南	
中部		山西、吉林、湖北、湖南、黑龙江	河南	安徽、江西	
西部		广西、贵州、云南、陕西、甘肃、青海、宁夏、新疆、内蒙古		重庆、四川	西藏

资料来源：作者根据 SPSS16 软件结果整理所得。

3. 我国31个省份贸易结构变化比较分析

对2017年我国31个省份贸易结构进行系统聚类，参照系统聚类谱系图将其分为五个层次（见表2–27）。五个层次最主要的差别在于其资源、劳动及技术密集型产品进出口总额占比的大小差异以及细分产业类型比重上存在差异。具体来说，第一、第二层次的各省份对外贸易结构以技术密集型产品进出口为主，第一层次较第二层次在技术密集型产品进出口总额占比上相对更大，或者说在同为高水平的技术密集型产品贸易省份的前提下，第二层次较第一层次占有更大的资源密集型（初级品）或者劳动密集型产品贸易额比重；第三、第四层次的各省份对外贸易结构以劳动密集型产品进出口为主，第四层次较第三层次在劳动密集型产品进出口总额占比上相对更大，但是在同为高水平的劳动密集型产品贸易省份的前提下，第四层次较第三层次占有更大的资源密集型产品贸易额比重；第五层次的各省份对外贸易结构则仍以资源密集型产品进出口为主，具有最大的资源密集型产品贸易额占比，其低水平的对外贸易结构有待进一步优化升级。整体上看，其聚类结果大致符合贸易结构水平由高到低的层次划分，基本体现出各省份间贸易水平及社会发展的个性差异，同时也反映出我国各省份贸易结构在不同的地理区域或经济水平上存在不同层次分布的特点。虽然我国各省份贸易结构逐步向技术密集型产品贸易转型升级，但我国当前仍以劳动密集型产品进出口为主的贸易结构显然无法与快速发展的产业结构和消费结构相适配，这在层次归类的分布差异中也得到了证实。

表2-27 2017年中国31个省份贸易结构聚类区域分布

区域	第一层次	第二层次	第三层次	第四层次	第五层次
东部		北京、天津、上海、江苏、广东	浙江、福建	河北、辽宁、山东	海南
中部	河南	山西、吉林、安徽、湖北、湖南	江西	黑龙江	
西部	重庆、四川、陕西	贵州	西藏、青海、宁夏	内蒙古	广西、云南、甘肃、新疆

资料来源：作者根据SPSS16软件结果整理所得。

4. 31个省份产业结构、消费结构与贸易结构变化趋势

（1）我国31个省份产业、消费与贸易三者的结构不平衡，与其所处的地理区域位置及社会整体的经济发展水平间有较大关联。无论是从区域分布还是经济发展上看，东部地区要较中、西部地区省份更优或者说经济相对发达的省份的产业、消费与贸易三者结构相对更为优化合理，自东向西的“阶梯分化”趋势和“趋同”特征明显。但是通过比较聚类结果，我们可以发现，地理区域位置相距很远或者经济水平悬殊的省份却可能有着相似的产业结构、消费结构或贸易结构，这也许与这些省份的产业方式或贸易对象近似、居民消费观念或生活方式雷同等多方面原因有关。

（2）我国31个省份的产业、消费与贸易三者结构仍有深层次调整和优化的空间。我国31个省份的产业结构基本上完成向“三二一”阶段的转变升级，但第三产业快速发展的同时生活性服务业以及第二产业占据较大比重，三次产业的最优占比分布有待考量；消费结构均逐渐向以休闲服务类消费为代表的发展型、享受型消费转移升级，消费重点侧重于服务消费或精神产品的同时，居住类消费占比过高所产生的挤出效应形成严重阻碍；贸易结构均逐渐向以高新技术产品进出口为代表的技术密集型产品贸易转型升级，但其贸易仍以劳动密集型产品的进出口为主，尚未真正实现在全球价值链中高端领域的有效突破和前端升级，产品技术附加值亟待提高。

（3）我国31个省份的产业结构、消费结构与贸易结构存在非协同发展。从我国31个省份的产业结构、消费结构与贸易结构的现状分析和聚类结果发现，我国各省份往往只能在产业、消费与贸易结构的其中两方面实现较好的协同发展却无法做到三者结构的均衡协调。无论从数据分析的变动程度还是聚类结果的层次归类比较来看，产业、消费与贸易间结构互动的失调现象不同程度地存在，表明我国尚未高质量、深层次地实现产业、消费与贸易三者结构的协调升级互动。面对新时代中国经济步入高质量发展阶段，先前只单纯重视结构升级而忽视协调互动的经济发展模式将不再适用，从数量向质量的衡量标准迫切要求我国协调经济结构的升级互动，促进我国经济健康可持续发展。

第三节 产业结构、消费结构与贸易结构的协同变化分析

在对产业结构、消费结构与贸易结构变化现状及趋势的国际比较分析基础上，需要进一步对产业结构、消费结构与贸易结构协同变化进行理论和实证分析。

一、研究假说

假说 1：新时期产业结构、消费结构与贸易结构存在互动变化关系，提升产业结构、消费结构与贸易结构互动水平有利于加快经济高质量发展。

假说 2：产业结构、消费结构与贸易结构存在显著的互动变化，产业结构作用于消费结构，消费结构反作用于产业结构；产业结构作用于贸易结构，贸易结构反作用于产业结构；消费结构和贸易结构又相互作用，存在互为影响机制。

假说 3：我国产业结构、消费结构与贸易结构的转型升级经历过“结构性增速”阶段后逐渐迈向“结构性减速”阶段，需要进一步对产业结构、消费结构与贸易结构存在互动变化的经济效应进行实证分析。

二、产业结构、消费结构与贸易结构的协同升级指数测算

（一）测算方法选择

产业结构指数方面，付凌晖（2010）① 提出的夹角余弦法侧重于单纯的数量关系变化而未能实现与实际经济意义的较好结合。干春晖等（2011）②，王丽和张岩（2016）③ 对于产业结构指数的测算综合考虑了劳动力要素（就业人数）在三次产业中的分布情况，但相对更为侧重于衡量产业结构的合理化发展，而在高级化发展方面的衡量力度有所欠缺，同时也忽视了资本或技术等其他生产要素的贡献。此外，干春晖等（2011）还通过计算第三、第二产业增加值比值的方法计算产业结构指数，但该方法忽略了第一产业变动对于消费与贸易结构的作用，且

---

① 付凌晖：《我国产业结构高级化与经济增长关系的实证研究》，《统计研究》2010 年第 8 期。

② 干春晖等：《中国产业结构变迁对经济增长和波动的影响》，《经济研究》2011 年第 5 期。

③ 王丽、张岩：《对外直接投资与母国产业结构升级之间的关系研究——基于 1990—2014 年 OECD 国家的样本数据考察》，《世界经济研究》2016 年第 11 期。

我国各省份间农业发展的较大差异导致其结果往往与实际不符。马颖等（2012）[①]以非农业部门增加值作为产业结构指数同样存在忽视农业发展而无法全面衡量产业结构优化升级的问题。袁富华（2012）[②]认为产业结构从农业向工业再向服务业过渡演进的趋势正是发达经济体经济增长出现“结构性减速”问题的主要原因。徐敏和姜勇（2015）[③]通过对三次产业权重赋值的方法计算产业结构指数，既对三次产业结构升级进行了全面衡量，也突出了三次产业变动的重要与次要程度。因此，本文采用徐敏和姜勇所提出的产业结构指数衡量我国消费结构优化升级的程度（见表 2-28）。

表 2-28　　产业结构升级指数梳理

测算方法	变量说明	代表学者
$ISI=\sum_{k=1}^{3}\sum_{j=1}^{k}arccos\frac{\sum_{i=1}^{3}y_{i\cdot j}y_{i\cdot 0}}{\left(\sum_{i=1}^{3}{y_{i\cdot j}}^{2}\right)^{1/2}\times\left(\sum_{i=1}^{3}{y_{i\cdot 0}}^{2}\right)^{1/2}}$	以三次产业的增加值占比 x_i 作为单个空间分量，构造三维向量 $X_0=(X_{1\cdot 0},X_{2\cdot 0},X_{3\cdot 0})$ 分别计算其与 $X_1=(1,0,0)$，$X_2=(0,1,0)$，$X_3=(0,0,1)$ 的夹角再进行加总	付凌晖（2010）[④]
$ISI=\frac{Y_3}{Y_2}$	式中，Y_2、Y_3 分别表示第二、第三产业增加值	干春晖等（2011）[⑤]
$ISI=\sum_{i=1}^{n}\left(\frac{Y_i}{Y}\right)\ln\left(\frac{Y_i}{L_i}\bigg/\frac{Y}{L}\right)$	式中，Y_i、L_i 分别表示 i 产业的增加值和就业人数；Y 为国内生产总值，即 GDP；L 为全部的就业人数	干春晖等（2011）

① 马颖等:《贸易开放度、经济增长与劳动密集型产业结构调整》,《国际贸易问题》2012 年第 9 期。

② 袁富华:《长期增长过程的“结构性加速”与“结构性减速”：一种解释》,《经济研究》2012 年第 3 期。

③ 徐敏、姜勇:《中国产业结构升级能缩小城乡消费差距吗？》,《数量经济技术经济研究》2015 年第 3 期。

④ 付凌晖:《我国产业结构高级化与经济增长关系的实证研究》,《统计研究》2010 年第 8 期。

⑤ 干春晖等:《中国产业结构变迁对经济增长和波动的影响》,《经济研究》2011 年第 5 期。

续表

测算方法	变量说明	代表学者
$ISI=\frac{Y_2+Y_3}{Y}$	式中，Y_2、Y_3分别表示第二、第三产业增加值；Y为国内生产总值，即GDP	马颖等（2012）
$ISI=\sum_{i=1}^{3}y_i\times i=y_1+2y_2+3y_3$	式中，y_i表示第i产业增加值占国内生产总值的比重；i为各产业权重，默认随同三次产业赋值1、2、3	徐敏和姜勇（2015）
$ISI=\sum_{i=1}^{3}y_i\times\sqrt{LP_i}=\sum_{i=1}^{3}y_i\times\sqrt{Y_i/L_i}$	式中，y_i表示第i产业增加值占国内生产总值的比重；LP_i表示相应的劳动生产率	王丽和张岩（2016）

资料来源：作者根据文献整理所得。

消费结构指数方面，对消费结构的传统研究多使用恩格尔系数（Engel，1857）[①]作为衡量指标，但随着我国各省份居民消费结构的快速升级和趋同发展，导致食品烟酒类消费比重的差异化程度普遍较小，在省份间的横向比较上容易出现误差和失灵。郑英隆（2013）[②]以及韩立岩等（2002）[③]对恩格尔系数进行拓展，分别以信息类商品和服务的支出占比和医疗保健及文化、教育和娱乐类消费比重替代食品烟酒类消费比重来衡量消费结构的优化升级。但是，以单类或者其中几类的消费比重进行衡量都存在以偏概全的片面化处理。而相对于闫文周（2009）[④]提出的偏向追求消费结构内部分布均匀化的熵值法，李军等（2015）[⑤]所提出的消费结构指数评价更为全面的同时兼顾体现消费结构内部的层次化。因此，本文以李军等（2015）[⑥]所提出的消费结构指数衡量我国消费结构优化升级的程度（见表2-29）。

① Engel E., *Die Productions und Consumption Serhaeltnisse des Koenigsreichs Sachsen*, Zeitschrift des Statistischen Bureaus des Koniglich Sachsischen Ministeriums des Inneren, 1857.

② 郑英隆：《基于发展方式转变的我国城乡居民信息消费差异研究述评（2006—2011）》，《图书馆论坛》2013年第2期。

③ 韩立岩等：《基于面板数据的中国资本配置效率研究》，《经济学（季刊）》2002年第2期。

④ 闫文周：《基于熵权法的生态城市建设评价》，《统计与决策》2009年第2期。

⑤⑥ 李军等：《教育对我国城镇居民消费结构的影响研究》，《消费经济》2015年第1期。

表 2-29　　消费结构升级指数梳理

测算方法	变量说明	代表学者
$CSI=\frac{C_{food}}{C}\times100\%$	式中，C_{food} 表示食品（烟酒）类消费支出；C 表示消费总支出。判断标准如下：在 59% 及以上为贫困；50%~59% 为温饱；40%~50% 为小康；30%~40% 为富裕；在 30% 及以下为最富裕	Engel
$CSI=\frac{C_{mi}+C_{mce}}{C}\times100\%$	式中，C_{mi} 和 C_{mce} 分别表示医疗保健类和教育文化娱乐类消费支出；C 表示全部消费支出	韩立岩等（2007）
$CSI=-\sum_{i=1}^{n}(c_i\times\ln c_i)$	式中，c_i 表示第 i 类消费品支出占人均消费支出比重	闫文周（2009）
$CSI=\frac{C_{information}}{C}\times100\%$	式中，$C_{information}$ 表示信息类商品和服务的支出。与恩格尔系数判断方向相反，又称为新恩格尔系数	郑英隆（2013）
$CSI=\frac{1}{8}\left[\sum_{i=1}^{8}c_i+2\sum_{i=1}^{7}\left(1-\sum_{n=1}^{i}c_n\right)\right]-1$	式中，$\sum_{i=1}^{7}\left(1-\sum_{n=1}^{i}c_n\right)$ 表示八类消费层次每高一级则其相应比重就多计算一次，以扩大消费升级的动态效果	李军等（2015）

资料来源：作者根据文献整理所得。

贸易结构指数方面，裴长洪（2013）[①] 所提出的贸易结构指数侧重于当期与基期间的结构变化，更多地被用于单个地区贸易结构在时间变化上的纵向比较。同时，蔡兴和刘子兰（2013）[②] 所提出的贸易结构指数，通常被用来衡量进出口比重之间的贸易顺差规模，在经济学意义上不太适合被用来与消费结构以及产业结构进行协调测算。此外，

① 裴长洪：《进口贸易结构与经济增长：规律与启示》，《经济研究》2013 年第 7 期。

② 蔡兴、刘子兰：《人口因素与东亚贸易顺差——基于人口年龄结构、预期寿命和性别比率等人口因素的实证研究》，《中国软科学》2013 年第 9 期。

比较佟家栋和冯祥玉（2022）[①]、孙晓华和王昀（2013）[②]所提出的贸易结构指数，高新技术产品相较工业制成品在类型划分上更为细化，同时也更能体现当前我国"创新驱动"所要求的贸易结构中技术要素含量的提高。也有学者提出参考徐敏和姜勇（2015）[③]所提出的产业结构指数对资源、劳动和技术密集型贸易产品权重赋值来构建贸易结构的层级指数，但是贸易结构很大程度上是由其要素禀赋优势所决定的，综合性的评价指标反而无法体现贸易结构的优化升级程度，而技术要素相比资源和劳动更多的是摆脱天然因素而通过后天进步所得，且本文对于协调程度的测算仅是针对分系统结构间升级互动程度的耦合而不是各结构间的行业匹配。因此，考虑我国贸易结构数据的可得性，本文以佟家栋和冯祥玉（2022）所提出的贸易结构指数衡量我国贸易结构优化升级的程度（见表 2–30）。

表 2-30 贸易结构升级指数梳理

测算方法	变量说明	代表学者
$TSI=\frac{AT_{it}/MT_{it}}{AT_{i0}/MT_{i0}}\times\frac{(T_{i0}/GDP_{i0})(T_{it}/GDP_{it})}{2}$	式中，AT_{it}、MT_{it} 分别表示 i 地区 t 时期初级品和工业制成品的贸易总额；T_{it}、GDP_{it} 分别表示相对应的总贸易额和国内生产总值	Chenery（1980）[④]
$TSI=\frac{T_{htp}}{T}=\frac{X_{htp}+M_{htp}}{X+M}$	式中，X_{htp}、M_{htp} 分别表示高新技术产品出口额和进口额，T_{htp} 为高新技术产品的贸易总额；X 是总出口额，M 是总进口额	佟家栋和冯祥玉（2022）
$TSI=K\sqrt{\frac{1}{n}\sum_{i=1}^{n}\left(TP_{it_1}-TP_{it_2}\right)^2}$	式中，TP_{it_1}、TP_{it_2} 分别表示 i 产业在 t_1 和 t_2 时期的贸易总额占总贸易额的比重；K 为简单的修正系数	裴长洪（2013）

① 佟家栋、冯祥玉：《中国产业部门的低碳贸易竞争力指数测度与评估》，《经济学家》2022 年第 3 期。

② 孙晓华、王昀：《对外贸易结构带动了产业结构升级吗？——基于半对数模型和结构效应的实证检验》，《世界经济研究》2013 年第 1 期。

③ 徐敏、姜勇：《中国产业结构升级能缩小城乡消费差距吗？》，《数量经济技术经济研究》2015 年第 3 期。

④ Chenery H. B., "Interactions between Industrialization and Exports," *American Economic Review*, Vol. 70, No. 2, 1980.

续表

测算方法	变量说明	代表学者
$TSI=\frac{NX}{GDP}=\frac{X-M}{GDP}$	式中，NX 表示净出口额。该指数多用来比较进出口比重间差距的贸易顺差规模	蔡兴和刘子兰（2013）[①]
$TSI=\frac{T_{ip}}{T}=\frac{X_{ip}+M_{ip}}{X+M}$	式中，T_{ip} 为工业制成品贸易总额，X_{ip}、M_{ip} 分别表示工业制成品出口额和进口额	孙晓华和王昀（2013）[②]

资料来源：作者根据文献整理所得。

综上所述，本节选取徐敏和姜勇（2015）、李军等（2015）[③] 及佟家栋和冯祥玉（2022）[④] 所提出的产业、消费及贸易三者结构指数分别对我国产业结构、消费结构与贸易结构的优化升级程度及协调互动程度进行测算，具体测算公式及资料来源如表 2-31 所示。

表 2-31　产业、消费及贸易结构指数的测算方法选择

指标	测算方法	资料来源
产业结构指数	$ISI=\sum_{i=1}^{3}y_i\times i=y_1+2y_2+3y_3$	数据来自《中国统计年鉴》中 2002—2017 年各省份三次产业增加值（亿元）及地区生产总值（亿元）
消费结构指数	$CSI=\frac{1}{8}\left[\sum_{i=1}^{8}c_i+2\sum_{i=1}^{7}\left(1-\sum_{n=1}^{i}c_n\right)\right]-1$	数据来自《中国统计年鉴》中 2002—2017 年各省份城镇和农村居民分类型人均消费支出（元）经各省份城镇和农村年末常住人口数（人）加权平均所得的分类型居民人均消费支出（元）
贸易结构指数	$TSI=\frac{T_{htp}}{T}=\frac{X_{htp}+M_{htp}}{X+M}$	数据来自《中国统计年鉴》中 2002—2017 年各省份按目的地和货源地分货物进出口总贸易额（百万美元）及 EPS 和国研网数据库中高新技术产品贸易总额（百万美元）。高新技术产品包括航空航天、生物、电子、计算机集成制造、计算机与通信、材料、生命科学、光电以及其他各类技术

资料来源：作者基于文献选择整理所得。

① 蔡兴、刘子兰：《人口因素与东亚贸易顺差——基于人口年龄结构、预期寿命和性别比率等人口因素的实证研究》，《中国软科学》2013 年第 9 期。

② 孙晓华、王昀：《对外贸易结构带动了产业结构升级吗？——基于半对数模型和结构效应的实证检验》，《世界经济研究》2013 年第 1 期。

③ 李军等：《教育对我国城镇居民消费结构的影响研究》，《消费经济》2015 年第 1 期。

④ 佟家栋、冯祥玉：《中国产业部门的低碳贸易竞争力指数测度与评估》，《经济学家》2022 年第 3 期。

（二）测算结果分析

根据所选择的测算方法对2002—2017年我国全国及31个省份的产业、消费与贸易三者结构升级指数进行测算。

以其历年平均值的截面数据对新时期我国各省份结构升级指数进行比较排序（见图2-101），综合分析可得以下结论：

（1）产业结构指数方面，我国三次产业结构指数仍保持不断上升的态势，我国31个省份三次产业结构升级指数显示，北京、上海、天津、广东仍位于当前全国各省份三次产业结构升级水平的第一梯队。

（2）消费结构指数方面，新时期我国居民消费结构升级指数呈现稳步提升的态势，我国31个省份居民消费结构升级指数显示，北京、吉林、上海位于当前全国各省份居民消费结构升级水平的第一梯队。

（3）贸易结构指数方面，我国对外贸易结构指数呈现出显著的增长趋势，我国31个省份对外贸易结构升级指数显示，四川、上海、陕西、江苏位于当前全国各省份对外贸易结构升级水平的第一梯队。

（4）我国产业、消费与贸易三者结构的升级效果显著，但是居民消费结构升级加快，产业结构升级相对缓慢，贸易结构升级明显但依然滞后，区域结构变化差异性比较明显。

（三）产业结构、消费结构与贸易结构互动指数测算

1. 耦合协调度模型分析

耦合协调度模型能够很好地体现多系统间相互作用、依赖或制约的动态关联和协调发展程度。本节对于产业结构与贸易结构互动指数的测算，参考刘耀彬等（2005）[①]引入物理学上的耦合协调度对我国各省份产业结构、消费结构及贸易结构间两两互动的协调程度展开测算和分析。具体做法如下。

（1）数据标准化

为确保变量数据间跨地区跨时期可比性及变量序列间的结果准确性，对各变量数据进行“无量纲化”处理，采用极差法进行计算，具体公式如下：

$$x_i(t)=\frac{X_i(t)-\min\limits_{i=1}^{k}\min\limits_{t=1}^{n}\left(X_i(t)\right)}{\max\limits_{i=1}^{k}\max\limits_{t=1}^{n}\left(X_i(t)\right)-\min\limits_{i=1}^{k}\min\limits_{t=1}^{n}\left(X_i(t)\right)} \tag{2-22}$$

① 刘耀彬等：《中国城市化与生态环境耦合度分析》，《自然资源学报》2005年第1期。

$$x_i(t)=\frac{\max\limits_{i=1}^{k}\max\limits_{t=1}^{n}\left(X_i(t)\right)-X_i(t)}{\max\limits_{i=1}^{k}\max\limits_{t=1}^{n}\left(X_i(t)\right)-\min\limits_{i=1}^{k}\min\limits_{t=1}^{n}\left(X_i(t)\right)} \tag{2-23}$$

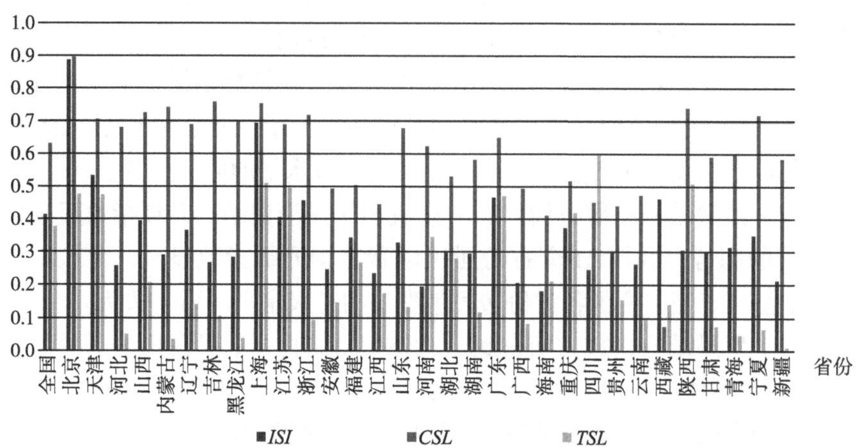

图 2-101　新时期我国分省份产业、消费与贸易结构升级指数比较

资料来源：根据 EPS 数据库数据计算所得。

本节所使用的产业结构、消费结构与贸易结构升级指数均为前者的正指标，即数值越大，代表其结构越好。为了便于变量及其回归系数的标准化可比，本节在结构相关指数的绘图和后续的数据分析及模型实证中均不再使用产业、消费及贸易三者结构指数的原始数据，而采用此处经无量纲化处理后所得到的单项数据。

（2）耦合度计算

$$C=\sqrt{\frac{x_i(t)\times y_i(t)}{\left(\frac{x_i(t)+y_i(t)}{2}\right)^2}} \tag{2-24}$$

式中，C 表示系统结构间的耦合度，取值在 0 到 1 之间。为明确产业、消费与贸易三者结构互动的相互关系，本文分别对结构耦合度进行两两测算。

（3）耦合协调度

$$D=\sqrt{C\times T}\text{，其中 }T=\alpha x_i(t)+\beta y_i(t) \tag{2-25}$$

式中，T 表示系统结构间的协调度，取值在 0 到 1 之间。α 和 β 为相应结构权重，本文取值 0.5。D 表示系统结构间的耦合协调度，是衡量结构间协调升级和良性互动程度的核心指标，其等级区间及划分标准如表 2–32 所示。

表 2-32　　耦合协调度 D 程度等级及划分标准

耦合协调等级	D 值区间	耦合协调程度
1	（0.0~0.2]	严重失调
2	（0.2~0.4]	中度失调
3	（0.4~0.6]	基本协调
4	（0.6~0.8]	中度协调
5	（0.8~1.0]	高度协调

资料来源：作者根据文献整理所得。

2. 测算结果分析

利用耦合协调度模型对 2002—2017 年全国及 31 个省份的产业、消费与贸易三者结构互动指数进行测算。以其历年平均值的截面数据对新时期我国各省份结构互动指数进行比较排序（见图 2–102），综合分析可得以下结论。

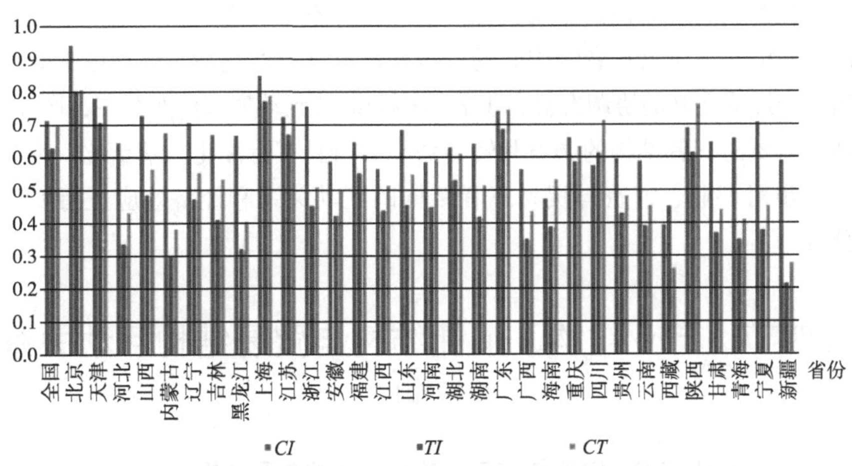

图 2-102　新时期我国分省份产业、消费与贸易结构互动指数比较

资料来源：作者根据 EPS 数据库数据计算所得。

（1）全国层面，当前我国产业、消费与贸易三者结构间的耦合协调度普遍呈现上升态势，但还处在基本协调水平。相对于产业结构和消费结构的耦合协调度逐渐从基本协调向中度协调跨越，产业结构和消费结构分别与贸易结构的耦合协调度尚处在从中度失调向基本协调发展的过渡阶段。整体而言，我国产业、消费与贸易三者结构尚未形成良好的耦合协同，结构升级的互动失调普遍存在。

（2）区域层面，无论是产业、消费与贸易三者结构间任意两者的耦合协调度都存在显著的“三级阶梯分列”的情况，即其耦合协调度均自东由中向西依次下降，相对于整体的中度协调而言，中、西部地区甚至存在中度失调的状况，说明我国结构间耦合协调度的区域差异性明显。

（3）省份层面，北京、上海、天津、浙江位于当前全国各省份产业结构与消费结构升级互动的第一梯队；北京、上海、天津、广东位于当前全国各省份产业结构与贸易结构升级互动的第一梯队；北京、上海、江苏、陕西位于当前全国各省份消费结构与贸易结构升级互动的第一梯队。可以看出，结构间升级互动与省份经济发展存在紧密的相关性。

本节采用耦合协调度模型对全国及 31 个省份 2002—2017 年共 16 年的面板数据进行指数测算，对我国产业、消费与贸易三者结构的协调程度展开分析。通过对比新时期我国 31 个省份产业、消费与贸易三者结构的优化升级指数及协调互动指数的空间分布不难发现，虽然近年来我国产业、消费与贸易三者结构间的升级互动程度有所提高，但整体来看依然尚未形成良好的协调态势，供需结构升级的互动失调仍然存在，产业、消费与贸易三者结构的调整和转型势在必行且有待深化。基于此，本文进一步对产业、消费与贸易三者结构的互动关系和经济效应进行实证分析。

第四节　产业结构、消费结构与贸易结构互动关系分析

一、产业结构、消费结构与贸易结构互动关系分析

当前中国内部正处于居民住行消费升级阶段，高端制造业、生产性服务业等成为未来产业升级的主要方向，外部正处于提升机电产品出口竞争力、承接全球制造和技术研发中心转移的阶段（任泽平和陈昌盛，

2012）①。基于张曙霄和张磊（2013）②等相关领域知名学者对供需结构间作用机理的研究进行改进，由此对产业结构、消费结构与贸易结构间互动关系的互动机制展开研究，绘制产业、消费及贸易三者结构间互动机制的作用机理图（见图 2-103）。

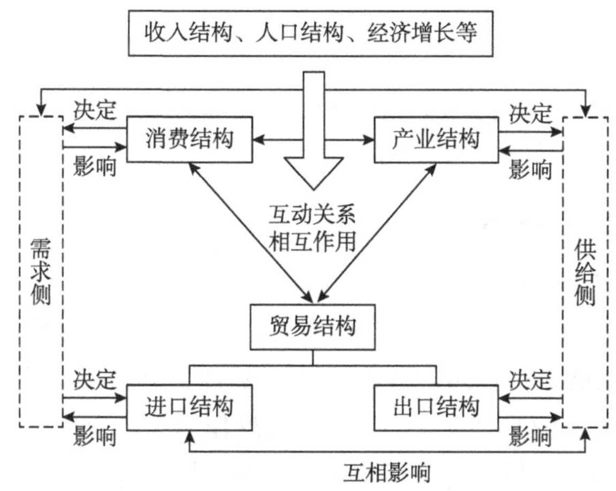

图 2-103 产业结构、消费结构与贸易结构（供需结构）的互动机制

资料来源：作者根据文献整理绘制。

在经济体市场封闭条件下，消费结构和贸易结构分别作为需求侧的主体核心和供给侧的中枢环节紧密相关，具体表现为：产业结构发展趋势影响消费结构升级方向，消费结构变动状况引导产业结构转型变化。但随着改革开放的深化发展，中国积极顺应全球化浪潮，深度融入全球价值链，原先的封闭市场被打破，贸易结构内生化发展，对产业结构和消费结构产生显著的互动作用和影响。作为发展中国家的中国在引进外部国际市场优质产品和先进技术的同时也受到其生活及生产方式等方面的影响，而中国的生活生产方式也通过对出口贸易结构的影响反映出来。由此，产业结构和消费结构同贸易结构三者之间形成紧密的相互作用、互为影响的升级互动关系（袁欣，2010）③。因此，本节对前文所提出的

① 任泽平、陈昌盛：《经济周期波动与行业景气变动：因果联系、传导机制与政策含义》，《经济学动态》2012 年第 1 期。

② 张曙霄、张磊：《中国贸易结构与产业结构发展的悖论》，《经济学动态》2013 年第 11 期。

③ 袁欣：《中国对外贸易结构与产业结构："镜像"与"原像"的背离》，《经济学家》2010 年第 6 期。

假说 2 进行验证（见图 2–104）。

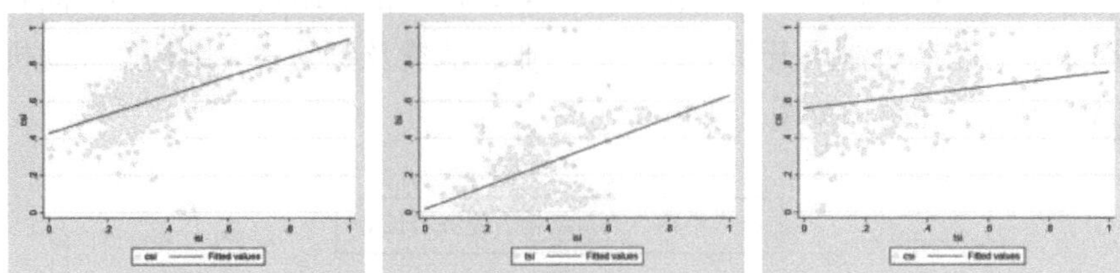

图 2-104　*ISI*、*CSI* 及 *TSI* 两两相关性

资料来源：作者根据 EPS 数据库数据计算绘制。

二、计量模型构建

（一）模型构建

本节对提出的假说 2（我国的产业结构、消费结构与贸易结构共同构成相互作用的统一整体，三者间存在显著的互动关系，其具体表现为：产业结构作用于消费结构，消费结构又反作用于产业结构；产业结构作用于贸易结构，贸易结构又反作用于产业结构；与此同时，消费结构和贸易结构又相互作用，互为影响）进行验证。考虑产业结构、消费结构与贸易结构三者可能由于其间存在的因果关系产生严重的内生性问题而导致实证模型的回归结果存在计量误差或者出现伪回归现象，基于李逸飞等（2017）[①] 所构建的制造业与服务业互动模型，本节通过建立动态面板数据的联立模型并采用两步法系统 GMM 估计将被解释变量的滞后一期作为解释变量（工具变量）以解决变量间的内生性问题。由于产业、消费与贸易三者结构两两依次互为解释变量和被解释变量，分结构的影响因素众多，因此本节分别引入 9 个相关控制变量（共 11 个）以提高计量结果准确性，模型方程如下。

1. 探讨产业结构和消费结构间互动关系的动态模型

$$ISI_{it}=\alpha_1 ISI_{i(t-1)}+\alpha_2 CSI_{it}+\alpha_3\ln rgdp+\alpha_4 fis+\alpha_5\ln edu+\alpha_6 open+\alpha_7\ln lab+\alpha_8\ln cap+\alpha_9\ln rd+\alpha_{10}\ln fdi+\alpha_{11}res+\varepsilon_{it} \quad (2\text{–}26)$$

$$CSI_{it}=\alpha_1 CSI_{i(t-1)}+\alpha_2 ISI_{it}+\alpha_3\ln rgdp+\alpha_4 fis+\alpha_5\ln edu+\alpha_6 open+\alpha_7\ln lab+\alpha_8\ln cap+\alpha_9\ln rd+\alpha_{10}inc+\alpha_{11}pop+\varepsilon_{it} \quad (2\text{–}27)$$

---

① 李逸飞等：《制造业就业与服务业就业的交互乘数及空间溢出效应》，《财贸经济》2017 年第 4 期。

2. 探讨产业结构和贸易结构间互动关系的动态模型：

$$ISI_{it} = \alpha_1 ISI_{i(t-1)} + \alpha_2 TSI_{it} + \alpha_3 \ln rgdp + \alpha_4 fis + \alpha_5 \ln edu + \alpha_6 open + \alpha_7 \ln lab + \alpha_8 \ln cap + \alpha_9 \ln rd + \alpha_{10} \ln fdi + \alpha_{11} res + \varepsilon_{it} \quad (2\text{–}28)$$

$$TSI_{it} = \alpha_1 TSI_{i(t-1)} + \alpha_2 ISI_{it} + \alpha_3 \ln rgdp + \alpha_4 fis + \alpha_5 \ln edu + \alpha_6 open + \alpha_7 \ln lab + \alpha_8 \ln cap + \alpha_9 \ln rd + \alpha_{10} \ln fdi + \alpha_{11} res + \varepsilon_{it} \quad (2\text{–}29)$$

3. 探讨消费结构和贸易结构间互动关系的动态模型：

$$CSI_{it} = \alpha_1 CSI_{i(t-1)} + \alpha_2 TSI_{it} + \alpha_3 \ln rgdp + \alpha_4 fis + \alpha_5 \ln edu + \alpha_6 open + \alpha_7 \ln lab + \alpha_8 \ln cap + \alpha_9 \ln rd + \alpha_{10} inc + \alpha_{11} pop + \varepsilon_{it} \quad (2\text{–}30)$$

$$TSI_{it} = \alpha_1 TSI_{i(t-1)} + \alpha_2 CSI_{it} + \alpha_3 \ln rgdp + \alpha_4 fis + \alpha_5 \ln edu + \alpha_6 open + \alpha_7 \ln lab + \alpha_8 \ln cap + \alpha_9 \ln rd + \alpha_{10} \ln fdi + \alpha_{11} res + \varepsilon_{it} \quad (2\text{–}31)$$

式中，$ISI_{i(t-1)}$、$CSI_{i(t-1)}$ 和 $TSI_{i(t-1)}$ 分别表示产业、消费和贸易三者结构指数的滞后一期项；α_i 为各变量指标系数，ε_{it} 是随机误差项，i 和 t 分别表示地区（省份）和时期（年度）。各变量解释说明及资料来源详见下节，出于对变量间线性关系和异方差问题的考虑对部分指标取对数。

（二）指标变量确定

1. 核心变量

产业结构指数（*ISI*）。本节参考徐敏和姜勇（2015）[①] 所提出的产业结构层级指数，通过对三次产业权重赋值，默认取 1、2、3，综合体现产业结构从农业向工业再向服务业的层级转变过程，量化产业结构优化升级效果。

消费结构指数（*CSI*）。本节参考李军等（2015）[②] 所构建的消费结构升级指数，通过合成八大类居民人均消费支出类型占比形成综合评价指标，并划分消费层次，重复计算高层级消费类型比重以扩大消费结构的优化升级效果。

贸易结构指数（*TSI*）。本节参考佟家栋和冯祥玉（2022）[③] 所构建的

---

① 徐敏、姜勇：《中国产业结构升级能缩小城乡消费差距吗？》，《数量经济技术经济研究》2015 年第 3 期。

② 李军等：《教育对我国城镇居民消费结构的影响研究》，《消费经济》2015 年第 1 期。

③ 佟家栋、冯祥玉：《中国产业部门的低碳贸易竞争力指数测度与评估》，《经济学家》2022 年第 3 期。

贸易结构升级指数，通过计算高新技术产品贸易所占的比重来衡量贸易结构。在我国初级品及工业制成品贸易相对稳定情况下，以技术要素衡量贸易结构优化升级效果更好。

由于本节是对产业结构、消费结构与贸易结构三者间的互动关系进行分析，故产业结构指数、消费结构指数以及贸易结构指数两两依次作为被解释变量和核心解释变量，并以被解释变量的滞后一期作为工具变量以缓解计量模型的内生性问题。

2. 控制变量

经济增长（ln*rgdp*）。以人均实际 GDP 衡量社会经济发展水平，参考赵晓梦等（2021）[①] 以 2002 年为基期将人均 GDP 通过当期消费价格指数（CPI）进行平减得到人均实际 GDP，以减小通货膨胀对经济增长所带来的影响。社会经济发展水平作为产业、消费与贸易三者结构优化升级的内生动力，与其紧密相关（付凌晖，2010）[②]。

政府规模（*fis*）。以政府财政支出占 GDP 比重衡量政府规模。政府及政府支出作为宏观调控的主体和有力工具，本身就是产业、消费与贸易政策的重要组成部分，通过对资源要素的优化配置和有效整合来影响产业、消费与贸易三者结构的优化升级。

人力资本（ln*edu*）。以人均受教育年限衡量人力资本规模，参考冯珺和李明锋（2019）根据不同受教育程度（6 岁及以上人口）抽样人口相对应的年限（小学 6 年、中学 9 年、高中 12 年以及大专以上 16 年）加权平均所得。人力资本直接决定进行生产、消费和贸易的人口素质水平，是产业、消费与贸易三者结构优化升级的支撑力量。

对外开放度（*open*）。以贸易总额占 GDP 比重衡量对外开放度。对外开放程度或者说贸易自由化程度越大，表示国内外的要素流动和国际分工等联系越紧密，外部国际市场的生产生活方式以及科学技术进步对我国产业、消费与贸易三者结构优化升级的影响由此体现出来。

劳动力规模（ln*lab*）。以就业人数衡量劳动力规模，除了直接影响生产和贸易部门的效率和成本外，就业人员也是消费需求最为旺盛的主

---

① 赵晓梦等：《非正式环境规制能够诱发绿色创新吗？——基于 ENGOs 视角的验证》，《中国人口·资源与环境》2021 年第 3 期。

② 付凌晖：《我国产业结构高级化与经济增长关系的实证研究》，《统计研究》2010 年第 8 期。

体人群，对消费水平的提高及相应结构的优化产生重要作用。

资本规模（ln*cap*）。资本规模对于产业、消费与贸易三者结构的优化升级具有强烈的引导作用。资本和劳动共同构成了生产的核心基本要素，并通过生产出来的产品对消费和贸易产生影响。以固定资本形成总额及相应的由固定资产投资价格指数（权重0.55）和消费价格指数（CPI，权重0.45）加权平均所得的资本价格指数（朱平芳和徐伟民，2003）①通过张军等（2004）②提出的永续盘存法进行计算所得，其具体公式为：

$$K_{it}=K_{i(t-1)}\left(1-\delta_{it}\right)+I_{it} \tag{2-32}$$

式中，K_{it} 和 $K_{i(t-1)}$ 分别表示经资本价格指数以2002年为基期平减所得的实际固定资本形成总额；δ_{it} 表示资本折旧率，设为9.6%；I_{it} 表示通过2002年当期的实际固定资本形成总额除以10%得到的初始资本存量。

研发投入（ln*rd*）。研发投入水平以R&D经费内部支出经永续盘存法以2002年为基期计算所得。研发投入的多少体现了地区间自主创新能力的差异，通过科技水平的提高推动产业、消费与贸易三者结构的优化升级。

外商直接投资（ln*fdi*）。外商直接投资存量由实际利用外资额（流量）经汇率转换再以2002年为基期采用永续盘存法计算所得。外商直接投资能够通过同业竞争效应、技术外溢效应以及管理示范效应等多方面对产业结构和贸易结构的优化升级产生助推作用。

资源禀赋（*res*）。参考徐康宁和王剑（2006）③以采掘业就业人数占比衡量地区资源禀赋。资源要素禀赋是影响各地区产业结构和贸易结构发展的天然因素，在以资源优势发展相关产业和贸易的同时也可能造成产业和贸易在资源密集型产品（初级品）上的低端锁定。

城乡收入结构（*inc*）。参考陶新宇等（2017）④以城镇居民可支配收入与农村居民人均纯收入比值衡量城乡收入结构。城乡收入差异导致二

① 朱平芳、徐伟民：《政府的科技激励政策对大中型工业企业R&D投入及其专利产出的影响——上海市的实证研究》，《经济研究》2003年第6期。

② 张军等：《中国省际物质资本存量估算：1952—2000》，《经济研究》2004年第10期。

③ 徐康宁、王剑：《自然资源丰裕程度与经济发展水平关系的研究》，《经济研究》2006年第1期。

④ 陶新宇等：《"东亚模式"的启迪与中国经济增长"结构之谜"的揭示》，《经济研究》2017年第11期。

元结构下的居民消费差异进而对居民整体消费结构的优化升级产生影响和作用（刘玉飞和汪伟，2019）[①]。

人口结构（*pop*）。参考葛继红等（2022）[②] 以总抚养比衡量我国居民人口结构。人口抚养比既体现了我国居民的消费潜力也体现了我国居民的消费负担，人口结构的变动趋势对居民消费结构的优化升级有着重要影响（见表 2–33）。

表 2-33　变量的表征方式及资料来源

变量性质	指标名称	测算方式	符号表示	资料来源
核心变量	产业结构指数	上文提及	*ISI*	所有变量数据均来自 EPS 宏观经济数据库对我国及各省份统计年鉴相关数据的整理统计，根据测算方式计算所得。此外，本文所用实际数据均以 2002 年为基期，参考相关文献通过居民消费价格指数（CPI）或固定资产投资价格指数或者两者加权所得
	消费结构指数	上文提及	*CSI*	
	贸易结构指数	上文提及	*TSI*	
控制变量	经济增长	人均 GDP 平减取对数	ln*rgdp*	
	政府规模	财政支出 /GDP	*fis*	
	人力资本	人均受教育年限取对数	ln*edu*	
	对外开放度	贸易总额 /GDP	*open*	
	劳动力规模	就业人数取对数	ln*lab*	
	资本规模	固定资本形成总额计算存量取对数	ln*cap*	
	研发投入	R&D 经费内部支出计算存量取对数	ln*rd*	
	外商直接投资	实际利用外资经汇率转换再求取存量取对数	ln*fdi*	
	资源禀赋	采掘业就业人数占比	*res*	
	城乡收入结构	城镇居民可支配收入 / 农村居民人均纯收入	*inc*	
	人口结构	总抚养比	*pop*	

资料来源：作者根据 EPS 宏观经济数据库数据整理所得。

① 刘玉飞、汪伟:《城市化的消费结构升级效应——基于中国省级面板数据的分析》,《城市问题》2019 年第 7 期。

② 葛继红等:《农村三产融合、城乡居民消费与收入差距——效率与公平能否兼得？》,《中国农村经济》2022 年第 3 期。

（三）描述性统计

本节选取我国 31 个省份 2002—2017 年共 16 年的面板数据进行实证分析，各具体变量的描述性统计数据如表 2-34 所示。

表 2-34　　描述性统计

变量	样本容量	均值	标准差	最小值	最大值
ISI	496	0.353	0.165	0.001	1.000
CSI	496	0.608	0.182	0.001	1.000
TSI	496	0.231	0.223	0.001	1.000
ln*rgdp*	496	9.935	0.683	8.056	11.465
fis	496	0.234	0.180	0.768	1.379
ln*edu*	496	2.218	0.090	1.926	2.541
open	496	0.303	0.361	0.116	1.875
ln*lab*	496	7.491	0.967	4.869	8.820
ln*cap*	496	8.184	1.067	4.229	10.169
ln*rd*	496	4.224	1.675	−1.182	7.373
lnfdi	496	4.686	1.783	−1.417	7.431
res	496	4.464	4.094	0.008	25.059
inc	496	2.928	0.597	1.845	5.525
pop	496	0.371	0.068	0.193	0.576

资料来源：作者根据 Stata16 软件结果整理所得。

（四）共线性检验

控制变量间如果存在严重的多重共线性，可能导致实证模型难以准确估计或者回归结果出现失真。因此，本节通过皮尔逊检验对控制变量间的多重共线性进行检验。具体的判断标准如下：当相关系数≥ 0.8 时说明控制变量间存在严重的多重共线性；当相关系数≤ 0.5 时则表明其间不存在多重共线性。根据共线性检验结果（见表 2–35），本文对 ln*rgdp*、ln*lab*、ln*cap* 以及 ln*rd* 4 个控制变量予以剔除，同时对 *fis*、ln*edu*、*open*、ln*fdi*、*res*、*inc*、*pop*7 个控制变量予以保留。

表 2-35 共线性检验

	ln*rgdp*	*fis*	ln*edu*	*open*	ln*lab*	ln*cap*	ln*rd*	ln*fdi*	*res*	*inc*	*pop*
ln*rgdp*	1.0000										
fis	−0.0888**	1.0000									
ln*edu*	0.8068***	−0.3203***	1.0000								
open	0.4655***	−0.2760***	0.4118***	1.0000							
ln*lab*	0.0843*	−0.6227***	0.0608	0.0855*	1.0000						
ln*cap*	0.6917***	−0.4305***	0.5211***	0.2344***	0.7319***	1.0000					
ln*rd*	0.7002***	−0.5538***	0.6618***	0.4142***	0.7056***	0.9092***	1.0000				
ln*fdi*	0.6091***	−0.5998***	0.5479***	0.4973***	0.6446***	0.7690***	0.8418***	1.0000			
res	−0.2624***	−0.0526	−0.0850**	−0.3708***	−0.0492	−0.1045**	−0.1749***	−0.2413***	1.0000		
inc	−0.6796***	0.3309***	−0.6836***	−0.3799***	−0.2314***	−0.5530***	−0.5906***	−0.6781***	0.1187***	1.0000	
pop	−0.6496***	0.1774***	−0.6879***	−0.3519***	0.0305	−0.3744***	−0.4751***	−0.4073***	−0.0481	0.5504***	1.0000

注：***、**、* 分别表示在 1%、5%、10% 的置信水平下显著。

资料来源：作者根据 Stata16 软件结果整理所得。

三、实证结果分析

（一）产业结构的互动关系检验

1. 核心变量

通过产业结构互动关系的系统GMM估计结果（见表2–36）发现，消费结构和贸易结构对于产业结构的回归系数均为正数，且均在1%的置信水平下显著。这意味着消费结构和贸易结构对产业结构都存在着显著的正向的互动效应，即无论是消费结构还是贸易结构的转型和改善均能够有效促进产业结构的优化升级。与此同时，消费结构对产业结构的回归系数略大于贸易结构对产业结构的回归系数，说明消费结构升级相对于贸易结构的技术进步对产业结构升级的作用更加明显。此外，产业结构的滞后一期项对于其当期的回归系数同样为正，通过1%水平的显著性检验的同时在其他所有变量的回归系数中最大，表明其更多地受到自身结构优化的内在作用影响。

2. 控制变量

（1）政府规模（*fis*）。政府规模对产业结构的回归系数为正但不显著（见表2–36），表明政府财政支出的增加对产业结构的优化升级无显著影响，这可能与其支出侧重保障而非生产有关。因此，政府应当继续加大和优化对我国产业结构调整的资金政策支持，通过宏观调控手段正向促进产业结构的转型升级。

（2）人力资本（ln*edu*）。人力资本对于产业结构的影响显著且为正（见表2–36），这意味着人力资本能够有效地提升产业结构高级化水平。人力资本作为生产要素中的核心要素，能够有效带动生产效率的提高以及产业结构的优化。

（3）对外开放度（*open*）。对外开放度与产业升级呈显著负相关（见表2–36），表明对外开放度在相当程度上对产业结构的优化升级存在抑制作用。对外开放度的提高促使各贸易经济体遵循比较优势进行贸易活动，这就造成了以劳动要素为比较优势的我国产业在工业层级上的相对锁定（李静和楠玉，2019）[①]。

（4）外商直接投资（ln*fdi*）。外商直接投资对于产业结构影响显著但回归系数为负（见表2–36），这说明FDI抑制了产业升级。与开放度相似，自发达国家向发展中国家的低端制造业转移导致了国内产业的低

---

① 李静、楠玉：《人力资本错配下的决策：优先创新驱动还是优先产业升级？》，《经济研究》2019年第8期。

端锁定（钱水土和李正茂，2018）①。相对于 FDI 的技术溢出等正向作用，现阶段 FDI 的负面效应更为明显。

（5）资源禀赋（*res*）。资源禀赋对产业结构的影响显著且表现为负值（见表 2-36），表明资源禀赋对于产业结构升级以抑制作用为主。资源禀赋对于劳动力要素的过度挤占，同样造成了国内产业在采掘业及相关产业上的低端锁定。

表 2-36　　产业结构互动关系的系统 GMM 估计结果

ISI	消费结构对产业结构作用		贸易结构对产业结构作用	
	（1）	（2）	（3）	（4）
L.ISI	0.7034*** （0.0208）	0.5440*** （0.0349）	0.8466*** （0.0115）	0.6876*** （0.0351）
CSI	0.2722*** （0.0116）	0.2139*** （0.0156）		
TSI			0.1622*** （0.0142）	0.1004*** （0.0196）
fis		0.0068 （0.0240）		0.0085 （0.0299）
ln*edu*		0.2433*** （0.0369）		0.3917*** （0.0513）
open		−0.0843*** （0.0118）		−0.1039*** （0.0062）
ln*fdi*		−0.0026* （0.0016）		−0.0066** （0.0034）
res		−0.0117*** （0.0013）		−0.0084*** （0.0009）
_cons	−0.0496*** （0.0071）	−0.4114*** （0.0725）	0.0305*** （0.0048）	−0.6416*** （0.0936）
Obs.	465	465	465	465
Arellano-Bond AR（1）test	−4.2990 [0.0000]	−4.2438 [0.0000]	−4.5212 [0.0000]	−4.4296 [0.0000]
Arellano-Bond AR（2）test	0.7413 [0.4585]	0.7467 [0.4553]	1.1056 [0.2689]	0.7349 [0.4624]
Sargan test	30.8906 [1.0000]	29.1696 [1.0000]	30.0548 [1.0000]	30.1877 [1.0000]

注：***、**、* 分别表示在 1%、5%、10% 的置信水平下显著，回归系数下方小括号内为标准误，中括号内为 *P* 值。

资料来源：作者根据 Stata16 软件结果整理所得。

① 钱水土、李正茂：《金融结构、技术进步与产业结构升级——基于跨国数据的经验验证》，《经济理论与经济管理》2018 年第 12 期。

（二）消费结构的互动关系检验

1. 核心变量

通过消费结构互动关系的系统 GMM 估计结果（见表 2-37）发现，产业结构和贸易结构对于消费结构的回归系数均为正数，且均在 1% 的置信水平下显著。这意味着产业结构和贸易结构对消费结构都存在着显著的正向的互动效应，即无论是产业结构还是贸易结构的转型和改善均能够有效促进消费结构的优化升级。与此同时，产业结构对消费结构的回归系数要大于贸易结构对消费结构的回归系数，说明产业结构升级相对于贸易结构的技术进步对消费结构升级的作用更加明显。此外，消费结构的滞后一期项对于其当期的回归系数同样为正，通过 1% 水平的显著性检验的同时在其他所有变量的回归系数中最大，表明其更多地受到自身结构优化的内在作用影响。

2. 控制变量

（1）政府规模（*fis*）。政府规模对于消费结构的影响系数为负，但不显著（见表 2-37），这意味着政府财政支出对于消费升级同样无显著影响。由于政府财政支出以基本保障为主，同时政府规模对于市场资源配置的政策扭曲普遍存在，因此政府财政支出对于结构升级的侧重和导向亟待调整和优化（李筱乐，2014）[①]。

（2）人力资本（ln*edu*）。人力资本对于消费结构的影响显著且表现为正值（见表 2-37），这意味着国民素质的提高对消费潜力的挖掘和激发具有正向作用。科技进步对于消费升级的作用需要以劳动个体的受教育程度作为内化载体，通过居民收入提高和消费观念改变促进消费结构的优化升级。

（3）对外开放度（*open*）。对外开放度与消费结构升级呈显著正相关（见表 2-37）。对外开放度的提高加深了国内外市场的沟通和联动，促使居民生活方式和消费观念的转变，进而对消费结构的优化升级产生正向作用。

（4）城乡收入结构（*inc*）。城乡收入差距的扩大显著地抑制了居民消费结构的优化升级。城乡二元化的收入结构在造成农村居民消费潜力无法得到充分有效激发的同时城镇消费资料又相对过剩，对居民消费结构升级产生负向作用。

---

① 李筱乐：《政府规模、生产性服务业与经济增长——基于我国 206 个城市的面板数据分析》，《国际贸易问题》2014 年第 5 期。

（5）人口结构（*pop*）。人口结构对于居民消费结构的影响表现为正值且显著（见表 2-37），这意味着人口总抚养比的提高给居民带来的支出负担更多地通过消费的形式表现出来（张忠根等，2016）[①]。同时，幼儿与老年市场的消费集中在教育文化和医疗保健领域，对于居民消费结构的优化升级作用显著。

表 2-37　消费结构互动关系的系统 GMM 估计结果

CSI	产业结构对消费结构作用		贸易结构对消费结构作用	
	（1）	（2）	（3）	（4）
L.CSI	0.7747*** （0.0190）	0.6342*** （0.0237）	0.8371*** （0.0170）	0.6343*** （0.0290）
ISI	0.3284*** （0.0220）	0.1529*** （0.0355）		
TSI			0.2109*** （0.0206）	0.0617*** （0.0213）
fis		−0.0165 （0.0467）		−0.0001 （0.0456）
ln*edu*		0.2004*** （0.0686）		0.3576*** （0.0752）
open		0.0663*** （0.0102）		0.0726*** （0.0150）
inc		−0.0862*** （0.0095）		−0.0869*** （0.0133）
pop		0.3425*** （0.0687）		0.4256*** （0.1053）
_cons	0.0333*** （0.0049）	−0.1186 （0.1740）	0.0637*** （0.0111）	−0.4554 （0.1913）
Obs.	465	465	465	465
Arellano-Bond AR（1）test	−4.6246 [0.0000]	−4.6880 [0.0000]	−4.8058 [0.0000]	−4.7981 [0.0000]
Arellano-Bond AR（2）test	−2.5587 [0.2918]	−2.9224 [0.2754]	−2.7315 [0.3147]	−3.1310 [0.2629]
Sargan test	30.3796 [1.0000]	29.9413 [1.0000]	30.7021 [1.0000]	29.7275 [1.0000]

注：***、**、* 分别表示在 1%、5%、10% 的置信水平下显著，回归系数下方小括号内为标准误，中括号内为 *P* 值。

资料来源：作者根据 Stata16 软件结果整理所得。

① 张忠根等：《年龄结构变迁、消费结构优化与产业结构升级——基于中国省级面板数据的经验证据》，《浙江大学学报（人文社会科学版）》2016 年第 3 期。

（三）贸易结构的互动关系检验

1. 核心变量

通过贸易结构互动关系的系统GMM估计结果（见表2–38）发现，消费结构和产业结构对于贸易结构的回归系数均为正数，且均在1%的置信水平下显著。这意味着产业结构和消费结构对贸易结构都存在着显著的正向的互动效应，即无论是产业结构还是消费结构的转型和改善均能够有效促进贸易结构的优化升级。与此同时，消费结构对贸易结构的回归系数要大于产业结构对贸易结构的回归系数，说明消费结构升级相对于产业结构升级对贸易结构的技术进步的作用更加明显。此外，贸易结构的滞后一期项对于其当期的回归系数同样为正，通过1%水平的显著性检验的同时在其他所有变量的回归系数中最大，表明其更多地受到自身结构优化的内在作用影响。

2. 控制变量

（1）政府规模（*fis*）。政府规模对于贸易结构的回归系数为正且显著（见表2–38），说明政府财政支出的增加有助于贸易结构的优化升级。政府宏观调控对于贸易结构的正向促进作用体现在其对于提高贸易产品中技术附加值和科技创新产品出口的重视，进而提升我国在全球价值链及国际分工中的地位。

（2）人力资本（ln*edu*）。人力资本对于贸易结构的影响表现为正值且显著（见表2–38），表明人力资本能够有效地促进贸易结构的优化升级。人力资本作为贸易结构优化升级的重要驱动力，能够有效带动贸易结构的技术进步。

（3）对外开放度（*open*）。对外开放度与贸易结构呈负相关但不显著（见表2–38），说明对外开放对于贸易结构的技术进步无显著影响。这可能与我国在融入全球价值链的同时造成贸易产品的低端锁定，进而减弱了贸易结构的升级动力有关。

（4）外商直接投资（ln*fdi*）。外商直接投资对于贸易结构呈显著正相关（见表2–38），这说明FDI有效促进了贸易结构的优化升级。FDI的同业竞争效应、技术外溢效应以及管理示范效应等正向作用对贸易结构升级的作用明显。

（5）资源禀赋（*res*）。资源禀赋与贸易结构升级呈显著正相关（见表2–38），表明资源禀赋对于贸易结构升级以促进作用为主。类似于产业结构，资源禀赋作为原始比较优势为贸易结构的优化升级提供基础保障和要素支撑，进而对其产生显著的正向作用。

表 2-38　　贸易结构互动关系的系统 GMM 估计结果

TSI	产业结构对贸易结构作用		消费结构对贸易结构作用	
	（1）	（2）	（3）	（4）
L.TSI	0.8589*** （0.0072）	0.7185*** （0.0288）	0.8416*** （0.0052）	0.7550*** （0.0146）
ISI	0.0433*** （0.0091）	0.0120*** （0.0024）		
CSI			0.0783*** （0.0050）	0.0444*** （0.0150）
fis		0.3628*** （0.0257）		0.3602*** （0.0304）
ln*edu*		0.3192*** （0.0876）		0.3601*** （0.0952）
open		–0.0149 （0.0109）		–0.0075 （0.0050）
ln*fdi*		0.0221*** （0.0065）		0.0314*** （0.0061）
res		0.0081*** （0.0017）		0.0099*** （0.0016）
_cons	0.0250*** （0.0029）	–0.7994*** （0.1726）	–0.0041 （0.0032）	–0.1113 （0.1825）
Obs.	465	465	465	465
Arellano–Bond AR（1）test	–2.9058 [0.0037]	–2.7900 [0.0053]	–2.8994 [0.0037]	–2.8674 [0.0041]
Arellano–Bond AR（2）test	–0.8781 [0.3799]	–0.5298 [0.5963]	–1.0077 [0.3136]	–0.9050 [0.3655]
Sargan test	28.7382 [1.0000]	26.0840 [1.0000]	28.8968 [1.0000]	26.5471 [1.0000]

注：***、**、* 分别表示在 1%、5%、10% 的置信水平下显著，回归系数下方小括号内为标准误，中括号内为 *P* 值。

资料来源：作者根据 Stata16 软件结果整理所得。

本节采用两步法系统 GMM 估计对我国 31 个省份 2002—2017 年共 16 年的面板数据进行计量回归，具体对我国产业、消费与贸易三者结构的互动关系及机制展开分析，结果显示，其间联系均存在显著的正向的互动关系，且都通过 Sargan 检验表明工具变量“恰好识别”，实证结果可靠。结果表明，我国的产业结构、消费结构与贸易结构存在显著的互动关系，其具体表现为：产业结构作用于消费结构，消费结构又反作用于产业结构；产业结构作用于贸易结构，贸易结构又反作用于产业结构；与此同时，消费结构和贸易结构又相互作用、互为影响。

在此基础上，根据实证结果进一步发现，产业、消费与贸易结构都更多地受到自身结构优化的内在作用影响。此外，通过比较其回归系数发现（标准化可比），消费结构升级对产业结构和贸易结构的优化升级作用相对更加明显，而产业结构升级对消费结构的优化升级作用相对更加明显。新时期中国的产业结构、消费结构与贸易结构三者间紧密的相互作用、互为影响的升级互动关系由此确认。

第五节 产业结构、消费结构与贸易结构的互动经济效应分析

一、经济效应分析

新时期中国经济进入新常态阶段，经济增速有所回落并趋于稳定。相对于 Krugman（1979）[①] 以“要素边际收益递减”来解释中国经济增长减速，袁富华（2012）[②] 及蔡昉（2013）[③] 等国内学者以“结构转型”为切入点分别从人口结构和产业结构的变动对中国的经济增长从“结构性增速”转变为“结构性减速”的原因作出解释，相对更具科学性和合理性。陆明涛等（2016）[④] 同样指出中国经济增长的减速压力更多地来自结构性因素的多重冲击。在此基础上，陶新宇等（2017）[⑤] 通过构造关于产业、城乡收入、人口、投资消费以及外贸 5 个结构的综合经济结构指数对我国经济结构与经济增长间的“倒 U 形”关系进行了实证分析。本节

---

① Krugman P. R., “Increasing Returns, Monopolistic Competition, and International Trade,” *Journal of International Economics*, Vol. 9, No. 4, 1979.

② 袁富华:《长期增长过程的“结构性加速”与“结构性减速”：一种解释》,《经济研究》2012 年第 3 期。

③ 蔡昉:《中国经济增长如何转向全要素生产率驱动型》,《中国社会科学》2013 年第 1 期。

④ 陆明涛等:《经济增长的结构性冲击与增长效率：国际比较的启示》,《世界经济》2016 年第 1 期。

⑤ 陶新宇等:《“东亚模式”的启迪与中国经济增长“结构之谜”的揭示》,《经济研究》2017 年第 11 期。

对产业、消费与贸易三者结构变动（包括结构升级、协调互动两方面）的经济效应作进一步实证分析。相对于当前多数学者仅从结构升级视角对其经济效应进行探讨，本节拓展了协调互动对于经济增长的影响，在验证结构升级水平对拉动经济增长作用出现衰减的情况下进一步论证提升结构间协调程度对于促进社会经济发展水平提高的重要性和必要性。

二、计量模型设定

（一）指数的合成

本节对衡量产业、消费与贸易结构优化程度的 3 个结构升级指数及结构间互动的 3 个耦合协调度通过技术合成分别构建综合结构升级指数和互动指数。

由于最常用的两种指数合成方法中，参考樊纲等（2003）[①] 所使用的主成分分析法因其以数据特征为基础对指数权重赋值而更具客观性，但结合本文数据存在因指数间的低相关性而不符合主成分分析法最基本的降维条件，以及面板数据中指数权重随时间变化而变动造成合成指数跨时期不可比或个别权重偏离失准等问题（林海明和杜子芳，2013）[②]。此外，本文后续的实证研究侧重于指数的相对变化，而不是绝对值变化。因此，本节参考樊纲等（2011）[③] 所使用的算术平均法对产业、消费与贸易三者结构的升级指数及结构间耦合协调度进行合成。

（二）模型构建

基于前文对于产业结构、消费结构与贸易结构的分结构水平及耦合协调度的测算和分析，结合我国当前经济增长所出现的“结构性减速”状况，本节对前文所提出的假说 3（产业结构、消费结构与贸易结构的转型升级推动新时期中国的经济增长在经历过“结构性增速”阶段后逐渐迈向“结构性减速”阶段，开始对其产生显著的抑制性减速作用。在分结构升级拉动经济增长作用衰减的情况下，提升结构间的协调互动成为当前阶段继续促进社会经济发展水平提高的有效方式）进行验证。考虑到计量模型中存在的不受时间或个体变动影响的因素，本节参考陶新宇等（2017）[④]

---

① 樊纲等:《中国各地区市场化相对进程报告》,《经济研究》2003 年第 3 期。

② 林海明、杜子芳:《主成分分析综合评价应该注意的问题》,《统计研究》2013 年第 8 期。

③ 樊纲等:《中国市场化进程对经济增长的贡献》,《经济研究》2011 年第 9 期。

④ 陶新宇等:《“东亚模式”的启迪与中国经济增长“结构之谜”的揭示》,《经济研究》2017 年第 11 期。

所构建的经济结构影响经济增长的面板模型，以产业、消费与贸易结构相关指数共同合成的综合结构升级和互动指数，采用双向固定效应分别对经济增长（人均实际 GDP）进行非线性及线性关系检验，实证分析新时期我国经济结构转变对经济增长轨迹的影响作用及所处阶段。在此基础上，以产业、消费与贸易结构对应的单项升级指数及结构间的耦合协调度对经济增长进行回归，进而探讨分结构变动所产生的经济效应和区域差异。模型设定如下：

1. 综合结构升级指数对经济增长的影响模型

$$\ln rgdp_{it} = \alpha + \beta_1 ESI_{it}^2 + \beta_2 ESI_{it} + \gamma control_{it} + \mu_i + \lambda_t + \varepsilon_{it} \qquad (2\text{–}33)$$

$$\ln rgdp_{it} = \alpha + \beta_1 ESI_{it} + \gamma control_{it} + \mu_i + \lambda_t + \varepsilon_{it} \qquad (2\text{–}34)$$

$$\ln rgdp_{it} = \alpha + \beta_1 upgrade_{it} + \gamma control_{it} + \mu_i + \lambda_t + \varepsilon_{it} \qquad (2\text{–}35)$$

2. 综合结构互动指数对于经济增长的影响模型

$$\ln rgdp_{it} = \alpha + \beta_1 CIT_{it}^2 + \beta_2 CIT_{it} + \gamma control_{it} + \mu_i + \lambda_t + \varepsilon_{it} \qquad (2\text{–}36)$$

$$\ln rgdp_{it} = \alpha + \beta_1 CIT_{it} + \gamma control_{it} + \mu_i + \lambda_t + \varepsilon_{it} \qquad (2\text{–}37)$$

$$\ln rgdp_{it} = \alpha + \beta_1 interaction_{it} + \gamma control_{it} + \mu_i + \lambda_t + \varepsilon_{it} \qquad (2\text{–}38)$$

3. 结构升级和互动对经济增长的共同影响模型

$$\ln rgdp_{it} = \alpha + \beta_1 ESI_{it} + \beta_2 CIT_{it} + \gamma control_{it} + \mu_i + \lambda_t + \varepsilon_{it} \qquad (2\text{–}39)$$

式中，ESI_{it} 表示综合结构升级指数，由 ISI_{it}、CSI_{it} 和 TSI_{it} 三个结构升级指数共同合成；CIT_{it} 表示三者结构间的综合结构互动指数，由 CI_{it}、TI_{it} 和 CT_{it} 三个耦合协调度共同合成。$upgrade_{it}$ 和 $interaction_{it}$ 分别指依次代入合成综合结构升级和互动指数相对应的细分单指数。控制变量（$control_{it}$）方面，对于产业、消费与贸易三者结构产生影响的因素不同程度上都会对经济增长产生影响，因此本节参照上一节选取 fis、$\ln edu$、$open$、$\ln fdi$、res、inc、pop 作为控制变量。此外，μ_i 和 λ_i 分别表示个体和时间固定效应，ε_{it} 是随机误差项；α、β_i 及 γ 分别为各变量指标系数，i 和 t 分别表示地区（省份）和时期（年度）。

（三）描述性统计

本节同样选取我国 31 个省份 2002—2017 年的面板数据进行实证分析和检验，描述性统计数据如表 2–39 所示。

表 2-39　　相关变量的描述性统计

变量	样本容量	均值	标准差	极小值	极大值
ln*rgdp*	496	9.935	0.683	8.056	11.465
ESI	496	0.397	0.145	0.163	0.802
ISI	496	0.353	0.165	0.001	1.000
CSI	496	0.608	0.181	0.001	1.000
TSI	496	0.231	0.223	0.001	1.000
CIT	496	0.564	0.140	0.179	0.885
CI	496	0.660	0.123	0.077	0.978
TI	496	0.482	0.167	0.066	0.843
CT	496	0.551	0.172	0.050	0.977
fis	496	0.234	0.180	0.077	1.380
ln*edu*	496	2.218	0.090	1.926	2.541
open	496	0.303	0.361	0.116	1.875
ln*fdi*	496	4.686	1.783	–1.417	7.431
res	496	4.464	4.094	0.008	25.059
inc	496	2.928	0.597	1.845	5.525
pop	496	0.371	0.068	0.192	0.576

资料来源：作者根据 Stata16 软件结果整理所得。

三、实证结果分析

（一）结构升级指数的经济效应检验

1. 面板回归结果

综合结构升级指数的经济效应非线性检验（见表 2–40）结果显示，在全样本及东部和中部地区分样本中，综合结构升级指数的二次项回归系数都为负，一次项回归系数都为正，且均通过 U 形检验并在 1% 的置信水平下通过显著性检验，表明经济增长与产业、消费与贸易三者综合经济结构间存在显著的“倒 U 形”关系。西部地区分样本中综合结构升级指数的二次项系数虽然为负数，但没有通过显著性检验，同时一次项系数为正且在 1% 的置信水平下通过显著性检验，表明西部地区的综合经济结构对经济增长的影响不是非线性的，这可能与西部地区的产业、消费与贸易三者结构的整体水平相对落后有关，尚未对其经济增长产生显著的“结构性抑制”作用。通过控制变量的回归结果也可以看出，我国的经济增长出现回落和减速是由多因素多结构共同造成的复杂结果

（陶新宇等,2017）①，比如政府规模、城乡收入结构以及人口结构等都对经济增长产生了显著的“结构性减速”作用。

表 2-40 综合结构升级指数的经济效应非线性检验结果

ln*rgdp*	全样本	东部	中部	西部
	（1）	（2）	（3）	（4）
ESI2	−1.5288*** （0.3021）	−4.4618*** （0.7164）	−2.5762*** （0.4956）	−0.1378 （0.3692）
ESI	1.7851*** （0.3159）	4.3163*** （0.7483）	2.0093*** （0.5406）	1.2068*** （0.4274）
fis	−0.7058*** （0.1156）	−0.9175** （0.4514）	−4.7681*** （0.5381）	−0.5073*** （0.1201）
ln*edu*	0.9677*** （0.2880）	2.7492*** （0.4644）	0.0624 （0.4992）	0.2619 （0.3854）
open	0.1614*** （0.0595）	−0.0647 （0.0764）	0.6142** （0.2684）	−0.4213** （0.1962）
ln*fdi*	0.0317*** （0.0098）	0.0395* （0.0234）	0.0266 （0.0199）	0.0246** （0.0115）
res	0.0018 （0.0037）	−0.0176* （0.0095）	0.0040 （0.0037）	−0.0013 （0.0067）
inc	−0.1278*** （0.0265）	−0.0933* （0.0562）	−0.0658 （0.0746）	0.0199 （0.0345）
pop	−0.0989 （0.2023）	0.4249*** （0.3160）	−0.7744** （0.3271）	−0.5517 （0.3483）
_cons	6.9642*** （0.6549）	2.7002** （1.1074）	9.3193*** （1.1837）	8.0787*** （0.8433）
Individual fixed effects	YES	YES	YES	YES
Year fixed effects	YES	YES	YES	YES
U test	2.98 [0.0015]	5.34 [0.0000]	3.02 [0.0016]	—
Obs.	496	176	128	192
R-squared	0.9652	0.9698	0.9893	0.9804

注：***、**、* 分别表示在 1%、5%、10% 的置信水平下显著，回归系数下方小括号内为标准误，中括号内为 *P* 值。

资料来源：作者根据 Stata16 软件结果整理所得。

综合结构升级指数的经济效应线性检验结果（见表 2-41）显示，在

① 陶新宇等:《“东亚模式”的启迪与中国经济增长“结构之谜”的揭示》,《经济研究》2017 年第 11 期。

全样本和西部地区分样本中，综合结构升级指数的回归系数分别通过5%和1%置信水平的显著性检验对经济增长表现为正值，说明以产业、消费与贸易为集合的经济结构升级对经济增长仍然存在显著的正向促进作用。但是，在东部地区和中部地区分样本中综合结构升级指数的回归系数皆为负值，且分别在10%和1%的置信水平下通过显著性检验，这意味着我国正在逐渐进入“结构性减速”阶段，以东部地区和中部地区为代表的结构变动已经开始对其经济增长产生抑制作用。

表 2-41　　综合结构升级指数的经济效应线性检验结果

ln*rgdp*	全样本	东部	中部	西部
	（1）	（2）	（3）	（4）
ESI	0.2991** （0.1196）	-0.2531* （0.1330）	-0.6936*** （0.1628）	1.0648*** （0.1943）
Controls	YES	YES	YES	YES
Individual fixed effects	YES	YES	YES	YES
Year fixed effects	YES	YES	YES	YES
Obs.	496	176	128	192
R-squared	0.9632	0.9632	0.9863	0.9804

注：***、**、* 分别表示在1%、5%、10%的置信水平下显著，系数下方括号内为标准误。
资料来源：作者根据Stata16软件结果整理所得。

分结构升级指数的经济效应检验（见表2-42）结果显示，消费结构和贸易结构无论是在全样本还是在东、中、西部地区分样本中回归系数都为正数。其中，消费结构在全样本和东部地区分样本中通过5%置信水平的显著性检验，其他地区不显著；贸易结构在全样本和中、西部地区分样本中通过1%置信水平的显著性检验，东部不显著。这表明我国消费和贸易的结构升级能够正向地促进经济增长，但是在不同区域中作用有限，亟待提升和优化。因此，刺激内需以促进消费结构的优化升级和拓展外需以促进贸易结构的科学进步依然是当前我国经济增长的重要驱动力。当然，分样本回归的不显著也可能与其样本数量或者划分标准有关系。与此同时，产业结构的回归弹性系数均为负值，分别在全样本和中部地区分样本中通过1%置信水平的显著性检验，东部地区为10%，西部地区不显著。这意味着产业结构的高级化对于我国的经济增长已产生相当程度的抑制作用。这与袁富华（2012）①所提出的关于发展中国家的产业结构演进过程的无效率以及工业较服务业有着更高的劳动生产率等理论观点相一致。因此，我国针对产业结构调整所展开的“供给侧结构性改革”势在必行，且有待深层次高质量发展。

表 2-42　　分结构升级指数的经济效应检验结果

ln*rgdp*	全样本	东部	中部	西部
	（1）	（2）	（3）	（4）
ISI	−0.4616*** （0.1291）	−0.4305* （0.2266）	−0.7488*** （0.2679）	−0.2141 （0.1769）
CSI	0.1896** （0.0792）	0.2422** （0.1027）	0.0573 （0.1889）	0.0164 （0.1243）
TSI	0.1279*** （0.0458）	0.0075 （0.1692）	0.3259*** （0.0670）	0.3266*** （0.0588）
Controls	YES	YES	YES	YES
Individual fixed effects	YES	YES	YES	YES
Year fixed effects	YES	YES	YES	YES
Obs.	496	176	128	192

注：***、**、* 分别表示在 1%、5%、10% 的置信水平下显著，系数下方括号内为标准误。
资料来源：作者根据 Stata16 软件结果整理所得。

2. 稳健性检验

为了确保本节实证所得到的关于经济增长与产业、消费与贸易三者综合经济结构间存在显著的“倒 U 形”关系的结论的可靠性，本节参考陶新宇等（2017）②的处理方法对全样本分别从考虑滞后效应（解释变量及控制变量均滞后一期进行回归）、剔除异常样本点（解释变量两边各 1% 缩尾处理进行回归）以及动态面板系统 GMM 估计（被解释变量滞后一期作为工具变量，并以解释变量作为内生变量进行回归）三个角度对计量模型的稳健性和内生性问题进行检验。其回归结果（见表 2-43）与上文一致，说明该结论比较稳健。

① 袁富华：《长期增长过程的“结构性加速”与“结构性减速”：一种解释》，《经济研究》2012 年第 3 期。

② 陶新宇等：《“东亚模式”的启迪与中国经济增长“结构之谜”的揭示》，《经济研究》2017 年第 11 期。

表 2-43　稳健性检验结果

ln*rgdp*	考虑滞后效应	剔除异常样本点	动态面板 系统 GMM 估计
	（1）	（2）	（3）
ESI2	-1.8718^{***} （0.3381）	-1.5574^{***} （0.3037）	-0.4185^{***} （0.1583）
ESI	1.9965^{***} （0.3428）	1.8118^{***} （0.3173）	0.5073^{***} （0.1587）
*L.*ln*rgdp*	—	—	0.9336^{***} （0.0105）
Controls	YES	YES	YES
Individual fixed effects	YES	YES	—
Time Dummy	YES	YES	YES
U test	3.96 [0.0000]	2.88 [0.0021]	3.34 [0.0013]
Arellano-Bond AR（1）test	—	—	-3.1380 [0.0017]
Arellano-Bond AR（2）test	—	—	-0.4066 [0.6843]
Sargan test	—	—	29.3393 [1.0000]
Obs.	465	496	465
R-squared	0.9596	0.9653	—

注：*** 表示在 1% 的置信水平下显著，回归系数下方小括号内为标准误，中括号内为 *P* 值。

资料来源：作者根据 Stata16 软件结果整理所得。

（二）综合结构互动指数的经济效应检验

1. 面板回归结果

综合结构互动指数的经济效应非线性检验（见表 2-44）结果显示，除了西部地区分样本回归的一、二次项系数均为正值且不显著以外，无论是在全样本还是在东、中部地区分样本中，综合结构互动指数的二次项系数全都为负但不显著，而一次项系数皆为正值且均在 1% 的置信水平下显著，这表明我国产业、消费与贸易结构间的互动与经济增长的非线性关系不成立，需要进行线性关系检验进一步确认。

表 2-44　　综合结构互动指数的经济效应非线性检验

ln*rgdp*	全样本	东部	中部	西部
	(1)	(2)	(3)	(4)
CIT2	-0.6123 (0.3264)	-0.5015 (0.8065)	-0.9277 (0.6447)	0.6070 (0.4037)
CIT	1.6723*** (0.3686)	3.4001*** (0.9301)	3.092*** (0.7890)	0.3240 (0.4408)
fis	-0.7973*** (0.3686)	-1.2796** (0.5861)	-4.8977*** (0.6018)	-0.5644*** (0.1271)
ln*edu*	0.9062*** (0.2876)	2.6921*** (0.4983)	-0.0310 (0.5362)	0.1654 (0.3781)
open	0.1930*** (0.0558)	0.0580 (0.0722)	0.8229*** (0.2781)	-0.3914** (0.1947)
ln*fdi*	0.0343*** (0.0087)	0.0530** (0.0255)	0.0295 (0.0217)	0.0302*** (0.0111)
res	0.0008 (0.0037)	-0.0243** (0.0101)	0.0041 (0.0041)	-0.0005 (0.0065)
inc	-0.1561*** (0.0275)	-0.0991 (0.0605)	-0.0784 (0.0842)	0.0006 (0.0357)
pop	-0.0581 (0.2032)	0.2145 (0.3345)	-0.9385** (0.3665)	-0.5371 (0.3405)
_cons	7.0185*** (0.6543)	2.6909** (1.2035)	9.1616*** (1.2750)	8.3888*** (0.8298)
Individual fixed effects	YES	YES	YES	YES
Year fixed effects	YES	YES	YES	YES
Obs.	496	176	128	192
R-squared	0.9653	0.9653	0.9874	0.9813

注：***、** 分别表示在 1%、5% 的置信水平下显著，回归系数下方括号内为标准误。

资料来源：作者根据 Stata16 软件结果整理所得。

综合结构互动指数的经济效应线性检验结果（见表 2-45）显示，无论是在全样本还是在东、中、西部地区分样本中，结构间耦合协调度的回归系数全都为正且均通过显著性检验（全样本及西部地区在 1% 的置信水平下显著，东、中部地区则在 5% 的置信水平下显著），表明我国产业、消费以及贸易三者结构间耦合协调度的提高均能显著促进我国经济的正向增长。因此，在结构水平拉动经济增长的作用出现衰减的情况下，提升结构间协调程度仍能够有效促进我国社会经济发展水平的提高。

表 2-45　　综合结构互动指数的经济效应线性检验

ln*rgdp*	全样本	东部	中部	西部
	（1）	（2）	（3）	（4）
CIT	0.4753*** （0.1024）	0.6395** （0.2779）	0.4244** （0.1656）	0.9438*** （0.1569）
Controls	YES	YES	YES	YES
Individual fixed effects	YES	YES	YES	YES
Year fixed effects	YES	YES	YES	YES
Obs.	496	176	128	192
R-squared	0.9644	0.9629	0.9847	0.9810

注：***、** 分别表示在 1%、5% 的置信水平下显著。

资料来源：作者根据 Stata16 软件结果整理所得。

分结构互动指数的经济效应检验（见表 2-46）结果显示，无论是在全样本还是在东、中、西部地区分样本中，也无论是产业与消费还是产业与贸易或是消费与贸易的结构间耦合协调度的回归系数均为正数，且除中、西部地区分样本中产业与消费结构的互动以外均通过显著性检验。其中，除了东部地区结构互动显著性均仅为 10%，以及全样本产业与消费结构互动和中部地区消费与贸易结构互动在 5% 置信水平下显著外，其余均通过 1% 水平的显著性检验。这表明提升产业、消费与贸易任意两者结构间的互动协调程度均能显著促进我国经济水平的提高。此外，对比结构

表 2-46　　分结构互动指数的经济效应检验

ln*rgdp*	全样本	东部	中部	西部
	（1）	（2）	（3）	（4）
CI	0.2520** （0.1223）	0.3999* （0.2158）	0.2409 （0.3851）	0.0810 （0.1740）
TI	0.2951*** （0.0782）	0.3968* （0.2085）	0.1549*** （0.0562）	0.6342*** （0.1122）
CT	0.3291*** （0.0687）	0.4077* （0.2449）	0.2770** （0.1107）	0.5886*** （0.0991）
Controls	YES	YES	YES	YES
Individual fixed effects	YES	YES	YES	YES
Year fixed effects	YES	YES	YES	YES
Obs.	496	176	128	192

注：***、**、* 分别表示在 1%、5%、10% 的置信水平下显著。

资料来源：作者根据 Stata16 软件结果整理所得。

间耦合协调度的回归系数（标准化可比）发现，*CT* 的系数在各分样本中普遍大于 *TI*、*CI*，表明消费结构与贸易结构间的升级互动要比其他结构间的耦合协调对经济增长的正向促进作用相对更加有效和显著。

2. 稳健性检验

同样从考虑滞后效应、剔除异常样本点以及动态面板系统 GMM 估计三个角度，对本节实证所得到的关于产业、消费与贸易三者结构间耦合协调度对经济增长存在显著的正向线性促进作用的结论进行稳健性检验，其回归结果（见表 2-47）与上文一致，说明该结论稳健。

表 2-47　稳健性检验结果

ln*rgdp*	考虑滞后效应	剔除异常样本点	动态面板 系统 GMM 估计
	（1）	（2）	（3）
CIT	0.4095*** （0.1074）	0.4760*** （0.1042）	0.1086*** （0.0319）
L.ln*rgdp*	—	—	0.9251*** （0.0076）
Controls	YES	YES	YES
Individual fixed effects	YES	YES	—
Time Dummy	YES	YES	YES
Arellano-Bond AR（1）test	—	—	-3.1913 [0.0014]
Arellano-Bond AR（2）test	—	—	-0.8863 [0.3754]
Sargan test	—	—	29.9542 [1.0000]
Obs.	465	496	465
R-squared	0.9578	0.9644	—

注：*** 表示在 1% 的置信水平下显著，回归系数下方小括号内为标准误，中括号内为 *P* 值。

资料来源：作者根据 Stata16 软件结果整理所得。

（三）结构升级互动的经济效应比较

根据上两节面板回归结果分别确定 *ESI*、*CIT* 与 ln*rgdp* 相关性如图 2-105 所示，因此接下来本节针对结构升级与互动共同作用的经济效应展开分析。

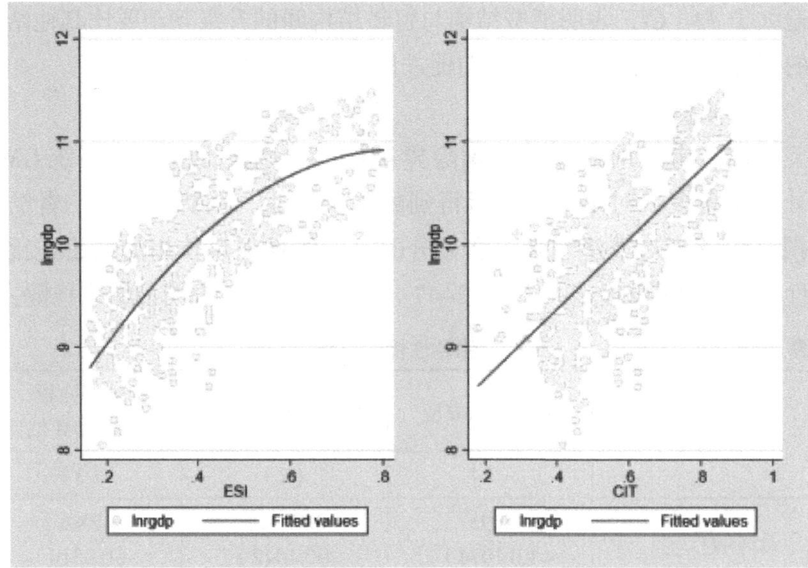

图 2-105　*ESI*、*CIT* 与 ln*rgdp* 相关性

资料来源：作者根据 EPS 数据库数据计算绘制。

1. 面板回归结果

结构升级与互动共同影响的经济效应检验（见表 2-48）结果显示，无论是在全样本还是在东、中、西部地区分样本中，综合结构互动指数的回归系数全都为正且均通过 1% 水平的显著性检验；而综合结构升级指数的回归系数在全样本以及东部和中部地区分样本中为负数，全样本在 5% 的置信水平下显著，而东部和中部分样本在 1% 的置信水平下显著，在西部地区分样本中则为正数且通过 10% 水平的显著性检验。其面板回归结果与上两节实证所得结果基本一致，进一步验证了除西部地区较低发展水平下的双重正向作用外，我国结构升级对于经济增长具有抑制作用以及协调互动对于经济增长具有促进作用。此外，综合结构互动指数的回归系数绝对值普遍大于综合结构升级指数，表明结构间的协调互动对于经济增长的正向促进作用要较结构水平升级的负向抑制作用相对更加明显，这进一步突出了提高我国产业、消费与贸易三者结构间协调互动对于正在经历“结构性减速”的经济增长的必要性和重要性。

表 2-48 结构升级与互动共同影响的经济效应检验结果

ln*rgdp*	全样本	东部	中部	西部
	(1)	(2)	(3)	(4)
ESI	−0.5050**	−1.1818***	−1.9619***	0.5047*
	(0.2210)	(0.4151)	(0.4002)	(0.2677)
CIT	0.8409***	1.4800***	1.3204***	0.6513***
	(0.1836)	(0.4009)	(0.3858)	(0.2198)
fis	−0.6987***	−1.1069*	−4.1095***	−0.5734***
	(0.1164)	(0.5722)	(0.5978)	(0.1176)
ln*edu*	0.9107***	2.6034***	−0.3519	0.1056
	(0.2895)	(0.4997)	(0.5334)	(0.3760)
open	0.2245***	0.1617**	0.9507***	−0.3970**
	(0.0581)	(0.0750)	(0.2713)	(0.1905)
ln*fdi*	0.0363***	0.0568**	0.0529***	0.0268**
	(0.0098)	(0.0256)	(0.0199)	(0.0112)
res	−0.0002	−0.0289***	−0.0003	−0.0011
	(0.0038)	(0.0101)	(0.0040)	(0.0065)
inc	−0.1438***	−0.0852	0.0130	−0.0053
	(0.0272)	(0.0609)	(0.0768)	(0.0344)
pop	−0.0370	−0.1679	−0.4254	−0.5334
	(0.2044)	(0.3361)	(0.3519)	(0.3389)
_cons	7.2202***	3.4824***	9.9296***	8.3886***
	(0.65620)	(1.1817)	(1.2631)	(0.8264)
Individual fixed effects	YES	YES	YES	YES
Year fixed effects	YES	YES	YES	YES
Obs.	496	176	128	192
R-squared	0.9649	0.9649	0.9878	0.9814

注：***、**、* 分别表示在 1%、5%、10% 的置信水平下显著。回归系数下方括号内为标准误。
资料来源：作者根据 Stata16 软件结果整理所得。

2. 稳健性检验

同样从考虑滞后效应、剔除异常样本点以及动态面板系统 GMM 估计三个角度，对本节实证所得到的关于产业、消费与贸易三者结构间的协调互动对经济增长的影响正向且显著而其结构升级却产生抑制作用的结论的稳健性进行检验，其回归结果（见表 2-49）与上文一致，说明该结论稳健。

表 2-49　　　　稳健性检验结果

lnrgdp	考虑滞后效应	剔除异常样本点	动态面板系统 GMM 估计
	（1）	（2）	（3）
ESI	–0.5421** （0.2225）	–0.5031** （0.2139）	–0.4802** （0.1158）
CIT	0.7923*** （0.1900）	0.8465*** （0.1196）	0.3467*** （0.1274）
L.ln*rgdp*	—	—	0.9382*** （0.0111）
Controls	YES	YES	YES
Individual fixed effects	YES	YES	—
Time Dummy	YES	YES	YES
Arellano–Bond AR（1）test	—	—	–3.1774 [0.0015]
Arellano–Bond AR（2）test	—	—	–.0.2080 [0.8352]
Sargan test	—	—	29.0922 [1.0000]
Obs.	465	496	465
R–squared	0.9584	0.9648	—

注：***、** 分别表示在 1%、5% 的置信水平下显著，回归系数下方小括号内为标准误，中括号内为 *P* 值。

资料来源：作者根据 Stata16 软件结果整理所得。

本节采用面板模型的双向固定效应对我国 31 个省份 2002—2017 年的面板数据进行计量回归，具体对我国产业、消费与贸易三者结构的经济效应展开分析，结果显示其三者的综合结构升级水平对经济增长存在显著的负向抑制作用，而综合协调互动程度对经济增长存在显著的正向促进作用，同时分别从考虑滞后效应、剔除异常样本点以及动态面板系统 GMM 估计三个角度对回归结果进行稳健性检验，实证结果可靠。因此，前文所提出的假说 3 得到验证。

根据产业、消费与贸易三者结构间升级互动的经济效应检验结果，绘制其作用机制图，如图 2–106 所示。

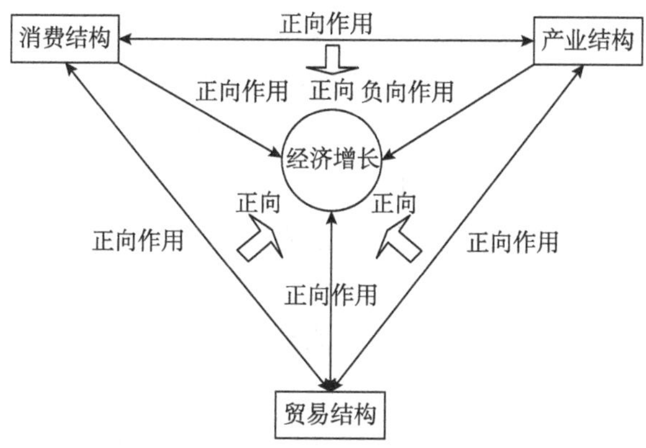

图 2-106　结构间升级互动的经济效应

资料来源：作者根据实证结果整理绘制。

在此基础上，通过分结构升级指数和结构间耦合协调度对经济增长效应的回归结果发现：分结构升级指数方面，"产业结构演进的无效率"导致其对经济增长的负向作用，而消费结构和贸易结构的优化升级则对经济增长存在显著的正向作用；结构间耦合协调度方面，产业、消费与贸易三者结构间任意两者的协调互动均能显著且有效地促进我国经济的增长。此外，通过回归结果的弹性系数比较发现，消费结构与贸易结构间的升级互动要比其他结构间的耦合协调对经济增长的正向促进作用相对更加有效和显著；结构间协调互动对于经济增长的正向促进作用要较结构升级对于经济增长的负向抑制作用相对更加明显。

第六节　研究结论与政策建议

一、研究结论

本章基于我国 31 个省份 2002—2017 年的面板数据，结合文献综述与现状分析，首先利用耦合协调度模型对我国产业结构、消费结构与贸易结构的协同发展现状及其协同发展指数进行测算，通过耦合协调度的量化和定级判断其所处的具体程度以及区域结构间的差异性；利用系统 GMM 估计对我国产业结构、消费结构与贸易结构的互动关系进行检验，并通过政府规模、外商直接投资、人口结构以及城乡收入结构等控制变量的回归对其影响因素展开详细分析；最后利用双向固定效应的面板模型对我国产业结构、消费结构与贸易结构的经济效应进行实证分析，在结构升级对于经济增长的影响分析基础上拓展结构互动的经济效应。综上所述，本章所得到的研究结论大致可总结归纳为以下三个方面。

（一）产业、消费与贸易三者结构的协调程度分析

（1）新时期我国产业结构、消费结构与贸易结构的升级效果均呈现显著的上升态势，但结构间协调互动程度仍处在基本协调阶段。

（2）区域之间产业结构、消费结构与贸易结构变化差异性明显，结构的优化升级指数和协调互动指数均呈现自东由中向西依次减小的“三级阶梯分列”状态。

这说明，新时期我国的产业结构、消费结构与贸易结构存在明显的非协调升级互动现象。相较于我国产业、消费与贸易结构三者间协调互动程度的提升，我国当前的经济发展模式更加注重产业、消费与贸易三者结构水平的升级，整体来看三者结构间升级互动的协调耦合程度依然偏低，有待调整优化以促进社会经济的稳步增长。

（二）产业、消费与贸易三者结构的互动关系分析

（1）新时期我国的产业结构、消费结构与贸易结构间的两两互动均存在显著的促进作用，由此形成了产业、消费与贸易三者结构间紧密的相互作用、互为影响的互动升级关系，结构优化升级为我国经济结构的高质量发展奠定了路径基础。

（2）新时期我国产业、消费与贸易结构都更多地受到自身结构优化的内在作用影响。消费结构升级对产业结构和贸易结构的优化升级作用相对更加明显，而产业结构升级又对消费结构的优化升级作用相对更加明显。

（3）产业、消费与贸易三者结构的影响因素方面，政府规模除对消费结构存在抑制作用外，对产业结构和贸易结构均为正相关，对外开放度反之；人力资本对产业、消费与贸易三者结构均存在显著的正向促进作用；城乡收入结构对于消费结构的作用为负，而人口结构对其作用则为正；外商直接投资和资源禀赋对于产业结构的优化升级均为负相关，而对贸易结构的优化升级则均为正相关。

这说明，我国的产业结构、消费结构与贸易结构共同构成相互作用的统一整体，三者间存在显著的互动关系。其具体表现为：产业结构作用于消费结构，消费结构又反作用于产业结构；产业结构作用于贸易结构，贸易结构又反作用于产业结构；与此同时，消费结构和贸易结构又

相互作用，互为影响。

（三）产业、消费与贸易三者结构的经济效应分析

（1）新时期我国的产业结构、消费结构与贸易结构三者的综合结构升级指数对经济增长存在负向的抑制作用，其间存在显著的非线性“倒U形”关系，表明我国产业、消费与贸易结构以及人口结构、城乡收入结构等复杂的综合经济结构变动对经济增长的促进作用衰减，甚至逐渐产生相当程度的抑制作用，是我国经济增长出现“结构性减速”现象的重要原因。

（2）新时期我国的产业结构、消费结构与贸易结构三者的综合结构互动指数对经济增长存在显著的正向的促进作用，其间呈现的线性增长关系意味着由仅注重结构升级的经济模式转变为既注重结构升级又注重协调互动的经济模式，才能实现新时期中国经济的可持续增长。

（3）消费结构与贸易结构间的协调互动要比其他结构间的耦合升级对经济增长的正向促进作用相对更加有效和显著，而结构间协调互动对于经济增长的正向促进作用要较结构水平升级对于经济增长的负向抑制作用相对更加明显。这说明，产业结构、消费结构与贸易结构的转型升级推动新时期中国的经济增长在经历过“结构性增速”阶段后逐渐迈向“结构性减速”阶段，开始对其产生显著的抑制性减速作用。在分结构升级拉动经济增长作用衰减的情况下，提升结构间的协调互动程度成为当前阶段继续促进社会经济发展水平提高的有效方式。

二、政策建议

根据实证分析结果，本文提出促进产业结构、消费结构、贸易结构优化升级的若干建议。

（一）深入推进供给侧结构性改革，加快构建双循环新发展格局

深入推进供给侧结构性改革是新时期我国经济进入新常态阶段后高质量发展的必然选择。产业升级务必通过供给侧结构性改革确保虚实体经济间的合理比例，以实体经济保障虚拟经济的物质基础，以虚拟经济强化实体经济的运作效率，促进虚实体经济的“两轮驱动”和“双轨并行”，使新模式和新业态对经济增长的双向作用共同发力，更为有效和灵活地适应市场需求的随机变化。

（二）持续强化消费结构分级升维，释放居民高层次消费活力

消费结构的优化升级对供给端的生产效率和水平带来积极作用，进

而能够有效促进我国的经济增长。如何释放居民高层次的消费活力成为新时期中国经济可持续稳定增长的重要举措。“消费升级”在当前极度活跃的市场环境下具体表现为代表消费者消费需求多样化的“消费分级”和代表消费者消费倾向理性化的“消费升维”两部分，因此促进消费升级的核心是多类型高质量产品和服务的生产与供给。从需求侧角度着手启动“国际消费中心城市”的建设试点以提升城市消费能级，组织“家电下乡”“电商进村”等助农活动以促进乡村消费，大力建设城乡联通的便民服务中心以扩大服务消费，同时发挥消费券、夜间经济等新模式新业态对于居民消费的刺激成效，连同减税降费等政策多措并举共同释放居民消费需求活力，协调促进消费结构优化升级。

（三）积极发展高技术附加值的贸易，提升全球产业链价值链地位

贸易结构优化升级促进消费结构和产业结构转型升级，加快推动贸易强国建设。积极发展高技术附加值贸易，加快发展服务贸易和数字贸易，加快国际市场多元化，加快培育和发展具有自主知识产权和关键核心技术的战略性贸易，积极提升全球产业链和价值链地位与稳定性。

（四）努力优化产业结构、消费结构与贸易结构升级互动，实现经济高质量发展

产业结构、消费结构与贸易结构是相互作用、互为影响的统一整体，要加快推进产业结构、消费结构与贸易结构以及与之密切相关的城乡收入结构、人口结构、投资结构等分系统结构的一体化统筹布局和规划协调，重视结构间升级互动对于经济增长的双向作用，建设多维度、多层次、多类型协调升级互动的先行区，构建上下协调、左右互动、内外联通的经济结构共同体，共同促进结构间的协调升级互动。

（五）加快落实区域高质量协调发展战略，推动区域经济协同优化升级

加快落实区域高质量协调发展战略，加快形成竞争、开放、有序的全国统一大市场。构建有效的区域合作机制，促进要素资源的优化配置和产业链合理布局，推动区域之间产业结构、消费结构与贸易结构的协同优化升级。

（六）培育发展若干世界级先进制造业集群，加快建设制造业强国

进入中国式现代化新的发展阶段，加快培育发展若干世界级先进制造业集群，加快建设制造业强国已经成为我国高质量发展的重要战略任务。我国培育发展若干世界级先进制造业集群，需要持续做大先进制造

业集群规模，培育和发展一批世界级知名企业和品牌，增强关键核心技术研发能力，建立产业链、创新链和服务链协同发展机制，优化产业集群的营商环境，提升先进制造业集群的国际市场竞争力和影响力，从而推动我国制造业强国建设。

（七）加大世界一流制造业企业培育力度，提升产业集群的核心竞争力

世界一流制造企业是世界级产业集群的核心竞争力。加快培育世界一流制造企业能有效提升制造业国际竞争力，实现制造业产业链供应链的自主可控。加快制造业世界一流企业培育，提升链主企业国际竞争优势，需要强化链主企业的要素供给保障，强化链主企业创新发展主导地位，提升链主企业国际化水平。

（1）强化对产业链主企业的要素供给保障。加大对链主企业的土地、重大科技专项、能源和能耗指标等方面支持力度。将新增工业用地优先分配给创新能力强、产业带动力强的链主企业，加强能源供应和能耗指标统筹协调，实施制造业集群企业能源的闭环管理。积极构建链主企业引领的全产业链上下游企业协同的要素优化配置模式。

（2）强化产业链主企业创新发展主导地位。支持链主企业积极发展国家级和省级技术创新中心，加强其对关键核心技术的研发投入，鼓励其提升技术标准、质量标准的制定权和话语权，鼓励制造业链主企业补链、扩链和强链，提高关键零部件的技术创新能力和自给率。

（3）提升产业链主企业国际化水平。鼓励链主企业全球化配置生产要素，鼓励其跨国并购欧美国家的中小创新型企业，积极布局海外营销网络、海外研发中心、海外展销中心和海外仓系统，努力培育一批具有世界一流水平的制造业跨国公司，努力提升先进制造业集群的国际竞争力。

（八）构建先进制造业集群创新生态系统，提高产业集群的自主创新能力

世界级先进制造业集群的典型特征是拥有强大的自主创新能力和产业创新竞争力，在全球产业竞争中占据领导地位。我国要培育发展若干个世界级先进制造业集群，要强化先进制造业技术创新重要支撑作用。

对标先进制造业集群“卡脖子”技术关键领域，组建协同创新中心，构建需求驱动的制造业协同创新体系，推动创新链、产业链深度融合，实现基础研究、技术研发、生产和应用推广体系无缝衔接。加快建设产

业集群创新生态系统，在不同的创新主体、创新环境与创新要素之间，基于科研合作和技术创新相互连接、相互作用所构成的具有一定结构、功能和层次的创新生态系统。增强先进制造业集群企业的自主创新能力，增强战略性产业链价值链的自主性。

加快构建世界级先进制造业集群研发创新平台，推动技术创新中心、省级国家级重点实验室等创新载体的建设，聚合创新要素和创新资源，加快产业集群内部技术交互、知识扩散、信息共享，提高政产学研用协同创新水平，构建高效、开放、可持续的集群创新生态系统；支持产业集群中的产业链龙头企业牵头与大学、科研机构、行业协会、产业联盟等组建利益共享、风险共担的产业技术创新联盟、科研生产联合体等，形成优势互补、分工明确的协同创新机制，积极推动产业链上下游企业联合攻关行业关键共性技术。通过产业链上下游企业的技术交流与创新合作，不断积累显性知识与隐性知识，提升产业集群的整体技术创新水平。

（九）实施全产业链战略布局，打造先进制造业集群命运共同体

当前全球产业链供应链加速重构，实施全产业链布局，建立网络化产业集群组织是建设世界级先进制造业集群的体制保障。网络化产业集群组织是介于政府、市场之间的具有枢纽作用的产业创新组织，能够推动大学、科研机构、政府部门、金融机构、产业协会、行业联盟等不同主体间建立长期密切的合作关系。实施全产业链布局，培育一批重点产业链，打造一批优势产业链，做强几条卓越产业链，通过强链、延链、补链、固链等手段，推动资源对接、要素共享和优势互补。

锚定世界级产业集群战略目标，把控重点领域产业链核心技术和核心环节的产业链制高点，合作攻关“卡脖子”技术和关键环节，推动产业链、供应链、创新链、资金链、人才链“五链融合”，打造先进制造业集群命运共同体。重点在破解“卡脖子”技术瓶颈、带动基础软硬件突破、协同供应链稳产保供、强化战略性需求牵引、统筹产业链国际化、填补产业共性技术缺口、驱动产业整体性转型等方面形成技术创新共同体和互利共赢的命运共同体。

（十）加快形成“1+N”的多部门协同推进先进制造业集群发展体制，实施世界级产业集群分步建设计划

世界级先进制造业集群的培育和发展是复杂系统工程，要学习发达国家培育世界级先进制造业集群成功经验，实施多部门的综合性产业集

群战略，形成“1+N”多部门协同推进先进制造业集群发展机制。

世界级先进制造业集群的培育和发展是一个长期工程，发达经济体推动建设世界级产业集群经历长时期推动过程，德国世界级产业集群发展周期为10年，日本为16年，法国为12年，挪威为15年。德国、日本和挪威等发达国家分别在出台世界级产业集群计划后的12年、8年和13年逐步培育发展形成世界级产业集群。我国需要制订世界级产业集群分步实施计划，包括世界级产业集群启动期计划、世界级产业集群成长期计划和世界级产业集群成熟期计划，通过明确每个阶段实施具体任务，依次推进若干个世界级产业集群发展。

参考文献

[1] 阿尔弗雷德·马歇尔. 产业经济学 [M]. 北京：商务印书馆，2005.

[2] 卜伟，等. 中国对外贸易商品结构对产业结构升级的影响研究 [J]. 宏观经济研究，2019（8）.

[3] 蔡昉. 中国经济增长如何转向全要素生产率驱动型 [J]. 中国社会科学，2013（1）.

[4] 蔡昉，等. 中国产业升级的大国雁阵模型分析 [J]. 经济研究，2009（9）.

[5] 蔡海亚，徐盈之. 贸易开放是否影响了中国产业结构升级？ [J]. 数量经济技术经济研究，2017（10）.

[6] 蔡兴，刘子兰. 人口因素与东亚贸易顺差——基于人口年龄结构、预期寿命和性别比率等人口因素的实证研究 [J]. 中国软科学，2013（9）.

[7] 岑丽君. 中国在全球生产网络中的分工与贸易地位——基于TiVA数据与GVC指数的研究 [J]. 国际贸易问题，2015（1）.

[8] 查道中，吉文惠. 城乡居民消费结构与产业结构、经济增长关联研究——基于VAR模型的实证分析 [J]. 经济问题，2011（7）.

[9] 陈福中，陈诚. 技术变化与产业结构演进：全球非平衡增长视角 [J]. 广东财经大学学报，2015（4）.

[10] 陈国亮，陈建军. 产业关联、空间地理与二三产业共同集聚——来自中国212个城市的经验考察 [J]. 管理世界，2012（4）.

[11] 陈虹，刘纪媛. “一带一路”沿线国家基础设施建设对中国对外贸易的非线性影响——基于面板门槛模型的研究 [J]. 国际商务（对外经济贸易大学学报），2020（4）.

[12] 陈继勇，盛杨怿. 外国直接投资与我国产业结构调整的实证研究——基于资本供给和知识溢出的视角 [J]. 国际贸易问题，2009（1）.

[13] 陈继勇，等. 企业异质性、出口国内附加值与企业工资水平——来自中国的

经验证据 [J]. 国际贸易问题，2016（8）.
[14] 陈继勇，等 . 全球价值链视角的中国对外贸易不平衡及其结构研究 [J]. 经济管理，2016（4）.
[15] 陈建宝，李坤明 . 收入分配、人口结构与消费结构：理论与实证研究 [J]. 上海经济研究，2013（4）.
[16] 陈劲，等 . 中关村：未来全球第一的创新集群 [J]. 科学学研究，2014（1）.
[17] 陈勇兵，孙方 . 国际分散化生产导致了扩展边际增长吗？——来自中国出口产品层面的证据 [J]. 中南财经政法大学学报，2011（3）.
[18] 陈元 . 我国外贸发展对国内外经济的影响与对策研究 [M]. 北京：中国财政经济出版社，2007.
[19] 成蓉，程惠芳 . 中印贸易关系：竞争或互补——基于商品贸易与服务贸易的全视角分析 [J]. 国际贸易问题，2011（6）.
[20] 程宝栋，刁钢 . 家具产业技术、对外贸易及利润的动态关系分析 [J]. 统计与决策，2014（1）.
[21] 程惠芳，等 . 集群产业扩散转型的路径与条件——基于集聚经济圈的分析 [J]. 社会科学战线，2012（5）.
[22] 赤松要 . 我国羊毛工业品的贸易趋势 [M]. 北京：商务印书馆，2014.
[23] 代谦，别朝霞 . 人力资本、动态比较优势与发展中国家产业结构升级 [J]. 世界经济，2006（11）.
[24] 樊纲，等 . 国际贸易结构分析：贸易品的技术分布 [J]. 经济研究，2006（8）.
[25] 樊纲，等 . 中国各地区市场化相对进程报告 [J]. 经济研究，2003（3）.
[26] 樊纲，等 . 中国市场化进程对经济增长的贡献 [J]. 经济研究，2011（9）.
[27] 樊茂清，黄薇 . 基于全球价值链分解的中国贸易产业结构演进研究 [J]. 世界经济，2014（2）.
[28] 范叙春 . 收入增长、消费结构升级与产品有效供给 [J]. 经济与管理研究，2016（5）.
[29] 弗朗索瓦·魁奈 . 魁奈《经济表》及著作选 [M]. 北京：华夏出版社，2017：8.
[30] 付凌晖 . 我国产业结构高级化与经济增长关系的实证研究 [J]. 统计研究，2010（8）.
[31] 干春晖，等 . 中国产业结构变迁对经济增长和波动的影响 [J]. 经济研究，2011（5）.
[32] 葛继红，等 . 农村三产融合、城乡居民消费与收入差距——效率与公平能否兼得？ [J]. 中国农村经济，2022（3）.
[33] 郭凯明，等 . 中国改革开放以来产业结构转型的影响因素 [J]. 经济研究，2017（3）.
[34] 韩立岩，等 . 基于面板数据的中国资本配置效率研究 [J]. 经济学（季刊），

2002（2）.
[35] 韩颖，倪树茜 . 我国产业结构调整的影响因素分析 [J]. 经济理论与经济管理，2011（12）.
[36] 贺力平，沈侠 . 开放经济条件下我国产业结构调整的原则和方向 [J]. 经济学家，1989（6）.
[37] 洪世勤，刘厚俊 . 出口技术结构变迁与内生经济增长：基于行业数据的研究 [J]. 世界经济，2013（6）.
[38] 洪银兴 . 科技创新与创新型经济 [J]. 管理世界，2011（7）.
[39] 胡兵，乔晶 . 中国对外直接投资的贸易效应——基于动态面板模型系统 GMM 方法 [J]. 经济管理，2013（4）.
[40] 胡晨光 . 产业集聚与集聚经济圈的演进 [J]. 浙江学刊，2014（5）.
[41] 胡晨光，等 . 集聚经济圈集群产业的扩散与转型——基于多元化集群产业结构演化视角的分析 [J]. 经济学家，2010（7）.
[42] 胡军，向吉英 . 论我国劳动力供需结构失衡下的产业结构转换 [J]. 当代财经，2002（12）.
[43] 黄凯，唐根年 . 我国贸易结构与产业结构的偏差 [J]. 经营与管理,2012（11）.
[44] 黄帅，王清刚 . 湖北省产业结构影响因素的实证分析 [J]. 统计与决策，2012（16）.
[45] 黄新飞，舒元 . 贸易开放度、产业专业化与中国经济增长研究 [J]. 国际贸易问题，2007（12）.
[46] 贾怀勤 . 在地贸易统计还是属权贸易统计 ?——FDI 对传统贸易统计的颠覆及其对策 [J]. 统计研究，2006（2）.
[47] 蒋昭侠 . 产业结构演进机理与实证分析 [J]. 经济管理，2004（13）.
[48] 金哲松 . 中国贸易结构与生产结构偏离的原因分析 [J]. 中央财经大学学报，2003（3）.
[49] 卡尔・马克思 . 资本论 [M]. 上海：上海三联书店，2018.
[50] 科林・克拉克 . 经济进步的条件 [M]. 北京：中国人民大学出版社，2020.
[51] 孔炯炯 . 我国进出口贸易结构对产业结构的影响——基于 VAR 模型的实证分析 [J]. 湖南社会科学，2014（1）.
[52] 李宝礼，胡雪萍 . 城镇化、要素禀赋与城市产业结构升级——基于中国 345 个城市的空间计量分析 [J]. 贵州财经大学学报，2016（3）.
[53] 李静，楠玉 . 人力资本错配下的决策：优先创新驱动还是优先产业升级 ?[J]. 经济研究，2019（8）.
[54] 李军，等 . 教育对我国城镇居民消费结构的影响研究 [J]. 消费经济,2015（1）.
[55] 李荣林，姜茜 . 我国对外贸易结构对产业结构的先导效应检验——基于制造业数据分析 [J]. 国际贸易问题，2010（8）.

[56] 李小平，等．国际贸易、技术进步和中国工业行业的生产率增长 [J]. 经济学（季刊），2008（2）.
[57] 李筱乐．政府规模、生产性服务业与经济增长——基于我国 206 个城市的面板数据分析 [J]. 国际贸易问题，2014（5）.
[58] 李怡然，李桂．人口年龄结构对居民消费影响的城乡差异分析 [J]. 经济论坛，2018（3）.
[59] 李逸飞，等．制造业就业与服务业就业的交互乘数及空间溢出效应 [J]. 财贸经济，2017（4）.
[60] 李准晔．中国各区域对外贸易的决定因素分析——中国八大区域与东亚三经济体间的贸易 [J]. 经济研究，2005（8）.
[61] 李子伦．产业结构升级含义及指数构建研究——基于因子分析法的国际比较 [J]. 当代经济科学，2014（1）.
[62] 梁树广，李亚光．中国产业结构变动的影响因素分析——基于省级面板数据的实证研究 [J]. 经济体制改革，2012（4）.
[63] 林白鹏．走出精神文化消费怪圈的思路 [J]. 消费经济，1993（Z1）.
[64] 林海明，杜子芳．主成分分析综合评价应该注意的问题 [J]. 统计研究，2013（8）.
[65] 林毅夫．新结构经济学 [M]. 北京：北京大学出版社，2019.
[66] 林毅夫，等．比较优势与发展战略——对“东亚奇迹”的再解释 [J]. 中国社会科学，1999（5）.
[67] 刘保珺．我国产业结构演变与经济增长成因的实证分析 [J]. 经济与管理研究，2007（2）.
[68] 刘斌斌、丁俊峰．出口贸易结构的产业结构调整效应分析 [J]. 国际经贸探索，2015（7）.
[69] 刘洪铎，陈和．出口技术复杂度视角下的中国省域产业结构演进：理论与例证 [J]. 经济问题探索，2016（5）.
[70] 刘耀彬，等．中国城市化与生态环境耦合度分析 [J]. 自然资源学报,2005（1）.
[71] 刘玉飞，汪伟．城市化的消费结构升级效应——基于中国省级面板数据的分析 [J]. 城市问题，2019（7）.
[72] 柳卸林，赵捷．我国产业技术国际竞争力分析 [J]. 中国工业经济，1999（7）.
[73] 柳卸林，等．基于创新生态观的科技管理模式 [J]. 科学学与科学技术管理，2015（1）.
[74] 陆明涛，等．经济增长的结构性冲击与增长效率：国际比较的启示 [J]. 世界经济，2016（1）.
[75] 吕婕，张子杰．中美贸易差额的重新估算——基于所有权贸易核算体系的改进 [J]. 国际贸易问题，2011（5）.

[76] 马颖，等 . 贸易开放度、经济增长与劳动密集型产业结构调整 [J]. 国际贸易问题，2012（9）.

[77] 迈克尔·波特 . 国家竞争优势 [M]. 北京：中信出版社，2007.

[78] 迈克尔·波特 . 竞争优势 [M]. 北京：华夏出版社，2005.

[79] 迈克尔·波特 . 竞争战略 [M]. 北京：中信出版社，2014.

[80] 毛其淋，盛斌 . 贸易自由化、企业异质性与出口动态——来自中国微观企业数据的证据 [J]. 管理世界，2013（3）.

[81] 欧阳晓，等 . 中国与金砖国家外贸的“共享式”增长 [J]. 中国社会科学，2012（10）.

[82] 潘勇涛，卢建 . 中国城乡居民消费倾向决定因素的实证研究 [J]. 统计与决策，2013（21）.

[83] 裴长洪 . 进口贸易结构与经济增长：规律与启示 [J]. 经济研究，2013（7）.

[84] 钱纳里，塞尔昆 . 发展的格局：1950—1970[M]. 北京：中国财政经济出版社，1989.

[85] 钱水土，李正茂 . 金融结构、技术进步与产业结构升级——基于跨国数据的经验验证 [J]. 经济理论与经济管理，2018（12）.

[86] 任泽平，陈昌盛 . 经济周期波动与行业景气变动：因果联系、传导机制与政策含义 [J]. 经济学动态，2012（1）.

[87] 桑百川，李计广 . 拓展我国与主要新兴市场国家的贸易关系——基于贸易竞争性与互补性的分析 [J]. 财贸经济，2011（10）.

[88] 桑百川，等 . 金砖国家服务贸易发展比较研究 [J]. 经济学家，2014（3）.

[89] 尚涛 . 全球价值链与我国制造业国际分工地位研究——基于增加值贸易与 Koopman 分工地位指数的比较分析 [J]. 经济学家，2015（4）.

[90] 邵军，徐康宁 . 中国的对外贸易结构改变了吗 ?[J]. 世界经济文汇，2009（5）.

[91] 申明浩，杨永聪 . 基于全球价值链的产业升级与金融支持问题研究——以我国第二产业为例 [J]. 国际贸易问题，2012（7）.

[92] 盛斌，陈帅 . 全球价值链如何改变了贸易政策：对产业升级的影响和启示 [J]. 国际经济评论，2015（1）.

[93] 苏杭，等 . 要素禀赋与中国制造业产业升级——基于 WIOD 和中国工业企业数据库的分析 [J]. 管理世界，2017（4）.

[94] 苏建军，徐璋勇 . 金融发展、产业结构升级与经济增长——理论与经验研究 [J]. 工业技术经济，2014（2）.

[95] 苏庆义 . 贸易结构决定因素的分解：理论与经验研究 [J]. 世界经济，2013（6）.

[96] 孙超，等 . 政府环境治理对区域创新的影响研究 [J]. 南开经济研究，2022（12）.

[97] 孙皓，宋平平 . 城乡居民消费结构转型升级的趋势性特征与动态机制研究 [J]. 新疆社会科学，2022（2）.

[98] 孙尚清 . 关于我国社会主义初级阶段的消费模式 [J]. 财贸经济，1988（6）.
[99] 孙晓华，王昀 . 对外贸易结构带动了产业结构升级吗？——基于半对数模型和结构效应的实证检验 [J]. 世界经济研究，2013（1）.
[100] 谭晶荣，等 . “一带一路”背景下中国与中亚五国主要农产品贸易潜力研究 [J]. 商业经济与管理，2016（1）.
[101] 唐东波 . 垂直专业化贸易如何影响了中国的就业结构？ [J]. 经济研究，2012（8）.
[102] 唐琦，等 . 中国城市居民家庭的消费结构分析：1995—2013[J]. 经济研究，2018（2）.
[103] 陶新宇，等 . “东亚模式”的启迪与中国经济增长“结构之谜”的揭示 [J]. 经济研究，2017（11）.
[104] 田文，等 . 全球价值链重构与中国出口贸易的结构调整 [J]. 国际贸易问题，2015（3）.
[105] 佟家栋，冯祥玉 . 中国产业部门的低碳贸易竞争力指数测度与评估 [J]. 经济学家，2022（3）.
[106] 瓦尔特・霍夫曼 . 工业化的阶段和类型 [M]. 上海：上海译文出版社，1979.
[107] 汪彩君，唐根年 . 长江三角洲地区制造业空间集聚、生产要素拥挤与集聚适度识别研究 [J]. 统计研究，2011（2）.
[108] 王菲 . 中国出口贸易结构影响产业结构的机制——基于贸易内生技术进步经济增长模型的实证研究 [J]. 华东经济管理，2012（3）.
[109] 王洪庆 . 我国加工贸易的技术溢出效应研究 [J]. 世界经济研究，2006（7）.
[110] 王煌，张秀英 . 技术创新、产业结构升级与国际贸易效应的实证分析 [J]. 统计与决策，2017（9）.
[111] 王岚 . 融入全球价值链对中国制造业国际分工地位的影响 [J]. 统计研究，2014（5）.
[112] 王丽，张岩 . 对外直接投资与母国产业结构升级之间的关系研究——基于1990—2014 年 OECD 国家的样本数据考察 [J]. 世界经济研究，2016（11）.
[113] 王巧巧，等 . 信用卡支付对消费结构的影响研究：消费升级还是消费降级？ [J]. 上海金融，2018（11）.
[114] 王少平，欧阳志刚 . 我国城乡收入差距的度量及其对经济增长的效应 [J]. 经济研究，2007（10）.
[115] 王孝松，等 . 贸易壁垒如何影响了中国的出口边际？——以反倾销为例的经验研究 [J]. 经济研究，2014（11）.
[116] 王玉燕，等 . 全球价值链嵌入的技术进步效应——来自中国工业面板数据的经验研究 [J]. 中国工业经济，2014（9）.
[117] 威廉・配第 . 政治算术 [M]. 北京：商务印书馆，2014.

[118] 魏浩，王聪 . 附加值统计口径下中国制造业出口变化的测算 [J]. 数量经济技术经济研究，2015（6）.
[119] 魏浩 . 中国出口商品结构变化的重新测算 [J]. 国际贸易问题，2015（4）.
[120] 魏浩，等 . 进口制成品在中国市场上的比较优势及其变迁：2000—2011 年 [J]. 经济经纬，2014（5）.
[121] 魏浩，等 . 中国制成品出口比较优势及贸易结构研究 [J]. 经济学（季刊），2011（4）.
[122] 魏巍，等 . 不同发展水平国家在全球价值链中位置差异分析——基于国际产业转移视角 [J]. 产业经济研究，2016（1）.
[123] 文东伟等 . FDI、产业结构变迁与中国的出口竞争力 [J]. 管理世界，2009（4）.
[124] 吴航，陈劲 . 新兴经济国家企业国际化模式影响创新绩效机制——动态能力理论视角 [J]. 科学学研究，2014（8）.
[125] 吴孝政，潘国俊 . 发展消费信贷，促进消费结构升级 [J]. 消费经济，2003（2）.
[126] 西蒙・库兹涅茨 . 各国的经济增长——总产值和生产结构 [M]. 北京：商务印书馆，2018.
[127] 西蒙・库兹涅茨 . 国民收入及其构成 [M]. 北京：商务印书馆，1985.
[128] 夏维 . 高新技术对区域产业结构升级的影响——基于省际数据的面板 VAR 分析 [J]. 商业经济，2019（6）.
[129] 项松林，等 . 农业劳动力转移与发展中国家出口结构 : 理论与中国经验研究 [J]. 世界经济，2014（3）.
[130] 谢小平，傅元海 . 大国市场优势、消费结构升级与出口商品结构高级化 [J]. 广东财经大学学报，2018（4）.
[131] 徐康宁，王剑 . 自然资源丰裕程度与经济发展水平关系的研究 [J]. 经济研究，2006（1）.
[132] 徐敏，姜勇 . 中国产业结构升级能缩小城乡消费差距吗 ?[J]. 数量经济技术经济研究，2015（3）.
[133] 徐维祥，等 . 外商群体投资、外部效应与地方产业发展研究综述与展望 [J]. 经济学动态，2010（8）.
[134] 许和连，等 . 离岸服务外包网络与服务业全球价值链提升 [J]. 世界经济，2018（6）.
[135] 许南，李建军 . 产品内分工、产业转移与中国产业结构升级 [J]. 管理世界，2012（1）.
[136] 许庆明，等 . 城市群人口集聚梯度与产业结构优化升级——中国长三角地区与日本、韩国的比较 [J]. 中国人口科学，2015（1）.
[137] 闫文周 . 基于熵权法的生态城市建设评价 [J]. 统计与决策，2009（2）.

[138] 严潮斌．产业创新：提升产业竞争力的战略选择 [J]. 北京邮电大学学报（社会科学版），1999（3）.

[139] 杨俊青．我国二元经济转化的理论与模式——一个有别于西方古典经济论的二元经济结构转化模型 [J]. 南开学报（哲学社会科学版），2007（2）.

[140] 杨秀云，尹诗晨．行业收入差距、人力资本结构与产业结构升级 [J]. 西安交通大学学报（社会科学版），2020（4）.

[141] 尹世杰．社会主义消费经济学 [M]. 上海：上海人民出版社，1983.

[142] 尹世杰．试论需求上升规律 [J]. 消费经济，1988（3）.

[143] 尹伟华．中日制造业参与全球价值链分工模式及地位分析——基于世界投入产出表 [J]. 经济理论与经济管理，2016（5）.

[144] 尹翔硕．产业结构、可贸易性与贸易不平衡：一个理论解释 [J]. 世界经济研究，2014（1）.

[145] 余剑，谷克鉴．开放条件下的要素供给优势转化与产业贸易结构变革——基于比较优势战略的中国改革开放实践的考察 [J]. 国际贸易问题，2005（11）.

[146] 俞剑，方福前．中国城乡居民消费结构升级对经济增长的影响 [J]. 中国人民大学学报，2015（5）.

[147] 袁富华．长期增长过程的“结构性加速”与“结构性减速”：一种解释 [J]. 经济研究，2012（3）.

[148] 袁欣．中国对外贸易结构与产业结构：“镜像”与“原像”的背离 [J]. 经济学家，2010（6）.

[149] 袁志刚，等．中国城镇居民消费结构变迁及其成因分析 [J]. 世界经济文汇，2009（4）.

[150] 约瑟夫·熊彼特．经济发展理论 [M]. 北京：商务印书馆，2019.

[151] 张翠菊，张宗益．中国省域产业结构升级影响因素的空间计量分析 [J]. 统计研究，2015（10）.

[152] 张军，等．中国省际物质资本存量估算 :1952—2000[J]. 经济研究，2004(10).

[153] 张南生，曾广录．第三产业结构优化的基本路径及合理模式 [J]. 湖南社会科学，2009（1）.

[154] 张曙光．经济发展及其结构转换中的贸易问题——国际经验和中国的选择 [J]. 中国社会科学，1988（5）.

[155] 张曙霄，张磊．中国对外贸易结构转型升级研究——基于内需与外需的视角 [J]. 当代经济研究，2013（2）.

[156] 张曙霄，张磊．中国贸易结构与产业结构发展的悖论 [J]. 经济学动态，2013（11）.

[157] 张曙霄，郭沛．中国价格贸易条件与出口商品结构的关系——基于 2001—

2008 年季度数据的分析 [J]. 南开经济研究，2009（5）.
[158] 张小蒂，孙景蔚 . 基于垂直专业化分工的中国产业国际竞争力分析 [J]. 世界经济，2006（5）.
[159] 张亚斌 . 论制度影响国际贸易的内在机制 [J]. 国际贸易问题，2000（12）.
[160] 张耀辉 . 产业创新：新经济下的产业升级模式 [J]. 数量经济技术经济研究，2002（1）.
[161] 张颖熙，夏杰长 . 以服务消费引领消费结构升级：国际经验与中国选择 [J]. 北京工商大学学报（社会科学版），2017（6）.
[162] 张忠根，等 . 年龄结构变迁、消费结构优化与产业结构升级——基于中国省级面板数据的经验证据 [J]. 浙江大学学报（人文社会科学版），2016（3）.
[163] 张宗益，伍焓熙 . 新型城镇化对产业结构升级的影响效应分析 [J]. 工业技术经济，2015（5）.
[164] 赵放，曾国屏 . 全球价值链与国内价值链并行条件下产业升级的联动效应——以深圳产业升级为案例 [J]. 中国软科学，2014（11）.
[165] 赵瑞丽等 . 产业内集聚、产品关联密度与城市产品比较优势转换 [J]. 国际贸易问题，2017（8）.
[166] 赵晓梦，等 . 非正式环境规制能够诱发绿色创新吗？——基于 ENGOs 视角的验证 [J]. 中国人口·资源与环境，2021（3）.
[167] 郑英隆 . 基于发展方式转变的我国城乡居民信息消费差异研究述评（2006—2011）[J]. 图书馆论坛，2013（2）.
[168] 周申，等 . 贸易结构与就业结构：基于中国工业部门的分析 [J]. 数量经济技术经济研究，2012（3）.
[169] 周升起，等 . 中国制造业在全球价值链国际分工地位再考察——基于 Koopman 等的“GVC 地位指数”[J]. 国际贸易问题，2014（2）.
[170] 朱平芳，徐伟民 . 政府的科技激励政策对大中型工业企业 R&D 投入及其专利产出的影响——上海市的实证研究 [J]. 经济研究，2003（6）.
[171] Acemoglu D.,Guerrieri V.. Capital Deepening and Non-Balanced Economic Growth[J]. Journal of Political Economy, 2008.
[172] Antras P.,Yeaple S. R.. Multinational Firms and the Structure of International Trade[J]. Handbook of International Economics, 2014.
[173] Antras P.. Firms,Contracts,and Trade Structure[J]. Quarterly Journal of Economics, 2003.
[174] Arezki R.,et al.. On the Comparative Advantage of U.S. Manufacturing: Evidence from the Shale Gas Revolution[J]. Journal of International Economics, 2017.
[175] Bain J. S.. Industrial Organization[M]. New York: John Wiley, 1959.
[176] Battese G. E., Coelli T. J.. A Model for Technical Inefficiency Effects in a

Stochastic Frontier Production Function for Panel Data[J]. Empirical Economics, 1995.

[177] Baumol W. J.. Macroeconomics of Unbalanced Growth: The Anatomy of Urban Crisis[J]. American Economic Review, 1967.

[178] Baxter M., Kouparitsas M. A.. Trade Structure, Industrial Structure, and International Business Cycles[J]. American Economic Review, 2003.

[179] Bergoeing R., et al.. Why Is Manufacturing Trade Rising Even as Manufacturing Output is Falling[J]. American Economic Review, 2004.

[180] Bergstrand J. H.. The Generalized Gravity Equation, Monopolistic Competition, and the Factor-proportions Theory in International Trade[J]. Review of Economics & Statistics, 1989.

[181] Bernard A., Redding S., Schott P.. Multi-product firms and product switching[J]. London School of Economics and Political Science, LSE Library, 2006.

[182] Blanchard E. J., Olney W. W.. Globalization and Human Capital Investment: Export Composition Drives Educational Attainment[J]. Journal of International Economics, 2013, 106 (5).

[183] Blanchard E. J., Bown C. P., Johnson R. C., et al.. Global supply chains and trade policy[J]. Policy Research Working Paper Series, 2016.

[184] Boppart T.. Structural Change and the Kaldor Facts in a Growth Model with Relative Price Effects and Non-Gorman Preferences[J]. Econometrica, 2014.

[185] Boschma R., Iammarino S.. Related Variety, Trade Linkages, and Regional Growth in Italy[J]. Economic Geography, 2015.

[186] Braude J., Menashe Y.. The Asian miracle: Was It A Capital-intensive Structural Change?[J]. Journal of International Trade & Economic Development, 2011, 20(1).

[187] Buera., Francisco, J, et al.. The Rise of the Service Economy[J].American Economic Review, 2012.

[188] Chenery H. B., et al.. The Pattern of Japanese Growth, 1914-1954[J]. Econometrica, 1980.

[189] Chenery H. B.. Interactions between Industrialization and Exports[J]. American Economic Review, 1980.

[190] Cheremukhin A., et al.. The Economy of People' s Republic of China from 1953[J]. NBER Working Paper, 2015.

[191] Chesnokova T.. Immiserizing Deindustrialization: A Dynamic Trade Model with Credit Constraints[J]. Journal of International Economics, 2007.

[192] Clark J. M.. Toward a Concept of Workable Competition[J]. American Economic Review, 1940.

[193] Colantone I., Sleuwaegen L.. International Trade, Exit and Entry: A Cross-Country and Industry Analysis[J]. Journal of International Business Studies, 2010.

[194] Cunningham N. J.. Industrial Innovation[J]. Business History, 1960.

[195] Davis D. R., Weinstein D. E.. Market Access, Economic Geography, and Comparative Advantage: An Empirical Assessment[J]. NBER Working Paper, 2007.

[196] Davis D. R.. The Home Market, Trade, and Industrial Structure[J]. NBER Working Paper, 1997.

[197] Deaton A. S, Muellbauer J. Economics And Consumer Behavior[M]. Cambridge University, 1980.

[198] Dekle R., Vandenbroucke G.. A Quantitative Analysis of China' s Structural Transformation[J]. Journal of Economic Dynamics & Control, 2012.

[199] Dodzin S., Vamvakidis A.. Trade and Industrialization in Developing Economies[J]. Journal of Development Economics, 2004.

[200] Duarte M., Restuccia D.. The Role of the Structural Transformation in Aggregate Productivity[J]. Quarterly Journal of Economics, 2010.

[201] Duesenberry J. S.. Income, Saving, and the Theory of Consumer Behaviour[M]. Harvard University Press, 1949.

[202] Eaton J., Kortum S.. Technology, Geography, and Trade[J]. Econometrica, 2022.

[203] Egger P., Larch M.. Interdependent Preferential Trade Agreement Memberships: An Empirical Analysis[J]. Journal of International Economics, 2008.

[204] Engel E.. Die Productions und Consumption Serhaeltnisse des Koenigsreichs Sachsen[J]. Zeitschrift des Statistischen Bureaus des Koniglich Sachsischen Ministeriums des Inneren, 1857.

[205] Feenstra R. C., Hanson G. H.. Globalization, Outsourcing, and Wage Inequality[J]. American Economic Review, 1996, 86 (2).

[206] Feenstra R. C.. Quality Change Under Trade Restraints in Japanese Autos[J]. Quarterly Journal of Economics, 1988.

[207] Feinberg S., Gordon P.. Frim-Specific Resources, Financial-Market Development and the Growth of U.S. Multinationals[J]. NBER Working Paper, 2002.

[208] Felbermayr G. J., Kohler W.. Exploring the Intensive and Extensive Margins of World Trade[J]. Review of World Economics, 2006.

[209] Foellmi R., Zweimiller J.. Structural Change, Engel's Consumption Cycles and Kaldor's Facts of Economic Growth[J]. Journal of Monetary Economics, 2008.

[210] Freel M. S.. Patterns of Innovation and Skills in Small Firms[J]. Technovation, 2005.

[211] Freeman C.. The Economics of Industrial Innovation[M]. London: Penguin Books, 1974.

[212] Friedman M.. The Permanent Income Hypothesis[M]. Princeton: Princeton University Press, 1957.

[213] Gagnon J. E., Rose A. K.. Dynamic Persistence of Industry Trade Balances: How Pervasive is the Product Cycle?[J]. Oxford Economic Papers, 1995.

[214] Gereffi G.. International Trade and Industrial Upgrading in Apparel Commodity Chain[J]. Journal of International Economics, 1999.

[215] Wiesława Giera ń czyk. Development of High Technologies as an Indicator of Modern Industry in the Eu[J]. Bulletin of Geography. Socio-economic Series, 2010, 14（14）.

[216] Grossman G. M., Helpman E.. Trade Innovation and Growth[J]. American Economic Review, 1990.

[217] Grossman G. M., Helpman E.. Trade, Knowledge Spillovers, and Growth[J]. European Economic Review, 1991.

[218] Helpman E., Krugman P. R.. Market Structure and Foreign Trade: Increasing Returns, Imperfect Competition and the International Economy[M]. Cambridye: MIT Press, 1985.

[219] Hirschman A.. The Strategy of Economic Development[M]. New Haven: Yale University Press, 1958.

[220] Hobday M.. The Technological Competence of European Semiconductor Producers[J]. International Journal of Technology Management, 1997.

[221] Hopkins T. K., Wallerstein I.. Commodity Chains in the World Economy Prior to 1800[J]. Braudel Center, 1986.

[222] Hummels D., Klenow P. J.. The Variety and Quality of a Nation's Exports[J]. Journal of International Economics, 2005.

[223] Hummels D., et al.. The Nature and Growth of Vertical Specialization in World Trade[J]. Journal of International Economics, 2001.

[224] Jin Y., et al.. Income Inequality, Consumption, and Socia-status Seeking[J]. Journal of Comparative Economics, 2011.

[225] Johnson R. C., Noguera G.. Proximity and Production Fragmentation[J]. American Economic Review, 2012.

[226] Kandogan Y.. Intra-industry Trade of Transition Countries: Trends and Determinants[J]. Emerging Markets Review, 2003.

[227] Keller W.. How Trade Patterns and Technology Flows Affect Productivity Growth[J]. NBER Working Paper, 1999.

[228] Keynes J. M.. The General Theory of Emloyment, Interest and Money[M]. Palgrave Macmillan, 1936.

[229] Kneller R., Stevens P. A.. Frontier Technology and Absorptive Capacity: Evidence from OECD Manufacturing Industries[J]. Oxford Bulletin of Economics & Statistics, 2006.

[230] Kobayashi N.. Industrial Structure and Manufacturing Growth During Japan's Bubble and Post-Bubble Economics[J]. Regional Studies, 2004.

[231] Kongsamt P., et al.. Beyond Balanced Growth[J]. Review of Economic Studies, 2001.

[232] Koopman R., et al.. Give Credit Where Credit Is Due: Tracing Value Added in Global Production Chains[J]. NBER Working Paper, 2010.

[233] Korgut B.. Designing Global Strategies: Profiting from Operational Flexibility[J]. Sloan Management Review, 1985.

[234] Krugman P. R.. Increasing Returns, Monopolistic Competition, and International Trade[J]. Journal of International Economics, 1979.

[235] Krugman P. R.. Scale Economics, Product Differentiation, and the Pattern of Trade[J]. American Economic Review, 1980.

[236] Kuznets S.. Modern Economic Growth: Rate, Structure and Spread[M]. New Haven: Yale University Press, 1966.

[237] Lall S.. The Technological Structure and Performance of Developing Country Manufactured Exports, 1985–1998[J]. Oxford Development Studies, 2000.

[238] Lemoine F., Unal–Kesenci D.. Assembly Trade and Technology Transfer The Case of China[J]. World Development, 2004.

[239] Leontief W.. Domestic Production and Foreign Trade: The American Capital Position Re–examined[J]. Proceedings of the American Philosophical Society, 1953.

[240] Levchenko A.. Institutional Quality and International Trade[J]. Review of Economic Studies, 2007.

[241] Lluch C.. The Extended Linear Expenditure System[J]. European Economic Review, 1973.

[242] Ma Y., et al.. Factor Intensity, Product Switching, and Productivity: Evidence from Chinese Exporters[J]. Journal of International Economics, 2014.

[243] Mani S.. Exports of High Technology Products from Developing Countries: Is it Real or a Statistical Artifact?[C]// United Nations University – INTECH, 2000.

[244] Mansfield E.. Academic research underlying industrial innovations: Sources, Characteristics, and Financing[J]. Review of Economic & Statistics, 1995.

[245] Markusen J. R.. Putting Per-capita Income Back into Trade Theory[J]. Journal of International Economics, 2013.

[246] Marshall A.. Principles of Economics[M]. MacMillan, 1890.

[247] Matsuyama K.. Structural Change in an Interdependent World: A Global View of Manufacturing Decline[J]. European Economic Association, 2009.

[248] Modigliani F.. Utility Analysis and the Consumption Function: An Interpretation of Cross-Section Data[M]. Rutgers University Press, 1954.

[249] Mudambi R.. Location, Control and Innovation in Knowledge-intensive Industries[J]. Journal of Economic Geography, 2008.

[250] Murphy K. M., et al.. Income Distribution, Market Size, and Industrialization[J]. Quarterly Journal of Economics, 1989.

[251] Nelson R. R.. Understanding Technical Change as an Evolutionary Process[M]. North-Holland, 1987.

[252] Nunn N.. Relationship-Specificity, Incomplete Contracts, and the Pattern of Trade[J]. Quarterly Journal of Economics, 2007.

[253] Quigley J. M., Raphael S.. Regulation and the High Cost of Housing in California[J]. American Economic Review, 2005.

[254] Rodrik D.. Making Room for China in the World Economy[J]. American Economic Review, 2010.

[255] Rodrik D.. What's So Special about China' s Exports?[J]. China & World Economy, 2006.

[256] Rostow W. W.. Politics and the Stages of Growth[M]. Cambridge University Press, 1971.

[257] Rostow W. W.. The Stages of Economic Growth[M]. Cambridge University Press, 1960.

[258] Ruhl K. J.. How Well Is US Intrafirm Trade Measured[J]. American Economic Review, 2015.

[259] Shan J., Sun F.. On the Export-led Growth Hypothesis: the Econometric Evidence from China[J]. Applied Economics, 1998.

[260] Smith A.. An Inquiry into the Nature and Causes of the Wealth of Nations[M]. Harriman House Limited, 1776.

[261] Stone R.. Liner Expenditure Systems and Demand Analysis: An Application to the Pattern of British Demand[J]. The Economic Journal, 1954.

[262] Sufaira C.. Growth and Diversification of Manufacturing Export in India Since 1991[J]. Journal of International Economics，2015.

[263] Theil H.. Economics and Information Theory[M]. Madison：University of Wisconsin Press，1967.

[264] Tirole J.. The Theory of Industrial Organization[M]. Cambridge：MIT Press，1988.

[265] Ventura J.. Growth and Interdependence[J]. Quarterly Journal of Economics，1997.

[266] Wang Z.，et al.. Quantifying International Production Sharing at the Bilateral and Sector Levels[J]. NBER Working Paper，2013.

[267] William P. A.. Treatise of Taxes and Contributions[M]. N. Booke，1662.

[268] Wright G.. The Origins of American Industrial Success，1879–1940[J]. American Economic Review，1990.

[269] Yeaple S. R.. Offshoring，Foreign Direct Investment，and the Structure of U.S. Trade[J]. Journal of the European Economic Association，2011.

第三章

开放发展水平与制造业高质量发展的互动关系分析

摘　　要

党的二十大报告提出，建设现代化产业体系，坚持把发展经济的着力点放在实体经济上，推进新型工业化，加快建设制造强国[①]。制造业高质量发展是加快建设制造强国的实现路径，高水平对外开放是我国制造业高质量发展的必由之路，制造业高质量发展与开放发展水平存在密切的互动关系。本章在对制造业高质量发展进行调查研究的基础上，对制造业高质量发展与开放发展水平的互动关系及其影响进行了深入的比较分析。

（1）研究结果显示，全国制造业高质量发展水平呈现稳定上升态势，但制造业高质量发展呈现东部、中部、西部依次递减现象，东部制造业高质量发展水平明显高于全国平均水平。

（2）制造业高质量发展影响因素分析结果显示，人力资本、技术创新、产业发展、基础设施、开放发展水平是影响制造业高质量发展的重要因素。

（3）开放发展水平与制造业高质量发展存在互动关系，高水平对外开放对制造业高质量发展有积极促进作用。高水平对外开放通过技术溢出效应、规模经济效应和竞争示范效应推动制造业高质量发展，其中高

① 习近平：《高举中国特色社会主义伟大旗帜 为全面建设社会主义现代化国家而团结奋斗——在中国共产党第二十次全国代表大会上的报告》，新华社，2022 年 10 月 25 日。

水平对外贸易、高水平外商投资、国际市场竞争、创新环境对我国制造业高质量发展有显著的正向促进作用。

（4）政策建议：积极对标全球高标准经贸规则，推动制度型开放，有利于促进制造业高质量发展；进一步完善高质量发展法律法规，优化营商环境，提升市场化、国际化、法治化水平，为制造业高质量发展提供法律保障；区域开放水平与区域制造业高质量发展存在正相关关系，东部地区高水平开放和制造业高质量发展水平都明显高于中部和西部地区，推动区域开放协同发展，加强中西部地区的自由贸易试验区建设，通过自由贸易试验区制度创新提升中西部区域开放发展水平，促进中西部地区制造业高质量发展。

第一节　有关制造业高质量发展与开放发展水平的研究文献回顾

一、有关高质量发展研究主要文献回顾

高质量发展研究文献可追溯到经济增长质量的研究。经济增长质量的研究，主要从狭义与广义两个角度进行分析。狭义的经济增长质量主要指生产效率水平的提升，增长质量提高体现的是增长方式的转变与资源利用效率的提高（卡马耶夫,1983）[①]。刘亚建（2002）[②]认为经济增长质量与效率为同义语，处于中速增长阶段的经济体，只要单位经济增长率中剩余产品量较高也能实现国民财富的积累。康梅（2006）[③]认为通过生产设备所体现的硬技术水平以及利用硬技术所体现的综合效率直接影响到经济增长质量。郑玉歆（2007）[④]认为经济增长质量的核心应该源自效率的提升。

从广义角度理解经济增长质量，不同学者有不同的看法。Thomas（2001）[⑤]认为经济增长质量是对经济发展概念的补充，而增长质量本身

① 卡马耶夫:《经济增长的速度和质量》，湖北人民出版社 1983 年版。

② 刘亚建:《我国经济增长效率分析》,《思想战线》2002 年第 4 期。

③ 康梅:《投资增长模式下经济增长因素分解与经济增长质量》,《数量经济技术经济研究》2006 年第 2 期。

④ 郑玉歆:《全要素生产率的再认识——用 TFP 分析经济增长质量存在的若干局限》,《数量经济技术经济研究》2007 年第 9 期。

⑤ Vinod Thomas，张绘等译:《经济增长的质量》，中国财政经济出版社 2001 年版。

的理论框架中应该充分考虑并包含分配公平性、环境可持续性、风险管理、治理结构等因素。Barro（2002）[①] 认为经济增长质量与增长数量是密切相关的。钞小静和惠康（2009）[②] 则认为经济增长质量是与经济增长数量密切相关的有关经济内容的因素，两者共同存在于经济增长的内涵之中；有关经济增长质量的研究在不断深化发展，可以看出经济增长的研究思路由重视“数量”转变为重视“质量”，更加强调“质”的影响因素。我国的经济高质量发展则是建立在经济质量增长基础上实现的更高质量、更高要求的经济发展，既包含数量扩张，又包含质量提升；既关乎经济的可持续增长，又兼顾经济的长期发展，是对经济增长与经济发展理论的补充和深化发展。

党的十九大报告提出，高质量发展的内涵是“更高质量、更有效率、更加公平、更可持续的发展”，明确指出经济发展“必须坚持质量第一、效益优先，以供给侧结构性改革为主线，推动经济发展质量变革、效率变革、动力变革”。

国内学者从供给侧、经济与社会和谐发展、新发展理念等角度对“高质量发展”进行深入研究。从供给侧角度，国家发展改革委经济研究所课题组（2019）[③] 认为高质量发展是供给体系的高质量，即供给体系高质量、高效率、高稳定性发展。夏显力等（2019）[④] 对农业高质量发展进行分析，认为高质量农业就是要建立一个集产业链、生产、经营于一体的高质量供给体系。江小国等（2019）[⑤] 则对制造业高质量发展进行深入研究，认为实现制造业高质量发展的工作重点应放在提升制造业供给体系上，以提高制造业技术创新能力为核心，努力实现高端制造、智能制造和绿色制造。

从经济与社会和谐发展角度，学者们认为“高质量发展”的核心就

---

① Barro Robert J., *Quantity and Quality of Economic Growth*, Banco Central de Chile, 2002.

② 钞小静、惠康：《中国经济增长质量的测度》，《数量经济技术经济研究》2009 年第 26 卷第 6 期。

③ 国家发展改革委经济研究所课题组：《推动经济高质量发展研究》，《宏观经济研究》2019 年第 2 期。

④ 夏显力、陈哲、张慧利等：《农业高质量发展：数字赋能与实现路径》，《中国农村经济》2019 年第 12 期。

⑤ 江小国、何建波、方蕾：《制造业高质量发展水平测度、区域差异与提升路径》，《上海经济研究》2019 年第 7 期。

是能够满足人民不断增长的真实需求的经济发展方式（金碚，2018[①]；孙江超，2019[②]；张涛，2020[③]）。任保平和李禹墨（2018）[④]认为高质量发展强调的是人与经济社会的和谐发展，是一种相互协调的包容性发展。陈再齐等（2019）[⑤]则指出高质量发展应是以人民为中心的发展。

从新发展理念角度来看，高质量发展必须体现新发展理念，其中创新发展是第一动力、协调发展是内生特点、绿色发展是普遍形态、开放发展是必由之路、共享发展是根本目的。张涛（2020）[⑥]认为制造业高质量发展需要从“创新、绿色、开放、共享、高效”五个维度，构建制造业高质量发展评价体系。

二、 关于制造业高质量发展的主要研究文献

（一）有关制造业高质量发展的主要研究文献

国内学者对“制造业高质量发展”和制造业强国建设进行了比较深入的研究。国内部分学者对制造业高质量发展的指导思想和战略方针进行探讨。辛国斌（2018）[⑦]认为，制造业高质量发展应紧紧围绕制造强国这一主题，不断适应全球科技革命发展大势，贯彻落实新发展理念，逐步形成创新引领、协同发展的现代化制造业体系。任保平（2019）[⑧]提出了制造业高质量发展需要坚持“六大战略”，即工业化战略、创新驱动发展战略、智能化战略、坚持新动能培育战略、改革发展战略以及品牌提升战略。吕铁和刘丹（2019）[⑨]指出，完善制造业体系顶层设计是推动制造业高质量发展的重点任务，要花大力气构建创新机制，推动各产业融合发展，加强各区域之间协同合作。一些学者研究了制造业高质量发

① 金碚:《关于“高质量发展”的经济学研究》,《中国工业经济》2018 年第 4 期。

② 孙江超:《我国农业高质量发展导向及政策建议》,《管理学刊》2019 年第 32 卷第 6 期。

③ 张涛:《高质量发展的理论阐释及测度方法研究》,《数量经济技术经济研究》2020 年第 37 卷第 5 期。

④ 任保平、李禹墨:《新时代我国高质量发展评判体系的构建及其转型路径》,《陕西师范大学学报（哲学社会科学版）》2018 年第 47 卷第 3 期。

⑤ 陈再齐、李震、杨志云:《国际视角下经济高质量发展的实现路径及制度选择》,《学术研究》2019 年第 2 期。

⑥ 张涛:《高质量发展的理论阐释及测度方法研究》,《数量经济技术经济研究》2020 年第 37 卷第 5 期。

⑦ 辛国斌:《以制造业高质量发展引领建设制造强国》,《中国科技产业》2018 年第 8 期。

⑧ 任保平:《新时代我国制造业高质量发展需要坚持的六大战略》,《人文杂志》2019 年第 7 期。

⑨ 吕铁、刘丹:《制造业高质量发展：差距、问题与举措》,《学习与探索》2019 年第 1 期。

展的主要路径，包括提升制造业开放水平（刘鑫鑫和惠宁，2021[①]）、加强技术创新和核心技术攻关（Yuan 和 Xiang，2018[②]；胡迟，2019[③]）、加快绿色转型（高运胜和杨阳，2020[④]；万攀兵等，2021[⑤]）以及营造良好的发展环境（尚会永和白怡珺，2019[⑥]）。

国内部分学者从量和质的角度对制造业高质量发展进行探讨，从“量”的角度来看，就是指制造业生产规模的不断扩张；从“质”的角度来看，即制造业生产制造的产品能够满足人民日益增长的美好生活需要的能力，这是制造业高质量发展最基本的要求。高质量发展要求从过去注重数量扩张的发展模式向注重质量提升的发展模式转变。

国内部分学者从制造创新角度进行探讨，李巧华（2019）[⑦]认为高质量发展是以新兴技术应用为突破点进行组织革新和管理创新，整合制造企业内外部资源，提高企业全要素生产率，是同时体现经济、社会与环境三方效益的综合性发展模式。吕铁和刘丹（2019）[⑧]认为制造业高质量发展的重点在于提质增效，在制造业规模稳定增长与结构平缓升级的前提下，以转变发展方式和转换新旧动能为表征实现制造业高质量发展。刘国新等（2020）[⑨]认为制造业高质量发展是包含经济增长、创新发展、产业升级、开放、生态和谐等诸多内容的全方位发展模式，并构建了“经济、创新、高级、开放、生态”的理论模型。徐华亮（2021）[⑩]认

① 刘鑫鑫、惠宁：《数字经济对中国制造业高质量发展的影响研究》，《经济体制改革》2021 年第 5 期。

② Yuan Baolong，Qiulian Xiang，“Environmental regulation，industrial innovation and green development of Chinese manufacturing：Based on an extended CDM model，” *Journal of Cleaner Production*，Vol.176，2018.

③ 胡迟：《以创新驱动打造我国制造业高质量成长——基于 70 年制造业发展回顾与现状的考察》，《经济纵横》2019 年第 10 期。

④ 高运胜、杨阳：《全球价值链重构背景下我国制造业高质量发展目标与路径研究》，《经济学家》2020 年第 10 期。

⑤ 万攀兵、杨冕、陈林：《环境技术标准何以影响中国制造业绿色转型——基于技术改造的视角》，《中国工业经济》2021 年第 9 期。

⑥ 尚会永、白怡珺：《中国制造业高质量发展战略研究》，《中州学刊》2019 年第 1 期。

⑦ 李巧华：《新时代制造业企业高质量发展的动力机制与实现路径》，《财经科学》2019 年第 6 期。

⑧ 吕铁、刘丹：《制造业高质量发展：差距、问题与举措》，《学习与探索》2019 年第 1 期。

⑨ 刘国新、王静、江露薇：《我国制造业高质量发展的理论机制及评价分析》，《管理现代化》2020 年第 40 卷第 3 期。

⑩ 徐华亮：《中国制造业高质量发展研究：理论逻辑、变化态势、政策导向——基于价值链升级视角》，《经济学家》2021 年第 11 期。

为制造业高质量发展作为一种发展战略，其内涵是通过产业高级化、产业链现代化以及产业融合发展提升制造业竞争优势，并且从“社会—共生—技术”三个维度搭建逻辑主线。曲立等（2021）[①] 在其研究基础上增加“风险控制”维度进行内涵的界定（见表 3-1）。

表3-1　　有关制造业高质量发展主要研究文献

研究观点	代表性学者
提升制造业开放水平	刘鑫鑫和惠宁（2021）
加强技术创新和核心技术攻关	Yuan 和 Xiang（2018）[②]；胡迟（2019）[③]
加快绿色转型	高运胜和杨阳（2020）[④]；万攀兵等（2021）[⑤]
营造良好发展环境	尚会永和白怡珺（2019）[⑥]
围绕“制造强国”这一主题，不断适应全球科技革命发展大势，贯彻落实新发展理念，逐步形成创新引领、协同发展的现代化制造业体系	辛国斌（2018）[⑦]
坚持“六大战略”，即工业化战略、创新驱动发展战略、智能化战略、坚持新动能培育战略、改革发展战略以及品牌提升战略	任保平（2019）[⑧]
完善制造业体系顶层设计是推动制造业高质量发展的重点任务，要花大力气构建创新机制，推动各产业融合发展，加强各区域之间协同合作	吕铁和刘丹（2019）[⑨]

资料来源：作者根据相关文献整理得到。

① 曲立、王璐、季桓永:《中国区域制造业高质量发展测度分析》,《数量经济技术经济研究》2021 年第 38 卷第 9 期。

② Yuan Baolong, Qiulian Xiang, “Environmental regulation, industrial innovation and green development of Chinese manufacturing: Based on an extended CDM model,” *Journal of Cleaner Production*, Vol.176, 2018.

③ 胡迟:《以创新驱动打造我国制造业高质量成长——基于 70 年制造业发展回顾与现状的考察》,《经济纵横》2019 年第 10 期。

④ 高运胜、杨阳:《全球价值链重构背景下我国制造业高质量发展目标与路径研究》,《经济学家》2020 年第 10 期。

⑤ 万攀兵、杨冕、陈林:《环境技术标准何以影响中国制造业绿色转型——基于技术改造的视角》,《中国工业经济》2021 年第 9 期。

⑥ 尚会永、白怡珺:《中国制造业高质量发展战略研究》,《中州学刊》2019 年第 1 期。

⑦ 辛国斌:《以制造业高质量发展引领建设制造强国》,《中国科技产业》2018 年第 8 期。

⑧ 任保平:《新时代我国制造业高质量发展需要坚持的六大战略》,《人文杂志》2019 年第 7 期。

⑨ 吕铁、刘丹:《制造业高质量发展：差距、问题与举措》,《学习与探索》2019 年第 1 期。

2018 年中央经济工作会议指出，要推动先进制造业和现代服务业深度融合，坚定不移建设制造强国。要稳步推进企业优胜劣汰。要增强制造业技术创新能力。要加强知识产权保护和运用，形成有效的创新激励机制。党的二十大报告强调，坚持把发展经济的着力点放在实体经济上，推进新型工业化，加快建设制造强国。

迄今为止，制造业高质量发展研究仍然在不断深化中。本章结合文献将制造业高质量发展定义为：以新发展理念为指导，注重创新驱动、产业协调、发展可持续性、高水平开放、共享发展五大层面，在制造业规模扩张、结构升级基础上实现质量、效率与动力深层次变革，进而提高制造业满足人民群众美好生活需要的能力。

（二）有关制造业高质量发展水平测度的研究文献

制造业高质量发展水平测度是制造业高质量发展研究的一个重要问题。目前，关于制造业高质量发展水平测度的文献可以分为单一指标法和综合评价指标体系测度法两类。

制造业高质量发展的单一指标主要有盈利率、增加值率以及全要素生产率等。王昱等（2022）[①] 基于 ACF 法测算生产率以表征的制造业企业高质量发展水平。孟茂源和张广胜（2021）[②] 采用企业样本所测量的全要素生产率作为企业发展质量的替代变量，并采用劳动生产率指标表征企业发展质量进行稳健性检验。Kusi-Sarpong 等（2019）[③] 提出可持续创新能力分析框架，从企业创新能力的可持续角度分析制造企业的成长前景。Mina 等（2014）[④] 则从企业的开放式创新角度衡量企业知识溢出效应以及竞争优势的持续性。Hausmann 等（2007）[⑤] 提出的出口技术复杂度指标成为衡量一国商品出口技术含量与商品出口结构的常用指标，在出口产品复杂度的基础上又衍生出行业层面出口复杂度指标，该指标成为衡量制

① 王昱、黄真瑞、胡腾：《政策迎合能否兼顾高质量发展？——制造业企业的研发操纵与生产率》，《科学学研究》2022 年第 9 期。

② 孟茂源、张广胜：《劳动力成本上升对制造业企业高质量发展的影响分析》，《经济问题探索》2021 年第 2 期。

③ Kusi-Sarpong S., et al., "A supply chain sustainability innovation framework and evaluation methodology," *International Journal of Production Research*, Vol.57, No.7, 2019.

④ Mina Andrea, et al., "Open service innovation and the firm's search for external knowledge," *Research Policy*, Vol.43, No.5, 2014.

⑤ Hausmann R., et al., "What Are Export Maters," *Journal of Economic Growth*, Vol.1, 2007.

造业出口质量的常用指标。

金碚教授（2018）[①] 提出制造业高质量发展具有多维性，应构建综合评价指标体系进行评估，如制造业创新力评价、制造业竞争力评价、制造业先进性评价、制造强国（强省、市）评价等，这些相关成果都给本章后续制造业高质量发展衡量体系的构建提供了思路和借鉴。从制造业创新能力来看，大部分研究主要集中在自主创新力和技术创新力，共性指标主要有创新投入、创新产出和创新支撑三个维度。从制造业竞争力评价角度看，指标体系较为繁杂，不同学者对竞争力的衡量角度差异较大，其中迈克尔·波特“钻石模型”（Michael Porter Diamond Model）[②] 或“SCP 范式”（SCP Mode）[③] 是两个比较著名的模型。关于制造业“先进性”的评价，研究主要集中在先进制造业和新型制造业两个分类中，虽然仍关注产业的技术创新，但将宏观效益纳入评价体系内，综合考虑经济效益、社会效益与环境效益。

在前述研究的基础上，关于制造业高质量发展的综合评价在多方面指标构造上有了明显的提升，包括人才、创新、环境、产业、开放、质量等多个方面的内容，如段国蕊和于靓（2021）[④] 构造了包含产业结构、产业组织、速度效益、产业创新、对外开放、贸易竞争力、生态效益、社会贡献等八个维度的指标体系来评价我国产业的高质量发展水平，将研究视域从经济高质量聚焦到产业高质量。

通过梳理以上研究文献可以发现，当前对高质量发展水平的探索呈现两种截然不同的研究思路。一种试图通过构建多维理论体系探讨制造业高质量发展，其中有学者选择遵循新发展理念构建五维评价体系（曲立等，2021）[⑤]，综合考虑经济效益、社会效益与生态效益进行指标体系构建与综合评价。另一种衡量趋势则是“极简”方向，要么单纯借由绿色全要素生产率来指代制造业高质量发展（惠宁和杨昕，

① 金碚：《关于“高质量发展”的经济学研究》，《中国工业经济》2018 年第 4 期。

②③ Michael Porter，*The Competitive Advantage of Nations*，Free Press，1998.

④ 段国蕊、于靓：《制造业高质量发展评价体系构建与测度：以山东省为例》，《统计与决策》2021 年第 37 卷第 18 期。

⑤ 曲立、王璐、季桓永：《中国区域制造业高质量发展测度分析》，《数量经济技术经济研究》2021 年第 38 卷第 9 期。

2022)[①]，要么在指标构建维度数量上进行精简。如汪芳和石鑫（2022）[②]构建了仅由绿色发展效率和出口技术结构构成的二维评价指标体系。

本章认为制造业高质量发展涉及诸多因素，需要将新发展理念的五个维度纳入指标体系评价框架，构建制造业高质量发展综合评价指标体系。

（三）有关制造业高质量发展影响因素的研究文献

目前，一些研究提出把创新发展、改革与开放列为推动制造业高质量发展的主要影响因素。

创新发展对制造业高质量发展的影响，包括科技创新、制度创新、产业创新、市场创新、企业创新、产品创新、创新投入产出等诸多方面。从国家宏观层面，程惠芳等（2008）[③]从“创新投入、创新政策、创新制度、创新公共基础条件、创新主体合作程度”五个维度构建因子分析框架表征国家创新体系，实证分析了国家创新体系与企业高质量发展之间的正向促进作用。从企业创新层面，Parida 等（2012）[④]利用 252 家中小型高科技企业的经营数据，研究开放创新活动的不同模式，对企业创新能力的提高和绩效水平的提升具有异质性影响，研究发现技术采购影响了企业创新绩效增速，而技术迭代则影响了企业创新增量。从区域创新层面，高丽娜和宋慧勇（2020）[⑤]从创新投入方面衡量了 29 个省份的创新能力，分样本回归证实创新能力对制造业高质量发展的影响存在空间异质性，东部地区创新效应相对具有显著性。贺灵和付丽娜（2021）[⑥]采用动态面板模型及门槛效应模型，实证了我国创新要素协调与制造业高质量发展之间存在的影响机

① 惠宁、杨昕：《数字经济驱动与中国制造业高质量发展》，《陕西师范大学学报（哲学社会科学版）》2022 年第 51 卷第 1 期。

② 汪芳、石鑫：《中国制造业高质量发展水平的测度及影响因素研究》，《中国软科学》2022 年第 2 期。

③ 程惠芳、蒋泰维、胡慧芬等：《国家创新体系对企业国际竞争力影响的经验分析》，《世界经济》2008 年第 1 期。

④ Parida Vinit, et al., “Inbound open innovation activities in high-tech SMEs: the impact on innovation performance,” *Journal of Small Business Management*, Vol.250, No.2, 2012.

⑤ 高丽娜、宋慧勇：《创新驱动、人口结构变动与制造业高质量发展》，《经济经纬》2020 年第 37 卷第 4 期。

⑥ 贺灵、付丽娜：《创新要素协同、市场化改革与制造业高质量发展》，《财经理论与实践》2021 年第 42 卷第 6 期。

制，结论表明科技、金融与人力资本等创新要素间的协同，能够推动制造业高质量发展水平显著提升。Rauter 等（2019）[①] 通过对工业企业的横截面抽样，并应用基准方法来确定相关绩效驱动因素，发现加强同大学和客户等知名合作伙伴以及非政府组织和中介机构的创新合作对企业绩效水平提升有显著作用。Enyoghasi 和 Badurdee（2021）[②] 有区别性地比较分析工业 4.0 技术及其对可持续制造发挥的潜在影响，并且基于产品、流程和系统可持续性等指标框架检验技术的异质性影响效应。Ghobakhloo 和 Fathi（2019）[③] 则从制造业企业角度入手，研究信息技术（IT）资源开发以及精益数字化制造系统应用，对工业 4.0 时代提升制造业企业持续性竞争力的影响。

从改革角度分析。徐充和郑朝霞（2021）[④] 认为改革的短期内容应聚焦于生产与需求的结构调整和优化，长期视角则应投向国民经济生产能力和增长潜力的根本性提升。Islam 等（2021）[⑤] 借鉴 Jordan 和 Philips（2018）[⑥] 的观点指出，制造业应该成为供给侧结构性改革需要大力深化的领域，供给侧结构性改革与制造业高质量发展转型不可拆分来看。杨丽君（2019）[⑦] 认为供给侧结构性改革与制造业升级具有内在联系，政府制度供给对制造业增长具有显著的影响。Camisón 和 Villar-López（2014）[⑧] 认为组织创新有利于技术创新能力的提升，而组织创新、产品和流程的

---

① Rauter Romana, et al., "Open innovation and its effects on economic and sustainability innovation performance," *Journal of Innovation & Knowledge*, Vol.4, No.4, 2019.

② Enyoghasi Christian, Fazleena Badurdee, "Industry 4.0 for sustainable manufacturing: Opportunities at the product, process, and system levels," *Resources, Conservation and Recycling*, Vol.166, 2021.

③ Ghobakhloo Morteza, Masood Fathi, "Corporate survival in Industry 4.0 era: the enabling role of lean-digitized manufacturing," *Journal of Manufacturing Technology Management*, Vol.31, No.1, 2019.

④ 徐充、郑朝霞:《高质量发展视域下供给侧结构性改革推进路径研究》,《广西社会科学》2021 年第 10 期。

⑤ Islam Md Monirul, et al., "Impact of globalization, foreign direct investment, and energy consumption on CO2 emissions in Bangladesh: Does institutional quality matter," *Environmental Science and Pollution Research*, Vol.28, No.35, 2021.

⑥ Jordan Soren, Andrew Q. Philips, "Cointegration testing and dynamic simulations of autoregressive distributed lag models," *The Stata Journal*, Vol.18, No.4, 2018.

⑦ 杨丽君:《供给侧改革视阈下中国制造业的知识溢出效应》,《科研管理》2019 年第 10 期。

⑧ Camisón César, Ana Villar-López, "Organizational innovation as an enabler of technological innovation capabilities and firm performance," *Journal of Business Research*, Vol.67, No.1, 2014.

技术能力都可以带来企业绩效水平的提升。Aghion 等（2013）[①] 研究发现机构所有权和产品市场竞争之间存在互补性，并且采用工具变量法，以政策变化和机构所有者类型为分类标准，证实了制度对企业创新的影响效应是正向的。郭威和盛继明（2021）[②] 对制造业与金融业多重失衡特征进行归纳总结，认为新发展阶段中应该着重提升金融主体服务实体经济的意愿和能力，从金融供给领域改革切入，助力高质量发展。

从开放角度分析。Yeung 和 Coe（2015）[③] 提出开放型动态全球生产网络理论，系统性分析全球开放生产网络的竞争动态（优化成本能力、市场性和财务纪律）和风险环境驱动因素。Caliendo 和 Parro（2015）[④] 就北美自由贸易协定关税削减影响，分析了贸易开放对制造业发展的影响。Bogers 等（2018）[⑤] 则从微观层面入手，研究员工特征对企业开放性绩效的影响，分析结论显示员工教育多样性与公司层面的开放性呈正相关，表明公司员工的知识多样性与吸收外部知识能力的提高，能够促进企业在追求创新时较多使用外部知识，从而促进绩效水平的提升。丁玉敏等（2021）[⑥] 就生产性服务业开放影响制造业全球价值链参与度的机制展开实证研究，发现生产性服务业开放能够显著促进制造业 GVC 参与度提升，且对制造业不同参与方式造成不同效应的影响。

参考有关研究文献，本文将影响制造业高质量发展的因素分为制造业内部供给因素和制造业外部环境因素。其中，内部因素主要包括人力资本、技术创新、资本要素等；外部环境因素则包括产业发展水平、基础设施水平、对外开放水平、政府制度环境、社会文化环境等，并对影

① Aghion P., et al., "Innovation and Institutional Ownership," *American Economic Review*, Vol.103, No.1, 2013.

② 郭威、盛继明:《金融供给侧结构性改革与制造业高质量发展——失衡表现与路径选择》,《金融论坛》2021 年第 26 卷第 9 期。

③ Yeung Henry Wai-chung, Neil Coe, "Toward a dynamic theory of global production networks," *Economic Geography*, Vol.91, No.1, 2015.

④ Caliendo Lorenzo, Fernando Parro, "Estimates of the Trade and Welfare Effects of NAFTA," *The Review of Economic Studies*, Vol.82, No.1, 2015.

⑤ Bogers M., et al., "The 'Human Side' of Open Innovation: The Role of Employee Diversity in Firm-Level Openness," *Research Policy*, Vol.47, No.1, 2018.

⑥ 丁玉敏、戴翔、熊凤琴:《生产性服务业开放如何影响制造业 GVC 参与度：机理与实证》,《南京社会科学》2021 年第 10 期。

响因素进行实证比较分析。

三、有关开放水平的主要研究文献及政策变化

（一）开放经济定义的研究文献

《现代经济词典》（1981）[①] 提出开放经济是进出口商品或要素越过边境却没有受到限制的经济。《新帕尔格雷夫经济学大辞典》（1996）[②] 将开放经济分为国际贸易和国际金融两种模式。曼昆（2001）[③] 提出开放经济是指一个经济体能与世界上其他经济体进行自由交易的经济。萨克斯等（2004）[④] 指出开放经济就是商品和生产要素可以在国际上自由流动。

（二）我国对外开放发展阶段

1978 年改革开放以来，我国对外开放由点到线、由线到面、由面到全方位开放，再到现在推进高水平对外开放（张明，2022）[⑤]。我国对外开放发展大体上经历五个发展阶段，从确立对外开放战略方针（1982 年党的十二大报告）到进一步扩大对外开放的广度和深度（1987 年党的十三大报告），再到深化涉外经济体制改革，全面提高对外开放水平（2002 年党的十六大报告），全面深化改革开放，构建开放型经济新体制，全面提高开放型经济水平（2012 年党的十八大报告）发展到党的二十大报告提出，推进高水平对外开放，构建以国内大循环为主体、国内国际双循环相互促进的新发展格局，稳步扩大规则、规制、管理、标准等制度型开放。推动货物贸易优化升级，创新服务贸易发展机制，发展数字贸易，加快建设贸易强国[⑥]。我国对外开放的发展阶段及其特征如下。

1. 第一阶段：确立对外开放战略方针阶段

1982 年，党的十二大报告提出，实行对外开放，按照平等互利的原

---

① 格林沃尔德：《现代经济词典》，商务印书馆 1981 年版。

② 约翰·伊特韦尔、彼得·纽曼：《新帕尔格雷夫经济学大辞典》，经济科学出版社 1996 年版。

③ 格里高利·曼昆：《经济学原理（第 3 版英文版）》，清华大学出版社 2006 年版。

④ 杰弗里·萨克斯、费利普·拉雷恩：《全球经济视角中的宏观经济》，上海人民出版社 2004 年版。

⑤ 张明：《以内促外，实现高水平对外开放》，《经济学家》2022 年第 12 期。

⑥ 习近平：《高举中国特色社会主义伟大旗帜 为全面建设社会主义现代化国家而团结奋斗——在中国共产党第二十次全国代表大会上的报告》，新华社，2022 年 10 月 25 日。

则扩大对外经济技术交流，是我国坚定不移的战略方针[①]。1984年，党的十二届三中全会提出，积极扩大对外经济技术交流和合作的规模，努力办好经济特区，进一步开放沿海港口城市。利用外资，吸引外商来我国举办合资经营企业、合作经营企业和独资企业，也是对我国社会主义经济必要的有益的补充。我们一定要充分利用国内和国外两种资源，开拓国内和国外两个市场，学会组织国内建设和发展对外经济关系两套本领。[②]

2. 第二阶段：进一步扩大对外开放的广度和深度阶段

1987年党的十三大报告提出，进一步扩大对外开放的广度和深度，不断发展对外经济技术交流与合作。正确选择进出口战略和利用外资战略，进一步扩展经济技术合作与贸易交流。必须根据国际市场的需要和我国的优势，积极发展具有竞争力、见效快、效益高的出口产业和产品，大力提高出口商品的质量，合理安排出口商品结构，多方位地开拓国际市场，以争取出口贸易较快地持续增长。同时，积极发展旅游业，发展劳务出口和技术出口，努力增加非贸易外汇收入。进口的重点要放在引进先进技术和关键设备上。积极发展替代进口产品的生产，采取必要的政策和措施，加快国产化进程。为了更好地扩大对外贸易，必须按照有利于促进外贸企业自负盈亏、放开经营、工贸结合、推行代理制的方向，坚决地有步骤地改革外贸体制。[③]1988年政府工作报告提出，适应对外开放和对外经济发展战略的需要，进一步加快和深化外贸体制的改革[④]。1992年党的十四大报告提出，为实现今后15年的奋斗目标和战略任务，必须牢牢把握抓住机遇、深化改革、扩大开放、促进发展、保持稳定的大局。必须处理好扩大对外开放和坚持自力更生的关系，在自力更生的基础上扩大对外开放，是我们必须长期坚持的方针。要引进先进技术，把引进和开发、创新结合起来，形成自己的优势；要利用国外资金，更要重视自己的积累。我们必须坚定不移地进一步扩大对外开放，把对外开放提高到一个新的更高水平[⑤]。1999年政府工作报告提出，要继续贯彻

---

① 党的十二大报告。

② 党的十二届三中全会报告《中共中央关于经济体制改革的决定》。

③ 党的十三大报告。

④ 1988年国务院政府工作报告。

⑤ 党的十四大报告。

对外开放的基本国策，努力开拓国际市场，力争对外贸易和利用外资有所增长。千方百计扩大出口。积极实施以质取胜和市场多元化战略，综合运用出口信贷、退税等各种国际通行的政策手段，促进出口，增加收汇。以扩大机电产品、高附加值产品和优质名牌产品的出口为重点，调整出口结构，开拓新的市场[①]。2000年政府工作报告提出，我国加入世贸组织的进程加快。我们必须抓住新的机遇，迎接新的挑战，采取更加有力的措施，以更为积极的姿态扩大对外开放，力争对外贸易和利用外资有新的增长[②]。

3. 第三阶段：深化涉外经济体制改革，全面提高对外开放水平阶段

2001年政府工作报告提出，顺应经济全球化趋势，进一步提高对外开放水平。一要抓紧做好加入世贸组织的准备和过渡期的各项工作。采取切实措施，转变政府管理方式，提高企业竞争能力。深化改革，健全符合国际通行规则和我国国情的对外经济贸易体制。加快修订和完善相关的法律法规。抓紧培养熟悉国际贸易规则的专业人才。二要进一步发展进出口贸易。继续实施以质取胜、科技兴贸战略。优化出口商品结构，提高高新技术产品比重，增加大宗传统商品的技术含量和附加值，扩大服务贸易规模。规范加工贸易管理，提高加工贸易的增值率。大力推进市场多元化战略，开拓新的出口市场。同时，重点引进国内急需的先进技术、关键设备和重要原材料。积极参与多边贸易体系和国际区域经济合作。三要努力提高利用外资水平。有步骤地推进服务领域对外开放。鼓励外商特别是跨国公司投资高新技术产业、基础设施等领域，以及在我国建立研究开发机构，参与国有企业的改组改造。支持有条件的企业到境外上市。进一步改善投资环境。积极探索采用收购、兼并、风险投资、投资基金和证券投资等形式，扩大利用外资规模。积极引导外资更多地投向中西部地区。要继续办好经济特区、浦东新区。四要实施“走出去”战略。2003年政府工作报告提出，坚持实施市场多元化战略和以质取胜战略，大力开拓新兴市场，着力改善出口商品结构，提高质量和档次。深化外经贸体制改革，推进外贸经营主体多元化，提高口岸管理水平和通关能力。坚持“引进

---

① 1999年国务院政府工作报告。

② 2000年国务院政府工作报告。

来”与“走出去”相结合，全面提高对外开放水平。继续做好加入世界贸易组织过渡期的各项应对工作，认真行使权力，履行承诺义务。稳定鼓励出口的各项政策措施，实施市场多元化战略，坚持以质取胜，扩大商品和服务贸易。培育和支持国内优势品牌，提高国际竞争力。优化进口结构。深化外贸体制改革。继续积极有效地利用外资，着重引进先进技术、现代管理经验和专门人才，支持国内企业与跨国公司进行多种形式的合作。努力改善投资环境，规范招商引资活动。鼓励和支持有比较优势的各类所有制企业，采取合资、独资、联营等形式开展跨国经营，带动国内商品特别是资本货物出口。积极推进多边双边和区域经济合作[①]。

4. 第四阶段：全面深化改革开放，构建开放型经济新体制，全面提高开放型经济水平阶段

2012 年党的十八大报告提出，全面提高开放型经济水平。实行更加积极主动的开放战略，完善互利共赢、多元平衡、安全高效的开放型经济体系。

5. 第五阶段：推动高水平对外开放，构建以国内大循环为主体、国内国际双循环相互促进的新发展格局

2022 年党的二十大报告提出，推动高水平对外开放，构建以国内大循环为主体、国内国际双循环相互促进的新发展格局。稳步扩大规则、规制、管理、标准等制度型开放。推动货物贸易优化升级，创新服务贸易发展机制，发展数字贸易，加快建设贸易强国。依法保护外商投资权益，营造市场化、法治化、国际化一流营商环境。推动共建“一带一路”高质量发展，优化区域开放布局，加快建设海南自由贸易港。坚持经济全球化正确方向，推动贸易和投资自由化便利化，推进双边、区域和多边合作，促进国际宏观经济政策协调。我国对外开放与体制改革发展历程见图 3–1。

---

① 2003 年国务院政府工作报告。

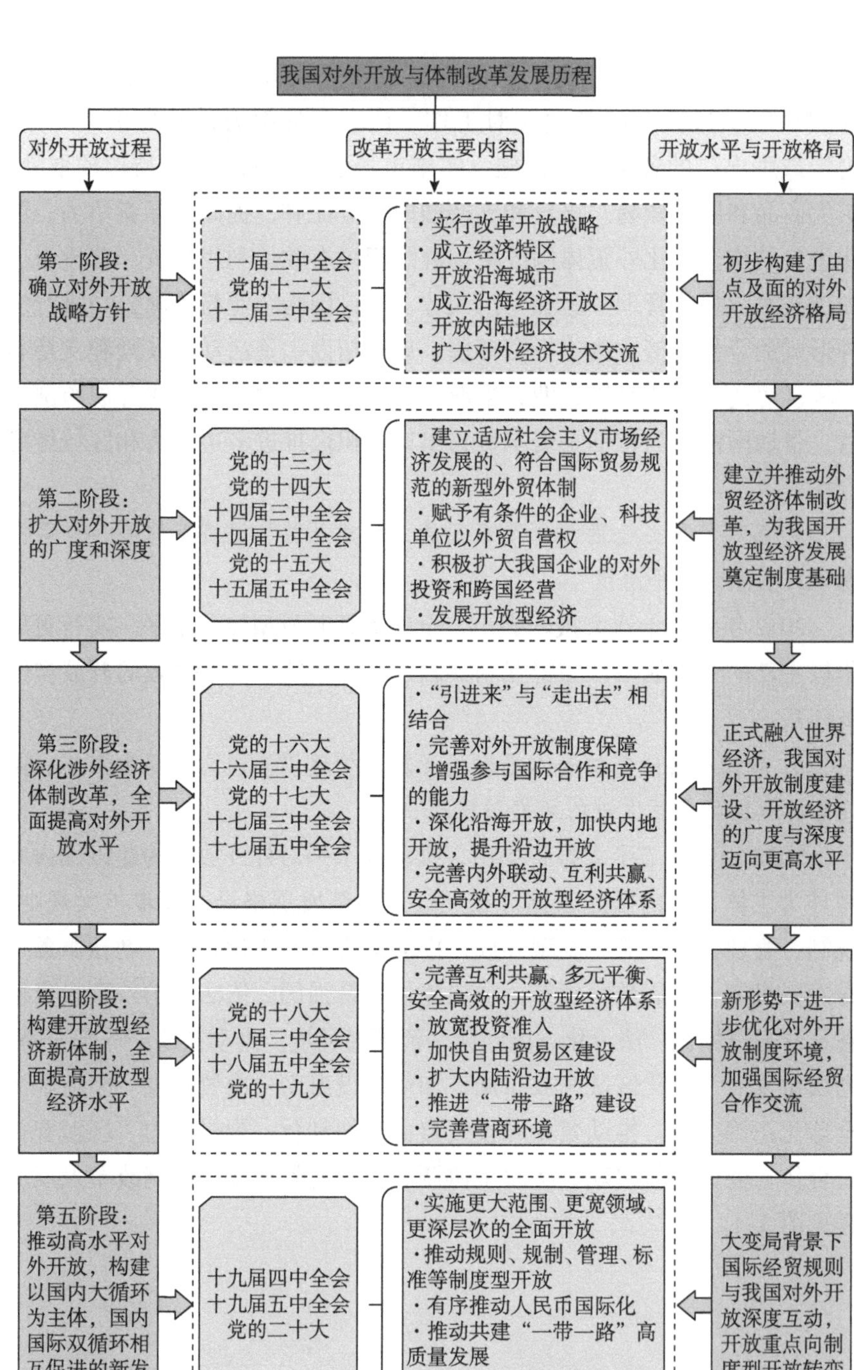

图3-1　我国对外开放与体制改革发展历程

资料来源：作者根据国家有关文件整理制作。

（三）有关经济开放水平测度与评价的研究文献

1. 有关对外开放水平计量方法的研究文献

有关对外开放水平的计量方法文献，大体可以分成以下4类。

（1）外贸依存度。国内外学者对一个国家对外开放水平的计量指标是外贸出口依存度，即出口总额占国内生产总值的比率，它反映了一个国家参与国际贸易或国际分工的程度（李翀，1998）[①]。进口贸易依存度即进口总额与国内生产总值之比，反映了国外供给的重要性（江小涓和孟丽君，2021）[②]。但是，以外贸依存度来度量经济开放度有其局限性，因为一国对外贸易比率的高低还受到该国地理位置、经济规模等内在因素影响，外贸依存度并不能真实反映一国经济开放程度。进一步的研究还发现，外贸依存度与一国人口规模存在负相关关系，并且与该国国内生产总值存在先负向后正向的"U"形相关关系。

（2）平均关税率、集体关税率、有效保护率。考虑到用对外贸易依存度衡量一个国家对外开放程度存在一定局限性，世界银行从贸易战略的角度提出一国贸易开放度的划分标准，应用贸易体制和贸易政策来衡量一国的对外开放程度，包括对进口的限制措施、对出口的补贴措施、有效保护率的高低等（世界银行，1987）[③]，对国际贸易的限制越少实际保护率越低，对外开放程度就越高，采用关税和非关税壁垒来测算经济开放程度。从关税角度来度量经济开放度的指标有平均关税率、集体关税率和有效保护率。平均关税率包括名义平均关税率、加权平均关税率、关税实际征收率。集体关税率定义为关税收入占进口的比率。有效保护率是由Corden（1966）[④]、Balassa（1965）[⑤]等人首先提出。他们试图用这个指标说明某特定产业增加值的保护率。从非关税壁垒角度来度量经济开放度的指标有数量限制平均覆盖率和非关税壁垒覆盖率。

---

① 李翀：《我国对外开放程度的度量与比较》，《经济研究》1998年第1期。

② 江小涓、孟丽君：《内循环为主、外循环赋能与更高水平双循环——国际经验与中国实践》，《管理世界》2021年第37卷第1期。

③ World Bank，*World Development Report 1987*，Oxford University Press，1987.

④ Corden W. M.，"The effective protective rate，the uniform tariff equivalent and the average tariff，" *Economic Record*，Vol.42，1966.

⑤ Balassa Bela，"Tariff protection in industrial countries：an evaluation，" *Journal of Political Economy*，Vol.73，No.6，1965.

（3）价格扭曲度。Dollar（1992）[①]利用商品实际价格对贸易开放条件下价格的扭曲程度来测定经济开放度。他认为，在贸易充分开放的条件下，同一商品在世界各地的价格都是相同的，价格差异是由贸易保护壁垒造成的。因此，可以通过比较相同商品在不同国家的实际价格差异，计算出各国经济的相对开放程度。

（4）开放水平指标体系构建法。模型构建法是先选取一定的指标，然后运用计量模型测算开放经济水平的预测值，再通过比较选取指标实际值与预测值的差异来度量开放度。

Repkine 和 Patrick（1998）[②]运用对外贸易依存度对国内生产总值（GDP）的平方、人口、人均 GDP 的平方进行回归，并对贸易依存度进行修正，作为贸易开放度指标。Stewart 和 Andrew（1999）[③]以引力模型为基础，提出以该国与其他所有贸易往来国的双边贸易流量为基础计算贸易开放度的方法。该方法以贸易实际流量与以引力模型为基础的贸易流动预测值之比作为贸易强度，以计算出来的贸易强度来代替贸易开放度。

包群等（2003）[④]选取了贸易依存度、实际关税率、黑市交易费用、Dollars 指数、修正的贸易依存度 5 个指标测算了我国改革开放以来的贸易开放度及对经济增长的作用。此方法在国内被广泛采用，如许和连等（2006）[⑤]、黄新飞和舒元（2010）[⑥]、盛斌和毛其淋（2011）[⑦]等学者均采用了部分指标对贸易开放度进行测算。

2. 有关高水平对外开放的研究文献

高水平对外开放不仅包括商品和要素流动型开放，也包括制度型开

① Dollar David, "Outward-oriented developing economies really do grow more rapidly: evidence from 95 LDCs, 1976-1985," *Economic Development and Cultural Change*, Vol.40, No.3, 1992.

② Repkine Alexander, Patrick P. Walsh, "European trade and foreign direct investment u-shaping," *Romania*, Vol.2, No.5, 1998.

③ Stewart David B., Andrew McAuley, "The effects of export stimulation: Implications for export performance," *Journal of Marketing Management*, Vol.15, No.6, 1999.

④ 包群、许和连、赖明勇：《贸易开放度与经济增长：理论及中国的经验研究》，《世界经济》2003 年第 2 期。

⑤ 许和连、亓朋、祝树金：《贸易开放度、人力资本与全要素生产率：基于中国省际面板数据的经验分析》，《世界经济》2006 年第 12 期。

⑥ 黄新飞、舒元：《中国省际贸易开放与经济增长的内生性研究》，《管理世界》2010 年第 7 期。

⑦ 盛斌、毛其淋：《贸易开放、国内市场一体化与中国省际经济增长：1985—2008 年》，《世界经济》2011 年第 11 期。

放。李计广和李秋静（2020）[①]将衡量高水平开放的指标分为两类，综合考量我国现阶段的开放水平：一类是“实体型”衡量指标，主要用来测度实体经济中开放部门的开放水平，如货物贸易、服务贸易、对外投资、利用外资等的总额或占比；另一类是“制度型”衡量指标，主要用来测度经济制度和经济政策的开放水平，如货物贸易关税和非关税壁垒水平、服务贸易限制指数、外资限制指数等。彭晓辉和于潇（2020）[②]从对内开放、对外开放、市场化开放三个维度来综合构建评价高水平开放型经济指标体系。主要从对外贸易程度、FDI（外商直接投资）竞争力、跨境电商发展规模三个方面进行综合评价。周江华等（2022）[③]认为扩大高水平对外开放的一个重要举措就是通过吸引外商投资，驱动中国企业更快成长并取得良好的创新绩效。因此采用了外国投资者实际投入企业的资本金来表示外商投资，并以此衡量高水平对外开放。蔡宏波和童顺（2022）[④]利用外贸依存度这一指标来替代高水平对外开放程度，分析了高水平对外开放对形成国内统一大市场的影响。朱炎亮（2022）[⑤]认为自贸试验区建设任务不仅关注引进外资、进出口和经济总量等指标所表征的规模扩张，而且更加注重推动制度型开放，并以高水平开放倒逼国内深层次市场化改革，进而实现高质量发展。并将21个地区分六批挂牌建设自贸试验区作为高水平开放的代理变量，采用双重差分法检验自贸试验区对经济增长质量的影响效应和作用机制（见表3-2）。

---

① 李计广、李秋静：《我国推进高水平开放：内涵、标准与评估》，《国际贸易》2020年第4期。

② 彭晓辉、于潇：《对外开放与内生发展：更高水平开放型经济与现代化经济体系协同联动研究》，《河南社会科学》2020年第28卷第10期。

③ 周江华、顾柠、张可欣：《扩大高水平对外开放对企业成长性和创新绩效的影响研究》，《北京师范大学学报（社会科学版）》2022年第4期。

④ 蔡宏波、童顺：《扩大高水平对外开放对形成国内统一大市场的影响：理论逻辑与中国经验》，《北京师范大学学报（社会科学版）》2022年第4期。

⑤ 朱炎亮：《高水平开放、市场化改革与经济高质量增长——基于中国自贸试验区的经验证据》，《海南大学学报（人文社会科学版）》2022年第40卷第6期。

表3-2　　有关高水平对外开放评价指标的主要文献

评价法	评价指标	计算公式	指标含义	代表学者
单一指标法	外贸依存度	$Open_{it}=(EX_{it}+IM_{it})/GDP_{it}$	EX_{it} 和 IM_{it} 分别表示地区 i 第 t 年的出口贸易额和进口贸易额，GDP_{it} 表示地区 i 第 t 年的出口贸易额和进口贸易额	盛斌、毛其淋（2011）①
	价格扭曲度	$Dollars=P_i^T/(E^iP_{us}^T)$	P_i^T 和 P_{us}^T 分别代表特定的 i 国和美国国内可贸易商品价格，E^i 代表该国货币对美元的名义汇率	包群等（2003）②
综合指标法	Sachs-Warner 的开放指标		①平均关税税率是否超过 40%；②进口非关税措施比率是否超过 40%；③国家是否实行计划经济体制；④主要外贸企业中是否有国家垄断；⑤黑市外汇汇率是否超出官方汇率 20% 以上	Sachs 等（1995）③
	经济自由度指标		美国传统基金会：加权关税率、非关税壁垒、海关制度；涉外投资法规、外国土地所有权、国民待遇、收益汇出限制。 弗雷泽学院：政府消费占总消费的比重、政府转移和补贴占 GDP 的比重、政府企业和投资占 GDP 的比重；国际贸易征税，贸易壁垒管制和进口成本	赵伟等（2005）④
	开放的行为测量指标	出口对国内产出比、进口对本地销售比、对内的 FDI 占产出的份额、对外的 FDI 占产出的份额、贸易加权的国际 R&D 存量对产出比	—	Cameron 等（1999）⑤

资料来源：根据相关文献整理所得。

① 盛斌、毛其淋：《贸易开放、国内市场一体化与中国省际经济增长：1985—2008 年》，《世界经济》2011 年第 11 期。

② 包群、许和连、赖明勇：《贸易开放度与经济增长：理论及中国的经验研究》，《世界经济》2003 年第 2 期。

③ Sachs Jeffrey D., et al., "Economic reform and the process of global integration," *Brookings Papers on Economic Activity*, Vol.1995, No.1, 1995.

④ 赵伟、何元庆、徐朝晖：《对外开放程度度量方法的研究综述》，《国际贸易问题》2005 年第 6 期。

⑤ Cameron Gavin, et al., *Productivity Growth, Convergence, and Trade in a Panel of Manufacturing Industries*, No.dp0428, Centre for Economic Performance, LSE, 1999.

（四）贸易开放水平测度的主要研究文献

1.贸易开放水平研究文献

贸易开放水平可以用贸易依存度和贸易自由化水平来衡量。贸易开放水平通常是指一国逐步减少对商品或服务的进口限制，为进口商品或服务提供贸易优惠待遇的过程或结果（杨明基,2015）[①]。对外贸易依存度是用对外贸易额占 GDP 的比重来衡量（戴枫和孙文远,2012[②]；唐晓华等，2018[③]；Fu 等，2020[④]；Kassouri 等，2021[⑤]），一些学者分别使用进口额、出口额和贸易总额衡量贸易开放水平，对进出口贸易进行更深入的比较分析（Eris 和 Bülent,2013）[⑥]。Yue 等（2021）[⑦] 认为贸易开放度应该考虑到东道国整体的经济实力，当一个国家的经济体系越完整，其吸引外资能力也越强。因此，他们构建了包括贸易和投资在内的贸易开放度指标来衡量整体贸易开放水平，具体公式如下：

$$Open_{it}=\frac{T_{it}+F_{it}}{GDP_{it}}\times\frac{1}{1-\frac{GDP_{it}}{WGDP_{it}}} \qquad (3\text{-}1)$$

其中，T_{it}是指国家 i 在第 t 年的贸易总额，F_{it}表示制造业外商直接投资总额，GDP_{it}代表国内生产总值，$WGDP_{it}$则表示世界 GDP 总量。

贸易开放水平也可以通过削减关税或消除非关税壁垒等来衡量（余淼杰和梁中华，2014）[⑧]。考虑到非关税壁垒较难量化，学者研究中大

---

① 杨明基:《新编经济金融词典》，中国金融出版社 2015 年版。

② 戴枫、孙文远:《对外开放与发展中国家的收入不平等：基于亚洲和拉美国家的比较研究》，《国际贸易问题》2012 年第 1 期。

③ 唐晓华、张欣钰、李阳:《制造业与生产性服务业协同发展对制造效率影响的差异性研究》，《数量经济技术经济研究》2018 年第 35 卷第 3 期。

④ Fu J., et al., "Trade openness, internet finance development and banking sector development in China," *Economic Modelling*, Vol.91, 2020.

⑤ Kassouri Y., et al., "New insights on the debt-growth nexus: a combination of the interactive fixed effects and panel threshold approach," *International Economics*, Vol.168, 2021.

⑥ Eriş Mehmet N., B ü lent Ulaşan, "Trade openness and economic growth: Bayesian model averaging estimate of cross-country growth regressions," *Economic Modelling*, Vol.33, No.2, 2013.

⑦ Yue Dou, et al., "Assessing the impact of trade openness on CO_2 emissions: evidence from China-Japan-ROK FTA countries," *Journal of Environmental Management*, Vol.296, 2021.

⑧ 余淼杰、梁中华:《贸易自由化与中国劳动收入份额——基于制造业贸易企业数据的实证分析》,《管理世界》2014 年第 7 期。

多采用虚拟变量（刘朋飞和李海燕，2010[①]；余淼杰和李乐融，2016[②]）或反倾销数量（杨连星等，2017[③]；戴魁早和方杰炜，2019[④]）对非关税壁垒进行衡量。一些学者则选用与关税有关的指标，如进口产品的关税（Topalova 和 Khandelwal，2011[⑤]；Yu，2015[⑥]；毛其淋和许家云，2019[⑦]）、各行业加权平均关税率（Ahsan 和 Mitra，2014[⑧]；盛斌和毛其淋，2017[⑨]）、有效保护率（Johnson，1965[⑩]；Corden，1966[⑪]）来衡量一国的贸易开放水平。一些学者用自由贸易制度的代理变量衡量自由化水平（Bosker 和 Garretsen，2010）[⑫]；施炳展和张雅睿，2016[⑬]），具体公式如下：

$$\phi_{ij} = \sqrt{E_{ij}E_{ji} / E_{ii}E_{jj}} \tag{3-2}$$

其中，E_{ij} 和 E_{ji} 分别为本国出口额和进口额，E_{ii} 和 E_{jj} 分别为本国 GDP 和他国 GDP。

---

① 刘朋飞、李海燕：《技术壁垒对我国蜂蜜出口影响的实证分析》，《国际贸易问题》2010 年第 11 期。

② 余淼杰、李乐融：《贸易自由化与进口中间品质量升级——来自中国海关产品层面的证据》，《经济学（季刊）》2016 年第 15 卷第 3 期。

③ 杨连星、张秀敏、王孝松：《反倾销如何影响了出口技术复杂度？》，《中国经济问题》2017 年第 3 期。

④ 戴魁早、方杰炜：《贸易壁垒对出口技术复杂度的影响——机制与中国制造业的证据》，《国际贸易问题》2019 年第 12 期。

⑤ Topalova Petia，Amit Khandelwal，“Trade liberalization and firm productivity：The case of India，” *Review of Economics and Statistics*，Vol.93，No.3，2011.

⑥ Yu Miaojie，“Processing trade，tariff reductions and firm productivity：Evidence from Chinese firms，” *The Economic Journal*，Vol.125，No.585，2015.

⑦ 毛其淋、许家云：《贸易自由化与中国企业出口的国内附加值》，《世界经济》2019 年第 42 卷第 1 期。

⑧ Ahsan Reshad N.，Devashish Mitra，“Trade liberalization and labor’s slice of the pie：Evidence from Indian firms，” *Journal of Development Economics*，Vol.108，2014.

⑨ 盛斌、毛其淋：《进口贸易自由化是否影响了中国制造业出口技术复杂度》，《世界经济》2017 年第 40 卷第 12 期。

⑩ Johnson Harry G.，“An economic theory of protectionism，tariff bargaining，and the formation of customs unions，” *Journal of Political Economy*，Vol.73，No.3，1965.

⑪ Corden W M.，“The effective protective rate，the uniform tariff equivalent and the average tariff，” *Economic Record*，Vol.42，1966.

⑫ Bosker Maarten，Harry Garretsen，“Trade costs in empirical new economic geography，” *Papers in Regional Science*，Vol.89，No.3，2010.

⑬ 施炳展、张雅睿：《贸易自由化与中国企业进口中间品质量升级》，《数量经济技术经济研究》2016 年第 33 卷第 9 期。

2. 有关贸易便利化水平的主要研究文献

贸易便利化是指通过优化进出口程序，从而削减进出口货物所需的成本和时间。世界经济论坛（WEF）指出，从广义上来讲，贸易便利化就是能够帮助降低贸易交易成本和创造标准效率的一切措施。贸易便利化的本质就是能够降低贸易成本，提高贸易流通速度，增加贸易效益的一切活动。贸易便利化测算方法主要有两种（李勤,2021）[①]。第一种是选择有代表性的变量作为贸易便利化的代表变量，汪戎和李波（2015）[②] 选择出口所需天数作为代理变量；杨军等（2015）[③] 则选取了进出口通关时间来代表贸易便利化水平。

贸易便利化水平可通过构建贸易便利化综合评价指标体系测算。国外学者大多以 WEF 的《世界促进贸易报告》(GETR）[④] 中构建的贸易便利化指数为基础构建指标框架，其中以 Wilson 等（2003）[⑤] 的研究最具代表性，他们选取了港口效率、海关环境、监管环境和电子商务作为一级指标，测算了亚太经合组织（APEC）成员国的贸易便利化水平。Shepherd 和 Wilson（2009）[⑥] 用海港建设、空港建设、服务发展、关口管理四个指标来测度贸易便利化水平，并分析贸易流量对贸易便利化的敏感度（见表 3-3）。

① 李勤:《贸易便利化对中国与东盟出口贸易效率的影响——基于随机前沿分析方法》，硕士学位论文，兰州财经大学，2021 年。

② 汪戎、李波:《贸易便利化与出口多样化：微观机理与跨国证据》,《国际贸易问题》2015 年第 3 期。

③ 杨军、黄洁、董婉璐:《贸易便利化对中国经济影响分析》,《国际贸易问题》2015 年第 9 期。

④ https: //www.weforum.org/（World Economic Forum）(WEF).

⑤ Wilson J, S., et al., "Trade facilitation and economic development: measuring the impact," *Social Science Electronic Publishing*, Vol.17, No.3, 2003.

⑥ Shepherd Ben, John S.Wilson, "Trade facilitation in ASEAN member countries: Measuring progress and assessing priorities," *Journal of Asian Economics*, Vol.20, No.4, 2009.

表3-3　　有关贸易开放水平的主要文献

测度层面	指标选择	测量方法	国际机构及代表性学者
贸易自由化	非关税壁垒	虚拟变量 反倾销数量	刘朋飞和李海燕（2010）①；余淼杰和李乐融（2016）② 杨连星等（2017）③；戴魁早和方杰炜（2019）④
	关税壁垒	进口产品关税 加权平均关税 有效保护率	Topalova 和 Khandelwal（2011）⑤； Yu（2015）⑥； Ahsan 和 Mitra（2014）⑦ Johnson（1965）⑧； Corden（1966）⑨
	贸易自由度	$\phi_{ij}=\sqrt{E_{ij}E_{ji}/E_{ii}E_{jj}}$ E_{ij}表示本国对他国的出口额，E_{ji}表示本国对他国的进口额，E_{ii}为本国的GDP，E_{jj}为他国的GDP	Bosker 和 Garretsen（2010）⑩； 施炳展和张雅睿（2016）⑪
	单一指标	出口所需天数 进出口通关时间	汪戎和李波（2015）⑫ 杨军等（2015）⑬

① 刘朋飞、李海燕：《技术壁垒对我国蜂蜜出口影响的实证分析》，《国际贸易问题》2010 年第 11 期。

② 余淼杰、李乐融：《贸易自由化与进口中间品质量升级——来自中国海关产品层面的证据》，《经济学（季刊）》2016 年第 15 卷第 3 期。

③ 杨连星、张秀敏、王孝松：《反倾销如何影响了出口技术复杂度？》，《中国经济问题》2017 年第 3 期。

④ 戴魁早、方杰炜：《贸易壁垒对出口技术复杂度的影响——机制与中国制造业的证据》，《国际贸易问题》2019 年第 12 期。

⑤ Topalova Petia，Amit Khandelwal，"Trade liberalization and firm productivity：The case of India，" *Review of Economics and Statistics*，Vol.93，No.3，2011.

⑥ Yu Miaojie，"Processing trade，tariff reductions and firm productivity：Evidence from Chinese firms，" *The Economic Journal*，Vol.125，No.585，2015.

⑦ Ahsan R.N.，Mitra D.，"Trade liberalization and labor's slice of the pie：evidence from Indian firms，" *Journal of Development Economics*，Vol.108，2014.

⑧ Johnson Harry G.，"An economic theory of protectionism，tariff bargaining，and the formation of customs unions，" *Journal of Political Economy*，Vol.73，No.3，1965.

⑨ Corden W，M.，"The effective protective rate，the uniform tariff equivalent and the average tariff，" *Economic Record*，Vol.42，1966.

⑩ Bosker Maarten，Harry Garretsen，"Trade costs in empirical new economic geography，" *Papers in Regional Science*，Vol.89，No.3，2010.

⑪ 施炳展、张雅睿：《贸易自由化与中国企业进口中间品质量升级》，《数量经济技术经济研究》2016 年第 33 卷第 9 期。

⑫ 汪戎、李波：《贸易便利化与出口多样化：微观机理与跨国证据》，《国际贸易问题》2015 年第 3 期。

⑬ 杨军等：《贸易便利化对中国经济影响分析》，《国际贸易问题》2015 年第 9 期。

续表

测度层面	指标选择	测量方法	国际机构及代表性学者
贸易自由化	综合指标	市场准入、边境管理、交通通信基础设施、商业环境 海关程序、标准和一致化、商务流动、电子商务 港口效率、海关环境、规制环境和电子商务	WEF（GETR，2016）[①] APEC（TFAP Ⅱ，2012）[②] Wilson 等（2003）[③]；孔庆峰和董虹蔚（2015）[④]；谭晶荣和华曦（2016）[⑤]
贸易开放度	对外贸易依存度	对外贸易总额占 GDP 的比重	戴枫和孙文远，2012[⑥]；Fu 等（2020）[⑦]；Kassouri 等（2021）[⑧]
	进口额、出口额和贸易总额		Eris 和 Bülent（2013）[⑨]
	贸易开放度指标	$Open_{it}=\frac{T_{it}+F_{it}}{GDP_{it}}\times\frac{1}{1-\frac{GDP_{it}}{WGDP_{it}}}$ T_{it} 是指国家 i 在第 t 年的贸易总额，F_{it} 表示制造业外商直接投资总额，GDP_{it} 代表国内生产总值，$WGDP_{it}$ 则表示世界 GDP 总量	Yue 等（2021）[⑩]

资料来源：作者根据相关文献整理得到。

① https://www.weforum.org/（World Economic Forum）（WEF）.

② https://www.apec.org/（Asia-Pacific Economic Cooperation）（APEC）.

③ Wilson J，S.，et al.，"Trade facilitation and economic development：measuring the impact，" *Social Science Electronic Publishing*，Vol.17，No.3，2003.

④ 孔庆峰、董虹蔚：《"一带一路"国家的贸易便利化水平测算与贸易潜力研究》，《国际贸易问题》2015 年第 12 期。

⑤ 谭晶荣、华曦：《贸易便利化对中国农产品出口的影响研究——基于丝绸之路沿线国家的实证分析》，《国际贸易问题》2016 年第 5 期。

⑥ 戴枫、孙文远：《对外开放与发展中国家的收入不平等：基于亚洲和拉美国家的比较研究》，《国际贸易问题》2012 年第 1 期。

⑦ Fu J.，et al.，"Trade openness，internet finance development and banking sector development in China，" *Economic Modelling*，Vol.91，2020.

⑧ Kassouri Y.，et al.，"New insights on the debt-growth nexus：a combination of the interactive fixed effects and panel threshold approach，" *International Economics*，Vol.168，2021.

⑨ Eriş Mehmet N.，Bülent Ulaşan，"Trade openness and economic growth：Bayesian model averaging estimate of cross-country growth regressions，" *Economic Modelling*，Vol.33，No.2，2013.

⑩ Yue Dou，et al.，"Assessing the impact of trade openness on CO_2 emissions：evidence from China-Japan-ROK FTA countries，" *Journal of Environmental Management*，Vol.296，2021.

3. 有关出口贸易竞争力的计量文献

有关出口贸易竞争力的计量文献，主要包括显示性比较优势指数、竞争优势指数，包括 Balassa（1965）提出的产业内贸易（IIT）指数[①]、Porter（1990）提出的波特钻石模型[②]等计量方法（见表 3-4）。

表3-4　有关出口贸易竞争力的主要研究文献

指数	内容
显示性比较优势指数	$RCA_{ij}=(X_{ij}/X_{tj})/(X_iW/X_tW)$ X_{ij} 表示国家 j 出口产品 i 的出口值，X_{tj} 表示国家 j 的总出口值，X_iW 表示世界出口产品 i 的出口值，X_tW 表示世界总出口值。若 $0<RCA<1$，则表示某产业或产品具有比较劣势，其数值越是偏离 1 接近于 0，比较劣势越明显；若 $RCA>1$，则表示一国某产业或产品在国际经济中具有显示性比较优势，其数值越大，显示性比较优势越明显。若 $RCA>2.5$，则表示具有很强的竞争优势；若 $1.25<RCA<2.5$，则表示具有较强的竞争优势；若 $0.8<RCA<1.25$，则表示该行业具有较为平均的竞争优势；若 $0<RCA<0.8$，则表示不具有竞争优势
波特钻石模型	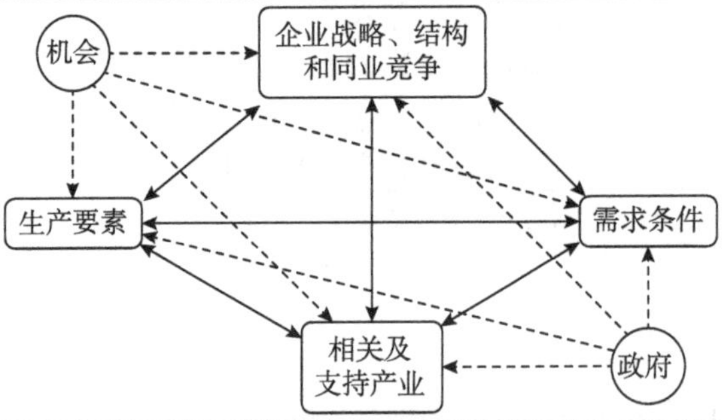 机会　企业战略、结构和同业竞争　生产要素　需求条件　相关及支持产业　政府
竞争优势指数	$TC=(X_{ij}-M_{ij})/(X_{ij}+M_{ij})$ X_{ij} 为 i 国 j 产品的出口，M_{ij} 为 i 国 j 产品的进口，TC 越接近于 1 竞争力越大，等于 1 时表示该产业只出口不进口；指数越接近于 −1 竞争力越弱，等于 −1 时表示该产业只进口不出口；等于 0 时表示该产业竞争力处于中间水平
产业内贸易指数	$T=1-\|X-M\|/(X+M)$ X 和 M 分别表示某一特定产业或某一类商品的出口额和进口额，T 的取值范围为 [0，1]，$T=0$ 时，表示没有发生产业内贸易，$T=1$ 时，表明产业内进口额与出口额相等，T 值越大说明产业内贸易程度越高

资料来源：作者根据相关资料整理。

① Balassa Bela，"Tariff protection in industrial countries：an evaluation"，*Journal of Political Economy*，Vol.73，No.6，1965.

② Porter E，M.，*Competitive Advantage of Nations*，Macmillan：New York，1990.

（五）有关投资自由化水平的主要研究文献

1. 投资自由化水平研究文献

联合国贸易和发展会议（UNCTAD）在1998年的《世界投资报告》[①]中指出，投资自由化是指减少或消除对外商的限制措施，给予或加强外商的积极待遇，强化市场监管，为外商企业提供平等的待遇。大多数学者选择国际组织的统计数据来衡量一国的投资自由化水平（金科攀,2021）[②]。Amiti和Wakelin（2003）[③]、Bergstrand和Egger（2013）[④]选用了WEF的投资障碍指数来衡量投资成本；Agosin和Machado（2007）[⑤]选用了国际货币基金组织（IMF）发布在《汇兑安排和汇兑限制年报》中的数据构建外资开放度指标，衡量投资自由化水平。也有学者认为，东道国与其他国家签署双边投资协定（BIT）有助于降低外商投资成本，使用BIT有关指标来衡量投资自由化水平，包括东道国签署BIT的数量（Peter et al.，2007[⑥]；Tobin和Rose-Ackerman，2011[⑦]；Li和Zhao，2021[⑧]）、东道国是否与其他国家签署BIT（冀相豹，2014[⑨]；Heid Benedikt和Isaac Vozzo，2020[⑩]；Xiong，2022[⑪]）等。

---

① United Nations Conference on Trade and Development，*World Investment Report 1998*，UNITED NATIONS PUBLICATION，1998.

② 金科攀:《投资自由化对中国出口国内增加值率提升的影响研究》，硕士学位论文，河北大学，2021年。

③ Amiti Mary，Katharine Wakelin，"Investment liberalization and international trade，" *Journal of International Economics*，Vol.61，No.1，2003.

④ Bergstrand Jeffrey H.，Peter Egger，"Shouldn't physical capital also matter for multinational enterprise activity，" *Review of International Economics*，Vol.21，No.5，2013.

⑤ Agosin Manuel R.，Roberto Machado，"Openness and the international allocation of foreign direct investment，" *The Journal of Development Studies*，Vol.43，No.7，2007.

⑥ Peter Egger，et al.，"On the welfare effects of trade and investment liberalization，" *European Economic Review*，Vol.51，No.3，2007.

⑦ Tobin Jennifer L.，Susan Rose-Ackerman，"When BITs have some bite：The political-economic environment for bilateral investment treaties，" *The Review of International Organizations*，Vol.6，No.1，2011.

⑧ Li Shi，Long Zhao，"Bilateral investment treaties and foreign direct investment：Evidence from emerging market firms，" *Research in International Business and Finance*，Vol.58，2021.

⑨ 冀相豹:《中国对外直接投资影响因素分析——基于制度的视角》，《国际贸易问题》2014年第9期。

⑩ Heid Benedikt，Isaac Vozzo，"The international trade effects of bilateral investment treaties，" *Economics Letters*，Vol.196，2020.

⑪ Xiong Tingting，"The Effect of Bilateral Investment Treaties（BITs）on the extensive and intensive margins of exports，" *The Quarterly Review of Economics and Finance*，Vol.84，2022.

2. 投资便利化水平研究文献

APEC 在《投资便利化行动计划》（IFAP）中最早提出了投资便利化的概念，认为投资便利化是指政府在投资周期内，为吸引外商投资和最高限度提高其管理效率而采取的所有行动。在投资便利化指数的研究中，国内外学者大多借鉴了世界银行的《营商环境报告》[①]，它用企业营商环境指标衡量投资便利化水平，包含了开办企业、办理执照、获得信贷、劳动市场监管等 11 个一级指标（Kejzar，2011）[②]。杨栋旭和于津平（2021）[③]、刘永辉和赵晓晖（2021）[④] 等多名学者将基础设施质量、金融服务效率、制度质量、营商环境、劳动市场等多个指标也纳入了投资便利化的考察范畴。具体情况如表 3-5、表 3-6 所示。

表3-5　有关外商投资开放水平的主要研究文献

测度层面	指标选择	测量方法
投资成本	投资障碍指数	Amiti 和 Wakelin（2003）[⑤]；Bergstrand 和 Egger（2013）[⑥]
双边投资协定（BIT）	东道国签署 BIT 的数量	Peter 等（2007）[⑦]；Tobin 和 Rose-Ackerman（2011）[⑧]；Li 和 Zhao（2021）[⑨]

① World Bank Group，*Doing Business 2020*，World Bank Publications，2020.

② Kejzar K. Z.，"Does foreign direct investment induce domestic mergers，" *Open Economies Review*，Vol.22，No.2，2011.

③ 杨栋旭、于津平：《投资便利化、外商直接投资与"一带一路"沿线国家全要素生产率》，《经济经纬》2021 年第 38 卷第 2 期。

④ 刘永辉、赵晓晖：《中东欧投资便利化及其对中国对外直接投资的影响》，《数量经济技术经济研究》2021 年第 38 卷第 1 期。

⑤ Amiti Mary，Katharine Wakelin，"Investment liberalization and international trade，" *Journal of International Economics*，Vol.61，No.1，2003.

⑥ Bergstrand Jeffrey H.，Peter Egger，"Shouldn't physical capital also matter for multinational enterprise activity，" *Review of International Economics*，Vol.21，No.5，2013.

⑦ Peter Egger，et al.，"On the welfare effects of trade and investment liberalization，" European *Economic Review*，Vol.51，No.3，2007.

⑧ Tobin Jennifer L.，Susan Rose-Ackerman，"When BITs have some bite：The political-economic environment for bilateral investment treaties，" *The Review of International Organizations*，Vol.6，No.1，2011.

⑨ Li Shi，Long Zhao，"Bilateral investment treaties and foreign direct investment：Evidence from emerging market firms，" *Research in International Business and Finance*，Vol.58，2021.

续表

测度层面	指标选择	测量方法
双边投资协定（BIT）	虚拟变量：东道国是否与其他国家签署 BIT	冀相豹（2014）①；Heid 和 Isaac（2020）②；Xiong（2022）③
综合指标	开办企业、办理执照、获得信贷、登记财产、缴纳税款、跨境贸易、获得信贷保护中小投资者、执行合同、办理破产、劳动市场监管	世界银行（2020）④
	基础设施质量、营商环境、金融服务效率、制度质量、劳动市场	张亚斌（2016）⑤；杨栋旭和于津平（2021）⑥；刘永辉和赵晓晖（2021）⑦

资料来源：作者根据相关资料整理。

表3-6　　有关综合性开放水平测度的主要研究文献

作者	指标体系		测度方法
	一级指标	二级指标	
李翀（1998）⑧	对外开放比率 $O=W_1O_1+W_2O_2+W_3O_3$	对外贸易比率 $O_1=(X+M)/GDP$ 对外金融比率 $O_2=(A+L)/GDP$ 对外投资比率 $O_3=(Ia+Ii)/GDP$	主观赋权法

① 冀相豹：《中国对外直接投资影响因素分析——基于制度的视角》，《国际贸易问题》2014 年第 9 期。

② Heid Benedikt，Isaac Vozzo，"The international trade effects of bilateral investment treaties，" *Economics Letters*，Vol.196，2020.

③ Xiong Tingting，"The Effect of Bilateral Investment Treaties（BITs）on the extensive and intensive margins of exports，" *The Quarterly Review of Economics and Finance*，Vol.84，2022.

④ World Bank Group，*Doing Business 2020*，World Bank Publications，2020.

⑤ 张亚斌：《"一带一路"投资便利化与中国对外直接投资选择——基于跨国面板数据及投资引力模型的实证研究》，《国际贸易问题》2016 年第 9 期。

⑥ 杨栋旭、于津平：《"一带一路"沿线国家投资便利化对中国对外直接投资的影响：理论与经验证据》，《国际经贸探索》2021 年第 38 卷第 3 期。

⑦ 刘永辉、赵晓晖：《中东欧投资便利化及其对中国对外直接投资的影响》，《数量经济技术经济研究》2021 年第 38 卷第 1 期。

⑧ 李翀：《我国对外开放程度的度量与比较》，《经济研究》1998 年第 1 期。

续表

作者	指标体系		测度方法
	一级指标	二级指标	
黄繁华（2001）[①]	经济开放度 $EO=(TIC+TIS)+(IIF+IIP)$	商品贸易开放度 $TIC=(TC_x+TC_i)/GDP$ 服务贸易开放度 $TIS=(TS_x+TS_i)/GDP$ 直接投资开放度 $IIF=(FDI_i+FDI_o)/GDP$ 间接投资开放度 $IIP=(PIA_i+PIA_o)/GDP$	主观赋权法
金孝龙（2001）[②]	经济规则接轨度 出口商品覆盖度 对外贸易关联度 国际分工参与度 资本流动关联度 金融关联比率	全部生产要素流动规则接轨度 / 进出口贸易关联强度、进出口贸易关联结构、进出口贸易关联的强度结构之综合 国际部门间分工参与度、国际部门内分工参与度 资本流动的相对强度、资本流动引力系数和货币票据等关联比率、证券关联比率	—
胡智和刘志雄（2005）[③]	贸易开放度 实际关税率 金融开放度 投资开放度 生产开放度	进出口总额 /GDP 关税收入 / 进口额 资本流动总额 /GDP 对外直接投资开放度 + 对外间接投资开放度（对外直接投资 + 接受外来直接投资 /GDP，对外间接投资 + 接受外来间接投资 /GDP） “三资”企业生产总值 / 工业总值	数理统计法（因子分析法）

① 黄繁华：《中国经济开放度及其国际比较研究》，《国际贸易问题》2001 年第 1 期。

② 金孝龙：《经济国际化程度的综合测评体系研究》，《外国经济与管理》2001 年第 8 期。

③ 胡智、刘志雄：《中国经济开放度的测算与国际比较》，《世界经济研究》2005 年第 7 期。

续表

作者	指标体系		测度方法
	一级指标	二级指标	
庞智强（2008）①	国际开放 省际开放 省内开放	外贸依存度、外资依存度、国际旅游依存度、对外工程与劳务合作贡献率、国际技术依存度、国际互联网普及率、省际贸易活跃度、非农部门区位商、投资依存度、国内旅游依存度、劳动力流动比率、国内技术依存度、国内信息交流活跃度 非国有经济比率、上市公司市值率、高速公路网密度、商品市场活跃度、技术市场活跃度、企业家信心指数、城镇化率	熵值法
王晓亮和王英（2013）②	开放基础 开放规模 开放结构 开放效益	人均 GDP、第三产业比重、R&D 投入比重、人均固定资本形成额、人力资本水平 对外贸易额、外商直接投资额、对外直接投资额、外贸依存度、外资依存度、对外直接投资依存度、对外经贸合作合同额 /GDP 服务业外商直接投资比重、外资企业出口比重、初级产品进口比重、工业制成品出口比重、高新技术产品出口比重、外商经济贡献度、外资企业税收贡献度、外资企业就业贡献度、外贸经济贡献度、外贸技术贡献度、外资技术贡献度	改进的熵值法
刘亚雪等（2020）③	外贸开放度 投资开放度 旅游开放度	进出口依存度 外资依存度 旅游总收入 /GDP 入境人数 / 总人数	熵值法

资料来源：作者根据相关文献整理。

① 庞智强：《各地区省域经济综合开放程度的测定》，《统计研究》2008 年第 1 期。

② 王晓亮、王英：《区域开放型经济发展水平评价指标体系构建》，《地域研究与开发》2013 年第 32 卷第 3 期。

③ 刘亚雪、田成诗、程立燕：《世界经济高质量发展水平的测度及比较》，《经济学家》2020 年第 5 期。

（六）推动制度型开放的主要研究文献

2018 年中央经济工作会议首次提出推动由商品和要素流动型开放向规则等制度型开放转变的重大战略部署。2019 年党的十九届四中全会进一步明确提出推动规则、规制、管理、标准等制度型开放，这标志着我国对外开放不断向制度层面纵深推进，并由以规则为主的制度型开放向规则、规制、管理、标准等更宽领域、更深层次拓展，更加注重国内制度层面的系统性全面开放。党的二十大报告提出稳步扩大规则、规制、管理、标准等制度型开放。制度型开放是我国推进高水平开放和高质量发展的必由之路，也是我国推动构建新型国际经济关系和国际经济新秩序的重大举措。对标国际经贸新规则，不断提高贸易便利化水平、降低贸易成本，推动形成以国内大循环为主体、国内国际双循环相互促进的新发展格局，成为我国适应国际经贸规则重构的新趋势。

学术界对有关制度型开放理论问题的讨论始于 20 世纪后半叶和 21 世纪初（Kogut，1985[①]；王燕梅，2004[②]；林毅夫，2018[③]）。Kogut（1985）[④]认为制度型开放是聚焦规则与制度层面的改变，主动对标和对接国际先进的市场规则，形成与国际贸易和投资通行规则相衔接的、规范透明的基本制度体系和监管模式。

2018 年以来，制度型开放成为研究的热点，也成为提高对外开放水平的重点研究问题。戴翔（2019）[⑤]认为从以往“边境开放”向“境内开放”的拓展、延伸和深化，在促进规则变革和优化制度设计中，形成与国际经贸活动中通行规则相衔接的基本规则和制度体系，是对新一轮高标准化的国际经贸规则调整和完善具有引领作用的先进制度安排。常娱和钱学锋（2022）[⑥]认为制度型开放包含了“对外开放”和“自我开放”两个层面，即在国际以及区域间，通过在贸易规则和规制、投资规则和规制、生产中的管理和标准等方面进行协调和融合来促进经济开放。“对外开放”更强调与国际通行规则、规制、管理、标准的对标，

①④ Kogut Bruce，“Designing global strategies：Comparative and competitive value-added chains，” *Sloan Management Review*，Vol.26，1985.

② 王燕梅：《我国制造业的对外开放与国家经济安全》，《中国工业经济》2004 年第 12 期。

③ 林毅夫：《中国经济增长变化趋势与成因》，《学习与探索》2018 年第 4 期。

⑤ 戴翔：《制度型开放：中国新一轮高水平开放的理论逻辑与实现路径》，《国际贸易》2019 年第 3 期。

⑥ 常娱、钱学锋：《制度型开放的内涵、现状与路径》，《世界经济研究》2022 年第 5 期。

而“自我开放”更强调构建规则和政策统一的国内大市场。佟家栋和刘程（2021）① 认为中国自由贸易区、自由贸易港的新机遇有利于加快形成以国内大循环为主体、国内国际双循环相互促进的新发展格局，通过在试验区内对贸易自由、投资便利、金融创新和探索以及相应的压力进行测试，获取经验和教训，并在此基础上形成规则制度，最终在全国进行复制推广。

国内学者对制度型开放指标和测评体系进行深入探讨。裴长洪（2015）② 以党的十八大报告和党的十八届三中全会《决定》提出的对外开放三大总体目标为依据，提出 10 项评价指标；戴翔（2019）③ 认为制度型开放是高质量开放区别于对外开放的典型特征。任保平和朱晓萌（2020）④ 在测评体系中引入信息技术开发、制度开放等指标。有关制度型开放水平测度的主要研究文献如表 3–7 所示。

表3-7 有关制度型开放水平测度的主要研究文献

作者	指标内容
黄伟新和龚新蜀（2014）⑤	开放基础（经济总量、经济结构、经济活力） 开放程度（对内开放度、对外开放度、旅游开放度） 开放潜力（科研水平、人力资本水平）
裴长洪（2015）⑥	1. 货物出口贸易增长速度的合理区间 2. 扩大货物进口贸易规模和优化结构的指标 3. 服务贸易发展的指标 4. 吸收外商投资的合理增长规模指标 5. 中国企业对外投资的数量增长指标、投资结构和投资方式指标、对外承包工程完成营业额 6. 中国企业海外雇员数量指标和当地经营业绩指标 7. 自由贸易区制度创新的指标 8. 双边和区域合作的自由贸易区发展的指标 9. 国际开发性金融机构的投资项目批准、投入运营的指标 10. 参与制定各类国际性贸易、投资、金融等规则的全球责任和影响力指标

① 佟家栋、刘程:《新发展格局下中国自贸区、自贸港的新机遇》,《国家治理》2021 年第 Z3 期。

②⑥ 裴长洪:《经济新常态下中国扩大开放的绩效评价》,《经济研究》2015 年第 4 期。

③ 戴翔:《制度型开放：中国新一轮高水平开放的理论逻辑与实现路径》,《国际贸易》2019 年第 3 期。

④ 任保平、朱晓萌:《新时代中国高质量开放的测度及其路径研究》,《统计与信息论坛》2020 年第 35 卷第 9 期。

⑤ 黄伟新、龚新蜀:《丝绸之路经济带国际物流绩效对中国机电产品出口影响的实证分析》,《国际贸易问题》2014 年第 10 期。

续表

作者	指标内容
任保平和朱晓萌（2020）①	贸易开放；金融开放 投资开放；信息技术开放 制度开放；社会开放
聂新伟和薛钦源（2022）②	营商环境：市场化指数评分、政商关系健康指数、司法文明指数 投资贸易自由化便利化程度：对外直接投资规模、对外贸易依存度、外商直接投资、经济服务化水平 制度创新：保税和海关特殊监管区进出口总额、负面清单得分、制度创新推广案例个数、重点发展产业个数

资料来源：作者根据相关资料整理所得。

四、开放水平对制造业高质量发展的影响主要研究文献

（一）开放水平对制造业高质量发展的影响研究文献

目前，学界对开放水平与制造业高质量发展的互动关系研究文献尚不多见。本章从对外贸易水平对制造业高质量发展的影响和 FDI（国际直接投资）对制造业高质量发展的影响两方面的研究文献进行初步分析。

1. 对外贸易水平对制造业高质量发展的影响研究文献

一些学者认为对外贸易发展能推动制造业高质量发展。Zhao 等（2022）③基于内生增长理论，指出国际贸易带来的技术溢出效应不仅是各国制造业 TFP（全要素生产率）提升的重要因素，也是实现制造业高质量发展的核心动力。Chen 等（2022）④对进口贸易进行系统分析，认为进口技术复杂度的提高可以显著促进制造业高质量发展。

2. 国际直接投资对制造业高质量发展的影响研究文献

Zeng 等（2020）⑤研究了国际直接投资对制造业高质量发展的影响，

① 任保平、朱晓萌：《新时代中国高质量开放的测度及其路径研究》，《统计与信息论坛》2020 年第 35 卷第 9 期。

② 聂新伟、薛钦源：《中国制度型开放水平的测度评价及政策优化》，《区域经济评论》2022 年第 4 期。

③ Zhao Kai, et al., "How trade affects high-quality development through spillovers," *Economic Research-Ekonomska Istraživanja*, Vol.35, No.1, 2022.

④ Chen Ming, Hongbo Wang, "Import technology sophistication and high-quality economic development: Evidence from city-level data of China," *Economic Research-Ekonomska Istraživanja*, Vol.35, No.1, 2022.

⑤ Zeng Shaolong, et al., "An empirical analysis of energy consumption, FDI and high quality development based on time series data of Zhejiang province," *International Journal of Environmental Research and Public Health*, Vol.17, No.9, 2020.

指出 FDI 是浙江制造业快速发展的主要因素，推动了浙江制造业高质量发展；Wang 等（2021）[①] 结合 2003—2017 年中国大陆 30 个省份的面板数据，利用空间计量模型进行研究，也认为 FDI 能显著促进本省及邻近地区制造业绿色 TFP 的增长，从而促进中国制造业高质量发展。Jahanger（2021）[②] 研究却并未发现 FDI 对中国制造业高质量发展有显著影响。Li 等（2021）[③] 则认为 FDI 对中国制造业绿色 TFP 具有显著的抑制作用。

（二）制造业高质量发展的其他影响因素研究文献

学者们主要从经济发展、创新环境、制度环境、产业结构四个层面对制造业高质量发展的影响因素进行了研究。

1. 经济发展的影响研究文献

大多数学者认为，经济发展水平越高，制造业高质量发展水平也会越高（江小国等，2019[④]）。上官绪明（2021）[⑤] 选用区域人均 GDP 作为经济发展的代理变量，指出不断提高经济发展水平有利于加快实现制造业高质量发展。李蕾和刘荣增（2022）[⑥] 采用了中介效应模型指出不断提升经济发展水平有助于制造业高质量发展。

2. 创新环境的影响研究文献

创新是实现制造业高质量发展的重要牵引力（沈坤荣和赵倩，2020）[⑦]。良好的创新环境需要具备创新技术、创新人才、创新资本等多项要素（石大千，2018）[⑧]。张楠等（2022）[⑨] 运用 PSM-DID（双重差分倾

---

① Wang Ke-Liang, et al., "Relationship between FDI, fiscal expenditure and green total-factor productivity in China: From the perspective of spatial spillover," *Plos One*, Vol.16, No.4, 2021.

② Jahanger Atif, "Influence of FDI characteristics on high-quality development of China's economy," *Environmental Science and Pollution Research*, Vol.28, 2021.

③ Li Kan-Yong, et al., "The influence of trade and foreign direct investment on green total factor productivity: Evidence from China and Korea," *Journal of Korea Trade (JKT)*, Vol.25, No.2, 2021.

④ 江小国、何建波、方蕾：《制造业高质量发展水平测度、区域差异与提升路径》，《上海经济研究》2019 年第 7 期。

⑤ 上官绪明：《物流业集聚与制造业高质量发展——基于效率提升和技术进步的门槛效应研究》，《中国流通经济》2021 年第 35 卷第 9 期。

⑥ 李蕾、刘荣增：《产业融合与制造业高质量发展：基于协同创新的中介效应》，《经济经纬》2022 年第 39 卷第 2 期。

⑦ 沈坤荣、赵倩：《中国经济高质量发展的能力基础、能力结构及其推进机制》，《经济理论与经济管理》2020 年第 4 期。

⑧ 石大千：《收入不平等影响经济增长的双边效应——机会不平等和努力不平等的不同作用》，《财贸经济》2018 年第 39 卷第 8 期。

⑨ 张楠、孙湘淇、蔺凡淇：《逆全球化、进口中间品与中国制造业高质量发展——基于行业层面的实证研究》，《东北大学学报（社会科学版）》2022 年第 1 期。

向得分匹配）模型进行研究，结果表明加强技术研发能够促进制造业高质量发展，而人力资本水平的提高却不利于制造业高质量发展。任转转和邓峰（2022）[①]则提出了相反意见，认为人力资本水平提升有助于制造业高质量发展。高丽娜和宋慧勇（2022）[②]通过系统估计研究发现加强创新投入能够对制造业高质量发展产生正向激励作用。

3. 制度环境的影响研究文献

学者们从政府干预和环境规制两个角度对制度环境产生的影响进行研究（田刚元和陈富良，2022）[③]。从政府干预角度出发，学者们一致认为过度的政府干预会抑制制造业高质量发展。徐冬梅等（2022）[④]选取中国省级层面数据进行研究发现，政府过度干预不利于市场发挥作用，从而阻碍了制造业高质量发展。杨仁发和陆瑶（2023）[⑤]通过实证研究指出政府干预的估计系数显著为负，不利于制造业高质量发展。

从环境规制的角度出发，不同学者存在不同的见解。Gray（1987）[⑥]对美国制造业竞争力的影响因素进行实证研究，发现加强污染治理会阻碍制造业全要素生产率增长。任转转和邓峰（2022）[⑦]的研究也认为环境规制不利于制造业高质量发展。唐晓华和孙元君（2020）[⑧]则提出相反的意见，他们认为环境规制可以通过创新效应和能源效应实现制造业高质量发展。刘怡君和方子扬（2021）[⑨]与侯建等（2022）[⑩]则一致认为环境

①⑦ 任转转、邓峰：《互联网发展、要素结构转型与制造业高质量发展》，《统计与决策》2022年第38卷第6期。

② 高丽娜、宋慧勇：《创新投入、本地市场效应与制造业高质量发展》，《技术经济与管理研究》2022年第11期。

③ 田刚元、陈富良：《数字经济、产业集聚与黄河流域制造业高质量发展》，《统计与决策》2022年第38卷第21期。

④ 徐冬梅、伍琦、陶长琪：《数字技术如何影响制造业高质量发展》，《江西师范大学学报（自然科学版）》2022年第6期。

⑤ 杨仁发、陆瑶：《人工智能对制造业高质量发展的影响研究》，《华东经济管理》2023年第37卷第4期。

⑥ Gray Wayne B., "The cost of regulation: OSHA, EPA and the productivity slowdown," *The American Economic Review*, Vol.77, No.5, 1987.

⑧ 唐晓华、孙元君：《环境规制对中国制造业高质量发展影响的传导机制研究——基于创新效应和能源效应的双重视角》，《经济问题探索》2020年第7期。

⑨ 刘怡君、方子扬：《环境规制能否助推制造业高质量发展？——基于科技创新的中介和溢出效应检验》，《资源开发与市场》2021年第37卷第12期。

⑩ 侯建、白婉婷、陈建成：《创新活力对区域工业高质量发展的门槛机理研究：环境规制视角》，《科技管理研究》2022年第42卷第1期。

规制对制造业高质量发展的影响呈“U”形特征。考虑到环境规制在制造业高质量发展中具有重要作用，不同学者对环境规制这一影响因素所持的态度不同，本文认为有必要进一步研究环境规制在高水平开放与高质量发展中的实际作用。

4. 产业结构的影响研究文献

加快制造业转型升级和生产性服务业集聚是实现制造业高质量发展的两个重要支撑（郭然和原毅军，2020[①]；余东华，2020[②]）。因此，关于产业结构的影响研究应重点体现在这两个方面。何冬梅和刘鹏（2020）[③]用制造业结构合理化和高度化两个变量来表征，认为制造业转型升级能推动制造业高质量发展。叶祥松和刘敬（2020）[④]则指出中国制造业转型升级主要通过科技创新和政府支持两个渠道实现制造业的高质量发展。苏涛永等（2020）[⑤]对这一观点给予了支持，并指出不断推进生产性服务业集聚，加深其与制造业转型升级的良性互动，可以加快推动制造业高质量发展。杨仁发和郑媛媛（2022）[⑥]也对制造业转型升级和生产性服务业集聚两个影响因素同时进行了研究，认为两者对制造业高质量发展均有显著的促进作用（见表 3-8）。

---

① 郭然、原毅军：《生产性服务业集聚能够提高制造业发展质量吗？——兼论环境规制的调节效应》，《当代经济科学》2020 年第 42 卷第 2 期。

② 余东华：《制造业高质量发展的内涵、路径与动力机制》，《产业经济评论》2020 年第 1 期。

③ 何冬梅、刘鹏：《人口老龄化、制造业转型升级与经济高质量发展——基于中介效应模型》，《经济与管理研究》2020 年第 41 卷第 1 期。

④ 叶祥松、刘敬：《政府支持与市场化程度对制造业科技进步的影响》，《经济研究》2020 年第 55 卷第 5 期。

⑤ 苏涛永、张亮亮、单志汶：《产业耦合、区域异质性与新零售组织场域》，《商业经济与管理》2020 年第 8 期。

⑥ 杨仁发、郑媛媛：《人力资本结构与制造业高质量发展：影响机制与实证检验》，《经济体制改革》2022 年第 4 期。

表3-8　　制造业高质量发展影响因素的研究模型

	理论与模型	具体公式	学者
高水平开放对制造业高质量发展的影响研究	动态面板阈值模型	$\ln GTFP_{it}=\mu+\beta_1\ln TRA_{it}\times I(\ln ER\leqslant \Upsilon_1)+\beta_2\ln TRA_{it}\times I(\ln ER\leqslant \Upsilon_2)+\cdots+\beta_n\ln TRA_{it}\times I(\ln ER\leqslant \Upsilon_n)+\beta_{n+1}\ln TRA_{it}\times I(\ln ER\leqslant \Upsilon_{n+1})+\varphi Control_{it}+\varepsilon$ *GTFP* 为制造业绿色全要素生产率，*TRA* 为进口额，ε 为随机扰动项	Huang 和 Liu（2022）①
	空间自回归模型	$\ln TFP_i(t)=\beta_0+\beta_1\ln R_i(t)+\beta_2\ln H_i(t)+\rho\sum_{j=1}^{n}w_{ij}\ln TFP_j(t)+\lambda_1\sum_{j=1}^{n}w_{ij}\ln R_j(t)+\lambda_2\sum_{j=1}^{n}w_{ij}\ln H_j(t)$ *TFP* 为制造业全要素生产率，$\sum_{j=1}^{n}w_{ij}$ 为空间权重矩阵，*R* 为研发资本投资，*H* 为人力资本投资	Zhao 等（2022）②
	向量自回归模型	$y_t=A_1y_{t-1}+A_2y_{t-2}+\cdots+A_\rho y_{t-\rho}+e_t$ ，$t=1,2,\cdots,T$ 其中，y 为内生变量	Zeng 等（2020）③
	基于新增长理论的生产函数模型	$\ln GTFP=\partial_0+\partial_1\ln FDI_{i,t}+\partial_2\ln FE_{i,t}+\partial_3\ln FDI_{i,t}\times FE_{i,t}+\beta_1\ln HR_{i,t}+\beta_2\ln ER_{i,t}+\beta_3\ln PGDP_{i,t}+\beta_4\ln TD_{i,t}+\beta_5\ln URBAN_{i,t}+\beta_6\ln TECH_{i,t}$ *GTFP* 为制造业绿色全要素生产率，*FDI* 为外商直接投资，*FE* 为财政支出，*ER*、*PGDP*、*TD*、*URBAN*、*TECH* 分别表示环境规制、人均 GDP、贸易依赖、城市化水平和技术进步	Li 等（2021）④

① Huang Qinghua, Min Liu, "Trade openness and green total factor productivity: Testing the role of environment regulation based on dynamic panel threshold model," *Environment, Development and Sustainability*, Vol.24, No.7, 2022.

② Zhao Kai, et al., "How trade affects high-quality development through spillovers," *Economic Research-Ekonomska Istraživanja*, Vol.35, No.1, 2022.

③ Zeng Shaolong, et al., "An empirical analysis of energy consumption, FDI and high quality development based on time series data of Zhejiang province," *International Journal of Environmental Research and Public Health*, Vol.17, No.9, 2020.

④ Li Kan-Yong, et al., "The influence of trade and foreign direct investment on green total factor productivity: Evidence from China and Korea," *Journal of Korea Trade*(*JKT*), Vol.25, No.2, 2021.

续表

	理论与模型	具体公式	学者
其他影响因素研究分析	PSM-DID模型	$QIN_{jt}=\beta_0+\beta_1 QAL_{jt}+\beta_2 G_k+\beta_3 X_j+\beta_4 T+\lambda_j+e_{jt}+\varepsilon_{jt}$ 其中，G_k为交叉项，k=0、1、2，k取1时表示解释变量与行业开放度交叉项，k取2时表示解释变量与人力资本数量交叉项；X_j为控制变量	张楠等（2022）①
	中介效应模型	$D.\ln TFP_{it}=\partial_1 D.\ln RS_{it}+\sum_j \theta_{1j} D.M_{it}+\Delta\varepsilon_t+\Delta\sigma_{it}$ $D.\ln XR_{it}=\beta_1 D.\ln RS_{it}+\sum_j \theta_{2j} D.M_{it}+\Delta\varepsilon_t+\Delta\sigma_{it}$ $D.\ln TFP_{it}=\gamma_1 D.\ln RS_{it}+\gamma_2 D.\ln XR_{it}+\sum_j \theta_{3j} D.M_{it}+\Delta\varepsilon_t+\Delta\sigma_{it}$ TFP_{it}为制造业发展质量；RS_{it}为制造业与服务业的融合发展水平；XR_{it}为制造业与服务业的协同创新水平，M_{it}为控制变量	李蕾和刘荣增（2022）②
	面板分位数模型	$MH_{i,t}=\alpha_0+\beta net_{i,t}+\sum\gamma X_{i,t}+\lambda_i+\varepsilon_{i,t}$ i和t分别表示省份和年份，MH为制造业高质量发展水平，net为互联网发展水平，X为控制变量	任转转和邓峰（2022）③
	双向固定效应模型	$Mhqd_{it}=\alpha_0+\alpha_1 Dig_{it}+\Sigma\alpha_k Control_{it}+\lambda_i+u_t+\varepsilon_{it}$ $Mhqd$表示制造业高质量发展水平 ,Dig表示数字经济发展水平；$Control_{it}$为控制变量	田刚元和陈富良（2022）④
	系统矩估计	$inde_{it}=\alpha_0+\delta_1 MARK_{it}+\delta_2 INNOV_{it}+\beta X_{it}^{'}+v_i+\lambda_i+\varepsilon_{it}$ $inde_{it}$代表地区制造业发展质量，$INNOV_{it}$、$MARK_{it}$分别代表创新投入、本地市场效应变量，$X_{it}^{'}$代表系列控制变量，包括：要素投入、所有制结构、对外开放度、劳动力与资本投入等	高丽娜和宋慧勇（2022）⑤

资料来源：作者根据相关文献整理所得。

---

① 张楠、孙湘淇、蔺凡淇:《逆全球化、进口中间品与中国制造业高质量发展——基于行业层面的实证研究》,《东北大学学报（社会科学版）》2022年第1期。

② 李蕾、刘荣增:《产业融合与制造业高质量发展：基于协同创新的中介效应》,《经济经纬》2022年第39卷第2期。

③ 任转转、邓峰:《互联网发展、要素结构转型与制造业高质量发展》,《统计与决策》2022年第38卷第6期。

④ 田刚元、陈富良:《数字经济、产业集聚与黄河流域制造业高质量发展》,《统计与决策》2022年第38卷第21期。

⑤ 高丽娜、宋慧勇:《创新投入、本地市场效应与制造业高质量发展》,《技术经济与管理研究》2022年第11期。

五、有关产业升级与全球价值链关系的研究文献

目前有关产业国际竞争力与贸易国际竞争力互动的研究还比较少，有关全球价值链与产业高质量发展的研究文献比较多。

（一）产业升级与全球价值链的互动研究文献

在全球价值链框架中，产业升级也表现为全球价值链的升级。在全球价值链的框架中，有 4 种类型的升级（Humphrey 和 Schmitz，2002）[①]：一是工序升级，通过生产体系进行重组或引进更好的技术，从而提高投入—产出转化效率；二是产品升级，升级为更先进的生产线；三是功能升级，通过获取新的功能（或放弃现有功能）来提高生产活动的总体技术含量；四是链条升级或产业间升级，企业进入新的但通常与原行业相关的行业。普遍认为，产业升级一般都遵循从工艺流程升级到产品升级再到产业功能升级最后到链条升级的规律，这一升级规律基本上可以通过东亚众多国家工业化进程来佐证（张辉，2004）[②]。

Fernandez-Stark 等（2011）[③] 进一步提出了升级的其他类型。首先是融入价值链，即企业首次参与本国、区域或全球价值链。其次是后向关联升级，即某产业中的本地企业（本国或外国）开始向其他公司（通常是跨国公司），供应可贸易的零部件或服务这些公司位于该国且已经是某全球产业链的一部分。最后是终端市场升级，包括进入新的、标准更高的、更加精细化的市场，或进入要求更大规模产量和价格可及的更大型市场。盛斌和陈帅（2015）[④] 认为传统模式的产业升级主要表现为一国在不同时期、不同产业和部门之间的升级更替，而全球价值链下的产业升级则主要表现为在产业和部门内部的工艺、产品、功能或价值链等不同技术复杂度或附加值程度的升级和扩展。从企业层面说，价值链升级能够使企业进一步提高生产率和产品质量，确立自身品牌效应，提升其在国际市场中的竞争力，以及避免因过度依赖领先企业而被锁定在低附加值环节。从国家层面说，价值链升级能够使

---

① Humphrey John，Hubert Schmitz，“How does insertion in global value chains affect upgrading in industrial clusters，” *Regional studies*，Vol.36，No.9，2002.

② 张辉：《全球价值链理论与我国产业发展研究》，《中国工业经济》2004 年第 5 期。

③ Fernandez-Stark K.，et al.，“*The* offshore services value chain：upgrading trajectories in developing countries，” *International Journal of Technological Learning*，*Innovation and Development*，2011.

④ 盛斌、陈帅：《全球价值链如何改变了贸易政策：对产业升级的影响和启示》，《国际经济评论》2015 年第 1 期。

国家进一步构建国内生产能力，增加本国附加值出口以及提升国家竞争力。

刘仕国等（2015）[①] 认为企业通过参与全球价值链活动，可以向领先企业学习国际前沿的理念、研发、设计、技术、品牌、营销等，有助于追赶国家和跟随企业积累知识资本。此外，追赶国家和跟随企业融入全球价值链，可以便捷高效地跟随领先企业确定的战略方向，沿袭其路径、“借用”其技术、学习其经验，培养自己的生产能力和产业基础，促进产业升级。例如，从全球的角度来看，中国产业的快速发展特别是工业化技术进步，总体上是西方工业技术的转移和扩散过程，而其中的关键则在于中国采取了主动接受和积极融合的立场，主要措施就是大量引进FDI和承接发达国家跨国公司的“订单”，在融入全球要素分工中实现了产业发展的“跟随模仿”（金京等，2013）[②]。

苏杭等（2017）[③] 从投入—产出的分析视角出发，结合世界投入产出数据库（WIOD）和中国工业企业数据库，分别从产业层面和企业层面考察了要素投入在制造业产业升级中的作用。研究发现，产业结构升级依赖于要素结构升级，在全球价值链分工背景下，发展中国家的制造业实现产业升级，其实质就是升级要素禀赋，改变比较优势。

（二）产业聚集与全球价值链的互动研究文献

伴随经济全球化进程的加快，产业活动的分离和整合似乎日益在更大的空间尺度上上演，集群的发展出现新的特征。地方产业集群作为区域经济发展的一种载体，正快速以不同方式嵌入全球产业价值链（文婷和曾刚，2004）[④]。全球价值链中各个价值环节在形式上虽然可以看作一个连续的过程，不过在全球化过程中这一完整连续的价值链条实际上是被一段段分开的（片段化），但是分离出去的各个价值片段一般都具有高

---

① 刘仕国、吴海英、马涛等：《利用全球价值链促进产业升级》，《国际经济评论》2015年第1期。

② 金京、戴翔、张二震：《全球要素分工背景下的中国产业转型升级》，《中国工业经济》2013年第11期。

③ 苏杭、郑磊、牟逸飞：《要素禀赋与中国制造业产业升级——基于WIOD和中国工业企业数据库的分析》，《管理世界》2017年第4期。

④ 文婷、曾刚：《嵌入全球价值链的地方产业集群发展——地方建筑陶瓷产业集群研究》，《中国工业经济》2004年第6期。

度的地理集聚特征（Arndt 和 Kierzkowski，2001）[①]。

张辉（2005）[②]认为，全球价值链下各个地方产业集群无论在全球还是在区域内都有严格的等级体系，而该等级体系最终又基本是由各个地方产业集群所占据价值环节的附加值高低来决定的。随着时间的推移，不同等级价值环节是空间分化和再构的一个过程（吕文栋和张辉,2005）[③]。当同一产品的生产过程在全球范围内不断扩散的同时，其特定的环节在区位选择上的集聚行为也成为目前全球化时代的重要特征。通过产业聚集在当地形成完整的产业链供应链体系，本土企业可以提高生产率，增加自己在全球价值链中的竞争力（张少军和刘志彪，2009）[④]。

Dicken 等（2001）[⑤]表示，只注重内部联系的集群注定要走向衰败，产业集群已经不能在封闭和孤立中发展，而必须积极加强外部联系，通过在全球价值链中与全球产业网络的有效整合，不断获取价值，并通过“升级”求得发展。Bazan 和 Navas-Alemán(2004)[⑥]用系统和比较的方法实证分析了巴西 Sinos Valley 鞋产业集群，认为集群升级前景依全球价值链的治理模式不同而有所区别。

黎继子等（2005）[⑦]认为地方产业集群的发展不仅需要全球价值链嵌入和耦合的推动，同时集群的供应链式整合（即地方产业集群在同一地域形成完整或近乎完整的价值链）也是地方产业集群升级的关键，这样才能保证地方产业集群在与全球价值链耦合时获取价值链中高附加值、核心战略环节的竞争优势。

---

① Arndt Sven W., Henryk Kierzkowski, *Fragmentation: New production patterns in the world economy*, OUP Oxford, 2001.

② 张辉:《全球价值链下地方产业集群升级模式研究》,《中国工业经济》2005 年第 9 期。

③ 吕文栋、张辉:《全球价值链下的地方产业集群战略研究》,《中国软科学》2005 年第 2 期。

④ 张少军、刘志彪:《全球价值链模式的产业转移——动力、影响与对中国产业升级和区域协调发展的启示》,《中国工业经济》2009 年第 11 期。

⑤ Dicken Peter, et al., “Chains and networks, territories and scales: towards a relational framework for analysing the global economy,” *Global Networks*, Vol.1, No.2, 2001.

⑥ Bazan Luiza, Lizbeth Navas-Alemán, “The underground revolution in the Sinos Valley: a comparison of upgrading in global and national value chains,” *Chapters*, Vol.3, 2004.

⑦ 黎继子、刘春玲、蔡根女:《全球价值链与中国地方产业集群的供应链式整合——以苏浙粤纺织服装产业集群为例》,《中国工业经济》2005 年第 2 期。

苏丹妮等（2020）[①]将国际生产体系下的全球价值链和国内生产体系下的本地化产业集群置于统一的分析框架，阐述了全球价值链、产业集聚与企业生产率的互动机制，认为分工地位越高的企业其生产率亦越高，通过战略隔绝弱化了本地化聚集经济对企业生产率的正向溢出。GVC 上游环节参与度越高的企业与本地产业集群的空间关联度越弱，而 GVC 下游环节参与度越高的企业与本地产业集群的空间关联度越强。

本章梳理了关于开放水平和制造业高质量发展的相关文献，发现现有研究存在不足，开放水平与制造业高质量发展互动机制及影响因素的研究文献尚不多见，开放水平与制造业高质量发展互动机制及影响因素的理论和实证分析还需要进一步深化研究。本章对开放水平与制造业高质量发展的互动机制进行实证分析，为加快提升高水平对外开放促进制造业高质量发展提供理论依据和政策建议。

第二节　制造业高质量发展现状分析

要把制造业高质量发展放到更加突出的位置，加快构建市场竞争力强、可持续的现代产业体系（王政和韩鑫，2022）[②]。当前，新一代信息通信、生物、新材料、新能源等技术创新不断取得突破，数字技术与先进制造技术融合加快，全球制造业迈入第四次工业革命的新阶段，欧、美、日等为争夺制造业发展新高地竞争加剧，制造业进入新一轮战略调整和重构的关键时期。制造业加快向低碳绿色化、数字化、智能化发展，数字产业化与产业数字化互动增强，制造业关键核心技术创新竞争激烈，发达国家制造业劳动生产率提升，实施再工业化战略，越南、墨西哥等发展中国家制造业加快转型升级，世界正在经历一场制造业重新洗牌的重大变局。

一、制造业高质量发展是经济高质量发展的重要基础和重要支撑

（一）制造业是优化生产要素配置的重点领域

经济高质量发展是生产要素持续优化配置的过程。当前我国生产要素配置中存在的突出问题是低质量、低效率、低效益、高能耗的制造业

① 苏丹妮、盛斌、邵朝对等：《全球价值链、本地化产业集聚与企业生产率的互动效应》，《经济研究》2020 年第 55 卷第 3 期。

② 王政、韩鑫：《传统产业加速提质升级 新兴产业持续茁壮成长 现代产业体系迈出坚实步伐（奋进新征程 建功新时代 非凡十年）》，《人民日报》2022 年 10 月 11 日第 1 版。

产能过剩，高质量、高效率、高效益、低能耗的高端智能制造产能短缺，制造业成为生产要素优化配置的重点领域。我国是制造业大国，加快制造业高质量发展的重要任务是推动制造业劳动力、资本、技术等生产要素加快向高质量、高生产率、低能耗的制造业企业和行业转移和集聚，促进制造业提质增效，增强制造业竞争力，促进制造业大国向制造业强国转变。

（二）制造业高质量发展对稳增长、稳就业、稳外贸、稳投资具有举足轻重的作用

“十四五”时期，保持经济中高速增长是我国高质量发展的重要任务。在国际经济环境复杂深刻变化的背景下，我国制造业抗危机冲击的能力最强，成为稳增长、稳就业、稳外贸、稳投资的“压舱石”。“十五五”时期，推动制造业高质量发展，对我国高质量发展，建设共同富裕示范区具有举足轻重的作用。

（三）制造业高质量发展是加快创新强国建设，提升全要素生产率的重要途径

当前，我国制造业技术创新发展能力还不强，制造业劳动生产率和全要素生产率与发达国家差距还非常大，增强制造业技术创新能力，提高制造业全要素生产率成为制造业高质量发展的重要任务。制造业高质量发展需要不断加强创新人才、资本、技术的投入，不断加快产品创新、工艺创新、材料创新、市场创新、管理创新，不断加快技术创新和管理创新协同发展，加快技术创新与制造业高质量发展之间存在良性循环机制。制造业高质量发展是加快我国创新型国家建设，提升产业全要素生产率的最有效途径。

（四）制造业高质量发展是提高收入水平，建设共同富裕示范区的重要支撑

世界经济发展经验表明，高收入国家大都是制造业高质量发展的国家，如美国、德国、法国、日本、丹麦、瑞士等是高收入国家，同时也是制造业强国。高收入国家的发展实践表明，国家或地区人均 GDP 水平、人均可支配收入水平与制造业高质量发展是互动循环关系，制造业高质量发展与共同富裕是相互促进关系。制造业高质量发展是提高人均收入水平的重要途径，是高质量发展和建设共同富裕示范区的最重要支撑。

二、我国制造业高质量发展取得的成效与存在的主要问题

新发展阶段基本实现现代化的核心目标是到2035年人均国内生产总值达到中等发达国家水平。作为制造业大国，我国制造业需要率先达到中等发达国家水平。因此，有必要对标发达国家制造业高质量发展水平，分析我国制造业发展优势与存在的主要问题。本章根据联合国国际标准产业分类（ISIC），对1963—2019年主要发达国家制造业发展及制造业22个细分类行业进行国际比较，找准差距和问题，增强优势、补齐短板，加快推动制造业高质量发展。

（一）制造业发展比较优势分析

1.制造业规模比较优势明显

我国制造业规模持续快速增长，制造业规模从1970年的272亿美元增加到2019年的4万亿美元，同期我国制造业增加值占世界制造业增加值的比例从3%增加到28.6%，我国制造业增加值占亚洲制造业增加值的比例从1970年的20%增长到2019年的54%(见图3-2)。2010年以来，我国制造业规模超过美国成为世界制造业第一大国，制造业规模持续扩大，规模优势不断增强（见图3-3)。

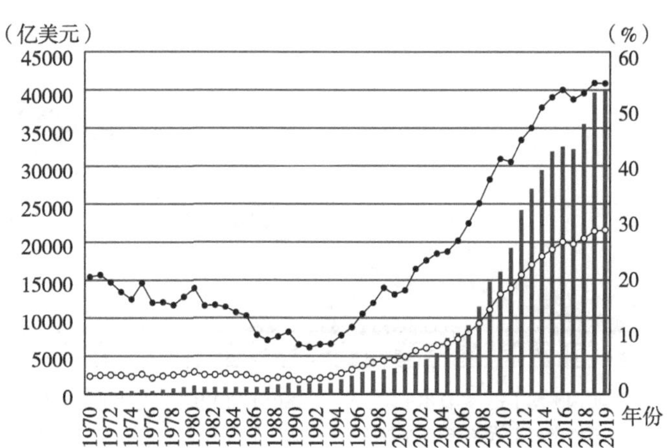

图3-2 中国制造业规模与其增加值分别占世界、亚洲制造业增加值比例变化

资料来源：根据联合国贸易和发展会议数据库产业数据制作。

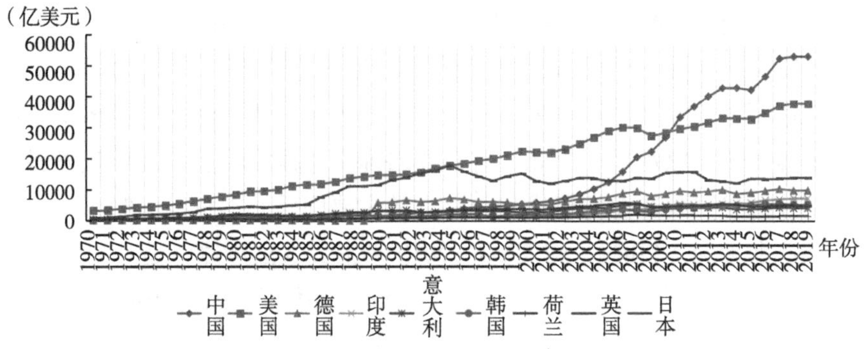

图3-3　1970—2019年世界大国制造业增加值变化

资料来源：根据联合国贸易和发展会议数据库产业数据制作。

2. 制造业劳动力成本比较优势仍然存在

我国制造业快速发展与制造业劳动力成本低廉具有密切关系。虽然2006年以来我国制造业劳动力平均工资逐步提升，但是截至2019年，我国制造业劳动力平均工资仍然明显低于美国、日本、德国、荷兰、英国、法国等发达国家（见图3–4、表3–9），“十五五”时期制造业劳动力成本优势仍然发挥重要作用。

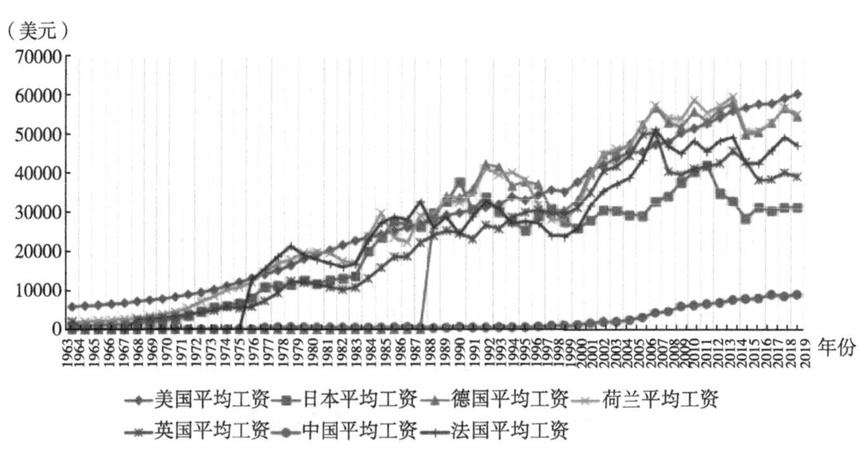

图3-4　1963—2019年世界主要大国制造业劳动力平均工资

资料来源：根据联合国贸易和发展会议数据库产业数据制作。

表3-9　　制造业劳动力平均月工资水平　　单位：美元

国家	2010 年	2015 年	2016 年	2017 年	2018 年	2019 年
美国	3921.02	4271.42	4362.40	4513.85	4646.12	4778.43
中国	468.34	740.27	745.86	823.79	874.57	925.35
日本	3329.92	2430.52	2711.57	2617.55	2680.60	2693.34
德国	4181.31	3848.13	3764.12	4005.04	4371.62	4253.74
英国	3663.59	3941.67	3619.87	3490.45	3731.66	3636.50
印度	126.09	163.49	170.97	178.45	185.93	193.41
法国	3533.03	3623.35	3664.96	3852.21	4106.18	3952.86
意大利	2936.46	2307.84	2312.94	2379.11	2504.80	2397.91
韩国	2399.41	3155.18	3113.49	3235.95	3499.32	3404.96

资料来源：ILO 数据库。

3. 制造业创新发展与结构转型升级加快

1980 年以来中国制造业结构发生明显变化，纺织、服装、轻工等劳动密集型产业比例快速下降，计算机及通信设备、汽车等交通设备、电气机械等技术密集型产业和高技术产业加快发展，数字技术赋能制造业，智能制造、未来工厂、未来产业、数字产业、新材料、生命健康“三大高地”等催生一批新产业和新企业，数字产业化和产业数字化加快发展。

纺织业增加值占制造业总增加值比例从 1980 年的 15.14% 下降到 2018 年的 5.24%，下降了近 10 个百分点。同期，机械设备占比从 15.15% 下降到 8.46%，煤、石油、能源占比从 4.94% 下降到 3.14%，化学和化工制品占比从 11.34% 下降到 10.81%，而金属占比从 9.49% 上升到 14.3%，金属成为制造业第一大产业。食品饮料制造业占比从 6.04% 上升到 8.86%。2005 年以来中国制造业结构进入相对稳定阶段（见图 3–5）。2018 年中国制造业中金属、化学和化工制品、食品饮料、机械设备、通信设备和广播电视设备、汽车及交通设备制造是制造业的前六大产业（见图 3–6）。

以联合国工业发展组织提供的 2 位编码制造业 21 个细分行业增加值规模数据来看，我国在食品饮料、烟草、纺织、服装、金属制品、非金属制品、机器设备制品、其他交通设备等中低端 18 个行业增加值规模均明显超出发达国家；尤其是纺织、服装等轻工业，掌握了行业全球生产的命脉（见表 3-10）。

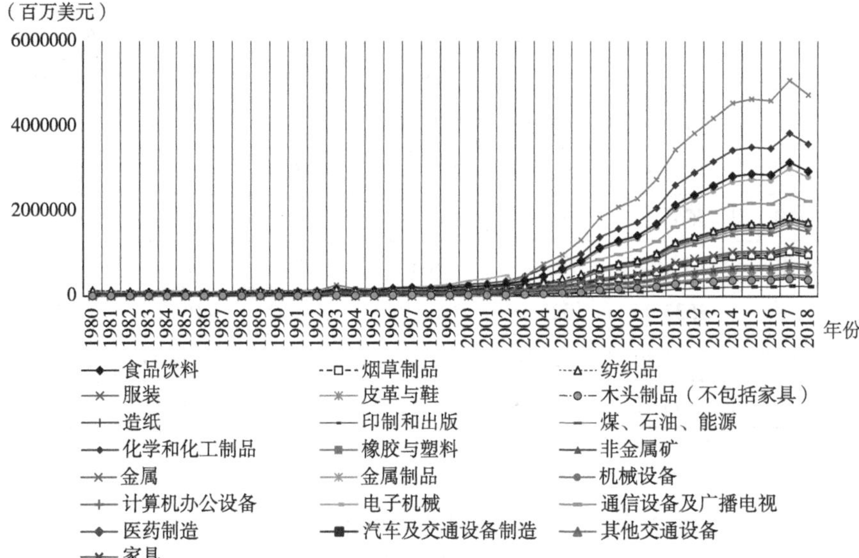

图3-5　1980—2018年中国制造业增加值变化

资料来源：根据联合国贸易和发展会议数据库产业数据制作。

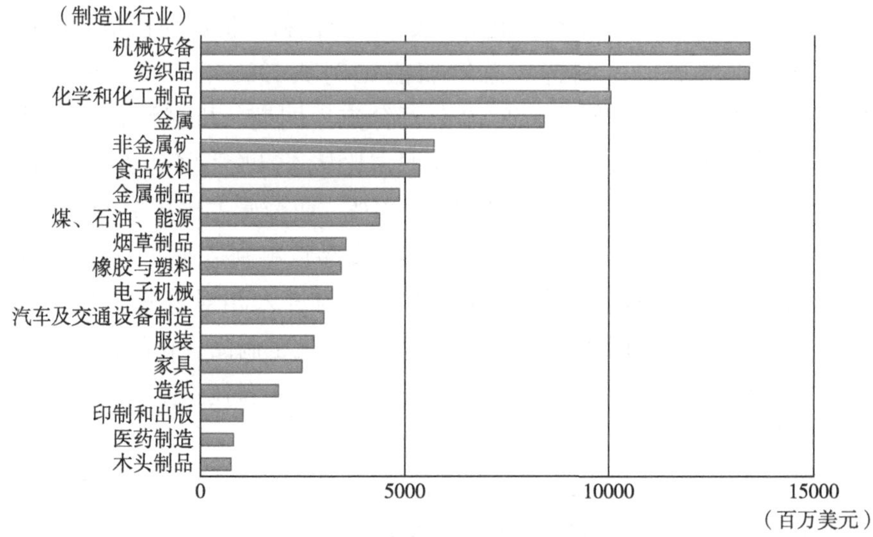

图3-6　2018年我国制造业行业增加值排序

资料来源：根据联合国贸易和发展会议数据库产业数据制作。

表3-10　　制造业细分行业规模对比

行业	中国（亿美元）	美国（亿美元）	日本（亿美元）	德国（亿美元）	韩国（亿美元）	中国/美国	中国/日本	中国/德国	中国/韩国
食品饮料	3061.4	3727.4	1182.4	556.0	298.9	0.8	2.6	5.5	10.2
烟草制品	1025.5	401.0	30.3	39.8	20.8	2.6	33.9	25.8	49.3
纺织品	1811.9	226.6	134.3	47.1	64.0	8.0	13.5	38.5	28.3
服装	1132.5	57.3	46.8	25.8	67.9	19.8	24.2	43.9	16.7
皮革与鞋	509.0	23.5	11.5	10.7	17.1	21.7	44.3	47.8	29.8
木头制品（不包括家具）	403.7	462.3	75.0	93.7	19.3	0.9	5.4	4.3	20.9
造纸	969.8	878.0	209.6	149.7	70.2	1.1	4.6	6.5	13.8
印制和出版	243.1	479.1	202.8	80.2	17.8	0.5	1.2	3.0	13.6
煤、石油能源	1085.7	1269.5	123.4	57.4	185.5	0.9	8.8	18.9	5.9
化学和化工制品	3736.6	4110.0	1047.4	775.5	519.2	0.9	3.6	4.8	7.2
橡胶与塑料	1038.6	1256.9	534.8	348.9	228.0	0.8	1.9	3.0	4.6
非金属矿	1727.2	759.5	290.1	213.5	142.2	2.3	6.0	8.1	12.1
金属	4941.1	858.0	535.2	232.4	267.4	5.8	9.2	21.3	18.5
金属制品	1582.0	2071.5	553.6	692.2	270.2	0.8	2.9	2.3	5.9
机械设备	2922.6	1887.4	1105.4	1445.9	418.9	1.5	2.6	2.0	7.0
计算机办公用品	770.9	1824.2	1505.8	415.5	1297.9	0.4	0.5	1.9	0.6
电子机械	1663.4	655.9	1906.2	497.0	230.4	2.5	0.9	3.3	7.2
汽车及交通设备制造	1791.1	1813.5	1713.2	1202.0	478.3	1.0	1.0	1.5	3.7
其他交通设备	657.4	1515.5	161.7	181.1	142.3	0.4	4.1	3.6	4.6
家具制造业等	703.9	1380.3	215.2	310.2	79.9	0.5	3.3	2.3	8.8
总制造（含其他）	34561.5	25657.4	9439.7	7374.6	4836.3	1.3	3.7	4.7	7.1

资料来源：根据联合国贸易和发展会议数据库产业数据制作。

（二）制造业高质量发展中存在的主要问题

1. 制造业劳动生产率明显偏低

根据联合国国际标准产业分类（ISIC），对美国、德国、法国、日本、荷兰、澳大利亚、意大利、中国的22个细分制造业劳动生产率进行国际比较分析。结果表明，1963—2019年，美国、德国、日本、法国、芬兰、澳大利亚、挪威、丹麦、意大利等国家制造业劳动生产率水平持续提升，我国制造业劳动生产率虽然也持续提升，但是与上述发达国家比较，制造业劳动生产率明显偏低，美国制造业劳动生产率是我国的 5 倍，德国是我国的 4 倍，日本、加拿大、荷兰是我国的 3 倍，法国、意大利、澳大利亚是我国的 2 倍（见图 3-7）。制造业劳动生产率差距表明制造业高质量发展任务非常艰巨。

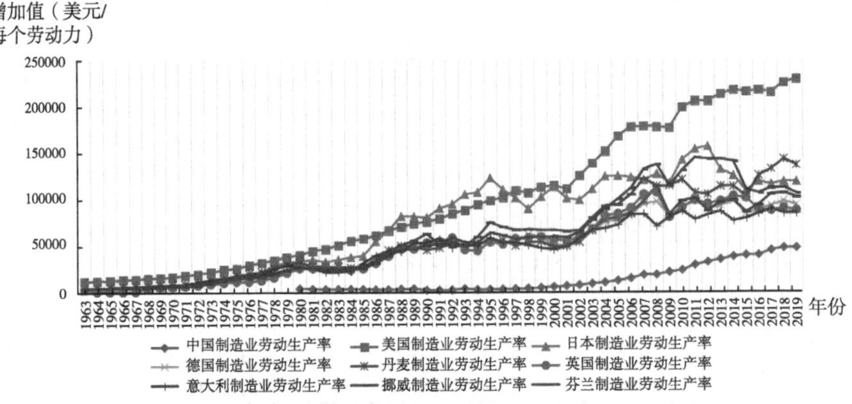

图3-7 1963—2019年世界主要国家制造业劳动生产率比较

资料来源：根据联合国贸易和发展会议数据库产业数据制作。

对 22 个制造业细分行业劳动生产率进行国际比较，发达国家计算机办公设备的劳动生产率是我国的 10 ~ 33 倍，化学和化工制品劳动生产率是我国的 2 ~ 10 倍，汽车及交通设备制造劳动生产率是我国的 2 ~ 14 倍（见表 3-11）。从制造业细分产业劳动生产率的国际比较差距看，提高制造业劳动生产率，成为我国“十四五”时期推动制造业高质量发展的重要任务（见表 3-12）。

表3-11 2018—2019年制造业劳动生产率国际比较

行业	美国/中国	德国/中国	法国/中国	日本/中国	加拿大/中国	荷兰/中国	澳大利亚/中国	意大利/中国
食品饮料	5.2	5.5	1.9	2.3	2.6	2.7	1.9	2.0
烟草制品	4.8	0.3	–	–	1.0	0.4	–	0.3
纺织品	2.2	3.8	1.2	1.0	1.4	1.9	1.2	1.4
服装	2.1	6.2	1.7		1.7	1.9	1.5	1.6
皮革与鞋	3.6	10.0	4.0	2.3	1.2	4.0	3.9	2.9
木头制品	3.3	7.6	1.7	2.2	3.2	2.4	1.9	1.7
造纸	3.0	1.6	0.9	1.3	2.2	1.3	1.4	1.1
印制和出版	4.4	6.5	2.4	2.8	2.8	2.9	2.5	2.5
煤、石油、能源	9.8	–	–	2.4	5.3	1.8	2.0	1.1
化学和化工制品	9.7	7.4	2.4	4.9	3.8	4.4	2.4	2.4

续表

行业	美国/中国	德国/中国	法国/中国	日本/中国	加拿大/中国	荷兰/中国	澳大利亚/中国	意大利/中国
橡胶与塑料	4.7	6.0	2.3	2.7	2.7	2.9	2.5	2.5
非金属矿	5.1	6.0	2.3	3.1	3.3	3.0	3.2	2.2
金属	2.2	3.7	0.7	1.1	1.7	1.0	1.7	2.5
金属制品	3.4	3.9	1.6	2.0	2.0	2.2	1.6	1.7
机械设备	4.8	6.2	2.1	2.8	2.7	3.3	2.1	2.2
计算机办公设备	29.0	32.1	15.3	14.7	–	26.3	16.2	10.9
电子机械	6.7	8.3	3.2	0.0	3.7	4.4	2.8	2.9
汽车及交通设备制造	5.3	13.3	2.6	4.1	3.4	3.4	2.0	2.5
其他交通设备	5.8	7.1	2.4	0.0	2.4	1.6	1.9	1.9
家具制造业等	7.7	8.6	4.0	4.0	3.3	4.1	2.9	3.6
制造业劳动生产率平均倍数（倍）	5	4	2	3	3	3	2	2

注：标题栏中“美国/中国”表示美国制造业劳动生产率/中国制造业劳动生产率，下同。倍数取整。

资料来源：根据联合国贸易和发展会议数据库产业数据制作。

表3-12　　主要国家制造业劳动生产率　　单位：千美元/人

	2010年	2011年	2012年	2013年	2014年	2015年	2016年	2017年	2018年	2019年
中国	11.32	13.95	15.20	16.82	18.52	19.50	19.77	22.57	25.23	26.78
美国	118.86	120.99	120.86	123.59	128.10	130.70	128.51	132.97	139.24	139.31
日本	110.48	114.36	116.49	94.07	89.98	85.83	95.34	93.91	94.34	95.85
德国	86.80	96.64	90.66	95.72	99.17	87.01	90.79	94.80	98.90	91.40
韩国	76.03	84.38	84.52	77.50	89.17	83.90	85.54	95.19	101.34	94.10
中国/美国	0.10	0.12	0.13	0.14	0.14	0.15	0.15	0.17	0.18	0.19
中国/日本	0.10	0.12	0.13	0.18	0.21	0.23	0.21	0.24	0.27	0.28
中国/德国	0.13	0.14	0.17	0.18	0.19	0.22	0.22	0.24	0.26	0.29
中国/韩国	0.15	0.17	0.18	0.22	0.21	0.23	0.23	0.24	0.25	0.28

资料来源：UNCTAD/World Bank/ILO/UNIDO 数据库。

2. 制造业支柱产业集中度偏低，支柱行业优势增强态势不明显

根据联合国制造业国际分类标准，我们把制造业细分行业增加值占本国制造业总增加值比例在 5% 以上作为制造业支柱产业（把比例 10% 以上作为制造业战略产业）。对 1963—2018 年制造业战略产业和支柱产业结构变化进行计算，结果表明，美国、德国、法国、英国、日本、荷兰、澳大利亚等发达国家的制造业战略产业和支柱产业长期稳定在食品饮料、化学和化工制品、机械设备、汽车及交通设备制造、计算机办公设备、金属制品六大行业。发达国家制造业支柱产业与我国制造业支柱产业存在趋同发展趋势，而我国在食品饮料、化学和化工制品、机械设备、汽车及交通设备制造、计算机办公设备、金属制品六大行业的集中度明显低于发达国家（见表 3-13），“十四五”时期，在食品饮料、化学和化工制品、机械设备、汽车及交通设备制造、计算机办公设备、金属制品等制造业支柱行业的国际竞争有可能更加激烈。

表3-13　2018—2019年世界主要国家制造业支柱产业占制造业增加值比例

单位：%

国家	食品饮料	化学和化工制品	机械设备	金属制品	计算机办公设备	汽车及交通设备制造	橡胶塑料	金属	电子机械	纺织品	其他交通设备	支柱产业合计
中国	9	11	8	5	–	5	5	14	5	5	7	74
美国	14	16	7	8	7	7	5	–	7	–	7	78
德国	7	10	19	10	5	17	5	–	7	–	–	80
法国	18	13	11	8	5	8	5	–	–	–	9	77
英国	13	9	14	10	6	10	5	–	5	–	5	77
荷兰	17	17	19	10	6	–	–	–	–	–	–	69
日本	13	11	11	6	16	18	8	5	–	–	–	88
澳大利亚	25	8	5	9	5	5	5	10	–	–	–	72

资料来源：根据联合国贸易和发展会议数据库产业数据制作。

表 3-13 中数据表明，我国制造业支柱产业集中度明显低于发达国家，食品饮料制造业关系本国人民生命健康和生活品质，欧、美、日等发达国家和地区长期保持对食品饮料制造业的安全自主可控。如何持续做强制造业的支柱产业，增强制造业支柱产业的集中度和国际竞争力，是“十四五”时期制造业高质量发展中迫切需要研究的重大问题。

3. 制造业增加值占国民生产总值的比例逐步下降

当前我国制造业发展表现为我国制造业规模占世界制造业规模比例不断上升，而我国制造业规模占国内生产总值的比例不断下降。以世界官方组织提供的现价数据测算来看，近 10 年内我国制造业增加值占 GDP 比重跌破 30%，而占全球制造业增加值份额则接近 30%，因此，有学者提出我国制造业出现“过早去工业化”的风险（见图 3-8）。

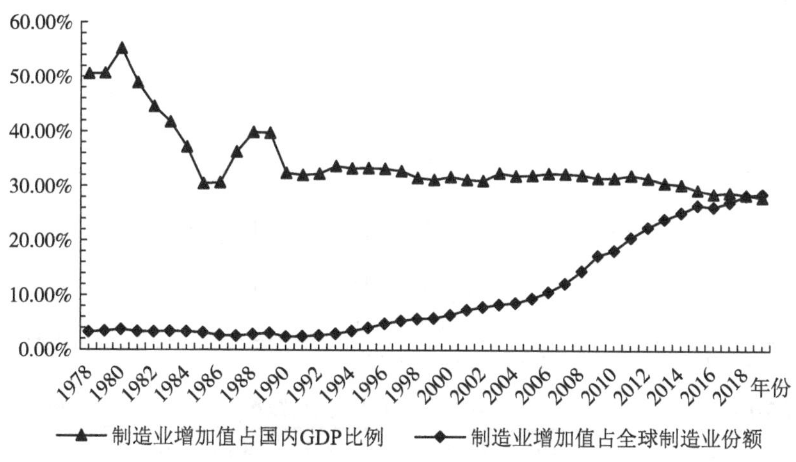

图3-8 我国制造业“内外差”问题

资料来源：UNCTAD/World Bank/ILO/UNIDO 数据库。

4. 制造业研发投入强度明显偏低

根据联合国制造业国际分类标准，我们把 22 个制造业细分行业中的中高技术制造业的研发投入强度进行国际比较，数据表明化学和化工制品、计算机办公设备等研发投入强度明显低于欧美发达国家（见表 3-14 和表 3-15），研发投入强度太低在一定程度上是导致制造业关键核心技术研发能力不足的重要原因之一。我国每 100 万人中研究人员数量也明显低于欧美发达国家（见表 3-16）。

表3-14　化学和化工制品研发投入强度比较

国家	2009年	2010年	2011年	2012年	2013年	2014年	2015年	2016年	2017年	2018年	2019年
丹麦	12	11	13	13	13	12	13	13	11	–	–
美国	7	6	5	5	5	5	5	5	5	5	–
德国	9	9	10	8	9	10	9	10	9	9	–
日本	8	9	8	7	8	8	9	9	8	8	8
荷兰	8	7	7	6	6	7	6	6	6	5	–
法国	8	7	7	8	6	6	6	6	5	6	6
中国	1.1	1.0	0.8	0.8	0.9	0.9	1.0	1.0	1.1	1.1	1.4

资料来源：UNCTAD/World Bank/ILO/UNIDO 数据库。

注：研发投入强度 =R&D 投入额 / 增加值 ×100%。

表 3-15　计算机办公设备制造研发投入强度比较

国家	2009年	2010年	2011年	2012年	2013年	2014年	2015年	2016年	2017年	2018年	2019年
丹麦	17	15	14	16	17	18	18	20	21	–	–
美国	26	25	25	26	27	27	29	27	28	28	–
德国	17	21	25	22	22	26	25	25	22	22	–
日本	27	30	33	28	35	40	40	38	35	33	33
芬兰	25	38	38	46	70	44	40	34	28	26	–
法国	27	27	32	28	30	32	36	35	35	37	34
中国	1.4	1.5	1.5	1.6	1.6	1.6	1.8	1.8	1.9	2.0	2.2

资料来源：UNCTAD/World Bank/ILO/UNIDO 数据库。

表3-16　每100万人中研究人员数量　单位：人

国家	2010年	2011年	2012年	2013年	2014年	2015年	2016年	2017年	2018年	2019年
美国	3883	4025	3990	4091	4206	4270	4251	4412	4749	4821
中国	885	958	1014	1066	1089	1151	1197	1225	1307	1471
日本	5104	5110	5033	5147	5328	5173	5209	5304	5331	5375
德国	4058	4189	4352	4367	4321	4744	4862	5077	5217	5396
英国	4043	3926	3970	4119	4228	4320	4358	4435	4554	4684
印度	156	154	168	183	198	216	216	253	253	271
法国	3873	3942	4073	4155	4234	4336	4415	4570	4700	4812
意大利	1743	1781	1849	1931	1956	2078	2204	2314	2512	2656
韩国	5331	5803	6304	6393	6826	7013	7086	7498	7980	8408

资料来源：世界知识产权组织官方网站。

5. 制造业资源环境约束增强

近年来我国制造业单位增加值能源消耗水平呈下降趋势，由 2010 年的 2 帕焦 / 亿美元降至 2019 年的近 1 帕焦 / 亿美元，体现了我国产业与能源结构优化转型的成效。然而通过横向比较来看，我国同主要发达国家的差距仍然较为明显。以 2019 年数据为例，美国、日本、德国制造业能源消耗水平分别为 0.4 帕焦 / 亿美元、0.4 帕焦 / 亿美元、0.35 帕焦 / 亿美元，均不到我国制造业单位增加值能源消耗水平的 1/2（见图 3-9）。

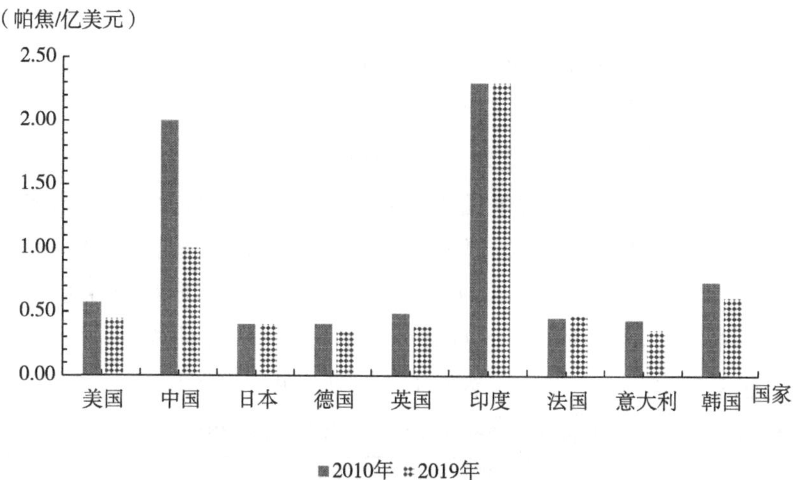

图3-9 我国制造业能源消耗水平[①]与他国对比

资料来源：BP 世界能源统计年鉴 /IEA 国际能源署数据库 /UNCTAD 数据库。

我国制造业单位增加值碳排放当量从 2010 年的 0.9 千克当量 / 美元降至 2019 年的 0.53 千克当量 / 美元，然而横向相比，我国制造业单位增加值碳排放水平还是处于较高位。以 2019 年数据为例，美国制造业单位增加值碳排放水平仅为 0.4 千克当量 / 美元，日、德两国均仅约 0.2 千克当量 / 美元，明显低于我国（见图 3-10）。提高能源利用效率，降低制造业碳排放水平，达成“双碳”目标，对我国下一步制造业转型升级是不小的挑战。

① 能源消耗水平 = 增加值规模 / 最终能源消耗量。

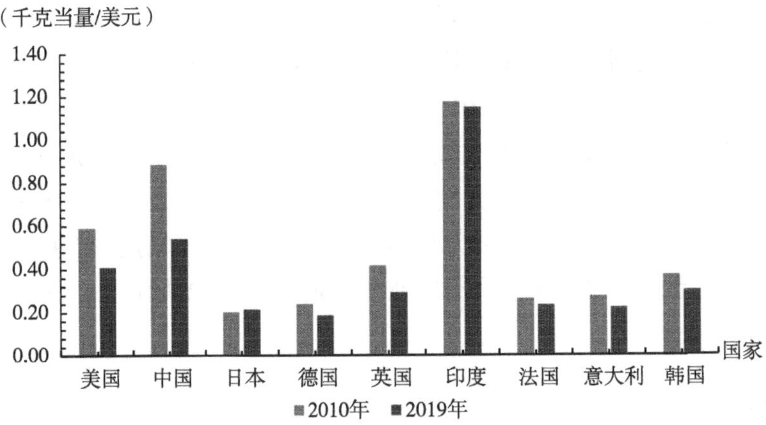

图3-10 我国制造业碳排放水平与他国对比

资料来源：BP 世界能源统计年鉴 /IEA 国际能源署数据库 /UNCTAD 数据库。

6.制造业出口质量指数需进一步提高

从我国制造业贸易竞争优势指数来看，我国制造业国际贸易竞争优势水平较高，即具有较高的以出口兑换进口的能力，但是这仅仅体现了我国制造业开放的规模优势。而通过比较制造业出口质量指数可以看出，我国在制造业出口质量上还具有较大的提升空间，指数水平尚未超过0.9。虽然超出美国，但是仍然低于德、日、韩三国（见表 3-17）。

表3-17 制造业贸易竞争优势指数与出口质量指数

制造业贸易竞争优势指数										
年份 国家	2010年	2011年	2012年	2013年	2014年	2015年	2016年	2017年	2018年	2019年
中国	0.27	0.29	0.32	0.32	0.33	0.35	0.33	0.32	0.30	0.32
美国	−0.24	−0.25	−0.26	−0.26	−0.28	−0.31	−0.32	−0.33	−0.35	−0.35
日本	0.32	0.29	0.26	0.22	0.20	0.17	0.20	0.21	0.20	0.18
德国	0.17	0.18	0.20	0.20	0.19	0.19	0.18	0.18	0.17	0.16
韩国	0.26	0.28	0.28	0.29	0.28	0.27	0.25	0.26	0.26	0.22
制造业出口质量指数										
年份 国家	2010年	2011年	2012年	2013年	2014年	2015年	2016年	2017年	2018年	2019年
中国	0.86	0.83	0.83	0.83	0.80	0.79	0.80	0.83	0.87	0.86
美国	0.78	0.74	0.75	0.74	0.71	0.71	0.72	0.73	0.75	0.75
日本	0.95	0.92	0.93	0.92	0.88	0.87	0.89	0.91	0.96	0.95
德国	0.89	0.86	0.87	0.87	0.84	0.83	0.85	0.87	0.92	0.91
韩国	0.95	0.91	0.90	0.91	0.88	0.88	0.89	0.92	0.96	0.95

资料来源：作者根据 UNIDO 数据库数据测算。

从高端品牌来看，我国在计算机与通信产业品牌建设上取得较大成就，华为、联想、小米成功跻身世界品牌五百强，但是制药、医疗健康与生物科技，防务与飞机制造，汽车及零部件三大行业中我国无一品牌上榜，美国则分别拥有 12 家、3 家和 5 家（见表 3-18）。这几类产业关系国防事务和人民生活与健康，是关乎国计民生的产业，更是未来技术竞争的焦点产业，因此必须有自己独立的品牌与技术，才能保障国家安全。美国制造业高端品牌数量规模正是其牢牢把握高端制造的体现。未来，世界制造业之争势必会在高端产业之上，高端品牌建设刻不容缓。

表3-18　　　　制造业国际品牌对比

行业	中国	美国	日本	德国	韩国
计算机与通信	华为、联想、小米	苹果、思科、英特尔、国际商业机器、惠普、戴尔、施乐、高通、AMD、博通、英伟达	佳能、富士通、爱普生、日本电气公司、住友电工、理光	—	—
制药、医疗健康与生物科技	—	强生、辉瑞、默沙东、卡地纳健康、安进、联合健康、艾伯维、百时美施贵宝、Illumina、礼来、雅培、BD 医疗	—	拜耳	—
防务与飞机制造	—	波音、洛克希德·马丁、雷神技术	—	—	—
汽车及零部件	—	福特、特斯拉、通用汽车、哈雷戴维森、雪佛兰	丰田、本田、雷克萨斯、马自达、铃木、日产、英菲尼迪、五十铃、三菱、斯巴鲁、爱信	奔驰、宝马、大众、奥迪、保时捷、博世	现代汽车、起亚
服装服饰	—	耐克、里维斯、拉夫·劳伦、盖普、蔻驰	优衣库	阿迪达斯	—

资料来源：作者根据《世界品牌 500 强》报告整理。

综上所述，我国制造业虽然取得世界规模第一的巨大成就，但是在制造业劳动生产率、制造业创新发展等方面与主要发达国家相比还存在不小的差距，加快制造业高质量发展任重而道远。

第三节　我国制造业高质量发展水平测度分析

根据制造业高质量发展的内涵定义，综合考虑当前阶段我国制造业发展面临的问题制约，以规模和结构为基础，结合新发展理念思想，构造集规模、结构、创新、协调、绿色、开放、共享七个维度于一体的综合指标评价体系，测算我国制造业高质量发展水平。

一、制造业高质量发展评价指标体系构建

（一）制造业高质量发展指标体系构建的经验研究

制造业高质量发展蕴含着关于发展理念、发展成效、发展评价等的探讨。不少民间学者已经对制造业高质量发展进行了指标体系的构建与测算，国务院发展研究中心等官方机构也作出相应研究。2013 年，中国工程院联合工业和信息化部等多部门开展长期战略研究项目——“制造强国战略研究”并构建制造强国指标体系，随后国家发展和改革委员会产业经济与技术经济研究所，在上述指标体系的基础上提出了优化改进意见。国务院发展研究中心高端智库成立“迈向制造业高质量发展之路研究”课题组，亦提出相应的评级指标体系。而国际上对于制造业发展成效的评价主要集中在制造业竞争力角度，具有较高认可度的为联合国工业发展组织（UNIDO）编制的工业竞争力绩效指数（CIP）。上述指标体系的对比如表 3-19 所示。

表3-19　　制造业高质量/制造强国指标体系对比

	中国工程院	中国工程院	国家发展和改革委员会产业经济与技术经济研究所	国务院发展研究中心	联合国工业发展组织
时间	2013—2014 年	2015—2016 年	2019 年	2020 年	—
项目研究方向	制造强国战略研究（一期）	制造强国战略研究（二期）	制造强国战略研究	推动制造业高质量发展研究	工业竞争力
主要评价维度	规模发展 质量效益 结构优化 持续发展	规模发展 质量效益 结构优化 持续发展	规模发展 质量效益 结构优化 持续发展	质量效益 国际竞争 绿色生产 创新驱动	规模发展 结构优化

续表

	中国工程院	中国工程院	国家发展和改革委员会产业经济与技术经济研究所	国务院发展研究中心	联合国工业发展组织
分维度共性指标整理					
创新	研发投入强度、研发人员比重				
结构	中高技术产业增加值比重				
效率效益	劳动生产率、世界制造业知名品牌数				
绿色	制造业单位增加值能耗、制造业单位增加值 CO_2 排放				
国际竞争力	高技术产品贸易竞争				

资料来源：作者根据相关资料整理。

（二）指标选取与体系构建

本章提出制造业高质量发展新定义：以新发展理念为指导，注重创新驱动、产业协调、发展可持续性、高水平开放、共享发展五大层面，在制造业规模扩张、结构升级基础上实现质量、效率与动力深层次变革，进而提高并充分发挥制造业满足人民美好生活需要的能力。在借鉴前人研究基础与遵循综合评价指标体系构建的原则上，本章构建制造业高质量发展评级指标体系，以规模、结构、创新、协调、绿色、开放、共享七个维度衡量制造业高质量发展水平，契合制造业高质量发展定义（见表 3–20）。

指标 1：规模增长。制造业规模是高质量发展的重要基础，没有量的扩大就无法实现质的提升。制造业形成规模经济能够促进工业化发展形成良性循环，对经济稳健增长发挥重要“稳定器”的作用。但是这种量的扩张应该充分考虑人均基础，并且体现规模扩张对本地区经济的影响。因此，选取制造业产值规模、人均产值水平、经济影响三个指标分别表征制造业生产规模、人均生产水平以及工业发展规模对本地经济发展的影响。

指标 2：结构水平。我国制造业要做大做强，不能仅靠规模扩张发力，还需要结构转型升级。在中低端制造行业中，我国已经表现出明显的规模优势，但是在中高端制造业竞争中我国仍处于从属地位。因此，采用以技术水平表征为主的制造业生产结构与出口结构来衡量制造业结构水平。

指标 3：创新驱动。创新是推动制造业高质量发展的重要支撑，是实现制造业升级的驱动力。创新发展有两大要素支撑，一是资本投入水平，二是人才支撑规模，分别采用研发投入强度与研究人员规模来表征。此外，仅靠创新投入表征制造业发展的创新水平是不足的，创新发展的产出成果也十分重要，能够推动新一轮创新的迭代升级，采用单位制造业增加值专利产出水平表征。

指标 4：产业协调。制造业高质量发展需要产业协调发展。一方面，三次产业间应该保证协调关联程度的不断加强，借鉴干春晖等（2011）[①]构造泰尔指数衡量省际产业合理化水平。另一方面，生产性服务业与制造业相配套，能够发挥牵引作用，提升生产效率，赋能制造业现代化转型，采用生产性服务业用工人数占总用工人数的比重加以衡量。

指标 5：绿色发展。制造业绿色发展是提升生态环境质量、实现人与自然和谐共处的基础，是提升制造业核心竞争力的重要基础，同时也是实现碳达峰碳中和的重要抓手。首先，在众多有关制造业绿色发展水平的研究中，制造业能源消耗水平与碳排放水平是两大常用指标，因此本章也采用这两个指标衡量制造业绿色发展水平，分别以制造业单位增加值能源消耗量及制造业单位增加值碳排放水平表征。其次，劳动生产率提高是实现制造业高质量可持续发展的关键，是制造业转型升级的内容指标。中国政府网政策与法规文件解读中曾表示，在制造业结构调整和转型升级进程中，需在经济转型升级监测指标体系中突出劳动生产率的核心指标地位，因此本章将劳动生产率指标纳入可持续发展能力评价维度。

指标 6：高水平开放。对外开放促进我国制造业参与国际竞争，优化国内外资源配置，对经济繁荣和社会进步起到重要助力作用。而对外开放的衡量指标中，除了对外开放总量规模水平，人均规模水平也十分重要；另外，除了考虑制造业出口规模，出口结构也应该加以衡量，采用制造业出口值水平占产值水平的比重表征。

指标 7：共享发展。本章创新性地采用制造业雇员平均月工资水平衡量，表征制造业对创造劳动力收入的意义，而提高居民收入才能更好

① 干春晖、郑若谷、余典范:《中国产业结构变迁对经济增长和波动的影响》,《经济研究》2011 年第 46 卷第 5 期。

地促进社会物质文明与精神文明的进步。

表3-20　　制造业高质量发展水平综合评价指标体系

一级指标	二级指标	含义与公式	正负向	单位
规模增长	产值规模	制造业生产规模	正	亿元
	人均产值水平	制造业产值 / 常住人口数	正	万元 / 人
	经济影响	工业增加值 / 地区生产总值	正	/
结构水平	生产结构	制造业高技术生产比重	正	%
	出口结构	制造业高技术出口比重	正	%
创新驱动	创新资本投入	研发投入占 GDP 比重	正	%
	创新人力资源	R&D 人员全时当量	正	/
	研发产出能力	专利授权量 / 制造业产值	正	件 / 亿元
产业协调	产业合理化水平	泰尔指数①	正	/
	生产性服务业发展	地区生产性服务业用工人数 / 总用工人数	正	/
绿色发展	绿色能源消耗能力	制造业单位增加值能源消耗量	负	万吨 / 亿元
	绿色碳排放能力	制造业单位增加值 CO_2 排放水平	负	万吨 / 亿元
	可持续效率水平	制造业全员劳动生产率	正	万元 / 人
高水平开放	出口规模	制造业出口规模	正	亿元
	出口水平	制造业出口值 / 常住人口数	正	万元 / 人
	出口结构	出口值水平 / 产值水平	正	/
共享发展	工资水平	制造业雇员平均月工资水平	正	元

资料来源：作者根据相关资料设计。

（三）指标体系综合测度方法

1.基础指标赋权

对于基础指标赋权有多种方式可供选择，各种方式各有优劣。本章采用更加具有客观性的熵值法进行基础指标赋权。考虑到传统的熵值法每年权重不同，容易造成评价尺度不一的问题，本章借鉴前人的方法对传统熵值法加入时间变量进行拓展，得到面板熵值法，可以更为客观地比较不同年份制造业高质量发展的水平。

（1）指标定义：假设对 t 年 m 个对象的 n 个指标进行评价，x_{tmn} 为对象 m 在 t 年的第 n 个指标。

---

① 计算方式如下：泰尔指数 $=\sum_{i=1}^{n}(Y_i/Y)\cdot\ln\left(\frac{Y_i}{L_i}/\frac{Y}{L}\right)$；其中，$i$ 代表产业，Y 代表产值，L 代表就业。

（2）无量纲化处理：有关消除量纲量级的计算方法有很多，鉴于均值化方法能够较大程度上留存原始数据中蕴含的数据变异性与相关性，是多数学者较常采用的无量纲化处理方法（胡永宏,2012）[①]，因此本章选择均值化方法对正向指标进行去量纲化处理。而对逆向指标，本文先对原始数据取倒数转为正向指标，再沿用正向指标的均值化处理方法，具体参考钞小静和任保平（2011）[②] 的做法。综合去量纲化处理方法如下：

$$X_{tm}^{*}=x_{tmn}/(\frac{1}{m}\sum_{n=1}^{m}X_{tm}) \tag{3-3}$$

（3）确定比重

$$y_{tmn}=x_{tmn}^{*}/\sum_{t}\sum_{m}x_{tmn}^{*} \tag{3-4}$$

（4）确定熵值

$$\theta_{n}=-\ln(T\cdot M)\cdot\sum_{t}\sum_{m}y_{tmn}\ln(y_{tmn}) \tag{3-5}$$

（5）计算信息效用值

$$e_{n}=1-\theta_{n} \tag{3-6}$$

（6）计算权重

$$\omega_{n}=e_{n}/\sum_{n}e_{n} \tag{3-7}$$

（7）计算得分

$$s_{tm}=\sum_{n}(w_{n}\cdot x_{tmn}^{*}) \tag{3-8}$$

2.综合得分测算

不同的合成方法所关注的要点是不同的。胡永宏（2012）[③] 指出，采用加法合成指标允许指标之间完全可替代，而乘法合成则以均衡发展为导向。有鉴于此，并考虑到本指标体系内基础性指标已经具有较强的可替代性，故而按照乘法原则测算综合得分，体现各方面指标注重均衡发展的测度导向。另外，考虑到本部分七个维度方面指标已经包含了较为宽泛的内容，采用客观赋权法进行确权也有所局限，因此本部分参考联合国开发计划署（UNDP）的做法，借鉴人类发展指数（Human

①③　胡永宏:《对统计综合评价中几个问题的认识与探讨》,《统计研究》2012 年第 29 卷第 1 期。

②　钞小静、任保平:《中国经济增长质量的时序变化与地区差异分析》,《经济研究》2011 年第 46 卷第 4 期。

Development Index)[①] 的构造方式，以乘法原则为基础给予七个维度方面指标相同的权重。

假设：制造业高质量发展水平综合得分值为 H，通过基础指标赋权测得的各方面指标值为 yi，则按照乘法原则得到制造业高质量发展指数值计算公式为：

$$H=\sqrt[m]{\prod_{i=1}^{m} y_i} \tag{3-9}$$

综上，采用熵值法进行基础指标确权，依照乘法原则按照等权重方式合成方面指标，获得制造业高质量发展水平指数值，这样本文采用的是主客观相结合的方法进行指标的确权与合成，对 2001—2020 年我国 31 个省份制造业高质量发展水平进行测度。

二、制造业高质量发展水平测度结果分析

本部分运用熵值法与乘法原则相结合的方法对我国 31 个省份制造业高质量发展水平进行测度，得到 2001—2020 年部分年份中国 31 个省份制造业高质量发展水平综合得分，并以 2020 年得分为依据进行排序，结果如表 3-21 所示。

表3-21　中国31个省份2001—2020年部分年份制造业高质量发展水平排序

排名	省份	2001年	2010年	2015年	2016年	2017年	2018年	2019年	2020年
1	广东	0.12	0.37	0.50	0.51	0.57	0.59	0.54	0.56
2	江苏	0.08	0.32	0.41	0.42	0.49	0.49	0.43	0.45
3	浙江	0.05	0.24	0.31	0.32	0.38	0.42	0.38	0.41
4	上海	0.09	0.32	0.32	0.32	0.44	0.45	0.38	0.39
5	北京	0.10	0.21	0.27	0.29	0.35	0.38	0.37	0.30
6	天津	0.09	0.17	0.23	0.22	0.26	0.28	0.25	0.26
7	福建	0.07	0.13	0.18	0.19	0.25	0.25	0.24	0.24
8	山东	0.06	0.18	0.26	0.27	0.28	0.26	0.22	0.24
9	重庆	0.03	0.06	0.17	0.18	0.20	0.22	0.20	0.21
10	四川	0.04	0.09	0.13	0.15	0.18	0.19	0.18	0.20
11	江西	0.03	0.07	0.11	0.12	0.14	0.15	0.15	0.17
12	安徽	0.05	0.08	0.14	0.14	0.17	0.17	0.16	0.17

① https://hdr.undp.org/data-center/human-development-index#/indicies/HDI (United Nations Development Programme)(UNDP).

续表

排名	省份	2001年	2010年	2015年	2016年	2017年	2018年	2019年	2020年
13	湖北	0.04	0.09	0.14	0.15	0.16	0.17	0.17	0.17
14	湖南	0.04	0.07	0.12	0.12	0.15	0.14	0.15	0.16
15	河南	0.06	0.07	0.17	0.19	0.21	0.15	0.14	0.14
16	陕西	0.06	0.09	0.14	0.14	0.18	0.16	0.15	0.14
17	辽宁	0.07	0.11	0.19	0.11	0.19	0.15	0.13	0.13
18	河北	0.05	0.08	0.10	0.11	0.12	0.12	0.11	0.12
19	山西	0.03	0.09	0.08	0.09	0.12	0.12	0.11	0.12
20	广西	0.07	0.05	0.09	0.10	0.12	0.12	0.10	0.11
21	贵州	0.03	0.04	0.07	0.07	0.10	0.10	0.09	0.09
22	云南	0.04	0.04	0.06	0.07	0.09	0.09	0.09	0.09
23	甘肃	0.04	0.04	0.06	0.07	0.08	0.08	0.08	0.09
24	吉林	0.05	0.06	0.09	0.10	0.11	0.09	0.09	0.09
25	宁夏	0.03	0.05	0.06	0.06	0.09	0.08	0.08	0.09
26	海南	0.06	0.05	0.06	0.06	0.07	0.12	0.09	0.08
27	黑龙江	0.04	0.05	0.06	0.07	0.07	0.08	0.07	0.08
28	内蒙古	0.03	0.05	0.06	0.06	0.08	0.07	0.07	0.07
29	新疆	0.04	0.05	0.06	0.06	0.11	0.10	0.07	0.07
30	西藏	0.02	0.04	0.05	0.05	0.06	0.06	0.06	0.06
31	青海	0.02	0.03	0.05	0.05	0.05	0.05	0.05	0.06
全国平均		0.05	0.11	0.15	0.16	0.19	0.19	0.17	0.18

资料来源：作者根据 Stata 测算结果整理。

样本期内制造业高质量发展水平测度结果表现出以下两个特征。

（1）呈现阶段化发展特征。为研究不同时段下我国制造业高质量发展情况，对 2001—2020 年我国制造业高质量发展水平进行聚类分析。聚类结果如图 3-11 所示。根据谱系图可以将 2001—2020 年我国制造业高质量发展水平分为四个阶段。第一阶段（2001—2004 年）：积累阶段，制造业高质量发展水平较低，正处于积累阶段。第二阶段（2005—2010 年）：起步阶段，制造业高质量发展水平开始萌发较大的增长动力，质量水平有了较为明显的提升。第三阶段（2011—2016 年）：快速成长阶段。制造业高质量发展水平有了质的突破，反映在综合得分水平上即突破了 0.1 的分值门槛。第四阶段（2017—2020 年）：深化阶段，2017 年党中央明确提出走高质量发展之路，制造业既要保持并延续原有发展成果，又要探索新的更加适宜的发展之路，该阶段制造业高质量发展的内涵要求有所上升。

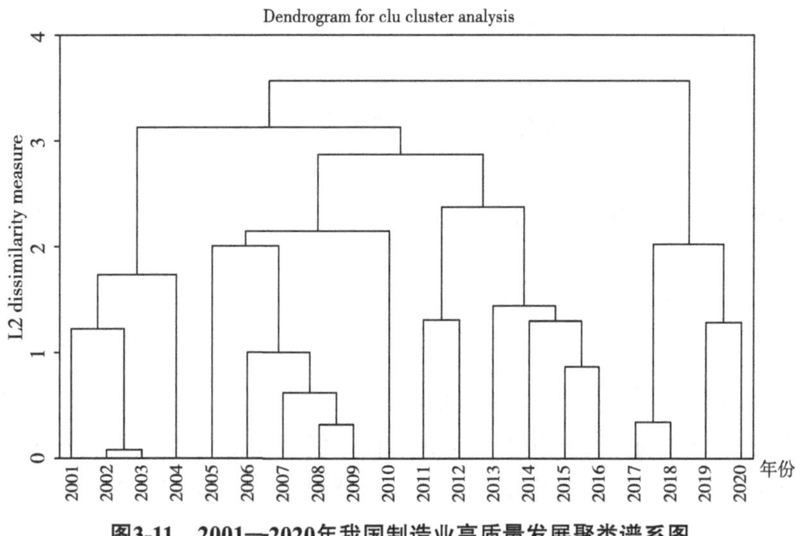

图3-11　2001—2020年我国制造业高质量发展聚类谱系图

资料来源：作者根据 Stata 测算结果绘制。

总体来看，全国制造业高质量发展水平呈现稳定上升趋势。2001—2010 年年均增速达到 8.5%，得分亦从 0.05 突破 0.10 达到 0.11。其中，由于美国次贷危机蔓延引致全球经济衰退，我国制造业发展也受到影响，因此出现 2007—2009 年大幅波动现象，但随后我国经济总体开始回稳。2010 年底，国家出台 4 万亿元经济刺激计划，明显激励了我国制造业高质量发展水平提升。2017 年，党的十九大报告提出，我国经济已由高速增长阶段转向高质量发展阶段，经济增速放缓是必然现象。虽然制造业高质量发展综合水平较前一阶段获得提升，但是增速开始减缓。自 2015 年以后我国经济进入新常态以来，我国制造业高质量发展即呈现波动性上升、增速逐渐放缓的趋势，这对制造业进一步提高发展水平具有警示作用。

（2）区域发展不平衡。我国制造业高质量发展水平呈现明显的区域差异性，具体表现为东部、中部、西部制造业综合发展指数值依次递减（考虑到数据的可得性，本部分研究不包括港澳台地区）。东部地区凭借其地理位置优势、体制政策优势、市场开放优势，制造业高质量发展水平始终位于全国均值之上；而中部地区与西部地区制造业高质量发展水平则持续低于全国均值。与东部地区相比，这两个地区制造业均以粗放式发展为主要模式，过于追求规模扩增而忽略资源利用水平的提升，资源耗费巨大，技术创新能力与应用水平较差，不仅制造业升级缓慢，而且加大了环境污染压力。值得注意的是，2017 年后我国提出走高质量发展之路，东部地区和全国制造业高质量发展水平提升程度较中、西部地区更为快速，但是换挡所呈现的波动性也更大（见图 3-12）。从各省份来看，2020 年制造业高质量发展综合得分前五名分别为广东（0.56）、江苏（0.45）、浙江（0.41）、上海（0.39）、北京（0.30），综合得分最低的是西藏和青海地区，得分均仅为 0.06，约为全国平均水平的 1/3。

对 2020 年全国 31 个省份制造业高质量发展综合指数进行聚类分析并划分空间格局，得到相关聚类树状图，将制造业高质量发展水平按等级划分为 4 类，并依次定义为领跑型、优良型、赶超型、乏力型，具体分类如表 3-22 所示。

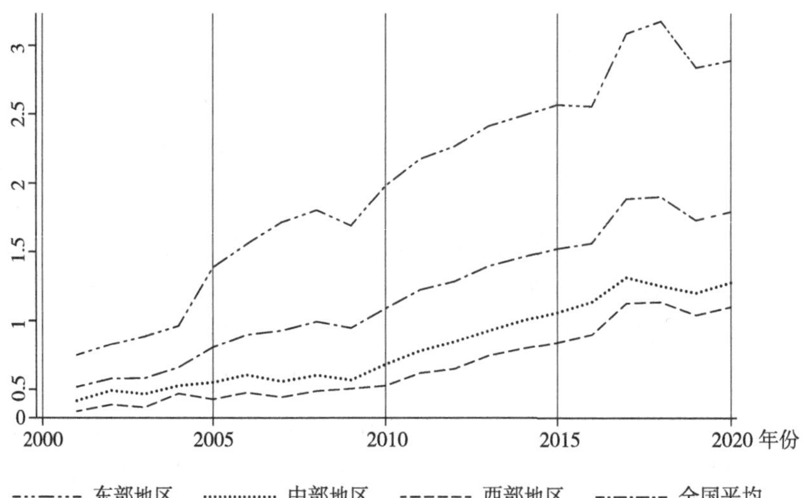

图3-12　2000—2020年我国分区域制造业高质量发展水平变化趋势

资料来源：作者根据 Stata 测算结果绘制。

表3-22　　中国制造业高质量发展水平空间分布

类别	省份
领跑型	广东、江苏、浙江、上海、北京
优良型	天津、山东、福建、重庆、四川
赶超型	江西、安徽、湖北、湖南、河南、陕西、辽宁、河北、山西
乏力型	广西、贵州、云南、甘肃、吉林、宁夏、海南、黑龙江、内蒙古、新疆、西藏、青海

资料来源：作者根据 Stata 测算结果整理。

领跑型制造业高质量发展地区均为东部沿海强发达省份，显示了制造业高质量发展同经济发展水平的正向关联性。优良型制造业高质量发展地区仍然以东部省份为主，但四川与重庆两个西部省市凭借近些年的不懈努力发展，成功超越一批中部地区，跻身制造业高质量发展优良型省份。赶超型制造业高质量发展地区主要分布在中部地区，但其中包含了东部沿海省份辽宁。辽宁作为东三省发展水平的代表，制造业发展水平相对落后，揭示了东三省在制造业增长上乏力的现状。乏力型制造业高质量发展省份在三个区域均有分布，以西部地区省份为主，说明西部地区制造业高质量发展水平相对较低。这一地区分布结果既显示了我国制造业高质量发展水平有明显的空间格局分布特征，又显示了我国制造业高质量发展水平与一省的经济实力有着较强的关联性（见图 3-13）。

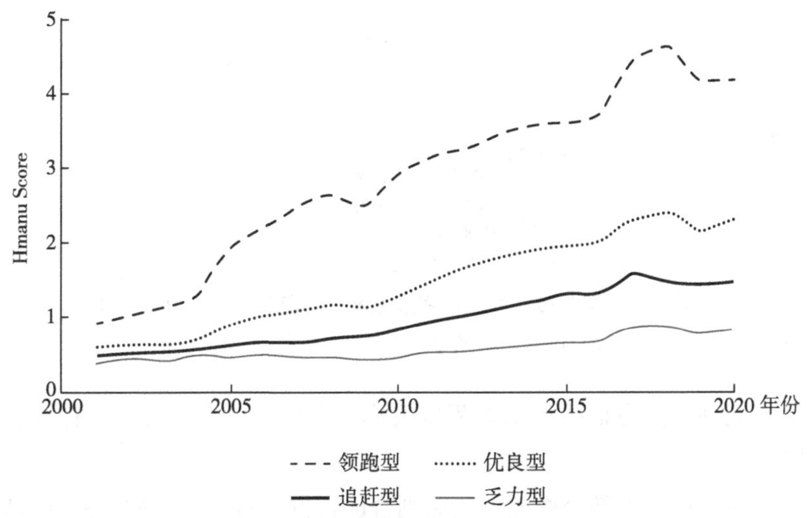

图3-13　2000—2020年我国制造业高质量发展水平分类变化趋势

资料来源：作者根据 Stata 测算结果绘制。

三、制造业高质量发展水平分项指标贡献度分析

从各方面指标的基础得分来看，我国制造业高质量发展优势突出，但短板也十分明显。以 2020 年得分来看，我国优势主要集中在规模发展、开放发展、创新发展上，对我国制造业高质量发展水平的提升起到了较大的拉动作用。而我国的短板明显集中在协调发展上，对于国内制造业产业内部协调水平的测度，本部分采用产业合理化指标与生产性服务业发展两个维度衡量，而产业协调水平较低。一方面在于我国三次产业格局不合理，资源存在倾斜；另一方面则表明对制造业具有拉动作用的生产性服务业发展水平尚低。此外，我国制造业结构水平、绿色发展以及共享发展水平得分较为接近，虽不像协调发展指标所显示的短板那样突出，但是这三个指标我国得分水平仍然较低，是我国挖掘制造业高质量发展新优势的重要切入点，表明实现我国制造业高质量发展在该三个指标系统所反映的维度上还有较大的提升空间（见图 3–14）。

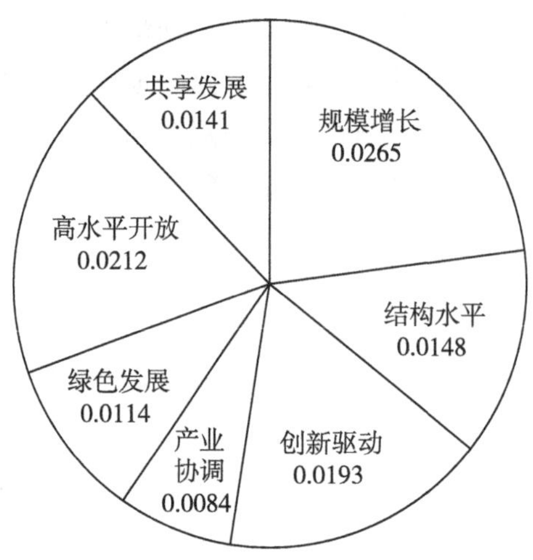

图3-14　我国制造业高质量发展方面指标基础得分（2020年）

资料来源：作者根据 Stata 测算结果绘制。

为明确不同方面指标影响程度大小，本部分对七个方面指标进行了贡献度测算。

如前所述，本部分按照乘法原则合成各方面指标。对式（3–9）两边取对数，得：

$$\ln(H)=(1/m)\sum_{h=1}^{m}\ln(y_h) \qquad (3\text{–}10)$$

对上式两边求微分，在各方面指标变化不大的情况下，制造业高质量发展指数值的变化量可用式（3–10）近似计算，如下：

$$\Delta H_t \approx (1/m)[\sum_{h=1}^{m}(\frac{\bar{H}_t}{\bar{y}_{h,t}}\Delta y_{h,t})] \qquad (3\text{–}11)$$

其中，H_t 和 $y_{h.t}$ 分别表示制造业高质量发展指数和方面指标于各时段内的均值。测算结果如表 3–23 所示。

从各方面贡献来看，除贡献量大小差别之外，贡献测度均为正值，表明各方面指标在各阶段均推动了制造业高质量发展水平的提升。从较长时间跨度来看，各方面指标的贡献量均比前期有所提高。

从各方面指标推动制造业高质量发展水平提升的贡献率来看，各方面指标均在某个阶段变化幅度较大。规模指标对制造业高质量发展水平提升的贡献率在 2001—2005 年水平最高，原因可能在于这一时期我国刚加入世界贸易组织，制造业的发展主要依赖于规模的快速扩张。随后，规模方面对制造业高质量发展水平提升的贡献率开始下滑，2016—2020 年贡献率为 14.04%。结构方面指标呈现与规模指标同等态势的变化趋势，2016—2020 年贡献率为 15.21%，较 2001—2005 年贡献率降低 5.08 个百分点，本文认为下降的主要原因在于我国出口结构水平提升到一定程度后呈现水平保持不变的态势，因而对制造业高质量发展提升的贡献度有所下降。创新对我国制造业高质量发展水平提升的贡献率呈现稳定的上升趋势，从最初我国主要依赖外来技术、自主创新能力较低到现在创新驱动成效显著，创新方面指标对我国制造业高质量发展水平提升也有较高的贡献，贡献率从 2001—2005 年的 5.27% 上涨了近 10 个百分点。协调指标的变动呈现明显的波动趋势，本文认为出现这一现象的原因在于刚开始的高科技产业发展具有较为强大的溢出效应，随后高科技产业只注重规模扩张而非盈利能力的提升，导致高技术产业实际提升速度下滑，因此制造业结构的贡献率呈现下降趋势。开放方面贡献率于 2011—2015 年达到最高，这一阶段可能与我国采取设立自贸区等进一步扩大开放的政策有关。共享指标贡献率亦呈现稳步上升的趋势，最开始阶段贡献率仅为 9.15%，之后稳步上升至近 15%。

值得注意的是，2016—2020年各方面指标对制造业高质量发展水平提升的贡献率水平大体接近，而非2001—2005年呈现的各方面指标贡献差别很大的特征，这表明随着制造业高质量发展水平的提升，我国在各个方面都有所发力，强调均衡发展，抛弃了以往只重视规模等单一指标的发展，更加注重产业内外的协调联动发展。

表3-23　　分项指标贡献度分析　　单位：%

Panel A 分阶段各方面指标变动对制造业高质量发展水平提升贡献率				
指标	2001—2005年	2006—2010年	2011—2015年	2016—2020年
规模	1.85	4.04	3.20	11.29
结构	1.72	5.48	4.03	12.24
创新	0.45	5.23	3.50	11.86
协调	1.54	8.39	4.24	12.43
绿色	1.77	5.20	3.50	12.07
开放	0.39	5.50	3.93	8.63
共享	0.78	5.45	3.60	11.93
合计	8.50	39.29	26.00	80.45
Panel B 分阶段各方面指标变动对制造业高质量发展水平提升贡献率				
指标	2001—2005年	2006—2010年	2011—2015年	2016—2020年
规模	21.76	10.28	12.30	14.04
结构	20.29	13.94	15.51	15.21
创新	5.27	13.32	13.46	14.74
协调	18.13	21.34	16.32	15.45
绿色	20.85	13.24	13.45	15.01
开放	4.55	13.99	15.11	10.72
共享	9.15	13.88	13.86	14.83
合计	100	100	100	100

注：因数据四舍五入，加总后可能不是100，以下同。

资料来源：作者根据Stata测算结果整理。

第四节　开放发展水平的比较分析

开放发展水平涉及国际贸易、国际投资、国际金融、营商环境、贸易政策等诸多因素，本章建立开放发展水平的综合性指标体系，以便对世界100个国家（地区）与中国31个省份开放发展水平进行比较分析。

一、开放发展水平综合性指标体系构建

（一）开放发展水平综合性指标体系构建原则

为了对开放发展水平进行比较分析，开放发展综合性指标体系的构建遵循以下 4 个原则。

（1）科学性原则。构建一套能够科学反映国际与省际开放发展综合性指标体系，力求能较为科学、客观、全面地反映各个国家（地区）及各个省份的开放发展水平。

（2）可计量性原则。指标体系中变量能够从权威数据库、官方组织、权威年鉴、官方报告等获得数据，可计量可分别进行国际、省际比较分析。

（3）可比性原则。为了使开放发展指数可分别进行国际、省际比较，需要对指标体系中的数据统一进行标准化处理，使结果具有国际可比性与省际可比性。

（4）可持续性原则。指标体系中变量能够从权威数据库、官方组织、权威年鉴、官方报告等获得数据，可对开放发展水平进行可持续比较分析。

（二）开放发展综合指数的计算方法与数据来源

本章建立开放水平的数据库，对原始数据进行标准化处理，采用熵值法利用信息熵确定指标权重，计算 100 个国家（地区）与中国 31 个省份开放发展指数（Opening Development, OD）。改进的熵值法模型如下。

（1）指标选取：设有 θ个年份，i个国家（地区）或省份，j个指标，则 $x_{\theta ij}$ 表示第 θ年省份 i 的第 j 个指标值。

（2）指标标准化处理：由于不同的指标具有不同的量纲和单位，因此需要进行标准化处理，其中，正向指标标准化为 $x'_{\theta ij}=x_{\theta ij}/x_{\max}$；负向指标标准化为 $x'_{\theta ij}=x_{\min}/x_{\theta ij}$。

（3）确定指标权重：$y_{\theta ij}=x'_{\theta ij}/\sum\limits_{\theta}\sum\limits_{i}x'_{\theta ij}$ （3–12）

（4）计算第 j 项指标的熵值：$e_j=-k\sum\limits_{e}\sum\limits_{i}y_{ij}\ln(y_{\theta ij})$ （3–13）

其中 $k>0$，$k=\ln(rn)$

（5）计算第 j 项指标的信息效用值：$g_j=1-e_j$。

（6）计算各指标的权重：$w_j=g_j/\sum\limits_{j}g_j$ （3–14）

（7）计算各国与省份开放发展综合得分：$Score_{OD_{\theta i}}=\sum_{j}(w_j x'_{\theta ij})$

（3-15）

开放发展水平国际比较的综合指数的原始数据来自World Bank、UNCTAD、IMF等官方数据库；国内开放发展水平的区域比较综合指数的原始数据来自《中国统计年鉴》《中国商务年鉴》《中国服务贸易报告》以及海关总署、商务部等数据的行政记录，保证了数据及其相关分析的权威性和科学性，个别缺失数据使用插值法补齐，无数据的个别国家（地区）选择经济规模相似的国家（地区）进行补齐。

（三）开放发展水平综合指标体系构建

1. 开放发展水平综合指标体系（国际比较分析）

以2020年全球206个国家（地区）的GDP为衡量依据，筛选出经济规模排名前100的国家（地区）作为研究对象，并结合“开放发展”内涵及研究热点，从开放环境、货物贸易开放、服务贸易开放、投资金融开放、开放竞争力5个维度设置一级指标，选择21个二级指标，构建了如表3-24所示的开放发展水平的评级体系。

表3-24　开放发展水平评级体系（国际比较分析）

一级指标	二级指标	指标内容	数据来源
开放环境（4个）	1. 关税环境（-）	简单平均关税	World Bank WDI 数据库
	2. 营商环境	—	World Bank DB 数据库
	3. 政府效率	—	World Bank WGI 数据库
	4. 贸易基础设施质量	与贸易有关的运输基础设施质量	World Bank LPI 数据库
货物贸易开放（3个）	5. 货物贸易依存度	货物贸易总额 /GDP	UNCTAD 数据库
	6. 货物贸易出口依存度	货物贸易出口额 /GDP	UNCTAD 数据库
	7. 货物贸易进口依存度	货物贸易进口额 /GDP	UNCTAD 数据库
服务贸易开放（3个）	8. 服务贸易依存度	服务贸易总额 /GDP	UNCTAD 数据库
	9. 服务贸易出口依存度	服务贸易出口额 /GDP	UNCTAD 数据库
	10. 服务贸易进口依存度	服务贸易进口额 /GDP	UNCTAD 数据库

续表

一级指标	二级指标	指标内容	数据来源
投资金融开放（5个）	11. 对外直接投资依存度	外商直接投资流出存量 / GDP	UNCTAD 数据库
	12. 吸引外商直接投资依存度	外商直接投资流入存量 / GDP	UNCTAD 数据库
	13. 金融服务可得性	—	UNCTAD 数据库
	14. 对外存贷款	所有部门对外存款和贷款之和 / 国内银行存款	World Bank GFD 数据库
	15. 国际储备	国家（地区）国际储备总额 / 全球国际储备额	IMF 数据库
开放竞争力（6个）	16. 货物出口市场占有率	国家（地区）货物贸易出口额 / 全球货物贸易出口额	UNCTAD 数据库
	17. 货物贸易竞争优势	（货物贸易出口额 – 货物贸易进口额）/（货物贸易出口额 + 货物贸易进口额）	UNCTAD 数据库
	18. 服务贸易出口市场占有率	国家（地区）服务贸易出口额 / 全球服务贸易出口额	UNCTAD 数据库
	19. 服务贸易竞争优势	（服务贸易出口额 – 服务贸易进口额）/（服务贸易出口额 + 服务贸易进口额）	UNCTAD 数据库
	20. 对外直接投资占有率	国家（地区）外商直接投资流出存量 / 全球外商直接投资流出存量	UNCTAD 数据库
	21. 吸引外资占有率	国家（地区）外商直接投资流入存量 / 全球外商直接投资流入存量	UNCTAD 数据库

资料来源：作者根据相关资料整理。

2. 开放发展水平综合指标体系（国内区域比较分析）

本章以我国 31 个省份为研究对象，从开放环境、贸易开放、投资金融开放、开放竞争力、开放交流 5 个维度设置一级指标，选择 20 个二级指标对其进行支撑，构建了如表 3–25 所示的开放发展水平区域比较的评价体系。

表3-25 中国31个省份开放发展水平综合指标体系

一级指标	二级指标	指标内容	数据来源
开放环境（4个）	1. 经济环境	人均 GDP	《中国统计年鉴》
	2. 市场化环境	/	樊纲市场化指数
	3. 创新环境	R&D 投入强度	《全国科技经费投入统计公报》
	4. 人才环境	高等教育专本硕在校人数 / 总人口	教育部、国家统计局
贸易开放（4个）	5. 货物贸易依存度	货物贸易总额 /GDP	《中国统计年鉴》
	6. 货物贸易出口依存度	货物贸易出口额 /GDP	《中国统计年鉴》
	7. 货物贸易进口依存度	货物贸易进口额 /GDP	《中国统计年鉴》
	8. 服务贸易依存度	服务贸易总额 /GDP	《全国服务贸易发展报告指数》、各省《统计年鉴》、各省商务厅
投资金融开放（4个）	9. 对外直接投资依存度	非金融类对外直接投资存量 /GDP	国家统计局、商务部、国家外汇管理局
	10. 利用外资依存度	实际利用外商直接投资额 /GDP	Wind 数据库
	11. 金融业发展	金融增加值 /GDP	国家统计局
	12. 银行业开放	银行业金融机构本外币各项存贷款（余额）/GDP	中国人民银行、中国金融学会
开放竞争力（5个）	13. 货物贸易市场占有率	省份货物贸易总额 / 全国货物贸易总额	《中国统计年鉴》
	14. 货物贸易竞争优势	（货物贸易出口额 – 货物贸易进口额）/（货物贸易出口额 + 货物贸易进口额）	《中国统计年鉴》
	15. 服务贸易市场占有率	省份服务贸易总额 / 全国服务贸易总额	《全国服务贸易发展报告指数》、各省《统计年鉴》、各省商务厅
	16. 对外直接投资占有率	省份非金融类对外直接投资流出存量 / 全国非金融类对外直接投资流出存量	国家统计局、商务部、国家外汇管理局
	17. 吸引外资占有率	省份实际利用外商直接投资额 / 全国实际利用外商直接投资额	Wind 数据库

续表

一级指标	二级指标	指标内容	数据来源
开放交流（3个）	18. 旅游开放	国际旅游（外汇）收入 / GDP	《中国统计年鉴》
	19. 劳务输出	省份年末境外从事劳务人员 / 全国年末境外从事劳务人员	中国商务部
	20. 对外承包工程	对外承包工程营业额 /GDP	国家统计局

资料来源：作者根据相关资料整理。

二、开放发展水平的国际比较分析

全球化进程在一定程度上提升了各个国家和地区开放发展水平，但由于区位因素、开放发展历史进程、经济发展基础、开放制度、经济政策存在明显的差异，导致了世界各个国家和地区开放发展水平差异非常大，开放发展水平很不平衡。

（一）开放发展总体水平的国际比较

根据熵值法，计算得到 100 个国家（地区）2010—2020 年开放发展水平及排名，如表 3-26 所示。2010—2020 年开放发展水平排序位于世界前列的国家（地区）名单较为稳定，开放发展水平排序位于世界前 10 位的国家和地区依次为美国、中国香港、新加坡、卢森堡、荷兰、中国大陆、德国、比利时、爱尔兰、瑞士，开放发展水平排序位于世界前 10 位的国家和地区大多为发达国家和地区，中国香港地区和中国大陆开放发展水平已经处于世界前 10 位。开放发展水平排序位于世界第 11~20 位的国家和地区有英国、瑞典、奥地利、日本、加拿大、澳大利亚、意大利、法国等。非洲国家开放发展水平变化不明显，一些非洲国家在新冠疫情的影响下还略有下降。这是由于非洲国家政治环境不太稳定，与开放发展所需的资金、技术、人才等比较短缺有密切关系。

表3-26　2010—2020年100个国家（地区）开放发展总体水平排序

国家（地区）	2010 年排名	2012 年排名	2014 年排名	2016 年排名	2018 年排名	2020 年排名
美国	1	2	1	1	1	1
中国香港	2	1	2	2	2	2
新加坡	3	3	3	3	3	3
卢森堡	4	4	5	5	5	4
荷兰	5	5	4	4	4	5

续表

国家（地区）	2010年排名	2012年排名	2014年排名	2016年排名	2018年排名	2020年排名
中国大陆	13	13	11	11	11	6
德国	6	8	9	10	8	7
比利时	7	6	7	7	7	8
爱尔兰	9	10	8	6	6	9
瑞士	10	9	10	8	10	10
英国	8	7	6	9	9	11
阿拉伯	19	15	14	12	12	12
瑞典	12	12	13	14	13	13
奥地利	16	14	16	15	15	14
日本	14	18	15	17	16	15
加拿大	11	11	12	13	14	16
澳大利亚	18	19	17	22	19	17
意大利	20	20	18	20	18	18
法国	15	16	19	18	17	19
越南	51	53	44	41	30	20
芬兰	17	17	22	19	20	21
斯洛文尼亚	42	33	28	30	24	22
丹麦	23	21	26	28	22	23
斯洛伐克	25	26	24	21	21	24
捷克	36	42	30	24	26	25
波兰	37	34	34	26	27	26
匈牙利	29	31	32	23	25	27
西班牙	26	25	27	29	28	28
塞尔维亚	44	47	42	37	36	29
韩国	24	23	25	31	29	30
立陶宛	28	28	20	16	23	31
葡萄牙	35	29	31	38	37	32
智利	40	35	37	51	39	33
泰国	32	38	29	35	33	34
中国台湾	33	32	35	36	35	35
克罗地亚	49	36	46	39	38	36
马来西亚	22	22	21	25	34	37
希腊	41	43	36	33	32	38
挪威	21	24	23	27	31	39

续表

国家（地区）	2010年排名	2012年排名	2014年排名	2016年排名	2018年排名	2020年排名
新西兰	45	48	50	47	43	40
科威特	31	45	39	44	40	41
巴林岛	27	30	33	34	41	42
保加利亚	52	39	47	46	44	43
俄罗斯	54	56	55	55	48	44
以色列	34	37	48	40	42	45
阿塞拜疆	81	81	73	58	60	46
墨西哥	48	49	49	48	50	47
罗马尼亚	68	67	54	52	52	48
卡塔尔	53	44	41	43	46	49
沙特阿拉伯	39	41	38	50	49	50
土耳其	46	40	43	45	51	51
白俄罗斯	64	58	65	66	56	52
南非	38	27	40	32	45	53
拉脱维亚	43	52	45	42	47	54
印度	58	64	63	57	59	55
菲律宾	57	55	57	60	57	56
阿曼	47	54	56	49	53	57
哥斯达黎加	56	57	58	61	61	58
哥伦比亚	73	62	69	69	63	59
巴拿马	50	50	53	56	58	60
尼日利亚	66	72	68	75	67	61
约旦	59	70	60	63	62	62
黎巴嫩	30	51	51	53	54	63
埃及	55	46	52	54	55	64
乌兹别克斯坦	88	94	94	86	71	65
伊拉克	69	69	61	76	65	66
哈萨克斯坦	67	71	76	62	64	67
科特迪瓦	84	88	87	87	82	68
印度尼西亚	77	75	67	73	68	69
危地马拉	62	63	62	72	74	70
苏丹	83	85	84	79	73	71
乌克兰	74	68	64	65	66	72

续表

国家（地区）	2010年排名	2012年排名	2014年排名	2016年排名	2018年排名	2020年排名
坦桑尼亚	94	90	91	88	80	73
摩洛哥	70	65	72	74	75	74
肯尼亚	75	77	75	59	72	75
巴拉圭	76	78	77	77	78	76
缅甸	71	76	71	67	69	77
乌拉圭	65	61	70	68	76	78
巴西	60	66	74	71	77	79
秘鲁	63	60	59	64	70	80
厄瓜多尔	82	79	79	89	83	81
阿根廷	78	73	80	78	79	82
多米尼加	79	82	81	84	84	83
加纳	86	92	82	83	87	84
突尼斯	61	59	66	70	81	85
埃塞俄比亚	87	87	86	90	89	86
古巴	72	74	83	81	86	87
土库曼斯坦	80	80	78	80	85	88
伊朗	95	95	92	94	91	89
斯里兰卡	97	91	93	93	94	90
玻利维亚	85	83	90	92	88	91
阿尔及利亚	89	93	88	91	90	92
巴基斯坦	90	84	85	85	93	93
喀麦隆	100	97	100	98	98	94
刚果	98	100	99	99	95	95
乌干达	91	89	89	82	92	96
孟加拉	93	96	97	95	96	97
安哥拉	92	86	95	96	97	98
津巴布韦	99	99	98	97	99	99
委内瑞拉	96	98	96	100	100	100

注：由于篇幅受限，仅展示2010、2012、2014、2016、2018、2020年开放发展水平及排名。

资料来源：根据UNCTAD数据库、World Bank DB数据库的数据进行开放水平指标体系计算得出。

（二）2020年开放发展水平分指标的国际比较分析

1. 开放竞争力国际比较分析

开放竞争力通过市场占有率、竞争优势（TC）指数、显性比较优势

（RCA）指数、产业内贸易（T）指数等衡量。选取市场占有率及竞争优势指数对开放竞争力进行测度。2020 年，美国、中国大陆、荷兰、德国、英国、法国、新加坡、中国香港、爱尔兰、日本等国家和地区的开放竞争力位居全球前列。中国大陆位列第 2，说明我国在贸易、投资等开放领域的竞争力较强（见表 3–27）。

2. 国际直接投资竞争力的国际比较分析

2020 年，国际直接投资竞争力排序中，美国、荷兰、中国大陆、英国、德国、加拿大、中国香港、日本、瑞士、法国等国家和地区的对外直接投资占有率位居世界前列，其中美国、荷兰、新加坡、中国大陆、中国香港、瑞士、爱尔兰、加拿大、德国、卢森堡等国家和地区的吸引外资占有率位居世界前列。中国成为国际直接投资热土（见表 3–27）。

3. 开放环境国际比较分析

随着开放进程由商品要素流动型开放向制度型开放推进，各个国家（地区）开放环境也更偏向与之相关的投资贸易便利化转变，而营商环境、政府效率、基础设施质量正是衡量投资贸易便利化的重要因素，本章选取商品要素流动型开放较为重要的影响因素关税，以制度型开放较为重要的影响因素营商环境、政府效率、贸易基础设施质量，对 100 个国家（地区）的开放环境水平进行测度。2020 年，瑞典、奥地利、澳大利亚、荷兰、美国、芬兰、英国、意大利、阿拉伯、瑞士等国家和地区的开放环境水平位居全球前列，中国大陆位列第 20（见表 3–27）。

表3-27　2022年全球前100个国家（地区）开放竞争力、国际投资开放、开放环境排序

国家（地区）	开放竞争力排名	国家（地区）	国际投资开放排名	国家（地区）	开放环境排名
美国	1	卢森堡	1	瑞典	1
中国大陆	2	中国大陆	2	奥地利	2
荷兰	3	中国香港	3	澳大利亚	3
德国	4	新加坡	4	荷兰	4
英国	5	爱尔兰	5	美国	5
法国	6	瑞士	6	芬兰	6
新加坡	7	荷兰	7	英国	7
中国香港	8	日本	8	意大利	8
爱尔兰	9	中国台湾	9	阿拉伯	9
日本	10	乌兹别克斯坦	10	瑞士	10

续表

国家（地区）	开放竞争力排名	国家（地区）	国际投资开放排名	国家（地区）	开放环境排名
加拿大	11	伊朗	11	德国	11
瑞士	12	沙特阿拉伯	12	比利时	12
卢森堡	13	巴林岛	13	新加坡	13
比利时	14	巴拿马	14	日本	14
印度	15	丹麦	15	加拿大	15
意大利	16	安哥拉	16	智利	16
西班牙	17	英国	17	中国香港	17
韩国	18	比利时	18	塞尔维亚	18
澳大利亚	19	俄罗斯	19	丹麦	19
俄罗斯	20	印度	20	中国大陆	20
瑞典	21	阿拉伯	21	新西兰	21
中国台湾	22	韩国	22	葡萄牙	22
墨西哥	23	瑞典	23	西班牙	23
阿拉伯	24	挪威	24	法国	24
波兰	25	芬兰	25	波兰	25
巴西	26	法国	26	希腊	26
奥地利	27	加拿大	27	韩国	27
丹麦	28	科威特	28	挪威	28
泰国	29	巴西	29	爱尔兰	29
马来西亚	30	泰国	30	克罗地亚	30
越南	31	美国	31	卢森堡	31
捷克	32	墨西哥	32	斯洛文尼亚	32
土耳其	33	南非	33	斯洛伐克	33
挪威	34	德国	34	以色列	34
以色列	35	黎巴嫩	35	科威特	35
印度尼西亚	36	越南	36	捷克	36
沙特阿拉伯	37	阿塞拜疆	37	泰国	37
匈牙利	38	乌拉圭	38	匈牙利	38
芬兰	39	西班牙	39	立陶宛	39
南非	40	约旦	40	阿塞拜疆	40
葡萄牙	41	捷克	41	俄罗斯	41
菲律宾	42	以色列	42	越南	42
罗马尼亚	43	澳大利亚	43	尼日利亚	43

续表

国家（地区）	开放竞争力排名	国家（地区）	国际投资开放排名	国家（地区）	开放环境排名
卡塔尔	44	智利	44	保加利亚	44
智利	45	马来西亚	45	哥伦比亚	45
土库曼斯坦	46	奥地利	46	罗马尼亚	46
斯洛伐克	47	阿曼	47	土耳其	47
阿根廷	48	哥伦比亚	48	中国台湾	48
乌克兰	49	哥斯达黎加	49	卡塔尔	49
希腊	50	卡塔尔	50	沙特阿拉伯	50
新西兰	51	秘鲁	51	埃及	51
立陶宛	52	土库曼斯坦	52	马来西亚	52
哈萨克斯坦	53	意大利	53	南非	53
斯洛文尼亚	54	多米尼加	54	菲律宾	54
保加利亚	55	哈萨克斯坦	55	哥斯达黎加	55
伊朗	56	葡萄牙	56	黎巴嫩	56
巴林岛	57	波兰	57	墨西哥	57
摩洛哥	58	巴拉圭	58	巴林岛	58
哥伦比亚	59	突尼斯	59	苏丹	59
白俄罗斯	60	匈牙利	60	约旦	60
科威特	61	菲律宾	61	科特迪瓦	61
秘鲁	62	乌干达	62	坦桑尼亚	62
克罗地亚	63	保加利亚	63	印度	63
巴拿马	64	立陶宛	64	阿曼	64
哥斯达黎加	65	塞尔维亚	65	伊拉克	65
拉脱维亚	66	新西兰	66	肯尼亚	66
塞尔维亚	67	摩洛哥	67	巴拿马	67
埃及	68	希腊	68	印度尼西亚	68
加纳	69	斯洛文尼亚	69	危地马拉	69
缅甸	70	印度尼西亚	70	白俄罗斯	70
阿曼	71	克罗地亚	71	哈萨克斯坦	71
阿塞拜疆	72	乌克兰	72	拉脱维亚	72
坦桑尼亚	73	土耳其	73	乌兹别克斯坦	73
乌拉圭	74	拉脱维亚	74	缅甸	74
厄瓜多尔	75	罗马尼亚	75	乌拉圭	75
古巴	76	津巴布韦	76	厄瓜多尔	76
孟加拉	77	白俄罗斯	77	巴拉圭	77

续表

国家（地区）	开放竞争力排名	国家（地区）	国际投资开放排名	国家（地区）	开放环境排名
多米尼加	78	斯洛伐克	78	秘鲁	78
突尼斯	79	尼日利亚	79	阿根廷	79
巴拉圭	80	苏丹	80	巴西	80
刚果	81	刚果	81	摩洛哥	81
安哥拉	82	玻利维亚	82	乌克兰	82
伊拉克	83	加纳	83	埃塞俄比亚	83
危地马拉	84	坦桑尼亚	84	多米尼加	84
科特迪瓦	85	厄瓜多尔	85	古巴	85
尼日利亚	86	埃及	86	加纳	86
巴基斯坦	87	危地马拉	87	伊朗	87
斯里兰卡	88	肯尼亚	88	斯里兰卡	88
玻利维亚	89	喀麦隆	89	巴基斯坦	89
黎巴嫩	90	阿尔及利亚	90	喀麦隆	90
阿尔及利亚	91	孟加拉	91	土库曼斯坦	91
喀麦隆	92	古巴	92	玻利维亚	92
约旦	93	委内瑞拉	93	阿尔及利亚	93
乌兹别克斯坦	94	科特迪瓦	94	突尼斯	94
津巴布韦	95	缅甸	95	孟加拉	95
肯尼亚	96	斯里兰卡	96	刚果	96
苏丹	97	阿根廷	97	乌干达	97
委内瑞拉	98	伊拉克	98	津巴布韦	98
埃塞俄比亚	99	巴基斯坦	99	安哥拉	99
乌干达	100	埃塞俄比亚	100	委内瑞拉	100

资料来源：作者根据相关数据整理。

三、开放发展水平区域比较分析

（一）开放发展水平的区域比较分析

根据熵值法，计算得到我国 31 个省份 2010—2020 年开放发展水平及其排序，如表 3-28 所示。由于我国各区域开放历史进程和经济发展的差异，各区域开放发展总水平很不均衡。2020 年，开放发展总水平居全国前 10 位的是上海、北京、广东、天津、江苏、浙江、山东、福建、辽宁、湖北。近些年吉林、黑龙江等开放发展水平出现下降趋势。

表3-28　　中国31个省份开放发展总体水平排序

省份	2010年排名	2012年排名	2014年排名	2016年排名	2018年排名	2020年排名
上海	1	1	1	1	1	1
北京	2	3	2	3	2	2
广东	3	2	3	2	3	3
天津	5	4	4	4	5	4
江苏	4	5	5	5	4	5
浙江	6	6	6	6	6	6
山东	8	7	7	7	7	7
福建	9	9	9	8	8	8
辽宁	7	8	8	9	9	9
湖北	13	14	14	13	15	10
陕西	15	16	13	14	10	11
安徽	18	17	12	12	12	12
重庆	14	11	10	11	13	13
海南	12	10	15	17	16	14
江西	22	21	19	16	17	15
湖南	16	18	18	15	14	16
河南	19	13	11	10	11	17
四川	11	12	16	19	18	18
吉林	10	15	17	18	19	19
河北	20	22	22	21	20	20
云南	21	23	23	25	23	21
宁夏	27	26	26	23	24	22
广西	26	27	27	26	25	23
山西	24	24	24	24	22	24
黑龙江	17	19	20	20	21	25
内蒙古	23	20	21	22	26	26
西藏	29	29	28	28	28	27
甘肃	28	28	29	29	29	28
新疆	25	25	25	27	27	29
贵州	31	31	31	31	31	30
青海	30	30	30	30	30	31

资料来源：作者根据相关资料整理。

我国开放发展水平可以分为六个层次，区域开放发展水平层次与区域经济发展水平密切相关。运用 SPSS22.0 对 2010—2020 年 31 个省份的开放发展水平进行聚类分析，大概可以分成如下六个层次。第一层次：上海、北京、广东；第二层次：天津、江苏、浙江、山东、福建；第三层次：辽宁、湖北、陕西、安徽、重庆、海南、江西、湖南；第四层次：河南、四川、吉林、河北；第五层次：云南、宁夏、广西、山西；第六层次：黑龙江、内蒙古、西藏、甘肃、新疆、贵州、青海。由此可见，地区开放发展水平与经济发展水平呈高度的相关性，即经济发展越发达的地区其开放发展水平越高。

（二）2020年开放发展水平分类省际比较分析

为进一步了解31个省份的开放发展水平及具体优劣势，现对2020年31个省份开放发展水平及各项一级指标进行分析。2020年，31个省份开放发展水平大致呈现“东—中—西”逐级降低的特征（见图3-15），开放发展水平位于上游区的是上海、北京、广东、天津、江苏、浙江、山东、福建、辽宁；位于中游区的是湖北、陕西、安徽、重庆、海南、江西、湖南、河南、四川、吉林、河北；位于下游区的是云南、宁夏、广西、山西、黑龙江、内蒙古、西藏、甘肃、新疆、贵州、青海。

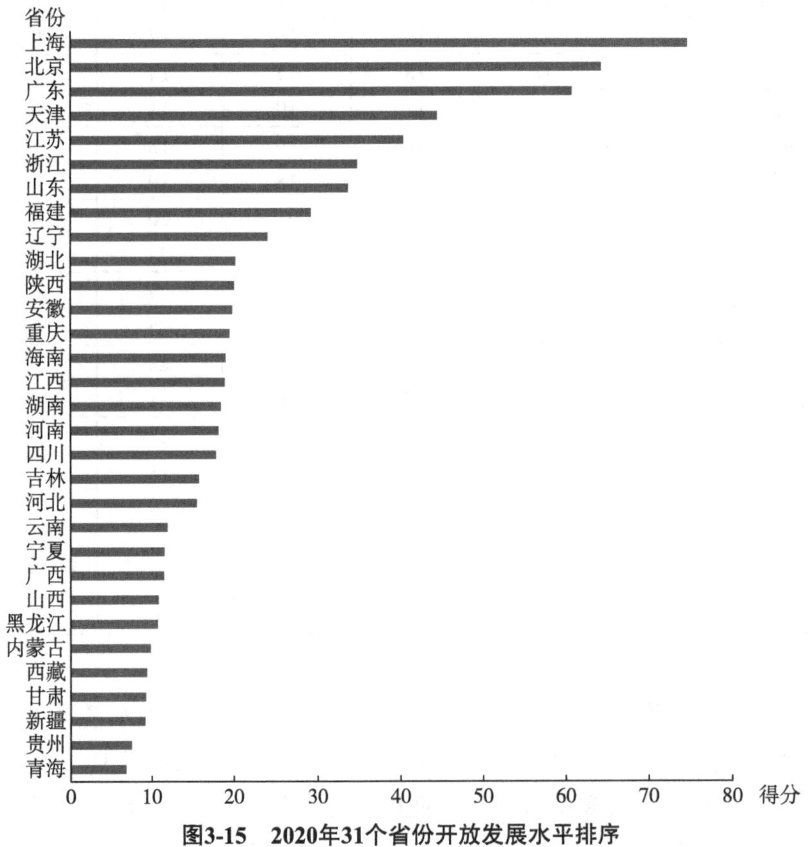

图3-15　2020年31个省份开放发展水平排序

资料来源：作者根据相关资料整理。

由表3-29可知，2020年，31个省份在开放发展的各个方面各有优劣势，其中，北京、上海、广东、浙江、山东的开放环境较优，而云南、黑龙江、新疆、海南、四川的开放环境较弱；上海、广东、江苏、北京、浙江的贸易开放较优，而宁夏、甘肃、贵州、西藏、青海的贸易开放较弱；上海、北京、天津、海南、广东的投资金融开放水平较优，而山西、内蒙古、广西、贵州、云南的投资金融开放水平较弱；广东、上海、山东、北京、浙江的开放竞争力较优，而广西、吉林、内蒙古、甘肃、黑龙江的开放竞争力较弱；广东、山东、福建、上海、北京的开放交流较频繁，而山西、贵州、甘肃、青海、宁夏的开放交流较少。这说明31个省份在开放发展的战略选择中各有侧重，开放模式也各有特色。

表3-29　　2020年31个省份开放发展各一级指标得分及排名

省份	开放环境		贸易开放		投资金融开放		开放竞争力		开放交流	
	得分	排名	得分	排名	得分	排名	得分	排名	得分	排名
北京	73.34	1	43.48	4	37.84	30	28.83	3	28.40	6
天津	35.93	15	10.32	12	48.29	27	10.57	10	18.01	14
河北	40.39	10	8.40	14	69.22	17	4.52	20	19.04	11
山西	39.85	11	2.04	23	86.84	10	3.40	23	2.65	26
内蒙古	32.62	20	1.77	24	87.57	9	2.05	26	1.68	27
辽宁	44.83	8	7.59	16	76.71	13	12.13	9	16.82	16
吉林	34.63	16	2.76	21	67.13	18	4.83	17	4.06	24
黑龙江	21.03	30	1.66	25	88.40	8	3.28	24	12.28	20
上海	70.58	2	64.55	2	37.43	31	28.81	4	52.93	3
江苏	50.32	6	51.60	3	51.40	24	18.68	7	65.74	2
浙江	59.89	4	43.17	5	53.63	23	57.53	1	36.70	5
安徽	47.59	7	12.36	11	50.06	25	7.02	14	18.13	12
福建	38.43	12	15.86	7	76.02	14	14.28	8	22.27	8
江西	32.69	19	9.57	13	40.85	29	4.73	18	4.24	23
山东	51.05	5	30.19	6	66.24	19	25.18	5	37.58	4
河南	30.39	21	13.71	8	59.67	22	8.85	12	18.12	13
湖北	34.07	17	8.28	15	72.91	16	20.65	6	16.95	15
湖南	26.00	24	13.40	9	49.74	26	6.84	16	12.89	18

续表

省份	开放环境		贸易开放		投资金融开放		开放竞争力		开放交流	
	得分	排名	得分	排名	得分	排名	得分	排名	得分	排名
广东	62.43	3	92.64	1	60.04	21	40.23	2	96.69	1
广西	29.35	23	4.48	19	82.48	11	4.63	19	12.18	21
海南	22.27	28	2.24	22	41.70	28	3.89	21	12.38	19
重庆	43.53	9	7.44	17	79.84	12	3.78	22	21.92	9
四川	25.70	27	12.94	10	75.74	15	9.73	11	23.33	7
贵州	25.74	26	0.62	27	95.80	4	1.61	28	7.64	22
云南	19.64	31	3.18	20	93.53	6	6.95	15	13.61	17
西藏	36.08	14	0.03	31	96.65	3	0.18	31	0.00	31
陕西	37.80	13	7.10	18	64.69	20	8.73	13	21.09	10
甘肃	32.82	18	0.42	28	97.05	2	2.00	27	0.32	28
青海	29.58	22	0.06	30	99.67	1	0.65	30	0.06	30
宁夏	25.90	25	0.23	29	94.09	5	1.03	29	0.14	29
新疆	21.78	29	1.51	26	90.92	7	2.69	25	4.02	25

资料来源：作者根据相关资料整理。

1. 开放环境比较分析

经济发展、市场化活力、创新投入、人才培养等宏观环境因素为开放发展奠定了基础，本章对 31 个省份的开放环境水平进行测度。2020 年，北京、上海、天津、江苏、浙江的开放环境水平位居全国前列，而贵州、甘肃、新疆、青海、西藏的开放环境得分较低，我国开放环境发展不平衡，东部地区在原始要素积累和后续开发发展中具有较强优势（见图 3–16）。

2. 贸易开放水平比较分析

从国际贸易的两个领域即货物贸易和服务贸易出发，本章选取贸易依存度这一指标对 31 个省份的贸易开放水平进行测度。2020 年，上海、广东、北京、天津、浙江的贸易开放水平位居全国前列，而宁夏、甘肃、贵州、西藏、青海的贸易开放得分较低（见图 3–17），我国区域贸易开放不平衡，东部优于中西部，在货物贸易和服务贸易方面表现优异。

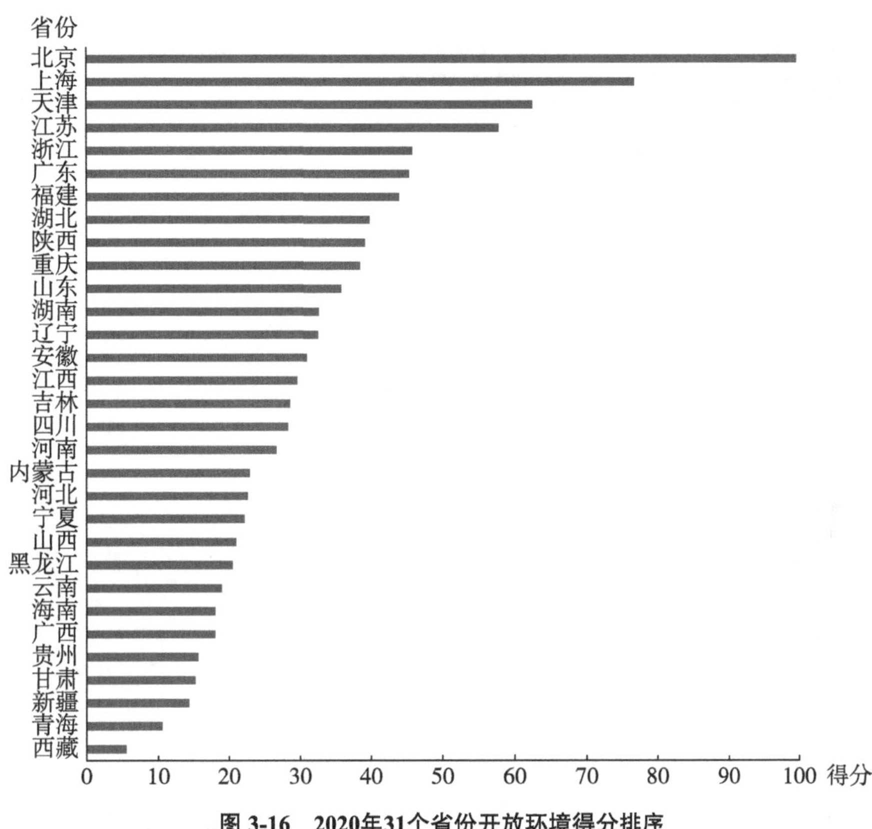

图 3-16　2020年31个省份开放环境得分排序

资料来源：作者根据相关资料整理。

本章使用货物贸易依存度、货物贸易出口依存度和货物贸易进口依存度衡量货物贸易开放程度。从货物贸易开放情况来看，2020 年，上海、广东、天津、浙江、江苏货物贸易整体开放度处于全国前列（见图 3–18），其中，广东、浙江、上海、江苏、天津的货物贸易出口开放水平居全国前列（见图 3–19），上海、天津、广东、辽宁、江苏的货物贸易进口开放水平居全国前列（见图 3–20），而宁夏、甘肃、贵州、西藏、青海、内蒙古的货物贸易开放水平排名靠后。

本章使用服务贸易依存度衡量服务贸易开放程度。从服务贸易开放情况来看，2020 年，上海、北京、天津、广东、浙江等服务贸易开放程度位居全国前列，而甘肃、贵州、宁夏、西藏、青海等的服务贸易开放程度排名靠后（见图 3–21）。

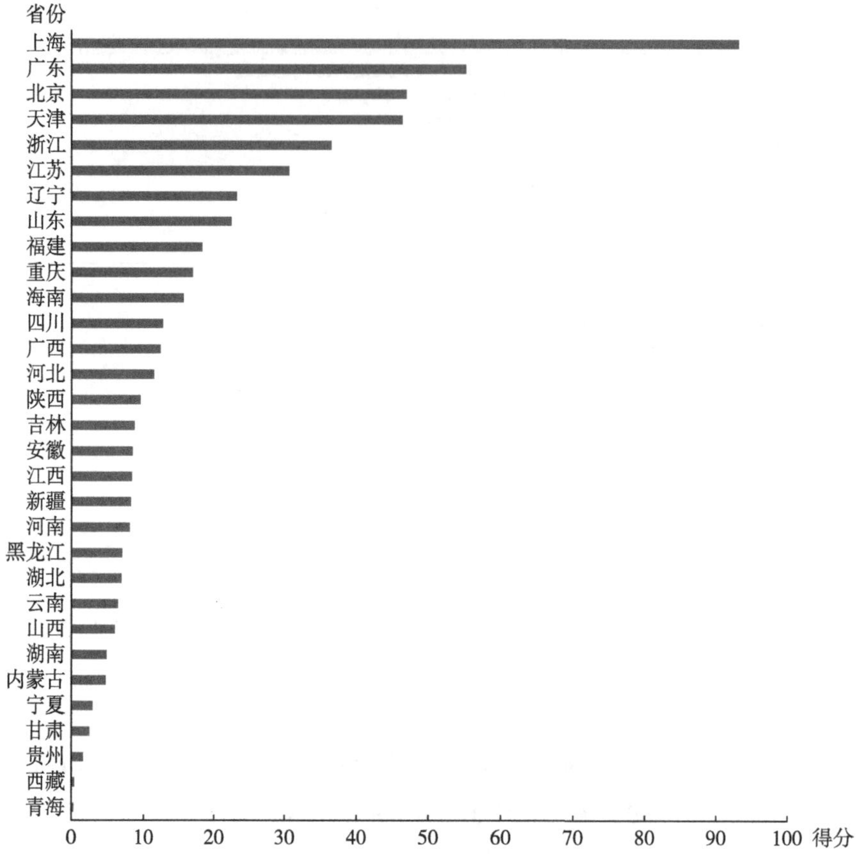

图3-17　2020年31个省份贸易开放得分排序

资料来源：作者根据相关资料整理。

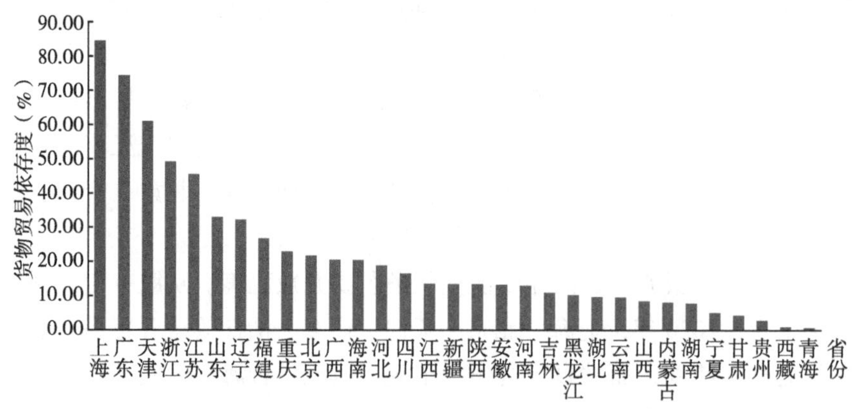

图3-18　2020年31个省份货物贸易依存度排序

资料来源：由《中国统计年鉴》数据计算得出。

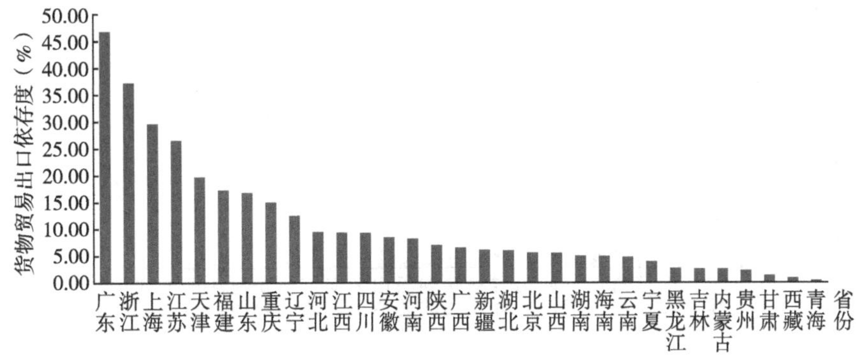

图3-19 2020年31个省份货物贸易出口依存度排序

注：按境内目的地和货源地计算货物贸易出口额。

资料来源：由《中国统计年鉴》数据计算得出。

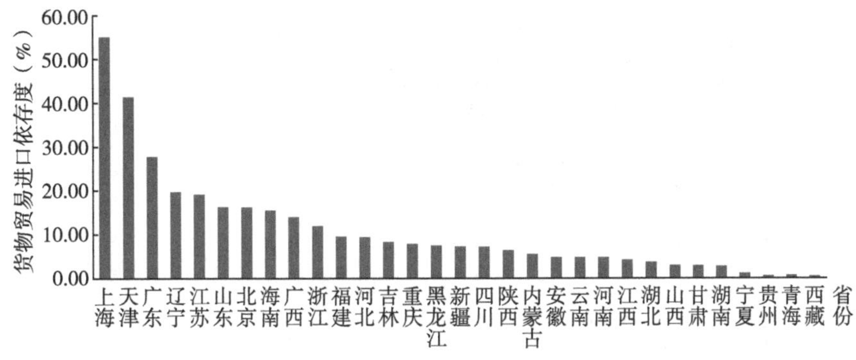

图3-20 2020年31个省份货物贸易进口依存度排序

注：按境内目的地和货源地计算货物贸易进口额。

资料来源：由《中国统计年鉴》数据计算得出。

3. 投资金融开放水平比较分析

从国际投资的两个领域即对外直接投资（“走出去”）和利用外资（“引进来”），从国际金融的金融业和银行业开放出发，本章选取对外直接投资依存度、利用外资依存度、金融业发展和银行业开放这 4 个指标对 31 个省份的投资金融开放水平进行测度。2020 年，上海、北京、天津、海南、广东的投资金融开放水平位居全国前列，而山西、内蒙古、广西、贵州、云南的投资金融开放水平较低（见图 3–22）。其中，海南成为投资金融开放的黑马，海南将优先发展金融服务业作为夯实实体经济基础、增强产业竞争力的措施，依托自贸港建设，快速发展银行、证券、保险、基金等行业，重点发展私募基金行业，打造国际化资产管理总部基地，聚集一大批优质基金并形成自贸港发展所需的资金池。

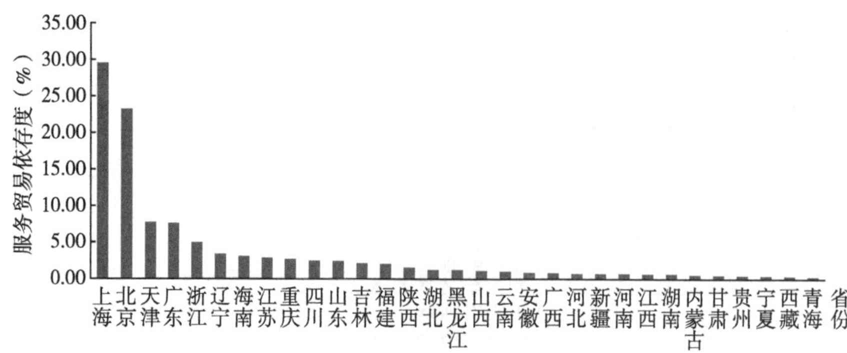

图3-21　2020年31个省份服务贸易依存度排序

资料来源：由各省《统计年鉴》、各省商务厅数据计算得出。

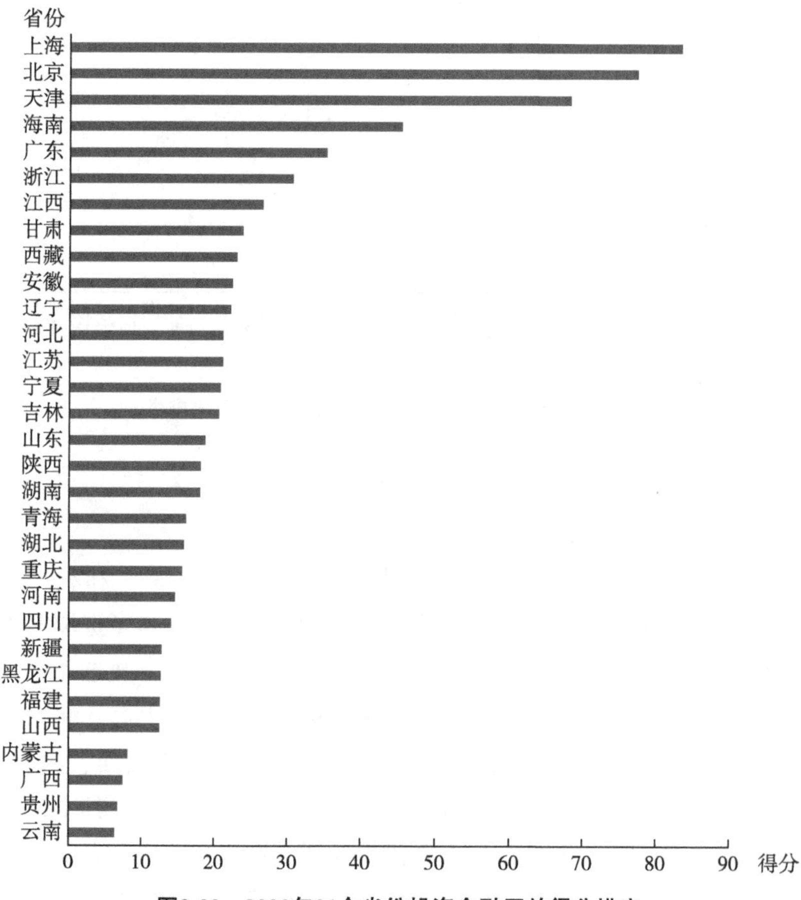

图3-22　2020年31个省份投资金融开放得分排序

资料来源：作者根据相关资料整理。

本章使用对外直接投资依存度作为投资开放的衡量指标之一，同样也可反映地区“走出去”的步伐以及在国际投资能力或在国际范围配置生产要素的能力。2020 年，上海、北京、海南、广东、天津的对外直接投资依存度处于全国前列（见图 3–23），而青海、陕西、湖北、山西、贵州排名靠后。

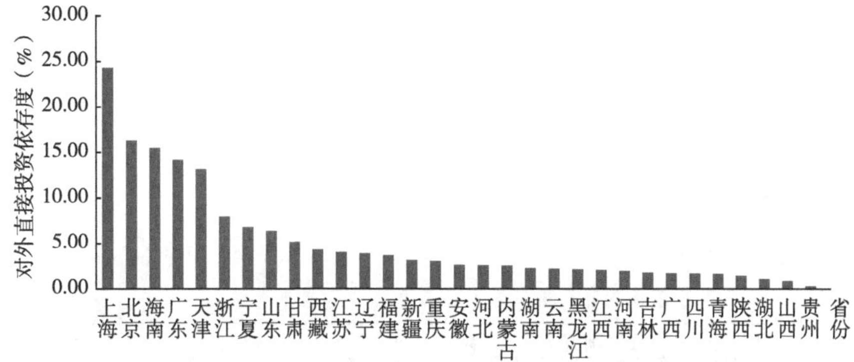

图3-23　2020年31个省份对外直接投资依存度排序

资料来源：由国家统计局、商务部、国家外汇管理局数据计算得出。

本章使用利用外资依存度作为投资开放的衡量指标之一，同样也可反映地区“引进来”的能力。2020 年，天津、江西、海南、上海、湖南利用外资依存度处于全国前列，而云南、贵州、甘肃、青海、广西排名靠后（见图 3–24）。

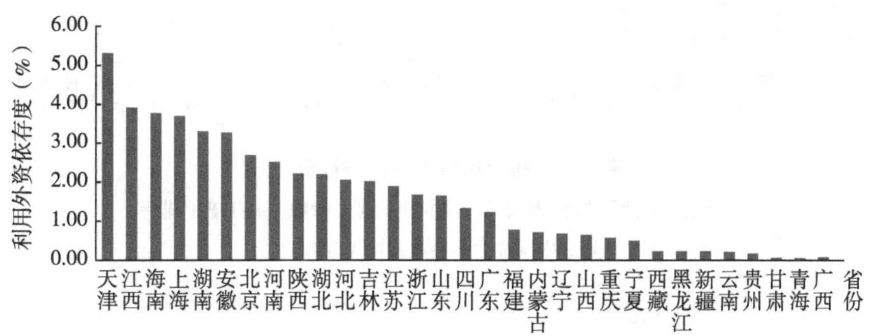

图3-24　2020年31个省份利用外资依存度排序

资料来源：由 Wind 数据库计算得出。

金融业发展水平居全国前列的省份是北京、上海、天津（见图 3–25）。北京作为中国人民银行、证监会、银保监会和四大行总部的所在地，其金融开放水平在一定程度上代表中国金融开放水平前沿。上海在外资金融机构的开放和引进方面，取得了诸多“首家”或是“首批”效应，首批外资控股新设的合资券商、首家外商独资的公募基金等，金融开放涵盖银行、证券、基金、保险、资管等多个领域，上海金融开放水平代表中国的国际金融发展水平。

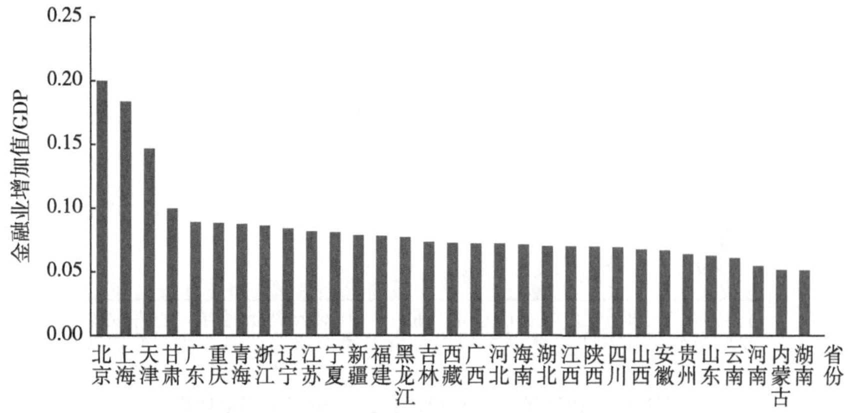

图3-25　2020年 31个省份金融业发展（金融业增加值/GDP）排序

资料来源：由国家统计局数据计算得出。

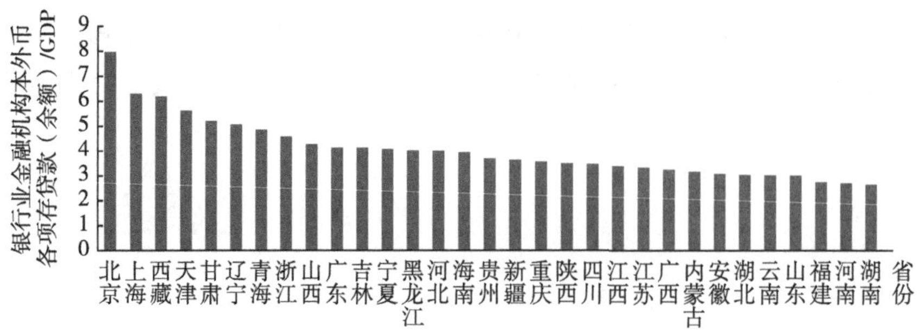

图3-26　2020年31个省份银行业开放

［银行业金融机构本外币各项存贷款（余额）/GDP］排序

资料来源：由中国人民银行、中国金融学会数据计算得出。

4. 开放竞争力比较分析

开放竞争力可以通过市场占有率、竞争优势（TC）指数、显性比较优势（RCA）指数、产业内贸易（T）指数等衡量，由于本报告不涉及产品层面，故选取市场占有率及竞争优势指数对开放竞争力进行测度。2020 年，广东、上海、江苏、北京、浙江的开放竞争力水平位居全国前列（见图 3-27）。

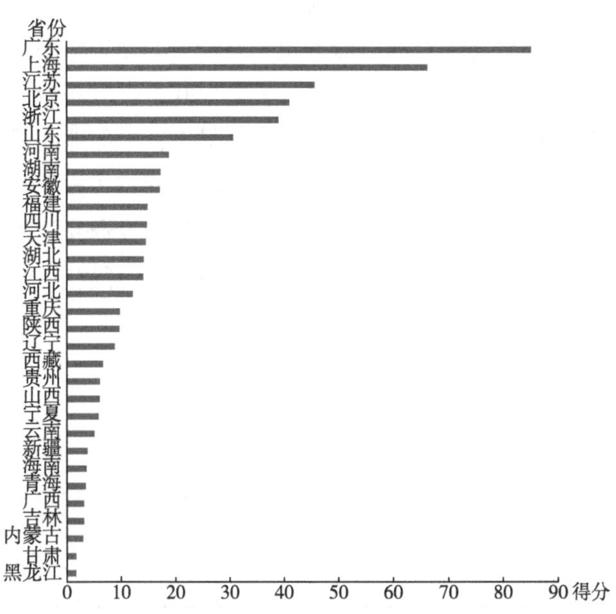

图3-27　2020年31个省份开放竞争力得分排序

资料来源：作者根据相关资料整理。

2020 年，31 个省份在货物贸易、服务贸易、对外投资、吸引外资方面的占有率（见图 3-28、图 3-29、图 3-30、图 3-31），东部地区在市场占有率的竞争力上强于中西部地区，主要原因有以下 4 个。（1）经济发展水平。一个国家或地区若想扩大其贸易和投资规模，强大的生产能力是最根本的条件，研究中通常采用经济发展水平来衡量国内生产能力，即经济发展水平越高，则对其贸易和投资的推动作用越强。经济发展水平较高的东部地区，在贸易和投资上的需求更大，供给能力也更强。（2）中央政府的支持力度。由于东部沿海地区开放早，政策扶持力度大，特别是当地政府也给予了大量优惠政策和扶持，使得该地区的贸易和投资金融开放一直领先于其他省份。（3）外资结构。东部地区在利用外资中，引进大项目、高科技项目、新兴产业项目已成为发展趋势，这些项目多为技术先进、规模较大的工业项目，如汽车、通信、精细化工、生物工程以及金融、贸易和信息服务等项目。而西部地区由于受投资环境等诸多不利因素的影响，在吸引大项目、消化国际先进技术、模仿能力和创新能力等方面均大大落后于东部地区，引进项目以劳动密集型、传统产品、小项目居多，跨国公司大项目进入西部地区很少。（4）贸易投资联动。庄丽娟等（2009）[①] 运用脉冲响应函数与方差分解法，考察服务贸易与货物贸易之间的长期动态关系，结果表明现阶段货物贸易的发展对服务贸易有较大的促进作用，这种促进作用甚至大于服务贸易自身产生的作用。李津（2014）[②] 发现收入增加对东部地区服务贸易影响显著，而对中部地区并不显著，中部地区只有外商直接投资可以有效促进服务贸易发展，但中部地区外商直接投资额较低，故对服务贸易的拉动作用也较弱。我国东部地区贸易和投资开放程度优于中西部地区，二者之间的联动促进作用也使得东部地区的开放市场占有率更高。

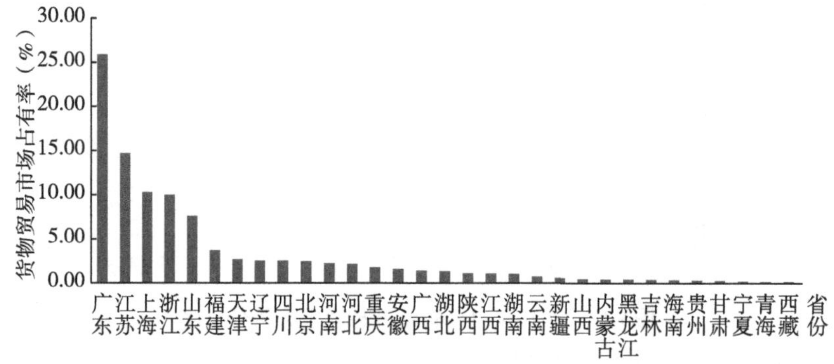

图3-28　2020年31个省份货物贸易市场占有率排序

资料来源：根据《中国统计年鉴》数据计算得出。

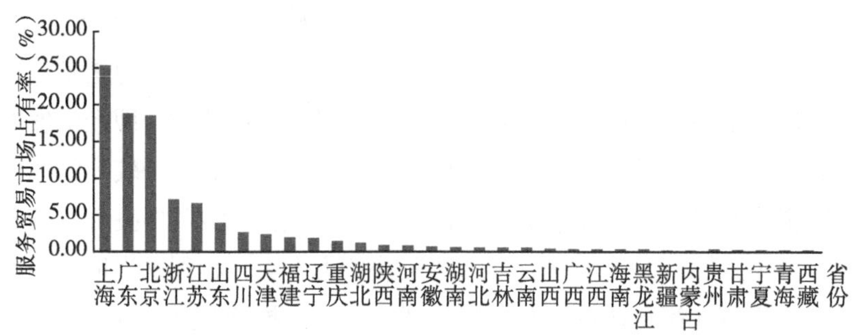

图3-29　2020年31个省份服务贸易市场占有率排序

资料来源：根据《全国服务贸易发展报告指数》、各省《统计年鉴》、各省商务厅数据计算得出。

---

① 庄丽娟，陈翠兰：《我国服务贸易与货物贸易的动态相关性研究——基于脉冲响应函数方法的实证分析》，《国际贸易问题》2009 年第 2 期。

② 李津：《我国人均收入与服务贸易进出口额的关系研究——基于 31 省市面板数据分析》，《对外经贸》2014 年第 5 期。

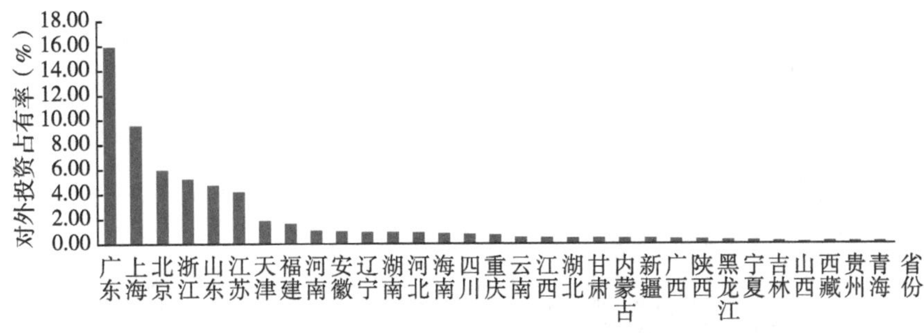

图3-30 2020年31个省份对外投资占有率排序

资料来源：根据国家统计局、商务部、国家外汇管理局数据计算得出。

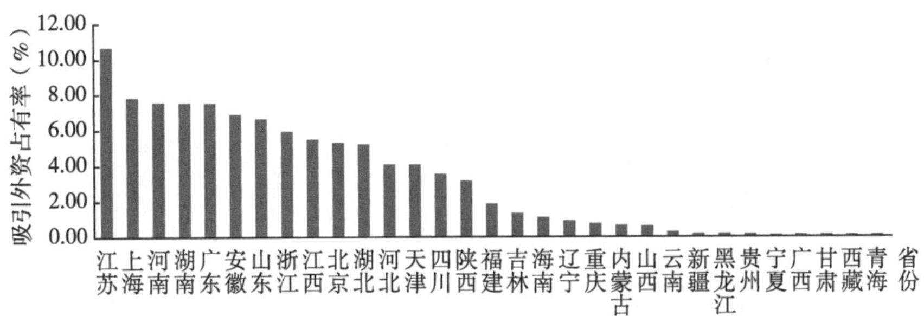

图3-31 2020年31个省份吸引外资占有率排序

资料来源：根据 Wind 数据库数据计算得出。

5. 开放交流水平比较

随着开放进程的推进，各省份的对外开放向更广领域延伸，本章从旅游（见图 3-32）、劳务输出、对外承包工程三方面反映新时代开放交流的新内容。2020 年，广东、山东、福建、上海、北京的开放交流水平位居全国前列，而山西、贵州、青海、甘肃、宁夏的开放交流水平较低（见图 3-33），我国东部地区对外交流水平优于中西部地区。

开展对外劳务交流、合作是我国实施"走出去"战略的重要组成部分，也是缓解我国日益增大的就业压力的有效渠道。本报告使用地区年末在外各类劳务人员数全国占比表示对外劳务输出水平，计算结果越高，劳务交流越活跃，反之则越差。2020 年，广东、山东、福建、北京、辽宁的对外劳务输出水平处于全国前列，而贵州、海南、青海、西藏、新疆的排名靠后。

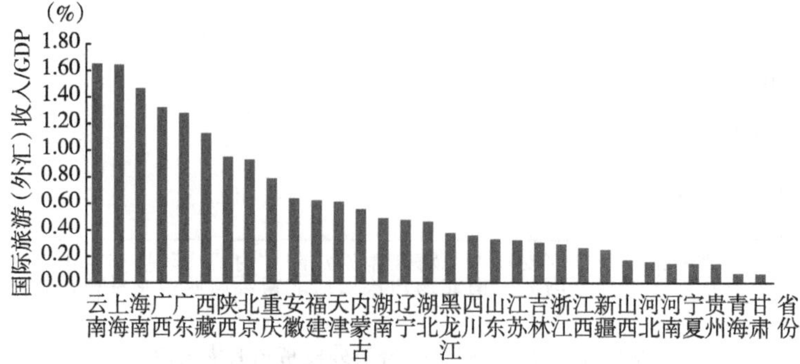

图3-32　2020年31个省份旅游开放水平［国际旅游（外汇）收入/GDP］排序

资料来源：由《中国统计年鉴》数据计算得出。

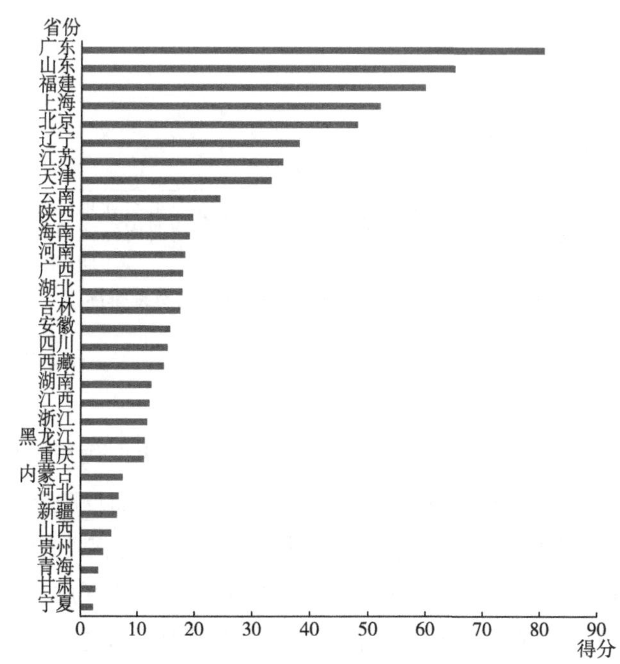

图3-33　2020年31个省份开放交流得分排序

资料来源：作者根据相关资料整理。

第五节　我国制造业高质量发展的影响因素实证分析

我国制造业整体上呈现稳步上升的发展趋势，但不同省份间不同时段内制造业发展水平仍然存在较大差异。这背后的影响因素有哪些，作用效应强弱又如何？为回答上述问题，本章将影响制造业高质量发展的因素划分为产业内供给因素与产业外环境因素，并进行相应的实证分析。

一、影响因素分析

（一）内部供给因素

人力资本（*mcap*）：经济发展阶段转轨过程中实现制造业高质量发展的根本支撑在于人，而人力资本则是从经济学角度对人的价值进行的量化，从经济体内劳动力数量与劳动力质量两个维度体现人力价值。改革开放以来，我国通过普及实施九年义务教育制度为巨大的人口红利更充分释放添砖加瓦。《2020 年全国教育事业发展统计公报》数据显示，全国新增劳动力平均受教育年限达到 13.8 年，受过高等教育比例达到 53.5%[①]。发展至今，庞大的人才规模为我国实现现代化国家建设目标提供了强力支撑。我国当前取得的发展成就均是各族人民努力奋斗得来的，未来制造业实现高质量发展，本质上离不开人力，离不开劳动力知识、技能、文化等素养的提升，因而人力资本是实现我国制造业高质量发展的关键（Madsen Jakob，2014[②]；Squicciarini 和 Voigtländer，2015[③]）。

技术创新（*tech*）：技术创新对经济增长发挥的促进作用已经得到许多学者的验证，部分学者甚至认为技术创新能在一定程度上决定一个经济体的增长水平（Iyigun,2006）[④]。一般而言，创新的技术与要素配置效率的提升间存在正向影响，从而对高质量发展水平提升有所助力；创新的技术又可以与信息和知识的广泛传播相结合，提高人的技能水平和全社会的创新水平。此外，技术创新可以通过开发应用新技术，降低制造业废气废物污染，实现资源最大价值的利用，提升制造业的资源利用水平与绿色发展水平来实现（颜青等，2022[⑤]；Rubashkina Y 等，2015[⑥]）。

---

① 数据来源于教育部《2020 年全国教育事业发展统计公报》，2021 年 8 月 27 日。

② Madsen Jakob B.,"Human capital and the world technology frontier," *Review of Economics and Statistics*, Vol.96, No.4, 2014.

③ Squicciarini Mara P., Nico Voigtländer,"Human capital and industrialization: Evidence from the age of enlightenment," *The Quarterly Journal of Economics*, Vol.130, No.4, 2015.

④ Iyigun Murat,"Clusters of invention, life cycle of technologies and endogenous growth," *Journal of Economic Dynamics and Control*, Vol.30, No.4, 2006.

⑤ 颜青、殷宝庆、刘洋：《绿色技术创新、节能减排与制造业高质量发展》，《科技管理研究》2022 年第 42 卷第 18 期。

⑥ Rubashkina Y., et al.,"Environmental regulation and competitiveness: Empirical evidence on the Porter Hypothesis from European manufacturing sectors," *Energy Policy*, Vol.83, 2015.

资本水平（*endow*）：禀赋是一个国家或地区所拥有的包括劳动力、资本、技术等有关生产的各种要素，而要素禀赋结构变迁则是产业结构和技术结构升级背后的原因（林毅夫等，1999）[①]。目前有关禀赋水平的研究大多集中于宏观经济体系内，在多部门贸易模型或经济体经济增长模型中引入不同的生产要素，验证要素禀赋与规模发展的关系（曹慧平和陈清萍，2011[②]；陈耀和陈钰，2012[③]）。但是较少有文献分析产业内的禀赋水平对产业发展质量的影响，鉴于前文已经论述过人力资本、技术创新等因素的影响力，本部分将制造业产业内所拥有的资本资源纳入影响因素的分析框架，对制造业内部包含人力、技术、资本要素的禀赋水平影响进行分析。

（二）外部环境因素

产业发展（*industry*）：目前多数研究均已证实产业升级能够带来经济的显著增长，经典研究中干春晖等（2011）[④] 曾将产业结构升级划分为产业结构合理化和产业结构高级化两个维度，并提出了相应的测度方法。在随后有关的实证研究中，均已证实了产业结构的改变确实能够为我国带来经济的增长（陶桂芬和方晶，2016）[⑤]。除此以外，部分学者还将产业结构纳入经济增长质量的分析框架内，实证研究产业结构变迁是否能够带来经济的质量型增长。研究结果表明，产业结构升级与经济质量型增长确实存在长期的稳定关系，差别在于影响效应的大小不同。这是在经济增长领域内更深一层的研究（何维达等，2020[⑥]；吴华英等，2021[⑦]）。因此，本章将实证研究经济系统的产业变迁是否会对制造业高质量发展也产生相似的积极影响。

基础设施水平（*imfra*）：基础设施是一个经济体生存发展的基础，

---

① 林毅夫、蔡昉、李周：《比较优势与发展战略——对“东亚奇迹”的再解释》，《中国社会科学》1999 年第 5 期。

② 曹慧平、陈清萍：《环境要素约束下 H–O 模型的理论与实证检验》，《国际贸易问题》2011 年第 11 期。

③ 陈耀、陈钰：《资源禀赋、区位条件与区域经济发展》，《经济管理》2012 年第 34 卷第 2 期。

④ 干春晖、郑若谷、余典范：《中国产业结构变迁对经济增长和波动的影响》，《经济研究》2011 年第 46 卷第 4 期。

⑤ 陶桂芬、方晶：《区域产业结构变迁对经济增长的影响——基于 1978—2013 年 15 个省份的实证研究》，《经济理论与经济管理》2016 年第 11 期。

⑥ 何维达、付瑶、陈琴：《产业结构变迁对经济增长质量的影响》，《统计与决策》2020 年第 36 卷第 19 期。

⑦ 吴华英、刘霞辉、苏志庆：《产业结构变迁对经济增长质量的影响研究——基于修正的份额变化分析法》，《经济学家》2021 年第 7 期。

是经济体工业化与城镇化实现的重要支撑。基础设施建设不仅能够发挥刺激投资的作用，提升产业发展水平，形成经济增长的新动能，同时也有利于居民生活水平的提高，缩小地区城乡间发展差距，提升社会共享发展水平，提高地区经济社会可持续发展能力（王秀云等，2021）①。简单来说，一方面，基础设施能够连接区域内外的经济活动，发挥区域优势互补作用，助力落后地区接受先进地区的辐射效应，从而缩小日益拉大的地区间差距（Démurger，2001）②；另一方面，区域内基础设施水平的提高还可以提升居民福利水平，从而改善教育、医疗、健康等条件，对经济与产业的健康持续发展具有重要意义（Brenneman 和 Kerf，2002）③。因此，本章将基础设施水平纳入制造业高质量发展影响因素研究框架内，且对于基础设施水平的度量采用研究常用的路网密度指标加以衡量。

对外开放水平（*open*）：我国改革开放 40 余年的发展经验证实，对外开放是必须长期坚持的基本国策。当前世界发展日新月异，科技成果层出不穷。只有深度参与国际竞争合作，充分利用国内国际两个市场和两种资源，才能互通有无、取长补短，广泛吸收借鉴有益经验，发挥后发优势，缩小与发达国家的差距，既发展自身，也为世界发展作出大国贡献。提高对外开放水平一方面能够促进分工的专业化、吸收科技成果，积累人力资源，提高发展效率，实现经济的持续增长（吴刚等，2022）④；另一方面则能够促进商品和要素的国际化流动，提高居民的消费水平和福利水平，对高质量发展具有多重影响（高建昆，2019）⑤。本章采用外资利用水平衡量地区间对外开放水平。

政府制度环境（*demo*）：1990 年 North 将制度环境定义为“人为设计的社会游戏规则，用于引导主体间的交往和互动行为”⑥，随后关于制度

---

① 王秀云、王力、叶其楚：《我国基础设施投融资体制机制创新研究——基于高质量发展视角》，《中央财经大学学报》2021 年第 12 期。

② Démurger Sylvie，“Infrastructure development and economic growth：an explanation for regional disparities in China，” *Journal of Comparative Economics*，Vol.29，No.1，2001.

③ Brenneman Adam，Michel Kerf，“Infrastructure & Poverty Linkages，” *A Literature Review*，The World Bank，Washington，DC，2002.

④ 吴刚、魏修建、解芳：《区域对外开放、全要素生产率与经济高质量发展》，《经济问题》2022 年第 4 期。

⑤ 高建昆：《论新时代对外开放体系的高质量发展》，《学术研究》2019 年第 12 期。

⑥ North Douglass C.，“A transaction cost theory of politics，” *Journal of Theoretical Politics*，Vol.2，No.4，1990.

环境的讨论也形成了强制性、规范性与认知性等分类视角。制度环境既引导企业行为规范认知，又可以提供企业成长所需的各种资源，并且能够保障社会运行的稳定性（Scott,2008）[①]。而有关制度环境的讨论中，最为热烈的当属政府与市场的关系。林毅夫（2017）[②]提出“有效市场+有为政府”的理论观点，强调政府的因势利导作用。当前我国社会的主要矛盾已经发生转变，结构性问题突出，市场主导资源配置、政府提供人民满意的公共服务观点已经成为共识。高质量发展内在要求激发市场活力，政府有为、市场强劲的联合调节机制将成为制造业实现高质量均衡发展的制度保障。

社会文化环境（*culture*）：文化是知识的汇聚，展现着社会发展历史、民族凝聚力以及整个国家的价值取向。从宏观层面，文化集中影响着一个国家的制度与发展道路选择，人类社会一切重大的社会行动，都有一定的文化背景在起作用；从微观层面，一家企业经过长期探索而打造的文化品牌，能够给企业带来无形资产的增值，而企业的商誉、理念等都影响着消费者对产品服务的客观感受。良好的文化形象与文化实力，既能激发内在的成长动力，提高劳动力、企业及产业、城市、区域的发展活力，又能吸引投资、消费，加强合作交流，形成区域联动发展（李小梅,2022）[③]。文化的影响是柔性的、润物无声的，但同时又潜移默化地影响着主体的经济、科技实力，是不可忽视的发展因素。因此本章将文化因素也纳入制造业高质量发展影响因素框架内，探讨文化效应对制造业高质量发展的影响。

二、模型构建与变量选择

（一）模型建构

为了实证分析制造业高质量发展的影响因素，本章构建如下静态面板模型：

$$Hmanu_{it}=\alpha_0+\sum\beta_k X_{it}+\mu_i+\lambda_t+\varpi_{it} \qquad (3\text{–}16)$$

① Scott W.Richard, “Approaching adulthood: the maturing of institutional theory,” *Theory and Society*, Vol.37, 2008.

② 林毅夫:《中国经验：经济发展和转型中有效市场与有为政府缺一不可》,《行政管理改革》2017年第10期。

③ 李小梅:《中国国家文化形象塑造：概念内涵、基本特征与价值意蕴》,《理论导刊》2022年第5期。

其中，$Hmanu_{it}$ 表示制造业高质量发展水平，以前文测算得到的制造业高质量发展水平综合指数值表示。X_{it} 为一系列核心解释变量，即本章所关心的影响制造业高质量发展水平的因素。μ_i 表征个体固定效应，λ_t 表征时间固定效应，ϖ_{it} 为随机扰动项。下标 i 及下标 t 分别表示个体与时间。

本章采用双向固定效应模型，能够缓解由于个体和时间效应所带来的模型偏误问题，但是分析因变量与自变量之间的联系可以发现，仍然存在着以下两种关系：一是制造业高质量发展可能存在前期滞后性和作用效果有所延续的特征；二是制造业高质量发展水平作为因变量与本章所选择的部分影响因素自变量间可能有反向因果作用，即内生性问题。虽然静态面板模型能够解决模型中部分内生性问题，但是无法体现制造业高质量发展水平动态变化。而通过设定动态面板模型既可以将制造业高质量发展水平变化的动态效应纳入回归模型中，又可以缓解基准模型中内生性问题，使得模型的测度结果更加稳健。

基于此，本章将进一步构造动态面板模型，并采用广义矩估计方法（GMM）对模型进行分析。

$$Hmanu_{it} = \alpha_0 + \rho Hmanu_{i,t-1} + \sum \beta_k X_{it} + \mu_i + \lambda_t + \varpi_{it} \qquad (3\text{–}17)$$

其中，$Hmanu_{i,t-1}$ 表示制造业高质量发展水平滞后一阶段，其估计系数为 ρ。除此之外，其余变量的含义均与静态面板模型公式含义相同。

（二）变量选择及数据说明

1. 被解释变量

制造业高质量发展水平（$Hmanu_{it}$）：以七维评价指标体系测算所得制造业高质量发展综合指数值表征制造业高质量发展水平。其中，由熵值法测算基础指标分数值，而合成方面指标时采用的方法为依照等权重乘法原则合成，具体参考人类发展指数构建方法，即采用主客观评价方法相结合的方式测算综合指数值。

2. 核心解释变量

本章的核心解释变量为上文分析中所选择的 8 个内外部影响变量。①关于人力资本（$mcap$）的测算。大部分研究都是借由平均受教育年限来表示。本文认为，相比平均受教育年限，各省份的人力资本存量更能发挥人才红利的溢出效应。因此，本文采用中国人力资本与劳动经济研究中心人力资本测算项目测度的各省份实际人力资本存量表征人力资本水平。②关于技术创新水平（*tech*）的测算。当前有关技术创新的测度主要从投入与产出两个角度入手，而有关投入的测度则主要从研发支出水平与研究人员规模角度入手，但是 Cornaggia 等（2015）[①] 认为相较于投入水平，创新的成果产出更能体现企业拥有的创新能力。因此本章从产出角度衡量制造业的创新水平，采用研发新产品所获得的当期销售收入占主营业务收入水平来衡量制造业产业的技术创新能力。③关于资本水平（*endow*）的测算。本文采用总资产贡献率加以衡量，用以表征制造业产业内资本水平及其价值创造能力。④关于产业发展（*industry*）的测算。不少学者均通过测算产业合理化与高级化水平来代表产业升级水平，但是本文认为对于制造业高质量发展而言，产业合理化本身就应该属于制造业高质量发展中的中观层面内容，体现制造业与其他产业联系与协调；而产业高级化则体现当前阶段现代服务业对制造业的影响与吸引，使服务业发展从外部对制造业高质量发展水平提升注入力量。因此本部分借鉴干春晖等（2011）[②] 构造的产业高级化指标代表产业发展对制造业高质量的影响。⑤关于基础设施水平（*infra*）的测度。制造业是生产、制造、运输、销售等环节的集成，公路、铁路等交通运输网络越完善，对制造业高质量发展的影响越大，因此本部分采用研究中常用的路网密度表征基础设施水平。⑥关于对外开放水平（*open*）的测算。有关对外开放水平的测算指标十分丰富，本部分结合当前发展环境选择各地区利用外资水平以衡量地区间对外开放水平。⑦政府制度环境（*demo*）的测算。对于制度环境的指标衡量，本文借用王小鲁等（2019）[③] 编制的市场化指数表征政府制度环境。⑧社会文化环境（*culture*）的测算。文化作为一种不外显的影响因素，刻

---

① Cornaggia Jess, et al., "Does banking competition affect innovation," *Journal of Financial Economics*, Vol.115, No.1, 2015.

② 干春晖、郑若谷、余典范:《中国产业结构变迁对经济增长和波动的影响》,《经济研究》2011 年第 46 卷第 4 期。

③ 王小鲁、樊纲、胡李鹏:《中国分省份市场化指数报告（2018）》，社会科学文献出版社 2019 年版。

画其作用力相对不容易实现。但考虑到教育与文化传承密不可分，而高等教育又是一个区域内提升知识、技能、科技信息等水平必不可少的内容，因此，本章采用高等教育规模水平表征社会文化环境，刻画文化水平的影响力。有关上述核心解释变量的具体测算见表 3–30。

表3-30 核心解释变量测算说明

变量		测算	公式
内部因素	人力资本（*mcap*）	采用中国人力资本与劳动经济研究中心发布的《人力资本指数》中的人力资本存量指数值	—
	技术创新水平（*tech*）	采用新产品销售收入占主营业务收入水平衡量	技术创新水平 = 新产品销售收入 / 主营业务收入
	资本水平（*endow*）	采用总资产贡献率指标	总资产贡献率 =（利润总额 + 税金总额 + 利息支出）/ 平均资产总额 ×100%
外部因素	产业发展（*industry*）	借鉴干春晖等（2011）产业高级化指标	产业发展水平 = 第三产业产值 / 第二产业产值
	基础设施水平（*infra*）	采用路网密度指标	路网密度 = 区域内所有道路总长度 / 区域总面积；单位为千米 / 平方千米。
	对外开放水平（*open*）	采用利用外资水平衡量	—
	政府制度环境（*demo*）	采用王小鲁等《中国分省份市场化指数报告（2018）》中市场化进程得分	—
	社会文化环境（*culture*）	采用高等教育规模指标	高等教育发展 = 高等教育财政支出规模 / 整体教育财政支出

资料来源：作者根据相关资料整理设计。

3. 数据说明

本章所采用的数据均来自《中国统计年鉴》《中国科技统计年鉴》《中国高技术产业统计年鉴》《中国工业统计年鉴》、各省份样本期内统计年鉴、国家统计局官方网站、中国人力资本与劳动经济研究中心官方网站、中国部分省份市场化指数数据库网站、中国碳排放核算数据库、EPS 统计数据库。数据年度为 2001—2020 年，缺失年份数据采用插值法补充。此外，鉴于西藏地区缺失数据过多，为保证数据质量，作样本剔除处理。

（三）描述性统计

对制造业高质量发展指数以及所选核心解释变量数据作出描述性统计分析（见表 3–31）。从表 3–31 中可见，制造业高质量发展指数最高值为 0.592，最低值不足 0.02，表明我国制造业高质量发展水平与省份层面差距很大。同样的分析方法亦适用于其他变量。

表3-31　描述性统计

变量	N	Mean	p50	SD	Min	Max
$Hmanu_{it}$	600	0.122	0.084	0.103	0.016	0.592
mcap	600	8.687	8.643	1.081	6.040	12.78
tech	600	0.194	0.118	1.240	0.644	29.28
endow	600	12.42	12.26	4.940	0.223	31.05
industry	600	1.057	0.920	0.554	0.497	5.169
infra	600	3.152	2.646	2.192	0.368	14.35
open	600	0.297	0.142	0.345	0.007	1.876
demo	600	6.430	6.245	1.998	2.330	11.95
culture	600	0.125	0.091	0.473	0.018	11.75

资料来源：作者根据 Stata 测算结果整理。

三、实证结果分析

（一）基准回归结果分析

本文建构动态面板模型并采用广义矩估计（GMM）进行模型估计，同时动态面板模型也是处理内生性问题的常用方法。表 3–32 汇总了本章基准回归结果，列（1）与列（2）为静态面板模型估计结果，列（2）在列（1）的基础上纳入时间效应代理变量，均采用固定效应面板回归模型估计。在此基础上，考虑到静态面板模型可能忽略动态效应，列（3）为差分 GMM 估计结果，列（4）为系统 GMM 估计结果，$L.Hmanu_{it}$ 表示一阶滞后的被解释变量并作为工具变量。此外，GMM 方法应用必须满足所选工具变量都是有效的前提条件：一是差分方程中残差序列不存在二阶及以上自相关；二是工具变量是否通过完全外生的识别。表 3-32 中显示了动态面板模型的假设检验结果。通过 Arellano-Bond[①] 序列相关检验汇报 AR（1）和 AR（2），结果表明所选工具变量不存在二阶及以上自相关；同时进行 Sargan[②] 检验，实证结果说明本模型所选的工具变量是有效的。

总体来看，模型（1）~（4）汇报结果显示的估计系数符号与显著性基本一致，表明本章所采用的模型具有较强的稳健性；各模型下不同影响因素的显著性特征表现为较为明显的正向促进作用，但是不同影响因素间的影响系数大小差异较为明显。

人力资本（*mcap*）：各个模型的估计系数均表明人力资本对促进制造业高质量发展水平提升是具有显著影响效应的，且各系数结果通过 1% 的显著性水平检验。人力资本确实是制造业高质量发展水平提升的重要基础支撑。积累人力资本存量，发挥人才的溢出效应，形成人才连接科技、数据、信息、知识等要素机制，能够助力高质量发展的实现。

技术创新水平（*tech*）：各模型估计结果显示技术创新能够正向促进制造业高质量水平的提升；除差分 GMM 估计外，其余模型的回归系数均通过了显著性水平检验，估计结果与理论预期一致。可见，技术创新是实现制造业高质量发展的重要内部支撑。在当前竞争态势下，创新是塑造竞争新优势抢夺竞争制高点的必备法宝，企业应该转向以技术创新为支撑的发展模式，只有依靠技术创新，才能保持长久的发展动力。

资本水平（*endow*）：动态面板回归模型显示产业资本贡献率水平表征制造业资本水平能够促进制造业高质量发展的正向提升，且 GMM 模型估计结果通过了 10% 的显著性水平。这表明资本水平的提升确实能够对制造业高质量发展水平提升发挥正向促进效应，但回归系数较人力资本与技术创新而言相对较小。

---

① Arellano Manuel，Stephen Bond，"Some tests of specification for panel data：Monte Carlo evidence and an application to employment equations，" *The review of economic studies*，Vol.58，No.2，1991.

② Sargan John D.，"The estimation of economic relationships using instrumental variables，" *Econometrica：Journal of the econometric society*，Vol.26，No.3，1958.

产业发展（*industry*）：双向固定效应面板模型的回归系数显示产业对制造业高质量发展水平提升具有负向效应，但不显著。其余模型估计结果均表明这种正向促进效应是具有较强显著性水平的，表明模型估计结果是稳健的。本章采用产业高级化指标表示产业发展，一方面产业高级化代表了产业间的影响，能够体现产业发展给制造业高质量发展带来的外部影响，另一方面产业高级化也表示了经济体内的资源得到了合理利用。经过证明可见，产业间协调发展、资源实现合理利用确实能够推动制造业高质量发展水平提升。

基础设施水平（*infra*）：回归结果显示基础设施水平能够正向影响制造业高质量发展，回归系数基本通过了 1% 水平的显著性检验，结果是可信的。通过完善基础设施建设网络，既能为制造业高质量发展提供基础支撑，又能提升居民生活福利水平，助力高质量发展与共同富裕的实现。

对外开放水平（*open*）：对外开放正向影响制造业高质量发展，系统 GMM 的估计系数显示正向影响效应是显著的。结果表明在当前的发展环境下，加强对外开放确实能够提升区域内制造业高质量发展水平。一方面，加强对外开放，可以吸引外资、技术与人才的汇聚，为制造业高质量发展提供强大的资源支撑；另一方面，通过对外贸易也可以提高制造产品的销售规模，为塑造产品、企业及地区形象铺路。

政府制度环境（*demo*）：除差分 GMM 回归系数不显著以外，所有模型的回归系数均为正向且显著。回归结果表明，政府制度环境能够发挥正向影响制造业高质量发展水平提升作用。由此可见，政府让位于市场，发挥市场的资源调配作用，而政府作为服务者起引导作用，能够对制造业高质量发展水平提升起到积极影响作用。

社会文化环境（*culture*）：模型下的回归系数基本通过了 1% 水平的显著性检验，但是回归系数相对较小。这说明文化软实力确实能够起到影响制造业高质量发展水平提升的积极作用，但是作用力度相对较小，其符合文化柔性影响力的特征。但稳健的回归结果仍然显示，加强区域内文化环境培育是具有长远意义的。

表3-32　　　　基准回归结果

变量	(1)	(2)	(3)	(4)
	$Hmanu_{it}$	$Hmanu_{it}$	$Hmanu_{it}$	$Hmanu_{it}$
$L.Hmanu_{it}$			0.684***	0.961***
			(0.014)	(0.038)
mcap	0.018***	0.034***	0.014***	0.011***
	(0.004)	(0.006)	(0.003)	(0.001)
tech	0.049***	0.047**	0.021	0.032***
	(0.018)	(0.018)	(0.013)	(0.012)
endow	0.001	0.000	0.001*	0.001*
	(0.000)	(0.000)	(0.000)	(0.000)
industry	0.026*	-0.012	0.020**	0.021***
	(0.014)	(0.019)	(0.010)	(0.008)
infra	0.018***	0.017***	0.021*	0.016***
	(0.006)	(0.006)	(0.012)	(0.004)
open	0.031**	0.033**	0.019*	0.018***
	(0.013)	(0.014)	(0.012)	(0.001)
demo	0.004**	0.007***	0.001	0.001*
	(0.002)	(0.002)	(0.002)	(0.000)
culture	0.004**	0.001***	0.001***	0.001***
	(0.002)	(0.000)	(0.000)	(0.000)
Constant	0.281**	0.206***		0.035**
	(0.140)	(0.028)		(0.015)
Observations	600	600	540	570
R-squared	0.787	0.824	/	/
Province FE	YES	YES	/	/
Year FE	NO	YES	/	/
AR(1)	/	/	0.000	0.005
AR(2)	/	/	0.853	0.835
Sargan test	/	/	0.504	0.867

注：Robust standard errors are in parentheses，*** $P<0.01$，** $P<0.05$，* $P<0.1$.

Sargan test、AR（1）、AR（2）报告 P 值。

资料来源：作者根据 Stata 测算结果整理。

（二）稳健性分析

虽然采用广义矩估计方法进行基准回归分析已经可以证实模型的稳

健性，但为了进一步检验，本章仍然采用了三种方法进行稳健性分析，均采用双向固定效应模型进行回归。一是替换被解释变量，前文所用的制造业高质量发展综合指数值中的基础指标得分是经由面板熵值法测得，再依据等权重乘法原则合成总指数值。本节中采用主成分分析法测算制造业高质量发展指数值，作为被解释变量的替换值。二是先将所有变量数据进行 1% 上下缩尾处理，与面板熵值法测算的加法指数值回归。三是将所有自变量均滞后一阶再进行静态面板固定效应回归。估计结果由表 3-33 呈现。总体而言，模型的稳健性估计系数与前文类似，也基本通过了显著性水平检验，可以说明本节的估计结果是稳健的。值得注意的是，相比较而言，人力资本、技术创新水平、产业发展、基础设施水平以及对外开放水平等五个因素的影响效应系数较大，作用更明显。

表3-33　　稳健性检验

变量	（1）	（2）	（3）	（4）	（5）	（6）
	PCA	PCA	Winsorize	Winsorize	L.V	L.V
mcap	0.016***	0.053***	0.011**	0.194***	0.031***	0.037***
	（0.004）	（0.007）	（0.005）	（0.016）	（0.003）	（0.007）
tech	0.025***	0.046***	0.033***	0.065***	0.045***	0.025**
	（0.005）	（0.008）	（0.006）	（0.009）	（0.014）	（0.011）
endow	0.008***	0.016***	0.003*	0.003*	0.003***	0.004**
	（0.003）	（0.004）	（0.001）	（0.001）	（0.000）	（0.002）
industry	0.030***	0.020*	0.024***	0.030**	0.027***	0.036**
	（0.009）	（0.010）	（0.008）	（0.015）	（0.005）	（0.015）
infra	0.037***	0.053***	0.031***	0.046***	0.036**	0.045***
	（0.009）	（0.010）	（0.009）	（0.007）	（0.015）	（0.014）
open	0.160***	0.164***	0.196***	0.044***	0.021*	0.014*
	（0.015）	（0.015）	（0.018）	（0.010）	（0.012）	（0.007）
demo	0.003*	-0.003	0.003**	0.003**	0.005***	0.003**
	（0.001）	（0.002）	（0.002）	（0.002）	（0.001）	（0.002）
culture	0.001*	0.002	0.001*	0.001*	0.001*	0.001*
	（0.000）	（0.002）	（0.000）	（0.000）	（0.000）	（0.000）
Constant	0.207***	0.268***	0.154***	0.254***	0.131***	0.104***
	（0.001）	（0.012）	（0.038）	（0.057）	（0.001）	（0.012）

续表

变量	(1)	(2)	(3)	(4)	(5)	(6)
	PCA	PCA	Winsorize	Winsorize	L.V	L.V
Observations	600	600	555	555	570	570
R-squared	0.311	0.426	0.354	0.478	0.763	0.803
Province FE	YES	YES	YES	YES	YES	YES
Year FE	NO	YES	NO	YES	NO	YES

注：Robust standard errors are in parentheses，*** $P<0.01$，** $P<0.05$，* $P<0.1$.

资料来源：作者根据 Stata 测算结果整理。

（三）影响因素显著性分析

通过构建基准回归模型并进一步用广义矩估计回归，再进行稳健性检验，可以证明本章所选的影响因素变量确实可以对制造业高质量发展水平起到正向影响作用。但是，不同影响因素对制造业高质量发展的影响强度大小是否一致，对制造业高质量发展水平的贡献效应是否有所差别，本章希望能对此作出进一步的研究回答。借鉴 Shorrocks（2013）[①] 提出的夏普利值（Shapley Value）[②] 分解框架，本章测算了不同影响因素对制造业高质量发展水平的贡献度大小。此外，本文进一步将时间效应纳入分解框架中，以 2010 年为界限，对比前后各 10 年不同影响因素的贡献水平变化（见表 3-34）。

经过排序对比可以看出，无论哪个时期对外开放水平、基础设施水平、人力资本、技术创新以及产业发展都是影响制造业高质量发展水平提升排名前五的因素。对外开放水平对制造业高质量发展的贡献在于区域对外开放一方面能够吸引人才、资本、技术等生产要素，加强国际交流合作；另一方面又能够扩大制造业生产销售市场，提升制造业产业链水平。基础设施直接影响制造业生产、产品与原材料运输、销售等环节，是制造业发展的基础支撑，制造业高质量发展离不开最基础的运输网络，同样离不开其他基础设施的支撑。人力资本作为一个经济体内最为重要的资源，万事万物的发展归根到底仍是人的发展，人力资本存量越多、水平越高，越能支撑科技、经济、社会的发展进

① Shorrocks Anthony F.，"Decomposition procedures for distributional analysis：a unified framework based on the Shapley value，" *The Journal of Economic Inequality*，Vol.11，No.1，2013.

② Shapley Lloyd S.，*A Value for N-Person Games*. Princeton University Press，1953.

步，是制造业高质量发展水平提升的根本所在。技术创新一方面促进生产内容的革新，以技术创新推动生产环节再造，提高生产效率；另一方面促进产品更新换代，满足消费者多样性需求，提高用户黏度；且技术创新能够促进数据集成与挖掘分析，更好连接生产与销售环节，实现制造业各环节全方位再造。产业发展能够给予制造业外部刺激，以产业融合为牵引激发企业自主创新活力，从而激发产业发展水平提高的内生动力；并且政府与市场关系和谐能够促进资源的优化配置，提高资源的利用效率，提升企业的竞争力。

分析主要贡献因素，关注重点因素的发展培养，是未来制造业高质量发展中需要时刻把握的内容。有针对性地挖掘主要因素的增长潜力和溢出效应，合理配置资源、有的放矢的发展，才能更有效地促进本地区制造业高质量发展水平的提升。

表3-34　　影响因素贡献度夏普利值分解结果

变量	总体		2001—2010 年		2011—2020 年	
	贡献度	排序	贡献度	排序	贡献度	排序
mcap	17.11%	3	15.47%	3	11.09%	4
tech	11.88%	4	10.56%	5	11.36%	5
endow	1.31%	8	1.44%	8	1.75%	7
industry	10.26%	5	12.68%	4	16.68%	3
infra	19.54%	2	22.62%	2	23.15%	1
open	28.83%	1	25.87%	1	21.77%	2
demo	1.86%	7	2.05%	7	1.74%	8
culture	9.20%	6	9.32%	6	9.46%	6
合计	100%		100%		100%	

注：因数据四舍五入，可能出现加总数据不是 100%，以下同。

资料来源：作者根据 Stata 测算结果整理。

（四）分位数分析

分位数回归（Quantile Regression，QR）[①] 具有能够更为准确描述解释变量对于被解释变量在不同条件分位数下边际影响的优势。最早由

① Koenker Roger，Kevin F. Hallock，“Quantile regression，” *Journal of Economic Perspectives*，Vol.15，No.4，2001.

Koenker 和 Bassett（1978）[①] 提出，是一种基于被解释变量的条件分布来估计解释变量参数的线性回归方法，使用最小化残差绝对值加权平均为目标函数，且不对模型分布作任何假设，因而不易受到异常值的影响。分位数回归较均值回归而言，其估计结果对于偏态、多峰和异常值数据更为稳健。而采用分位数回归方法对面板数据变量进行参数估计，即面板分位数回归（Koenker，2004）[②]，不仅能更好地控制个体异质性，以缓解遗漏变量导致的内生性问题；还能够分析在特定分位数处自变量对因变量的边际效应。本章采用 Powell（2022）[③] 提出的广义分位数估计进行模型回归，广义分位数估计解决了传统的条件分位数估计面临的包含额外协变量会改变对处理变量估计系数解释的难题：即使包含了额外的控制变量与个体效应，广义分位数也会产生无条件分位数下效应结果。此外，由于标准差的计算有时可能受到极值的影响，本章使用 MCMC[④] 方法进行广义面板分位数回归。

本章构建了基于固定效应面板数据的分位数模型，条件分位数方程如下，对比不同影响因素对不同发展水平下制造业高质量发展的提升效应，从而有针对性地提出促进制造业高质量发展的建议。

$$Q_{HQ_{it}}^{(\tau)}(\tau|X_{it}) = \alpha_i + X_{it}^T \beta_\tau \tag{3-18}$$

其中，β_τ 为 τ 分位数下的系数向量。

回归结果显示，无论在哪个分位点上，人力资本、技术创新水平、基础设施水平、对外开放、产业发展的影响效应基本通过了 1% 水平的显著性检验，表明该五个因素对制造业高质量发展具有显著的正向提升作用，这与前文影响因素贡献度的分析结果一致。具体如下。

①人力资本回归系数大小随各分位点水平上升而出现上升态势，但是相比较而言，超过 0.5 分位点以上人力资本的效应大小才更为明显，即较高制造业发展水平地区能更大程度发挥人力资本的促进效应。

① Koenker Roger，Gilbert Bassett Jr.，"Regression quantiles，" *Econometrica：Journal of the Econometric Society*，Vol.46，No.1，1978.

② Koenker Roger，"Quantile regression for longitudinal data，" *Journal of Multivariate Analysis*，Vol.91，No.1，2004.

③ Powell David，"Quantile regression with nonadditive fixed effects，" *Empirical Economics*，Vol.63，No.5，2022.

④ Chib Siddhartha，"Markov chain Monte Carlo methods：computation and inference，" *Handbook of Econometrics*，Vol.5，2001.

②技术创新回归系数的大小则出现了明显的上升，0.9 分位点下回归系数（0.048）较 0.1 分位点下回归系数（0.016）提升了 2 倍，表明技术创新对各个水平下制造业高质量发展都具有显著的影响效应，且这种正向作用随着制造业高质量发展水平的提升而大幅提升。③产业发展对制造业高质量发展水平的提升效应随制造业高质量发展水平的提升而呈现波动性上涨的态势，如果忽略 0.75 分位点下回归系数的波动性下滑，则产业发展对制造业高质量发展的影响在 0.9 分位点下的回归系数（0.071）是 0.25 分位点下回归系数（0.022）的 3 倍以上，表明产业发展水平随着制造业高质量发展水平的增高而提高对地区制造业高质量发展水平提升的影响效应。④基础设施水平对制造业高质量发展所表现出的正向影响效应并不因分位点水平不同而显著性有所不同，但是这种影响作用表现出不同分位点水平下的大小差异。低制造业高质量发展水平下基础设施的影响效应要明显高于高制造业高质量发展水平下的影响效应。在制造业高质量发展提升初期，完善基础设施建设对制造业发展具有较高的溢出效应，而随着制造业发展水平的提升，这种影响效应发挥作用的空间逐渐缩小，即制造业高质量发展水平较低的区域可以通过完善基础设施提升发展质量，而制造业高质量发展高水平地区应该转向注重其他因素效应的发挥。⑤对外开放对制造业高质量发展的影响效应在低分位水平下要低于高分位水平，而低分位水平的地区以中西部省份为主，对外开放水平相对较弱。表明加强对外开放对当前中西部省份的发展是十分必要的，借助外来技术、资本与人才，发展本地区的经济产业，是当前中西部省份应该探索的道路（见表 3–35）。

表3-35　面板分位数回归结果

变量	（1）	（2）	（3）	（4）	（5）
	0.10	0.25	0.50	0.75	0.90
mcap	0.005***	0.006***	0.009***	0.015***	0.016***
	（0.001）	（0.000）	（0.000）	（0.001）	（0.002）
tech	0.016***	0.044***	0.022***	0.016***	0.048***
	（0.004）	（0.000）	（0.001）	（0.002）	（0.011）
endow	0.000***	0.000***	0.000***	0.000***	0.000
	（0.000）	（0.000）	（0.000）	（0.000）	（0.000）
industry	0.015***	0.022***	0.025***	0.044***	0.071***
	（0.001）	（0.006）	（0.000）	（0.001）	（0.008）

续表

变量	(1)	(2)	(3)	(4)	(5)
	0.10	0.25	0.50	0.75	0.90
infra	0.015***	0.026***	0.009***	0.005***	0.006***
	(0.001)	(0.002)	(0.000)	(0.001)	(0.000)
open	0.031***	0.046***	0.047***	0.108***	0.084***
	(0.001)	(0.000)	(0.001)	(0.001)	(0.009)
demo	0.001*	0.001*	0.003*	0.000	0.000
	(0.000)	(0.000)	(0.001)	(0.000)	(0.000)
culture	0.000	0.000	0.001*	0.001*	0.001*
	(0.000)	(0.000)	(0.000)	(0.000)	(0.000)
Observations	600	600	600	600	600
Number	30	30	30	30	30
Province FE	YES	YES	YES	YES	YES
Year FE	YES	YES	YES	YES	YES

注：Robust standard errors are in parentheses，*** $P<0.01$，** $P<0.05$，* $P<0.1$.

资料来源：作者根据 Stata 测算结果整理。

第六节　高水平开放对制造业高质量发展影响的实证分析

一、理论机制与研究假说

（一）内部传导机制

内生增长理论为我们提供了一个分析开放与产业发展之间关系的基础又完善的理论框架（张公嵬和梁琦，2010）①。该理论认为开放主要通过技术溢出效应、竞争示范效应和规模经济效应提升产业生产率，促进产业发展（Romer，1990）②。

1. 技术溢出效应

高水平开放的过程不仅是资本流动和贸易开放的过程，更是先进

① 张公嵬、梁琦：《出口、集聚与全要素生产率增长——基于制造业行业面板数据的实证研究》，《国际贸易问题》2010 年第 12 期。

② Romer Paul M.，"Endogenous technological change，" *Journal of Political Economy*，Vol.98，No.5，1990.

生产技术和管理经验引入的过程，而这一过程会不可避免地产生技术溢出效应。在这一过程当中，东道国会通过“干中学”和反复模仿的方式（Wang 和 Blomström，1992[①]；陈爱贞和张鹏飞，2019[②]），或直接从其他国家获得技术支持和指导的方式（Evenson 和 Westphal，1995[③]；朴英爱等，2022[④]），不断吸收外来的先进技术或管理方式，从而促进东道国制造业发展水平的提升。

2. 竞争示范效应

随着开放水平不断提升，国际市场的垄断程度有所降低，同时由于“鲇鱼效应”的存在，各国尤其是在制造业上的竞争压力不断加剧（薛宝贵和苏星，2021）[⑤]。想要在国际市场上占据一席之地甚至处于领先地位，各国制造业必须要提高自身竞争力（王滨，2010）[⑥]，这迫使各国制造业不得不改进生产方式，提高技术效率，从而倒逼制造业发展质量提升（Giarratana 和 Torrisi，2010）[⑦]。东道国制造业也必须充分有效利用现有资源，优化资源配置，提升创新产出（马连福和高塬，2020）[⑧]；同时不断向行业标杆学习，提升自身生产技术水平，从而提高国际竞争力，促进东道国制造业发展水平进一步提升（Caves，1971[⑨]；刘娟等，2023[⑩]）。

① Wang Jianye，Magnus Blomström，“Foreign investment and technology transfer：A simple model，” *European Economic Review*，Vol.36，No.1，1992.

② 陈爱贞、张鹏飞：《并购模式与企业创新》，《中国工业经济》2019 年第 12 期。

③ Evenson Robert E.，Larry E.Westphal，“Technological change and technology strategy，” *Handbook of development economics*，Vol.3，PartA，1995.

④ 朴英爱、于鸿、周鑫红：《中国对外直接投资逆向技术溢出效应及其影响因素——基于吸收能力视角的研究》，《经济经纬》2022 年第 39 卷第 5 期。

⑤ 薛宝贵、苏星：《扩大对外开放倒逼深化改革机制研究》，《改革与战略》2021 年第 37 卷第 3 期。

⑥ 王滨：《FDI 技术溢出、技术进步与技术效率——基于中国制造业 1999—2007 年面板数据的经验研究》，《数量经济技术经济研究》2010 年第 27 卷第 2 期。

⑦ Giarratana Marco S.，Salvatore Torrisi，“Foreign entry and survival in a knowledge - intensive market：emerging economy countries' international linkages，technology competences，and firm experience，” *Strategic Entrepreneurship Journal*，Vol.4，No.1，2010.

⑧ 马连福、高塬：《资本配置效率会影响企业创新投资吗？——独立董事投资意见的调节效应》，《研究与发展管理》2020 年第 32 卷第 4 期。

⑨ Caves，Richard E.，“International corporations：The industrial economics of foreign investment，” *Economica*，Vol.38，No.149，1971.

⑩ 刘娟、刘梦洁、王维薇：《OFDI 有助于赋能“中国智造”吗？：基于企业微观产品层面的经验数据分析》，《世界经济研究》2023 年第 1 期。

3. 规模经济效应

高水平开放不仅有助于东道国充分利用国内市场，还加快了其对国际市场的开拓，为东道国带来巨大收益的同时也推动了东道国制造业生产规模的扩大以及产业的集聚（Sawant,2010）[①]，帮助东道国制造业企业提高生产效率，降低生产成本，从而产生规模经济效应（黄玖立和李坤望，2006）[②]。

同时，规模经济效应也为东道国企业学习和吸收先进技术知识和管理理念提供了便利，从而加深了技术溢出效应的带动作用，进一步推动了东道国制造业的高质量发展（赵军和李艳姗，2022）[③]。因此，本部分提出假说 1。

假说 1：高水平开放通过技术溢出效应、竞争示范效应和规模经济效应对制造业高质量发展有积极推动作用。

（二）外部传导机制

1. 制造业转型升级效应

制造业转型升级一般被认为是制造业从劳动密集型向技术密集型迈进的过程，也是制造业结构趋向合理化和高级化的过程（季良玉，2016）[④]。新结构经济学认为，产业结构升级对制造业高质量发展至关重要（林毅夫，2017）[⑤]，是制造业高质量发展的关键动能和重要抓手（曲立等，2021）[⑥]。制造业结构优化和转型升级是新旧动能转换的外在表现形式，助推生产要素流向生产效率和技术水平更高的部门，提升制造业产品的技术水平，从而实现制造业高质量发展（张旭路等，2020）[⑦]。

---

① Sawant Rajeev J., "The economics of large-scale infrastructure FDI: The case of project finance," *Journal of International Business Studies*, Vol.41, 2010.

② 黄玖立、李坤望:《出口开放、地区市场规模和经济增长》,《经济研究》2006 年第 6 期。

③ 赵军、李艳姗:《贸易开放、投资开放与区域绿色生态效率——基于中国"一带一路"沿线省域的实证分析》,《生态经济》2022 年第 38 卷第 12 期。

④ 季良玉:《技术创新影响中国制造业转型升级的路径研究》，博士学位论文，东南大学，2016 年。

⑤ 林毅夫:《新结构经济学的理论基础和发展方向》,《经济评论》2017 年第 3 期。

⑥ 曲立、王璐、季桓永:《中国区域制造业高质量发展测度分析》,《数量经济技术经济研究》2021 年第 38 卷第 9 期。

⑦ 张旭路、金英君、王义源:《我国教育人力资本结构对产业结构优化升级的研究》,《科学决策》2020 年第 2 期。

高水平开放主要通过资源集聚、技术溢出、资本积累等方式实现制造业转型升级，从而促进制造业高质量发展。新贸易理论指出，随着对外开放水平的提高，各种生产要素会纷纷涌向国际市场，加速资源在各国的集聚，增加要素数量，降低要素成本，从而推动了制造业结构的转型升级（Krugman 等,1995）①。同时，高水平开放所带来的技术溢出效应和竞争示范效应会不断优化资源配置，加速资源配置效率提升，实现本国制造业从劳动密集型向技术密集型转变，优化制造业结构（Drysdale，1972）②。此外，提升开放水平，一方面有助于扩大外资规模，通过得到大量资金支持，弥补资金缺口，充分发挥制造业生产潜力（马宁,2011）③；另一方面可以充分吸引优质外资，引导资金流入技术密集型制造业，助力制造业转型升级（吴敬琏,2006）④。因此，本部分提出假说 2。

假说 2：高水平开放通过制造业转型升级效应促进制造业高质量发展。

2. 生产性服务业集聚效应

生产性服务业是从制造业生产中剥离出来的，为生产活动提供保障和专业化服务的行业（邱泽慧，2020）⑤。

高水平开放能加强生产性服务业集聚效应。新经济地理学建立了一个空间集聚模型，将区域开放和产业布局放入了一个框架内。该理论认为，一方面，开放水平提升会导致开放成本降低，包括生产性服务业在内的产业则会在具有发展优势的地区首先聚集起来，随后向外溢出（Krugman，1991）⑥；另一方面，高水平开放可以逐步打破市场边界和行政壁垒所造成的空间局部性，加快高端生产要素流动，为生产性服务业集聚提供条件和机会。

---

① Krugman Paul, et al., "Growing world trade: causes and consequences," *Brookings Papers on Economic Activity*, Vol.1, 1995.

② Drysdale Peter D., *Direct Foreign Investment in Asia and the Pacific*, University of Toronto Press, 1972.

③ 马宁:《FDI 对我国产业结构的影响与对策研究》,《现代管理科学》2011 年第 8 期。

④ 吴敬琏:《中国应当走一条什么样的工业化道路？》,《管理世界》2006 年第 8 期。

⑤ 邱泽慧:《外商直接投资与珠江三角洲生产性服务业集聚研究》，博士学位论文，华南农业大学，2023 年。

⑥ Krugman Paul, "Increasing returns and economic geography," *Journal of Political Economy*, Vol.99, No.3, 1991.

产业布局的合理性对区域优势的发挥和经济的可持续增长起着至关重要的作用。当生产性服务业开始集聚时，服务成本也会出现降低，劳动生产率得到了进一步提升，帮助制造业企业节约成本，提升价格优势，将更多要素投入技术研发和创新活动中，从而推动制造业转型升级，促进其高质量发展。同时，生产性服务业作为制造业的黏合剂，会嵌入制造业价值链中的各个环节，不仅有利于进一步加速制造业集聚，形成规模经济效应，还有助于生产性服务业充分利用其所具有的隐性技术知识，帮助制造业产品附加值实现更快的提升，推动制造业高质量发展（杨仁发和郑媛媛，2022）[①]。因此，本部分提出假说3。

假说3：高水平开放通过生产性服务业集聚效应促进制造业高质量发展。

3. 调节效应

环境规制是公共机构通过各种手段对环境污染活动进行管制的行为，不仅降低了环境污染所带来的负外部性，也提高了制造业的经济效益（赵敏，2013）[②]。

改革开放以来，中国经济结构不断发生变化，对外开放水平不断提高，经济逐渐实现了由“内需依存型经济”向“外向型经济”转变，这一过程虽然促进了中国经济的飞速增长，但是也给环境带来了很多不可逆转的破坏（Antweiler 等，2001）[③]，“资源诅咒”有所加剧（王博，2021）[④]。“污染避难所”假说指出，与发展中国家相比，发达国家更重视环境保护，环境规制的标准与执行也更为严格，生产成本也更高。因此，发达国家更倾向于将污染企业转移到发展中国家，而发展中国家由此便沦为发达国家的“污染避难所”（Walter 和 Ugelow，1979）[⑤]。同样，由于我国拥有廉价的劳动成本和丰富的自然资源，许多低质量外资企业涌入

① 杨仁发、郑媛媛：《人力资本结构与制造业高质量发展：影响机制与实证检验》，《经济体制改革》2022 年第 4 期。

② 赵敏：《环境规制的经济学理论根源探究》，《经济问题探索》2013 年第 4 期。

③ Antweiler Werner，et al.，“Is free trade good for the environment，” *American Economic Review*，Vol.91，No.4，2001.

④ 王博：《黄河流域资源型城市资源诅咒效应及高质量发展研究》，博士学位论文，兰州大学，2021 年。

⑤ Walter Ingo，Judith L. Ugelow，“Environmental policies in developing countries，” *Ambio*，Vol.8，No.2/3，1979.

我国市场，从而导致了碳排放增加、空气质量下降、水资源污染等一系列环境问题（李天籽和韩沅刚，2023）[①]。环境压力加剧将倒逼政府提高监管水平，重视环境规制，以实现经济和制造业的可持续发展（马红和侯贵生，2020）[②]。

随着环境规制程度的不断加深，对制造业高质量发展产生了一定的影响。新古典经济学理论认为环境规制会增加企业的成本负担，不利于制造业的高质量发展（Gray 和 Shadbegian，2003）[③]，但是“波特假说”认为环境规制能够激励制造业企业进行技术创新，通过“创新补偿效应”抵消环境规制产生的成本，促进生产率的提升，推动制造业高质量发展（Porter 和 Linde，1995）[④]。新凯恩斯主义者进一步扩展了“波特假说”，指出企业经理是企业行为的主要控制人，环境规制可以促使这些企业经理以更长远的眼光对待企业的生产活动，激励企业经理加大创新投入，以更高效的方式进行制造业生产（Ambec 和 Barla，2005）[⑤]。现有的大多数研究也都支持了“波特假说”这一观点（原毅军和谢荣辉，2015）[⑥]。

目前，我国环境政策大多围绕开放经济所产生的环境问题而制定（原毅军和谢荣辉，2015）[⑦]，这意味着高水平开放与我国环境规制存在一定的相关性，并作用于制造业高质量发展。因此，本部分提出假说 4。

假说 4：环境规制能够提升高水平开放对制造业高质量发展的促进作用。

具体理论机制如图 3–34 所示。

---

① 李天籽、韩沅刚：《环境规制视角下 FDI 质量对绿色发展效率的影响研究——以长江经济带三大城市群为例》，《国际经贸探索》2023 年第 39 卷第 2 期。

② 马红、侯贵生：《雾霾污染、地方政府行为与企业创新意愿——基于制造业上市公司的经验数据》，《软科学》2020 年第 34 卷第 2 期。

③ Gray Wayne B.，Ronald J. Shadbegian，“Plant vintage，technology，and environmental regulation，” *Journal of Environmental Economics and Management*，Vol.46，No.3，2003.

④ Porter Michael E.，Claas van der Linde，“Toward a new conception of the environment-competitiveness relationship，” *Journal of Economic Perspectives*，Vol.9，No.4，1995.

⑤ Ambec Stefan，Philippe Barla，*Can Environmental Regulations be Good for Business?：An Assessment of the Porter Hypothesis*，Université Laval，Département d'économique，2005.

⑥⑦ 原毅军、谢荣辉：《FDI、环境规制与中国工业绿色全要素生产率增长——基于 Luenberger 指数的实证研究》，《国际贸易问题》2015 年第 8 期。

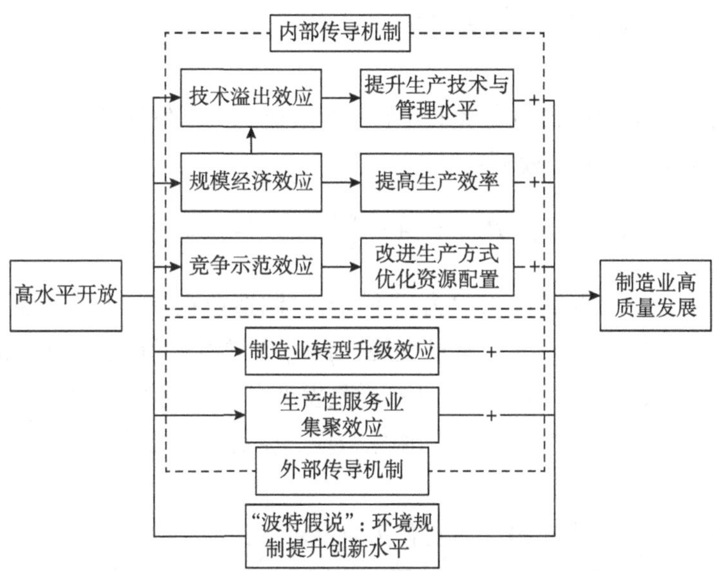

图3-34 高水平开放影响制造业高质量发展机制

资料来源：作者根据相关资料整理。

4. 相关性研究

依据前文测算的高水平开放指数和制造业全要素生产率，本文参考蒲艳萍和顾冉的方法（2019）[①]，绘制了高水平开放和制造业高质量发展的箱体散点图（见图 3-35），以规避由于样本过多导致散点密集的问题。由图 3-35 可以看出，我国高水平开放（*Open*）和制造业高质量发展（*TFP*）呈正相关关系，初步验证了假说 1 的准确性。

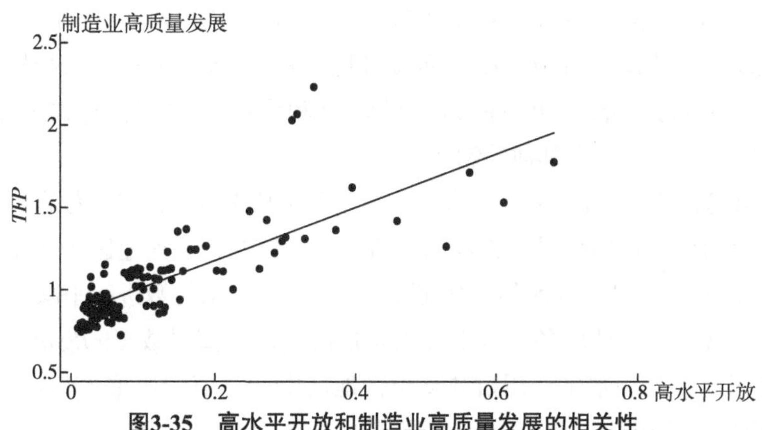

图3-35 高水平开放和制造业高质量发展的相关性

资料来源：作者根据相关资料整理。

① 蒲艳萍、顾冉：《劳动力工资扭曲如何影响企业创新》，《中国工业经济》2019 年第 7 期。

（三）研究设计与数据说明

1. 计量模型设定

为进一步验证我国高水平开放对制造业高质量发展的影响，本章构造如下基准回归实证模型：

$$TFP_{it} = \beta_0 + \beta_1 Open_{it} + \alpha_j \sum_{j=1}^{n} control + \delta_c + \eta_t + \varepsilon_{ct} \tag{3-19}$$

其中，被解释变量 *TFP* 为样本省份 *i* 制造业在第 *t* 年的全要素生产率，用来表征制造业的高质量发展；$open_{it}$ 为样本省份 *i* 在第 *t* 年的高水平开放指数；*control* 为与制造业高质量发展存在相关关系的控制变量；δ_c 表示省份固定效应；η_t 表示时间固定效应；ε_{ct} 表示随机误差项。

2. 数据说明

本章选取我国的 30 个省份作为研究对象，基于数据的可得性，本章使用的样本时间为 2005—2020 年，数据全部来自《中国工业统计年鉴》《中国统计年鉴》和各省份统计年鉴。

（1）被解释变量

本章被解释变量为制造业全要素生产率（*TFP*），根据索洛模型计算得出，具体计算步骤已在本书第四章进行详细描述。

（2）核心解释变量

本章核心解释变量为高水平开放（*Open*）。为进一步研究高水平开放不同维度对制造业高质量发展的影响，本文同时将高水平对外贸易（*Trade*）、高水平外商投资（*FDI*）、基础设施（*Traffic*）、法治环境（*Legal*）、市场环境（*Market*）、创新环境（*Innovation*）六个一级指标作为解释变量进行分析，各指标的具体计算步骤和结果已在本章进行详细描述。

（3）工具变量和其他控制变量

参考唐松等（2019）[①] 的方法，本章分别从宏观、人口、教育、技术四个层面设定控制变量。为消除价格波动的影响，人均地区生产总值和教育经费支出均以 2005 年为基期通过地区生产总值指数进行平减。

宏观层面。选取各地区实际人均地区生产总值对数（ln*Rgdp*）衡量各地区经济发展水平；用财政支出占地区生产总值的比重（*Gov*）来衡量政府干预程度。

① 唐松、赖晓松、黄锐：《金融科技创新如何影响全要素生产率：促进还是抑制？——理论分析框架与区域实践》，《中国软科学》2019 年第 7 期。

人口层面。选用就业人口平均受教育年限的对数来测度人力资本水平（*HC*），平均受教育年限的计算公式为：

$$HC = 2\times Illiteracy+6\times Primary+9\times Middle+12\times High+16\times College \quad (3\text{-}20)$$

其中，*Illiteracy*、*Primary*、*Middle*、*High*、*Collge* 分别表示不识字或识字很少、小学、初中、高中（含中专）、大学（含大专）及以上就业人口占该地区全部就业人口的比重；选用城镇人口占总人口的比重（*Urban*）来表征城镇化率。

教育层面。用大学（含大专）在校生人数对数（ln*College*）衡量教育发展水平。

技术层面。取国内专利申请授权数对数（ln*Patent*）衡量创新发展水平。

工具变量。以高水平开放指数的滞后一期（*L*1.*Trade*）和滞后二期（*L*2.*Trade*）作为工具变量。

3. 描述性统计

表 3-36 汇报了变量描述性统计，数据显示：①中国 30 个省份制造业全要素生产率（*TFP*）最大值为 3.175，最小值为 0.208，标准差为 0.396，说明受制于经济发展水平、劳动禀赋等因素，不同省份的制造业发展差异较大；② 30 个省份的高水平开放（*Open*）以及各二级指标的最大值和最小值也因为地区发展的差异而具有较大差别；③从控制变量来看，中国的 30 个省份在经济发展、人力资源、教育水平、技术水平等方面也具有较大差距，发展不平衡现象尤为突出。

表3-36　　变量的描述性统计

变量	含义	观测值	均值	标准差	最小值	最大值
TFP	制造业全要素生产率	480	1.065	0.396	0.208	3.175
Open	高水平开放	480	0.131	0.135	0.009	0.726
Trade	高水平对外贸易	480	0.096	0.153	0.001	0.868
FDI	高水平外商投资	480	0.124	0.163	0.006	0.800
Traffic	基础设施	480	0.081	0.094	0.005	0.698
Legal	法治环境	480	0.137	0.141	0.000	0.901
Market	市场环境	480	0.171	0.109	0.054	0.700
Innovation	创新环境	480	0.084	0.109	0.001	0.741
ln*Rgdp*	人均地区生产总值	480	9.701	0.452	8.528	10.865
Gov	政府干预程度	480	2.264	0.989	0.792	6.43
HC	人力资本水平	480	9.134	1.024	6.737	12.721

续表

变量	含义	观测值	均值	标准差	最小值	最大值
Urban	城镇化率	480	5.517	1.401	2.687	8.960
ln*College*	教育发展水平	480	4.049	0.988	0.641	5.518
ln*Patent*	创新发展水平	480	9.473	1.662	4.369	13.473

资料来源：作者根据 Stata16.0 计算结果整理得出。

4. 多重共线性诊断

建立多元线性回归模型时，选取的控制变量应满足互斥性要求。如果控制变量间存在严重的多重共线性，则可能导致实证回归结果准确性降低。因此，本文使用相关系数矩阵来检验模型的多重共线性，并借鉴 Krammer（2010）[①] 的方法判断多重共线性的严重程度，如果两两变量之间的皮尔逊相关系数≥ 0.85，则认为模型存在严重多重共线性，反之则不存在。经检验，本文所有变量的相关系数均小于 0.85，初步断定模型不存在严重多重共线性问题，可以予以保留（见表 3-37）。

由于部分皮尔逊相关系数接近 0.85，很难排除这些变量之间存在多重共线性问题的可能，本文还采用了方差膨胀因子法（VIF）进行检验。检验结果显示，VIF 值为 4.2，远小于 10，因此可以进一步断定模型不存在严重多重共线性问题。

表3-37　　相关性分析

变量	*Open*	ln*Rgdp*	*Gov*	*HC*	*Urban*	ln*College*	ln*Patent*
Open	1.000						
ln*Rgdp*	0.704	1.000					
Gov	–0.421	–0.401	1.000				
HC	0.435	0.707	–0.093	1.000			
Urban	0.601	0.849	–0.165	0.795	1.000		
ln*College*	0.412	0.165	–0.346	0.081	0.144	1.000	
ln*Patent*	0.741	0.536	–0.405	0.493	0.578	0.572	1.000

资料来源：作者根据 Stata16.0 计算结果整理得出。

（四）直接效应分析

1. 基准回归结果

本节将考察中国高水平开放对制造业高质量发展的实际效应。

① Krammer Sorin M. S.，"International R&D spillovers in emerging markets：The impact of trade and foreign direct investment，" *The Journal of International Trade & Economic Development*，Vol.19，No.4，2010.

表 3-38 展示了高水平开放影响制造业高质量发展的实证结果。模型（1）为单变量回归结果，模型（2）~（5）为逐步回归结果。本章的实证分析针对的是 2005—2020 年中国 30 个省份面板数据，显然这些地区在不同阶段的发展情况并不相同，因此，以上模型均加入了个体固定和时间固定，模型（8）展示了最终回归结果。

2. 核心解释变量

核心解释变量高水平开放（*Open*）在表 3-38 中的回归结果均为正，且在 1% 的显著性水平上全部显著，说明我国高水平开放对制造业高质量发展有显著的促进作用。其中，模型（1）为单一解释变量回归结果（相关系数 =0.842，$P<0.01$）；模型（8）加入了人均地区生产总值、人力资本水平、城镇化率、教育投入力度、教育发展水平、创新发展水平等一系列控制变量，我国高水平开放对制造业的高质量发展仍产生显著的正向影响（相关系数 =0.954，$P<0.01$）。一方面，推动高水平开放，有助于加速资金、技术与人才等要素集聚，为制造业高质量发展提供强大的资源支撑；另一方面，加快实现高水平开放，有利于推动规模经济的形成，从而提升制造业的劳动生产率和核心竞争力。因此随着我国高水平开放的不断实现，我国制造业的高质量发展不断提升，假说 1 成立。

3. 控制变量

（1）地区经济发展水平（ln*Rgdp*）。地区经济发展水平对制造业高质量发展的影响系数为正，且通过 1% 的显著性水平检验。事实证明，一个地区的经济发展程度越高，其制造业高质量发展水平也越高。一个地区想要提高自身的制造业高质量发展水平，首先需要重视经济基础建设，夯实经济基本盘。

（2）政府干预程度（*Gov*）。政府干预与制造业高质量发展呈负相关关系，但不显著。这表明部分地方政府可能存在对市场过度监管的情况，从而抑制了制造业高质量发展。促进制造业高质量发展必须充分调动市场积极性，减少政府干预，发挥市场在资源配置中的决定性作用。

（3）人力资本水平（*HC*）。人力资本对制造业高质量发展作用显著为正，这意味着人力资本水平提高能够有效推动制造业高质量发展。人力资本作为生产要素中的高端禀赋，能够通过人才溢出效应，加快人才和科技、信息、知识等要素联结，从而有效带动生产效率提高以及产业结构优化，促进制造业向高级化发展。

表3-38　高水平开放总指标影响制造业高质量发展的基准回归

变量	（1）	（2）	（3）	（4）	（5）	（6）	（7）	（8）
Open	0.842^{***}	0.586^{*}	1.012^{***}	0.610^{**}	0.911^{***}	0.998^{***}	1.295^{***}	0.954^{***}
	（0.310）	（0.328）	（0.263）	（0.299）	（0.309）	（0.272）	（0.243）	（0.260）
ln*Rgdp*		0.061				0.604^{***}	0.872^{***}	0.872^{***}
		（0.113）				（0.101）	（0.104）	（0.105）
Gov		-0.095^{**}				0.028	−0.028	−0.037
		（0.038）				（0.032）	（0.029）	（0.030）
HC			0.159^{***}			0.038^{*}	0.178^{***}	0.083^{**}
			（0.041）			（0.021）	（0.038）	（0.039）
Urban			-0.495^{***}			-0.466^{***}	-0.487^{***}	-0.665^{***}
			（0.038）			（0.044）	（0.039）	（0.047）
ln*College*				-0.569^{***}		−0.097	-0.137^{***}	-0.157^{*}
				（0.091）		（0.097）	（0.047）	（0.088）
ln*Patent*					-0.100^{**}	0.288^{***}	0.032	0.074^{**}
					（0.039）	（0.032）	（0.030）	（0.034）
常数项	0.732^{***}	0.318	1.705^{***}	2.801^{***}	1.505^{***}	-5.102^{***}	-6.548^{***}	-5.165^{***}
	（0.044）	（1.101）	（0.377）	（0.335）	（0.308）	（0.862）	（0.872）	（0.922）
省份固定	是	是	是	是	是	是	否	是
年份固定	是	是	是	是	是	否	是	是
R−squared	0.285	0.297	0.493	0.343	0.295	0.391	0.552	0.581
观测值	480	480	480	480	480	480	480	480

注：*、**、*** 分别表示在 10%、5% 和 1% 水平上显著，括号中数值为稳健标准误。

资料来源：作者根据 Stata16.0 整理得出。

（4）城镇化率（*Urban*）。城镇化率对制造业全要素生产率的影响作用显著为负，表明部分地区可能存在“过度城镇化”的现象，从而产生了农村“空心化”和城市人口过剩等问题，造成了资源的浪费和生产效率的降低，抑制了制造业的高质量发展。

（5）教育发展水平（ln*College*）。教育发展水平的影响系数显著为负，说明教育水平提升所带来的积极效应具有延迟性，现阶段多以培养具有更高专业水平的人才为主，而这些人才还没有输送到社会，为制造业的高质量发展添砖加瓦。

（6）创新发展水平（ln*Patent*）。创新发展水平与制造业高质量发展存在正相关关系，且在5%水平上显著，说明创新是塑造竞争新优势、抢占竞争制高点的必备法宝，是制造业高质量发展的重要支撑，能助推制造业全要素生产率提升。

二、高水平开放分指标对制造业高质量发展的影响分析

高水平开放的发展是多方面的，具体表现为高水平对外贸易、高水平外商投资、基础设施、法治环境、市场环境、创新环境。因此，本章将进一步分析不同维度要素对制造业高质量发展的具体影响。

（一）高水平对外贸易（相关系数=0.658，$P<0.05$）和高水平外商投资（相关系数=0.960，$P<0.01$）对制造业高质量发展影响显著为正

“技术溢出效应”在这一影响推动中发挥了巨大作用（李小平和朱钟棣，2006）[①]。

基础设施水平（相关系数 =0.275，$P<0.1$）的提高对制造业高质量发展有积极的促进作用。基础设施的优化极大地便利了生产要素的自由流动，加快了生产要素的流通速度，推动了制造业的高质量发展（张俊，2017）[②]。同时，基础设施的发展也降低了地区间和地区内部的交易活动成本，从而加速了制造业的高质量发展（卞元超等，2018）[③]。

法治环境对制造业高质量发展的影响不显著（相关系数 =-0.132，$P>0.1$）。这可能是由我国市场法治体系尚不成熟导致的。我国应该进一步提高市场法治水平，完善知识产权保护制度。

---

① 李小平、朱钟棣：《国际贸易、R&D 溢出和生产率增长》，《经济研究》2006 年第 2 期。

② 张俊：《高铁建设与县域经济发展——基于卫星灯光数据的研究》，《经济学（季刊）》2017 年第 16 卷第 4 期。

③ 卞元超、吴利华、白俊红：《高铁开通、要素流动与区域经济差距》，《财贸经济》2018 年第 39 卷第 6 期。

市场环境（相关系数 =0.680，P<0.01）和创新环境（相关系数 = 0.443，P<0.05）对制造业高质量发展均有显著的推动作用。只有不断扩大制度型开放，拥有良好的开放环境，才能不断提高我国的开放水平，促进制造业高质量发展（见表 3-39）。

表3-39　高水平开放分指标影响制造业高质量发展的基准回归

变量	(1)	(2)	(3)	(4)	(5)	(6)
Trade	0.658** (0.273)					
FDI		0.960*** (0.215)				
Traffic			0.275* (0.142)			
Legal				−0.132 (0.099)		
Market					0.680*** (0.212)	
Innovation						0.443** (0.180)
ln*Rgdp*	0.854*** (0.106)	0.801*** (0.103)	0.864*** (0.109)	0.807*** (0.106)	0.828*** (0.105)	0.814*** (0.105)
Gov	−0.052* (0.030)	−0.044 (0.029)	−0.064** (0.029)	−0.077*** (0.029)	−0.084*** (0.028)	−0.050* (0.030)
HC	0.078** (0.039)	0.077** (0.038)	0.091** (0.040)	0.075* (0.039)	0.074* (0.039)	0.067* (0.039)
Urban	−0.668*** (0.048)	−0.687*** (0.047)	−0.663*** (0.048)	−0.646*** (0.048)	−0.628*** (0.047)	−0.631*** (0.048)
ln*College*	−0.215** (0.089)	−0.114 (0.089)	−0.198** (0.089)	−0.201** (0.089)	−0.219** (0.089)	−0.147 (0.090)
ln*Patent*	0.095*** (0.034)	0.060* (0.034)	0.090*** (0.034)	0.093*** (0.034)	0.071** (0.035)	0.085** (0.034)
常数项	−4.839*** (0.923)	−4.360*** (0.895)	−5.032*** (0.958)	−4.402*** (0.914)	−4.537*** (0.905)	−4.678*** (0.913)
省份固定	是	是	是	是	是	是
年份固定	是	是	是	是	是	是
观测值	480	480	480	480	480	480
R-squared	0.573	0.587	0.571	0.569	0.578	0.574

注：*、**、*** 分别表示在 10%、5% 和 1% 水平上显著，括号中数值为稳健标准误。

资料来源：作者根据 Stata16.0 整理得出。

（二）内生性检验

虽然以高水平开放推动制造业高质量发展是国家政府部门的重要决策和重点工程，但是仍有可能存在一些潜在的内生性问题：其一，高水平开放与制造业高质量发展可能存在反向因果关系；其二，少部分缺失数据本文虽然借助 Stata16.0，用科学合理的方法进行了填补，但仍有存在误差的可能性。因此，本文需要进一步考虑可能存在的由于互为因果关系和测量误差所导致的内生性问题。

为解决这一可能存在的内生性问题，本章借鉴 Groves 等（1994）[①]的方法，以高水平开放指数的滞后一期和滞后二期作为工具变量，选用两阶段最小二乘法（2SLS）、两步法 GMM（高斯混合模型）和迭代法 GMM 进行内生性检验。详细结果见表 3-40。模型（1）展示了 2SLS 进行内生性处理的结果。在进行弱工具识别检验时，Cragg-Donald Wald F Statistic[②] 的值为 153.602，大于 Stock-Yogo 弱识别检验中 10% 偏误的临界值 19.930，可以拒绝“弱工具变量”假设，验证了工具变量的合理性。

考虑到潜在的异方差问题，GMM 估计优于 2SLS（王化成等，2017）[③]，因此本文还采用了两步法 GMM 和迭代法 GMM 进行内生性检验，检验结果详见模型（2）和模型（3）。在模型（2）和模型（3）中，Hansen J 的 P 值均为 0.958，均接受“工具变量不存在过度识别”的原假设，再次证明工具变量有效。

在控制内生性后，所有模型核心解释变量回归系数在 5% 水平上均显著为正，与基准回归结果一致，再次证明我国高水平开放对制造业高质量发展有积极促进作用，本文基础回归结果稳健。同时，所有模型核心解释变量回归系数要远大于前文基准回归估计结果，说明潜在的内生性问题会导致基准回归结果产生向下的偏误，从而在一定程度上低估了高水平开放对制造业高质量发展的提升作用。

---

① Groves Theodore，et al.，“Autonomy and incentives in Chinese state enterprises，” *The Quarterly Journal of Economics*，Vol.109，No.1，1994.

② Cragg John G.，Stephen G. Donald，“Testing identifiability and specification in instrumental variable models，” *Econometric Theory*，Vol.9，No.2，1993.

③ 王化成、张修平、侯粲然等：《企业战略差异与权益资本成本——基于经营风险和信息不对称的中介效应研究》，《中国软科学》2017 年第 9 期。

表3-40　内生性检验

变量	2SLS （1）	两步法 GMM （2）	迭代法 GMM （3）
Open	0.996** （0.432）	1.000*** （0.376）	1.000*** （0.376）
ln*Rgdp*	0.976*** （0.112）	0.976*** （0.154）	0.976*** （0.154）
Gov	−0.025 （0.035）	−0.025 （0.033）	−0.025 （0.033）
HC	0.069* （0.037）	0.069* （0.042）	0.069* （0.042）
Urban	−0.654*** （0.050）	−0.654*** （0.066）	−0.654*** （0.066）
ln*College*	−0.162 （0.100）	−0.161* （0.097）	−0.161* （0.097）
ln*Patent*	0.074** （0.035）	0.074** （0.033）	0.074** （0.033）
常数项	−3.559*** （1.212）	−3.558** （1.582）	−3.558** （1.582）
省份固定	是	是	是
年份固定	是	是	是
R-squared	0.869	0.869	0.869
观测值	420	420	420
Cragg-Donald Wald F Statistic	153.602 {19.930}		
Anderson canon. corr. LM statistic	190.809 [0.000]		
Sargan statistic	0.002 [0.961]		
Hansen J		0.003 [0.958]	0.003 [0.958]

注：*、**、*** 分别表示在 10%、5% 和 1% 水平上显著，小括号中数值为稳健标准误，中括号中数值为 *P* 值，大括号中数值为临界值。

资料来源：作者根据 Stata16.0 整理得出。

（三）稳健性检验

为了进一步检验基准回归结果的可靠性，本章参考了刘思明等

（2019）[①]的研究，采用了三种方法进行稳健性检验。稳健性检验的详细结果如表 3-41 所示。

1.替换被解释变量

首先，本文对被解释变量制造业全要素生产率进行了重新估计，将资本产出弹性 α 设定为 0.5，并带入回归方程中。新的回归结果如模型（1）所示，制造业全要素生产率的估计系数在 1% 水平上显著为正。

其次，本文参考了前文郭然和原毅军（2020）[②]的制造业高质量发展指标体系，将制造业全要素生产率用该指标测算指数结果进行替换，模型（2）展示了该回归结果。模型（2）中核心解释变量的回归系数显著为正，与基准回归结果一致。

上述结果可以初步证明本文基准回归结果具有一定的稳健性。

2.替换解释变量

本章基准回归中的核心解释变量高水平开放指数是通过熵值法计算得出的，本节将运用等权法重新对指标进行加权汇总并估计模型，最终结果见模型（3）。将等权法计算的高水平开放指数带入回归模型以后，所得到的回归系数为正，并通过了 5% 的显著性检验。

同时，本章参考了前文李春梅（2019）[③]的方法，用外资依存度对高水平开放指数进行替换，结果如模型（4）所示。模型（4）中核心解释变量的回归结果在 5% 水平上显著为正，与基准回归结果保持着高度的相似性。

替换解释变量后的结果进一步表明，本章基准回归结果具有良好的稳健性。

3.缩尾处理

考虑到各省份在高水平开放和制造业高质量发展中存在较大的差异，为了减少极端异常值对估计结果产生的干扰，本章对所有变量分别进行了 1% 水平下的 Winsorize 处理，从而减小实证偏误。模型（5）汇报了 Winsorize 处理后的回归结果，核心解释变量的回归系数均为正，且在 1% 的水平上通过了显著性检验。

---

① 刘思明、张世瑾、朱惠东：《国家创新驱动力测度及其经济高质量发展效应研究》，《数量经济技术经济研究》2019 年第 36 卷第 4 期。

② 郭然、原毅军：《生产性服务业集聚能够提高制造业发展质量吗？——兼论环境规制的调节效应》，《当代经济科学》2020 年第 42 卷第 2 期。

③ 李春梅：《中国制造业发展质量的评价及其影响因素分析——来自制造业行业面板数据的实证》，《经济问题》2019 年第 8 期。

上述结论均能表明，本章基准回归研究结果具有较强的稳健性。

表3-41　稳健性检验

变量	替换被解释变量		替换解释变量		缩尾处理
	（1）制造业TFP资本产出弹性为0.5	（2）指标体系指数测算	（3）高水平开放指数用等权法计算	（4）外资依存度	（5）1%水平的Winsorize处理
Open	5.416*** （1.665）	0.555*** （0.031）	0.907** （0.402）	0.313** （0.157）	0.992*** （0.258）
ln*Rgdp*	6.109*** （0.675）	0.013 （0.012）	0.829*** （0.105）	0.752*** （0.110）	0.773*** （0.102）
Gov	−0.205 （0.191）	−0.018*** （0.004）	−0.049 （0.030）	−0.080*** （0.030）	−0.030 （0.029）
HC	0.592** （0.249）	0.017*** （0.005）	0.073* （0.039）	0.066* （0.038）	0.068* （0.037）
Urban	−4.752*** （0.301）	−0.015*** （0.006）	−0.665*** （0.048）	−0.624*** （0.050）	−0.599*** （0.044）
ln*College*	−1.674*** （0.566）	−0.012 （0.010）	−0.161* （0.090）	−0.160* （0.093）	−0.062 （0.078）
ln*Patent*	0.533** （0.220）	−0.006 （0.004）	0.085** （0.034）	0.084** （0.035）	0.058* （0.032）
常数项	−37.165*** （5.901）	−0.034 （0.109）	−4.764*** （0.920）	−4.011*** （0.939）	−4.625*** （0.919）
省份固定	是	是	是	是	是
年份固定	是	是	是	是	是
R-squared	0.540	0.835	0.573	0.573	0.575
观测值	480	480	480	480	480

注：*、**、*** 分别表示在10%、5%和1%水平上显著，括号中数值为稳健标准误。
资料来源：作者根据Stata16.0整理得出。

（四）异质性分析

在之前的分析中，我们初步探知高水平开放和制造业高质量发展存在明显的东西部差异。但这一差异是否影响了高水平开放对制造业高质量发展的推动作用，还有待进一步分析。因此，本文将参考刘慧和綦建红（2021）[①] 的做法，加入高水平开放（*Open*）与地区特征（*East*）虚拟

① 刘慧、綦建红：《FTA网络的企业创新效应：从被动嵌入到主动利用》，《世界经济》2021年第44卷第3期。

变量的交互项进行异质性分析。

表 3-42 显示区域异质性回归分析结果。结果显示，高水平开放与地区特征虚拟变量的交互项（*Open*×*East*）系数均显著为正，意味着高水平开放对东部地区制造业高质量发展的促进作用远大于中西部地区。主要原因在于，与东部地区相比，当前中西部地区经济发展水平较为落后，经济基础建设仍有较大的提升空间，经济基础决定上层建筑，滞后的基础条件不能适应高水平开放的发展需求，从而阻碍高水平开放发挥应有的促进效应。综上，高水平开放对制造业高质量发展的促进效应存在明显的区域异质性，东部地区高水平开放的推动作用更加明显。

表3-42　　　　区域异质性分析

变量	（1）	（2）	（3）	（4）
Open×*East*	3.026*** （0.518）	3.028*** （0.517）	2.556*** （0.410）	2.181*** （0.459）
Open	−1.950*** （0.563）	−1.745*** （0.537）	−1.355*** （0.484）	−1.077** （0.497）
ln*Rgdp*		0.763*** （0.101）	0.905*** （0.100）	0.979*** （0.105）
Gov		0.023 （0.031）	−0.038 （0.028）	−0.038 （0.029）
HC		0.048** （0.020）	0.159*** （0.036）	0.092** （0.038）
Urban		−0.393*** （0.045）	−0.475*** （0.038）	−0.600*** （0.048）
ln*College*		−0.174* （0.094）	−0.147*** （0.046）	−0.219** （0.087）
ln*Patent*		0.284*** （0.031）	0.048 （0.030）	0.081** （0.034）
常数项	0.766*** （0.043）	−6.698*** （0.875）	−6.780*** （0.840）	−6.360*** （0.934）
省份固定	是	是	否	是
年份固定	是	否	是	是
R−squared	0.337	0.434	0.590	0.602
观测值	480	480	480	480

注：*、**、*** 分别表示在 10%、5% 和 1% 水平上显著，括号中数值为稳健标准误。

资料来源：作者根据 Stata16.0 整理得出。

（五）影响机制分析

1. 模型设定与数据说明

上述分析证明了高水平开放对制造业高质量发展有积极的推动作用，但是尚未对其中影响路径作出具体解答。因此，本文构建如下实证模型，研究其中的作用机理：

$$TFP_{it}=\beta_0+\beta_1 Open_{it}\times Z_{it}+\beta_2 Open_{it}+\beta_3 Z_{it}+\alpha_j\sum_{j=1}^{n}Control+\delta_c+\eta_t+\varepsilon_{ct} \quad (3\text{-}21)$$

其中，Z_{it} 为机制变量。制造业转型升级（*MAI*）参考余东华和崔岩（2019）[①] 的方法，选择高技术制造业资产总额占全部制造业资产总额的比重来表示。*Open*×*MAI* 为高水平开放与制造业转型升级的交互项，用来表示制造业转型升级在高水平开放影响制造业高质量发展中的传递作用。

生产性服务业集聚（*Sagg*）则参考张明志等（2023）[②] 的方法，首先确定生产性服务业范围：交通运输、仓储和邮政业，信息传输、计算机服务和软件业，金融业，租赁和商务服务业，科学研究、技术服务和地质勘查业；接着选用区位熵指数对生产性服务业集聚程度进行衡量，PS_{ij} 代表生产性服务业 j 在 i 省份的城镇从业人数，X_i 为 i 省份年末城镇从业人员总数。具体公式如下：

$$Sagg_i=\frac{\sum_{j}^{m}PS_{ij}/X_i}{\sum_{i=1}^{n}\sum_{j}^{m}PS_{ij}/\sum_{i=1}^{n}X_i} \quad (3\text{-}22)$$

Open×*Sagg* 则为高水平开放与生产性服务业集聚的交互项，用来表示生产性服务业集聚在高水平开放影响制造业高质量发展中的传递作用。其余变量均与前文基础回归中的含义和特征保持一致。

2.机制回归结果

本节将对假设 2 和假设 3 进行检验，研究高水平开放是否会通过制造业转型升级效应和生产性服务业集聚效应促进制造业高质量发展，结果分别见于表 3–43 中模型（2）和模型（4）。

① 余东华、崔岩：《双重环境规制、技术创新与制造业转型升级》，《财贸研究》2019 年第 30 卷第 7 期。

② 张明志、王新培、郇馥莹：《生产性服务业集聚与黄河流域减碳增效：基于碳排放效率的核算分析视角》，《软科学》2023 年第 37 卷第 12 期。

模型（2）中，交互项 *Open*×*MAI* 的回归结果（相关系数 =2.503，*P*<0.01）通过了 1% 水平下的显著性检验；模型（4）中，交互项 *Open*×*Sagg* 的回归系数同样显著为正（相关系数 =1.744，*P*<0.01）。说明高水平开放能够通过制造业转型升级效应和生产性服务业集聚效应推动制造业高质量发展，不断深化制造业转型升级效应和生产性服务业集聚效应，有利于提升高水平开放的作用效果。实证检验证明，假说 2 和假说 3 成立。

表3-43　机制回归结果

变量	（1）	（2）	（3）	（4）
Open×*MAI*	8.592*** （0.924）	2.503*** （0.965）		
Open×*Sagg*			3.061*** （0.421）	1.744*** （0.353）
MAI	−0.549*** （0.137）	−0.154 （0.128）		
Sagg			−0.560*** （0.145）	−0.622*** （0.119）
Open	−5.533*** （0.741）	−0.886 （0.757）	−2.203*** （0.514）	−0.874** （0.430）
ln*Rgdp*		0.841*** （0.106）		0.816*** （0.103）
Gov		−0.027 （0.032）		−0.046 （0.029）
HC		0.0747* （0.039）		0.116*** （0.038）
Urban		−0.611*** （0.051）		−0.614*** （0.048）
ln*College*		−0.119 （0.089）		−0.159* （0.085）
ln*Patent*		0.085** （0.034）		0.035 （0.034）
常数项	1.129*** （0.071）	−5.179*** （0.917）	1.273*** （0.154）	−4.183*** （0.941）
省份固定	是	是	是	是
年份固定	是	是	是	是

续表

变量	（1）	（2）	（3）	（4）
R-squared	0.406	0.587	0.363	0.612
观测值	480	480	480	480

注：*、**、*** 分别表示在 10%、5% 和 1% 水平上显著，括号中数值为稳健标准误。

资料来源：作者根据 Stata16.0 整理得出。

（六）调节效应分析

1. 模型设定与数据说明

为进一步探究环境规制在我国高水平开放推动制造业高质量发展中的调节作用，本文构造如下回归模型：

$$TFP_{it} = \beta_0 + \beta_1 Open_{it} \times REGU_{it} + \beta_2 Open_{it} + \beta_3 REGU_{it} + \alpha_j \sum_{j=1}^{n} Control + \delta_c + \eta_t + \varepsilon_{ct} \qquad (3\text{-}23)$$

其中，*REGU* 表示环境规制，参考杜龙政等（2019）[①] 的方法，用工业污染源治理投资额占每万元工业企业总产值的比重来表示；*Open*×*REGU* 为高水平开放与环境规制的交互项，用来表示环境规制在高水平开放影响制造业高质量发展中的调节效应。其余变量同样与前文基础回归中的含义和特征保持一致。

2.调节效应检验

本节将考察环境规制对中国高水平开放与制造业高质量发展关系的调节作用，结果见表 3-44，其中式（3-23）展示了调节效应的最终回归结果。模型（5）中，交互项 *Open*×*REGU* 的回归系数（相关系数 = 0.015，$P<0.05$）在 5% 的水平上显著为正，说明环境规制对高水平开放和制造业高质量发展之间的关系有显著的正向调节作用，即加强环境规制可以提升高水平开放对制造业高质量发展的正向影响。实证检验证明，假说 4 成立。

表3-44　　调节效应回归结果

变量	（1）	（2）	（3）	（4）	（5）
Open×*REGU*	0.013*	0.017**	0.011*	0.024***	0.015**
	（0.007）	（0.007）	（0.006）	（0.007）	（0.006）

① 杜龙政、赵云辉、陶克涛等:《环境规制、治理转型对绿色竞争力提升的复合效应——基于中国工业的经验证据》,《经济研究》2019 年第 54 卷第 10 期。

续表

变量	(1)	(2)	(3)	(4)	(5)
Open	0.539 (0.357)	0.567* (0.298)	1.013*** (0.288)	0.486 (0.304)	0.602** (0.293)
REGU	−0.002 (0.002)	−0.001 (0.002)	−0.003* (0.002)	−0.001 (0.002)	−0.003* (0.001)
ln*Rgdp*		0.655*** (0.091)	0.895*** (0.105)	0.593*** (0.100)	0.885*** (0.105)
Gov		0.058** (0.026)	−0.026 (0.029)	0.023 (0.031)	−0.034 (0.030)
HC		0.067*** (0.020)	0.173*** (0.038)	0.039* (0.020)	0.074* (0.039)
Urban		−0.313*** (0.033)	−0.495*** (0.039)	−0.504*** (0.044)	−0.679*** (0.047)
ln*College*		−0.150*** (0.048)	−0.137*** (0.048)	−0.029 (0.095)	−0.130 (0.089)
ln*Patent*		0.180*** (0.026)	0.042 (0.031)	0.298*** (0.031)	0.089** (0.035)
常数项	0.755*** (0.053)	−5.501*** (0.803)	−6.719*** (0.879)	−5.141*** (0.849)	−5.327*** (0.920)
省份固定	是	否	是	否	是
年份固定	是	否	否	是	是
R-squared	0.291	0.291	0.557	0.425	0.587
观测值	480	480	480	480	480

注：*、**、*** 分别表示在 10%、5% 和 1% 水平上显著，括号中数值为稳健标准误。
资料来源：作者根据 Stata16.0 整理得出。

三、本章小结

随着我国开放水平和发展质量的不断提高，以高水平开放推动制造业高质量发展成为未来我国制造业发展的必然趋势。为了探究我国高水平开放对制造业高质量发展的促进效应，以及其中的作用机理，本文选取了 2005—2020 年中国的 30 个省份作为研究样本，首先进行了描述性统计和多重共线性诊断；其次采用双重固定回归模型分析了高水平开放指数及其分指标对制造业高质量发展的影响，并实证通过了内生性检验和稳健性检验，保证了研究结论的准确性；随后，对东、中、西部的区域异质性所产生的影响进行深入研究；接着，研究了制造业转型升级效应和生产性服务业集聚效应在其中的作用机理；最后，研究了环境规制在我国高水平开放推动制造业高质量发展中的调节作用，最终得出以下研究结论。

（一）高水平开放对制造业高质量发展有显著的促进效应

基准回归结果、内生性检验和稳健性检验都一致表明高水平开放程度越高，制造业高质量发展程度也越高。通过对高水平开放分指标进行回归可以发现：除政府制度环境外，高水平对外贸易、高水平外商投资、基础设施、市场环境、创新环境均对我国制造业高质量发展有显著的促进作用。实证结果证实了政府部门以高水平开放推动制造业高质量发展这一决策的可行性，为政府部门的决策提供参考。

（二）高水平开放对制造业高质量发展的影响存在明显的区域异质性

异质性分析结果显示，高水平开放对东部地区制造业高质量发展的促进作用远大于中西部地区。这说明，高水平开放对制造业高质量发展的促进效应存在区域异质性，东部地区高水平开放的推动作用更加明显，中部和西部地区的影响结果则不显著。

（三）高水平开放会通过制造业转型升级效应和生产性服务业集聚效应促进制造业高质量发展

本文机制分析显示，交互项 $Open \times MAI$ 和交互项 $Open \times Sagg$ 的回归系数在 1% 的显著性水平上显著为正。结果表明制造业转型升级效应和生产性服务业集聚效应在高水平开放促进制造业高质量发展中有积极的助推作用，加强制造业转型升级和生产性服务业集聚效应，有利于提升高水平开放的作用效果。

（四）环境规制对高水平开放影响制造业高质量发展有显著正向调节作用

随着我国开放水平和发展质量的不断提高，制造业的绿色可持续发展受到越来越多的关注，在“金山银山”和“绿水青山”并重的政策引领下，环境法治力度正在逐渐增强。为了探究环境规制对我国高水平开放与制造业高质量发展关系的调节作用，本文对环境规制的调节效应进行了实证检验，结果表明，环境规制可以进一步强化高水平开放对制造业高质量发展的正向影响，提升高水平开放的促进作用。

第七节 研究结论和政策建议

本章研究了高水平开放对制造业高质量发展的影响，通过理论和实证分析，将这一影响聚焦于三个问题：是否有影响？有何影响？如何影响？并考察了制造业转型升级效应和生产性服务业集聚效应在其中的影响机理，以及环境规制的调节效应。本章将概括全文的主要研究结论，并提出有针对性的政策建议。

一、研究结论

本章在文献综述的基础上，首先通过指标构建对高水平开放和制造业高质量发展的现状进行了分析；其次利用双向固定效应模型，基于我国的 30 个省份 2005—2020 年共 16 年的面板数据对高水平开放与制造业高质量发展之间的关系进行实证分析；最后研究了环境规制在高水平开放与制造业高质量发展关系中的调节效应。综上所述，本章的研究结论如下。

第一，我国开放发展水平持续提升，但区域之间开放水平存在较大差异。我国开放水平持续提升，制度型开放水平逐年提高。但是地区之间开放水平存在较大差异，东部地区的高水平开放程度最高，远高于全国平均水平，中部和西部地区高水平开放水平均低于全国平均水平，区域之间开放发展水平不平衡的问题仍然比较突出。

第二，我国制造业高质量发展水平总体持续提升，但是区域之间制造业高质量发展水平存在较大差异，制造业高质量发展区域不平衡的问题仍然比较突出。

第三，高水平开放对制造业高质量发展具有显著促进作用，高水平开放通过技术溢出效应、规模经济效应和竞争示范效应推动制造业高质量发展。

第四，生产性服务业集聚效应对制造业高质量发展具有积极影响，理论和实证结果表明，高水平开放可以通过制造业转型升级效应和生产性服务业集聚效应促进制造业高质量发展。

第五，实证表明，环境规制对提升高水平开放和制造业高质量发展具有正向推动作用。

二、政策建议

根据高水平开放与制造业高质量发展互动关系及影响因素研究结论，

提出如下政策建议。

第一，持续提高开放发展水平，加快我国制造业高质量发展。研究结果表明，高水平开放通过技术溢出效应、规模经济效应和竞争示范效应推动制造业高质量发展，高水平开放对制造业高质量发展的影响显著为正，高水平对外贸易、高水平外商投资、基础设施、市场环境、创新环境均对我国制造业高质量发展有显著的促进作用。进一步扩大高水平开放，加快制造业高质量发展。

第二，扩大服务业开放，提高生产性服务业开放水平。实证分析结果显示，生产性服务业开放发展水平对推动制造业高质量发展具有积极作用。提高服务业开放水平，积极推动生产性服务业开放，有利于促进制造业高质量发展。

第三，积极对标全球高标准经贸规则，推动制度型开放。主动对标全球高标准经贸规则，推动制度型开放，加快形成与一流国际经贸规则相适应的制度创新，为制造业高质量发展创造良好国际经济环境。发挥自由贸易试验区的制度创新示范作用，积极参与高标准国际经贸规则制定，为制造业高质量发展创造有利条件。

第四，完善高质量发展的法律法规，为制造业高质量发展提供法治保障。公平的市场竞争环境是制造业高质量发展的重要基础。加强反垄断法、反不正当竞争法、知识产权保护法等相关法律法规的宣传力度，为制造业高质量发展提供法治保障。

第五，加强区域开放协同发展，促进区域制造业高质量协同发展。实证分析表明，区域开放水平与区域制造业高质量发展存在正相关关系，东部地区高水平开放和制造业高质量发展水平都明显高于中部和西部地区。为提高区域开放水平，在中西部区域通过自由贸易试验区推动该区域开放发展，通过提升开放发展水平促进该地区制造业高质量发展。

参考文献

[1] 安礼伟，张二震 . 新时代我国开放型经济发展的几个重大理论问题 [J]. 经济学家，2020（9）.

[2] 包群，等 . 贸易开放度与经济增长：理论及中国的经验研究 [J]. 世界经济，2003（2）.

[3] 卞元超，等 . 高铁开通、要素流动与区域经济差距 [J]. 财贸经济，2018（6）.

[4] 蔡宏波，童顺 . 扩大高水平对外开放对形成国内统一大市场的影响：理论逻辑与中国经验 [J]. 北京师范大学 [5] 学报（社会科学版），2022（4）.
[5] 曹慧平，陈清萍 . 环境要素约束下 H–O 模型的理论与实证检验 [J]. 国际贸易问题，2011（11）.
[6] 常娱，钱学锋 . 制度型开放的内涵、现状与路径 [J]. 世界经济研究,2022（5）.
[7] 钞小静，惠康 . 中国经济增长质量的测度 [J]. 数量经济技术经济研究，2009（6）.
[8] 钞小静，任保平 . 中国经济增长质量的时序变化与地区差异分析 [J]. 经济研究，2011（4）.
[9] 陈爱贞，张鹏飞 . 并购模式与企业创新 [J]. 中国工业经济，2019（12）.
[10] 陈昌盛等 . 我国出口竞争力评估与结构性挑战——2012 年以来我国商品国际竞争力研究 [J]. 管理世界，2022（12）.
[11] 陈耀，陈钰 . 资源禀赋、区位条件与区域经济发展 [J]. 经济管理，2012（2）.
[12] 陈再齐，等 . 国际视角下经济高质量发展的实现路径及制度选择 [J]. 学术研究，2019（2）.
[13] 程惠芳，等 . 国家创新体系对企业国际竞争力影响的经验分析 [J]. 世界经济，2008（1）.
[14] 迟福林，郭达 . 在大变局中加快构建开放型经济新体制 [J]. 开放导报，2020（4）.
[15] 迟福林 . 高水平开放与深层次市场化改革的互促共进 [J]. 人民论坛，2020（35）.
[16] 崔卫杰 . 制度型开放的特点及推进策略 [J]. 开放导报，2020（2）.
[17] 戴枫，孙文远 . 对外开放与发展中国家的收入不平等：基于亚洲和拉美国家的比较研究 [J]. 国际贸易问题，2012（1）.
[18] 戴魁早，方杰炜 . 贸易壁垒对出口技术复杂度的影响——机制与中国制造业的证据 [J]. 国际贸易问题，2019（12）.
[19] 戴翔 . 制度型开放：中国新一轮高水平开放的理论逻辑与实现路径 [J]. 国际贸易，2019（3）.
[20] 丁玉敏，等 . 生产性服务业开放如何影响制造业 GVC 参与度：机理与实证 [J]. 南京社会科学，2021（10）.
[21] 杜龙政，等 . 环境规制、治理转型对绿色竞争力提升的复合效应——基于中国工业的经验证据 [J]. 经济研究，2019（10）.
[22] 段国蕊，于靓 . 制造业高质量发展评价体系构建与测度：以山东省为例 [J]. 统计与决策，2021（18）.
[23] 樊纲 . 双循环与中国经济发展新阶段 [J]. 开放导报，2020（6）.
[24] 范硕，何彬 . 新时代中国特色社会主义对外开放的经济内涵与实践路径 [J].

经济学家，2020（5）.
[25] 干春晖，等 . 中国产业结构变迁对经济增长和波动的影响 [J]. 经济研究，2011（4）.
[26] 高建昆 . 论新时代对外开放体系的高质量发展 [J]. 学术研究，2019（12）.
[27] 高丽娜，宋慧勇 . 创新驱动、人口结构变动与制造业高质量发展 [J]. 经济经纬，2020（4）.
[28] 高丽娜，宋慧勇 . 创新投入、本地市场效应与制造业高质量发展 [J]. 技术经济与管理研究，2022（11）.
[29] 高运胜，杨阳 . 全球价值链重构背景下我国制造业高质量发展目标与路径研究 [J]. 经济学家，2020（10）.
[30] 格里高利・曼昆 . 经济学原理（第 3 版英文版）[M]. 北京：清华大学出版社，2001.
[31] 格林沃尔德 . 现代经济词典 . 北京：商务印书馆，1981.
[32] 郭然，原毅军 . 生产性服务业集聚能够提高制造业发展质量吗？——兼论环境规制的调节效应 [J]. 当代经济科学，2020（2）.
[33] 郭威，盛继明 . 金融供给侧结构性改革与制造业高质量发展——失衡表现与路径选择 [J]. 金融论坛，2021（9）.
[34] 郭显光 . 熵值法及其在综合评价中的应用 [J]. 财贸研究，1994（6）.
[35] 国家发展改革委经济研究所课题组 . 推动经济高质量发展研究 [J]. 宏观经济研究 2019（2）.
[36] 韩文秀 . 建设更高水平开放型经济新体制 [J]. 宏观经济管理，2019（12）.
[37] 何冬梅，刘鹏 . 人口老龄化、制造业转型升级与经济高质量发展——基于中介效应模型 [J]. 经济与管理研究，2020（1）.
[38] 何维达，等 . 产业结构变迁对经济增长质量的影响 [J]. 统计与决策，2020（19）.
[39] 何元庆 . 对外开放与 TFP 增长：基于中国省际面板数据的经验研究 [J]. 经济学（季刊），2007（4）.
[40] 贺灵，付丽娜 . 创新要素协同、市场化改革与制造业高质量发展 [J]. 财经理论与实践，2021（6）.
[41] 侯建，等 . 创新活力对区域工业高质量发展的门槛机理研究：环境规制视角 [J]. 科技管理研究，2022（1）.
[42] 胡迟 . 以创新驱动打造我国制造业高质量成长——基于 70 年制造业发展回顾与现状的考察 [J]. 经济纵横，2019（10）.
[43] 胡海峰 . 开放、发展与深入：经济高质量发展与开放型经济新体制互动研究 [J]. 河南社会科学，2020（2）.
[44] 胡永宏 . 对统计综合评价中几个问题的认识与探讨 [J]. 统计研究，2012（1）.

[45] 胡智，刘志雄 . 中国经济开放度的测算与国际比较 [J]. 世界经济研究，2005（7）.
[46] 黄繁华 . 中国经济开放度及其国际比较研究 [J]. 国际贸易问题，2001（1）.
[47] 黄华峰 . 技术创新、产业升级与贸易竞争力 [D]. 上海：复旦大学 .2014.
[48] 黄玖立，李坤望 . 出口开放、地区市场规模和经济增长 [J]. 经济研究，2006（6）.
[49] 黄伟新，龚新蜀 . 丝绸之路经济带国际物流绩效对中国机电产品出口影响的实证分析 [J]. 国际贸易问题，2014（10）.
[50] 黄新飞，舒元 . 中国省际贸易开放与经济增长的内生性研究 [J]. 管理世界，2010（7）.
[51] 惠宁，杨昕 . 数字经济驱动与中国制造业高质量发展 [J]. 陕西师范大学学报（哲学社会科学版），2022（1）.
[52] 季良玉 . 技术创新影响中国制造业转型升级的路径研究 [D]. 南京：东南大学，2016.
[53] 冀相豹 . 中国对外直接投资影响因素分析——基于制度的视角 [J]. 国际贸易问题，2014（9）..
[54] 江小国，等 . 制造业高质量发展水平测度、区域差异与提升路径 [J]. 上海经济研究，2019（7）.
[55] 江小涓，孟丽君 . 内循环为主、外循环赋能与更高水平双循环——国际经验与中国实践 [J]. 管理世界，2021（1）.
[56] 杰弗里 · 萨克斯，费利普 · 拉雷恩 . 全球经济视角中的宏观经济 [M]. 上海：上海人民出版社，2004.
[57] 金碚 . 关于“高质量发展”的经济学研究 [J]. 中国工业经济，2018（4）.
[58] 金京，等 . 全球要素分工背景下的中国产业转型升级 [J]. 中国工业经济，2013（11）.
[59] 金科攀 . 投资自由化对中国出口国内增加值率提升的影响研究 [D]. 石家庄：河北大学，2021.
[60] 金孝龙 . 经济国际化程度的综合测评体系研究 [J]. 外国经济与管理，2001（8）.
[61] 卡马耶夫 . 经济增长的速度和质量 [M]. 武汉：湖北人民出版社，1983.
[62] 康梅 . 投资增长模式下经济增长因素分解与经济增长质量 [J]. 数量经济技术经济研究，2006（2）.
[63] 孔庆峰，董虹蔚 .“一带一路”国家的贸易便利化水平测算与贸易潜力研究 [J]. 国际贸易问题，2015（12）.
[64] 黎继子等 . 全球价值链与中国地方产业集群的供应链式整合——以苏浙粤纺织服装产业集群为例 [J]. 中国工业经济，2005（2）.
[65] 李翀 . 我国对外开放程度的度量与比较 [J]. 经济研究，1998（1）.

[66] 李春梅．中国制造业发展质量的评价及其影响因素分析——来自制造业行业面板数据的实证 [J]. 经济问题，2019（8）.
[67] 李计广，李秋静．我国推进高水平开放：内涵、标准与评估 [J]. 国际贸易，2020（4）.
[68] 李金昌，等．高质量发展评价指标体系探讨 [J]. 统计研究，2019（1）.
[69] 李津．我国人均收入与服务贸易进出口额的关系研究——基于 31 省市面板数据分析 [J]. 对外经贸，2014（5）.
[70] 李蕾，刘荣增．产业融合与制造业高质量发展：基于协同创新的中介效应 [J]. 经济经纬，2022（2）.
[71] 李巧华．新时代制造业企业高质量发展的动力机制与实现路径 [J]. 财经科学，2019（6）.
[72] 李勤．贸易便利化对中国与东盟出口贸易效率的影响 [D]. 兰州：兰州财经大学，2021.
[73] 李天健，刘中显．新时代全面开放下产业发展的使命和任务 [J]. 宏观经济管理，2019（11）.
[74] 李天籽，韩沅刚．环境规制视角下 FDI 质量对绿色发展效率的影响研究——以长江经济带三大城市群为例 [J]. 国际经贸探索，2023（2）.
[75] 李贤珠．中韩产业结构高度化的比较分析——以两国制造业为例 [J]. 世界经济研究，2010（10）.
[76] 李小梅．中国国家文化形象塑造：概念内涵、基本特征与价值意蕴 [J]. 理论导刊，2022（5）.
[77] 李小平，朱钟棣．国际贸易、R&D 溢出和生产率增长 [J]. 经济研究，2006（2）.
[78] 林毅夫．新结构经济学的理论基础和发展方向 [J]. 经济评论，2017（3）.
[79] 林毅夫．中国经济增长变化趋势与成因 [J]. 学习与探索，2018（4）.
[80] 林毅夫．中国经验：经济发展和转型中有效市场与有为政府缺一不可 [J]. 行政管理改革，2017（10）.
[81] 林毅夫，等．比较优势与发展战略——对“东亚奇迹”的再解释 [J]. 中国社会科学，1999（5）.
[82] 刘国新，等．我国制造业高质量发展的理论机制及评价分析 [J]. 产业经济，2020（3）.
[83] 刘洪愧，刘霞辉．构建开放型经济新空间布局：理论基础、历史实践与可行路径 [J]. 改革，2019（1）.
[84] 刘慧，綦建红．FTA 网络的企业创新效应：从被动嵌入到主动利用 [J]. 世界经济，2021（3）.
[85] 刘娟等．OFDI 有助于赋能“中国智造”吗？：基于企业微观产品层面的经验数据分析 [J]. 世界经济研究，2023（1）.

[86] 刘朋飞，李海燕 . 技术壁垒对我国蜂蜜出口影响的实证分析 [J]. 国际贸易问题，2010（11）.
[87] 刘仕国，等 . 利用全球价值链促进产业升级 [J]. 国际经济评论，2015（1）.
[88] 刘思明，等 . 国家创新驱动力测度及其经济高质量发展效应研究 [J]. 数量经济技术经济研究，2019（4）.
[89] 刘鑫鑫，惠宁 . 数字经济对中国制造业高质量发展的影响研究 [J]. 经济体制改革，2021（5）.
[90] 刘亚建 . 我国经济增长效率分析 [J]. 思想战线，2002（4）.
[91] 刘亚雪，等 . 世界经济高质量发展水平的测度及比较 [J]. 经济学家,2020（5）.
[92] 刘怡君，方子扬 . 环境规制能否助推制造业高质量发展？——基于科技创新的中介和溢出效应检验 [J]. 资源开发与市场，2021（12）.
[93] 刘永辉，赵晓晖 . 中东欧投资便利化及其对中国对外直接投资的影响 [J]. 数量经济技术经济研究，2021（1）.
[94] 罗龙 . 当代经济发展中的开放度问题 [M]. 北京：中国对外经济贸易出版社，1990.
[95] 吕铁，刘丹 . 制造业高质量发展：差距、问题与举措 [J]. 学习与探索，2019（1）.
[96] 吕文栋，张辉 . 全球价值链下的地方产业集群战略研究 [J]. 中国软科学，2005（2）.
[97] 马红，侯贵生 . 雾霾污染、地方政府行为与企业创新意愿——基于制造业上市公司的经验数据 [J]. 软科学，2020（2）.
[98] 马连福，高塬 . 资本配置效率会影响企业创新投资吗？——独立董事投资意见的调节效应 [J]. 研究与发展管理，2020（4）.
[99] 马宁 .FDI 对我国产业结构的影响与对策研究 [J]. 现代管理科学，2011（8）.
[100] 毛其淋，许家云 . 贸易自由化与中国企业出口的国内附加值 [J]. 世界经济，2019（1）.
[101] 孟茂源，张广胜 . 劳动力成本上升对制造业企业高质量发展的影响分析 [J]. 经济问题探索，2021（2）.
[102] 那振芳 . 中国制造业竞争力与中美贸易摩擦研究 [D]. 大连：辽宁大学，2020.
[103] 聂新伟，薛钦源 . 中国制度型开放水平的测度评价及政策优化 [J]. 区域经济评论，2022（4）.
[104] 庞智强 . 各地区省域经济综合开放程度的测定 [J]. 统计研究，2008（1）.
[105] 裴长洪，刘斌 . 中国开放型经济学：构建阐释中国开放成就的经济理论 [J]. 中国社会科学，2020（2）.
[106] 裴长洪，刘洪愧 . 习近平新时代对外开放思想的经济学分析 [J]. 经济研究，

2018（2）.。
[107] 裴长洪，彭磊 . 中国开放型经济治理体系的建立与完善 [J]. 改革，2021（4）.
[108] 裴长洪 . 经济新常态下中国扩大开放的绩效评价 [J]. 经济研究，2015（4）.
[109] 裴长洪 . 中国特色开放型经济理论研究纲要 [J]. 经济研究，2016（4）.
[110] 彭晓辉，于潇 . 对外开放与内生发展：更高水平开放型经济与现代化经济体系协同联动研究 [J]. 河南社会科学，2020（10）.
[111] 蒲艳萍，顾冉 . 劳动力工资扭曲如何影响企业创新 [J]. 中国工业经济，2019（7）.
[112] 朴英爱，等 . 中国对外直接投资逆向技术溢出效应及其影响因素——基于吸收能力视角的研究 [J]. 经济经纬，2022（5）.
[113] 邱泽慧 . 外商直接投资与珠江三角洲生产性服务业集聚研究 [D]. 广州：华南农业大学，2020.
[114] 曲立，等 . 中国区域制造业高质量发展测度分析 [J]. 数量经济技术经济研究，2021（9）.
[115] 任保平，李禹墨 . 新时代我国高质量发展评判体系的构建及其转型路径 [J]. 陕西师范大学学报（哲学社会科学版），2018（3）.
[116] 任保平，朱晓萌 . 新时代中国高质量开放的测度及其路径研究 [J]. 统计与信息论坛，2020（9）.
[117] 任保平 . 新时代我国制造业高质量发展需要坚持的六大战略 [J]. 人文杂志，2019（7）.
[118] 任转转，邓峰 . 互联网发展、要素结构转型与制造业高质量发展 [J]. 统计与决策，2022（6）.
[119] 上官绪明 . 物流业集聚与制造业高质量发展——基于效率提升和技术进步的门槛效应研究 [J]. 中国流通经济，2021（9）.
[120] 尚会永，白怡珺 . 中国制造业高质量发展战略研究 [J]. 中州学刊，2019（1）.
[121] 沈坤荣，赵倩 . 中国经济高质量发展的能力基础、能力结构及其推进机制 [J]. 经济理论与经济管理，2020（4）.
[122] 盛斌，陈帅 . 全球价值链如何改变了贸易政策：对产业升级的影响和启示 [J]. 国际经济评论，2015（1）.
[123] 盛斌，黎峰 . 中国开放型经济新体制“新”在哪里？ [J]. 国际经济评论，2017（1）.
[124] 盛斌，毛其淋 . 进口贸易自由化是否影响了中国制造业出口技术复杂度 [J]. 世界经济，2017（12）.
[125] 盛斌，毛其淋 . 贸易开放、国内市场一体化与中国省际经济增长：1985—2008 年 [J]. 世界经济，2011（11）.
[126] 施炳展，张雅睿 . 贸易自由化与中国企业进口中间品质量升级 [J]. 数量经

济技术经济研究，2016（9）.
[127] 石大千 . 收入不平等影响经济增长的双边效应——机会不平等和努力不平等的不同作用 [J]. 财贸经济，2018（8）.
[128] 苏丹妮，等 . 全球价值链、本地化产业集聚与企业生产率的互动效应 [J]. 经济研究，2020（3）.
[129] 苏杭，等 . 要素禀赋与中国制造业产业升级——基于 WIOD 和中国工业企业数据库的分析 [J]. 管理世界，2017（4）.
[130] 苏涛永，等 . 产业耦合、区域异质性与新零售组织场域 [J]. 商业经济与管理，2020（8）.
[131] 孙江超 . 我国农业高质量发展导向及政策建议 [J]. 管理学刊，2019（6）.
[132] 谭晶荣，华曦 . 贸易便利化对中国农产品出口的影响研究——基于丝绸之路沿线国家的实证分析 [J]. 国际贸易问题，2016（5）.
[133] 唐海燕 . 开放型经济新体制"新"在哪里？ [J]. 经济研究，2014（1）.
[134] 唐松，等 . 金融科技创新如何影响全要素生产率：促进还是抑制？——理论分析框架与区域实践 [J]. 中国软科学，2019（7）.
[135] 唐晓华，孙元君 . 环境规制对中国制造业高质量发展影响的传导机制研究——基于创新效应和能源效应的双重视角 [J]. 经济问题探索，2020（7）.
[136] 唐晓华，等 . 制造业与生产性服务业协同发展对制造效率影响的差异性研究 [J]. 数量经济技术经济研究，2018（3）.
[137] 陶桂芬，方晶 . 区域产业结构变迁对经济增长的影响——基于 1978—2013 年 15 个省份的实证研究 [J]. 经济理论与经济管理，2016（11）.
[138] 田刚元，陈富良 . 数字经济、产业集聚与黄河流域制造业高质量发展 [J]. 统计与决策，2022（21）.
[139] 佟家栋，刘程 . 新发展格局下中国自贸区、自贸港的新机遇 [J]. 国家治理，2021（3）.
[140] Vinod Thomas，张绘等译 . 经济增长的质量 [M]. 北京：中国财政经济出版社，2001.
[141] 万攀兵，等 . 环境技术标准何以影响中国制造业绿色转型——基于技术改造的视角 [J]. 中国工业经济，2021（9）.
[142] 汪芳，石鑫 . 中国制造业高质量发展水平的测度及影响因素研究 [J]. 中国软科学，2022（2）.
[143] 汪戎，李波 . 贸易便利化与出口多样化：微观机理与跨国证据 [J]. 国际贸易问题，2015（3）.
[144] 王滨 .FDI 技术溢出、技术进步与技术效率——基于中国制造业 1999—2007 年面板数据的经验研究 [J]. 数量经济技术经济研究，2010（2）.
[145] 王博 . 黄河流域资源型城市资源诅咒效应及高质量发展研究 [D]. 兰州：兰

州大学，2021.
[146] 王化成，等．企业战略差异与权益资本成本——基于经营风险和信息不对称的中介效应研究 [J]. 中国软科学，2017（9）.
[147] 王俊，王聪．全球化自由贸易区网络关键风险点识别、预警与防范机制 [J]. 经济学家，2022（12）.
[148] 王小鲁，等．中国分省份市场化指数报告（2018）[M]. 北京：社会科学文献出版社，2019.
[149] 王晓亮，王英．区域开放型经济发展水平评价指标体系构建 [J]. 地域研究与开发，2013（3）.
[150] 王秀云，等．我国基础设施投融资体制机制创新研究——基于高质量发展视角 [J]. 中央财经大学学报，2021（12）.
[151] 王燕梅．我国制造业的对外开放与国家经济安全 [J]. 中国工业经济，2004（12）.
[152] 王昱，等．政策迎合能否兼顾高质量发展？——制造业企业的研发操纵与生产率 [J]. 科学学研究，2022（9）.
[153] 王原雪，张二震．全球价值链视角下的区域经济一体化及中国的策略 [J]. 南京社会科学，2016（8）.
[154] 文嫮，曾刚．嵌入全球价值链的地方产业集群发展——地方建筑陶瓷产业集群研究 [J]. 中国工业经济，2004（6）.
[155] 吴刚，等．区域对外开放、全要素生产率与经济高质量发展 [J]. 经济问题，2022（4）.
[156] 吴华英，等．产业结构变迁对经济增长质量的影响研究——基于修正的份额变化分析法 [J]. 经济学家，2021（7）.
[157] 吴敬琏．中国应当走一条什么样的工业化道路？[J]. 管理世界，2006（8）.
[158] 夏显力，等．农业高质量发展：数字赋能与实现路径 [J]. 中国农村经济，2019（12）.
[159] 谢娟娟，岳静．贸易便利化对中国－东盟贸易影响的实证分析 [J]. 世界经济研究，2011（8）.
[160] 辛国斌．以制造业高质量发展引领建设制造强国 [J]. 中国科技产业，2018（8）.
[161] 徐充，郑朝霞．高质量发展视域下供给侧结构性改革推进路径研究 [J]. 广西社会科学，2021（10）.
[162] 徐冬梅，等．数字技术如何影响制造业高质量发展 [J]. 江西师范大学学报（自然科学版），2022（6）.
[163] 徐华亮．中国制造业高质量发展研究：理论逻辑、变化态势、政策导向——基于价值链升级视角 [J]. 经济学家，2021（11）.

[164] 许和连，等 . 贸易开放度、人力资本与全要素生产率：基于中国省际面板数据的经验分析 [J]. 世界经济，2006（12）.
[165] 薛宝贵，苏星 . 扩大对外开放倒逼深化改革机制研究 [J]. 改革与战略，2021（3）.
[166] 颜青，等 . 绿色技术创新、节能减排与制造业高质量发展 [J]. 科技管理研究，2022（18）.
[167] 杨栋旭，于津平 ."一带一路"沿线国家投资便利化对中国对外直接投资的影响：理论与经验证据 [J]. 国际经贸探索，2021（3）.
[168] 杨栋旭，于津平 . 投资便利化、外商直接投资与"一带一路"沿线国家全要素生产率 [J]. 经济经纬，2021（2）.
[169] 杨军，等 . 贸易便利化对中国经济影响分析 [J]. 国际贸易问题，2015（9）.
[170] 杨丽君 . 供给侧改革视阈下中国制造业的知识溢出效应 [J]. 科研管理，2019（10）.
[171] 杨连星，等 . 反倾销如何影响了出口技术复杂度？ [J]. 中国经济问题，2017（3）.
[172] 杨明基 . 新编经济金融词典 [M]. 北京：中国金融出版社，2015.
[173] 杨仁发，陆瑶 . 人工智能对制造业高质量发展的影响研究 [J]. 华东经济管理，2023（4）.
[174] 杨仁发，郑媛媛 . 人力资本结构与制造业高质量发展：影响机制与实证检验 [J]. 经济体制改革，2022（4）.
[175] 杨鲜丽，等 ."一带一路"倡议对中国 – 东盟贸易高质量发展的影响 [J]. 统计与决策，2021（14）.
[176] 杨志勇，文丰安 . 优化营商环境的价值、难点与策略 [J]. 改革，2018（10）.
[177] 叶祥松，刘敬 . 政府支持与市场化程度对制造业科技进步的影响 [J]. 经济研究，2020（5）.
[178] 余东华 . 制造业高质量发展的内涵、路径与动力机制 [J]. 产业经济评论，2020（1）.
[179] 余东华，崔岩 . 双重环境规制、技术创新与制造业转型升级 [J]. 财贸研究，2019（7）.
[180] 余淼杰，李乐融 . 贸易自由化与进口中间品质量升级——来自中国海关产品层面的证据 [J]. 经济学（季刊），2016（3）.
[181] 余淼杰，梁中华 . 贸易自由化与中国劳动收入份额——基于制造业贸易企业数据的实证分析 [J]. 管理世界，2014（7）.
[182] 原毅军，谢荣辉 .FDI、环境规制与中国工业绿色全要素生产率增长——基于 Luenberger 指数的实证研究 [J]. 国际贸易问题，2015（8）.
[183] 约翰·伊特韦尔，等 . 新帕尔格雷夫经济学大辞典 [M]，北京：经济科学出

版社，1996.
[184] 张二震，戴翔 . 关于构建开放型经济新体制的探讨 [J]. 南京社会科学，2014（7）.
[185] 张公嵬，梁琦 . 出口、集聚与全要素生产率增长——基于制造业行业面板数据的实证研究 [J]. 国际贸易问题，2010（12）.
[186] 张辉 . 全球价值链理论与我国产业发展研究 [J]. 中国工业经济，2004（5）.
[187] 张辉 . 全球价值链下地方产业集群升级模式研究 [J]. 中国工业经济，2005（9）.
[188] 张俊 . 高铁建设与县域经济发展——基于卫星灯光数据的研究 [J]. 经济学（季刊），2017（4）.
[189] 张丽娟，冯卓 . 加入 WTO20 年：中国贸易制度融入全球贸易体系的回顾与思考 [J]. 太平洋学报，2022（8）.
[190] 张明志，等 . 生产性服务业集聚与黄河流域减碳增效：基于碳排放效率的核算分析视角 [J]. 软科学，2023（3）.
[191] 张楠，等 . 逆全球化、进口中间品与中国制造业高质量发展——基于行业层面的实证研究 [J]. 东北大学学报（社会科学版），2022（1）.
[192] 张少军，刘志彪 . 全球价值链模式的产业转移——动力、影响与对中国产业升级和区域协调发展的启示 [J]. 中国工业经济，2009（11）.
[193] 张涛 . 高质量发展的理论阐释及测度方法研究 [J]. 数量经济技术经济研究，2020（5）.
[194] 张旭路，等 . 我国教育人力资本结构对产业结构优化升级的研究 [J]. 科学决策，2020（2）.
[195] 张亚斌 . “一带一路”投资便利化与中国对外直接投资选择——基于跨国面板数据及投资引力模型的实证研究 [J]. 国际贸易问题，2016（9）.
[196] 张幼文 . 自贸区试验与开放型经济体制建设 [J]. 理论参考，2015（2）.
[197] 张远鹏，卢晓菲 . 开放型经济及开放型经济新体制研究述评 [J]. 现代经济探讨，2021（6）.
[198] 赵军，李艳姗 . 贸易开放、投资开放与区域绿色生态效率——基于中国“一带一路”沿线省域的实证分析 [J]. 生态经济，2022（12）.
[199] 赵敏 . 环境规制的经济学理论根源探究 [J]. 经济问题探索，2013（4）.
[200] 赵伟，等 . 对外开放程度度量方法的研究综述 [J]. 国际贸易问题，2005（6）.
[201] 郑玉歆 . 全要素生产率的再认识——用 TFP 分析经济增长质量存在的若干局限 [J]. 数量经济技术经济研究，2007（9）.
[202] 中共中央文献研究室 . 邓小平年谱（一九七五——九九七）[M]. 北京：中央文献出版社，2004.
[203] 周江华，等 . 扩大高水平对外开放对企业成长性和创新绩效的影响研究 [J].

北京师范大学学报（社会科学版），2022（4）.
[204] 周清香，何爱平 . 环境规制对长江经济带高质量发展的影响研究 [J]. 经济问题探索，2021（1）.
[205] 朱炎亮 . 高水平开放、市场化改革与经济高质量增长——基于中国自贸试验区的经验证据 [J. 海南大学学报（人文社会科学版），2022（6）.
[206] 庄丽娟，陈翠兰 . 我国服务贸易与货物贸易的动态相关性研究——基于脉冲响应函数方法的实证分析 [J]. 国际贸易问题，2009（2）.
[207] Aghion P.，et al.. Innovation And Institutional Ownership[J]. American Economic Review，2013，103（1）.
[208] Agosin Manuel R.，Roberto Machado. Openness and the international allocation of foreign direct investment[J]. The Journal of Development Studies，2007，43（7）.
[209] Ahsan Reshad N.，Devashish Mitra. Trade liberalization and labor's slice of the pie: Evidence from Indian firms[J]. Journal of Development Economics，2014，108.
[210] Ambec Stefan，Philippe Barla. Can Environmental Regulations be Good for Business?: An Assessment of the Porter Hypothesis[M]. Université Laval，Département d'économique，2005.
[211] Amiti Mary，Katharine Wakelin. Investment liberalization and international trade[J]. Journal of International Economics，2003，61（1）.
[212] Antweiler Werner et al.. Is free trade good for the environment? [J]. American economic review，2001，91（4）.
[213] Arellano Manuel，Stephen Bond. Some tests of specification for panel data: Monte Carlo evidence and an application to employment equations[J]. The review of economic studies，1991，58（2）.
[214] Arndt Sven W.，Henryk Kierzkowski. Fragmentation: New production patterns in the world economy[M]. OUP Oxford，2001.
[215] Balassa Bela. Tariff protection in industrial countries: an evaluation[J]. Journal of Political Economy，1965，73（6）.
[216] Barro Robert J. Quantity and quality of economic growth[M]. Banco Central de Chile，2002.
[217] Bazan Luiza，Lizbeth Navas-Alemán. The underground revolution in the Sinos Valley: a comparison of upgrading in global and national value chains[J]. Chapters，2004，3.
[218] Bergstrand Jeffrey H，Peter Egger. Shouldn't physical capital also matter for multinational enterprise activity? [J]. Review of International Economics，2013，21（5）.

[219] Bha B., Iv A.. The international trade effects of bilateral investment treaties science direct[J]. economics letters, 2020, 196.

[220] Bogers M., et al.. The “Human Side” Of Open Innovation: The Role Of Employee Diversity In Firm-Level Openness[J]. Research Policy, 2018, 47（1）.

[221] Bosker Maarten, Harry Garretsen. Trade costs in empirical new economic geography[J]. Papers in Regional Science, 2010, 89（3）.

[222] Brenneman Adam, Michel Kerf. Infrastructure & poverty linkages, A Literature Review[M]. The World Bank, Washington, DC, 2002.

[223] Caliendo Lorenzo, Fernando Parro. Estimates of the Trade and Welfare Effects of NAFTA[J]. The Review of Economic Studies, 2015, 82（1）.

[224] Cameron Gavin, et al.. Productivity Growth, Convergence, and Trade in a Panel of Manufacturing Industries[J]. No. dp0428, Centre for Economic Performance, LSE, 1999.

[225] Camisón César, Ana Villar-López. Organizational innovation as an enabler of technological innovation capabilities and firm performance[J]. Journal of business research, 2014, 67（1）.

[226] Caves Richard E. International corporations: The industrial economics of foreign investment[J]. Economica, 1971, 38（149）.

[227] Chen Ming, Hongbo Wang. Import technology sophistication and high-quality economic development: Evidence from city-level data of China[J]. Economic research-Ekonomska istraživanja, 2022, 35（1）.

[228] Chib Siddhartha. Markov chain Monte Carlo methods: computation and inference[J]. Handbook of econometrics, 2001, 5.

[229] Corden W. M.. The effective protective rate, the uniform tariff equivalent and the average tariff[J]. Economic Record, 1966, 42.

[230] Cornaggia Jess, et al.. Does banking competition affect innovation? [J], Journal of financial economics, 2015, 115（1）.

[231] Cragg John G., Stephen G. Donald. Testing identifiability and specification in instrumental variable models[J]. Econometric Theory, 1993, 9（2）.

[232] Démurger Sylvie. Infrastructure development and economic growth: an explanation for regional disparities in China? [J]. Journal of Comparative economics, 2001, 29（1）.

[233] Dicken Peter, et al.. Chains and networks, territories and scales: towards a relational framework for analysing the global economy[J]. Global networks, 2001, 1（2）.

[234] Dollar David. Outward-oriented developing economies really do grow more rapidly:

evidence from 95 LDCs，1976–1985[J]. Economic development and cultural change，1992，40（3）.

[235] Drysdale Peter D. Direct foreign investment in Asia and the Pacific[M]. University of Toronto Press，1972.

[236] Enyoghasi Christian，Fazleena Badurdeen. Industry 4.0 for sustainable manufacturing: Opportunities at the product，process，and system levels[J]. Resources，conservation and recycling，2021，166.

[237] Eriş Mehmet N.，B ü lent Ulaşan. Trade openness and economic growth: Bayesian model averaging estimate of cross–country growth regressions[J]. Economic Modelling，2013，33（2）.

[238] Evenson Robert E.，Larry E. Westphal. Technological change and technology strategy[J]. Handbook of development economics，1995，3.

[239] Fernandez–Stark K.，et al.. The offshore services value chain: upgrading trajectories in developing countries[M]. International Journal of Technological Learning，Innovation and Development，2011.

[240] Fu J.，et al.. Trade openness，internet finance development and banking sector development in China[J]. Economic Modelling，2020，91.

[241] Ghobakhloo Morteza，Masood Fathi. Corporate survival in Industry 4.0 era: the enabling role of lean–digitized manufacturing[J]. Journal of Manufacturing Technology Management，2019，31（1）.

[242] Giarratana Marco S.，Salvatore Torrisi. Foreign entry and survival in a knowledge–intensive market: emerging economy countries' international linkages，technology competences，and firm experience[J]. Strategic entrepreneurship journal，2010，4（1）.

[243] Gray Wayne B.. The cost of regulation: OSHA，EPA and the productivity slowdown[J]. The American Economic Review，1987，77（5）.

[244] Gray Wayne B.，Ronald J. Shadbegian. Plant vintage，technology，and environmental regulation[J]. Journal of Environmental Economics and Management，2003，46（3）.

[245] Groves Theodore，et al.. Autonomy and incentives in Chinese state enterprises[J]. The Quarterly Journal of Economics，1994，109（1）.

[246] Hausmann R. et al.. What Are Export Maters[J]. Journal Of Economic Growth，2007，1.

[247] Heid Benedikt，Isaac Vozzo. The international trade effects of bilateral investment treaties[J]. Economics Letters，2020，196.

[248] Huang Qinghua，Min Liu. Trade openness and green total factor productivity:

Testing the role of environment regulation based on dynamic panel threshold model[J]. Environment, Development and Sustainability, 2022, 24（7）.

[249] Humphrey John, Hubert Schmitz. How does insertion in global value chains affect upgrading in industrial clusters? [J]. Regional studies, 2002, 36（9）.

[250] Islam Md Monirul, et al.. Impact of globalization, foreign direct investment, and energy consumption on CO2 emissions in Bangladesh: Does institutional quality matter? [J]. Environmental Science and Pollution Research, 2021, 28（35）.

[251] Iyigun Murat. Clusters of invention, life cycle of technologies and endogenous growth[J]. Journal of Economic Dynamics and Control, 2006, 30（4）.

[252] Jahanger Atif. Influence of FDI characteristics on high-quality development of China's economy[J]. Environmental Science and Pollution Research, 2021, 28.

[253] Johnson Harry G.. An economic theory of protectionism, tariff bargaining, and the formation of customs unions[J]. Journal of political economy, 1965, 73（3）.

[254] Jordan Soren, Andrew Q. Philips. Cointegration testing and dynamic simulations of autoregressive distributed lag models[J]. The Stata Journal, 2018, 18（4）.

[255] Kassouri Y., et al.. New insights on the debt-growth nexus: a combination of the interactive fixed effects and panel threshold approach[J]. International Economics, 2021, 168.

[256] Kejzar K. Z.. Does foreign direct investment induce domestic mergers? [J]. Open Economies Review, 2011, 22（2）.

[257] Koenker Roger. Quantile regression for longitudinal data[J]. Journal of multivariate analysis, 2004, 91（1）.

[258] Koenker Roger, Gilbert Bassett Jr. Regression quantiles[J]. Econometrica: journal of the Econometric Society, 1978, 46（1）.

[259] Koenker Roger, Kevin F. Hallock. Quantile regression[J]. Journal of economic perspectives, 2001, 15（4）.

[260] Kogut Bruce. Designing global strategies: Comparative and competitive value-added chains[J]. Sloan Management Review, 1985, 26.

[261] Krammer Sorin MS. International R&D spillovers in emerging markets: The impact of trade and foreign direct investment[J]. The Journal of International Trade & Economic Development, 2010, 19（4）.

[262] Krugman Paul, et al.. Growing world trade: causes and consequences[J]. Brookings papers on economic activity, 1995, 1.

[263] Krugman Paul. Increasing returns and economic geography[J]. Journal of political economy, 1991, 99（3）.

[264] Kusi-Sarpong S., et al.. A supply chain sustainability innovation framework and

evaluation methodology[J]. International Journal of Production Research, 2019, 57 (7).

[265] Li Kan-Yong, et al.. The influence of trade and foreign direct investment on green total factor productivity: Evidence from China and Korea[J]. Journal of Korea Trade (JKT), 2021, 25 (2).

[266] Li Shi, Long Zhao. Bilateral investment treaties and foreign direct investment: Evidence from emerging market firms[J]. Research in International Business and Finance, 2021, 58.

[267] Michael Porter, The Competitive Advantage of Nations[M], Free Press, 1998.

[268] Mina Andrea, et al.. Open service innovation and the firm's search for external knowledge[J]. Research policy, 2014, 43 (5).

[269] Madsen Jakob B. Human capital and the world technology frontier[J]. Review of Economics and Statistics, 2014, 96 (4).

[270] North Douglass C.. A transaction cost theory of politics[J]. Journal of theoretical politics, 1990, 2 (4).

[271] Parida Vinit, et al.. Inbound open innovation activities in high-tech SMEs: the impact on innovation performance[J]. Journal of small business management, 2012, 250 (2).

[272] Peter Egger, et al.. On the welfare effects of trade and investment liberalization[J]. European Economic Review, 2007, 51 (3).

[273] Porter Michael E., Claas van der Linde. Toward a new conception of the environment-competitiveness relationship[J]. Journal of economic perspectives, 1995, 9 (4).

[274] Porter E. M.. Competitive Advantage of Nations[M]. Macmillan: New York, 1990.

[275] Powell David. Quantile regression with nonadditive fixed effects[J]. Empirical Economics, 2022, 63 (5).

[276] Rauter Romana, et al.. Open innovation and its effects on economic and sustainability innovation performance[J]. Journal of Innovation & Knowledge, 2019, 4 (4).

[277] Repkine Alexander, Patrick P. Walsh. European trade and foreign direct investment u-shaping[J]. Romania, 1998, 2 (5).

[278] Romer Paul M.. Endogenous technological change[J]. Journal of political Economy, 1990, 98 (5).

[279] Rubashkina Y., et al.. Environmental regulation and competitiveness: Empirical evidence on the Porter Hypothesis from European manufacturing sectors[J]. Energy policy, 2015, 83.

[280] Sachs Jeffrey D., et al.. Economic reform and the process of global integration[J]. Brookings papers on economic activity, 1995, 1995（1）.

[281] Sargan John D.. The estimation of economic relationships using instrumental variables[J]. Econometrica: Journal of the econometric society, 1958, 26（3）.

[282] Sawant Rajeev J.. The economics of large-scale infrastructure FDI: The case of project finance[J]. Journal of International Business Studies, 2010, 41.

[283] Scott W. Richard. Approaching adulthood: the maturing of institutional theory[J]. Theory and society, 2008, 37.

[284] Shapley Lloyd S.. A value for n-person games[M]. Princeton University Press, 1953.

[285] Shepherd Ben, John S. Wilson. Trade facilitation in ASEAN member countries: Measuring progress and assessing priorities[J]. Journal of Asian Economics, 2009, 20（4）.

[286] Shorrocks Anthony F.. Decomposition procedures for distributional analysis: a unified framework based on the Shapley value[J]. The Journal of Economic Inequality, 2013, 11（1）.

[287] Squicciarini Mara P., Nico Voigtländer. Human capital and industrialization: Evidence from the age of enlightenment[J]. The Quarterly Journal of Economics, 2015, 130（4）.

[288] Stewart David B., Andrew McAuley. The effects of export stimulation: Implications for export performance[J]. Journal of Marketing Management, 1999, 15（6）.

[289] Tobin Jennifer L., Susan Rose-Ackerman. When BITs have some bite: The political-economic environment for bilateral investment treaties[J]. The Review of International Organizations, 2011, 6（1）.

[290] Topalova Petia, Amit Khandelwal. Trade liberalization and firm productivity: The case of India[J]. Review of economics and statistics, 2011, 93（3）.

[291] United Nations Conference on Trade and Development. World Investment Report 1998[M]. United Nations Publication, 1998.

[292] Walter Ingo, Judith L. Ugelow. Environmental policies in developing countries[J]. Ambio, 1979, 8.

[293] Wang Jian-Ye, Magnus Blomström. Foreign investment and technology transfer: A simple model[J]. European economic review, 1992, 36（1）.

[294] Wang Ke-Liang, et al.. Relationship between FDI, fiscal expenditure and green total-factor productivity in China: From the perspective of spatial spillover[J]. Plos one, 2021, 16（4）.

[295] Wilson J. S., et al.. Trade facilitation and economic development: measuring the impact[J]. Social Science Electronic Publishing, 2003, 17 (3).

[296] World Bank Group. Doing Business 2020[M]. World Bank Publications, 2020.

[297] World Bank. World Development Report 1987[M]. Oxford University Press, 1987.

[298] Xiong Tingting. The Effect of Bilateral Investment Treaties (BITs) on the extensive and intensive margins of exports[J]. The Quarterly Review of Economics and Finance, 2022, 84.

[299] Yeung Henry Wai-chung, Neil Coe. Toward a dynamic theory of global production networks[J]. Economic geography, 2015, 91 (1).

[300] Yu Miaojie, Processing trade, tariff reductions and firm productivity: Evidence from Chinese firms[J], The Economic Journal, 2015, 125 (585).

[301] Yuan Baolong, Qiulian Xiang. Environmental regulation, industrial innovation and green development of Chinese manufacturing: Based on an extended CDM model[J]. Journal of cleaner production, 2018, 176.

[302] Yue Dou, et al.. Assessing the impact of trade openness on CO2 emissions: evidence from China-Japan-ROK FTA countries[J]. Journal of Environmental Management, 2021, 296.

[303] Zeng Shaolong, et al.. An empirical analysis of energy consumption, FDI and high quality development based on time series data of Zhejiang province[J]. International journal of environmental research and public health, 2020, 17 (9).

[304] Zhao Kai, et al.. How trade affects high-quality development through spillovers? [J]. Economic research-Ekonomska istraživanja, 2022, 35 (1).

第四章

新时期中国纺织服装产业与贸易协同发展研究

摘　要

纺织服装国际发展环境发生复杂深刻变化，欧洲国家纺织服装结构不断升级，纺织服装产品应用范围不断扩大，发达国家的纺织服装产业自动化、智能化、数字化趋势明显。东盟等发展中国家纺织服装业持续快速发展，纺织服装产业国际竞争加剧。本章利用耦合协调度模型对我国31个省（自治区、直辖市）纺织服装产业和贸易的协同发展程度进行测算，并基于我国31个省（自治区、直辖市）2004—2019年的面板数据，针对纺织服装产业和贸易协同发展对纺织服装产业高质量发展的影响进行实证分析，研究结果如下。

（1）纺织服装产业和贸易协同发展出现波动。利用耦合协调度模型对我国各省（自治区、直辖市）纺织服装产业和贸易协同发展水平的研究结果表明：纺织服装产业和贸易的协同发展水平出现波动性变化，即协同发展水平提升后又出现下降趋势。区域之间纺织服装产业和贸易的协同水平存在较大差异，东部地区的纺织服装产业和贸易的协同度高于全国平均水平，而中部和西部地区协同度水平比较低。

（2）纺织服装产业和贸易发展存在双向促进作用。纺织服装产业促进纺织服装贸易发展，纺织服装产业的发展水平决定纺织服装贸易的国际竞争力，纺织服装产业对纺织服装贸易的促进弹性为0.4226。纺织服装贸易反过来促进纺织服装产业发展，纺织服装贸易有利于促进纺织服装产业资本积累，有利于提供更多的就业机会，有利于促进产业转型升级，纺织服装贸易对纺织服装产业的促进弹性为0.0468，纺织服装产业对纺织服装贸易的促进作用更大。

（3）纺织服装产业和贸易协同发展有利于促进产业高质量发展。纺织服装产业和贸易协同发展通过资源配置效应、规模经济效应和技术进步效应促进产业高质量发展，纺织服装产业与贸易协同发展水平对产业高质量发展的促进弹性分别为0.3561和0.1039，纺织服装产业和贸易协同发展对产业高质量发展水平的促进作用更加明显，纺织服装贸易发展水平对产业高质量发展水平的影响不太显著。

（4）促进纺织服装产业和贸易协同发展政策建议：①加强纺织服装产业和贸易协同发展，推动我国纺织服装产业高质量发展和可持续发展；②优化纺织服装产业战略布局，发挥纺织服装产业集群优势，提高纺织服装产业国际竞争力；③提升纺织服装产业智能化水平，完善纺织服装企业技术创新体系，提高纺织服装企业创新发展能力。

关键词：纺织服装产业；纺织服装贸易；协同发展

第一节　纺织服装产业与贸易协同发展研究文献回顾

一、有关纺织服装产业发展研究文献回顾

纺织服装产业研究文献，除了对纺织服装业的概念进行界定外，国内外学者对纺织服装产业的研究文献主要集中于对纺织服装产业转型升级、纺织服装产业高质量发展和纺织服装产业国际竞争力等方面。

（一）纺织服装业分类

纺织服装业是我国的传统轻工产业，包括纺织业和服装业。从狭义上来看，纺织业是指用天然纤维或化学纤维加工而成的各种纱、丝、绳、织物及其色染制品的工业。根据原料性质的不同，纺织业可分为棉纺织工业、毛纺织工业、丝纺织工业、麻纺织工业，化学纤维工业等。根据生产工艺的不同，纺织业可分为纺纱工业、织布工业、针织工业、非织造工业、印染工业等。从广义上来看，纺织业除包括狭义的纺织业内容外，还包括服装工业。广义纺织业也可称为纺织服装业。服装业是指将麻、棉、布、化学等各种天然或合成高分子材料经过生产、加工制得服装产品的行业。服装业又可分为户外用品、休闲装、正装三个子行业。

根据海关进出口统计分类，一般将纺织行业的进出口商品划分至纺织品服装类，并细分为纺织业和服装业。

世界贸易组织（WTO）统计数据库对纺织品和服装的划分依据的是国际贸易标准分类（SITC 3），纺织品包括纺织纱线、机织棉织物、人造纺织材料的机织物、其他机织纺织面料、针织或钩编织物、薄纱、花边、刺绣、缎带、装饰品和其他小商品、特种纱线、特种纺织面料及相关产品、完全或主要由纺织材料制成的制成品以及地板覆盖物。服装包括非针织或钩编的男士或男童外套、斗篷、夹克、西装、运动上衣、长裤、短裤、衬衫、内衣、睡衣及类似纺织织物制品；非针织或钩编的女士或女童外套、斗篷、夹克、套装、长裤、短裤、衬衫、连衣裙及短裙、内衣、睡衣及类似纺织织物制品；针织或钩编的女士或女童外套、斗篷、夹克、套装、长裤、短裤、衬衫、连衣裙及短裙、内衣、睡衣及类似纺织织物制品；针织或钩编的纺织面料制成衣；针织或钩编的纺织面料制成衣配件；纺织品以外的服装用品及服装配件。

本章所称的纺织服装产业是指基于2017年修订的《国民经济行业分类》（GB/T 4754—2017）中的纺织业（C17）和纺织服装、服饰业（C18），其中纺织业（C17）包含棉纺织及印染精加工、毛纺织及染整精加工、麻纺织及染整精加工、丝绢纺织及印染精加工、化纤织造及印染精加工、针织或钩针编织物及其制品制造、家用纺织制成品制造和产业用纺织制成品制造；纺织服装、服饰业（C18）包含机织服装制造、针织或钩针编织服装制造和服饰制造。

（二）有关纺织服装产业发展的研究文献

1. 纺织服装产业研究文献数量统计分析

（1）纺织服装产业研究外文文献数量统计分析

以关键词“textile”“apparel”“garment”“textile and apparel industry”“textile and apparel trade”“manufacture”“manufacturing”“industry and trade synergy”在Web of Science核心数据库中检索共得到有关论文6569092篇，从时间上来看，从1990年的41351篇增加到2021年的333522篇，增长速度不断加快（见图4-1左），在文献被引量方面（见图4-1右），被引量超过200次的达到18953篇，被引量超过1500次的达到457篇，被引量超过2000次的也有266篇之多。经济学国际权威主流期刊发文量达到352篇（见表4-1），其中*Journal of International Economics*和

Journal of Development Economics 刊登量均超过 100 篇，从侧面反映了国际上对此方向的研究热度不断攀升。

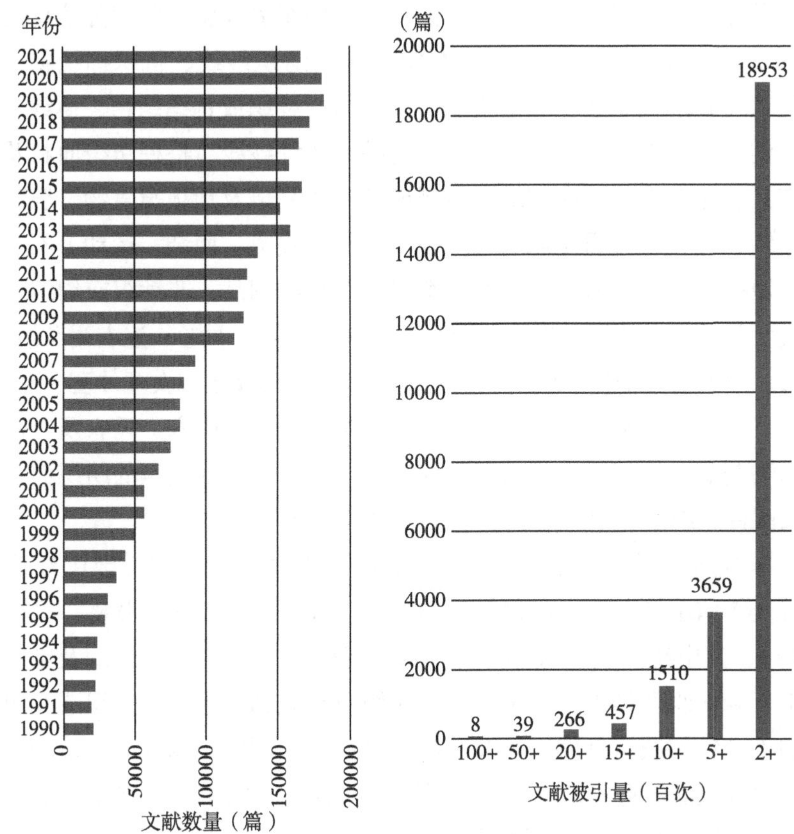

图4-1　1990—2021年Web of Science核心数据库相关文献数量及被引量情况

资料来源：作者根据 Web of Science 核心数据库数据绘制。

表4-1　　1990—2021年经济学国际权威主流期刊刊发情况

国际权威主流期刊	文献量（篇）
Journal of International Economics	132
Journal of Development Economics	102
American Economic Review	58
Quarterly Journal of Economics	26
Econometrics	14
Journal of Political Economy	14
Journal of Finance	6
总计	352

资料来源：作者根据 Web of Science 核心数据库数据整理所得。

（2）纺织服装产业研究中文文献数量统计分析

以关键词“纺织”“服装”“纺织服装产业”“纺织服装贸易”“工业”“制造业”“产业和贸易协同”在中国知网数据库中搜索，可得到相关论文共228万余篇，由1990年的17328篇增加到2021年的83481篇（见图4–2左），近年来相关文献数量有所减少。在文献被引量方面（见图4–2右），被引量超过200次的文献达到1511篇，超过500次的文献有253篇。国内经济学权威期刊发文量为779篇（见表4–2），其中《国际贸易问题》《中国工业经济》和《世界经济》中的刊登量较多，刊登量均超过100篇。可见，关于纺织服装产业和纺织服装贸易的相关研究仍是学术界聚焦的热点问题，虽然作为传统的劳动密集型产业，纺织服装业的研究近年来有所减少，但随着后续研究的全面展开，纺织服装产业和纺织服装贸易的互动关系、协同发展及二者协同所可能产生的经济效应等问题都有待进一步探究。

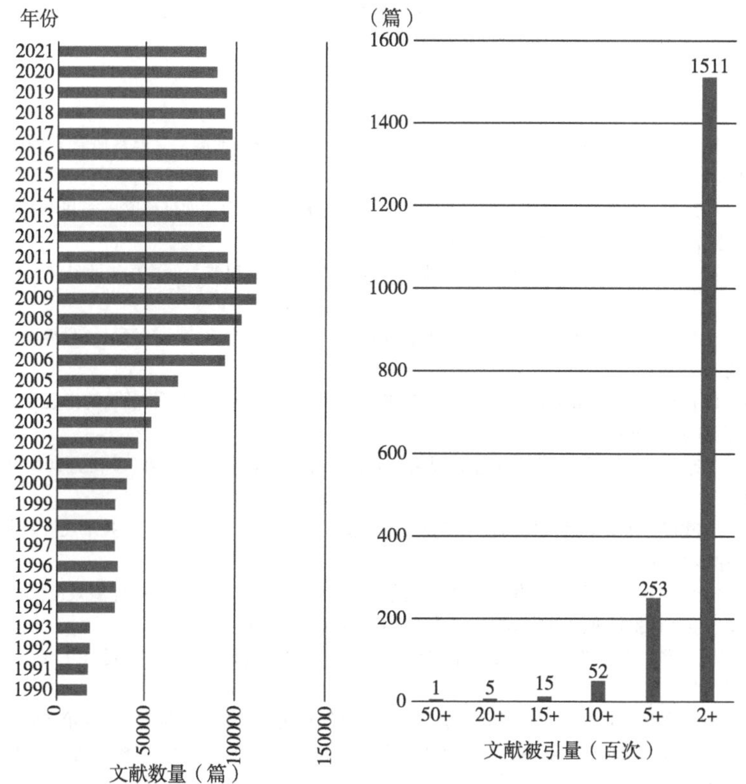

图4-2 1990—2021年中国知网数据库相关文献数量及被引量情况

资料来源：作者根据中国知网数据库数据绘制。

表4-2　　1990—2021年国内经济学权威期刊刊发情况

国内权威期刊	文献量（篇）	最高被引用量及相应作者
《经济研究》	53	1604 篇；陈诗一（2009）①
《管理世界》	61	781 篇；傅京燕和李丽莎（2010）②
《中国工业经济》	129	841 篇；吕政等（2006）③
《世界经济》	123	1545 篇；聂辉华等（2012）④
《中国社会科学》	10	205 篇；涂正革（2012）⑤
《经济学（季刊）》	18	237 篇；文东伟和冼国明（2010）⑥
《数量经济技术经济研究》	86	460 篇；官建成和陈凯华（2009）⑦
《金融研究》	19	198 篇；余泳泽等（2016）⑧
《经济学家》	57	689 篇；顾乃华等（2006）⑨
《财贸经济》	55	304 篇；程大中等（2004）⑩
《南开经济研究》	28	190 篇；刘书瀚等（2010）⑪
《国际贸易问题》	140	425 篇；周升起等（2014）⑫
总计	779	

资料来源：作者根据中国知网数据库数据整理而得。

① 陈诗一:《能源消耗、二氧化碳排放与中国工业的可持续发展》,《经济研究》2009 年第 44 卷第 4 期。

② 傅京燕、李丽莎:《环境规制、要素禀赋与产业国际竞争力的实证研究——基于中国制造业的面板数据》,《管理世界》2010 年第 10 期。

③ 吕政、张克俊:《国家高新区阶段转换的界面障碍及破解思路》,《中国工业经济》2006 年第 2 期。

④ 聂辉华、江艇、杨汝岱:《中国工业企业数据库的使用现状和潜在问题》,《世界经济》2012 年第 5 期。

⑤ 涂正革:《中国的碳减排路径与战略选择——基于八大行业部门碳排放量的指数分解分析》,《中国社会科学》2012 年第 3 期。

⑥ 文东伟、冼国明:《中国制造业的垂直专业化与出口增长》,《 经济学（季刊）》2010 年第 9 卷第 2 期。

⑦ 官建成、陈凯华:《我国高技术产业技术创新效率的测度》,《数量经济技术经济研究》2009 年第 26 卷第 10 期。

⑧ 余泳泽、刘大勇、宣烨:《生产性服务业集聚对制造业生产效率的外溢效应及其衰减边界——基于空间计量模型的实证分析》,《金融研究》2016 年第 2 期。

⑨ 顾乃华、毕斗斗、任旺兵:《生产性服务业与制造业互动发展：文献综述》,《经济学家》2006 年第 6 期。

⑩ 程大中等:《论服务业在国民经济中的"黏合剂"作用》,《财贸经济》2004 年第 2 期。

⑪ 刘书瀚、张瑞、刘丽霞:《中国生产性服务业和制造业的产业关联分析》,《南开经济研究》2010 年第 6 期。

⑫ 周升起、兰珍先、付华:《中国制造业在全球价值链国际分工地位再考察——基于 Koopman 等的"GVC 地位指数"》,《国际贸易问题》2014 年第 2 期。

2. 有关纺织服装产业转型升级及影响因素研究文献

纺织服装产业历史悠久，面对复杂多变的国际国内经济形势，纺织服装产业面临转型升级的挑战。国外学者对纺织服装产业的转型升级研究大多集中在欧美等发达国家或地区。Gereffi（1999）① 在分析亚洲地区的服装行业转型升级时指出，产业附加值的增加是全球价值链基础上产业转型升级的核心。Bair 和 Gereffi（2003）② 认为，产业升级是从出口导向的组装转变为与原始设备制造和原始品牌制造出口角色相关的更为一体化的制造和营销形式，参与全球价值链、获得社会资本（建立有效网络）以及掌握原始设备制造商角色所需的集成制造能力等是实现纺织服装产业转型升级的关键因素。Andrew（2004）③ 对墨西哥当地的服装企业进行调查，证实了跨国公司带来的先进技术和成功经验的引进以及国际直接投资对纺织服装企业转型升级具有十分重要的作用。Lam 和 Postle（2006）④ 认为，纺织服装产业的转型升级有利于提升该产业的国际竞争力，以中国香港为例，提高供应链管理的效率是实现纺织服装产业转型升级的重要手段。Grumiller 等（2020）⑤ 指出，纺织服装行业的转型要求非常苛刻，欧盟发展政策应加大支持力度，以促进纺织服装行业全球价值链的可持续升级。

在构建评价纺织服装产业转型升级的指标体系方面，郭慧敏（2010）⑥ 将纺织服装产业的升级分为量的转变和质的转变，在质的转变中，从制程、产品和功能三个方面的转型升级构建测度纺织服装产业转型升级的指数，结果发现浙江省的纺织服装产业转型升级处于量的转变和产品升级的阶段，暂未实现功能转型升级。黄雁雁（2016）⑦ 则根据 AHP（多方案决策方法）的原理，从企业内部环境、企业组织管理体系、

① Gereffi G., "International trade and industrial upgrading in the apparel commodity chain," *Journal of International Economics*, Vol.48, No.1, 1999.

② Bair J., Gereffi G., "Upgrading, uneven development, and jobs in the north American apparel industry," *Global Networks*, Vol.3, 2003.

③ Andrew, Pm, W. L. Barnes, "Energy Transfer Across A Metal Film Mediated By Surface Plasmon Polaritons," *Science*, 2004.

④ Lam, Jimmy K. C., Ron Postle, "Textile and apparel supply chain management in Hong Kong," *International Journal of Clothing Science and Technology*, Vol.18, No.4, 2006.

⑤ Grumiller D., Pérez A., Sheikh-Jabbari M. M., et al., "Spacetime structure near generic horizons and soft hair," *Physical Review Letters*, Vol.124, No.4, 2020.

⑥ 郭慧敏：《开放经济下浙江纺织服装业转型升级研究》，博士学位论文，浙江大学，2010 年。

⑦ 黄雁雁：《创新驱动发展战略下制造业转型升级影响因素实证研究——以浙江省纺织服装企业为例》，《金融经济》2016 年第 2 期。

企业技术创新和产业政策环境出发，设计了15个影响浙江省纺织服装产业转型升级因素的指标模型并进行实证分析。黄满盈和邓晓虹（2018）[①]设计了两套指标体系，利用中国64家纺织服装企业5年间的面板数据实证分析了中国纺织服装企业的驱动因素，结果发现营销能力是对纺织服装产业转型升级影响最大的因素。除此之外，资金能力、发展能力和管理能力也对纺织服装产业转型升级产生较大影响。

3. 有关纺织服装产业转型升级的实施路径的研究文献

在研究纺织服装产业转型升级的实施路径或措施方面，顾庆良和赵健茹（2008）[②]在分析日本等发达国家推动纺织服装产业转型升级的成功经验的基础上，提出我国实现纺织服装产业转型升级的路径：流程升级—产品升级—功能升级—链条升级。陆立军和郑小碧（2010）[③]认为，浙江省的纺织服装业升级路径是由国内、发展中国家到日本、再到东盟，最后推进到欧美市场的过程。肖国圣和李波平（2013）[④]基于全球价值链和微笑曲线理论指出，浙江省的纺织服装产业存在价值链和产业链、原材料和劳动力成本等多方面的制约，并提出纺织服装产业转型升级的路径：政府发挥导向作用；强化纺织服装协会服务职能；以及技术创新、品牌建设有效营销和人才引进驱动产业升级。王飞和郭孟珂（2014）[⑤]利用出口增加值分解模型对我国纺织服装的出口增加值进行分解，在比较我国与其他国家或地区的纺织服装业的国际竞争力的基础上，提出我国纺织服装产业实现转型升级的方向：生产应向高技术含量、高附加值的产品聚集。国外学者Fernandez-Stark等（2016）[⑥]在分析秘鲁的纺织服装全球价值链的基础上，提出了纺织服装产业转型升级的四个关键战略：①农业部门的工艺和产品升级，以保证原材料的竞争性供应；②服装制造业向高价值品牌的产品升级；③整合为快时尚供应商，以高价值品牌

---

① 黄满盈、邓晓虹：《中国纺织服装业转型升级驱动因素——基于上市公司的季度面板数据分析》，《技术经济与管理研究》2018年第9期。

② 顾庆良、赵健茹：《发达国家纺织服装产业结构转型和产业升级的经验与启示》，《江苏纺织》2008年第4期。

③ 陆立军、郑小碧：《全球价值链下地方化产业升级路径研究——以浙江纺织服装业为例》，《商业经济与管理》2010年第10期。

④ 肖国圣、李波平：《基于GVC与微笑曲线理论的浙江纺织服装产业转型升级障碍分析与路径选择》，《生产力研究》2013年第12期。

⑤ 王飞、郭孟珂：《我国纺织服装业在全球价值链中的地位》，《国际贸易问题》2014年第12期。

⑥ Fernandez-Stark K., et al., "Peru in the High Quality Cotton Textile and Apparel Global Value Chain: Opportunities for Upgrading," *World Bank*, 2016.

为重点；④中长期功能升级为设计和品牌活动。熊兴等（2020）[①]认为我国应当深化纺织服装产业供给侧结构性改革、开拓消费市场以及探索纺织服装产业的新发展模式以推进产业转型升级。

4. 有关纺织服装产业高质量发展研究文献

国内学者主要对我国纺织服装产业高质量发展的实施路径、战略和建议等进行了研究分析。王晓义（2018）[②]在分析宁波市纺织服装产业的发展面临挑战的基础上，提出了实现纺织服装产业高质量可持续发展的建议：推进供给侧结构性改革，提高生产智能化水平；引导发展时尚纺织服装产业；对标国际，增强服装品牌竞争力；发挥龙头企业的领军带头作用，促进各类企业协同发展。冯德虎等（2016）[③]研究了中国纺织工业高质量发展路径，他指出，要实现纺织工业的高质量发展，应当增强创新能力、深入实施“中国品牌”“中国质量”“中国创造”战略、坚持生态和谐的绿色发展道路、推进区域协调发展和更高层次的国际化。沈锂鸣等（2020）[④]认为，传统制造业发展最重要的任务之一是实现高质量发展，并提出了四条实施路径：以“智能制造、产品创新”为手段升级纺纱，提升产业整体竞争力；通过“供应链服务”整合、优化服装加工，形成产业新优势；以“线上＋海外＋多品牌”为家纺品牌建设突破口；以“新材料、新应用”为抓手推进化纤、产业用成为产业新亮点。卢灿生（2020）[⑤]认为，未来中国要实现纺织服装产业的高质量发展，应当从企业、政府、社会公众和消费者四个角度出发制定相应的政策，并且应遵循生态文明优先、区域协调发展和产业融合创新发展等原则。裘晓雯（2021）[⑥]以宁波市为例，研究了纺织产业集群如何实现高质量发展，研究表明，产业集群创新性能够促进产业集群升级，从而有利于纺织产业高质量发展。

5. 有关纺织服装业国际竞争力研究文献

纺织服装产业的国际竞争力是国内外学者研究的热点问题，“H-O

① 熊兴、王婧倩、陈文晖：《新形势下我国纺织服装产业转型升级研究》，《理论探索》2020年第6期。

② 王晓义：《智能制造与宁波纺织服装产业高质量可持续发展的路径探索》，《宁波经济（三江论坛）》2018年第8期。

③ 冯德虎、倪麟：《长江经济带纺织服装产业发展路径研究》，《纺织导报》2016年第11期。

④ 沈锂鸣、马志辉、顾军：《山东纺织，服装产业高质量发展的五条路径》，《中国纺织》2020年第Z1期。

⑤ 卢灿生：《中国纺织服装行业经济高质量发展研究》，博士学位论文，深圳大学，2020年。

⑥ 裘晓雯：《基于结构方程模型的宁波纺织服装产业集群创新性与升级研究》，《浙江纺织服装职业技术学院学报》2021年第20卷第1期。

理论”认为，一个国家获得的竞争力取决于劳动力和资本等多种因素。国外的纺织服装产业自第一次工业革命时期开始发展，起步较早，学者主要通过理论研究分析了影响纺织服装产业国际竞争力的因素，试图为提高纺织服装产业的国际竞争力提供政策建议。Lee（1993）[①] 认为性别差异是影响韩国纺织服装产业国际竞争力和实现产业利润最大化的重要因素之一。Giuli（1997）[②] 在研究欧洲纺织服装产业的国际竞争力时指出，相对丰富的廉价劳动力是影响纺织服装产业国际竞争力的重要因素但不是决定性因素，根据波特的“国家竞争优势”理论，纺织服装产业的国际竞争力是多种因素共同决定的。Karabegovic 和 Ujevic（2006）[③] 通过介绍波斯尼亚和黑塞哥维那及克罗地亚服装工业应用现代技术的案例，说明应用智能系统是提高欧洲纺织业地位和竞争力的基础，新的现代技术是实现竞争力和确保欧洲纺织、服装和制鞋业生存的唯一可能途径。Lau 等（2009）[④] 研究了影响中国纺织服装产业的六个关键因素，结果发现，政府的政策支持和相关行业的基础设施条件是决定纺织服装行业竞争力的最重要因素。部分学者认为，产业集群是影响纺织服装产业国际竞争力的重要因素之一（Đorđević 等，2011）[⑤]；（Dixit 等，2015）[⑥]；（Asalos 和 Iordanescu，2015）[⑦]。Đorđević 等（2011）[⑧] 指出，对纺织服装产业而言，中小企业具有市场和技术灵活性，是市场经济中经济发展的动力；集群是提高竞争力、生产力和中小型公司发展过程中的一个重要因素。Dixit

① Lee, “Gender-differentiated employment practices in the South Korean textile industry,” *Gender & Society*, Vol.7, No.4, 1993.

② Giuli M., *Centre for International Business Studies*, 1997.

③ Karabegovic, I., D. Ujevic, “Applying intelligent systems as a basis for improving the position and competitiveness of the European textile industry,” *Fibres and Textiles in Eastern Europe*, Vol. 14, No.1, 2006.

④ Lau, et al., “Determinants of competitiveness: Observations in China’s textile and apparel industries,” *China & World Economy*, Vol. 17, No.2, 2009.

⑤⑧ Đorđević D., Ćoćkalo D., Urošević S., et al., “Clusters and Competitive Ability of Small and Medium Enterprises in the Textile and Clothing Industry: Serbian Economy Review,” *Fibres & Textiles in Eastern Europe*, Vol. 19, No.5, 2011.

⑥ Dixit, Sumita, et al., “Toxic hazards of leather industry and technologies to combat threat: a review,” *Journal of Cleaner Production*, Vol.87, 2015.

⑦ Asalos, Nicoleta, Marius Iordanescu, “The contribution of clusters to increase the competitiveness of the textile and clothing industry. Cluster analysis using location quotient method,” *Industria Textila*, Vol.6, 2015.

（2015）[1]也提出了类似的观点，他认为，在中小微企业密集的印度，中小微企业及其集群的特点对该国纺织工业国际竞争力的提高具有重要意义。Asalos 和 Iordanescu（2015）[2]认为，纺织产业集群可能是提高出口周转率、吸引外国投资、创造就业机会、提升企业和国家竞争力的长期解决方案，是提高产业竞争力的核心因素。Dhiman（2020）[3]考察了印度纺织工业的国际竞争力，并发现：对于出口商而言，面对货币升值，出口商可以通过降低利润来保持在全球市场上的竞争力。

国内学者如张宏性（2005）[4]指出，劳动力成本低是我国纺织服装产业国际竞争力强的主要原因，而劳动生产率、职工素质培训、科技水平和产品质量等因素都是影响纺织服装产业国际竞争力的重要原因。许雪琼（2017）[5]则通过建立多元线性回归模型实证研究了影响纺织服装产业国际竞争力的因素，结果显示：劳动力、研发创新、国外纺织服装进口市场规模等因素都对我国纺织服装产业的国际竞争力产生影响。黄身发和汪雅芳（2018）[6]在波特的"钻石模型"的基础上，增加了企业文化因素，他们认为，纺织服装企业的文化是影响企业竞争力的重要内在因素。周蕾和孙波（2021）[7]通过实证研究发现：企业单位数量和出口贸易总值有助于纺织服装产业国际竞争力的提升，而人民币兑美元汇率与纺织服装产业的国际竞争力呈负相关关系（见表 4-3）。

---

① Dixit, Sumita, et al., "Toxic hazards of leather industry and technologies to combat threat: a review," *Journal of Cleaner Production*, Vol.87, 2015.

② Asalos, Nicoleta, Marius Iordanescu, "The contribution of clusters to increase the competitiveness of the textile and clothing industry. Cluster analysis using location quotient method," *Industria Textila*, Vol.6, 2015.

③ Dhiman R., Kumar V., Rana S., "Why export competitiveness differs within Indian textile industry? Determinants and empirical evidence," *Review of International Business and Strategy*, Vol. 3, No.3, 2020.

④ 张宏性：《中国纺织服装业国际竞争力研究》，《统计研究》2005 年第 1 期。

⑤ 许雪琼：《中国纺织服装产业国际竞争力的影响因素分析》，硕士学位论文，东华大学，2017 年。

⑥ 黄身发、汪雅芳：《泉州纺织服装业国际竞争力及影响因素分析》，《全国流通经济》2018 年第 5 期。

⑦ 周蕾、孙波：《中国纺织服装业国际竞争力影响因素的实证分析》，《经济研究导刊》2021 年第 18 期。

表4-3　　纺织服装业国际竞争力的影响因素

<table>
<tr><th colspan="2">影响因素</th><th>代表性研究</th></tr>
<tr><td colspan="2">劳动力</td><td>H-O 理论；Giuli（1997）①；张宏性（2005）②</td></tr>
<tr><td colspan="2">产业集群</td><td>Đorđević D 等（2011）③；Dixit（2015）④；Asalos 和 Iordanescu（2015）⑤</td></tr>
<tr><td colspan="2">智能科技、研发创新</td><td>Karabegovic 和 Ujevic（2006）⑥；张宏性（2005）⑦；许雪琼（2017）⑧</td></tr>
<tr><td rowspan="6">其他因素</td><td>性别差异</td><td>Ok-Jie Lee（1993）⑨</td></tr>
<tr><td>政策支持</td><td>Chi-Keung Lau 等（2009）⑩</td></tr>
<tr><td>基础设施</td><td>Chi-Keung Lau 等（2009）⑪</td></tr>
<tr><td>企业文化</td><td>黄身发和汪雅芳（2018）⑫</td></tr>
<tr><td>产业规模</td><td>周蕾和孙波（2021）⑬</td></tr>
<tr><td>汇率</td><td>周蕾和孙波（2021）⑭</td></tr>
</table>

资料来源：作者根据相关文献整理而得。

① Giuli M., *Centre For International Business Studies*. 1997.

②⑦ 张宏性:《中国纺织服装业国际竞争力研究》,《统计研究》2005 年第 1 期。

③ Đorđević D., Ćoćkalo D., Urošević S., et al., "Clusters and Competitive Ability of Small and Medium Enterprises in the Textile and Clothing Industry: Serbian Economy Review," *Fibres & Textiles in Eastern Europe*, Vol. 19, No.5, 2011.

④ Dixit, Sumita, et al., "Toxic hazards of leather industry and technologies to combat threat: a review," *Journal of Cleaner Production* , Vol.87, 2015.

⑤ Asalos, Nicoleta, Marius Iordanescu, "The contribution of clusters to increase the competitiveness of the textile and clothing industry. Cluster analysis using location quotient method," *Industria Textila* , Vol.6, 2015.

⑥ Karabegovic I., D. Ujevic, "Applying intelligent systems as a basis for improving the position and competitiveness of the European textile industry," *Fibres and Textiles in Eastern Europe* , Vol. 14, No.1, 2006.

⑧ 许雪琼:《中国纺织服装产业国际竞争力的影响因素分析——以欧洲市场为例》，硕士学位论文，东华大学，2017 年。

⑨ Lee, Ok-Jie, "Gender-differentiated employment practices in the South Korean textile industry," *Gender & Society* , Vol.7, No.4, 1993.

⑩⑪ Lau, Chi - Keung, et al., "Determinants of competitiveness: Observations in China's textile and apparel industries," *China & World Economy* , Vol. 17, No.2, 2009.

⑫ 黄身发，汪雅芳:《泉州纺织服装业国际竞争力及影响因素分析》,《全国流通经济》2018 年第 5 期。

⑬⑭ 周蕾、孙波:《中国纺织服装业国际竞争力影响因素的实证分析》,《经济研究导刊》2021 年第 18 期。

6. 有关纺织服装业国际竞争力的指标体系的研究文献

一些学者致力于对评价纺织服装产业的国际竞争力的研究，并对各国纺织服装产业的国际竞争力进行比较分析。对纺织服装产业国际竞争力评价指标的制定通常基于影响其国际竞争力的因素。常用的单一指标有显示性比较优势指数（RCA）、显示性竞争优势指数（CA），以及产业内贸易指数（IIT）等，其中学者最常使用的指标是显性比较优势指数（RCA）（Kilduff 和 Chi，2006[①]；Karaalp 和 Yilmaz，2012[②]；Karaalp 和 Yilmaz，2013[③]）。除利用某个指标来评估产业的竞争力，也有一些学者综合考虑了多个方面的影响因素，利用多个指标综合评估纺织服装产业的国际竞争力。部分国内学者基于波特的"钻石模型"进行分析（余为丽和王治，2006[④]；程欣，2009[⑤]），另一些学者则构建了不同的评价指标体系衡量纺织服装业的国际竞争力（李莹和商悦，2009[⑥]；朱彤和孙永强，2010[⑦]；夏晓玲，2018[⑧]；李莹等，2009[⑨]），从竞争能力、竞争实力、竞争潜力和竞争环境四个方面构建多个指标体系综合全面地分析了中国纺织服装产业的国际竞争力。夏晓玲（2018）[⑩]选择了出口渗透率、出口相似度指数、贸易竞争力指数、显示性比较优势指数和产品附加值指数共五个指标对中国和印度两国的纺织服装

① Chi, Ting, Peter Kilduff, "An assessment of trends in China's comparative advantages in textile machinery, man-made fibers, textiles and apparel," *Journal of the Textile Institute* , Vol.97, No.2, 2006.

② Karaalp, Hacer Simay, Nazire Deniz Yilmaz, "Assessment of trends in the comparative advantage and competitiveness of the Turkish textile and clothing industry in the enlarged EU market," *Fibres & Textiles in Eastern Europe*, 2012.

③ Karaalp, Hacer Simay, Nazire Deniz Yilmaz, "Comparative advantage of textiles and clothing: evidence for Bangladesh, China, Germany and Turkey," *Fibres & Textiles in Eastern Europe* , 2013.

④ 余为丽、王治:《基于动态钻石模型的中国纺织服装业国际竞争力分析》,《国际商务（对外经济贸易大学学报）》2006 年第 4 期。

⑤ 程欣:《基于钻石模型和 RCA 指数对我国纺织服装产业国际竞争力的研究》,《国际商务研究》2009 年第 29 卷第 1 期。

⑥ 李莹、商悦:《后配额时代我国纺织服装业国际竞争力评价》,《河南理工大学学报（社会科学版）》2009 年第 10 卷第 4 期。

⑦ 朱彤、孙永强:《我国纺织品服装产业出口结构与国际竞争力的实证分析》,《国际贸易问题》2010 年第 2 期。

⑧⑩ 夏晓玲:《中国与印度纺织服装业在全球价值链中的地位》，硕士学位论文，东华大学，2018 年。

⑨ 李莹、商悦、董兴林:《基于 SWOT 分析的山东省物流业发展战略》,《中国市场》2009 年第 36 期。

产业国际竞争力进行比较，并发现中国纺织服装较印度具有出口竞争优势。

还有一些学者在分析我国纺织服装产业国际竞争力的基础上，提出了提升我国纺织服装产业国际竞争力的对策或路径。闫国庆等（2009）[①]构建了全球价值链的创导模型，并基于此提出以拓展产业发展思路、注重产业空间聚集、优化产业结构等作为提升纺织服装产业国际竞争力的发展路径。程欣（2009）[②]认为，应改善要素条件、扩大内需、完善产业链、改革企业经营战略，以此提升我国纺织服装产业的国际竞争力。周蕾和孙波（2021）[③]则提出要发挥产业集群作用、开拓海外新市场、积极应对汇率波动等来提高我国纺织服装产业国际竞争力。

二、有关纺织服装贸易发展的研究文献回顾

在理论分析方面，许多学者认为贸易壁垒和地理位置都是影响纺织服装出口贸易的重要因素（Evans 和 Harrigan，2005[④]；Nordas，2004[⑤]）。Evans 和 Harrigan（2004）[⑥]指出，美国以降低关税和扩大配额为形式的贸易自由化使东亚服装出口到美国的量增加，除此之外，贸易政策和地理位置对服装贸易的数量产生重要的影响。Nordas（2004）[⑦]认为，相对价格、贸易壁垒和比较优势是决定纺织品服装部门贸易模式的重要因素，地理距离的远近和交通是否便利也可能对贸易流动量产生巨大影响。林宙（2005）[⑧]指出，2005 年，国际纺织配额制取消，国际条款的制约、国际贸易的区域经济一体化、技术壁垒以及反倾销壁垒都对中国纺织品服装的出口贸易构成了挑战。张华

① 闫国庆、孙琪、仲鸿生等:《我国加工贸易战略转型及政策调整》,《经济研究》2009 年第 44 卷第 5 期。

② 程欣:《新经济调整期江苏外经贸持续发展战略研究》,《当代经济》2009 年第 21 期。

③ 周蕾、孙波:《中国纺织服装业国际竞争力影响因素的实证分析》,《经济研究导刊》2021 年第 18 期。

④ Evans, Carolyn, James Harrigan, "Tight Clothing. How the MFA Affects Asian Apparel Exports," *NBER Woking Paper*, 2004.

⑤⑥⑦ Nordas, Hildegunn Kyvik, "The global textile and clothing industry post the agreement on textiles and clothing," *WTO Discussion Paper*, No. 5, 2004.

⑧ 林宙:《中国纺织品服装出口问题研究》，硕士学位论文，暨南大学, 2005 年。

（2008）[①] 针对山东省情况分析了影响该省纺织服装出口贸易的六个因素，他指出，人民币的升值、出口退税率、生产成本上升、海关出口计税会导致纺织服装出口企业的利润率下降。另外，加工贸易政策调整、出口环境日益严峻也给我国纺织服装出口企业带来了挑战。

在实证分析方面，Havrila 和 Gunawardana（2006）[②] 建立了一个出口供给模型，估计了澳大利亚纺织品出口供给主要决定因素的弹性，结果发现：出口相对价格与纺织品出口供给呈正相关，而纺织服装的生产成本与有效关税率和纺织品出口供给呈负相关。郑亚明（2011）[③] 利用格兰杰因果检验、构建误差修正模型的方法，实证分析了我国纺织业有效汇率对出口贸易的影响，结果显示：人民币纺织汇率指数与纺织产业出口贸易额呈负相关。Siddiqui 等（2012）[④] 采用 Johansen 和 Juselius（1994）[⑤] 协整方法检验出口需求及其决定因素之间的长期关系，结果显示：在巴基斯坦纺织和服装部门出口需求的决定因素中，世界人均 GDP 是主要决定因素，贸易开放度是影响纺织服装出口需求的第二大因素。余敏（2012）[⑥] 基于引力模型实证研究了影响我国纺织品服装出口贸易的因素，结果发现：我国与贸易国的 GDP、出口退税率与纺织品服装的出口呈正相关，而人民币兑美元的汇率、绿色贸易壁垒与纺织品服装的出口呈负相关。郭闽榕（2016）[⑦] 根据波特的“钻石模型”，构建了包含生产要素、需求状况及相关和支持产业三个指标的回归模型，结果发现福建省第二产业有利于纺织服装业的进出口贸易，而第一产业则相反，会阻碍福建省纺织服装产业的进出口贸易。除此

---

① 张华：《山东纺织服装出口贸易影响因素及对策分析》，《山东纺织经济》2008 年第 3 期。

② Havrila, Inka, Pemasiri Gunawardana, “Australia’s bilateral intra-industry trade in textiles and clothin,” *Victoria University Working Paper*, 2006.

③ 郑亚明：《中国纺织业有效汇率对纺织服装出口影响研究》，硕士论文，广东商学院，2011 年。

④ Siddiqui, Danish Ahmed, Mohsin Hasnain Ahmad, “The causal relationship between Foreign Direct Investment and Current Account: an empirical investigation for Pakistan economy,” *European Journal of Economics, Finance and Administrative Sciences*, 2012.

⑤ Johansen, Søren, Katarina Juselius, “Identification of the long-run and the short-run structure an application to the ISLM model,” *Journal of Econometrics*, Vol.63, No.1, 1994.

⑥ 余敏：《基于引力模型对我国纺织服装产品出口影响因素的实证研究》，《石河子大学学报（哲学社会科学版）》2012 年第 26 卷第 3 期。

⑦ 郭闽榕：《福建省纺织服装业对外贸易发展现状及影响因素分析》，《对外经贸》2016 年第 3 期。

之外，福建省实际利用外资额也与该省纺织服装贸易呈负相关。周瑛等（2019）[①]基于引力模型，利用2000—2016年中国对65个“一带一路”共建国家的面板数据进行实证分析，证实了我国的经济增长、进口国的人口数量、纺织服装的国际市场占有率以及贸易竞争指数与我国的纺织服装产业出口呈正相关，而两国的地理距离、我国的人口数量、显示性比较优势指数以及金融危机均对我国纺织服装产业出口贸易产生阻碍作用（见表4-4）。

表4-4　纺织服装贸易的影响因素

研究方法	影响因素	代表性研究	计量模型
理论研究	贸易壁垒	Evans和Harrigan（2004）[②]；Nordas(2004)[③]；林宙（2005）[④]；徐强和马素琴（2005）[⑤]	—
	地理位置	Evans和Harrigan（2004）[⑥]；Nordas（2004）[⑦]	—
	其他因素：价格、汇率、比较优势、生产成本等	Nordas（2004）[⑧]；张华（2008）[⑨]	—
实证研究	出口相对价格、生产成本、有效关税率	Havrila和Gunawardana（2006）[⑩]	出口供给模型

① 周瑛、白诗琪：《绿色贸易壁垒对我国农产品出口贸易影响的实证分析》，《全国流通经济》2019年第24期。

②⑥ Evans, Carolyn, James Harrigan, “Tight Clothing. How the MFA Affects Asian Apparel Exports,” *NBER Woking Paper*, 2004.

③⑦⑧ Nordas, Hildegunn Kyvik, “The global textile and clothing industry post the agreement on textiles and clothing,” *WTO Discussion Paper*, No. 5, 2004.

④ 林宙：《中国纺织品服装出口问题研究》，硕士学位论文，暨南大学，2005年。

⑤ 徐强、马素琴：《浅析我国纺织服装贸易影响因素及应对措施》，《四川丝绸》2005年第4期。

⑨ 张华：《山东纺织服装出口贸易影响因素及对策分析》，《山东纺织经济》2008年第3期。

⑩ Havrila I., Gunawardana P., “Analysing comparative advantage and competitiveness: an application to Australia’s textile and clothing industries,” *Australian Economic Papers*, Vol. 42, No.1, 2003.

续表

研究方法	影响因素	代表性研究	计量模型
实证研究	汇率	郑亚明（2011）①	格兰杰因果检验、误差修正模型
	世界人均GDP、贸易开放度	Siddiqui 等（2012）②	Johansen 和 Juselius 协整方法
	我国与贸易国的GDP、出口退税率、汇率、绿色贸易壁垒、进口国的人口数量、国际市场占有率、贸易竞争指数、两国的地理距离、我国的人口数量、显示性比较优势指数、金融危机等	余敏（2012）③；周瑛等（2019）④	引力模型

资料来源：作者根据相关资料整理所得。

三、有关纺织服装产业和贸易协同发展的研究文献

20 世纪 70 年代以来，纺织服装产业和贸易的协同发展及产业和贸易的协同发展理论研究文献逐步增加。

（一）协同发展的定义

协同的概念由著名物理学家哈肯（Hermann Haken）⑤于 1971 年提出，协同是指构成系统的各个要素通过协调合作，达到系统整体功能大于各个要素功能之和的一种系统结构状态，它既反映了系统发展的协调合作

① 郑亚明：《中国纺织业有效汇率对纺织服装出口影响研究》，硕士学位论文，广东财经大学，2011 年。

② Siddiqui, Danish Ahmed, Mohsin Hasnain Ahmad, "The causal relationship between foreign direct investment and current account: an empirical investigation for Pakistan economy," *European Journal of Economics, Finance and Administrative Sciences*, 2012.

③ 余敏：《基于引力模型对我国纺织服装产品出口影响因素的实证研究》，《石河子大学学报（哲学社会科学版）》2012 年第 26 卷第 3 期。

④ 周瑛、白诗琪：《绿色贸易壁垒对我国农产品出口贸易影响的实证分析》，《全国流通经济》2019 年第 24 期。

⑤ Graham, Robert, Hermann Haken, "Generalized thermodynamic potential for markoff systems in detailed balance and far from thermal equilibrium," *Zeitschrift Für Physik A Hadrons and Nuclei*, Vol.243, 1971.

过程，又反映了系统通过这一过程所达到的结构状态优化的结果。协同是普遍存在的现象，也是系统演化发展的必然趋势（Hermann Haken，1971）①。1976 年，哈肯发表了《协同学导论》，在书中他系统地阐述了协同理论。协同论认为，千差万别的系统，尽管其属性不同，但在整个环境中，各个系统间存在着相互影响而又相互合作的关系。其中也包括通常的社会现象，如不同单位间的相互配合与协作、部门间关系的协调，企业间相互竞争的作用，以及系统中的相互干扰和制约等。伊戈尔·安索夫（H. Igor Ansoff）② 在著作《公司战略》中提出了协同性（Synergy）的概念，他认为，协同是指相对于各独立组成部分进行简单汇总而形成的企业群整体的经营表现，协同表达了 2+2=5 的观点，它反映了两个企业之间的共生关系（H. Igor Ansoff，1965）③。

协同效应是协同理论的主要内容。协同效应是指由于协同作用而产生的结果，是指复杂开放系统中大量子系统因相互作用而产生的整体效应或集体效应（Hermann Haken，1976）④。千差万别的自然系统或社会系统，均存在着协同作用。协同作用是系统有序结构形成的内驱力。任何复杂系统，当在外来能量的作用下或物质的聚集态达到某种临界值时，子系统之间就会产生协同作用。这种协同作用能使系统在临界点发生质变并产生协同效应，使系统从无序变为有序，从混沌中产生某种稳定结构。

（二）贸易与经济增长、产业发展关系的研究文献

对贸易与产业发展的关系国内外学者早期主要从贸易与经济增长的关系研究开始。Baldwin（1989）⑤ 在研究资本形成过程的基础上论证了贸易对产出和福利水平的影响，他指出，贸易会影响人力资本和物质资本积累，贸易自由化会通过提升资本的边际生产率从而影响产出和福利水平。彭斯达等（2008）⑥ 的研究表明：我国的进出口贸易、投入品和消费

---

① Graham，Robert，Hermann Haken，“Generalized thermodynamic potential for markoff systems in detailed balance and far from thermal equilibrium，” *Zeitschrift Für Physik A Hadrons and nuclei* ，Vol.243，1971.

②③ Ansoff，H. Igor，*New Corporate Strategy*，John Wiley Sons，1965.

④ Haken，Hermann，“Laser and synergetics，” *Physikalische Blatter*，Vol 32，No.12，1976.

⑤ Baldwin，Robert E.，“The political economy of trade policy，” *Journal of Economic Perspectives*，Vol.4，No.3，1989.

⑥ 彭斯达、陈继勇、杨余：《我国对外贸易商品结构和方式与经济增长的相关性比较》，《国际贸易问题》2008 年第 3 期。

品贸易、一般贸易和加工贸易都与经济增长相关。

贸易与经济增长的关系研究可进一步细分为出口贸易和进口贸易分别与经济增长的关系研究。在出口贸易与经济增长的关系研究方面：20 世纪 70 年代以来，“出口导向经济增长”的观点得到广大国外学者的证实与认同，即认为出口对经济增长具有促进作用（Michaely，1977[①]；Balassa，1978[②]；Islam，1998[③]）。另一类观点认为经济增长反过来会促进出口贸易，或二者存在双向的因果关系。例如，Ahmad 和 Kwan（1990）[④]采用格兰杰因果检验的方法分别对中国 1952—1985 年和 1952—1978 年的出口贸易与产出之间的关系进行检验，结果发现：1952—1985 年二者存在双向因果关系，而在 1952—1978 年这种关系则不存在。国内学者对出口与经济增长的关系研究主要围绕实证研究展开，早期学者对出口与经济增长的关系研究主要基于经典线性计量模型，证实了出口对经济增长的正向促进作用（尹翔硕和朱春生，1997[⑤]；沈程翔，1999[⑥]；林毅夫和刘明兴，2003[⑦]；张兵兵，2013[⑧]）。近年来，随着国内学者对出口与经济增长关系的深入研究，一些学者转向利用非线性模型来分析对外贸易与经济增长之间的相关性（林发勤等，2018[⑨]；张小宇和刘永富，2019[⑩]）。在进口与经济增长的关系研究方面，有两类截然不同的观点：一类观点认为进口贸易可以促进经济增

---

① Michaely, Michael, "Exports and growth: an empirical investigation," *Journal of Development Economics*, Vol.4, No.1, 1977.

② Balassa, Bela, "Exports and economic growth: further evidence," *Journal of Development Economics*, Vol.5, No.2, 1978.

③ Islam K. R., R. R. Weil, "Microwave irradiation of soil for routine measurement of microbial biomass carbon," *Biology and Fertility of Soils*, 1998.

④ Ahmad, Jaleel, Andy C. C. Kwan, "Causality between exports and economic growth: empirical evidence from Africa," *Economics Letters*, Vol.37, No.3, 1991.

⑤ 尹翔硕、朱春生:《中国的出口增长与经济增长：回归分析中的问题》,《世界经济文汇》1997 年第 5 期。

⑥ 沈程翔:《中国出口导向型经济增长的实证分析：1977—1998》,《世界经济》1999 年第 12 期。

⑦ 林毅夫、刘明兴:《中国的经济增长收敛与收入分配》,《世界经济》2003 年第 8 期。

⑧ 张兵兵:《进出口贸易与经济增长的协动性关系研究——基于 1952—2011 年中国数据的经验分析》,《国际贸易问题》2013 年第 4 期。

⑨ 林发勤、冯帆、符大海:《国际贸易与经济增长一定是线性关系吗——基于中国省级面板数据的因果效应再估计》,《国际贸易问题》2018 年第 8 期。

⑩ 张小宇、刘永富:《对美出口贸易与产出的时变反应机制分析——基于中美“贸易战”视角》,《河北经贸大学学报》2019 年第 40 卷第 1 期。

长（Lee，Jong-Wha，1995[①]；Madsen，2009[②]）；另一类观点则认为进口贸易会阻碍经济增长，Wang 等（2009）[③] 在研究国际贸易对发展中国家工资的影响时发现：进口商品的技术溢出会加剧发展中国家的工资不平等问题，这就意味着进口贸易对经济发展有阻碍作用。国内学者对进口贸易与经济增长关系的实证研究主要有两种方法：第一种方法是基于普通最小二乘法（OLS）证实了进口贸易能促进经济增长这一观点（佟家栋，1995[④]；徐光耀，2007[⑤]）；第二种方法是利用协整和误差修正模型以及格兰杰因果检验进行分析，其中部分学者认为进口贸易促进经济增长（王坤和张书云，2004[⑥]；熊启泉和杨十二，2005[⑦]），而另一类学者则证实了经济增长反过来可以促进进口贸易的增长（杜江，2007[⑧]；张光南和陈广汉，2009[⑨]；张东阳和彭志远，2013[⑩]）。

在研究贸易与经济增长关系的基础上，部分学者将视角转向贸易与产业发展的关系。Oyama 等（2011）[⑪] 认为，当国家处于贸易开放的初始阶段时，市场的统一会破坏企业和产品的多样性，不利于产业分工。在产业的选择上，学者主要将目光聚焦在制造业、金融业和服务业

---

① Lee，Jong-Wha，“Capital goods imports and long-run growth,” *Journal of Development Economics*，Vol.48，No.1，1995.

② Madsen，Jakob B.，“Trade barriers，openness，and economic growth,” *Southern Economic Journal*，Vol.76，No.2，2009.

③ Wang M.，et al.，“International knowledge spillovers and wage inequality in developing countries,” *Economic Modelling*，Vol.26，No.6，2009.

④ 佟家栋：《关于我国进口与经济增长关系的探讨》，《南开学报（哲学社会科学版）》1995 年第 3 期。

⑤ 徐光耀：《我国进口贸易结构与经济增长的相关性分析》，《国际贸易问题》2007 年第 2 期。

⑥ 王坤、张书云：《中国对外贸易与经济增长关系的协整性分析》，《数量经济技术经济研究》2004 年第 4 期。

⑦ 熊启泉、杨十二：《重新审视进口在经济增长中的作用——基于中国的实证研究》，《国际贸易问题》2005 年第 2 期。

⑧ 杜江：《进口与经济增长的因果关系实证分析——兼论“重新审视进口在经济增长中的作用”》，《国际贸易问题》2007 年第 4 期。

⑨ 张光南、陈广汉：《香港对外贸易与经济增长和产业结构升级——“一国两制”和改革开放的成功结合与实践》，《国际经贸探索》2009 年第 25 卷第 1 期。

⑩ 张东阳、彭志远：《我国对外贸易与经济增长的互动影响——基于 VAR 模型的动态分析》，《对外经贸》2013 年第 1 期。

⑪ Oyama D.，Sato Y.，Tabuchi T.，et al.，“On the impact of trade on the industrial structures of nations,” *International Journal of Economic Theory*，Vol.7，No.1，2011.

上。Shan 和 Sun（1998）[①] 以中国 1987 年 5 月至 1996 年 5 月的时间序列数据为样本，建立了包含出口、工业产出、能源消耗、劳动力、进口和资本支出共六个变量的 VAR 模型，证实了我国出口与工业产出之间的双向促进关系。Sleuwaegen（2010）[②] 基于 1997—2003 年八个欧洲国家制造业的面板数据，考察了全球化对行业层面的企业进入和退出的影响，实证结果表明：出口开放程度较高行业的企业进入壁垒更高，这一特征会对一国的产业结构产生影响。杨丹萍和毛江楠（2010）[③] 的研究表明：金融发展和纺织服装产业的进出口贸易存在双向促进作用。吴敬茹（2021）[④] 利用 2000—2019 年的面板数据进行回归分析，从多个角度分析了服务业对服务贸易竞争力的影响，实证结果表明：服务业 FDI、发展程度、开放度、人力资本水平和人均固定资产投资额均能有效促进服务贸易竞争力水平的提升，而服务业人均收入对服务贸易竞争力的影响则是负向的。

（三）产业结构和贸易结构协同发展研究

产业结构和贸易结构是同源的，产业结构在空间范围上进行扩展从而形成了贸易结构，二者是“原像”和“镜像”的耦合关系（袁欣，2010）[⑤]。国内外学者对产业结构和贸易结构协同发展的研究主要从产业结构和贸易结构的互动关系的角度出发。部分国外学者认为，产业结构影响贸易结构（Yanagawa，1996[⑥]；Piñeres 和 Ferrantino，1997[⑦]），也有学者指出，贸易结构的多元化能促进产业结构升级（Boschma 和 Iammarino，2009）[⑧]。

---

① Shan J., Sun F., “On the export-led growth hypothesis: the econometric evidence from China,” *Applied Economics*, Vol.30, No.8, 1998.

② Colantone I., Sleuwaegen L., “International trade, exit and entry: A cross-country and industry analysis,” *Journal of International Business Studies*, Vol.41, 2010.

③ 杨丹萍、毛江楠：《中国金融发展与对外贸易互动关系研究——基于中国纺织产业的 VAR 模型分析》，《国际贸易问题》2010 年第 4 期。

④ 吴敬茹：《服务业 FDI 对我国服务贸易国际竞争力的影响：理论与实证》，《商业经济研究》2021 年第 15 期。

⑤ 袁欣：《中国对外贸易结构与产业结构：“镜像”与“原像”的背离》，《经济学家》2010 年第 6 期。

⑥ Yanagawa N., “Economic development in a world with many countries,” *Journal of Development Economics*, Vol. 49, No. 2, 1996.

⑦ De Piñeres S. A. G., Ferrantino M., “Export diversification and structural dynamics in the growth process: The case of Chile,” *Journal of Development Economics*, Vol. 52, No. 2, 1997.

⑧ Boschma R., Iammarino S., “Related variety, trade linkages, and regional growth in Italy,” *Economic Geography*, Vol. 85, No. 3, 2009.

Arezki 等（2017）[①] 在检验相对要素丰度对专业化和贸易的影响时发现，美国的能源密集型制造业的产业结构和贸易结构是同向发展的。

国内学者对产业结构和贸易结构的互动耦合关系分别从理论和实证角度进行了大量研究。在理论分析方面，大多数学者肯定了产业结构和贸易结构间的相互作用，认为产业结构和贸易结构相互影响（张亚斌，2001[②]；蒋昭侠，2004[③]；刘秉镰和刘勇，2006[④]；张明志和马静，2012[⑤]）。张明志和马静（2012）[⑥] 指出，产业结构决定贸易结构，贸易结构反作用于产业结构，但二者并不完全一致，产业结构和贸易结构的相互作用关系与一国的经济开放程度呈正相关，而与该国的经济规模大小呈负相关。在实证研究方面，余剑和谷克鉴（2005）[⑦] 利用 HOV 模型实证研究了我国产业结构和贸易结构的变革，结果发现贸易结构通过动态比较优势促进了产业结构的转型升级。陈建华和马晓逵（2009）[⑧] 利用协整和格兰杰因果检验的方法对我国 1989—2007 年的产业结构和进出口贸易结构的关系进行实证研究，结果发现二者存在长期、稳定的协整关系。孙晓华和王昀（2013）[⑨] 利用半对数模型和结构效应对贸易结构和产业结构的关系进行实证分析，结果发现工业制成品的国际贸易有利于提高第二产业的比重，且贸易结构效应有利于促进产业结构升级。孔炯炯（2014）[⑩] 利用协整检验、VAR 模型、误差修正模型和格兰杰因果检验等方法对我国 1991—2010 年 27 个制造业的产业结构和贸易结构的关系进行分析，证实了出口贸易结构会促进产业结构升级，而进口贸易结构则相反，且这

---

① Arezki R., et al., "On the comparative advantage of U.S. manufacturing: evidence from the shale gas revolution," *Journal of International Economics*, Vol. 107, 2017.

② 张亚斌:《中国所有制结构与产业结构的耦合研究》，人民出版社 2001 年版。

③ 蒋昭侠:《产业布局影响新因素与产业布局的模式选择》，《江苏商论》2004 年第 12 期。

④ 刘秉镰、刘勇:《我国区域产业结构升级能力研究》，《开放导报》2006 年第 6 期。

⑤⑥ 张明志、马静:《产业结构影响中国贸易收支失衡的理论分析与实证检验》，《国际贸易问题》2012 年第 1 期。

⑦ 余剑、谷克鉴:《开放条件下的要素供给优势转化与产业贸易结构变革——基于比较优势战略的中国改革开放实践的考察》，《国际贸易问题》2005 年第 11 期。

⑧ 陈建华、马晓逵:《中国对外贸易结构与产业结构关系的实证研究》，《北京工商大学学报（社会科学版）》2009 年第 24 卷第 2 期。

⑨ 孙晓华、王昀:《对外贸易结构带动了产业结构升级吗？——基于半对数模型和结构效应的实证检验》，《世界经济研究》2013 年第 1 期。

⑩ 孔炯炯:《我国进出口贸易结构对产业结构的影响——基于 VAR 模型的实证分析》，《湖南社会科学》2014 年第 1 期。

两种作用关系均存在时滞性。杨丹萍和杨丽华（2016）[①]在研究贸易和技术进步影响产业结构的机理基础上发现，出口贸易与产业结构呈现U形的相关关系。卜伟等（2019）[②]的研究表明：中国贸易结构对产业结构的促进作用在长期显著，而在短期不显著，这与影响产业结构的自然禀赋、比较优势等因素在短期内不容易改变有关。

（四）产业政策和贸易政策协同发展研究

国内外学者对产业政策和贸易政策协同发展的研究主要从产业政策和贸易政策互动关系的角度出发。从已有的文献来看，产业政策和贸易政策都会对经济增长、社会福利等方面产生影响，且作用不一，二者存在合理协调、相辅相成从而达到协同发展的可能。Shadlen（2005）[③]通过对比WTO和美国与发展中国家之间的区域双边协议中指导贸易、投资和知识产权领域政策的法规发现，两种一体化战略之间存在相似的权衡。Harrison和Rodríguez-Clare（2009）[④]指出，发展中国家征收关税、补贴和减免税收的这类政府干预即为“产业政策”，而这类产业政策与贸易和外国直接投资改革之间存在一定的互补性，贸易自由化在伴随着诸如“使劳动力市场更灵活”和“改善基础设施”等产业政策实施的条件下才能带来更快的经济增长。Moore和Wu（2015）[⑤]在研究反倾销税和战略性贸易政策的关系时发现，反倾销是企业为了响应产业政策而采取的贸易补救措施的工具，二者存在一种协调性。Wang（2016）[⑥]分析了古诺寡头垄断下产出补贴（产业政策）和进口关税（贸易政策）的福利效应，发现同时采用补贴和关税政策的效果优于单独采取产出补贴政策，因此，政府应当谨慎协调产业政策和贸易政策以改善社会福利。Dhingra和

---

① 杨丹萍、杨丽华:《对外贸易、技术进步与产业结构升级：经验、机理与实证》,《管理世界》2016年第11期。

② 卜伟、杨玉霞、池商城:《中国对外贸易商品结构对产业结构升级的影响研究》,《宏观经济研究》2019年第8期。

③ Shadlen K. C., “Exchanging development for market access? Deep integration and industrial policy under multilateral and regional-bilateral trade agreements,” *Review of International Political Economy*, Vol. 12, No. 5, 2005.

④ Harrison A., Rodríguez-Clare A., “Tradeforeign investment, and industrial policy for developing countries,” *Handbook of Development Economics*, Vol. 5, 2010.

⑤ Moore M. O., Wu M., “Antidumping and strategic industrial policy: tit-for-tat trade remedies and the China - x-ray equipment dispute,” *World Trade Review*, Vol. 14, No. 2, 2015.

⑥ Wang L. F. S., “Do industrial and trade policy lead to excess entry and social inefficiency,” *International Review of Economics & Finance*, Vol. 43, 2016.

Meyer(2021)[①] 在分析印度的产业政策和出口补贴政策时指出，应当提高贸易政策的透明度，并加强贸易政策和产业政策的优先事项之间的协调。

国内学者对产业政策和贸易政策协同关系的研究大多为理论分析，一些学者肯定了二者协同共生的关系，认为不同阶段的贸易政策对产业政策起着配合和支持的作用（佟家栋和刘程，2017）[②]。大多学者主要从产业政策和贸易政策协调发展的必要性、我国产业政策和贸易政策协调发展中存在的问题和对策两个方面出发。在产业政策和贸易政策协同发展的必要性方面，李燕和张波（2012）[③] 认为，产业政策与贸易政策协调发展有利于减小制度性贸易摩擦，出口导向型贸易政策可能忽略技术升级，偏向吸引外资的产业政策可能导致出口主体结构不均衡等问题，二者协调发展是目前迫切的任务。宋学义（2013）[④] 指出产业和贸易政策协调发展是解决制度性贸易摩擦和内外经济不均衡问题的有效措施。在我国产业政策和贸易政策协调发展中存在的问题、原因和对策方面，李钢（2013）[⑤] 认为，对于我国产业政策和贸易政策协调发展社会各界存在思想分歧、选择保护还是开放的分歧、不协调引发的贸易摩擦问题以及利用外资和加工政策与产业政策之间存在不协调等方面的问题。王海燕等（2014）[⑥] 认为，贸易和产业发展目标的不一致导致贸易政策和产业政策的不协调，主要表现为：贸易主体管理缺位，产业政策制定时未考虑贸易利益，产业和贸易的管理机构缺乏沟通。李敏和刘阳（2020）[⑦] 对我国产业政策和贸易政策协同发展的实施路径进行了深入研究，并提出要根据不同发展阶段的特征，适当调整产业政策和贸易政策的实施措施，才能实现二者的协调发展。

---

① Dhingra S., Meyer T., "Leveling the Playing Field: Industrial Policy and Export-Contingent Subsidies in India - Export Related Measures ," *World Trade Review*, Vol. 20, No. 4, 2021.

② 佟家栋、刘程:《与对外贸易政策相连接的产业政策——试论产业政策与政府干预》,《南开学报（哲学社会科学版）》2017 年第 6 期。

③ 李燕、张波:《我国产业政策与贸易政策的协调问题研究——基于制度性贸易摩擦背景下的分析》,《现代经济探讨》2012 年第 2 期。

④ 宋学义:《贸易政策与产业政策的协调》,《国际经济合作》2013 年第 4 期。

⑤ 李钢:《强化贸易政策和产业政策协调若干问题研究》,《国际贸易》2013 年第 3 期。

⑥ 王海燕、滕建州、颜蒙:《强化我国对外贸易政策与产业政策协调的研究》,《经济纵横》2014 年第 7 期。

⑦ 李敏、刘阳:《我国产业政策、贸易政策协同发展的实施路径文献述评》,《商业经济研究》2020 年第 9 期。

（五）纺织服装产业与贸易协同发展研究

1. 纺织服装贸易和经济增长的关系

国内外学者对纺织服装产业和贸易的互动和协同关系的研究相对较少，早期国内学者主要从研究纺织服装贸易和经济增长的关系开始。在纺织服装贸易与经济增长的关系方面，学者大多采用协整和格兰杰因果检验的方法进行实证研究，得出的结论不尽相同。有学者认为，纺织服装贸易对经济增长的影响不大，熊丽娟和黄凯（2006）[①]利用协整模型实证分析了1980—2004年我国纺织品出口对经济增长的影响，结果发现纺织品出口对我国经济增长的贡献率较低。除此之外，部分学者的研究表明，纺织服装贸易与经济增长具有相互促进的作用，涂远芬（2006）[②]的研究表明：我国纺织服装的出口贸易与经济增长存在互为因果的关系。张亮（2008）[③]对纺织服装出口贸易与经济增长的关系的实证研究得出了与涂远芬（2006）[④]类似的结论，他进一步指出：纺织服装的进口贸易对经济增长同样存在促进作用，且这种作用大于出口对经济增长的促进作用。

2. 纺织服装贸易政策和产业发展的关系

在此基础上，部分学者将视角转向纺织服装贸易和产业发展的关系。一些学者对纺织服装贸易政策和产业发展的关系进行了研究，Finger和Harrison（1996）[⑤]指出，美国对纺织服装产业采取的贸易保护措施，对该产业的发展造成了负面影响，从而导致美国高达83%的经济净损失。Nordas（2004）[⑥]指出，处于低收入阶层的妇女是从事纺织服装行业工作的主要人员，征收出口税或设置配额有可能会使这些贫困人群面临失业，给经济带来负面影响。国内有学者提出了类似的观点，李善同和何建武（2007）[⑦]通过构建CGE（可计算的一般均衡）模型分析了后配额时

---

① 熊丽娟、黄凯：《我国纺织品出口对经济增长贡献的实证研究》，《国际贸易问题》2006年第11期。

②④ 涂远芬：《我国纺织品服装出口与经济增长的时间检验》，《商场现代化》2006年第25期。

③ 张亮：《我国纺织品服装贸易和经济增长的交互影响》，《统计与决策》2008年第3期。

⑤ Finger J. M., Harrison A., *Import Protection for US Textiles and Apparel: Viewed from the Domestic Perspective*, University of Chicago Press, 1996.

⑥ Nordas H. K., "The Global Textile and Clothing Industry post the Agreement on Textiles and Clothing," *WTO Discussion Papers*, 2004.

⑦ 李善同、何建武：《后配额时期中国、美国及欧盟纺织品贸易政策的影响分析》，《世界经济》2007年第1期。

期纺织品出口税和配额的经济影响，结果发现：征收纺织品出口税和设置配额均会使中国的福利受损，这是因为这类贸易政策的实施使中国的纺织品行业在全球纺织品行业中，无法分享与比较优势相匹配的就业机会，从而使就业机会减少。张理平（2004）[①] 分析了取消配额制对我国纺织服装产业的影响，他指出，配额制的取消有利于提高我国纺织服装产业的出口贸易量和价格，且在进口国市场上的价格竞争力增强，但纺织服装产业的自由贸易也使我国服装业面临潜在的危机。魏冬梅和路世昌（2005）[②] 研究了绿色壁垒对中国纺织服装产业发展的影响，主要表现为增加我国纺织服装产品的市场进入难度以及提高环境成本等负面影响。Das（2009）[③] 的研究表明：在劳动密集型行业，如棉纺织品、纺织品、皮革和皮革制品等，贸易自由化对劳动力市场指标产生积极影响，包括就业、实际工资和劳动生产率等方面。范文祥和齐杰（2013）[④] 分析了我国在农业、纺织业、汽车产业、高技术产业以及环保产业的产业政策和外贸政策不协调的表现，并指出体制不完善和结构不合理是导致产业政策和贸易政策不协调的重要原因。

3. 纺织服装产业和贸易发展的相互关系

还有少数学者研究了纺织服装贸易与纺织服装产业的相互关系，其观点主要有：纺织服装贸易促进纺织服装产业发展，纺织服装产业促进纺织服装贸易发展，纺织服装产业和贸易之间存在双向促进作用。

部分学者认为，纺织服装贸易有助于促进纺织服装产业发展。Schrank A（2004）[⑤] 对墨西哥当地的服装企业进行了调查，证实了纺织服装国际贸易带来的先进技术、成功经验的引进以及国际直接投资有利于纺织服装企业转型升级。付韶军等（2010）[⑥] 利用我国 27 个省（自治区、直辖市）的

① 张理平：《浅析配额取消对我国纺织品服装业的影响》，《对外经贸实务》2004 年第 3 期。

② 魏冬梅、路世昌：《绿色壁垒对我国纺织服装行业国际竞争力的影响及对策》，《辽宁经济》2005 年第 1 期。

③ Das D. K., Kalita G, "Do Labor Intensive Industries Generate Employment," *Working Paper*, No. 237, 2009.

④ 范文祥、齐杰：《中国外贸政策与产业政策协调分析》，《石家庄经济学院学报》2013 年第 36 卷第 5 期。

⑤ Schrank A., "Ready-to-wear development? Foreign investment, technology transfer, and learning by watching in the apparel trade," *Social Forces*, Vol. 83, No. 1, 2004.

⑥ 付韶军、何晓群、高亚春：《基于面板协整的纺织品贸易与经济增长关系研究》，《数学的实践与认识》2010 年第 40 卷第 5 期。

面板数据进行协整实证分析，发现纺织品出口和进口对纺织行业的经济增长均有促进作用，且存在省市差异。一些学者的研究表明，纺织服装产业有利于促进纺织服装贸易发展。Nordas（2004）[①] 认为，纺织服装的比较优势是决定纺织品服装部门贸易模式的重要因素之一。Lam 和 Postle（2006）[②] 认为，纺织服装产业的转型升级有利于促进纺织服装贸易竞争力的提升。姜延书等（2006）[③] 利用协整、格兰杰因果分析方法实证研究了我国纺织产业 1985—2004 年的经济增长、出口贸易与国内需求的关系，结果证实：纺织行业的经济增长是纺织品出口贸易增长的格兰杰原因。蒋冠宏和蒋殿春（2013）[④] 利用中国服装、纺织和鞋帽类企业的数据实证分析了纺织服装企业的对外直接投资决策和其生产率之间的关系，结果发现，生产率越高的企业越倾向于对外投资。周蕾和孙波（2021）[⑤] 通过实证研究发现：纺织服装企业单位数量的增加有助于提升纺织服装产业国际竞争力。还有少数学者的研究表明，纺织服装产业和贸易之间存在双向促进作用。杨丹萍（2009）[⑥] 利用 1988—2007 年浙江省纺织产业的数据进行实证分析，发现纺织行业的产业集聚和出口贸易存在双向促进作用（见表 4–5）。

表4-5　　纺织服装产业和贸易协同发展研究情况

研究内容	主要观点	代表性研究
纺织服装贸易和经济增长的关系	纺织服装贸易和经济增长相互促进	涂远芬（2006）[⑦]；张亮（2008）[⑧]
	纺织服装贸易不影响经济增长	熊丽娟和黄凯（2006）[⑨]

① Nordas H. K., "The Global Textile and Clothing Industry post the Agreement on Textiles and Clothing," *WTO Discussion Papers*, 2004.

② Lam J. K. C., Postle R., "Textile and apparel supply chain management in Hong Kong," *International Journal of Clothing Science and Technology*, Vol. 18, No. 4, 2006.

③ 姜延书、付韶军、白小伟：《纺织行业经济增长、出口和内需关系的实证分析》，《学术交流》2006 年第 7 期。

④ 蒋冠宏、蒋殿春：《中国企业对外直接投资的异质性检验——以服装、纺织和鞋帽类企业为例》，《世界经济研究》2013 年第 11 期。

⑤ 周蕾、孙波：《中国纺织服装业国际竞争力影响因素的实证分析》，《经济研究导刊》2021 年第 18 期。

⑥ 杨丹萍：《产业集聚与出口贸易互动关系之研究——基于浙江省纺织产业的实证分析》，《国际贸易问题》2009 年第 6 期。

⑦ 涂远芬：《我国纺织品服装出口与经济增长的时间检验》，《商场现代化》2006 年第 25 期。

⑧ 张亮：《我国纺织品服装贸易和经济增长的交互影响》，《统计与决策》2008 年第 3 期。

⑨ 熊丽娟、黄凯：《我国纺织品出口对经济增长贡献的实证研究》，《国际贸易问题》2006 年第 11 期。

续表

研究内容	主要观点	代表性研究
纺织服装贸易政策和产业发展的关系	贸易保护措施阻碍纺织服装产业发展	Finger 和 Harrison（1996）①
	征收出口税、设置配额会阻碍纺织服装产业发展	Nordas（2004）②；李善同和何建武（2007）③；张理平（2004）④
	贸易自由化促进纺织服装产业发展	Das（2009）⑤
纺织服装产业和贸易发展的关系	纺织服装贸易促进产业发展	Schrank A（2004）⑥；付韶军等（2010）⑦
	纺织服装产业促进贸易发展	Nordas（2004）⑧；Lam 和 Postle（2006）⑨；姜延书等（2006）⑩；蒋冠宏和蒋殿春（2013）⑪；周蕾和孙波（2021）⑫
	纺织服装产业和贸易相互促进	杨丹萍（2009）⑬

资料来源：作者根据相关文献整理而得。

---

① Finger J. M., Harrison A., *Import Protection for US Textiles and Apparel: Viewed from the Domestic Perspective*, University of Chicago Press, 1996.

② Nordas H. K., "The Global Textile and Clothing Industry post the Agreement on Textiles and Clothing," *WTO Discussion Papers*, 2004.

③ 李善同，何建武：《后配额时期中国、美国及欧盟纺织品贸易政策的影响分析》，《世界经济》2007 年第 1 期。

④ 张理平：《浅析配额取消对我国纺织品服装业的影响》，《对外经贸实务》2004 年第 3 期。

⑤ Das D. K., Kalita G., "Do Labor Intensive Industries Generate Employment," *Working Paper*, No. 237, 2009.

⑥ Schrank A., "Ready-to-wear development? Foreign investment, technology transfer, and learning by watching in the apparel trade," *Social forces*, Vol. 83, No. 1, 2004.

⑦ 付韶军、何晓群、高亚春：《基于面板协整的纺织品贸易与经济增长关系研究》，《数学的实践与认识》2010 年第 40 卷第 5 期。

⑧ Nordas H. K., "The Global Textile and Clothing Industry post the Agreement on Textiles and Clothing," *WTO Discussion Papers*, 2004.

⑨ Lam J. K. C., Postle R., "Textile and apparel supply chain management in Hong Kong," *International Journal of Clothing Science and Technology*, Vol. 18, No. 4, 2006.

⑩ 姜延书、付韵军、白小伟：《纺织行业经济增长、出口和内需关系的实证分析》，《学术交流》2006 年第 7 期。

⑪ 蒋冠宏、蒋殿春：《中国企业对外直接投资的异质性检验——以服装、纺织和鞋帽类企业为例》，《世界经济研究》2013 年第 11 期。

⑫ 周蕾、孙波：《中国纺织服装业国际竞争力影响因素的实证分析》，《经济研究导刊》2021 年第 18 期。

⑬ 杨丹萍：《产业集聚与出口贸易互动关系之研究——基于浙江省纺织产业的实证分析》，《国际贸易问题》2009 年第 6 期。

通过对国内外具有代表性的文献梳理发现，国内外学者分别针对纺织服装产业与纺织服装贸易进行了大量的研究，对纺织服装产业的研究主要集中在对纺织服装产业转型升级和产业高质量发展等方面，对纺织服装贸易的研究主要集中在对纺织服装业的国际竞争力和影响纺织服装贸易的因素等方面，这对把握纺织服装产业和贸易的特征与发展趋势具有重要意义。除此之外，学者对纺织服装产业和贸易的协同关系的研究主要从贸易与经济增长和产业发展的关系、产业结构和贸易结构的协同发展、产业政策和贸易政策的协同发展以及纺织服装产业和贸易协同发展的角度进行了较为详尽、透彻的分析，且基于不同的时期、研究对象得出了大相径庭的结论，这为研究我国纺织服装产业与贸易的互动关系、探讨二者的协同效应奠定了坚实的理论基础。本研究在梳理相关文献后，发现现有研究仍存在以下不足。

现有文献缺乏针对纺织服装产业和贸易之间相互关系的深入研究。总体而言，国内外学者对纺织服装产业和贸易各自都有不同角度的研究，且基于国家层面对产业与贸易的协同关系进行了大量研究，但针对性地将纺织服装产业和贸易结合起来深入研究二者的相互关系和协同发展的研究相对较少；现有的从实证角度研究纺织服装产业与贸易关系的文献不够全面，缺乏对纺织服装产业和贸易发展的双向互动关系进行系统而全面的研究；现有研究大多只考虑了产业与贸易的相互作用，对二者协同关系的分析大多基于理论分析，缺乏对这种协同关系的量化，且忽略了对这种协同关系可能对产业自身发展产生的影响分析。

在研究贸易与产业发展的关系时，许多学者在采用时间序列数据进行实证分析时忽略了数据的“平稳性”要求，导致产生“伪回归”现象，造成研究结果的偏差。因此，本研究试图弥补以上研究的不足之处，从理论和实证出发，对我国纺织服装产业与贸易的互动关系和协同作用进行深入研究，并进一步研究二者协同可能产生的对产业高质量发展和可持续发展的影响，为我国纺织服装产业实现产业与贸易协同发展、提高国际竞争力等提供有效的政策参考。

第二节　纺织服装产业和贸易的发展现状分析

一、纺织服装产业发展国际比较分析

中国是世界上最大的纺织服装产业的生产国和出口国，中国的纺织品和服装产业规模稳居世界领先地位。改革开放以来，随着我国加入WTO，世界其他国家对我国纺织品服装的需求量逐渐增加，我国纺织服装产业得以迅速发展，纺织服装产业规模、出口规模亦逐步扩大。我国纺织服装产业在世界的国际竞争力也逐渐提升，逐步形成了上中下游衔接、种类完备的产业体系，中国开始成为新一代的纺织服装全球制造中心。

2004—2018年，从二十国集团（G20）国家纺织品和服装产业增加值变化的柱形图可以看出，中国纺织品和服装产业增加值在2014—2015年逐年上升，中国纺织品和服装产业增加值远超G20其他国家，稳居世界领先地位（见图4-3）。

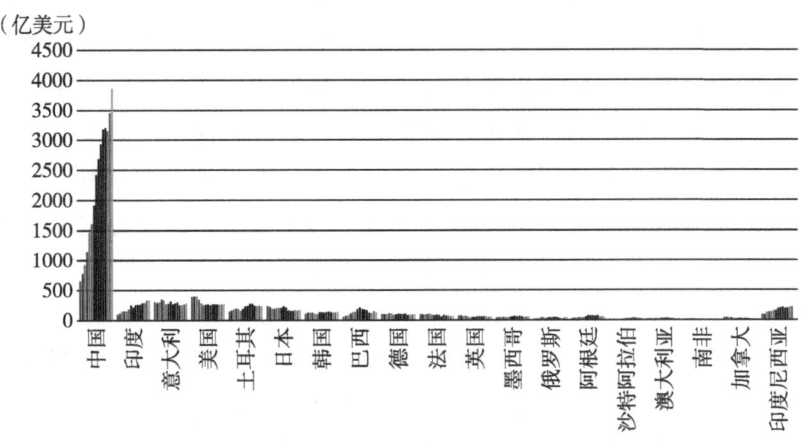

图4-3　2004—2018年G20国家纺织品和服装产业增加值变化

资料来源：世界银行。

2018年，从全球纺织品和服装产值前十名国家的产业增加值和增速图（见图4-4）中可以看出，中国位居世界第一，产业增加值约为3865.33亿美元，而居于第二位的印度当年纺织品和服装产业增加值约为

338.30 亿美元，仅为中国的 1/11。意大利、美国、土耳其、日本和韩国等国的纺织品和服装产业增加值也居于世界前列。从增速来看，2018 年中国纺织品和服装产业增加值的增速约为 11.79%，在纺织品和服装产业规模最大的十个国家中位列第一。泰国的纺织服装产业增加值的增速约为 9.79%，位列第二。意大利、美国、德国、韩国、日本和印度的纺织品和服装产业增加值较上年均有所增加，而土耳其、巴西则有所减少。

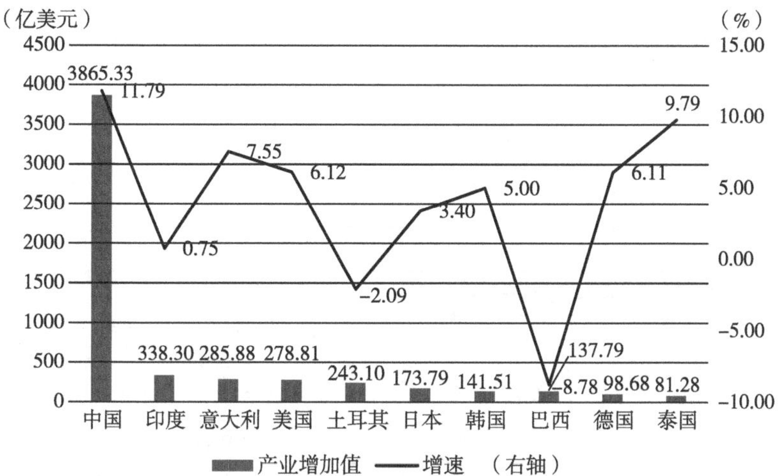

图4-4 2018年全球纺织品和服装产值前十名国家的产业增加值和增速

资料来源：世界银行。

1992—2018 年，纺织品和服装增加值占制造业增加值的比例呈现逐渐下降的趋势，中国纺织服装产业增加值占制造业增加值比例稳中有降，从 1992 年的 13% 左右下降到 2018 年的不到 10%。2018 年，纺织品和服装产业增加值占制造业比例最高的五个国家分别是土耳其、中国、意大利、印度和巴西，其中土耳其的纺织服装产业增加值占制造业增加值比例约为 16.4%，位居世界第一（见图 4–5）。

二、 我国纺织服装产业发展分析

（一）我国纺织服装产业增长速度放缓

根据 2017 年修订的《国民经济行业分类》（GB/T 4754—2017），纺织服装产业可分为纺织业（C17）和纺织服装、服饰业（C18）。从销售产值来看，纺织业工业销售产值高于纺织服装、服饰业。2004—2016 年，我国纺织业和纺织服装、服饰业工业销售产值均持续增加。2016

年，纺织业工业销售产值约为40287.42亿元，纺织服装、服饰业工业销售产值约为23664.77亿元。2017—2019年我国纺织业和纺织服装、服饰业工业销售产值均下降，二者差距逐渐缩小。从销售产值的增长率来看，纺织业和纺织服装、服饰业工业销售产值增长率均大致呈现下降的趋势。受2008年经济危机的影响，2009年，我国纺织业和纺织服装、服饰业工业销售产值增长率均骤然下降，增长率分别为7.55%和10.94%，2013年开始，纺织业和纺织服装销售产值增长率持续下降（见图4–6）。

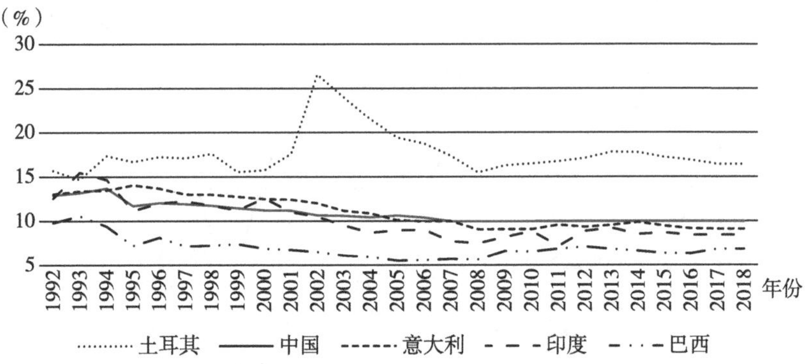

图4-5　1992—2018年纺织服装产业增加值占制造业比例变化

资料来源：世界银行。

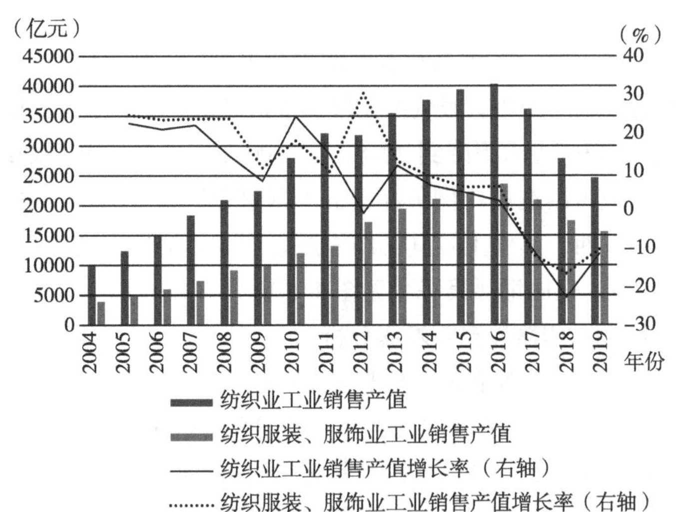

图4-6　2004—2019年中国纺织服装产业销售产值及其增长率变化

资料来源：《中国工业统计年鉴》《中国经济普查年鉴》。

(二)我国纺织服装企业单位数减少，利润总额下降

2011 年以来，我国纺织业和纺织服装、服饰业企业单位数均有明显下降。从企业单位数来看，纺织业企业单位数超过纺织服装、服饰业企业单位数，且近年来数量差距逐渐缩小。2011 年欧债危机的发生使得纺织服装产业发展不景气，对我国纺织服装产业的发展产生强烈冲击，许多企业直接面临淘汰和倒闭，纺织服装企业单位数大量减少，剩下一批更具实力的企业在国内外市场站稳脚跟。到 2015 年，纺织业和纺织服装、服饰业企业单位数只有少量增加。从利润总额来看，2004—2016 年，我国纺织业企业利润总额从 272.62 亿元增加到 2285.63 亿元，纺织服装、服饰业企业利润总额从 154.6 亿元增加到 1428.29 亿元，增长势头迅猛。2016 年前后，受欧美经济复苏放缓的影响，我国纺织服装产业发展持续低迷。一直到 2019 年，我国纺织业和纺织服装、服饰业的企业单位数和利润总额均有下降的趋势，二者差距逐渐缩小（见图 4-7）。

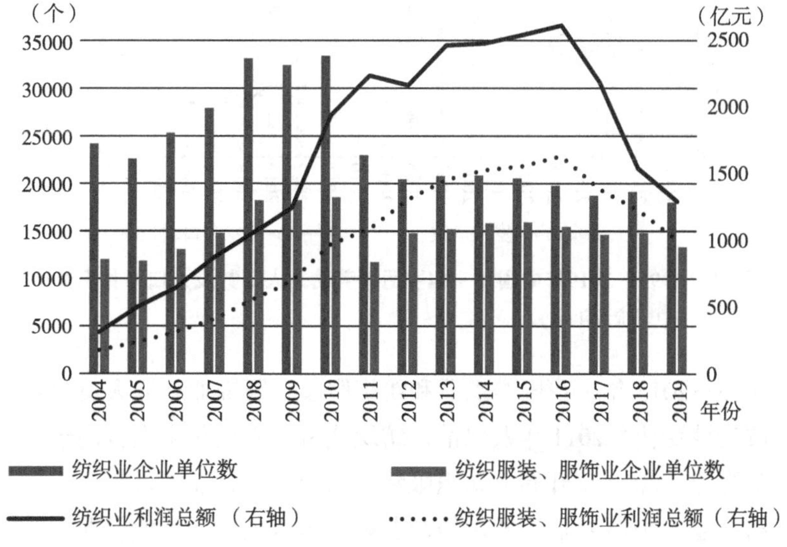

图4-7 2004—2019年中国纺织服装企业单位数、利润总额变化

资料来源：《中国纺织工业发展报告》《中国统计年鉴》。

(三)劳动力供给规模变化，纺织服装产业就业人数下降，劳动力成本上升

1999—2013 年，我国 15 ~ 64 岁的适龄劳动力人口数量呈现逐年上升的趋势，2013 年人数最多，达到 100582 万人，这说明我国 15 ~ 64

岁的适龄劳动力人口逐年增加。从人口增长率来看，2010 年开始，我国 15 ～ 64 岁的人口增长率开始逐渐下降。2014 年及以后人口增长率为负数，我国 15 ～ 64 岁的适龄劳动力人口开始逐年减少，2019 年减少至 98910 万人，我国适龄劳动力供给的绝对数量逐渐减少（见图 4–8）。根据相关研究，当前我国劳动力存在供给和需求两方面的问题：一方面，初级劳动力供给不足，导致劳动密集型企业出现招工难、用工难的现象；另一方面，中级劳动力例如技工、技师等专业技术人员也出现供需失衡的问题（许雪琼，2017）[①]。

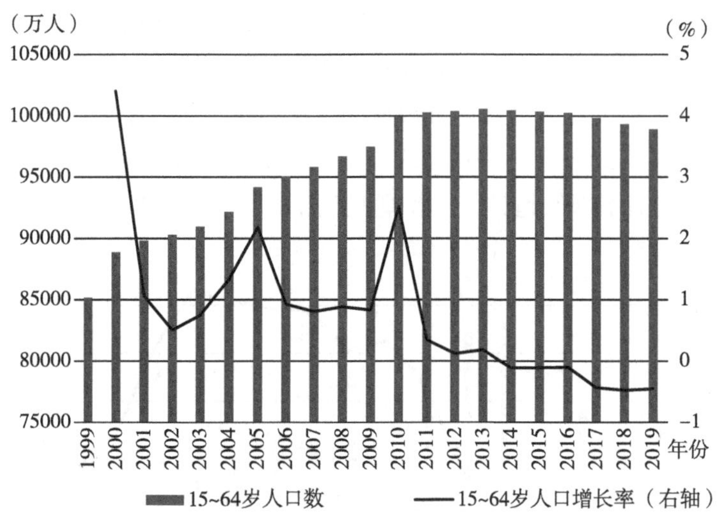

图4-8　1999—2019年中国15 ~ 64岁适龄劳动力人口数及人口增长率变化

资料来源：《中国统计年鉴》。

2003—2013 年，我国纺织业和纺织服装、服饰业就业人员年末人数呈现波动性变化。2011 年及以前，纺织业就业人员年末人数高于纺织服装、服饰业。2012 年开始，纺织服装、服饰业的就业人员年末人数开始超过纺织业。2013 年后，我国纺织业和纺织服装、服饰业就业人员年末人数均开始呈现下降的趋势，2019 年分别下降至 119.8 万人和 145.4 万人，下降趋势明显（见图 4–9）。从纺织服装产业就业人员年末人数的增长率来看，2014 年开始，我国纺织业和纺织服装、服饰业就业人员年末

① 许雪琼：《中国纺织服装产业国际竞争力的影响因素分析——以欧洲市场为例》，硕士学位论文，东华大学，2017 年。

人数的增长率开始为负数，且持续减少，侧面反映了近年来纺织服装产业发展不景气。

一方面，纺织服装生产的机械化发展导致对人力需求的减少，可能是纺织服装产业从业人员减少的原因之一；另一方面，纺织服装生产的机械化发展导致行业对高素质人才的需求增加，而纺织服装产业作为劳动密集型产业，从业人数减少、从业人数增长率下降可能会导致纺织服装企业出现招工难、用工难的问题，不利于我国纺织服装产业的发展。

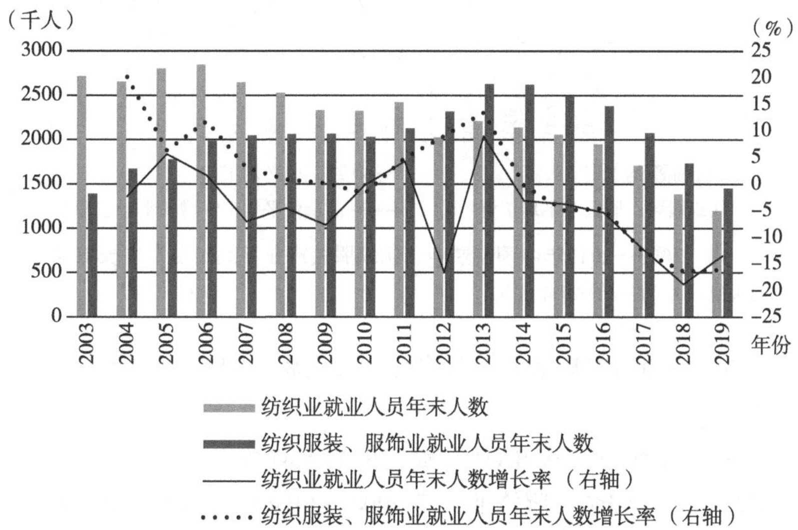

图4-9　2003—2019年中国纺织服装产业就业人员年末人数、增长率变化

资料来源：《中国劳动统计年鉴》。

如图 4-10 所示，从平均工资水平来看，2003—2019 年，我国纺织业和纺织服装、服饰业平均工资呈现逐年上升的趋势，然而均低于制造业工资的平均水平。2017 年及以前，纺织服装、服饰业的平均工资均高于纺织业，然而从 2018 年开始，纺织业平均工资反超纺织服装、服饰业。从平均工资的增长率来看，制造业与纺织业和纺织服装、服饰业的平均工资增长率的变化趋势相近，2011—2017 年，我国制造业、纺织业和纺织服装、服饰业的平均工资增长率均呈现下降的趋势，2018 年虽有所回升，但 2019 年又开始下降。

近年来，我国纺织业和纺织服装、服饰业就业人员年末人数减少的同时，纺织业和纺织服装、服饰业的平均工资却在逐年增加，这反映了纺织服装产业的劳动力成本增加。劳动力短缺的同时劳动力成本增加，这对我国纺织服装产业的发展无疑是一个巨大的挑战。

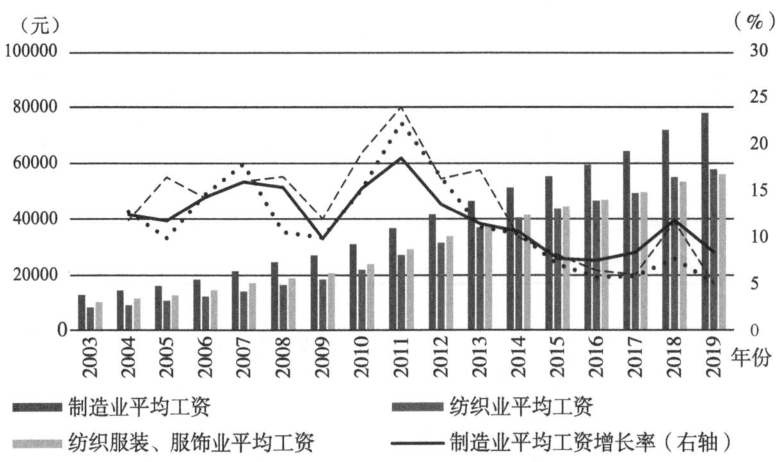

图4-10　2003—2019年中国制造业、纺织服装产业平均工资及增长率变化

资料来源:《中国劳动统计年鉴》。

（四）我国纺织服装产业研究与试验发展（R&D）经费支出及投入强度增加

如图 4–11 所示，从 R&D 经费支出的绝对数来看，纺织业 R&D 经费支出高于纺织服装、服饰业，且 2004—2019 年我国纺织业 R&D 经费支出呈现逐年上升的趋势，而纺织服装、服饰业 R&D 经费支出近年来有所减少。从 R&D 经费投入强度来看，纺织业 R&D 经费投入强度高于纺织服装、服饰业，2004—2019 年，我国纺织业和纺织服装、服饰业 R&D 经费投入强度均大致呈现上升的趋势。全国 R&D 经费投入强度在 2004—2019 年逐渐增加，且远高于纺织业和纺织服装、服饰业，这说明我国纺织服装产业与其他行业相比科研创新性不足。

纺织服装产业虽为传统的劳动密集型产业，但随着时代的发展，消费者对纺织服装设计、款式和质量等方面的个性化需求增多，纺织服装产业已不再是传统的要素驱动型产业，而要向创新驱动型转变。R&D 经费投入强度的增加有利于我国纺织服装产业质量的提升，更多地满足消费者个性化的需求，有利于提升我国纺织服装产业的国际竞争力。因此，与其他产业相比，纺织服装产业应该进一步加大 R&D 经费投入。

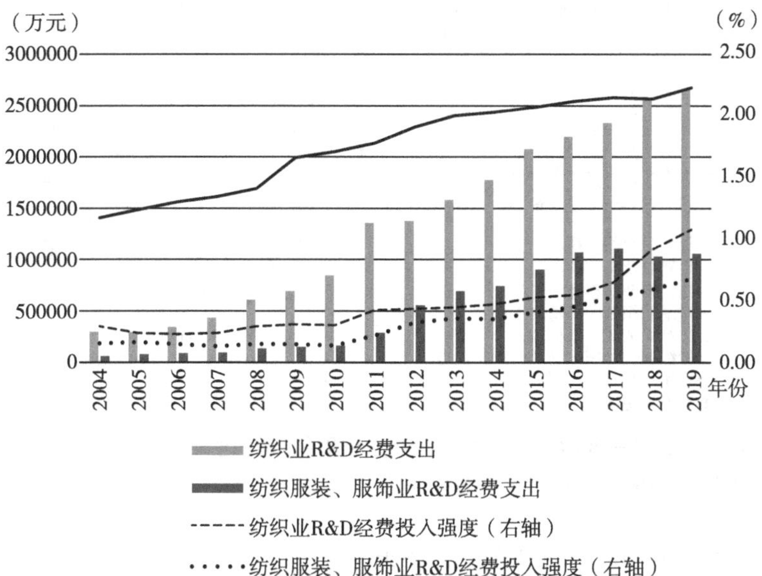

图4-11 2004—2019年中国纺织服装规上工业企业R&D经费支出及投入强度变化

资料来源：《中国科技统计年鉴》。

三、 纺织服装产业细分行业发展现状分析

（一）各细分行业企业单位数变化分析

从纺织业内部细分行业来看，棉纺织及印染精加工行业的企业单位数占比最大，约为纺织业企业单位总数的一半，其次是针织或钩针编织物及其制品制造行业，而麻纺织及染整精加工行业的企业单位数最小，但近年来企业单位数均呈现逐渐下降的趋势。近年来纺织业内部多个行业企业单位数减少，其中只有化纤织造及印染精加工和产业用纺织制成品制造两个行业的企业单位数增加。

从纺织服装、服饰业内部细分行业来看，机织服装制造的企业单位数最多，超过纺织服装、服饰业企业单位总数的一半，其次是针织或钩针编织服装制造，企业单位数最少的则是服饰制造。2017 年以来，各行业的企业单位数均呈现下降的趋势（见图 4–12）。

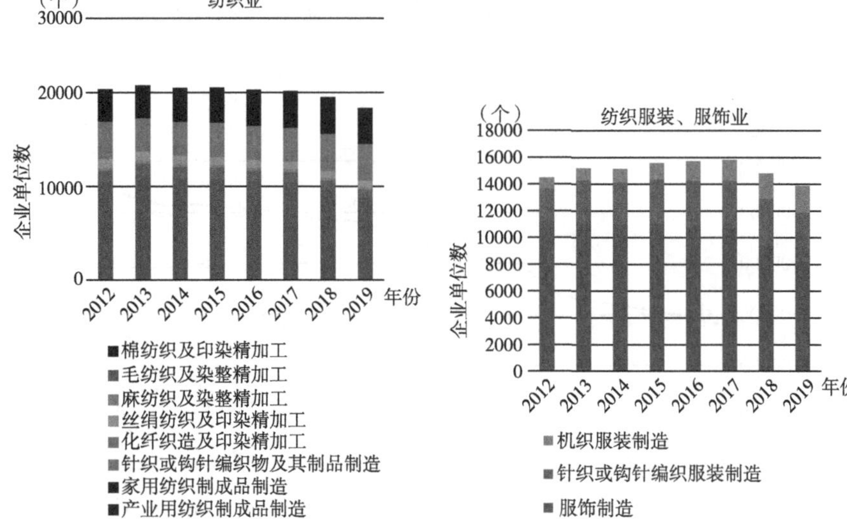

图4-12　2012—2019年中国纺织业和纺织服装、服饰业细分行业企业单位数

资料来源：《中国纺织工业发展报告》。

（二）各细分行业产量变化分析

表4-6为2005—2019年中国纺织服装产业中部分细分产品产量。在纺织类产品中，2005—2017年，纱产量不断增加，2017年产量达到4050.00万吨；布产量从2005年的377.61亿米增加到2015年的703.00亿米，2017年后产量减少。在服装类产品中，梭织服装和针织服装的产量大致呈现先增加后减少的趋势，二者产量差距相对较小，2005—2009年，针织服装的产量大于梭织服装，2011—2017年梭织服装的产量反超针织服装。

表4-6　　2005—2019年中国纺织服装产业中部分细分产品产量

年份	2005	2007	2009	2011	2013	2015	2017	2019
纺织类								
其中：纱（万吨）	1412.40	1995.55	2405.62	2894.47	3200.00	3538.00	4050.00	2892.07
其中：布（亿米）	377.61	485.77	567.44	619.82	683.45	703.00	695.59	456.93
其中：丝（万吨）	13.25	19.72	16.65	10.80	13.71	17.21	14.18	6.86
服装类								

续表

年份	2005	2007	2009	2011	2013	2015	2017	2019
其中：梭织服装（亿件）	70.98	94.56	101.67	133.11	139.24	164.62	154.36	111.00
其中：针织服装（亿件）	76.64	107.03	135.83	121.09	131.77	143.65	133.48	133.67

资料来源:《中国纺织工业发展报告》。

四、纺织服装产业区域层面分析

地理位置布局、自然资源分布、生活生产习惯和政府规划政策等方面的因素导致我国各地区出现经济发展的差异，我国的经济地理区域因此被划分为东、中、西部三大地区，其各自发展有着不同的特点。东部地区背靠大陆，濒临海洋，地势平缓，凭借其优越的地理位置、良好的农业生产条件、丰富的自然资源以及雄厚的工农业基础，在中国的经济发展中发挥着领先的作用。中部地区位居内陆，平原广布，矿产资源丰富，因而有着较好的重工业基础。西部地区幅员辽阔，地形复杂，不利于农业生产，其经济发展、技术水平与东、中部相比具有较大的差距。根据国家统计局统计口径的分类，东、中、西部的划分如下（见表 4–7）。

表4-7 中国经济地理区域（东、中、西部）省（自治区、直辖市）划分

区域	省（自治区、直辖市）	个数（个）
东部地区	山东、河北、北京、天津、辽宁、江苏、浙江、福建、上海、广东、海南	11
中部地区	山西、吉林、黑龙江、安徽、江西、河南、湖北、湖南	8
西部地区	广西壮族自治区、内蒙古自治区、重庆、四川、贵州、云南、西藏自治区、陕西、甘肃、青海、宁夏回族自治区、新疆维吾尔自治区	12

资料来源：作者根据国家统计局统计口径整理所得。

（一）东、中、西部三大区域纺织服装工业发展不平衡

如图 4–13 所示，从工业销售产值的总量来看，1999—2019 年东部地区的纺织服装工业销售产值远超中、西部地区，且在 1999—2016 年呈现大幅上升的趋势，2017 年开始有所下降。2019 年东部地区纺织服装产

业工业销售产值达 2.9 万亿元，超过当年中、西部地区之和的两倍。中部地区的纺织服装产业工业销售产值仅次于东部地区，最后是西部地区。与东部地区类似，1999—2016 年，中、西部地区的纺织服装工业销售产值大致呈现上升趋势，2016 年后开始下降。在 2016 年以前，中部地区与西部地区的纺织服装工业销售产值的差距逐渐拉大，这说明中部地区作为后起之秀，其纺织服装产业正在加速发展，而相比之下，西部地区的纺织服装发展依旧比较落后。

从工业销售产值的增长率来看，东、中、西部地区的纺织服装产业工业销售产值的增速变化趋势有所类似但不完全相同。2001—2005 年，东部地区的纺织服装产业工业销售产值的增长率略高于中、西部地区，2004 年，东部地区的纺织服装产业工业销售产值的增长率最高，达到 94.69%，而当年中部地区、西部地区的纺织服装产业工业销售产值的增长率分别为 42.74% 和 24.55%，远低于东部地区。2005 年开始，中、西部地区的纺织服装工业销售产值增长率开始反超东部地区，可能是由于东部地区的纺织服装工业销售产值的基数较大，其增长势头减缓，而中、西部地区则保持着较好的增长势头。

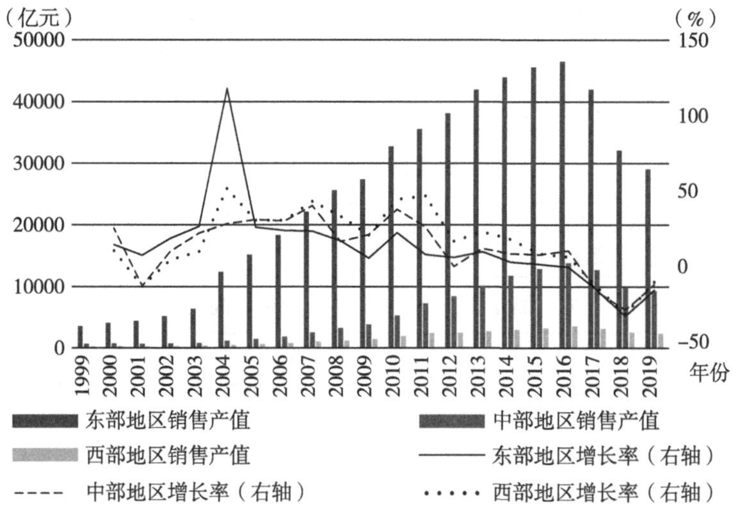

图4-13　1999—2019年三大地区纺织服装产业工业销售产值及其增长率变化

资料来源：《中国工业统计年鉴》《中国经济普查年鉴》。

（二）东、中、西三大地区纺织服装企业盈利能力不平衡

从图 4–14 中，从企业单位数来看，1999—2019 年，东部地区的纺织服装企业单位数远超中、西部地区，超过中、西部地区的纺织服装企业单位总数的两倍。2010 年及以前，东部地区的纺织服装企业单位数大致呈现上升的趋势，2011 年骤降。这是因为 2011 年欧债危机的发生使得纺织服装产业发展不景气，东部地区作为纺织服装企业的聚集地首当其冲，许多企业直接面临淘汰和倒闭，纺织服装企业单位数大量减少，此后没有明显增加。而中、西部地区的纺织服装企业单位数除在 2011 年有所下降外，此后大致呈现上升的趋势，东部地区与中、西部地区的纺织服装企业单位数的差距逐渐缩小。

从利润总额来看，1999—2016 年，东部地区纺织服装产业利润总额明显上升，1999 年仅为 64.05 亿元，2016 年增至 2650.47 亿元。中、西部地区的纺织服装产业利润总额在 1999—2006 年相差不大且没有明显的提升，2006—2016 年逐渐上升，且中部地区的上升趋势较西部地区更为明显。2016 年后，受欧美经济复苏放缓的影响，我国纺织服装产业发展持续低迷，东、中、西部地区的纺织服装产业利润总额均有所下降，且东部地区下降最为明显，东部地区与中、西部地区的纺织服装产业利润总额的差距逐渐缩小。

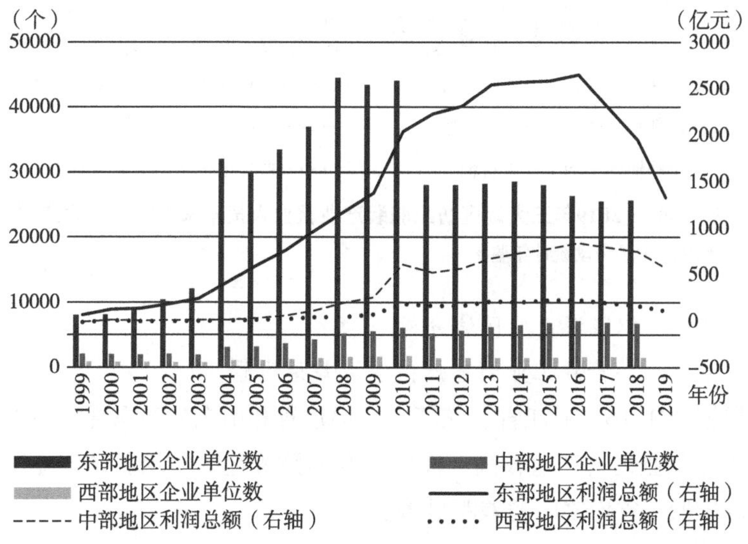

图4-14　1999—2019年三大地区纺织服装产业企业单位数和利润总额变化

资料来源:《中国工业统计年鉴》《各省市统计年鉴》。

（三）纺织服装产业就业人员减少，平均工资持续上升

根据图 4–15，从纺织服装产业就业人员年末人数来看，首先，东部地区纺织服装产业就业人员最多，然后是中部地区，西部地区最少；其次，约从 2013 年开始至今，东、西部地区的纺织服装产业就业人员年末人数开始逐渐减少，中部地区约从 2016 年开始减少。2019 年各地区纺织服装产业就业人员数均低于 1999 年，这反映了当前我国纺织服装企业招工难、用工难的问题。

从平均工资来看，2003—2019 年，各地区纺织服装产业的平均工资呈现相近的上升趋势，东部地区的纺织服装产业的平均工资明显高于中、西部地区，这与东部地区良好的经济发展状况及优越的纺织服装发展市场有关。2003—2009 年，西部地区的纺织服装产业的平均工资略高于中部地区，2009 年后，中、西部地区的纺织服装产业的平均工资相近。

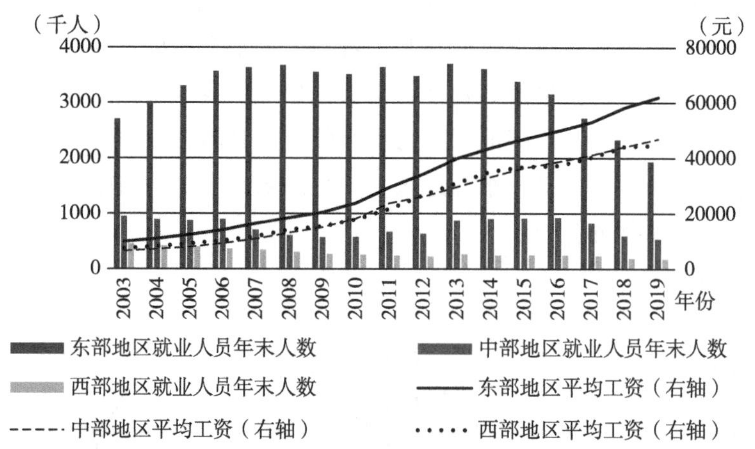

图4-15　2003—2019年三大地区纺织服装产业就业人员年末人数和平均工资变化

资料来源：《中国劳动统计年鉴》。

（四）纺织服装产业区域分析

1. 纺织服装产业工业销售产值区域差距明显

根据图 4–16，浙江省、江苏省、福建省和山东省等东部省份的纺织服装产业工业销售产值较高，而海南和西藏等地的纺织服装产业工业销售产值较低，省份之间的差距显著。

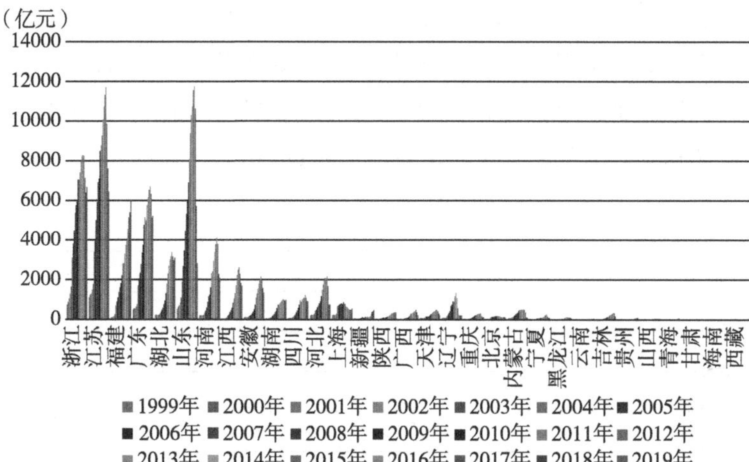

图4-16　1999—2019年各省（自治区、直辖市）纺织服装产业工业销售产值变化

资料来源：《中国工业统计年鉴》《中国经济普查年鉴》。

图 4-17 是 2019 年纺织服装产业工业销售产值排名前六省份的纺织服装产业工业销售产值在 1999—2019 年的变化情况。可以看出，浙江省、江苏省、广东省、湖北省和山东省的纺织服装工业销售产值在 1999—2016 年均呈现上升的趋势，其中山东省的上升幅度最大，2016 年后各省份均有所下降，其中山东省的下降幅度最大。1999—2019 年福建省的纺织服装产业工业销售产值一直呈现上升的趋势。2011 年及以前，江苏省一直是纺织服装产业工业销售产值最大的省份，2012—2015 年，山东省超越江苏省成为纺织服装产业工业销售产值最大的省份。2019 年，浙江省超越山东省和江苏省，成为纺织服装产业工业销售产值最大的省份。

2019 年，纺织服装产业工业销售产值最大的省份是浙江省，其纺织服装工业销售产值达 6671.22 亿元，约占当年全国纺织服装产业工业销售总产值的 16.3%。其次是江苏省，其纺织服装产业工业销售产值为 6424.11 亿元。除此之外，福建省、广东省的纺织服装工业销售产值均超过 5000 亿元，分别位居第三和第四。

2. 纺织服装产业企业单位数、利润总额差距明显

根据图 4-18，纺织服装企业单位数较高的省份主要有位于东部地区的浙江省、江苏省、广东省和山东省，而宁夏、云南、山西、黑龙江、甘肃、海南、青海和西藏等地的纺织服装产业企业单位数则较低。2018 年，纺织服装产业企业单位数最高的省份是浙江省，其纺织服装产业企业单

位数为 7036 个，约占全国纺织服装产业企业单位总数的 20.7%，其次是江苏、广东和山东等地。纺织服装产业企业单位数最少的省份是西藏，其纺织服装产业企业单位数仅为 3 个，除此之外，山西、黑龙江、甘肃、海南和青海的纺织服装企业单位数均不超过 50 个。

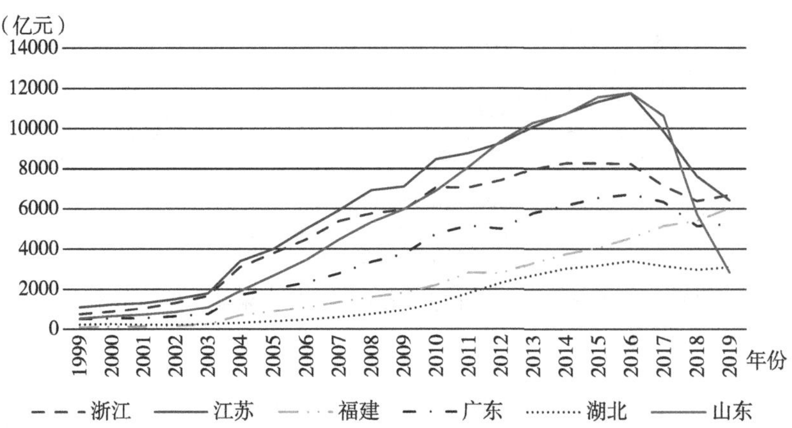

图4-17 1999—2019年部分省份纺织服装产业工业销售产值变化

资料来源:《中国工业统计年鉴》《中国经济普查年鉴》。

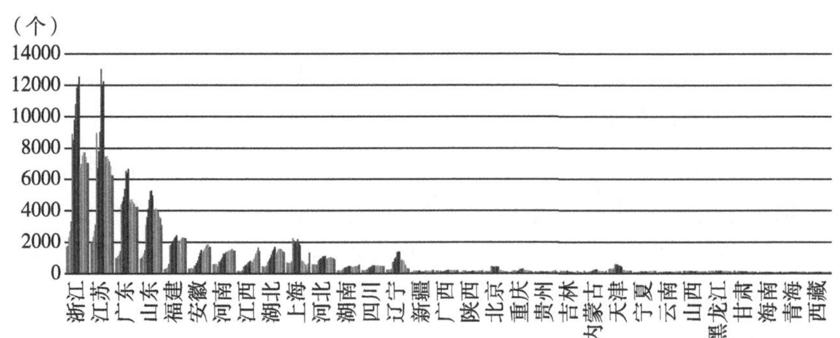

图4-18 1999—2018年各省（自治区、直辖市）纺织服装产业企业单位数变化

资料来源:《中国工业统计年鉴》及各省市统计年鉴。

根据图 4-19，纺织服装产业利润总额较高的有福建、浙江、江苏、广东和山东等地，而贵州、云南、山西、黑龙江、甘肃、西藏、青海和宁夏等地的纺织服装产业利润总额则较低。2019 年，纺织服装产业利润总额最高的省份是福建省，其纺织服装产业利润总额达 411.49 亿元，约占当年全国纺织服装产业利润总额的 20.5%，其次是浙江、广东和江苏，其纺织服装产业利润总额均超过 200 亿元。2019 年纺织服装产业利润总额最少的是宁夏，其纺织服装产业利润总额为 –5.44 亿元。

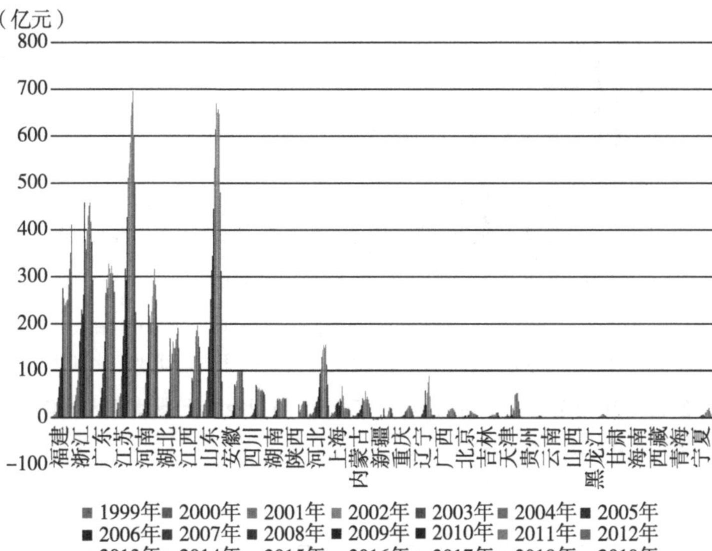

图4-19　1999—2019年各省（自治区、直辖市）纺织服装产业利润总额变化

资料来源：《中国工业统计年鉴》、各省市《统计年鉴》。

3. 纺织服装产业就业人员数差距明显

如图 4–20 所示，2003—2019 年纺织服装产业就业人员数较高的地区有广东、江苏、浙江、山东和福建，而甘肃、贵州、青海、海南和西藏等地纺织服装产业就业人员数较少，与广东、江苏、浙江等地的差距明显。近年来，纺织服装产业就业人数逐渐减少。

2019 年，广东省纺织服装产业就业人员数最高，约为 48.5 万人次，约占全国纺织服装产业就业人员总数的 18.3%。其次是江苏省和浙江省，其纺织服装产业就业人员数分别为 40.9 万人和 39.2 万人。纺织服装产业就业人员数最少的是西藏，其就业人员数仅为 772 人，除此之外，海南省的纺织服装产业就业人员数也不超过 1000 人，仅为 845 人。

根据图 4–21，近年来青海省的纺织服装产业平均工资最高，北京、浙江和上海等地的纺织服装产业平均工资也较高，而甘肃、吉林和黑龙江等地的纺织服装产业平均工资则相对较低。

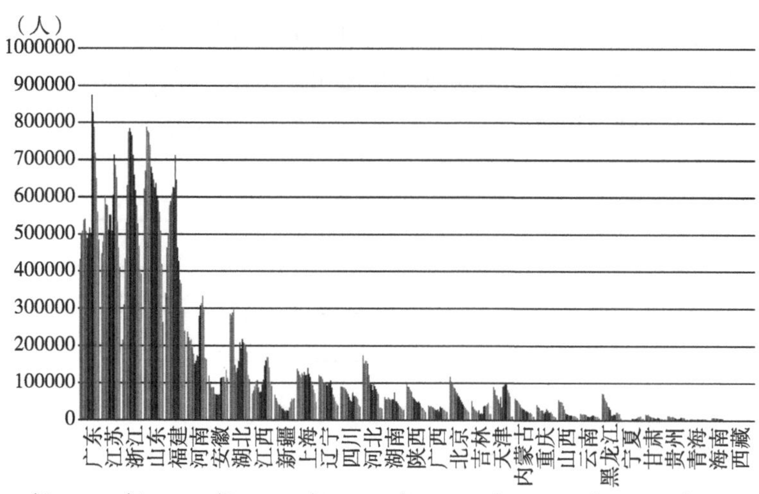

图4-20　2003—2019年各省（自治区、直辖市）纺织服装产业就业人员年末人数变化

资料来源：《中国劳动统计年鉴》。

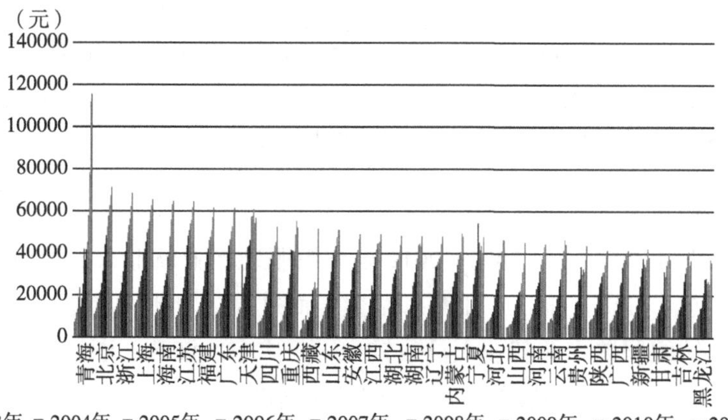

图4-21　2003—2019年各省（自治区、直辖市）纺织服装产业平均工资变化

资料来源：《中国劳动统计年鉴》。

2019年，青海省的纺织服装产业平均工资最高，约为11.6万元，当年全国纺织服装产业平均工资约为5.78万元。其次是北京、浙江和上海等地，其纺织服装产业平均工资分别为7.14万元、6.86万元和6.56万元。2019年纺织服装产业平均工资超过全国平均水平的仅有8个地区，分别是青海、北京、浙江、上海、海南、江苏、福建和广东。而纺织服装产业平均工资最低的是黑龙江，其纺织服装产业平均工资约为 3.57 万元，除此之外，新疆、甘肃和吉林的纺织服装产业平均工资均低于 4 万元。

五、纺织服装贸易发展现状分析

（一）纺织服装贸易国际比较分析

1. 我国纺织服装出口额稳居世界第一，进口额居世界前列

2000—2020 年，纺织服装产业出口额最大的 20 个国家（地区、组织）的纺织服装产业出口额变化的柱形图（见图 4–22）。从纺织服装产业出口额来看，中国大陆一直是世界上最大的纺织服装出口地，2020 年出口额约为 2957.33 亿美元，然后是欧盟，其出口额约为 1897.58 亿美元。越南、德国、意大利和孟加拉国等地的纺织服装产品的出口额也居于世界前列。

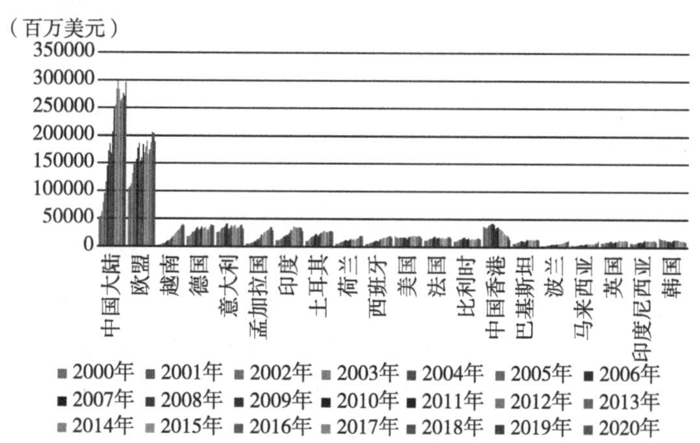

图4-22 2000—2020年部分国家（地区、组织）纺织服装产业出口额变化

资料来源：WTO 数据库。

图 4–23 为纺织服装产业进口额最大的 20 个国家（地区、组织）2000—2020 年纺织服装产业进口额变化的柱形图。从进口来看，2020 年，欧盟的纺织服装产业进口额位居世界第一，进口额约为 2552.04 亿美元，其次是美国，其进口额约为 1275.82 亿美元，约为欧盟进口额的 1/2。然后是德国、日本、英国和法国等地，中国大陆位居第九。

结合对我国纺织服装产业发展现状的分析，可以看出，我国作为世界上最大的纺织服装生产和出口国，相比世界其他国家而言，我国纺织服装产品的生产在满足国内需求的同时也满足了许多国外需求，因此进口额相比于部分欧美发达国家而言较少，但由于国内庞大的市场需求，

我国对纺织服装产品的进口需求仍不可小觑。

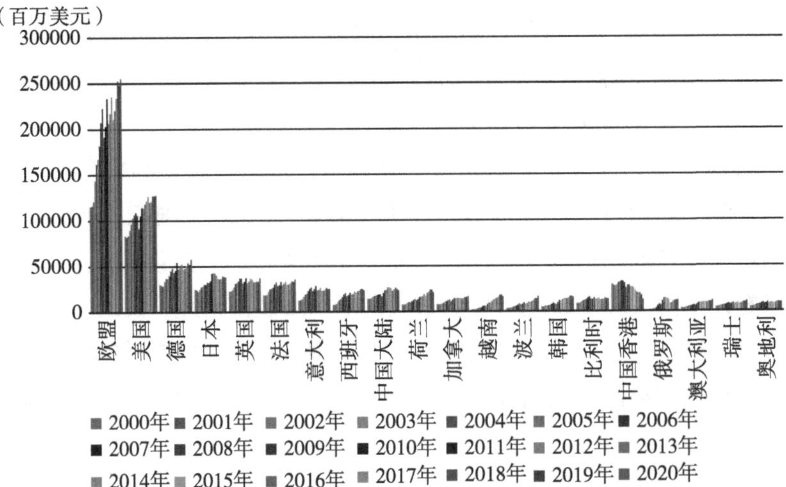

图4-23　2000—2020年部分国家（地区、组织）纺织服装产业进口额变化

资料来源：WTO 数据库。

2. 全球纺织服装产业进出口额集中度增加

2020 年，在全球纺织服装出口额和进口贸易额占全球比例的前十位国家和地区中（见图 4-24），从纺织服装出口占比来看，2020 年全球纺织服装出口主要集中在中国大陆和欧盟，总占比超过 60%，其中中国大陆纺织服装的出口贸易额约占全球纺织服装总出口贸易额的 38.06%，位居第二的欧盟占比约为 24.42%，而越南、德国、意大利和孟加拉国等国的纺织服装出口贸易额占全球纺织服装总出口贸易额的比例均不超过 5%，与中国大陆差距显著。就进口额占比看，2020 年，欧盟纺织服装的进口贸易额约占全球纺织服装总进口贸易额的 30.01%，位居第二的美国占比约为 15.00%，而德国、日本、英国和法国等地的纺织服装进口贸易额占全球纺织服装总进口贸易额的比例均低于 10%，与欧盟差距显著，其中中国大陆纺织服装产业的进口贸易额约占全球纺织服装总进口贸易额的 2.78%，位居世界第九。

（二）我国纺织服装进出口贸易分析

1. 纺织服装进出口贸易发展

我国是纺织服装贸易大国，纺织服装产业出口贸易更是占据世界领先地位。2004—2019 年，我国纺织品和服装的出口贸易额一直超过进口贸易额，保持较大的贸易顺差；中国服装的出口额高于纺织品出口额，2004—2008年，我国纺织品和服装的出口贸易额均有较大幅度的提升，受2008年金融危机的影响，2009年有所下降，但在2010年后到2014年继续上升。2014年后我国纺织品和服装的出口贸易额呈现波动变化，但总体增幅或减幅都不大。2010年我国纺织品和服装的出口贸易额增长率最高，分别为28.50%和21.03%，近年来增速放缓。

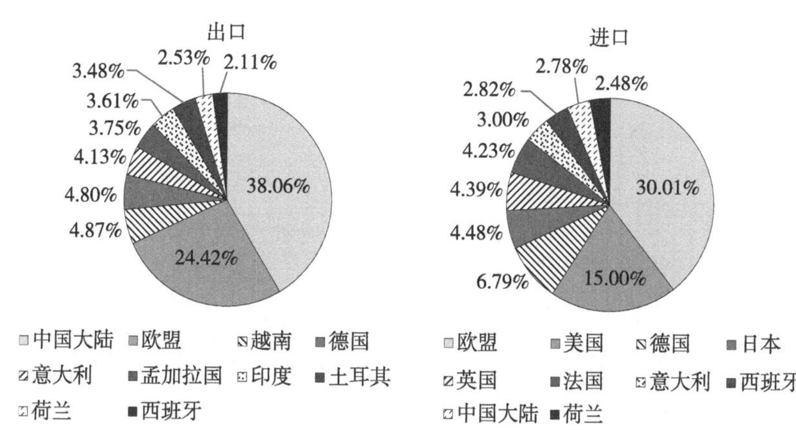

图4-24 2020年全球主要纺织服装产业进出口国家（地区、组织）

资料来源：WTO数据库。

就我国纺织品和服装的进口贸易额而言，纺织品的进口贸易额远超服装。2004—2008年，我国纺织品和服装的进口贸易额大致呈现上升的趋势，2008—2009年下降，但在2010年后继续上升，2013年纺织品的进口贸易额达到最大，约为215.63亿美元，2019年服装进口贸易额达到最大，约为89.40亿美元。2010年纺织品进口贸易额增长率最高，约为18.29%，2011年服装进口贸易额增长率最高，约为59.33%。近年来，我国纺织品和服装的进口贸易额开始回落甚至出现负增长，进出口贸易额增速放缓（见图4-25）。

2. 纺织服装贸易顺差明显

2004—2019年，我国纺织品和服装的出口贸易一直保持顺差，可能是因为我国巨大的纺织服装产量使得我国实现了大部分纺织服装的自给自足，不依赖于从他国和地区进口。从出口贸易占比来看，我国纺织品出口贸易额占全球的比例逐渐增加，从17.11%增至39.16%，服装出口贸易额占全球的比例呈现先上升后下降的趋势，2013 年占比最大，约为 39.17%；2015 年及以前，我国服装出口贸易额占全球的比例高于纺织品，2016 年开始被纺织品反超。就进口贸易占全球的比例来看，我国纺织品进口贸易额占全球的比例远高于服装，但纺织品进口占比呈现下降的趋势，而服装进口占比逐渐增加。可以推测，我国纺织品在国际市场上的优势提升，而服装在国际市场上的优势降低（见图 4–26）。

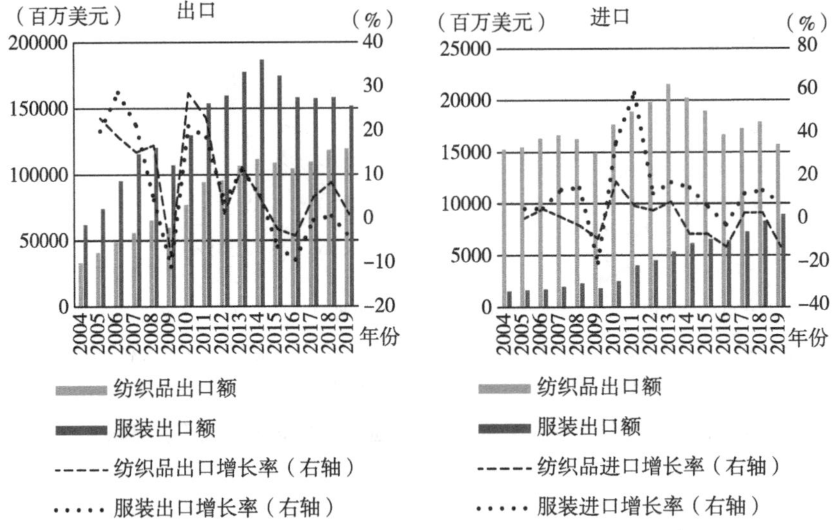

图4-25　2004—2019年中国纺织服装产业进出口额及其增长率变化

资料来源：WTO 数据库。

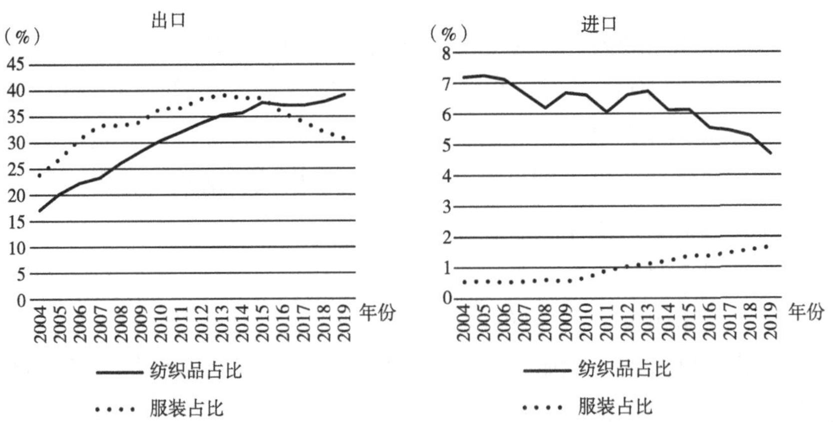

图4-26　2004—2019年中国纺织服装产业进出口贸易额占全球比例变化

资料来源：《中国纺织工业发展报告》。

3. 进出口产品结构变化

我国出口的纺织品以化纤长丝及织品、针织布和棉及棉织品为主，服装以针织服装及附件和梭织服装及附件为主；进口的纺织品以棉及棉织品为主，服装以针织服装及附件为主。图 4–27 显示，从出口商品来看，在我国出口的纺织服装类产品中，出口量最大的是针织服装及附件，其次是梭织服装及附件，且近年来出口量有所减少；2009—2019 年，化纤长丝及织品、絮、毡、无纺布、铺地织品和针织布的出口贸易额逐渐增加，其他各类产品均有下降的趋势；从进口商品来看，我国进口的纺织服装类产品主要是棉及棉织品，2019 年，我国棉及棉织品进口贸易额约为 92.29 亿美元，约占当年纺织服装类产品总进口贸易额的 28.68%；2009—2019 年，梭织服装及附件的进口贸易额逐渐增加，其他各类产品均有下降的趋势。

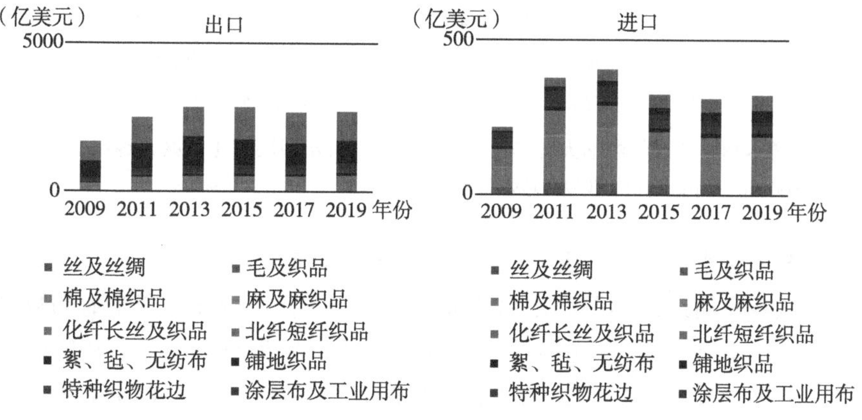

图4-27　2009—2019年中国纺织服装细分行业进出口贸易额

资料来源：《中国纺织工业发展报告》。

4. 我国纺织品和服装进出口贸易集中度相对稳定

2019 年，我国纺织品主要出口到东盟、美国和欧盟等地，其中出口到东盟的纺织品贸易额最大，约为 299.03 亿美元，约占中国纺织品总出口贸易额的 25%，其次是美国，出口额约为 151.53 亿美元；我国服装主要出口到欧盟、美国和日本等地，其中出口到欧盟的服装贸易额最大，约为 339.8 亿美元，约占中国服装总出口贸易额的 22.4%，其次是美国，出口额约为 330.52 亿美元，出口到欧盟和美国的服装贸易额占中国总出口服装贸易额的 40% 以上；东盟、日本和欧盟等地是我国纺织品和服装主要的进口来源地，2019 年，我国从东盟进口的纺织品和服装贸易额最高，分别为 42.03 亿美元和 30.81 亿美元，分别占我国当年总进口纺织品贸易额和服装贸易额的 26.8% 和 34.5%（见图 4–28）。

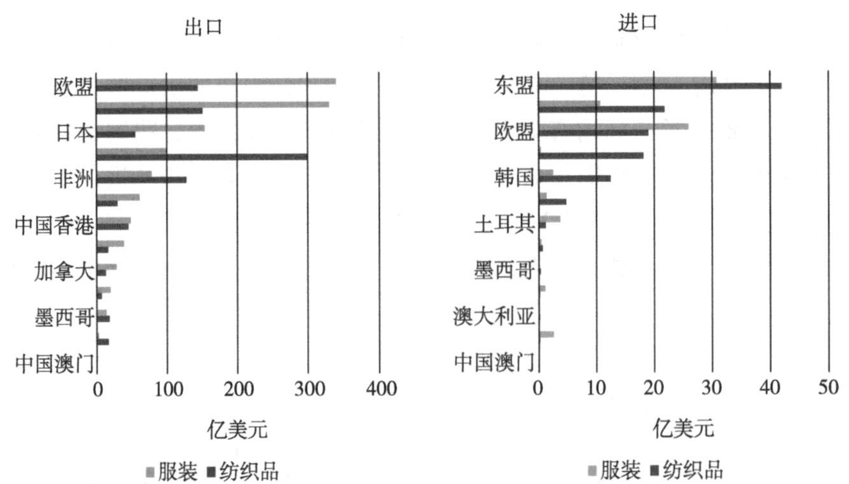

图4-28　2019年中国大陆纺织服装产业主要进出口国家（地区、组织）

资料来源：《中国纺织工业发展报告》。

5. 民营企业和三资企业成为对外贸易的重要主体

从我国纺织品和服装出口企业的现状来看，民营和三资企业的数量最多。图 4–29 显示，2019 年，我国出口纺织品和服装最多的是民营企业，其出口纺织品和服装的贸易额分别为 909.67 亿美元和 1069.15 亿美元，分别占纺织品和服装总出口贸易额的 71.49% 和 69.67%；其次是三资企业，其出口纺织品和服装的贸易额占比分别为 18.26% 和 17.43%；最后是国有进出口公司和集体企业。从进口来看，2019 年，我国纺织服装企业中，进口纺织品和服装的贸易额最大的是三资企业，其进口纺织品和服装的贸易额分别为 88.68 亿美元和 64.6 亿美元，分别占纺织品和服装总进口贸易额的 57.30% 和 64.61%；其次是民营企业；最后是国有进出口公司和集体企业。

由此可以看出，我国外贸体制改革深入发展，纺织服装产业的对外贸易的经济主体逐渐多样化，面对激烈竞争的市场发展态势，民营企业和三资企业的活力涌现，成为我国纺织服装企业对外贸易的重要主体。

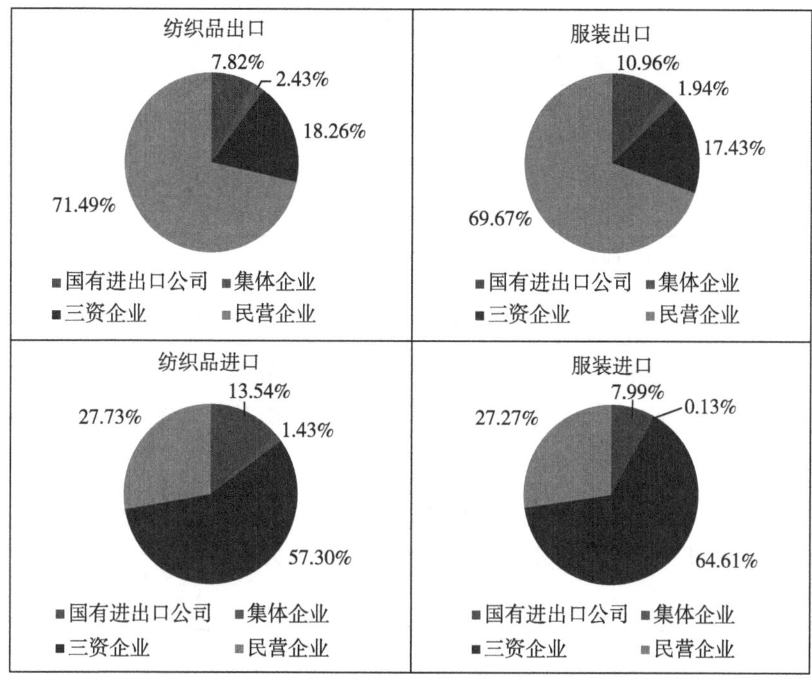

图4-29 2019年中国纺织服装进出口贸易主要企业类型进出口额占比

资料来源:《中国纺织工业发展报告》。

6. 我国纺织服装贸易国际竞争力分析

(1)纺织服装贸易国际竞争力呈现稳定趋势

贸易竞争力指数,即TC(Trade Competitiveness)指数,是在国际竞争力分析时常用的测度指标之一,计算方法为一国某产品的进口贸易与出口贸易的差额占该国该产品的进出口贸易总额的比重,即TC指数=(出口额-进口额)/(出口额+进口额)。该指标剔除了经济膨胀、通货膨胀等宏观因素方面波动的影响,数值在-1和1之间,其值越接近于0表示竞争力越接近于平均水平;该指数为-1时表示该产业只进口不出口,越接近于-1表示竞争力越薄弱;该指数为1时表示该产业只出口不进口,越接近于1则表示竞争力越大。任聪苹(2015)[①]针对贸易竞争力指数作了详细的划分(见表4-8)。

① 任聪苹:《我国纺织服装业贸易竞争力研究》,硕士学位论文,重庆大学,2015年。

表4-8　　　　贸易竞争力指数按水平划分

TC 指数	国际竞争力水平	TC 指数	国际竞争力水平
-1 ≤ TC<-0.8	较高的比较劣势，不具备国际竞争力	0 ≤ TC<0.5	较低的比较优势，竞争力很弱
-0.8 ≤ TC<-0.5	中等的比较劣势	0.5 ≤ TC<0.8	较高的比较优势，竞争力中等
-0.5 ≤ TC<0	较低的比较劣势	0.8 ≤ TC<1	很高的比较优势，竞争力很强

资料来源：作者整理而得。

结合图 4-30，1999—2008 年，我国纺织服装产业的国际竞争力 TC 指数大致呈现逐渐上升的趋势，说明我国纺织服装产业的比较优势和国际竞争力逐渐增强。2006 年及以前，我国纺织服装产业的 TC 指数在 0.5 和 0.8 之间，说明我国纺织服装产业在国际上具备中等竞争力。2007 年开始，TC 指数超过 0.8，说明我国纺织服装产业具有比较强的国际竞争力，2008 年以来我国纺织服装产业的国际竞争力逐渐稳定。

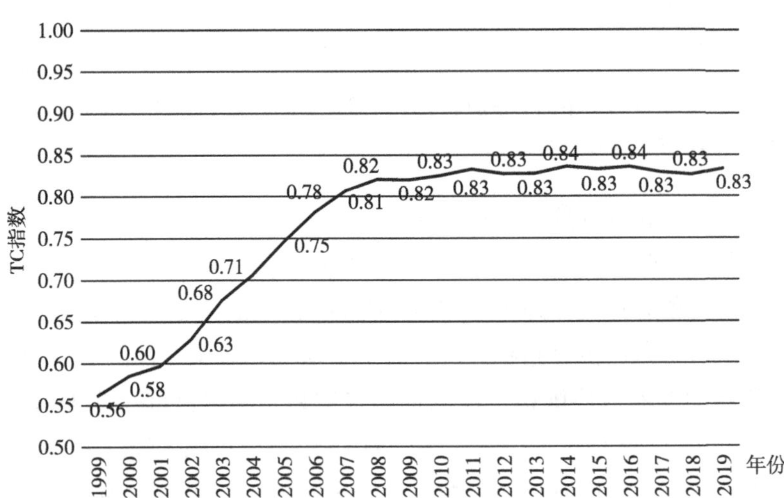

图4-30　1999—2019年中国纺织服装产业TC指数变化

资料来源：作者根据《中国纺织工业发展报告》统计数据计算而得。

（2）我国纺织服装产业显示性比较优势指数逐渐下降

显示性比较优势指数（RCA）是指一国某种商品出口额占其出口总值的份额与世界出口总额中该类商品出口额所占份额的比率，用公式表示为：

$$RCA_{ij} = (X_{ij} / X_{tj}) \div (X_{iw} / X_{tw}) \tag{4-1}$$

其中，X_{ij}表示国家j出口产品i的出口值，X_{tj}表示国家j的总出口值；X_{iw}表示世界出口产品i的出口值，X_{tw}表示世界总出口值。显示性比较优势指数是衡量一国产品或产业在国际市场竞争力最具说服力的指标。通过显示性比较优势指数可以判定一国的哪些产业更具出口竞争力，从而揭示一国在国际贸易中的比较优势。

一般认为，如果 RCA>2.5，则表明该国该产业具有极强的竞争力；如果 1.25<RCA≤2.5，则表明该国该产业具有较强的国际竞争力；如果 0.8<RCA≤1.25，则表明该国该产业具有中度的国际竞争力；如果 RCA≤0.8，则表明该国该产业竞争力弱。

根据图 4-31，1999—2019 年，我国纺织服装产业显示性比较优势指数呈现下降的趋势，由 1999 年的 3.82 下降为 2019 年的 2.58，但整体来看，我国的纺织服装产业的显示性比较优势指数均大于 2.5，说明我国纺织服装产业仍具国际竞争力。

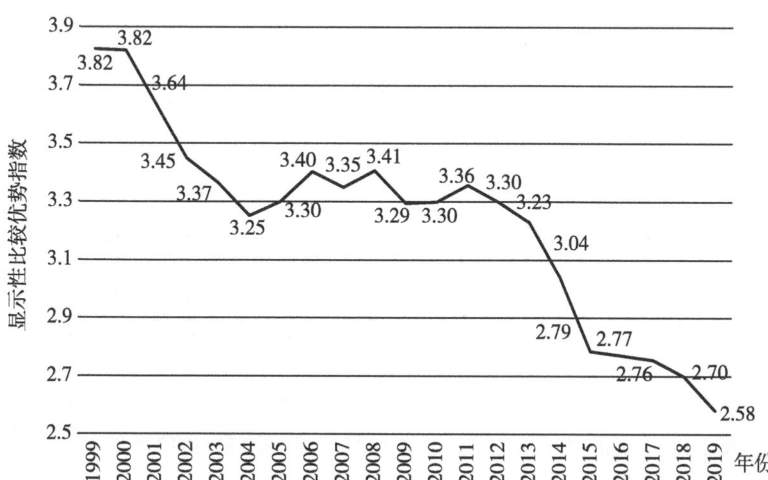

图4-31 1999—2019年中国纺织服装产业显示性比较优势指数（RCA）变化

资料来源：作者根据 WTO 统计数据计算而得。

7. 东、中、西三个区域层面分析

东部地区纺织服装产业进、出口贸易额远超中、西部地区，各地区纺织服装产业进、出口贸易额增速均放缓。根据图 4-32，从出口来看，2000—2019 年，东部地区纺织服装产业出口贸易额远超中、西部地区，2019 年东部地区纺织服装产业出口贸易额达 2490.87 亿美元，而中、西部地区仅分别为 225.94 亿美元和 90.25 亿美元。2007 年及以前，中部地区的纺织服装产业出口贸易额高于西部地区，2008—2017 年，西部地区的纺织服装产业出口贸易额反超中部地区，此后又低于中部地区，但整体来说，中、西部地区的纺织服装产业出口贸易额差距不大。

从进口来看，2000—2019 年，东部地区纺织服装产业进口贸易额远超中、西部地区，2019 年东部地区纺织服装进口贸易额达 241.32 亿美元，而中、西部地区仅分别为 10.14 亿美元和 3.26 亿美元。中部地区纺织服装产业进口贸易额始终高于西部地区，说明中部地区对纺织服装的进口需求量始终高于西部地区。各地区纺织服装出口贸易额均明显高于进口贸易额。

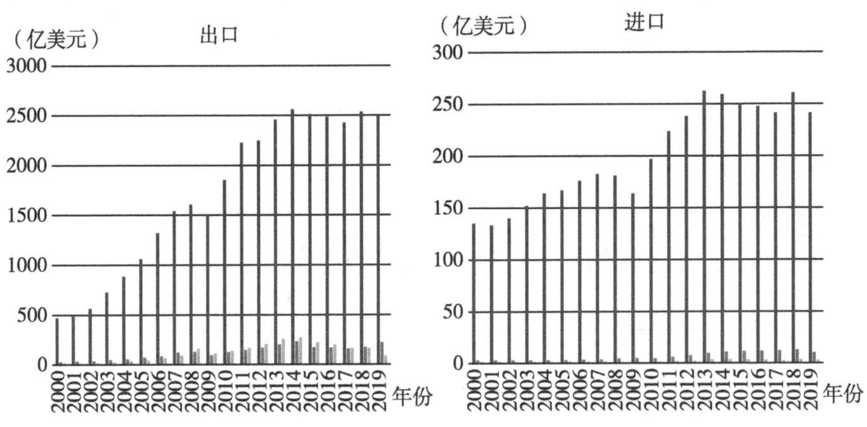

图4-32　2000—2019年三大地区纺织服装产业出口与进口贸易额变化

资料来源：《中国纺织工业发展报告》。

8. 我国31个省份纺织服装进出口贸易分析

我国 31 个省份纺织服装进出口贸易额差距明显，浙江、江苏和广东等地纺织服装进出口贸易在全国领先。根据图 4-33，浙江、江苏和广东是纺织服装出口贸易额最高的几个地区，此外，山东、福建和上海的纺织服装出口贸易额也较大，而西藏、陕西、贵州、山西、宁夏、云南、甘肃、海南和青海等地的纺织服装出口贸易额则较低，与浙江、江苏和广东等地差距明显。2019 年，浙江省纺织服装出口贸易额达 776.46 亿美元，位居全国第一，约占当年全国纺织服装出口贸易总额的 27.7%，其次是江苏和广东，其纺织服装出口贸易额分别为 536.8 亿美元和 478.16 亿美元。而当年海南省纺织服装出口贸易额仅为 0.3 亿美元，除此之外，青海、甘肃、云南和宁夏的纺织服装出口贸易额均不超过 1 亿美元。

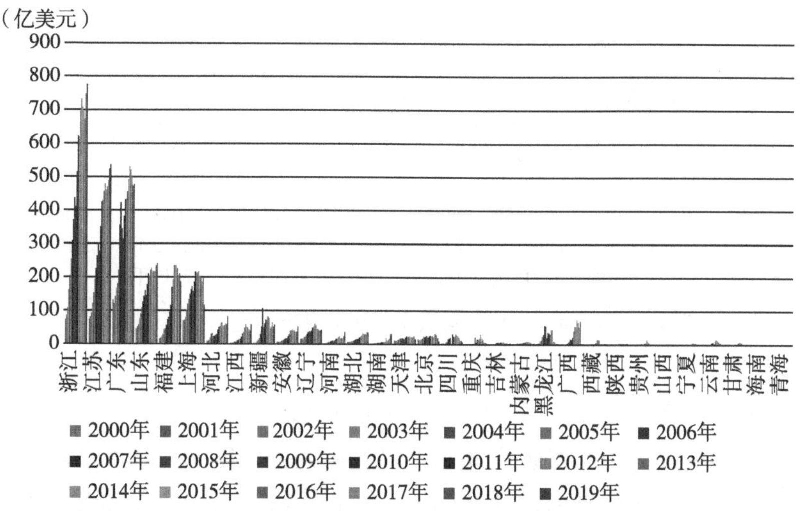

图4-33 2000—2019年各省份纺织服装产业出口贸易额变化

资料来源：《中国纺织工业发展报告》。

根据图 4–34，纺织服装产业进口贸易额较大的地区有上海、广东、江苏和浙江等地，而甘肃、云南、内蒙古、山西、宁夏、西藏和青海等地的纺织服装产业进口贸易额则较低，与上海、广东、江苏和浙江等地差距明显。

2019 年，纺织服装产业进口贸易额最大的是上海，其纺织服装产业进口贸易额达 76.85 亿美元，约占全国纺织服装产业进口贸易总额的 30.2%，广东、江苏和浙江次之，其纺织服装产业进口贸易额分别为 62.98 亿美元、31.36 亿美元和 25.78 亿美元。而当年西藏的纺织服装产业进口贸易额仅为 0.01 亿美元，除此之外，青海、宁夏、山西、内蒙古和云南的纺织服装产业进口贸易额均不超过 0.1 亿美元。

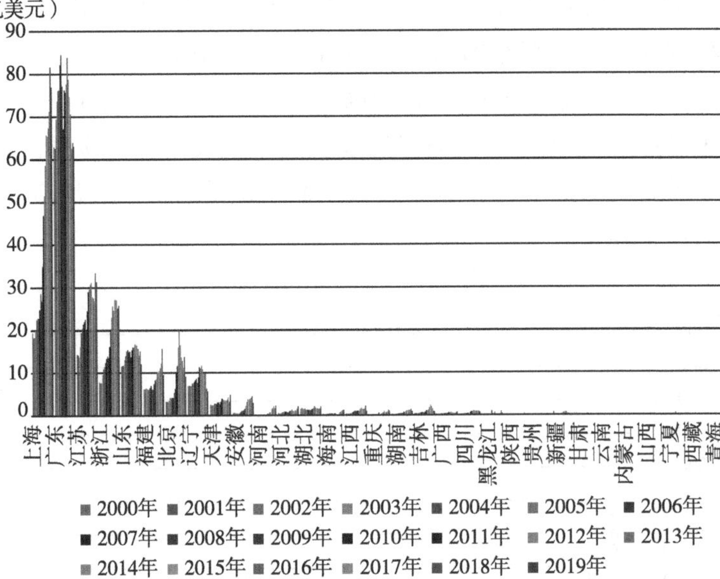

图4-34　2000—2019年各省份纺织服装产业进口贸易额变化

资料来源：《中国纺织工业发展报告》。

（三）纺织服装产业和贸易协同发展现状分析

在实际测量纺织服装产业和贸易发展的协同度之前，本节将通过纺织服装业产值和贸易增速的趋同性，对我国纺织服装产业和贸易的协同现状进行初步分析。

1. 纺织服装产业和贸易趋同的国际比较分析

近年来，我国纺织服装业产值和贸易增速的趋同性提高，但与德国、美国等发达国家相比仍有一定差距。

本节选取了德国、美国、法国、日本和英国共五个发达国家的纺织服装产值增速和进、出口贸易额增速的数据并分别制成折线图与中国进行对比分析（见图4–35）。大致来看，各国的纺织服装产值增速和贸易增速的变化趋势类似，但具体而言趋同性有所不同。可以看出：① 2005年至2018年，德国的纺织服装产值增速和进、出口贸易额增速的趋同性高度一致，这在一定程度上反映了德国的纺织服装产业和贸易的协同性较高。② 2009年以前，我国纺织服装产值增速和出口贸易增速的趋同性较弱，与进口贸易增速的变化趋势类似，但增速差距较大。2009年开始，我国纺织服装产值增速和进、出口贸易增速的趋同性提高，这在一定程度上反映了我国纺织服装产业和贸易发展的协同性开始提高。③法国的纺织服装产值增速和进、出口贸易增速在2011年以前和2015年以后呈现高度趋同；美国的纺织服装产值增速和进、出口贸易增速大约在2012年以后呈现高度趋同；日本和英国的纺织服装产值增速和进、出口贸易增速的趋同性则相对较弱。

因此，虽然近年来我国纺织服装业产值和贸易增速的趋同性提高了，但与德国、美国等发达国家相比仍有一定差距。由此可初步判断，近年来我国纺织服装产业和贸易的趋同性增加了，但对纺织服装产业和贸易的趋同性的准确判断仍需制定更为全面的评价指标体系并利用公式计算。

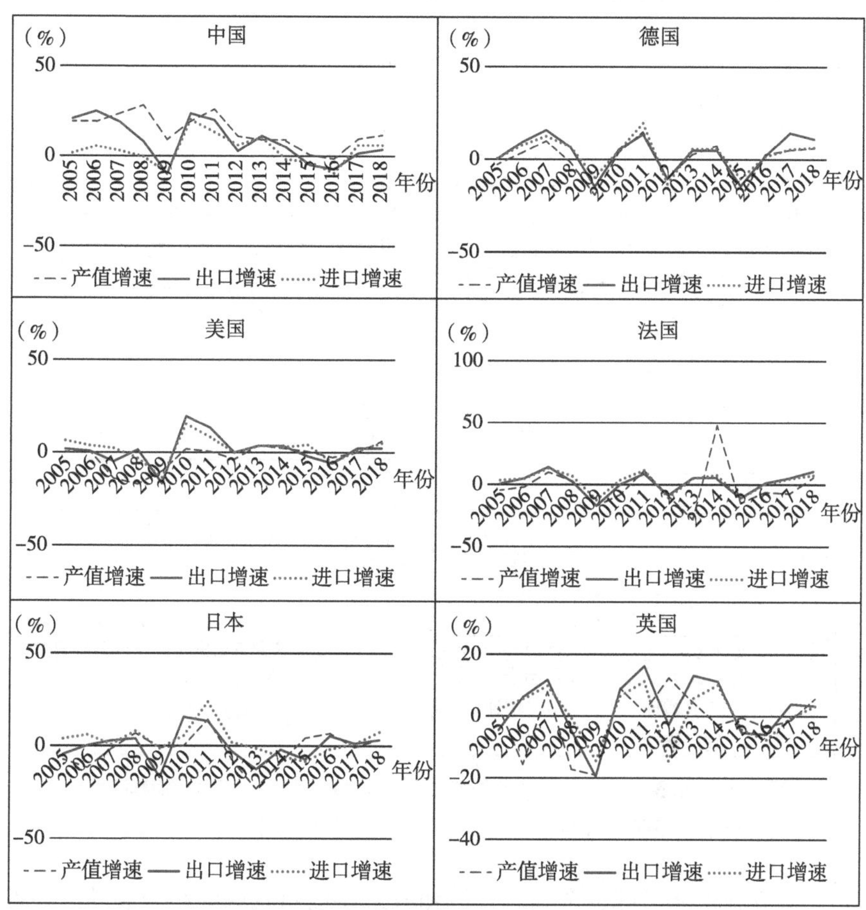

图4-35 2005—2018年六国纺织服装产值增速和进出口贸易增速变化

资料来源：作者根据世界银行和WTO数据计算得到。

2. 纺织服装产业和贸易发展的趋同性的区域层面分析

东部地区纺织服装产值和贸易增速的趋同性高于中、西部地区，各地区纺织服装产值和贸易增速的趋同性仍有待提升。根据图 4-36 可以看出，东部地区的纺织服装产值和贸易增速的趋同性与全国整体类似，2011—2018 年二者的趋同性有所提升。而中、西部地区的纺织服装产值和贸易增速的趋同性则相对较弱，这在一定程度上反映了东部地区的纺织服装产业和贸易的趋同性可能高于中西部地区，但对纺织服装产业和贸易发展的协同性的准确判断仍需制定更为全面的评价指标体系并利用公式计算。

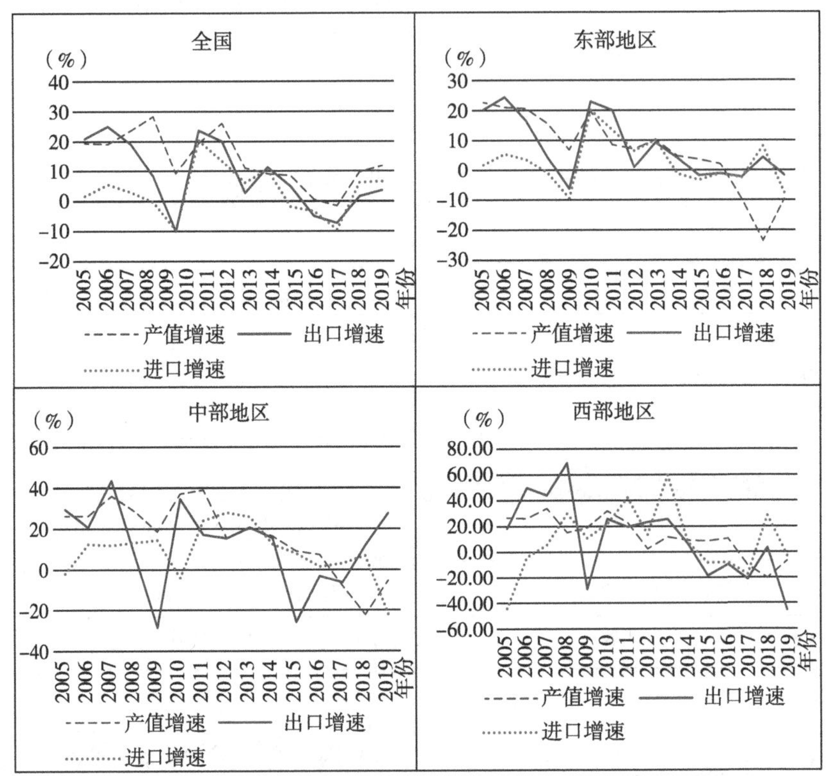

图4-36　2005—2019年各地区纺织服装产值增速和进出口贸易增速变化

资料来源：作者根据《中国纺织工业发展报告》数据计算得到。

本节分别从国际、全国、区域和省市层面对我国纺织服装的产业发展现状和贸易发展现状进行比较分析，并从国际和区域层面对我国纺织服装产业和贸易的协同发展现状进行比较分析。其中对产业发展现状的分析主要从纺织服装产业的产值、企业单位数、利润总额、就业人数、平均工资以及各细分行业的产量等方面进行分析；对进出口贸易发展现状的分析主要从进出口额的变化、进出口额占全球的比例、进出口产品结构、进出口的主要对象国家（地区）以及主要的进出口企业类型等方面进行分析。其中，对贸易发展现状的全国层面分析还包含了利用不同测算方法对我国纺织服装产业的国际竞争力进行分析。我国纺织服装产业和贸易发展呈现以下特点。

从产业发展现状来看，就国际对比分析而言，我国纺织品和服装产业规模逐步扩大，且稳居世界领先地位；我国纺织品和服装产业增加值占制造业的比例趋于平稳，且位于世界前列。就全国层面而言，近年来我国纺织服装产业销售产值、企业单位数、利润总额和从业人数开始下降，其中纺织业工业销售产值、企业单位数、利润总额和从业人数高于纺织服装、服饰业；我国纺织服装产业 R&D 经费支出及投入强度增加，科研创新能力增加，其中纺织业 R&D 经费支出及投入强度高于纺织服装、服饰业。就区域层面而言，东部地区纺织服装产业销售产值、企业单位数、利润总额、从业人数和平均工资均远超中、西部地区，但近年来差距有所缩小。就省市层面而言，各省市纺织服装产业销售产值、企业单位数、利润总额和从业人数差距明显，其中浙江和江苏等地发展领先。

从贸易发展现状来看，就国际对比分析而言，我国纺织服装产业出口额稳居世界第一，进口额居于世界前列；当前全球纺织服装产业进出口额主要集中在前两位国家，与其他国家差距显著。就全国层面而言，①我国纺织服装产业进出口贸易额回落，进出口增速放缓，其中服装出口额高于纺织品，进口额低于纺织品；我国纺织服装产业出口贸易额占全球的比例远超进口，纺织品出口占比和服装进口占比呈现上升的趋势；从进出口产品结构来看，我国出口的纺织品以化纤长丝及织品、针织布和棉及棉织品为主，服装以针织服装及附件和梭织服装及附件为主；进口的纺织品以棉及棉织品为主，服装以针织服装及附件为主；贸易伙伴主要集中在欧盟、东盟和日本等地；民营企业和三资企业是我国纺织服装企业对外贸易的重要组成部分。②本节利用两种指数对我国纺织服装产业的国际竞争力进行分析，其中，我国纺织服装产业贸易竞争力指数趋于平稳，具有很强的国际竞争力；我国纺织服装产业显示性比较优势指数逐渐下降，但仍具有极强的国际竞争力。就区域层面而言，东部地区纺织服装产业进、出口贸易额远超中、西部地区，各地区纺织服装进、出口贸易额增速放缓。就省市层面而言，各省市进、出口贸易额差距明显，其中浙江、江苏和广东等地的进、出口贸易额在全国领先。

从产业和贸易协同发展现状来看，就国际对比分析而言，近年来，我国纺织服装业产值和贸易增速的趋同性提高，但与德国、美国等发达国家相比仍有一定差距；从区域层面来看，东部地区纺织服装产值和贸易增速的趋同性高于中、西部地区，各地区纺织服装产值和贸易增速的趋同性仍有待提升。

第三节　我国纺织服装产业与贸易发展的协同度计量分析

一、纺织服装产业与贸易的协同度模型

（一）耦合度模型建立

根据物理学对系统关系的定义与容量耦合计算模型，可以计算两个子系统之间的协同度情况。本书将纺织服装产业和纺织服装贸易分别视作两个子系统，参考唐晓华等（2018）[①]的做法，设χ_{ij}^{t}为子系统i第j项指标在第t年的数值，u_{ij}^{t}（i=1，2）表示子系统i在第t年的第j项指标经过标准化处理后的数值，M_{ij}^{t}、m_{ij}^{t}分别表示子系统i第j项指标在第t年中的最大值和最小值，用MATLAB软件对各指标进行标准化处理如下：

$$u_{ij}^{t}=\frac{\chi_{ij}^{t}-m_{ij}^{t}}{M_{ij}^{t}-m_{ij}^{t}}\text{（}u_{ij}^{t}\text{具有正功效）；}\quad u_{ij}^{t}=\frac{M_{ij}^{t}-\chi_{ij}^{t}}{M_{ij}^{t}-m_{ij}^{t}}\text{（}u_{ij}^{t}\text{具有负功效）}\tag{4-2}$$

本节构建如下模型测算纺织服装产业和纺织服装贸易之间的耦合度：

$$C^{t}=2\sqrt{u_{1}^{t}u_{2}^{t}}/(u_{1}^{t}+u_{2}^{t})\tag{4-3}$$

其中，$u_{i}^{t}=\sum_{j=1}^{n}\lambda_{ij}u_{ij}^{t}$，$\sum_{j=1}^{n}\lambda_{ij}=1$。

C^{t}为纺织服装产业和贸易在第t年的耦合度值，取值范围在0与1，

---

① 唐晓华、张欣珏、李阳：《中国制造业与生产性服务业动态协同发展实证研究》，《经济研究》2018年第53卷第3期。

C^t值越大代表耦合度越高，λ_{ij}为权重，通过杨丽和孙之淳（2015）[①] 对面板数据处理的熵值法得到。

（二）协同度模型

上述模型计算的耦合度值虽然能反映两个子系统之间相互作用的程度，但是不能反映各系统之间是在高水平上的相互促进还是在低水平上的相互制约（王成和唐宁,2018）[②]。因此，可能存在两个子系统的综合发展水平相近，但发展水平均较低的情况，这样可能导致系统存在伪协同现象，为避免此种情况，本节采用以下方法进行改善：

$$D^t = \sqrt{C^t T^t} \tag{4-4}$$

其中，$T^t = \alpha u_1^t + \beta u_2^t$。

D^t为经过改良之后的协同度，可以反映纺织服装产业和贸易之间的协同发展程度，T^t为综合评价指数，待定系数α和β分别代表纺织服装产业和纺织服装贸易对整体系统耦合协同运行的贡献程度，取值各为 0.5。

二、 评价指标体系的构建及数据说明

（一）构建评价指标体系

在构建纺织服装产业和贸易各自的评价指标体系时，要综合考虑纺织服装产业的特性、发展特征及其发展的影响因素等多个方面，根据这些方面找到相应合适的能够量化的指标。除此之外，所选定的指标应当满足一些技术性的要求，主要包括：第一，制定的指标体系需满足一定程度的综合性要求，且指标数应适量，指标数若太少则不能综合全面地反映纺织服装产业或贸易的发展状况，指标数若太多则存在指标间相关性太强且难以计算的问题；第二，选取指标时需考虑数据的可获得性，数据来源须权威且可靠，否则会导致计算结果的偏差；第三，选用的评价方法须具备合理性，合理的评价方法是实现合理评价的重要途径，否则不能实现评价的目的。

本节在纺织服装产业与贸易协同发展的背景下，研究我国纺织服装

---

① 杨丽、孙之淳:《基于熵值法的西部新型城镇化发展水平测评》,《经济问题》2015 年第 3 期。

② 王成、唐宁:《重庆市乡村三生空间功能耦合协调的时空特征与格局演化》,《地理研究》2018 年第 37 卷第 6 期。

产业和贸易的互动关系及其协同发展的水平。文章构建的纺织服装产业和贸易的评价指标体系，旨在对我国纺织服装产业和贸易的发展水平作出客观且全面的分析，并为进一步计算我国纺织服装产业和贸易的协同发展水平奠定基础，最终为我国纺织服装产业和贸易的协同关系发展提供政策参考。

1. 构建评价指标体系的原则

根据建立评价指标体系的思路和目标，为了使指标设计具有科学性和规范性，建立纺织服装产业和贸易的评价指标体系时，应遵循以下原则。

（1）全面性、系统性原则

构建的指标体系应当全面、系统，并从多个角度综合反映纺织服装产业和贸易各自的发展状况。各个指标之间应存在逻辑关系并与纺织服装产业和贸易的影响因素相联系，构成一个系统而完整的整体。

（2）科学性原则

指标体系的构建应当符合纺织服装行业的发展特点，具备成熟的理论依据，有严谨合理的逻辑，并能客观、清晰地描述纺织服装产业和贸易的发展规律，应当结合产业和贸易的影响因素，选取更具代表性、科学性的指标。

（3）可操作性原则

选取的指标应考虑数据的可获得性，确定的指标应当可以获得权威且可靠的相关数据或者可替代的数据。除此之外，在保证指标体系全面性和系统性的基础上，应当减少对评价目标影响较小的指标，降低评价难度。

（4）通用可比性原则

指标的选取需满足横向和纵向比较的要求。横向比较是将不同对象放在同一时期进行比较，纵向比较是将同一对象放在不同时期进行比较。包含满足横向比较和纵向比较要求的指标体系可以让不同省份在不同时期进行比较。

2. 评价指标体系的确定及说明

（1）评价指标体系确定

根据以上构建指标体系的思路和原则，本节结合纺织服装产业和贸易的发展现状和特性，参考以往学者对纺织服装产业和贸易及其他产业的评价指标，分别建立了如下评价纺织服装产业和纺织服装贸易发展水平的指标体系（见表4–9）。

表4-9 纺织服装产业和纺织服装贸易发展水平的评价指标体系

子系统	一级指标	二级指标	指标解释	单位
纺织服装产业	经济效益	就业人员平均工资	行业平均工资	元
		劳动生产率	行业总产值 / 就业人员数	万元 / 人
	发展规模	从业人数	行业就业人员年末人数	万人
		总产值	行业工业销售产值	亿元
		企业单位数	企业单位个数	个
		固定资产总额	行业固定资产合计	亿元
	增长潜力	就业人数增长率	（当年就业人数 / 上年就业人数 –1）×100%	%
		产值增长率	（当年销售产值 / 上年销售产值 –1）×100%	%
	企业经营	销售利润率	利润总额 / 销售收入 ×100%	%
		企业亏损额	行业亏损企业亏损总额	亿元
		管理费用	企业管理费用	亿元
纺织服装贸易	贸易规模	进出口总额	行业进出口贸易总额	亿美元
		出口额占比	行业出口贸易额 / 当地出口贸易总额 ×100%	%
		出口额占全国比例	行业出口额 / 全国该行业出口总额 ×100%	%
	增长潜力	出口增长率	（当年出口贸易额 / 上年出口贸易额 –1）×100%	%
		进口增长率	（当年进口贸易额 / 上年进口贸易额 –1）×100%	%
	贸易竞争力	贸易竞争力指数	（出口额 – 进口额）/（出口额 + 进口额）	—
		出口市场占有率	行业出口额 / 全球该行业出口总额 ×100%	%
	贸易风险	外贸依存度	行业进出口总额 / 行业总产值	%

资料来源：作者整理而得。

（2）各指标内容的说明及数据来源

对纺织服装产业发展水平的评价体系包含四个一级指标，分别从经济效益、发展规模、增长潜力和企业经营四个方面对纺织服装产业的发展水平进行评价。

经济效益指的是经济活动当中的效果和利益，通常可以体现投入和产出的关系。经济效益指标中包含就业人员平均工资和劳动生产率两个二级指标。其中就业人员平均工资是反映纺织服装产业就业人员工资水平的指标，随着行业发展水平的提升，就业人员平均工资也会提高，因此，就业人员平均工资是正向指标；劳动生产率是指劳动者在一定时间内创造的劳动成果与其消耗的劳动力数量的比值，通常用行业总产值与就业人员数的比值来表示，劳动生产率是衡量生产效率的重要指标，为正向指标。

发展规模指标主要是衡量纺织服装产业规模的指标，包含从业人数、总产值、企业单位数和固定资产总额四个指标。其中从业人数的多少不仅可以反映纺织服装产业吸纳就业人员的能力，还可以体现产业的发展规模，为正向指标；总产值是工业企业在一定时间内生产或销售的工业产品总量，能够反映企业生产纺织服装的总规模和总水平，因此是正向指标；企业单位数是纺织服装工业企业的单位个数，单位数越多，代表纺织服装产业规模越大，为正向指标；固定资产总额也是反映产业发展规模的重要指标之一，用纺织服装工业企业固定资产合计来表示，纺织服装产业作为资金密集型产业，固定资产总额可以反映纺织服装产业的生产能力和规模，因此是正向指标。

增长潜力指标是对纺织服装产业未来发展潜力的评估，包含就业人数增长率和产值增长率两个指标。就业人数增长率和产值增长率分别是对纺织服装产业就业人数和产值的未来增长潜力的评估，均为正向指标。

企业经营指标是对纺织服装企业经营水平的评价，企业的发展状况对产业发展水平至关重要。企业经营指标中包含销售利润率、企业亏损额和管理费用三个指标。其中销售利润率是以销售收入为基础分析企业的获利能力，是企业的利润总额与销售收入的比值。销售利润率可以衡量企业销售收入的收益水平，为正向指标；企业亏损额是纺织服装企业的亏损总额，是反映企业经营水平的负向指标；管理费用是指企业在从事生产经营活动时的费用，在其他条件相同时，管理费用越高表明企业可能存在的浪费现象越多，从而经营水平不高，因此是负向指标。

对纺织服装贸易发展水平的评价同样包含四个一级指标，分别从贸易规模、增长潜力、贸易竞争力和贸易风险四个方面对纺织服装产业的发展水平进行评价。

贸易规模指标反映的是纺织服装业进出口贸易的规模和水平，包含进出口总额、出口额占比和出口额占全国比例三个指标。其中进出口总额是反映纺织服装业贸易规模最直观的指标，为正向指标；出口额占比是指纺织服装产业出口额占当地出口总额的比例，该指标能反映在某地出口的所有产品中，纺织服装产品出口所占的比例，也是衡量纺织服装出口规模的指标之一，为正向指标；出口额占全国比例是指某地出口的纺织服装产品贸易额占全国纺织服装出口贸易总额的比例，利于地区之间的横向比较，为正向指标。

增长潜力指标是对纺织服装贸易未来发展潜力的评估，包含出口增长率和进口增长率两个指标，分别是对纺织服装出口贸易和进口贸易增长潜力的评估，均为正向指标。

贸易竞争力指标是对我国生产的纺织服装产品在国际市场上的竞争力进行评估，包含贸易竞争力指数和出口市场占有率两个指标。其中贸易竞争力指数是指纺织服装产品的出口贸易额和进口贸易额的差值与二者之和的比值。贸易竞争力指数在 -1 与 1 之间，该值越大，代表产品的国际竞争力越强，因此是正向指标；出口市场占有率指标是指某地纺织服装产品出口额与全球纺织服装产品出口总额的比值，该值越大，代表产品的贸易竞争力越强，因此也是正向指标。

贸易风险指标主要对纺织服装国际贸易的风险进行评估，该指标用外贸依存度来衡量。外贸依存度指标用纺织服装产品的进出口总额与纺织服装总产值的比值来表示，一般而言，外贸依存度越高，则该产业的经济越容易受外部因素影响，贸易的波动性和风险越强（毛群英，2008）①，因此是负向指标。

考虑到数据的可得性和一致性，本节用来计算产业和贸易的发展水平和协同度的纺织服装产业是指基于 2017 年修订的《国民经济行业分类》（GB/T 4754—2017）中的纺织业（C17）和纺织服装、服饰业（C18）。由于《中国工业统计年鉴》从 2012 年开始不再公布工业总产值的数据，故本节用工业销售产值来代替总产值。以上数据来源于《中国统计年鉴》《中国纺织工业发展报告》《中国劳动统计年鉴》《中国经济普查年鉴》《中国固定资产投资统计年鉴》《中国工业统计年鉴》及各省

① 毛群英:《衡量贸易竞争力的指标体系及评价方法探析》,《经济管理》2008 年第 Z1 期。

（自治区、直辖市）统计年鉴等。对少数省（自治区、直辖市）在少数年份的数据缺失情况，参考 Ulku（2007）[①] 的方法进行补齐处理。

三、协同度的测算结果与分析

（一）区域层面的纺织服装产业和贸易协同度分析

根据构建的协同度模型，本节计算出 2004—2011 年我国纺织服装产业和贸易的协同度（见表 4-10），结合协同度的评价标准（见表 4-11），可以看出：①各地区的纺织服装产业和贸易的协同程度有较大差异，且多数地区纺织服装产业和贸易的协同度在早年间呈现上升的趋势，但近年来有所下降；② 2004—2011 年，多数地区处于“失调”阶段，只有少数地区处于“基本协调”或“中度协调”的阶段，且在这期间只有浙江省的纺织服装产业和贸易的协同度分别在 2010 年、2011 年达到了“高度协调”的阶段；③ 2011 年，纺织服装产业和贸易的协同度达到“中度协调”的有浙江省、江苏省和广东省，处于“基本协调”的有福建省和山东省。

表4-10　　纺织服装产业和贸易的协同度

地区	2004 年	2005 年	2006 年	2007 年	2008 年	2009 年	2010 年	2011 年
纺织服装产业协同度								
北京市	0.2315	0.2351	0.2228	0.2204	0.2214	0.2151	0.2205	0.2188
天津市	0.2166	0.2225	0.2084	0.2167	0.2042	0.2107	0.2149	0.2253
河北省	0.2942	0.2908	0.2681	0.2582	0.2606	0.2764	0.2986	0.3110
山西省	0.1216	0.1240	0.1342	0.1186	0.1135	0.1227	0.1247	0.1276
内蒙古	0.1931	0.1829	0.1870	0.1828	0.1824	0.2104	0.2047	0.2109
辽宁省	0.2485	0.2532	0.2586	0.2640	0.2783	0.2863	0.2876	0.2863
吉林省	0.1547	0.1497	0.1618	0.1715	0.1776	0.1829	0.1831	0.1887
黑龙江省	0.2163	0.2287	0.2256	0.2501	0.2456	0.2240	0.2228	0.2206
上海市	0.4095	0.4045	0.4011	0.4024	0.4075	0.4066	0.4091	0.3991
江苏省	0.5928	0.6010	0.6302	0.6509	0.7001	0.6914	0.7265	0.7143
浙江省	0.6263	0.6559	0.6882	0.7232	0.7643	0.7760	0.8056	0.7860
安徽省	0.2272	0.2232	0.2244	0.2320	0.2391	0.2555	0.2710	0.2812
福建省	0.3622	0.3622	0.3798	0.3992	0.4090	0.4405	0.4535	0.4938
江西省	0.2162	0.2167	0.2238	0.2275	0.2327	0.2430	0.2571	0.2740
山东省	0.4884	0.5182	0.5322	0.5460	0.5642	0.5671	0.5831	0.5915
河南省	0.2277	0.2280	0.2352	0.2376	0.2452	0.2451	0.2603	0.2809

① Ulku H., “R&D, innovation and output: evidence from OECD and nonOECD countries,” *Applied Economics*, Vol. 39, No. 3, 2007.

续表

地区	2004 年	2005 年	2006 年	2007 年	2008 年	2009 年	2010 年	2011 年
湖北省	0.2586	0.2605	0.2614	0.2458	0.2498	0.2643	0.2696	0.2759
湖南省	0.1782	0.1809	0.1807	0.1781	0.1809	0.1848	0.1995	0.2002
广东省	0.5537	0.5745	0.6340	0.6569	0.6338	0.6343	0.6615	0.6506
广西	0.1536	0.1535	0.1532	0.1724	0.1829	0.2141	0.2122	0.2267
海南省	0.1659	0.1602	0.1520	0.1395	0.1432	0.1348	0.1383	0.1463
重庆市	0.1530	0.1515	0.1487	0.1552	0.1625	0.1717	0.1848	0.2062
四川省	0.2087	0.2150	0.2330	0.2349	0.2408	0.2539	0.2729	0.2536
贵州省	0.1115	0.1014	0.1082	0.1241	0.1549	0.0960	0.1147	0.1659
云南省	0.1288	0.1377	0.1292	0.1257	0.1310	0.1394	0.1686	0.1603
西藏	0.1584	0.1641	0.1602	0.2194	0.2068	0.1833	0.1877	0.2105
陕西省	0.1731	0.1651	0.1640	0.1509	0.1548	0.1600	0.1570	0.1586
甘肃省	0.1214	0.1163	0.1207	0.1222	0.1235	0.1630	0.1490	0.1483
青海省	0.1321	0.1463	0.1465	0.1856	0.1986	0.2044	0.2042	0.2147
宁夏	0.1521	0.1746	0.1798	0.1656	0.1608	0.2186	0.1643	0.1838
新疆	0.2906	0.2152	0.2346	0.2619	0.2852	0.2500	0.2679	0.2747
纺织服装贸易协同度								
北京市	0.2203	0.2216	0.2134	0.2297	0.2304	0.2300	0.2136	0.1876
天津市	0.2247	0.2247	0.2251	0.2257	0.2283	0.2238	0.2367	0.2123
河北省	0.3212	0.3350	0.3370	0.3275	0.3371	0.3425	0.3058	0.3281
山西省	0.1431	0.1329	0.1373	0.1228	0.1296	0.1301	0.1391	0.1398
内蒙古	0.2249	0.2238	0.2340	0.2269	0.2205	0.2016	0.1929	0.1685
辽宁省	0.2998	0.3125	0.2935	0.2657	0.2452	0.2396	0.2357	0.2405
吉林省	0.1924	0.1986	0.1893	0.1902	0.1915	0.1857	0.1659	0.1655
黑龙江省	0.2281	0.2439	0.2471	0.1940	0.1939	0.1773	0.1734	0.1558
上海市	0.3978	0.3880	0.3837	0.3777	0.3681	0.3718	0.3857	0.3317
江苏省	0.7213	0.7388	0.7534	0.7569	0.7638	0.7398	0.7265	0.7018
浙江省	0.7861	0.8013	0.8066	0.8047	0.7989	0.7774	0.7771	0.7910
安徽省	0.3074	0.3123	0.3168	0.3189	0.3214	0.3110	0.3005	0.3120
福建省	0.5053	0.5093	0.5151	0.5219	0.5241	0.5180	0.5143	0.5028
江西省	0.2880	0.3205	0.3434	0.3421	0.3507	0.3385	0.3131	0.3339
山东省	0.6030	0.6141	0.6178	0.6218	0.6264	0.6054	0.5608	0.4923
河南省	0.2834	0.2992	0.3141	0.3085	0.3106	0.3015	0.2952	0.3151
湖北省	0.2934	0.3077	0.3198	0.3168	0.3200	0.3127	0.3207	0.3227
湖南省	0.1992	0.2121	0.2471	0.2232	0.2439	0.2498	0.2810	0.2796
广东省	0.6480	0.6847	0.6901	0.7101	0.7049	0.6888	0.6525	0.6493

续表

地区	2004 年	2005 年	2006 年	2007 年	2008 年	2009 年	2010 年	2011 年
广西	0.2691	0.2845	0.2759	0.3024	0.3015	0.2976	0.2936	0.1539
海南省	0.1394	0.1444	0.1450	0.1487	0.1393	0.1376	0.1482	0.1285
重庆市	0.2011	0.2144	0.2282	0.2108	0.2079	0.1930	0.1923	0.1649
四川省	0.2506	0.2660	0.2627	0.2580	0.2534	0.2359	0.2002	0.2070
贵州省	0.2095	0.1898	0.2193	0.1898	0.1946	0.1673	0.1672	0.2045
云南省	0.1488	0.1816	0.2040	0.1808	0.1841	0.1745	0.1659	0.1315
西藏	0.2122	0.2137	0.2171	0.2062	0.2110	0.2040	0.2002	0.2213
陕西省	0.1721	0.1613	0.1696	0.1621	0.1683	0.1670	0.1728	0.1719
甘肃省	0.1931	0.2153	0.2254	0.2121	0.2013	0.1720	0.1104	0.1825
青海省	0.2282	0.2567	0.2667	0.2662	0.2619	0.2544	0.2185	0.1840
宁夏	0.1961	0.3344	0.2358	0.2273	0.2294	0.1970	0.1773	0.1509
新疆	0.2805	0.2860	0.2836	0.2599	0.2819	0.2932	0.2895	0.2975

资料来源：作者计算而得。

表4-11　协同度评价标准

协同度	$0 < D \leqslant 0.2$	$0.2 < D \leqslant 0.4$	$0.4 < D \leqslant 0.6$	$0.6 < D \leqslant 0.8$	$0.8 < D \leqslant 1$
协调等级	严重失调	中度失调	基本协调	中度协调	高度协调

资料来源：作者整理而得。

（二）区域层面的纺织服装产业和贸易协同度分析

为进一步探究各区域间的纺织服装产业和贸易的协同程度，本节基于前文对我国东、中、西部地区的划分，对各区域及全国的纺织服装产业和贸易的协同度平均水平进行画图分析。由图 4–37 可以看出：①东部地区的纺织服装产业和贸易的协同度最高，远高于全国平均水平，其次是中部地区和西部地区，这两大区域的协同度均低于全国平均水平；②各区域的纺织服装产业和贸易的协同程度均呈现先上升后下降的趋势，在 2015 年前后开始下降；③东部地区的纺织服装产业和贸易的协同程度从 2007 年达到“基本协调”的阶段，而中、西部地区仍处于“中度失调”和“严重失调”的阶段。

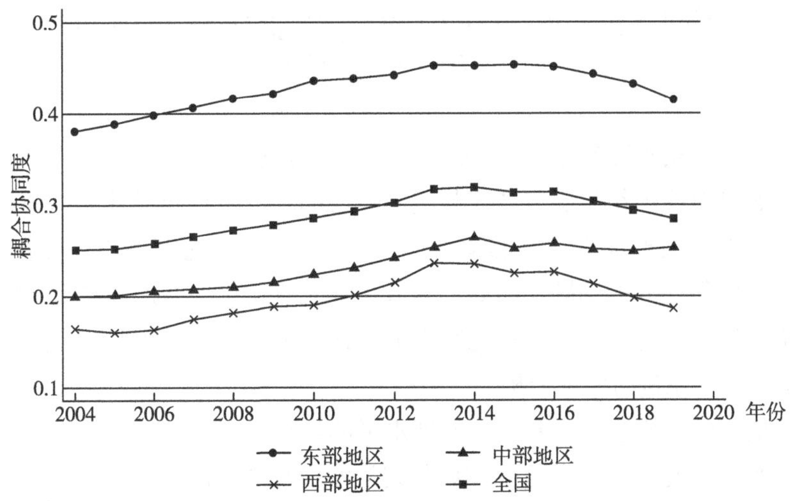

图4-37 2004—2020年区域纺织服装产业和贸易协同度变化

资料来源：作者整理绘制。

本节基于全面性原则、系统性原则、科学性原则、可操作性原则和通用可比性原则，从经济效益、发展规模、增长潜力和企业经营四个方面构建纺织服装产业发展水平的评价指标体系，从贸易规模、增长潜力、贸易竞争力和贸易风险四个方面构建纺织服装贸易发展水平的评价指标体系，并利用协同度模型对2004—2019年我国31个省（自治区、直辖市）的纺织服装产业和纺织服装贸易的协同程度进行定量计算，得出结果并分析我国纺织服装产业与贸易的协同程度在省市和区域间的差异。

从区域层面来看：第一，各地区的纺织服装产业和贸易的协同程度有较大差异，且多数地区纺织服装产业和贸易的协同度在早年间呈现上升的趋势，但近年来有所下降；第二，2004—2019年，多数地区处于“失调”阶段，只有少数地区处于“基本协调”或“中度协调”的阶段，且其间只有浙江省的纺织服装产业和贸易的协同度分别在2010年、2013—2015年处于“高度协调”的阶段；第三，2019年，纺织服装产业和贸易的协同度处于“中度协调”阶段的有浙江省、江苏省和广东省，处于“基本协调”阶段的有福建省和山东省。

第四节　我国纺织服装产业与贸易互动关系的实证分析

一、纺织服装产业和贸易的互动机制理论分析

通过对我国纺织服装产业与贸易的协同程度进行定量计算，分析我国的纺织服装产业与贸易的发展是存在双向作用，还是存在单向影响，这都是值得探究的问题。因此，本节将首先对纺织服装产业和贸易的互动机制进行理论分析，并在此基础上构建模型对我国纺织服装产业与贸易的互动关系进行实证分析。

依据纺织服装产业和贸易发展水平的评价指标体系分别计算出纺织服装产业发展水平（I）和纺织服装贸易发展水平（T），据此，本节利用 Stata 15.0 并以样本年均值数据绘制了纺织服装产业发展水平（I）和纺织服装贸易发展水平（T）的散点图（见图 4–38），由图可以看出：我国纺织服装产业发展水平和贸易发展水平呈现正相关，但这种相关性还需要通过计量模型进一步验证。

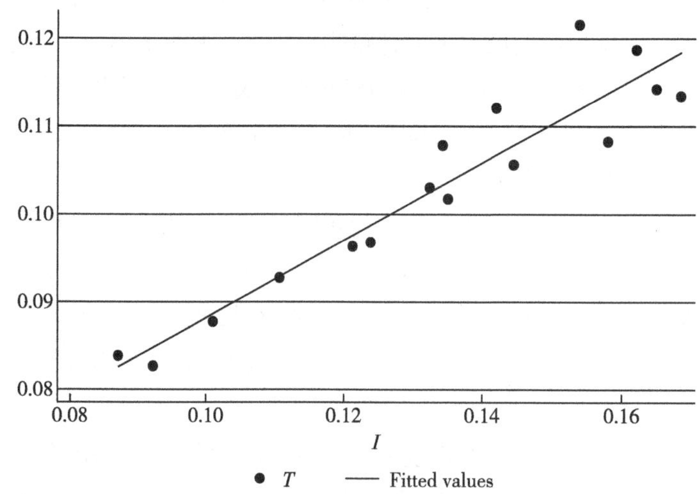

图4-38　纺织服装产业发展水平和纺织服装贸易发展水平的相关性

资料来源：作者整理绘制。

（一）纺织服装业是纺织服装贸易增长的基础

纺织服装业是纺织服装贸易增长的基础和源泉，决定着纺织服装贸易的发展规模和增长速度。产业与贸易往往是“源”与“流”的关系，纺织服装业是“源”，而纺织服装贸易是“流”。纺织服装业的发展是纺

织服装贸易发展的深厚基础，也是纺织服装贸易发展的产业支柱，纺织服装贸易的迅猛发展离不开纺织服装业的崛起和繁荣。在全球价值链的分工体系下，国际贸易得以发展建立在本土承载和建设的产业链基础上，只有稳住纺织服装的产业链地位，才能保证纺织服装国际贸易的发展。由于世界各国的资源禀赋、生产规模和技术条件等方面的不同，各国生产的纺织服装产品的款式、质量和数量也不尽相同，国家之间的纺织服装贸易则应运而生，当前经济全球化的时代则为纺织服装贸易的发展提供了前所未有的契机。

（二）纺织服装业的发展水平决定纺织服装贸易的国际竞争力

国际竞争力的概念可分为两类：当立足于国际市场时，国际竞争力被认为是“一国在国际市场上出售其产品的能力”，即保持贸易顺差或贸易平衡的能力；当立足于国内经济时，国际竞争力是指一国在世界经济的大环境下，与其他各国的竞争力相比较，其创造增加值和国民财富持续增长，同时协调资产与过程、引进吸收能力与输出扩张能力、全球化与本地化经济活动、经济发展与社会发展的能力。在前文对全国层面纺织服装贸易的发展现状的分析基础上，本节采用了贸易竞争力指数和显示性比较优势指数来衡量一国纺织服装产业的国际竞争力水平。如果一国在本国生产一种产品的机会成本低于在其他国家生产该产品的机会成本，则该国在生产该种产品上就拥有比较优势。纺织服装产业发展起步早、起点高，纺织服装产业发达的国家，其生产纺织服装产品的专业化水平更高、熟练度更高、劳动生产率更高，其比较优势也更强。根据比较优势理论，各国应当集中生产并出口其具有比较优势的产品，进口其具有比较劣势的产品，通过专业化分工来提高劳动生产率。对纺织服装业而言，一国若在纺织服装的生产上具有比较优势，该国应当偏向于出口纺织服装产品，进口则相对较少，从而获得贸易顺差。这也意味着该国生产的纺织服装产品，相较于具有比较劣势的国家生产的纺织服装产品而言具备更强的国际竞争力。因此，只有提高本国纺织服装业的发展水平，才能提高本国的纺织服装产品在国际市场上的竞争力。

（三）纺织服装贸易反过来拉动纺织服装业发展

随着科技发展水平的不断提升和贸易自由化的逐渐推进，纺织服装贸易的国际市场规模不断扩大，纺织服装贸易规模的扩大则要求为纺织服装产品提供充足的渠道来源，进而拉动本国纺织服装产业的发展。发展纺织服装贸易对纺织服装产业的拉动作用主要体现在以下三个方面。

1. 发展纺织服装贸易有利于促进纺织服装业资本积累

随着纺织服装产业的发展和纺织服装贸易的不断扩大，东道国从纺织服装贸易中获得的利益也不断增加。一国发展纺织服装出口贸易，在提高本国纺织服装出口贸易收入的同时，也为本国进一步发展纺织服装产业积累了更多的资金。对存在贸易逆差的国家而言，大力发展纺织服装出口贸易有利于减少逆差，改善国际收支状况。

事实上，发展纺织服装贸易对纺织服装业资本积累的促进作用主要体现在两个方面：首先，发展纺织服装贸易会促进本国加大对纺织服装产业的投资力度；其次，发展纺织服装贸易会吸引外商对纺织服装的直接投资。当纺织服装贸易的发展规模逐渐扩大时，本国会加大纺织服装产业的投资力度，同时吸引更多的外商直接投资。这对纺织服装产业的国内投资和外商投资共同提供了资本积累的源泉，促进资本循环，为纺织服装产业的资本积累提供了资金保障。除此之外，纺织服装贸易的发展会引致国外投资的增加，资本流动推动资本循环加速，进而推动纺织服装产业的资本积累。

2. 发展纺织服装贸易有利于提供更多的就业机会

目前中国人口总量仍居世界第一，就业问题是我国最大的民生问题，就业问题的解决直接关系到人民群众的根本利益和国家的长治久安。传统贸易理论指出，出口增加会扩大就业，出口贸易的扩大意味着本国产品需求量的增加，就业也因此增加，进口则相反。但事实上，最新的研究表明，出口贸易和进口贸易都有利于扩大就业。对纺织服装产业而言，当纺织服装产品的出口贸易量增加时，带动国内对纺织服装产品的总需求增加，从而使从事纺织服装行业的就业机会增加，工资水平也会上升。由于国际分工使得纺织服装产品在不同国家或地区的生产成为可能，资源在全球范围内进行配置，纺织服装产品的生产由各个国家在多次的进出口中实现。在某种程度上，进口贸易是为了增加出口，进口同样能增加就业。一方面，进口纺织服装的中间产品有利于降低生产成本，提升本国纺织服装产品的国际竞争力，有利于扩大市场进而带动就业。另一方面，进口纺织服装产品有利于增加本国市场的产品竞争、刺激产品创新，从而刺激纺织服装行业对高技能、高素质工人的需求增加，进而带动就业。

3. 发展纺织服装贸易有利于推动产业转型升级

日本经济学家赤松要（1932）[①]提出的“雁形产业发展形态论”认为，后发国家应采用“进口—国内生产—出口增长”的阶段模式并进行周期循环，即通过进口学习国外先进技术和扩大市场，国内生产以提升产业竞争力为目的，出口贸易以扩大贸易顺差为目的，才能促进产业结构优化升级，进而缩小与发达国家的差距。Posner（1961）[②]在《国际贸易与技术变化》中提出的技术差距理论指出了国际贸易通过技术转移效应和技术溢出效应促进产业升级。

国际贸易主要通过市场供求机制、规模经济效应和知识溢出效应影响产业的资源配置，进而推动产业升级（郑红玲,2019）[③]。首先，对外贸易可以给无法在国内消费的部分劳动成果开辟更广阔的市场（亚当·斯密,1776）[④]，国际贸易通过市场供求机制在国际和国内市场上配置资源，这在一定程度上可以解决资源瓶颈和市场垄断等问题，有利于产业升级；其次，国际贸易范围的扩大有利于规模经济的加速，有利于降低生产成本、改善生产效率进而推动产业升级；最后，国际贸易的发展伴随着知识、文化、技术的传播,Arrow（1962）[⑤]提出的“干中学”学说指出了知识外溢在国际贸易中的重要作用，进口贸易带来了先进知识和技术，同时增加了国内的竞争压力，有利于推动产业向高技术化、高附加值化的方向发展。

对纺织服装产业而言，生产力的发展和技术进步是促进纺织服装产业转型升级的两大根本力量，而贸易正是提升生产力和技术进步的重要途径之一。随着纺织服装贸易市场的扩大，一方面，推动规模经济加速发展，有利于降低纺织服装产业的生产成本以及提高其生产效率；另一方面，纺织服装产品同时面临着国际市场上的竞争，进口纺织服装产品有利于增强本国市场的产品竞争、刺激产品创新，一国只有通过提升本

---

① 赤松要:《我国经济发展的综合原理》，博士学位论文，东京高等商业学校，1932年。

② Posner M. V., “International trade and technical change,” *Oxford Economic Papers*, Vol. 13, No. 3, 1961.

③ 郑红玲:《中国对外贸易发展对产业升级影响的实证研究》，博士学位论文，辽宁大学，2020年。

④ 亚当·斯密:《国民财富的性质与原因的研究》，商务印书馆2014年版。

⑤ Arrow K. J., “The economic implications of learning by doing,” *The Review of Economic Studies*, Vol. 29, No. 3, 1962.

国生产的纺织服装产品的国际竞争力，才能获得竞争优势从而在世界市场中站稳脚跟。同时，一国大力发展纺织服装贸易，可以通过吸引外商直接投资来引进国外高素质人才和先进设备，从而提升本国的技术水平，推动本国纺织服装产业的转型升级。除此之外，纺织服装产品出口贸易的增加使得本国的外汇储备增加并将其转化为实际生产力，推动资本积累进而推动本国纺织服装产业的转型升级（见图 4–39）。

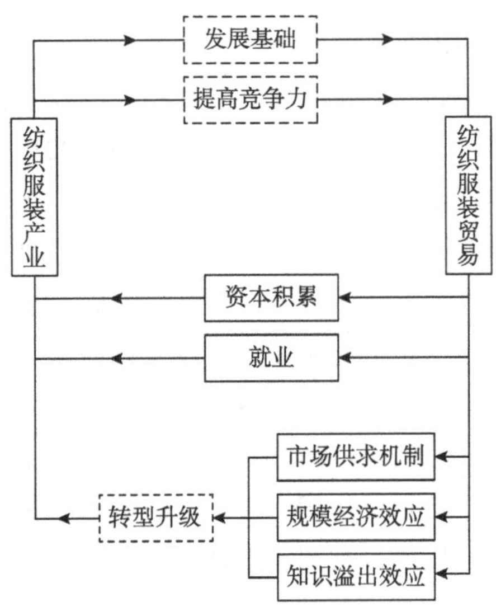

图4-39　纺织服装产业和贸易互动发展机制

资料来源：作者整理绘制。

二、计量模型构建

（一）计量模型构建

在对纺织服装产业与贸易的互动机制分析的基础上，本节将对纺织服装产业发展水平与纺织服装贸易发展水平的互动关系进行实证研究，考虑到二者之间可能存在相互影响的关系并因此产生内生性的问题或者模型可能存在的“伪回归”现象，本节参考李逸飞等（2017）[①] 的制造业和服务业就业的互动模型，构建纺织服装产业和贸易发展互动的动态模型。为解决模型可能存在的内生性问题，本节将被解释变量的滞后一期作为工具变量，采用两步法系统 GMM 进行实证分析。由于对纺织服装产业和贸易发

① 李逸飞、李静、许明：《制造业就业与服务业就业的交互乘数及空间溢出效应》，《财贸经济》2017 年第 38 卷第 4 期。

展的影响因素众多，本节在方程（4–5）和方程（4–6）中分别引入了6个和7个控制变量，以提高回归结果的准确性。具体模型的设定如下。

纺织服装产业对纺织服装贸易影响的动态模型：

$$\ln T_{it}=\beta_0+\beta_1\ln T_{i(t-1)}+\beta_2\ln I_{it}+\beta_3\ln price_{it}+\beta_4\ln open_{it}+\beta_5\ln excha_{it}+\beta_6\ln FI_{it}+\beta_7\ln raw_{it}+\beta_8\ln K_{it}+\varepsilon_{it} \tag{4–5}$$

纺织服装贸易对纺织服装产业影响的动态模型：

$$lnI_{it}=\beta_0+\beta_1\ln I_{i(t-1)}+\beta_2\ln T_{it}+\beta_3\ln pgdp_{it}+\beta_4\ln price_{it}+\beta_5\ln open_{it}+\beta_6\ln gov_{it}+\beta_7\ln urb_{it}+\beta_8\ln market_{it}+\beta_9\ln FI_{it}+\varepsilon_{it} \tag{4–6}$$

考虑到变量间线性关系和异方差问题，对各变量做取对数处理，各变量的解释说明和数据来源详见下一节。

（二）变量和数据说明

1. 核心变量

纺织服装产业发展水平（I）和纺织服装贸易发展水平（T），根据本书第四章构建的纺织服装产业和贸易发展水平的指标体系计算而得。

2. 控制变量

在方程（4–5）和方程（4–6）中，分别选取了6个和7个控制变量，其中经济发展（*pgdp*）用人均实际GDP来表示，本节以2004年为基期，对人均名义GDP通过CPI指数进行平减，计算得出人均实际GDP（张平,2014）[①]。价格（*price*）为纺织服装产品的零售价格指数，零售价格指数反映了纺织服装产品零售价格的变动趋势，这一趋势可以直接影响到居民的购买力。本节的零售价格指数经过换算，均以2004年为基期。贸易开放度（*open*）用纺织服装产业进出口贸易总额与行业销售产值的比值来表示，可反映纺织服装产业贸易开放的程度。政府干预度（*gov*）用一般公共财政预算支出占GDP的比重来表示（伍先福,2019）[②]。城镇化程度（*urb*）以城镇人口占总人口的比重表示。市场化程度（*market*）用非国有企业销售产值占比表示。外资（*FI*）为纺织服装产业外商投资，用纺织服装工业企业的实收外商资本表示。汇率（*excha*）为美元兑换人民币的汇率，汇率变动会引起纺织服装品进出口价格的变动。原料（*raw*）用纺织

① 张平:《中国经济效率减速冲击，存量改革和政策激励》,《经济学动态》2014年第10期。

② 伍先福:《产业协同集聚对全要素生产率影响的门槛效应研究——基于中国246个城市的实证检验》,《经济经纬》2019年第36卷第2期。

服装产品的主要原料纱和化学纤维的总产量表示，纱和化学纤维是生产纺织服装产品的主要原料。资本（K）用纺织服装工业企业固定资产总额来表示，纺织服装产业固定资产总额可以反映纺织服装产业的生产能力和规模。本节以 2004 年为基期，对工业企业固定资产总额通过固定资产价格指数进行平减得到实际固定资产总额，以消除价格因素的影响。

以上数据来源于《中国统计年鉴》《中国纺织工业发展报告》《中国劳动统计年鉴》《中国经济普查年鉴》《中国固定资产投资统计年鉴》《中国工业统计年鉴》及各省（自治区、直辖市）统计年鉴等。对少数省（自治区、直辖市）在少数年份的数据缺失情况，参考 Ulku（2007）[①] 的方法进行补齐处理。

（三）描述性统计

选取我国 31 个省（自治区、直辖市）2004—2019 年共 16 年的面板数据进行实证研究，各变量的描述性统计如下（见表 4–12）。

表4-12　各变量的描述性统计

变量	样本容量	均值	标准差	最小值	最大值
ln*I*	496	−2.5297	0.9563	−4.2904	−0.3398
ln*T*	496	−2.9723	1.1311	−5.5215	−0.2772
ln*pgdp*	496	0.9511	0.6141	−0.8971	2.4607
ln*price*	496	4.6466	0.2237	4.3579	6.5504
ln*open*	496	−0.7399	1.4051	−3.4327	4.9577
ln*gov*	496	3.0564	0.4999	2.0694	4.9267
ln*urb*	496	3.9191	0.2852	2.6831	4.4954
ln*market*	496	−0.5618	0.3687	−1.8257	−0.1016
ln*FI*	496	−0.9005	5.2824	−11.5129	5.5673
ln*excha*	496	6.5360	0.0953	6.4204	6.7186
ln*raw*	496	2.6431	3.9547	−11.5129	7.9970
ln*K*	496	4.0029	1.9944	−3.0647	7.6323

资料来源：作者根据 Stata 15.0 的计算结果整理而得。

（四）共线性诊断

建立多元线性回归模型时，选取的控制变量应满足互斥性。如果控制变量间存在严重的多重共线性，则可能导致实证模型估计的准确性降

① Ulku H., "R&D, innovation and output: evidence from OECD and nonOECD countries," *Applied Economics*, Vol. 39, No. 3, 2007.

低且回归结果出现失真，不利于实证研究。因此，本节选取 VIF（方差膨胀因子）方法进行共线性诊断。一般而言，当 VIF 值（方差膨胀系数）小于 10 时，则认为该变量不存在严重的多重共线性，否则应予以剔除。根据共线性诊断的结果（见表 4–13），本节对表 4–12 中的 ln*K* 变量予以剔除，其余变量予以保留。

表4-13　共线性检验

方程（5–1）			方程（5–2）		
变量	容差	VIF	变量	容差	VIF
ln*K*	19.32	0.0518	ln*pgdp*	6.11	0.1626
ln*I*	7.38	0.1355	ln*urb*	4.95	0.2021
ln*raw*	5.30	0.1886	ln*FI*	3.28	0.3051
ln*FI*	3.02	0.3315	ln*gov*	3.09	0.3238
ln*open*	1.62	0.6176	ln*T*	2.41	0.4155
ln*excha*	1.15	0.8717	ln*market*	2.02	0.4961
ln*price*	1.12	0.8962	ln*open*	1.91	0.5246
			ln*price*	1.19	0.8424

资料来源：作者根据 Stata15.0 计算结果整理而得。

（五）ADF单位根检验

ADF 单位根检验即检验序列数据是否平稳，如果存在单位根则为非平稳序列，如果对非平稳的序列直接进行回归，则可能导致“伪回归”的问题。本节利用 Stata15.0 软件对各变量进行 ADF–Fisher 单位根检验，结果如表 4–14 所示。可以看出：各变量均显著拒绝原假设，不存在单位根，因此是平稳序列，无须进行协整检验，可直接对以下变量进行回归分析。

表4-14　单位根检验

变量	检验形式（C，T，K，N）	ADF–Fisher	结论
ln*I*	（C，N，1）	-5.4719^{***}	平稳
ln*T*	（C，N，1）	-6.2591^{***}	平稳
ln*pgdp*	（C，N，3）	-2.3927^{***}	平稳
ln*price*	（C，N，1）	-5.5646^{***}	平稳
ln*open*	（C，N，1）	-6.8326^{***}	平稳
ln*gov*	（C，N，1）	-5.6970^{***}	平稳

续表

变量	检验形式（C，T，K，N）	ADF-Fisher	结论
ln*urb*	（C，N，1）	-6.9256^{***}	平稳
ln*market*	（C，N，1）	-9.1245^{***}	平稳
ln*FI*	（N，T，1）	-3.2707^{***}	平稳
ln*excha*	（C，N，5）	-2.7635^{*}	平稳
ln*raw*	（N，T，1）	-4.6758^{***}	平稳

注：（1）上述结果由作者利用 Stata 15.0 软件计算得出。

（2）检验形式中，C 代表含常数项，T 代表含趋势项，K 代表滞后阶数，N 代表不包含常数项或趋势项。

（3）***、* 分别表示在 1%、10% 的水平上显著。

三、实证结果分析

（一）纺织服装产业对纺织服装贸易的影响分析

表 4–15 第三列为纺织服装产业对纺织服装贸易发展影响的系统 GMM 估计结果，其中第一、二列显示了作为基准回归的 OLS 估计和双向固定效应估计的结果。从核心变量来看，各回归结果均显示：纺织服装产业对纺织服装贸易的影响系数为正，且在 1% 的水平上显著，这说明纺织服装产业对纺织服装贸易的发展存在正向促进作用。根据系统 GMM 的估计结果，纺织服装产业发展水平每提高 1%，纺织服装贸易发展水平将提高 0.4226%。

从控制变量来看，结果如下：

（1）价格（*price*）对纺织服装贸易发展水平的影响系数为负，且在 1% 的水平上显著。纺织服装产品价格的升高使得我国纺织服装产品在国际市场上的竞争力降低，不利于纺织服装贸易的发展。

（2）贸易开放度（*open*）对纺织服装贸易发展水平的影响系数显著为正，随着贸易开放度的提高，贸易环境也随之改善，有利于纺织服装产业国际贸易的发展。

（3）汇率（*excha*）对纺织服装贸易发展水平的影响系数显著为负。汇率的提高代表美元升值，人民币贬值，人民币在国际市场的购买力降低，不利于纺织服装产业进口贸易的发展。

（4）外资（*FI*）对纺织服装贸易发展水平的影响系数为正，且在 1% 的水平上显著。一方面，外商投资带来的技术溢出效应和竞争效应有利于直接或间接地提高本国产品的国际竞争力；另一方面，外资的增加也使得纺织服装产品的市场更加开放，从而促进纺织服装贸易的发展。

（5）原料（*raw*）对纺织服装贸易发展水平的影响系数显著为正，这是因为原材料产量的增加有利于国内生产更多的纺织服装品，有利于纺织服装产业出口规模的扩大，从而有利于纺织服装贸易的发展。

表4-15　　纺织服装产业对纺织服装贸易影响的估计结果

估计方法	OLS	固定效应	系统 GMM
解释变量	被解释变量：ln*T*		
L.ln*T*	—	—	0.2056*** （0.0133）
ln*I*	0.9574*** （0.0296）	0.6089*** （0.0670）	0.4226*** （0.0291）
ln*price*	-0.0640 （0.0605）	0.0784 （0.0797）	-0.3232*** （0.1090）
ln*open*	0.5514*** （0.0201）	0.4872*** （0.0243）	0.4750*** （0 .0082）
ln*excha*	-0.0371 （0.1712）	1.2854*** （0.4285）	-1.1556*** （0.0466）
ln*FI*	-0.0014 （0.0084）	0.0149*** （0.0055）	0.0353*** （0.0025）
ln*raw*	0.0719*** （0.0132）	0.0633*** （0.0087）	0.0351*** （0.0024）
常数项	0.2061 （1.1718）	-10.2472*** （2.8420）	8.0854*** （0.5327）
个体固定	—	YES	—
时间固定	—	YES	—
R^2	0.8675	0.9002	—
F	694.03	33.17	—
Arellano-Bond AR（1）test	—	—	0.0512
Arellano-Bond AR（2）test	—	—	0.6882
Sargan test	—	—	1.0000

注：*** 表示在 1% 的水平上显著；括号内为稳健标准误；Arellano-Bond 检验与 Sargan 检验列示 *P* 值。

资料来源：作者根据 Stata 15.0 软件结果整理所得。

（二）纺织服装贸易对纺织服装产业的影响

表 4–16 第三列为纺织服装贸易对纺织服装产业发展影响的系统 GMM 估计结果，其中第一、二列显示了作为基准回归的 OLS（最小二乘法）估计和双向固定效应估计的结果。从核心变量来看，各回归结果均显示：纺织服装贸易发展对纺织服装产业的影响系数为正，且在 1% 的水平上显著。根据系统 GMM 的估计结果，纺织服装贸易发展水平每提高 1%，纺织服装产业发展水平将提高 0.0468%。正如本章第一节的分析，纺织服装贸易的发展对促进本国资本积累、增加就业、促进产业转型升级等方面具有重要作用，从而带动本国纺织服装产业的发展。

从控制变量来看，结果如下：

（1）经济增长（*pgdp*）对纺织服装产业发展水平的影响系数为正，且在 1% 的水平上显著。人均国内生产总值的增加对纺织服装产业发展水平的提高具有正向促进作用，这是因为经济发展水平的提高有利于居民购买力的提升，从而使市场对纺织服装产品需求量增加，有利于促进纺织服装产业规模的扩大，从而有利于纺织服装产业的发展。

（2）价格（*price*）对纺织服装产业发展水平的影响系数为正但不显著。价格对纺织服装产业的影响主要体现在通过纺织服装产业需求量的变化来影响产值，由于纺织服装产品的需求价格弹性较大，价格升高，在一定程度上可能会导致居民对纺织服装产品的需求量减少，从而对纺织服装业产值的影响不大，对产业发展水平的影响不显著。

（3）贸易开放度（*open*）对纺织服装产业发展水平的影响系数显著为负，说明纺织服装产业贸易开放度的提高会阻碍产业的发展。贸易开放度对纺织服装产业发展水平的阻碍作用在一定程度上体现了我国纺织服装产业在全球的出口贸易水平降低。虽然我国纺织服装出口贸易额增加，但近年来增速放缓，这是因为国内劳动力成本提升，导致我国纺织服装产品的国际竞争力减弱，纺织服装产业逐渐向劳动力成本更低的经济体转移，而我国纺织服装产业目前的国际分工体系和专业化生产方式已无法适应产业发展，阻碍了纺织服装产业的发展。

（4）政府干预度（*gov*）对纺织服装产业发展水平的影响系数显著为负，可能是因为政府在资源配置中的决定性作用使得市场机制无法完全发挥其应有的对纺织服装产业发展的激励和调节作用，导致对产业发展的负效应（陈剩勇和陈晓玲，2014）[①]。

（5）城镇化程度（*urb*）对纺织服装产业发展水平的影响系数显著为正，城镇化带来的资源集聚效应有利于技术创新和纺织服装产业集群发展，从而有利于纺织服装产业发展水平的提高。

（6）市场化程度（*market*）对纺织服装产业发展水平的影响系数显著为正。市场化程度越高，代表完成某项经济活动的交易成本越低，有利于纺织服装行业规模的扩大和产业发展水平的提升。

（7）外资（*FI*）对纺织服装产业发展水平的影响系数显著为负，这可能是因为纺织服装业作为劳动密集型产业，外商投资的主要目的在于利用我国的廉价劳动力和优惠的引资政策，在一定程度上导致了内资企业发展竞争力的弱化，不利于产业发展（杨丹辉，2004）[②]。

表4-16　　纺织服装贸易对纺织服装产业产生影响的估计结果

估计方法	OLS	固定效应	系统 GMM
解释变量	被解释变量：ln*I*		
L.ln*I*	—	—	0.5925*** （0.0453）
ln*T*	0.5484*** （0.0235）	0.0935*** （0.0246）	0.0468*** （0.0159）
ln*pgdp*	0.4237*** （0.0907）	0.7687*** （0.0777）	0.0684*** （0.0243）
ln*price*	0.0492 （0.0420）	−0.1090** （0.0445）	0.0240 （0.0449）
ln*open*	−0.2835*** （0.0177）	−0.1441*** （0.0165）	−0.0721*** （0.0130）
ln*gov*	−0.2907*** （0.0540）	0.4292*** （0.0994）	−0.1591*** （0.0220）
ln*urb*	−0.5114*** （0.1930）	0.2284*** （0.0736）	0.1566** （0.0791）
ln*market*	0.5542*** （0.0646）	0.3359*** （0.0588）	0.4405*** （0.0400）
ln*FI*	−0.0081 （0.0055）	0.0005 （0.0030）	−0.0025*** （0.0008）

① 陈剩勇、陈晓玲：《产业规划、政府干预与经济增长——2009 年“十大产业振兴规划”研究》，《公共管理与政策评论》2014 年第 3 卷第 3 期。

② 杨丹辉：《外商投资对中国出口竞争力的影响：实证分析》，《改革》2004 年第 3 期。

续表

估计方法	OLS	固定效应	系统 GMM
解释变量	被解释变量：ln*I*		
常数项	1.4556* （0.8151）	-4.0094*** （0.4912）	-0.9913** （0.4925）
个体固定	—	YES	—
时间固定	—	YES	—
R^2	0.9141	0.7972	—
F	653.21	75.55	—
Arellano-Bond AR（1）test	—	—	0.0600
Arellano-Bond AR（2）test	—	—	0.0526
Sargan test	—	—	1.0000

注：***、**、* 分别表示在 1%、5% 和 10% 的水平上显著；括号内为稳健标准误；Arellano-Bond 检验与 Sargan 检验列示 *P* 值。

资料来源：作者根据 Stata 15.0 软件结果整理所得。

本节分别从纺织服装产业对纺织服装贸易的作用，纺织服装贸易对纺织服装产业的作用两方面梳理和分析纺织服装产业与贸易互动发展的机制。首先，纺织服装产业是纺织服装贸易的前提和基础，一方面，纺织服装产业是纺织服装贸易增长的基础，另一方面，纺织服装产业的发展水平决定纺织服装贸易的国际竞争力。其次，纺织服装贸易拉动纺织服装业增长，发展纺织服装贸易有利于促进纺织服装业资本积累，有利于提供更多的就业机会，并且可以通过市场供求机制、规模经济效应和知识溢出效应促进纺织服装产业转型升级。

在分析我国纺织服装产业和贸易互动发展机制的基础上，本节采用两步法系统 GMM 估计，利用我国 31 个省（自治区、直辖市）2004—2019 年的面板数据对我国纺织服装产业和贸易发展的互动关系进行回归分析。首先，将纺织服装贸易发展水平作为被解释变量，纺织服装产业发展水平作为核心解释变量进行回归分析。其次，将纺织服装产业发展水平作为被解释变量，纺织服装贸易发展水平作为核心解释变量进行回归分析，将被解释变量的滞后一期作为工具变量以解决模型的内生性问题，并通过引入合适的控制变量分析纺织服装产业和贸易发展的影响因素。结果显示：纺织服装产业对纺织服装贸易的促进弹性为 0.4226，纺织服装贸易对纺织服装产业的促进弹性为 0.0468，纺织服装产业对纺织服装贸易的促进作用大于后者对前者的促进作用，结果都通过 Sargan 检验，表明工具变量“恰好识别”，实证结果可靠。纺织服装产业和贸易发展存在双向促进作用，这为纺织服装产业和贸易协同发展奠定了基础。

第五节　纺织服装产业与贸易协同发展对产业高质量发展的影响分析

一、纺织服装产业与贸易协同发展对产业高质量发展影响机制

利用协同度模型对纺织服装产业和贸易的协同发展水平进行了定量测度，并对纺织服装产业和贸易互动发展的机制进行了理论和实证分析，那么，纺织服装产业和贸易协同发展对纺织服装产业自身的发展是否存在影响，这是一个值得探究的问题。

党的十九大报告指出，当前我国经济发展已由高速增长转向高质量发展阶段，而提高全要素生产率是实现经济高质量发展的源泉，全要素生产率的提升对经济发展方式的转变、经济效率的提高和经济质量的提升具有重要意义。可持续发展是经济增长的一种模式，是科学发展观的基本要求之一。世界环境与发展委员会在《我们共同的未来》报告中指出，可持续发展是既能满足当代人的需要，又不对后代人满足其需要的能力构成危害的发展。与高质量发展相比，可持续发展更注重未来发展的长远性，高质量发展是实现可持续发展的根本途径（刘梦娇,2019）[①]。资源在部门间的流动决定了资源配置效率，从而对全要素生产率产生影响。随着世界经济的发展速度放缓和国内经济结构的不够优化，经济的非均衡增长方式可能导致资源配置浪费和社会福利分配失衡（陈启斐和巫强，2018）[②]，资源错配会降低全要素生产率，阻碍高质量发展（Hsieh 和 Klenow，2009）[③]，从而不利于可持续发展。

① 刘梦娇:《高质量发展是实现可持续发展的根本途径——访全国政协委员、天津大学教授张水波》,《国际工程与劳务》2019 年第 5 期。

② 陈启斐、巫强:《国内价值链、双重外包与区域经济协调发展：来自长江经济带的证据》,《财贸经济》2018 年第 39 卷第 7 期。

③ Hsieh C. T., Klenow P. J., “Misallocation and manufacturing TFP in China and India,” *Quarterly Journal of Economics*, Vol. 11, No. 4, 2009.

纺织服装产业和贸易协同发展对产业高质量发展和可持续发展的影响机制，将从资源配置效应、规模经济效应、技术进步效应等方面进行分析（见图 4–40）。

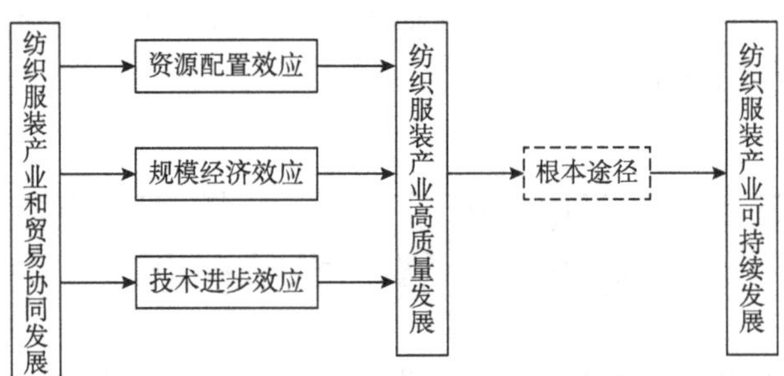

图4-40 纺织服装产业和贸易协同发展对产业高质量发展和可持续发展的影响机制

资料来源：作者整理绘制。

（1）资源配置效应

生产部门和贸易部门间的要素流动容易出现“误置”现象，当产业和贸易发展的协同度增强时，有利于解决产业和贸易发展的要素信息不对称问题，减少资源浪费，实现要素资源的合理配置，从而减少低级别部门配置高级别生产要素造成的潜在生产率损失，促进产业竞争力的提升（王保伦和路红艳，2007）[①]。

（2）规模经济效应

国际贸易范围的扩大有利于规模经济的加速，有利于降低生产成本、提高生产效率。古典贸易理论认为，国际贸易有利于形成广泛的国际分工和提高生产效率。如果政府不进行强力干预或实施不适当的产业政策和贸易政策，由于自由市场的高效性，生产和贸易将达到“黄金平衡”，形成产业和贸易的良性互动（Krugman，1980）[②]；Davis 和 Weinstein，1999[③]），规模经济效应有利于降低生产成本和投入，提高要素利用率。

（3）技术进步效应

当经济趋于均衡化时，产业发展和贸易发展实现了完全协同（协同

① 王保伦、路红艳：《生产性服务业与地区产业竞争力的提升》，《经济问题探索》2007 年第 7 期。

② Krugman P.，“Scale economies，product differentiation，and the pattern of trade，” *The American Economic Review*，Vol. 70，No. 5，1980.

③ Davis D. R.，Weinstein D.，“Market access，economic geography，and comparative advantage：an empirical assessment，” *European Economic Review*，Vol. 43，No. 2，1999.

水平为 1），行业内任何部门的技术进步，都会导致劳动等生产要素从边际产出低的部门流向边际产出高的部门（傅元海等,2016）[①]，这有利于提高投入产出比，提高经济增长集约化程度。

高质量发展和可持续发展从不同角度反映了经济发展水平，研究纺织服装产业与贸易协同发展分别对产业高质量发展和可持续发展的影响，对如何实现纺织服装产业高质量发展和可持续发展具有重要意义。近年来，我国纺织服装产业的高质量发展和可持续发展水平的变化情况如何？纺织服装产业与贸易协同发展对产业高质量发展和可持续发展是否存在促进作用？这些都是值得探究的问题。因此，本章将分别对我国纺织服装产业的高质量发展水平和可持续发展水平进行测算，并构建模型从我国纺织服装产业与贸易的协同发展水平两个角度出发，对纺织服装产业高质量发展和可持续发展的影响进行实证分析，以期为前文的理论分析提供实证支持。

二、纺织服装产业高质量发展和可持续发展水平的测算

（一）纺织服装产业高质量发展水平的测算

生产率的提升是经济发展的核心问题，全要素生产率是衡量系统中各个生产要素的综合生产率的指标，与单要素生产率相比，全要素生产率更能反映经济效益水平，同样是产业高质量发展水平的体现。本节采用 Färe 等（1994）[②] 建立的 Malmquist 指数法计算纺织服装行业的全要素生产率，选取纺织服装产业工业销售产值作为产出指标，纺织服装产业固定资产投资总额和纺织服装产业就业人员年末人数作为投入指标，并利用 DEAP 2.1 软件计算全要素生产率。

（二）纺织服装产业可持续发展水平的测算

1. 评价指标体系的构建思路和确定

可持续发展围绕自然、资源、环境、经济、社会和科技等诸多方面，产业的可持续发展立足产业层面，强调人与人的关系协调以及人与自然的关系平衡，目标是实现人与人口、资源和环境三大要素以及人与生态、经济和社会三大系统的协调（骆玲和唐志红，2007）[③]。因此，本节参考

① 傅元海、叶祥松、王展祥：《制造业结构变迁与经济增长效率提高》，《经济研究》2016 年第 51 卷第 8 期。

② Färe R., et al., "Productivity growth, technical progress, and efficiency change in industrialized countries," *The American Economic Review*, Vol. 84, No .1, 1994.

③ 骆玲、唐志红：《产业可持续发展能力评估指标体系研究》，《西南交通大学学报（社会科学版）》2007 年第 5 期。

陈李红等（2018）[①]和关娟娟等（2021）[②]的方法，从产业发展基础、产业协调能力和产业可持续发展三个角度构建了如下评价纺织服装产业可持续发展水平的指标体系（见表4–17）。

表4-17　　纺织服装产业可持续发展水平的评价指标体系

一级指标	二级指标	三级指标	指标功效
纺织服装产业发展基础	产业生态基础	森林覆盖率	正
		湿地面积比率	正
		自然保护区面积比率	正
	产业资源基础	人均耕地面积	正
		人均水资源拥有量	正
	产业经济基础	产值增长率	正
		产业劳动生产率	正
		产业固定资产总额	正
	产业社会基础	人口自然增长率	正
		平均受教育年限	正
		恩格尔系数	负
	产业科技基础	工业企业专利申请数	正
		工业企业科技人员占比	正
纺织服装产业协调能力	产业—生态协调	工业污染治理投资占 GDP 比重	正
		单位产值废水排放量	负
		单位产值固体废物产生量	负
	产业—资源协调	单位面积产业原料产量	正
		产业就业人数占比	正
	产业—社会协调	产业人均产值 / 人均 GDP	正
		产业平均工资 / 全社会平均工资	正
纺织服装产业可持续发展	基础设施	公路网密度	正
		铁路网密度	正
		人均邮电业务量	正
	产业组织和结构	产业竞争力指数	正
		产业市场绩效	正
		产业出口占全国比重	正

资料来源：作者整理而得。

① 陈李红、严新锋、丁雪梅等:《基于网络层次分析法的纺织服装产业可持续竞争力评价》,《纺织学报》2018 年第 39 卷第 10 期。

② 关娟娟、张灏、郑宣:《京津冀纺织服装产业可持续发展能力评价研究》,《毛纺科技》2021 年第 49 卷第 2 期。

2. 指标内容说明及数据来源

对纺织服装产业可持续发展水平的评价包含三个一级指标，分别从产业发展基础、产业协调能力和产业可持续发展三个方面进行评价。

纺织服装产业的发展基础主要包含生态基础、资源基础、经济基础、社会基础和科技基础。其中，生态基础包含了森林覆盖率、湿地面积比率和自然保护区面积比率三个指标，这些指标是保障纺织服装产品原料供应的生态基础；资源基础包含人均耕地面积和人均水资源拥有量两个指标，同样是保障纺织服装产品原料生产的资源基础；经济基础包含产值增长率、产业劳动生产率以及产业固定资产总额三个指标；社会基础包含人口自然增长率、平均受教育年限和恩格尔系数三个指标；科技基础包含工业企业专利申请数和工业企业科技人员占比两个指标，这些指标为纺织服装产业的发展提供科技支持。

纺织服装产业协调能力包含产业与生态、资源和社会的协调。其中，产业—生态协调包含了工业污染治理投资占 GDP 比重、单位产值废水排放量和单位产值固体废物产生量三个指标，产业与生态的协调水平体现了产业发展对生态环境的破坏程度或者产业能够抵抗生态环境的破坏能力；产业—资源协调包含单位面积产业原料产量和产业就业人数占比两个指标，是反映产业可持续发展水平的基础指标；产业—社会协调包含了产业人均产值与人均 GDP 的比值和产业平均工资与全社会平均工资的比值两个指标，产业与社会的协调发展注重产业与社会的和谐发展，为产业可持续发展提供保障。

纺织服装产业可持续发展包含基础设施及产业组织和结构。其中基础设施包含了公路网密度、铁路网密度和人均邮电业务量三个指标；产业组织和结构包含产业竞争力指数、产业市场绩效和产业出口占全国比重三个指标，其中产业市场绩效用产业的利润率来表示，产业和组织结构是影响产业可持续发展的内部要素。

以上数据来源于《中国统计年鉴》《中国纺织工业发展报告》《中国劳动统计年鉴》《中国经济普查年鉴》《中国固定资产投资统计年鉴》《中国环境统计年鉴》《中国能源统计年鉴》《中国科技统计年鉴》《中国工业统计年鉴》及各省（自治区、直辖市）统计年鉴等。对少数省（自治区、直辖市）在少数年份的数据缺失情况，参考 Ulku（2007）[①] 的方法进行补齐处理。

3. 熵值法计算权重

在计算权重之前，首先用 MATLAB 软件对各指标进行标准化处理。与前文计算纺织服装产业和贸易发展水平的评价指标体系的权重相同。本节参考杨丽和孙之淳（2015）[②] 对面板数据处理的熵值法对评价纺织服装产业可持续发展水平的各指标权重进行测算，并根据权重计算出纺织服装产业的可持续发展水平。

（三）纺织服装产业和贸易协同发展水平与产业高质量发展、可持续发展水平的散点图

本节利用 Stata 15.0 并以样本年均值数据绘制了纺织服装产业和贸易协同发展水平（D）分别和纺织服装产业全要素生产率（TFP）、纺织服装产业可持续发展水平（S）的散点图（见图 4-41），由图可以看出：我国纺织服装产业和贸易协同发展水平与纺织服装产业全要素生产率、可持续发展水平均呈现正相关，但这种相关性还需要通过计量模型进一步验证。

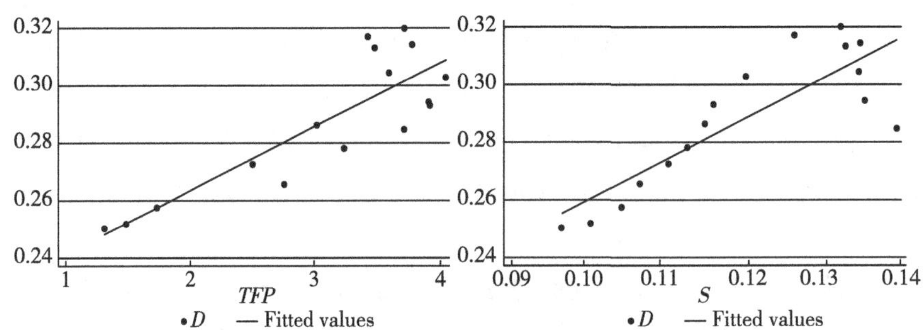

图4-41 纺织服装产业和贸易协同发展水平分别与纺织服装产业全要素生产率、可持续发展水平的散点图

资料来源：作者整理绘制。

（四）计量模型设定

1. 模型构建

基于前文对纺织服装产业和贸易的协同发展水平及其相互关系的理

① Ulku H., "R&D, innovation and output: evidence from OECD and nonOECD countries," *Applied Economics*, Vol. 39, No. 3, 2007.

② 杨丽、孙之淳：《基于熵值法的西部新型城镇化发展水平测评》，《经济问题》2015 年第 3 期。

论和实证分析，本节将对纺织服装产业与贸易的协同度（*D*），对纺织服装产业全要素生产率（*TFP*）和产业可持续发展水平（*S*）的影响进行实证研究。为控制年份和个体差异，本节采用双向固定效应模型进行回归分析，具体模型的设定如下。

纺织服装产业与贸易协同发展对纺织服装产业全要素生产率的影响模型：

$$\ln TFP_{it}=\gamma_0+\gamma_1\ln D_{it}+\gamma_2\ln Y_{it}+\gamma_3\ln(R\&D)_{it}+\gamma_4\ln open_{it}+\gamma_5\ln market_{it}+\gamma_6\ln human_{it}+\gamma_7\ln gov_{it}+\gamma_8\ln FI_{it}+\lambda_i+\mu_t+\varepsilon_{it} \tag{4-7}$$

纺织服装产业与贸易协同发展对纺织服装产业可持续发展水平的影响模型：

$$\ln S_{it}=\gamma_0+\gamma_1\ln D_{it}+\gamma_2\ln(R\&D)_{it}+\gamma_3\ln raw_{it}+\gamma_4\ln pgdp_{it}+\gamma_5\ln IM_{it}+\gamma_6\ln human_{it}+\gamma_7\ln gov_{it}+\gamma_8\ln FI_{it}+\gamma_9\ln market_{it}+\lambda_i+\mu_t+\varepsilon_{it} \tag{4-8}$$

考虑到变量间线性关系和异方差问题，对各变量做取对数处理，各变量的解释说明和数据来源详见下一节。

2. 数据的说明

（1）核心变量

被解释变量为纺织服装行业的全要素生产率（*TFP*）和纺织服装产业可持续发展水平（*S*），纺织服装产业和贸易的协同度（*D*）为主要解释变量，根据上文的方法计算而得。

（2）控制变量

在方程（4–7）和方程（4–8）中，分别选取了 7 个和 8 个控制变量，其中研发水平（*R&D*）用 R&D 人员数占就业人员总数比重表示（陈丰龙和徐康宁，2012）。市场化程度（*market*）用非国有企业销售产值占比表示。人力资本水平（*human*）用人口平均受教育年限表示（张公嵬和梁琦，2010）[①]。外资（*FI*）用纺织服装工业企业的实收外商资本表示。政府干预度（*gov*）用一般公共财政预算支出占 GDP 的比重来表示（伍先福，2019）[②]。行业规模（*Y*）用纺织服装产业的工业销售产值来表示。贸

① 张公嵬、梁琦：《出口、集聚与全要素生产率增长——基于制造业行业面板数据的实证研究》，《国际贸易问题》2010 年第 12 期。

② 伍先福：《产业协同集聚对全要素生产率影响的门槛效应研究——基于中国 246 个城市的实证检验》，《经济经纬》2019 年第 36 卷第 2 期。

易开放度（*open*）用纺织服装产业进出口贸易总额与行业销售产值的比值来表示，可反映纺织服装产业贸易开放的程度。经济发展（*pgdp*）用人均实际 GDP 来表示。原料（*raw*）用纺织服装产品的主要原料纱和化学纤维的总产量表示，纱和化学纤维是生产纺织服装产品的主要原料。进口贸易额（*IM*）为纺织服装产业进口贸易总额。λ_i为个体固定效应，μ_t为时间固定效应，ε_{it}为随机干扰项。

以上数据来源于《中国统计年鉴》《中国纺织工业发展报告》《中国劳动统计年鉴》《中国经济普查年鉴》《中国固定资产投资统计年鉴》《中国工业统计年鉴》及各省（自治区、直辖市）统计年鉴等。对少数省（自治区、直辖市）在少数年份的数据缺失情况，参考 Ulku（2007）[①] 的方法进行补齐处理。

3. 描述性统计

本节选取我国 31 个省（自治区、直辖市）2004—2019 年共 16 年的面板数据进行实证研究，各变量的描述性统计如下（见表 4-18）。

表4-18　各变量的描述性统计

变量	样本容量	均值	标准差	最小值	最大值
ln*TFP*	496	0.8766	0.5963	−0.5924	3.6333
ln*S*	496	−2.2782	0.4812	−3.0729	−0.8111
ln*D*	496	−1.3755	0.4845	−2.3434	−0.2149
ln（*R&D*）	496	0.2602	0.6255	−1.8326	1.6894
ln*market*	496	−0.5618	0.3687	−1.8257	−0.1016
ln*human*	496	2.1453	0.1570	1.3164	2.5588
ln*FI*	496	−0.9005	5.2824	−11.5129	5.5673
ln*gov*	496	3.0564	0.4999	2.0694	4.9267
ln*Y*	496	5.4482	2.3707	−11.5129	9.3727
ln*open*	496	−0.7399	1.4051	−3.4327	4.9577
ln*pgdp*	496	0.9511	0.6141	−0.8971	2.4607
ln*raw*	496	2.6431	3.9547	−11.5129	7.9970
ln*IM*	496	−0.8112	3.3838	−11.5129	4.4364

资料来源：作者根据 Stata 15.0 的计算结果整理而得。

① Ulku H.，“R&D，innovation and output：evidence from OECD and nonOECD countries，” *Applied Economics*，Vol. 39，No. 3，2007.

4. 共线性诊断

在建立多元线性回归模型时，选取的控制变量应满足互斥性要求。如果控制变量间存在严重的多重共线性，则可能导致实证模型估计的准确性降低且回归结果出现失真，不利于实证研究。因此，这里选取皮尔逊检验的方法对各控制变量进行相关性检验，当相关系数小于 0.8 时，则说明变量间不存在严重的多重共线性。根据表 4-19 的结果，相关系数大于 0.8 的 ln*Y* 和 ln*raw* 不在同一个计量模型中，因此各计量模型中的变量间不存在严重的多重共线性，对各控制变量均予以保留。

表4-19 共线性检验

	ln*D*	ln（*R&D*）	ln*market*	ln*human*	ln*FI*	ln*gov*
ln*D*	1.0000	—	—	—	—	—
ln（*R&D*）	0.2254	1.0000	—	—	—	—
ln*market*	0.1981	0.4813	1.0000	—	—	—
ln*human*	0.3907	0.6374	0.2592	1.0000	—	—
ln*FI*	0.3051	0.5458	0.5426	0.4494	1.0000	—
ln*gov*	−0.1472	−0.4671	−0.4028	−0.4108	−0.7196	1.0000
ln*Y*	0.2429	0.6802	0.6470	0.5464	0.7471	−0.7105
ln*open*	0.0310	−0.3038	−0.2896	−0.3085	−0.1995	0.3984
ln*pgdp*	0.3733	0.7340	0.5097	0.7027	0.4190	−0.1380
ln*raw*	0.1768	0.4957	0.3685	0.4529	0.6424	−0.7419
ln*IM*	0.3774	0.6185	0.6552	0.5029	0.6913	−0.5325

	ln*Y*	ln*open*	ln*pgdp*	ln*raw*	ln*IM*
ln*Y*	1.0000				
ln*open*	−0.5264	1.0000			
ln*pgdp*	0.5268	−0.0449	1.0000		
ln*raw*	0.8208	−0.5246	0.2316	1.0000	
ln*IM*	0.6682	0.0499	0.6261	0.4708	1.0000

资料来源：作者根据 Stata15.0 计算结果整理而得。

5. ADF单位根检验

ADF 单位根检验即检验序列数据是否平稳，如果存在单位根则为非平稳序列，如果对非平稳的序列直接进行回归，则可能出现“伪回归”的问题。本节利用 Stata15.0 软件对各变量进行 ADF-Fisher 单位根检验，结果如表 4-20 所示。可以看出：各变量均显著拒绝原假设，不存在单位根，因此是平稳序列，无须进行协整检验，可直接对以下变量进行回归分析。

表4-20　　单位根检验

变量	检验形式（C，T，K，N）	ADF–Fisher	结论
ln*TFP*	（C，N，1）	–7.3413	平稳
ln*S*	（C，N，1）	–6.3225	平稳
ln*D*	（C，N，1）	–6.3454	平稳
ln（*R&D*）	（C，N，1）	–5.8760	平稳
ln*market*	（C，N，1）	–9.1245	平稳
ln*human*	（C，N，1）	–10.2429	平稳
ln*FI*	（N，T，1）	–3.2707	平稳
ln*gov*	（C，N，1）	–5.6970	平稳
ln*Y*	（C，N，1）	–6.1062	平稳
ln*open*	（C，N，1）	–6.8326	平稳
ln*pgdp*	（C，N，3）	–2.3927	平稳
ln*raw*	（N，T，1）	–4.6758	平稳
ln*IM*	（C，N，1）	–7.9271	平稳

注：（1）上述结果由作者利用 Stata 15.0 软件计算得出。

（2）检验形式中，C 代表含常数项，T 代表含趋势项，K 代表滞后阶数，N 代表不包含常数项或趋势项。

（五）实证结果分析

1. 面板回归结果

表 4–21 分别展示了纺织服装产业与贸易协同发展对纺织服装产业全要素生产率（*TFP*）和可持续发展水平（*S*）影响的全国层面的双向固定效应回归结果。从核心变量来看：纺织服装产业和贸易的协同度（*D*）对纺织服装产业的全要素生产率（*TFP*）的影响系数为正，且在 1% 的水平上显著，纺织服装产业和贸易的协同度每增加 1%，纺织服装产业的全要素生产率将提高 0.3561%。纺织服装产业和贸易的协同度（*D*）对纺织服装产业可持续发展水平（*S*）的影响系数同样为正，在 5% 的水平上显著，纺织服装产业和贸易的协同度每增加 1%，纺织服装产业的可持续发展水平将提高 0.1039%。结果表明，纺织服装产业和贸易协同发展对纺织服装产业高质量发展和可持续发展水平均具有正向的促进作用，且对产业高质量发展水平的促进作用大于对产业可持续发展水平的促进作用。

从控制变量来看，可得出以下结论。

（1）研发水平（*R&D*）对纺织服装产业的全要素生产率（*TFP*）的

影响系数为正，且在1%的水平上显著，对纺织服装产业可持续发展水平（S）的影响系数同样为正，且在5%的水平上显著。研发投入作为科技创新要素，在一定程度上代表着一国的技术创新能力。近年来，科学技术的发展使得纺织服装产业从原料、生产、管理到销售乃至整个产业链的进步获得了后发优势，研发投入的增加为我国纺织服装产业的发展奠定了坚实的基础。从短期来看，研发水平的提升有助于纺织服装产业全要素生产率的提升；从长远来看，研发水平的提升有利于提高资源利用效率、推动产业升级，进而推动纺织服装产业可持续发展。

（2）人力资本水平（*human*）对纺织服装产业的全要素生产率（*TFP*）和可持续发展水平（*S*）的影响系数虽为正，但均不显著，这与我国劳动力市场信息不对称、人力资本普遍存在错配有关（李静等，2017）[①]。

（3）外资（*FI*）的投入对纺织服装产业全要素生产率（*TFP*）的影响不显著，而对产业可持续发展水平（*S*）的影响系数在5%的水平上显著为正，外商投资带来的技术溢出效应和竞争效应有利于直接或间接地提高本国产品的国际竞争力，从而有利于纺织服装产业的可持续发展。

（4）政府干预度（*gov*）对纺织服装产业的全要素生产率（*TFP*）和可持续发展水平（*S*）的影响系数均不显著，这可能是因为我国政府宏观调控力度过大，市场机制优势无法完全释放导致部分市场失灵的结果（李筱乐，2014）[②]。

（5）行业规模（*Y*）对纺织服装产业全要素生产率（*TFP*）的影响系数为正，且在1%的水平上显著，行业规模的扩大一方面会促使产业采用先进技术，另一方面对于纺织服装这类下游产业来说意味着供给增加，从而促进产业全要素生产率的提升（尹向飞，2014）[③]。

（6）市场化程度（*market*）对纺织服装产业全要素生产率（*TFP*）的影响系数显著为正，而对产业可持续发展水平（*S*）的影响系数不显著。市场化程度越高，代表完成某项经济活动的交易成本越低，有利于纺织服装行业规模的扩大，从而有利于纺织服装产业全要素生产率的提升。

---

① 李静、楠玉、刘霞辉：《中国经济稳增长难题：人力资本错配及其解决途径》，《经济研究》2017年第52卷第3期。

② 李筱乐：《政府规模、生产性服务业与经济增长——基于我国206个城市的面板数据分析》，《国际贸易问题》2014年第5期。

③ 尹向飞：《规模对中国工业行业全要素生产率影响的研究——基于规模水平溢出效应、前向溢出效应和后向溢出效应》，《湖南商学院学报》2014年第21卷第6期。

（7）贸易开放度（*open*）对纺织服装产业的全要素生产率（*TFP*）的影响系数显著为负，说明纺织服装产业贸易开放度的提高会抑制纺织服装产业的全要素生产率的提升。贸易开放度对纺织服装产业全要素生产率的抑制作用，在一定程度上体现了我国纺织服装产业在全球的出口贸易水平降低。我国纺织服装出口贸易额虽然增加了，但近年来增速放缓，这是因为国内劳动力成本提升，导致我国纺织服装产品的国际竞争力减弱，纺织服装产业逐渐向劳动力成本更低的经济体转移，而我国纺织服装产业目前的国际分工体系和专业化生产方式已无法适应产业发展，因此阻碍了纺织服装产业全要素生产率的提升。

（8）经济增长（*pgdp*）对纺织服装产业可持续发展水平（*S*）的影响系数显著为正，经济发展水平是产业发展的经济基础，经济增长有利于科技进步、提高资源利用效率，进而促进纺织服装产业可持续发展。

（9）原料（*raw*）对纺织服装产业可持续发展水平（*S*）的影响系数显著为正，原材料产量的增加有利于国内生产更多的纺织服装产品，有利于纺织服装产业可持续发展。

（10）纺织服装进口贸易额（*IM*）对纺织服装产业可持续发展水平（*S*）的影响系数为负，且在1%的水平上显著。根据前文的分析，在国内需求一定的情况下，纺织服装产业进口额增加，国内市场对本国生产的纺织服装产品的需求量则相对减少，从而可能导致本国纺织服装业的产值降低，不利于产业可持续发展。

表4-21　纺织服装产业和贸易协同发展对产业高质量发展水平和可持续发展水平影响的估计结果

变量	方程（6–1）		方程（6–2）	
	ln*TFP*		ln*S*	
ln*D*	0.4577*** （0.1282）	0.3561*** （0.1332）	0 .0877** （0.0396）	0.1039** （0.0403）
ln（*R&D*）	—	0.2234*** （0.0703）	—	0.1346*** （0.0216）
ln*market*	—	0 .2187** （0.1092）	—	0.0539 （0.0330）
ln*human*	—	0.2355 （0.4730）	—	0.1294 （0.1450）
ln*FI*	—	−0.0047 （0.0055）	—	0.0033** （0 .0016）

续表

变量	方程（6-1）		方程（6-2）	
	ln*TFP*		ln*S*	
ln*gov*	—	-0.0519 （0.1585）	—	0.0324 （0.0556）
ln*Y*	—	0.1602*** （0.0232）	—	—
ln*open*	—	-0.0599** （0.0266）	—	—
ln*pgdp*	—	—	—	0.2724*** （0.0451）
ln*raw*	—	—	—	0.0058** （0.0027）
ln*IM*	—	—	—	-0.0119*** （0.0031）
常数项	0.9330*** （0.2007）	-0.0673 （1.1097）	-2.3651*** （0.0620）	-2.6771*** （0.3289）
个体固定	YES	YES	YES	YES
时间固定	YES	YES	YES	YES
R^2	0.5108	0.6026	0.6804	0.7620
F	29.31	29.14	59.74	58.83

注：***、** 分别表示在 1%、5% 的水平上显著；括号内为稳健标准误。

资料来源：作者根据 Stata 15.0 软件结果整理所得。

本节还将纺织服装贸易发展水平（*T*）作为解释变量，对比分析纺织服装产业和贸易协同发展（*D*）以及纺织服装贸易发展水平（*T*）对产业高质量发展和可持续发展的不同影响，实证结果如下（见表 4-22）。①纺织服装贸易发展水平对产业全要素生产率的影响系数不显著，而纺织服装产业和贸易协同发展对产业全要素生产率的影响系数显著为正，说明纺织服装贸易发展对产业全要素生产率的提升并无显著的促进作用，但当纺织服装贸易与产业实现协同发展时，对产业全要素生产率的促进作用才得以显现。②纺织服装贸易发展水平对产业可持续发展水平的影响系数为 0.0373，小于纺织服装产业和贸易协同发展对产业可持续发展水平的影响系数 0.1039，这说明纺织服装贸易与产业的协同发展有利于提升对产业可持续发展水平的促进作用。

表 4-22　纺织服装贸易发展对产业高质量发展和可持续发展影响的估计结果

变量	ln*TFP*		ln*S*	
ln*D*	0.3561*** （0.1332）	—	0.1039** （0.0403）	—
ln*T*	—	0.0603 （0.0487）	—	0.0373*** （0.0120）
Controls	YES	YES	YES	YES
个体固定	YES	YES	YES	YES
时间固定	YES	YES	YES	YES
R^2	0.6026	0.5976	0.7620	0.7636
F	29.14	28.54	58.83	59.34

注：***、** 分别表示在 1%、5% 的水平上显著；括号内为稳健标准误。

资料来源：作者根据 Stata 15.0 软件结果整理所得。

2. 稳健性检验

稳健性检验的方法主要有变量替换法、补充变量法、改变样本容量、调整样本期、剔除可能影响结论的特殊样本、内生性检验、替换模型检验方法、非参数检验以及用平均值代替回归值等。对于方程（4-7），本节参考吴延兵（2006）① 的补充变量法，增加了产业集群（*loc*）和城市化水平（*urb*）两个控制变量进行回归，同时选取动态面板系统 GMM 估计法（将被解释变量滞后一期，作为工具变量进行回归）和改变样本容量（缩尾处理，对解释变量在 1% 分位上进行双边缩尾处理）共三种方法对模型的稳健性进行检验，回归结果（见表 4-23）显示：纺织服装产业和贸易协同发展，对纺织服装产业的全要素生产率具有显著的正向促进作用。

表4-23　稳健性检验结果（一）

被解释变量：ln*TFP*	补充变量法	动态面板 系统 GMM 估计	改变样本容量 缩尾处理
L.ln*TFP*	—	0.7469*** （0.0353）	—
ln*D*	0.3519*** （0.1231）	0. 1104*** （0.0408）	0. 3514*** （0. 1348）
Controls	YES	YES	YES
常数项	2.2829** （1.1391）	2.5965*** （0. .1805）	-0.0740 （1.1113）

① 吴延兵：《R&D 与生产率——基于中国制造业的实证研究》，《经济研究》2006 年第 11 期。

续表

被解释变量：ln*TFP*	补充变量法	动态面板 系统 GMM 估计	改变样本容量 缩尾处理
个体固定	YES	—	YES
时间固定	YES	—	YES
Arellano-Bond AR（1）test	—	0.0071	—
Arellano-Bond AR（2）test	—	0.6327	—
Sargan test	—	1.0000	—
R^2	0.6657	—	0.6023
F	35.05	—	29.11

注：***、** 分别表示在 1%、5% 的水平上显著；括号内为稳健标准误；Arellano-Bond 检验与 Sargan 检验列示 *P* 值。

资料来源：作者根据 Stata 15.0 软件结果整理所得。

对于方程（4-8），本节选取改变样本容量（其一，由于西藏地区的大量数据缺失可能导致估算结果偏差，故去除西藏地区后进行回归；其二，缩尾处理，对解释变量在 1% 分位上进行双边缩尾处理）、变量替换法（用各变量连续三期平均值来替代水平值进行回归）这两种方法对模型的稳健性进行检验，回归结果（见表 4-24）显示：纺织服装产业和贸易协同发展对纺织服装产业可持续发展的影响系数显著为正。

表4-24　稳健性检验结果（二）

被解释变量：ln*S*	改变样本容量 选择子样本	改变样本容量 缩尾处理	变量替换法 用平均值代替水平值
ln*D*	0.1032*** （0.0392）	0.1055** （0 .0407）	0.0983** （0.0465）
Controls	YES	YES	YES
常数项	-3.4578*** （0.3800）	-2.6730*** （0.3291）	-0.6055 （0.4063）
个体固定	YES	YES	YES
时间固定	YES	YES	YES
R^2	0.7872	0.7620	0.7008
F	65.65	58.85	42.83

注：***、** 分别表示在 1%、5% 的水平上显著；括号内为稳健标准误。

资料来源：作者根据 Stata 15.0 软件结果整理所得。

本节先对纺织服装产业和贸易协同发展对产业高质量发展和可持续发展的影响机制进行了理论分析。在实证部分，本节利用纺织服装产业全要素生产率代表产业高质量发展水平，并构建评价纺织服装产业可持续发展水平的指标体系，计算出各省份产业可持续发展水平指数，然后采用双向固定效应模型对我国 31 个省份 2004—2019 年共 16 年的面板数据进行计量回归，探究我国纺织服装产业与贸易协同发展对纺织服装产业高质量发展和可持续发展水平的影响。结果显示，纺织服装产业和贸易协同发展通过资源配置效应、规模经济效应和技术进步效应促进产业高质量发展和可持续发展水平的提升，具体表现为：纺织服装产业与贸易协同发展水平对产业高质量发展和可持续发展水平的促进弹性分别为 0.3561 和 0.1039，表明纺织服装产业和贸易协同发展对产业高质量发展水平的促进作用大于对产业可持续发展水平的促进作用。除此之外，纺织服装贸易发展水平对产业高质量发展水平的影响不显著，而对产业可持续发展水平的影响系数小于纺织服装产业和贸易协同发展对产业可持续发展水平的影响系数。最后，通过动态面板系统 GMM 估计法、补充变量法、改变样本容量（选择子样本、缩尾处理）以及变量替换法共五种方法对模型的稳健性和内生性进行检验。

第六节　研究结论和政策建议

一、研究结论

本章从国际、全国、区域和省份层面对我国纺织服装产业、纺织服装贸易的发展现状以及二者协同发展的现状进行分析；构建了纺织服装产业和贸易的评价指标体系并利用耦合协调度模型对我国各省份的纺织服装产业和贸易的协同度进行测算分析。应用我国 31 个省份 2004—2019 年的面板数据，使用系统 GMM 估计模型对我国纺织服装产业和贸易的互动关系进行检验，使用双向固定效应模型对我国纺织服装产业和贸易协同发展对纺织服装产业高质量发展和可持续发展的影响进行实证检验，研究结论如下。

（一）纺织服装产业和贸易的互动关系分析

纺织服装产业对纺织服装贸易的促进弹性为 0.4226，纺织服装贸易对纺织服装产业的促进弹性为0.0468，纺织服装产业对纺织服装贸易的促进作用更加明显。

（二）纺织服装产业和贸易的区域协同程度分析

东部地区的纺织服装产业和贸易的协同度比较高，远高于全国平均水平，中部地区和西部地区的协同度均低于全国平均水平；多数省份的纺织服装产业和贸易的协同度呈现先上升后下降的趋势。

区域之间纺织服装产业和贸易的协同程度有较大差异，纺织服装产业和贸易的协同度提升，少数省份达到“基本协调”或“中度协调”水平，只有浙江的纺织服装产业和贸易的协同度在2013—2015年达到“高度协调”水平；2019年，纺织服装产业和贸易的协同度达到“中度协调”的有浙江、江苏和广东，处于“基本协调”水平的有福建和山东。

（三）纺织服装产业和贸易协同发展对产业高质量发展和可持续发展的影响分析

纺织服装产业与贸易协同发展水平对产业高质量发展和可持续发展水平的促进弹性分别为0.3561和0.1039，表明纺织服装产业和贸易协同发展对产业高质量发展的促进作用更加明显。纺织服装贸易发展水平对产业高质量发展水平的影响不显著，而对产业可持续发展水平的影响系数小于纺织服装产业和贸易协同发展对产业可持续发展水平的影响系数。

二、政策建议

根据研究得出的结论，为提高我国纺织服装产业和贸易协同发展水平，推动我国纺织服装产业高质量发展和可持续发展，本章从政府、行业和企业三个角度对我国纺织服装产业的发展提出政策建议。

（一）加强纺织服装产业和贸易协同发展，持续扩大纺织服装出口

实证结果显示，纺织服装产业和纺织服装贸易发展存在双向促进作用，纺织服装产业和贸易协同发展对产业高质量发展和可持续发展水平的提升均具有显著的促进作用。为提高纺织服装产业和贸易发展的协同度，更好地发挥其对纺织服装产业高质量发展和可持续发展的促进作用，应努力完善纺织服装产业政策和贸易政策，促进产业政策和贸易政策的协同，建立纺织服装产业和贸易的信息化协作平台，通过平台实现纺织服装产品的国内、国际销售，利用大数据平台分别获取国内国外的流行趋势和消费者需求并进行对比分析，努力推动纺织服装产业和贸易协同发展。

（二）鼓励纺织服装企业创新发展，加大对纺织服装专业人才的培养力度

研究结果表明，R&D 投入水平对纺织服装产业高质量发展和可持续发展水平的提升均有正向的促进作用，政府应支持纺织服装企业创新发展，建立纺织服装产业研发中心，为纺织服装产业的发展提供技术支持，以便提高纺织服装企业的创新能力，推动纺织服装产业转型升级，提高其国际竞争力。加大对纺织服装相关专业人才的培养力度，定期组织企业的工人进行技能培训，鼓励推动纺织服装高校、研发机构和纺织服装龙头企业团结协作，为纺织服装产业的发展提供更好的人才保障。

（三）完善纺织服装劳动力市场，降低劳动力流动成本

作为传统的劳动密集型产业，纺织服装业吸纳大量劳动力，解决了国内大量就业问题。完善纺织服装劳动力市场，降低纺织服装劳动力流动成本，加大中、西部落后地区的交通基础设施投资力度，降低劳动力转移时的交通成本，方便人员流动，吸引东部发达地区的纺织服装企业转向投资内陆地区。完善社会保障体系和户籍管理制度，促进纺织服装业劳动力自由流动。

（四）发挥产业集群优势，提高集群核心竞争力

纺织服装产业集群的形成有利于降低交易成本，提高企业经营效率进而增加利润，有利于提高集群核心竞争力。纺织服装产业的集群主要集中在东南沿海地区，我国纺织服装产业的龙头企业也大多分布在这些地区。大力培养纺织服装产业中的龙头企业，发挥现有重点企业的引领作用，对发展势头不佳的企业进行合理兼并，对纺织服装产业的壮大发展具有重要作用。大力发挥纺织服装产业集群的优势，通过纺织服装龙头企业引领中小型企业发展，提升纺织服装产业的发展水平。

（五）实现低端工序的转移，优化纺织服装产业布局

生产成本上升是我国纺织服装产品外贸订单流失的重要原因之一，根据本节的分析，劳动力成本的提高抑制了我国纺织服装产业产值的增加，而原材料和劳动力成本更低的经济体如东南亚国家等则获得更大的竞争优势，建议将劳动力成本相对较高的东部沿海地区的纺织服装产业的一些工序，转向劳动力成本相对较低的中、西部地区，进而降低生产成本，提高竞争优势。

（六）提高纺织服装企业自主研发水平，提高纺织服装企业的国际竞争力

研发投入的增加有利于促进纺织服装产业全要素生产率和可持续发展水平的提升。鼓励纺织服装企业增加研发投入，提高企业的自主研发水平和技术创新水平，积极引进先进生产设备并淘汰落后设备，努力实现纺织服装面料、产品款式和质量等方面的创新突破。努力提高自主研发水平和创新能力，提高我国纺织服装企业的国际竞争力。

（七）改革企业管理制度，提升管理效率

纺织服装产业是我国具有代表性的传统制造业之一，许多企业的组织结构不完善，管理制度落后，管理效率低下，严重阻碍了纺织服装企业的发展。鼓励纺织服装企业对企业内部的管理制度进行改革，重视并加强对企业管理人才的培养，定期组织企业管理人员的培训和审核，优化企业内部的组织结构，提升管理效率。

（八）加强数字经济赋能，实现纺织服装产业智能化

加强数字经济赋能，实现纺织服装产业智能化，鼓励企业把纺织服装产品的设计、生产和销售等各个流程与互联网技术有机结合。在研发和生产阶段，利用大数据平台获取、分析流行趋势和消费者需求，提高生产效率和质量；在销售和售后阶段，利用各类自媒体平台进行产品宣传，通过各种电商平台进行产品销售，加快纺织服装产业智能化发展。

参考文献

[1] 卜伟，等．中国对外贸易商品结构对产业结构升级的影响研究 [J]. 宏观经济研究，2019（8）.

[2] 陈建华，马晓逵．中国对外贸易结构与产业结构关系的实证研究 [J]. 北京工商大学学报（社会科学版），2009（2）.

[3] 陈李红，等．基于网络层次分析法的纺织服装产业可持续竞争力评价 [J]. 纺织学报，2018（10）.

[4] 陈启斐，巫强．国内价值链、双重外包与区域经济协调发展：来自长江经济带的证据 [J]. 财贸经济，2018（7）.

[5] 陈剩勇，陈晓玲．产业规划、政府干预与经济增长——2009 年“十大产业振兴规划”研究 [J]. 公共管理与政策评论，2014（3）.

[6] 陈诗一．能源消耗、二氧化碳排放与中国工业的可持续发展 [J]. 经济研究，2009（44）.

[7] 程大中 . 论服务业在国民经济中的“黏合剂”作用 [J]. 财贸经济，2004（2）.
[8] 程欣 . 基于钻石模型和 RCA 指数对我国纺织服装产业国际竞争力的研究 [J]. 国际商务研究，2009（1）.
[9] 程欣 . 新经济调整期江苏外经贸持续发展战略研究 [J]. 当代经济，2009（21）.
[10] 赤松要 . 我国经济发展的综合原理 [D]. 东京：东京高等商业学校，1932.
[11] 杜江 . 进口与经济增长的因果关系实证分析——兼论“重新审视进口在经济增长中的作用”[J]. 国际贸易问题，2007（4）.
[12] 范文祥，齐杰 . 中国外贸政策与产业政策协调分析 [J]. 石家庄经济学院学报，2013（5）.
[13] 冯德虎，倪麟 . 长江经济带纺织服装产业发展路径研究 [J]. 纺织导报，2016（11）.
[14] 付韶军，等 . 基于面板协整的纺织品贸易与经济增长关系研究 [J]. 数学的实践与认识，2010（5）.
[15] 傅京燕，李丽莎 . 环境规制、要素禀赋与产业国际竞争力的实证研究——基于中国制造业的面板数据 [J]. 管理世界，2010（10）.
[16] 傅元海，等 . 制造业结构变迁与经济增长效率提高 [J]. 经济研究，2016（8）.
[17] 顾乃华，等 . 生产性服务业与制造业互动发展：文献综述 [J]. 经济学家，2006（6）.
[18] 顾庆良，赵健茹 . 发达国家纺织服装产业结构转型和产业升级的经验与启示 [J]. 江苏纺织，2008（4）.
[19] 关娟娟，等 . 京津冀纺织服装产业可持续发展能力评价研究 [J]. 毛纺科技，2021（2）.
[20] 官建成，陈凯华 . 我国高技术产业技术创新效率的测度 [J]. 数量经济技术经济研究，2009（10）.
[21] 郭慧敏 . 开放经济下浙江纺织服装业转型升级研究 [M]. 杭州：浙江大学出版社，2010.
[22] 郭闽榕 . 福建省纺织服装业对外贸易发展现状及影响因素分析 [J]. 对外经贸，2016（3）.
[23] 黄满盈，邓晓虹 . 中国纺织服装业转型升级驱动因素——基于上市公司的季度面板数据分析 [J]. 技术经济与管理研究，2018（9）.
[24] 黄身发，汪雅芳 . 泉州纺织服装业国际竞争力及影响因素分析 [J]. 全国流通经济，2018（5）.
[25] 黄雁雁 . 创新驱动发展战略下制造业转型升级影响因素实证研究——以浙江省纺织服装企业为例 [J]. 金融经济：下半月，2016（1）.
[26] 姜延书，付韶军，白小伟 . 纺织行业经济增长、出口和内需关系的实证分析 [J]. 学术交流，2006（7）.

[27] 蒋冠宏，蒋殿春 . 中国企业对外直接投资的异质性检验——以服装、纺织和鞋帽类企业为例 [J]. 世界经济研究，2013（11）.
[28] 蒋昭侠 . 产业布局影响新因素与产业布局的模式选择 [J]. 江苏商论，2004（12）.
[29] 孔炯炯 . 我国进出口贸易结构对产业结构的影响——基于 VAR 模型的实证分析 [J]. 湖南社会科学，2014（1）.
[30] 李钢 . 强化贸易政策和产业政策协调若干问题研究 [J]. 国际贸易，2013（3）.
[31] 李静，楠玉，刘霞辉 . 中国经济稳增长难题：人力资本错配及其解决途径 [J]. 经济研究，2017（3）.
[32] 李敏，刘阳 . 我国产业政策、贸易政策协同发展的实施路径文献述评 [J]. 商业经济研究，2020（9）.
[33] 李善同，何建武 . 后配额时期中国、美国及欧盟纺织品贸易政策的影响分析 [J]. 世界经济，2007（1）.
[34] 李筱乐 . 政府规模、生产性服务业与经济增长——基于我国 206 个城市的面板数据分析 [J]. 国际贸易问题，2014（5）.
[35] 李燕，张波 . 我国产业政策与贸易政策的协调问题研究——基于制度性贸易摩擦背景下的分析 [J]. 现代经济探讨，2012（2）.
[36] 李逸飞，等 . 制造业就业与服务业就业的交互乘数及空间溢出效应 [J]. 财贸经济，2017（4）.
[37] 李莹，商悦 . 后配额时代我国纺织服装业国际竞争力评价 [J]. 河南理工大学学报：社会科学版，2009（4）.
[38] 李莹，等 . 基于 SWOT 分析的山东省物流业发展战略 [J]. 中国市场，2009（36）.
[39] 林发勤，等 . 国际贸易与经济增长一定是线性关系吗——基于中国省级面板数据的因果效应再估计 [J]. 国际贸易问题，2018（8）.
[40] 林毅夫、刘明兴 . 中国的经济增长收敛与收入分配 [J]. 世界经济，2003（8）.
[41] 林宙 . 中国纺织品服装出口问题研究 [D]. 广州：暨南大学，2018.
[42] 刘秉镰，刘勇 . 我国区域产业结构升级能力研究 [J]. 开放导报，2006（6）.
[43] 刘梦娇 . 高质量发展是实现可持续发展的根本途径——访全国政协委员、天津大学教授张水波 [J]. 国际工程与劳务，2019（5）.
[44] 刘书瀚，等 . 中国生产性服务业和制造业的产业关联分析 [J]. 南开经济研究，2010（6）.
[45] 卢灿生 . 中国纺织服装行业经济高质量发展研究 [D]. 深圳：深圳大学，2020.
[46] 陆立军，郑小碧 . 全球价值链下地方化产业升级路径研究——以浙江纺织服装业为例 [J]. 商业经济与管理，2010（10）.
[47] 骆玲，唐志红 . 产业可持续发展能力评估指标体系研究 [J]. 西南交通大学学

报（社会科学版），2007（5）.
[48] 吕政，张克俊 . 国家高新区阶段转换的界面障碍及破解思路 [J]. 中国工业经济，2006（2）.
[49] 毛群英 . 衡量贸易竞争力的指标体系及评价方法探析 [J]. 经济管理，2008（19）.
[50] 聂辉华 , 等 . 中国工业企业数据库的使用现状和潜在问题 [J]. 世界经济，2012（5）.
[51] 彭斯达 , 等 . 我国对外贸易商品结构和方式与经济增长的相关性比较 [J]. 国际贸易问题，2008（3）.
[52] 任聪莘 . 我国纺织服装业贸易竞争力研究 [D]. 重庆：重庆大学，2015.
[53] 沈程翔 . 中国出口导向型经济增长的实证分析：1977—1998.[J]. 世界经济，1999（12）.
[54] 沈锂鸣 , 等 . 山东纺织，服装产业高质量发展的五条路径 [J]. 中国纺织，2020（1）.
[55] 宋学义 . 贸易政策与产业政策的协调 [J]. 国际经济合作，2013（4）.
[56] 孙晓华，王昀 . 对外贸易结构带动了产业结构升级吗？——基于半对数模型和结构效应的实证检验 [J]. 世界经济研究，2013（1）.
[57] 唐晓华，张欣珏，李阳 . 中国制造业与生产性服务业动态协调发展实证研究 [J]. 经济研究，2018（3）.
[58] 佟家栋，刘程 . 与对外贸易政策相连接的产业政策——试论产业政策与政府干预 [J]. 南开学报（哲学社会科学版），2017（6）.
[59] 佟家栋 . 关于我国进口与经济增长关系的探讨 [J]. 南开学报：哲学社会科学版，1995（3）.
[60] 涂远芬 . 我国纺织品服装出口与经济增长的时间检验 [J]. 商场现代化，2006（9）.
[61] 涂正革 . 中国的碳减排路径与战略选择——基于八大行业部门碳排放量的指数分解分析 [J]. 中国社会科学，2012（3）.
[62] 王保伦，路红艳 . 生产性服务业与地区产业竞争力的提升 [J]. 经济问题探索，2007（7）.
[63] 王成，唐宁 . 重庆市乡村三生空间功能耦合协调的时空特征与格局演化 [J]. 地理研究，2018（6）.
[64] 王飞，郭孟珂 . 我国纺织服装业在全球价值链中的地位 [J]. 国际贸易问题，2014（12）.
[65] 王海燕，滕建州，颜蒙 . 强化我国对外贸易政策与产业政策协调的研究 [J]. 经济纵横，2014（7）.
[66] 王坤，张书云 . 中国对外贸易与经济增长关系的协整性分析 [J]. 数量经济技

术经济研究，2004（4）.
[67] 王晓义 . 智能制造与宁波纺织服装产业高质量可持续发展的路径探索 [J]. 宁波经济（三江论坛），2018（8）.
[68] 魏冬梅，路世昌 . 绿色壁垒对我国纺织服装行业国际竞争力的影响及对策 [J]. 辽宁经济，2005（1）.
[69] 文东伟，冼国明 . 中国制造业的垂直专业化与出口增长 [J]. 经济学（季刊），2010（1）.
[70] 吴敬茹 . 服务业 FDI 对我国服务贸易国际竞争力的影响：理论与实证 [J]. 商业经济研究，2021（15）.
[71] 吴延兵 .R&D 与生产率——基于中国制造业的实证研究 [J]. 经济研究,2006(11).
[72] 伍先福 . 产业协同集聚对全要素生产率影响的门槛效应研究——基于中国 246 个城市的实证检验 [J]. 经济经纬，2019（2）.
[73] 夏晓玲 . 中国与印度纺织服装业在全球价值链中的地位 [D]. 上海：东华大学，2018.
[74] 肖国圣，李波平 . 基于 GVC 与微笑曲线理论的浙江纺织服装产业转型升级障碍分析与路径选择 [J]. 生产力研究，2013（12）.
[75] 晓雯 . 基于结构方程模型的宁波纺织服装产业集群创新性与升级研究 [J]. 浙江纺织服装职业技术学院学报，2021（1）.
[76] 熊丽娟，黄凯 . 我国纺织品出口对经济增长贡献的实证研究 [J]. 国际贸易问题，2006（11）.
[77] 熊启泉，杨十二 . 重新审视进口在经济增长中的作用——基于中国的实证研究 [J]. 国际贸易问题，2005（2）.
[78] 熊兴，王婧倩，陈文晖 . 新形势下我国纺织服装产业转型升级研究 [J]. 理论探索，2020（6）.
[79] 徐光耀 . 我国进口贸易结构与经济增长的相关性分析 [J]. 国际贸易问题，2007（2）.
[80] 徐强，马素琴 . 浅析我国纺织服装贸易影响因素及应对措施 [J]. 四川丝绸，2005（4）.
[81] 许雪琼 . 中国纺织服装产业国际竞争力的影响因素分析 [D]. 上海：东华大学，2017.
[82] 亚当 · 斯密 . 国民财富的性质与原因的研究 [M]. 北京：商务印书馆，2014.
[83] 闫国庆，孙琪，仲鸿生，等 . 我国加工贸易战略转型及政策调整 [J]. 经济研究，2009（5）.
[84] 杨丹辉 . 外商投资对中国出口竞争力的影响：实证分析 [J]. 改革，2004（3）.
[85] 杨丹萍，杨丽华 . 对外贸易，技术进步与产业结构升级：经验、机理与实证 [J]. 管理世界，2016（11）.

[86] 杨丹萍，毛江楠．中国金融发展与对外贸易互动关系研究——基于中国纺织产业的 VAR 模型分析 [J]. 国际贸易问题，2010（4）.
[87] 杨丹萍．产业集聚与出口贸易互动关系之研究——基于浙江省纺织产业的实证分析 [J]. 国际贸易问题，2009（6）.
[88] 杨丽，孙之淳．基于熵值法的西部新型城镇化发展水平测评 [J]. 经济问题，2015（3）.
[89] 尹翔硕，朱春生．中国的出口增长与经济增长：回归分析中的问题 [J]. 世界经济文汇，1997（5）.
[90] 尹向飞．规模对中国工业行业全要素生产率影响的研究——基于规模水平溢出效应、前向溢出效应和后向溢出效应 [J]. 湖南商学院学报，2014（6）.
[91] 余剑，谷克鉴．开放条件下的要素供给优势转化与产业贸易结构变革——基于比较优势战略的中国改革开放实践的考察 [J]. 国际贸易问题，2005（11）.
[92] 余敏．基于引力模型对我国纺织服装产品出口影响因素的实证研究 [J]. 石河子大学学报（哲学社会科学版），2012（3）.
[93] 余为丽，王治．基于动态钻石模型的中国纺织服装业国际竞争力分析 [J]. 国际商务：对外经济贸易大学学报，2006（4）.
[94] 余泳泽，刘大勇，宣烨．生产性服务业集聚对制造业生产效率的外溢效应及其衰减边界——基于空间计量模型的实证分析 [J]. 金融研究，2016（2）.
[95] 袁欣．中国对外贸易结构与产业结构：“镜像”与“原像”的背离 [J]. 经济学家，2010（6）.
[96] 张兵兵．进出口贸易与经济增长的协动性关系研究——基于 1952–2011 年中国数据的经验分析 [J]. 国际贸易问题，2013（4）.
[97] 张东阳，彭志远．我国对外贸易与经济增长的互动影响——基于 VAR 模型的动态分析 [J]. 对外经贸，2013（1）.
[98] 张公嵬，梁琦．出口、集聚与全要素生产率增长——基于制造业行业面板数据的实证研究 [J]. 国际贸易问题，2010（12）.
[99] 张光南，陈广汉．香港对外贸易与经济增长和产业结构升级——“一国两制”和改革开放的成功结合与实践 [J]. 国际经贸探索，2009（1）.
[100] 张宏性．中国纺织服装业国际竞争力研究 [J]. 统计研究，2005（1）.
[101] 张华．山东纺织服装出口贸易影响因素及对策分析 [J]. 山东纺织经济，2008（3）.
[102] 张理平．浅析配额取消对我国纺织品服装业的影响 [J]. 对外经贸实务，2004（3）.
[103] 张亮．我国纺织品服装贸易和经济增长的交互影响 [J]. 统计与决策，2008（3）.
[104] 张明志，马静．产业结构影响中国贸易收支失衡的理论分析与实证检验 [J]. 国际贸易问题，2012（1）.
[105] 张平．中国经济效率减速冲击，存量改革和政策激励 [J]. 经济学动态，2014（10）.

[106] 张小宇，刘永富．对美出口贸易与产出的时变反应机制分析——基于中美“贸易战”视角 [J]. 河北经贸大学学报，2019（1）.

[107] 张亚斌．中国所有制结构与产业结构的耦合研究 [M]. 北京：人民出版社，2001.

[108] 郑红玲．中国对外贸易发展对产业升级影响的实证研究 [D]. 沈阳：辽宁大学，2019.

[109] 郑亚明．中国纺织业有效汇率对纺织服装出口影响研究 [D]. 广州：广东商学院，2011.

[110] 周蕾，孙波．中国纺织服装业国际竞争力影响因素的实证分析 [J]. 经济研究导刊，2021（18）.

[111] 周升起，兰珍先，付华．中国制造业在全球价值链国际分工地位再考察——基于 Koopman 等的“GVC 地位指数”[J]. 国际贸易问题，2014（2）.

[112] 周瑛，白诗琪．绿色贸易壁垒对我国农产品出口贸易影响的实证分析 [J]. 全国流通经济，2019（24）.

[113] 朱彤，孙永强．我国纺织品服装产业出口结构与国际竞争力的实证分析 [J]. 国际贸易问题，2010（2）.

[114] Ahmad J.，A. C. C. Kwan. Causality between exports and economic growth：empirical evidence from Africa[J]. Economics letters，1991，37（3）.

[115] Andrew P.，W. L. Barnes. Energy transfer across a metal film mediated by surface plasmon polaritons[J]. Science，2004，306（5698）.

[116] Ansoff，H. Igor. New Corporate Strategy[M]. New York：John Wiley Sons，1965.

[117] Arezki R.，T. Fetzer，F. Pisch. On the comparative advantage of US manufacturing：evidence from the shale gas revolution[J]. Journal of International Economics，2017，107.

[118] Arrow K. J.. The economic implications of learning by doing[J]. The review of economic studies，1962，29（3）.

[119] Asalos N.，M. Iordanescl. The contribution of clusters to increase the competitiveness of the textile and clothing industry. Cluster analysis using location quotient method[J]. Industria Textila，2015，66（6）.

[120] Bair J.，G. Gereffi. Upgrading，uneven development，and jobs in the North American apparel industry[J]. Global Networks，2003，3（2）.

[121] Balassa B.. Exports and economic growth：further evidence[J]. Journal of development Economics，1978，5（2）.

[122] Baldwin R. E.. The political economy of trade policy[J]. Journal of economic perspectives，1989，3（4）.

[123] Boschma R.，S. Iammarino. Related variety，trade linkages，and regional growth

in Italy[J]. Economic geography，2009，85（3）.

[124] Chi T.，P. Kilduff. An assessment of trends in China’s comparative advantages in textile machinery，man-made fibers，textiles and apparel[J]. Journal of the Textile Institute，2006，97（2）.

[125] Colantone I.，L. Sleuwaegen. International trade，exit and entry：A cross-country and industry analysis[J]. Journal of International Business Studies，2010，41.

[126] Das D. K.，G. Kalita. Do Labor Intensive Industries Generate Employment? Evidence from firm level survey in India[R]. Indian council for research on international economic relations working paper，2009.

[127] Davis D. R.，Weinstein D.. Market access，economic geography，and comparative advantage：an empirical assessment[J]. 1998.

[128] De Piñeres S. A. G.，M. Ferrantino. Export diversification and structural dynamics in the growth process：The case of Chile[J]. Journal of development Economics，1997，52（2）.

[129] Dhiman R.，V. Kumar，S. Rana. Why export competitiveness differs within Indian textile industry? Determinants and empirical evidence[J]. Review of International Business and Strategy，2020，30（3）.

[130] Dhingra S.，T. Meyer. Leveling the playing field：Industrial policy and export-contingent subsidies in India - export related measures[J]. World Trade Review，2021，20（4）.

[131] Dixit S.，A. Yadav，P. D. Dwivedi，et al.. Toxic hazards of leather industry and technologies to combat threat：a review[J]. Journal of Cleaner Production，2015，87.

[132] Đorđević D.，D. Ćoćkalo，S. Urošević，et al.. Clusters and competitive ability of small and medium enterprises in the textile and clothing industry：Serbian economy review[J]. Fibres & Textiles in Eastern Europe，2011，19（5）.

[133] Evans C.，J. Harrigan. Tight clothing. How the MFA affects Asian apparel exports. International Trade in East Asia[M]. University of Chicago Press，2005.

[134] Färe R.，S. Grosskopf，M. Norris，et al..Productivity growth，technical progress，and efficiency change in industrialized countries[J].The American economic review，1994.

[135] Fernandez-Stark K.，et al.. Peru in the High Quality Cotton Textile and Apparel Global Value Chain：Opportunities for Upgrading[J]. World Bank，2016.

[136] Finger J. M.，A. Harrison. Import protection for US textiles and apparel：Viewed from the domestic perspective[J]. The political economy of trade protection，1996.

[137] Gereffi G.. International trade and industrial upgrading in the apparel commodity chain[J]. Journal of international economics，1999，48（1）.

[138] Giuli M. Centre for International Business Studies. 1997.

[139] Graham R.，H. Haken. Generalized thermodynamic potential for Markoff systems in detailed balance and far from thermal equilibrium[J]. Zeitschrift f ü r Physik A Hadrons and nuclei，1971，243.

[140] Grumiller D.，A. Pére，M. M. Sheikh–Jabbari，et al..Spacetime structure near generic horizons and soft hair[J]. Physical Review Letters，2020，124（4）.

[141] Haken，Hermann.Laser and synergetics[J]. Physikalische Blatter，1976：132（12）.

[142] Harrison A.，A. Rodríguez–Clare. Trade，foreign investment，and industrial policy for developing countries[J]. Handbook of development economics，2010，5.

[143] Havrila I.，P. Gunawardana. Analysing comparative advantage and competitiveness：an application to Australia's textile and clothing industries[J]. Australian Economic Papers，2003，42（1）.

[144] Havrila I.，P. Gunawardana. Australia's bilateral intra–industry trade in textiles and clothing[J]. Victoria university，2006.

[145] Hsieh C. T.，P. J. Klenow. Misallocation and manufacturing TFP in China and India[J]. The Quarterly journal of economics，2009，124（4）.

[146] Islam K. R.，R. R. Weil. Microwave irradiation of soil for routine measurement of microbial biomass carbon[J]. Biology and Fertility of Soils，1998，27.

[147] Johansen S.，K. Juselius. Identification of the long–run and the short–run structure an application to the ISLM model[J]. Journal of Econometrics，1994，63（1）.

[148] Karabegovic I.，D. Ujevic. Applying intelligent systems as a basis for improving the position and competitiveness of the European textile industry[J]. Fibres and Textiles in Eastern Europe，2006，14（1）.

[149] Krugman P.. Scale economies，product differentiation，and the pattern of trade[J]. American economic review，1980，70（5）.

[150] Lam J. K. C.，R. Postle. Textile and apparel supply chain management in Hong Kong[J].International Journal of clothing science and technology，2006，18（4）.

[151] Lee J. W.. Capital goods imports and long–run growth[J]. Journal of development economics，1995，48（1）.

[152] Lee O. J.. Gender–differentiated employment practices in the South Korean textile industry[J]. Gender & Society，1993，7（4）.

[153] Madsen J. B.. Trade barriers，openness，and economic growth[J]. Southern Economic Journal，2009，76（2）.

[154] Michaely M.. Exports and growth: an empirical investigation[J]. Journal of development economics, 1977, 4（1）.

[155] Moore M. O., M. Wu. Antidumping and strategic industrial policy: tit–for–tat trade remedies and the China - x–ray equipment dispute[J]. World Trade Review, 2015, 14（2）.

[156] Nordas H. K.. The Global Textile and Clothing Industry post the Agreement on Textiles and Clothing[R]. WTO Discussion Papers, 2004.

[157] Oyama D., Y. Sato, T. Tabuchi, et al.. On the impact of trade on the industrial structures of nations[J]. International Journal of Economic Theory, 2011, 7（1）.

[158] Posner M. V.. International trade and technical change[D]. Oxford: Oxford economic papers, 1961, 13（3）.

[159] Schrank A.. Ready–to–wear development? Foreign investment, technology transfer, and learning by watching in the apparel trade[J]. Social forces, 2004, 83（1）.

[160] Shadlen K. C.. Exchanging development for market access? Deep integration and industrial policy under multilateral and regional–bilateral trade agreements[J]. Review of international political economy, 2005, 12（5）.

[161] Shan J., F. Sun. On the export–led growth hypothesis: the econometric evidence from China[J]. Applied Economics, 1998, 30（8）.

[162] Siddiqui D. A., M. H. Ahmad. The causal relationship between Foreign Direct Investment and Current Account: an empirical investigation for Pakistan economy[J]. European Journal of Economics, Finance and Administrative Sciences , 2012.

[163] Ulku H.. R&D, Innovation and output: evidence from OECD and nonOECD countries[J]. Applied Economics, 2007, 39（3）.

[164] Wang L. F. S.. Do industrial and trade policy lead to excess entry and social inefficiency?[J]. International Review of Economics & Finance, 2016（43）.

[165] Wang M., C. Fang, L. Huang. International knowledge spillovers and wage inequality in developing countries[J]. Economic Modelling, 2009, 26（6）.

[166] Yanagawa N.. Economic development in a world with many countries[J]. Journal of Development Economics, 1996, 49（2）.

本书是国家社会科学基金重大招标课题
“新时期中国产业与贸易政策协同发展机制与实施路径研究”
（批准号：18ZDA067）阶段性研究成果

新时期产业与贸易协同发展及其格局变化比较研究（下）

Comparative Study on the Coordinated Development and Structural Changes of Industry and Trade in the New Era (Volume 2)

程惠芳　等著

目　录

第五章

服务业与服务贸易协同发展研究

摘　要

服务业与服务贸易协同发展是衡量一个国家或地区经济现代化水平的重要标志之一。本章基于 62 个样本国家服务业与服务贸易的数据，深入研究当今世界发达国家与发展中国家服务业与服务贸易结构之间的互动关系、协同发展水平及其经济效应，为我国服务业与服务贸易高质量协同发展提供决策参考。服务业与服务贸易协同发展研究结论如下。

（1）服务业与服务贸易结构的变化协同度水平不断提高。本章在对 62 个样本国家的服务业与服务贸易结构的演变规律和发展现状进行比较研究的基础上，通过耦合协同度模型测算 62 个国家服务业内部产业与服务贸易结构的协同发展水平，结果表明：服务业与服务贸易结构的演变协同度水平不断提高，发达国家协同度明显高于发展中国家，但发展中国家增速更快；我国产业与贸易服务化水平较低，服务业开放水平不高；中国服务业与服务贸易结构的演变协同度水平为基本协同，处于中下水平，知识与技术密集型服务贸易发展严重滞后；服务业与服务贸易结构失衡仍然比较突出，绝大多数国家存在服务贸易结构滞后现象。

（2）服务业发展和服务贸易结构变化存在互动效应。通过皮尔逊检验和系统 GMM 回归等分析方法，探究服务业和服务贸易结构互动效应。研究结果表明：服务业产业结构决定贸易结构，贸易结构反作用于产业结构。在产业间和服务业内部这两个维度下，产业结构对贸易结构的促进作用都要大于后者对前者的促进作用；服务业内部产业结构对贸易结构的影响远远大于贸易结构对产业结构的影响，在服务业内部，产业结构在很大程度上影响了贸易结构，而贸易结构对产业结构的影响却要弱很多。

（3）服务业与服务贸易结构协同发展与全要素生产率之间存在正向促进作用。本章通过索罗余值法测算了样本国家的全要素生产率，并运用双向固定效应模型分析了服务业与服务贸易结构协同发展对全要素生产率的影响。实证表明：服务业与服务贸易结构协同发展与全要素生产率之间存在正向促进作用，且具有国家异质性，发达国家服务业与服务贸易协同度对全要素生产率的影响促进作用大于发展中国家；政府支出和技术水平对全要素生产率有显著的促进作用，开放度对全要素生产率有显著的抑制作用，人力资本对全要素生产率的提升呈现出滞后效应。

（4）我国服务业与服务贸易协同发展政策建议。我国要推动传统服务业转型升级，实现服务业高质量发展；扩大服务业开放，加快知识技术密集型服务业发展；推动服务业与服务贸易结构的高度协同发展；提高产业结构与贸易结构协同发展的经济效应。

关键词：服务业；服务贸易；互动关系；协同发展；全要素生产率

第一节　服务业与服务贸易协同发展的文献综述

一、服务业定义和分类的有关文献

（一）服务业定义及其变化

服务业是指除第一产业和第二产业外，生产和销售服务产品或提供服务的产业（第三产业）。服务业作为国民经济三大产业的重要组成部分，在促进经济增长和社会就业等方面具有非常重要的地位，是衡量一个国家或地区经济现代化水平的重要标志之一。由于科技创新和产业创新不断发展，服务业发展范围和服务业发展模式不断变化，因此，服务业的定义及分类是不断动态变化的。

1935 年英国经济学家费希尔（Fisher）在《安全与进步的冲突》[①] 一书中首次提出三次产业，将第一产业与第二产业之外的其他所有经济活动统称为第三产业，第三产业为生产和消费提供各种服务。1940 年英

① Fisher Allan G.B.，*The Clash of Progress and Security*，Macmillan Publishers，1935.

国经济学家克拉克在其著作《经济进步的条件》[①]中分析了三次产业分类以及经济发展水平与产业结构变化规律，并在1957年第三版中首次以“服务性产业”替代“第三产业”的说法，提出服务业等同于第三产业。1971年美国经济学家库兹涅茨在《各国的经济增长：总产值和生产结构》[②]一书中提出产业划分标准，将经济活动划分为农业、工业、服务业三大产业。

（二）服务业分类及其变化的研究文献

服务业不断深化发展，服务业内部具有构成庞杂、性质差异及目标多元等复杂性（江小涓，2011）[③]，服务业分类标准与统计制度也是动态变化的。克拉克（1940）[④]首次将三次产业进行详细分类，将包含商业、金融及保险、运输通信业、服务业、其他公益事业和行政管理等各项事业的部门统称为服务部门。不少国际机构及著名学者根据服务业在不同经济发展阶段的特点（Katouzian，1970）[⑤]、服务活动的功能与性质（Greenfield，1966[⑥]；Browing和Singelmann，1975[⑦]；Singelmann，1978[⑧]）、服务产出效率（Grubel和Walker，1989）[⑨]、服务产品的形态内容（李江帆，1990）[⑩]、服务要素密集度（Miles等，1995[⑪]；赵书华和张弓，2009[⑫]）、服务业与现

①④ 科林·克拉克：《经济进步的条件》，中国人民大学出版社2020年版。

② 西蒙·库兹涅茨著，常勋等译：《各国的经济增长：总产值和生产结构》，商务印书馆1999年版。

③ 江小涓：《服务业增长：真实含义、多重影响和发展趋势》，《经济研究》2011年第46卷第4期。

⑤ Katouzian M.A.，“The development of the service sector：a new approach，” *Oxford Economic Papers*，Vol.22，No.3，1970.

⑥ Greenfield Harry I.，*Manpower and The Growth of Producer Services*，Columbia University Press，1966.

⑦ Browing Harley L.，Joachim Singelmann，*The Emergence of a Service Society*，National Technical Information Service，1975.

⑧ Singelmann Joachim，*From Agriculture to Service*：*The Transformation of Industry and Employment*，Sage Publications，1978.

⑨ Grubel Herbert G.，Michael A. Walker，*Service Industry Growth*：*Cause and Effects*，Fraser Institute，1989.

⑩ 李江帆：《第三产业经济学》，广东人民出版社1990年版。

⑪ Miles Ian，et al.，*Knowledge-intensive business services*：*Users*，*Carriers and Sources of Innovation-A report to DG13 SPRINT-EIMS Program*，PREST，1995.

⑫ 赵书华、张弓：《对服务贸易研究角度的探索——基于生产要素密集度对服务贸易行业的分类》，《财贸经济》2009年第3期。

代制造业发展进程比较（江小涓，2011）①、服务生产结果或过程的同质化（江小涓，2011）②、服务技术附加值（余泳泽和潘妍，2019）③等对服务业内部结构进行分类。

联合国在1971年颁布了《全部经济活动的国际标准产业分类索引》，简称《国际标准行业分类》（ISIC）④，在2008年8月11日发布的最新的第四版（ISICRev.4）⑤中显示：服务业包括批发和零售业；汽车和摩托车的修理、运输与储存、食宿服务活动、出版活动；音像、广播和节目的制作活动、电信、信息技术和其他信息服务、金融和保险活动、房地产活动、其他工商界服务、公共管理与国防；强制性社会保障、教育、人体健康和社会工作活动、艺术、娱乐和文娱活动；其他服务活动、家庭作为雇主的活动和国际组织15大类。

1985年，我国国家统计局发布《关于建立第三产业统计的报告》，首次参照国际通用的产业分类标准规定我国三次产业的统计范畴。我国长期使用“第三产业”这一概念，2001年，《“十五”期间加快发展服务业若干政策措施的意见》中首次将第三产业改称服务业，2013年国家统计局发布的《三次产业划分规定》修订说明中首次明确“第三产业即为服务业”。服务业也随着技术进步而呈现新的变化，新兴服务部门和服务新业态不断出现，国家统计局对服务业分类进行了多次调整。2017年，在《国民经济行业分类》（GB/T 4754—2017）中，国家统计局将服务业分为“批发和零售业，交通运输、仓储和邮政业，住宿和餐饮业，信息传输、软件和信息技术服务业，金融业，房地产业，租赁和商务服务业，科学研究和技术服务业，水利、环境和公共设施管理业，居民服务、修理和其他服务业，教育，卫生和社会工作，文化、体育和娱乐业，公共管理、社会保障和社会组织，国际组织15大类”。国家统计局在关于印发《生产性服务业统计分类（2019）》的通知中，把生产性服务业分为“生产活动提供的研发设计与其他技术服务，货物运输、通用航空生产、仓储和邮政快递服务，信息服务，金融服务，节能与环保服务，生产性租

---

①② 江小涓：《服务业增长：真实含义、多重影响和发展趋势》，《经济研究》2011年第46卷第4期。

③ 余泳泽、潘妍：《中国经济高速增长与服务业结构升级滞后并存之谜——基于地方经济增长目标约束视角的解释》，《经济研究》2019年第54卷第3期。

④⑤ https：//unstats.un.org/unsd/classifications/unsdclassifications。

赁服务，商务服务，人力资源管理与职业教育培训服务，批发与贸易经纪代理服务，生产性支持服务”。

服务业按服务业发展历程划分为传统服务业和现代服务业。传统服务业是指工业化以前人类社会存在的传统服务，如住宿、餐饮、理发、零售、旅行、家政等。现代服务业是指随着现代制造业的出现以及人们生活方式的变化而发展起来的新型服务业，如研发设计、交通运输、金融、物流、市场营销、电商、跨境电商、软件信息服务、教育培训、医疗卫生、文化影视、新闻传播、科技咨询、管理咨询、知识产权等服务业（江小涓，2011）①。服务业按服务对象又可划分为生活性服务业、生产性服务业和公共服务业。生活性服务业是为人们的生活服务，包括餐饮、住宿、家政服务、洗染、美发美容、沐浴、摄影摄像、维修服务等。生产性服务业是指为生产活动提供服务，如研发设计、货物运输、仓储和邮政快递、信息服务、金融服务、节能与环保服务、生产性租赁服务、商务服务、人力资源管理、职业教育培训、批发与贸易经纪代理、科技咨询等服务。公共服务业是指国家机关、政党机关、国防军队、安全保卫、社会团体等服务（见表5–1）。

表5-1　　服务业范畴及分类标准

国际机构及代表性学者	服务业范畴及分类标准
Clark（1940）②	包含商业、金融及保险、运输通信业、服务业、其他公益事业和行政管理等各项事业的经济活动
《所有经济活动的国际标准行业分类》（ISIC Rev.4）③	将服务业划分为：G. 批发和零售业；汽车和摩托车的修理；H. 运输和储存；I. 食宿服务活动；J. 信息和通信；K. 金融和保险活动；L. 房地产活动；M. 专业、科学和技术活动；N. 行政和辅助活动；O. 公共管理与国防；强制性社会保障；P. 教育；Q. 人体健康和社会工作活动；R. 艺术、娱乐和文娱活动；S. 其他服务活动；T. 家庭作为雇主的活动；家庭自用、未加区分的物品生产和服务活动；U. 国际组织和机构的活动15个门类

① 江小涓：《服务业增长：真实含义、多重影响和发展趋势》，《经济研究》2011年第46卷第4期。

② 科林·克拉克：《经济进步的条件》，中国人民大学出版社2020年版。

③ https://unstats.un.org/unsd/classifications/unsdclassifications。

续表

国际机构及代表性学者	服务业范畴及分类标准
《国民经济行业分类》（GB/T 4754—2017）[①]	将服务业划分为：F. 批发和零售业；G. 交通运输、仓储和邮政业；H. 住宿和餐饮业；I. 信息传输、软件和信息技术服务业；J. 金融业；K. 房地产业；L. 租赁和商务服务业；M. 科学研究和技术服务业；N. 水利、环境和公共设施管理业；O. 居民服务、修理和其他服务业；P. 教育；Q. 卫生和社会工作；R. 文化、体育和娱乐业；S. 公共管理、社会保障和社会组织；T. 国际组织 15 个门类
Katouzian（1970）[②]	新兴服务业、传统服务业、补充性服务业
Greenfield（1966）[③]、Browing 和 Singelmann（1975）[④]	生产性服务业、非生产性服务业
Singelmann（1978）[⑤]	流通服务业、生产者服务业、社会服务业、个人服务业
Grubel 和 Walker（1989）[⑥]	消费者服务、生产者服务、政府服务
李江帆（1990）[⑦]	精神型服务产品、非精神型服务产品
Miles 等（1995）[⑧]	知识密集型服务业、非知识密集型服务业
赵书华和张弓（2009）[⑨]	劳动密集型服务业、资本密集型服务业、技术密集型服务业
江小涓（2011）[⑩]	传统服务业、现代服务业
	可标准化的服务业、不可标准化的服务业
余泳泽和潘妍（2019）[⑪]	高端服务业、非高端服务业

资料来源：作者根据相关文献整理。

① 国家统计局网站：http：//www.stats.gov.cn/xxgk/tjbz/gjtjbz/201710/t20171017_1758922.html。

② Katouzian M.A.，"The development of the service sector：a new approach，" *Oxford Economic Papers*，Vol.22，No.3，1970.

③ Greenfield Harry I.，*Manpower and the Growth of Producer Services*，Columbia University Press，1966.

④ Browing Harley L.，Joachim Singelmann，*The Emergence of A Service Society*，National Technical Information Service，1975.

⑤ Singelmann Joachim，*From Agriculture to Service*：*The Transformation of Industry and Employment*，Sage Publications，1978.

⑥ Grubel Herbert G.，Michael A. Walker，*Service Industry Growth*：*Cause and Effects*，Fraser Institute，1989.

⑦ 李江帆：《第三产业经济学》，广东人民出版社 1990 年版。

⑧ Miles Ian，et al.，*Knowledge-intensive Business Services*：*Users*，*Carriers and Sources of Innovation-A report to DG13 SPRINT-EIMS Program*，PREST，1995.

⑨ 赵书华、张弓：《对服务贸易研究角度的探索——基于生产要素密集度对服务贸易行业的分类》，《财贸经济》2009 年第 3 期。

⑩ 江小涓：《服务业增长：真实含义、多重影响和发展趋势》，《经济研究》2011 年第 46 卷第 4 期。

⑪ 余泳泽、潘妍：《中国经济高速增长与服务业结构升级滞后并存之谜——基于地方经济增长目标约束视角的解释》，《经济研究》2019 年第 54 卷第 3 期。

（三）有关服务业变化的研究文献

亚当·斯密（1776）[①]阐明服务业的特殊性质“服务很少留下什么痕迹和价值”，“他们在其发挥职能的短时间便消失”。斯密指出的服务业具有非生产性的特征，而非生产性劳动被认为无助于交换量的增加，不能增加社会财富。威廉·配第最先关注了服务业的变化发展趋势，配第认为不同产业之间收入水平的差异促使了劳动力在产业间转移。英国经济学家克拉克对费希尔（1935）[②]的思想进行了继承和发展，1940年，克拉克提出了劳动力的结构变化理论，具体来讲就是一个国家的劳动力将随着人均收入水平的提高在产业间转移，从第一产业转移至第二产业，然后再转移至第三产业。这就是著名的劳动力产业转移定律，也被称为“配第-克拉克定理”。在该定理基础上，Kuznets（1941）在《1919—1938年的国民收入及其构成》[③]一书中进一步探讨了产业结构的演变规律，强调了第三产业具有很强的吸纳劳动力的特征，指出部门产值和劳动力所占比重在农业部门不断下降，在工业部门总体上升后趋于稳定，在服务部门则不断上升，即“库兹涅茨法则”。丹尼尔·贝尔（Daniel Bell）在出版的《后工业社会的来临》[④]一书中将社会发展分为前工业社会、工业社会和后工业社会三个阶段，他提出当社会发展步入后工业社会阶段时，物质产品就不再是人类生产与消费的主体了，人类的生产和消费将以服务为主。Dixit和Stiglitz（1977）[⑤]为劳动分工严谨的数理分析奠定了生产性服务业实证研究的基础，他们在《垄断竞争和最优产品种类》一文中，借助新古典经济学的分析框架，利用一种独特的效用函数（D-S效用函数）分析了垄断竞争条件下产品多样化对社会福利的影响。Fisk等（1993）[⑥]分析了早期的服务业研究，他们把服务管理改革形象地划分为三个阶段：1980年以前为“爬行阶段”；1980—1985年为“快速

---

① 亚当·斯密著，郭大力、王亚南译：《国民财富的性质和原因的研究》上卷，商务印书馆1972年版。

② Fisher Allan G.B., *The Clash of Progress and Security*, Macmillan Publishers, 1935.

③ Kuznets Simon, *National Income and Its Composition, 1919—1938*, National Bureau of Economic Analysis, 1941.

④ 丹尼尔·贝尔：《后工业社会的来临》，江西人民出版社2018年版。

⑤ Dixit Avinash K., Joseph E. Stiglitz, “Monopolistic competition and optimum product diversity,” *American Economic Review*, Vol.67, No.3, 1977.

⑥ Fisk Raymond P., et al., “Tracking the evolution of the services marketing literature,” *Journal of Retiling*, Vol.69, No.1, 1993.

探索阶段”；1986 年至今为“直立行走阶段”。

国内对服务业发展早期的研究主要聚焦在服务劳动是否为生产性劳动与服务劳动是否创造价值等问题上。学者李江帆 1990 年出版的《第三产业经济学》[①]一书归纳了 20 世纪 80 年代以前中国服务业理论上的分散研究，被看作中国服务业理论发展史的一个里程碑。1994 年李江帆又发表文章，从正反两方面就第三产业的产业性质、评估依据和衡量指标进行了阐释，他指出影响服务需求的主要因素包括人均国内生产总值、人口密度、城市化水平、服务产品的输出状况，而第三产业发展状况可从三方面来衡量，即第三产业就业比重、产值比重，人均服务产品占有量[②]。该文为中国服务业理论和实践问题研究奠定了良好的基础。此后，中国研究服务业发展问题的学者逐渐增多，成果也更加丰硕。比较有代表性的如黄少军（2000）[③]通过规范分析与实证分析相结合的方法，在国内较早地分析了服务业的产出和服务业生产率的计量问题。李善同、华尔诚（2002）[④]对服务业进行的行业案例、地区案例和国别经验的系统研究，在当时是非常有新意的，他们的研究成果也称得上是一部里程碑著作。甘国华（2004）[⑤]基于三次产业结构的变动趋势和规律进行研究，发现服务业（第三产业）发展对经济体发达程度的提高至关重要（见表 5–2）。

表5-2　　服务业研究的计量模型

计量模型	具体公式	代表研究
D–S 效用函数模型	$u=U\{x_0,(\sum_i x_i^{\rho})^{\frac{1}{\rho}}\}$ $y=\left\{\sum_{i=1}^{n} x_i^{\rho}\right\}^{1/\rho},q=\sum_{i=1}^{n} P_i^{-1/\beta}$ 行业外的所有产品用 x_0 表示，行业内的所有产品用 x_i 表示，其中 1/（1– ρ ）是行业内部各种产品之间的替代弹性，y 和 q 是构造的产量和价格水平指数	Dixit、Joseph（1977）[⑥]

① 李江帆:《第三产业经济学》，广东人民出版社 1990 年版。

② 李江帆:《第三产业的产业性质、评估依据和衡量指标》,《华南师范大学学报（社会科学版）》1994 年第 3 期。

③ 黄少军:《商品消费、服务消费和经济结构变化——一个微观经济学的分析》,《华南师范大学学报（社会科学版）》2000 年第 2 期。

④ 李善同、华尔诚:《21 世纪初的中国服务业》，经济科学出版社 2002 年版。

⑤ 甘国华:《国际产业发展历史与产业结构演变规律》,《江西科技师范学院学报》2004 年第 6 期。

⑥ Dixit Avinash K., Joseph E. Stiglitz, “Monopolistic competition and optimum product diversity,” *American Economic Review*, Vol.67, No.3, 1977.

续表

计量模型	具体公式	代表研究
钱纳里和塞尔昆模型	$\ln X_i = \alpha + \beta_1 \ln Y + \beta_2 \ln^2 Y + \gamma \ln N + \mu$ 式中，X_i表示分三次产业占比，Y和N分别表示不变价格人均 GDP 和年末总人口	Syrquin、Hollis（1989）[①]
双向固定效应面板模型	$PS_{it} = \alpha + \beta_1 SM_{it} + \beta_2 SS_{it} + \beta_3 IT_{it} + \beta_4 RD_{it} + \beta_5 OPEN_{it} + \mu_i + v_t + \varepsilon_{it}$ PS_{it}为服务业发展水平，SM_{it}为制造业服务的中间需求，μ_i和v_t分别是时间和个体固定效应，ε_{it}为随机误差项	朱胜勇（2009）[②]
空间计量模型	$\ln ps = \alpha_0 + \alpha_1 \ln eff_{it} + \alpha_2 \ln open_{it} + \alpha_3 \ln urban_{it} + \alpha_4 \ln prio_{it} + \alpha_5 \ln indus_{it} + \alpha_6 \ln edu_{it} + \rho \sum_j w_{ij} ps_{jt} + \varepsilon_{it}$ $\ln ps = \alpha_0 + \alpha_1 \ln eff_{it} + \alpha_2 \ln open_{it} + \alpha_3 \ln urban_{it} + \alpha_4 \ln prio_{it} + \alpha_5 \ln indus_{it} + \alpha_6 \ln edu_{it} + \lambda \sum_j w_{ij} \mu_{jt} + \varepsilon_{it}$ ps表示服务业发展水平综合指数，ε为误差项，ρ为空间滞后系数，λ为空间误差系数，w_{ij}为r相邻的邻接权重矩阵	白雪、宋玉祥（2019）[③]
双重差分模型	$LQ_{it} = \beta_0 + \beta_1 treated_{it} * year_{it} + \beta_2 Int_{it} + \beta_3 Fin_{it} + \beta_4 Fdi_{it} + \beta_5 Manu_{it} + \beta_6 Inv_{it} + \beta_7 Wage_{it} + \beta_8 Road_{it} + \beta_9 Peo_{it} + \mu_i + \lambda_i + \varepsilon_{it}$ LQ_{it}为服务业发展集聚度，$treated_{it} * year_{it}$是核心解释变量，记为 DID。$treated_{it}$为分组虚拟变量，如果i城市已经开通高铁，则$treated_{it}$ =1，否则为 0，其他为控制变量	唐昭沛等（2021）[④]

资料来源：作者根据相关文献整理所得。

---

① Syrquin Moshe，Hollis Chenery，“Three decades of industrialization，” *The World Bank Economic Reviews*，Vol.3，No.2，1989.

② 朱胜勇：《发达国家生产性服务业发展的影响因素——基于 OECD 国家生产性服务业的分析》，《城市问题》2009 年第 7 期。

③ 白雪、宋玉祥：《中国生产性服务业发展水平的时空特征及其影响因素》，《人文地理》2019 年第 34 卷第 3 期。

④ 唐昭沛、吴威、郭嘉颖、刘玮辰、李晓丽：《基于城市产业结构特征的高铁生产性服务业集散效应——以长三角城市群为例》，《地理研究》2021 年第 40 卷第 8 期。

（四）有关服务业发展影响因素的研究文献

国外学者也从不同角度对服务业发展的影响因素及路径问题展开深入研究，认为需求因素、专业化分工、制造业空间分布、信息技术水平是影响生产性服务业发展的主要因素。在需求因素方面，Markusen（1989）[①] 认为服务业的发展伴随着需求的不断扩大，所以服务业发展应该属于需求遵从。Klodt（2000）[②] 认为服务业发展带来社会需求的增加，并且认为服务业发展离不开制造业。在专业化分工方面，Markusen（1989）[③] 通过数理模型分析服务业影响因素，发现厂商数量增加是伴随着市场规模扩大的，并且随着市场规模的逐步扩大，就会出现更加细化的分工与专业化，制造业会呈现出与生产性服务业更加密切的关系。在制造业空间分布方面，Lentnek 等（1992）[④] 认为企业才是服务业的服务对象，而大都市是企业比较集中的地区，因此他们认为生产性服务业主要分布在大都市。Andersson（2004）[⑤] 认为制造业的分布对生产性服务业的分布具有重要的决定性作用。Antonelli（1998）[⑥] 运用欧洲各国的投入和产出的分析表来研究信息技术和商务服务业之间的关系，发现信息技术在商务服务业的发展中具有重要的作用。Guerrieri 和 Valentina（2005）[⑦] 根据经济合作与发展组织（OECD）国家统计数据研究发现，OECD 国家服务业专业化发展的一个重要因素就是信息技术水平的不断发展，认为服务外包的不断发展是由信息技术水平的提高不断推进的。Francois（1990）[⑧] 通过研究认为随着经济的不断发展，服务业的需求和供给都会增加，服务业

---

①③ Markusen James R., "Trade in producer services and in other specialized intermediate Inputs," *American Economic Review*, Vol.79, No.1, 1989.

② Klodt Henning, "Industrial policy and the east german productivity puzzle," *German Economic Review*, Vol.1, No.3, 2000.

④ Lentnek Barry, et al., "Optimum producer service location," *Environment and Planning*, Vol.24, No.4, 1992.

⑤ Andersson Martin, "Co-location of Manufacturing & Producer Services E-A Simultaneous Equation Approach," *CESIS Electronic Working Paper*, 2004.

⑥ Antonelli Cristiano, "Localized technological change, new information technology and the knowledge-based economy: the european evidence," *Journal of Evolutionary Economics*, Vol.8, No.2, 1998.

⑦ Guerrieri Paolo, Meliciani Valentina, "Technology and international competitiveness: the interdependence between manufacturing and producer services," *Structural Change and Economic Dynamic*, Vol.16, No.4, 2005.

⑧ Francois Joseph F., "Prouder services, scale, and the division of labor," *Oxford Economic Papers*, Vol.42, No.4, 1990.

的发展是经济发展阶段所呈现出来的行业特点。Illeris 和 Sjholt（1995）[①]认为服务业的健康发展需要良好的人力资本。Stare（2001）[②]通过分析斯洛文尼亚的服务业发展现状和特点，研究影响该国服务业发展的因素，认为人力资本、基础设施以及市场环境是服务业发展的主要影响因素。

国内学者在国外相关研究理论的基础上进一步对服务业产业结构转型的影响因素及变动路径展开研究。陈宪和黄建锋（2004）[③]认为只有当分工的收益大于分工的成本时才能推动服务业的发展。郑吉昌和夏晴（2005）[④]研究分工的深化与服务业发展的关系，发现现代服务业不仅可以促进分工的专业化，还是分工经济的黏合剂。在技术进步方面，陈保启和李为人（2006）[⑤]认为技术的进步可以推动经济方式的转变，生产性服务业是一种知识和技术密集型行业，它的发展将会带动整体经济发展。张润朋和刘蓉（2002）[⑥]认为服务业的区位选择很大程度上会受网络的影响。曾国平等（2011）[⑦]认为随着科学技术的不断发展以及劳动者素质的不断提升，企业的专业化程度进一步提高，进而促进了服务业的发展。郑长娟（2005）[⑧]认为引进外资是国外服务业向我国转移和扩散的重要途径。吕政等（2006）[⑨]根据外部化的程度和制造业的不同层次需求把服务业划分为三个阶段，并且阐述了服务业和制造业的互动关系，以及服务业在不同发展阶段发挥的作用及其大小。江小涓和李辉（2004）[⑩]认为服务业发展比较落后会影响制

---

① Illeris Sven，Peter Sjholt，"The nordic countries：high quality service in a low density environment，" *Progress in Planning*，Vol.43，No.2-3，1995.

② Stare Metka，"Advancing the development of producer services in slovenia with foreign direct investment，" *Service Industrial Journal*，Vol.21，No.1，2001.

③ 陈宪、黄建锋：《分工、互动与融合：服务业与制造业关系演进的实证研究》，《中国软科学》2004 年第 10 期。

④ 郑吉昌、夏晴：《论生产性服务业的发展与分工的深化》，《科技进步与对策》2005 年第 2 期。

⑤ 陈保启、李为人：《生产性服务业的发展与我国经济增长方式的转变》，《中国社会科学院研究生院学报》2006 年第 6 期。

⑥ 张润朋、刘蓉：《新经济条件下我国生产性服务业的发展》，《热带地理》2002 年第 4 期。

⑦ 曾国平、苏宏、曹跃群：《重庆第三产业 R&D 投入产出效应的实证研究》，《科研管理》2011 年第 32 卷第 7 期。

⑧ 郑长娟：《现代生产性服务业在区域创新系统中的作用研究》，《科技管理研究》2005 年第 9 期。

⑨ 吕政、刘勇、王钦：《中国生产性服务业发展的战略选择》，《中国工业经济》2006 年第 8 期。

⑩ 江小涓、李辉：《服务业与中国经济：相关性和加快增长的潜力》，《经济研究》2004 年第 1 期。

造业竞争力的提升。顾乃华等（2006）[①]、钱书法等（2010）[②]、陈健和蒋敏（2012）[③] 认为制造业是服务业发展的基础。张小兵（2003）[④] 认为影响中国企业竞争力的主要是物流、融资等服务业的发展落后。庄树坤等（2009）[⑤] 选取经济发展水平、金融相关率、专业化程度、政府行为以及城市化水平等作为解释变量，构建相应实证分析模型进行分析，通过分析认为对服务业影响较大的是金融相关率以及政府的行为。程大中（2006）[⑥] 认为导致中国服务业发展水平低下的主要原因是市场交易的高成本、社会分工水平较低，政府的体制机制和政策存在缺陷，同时社会的诚信度低。高传胜和李善同（2007）[⑦] 认为制造业的需求不足是服务业发展的主要问题，同时生产性服务业的发展也会受到供给限制的影响。刘志彪（2008）[⑧] 认为现代制造业发展竞争力的重要来源是现代生产性服务业（见表 5-3）。

表5-3　服务业发展的影响因素文献回顾

影响因素	研究结论	代表性学者
制造业发展水平	制造业是服务业的主要需求部门，一个地区制造业的扩张会为当地生产性服务业创造巨大的需求	Marshall 等（1987）[⑨]；Polese（1982）[⑩]
专业化分工	生产技术的专业化是促进服务业快速发展的重要因素	Markusen（1989）[⑪]

① 顾乃华、毕斗斗、任旺兵：《中国转型期生产性服务业发展与制造业竞争力关系研究——基于面板数据的实证分析》，《中国工业经济》2006 年第 9 期。

② 钱书法、贺建、程海狮：《社会分工制度下生产性服务业与制造业关系新探——以江苏省为例》，《经济理论与经济管理》2010 年第 3 期。

③ 陈健、蒋敏：《生产性服务业与我国城市化发展——产业关联机制下的研究》，《产业经济研究》2012 年第 6 期。

④ 张小兵：《运用现代经营方式和服务技术改造传统服务业》，《企业经济》2003 年第 6 期。

⑤ 庄树坤、刘辉煌、张冲：《中国生产性服务业发展的影响因素研究》，《技术与创新管理》2009 年第 30 卷第 6 期。

⑥ 程大中：《中国生产者服务业的增长、结构变化及其影响——基于投入—产出法的分析》，《财贸经济》2006 年第 10 期。

⑦ 高传胜、李善同：《服务业发展不足的结构性动因与突破方略》，《改革》2007 年第 12 期。

⑧ 刘志彪：《生产者服务业及其聚集：攀升全球价值链的关键要素与实现机制》，《中国经济问题》2008 年第 1 期。

⑨ Marshall Neill, et al., "Understanding the location and role of producer services in the UK," *Environment and Planning A*, Vol.19, No.5, 1987.

⑩ Polese Mario, "Regional demand for business services and interregional service flows in a small Canadian region," *Papers of the Regional Science Association*, Vol.50, No.1, 1982.

⑪ Markusen James R., "Trade in producer services and in other specialized intermediate inputs," *American Economic Review*, Vol.79, No.1, 1989.

续表

影响因素	研究结论	代表性学者
技术进步	技术的进步可以推动经济发展，服务业是一种知识和技术密集型行业，它的发展将会带动整体经济发展	陈保启和李为人（2006）①
外资引进	引进外资是国外服务业向我国转移和扩散的重要途径	郑长娟（2005）②
金融深化	货币化比率、金融相关率和通货膨胀率等都是影响服务业发展的因素	庄树坤、刘辉煌（2008）③
城市化水平	城市化水平对服务业的发展影响比较大	韩坚（2007）④
信息技术水平	服务业专业化发展的一个重要因素就是信息技术水平的不断发展，认为服务外包的不断发展是由信息技术水平的提高不断推进的	Antonelli（1998）⑤、Guerrieri 和 Valentina（2005）⑥

资料来源：作者根据文献整理所得。

二、有关服务贸易发展的研究文献

（一）有关服务贸易的定义

服务贸易最早出现在经济合作与发展组织（OECD）签署的东京回合的决议中，1972 年美国的贸易法中使用了这一词汇。随着服务业及服务贸易的快速发展，这一词汇逐渐受到各国的认可，服务贸易在国际贸易中的地位快速提升。关税及贸易总协定乌拉圭回合达成的《服务贸易总协定》（GATS）是迄今为止第一套有关服务贸易的具有法律效力的多边规则，《服务贸易总协定》对服务贸易做了明确的定义：“服务贸易是一国劳动者向另一国消费者提供服务并获得外汇的交易过程。”本书采用

① 陈保启、李为人：《生产性服务业的发展与我国经济增长方式的转变》，《中国社会科学院研究生院学报》2006 年第 6 期。

② 郑长娟：《现代生产性服务业在区域创新系统中的作用研究》，《科技管理研究》2005 年第 9 期。

③ 庄树坤、刘辉煌：《生产性服务业发展的金融支持研究——基于中国的实证检验：1978—2007》，《国际经贸探索》2008 年第 11 期。

④ 韩坚：《中国生产性服务业的影响因素及对策分析》，《贵州社会科学》2007 年第 12 期。

⑤ Antonelli Cristiano，“Localized technological change，new information technology and the knowledge-based economy：the european evidence，” *Journal of Evolutionary Economics*，Vol.8，No.2，1998.

⑥ Guerrieri Paolo，Meliciani Valentina，“Technology and international competitiveness：the interdependence between manufacturing and producer services，” *Structural Change and Economic Dynamic*，Vol.16，No.4，2005.

《服务贸易总协定》（GATS）的定义。《服务贸易总协定》（GATS）[①] 把服务贸易分为四类：跨境提供，即从一缔约方境内向任何其他缔约方境内提供服务；境外消费，即在一缔约方境内向任何其他缔约方的服务消费者提供服务；商业存在，即一缔约方在其他缔约方境内通过提供服务的实体（法人）提供服务；自然人移动，即一缔约方的自然人在其他任何缔约方境内提供服务。

（二）服务贸易统计分类

国际货币基金组织和世界贸易组织的服务贸易总协定，对服务贸易有着不同的统计和分类办法。《国际收支手册》第五版（BPM5）中的服务贸易包括运输服务、旅游服务、通信服务、建筑服务、保险服务、金融服务、计算机和信息服务、专有权利使用和特许费、其他商业服务、个人文化和娱乐服务、别处未提及的政府服务共 11 类。《2010 年国际收支服务扩展分类》（EBOPS）对其内容进行了扩展。其中，居民与非居民的区分是以其“经济中心所在地”为标准来确定的，它的统计类似于货物贸易的统计，服务一旦跨越国界，即不同的“经济中心所在地”，就成为统计的内容。

世界贸易组织（WTO）在《服务贸易总协定》（GATS）[②] 中将服务贸易提供方式分为四类：跨境交易、境外消费、商业存在和自然人流动；具体包括通信服务、商业服务、建筑及有关工程服务、运输服务、销售服务、文化与体育服务、金融服务、环境服务、教育服务、健康与社会服务、与旅游有关的服务以及其他服务 12 类（见表 5-4）。

表5-4　　国际机构与代表性学者所定义的服务贸易分类

国际机构及代表性学者	所认可的服务业范畴
WTO（GATS，1993）[③]	服务贸易包括通信服务、商业服务、建筑及有关工程服务、运输服务、销售服务、文化与体育服务、金融服务、环境服务、教育服务、健康与社会服务、与旅游有关的服务以及其他服务 12 类
IMF（EBOPS，2010）[④]	服务贸易包括运输服务、旅游服务、通信服务、建筑服务、保险服务、金融服务、计算机和信息服务、专有权利使用和特许费、其他商业服务、个人文化和娱乐服务、别处未提及的政府服务共 11 类

①②③ https：//www.wto.org/english/tratop_e/serv_e/gatsintr_e.htm。

④ https：//unstats.un.org/unsd/tradeserv/Workshops/hanoi2010/docs/07%20-%20The%20Extended%20Balance%20of%20Payment%20Services%20（EBOPS）%20classification.pdf。

续表

国际机构及代表性学者	所认可的服务业范畴	
OECD（ISIC Rev.4，2018）[1]	服务业包括：批发和零售业、汽车和摩托车的修理；运输与储存；食宿服务活动；信息和通信；金融和保险活动；房地产活动；专业和科学技术活动；管理和其他支持活动；公共管理与国防及必要的社会安全保障活动；教育；人类健康及社会活动；艺术、娱乐和文娱活动；其他服务活动；家庭作为雇主的活动；境外组织机构活动 15 大类	
WIOD（2014）[2]	服务贸易包括：批发和零售业以及汽车和摩托车的修理；批发业，不含汽车和摩托车的修理；零售业，不含汽车和摩托车的修理；陆路运输和管道运输；水运；航空运输；仓储和运输支持活动；邮政和快递活动；住宿和餐饮服务活动；出版活动；电影、视频和电视节目制作、录音和音乐出版活动；电信服务；计算机及信息服务；金融服务，不含保险和养老基金；保险、再保险和养老金，强制性社会保障除外；金融服务和保险活动的辅助活动；房地产活动；法律和会计活动；建筑和工程活动；科学研究与发展服务；广告和市场调研；其他专业、科学和技术活动；行政和支助服务活动；公共行政和国防及强制性社会安全保障服务；教育；人类健康和社会工作活动；其他服务活动；家庭作为雇主的活动；域外组织和机构的活动 29 类	
Noyelle（1990）[3]	服务功能	生产者服务业、流通服务业、社会服务业和个人服务业
Lundquist 等（2008）[4]	要素密集度	劳动密集型服务业、资本密集型服务业、技术密集型服务业
Humphrey 和 Schmitz（2002）[5]	技术附加值	低技术服务业、中技术服务业、高技术服务业
Alexopoulos（2011）[6]	商业模式	现代服务业、传统服务业

资料来源：根据相关的英文文献整理所得。

（三）服务贸易发展的研究文献

对于国际贸易的理论研究主要分为传统贸易理论、新贸易理论以

---

① https://unstats.un.org/unsd/classifications/unsdclassifications。

② www.wiod.org。

③ Noyelle Thierry J.，*Skills，Wages，and Productivity in the Service Sector*，Boulder Colorado：Westview Press，1990.

④ Lundquist Karl J.，et al.，"Producer services：growth and roles in long term economic development，" *Service Industries Journal*，Vol.28，No.4，2008.

⑤ Humphrey John，Hubert Schmitz，"How does insertion in global value chains affect upgrading in industrial clusters，" *Regional Studies*，Vol.36，No.9，2002.

⑥ Alexopoulos Michelle，"Read all about it! what happens following a technology shock，" *American Economic Review*，Vol.101，No.4，2011.

及新兴贸易理论三个阶段。在传统贸易理论阶段，主要包括亚当·斯密在1776年提出的“绝对优势理论”[①]、大卫·李嘉图在1817年提出的“比较优势理论”[②]以及赫克歇尔和俄林分别在1919年和1931年提出的“要素禀赋理论”[③]（“H-O理论”）等。亚当·斯密首先于1776年在《国富论》[④]一书中提出了以“按照经济体绝对优势（绝对劳动生产率差异所形成的劳动成本优势）进行生产和交换活动使贸易双方均可获益”为核心观点的绝对优势理论；大卫·李嘉图（1817）在此基础上提出以比较优势（生产技术差别所导致的机会成本优势）替代绝对优势，认为贸易经济体遵循“两优择其重，两劣择其轻”的原则进行生产和交换对双方都有利；赫克歇尔和俄林（1933）[⑤]总结前人经验提出了相对完整和系统的要素禀赋理论，通过综合考虑劳动、资本以及土地等多种生产要素，指出贸易经济体机构要根据各自要素禀赋优势进行生产和交换，有利于促进其生产要素资源的合理配置，进而推动国家产业升级和社会福利提升。

在新贸易理论阶段，主要包括波斯纳（Posner）[⑥]在1961年提出的“技术差距论”、林德（Linder）在1961年提出的“需求偏好论”[⑦]以及保罗·克鲁格曼（Krugman）在1980年提出的“规模经济论”[⑧]等。波斯纳（1959）以技术创新理论对要素禀赋理论进行修正，提出了“技术差距论”[⑨]，认为不同生产部门间的技术优势及模仿，造成了各经济体贸易结构的差异；林德、格鲁贝尔等（1961）[⑩]综合考虑供需结构，提出基于相互需求偏好的产业内贸易理论，认为以收入水平为主要影响因素的需求结构决定各经济体贸易结构差异，由此造成的企业规模经济和非完全竞争市场为产业内贸易发展提供了良好的环境条件；保罗·克鲁

①④ 亚当·斯密著，郭大力、王亚南译：《国民财富的性质和原因的研究》上卷，商务印书馆2014年版。

② 大卫·李嘉图著，郭大力、王亚南译：《政治经济学及其税赋原理》，商务印书馆2021年版。

③⑤ 贝蒂尔·奥林著，王继祖等译：《地区间贸易和国际贸易》，首都经济贸易大学出版社2001年版。

⑥⑨ Posner Michael V.，“International trade and technical change，” *Oxford Economic Papers*，Vol.13，No.3，1961.

⑦⑩ Linder Staffan B.，*An Essay on Trade and Transformation*，John Wiley & Sons，1961.

⑧ Krugman Paul R.，“Scale economics，product differentiation，and the pattern of trade，” *American Economic Review*，Vol.70，No.5，1980.

格曼（1979）在迪克特（Dixit）和斯蒂格利茨（Stiglitz）（1977）[①] 建立的DS模型的基础上，指出企业在不完全竞争市场下，对规模经济的追求可以通过国际贸易的方式解决消费者需求多样性的问题，比较完整系统地形成了新贸易理论体系并为贸易及贸易结构理论的后续发展开创了新思路。

在新兴贸易理论阶段，梅里兹（Melitz）[②] 在2003年提出了异质性企业贸易的一般均衡动态模型，安卓斯（Antras）和赫尔普曼（Helpman）[③] 在2004年提出了异质性企业内生边界模型。梅里兹（2003）[④] 在一般均衡动态模型中指出企业异质性内生化是自由贸易对高生产率企业做出优势选择，进而整体提升和优化国家的贸易结构，对其资源要素的配置和市场的份额分配形成作用效应；安卓斯（Antras）和赫尔普曼（Helpman）（2004）[⑤] 在生产率差异基础上进一步考虑组织结构，探讨企业内生边界及内外包战略选择对国家贸易和生产效率的影响。新贸易理论以产业层次为基础，而新兴贸易理论着眼于企业层次，进一步对贸易理论进行微观化深入思考，探讨科技创新及专业分工等因素对经济生产效率的提高和促进贸易结构优化升级的影响（见表5-5）。

表5-5　　服务贸易研究的计量模型

计量模型	具体公式	代表性作者
贸易引力模型	$M_{ijk}=A_{ok}Y_{ik}^{a_{1k}}Y_{jk}^{a_{2k}}d_{ij}^{a_{3k}}U_{ijk}$ $\ln(M_{ijt})=a_0+a_1\ln(Y_{it})+a_2\ln(Y_{jt})+a_3\ln(d_{ij})+a_4F_{ij}+\mu_{ijt}$ 其中，$\ln(A_0)=a_0$，$U_{ijt}=\ln(U_{ijt})$ 式中，M_{ijk}表示i国和j国在k贸易上的花费，d_{ij}表示两国距离，a、A和U分别表示系数与修正变量；F_{ij}表示异质性因素的虚拟变量	Bergstrand（1989）[⑥]

① Dixit Avinash K., Joseph E. Stiglitz, "Monopolistic competition and optimum product diversity," *American Economic Review*, Vol.67, No.3, 1977.

②④ Melitz Marc J., "The impact of trade on intra-industry reallocations and aggregate industry productivity," *Econometrica*, Vol.71, No.6, 2003.

③⑤ Antras Pol, Elhanan Helpman, "Global sourcing," *Journal of Political Economy*, Vol.112, No.3, 2004.

⑥ Bergstrand Jeffrey H., "The generalized gravity equation, monopolistic competition, and the factor-proportions theory in international trade," *Review of Economics and Statistics*, Vol.71, No.1, 1989.

续表

计量模型	具体公式	代表性作者
系统GMM估计	$\ln trade_{it}=\beta_0+\beta_1\ln trade_{i(t-1)}+\beta_2\ln OFDI_{i(t-1)}+\beta_3\ln SUMGDP_{it}+\beta_4\ln DIST_{it}+\beta_5\ln RER_{it}+\varepsilon_{it}$ 式中，$SUMGDP_{it}$、$DIST_{it}$ 和 RER_{it} 分别表示中国与贸易国GDP和地理距离及实际汇率；$trade_{i(t-1)}$ 和 $OFDI_{i(t-1)}$ 分别表示服务贸易及对外直接投资的滞后一期	胡兵、乔晶（2013）①
向量误差修正VECM模型	$\ln SR_t=\beta_1+\beta_2\ln Y_t+\beta_3(\ln Y_t)^2+\beta_4\ln GST_t+\varepsilon_t$ $\ln SH_t=\beta_1+\beta_2\ln Y_t+\beta_3(\ln Y_t)^2+\beta_4\ln GST_t+\varepsilon_t$ $\ln SR_t=\beta_1+\beta_2\ln Y_t+\beta_3(\ln Y_t)^2+\beta_4\ln SST_t+\varepsilon_t$ $\ln SH_t=\beta_1+\beta_2\ln Y_t+\beta_3(\ln Y_t)^2+\beta_4\ln SST_t+\varepsilon_t$ 式中，SR_t 和 SH_t 分别表示产业结构的合理化和高级化指数，SST_t 表示服务贸易的结构指数；Y_t 为人均GDP，ε_t 是随机误差项	卜伟、杨玉霞、池商城（2019）②
面板门槛模型	$TY_{it}=\alpha_i+\beta_0X_{it}+\beta_1\ln EX_{it}I(q_{it}<\gamma)+\beta_2\ln EX_{it}I(q_{it}\geqslant\gamma)+\varepsilon_{it}$ $TY_{it}=\delta_i+\theta_0X_{it}+\theta_1\ln IM_{it}I(q_{it}<\gamma)+\theta_2\ln IM_{it}I(q_{it}\geqslant\gamma)+\varepsilon_{it}$ 其中，$TY_{it}=\dfrac{(A_{it}-A_{it-1})/A_{it-1}}{(Y_{it}-Y_{it-1})/Y_{it-1}}$ 式中，EX_{it} 和 IM_{it} 分别表示 i 地区 t 时期出口和进口的服务贸易发展水平，TY_{it} 表示经济增长方式的转变方式；q_{it} 和 γ 分别为门槛变量和现代估计的门槛值；$I(\cdot)$ 和 X_{it} 分别为示性函数和控制变量	胡飞（2018）③

资料来源：作者根据相关文献整理所得。

（四）有关服务贸易发展影响因素的研究文献

国外最早对服务贸易及贸易结构影响因素及变动路径的研究，起

① 胡兵、乔晶:《中国对外直接投资的贸易效应——基于动态面板模型系统GMM方法》,《经济管理》2013年第35卷第4期。

② 卜伟、杨玉霞、池商城:《中国对外贸易商品结构对产业结构升级的影响研究》,《宏观经济研究》2019年第8期。

③ 胡飞:《对外贸易对经济增长方式转变的影响研究——基于安徽省城市数据和面板门槛模型的分析》,《宜春学院学报》2018年第40卷第4期。

源于1947年里昂惕夫（Leontief）对美国贸易结构的研究分析。他提出了“里昂惕夫之谜”[①]，而后M. Tatemoto、Ichimura（1959）[②]以及Bharawaj（1962）[③]等基于各自国家的贸易结构分析验证了其正确性。在国外研究中，影响贸易发展与转型的因素主要有经济增长、要素禀赋、技术创新以及外商直接投资等。在要素禀赋方面，Langhammer（1989）[④]首先研究了发达国家与发展中国家的贸易模式并进行了数据分析，发现传统的生产要素禀赋与二者的贸易模式密切相关，传统的国际贸易理论也适应于发达国家与发展中国家的服务贸易。Sapir（1981）[⑤]指出，国家要素配置对该国在国际服务贸易中的地位有重要影响。回归分析表明：在有形资本禀赋充裕的国家运输服务业拥有比较优势，然而人力资本丰富的国家在保险、金融及其他私人服务业方面具有比较优势。迈克尔·波特（1990）根据国内需求、生产资料、支撑产业、科技创新、企业竞争以及政府作用六要素相互作用构建“钻石模型”，指出由此形成的国家竞争优势能够促使贸易发展。在人力资本方面，Langhammer（1989）[⑥]采用不同国家的横截面回归分析框架进行研究，包括了旅游、知识产权、工程管理服务、金融、保险服务等服务项目，得出的结论是物质资本和人力资本因素是影响服务贸易比较优势的两个重要因素。在经济增长方面，Khalafalla和Webb（2001）[⑦] 通过Granger因果检验及协整检验等方式实证发现贸易的进口和出口分别在经济增长的后期和前期两阶段起到主要的促进作用。在产业结构方面，Humphrey和Schmitz

---

① Leontief Wassily, “Domestic production and foreign trade; the american capital position re-examined,” *Proceedings of the American Philosophical Society*, Vol.97, No.4, 1953.

② Tatemoto Masahiro, Shinichi Ichimura, “Factor proportions and foreign trade: the case of Japan,” *Review of Economics and Statistics*, Vol.41, No.4, 1959.

③ Bharawaj R., “Factor Proportions and the Structure of India-U.S. Trade,” *Indian Economic Journal*, 1962.

④⑥ Langhammer Rolf J., *North-South Trade in Service: Some Empirical Evidence in Services in World Economic Growth*, Open Access Publications from Kiel Institute for the World Economy, 1989.

⑤ Sapir Andre, “Trade benefits under the EEC generalized system of preferences,” *European Economic Review*, Vol.15, No.3, 1981.

⑦ Khalafalla Khalid Y., Alan J. Webb, “Export-led growth and structural change: evidence from Malaysia,” *Applied Economics*, Vol.33, No.13, 2001.

（2002）[①] 指出贸易经济体尤其是发展中国家的产业集群优势有利于其在全球价值链和国际社会分工上的地位提升。在技术创新方面，Freeman 和 Soete（2009）[②] 指出以科技创新实力为核心的综合国力竞争决定国际分工地位进而影响服务贸易变动。在外商直接投资方面，Head 和 Ries（2001）[③] 基于日本的研究，发现不同经济体会因企业性质差异而使外国直接投资（FDI）与母国出口贸易间的互补性有所区别。在贸易制度方面，Antras（2005）[④] 结合不完全契约和制度质量因素，考察贸易制度对道德风险的防范程度会对国家投资贸易及模式等多方面产生影响。在金融发展方面，Gorodnichenko 和 Schnitzer（2013）[⑤] 指出金融约束会通过融资成本等形式对产业及贸易的技术创新边界产生限制作用，不利于贸易结构的发展及升级优化。

国内学者对服务贸易的影响因素及变动路径进一步展开深入研究，虽然主要的影响因素与国外研究基本一致，但在研究方法及验证数据等方面都有较大的突破和发展。郑吉昌、夏晴（2004）[⑥] 以波特的竞争优势理论为基础，结合服务贸易的特点与发展，研究了影响服务贸易竞争力水平的一些基本因素。贺卫等（2005）[⑦] 通过实证分析认为人力资本、FDI、城镇化程度和我国服务出口贸易之间存在显著的正向关系。韩一波（2005）[⑧] 采取协整检验、SEC 模型和 Granger 因果关系检验等统计方式探讨了 FDI 和我国服务贸易国际竞争力的关系，结果显示，FDI 和我国服务贸易进出口具备协整关系，而且 FDI 是服务贸易进出口变化的 Granger

---

① Humphrey John, Hubert Schmitz, "How does insertion in global value chains affect upgrading in industrial clusters," *Regional Studies*, Vol.36, No.9, 2002.

② Freeman Christopher, Luc Soete, "Developing science, technology and innovation indicators: what we can learn from the past," *Research Policy*, Vol.38, No.4, 2009.

③ Head Keith, Jared Ries, "Increasing returns versus national product differentiation as an explanation for the pattern of US–Canada trade," *American Economic Review*, Vol.91, No.4, 2001.

④ Antras Pol, "Incomplete contracts and the product cycle," *American Economic Review*, Vol.95, No.4, 2005.

⑤ Gorodnichenko Yuriy, Monika Schnitzer, "Financial constraints and innovation: why poor countries don't catch up," *Journal of the European Economic Association*, Vol.11, No.5, 2013.

⑥ 郑吉昌、夏晴:《服务贸易竞争力：影响因素与模型》,《价值工程》2004 年第 4 期。

⑦ 贺卫、伍星、高崇:《我国服务贸易竞争力影响因素的实证分析》,《国际贸易问题》2005 年第 2 期。

⑧ 韩一波:《FDI 与我国服务贸易发展的实证分析》,《重庆工商大学学报（西部论坛）》2005 年第 6 期。

原因。宋伟良、徐永胜（2005）[①]认为，由于一些服务业限制外商的投资，造成外资总体规模偏小；外商对我国的投资结构不合理，投资较多的是房地产，其次是对批发及零售业，金融、信息和咨询等行业的投资比重较低；服务业自由化程度低等。赵景峰和陈策（2006）[②]研究我国有关数据，用第三产业的产值、货物贸易进出口额和服务业使用的外资额作为解释变量来分析服务贸易总额，结果表明，第三产业的发展、货物贸易进出口和服务业使用的外资额对服务贸易总量的增加均有正向作用，但第三产业产值的影响不如另外两个因素。董小麟、董苑玫（2006）[③]利用工业产值增长率和城镇居民人均实际可支配收入数据来拟合服务业增加值，结果表明，与工业产值增长率相比，服务业产值的变化受人均可支配收入变化的影响更大；目前，我国服务业的发展更多地依赖于居民消费的需求，而不是工业生产所引起的需求。殷凤（2006）[④]认为，由于存在服务部门利用外资规模小、外商直接投资不平衡和外商投资存在很强的区位导向等诸多问题，阻碍了我国服务贸易的发展和竞争力的提升。丁平（2007）[⑤]根据波特的观点，以服务贸易竞争力的发展为核心，从微观、中观和宏观三方面概述了影响服务贸易竞争力的基本要素，建立了一个不同的描述服务贸易国际竞争力的模型。董雪玲和王正明（2010）[⑥]通过研究得出我国的人力资本与我国服务贸易具有长期稳定的关系，人力资本的积累可以促进我国服务贸易的发展。舒燕（2011）[⑦]指出，物质资本、人力资本和对外直接投资对服务贸易竞争力有一定的影响，人力资本的产出弹性比劳动力的小，因此，建议加快我国人力资本的积累（见表 5-6）。

---

① 宋伟良、徐永胜：《我国服务业利用外资的现状及建议》，《宏观经济管理》2005 年第 10 期。

② 赵景峰、陈策：《中国服务贸易：总量和结构分析》，《世界经济》2006 年第 8 期。

③ 董小麟、董苑玫：《中国服务贸易竞争力及服务业结构缺陷分析》，《国际经贸探索》2006 年第 6 期。

④ 殷凤：《中国服务业利用外商直接投资：现状、问题与影响因素分析》，《世界经济研究》2006 年第 1 期。

⑤ 丁平：《中国服务贸易国际竞争力的影响因素分析与对策研究》，《世界经济研究》2007 年第 9 期。

⑥ 董雪玲、王正明：《基于 VAR 模型的人力资本与我国服务贸易关系实证研究》，《商业时代》2010 年第 34 期。

⑦ 舒燕：《基于人力资本视角的中国服务贸易比较优势分析》，《技术经济与管理研究》2011 年第 3 期。

表5-6　服务贸易发展影响因素主要文献

影响因素	研究结论	代表性作者
要素禀赋	传统的生产要素禀赋与服务贸易模式相关性密切，传统的国际贸易理论也适用于发达国家与发展中国家的服务贸易	Langhammer（1989）①、Sapir（1981）②
人力资本	人力资本与服务贸易具有长期稳定的关系，人力资本的积累可以促进服务贸易的发展	Langhammer（1989）③、董雪玲和王正明（2010）④
外商直接投资（FDI）	FDI和我国服务贸易进出口具备协整关系，而且FDI是服务贸易进出口变化的Granger原因	Head 和 Ries（2001）⑤、韩一波（2005）⑥
贸易制度	顺应经济全球化趋势，积极融入双多边贸易浪潮，有利于国家服务贸易总量增长和结构优化	Antras（2005）⑦
经济增长	贸易框架及其静态利益的产生与经济增长间存在相互作用	Khalafalla 和 Webb（2001）⑧、赵景峰和陈策（2006）⑨
技术创新	以科技创新实力为核心的综合国力竞争决定国际分工地位，进而影响服务贸易变动	Freeman 和 Soete（2009）⑩
产业结构	产业结构升级对于贸易的持续增长和结构优化具有显著支撑作用	Peneder（2002）⑪、李荣林和姜茜（2010）⑫

资料来源：作者根据相关文献整理所得。

①③ Langhammer Rolf J., *North-South Trade in Service: Some Empirical Evidence in Services in World Economic Growth*, Open Access Publications from Kiel Institute for the World Economy, 1989.

② Sapir Andre, "Trade benefits under the EEC generalized system of preferences," *European Economic Review*, Vol.15, No.3, 1981.

④ 董雪玲、王正明：《基于VAR模型的人力资本与我国服务贸易关系实证研究》，《商业时代》2010年第34期。

⑤ Head Keith, Jared Ries, "Increasing returns versus national product differentiation as an explanation for the pattern of US-Canada trade," *American Economic Review*, Vol.91, No.4, 2001.

⑥ 韩一波：《FDI与我国服务贸易发展的实证分析》，《重庆工商大学学报（西部论坛）》2005年第6期。

⑦ Antras Pol, "Increasing returns versus national product differentiation as an explanation for the pattern of US-Canada trade," *American Economic Review*, Vol.95, No.2, 2005.

⑧ Khalafalla Khalid Y., Alan J. Webb, "Export-led growth and structural change: evidence from Malaysia," *Applied Economics*, Vol.33, No.13, 2001.

⑨ 赵景峰、陈策：《中国服务贸易：总量和结构分析》，《世界经济》2006年第8期。

⑩ Freeman Christopher, Luc Soete, "Developing science, technology and innovation indicators: what we can learn from the past," *Research Policy*, Vol.38, No.4, 2009.

⑪ Peneder Michael, "Intangible investment and human resources," *Journal of Evolutionary Economics*, Vol.12, No.1-2, 2002.

⑫ 李荣林、姜茜：《我国对外贸易结构对产业结构的先导效应检验——基于制造业数据分析》，《国际贸易问题》2010年第8期。

三、有关服务业与服务贸易协同发展的研究文献

在对服务业和服务贸易协同发展的分析中，已有的文献研究多是对二者单独影响的因素进行分析，关于两者互动协同发展的文献并不多。那么，服务业的发展会怎样影响服务贸易？服务贸易又会对服务业的发展有何影响？决定二者关系的因素又有哪些？本章将对这些问题展开深入的研究。

（一）服务业促进服务贸易发展的研究文献

1. 服务业规模的促进作用

国内服务市场发展初期，我国服务业整体水平较弱，加快推进服务业规模的扩大对服务贸易有促进作用。赵景峰和陈策（2006）[①] 从总量增长和结构调整两方面分析服务贸易现状指出：一国服务贸易的发展壮大基于本国服务业的发展规模和程度，第三产业的规模和比重越大，会对中国服务贸易总量的增加产生促进作用。Francois 和 Woerz（2008）[②] 认为服务产业规模是服务贸易提高竞争力的决定因素，短期内服务贸易优势不明显时服务业比重增加在一定程度上可拉动进口增长大于出口增长，与服务出口贸易竞争力呈现负向关系（黄健青和张娇兰,2012）[③]。服务业规模的逐渐扩大促使规模经济的形成，规模经济使得现代服务业产业链逐步形成并细分化，吸引新企业加入，促进服务业产业链整体竞争优势的形成（曹媛媛，2013）[④]；一个地区服务业竞争优势的扩大，会带动服务产业的持续发展，而李善同和李华香（2014）[⑤] 指出生产性服务业会呈现集聚式分布，因此一个地区服务业规模的扩大会加剧相应产业链上服务业集聚发展，减少服务业交易成本和收集信息的成本（曹聪丽和陈宪，2018）[⑥]，进而可以促进服务贸易的发展。

---

① 赵景峰、陈策:《中国服务贸易：总量和结构分析》,《世界经济》2006 年第 8 期。

② Francois Joseph, Julia Woerz, "Producer services, manufacturing linkages, and trade," *Journal of Industry, Competition & Trade*, Vol.8, No.3/4, 2008.

③ 黄健青、张娇兰:《京津沪渝服务贸易竞争力及其影响因素的实证研究》,《国际贸易问题》2012 年第 5 期。

④ 曹媛媛:《基于产业链和系统动力理论的现代服务业发展研究》,《理论探讨》2013 年第 4 期。

⑤ 李善同、李华香:《城市服务行业分布格局特征及演变趋势研究》,《产业经济研究》2014 年第 5 期。

⑥ 曹聪丽、陈宪:《生产性服务业集聚、城市规模与经济绩效提升——基于空间计量的实证研究》,《中国经济问题》2018 年第 2 期。

2. 服务业开放度的促进作用

服务业开放度是一国服务贸易国际化程度的体现，国际化程度越高，对市场依赖程度越强，更能适应国际市场的需求。贸易保护政策下的产业竞争力具有潜在变化趋势（黄祖辉和张昱，2002）[①]，随着服务行业的不断成长，服务业规模的不断扩大，大多数学者开始主张开放服务市场，他们认为服务贸易市场开放对服务出口贸易有正效应（殷凤和陈宪，2009[②]；陈虹和林留利，2009[③]；陈双喜等，2011[④]），服务市场的开放有利于引入竞争机制，促进要素配置效率的提高（Markusen 和 Strand，2009）[⑤]，引导外资流向，改变服务生产的布局，进而为贸易创造新的机会（程大中，2008）[⑥]，相反，政府限制性政策会导致服务业效率产生净损失（Francois 和 Hoekman，2010）[⑦]，进而影响服务贸易发展。王丽和韩玉军（2016）[⑧] 研究指出，只有积极促进服务业对外开放，合理引导外资流向，加快技术密集型服务业发展等，才能提高服务贸易国际竞争力。

3. 服务业外商直接投资（FDI）的促进作用

服务业外商直接投资是服务贸易发展的主要动力（方慧和尚雅楠，2012）[⑨]，外资的流入对服务出口贸易有正向促进作用（Hardin 和 Homel，1997[⑩]；

① 黄祖辉、张昱：《生产业竞争力的测评方法：指标与模型》，《浙江大学学报（人文社会科学版）》2002 年第 4 期。

② 殷凤、陈宪：《国际服务贸易影响因素与我国服务贸易国际竞争力研究》，《国际贸易问题》2009 年第 2 期。

③ 陈虹、林留利：《中美服务贸易竞争力的实证与比较分析》，《国际贸易问题》2009 年第 12 期。

④ 陈双喜、王磊、戴美虹：《我国服务业产业内贸易状况的实证分析》，《沈阳工业大学学报（社会科学版）》2011 年第 4 卷第 1 期。

⑤ Markusen James R., Bridget Strand, "Adapting the knowledge-capital model of the multinational enterprise to trade and investment in business services," *World Economy*, Vol.32, No.1, 2009.

⑥ 程大中：《中国生产性服务业的水平、结构及影响——基于投入—产出法的国际比较研究》，《经济研究》2008 年第 1 期。

⑦ Francois Joseph, Bernard Hoekman, "Services trade and policy," *Journal of Economic Literature*, Vol.48, No.3, 2010.

⑧ 王丽、韩玉军：《中国服务贸易竞争力与服务业开放度的国际比较》，《中国流通经济》2016 年第 30 卷第 8 期。

⑨ 方慧、尚雅楠：《基于动态钻石模型的中国文化贸易竞争力研究》，《世界经济研究》2012 年第 1 期。

⑩ Hardin A., L. Homel, "Services Trade and Foreign Direct Investment," *Staff Research Paper*, Industry Commission.Australian Government Publishing Services, 1997.

Ahmadzadeh 等，2012[①]；Hoekman 和 Shepherd，2017[②]）。服务业 FDI 可以通过技术水平积累和要素的重新配置，促进服务业的增长和提高东道国的劳动效率，其对服务出口贸易的促进作用仅次于货物出口贸易的影响（易行健和成思，2010）[③]，且服务业 FDI 对服务出口贸易的促进效应大于其替代效应（王恕立和胡宗彪，2010）[④]。胡飞（2015）[⑤]运用行业面板数据研究服务业外商直接投资与服务出口贸易关系，认为我国服务业外商直接投资的规模大小与服务业产品出口多少呈正相关，引进服务业外商直接投资会显著促进国内服务出口贸易。谢国娥等（2016）[⑥]分析我国台湾服务贸易竞争力影响因素发现：我国台湾服务业发展结构存在缺陷，导致 FDI 对其服务出口贸易呈现反向作用。

4. 服务业人力资本水平的促进作用

人力资本作为比较优势形成的重要组成部分，决定了现代服务业在国际分工中的地位（任志成，2014）[⑦]，人力资本作为服务业发展的重要催化剂，可在服务生产前后过程中增加最终服务的附加值或服务的深度，改善资源禀赋质量（贺卫等，2005）[⑧]，其积累程度的差异也会导致各国服务贸易发展出现差异（Lucas，1988）[⑨]。韩军（2001）[⑩]通过研究人力资本与服务贸易比较优势关系指出，除自然资源禀赋外，人力

---

① Ahmadzadeh Khaled, et al., "The study of factors affecting the export of services case study: export of technical and engineering services," *Economics Research*, Vol.12, No.47, 2012.

② Hoekman Bernard, Ben Shepherd, "Services productivity, trade policy and manufacturing exports," *World Economy*, Vol.40, No.3, 2017.

③ 易行健、成思：《中国服务贸易影响因素的实证检验：1984—2008》，《国际经贸探索》2010 年第 26 卷第 11 期。

④ 王恕立、胡宗彪：《服务业 FDI 流入与东道国服务出口贸易——基于中国数据的经验研究》，《国际贸易问题》2010 年第 11 期。

⑤ 胡飞：《服务业外商直接投资对中国服务出口贸易的影响——基于行业面板数据的实证研究》，《经济问题探索》2015 年第 6 期。

⑥ 谢国娥、莫晓洁、杨逢珉：《台湾地区服务贸易竞争力、影响因素及其对策研究》，《世界经济研究》2016 年第 2 期。

⑦ 任志成：《全球性人口转型对国际分工的影响——基于动态面板数据的分析》，《世界经济研究》2014 年第 5 期。

⑧ 贺卫、伍星、高崇：《我国服务贸易竞争力影响因素的实证分析》，《国际贸易问题》2005 年第 2 期。

⑨ Lucas Robert E., "On the mechanics of economic development," *Journal of Monetary Economics*, Vol.22, No.1, 1988.

⑩ 韩军：《人力资本要素与国际服务贸易比较优势的发挥》，《国际贸易问题》2001 年第 5 期。

资本对一国服务业和服务贸易比较优势形成起到最根本的决定性作用。人力资本从根本上影响服务的供给和需求，同时对服务贸易模式、构成和贸易量产生影响（李斌等,2013）[①]。张建清和陈星全（2016）[②] 利用51个国家1990年到2012年的跨国面板数据研究后发现：无论以何种指标作为人力资本的替代变量，人力资本对服务贸易差额的影响都会显著为正。教育支出是人力资本培养的支柱，提高教育环境，培育高端人力资本，不仅有助于推进中国服务贸易发展规模的扩大，还可提升服务贸易的质量（姚海棠和方晓丽，2013[③]；宋加强和王强，2014[④]）。Prasgabth 和 Gaurav（2002）[⑤] 通过对印度服务贸易发展的分析指出，政府加大对教育领域的资金投入，培养专业人才是提升服务贸易国际竞争力的重要途径。

5. 服务业与科技水平的促进作用

随着服务业的逐渐开放，服务产业规模的不断扩大，服务分工的细化，大量学者开始关注科技创新对服务贸易的影响。Alexopoulos(2011)[⑥] 指出研发投入能够提高劳动生产率和技术积累，加快技术密集型服务业发展可以提高服务贸易国际竞争力（王丽和韩玉军，2016）[⑦]。技术创新可以促进服务业分工细化，提高每个生产环节的生产效率（Grossman 和 Maggi,2000）[⑧]，为中间服务提供了广阔市场（裴长洪和杨志远,2012）[⑨]，

---

① 李斌、刘会红、彭星:《异质型人力资本对我国服务贸易竞争力的影响——基于“钻石”模型的实证分析》,《经济经纬》2013年第6期。

② 张建清、陈星全:《人力资本与服务贸易差额：来自跨国面板数据的证据》,《国际贸易问题》2016年第10期。

③ 姚海棠、方晓丽:《金砖五国服务部门竞争力及影响因素实证分析》,《国际贸易问题》2013年第2期。

④ 宋加强、王强:《现代服务贸易国际竞争力影响因素研究——基于跨国面板数据》,《国际贸易问题》2014年第2期。

⑤ Prasgabth Reddy K., Gairola Gaurav, “India's Services Boom-The Need for Balanced Growth,” *Working Paper*, 2002.

⑥ Alexopoulos Michelle, “Read All about It! What Happens Following A Technology Shock,” *American Economic Review*, Vol.101, No.4, 2011.

⑦ 王丽、韩玉军:《中国服务贸易竞争力与服务业开放度的国际比较》,《中国流通经济》2016年第30卷第8期。

⑧ Grossman Gene M., Giovanni Maggi, “Diversity and Trade,” *American Economic Review*, Vol.90, No.5, 2000.

⑨ 裴长洪、杨志远:《2000年以来服务贸易与服务业增长速度的比较分析》,《财贸经济》2012年第11期。

其推动服务业快速增长的同时，间接促进了服务贸易的加速发展。技术的进步推动信息、通信技术的进步，加快了服务的可储存性，降低运输成本，提高了服务的可贸易性，使服务贸易的生产、销售等过程变得便利化（Hoekman和Braga，1997）[①]。Yomogida（2004）[②]也指出通信技术的发展使生产分隔成为可能，进而促使了生产者服务贸易比重的不断增加，相关部门科技服务能力的动态提升，可以提高相应服务部门的竞争优势，进而提高服务贸易的竞争力（赵桂梅等，2018）[③]。

（二）服务贸易促进服务业发展的研究文献

随着经济全球化程度的不断加深，服务业的对外开放问题也越来越受到关注。那么，贸易开放对一国的服务业乃至整个国民经济究竟是产生积极影响还是消极影响，也自然而然成为各国备受关注的敏感问题。综合过去学者们的研究来看，更多的学者倾向于前者。以Romer（1986）[④]和Lucas（1988）[⑤]等学者为代表提出的新增长理论，都认为服务贸易的开放能够给开放国带来更快的技术进步，能够提升要素生产率进而促进经济增长。开放的服务部门往往能够带来一系列的积极影响，并且有利于形成专业化分工（Shelp，1981）[⑥]。Eichengreen和Gupta（2009）[⑦]的研究发现，开放程度高的国家，服务业比重上升的速度相对较快。刘培林和宋湛（2007）[⑧]认为，服务业的自由进入和开放程度受限，服务业的发展就会受到约束和抑制。袁志刚和饶璨（2014）[⑨]提出坚持服务业进一步对

---

① Hoekman Bernard, Carlos A.P. Braga, "Protection and trade in services: a survey," *Open Economies Review*, Vol.8, No.4, 1997.

② Yomogida Morihiro, "Communication Costs, Producer Services, and International Trade," *Hitotsubashi University*, 2004.

③ 赵桂梅、王蜻、李妹、周昊、杨原：《牛熊市时期我国股市股价联动效应分析》，《中国市场》2018年第8期。

④ Romer Paul M., "Increasing returns and long-run growth," *Journal of Political Economy*, Vol. 94, No.5, 1986.

⑤ Lucas Robert E., "On the mechanics of economic development," *Journal of Monetary Economics*, Vol.22, No.1, 1988.

⑥ Shelp Ronald K., *Beyond Industrialization: Ascendancy of the Global Service Economy*, Praeger Publishers, 1981.

⑦ Eichengreen Barry, Poonam Gupta, "The Two Waves of Service Sector Growth," *NBER Working Paper*, No.14968, 2009.

⑧ 刘培林、宋湛：《服务业和制造业企业法人绩效比较》，《经济研究》2007年第1期。

⑨ 袁志刚、饶璨：《全球化与中国生产服务业发展——基于全球投入产出模型的研究》，《管理世界》2014年第3期。

外开放是中国未来生产性服务业发展的前提要求。

还有一些研究从市场规模的视角分析服务贸易对服务业的发展问题，在两个国家或者企业的技术、资源等条件都相同的条件下，优先实现规模经济的国家或者企业将处于极为有利的地位。这是因为先达到较大生产规模的一方，其成本必然要比尚未形成规模经济的一方更低一些，同时服务企业的声誉会增加后来者拓展市场份额的压力，影响其规模经济的形成。《2012 年世界投资报告》[①] 指出中国吸引 FDI 的结构开始向服务业倾斜，流入房地产和商业服务等的服务领域 FDI 在不断增加，而流入制造业的 FDI 在减缓。Mirodout（2006）[②] 认为，服务业外商投资对东道国服务业能够产生技术溢出效应。在服务贸易的过程中，参与国际贸易的国家可以更多接触到国外先进的技术，从而能为一国服务业的不断发展带来促进作用。沈坤荣和耿强（2001）[③] 提出，大量引进 FDI 可以通过技术外溢效应对东道国的经济社会发展带来长期且根本性的影响。庄丽娟和贺梅英（2005）[④] 的研究表明，中国服务业 FDI 能够促进经济增长，主要表现在就业效应、技术效应以及贸易效应三个方面。李夏玲和田泽永（2014）[⑤] 提出，知识密集型服务业对外资的开放能迅速为该类型服务业带来正向促进作用，而外商直接投资对资本密集型服务业的正向促进作用比较缓慢，对劳动密集型服务业不存在明显的促进作用。

（三）服务业与服务贸易发展相背离研究的文献

部分学者认为服务业与服务贸易发展出现相背离的趋势。李盾和刘从军（2006）[⑥] 以李嘉图模型和福利经济学为理论基础，通过实证分析表明若减少服务要素流动的限制性贸易壁垒，开放部门的特定生产要素与其他部门中的特定要素之间是互补关系还是替代关系，是使东

---

① 联合国贸易和发展组织：《世界投资报告 2012：迈向新一代投资政策》，经济管理出版社 2012 年版。

② Mirodout Sebastien, "The Linkages between Open Services Markets and Technology Transfer," *OECD Trade Policy Working Papers*, No.29, 2006.

③ 沈坤荣、耿强：《外国直接投资、技术外溢与内生经济增长——中国数据的计量检验与实证分析》，《中国社会科学》2001 年第 5 期。

④ 庄丽娟、贺梅英：《服务业利用外商直接投资对中国经济增长作用机理的实证研究》，《世界经济研究》2005 年第 8 期。

⑤ 李夏玲、田泽永：《外商直接投资与服务业发展的实证研究》，《统计与决策》2014 年第 13 期。

⑥ 李盾、刘从军：《服务业贸易自由化对开放国的福利影响》，《国际贸易问题》2006 年第 8 期。

道国受益还是使其遭受损失的关键决定因素。若要素的流入使得东道国其他部门对该特定要素的需求增加，服务部门的对外开放就会给一国的经济福利带来积极影响，反之则会降低东道国的经济福利。刘培林和宋湛（2007）[①]提出，我国地方政府认为想要从服务业的增长中征税较为困难，因此政府出于经济增长和税收增加等方面的考虑，对扶持服务业的发展缺乏动力。有的学者认为撤销服务业贸易壁垒，可能会引起越来越多的外来企业纷纷进入东道国，比如外国金融业、文化娱乐、影视产业等，这些行业的进入可能会给东道国的国家文化、政治和经济安全带来威胁。有的学者担心对服务业生产的产品或者生产所需的投入要素实行宽松的贸易开放政策，会使开放国的税收收入减少，从而有损于一国的福利水平。张平和余宇新（2012）[②]认为服务出口贸易从很大程度上抑制了我国服务业比重的提升。徐建国（2011）[③]提出我国服务业发展的停滞往往伴随着净出口的大幅增加和人民币的大幅贬值。还有一些学者认为服务业的对外开放可能会给一国的文化、税收甚至国家安全带来负面的影响。张平（2016）[④]从总量和分部门两个角度实证考察了FDI对我国服务业发展的影响，实证结果表明服务业FDI对其行业自身的发展不存在明显的促进作用，制造业FDI会抑制服务业的发展。陈健（2013）[⑤]发现服务进口贸易技术复杂度的提升虽然使得服务行业劳动生产率提高了，但对服务产业结构的改善作用并不显著。姚战琪（2013）[⑥]发现服务行业外资进入对于服务业增加值和市场化程度的推动作用并不明显。这两种截然不同的观点到底哪种更符合中国的服务业发展。张平和余宇新（2012）[⑦]从理论上探讨了贸易开放对一国产业结构演变的影响，其研究发现出口贸易在很大程度上造成了中国的服务业占比偏低。姚战琪（2013）[⑧]、

---

① 刘培林、宋湛：《服务业和制造业企业法人绩效比较》，《经济研究》2007年第1期。

②⑦ 张平、余宇新：《出口贸易影响了中国服务业占比吗》，《数量经济技术经济研究》2012年第29卷第4期。

③ 徐建国：《人民币贬值与服务业停滞》，《世界经济》2011年第34卷第3期。

④ 张平：《FDI抑制了中国服务业发展吗？》，《经济评论》2016年第5期。

⑤ 陈健：《进口技术复杂度如何影响中国服务业发展？——转移份额分解下的根源探析》，《经济评论》2013年第6期。

⑥⑧ 姚战琪：《中国服务业开放的现状、问题和对策：基于中国服务业FDI视角的研究》，《国际贸易》2013年第8期。

张志明（2014）[①] 都发现服务行业外资进入对服务业增加值和市场化程度的推动作用都比较弱（见表 5-7）。

表5-7　　服务业与服务贸易关系的代表研究

两者关系	主要观点	代表性作者
服务业促进服务贸易	服务业通过市场规模、人力资本水平、科技水平、外商直接投资、开放度的发展促进服务贸易发展	Grossman 和 Maggi（2000）[②]、Francois 和 Woerz（2008）[③]、喻春娇和郑光凤（2010）[④]、赵桂梅等（2018）[⑤]
服务贸易促进服务业	服务贸易通过技术溢出、优化要素资源配置和专业化分工、进口替代等促进服务业发展	Romer（1986）[⑥]、Lucas（1988）[⑦]、Eichengreen 和 Gupta（2009）[⑧]、刘培林和宋湛（2007）[⑨]、袁志刚和饶璨（2014）[⑩]
服务业与服务贸易发展相背离	服务业贸易涉及一些行业，比如外国金融业、文化娱乐、影视产业等，这些行业的进入可能会给东道国的国家文化、政治和经济安全带来威胁	张平和余宇新（2012）[⑪]、徐建国（2011）[⑫]、刘培林和宋湛（2007）[⑬]、张平（2016）[⑭]

资料来源：作者根据相关文献整理所得。

① 张志明：《对外开放促进了中国服务业市场化改革吗？》，《世界经济研究》2014 年第 10 期。

② Grossman Gene M.，Giovanni Maggi，“Diversity and trade，” *American Economic Review*，Vol.90，No.5，2000.

③ Francois Joseph，Julia Woerz，“Producer services，manufacturing linkages，and trade，” *Journal of Industry*，*Competition & Trade*，Vol.8，No.3/4，2008.

④ 喻春娇、郑光凤：《湖北省生产性服务业与制造业的互动发展程度分析》，《经济地理》2010 年第 30 卷第 11 期。

⑤ 赵桂梅、王蜻、李姝、周昊、杨原：《牛熊市时期我国股市股价联动效应分析》，《中国市场》2018 年第 8 期。

⑥ Romer Paul M.，“Increasing returns and long-run growth，” *Journal of Political Economy*，Vol. 94，No.5，1986.

⑦ Lucas Robert E.，“On the mechanics of economic development，” *Journal of Monetary Economics*，Vol.22，No.1，1988.

⑧ Eichengreen Barry，Poonam Gupta，“The Two Waves of Service Sector Growth，” *NBER Working Paper*，2009，No.14968.

⑨⑬ 刘培林、宋湛：《服务业和制造业企业法人绩效比较》，《经济研究》2007 年第 1 期。

⑩ 袁志刚、饶璨：《全球化与中国生产服务业发展——基于全球投入产出模型的研究》，《管理世界》2014 年第 3 期。

⑪ 张平、余宇新：《出口贸易影响了中国服务业占比吗》，《数量经济技术经济研究》2012 年第 29 卷第 4 期。

⑫ 徐建国：《人民币贬值与服务业停滞》，《世界经济》2011 年第 34 卷第 3 期。

⑭ 张平：《FDI 抑制了中国服务业发展吗？》，《经济评论》2016 年第 5 期。

四、服务业与服务贸易协同发展研究存在不足之处

服务业与服务贸易发展是经济学领域的两个热点问题，早期研究主要集中在两者的经典理论、影响因素，以及分别对经济增长的影响。随着经济全球化的发展，两者关系越发紧密。大多数学者认为服务业通过带动市场规模、人力资本水平、科技水平、外商直接投资、开放度的发展来促进服务贸易发展，而服务贸易通过技术溢出、优化要素资源配置和专业化分工等促进服务业发展。这些研究为本书提供了较为成熟的理论基础。但本书通过对服务业和服务贸易的国内外理论与研究发展进行梳理，认为现有的服务业与服务贸易的关系研究存在以下不足之处。

（一）缺乏对服务业与服务贸易协同发展的深入研究

对于服务业与服务贸易关系研究的文献主要是在三次产业分类法基础上对产业结构进行划分的，缺乏对服务业内部结构的分析研究。如将服务业分为劳动密集型服务业、资本密集型服务业和知识与技术密集型服务业，或从全球价值链视角将服务业与服务贸易结构分为更细的可以匹配的部门。

（二）缺乏跨国数据研究服务业与服务贸易结构关系

通过大量文献研究一国服务业与服务贸易结构的互动关系，其结果缺乏与别国数据的对比与参照。分析比较不同国家，包括发达国家和发展中国家服务业产业与贸易结构的演进与互动，可为我国服务业产业与贸易的协同发展提供国际经验。

（三）缺乏服务业与服务贸易结构协同的经济效应探讨，实证方法有待拓展

相比于一般文献仅定性地考虑服务业产业与贸易间的互动关系，本章应用面板模型的系统 GMM 估计和双向固定效应探讨服务业与贸易结构之间的互动效应，计算服务业与服务贸易结构协同度，并对服务业与服务贸易协同发展的经济效应进行剖析，拓展研究方法的同时丰富其经济内涵。

第二节　服务业与服务贸易发展国际比较分析

一、世界服务业增加值持续较快增长

1970—2020 年，世界服务业增加值持续增长，世界服务业增加值

从 1970 年的 1.75 万亿美元增加到 2020 年的 55.7 万亿美元（见图 5-1），同期，世界服务业增加值占世界三次产业增加总值的比例从 53% 增加到 68%（见图 5-2）。

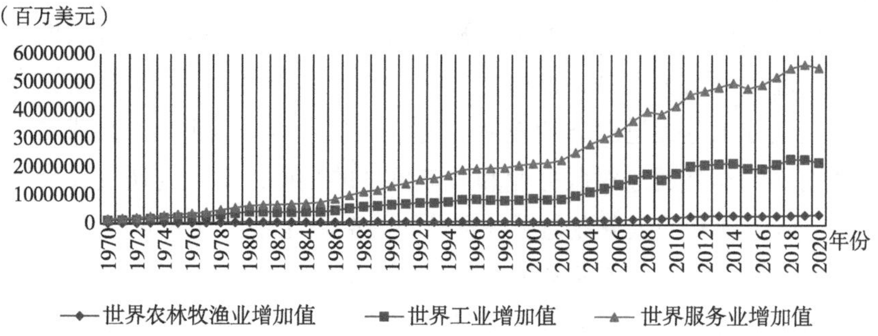

图5-1　1970—2020年世界三次产业增加值变化

资料来源：根据联合国贸易和发展会议数据库数据制作。

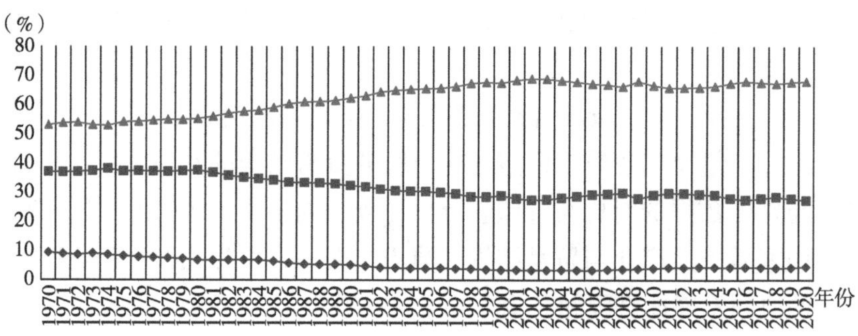

图5-2　1970—2020年世界三次产业增加值占比变化

资料来源：根据联合国贸易和发展会议数据库数据制作。

1970—2020 年，亚洲、美洲、欧洲和非洲服务业增加值持续增长，亚洲服务业增加值从 1970 年的 1.52 万亿美元增加到 2020 年的 35.82 万亿美元，亚洲服务业增加值一直居世界第一位。同期美洲服务业增加值从 8409 亿美元增加到 20.83 万亿美元，美洲服务业增加值居世界第二位。欧洲服务业增加值从 6317 亿美元增加到 13.84 万亿美元。非洲服务业增加值从 526 亿美元增加到 1.21 万亿美元（见图 5-3）。

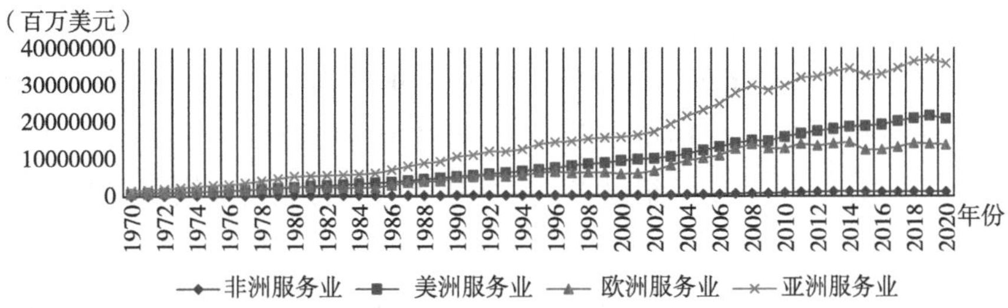

图5-3 1970—2020年世界五大洲服务业增加值变化

资料来源：根据联合国贸易和发展会议数据库数据制作。

二、服务业大国及服务业结构变化国际比较分析

1970 年以来，美国一直是世界服务业第一大国（见图 5-4），美国服务业增加值占全球服务业增加值的比例高达 30% 以上。1972—2012 年，日本是世界服务业第二大国，1994 年以来，日本服务业增加值占全球服务业增加值的比例持续下降。2013 年以来，中国服务业增加值超过日本，成为世界服务业第二大国，2019 年，中国服务业增加值占全球服务业增加值的比例为 13.5%（见图 5-5）。德国、英国、法国的服务业增加值分别居世界第 4~6 位。本节重点对美国、中国、日本和德国服务业发展状况和服务业结构变化进行比较分析。

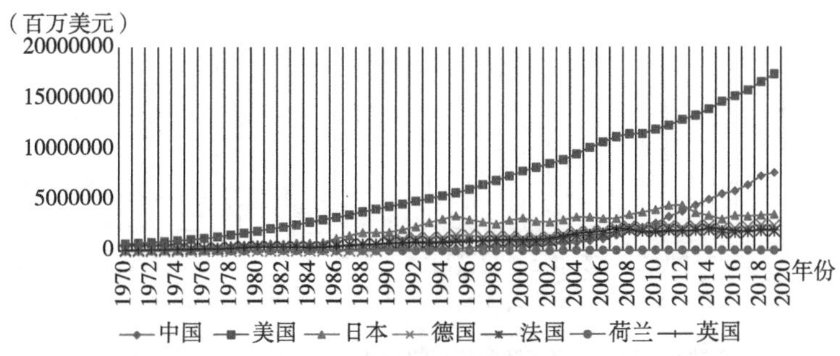

图5-4 1970—2020年世界主要大国服务业增加值变化

资料来源：根据联合国贸易和发展会议数据库数据制作。

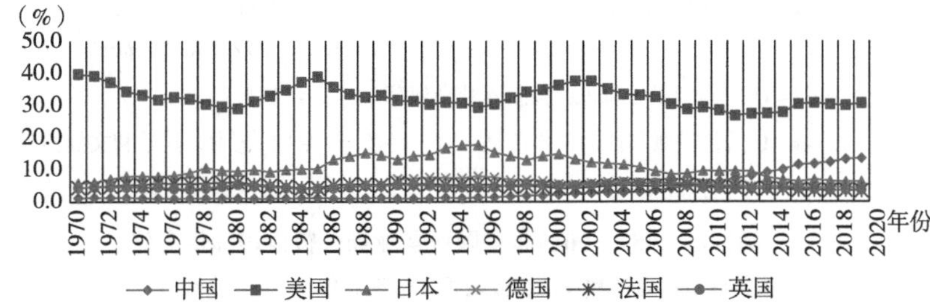

图5-5 1970—2020年世界主要大国服务业增加值占世界服务业总增加值比例变化

资料来源：根据联合国贸易和发展会议数据库数据制作。

（一）美国服务业及服务业结构变化

美国是服务业增加值世界第一大国，1970 年以来，美国服务业增加值持续较快增长，从 1970 年的 4418 亿美元增加到 2019 年的 16.4 万亿美元（见图 5–6）。21 世纪以来，美国服务细分行业增加值居前 10 位的服务业是房地产服务业、批发零售业、公共管理与国防、金融和保险业、健康和社会服务、信息和通信服务、教育、行政和辅助服务、运输和储存、食宿服务等（见图 5–7）。

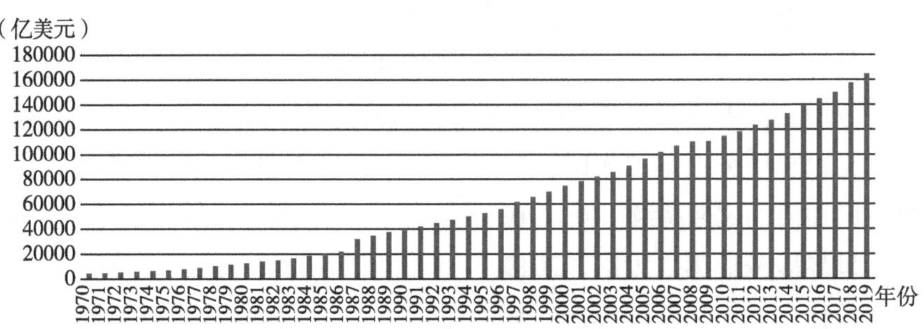

图5-6　1970—2019年美国服务业增加值变化

资料来源：根据联合国贸易和发展会议数据库数据制作。

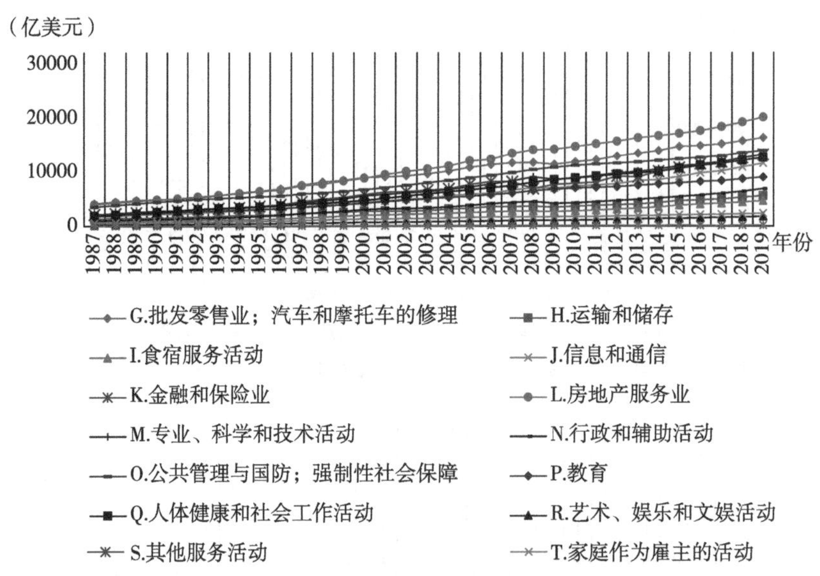

图5-7　1987—2019年美国服务业细分行业增加值变化

资料来源：根据联合国贸易和发展会议数据库数据制作。

1970—2019 年，美国服务业结构发生比较明显的变化，服务业结构变化主要表现在：一是 2000 年以来美国房地产服务业增加值超过批发零售业增加值，房地产服务业成为美国首位服务业；二是科学和技术服务业、教育服务业、金融和保险业、信息和通信服务、健康和社会工作服务等持续较快增长；三是家庭雇主服务、食宿服务、艺术娱乐服务增长相对比较缓慢（见图 5-8、图 5-9、图 5-10 和图 5-11）。

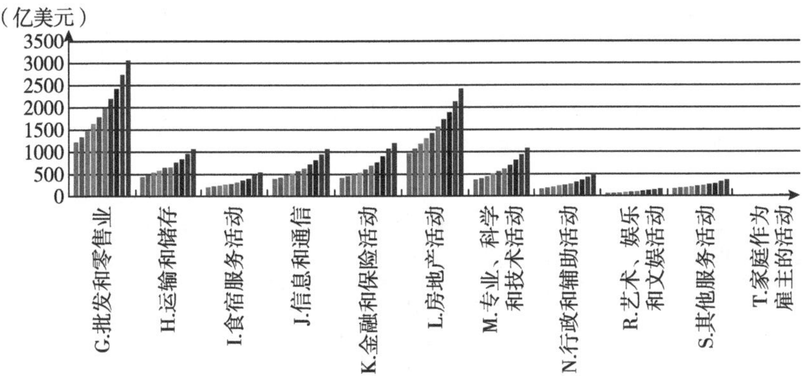

图5-8 1970—1979年美国服务业结构变化

资料来源：根据联合国贸易和发展会议数据库数据制作。

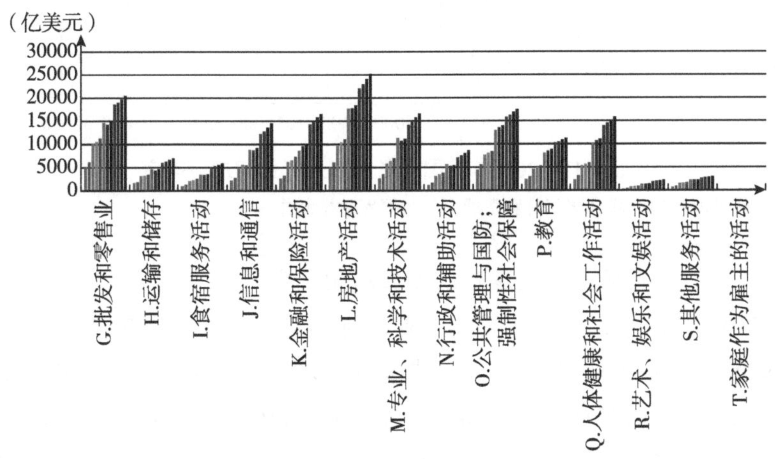

图5-9 1987—2019年美国服务业结构变化

资料来源：根据联合国贸易和发展会议数据库数据制作。

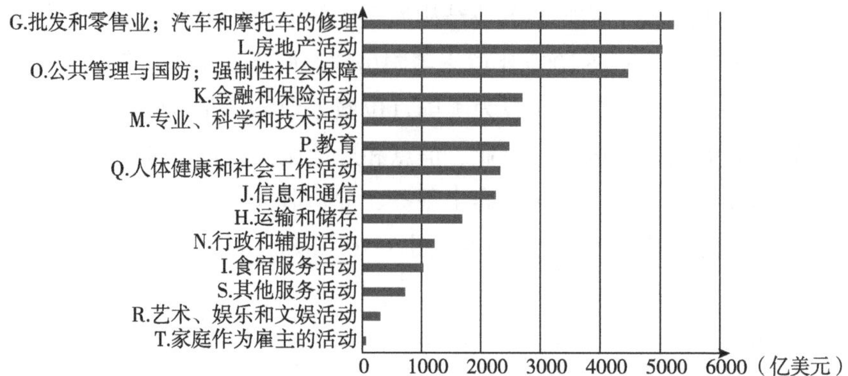

图5-10　1987年美国服务业细分行业增加值排序

资料来源：根据联合国贸易和发展会议数据库数据制作。

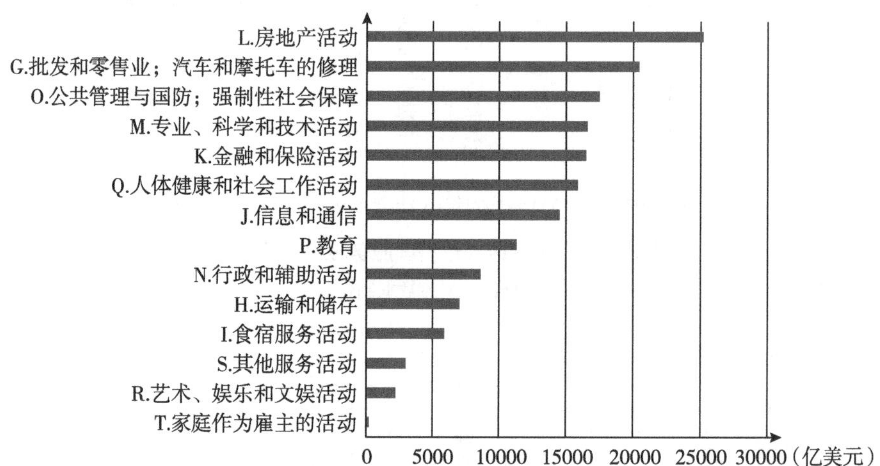

图5-11　2019年美国服务业细分行业增加值排序

资料来源：根据联合国贸易和发展会议数据库数据制作。

（二）中国服务业发展及服务业结构变化

2013年以来，中国成为服务业增加值居全球第二位的服务业大国，2019年中国服务业增加值占全球服务业增加值的比例为13.5%。21世纪以来，中国服务业增加值持续较快增长。2013—2019年，服务业增加值增长速度加快，服务业增加值从2013年的44391亿美元增加到2019年的76614亿美元（见图5-12）。2019年中国服务业增加值居前10位的是：批发和零售业、金融业、房地产业、公共管理、社会保障和社会管理、交通运输、仓储和邮政业、教育、信息传输、软件和信息技术服务业、租赁和商务服务业、科学研究和技术服务业、卫生和社会工作等（见图 5-13）。

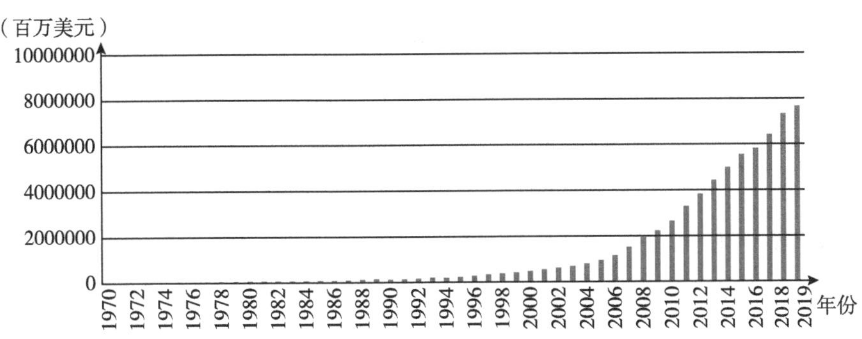

图5-12 1970—2019年中国服务业增加值变化

资料来源：根据联合国贸易和发展会议数据库数据制作。

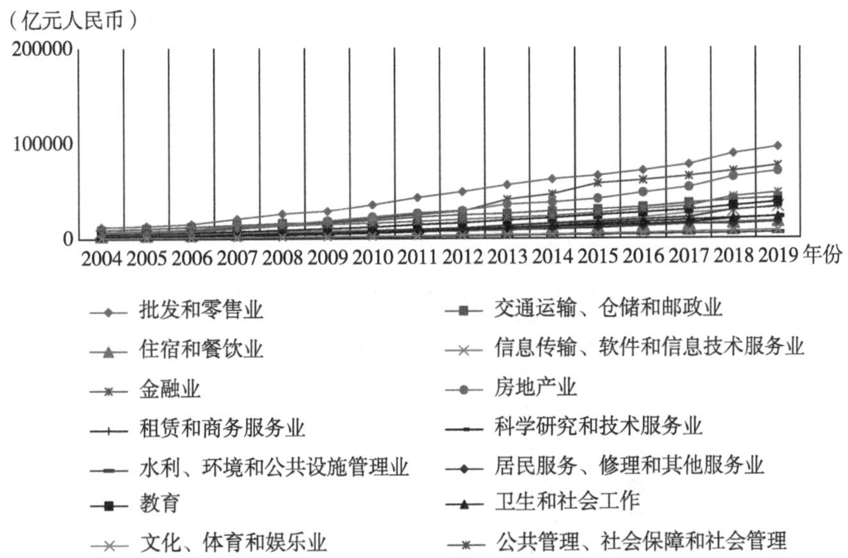

图5-13 2004—2019年中国服务业细分行业增加值变化

资料来源：根据联合国贸易和发展会议数据库数据制作。

21 世纪以来，中国服务业结构发生了明显的变化，服务业结构发生的主要变化是金融业、房地产业、公共管理、社会保障和社会组织、交通运输、仓储和邮政业、教育、信息传输、软件和信息技术服务业等现代服务业，发展较快。传统服务业中的住宿和餐饮业、居民服务、修理和其他服务业等在服务业中的占比有明显下降（见图 5-14、图 5-15、图 5-16）。

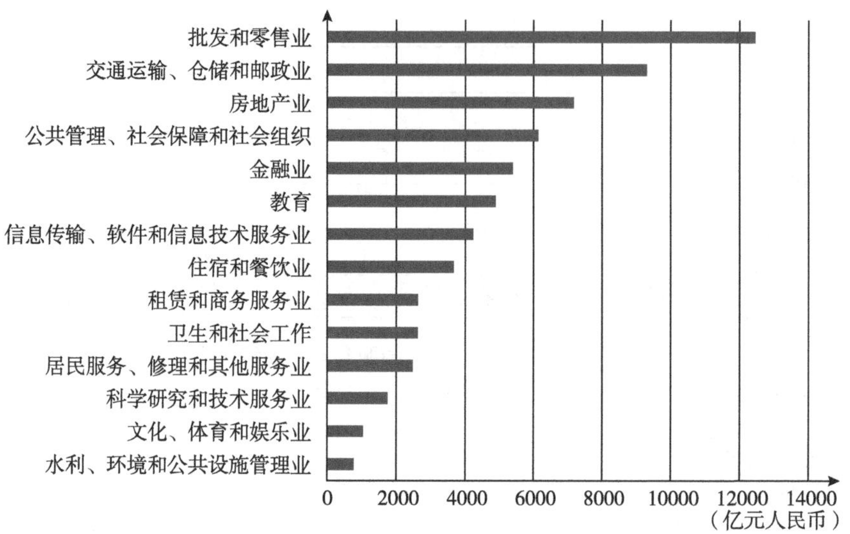

图5-14　2004年中国服务业细分行业增加值排序

资料来源：根据联合国贸易和发展会议数据库数据制作。

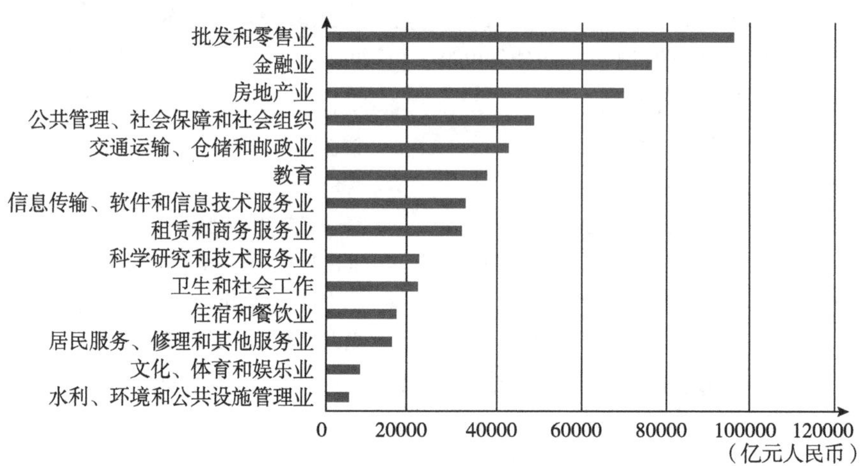

图5-15　2019年中国服务业细分行业增加值排序

资料来源：根据联合国贸易和发展会议数据库数据制作。

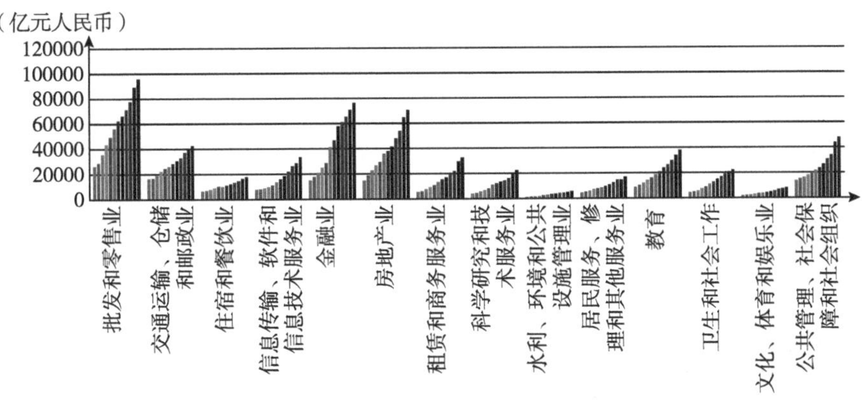

图5-16　2008—2019年中国服务业细分行业增加值变化

资料来源：根据联合国贸易和发展会议数据库数据制作。

（三）日本服务业发展及服务业结构变化

日本在1972—2012年是服务业增加值居世界第二位的服务业大国，2013年以来日本成为服务业增加值居世界第三位的服务业大国。1970年以来，日本服务业发展经历了两个阶段。第一阶段是1970—1994年，日本服务业持续较快增长，服务业增加值从1970年的1024亿美元增加到1994年的30930亿美元。第二阶段是1995—2019年，日本服务业增加值处于波动性变化阶段，服务业增加值从1995年的34433亿美元增加到2019年的35323亿美元，服务业增加值增长比较缓慢（见图5-17）。2019年日本服务业居前10位的是批发和零售业、房地产服务业、专业科学和技术服务业、教育、运输和储存业、行政和辅助服务业、信息和通信、金融和保险服务、公共管理与国防、食宿服务等（见图5-18）。

1973—2009年，日本服务业结构发生明显变化，服务业结构主要变化是批发和零售业、房地产服务业、专业科学和技术服务业、教育、运输和储存业、金融和保险服务增长比较快。2010—2019年日本服务业结构变化进入相对稳定阶段，批发和零售业、房地产服务业、专业科学和技术服务业、教育、公共管理与国防等服务业增长比较快，金融和保险服务业和食宿服务增加值出现下降态势，其他服务业增加值增长趋缓（见图5-19、图5-20、图5-21、图5-22和图5-23）。

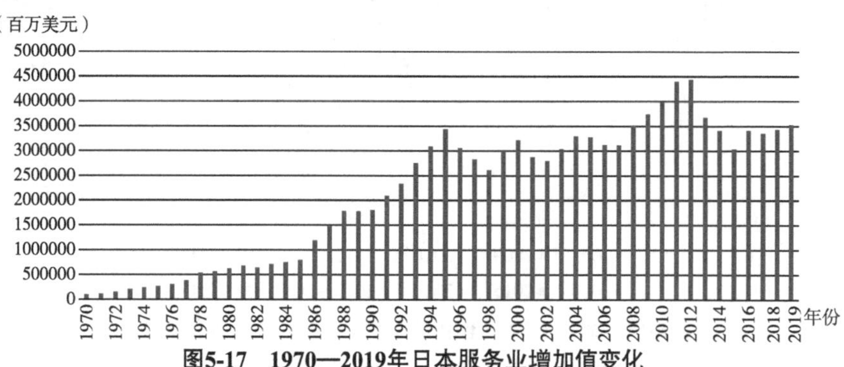

图5-17　1970—2019年日本服务业增加值变化

资料来源：根据联合国贸易和发展会议数据库数据制作。

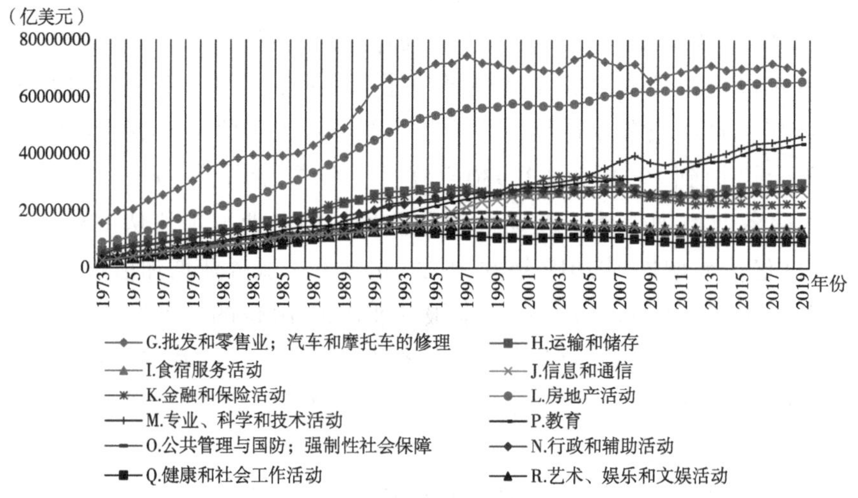

图5-18　1973—2019年日本服务业细分行业增加值变化

资料来源：根据联合国贸易和发展会议数据库数据制作。

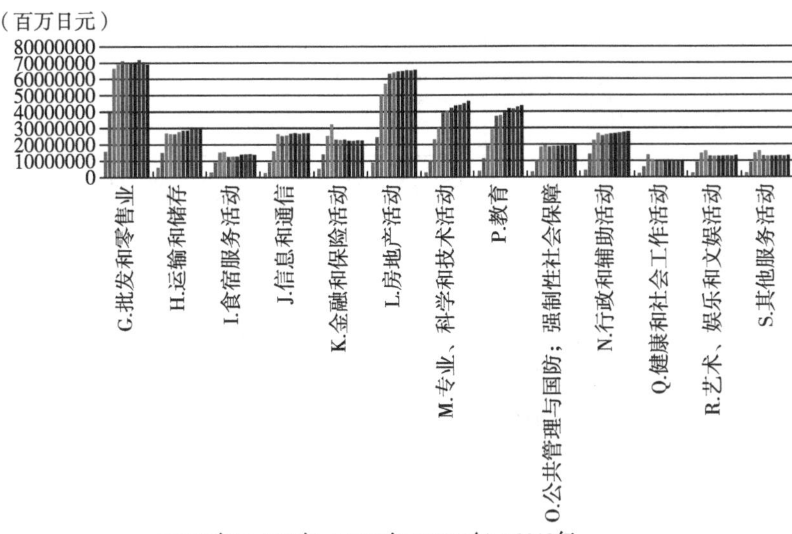

图5-19 1973—2019年日本服务业细分行业增加值变化

资料来源：根据联合国贸易和发展会议数据库数据制作。

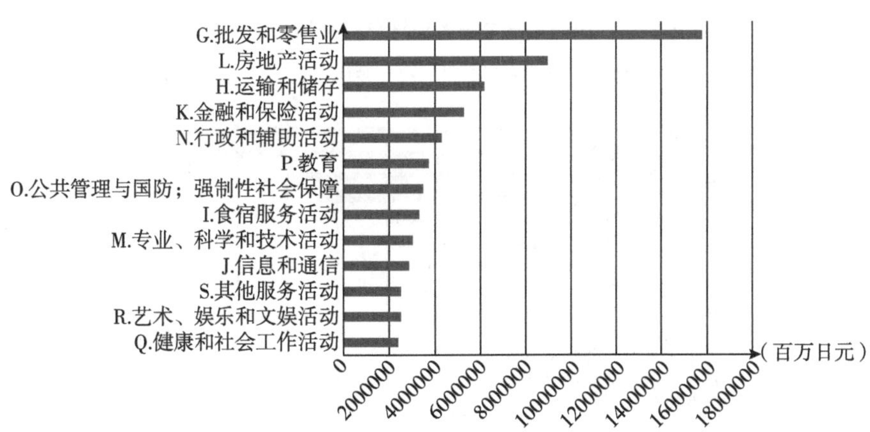

图5-20 1973年日本服务业细分行业增加值排序

资料来源：根据联合国贸易和发展会议数据库数据制作。

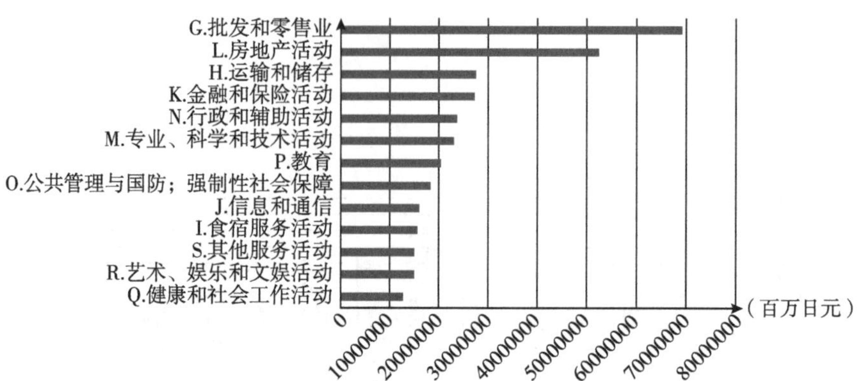

图5-21　1994年日本服务业细分行业增加值排序

资料来源：根据联合国贸易和发展会议数据库数据制作。

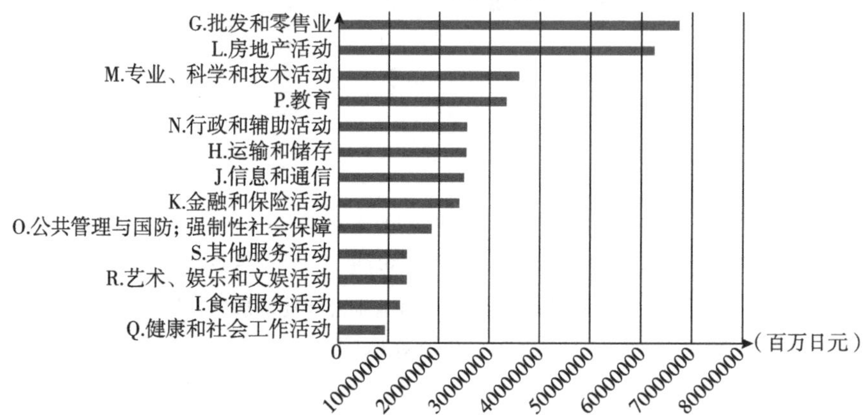

图5-22　2010年日本服务业细分行业增加值排序

资料来源：根据联合国贸易和发展会议数据库数据制作。

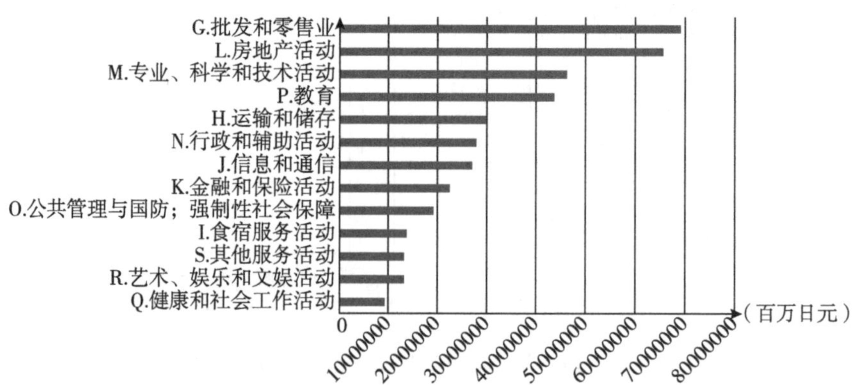

图5-23　2019年日本服务业细分行业增加值变化

资料来源：根据联合国贸易和发展会议数据库数据制作。

（四）德国服务业及服务业结构变化

德国是服务业增加值居世界第四位的服务业大国。1990 年以来，德国服务业增加值一直呈现波动性增长，服务业增加值从 1990 年的 9875 亿美元增加到 2019 年的 24268 亿美元（见图 5–24）。德国服务业增加值居前 10 位的是房地产服务业、批发和零售业、健康与社会工作服务、专业科学和技术服务业、公共管理与国防、行政和辅助服务业、运输和储存业、信息和通信服务、金融和保险服务、其他服务业等（见图 5–25）。

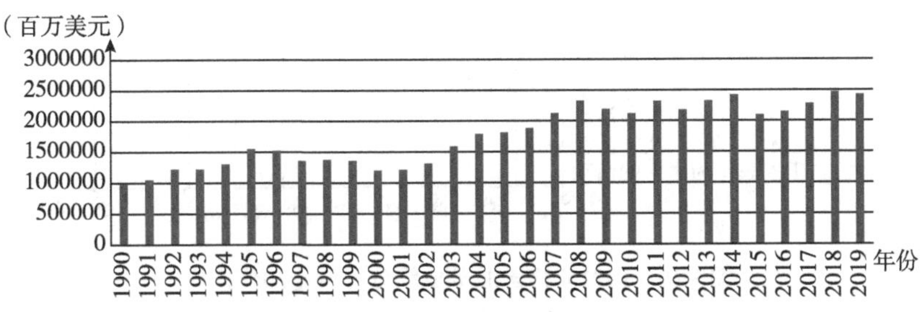

图5-24　1990—2019年德国服务业增加值变化

资料来源：根据联合国贸易和发展会议数据库数据制作。

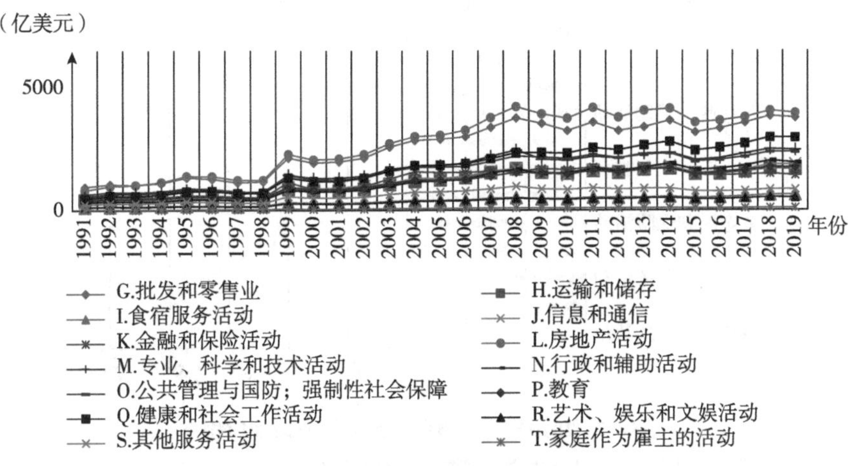

图5-25　1991—2019年德国服务业细分行业增加值变化

资料来源：根据联合国贸易和发展会议数据库数据制作。

1991 年以来，德国服务业结构发生明显变化，服务业结构的主要变化是房地产服务业、批发零售服务业、科学技术服务业、健康和社会服务业、公共管理与国防等服务业发展比较快，德国的金融保险服务业、食宿服务业、家庭服务业等发展相对缓慢（见图 5–26、图 5–27）。

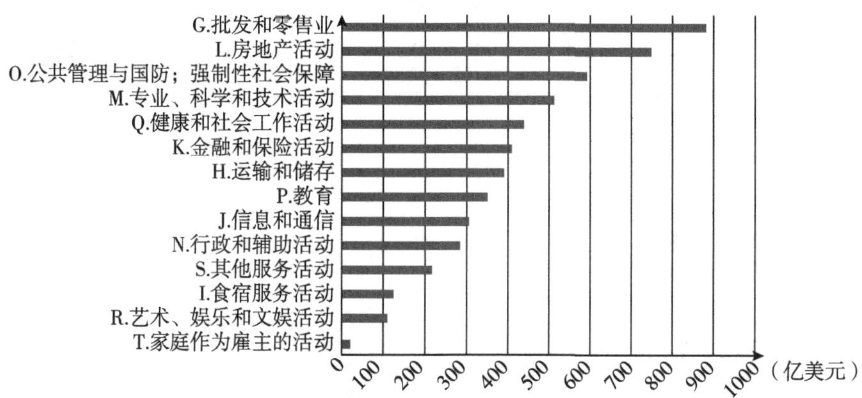

图5-26　1991年德国服务业细分行业增加值排序

资料来源：根据联合国贸易和发展会议数据库数据制作。

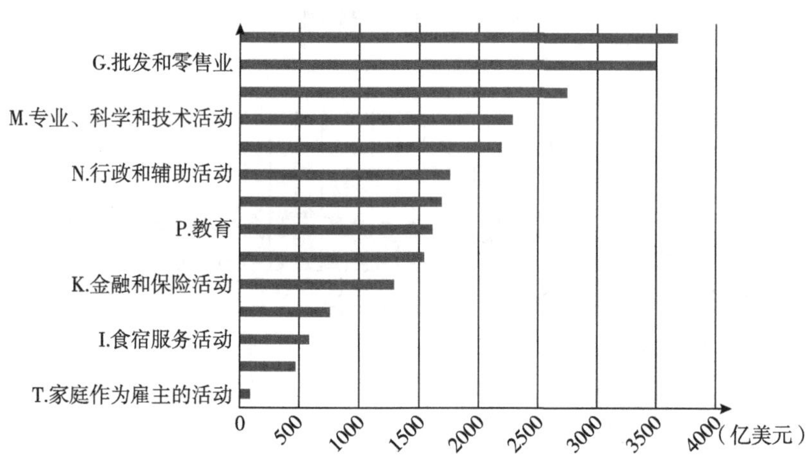

图5-27　2019年德国服务业细分行业增加值排序

资料来源：根据联合国贸易和发展会议数据库数据制作。

三、 全球五大洲服务贸易发展分析

2006—2021 年，全球服务贸易进出口额持续增长。全球服务出口贸易额从 30360 亿美元增加到 60716 亿美元，全球服务进口贸易额从

29623 亿美元增加到 56234 亿美元（见图 5-28）。

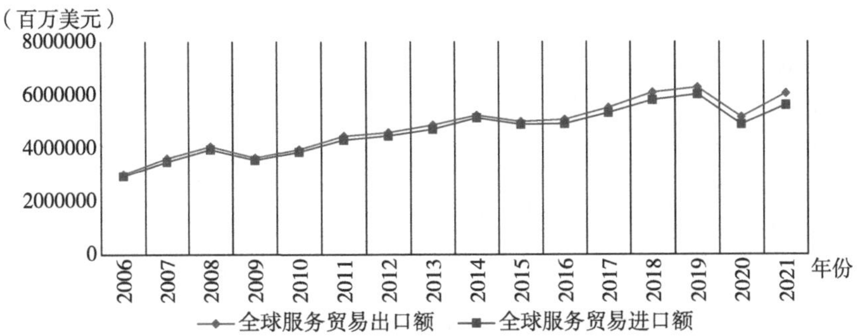

图5-28 2006—2021年全球服务贸易进出口额变化

资料来源：根据联合国贸发会议数据库数据制作。

全球五大洲服务贸易进出口额持续稳定增长，其中欧洲服务贸易进出口额居世界第一位，欧洲服务贸易出口额从 2006 年的 16510 亿美元增加到 2021 年的 31034 亿美元，同期欧洲服务贸易进口额从 14529 亿美元增加到 26931 亿美元。亚洲服务贸易进出口额居世界第二位，亚洲服务贸易出口额从 2006 年的 6713 亿美元增加到 2021 年的 17533 亿美元，同期亚洲服务贸易进口额从 8353 亿美元增加到 18609 亿美元。美洲服务贸易进出口额居世界第三位，同期美洲服务贸易出口额从 5956 亿美元增加到 10557 亿美元，美洲服务贸易进口额从 5321 亿美元增加到 8534 亿美元。非洲和大洋洲的服务贸易发展比较缓慢（见图 5-29、图 5-30）。

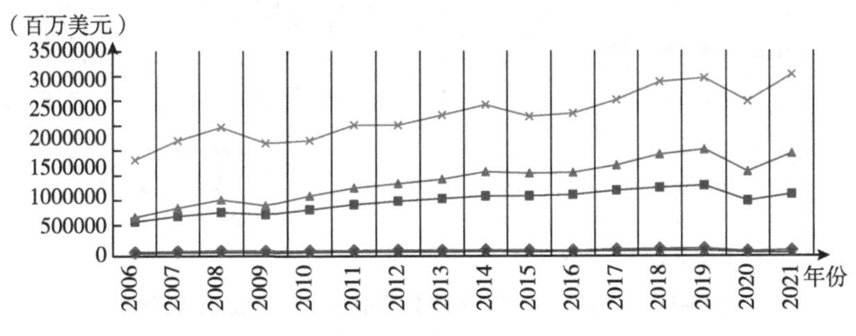

图5-29 2006—2021年全球五大洲服务贸易出口额变化

资料来源：根据联合国贸易和发展会议数据库数据制作。

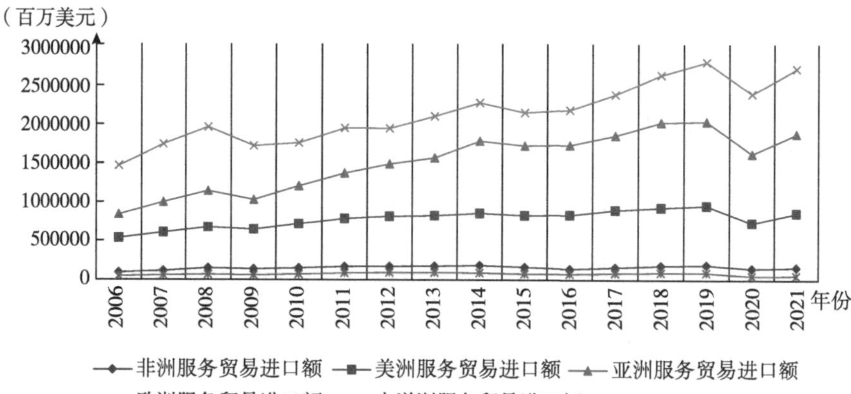

图5-30　2006—2021年全球五大洲服务贸易进口额变化

资料来源：根据联合国贸易和发展会议数据库数据制作。

四、服务贸易大国贸易结构变化比较分析

（一）美国服务贸易结构变化分析

美国是服务贸易规模世界第一大国。1980—2021 年，美国服务贸易细分行业进出口贸易持续发展，美国服务贸易进出口额规模排前列的是旅游服务、其他商业服务、运输服务、保险服务、金融服务、知识产权服务、计算机和信息服务（见图 5–31）。

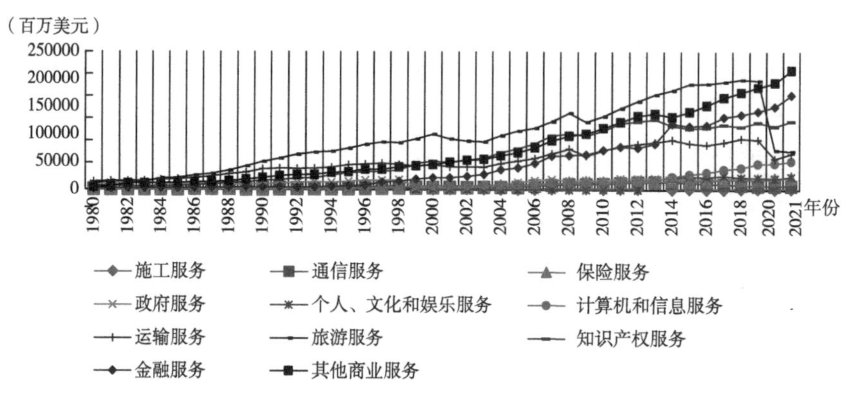

图5-31　1980—2021年美国服务业细分行业出口额变化

资料来源：根据联合国贸易和发展会议数据库数据制作。

1980—2021 年，美国服务贸易出口结构发生明显变化，主要是运输服务、旅游服务、政府服务出口额占服务贸易出口总额的比例明显下降。2020—2021 年，新冠疫情全球蔓延，美国旅游服务贸易出口额占服务贸

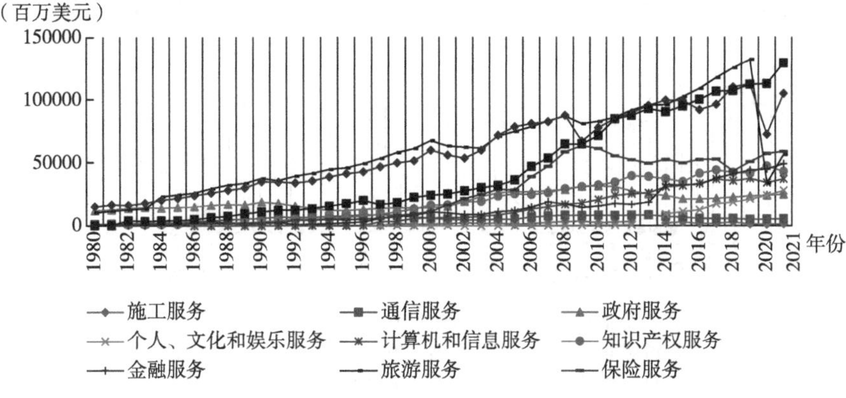

图5-32　1980—2021年美国服务贸易细分行业进口额变化

资料来源：根据联合国贸易和发展会议数据库数据制作。

易出口总额的比例明显下降。20世纪90年代以来，美国的其他商业服务、金融服务、知识产权服务、计算机和信息服务等出口额占服务贸易出口总额的比例总体呈上升趋势（见图5-33）。美国的施工服务，个人、文化和娱乐服务，通信服务出口贸易变化不明显。

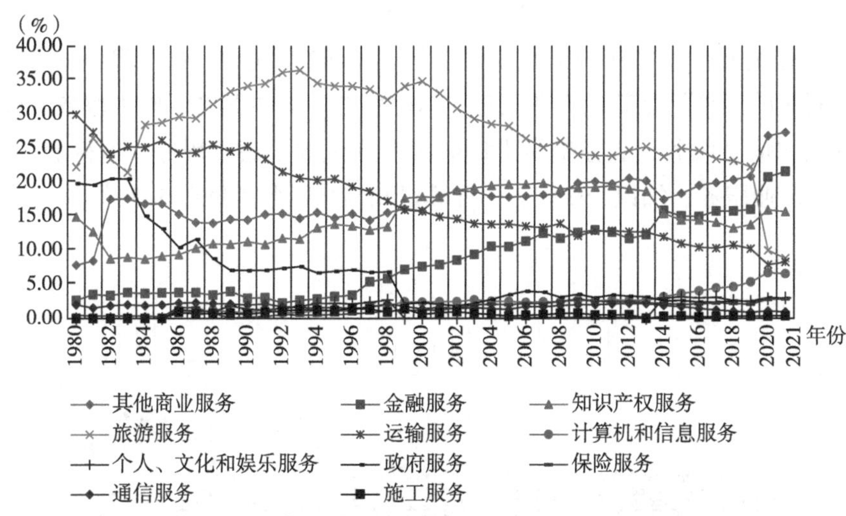

图5-33　1980—2021年美国服务贸易出口结构变化

资料来源：根据联合国贸易和发展会议数据库数据制作。

1980—2021年，美国服务贸易进口结构发生明显变化。主要是运输服务、旅游服务、政府服务进口额占美国服务贸易进口总额的比例持续下降，商业服务、金融服务、知识产权服务、计算机和信息服务等现代服务业进口额占美国服务贸易进口总额的比例持续上升（见图 5-34）。

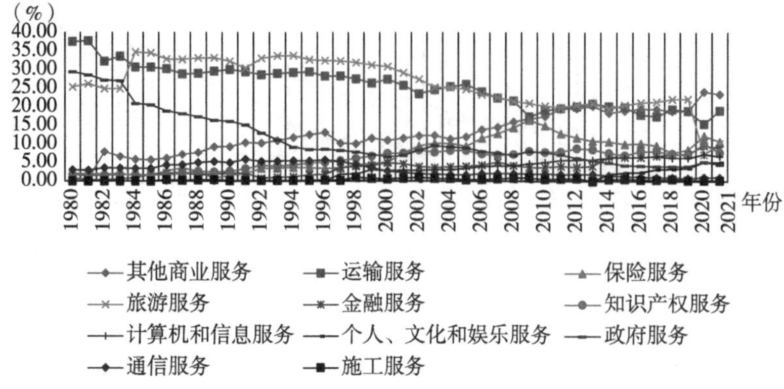

图5-34　1980—2021年美国服务贸易进口结构变化

资料来源：根据联合国贸易和发展会议数据库数据制作。

（二）中国服务贸易发展与服务贸易结构变化

21 世纪以来，中国服务贸易持续较快增长，成为世界服务贸易第二大国。中国服务贸易出口额从 1982 年的 25 亿美元增加到 2021 年的 3921 亿美元（见图 5-35），同期服务贸易进口额从 20 亿美元增加到 4413 亿美元，2021 年中国服务贸易逆差为 492 亿美元。中国服务贸易出口额居前五位的是其他商业服务、运输服务、旅游服务、施工服务、计算机和信息服务，服务贸易进口额居前五位的是旅游服务、运输服务、其他商业服务、知识产权服务、计算机和信息服务（见图 5-36）。

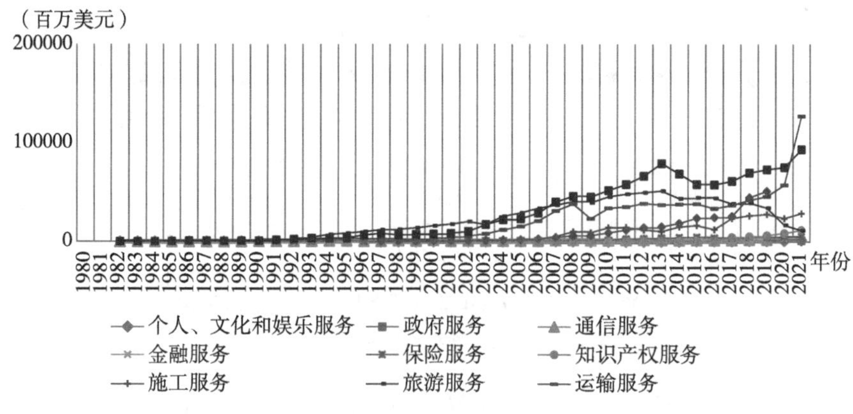

图5-35　1980—2021年中国服务贸易细分行业出口额变化

资料来源：根据联合国贸易和发展会议数据库数据制作。

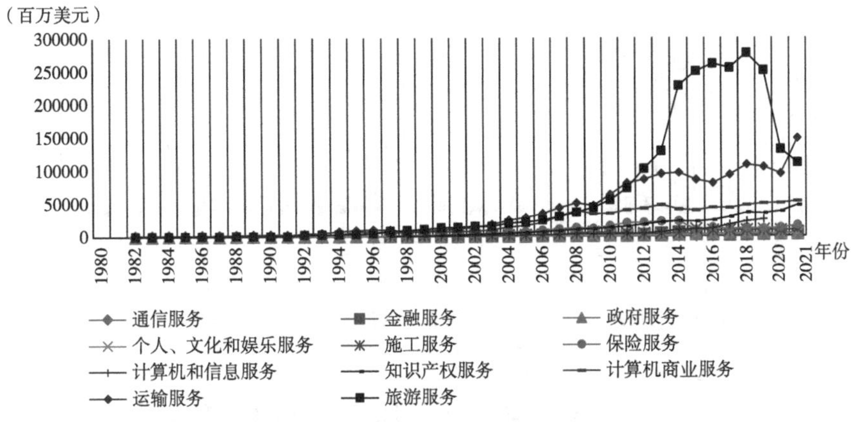

图5-36　1980—2021年中国服务业细分行业进口额变化

资料来源：根据联合国贸易和发展会议数据库数据制作。

1982—2021 年，中国服务贸易进出口结构发生了明显变化，主要是运输服务和旅游服务出口额占中国服务贸易出口总额的比例明显下降，施工服务、计算机和信息服务出口额占中国服务贸易出口总额的比例明显提升（见图 5–37）。中国服务贸易进口结构也发生了明显变化，主要是运输服务和其他商业服务进口额占中国服务贸易进口总额的比例明显下降，而旅游服务和知识产权服务进口额占中国服务贸易进口总额的比例有所提升（见图 5–38）。

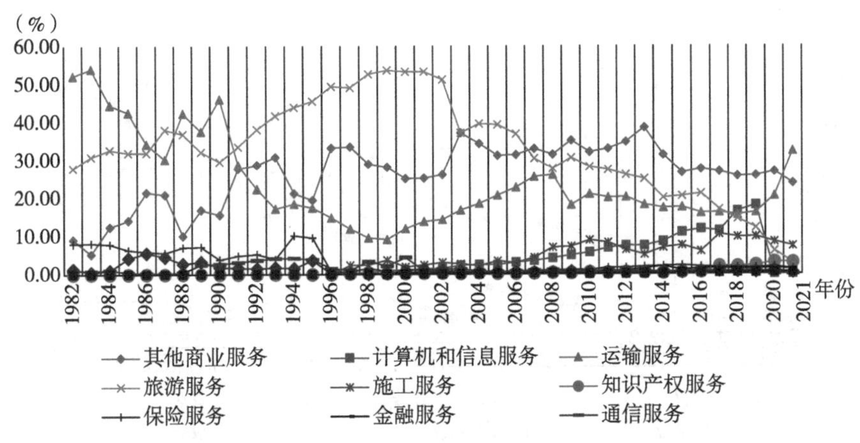

图5-37　1982—2021年中国服务贸易出口结构变化

资料来源：根据联合国贸易和发展会议数据库数据制作。

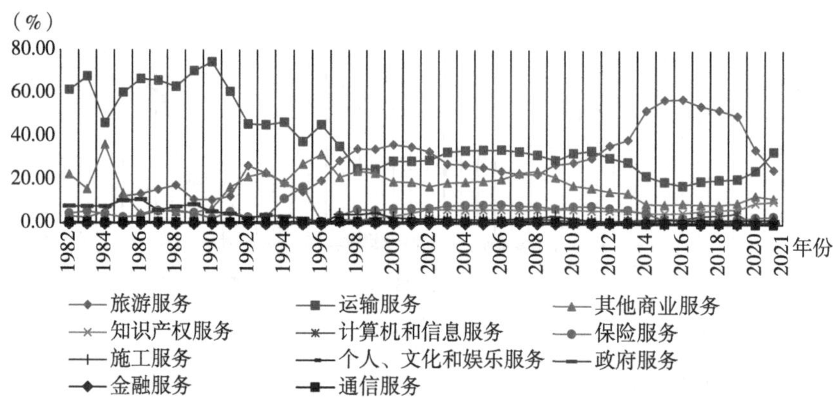

图5-38 1982—2021年中国服务贸易进口结构变化

资料来源：根据联合国贸易和发展会议数据库数据制作。

（三）日本服务贸易发展与服务贸易结构变化

1980—2021年，日本服务贸易进出口额持续保持较快增长。日本服务出口贸易额从1980年的202亿美元增长到2021年的1678亿美元，同期日本服务进口贸易额从323亿美元增加到2073亿美元，2021年日本服务贸易逆差额为395亿美元。日本服务出口贸易额居前五位的是运输服务、其他商业服务、知识产权服务、计算机和信息服务、金融服务（见图5-39）。日本服务进口贸易额居前五位的是其他商业服务、运输服务、旅游服务、知识产权服务、计算机和信息服务（见图5-40）。

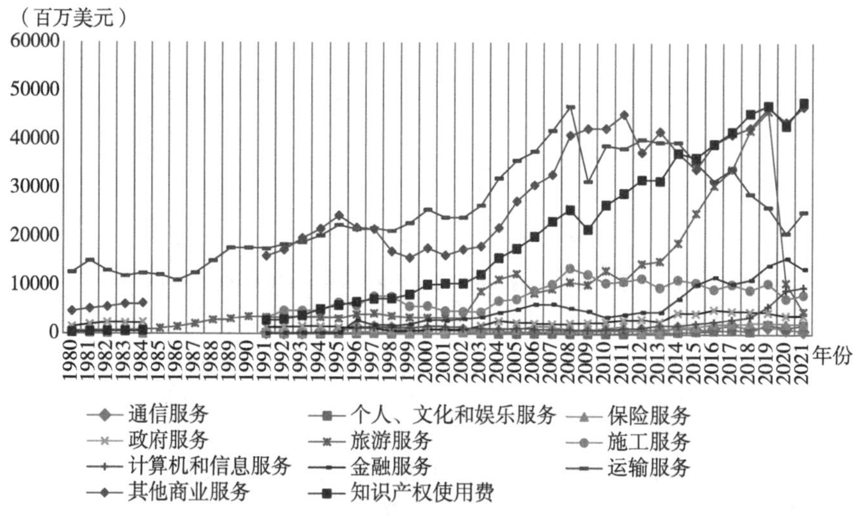

图5-39 1980—2021年日本服务业细分行业出口额变化

资料来源：根据联合国贸易和发展会议数据库数据制作。

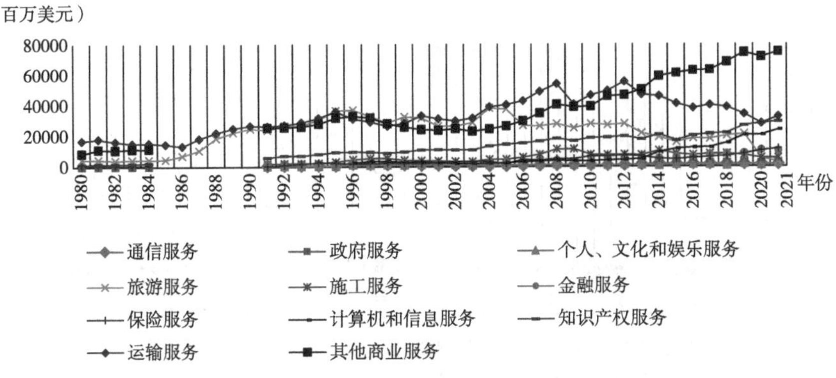

图5-40　1980—2021年日本服务业细分行业进口额变化

资料来源：根据联合国贸易和发展会议数据库数据制作。

1980—2021年，日本服务贸易进出口结构发生了明显变化。主要是运输服务和其他商业服务出口额占日本服务贸易出口总额的比例持续下降，而知识产权服务和旅游服务出口额占日本服务贸易总出口额的比例明显上升（见图5-41）。同期日本服务进口贸易结构发生明显变化，主要是运输服务和旅游服务进口额占日本服务进口贸易总额的比例明显下降，而其他商业服务、知识产权服务、计算机和信息服务进口额占日本服务进口贸易总额的比例明显增加（见图5-42）。

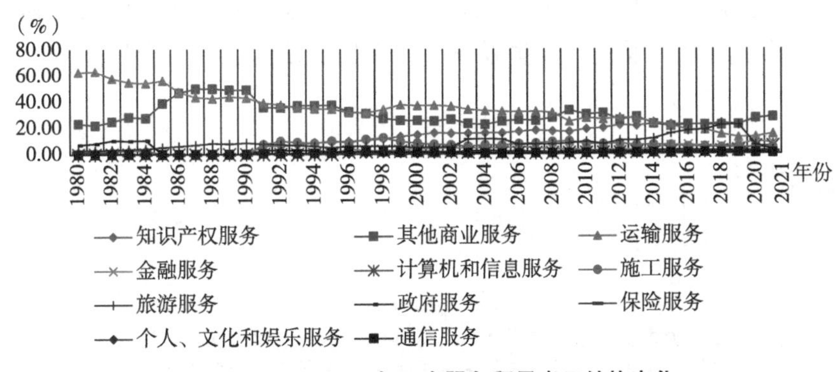

图5-41　1980—2021年日本服务贸易出口结构变化

资料来源：根据联合国贸易和发展会议数据库数据制作。

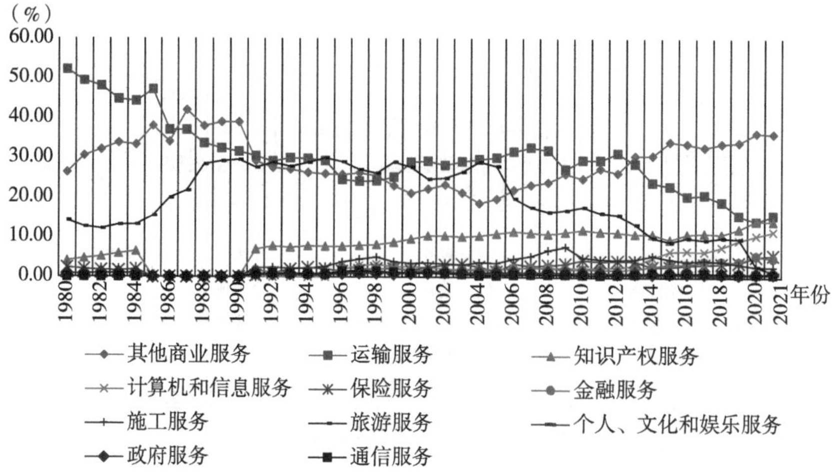

图5-42 1980—2021年日本服务贸易进口结构变化

资料来源：根据联合国贸易和发展会议数据库数据制作。

（四）德国服务贸易发展与服务贸易结构变化

1990—2021年，德国服务贸易发展稳中有升。德国服务贸易出口额从1990年的624亿美元增加到2021年的3771亿美元，同期服务贸易进口额从851亿美元增加到3810亿美元。德国服务贸易出口额居前五位的是其他商业服务、运输服务、旅游服务、金融服务、计算机和信息服务（见图5-43）。德国服务贸易进口额居前五位的是其他商业服务、旅游服务、运输服务、计算机和信息服务、金融服务（见图5-44）。

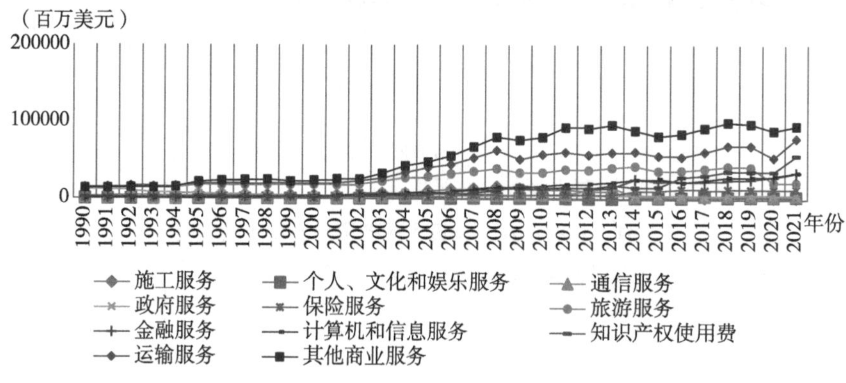

图5-43 1990—2021年德国服务贸易出口额变化

资料来源：根据联合国贸易和发展会议数据库数据制作。

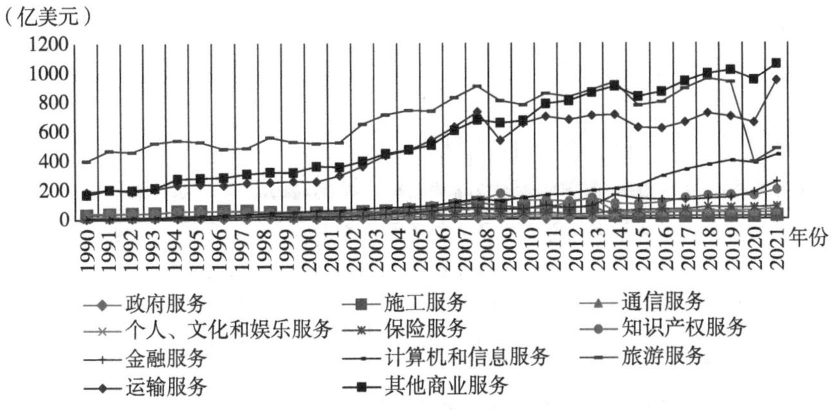

图5-44 1990—2021年德国服务贸易进口额变化

资料来源：根据联合国贸易和发展会议数据库数据制作。

1990—2021 年，德国服务贸易结构发生了明显变化，主要是旅游服务、政府服务和运输服务的出口额占德国服务贸易出口总额的比例持续下降，而知识产权服务、计算机和信息服务、金融服务出口额占德国服务贸易出口总额的比例上升（见图 5-45）。

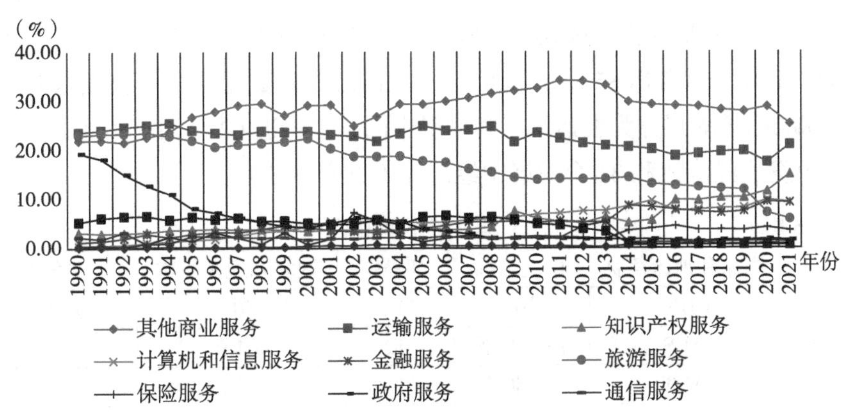

图5-45 1990—2021年德国服务贸易出口结构变化

资料来源：根据联合国贸易和发展会议数据库数据制作。

1990—2021 年，德国服务贸易进口结构发生了明显变化，主要是旅游服务进口总额明显下降，其他商业服务、运输服务的进口额占德国服务贸易进口总额的比例稳中有升，计算机和信息服务进口额占德国服务贸易进口总额的比例持续上升（见图 5-46）。

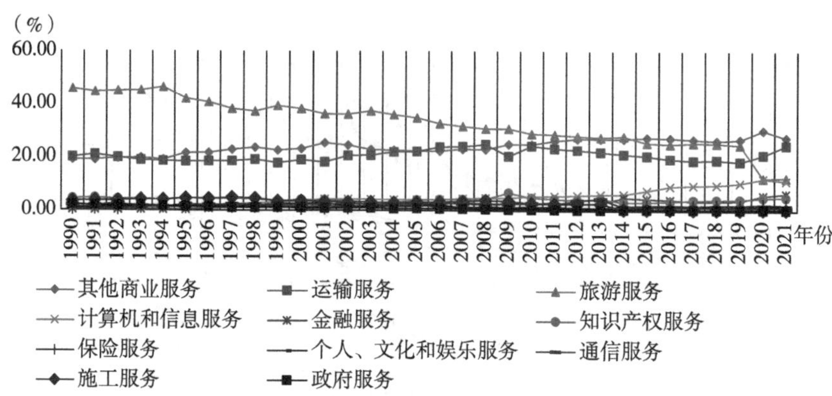

图5-46　1990—2021年德国服务贸易进口结构变化

资料来源：根据联合国贸易和发展会议数据库数据制作。

五、服务业发展样本国家的选择和数据处理

（一）样本国家选择

本研究所采用服务业的数据来源于2018年经济合作与发展组织数据库发布的投入产出表，经济合作与发展组织数据库提供了62个国家和地区、97个行业1995—2015年的世界投入产出表。经济合作与发展组织2018年版本所涉及的这62个经济体在2019年的GDP和进出口贸易额占世界的份额高达85.55%和85.71%（UNCTAD数据库）。根据这些分类标准把样本国分为发达国家和发展中国家，将这62个国家和地区分为31个发达经济体和31个发展中经济体（见表5-8）。

表5-8　样本经济体说明

序号	国家和地区简称	中文名称	序号	国家和地区简称	中文名称
1	CHN*	中国	12	FRA	法国
2	AUS	澳大利亚	12	GER	德国
3	AUT	奥地利	13	GRE	希腊
4	BEL	比利时	14	HUN*	匈牙利
5	CAN	加拿大	15	ISL	冰岛
6	CHL*	智利	16	IRL	爱尔兰
7	CZE	捷克	17	ISR	以色列
8	DEN	丹麦	18	ITA	意大利
9	EST*	爱沙尼亚	19	JPN	日本
10	FIN	芬兰	20	KOR	韩国
11	FRA	法国	22	LAT*	拉脱维亚

续表

序号	国家和地区简称	中文名称	序号	国家和地区简称	中文名称
23	LUX	卢森堡	43	CRC*	哥斯达黎加
24	MEX*	墨西哥	44	CYP	塞浦路斯
25	NLD	荷兰	45	CRO*	克罗地亚
26	NZL	新西兰	46	INA*	印度尼西亚
27	NOR	挪威	47	IND*	印度
28	POL*	波兰	48	KAZ*	哈萨克斯坦
29	POR	葡萄牙	49	CAM*	柬埔寨
30	SVK	斯洛伐克	50	MLT*	马耳他
31	SVN	斯洛文尼亚	51	MAS*	马来西亚
32	ESP	西班牙	52	MAR*	摩洛哥
33	SWE	瑞典	53	PER*	秘鲁
34	SUI	瑞士	54	PHI*	菲律宾
35	TUR*	土耳其	55	ROU*	罗马尼亚
36	GBR	英国	56	RUS	俄罗斯
37	USA	美国	57	KSA*	沙特阿拉伯
38	AGE*	阿根廷	58	SIN	新加坡
39	BUL*	保加利亚	59	THA*	泰国
40	BRA*	巴西	60	TUN*	突尼斯
41	BRU*	文莱	61	VIE*	越南
42	COL*	哥伦比亚	62	RSA*	南非

注：未标注星号的表示发达国家，标注星号的表示发展中国家。

资料来源：作者根据相关资料整理得出。

（二）数据处理及产业分类说明

学者在研究服务业时，往往使用服务业总产值数据进行计算。服务业总产值既包括新创造的价值，也包括在生产过程中物质消耗转移的价值，在中间贸易品盛行、全球价值链加深的现在，不能准确反映一国生产发展状况。服务业增加值等于总产出减去中间投入，能够较好地反映单位生产过程创造的新增价值。因此，本研究选取经济合作与发展组织投入产出表中产业增加值数据分析产业结构。

对贸易问题进行定量研究的文献，基本上都是根据传统贸易统计方法进行核算，但传统的贸易额核算法会重复计算中间品和服务，导致贸易水平被高估，因此本研究选用经济合作与发展组织投入产出表中贸易附加值数据分析贸易结构（见表 5-9）。

表5-9　　多国投入产出表

产出		中间使用				最终使用				总产出
	投入	S国	R国	…	T国	S国	R国	…	T国	
中间投入	S国	Z^{ss}	Z^{sr}	…	Z^{st}	Y^{ss}	Y^{st}	…	Y^{st}	X^{s}
	R国	Z^{rs}	Z^{rr}	…	Z^{rt}	Y^{rs}	Y^{tt}	…	Y^{rt}	X^{r}
	…	…	…	…	…	…	…	…	…	…
	T国	Z^{ts}	Z^{tr}	…	Z^{tt}	Y^{ts}	Y^{tr}	…	Y^{tt}	X^{t}
增加值		VA^{s}	VA^{r}	…	VA^{t}	–	–	…	–	–
总投入		X^{s}	X^{r}	…	X^{t}	–	–	…	–	–

资料来源：来自王直等（2015）[①]。

经济合作与发展组织投入产出表中 1995—2004 年的产业按照 ISIC Rev.3[②] 标准进行划分，2005—2015 年的产业是按照 ISIC Rev.4[③] 标准划分的。所以需先将 1995—2004 年的投入产出表按照 ISIC Rev.3 与 ISIC Rev.4 的匹配表，对产业重新分类。本研究首先参照中国国家统计局发布的《三次产业划分规定》将 D01T03 划分为第一产业，D05T06 划分为第二产业，D45T98 划分为第三产业。关于第三产业内部，借鉴刘艳等（2016）[④]，将服务业细分为劳动密集型服务业（D45T47，D55T56，D97T98）、资本密集型服务业（D49T53 ，D61，D68）、知识和技术密集型服务业（D58T60，D62T63，D64T66，D69T82，D84，D85，D86T88，D90T96）。表 5-10 描述了 OECD 投入产出数据库 98 个产业分类[⑤] 与 ISIC Rev.4 产业划分的对应关系。第三产业及知识和技术密集型服务业所占比例升高，意味着服务业产业结构和贸易结构不断高级化。

① 王直、魏尚进、祝坤福:《总贸易核算法：官方贸易统计与全球价值链的度量》,《中国社会科学》2015 年第 9 期。

② 联合国数字图书馆网站：https：//digitallibrary.un.org/record/129722?ln=zh_CN。

③ 联合国数字图书馆网站：https：//digitallibrary.un.org/record/641645?ln=zh_CN。

④ 刘艳、刘文秀、QIU Yue-ming:《中国服务业的国际竞争力分析：基于附加值贸易的测算》,《中国软科学》2016 年第 7 期。

⑤ 经济合作与发展组织网站：https：//stats.oecd.org/。

表 5-10 经济合作与发展组织投入产出表产业分类说明

产业分类	编码	产业名称	服务业组分
第一产业	D01T03	农业、林业、渔业、牧业	—
第二产业	D05T06	能源产品的开采（煤炭和褐煤；原油和天然气）	—
	D07T08	非能源产品的开采（金属矿；其他矿物）	
	D09	开采辅助服务活动	
	D10T12	食品制造业；饮料制造业；烟草制造业	
	D13T15	纺织品的制造；服装的制造；皮革和相关产品的制造	
	D16	木材、木材制品和软木制品的制造	
	D17T18	纸和纸制品的制造；印刷业	
	D19	焦炭和精炼石油产品制造	
	D20T21	化学品及化学制品的制造；药品及植物药材的制造	
	D22	橡胶和塑料制品的制造	
	D23	其他非金属矿物制品的制造	
	D24	基本金属的制造	
	D25	金属制品的制造，但机械和设备除外	
	D26	计算机、电子和光学产品的制造	
	D27	电力设备的制造	
	D28	未另分类的机械和设备的制造	
	D29	汽车、挂车和半挂车的制造	
	D30	其他运输设备的制造	
	D31T33	家具的制造；其他制造业；机械和设备的修理和安装	
	D35T39	电、煤气和水的供应；污水处理、废物管理和补救活动	
	D41T43	建筑业	
第三产业	D45T47	批发和零售业；汽车和摩托车的修理	劳动密集型服务业
	D55T56	食宿服务活动	
	D97T98	家庭作为雇主的活动	
	D49T53	运输与储存	资本密集型服务业
	D61	电信	
	D68	房地产活动	
	D58T60	出版活动；音像、广播和节目的制作活动	知识和技术密集型服务业
	D62T63	信息技术和其他信息服务	
	D64T66	金融和保险活动	
	D69T82	其他工商界服务	
	D84	公共管理与国防；强制性社会保障	
	D85	教育	
	D86T88	人体健康和社会工作活动	
	D90T96	艺术、娱乐和文娱活动；其他服务活动	

资料来源：作者根据相关资料整理得出。

六、服务业发展国际比较分析

（一）服务业增加值占比稳中有升

1995—2015 年，62 个样本国第一、第二、第三产业增加值及比重变化趋势：第一产业（农、林、牧、渔业）比重保持在 2.83%~3.93%，第二产业（工业）比重在 27.10%~30.26% 波动，第三产业（服务业）比重在 66.01%~69.60% 波动。从三次产业增加值变化趋势来看，第一产业比重整体呈现下降趋势，但是 2008 年之后有所回升，其原因是 2008 年全球金融危机对其他产业造成了一定的冲击，使第一产业比重有所提高。第二产业比重整体呈下降趋势，但在美国“再工业化”和德国“工业 4.0”等重振制造业战略下，近年来全球第二产业增加值比重出现了略微的提高。第三产业稳中有升，保持在 70% 左右，服务业成为发达国家经济发展的支柱行业（见图 5–47）。

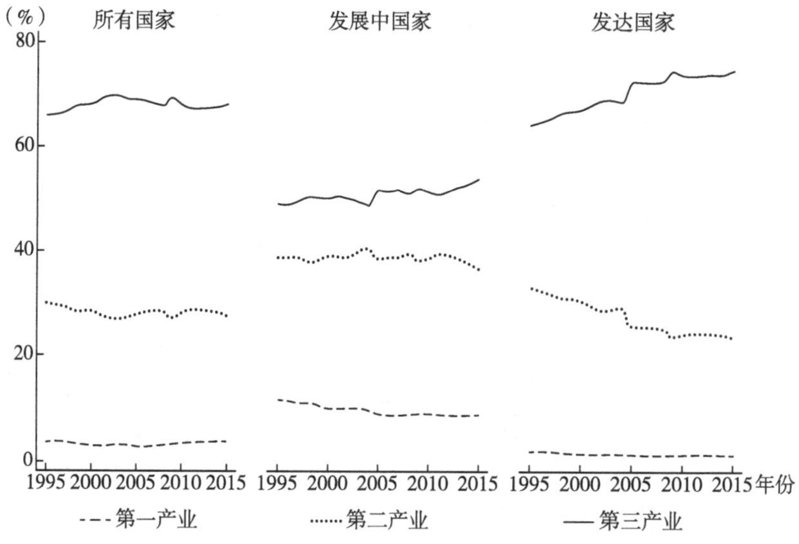

图5-47　1995—2015年样本国家三次产业结构变动

资料来源：根据经济合作与发展组织投入产出表数据制作。

在服务业增加值变化中，生产性服务业占比从 25.95% 增加到 29.97%，生活性服务业占比从 40.06% 降至 38.15%，批发零售、交通运输、住宿餐饮业整体小幅波动；公共行政、教育健康业增加值占比由 20.21% 降至 19.90%（见图 5–48）。

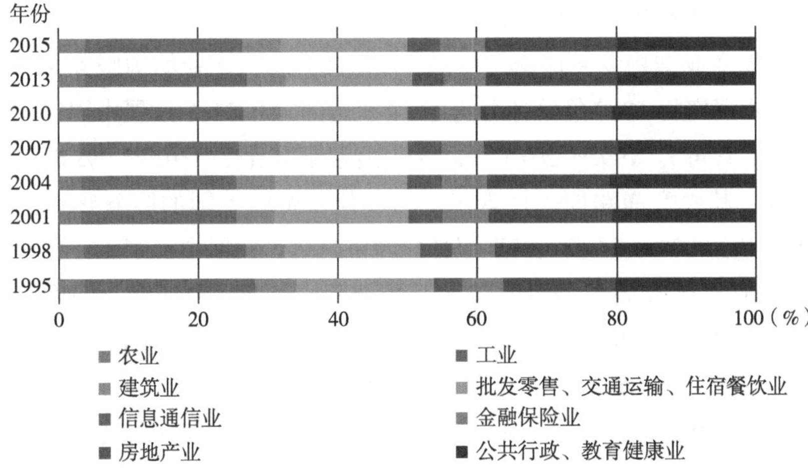

图5-48 1995—2015年样本国家产业结构变化

资料来源：根据经济合作与发展组织投入产出表数据制作。

（二）发达经济体服务业增加值占比高于发展中经济体

美、英、德、法、日等欧美发达国家的服务业增加值比重均超过70%，第一产业比重保持在2%以下水平，而第二产业比重基本维持稳定在20%~30%。我国的第一产业增加值占比和第二产业增加值占比高于美、英、德、法、日等欧美发达国家，而服务业增加值占比则低于美、英、德、法、日等欧美发达国家（见图5-49）。

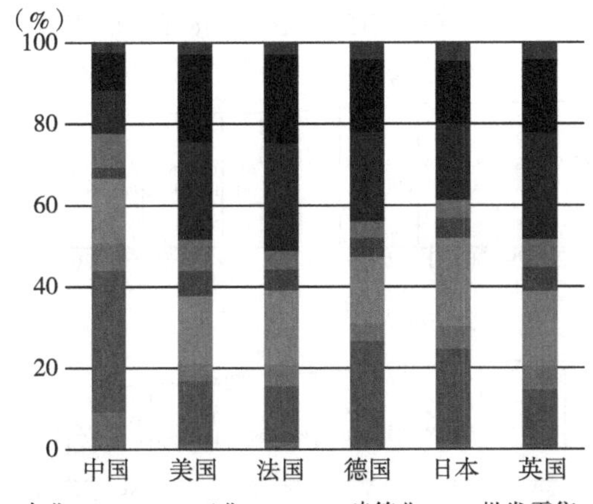

图5-49 2015年中国产业结构的国际比较

资料来源：经济合作与发展组织投入产出表数据制作。

（三）产业结构服务化水平比较

根据产业结构发展理论，一国的经济越发达，产业结构服务化水平越高。本研究将62个经济体分为31个发达国家和31个发展中国家（见表5-8，下同）。1995—2015年，发达国家服务化水平由65.9%提高至72.61%，其中塞浦路斯、卢森堡、马耳他、希腊等国的服务化水平在2015年超过80%，已步入高度服务化经济时代。发展中国家服务化水平同期由53.67%提高至58.91%，尤其是文莱、越南、柬埔寨、印度尼西亚、马来西亚和中国产业结构服务化水平偏低，在2015年经济服务化水平排在最末，未达到50%（见图5-50、图5-51）。

1995—2015年，第三产业比重增幅最大的十个国家分别是罗马尼亚（18.9%）、中国（16.4%）、马耳他（15.7%）、哥斯达黎加（15.5%）、塞浦路斯（14%）、拉脱维亚（13.1%）、英国（12.2%）、保加利亚（11.9%）、冰岛（11.3%）、土耳其（10.4%），中国第三产业比重上升至16.4%，排第二位。

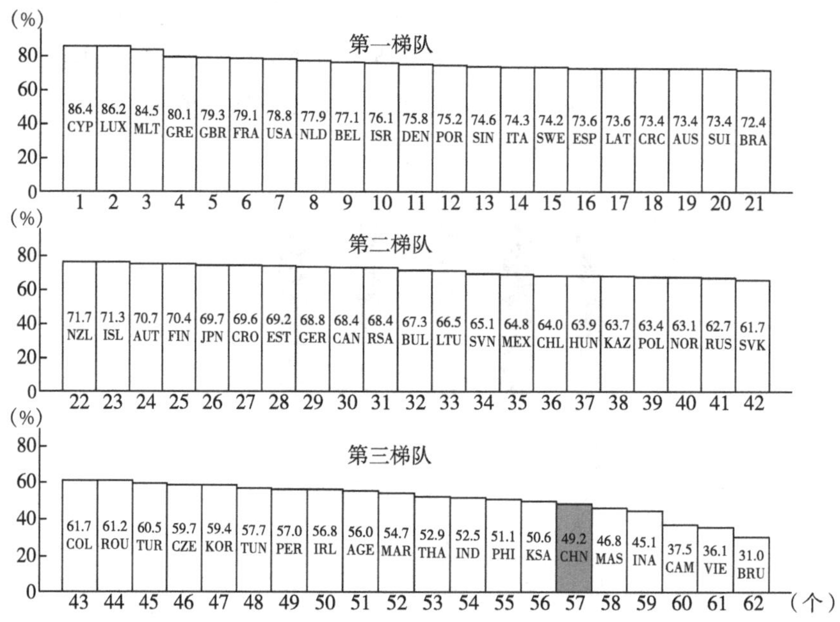

图5-50　2015年62个经济体服务化水平（产业结构）比较

资料来源：根据经济合作与发展组织投入产出表数据制作。

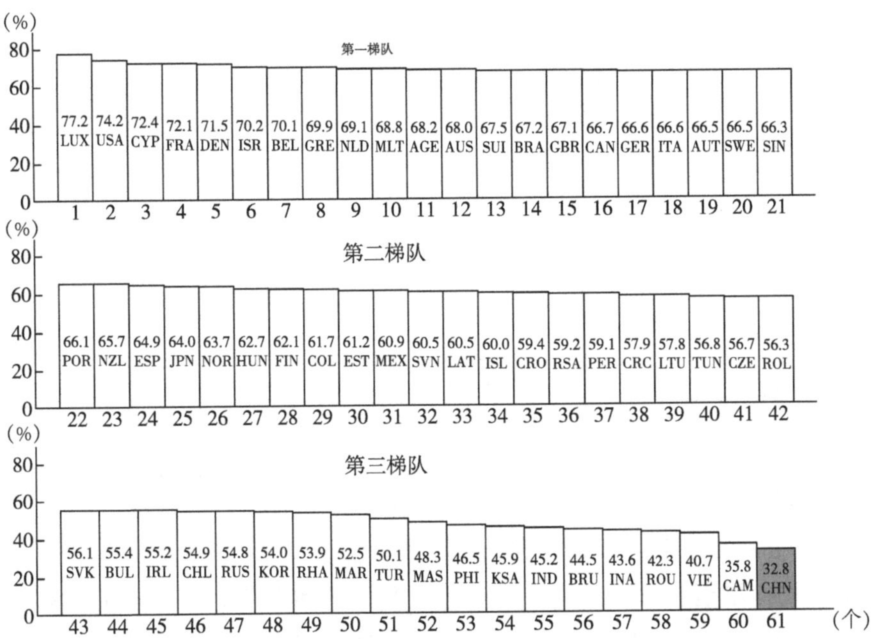

图5-51　1995年62个经济体服务化水平（产业结构）比较

资料来源：根据经济合作与发展组织投入产出表数据制作。

（四）知识和技术密集型服务业占比提升，劳动密集型服务业占比下降

1995—2015 年，知识和技术密集型服务业增长加快，劳动密集型服务业和资本密集型服务业增长有所下降，知识和技术密集型服务业占比高于劳动密集型服务业和资本密集型服务业，知识和技术密集型服务业占比从 1995 年的 51.04% 提高到 2015 年的 55.53%。劳动密集型服务业占比降低，从 1995 年的 23.69% 下降至 2015 年的 20.62%。从发展中国家和发达国家之间的差异来看，知识和技术密集型服务业占比与发达经济体相比平均低 10%~12%，而劳动密集型服务业占比平均高 8% 左右（见图 5–52）。

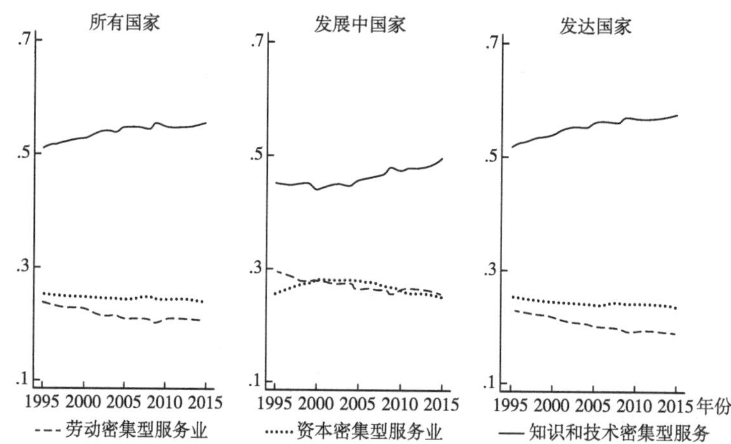

图5-52 1995—2015年样本国家服务业内部产业结构变动

资料来源：根据经济合作与发展组织投入产出表数据制作。

1995—2015 年，发达国家知识和技术密集型服务业占服务业的比重由 51.80% 增至 57.54%，其中卢森堡、爱尔兰和文莱的知识与技术密集型服务业比重在 2015 年达 65% 以上。发展中国家知识与技术密集型服务业比重由 45.05% 增至 49.48%。中国知识和技术密集型服务业比重在 2015 年达 51.7%，排第 34 位（见图 5-53、图 5-54）。

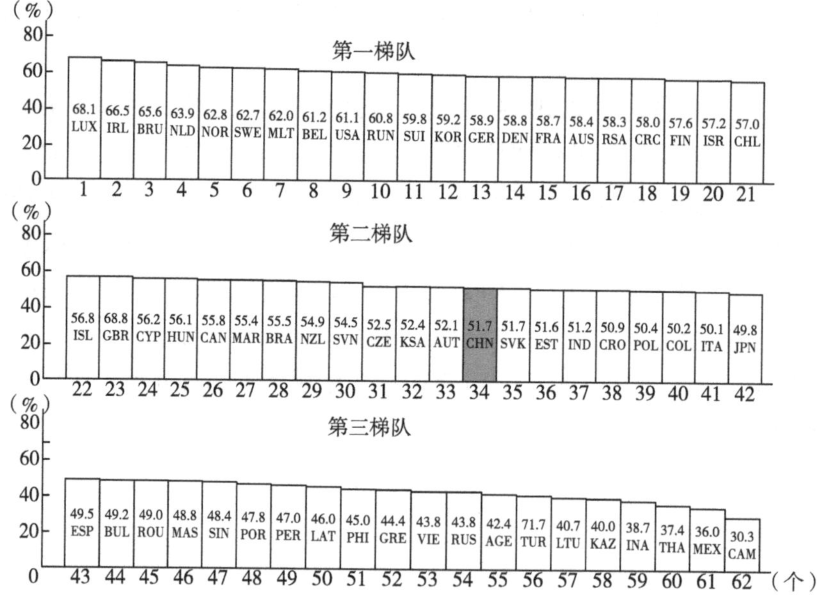

图5-53 2015年62个经济体服务业内部结构优化水平（产业结构）比较

资料来源：根据经济合作与发展组织投入产出表数据制作。

1995—2015 年，知识和技术密集型服务业的比重增幅快的前十个国家分别是马耳他（16.8%）、哥斯达黎加（15.6%）、塞浦路斯（14.4%）、俄罗斯（12.1%）、中国（11.7%）、智利（11.8%）、爱沙尼亚（11.4%）、挪威（11.0%）、克罗地亚（10.6%）、卢森堡（10.4%）。

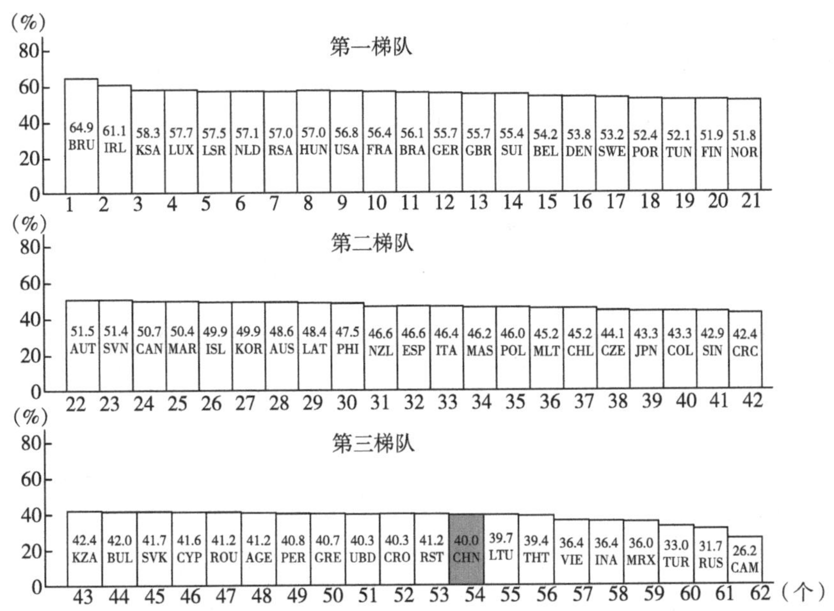

图5-54 1995年62个经济体知识和技术密集型服务业比重变化

资料来源：根据经济合作与发展组织投入产出表数据制作。

（五）服务业细分行业结构变化

2015 年，发达国家服务业细分行业增加值占比居前列的分别为房地产活动、批发和零售业与车辆修理业、其他工商界服务、公共管理国防与强制性社会保障、人体健康和社会工作活动，这些服务业细分行业增加值占服务业总增加值的比例大约为 64%。中国服务业居前列的细分行业增加值占比中，批发和零售业与车辆修理业占比为 19.61%，居服务业细分行业的第一位，金融和保险活动增加值占比为 17.05%，居服务业细分行业的第二位，房地产活动增加值占比为 12.25%，居服务业细分行业的第三位。其他工商界服务增加值占比为 9.22%，居服务业细分行业的第四位，运输与储存占比为 9.03%（见表 5-11），居服务业细分行业的第五位。与发达国家相比，我国在信息技术和其他信息服务、公共管理国防与强制性社会保障等细分行业占比还存在比较明显的差距。

表5-11　　发达国家及中国服务业细分行业占比　　单位：%

发达国家		中国	
行业名称	占比	行业名称	占比
房地产活动	15.77	批发和零售业与车辆修理业	19.61
批发和零售业与车辆修理业	14.93	金融和保险活动	17.05
其他工商界服务	14.03	房地产活动	12.25
公共管理国防与强制性社会保障	9.82	其他工商界服务	9.22
人体健康和社会工作活动	9.56	运输与储存	9.03
金融和保险活动	8.55	公共管理国防与强制性社会保障	7.87
教育	6.73	教育	7.08
运输与储存	5.72	艺术、娱乐和文娱活动	4.68
艺术、娱乐和文娱活动	3.91	人体健康和社会工作活动	4.26
食宿服务活动	3.55	电信	3.75
信息技术和其他信息服务	2.96	食宿服务活动	3.60
出版活动与音像广播的制作活动	2.13	信息技术和其他信息服务	1.00
电信	2.04	出版活动与音像广播的制作活动	0.58
家庭作为雇主的活动	0.31	家庭作为雇主的活动	—

资料来源：作者根据经济合作与发展组织投入产出表计算整理得出。

七、服务贸易结构变化

（一）贸易结构发生明显变化

1995—2015年，样本国家贸易结构发生明显变化，主要是第二产业货物贸易与服务贸易比例关系发生比较明显的变化，第二产业货物贸易占比稳中有降，服务贸易占比稳中有升。62个样本国家第一产业出口附加值占总出口附加值的比重基本稳定在1.61%至2.40%的较低水平，第二产业货物出口附加值占总出口附加值的比重在66.72%至72.30%波动，服务业出口附加值占总出口附加值的比重在25.16%至31.22%波动。其中，发达经济体服务业出口附加值占总出口附加值的比重稳中有升，而第二产业货物出口贸易附加值占比稳中有降，目前发达经济体的货物贸易占比仍然在 60% 以上。发展中经济体第二产业货物出口附加值占总出口附加值的比重仍然持续提升，2010 年以来第二产业货物出口附加值占总出口附加值的比重高达 80% 以上，发展中经济体的货物贸易具有竞争优势（见图 5-55）。

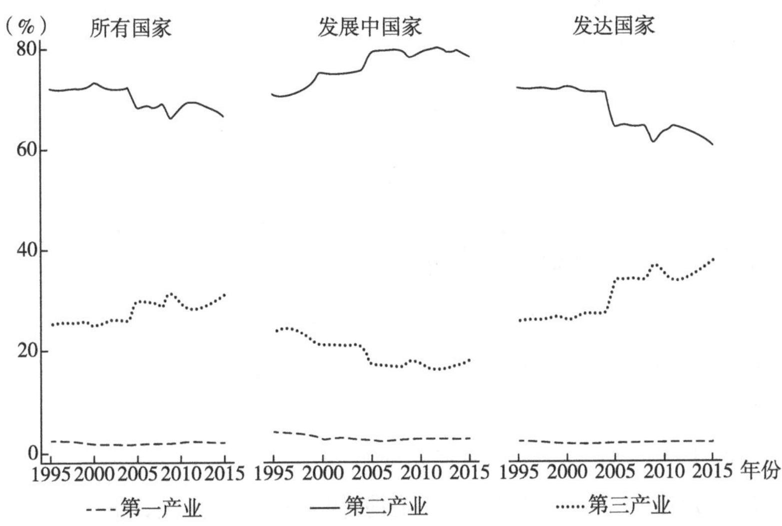

图5-55 1995—2015年分样本国家三次产业贸易结构变动

资料来源：根据经济合作与发展组织投入产出表数据制作。

1995—2015 年，根据样本国家细分行业的贸易结构变动情况来看，第一产业中的农、林、牧、渔业贸易附加值占比小幅上升，第二产业中的工业、建筑业占比显著下降，第三产业服务业贸易附加值持续上升。在第三产业中，生产性服务业贸易附加值占比增幅最大，上升了 3.71 个百分点。其中，金融保险业（2.14% 增至 3.79%）、信息和通信业（1.27% 增至 3.43%）、房地产业（3.10% 增至 6.81%），批发零售、运输和住宿餐饮业贸易附加值占比超过 16%，公共行政和教育健康业贸易附加值占比从 0.84% 降至 0.40%。从三次产业的贸易结构演变可以看出，生产性服务业的贸易附加值占比快速提升（见图 5-56）。

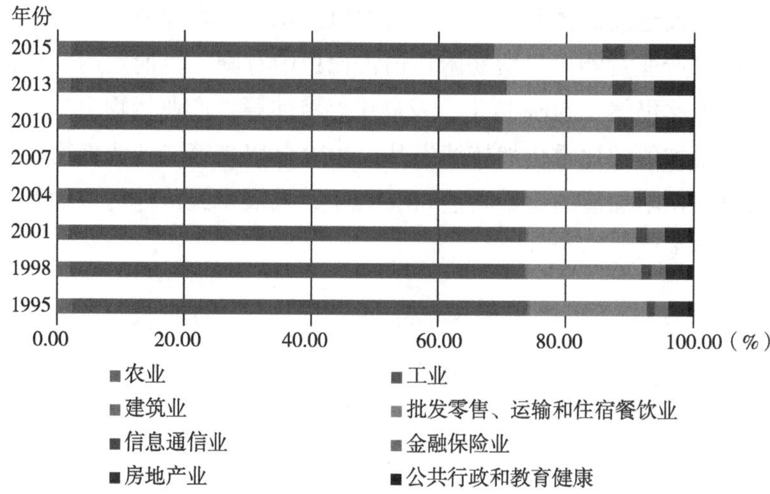

图5-56　1995—2015年样本国家细分行业贸易结构演变

资料来源：根据经济合作与发展组织投入产出表数据制作。

（二）贸易结构优化，加快服务贸易发展任务艰巨

1995—2015 年，我国对外贸易结构优化加快，具体表现为高新技术产品贸易占比快速提高。但是我国当前仍以劳动密集型产品贸易作为贸易结构的主体，与欧美发达国家和地区的服务和技术密集型贸易结构相比仍有较大差距（见图 5-57）。我国加快贸易结构优化，提高服务贸易比例的任务仍然比较艰巨。

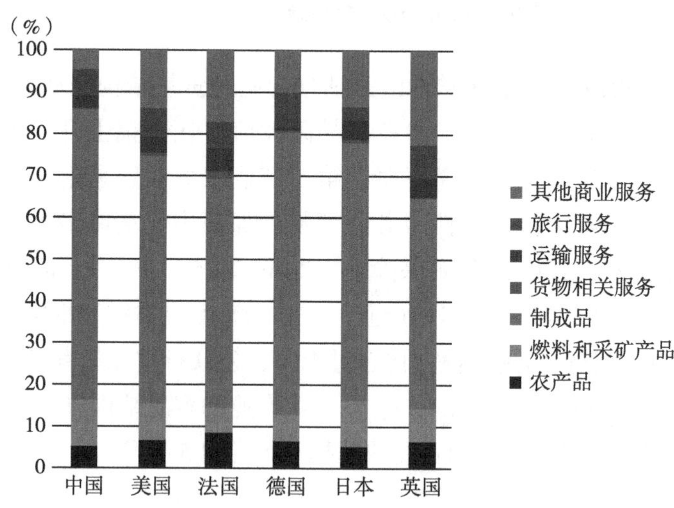

图5-57　2015年贸易结构的国际比较

资料来源：根据经济合作与发展组织投入产出表数据制作。

1995—2015 年，发达国家贸易结构服务化水平从 25.84% 提高到 37.62%，2015 年卢森堡、塞浦路斯、马耳他等国的贸易结构服务化水平高达 80%，而发展中经济体贸易结构服务化水平从 24.21% 降至 18.16%。中国贸易结构服务化水平保持在 10% 左右，2015 年为 9.5%，排第 59 位（见图 5-58、图 5-59）。

2000—2015 年，贸易结构服务化水平增幅最大的十个国家分别是马耳他（53.6%）、新加坡（29.8%）、卢森堡（29.5%）、爱尔兰（29.3%）、荷兰（28.9%）、比利时（26.6%）、哥斯达黎加（25.2%）、英国（24.3%）、立陶宛（20.2%）、丹麦（18.7%），中国贸易结构服务化水平提升 0.12%，排第 41 位。

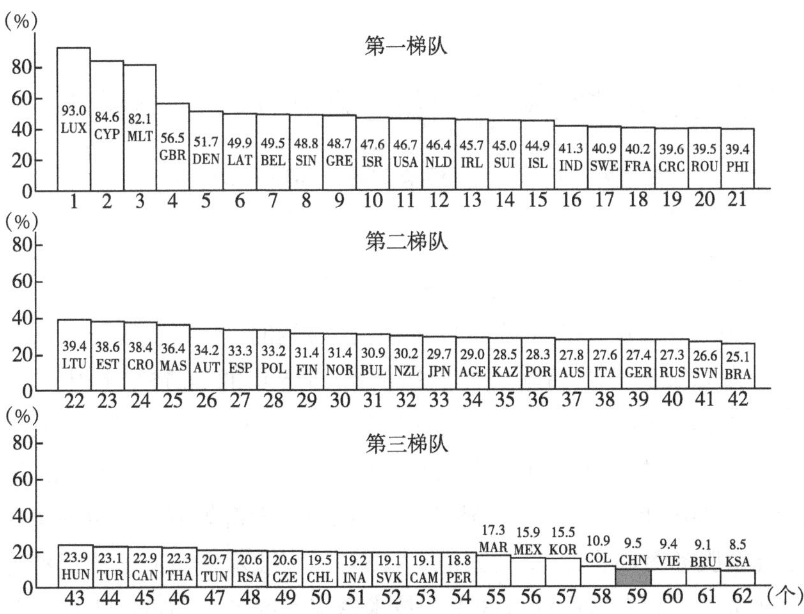

图5-58　2015年62个经济体贸易结构服务化水平比较

资料来源：根据经济合作与发展组织投入产出表数据制作。

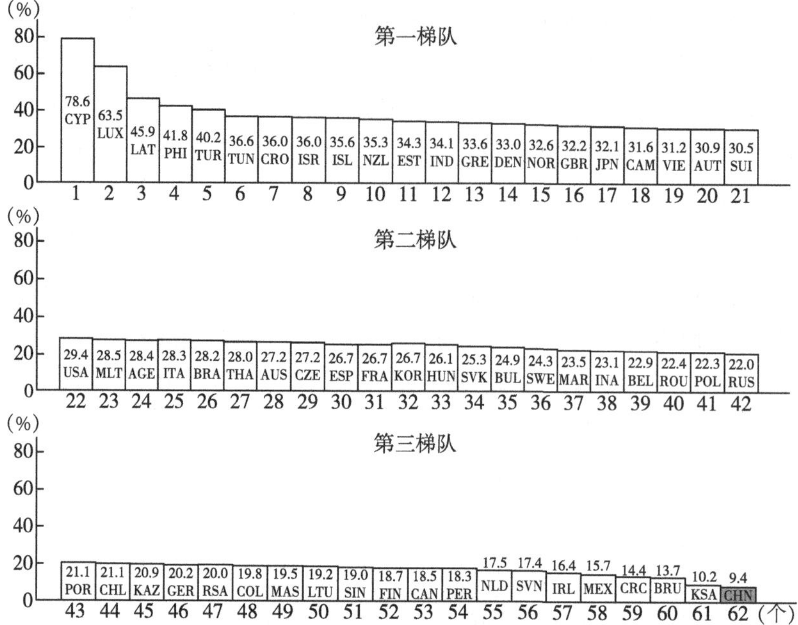

图5-59　1995年62个经济体贸易结构服务化水平比较

资料来源：根据经济合作与发展组织投入产出表数据制作。

（三）知识和技术密集型服务贸易比重持续上升

1995—2015 年，62 个样本经济体的知识和技术密集型服务业贸易附加值占总服务业贸易附加值的比例从 1995 年的 26.15% 上升到 2015 年的 43.85%，劳动密集型服务贸易从 1995 年的 42.91% 降至 2015 年的 31.94%，资本密集型服务贸易由 1995 年的 30.94% 下降至 2015 年的 24.21%。2005 年以来，发达经济体的知识和技术密集型服务贸易超过资本密集型服务贸易，发达经济体进入以知识和技术密集型服务贸易为主的发展阶段。而发展中国家知识和技术密集型服务贸易占比仍低于劳动密集型和资本密集型服务贸易（见图 5-60）。

发达经济体的知识和技术密集型服务业占服务业的比重由 1995 年的 27.72% 增至 2015 年的 46.58%。2015 年，马耳他、卢森堡、爱尔兰的知识和技术密集型服务业占比高达 70% 以上。发展中国家知识和技术密集型服务业占比由 1995 年的 15.76% 增至 2015 年的 28.03%。2015 年，中国知识和技术密集型服务业占比为 7.6%，排第 59 位，中国知识与技术密集型服务业的比重明显偏低（见图 5-61）。

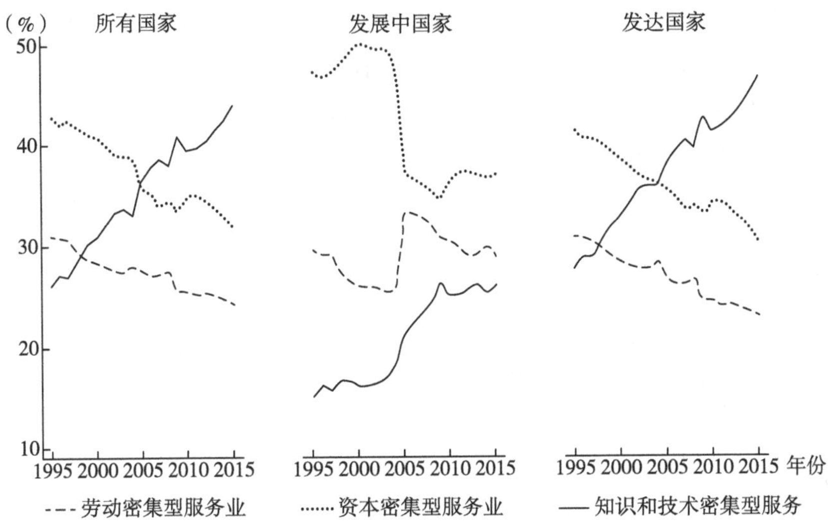

图5-60 1995—2015年62个样本国家贸易结构变化

资料来源：根据经济合作与发展组织投入产出表数据制作。

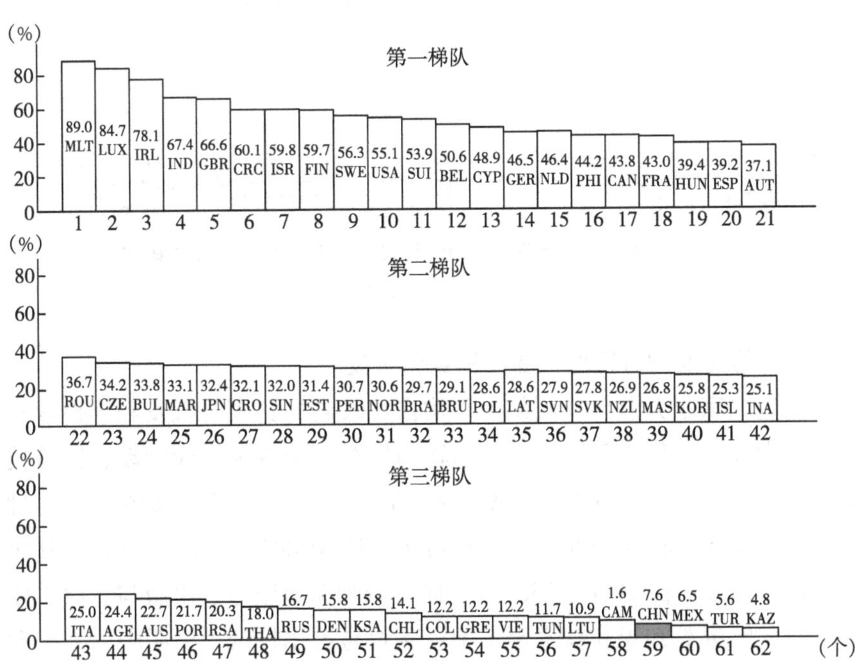

图5-61 2015年62个经济体知识和技术密集型服务业比重排序

资料来源：根据经济合作与发展组织投入产出表数据制作。

1995—2015 年，知识和技术密集型服务业的比重增幅最大的十个国家分别是哥斯达黎加（26.8%）、菲律宾（24.4%）、马耳他（21.1%）、罗马尼亚（18.6%）、法国（15.0%）、日本（14.8%）、瑞典（13.9%）、匈牙利（13.1%）、芬兰（12%）、比利时（11.8%），而中国知识与技术密集型服务业的比重不增反降，下滑 0.7%，排第 55 位（见图 5-62）。

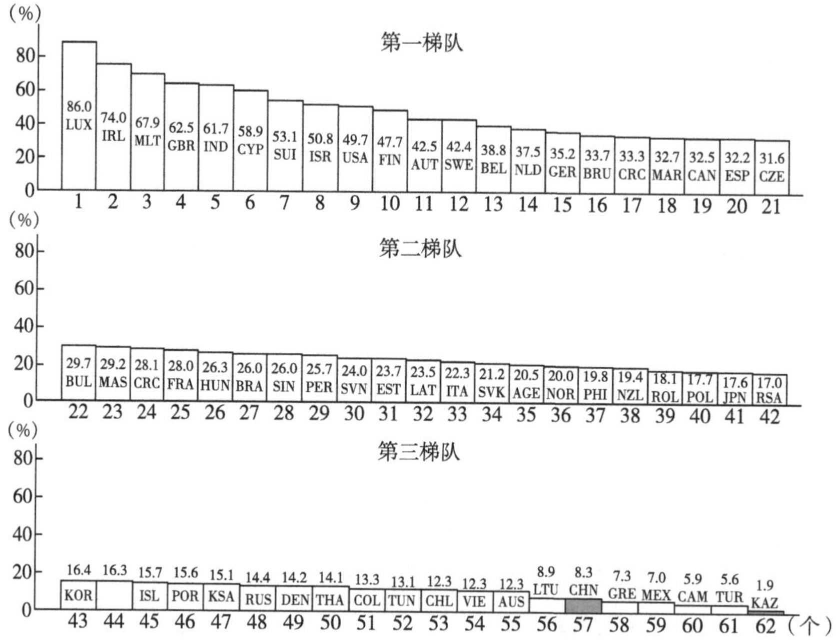

图5-62　1995年62个经济体知识和技术密集型服务业比重排序

资料来源：根据经济合作与发展组织投入产出表数据计算制作。

八、服务业细分行业贸易结构变化比较

发达国家服务业出口贸易中平均占比较高的分别为批发和零售业与车辆修理业、其他工商界服务、运输与储存、金融和保险活动、信息技术和其他信息服务，占发达国家服务业出口的比例高达 93.64%。中国批发和零售业与车辆修理业出口贸易占比高达 48.00%（见表 5-12），其次是运输与储存，占比高达 23.22%，而金融和保险服务、出版与音像广播的制作、电信等知识和技术密集型服务贸易占比较低，说明中国知识和技术密集型服务贸易竞争力比较弱。

表5-12　　发达国家及中国服务贸易细分行业占比　　单位：%

发达国家		中国	
行业名称	占比	行业名称	占比
批发和零售业与车辆修理业	30.62	批发和零售业与车辆修理业	48.00
其他工商界服务	23.92	运输与储存	23.22
运输与储存	20.27	其他工商界服务	16.85
金融和保险活动	13.86	信息技术和其他信息服务	4.07
信息技术和其他信息服务	4.97	食宿服务	2.31
出版与音像广播的制作	2.47	艺术、娱乐和文娱	2.24
电信	1.92	金融和保险服务	1.69
艺术、娱乐和文娱	0.63	电信	0.48
房地产	0.46	出版与音像广播的制作	0.44
教育	0.40	公共管理国防与强制性社会保障	0.25
公共管理国防与强制性社会保障	0.26	教育	0.22
人体健康和社会工作服务	0.12	人体健康和社会工作服务	0.17
食宿服务	0.10	房地产	—
家庭作为雇主的活动	—	家庭作为雇主的活动	—

资料来源：作者根据经济合作与发展组织投入产出表计算整理得出。

本研究对62个样本国家以及中国的服务业与服务贸易结构发展现状进行了比较分析，得出以下主要结论。

一是服务业持续稳定增长，服务业增加值占三次产业总增加值的比重稳中有升。中国服务业比重仍然明显低于欧美发达国家和地区，加快服务业发展仍然具有很大空间和潜力。

二是知识和技术密集型服务业稳中有升，中国知识和技术密集型服务业比重持续提升。发达国家知识和技术密集型服务业出口贸易增长加快，知识和技术密集型服务业出口贸易占比持续提升，中国知识和技术密集型服务业贸易占比远低于知识和技术密集型服务业增加值占比，服务贸易特别是知识和技术密集型服务业贸易与发达国家差距明显。

第三节　服务业与服务贸易协同发展水平研究

一、服务业与服务贸易结构指数测算

国内学者对服务业与服务贸易结构指数进行了比较深入的研究，付凌晖（2010）[①]、干春晖等（2011）[②] 以及王丽和张岩（2016）[③] 对产业结构指数的测算，综合考虑了劳动力要素（就业人数）在三次产业中的分布情况，但更为侧重衡量产业结构的合理化发展，而高级化发展方面的衡量力度有所欠缺，同时也忽视了资本或技术等其他生产要素的贡献（见表 5-13）。干春晖等（2011）[④] 还通过计算第二、第三产业增加值比值的方法计算产业结构指数，但该方法忽略了第一产业变动对于消费与贸易结构的作用。马颖等（2012）[⑤] 以非农业部门增加值作为产业结构指数，同样存在忽视农业发展而无法全面衡量产业结构优化升级的问题。袁富华（2012）[⑥] 认为产业结构从农业向工业再向服务业过渡演进的趋势，正是发达经济体经济增长出现“结构性减速”问题的主要原因。徐敏和姜勇（2015）[⑦] 通过对三次产业权重赋值的方法计算产业结构指数，既对三次产业结构升级进行了全面衡量，也突出了三次产业变动的重要程度。

---

① 付凌晖:《我国产业结构高级化与经济增长关系的实证研究》,《统计研究》2010 年第 27 卷第 8 期。

②④ 干春晖、郑若谷、余典范:《中国产业结构变迁对经济增长和波动的影响》,《经济研究》2011 年第 46 卷第 5 期。

③ 王丽、张岩:《对外直接投资与母国产业结构升级之间的关系研究——基于 1990—2014 年 OECD 国家的样本数据考察》,《世界经济研究》2016 年第 11 期。

⑤ 马颖、李静、余官胜:《贸易开放度、经济增长与劳动密集型产业结构调整》,《国际贸易问题》2012 年第 9 期。

⑥ 袁富华:《长期增长过程的“结构性加速”与“结构性减速”：一种解释》,《经济研究》2012 年第 47 卷第 3 期。

⑦ 徐敏、姜勇:《中国产业结构升级能缩小城乡消费差距吗？》,《数量经济技术经济研究》2015 年第 52 卷第 3 期。

表5-13　　产业结构升级指数研究情况

测算方法	变量说明	代表学者
$ISI=\sum_{k=1}^{3}\sum_{j=1}^{k}arccos\frac{\sum_{i=1}^{3}y_{i\cdot j}y_{i\cdot 0}}{\left(\sum_{i=1}^{3}y_{i\cdot j}{}^{2}\right)^{1/2}\times\left(\sum_{i=1}^{3}y_{i\cdot 0}{}^{2}\right)^{1/2}}$	以三次产业增加值占比x_i作为单个空间分量，构造三维向量$X_0=(X_{1\cdot 0},X_{2\cdot 0},X_{3\cdot 0})$，加总$X_1=(1,0,0)$，$X_2=(0,1,0)$，$X3=(0,0,1)$与其夹角和	付凌晖（2010）①
$ISI=\frac{Y_3}{Y_2}$	式中，Y_2、Y_3分别表示第二、第三产业增加值	干春晖等（2011）②
$ISI=\sum_{i=1}^{n}\left(\frac{Y_i}{Y}\right)\ln\left(\frac{Y_i}{L_i}\Big/\frac{Y}{L}\right)$	式中，Y_i、L_i分别表示i产业的增加值和就业人数；Y为国内生产总值，即GDP；L为全部就业人数	干春晖等（2011）③
$ISI=\frac{Y_2+Y_3}{Y}$	式中，Y_2、Y_3分别表示第二、三产业增加值；Y为国内生产总值，即GDP	马颖等（2012）④
$ISI=\sum_{i=1}^{3}y_i\times i=y_1+2y_2+3y_3$	式中，y_i表示第i产业增加值占国内生产总值的比重；i为各产业权重，默认随同三次产业赋值1、2、3	徐敏和姜勇（2015）⑤
$ISI=\sum_{i=1}^{3}y_i\times\sqrt{LP_i}=\sum_{i=1}^{3}y_i\times\sqrt{Y_i/L_i}$	式中，y_i表示第i产业增加值占国内生产总值的比重；LP_i表示相应的劳动生产率	王丽和张岩（2016）⑥

资料来源：作者根据文献整理所得。

① 付凌晖:《我国产业结构高级化与经济增长关系的实证研究》,《统计研究》2010年第27卷第8期。

②③ 干春晖、郑若谷、余典范:《中国产业结构变迁对经济增长和波动的影响》,《经济研究》2011年第27卷第5期。

④ 马颖、李静、余官胜:《贸易开放度、经济增长与劳动密集型产业结构调整》,《国际贸易问题》2012年第9期。

⑤ 徐敏、姜勇:《中国产业结构升级能缩小城乡消费差距吗?》,《数量经济技术经济研究》2015年第3期。

⑥ 王丽、张岩:《对外直接投资与母国产业结构升级之间的关系研究——基于1990—2014年OECD国家的样本数据考察》,《世界经济研究》2016年第11期。

贸易结构指数方面，Andres Rodriguez（2004）[①]以及裴长洪（2013）[②]提出的贸易结构指数都侧重于当期与基期间的结构变化，更多被用于单个地区贸易结构在时间变化上的纵向比较（见表5-14）。蔡兴和刘子兰（2013）[③]提出的贸易结构指数更多被用来衡量进出口比重间差距的贸易顺差规模。于慧君（2010）[④]、孙晓华和王昀（2013）[⑤]构建的贸易结构指数，高新技术产品相较工业制成品在类型划分上更为细化，同时也更能体现当前我国“创新驱动”所要求的贸易结构中技术要素含量的提高。徐敏和姜勇（2015）[⑥]提出的产业结构指数对资源、劳动和技术密集型贸易产品权重赋值构建贸易结构的层级指数，但是贸易结构很大程度上是由其要素禀赋优势所决定的，综合性的评价指标反而无法体现贸易结构的优化升级程度。

表5-14　　贸易结构升级指数研究情况

测算方法	变量说明	代表学者
$TSI=\frac{AT_{it}/MT_{it}}{AT_{i0}/MT_{i0}}\times\frac{(T_{i0}/GDP_{i0})(T_{it}/GDP_{it})}{2}$	式中，AT_{it}、MT_{it}分别表示i地区t时期初级品和工业制成品的贸易总额；T_{it}、GDP_{it}分别表示相对应的总贸易额和国内生产总值	Andres Rodriguez（2004）[⑦]
$TSI=\frac{T_{htp}}{T}=\frac{X_{htp}+M_{htp}}{X+M}$	式中，X_{htp}、M_{htp}分别表示高新技术产品出口额和进口额，T_{htp}为高新技术产品的贸易总额；X表示总出口额，M表示总进口额	于慧君（2010）[⑧]

①⑦　Andres Rodriguez P., Nicholas Gill, “How Does Trade Affect Regional Inequalities,” *The 44th Congress of the European Regional Science Association*, Porto, Portugal, 2004.

②　裴长洪:《进口贸易结构与经济增长：规律与启示》,《经济研究》2013年第48卷第7期。

③　蔡兴、刘子兰:《人口因素与东亚贸易顺差——基于人口年龄结构、预期寿命和性别比率等人口因素的实证研究》,《中国软科学》2013年第9期。

④⑧　于慧君:《我国高新技术产品贸易状况分析》,《现代商贸工业》2010年第22卷第3期。

⑤　孙晓华、王昀:《对外贸易结构带动了产业结构升级吗？——基于半对数模型和结构效应的实证检验》,《世界经济研究》2013年第1期。

⑥　徐敏、姜勇:《中国产业结构升级能缩小城乡消费差距吗？》,《数量经济技术经济研究》2015年第52卷第3期。

续表

测算方法	变量说明	代表学者
$TSI = K\sqrt{\frac{1}{n}\sum_{i=1}^{n}(TP_{i \cdot t_1} - TP_{i \cdot t_2})^2}$	式中，$TP_{i \cdot t_1}$、$TP_{i \cdot t_2}$ 分别表示 i 产业在 t_1 和 t_2 时期的贸易总额占总贸易额的比重；K 为简单的修正系数	裴长洪（2013）①
$TSI = \frac{NX}{GDP} = \frac{X - M}{GDP}$	式中，NX 表示净出口额。该指数多用来比较进出口比重间差距的贸易顺差规模	蔡兴和刘子兰（2013）②
$TSI = \frac{T_{ip}}{T} = \frac{X_{ip} + M_{ip}}{X + M}$	式中，T_{ip} 为工业制成品贸易总额，X_{ip}、M_{ip} 分别表示工业制成品出口额和进口额	孙晓华和王昀（2013）③

资料来源：作者根据文献整理所得。

本节主要考虑服务业与服务贸易结构的互动关系，分别从两个维度衡量服务业结构与服务贸易结构，即产业间结构和服务业内部结构。产业间结构中，产业结构用服务业增加值占第一、第二、第三产业总增加值的比重来表示，服务贸易结构用服务出口贸易附加值占总出口附加值的比重来表示；服务业内部结构中，用知识和技术密集型服务业增加值占服务业总增加值的比重来表示，服务贸易结构用知识和技术密集型服务业出口贸易附加值占服务业总出口贸易附加值的比重来表示（见表 5-15）。

表5-15　测算方法的选择

指数		公式	说明
产业间	产业结构	$ind = \frac{A_3}{A}$	ind 表示产业间产业结构发展指数；A_3 表示第三产业增加值，A 表示总增加值
	贸易结构	$tra = \frac{E_3}{E}$	tra 表示产业间贸易结构发展指数；E_3 表示第三产业出口贸易附加值，E 表示总出口贸易附加值

① 裴长洪:《进口贸易结构与经济增长：规律与启示》,《经济研究》2013 年第 48 卷第 7 期。

② 蔡兴、刘子兰:《人口因素与东亚贸易顺差——基于人口年龄结构、预期寿命和性别比率等人口因素的实证研究》,《中国软科学》2013 年第 9 期。

③ 孙晓华、王昀:《对外贸易结构带动了产业结构升级吗？——基于半对数模型和结构效应的实证检验》,《世界经济研究》2013 年第 1 期。

续表

指数		公式	说明
服务业内部	产业结构	$ind' = \frac{HA}{MA}$	*ind'* 表示服务业内部产业结构高质量发展指数；*HA* 表示知识和技术密集型服务业增加值，*MA* 表示总服务业增加值
	贸易结构	$tra' = \frac{HE}{ME}$	*tra'* 表示服务业内部贸易结构发展指数；*HE* 表示知识和技术密集型服务业出口附加值，*ME* 表示总服务业出口附加值

资料来源：作者根据文献整理所得。

二、服务业与服务贸易协同发展水平测算

本节对于服务业与服务贸易协同发展指数的测算基于耦合协同度模型，耦合协同度模型能够很好地体现多系统间相互作用、依赖或制约的动态关联和协同发展程度。因此，本节参考刘耀彬等（2005）[①] 引入物理学上的耦合协同度，对全球 62 个国家服务业内部产业与贸易两者结构间互动的协同程度进行测算和分析。其具体的做法如下。

（一）数据标准化

为了确保变量数据间跨地区跨时期可比性及变量序列间的结果准确性，对各变量数据进行“无量纲化”处理，采用极差法进行计算，具体公式如下：

$$x_i(t) = \frac{X_i(t) - \min_{i=1}^{k}\min_{t=1}^{n}(X_i(t))}{\max_{i=1}^{k}\max_{t=1}^{n}(X_i(t)) - \min_{i=1}^{k}\min_{t=1}^{n}(X_i(t))} \quad (5-1)$$

$$x_i(t) = \frac{max_{i=1}^{k}max_{t=1}^{n}(X_i(t)) - X_i(t)}{max_{i=1}^{k}max_{t=1}^{n}(X_i(t)) - min_{i=1}^{k}min_{t=1}^{n}(X_i(t))} \quad (5-2)$$

本节使用的服务业产业与贸易的结构指数均为前者的正指标，即数值越大，代表其结构越好。

（二）耦合度计算

$$C = \sqrt{(x_i(t) \times y_i(t)) / \left[(x_i(t) + y_i(t))/2\right]^2} \quad (5-3)$$

式中，*C* 表示系统结构间的耦合度，取值在 0 和 1 之间。为明确服务业产业与贸易两者结构互动的相互关系，本章分别对结构耦合度进行

① 刘耀彬、李仁东、宋学锋：《中国城市化与生态环境耦合度分析》，《自然资源学报》2005 年第 1 期。

两两测算。

（三）耦合协同度

$$D=\sqrt{C\times T}\text{，其中 }T=\alpha x_i(t)+\beta y_i(t)\forall \tag{5-4}$$

式中，T表示系统结构间的协同度，取值在0和1之间。α和β为相应结构权重，本节取值0.5。D表示系统结构间的耦合协同度，是衡量结构间协同升级和良性互动程度的核心指标，其等级区间及划分标准如表5–16所示。

此外，在“制造业产业结构与贸易结构协同系统”中，如果$ind_{it}>tra_{it}$，认为贸易结构滞后于产业结构；如果$ind_{it}=tra_{it}$，认为产业结构与贸易结构同步发展；如果$ind_{it}<tra_{it}$，则认为贸易结构超前于产业结构。

表5-16　耦合协同度D程度等级及划分标准

耦合协同等级	D值区间	耦合协同程度
1	(0.0~0.2]	严重不协同
2	(0.2~0.4]	中度不协同
3	(0.4~0.6]	基本协同
4	(0.6~0.8]	中度协同
5	(0.8~1.0]	高度协同

资料来源：作者根据文献整理所得。

三、服务业与服务贸易结构协同变化水平分析

本节根据上述指标运用耦合协同模型，从国家层面对服务业和服务贸易内部结构的协同发展水平进行研究，分别测算了62个样本国家1995年、2005年、2015年服务业与服务贸易结构协同度，具体结果（主要年份）如表5–17和表5–18所示。

（一）服务业与服务贸易结构协同水平不断提高

从62个样本国来看，整体协同度不断提高。通过观察发达国家样本数据可以看到，发达国家耦合协同度指数平均值从1995年的0.613上升至2015年的0.732，仅少数国家出现下滑，31个发达国家中有27个国家耦合协同度处于中度和高度协同，服务业结构指数平均值为56.142，服务贸易结构指数平均值为40.220，大多数国家的服务业结构指数平均值大于服务贸易结构指数平均值。对于发展中国家而言，耦合协同度指数平均值从1995年的0.497上升至2015年的0.599，上升幅度低于发达国

家，且协同度平均值（0.546）较发达国家（0.676）仍有0.130的差距，服务业结构指数平均值为46.432，服务贸易结构指数平均值为21.578，与发达国家仍有较大差距，尤其在服务贸易上差距更为明显。

表5-17　发达国家知识和技术密集型服务业产业与贸易结构协同发展水平

国家	1995年	2005年	2015年	协同度平均值	服务业结构指数	服务贸易结构指数
卢森堡	0.910	0.966	0.983	0.953	68.076	84.653
爱尔兰	0.789	0.915	0.953	0.886	66.454	78.115
英国	0.790	0.839	0.855	0.828	56.790	66.579
瑞士	0.783	0.822	0.829	0.811	59.848	53.916
以色列	0.768	0.809	0.834	0.804	57.217	59.835
美国	0.744	0.812	0.841	0.799	61.060	55.123
瑞典	0.673	0.777	0.856	0.769	62.753	56.308
塞浦路斯	0.685	0.801	0.785	0.757	56.187	48.856
芬兰	0.641	0.770	0.837	0.749	57.617	59.673
荷兰	0.662	0.761	0.821	0.748	63.941	46.418
比利时	0.677	0.740	0.824	0.747	61.181	50.632
法国	0.710	0.682	0.775	0.723	58.653	43.047
德国	0.630	0.730	0.793	0.718	58.929	46.476
奥地利	0.664	0.723	0.705	0.697	52.072	37.148
加拿大	0.632	0.697	0.762	0.697	55.822	43.839
西班牙	0.624	0.658	0.693	0.659	52.529	34.197
捷克	0.609	0.660	0.697	0.655	49.518	39.202
斯洛文尼亚	0.596	0.643	0.669	0.636	54.493	27.873
挪威	0.521	0.633	0.732	0.629	62.850	30.614
新西兰	0.598	0.602	0.665	0.622	54.868	26.924
新加坡	0.607	0.593	0.653	0.618	48.393	32.012
澳大利亚	0.610	0.550	0.655	0.605	58.398	22.736
意大利	0.543	0.606	0.623	0.591	50.083	24.969
韩国	0.485	0.587	0.683	0.585	59.526	25.789
斯洛伐克	0.525	0.573	0.652	0.583	51.736	27.766
葡萄牙	0.584	0.567	0.585	0.579	47.750	21.686
冰岛	0.431	0.601	0.666	0.566	56.868	25.338
丹麦	0.531	0.568	0.596	0.565	58.756	15.837
日本	0.420	0.567	0.665	0.551	49.844	32.356
希腊	0.445	0.424	0.479	0.449	44.392	12.188
俄罗斯	0.125	0.460	0.518	0.368	43.786	16.718
平均值	0.613	0.681	0.732	0.676	56.142	40.220

资料来源：作者根据协同度公式计算、整理得出。

表5-18 发展中国家知识和技术密集型服务业产业与贸易结构协同发展水平

国家	1995 年	2005 年	2015 年	协同度平均值	服务业结构平均值	服务贸易结构平均值
马耳他	0.643	0.848	0.957	0.816	55.228	67.866
文莱	0.748	0.769	0.735	0.751	66.556	33.686
印度	0.554	0.760	0.815	0.710	46.946	61.728
匈牙利	0.666	0.672	0.743	0.694	56.749	26.340
巴西	0.639	0.680	0.686	0.669	58.673	26.034
哥斯达黎加	0.498	0.659	0.840	0.666	48.273	33.290
摩洛哥	0.544	0.674	0.669	0.629	53.898	29.173
马来西亚	0.573	0.632	0.661	0.622	45.275	32.732
克罗地亚	0.563	0.623	0.671	0.619	47.322	28.053
菲律宾	0.610	0.545	0.681	0.612	44.133	19.767
南非	0.587	0.597	0.635	0.607	56.677	16.970
保加利亚	0.445	0.618	0.668	0.577	45.386	29.750
沙特阿拉伯	0.564	0.596	0.564	0.575	60.314	15.140
波兰	0.511	0.549	0.648	0.569	46.906	17.714
爱沙尼亚	0.447	0.575	0.672	0.565	44.553	23.691
拉脱维亚	0.530	0.548	0.615	0.565	41.469	23.541
突尼斯	0.537	0.576	0.556	0.556	61.303	13.086
罗马尼亚	0.481	0.501	0.681	0.554	40.228	18.129
秘鲁	0.430	0.589	0.636	0.552	44.730	25.676
智利	0.508	0.548	0.570	0.542	56.762	12.348
阿根廷	0.511	0.533	0.562	0.535	41.923	20.521
越南	0.528	0.464	0.475	0.489	41.936	12.337
印度尼西亚	0.398	0.434	0.532	0.455	35.113	16.289
哥伦比亚	0.330	0.500	0.514	0.448	45.662	13.343
中国	0.435	0.432	0.455	0.441	44.913	8.315
立陶宛	0.425	0.409	0.438	0.424	40.054	8.926
泰国	0.348	0.393	0.472	0.404	33.180	14.139
墨西哥	0.415	0.345	0.341	0.367	35.654	6.988
土耳其	0.386	0.318	0.364	0.356	35.264	5.577
柬埔寨	0.357	0.269	0.368	0.331	30.550	5.884
哈萨克斯坦	0.184	0.183	0.337	0.234	33.894	1.877
平均值	0.497	0.543	0.599	0.546	46.432	21.578

资料来源：作者根据协同度公式计算、整理得出。

（二）中国协同度处于中下水平，技术密集型服务贸易发展滞后

依据 2015 年数据，从发达国家与发展中国家所处协同区间看，发达国家除葡萄牙、丹麦、希腊、俄罗斯四国基本协同外，其余国家全部处于中、高度协同水平，发展中国家仍有墨西哥、土耳其、柬埔寨、哈萨克斯坦四国处于中度不协同状态，且高度协同的国家有 3 个。中国服务业与服务贸易协同度平均值为 0.441，属于基本协同国家（见表 5-19），协同度提高缓慢，其原因是知识和技术密集型服务贸易发展滞后，服务贸易结构平均值仅为 8.315，远远低于服务业结构平均值 44.913。在国内倡导高质量发展、加快供给侧结构性改革，对外继续扩大开放、促进外资增长、大幅放宽外商投资准入的背景下，推动我国服务业与服务贸易协同发展，需要大力发展知识和技术密集型服务贸易发展，促进服务业与服务贸易协同与良性互动。

表5-19　不同服务业产业与贸易结构耦合协同度国家分类

区域	高度协同	中度协同	基本协同	中度不协同
发达国家	卢森堡、爱尔兰、英国、瑞士、以色列、美国、瑞典、芬兰、荷兰、比利时（10 个）	塞浦路斯、法国、德国、奥地利、加拿大、西班牙、捷克、斯洛文尼亚、挪威、新西兰、新加坡、澳大利亚、意大利、韩国、斯洛伐克、冰岛、日本（17 个）	葡萄牙、丹麦、希腊、俄罗斯（4 个）	—
发展中国家	马耳他、印度、哥斯达黎加（3 个）	文莱、匈牙利、巴西、摩洛哥、马来西亚、克罗地亚、菲律宾、南非、保加利亚、波兰、爱沙尼亚、拉脱维亚、罗马尼亚、秘鲁（14 个）	沙特阿拉伯、突尼斯、智利、阿根廷、越南、印度尼西亚、哥伦比亚、中国、立陶宛、泰国（10 个）	墨西哥、土耳其、柬埔寨、哈萨克斯坦（4 个）

资料来源：作者根据计算结果整理得出。

四、服务业与服务贸易协同度低

服务业结构与服务贸易结构存在协同关系，但结构失衡问题比较突出，服务业与服务贸易协同度比较低。图 5-63 的横轴表示各国服务贸易

结构水平，纵轴表示各国服务业结构水平，若一国偏离了中间那条45度线，则表示其产业结构与贸易结构相背离。从图中可以看出：对于服务业结构，各国产业结构与贸易结构之间普遍存在失衡，绝大多数国家存在服务贸易结构滞后于服务业产业结构的现象。同时可以看到，少数贸易结构超前于产业结构的国家，如卢森堡、马耳他、英国、爱尔兰等，其服务业产业与贸易协同度也会相对更高一些，这从侧面反映了服务贸易结构的优化对服务业产业与贸易协同发展的重要性。

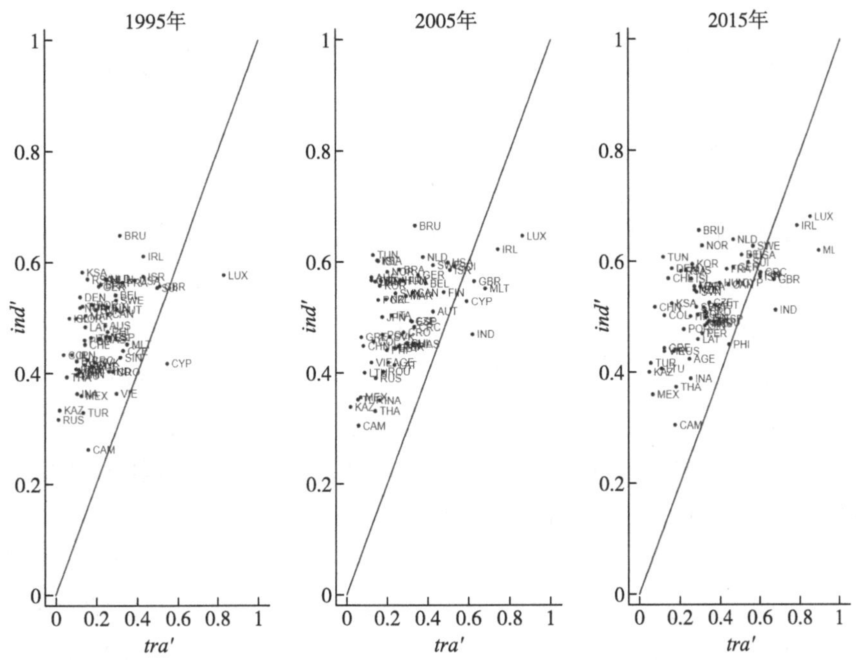

图5-63　1995年、2005年、2015年各国服务业与服务贸易结构偏离情况

注：图中英文对应的国家详见前文表5-8。

资料来源：根据经济合作与发展组织投入产出表数据计算绘制。

本节梳理了关于服务业结构与服务贸易结构协同指数，采用耦合协调度模型对62个样本国家1995—2015年的面板数据进行服务业与服务贸易结构指数测算，以及服务业与服务贸易结构的协同度进行分析，研究得出以下结论。一是样本国家整体服务业产业与贸易协同度在不断提高，发达国家协同度明显高于发展中国家，发达国家平均协同度为0.676，处于中度协同；发展中国家平均协同度为0.546，处于基本协同，但在协同度的增速上，发展中国家更快。二是中国协同度处于中下水平，知识和技术密集型服务贸易发展滞后。中国服务业与服务贸易协同度为0.441，属于基本协同国家，处于第三梯队，在62个样本国家中仅排第55名，且协同度增速缓慢。三是服务业与服务贸易结构失衡普遍存在，绝大多数国家存在服务贸易结构滞后现象。仅存在少数贸易结构超前于产业结构的国家，如卢森堡、马耳他、英国、爱尔兰等，其服务业产业与贸易协同度也会相对更高一些，侧面反映了服务贸易结构的优化对服务业产业与贸易协同发展的重要性。

第四节　服务业与服务贸易互动机制分析

一、服务业与服务贸易结构互动机制

（一）服务业结构对服务贸易结构的作用机制

在传统国际贸易理论中，一国服务业产业的优化会引导贸易向高级化发展。主要原因是在比较优势理论、生产要素禀赋理论支持下，各国根据国际分工中所处的地位充分发挥比较优势产业，而服务业的产业升级也使服务出口质量提高，促进了本国贸易的升级。Krugman（1980）[①]创立了国际贸易中的规模经济理论，并强调国内市场规模对贸易结构的影响，一国倾向于出口本国较大市场的商品，进口本国市场较小的商品。技术差异是影响贸易结构的另一重要因素，Falvey（1981）[②]研究发现，技术含量越高的产品，其产业内贸易水平越高。Trefler（1993，1995）[③]认为各国的技术差异和要素禀赋共同决定一国的贸易结构。还有学者从不同角度探讨了产业结构变化所导致的贸易结构的动态过程，包括Vernon（1966）[④]的产品周期理论和赤松要（1932）[⑤]的雁行理论。

① Krugman Paul R.，“Scale economics，product differentiation，and the pattern of trade，” *American Economic Review*，Vol.70，No.5，1980.

② Falvey Rodney E.，“Commercial policy and intra-industry trade，” *Journal of International Economics*，Vol.11，No.4，1981.

③ Trefler Danie，“International factor price differences：leontief was right，” *Journal of Political Economy*，Vol.101，No.6，1993. “The case of the missing trade and other mysteries ，” *American Economic Review*，Vol.85，No.5，1995.

④ Vernon Raymond，“International investment and international trade in the product cycle，” *Quarterly Journal of Economics*，Vol.80，No.2，1966.

⑤ 赤松要：《我国经济发展的综合原理》，博士学位论文，东京高等商业学校，1932年。

（二）服务业贸易结构对服务业结构的作用机制

早期学者从理论上探讨贸易对产业的作用。Feder（1982）[①]分析了国际贸易对产业结构的影响机制：当出口部门的投资边际生产回报率和要素边际生产率都高于非出口部门时，出口部门可以通过技术的溢出效应和对上下游产业的拉动等外部性影响产业结构的调整。Vernon（1966）[②]从产品的技术创新角度首先提出，发达国家要把本国产业结构的演变发展置身于全球经济一体化的大背景下，积极参与国际分工，带动工业结构从劳动密集型逐渐向资本、技术密集型进行演进。Mazumdar（1996）[③]认为，一国或地区只有进口资本品以及出口消费品时才会引发本国或地区经济的发展，此时对外贸易对产业结构升级会产生重要的推动作用，反之则不一定会引起经济增长，他通过资本积累理论和索洛模型验证了这一点。也有大量学者通过建立模型（尤其是生产函数模型）验证进出口贸易对产业结构的优化作用，其结果往往是贸易通过技术溢出、优化要素资源配置、促进资本累计等途径提高全要素生产率，从而促进产业结构优化与调整（Balassa，1978[④]；Michaely，1977[⑤]）。

（三）服务业与服务贸易结构协同机制

一方面，一国的产业结构决定了比较优势结构，并通过比较优势在国际市场交换过程中呈现出来的竞争优势决定该国的贸易结构。两者本是同源的：产业结构是本体，贸易结构是产业结构反映的影像（袁欣，2010）[⑥]。长期来看，贸易结构的变迁是产业结构变迁的必然结果。因此，从这种意义上说，服务业结构决定了服务贸易结构。另一方面，服务贸易结构是服务业结构在空间范围上的拓展，能够显著反作用于产业结构。

---

① Feder Gershon, "On exports and economic growth," *Journal of Development Economics*, Vol.12, No.12, 1982.

② Vernon Raymond, "International investment and international trade in the product cycle," *Quarterly Journal of Economics*, Vol.80, No.2, 1966.

③ Mazumdar Joy, "Do static gains from trade lead to medium-run growth," *Journal of Political Economy*, Vol.104, No.66, 1996.

④ Balassa Bela, "Exports and economic growth," *Journal of Development Economics*, Vol.5, No.2, 1978.

⑤ Michaely Michael, "Exports and growth," *Journal of Development Economics*, Vol.4, No.1, 1977.

⑥ 袁欣：《中国对外贸易结构与产业结构："镜像"与"原像"的背离》，《经济学家》2010年第6期。

服务贸易能够有效促进技术进步和资本累积，进而直接或间接地影响服务业产业结构（孙金秀和杨文兵,2011）[①]。其中，技术进步包括进口国外先进技术、模仿国外服务产品以及推动本国技术创新等，资本累积则是通过国际贸易换取资本要素，从而促进国内服务业产业升级。

20 世纪 90 年代以来，全球价值链分工和产业内贸易体系，已经成为推动全球贸易扩展以及促进世界经济发展的核心模式（Baldwin et al., 2013）[②]，这使服务贸易结构与产业结构之间的关系不再是简单的、单向的、线性的关系，而是一种更加复杂的、网状的耦合关系。服务业产业结构与贸易结构若无法协同发展，完全是单向的决定关系，那么两者均会处于较低的层次，升级进程缓慢。本文参照张曙霄和张磊（2013）[③] 对国内外需求下的对外贸易及其结构的研究，绘制出服务业产业结构与贸易结构协同机制，如图 5-64 所示。

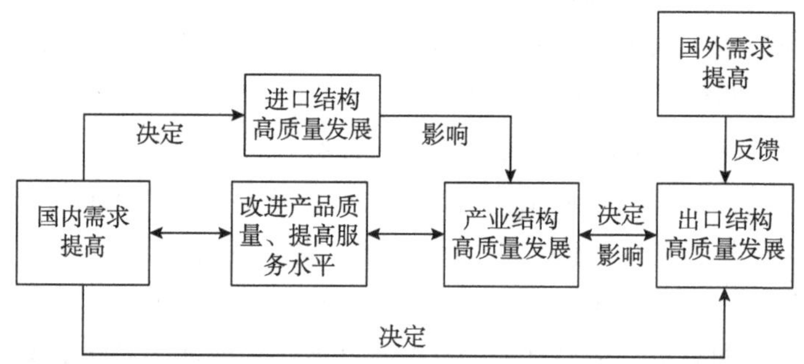

图5-64　国内外需求下的服务业产业结构与服务贸易结构协同机制

资料来源：作者根据文献整理绘制。

在全球价值链的背景下，一国服务业结构与服务贸易结构的关系在内外需求的影响下变得更加复杂。发达国家往往根据国内需求水平，制定自己的生产计划。随着市场规模的扩大，企业不断提高产品质量和服务水平、加快企业转型升级，促使该国的产业结构高质量发展。同时国内需求也决定了进口服务的质量和自身生产所需要的进口服务

① 孙金秀、杨文兵:《经济增长：产业结构和贸易结构互动升级之结果》,《现代财经（天津财经大学学报）》2011 年第 31 卷第 9 期。

② Baldwin John R., et al., "Export growth, capacity utilization, and productivity growth: evidence from the canadian manufacturing plants," *Review of Income and Wealth*, Vol.59, No.4, 2013.

③ 张曙霄、张磊:《中国贸易结构与产业结构发展的悖论》,《经济学动态》2013 年第 11 期。

的质量，服务业进口结构逐步优化。在不断满足内需的过程中，企业竞争力逐渐提升，服务业出口结构也得到了优化。此外，国外需求会给企业一些反馈，在出口端影响产业结构，促进新的国内需求的产生。在这种模式下，服务业产业结构与贸易结构互相促进，形成双向的高质量互动关系。

二、服务业结构与服务贸易结构变化的相关性

（一）服务业结构与服务贸易结构相关性强

根据皮尔逊相关性检验结果（见图 5-65），样本国产业间的产业结构与贸易结构的相关性系数由 1995 年的 0.259 上升至 2015 年的 0.710，均在 5% 水平下显著。其主要原因在于服务贸易已成为全球贸易和世界经济增长的新动力，同时对促进全球价值链的深化发展有重要意义，服务贸易也越来越受世界各国的重视。发达国家更是通过加强国际合作、制定高标准的经贸规则、扩大服务业开放、牢牢占据价值链顶端等方式促进服务业以及服务贸易的发展，这也使服务业的生产部门和贸易部门关联度提升，从而反映在产业结构与贸易结构相关性不断增强上。

反观中国产业间的产业结构与贸易结构，两者呈现负向不显著的关系。一方面，中国服务业发展速度较快，从 1995 年到 2015 年服务化水平增幅接近 17 个百分点，服务业已成为我国第一大产业；另一方面，2015 年我国服务出口贸易虽然是 1995 年的 6 倍，但其出口增加值占总出口增加值的比例始终没有上升，仅维持在 10% 的水平。其原因在于国内对服务业的需求较大，我国服务业长期存在逆差，服务业竞争力不足，同时更多的国内服务业增加值以满足内需为主。

（二）服务业内部结构与贸易结构相关性增强

从服务业内部结构来看，样本国家的服务业结构与服务贸易结构相关性更高了。1995 年相关性系数为 0.469，2015 年相关性系数为 0.607，均在 1% 水平下显著。由此可以看出，现在国家越来越重视高水平服务业与服务贸易的发展，并且随着经济全球化、各国各类服务业的逐渐开放，知识和技术密集型服务业的生产部门与贸易部门的关联度在提升。

中国服务业内部结构与服务贸易结构相关性仍然不显著。我国知识和技术密集型服务业增加值占比有了明显提高，从 1995 年的 39.95% 上升到 2015 年的 51.75%，知识和技术密集型服务业增加值超过一半，但

我国服务贸易仍然以运输与储存、批发与零售业为主，服务业内部结构不合理，整体水平偏低，服务业内部产业与贸易结构关联度不高。

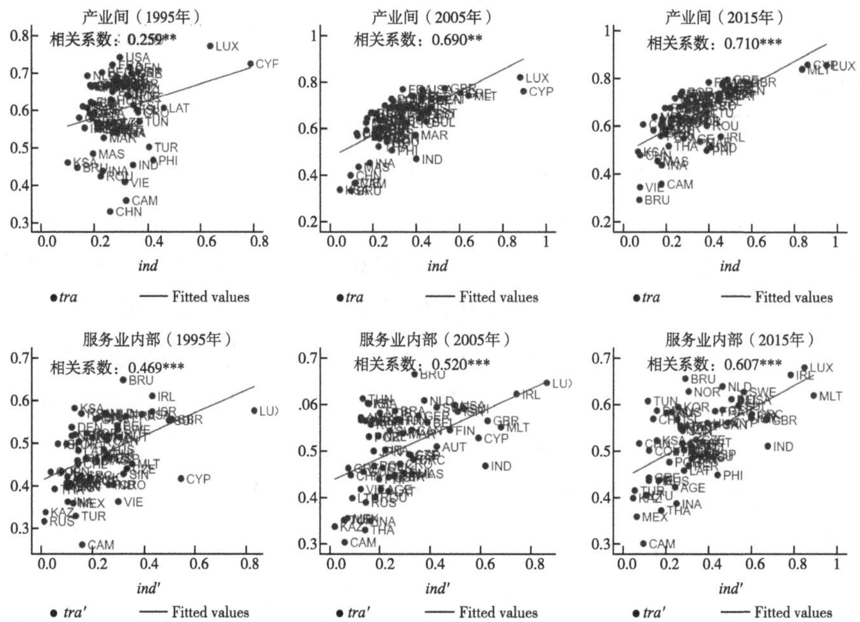

图5-65 产业间与服务业内部产业结构与服务贸易结构相关性散点图

注：图中英文对应的国家详见前文表 5-8。

资料来源：根据有关数据绘制。

三、计量模型设定

（一）模型的构建

在对服务业与服务贸易协同程度测算的基础上，本节继续深入探究二者互动关系，以及产业间结构互动效应。在构建回归方程时，两者存在严重的内生性，可能导致伪回归或造成计量结果的严重误差。为避免该情况的发生，本节参考李逸飞等（2017）[①] 服务业与服务贸易的互动模型构建回归方程，采用被解释变量滞后一期来解决内生性问题，引用 GMM 估计。动态 GMM 估计方法包括差分 GMM 和系统 GMM，前者仅以差分方程信息构造矩条件，后者则是对前者的扩展，联立了差分方程和原水平方程，使变量滞后项成为更理想的工具变量，因此选用系统 GMM

① 李逸飞、李静、许明:《制造业就业与服务业就业的交互乘数及空间溢出效应》,《财贸经济》2017 年第 38 卷第 4 期。

（柴国俊，2014）[①]。同时为提高回归结果的精确性，在方程中分别加入控制变量，具体计量模型如下。

服务业贸易结构对产业结构影响的动态模型：

$$ind_{it}=\alpha_0+\alpha_1 ind_{i(t-1)}+\alpha_2 tra_{it}+\alpha_3 pgdp_{it}+\alpha_4 open_{it}+\alpha_5 hc_{it}+\alpha_6 ck_{it}+\alpha_7 policy_{it}+\alpha_8 tech_{it}+\alpha_9 fdi_{it}+\alpha_{10} ofdi_{it}+\alpha_{11} cp_{it}+\alpha_{12} im_{it}+\epsilon_{it} \quad (5\text{–}5)$$

$$ind'_{it}=\alpha_0+\alpha_1 ind'_{i(t-1)}+\alpha_2 tra'_{it}+\alpha_3 pgdp_{it}+\alpha_4 open_{it}+\alpha_5 hc_{it}+\alpha_6 ck_{it}+\alpha_7 policy_{it}+\alpha_8 tech_{it}+\alpha_9 fdi_{it}+\alpha_{10} ofdi_{it}+\alpha_{11} cp_{it}+\alpha_{12} im_{it}+\epsilon_{it} \quad (5\text{–}6)$$

服务业产业结构对贸易结构影响的动态模型：

$$tra_{it}=\beta_0+\beta_1 tra_{i(t-1)}+\beta_2 ind_{it}+\alpha_3 pgdp_{it}+\alpha_4 open_{it}+\alpha_5 hc_{it}+\alpha_6 ck_{it}+\alpha_7 policy_{it}+\alpha_8 tech_{it}+\alpha_9 fdi_{it}+\alpha_{10} ofdi_{it}+\alpha_{11} cp_{it}+\alpha_{12} im_{it}+\epsilon_{it} \quad (5\text{–}7)$$

$$tra'_{it}=\beta_0+\beta_1 tra'_{i(t-1)}+\beta_2 ind'_{it}+\alpha_3 pgdp_{it}+\alpha_4 open_{it}+\alpha_5 hc_{it}+\alpha_6 ck_{it}+\alpha_7 policy_{it}+\alpha_8 tech_{it}+\alpha_9 fdi_{it}+\alpha_{10} ofdi_{it}+\alpha_{11} cp_{it}+\alpha_{12} im_{it}+\epsilon_{it} \quad (5\text{–}8)$$

（二）变量说明

1. 核心变量

ind_{it}、tra_{it}分别表示i国家t期的产业结构和贸易结构，ind'_{it}、tra'_{it}分别表示i国家t期的服务业内部产业结构和贸易结构。$ind_{i(t-1)}$、$tra_{i(t-1)}$分别表示滞后一期的产业结构和贸易结构，$ind'_{i(t-1)}$、$tra'_{i(t-1)}$分别表示滞后一期的服务业内部产业结构和贸易结构（见表5–20）。

表5-20 变量的定义

变量类型	变量	变量符号	变量公式
核心变量	产业结构	*ind*	服务业增加值 / 总增加值
	贸易结构	*tra*	服务业出口附加值 / 总出口附加增加值
	服务业产业结构	*ind'*	知识和技术密集型服务业增加值 / 服务业增加值
	服务业贸易结构	*tra'*	知识和技术密集型服务业出口附加值 / 服务业出口附加值

① 柴国俊：《地方政府为何热衷拆迁？——基于动态面板数据的实证研究》，《中国软科学》2014年第12期。

续表

变量类型	变量	变量符号	变量公式
控制变量	开放度	*open*	贸易总额 /GDP
	人均实际 GDP	*pgdp*	人均实际 GDP 取对数
	人力资本	*hc*	人均受教育年限
	资本存量	*ck*	平价下的资本存量取对数
	政府支出	*policy*	政府支出 /GDP
	技术水平	*tech*	居民和非居民专利数取对数
	外商直接投资	*fdi*	FDI 存量取对数
	对外直接投资	*ofdi*	OFDI 存量取对数
	消费结构	*cp*	各层次居民最终消费 / 居民最终消费
	中间品投入结构	*im*	各层次中间品投入 / 总中间品投入

资料来源：作者整理所得。

2. 控制变量

①人均实际 GDP（*pgdp*）。人均实际 GDP 反映了一国的经济发展水平，也是产业结构与贸易结构变化的内生动力。②开放度（*open*）。经济开放意味着国际合作与交流的增加、自由贸易程度的提高，在此过程中外部商品的供给、技术的转移与吸收等都会促进本国产业结构与贸易结构的优化。③人力资本（*hc*）。人力资本具有特殊的生产功能，即要素功能和效率功能，人力资本高的地方拥有集聚资源的比较优势，从而促进产业和贸易的结构升级。④资本存量（*ck*）。大规模的资本投入对产业集聚的形成、贸易结构的优化有重要推动作用。⑤政府支出（*policy*）。政府支出是产业政策和贸易政策的重要组成部分，政府通过对生产部门的税收减免、对贸易部门的进出口补贴等，优化资源的配置，促进产业与贸易结构的优化。⑥技术水平（*tech*）。技术水平是影响一国产业结构和贸易结构升级和优化的重要因素，能够通过提高一国自主创新和科技水平促进产业结构间和产业结构内部的升级。本节使用各国居民和非居民专利数表示。⑦外商直接投资（*fdi*）。外商直接投资会带来技术溢出效应，激发本国更强的创新动力，助推产业与贸易结构升级。⑧对外直接投资（*ofdi*）。对外投资的母国具有逆向技术溢出效应，同时对外投资还具有进出口创造效应，能够改善内外部的经济环境。⑨消费结构（*cp*）。产业结构的高级化

需要与高层次的消费结构相匹配。⑩中间品投入结构（*im*）。全球价值链下出口商品中的中间品投入会直接导致商品增加值率出现下降，抑制贸易结构的改善进而影响价值链地位的升级。

3. 数据来源

本节的实证数据主要来源于经济合作与发展组织数据库、世界银行和联合国贸易和发展会议数据库，考虑数据的完整性和连续性，剔除文莱、哈萨克斯坦两个国家，共选取全球60个国家，详细数据来源如表5-21所示。

表5-21　数据来源

变量类型	变量	数据来源
核心变量	产业结构 贸易结构 服务业产业结构 服务业贸易结构	经济合作与发展组织投入产出数据库
控制变量	开放度	联合国贸易和发展会议数据库
	外商直接投资	
	对外直接投资	
	技术水平	世界银行数据库
	政府支出	
	人力资本	
	资本存量	
	消费结构	经济合作与发展组织投入产出数据库
	中间品投入	

资料来源：作者根据有关资料整理所得。

4. 描述性统计

本节选取62个样本国家1995—2015年的面板数据进行实证分析，各具体变量的描述性统计如表5-22所示。

表5-22　相关变量描述性统计

变量	样本容量	均值	标准差	最小值	最大值
ind	1260	0.6334	0.1078	0.2919	0.8679
tra	1260	0.3041	0.1496	0.0378	0.9301
ind'	1260	0.4999	0.0792	0.2624	0.6807

续表

变量	样本容量	均值	标准差	最小值	最大值
tra'	1260	0.2793	0.1750	0.0133	0.9068
pgdp	1260	9.3291	1.2790	5.5946	11.6854
hc	1260	9.6897	2.4342	2.8000	14.1000
ck	1260	24.5367	1.7576	18.7733	29.1997
open	1260	0.9164	0.6368	0.1563	4.3732
policy	1260	0.1722	0.0477	0.0346	0.3000
tech	1260	7.8470	2.1770	1.0986	13.9125
fdi	1260	10.9312	1.7670	4.8604	15.5614
ofdi	1260	9.7780	2.8088	0.0953	15.6592
cp	1260	0.5976	0.1086	0.2618	0.8252
im	1260	0.4171	0. 1154	0.1605	0.8987

资料来源：作者根据 Stata16 整理得出。

5. 共线性检验

控制变量间如果存在严重的多重共线性，就可能导致实证模型难以准确估计或者回归结果出现失真。在这里，我们使用相关系数矩阵来检验多重共线性问题。同时，在多重共线性严重程度的判断标准上，借鉴 Krammer（2010）[①] 的方法，即如果变量两两之间的相关系数≥ 0.8，则认为模型中存在严重的多重共线性问题，这一结果会放大估计系数的标准误差，从而影响估计结果的统计显著性；而如果变量两两之间的相关系数 <0.8，则认为多重共线性的存在对估计结果的影响并不严重。表 5–23 显示了全球整体的模型中各解释变量的相关系数矩阵，根据多重共线性的判断标准，将 *pgdp*、*fdi*、*ck* 变量排除在方程之外，保留的控制变量有 *hc*、*open*、*policy*、*tech*、*ofdi*、*cp*、*im*。

① Krammer Sorin M.S.，“International R&D spillovers in emerging markets：the impact of trade and foreign direct investment，” *Journal of International Trade & Economic Development*，Vol.19，No.4，2010.

表5-23 解释变量多重共线性检验

	pgdp	*hc*	*ck*	*open*	*policy*	*tech*	*fdi*	*ofdi*	*cp*	*im*
pgdp	1.0000	—	—	—	—	—	—	—	—	—
hc	0.7601	1.0000	—	—	—	—	—	—	—	—
ck	0.3413	0.1938	1.0000	—	—	—	—	—	—	—
open	0.1929	0.1536	–0.3837	1.0000	—	—	—	—	—	—
policy	0.5444	0.4818	0.0377	–0.0967	1.0000	—	—	—	—	—
tech	0.1525	0.1624	0.8514	–0.3865	–0.0606	1.0000	—	—	—	—
fdi	0.5187	0.3562	0.8141	–0.0223	0.0833	0.5849	1.0000	—	—	—
ofdi	0.6973	0.4725	0.7729	–0.0261	0.2286	0.5779	0.8855	1.0000	—	—
cp	0.8267	0.6499	0.4110	0.0878	0.3334	0.2734	0.5963	0.7337	1.0000	—
im	0.7049	0.5611	–0.0429	0.2643	0.4569	–0.1876	0.2490	0.4211	0.6623	1.0000

资料来源：作者根据 Stata16 整理得出。

（三）实证结果分析

在选用动态面板系统 GMM 方法进行分析时，需考虑动态面板数据模型中引入解释变量的滞后项造成的自相关问题，故进行 Sargan 检验，其 *P* 值大于 0.5 则接受原假设，说明工具变量的选定是合理的，即模型的设定是合理的。表 5–24、表 5–25 显示了系统 GMM 二步估计法的回归结果。

表5-24　　产业间结构互动关系的回归结果

变量	*ind*		*tra*	
	（1）	（2）	（3）	（4）
L1.ind	0.6078*** （0.0156）	0.5284*** （0.0091）	—	—
L1.tra	—	—	0.5123*** （0.0165）	0.2886*** （0.0094）
ind	—	—	0.5008*** （0.0292）	0.1783*** （0.0304）
tra	0.1842*** （0.0110）	0.1526*** （0.0065）	—	—
hc	—	0.0013* （0.0007）	—	0.0060*** （0.0008）
open	—	0.0029* （0.0017）	—	–0.0020 （0.0022）
policy	—	0.4185*** （0.0154）	—	–0.1379*** （0.0232）
tech	—	0.0044*** （0.0004）	—	–0.0134*** （0.0007）
ofdi	—	–0.0033*** （0.0003）	—	–0.0005 （0.0006）
cp	—	0.0820*** （0.0142）	—	–0.1141*** （0.0367）

续表

变量	*ind*		*tra*	
	(1)	(2)	(3)	(4)
im	—	0.0780*** (0.0137)	—	0.6724*** (0231)
_cons	0.1946*** (0.0081)	0.0814*** (0.0063)	–0.1676*** (0.0159)	–0.0014 (0.0141)
Obs	1200	1200	1200	1200
Wald (P value)	4505.99*** [0.0000]	85749.56*** [0.0000]	3118.55*** [0.0000]	44163.55*** [0.0000]
Sargan (P value)	1148.254 [0.0000]	56.14152 [1.0000]	984.8518 [0.0000]	52.99346 [1.0000]

注：***、* 分别表示在 1%、10% 的置信水平下显著，回归系数下小括号内为标准误，中括号内为 *P* 值。

资料来源：作者根据 Stata16 软件结果整理所得。

表5-25　服务业内部结构互动关系的回归结果

变量	*ind'*		*tra'*	
	(5)	(6)	(7)	(8)
*L*1.*ind'*	0.5723*** (0.0050)	0.3236*** (0.0106)	—	—
*L*1.*tra'*	—	—	0.5634*** (0.0101)	0.5278*** (0.0111)
ind'	—	—	0.7245*** (0.0223)	0.5798*** (0.0434)
tra'	0.1326*** (0.0034)	0.0213*** (0.0023)	—	—
hc	—	0.0047*** (0.0006)	—	0.0172*** (0.0018)
open	—	0.0083*** (0.0018)	—	0.0065** (0.0027)

续表

变量	ind'		tra'	
	（5）	（6）	（7）	（8）
policy	—	0.2023***	—	0.1002
		（0.0173）		（0.0635）
tech	—	-0.0018***	—	-0.0018
		（0.0003）		（0.0012）
ofdi	—	0.0010***	—	-0.0050***
		（0.0004）		（0.0005）
cp	—	0.0769***	—	-0.0487*
		（0.0132）		（0.0275）
im	—	0.1061***	—	0.0019
		（0.0118）		（0.0246）
Obs	1200	1200	1200	1200
_cons	0.1789***	0.1600***	-0.2366***	-0.2567**
	（0.0028）	（0.0069）	（0.0097）	（0.0216）
Wald（P value）	15662.02	21539.22	8857.27	8972.23
	[0.000]	[0.000]	[0.000]	[0.000]
Sargan（P value）	58.66591	55.04244	59.96517	56.69597
	[1.0000]	[1.0000]	[1.0000]	[1.0000]

注：***、**、* 分别表示在 1%、5%、10% 的置信水平下显著，回归系数下小括号内为标准误，中括号内为 P 值。

资料来源：作者根据 Stata16 软件结果整理所得。

核心解释变量方面：回归结果较好地刻画了产业结构与贸易结构的相互作用与影响。产业间、服务业内部的产业结构对贸易结构的促进弹性系数分别为 0.1783 和 0.5798，贸易结构对产业结构的促进弹性系数为 0.1526 和 0.0213，且都在 1% 水平下显著。这表明产业结构很大程度上决定了贸易结构，贸易结构也能反过来推动产业结构升级，无论是在产业间还是服务业内部均成立。服务业内部产业结构对贸易结构的影响远大于贸易结构对产业结构的影响，说明在服务业内部，产业结构成主导，很大程度影响贸易结构，而贸易结构对产业结构的影响却弱很多。同时，产业结构与贸易结构的滞后项均在1%水平下显著大于0，其中方程（5-2）、（5-3）、（5-4）、（5-5）、（5-6）、（5-7）中滞后项系数大于其他核心解释变量，说明结构调整主要受自身内在动力机制影响，方程（5-8）和（5-9）中滞后项系数小于产业结构的系数，说明想要提高知识和技术密集型服务业出口增加值的占比，优先发展好服务业产业端，发展知识和技术密集型服务业更为重要。

（1）人力资本（*hc*）在产业间和服务业内部产业与贸易结构升级上都起到了重要促进作用。这意味着人力资本能够有效地优化产业结构、促进贸易结构高级化。人力资本作为与生产要素中高度匹配的高端禀赋，能够有效带动生产效率的提高以及产业结构的优化，人力资本作为贸易结构优化升级的重要驱动力，能够有效带动贸易结构的技术进步。

（2）开放度（*open*）促进产业间、服务业内部贸易与产业结构的升级，促进服务业内部贸易结构升级，实现产业间产业结构升级不仅要依靠国内自身的要素禀赋和技术能力，还需通过对外开放获取核心技术和先进管理经验，而国际竞争也能显著促进劳动生产率的提高（Hine和Wright，1998[①]；Greenaway et al.，1999[②]）。另外，由于知识和技术密集型服务业以人力和知识作为主要投入，产出中包含着大量的人力资本和知识资本，提升开放度有利于国外先进知识资本溢出，促使高端服务业生产效率提升，同时提高高端服务业竞争力，促进服务业内部贸易结构的改善。

开放度对产业间贸易结构升级起到了抑制作用。贸易开放在一定条件下才能导致去工业化（Chesnokova，2007）[③]。各国充分发挥自身比较优势参与到国际分工：发达国家出口高端制成品，发展中国家出口中低端制成品，且由于工业制成品的可贸易性远强于服务业，导致因出口部

---

① Hine Robert C.，Peter W. Wright，"Trade with low wage economies，employment and productivity in uk manufacturing，" *Economic Journal*，Vol.108，No.450，1998.

② Greenaway，et al.，"Exports，export composition and growth，" *Journal of International Trade & Economic Development*，Vol.8，No.1，1999.

③ Chesnokova Tatyana，"Immiserizing deindustrialization：a dynamic trade model with credit constraints，" *Journal of International Economics*，Vol.73，No.2，2007.

门的存在，国内的工业生产部门较服务业生产部门更易发生规模经济，从而起到提升国内工业比重、降低服务业比重的作用（江小涓和李辉，2004）①。

（3）政府支出（*policy*）对产业间和服务业内部产业与贸易结构的优化具有促进作用，且都在 1% 水平下显著负相关。财政政策的运用有可能同时实现“稳增长”和“调结构”两个目标，将财政支出从“高污染、高耗能”的限制产业向高新技术产业调整转移，财政支出的增加可以使高新技术产业增加值相对限制产业增加值提高（齐鹰飞和李苑菲，2020）②。

（4）对外直接投资（*ofdi*）对产业结构与贸易结构升级都为负向作用或者关系不显著，对外直接投资并没有促进产业与贸易结构升级。这可能与我国对外直接投资的产业多为一些低端的制造业以及一些中低端服务有关，对知识、技术密集型行业的海外投资不足，不足以获得逆向技术溢出，促进国内产业与贸易结构升级以及技术水平提升。

（5）消费支出（*cp*）对产业间和服务业内部产业结构升级具有显著的促进作用，消费需求既是社会生产的最终目的，也是经济增长的持久拉动因素。消费需求的不断更新升级，是促进产业结构升级的主要力量。回归结果表明，消费结构的升级对产业间贸易结构升级具有促进作用，但对服务业内部贸易结构升级有负向效应，可能是各国对知识与技术密集型服务业的消费需求与服务业本身的生产能力不匹配。

（6）中间品投入（*im*）对产业间、服务业内部结构升级有显著促进作用，这是因为在全球价值链背景下，一般附加值越高的产品会有更大比例的中间品投入，因此会促进出口以及生产过程中整体质量的提升。

本节在分析服务业与服务贸易结构互动理论机制的基础上，在实证分析方面先利用皮尔逊相关性检验，证明了样本国家产业间和服务业内部两个维度下的产业结构与贸易结构的相关性都极高，相关性系数分别

---

① 江小涓、李辉：《服务业与中国经济：相关性和加快增长的潜力》，《经济研究》2004 年第 1 期。

② 齐鹰飞、李苑菲：《财政支出的部门配置与中国产业结构升级——基于生产网络模型的分析》，《经济研究》2020 年第 55 卷第 4 期。

达到 0.710 和 0.607，并且相关性仍在逐年加大。中国产业间的产业结构与贸易结构不存在相关性，更多的国内服务业增加值以满足内需为主；在服务业内部方面，生产部门和贸易部门相关性仍不显著，服务贸易结构发展远滞后于产业结构。

本节利用系统二步法 GMM 方法估计了样本国家服务业产业结构与贸易结构的互动关系及影响因素，主要得出以下三点结论。

第一，服务业结构决定服务贸易结构，服务贸易结构反作用于服务业结构。产业间和服务业内部两个维度下，产业结构对贸易结构的促进作用都要大于后者对前者的促进作用。这意味着产业结构与贸易结构是互动发展的，贸易结构需要产业结构的支撑，产业结构也需要贸易结构来带动。第二，结构调整主要受自身内在动力机制影响。四个模型的被解释变量滞后项系数均大于其核心解释变量，说明大多数的结构调整的动力还是来源于自身。第三，在其他影响因素方面，开放度（*open*）对产业间、服务业内部贸易与产业结构的升级具有促进作用，开放度对产业间贸易结构升级起到抑制作用；人力资本（*hc*）、政府支出（*policy*）、消费支出（*cp*）、中间品投入（*im*）对产业间、服务业内部产业结构升级都有显著促进作用；对外直接投资（*ofdi*）对产业结构与贸易结构升级都有负向作用或者关系不显著。

第五节 服务业与服务贸易协同发展的经济效应

本研究对服务业与服务贸易协同发展的经济效应进行实证分析。全要素生产率的提高是经济运行效率提升的重要衡量指标，也是促进高质量发展的重要路径（李金昌等，2019[①]；程广斌和王朝阳，2020[②]），因此本研究通过对全要素生产率的测算，探索服务业产业结构与贸易结构协同发展对全要素生产率的影响。

一、协同发展对全要素生产率的影响机制

服务业高水平发展能够提高全要素生产率，服务贸易高水平发展也

① 李金昌、史龙梅、徐蔼婷：《高质量发展评价指标体系探讨》，《统计研究》2019 年第 36 卷第 1 期。

② 程广斌、王朝阳：《全要素生产率与区域经济高质量发展的空间非线性检验》，《统计与决策》2020 年第 36 卷第 15 期。

能够提高全要素生产率，两者交互协同发展，能更好地提高社会总生产效率，保障经济的稳健增长。

（一）服务业高水平发展对全要素生产率的贡献

服务业高水平发展对全要素生产率的贡献主要体现在以下四个方面。一是产业结构优化具有知识密集的特征，尤其是高端服务业，产业结构优化过程中的知识累积和技术进步会推动自身生产效率的提高。二是服务业的发展能借助规模经济驱动其在增长和优化中不断提高效率，产业结构对贸易结构的外部性。三是分工深化效应，服务业生产部门效率的提高，促使国际产业内贸易，将企业非核心环节外包给其他国家，提高自身专业化水平和生产效率。四是技术创新效应，各国的技术差异、创新能力和要素禀赋共同决定一国的服务贸易结构。知识和技术密集型服务业能够极大地促进技术进步，实现更合理的资本深化，从而提高社会总生产率。

（二）服务贸易高水平发展对全要素生产率的贡献

服务贸易高水平发展对全要素生产率的贡献主要体现在以下五个方面。一是通过国际贸易和服务贸易学习国外先进技术和管理经验，能带动人力资本的累积和劳动生产率的提高。二是服务贸易技术溢出效应，知识和技术密集型服务业的进出口可以直接或间接获取国外先进技术，并在此基础上进行适当的消化和吸收，进而二次创新，提高全要素生产率（Balassa，1978）①。三是贸易结构对产业结构升级的促进效应，进出口贸易能够优化资源配置、促进资本累积，对产业结构的调整和地区经济增长率的提升有显著的促进作用（黄庆波和范厚明，2010②；Jarreau 和 Poncet，2012③）。四是生产成本降低效应，贸易发展中的产品或服务外包将促进企业的专业化进度，降低间接成本，节约研发费用（周鹏等，

① Balassa Bela，"Exports and economic growth，" *Journal of Development Economics*，Vol.5，No.2，1978.

② 黄庆波、范厚明：《对外贸易、经济增长与产业结构升级——基于中国、印度和亚洲"四小龙"的实证检验》，《国际贸易问题》2010 年第 2 期。

③ Jarreau Joachim，Sandra Poncet，"Export sophistication and economic growth：evidence from China，" *Journal of Development Economics*，Vol.97，No.2，2012.

2010[①]；刘晴和郑基超，2013[②]）。五是贸易竞争机制效应，国际贸易主要通过原材料、中间品和成品等市场的竞争来实现其对一国产业转型发展的促进作用（唐志红，2004）[③]。

（三）服务业与服务贸易结构协同性对全要素生产率提高的影响机制

服务业与服务贸易结构的协同性对全要素生产率提高的影响机制如下。一是规模经济效应。国际贸易有利于形成广泛的国际分工体系，持续扩大生产和贸易规模，服务业与服务贸易互动发展会达到一个“黄金平衡点”，形成服务业与贸易规模的良性互动，以实现规模收益递增为基础，提高全要素生产率。二是技术进步效应。服务贸易有利于促进技术创新，有利于生产要素从边际产出低的行业流向边际产出高的行业，提高投入产出率和经济增长集约化水平。三是要素配置效应。服务业结构与贸易结构协同性趋强，优化要素配置，提升市场运行效率，减少高级生产要素可能在低级部门配置造成的潜在生产率损失。服务业结构与贸易结构之间存在高度相关和互补共生的关系，当服务业产业与贸易结构错位发展时，两者很难形成良性互动，因而会阻碍全要素生产率的提高；只有当两者高水平协同发展时，才能提高社会创新效率，促进全要素生产率的增长。

二、全要素生产率的测算

目前全要素生产率测算方法主要包括收入份额法、生产函数法、指数法、随机前沿法等，各种测算方法或多或少存在一些缺陷。

收入份额法由于可以有效避免平稳性、多重共线性和虚假回归等问题，以及具有测算过程简便、实用性强和有利于国际比较等优势，成为目前国内外学者使用最为广泛的测算全要素生产率的方法。但我们还发现，由于收入份额法中的经验法和分配法在要素产出弹性选取上的主观随意性和取值固定性，以及统计资料法在要素收入份额计算上的数据限制性，收入份额法在考察各要素产出弹性的时期和截面异质性的问题上

---

① 周鹏、余珊萍、韩剑：《生产性服务业与制造业价值链升级间相关性的研究》，《上海经济研究》2010年第9期。

② 刘晴、郑基超：《贸易成本、技术选择和外资出口企业转型——基于异质性企业贸易理论的视角》，《财贸经济》2013年第7期。

③ 唐志红：《基于全球视角下的产业结构开放与互动》，《财经科学》2004年第3期。

还存在诸多不足之处。基于此，本节通过对各种渠道相关统计数据的收集，利用佩恩表跨国跨时劳动收入份额来确定各国劳动产出弹性和资本产出弹性，以弥补各测算方法的不足之处，从而更真实准确地反映各经济体全要素生产率发展水平的实际情况。

本节参考陈超（2015）[①] 运用收入份额法计算全要素生产率。为了测算出各经济体的全要素生产率指数，我们根据 Solow(1957)[②] 总量生产函数的框架，假定产出只使用资本和劳动两种投入要素，并在引入跨时跨国效应的基础上，将各经济体的生产函数设定为如下形式：

$$Y_{it}=TFP_{it}L_{it}^{\alpha_{it}}K_{it}^{\beta_{it}} \tag{5-9}$$

在方程（5-9）中，i 代表经济体，t 代表时间点；Y_{it} 代表经济体 i 在 t 年的实际 GDP，TFP_{it} 为全要素生产率，L_{it} 为劳动力投入，K_{it} 为资本存量；α_{it} 和 β_{it} 为劳动和资本的产出弹性。劳动和资本的产出弹性随着时间和经济体的不同而发生变化。将方程（5-9）两边同时取对数并移项，得到如下方程：

$$\ln Y_{it}=\ln TFP_{it}+\alpha_{it}L_{it}+\beta_{it}K_{it} \tag{5-10}$$

$$\ln TFP_{it}=\ln Y_{it}-\alpha_{it}L_{it}-\beta_{it}K_{it} \tag{5-11}$$

从方程（5-10）中可以看出，如果直接对其进行计量回归，就可以估计出劳动和资本的产出弹性，进而可以测算出全要素生产率，这种测算全要素生产率的方法相当于生产函数法。但由于该方法估计出的劳动和资本产出弹性为固定系数，无法反映出各经济体的异质性问题，所以我们采用跨时跨国收入份额法进行劳动生产率的测算。在完全竞争市场和利润最大化的假设条件下，劳动产出弹性 α_{it} 和资本产出弹性 β_{it} 分别等于产出中的资本和劳动的收入份额，即：

$$\alpha_{it}=\frac{\omega_{it}L_{it}}{Y_{it}},\beta_{it}=\frac{\gamma_{it}K_{it}}{Y_{it}} \tag{5-12}$$

---

① 陈超：《开放条件下知识资本投入产出的国际比较》，博士学位论文，浙江工业大学，2015 年。

② Solow Robert M.，"Technical change and the aggregate production function，" *The Review of Economics and Statistics*，Vol.39，No.3，1957.

在方程（5-12）中，ω_{it}、γ_{it} 分别表示劳动力和资本存量的价格。在规模报酬不变的假设条件下，有 $\alpha_{it}+\beta_{it}=1$，因而方程（5-12）就可以进一步转化为：

$$\ln TFP_{it}=\ln Y_{it}-\alpha_{it}L_{it}-(1-\alpha_{it})\ K_{it} \tag{5-13}$$

最后，去掉两边的自然对数，那么采用跨时跨国收入份额法测算的全要素生产率就可以表示为：

$$TFP_{it}=\frac{Y_{it}}{L_{it}^{\alpha_{it}}K_{it}^{1-\alpha_{it}}} \tag{5-14}$$

各变量的数据来源与处理如下。①实际产出 Y。选用按购买力平价汇率换算的以 2010 年为基期的美元计价（简称 GDP 不变价），数据主要来自世界银行统计数据库。②劳动投入 L。以就业人数衡量，数据主要来自佩恩表。③ 资本存量 K。以固定资本形成总额为计算基础，使用永续存盘法计算得到，折旧率为 10%，数据主要来自世界银行数据库。④ 劳动产出弹性 α。在完全竞争和利润最大化假设条件下，劳动产出弹性等于产出中劳动收入份额，劳动收入份额数据主要来自佩恩表。

三、服务业结构与服务贸易结构协同发展的经济效应

（一）模型的构建

根据服务业与服务贸易结构协同发展对全要素生产率的影响机制分析，本节提出以下研究假设：当服务业内部产业结构与贸易结构协同度过低时，协同度的提高意味着错位发展，全要素生产率水平低；当产业结构与贸易结构协同度达到一定程度后，协同度的提高意味着高质量协同发展，会促进全要素生产率的增长。为了验证该假设，本节利用全球 62 个国家服务业产业结构与贸易结构协同度的测算和全要素生产率的测算数据画出了两者关系的散点图，如图 5-66 所示，实际观察两者的关系。从图中可以清楚地发现，服务业内部产业结构与贸易结构协同度和全要素生产率存在正向线性关系，从数据上验证并进一步强化了本节的理论分析，即随着两者协同度的变化，全要素生产率会随产业结构与贸易结构协同度的提高而提高。

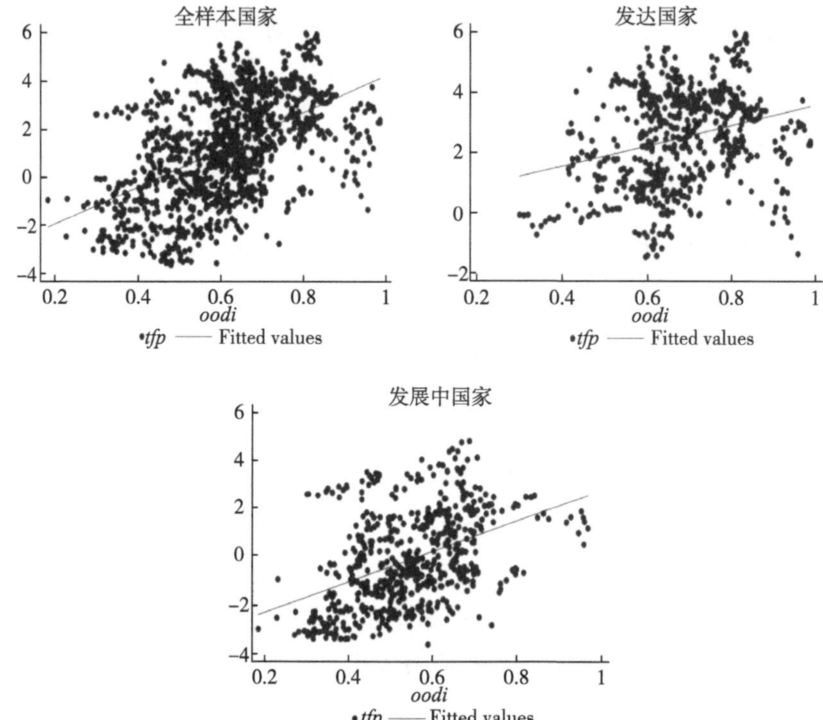

图5-66　服务业内部产业结构与贸易结构协同度与全要素生产率的散点图

资料来源：作者根据 Stata16 软件结果整理所得。

综上，结合服务业产业结构与贸易结构协同性对全要素生产率的影响机制及图 5-66 的观察，本节以全要素生产率作为被解释变量，以协同度作为解释变量，同时根据上文理论和散点图分析，验证两者是否存在线性关系，对产业结构与贸易结构协同度和全要素生产率的关系进行实证检验。本节计量模型设定如下：

$$TFP_{it}=\gamma_0+\gamma_1 codi_{it}+\gamma_2 open_{it}+\gamma_3 policy_{it}+\gamma_4 hc_{it}+\gamma_5 tech_{it}+\mu_i+\phi_t+\epsilon_{it} \quad (5\text{-}15)$$

式（5-15）中，TFP_{it} 表示第 i 个国家第 t 年的全要素生产率；$codi_{it}$ 为关键解释变量，表示第 i 个国家第 t 年服务业产业结构与贸易结构协同度；控制变量有贸易开放度、政府支出、人力资本和技术水平，分别用 $pgdp_{it}$、ck_{it}、hc_{it} 和 $tech_{it}$ 表示；μ_i 为控制个体固定效应，ϕ_t 为控制时间固定效应，ϵ_{it} 为随机误差项，而 γ_0 为截距项。

（二）共线性检验

为了确保回归结果的准确性，本节通过皮尔逊相关系数对解释变量之间可能存在的多重共线性进行检验。检验结果如表 5-26 所示，各变量的相关性都在 0.6 以下，不存在较为严重的多重共线性。因此，可以进一步进行回归。

表5-26　　模型（5）解释变量多重共线性检验

	codi	*open*	*policy*	*hc*	*tech*
codi	1.0000	—	—	—	—
open	0.2675	1.0000	—	—	—
policy	0.3943	0.0814	1.0000	—	—
hc	0.2434	0.2606	0.4224	1.0000	—
tech	–0.0726	–0.5107	–0.1661	–0.0849	1.0000

资料来源：作者根据 Stata16 软件结果整理得出。

（三）回归结果分析

本节的研究为 60 个样本国家 1995—2015 年的面板数据（考虑到数据可得性，删除哈萨克斯坦、文莱两个样本），利用双向固定效应模型并且逐个变量回归检验服务业产业与贸易协同度对全要素生产率的影响。由表 5–27 可以看出，将变量逐个放入回归模型中，服务业产业与贸易的协同度对全要素生产率的影响始终有显著的促进作用，估计结果稳定，由第（5）列的结果可知，服务业内部产业与贸易协同弹性系数为 1.0735，即服务业生产部门与贸易部门的合理配置能有效提高国家全要素生产率。

在控制变量方面，双向固定效应模型的估计结果如下。

（1）开放度对国家全要素生产率的影响为负，且通过了 1% 水平的显著性检验，这表明一国开放度的提升会抑制其全要素生产率水平，一国的贸易开放使嵌入全球价值链的企业能以低成本获得高质量和高技术的进口中间投入，导致企业丧失自主研发创新的动力，形成对价值链的过度依赖而陷入“低端锁定”，不利于提升自身的全要素生产率（吕越等，

2018）[①]。此外，人力资本积累水平与进口贸易的技术溢出效应之间存在显著正相关（Keller，2001）[②]，当本国技术条件相对落后，以至于无法达到技术吸收的有效门槛值时，就无法促进技术外溢与吸收。

（2）政府支出和全要素生产率在1%置信水平上呈正相关，其能够通过财政、税收、产业政策、金融结构调整等多种方式影响企业资源配置，有效降低企业运营和技术创新成本，改善其“风险—收益”边界，驱动企业提升主营业务质量，加大技术创新力度，进而促进企业全要素生产率跃升。另外，财政支出对特定部门的支持，某种程度上能起到市场“认证”作用，进而对企业产生“诱导效应”，引导生产要素从低生产率部门往高生产率部门流动，要素配置优化无疑对企业全要素生产率有所裨益（邹建军和刘金山，2020）[③]。

（3）人力资本对全要素生产率的影响弹性为正，但未通过显著性检验，国际技术从创新国家到模仿国家的过程中，人力资本作为一个推动要素发挥了重要作用（许和连等，2006）[④]，但当期的人力资本投入并没有办法显著地促进全要素生产率的提升。这是由于人力资本的投入往往存在滞后效应，这也可以从后文稳健性检验中，人力资本正向显著的结果中得到验证。

（4）技术水平对全要素生产率的影响在1%的置信水平上显著为正，研发专利数在一定程度上代表了一个国家的技术水平，地区发明专利对区域创新能力提升具有显著的促进作用。

表5-27　服务业协同度与全要素生产率关系的模型基准回归结果

tfp	（1）	（2）	（3）	（4）	（5）
codi	1.6707***	1.4276***	1.2165***	1.2527***	1.0735***
	（0.4184）	（0.4836）	（0.3868）	（0.3891）	（0.3923）
open	—	−1.5062***	−0.9369***	−0.9448***	−0.9892***
		（0.1801）	（0.1171）	（0.1174）	（0.1180）

① 吕越、陈帅、盛斌：《嵌入全球价值链会导致中国制造的“低端锁定”吗？》，《管理世界》2018年第34卷第8期。

② Keller Wolfgang, “International Technology Diffusion,” *NBER Working Paper*, 2001.

③ 邹建军、刘金山：《财政科技支出能否提振企业全要素生产率？——基于地方政府行为视角下的实证检验》，《西南民族大学学报（人文社会科学版）》2020年第41卷第3期。

④ 许和连、亓朋、祝树金：《贸易开放度、人力资本与全要素生产率：基于中国省际面板数据的经验分析》，《世界经济》2006年第12期。

续表

tfp	（1）	（2）	（3）	（4）	（5）
policy	—	—	0.1283*** （0.012）	0.1286*** （0.0124）	0.1323*** （0.0125）
hc	—	—	—	0.2783 （0.3176）	0.4366 （0.3209）
tech	—	—	—	—	0.1011*** （0.0337）
Const	0.3548*** （0.2476）	0.2736 （0.2969）	−0.8602*** （0.3285）	−1.4580* （0.7573）	−1.826*** （0.511）
个体固定效应	是	是	是	是	是
时间固定效应	是	是	是	是	是
R^2	0.1516	0.1893	0.2074	0.2299	0.2715
Obs	1260	1260	1260	1260	1260
F	125.30	142.31	148.99	138.14	139.07

注：***、* 分别表示在 1%、10% 的置信水平下显著，系数下小括号内为标准误。

资料来源：作者根据 Stata16 软件结果整理所得。

（四）分样本回归结果分析

将全部样本划分为发达国家与发展中国家对上文涉及的模型进行回归。回归结果如表 5-28 所示。在回归分析前，同样对数据进行多重共线性检验，不存在严重的多重共线性。（1）、（2）列发达国家回归结果显示，核心变量的回归结果与全样本一致。对于发达国家而言，服务业内部结构协同对全要素生产率影响正向显著，弹性系数为 1.0839，在 5% 水平下显著。从控制变量上看，地区开放度对全要素生产率的影响为负，与全样本回归结构一致，发达国家技术水平已经达到一定的高度，进口以及外商直接投资带来的技术溢出作用有限；人力资本对全要素生产率的影响不显著，这与 Filmer 和 Pritchett（1999）[①] 发现的平均受教育年限在解释不同国家的经济增长率时作用不明显的结果保持一致；最后技术水平对全要素生产率的影响显著为正，拥有越多专利数的国家倾向于有更

① Filmer Deon，Lant Pritchett，"The effect of household wealth on educational attainment：evidence from 35 Countries，" *Population & Development Review*，Vol.25，No.1，1999.

高的全要素生产率。

（3）、（4）列发展中国家回归结果显示，核心变量的回归结果同样与全样本结果一致。对于发展中国家而言，服务业内部结构协同对全要素生产率影响正向显著，弹性系数为0.5683，在5%水平下显著，从核心变量的结果上来看，发达国家服务业与服务贸易协同度对全要素生产率的影响系数大于发展中国家，这可能是因为发展中国家知识与技术密集型服务业占比低于发达国家，且服务业与制造业还未形成完善的高效互动机制，促进一国经济的创新高效发展。从控制变量上看，地区开放度对全要素生产率的影响为负，与全样本回归结构一致，发展中国家人力资本水平较低，技术溢出的吸收效应很大程度上取决于一国的人力资本水平，所以发展中国家通过进口以及外商直接投资带来的技术溢出作用有限；人力资本对全要素生产率的影响不显著，人力资本的当期投入可能并不会直接带来全要素生产率的提升，它对全要素生产率的作用存在滞后效应；技术水平对全要素生产率的影响显著为正，拥有越多专利数的发展中国家同样倾向于有更高的全要素生产率。

表5-28 发达国家与发展中国家服务业协同度与全要素生产率关系的模型回归结果

tfp	发达国家		发展中国家	
	（1）	（2）	（3）	（4）
codi	1.7287** （0.8022）	1.0839** （0.2286）	0.1353*** （0.0204）	0.5683** （0.4728）
open	—	−0.6515*** （0.1559）	—	−1.1984*** （0.1794）
policy	—	0.1353*** （0.0204）	—	0.1396*** （0.0173）
hc	—	−0.2987 （0.081）	—	−0.0081 （0.4675）
tech	—	0.2196*** （0.0488）	—	0.1353*** （0.0204）
Const	1.5097*** （0.5071）	−1.1396*** （0.1607）	—	−1.4511 （0.9767）
个体固定效应	是	是	是	是

续表

tfp	发达国家		发展中国家	
	（1）	（2）	（3）	（4）
时间固定效应	是	是	是	是
Obs	651	651	609	609
F	131.80	114.83	125.30	105.23
R^2	0.0837	0.1807	0.0932	0.2790

注：***、** 分别表示在 1%、5% 的置信水平下显著，系数下括号内为标准误。

资料来源：作者根据 Stata16 软件结果整理所得。

（五）稳健性检验

为了进一步增强研究结论的稳健性，我们进行了下述四方面的稳健性检验。① 滞后变量法。将所有解释变量均滞后一期，重新估计本节的主要回归结果。② 指标替代法。利用佩恩表中以美国 TFP 为 1 计算的全要素生产率代替本节用索洛余值法测算的全要素生产率，重新估计本节的主要回归结果。③ 剔除异常样本点（解释变量两边各 2.5% 缩尾处理进行回归）。④ 动态面板系统 GMM 估计（被解释变量滞后一期作为工具变量，并以解释变量作为内生变量进行回归）。

回归结果如表 5-29 所示。在滞后变量法和指标替代法的回归中，服务业协同度的指标均通过显著性水平检验，且系数为正，与原模型回归结果基本一致，说明原模型的回归结果是稳健的。这表明服务业协同度确实是影响样本国家全要素生产率的因素之一，并且两者呈正向促进关系。

表5-29　　稳健性检验回归结果

变量	（1）	（2）	（3）	（4）
L.tfp	—	—	—	0.7941*** （0.0135）
L.codi	1.1301*** （0.4176）	—	—	—
L.open	−0.9992*** （0.1292）	—	—	—

续表

变量	（1）	（2）	（3）	（4）
L.policy	0.0975*** （0.0133）	—	—	—
L.hc	0.7092** （0.3469）	—	—	—
L.tech	0.0854** （0.0359）	—	—	—
codi	—	0.1209*** （0.0430）	1.1569*** （0.4075）	0.3336* （0.2084）
open	—	−0.0664*** （0.0129）	−1.1823*** （0.1321）	−0.5884*** （0.0446）
policy	—	−0.0116*** （0.0013）	0.1333*** （0.0128）	0.0108* （0.0069）
hc	—	0.0372 （0.0351）	0.5402* （0.3097）	1.3897*** （0.2280）
tech	—	0.0019 （0.0037）	0.0938** （0.0370）	0.0363** （0.0168）
Const	−1.0266* （1.956）	0.9631*** （0.0848）	−1.1417 （0.8204）	−2.9745*** （0.5179）
个体固定效应	是	是	是	—
时间固定效应	是	是	是	—
Obs	1200	1260	1260	1200
F	125.12	124.55	137.83	—
R^2	0.2900	0.1684	0.2784	—
Wald （P value）	— —	— —	— —	6810.21 [0.0000]
Sargan （P value）	— —	— —	— —	56.71878 [1.0000]

注：***、**、* 分别表示在 1%、5%、10% 的置信水平下显著，系数下小括号内为标准误，中括号内为 P 值。

资料来源：作者根据 Stata16 软件结果整理所得。

本节利用索洛余值法模型测算出了样本国家全要素生产率的变动情况，运用双向固定效应模型估计了服务业产业与贸易协同发展对全要素生产率的影响，全要素生产率为核心被解释变量，控制变量有贸易开放度、政府支出、人力资本和技术水平，同时对时间和省份加以固定。总体来看，国家层面服务业产业结构与贸易结构协同的经济效应为正效应，二者没有反映出较强的相关性，服务业生产部门与贸易部门的合理配置能有效提高国家全要素生产率。另外，政府支出、技术水平能有效促进经济发展水平的提升，人力资本对全要素生产率的提升呈现出滞后效应。分国家样本的回归结果与总体样本基本一致，最后对结果进行稳健性检验，回归结果稳定。

本节主要基于经济合作与发展组织投入产出表中 62 个样本国家服务业产业与贸易的数据，深入研究当今世界发达国家与发展中国家服务业产业结构与服务贸易结构之间的互动关系及其经济效应。首先整理和比较了样本国家及中国服务业与服务贸易结构的演变规律和发展现状，在此基础上通过皮尔逊检验和系统 GMM 回归等分析方法，探究产业间和服务业内部两个维度下产业结构与贸易结构之间的互动关系；之后通过耦合协同度模型分析样本国家的服务业，测算了国家层面的服务业与服务贸易结构的协同度，并通过索洛余值法模型对样本国家的全要素生产率进行了测算；最后利用以上数据进行双向固定效应模型回归分析，探究服务业产业结构与贸易结构协同发展对全要素生产率的影响。

第六节 研究结论与政策建议

一、研究结论

本章在对 62 个国家的服务业与服务贸易结构的演变规律和发展现状进行比较研究的基础上，通过耦合协同度模型测算了 62 个国家服务业内部产业与服务贸易结构的协同发展水平，研究结论如下。

（一）服务业结构决定贸易结构，服务贸易结构反作用于服务业结构

本章通过皮尔逊检验和系统 GMM 回归等分析方法，分析服务业和服务贸易结构互动效应。研究结果表明：服务业结构决定服务贸易结构，服务贸易结构反作用于服务业结构。但是服务业结构对服务贸易结构的

促进作用更大，服务业内部结构对贸易结构的影响大于贸易结构对产业结构的影响，而服务贸易结构对服务业结构的影响更小。

（二）服务业与服务贸易结构的协同度水平不断提高

通过耦合协同度模型测算 62 个国家服务业内部产业与服务贸易结构的协同发展水平，结果表明：发达国家服务业内部产业与服务贸易结构的协同度水平明显高于发展中国家，但发展中国家的协同度水平增速更快；我国产业与贸易服务化水平较低，服务业开放水平不高；中国服务业与服务贸易结构的演变协同度水平为基本协同，处于中下水平，知识与技术密集型服务贸易发展较为滞后。

（三）服务业与服务贸易结构协同发展对全要素生产率具有正向促进作用

本章通过索洛余值法测算了样本国家的全要素生产率，并运用双向固定效应模型分析了服务业与服务贸易结构协同发展对全要素生产率的影响。实证表明：服务业与服务贸易结构协同发展对全要素生产率存在正向促进作用，且具有国家异质性，发达国家服务业与服务贸易协同度对全要素生产率的促进作用大于发展中国家；政府支出和技术水平对全要素生产率有显著的促进作用，开放度对全要素生产率有显著的抑制作用，人力资本对全要素生产率的提升呈现出滞后效应。

二、政策建议

根据本章结论，对服务业与服务贸易结构协同发展及其经济效应影响的理论和实证分析，提出以下建议。

（一）推动服务业转型升级，优化服务业和服务贸易结构

中国服务业结构和服务贸易结构与发达国家相比还存在明显差距，亟须加快知识与技术密集型服务业发展，加快优化服务业结构和服务贸易结构。不断促进服务业内部产业结构升级，努力打破传统服务类产业向科技型产业转型的壁垒，鼓励服务业数字化智能化转型，优化服务业和服务贸易结构，实现服务业高质量发展。

（二）加快服务业开放发展，提升服务业与服务贸易结构的协同发展水平

扩大服务业开放对产业间、服务业内部贸易与服务贸易结构的升级具有促进作用。加快服务业开放发展，扩大金融业、文化影视、旅游业等行业开放和加入国际合作，积极吸引服务业外商投资，加快服务贸易、进出

口贸易发展，提升服务业和服务贸易国际竞争力，增强服务业结构与服务贸易结构协同转型升级，提升服务业与服务贸易结构的协同发展水平。

（三）提高服务业结构与服务贸易结构协同发展水平

从面板数据回归来看，国家层面服务业产业结构与贸易结构协同的经济效应为正效应，二者反映出较强的相关性，服务业生产部门与贸易部门的合理配置能有效提高国家全要素生产率。发达国家服务业与服务贸易协同度对全要素生产率的影响系数大于发展中国家，这可能是因为发展中国家的知识与技术密集型服务业占比远低于发达国家，且服务业与服务贸易还未形成完善的高效互动机制。加快知识和技术密集型服务业发展，增强服务业与服务贸易结构协同发展对全要素生产率起到促进作用，可以最大限度地发挥服务业结构与服务贸易结构协同发展的经济效应。

参考文献

[1] 白雪，宋玉祥 . 中国生产性服务业发展水平的时空特征及其影响因素 [J]. 人文地理，2019（3）.

[2] 卜伟，等 . 中国对外贸易商品结构对产业结构升级的影响研究 [J]. 宏观经济研究，2019（8）.

[3] 蔡兴，刘子兰 . 人口因素与东亚贸易顺差——基于人口年龄结构、预期寿命和性别比率等人口因素的实证研究 [J]. 中国软科学，2013（9）.

[4] 曹聪丽，陈宪 . 生产性服务业集聚、城市规模与经济绩效提升——基于空间计量的实证研究 [J]. 中国经济问题，2018（2）.

[5] 曹媛媛 . 基于产业链和系统动力理论的现代服务业发展研究 [J]. 理论探讨，2013（4）.

[6] 曾国平，等 . 重庆第三产业 R&D 投入产出效应的实证研究 [J]. 科研管理，2011（7）.

[7] 柴国俊 . 地方政府为何热衷拆迁？——基于动态面板数据的实证研究 [J]. 中国软科学，2014（12）.

[8] 陈保启，李为人 . 生产性服务业的发展与我国经济增长方式的转变 [J]. 中国社会科学院研究生院学报，2006（6）.

[9] 陈超 . 开放条件下知识资本投入产出的国际比较 . 博士学位论文，浙江工业大学，2017 年。

[10] 陈虹，林留利 . 中美服务贸易竞争力的实证与比较分析 [J]. 国际贸易问题，2009（12）.

[11] 陈健，蒋敏．生产性服务业与我国城市化发展——产业关联机制下的研究 [J]. 产业经济研究，2012（6）.
[12] 陈健．进口技术复杂度如何影响中国服务业发展？——转移份额分解下的根源探析 [J]. 经济评论，2013（6）.
[13] 陈双喜，等．我国服务业产业内贸易状况的实证分析 [J]. 沈阳工业大学学报（社会科学版），2011（1）.
[14] 陈宪，黄建锋．分工、互动与融合：服务业与制造业关系演进的实证研究 [J]. 中国软科学，2004（10）.
[15] 程大中．中国生产性服务业的水平、结构及影响——基于投入—产出法的国际比较研究 [J]. 经济研究，2008（1）.
[16] 程大中．中国生产者服务业的增长、结构变化及其影响——基于投入—产出法的分析 [J]. 财贸经济，2006（10）.
[17] 程广斌，王朝阳．全要素生产率与区域经济高质量发展的空间非线性检验 [J]. 统计与决策，2020（15）.
[18] 赤松要．我国经济发展的综合原理，1932.
[19] 大卫．李嘉图．政治经济学及其税赋原理 [M]. 北京：商务印书馆，2021.
[20] 丹尼尔・贝尔．后工业社会的来临 [M]. 南昌：江西人民出版社，2018.
[21] 丁平．中国服务贸易国际竞争力的影响因素分析与对策研究 [J]. 世界经济研究，2007（9）.
[22] 董小麟，董苑玫．中国服务贸易竞争力及服务业结构缺陷分析 [J]. 国际经贸探索，2006（6）.
[23] 董雪玲，王正明．基于 VAR 模型的人力资本与我国服务贸易关系实证研究 [J]. 商业时代，2010（34）.
[24] 俄林．地区间贸易和国际贸易 [M]. 北京：首都经济贸易大学出版社，2001.
[25] 方慧，尚雅楠．基于动态钻石模型的中国文化贸易竞争力研究 [J]. 世界经济研究，2012（1）.
[26] 付凌晖．我国产业结构高级化与经济增长关系的实证研究 [J]. 统计研究，2010（8）.
[27] 甘国华．国际产业发展历史与产业结构演变规律 [J]. 江西科技师范学院学报，2004（6）.
[28] 干春晖，等．中国产业结构变迁对经济增长和波动的影响 [J]. 经济研究，2011（5）.
[29] 高传胜，李善同．服务业发展不足的结构性动因与突破方略 [J]. 改革，2007（12）.
[30] 顾乃华，等．中国转型期生产性服务业发展与制造业竞争力关系研究——基于面板数据的实证分析 [J]. 中国工业经济，2006（9）.

[31] 韩坚 . 中国生产性服务业的影响因素及对策分析 [J]. 贵州社会科学，2007（12）.

[32] 韩军 . 人力资本要素与国际服务贸易比较优势的发挥 [J]. 国际贸易问题，2001（5）.

[33] 韩一波 . FDI 与我国服务贸易发展的实证分析 [J]. 重庆工商大学学报（西部论坛），2005（6）.

[34] 贺卫，等 . 我国服务贸易竞争力影响因素的实证分析 [J]. 国际贸易问题，2005（2）.

[35] 胡兵，乔晶 . 中国对外直接投资的贸易效应——基于动态面板模型系统 GMM 方法 [J]. 经济管理，2013（4）.

[36] 胡飞 . 对外贸易对经济增长方式转变的影响研究——基于安徽省城市数据和面板门槛模型的分析 [J]. 宜春学院学报，2018（4）.

[37] 胡飞 . 服务业外商直接投资对中国服务贸易出口的影响——基于行业面板数据的实证研究 [J]. 经济问题探索，2015（6）.

[38] 黄健青，张娇兰 . 京津沪渝服务贸易竞争力及其影响因素的实证研究 [J]. 国际贸易问题，2012（5）.

[39] 黄庆波，范厚明 . 对外贸易、经济增长与产业结构升级——基于中国、印度和亚洲“四小龙”的实证检验 [J]. 国际贸易问题，2010（2）.

[40] 黄少军 . 商品消费、服务消费和经济结构变化——一个微观经济学的分析 [J]. 华南师范大学学报（社会科学版），2000（2）.

[41] 黄祖辉，张昱 . 生产业竞争力的测评方法：指标与模型 [J]. 浙江大学学报（人文社会科学版），2002（4）.

[42] 江小涓，李辉 . 服务业与中国经济：相关性和加快增长的潜力 [J]. 经济研究，2004（1）.

[43] 江小涓 . 服务业增长：真实含义、多重影响和发展趋势 [J]. 经济研究，2011（4）.

[44] 科林 · 克拉克 . 经济进步的条件 [M]. 北京：中国人民大学出版社，2020.

[45] 李斌等 . 异质型人力资本对我国服务贸易竞争力的影响——基于“钻石”模型的实证分析 [J]. 经济经纬，2013（6）.

[46] 李盾，刘从军 . 服务业贸易自由化对开放国的福利影响 [J]. 国际贸易问题，2006（8）.

[47] 李华香，李善同 . 城市服务行业分布格局特征及演变趋势研究 [J]. 产业经济研究，2014（5）.

[48] 李江帆 . 第三产业的产业性质、评估依据和衡量指标 [J]. 华南师范大学学报（社会科学版），1994（3）.

[49] 李江帆 . 第三产业经济学 [M]. 广州：广东人民出版社，1990.

[50] 李金昌，等 . 高质量发展评价指标体系探讨 [J]. 统计研究，2019（1）.
[51] 李荣林，姜茜 . 我国对外贸易结构对产业结构的先导效应检验——基于制造业数据分析 [J]. 国际贸易问题，2010（8）.
[52] 李善同，华尔诚 .21 世纪初的中国服务业 [M]. 北京：经济科学出版社，2002.
[53] 李夏玲，田泽永 . 外商直接投资与服务业发展的实证研究 [J]. 统计与决策，2014（13）.
[54] 李逸飞，等 . 制造业就业与服务业就业的交互乘数及空间溢出效应 [J]. 财贸经济，2017（4）.
[55] 联合国贸易和发展组织 . 世界投资报告 2012：迈向新一代投资政策 [M]. 北京：经济管理出版社，2012.
[56] 刘培林，宋湛 . 服务业和制造业企业法人绩效比较 [J]. 经济研究，2007（1）.
[57] 刘晴，郑基超 . 贸易成本、技术选择和外资出口企业转型——基于异质性企业贸易理论的视角 [J]. 财贸经济，2013（7）.
[58] 刘艳 . 中国服务业的国际竞争力分析：基于附加值贸易的测算 [J]. 中国软科学，2016（7）.
[59] 刘耀彬，等 . 中国城市化与生态环境耦合度分析 [J]. 自然资源学报，2005（1）.
[60] 刘志彪 . 生产者服务业及其聚集：攀升全球价值链的关键要素与实现机制 [J]. 中国经济问题，2008（1）.
[61] 吕越，等 . 嵌入全球价值链会导致中国制造的“低端锁定”吗？ [J]. 管理世界，2018（8）.
[62] 吕政，等 . 中国生产性服务业发展的战略选择 [J]. 中国工业经济，2006（8）.
[63] 马颖，等 . 贸易开放度、经济增长与劳动密集型产业结构调整 [J]. 国际贸易问题，2012（9）.
[64] 迈克尔·波特 . 国家竞争优势 [M]. 北京：华夏出版社，2005.
[65] 裴长洪，杨志远 .2000 年以来服务贸易与服务业增长速度的比较分析 [J]. 财贸经济，2012（11）.
[66] 裴长洪 . 进口贸易结构与经济增长：规律与启示 [J]. 经济研究，2013（7）.
[67] 齐鹰飞，李苑菲 . 财政支出的部门配置与中国产业结构升级——基于生产网络模型的分析 [J]. 经济研究，2020（4）.
[68] 钱书法，等 . 社会分工制度下生产性服务业与制造业关系新探——以江苏省为例 [J]. 经济理论与经济管理，2010（3）.
[69] 任志成 . 全球性人口转型对国际分工的影响——基于动态面板数据的分析 [J]. 世界经济研究，2014（5）.
[70] 沈坤荣，耿强 . 外国直接投资、技术外溢与内生经济增长——中国数据的计量检验与实证分析 [J]. 中国社会科学，2001（5）.
[71] 舒燕 . 基于人力资本视角的中国服务贸易比较优势分析 [J]. 技术经济与管理

研究，2011（3）.
[72] 宋加强，王强．现代服务贸易国际竞争力影响因素研究——基于跨国面板数据 [J]. 国际贸易问题，2014（2）.
[73] 宋伟良，徐永胜．我国服务业利用外资的现状及建议 [J]. 宏观经济管理，2005（10）.
[74] 孙金秀，杨文兵．经济增长：产业结构和贸易结构互动升级之结果 [J]. 现代财经（天津财经大学学报），2011（9）.
[75] 孙晓华，王昀．对外贸易结构带动了产业结构升级吗？——基于半对数模型和结构效应的实证检验 [J]. 世界经济研究，2013（1）.
[76] 唐昭沛，等．基于城市产业结构特征的高铁生产性服务业集散效应——以长三角城市群为例 [J]. 地理研究，2021（8）.
[77] 唐志红．基于全球视角下的产业结构开放与互动 [J]. 财经科学，2004（3）.
[78] 王丽，韩玉军．中国服务贸易竞争力与服务业开放度的国际比较 [J]. 中国流通经济，2016（8）.
[79] 王丽，张岩．对外直接投资与母国产业结构升级之间的关系研究——基于 1990 ~ 2014 年 OECD 国家的样本数据考察 [J]. 世界经济研究，2016（11）.
[80] 王恕立，胡宗彪．服务业 FDI 流入与东道国服务贸易出口——基于中国数据的经验研究 [J]. 国际贸易问题，2010（11）.
[81] 王直，等．总贸易核算法：官方贸易统计与全球价值链的度量 [J]. 中国社会科学，2015（9）.
[82] 威廉·配第．税赋论、献给英明人士、货币略论 [M]. 北京：商务印书馆，1963.
[83] 西蒙·库兹涅茨．各国的经济增长：总产值和生产结构 [M]. 北京：商务印书馆，2018.
[84] 谢国娥，等．台湾地区服务贸易竞争力、影响因素及其对策研究 [J]. 世界经济研究，2016（2）.
[85] 徐建国．人民币贬值与服务业停滞 [J]. 世界经济，2011（3）.
[86] 徐敏，姜勇．中国产业结构升级能缩小城乡消费差距吗？ [J]. 数量经济技术经济研究，2015（3）.
[87] 许和连，等．贸易开放度、人力资本与全要素生产率：基于中国省际面板数据的经验分析 [J]. 世界经济，2006（12）.
[88] 亚当·斯密．国民财富的性质和原因的研究（上册）[M]. 北京：商务印书馆，2014.
[89] 姚海棠，方晓丽．金砖五国服务部门竞争力及影响因素实证分析 [J]. 国际贸易问题，2013（2）.
[90] 姚战琪．中国服务业开放的现状、问题和对策：基于中国服务业 FDI 视角的

研究 [J]. 国际贸易，2013（8）.
[91] 易行健，成思．中国服务贸易影响因素的实证检验：1984—2008 [J]. 国际经贸探索，2010（11）.
[92] 殷凤，陈宪．国际服务贸易影响因素与我国服务贸易国际竞争力研究 [J]. 国际贸易问题，2009（2）.
[93] 殷凤．中国服务业利用外商直接投资：现状、问题与影响因素分析 [J]. 世界经济研究，2006（1）.
[94] 于慧君．我国高新技术产品贸易状况分析 [J]. 现代商贸工业，2010（3）.
[95] 余泳泽，潘妍．中国经济高速增长与服务业结构升级滞后并存之谜——基于地方经济增长目标约束视角的解释 [J]. 经济研究，2019（3）.
[96] 喻春娇，郑光凤．湖北省生产性服务业与制造业的互动发展程度分析 [J]. 经济地理，2010（11）.
[97] 袁富华．长期增长过程的“结构性加速”与“结构性减速”：一种解释 [J]. 经济研究，2012（3）.
[98] 袁欣．中国对外贸易结构与产业结构：“镜像”与“原像”的背离 [J]. 经济学家，2010（6）.
[99] 袁志刚，饶璨．全球化与中国生产服务业发展——基于全球投入产出模型的研究 [J]. 管理世界，2014（3）.
[100] 张建清，陈星全．人力资本与服务贸易差额：来自跨国面板数据的证据 [J]. 国际贸易问题，2016（10）.
[101] 张平，余宇新．出口贸易影响了中国服务业占比吗？ [J]. 数量经济技术经济研究，2012（4）.
[102] 张平．FDI 抑制了中国服务业发展吗？ [J]. 经济评论，2016（5）.
[103] 张润朋，刘蓉．新经济条件下我国生产性服务业的发展 [J]. 热带地理，2002（4）.
[104] 张曙霄，张磊．中国贸易结构与产业结构发展的悖论 [J]. 经济学动态，2013（11）.
[105] 张小兵．运用现代经营方式和服务技术改造传统服务业 [J]. 企业经济，2003（6）.
[106] 张志明．对外开放促进了中国服务业市场化改革吗？ [J]. 世界经济研究，2014（10）.
[107] 赵桂梅，等．牛熊市时期我国股市股价联动效应分析 [J]. 中国市场，2018（8）.
[108] 赵景峰，陈策．中国服务贸易：总量和结构分析 [J]. 世界经济，2006（8）.
[109] 赵书华，张弓．对服务贸易研究角度的探索——基于生产要素密集度对服务贸易行业的分类 [J]. 财贸经济，2009（3）.

[110] 郑吉昌，夏晴．服务贸易竞争力：影响因素与模型 [J]. 价值工程,2004（4）.

[111] 郑吉昌，夏晴．论生产性服务业的发展与分工的深化 [J]. 科技进步与对策，2005（2）.

[112] 郑长娟．现代生产性服务业再区域创新系统中的作用研究 [J]. 科技管理研究，2005（9）.

[113] 周鹏，等．生产性服务业与制造业价值链升级间相关性的研究 [J]. 上海经济研究，2010（9）.

[114] 朱胜勇．发达国家生产性服务业发展的影响因素——基于 OECD 国家生产性服务业的分析 [J]. 城市问题，2009（7）.

[115] 庄丽娟，贺梅英．服务业利用外商直接投资对中国经济增长作用机理的实证研究 [J]. 世界经济研究，2005（8）.

[116] 庄树坤，刘辉煌．生产性服务业发展的金融支持研究——基于中国的实证检验：1978~2007 [J]. 国际经贸探索，2008（11）.

[117] 庄树坤，等．中国生产性服务业发展的影响因素研究 [J]. 技术与创新管理，2009（6）.

[118] 邹建军，刘金山．财政科技支出能否提振企业全要素生产率？——基于地方政府行为视角下的实证检验 [J]. 西南民族大学学报（人文社会科学版），2020（3）.

[119] Ahmadzadeh Khaled，et al.. The study of factors affecting the export of services case study: export of technical and engineering services[J]. Economics Research，2012，12（47）.

[120] Alexopoulos Michelle. Read all about it! what happens following a technology shock?[J]. American Economic Review，2011，101（4）.

[121] Andersson Martin. Co-location of Manufacturing & Producer Services E-A Simultaneous Equation Approach[R].CESIS Electronic Working Paper，2004.

[122] Antonelli Cristiano. Localized technological change，new information technology and the knowledge-based economy: the european evidence[J]. Journal of Evolutionary Economics，1998，8（2）.

[123] Antras Pol. Incomplete contracts and the product cycle[J]. American Economic Review，2005，95（4）.

[124] Antras Pol. Increasing returns versus national product differentiation as an explanation for the pattern of US-Canada trade[J]. American Economic Review，2005，95（2）.

[125] Antras Pol，Elhanan Helpman. Global sourcing[J]. Journal of Political Economy，2004，112（3）.

[126] Balassa Bela. Exports and economic growth[J]. Journal of Development Economics，

1978，5（2）.

[127] Baldwin John R.，et al.. Export growth，capacity utilization，and productivity growth: Evidence from the Canadian manufacturing plants[J]. Review of Income and Wealth，2013，59（4）.

[128] Bergstrand Jeffrey H.. The generalized gravity equation，monopolistic competition，and the factor-proportions theory in international trade[J]. Review of Economics and Statistics，1989，71（1）.

[129] Bharawaj R.. Factor Proportions And The Structure Of India-U. S. Trade[M].Indian Economic Journal，1962.

[130] Browing Harley L.，Joachim Singelmann. The Emergence of a Service Society[M]. Springfield：National Technical Information Service，1975.

[131] Chesnokova Tatyana. Immiserizing deindustrialization: a dynamic trade model with credit constraints[J]. Journal of International Economics，2007，73（2）.

[132] Dixit Avinash K.，Joseph E. Stiglitz. Monopolistic competition and optimum product diversity[J]. American Economic Review，1977，67（3）.

[133] Eichengreen Barry，Poonam Gupta. The Two Waves of Service Sector Growth[R]. NBER Working Paper，2009.

[134] Falvey Rodney E.. Commercial policy and intra-industry trade[J]. Journal of International Economics，1981，11（4）.

[135] Feder Gershon. On exports and economic growth[J]. Journal of Development Economics，1982，12（12）.

[136] Filmer Deon，Lant Pritchett. The effect of household wealth on educational attainment: evidence from 35 countries[J]. Population & Development Review，1999，25（1）.

[137] Fisher Allan G. B.. The Clash of Progress and Security[M].London：Macmillan Publishers，1935.

[138] Fisk Raymond P.，et al.. Tracking the evolution of the services marketing literature[J]. Journal of Retiling，1993，69（1）.

[139] Francois Joseph F.. Prouder services，scale，and the division of labor[J]. Oxford Economic Papers，1990，42（4）.

[140] Francois Joseph，Bernard Hoekman. Services trade and policy[J]. Journal of Economic Literature，2010，48（3）.

[141] Francois Joseph，Julia Woerz. Producer services，manufacturing linkages，and trade[J]. Journal of Industry，Competition & Trade，2008，8（3/4）.

[142] Freeman Christopher，Luc Soete. Developing science，technology and innovation indicators: what we can learn from the past[J]. Research Policy，2009，38（4）.

[143] Gorodnichenko Yuriy, Monika Schnitzer. Financial constraints and innovation: why poor countries don' t catch up[J]. Journal of the European Economic Association, 2013, 11 (5).

[144] Greenaway, et al.. Exports, export composition and growth[J]. Journal of International Trade & Economic Development, 1999, 8 (1).

[145] Greenfield Harry I.. Manpower and the growth of producer services[M].New York: Columbia University Press, 1966.

[146] Grossman Gene M., Giovanni Maggi. Diversity and trade[J]. American Economic Review, 2000, 90 (5).

[147] Grubel Herbert G., Michael A.. Walker, Service Industry Growth: Cause and Effects[M].Vancouver: Fraser Institute, 1989.

[148] Guerrieri Paolo, Meliciani Valentina. Technology and international competitiveness: the interdependence between manufacturing and producer services[J]. Structural Change and Economic Dynamic, 2005, 16 (4).

[149] Head Keith, Jared Ries. Increasing returns versus national product differentiation as an explanation for the pattern of US–Canada trade[J]. American Economic Review, 2001, 91 (4).

[150] Hoekman Bernard, Carlos A. P. Braga. Protection and trade in services: a survey[J]. Open Economies Review, 1997, 8 (4).

[151] Hoekman Bernard, Ben Shepherd. Services productivity, trade policy and manufacturing exports[J]. World Economy, 2017, 40 (3).

[152] Humphrey John, Hubert Schmitz. How does insertion in global value chains affect upgrading in industrial clusters?[J]. Regional Studies, 2002, 36 (9).

[153] Illeris Sven, Peter Sjholt. The nordic countries: high quality service in a low density environment[J]. Progress in Planning, 1995, 43 (2–3).

[154] Jarreau Joachim, Sandra Poncet. Export sophistication and economic growth: evidence from china[J]. Journal of Development Economics, 2012, 97 (2).

[155] Katouzian M. A.. The development of the service sector: a new approach[J]. Oxford Economic Papers, 1970, 22 (3).

[156] Keller Wolfgang. International technology Diffusion[R].NBER Working Paper, 2001.

[157] Khalafalla Khalid Y., Alan J. Webb. Export–led growth and structural change: evidence from Malaysia[J]. Applied Economics, 2001, 33 (13).

[158] Klodt Henning. Industrial policy and the East German productivity puzzle[J]. German Economic Review, 2000, 1 (3).

[159] Krammer Sorin M. S.. International R&D spillovers in emerging markets: the

impact of trade and foreign direct investment[J]. Journal of International Trade & Economic Development, 2010, 19（4）.

[160] Krugman Paul R.. Scale Economics, Product differentiation, and the pattern of trade[J]. American Economic Review, 1980, 70（5）.

[161] Kuznets Simon. National Income and Its Composition, 1919–1938[M].New York: National Bureau of Economic Analysis, 1941.

[162] Lentnek Barry, et al.. Optimum producer service location[J]. Environment and Planning, 1992, 24（4）.

[163] Leontief Wassily. Domestic production and foreign trade; the American capital position re–examined[J]. Proceedings of the American Philosophical Society, 1953, 97（4）.

[164] Linder Staffan B.. An essay on trade and transformation[M].New York: John Wiley & Sons, 1961.

[165] Lucas Robert E.. On the mechanics of economic development[J]. Journal of monetary economics, 1988, 22（1）.

[166] Lundquist Karl J., et al.. Producer services: growth and roles in long term economic development[J]. Service Industries Journal, 2008, 28（4）.

[167] Markusen James R.. Trade in producer services and in other specialized intermediate inputs[J]. American Economic Review, 1989, 79（1）.

[168] Markusen James R., Bridget Strand. Adapting the knowledge–capital model of the multinational enterprise to trade and investment in business services[J]. World Economy, 2009, 32（1）.

[169] Marshall Neill, et al.. Understanding the location and role of producer services in the UK[J]. Environment and Planning A, 1987, 19（5）.

[170] Mazumdar Joy. Do static gains from trade lead to medium–run growth?[J]. Journal of Political Economy, 1996, 104（66）.

[171] Melitz Marc J.. The impact of trade on intra–industry reallocations and aggregate industry productivity[J]. Econometrica, 2003, 71（6）.

[172] Michaely Michael. Exports and growth[J]. Journal of Development Economics, 1977, 4（1）.

[173] Mirodout Sebastien. The linkages between open services markets and technology transfer[J].OECD Trade Policy Working Papers, 2006,（29）.

[174] Noyelle Thierry J.. Skills, Wages, and Productivity in the Service Sector[M]. Boulder Colorado: Westview Press, 1990.

[175] Peneder Michael. Intangible investment and human resources[J]. Journal of Evolutionary Economics, 2002, 12（1–2）.

[176] Polese Mario. Regional demand for business services and interregional service flows in a small Canadian region[J]. Papers of the Regional Science Association, 1982, 50（1）.

[177] Posner Michael V.. International trade and technical change[J]. Oxford Economic Papers, 1961, 13（3）.

[178] Prasgabth Reddy K., Gairola Gaurav. India' s Services Boom–The Need for Balanced Growth[R].Working Paper Series, 2002.

[179] Romer Paul M.. Increasing returns and long–run growth[J]. Journal of Political Economy, 1986, 94（5）.

[180] Sapir Andre. Trade benefits under the EEC generalized system of preferences[J]. European Economic Review, 1981, 15（3）.

[181] Shelp Ronald K.. Beyond Industrialization: Ascendancy of the Global Service Economy[M].New York: Praeger Publishers, 1981.

[182] Singelmann Joachim. From Agriculture to Service: The Transformation of Industry and Employment[M].Sage Publications, 1978.

[183] Solow Robert M.. Technical change and the aggregate production function[J]. The Review of Economics and Statistics, 1957, 39（3）.

[184] Stare Metka. Advancing the development of producer services in slovenia with foreign direct in investment[J]. Service Industrial Journal, 2001, 21（1）.

[185] Syrquin Moshe, Hollis Chenery. Three decades of industrialization[J]. The World Bank Economic Reviews, 1989, 3（2）.

[186] Tatemoto Masahiro, Shinichi Ichimura. Factor proportions and foreign trade: the case of Japan[J]. Review of Economics and Statistics, 1959, 41（4）.

[187] Trefler Danie. International factor price differences: leontief was right![J]. Journal of Political Economy, 1993, 101（6）.

[188] Trefler Danie. The case of the missing trade and other mysteries [J]. American Economic Review, 1995, 85（5）.

[189] Vernon Raymond. International investment and international trade in the product cycle[J]. Quarterly Journal of Economics, 1966, 80（2）.

[190] Yomogida Morihiro. Communication Costs, Producer Services, and International Trade[M].Hitotsubashi University, 2004.

第六章

产业结构、贸易结构互动对现代化影响分析

摘　　要

党的二十大报告提出，团结带领全国各族人民全面建成社会主义现代化强国、实现第二个百年奋斗目标。现代化是一种从不发达到发达的世界历史现象，是人类文明形态的演变过程，也是一种发展战略的目标和路径。当前，我国进入经济增长速度换挡、产业结构和贸易结构调整升级、发展动能加快转换的新阶段，产业结构和贸易结构能否形成良性互动促进经济高质量发展，为我国现代化提供重要支撑成为迫切需要研究的重大课题，对产业结构、贸易结构的互动变化与现代化水平的影响机制和促进效应研究具有重大理论和现实意义。

本章应用 65 个经济体 1996—2019 年的产业结构、贸易结构与现代化水平相关数据，通过构建产业结构与贸易结构变化对现代化水平作用机制的计量模型，对产业结构与贸易结构协同变化对现代化水平作用及其影响进行了实证分析，得到研究结论如下：

（1）产业结构和贸易结构的优化升级能够有效地提升现代化水平。实证分析结果表明，产业结构和贸易结构的优化升级与现代化水平提升呈显著正相关关系。从促进效应来看，产业结构的转型升级对现代化水平的提升效应较大，产业结构的转型升级对发展中国家的现代化水平的提升效应更加显著。

（2）产业结构和贸易结构的良性互动能促进现代化水平提升。构建产业结构和贸易结构互动变化与现代化水平的耦合模型，研究结果

发现，产业结构与贸易结构互动能促进现代化水平提升，从回归系数来看，耦合协调度与现代化水平的回归系数显著为正，产业结构与贸易结构协同升级对发展中经济体的现代化促进作用更为显著，而产业结构与贸易结构耦合协同对发达经济体的现代化水平提升作用不太显著。

（3）技术创新要素能增强产业结构与贸易结构对现代化水平的促进作用。引入全要素生产率与耦合交互项作为技术调节变量，通过要素优化配置及人才、技术的跨部门优化配置能增强产业结构和贸易结构对现代化水平的促进作用。技术创新要素的投入能够放大产业结构和贸易结构协同变化对现代化水平的促进作用。

（4）产业结构和贸易结构互动变化对现代化水平提升作用存在明显差异性和异质性。

（5）政策建议：加快产业结构与贸易结构的协同优化升级，通过产业结构与贸易结构良性耦合互动，能加快提升现代化水平。加大产业创新投入，加快产业创新发展和提升产业全要素生产率，充分发挥产业高质量发展对现代化水平的提升效应。加快贸易结构升级，提升高新技术产业的产品在出口贸易总额中的比例，扩大服务贸易出口。加强人力资本与技术资本的优化配置，营造良好的创新环境，促进产学研的深度合作，促进产业链、创新链和贸易链的深度融合，充分发挥要素优化配置及人才、技术的跨部门优化配置对现代化水平的促进作用。加快提升产业与贸易的国际竞争力，形成产业与贸易良性互动促进经济高质量发展，为我国现代化提供重要支撑。

关键词： 现代化；产业结构；贸易结构；全要素生产率；劳动生产率

第一节　有关产业结构、贸易结构与现代化的研究文献回顾

一、有关现代化的研究文献回顾

现代化是一种从不发达到发达的世界历史现象，是人类文明形态的演变过程，也是一种发展战略的目标和路径，国内外学者对现代化进行了广泛而深入的研究。习近平总书记《在庆祝中国共产党成立100周年大

会上的讲话》中指出，我们坚持和发展中国特色社会主义，推动物质文明、政治文明、精神文明、社会文明、生态文明协调发展，创造了中国式现代化新道路，创造了人类文明新形态[①]。习近平总书记明确提出中国式现代化的五方面特征，我国现代化是人口规模巨大的现代化，是全体人民共同富裕的现代化，是物质文明和精神文明相协调的现代化，是人与自然和谐共生的现代化，是走和平发展道路的现代化[②]。本节对现代化、产业结构与贸易结构的主要文献进行回顾分析。

（一）有关现代化的内涵的文献回顾

现代化的内涵是随经济社会发展而不断变化的，目前还没有国际统一公认的定义，也没有国际公认的数理计量模型和测算方法衡量某一特定经济体的现代化发展水平（黄群慧，2021[③]；戴木才，2022[④]）。

"现代化"（Modernization）一词最早产生于 1770 年，主要用来形容近现代人类经济社会快速发展并转型的动态过程。Lerner（1958）[⑤]最早将现代化与传统社会结合起来，指出现代社会是传统社会的对立面，而现代化则是非现代化社会转向现代社会的过程；Reinhard（1965）[⑥]对现代化概念演变进行了研究，指出"现代化"一词自二战后开始流行并不断深化发展。Reinhard（1965）[⑦]提出，现代化是一种 18 世纪以来的开创性的，包括经济或政治进步的社会变革；现代化理论研究的代表人物之一 Huntington（1971）[⑧]指出，现代化是一种具有革命性、复杂性、系统性、全球性、长期性、阶段性、不可逆性的、进步性的社会变化过程。

---

① 习近平：《在庆祝中国共产党成立 100 周年大会上的讲话》，《人民日报》2021 年 7 月 2 日，第 2 版。

② 习近平：《把握新发展阶段，贯彻新发展理念，构建新发展格局》，《求是》2021 年第 9 期。

③ 黄群慧：《新发展格局的理论逻辑、战略内涵与政策体系——基于经济现代化的视角》，《经济研究》2021 年第 4 期。

④ 戴木才：《中国式现代化研究的历史背景、主要观点、研究局限与前沿展望》，《贵州省党校学报》2022 年第 6 期。

⑤ Lerner Daniel, *The Passing of Traditional Society: Modernizing the Middle East*, Free Press, 1958.

⑥⑦ Selten Reinhard, "Spieltheoretische behandlung eines oligopolmodells mit nachfrageträgheit: teil i: Bestimmung des dynamischen preisgleichgewichts," *Journal of Institutional and Theoretical Economics*, Vol.H, No.2, 1965.

⑧ Huntington Samuel P., "The change to change: modernization, development, and politics," *Comparative Politics*, Vol.3, No.3, 1971.

国际上对现代化的定义大体上可以分为以下四类：一是以工业化水平来衡量一国的现代化水平，认为现代化实质上就是各个社会实现工业化的进程。这一定义从20世纪70年代开始盛行，普遍为传统的西方发达国家所接受。二是将现代化定义为通过工业及技术革命，使发展中国家实现经济和技术赶超或使发达国家维持其经济和技术领先地位的过程，这一定义强调了现代化进程的连续性。三是基于“人的现代化”理论，认为现代化是一种心理态度、价值观和生活方式逐渐现代化的过程，这一定义更加偏向于心理学、社会学的范畴。四是基于近现代信息技术的快速发展，将现代化定义为自科学革命以来人类经济社会开始变化过程的统称，这一定义强调了整个国家社会、思想层面的变化，较为全面、前沿地对现代化的诸多方面进行了分析。

我国对“现代化”的研究是随着经济社会发展不断深化的。100年前，孙中山先生在《建国方略》[①]中提出了“振兴中华”的路径，提出要修建铁路与公路，开凿并整修运河，发展并建设港口和电力事业，被认为是我国最早对实现现代化的探索。自新中国成立以后，中国共产党创造性地开辟出了一条具有鲜明社会主义特色的现代化改革道路。在党的八大报告中提出了要建设具有现代化工业、农业、交通和国防的社会主义国家，在第三届全国人民代表大会第一次会议上提出，要建立独立完整的工业和国民经济体系，全面实现农业、工业、国防和科学技术的现代化。

改革开放后，我国对现代化战略部署进一步加快。党的十六大报告提出建设小康社会将有力地推动社会主义现代化的实现。党的十七大报告提出经济、政治与文化建设基本目标和基本任务，党的十八大报告提出“五位一体”总体布局，为2035年基本实现社会主义现代化的路径奠定了基础。党的十九大报告明确提出了“全面建成社会主义现代化强国”的战略目标。党的二十大报告明确提出，中国式现代化，是中国共产党领导的社会主义现代化，既有各国现代化的共同特征，更有基于自己国情的中国特色。中国式现代化是人口规模巨大的现代化，是全体人民共同富裕的现代化，是物质文明和精神文明相协调的现代化，是人与自然和谐共生的现代化，是走和平发展道路的现代化。提出中国式现代化的

① 孙中山:《建国方略》，中国长安出版社2011年版。

本质要求是：坚持中国共产党领导，坚持中国特色社会主义，实现高质量发展，发展全过程人民民主，丰富人民精神世界，实现全体人民共同富裕，促进人与自然和谐共生，推动构建人类命运共同体，创造人类文明新形态。

综上所述，我国从提出“实现现代化”“四个现代化”到“全面建设社会主义现代化国家”“全面建成社会主义现代化强国”再到“中国式现代化”，现代化定义不断深化发展，中国式现代化是对现代化理论体系的新发展和新贡献。

我国学者对现代化的定义和理论研究是在总结西方现代化定义发展变化的基础上，结合中国国情提出了一些现代化的新内涵和新理论。何传启（1998，2018，2020）[①]认为，现代化是18世纪以来人类文明的深刻变化，它既能够形容发展的过程，又是发展的最终目标，是用来描述人类从传统社会向现代社会转变的一个动态过程。现代化的含义包括多个方面，如现代文明的形成、发展、升级和国际的交流与互动，文化要素的创新、传递、改革，还包括为了保持或追赶世界先进国家地位而产生的国际竞争；从社会角度来分，现代化可以发生在经济、社会、政治、文化、个人等多个领域；从经济体的发展程度来分，现代化进程既可以发生在经济发达的经济体，又可以发生在后发追赶的发展中经济体。根据现代化的内涵，现代化进程可以从政治、经济、社会和文化四个角度来理解，即现代化是从传统政治向现代政治、从传统经济向现代经济、从传统社会向现代社会、从传统文化向现代文化转变的进程；黄群慧（2021）[②]认为，现代化是人类社会从传统社会向现代社会转变的历史过程，具体可以包括发达国家经历工业革命以来的深刻变化过程，以及发展中国家通过工业化进程实现向发达国家转型升级的进程；戴木才（2022）[③]在此基础上将技术进步要素引入现代化进程之中，指出现代化是一种依托于近现代先进的科学技术以及工业、

① 何传启：《知识经济与第二次现代化》，《科技导报》1998年第6期；何传启：《如何成为一个现代化国家》，《世界科技研究与发展》2018年第40卷第1期；何传启等：《世界现代化指标体系研究》，《中国科学院院刊》2020年第35卷第11期。

② 黄群慧：《新发展格局的理论逻辑、战略内涵与政策体系——基于经济现代化的视角》，《经济研究》2021年第4期。

③② 戴木才：《中国式现代化研究的历史背景、主要观点、研究局限与前沿展望》，《贵州省党校学报》2022年第6期。

信息革命的社会成果，全面改善一国的物质文明与精神文明发展，进而实现该经济体在经济、政治、社会等方面全面进步的动态发展历程。现代化包括以数字及科技赋能传统产业，进而实现社会生产方式和生活方式的全面进步与革新，全民政治参与度和经济体公民社会意识不断提高、城市化进程不断发展等社会进步的表现，已经广泛地被认定为是现代化进程的结果。近代中国是在人类社会的现代化发展，已经成为一种发展趋势的世界背景下和内忧外患的历史背景下开始探索走向现代化的，是以落后挨打的被动姿态卷入世界现代化的浪潮之中和世界历史的发展进程之中的（戴木才，2022）②。方雷和黄硕明（2022）③从“经济、政治、社会和价值观”四个角度对现代化进行界定，指出现代化作为一种从传统社会向现代社会的转变过程，涉及人类生产生活的多个层面，具体体现为经济体的工业化进程不断深入演进、国家的民主化程度不断提高、社会就业与城市人口比率的持续稳定及传统理念向现代先进价值观发展。

党的二十大报告提出，中国式现代化，是中国共产党领导的社会主义现代化，既有各国现代化的共同特征，更有基于自己国情的中国特色。现代化是通过科技革命、工业革命和改革开放，实现对社会生产、生活方式的全面创新和转型的过程。因此，本章在对现代化研究中需要从经济、社会、政治、文化和生态等多个角度，以动态发展的视角进行考量。

（二）现代化发展的研究文献回顾

1. 有关现代化过程的研究文献

现代化过程理论是关于世界、国家或地区现代化发展过程的特点和规律的研究总称，其理论发展是与现代化的实践紧密联系在一起的。20世纪60年代，欧美发达国家对现代化过程进行深入研究，包括社会、经济、政治和文化的发展过程。现代化过程理论既适用于已经实现现代化的发达经济体，也适用于正处于转型升级阶段的发展中经济体，它承认了不同社会发展阶段的经济体的现代化进程的差异性，但认为不同经济体实现现代化的路径是具有一些共性的。

---

③ 方雷、黄硕明:《中国式现代化的三维要素：结构、策略与价值》,《国家现代化建设研究》2022年第3期。

作为经典现代化理论的代表人物，20世纪70年代，美国哈佛大学的政治学教授亨廷顿（Huntington，1968）在其著作《变化社会中的政治秩序》[①]中指出，现代化进程就是实现传统社会向现代社会跨越的桥梁。通过对前人研究的分析梳理，他进一步总结出现代化进程的九大特征：①现代化是一个革命过程。从传统社会转变到现代社会，人类生活的模式发生了根本及全面的变化。现代化进程代表着对过去传统事物的替代与升级，是对传统社会的革命与更新。在现代社会，传统社会的产物即便得以延续，也将在价值、功能等角度被赋予全新内涵。②现代化是一个复杂的过程。它不能轻易地从单一因素或单一维度来进行衡量与解释。现代化进程涉及人类思想和行为几乎所有领域的变化，从经济角度来看，现代化包括工业化水平和城市化水平的提高；从社会角度来看，现代化包括社会层级的分化与整体认知水平的提升；从政治层面来看，现代化则包括政治参与度的全面提升。③现代化是一个系统的过程。在漫长的现代化进程中，一个因素的变化与其他因素的变化相关，并可以影响其他因素的变化。Daniel（1958）[②]认为现代化是一个互相作用、交错相关的系统性过程。现代化各因素高度相关的原因是在某种历史意义上，为了促成现代化进程的发展，它们必须并存。④现代化是一个国际化的过程，不仅发生在某个或某些特定的经济体内。现代化起源于十五六世纪的欧洲，但自第二次世界大战以来，现代化相继在世界多数经济体发生，现代化进程已经成为一个全球性的活动。这一进程主要通过以欧洲为中心的现代思想和技术的传播实现，但部分情况下也是通过非西方社会的内生发展自行探索而得的。然而，无论一个国家处于哪个社会发展阶段，它们必然经历由传统到现代、从国内到国际的跨越过程。⑤现代化是一个耗时巨大的动态发展过程。现代化的发展能够为一个社会带来巨大的、革命性的正向影响，但是这一进程需要一定的时间和经验的积累，不能人为地对现代化所处的阶段进行选择或排序，更无法跳过某些阶段实现现代化国家的建设。西方社会需要几个世纪才能实现现代化，但随着技术的发展和经验的积累，当代社会将在更短的时间内实现现代化。现代化的速

① 塞缪尔·亨廷顿：《变化社会中的政治秩序》，上海人民出版社2008年版。

② Lerner Daniel, *The Passing of Traditional Society: Modernizing the Middle East*, Free Press, 1958.

度正在加快，但是从传统向现代转变仍然需要一定时间。⑥现代化的发展规律是由传统到现代、由落后到进步的递进式的发展。虽然社会总是始于传统阶段，终于现代阶段，但我们仍可以根据现代化水平或阶段对所有社会现代化的过程进行划分。虽然在这个过程中的领导作用和具体现代化模式会因社会而产生差异，但所有社会都将经历基本相同的阶段。因此，对于同一时期现代化水平的横向国别比较，可以通过考察样本经济体在经济、社会、文化等领域的发展阶段来进行衡量。⑦现代化最终会导致国与国之间发展水平的趋同性。现代化社会则产生了趋同的趋势，存在着许多共性。⑧现代化是一个不可逆转的过程。虽然现代化进程可能会出现暂时的中断和偶尔的逆转，但从本质上讲，现代化是一个长期正向发展的趋势。一个在 10 年内达到一定城市化、识字率和工业化水平的社会，在下一个 10 年内一定不会下降到更低的。即便社会间的变化率会有很大差异，但社会发展、前进的方向始终是保持一致的。⑨现代化是一个正向的进步过程。虽然一国在实现现代化进程中难免会遭受一定程度的冲击，但是从发展的视角来看，在经过深刻而又具有革命性的冲击和重建后，现代化的成果是辉煌而有意义的。在由传统社会向现代社会转变的转型时期，尤其是转型初期阶段，现代化给社会带来的变革，可能会造成经济体的发展在一定时期内处于迟缓低效的状态，但是一旦一国走上了现代化道路的正轨，现代经济、文化、生态、政治和社会秩序都会相继建立且不断完善，无论是国家的发展质量，还是身处该经济体内的人民的物质与精神生活质量都会得到显著提高。

按照现代化过程理论，现代化不仅是一个历史过程，而且是一种发展状态。现代化既可以表示发达国家达到世界领先水平后所维持的发展形态，也可以表示发展中国家为了缩小与已经实现现代化的经济体之间的差距而进行赶超的动态过程。现代化是一个不断变化、动态演进的过程，特别是通过发展工业化实现现代化的思想得到了许多发展中国家的广泛认同。

自20世纪70年代以来，以Bell[①]和Inglehart[②]等学者为代表的后现代化理论开始蓬勃发展。后现代化理论认为，早期现代化理论过于强调现代化的现代属性，重点分析了传统与现代两者的对立属性，却因此导致其忽视了对现代化进程发展的核心驱动要素的相关研究。后现代化理论将分析的重心聚焦于如何实现现代化，即重点分析技术水平如何促进一国现代化水平的提高。Bell（1973）[③]在《后工业社会的来临——对社会预测的一项探索》一书中描述后工业化社会的特点是从有形商品的生产向服务型生产转变；在生活方式方面，后工业社会的特点是从密集的城市生活向大规模生产转变，传统的中心化城市发展格局由“带状城市”模式所取代；在生产主体方面，后工业社会的特点是机器在产品生产中处于主导地位，通过机械化的不断演进和推进在很大程度上取代了手工生产，已成为核心的生产供给来源；在要素禀赋方面，后工业社会以服务为基础，生活变成了人与人的博弈。在后工业社会，最重要的要素禀赋不是原始的劳动力，而是以信息技术为核心要素；在后工业社会，核心人物是具有关键核心技术的专业人士，后工业社会的核心是创新的源泉，是理论知识的突破；在组织结构方面，后工业社会将越来越依赖组织和机构，个体经营者在整个社会中的比重将不断下降。Bell（1973）[④]认为，在后工业社会，理论知识的积累和核心领域的理论突破是社会发展的主要动力。不同政治制度的国家在实现工业化后，都会从工业社会发展到后工业社会。工业社会是机器与人类协作生产商品，而后工业社会则以信息和技术为核心，通过科学理论推动社会全面进步。后工业社会的“知识”是指“一种编码为抽象符号的系统，可以像任何法律体系一样用于解释许多不同领域的经验”。Bell（1973）[⑤]从科技、理论和政策等方面详细阐述了这一社会需求后，进一步强调理论知识日益成为社会的战略源泉，而聚集和丰富理论知识的大学、研究所和知识部门已经成为推进未来社会发展的中坚力量。

---

①③④⑤ Daniel Bell, *The Coming of Post-Industrial Society: A Venture in Social Forecasting*, Basic Books, 1976.

② Inglehart Ronald, *Modernization and Postmodernization: Cultural, Economic, and Political Change in 43 Societies*, Princeton University Press, 1997.

后现代化理论的另一代表人物 Inglehart（1997）[①] 在《现代化与后现代化：43 个国家的文化、经济与政治变迁》一书中指出，现代化和后现代化是两个连续的发展阶段。后现代化是基于现代化实现的现代化，它是对传统现代化的超越，而不是否定和颠覆。传统社会通过工业化进程向现代社会的转变过程是现代化，而通过技术革命实现从现代社会向后现代社会的转变过程则是后现代化。后现代化与传统现代化相比，涉及政治、经济、平等、家庭和宗教观念等方面的深刻变化。对于已经实现现代化的国家，后现代化理论在时间概念上存在不连续性；而对于处于赶超阶段的后发国家，现代化理论与后现代化理论又存在定义上的不一致性与模糊性，其理论的实践价值受到质疑，从而限制了自己的发展（中国现代化战略研究课题组等，2010）[②]。

2. 有关中国式现代化的研究文献

中国式现代化成为我国新时期理论和政策研究的热点问题，目前具有代表性和较大影响的学术观点有以下几种：一是中国式现代化是在中国共产党不断探索的过程中形成的。在中国共产党的领导下，中国人民用几十年的时间完成了发达国家历时数百年才实现的工业化进程，创造了举世瞩目的发展奇迹。 中华人民共和国成立后，特别是改革开放以来，中国共产党带领中国人民不断探索中国式现代化发展道路，实现了中国经济的快速发展和社会的长治久安。中国式现代化的成功实践表明，西方发达国家的现代化道路并不是人类实现现代化的唯一途径，中国以自身经验提供了现代化路径的新选择。习近平总书记在庆祝中国共产党成立 100 周年大会上明确指出，坚持和发展中国特色社会主义，推动物质文明、政治文明、精神文明、社会文明、生态文明协调发展，创造了中国式现代化新道路，创造了人类文明新形态[③]，中国式现代化，是中国共产党领导的社会主义现代化，既有各国现代

---

① Inglehart Ronald，*Modernization and Pstmodernization*：*Cultural*，*Eonomic*，*and Plitical Cange in 43 Scieties*，Princeton University Press，1997.

② 中国现代化战略研究课题组，中国科学院中国现代化研究中心：《中国现代化报告 2010：世界现代化概览》，北京大学出版社 2010 年版。

③ 习近平：《在庆祝中国共产党成立 100 周年大会上的讲话》，《人民日报》2021 年 7 月 2 日，第 2 版。

化的共同特征，更有基于自己国情的中国特色[①]。人口规模巨大是中国的基本国情，是中国式现代化的重要特征。中国是世界上第一人口大国、最大发展中国家，如此巨大的人口体量进入现代化，在世界上前所未有，脱贫攻坚和全面建成小康社会是底线任务，推进城镇化是必由之路。二是中国式现代化要致力于实现人的自由全面发展、社会全面进步，不仅强调了全体人民共同富裕是中国式现代化的本质特征，更强调了实现全体人民共同富裕是中国式现代化的本质要求。共同富裕不仅仅是物质文明和物质财富的富裕，而且是精神文明和精神财富的富裕，是物质生活富裕和精神生活富裕有机统一的共同富裕，凸显了中国式现代化的社会主义性质，丰富了人类现代化的内涵，为解决人类问题贡献了中国智慧和中国方案。三是物质文明与精神文明的协调发展是中国式现代化的应有之义，实现物质生活共同富裕、精神生活共同富裕、人民群众共同富裕是中国式现代化的客观要求。四是中国式现代化是以社会主义生态文明建设为核心的现代化。中国式现代化形成了以人为本、全面协调可持续的科学发展观，形成了人与自然和谐发展的现代化建设新格局，避免了走西方资本主义先破坏后治理的现代化道路。五是中国式现代化走出了一条既发展中国自身又造福世界的现代化发展之路，走出了一条通过合作共赢实现共同发展、和平发展的现代化发展之路，摒弃了西方传统“零和博弈”的思维定式，造就了互利共赢的新型现代化发展范式。

中国式现代化是人类文明发展史上的第二次现代化。何传启（1998）[②]基于西方经济体发展规律，将农业文明向工业文明的转变定义为第一次现代化，并将从工业时代向知识时代的转变定义为第二次现代化。作者将人类的文明发展分为工具时代、农业时代、工业时代和知识时代共四个时代，将每个时代细分为起步期、发展期、成熟期和过渡期四个阶段，并将第一次现代化定义为人类从农业时代向工业时代、农业经济向工业经济、农业社会向工业社会、农业文明向工业文明的转变过程，将工业时代向知识时代、工业经济向知识经济、工业社会向知识社会、工业文明向知识文明的转变过程定义为第二次现

① 习近平：《高举中国特色社会主义伟大旗帜 为全面建设社会主义现代化国家而团结奋斗——在中国共产党第二十次全国代表大会上的报告》，新华社，2022 年 10 月 25 日。

② 何传启：《知识经济与第二次现代化》，《科技导报》1998 年第 6 期。

代化。

有别于后现代化理论，第二次现代化理论没有从时间上强调现代化的发展，而是赋予现代化一词全新的内涵。第二次现代化理论不仅覆盖了后工业社会理论、后现代主义、后现代化理论等内容，而且还包括新经济、新社会和新文明等领域的研究成果。作者指出，当下全人类都已经先后踏上了第二次现代化的征程，而知识资本则是驱动第二次现代化发展的核心要素。进一步，作者将知识资本分为科技发展所提供的知识源泉，信息、通信技术所提供的知识传播和获取的能力，高等教育和知识普及所造就的知识型人力资源三类，指出为了实现第二次现代化，必须大力发展知识经济，走工业化和知识化协调发展之路。

第一次现代化的发展主要以工业化水平的高低进行衡量，因此第一次现代化的核心驱动要素以资本及工业技术的进步为主。第二次现代化则是基于 21 世纪以来数字科技产业不断发展而产生的新一轮现代化革命。因此，第二次现代化的核心驱动要素以知识资本和技术创新为主。从现代化特征来看，第一次现代化具有工业化、专业分工等特征，而第二次现代化则具有全球化、数字化、无形化等特征。在第一次现代化过程中，现代化的最终目标是满足人民对美好物质生活的追求，提高人类物质生活的满足感；而在第二次现代化进程中，人类对于物质生活要求的边际效应开始递减，取而代之的是追求精神、文化层面的多元化与高级化。物质富足不再成为第二次现代化水平的唯一衡量标准，而精神文化生活的满足成了衡量现代化水平高低的重要标准。不同国家和地区开始和完成现代化的时间和路径不同。在世界第二次现代化进程中，现代化是多种多样的，它既包含了发达国家向第二次现代化跃进的过程，也包括了不同发展水平的国家向第一次现代化或向第二次现代化的靠近，还包括已经实现两次现代化后达成全面现代化并保持持续领先的这一动态过程。作者进一步强调，上述三种阶段并不是互相独立的存在，而是呈互相依存、和谐共生的状态。

中国式现代化是马克思主义中国化的成果（冯留建，2014[①]；刘守

① 冯留建:《马克思主义国家理论与中国国家治理现代化》,《马克思主义研究》2014 年第 3 期。

英等，2023[①]）。中国式现代化理论是通过马克思主义中国化建立并发展的。同时，中国式现代化理论又被用来评价和分析中国的现代化实践。这种观点建立在中国式现代化发展和马克思主义中国化存在的逻辑和历史的必然性联系的基础之上，该理论认为，中国式现代化实现路径之所以有别于西方传统发达国家，主要原因就在于中国共产党人具有马克思主义这一科学理论武器，从理论上对资本主义的逻辑进行批判。因此，中国式现代化理论从一开始就包含了对西方资本主义现代化的超越，为人类社会开辟新的发展道路、探索新的文明形态提供了世界观和方法论。戴木才（2022）[②]通过对现有中国式现代化研究的理论进行归纳与分析，认为学术界、理论界现有的现代化和现代性理论研究成果，普遍缺乏关于中国式现代化与世界现代化普遍性之间的系统理解和科学阐发，普遍缺乏对中国式现代化中的经济、政治、文化、社会、生态文明等各个领域现代化，尤其是它们相互之间的总体性研究和综合性视角，且研究大多是围绕西方式现代化道路发展展开理论论述，没有区分中国式现代化自身特色的历史背景、文化传统、基本国情和阶段性、时代性和进步性。此外，作者指出，已有的现代化理论尤其是经典现代化理论，大多主张现代化道路发展的某种普遍性和唯一性，没有看到现代化发展道路的民族性和独特性，即使多元现代性理论也不是主张现代化发展道路的多样化、多元化，因此在未来中国式现代化的理论探索过程中，要更注重中国式现代化的普遍性、发展性和独特性（见表 6-1）。

表6-1　　现代化发展过程的研究文献回顾

理论类型	时间	理论含义	演进特征
经典现代化理论	20 世纪 60 年代	先进国家的社会变迁过程，后进国家追赶先进国家的过程	先进国家的现代化过程经历了启蒙运动、工业革命和政治革命等一系列深刻变革，最终实现了从农业文明向工业文明的转变。发展中国家的现代化则是一个追赶先进国家的过程

① 刘守英等：《“中国式现代化与马克思主义中国化时代化新境界”笔谈》，《西南交通大学学报（社会科学版）》2023 年第 2 期。

② 戴木才：《中国式现代化研究的历史背景、主要观点、研究局限与前沿展望》，《贵州省党校学报》2022 年第 6 期。

续表

理论类型	时间	理论含义	演进特征
后现代化理论	20 世纪 70 年代	现代化进程就是实现传统社会向现代社会跨越的桥梁	现代化是一个革命过程，一个复杂的过程，一个系统的过程，一个全球过程，一个漫长的过程，一个循序渐进的过程，一个同质化的过程，一个不可逆转的过程，一个进步的过程
	1997 年	后现代化是对现代化的超越，而不是非现代化和反现代化	在后现代化阶段，国家权威弱化，更加重视个人自由，后物质主义成为核心价值，经济增长不再具有压倒一切的地位，工具理性让位于价值理性，生活价值和主观幸福最大化成为优先课题
	1998 年	第二次现代化是在第一次现代化基础上利用科技禀赋实现的现代化	第一次现代化的核心动力是资本、技术与民主，而第二次现代化的动力是知识创新、技术创新和人力资本
中国式现代化理论	1998 年	从工业时代向知识时代、工业经济向知识经济、工业社会向知识社会、工业文明向知识文明的转变发展过程及其深刻变化	聚焦知识化和信息化
	2022 年	坚持和发展中国特色社会主义，推动物质文明、政治文明、精神文明、社会文明、生态文明协调发展，创造了中国式现代化新道路，创造了人类文明新形态	中国要实现的现代化是人口规模巨大的现代化，是全体人民共同富裕的现代化，是物质文明和精神文明相协调的现代化，是人与自然和谐共生的现代化，是走和平发展道路的现代化

资料来源：作者根据文献整理所得。

总结来看，现代化过程理论与现代化的实践探索是紧密相连的，无论是经典现代化理论，还是后现代化理论，再到第二次现代化理论和中国式现代化理论，都是不同国家、不同时代、不同背景的学者根据其所处的社会背景，分析总结出的具有时代特征的现代化理论。

3. 有关现代化指标体系的研究文献

有关现代化指标体系的研究，是指起始于 20 世纪 60 年代初，来自世界各国的专家在日本箱根探讨总结而得的现代化八项标准，这八项标准分别涵盖了城市化水平、生态环境水平、国家开放、民主化程度、个人追求、文化水平、政府发展及国际关系，被学界称为“箱根模型”①。这一模型从经济、社会、文化、政治、生态等多个角度对一国现代化水平进行了分析，为现代化指标体系研究构建了分析框架。但是由于“箱根模型”对现代化指标体系没有一个具体清晰的界定，导致其判断的准确性受到一定影响。

有关现代化指标体系定性分析，是指世界各国的学者和国际性组织开始了制定指标体系来定量分析的探索之路。第二次世界大战结束后，以联合国为代表的国际组织率先推进定量数据的收集汇编工作，1949 年，《联合国统计年鉴 1948》② 正式出版，该出版物涵盖了全球 200 多个国家与地区 1928—1948 年的统计数据，并基于此建立了涵盖 17 项主题、150 多个统计指标的世界统计指标体系，为进行现代化国际比较研究奠定了数据分析基础。20 世纪 60 年代，西方发达国家在经济快速增长的同时，社会矛盾与社会问题日益突出。联合国统计署于 1975 年出版的《社会和人口统计体系（SSDS1975）》③ 和 1989 年发布的《社会指标手册》④ 在现有的指标体系上加入了社会维度，有效解决了当时单纯以经济指标衡量社会发展水平的问题，对世界各国现代化指标体系的构建产生了影响。20 世纪 70 年代以来，指标研究全面发展，具体有如下三个特征：由国际组织牵头的国际指标体系数据库更为完善、国际发展指标覆盖面更广、涉及经济体更多。以中国学者为代表，发展中国家依托本国的国情，基于西方现代化理论与统计方法，形成现代化统计方法。国际指标体系逐渐完善：联合国可持续发展委员会召集了 45 位非政府组织的专家，在 1996 年联合制定了可持续发展指标，这套指标体系共包含了 134 项子指标。在此基础上，联合国可持续发展委员会于 2001 年发布了《可持续发展指标：框架和方法论》⑤ 报告，详细介绍了该指标体系的概念、模式与方法。该指标体系从社会、环境和经济三个维度对现代化体系进行分析，共包含 14 个主题、44 个子主题、96 项指标。国际可持续发展研究所从人类系

① 蒋永穆等:《中国式现代化评价指标体系的构建》,《改革》2022 年第 12 期。

② United Nations，*Statistical Yearbook 1948*，United Nations Publication，1949.

③ 联合国经济和社会事务部统计处，许成钢译:《社会和人口统计体系（SSDS1975）》，中国财政经济出版社 1985 年版。

④ United Nations，*Handbook on Social Indicators*，United Nations Publication，1989.

⑤ United Nations，*Indicators of Sustainable Development*：*Guidelines and Methodologies*，United Nations Publication，2001.

统、支持系统和自然系统三个角度入手，设定了规范与伦理、心理需求、能力素质、生活条件、福利和社会条件、物质资源、金融和经济、共生依存和组织层面几个基本方向，构建了一套涵盖182个指标的指标集。

现代化社会发展指标逐渐全面：现代化社会发展指标体系以世界银行的世界发展指标体系为代表，包括贫困与不平等、人口、环境、经济、国家和市场、全球链接6个主题，33个维度和近1600个子指标。该数据库包含217个经济体和40多个国家组的1400个时间序列指标，许多指标的数据可以追溯到50多年前，得到了学界的广泛应用。

2000年，国家计划委员会宏观经济研究院《现代化标准研究》课题组提出一个到21世纪中叶（2050年）我国基本实现现代化的标准评价指标体系，该指标主要包括经济发展、社会进步和人口素质与生活水平3个一级指标与15项二级指标。该指标实质上是我国在“英格尔斯现代化指标体系”上的首次探索，其主要指标也是在该体系上进行符合中国当时国情的微调与深化。《中国现代化报告2001》[①]提出了第二次现代化理论，并分别就两次现代化进程提供了对应的指标衡量体系。第一次现代化指标体系以“英格尔斯现代化指标体系”为基础，共包含经济指标和社会指标2项二级指标，其中经济指标包含4项子指标，社会指标包含6项子指标，共计10项；第二次现代化则是用包括知识创新在内的4个一级指标、16项二级指标的综合指标评价体系来进行衡量。从测评方法来看，这一指标体系并没有摆脱传统指标体系的缺陷，依然是通过设定相关门槛进行比对分析来对一国的现代化水平进行判断。中国科学院发布了《2001中国可持续发展战略报告》[②]，该报告以现代化研究系统学为中心，设计出四层叠加的现代化指标评价体系，具体包括3个表征集合、8个水平指数和21个基础要素。相较其他指标评价体系，该指标体系的关键区别在于其评价的连续性与动态性。该指标全面系统地涵盖了经济、社会、生态、全球化等诸多方面要素，能够较好地揭示时代变迁赋予现代化的新内涵与新特征；该指标又能较好地实现各个经济体横向与纵向综合现代化的比较，因此根据其得到的相关结论较为科学，兼具了可比性与连续性两大重要

---

① 中国现代化报告课题组：《中国现代化报告2001》，北京大学出版社2001年版。

② 中国科学院可持续发展研究组：《2001中国可持续发展战略报告》，科学出版社2001年版。

特征。然而，由于指标设计过多，且计算方式较为复杂，操作性较差，这一评价体系并没有得到广泛的应用。

学者开始设计出具有中国特色的现代化综合指标体系，姜玉山和朱孔来（2002）[①]将中国特色的国民经济现代化这一总目标细分为经济现代化、社会现代化、科技现代化、城市现代化、国民素质现代化、国民经济和社会发展信息化、生活质量现代化和生态环境优良化8个子目标，并基于上述子目标构建了共计28个评价指标的现代化指数。朱庆芳（2003）[②]从我国国情出发，基于我国改革开放与构建小康社会的时代背景，构建了全国全面实现小康社会指标体系。该指标体系由社会结构指数、经济与科教发展指数、人口素质、生活质量和环保、法治及治安5个一级指标组成，其中社会结构指数又包括第三产业从业人员占总计比重等5项子指标，经济与科教发展指数包括人均GDP等7项子指标，人口素质包括人口自然增长率等6项子指标，生活质量和环保包含恩格尔系数等6项子指标，法治及治安则包括每万人口刑事案件立案率等4项子指标，共计28个二级指标。2001年以来，何传启主编的《中国现代化报告》通过每年聚焦一个主题，系统分析世界现代化的趋势和原理、中国现代化的事实和路径，其构建的现代化评价体系广泛受到了学界的认可。朱强和俞立平（2010）[③]指出，现有文献大多从理论分析或从体系系统本身出发进行检验，从外部对现代化指标体系进行的评价方法极少，因此作者利用排序多元选择离散模型，对《中国现代化报告2007》中的现代化排名进行评价，并对影响现代化排名的主要因素进行了分析。结果显示，该指标体系能够客观地反映我国各地区在产业结构、城市化、基本教育水平、居民收入等方面的水平。在经济合作与发展组织国家概览指标体系、世界银行的世界发展指标体系和《中国现代化报告2010》的世界现代化概览指标体系的基础上，何传启等（2020）[④]选取了经济、社会、政治、文化、环境和个人6个领域15个主题和35个亚主题，从行为、结构、制度、观念和副作用5个维度入手，共选取了100个指标，

① 姜玉山、朱孔来：《现代化评价指标体系及综合评价方法》，《统计研究》2002年第1期。

② 朱庆芳：《小康社会及现代化指标体系评价方法》，《中国现代化理论与战略高级研讨班资料汇编》2003年。

③ 朱强、俞立平：《中国现代化指标体系评价的实证研究》，《求索》2010年第6期。

④ 何传启、刘雷、赵西君：《世界现代化指标体系研究》，《中国科学院院刊》2020年第11期。

构建了世界现代化指标体系。蒋永穆等（2022）[①]依据新发展理念的五个维度，通过系统层面的维度解构、准则层面的系统分析、指标层面的准则测度，并运用德尔菲法进行筛选，最终构建了包含创新、协调、绿色、开放、共享5个维度，25个系统层，50个准则层与100个指标层的中国式现代化评价指标体系；任保平和张倩（2022）[②]基于“十四五”规划和2035年现代化的远景目标，指出科学合理的中国式现代化的评价指标体系应包括经济现代化、社会进程现代化、城乡区域现代化、生态文明现代化和治理能力现代化五个基本维度，构建了包括29项二级指标、46项三级指标的综合现代化指标体系。

通过对上述指标进行分析，本节将现有的现代化指标体系及其指标维度进行总结，具体如表6-2所示。

表6-2　现代化指标体系研究文献

指标制定者	指标维度
《联合国统计年鉴1948》(1949)[③]	共包含17项主题、150多个统计指标
世界银行的世界发展指标（1960年至今）[④]	包括贫困与不平等、人口、环境、经济、国家和市场、全球链接6个主题，33个维度和近1600个子指标
联合国可持续发展委员会（1996）[⑤]	共包含134项子指标
英格尔斯现代化指标体系（1983）[⑥]	从经济、人口2个方面，11个指标综合衡量一个社会的现代化程度
国家计委宏观经济研究院《现代化标准研究》(2000)[⑦]	包括经济发展、社会进步和人口素质与生活水平3个一级指标与15项二级指标
联合国可持续发展委员会（2001）[⑧]	社会、环境和经济3个维度，14个主题、44个子主题、96项指标

① 蒋永穆等:《中国式现代化评价指标体系的构建》,《改革》2022年第12期。

② 任保平、张倩:《构建科学合理的中国式现代化的评价指标体系》,《学术界》2022年第6期。

③ United Nations，*Statistical Yearbook 1948*，United Nations Publication，1949.

④ 世界银行:《2013年世界发展指标》，王喆、王辉译，中国财政经济出版社2013年版。

⑤ 叶文虎、仝川:《联合国可持续发展指标体系述评》,《中国人口·资源与环境》1997年第3期。

⑥ 阿历克斯·英格尔斯:《人的现代化——心理·思想·态度·行为》，殷陆君编译，四川人民出版社1985年版。

⑦ 刘惠荣:《话说现代化标准——国家计委宏观经济研究院副研究员叶剑峰访谈录》,《党的生活（黑龙江）》2001年第3期。

⑧ United Nations，*Indicators of Sustainable Development：Guidelines and Methodologies*，United Nations Publication，2001.

续表

指标制定者	指标维度
国际可持续发展研究所（2001）	从人类系统、支持系统和自然系统3个角度入手，设定了规范与伦理、心理需求、能力素质、生活条件、福利和社会条件、物质资源、金融和经济、共生依存和组织层面几个基本方向，构建了一套涵盖182个指标的指标集
《中国现代化报告2001》[①]	第一次现代化指标体系以“英格尔斯现代化指标体系”为基础，共包含经济指标和社会指标2项二级指标，其中经济指标包含4项子指标，社会指标包含6项子指标，共计10项；第二次现代化的测度主要采用知识创新、知识传播、生活质量、经济质量4大类16个指标组成的评价指标体系，测评方法仍属于先确定标准然后简单对比和分类的方法
中国科学院《2001中国可持续发展战略报告》[②]	该指标由3个表征集合、8个水平指数和21个基础要素构成，全面系统地涵盖了经济、社会、生态、全球化等诸多方面要素
姜玉山和朱孔来（2002）[③]	从经济现代化、社会现代化、科技现代化、城市现代化、国民素质现代化、国民经济和社会发展信息化、生活质量现代化和生态环境优良化8个角度入手，构建了共计28个子指标的现代化综合评价体系
朱庆芳（2003）[④]	该指标体系由社会结构指数、经济与科教发展指数、人口素质、生活质量和环保、法治及治安5个一级指标组成，共包含28个二级指标
何传启等（2020）[⑤]	从经济、社会、政治、文化、环境和个人六大领域入手，选择了15个主题和35个亚主题共计100个指标构建了世界现代化指标体系
蒋永穆等（2022）[⑥]	构建了包含创新、协调、绿色、开放、共享5个维度，25个系统层，50个准则层与100个指标层的中国式现代化评价指标体系

资料来源：作者根据文献整理所得。

---

① 中国现代化报告课题组：《中国现代化报告2001》，北京大学出版社2001年版。

② 中国科学院可持续发展研究组：《2001中国可持续发展战略报告》，科学出版社2001年版。

③ 姜玉山、朱孔来：《现代化评价指标体系及综合评价方法》，《统计研究》2002年第1期。

④ 朱庆芳：《小康社会及现代化指标体系评价方法》，《中国现代化理论与战略高级研讨班资料汇编》2003年版。

⑤ 何传启、刘雷、赵西君：《世界现代化指标体系研究》，《中国科学院院刊》2020年第11期。

⑥ 蒋永穆等：《中国式现代化评价指标体系的构建》，《改革》2022年第12期。

从表 6-2 可知，以联合国与世界银行为代表的国际组织牵头研究的现代化指标体系正呈现出主题多元化、数据完备化的发展趋势。何传启等提出具有中国特色的中国式现代化指标体系。中国式现代化指标体系对接中央提出的现代化战略，是学者基于中国式现代化的基本逻辑和典型事实构建的与中国式现代化相适应、具有中国特色、符合中国国情的评价指标体系，对中国式现代化水平变化评价具有深远的指导意义。综上所述，近年来许多学者关于中国式现代化指标体系进行深入研究，但大多数研究仅从理论层面对中国式现代化指标体系进行了框架构建，没有从计量模型上进行实证检验，本研究重点对产业结构、贸易结构变化对现代化水平的提升进行实证研究。

二、有关产业结构演变的研究文献回顾

（一）有关产业结构演变的研究文献

产业结构演变是指产业由简单到复杂，由低级到高级逐渐变化的过程，也包括产业结构在各种影响因素作用下而发生的动态演变进化过程。产业结构演进既是国民经济不同产业部门之间及产业内部比例关系的变动，也是产业间及产业内部技术经济联系及联系方式的变化趋势。

国内外学者对产业结构演变进行了广泛深入研究。较早开始对产业结构进行研究的是英国经济学家威廉·配第（William Petty，1672）在著作《政治算术》[①] 中通过对英国的农民、手工业者和船员的收入进行比较后发现，农民的收入低于手工业者，而手工业者的收入低于船员。基于此，配第预测随着经济的发展，产业的发展重心将从有形商品转为无形服务；产业的发展重心也将随着各部门的收益变化从农业转向工业最终到商业。英国经济学家克拉克（C.Clark，1940）[②] 对多个国家的三大产业分布结构进行了国际比较和时间序列分析，并得出了配第－克拉克定理，即随着经济发展和人均国民收入水平的提高，劳动力首先由第一产业向第二产业转移，然后再向第三产业转移的演进趋势。德国经济学家霍夫曼（Hoffmann，1931）在其著作《工业化的阶段和类型》[③] 中从工业化程度的角度对产业结构进行了分析。Hoffmann（1931）基于 20 多个国家 1880—1929 年消费品工业和资本品工业比重数据，将 Hoffmann 指数定

① 威廉·配第:《政治算术》，马妍译，中国社会科学出版社 2010 年版。

② 科林·克拉克:《经济进步的条件》，张旭昆等译，中国人民大学出版社 2020 年版。

③ 弗里茨·霍夫曼:《工业化的阶段和类型》，中国对外翻译出版公司 1980 年版。

义为消费资料工业的净产值和资本资料工业的净产值的比值，用以分析经济增长与工业化进程的关系。研究结论发现，随着一国工业化的不断发展，Hoffmann 指数将会不断下降，工业化进程也可以由 Hoffmann 指数的大小划分为四个阶段，四个阶段的 Hoffmann 指数分别为 5（±1），2.5（±1），1（±0.5）以及 1 以下。第一阶段消费资料工业发展迅速，在制造业中占有统治地位，处于工业发展初期；第二阶段资本资料工业发展速度加快，但占比仍小于消费资料工业；资本资料工业于第三阶段和消费资料工业占比几近一致，并于第四阶段赶超后者，标志着该经济体进入重工业化阶段。而后库兹涅茨（Simon Kuznets，1941）①在配第－克拉克定理的基础上发展了库兹涅茨法则，其在著作《1919—1938 年的国民收入及其构成》中指出，随着社会的不断发展，农业部门在国民收入和劳动力中所占比重不断下降，与之相对的是，工业部门国民收入在整个国民收入中的比重大体上呈上升趋势，而工业部门劳动力在全部劳动力中的比重基本保持不变或略有上升；服务部门的劳动力在全部劳动力中所占比重和服务部门的国民收入在整个国民收入中的比重基本上都在上升。通过实证研究，资源从生产率较低的部门向生产率更高的部门转移导致了产业结构升级，进而提高整体社会经济效率。

随着全球价值链的兴起，越来越多的学者开始研究全球价值链背景下产业结构的升级路径。Humphrey（2000）②将全球价值链上的产业结构升级细分为工艺流程的升级、产品的升级、功能的升级和价值链的升级，指出企业可以通过转向附加值更高的产业链等方法实现不同产业的融合，从而促进产业结构的升级；Kaplinsky（2000）③则指出全球价值链收益的根本来源是多种优势禀赋所带来的生产税，价值链之间的升级就是产业结构升级的具体表现，发展中国家可以通过从事设备组装生产活动进行技术积累实现产业结构的升级；林毅夫（2011）④提出的新结构经济学蕴含了产业结构升级的内涵，他指出经济发展是一个连续性的过程，不能

① Simon Kuznets，*National Income and Its Composition*，*1919–1938*，National Bureau of Economic Analysis，1941.

② Humphrey John，Hubert Schmitz，*Governance and Upgrading*：*Linking Industrial Cluster and Global Value Chain Research*，Institute of Development Studies，2000.

③ Kaplinsky Raphael，"Globalisation and unequalisation：what can be learned from value chain analysis，"*Journal of Development Studies*，Vol.37，No.2，2000.

④ 林毅夫：《新结构经济学——重构发展经济学的框架》，《经济学（季刊）》2011 年第 1 期。

简单地将经济的发展划分为几个阶段，也不能使用人均收入水平来将国家分为两个极点，而是一个经济体从传统农业经济体发展至工业化乃至后工业化现代社会的全过程。余淼杰和王宾骆（2014）[①]通过对中国制造业转型过程的研究，总结出比较优势和规模经济递增是中国产业不断升级的主要动力，而价值链的升级主要体现在行业间生产宽度和行业内部的生产深度的结论。近年来，越来越多的学者通过产品空间理论对产业升级路径进行研究。产业空间理论最早由 Hausmann 和 Klinger（2007）[②]、Hidalgo（2007）[③]提出，该理论主要通过使用产品的特性与产品之间的关系，即产品空间结构关系，去研究一国潜在比较优势的演化路径与产业结构的演化路径。与传统的比较优势理论通过要素即投入识别一国比较优势和能力不同，产品空间理论强调从产出的角度识别一国的能力和比较优势。根据产品空间理论，产品是特定能力要素的集合与能力的载体，不同产品之间的能力要素即产品间的关联度存在异质性，从而使每个国家拥有自己独特的产品网络结构，形成各国独有的产品空间。产品之间的网络距离越相近，产品之间的生产能力越相似，产品转换的成本就越低，从而更容易实现产品的转换。通过分析全球产品空间，能够比较一国既有产品与潜在产品之间的网络距离及生产能力的差异，从而体现产业升级的演化路径与跳跃幅度。

总结来看，早期关于产业结构的研究主要通过观察各国产业结构的实际发展趋势，分析总结出产业结构的普遍发展规律。从 20 世纪 30 年代开始，学界采用工业化占比、三次产业比例变化等统计学方式对产业结构变迁进行分析；近年来，随着全球价值链理论和产品空间理论的发展，越来越多的学者从单一或多个产业，在全球价值链的位置变化及产业空间网络关系角度，对产业结构的演化路径进行分析。从结论来看，多数产业结构的研究结论进一步印证了配第 - 克拉克定理，但随着产业结构的研究从产业间细化到产业内及产品层面，传统的产业结构发展理论的解释能力在一定程度上受到影响（见表 6-3）。

---

① 余淼杰、王宾骆:《对外改革，对内开放，促进产业升级》,《国际经济评论》2014 年第 2 期。

② Hausmann Ricardo, Bailey Klinger, "The structure of the product space and the evolution of comparative advantage," *CID Working Paper Series*, 2007.

③ Hidalgo César A., et al., "The product space conditions the development of nations," *Science*, Vol.317, No.5837, 2007.

表6-3　　　　　　产业结构演变相关理论文献

年份	人物及相关专著	内容	地位
		产业结构	
1672	威廉·配第（William Petty）《政治算术》[①]	配第认为“制造业的收益比农业多，而商业的收益又比制造业多”；不同产业之间人均收入的差异会导致产业结构变化，劳动力随着经济发展及人均收入的不断提高会逐步呈现出由第一产业逐步向第二产业再向第三产业转移的流动趋势	经济学界公认的产业结构理论奠基人
1940	克拉克（C.Clack）《经济进步的条件》[②]	克拉克指出三次产业结构与国民平均收入具有较强关联性，并呈现一定的规律性；印证了配第先前的理论观点：劳动力会随着经济的发展和收入水平的提高从第一产业向第二产业移动，随后再向第三产业移动的趋势	“配第－克拉克”定理首次将劳动力比重作为研究产业结构的分析指标，阐明劳动力结构在产业结构变动中的分布演进规律，揭示产业结构变迁中劳动力的转移流动趋势，是对产业结构演进理论的重要开拓
1966 1971	库兹涅茨《现代经济增长：速度、结构与扩展》（1966）[③]《各国的经济增长：总产值和生产结构》（1971）[④]	随着一国经济的持续增长，农业部门的产出以及劳动力就业比例将持续下降，其在国民经济中的地位也会逐渐下降；工业部门的比较劳动生产率将呈现持续快速上升趋势，即在工业部门劳动力就业比例变化不大或略有上升的情况下工业产出大幅增加；服务业将逐渐成为产业结构中规模最大的产业，但服务业部门的比较劳动生产率将相对下降，由于其产出不一定随着服务业部门劳动力就业比例的增加而同步上升，即服务业部门吸纳劳动力的能力要高于其创造产值的能力	进一步论证“配第－克拉克”定理，基于“比较劳动生产率”视角深化产业结构演进发展趋势

① 威廉·配第：《政治算术》，马妍译，中国社会科学出版社2010年版。

② 科林·克拉克：《经济进步的条件》，张旭昆等译，中国人民大学出版社2020年版。

③ 西蒙·库兹涅茨：《现代经济增长：速度、结构与扩展》，戴睿、易诚译，北京经济学院出版社1989年版。

④ 西蒙·库兹涅茨：《各国的经济增长：总产值和生产结构》，常勋等译，商务印书馆2022年版。

续表

年份	人物及相关专著	内容	地位
1971	罗斯托（Walt Whitman Rostow）《政治和成长阶段》①	将一国经济发展分为6个阶段，即传统社会阶段、准备起飞阶段、起飞阶段、走向成熟阶段、大众消费阶段及超越大众消费阶段；认为产业结构中的主导产业部门的发展对其他产业部门的辐射影响作用，是一国经济增长能够稳步持续的关键性因素	理论为线性的发展理论，不具备周期理论的预见性
产业内结构			
1931	霍夫曼（W.G. Hoffmann）《工业化的阶段和类型》②	根据“霍夫曼比例”将工业化进程划分为四个发展阶段，研究表明，在工业化的过程中，存在资本资料工业产值比重持续上升，即“霍夫曼比例”持续下降的必然趋势；霍夫曼定理解释了在产业结构内部演进过程中，初级产品生产被中间产品和最终产品替代以及劳动密集型产品被资本及技术密集型产品替代的变化趋势	研究产业结构随工业化发展的变化路径
1975	霍利斯·钱纳里（Hollis B. Chenery）③	运用到多国模型中，选取101个国家1950—1970年的经济数据对发展中国家的经济结构变动进行实证分析，将其经济发展过程划分为投资、政府收入、教育、国内需求结构、生产结构、贸易结构、劳动力配置、城市化、人口过渡和收入分配等10种类型表征经济过程的结构变化	提出经济结构变动的“正常发展型式”，并首次提出“经济转型”概念

① 华尔特·惠特曼·罗斯托:《政治和成长阶段》，剑桥大学出版社1971年版。

② 弗里茨·霍夫曼:《工业化的阶段和类型》，中国对外翻译出版公司1980年版。

③ 霍利斯·钱纳里:《发展的型式：1950—1970》，李新华等译，经济科学出版社1988年版。

续表

年份	人物及相关专著	内容	地位
1986	霍利斯·钱纳里、谢尔曼·鲁宾逊、摩西·赛尔奎因（Syrquin M.）《工业化和经济增长的比较研究》①	在工业化初期阶段，以纺织、食品为代表的轻工业在产业结构中居主导地位，此时以劳动密集型产品生产为主要特征；到工业化的中后期阶段，重化工业将发展为国民经济的主要生产部门，前期以资本密集型的原材料工业为重点，后期以技术密集型的加工工业为重点；当一个国家或地区的国民经济完成工业化任务而进入后工业化阶段后，其经济增长速度会趋于回落	依据人均国内生产总值将经济发展进行阶段划分，任何一个发展阶段向更高一个阶段的跃进都是通过产业结构转化来推动的

资料来源：作者根据文献整理所得。

在产业结构演变的计量和测算研究方面，传统文献大多用第一产业、第二产业、第三产业占经济体 GDP 比例变化代表产业结构演变，用第一产业、第二产业、第三产业的占比变化趋势来体现产业结构的优化程度。随着产业结构研究深化，越来越多的学者开始采用产业结构高级化与产业结构合理化等指标来对产业结构进行更深入研究，目前有关产业结构变化指数大体上包括产业结构变化指数、产业结构合理化指数、产业结构高级化指数和产业结构现代化指数。

（二）有关产业结构的测算方法研究文献（见表6-4）

表6-4　产业结构测算方法研究文献

测算方法	代表意义	代表作者	具体公式
产业结构变化指数	反映了特定产业一定时间内在全产业中的比重变化	陈建华和马晓逵（2009）②	$\sum_{1}^{n}(\Delta Y_{i,t}/Y_{i,t-1})*[(Y_i/Y)_t-(Y_i/Y)_{t-1}]$
	反映产业综合变化	陈晋玲（2015）③	$\Delta IS^t=\frac{1}{m}\sum_{i=1}^{m}\frac{\left\|IS_i^t-IS_i^{t-1}\right\|}{IS_i^t+IS_i^{t-1}}$

① 霍利斯·钱纳里等:《工业化和经济增长的比较研究》，吴奇等译，格致出版社、上海三联书店、上海人民出版社 2015 年版。

② 陈建华、马晓逵:《中国对外贸易结构与产业结构关系的实证研究》，《北京工商大学学报（社会科学版）》2009 年第 2 期。

③ 陈晋玲:《中国外贸结构推动产业结构优化效应的统计测度》，博士学位论文，山西财经大学，2015 年。

续表

测算方法	代表意义	代表作者	具体公式
产业结构合理化指数	反映了产业结构的合理化程度，其系数值越小则越接近于均衡状态	干春晖等（2011）①，左勇华等（2019）②	$TL=\sum_{i=1}^{n}\left(\frac{Y_i}{Y}\right)\ln\left\|\frac{Y_i}{L_i}/\frac{Y}{L}\right\|$
		邬义钧（2006）③	$S=\sum_{i=1}^{n}\left(\frac{Y_i}{\sum_{i=1}^{n}Y_i}\times\frac{Y_i}{K_iY_i}\right)-\frac{Y_0}{Y_0Y_0}$
产业结构高级化指数	该指标越大，则证明该国（地区）的产业结构越高级，反之则越低	靖学青（2005）④	$W=\sum_{k=1}^{3}\sum_{j=1}^{k}\theta_j$
		钱纳里（Chenery，1980）⑤，李逢春（2012）⑥，蔡海亚和徐盈之（2017）⑦	$cysj=\sum_{i=1}^{3}l_i\times i$
		杨骞等（2018）⑧	$\sum a_i\times LP_i$
	反映了第三产业增加值相对第二产业增加值的增长速度，该指标值越大证明产业结构的高级化程度越高	郑红玲（2019）⑨	$SUP=(Y_3/Y)/(Y_2/Y)$
	θ_j 值越大，产业结构变化率越大	付凌晖（2010）⑩	$\theta_j=arccos\left(\frac{\sum_{i=1}^{3}(x_{i,j}\bullet x_{i,0})}{\left(\sum_{i=1}^{3}x_{i,j}^2\right)^{1/2}\bullet\sum_{i=1}^{3}(x_{i,0}^2)^{1/2}}\right)$

① 干春晖、郑若谷、余典范：《中国产业结构变迁对经济增长和波动的影响》，《经济研究》2011 年第 5 期。

② 左勇华、刘斌斌：《出口贸易结构与地区产业结构调整升级效应分析》，《河北经贸大学学报》2019 年第 1 期。

③ 邬义钧：《我国产业结构优化升级的目标和效益评价方法》，《中南财经政法大学学报》2006 年第 6 期。

④ 靖学青：《产业结构高级化与经济增长——对长三角地区的实证分析》，《南通大学学报（社会科学版）》2005 年第 3 期。

⑤ Hollis B. Chenery，“Interactions between industrialization and exports，” *The American Economic Review*，Vol.70，No.2，1980.

⑥ 李逢春：《对外直接投资的母国产业升级效应——来自中国省际面板的实证研究》，《国际贸易问题》2012 年第 6 期。

⑦ 蔡海亚、徐盈之：《贸易开放是否影响了中国产业结构升级？》，《数量经济技术经济研究》2017 年第 10 期。

⑧ 杨骞、秦文晋：《中国产业结构优化升级的空间非均衡及收敛性研究》，《数量经济技术经济研究》2018 年第 11 期。

⑨ 郑红玲：《中国对外贸易发展对产业升级影响的实证研究》，博士学位论文，辽宁大学，2019 年。

⑩ 付凌晖：《我国产业结构高级化与经济增长关系的实证研究》，《统计研究》2010 年第 8 期。

续表

测算方法	代表意义	代表作者	具体公式
产业结构现代化指数	该指标越大，证明产业结构越现代化	Lavopa 和 Szirmai[①]（2018），杨先明和王希元（2020）[②]	$\psi_t^i = (\kappa_t^i)^\alpha (\varphi_t^i)^{1-\alpha}$

资料来源：作者根据文献整理所得。

三、有关贸易结构的研究文献回顾

（一）有关贸易发展与贸易结构的研究文献

随着国际分工和国际贸易不断深化发展，国际贸易结构的理论也不断深化发展。古典贸易理论中，英国经济学家亚当·斯密（1776）[③]提出绝对优势理论，大卫·李嘉图（1817）[④]提出比较优势理论，根据生产率差异和绝对优势或比较优势进行国际专业化生产，然后进行进出口贸易就能产生贸易利益，贸易利益基于国际专业化分工和国际贸易，贸易结构可以分为有比较优势商品和没有比较优势商品，而贸易结构会随着国际专业化分工变化和贸易发展而不断变化。现代国际贸易理论中，瑞典经济学家赫克歇尔（Heckscher，1919）[⑤]和俄林（Ohlin，1924）[⑥]提出了要素禀赋理论（又称 H-O 理论），建立了劳动力和资本两要素的国际贸易理论，根据劳动力和资本要素禀赋优势进行国际专业化生产分工，然后进行国际贸易，出口本国丰裕商品要素，进口本国稀缺商品要素，促进生产要素资源优化配置和有效利用。根据要素禀赋理论，贸易结构可以分为劳动密集型产品和资本密集型产品按比例变化的贸易结构。

随着贸易规模不断扩大，贸易产品日益丰富，产业内贸易和产品内贸易不断发展，国际贸易理论的研究重点从产业间贸易转向产业内贸易和产品内贸易，贸易结构理论也不断深化发展。Linder（1961）[⑦]，Dixit 和

---

① Lavopa Alejandro，Adam Szirmai，"Structural modernization and development traps：an empirical approach，" *United Nations University-Maastricht Economic and Social Research Institute on Innovation and Technology*（*MERIT*），2018.

② 王希元、杨先明：《人口老龄化是否促进了我国产业结构升级？——基于省际和门槛特征的实证分析》，《社会发展研究》2020 年第 1 期。

③ 亚当·斯密：《国富论》（下卷），商务印书馆 1974 年版。

④ 大卫·李嘉图：《政治经济学及赋税原理》，周洁译，华夏出版社 2005 年版。

⑤ 伊·菲·赫克歇尔：《对外贸易对收入分配的影响》，上海商务印书馆 1976 年版。

⑥ 戈特哈德·贝蒂·俄林：《地区间贸易和国际贸易》，上海商务印书馆 1986 年版。

⑦ Linder，S. B.，*An Essay on Trade and Transformation*，Almqvist & Wiksell，1961.

Stiglitz（1977）[①]，Krugman（1979）[②]，Helpman（1981）[③]，Krugman（1985）[④]，Grossman（1993）[⑤]提出基于科技创新、规模经济、产品异质性的国际分工与国际贸易理论，贸易结构理论也随着贸易理论、贸易商品和贸易模式变化而不断深化发展。Dixit 和 Stiglitz（1977）[⑥]认为只要存在规模经济，各经济体间依然可以选择不同的行业进行分工、开展贸易；Krugman（1985）[⑦]在 Dixit-Stiglitz 模型基础上，基于企业同质的假设对规模递增和不完全竞争条件下的产业内贸易进行了研究，并得出贸易不一定是技术或要素禀赋差异的结果，相反贸易可能只是扩大市场和允许利用规模经济效应。Helpman 和 Krugman（1985）[⑧]提出产业间贸易主要以比较优势为基础进行国际专业化分工，而产业内贸易和产品内贸易主要是以技术创新为基础进行国际分工的贸易方式。Melitz（2003）[⑨]提出的异质性贸易理论，认为国际贸易能促进生产要素从低效率产业和部门向高效率产业和部门转移，导致不同效率企业进入不同市场，高效率企业进入国际生产竞争，次等效率企业进入国内市场竞争，最低效率企业退出市场，国际贸易是要素优化配置的重要途径。Antras 和 Helpman（2004）[⑩]提出从企业的异质性层面来解释国际贸易和投资现象，对企业国家化路径和方式的选择上进行了分析研究。

随着全球价值链深化发展，产业内贸易和中间品贸易不断发展，中间品贸易和贸易增加值测算理论和计算方法就成为研究热点（Hummels

---

①⑥ Avinash K. Dixit，Stiglitz Joseph E.，"Monopolistic competition and optimum product diversity，" *The American Economic Review*，Vol.67，No.3，1977.

② Paul Krugman，"A model of innovation，technology transfer，and the world distribution of income，" *Journal of Political Economy*，Vol.87，No.2，1979.

③ Helpman Elhanan，"International trade in the presence of product differentiation，economies of scale and monopolistic competition：a Chamberlin-Heckscher-Ohlin approach，" *Journal of International Economics*，Vol.11，No.3，1981.

④⑦ Paul Krugman，*Increasing Returns and The Theory of International Trade*，National Bureau of Economic Research，Inc，1985.

⑤ Grossman Gene M.，Elhanan Helpman，*Innovation and Growth in the Global Economy*，MIT Press，1993.

⑧ Helpman Elhanan，Paul Krugman，*Market Structure and Foreign Trade*，MITP ress，1985.

⑨ Melitz Marc J.，"The impact of trade on intra - industry reallocations and aggregate industry productivity"，*Econometrica*，Vol.71，No.6，2003.

⑩ Antras Pol，Elhanan Helpman，"Global sourcing，" *Journal of Political Economy*，Vol.112，No.3，2004.

2001[①]；Johnson 和 Noguera，2012[②]；Koopman 2010[③]，2012[④]，2014[⑤]）。基于全球价值链的贸易理论认为，贸易与投资的形式与内容，是具有支配地位的企业在追求利益最大化过程中战略选择的结果，贸易模式的锁定或俘获是价值链治理的结果，是由于占据支配地位的企业对价值链上不同环节之间的组织结构、权力分配、专业化分工及价值分配进行的非市场化的协调和制度安排。

综上所述，国际分工深化发展，国际贸易分工方式由产业间分工向产业内分工转移，贸易结构的理论分析也从产业内分工向产业内贸易发展；随着跨国公司成为贸易主要载体，企业间分工成为国际主要分工方式之一，贸易结构也进一步深化为企业间贸易结构变化（彭徽，2012）[⑥]。

（二）有关贸易结构测算的研究文献

在贸易结构的测算方法上，国际贸易结构可以根据产品的要素密集度、技术密集度或者简单考察国际贸易产品分类来进行衡量，而随着垂直贸易的发展，需要在更加详细的产品分类水平上通过计算产品的技术含量来更准确地反映一国的贸易结构变化情况（杜修立和王维国，2007）[⑦]。早期关于贸易结构的研究主要使用某一产业或某些产业（主要是工业制成品）的进口份额、出口份额来代表贸易结构。随着产业内贸易的兴起，更多学者开始采用产品复杂度指数、分散度指数、集聚度指数等方法对贸易结构进行测算；贸易结构指数方向选择上，不同学者根据其研究需要仅针对进口或出口贸易结构构建单向指标体系，但现在越来越多的贸易结构指标体系同时将进出口方向纳入指标构建体系中（见表 6–5）。

---

① Hummels David, et al., "The nature and growth of vertical specialization in world trade," *Journal of International Economics*, Vol.54, No.1, 2001.

② Johnson Robert C., Guillermo Noguera, "Fragmentation and trade in value added over four decades," *National Bureau of Economic Research*, 2012.

③ Koopman Robert, et al., "Give credit where credit is due: tracing value added in global production chains," *National Bureau of Economic Research*, 2010.

④ Koopman Robert, et al., "Estimating domestic content in exports when processing trade is pervasive," *Journal of Development Economics*, Vol.99, No.1, 2012.

⑤ Koopman Robert, et al., "Tracing value-added and double counting in gross exports," *American Economic Review*, Vol.014, No.2, 2014.

⑥ 彭徽：《国际贸易理论的演进逻辑：贸易动因、贸易结构和贸易结果》，《国际贸易问题》2012 年第 2 期。

⑦ 杜修立、王维国：《中国出口贸易的技术结构及其变迁：1980—2003》，《经济研究》2007 年第 7 期。

表6-5 贸易结构测算方研究文献

测算方法	代表作者	具体公式
进出口贸易分散度指数	Baxter 和 Kouparitsas（2003）①	$dx_i=\sum_{j=1}^{J}a_{xij}\sum_{n=1}^{N}(sx_{in}-sx_{ijn})^2$ $dm_i=\sum_{j=1}^{J}a_{mij}\sum_{n=1}^{N}(sm_{in}-sm_{ijn})^2$
劳伦斯指数和收益性指数	魏浩等（2005）②	$L=\left(1/2\right)\sum_{i=1}^{n}\left\|s_{it}-s_{i,t-1}\right\|$ $BSCI=\sum_{i=1}^{N}\left\{\left[\frac{x_{it}/\sum x_{it}}{x_{i,t-1}/\sum x_{it-1}}-1\right]\times\left[\frac{(m_{it}/m_{i,t-1})^{\text{“world”}}}{ave(m_{it}/m_{i,t-1})}-1\right]*\left[\frac{x_{it}}{\sum_i x_i}\right]\right\}$
贸易集中度指数（HHI）	Kali 等（2007）③	$HHI=\sum_{j}^{N}\left(\frac{T_{i\to j}}{\sum_j^N T_{i\to j}}\right)^2$
制成品占比	孙晓华和王昀（2013）④	$EI=\frac{INE}{EX}$ $II=\frac{INI}{IM}$
进口结构变化指数	裴长洪（2013）⑤	进口结构变化指数 $=K_1\sqrt{\frac{1}{N}\sum_{i=1}^{N}(M_{i_{T2}}-M_{i_{T1}})^2}$

① Baxter Marianne and Michael A. Kouparitsas, "Trade structure, industrial structure, and international business cycles," *American Economic Review*, Vol.93, No.2, 2003.

② 魏浩等:《中国制成品出口比较优势及贸易结构分析》,《世界经济》2005 年第 2 期。

③ Kali Raja, et al., "Trade structure and economic growth," *The Journal of International Trade & Economic Development*, Vol.16, No.2, 2007.

④ 孙晓华、王昀:《对外贸易结构带动了产业结构升级吗？——基于半对数模型和结构效应的实证检验》,《世界经济研究》2013 年第 1 期。

⑤ 裴长洪:《进口贸易结构与经济增长：规律与启示》,《经济研究》2013 年第 7 期。

续表

测算方法	代表作者	具体公式
出口贸易结构指数	王孝松等（2014）[①]	$出口贸易结构指数=\frac{耐用消费品出口额+资本品出口额}{总出口额}$
GST、SST 指数	卜伟等（2019）[②]	$GST=\frac{工业制成品出口/初级产品出口}{工业制成品进口/初级产品进口}$ $SST=\frac{中高技术服务贸易出口/中低技术服务贸易出口}{中高技术服务贸易进口/中低技术服务贸易进口}$
进出口结构变化指数	陈建华和马晓逵（2009）[③]	$\sum_{1}^{n}(\Delta EX_{i,t}/EX_{i,t-1})\times[(EX_i/EX)_t-(EX_i/EX)_{t-1}]$ $\sum_{1}^{n}(\Delta IM_{i,t}/IM_{i,t-1})\times[(IM_i/IM)_t-(IM_i/IM)_{t-1}]$
产品复杂度	Lall（2000）[④]、John and Zhang（2006）	$SI(i)=100\times[US(i)-US(\min)]/[US(\max)-US(\min)]$
	杜修立和王维国（2007）[⑤]	$TC_j=\sum_{i=1}^{n}\omega_{ij}\cdot Y_i\ ETCI=\sum_{j=1}^{m}TCI_j*es_j$

资料来源：作者根据文献整理。

① 王孝松等:《中国贸易超调：表现、成因与对策》,《管理世界》2014 年第 1 期。

② 卜伟等:《中国对外贸易商品结构对产业结构升级的影响研究》,《宏观经济研究》2019 年第 8 期。

③ 陈建华、马晓逵:《中国对外贸易结构与产业结构关系的实证研究》,《北京工商大学学报（社会科学版）》2009 年第 2 期。

④ Lall Sanjaya，"The Technological structure and performance of developing country manufactured exports，1985—1998，" *Oxford Development Studies*，Vol.28，No.3，2000.

⑤ 杜修立、王维国:《中国出口贸易的技术结构及其变迁：1980—2003》,《经济研究》2007 年第 7 期。

四、有关产业结构、贸易结构及其互动对现代化影响的研究文献

（一）有关产业结构对现代化影响的研究文献

国内外学者对产业结构变化对经济发展影响进行了广泛而深入的研究（Pasinetti，1983[①]；刘伟和李绍荣，2002[②]；金碚，2014[③]，刘伟和张辉，2008[④]；黄茂兴和李军军，2009[⑤]；干春晖等，2011[⑥]；Rodrik，2013[⑦]），但是有关产业结构和现代化之间相关性的研究文献相对较少。

产业结构变化对现代化影响的理论研究已经成为新的研究热点，产业现代化与国家现代化具有密切关系，建设现代化产业体系是发展中的大国经济走向高质量发展进而实现现代化的主要标志和重大战略选择，而以科技创新、现代金融、人力资源等投入要素的协同发展的现代产业体系，就是现代化经济体系的基础与核心，只有同时实现产业间和产业内的高级化才能实现现代化经济体系的建设（任保平和李禹墨，2018[⑧]；刘志彪，2019[⑨]；杜宇玮，2019[⑩]；高培勇等，2019[⑪]）。部分学者对产业结构转型升级，与现代化强国的构建的相关性进行了分析。结论显示，一国或地区的现代化发展由产业结构的基础与其转型升级效率的高低决定，产业结构的高级化为提高国家的综合现代化水平提供了动力，是实现高水平现代化进程中不可或缺的要素之一（韩美琳，2021）[⑫]；陈军亚

① Pasinetti Luigi L.，*Structural Change and Economic Growth*，Cambridge Books ，1983.

② 刘伟、李绍荣：《产业结构与经济增长》，《中国工业经济》2002 年第 5 期。

③ 金碚：《工业的使命和价值——中国产业转型升级的理论逻辑》，《中国工业经济》2014 年第 9 期。

④ 刘伟、张辉：《中国经济增长中的产业结构变迁和技术进步》，《经济研究》2008 年第 11 期。

⑤ 黄茂兴、李军军：《技术选择、产业结构升级与经济增长》，《经济研究》2009 年第 7 期。

⑥ 干春晖等：《中国产业结构变迁对经济增长和波动的影响》，《经济研究》2011 年第 5 期。

⑦ Rodrik Dani，“Structural change，fundamentals，and growth：an overview，” *Institute for Advanced Study Papers*，2013.

⑧ 任保平、李禹墨：《新时代我国高质量发展评判体系的构建及其转型路径》，《陕西师范大学学报（哲学社会科学版）》2018 年第 3 期。

⑨ 刘志彪：《产业链现代化的产业经济学分析》，《经济学家》2019 年第 12 期。

⑩ 杜宇玮：《高质量发展视域下的产业体系重构：一个逻辑框架》，《现代经济探讨》2019 年第 12 期。

⑪ 高培勇等：《高质量发展背景下的现代化经济体系建设：一个逻辑框架》，《经济研究》2019 年第 4 期。

⑫ 韩美琳：《高质量发展背景下中国经济产业结构转型升级研究——基于马克思主义政治经济学视角》，博士学位论文，吉林大学，2021 年。

（2021）[①]认为产业结构升级中出现的高变换率与经济总量的高增长率呈相互促进的关系，产业结构升级能够通过平衡市场供给与需求的关系、引导资源再分配和更新动力结构三个路径来优化国家的发展模式，从而加快实现我国现代化经济体系的建设。实证研究方面，贺晓宇和沈坤荣（2018）[②]构建了包含了4个一级指标、11个二级指标的现代化经济体系指标体系，并利用我国2002—2016年30个省份的面板数据，利用空间杜宾模型，实证分析了现代化经济体系建设对经济高质量发展的影响。结果显示，现代化经济体系的综合得分与经济增长呈显著正向相关关系。作者进一步指出，在未来一定时间内，我国仍需坚持贯彻供给侧结构性改革和高水平的对外开放，通过加快我国产业新旧动能的转换加速实现我国的现代化进程。徐鹏杰等（2022）[③]以产业结构升级作为构建现代产业体系的核心变量，利用我国2009—2019年207个城市面板数据实证分析验证了产业结构升级对共同富裕的正向促进作用，并指出产业结构的升级能够有效加速中国构建现代化强国进程。

（二）有关贸易结构对现代化影响的研究文献

学术界对贸易与经济增长进行了深入而广泛的研究，然而目前针对贸易结构升级与现代化水平相关性研究文献尚不多见。早期的相关研究聚焦于贸易结构对经济增长的促进效应。无论是进口还是出口，只要能够带来静态的资本积累就可以促进经济的发展（Baldwin，1989）[④]，Mazumdar（1996）[⑤]指出贸易对于经济水平的增长取决于贸易结构与贸易方向。Daniel和William（2007）[⑥]通过构建Herfindahl指数对出口集中度进行测度，实证分析了贸易结构与经济增长之间的正向关系。随后，国内学者针对我国贸易结构与经济增长的相关性进行了实证分析，并得出了贸易结构和经济增长间存在相互促进、互相依赖的特征关系的结论

---

① 陈军亚：《现代化进程中的产业转型、区域关系与中国治理》，《人民论坛》2021年第13期。

② 贺晓宇、沈坤荣：《现代化经济体系、全要素生产率与高质量发展》，《上海经济研究》2018年第6期。

③ 徐鹏杰等：《我国共同富裕的影响因素研究——基于现代产业体系与消费的视角》，《经济体制改革》2022年第3期。

④ Baldwin R.，"The growth effects of 1992，" *Economic Policy*，Vol.4，No.9，1989.

⑤ Mazumdar Joy，"Do static gains from trade lead to medium-run growth，" *Journal of Political Economy*，Vol.104，No.6，1996.

⑥ Lederman Daniel，William F. Maloney，*Natural Resources*，*neither Curse nor Destiny*，World Bank Publications，2006.

（蓝庆新，2001）[①]。部分学者对我国贸易结构加以细分，分别研究了我国出口结构变化和进口结构变化对经济增长的影响。结论显示，出口结构变化能够有效促进我国经济发展（潘文卿和李子奈，2002[②]；石传玉等，2003[③]）。进口结构也能有效促进我国的经济发展（佟家栋，1995[④]；徐光耀，2007[⑤]），进口结构变化强度越大，经济增长越具有活力，进口的比重越大，经济增长得越快（裴长洪，2013）[⑥]。

随着“双循环”战略和“高质量发展”理念的提出，越来越多的学者从理论上对贸易结构促进现代化水平发展的渠道和路径进行了研究。马林静（2020）[⑦]就从创新、开放、绿色、共享发展4个角度入手，分析了贸易结构转型升级的方向。蔡春林和张霜（2023）[⑧]在此基础上进一步进行扩展，指出贸易结构发展可以从创新发展、协调发展、绿色发展、开放发展和共享发展5方面渗透，从而影响经济高质量发展。

（三）有关产业结构、贸易结构互动对现代化影响的研究文献

迄今为止，对产业结构、贸易结构和现代化之间的互动理论研究成果尚不多见。一些学者针对产业结构、贸易结构和经济增长之间的相关性进行了分析，为本研究带来了一定的启示。孙金秀和杨文兵（2011）[⑨]指出，产业结构升级是经济增长的内在力量，而贸易结构优化则是经济增长的外在力量。经济增长取决于资源的有效配置和比较优势的变迁。产业结构升级和贸易结构两者的协调发展能够有效地促进经济的高质量发展。部分学者使用实证分析验证了上述假说，还有部分学者根据收入水平对研究样本进行区分，指出对于中等收入国家贸

① 蓝庆新：《中国贸易结构变化与经济增长转型的实证分析及现状研究》，《经济评论》2001年第6期。

② 潘文卿、李子奈：《20世纪90年代中国外贸外资发展形势、作用及格局》，《世界经济》2002年第5期。

③ 石传玉等：《我国对外贸易与经济增长关系的实证分析》，《南开经济研究》2003年第1期。

④ 佟家栋：《关于我国进口与经济增长关系的探讨》，《南开学报》1995年第3期。

⑤ 徐光耀：《我国进口贸易结构与经济增长的相关性分析》，《国际贸易问题》2007年第2期。

⑥ 裴长洪：《进口贸易结构与经济增长：规律与启示》，《经济研究》2013年第7期。

⑦ 马林静：《基于高质量发展标准的外贸增长质量评价体系的构建与测度》，《经济问题探索》2020年第8期。

⑧ 蔡春林、张霜：《外贸高质量发展助力经济高质量发展机制研究》，《亚太经济》2023年第1期。

⑨ 孙金秀、杨文兵：《经济增长：产业结构和贸易结构互动升级之结果》，《现代财经（天津财经大学学报）》2011年第9期。

易结构与产业结构的耦合，可以通过增加国内资本或是提升技术水平进而刺激经济增长，而对于高收入国家，贸易结构与产业结构的耦合，主要是利用比较优势和垄断优势，进一步提高高收入国家的福利水平以及消费者剩余。

综上所述，国内外学者对产业结构、贸易结构及现代化各自的理论和实践都进行深入广泛研究，但是有关产业结构、贸易结构及现代化相关性研究文献尚不多见。因此，本章将对产业结构、贸易结构及现代化相关性进行深入分析，采用理论研究和实证研究相结合、定性分析和定量分析相结合等多种分析方法对全球现代化水平、产业结构与贸易结构间互动优化的经济效应及系统结构间的作用机制进行理论分析，并通过构建科学的指标体系，采用前沿的分析方法，对全球主要经济体的现代化水平、产业结构水平与贸易结构水平进行测算，实证分析了上述三个解释变量间的相关性、具体的传导机制及各变量的影响效应，为中国式现代化提供理论依据与政策建议。

五、有关产业国际竞争力与贸易国际竞争力互动机制分析的研究文献

（一）竞争力定义及其变化

美国教授波特（Porter）在《竞争论》（2009）[①] 一书中提出，竞争是社会最重要的力量之一，它能够促进社会诸多领域进步，各个领域内组织必须通过不断竞争来创造出价值，企业必须要向客户提供价值，国家也必须创造出社会价值。美国是最早关注竞争力问题的国家之一。1978年，美国技术评价局开始研究美国的竞争力。1983 年，美国政府专门又成立了“关于工业竞争力的总统委员会”对竞争力问题进行研究。20 世纪 80 年代中期，英国、日本、德国以及一些国际组织也陆续开展了竞争力问题研究。最早提出“竞争力”一词的是美国学者 Philip Selznick（2020）[②]，他用 Distinctive Competence 一词来表述公司在执行战略时的相关技能，把竞争力等同于能力，“竞争力或技能是所有成功行为的核心”[③]。世界经济论坛（World Economic Forum，WEF）和瑞士洛桑国际管理开发学院（International Institute for Management Development，IMD）是

① 迈克尔・波特:《竞争论》，高登第、李明轩译，中信出版社 2009 年版。

② Philip Selznick，*Law*，*Society*，*and Industrial Justice*，Quid Pro Books，2020.

③ 黄茂兴:《竞争力理论的百年流变及其在当代的拓展研究》，中国社会科学出版社 2017 年版。

较早进行竞争力研究并最具影响的研究机构。IMD（1996）将竞争力定义为："一个国家通过管理资产和进程、吸引力和侵略性、全球性和邻近性，并通过将这些关系纳入经济和社会模式，创造附加值从而增加国家财富的能力。"[①] WEF（2003）将竞争力定义为："决定一个国家生产力水平的一整套制度、政策和因素，反过来，生产力水平决定了一个经济体能够获得的可持续繁荣水平。"[②]

美国教授迈克尔·波特在《竞争论》（2012）[③] 中提出产业竞争五力模型："供应商的议价能力、买方议价能力、替代产品或服务的威胁、新进入者的威胁、现有竞争者之间的竞争"，这五种竞争力量扩展之后的竞争决定了产业结构，并且形成了产业内部竞争交互作用的特性，产业结构决定着竞争和盈利能力，而产业竞争力的来源是产业结构变化和产业生产率的提升。因此，产业结构在一定程度上决定了竞争强度和产业盈利能力。Reinert（1995）[④] 认为在微观企业竞争中，竞争力是指企业在市场上竞争、增长和盈利的能力。

樊纲（1998）[⑤] 认为，竞争力指的是一国商品在国际市场上所处的地位。具体可以理解为"成本"概念，并且他也指出竞争力的特殊性在于包含"比较优势"的概念，强调了比较优势在经济发展中的重要性。钟昌标（2002）[⑥] 认为将竞争力大致表述为比较优势的概念是恰当的，完全可以兼顾国家和企业两个层次（见表 6–6）。

表6-6　具有代表性的竞争力研究文献

提出者	定义	来源
世界经济论坛（2003）[⑦]	决定一个国家生产力水平的一整套制度、政策和因素	《全球竞争力报告》

① Reid Christine D.,"World Competitiveness Yearbook 1996," *Reference Reviews*, 1997.

②⑦ Cornelius Peter, et al., *The Global Competitiveness Report 2002–2003*, Oxford University Press, 2003.

③ 迈克尔·波特:《竞争论》，高登第、李明轩译，中信出版社 2012 年版。

④ Reinert Erik S., "Competitiveness and its predecessors—a 500-year cross-national perspective," *Structural Change and Economic Dynamics*, Vol.6, No.1, 1995.

⑤ 樊纲:《论竞争力——关于科技进步与经济效益关系的思考》,《管理世界》1998 年第 3 期。

⑥ 钟昌标:《国内区际分工和贸易与国际竞争力》,《中国社会科学》2002 年第 1 期。

续表

提出者	定义	来源
瑞士洛桑国际管理开发学院（1996）[①]	一个国家通过管理资产和进程、吸引力和侵略性、全球性和邻近性，并通过将这些关系纳入经济和社会模式，创造附加值从而增加国家财富的能力	《世界竞争力年鉴》
迈克尔·波特（2012）[②]	工业的平均生产力或每单位劳动和每美元投资的资本创造的价值，产业结构决定着竞争和盈利能力	《竞争论》
Reinert（1995）[③]	企业在市场上竞争、增长和盈利的能力	*Competitiveness and its predecessors—a 500-year cross-national perspective*
樊纲（1998）[④]	一国商品在国际市场上所处的地位	《论竞争力——关于科技进步与经济效益关系的思考》
钟昌标（2002）[⑤]	竞争力大致表述为比较优势的概念是恰当的	《国内区际分工和贸易与国际竞争力》

资料来源：作者根据相关文献整理所得。

（二）有关国际竞争力研究文献

WEF（2003）[⑥]将国际竞争力定义为一国使人均国内生产总值实现持续高速增长的能力。IMD（1997）[⑦]认为，国际竞争力是一国创造与保持一个能够使企业持续产出更多价值、人民拥有更多财富的环境的能力。经济合作与发展组织（Organization for Economic Co-operation and Development，OECD）把国际竞争力定义为一国能够在自由公正的市场条件下生产产品和服务，而这些产品和服务既能达到国际市场的检验

① Reid Christine D.，"World Competitiveness Yearbook 1996，" *Reference Reviews*，1997.

② 迈克尔·波特：《竞争论》，高登第、李明轩译，中信出版社 2012 年版。

③ Reinert Erik S.，"Competitiveness and its predecessors—a 500-year cross-national perspective，" *Structural Change and Economic Dynamics*，Vol.6，No.1，1995.

④ 樊纲：《论竞争力——关于科技进步与经济效益关系的思考》，《管理世界》1998 年第 3 期。

⑤ 钟昌标：《国内区际分工和贸易与国际竞争力》，《中国社会科学》2002 年第 1 期。

⑥ Cornelius Peter，et al.，*The Global Competitiveness Report 2002-2003*，Oxford University Press，2003.

⑦ Reid Christine D.，"World Competitiveness Yearbook 1996，" *Reference Reviews*，1997.

标准，又能使该国人民的实际收入保持不变并有所提高的能力[①]。迈克尔·波特（2002）[②]在其著作《国家竞争优势》中指出，国家的竞争力是社会、经济结构、价值观、文化、制度政策等多个因素综合作用下创造和维持的，致使国家的作用不断提升，最终形成一个综合性的国家竞争力。Fagerberg（1988）[③]指出国际竞争力是一个国家实现核心经济政策目标的能力，特别是收入和就业的增长，不遇到国际收支困难。目前，对国际竞争力最普遍的看法是把重点放在相对单位劳动力成本（RULC）增长的差异上。Hickman（1992）[④]在其《国际生产力和竞争力》一书中将国际竞争力定义为在全球经济中，以可接受的公平分配维持人口实际生活水平可接受的增长能力，同时有效地为基本上有能力和愿意工作的人提供就业机会，而且这样做不会降低后代生活水平的增长潜力。

从企业角度出发，竞争力可定义为企业的发展能力。从企业角度定义国际竞争力的学者认为，国际经济竞争实质上是企业之间的竞争，企业国际竞争力就是国际竞争力的核心。Prahalad 和 Hamel（1990）[⑤]认为企业真正的竞争力是企业内部存在的一种独特的、难以仿制的、有价值的核心技术和技能。中国社会科学院工业经济研究所原所长金碚（2002）[⑥]认为企业竞争力是最基本的竞争力问题，竞争力最直观地表现为一个企业能够比其他企业更有效地向消费者或者市场提供产品或者服务，并且能够获得自身发展的能力或者综合素质。而所谓“更有效地”，是指以更低的价格或者消费者更满意的质量持续地生产和销售；所谓“获得自身发展”，是指企业能够实现经济上长期增长的良性循环，具有良好的业绩，从而成为长久生存和不断壮大的强势企业。在竞争力的评估中，基本的竞争力显示性指标有两个：市场占有率和盈利率。

---

① Development Technology/Economy Programme, *Technology and the Economy: The Key Relationships*, Organisation for Economic Co-operation and Development, 1992.

② 迈克尔·波特：《国家竞争优势》，李明轩、邱美如译，华夏出版社 2002 年版。

③ Fagerberg Jan, “International competitiveness,” *The Economic Journal*, Vol.98, No.391, 1988.

④ Hickman Bert G., *International Productivity and Competitiveness*, Oxford University Press, 1992.

⑤ Prahalad C. K., Hamel G., “The core competence of the corporation,” *Harvard Business Review*, Vol.68, No.3, 1990.

⑥ 金碚：《经济学对竞争力的解释》，《经济管理》2002 年第 22 期。

从过程角度出发，竞争力可定义为创新能力。Winter（1984）[①] 认为，竞争力的不同是创新能力的不同，所有竞争优势的来源均可以用创新来解释，所有竞争力的差异均可以通过创新历史或现在的差异来说明。这一观点可以视为对熊彼特创新理论在竞争领域的发展。

从效率角度出发，竞争力可定义为生产率（生产力）。迈克尔·波特（1990）[②] 认为，国家的竞争力唯一有意义的概念就是国家的生产率。Krugman（1997）[③] 虽然不赞成竞争力的说法，但他也表示竞争力概念如果有意义的话，也只能是生产率的代名词（见表 6-7）。

表6-7　具有代表性的国际竞争力研究文献

提出者	定义	来源
世界经济论坛（2003）[④]	一国使人均国内生产总值实现持续高速增长的能力	《全球竞争力报告》
瑞士洛桑国际管理开发学院（1996）[⑤]	一国创造与保持一个能够使企业持续产出更多价值、人民拥有更多财富的环境的能力	《世界竞争力年鉴》
经济合作与发展组织（1992）[⑥]	一国能够在自由公正的市场条件下生产产品和服务，而这些产品和服务既能达到国际市场的检验标准，又能使该国人民的实际收入保持不变并有所提高的能力	*Technology and the Economy*: *The Key Relationships*
Fagerberg（1988）[⑦]	一个国家实现核心经济政策目标的能力，特别是收入和就业的增长，不遇到国际收支困难	*International competitiveness*

① Winter S. G.,"Schumpeterian competition in alternative technological regimes," *Journal of Economic Behavior & Organization*, Vol.5, No.3–4, 1984.

② 迈克尔·波特:《国家竞争优势》，李明轩、邱美如译，华夏出版社 2002 年版。

③ Krugman Paul, *Pop Internationalism*, MIT Press Books, 1997.

④ Cornelius Peter, et al., *The Global Competitiveness Report 2002–2003*, University Press, 2003.

⑤ Reid Christine D.,"World Competitiveness Yearbook 1996," *Reference Reviews*, 1997.

⑥ Development Technology/Economy Programme, *Technology and the Economy*: *The Key Relationships*, Organisation for Economic Co-operation and Development, 1992.

⑦ Fagerberg Jan,"International competitiveness," *The Economic Journal*, Vol.98, No.391, 1988.

续表

提出者	定义	来源
Hickman（1992）[①]	在全球经济中，以可接受的公平分配维持人口实际生活水平可接受的增长能力，同时有效地为基本上有能力和愿意工作的人提供就业机会，而且这样做不会降低后代生活水平的增长潜力	*International Productivity and Competitiveness*
Prahalad and Hamel（1990）[②]	企业内部存在的一种独特的、难以仿制的、有价值的核心技术和技能	*The core competence of the corporation*
金碚（2002）[③]	竞争力最直观地表现为一个企业能够比其他企业更有效地向消费者或者市场提供产品或者服务，并且能够获得自身发展的能力或者综合素质	《经济学对竞争力的解释》
Winter（1984）[④]	竞争力的不同是创新能力的不同，所有竞争优势的来源均可以用创新来解释，所有竞争力的差异均可以通过创新历史或现在的差异来说明	*Schumpeterian competition in alternative technological regimes*
迈克尔·波特（2002）[⑤]	国家的竞争力是社会、经济结构、价值观、文化、制度政策等多个因素综合作用下创造和维持的，致使国家的作用不断提升，最终形成一个综合性的国家竞争力； 国家的竞争力唯一有意义的概念就是国家的生产率	《国家竞争优势》
Krugman（1997）[⑥]	竞争力概念如果有意义的话，也只能是生产率的代名词	*Pop Internationalism*

资料来源：根据相关文献整理所得。

① Hickman Bert G., *International Productivity and Competitiveness*, Oxford University Press, 1992.

② Prahalad C. K., Hamel G., "The core competence of the corporation," *Harvard Business Review*, Vol.68, No.3, 1990.

③ 金碚：《经济学对竞争力的解释》，《经济管理》2002 年第 22 期。

④ Winter S. G., "Schumpeterian competition in alternative technological regimes," *Journal of Economic Behavior & Organization*, Vol.5, No.3–4, 1984.

⑤ 迈克尔·波特：《国家竞争优势》，李明轩、邱美如译，华夏出版社 2002 年版。

⑥ Krugman Paul, *Pop Internationalism*, MIT Press, 1997.

（三）有关产业国际竞争力研究文献

产业国际竞争力既不同于国家国际竞争力，也不同于企业国际竞争力，而是介于国家国际竞争力和企业国际竞争力之间的中观层次竞争力。

迈克尔·波特（2002）[①]指出国家的相对优势，常常是表现在一个细分的、很窄的产业上，甚至是一个特定的细分产品上。因此，必须把竞争力的分析重点放在特定的细分产业上，而不应当放在整个宏观经济上。他首先改变了传统产业的定义方法，把产业定义为生产直接相互竞争产品或服务的企业集合。这样定义产业就可以把企业、产业和国家结合起来分析，从而为全面、正确地分析产业国际竞争力提供一个分析框架。一国在某一产业的国际竞争力，就是一个国家能否创造一个良好的商业环境，使该国企业获得竞争优势的能力。

中国社会科学院工业经济研究所《我国工业品国际竞争力比较研究》[②]课题组认为，国际竞争力是“在国际间自由贸易条件下（或在排除了贸易壁垒因素的假设条件下），一国某特定产业的产品所具有的开拓市场、占据市场并以此获得利润的能力”，并指出：“就国际竞争而言，国际竞争力的核心就是比较生产力，国际竞争的实质就是比较生产力的竞争”，开展产业国际竞争力研究的客观观测资料就是相关国家特定产业的产品的国际市场占有率和盈利率（金碚，1996）[③]。

裴长洪和王镭（2002）[④]认为产业竞争力是指属地产业的比较优势和它的一般市场绝对竞争优势的总和。蔡昉等（2003）[⑤]以工业竞争力为例，将其定义为一个国家工业对于该国资源禀赋结构（表现为比较优势）和市场环境的反应和调整能力，而作为其微观基础的企业竞争力，则可以定义为企业保持自身技术和产品选择以及经营战略，与该国比较优势一致性的能力。根据这一定义，产业竞争力并非专属于某些工业化国家和地区，而是任何一个国家和地区，通过发挥自身比较优势都可以享有的。根据上述理解，产业国际竞争力的竞争主体是一国的某一产业，主要目标是开拓并占据市场，借此获得比较优势和竞

---

① 迈克尔·波特：《国家竞争优势》，李明轩、邱美如译，华夏出版社 2002 年版。

② 中国社会科学院工业经济研究所：《论工业品国际竞争力》，《中国工业经济》1996 年第 4 期。

③ 金碚：《产业国际竞争力研究》，《经济研究》1996 年第 11 期。

④ 裴长洪、王镭：《试论国际竞争力的理论概念与分析方法》，《中国工业经济》2002 年第 4 期。

⑤ 蔡昉等：《工业竞争力与比较优势——WTO 框架下提高我国工业竞争力的方向》，《管理世界》2003 年第 2 期。

争优势（见表 6–8）。

表 6-8　具有代表性的产业国际竞争力研究文献

提出者	定义	来源
Porter（1990）①	一国在某一产业的国际竞争力，就是一个国家能否创造一个良好的商业环境，使该国企业获得竞争优势的能力	《国家竞争优势》
中国社会科学研究院工业经济研究所（1996）②	一国某特定产业的产品所具有的开拓市场、占据市场并以此获得利润的能力	《论工业品国际竞争力》
裴长洪、王镭（2002）③	属地产业的比较优势和它的一般市场绝对竞争优势的总和	《试论国际竞争力的理论概念与分析方法》
蔡昉等（2003）④	一个国家工业对于该国资源禀赋结构（表现为比较优势）和市场环境的反应和调整能力，而作为其微观基础的企业竞争力，则可以定义为企业保持自身技术和产品选择以及经营战略，与该国比较优势一致性的能力	《工业竞争力与比较优势——WTO 框架下提高我国工业竞争力的方向》

资料来源：根据相关文献整理所得。

（四）贸易国际竞争力

贸易国际竞争力最早是用比较优势来解释，按照亚当·斯密（2014）⑤的绝对优势理论、李嘉图（2021）⑥的比较优势理论、赫克歇尔－俄林（Heckscher Ohlin）⑦的资源禀赋理论，一国或一个企业具有竞争优势，主要是因为其在生产率、生产要素方面有比较优势。按照克鲁格曼（Paul R. Krugman）⑧等人提出的新贸易理论，竞争力则是某种技术优势、规模

① 迈克尔·波特：《国家竞争优势》，李明轩、邱美如译，华夏出版社 2002 年版。

② 中国社会科学院工业经济研究所：《论工业品国际竞争力》，《中国工业经济》1996 年第 4 期。

③ 裴长洪、王镭：《试论国际竞争力的理论概念与分析方法》，《中国工业经济》2002 年第 4 期。

④ 蔡昉等：《工业竞争力与比较优势——WTO 框架下提高我国工业竞争力的方向》，《管理世界》2003 年第 2 期。

⑤ 亚当·斯密：《国民财富的性质和原因的研究》上册，商务印书馆 2014 年版。

⑥ 大卫·李嘉图：《政治经济学及赋税原理》，郭大力、王亚南译，商务印书馆 2021 年版。

⑦ 俄林：《地区间贸易和国际贸易》，首都经济贸易大学出版社 2001 年版。

⑧ Paul R. Krugman，“Scale economies，product differentiation，and the pattern of trade，” *The American Economic Review*，Vol.70，No.5，1980.

优势的体现。Markusen（1992）[①] 表示，在一个自由贸易的环境中，一个国家通过贸易使实际收入的增长速度高于其贸易伙伴，则说明其有竞争力。Scott（1985）[②] 认为国家竞争力作为“全球世界的口号”是指一个国家在国际贸易中创造、生产、分配和服务产品的能力，同时从其资源中获得不断上升的回报。

贸易国际竞争力有时通过出口贸易竞争力来表示，出口竞争力中的“出口”决定了出口竞争力是基于国际分工产生的一种竞争力优势，Lall（1998）[③] 提出，一国产品的出口竞争力包括该产品在研发、生产、销售、使用、售后等所有方面综合表现出来的，满足消费者需求并获取市场份额的能力。詹晓宁等（2002）[④] 用世界出口总量中的份额来表示一国贸易的国际竞争力；与此相似，茅锐和张斌（2013）[⑤] 直接以市场渗透率这一指标来度量出口竞争力。Buckley 等（1988）[⑥] 并不赞同用贸易业绩来描述竞争力，他认为将贸易业绩定义为竞争力是没有说服力的，因为出口可能意味着进入市场，而这种净出口有可能忽视了技术和投资的流量，忽视了将来的竞争力。Koopman 等（2012）[⑦] 则指出国家出口竞争优势已不单纯取决于出口规模，企业获取产品附加值的能力及其在全球价值链中的位置也发挥了重要作用。

与产业国际竞争力不同，贸易国际竞争力的主要表现形式以出口为主，重点对出口产品或服务的生产、销售、使用、售后等竞争力进行分析。学者们虽然将国家作为贸易国际竞争力的主体，但国家并不具有产品生产、销售等职能，据此可以推断贸易国际竞争力的最终主体还是企业。出口贸易竞争力还涉及生产、分配、流通、消费的全流程增加附加值的能

① Markusen James R., *Productivity*, *Competitiveness*, *Trade Performance*, *and Real Income*, Economic Council of Canada for Minister of Supply and Services Canada, 1992.

② Scott B.R., “Lodge G C. US competitiveness in the world economy,” *The International Executive*, Vol.27, No.1, 1985.

③ Lall S., “Exports of manufactures by developing countries: emerging patterns of trade and location,” *Oxford Review of Economic Policy*, Vol.14, No.2, 1998.

④ 詹晓宁、葛顺奇:《出口竞争力与跨国公司 FDI 的作用》,《世界经济》2002 年第 11 期。

⑤ 茅锐、张斌:《中国的出口竞争力：事实、原因与变化趋势》,《世界经济》2013 年第 12 期。

⑥ Buckley P. J., et al., “ Measures of international competitiveness: a critical survey,” *Journal of Marketing Management*, Vol.4, No.2, 1988.

⑦ Koopman R., et al., “Estimating domestic content in exports when processing trade is pervasive,” *Journal of Development Economics*, Vol.99, No.1, 2012.

力。因此我们可将贸易国际竞争力定义为：一国产业或企业在国际市场中进行生产、分配、流通、消费活动时能够获得附加值的能力（见表6-9）。

表6-9　　具有代表性的贸易国际竞争力定义文献

提出者	定义	来源
Markusen（1992）①	在一个自由贸易的环境中，一个国家通过贸易使实际收入的增长速度高于其贸易伙伴，则说明其有竞争力	*Productivity, Competitiveness, Trade Performance, and Real Income*
Scott（1985）②	一个国家在国际贸易中创造、生产、分配和服务产品的能力，同时从其资源中获得不断上升的回报	*US competitiveness in the world economy*
Lall（1998）③	一国产品的出口竞争力包括该产品在研发、生产、销售、使用、售后等所有方面综合表现出来的，满足消费者需求并获取市场份额的能力	*Exports of manufactures by developing countries: emerging patterns of trade and location*
詹晓宁、葛顺奇（2002）④	用世界出口总量中的份额来表示一国贸易的国际竞争力	《出口竞争力与跨国公司FDI的作用》
茅锐、张斌（2013）⑤	以市场渗透率这一指标来度量出口竞争力	《中国的出口竞争力：事实、原因与变化趋势》
Buckley（1988）⑥	并不赞同用贸易业绩来描述竞争力，将贸易业绩定义为竞争力是没有说服力的	*Measures of international competitiveness: A critical survey*
Koopman et al.（2012）⑦	国家出口竞争优势已不单纯取决于出口规模，企业获取产品附加值的能力及其在全球价值链中的位置也发挥了重要作用	*Estimating domestic content in exports when processing trade is pervasive*

资料来源：根据相关文献整理所得。

① Markusen James R., *Productivity, Competitiveness, Trade Performance, and Real Income*, Economic Council of Canada for Minister of Supply and Services Canada, 1992.

② Scott B. R., Lodge G, C. "US competitiveness in the world economy," *The International Executive*, Vol.27, No.1, 1985.

③ Lall S., "Exports of manufactures by developing countries: emerging patterns of trade and location," *Oxford Review of Economic Policy*, Vol.14, No.2, 1998.

④ 詹晓宁、葛顺奇:《出口竞争力与跨国公司FDI的作用》,《世界经济》2002年第11期。

⑤ 茅锐、张斌:《中国的出口竞争力：事实、原因与变化趋势》,《世界经济》2013年第12期。

⑥ Buckley P. J., et al., " Measures of international competitiveness: a critical survey," *Journal of marketing management*, Vol.4, No.2, 1988.

⑦ Koopman R., et al., "Estimating domestic content in exports when processing trade is pervasive," *Journal of Development Economics*, Vol.99, No.1, 2012.

（五）有关国际竞争力影响因素的研究文献

1. 产业国际竞争力的影响因素

美国教授 Porter（1990）[①] 对美国等 8 个发达国家和韩国、新加坡两个新兴工业国家的百余个产业发展历史，进行了深入细致的归纳和研究，分析了国家之间、企业之间实力较量和利益博弈的实质，揭示了比较优势与竞争优势的区别，总结出了影响产业竞争力的六大因素，构成著名的竞争力“钻石模型”。Dunning（1992）[②] 通过对全球经济发展的影响因素进行研究，认为应该把跨国经济作为第三个外生变量加入“钻石模型”，并以此构建了“国际化钻石模型”。Rugman and D’cruz（1993）[③] 通过对加拿大产业竞争力的研究，认为波特的“钻石模型”理论用于解释其产业竞争力非常有限，因此在波特的基础上提出了“双重钻石模型”。虽然该模型框架非常适合加拿大，但它并不适用于所有其他国家，例如韩国和新加坡。Moon 等（1998）[④] 将“双重钻石模型”改编为一个适用于分析所有小型经济体的广义双菱形框架，即“一般化的双重钻石模型”。Cartwright（1993）[⑤] 认为波特忽视了跨国经济在提升新西兰产业竞争力上的重要作用，他在保留“钻石模型”六大要素的基础上，通过添加五个海外变量因素，构建了“多因素钻石模型”。Cho（1994）[⑥] 则认为影响产业国际竞争力的因素有九个，提出了九要素模型，分为物理因素，包括企业环境、要素禀赋、需求状况及相关产业状况；人力因素，包括工人、企业家、政治家、职业经理与工程师；外部机遇。

产业结构变化能为竞争者创造一个进入新产业的绝好机会（夏清华，

---

① Porter Michael E., “New global strategies for competitive advantage,” *Planning Review*, Vol.18, No.3, 1990.

② Dunning John H., “The competitive advantage of countries and the activities of transnational corporations,” *Transnational Corporations*, Vol.1, No.1, 1992.

③ Rugman Alan M., D’cruz Joseph R., “The ‘double diamond’ model of international competitiveness: the Canadian experience,” *MIR: Management International Review*, Vol.33, No.2, 1993.

④ Moon H. Chang, et al., “A generalized double diamond approach to the global competitiveness of Korea and Singapore,” *International Business Review*, Vol.7, No.2, 1998.

⑤ Cartwright Wayne R., “Multiple linked ‘diamonds’ and the international competitiveness of export-dependent industries: the New Zealand experience,” *MIR: Management International Review*, Vol.33, No.2, 1993.

⑥ Cho Dong-Sung, “A dynamic approach to international competitiveness: the case of Korea,” *Asia Pacific Business Review*, Vol.1, No.1, 1994.

2002）[①]。蔡红艳和阎庆民（2004）[②]认为产业结构调整是增强工业竞争力、实现有效经济增长的重要形式。干春晖等（2011）[③]的研究结果则表明，产业结构变迁对经济增长的影响有明显的阶段性特征。产业结构合理化与经济增长之间的关系具有较强的稳定性，而产业结构高级化则表现出较大的不确定性。

2. 贸易国际竞争力的影响因素

贸易国际竞争力涉及劳动力、资本、技术等要素禀赋和要素配置，涉及贸易政策、汇率政策和制度型开放水平，还涉及世界经济格局和贸易格局变化等诸多影响因素，学界对于相应的影响机制和实证研究文献也较多。

技术创新和产品的技术含量高，不仅有利于增加生产结构的内部复杂程度，提高产品的出口竞争力，而且可以形成一种“倒逼机制”，推动国内出口企业在生产决策中增强科技投入以实现技术创新优势。Vernon（1966）[④]在产品周期理论研究中，把产品技术上的差距作为促进贸易的首要因素，认为新产品首先由创新国向其他国家出口，伴随技术成熟化和技术转移，使贸易格局发生了变化。Krugman（1979）[⑤]建立了一个以创新的北方和非创新的南方为出发点的动态均衡模型，认为技术创新和扩散所形成的技术差距是形成各国贸易优劣势的决定性因素。鲁晓东（2014）[⑥]从企业角度研究中国出口竞争力的变迁，发现企业的技术升级对中国出口产品技术含量提升的积极作用，总是倾向于发生在那些经济规模较大、经济发展水平较高的贸易伙伴国，而在与发展中国家的贸易中表现得并不充分。总的来看，学界对于技术进步与出口竞争力的关系基本达成一致意见，认为技术进步有利于促进出口和提升国际竞争力。

关于劳动力成本与贸易竞争力的关系，一些学者认为劳动力成本上

① 夏清华：《从资源到能力：竞争优势战略的一个理论综述》，《管理世界》2002年第4期。

② 蔡红艳、阎庆民：《产业结构调整与金融发展——来自中国的跨行业调查研究》，《管理世界》2004年第10期。

③ 干春晖、郑若谷、余典范：《中国产业结构变迁对经济增长和波动的影响》，《经济研究》2011年第5期。

④ Vernon Raymond，“International investment and international trade in the product cycle,” *The Quarterly Journal of Economics*，Vol.80，No.2，1966.

⑤ Krugman Paul，“A model of innovation，technology transfer，and the world distribution of income,” *Journal of Political Economy*，Vol.87，No.2，1979.

⑥ 鲁晓东：《技术升级与中国出口竞争力变迁：从微观向宏观的弥合》，《世界经济》2014年第8期。

涨导致出口产品成本上升，价格上涨，价格竞争优势消失，国际竞争水平下降（Li et al.,2012）[①]。另一些学者则持相反观点，认为劳动力成本上涨有助于提升劳动者素质，促使企业进行技术创新，从而形成员工、技术激励效应，促进产业竞争力提升（阳立高等,2018）[②]。蔡昉（2007）[③]认为，如果劳动力成本的上升是生产要素禀赋变化的自然结果，则不仅不会削弱竞争力，反而通过推动增长方式的转变，提高长期竞争力和增长的可持续性。贺聪等（2009）[④]根据国际劳工组织推荐的经购买力平价调整后的单位劳动力成本指标，比较了2000—2006年中国同主要贸易伙伴国和竞争对手的制造业竞争优势，发现无论经购买力平价调整后的还是未经调整的单位劳动力成本，中国相对于其他国家或地区都具有明显优势。

关于生产率与贸易竞争力的关系，学术界存在两种不同观点。一种观点是以梅利兹为代表形成的主流观点，认为生产率是出口竞争力的主要影响因素，生产率越高，竞争力水平越高。如Benard等（1995）[⑤]使用美国1976—1987年的微观企业数据分析了企业出口、就业和工资的关系，发现出口企业比非出口企业更有竞争力，生产率更高，盈利能力更强以及有更多的就业。任若恩（1998）[⑥]首次用购买力平价汇率对中国与美国及其他国家的制造业劳动生产率、单位劳动力成本进行国际比较，认为维持中国产品成本国际竞争力的唯一办法是提高劳动生产率。另一种观点则认为行业中普遍存在"生产率悖论"，生产率水平越低，出口竞争力反而越强。如李春顶（2010）[⑦]使用1998—2007年中国工业企业大样本数据，进一步细分行业、地区、企业所有制、加工贸易企业等探寻出口企业和内销企业的生产率差异，发现出口企业生产率均值整体上低于内销企业，并且企业出口和生产率关系显著为负。该文通过进一步

---

① Li Hongbin, et al., "The end of cheap Chinese labor," *Journal of Economic Perspectives*, Vol.26, No.4, 2012.

② 阳立高、龚世豪、王铂等:《人力资本、技术进步与制造业升级》,《中国软科学》2018年第1期。

③ 蔡昉:《劳动力成本提高条件下如何保持竞争力》,《开放导报》2007年第1期。

④ 贺聪、尤瑞章、莫万贵:《制造业劳动力成本国际比较研究》,《金融研究》2009年第7期。

⑤ Bernard Andrew B., et al., "Exporters, jobs, and wages in US manufacturing: 1976-1987," *Brookings Papers on Economic Activity. Microeconomics*, Vol.1995, 1995.

⑥ 任若恩:《关于中国制造业国际竞争力的进一步研究》,《经济研究》1998年第2期。

⑦ 李春顶:《中国出口企业是否存在"生产率悖论"：基于中国制造业企业数据的检验》,《世界经济》2010年第7期。

研究发现，加工贸易企业是产生“出口—生产率悖论”的原因，剔除加工贸易企业后则“悖论”消失。

大多数学者认为外商直接投资，可以通过提高东道国资本积累与产业集聚度、产生技术溢出效应、优化行业结构等增强一国贸易竞争力水平。江小涓（2002）[①] 描述、分析了外资经济对中国经济发展作出的重要贡献，认为外商直接投资的贡献体现在对 GDP 增长、技术进步和产业结构升级、扩大出口和提升出口商品结构、增强研究与发展能力等许多重要的方面。文东伟等（2009）[②] 分析了 FDI 对中国产业结构变迁和出口竞争力的影响，结果表明 FDI 大规模流入中国，不仅促进了中国的产业结构升级，而且还提高了中国出口占世界市场的份额，从而提升了中国的出口竞争力。特别是外资参与程度很高的行业，FDI 对该行业出口竞争力的促进作用非常明显。也有个别学者对此持反对看法，如宋延武等（2007）[③] 研究了外国直接投资与我国商品出口结构及竞争力的关系，结果表明外资在一定程度上促进了我国商品出口结构的优化，而在出口竞争力方面，除了机械和运输设备外，外资实质上削弱了我国绝大多数产品的出口竞争力。

货币汇率会影响进出口商品价格竞争优势。一国本币汇率升高将会提高本国产品出口的比较价格，当产品为依靠价格优势展开竞争的劳动密集型产品时，则价格上升将会导致其出口竞争力下降。王慧敏和任若恩（2003）[④] 介绍了一种比较国际竞争力的指标——以单位劳动成本为基础的实际有效汇率（ULC-based REER），但是没有对指标进行具体计算。马丹和许少强（2006）[⑤] 利用 ULC-based REER 指标对中国国际竞争力的历史变迁和冲击来源进行研究，认为 1980—1994 年中国国际竞争力的提升得益于人民币对美元的汇率贬值；1994—2002 年国际竞争力下降是中

① 江小涓：《中国的外资经济对增长、结构升级和竞争力的贡献》，《中国社会科学》2002 年第 6 期。

② 文东伟、冼国明、马静：《FDI、产业结构变迁与中国的出口竞争力》，《管理世界》2009 年第 4 期。

③ 宋延武、王虹、邓小英：《外国直接投资与我国出口结构和出口竞争力的关系研究——基于 SPSS 回归模型的实证分析与检验》，《国际贸易问题》2007 年第 5 期。

④ 王慧敏、任若恩：《对国际竞争力指标——以单位劳动成本为基础的实际有效汇率的研究》，《生产力研究》2003 年第 1 期。

⑤ 马丹、许少强：《中国国际竞争力的历史变迁与冲击来源——来自“制造业单位劳动成本指数测算的人民币实际有效汇率”的证据》，《国际金融研究》2006 年第 1 期。

国制造业相对单位劳动成本上升造成的。裴长洪（2009）[①]通过对中国贸易政策调整和出口结构变化进行分析，认为人民币汇率升高和出口退税水平的下降，削弱了中国出口商品的价格竞争力，除韩国、巴西、俄罗斯等国受到较小影响外，多数出口市场都受到不同程度的影响。

针对垂直专业化水平与贸易竞争力的关系，多数学者的研究认为垂直专业化对制造业的作用是积极的。Feenstra and Hanson（1999）[②]基于H-O模型建立一个国际生产分工模型，用于解释发达国家和发展中国家之间可以通过深化国际分工来推动制造业生产技术提高，从而带来制造业出口竞争力的提升。Grossman and Helpman（2002）[③]在运用一般均衡模型分析企业生产经营的内部化和外包的决策行为时发现，企业采取外包这种垂直专业化分工的经营模式，不但可以降低企业的经营管理成本，而且还可以获得专业化分工生产时的“干中学”效应所带来的利益。张小蒂和孙景蔚（2006）[④]认为中国产业国际竞争力的变化与垂直专业化分工密切相关，参与国际垂直专业化分工对我国工业（胡昭玲，2007）[⑤]、制造业的国际竞争力（张会清和唐海燕，2011）[⑥]均有提升作用。

关于环境规制对贸易竞争力的影响，可归纳为“不利论”“双赢论”。“不利论”认为环境规制增加了企业生产成本，降低了企业的利润及生产效率（Xepapadeas and Zeeuw, 1999）[⑦]。“双赢论”认为，从动态角度看，环境规制可能会导致环境水平提高与企业竞争力提升的“双赢”结果。Porter and Linde（1995）[⑧]较早提出这一观点，因而该观点又被称为“波特假说”。

---

① 裴长洪:《中国贸易政策调整与出口结构变化分析：2006—2008》,《经济研究》2009 年第 4 期。

② Feenstra Robert C., Hanson Gordon H., “The impact of outsourcing and high-technology capital on wages: estimates for the United States, 1979-1990,” *The Quarterly Journal of Economics*, Vol.114, No.3, 1999.

③ Grossman Gene M., Helpman Elhanan, “Integration versus outsourcing in industry equilibrium,” *The Quarterly Journal of Economics*, Vol.117, No.1, 2002.

④ 张小蒂、孙景蔚:《基于垂直专业化分工的中国产业国际竞争力分析》,《世界经济》2006 年第 5 期。

⑤ 胡昭玲:《国际垂直专业化对中国工业竞争力的影响分析》,《财经研究》2007 年第 4 期。

⑥ 张会清、唐海燕:《产品内国际分工与中国制造业技术升级》,《世界经济研究》2011 年第 6 期。

⑦ Xepapadeas Anastasios, Zeeuw Aart de, “Environmental policy and competitiveness: the Porter hypothesis and the composition of capital,” *Journal of Environmental Economics and Management*, Vol.37, No.2, 1999.

⑧ Porter M.E., Linde C.V.D., “Toward a new conception of the environment-competitiveness relationship,” *Journal of Economic Perspectives*, Vol.9, No.4, 1995.

Manova（2008）[①]将流动性约束纳入企业异质性理论模型之中，研究发现融资约束也是影响企业出口参与决策的重要因素，融资约束弱的企业，更容易克服沉没成本，参与出口；融资约束强的企业，难以克服沉没成本，无法参与出口。对此结果，文东伟和冼国明（2014）[②]得出了相同结论，两人利用2008年中国经济普查整合数据库中企业层面的数据，分析了企业异质性、融资约束以及其他企业特征对中国制造业企业出口行为的影响，发现企业的融资能力对其进入出口市场的影响十分显著，融资约束越弱的企业更可能出口，且出口更多。

（六）有关国际竞争力的评价方法研究文献

1. 产业国际竞争力的评价方法

国内外研究机构和学者采用了多种方法来评价产业国际竞争力。主要可以分为以下几类：多因素综合评价法、以进出口数据为依据的评价方法、其他评价方法。

由于影响竞争力的因素非常多，因此在进行国际竞争力评价时尽可能地将影响竞争力的各种因素都考虑进来，通过对竞争结果和影响因素的综合评价，对一个国家、产业或企业的竞争力状况作出全面的、综合的判断。这方面最有代表性的是IMD和WEF所进行的国家竞争力排名。

（1）IMD的评价方法

IMD提出了影响国际竞争力的八大要素：国内经济实力、国际化程度、政府影响、金融实力、基础设施建设、企业管理能力、科技实力、国民素质和人力资源。为了对国家竞争力的八大要素进行评价，IMD将各个要素又细分成若干子要素，2000年共形成47个子要素，并以此为基础进行竞争力评价。为了确定47个子要素的排名，在2000年评价中IMD设计了290个评价指标来定量确定。其中有180个指标为统计数据（其中139个指标参加排名，41个指标不参加排名，但作为参考），它们来自国际和地区组织、民间机构和国家研究所；有110个指标为软指标，来自经营者问卷调查。问卷调查分别在各个国家进行，答卷者只回答自己长期工作国家的状况。根据德尔菲法处理调查问卷，进行统计分析并得出结果（见表6–10）。

---

① Manova Kalina，“Credit constraints，equity market liberalizations and international trade，” *Journal of International Economics*，Vol.76，No.1，2008.

② 文东伟、冼国明：《企业异质性、融资约束与中国制造业企业的出口》，《金融研究》2014年第4期。

表6-10　　　　IMD的八要素竞争力评价体系

八大要素	国内经济实力	国际化程度	政府影响	金融实力	基础设施建设	企业管理能力	科技实力	国民素质和人力资源
子要素	增加值	贸易	政府债务	资本成本	交通基础	生产率	研发费用	人口特点
	投资	出口	政府支出	资本可得性	技术基础	劳动力成本	研发人数	劳动力特点
	储蓄	进口	税收政策	股票市场活力	科学基础	公司业绩	技术管理	就业率
	最终消费	汇率	政府效率	银行系统效率	能源基础	企业文化	科研环境	失业率
	产业业绩	投资组合	政府干预		环境		知识产权	教育结构
	生活成本	外商投资	法律和社会保险					生活质量
	适应能力	国家保护主义						态度、价值观
		开放程度						

资料来源：http：//www.imd.ch/wcy。

在进行指标加权计算时，IMD将硬指标的权重设为2/3，调查数据的权重设为1/3。各个国家竞争力排名方法是，首先给每个评价指标确立一个评价标准值，通常是排名国家中指标的最高值，然后以此为标尺来对其他国家进行排序（朱小娟，2004）①。

2001年起，IMD对评价体系做了较大调整，用4个要素替代了原先的8个要素（见表6-11）。对一国竞争力作出评价后，还会对国家国际竞争力的基本特征进行划分。国际竞争力类型主要包括扩张型与吸引型、全球型与区域型、存量型与增量型、和睦型与风险型。

① 朱小娟：《产业竞争力研究的理论、方法和应用》，博士学位论文，首都经济贸易大学，2004年。

表6-11　　IMD的四要素竞争力评价体系

四大要素	经济运行	企业效率	政府效率	基础设施和社会系统
子要素	就业	生产率	教育	科学基础设施
	价格	全球化	公共财政	技术基础设施
	国际投资	劳动力市场	专项财政	基本基础设施
	国际贸易	金融市场	企业和市场保障组织	健康与环境基础设施
	国内经济实力	企业管理实践	货币政策和整体组织	价值体系

资料来源：http：//www.imd.ch/wcy。

（2）WEF 的评价方法

WEF 通过对开放程度、政府、技术、金融、垄断、管理、法律制度和基础设施八类指标进行定量分析来作比较和评价。数据来自两部分：一是来自有关机构的统计数据，占 1/4；二是通过向参评国家（地区）发放问卷获得的调查数据，占 3/4。在进行竞争力指数评比时，对八大要素的权重划分依次为 1/6、1/6、1/9、1/6、1/18、1/6、1/18、1/9，合计为 1。

在各个要素项目内部，不同指标也有不同的权重。定量统计指标按照实际得到的数据排序，问卷调查指标按照 1~7 赋予权重，最低为 1，最高为 7。权重的确定一部分是基于统计分析和实证分析，另一部分是基于调查问卷。表 6–12 是 WEF 设计的关于管理方面的 23 项评价指标，主要取决于问卷回答者的答案（张金昌，2001）①。

表6-12　　WEF关于管理要素的评价指标

序号	评价内容
1	总体上看，管理质量是世界水平
2	全面质量管理被实实在在地应用
3	经营者能够吸引、培训和激励高级职员
4	职工培训被高度重视
5	向下属分权的愿望普遍高
6	报酬政策与业绩紧密挂钩
7	大多数公司有称职的财务职员
8	生产工艺一般采用世界最佳、最高效率的技术
9	国内企业的市场营销和世界最好企业可以一比高低
10	企业一般很重视顾客满意度
11	企业在国际市场的竞争优势来自产品和生产工艺的唯一性

① 张金昌：《国际竞争力评价的理论和方法研究》，博士学位论文，中国社会科学院大学，2001 年。

续表

序号	评价内容
12	出口企业不只是生产，还可以进行产品开发和国际营销
13	公司通过自己的新产品或新工艺得到先进技术
14	产品设计在当地进行
15	国际市场销售企业自己开发其品牌
16	国际市场上销售的企业利用自己的销售机构
17	出口企业主要向邻近国家销售
18	出口企业在国际市场销售其产品
19	最高管理岗位只给熟练的职业管理者
20	当地能够得到一流水平的管理教育
21	经营者一般会讲外语并有国际背景
22	经营者个人能使用计算机和信息技术
23	企业董事会在有效控制公司业绩和代表股东利益方面

资料来源:《国际竞争力评价的理论和方法研究》，博士学位论文，中国社会科学院大学，2001 年。

（3）波特的评价方法

迈克尔·波特（2002）[①] 阐明了两种关于竞争力的评价方法。一种是以理论性的主观指标作为核心，主要体现为“钻石模型”的应用。通过解析每个国家都有的环境因素——生产要素、需求条件、相关与辅助产业的状况、企业的战略、结构和竞争对手，以及政府行为和机遇两个外生变量，揭示出一国某一特定领域中影响生产率和生产率增长的各类因素。另一种是以显示性的客观指标为对象，属于应用进出口数据的评价方法。波特对进出口数据的使用主要体现为对 10 个国家各个产业的显示性比较优势指数（RCA 指数）的测定。此外，他对各国某产业出口占全球该产业总出口比重和占全国总出口比重进行了计算，并将前 50 名产业由高到低进行排序（陈立敏和谭力文，2004）[②]。

（4）标杆法

标杆法通过对研究对象及其竞争对手之间的比较研究，确定出同类对象中的最优秀者，将其作为标杆，找出研究对象与标杆之间的差距。主要评价方法以数据包络分析法（Data Envelopment Analysis，DEA）为代表。

① 迈克尔·波特:《国家竞争优势》，李明轩、邱如美译，华夏出版社 2002 年版。

② 陈立敏、谭力文:《评价中国制造业国际竞争力的实证方法研究——兼与波特指标及产业分类法比较》,《中国工业经济》2004 年第 5 期。

数据包络分析法是由美国著名运筹学家 Charnes 等（1978）[①]提出（见表 6-13）。该方法的基本思路是：把每一个被评价单位作为一个决策单元，再由众多决策单元构成被评价群体，通过对投入和产出比率的综合分析，以每个决策单元的各个投入和产出指标的权重为变量进行评价运算，确定"有效生产前沿面"，并根据各决策单元与有效生产前沿面的距离状况，确定各决策单元 DEA 是否有效（樊宏，2002[②]；赵昕等，2002[③]）。

表6-13　　数据包络分析法

代表学者	评价方法	测算方法	变量说明
樊宏（2002）[④]	数据包络分析法	$h_j=\frac{\sum_{r=1}^{s}u_r y_{rj}}{\sum_{i=1}^{m}v_i x_{ij}},j=1,2,\cdots,n$ $\begin{cases}\max\mu^T y_0=V_p\\ s.t.\omega^T x_j-\mu^T y_j\geqslant 0\\ \omega^T x_0=1\\ \omega\geqslant 0,\mu\geqslant 0\end{cases},j=1,2,\cdots,n$	$x_j=(x_{1j},x_{2j},\cdots,x_{mj})^T$ 和 $y_j=(y_{1j},y_{2j},\cdots,y_{sj})^T$，$j=1,2,\cdots,n$ 表示输入和输出，v_i 表示第 i 种输入要素的权重，u_r 表示第 r 种输出要素的权重。ω_0 表示最优解

资料来源：根据相关文献整理所得。

2. 以进出口数据为依据的评价方法

这类方法的理论依据主要是国际贸易理论。在国际贸易理论中，比较优势、竞争优势同产业国际竞争力密切相关，所以经常采用比较优势和竞争优势的评价指标和方法，作为产业国际竞争力的评价指标和方法的一部分。使用最多的评价指标包括以下几种。

（1）显示性比较优势指数

显示性比较优势指数（Revealed Comparative Advantage，RCA 指数）[⑤]主要用于衡量一个国家出口竞争力情况，指数计算过程是用一国某种产品占其国内出口总额比重与世界该种产品占世界出口总额比重的比值。

① Charnes Abraham, et al., "Measuring the efficiency of decision making units," *European Journal of Operational Research*, Vol.2, No.6, 1978.

②④ 樊宏：《基于 DEA 模型的我国证券公司评价方法及应用》，《数量经济技术经济研究》2002 年第 4 期。

③ 赵昕、薛俊波、殷克东：《基于 DEA 的商业银行竞争力分析》，《数量经济技术经济研究》2002 年第 9 期。

⑤ 董小麟、庞小霞：《我国旅游服务贸易竞争力的国际比较》，《国际贸易问题》2007 年第 2 期。

这一指标反映了一个国家某一产品的出口与世界平均出口水平比较来看的相对优势，它不受国家总量波动和世界总量波动的影响，较好地反映了该产品的相对优势，自 20 世纪 80 年代开始进行国际竞争力比较以来被广泛采用。

（2）可比净出口指数

可比净出口指数（Index of Normalized Trade Balance）[①] 通常是指一个国家某一产业或某种商品的净出口（出口减去进口），与该类商品贸易总额的比例，用来说明该产业或产品的国际竞争力，国内一些学者将其称为贸易竞争力指数，有的时候也称为贸易专业化指数。该指数涉及产品进口和出口，既可以客观反映产品贸易竞争力的综合水平情况，又可以作为判断该产品由引进到发展成熟再到向外出口等所处不同发展阶段的依据，在一定程度上弥补了显示性比较优势指数的不足。

（3）出口市场占有率

出口市场占有率指标（Export Market Share）[②]，也被称为国际市场占有率，该指标可以是一个国家出口总额与世界出口总额比，反映国家在世界出口市场的比重，也可以是一国特定产业或者产品的出口总额与世界特定产业或产品的出口总额比，反映该国该产业或产品的出口在世界市场上所占的比例。比例提高说明出口竞争力增强。出口市场占有率反映了一国某产业、产品国际竞争力或竞争地位的变化。

（4）等市场份额模型

等市场份额模型（Constant Market Share，CMS 模型）最初由 Tyszynski（1951）[③] 提出，经多次修改完善成为研究对外贸易增长源泉和出口产品国际竞争力趋势的重要模型之一。CMS 模型将研究某国的商品出口值及品种结构和市场结构（样本），与同期世界商品出口值及相关结构（总体）进行对比，把出口产品的增长分两级进行分解，第一级被分解为结构效果、竞争效果和二阶效果，第二级又进一步分解为增长效果、市场效果、商品效果、交互效果、整体竞争效果、具体竞争效果、纯二阶效果和动态结构残差。通过分析不同效果在出口商品增长额中所占的份额

---

① 万红先：《入世以来我国服务贸易国际竞争力变动分析》，《国际贸易问题》2005 年第 5 期。

② 董小麟、庞小霞：《我国旅游服务贸易竞争力的国际比较》，《国际贸易问题》2007 年第 2 期。

③ Tyszynski Henry，"World trade in manufactured commodities，1899—1950，" *The Manchester School*，Vol.19，No.3，1951.

可发现该国商品出口竞争力所作贡献大小，并可揭示该国商品出口增长的源泉和制约出口增长的因素所在（帅传敏等，2003）①。

国内学者利用进出口数据对我国制造业（黄先海，2006②；金碚等，2006③；文东伟和冼国明，2009④）、服务业（万红先，2005⑤；蔡茂森和谭荣，2005⑥；董小麟和庞小霞，2007⑦；余道先和刘海云，2008⑧）、农业（朱应皋和金丽馥,2006）⑨及农产品（屈小博和霍学喜,2007）⑩的国际竞争力分别进行了测度（见表6-14）。

表6-14　　以进出口数据为依据的评价方法梳理

代表学者	评价方法	测算方法	变量说明
董小麟和庞小霞（2007）⑪	显示性比较优势指数	$RCA=(X_{ij}/Y_i)/(X_{wj}Y_w)$	X_{ij} 表示 i 国 j 类产品出口额；Y_i 表示 i 国全部产品出口额；X_{wj} 表示世界 j 类产品出口额；Y_w 表示全世界产品出口额
万红先（2005）⑫	可比净出口指数	$NTB=(X_{it}-M_{it})/(X_{it}+M_{it})$	X_{it} 表示 i 国 t 产品出口额；M_{it} 表示 i 国 t 产品进口额
董小麟和庞小霞（2007）⑬	出口市场占有率	$MS=X_{ij}/X_{wj}$	X_{ij} 表示 i 国 j 产品的出口额；X_{wj} 表示世界 j 产品的出口总额

① 帅传敏、程国强、张金隆：《中国农产品国际竞争力的估计》，《管理世界》2003年第1期。

② 黄先海：《中国制造业贸易竞争力的测度与分析》，《国际贸易问题》2006年第5期。

③ 金碚、李钢、陈志：《加入WTO以来中国制造业国际竞争力的实证分析》，《中国工业经济》2006年第10期。

④ 文东伟、冼国明：《垂直专业化与中国制造业贸易竞争力》，《中国工业经济》2009年第6期。

⑤⑫ 万红先：《入世以来我国服务贸易国际竞争力变动分析》，《国际贸易问题》2005年第5期。

⑥ 蔡茂森、谭荣：《我国服务贸易竞争力分析》，《国际贸易问题》2005年第2期。

⑦⑪⑬ 董小麟、庞小霞：《我国旅游服务贸易竞争力的国际比较》，《国际贸易问题》2007年第2期。

⑧ 余道先、刘海云：《我国服务贸易结构与贸易竞争力的实证分析》，《国际贸易问题》2008年第10期。

⑨ 朱应皋、金丽馥：《中国农业国际竞争力实证研究》，《管理世界》2006年第6期。

⑩ 屈小博、霍学喜：《我国农产品出口结构与竞争力的实证分析》，《国际贸易问题》2007年第3期。

续表

代表学者	评价方法	测算方法	变量说明
帅传敏等（2003）[①]	等市场份额模型	$\Delta q=\sum_i\sum_j S_{ij}^0\Delta Q_{ij}+\sum_i\sum_j Q_{ij}^0\Delta S_{ij}+\sum_i\sum_j \Delta S_{ij}\Delta Q_{ij}$	Δq 表示一国某产品出口额增长量；S_{ij} 是一国向 j 地区出口 i 产品占世界向该地区出口该产品的份额；Q_{ij} 表示世界向 j 地区出口 i 产品的出口额；上标 0 表示期初指标；Δ 表示指标期初与期末的差

资料来源：根据相关文献整理所得。

3. 其他评价方法

（1）联合国工业发展组织的工业绩效指数

联合国工业发展组织（UNIDO）的各国工业竞争力指数（Competitive Industrial Performance Index，CIP 指数）是在牛津大学桑贾亚·拉奥（Sanjaya Lall）教授的主持下开发出来的一个工业竞争力指数，反映的是一国生产工业制成品的竞争能力。

2002 年联合国工业发展组织发布了《工业发展报告 2002/2003：通过创新和学习参与竞争》，第一次公布了世界各国工业竞争力指数排行榜。CIP 指数由四个衡量工业绩效的基础指标构成，分别是人均制造业增加值、人均制造品出口额、中高级技术产品在制造业增加值中所占的比重、中高级技术产品在制造品出口额中所占的比重。用上述 4 个指标来构造 CIP 指数，再选取五个基准因素（技能、外商直接投资、工业研发费用、使用专利支付的费用、工业基础设施）分别与 CIP 指数进行回归分析，最后将上述五个因素综合得到一个综合指数，用这个指数与 CIP 指数进行回归分析（朱小娟，2004）[②]。

（2）生产率法

生产率法是基于购买力平价（PPP）数据来计算各国产业产出的劳动生产率、全要素生产率、单位劳动成本等指标（生产率的代理指标），然后进行国际比较的一种竞争力评价方法。该方法具有两条分支，一条是荷兰格罗宁根大学的“产出和生产率国际比较”项目（ICOP）所提出的“生产法”，另一条是以 Jorgenson and Kuroda（1992）[③] 为代表提出的

① 帅传敏、程国强、张金隆：《中国农产品国际竞争力的估计》，《管理世界》2003 年第 1 期。

② 朱小娟：《产业竞争力研究的理论、方法和应用》，博士学位论文，首都经济贸易大学，2004 年。

③ Jorgenson Dale W.，Kuroda M.，“Productivity and international competitiveness in Japan and the United States，1960—1985，” *The Economic Studies Quarterly*，Vol.43，No.4，1992.

“支出法”。

国内学者中，任若恩（1998）[①] 自 1993 年起就与格罗宁根大学有关人员进行中国制造业各产业部门的国际比较研究，是较早采用“生产法”对产业国际竞争力进行评价的代表学者。自 2000 年后，生产率法的运用日益成熟，被广泛应用于国内产业国际竞争力评价。如张其仔（2003）[②] 利用静态和动态的生产率、利润率、资金周转次数、市场份额等构建了 2 级 8 类指标对我国制造业的产业竞争力进行测度。郑海涛和任若恩（2005）[③] 从相对价格水平、劳动生产率、单位劳动成本和国际价格等方面对中国制造业的国际竞争力进行研究。陈立敏等（2009）[④] 采用生产率、市场份额和利润率三个不同层次指标，测度中国制造业 30 个种类的国际竞争力。

（3）层次分析法

蔡宁和阮刚辉（2002）[⑤] 指出知识、信息与技术的获取、吸收与整合以及对资源的有效运营，是在当前经济社会环境下构成中小企业的核心竞争力的主要因素，由此运用层次分析法和模糊数学等工具来构建资源创新性组合能力的评价体系。林汉川和管鸿禧（2004）[⑥] 在研究我国中小企业竞争力评价指标体系与评价方法的基础上，基于江苏、浙江、广东、湖北、辽宁、云南六省 1512 家中小企业问卷调查数据库信息，运用层次分析法对我国东中西部中小企业的外部环境竞争力、短期生存实力、中期成长能力、长期发展潜力以及综合竞争力展开了评价与比较分析。紧接着林汉川和管鸿禧（2005）[⑦] 又结合不同行业中小企业竞争力特点，专门研究了中小企业行业竞争力评价比较的方法和指标体系，并基于七个省市中小企业问卷调查数据，采用层次分析法对不同行业中小企业竞争力进行了评价比较（见表 6–15）。

---

① 任若恩:《关于中国制造业国际竞争力的进一步研究》,《经济研究》1998 年第 2 期。

② 张其仔:《开放条件下我国制造业的国际竞争力》,《管理世界》2003 年第 8 期。

③ 郑海涛、任若恩:《多边比较下的中国制造业国际竞争力研究：1980—2004》,《经济研究》2005 年第 12 期。

④ 陈立敏、王璇、饶思源:《中美制造业国际竞争力比较：基于产业竞争力层次观点的实证分析》,《中国工业经济》2009 年第 6 期。

⑤ 蔡宁、阮刚辉:《中小企业的核心竞争力及其综合评价体系》,《数量经济技术经济研究》2002 年第 5 期。

⑥ 林汉川、管鸿禧:《我国东中西部中小企业竞争力实证比较研究》,《经济研究》2004 年第 12 期。

⑦ 林汉川、管鸿禧:《中国不同行业中小企业竞争力评价比较研究》,《中国社会科学》2005 年第 3 期。

表6-15 其他评价方法文献

代表学者	评价方法	测算方法	变量说明
朱小娟（2004）①	联合国工业发展组织的工业绩效指数	$CIP_\alpha=\left(\frac{w_1I_1^\alpha+w_2I_2^\alpha+w_3I_3^\alpha+w_4I_4^\alpha}{w_1+w_2+w_3+w_4}\right)^{\frac{1}{\alpha}}$	I_i 代表4个指标；w_n 代表赋予4个指标的权重；α是参数
任若恩（1998）②	生产率法	$PPP_j^{XU(X)}=\frac{\sum_{i=1}^{s}(Q_{ij}^X*P_{ij}^X)}{\sum_{i=1}^{s}(Q_{ij}^X*P_{ij}^U)}$ $PPP_j^{XU(U)}=\frac{\sum_{i=1}^{s}(Q_{ij}^U*P_{ij}^X)}{\sum_{i=1}^{s}(Q_{ij}^U*P_{ij}^U)}$ $PPP_K^{XU(U)}=\frac{\sum_{j=1}^{0}\left[GVA_j^{U(U)}/PPP_j^{XU(U)}\right]}{\sum_{j=1}^{0}GVA_j^{U(U)}}$ $PPP_K^{XU(X)}=\frac{\sum_{j=1}^{0}GVA_j^{X(X)}}{\sum_{j=1}^{0}\left[GVA_j^{X(X)}/PPP_j^{XU(X)}\right]}$	$PPP_j^{XU(X)}$ 是在样本产业部门中以中国产量加权的中国人民币对美国美元的购买力平价； $PPP_j^{XU(U)}$ 是在样本产业部门中以美国产量加权的中国人民币对美国美元的购买力平价； $GVA_j^{U(U)}$ 是以美元计算的美国样本产业部门 j 的总产值； $GVA_j^{X(X)}$ 是以人民币计算的中国样本产业部门 j 的总产值； K 是分支部门，$j=1,\cdots,0$ 属于分支部门 K 的样本产业部门
林汉川和管鸿禧（2004）③	层次分析法	第一步通过专家法构造1~9标度的两两比较矩阵； 第二步计算两两比较矩阵最大特征根对应的归一化后的权向量作为指标影响权重； 第三步计算各个层次评价要素和评价指标的组合权重； 第四步对指标权重进行单层和多层组合一致性检验	—

资料来源：根据相关文献整理所得。

① 朱小娟：《产业竞争力研究的理论、方法和应用》，博士学位论文，首都经济贸易大学，2004年。

② 任若恩：《关于中国制造业国际竞争力的进一步研究》，《经济研究》1998年第2期。

③ 林汉川、管鸿禧：《我国东中西部中小企业竞争力实证比较研究》，《经济研究》2004年第12期。

（七）有关贸易国际竞争力的评价方法研究文献

在贸易竞争力的衡量中，国内外学者大多是从进出口规模和全球价值链两个维度进行探讨，通过数理运算结果来反映一国或地区对外贸易过程当中在国际市场竞争力的大小。

1. 规模竞争力评价指标

常用的出口规模竞争力评价指标包括国际市场份额、显示性比较优势指数、显示性竞争优势指数、净出口显示性比较优势指数、贸易竞争力指数。

（1）国际市场份额

国际市场份额（International Market Share，IMS 指数）最早由 Lall（1998）[①] 提出，他认为出口竞争力可通过一国某产品出口额占国际市场总出口额的份额体现，且所占的份额越大，出口竞争力越强。因该指标计算简单，可直观简洁地反映一国某部门或产品出口的整体竞争力，因此在出口竞争力的比较研究中被广泛采用（殷凤和陈宪，2009）[②]；（陈虹和章国荣，2010[③]）。

（2）显示性比较优势指数

显示性比较优势指数（Revealed Comparative Advantage Index，RCA 指数）由 Balassa（1965）[④] 为衡量产业间的出口竞争力而构建，后被广泛用于测度某一产品国际竞争力的研究（Vollrath，1991[⑤]；Hausmann and Klinger，2007[⑥]）。该方法通过该国某部门或产品，占该国总出口的份额与世界贸易中其占总出口的份额之比来衡量竞争力水平，体现了一国某部门或产品的出口与世界平均出口水平间的比较优势。具体判断标准为：RCA 值接近 1 表示中性的相对比较利益，该国出口在世界贸易当中处于

① Lall，“Exports of manufactures by developing countries：emerging patterns of trade and location，” *Oxford Review of Economic Policy*，Vol.14，No.2，1998.

② 殷凤、陈宪：《国际服务贸易影响因素与我国服务贸易国际竞争力研究》，《国际贸易问题》2009 年第 2 期。

③ 陈虹、章国荣：《中国服务贸易国际竞争力的实证研究》，《管理世界》2010 年第 10 期。

④ Balassa Bela.，“Trade liberalisation and ‘revealed’ comparative advantage，” *The Manchester School*，Vol.33，No.2，1965.

⑤ Vollrath Thomas L.，“A theoretical evaluation of alternative trade intensity measures of revealed comparative advantage，” *Weltwirtschaftliches Archiv*，Vol.127，No.2，1991.

⑥ Hausmann Ricardo，Klinger Bailey，“The structure of the product space and the evolution of comparative advantage，” *CID Working Paper Series*，No.146，2007.

中等水平；RCA 值大于 1，表示该国产品在国际市场上有比较优势，具有一定的国际竞争力；RCA 值小于 1，则表示在国际市场上没有比较优势，国际竞争力相对较弱（傅京燕和李丽莎，2010）①。

（3）显示性竞争优势指数

一个产业内可能既有出口又有进口，而显示性比较优势指数只考虑一个产业或产品的出口所占的相对比例，并没有考虑该产业或产品进口的影响。当国与国之间存在产业之间的贸易或产业内部也存在进出口贸易的情况下，这种不考虑进口情况的比较优势计算公式，可能得出一个并不正确的结论（张金昌，2001）②。为了消除进口的影响，显示性竞争优势指数便被提出（Vollrath and Vo，1988）③，该指数计算过程是从出口的比较优势中减去该产业进口的比较优势，从而得到该国某产业或产品的真正竞争优势（陈立敏等，2009）④。

（4）净出口显示性比较优势指数

为了能够考察进口对出口竞争力的影响，Balassa and Noland（1989）⑤在 RCA 指数的基础上，又提出了净出口显示性比较优势指数（Net Export Revealed Comparative Advantage Index，NERCA 指数）。该指数剔除了产业内贸易或分工的影响，反映了进口和出口两个方面的影响，因此用该指数判断国际竞争力要比显示性比较优势指数更加理想。NERCA 指数大于 0 表示存在竞争优势，指数值小于 0 表示存在竞争劣势，指数值等于 0 表示贸易自我平衡。该指数值越高，国际竞争力越强；该指数值越低，国际竞争力越弱（殷凤，2010）⑥。

（5）贸易竞争力指数

RCA 指数虽然可以较为准确地测算产品出口的竞争力水平，但在反映产品进口情况时却是欠缺的。贸易竞争力指数（Trade Competitive

① 傅京燕、李丽莎：《环境规制、要素禀赋与产业国际竞争力的实证研究——基于中国制造业的面板数据》，《管理世界》2010 年第 10 期。

② 张金昌：《用出口数据评价国际竞争力的方法研究》，《经济管理》2001 年第 20 期。

③ Vollrath Thomas L., Vo De Huu, "Investigating the nature of world agricultural competitiveness," *Technical Bulletin*, No.1754, 1988.

④ 陈立敏、王璇、饶思源：《中美制造业国际竞争力比较：基于产业竞争力层次观点的实证分析》，《中国工业经济》2009 年第 6 期。

⑤ Balassa Bela, Noland Marcus, "'Revealed' comparative advantage in Japan and the United States," *Journal of International Economic Integration*, Vol.4, No.2, 1989.

⑥ 殷凤：《中国服务贸易比较优势测度及其稳定性分析》，《财贸经济》2010 年第 6 期。

Index，TC 指数）则能比较全面地涉及产品进口和出口，最初由 Grubel and Lloyd（1971）[①] 提出，是指一国某产品的进出口差额占进出口总额的比重。在国外大多数学者将其称为可比净出口指数（Normalized Trade Balance，NTB 指数）。作为分析国际竞争力的工具，一方面，TC 指数可以反映计算对象的比较优势及程度，数值越大，竞争力越强（Durand et al.，1992）[②]；另一方面，该指数还可用来反映产业所处的不同阶段（杨汝岱和朱诗娥，2008）[③]。TC 指数取值范围在（-1，1），判断标准为：当 $0.8 \leqslant TC \leqslant 1$，说明产品有很强的竞争力；当 $0.5 \leqslant TC < 0.8$，具有较强竞争力；当 $0 < TC < 0.5$，具有强竞争力；当 $TC=0$，竞争力水平一般；当 $-0.5 \leqslant TC < 0$，具有低竞争力；当 $-0.8 < TC < -0.5$，具有较低竞争力；当 $-1 \leqslant TC \leqslant -0.8$，具有很低的竞争力（见表 6-16）。

表6-16　　　　有关规模竞争力评价方法研究文献

代表学者	评价方法	测算方法	变量说明
殷凤和陈宪（2009）[④]	国际市场份额	$MS = X_{ij} / X_{wj}$	X_{ij} 表示 i 国家 j 产品的出口总额；X_{wj} 表示世界 j 产品的出口总额
傅京燕和李丽莎（2010）[⑤]	显示性比较优势指数	$RCA = \left(X_i / \sum_i X_i\right) / \left(X_{tw} / \sum_i X_{tw}\right)$	分子部分表示 t 年某行业 i 出口占总出口的比重；分母部分表示该行业世界出口占世界总出口的比重
陈立敏、王璇、饶思源（2009）[⑥]	显示性竞争优势指数	$CA = RCA - (I_j / I_t) / (W_{ij} / W_{it})$	I_j 表示一国 j 商品进口额；I_t 表示一国 t 商品进口总额；W_j 表示世界 j 商品进口额；W_{it} 表示世界 it 商品进口总额

① Grubel Herbert G., Lloyd Peter J., "The empirical measurement of intra-industry trade," *Economic Record*, Vol.47, No.120, 1971.

② Durand Martine, et al., "OECD's indicators of international trade and competitiveness," 1992.

③ 杨汝岱、朱诗娥：《中国对外贸易结构与竞争力研究：1978—2006》，《财贸经济》2008 年第 2 期。

④ 殷凤、陈宪：《国际服务贸易影响因素与我国服务贸易国际竞争力研究》，《国际贸易问题》2009 年第 2 期。

⑤ 傅京燕、李丽莎：《环境规制、要素禀赋与产业国际竞争力的实证研究——基于中国制造业的面板数据》，《管理世界》2010 年第 10 期。

⑥ 陈立敏、王璇、饶思源：《中美制造业国际竞争力比较：基于产业竞争力层次观点的实证分析》，《中国工业经济》2009 年第 6 期。

续表

代表学者	评价方法	测算方法	变量说明
殷凤（2010）①	净出口显示性比较优势指数	$NRCA = X_{ij} / X_i - M_{ij} / M_i$	X_{ij} 表示 i 国 j 产业出口额；X_i 表示 i 国出口总额；M_{ij} 表示 i 国 j 产业进口额；M_i 表示 i 国进口总额
杨汝岱和朱诗娥（2008）②	贸易竞争力指数	$TC = (X_{ij} - M_{ij}) / (X_{ij} + M_{ij})$	X_{ij} 表示 i 国 j 产品出口额；M_{ij} 表示 i 国 j 产品进口额

资料来源：根据相关文献整理所得。

2. 有关全球价值链评价指标研究文献

全球价值链的衡量可通过出口技术复杂度、垂直专业化指数、出口国内增加值率、出口产品质量、出口价格指数、全球价值链地位指数、上游度指数等多种指标进行测度。其中垂直专业化指数、全球价值链地位指数、上游度指数是目前学者运用最广泛的三大指标。

（1）出口技术复杂度

出口复杂度最早来源于 Michaely（1984）③ 提出的贸易专业化指标，该指标认为一国出口复杂度与该产品所有出口国的人均收入水平有关，因此，某出口品的贸易专业化指标等于出口该产品所有国家的人均收入的加权平均值，其权重为出口国出口该产品的总额占该产品的世界出口总额的权重。Hausmann 等（2007）④ 利用产品层面的出口贸易数据，基于比较优势理论和 RCA 指数，构建了产品出口技术复杂度指标和国家出口复杂度指标，以反映产品和国家的出口行业技术构成。一般来说，出口产品技术复杂度越高，所获得的附加值越高、经济发展越快、在全球价值链中的地位越高；反之，出口产品技术复杂度较低的国家，产品竞争力弱、所获附加值较低、经济发展缓慢，地位越低。此方法得到学界一致认可，被广泛应用于国际竞争力研究中（王永进等，2010⑤；邱斌等，

① 殷凤：《中国服务贸易比较优势测度及其稳定性分析》，《财贸经济》2010 年第 6 期。

② 杨汝岱、朱诗娥：《中国对外贸易结构与竞争力研究：1978—2006》，《财贸经济》2008 年第 2 期。

③ Michaely Michael，"Trade，income levels，and dependence，" *Amsterdam*：*North-Holland*，Vol.8，1984.

④ Hausmann Ricardo，et al.，"What you export matters，" *Journal of Economic Growth*，Vol.12，2007.

⑤ 王永进、盛丹、施炳展等：《基础设施如何提升了出口技术复杂度？》，《经济研究》2010 年第 7 期。

2012[①]；戴翔和金碚，2014[②]）。

（2）垂直专业化指数

早在20世纪60年代，Balassa（1967）[③]就指出，一类商品的连续生产过程被分割成一条垂直的贸易链，由每个国家根据其比较优势对生产过程中的各阶段分别将其附加值化，这也可以看作最初对垂直专业化的定义。随着国际分工的深化，全球价值链（Global Value Chain，GVC）成为宏微观贸易和产业研究的热点，基于投入产出数据的全球价值链核算研究是其中的基础性研究工作，而垂直专业化程度的测度是其中的一个重要内容。Hummels等（2001）[④]提出了系统测度垂直专业化的量化指标，即一国出口品中所包含的进口品，或者一国生产的出口品中，被其他国家作为中间投入用于出口的部分。一般来说，该指数越大，说明垂直专业化水平越高，出口品的复杂度越高，则产品比较优势越强（Lall et al.，2006）[⑤]。

（3）出口国内增加值率

同垂直专业化指数一样，出口国内增加值率也是基于贸易增加值分解理论得到的增加值指标。随着国际垂直专业化程度的加深，全球生产链不断加长，中间品贸易迅猛发展，仅以贸易进出口总值为基础进行的出口部门或产品质量测度，已无法准确反映当前以全球价值链为基础的现实情况。Johnson等（2012）[⑥]利用全球贸易分析项目（GTAP）数据，提出增加值出口（VAX）的概念与测度方法，对各国增加值贸易进行了实证分析。许和连等（2017）[⑦]测算了中国各制造行业的投入服务化程度，以及制造业企业的出口国内增加值率，实证检验了制造业投入服务

① 邱斌、叶龙凤、孙少勤：《参与全球生产网络对我国制造业价值链提升影响的实证研究——基于出口复杂度的分析》，《中国工业经济》2012年第1期。

② 戴翔、金碚：《产品内分工、制度质量与出口技术复杂度》，《经济研究》2014年第7期。

③ Balassa Bela，"Trade creation and trade diversion in the European Common Market，" *The Economic Journal*，Vol.77，No.305，1967.

④ Hummels David，et al.，"The nature and growth of vertical specialization in world trade，" *Journal of International Economics*，Vol.54，No.1，2001.

⑤ Lall Sanjaya，et al.，"The 'sophistication' of exports：a new trade measure，" *World Development*，Vol.34，No.2，2006.

⑥ Johnson Robert C.，Noguera Guillermo，"Accounting for intermediates：production sharing and trade in value added，" *Journal of International Economics*，Vol.86，No.2，2012.

⑦ 许和连、成丽红、孙天阳：《制造业投入服务化对企业出口国内增加值的提升效应——基于中国制造业微观企业的经验研究》，《中国工业经济》2017年第10期。

化对企业出口国内增加值的影响效应及作用机制。诸竹君等（2018）[①]以企业出口 DVAR 为主要指标刻画了进口中间品质量对微观主体的静态效应和动态影响。

（4）出口产品质量

出口产品质量是出口产品竞争力的重要组成因素，提升出口产品质量也是经济转型背景下，推动外向型经济提质升级的必选之路。学者们在研究中为更好地对产品质量进行量化，从而达到研究要求，提出了多种测量出口产品质量的方法，可归结为以下几类：一是单位价值量法（Hummels and Klenow，2005[②]；Manova and Zhang，2012[③]；施炳展，2013[④]）。该方法将产品或进口单价作为质量的代理变量，其逻辑是产品质量越高，单位价值也越高。二是以 Khandelwal 等（2013）[⑤]为代表的需求信息回归推断法，这是目前最为广泛使用的方法（KSW 方法），被大量相关研究所采用（王雅琦等，2015[⑥]；许家云等，2015[⑦]）。三是以 Feenstra 等（2014）[⑧]为代表的供给需求信息加总测算法。

（5）出口产品价格指数

Schott（2004）[⑨]最早运用出口产品价格指数对发达国家与发展中国家的全球价值链分工地位进行测度分析，认为出口产品价格的不同体现了国际分工地位的差异。因此，价格指数和出口价格变化可用来测度一国的全球价值链的分工地位。具体来说，出口产品价格指数表示一个国

---

① 诸竹君、黄先海、余骁：《进口中间品质量、自主创新与企业出口国内增加值率》，《中国工业经济》2018 年第 8 期。

② Hummels David，Klenow Peter J.，“The variety and quality of a nation's exports，” *American Economic Review*，Vol.95，No.3，2005.

③ Manova Kalina，Zhang Zhiwei，“Export prices across firms and destinations，” *The Quarterly Journal of Economics*，Vol.127，No.1，2012.

④ 施炳展：《中国企业出口产品质量异质性：测度与事实》，《经济学（季刊）》2014 年第 1 期。

⑤ Khandelwal Amit K.，et al.，“Trade liberalization and embedded institutional reform：evidence from Chinese exporters，” *American Economic Review*，Vol.103，No.6，2013.

⑥ 王雅琦、戴觅、徐建炜：《汇率、产品质量与出口价格》，《世界经济》2015 年第 5 期。

⑦ 许家云、佟家栋、毛其淋：《人民币汇率、产品质量与企业出口行为——中国制造业企业层面的实证研究》，《金融研究》2015 年第 3 期。

⑧ Feenstra Robert C.，et al.，“Exports and credit constraints under incomplete information：theory and evidence from China，” *Review of Economics and Statistics*，Vol.96，No.4，2014.

⑨ Schott Peter K.，“Across-product versus within-product specialization in international trade，” *The Quarterly Journal of Economics*，Vol.119，No.2，2004.

家在一定时段内所出口商品的平均价格变化。施炳展（2010）[①]认为在同一产品内部，出口产品价格低的国家处于国际分工低端，并通过比较中国与世界平均出口产品价格的差异，发现大部分出口产品处于价值链低端，并且分工地位随产品技术含量的增加而逐渐恶化，存在一定程度的“悲惨增长”，得出中国出口产品分工地位不仅低于发达国家，甚至低于印度，如何实现中国出口产品的高端攀升已成为重要课题。

（6）全球价值链地位指数

Koopman 等（2010）[②]基于增加值贸易理论和前向联系创立了一个总出口的数理分解模型，构建了全球价值链参与指数和位置指数，用以量化评估一国在全球价值链中的参与程度和分工地位。Koopman 等（2014）[③]进一步完善了出口分解模型，提出了一国总出口的分解法，将出口分解为具有不同经济含义的四部分：被国外吸收的增加值、返回国内的增加值、国外增加值、重复计算的中间贸易品部分，并进一步根据出口品价值最终去向将其细分为九个部分。但库普曼的方法只能分解一国总出口，不能反映不同出口品在进行各种增加值和重复计算分解时的异质性。王直等（2015）[④]扩展了库普曼的分解方法，提出对多个层面（包括国家 / 部门层面、国家汇总层面、双边 / 部门层面、双边汇总层面）的总贸易流量的分解法，建立了从官方贸易总值统计到贸易增加值统计（以增加值为标准的国民经济核算统计体系）的一套完整核算法则。

（7）上游度指数

Antràs 等（2012）[⑤]率先展开上游度指数研究，提出了上游度概念：某一行业到达最终使用的平均距离，即一国产品到达最终需求之前所经历的生产阶段数。对应地，上游度指数是用于度量产品与最终需求间距离（全球价值链长度）的指标。上游度指数用一国承担的中间品生产环

① 施炳展：《中国出口产品的国际分工地位研究——基于产品内分工的视角》，《世界经济研究》2010 年第 1 期。

② Koopman R., et al., “Give Credit Where Credit is Due: Tracing Value Added in Global Production Chains,” *National Bureau of Economic Research*, 2010.

③ Koopman R., Wang Z., Wei S. J., “Tracing value-added and double counting in gross exports,” *American Economic Review*, Vol.104, No.2, 2014.

④ 王直、魏尚进、祝坤福：《总贸易核算法：官方贸易统计与全球价值链的度量》，《中国社会科学》2015 年第 9 期。

⑤ Antràs P., et al., “Measuring the upstreamness of production and trade flows,” *American Economic Review*, Vol.102, No.3, 2012.

节与最终产品环节之间的"距离"以衡量该国在全球价值链中的地位。上游度指数越大，说明该行业距离最终需求越远，越趋于整个生产环节的上游，其全球价值链地位越低；上游度指数越小，说明这一行业到最终需求之间的距离越近，其在国际分工中的地位越高（见表 6-17）。

表6-17　　质量竞争力评价方法梳理

代表学者	评价方法	测算方法	变量说明
戴翔、金碚（2014）①	出口技术复杂度	$TSI_k=\sum_j \frac{x_{jk}/X_j}{\sum_j (x_{jk}/X_j)}Y_j$ $ES=\sum_k \frac{x_k}{X}TSI_k$	TSI_k 表示商品 k 的技术复杂度指数；x_{jk} 是国家 j 的商品 k 出口额，X_j 是国家 j 的出口总额，Y_j 为该国家 j 的人均收入水平；ES 为一国出口技术复杂度指数
张小蒂、孙景蔚（2006）②	垂直专业化指数	$VSS=VS/X_kVS=$ $uA^M\left[I-A^D\right]^{-1}X$	VSS 代表一国的垂直专业化贸易额；VS 代表一国的垂直专业化贸易额；X_k 代表一国的总出口额；u 为（$1\times n$）维的元素为 1 的向量；A^M 为（$n\times n$）维的进口中间品系数矩阵；A^D 是（$n\times n$）维的国内直接消耗系数矩阵；X 表示（$n\times 1$）维的各产业的出口向量
许和连等（2017）③	出口国内增加值率	$DVAR=1-$ $\alpha_m\frac{c_{it}}{p_{it}}\frac{1}{1+(p_t^I/p_t^D)^{\sigma-1}}$	i 和 t 分别为企业和年份；α_m 为中间投入的产出弹性；c_{it} 为最终品的边际成本；p_{it} 为最终价格；p_t^D 为国内中间品的平均价格；p_t^I 为进口中间品的平均价格；σ 为国内中间品与进口中间品的替代弹性，$\sigma>1$
施炳展（2013）④	出口产品质量（单位价值量法）	$TQ=\frac{V_{imt}}{\sum_{imt\in\Omega}V_{imt}}\times r-$ $quality_{imt}$	TQ 表示对应样本集合 Ω 的整体质量；Ω 代表某一层面的样本集合；V_{imt} 代表样本的价值量

① 戴翔、金碚：《产品内分工，制度质量与出口技术复杂度》，《经济研究》2014 年第 7 期。

② 张小蒂、孙景蔚：《基于垂直专业化分工的中国产业国际竞争力分析》，博士学位论文，浙江大学，2006 年。

③ 许和连、成丽红、孙天阳：《制造业投入服务化对企业出口国内增加值的提升效应——基于中国制造业微观企业的经验研究》，《中国工业经济》2017 年第 10 期。

④ 施炳展：《中国企业出口产品质量异质性：测度与事实》，《经济学（季刊）》2013 年第 4 期。

续表

代表学者	评价方法	测算方法	变量说明
王雅琦等（2015）①	出口产品质量（需求信息回归推断法）	$\ln(x_{ijkt})=\sigma\ln(p_{ijkt})+\phi_k+\phi_{jt}+\varepsilon_{ijkt}$	i为企业；k为商品；j为出口目的地；x_{ijkt}为企业i对于出口目的地j商品k的出口数量；p_{ijkt}代表的是企业i对于出口目的地j商品k的出口单价。ϕ_k代表商品的固定效应；ϕ_{jt}代表国家—时间层面的固定效应；ε_{ijkt}为残差
施炳展（2010）②	出口价格指数	$rP_{ci}=(P_{ci}-\overline{P_{wi}})/\overline{P_{wi}}$	rP_{ci}为c国出口产品与世界平均价格的差别程度；c，i分别为国家和产品；P_{wi}为世界出口i产品的价格；P_{ci}为c国出口i产品的价格
Koopman et al.（2010）③	全球价值链地位指数	$GVCPosition_{ir}=\ln\left(1+\frac{IV_{ir}}{E_{ir}}\right)-\ln\left(1+\frac{FV_{ir}}{E_{ir}}\right)$	i和r分别为产业和国家；$GVCPosition_{ir}$为r国i产业的GVC分工地位；IV_{ir}、FV_{ir}和EV_{ir}分别为r国i产业的间接附加值出口、出口中包含的国外价值增值和总出口额；$\frac{IV_{ir}}{E_{ir}}$和$\frac{FV_{ir}}{E_{ir}}$分别为GVC前向参与率指数和GVC后向参与率指数
Antràs et al.（2012）④	上游度指数	$D_{im}=1+\sum_{jn}g_{imjn}\cdot D_{jn}$	D_{im}和D_{jn}分别为m国i产品和n国j产品的上游度指数；g_{imjn}为m国i产品作为中间投入品销售到n国j部门的价值在i产品产出价值中的占比

资料来源：根据相关文献整理所得。

① 王雅琦、戴觅、徐建炜：《汇率，产品质量与出口价格》，《世界经济》2015年第5期。

② 施炳展：《中国出口产品的国际分工地位研究——基于产品内分工的视角》，《世界经济研究》2010年第1期。

③ Koopman R., et al., "Give credit where credit is due: tracing value added in global production chains," *National Bureau of Economic Research*, 2010.

④ Antràs P., et al., "Measuring the upstreamness of production and trade flows," *American Economic Review*, Vol.102, No.3, 2012.

六、有关产业国际竞争力与贸易国际竞争力的互动研究文献

（一）有关互动和互动机制研究文献

早在西汉时期（公元前 81 年），“互动”一词就已在我国出现。《答苏武书》中，李陵对“互动”描述为：夜不能寐，侧耳远听，胡笳互动，牧马悲鸣。此处的互动意指互相应和，此起彼伏。《现代汉语词典》认为，互动是一个动词，表示互相作用、互相影响①。《中国大百科全书》认为互动有几层含义：从社会学角度来说，互动指个体或群体之间用来修正其行为和反应的一种动态的、不断变化顺序的社会活动。可分为偶然互动、重复性互动、定期互动和规范性互动，是维护社会关系的基础。从心理学角度来说，互动指两个或两个以上个体相遇时彼此给予刺激与反应而实现信号交换的现象。在传播学中，互动行为可分为人人互动、人机互动、设备间互动等，将互动从人与人之间的行为拓展为信息与信息、意义与意义之间互相影响的行为与过程。也有学者指出，互动的行为本身就是一种信息与意义交流的过程，因而认为互动与传播中的双向传播（交流、沟通、交往等）属于同一概念。

百度百科从三个层面解释互动：作为心理学名词时，互动是指各个功能系统的功能和心理活动的产生机制，即各个因素相互作用产生心理活动。作为物理学名词时，互动表示以解释物体或系统之间的作用和影响，来说明能量守恒定律。作为社会学名词时，互动是指一种相互使彼此发生作用或变化的过程。

机制一词最早源于希腊文，原指机器的构造和工作原理。当这一概念延伸至社会学领域时，是指在正视事物各个部分的存在前提下，协调各个部分之间关系以更好地发挥作用的具体运行方式。

结合上述定义，我们发现互动具有以下特点：第一，互动至少是发生在两个主体之间，并且主体之间具有相同或者相似的价值理念；第二，主体之间具有相互依赖的可能性和必要性。很明显，《现代汉语词典》与百度百科从社会学角度对“互动”的定义更符合本研究，即互动是两个及以上的主体之间相互作用、相互影响的过程。互动机制则可以定义为：多个主体各部分之间相互作用、相互影响以便更好地发挥作用的一种运行方式。

（二）产业国际竞争力与贸易国际竞争力的互动关系研究文献

通过对现有文献进行梳理，我们发现关于产业国际竞争力与贸易国

---

① 中国社会科学院语言研究所词典编辑室：《现代汉语词典（第五版）》，商务印书馆 2002 年版。

际竞争力的互动研究鲜有所见，两者的互动更多地散见于产业升级、产业聚集与全球价值链关系的研究之中。

1. 产业升级与全球价值链的互动研究

在全球价值链框架中，产业升级也表现为全球价值链的升级。在全球价值链的框架中，有 4 种类型的升级（Humphrey and Schmitz，2002）[①]：一是工序升级，通过生产体系进行重组或引进更好的技术，从而提高投入—产出转化效率；二是产品升级，升级为更先进的生产线；三是功能升级，通过获取新的功能（或放弃现有功能）来提高生产活动的总体技术含量；四是链条升级或产业间升级，企业进入新的但通常与原行业相关的行业。普遍认为，产业升级一般都依循从工艺流程升级到产品升级再到产业功能升级最后到链条升级，这一升级规律基本上可以通过东亚众多国家工业化进程来加以佐证（张辉，2004）[②]。

Fernandez-Stark 等（2011）[③] 进一步提出了升级的其他类型：首先是融入价值链，即企业首次参与本国、区域或全球价值链。其次是后向关联升级，即某产业中的本地企业（本国或外国）开始向其他公司，通常是跨国公司供应可贸易的零部件和服务。这些公司位于该国且已经是某全球产业链的一部分。最后是终端市场升级，包括进入新的、标准更严的、更加精细化的市场，或进入要求更大规模产量和价格可及的更大型市场。

盛斌和陈帅（2015）[④] 认为传统模式的产业升级主要表现为一国在不同时期，在不同产业和部门之间的升级更替，而全球价值链下的产业升级则主要表现为在产业和部门内部的工艺、产品、功能或价值链等不同技术复杂度或附加值程度的升级和扩展。从企业层面说，价值链升级能使企业进一步提高生产率和产品质量，确立自身品牌效应，提升其在国际市场中的竞争力，以及避免因过度依赖领先企业而被锁定在低附加值环节。从国家层面说，价值链升级能够使国家进一步构建国内生产能力，

---

① Humphrey J.，Schmitz H.，“How does insertion in global value chains affect upgrading in industrial clusters，” *Regional Studies*，Vol.36，No.9，2002.

② 张辉：《全球价值链理论与我国产业发展研究》，《中国工业经济》2004 年第 5 期。

③ Fernandez-Stark K.，et al.，“The offshore services value chain：upgrading trajectories in developing countries，” *International Journal of Technological Learning*，*Innovation and Development*，Vol.4，No.1-3，2011.

④ 盛斌、陈帅：《全球价值链如何改变了贸易政策：对产业升级的影响和启示》，《国际经济评论》2015 年第 1 期。

增加本国附加值出口，以及提升国家竞争力。

刘仕国等（2015）[①]认为企业通过参与全球价值链活动，可以向领先企业学习国际前沿的理念、研发、设计、技术、品牌、营销等，有助于追赶国家和跟随企业积累知识资本。此外，追赶国家和跟随企业融入全球价值链，可以便捷高效地跟随领先企业确定的战略方向，沿袭其路径，“借用”其技术，学习其经验，建立自己的生产能力和产业基础，促进产业升级。例如，从全球的角度来看，中国产业的快速发展特别是工业化技术进步，总体上是西方工业技术的转移和扩散过程，而其中的关键则在于中国采取了主动接受和积极融合的立场，主要措施就是大量引进FDI和承接发达国家跨国公司的“订单”，在融入全球要素分工中实现了产业发展的“跟随模仿”（金京等，2013）[②]。

苏杭等（2017）[③]从投入—产出的分析视角出发，结合WIOD数据库和中国工业企业数据库，分别从产业层面和企业层面考察了要素投入在制造业产业升级中的作用。研究发现，产业结构升级依赖于要素结构升级，在全球价值链分工背景下，发展中国家的制造业实现产业升级，其实质就是升级要素禀赋，改变比较优势。

2. 产业聚集与全球价值链的互动研究

伴随着经济全球化进程的加快，产业活动的分离和整合似乎日益在更大的空间尺度上上演，集群的发展出现新的特征。地方产业集群作为区域经济发展的一种载体，正快速以不同方式嵌入全球产业价值链（文婷和曾刚，2004）[④]。全球价值链中各个价值环节在形式上虽然可以看作一个连续的过程，不过在全球化过程中这一完整连续的价值链条实际上是被一段段分开的（片段化），但是分离出去的各个价值片段一般都具有高度的地理集聚特征（Arndt and Kierzkowski，2001）[⑤]。

---

① 刘仕国、吴海英、马涛等:《利用全球价值链促进产业升级》,《国际经济评论》2015年第1期。

② 金京、戴翔、张二震:《全球要素分工背景下的中国产业转型升级》,《中国工业经济》2013年第11期。

③ 苏杭、郑磊、牟逸飞:《要素禀赋与中国制造业产业升级——基于WIOD和中国工业企业数据库的分析》,《管理世界》2017年第4期。

④ 文婷、曾刚:《嵌入全球价值链的地方产业集群发展——地方建筑陶瓷产业集群研究》,《中国工业经济》2004年第6期。

⑤ Arndt S. W., Kierzkowski H., “Fragmentation: New Production Patterns in The World Economy,” *OUP Oxford*, 2001.

张辉（2005）[①]认为，全球价值链下各个地方产业集群无论在全球还是在区域内都有着严格的等级体系，而该等级体系最终又基本是由各个地方产业集群所占据价值环节的附加值高低来决定的。从各个价值环节的等级体系来看，任何一个地方产业集群的发展战略只有一个选择，即不断朝着全球价值链的高附加值环节攀升，而这种攀升的结果就是需要自愿或被动地将不适合已经改变的地方发展环境原有的价值环节，从地方产业集群中分离出去。这一方面是地方产业集群沿着全球价值链不断升级发展的一种表现；另一方面也是随着时间推移，不同等级价值环节的空间分化和再构的过程（吕文栋和张辉，2005）[②]。

当同一产品的生产过程在全球范围内不断扩散的同时，其特定的环节在区位选择上的集聚行为也成为目前全球化时代的重要特征。通过产业聚集在当地形成完整的产业链供应链体系，本土企业可以提高生产率，增加自己在全球价值链中的竞争力（张少军和刘志彪，2009）[③]。

Dicken 等（2001）[④]表示，只注重内部联系的集群注定要走向衰败，产业集群已经不能在封闭和孤立中发展，必须积极加强外部联系，通过全球价值链与全球产业网络有效整合，不断获取价值，并通过“升级”求得发展。Bazan and Navas-Alemán（2004）[⑤]用系统和比较的方法实证分析了巴西 Sinos Valley 鞋产业集群，认为集群升级前景依全球价值链的治理模式不同而有所区别。

黎继子等（2005）[⑥]认为地方产业集群的发展不仅需要全球价值链嵌入和耦合的推动，同时集群的供应链式整合（地方产业集群在同一地域形成完整或近乎完整的价值链）也是地方产业集群升级的关键，这样才能保证地方产业集群在与全球价值链耦合时获取价值链中高附加值、核心战略环节的竞争优势。

---

① 张辉:《全球价值链下地方产业集群升级模式研究》,《中国工业经济》2005 年第 9 期。

② 吕文栋、张辉:《全球价值链下的地方产业集群战略研究》,《中国软科学》2005 年第 2 期。

③ 张少军、刘志彪:《全球价值链模式的产业转移——动力、影响与对中国产业升级和区域协调发展的启示》,《中国工业经济》2009 年第 11 期。

④ Dicken P., et al., “Chains and networks, territories and scales: towards a relational framework for analysing the global economy,” *Global networks*, Vol.1, No.2, 2001.

⑤ Bazan, L., Lizbeth Navas-Alemán, “The Underground Revolution in The Sinos Valley: Acomparison of Upgrading in Global and National Value Chains,” *Chapters*, 2004.

⑥ 黎继子等:《全球价值链与中国地方产业集群的供应链式整合——以苏浙粤纺织服装产业集群为例》,《中国工业经济》2005 年第 2 期。

苏丹妮等（2020）[①]将国际生产体系下的全球价值链和国内生产体系下的本地化产业集群置于统一的分析框架，阐述了全球价值链、产业集聚与企业生产率的互动机制，认为分工地位越高的企业生产率亦越高，通过战略隔绝弱化了本地化聚集经济对企业生产率的正向溢出。GVC上游环节参与度越高的企业与本地产业集群的空间关联度越弱，而GVC下游环节参与度越高的企业与本地产业集群的空间关联度越强。

本研究发现，产业国际竞争力和贸易国际竞争力具有很强的交互性，这种交互性为二者的互动提供了可能性和必要性。产业国际竞争力的理论起源可追溯到绝对优势、比较优势等贸易国际竞争力理论。最显著的特点就是产业分工由最初的一国（地区）、单个产业生产演变成为跨国（地区）、跨产业的国际生产分工网络。贸易国际竞争力理论自绝对优势理论起始，发展成为全球价值链理论，是随着社会经济发展趋势不断发展完善的。在全球化生产方式下，单纯地应用贸易国际竞争力理论或产业国际竞争力理论，已经无法准确解释产业以及贸易发展面临的新问题，需要对产业结构和贸易结构互动变化进行深入分析。

第二节　制造业与制造业贸易发展互动变化分析

一、世界制造业大国与制造业贸易大国互动发展趋势明显

世界制造业大国与制造业贸易大国出现协同发展趋势，2019年，全球制造业增加值规模排名前20位的国家是中国、美国、日本、德国、印度、韩国、意大利、法国、英国、印度尼西亚、墨西哥、俄罗斯、巴西、加拿大、西班牙、泰国、土耳其、瑞士、爱尔兰、沙特阿拉伯。2019年全球制造业出口贸易大国规模排名前20位的国家和地区是中国大陆、美国、德国、荷兰、日本、中国香港、韩国、意大利、法国、比利时、墨西哥、英国、加拿大、新加坡、中国台湾、俄罗斯、瑞士、西班牙、阿联酋、越南。其中中国、美国、德国、日本、意大利、法国、英国、韩国、墨西哥、俄罗斯、加拿大、瑞士、西班牙等13个国家既是世界制造业大国又是世界制造业出口贸易大国，表明世界制造业大国和地区与制造业出口贸易大国和地区具有互动发展关系（见表6–18、图6–1、图6–2）。

---

① 苏丹妮等：《全球价值链、本地化产业集聚与企业生产率的互动效应》，《经济研究》2020年第3期。

表6-18 世界制造业大国与制造业出口贸易大国与地区互动发展（单位：百万美元）

国家/地区	2019年制造业增加值	2018年制造业增加值	国家/地区	2018年货物出口额	2019年货物出口额	2020年货物出口额
中国大陆	4004198	3957608	中国大陆	2486695	2499457	2591121
美国	2395192	2361896	美国	1663982	1643161	1431638
日本	1045037	1027967	德国	1560539	1489412	1380000
德国	737937	795960	荷兰	726697	708596	674475
印度	430269	404511	日本	738143	705564	641376
韩国	416942	459449	中国香港	568456	534887	548773
意大利	297990	313920	韩国	604860	542233	512498
法国	266861	276020	意大利	549526	537718	496108
英国	245531	256343	法国	582222	570951	488345
印度尼西亚	220504	207028	比利时	468650	446944	419340
墨西哥	218775	212349	墨西哥	450713	460704	417670
俄罗斯	205931	203988	英国	486439	469684	403319
巴西	174428	184445	加拿大	450743	446585	390668
加拿大	171815	170353	新加坡	412955	390763	362534
西班牙	155494	158329	中国台湾	335909	330622	347193
泰国	146860	135928	俄罗斯	443914	419850	331748
土耳其	139179	148195	瑞士	310749	313934	319232
瑞士	133319	132964	西班牙	346754	334018	306995
爱尔兰	125551	126936	阿联酋	387910	389373	306407
沙特阿拉伯	99438	100748	越南	243699	264268	282655

资料来源：根据联合国产业数据库制作。

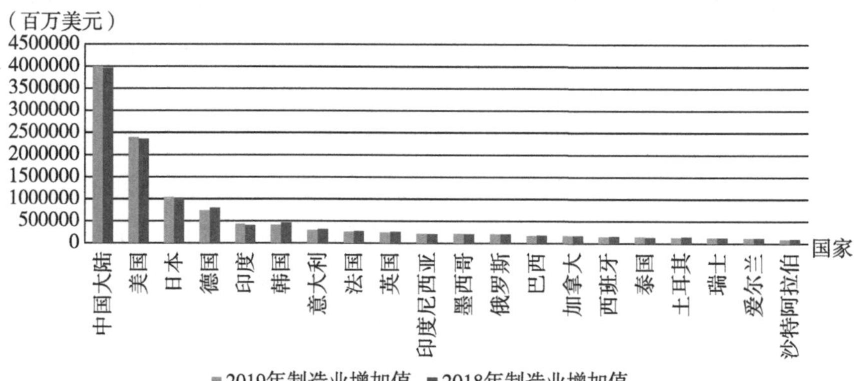

图6-1 2018—2019年全球制造业增加值前20位国家

资料来源：根据联合国产业数据库制作。

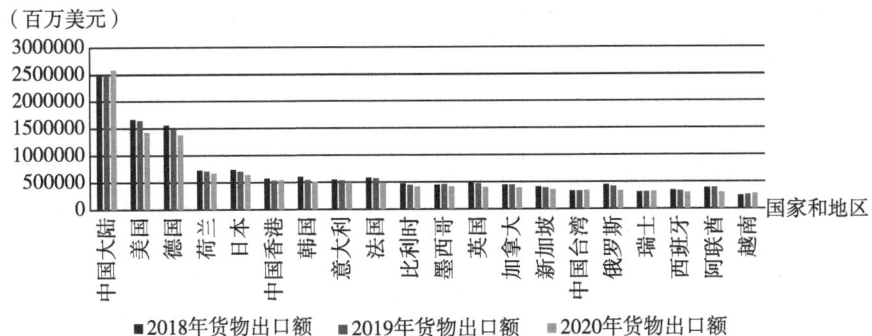

图6-2 2018—2020年全球货物出口贸易额前20位国家和地区

资料来源：根据联合国贸易和发展会议数据库制作。

二、主要国家制造业增加值和制造业出口贸易额占世界比例互动变化

（一）主要国家制造业增加值占世界制造业增加值比例变化

1990—2019年，全球制造业大国格局发生明显变化，主要国家制造业增加值占世界制造业增加值比例发生明显变化。美国制造业增加值从1990年22%下降到2019年17%，2005年前，美国制造业增加值占世界制造业增加值比例一直居全球第一位，2000年美国制造业增加值占世界制造业增加值比例曾经达到24%，2005年以来，美国制造业增加值占世界制造业增加值比例出现持续下降趋势。日本制造业增加值占世界制造业增加值比例从1990年13%下降到2019年7%，同期，德国制造业增加值占世界制造业增加值比例从9%下降到5%，意大利制造业增加值占世界制造业增加值比例从5%下降到2%，英国制造业增加值占世界制造业增加值比例从5%下降到2%，俄罗斯制造业增加值占世界制造业增加值比例从4%下降到1%，法国制造业增加值占世界制造业增加值比例从3%下降到2%。中国制造业增加值占世界制造业增加值比例持续提升，从1990年4%增长到2019年29%，2010年，中国制造业增加值占世界制造业增加值的比例超过美国，成为制造业增加值世界第一大国。2019年，制造业增加值占世界制造业增加值的比例居世界前10位国家是中国、美国、日本、德国、印度、韩国、意大利、法国、英国、印度尼西亚（见表6-19）。

表6-19　1990—2019年主要国家制造业增加值占世界制造业增加值比例变化

国家＼年份	1990	1995	2000	2005	2010	2015	2019
中国	4.00%	8.00%	10.00%	14.00%	22.00%	27.00%	29.00%
美国	22.00%	23.00%	24.00%	22.00%	19.00%	17.00%	17.00%
日本	13.00%	12.00%	10.00%	9.00%	8.00%	7.00%	7.00%
德国	9.00%	8.00%	7.00%	7.00%	6.00%	6.00%	5.00%
印度	1.00%	1.00%	1.00%	2.00%	2.00%	3.00%	3.00%
韩国	1.00%	2.00%	2.00%	3.00%	3.00%	3.00%	3.00%
意大利	5.00%	5.00%	4.00%	3.00%	3.00%	2.00%	2.00%
法国	3.00%	3.00%	3.00%	3.00%	2.00%	2.00%	2.00%
英国	5.00%	5.00%	4.00%	3.00%	3.00%	2.00%	2.00%
印度尼西亚	1.00%	1.00%	1.00%	1.00%	1.00%	1.00%	2.00%
墨西哥	2.00%	2.00%	2.00%	2.00%	2.00%	2.00%	2.00%
俄罗斯	4.00%	2.00%	2.00%	2.00%	2.00%	1.00%	1.00%
巴西	3.00%	3.00%	2.00%	2.00%	2.00%	2.00%	1.00%
加拿大	2.00%	2.00%	2.00%	2.00%	1.00%	1.00%	1.00%
西班牙	2.00%	2.00%	2.00%	2.00%	1.00%	1.00%	1.00%
泰国	1.00%	1.00%	1.00%	1.00%	1.00%	1.00%	1.00%
土耳其	1.00%	1.00%	1.00%	1.00%	1.00%	1.00%	1.00%
瑞士	1.00%	1.00%	1.00%	1.00%	1.00%	1.00%	1.00%
爱尔兰	0.00%	0.00%	1.00%	1.00%	0.00%	1.00%	1.00%
沙特阿拉伯	0.00%	0.00%	0.00%	1.00%	1.00%	1.00%	1.00%

数据来源：UNIDO。

（二）主要国家制造业出口贸易额占世界制造业出口贸易总额比例发生变化

1990—2019 年，全球制造业出口贸易大国格局发生明显变化，主要国家制造业出口贸易额占世界制造业出口贸易总额比例发生明显变化，德国制造业出口贸易额占世界制造业出口贸易总额比例从 1990 年 15% 下降到 2019 年 10%。同期，美国制造业出口贸易额占世界制造业出口贸易总额比例从 13% 下降到 7%，日本制造业出口贸易额占世界制造业出口贸易总额比例从 12% 下降到 5%，法国制造业出口贸易额占世界制造业出口贸易总额比例从 8% 下降到 4%。意大利制造业出口贸易额占世界制造业出口贸易总额比例从 7% 下降到 3%。中国制造业出口贸易额占世界制造业出口贸易总额比例从1990年的3%增长到2019年18%，2010年，中国制造业出口贸易额占世界制造业出口贸易总额比例超过德国居世界第一位，2010年以来中国稳居制造业出口贸易额世界第一大国。2019年制造业出口贸易额居世界前10位国家是中国、德国、美国、日本、韩国、法国、意大利、英国、墨西哥、印度（见表6-20）。

表6-20 1990—2019年主要国家制造业出口额占世界制造业出口总额比例变化

国家＼年份	1990	1995	2000	2005	2010	2015	2019
中国	3.00%	3.00%	5.00%	9.00%	14.00%	18.00%	18.00%
德国	15.00%	12.00%	10.00%	12.00%	10.00%	10.00%	10.00%
美国	13.00%	12.00%	13.00%	8.00%	8.00%	8.00%	7.00%
日本	12.00%	11.00%	9.00%	7.00%	6.00%	5.00%	5.00%
韩国	3.00%	3.00%	3.00%	4.00%	4.00%	4.00%	4.00%
法国	8.00%	6.00%	5.00%	5.00%	4.00%	4.00%	4.00%
意大利	7.00%	6.00%	5.00%	5.00%	4.00%	3.00%	3.00%
英国	6.00%	5.00%	5.00%	4.00%	3.00%	3.00%	3.00%
墨西哥	1.00%	2.00%	3.00%	2.00%	2.00%	3.00%	3.00%
印度	1.00%	1.00%	1.00%	1.00%	2.00%	2.00%	2.00%
加拿大	4.00%	4.00%	4.00%	3.00%	2.00%	2.00%	2.00%
西班牙	2.00%	2.00%	2.00%	2.00%	2.00%	2.00%	2.00%
瑞士	2.00%	2.00%	2.00%	2.00%	2.00%	2.00%	2.00%
印度尼西亚	1.00%	1.00%	1.00%	1.00%	1.00%	1.00%	1.00%
俄罗斯	1.00%	1.00%	1.00%	1.00%	1.00%	1.00%	1.00%
巴西	1.00%	1.00%	1.00%	1.00%	1.00%	1.00%	1.00%
泰国	1.00%	1.00%	1.00%	1.00%	2.00%	2.00%	1.00%
土耳其	0.00%	0.00%	1.00%	1.00%	1.00%	1.00%	1.00%
爱尔兰	1.00%	1.00%	1.00%	1.00%	1.00%	1.00%	1.00%
沙特阿拉伯	0.00%	0.00%	0.00%	1.00%	0.00%	0.00%	0.00%

资料来源：UNIDO。

（三）主要国家制造业增加值和制造业出口贸易额占世界的比例呈协同变化趋势

世界主要国家制造业增加值和制造业出口贸易额占世界的比例协同变化趋势明显，中国制造业增加值和制造业出口贸易额占世界比例呈现出协同上升趋势（见图6-3），美国、日本、德国、英国的制造业增加值和制造业出口贸易额占世界比例出现协同下降趋势（见图6-4、图6-5、图6-6、图6-7），瑞士的制造业增加值和制造业出口贸易额占世界比例保持稳定（见图6-8）。这表明主要国家制造业发展和制造业出口贸易发展存在内在互动变化关系。

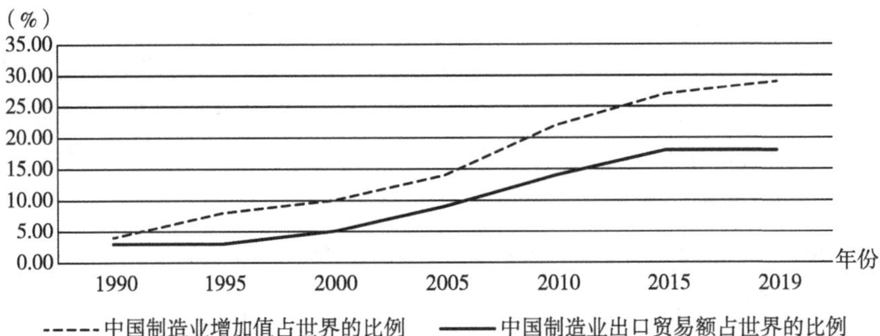

图6-3　1990—2019年中国制造业增加值和制造业出口贸易额占世界的比例变化

资料来源：根据联合国贸易和发展会议数据库和产业数据库制作。

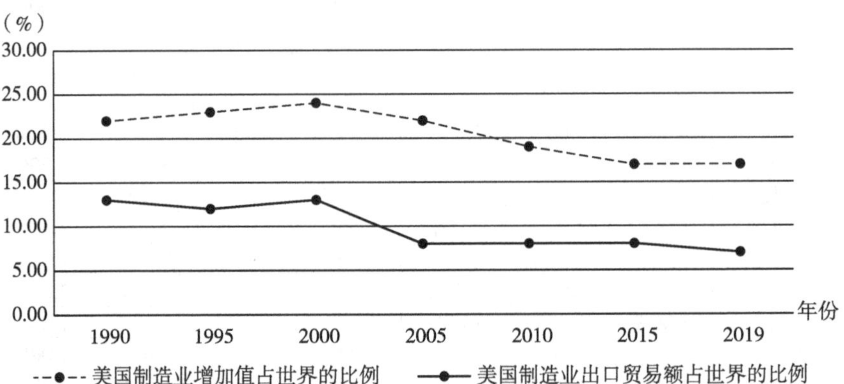

图6-4　1990—2019年美国制造业增加值和制造业出口贸易额占世界的比例变化

资料来源：根据联合国贸易和发展会议数据库和产业数据库制作。

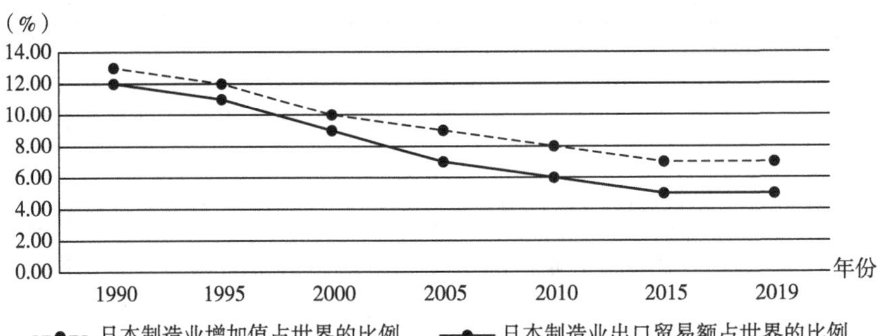

图6-5　1990—2019年日本制造业增加值和制造业出口贸易额占世界的比例变化

资料来源：根据联合国贸易和发展会议数据库和产业数据库制作。

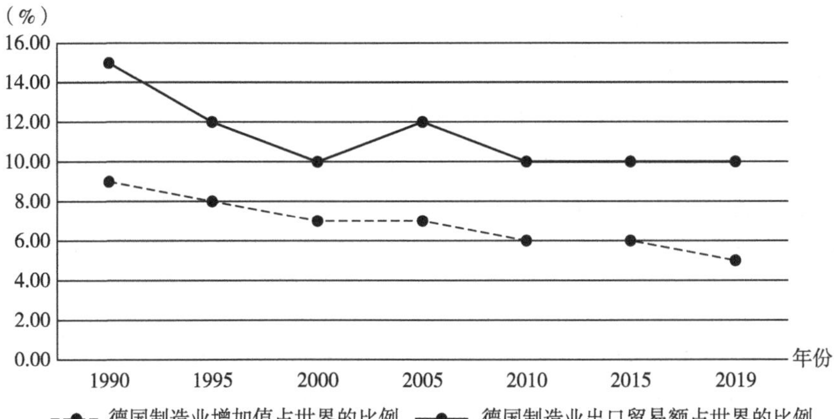

图6-6 1990—2019年德国制造业增加值和制造业出口贸易额占世界的比例变化

资料来源：根据联合国贸易和发展会议数据库和产业数据库制作。

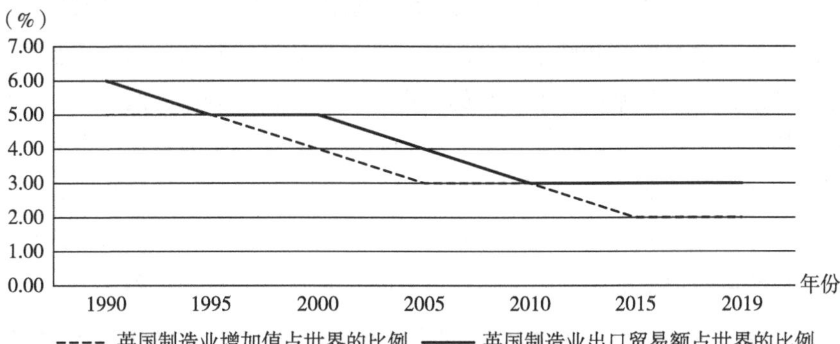

图6-7 1990—2019年英国制造业增加值和制造业出口贸易额占世界的比例变化

资料来源：根据联合国贸易和发展会议数据库和产业数据库制作。

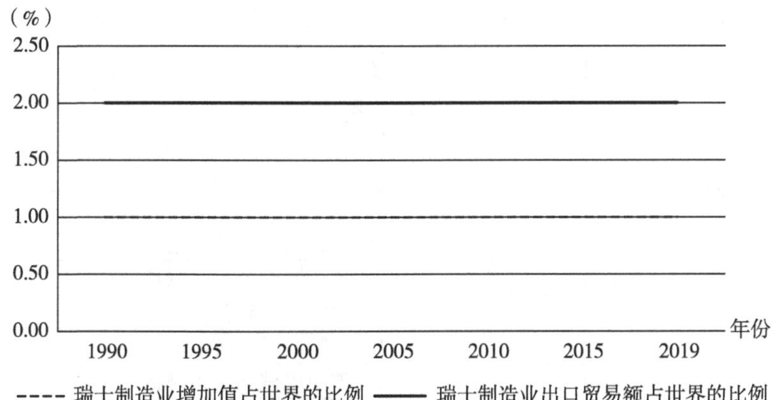

图6-8 1990—2019年瑞士制造业增加值和制造业出口贸易额占世界的比例变化

资料来源：根据联合国贸易和发展会议数据库和产业数据库制作。

三、世界制造业大国与制造业结构变化分析

（一）《国际标准产业分类（第3版）》（ISIC.Rev3）制造业行业分类

根据联合国《国际标准产业分类（第 3 版）》（ISIC.Rev3）的制造业行业划分标准，对世界制造业大国的制造业结构变化进行分析。联合国《国际标准产业分类》是一种按照经济活动种类划分的分类，活动特征是资源的投入、生产和产品产出，一个单位所进行的活动就是它所从事的生产类型。联合国《国际标准产业分类（第 3 版）》（ISIC.Rev3）定义产业为：主要从事同样或类似种类的生产性经济活动的所有生产单位的集合。联合国《国际标准产业分类》是专门用来对从事类似活动的单位进行归类，目的在于分析生产和汇编生产统计数据。

联合国《国际标准产业分类（第 3 版）》（ISIC.Rev3）把制造业行业分为：食品及饮料制造，烟草制造，纺织品制造，服装制造，皮革与鞋制造，木材及木材制品和软木制品制造，纸和纸制品的制造，出版印制及媒介物制造，焦炭和精炼石油产品的制造，化学和化工制品，医药制造，橡胶和塑料制品制造，其他非金属矿物制品制造，基本金属制造，金属制品制造但机械设备除外，未分类的机械和设备制造，办公室设备计算机制造，医疗器械、电子精密仪器和光学产品制造，汽车、挂车和半挂车制造，其他运输设备的制造，家具制造，回收品制造（见表 6-21）。

表6-21　联合国《国际标准产业分类（第3版）》（ISIC.Rev3）制造业行业分类

制造业行业分类	食品及饮料制造
	烟草制造
	纺织品制造
	服装制造
	木材及木材制品和软木制品制造
	纸和纸制品的制造
	出版印制及媒介物制造
	焦炭和精炼石油产品的制造
	化学和化工制品
	橡胶和塑料制品制造
	其他非金属矿物制品制造
	基本金属制造
	金属制品制造但机械设备除外
	未分类的机械和设备制造
	办公室设备计算机制造
	医疗器械、电子精密仪器和光学产品制造

续表

制造业行业分类	汽车、挂车和半挂车制造
	其他运输设备的制造
	家具制造
	回收品制造
	医药制造
	皮革与鞋制造

资料来源：联合国《国际标准产业分类》数据库。

（二）世界制造业大国的制造业结构变化分析

1. 美国制造业结构变化

美国曾经长期是世界第一制造业大国，2011 年美国制造业增加值被中国赶超，美国退居世界制造业第二大国。1995 年以来美国制造业结构发生明显变化，美国汽车及交通设备制造业、机械设备制造等占制造业产值比例明显下降，而化学和化工制品制造与食品饮料制造业产值持续增长。2014 年以来，美国制造业产值居前三位的是食品及饮料制造业、化学和化工制品制造业、汽车及交通设备制造业（见图 6–9）。1997 年以来，美国制造业增加值增长比较快的行业是食品饮料制造业、化学和化工制品，化学和化工制品增加值居美国制造业增加值第一位，食品及饮料制造业增加值居美国制造业增加值第二位，金属制品业增加值居美国制造业第三位（见图 6–10）。

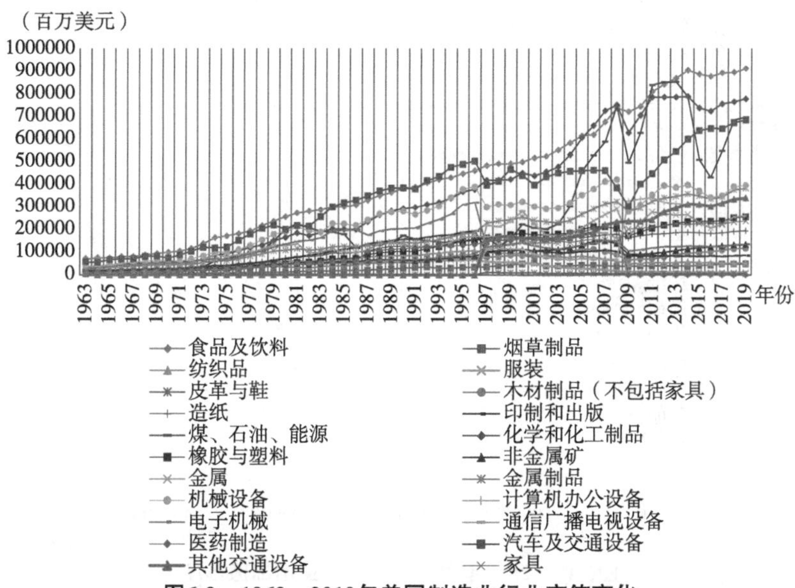

图6-9 1963—2019年美国制造业行业产值变化

资料来源：根据联合国产业数据库制作。

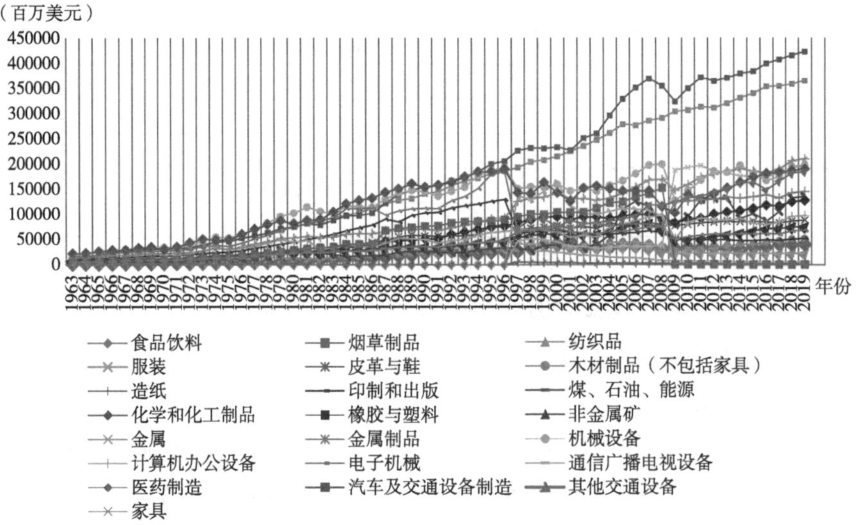

图6-10　1963—2019年美国制造业行业增加值变化

资料来源：根据联合国产业数据库制作。

2019 年，美国制造业行业增加值居前七位的行业是化学和化工制品、食品饮料、金属制品、机械设备、计算机办公设备、汽车及交通设备、其他交通设备（见图 6-11）。

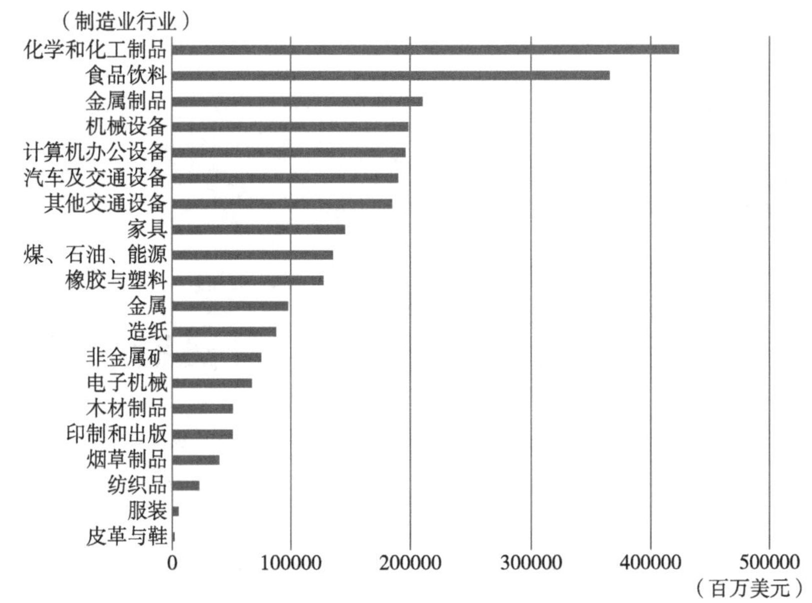

图6-11　2019年美国制造业行业增加值排序

资料来源：根据联合国产业数据库制作。

2. 中国制造业结构变化

2002 年以来，中国制造业进入快速发展阶段，2011 年，中国成为世界制造业第一大国。1980 年以来，中国制造业结构发生了明显变化，纺织业增加值占制造业总增加值比例从 1980 年 15.14% 下降到 2018 年 5.24%，下降了近 10 个百分点。同期机械设备占比从 15.15% 下降到 8.46%，煤、石油、能源占比从 4.94% 下降到 3.14%，化学和化工制品占比从 11.34% 下降到 10.81%，而同期基础金属（钢铁、有色金属等）占比从 9.49% 上升到 14.3%，基础金属成为中国制造业第一大行业，中国基础金属行业快速发展与城市化发展和中国房地产快速发展存在密切关系。中国食品饮料制造业占比从 6.04% 上升到 8.86%。2018 年，中国制造业行业增加值居前七位的是基础金属、化学和化工制品、食品饮料、机械设备、通信设备及广播电视设备、纺织品、汽车及交通设备等（见图 6-12）。

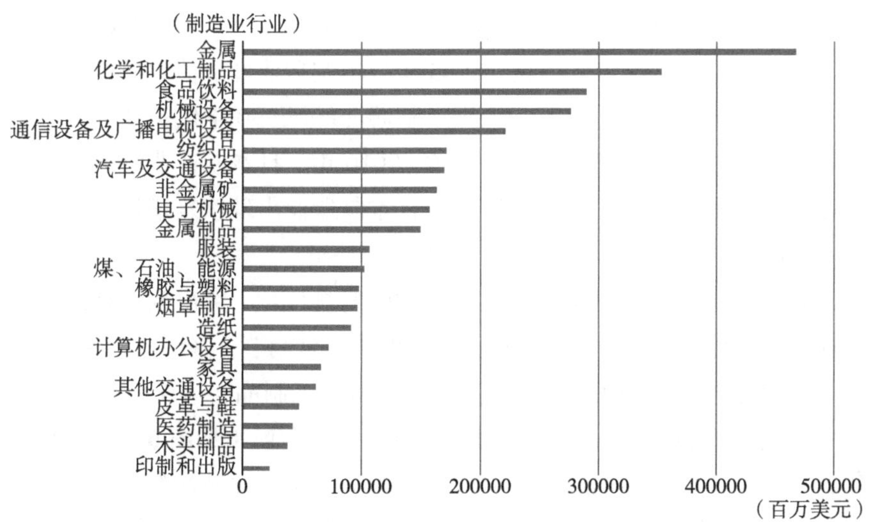

图6-12 2018年中国制造业行业增加值排序

资料来源：根据联合国产业数据库制作。

1980—2001 年，中国制造业结构变化比较明显，主要是纺织业、机械设备占制造业比例明显下降。金属如钢铁等行业增加值明显上升，2005 年以来，中国制造业结构进入相对稳定阶段（见图 6-13）。

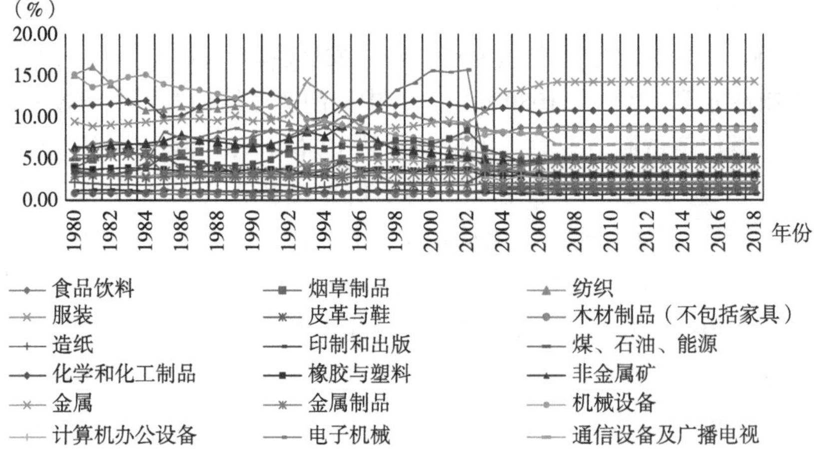

图6-13　1980—2018年中国制造业行业增加值占比变化

资料来源：根据联合国产业数据库制作。

3. 日本制造业结构变化

1963—2018 年，日本制造业发展可以分为三个阶段。1963—1993 年，日本制造业持续较快增长，1995 年日本制造业增加值规模曾经居世界首位，成为世界制造业第一大国。随着 20 世纪 90 年代初日本金融危机爆发，日本制造业发展减缓，1995—2010 年，日本制造业增加值进入缓慢增长阶段。2011—2018 年以来，日本制造业出现恢复增长趋势（见图 6–14）。

1963—2018 年，日本制造业结构发生明显变化，突出变化是汽车及交通设备和计算机办公设备快速发展，电子机械制造下降明显。1963 年，日本制造业增加值居前七位行业是化学和化工制品、电子机械、机械设备、食品饮料、汽车及交通设备、纺织品、金属（见图 6–15）。1995 年，日本制造业增加值居前六位行业是机械设备、食品饮料、化学和化工制品、汽车及交通设备、通信设备及广播电视设备、金属制品（见图 6–16）。2018 年日本制造业增加值居前五位行业是汽车及交通设备、计算机办公设备、食品饮料、化学和化工制品、机械设备（见图 6–17）。

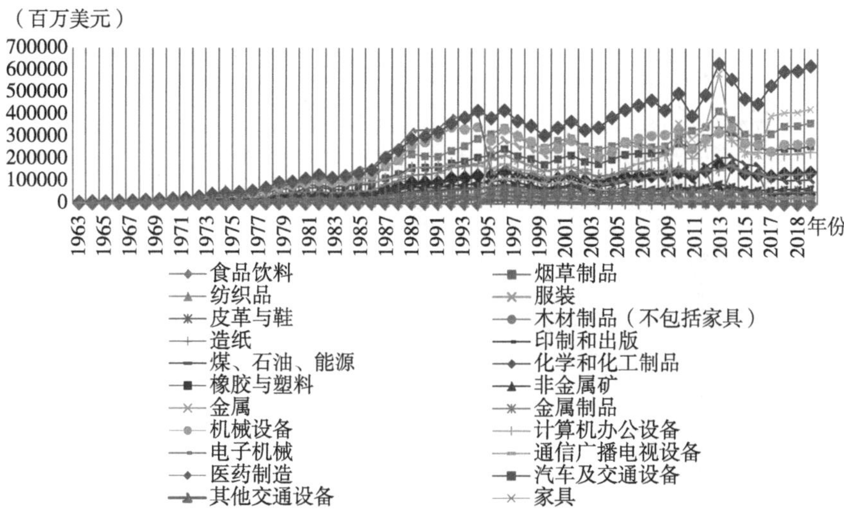

图6-14　1963—2018年日本制造业行业产值变化

资料来源：根据联合国产业数据库制作。

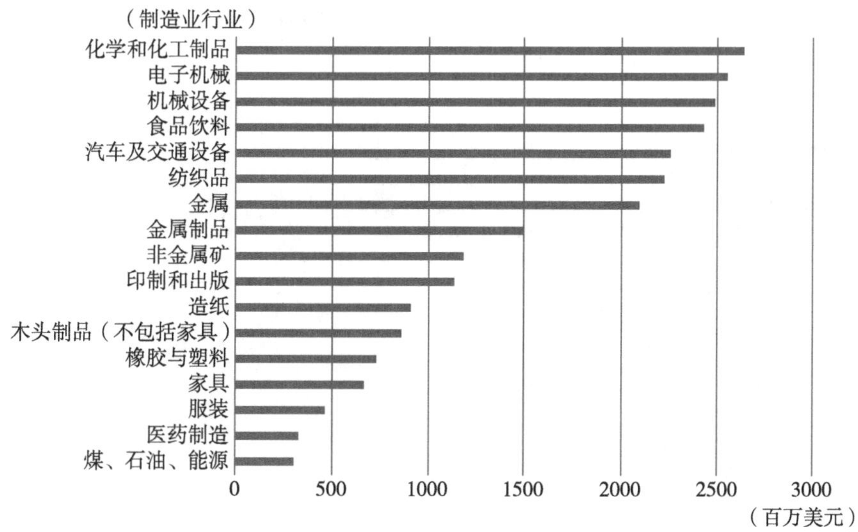

图6-15　1963年日本制造业行业增加值排序

资料来源：根据联合国产业数据库制作。

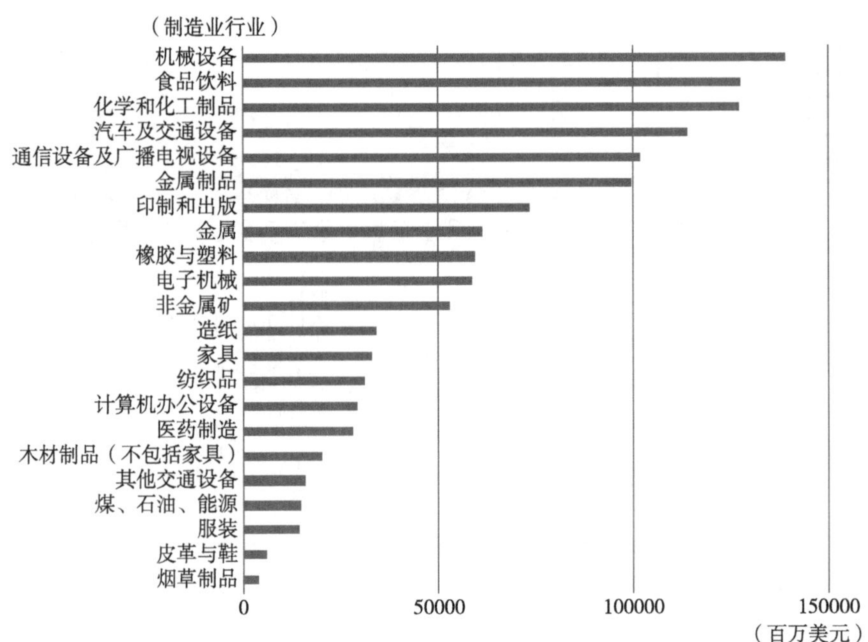

图6-16　1995年日本制造业行业增加值排序

资料来源：根据联合国产业数据库制作。

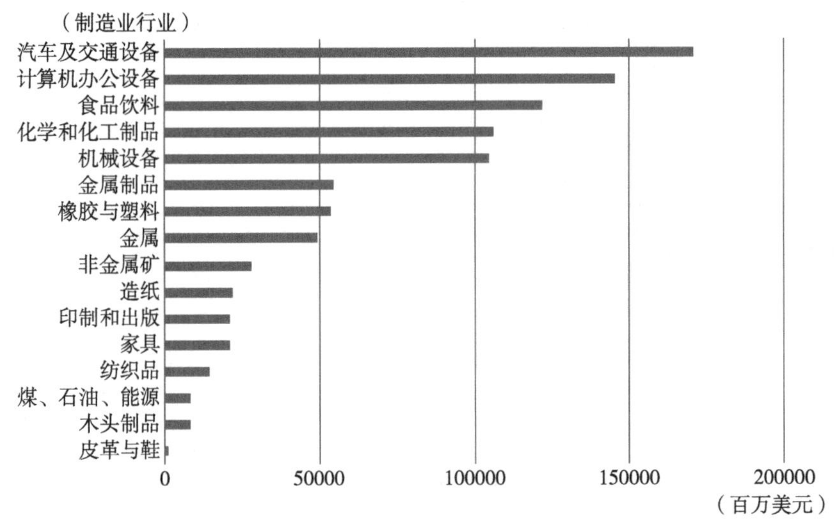

图6-17　2018年日本制造业行业增加值排序

资料来源：根据联合国产业数据库制作。

4. 德国制造业结构变化

1998—2019 年，德国制造业保持平稳较快增长，德国机械设备、汽车制造、化学和化工制造、金属制品等具有很强国际竞争力。1998—2019年，制造业增加值排序处于前六位的行业一直是机械设备、汽车制造、化学和化工制品、金属制品、电子机械、食品饮料。德国制造业结构比较稳定，表明德国制造业的国际竞争力比较稳定（见图 6–18 ~ 图 6–20）。

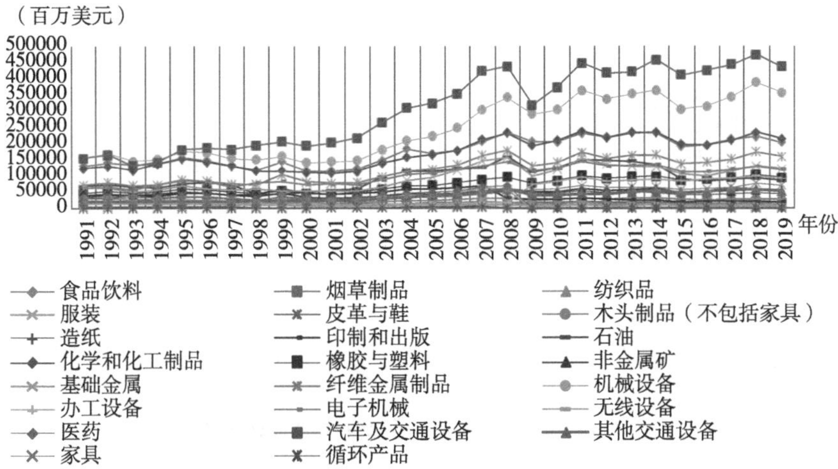

图6-18 1991—2019年德国制造业行业产值变化

资料来源：根据联合国产业数据库制作。

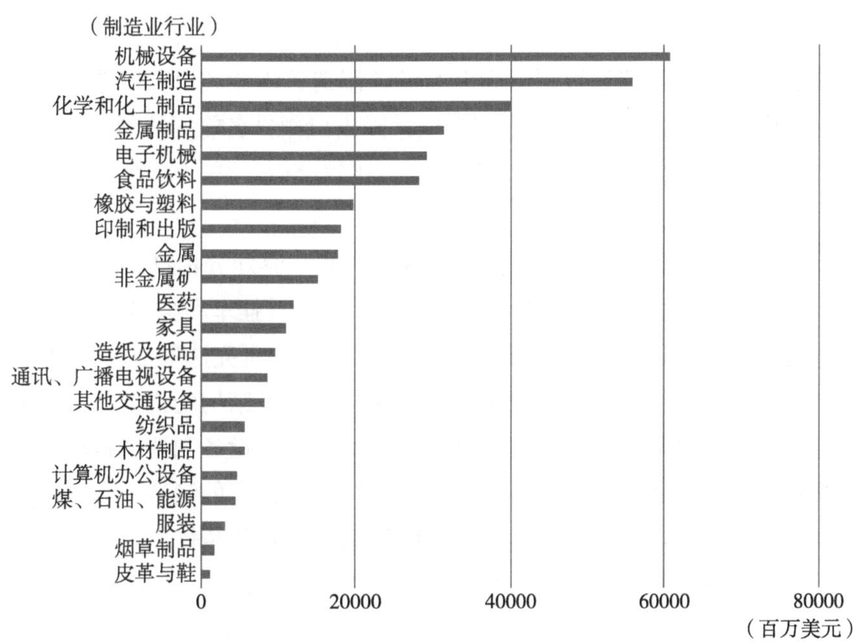

图6-19 1998年德国制造业行业增加值排序

资料来源：根据联合国产业数据库制作。

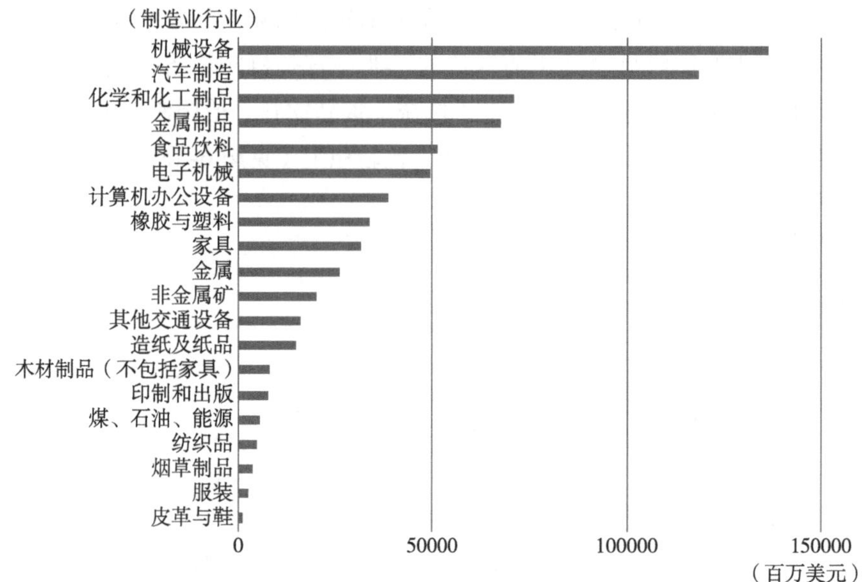

图6-20　2019年德国制造业行业增加值排序

资料来源：根据联合国产业数据库制作。

四、世界制造业贸易大国及贸易结构变化分析

根据《国际标准产业分类（第三版）》编码下的世界各经济体制造业出口数据，制造业贸易被划分为电力设备制造、机械和设备制造、化学品及药品制造等22个行业，本节选取世界出口额排名前五的制造业重要行业，对制造业进出口贸易发展进行国际比较分析。

（一）制造业进出口贸易发展

根据《国际标准产业分类（第三版）》的产业划分标准，制造业包括化学品及药品制造，机械和设备的制造，汽车、挂车和半挂车的制造，收音机，电视，通信设备及仪器等22个产业。本研究选取2019年制造业出口前十位的行业，旨在对主要制造业出口贸易结构变化进行比较分析。制造业出口前十位行业从高到低排序为：电力设备制造，机械和设备的制造，化学品及药品制造，汽车、挂车和半挂车的制造，食品及饮料制造，家具制造，橡胶和塑料制品的制造，焦炭和精炼石油产品的制造，办公室设备制造，基本金属的制造等（见表6–22）。

表6-22　1978—2019年世界制造业前10大行业出口额变化　（单元：千美元）

行业＼年份	1978	1986	1994	2002	2011	2019
电力设备制造	40963888	94187063	310080025	519026585	1187068740	1781033550
机械和设备制造	120730552	200984646	419627810	590182349	1506208862	1663206253
化学品及药品制造	71716069	131338188	285201451	516220728	1463906316	1662651507
汽车、挂车和半挂车的制造	97336238	196752978	375558557	599888623	1223099692	1497094767
食品及饮料制造	134989397	178066107	337429052	420039444	1205117847	1356314220
家具制造	30616942	62751905	155809468	249823579	696803317	822889704
橡胶和塑料制品的制造	30517423	60501254	151757252	231526348	666567772	813393175
焦炭和精炼石油产品的制造	36876828	49658207	80322210	148993524	966525420	747493185
办公室设备制造	16796134	64119069	185988811	312385933	508788956	744610727
基本金属的制造	77157598	96137584	177341340	245923667	894223898	724034353

资料来源：根据 WITS 数据库数据制作。

从制造业前 10 大行业出口总额变化来看，电力设备制造业的出口总额从 1978 年的 410 亿美元增加到 2019 年的 17810 亿美元；机械和设备制造的出口额从 1978 年的 1210 亿美元增加到 2019 年的 16632 亿美元，化学品及药品制造的出口额从 1978 年的 717 亿美元增长到 2019 年的 16626 亿美元，汽车、挂车和半挂车的制造出口额从 1978 年的 973 亿美元增加到 14970 亿美元，食品及饮料制造出口额从 1978 年 1349 亿美元增加到 2019 年 13563 亿美元（见图 6–21）。本节选择出口额达到万亿美元的食品及饮料制造，汽车、挂车和半挂车的制造，机械和设备制造，化学品及药品制造，电力设备制造等五大制造业行业进出口贸易发展情况进行比较分析。

从制造业前 10 大行业出口额占比变化来看，1978—2019 年，食品及饮料制造的出口额占比有较大的降幅。电力设备制造、化学品及药品制造在制造业出口贸易额不断增长，所占比重总体上呈上升趋势，1978 年电力设备出口额占制造业出口总额的比重，在所有制造业产业中排名第 6 位，化学品及药品制造的比重则排名第 5 位。2019 年，电力设备出口额比重名列第 1 位，化学品及药品制造的比重则排名第 3 位（见表 6–23、图 6–22）。

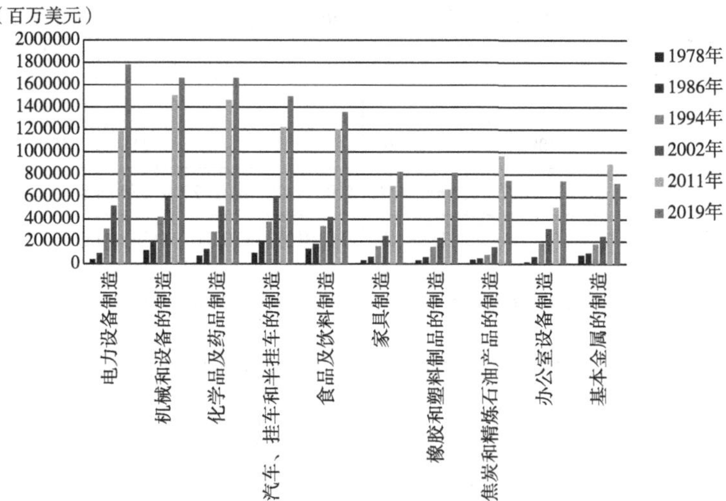

图6-21　1978—2019年世界制造业前10大行业出口额变化

资料来源：根据 WITS 数据库数据制作。

表6-23　　1978—2019年世界制造业前10大行业出口额占比变化　　（单位：%）

行业	1978 年	1986 年	1994 年	2002 年	2011 年	2019 年
电力设备制造	4.48	5.94	8.86	9.76	8.69	11.61
机械和设备制造	13.21	12.67	11.99	11.09	11.03	10.84
化学品及药品制造	7.85	8.28	8.15	9.70	10.72	10.84
汽车、挂车和半挂车的制造	10.65	12.40	10.73	11.28	8.95	9.76
食品及饮料制造	14.77	11.22	9.64	7.90	8.82	8.84
家具制造	3.35	3.95	4.45	4.70	5.10	5.36
橡胶和塑料制品的制造	3.34	3.81	4.34	4.35	4.88	5.30
焦炭和精炼石油产品的制造	4.03	3.13	2.30	2.80	7.08	4.87
办公室设备制造	1.84	4.04	5.32	5.87	3.72	4.85
基本金属的制造	8.44	6.06	5.07	4.62	6.55	4.72

资料来源：根据 WITS 数据库数据计算制作。

（二）食品及饮料业出口贸易发展比较分析

以世界 180 个经济体为样本，对 2019 年食品及饮料业的出口额进行排序，选择食品及饮料业的贸易出口额居世界前 20 位的经济体，对食品及饮料业出口额、世界食品及饮料业出口总额占比和食品及饮料业出口增速进行分析。最后得到，2019 年世界食品及饮料出口前十位的国家分别是：美国、荷兰、德国、中国、法国、西班牙、巴西、意大利、加拿大、墨西哥（见表 6–24）。

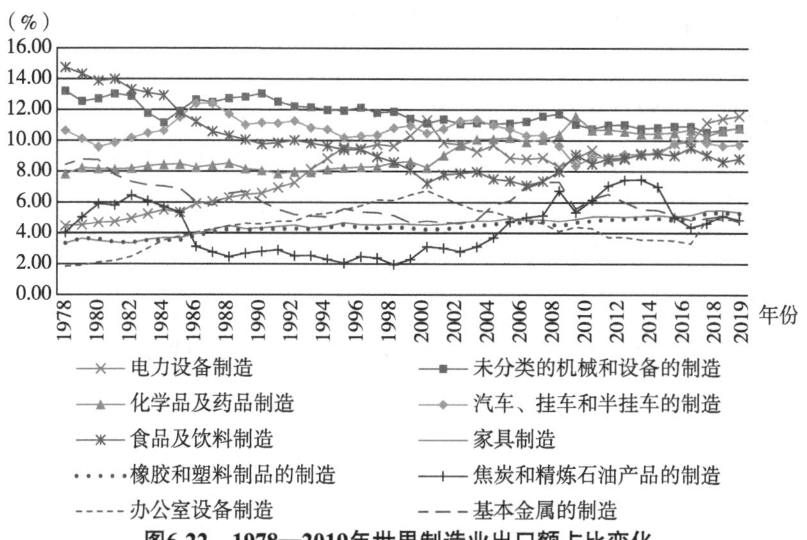

图6-22　1978—2019年世界制造业出口额占比变化

资料来源：根据 WITS 数据库数据制作。

表6-24　　1978—2019年食品及饮料业贸易出口额居世界前20位的国家

（单位：千美元）

国家＼年份	1978	1986	1994	2002	2011	2019
美国	19958861	18385159	37434568	42107541	106577941	108210564
荷兰	10671899	15562854	27938362	27044399	77127177	84380740
德国	6619953	11669390	21322016	25822632	74572651	77080472
中国		3141955	10803725	15250117	52155991	68609892
法国	11757856	18604308	33895230	33140450	71640615	66356549
西班牙	2566055	4434138	11505812	18558698	42494942	53576900
巴西	6147539	7037214	10253631	12730939	57988979	47850406
意大利	3800442	6432584	12622231	16792060	39315026	46062698
加拿大	4491099	7191320	11336553	17590313	36335453	43466251
墨西哥	1874609	2870690	4200591	7976184	21053927	34881530
阿根廷	3595955	3882360	7163297	10305716	37121075	34100100
比利时				17755377	32876395	33621205
泰国	2001306	3837752	9401546	9846290	31315181	33620131
印尼	1203749	1938541	4936930	6278248	32102003	32775532
印度	1611145	2209670	3920929	6023033	24571161	31391014
英国	5161368	7596539	13903647	13895079	29492253	30740078
波兰			1929432	2974230	18318012	29074704
澳大利亚	4154558	5716926	10283572	13043555	27819747	28719586
新西兰	1780688	2740807	5209356	6689537	25401338	24771729
越南				4117262	17692950	24441135

资料来源：根据 WITS 数据库数据制作。

从各国食品及饮料业出口额占世界食品及饮料出口额比来看，美国、荷兰、法国和德国一直是世界食品饮料进出口贸易大国，其中美国食品及饮料业出口贸易居世界首位（见图 6–23）。1978—2019 年，美国和法国的食品及饮料出口占比显著下降，荷兰与德国发展趋势较为平稳（见表 6–25）。中国占比则稳步增长，世界行业地位不断提高。2019 年，中国的食品及饮料业出口规模位居世界第 4 位，食品及饮料业进口规模位居世界第 2 位。

表6-25　1978—2019年世界前20位国家食品及饮料业出口占世界食品饮料出口总额比例变化

年份 国家	1978	1986	1994	2002	2011	2019
美国	14.79%	10.32%	11.09%	10.02%	8.84%	7.98%
荷兰	7.91%	8.74%	8.28%	6.44%	6.40%	6.22%
德国	4.90%	6.55%	6.32%	6.15%	6.19%	5.68%
中国		1.76%	3.20%	3.63%	4.33%	5.06%
法国	8.71%	10.45%	10.05%	7.89%	5.94%	4.89%
西班牙	1.90%	2.49%	3.41%	4.42%	3.53%	3.95%
巴西	4.55%	3.95%	3.04%	3.03%	4.81%	3.53%
意大利	2.82%	3.61%	3.74%	4.00%	3.26%	3.40%
加拿大	3.33%	4.04%	3.36%	4.19%	3.02%	3.20%
墨西哥	1.39%	1.61%	1.24%	1.90%	1.75%	2.57%
阿根廷	2.66%	2.18%	2.12%	2.45%	3.08%	2.51%
比利时				4.23%	2.73%	2.48%
泰国	1.48%	2.16%	2.79%	2.34%	2.60%	2.48%
印尼	0.89%	1.09%	1.46%	1.49%	2.66%	2.42%
印度	1.19%	1.24%	1.16%	1.43%	2.04%	2.31%
英国	3.82%	4.27%	4.12%	3.31%	2.45%	2.27%
波兰			0.57%	0.71%	1.52%	2.14%
澳大利亚	3.08%	3.21%	3.05%	3.11%	2.31%	2.12%
新西兰	1.32%	1.54%	1.54%	1.59%	2.11%	1.83%
越南				0.98%	1.47%	1.80%

资料来源：根据 WITS 数据库数据计算制作。

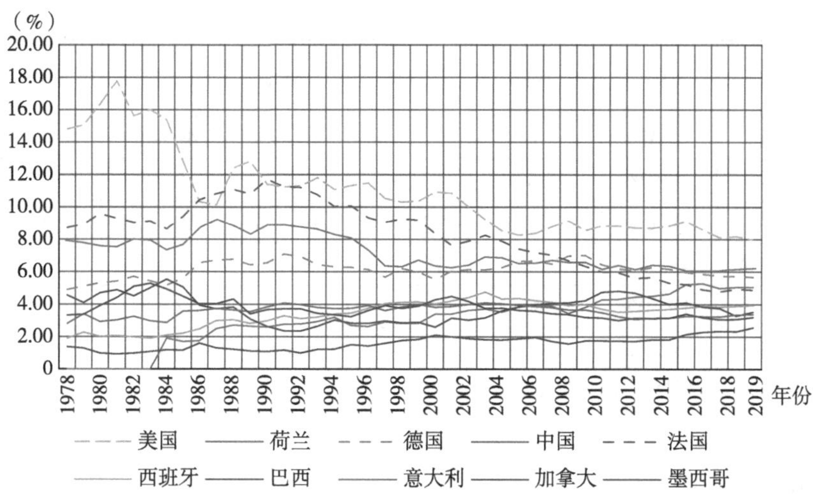

图6-23 1978—2019年世界前10位国家食品及饮料业出口额占全球出口总额的比例

资料来源：根据 WITS 数据库数据制作。

食品及饮料出口增长的速度近年来出现了明显的协同性和周期性。2019年，世界前20位国家食品饮料业出口额都出现了明显的负增长（见表6-26）。

表6-26 1979—2019年世界前20位国家食品饮料业出口增速

国家＼年份	1979	1986	1994	2002	2011	2019
美国	21.44%	–11.35%	6.06%	–1.05%	22.23%	–3.41%
荷兰	17.36%	24.72%	8.27%	10.20%	26.35%	–0.26%
德国	24.44%	28.73%	10.44%	8.76%	17.14%	–1.62%
中国	0.00%	13.86%	22.12%	14.12%	23.06%	–0.86%
法国	22.37%	22.05%	5.23%	10.83%	20.79%	–1.74%
西班牙	43.10%	22.88%	19.39%	12.22%	15.89%	0.45%
巴西	7.42%	–14.09%	29.35%	3.21%	23.54%	6.25%
意大利	44.55%	11.20%	10.69%	10.72%	13.92%	0.33%
加拿大	20.79%	–0.99%	10.22%	–0.10%	16.35%	3.16%
墨西哥	11.61%	49.99%	13.85%	1.76%	21.06%	9.13%
阿根廷	28.91%	–18.42%	11.12%	0.95%	31.55%	7.77%
比利时	0.00%	0.00%	0.00%	5.49%	14.07%	–2.14%
泰国	22.72%	20.52%	17.66%	–0.75%	25.93%	–0.31%
印尼	18.85%	7.90%	30.43%	33.13%	28.81%	–7.87%

续表

国家＼年份	1979	1986	1994	2002	2011	2019
印度	23.07%	4.80%	12.10%	10.87%	49.80%	–0.86%
英国	9.81%	27.60%	13.26%	8.02%	18.10%	–0.27%
波兰	0.00%	0.00%	29.28%	11.63%	20.55%	–1.53%
澳大利亚	48.01%	6.68%	16.09%	3.42%	27.66%	–0.41%
新西兰	19.30%	1.97%	8.61%	2.83%	53.59%	4.51%
越南	0.00%	0.00%	0.00%	4.56%	29.87%	–4.42%

资料来源：根据 WITS 数据库数据计算制作。

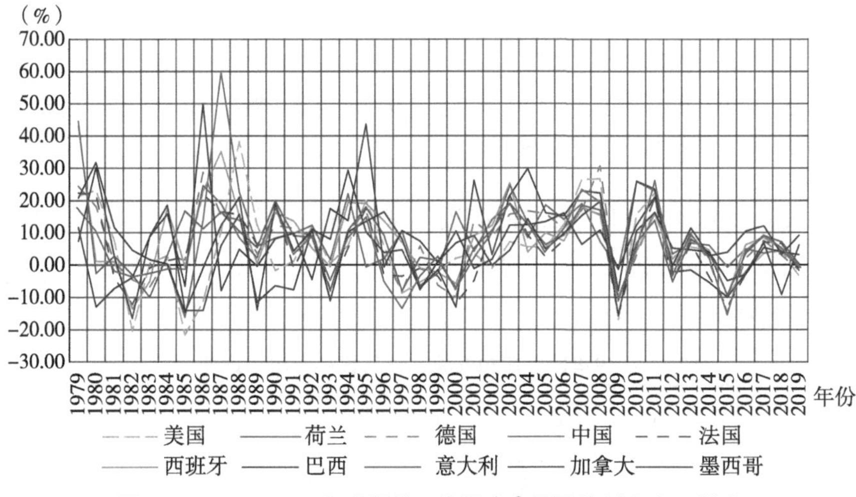

图6-24　1979—2019年世界前10位国家食品及饮料业出口增速

资料来源：根据 WITS 数据库数据制作。

自加入 WTO 以来，中国食品及饮料业进入国际市场的壁垒不断降低，中国食品饮料出口持续增长。要持续提升中国出口食品饮料国际竞争力，需要积极推进国际食品安全管理体系，及时跟踪国际标准变化，积极推广国际技术标准和环境标准，加强国内主管部门的协调沟通，加大研发投入力度，提高食品行业综合水平。

（三）汽车、挂车和半挂车制造业贸易发展比较分析

以世界 180 个经济体为样本，对 2019 年汽车、挂车和半挂车制造业出口额进行排序，选择汽车、挂车和半挂车制造业出口额前 20 位的国家，对汽车、挂车和半挂车制造业出口额、出口额占世界占比及其出口增速进行分析。

2019 年，世界汽车、挂车和半挂车制造业出口排名前 10 位的国家分别是：德国、日本、美国、墨西哥、中国、韩国、加拿大、西班牙、法国、英国（见表 6–27）。

表6-27　1978—2019年世界前20位国家汽车、挂车和半挂车制造业出口额变化

（单位：千美元）

国家＼年份	1978	1986	1994	2002	2011	2019
德国	20743707	41141817	60743242	112127661	242190823	245197531
日本	20009902	54195663	80294224	92987623	146060797	148891308
美国	13304855	18370589	44871578	57697696	106097256	122284268
墨西哥		979775	8409450	27846195	62582730	119070686
中国		58112	1790693	7596459	59504977	112867865
韩国	175933	1834950	6631675	17197965	66781378	62923997
加拿大	9608892	23947258	39876907	54121598	50960566	56731321
西班牙	1311754	4231037	17075645	28231998	50446225	53685121
法国	9890102	13498014	26647869	42643025	52462735	53115397
英国	5893339	5794866	14552402	25431858	43618923	50161484
捷克			1118942	8011067	27731261	43552461
意大利	5062608	6764111	14339381	19428546	35285824	39390842
比利时				29869973	34020280	37574297
波兰		473323	793904	3771720	23836339	31944240
斯洛伐克			293639	2899945	16807031	29561558
泰国	4676	18935	855166	2983471	18043402	27215417
土耳其		81589	413750	3165737	15444544	26564565
荷兰	1170625	2199959	5007079	9498735	19159460	26373278
瑞典	2595950	5533390	8074346	9151810	19229909	23352730
匈牙利	679729	990150	542061	2979312	10132216	22164958

资料来源：根据 WITS 数据库数据制作。

从汽车、挂车和半挂车制造业出口额占世界汽车出口总额比例来看，德国、日本、美国是世界汽车出口贸易大国（见表 6–29）。美国是汽车进口大国。中国汽车及其产品出口额不断提升，全球地位也不断提高，2019 年，中国的汽车及产品出口额排名世界第 5 位（见表 6–28、图 6–25）。

表6-28　1978—2019年世界前20位国家汽车、挂车和半挂车制造业出口额占世界汽车出口总额的比例

国家＼年份	1978	1986	1994	2002	2011	2019
德国	21.31%	20.91%	16.17%	18.69%	19.80%	16.38%
日本	20.56%	27.55%	21.38%	15.50%	11.94%	9.95%
美国	13.67%	9.34%	11.95%	9.62%	8.67%	8.17%
墨西哥		0.50%	2.24%	4.64%	5.12%	7.95%
中国		0.03%	0.48%	1.27%	4.87%	7.54%
韩国	0.18%	0.93%	1.77%	2.87%	5.46%	4.20%
加拿大	9.87%	12.17%	10.62%	9.02%	4.17%	3.79%
西班牙	1.35%	2.15%	4.55%	4.71%	4.12%	3.59%
法国	10.16%	6.86%	7.10%	7.11%	4.29%	3.55%
英国	6.05%	2.95%	3.87%	4.24%	3.57%	3.35%
捷克	0.00%	0.00%	0.30%	1.34%	2.27%	2.91%
意大利	5.20%	3.44%	3.82%	3.24%	2.88%	2.63%
比利时				4.98%	2.78%	2.51%
波兰		0.24%	0.21%	0.63%	1.95%	2.13%
斯洛伐克			0.08%	0.48%	1.37%	1.97%
泰国		0.01%	0.23%	0.50%	1.48%	1.82%
土耳其		0.04%	0.11%	0.53%	1.26%	1.77%
荷兰	1.20%	1.12%	1.33%	1.58%	1.57%	1.76%
瑞典	2.67%	2.81%	2.15%	1.53%	1.57%	1.56%
匈牙利	0.70%	0.50%	0.14%	0.50%	0.83%	1.48%

资料来源：根据 WITS 数据库数据制作。

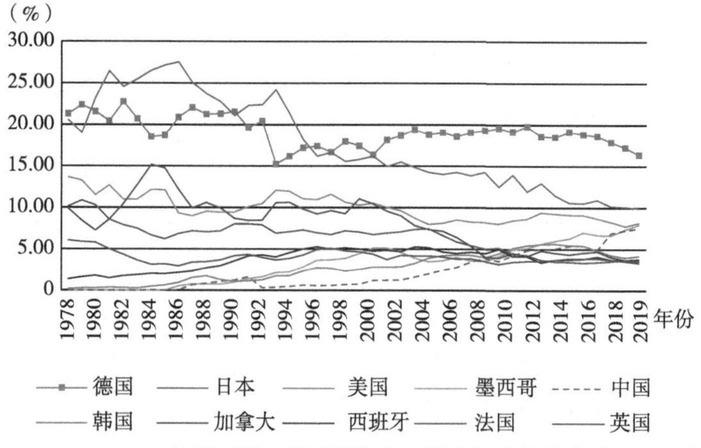

图6-25　1978—2019年世界前10位国家汽车、挂车和半挂车制造业出口占比

资料来源：根据 WITS 数据库数据制作。

表6-29　1978—2019年世界前20位国家汽车、挂车和半挂车制造业出口额占世界比例

国家＼年份	1978	1986	1994	2002	2011	2019
德国	8.70%	6.41%	8.18%	7.63%	7.89%	9.17%
日本	0.65%	0.76%	2.47%	1.66%	1.46%	1.75%
美国	28.77%	37.14%	26.82%	28.00%	16.77%	21.36%
墨西哥		0.40%	0.88%	3.01%	2.35%	2.70%
中国		0.93%	1.32%	1.06%	5.40%	5.12%
韩国	0.48%	0.21%	0.40%	0.41%	0.75%	1.16%
加拿大	12.04%	11.56%	7.84%	6.94%	5.15%	4.93%
西班牙	0.56%	1.33%	3.16%	4.25%	2.91%	2.91%
法国	5.90%	5.37%	6.08%	5.30%	5.25%	4.88%
英国	6.49%	6.15%	6.80%	8.13%	5.63%	5.06%
捷克	0.00%	0.00%	0.24%	0.68%	0.97%	1.31%
意大利	4.10%	4.02%	4.11%	4.89%	3.64%	3.20%
比利时				3.89%	2.93%	2.75%
波兰		0.28%	0.29%	0.80%	1.32%	1.77%
斯洛伐克			0.08%	0.32%	0.74%	1.04%
泰国	0.52%	0.19%	1.12%	0.37%	0.69%	0.65%
土耳其	0.00%	0.22%	0.24%	0.38%	1.39%	0.68%
荷兰	4.84%	2.87%	2.56%	2.06%	2.14%	2.05%
瑞典	1.68%	1.52%	1.11%	1.07%	1.39%	1.23%
匈牙利	0.67%	0.35%	0.30%	0.50%	0.52%	0.81%

资料来源：根据 WITS 数据库数据制作。

从汽车、挂车和半挂车制造业出口增速来看，世界汽车等制造业的出口增速波动较大，整体上也呈现了协动性增长趋势（见表6–30、图6–26）。

表6-30　1979—2019年世界前20位国家汽车、挂车和半挂车制造业出口增速

国家＼年份	1979	1986	1994	2002	2011	2019
德国	22.68%	39.29%	20.95%	13.97%	21.79%	–7.14%
日本	7.95%	26.45%	0.48%	14.83%	0.75%	–3.50%
美国	13.25%	–3.85%	12.57%	6.16%	20.37%	2.47%
墨西哥			18.72%	–0.08%	21.57%	5.21%
中国		103.06%	44.31%	14.69%	34.28%	1.39%
韩国	67.64%	88.71%	15.84%	11.94%	25.51%	2.65%

续表

国家 \ 年份	1979	1986	1994	2002	2011	2019
加拿大	0.07%	2.82%	14.42%	4.53%	8.42%	0.08%
西班牙	38.59%	34.43%	28.10%	7.57%	17.71%	–5.51%
法国	24.93%	37.34%	17.02%	13.51%	13.81%	–6.21%
英国	13.60%	14.55%	19.48%	25.26%	21.06%	–8.21%
捷克			–3.79%	50.55%	23.77%	–1.18%
意大利	19.17%	42.10%	23.74%	3.51%	15.96%	–4.72%
比利时				6.86%	23.70%	6.15%
波兰		8.85%	8.67%	17.03%	16.07%	–1.13%
斯洛伐克				24.21%	27.04%	2.91%
泰国	113.04%	36.29%	36.76%	8.38%	–2.55%	–13.58%
土耳其		–25.48%	40.10%	37.84%	14.22%	–3.27%
荷兰	28.52%	46.38%	24.47%	7.84%	43.07%	–3.61%
瑞典	32.72%	31.97%	30.12%	3.41%	35.21%	–3.41%
匈牙利	13.27%	16.14%	–3.93%	9.83%	19.60%	5.74%

资料来源：根据 WITS 数据库数据制作。

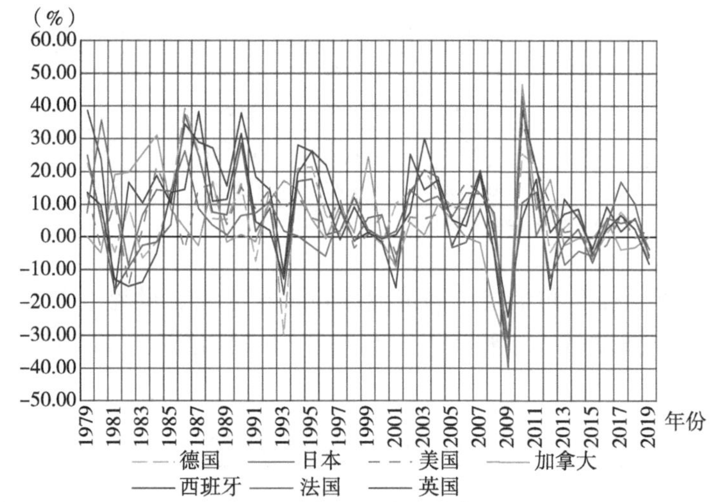

图6-26　1979—2019年世界主要国家汽车、挂车和半挂车制造业出口增速

资料来源：根据 WITS 数据库数据制作。

（四）化学品及药品制造行业进出口贸易发展比较分析

以世界 180 个国家为样本，对 2019 年化学品及药品制造行业的出口额进行排序，选择出口额居前 20 位的国家，对化学品及药品制造行业的出口额、化学品及药品制造行业的出口额世界占比和增速进行分析。

2019年，化学品及药品制造行业出口额居世界前10位的国家分别是：德国、美国、中国、瑞士、爱尔兰、法国、比利时、荷兰、英国、日本（见表6–31）。

表6-31 1978—2019年世界前20位国家化学品及药品制造行业出口额

（单位：千美元）

国家＼年份	1978	1986	1994	2002	2011	2019
德国	12732432	23210871	41929634	58949491	169147522	189196689
美国	10694137	18686981	39291313	59695306	150298935	160352437
中国		752273	5728544	13819539	94871324	128205651
瑞士	4477723	7403545	16207444	27111505	80153303	112631543
爱尔兰	632016	1621475	7040705	36956909	77453687	103704418
法国	7377262	13718840	27603185	40085601	85320829	90879134
比利时				43348818	50671027	79089746
荷兰	5143507	9709361	15344927	22858750	69396744	76985471
英国	6835830	12148515	22024338	36000030	70398707	59654191
日本	3637884	6551813	16766160	23775755	56260740	55753460
意大利	2367496	4874374	9848353	19841747	44116945	48351479
印度	160494	378127	2043868	5012440	27168730	48118061
韩国	304546	734813	3336274	7269184	35400484	45335553
新加坡	314800	982228	4126769	8803729	38930833	40302839
西班牙	740055	1756441	4426093	10292687	30429339	34830571
加拿大	1901529	3443470	6628786	10393495	28658552	25650246
俄罗斯				4201980	20371084	19365526
奥地利	693602	1322678	2726878	4470126	13952687	18518977
沙特阿拉伯	53114		1969916	3612279	16069714	17908163
波兰			1039134	1924088	12308710	17007747

资料来源：根据WITS数据库数据制作。

从化学品及药品制造行业出口额的占比来看，德国和美国都是化学品及药品制造和贸易大国。德国的化学品及药品的出口额占比从1978年的17.75%下降到了2019年的11.38%，下降了6个多百分点。美国的化学品及药品的出口额占比则从1978年的14.91%下降到了2019年的9.64%，下降了5个多百分点。中国的化学品及药品制造业则逐步实现了从无到有，从弱到强的发展。中国化学品及药品制造行业在 1978 年还没有出口额，但到了 2019 年，出口额占世界出口总额的比例达到了 7.71%，排名世界第 3 位（见表 6–32、图 6–27）。

表6-32　1978—2019年世界前20位国家化学品及药品制造行业出口额占比变化

国家＼年份	1978	1986	1994	2002	2011	2019
德国	17.75%	17.67%	14.70%	11.42%	11.55%	11.38%
美国	14.91%	14.23%	13.78%	11.56%	10.27%	9.64%
中国		0.57%	2.01%	2.68%	6.48%	7.71%
瑞士	6.24%	5.64%	5.68%	5.25%	5.48%	6.77%
爱尔兰	0.88%	1.23%	2.47%	7.16%	5.29%	6.24%
法国	10.29%	10.45%	9.68%	7.77%	5.83%	5.47%
比利时				8.40%	3.46%	4.76%
荷兰	7.17%	7.39%	5.38%	4.43%	4.74%	4.63%
英国	9.53%	9.25%	7.72%	6.97%	4.81%	3.59%
日本	5.07%	4.99%	5.88%	4.61%	3.84%	3.35%
意大利	3.30%	3.71%	3.45%	3.84%	3.01%	2.91%
印度	0.22%	0.29%	0.72%	0.97%	1.86%	2.89%
韩国	0.42%	0.56%	1.17%	1.41%	2.42%	2.73%
新加坡	0.44%	0.75%	1.45%	1.71%	2.66%	2.42%
西班牙	1.03%	1.34%	1.55%	1.99%	2.08%	2.09%
加拿大	2.65%	2.62%	2.32%	2.01%	1.96%	1.54%
俄罗斯				0.81%	1.39%	1.16%
奥地利	0.97%	1.01%	0.96%	0.87%	0.95%	1.11%
沙特阿拉伯	0.07%		0.69%	0.70%	1.10%	1.08%
波兰			0.36%	0.37%	0.84%	1.02%

资料来源：根据 WITS 数据库数据制作。

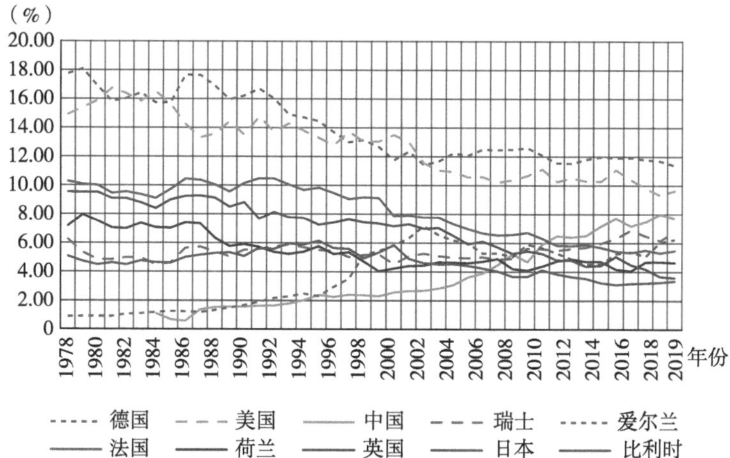

图6-27　1978—2019年世界前10位国家化学品及药品制造行业出口额占比变化

资料来源：根据 WITS 数据库数据制作。

从化学品及药品制造行业进出口的增速变化来看，化学品及药品制造行业不仅在各国的出口增长上呈现出显著的协同性，同时进出口的增长趋势也展现了一定的协同性，出口和进口的增长速度和方向几乎趋于一致（见图 6–28、图 6–29）。

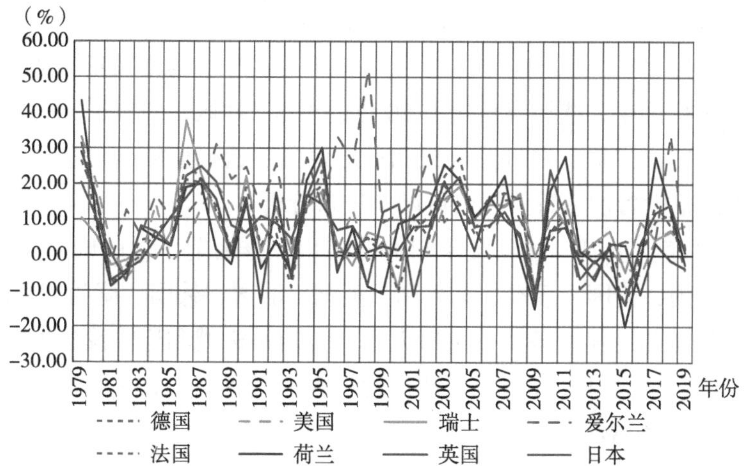

图6-28　1979—2019年世界主要国家化学品及药品制造行业出口额占比变化

资料来源：根据 WITS 数据库数据制作。

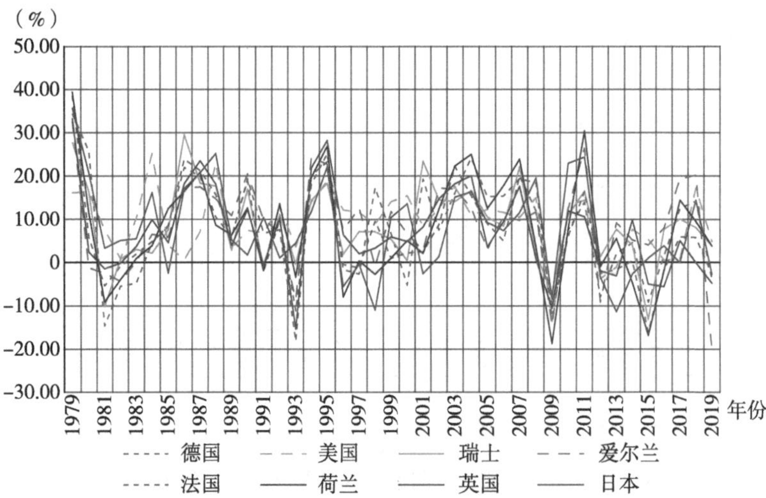

图6-29　1979—2019年世界主要国家化学品及药品制造行业进口额占比变化

资料来源：根据 WITS 数据库数据制作。

从整体上看，中国化学品及药品制造行业综合实力确实在不断提升，但与其他发达国家相比仍然存在一定差距，需要从品牌、质量、技术、效率等转型升级，才能进一步提高我国化学品及药品制造行业的国际竞争力。

（五）机械和运输设备进出口贸易发展比较分析

以世界 180 个经济体为样本，对 2019 年机械和运输设备制造行业的出口额进行排序，选择出口额前 20 位的国家 / 地区，对机械和运输设备制造行业的出口额、在世界机械和运输设备制造行业的出口总额占比和机械和运输设备制造行业的出口增速进行分析。

2019 年，世界机械和设备制造业出口额排名前十位的国家分别是：德国、中国、美国、日本、意大利、英国、法国、韩国、荷兰、墨西哥。德国是机械和运输设备第一出口大国，美国是机械和运输设备世界第一进口大国，中国已经成为机械和运输设备的世界第二大进出口大国（见表 6–33、表 6–34）。

表6-33　　1978—2019年世界前20位国家/地区机械和运输设备制造业出口额

（单位：千美元）

国家 / 地区	1978 年	1986 年	1994 年	2002 年	2011 年	2019 年
德国	28590788	42975395	72110477	100450260	244699257	249169003
中国大陆		163851	3426398	15684561	147822158	236098785
美国	22757172	26454013	65588932	90158373	155251319	143254161
日本	13504680	28930377	68814992	65273859	162763788	128515072
意大利	8431932	16417385	34265208	47017606	103687980	100901864
英国	11827155	14614433	25883281	36280642	65308275	68655234
法国	9856723	12594445	25604185	33001082	65107547	66882669
韩国	138172	707461	5256717	11053062	49063031	56513928
荷兰	2966251	4820725	8923046	11260480	43535125	54994794
墨西哥		1846028	5615947	12919380	30183903	44646060
新加坡		1382030	7017251	7354779	30939905	43079620
奥地利	1766831	4013390	8794617	12244944	30943840	30054829
加拿大	3290508	5468023	11102843	18919244	26228427	29316344
捷克共和国			1459839	5277066	20897033	25732064
波兰		1467659	933655	4189086	16863180	25367022
瑞士	5284764	8305170	13544655	14965826	29651436	23721004
西班牙	1097677	1953966	5483365	8788298	23748968	22901849
印度	209548	293136	601102	1587292	11683488	22837157
瑞典	3567600	5827964	9950241	11965105	26799987	22556910
中国香港	65931	382461	1032400	332735	608845	20895760

资料来源：根据 WITS 数据库数据制作。

表6-34　1978—2019年世界前20位国家/地区机械和运输设备制造业进口额

（单位：千美元）

国家 / 地区	1978 年	1986 年	1994 年	2002 年	2011 年	2019 年
德国	7155963	13830324	29082762	46956334	115508964	124096939
中国大陆	1981178	3849023	9954946	16576621	38578380	47005295
美国	11487736	33358029	63106546	93823835	185238012	263062170
日本		2756312	9990588	21228700	42252446	61800403
意大利		9542146	25730240	38098729	148148714	136145027
英国	2637580	4550699	16212217	13520357	42964369	38105921
法国	6892278	11739665	21327681	30546690	53649350	61077045
韩国	1713496	3788817	9253077	16292415	24643369	30502256
荷兰	7292480	12657662	22744444	31469158	61872621	72686185
墨西哥	6526222	11735484	20387011	30065242	55363343	63309043
新加坡			2208934	5254261	16245670	21193864
奥地利	3750007	6877922	11839020	20867674	36918829	39848524
加拿大				14482079	23792284	23646462
捷克共和国		1427006	2869774	6546259	20663772	25455929
波兰			824392	2039254	7349733	10145167
瑞士	769617	985333	8896648	7131235	22605158	22270460
西班牙		2292917	3492789	7512509	25506950	21494580
印度	3766174	6207358	8852381	9891660	29737858	36489036
瑞典	2386930	3941763	6056264	7635763	17633366	16133089
中国香港	1371379	1307002	1493997	5443963	11632864	15450597

资料来源：根据 WITS 数据库数据制作。

从机械和运输设备制造业出口的占比来看，1978—2019 年，机械和运输设备制造业前 20 位国家 / 地区的占比差距不断缩小。中国需要加快提高机械和运输设备制造业的创新能力，依托“一带一路”互联互通发展，有望成为机械和运输设备制造业的出口贸易强国（见表 6–35）。

表6-35　1978—2019年世界前20位国家/地区机械和运输设备制造业出口额占比

国家 / 地区	1978 年	1986 年	1994 年	2002 年	2011 年	2019 年
德国	23.68%	21.38%	17.18%	17.02%	16.25%	14.98%
中国大陆		0.08%	0.82%	2.66%	9.81%	14.20%
美国	18.85%	13.16%	15.63%	15.28%	10.31%	8.61%
日本	11.19%	14.39%	16.40%	11.06%	10.81%	7.73%
意大利	6.98%	8.17%	8.17%	7.97%	6.88%	6.07%
英国	9.80%	7.27%	6.17%	6.15%	4.34%	4.13%
法国	8.16%	6.27%	6.10%	5.59%	4.32%	4.02%
韩国	0.11%	0.35%	1.25%	1.87%	3.26%	3.40%
荷兰	2.46%	2.40%	2.13%	1.91%	2.89%	3.31%
墨西哥		0.92%	1.34%	2.19%	2.00%	2.68%
新加坡		0.69%	1.67%	1.25%	2.05%	2.59%
奥地利	1.46%	2.00%	2.10%	2.07%	2.05%	1.81%
加拿大	2.73%	2.72%	2.65%	3.21%	1.74%	1.76%
捷克共和国			0.35%	0.89%	1.39%	1.55%
波兰		0.73%	0.22%	0.71%	1.12%	1.53%
瑞士	4.38%	4.13%	3.23%	2.54%	1.97%	1.43%
西班牙	0.91%	0.97%	1.31%	1.49%	1.58%	1.38%
印度	0.17%	0.15%	0.14%	0.27%	0.78%	1.37%
瑞典	2.96%	2.90%	2.37%	2.03%	1.78%	1.36%
中国香港	0.05%	0.19%	0.25%	0.06%	0.04%	1.26%

资料来源：根据 WITS 数据库数据制作。

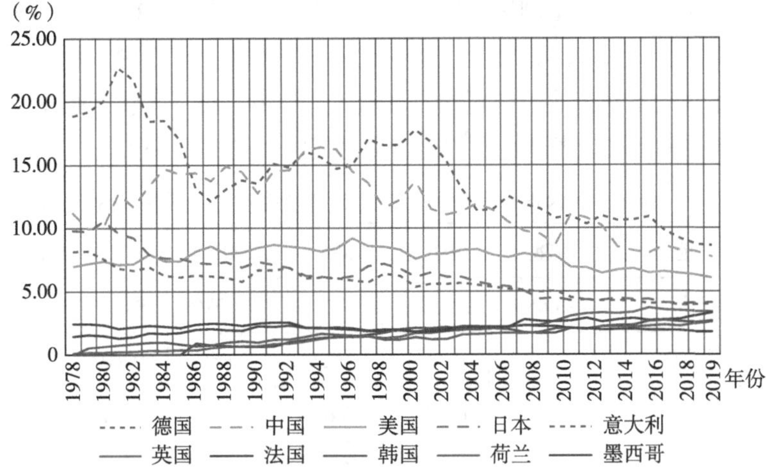

图6-30　1978—2018年世界前10位国家机械和运输设备制造业出口额占世界的比例变化

资料来源：根据 WITS 数据库数据制作。

从机械和运输设备制造业出口的增长速度变化来看，2000 年以来，世界机械和运输设备制造业的出口总体呈现正增长，仅在 2009 年受金融危机影响，机械和运输设备制造业出口出现负增长，但回缓较快，发展态势平稳（见表 6-36、图 6-31）。

表6-36　1979—2019年世界前20位国家/地区机械和运输设备制造业出口增速

国家 / 地区	1979 年	1987 年	1995 年	2003 年	2012 年	2019 年
德国	13.34%	19.42%	23.00%	16.55%	–4.67%	–2.93%
中国大陆		218.17%	38.83%	37.75%	7.53%	3.46%
美国	18.87%	8.32%	12.94%	–0.90%	5.88%	–2.85%
日本	3.67%	12.15%	18.66%	18.68%	–6.12%	–6.58%
意大利	20.51%	23.15%	23.39%	19.98%	–6.88%	–5.22%
英国	15.91%	16.15%	16.85%	15.21%	–1.06%	0.05%
法国	16.88%	16.59%	18.88%	17.05%	–1.95%	–0.09%
韩国	65.61%	76.11%	37.44%	20.01%	1.34%	–2.31%
荷兰	17.03%	21.72%	16.16%	28.00%	–10.64%	5.36%
墨西哥		–2.37%	24.47%	5.33%	11.46%	2.93%
新加坡		27.62%	13.40%	46.29%	7.10%	4.04%
奥地利	26.54%	20.61%	24.88%	25.10%	–4.67%	–2.03%
加拿大	18.10%	8.63%	11.22%	3.22%	20.99%	0.41%
捷克共和国			75.63%	31.54%	–2.78%	–2.71%

续表

国家 / 地区	1979 年	1987 年	1995 年	2003 年	2012 年	2019 年
波兰		-0.73%	48.94%	35.05%	-1.16%	-4.75%
瑞士	10.16%	21.73%	23.09%	8.87%	-15.76%	-7.84%
西班牙	43.31%	29.57%	24.61%	28.35%	-2.50%	-7.75%
印度	4.23%	10.87%	13.92%	29.76%	3.54%	3.61%
瑞典	22.73%	19.17%	10.51%	22.41%	-6.18%	-3.40%
中国香港	41.06%	42.87%	-3.72%	-14.96%	-32.70%	10.92%

资料来源：根据 WITS 数据库数据制作。

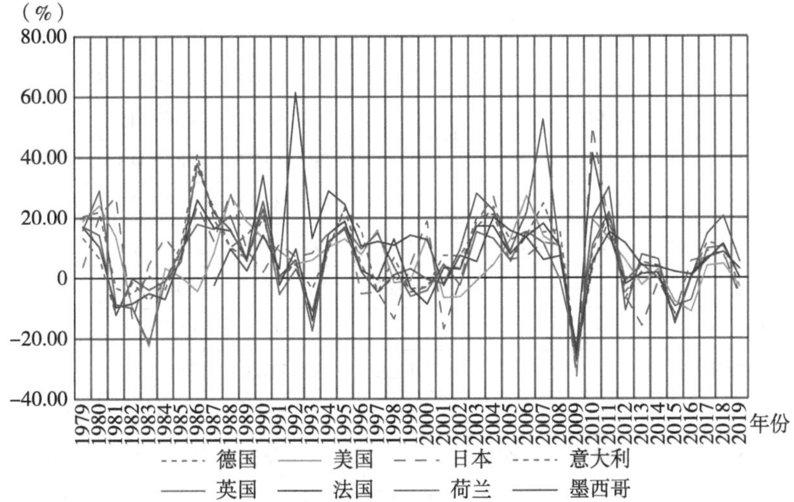

图6-31 1979—2019年世界主要国家机械和运输设备制造业出口额增速

资料来源：根据 WITS 数据库数据制作。

（六）电力设备贸易发展比较分析

电力设备贸易发展以世界 180 个经济体为样本，对 2019 年电力设备制造行业的出口额进行排序，选择居世界出口前 20 位的国家和地区，对电力设备制造行业的出口额、其出口额占世界比例和电力设备制造行业的出口增速进行分析。

2019 年，世界电力设备制造行业的出口额排名前 10 位的国家和地区分别是：中国大陆、中国香港、韩国、德国、新加坡、日本、美国、马来西亚、墨西哥、荷兰。中国既是电力设备制造业第一出口大国，又是电力设备制造业世界第一进口大国（见表 6-37、表 6-38）。

表6-37　　1978—2019年世界前20位国家和地区电力设备制造业出口额变化

（单位：千美元）

国家 / 地区	1978 年	1986 年	1994 年	2002 年	2011 年	2019 年
中国大陆		78074	6439370	32863102	220525356	358757143
中国香港	449845	1437160	3222395	1995411	500930	208314454
韩国	611871	2856540	18114367	23649455	77444677	124743046
德国	9101214	16519105	33099999	49178317	113888349	126071388
新加坡		2970226	17839325	36441953	100971366	104517215
日本	5943686	18527607	58103222	60896638	100539230	94868693
美国	6788073	12407451	44166811	66791468	77659767	83805684
马来西亚	624051	2479954	11948297	23360638	46191259	70996359
墨西哥		1158939	9564493	22364869	31784007	46696942
荷兰	2172490	3640107	7885878	6939444	24589745	37616312
法国	3655119	6208998	14943730	20166177	35840043	33534977
菲律宾	21842	335575	1729194	16873790	11287135	32354965
泰国	111518	710844	4916452	9951346	22168729	23755398
意大利	2589644	4579392	11802746	15341632	25493075	24253656
越南				416879	4228337	29802401
捷克共和国			506235	3811143	15502889	19520250
波兰		447215	702412	2974333	13791877	19509475
英国	2684604	4958011	14810187	21180802	18629386	18646252
匈牙利	315855	396714	839861	3825747	12182146	15600285
西班牙	359497	937848	3353565	5539833	12633129	13563224

资料来源：根据 WITS 数据库数据制作。

表6-38　　1978—2019年世界前20位国家和地区电力设备制造业进口额

（单位：千美元）

国家 / 地区	1978 年	1986 年	1994 年	2002 年	2011 年	2019 年
中国大陆		92786	7706029	51187052	238825615	435529433
中国香港	831110	3029829	18417166	38116847	130659221	220465407
韩国	818790	3087282	10723469	25602636	53299810	68411469
德国	4182603	8885095	25505106	37393071	93597809	103469267
新加坡		3588099	22353205	31149609	70565765	85213528
日本	1089959	2875165	13877514	29191340	52810062	61493314
美国	5486363	20954010	59449758	83715100	141713523	202778897
马来西亚	594969	2303558	16062002	29263767	41609786	48663688

续表

国家 / 地区	1978 年	1986 年	1994 年	2002 年	2011 年	2019 年
墨西哥		1801796	10763968	28173321	41763458	62726015
荷兰	2229231	3489447	7037904	7735457	22129011	42589670
法国	2865286	6028896	13584558	18862852	40293900	38081334
菲律宾	181030	300741	1802621	17281020	7230020	23275655
泰国	274446	807162	6888002	11320335	23363919	25427218
意大利	1564737	3796031	9500351	10996348	30323248	21554253
越南				940566	8952320	54807454
捷克共和国			855006	4816798	14551815	19174778
波兰		377519	1099751	3733504	12668741	18183201
英国	2322705	6519407	16092196	22007624	30330271	31733088
匈牙利	254147	335457	898770	6371807	12921643	17494943
西班牙	601749	1330510	4675429	7843752	15440863	18822844

资料来源：根据 WITS 数据库数据制作。

从电力设备制造业出口额占世界电力设备制造业出口总额的比例变化来看，中国的电力设备制造业出口额占比从 1986 年 0.08% 增长到 2019 年 20.14%，2011 年以来中国已经成为电力设备制造业出口的第一大国（见表 6–39、图 6–32）。

表6-39　1978—2019年世界前20位国家和地区电力设备制造业出口占世界比例变化

国家 / 地区	1978 年	1986 年	1994 年	2002 年	2011 年	2019 年
中国大陆		0.08%	2.08%	6.33%	18.58%	20.14%
中国香港	1.10%	1.53%	1.04%	0.38%	0.04%	11.70%
韩国	1.49%	3.03%	5.84%	4.56%	6.52%	7.00%
德国	22.22%	17.54%	10.67%	9.48%	9.59%	7.08%
新加坡		3.15%	5.75%	7.02%	8.51%	5.87%
日本	14.51%	19.67%	18.74%	11.73%	8.47%	5.33%
美国	16.57%	13.17%	14.24%	12.87%	6.54%	4.71%
马来西亚	1.52%	2.63%	3.85%	4.50%	3.89%	3.99%
墨西哥		1.23%	3.08%	4.31%	2.68%	2.62%
荷兰	5.30%	3.86%	2.54%	1.34%	2.07%	2.11%
法国	8.92%	6.59%	4.82%	3.89%	3.02%	1.88%
菲律宾	0.05%	0.36%	0.56%	3.25%	0.95%	1.82%
泰国	0.27%	0.75%	1.59%	1.92%	1.87%	1.33%
意大利	6.32%	4.86%	3.81%	2.96%	2.15%	1.36%

续表

国家 / 地区	1978 年	1986 年	1994 年	2002 年	2011 年	2019 年
越南				0.08%	0.36%	1.67%
捷克共和国			0.16%	0.73%	1.31%	1.10%
波兰		0.47%	0.23%	0.57%	1.16%	1.10%
英国	6.55%	5.26%	4.78%	4.08%	1.57%	1.05%
匈牙利	0.77%	0.42%	0.27%	0.74%	1.03%	0.88%
西班牙	0.88%	1.00%	1.08%	1.07%	1.06%	0.76%

资料来源：根据 WITS 数据库数据制作。

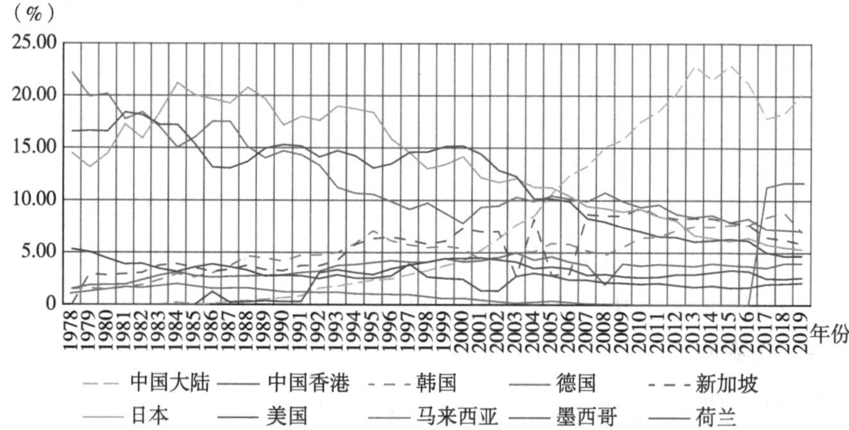

图6-32　1978—2019年世界前10位国家和地区电力设备制造业出口额占世界的比例变化

资料来源：根据 WITS 数据库数据制作。

从电力设备出口贸易的增速来看，中国电力设备出口总体呈现持续较快增长态势（见表 6-40）。

表6-40　1979—2019年世界前20位国家和地区电力设备制造业出口增速

国家 / 地区	1979 年	1987 年	1995 年	2003 年	2012 年	2019 年
中国大陆		330.15%	48.44%	32.52%	10.10%	8.12%
中国香港	43.55%	29.38%	28.06%	−34.14%	−17.13%	−1.42%
韩国	30.33%	47.72%	57.33%	20.78%	10.24%	−22.62%
德国	11.11%	21.22%	28.82%	19.10%	−8.68%	−3.19%
新加坡		29.21%	43.01%	−58.28%	−2.01%	−7.69%
日本	12.44%	18.90%	27.64%	12.77%	−3.94%	−4.80%
美国	24.43%	20.59%	19.57%	4.40%	−0.35%	−1.31%
马来西亚	51.25%	24.16%	36.31%	21.03%	−1.47%	−1.65%

续表

国家 / 地区	1979 年	1987 年	1995 年	2003 年	2012 年	2019 年
墨西哥		–75.97%	22.18%	4.55%	9.44%	3.07%
荷兰	17.94%	13.04%	30.20%	125.02%	–8.27%	1.17%
法国	27.46%	20.69%	29.89%	13.52%	–7.62%	–1.67%
菲律宾	–17.86%	35.44%	30.31%	2.82%	68.72%	5.84%
泰国	46.81%	33.46%	29.38%	20.95%	–9.49%	–11.33%
意大利	22.52%	27.39%	21.52%	17.34%	–10.17%	–5.38%
越南				47.88%	57.97%	29.40%
捷克共和国			207.44%	28.98%	–4.08%	–2.91%
波兰		3.00%	45.82%	42.31%	–5.99%	–2.04%
英国	15.45%	25.47%	24.09%	–15.99%	–7.73%	–2.64%
匈牙利	22.74%	5.71%	48.47%	33.80%	–6.42%	0.85%
西班牙	49.50%	28.00%	22.58%	26.05%	–10.57%	–7.31%

资料来源：根据 WITS 数据库数据制作。

从电力设备出口的增速来看，中国的电力设备出口总体呈现正增长。该产业的增长波动较大，中国在 1987 年增长率曾经高达 330.15%，而在 2019 年出口增长率为 8.12%（见表 6–40）。

根据对五大制造业行业进出口贸易发展规模变化、其占世界制造业进出口总额的比例变化及进出口贸易增长速度变化的比较分析，结果显示：一是美国、德国等发达国家在食品及饮料业，汽车、挂车和半挂车制造业，化学品和药品业，机械和运输设备业等仍然具有明显国际竞争力，美国、德国等发达国家仍然是制造业进出口贸易大国和贸易强国。二是中国在化学品和药品业、机械和运输设备业，汽车、挂车和半挂车制造业，电力设备制造业等进出口贸易规模持续扩大，占世界制造业进出口贸易的比例不断提高，中国在电力设备制造，化学品和药品，机械和运输设备等制造业领域已经成为位居世界前列的贸易大国。三是制造业优势行业同时是制造业进出口贸易的优势行业，制造业结构与贸易结构具有很强的互动变化关系，制造业结构与贸易结构良性互动对国家现代化发展具有重要影响。四是中国要加快从制造业进出口贸易大国向制造业贸易强国转变，需要加快推动创新驱动发展，加强产业结构与贸易结构的良性互动发展，加快提高制造业贸易质量和水平，有利于推动中国式现代化强国建设。

第三节　产业结构、贸易结构及其互动对现代化水平的影响机制分析

一、产业结构、贸易结构互动对现代化水平的影响机制分析

（一）产业结构影响现代化水平的路径分析

产业结构水平的提升对现代化水平的正向效应已由许多学者加以验证。结论显示，我国现代化产业体系的建设需要依托产业结构的不断提升，而产业规模的壮大、结构优化、创新驱动转型升级、质量效益的不断提升，都是产业结构优化的体现。通过重工业的转型升级与高端服务业的发展，有效提高供给体系质量，从而加快现代化产业体系的建设与完善。基于此，本章认为，产业结构可以通过产业关联效应、产业创新效应和产业结构调整效应三个路径来提高经济体的现代化水平。

产业关联效应是指不同产业之间存在技术关联与工序分工，通过产业内的正向联动、反馈机制形成具有强烈互动的产业集群，并通过产业间的正向联动，降低其他产业对新技术的学习成本与研发成本，从而实现产业内与产业群的联动发展，提高产业结构水平，从而加快经济体实现现代化的进程。

产业创新效应是指通过不断对现有产业技术基础、运行机制进行革新来实现新模式、新产品、新业态的发展。产业的创新可以发生在微观的产品层面，也可以发生在产业层面。随着产业的创新水平不断攀升，我国的现代化水平也将不断提高。

产业结构调整效应是指随着经济和产业的发展，产业间的组合关系与产业内的要素会在政策引导下或是在一定程度上自发地就其互动关系进行调整。通过产业间与产业内的结构调整，新旧产业之间的不断协同，传统产业得到深化再造，催生出新的产业分支并调节过剩产能，从而提高该经济体产业结构的合理性，进而提高该经济体的现代化程度。

基于上述理论分析，本节提出 H1。

H1：产业结构的优化升级可以显著促进现代化水平的提高。

（二）贸易结构影响现代化水平的路径分析

自 2020 年 4 月党中央提出，以国内大循环为主体、国内国际双循环相互促进的新发展格局的战略以来，不少学者对如何通过新时期贸易结构的升级优化我国的新发展格局展开了相关研究，其内在机理对于本研

究有着巨大的参考价值。

贸易结构升级的本质是要促进经济体要素配置的国际范围调整，进而获得比较优势，并且根据形势不断地调整，从而获得长期的贸易优势，并通过贸易结构升级推动我国现代化水平的全面提高。从作用机制来看，贸易结构的发展是“增量”和“提质”的有机统一，其结构的不断完善可以从以下角度促进现代化发展：首先，贸易结构的提升可以通过市场需求效应和人力资本积累效应提高创新发展水平，从而提高经济体的现代化水平；其次，贸易结构的升级可以通过带动技术溢出的扩散效应、要素转移效应来学习先进技术，从而提高一国的科技水平，实现现代化进程的提升；最后，贸易结构的发展可以促进环境规制以改善环境质量。因此，贸易结构的不断提升能够有效提高经济体的综合现代化水平。

基于上述理论分析，本节提出 H2。

H2：贸易结构的优化升级可以显著促进现代化水平的提高。

（三）产业结构与贸易结构耦合影响现代化水平的路径分析

任保平（2018）[①] 指出，经济结构包括产业结构、城乡结构、区域结构、贸易结构等，任何一个结构的失衡都会导致整个经济系统的协调性降低，经济体发展的经济效益就会降低。因此，产业结构和贸易结构的良性互动对现代化水平的发展至关重要。

本节认为，产业结构与贸易结构存在“原像”与“镜像”的关系，两者具有统一性。根据传统国际贸易理论，各国在开放经济背景下会选择利用自己较为丰裕的要素禀赋开展生产活动，并通过贸易获取利益，而这一经济行为的基础就取决于国内产业结构的高低。经济体通过贸易将供给与需求从国内扩展到国际版图，通过加速资本积累、引进技术要素转移及推动规模经济等方式推动国内产业发展，促进产业转型升级。产业结构的提高又反过来作用于贸易结构，提高了可贸易品的贸易价值与贸易总量。两者通过改变要素禀赋的供需关系及促进人力资本与技术从低端向高端转移，进而实现社会整体现代化水平的提高。

在此，本节提出 H3。

H3：产业结构和贸易结构存在一定的互动效应，产业结构和贸易结构的良好耦合可以促进现代化产业的发展。

---

① 任保平：《新时代中国经济从高速增长转向高质量发展：理论阐释与实践取向》，《学术月刊》2018 年第 3 期。

（四）技术进步的调节机制

现代经济增长理论认为，内生性经济增长的决定性因素是知识资本和人力资本。我国经济已经逐步从新古典增长阶段过渡到新经济增长理论中的技术进步内生增长阶段，需要强化知识与专业化人力资本带来的技术进步。随着学者对经济增长影响因素的相关研究的不断深入，技术进步是经济长期稳定增长的核心动力、是促进经济体结构转型升级的根本途径已经成为学界的共识。

首先，技术进步可以通过决定企业之间竞争的形式与层次，创造新市场或颠覆现有市场从而导致行业竞争格局发生变化，进而导致行业结构产生变化。此外，技术进步可以通过改变供给与需求结构、就业结构、投资结构、产业比较优势和催生新产业五个渠道促进产业结构的转型升级。

其次，技术进步可以通过改变一国商品和服务的质量并带动新产品和新产业的发展来提高一国的贸易结构。国内学者通过相关数据，证明了科学技术的进步与创新对于正处经济发展重要阶段的我国贸易结构转变具有根本性作用。

最后，技术进步和创新发展也是提高产业结构与贸易结构耦合协调度，进而提升现阶段我国实现高质量发展与现代化建设的关键调节机制。从宏观层面，技术进步可以通过要素贡献、效率提升和知识创造三个渠道实现；从微观层面，技术进步可以通过规模经济、范围经济和长尾效应等渠道匹配供需，促进经济体产业结构和贸易结构的匹配程度。因此，一个经济体可以通过缩短国家间的技术差距来提高社会能力，进而促进该经济体的现代化进程发展。

综上所述，技术进步可以通过改变供给与需求结构、就业结构、投资结构、产业比较优势和催生新产业等方式带动产业结构向中高端迈进，也可以通过资源配置效应、干中学效应和技术溢出效应等渠道促进贸易结构的转型升级。此外，由于技术进步使产业结构和贸易结构不断向高级化发展，两者之间的耦合协调度也得到进一步的提升，从而促进现代化水平的提高。基于此背景，本文提出 H4。

H4：技术进步能更好地促进产业结构与贸易结构的协同，进而促进现代化水平的提高。

总结上述四个假说，绘制出本节的互动机制图，具体如图 6-33

所示。

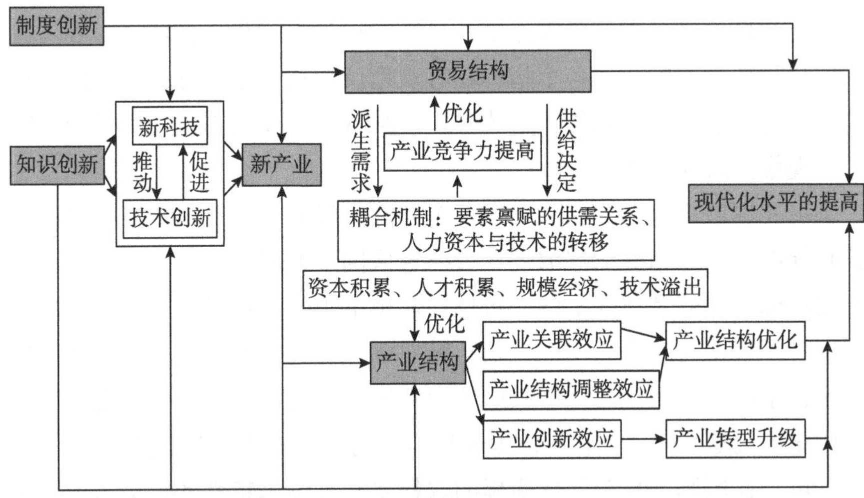

图6-33 产业结构、贸易结构和现代化水平的耦合机制图

资料来源：作者自行整理得到。

二、现代化水平指数构建及变化趋势分析

为深入研究产业结构和贸易结构变化对现代化水平变化影响机制，需要对现代化水平变化趋势及其影响因素进行深入的国际比较分析，才能揭示产业结构、贸易结构变化和现代化水平提升的互动机制和互动关系。下面先对65个样本经济体现代化水平指数变化趋势进行比较分析。

（一）现代化水平指标体系及其构建原则

现代化水平指标体系构建，需要考虑系统性、典型性、客观性、可比性和可行性原则（何传启等，2020①；贾晓芬、张宏莉，2022②）。

系统性原则是指在构建现代化指标体系时，应尽可能涉及现代化的所有领域和方面，通过从目的层、系统层、指标层等多层级入手，进而构建从宏观到微观、从整体到局部的全面系统的指标网络。

典型性原则具有两个层级的考量：第一层含义是指标体系的构建需要反映现代化尤其是中国式现代化的典型特征，因此，在构建指标体系时要充分考虑我国当下国情；第二层含义是指在构建指标体系时，要

① 何传启、刘雷、赵西君：《世界现代化指标体系研究》，《中国科学院院刊》2020年第35卷第11期。

② 贾晓芬、张宏莉：《科学构建中国式现代化的评价指标体系》，《国家治理》2022年第20期。

化繁为简，尽可能选取具有权威性、代表性的指标，简明扼要地表现出现代化的内涵。

客观性原则又称科学性原则，是指在构建现代化指标体系时要考虑到现代化的动态特征，各个指标在客观地反映现代化过程结果的同时保持指标间的独立性（陈佳贵、黄群慧，2003[①]），从而客观、科学地反映各国现代化的真实情况。

可比性原则包括横向和纵向两个方面。横向可比性是指标之间的口径必须统一，在指标的选取上尽可能选取国际通用的指标，并确保各国相关指标在时间和空间上的一致性，避免由于统计口径的失误导致同一时期各国数据无法进行横向比较；纵向可比性是指对于某一特定经济体而言，不同年份的现代化指数应该存在纵向的可比性，具体体现为如果现代化指数随时间增长，则该国的整体现代化水平处于优化状态。

可行性原则是指现代化指标的选择要兼具学术特性和社会需求，保证指标体系既具有理论高度，又较容易理解与实操，同时又要保证在所有样本国家指标数据的可获得性。

（二）构建现代化指标体系的方法

中国式现代化不仅具有世界现代化的普遍特征，更具有中国特色社会主义发展道路的特征，是将现代化发展规律与我国发展国情、发展阶段、时代背景相结合的伟大理论创新。因此，在构建现代化指标体系时，我们要从中国式现代化这一伟大创造的基本事实与典型特征出发，做到既符合国际现代化发展的主流趋势，又要凸显中国特色。党的二十大报告曾指出，中国式现代化是人口规模巨大的现代化，是全体人民共同富裕的现代化，是物质文明和精神文明相协调的现代化，是人与自然和谐共生的现代化，是走和平发展道路的现代化。因此，在构建现代化指标时，将我国地大物博、人口众多的特点融入现代化指标中是制定中国式现代化指标体系的主要导向之一。

党的二十大报告提出，在基本实现现代化的基础上，我们要继续奋斗，到本世纪中叶，把我国建设成为综合国力和国际影响力领先的社会主义现代化强国。到那时，我国物质文明、政治文明、精神文明、社会

---

① 陈佳贵、黄群慧:《工业现代化的标志、衡量指标及对中国工业的初步评价》,《中国社会科学》2003 年第 3 期。

文明、生态文明将全面提升，统筹推进“五位一体”总体布局将取得标志性成果。

基于中国式现代化的理论分析、内涵界定和本质要求，“五位一体”总体布局及全面建成社会主义现代化强国的发展目标，本节拟从经济现代化、政治现代化、文化现代化、社会现代化和生态现代化五个维度构建全球现代化指标体系。

从经济现代化维度来看，现代化经济体系建设是推进中国式现代化的首要基础和有力支撑。只有建设好现代化经济体系，才能为社会主义物质文明、政治文明、精神文明、社会文明、生态文明建设提供坚实的经济基础，为共同富裕提供物质保障，为中华民族伟大复兴创造经济条件（王跃生、杨丽花,2022）[①]。党的二十大报告指出，未来五年的主要任务就是推动经济高质量发展取得新突破，构建新发展格局和建设现代化经济体系取得重大进展，社会主义市场经济体制更加完善，更高水平开放型经济新体制基本形成。因此，面对经济高质量发展的要求，经济现代化应该从经济发展水平和消费水平两个角度进行分析。考虑到中国人口规模巨大，在衡量经济发展方面本文选用了人均国内生产总值和国内生产总值全球占比作为三级指标；在消费水平角度本文借鉴了蒋永穆等（2022）[②]的做法，选用最终消费比例对样本国家的消费水平进行测度。

社会治理是以实现和维护群众权利为核心，发挥多元治理主体的作用，针对国家治理中的社会问题，完善社会福利，保障改善民生，化解社会矛盾，促进社会公平，推动社会有序和谐发展的过程（姜晓萍，2014）[③]，因此，社会现代化的评价维度需要将现代化形态嵌入社会发展，以社会进程现代化体现以人为本的核心理念（任保平和张倩，2022）[④]。基于此，本节提出，社会现代化的主要体现就是社会结构的合理化、教育水平和劳动力水平的不断提高。因此，本节借鉴了李扬等

---

① 王跃生、杨丽花:《区域贸易协定赋能双循环新发展格局构建》,《中国特色社会主义研究》2022 年第 4 期。

② 蒋永穆、李想、唐永:《中国式现代化评价指标体系的构建》,《改革》2022 年第 12 期。

③ 姜晓萍:《国家治理现代化进程中的社会治理体制创新》,《中国行政管理》2014 年第 2 期。

④ 任保平、张倩:《构建科学合理的中国式现代化的评价指标体系》,《学术界》2022 年第 6 期。

（2023）[①]的研究成果，选用人口、教育及劳动力市场三个二级指标作为社会现代化的评价标准。其中，人口这一二级指标包含城市人口比例和人均预期寿命两个三级指标，城市人口比例可以反映国家的城市化水平，而人均预期寿命则反映了一个国家的社会生活质量的综合水平；平均受教育年限反映了一国教育的整体水平，因此本文用该指标衡量样本国家的教育整体质量；目前多数文献采用失业率指标对劳动力市场水平进行测算（任保平和张倩，2019[②]；何传启等，2020[③]），考虑到失业率是负向指标，为了保持指标属性的一致性，本文采用失业率来反映样本经济体的就业水平。

政治现代化是一种传统体制不断瓦解的社会变迁过程（张华青，2003）[④]，是民主从政治层面向社会层面回归的过程（俞睿和皋艳，2006）[⑤]，其本质是实现人民对美好生活的向往。回顾中国式现代化的历史进程，可以发现，政府治理能力是实现中国式现代化的重要保障，对维系社会稳定、提高公众安全度有着重要的意义与积极作用（任保平和张倩，2022）[⑥]。由于政府的治理水平指标难以量化，国际可比较性受到挑战，因此，本节借鉴了贾晓芬和张宏莉（2022）[⑦]的方法，采用政府支出作为二级指标来反映政务服务环境和政府治理效能状况，并选取一般政府最终消费支出占 GDP 的比重、政府教育支出占 GDP 的比重和政府国防支出占 GDP 的比重作为三级指标。

文化现代化是指文化各种因素、门类的国际最新、最高发展水平，是在继承、弘扬民族及全人类的优秀传统文化基础上创造、发展，并不断向现代文化转型的特殊文化过程（陈依元，2000）[⑧]。因此，提高文化现代化水平是增强国家文化软实力的重要举措，是国家屹立于世界民族之

---

① 李扬、靳京、梁昊光：《国内外城市现代化的评价指标、方法及案例研究》，《科学观察》2023 年第 18 卷第 2 期。

② 任保平、张倩：《西部大开发 20 年西部地区经济发展的成就，经验与转型》，《陕西师范大学学报：哲学社会科学版》2019 年第 4 期。

③ 何传启、刘雷、赵西君：《世界现代化指标体系研究》，《中国科学院院刊》2020 年第 35 卷第 11 期。

④ 张华青：《论政治现代化与公民文化》，《复旦学报（社会科学版）》2003 年第 1 期。

⑤ 俞睿、皋艳：《公民意识：中国政治现代化的驱动力》，《求实》2006 年第 1 期。

⑥ 任保平、张倩：《构建科学合理的中国式现代化的评价指标体系》，《学术界》2022 年第 6 期。

⑦ 贾晓芬、张宏莉：《科学构建中国式现代化的评价指标体系》，《国家治理》2022 年第 20 期。

⑧ 陈依元：《现代化，文化现代化，文化现代化指标体系》，《学术评论》2000 年第 10 期。

林的基础与保障，其本质是文化要素的创新、选择、传播和推出交互进行的过程，是现代文化形成、发展、转型和国际互动的复合过程（房广顺、祁玉伟,2023）①。本节参考了黄昌勇和解学芳（2017）②与何传启等（2020）③的研究，从文化的培育基础与文化实力两个层面对文化现代化进行衡量，因此将文化基础和文化消费作为二级指标。文化基础主要描述了支持文化现代化发展的基本条件，本节在此使用网络普及率与移动通信普及率两个三级指标来衡量，文化产出层面则用文化产业人均出口和文化产业支出占比来衡量。

全球范围内的多项研究表明，生态现代化对一国的整体发展具有显著的促进性。Sadorsky（2009）④发现，人均可再生能源消费量和实际人均可支配收入存在显著的正相关关系，Apergis 等（2010）⑤和 Tugcu 等（2012）⑥分别通过 OECD（经济合作与发展组织）国家 1990—2010 年和 G7（七国集团）经济体 1980—2009 年的面板数据进一步验证了这一结论。21 世纪以来，以“两山”理论为代表，中国式现代化开始呈现经济增长与环境保护共赢的价值取向，生态现代化在我国现代化进程中的战略地位也不断提高。因此，基于 Wang 等（2019）⑦的生态文明建设指标体系，本节从能源使用和生态环境两个角度对生态现代化进行评价。能源使用方面，本节采用了可再生能源消耗占最终能源消耗总量的百分比及人均二氧化碳排放量两个三级指标衡量，其中可再生能源消耗占最终能源消耗总量的比值为正向指标，人均二氧化碳排放量为负向指标；在衡量生态资源方面，单位 GDP 能耗、自然资源租金总额占 GDP 的比重、森林覆盖率、人均淡水消费量等指标被国内外学者广

---

① 房广顺、祁玉伟:《中国文化现代化的丰富内涵和鲜明特征》,《长白学刊》2023 年第 1 期。

② 黄昌勇、解学芳:《中国城市文化指标体系的构建与实践》,《学术月刊》2017 年第 5 期。

③ 何传启、刘雷、赵西君:《世界现代化指标体系研究》,《中国科学院院刊》2020 年第 35 卷第 11 期。

④ Sadorsky P., “Renewable energy consumption and income in emerging economies,” *Energy policy*, Vol.37, No.10, 2009.

⑤ Apergis N., James E. P., “Renewable energy consumption and economic growth: evidence from a panel of OECD countries,” *Energy policy*, Vol.38, No.1, 2010.

⑥ Tugcu C. T., et al., “Renewable and non-renewable energy consumption and economic growth relationship revisited: evidence from G7 countries,” *Energy economics*, Vol.34, No.6, 2012.

⑦ Wang Xiaotian, Xingpeng Chen, “An evaluation index system of China’s development level of ecological civilization,” *Sustainability*, Vol.11, No.8, 2019.

泛使用（李平等，2010[①]；宋林飞，2012[②]；何传启等，2020[③]；任保平和张倩，2022[④]），考虑到样本经济体数据的可获得性及完备性，结合指标选取原则，本节拟选取人均森林面积和人均可再生内陆淡水资源数量作为衡量生态资源的指标。

（三）现代化指标体系计算方法的选取

目前，现代化指标体系的计算方法共分为两类：

第一类是以英格尔斯现代化指标体系（1983）为代表的门槛型指标。该类指标通过列举数项子指标并设定相应门槛来评价某一经济体是否实现现代化，并根据满足门槛的数量决定现代化水平的高低。这一类指标体系在现代化研究早期被广泛使用，但由于指标门槛设置不科学、满足相同门槛的不同经济体的现代化水平难以量化比较等一系列的缺点，这一量化方法逐渐被现代研究所摒弃。

现代化指标体系构建的第二类方法则是以专家、学者为核心进行主观赋权的专家评判法。这一方法主要以一名或多名专家为核心，对同一套指标评价体系各自给出独立的权重系数，形成评估矩阵，进而推算出各项指标所占的综合权重，这种方法具有操作简洁、原理清晰的优点，但同时也较依赖于专家组的水平，受主观因素影响较大，借助此方法得出的指标体系的公信力相对较低，因此通常适用于信息难以量化的项目或作为辅助计算方法使用。

现代化指标体系构建的第三类方法是以现代计量方法为依据的测算方法，其中又以主成分分析法和熵值法为代表。主成分分析法的特点是通过构建一组新的综合指标来代替原有指标，这组指标的变量数量较之前相对减少，变量之间互相无关而又能在最大限度上反映原有指标的主要信息，能够同时实现降维和保真的作用；而熵值法则是通过计算每个指标的熵值来反映其信息量大小，然后再通过熵值占总熵值的比重来确定每个指标的权重。若一个属性熵值越大，就说明该系统越混乱，携带

① 李平、王钦、贺俊等：《中国制造业可持续发展指标体系构建及目标预测》，《中国工业经济》2010 年第 5 期。

② 宋林飞：《我国基本实现现代化指标体系与评估》，《南京社会科学》2012 年第 1 期。

③ 何传启、刘雷、赵西君：《世界现代化指标体系研究》，《中国科学院院刊》2020 年第 35 卷第 11 期。

④ 任保平、张倩：《构建科学合理的中国式现代化的评价指标体系》，《学术界》2022 年第 6 期。

的信息越少，权重也越小（杨宇，2006）①。

考虑到本节各个指标的含义差距较大，使用主成分分析法会导致部分关键指标信息缺失。同时，过度依赖客观赋权又可能导致一级指标层面出现权重过分倾斜于某一项或某几项指标，从而降低整体指标体系的科学性。因此本节采用熵值法对各项三级指标的权重进行确定，并基于现有研究，采用主观赋权法对一级指标的权重予以确定。

熵值法的具体步骤如下：

第一步：数据标准化。对于每一项正向指标，需要将其取值标准化为 0 到 1 之间的数值（式 6–1）；对于负向指标，则可以通过先对指标取相反数后再进行式 6–1 操作，以便进行后续的比较和加权处理。

$$x_{tij}=\frac{x_{tij}-\min\left(x_{tij}\right)}{\max\left(x_{tij}\right)-\min\left(x_{tij}\right)} \tag{6-1}$$

其中，字母 t 表示年份，i 表示研究的样本，j 表示研究的指标，x_{tij} 表示第 t 年第 i 个研究对象的第 j 项指标的数值。

第二步：计算第 t 年第 j 项指标下第 i 个研究样本所占的比重 p_{tij}：

$$p_{tij}=\frac{x_{tij}}{\sum_{t=1}^{n}\sum_{i=1}^{m}x_{tij}} \quad i=1,2,\cdots,m;\ j=1,2,\cdots,n \tag{6-2}$$

其中，n 代表年份总数，m 代表研究样本的总数，p_{tij} 为标准化后第 t 年第 j 个指标下第 i 个样本占该指标的比重。

第三步：计算第 t 年第 j 项指标的熵值 E_j：

$$E_j=-\ln\left(n\times m\right)^{-1}\sum_{t=1}^{n}\sum_{i=1}^{m}p_{tij}\ln p_{tij} \tag{6-3}$$

第四步：确定各项指标的权重：

$$W_j=\frac{1-E_j}{\sum_{j=1}^{k}\left(1-E_j\right)} \tag{6-4}$$

其中，k 代表研究指标总数，W_j 表示第 j 项指标所占的权重。

最后，对于每一个属性，将其权重与属性值相乘，得到其加权值。最后将各属性的加权值相加，计算出该一级指标最终的综合得分

① 杨宇:《多指标综合评价中赋权方法评析》,《统计与决策》2006 年第 13 期。

（式 6–5）。

$$Y_{ti}=\sum_{j=1}^{k}p_{tij}W_j \qquad (6–5)$$

对于五个一级指标权重的确定，本节首先对现有使用主观赋权法对现代化指标体系进行构建的文献进行了总结，并得出表 6–41。

表6-41　　现代化指标体系主观赋权系数分配

作者	现代化权重分配（单位：%）					备注
	经济	社会	政治	文化	生态	
朱庆芳（2003）①	20	30	20	30		
陈友华（2005）②	34	33		33		
王杰等（2020）③	25	25	20	15	15	
何传启等（2020）④	25	25	12	12	12	作者单独分列出第六项指标“人的现代化”，占比为 14%
邱海建和郁婷婷（2021）⑤	26	13	14	14	14	作者单独分列出第六项指标“人的现代化”，占比为 19%
崔岚等（2022）⑥	35	20	15	15	15	

资料来源：作者根据文献整理。

注：部分作者在原文中对现代化指标体系的一级指标分类与上表存在部分出入，本书根据原文指标内容进行相应调整总结。

由表 6–41 可知，虽然由于研究角度的不同导致现有研究在现代化指标体系中一级指标权重的分配各有不同，但总体来看，由于经济现代化是一国实现国家现代化最重要的基础与驱动要素（黄群慧，2021⑦；

① 朱庆芳：《小康社会及现代化指标体系评价方法》，《中国现代化理论与战略高级研讨班资料汇编》2003。

② 陈友华：《现代化指标体系构建及其相关问题》，《社会科学研究》2005 年第 2 期。

③ 浙江省统计局课题组，王杰、王美福等：《以人为核心的现代化指标体系构建与实证》，《统计科学与实践》2020 年第 1 期。

④ 何传启、刘雷、赵西君：《世界现代化指标体系研究》，《中国科学院院刊》2020 年第 35 卷第 11 期。

⑤ 邱海建、郁婷婷：《构建现代化进程统计监测评价指标体系研究》，《统计科学与实践》2021 年第 9 期。

⑥ 崔岚、李莹莹、赵德友：《中国基本实现社会主义现代化的测度模型及实证分析》，《统计理论与实践》2022 年第 10 期。

⑦ 黄群慧：《新时代中国经济现代化的理论指南》，《理论导报》2021 年第 10 期。

胡鞍钢，2022[①]），经济现代化在整个现代化指标体系中的权重通常最高；社会现代化建设始终以“人”这一要素为核心，其既是实现社会现代化的主要驱动力，又是社会发展的最终目标（王文凯,2013）[②]，因此其在现代化指标体系中的权重通常仅次于经济现代化，是国家现代化中的重要组成部分；政治现代化、文化现代化和生态现代化作为近年来的新兴概念，从量化角度来看相对较为困难，因此相关学者在给这几项一级指标的赋权时会稍小于经济现代化与社会现代化的权重，三者占比通常相仿。因此，本节参照了浙江省统计局课题组的做法，将现代化五大一级指标分别赋权为 25%、25%、20%、15% 及 15%。

（四）现代化指标体系的样本选取与数据来源

为了保持样本的可比性，本节延续上一节的做法，选择了 65 个经济体 1996—2019 年的数据。本节多数原始数据来源均为世界银行，其中平均受教育年限数据来自 Global Data Lab，文化产业出口数据来自 UNCTAD 创新数据库，并通过世界银行的人口数据自行计算，文化产业支出占比则来自 OECD 等数据库[③]。具体的指标体系与相应的数据来源如表 6–42 所示。

表6-42　现代化评价指标体系

一级指标	二级指标	三级指标	编号	指标属性	数据来源	单位
经济现代化 *jjxdh*	经济发展水平	人均国内生产总值	x1	正向指标	世界银行	2015 年不变价美元
		GDP 全球占比	x2	正向指标	世界银行	%
	消费水平	最终消费比例	x3	正向指标	世界银行	%
社会现代化 *shxdh*	人口	城市人口比例	x4	正向指标	世界银行	%
		人均预期寿命	x5	正向指标	世界银行	年
	教育	平均受教育年限	x6	正向指标	Global Data Lab	年
	劳动力市场	就业率	x7	正向指标	世界银行	%

① 胡鞍钢:《中国式经济现代化的重大进展（2012—2021）》,《南京工业大学学报（社会科学版）》2022 年第 6 期。

② 王文凯:《全球化视阈下中国现代化道路研究》，博士学位论文，中共中央党校，2013 年。

③ 中国文化产业支出占比数据以教育文化娱乐服务支出占比来衡量，数据来源于国家统计局；欧洲国家数据来源于 Eurostat；剩余国家数据来自 OECD 数据库。

续表

一级指标	二级指标	三级指标	编号	指标属性	数据来源	单位
政治现代化 *zzxdh*	政府收支	一般政府最终消费支出	x8	正向指标	世界银行	%
		政府教育支出占比	x9	正向指标	世界银行	%
		政府国防支出占比	x10	正向指标	世界银行	%
文化现代化 *whxdh*	文化基础	使用网络的人口占比	x11	正向指标	世界银行	%
		移动蜂窝式无线通信系统的电话租用（每百人）	x12	正向指标	世界银行	人
文化现代化 *whxdh*	文化实力	文化产业人均出口	x13	正向指标	UNCTAD 创新数据库	现价百万美元 / 人
		文化产业支出占比	x14	正向指标	OECD 数据库等	%
生态现代化 *stxdh*	能源使用	可再生能源消耗（占最终能源消耗总量比）	x15	正向指标	世界银行	%
		人均二氧化碳排放量	x16	逆向指标	世界银行	吨 / 人
	生态资源	人均森林面积	x17	正向指标	世界银行	平方公里 / 万人
		人均可再生内陆淡水资源	x18	正向指标	世界银行	立方米 / 人

资料来源：作者根据相关文献总结。

注：表中部分经济体指标存在数据缺失情况，本书采用移动平均法进行补足。

（五）样本经济体现代化水平指数的综合评价

本节分别对经济现代化、社会现代化、政治现代化、文化现代化和生态现代化五个一级指标利用熵值法进行赋权，各级指标·的赋权结果如表 6–43 所示。

表6-43　现代化指标评价体系各级指标权重分配　（单位：%）

一级指标	占比	二级指标	占比	三级指标	占比
经济现代化	25	经济发展水平	73	人均国内生产总值	23
				GDP 全球占比	50
		消费水平	27	最终消费比例	27

续表

一级指标	占比	二级指标	占比	三级指标	占比
社会现代化	25	人口	43	城市人口比例	29
				人均预期寿命	14
		教育	31	平均受教育年限	31
		劳动力市场	26	就业率	26
政治现代化	20	政府收支	100	一般政府最终消费支出	24
				政府教育支出占比	29
				政府国防支出占比	47
文化现代化	15	文化基础	43	使用网络的人口占比	23
				移动蜂窝式无线通信系统的电话租用（每百人）	20
		文化实力	57	文化产业人均出口	31
				文化产业支出占比	26
生态现代化	15	能源使用	66	可再生能源消耗（占最终能源消耗总量比）	41
				人均二氧化碳排放量	25
		生态资源	34	人均森林面积	12
				人均可再生内陆淡水资源	22

资料来源：一级指标通过主观分析法予以赋权，三级指标通过熵值法计算而得。

从赋权结果来看，经济现代化指标中经济发展相关指标占比 73%，消费水平占比 27%，其中三级指标又以 GDP 全球占比的权重最高；社会现代化指标的二级指标分配相对均衡，人口、教育和劳动力市场分别占比 43%、31% 和 26%，三级指标中受教育年限对社会现代化的影响最高，城市化人口比例和就业率次之；政治现代化中政府国防支出和政府教育支出两项指标的权重最高，一般政府最终消费支出占比次之；文化现代化指标的二级指标中文化实力指标权重为 57%，而文化基础指标权重为 43%，说明良好的文化基础培育对现代化具有重要促进作用；生态现代化的二级指标中能源使用的权重高于生态资源的权重，其中又以可再生能源消耗占最终能源消耗总量的比值这一三级指标的权重最高。总体来看赋权结果与现有的大部分研究在权重分配上存在一致性，各级指标权重分配合理，最终的现代化指标体系构建符合理论预期。

结合表 6-44 的权重分配，本节对 65 个样本经济体 1996—2019 年的综合现代化水平进行了测算，以 2019 年各指标降序的方式进行呈现。

表6-44　1996—2019年各大经济体综合现代化指数分布情况

国家 / 地区	1996 年	2000 年	2005 年	2010 年	2015 年	2019 年
美国	0.4040	0.4500	0.4604	0.4587	0.4629	0.4755
冰岛	0.3290	0.3571	0.3843	0.3817	0.3983	0.4064
中国香港	0.3353	0.3424	0.3576	0.3910	0.3941	0.4044
加拿大	0.3127	0.3370	0.3545	0.3671	0.3673	0.3703
瑞典	0.2756	0.3092	0.3354	0.3431	0.3627	0.3688
挪威	0.2795	0.2990	0.3205	0.3363	0.3518	0.3664
丹麦	0.2680	0.2975	0.3349	0.3521	0.3502	0.3533
德国	0.2777	0.2898	0.3184	0.3372	0.3407	0.3506
瑞士	0.2370	0.2598	0.2843	0.3178	0.3421	0.3499
日本	0.3071	0.3218	0.3231	0.3368	0.3443	0.3496
英国	0.2463	0.2714	0.3225	0.3412	0.3442	0.3462
澳大利亚	0.2739	0.2942	0.3116	0.3274	0.3358	0.3440
芬兰	0.2587	0.2777	0.3151	0.3358	0.3426	0.3427
荷兰	0.2319	0.2637	0.3047	0.3297	0.3277	0.3362
新加坡	0.1993	0.2295	0.2610	0.2944	0.3306	0.3361
法国	0.2561	0.2657	0.2958	0.3173	0.3209	0.3297
比利时	0.2319	0.2642	0.3005	0.3176	0.3233	0.3296
以色列	0.2712	0.2728	0.2819	0.3068	0.3155	0.3261
新西兰	0.2611	0.2849	0.3036	0.3237	0.3215	0.3250
卢森堡	0.2089	0.2391	0.2940	0.3107	0.3039	0.3145
沙特阿拉伯	0.2243	0.2525	0.2440	0.2754	0.3501	0.3130
奥地利	0.2319	0.2577	0.2777	0.2997	0.3014	0.3014
韩国	0.1979	0.2155	0.2417	0.2648	0.2852	0.2946
中国大陆	0.1100	0.1314	0.1512	0.2074	0.2667	0.2920
捷克共和国	0.1969	0.2085	0.2399	0.2644	0.2792	0.2889
意大利	0.2203	0.2394	0.2671	0.2835	0.2765	0.2860
西班牙	0.1939	0.2121	0.2452	0.2661	0.2665	0.2802

续表

国家 / 地区	1996 年	2000 年	2005 年	2010 年	2015 年	2019 年
俄罗斯联邦	0.1847	0.1782	0.2100	0.2495	0.2697	0.2788
智利	0.1863	0.2049	0.2163	0.2340	0.2578	0.2737
拉脱维亚	0.1731	0.1887	0.2236	0.2368	0.2541	0.2715
立陶宛	0.1737	0.1927	0.2137	0.2460	0.2496	0.2706
爱尔兰	0.1825	0.2084	0.2496	0.2804	0.2578	0.2697
马耳他	0.1824	0.1944	0.2311	0.2512	0.2551	0.2682
斯洛文尼亚	0.1815	0.1900	0.2252	0.2474	0.2460	0.2653
葡萄牙	0.1961	0.2130	0.2394	0.2538	0.2517	0.2616
阿根廷	0.1831	0.1959	0.2011	0.2437	0.2703	0.2601
斯洛伐克	0.1822	0.1793	0.2140	0.2352	0.2434	0.2588
巴西	0.1933	0.1924	0.2091	0.2430	0.2535	0.2582
塞浦路斯	0.1873	0.1939	0.2162	0.2372	0.2379	0.2573
哥斯达黎加	0.1613	0.1708	0.1891	0.2233	0.2440	0.2526
哥伦比亚	0.1944	0.1819	0.2011	0.2281	0.2427	0.2525
希腊	0.1949	0.2081	0.2326	0.2571	0.2453	0.2521
克罗地亚	0.2281	0.2006	0.2129	0.2387	0.2425	0.2517
爱沙尼亚	0.1380	0.1652	0.1936	0.2103	0.2286	0.2487
匈牙利	0.1787	0.1915	0.2249	0.2368	0.2388	0.2482
保加利亚	0.1538	0.1753	0.2006	0.2140	0.2226	0.2467
文莱	0.2207	0.2057	0.1969	0.2138	0.2348	0.2458
波兰	0.1583	0.1614	0.1901	0.2167	0.2293	0.2397
罗马尼亚	0.1595	0.1771	0.1985	0.2106	0.2128	0.2374
土耳其	0.1474	0.1496	0.1549	0.1859	0.2150	0.2293
马来西亚	0.1467	0.1548	0.1659	0.1965	0.2062	0.2265
南非	0.1480	0.1640	0.1817	0.2042	0.2219	0.2254
泰国	0.1702	0.1740	0.1880	0.2016	0.2175	0.2242
墨西哥	0.1332	0.1409	0.1580	0.1774	0.1978	0.2176
秘鲁	0.1115	0.1203	0.1375	0.1643	0.1861	0.2017
哈萨克斯坦	0.1148	0.1165	0.1447	0.1711	0.1801	0.2001

续表

国家 / 地区	1996 年	2000 年	2005 年	2010 年	2015 年	2019 年
突尼斯	0.1273	0.1286	0.1428	0.1652	0.1903	0.1944
摩洛哥	0.1213	0.1399	0.1556	0.1702	0.1904	0.1921
菲律宾	0.1473	0.1475	0.1467	0.1623	0.1805	0.1896
越南	0.1301	0.1242	0.1234	0.1403	0.1809	0.1784
老挝	0.1122	0.1142	0.1220	0.1574	0.1658	0.1776
印度尼西亚	0.1496	0.1306	0.1392	0.1484	0.1627	0.1717
印度	0.0893	0.0962	0.1157	0.1307	0.1523	0.1626
缅甸	0.0905	0.1049	0.1054	0.1240	0.1396	0.1558
柬埔寨	0.0926	0.0893	0.0894	0.1013	0.1228	0.1397

资料来源：作者自行计算得出。

（六）现代化水平指数横向比较分析

从整体来看，自 1996 年以来，虽然部分经济体的现代化水平出现了先降后升的发展趋势，但从整体来看，世界各经济体的现代化程度均得到了一定程度的上升，验证了现代化理论中现代化具有长期性、阵痛性、连续性和正向性的特点。以 2019 年的综合现代化得分来看，美国综合现代化指数得分稳居世界前列，且与第二名的冰岛在得分上的差距较大；美国、冰岛、加拿大、瑞典、挪威、丹麦、德国、瑞士、日本、英国、澳大利亚、芬兰、荷兰、新加坡、法国、比利时、以色列、新西兰、卢森堡、沙特阿拉伯、奥地利构成了综合现代化水平第一梯队，这些经济体的现代化水平得分在 2019 年末均在 0.3 以上，具有较高的现代化水平，是后列现代化国家短期赶超的目标与标杆；综合现代化水平第二梯队是综合现代化指数得分在 0.2~0.3 之间的经济体，以韩国、中国、捷克共和国、意大利等经济体为代表。这一梯队的特征是经济体间的现代化水平差距较大，既存在捷克、意大利等老牌国际强国，也存在中国等新兴发展中经济体，经济体间的现代化水平相差较大，但综合现代化水平的增速也略快；综合现代化水平第三梯队是综合现代化指数得分在 0.2 以下的经济体，其综合现代化水平相对较为落后，属于现代化水平弱势经济体（见表 6–45）。

表6-45　　1996—2019年各经济体综合现代化水平梯级一览表

指数范围	1996	2019
高水平现代化经济体（综合现代化指数≥0.3）	美国、冰岛、加拿大、日本	美国、冰岛、加拿大、瑞典、挪威、丹麦、德国、瑞士、日本、英国、澳大利亚、芬兰、荷兰、新加坡、法国、比利时、以色列、新西兰、卢森堡、沙特阿拉伯、奥地利
中等水平现代化经济体（0.3＞综合现代化指数≥0.2）	挪威、德国、瑞典、澳大利亚、以色列、丹麦、新西兰、芬兰、法国、英国、瑞士、荷兰、比利时、奥地利、克罗地亚、沙特阿拉伯、文莱、意大利、卢森堡	韩国、中国、捷克共和国、意大利、西班牙、俄罗斯联邦、智利、拉脱维亚、立陶宛、爱尔兰、马耳他、斯洛文尼亚、葡萄牙、阿根廷、斯洛伐克、巴西、塞浦路斯、哥斯达黎加、哥伦比亚、希腊、克罗地亚、爱沙尼亚、匈牙利、保加利亚、文莱、波兰、罗马尼亚、土耳其、马来西亚、南非、泰国、墨西哥、秘鲁、哈萨克斯坦
低水平现代化经济体（综合现代化指数＜0.2）	新加坡、韩国、捷克、葡萄牙、希腊、哥伦比亚、西班牙、巴西、塞浦路斯、智利、俄罗斯联邦、阿根廷、爱尔兰、马耳他、斯洛伐克、斯洛文尼亚、匈牙利、立陶宛、拉脱维亚、泰国、哥斯达黎加、罗马尼亚、波兰、保加利亚、印度尼西亚、南非、土耳其、菲律宾、马来西亚、爱沙尼亚、墨西哥、越南、突尼斯、摩洛哥、哈萨克斯坦、老挝、秘鲁、中国、柬埔寨、缅甸、印度	突尼斯、摩洛哥、菲律宾、越南、老挝、印度尼西亚、印度、缅甸、柬埔寨

资料来源：作者根据计算结果自行整理。

由表6–45可知，在1996—2019年共计24年的观察期内，包括瑞典、德国等17个经济体的现代化水平从中等水平现代化跃升至高水平现代化，以韩国、中国为代表的15个经济体实现了由低水平现代化向中水平现代化的跃升，仅9个国家在过去24年内依然在低水平现代化经济体的范畴之内。从地理分布来看，除中国香港地区外，高水平及中高水平现代化的经济体主要分布在北美与北欧地区，而中低水平经济体主要分布在欧洲南部及亚洲地区。

（七）世界经济大国现代化水平指数变化趋势比较分析

本节根据经济现代化、社会现代化、政治现代化、文化现代化、生态现代化构建的现代化水平指数的计算方法，对美国、日本、德国、英国、中国等世界经济大国的现代化水平指数变化趋势进行分析。

1. 美国现代化水平指数变化趋势

自 1996 年以来美国的综合现代化指数快速上升，并于 2002 年达到综合现代化水平的第一个高峰；自 2002 年以后，美国的综合现代化水平开始呈现小幅的下行趋势，于 2012 年开始重新回升，并于 2019 年达到近 20 年以来的综合现代化水平的最高值（见图 6-34）。分指标来看，美国的经济现代化水平波动较大，该一级指标自 1996 年以来逐年上升，并于 2001 年达到经济现代化这一分指标的峰值，自 2002 年以来美国的经济现代化指数开始呈现倒 U 形的发展趋势，2011 年降至经济现代化指标的最低值，之后呈现逐渐上升趋势。目前，美国的经济现代化水平已恢复到 2007 年的同期水平。美国的社会现代化得分于 1996 年以来处于逐年上升趋势，并于 2019 年达到最高值。从分指标来看，美国的人均平均寿命增长幅度最大，城市化水平增幅居于第二，二者对美国社会现代化水平的推进作用最为明显；美国的政治现代化得分走势与经济现代化得分走势呈镜面分布，该项指标于 1996 年开始波动上升，并于 2010 年前后达到最高值，随后呈现震荡下降趋势，政府在教育和军费两大板块的支出占比同时呈现出先增后减的趋势；美国的文化现代化水平自 1996 年以来呈逐年上升趋势，是美国综合现代化水平提升的重要推动因素，美国在文化领域的基础建设在过去 20 年内获得了长足的发展，网络普及率由原来的 16.42% 上升至 89%，每百人移动蜂窝式无线通信系统的电话租用数也由原来的 16.37 人上升至 106.41 人，文化产业人均出口也实现了两倍的增长。美国的生态现代化水平相较其他四个现代化指标来说较为薄弱，虽然其整体生态现代化水平呈逐年递增的趋势，但其生态现代化的整体得分在所有经济体内相比依旧较低。

2. 日本现代化水平指数变化趋势

近 20 年来，日本的综合现代化得分虽然呈现稳中有升的趋势，但其增长率较为缓慢。日本在 1996 年就实现了较高的现代化水平。分指标来看，日本虽然在人均 GDP 和最终消费两项三级指标上保持稳定的增长趋势，但由于 GDP 世界占比快速下滑，导致自 1996 年以来日本的经济现代化分指标一直呈现下行趋势（见图 6-34）。日本的社会现代化水平指标自 1996 年来逐年上升，是推动日本综合现代化指标上升的主要动能之一。从三级指标来看，日本的就业率水平一直保持在 95% 左右，为日本社会现代化指数奠定了良好的基础，而日本的城市化比率、人均预期寿命和平均受教育年限在近 24 年来获得了长足的发展，为日本社会现代化水平的上升提供了主要动力；日本的政治现代化水平于 2008—2011 年有了较为显著的增长，并于 2012 年后开始呈现稳中微降的趋势。一般政府医疗支出占比的增加和一般政府最终消费支出的增加是推动日本政治现代化水平提升的主要动力，而教育支出占比的相对下降则是导致日本政治现代化发展缓慢的原因。文化现代化水平的快速发展是推动日本综合现代化发展的另一主要动力来源。虽然近年来日本文化现代化指标的增长速度有所放缓，但整体依然处于持续上升趋势。与美国相似，日本文化现代化的增长在很大程度上得益于文化领域基础建设的健全。日本的互联网普及率由 1996 年的 4.3% 增长至 2019 年的 92.7%，增长近 22 倍；每百人中移动蜂窝式无线通信系统

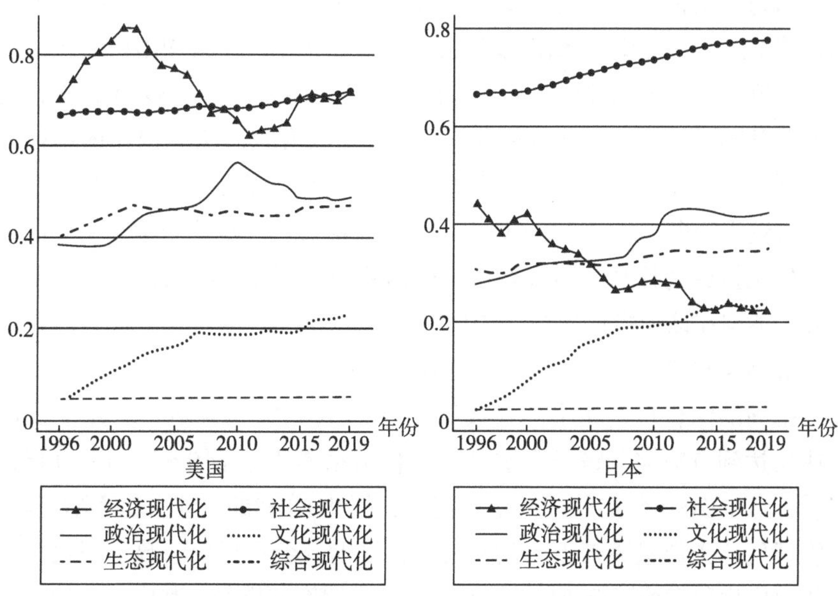

图6-34 1996—2019年美国与日本现代化水平指数得分

资料来源：作者通过计算而得。

的电话租用数由原来的 21.4 户上涨至 148.27 户，增长约 600%；虽然日本文化产业的人均出口额也得到了较快的增长，但由于总体出口体量较小，其对文化产业现代化指数的正向贡献相对较低。日本的生态现代化指数于 2014 年前一直处于一个相对稳定的状态，日本的人均二氧化碳排放量、人均森林面积与人均可再生内陆淡水资源变化相对不大，得益于可再生能源使用占比的提高，日本的生态现代化指数近年来开始小幅提升。

3. 英国现代化水平指数变化趋势

英国的现代化水平综合指数呈现稳步上升趋势，各项一级指标除了经济现代化指标外也都呈现出上升趋势，且文化现代化和社会现代化对英国综合现代化指数的贡献度最大（见图 6–35）。经济现代化指标中，英国人均 GDP 指标保持逐年上升趋势，但 GDP 全球占比与最终消费比例在 2010 年后呈现下行趋势，导致了英国经济现代化指标的下降；社会现代化作为英国综合现代化水平提高的主要动力之一，其三级指标中平均受教育年限和就业率上升的贡献程度最大。英国的政治现代化水平于 2009 年前保持稳定增长，于 2012 年开始逐渐下降。从三级指标来看，英国国防支出占比的相对下降是造成政治现代化水平下降的主要原因。2011 年前，文化领域基础设施的快速普及和文化产业人均出口的快速增长是导致英国文化现代化水平快速提高的主要原因，自 2012 年以来，文化产业基础设施完善的边际效应开始降低，文化产业人均出口的增长成为英国文化现代化指数主要增长动力。英国的生态现代化指数在 2013 年前增长较为缓慢，自 2014 年以来，可再生能源的广泛使用推动了英国生态现代化指数的提高，但人均可再生内陆淡水资源的降低在一定程度上减慢了英国在该项指标的持续增长。

4. 德国现代化水平指数变化趋势

德国的综合现代化水平指数于过去 24 年持续稳定增长，并于 2005 年成功达到 0.3184，跻身高水平现代化国家梯队（见图 6–35）。分指标来看，由于 2001 年后德国的最终消费比例和 GDP 的全球占比不断下降，经济现代化指数呈逐渐下行的趋势；德国的社会现代化、政治现代化与文化现代化程度均于近 24 年来取得了较大程度的提升。其中，人均预期寿命和平均受教育年限的不断增长是社会现代化提升的重要因素；医疗支出占比的不断提高削弱补了由于国防支出占比下降带来的负向效应，推动了德国政治现代化的稳定发展；移动通信的普及和文化产业人均出口的增加对德国文化现代化的正向影响力相近，但德国文化现代化水平提高的决定性因素是网络普及率的提高；德国生态现代化指数的提高主要依赖于可再生能源的广泛使用，人均二氧化碳排放的降低也是提高德国生态现代化水平提高的原因之一。

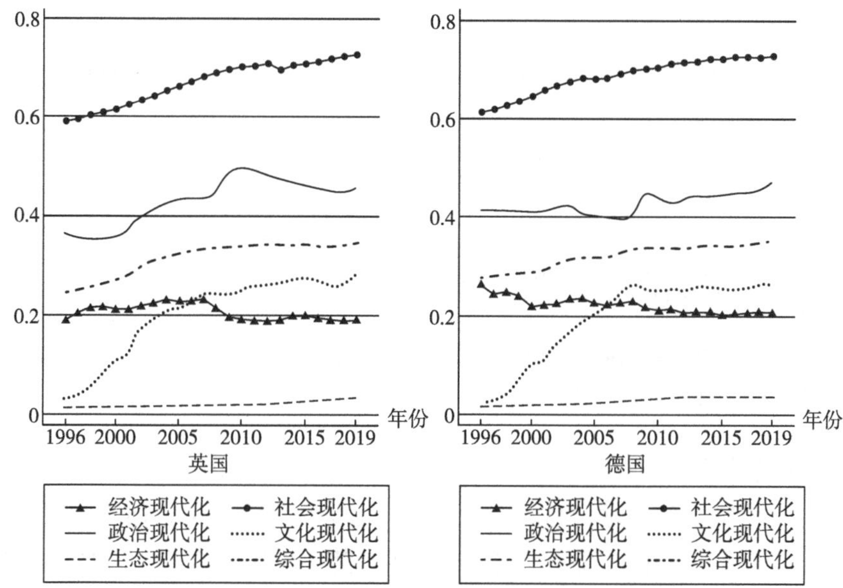

图6-35 1996—2019年英国与德国现代化水平指数得分

资料来源：作者通过计算而得。

5. 法国现代化水平指数变化趋势

法国与意大利的综合现代化水平指数的变化趋势相近，法国具有较强的现代化基础，但现代化水平指数增长后劲不足。2010 年，法国现代化综合水平才达到德国 2005 年同期水平，跻身高现代化水平国家梯队。分指标来看，法国经济现代化指标持续走低的主要原因是由于法国 GDP 占全球 GDP 比例的下降（见图 6-36）；平均受教育年限对法国社会现代化水平的促进作用最大，而就业率对法国社会现代化水平的提高作用相对有限；政府医疗支出的占比是推动法国政治现代化的主要原因，但法国一般政府最终消费支出占比、政府教育支出占比和政府国防支出占比的综合得分均呈现下降趋势。

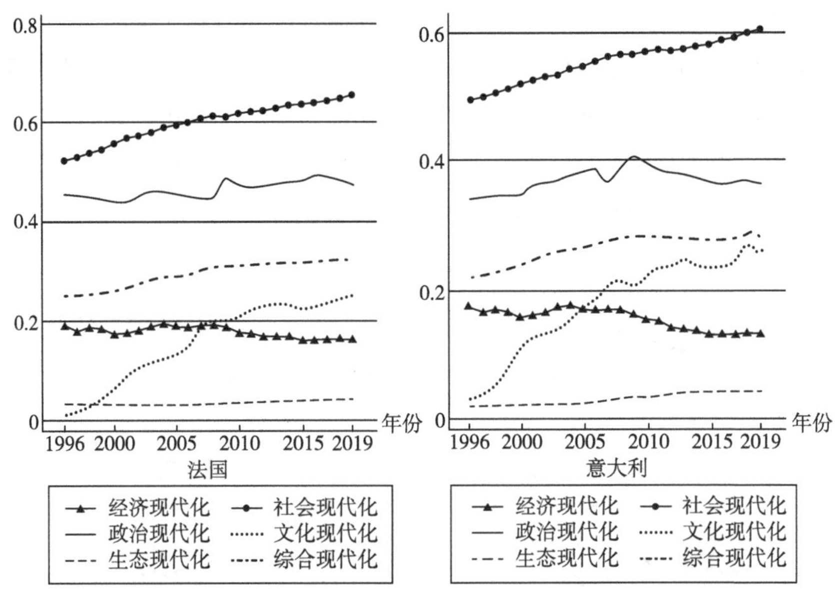

图6-36　1996—2019年法国与意大利现代化水平指数得分

资料来源：作者通过计算而得。

6. 意大利现代化水平指数变化趋势

2008 年以前，意大利的综合现代化水平呈上升趋势，而 2008 年后该国的现代化水平一直处于波动平稳的趋势（见图 6-36），意大利综合现代化水平近 10 年来并没有获得显著变化，这也使意大利成为 G7 国家中唯一在过去 24 年内没有实现现代化水平跃升的国家。从一级指标来看，2008 年前，意大利的五项现代化一级指标均有一定程度的增长，其中以文化现代化与社会现代化的贡献率最高；2008 年后，意大利经济现代化和政治现代化指标开始了一定程度的下跌，而社会现代化和文化现代化的上涨填补了这一空缺。

从分级指标来看，意大利 GDP 占全球 GDP 的比例降低是导致意大利经济现代化指数下降的主因，平均受教育年限的提高是促进意大利社会现代化指数上升的主要原因；虽然政府医疗支出占比的不断提高推动了政治现代化的增长，但一般政府最终消费支出占比、政府教育支出占比和政府国防支出占比于 2008 年后同时出现下降趋势，导致了政治现代化指数的降低；网络和移动通信的普及在观察期前半段成为推动意大利文化现代化水平发展的主要动力源，在后期文化产业的人均出口超越移动通信普及率成为意大利文化现代化发展的第二大动力。对于生态现代化指数而言，可再生能源消耗占比的提高和人均二氧化碳排放量的有效控制是该指标发展的主要原因。

7. 加拿大现代化水平指数变化趋势

加拿大的综合现代化指数保持逐年上升趋势，2004 年实现了由中低现代化水平国家向中高现代化水平国家的过渡。不同于其他国家通过文化现代化和社会现代化推动综合现代化水平增长的模式，加拿大生态现代化优势比较明显。分指标来看，人均 GDP 的快速增长是加拿大经济现代化指标快速增长的主要动力，虽然加拿大在 GDP 全球占比这一三级指标上呈现先升后降的走势，但最终消费的增加使加拿大整体经济现代化依然保持上行趋势；与多数 G7 国家相同，平均受教育年限和人均预期寿命的持续增加是加拿大实现社会现代化快速增长的主要原因；加拿大政府最终消费支出占比及军费支出占比在近 24 年内保持了一个相对稳定的状态，其政治现代化发展的主要原因是医疗支出占比的不断增加；文化产业基础设施的完善是加拿大文化现代化指标增长的主要原因。加拿大的人均森林面积和人均可再生内陆淡水资源正呈逐年递减的趋势，但由于其具有良好的自然资源基础，即便其生态现代化指标呈现逐年下降趋势，该指标的绝对得分依然居于世界前列，不断促进加拿大综合现代化水平的提高（见图 6–37）。

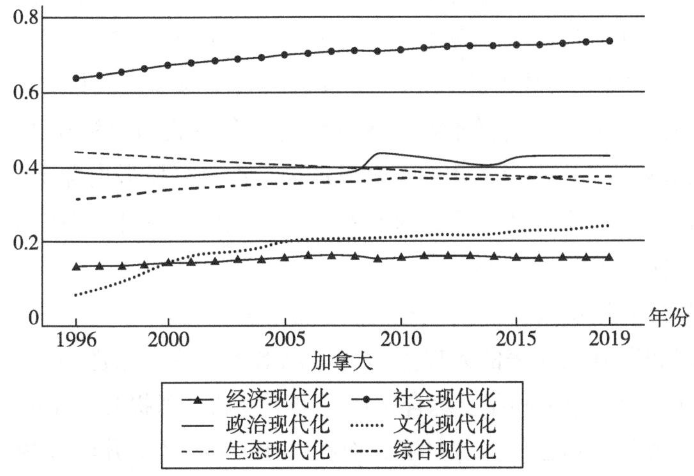

图6-37 1996—2019年加拿大现代化水平指数得分

资料来源：作者通过计算而得。

综上所述，美国、日本、德国、英国、法国、意大利、加拿大等 G7 国家在观察期内实现了现代化水平的持续提升趋势。从分级指标来看，社会现代化和政治现代化是 G7 国家综合现代化水平上升的主要原因，近年来文化现代化水平的快速提升进一步推动了综合现代化水平的提高。在 G7 国家中，社会现代化分指标无一例外地成为各个经济体得分最高的分指标，出现这一现象的主要原因是 G7 国家均为发达经济体，其城市化水平和劳动力综合水平要远高于世界平均水平；虽然政治现代化分指标得分在 G7 国家总体呈上升趋势，但政治现代化对综合现代化的边际贡献率正随着文化现代化的不断提高呈现逐年递减的状态。G7 国家的经济现代化得分整体处于下行趋势，其对综合现代化指数的贡献率逐渐为文化现代化所超越；除加拿大以外，G7 国家的生态现代化综合得分普遍较低，对综合现代化指数的贡献率较低。

8. 巴西、俄罗斯、南非等自然资源禀赋型国家现代化水平指数变化趋势

从以巴西、俄罗斯、南非为代表的自然资源禀赋型国家现代化水平指数变化趋势来看，这些经济体都具有丰富的自然资源禀赋，在生态现代化分指标上具有较大的优势；社会现代化水平在观察期内呈现不断上升的趋势，而政治现代化在观察期内呈现波动平稳的状态；这些国家的文化现代化分指标于 2005 年前后开始快速发展，成为推进综合现代化发展的重要因素之一。分时间段来看，上述经济体的综合现代化指标的发展可以根据其增长速度分为 1996 —2004 年、2005 —2015 年和 2016 —2019 年三个阶段。其中，第一阶段和第三阶段为综合现代化发展的稳固期，在这两个阶段内样本经济体的综合现代化得分呈稳中微升趋势；2005—2015 年是样本经济体的黄金发展期，在这一阶段内样本经济体的综合现代化指数均得到了长足的发展，并相继成功晋升到中低水平现代化经济体梯队（见图 6–38）。

9. 中国和印度人口大国现代化水平指数变化趋势

中国和印度为代表的人口大国现代化水平指数变化趋势，从综合现代化得分来看，中国和印度综合现代化水平指数显著提升。 1996 年，中国的综合现代化指数仅为 0.1100，而在 2019 年已经上升至 0.292，超越了样本期内绝大多数的经济体，中国成为综合现代化水平指数增长速度最快的国家之一。

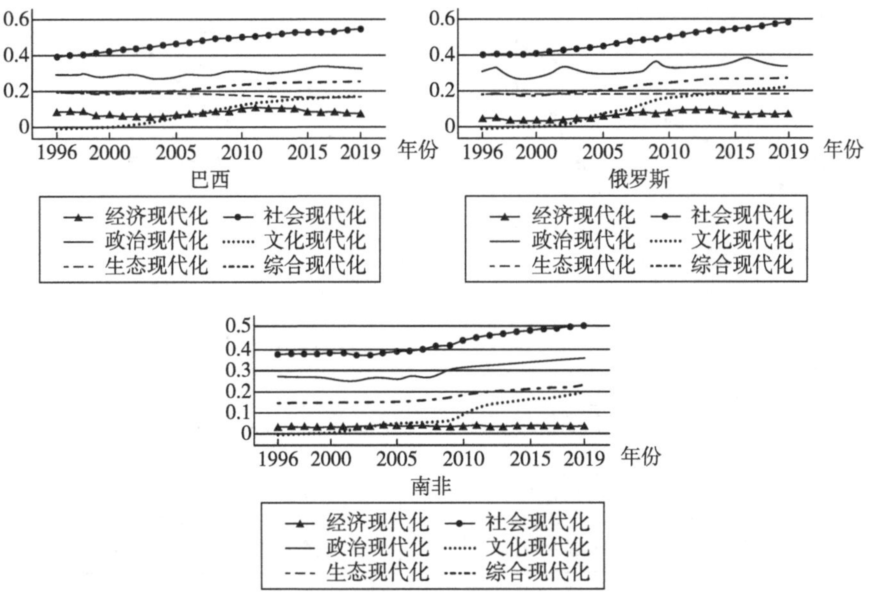

图6-38 1996—2019年巴西、俄罗斯与南非的现代化水平指数得分

资料来源：作者通过计算而得。

分指标来看，中国和印度两国的社会现代化水平在观察期内快速上升，其主要原因在于就业率的不断提高。随着加工贸易的不断兴起，中国和印度的人力资源禀赋得到了充分运用，社会现代化指标的得分迅速提升。与社会现代化发展趋势相同的还有经济现代化分指标和文化现代化分指标，随着中国和印度的经济快速发展，其在全球 GDP 的占比不断攀升，促进经济现代化指数水平的快速提升；随着文化产业出口占比的不断增加，中印两国的文化现代化指数也不断提升，印度的文化现代化在观测期末期的分值甚至接近于经济现代化的得分值，成为促进印度综合现代化水平增长的重要因素之一。然而，伴随着工业的快速发展与人口的指数型上涨，人均二氧化碳排放量不断提升，生态环境分指标下的三级指标得分快速下降，造成了生态现代化指标不升反降的现象（见图 6–39）。

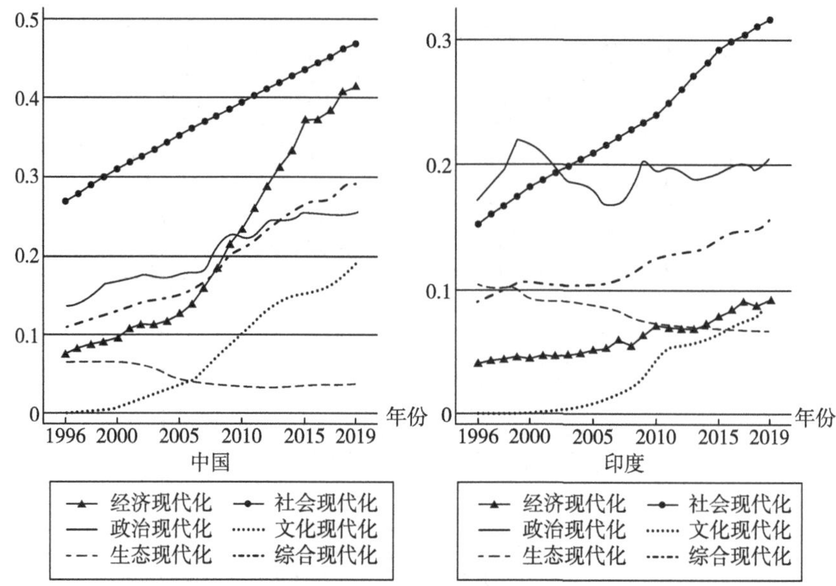

图6-39　1996—2019年中国与印度的现代化水平指数得分

资料来源：作者通过计算而得。

综上所述，对 G7 国家和金砖五国共 12 个经济体，在 1996 —2019 年的现代化水平指数变化趋势分析，结果显示：经济现代化、社会现代化、文化现代化是促进国家综合现代化水平提升的重要力量。而产业结构和贸易结构的持续优化升级是国家经济现代化的重要推动力量。

三、产业结构优化升级是现代化水平提升的重要推动力量

（一）产业结构升级的计量及评价方法

传统的产业结构衡量方法随着经济的发展已经无法真实地反映出中国经济真正的结构特征。究其原因，主要是由于早期的产业结构理论分析是基于三次产业的生产率存在显著差别的假说上建立的，因此传统的产业结构可以通过使用三次产业的占比尤其是第二产业、第三产业的占比来对一国的产业结构水平进行衡量。然而，随着产业边界的逐渐模糊，现代化进程不再严格局限于某一产业或某些产业之中，生产性服务业和高技术产业发达经济体在产业结构高级化上未必低于传统制造业发达的经济体，因此传统的以各产业大类占比来衡量产业结构的传统理论解释力有所下降；产业内的要素使用和技术变化是决定产业结构变动的长期因素，但传统的以产业间比例为标准的衡量模式忽略了产业内相互作用

对产业结构的促进作用，存在明显的局限性。经济的发展由结构转型和技术赶超两个核心要素决定，本节构建了下述经济模型。

本模型中，经济系统按照生产活动的复杂程度分为复杂程度较低的传统生产部门（定义为 T）和生产活动相对复杂的现代生产部门（定义为 M）。依据 Lewis（1954）[①] 的二元经济理论，本节把农业部门定义为传统部门，并把制造业部门和服务业部门定义为非农业部门，则有：

$$y_T = 1 \tag{6-6}$$

$$\hat{y}_M = \beta\left(\ln y_M^* - \ln y_M\right) + \gamma[\ln y^*\left(\theta\right) - \ln y] \tag{6-7}$$

$$y = \alpha_M y_M + \left(1 - \alpha_M\right) y_T \tag{6-8}$$

y_T和y_M分别表示传统部门的人均产出和现代部门的人均产出。假设传统部门的生产率显著低于现代部门的生产率，由于我们主要的研究对象聚焦于现代部门，为了方便分析，本节在此将传统部门的劳动生产率设为单位值 1（式 6–6）。式（6–7）代表的是现代部门的产出增加率由技术赶超的程度来决定，其中 $\beta\left(\ln y_M^* - \ln y_M\right)$ 代表的是某国与技术前沿国的技术距离，可以为后发国实现技术赶超提供基础；$\gamma[\ln y^*\left(\theta\right) - \ln y]$ 代表的是技术赶超受到一国要素禀赋 θ 的影响，主要包括实现技术赶超而需要的人力资本、基础设施等，要素禀赋 θ 值越大，则证明一国通过技术赶超实现经济增长的可能性越大。α_M 代表的是现代部门产出的占比，式（6–8）代表的是一国的人均总产出由传统部门和现代部门的人均产出加权平均数。

假设每个部门的相对劳动生产率为 $\pi_i = y_i / y \ (i = T, M)$，将式（6–7）代入式（6–8），并对式（6–8）进行微分，则可得

$$\hat{y} = \left(\pi_M - \pi_T\right) d\alpha_M + \pi_M \alpha_M \beta_M \left(\ln y_M^* - \ln y_M\right) + \pi_M \alpha_M \gamma[\ln y^*\left(\theta\right) - \ln y] \tag{6-9}$$

式（6–9）中，$\hat{y}$ 代表人均产出增加率，$\left(\pi_M - \pi_T\right) d\alpha_M$ 为现代化结构

① Lewis William Arthur, “Economic development with unlimited supplies of labour,” The Manchester School of *economic and Social Studies*, Vol.22, No.2, 1954.

框架中的结构转型部分，在此定义为A；$\pi_M\alpha_M\beta_M\left(\ln y_M^* - \ln y_M\right) + \pi_M\alpha_M\gamma[\ln y^*(\theta) - \ln y]$代表的是实现技术赶超部分，在此定义为$B$，两者共同决定了人均产出率的提高。

对于A部分，在此假设现代部门的劳动生产率高于传统产业生产率，所以有$\pi_M - \pi_T > 0$；生产率的差异将会引致要素的流动，从而有$d\alpha_M > 0$。联合两者，可以发现结构转型是由生产率的差异引起的。生产率的差异引致了生产型要素禀赋从生产率较高的传统部门向生产率较高的现代部门移动，从而促进了结构的转型。

对于B部分，假设发达国家的技术水平显著高于发展中国家，则有发展中国家与发达国家的技术距离大于0恒成立，即$\ln y_M^* - \ln y_M > 0$恒成立。假设发展中国家通过学习前沿技术国家来实现人均产出的提高，且向前沿技术国家无限收敛，则有$\lim_{t\to\infty}(\ln y_M^* - \ln y_M) = 0$。这一假设表明，在要素禀赋$\theta$不变的情况下，技术创新是一国实现劳动生产率的另一途径。对于后发国家而言，吸收前沿技术国家的效率和能力是实现技术赶超的重要决定因素；对于技术前沿国家而言，保持自主创新从而驱动技术进步的能力是保证其劳动生产率居于前列的途径之一。

通过式（6-9）可得，一国实现生产率的提高，进而实现经济的发展主要得益于结构转型与技术赶超两者的共同作用。由于实际生活中，现代部门产品的需求会显著高于传统部门的商品，因此，我们可得现代部门产品对传统部门产品的替代弹性显著大于1。现代部门通过实现技术进步提高现代部门的生产率，从而降低了现代部门的产品价格。现代部门的产品价格下降又导致了社会对现代部门产品的需求增加，对传统部门的产品需求降低，产品的需求结构又反向促进了生产要素从传统部门向现代部门的转移。进一步，随着一国的经济结构由传统部门向现代部门转移，人均产出和人均收入得到提高。由于现代部门产品随着消费者可支配收入的增加呈现边际需求递增效应，而传统部门产品的需求随着消费者可支配收入的增加呈现递减趋势。因此，随着经济的不断发展，消费者的人均收入将会不断提高，进一步推动了生产活动所需的要素禀赋从传统部门向现代部门转移，进而实现产业结构的升级。

因此，本节认为，衡量一国产业结构的高级化程度可以从结构转型和技术赶超两个角度实现。通过参考 Lavopa 和 Szirmai（2018）[①] 的研究方法，本节对产业结构指数进行了构建：

$$is_t^i = \left(\kappa_t^i\right)^{\alpha}\left(\varphi_t^i\right)^{1-\alpha} \tag{6-10}$$

式（6–10）中，is_t^i 代表 t 时期经济体 i 的产业结构指数，其中 κ_t^i 代表的是结构转型部分，是基于现代部门的就业占总就业的比重计算而得；φ_t^i 代表的则是技术赶超部分，通过现代部门的劳动生产率与世界前沿国家现代部门的生产率相比计算而得，为方便分析，本节以美国现代部门的劳动生产率为参照，将其设定为 1。Lavopa 和 Szirmai（2018）[②] 在其研究中，根据产业属性将产业分为现代部门和非现代部门，由于中国的产业分类方法与其文中所用的产业分类方法不同，在此本节借鉴了王希元和杨先明（2020）[③] 的做法，将现代部门和非现代部门分别定义为非农业部门和农业部门[④]。

（二）产业结构变化的样本选取与数据来源

本节选取了 36 个发达经济体，29 个发展中经济体，共计 65 个经济体 1996—2019 年的数据。所选样本覆盖了全球近 70% 的人口，近 91% 的 GDP 占比，具有充分的代表性。

数据来源方面，现代部门的就业率与总就业率数据来自国际劳工组织（ILO）数据库，而现代部门的劳动生产率则通过世界银行分部门的劳动生产率计算而得。α 的取值参考 Lavopa 和 Szirmai（2018）[⑤] 及王希元和杨先明（2020）[⑥]，将其设定为 0.5。对于极少量缺失的数值，本节采用

①② Lavopa Alejandro，Szirmai Adam，"Structural modernisation and development traps. An empirical approach，" *Word Development*，Vol.112，2018.

③ 王希元、杨先明：《人口老龄化是否促进了我国产业结构升级？——基于省际和门槛特征的实证分析》，《社会发展研究》2020 年第 1 期。

④ 虽然本书使用是否为农业部门来对是否为现代部门进行判断，但部门的"现代性"并不是由"非农业"这一属性决定，而是由该部门的技术水平决定的。通过对文献的总结述评，本书认为，选取第二、三产业作为现代部门符合当下的研究假设。

⑤ Lavopa Alejandro，Szirmai Adam，"Structural modernisation and development traps. An empirical approach，" *Word Development*，Vol.112，2018.

⑥ 王希元、杨先明：《人口老龄化是否促进了我国产业结构升级？——基于省际和门槛特征的实证分析》，《社会发展研究》2020 年第 1 期。

移动加权平均法计算平均增长率或是通过计算经济水平相近（以 2015 年不变价美元计价的人均 GDP 衡量）的经济体的平均增长率来补足缺失数据。通过对所需数据进行汇总，制出表 6–46。

表6-46　　产业结构计算指标及数据来源

指标	数据来源	单位
制造业部门劳动生产率	世界银行数据库	2015 年不变价美元
服务业部门劳动生产率	世界银行数据库	2015 年不变价美元
制造业部门就业率	国际劳工组织（ILO）数据库	%
服务业部门就业率	国际劳工组织（ILO）数据库	%
α	Lavopa and Szirmai（2018）	0.5

资料来源：作者自行整理得到。

（三）样本经济体产业结构的综合评价

本节对各大经济体 1996—2019 年的产业结构变化指数进行了测算，基于篇幅原因，本节仅列出了各经济体部分年份的产业结构数据，并以 2019 年的数值为标准以降序的方式呈现。各经济体产业结构得分分布如表 6–47 所示。

表6-47　1996—2019年各大经济体产业结构变化指数分布情况

国家 / 地区	1996 年	2000 年	2005 年	2010 年	2015 年	2019 年
卢森堡	1.3512	1.3850	1.3889	1.3205	1.3039	1.3444
爱尔兰	0.9492	0.9688	0.9642	1.0542	1.2859	1.3000
瑞士	1.2134	1.1855	1.1819	1.1623	1.1725	1.2040
挪威	1.3216	1.2949	1.2998	1.2063	1.1900	1.1806
澳大利亚	0.9153	0.9008	0.9117	0.9407	1.0063	1.0606
新加坡	0.7951	0.7973	0.8417	0.8770	0.9532	1.0186
美国	0.9910	0.9919	0.9929	0.9929	0.9928	0.9932
丹麦	0.9601	0.9598	0.9289	0.9306	0.9444	0.9725
文莱	1.3713	1.2605	1.2216	1.1128	1.0699	0.9721
瑞士	0.8860	0.9173	0.9448	0.9405	0.9564	0.9472
冰岛	0.7965	0.8128	0.8404	0.8303	0.8585	0.8981
荷兰	0.9027	0.8779	0.8640	0.8602	0.8743	0.8767
比利时	0.9234	0.9026	0.8906	0.8669	0.8890	0.8761
芬兰	0.8760	0.8894	0.8932	0.8854	0.8723	0.8753

续表

国家 / 地区	1996 年	2000 年	2005 年	2010 年	2015 年	2019 年
加拿大	0.9220	0.9042	0.8742	0.8510	0.8714	0.8674
英国	0.9043	0.8896	0.8833	0.8698	0.8624	0.8592
奥地利	0.8825	0.8805	0.8768	0.8479	0.8436	0.8554
以色列	0.8766	0.8854	0.8354	0.8443	0.8376	0.8449
法国	0.8719	0.8616	0.8336	0.8072	0.8266	0.8278
德国	0.8573	0.8405	0.8236	0.7994	0.8127	0.8148
日本	0.8364	0.8062	0.8015	0.7805	0.7871	0.7788
意大利	0.9157	0.8910	0.8339	0.7965	0.7738	0.7726
新西兰	0.8100	0.7960	0.7799	0.7648	0.7610	0.7675
中国香港	0.7372	0.7296	0.7339	0.7470	0.7567	0.7614
沙特	1.0181	0.9856	0.9229	0.8139	0.7661	0.7230
西班牙	0.8094	0.7582	0.7044	0.7192	0.7274	0.7134
韩国	0.7004	0.6834	0.6796	0.6847	0.6998	0.7076
马耳他	0.6801	0.6511	0.6268	0.6158	0.6185	0.6192
斯洛文尼亚	0.5483	0.5567	0.5630	0.5683	0.5850	0.6059
希腊	0.6249	0.6319	0.6535	0.6236	0.6310	0.5994
爱沙尼亚	0.4014	0.4467	0.4944	0.4975	0.5030	0.5345
塞浦路斯	0.5652	0.5536	0.5471	0.5290	0.5048	0.5268
斯洛伐克	0.4397	0.4497	0.4710	0.5110	0.5243	0.5238
立陶宛	0.3497	0.3714	0.4320	0.4717	0.4932	0.5166
土耳其	0.4032	0.4130	0.4451	0.4379	0.4794	0.4959
智利	0.5033	0.5280	0.5131	0.4931	0.4993	0.4956
波兰	0.3907	0.4168	0.4267	0.4387	0.4619	0.4829
拉脱维亚	0.3610	0.3851	0.4354	0.4479	0.4611	0.4769
阿根廷	0.5574	0.5262	0.4916	0.5070	0.4981	0.4698
克罗地亚	0.4124	0.4398	0.4649	0.4527	0.4611	0.4678
哈萨克斯坦	0.3059	0.3226	0.3794	0.4058	0.4335	0.4654
匈牙利	0.4439	0.4455	0.4699	0.4614	0.4538	0.4654
克罗地亚	0.4524	0.4391	0.4237	0.4460	0.4536	0.4565
马来西亚	0.4242	0.4080	0.4180	0.4172	0.4292	0.4505
墨西哥	0.5003	0.4858	0.4559	0.4367	0.4347	0.4185
罗马尼亚	0.2967	0.2742	0.3294	0.3548	0.3889	0.4171
俄罗斯	0.3291	0.3309	0.3591	0.3760	0.3904	0.4050

续表

国家 / 地区	1996 年	2000 年	2005 年	2010 年	2015 年	2019 年
中国大陆	0.1683	0.1868	0.2260	0.2865	0.3460	0.3964
南非	0.4443	0.4180	0.4129	0.4104	0.3979	0.3948
巴西	0.4123	0.3873	0.3659	0.3767	0.3693	0.3663
保加利亚	0.3174	0.2924	0.3108	0.3261	0.3420	0.3465
哥伦比亚	0.3521	0.3389	0.3207	0.3180	0.3296	0.3268
秘鲁	0.3135	0.2970	0.2962	0.2994	0.3220	0.3228
泰国	0.2342	0.2350	0.2587	0.2655	0.2919	0.3038
突尼斯	0.2915	0.2911	0.2916	0.2988	0.2981	0.2984
菲律宾	0.2412	0.2299	0.2324	0.2368	0.2592	0.2791
摩洛哥	0.2403	0.2341	0.2319	0.2358	0.2497	0.2574
印度尼西亚	0.2370	0.2125	0.2209	0.2297	0.2426	0.2527
印度	0.1198	0.1238	0.1313	0.1506	0.1735	0.1885
老挝	0.1033	0.1096	0.1241	0.1449	0.1655	0.1801
越南	0.1209	0.1267	0.1348	0.1341	0.1517	0.1699
缅甸	0.0496	0.0589	0.0764	0.1056	0.1297	0.1490
柬埔寨	0.0740	0.0808	0.0917	0.0937	0.1116	0.1242

资料来源：作者自行计算得出。

从表 6-47 可知，居于产业结构指数前列的经济体多数为发达经济体，而发展中经济体的产业结构指数得分相对靠后。从增长率来看，可以发现除了澳大利亚与新加坡，排名靠前的经济体在近 24 年来产业结构没有过大的波动，其产业结构指数较高的原因得益于其在早期已形成的较高的人口福利和合理的产业分配；排名较后的发展中经济体在过去 24 年间其产业结构得到了长足的发展，增长率也显著高于处于前列的发达经济体。

随着国家经济社会的不断发展，各经济体的综合现代化水平也在不断提高。为了对全球产业结构指数的发展进程有一个更为清晰的认知，本书选取了 G7 经济体以及中国的产业结构指数进行纵向的比较分析。G7 国家的经济总量约占全球的 40%，而金砖五国则囊括了目前发展较为强势的新兴市场国家，因此具有较强的代表性。其中，G7 国家分别是美国、英国、德国、法国、意大利、日本和加拿大，而金砖五国则包括中国、印度、俄罗斯、巴西和南非。

1. 美国产业结构变化指数变化趋势

美国的产业结构指数在全球居前列，2019 年美国以 0.9932 的产业结构指数居样本国家第 7 位。由图 6–40 可知，美国的产业结构指数在观察期内总体呈波动上涨趋势，美国的产业结构发展可分为两个阶段。1996—2007 年是美国的产业结构指数快速增长期，并于 2007 年达到 0.9935 的峰值；2008 年以后，经济危机的爆发致使美国的现代部门就业水平出现一定程度的下降，美国自此进入了产业结构的波动调整期。2015 年以来，美国的产业结构指数开始回升，目前已回升至 2008 年的水平。

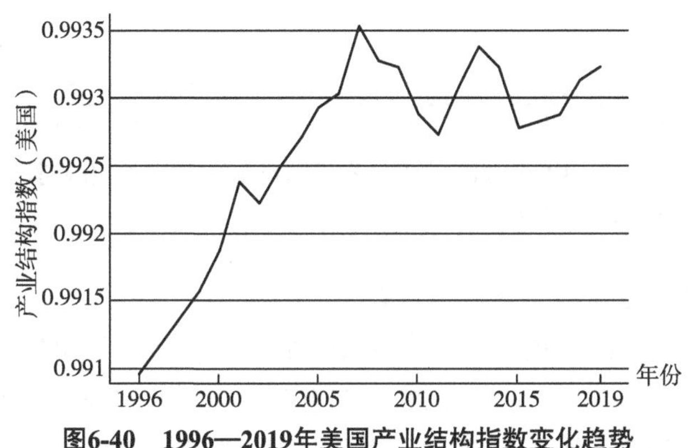

图6-40 1996—2019年美国产业结构指数变化趋势

资料来源：作者自行计算得出。

2. 日本产业结构变化指数变化趋势

日本的产业结构在观察期内呈持续下降的趋势，2019 年，日本以 0.7788 的产业结构指数居样本经济体第 21 位。1996—2004 年，日本产业结构指数快速下降，虽然这段时间内现代部门的就业率持续稳定在 94% 水平以上，但现代部门相对劳动生产率的持续走低导致了产业结构指数的整体下降。虽然日本的产业结构指数在 2005—2008 年间有了小幅的回弹，但由于受到全球性经济危机的影响，日本的产业结构指数于 2009 年出现了更大程度的下跌趋势。自 2010 年以来，日本的产业结构指数开始缓慢回升，现代部门的就业率与相对劳动生产率也逐渐提升，但 2017 年以后日本的产业结构开始了新一轮的调整，产业结构指数再次下降（见图 6–41）。

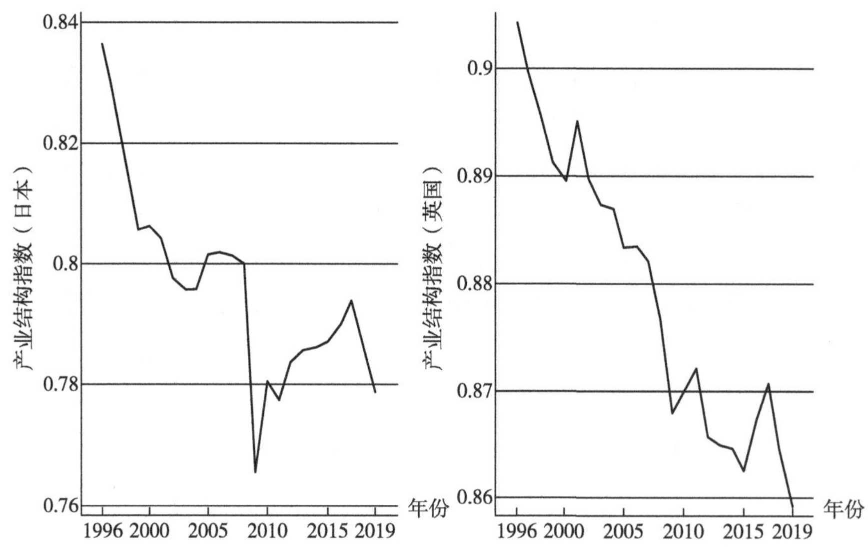

图6-41　1996—2019年日本和英国产业结构指数变化趋势

资料来源：作者自行计算得出。

3. 英国产业结构指数变化趋势

英国的产业结构指数变化趋势如图 6-41 所示，由图可知，英国的产业结构指数除了在 2001 年与 2017 年有两次小幅的回升，在观察期内总体处于下行趋势。2019 年英国的产业结构指数为 0.8592，居样本经济体第 16 位。虽然日本与英国的产业结构指数在观察期内均呈下降趋势，但两者依然存在一些不同。在观察期末，英国的产业结构指数依然显著高于日本的产业结构指数，证明英国现代部门的基础相对较好；同时，可以看到，两个经济体在 2008 年全球经济危机后产业结构指数都出现了不同程度的下滑，然而，日本在危机后的恢复和发展似乎更为迅速，而英国恢复得更为缓慢，证明英国产业结构的韧性有待提高。

4. 德国产业结构指数变化趋势

德国的产业结构指数在观察期内呈先下降后上升的趋势，2019 年以 0.8148 的产业结构指数居样本经济体第 20 位，略高于日本。自金融危机以后，德国的产业结构指数开始不断回升，并于 2017 年达到 2012 年的同期水平（见图 6-42）。

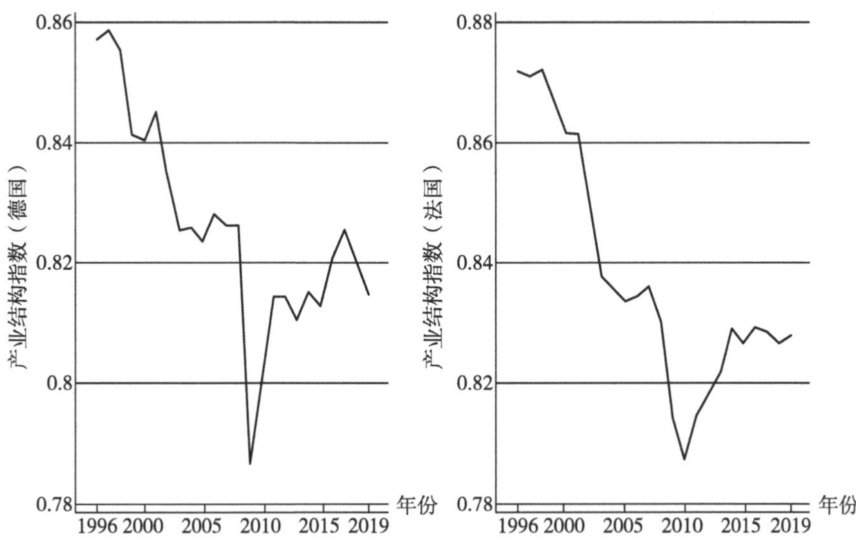

图6-42 1996—2019年德国和法国产业结构指数变化趋势

资料来源：作者自行计算得出。

5. 法国产业结构指数变化趋势

法国的产业结构指数变动情况与德国类似，2019 年其以 0.8278 的产业结构指数居样本经济体第 19 位。法国与德国在产业结构指数变动的区别主要有两点：第一，法国的产业结构基础较好。虽然法国的现代部门的就业人数占比相对低于德国，但得益于较高的劳动生产率，法国在观察期内的产业结构指数整体高于德国（见图 6-42）。第二，法国产业结构指数的回升时间较晚，回升幅度也小于德国同期水平。

6. 意大利产业结构指数变化趋势

意大利产业结构指数在观察期初期达到了 0.915，而在观察期内该值一直呈下降趋势（见图 6-43），在 2019 年以 0.7726 的产业结构指数居样本经济体第 22 位。造成意大利产业结构指数下降的主要原因是相对劳动率的持续下降，2019 年意大利的相对劳动生产率仅为观察期初期的 70%。因此，意大利成为 G7 经济体内产业结构下降指数最高的经济体。

7. 加拿大产业结构指数变化趋势

加拿大的产业结构指数走势，2019 年其以 0.8674 的产业结构指数居样本经济体第 15 位。1996—2003 年，加拿大的产业结构指数整体呈下降趋势（见图 6-43）；2003—2005 年，得益于现代部门劳动生产率的小幅提升，加拿大的产业结构指数有所上升；在经济危机爆发后的 5 年间，加拿大的产业结构指数开始缓慢回升，但自 2015 年后该值再次呈下降趋势。

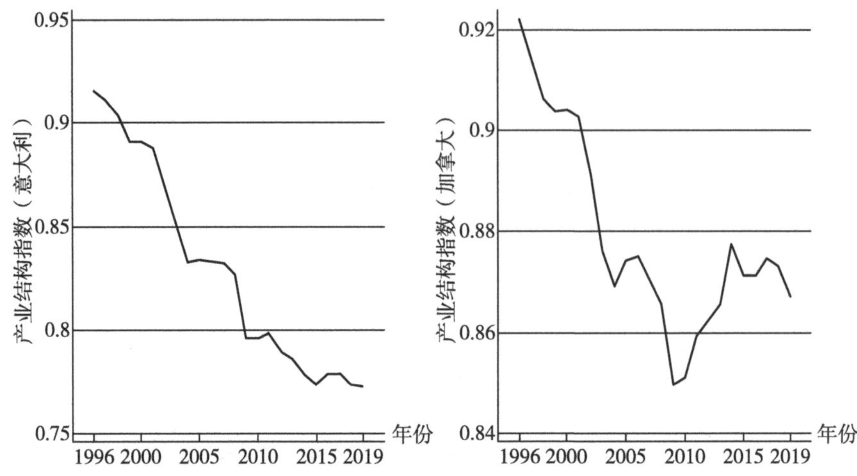

图6-43　1996—2019年意大利和加拿大产业结构指数变化趋势

资料来源：作者自行计算得出。

8. 中国产业结构指数变化趋势

中国的产业结构指数呈持续上升趋势，从观察期初期的 0.1683 上升至 2019 年的 0.3964（见图 6-44），居样本经济体第 50 位。2005 年前，中国产业结构指数上升的主导因素是现代部门劳动生产率的提高；而 2005 年以后，随着现代部门就业率的不断提高，中国产业结构指数进一步提高。

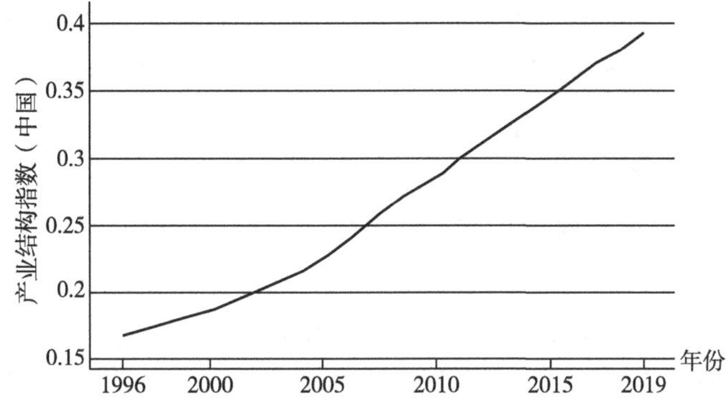

图6-44　1996—2019年中国的产业结构指数变化趋势

资料来源：作者自行计算得出。

图 6-45 是除中国外的金砖国家的产业结构变动趋势图。由图可知，左列的两个金砖国家（巴西与南非）在观察期内产业结构指数呈不断下降的趋势，而右列的两个金砖国家（俄罗斯与印度）则呈现不断上升的趋势。四个金砖国家现代部门的就业率在观察期内都有一定程度的提升，但巴西和南非现代部门的相对劳动生产率呈下降趋势，进而导致了金砖国家产业结构指数的下降。

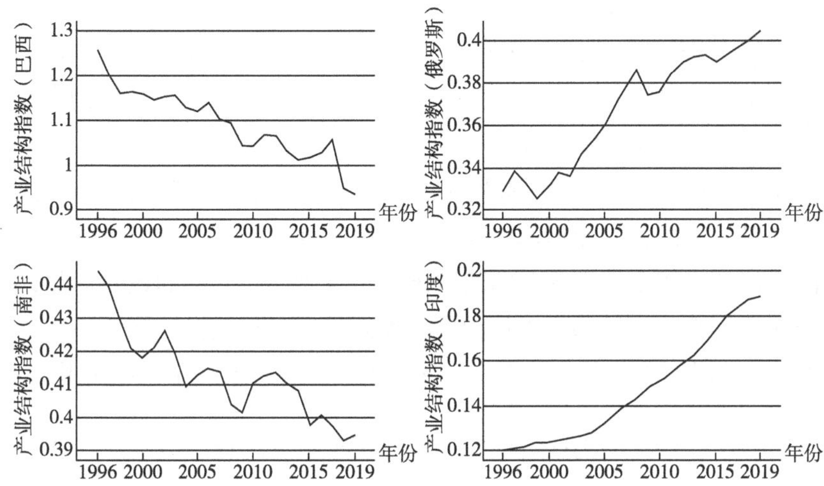

图6-45 1996—2019年金砖国家的产业结构指数变化趋势（除中国外）

资料来源：作者自行计算得出。

四、贸易结构优化升级指数变化分析

（一）贸易结构变化的评价方法

跨国公司推动加工贸易快速发展，以传统口径统计的没有将中间产品纳入考虑的弊端逐渐显现，而使用增加值法能够更准确地描述各个国家在生产过程中所做的真实经济贡献，能够反映出一国国际贸易的真实地位，可以有效地通过分析哪些国家具体从事哪些特定的生产阶段来揭示各国在全球产业链的地位水平。因此，当前学术界普遍采用增加值法来对各国真实的出口水平进行测算。

从增加值计算方法的发展来看，Krugman 等（1995）[①] 最早对全球价值链进行了定义，Hummels 等（2001）在此基础上对跨国垂直专业化进

① Krugman Paul，Anthony J. Venables，“Globalization and the Inequality of Nations，” *The Quarterly Journal of Economics*，Vol.110，No.4，1995.

行研究，其提出的 HIY 方法为测算全球价值链提供了新的研究思路。随后，Koopman 等（2012）①将垂直分工贸易和增加值贸易整合到一个模型中，通过构建国际投入产出数据库对贸易增加值进行计算；Wang 等（2013）②基于 WIOD 数据库，对 1995 年至 2011 年 40 个经济体 35 个部门双边目标的贸易流量进行分解。这一方法从产业层面和双边贸易层面对贸易增加值的计算方式进行完善，是现代贸易增加值核算的理论基石，也被学界简称为 WWZ 方法。

目前，WWZ 方法被广泛地用来对各国真实的出口水平进行测算（林僖、鲍晓华，2018），为保证数据的可比性，本节对标产业结构的计算方法，采用人均现代化产业出口增加值来代表一国的贸易结构情况。

在计算贸易结构之前，首先对出口增加值的计算原理进行简要解释：假设世界上一共有 G 个国家，每个国家在 N 个不同的可贸易性部门生产不同的产品。每个国家都会向其他国家出口中间投入品和最终商品，且每个部门生产的产品都可以作为中间投入品或最终商品。同时，每个国家的总产出都会在本国内或者国外作为中间品或是最终品进行使用。

$$X_r = \sum_{s}^{G} \left(A_{rs} X_s + Y_{rs} \right) \qquad r, s = 1, 2, \cdots, G \tag{6-11}$$

式（6-11）中 X_r 代表国家 r 的 $N \times 1$ 的总产出向量，A_{rs} 代表国家 r 出口到国家 s 的中间投入品的 $N \times N$ 的系数矩阵，Y_{rs} 是国家 r 出口到国家 s 的 $N \times 1$ 的最终消费向量。G 国 N 部门模型投入产出见表 6-48。

表6-48　G 国 N 部门模型投入产出表

投入＼产出		中间投入				最终消费				总产出
		国家 1	国家 2	…	国家 G	国家 1	国家 2	…	国家 G	
中间投入	国家 1	Z_{11}	Z_{12}	…	Z_{1G}	Y_{11}	Y_{12}	…	Y_{1G}	X_1
	国家 2	Z_{21}	Z_{22}	…	Z_{2G}	Y_{21}	Y_{22}	…	Y_{2G}	X_2
	…	…	…	…	…	…	…	…	…	…
	国家 G	Z_{G1}	Z_{G2}	…	Z_{GG}	Y_{G1}	Y_{G2}	…	Y_{GG}	X_G

资料来源：基于 Wang 等（2013）③的研究结果总结而得。

① Koopman R., et al., "Estimating domestic content in exports when processing trade is pervasive," *Journal of Development Economics*, Vol.99, No.1, 2012.

②③ Wang Zhenguo, et al., "How important is domestic and foreign demand for China's income growth by business function," *Economic Systems Research*, Vol.33, No.3, 2013.

通过矩阵方式，G 国 N 部门的产出与消费的关系可以表示为：

$$\begin{bmatrix} X_1 \\ X_2 \\ \vdots \\ X_G \end{bmatrix} = \begin{bmatrix} A_{11} & A_{12} & \dots & A_{1G} \\ A_{21} & A_{22} & \dots & A_{2G} \\ \vdots & \vdots & \dots & \vdots \\ A_{G1} & A_{G2} & \dots & A_{GG} \end{bmatrix} \begin{bmatrix} X_1 \\ X_2 \\ \vdots \\ X_G \end{bmatrix} + \begin{bmatrix} Y_{11} + Y_{12} + \dots + Y_{1G} \\ Y_{21} + Y_{22} + \dots + Y_{2G} \\ \vdots \quad \vdots \quad \dots \quad \vdots \\ Y_{G1} + Y_{G2} + \dots + Y_{GG} \end{bmatrix} \tag{6–12}$$

其中，式（6–12）的左边为各国的总产出，右边为各国各部门的最终消费之和，可得：

$$\begin{bmatrix} X_1 \\ X_2 \\ \vdots \\ X_G \end{bmatrix} = \begin{bmatrix} I - A_{11} & -A_{12} & \dots & -A_{1G} \\ -A_{21} & I - A_{22} & \dots & -A_{2G} \\ \vdots & \vdots & \dots & \vdots \\ -A_{G1} & -A_{G2} & \dots & I - A_{GG} \end{bmatrix}^{-1} \begin{bmatrix} \sum_r^G Y_{1r} \\ \sum_r^G Y_{2r} \\ \vdots \\ \sum_r^G Y_{Gr} \end{bmatrix} = \begin{bmatrix} B_{11} + B_{12} + \dots + B_{1G} \\ B_{21} + B_{22} + \dots + B_{2G} \\ \vdots \quad \vdots \quad \dots \quad \vdots \\ B_{G1} + B_{G2} + \dots + B_{GG} \end{bmatrix} \tag{6–13}$$

式（6–13）中，$\begin{bmatrix} I - A_{11} & -A_{12} & \dots & -A_{1G} \\ -A_{21} & I - A_{22} & \dots & -A_{2G} \\ \vdots & \vdots & \dots & \vdots \\ -A_{G1} & -A_{G2} & \dots & I - A_{GG} \end{bmatrix}$和$\begin{bmatrix} B_{11} + B_{12} + \dots + B_{2G} \\ B_{21} + B_{22} + \dots + B_{2G} \\ \vdots \quad \vdots \quad \dots \quad \vdots \\ B_{G1} + B_{G2} + \dots + B_{GG} \end{bmatrix}$都是 $GN \times GN$ 的矩阵。B_{rs} 是列昂惕夫逆矩阵中长度为 $N \times N$ 的系数矩阵，表示进口国 s 每额外增加一个单位的最终需求需要出口国 r 的生产的总产量矩阵。Y_r 是 $N \times 1$ 的向量，表示全世界使用的 r 国的最终商品的量。

定义 V_r 为 r 国总产出中本国内部增加值占最终产品价值的比例，是长度为 $1 \times N$ 的直接价值增值向量，换而言之，该值等于 1 减去从其他国家进口中间投入品（包括最终产品和中间投入品）的比例，即

$$V_r = \mu \left(1 - \sum_s^G A_{sr} \right) \tag{6–14}$$

因此，$\hat{V} = \begin{bmatrix} \hat{V}_1 & 0 & \dots & 0 \\ 0 & \hat{V}_2 & \dots & 0 \\ \dots & \dots & \dots & \dots \\ 0 & \dots & \dots & \hat{V}_G \end{bmatrix}$可以表示为各个国家中本国内部增加值占最终产品价值的比例的集合，是一个 $G \times GN$ 的矩阵。

将 $\hat{V}$ 与里昂惕夫逆矩阵相乘，可以得到一个 $G\times GN$ 的增加值矩阵，将其定义为 VB，则有：

$$VB=\begin{bmatrix}\hat{V}_1 & 0 & \dots & 0\\ 0 & \hat{V}_2 & \dots & 0\\ \dots & \dots & \dots & \dots\\ 0 & \dots & \dots & \hat{V}_G\end{bmatrix}\begin{bmatrix}B_{11}\,B_{12}\dots B_{1G}\\ B_{21}\,B_{22}\dots B_{2G}\\ \dots\ \dots\ \dots\ \dots\\ B_{G1}\,B_{G2}\dots B_{GG}\end{bmatrix}=\begin{bmatrix}V_1B_{11} & V_1B_{12} & \dots & V_1B_{1G}\\ V_2B_{21} & V_2B_{22} & \dots & V_2B_{2G}\\ \dots & \dots & \dots & \dots\\ V_GB_{G1} & V_GB_{G2} & \dots & V_GB_{GG}\end{bmatrix}\tag{6-15}$$

在式（6-15）中，V_rB_{rr} 是 $1\times N$ 的向量，位于非对角线的每个元素 V_rB_{rs} 都表示 r 国生产的产品中特定部门内 s 国的增加值占比情况，对角线上的每个元素都代表 r 国生产的产品中国内特定部门的国内增加值的占比情况。该矩阵中，第一个 N 列里的每一列都表示第一个国家再额外生产一个单位的国内产品所需要的来自国内与国际进口的产品的比例情况，第二个 N 列中每一列代表第二个国家再额外生产一个单位的国内产品所需要的来自国内与国际进口的产品的比例情况，以此类推。由于所有的增值最终会通过国内最终消费或者出口的形式呈现，因此每一栏的总和都等于 μ，即有：

$$\sum_r^G V_rB_{rs}\equiv\mu\tag{6-16}$$

将增加值矩阵 VB 与最终商品使用矩阵 Y 相乘，可以得到：

$$VBY=\begin{bmatrix}V_1B_{11} & V_1B_{12} & \dots & V_1B_{1G}\\ V_2B_{21} & V_2B_{22} & \dots & V_2B_{2G}\\ \vdots & \vdots & \dots & \vdots\\ V_GB_{G1} & V_GB_{G2} & \dots & V_GB_{GG}\end{bmatrix}\begin{bmatrix}Y_1\\ Y_2\\ \vdots\\ Y_G\end{bmatrix}=\begin{bmatrix}V_1B_{11} & V_1B_{12} & \dots & V_1B_{1G}\\ V_2B_{21} & V_2B_{22} & \dots & V_2B_{2G}\\ \vdots & \vdots & \dots & \vdots\\ V_GB_{G1} & V_GB_{G2} & \dots & V_GB_{GG}\end{bmatrix}\begin{bmatrix}\sum_r^G Y_{1r}\\ \sum_r^G Y_{2r}\\ \vdots\\ \sum_r^G Y_{Gr}\end{bmatrix}$$

$$=\begin{bmatrix}V_1\sum_r^G B_{1r}Y_{r1} & V_1\sum_r^G B_{1r}Y_{r2} & \dots & V_1\sum_r^G B_{1r}Y_{rG}\\ V_2\sum_r^G B_{2r}Y_{r1} & V_2\sum_r^G B_{2r}Y_{r2} & \dots & V_2\sum_r^G B_{2r}Y_{rG}\\ \vdots & \vdots & \dots & \vdots\\ V_G\sum_r^G B_{Gr}Y_{r1} & V_G\sum_r^G B_{Gr}Y_{r2} & \dots & V_G\sum_r^G B_{Gr}Y_{rG}\end{bmatrix}\tag{6-17}$$

在式（6–17）中，所有位于对角线上的元素表示每个国家国内吸收的增加值，而非对角线元素则为出口增加值，将出口增加值定义为 VT_{rs}，则有：

$$VT_{rs} = V_r X_{rs} = V_r \sum_{r}^{G} B_{rg} Y_{gs} \tag{6–18}$$

但是，式（6–18）没有把在母国进行生产、出口并在国外加工后再次进口回国内中的价值的增值纳入计量范围内，因此，计算上这部分的误差后该国对世界的真实出口增加值应该为：

$$VT_{r*} = \sum_{s\neq r}^{G} V_r X_{rs} = V_r \sum_{s\neq r}^{G} \sum_{r=1}^{G} B_{rg} Y_{gs} \tag{6–19}$$

在此把出口分为中间投入品的出口和最终消费的出口，而在考虑中间投入品时，我们进一步把中间投入品分为，直接进口以在本国进行直接消费的中间投入品和进口加工后以供第三国消费或进一步加工的中间投入品两种，如果将总出口定义为 E_{rs}，则有：

$$E_{rs} = Y_{rs} + A_{rs} X_s = Y_{rs} + A_{rs} X_{ss} + \sum_{t\neq r,s} A_{rs} X_{st} + A_{rs} X_{sr} \tag{6–20}$$

式（6–20）中，Y_{rs} 为出口到 s 国的最终消费品，$A_{rs} X_s$ 为出口到 s 国的中间投入品，根据上文，$A_{rs} X_s$ 可以进一步分解为 $A_{rs} X_{ss}$ $\sum_{t\neq r,s} A_{rs} X_{st}$ 和 $A_{rs} X_{sr}$ 三部分，$A_{rs} X_{ss}$ 表示出口到 s 国的中间产品，$\sum_{t\neq r,s} A_{rs} X_{st}$ 表示加工出口到第三国的中间产品，$A_{rs} X_{sr}$ 则表示 s 国出口到国外并进行加工后又回到 r 国的中间产品。根据式（6–21），可得真实总出口值为：

$$E_{r*} = V_r B_{rr} \sum_{s\neq r} Y_{rs} + V_r B_{rr} \sum_{s\neq r} A_{rs} X_s + V_r B_{rr} \sum_{t\neq r,s} A_{rs} X_{st} + FV_r \tag{6–21}$$

其中，$V_r B_{rr} \sum_{s\neq r} Y_{rs}$ 表示是进口商进口的最终货物与服务的国内增加值部分，$V_r B_{rr} \sum_{s\neq r} A_{rs} X_s$ 表示进口商用于生产出口他国所需中间投入品中的国内增加值部分，$V_r B_{rr} \sum_{t\neq r,s} A_{rs} X_{st}$ 表示进口商用于生产出口第三国所需中间投入品中的国内增加值部分，$V_r B_{rr} \sum_{t\neq r,s} A_{rs} X_{sr}$ 表示进口商将中间投入品出口后经过加工后又回到该国所体现的贸易增加值，FV_r 则表示出口总额中的外国增加值。通过将按增加值出口方向加以细分，可以将式（6–19）改写成：

$$VT_{r*} = \sum_{s\neq r}^{G} V_r X_{rs} = V_r \sum_{s\neq r}^{G} \sum_{g=1}^{G} B_{rg} Y_{gs} = V_r \sum_{s\neq r}^{G} B_{rr} Y_{rs} + V_r \sum_{s\neq r}^{G} B_{rs} Y_{ss} + V_r \sum_{s\neq r}^{G} \sum_{g\neq s,r}^{G} B_{rs} Y_{rg} \tag{6–22}$$

式（6–22）是代表所有国家对 r 国最终需求增加值的分解方程，式子的

第一项 $V_r\sum_{s\neq r}^{G}B_{rr}Y_{rs}$ 为当 $g=r$ 时 r 国最终货物出口的增加值部分；第二项表示当 $g=s$ 时，进口国 s 通过使用来自 r 国的中间投入品生产供本国使用的最终产品的增值部分，该值等于所有直接进口国生产最终产品的价值增值之和，即 $V_r\sum_{s\neq r}^{G}B_{rs}Y_{ss}$。第三项 $V_r\sum_{s\neq r}^{G}\sum_{g\neq s,r}^{G}B_{rs}Y_{rg}$ 为其他国家从 r 国进口中间投入品并用于为第三国生产最终产品的增加值。由此可得，r 国的全球总出口值为

$$E_{r*}=\sum_{s\neq r}^{G}E_{rs}=\sum_{s\neq r}^{G}\left(A_{rs}X_s+Y_{rs}\right) \tag{6-23}$$

结合式（6–9），可得

$$\begin{aligned}\mu E_{r*}&=\left(\sum_{s}^{G}V_rB_{rs}\right)E_{r*}=V_rB_{rr}E_{r*}+\sum_{s\neq r}^{G}V_sB_{sr}E_{r*}\\&=VT_{r*}+\left(V_r\sum_{s\neq r}^{G}B_{rs}Y_{sr}+V_r\sum_{s\neq r}^{G}B_{rs}A_{sr}X_r\right)+\left(\sum_{t\neq r}^{G}\sum_{s\neq r}^{G}V_tB_{tr}Y_{rs}+\sum_{t\neq r}^{G}\sum_{s\neq r}^{G}V_tB_{tr}A_{rs}X_s\right)\end{aligned} \tag{6-24}$$

由于 $X_r=Y_{rr}+A_{rr}X_r+E_{r*}$，所以 $X_r=\left(I-A_{rr}\right)^{-1}Y_{rr}+\left(I-A_{rr}\right)^{-1}E_{r*}$，同理可得，

$$X_s=\left(I-A_{ss}\right)^{-1}Y_{ss}+\left(I-A_{ss}\right)^{-1}E_{s*} \tag{6-25}$$

将式（6–17）和式（6–20）代入到式（6–19），可以将式（6–19）进一步分解为

$$\begin{aligned}\mu E_{r*}=&\left(V_r\sum_{s\neq r}^{G}B_{rr}Y_{rs}+V_r\sum_{s\neq r}^{G}B_{rs}Y_{ss}+V_r\sum_{s\neq r}^{G}\sum_{g\neq s,r}^{G}B_{rs}Y_{rg}\right)\\&+\left[V_r\sum_{s\neq r}^{G}B_{rs}Y_{sr}+V_r\sum_{s\neq r}^{G}B_{rs}A_{sr}\left(I-A_{rr}\right)^{-1}Y_{rr}\right]\\&+\left[\sum_{t\neq r}^{G}\sum_{s\neq r}^{G}V_tB_{tr}Y_{rs}+\sum_{t\neq r}^{G}\sum_{s\neq r}^{G}V_tB_{tr}A_{rs}\left(I-A_{ss}\right)^{-1}Y_{ss}\right]\\&+V_r\sum_{s\neq r}^{G}B_{rs}A_{sr}\left(I-A_{ss}\right)^{-1}E_{r*}+\sum_{t\neq r}^{G}\sum_{s\neq r}^{G}V_tB_{tr}A_{rs}\left(I-A_{ss}\right)^{-1}E_{s*}\end{aligned} \tag{6-26}$$

式（6–26）中，第一行中的 $V_r\sum_{s\neq r}^{G}B_{rr}Y_{rs}$、$V_r\sum_{s\neq r}^{G}B_{rs}Y_{ss}$ 和 $V_r\sum_{s\neq r}^{G}\sum_{g\neq s,r}^{G}B_{rs}Y_{rg}$ 分

别为最终产品出口中国内增加值部分、中间产品出口是被进口国吸收的国内增加值部分和通过进口中间投入品经过生产后再次出口到第三国时的国内增加值部分，三者相加即为增加值出口的总额；第二行中的 $V_r\sum_{s\neq r}^{G}B_{rs}Y_{sr}$ 和 $v_r\sum_{s\neq r}^{G}B_{rs}A_{sr}\left(I-A_{rr}\right)^{-1}Y_{rr}$ 分别表示先出口后再通过进口方式流入本国进行消费的最终产品和中间产品的国内增值部分；第三行中的 $\sum_{t\neq r}^{G}\sum_{s\neq r}^{G}V_tB_{tr}Y_{rs}$ 和 $\sum_{t\neq r}^{G}\sum_{s\neq r}^{G}V_tB_{tr}A_{rs}\left(I-A_{ss}\right)^{-1}Y_{ss}$ 分别表示最终产品出口和中间投入品出口中来自国外增加值的部分；第四行为传统双边贸易计算口径下中间投入品出口时被重复计算的部分，$V_r\sum_{s\neq r}^{G}B_{rs}A_{sr}\left(I-A_{ss}\right)^{-1}E_{r*}$ 和 $\sum_{t\neq r}^{G}\sum_{s\neq r}^{G}V_tB_{tr}A_{rs}\left(I-A_{ss}\right)^{-1}E_{s*}$ 分别表示国内生产的中间投入品出口中被重复计算的国内增加值部分和国外生产的中间投入品出口中被重复计算的国外增加值部分。因此，将 DV_r 定义为 r 国的出口增加值，则有：

$$DV_r=V_r\left(I-A_{rr}\right)^{-1}E_{r*}=VT_{r*}+V_r\sum_{s\neq r}^{G}B_{rs}Y_{sr}+V_r\sum_{s\neq r}^{G}B_{rs}A_{sr}\left(I-A_{rr}\right)^{-1}Y_{rr}\geqslant\sum_{s}^{G}VT_{r*} \tag{6-27}$$

式（6–27）表明，在 r 国出口的商品没有再返回国内产生国内增值的情况下，即当 $V_r\sum_{s\neq r}^{G}B_{rs}Y_{sr}$ 和 $V_r\sum_{s\neq r}^{G}B_{rs}A_{sr}\left(I-A_{rr}\right)^{-1}Y_{rr}$ 都为 0 时，DV_r 和 $\sum_{S}^{G}VT_{r*}$ 相等，而一旦存在复进口并产生价值增加的情况时，DV_r 大于 $\sum_{S}^{G}VT_{r*}$。

当存在 G 个国家时，V_s 的占比为：

$$\sum_{s\neq r}^{G}V_sB_{rs}=\mu-V_rB_{rr}=\mu-V_r\left(I-A_{ss}\right)^{-1}-\sum_{s\neq r}^{G}V_rB_{rs}A_{sr}\left(I-A_{rr}\right)^{-1} \tag{6-28}$$

将 DC_r 定义为出口产品国内增加值之和，则有：

$$DC_r=V_rB_{rr}E_{r*}=VT_{r*}+V_r\sum_{s\neq r}^{G}B_{rs}Y_{sr}+V_r\sum_{s\neq r}^{G}B_{rs}A_{sr}X_r+V_r\sum_{s\neq r}^{G}B_{rs}A_{sr}\left(I-A_{ss}\right)^{-1}E_{r*}\geqslant$$

$$DV_r \geqslant \sum_{s}^{G} VT_{r*} \tag{6-29}$$

由式（6–29）可知，通常情况下，一国出口的产品中，国内含量比出口产品在该国的增值以及出口总额都要高。只有当不存在复进口导致的国内价值增值时，这三者才会相等（见图 6–46）。

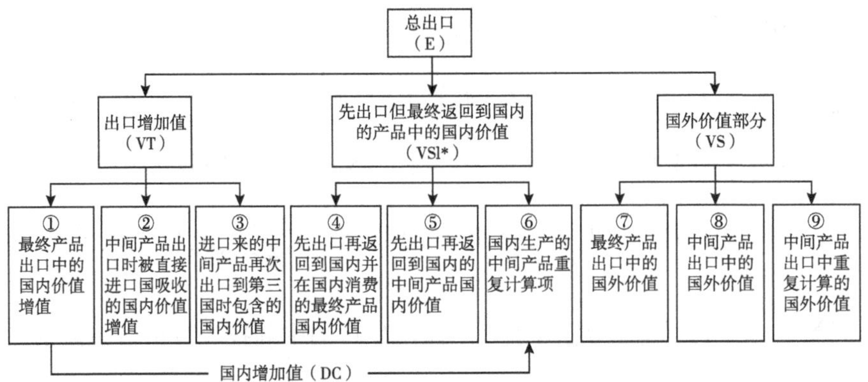

图6-46　总出口分解示意

资料来源：根据 Wang（2013）[①] 等梳理而得。

（二）贸易结构变化指数的样本选取与数据来源

随着全球价值链领域研究的不断深入，为进一步对全球价值链进行更好的研究，各大高校、国际组织也开始构建自己的全球价值链数据库。由于各机构的研究目的存在差异，各数据库包含的样本经济体、产业部门及观察期也存在较大差异。本节对目前主流的全球价值链数据库进行归纳总结，得出表 6–49。据表可知，由 OECD 牵头构建的 OECD 投入产出表，和由 UNCTAD 牵头构建的 Eora26 全球供应链数据库提供了相对连贯的年份数据，能够较好地符合本节进行定性定量分析的要求。通过比对覆盖地经济体样本及产业部门的分类情况，本节认为 OECD 提供的投入产出表能较好地满足本节计算各经济体产业结构的需求，因此选用 OECD 提供的投入产出表作为本节贸易增加值数据的获取来源。

① Wang Zhenguo, et al.,"How important is domestic and foreign demand for China's income growth by business function," *Economic Systems Research*, Vol.33, No.3.

表6-49　　贸易结构计算指标及数据来源

指标	数据来源	单位
制造业部门增加值	OECD 投入产出表（2021）	百万美元
服务业部门增加值	OECD 投入产出表（2021）	百万美元
制造业部门就业人口	国际劳工组织（ILO）数据库	万人
服务业部门就业人口	国际劳工组织（ILO）数据库	万人

资料来源：作者根据相关资料整理。

为了保持样本的可比性，本节延续上一节的做法，选择了 65 个经济体 1996—2019 年的数据，相较 OECD 投入产出表的数据库，我们没有将中国台湾地区和世界剩余地区（Rest of the World）加入样本之中。此外，由于 OECD 数据库仅包含了至 2018 年的时间面板数据，因此本节通过计算样本经济体近几年的平均增长率对 2019 年各经济体的贸易增加值进行测算，结果见表 6-50。

表6-50　　代表性全球价值链数据库对比

数据库	样本数量（个）	产业部门（个）	时间（年）
亚洲国际投入产出表	47	35	2000，2007—2021
世界投入产出数据库（WIOT）	25 43	23 56	1965—2000 2000—2014
OECD 投入产出表	67	45	1995—2018
GTAP 投入产出表	121	43	2004/2007/2011
Eora26 全球供应链数据库	190	26	1990—2021

资料来源：作者根据相关资料整理。

（三）样本经济体贸易结构的综合评价

通过对各个经济体现代化产业出口增加值进行测算，本节得到了各经济体 1996—2019 年贸易结构的数据。由于最终贸易结构的取值差距相对较大，为了排除极值情况带来的影响，对结果做取对数处理。基于篇幅原因，本节仅列出了各国部分年份的贸易结构得分数据，并以 2019 年的数值为标准以降序的方式呈现。各国贸易结构得分分布如表 6-51 所示。

表6-51　　1996—2019年各大经济体选定年份贸易结构指数分布情况

国家 / 地区	1996 年	2000 年	2005 年	2010 年	2015 年	2019 年
卢森堡	5.6734	5.6703	6.1593	6.4483	6.4426	6.6330
爱尔兰	4.3562	4.7330	5.3750	5.5315	5.9518	6.3850
新加坡	5.0097	4.8804	5.2483	5.6451	5.8222	6.1077
瑞士	4.9173	4.8775	5.2587	5.6261	5.7373	5.7978
冰岛	4.1656	4.1972	4.6325	4.8904	5.1091	5.3794
荷兰	4.4183	4.3705	4.7874	4.9752	5.0283	5.3184
奥地利	4.3012	4.2860	4.7345	4.9757	4.9806	5.2560
马耳他	3.7609	3.8646	4.2315	4.7012	4.9091	5.2346
比利时	4.5027	4.4311	4.8526	5.0109	4.9823	5.1969
丹麦	4.4274	4.3919	4.8095	5.0191	5.0376	5.1961
中国香港	4.3247	4.3333	4.6168	4.8815	5.1070	5.1842
瑞典	4.4684	4.5106	4.8742	4.9901	4.9921	5.0729
芬兰	4.2296	4.2884	4.6617	4.7585	4.6015	4.8963
德国	3.9514	3.9034	4.4303	4.6956	4.7818	4.8857
挪威	4.0797	4.1889	4.6238	4.8334	4.6901	4.7923
斯洛文尼亚	3.4853	3.4492	4.1130	4.3793	4.3920	4.7136
韩国	3.1461	3.3635	3.8350	4.2082	4.4185	4.5976
爱沙尼亚	2.4220	2.6027	3.5875	4.0438	4.2256	4.5805
捷克共和国	2.8689	2.9732	3.8208	4.2139	4.2368	4.5793
以色列	3.5318	3.9243	3.9497	4.2543	4.4021	4.5526
法国	3.8237	3.8048	4.1804	4.2925	4.3169	4.5401
英国	3.8025	3.8818	4.2614	4.2728	4.3961	4.4874
斯洛伐克	2.4211	2.5077	3.5486	4.0941	4.1495	4.4737
意大利	3.8015	3.6990	4.0949	4.1784	4.1747	4.4524
加拿大	3.8869	4.1352	4.3341	4.3212	4.3277	4.4158
新西兰	3.6658	3.5918	4.0549	4.2655	4.3257	4.3977
立陶宛	1.6652	2.0244	3.0632	3.6377	3.8974	4.3812
西班牙	3.3025	3.3710	3.8091	4.0094	4.0705	4.3325
塞浦路斯	3.7634	3.7395	4.0612	4.1202	4.0341	4.2908
葡萄牙	3.1577	3.1300	3.5490	3.7950	3.9233	4.2606
匈牙利	2.5360	2.7463	3.5634	3.8830	3.9614	4.2548
拉脱维亚	1.8985	2.1163	2.9528	3.4770	3.7140	4.1212
日本	3.4836	3.6048	3.8003	4.0241	3.9107	4.0925

续表

国家 / 地区	1996 年	2000 年	2005 年	2010 年	2015 年	2019 年
美国	3.2026	3.3477	3.4591	3.7383	3.9097	4.0613
波兰	1.9142	2.1414	2.8937	3.4486	3.6352	4.0441
澳大利亚	3.3321	3.3474	3.6917	3.9585	3.9586	3.9299
希腊	2.6746	3.0210	3.5651	3.6785	3.5788	3.8985
克罗地亚	2.2882	2.3547	3.1353	3.4264	3.5067	3.8540
马来西亚	2.9368	2.8693	3.1791	3.5532	3.5224	3.7448
罗马尼亚	1.0497	0.9676	2.0491	2.8067	3.1332	3.5718
保加利亚	1.3345	1.3076	2.2756	2.9384	3.1207	3.5141
泰国	2.1675	2.0880	2.4183	2.9322	3.1655	3.4541
哥斯达黎加	2.0115	2.2819	2.5089	2.8755	3.1931	3.3804
智利	2.2923	2.3114	2.9442	3.3880	3.2134	3.3571
沙特阿拉伯	1.8812	2.0589	2.6704	2.7471	2.8025	3.2536
俄罗斯	1.6353	1.6830	2.4975	2.9796	2.8728	3.1805
文莱	2.7454	2.5997	2.7198	2.7839	2.8584	3.0984
土耳其	1.8029	1.8681	2.4237	2.7092	2.8773	3.0215
墨西哥	1.5360	1.9816	2.1025	2.2954	2.6606	2.8977
哈萨克斯坦	0.6072	0.8822	1.9521	2.7303	2.7522	2.8940
阿根廷	1.8166	1.8955	2.1243	2.6222	2.4842	2.5082
中国大陆	−0.3379	0.1080	0.7324	1.4438	2.0220	2.4062
越南	−0.2960	0.0998	1.0516	1.7946	2.2430	2.3712
突尼斯	1.7383	1.6908	2.0938	2.3585	2.1114	2.2313
秘鲁	0.6627	0.7245	1.4350	1.9982	1.9849	2.2235
南非	1.3913	1.3484	1.9194	2.2640	2.1349	2.2008
摩洛哥	0.8610	0.8291	1.4513	1.7413	1.7977	2.0468
柬埔寨	−0.6151	−0.0510	0.5547	0.9865	1.5159	1.9470
巴西	1.0272	1.0692	1.6821	2.0641	1.9874	1.9390
菲律宾	0.9913	0.9410	1.0396	1.5803	1.7627	1.9317
哥伦比亚	0.4523	0.8156	1.1827	1.5539	1.5120	1.7879
印度尼西亚	0.6887	0.6225	0.9064	1.4034	1.4888	1.6943
老挝	−0.7766	−0.7002	−0.4522	0.4230	1.1446	1.2450
印度	−1.0305	−0.7442	0.0832	0.7806	0.9373	1.1958
缅甸	−2.4217	−1.7238	−1.0867	−0.4040	0.3967	0.9295

资料来源：作者自行计算得出。

根据前面对G7国家和金砖五国共12个经济体现代化水平指数变化趋势分析，研究结果显示：经济现代化、社会现代化、文化现代化是促进国家综合现代化水平提升的重要力量，而产业结构和贸易结构的持续优化升级是推动国家经济现代化的重要力量。凡是经济现代化指数提升比较快的国家，都与这些国家的产业结构和贸易结构优化升级有密切关系，因此，需要进一步对贸易结构升级变化进行分析。

从表6-51来看，贸易结构领先的经济体主要是发达经济体，产生这一现象的主要原因在于发达经济体在现代部门的技术优势帮助其实现了较高的出口增加值，且北欧多数国家人口相对较少，因此整体人均现代部门出口增加值较高；与这一情况截然相反的是，产业结构指数相对靠后的经济体多为发展中国家，这类国家的共性是具有较多的人力资源禀赋，但主要从事加工贸易，这就导致了其人均出口的现代部门附加值处于一个较低的水平。中国的贸易结构于2019年在样本经济体内排名第52，虽然相较观察期初期在排名和得分上均有了较大幅度的提升，但整体来看在样本经济体中依然处于中下游地位。这一结论证明中国在国际分工中依然以劳动密集型产品的出口为主，人均劳动生产率与发达国家存在较大差距，依然没有改变以中间品贸易为主的贸易模式，与多数学者结论一致（刘遵义等，2007[①]；张杰等，2013[②]；王岚，2014[③]；樊茂清和黄薇，2014[④]；任保平，2018[⑤]）。

1. 美国贸易结构指数变化趋势

2003—2008年，美国的贸易结构指数得到了较快的提升。虽然经济危机对美国的贸易结构产生了一定的影响，但2010年后美国的贸易结构已经开始回弹，并于2019年达到贸易结构指数的最高值（见图6-47）。

---

① 刘遵义、陈锡康、杨翠红:《非竞争型投入占用产出模型及其应用——中美贸易顺差透视》,《中国社会科学》2007年第5期。

② 张杰、陈志远、刘元春:《中国出口国内附加值的测算与变化机制》,《经济研究》2013年第48卷第10期。

③ 王岚:《融入全球价值链对中国制造业国际分工地位的影响》,《统计研究》2014年第31卷第5期。

④ 樊茂清、黄薇:《基于全球价值链分解的中国贸易产业结构演进研究》,《世界经济》2014年第37卷第2期。

⑤ 任保平:《新时代中国经济增长的新变化及其转向高质量发展的路径》,《社会科学辑刊》2018年第5期。

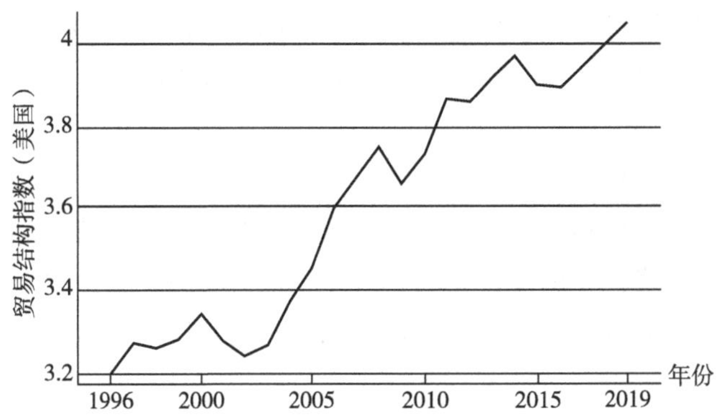

图6-47 1996—2019年美国的贸易结构指数变化趋势

资料来源：作者自行计算得出。

2. 日本贸易结构指数变化趋势

日本的贸易结构指数自 2002 年起快速增长，虽然受到经济危机的影响在 2008 年有较大幅度的下跌，但整体依然呈波动上升趋势（见图 6–48），2019 年日本的贸易结构指数为 4.0925，居样本经济体第 33 位。

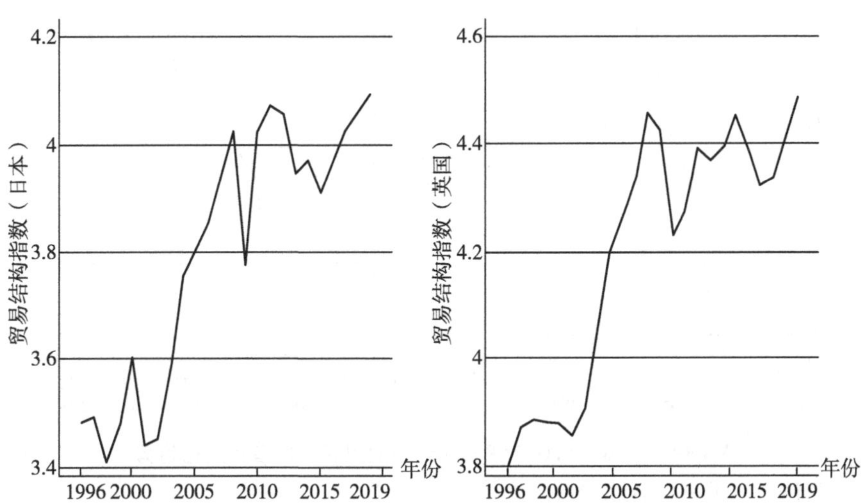

图6-48 1996—2019年日本和英国的贸易结构指数变化趋势

资料来源：作者自行计算得出。

3. 英国贸易结构指数变化趋势

英国的贸易结构指数在观察期内呈多次先升后降的 W 形发展趋势。

自 2008 年经济危机爆发以来，英国的贸易结构指数一直在波动调整（见图 6–48）。2019 年，英国的贸易结构指数为 4.4874，居样本经济体第 22 位。

4. 德国贸易结构指数变化趋势

德国贸易结构指数发展趋势与美国较为接近，除了在经济危机爆发之际有小幅下降，整体保持上升趋势（见图 6–49）。2019 年，德国以贸易指数 4.8857 居于样本国家第 14 位，也是 G7 国家中贸易结构指数最高的经济体。

5. 法国贸易结构指数变化趋势

2019 年法国贸易结构指数为 4.5401，居样本经济体第 21 位，是 G7 经济体中贸易结构指数第二高的经济体。法国贸易结构指数的发展规律与德国存在一定的相似性（见图 6–49），但法国在经济危机后贸易结构指数的波动调整期要明显长于德国。

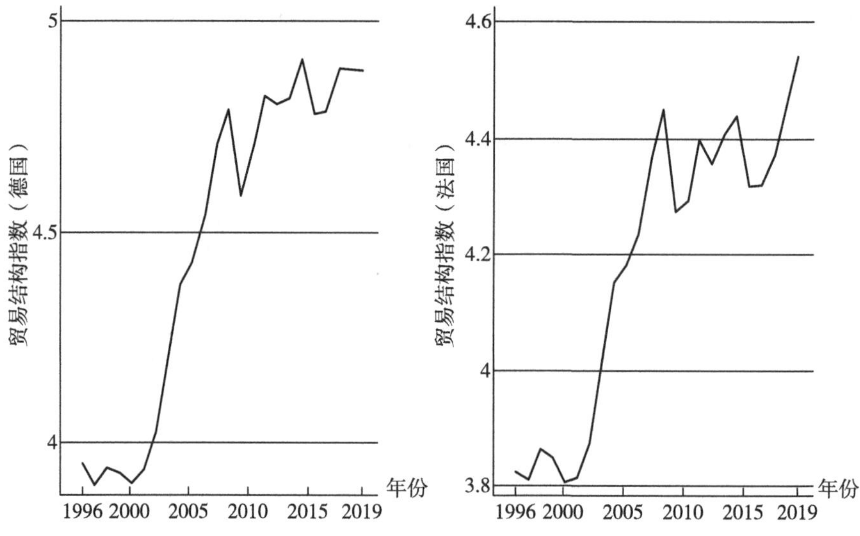

图6-49　1996—2019年德国和法国的贸易结构指数变化趋势

资料来源：作者自行计算得出。

6. 意大利贸易结构指数变化趋势

意大利贸易结构指数演变趋势与英国较为相似，2019 年贸易结构指数为 4.4524，居样本经济体第 24 位。与其他 G7 国家相似，在 2008 年全球性的经济危机爆发后，意大利的贸易结构经历了长达 8 年的调整期。

虽然目前意大利的贸易结构已经开始回升，但从绝对值上来看仅为德国2009年的水平（见图6–50）。

7. 加拿大贸易结构指数变化趋势

加拿大贸易结构指数在观察期初期为3.8869，居样本经济体第15位；2019年这一指标上升至4.4158，居样本经济体第25位，G7国家第5位。加拿大的贸易指数在2008年及2010年分别有两次较大幅的下降，直至2015年加拿大的贸易结构才开始缓慢回升（见图6–50）。

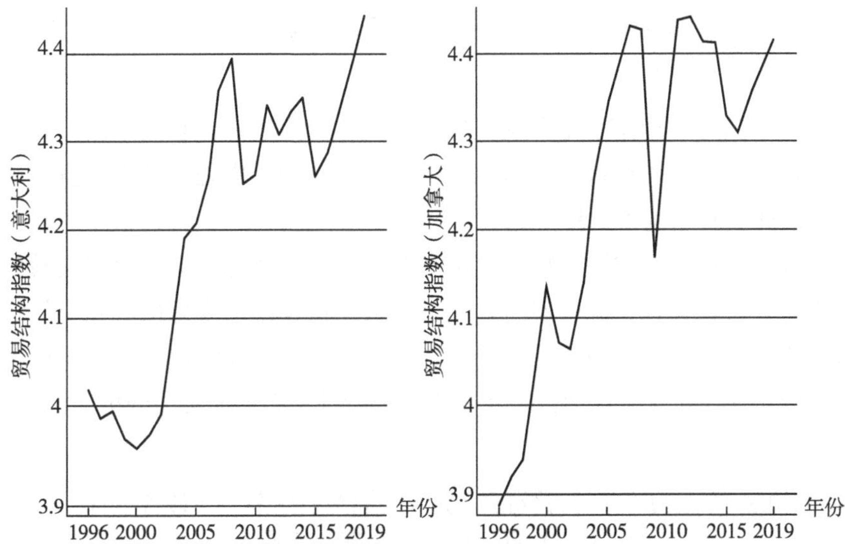

图6-50 1996—2019年意大利和加拿大的贸易结构指数变化趋势

资料来源：作者自行计算得出。

8. 中国贸易结构指数变化趋势

中国贸易结构指数变化趋势与产业结构指数相似，贸易结构指数在观察期内经历了较为快速的增长。以中国2001年加入世界贸易组织为转折点，2019年贸易结构指数已经增长至2.4062，居全球第52位。从绝对值来看，中国2019年的贸易结构指数仍低于世界贸易结构平均值，贸易结构向高附加值方向发展依然存在差距（见图6–51）。

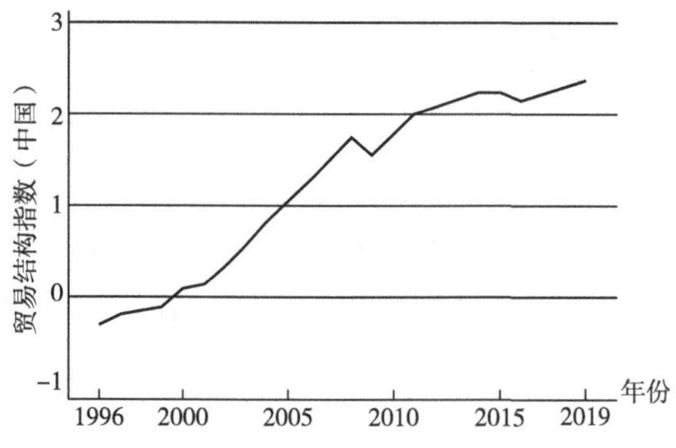

图6-51　1996—2019年中国贸易结构指数变化趋势

资料来源：作者自行计算得出。

本节贸易结构指数是以现代部门的人均出口增加值来衡量的，我国是人口大国，人均出口增加值比较低，在国际分工中处于低附加值的环节，因此贸易结构指数相对较低。

综上所述，样本国家现代化水平变化趋势与产业结构变化和贸易结构变化具有相关性，说明现代化水平指数与产业结构变化指数和贸易结构变化指数存在一定内在联系，有必要进一步对产业结构和贸易结构优化升级对现代化水平作用机制及其影响进行计量模型的实证分析。

第四节　产业结构、贸易结构变化对现代化水平作用机制的实证检验

一、模型构建与变量说明

（一）模型构建

本节基于 H1 与 H2，构建了如下模型，对产业结构、贸易结构变化对现代化水平的作用机制进行实证分析：

$$zhxdh_{it} = \alpha_0 + \alpha_1 ts_{it} + \alpha_2 is_{it} + \alpha_3 respmp_{it} + \alpha_4 hci_{it} + \alpha_5 rq_{it} + \alpha_6 rese_{it} + \alpha_7 gfcf_{it} + \alpha_8 fdi_{it} + \alpha_9 trade_{it} + \varepsilon_{it} \quad (6\text{–}30)$$

式（6–30）中，*zhxdh* 为核心被解释变量，代表综合现代化指数，根据综合现代化指数的构成，又可以将其细分为经济现代化（*jjxdh*）、社会现代化（*shxdh*）、政治现代化（*zzxdh*）、文化现代化（*whxdh*）和生态现代化（*stxdh*）五项分指标。*is* 与 *ts* 是本章的核心解释变量，分别表示产业

结构水平与贸易结构水平。

（二）变量说明

除了核心被解释变量和核心解释变量，本节还设置了七个控制变量，分别是：

①每百万人中从事科研工作的人数（*respmp*）。每百万人中从事科研工作的人数可以从侧面反映经济体对创新的重视程度，是现代化水平发展的内生动力之一。②人力资本指数（*hci*）。人力资本是反映一个经济体现代化水平的重要指标，人力资本越高，则现代化水平在一定程度上也会越高。③监管质量指数（*rq*）。监管质量是经济体法治水平的综合体现，一般认为监管质量越高的经济体其政治现代化水平越高，该经济体的综合现代化水平也就越高。④研发支出占 GDP 的比值（*rese*）。该控制变量与第一个控制变量相近，同样是表示一国对科研的重视程度。一般而言，在经济体量相差不大的情况下，研发支出的占比越高，现代化水平越高。⑤固定资本形成率（*gfcf*）。固定资本形成率是固定资本形成总额与国民生产总值的比值，资本形成总额越高，其对经济增长的贡献度也相对越高，现代化水平也就越高。⑥外资依存度（*fdi*）。外资依存度是由一国吸收的对外投资占国民生产总值的比值来衡量。高质量的外商投资能够有效通过技术外溢效应提高一国的技术发展水平，从而助推经济体结构调整，实现现代化水平的提高。⑦贸易依存度（*trade*）。外贸依存度由进出口总额与国民生产总值的比值计算而得，虽然这一指标没有明确的正向性或负向性，部分学者指出，过高的贸易依存度在特定情况下反而不利于一国的长期发展。上述式中，i 代表对应的经济体，t 代表对应的时间，ε_{it} 代表随机误差项。各变量的表征方式及资料来源如表 6-52 所示。

表6-52　　各变量的表征方式及资料来源

变量名	变量符号	样本个数	均值	标准差	资料来源
被解释变量					
综合现代化水平	*zhxdh*	1560	0.241	0.075	自行计算得出
经济现代化水平	*jjxdh*	1560	0.093	0.104	自行计算得出
社会现代化水平	*shxdh*	1560	0.55	0.131	自行计算得出
政治现代化水平	*zzxdh*	1560	0.323	0.110	自行计算得出
文化现代化水平	*whxdh*	1560	0.149	0.121	自行计算得出

续表

变量名	变量符号	样本个数	均值	标准差	资料来源
生态现代化水平	*stxdh*	1560	0.087	0.097	自行计算得出
解释变量					
产业结构	*is*	1560	0.603	0.304	自行计算得出
贸易结构	*ts*	1560	3.206	1.539	自行计算得出
控制变量					
每百万人中从事科研工作的人数	*respmp*	1560	7.073	1.545	WDI 数据库
人力资本指数	*hci*	1560	2.904	0.551	佩恩表
监管质量指数	*rq*	1560	0.763	0.836	WGI 数据库
研发支出占 GDP 的比值	*rese*	1560	1.206	0.997	WDI 数据库
固定资产形成率	*gfcf*	1560	23.015	5.270	WDI 数据库
外资依存度	*fdi*	1554	7.049	23.912	WDI 数据库
贸易依存度	*trade*	1543	96.49	69.309	WDI 数据库

资料来源：作者根据相关资料整理。

二、共线性检验

本节选取了 65 个经济体 1996 —2019 年的面板数据作为研究样本，为了避免变量间多重共线性造成模型预测效果的失真，本书使用方差膨胀因子进行检验。方差膨胀因子的值越大，多重共线性越严重，一般认为当 VIF 值大于 10 时，模型存在严重的共线性问题。共线性检验的结果如表 6–53 所示。由表可知，本节选取的变量的 VIF 值均小于 10，变量之间不存在严重共线性，可以进行下一步的回归分析。

表6-53　　VIF检验

变量	VIF	1/VIF
is	8.34	0.119847
ts	4.46	0.224432
respmp	3.85	0.259901
hci	3.34	0.299336
rq	3.17	0.315097
rese	2.74	0.365327
gfcf	1.83	0.547084

续表

变量	VIF	1/VIF
fdi	1.11	0.900907
trade	1.04	0.956946
Mean VIF	3.32	

资料来源：作者根据 Stata15 软件计算结果整理。

三、基准回归

表 6–54 汇总了本节的基准回归结果。其中，列（1）是在不加控制变量情况下综合现代化与产业结构单独进行回归分析的结果；列（2）是在不加控制变量情况下综合现代化与贸易结构单独进行回归分析的结果；列（3）是在不加控制变量情况下综合现代化与产业结构、贸易结构同时进行回归分析的结果；列（4）是增加控制变量后综合现代化与产业结构单独进行回归分析的结果；列（5）是增加控制变量后综合现代化与贸易结构单独进行回归分析的结果。

表6-54　　基准回归结果

变量	被解释变量：*zhxdh*					
	（1）	（2）	（3）	（4）	（5）	（6）
is	0.042^{***} （4.858）		0.030^{***} （3.035）	0.050^{***} （6.013）		0.038^{***} （4.082）
ts		0.006^{***} （4.650）	0.004^{***} （2.693）		0.007^{***} （5.405）	0.004^{***} （3.133）
respmp				−0.001 （−0.483）	−0.001 （−0.668）	−0.001 （−0.688）
hci				0.024^{***} （7.387）	0.022^{***} （6.657）	0.022^{***} （6.865）
rq				0.002 （1.316）	0.001 （0.529）	0.001 （0.500）
rese				0.013^{***} （9.584）	0.012^{***} （9.297）	0.013^{***} （9.627）
gfcf				0.000^{**} （2.439）	0.000^{**} （2.306）	0.000^{**} （2.162）

续表

变量	被解释变量：*zhxdh*					
	（1）	（2）	（3）	（4）	（5）	（6）
fdi				0.000 （0.959）	0.000 （1.185）	0.000 （1.145）
trade				−0.000*** （−2.833）	−0.000*** （−3.129）	−0.000*** （−3.277）
常数项	0.173*** （31.965）	0.184*** （54.922）	0.171*** （31.466）	0.094*** （7.993）	0.116*** （10.496）	0.098*** （8.311）
年份固定效应	是	是	是	是	是	是
经济体固定效应	是	是	是	是	是	是
R−squared	0.8516	0.8509	0.8526	0.8516	0.8509	0.8526
样本观测值	1560	1560	1560	1537	1537	1537

注：** 和 *** 分别表示在 5% 和 1% 的显著性水平上显著；小括号内的值为回归系数的 *t* 值；回归控制了年份、经济体等固定项。

资料来源：作者根据 Stata15 软件计算结果整理。

（1）核心解释变量：由表 6–54 可知，无论在有无控制变量的情况下，产业结构与贸易结构对综合现代化水平均存在正向的促进效应。将列（4）与列（6）、列（5）与列（6）进行对比，可以发现共同回归时产业结构和贸易结构的回归系数均有所降低。

（2）控制变量：由于篇幅限制，本节没有将控制变量与综合现代化水平的基准回归结果纳入表 6–54 中，在此简要地对各控制变量对综合现代化水平的影响效应进行简述。

每百万人中从事科研工作的人数。回归结果证明，每百万人中从事研发活动的人员数量与综合现代化水平并无显著的相关性。产生这一现象的原因在于这一指标在人口大国与人口小国之间的差距较大，过大的数值波动导致了这一指标的显著性有所降低。

人力资本指数。回归结果证明，人力资本指数在 1% 的显著性水平上对综合现代化水平有着正向的促进作用，系数为 0.0224，人力资本作为近现代重要的高端要素禀赋之一，能够有效地提高经济体的现代化水平。

监管质量指数。回归结果显示，虽然监管质量指标为正，但其没有通过显著性检验，证明监管质量的提高并未显著地促进现代化水平的提高。产生这一现象的原因可能是因为监管质量受到经济体政治、社会、文化等多方面的影响，监管质量的提升作用在短期内无法在现代化水平得分上体现。

研发支出占比。虽然与每百万人中从事科研人数这一控制指标一样，研发支出占比同样反映了一国对科研的重视程度，但与其不同的是，研发支出占比与综合现代化水平的回归系数在 1% 的显著性水平下为正，系数为 0.0128，这一结果证明科研投入的增加对综合现代化指数有着正向的促进作用，与现有文献得出的结论一致。从系数来看，这一控制变量对被解释变量的促进作用小于产业结构和贸易结构升级带来的促进作用，其可能的原因在于技术投入是一个长期性的过程，虽然在当期对综合现代化水平有显著的促进作用，但其影响不大。

固定资本形成率。回归结果表明，总固定资本形成在 5% 的显著性水平上对综合现代化水平有着正向的影响，其系数为 0.0002。这一结果与现有研究结论保持一致。

投资依存度。回归结果显示，投资依存度与综合现代化水平并无显著的相关性。产生这一现象的可能原因，是外国直接投资的项目较为多样化，但根据相关文献结论，只有能够促进知识溢出的外国直接投资才能促进现代化的显著增长。

贸易依存度。回归结果显示，贸易依存度与现代化水平在 1% 的显著水平上呈负相关，但贸易依存度对综合现代化水平的负向作用系数非常小，近乎为 0。这一现象可能是贸易依存度在计算时采用了传统的贸易核算口径，因此在结果上可能存在失真的情况。

四、稳健性分析与内生性检验

为了减少遗漏变量对回归结果的影响，保证回归结果的稳健性，我们需要对评价方法和指标解释能力的稳健性进行分析。常见的稳健性分析方法有变量替换法、改变样本容量法、补充变量法等。在此，本书参考陶新宇等（2017）的做法，选取了换权法、缩尾法、解释变量滞后法、改变解释容量法共计四种方法对稳健性进行分析。稳健性检验结果如表 6–55 所示。

换权法。所谓换权法，是将被解释变量的计算权重进行更改，并与解释变量进行回归的方法。根据主观分析法，分别对现代化的五项子指标进行了人工赋权，为了验证模型的稳健性，本节构建了新的被解释变

量 *zhxdh*_1，其二级指标与三级指标的权重与 *zhxdh* 完全保持一致，唯一区别仅在于五项一级指标的权重采用了平均赋权，即每项一级指标的占比都为 20%。表 6–55 的列（1）是换权后进行回归的结果，可以发现，换权后产业结构、贸易结构与综合现代化指数依然在 1% 的显著性水平下呈正相关，证明本模型的结果是稳健的。

缩尾法。所谓缩尾法，是指在样本数据足够多的情况下，通过剔除一些极端值并用一定的方法填补被剔除的数据。通常缩尾法在 1% 和 99% 分位做极端值处理，对于小于 1% 的数用 1% 的值赋值，对于大于 99% 的数用 99% 的值赋值。借助 Stata15 相关代码对本节相关变量进行了 1% 和 99% 分位并做了缩尾处理，结果如表 6–55 的列（2）所示。经过缩尾处理后，核心解释变量产业结构、贸易结构与综合现代化指数依然在 1% 的显著性水平下呈正相关，因此证明本模型的结果是稳健的。

解释变量滞后法。由于产业结构和贸易结构水平的提升对现代化产业结构的影响可能不会在当期呈现，因此，本节采用解释变量滞后法，将产业结构和贸易结构水平分别滞后一期与两期，研究滞后若干期后的解释变量与被解释变量之间的相关性是否依然显著。表 6–55 的列（3）与列（4）分别是解释变量滞后一期与滞后两期的结果，可以发现，解释变量不管是滞后一期还是滞后两期与被解释变量均在 1% 的水平上显著，证明本模型的稳健性。

改变解释变量计算方法。同一变量有许多种不同的计算方法，为了避免由于计算方法给结果带来的误差，采用改变解释变量计算方法来对模型的稳健性进行检验。针对产业结构的计算方法，本节参考 Lavopa 和 Szirmai（2018）① 的做法，将 α 取值为 0.6；在贸易结构的计算方法变更上，考虑到贸易结构以制造业为主，使用人均工业增加值占总出口增加值的比重进行替代。改变解释变量计算法的结果在表 6–55 列（5）显示，可以发现在改变解释变量的计算方法后，核心解释变量产业结构、贸易结构与综合现代化指数依然在 1% 的显著性水平上呈正相关，因此证明本模型的结果是稳健的。

改变样本期限。在基准回归中，本节选用了 1996—2019 年的数据进行回归，以 3 年为间隔（样本期为 1998 年，2001 年，2004 年……2019

① Lavopa Alejandro，Szirmai Adam，“Structural modernization and development traps: an empirical approach,” *Word Development*，Vol.112，2018.

年）对样本进行处理并进行稳健性检验。改变样本期限的回归结果如表6–55的列（6）所示。由表可知，改变样本期限没有对产业结构及贸易结构的显著性产生影响，两者依然在1%的显著性水平上与综合现代化指数呈正相关关系。

表6-55　　稳健性检验

被解释变量：*zhxdh*						
变量	被解释变量换权法	缩尾法	解释变量滞后一期	解释变量滞后两期	改变解释变量的算法	以3年为间隔的样本
	（1）	（2）	（3）	（4）	（5）	（6）
is	0.028*** （3.152）	0.036*** （3.847）				0.057*** （3.574）
ts	0.004*** （2.582）	0.005*** （3.406）				0.005** （2.123）
is_{t-1}			0.031*** （3.216）			
ts_{t-1}			0.008*** （5.762）			
is_{t-2}				0.028*** （2.838）		
ts_{t-2}				0.010*** （7.330）		
is_r					0.023*** （5.082）	
ts_r					0.0052*** （3.990）	
常数项	0.113*** （9.889）	0.099*** （8.382）	0.094*** （7.766）	0.089*** （7.183）	0.116*** （10.64）	0.092*** （4.461）
控制变量	是	是	是	是	是	是
R–squared	0.8573	0.8526	0.8524	0.8524	0.8536	0.8569
经济体固定	是	是	是	是	是	是
年份固定	是	是	是	是	是	是
样本观测值	1537	1537	1474	1411	1537	513

注：*** 表示在1%的显著性水平上显著；小括号内的值为回归系数的 *t* 值；回归控制了年份、经济体等固定项。

资料来源：作者根据Stata15结果整理。

内生性问题是实证检验中最为普遍且不可避免的问题，为了防止模型回归的残差和自变量相关引起的内生性，对模型的内生性进行了检验。

引起内生性的原因一般有遗漏变量、反向因果和样本选择问题。由于被解释变量现代化指数涉及范围较广，在工具变量的选取上存在难度，因此本节选择了加入遗漏变量法、两阶段最小二乘法与迭代 GMM 法对模型的内生性进行检验（见表 6-56）。

表6-56　　内生性检验

变量	加入遗漏变量	对 *is* 进行 2SLS 回归	对 *ts* 进行 2SLS 回归
	（1）	（2）	（3）
is	0.035***	0.042***	0.026***
	（3.691）	（4.287）	（2.821）
ts	0.004***	0.006***	0.010***
	（2.796）	（4.358）	（6.820）
常数项	0.093***	0.087***	0.093***
	（8.283）	（7.750）	（8.283）
Cragg-Donald Wald F statistic		4909.659	3943.281
		{19.93}	{19.93}
控制变量	是	是	是
R-squared	0.8543	0.9838	0.9837
经济体固定	是	是	是
年份固定	是	是	是
样本观测值	1537	1411	1411

注：*** 表示在 1% 的显著性水平上显著；小括号内的值为回归系数的 *t* 值；回归控制了年份、经济体等固定项。中括号内的值为统计量的 *P* 值：Cragg-Donald Wald F Statistic 统计量用来检验工具变量是否为弱识别，报告的是 *F* 统计量及其 10% 水平上的临界值超过临界值是合理的。

资料来源：作者根据 Stata15 结果整理。

通过对文献的分析总结，本节参考了何传启等（2020）[①] 的研究，加入了人均专利申请数量 patentpc 和 65 岁以下人口占比 youth 两个控制变量作为遗漏变量进行内生性检验。上述两个新增变量数据均来自世界银行 WDI 数据库，对少数的缺失值本书采用了移动平均法进行了插值处理。加入遗漏变量后的检验结果如表 6-56 列（1）所示，

① 何传启、刘雷、赵西君:《世界现代化指标体系研究》,《中国科学院院刊》2020 年第 11 期。

可以看到，在加入遗漏变量后两个解释变量的显著性并没有减弱。通过对两个核心解释变量分别进行二阶段最小二乘法回归和迭代 GMM 回归来进一步缓解本模型的内生性问题。表 6–56 列（2）与列（3）分别是对产业结构和贸易结构进行二阶段最小二乘法的计量结果。根据经验，当二阶段最小二乘法回归第一阶段的 F 值大于 10 时，就可以证明是强工具变量。两个核心解释变量的最小二乘法回归 F 值系数均大于 10，因此可以证明，在考虑内生性问题后，本模型的结论依旧成立。

五、异质性分析

为了探究产业结构、贸易结构在不同类型的经济体中对现代化水平的促进作用，本节借鉴了现有文献的普遍做法，将样本区分为发达经济体与发展中经济体，并分别对两类经济体进行回归分析。本节对样本经济体的分类参照 OECD 数据库的分类方法，具体如表 6–57 所示。

表6-57　　发达经济体和发展中经济体分类

发达经济体	发展中经济体
爱尔兰、爱沙尼亚、奥地利、澳大利亚、比利时、冰岛、波兰、丹麦、德国、法国、芬兰、韩国、荷兰、加拿大、捷克共和国、拉脱维亚、立陶宛、卢森堡、马耳他、美国、挪威、葡萄牙、日本、瑞典、瑞士、塞浦路斯、斯洛伐克、斯洛文尼亚、西班牙、希拉、新加坡、新西兰、匈牙利、以色列、意大利、英国	阿根廷、巴西、保加利亚、俄罗斯、菲律宾、哥伦比亚、哥斯达黎加、哈萨克斯坦、柬埔寨、克罗地亚、老挝、罗马尼亚、马来西亚、秘鲁、缅甸、摩洛哥、墨西哥、南非、沙特阿拉伯、泰国、突尼斯、土耳其、文莱、印度、印度尼西亚、越南、智利、中国

资料来源：作者根据 OECD 数据库相关资料整理。

由表 6–58 可知，产业结构对发达经济体促进现代化的作用不显著，而贸易结构的高级化在 1% 的显著性水平上促进了发达经济体的现代化水平；对于发展中经济体而言，无论是产业结构还是贸易结构的优化都能够显著地促进现代化水平的发展。从系数来看，通过与表 6–58 列（6）进行对比，可以发现，对于发达经济体而言，贸易结构的升级对发达经济体的现代化提升能力要高于全样本中贸易结构对现代化水平的促进作用，而对于发展中经济体而言，产业结构的升级对发达经济体的现代化提升能力，要高于全样本中产业结构对现代化水平的促进作用，而贸易结构对现代化水平的促进作用相对全样本有所降低。

产生这一现象的原因可能是发达经济体的产业基础较好，而本书产业结构的衡量方法主要是从结构转型与技术赶超两个角度复合组成，而发达经济体的就业结构相对比较稳定，在现代部门的就业占比一直保持较高的水平。根据经验，发达经济体往往也是技术水平国际领先的经济体，在某些部门中掌握着核心技术，是技术赶超变量中的引领者而非追赶者。因此，发达经济体的产业结构基础相对较为稳固，转型升级的空间相较发展中经济体更小，产业结构优化的速度也相对较缓，因此产业结构对现代化水平的推动作用在发达经济体样本中不显著。对于发达经济体而言，其在国际贸易分工中主要集中在微笑曲线的两端，从事高附加值的贸易品生产，其贸易品的出口增加值较高，因此贸易结构对其现代化水平的提升要比全样本的系数大。作为技术追赶的发展中经济体，其产业结构的基础相较发展中经济体略显薄弱，出口也主要集中于附加值较低的加工贸易环节，因此，对于发展中经济体而言，产业结构对现代化水平的提升在发展中经济体样本内的促进作用更大，而贸易结构的优化对发展中经济体现代化水平的提升则相对较小。

为进一步地探究产业结构和贸易结构分别通过何种渠道对现代化水平进行影响，本节将综合现代化指数进行拆分，对5项一级指标分别进行了分指标回归，其结果如表6-58列（3）至列（7）所示。由表可知，在全样本范围内，产业结构和贸易结构的提升能够显著地促进经济现代化的提升，但会在一定程度上阻碍政治现代化的发展。产业结构的高度化可以提高文化现代化水平，贸易结构的高度化可以促进社会现代化水平的提高，但会在一定程度上抑制生态现代化的发展。

从系数水平上来看，通过对比表6-58列（3）与列（6）可知，产业结构和贸易结构对经济现代化的影响系数在1%的显著性水平显著为正，且其促进作用要大于产业结构和贸易结构对综合现代化水平的促进作用。产生这一现象的可能原因在于经济现代化是完全由衡量经济效益的指标组成，而产业结构和贸易结构的优化能在当期就对经济发展有显著的正向作用，这一结论已由许多学者加以验证。而综合现代化指标除了以经济角度衡量，还从生态、文化、政治、社会的角度对一国的现代化水平进行衡量，因此解释变量的促进作用被稀释。

表6-58　异质性分析结果

变量	被解释变量						
	zhxdh		*jjxdh*	*shxdh*	*zzxdh*	*whxdh*	*stxdh*
	发达经济体	发展中经济体	经济现代化分指标	社会现代化分指标	政治现代化分指标	文化现代化分指标	生态现代化分指标
	（1）	（2）	（3）	（4）	（5）	（6）	（7）
is	0.016	0.048***	0.161***	−0.005	−0.112***	0.086***	0.012
	（1.525）	（3.3625）	（9.7322）	（−0.4436）	（−4.0212）	（3.4514）	（1.5000）
ts	0.005***	0.004**	0.020***	0.020***	−0.011***	−0.005	−0.006***
	（2.729）	（2.1009）	（7.8243）	（11.8776）	（−2.5906）	（−1.2753）	（−4.7927）
常数项	0.054***	0.089***	−0.152***	0.313***	0.543***	−0.268***	0.127***
	（2.7300）	（5.5226）	（−7.2430）	（22.4832）	（15.3291）	（−8.5071）	（12.1342）
控制变量	是	是	是	是	是	是	是
R−squared	0.9148	0.8608	0.2505	0.9087	0.2191	0.8698	0.1721
经济体固定	是	是	是	是	是	是	是
年份固定	是	是	是	是	是	是	是
样本观测值	834	703	1537	1537	1537	1537	1537

注：** 和 *** 分别表示在 5% 和 1% 的显著性水平上显著；小括号内的值为回归系数的 t 值；回归控制了年份、经济体等固定项。

资料来源：作者根据 Stata15 结果整理。

产业结构对社会现代化的相关性不明显，可能是由产业结构的衡量方式所影响的。本节中社会现代化的衡量方式主要由人口、教育和劳动力市场三个二级指标组成，而产业结构则是由现代部门结构占比与技术追赶要素组成。通过对产业结构的数据进行观测，可以发现样本国在近20年来的现代部门结构要素相对较为稳定，而技术追赶指标则是使用现代部门的相对人均劳动生产率这一指标衡量的，相对来说人均劳动生产率的提高与人均预期寿命、就业率和城市化比例之间的直接关联较小，因此结果不太显著。另外，贸易结构主要由现代部门的人均出口增加值衡量，随着人均出口增加值的提高，意味着贸易利得的逐渐增大，该经济体的消费者可以接受更好的医疗、教育，因而提高了其社会的现代化水平。

产业结构与贸易结构的优化对政治现代化分指标在1%的显著性水平下呈负相关，意味着产业结构和贸易结构的提升反而不利于政治现代化的发展。产生这一现象的原因在于本节政治现代化主要用政府在相关部门的支出来进行衡量，而政府支出以保障性支出为主，因此产业结构与贸易结构的优化会对政治现代化产生挤出效应。

产业结构对文化现代化的促进作用在1%的水平上显著为正，可能原因在于以ICT产业为核心的现代化信息产业逐渐发展，随着现代产业的就业不断提升及技术要素的不断赶超，越来越多的劳动力由传统产业或现代产业的其他部门转移到以技术为核心要素的相关数字经济产业中来，从而带动了文化现代化的发展；贸易结构水平与文化现代化水平相关性不显著，可能的原因在于目前国际出口增加值的主要来源依然集中在实体产业尤其是制造业，而文化现代化涉及的相关指标主要集中于服务业范畴，因此贸易结构水平的提升与文化现代化水平的提升无直接的相关性。

产业结构对生态现代化的正向效应在统计学上不显著，而贸易结构对生态现代化则在1%的显著性水平上显著为负。产生这一现象的原因可能是人均贸易增加值的提高往往源于制造业获利能力的提升，而基于趋利性假设，制造业获利能力的提升会引发更多要素流向制造业，从而导致了生态环境的进一步恶化；而在本节中产业结构是通过现代部门就业比重和相对人均劳动生产率来衡量的，两者均对生态环境没有直接的相关性，因此回归检验结果不显著。

本节采用固定效应回归的方法，对 1996—2019 年全球 65 个主要经济体的面板数据进行了计量回归分析，对产业结构、贸易结构与现代化水平的作用机制分别进行了研究分析。实证结果显示，产业结构和贸易结构的优化升级都可以显著地促进现代化水平的提高，验证了第三节中所提出的 H1 与 H2。在基础回归的基础上，本节又通过换权法、缩尾法、解释变量滞后法、改变解释变量计算法共计四种方法，对模型的稳健性进行检验，并利用加入遗漏变量和二阶段最小二乘法回归对模型的内生性进行了检验。实证结果表明，本计量模型具有统计学上的稳健性，且在考虑内生性的情况下，本节得出的结论依然是稳健的。

随后，为进一步探究产业结构与贸易结构在不同样本经济体中的效应，运用分样本回归的方法对模型进行了异质性分析。实证结果表明，产业结构的提升对发达经济体现代化水平的促进作用不显著，而贸易结构的提升对发达经济体现代化水平的促进作用要大于全样本时的促进作用。产业结构和贸易结构对发展中经济体实现现代化水平的提高有显著的正向作用，其中产业结构对发展中经济体现代化水平的提升作用更大。

最后，为了对产业结构、贸易结构影响现代化水平的具体路径进行分析，本节将被解释变量细分为五个一级指标，利用 65 个主要经济体 1996—2019 年的面板数据进行了分指标回归。结果显示，贸易结构和产业结构可以通过促进经济现代化来实现对综合现代化水平的提升，但这一促进效应会被政治现代化的负向挤出效应所稀释。贸易结构的优化可以带动社会现代化水平来对综合现代化进行提升，但也会在一定程度上导致生态现代化水平的降低；产业结构的优化可以通过提高文化现代化水平来促进综合现代化水平的提升，但对社会现代化和生态现代化分指标的影响效应不显著。

第五节　产业结构、贸易结构互动与现代化水平的实证检验

从产业结构、贸易结构与现代化水平之间的转型升级视角，基于全球 65 个经济体 1996—2019 年的数据，采用固定效应回归法实证检验

了产业结构与现代化水平、贸易结构与现代化水平之间的正向促进关系与作用机制。目前，国内已有许多学者针对贸易结构与产业结构的耦合协同机制进行了细致的研究（王晓艳，2006①；陈虹，2010②；龚劲倩，2011③），并得出了相对统一的结论，认为产业结构和贸易结构的协同发展能够更有效促进经济发展。

要素禀赋在生产和贸易部门的流动是否顺畅直接决定了资源配置效率的高低，进而影响社会的整体经济效应。产业结构和贸易结构的协同事关我国现代化强国的建设。目前，尚未有学者针对产业结构、贸易结构的互动耦合与现代化水平的相关性及具体的作用机制进行检验，因此本节通过引入产业结构与贸易结构的耦合变量，对产业结构、贸易结构如何通过互动来影响综合现代化水平进行研究。

一、模型构建与变量说明

（一）模型构建

本节中被解释变量和控制变量依然保持与上一节一致，解释变量除了原有的产业结构变量 *is* 与贸易结构 *ts* 变量以外，又引入了一个新的核心解释变量 *coup*，以此代表产业结构与贸易结构的耦合协调程度，构建如下模型：

$$zhxdh_{it} = \alpha_0 + \alpha_1 ts_{it} + \alpha_2 is_{it} + \alpha_3 coup + \alpha_4 respmp_{it} + \alpha_5 hci_{it} + \alpha_6 rq_{it} + \alpha_8 reseit + \alpha_7 gfcf_{it} + \alpha_9 fdi_{it} + \alpha_{10} trade_{it} + \varepsilon_{it} \tag{6-30}$$

式（6–30）中，*zhxdh* 为核心被解释变量，代表综合现代化指数，*is*、*ts* 和 *coup* 是本节的核心解释变量，分别表示产业结构水平、贸易结构水平和产业结构与贸易结构的耦合协调度。本节中所用到的被解释变量综合现代化 *zhxdh*、核心解释变量产业结构 *is* 和贸易结构 *ts* 的计算方法与第五章保持一致，控制变量的选取与取值与第五章保持一致，在此不再赘述。新增的核心解释变量耦合协调度 *coup* 的计算方法将在下一小节描述。

① 王晓艳：《中国贸易结构与产业结构的耦合研究》，博士学位论文，天津财经大学，2006 年。

② 陈虹：《中国贸易结构与产业结构关系的实证研究——基于 1980— 2008 年的结构变动指标数据分析》，《经济论坛》2010 年第 5 期。

③ 龚劲倩：《对外贸易结构与产业结构的耦合性创新探析》，《中国商贸》2011 年第 7 期。

（二）变量说明

在此简单描述耦合协调度的计算方法。物理学中的耦合概念推广到多个系统的耦合度模型如下：

$$C_n=\left\{\frac{(u_1,u_2,\ldots,u_m)}{\prod(u_i+u_j)}\right\}^{\frac{1}{n}}\sum \tag{6-31}$$

式（6–31）中，C_n代表系统的耦合度，$u_i(i=1,2,3,\cdots,m)$代表各子系统的估值。本节借鉴了王良虎和王钊（2020）的做法，将式（6–31）进行简化，具体操作如下：

首先，为了确保变量数据之间的横向及纵向的可比性，本节对变量数据进行了标准化处理。标准化处理主要利用了“无量纲化”的原理，采用极差法进行计算，具体公式如下：

$$x_i(t)=\frac{X_i(t)-\min\limits_{i=1}^{k}\min\limits_{t=1}^{n}[X_i(t)]}{\max\limits_{i=1}^{k}\max\limits_{t=1}^{n}[X_i(t)]-\min\limits_{i=1}^{k}\min\limits_{t=1}^{n}[X_i(t)]} \tag{6-32}$$

本节中所采用的产业结构和贸易结构均为正指标，即结构指数越大，代表对应的结构越合理。在对数据进行标准化处理结束后，对产业结构和贸易结构的耦合度进行测算，简化后的耦合度计算公式如下：

$$C=\sqrt{[is_i(t)\times ts_i(t)]/\{[is_i(t)\times ts_i(t)]\}^2} \tag{6-33}$$

$$T=\alpha is_i(t)+\beta ts_i(t) \tag{6-34}$$

$$coup=\sqrt{C\times T} \tag{6-35}$$

式（6–35）中，$coup$代表产业结构和贸易结构之间的耦合协调度，由耦合度C和协调度T两个部分组成，取值范围为0~1之间。耦合度C也是取值为0~1之间的指标，反映了产业结构和贸易结构两个系统之间的作用强度，该值越大，则证明产业结构和贸易结构之间的关联程度越大；反之则证明产业结构和贸易结构之间的关联越小。当$C=0$时，则证明产业结构和贸易结构之间不存在关联；协调度T衡量的是产业结构和贸易结构之间的协调发展水平，其中α与β为待定系数，可以通过主观赋权法予以赋权。考虑到本节中产业结构和贸易结构两者是互相关联而又互相独立的个体，本节参考了包冰和常实（2021）① 和段联合（2021）② 等人的做法，赋值 $\alpha=\beta=0.5$ 。根据耦合协调度的得分，可以将其划分为 10 个区间，具体如表 6–59 所示。

表6-59　耦合协调度 *coup* 程度等级及划分标准

耦合协调等级	耦合协调度区间	耦合协调程度	耦合协调等级	耦合协调度区间	耦合协调程度
1	（0.0–0.1]	极度失调	6	（0.5–0.6]	勉强协调
2	（0.1–0.2]	验证失调	7	（0.6–0.7]	初步协调
3	（0.2–0.3]	中度失调	8	（0.7–0.8]	中度协调
4	（0.3–0.4]	轻度失调	9	（0.8–0.9]	高度协调
5	（0.4–0.5]	濒临失调	10	（0.9–1.0]	优质协调

资料来源：作者根据文献整理所得。

通过对 65 个样本经济体产业结构和贸易结构的耦合协调度进行计算，本节制作出表 6–60。

表6-60　2019 年样本经济体耦合协调度分布情况

协调程度	对应协调程度样本经济体
初步协调	卢森堡、爱尔兰、瑞士、挪威、新加坡、丹麦、瑞典
勉强协调	澳大利亚、冰岛、荷兰、美国、比利时、奥地利、芬兰、加拿大、英国、以色列、德国、法国、中国香港、意大利、新西兰、日本、韩国、西班牙、马耳他、巴西、沙特阿拉伯、斯洛文尼亚、希腊
濒临失调	捷克、葡萄牙、爱沙尼亚、斯洛伐克、塞浦路斯、立陶宛、波兰、拉脱维亚、智利、匈牙利、克罗地亚、土耳其、马来西亚、哥斯达黎加、哈萨克斯坦、阿根廷、罗马尼亚、墨西哥、俄罗斯、保加利亚、中国大陆、南非、文莱
轻度失调	泰国、秘鲁、哥伦比亚、突尼斯、摩洛哥、印度尼西亚
中度失调	印度、老挝、越南、缅甸、柬埔寨

资料来源：作者根据计算汇总所得。

---

① 包冰、常实：《产业结构优化与对外贸易高质量发展耦合协调测度分析》，《中小企业管理与科技（中旬刊）》2021 年第 11 期。

② 段联合：《新发展格局下我国贸易结构优化与产业结构升级联动关系》，《商业经济研究》2021 年第 23 期。

由表 6–60 可知，所选样本经济体的产业结构和贸易结构整体的协调水平处于中下游，实现初步协调的经济体主要集中在欧洲及北美地区，包括中国在内的大多数经济体的贸易结构、产业结构耦合协调度依然处于勉强协调和濒临失调的区间内。通过对本节所用变量数据进行描述性分析，得到表 6–61。

表6-61　　相关变量的描述性统计

变量名	变量符号	样本个数	均值	标准差	资料来源
被解释变量					
综合现代化水平	*zhxdh*	1560	0.241	0.075	自行计算得出
经济现代化水平	*jjxdh*	1560	0.093	0.104	自行计算得出
社会现代化水平	*shxdh*	1560	0.55	0.131	自行计算得出
政治现代化水平	*zzxdh*	1560	0.323	0.110	自行计算得出
文化现代化水平	*whxdh*	1560	0.149	0.121	自行计算得出
生态现代化水平	*stxdh*	1560	0.087	0.097	自行计算得出
解释变量					
产业结构	*is*	1560	0.603	0.304	自行计算得出
贸易结构	*ts*	1560	3.206	1.539	自行计算得出
耦合协调度	*coup*	1560	0.427	0.085	自行计算得出
控制变量					
每百万人中从事科研的人数	*respmp*	1560	7.073	1.545	WDI 数据库
人力资本指数	*hci*	1560	2.904	0.551	佩恩表
监管质量指数	*rq*	1560	0.763	0.836	WGI 数据库
研发支出占比	*rese*	1560	1.206	0.997	WDI 数据库
固定资产形成率	*gfcf*	1560	23.015	5.270	WDI 数据库
外资依存度	*fdi*	1554	7.049	23.912	WDI 数据库
贸易依存度	*trade*	1543	96.49	69.309	WDI 数据库
人均持有专利数	*patentpc*	1560	1.822	4.429	WDI 数据库
青年人口占比	*youth*	1560	88.045	5.47	WDI 数据库

资料来源：作者根据 Stata15 结果整理。

（三）实证结果分析

表 6-62 是本章模型的基准回归结果。列（1）至列（4）分别代表不增加控制变量情况下，耦合协调度与被解释变量单独进行回归，耦合协调度、产业结构同时与被解释变量进行回归，耦合协调度、贸易结构同时与被解释变量进行回归，耦合协调度、产业结构、贸易结构同时与被解释变量进行回归。列（5）至列（8）则分别表示增加控制变量的情况下耦合协调度与被解释变量单独进行回归，耦合协调度与产业结构同时与被解释变量进行回归，耦合协调度、贸易结构同时与被解释变量进行回归，耦合协调度、产业结构、贸易结构同时与被解释变量进行回归。

由表 6-62 可知，新加入的核心解释变量在 8 个回归方程中均在 1% 的显著性水平上为正，代表产业结构和贸易结构的良性耦合协调确实可以促进现代化水平的提高。在产业结构和贸易结构引入耦合协同度后，其对现代化水平的正向推动作用均有所提高，这意味着产业结构和贸易结构的互动能够放大原有产业结构及贸易结构对现代化水平的促进作用。同时，从耦合协调度 *coup* 的系数来看，耦合协调度同样对样本经济体的现代化水平产生正向的促进作用。通过这一系数比较，我们可以初步得到以下结论：随着产业结构与贸易结构的良性互动耦合，原先产业结构与贸易结构各自对现代化水平的推动作用会得到放大。同时，产业结构与贸易结构的耦合协调又会促进现代化水平的正向增长。

（四）稳健性与内生性检验

为了保证本节实证结果的可靠性，对本节的实证模型的稳健性和内生性进行检验。在稳健性检验的方法选取上，为了保持研究的一致性，同样选取了被解释变量换权法、缩尾法、解释变量滞后法、改变解释变量计算方法和改变样本观察期的方法作为稳健性检验的方法。

表6-62 基准回归结果

变量	被解释变量：*zhxdh*							
	（1）	（2）	（3）	（4）	（5）	（6）	（7）	（8）
is		0.049^{***} （5.715）		0.028^{***} （2.934）	0.057^{***} （6.854）			0.040^{***} （4.340）
ts			0.008^{***} （6.899）	0.007^{***} （4.826）		0.009^{***} （7.071）		0.007^{***} （4.669）
coup	0.509^{***} （8.174）	0.541^{***} （8.745）	0.546^{***} （8.870）	0.556^{***} （9.046）	0.465^{***} （7.302）	0.496^{***} （7.724）	0.408^{***} （6.371）	0.511^{***} （7.987）
常数项	−0.020 （−0.736）	-0.063^{**} （−2.289）	-0.057^{**} （−2.113）	-0.073^{***} （−2.683）	-0.091^{***} （−3.267）	-0.080^{***} （−2.912）	−0.041 （−1.486）	-0.104^{***} （−3.733）
控制变量	否	否	否	否	是	是	是	是
R-squared	0.8375	0.8411	0.8426	0.8435	0.8567	0.8570	0.8520	0.8589
经济体固定	是	是	是	是	是	是	是	是
年份固定	是	是	是	是	是	是	是	是
样本观测值	1560	1560	1560	1560	1537	1537	1537	1537

注：** 和 *** 分别表示在 5% 和 1% 的显著性水平上显著；小括号内的值为回归系数的 *t* 值；回归控制了年份、经济体等固定项。

资料来源：作者根据 Stata15 结果整理。

样本的稳健性分析如表 6-63 中列（1）至列（6）所示。列（1）是被解释变量换权法的回归结果。通过与表 6-62 的列（8）进行对比，可以发现，被解释变量更换权重后所选的三个核心解释变量的显著性没有发生改变，但在参数上均有所降低。结合上一节异质性分析的结果，导致这一现象的主要原因是经济现代化占比的相对降低导致了产业结构、贸易结构以及耦合协调度对综合现代化的促进作用有所降低。

表6-63　稳健性检验结果

变量	被解释变量：*zhxdh*					
	被解释变量换权法	缩尾法	解释变量滞后一期	解释变量滞后两期	改变解释变量的算法	以 3 年为间隔的样本
	（1）	（2）	（3）	（4）	（5）	（6）
is	0.032***	0.040***	0.039***	0.041***		0.064***
	（3.626）	（4.340）	（4.221）	（4.346）		（4.131）
ts	0.005***	0.007***	0.007***	0.007***		0.007***
	（3.827）	（4.669）	（5.058）	（5.086）		（2.653）
coup	0.490***	0.511***			0.446***	0.505***
	（7.924）	（7.987）			（6.974）	（4.640）
$coup_{t-1}$			0.4730***			
			（7.585）			
$coup_{t-2}$				0.396***		
				（6.543）		
is_r					0.020***	
					（4.338）	
ts_r					0.007***	
					（5.281）	
常数项	−0.082***	−0.104***	−0.094***	−0.068**	−0.059**	−0.111***
	（−3.041）	（−3.732）	（−3.447）	（−2.545）	（−2.167）	（−2.316）
控制变量	是	是	是	是	是	是
R−squared	0.8633	0.8589	0.8562	0.8527	0.8584	0.8589
经济体固定	是	是	是	是	是	是
年份固定	是	是	是	是	是	是
样本观测值	1537	1537	1474	1411	1537	1537

注：** 和 *** 分别表示在 5% 和 1% 的显著性水平上显著；小括号内的值为回归系数的 *t* 值；回归控制了年份、经济体等固定项。

资料来源：作者根据 Stata15 结果整理。

列（2）是利用缩尾法后得到的回归结果。结果显示，使用缩尾法进行数据的剔除与补足后，核心解释变量对被解释变量的回归系数依然在1% 的显著性水平上保持显著，验证了本回归模型的稳健性。从系数来看，进行缩尾处理后的核心解释变量的回归系数并没有显著的变化，可能的原因在于数据的分布较为集中，极值情况在本模型中对回归分析的影响不大。

列（3）和列（4）分别是以 *coup* 滞后一期和滞后两期作为核心解释变量进行回归后的结果。由表可知，无论是滞后一期还是滞后两期，三个核心解释变量依然都在 1% 的显著性水平上对被解释变量有正向的促进效应。从系数来看，随着耦合协调度的滞后阶数不断增加，其对现代化水平的促进效应呈边际递减趋势，而产业结构和贸易结构对现代化水平的促进作用则随着耦合协调度滞后期数的增加而增加。这一结论说明，产业结构与贸易结构的耦合协调度对于现代化水平的促进作用在当期是最为显著的，而通过耦合协调机制放大贸易结构和产业结构对现代化指数的效应则随着滞后期数的增加而增加。

列（5）是通过改变解释变量的测算方法进行稳健性检验。本节中贸易结构和产业结构计算方法的变更与第四节保持一致，由于耦合协调度是基于贸易结构和产业结构数据计算得出的，因此在本节不另设耦合协调度的计算方法，而是通过贸易结构和产业结构的新取值来重新对耦合协调度进行计算。结果显示，解释变量计算方法的变更并没有显著地对模型回归结果的显著性产生影响。

列（6）是通过更换样本期限对回归模型的稳健性进行回归的实证结果。可以看出，将样本期从原来的 24 年缩短至 8 年进行回归后，产业结构、贸易结构及耦合协调度对综合现代化水平的回归系数依然显著，证明本模型是稳健的。

在完成稳健性检验后，针对模型的内生性进行检验。我们继续使用添加遗漏变量和对新加入的核心解释变量使用二阶段最小二乘法和迭代 GMM 法来解决模型的内生性问题。其中，列（1）是加入可能的遗漏变量后的回归结果，列（2）是对解释变量 *coup* 进行二阶段最小二乘法回归的结果（见表 6-64）。

关于遗漏变量的选择，本节加入了人均持有专利数 *patentpc* 和青年人口占比 *youth* 两个控制变量作为本回归模型的遗漏变量，结果显示，不管是加入遗漏变量、对耦合协调度进行二阶段最小二乘法回归还是使用迭代 GMM 法检验，核心解释变量依然保持在 1% 的显著性水平上显著，且二阶段最小二乘法回归的 F 值系数显著大于 10，证明不存在弱工具变量；迭代 GMM 法的 Hansen J 的 P 值显著大于 0.05，证明不存在过度识别检验。上述结论表明，在考虑内生性问题后，本节研究结论依旧稳健。

表6-64　　　　内生性检验结果

变量	被解释变量：*zhxdh*	
	加入遗漏变量	*IV-2SLS*
	（1）	（2）
is	0.038***	0.039***
	（4.200）	（4.306）
ts	0.006***	0.009***
	（4.028）	（6.324）
coup	0.525***	0.631***
	（8.259）	（7.835）
常数项	–0.144***	–0.169***
	（–3.259）	（–4.858）
Cragg–Donald Wald F statistic		1031.256
		{19.93}
控制变量	是	是
R–squared	0.8640	0.9845
经济体固定	是	是
年份固定	是	是
样本观测值	513	1, 411

注：*** 表示在 1% 的显著性水平上显著；小括号内的值为回归系数的 t 值；回归控制了年份、经济体等固定项。中括号内的值为统计量的 P 值：Cragg–Donald Wald F 统计量用来检验工具变量是否为弱识别，报告的是 F 统计量及其 10% 水平上的临界值是合理的。

资料来源：作者根据 Stata15 结果整理。

（五）异质性分析

为了验证产业结构和贸易结构的耦合协调度在不同经济体下的作用机制，对 65 个样本经济体按照其发展水平进行了分类，并进行聚类分析。不同经济体的区分标准如表 6–65 所示。

表6-65 异质性分析结果

变量	被解释变量						
	zhxdh		jjxdh	shxdh	zzxdh	whxdh	stxdh
	发达经济体	发展中经济体	经济现代化分指标	社会现代化分指标	政治现代化分指标	文化现代化分指标	生态现代化分指标
	(1)	(2)	(3)	(4)	(5)	(6)	(7)
coup	0.140	0.472***	0.288**	0.534***	2.052***	−0.316*	−0.120**
	(0.826)	(6.864)	(2.505)	(6.959)	(10.861)	(−1.716)	(−2.031)
is	0.0098	0.049***	0.156***	−0.007	−0.093***	0.101***	0.013
	(0.912)	(3.515)	(9.867)	(−0.089)	(−3.611)	(3.360)	(1.394)
ts	0.006***	0.006***	0.021***	0.022***	−0.005	−0.009**	−0.006***
	(3.138)	(3.063)	(8.131)	(13.000)	(−0.987)	(−1.525)	(−5.054)
常数项	−0.012	−0.061**	−0.267***	0.103***	−0.272***	−0.149*	0.174***
	(−0.144)	(−2.266)	(−5.280)	(3.108)	(−3.301)	(−1.957)	(6.870)
控制变量	是	是	是	是	是	是	是
R-squared	0.9117	0.8700	0.2538	0.9117	0.2783	0.8701	0.1745
经济体固定	是	是	是	是	是	是	是
年份固定	是	是	是	是	是	是	是
样本观测值	810	727	1537	1537	1537	1, 537	1537

注：*、** 和 *** 分别表示在 10%、5% 和 1% 的显著性水平上显著；小括号内的值为回归系数的 t 值；回归控制了年份、经济体等固定项。

资料来源：作者根据 Stata15 结果整理。

以发展水平为标准划分的异质性分析结果如表 6–65 的列（1）和列（2）所示。由表可知，产业结构和贸易结构的耦合协调度对于发达经济体的促进作用不显著，而对于发展中经济体，产业结构和贸易结构的耦合在 1% 的显著水平上对现代化水平有着正向的促进作用。对于发达经济体而言，产业结构的升级没有显著提升现代化水平，而贸易结构可以显著提高现代化水平。

从系数来看，通过将表 6–65 的列（1）与列（2）相对比。可以发现，不论是发达经济体还是发展中经济体，在引入耦合协调度这一解释变量后，原先显著的指标系数依然保持显著，且回归系数有所增加；而原先不显著的指标依然不显著，甚至会因为原有解释变量回归系数的不显著导致耦合协调度回归系数的不显著。

为进一步分析产业结构与贸易结构的耦合对现代化水平的影响机制，本节将被解释变量进一步细分为经济现代化、社会现代化、政治现代化、文化现代化和生态现代化，并以耦合协调度、产业结构和贸易结构作为核心解释变量进行回归分析。具体的回归分析结果如表 6–65 列（3）至列（7）所示。根据结果显示，耦合协调度对现代化指标的五个一级指标在不同程度的显著性水平上均为显著，其中耦合协调度对经济现代化、社会现代化及政治现代化有显著的正向促进作用，而对文化现代化与生态现代化有显著的负向作用。

（六）引入技术调节变量的回归方程

创新作为近现代生产力提高的第一驱动力已经被国内外许多学者所验证。为了探究技术水平是如何通过产业结构、贸易结构对现代化水平进行影响，本节以全要素生产率作为技术水平的代理变量，来探究技术水平通过何种机制作用于产业结构和贸易结构，进而影响经济体的现代化水平。

本节的全要素生产率计算方法参照程惠芳与陈超（2017）[①] 的做法，以索洛余值的方法进行计算，其计算公式为：

$$TFP_{it} = Y_{it} / L_{it}^{\alpha_{it}} K_{it}^{1-\alpha_{it}} \qquad (6\text{–}36)$$

式（6–36）中一共涉及 4 个关键指标，*TFP* 表示全要素生产率，*Y* 表示实际产出，*L* 表示劳动力投入，*K* 表示资本存量，*α* 代表劳动产出弹性。各变量的衡量方式及资料来源如表 6–66 所示。

表6-66　全要素生产率各变量及资料来源

变量名称	衡量方法	资料来源	单位
全要素生产率（*TFP*）	公式（6–37）		
实际产出（*Y*）	实际 GDP	联合国贸易和发展会议数据库	2015 年美元不变价
劳动力投入（*L*）	劳动力人数	世界银行	千人
资本存量（*K*）	物质资本存量	联合国贸易和发展会议数据库	2015 年美元不变价
劳动产出弹性（*α*）	0.6	佩恩表	

资料来源：根据程慧芳、陈超（2017）[②] 总结而得。

①② 程惠芳、陈超：《开放经济下知识资本与全要素生产率——国际经验与中国启示》，《经济研究》2017 年第 10 期。

表 6–66 中，实际产出与劳动力投入的数据可以通过相应数据库直接获取，资本存量 K 需要以固定资本形成总额为基础，使用永续盘存法得到，即

$$K_{it} = K_{it-1}(1-\varsigma_{it}) + I_{it} \tag{6–37}$$

其中，ς_{it} 为折旧率，I 则为当年的资本形成总额。根据文献总结经验，在此取样本观察初期的折旧率取值为（0.096+ 样本期内资本形成总额年均增长率），而后每一年折旧率固定定义为 0.096。在获取全要素生产率 *tfp* 相关数据后，将计算而得的全要素生产率数据与对应的耦合协调度进行相乘，作为技术渗透产业结构与贸易结构的技术调节变量 *coup_tfp*。

据此，构建如下回归方程：

$$\begin{aligned} zhxdh_{it} = {} & \alpha_0 + \alpha_1 ts_{it} + \alpha_2 is_{it} + \alpha_3 coup + \alpha_4 respmp_{it} + \alpha_5 hci_{it} + \alpha_6 rq_{it} + \alpha_7 rese \\ & + \alpha_8 gfcf_{it} + \alpha_9 fdi_{it} + \alpha_{10} trade_{it} + \alpha_{11} tfp + \alpha_{12} coup \times tfp + \varepsilon_{it} \end{aligned} \tag{6–38}$$

式（6–38）中，综合现代化水平 *zhxdh* 是核心被解释变量，产业结构 *is*、贸易结构 *ts*、产业结构与贸易结构的耦合协调度 *coup*、全要素生产率 *tfp* 和技术调节变量 *coup_tfp* 为核心解释变量，剩余变量均为控制变量。

表 6–67 为式（6–38）的回归方程结果。其中列（1）为产业结构、贸易结构、耦合协调度、全要素生产率与被解释变量的回归方程结果，列（2）为产业结构、贸易结构、耦合协调度和技术调节变量与被解释变量的回归方程结果，列（3）为产业结构、贸易结构、耦合协调度、全要素生产率、技术调节变量与被解释变量的回归方程结果，三列均将控制变量纳入回归方程，且固定了经济体与年份。从结果来看，在加入了全要素生产率与技术调节变量两个核心解释变量后，原有三个核心解释变量产业结构、贸易结构及耦合协调度的回归系数依然显著为正，且全要素生产率与技术调节变量在三个回归方程中也显著为正，证明技术水平的提高能够显著地提高经济体的综合现代化水平，且能通过技术冲击进一步放大产业结构和贸易结构的耦合度对现代化水平的正向促进作用。

表6-67　　回归方程分析结果

变量	被解释变量 :*zhxdh*		
	（1）	（2）	（3）
is	0.002*** （5.940）	 0.039***	0.009***
ts	0.038*** （4.284）	 （4.362）	（2.950） 0.035***
coup	0.006*** （4.683）	0.006*** （4.537）	（3.910） 0.007***
tfp	0.490*** （7.752）	0.483*** （7.612）	（5.181） （8.138）
coup_tfp		0.003*** （5.706）	0.016** （2.455）
常数项	0.099*** （8.465）	0.099*** （8.505）	−0.115*** （−4.032）
控制变量	是	是	是
R−squared	0.856	0.856	0.863
经济体固定	是	是	是
年份固定	是	是	是
样本观测值	1537	1537	1537

注：** 和 *** 分别表示在 5% 和 1% 的显著性水平上显著；小括号内的值为回归系数的 *t* 值；回归控制了年份、经济体等固定项。

资料来源：作者根据 Stata15 结果整理。

为了进一步分析技术代理变量是通过何种途径对综合现代化水平进行影响，将现代化指数拆分为五项一级指标分别与相关核心解释变量进行回归分析，回归结果如表 6-68 所示。从一级指标来看，技术调节变量对经济现代化分指标的回归系数为正但不显著，证明虽然技术进步促进了产业结构与贸易结构协同的能力进而提高了经济现代化的水平，但其作用机制可能是间接的；技术调节变量与社会现代化、政治现代化及文化现代化的回归系数显著为正，证明了技术调节变量能够放大耦合协调度对社会现代化与政治现代化水平的提升作用，并在一定程度上抑制了耦合协调度对文化现代化的抑制作用。技术调节变量与生态现代化的回归系数显著为负，证明技术进步反而会加剧由于产业结构和贸易结构的耦合给生态现代化带来的负面效应。

表6-68　　分样本回归结果

变量	被解释变量				
	jjxdh	*shxdh*	*zzxdh*	*whxdh*	*stxdh*
	（1）	（2）	（3）	（4）	（5）
is	0.163***	-0.002	-0.099***	0.081***	0.012
	（9.850）	（-0.169）	（-3.720）	（3.284）	（1.447）
ts	0.021***	0.022***	-0.004	-0.006	-0.006***
	（8.128）	（13.046）	（-1.004）	（-1.548）	（-5.055）
coup	0.285**	0.509***	1.993***	-0.354**	-0.108*
	（2.4561）	（6.7086）	（10.598）	（-2.040）	（-1.860）
coup_tfp	0.001	0.003***	0.007***	0.007***	-0.001**
	（0.5852）	（3.6777）	（4.1247）	（4.437）	（-2.361）
常数项	-0.265***	0.112***	-0.248***	-0.126*	0.170***
	（-5.226）	（3.369）	（-3.026）	（-1.658）	（6.701）
控制变量	是	是	是	是	是
R-squared	0.2539	0.9125	0.2867	0.8718	0.1777
经济体固定	是	是	是	是	是
年份固定	是	是	是	是	是
样本观测值	1537	1537	1537	1537	1537

注：*、** 和 *** 分别表示在 10%、5% 和 1% 的显著性水平上显著；小括号内的值为回归系数的 t 值；回归控制了年份、经济体等固定项。

资料来源：作者根据 Stata15 结果整理。

通过引入产业结构及贸易结构的耦合度作为本章的核心解释变量，我们分析了产业结构和贸易结构如何通过耦合来作用于现代化水平指数。通过回归分析，耦合指数的引入不但本身会对现代化指数拥有一个正向的促进效应，还能通过要素配置和人才、技术的跨部门分配等渠道放大产业结构和贸易结构对现代化水平的促进作用。

通过样本聚类回归和分指标的异质性分析，得到以下结论：发达经济体贸易结构的优化升级依然是提升其综合现代化水平的重要路径，虽然产业结构和贸易结构的耦合，能放大发达经济体贸易结构优化对现代化指数带来的提升，但是耦合协调度本身对提高发达经济体的现代化水平的促进效应不显著；对于发展中经济体而言，良好的产业贸易结构互动机制在促进现代化水平提高的同时，也可以放大产业结构与贸易结构各自对现代化水平的促进作用。

我们验证了 H3：产业结构和贸易结构的良好耦合可以促进现代化产业的发展，良好的耦合机制能对现代化水平的提高起到放大作用。

随后，本节引入了全要素生产率，作为技术的代理变量，通过将全要素生产率与耦合度相乘，构建出技术调节变量。通过回归分析发现，技术的进步可以进一步放大产业结构和贸易结构的耦合为现代化带来的正向促进作用。通过将现代化指标进行进一步的分解并进行回归，得出技术进步可以放大耦合协调度对社会现代化和政治现代化分指标的促进作用，并有效抑制了产业结构与贸易结构耦合对文化现代化带来负向作用的结论。

由此，我们验证了 H4：技术进步能更好地促进产业结构与贸易结构的协同，进而促进现代化水平的提高。

第六节　研究结论、政策建议与研究展望

通过对 65 个经济体 1996—2019 年产业结构、贸易结构和现代化水平的定性与定量分析，研究结果发现，虽然我国经济在近 20 年来得到了长足的发展，但由于我国当下产业结构和贸易结构的协同程度仍然相对较低，导致我国目前依然是中低现代化水平经济体，离全面建成社会主义现代化强国的战略目标仍有较大差距。基于本书定性与定量的研究结果，本章总结出以下结论，并根据所得结论为建设中国特色社会主义现代化国家提出了相应的政策建议。

一、研究结论

本章对产业结构与贸易结构优化升级对现代化水平的作用及其影响进行了实证分析。通过构建现代化水平指数、产业结构变化指数和贸易结构变化指数，对 65 个经济体的现代化水平、产业结构和贸易结构变化进行测算与比较分析，构建产业结构与贸易结构变化对现代化水平作用机制的计量模型，对产业结构与贸易结构协同变化对现代化水平的作用及其影响进行了实证分析，得到研究结论如下。

（一）产业结构和贸易结构的优化升级能够有效地提升现代化水平

实证分析结果表明，产业结构和贸易结构的优化升级与现代化水平提升呈显著正相关关系。从促进效应来看，产业结构的转型升级对现代化水平的提升效应较大，产业结构的转型升级对发展中国家的现代化水

平的提升效应更加显著。

（二）产业结构和贸易结构的良性互动能促进现代化水平提升

构建产业结构和贸易结构互动变化与现代化水平的耦合模型，研究结果发现，产业结构与贸易结构互动能促进现代化水平提升，从回归系数来看，耦合协调度与现代化水平的回归系数显著为正，产业结构与贸易结构协同升级对发展中经济体的现代化促进作用更为显著，而产业结构与贸易结构耦合协同对发达经济体的现代化水平提升作用不太显著。

（三）技术创新要素能够强化产业结构与贸易结构对现代化水平的促进作用

引入全要素生产率与耦合协调的交互项作为技术调节变量，对现代化水平指数进行回归分析，结果显示，技术要素的投入能够放大产业结构和贸易结构协同变化对现代化水平的促进作用。

二、政策建议

一是加快产业结构与贸易结构的协同优化升级，通过产业结构与贸易结构良性耦合互动，加快提升现代化水平。产业结构的升级需要加大产业创新投入，加快产业创新发展和提升产业全要素生产率。贸易结构升级则要提升高新技术产业的产品在贸易总额中的比例，扩大服务贸易出口，增强对外贸易的国际竞争力。

二是积极引导技术创新要素在产业和贸易部门之间的优化配置，技术创新可以增强产业结构和贸易结构的耦合程度，加快推动现代化水平提升。加强人力资本与技术资本优化配置，营造良好的创新环境，促进产学研的深度合作，促进产业链、创新链和贸易链的深度融合。加快产业结构和贸易结构优化升级，提升产业与贸易的国际竞争力。

三、 研究展望

本章主要从全球现代化水平与产业贸易结构的互动耦合及其相关的机制路径进行研究。在全面梳理现代化、产业结构和贸易结构相关文献的基础之上，构建了现代化水平指标、产业结构和贸易结构水平指数，对全球 65 个主要经济体的现代化水平及产业贸易结构进行了测算与比较分析，并通过实证法分析，进一步深化研究了产业结构与贸易结构影响现代化水平的机制与路径及技术禀赋对现代化水平的影响，在一定程度上丰富了这一领域的研究。然而，本书依然存在以下不足。

首先，在构建现代化指数时，既要考虑到我国的国情，又要兼顾指数构建的泛用性。虽然本书已经使用人均变量在一定程度上消除了由于国家规模导致的相关问题，但由于不同国家的统计口径及统计指标的差异，在部分一级指标如文化现代化和政治现代化的量化上有待丰富。

其次，本书在现代化的影响因素方面探索不够全面。构建现代化经济体系涉及诸多要素，本书仅通过文献总结法结合现有数据，对产业结构、贸易结构如何协同促进现代化经济体系发展进行了探究，在研究中难免存在其他影响因素的遗漏。

再次，在实证分析产业结构、贸易结构与现代化的互动关系时，本书虽然采用了滞后变量和遗漏变量等方法来克服内生性问题，但是由于评价指标体系覆盖面非常广泛，致使内生性问题无法得到完全解决。

最后，机制分析有待深入。大国与小国产业结构与贸易结构的耦合规律会有很大的差异性，部分小型外向型经济体的产业结构会服从贸易结构的变化，而规模较大的经济体则多以内循环为主。因此，不同经济体的产业结构与贸易结构的耦合机制会存在不同，产业结构与贸易结构的协调只是阶段性的表现。现有文献仅对现代化、产业结构及贸易结构单独或两两进行分别分析，而本书的研究主要基于现有文献，因此对三者结构间的互动的路径机制和影响渠道分析有待进一步深化。

参考文献

[1] 阿历克斯·英格尔斯．人的现代化——心理·思想·态度·行为 [M]. 殷陆君，编译．成都：四川人民出版社，1985.

[2] 包冰，常实．产业结构优化与对外贸易高质量发展耦合协调测度分析 [J]. 中小企业管理与科技（中旬刊），2021（11）.

[3] 卜伟，等．中国对外贸易商品结构对产业结构升级的影响研究 [J]. 宏观经济研究，2019（8）.

[4] 蔡春林，张霜．外贸高质量发展助力经济高质量发展机制研究 [J]. 亚太经济，2023（1）.

[5] 蔡昉．劳动力成本提高条件下如何保持竞争力 [J]. 开放导报，2007（1）.

[6] 蔡昉，等．工业竞争力与比较优势——WTO 框架下提高我国工业竞争力的方向 [J]. 管理世界，2003（2）.

[7] 蔡海亚，徐盈之．贸易开放是否影响了中国产业结构升级 ?[J]. 数量经济技术经济研究，2017（10）.

[8] 蔡红艳，阎庆民．产业结构调整与金融发展——来自中国的跨行业调查研究

[J]. 管理世界，2004（10）.
[9] 蔡茂森，谭荣 . 我国服务贸易竞争力分析 [J]. 国际贸易问题，2005（2）.
[10] 蔡宁，阮刚辉 . 中小企业的核心竞争力及其综合评价体系 [J]. 数量经济技术经济研究，2002（5）.
[11] 陈虹，章国荣 . 中国服务贸易国际竞争力的实证研究 [J]. 管理世界，2010（10）.
[12] 陈虹 . 中国贸易结构与产业结构关系的实证研究——基于 1980~ 2008 年的结构变动指标数据分析 [J]. 经济论坛，2010（5）.
[13] 陈佳贵，黄群慧 . 工业现代化的标志、衡量指标及对中国工业的初步评价 [J]. 中国社会科学，2003（3）.
[14] 陈建华，马晓逵 . 中国对外贸易结构与产业结构关系的实证研究 [J]. 北京工商大学学报（社会科学版），2009（2）.
[15] 陈晋玲 . 中国外贸结构推动产业结构优化效应的统计测度 [D]. 太原：山西财经大学，2015.
[16] 陈军亚 . 现代化进程中的产业转型、区域关系与中国治理 [J]. 人民论坛，2021（13）.
[17] 陈立敏，谭力文 . 评价中国制造业国际竞争力的实证方法研究——兼与波特指标及产业分类法比较 [J]. 中国工业经济，2004（5）.
[18] 陈立敏，王璇，饶思源 . 中美制造业国际竞争力比较：基于产业竞争力层次观点的实证分析 [J]. 中国工业经济，2009（6）.
[19] 陈依元 . 现代化，文化现代化，文化现代化指标体系 [J]. 学术评论，2000（10）.
[20] 陈友华 . 现代化指标体系构建及其相关问题 [J]. 社会科学研究，2005（2）.
[21] 程惠芳，陈超 . 开放经济下知识资本与全要素生产率——国际经验与中国启示 [J]. 经济研究，2017（10）.
[22] 崔岚，等 . 中国基本实现社会主义现代化的测度模型及实证分析 [J]. 统计理论与实践，2022（10）.
[23] 大卫・李嘉图 . 政治经济学及税赋原理 [M]. 郭大力，王亚南，译 . 北京：商务印书馆，2021.
[24] 大卫・李嘉图 . 政治经济学及赋税原理 [M]. 周洁，译 . 北京：华夏出版社，2005.
[25] 戴木才 . 中国式现代化研究的历史背景、主要观点、研究局限与前沿展望 [J]. 贵州省党校学报，2022（6）.
[26] 戴翔，金碚 . 产品内分工，制度质量与出口技术复杂度 [J]. 经济研究，2014（7）.
[27] 董小麟，庞小霞 . 我国旅游服务贸易竞争力的国际比较 [J]. 国际贸易问题，

2007（2）.
[28] 杜修立，王维国 . 中国出口贸易的技术结构及其变迁：1980—2003 [J]. 经济研究，2007（7）.
[29] 杜宇玮 . 高质量发展视域下的产业体系重构：一个逻辑框架 [J]. 现代经济探讨，2019（12）.
[30] 段联合 . 新发展格局下我国贸易结构优化与产业结构升级联动关系 [J]. 商业经济研究，2021（23）.
[31] 俄林 . 地区间贸易和国际贸易 [M]. 北京：首都经济贸易大学出版社，2001.
[32] 樊纲 . 论竞争力——关于科技进步与经济效益关系的思考 [J]. 管理世界，1998（3）.
[33] 樊宏 . 基于 DEA 模型的我国证券公司评价方法及应用 [J]. 数量经济技术经济研究，2002（4）.
[34] 樊茂清，黄薇 . 基于全球价值链分解的中国贸易产业结构演进研究 [J]. 世界经济，2014（2）.
[35] 方雷，黄硕明 . 中国式现代化的三维要素：结构、策略与价值 [J]. 国家现代化建设研究，2022（3）.
[36] 房广顺，祁玉伟 . 中国文化现代化的丰富内涵和鲜明特征 [J]. 长白学刊，2023（1）.
[37] 冯留建 . 马克思主义国家理论与中国国家治理现代化 [J]. 马克思主义研究，2014（3）.
[38] 弗里茨·霍夫曼 . 工业化的阶段和类型 [M]. 北京：中国对外翻译出版公司，1980.
[39] 付凌晖 . 我国产业结构高级化与经济增长关系的实证研究 [J]. 统计研究，2010（8）.
[40] 傅京燕，李丽莎 . 环境规制、要素禀赋与产业国际竞争力的实证研究——基于中国制造业的面板数据 [J]. 管理世界，2010（10）.
[41] 干春晖，郑若谷，余典范 . 中国产业结构变迁对经济增长和波动的影响 [J]. 经济研究，2011（5）.
[42] 干春晖，等 . 中国产业结构变迁对经济增长和波动的影响 [J]. 经济研究，2011（5）.
[43] 高培勇，等 . 高质量发展背景下的现代化经济体系建设：一个逻辑框架 [J]. 经济研究，2019（4）.
[44] 戈特哈德·贝蒂·俄林 . 地区间贸易和国际贸易 [M]. 上海：上海商务印书馆 1986.
[45] 龚劲倩 . 对外贸易结构与产业结构的耦合性创新探析 [J]. 中国商贸，2011（7）.
[46] 韩美琳 . 高质量发展背景下中国经济产业结构转型升级研究——基于马克思

主义政治经济学视角 [D]. 长春：吉林大学，2021.
[47] 何传启 . 知识经济与第二次现代化 [J]. 科技导报，1998（6）.
[48] 何传启 . 如何成为一个现代化国家 [J]. 世界科技研究与发展，2018（1）.
[49] 何传启，等 . 世界现代化指标体系研究 [J]. 中国科学院院刊，2020（11）.
[50] 贺聪，尤瑞章，莫万贵 . 制造业劳动力成本国际比较研究 [J]. 金融研究，2009（7）.
[51] 贺晓宇，沈坤荣 . 现代化经济体系、全要素生产率与高质量发展 [J]. 上海经济研究，2018（6）.
[52] 胡鞍钢 . 中国式经济现代化的重大进展（2012—2021）[J]. 南京工业大学学报（社会科学版），2022（6）.
[53] 胡昭玲 . 国际垂直专业化对中国工业竞争力的影响分析 [J]. 财经研究，2007（4）.
[54] 华尔特・惠特曼・罗斯托 . 政治和成长阶段 [M]. 伦敦：剑桥大学出版社，1971.
[55] 黄昌勇，解学芳 . 中国城市文化指标体系的构建与实践 [J]. 学术月刊，2017（5）.
[56] 黄洪琳，等 . 以人为核心的现代化指标体系构建与实证 [J]. 统计科学与实践，2020（1）.
[57] 黄茂兴，李军军 . 技术选择、产业结构升级与经济增长 [J]. 经济研究，2009（7）.
[58] 黄茂兴 . 竞争力理论的百年流变及其在当代的拓展研究 [M]. 北京：中国社会科学出版社，2017.
[59] 黄群慧 . 新发展格局的理论逻辑、战略内涵与政策体系——基于经济现代化的视角 [J]. 经济研究，2021（4）.
[60] 黄群慧 . 新时代中国经济现代化的理论指南 [J]. 理论导报，2021（10）.
[61] 黄先海 . 中国制造业贸易竞争力的测度与分析 [J]. 国际贸易问题，2006（5）.
[62] 霍利斯・钱纳里 . 发展的型式：1950—1970[M]. 李新华，等译 . 北京：经济科学出版社，1988.
[63] 霍利斯・钱纳里，等 . 工业化和经济增长的比较研究 [M]. 吴奇，等译 . 上海：格致出版社、上海三联书店、上海人民出版社，2015.
[64] 贾晓芬，张宏莉 . 科学构建中国式现代化的评价指标体系 [J]. 国家治理，2022（20）.
[65] 江小涓 . 中国的外资经济对增长、结构升级和竞争力的贡献 [J]. 中国社会科学，2002（6）.
[66] 姜晓萍 . 国家治理现代化进程中的社会治理体制创新 [J]. 中国行政管理，2014（2）.

[67] 姜玉山，朱孔来 . 现代化评价指标体系及综合评价方法 [J]. 统计研究，2002（1）.
[68] 蒋永穆，等 . 中国式现代化评价指标体系的构建 [J]. 改革，2022（12）.
[69] 金碚，李钢，陈志 . 加入 WTO 以来中国制造业国际竞争力的实证分析 [J]. 中国工业经济，2006（10）.
[70] 金碚 . 产业国际竞争力研究 [J]. 经济研究，1996（11）.
[71] 金碚 . 工业的使命和价值——中国产业转型升级的理论逻辑 [J]. 中国工业经济，2014（9）.
[72] 金碚 . 经济学对竞争力的解释 [J]. 经济管理，2002（22）.
[73] 金京，等 . 全球要素分工背景下的中国产业转型升级 [J]. 中国工业经济，2013（11）.
[74] 靖学青 . 产业结构高级化与经济增长——对长三角地区的实证分析 [J]. 南通大学学报：社会科学版，2005（3）.
[75] 科林 · 克拉克 . 经济进步的条件 [M]. 张旭昆，等译 . 北京：中国人民大学出版社，2020.
[76] 蓝庆新 . 中国贸易结构变化与经济增长转型的实证分析及现状研究 [J]. 经济评论，2001（6）.
[77] 黎继子，等 . 全球价值链与中国地方产业集群的供应链式整合——以苏浙粤纺织服装产业集群为例 [J]. 中国工业经济，2005（2）.
[78] 李春顶 . 中国出口企业是否存在“生产率悖论”：基于中国制造业企业数据的检验 [J]. 世界经济，2010（7）.
[79] 李逢春 . 对外直接投资的母国产业升级效应——来自中国省际面板的实证研究 [J]. 国际贸易问题，2012（6）.
[80] 李平，等 . 中国制造业可持续发展指标体系构建及目标预测 [J]. 中国工业经济，2010（5）.
[81] 李扬，等 . 国内外城市现代化的评价指标、方法及案例研究 [J]. 科学观察，2023（2）.
[82] 联合国经济和社会事务部统计处 . 社会和人口统计体系（SSDS1975）[M]. 许成钢，译 . 北京：中国财政经济出版社，1985.
[83] 林汉川，管鸿禧 . 我国东中西部中小企业竞争力实证比较研究 [J]. 经济研究，2004（12）.
[84] 林汉川，管鸿禧 . 中国不同行业中小企业竞争力评价比较研究 [J]. 中国社会科学，2005（3）.
[85] 林毅夫 . 新结构经济学——重构发展经济学的框架 [J]. 经济学（季刊），2011（1）.
[86] 刘仕国，等 . 利用全球价值链促进产业升级 [J]. 国际经济评论，2015（1）.

[87] 刘守英，等．“中国式现代化与马克思主义中国化时代化新境界”笔谈 [J]. 西南交通大学学报（社会科学版），2023（2）.
[88] 刘伟，李绍荣．产业结构与经济增长 [J]. 中国工业经济，2002（5）.
[89] 刘伟，张辉．中国经济增长中的产业结构变迁和技术进步 [J]. 经济研究，2008（11）.
[90] 刘志彪．产业链现代化的产业经济学分析 [J]. 经济学家，2019（12）.
[91] 刘遵义，等．非竞争型投入占用产出模型及其应用——中美贸易顺差透视 [J]. 中国社会科学，2007（5）.
[92] 鲁晓东．技术升级与中国出口竞争力变迁：从微观向宏观的弥合 [J]. 世界经济，2014（8）.
[93] 吕文栋，张辉．全球价值链下的地方产业集群战略研究 [J]. 中国软科学，2005（2）.
[94] 马丹、许少强．中国国际竞争力的历史变迁与冲击来源——来自“制造业单位劳动成本指数测算的人民币实际有效汇率”的证据 [J]. 国际金融研究，2006（1）.
[95] 马林静．基于高质量发展标准的外贸增长质量评价体系的构建与测度 [J]. 经济问题探索，2020（8）.
[96] 迈克尔．波特．国家竞争优势 [M]. 北京：华夏出版社，2002.
[97] 迈克尔．波特．竞争论 [M]. 北京：中信出版社，2012.
[98] 茅锐，张斌．中国的出口竞争力：事实、原因与变化趋势 [J]. 世界经济，2013（12）.
[99] 潘文卿，李子奈 .20 世纪 90 年代中国外贸外资发展形势、作用及格局 [J]. 世界经济，2002（5）.
[100] 裴长洪，王镭．试论国际竞争力的理论概念与分析方法 [J]. 中国工业经济，2002（4）.
[101] 裴长洪．进口贸易结构与经济增长：规律与启示 [J]. 经济研究，2013（7）.
[102] 裴长洪．中国贸易政策调整与出口结构变化分析：2006—2008 [J]. 经济研究，2009（4）.
[103] 彭徽．国际贸易理论的演进逻辑：贸易动因、贸易结构和贸易结果 [J]. 国际贸易问题，2012（2）.
[104] 邱斌，叶龙凤，孙少勤．参与全球生产网络对我国制造业价值链提升影响的实证研究——基于出口复杂度的分析 [J]. 中国工业经济，2012（1）.
[105] 邱海建，郁婷婷．构建现代化进程统计监测评价指标体系研究 [J]. 统计科学与实践，2021（9）.
[106] 屈小博，霍学喜．我国农产品出口结构与竞争力的实证分析 [J]. 国际贸易问题，2007（3）.

[107] 任保平，张倩．构建科学合理的中国式现代化的评价指标体系 [J]. 学术界，2022（6）．

[108] 任保平，张倩．西部大开发 20 年西部地区经济发展的成就，经验与转型 [J]. 陕西师范大学学报（哲学社会科学版），2019（4）．

[109] 任保平，李禹墨．新时代我国高质量发展评判体系的构建及其转型路径 [J]. 陕西师范大学学报（哲学社会科学版），2018（3）．

[110] 任保平．新时代中国经济从高速增长转向高质量发展：理论阐释与实践取向 [J]. 学术月刊，2018（3）．

[111] 任保平．新时代中国经济增长的新变化及其转向高质量发展的路径 [J]. 社会科学辑刊，2018（5）．

[112] 任若恩．关于中国制造业国际竞争力的进一步研究 [J]. 经济研究，1998（2）．

[113] 萨缪尔・亨廷顿．变化社会中的政治秩序 [M]. 王冠华，等译．上海：上海人民出版社，2008.

[114] 盛斌，陈帅．全球价值链如何改变了贸易政策：对产业升级的影响和启示 [J]. 国际经济评论，2015（1）．

[115] 施炳展．中国出口产品的国际分工地位研究——基于产品内分工的视角 [J]. 世界经济研究，2010（1）．

[116] 施炳展．中国企业出口产品质量异质性：测度与事实 [J]. 经济学（季刊），2013（4）．

[117] 施炳展．中国企业出口产品质量异质性：测度与事实 [J]. 经济学（季刊），2014（1）．

[118] 石传玉，等．我国对外贸易与经济增长关系的实证分析 [J]. 南开经济研究，2003（1）．

[119] 世界银行．2013 年世界发展指标 [M]. 王喆、王辉，译．北京：中国财政经济出版社，2013.

[120] 帅传敏，程国强，张金隆．中国农产品国际竞争力的估计 [J]. 管理世界，2003（1）．

[121] 宋林飞．我国基本实现现代化指标体系与评估 [J]. 南京社会科学，2012（1）．

[122] 宋延武，王虹，邓小英．外国直接投资与我国出口结构和出口竞争力的关系研究——基于 SPSS 回归模型的实证分析与检验 [J]. 国际贸易问题，2007（5）．

[123] 苏丹妮，等．全球价值链、本地化产业集聚与企业生产率的互动效应 [J]. 经济研究，2020（3）．

[124] 苏杭，等．要素禀赋与中国制造业产业升级——基于 WIOD 和中国工业企业数据库的分析 [J]. 管理世界，2017（4）．

[125] 孙金秀，杨文兵．经济增长：产业结构和贸易结构互动升级之结果 [J]. 现代

财经（天津财经大学学报），2011（9）.
[126] 孙晓华，王昀 . 对外贸易结构带动了产业结构升级吗？——基于半对数模型和结构效应的实证检验 [J]. 世界经济研究，2013（1）.
[127] 孙中山 . 建国方略 [M]. 北京：中国长安出版社，2011.
[128] 佟家栋 . 关于我国进口与经济增长关系的探讨 [J]. 南开学报，1995（3）.
[129] 万红先 . 入世以来我国服务贸易国际竞争力变动分析 [J]. 国际贸易问题，2005（5）.
[130] 王慧敏，任若恩 . 对国际竞争力指标——以单位劳动成本为基础的实际有效汇率的研究 [J]. 生产力研究，2003（1）.
[131] 王岚 . 融入全球价值链对中国制造业国际分工地位的影响 [J]. 统计研究，2014（5）.
[132] 王良虎，王钊 . 产业结构、人口结构与居民消费结构耦合协调的经济增长效应 [J]. 经济论坛，2020（10）.
[133] 王文凯 . 全球化视阈下中国现代化道路研究 [D]. 北京：中共中央党校，2013.
[134] 王希元，杨先明 . 人口老龄化是否促进了我国产业结构升级？——基于省际和门槛特征的实证分析 [J]. 社会发展研究，2020（1）.
[135] 王晓艳 . 中国贸易结构与产业结构的耦合研究 [D]. 天津：天津财经大学，2006.
[136] 王孝松，等 . 中国贸易超调：表现、成因与对策 [J]. 管理世界，2014（1）.
[137] 王雅琦，戴觅，徐建炜 . 汇率、产品质量与出口价格 [J]. 世界经济，2015（5）.
[138] 王雅琦，等 . 汇率，产品质量与出口价格 [J]. 世界经济，2015（5）.
[139] 王永进，盛丹，施炳展，等 . 基础设施如何提升了出口技术复杂度？ [J]. 经济研究，2010（7）.
[140] 王跃生，杨丽花 . 区域贸易协定赋能双循环新发展格局构建 [J]. 中国特色社会主义研究，2022（4）.
[141] 王直，等 . 总贸易核算法：官方贸易统计与全球价值链的度量 [J]. 中国社会科学，2015（9）.
[142] 威廉·配第 . 政治算术 [M]. 马妍，译 . 北京：中国社会科学出版社，2010.
[143] 魏浩，等 . 中国制成品出口比较优势及贸易结构分析 [J]. 世界经济，2005（2）.
[144] 文东伟，冼国明，马静 .FDI、产业结构变迁与中国的出口竞争力 [J]. 管理世界，2009（4）.
[145] 文东伟，冼国明 . 垂直专业化与中国制造业贸易竞争力 [J]. 中国工业经济，2009（6）.

[146] 文东伟，冼国明．企业异质性、融资约束与中国制造业企业的出口 [J]. 金融研究，2014（4）.

[147] 文嫮，曾刚．嵌入全球价值链的地方产业集群发展——地方建筑陶瓷产业集群研究 [J]. 中国工业经济，2004（6）.

[148] 邬义钧．我国产业结构优化升级的目标和效益评价方法 [J]. 中南财经政法大学学报，2006（6）.

[149] 西蒙·库兹涅茨．各国的经济增长：总产值和生产结构 [M]. 常勋，等译．北京：商务印书馆，2022.

[150] 西蒙·库滋涅茨．现代经济增长：速度、结构与扩展 [M]. 戴睿、易诚，译．北京：北京经济学院出版社，1989.

[151] 夏清华．从资源到能力：竞争优势战略的一个理论综述 [J]. 管理世界，2002（4）.

[152] 徐光耀．我国进口贸易结构与经济增长的相关性分析 [J]. 国际贸易问题，2007（2）.

[153] 徐鹏杰，等．我国共同富裕的影响因素研究——基于现代产业体系与消费的视角 [J]. 经济体制改革，2022（3）.

[154] 许和连，成丽红，孙天阳．制造业投入服务化对企业出口国内增加值的提升效应——基于中国制造业微观企业的经验研究 [J]. 中国工业经济，2017（10）.

[155] 许和连，等．制造业投入服务化对企业出口国内增加值的提升效应——基于中国制造业微观企业的经验研究 [J]. 中国工业经济，2017（10）.

[156] 许家云，佟家栋，毛其淋．人民币汇率、产品质量与企业出口行为——中国制造业企业层面的实证研究 [J]. 金融研究，2015（3）.

[157] 亚当·斯密．国民财富的性质和原因的研究：上册 [M]. 北京：商务印书馆，2014.

[158] 亚当·斯密．国富论：下卷 [M]. 郭大力，王亚男，译．北京：商务印书馆，1974.

[159] 阳立高，龚世豪，王铂，等．人力资本、技术进步与制造业升级 [J]. 中国软科学，2018（1）.

[160] 杨骞，秦文晋．中国产业结构优化升级的空间非均衡及收敛性研究 [J]. 数量经济技术经济研究，2018（11）.

[161] 杨汝岱，朱诗娥．中国对外贸易结构与竞争力研究：1978—2006 [J]. 财贸经济，2008（2）.

[162] 杨宇．多指标综合评价中赋权方法评析 [J]. 统计与决策，2006（13）.

[163] 叶文虎，仝川．联合国可持续发展指标体系述评 [J]. 中国人口·资源与环境，1997（3）.

[164] 伊・菲・赫克歇尔．对外贸易对收入分配的影响 [M]. 陆大年，译．上海：上海商务印书馆，1976.
[165] 殷凤，陈宪．国际服务贸易影响因素与我国服务贸易国际竞争力研究 [J]. 国际贸易问题，2009（2）.
[166] 殷凤．中国服务贸易比较优势测度及其稳定性分析 [J]. 财贸经济，2010（6）.
[167] 余道先，刘海云．我国服务贸易结构与贸易竞争力的实证分析 [J]. 国际贸易问题，2008（10）.
[168] 余淼杰，王宾骆．对外改革，对内开放，促进产业升级 [J]. 国际经济评论，2014（2）.
[169] 俞睿，皋艳．公民意识：中国政治现代化的驱动力 [J]. 求实，2006（1）.
[170] 詹晓宁，葛顺奇．出口竞争力与跨国公司 FDI 的作用 [J]. 世界经济，2002（11）.
[171] 张华青．论政治现代化与公民文化 [J]. 复旦学报（社会科学版），2003（1）.
[172] 张辉．全球价值链理论与我国产业发展研究 [J]. 中国工业经济，2004（5）.
[173] 张辉．全球价值链下地方产业集群升级模式研究 [J]. 中国工业经济，2005（9）.
[174] 张会清，唐海燕．产品内国际分工与中国制造业技术升级 [J]. 世界经济研究，2011（6）.
[175] 张杰，等．中国出口国内附加值的测算与变化机制 [J]. 经济研究，2013（10）.
[176] 张金昌．国际竞争力评价的理论和方法研究 [D]. 北京：中国社会科学院大学，2001.
[177] 张金昌．用出口数据评价国际竞争力的方法研究 [J]. 经济管理，2001（20）.
[178] 张其仔．开放条件下我国制造业的国际竞争力 [J]. 管理世界，2003（8）.
[179] 张少军，刘志彪．全球价值链模式的产业转移——动力、影响与对中国产业升级和区域协调发展的启示 [J]. 中国工业经济，2009（11）.
[180] 张小蒂，孙景蔚．基于垂直专业化分工的中国产业国际竞争力分析 [D]. 杭州：浙江大学，2006.
[181] 张小蒂，孙景蔚．基于垂直专业化分工的中国产业国际竞争力分析 [J]. 世界经济，2006（5）.
[182] 赵昕，薛俊波，殷克东．基于 DEA 的商业银行竞争力分析 [J]. 数量经济技术经济研究，2002（9）.
[183] 郑海涛，任若恩．多边比较下的中国制造业国际竞争力研究：1980—2004 [J]. 经济研究，2005（12）.
[184] 郑红玲．中国对外贸易发展对产业升级影响的实证研究 [D]. 沈阳：辽宁大学，2019.
[185] 中国科学院可持续发展研究组．2001 年中国可持续发展战略报告 [M]. 北京：

科学出版社，2001.

[186] 中国社会科学院工业经济研究所 . 论工业品国际竞争力 [J]. 中国工业经济，1996（4）.

[187] 中国社会科学院语言研究所词典编辑室 . 现代汉语词典（第五版）[M]. 北京：商务印书馆出版社，2002.

[188] 中国现代化报告课题组 . 中国现代化报告 2001[M]. 北京：北京大学出版社，2001.

[189] 中国现代化战略研究课题组，中国科学院中国现代化研究中心 . 中国现代化报告 2010：世界现代化概览 [M]. 北京：北京大学出版社，2010.

[190] 钟昌标 . 国内区际分工和贸易与国际竞争力 [J]. 中国社会科学，2002（1）.

[191] 朱强，俞立平 . 中国现代化指标体系评价的实证研究 [J]. 求索，2010（6）.

[192] 朱庆芳 . 小康社会及现代化指标体系评价方法 [G]. 中国现代化理论与战略高级研讨班资料汇编，2003.

[193] 朱小娟 . 产业竞争力研究的理论、方法和应用 [D]. 北京：首都经济贸易大学，2004.

[194] 朱应皋，金丽馥 . 中国农业国际竞争力实证研究 [J]. 管理世界，2006（6）.

[195] 诸竹君，黄先海，余骁 . 进口中间品质量、自主创新与企业出口国内增加值率 [J]. 中国工业经济，2018（8）.

[196] 左勇华，刘斌斌 . 出口贸易结构与地区产业结构调整升级效应分析 [J]. 河北经贸大学学报，2019（1）.

[197] Antràs P.，et al..Measuring the upstreamness of production and trade flows[J]. American Economic Review，2012，102（3）.

[198] Antras Pol，Elhanan Helpman.Global Sourcing[J].Journal of Political Economy，2004，112（3）.

[199] Apergis N.，James E. P..Renewable energy consumption and economic growth：evidence from a panel of OECD countries[J]. Energy policy，2010，38（1）.

[200] Arndt S. W.，Kierzkowski H..Fragmentation：New production patterns in the world economy[M].OUP Oxford，2001.

[201] Avinash K. Dixit ，Stiglitz Joseph E..Monopolistic competition and optimum product diversity[J].The American economic review，1977，67（3）.

[202] Balassa Bela. Noland Marcus. “Revealed” Comparative Advantage in Japan and the United States[J].Journal of International Economic Integration，1989，4（2）.

[203] Balassa Bela.Trade creation and trade diversion in the European Common Market[J].The Economic Journal，1967，77（305）.

[204] Balassa Bela.Trade liberalisation and “revealed” comparative advantage[J].The Manchester School，1965，33（2）.

[205] Baldwin R..The growth effects of 1992[J].Economic policy, 1989, 4（9）.

[206] Baxter Marianne, Michael A. Kouparitsas.Trade structure, industrial structure, and international business cycles[J].American Economic Review, 2003, 93（2）.

[207] Bazan, Luiza, Lizbeth Navas-Alemán.The underground revolution in the Sinos Valley: a comparison of upgrading in global and national value chains[M]. Chapters, 2004.

[208] Bernard Andrew B., et al..Exporters, jobs, and wages in US manufacturing: 1976-1987[J].Brookings papers on economic activity. Microeconomics, 1995, 1995.

[209] Berry Brian J.L..The Coming of Post-Industrial Society: a Venture in Social Forecasting[M]. Basic Books, 1973.

[210] Buckley P. J., et al.. Measures of international competitiveness: a critical survey[J].Journal of marketing management, 1988, 4（2）.

[211] Cartwright Wayne R..Multiple linked "diamonds" and the international competitiveness of export-dependent industries: the New Zealand experience[J]. MIR: Management International Review, 1993, 33（2）.

[212] Charnes Abraham, et al..Measuring the efficiency of decision making units[J]. European Journal of Operational Research, 1978, 2（6）.

[213] Chenery Hollis B..Interactions between industrialization and exports[J].The American Economic Review, 1980, 70（2）.

[214] Cho Dong-Sung.A dynamic approach to international competitiveness: the case of Korea[J].Asia Pacific Business Review, 1994, 1（1）.

[215] Cornelius Peter, et al..The global competitiveness report 2002-2003[M].Oxford University Press, 2003.

[216] Development Technology/Economy Programme.Technology and the economy: The key relationships[R].Organisation for Economic Co-operation and Development, 1992.

[217] Dicken P., et al..Chains and networks, territories and scales: towards a relational framework for analysing the global economy[J].Global networks, 2001, 1（2）.

[218] Dixit Avinash K. , Joseph E., Stiglitz.Monopolistic competition and optimum product diversity[J].The American economic review, 1977, 67（3）.

[219] Dunning John H..The competitive advantage of countries and the activities of transnational corporations[J].Transnational Corporations, 1992, 1（1）.

[220] Durand Martine, et al..OECD's indicators of international trade and competitiveness[R].1992.

[221] Fagerberg Jan.International competitiveness[J].The economic journal, 1988, 98

（391）.

[222] Feenstra Robert C..Hanson Gordon H..The impact of outsourcing and high-technology capital on wages: estimates for the United States，1979-1990[J].The Quarterly Journal of Economics，1999，114（3）.

[223] Feenstra Robert C.，et al..Exports and credit constraints under incomplete information: theory and evidence from China[J].Review of Economics and Statistics，2014，96（4）.

[224] Fernandez-Stark K，et al..The offshore services value chain: upgrading trajectories in developing countries[J].International Journal of Technological Learning，Innovation and Development，2011，4（1-3）.

[225] Grossman Gene M.，Elhanan Helpman.Innovation and growth in the global economy[M].MIT press，1993.

[226] Grossman Gene M.，Helpman Elhanan. Integration versus outsourcing in industry equilibrium[J].The Quarterly Journal of Economics，2002，117（1）.

[227] Grubel，Herbert G.，Lloyd Peter J..The empirical measurement of Intra-Industry Trade[J].Economic Record，1971，47（120）.

[228] Hausmann Ricardo，Klinger Bailey.The structure of the product space and the evolution of comparative advantage[J].CID Working Paper Series，2007，（146）.

[229] Hausmann Ricardo，et al..What you export matters[J].Journal of Economic Growth，2007，12.

[230] Helpman Elhanan，Paul Krugman.Market Structure and Foreign Trade，Cambridge[M].MITPress，1985.

[231] Helpman Elhanan.International trade in the presence of product differentiation，economies of scale and monopolistic competition: a Chamberlin-Heckscher-Ohlin approach[J].Journal of international economics，1981，11（3）.

[232] Hickman Bert G..International productivity and competitiveness[M].Oxford University Press，1992.

[233] Hidalgo César A.，et al..The product space conditions the development of nations[J].Science，2007，317（5837）.

[234] Hummels David，Klenow Peter J..The variety and quality of a nation's exports[J].American Economic Review，2005，95（3）.

[235] Hummels David，et al..The nature and growth of vertical specialization in world trade[J].Journal of International Economics，2001，54（1）.

[236] Humphrey J.，Schmitz H..How does insertion in global value chains affect upgrading in industrial clusters?[J].Regional studies，2002，36（9）.

[237] Humphrey John ，Hubert Schmitz.Governance and upgrading: linking industrial

cluster and global value chain research[M]. Institute of Development Studies, 2000.

[238] Huntington Samuel P..The change to change: modernization, development, and politics[J].Comparative politics, 1971, 3（3）.

[239] Inglehart Ronald.Modernization and postmodernization: cultural, economic, and political change in 43 societies[M].Princeton University Press, 1997.

[240] Johnson Robert C., Guillermo Noguera.Fragmentation and trade in value added over four decades[R].National Bureau of Economic Research, 2012.

[241] Johnson Robert C., Noguera Guillermo.Accounting for intermediates: Production sharing and trade in value added[J].Journal of International Economics, 2012, 86（2）.

[242] Jorgenson Dale W., Kuroda M..Productivity and international competitiveness in Japan and the United States, 1960–1985[J].The Economic Studies Quarterly, 1992, 43（4）.

[243] Kali Raja, et al..Trade structure and economic growth[J].The Journal of International Trade & Economic Development, 2007, 16（2）.

[244] Kaplinsky Raphael.Globalisation and unequalisation: what can be learned from value chain analysis?[J].Journal of development studies, 2000, 37（2）.

[245] Khandelwal Amit K., et al..Trade liberalization and embedded institutional reform: evidence from Chinese exporters[J].American Economic Review, 2013, 103（6）.

[246] Koopman R., et al..Estimating domestic content in exports when processing trade is pervasive[J].Journal of development economics, 2012, 99（1）.

[247] Koopman R., et al..Give credit where credit is due: tracing value added in global production chains[R].National Bureau of Economic Research, 2010.

[248] Koopman R., Wang Z., Wei S. J..Tracing value-added and double counting in gross exports[J].American Economic Review, 2014, 104（2）.

[249] Koopman R., et al..Estimating domestic content in exports when processing trade is pervasive[J].Journal of development economics, 2012, 99（1）.

[250] Krugman Paul, Anthony J. Venables.Globalization and the inequality of Nations[J].The quarterly journal of economics, 1995, 110（4）.

[251] Krugman Paul.A model of innovation, technology transfer, and the world distribution of income[J].Journal of Political Economy, 1979, 87（2）.

[252] Krugman Paul.Scale economies, product differentiation, and the pattern of trade[J].The American Economic Review, 1980, 70（5）.

[253] Krugman Paul.Pop internationalism[M].MIT Press Books, 1997.

[254] Kuznets Simon.National Income and Its Composition，1919–1938[M].National Bureau of Economic Analysis，1941.

[255] Lall S..Exports of manufactures by developing countries：emerging patterns of trade and location[J].Oxford Review of Economic Policy，1998，14（2）.

[256] Lall Sanjaya，et al..The “sophistication” of exports：A new trade measure[J].World Development，2006，34（2）.

[257] Lall Sanjaya.Exports of manufactures by developing countries：emerging patterns of trade and location[J].Oxford Review of Economic Policy，1998，14（2）.

[258] Lall Sanjaya.The technological structure and performance of developing country manufactured exports，1985 - 1998[J].Oxford development studies，2000，28（3）.

[259] Lavopa Alejandro，Szirmai Adam.Structural modernisation and development traps. An empirical approach[J]. Word Development，2018，112.

[260] Lavopa Alejandro，Adam Szirmai.Structural modernization and development traps：an empirical approach[J].Masstricht University，2014，76.

[261] Lederman Daniel ，William F. ，Maloney.Natural resources，neither curse nor destiny[M].World Bank Publications，2006.

[262] Lerner Daniel.The passing of traditional society：Modernizing the Middle East[M].Free Press，1958.

[263] Lewis William Arthur.Economic development with unlimited supplies of labour[J].The Manchester School，1954，22.

[264] Li Hongbin，et al..The end of cheap Chinese labor[J].Journal of Economic Perspectives，2012，26（4）.

[265] Linder，S. B..An essay on trade and transformation[M]. Almqvist & Wiksell，1961.

[266] Manova Kalina ，Zhang Zhiwei.Export prices across firms and destinations[J].The Quarterly Journal of Economics，2012，127（1）.

[267] Manova Kalina.Credit constraints，equity market liberalizations and international trade[J].Journal of International Economics，2008，76（1）.

[268] Markusen James R..Productivity，competitiveness，trade performance，and real income[M]. Economic Council of Canada for Minister of Supply and Services Canada，1992.

[269] Mazumdar Joy.Do static gains from trade lead to medium–run growth?[J].Journal of Political Economy，1996，104（6）.

[270] Melitz Marc J..The impact of trade on intra - industry reallocations and aggregate industry productivity[J].econometrica，2003，71（6）.

[271] Michaely Michael.Trade，income levels，and dependence[J].Amsterdam：North–

Holland, 1984, 8.

[272] Moon H. Chang, et al..A generalized double diamond approach to the global competitiveness of Korea and Singapore[J].International Business Review, 1998, 7（2）.

[273] Pasinetti Luigi L..Structural change and economic growth[M].Cambridge Books, 1983.

[274] Paul Krugman.A model of innovation, technology transfer, and the world distribution of income[J].Journal of political economy, 1979, 87（2）.

[275] Paul Krugman.Increasing returns and the theory of international trade[R].National Bureau of Economic Research, Inc., 1985.

[276] Porter M. E., Linde C.V. D..Toward a new conception of the environment-competitiveness relationship[J].Journal of Economic Perspectives, 1995, 9（4）.

[277] Porter Michael E..New global strategies for competitive advantage[J].Planning Review, 1990, 18（3）.

[278] Prahalad C. K., Hamel G..The core competence of the corporation[J].Harvard Business Review, 1990, 68（3）.

[279] Reid Christine D..World Competitiveness Yearbook 1996[M].Reference Reviews, 1997.

[280] Reinert Erik S..Competitiveness and its predecessors—a 500-year cross-national perspective[J].Structural change and economic dynamics, 1995, 6（1）.

[281] Rodrik Dani.Structural change, fundamentals, and growth: an overview[J]. Institute for Advanced Study papers, 2013.

[282] Rugman Alan M., D' cruz Joseph R..The "double diamond" model of international competitiveness: the Canadian experience[J].MIR: Management International Review, 1993, 33（2）.

[283] Sadorsky Perry.Renewable energy consumption and income in emerging economies[J].Energy policy, 2009, 37（10）.

[284] Schott Peter K..Across-product versus within-product specialization in international trade[J].The Quarterly Journal of Economics, 2004, 119（2）.

[285] Scott Bruce R., Lodge George C..US competitiveness in the world economy[J].The International Executive, 1985, 27（1）.

[286] Selten Reinhard.Spieltheoretische behandlung eines oligopolmodells mit nachfrageträgheit: teil i: Bestimmung des dynamischen preisgleichgewichts[J]. Journal of Institutional and Theoretical Economics, 1965, H（2）.

[287] Selznick Philip.Law, society, and industrial justice[M].Quid Pro Books, 2020.

[288] Tugcu C. T., et al..Renewable and non-renewable energy consumption and

economic growth relationship revisited: evidence from G7 countries[J].Energy economics, 2012, 34 (6).

[289] Tyszynski Henry.World trade in manufactured commodities, 1899 - 1950[J].The Manchester School, 1951, 19 (3).

[290] United Nations.Handbook on Social Indicators[M].United Nations Publication, 1989.

[291] United Nations.Indicators of Sustainable Development: Guidelines and Methodologies[M].United Nations Publication, 2001.

[292] United Nations.Statistical Yearbook 1948[M]. United Nations Publication, 1949.

[293] Vernon Raymond.International investment and international trade in the product cycle[J].The Quarterly Journal of Economics, 1966, 80 (2).

[294] Vollrath Thomas L., Vo De Huu.Investigating the nature of world agricultural competitiveness[J].Technical Bulletin, 1988, (1754).

[295] Vollrath Thomas L..A theoretical evaluation of alternative trade intensity measures of revealed comparative advantage[J].Weltwirtschaftliches Archiv, 1991, 127 (2).

[296] Wang Xiaotian, Xingpeng Chen.An evaluation index system of China's development level of ecological civilization[J].Sustainability, 2019, 11 (8).

[297] Winter S. G..Schumpeterian competition in alternative technological regimes[J]. Journal of Economic Behavior & Organization, 1984, 5 (3-4).

[298] Xepapadeas Anastasios, Zeeuw Aart de.Environmental policy and competitiveness: the Porter hypothesis and the composition of capital[J].Journal of Environmental Economics and Management, 1999, 37 (2).

第七章

新时期医药产业与医药贸易协同发展研究

摘　要

我国开启全面建设社会主义现代化国家新征程，人民生命健康意识增强，生命健康消费持续增加，特别是新冠疫情以后，人们对生命健康产品和服务需求急剧增长，生命健康产业和医药产业出现前所未有的重要战略机遇期。本文提出生命健康产业已成为国际竞争的战略高地，要以提升人民生命健康水平为核心，以医疗体制数字化改革为动力，以数字健康创新为枢纽，加快生命健康产业、医药产业和医药贸易的国际国内“双循环”发展，促进医药产业与医药贸易高质量协同发展。

本章对世界主要国家的医药产业与医药贸易发展现状进行深入的国际比较，对医药产业与医药贸易的协动性发展机制进行深入探讨，并对医药产业与医药贸易的协动性对医药产业高质量发展的影响及经济效应进行实证分析。研究结果显示，我国医药产业的产值和增加值持续较快增长，医药制造业产值规模位居世界第一。我国的中药制造业和视光学器械制造业加快发展，中药制造业具有比较强的国际竞争力。我国的医药产业创新能力与美国等发达国家还存在比较明显的差距，西药制造业中的仿制药品比例比较高，高端医疗器械仍然主要依赖从发达国家进口。我国医药进出口贸易持续发展，但是我国的医药出口贸易主要是中低技术药品和中低技术医疗器械，我国医药进出口贸易占货物进出口贸易比例仍然偏低。

本章应用耦合协调模型探讨了医药产业与医药贸易协同发展机制，根据对医药产业与医药贸易的协同发展的实证分析，研究结果显示，医药产业发展对医药贸易具有正向作用机制，医药贸易发展反过来对医药产业也具有促进机制，反映出医药产业与医药贸易存在比较明显的协同发展机制，但是国家之间协同发展水平存在比较明显的差异，我国医药产业与医药贸易具有比较明显的互动发展趋势。

本章就医药产业与医药贸易耦合协调对影响医药高质量发展进行了实证研究。研究结果显示，医药产业与医药贸易协同发展对医药产业高质量发展的影响呈现“U”形趋势，当协同度过低时或耦合协调度比较高时，对高质量发展的影响是负向的，只有当医药产业与医药贸易耦合协调度达到一定水平后，才会对医药产业高质量发展带来明显的正向影响。

根据实证分析结果，提出加快促进医药产业与医药贸易协同发展，推动我国医药产业和医药贸易协同高质量发展的政策建议：一是以数字健康创新为枢纽，构建生命健康产业国内国际“双循环”体系；二是加快以医药制造与数字健康为枢纽的生命健康全产业链建设，打造一批数字健康产业创新中心；三是加快医药产业和数字健康复合型人才队伍建设，加快引进和培养生命健康产业创新带头人；四是加强医药产业创新研发投入，加快医药产业高质量发展；五是促进医药产品结构升级，满足国内优质医药产品需求，进一步增强医药产业的国际竞争力；六是创新医药投融资的金融体系；七是促进医药产业结构升级与医药贸易协同高质量发展。

关键词： 医药产业；医药贸易；协同发展；高质量发展

第一节　有关医药产业与医药贸易协同发展的研究文献回顾

对医药产业和医药贸易协同发展相关文献进行梳理，发现近几年对医药产业的研究文献持续增加，本文对医药产业和医药贸易趋势等研究文献进行回顾分析。

一、有关医药产业与医药贸易文献统计分析

（一）有关医药产业和医药贸易的英文文献数量变化

作者以“Pharmaceutical Industry”“Pharmaceutical Trade”“Pharmaceutical Enterprise”“Pharmaceutical Innovation”“China Pharmaceutical”“Medical Industry”“Medical Trade”“Medical Enterprise”“Medical Innovation”“China Medical”为关键词在 Web of Science 核心合集数据库中搜索，时间为 1985—2022 年，共检索 330088 篇相关文献（见

图 7–1）。2008 年以来，世界上与医药相关的研究文献数量快速增长，但是目前对医药产业与医药贸易协同发展的研究文献尚不多见（见表 7–1）。

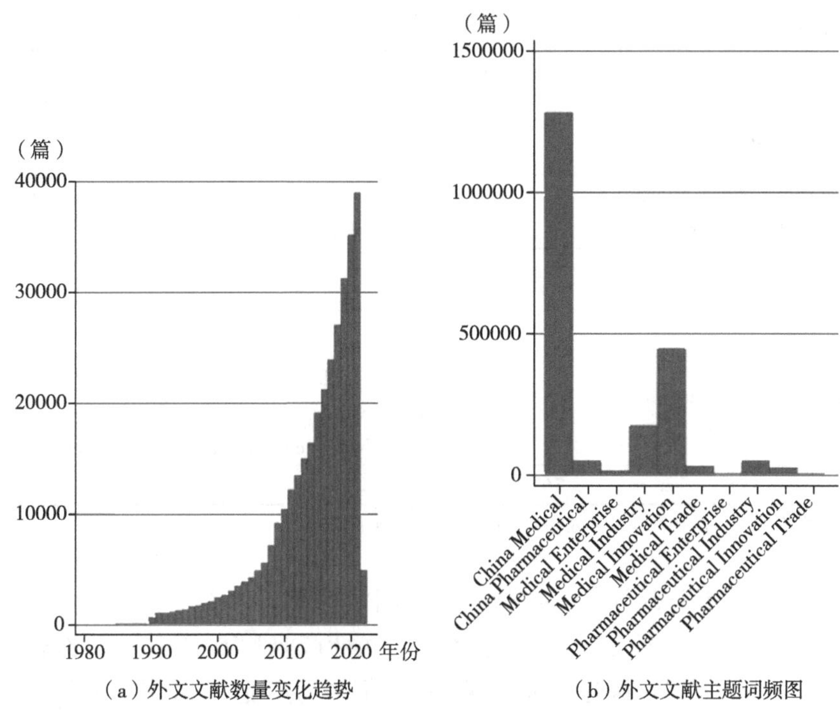

图 7-1 有关医药产业和医药贸易的英文文献统计

资料来源：作者根据 Web of Science 核心合集数据库整理。

表 7-1 经济学国际顶级期刊相关研究情况

国际权威期刊	相关文献量（篇）	相应作者及题目
American Economic Review	11	Moser P. and Voena A.① "Compulsory licensing: Evidence from the trading with the enemy act"
Journal of Political Economy	3	Acemoglu D. and Finkelstein A.② "Input and technology choices in regulated industries: Evidence from the health care sector"

① Moser P., Voena A., "Compulsory licensing: Evidence from the trading with the enemy act," *American Economic Review*, Vol.102, No.1, 2012.

② Acemoglu D., Finkelstein A., "Input and technology choices in regulated industries: Evidence from the health care sector," *Journal of Political Economy*, Vol.116, No.5, 2008.

续表

国际权威期刊	相关文献量（篇）	相应作者及题目
The Quarterly Journal of Economics	5	Acemoglu D. and Linn J.[①] "Market size in innovation: Theory and evidence from the pharmaceutical industry"
Econometrica	5	Ho K. and Lee R.S.[②] "Insurer Competition in Health Care Markets"
Journal of International Economics	1	Papageorgiou, C., Savvides, A.and Zachariadis, M.[③] "International medical technology diffusion"
Journal of Development Economics	8	Currie, J. et al.[④] "Addressing antibiotic abuse in China: An experimental audit study"
The Review of Economic Studies	3	Azoulay, P. et al.[⑤] "Public R&D Investments and Private-sector Patenting: Evidence from NIH Funding Rules"
总计	36	

资料来源：作者根据 Web of Science 核心合集数据库整理。

（二）有关医药产业与医药贸易的中文文献的数量变化

作者以“医药行业”“医药贸易”“医药产业”“医药企业”“医药工业”“医药创新”“医疗产业”“浙江医药”“药产业”“医疗贸易”等为关键词在中国知网数据库中搜索，时间段为 1978—2021 年，共检索 22614 篇相关文献（见图 7-2）。2000 年之后，关于医药的相关关键词迅速增加，并于 2009 年前后达到顶峰后迅速回落，在 2010 年之后又缓步继续上升。这说明医药相关研究在波动中成为近 20 年的研究热点问题。学界对医药行业、医药企业、医药产业、医药工业等的关注度

① Acemoglu D., Linn J., "Market size in innovation: theory and evidence from the pharmaceutical industry," *The Quarterly Journal of Economics*, Vol.119, No.3, 2004.

② Ho K., Lee R. S., "Insurer competition in health care markets," *Econometrica*, Vol.85, No.2, 2017.

③ Papageorgiou C., et al., "International medical technology diffusion," *Journal of International Economics*, Vol.72, No.2, 2007.

④ Currie J., et al., "Addressing antibiotic abuse in China: An experimental audit study," *Journal of Development Economics*, Vol.110, 2014.

⑤ Azoulay P., et al., "Public R&D investments and private-sector patenting: evidence from NIH funding rules," *Review of Economic Studies*, Vol.86, No.1, 2019.

很高，对医药贸易的研究文献并不多见（见表 7–2）。我国进入推进全生命周期健康管理新阶段，医药产业与贸易的协同发展已经成为迫切需要深入研究的重大问题。

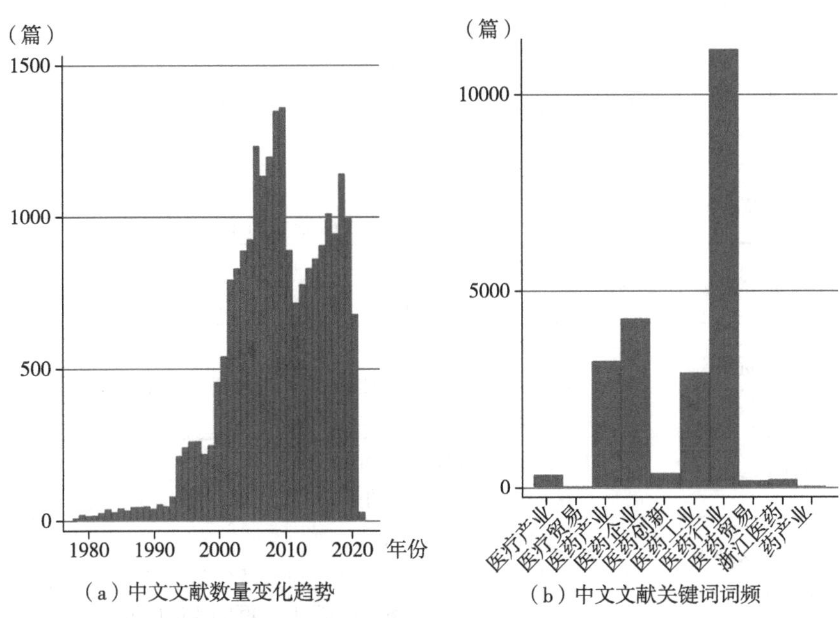

图 7-2　有关医药产业与医药贸易的中文文献统计

资料来源：作者根据中国知网数据库整理。

表 7-2　经济学中文权威及一级期刊相关研究情况

国内权威期刊、一级期刊	相关文献量（篇）	最高被引用量、相应作者及题目
《经济研究》	6	蒋天文和樊志宏（2002）[①] 《中国医疗系统的行为扭曲机理与过程分析》
《管理世界》	10	刘秉镰、徐锋、李兰冰（2013）[②] 《中国医药制造业创新效率评价与要素效率解构》
《世界经济》	11	朱恒鹏（2011）[③] 《管制的内生性及其后果：以医药价格管制为例》

① 蒋天文、樊志宏：《中国医疗系统的行为扭曲机理与过程分析》，《经济研究》2002 年第 11 期。

② 刘秉镰、徐锋、李兰冰：《中国医药制造业创新效率评价与要素效率解构》，《管理世界》2013 年第 2 期。

③ 朱恒鹏：《管制的内生性及其后果：以医药价格管制为例》，《世界经济》2011 年第 7 期。

续表

国内权威期刊、一级期刊	相关文献量（篇）	最高被引用量、相应作者及题目
《中国社会科学》	3	朱玲（2000）① 《政府与农村基本医疗保健保障制度选择》
《中国工业经济》	26	孙晓华和王昀（2014）② 《企业规模对生产率及其差异的影响——来自工业企业微观数据的实证研究》
《财贸经济》	5	朱恒鹏（2010）③ 《还医生以体面：医疗服务走向市场定价》
《经济学家》	3	郭春丽（2013）④ 《中国药品生产流通：体制现状、存在的问题及政策取向》
《国际贸易问题》	6	周毅（2011）⑤ 《“新医改”下的我国医药产业可持续发展的国际竞争力研究》
《经济学动态》	6	李兰冰和刘秉镰（2014）⑥ 《中国高技术产业的效率评价与成因识别》
《数量经济技术经济研究》	6	张昕和李廉水（2007）⑦ 《制造业聚集、知识溢出与区域创新绩效——以我国医药、电子及通讯设备制造业为例的实证研究》
《社会科学战线》	9	孙烨、孙立阳、廉洁（2009）⑧ 《企业所有权性质与规模对环境信息披露的影响分析——来自上市公司的经验证据》
总计	91	

资料来源：作者根据中国知网数据库整理。

① 朱玲:《政府与农村基本医疗保健保障制度选择》,《中国社会科学》2000年第4期。

② 孙晓华、王昀:《企业规模对生产率及其差异的影响——来自工业企业微观数据的实证研究》,《中国工业经济》2014年第5期。

③ 朱恒鹏:《还医生以体面：医疗服务走向市场定价》,《财贸经济》2010年第3期。

④ 郭春丽:《中国药品生产流通：体制现状、存在的问题及政策取向》,《经济学家》2013年第9期。

⑤ 周毅:《“新医改”下的我国医药产业可持续发展的国际竞争力研究》,《国际贸易问题》2011年第7期。

⑥ 李兰冰、刘秉镰:《中国高技术产业的效率评价与成因识别》,《经济学动态》2014年第9期。

⑦ 张昕、李廉水:《制造业聚集、知识溢出与区域创新绩效——以我国医药、电子及通讯设备制造业为例的实证研究》,《数量经济技术经济研究》2007年第8期。

⑧ 孙烨、孙立阳、廉洁:《企业所有权性质与规模对环境信息披露的影响分析——来自上市公司的经验证据》,《社会科学战线》2009年第2期。

通过对有关医药产业和医药贸易文献数量的统计发现，医药产业文献数量明显增加，特别是医药自然科学研究文献数量快速增长，从经济学角度对医药产业与医药贸易的研究文献数量有所增加，但是研究医药贸易的文献数量比较少，特别是研究医药产业与医药贸易协同发展的权威文献尚不多见。因此，本文将使用经济学的研究方法，对医药产业与医药贸易协同发展进行深入研究，以填补医药产业与医药贸易协同发展研究的空白。

二、有关医药产业主要研究文献回顾

（一）医药产业的定义与分类

世界银行（1998）[①] 对制药工业的定义：制药工业是制造、提取、加工、纯化和包装用于人类或动物的药物的生产部门。世界银行按生产阶段、药品分类、制造产品等进行分类。药品生产分为两个主要阶段：活性成分或药物的生产（初级加工或制造）；二次加工，即将活性药物转化为适合给药的产品。医药产品可以分为：专利处方药（POM）、标准处方药、非处方药（OTC）。医药产品还可以分为：片剂，胶囊，溶液、悬浮液、乳剂、凝胶或注射剂等液体，油包水乳剂的药膏，气溶胶等。

我国医药产业是支撑发展医疗卫生事业和健康服务业的重要基础，是发展制造业强国的重点领域。根据 2008 年工业和信息化部印发的《医药行业统计制度》，医药产业统计原则上为辖区内全部医药工业企业和医药商业企业。工业和信息化部将医药产业分类为：化学药品原料药制造、化学药品制剂制造、中药饮片加工、中成药制造、生物药品制造、卫生材料及医药用品制造、制药机械制造、医疗仪器设备及器械制造。《中国医药统计年鉴》将其划分为化学原料药及中间体、化学药品制剂、生物药品、医疗器械及制药机械、中成药。依据工业和信息化部 2019 年印发的《医药工业统计调查制度》，医药工业有 17 种行业。根据《国民经济行业分类》（GB/T 4754—2017），以及《所有经济活动的国际标准行业分类》（ISIC Rev.4），将 17 种国民经济行业与国际标准行业相对应，具体对应情况见表 7-3；以及依据中华人民共和国国家标准《国民经济行业分类》（GB/T 4754—2017），将 10 种医药法人单位行业进行分类。

① World Bank Group, "Pharmaceuticals manufacturing," *Pollution Prevention and Abatement Handbook*, 1998.

（二）有关医药产业发展的研究文献回顾

医药制造属于高新技术产业，医药产业发展与一般制造业发展存在明显差异，医药产业特征如下。

医药产品监管严格。医药产品质量好坏涉及人的身体健康，因此，医药产业生产和运营受到医药监管部门的严格监管，医药监管部门使用严格的监管框架来评估医药产品的质量、安全性、有效性。监管流程包括医药上市前更严格的安全标准和上市后的监督管理（WHO，2020）①。

医药产业研发成本高。Vandaie（2022）②提出持续的创新研发投入是制药行业保持领先的重要基础。DiMasi（2003）③等研究估计，2000 年，每种新化学实体（New Chemical Entity，NCE）小分子药物的平均研发成本为 8.02 亿美元。DiMasi 和 Grabowski（2007）④研究发现，2005 年生物制剂的平均成本为 13.18 亿美元。Munos（2009）⑤研究提出，2009 年研究成本高于 DiMasi 等（2003）⑥提出的平均成本。2007 年，美国药物研究和制造商（PHRMA，2007）⑦估计，基于以前新药从研发到推向市场需要 10 ～ 15 年的时间，包括失败的研究项目的成本，平均研发成本为 8 亿～ 10 亿美元。Morgan 等（2011）⑧汇总涉及开发药品成本的出版物，发现医药产品的平均研发成本从 9200 万美元增长到 8.836 亿美元。

医药产业知识产权保护要求高。医药产品的研发成本持续增长，从实验室研发阶段到医药产品营销阶段周期长，开发药品需要遵守严格的

① WHO，World Health Organization Classification，OARC Press，2020.

② Vandaie R.，“Basic and applied research collaboration trends in the pharmaceutical industry，” *Industrial and Corporate Change*，Vol.31，No.6，2022.

③ DiMasi J.，et al.，“The price of innovation：new estimates of drug development costs，” *Journal of Health Economics*，Vol.22，No.2，2003.

④ DiMasi J. A.，Grabowski H. G.，“The cost of biopharmaceutical R&D：Is biotech different，” *Managerial and Decision Economics*，Vol.28，No.4–5，2007.

⑤ Munos B.，“Lessons from 60 years of pharmaceutical innovation，” *Nature Reviews Drug Discovery*，Vol.8，No.12，2009.

⑥ DiMasi J.，et al.，“The price of innovation：new estimates of drug development costs，” *Journal of Health Economics*，Vol.22，No.2，2003.

⑦ PhRMA，*Drug Discovery and Development*：*Understanding the R&D Process*，2007.

⑧ Morgan S.，et al.，“The cost of drug development：a systematic review，” *Health Policy*，Vol.100，No.1，2011.

监管审批流程，医药研发还面临失败的挑战和仿制药的风险。因此，医药研发和制造对知识产权保护要求比较高。2012—2018 年，专利到期和随之而来的仿制药进入市场使研发型制药公司的收入减少约 1480 亿美元（PWC，2012）[①]。杨山石等（2020）[②]发现，医药专利数量方面，中国新兴医药市场成为全球最大的技术创新目标区域。研发投入方面，邵蓉等（2018）[③]提出加快推进医药研发进度和创新药物知识产权保护。

新兴经济体的制药行业发展速度加快。制药行业的传统创新模式在通过知识网络进行创新方面和寻求服务市场方面面临着相当大的挑战（Tempest，2011）[④]。由于经济衰退和政府预算的竞争压力，发达国家市场的医药行业发展放缓，新兴市场的医药需求加快增长，新兴经济体制药行业的创新发展和医药行业的发展加快。

信息技术推动医药创新发展。信息技术与生物技术创新发展，推动智慧医疗产品和智慧医疗技术的创新发展。制药公司和医院信息通信技术（ICT）投入持续增长，为“量身定制”的药物开发提供潜在的可行方案（PwC，2008）[⑤]。20 世纪 90 年代末对人类基因组的解码激发了个性化医疗创新发展。

（三）有关我国医药产业发展存在问题的研究文献

国内学者有关我国医药产业发展存在问题的研究文献主要包括以下几个方面。

我国医药产业创新能力不足。我国新药研发能力不足，研发主体主要集中在科研院所和高校而非医药企业（赵娜娜和孙利华，2018）[⑥]，我国药品缺乏自主知识产权（吴海霞等，2006）[⑦]。

---

① PwC. *Pharma 2020*，*From Vision to Decision*，Price waterhouse Coopers，2012.

② 杨山石、金春林、黄玉捷等:《全球医药及医疗器械领域专利布局及创新趋势》,《中国卫生资源》2020 年第 3 期。

③ 邵蓉、赵丹、蒋蓉:《中国创新药物研发政策与趋势》,《中国食品药品监管》2018 年第 1 期。

④ Tempest B.，“The Structural Changes in the Global Pharmaceutical Marketplace and Their Possible Implications for Intellectual Property，” *UNCTAD-ICTSD Project on IPRs and Sustainable Development, Policy Brief*，No.10，2011.

⑤ PwC. *Pharma 2020*，*Virtual R&D*，Price waterhouse Coopers，2008.

⑥ 赵娜娜、孙利华:《中国医药产业新药研发能力研究》,《中国医药工业杂志》2018 年第 9 期。

⑦ 吴海霞、李野、赵双青:《我国医药创新环境 SWOT 分析及战略选择》,《中国药房》2006 年第 19 期。

我国药品生产中仿制药比例高。我国医药产业由于缺乏至关重要的金融资产、管理和监管技能，至今仍主要专注于仿制药的生产，国内制药产业仍无法与国外同行抗衡（Hind 和 Yang,2013）[①]。我国仿制药的整体水平不高，产业基础薄弱，低端仿制药大量过剩，供给远超市场需求。大部分药企无能力参与国际市场竞争。医药产业的国际市场竞争力较弱，我国出口商品数量少、质量结构不合理，缺乏核心竞争力（周行和冯国忠，2013）[②]。因此，学者们多针对如何发展医药产业提出建议。Zhang 和 Nie（2021）[③] 以中国新型农村合作医疗保险（简称“新农合”）的实施为例，研究发现“新农合”实施后专利质量略有提高。通过向发展中国家的低收入者提供公共医疗保险，政府可以鼓励制药公司开发新的医疗技术。

高端医疗器械对国外技术依存度比较高。高端医疗器械、生物科研试剂、生产装备、生物信息等领域对国外技术依存度较高，影响了国内生物医药创新能力和产业的发展全局（崔蓓和王磊，2022）[④]。

我国药品市场终端零售体系不太完善。邵蓉等（2018）[⑤] 研究发现，我国药品市场中，零售药店和公立基层医疗机构销售额所占比重低于大多数发达国家和新兴市场国家，甚至要低于某些发展中国家，药品终端销售主要依靠公立大型医院。

（四）有关医药产业与医药贸易协同发展的研究文献

1. 协同定义及相关研究文献回顾

20 世纪 70 年代，德国物理学家 Haken[⑥] 创立了关于非平衡系统的自组织理论，提出协同是开放系统内部各子系统之间通过非线性相互作用产生协同效应，使系统从混沌走向有序，从低级有序走向高级有序，以及从有序又转化为混沌的具体机理和共同规律。

---

① Hind L. C., Yang Q., “Open innovation: An opportunity for pharmerging countries to close the technology gap,” *Proceedings of the 10th International Conference on Innovation and Management*, Vol.5, No.1, 2013.

② 周行、冯国忠:《新时期我国医药产业安全对策分析》,《现代商贸工业》2013 年第 2 期。

③ Zhang X., Nie H., “Public health insurance and pharmaceutical innovation: Evidence from China, ”*Journal of Development Economics*, Vol.148, 2021.

④ 崔蓓、王磊:《生物医药产业技术创新对外依存度评估指标体系构建研究》,《军事医学》2022 年第 2 期。

⑤ 邵蓉、赵丹、蒋蓉:《中国创新药物研发政策与趋势》,《中国食品药品监管》2018 年第 1 期。

⑥ Haken H., “Synergetics,” *Physics Bulletin* , Vol.28, No.9, 1977.

协同论提出以来，国内外学者对协同论和协动性进行深入广泛的研究，并把协动性研究方法应用于经济研究中，有关产业、投资、贸易等方面的协同研究使用的方法与模型如表 7–3 所示。本文参照多数学者使用的耦合协调模型，通过划分产业子系统与贸易子系统，测算医药产业与医药贸易协同水平。

表 7-3　　协动性研究方法应用于经济研究的主要文献汇总

作者	研究内容	模型	结果
陶长琪等（2007）[①]	IT 产业组织演变协同度	耦合度模型、协调度模型	两个系统有序度呈先减后增的趋势，两个系统之间协同程度呈逐年递增的趋势
曾繁清、叶德珠（2017）[②]	金融体系与产业结构的耦合协调度分析		金融体系与产业结构高水平耦合；“金融—产业”系统协调度先上升后下降，协调水平不高
程惠芳、岑丽君（2010）[③]	两国之间实际经济活动剔除趋势后的双边相关性	协动性	贸易、投资、产业对协动性有显著拉动作用
黄玖立等（2011）[④]	中国省区周期协同性	相关系数	越偏僻的省区，与其他省区的协同性越差；离首都越远的省区，与其他省区的协同性越差。中国省区的平均协同程度呈现明显的“先下降、后上升”的 V 形特征
杨子晖、田磊（2013）[⑤]	国际经济协同性	三层静态因子模型	中国宏观经济周期与全球经济周期密切关联，美国对世界经济周期有主导作用

① 陶长琪、陈文华、林龙辉：《我国产业组织演变协同度的实证分析——以企业融合背景下的我国 IT 产业为例》，《管理世界》2007 年第 12 期。

② 曾繁清、叶德珠：《金融体系与产业结构的耦合协调度分析——基于新结构经济学视角》，《经济评论》2017 年第 3 期。

③ 程惠芳、岑丽君：《FDI、产业结构与国际经济周期协动性研究》，《经济研究》2010 年第 9 期。

④ 黄玖立、李坤望、黎德福：《中国地区实际经济周期的协同性》，《世界经济》2011 年第 9 期。

⑤ 杨子晖、田磊：《中国经济与世界经济协同性研究》，《世界经济》2013 年第 1 期。

续表

作者	研究内容	模型	结果
叶伟巍等（2014）[①]	产学研协同创新机制与激励政策	回归分析	企业吸收能力对创新绩效的影响效果更为明显；知识隐性属性较强抑制高校知识转移；合作网络特性显著决定高校知识转移能力
王宇等（2020）[②]	R&D 投入对 IT 投资的协同效应		IT 投资对公司绩效具有促进作用；R&D 投入对 IT 投资与公司绩效之间的关系具有正向调节效应，R&D 投入与 IT 投资之间存在协同效应；IT 投资与 R&D 投入的协同效应在国有企业中显著降低
臧新和李菡（2011）[③]	垂直专业化与产业集聚的互动关系	面板误差修正模型	垂直专业化和产业集聚存在相互促进的互动关系；短期内，劳动密集型无显著因果，技术密集型存在强烈互动，资本密集型存在国际垂直专业化分工对产业集聚的单向因果
吴鹏、夏楚瑜、何冲冲（2020）[④]	区域产业结构与贸易结构的关联匹配	灰色关联度、邓氏关联度、T 型关联度	中国区域产业结构与贸易结构错配；产业结构、贸易结构与经济发展水平关联性；加工贸易对产业结构升级和经济发展存在积极作用

资料来源：作者根据相关资料整理。

2. 有关产业与贸易协同发展的主要研究文献回顾

21 世纪以来，国内学者对产业与贸易的协同发展进行了研究。冯

① 叶伟巍、梅亮、李文:《协同创新的动态机制与激励政策——基于复杂系统理论视角》,《管理世界》2014 年第 6 期。

② 王宇、王铁男、易希薇:《R&D 投入对 IT 投资的协同效应研究——基于一个内部组织特征的情境视角》,《管理世界》2020 年第 7 期。

③ 臧新、李菡:《垂直专业化与产业集聚的互动关系——基于中国制造行业样本的实证研究》,《中国工业经济》2011 年第 8 期。

④ 吴鹏、夏楚瑜、何冲冲:《区域产业结构贸易结构的关联匹配研究——基于灰色关联算法》,《系统科学与数学》2020 年第 11 期。

晓玲和王孟孟（2013）[①]研究了中美服务业产业内贸易与服务业发展之间的协同关系，贸易水平使用GM指数测定，使用VAR模型揭示其协同关系，结论指出产业发展对于贸易存在单向影响。齐建民和孙旭杰（2013）[②]使用产业生产总值比重与增长率构建产业结构变化程度指标，使用产品进出口额比重与增长率构建进出口结构变化程度指标；运用VAR模型实证分析发现了产业结构、出口贸易结构对中国经济增长方式转变存在正向影响，进口贸易结构短期变化对中国经济增长方式转变有一定程度的负向影响。张国峰等（2016）[③]通过定义行业社交"沟通外部性"，测度对出口的影响，定量测度行业社交强度"沟通密集度"，发现产业集聚的沟通外部性显著影响出口的集约边际和扩展边际，越依赖沟通的行业，作用越强。沟通外部性的出口效应高度产业化、地区化、专业化。地理距离增加，沟通外部性对企业出口的作用随之递减。

唐柳等（2014）[④]应用系统科学中协同论的基本原理，提出经济发展具有阶段性特征，当发展方式的不适应性达到一定的临界值后，可以依靠外力的作用使经济发展的各子系统间产生协同作用，实现发展方式重构。袁冬梅等（2018）[⑤]使用加入表示产业结构优化程度的指标和产业结构变动速度指标的开放条件下的生产函数模型，用出口贸易与产业结构指标的交互项描述二者对就业的协同作用，实证分析发现，出口与产业结构优化的交互作用对就业的影响在我国显著为正。

文东伟等（2009）[⑥]统计发现，中国产业结构及出口贸易结构高度一致，研究发现FDI推动了中国的产业结构升级，显著提升了中国的出口竞争力。关于产业政策与贸易政策的协同方面，洪俊杰和张宸妍（2020）[⑦]

---

① 冯晓玲、王孟孟：《中美服务业产业内贸易与服务经济的协同发展研究——基于VAR模型的实证分析》，《中央财经大学学报》2013年第8期。

② 齐建民、孙旭杰：《贸易与产业结构双轮驱动下的中国经济增长方式——基于VAR模型的实证分析》，《求索》2013年第4期。

③ 张国峰、王永进、李坤望：《产业集聚与企业出口：基于社交与沟通外溢效应的考察》，《世界经济》2016年第2期。

④ 唐柳、俞乔、鲜荣生：《经济发展方式的"两级转变"：基于协同论的分析》，《管理世界》2014年第5期。

⑤ 袁冬梅、陈晓佳、信超辉：《贸易开放与产业升级对我国区域就业的协同影响——基于分区域省级面板数据的分析》，《湖南师范大学社会科学学报》2018年第5期。

⑥ 文东伟、冼国明、马静：《FDI、产业结构变迁与中国的出口竞争力》，《管理世界》2009年第4期。

⑦ 洪俊杰、张宸妍：《产业政策影响对外直接投资的微观机制和福利效应》，《世界经济》2020年第11期。

发现产业政策支持会降低对外直接投资的生产率，促进企业对外直接投资，一定程度上提高社会福利。王雅琴（2020）[①]使用TVP-VAR模型，将财政政策、货币政策、产业（外贸）政策结合，研究政策对经济发展的影响。外贸政策由进出口额、实际利用外资、进出口商品价格指数等进行主成分分析得到综合值。谷玉（2020）[②]研究发现，以知识产权为代表的环境型产业政策促进工业企业创新效率，以政府补贴为代表的供给型产业政策和以出口贸易管制政策为代表的需求型产业政策却抑制创新（见表7-4）。

表7-4　产业与贸易协同关系研究文献

观点	作者	研究内容	研究方式		结果
			数据	模型	
产业与贸易共同发展	龚静（2012）[③]	中国服务贸易产业内贸易与服务业发展的协同性	1982—2009年服务贸易GL指数、第三产业增加值	不含外生变量的非限制VAR模型	服务贸易产业内贸易与服务业发展之间存在长期的均衡关系
产业促进贸易	卢锋（2006）[④]	我国棉花进出口对棉产业的影响	我国棉花产量、劳动生产率、植棉收入、纺织业增长	数据分析；经济学理论分析：配额与关税、滑准税	棉产业开放经济提振纺织业产量及出口
	郭倩倩和罗佳（2019）[⑤]	双边贸易强度、双边投资强度、经济开放相似度等因素对中国及其贸易国家的经济周期协同性效应	2005—2015年印度尼西亚、俄罗斯等16个“一带一路”共建国家样本数据	模型：门槛回归模型；控制变量：经济开放相似度、外商直接投资额、贸易强度	中国与“一带一路”共建国家产业结构相似，对外贸易水平上升

① 王雅琴：《货币政策、财政政策与产业政策协同性研究——基于TVP-VAR模型的实证分析》，《价格理论与实践》2020年第9期。

② 谷玉：《政策协同视角下产业创新效率研究》，《合作经济与科技》2020年第24期。

③ 龚静：《中国服务贸易产业内贸易与服务业发展的协同性研究——基于VAR模型的动态效应分析》，《商业时代》2012年第30期。

④ 卢锋：《比较优势结构与开放型棉产业发展——我国棉花贸易政策面临十字路口选择》，《管理世界》2006年第11期。

⑤ 郭倩倩、罗佳：《产业结构约束下中国与“一带一路”沿线国家对外贸易的协同性研究——基于中国与“一带一路”主要贸易国家的门槛回归模型》，《全国流通经济》2019年第36期。

续表

观点	作者	研究内容	研究方式		结果
			数据	模型	
产业促进贸易	Costinot 等（2019）①	一个国家的对外销售，相对于其人口疾病的弹性	2650 家公司在 56 个国家 / 地区的 20000 多种分子的销售情况，56 个国家的人口构成和疾病负担	药品供需模型	国内市场较大的部门会向国外销售更多产品
贸易促进产业 贸易影响经济	吴鹏等（2020）②	区域产业结构与贸易结构的关联匹配	2002—2016 年中国 31 个省（自治区、直辖市）产业增加值与产品贸易额	灰色关联算法、邓氏关联度（静态）、T 型关联度（动态）	中国区域产业结构与贸易结构错配；产业结构与贸易结构未反应与经济发展水平关联性；加工贸易对产业结构升级和经济发展存在积极作用
贸易发展影响经济增长	肖威和刘德学（2013）③	垂直专业化分工与经济周期的协同性	1991—2010 年中国与 38 个贸易伙伴的数据	工具变量广义矩估计法（GMM-IV）	垂直专业化分工通过“需求供给溢出”效应对协同性产生正向作用，产业内贸易通过“资源转移效应”对协同性产生负向影响

① Costinot A., Donaldson D., Kyle M., et al., “The more we die, the more we sell? A simple test of the home-market effect,” *Quarterly Journal of Economics*, Vol.134, No.2, 2019.

② 吴鹏、夏楚瑜、何冲冲：《区域产业结构贸易结构的关联匹配研究——基于灰色关联算法》，《系统科学与数学》2020 年第 11 期。

③ 肖威、刘德学：《垂直专业化分工与经济周期的协同性——基于中国和主要贸易伙伴的实证研究》，《国际贸易问题》2013 年第 3 期。

续表

观点	作者	研究内容	研究方式		结果
			数据	模型	
贸易发展影响经济增长	张兵兵（2013）①	中国进出口贸易与GDP增长的协动性关系	1952—2011年出口总额、进口总额、进出口总额、净出口总额	运用CF滤波分析、PEARSON相关检验、偏相关分析构建Logistic回归模型	只有出口是促进中国经济增长的正向因素
其余因素影响贸易发展	James E. Rauch（2010）②	改革对发展的影响	降低高质量生产的可变成本、高质量生产的固定成本、低质量生产的可变成本和固定成本的制度改革	LDC模型	降低高质量生产成本的体制改革与贸易改革具有协同效应。相比之下，降低低质量生产成本的制度改革（例如，对小企业特别有利的改革）会干扰贸易改革的影响

（五）医药产业和医药贸易对高质量发展的影响主要研究文献回顾

医药产业是我国重要的支柱产业，促进医药产业的高质量发展，需要对医药产业加强顶层设计、融合产业集群、建设人才队伍（颜春霞，2022）③。万伦来等（2022）④提出支持民族医药产业，加强医药供应链和注重产业差异性。

协同发展促进医药产业高质量发展。在关于协同发展对医药高质量发展的研究中，学者们提出产业数字化转型（丁静和茅鸯对，2022）⑤、建设产业生态圈（全威帆和江铖，2022）⑥、优化产业布局、加

① 张兵兵:《进出口贸易与经济增长的协动性关系研究——基于1952—2011年中国数据的经验分析》,《国际贸易问题》2013年第4期。

② Rauch J. E., "Development through synergistic reforms," *Journal of Development Economics*, Vol.93, No.2, 2010.

③ 颜春霞:《敦化市医药健康产业高质量发展策略研究》,《中国产经》2022年第21期。

④ 万伦来、曹景帆、娜仁:《长三角生物医药产业高质量发展的时空特征》,《华东经济管理》2022年第9期。

⑤ 丁静、茅鸯对:《大数据战略下医药产业高质量发展协同共治路径研究——以浙江省医药产业数字化转型与监管为视角》,《中国现代应用药学》2022年第21期。

⑥ 全威帆、江铖:《"前沿"与"双圈"——从成都前沿医学中心看生物医药产业协同发展》,《先锋》2022年第5期。

强产业链协作、完善配套政策、加强人才培育等方式促进医药产业协同发展（见表 7–5）。

表 7-5　医药产业、医药贸易对高质量发展影响研究文献

观点	作者	研究内容	研究数据	结果
医药产业促进医药高质量发展	褚淑贞等（2018）[①]	江苏省医药产业的结构现状及发展形势	2017 年 1—6 月及之前江苏省医药产业主营业务收入、利润、出口交货值等	推动江苏医药高质量发展，不仅要提高产品质量，还包含医药产业层次的提升、产品结构优化、产业布局合理、资源配置优化，从而增强产业发展的可持续性
	刘坪（2022）[②]	四川阿坝中（藏羌）医药传承创新和高质量发展	全州投入资金、支持项目、培育企业、建立基地、种植规模等数量	产业转型升级是中（藏羌）医药高质量发展的突破路径
	刘玲玉和严帅（2020）[③]	粤苏生物医药产业发展对比研究及对广东的启示	制造业、企业、R&D、人才等指标	支持企业创新推动生物医药产业高质量发展
医药贸易影响医药高质量发展	仇雪（2021）[④]	江苏省医药产业竞争力分析	显示性比较优势指标、国际市场占有率和贸易竞争力指数	江苏省医药产业以加工制造为主，产品大多用于满足国内需求，医药贸易进出口发展不平衡，一直都处于贸易逆差状态，国际竞争力相对较弱

① 褚淑贞、陈怡、徐芳萍：《2017 年江苏省医药产业发展报告》，《药学进展》2018 年第 5 期。

② 刘坪：《全力推动阿坝中（藏羌）医药传承创新发展》，《当代县域经济》2022 年第 2 期。

③ 刘玲玉、严帅：《粤苏生物医药产业发展对比研究及对广东的启示》，《科技管理研究》2020 年第 6 期。

④ 仇雪：《价值链视角下江苏省医药产业竞争力分析》，《现代商业》2021 年第 23 期。

续表

观点	作者	研究内容	研究数据	结果
协同发展影响医药高质量发展	焦建平（2022）①	新医改成就、困境及路径选择	基层就诊人次、民营医院数量、药费、参保率、个人支出占比等	统筹推动医疗、医保、医药高质量协同发展，政府、社会和个人协同干预
	冯偲（2022）②	中医药工业高质量发展	中药材数量、种植面积	工业资源协同利用、大中小企业协同发展、产学研医协同创新
	杨燕绥，秦晨（2020）③	提高公共卫生应急能力	医疗保险统筹基金、医保基金缴费等	医疗保障和医药服务协同；基层医疗卫生机构、医院、专业公共卫生机构等医疗卫生服务体系协同；医药供给模式与参保人需求相协同

资料来源：作者根据相关资料整理。

综上所述，国内外学者对医药产业发展进行了深入广泛研究，但是对医药产业与医药贸易协同发展方面的研究尚不多见，有关医药产业和医药贸易影响高质量发展的研究文献也很少，有关医药产业、贸易协同对高质量发展影响的研究大多集中在医药、医疗体系协同、产学研协同、企业产业链供应链协同等方面，鲜有文献提及医药产业与医药贸易协同发展对医药高质量发展的影响。

因此，本文认为对医药产业及医药贸易的协同研究有进一步探索的空间：一是对医药产业与贸易协同发展的现状进行国际比较分析，目前没有对医药产业与医药贸易的深入研究，也没有进行国家层次的国际比较分析。二是对医药产业与贸易协同机制的理论分析。研究医药的文献多为医药专业角度出发的自然科学研究，协同研究又多为对医疗体系、产学研协同的研究，缺乏对医药产业与医药贸易协同机制的深入研究。三是对我国医药产业高质量发展影响因素的分析。大多数文献通过经验分析和计量检验证明了产业结构与贸易结构的作用关系，对医药产业结构与医药贸易结构协同发展的经济效应进行深入分析的研究成果尚不多见。

① 焦建平：《我国新医改的发展成就、困境及路径选择》，《中国卫生标准管理》2022 年第 13 期。

② 冯偲：《传统中医药工业高质量发展研究》，《经济问题》2022 年第 6 期。

③ 杨燕绥、秦晨：《提高公卫应急能力需要常态化制度安排》，《中国卫生》2020 年第 8 期。

第二节 医药产业与医药贸易发展现状分析

一、医药产业与医药贸易发展现状分析

（一）医药产业与医药贸易发展现状分析的样本国家选择

本文对医药产业与医药贸易发展现状的分析，选择经济合作与发展组织（OECD）和二十国集团成员国（G20）共51个国家为样本国家（见表7-6）。需要说明的是，由于51个样本国家中一些小国家缺乏完整的医药产值和医药贸易数据，所以在计量模型的实证分析中主要以51个国家中有医药产值数据的40个国家为样本分析国家。

表7-6 研究样本国家

序号	国家（中文）	国家（英文）	序号	国家（中文）	国家（英文）
1	中国	China	27	西班牙	Spain
2	阿根廷	Argentina	28	克罗地亚	Croatia
3	澳大利亚	Australia	29	塞浦路斯	Cyprus
4	巴西	Brazil	30	拉脱维亚	Latvia
5	加拿大	Canada	31	立陶宛	Lithuania
6	法国	France	32	卢森堡	Luxembourg
7	德国	Germany	33	匈牙利	Hungary
8	印度	India	34	马耳他	Malta
9	印度尼西亚	Indonesia	35	荷兰	Netherlands
10	意大利	Italy	36	奥地利	Austria
11	日本	Japan	37	波兰	Poland
12	韩国	Republic of Korea	38	葡萄牙	Portugal
13	墨西哥	Mexico	39	罗马尼亚	Romania
14	俄罗斯	Russian Federation	40	斯洛文尼亚	Slovenia
15	沙特阿拉伯	Saudi Arabia	41	斯洛伐克	Slovakia
16	南非	South Africa	42	芬兰	Finland
17	土耳其	T ü rkiye	43	瑞典	Sweden
18	英国	United Kingdom	44	瑞士	Switzerland
19	美国	United States of America	45	挪威	Norway

续表

序号	国家（中文）	国家（英文）	序号	国家（中文）	国家（英文）
20	比利时	Belgium	46	冰岛	Iceland
21	保加利亚	Bulgaria	47	新西兰	New Zealand
22	捷克	Czech Republic	48	智利	Chile
23	丹麦	Denmark	49	以色列	Israel
24	爱沙尼亚	Estonia	50	哥伦比亚	Colombia
25	爱尔兰	Ireland	51	哥斯达黎加	Costa Rica
26	希腊	Greece			

资料来源：作者根据相关资料整理。

根据《柳叶刀》2018年发布的全球医疗质量和可及性（HAQ）指数，以及2020年发布的全民健康覆盖（UHC）指数，对两个指数处于世界前列的国家（见表7-7），包括样本国家进行分析。

表7-7 HAQ指数与UHC指数处于世界前列的国家

国家	HAQ排名	HAQ指数	UHC排名	UHC指数
冰岛	1	97	2	95
挪威	1	97	3	94
荷兰	3	96	12	90
卢森堡	3	96	8	91
澳大利亚	3	96	18	89
芬兰	3	96	8	91
瑞士	3	96	4	93
瑞典	8	95	12	90
意大利	8	95	18	89
安道尔	8	95	6	92
爱尔兰	8	95	12	90
日本	12	94	1	96
加拿大	12	94	12	90
西班牙	14	92	12	90

资料来源：作者根据《柳叶刀》报告整理。

（二）医药产业与医药贸易发展现状分析的数据来源

主要根据联合国《所有经济活动的国际标准行业分类》（ISIC 4.0）数据库、联合国产业组织数据库、联合国贸易产品数据库和OECD数据库等，对医药产业与医药贸易发展进行国际比较分析。

二、世界主要国家医药制造业发展比较分析

（一）世界主要国家医药制造业产值变化分析

对世界主要国家医药制造业产值变化进行比较分析，数据来自联合国《所有经济活动的国际标准行业分类》（ISIC Rev.4）数据库和联合国工业发展组织数据库。由于联合国《所有经济活动的国际标准行业分类》（ISIC Rev.4）数据库中，医药制造业产值数据为1963—2008年数据，2008年以后一些国家医药制造业产值数据不全，因此对世界主要国家医药制造业产值变化分为两个阶段进行分析。1963—2008年为世界医药制造业产值变化的第一阶段，美国医药制造业产值一直居世界首位，美国医药制造业产值持续增长，美国医药制造业产值从1963年的70亿美元增加到2008年的2307亿美元（见图7-3）。日本和德国曾经是居美国之后的世界医药制造业第二大国。

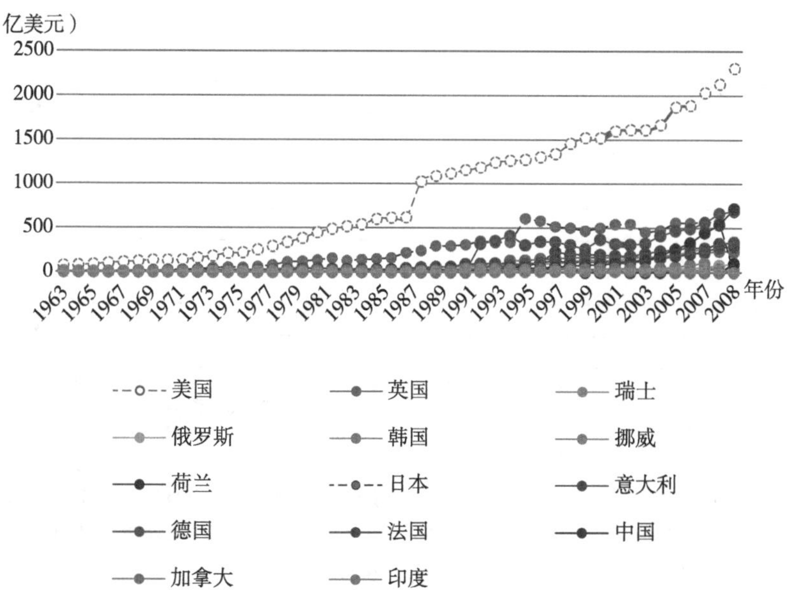

图7-3 1963—2008年世界主要国家医药制造业产值变化

资料来源：根据联合国工业发展组织数据库的数据整理。

2007 年，医药制造业产值居世界前列的国家是美国、德国、日本、中国、法国、瑞士、意大利、英国、俄罗斯、印度等（见图 7–4）。

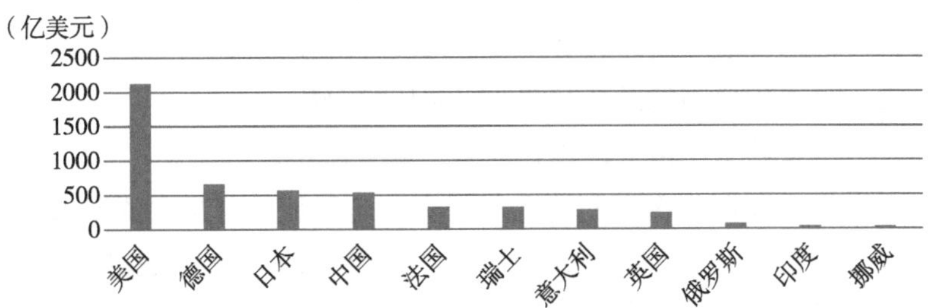

图 7-4　2007 年世界主要国家医药制造业产值

资料来源：根据联合国《所有经济活动的国际标准行业分类》ISIC Rev.4 数据库的数据整理。

2009—2020 年，世界医药制造业产值变化第二阶段，中国医药制造业产值超过美国、德国、日本成为世界第一医药大国。中国医药产业持续快速发展，2010 年，中国医药制造业产值超过德国和日本，2011 年，中国医药制造业产值超过美国成为世界第一医药大国（见图 7–5、图 7–6）。

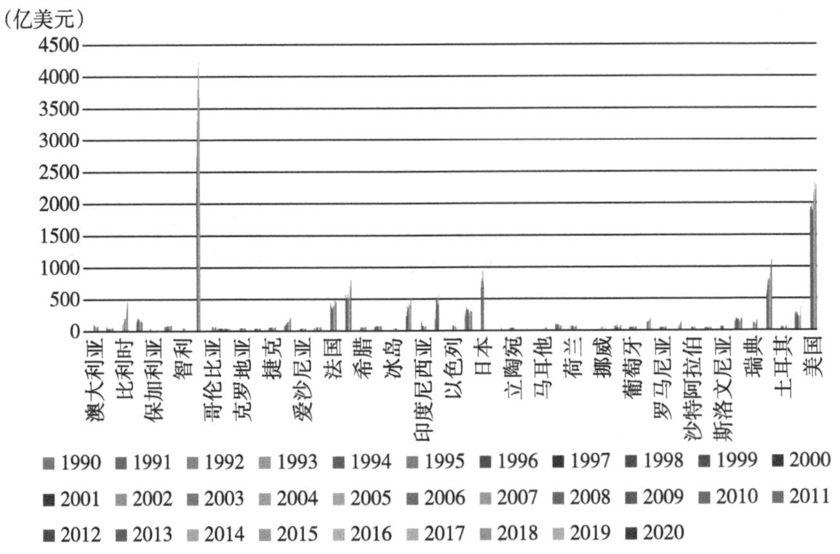

图 7-5　1990—2020 年世界主要国家医药制造业产值变化

资料来源：根据联合国工业发展组织数据库的数据整理。

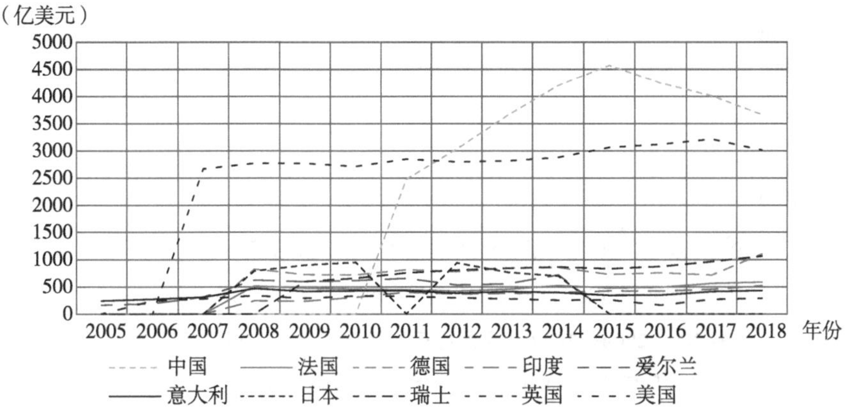

图 7-6 2005—2018 年世界主要国家医药制造业产值变化

资料来源：根据联合国工业发展组织数据库的数据整理。

2014 年，医药制造业产值居世界前列的医药大国是中国、美国、德国、瑞士、爱尔兰、日本、法国、意大利、印度、英国、巴西、比利时、西班牙、韩国等（见图 7–7）。

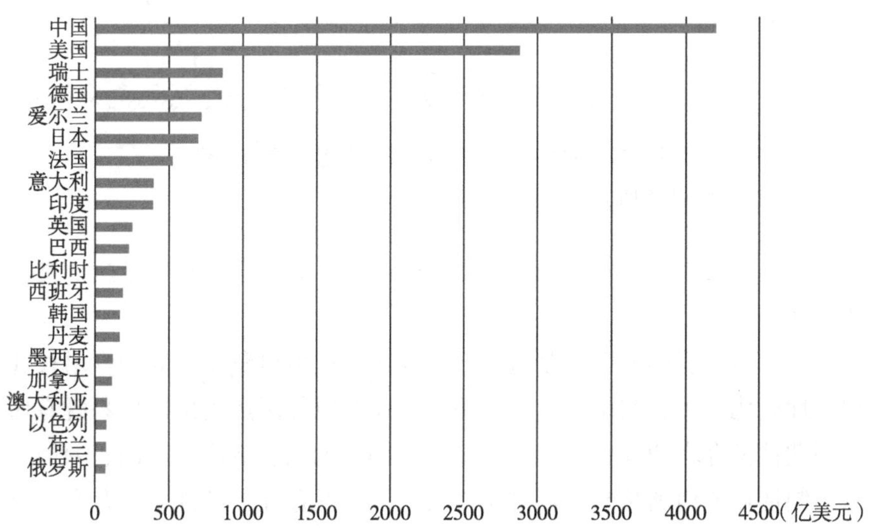

图 7-7 2014 年世界医药大国医药制造业产值排序

资料来源：根据联合国工业发展组织数据库的数据整理。

2004 年以来，中国医药制造业快速发展。中国医药制造业产值从 1977 年的 8.7 亿美元增长到 2003 年的 190 亿美元，再从 2004 年的 265 亿美元增长到 2017 年的 4016 亿美元（见图 7–8、图 7–9）。2011 年以来，中国一直为世界医药制造第一大国。

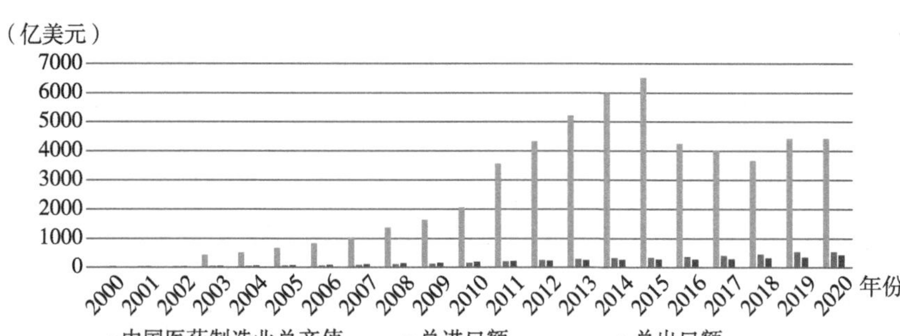

图 7-8　2000—2020 年中国医药制造业总产值、进出口额变化

资料来源：作者根据联合国工业发展组织数据库的数据整理。

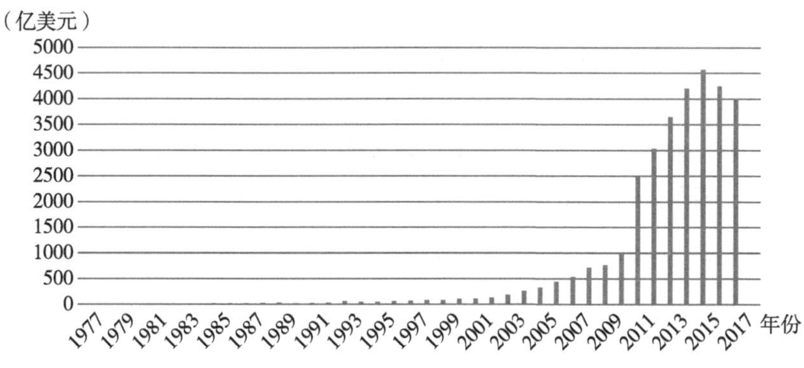

图 7-9　1977—2017 年中国医药制造业产值变化

资料来源：根据联合国工业发展组织数据库的数据整理。

（二）医药制造业产值与医药进出口贸易的周期性和协动性变化比较分析

对世界主要国家医药制造业产值与医药进出口贸易的周期性增长和协动性变化分析，结果显示，医药制造业产值与医药进出口贸易既有增长周期性又存在协动性变化，中国、美国、德国、英国、法国、韩国等医药制造业产值增长与医药进出口贸易增长既存在周期性，也存在明显的协动性变化。2004—2018 年，中国医药制造业产值增长率与医药进出口贸易增长率存在明显周期性变化和协动性变化（见表 7–8）。2004—2014 年，中国医药制造业产值增长率与医药进出口贸易增长率处于高增长阶段，而 2015—2018 年，中国医药制造业产值增长与医药进出口贸易增长进入相对低增长阶段，中国医药制造业产值增长率与医药进出口贸易增长率存在明显的协动性变化关系（见图 7–10）。

表 7-8　　中国医药制造业产值与医药进出口贸易增长率变化　　单位：%

年份	2004	2005	2006	2007	2008	2009	2010	2011	2012	2013	2014	2015	2016	2017	2018
进出口贸易增长率	19	21	17	31	31	11	23	24	14	11	11	4	4	12	13
产值增长率	19	29	23	24	34	19	27	72	22	20	15	9	–7	–5	–9

资料来源：根据联合国工业发展组织数据库和联合国商品贸易统计数据库整理。

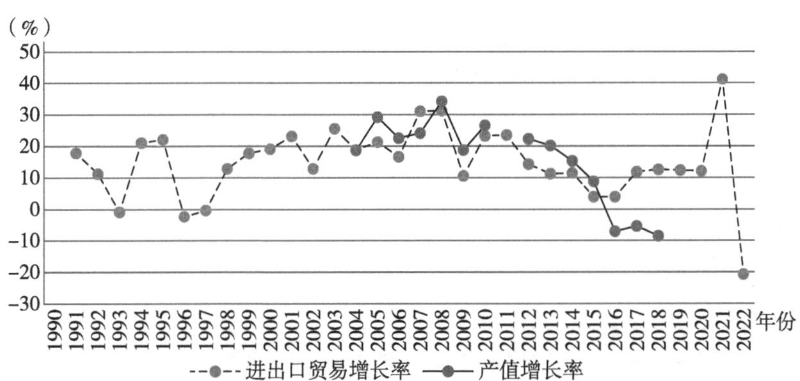

图 7-10　1990—2022 年中国医药制造业产值与医药进出口贸易增长率变化

资料来源：根据联合国工业发展组织数据库和联合国商品贸易统计数据库的数据整理。

1998—2020 年，美国医药制造业产值增长率与医药进出口贸易增长率存在明显周期性变化，也存在协动性变化（见表 7–9、图 7–11）。2006—2008 年，美国医药制造业产值和医药进出口贸易处于高增长周期，而在 2012—2013 年和 2016—2018 年，美国医药制造业产值和医药进出口贸易处于低增长周期，美国医药制造业产值增长率与医药进出口贸易增长率存在明显协动性变化。

表 7-9　　美国医药制造业产值与医药进出口贸易增长率变化　　单位：%

年份	2004	2005	2006	2007	2008	2009	2010	2011	2012	2013	2014	2015	2016	2017	2018
进出口贸易增长率	18	1	14	13	6	−2	8	6	1	−2	12	2	−6	1	−4
产值增长率	5	0	10	11	4	0	−2	5	−2	1	2	6	2	3	−6

资料来源：根据联合国工业发展组织数据库和联合国商品贸易统计数据库的数据整理。

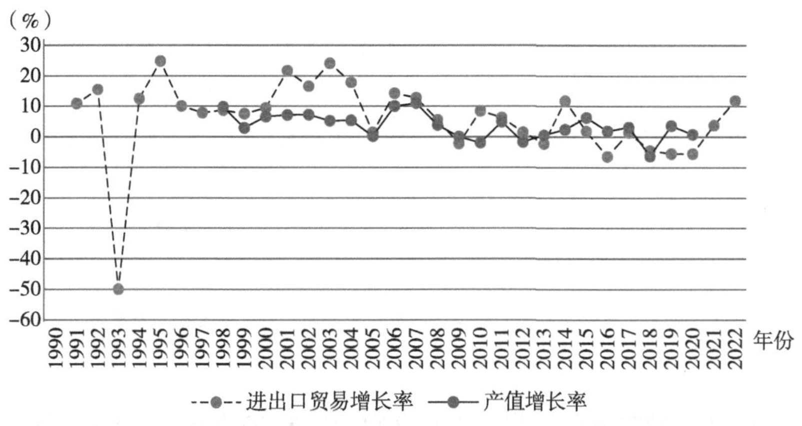

图 7-11　1990—2022 年美国医药制造业产值与医药进出口贸易增长率变化

资料来源：作者根据联合国工业发展组织数据库和联合国商品贸易统计数据库的数据整理。

1992—2021 年，德国医药制造业产值增长率与医药进出口贸易增长率存在明显的周期性和协动性变化，2004—2008 年，德国医药制造业产值与医药进出口贸易都处于高增长周期，而 2012—2017 年，德国医药制造业产值与医药进出口贸易进入低增长周期（见表 7–10、图 7–12）。

表 7-10 德国医药制造业产值与医药进出口贸易增长率变化 单位：%

年份	2004	2005	2006	2007	2008	2009	2010	2011	2012	2013	2014	2015	2016	2017
进出口贸易增长率	32	14	16	20	20	–3	1	9	–2	4	6	–6	3	8
产值增长率	13	9	11	22	4	–12	0	13	–5	8	2	–15	4	–6

资料来源：作者根据联合国工业发展组织数据库和联合国商品贸易统计数据库的数据整理。

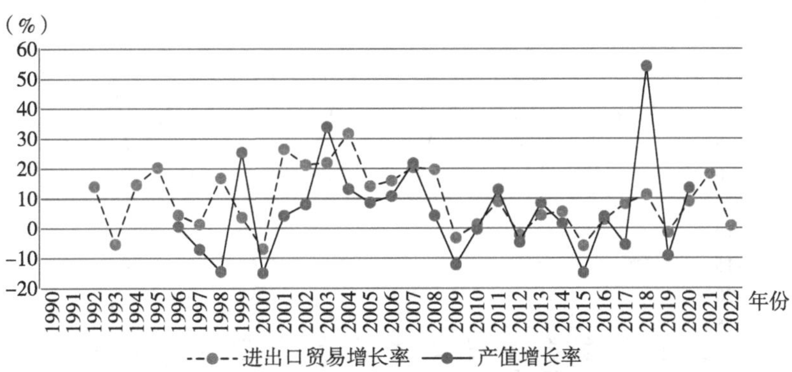

图 7-12 1990—2022 年德国医药制造业产值与医药进出口贸易增长率变化

资料来源：根据联合国工业发展组数据库和联合国商品贸易统计数据库整理。

2001—2014 年，日本医药产业产值与医药进出口贸易存在周期性增长与协动性变化，2003—2004 年和 2008—2011 年，日本医药产业产值和医药进出口贸易处于较高增长周期，而 2013—2015 年，日本医药产业产值和医药进出口贸易进入低增长甚至负增长周期，日本医药产业产值和医药进出口贸易的增长也出现明显协动性变化（见表 7–11、图 7–13）。

表 7-11 2001—2014 年日本医药产业产值与医药进出口贸易增长率变化 单位：%

年份	2001	2002	2003	2004	2005	2006	2007	2008	2009	2010	2011	2012	2013	2014
进出口贸易增长率	3	3	12	15	9	4	5	14	10	19	15	8	-8	-3
产值增长率	-8	-3	11	9	-4	-3	-1		14	5	4		-18	-9

资料来源：根据联合国工业发展组织数据库和联合国商品贸易统计数据库的数据整理。

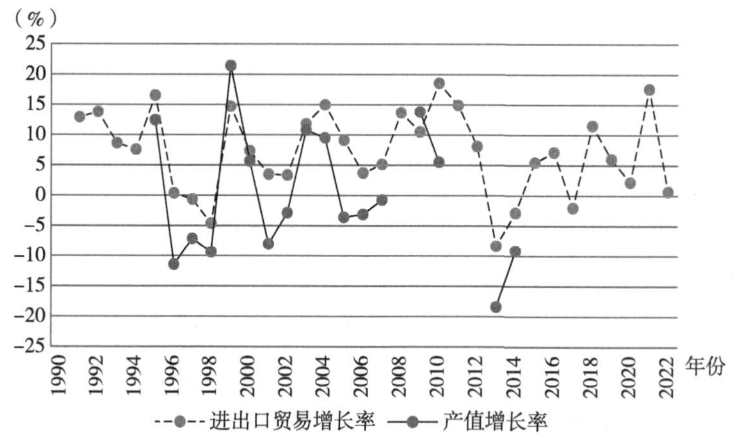

图 7-13 1990—2022 年日本医药制造业产值与医药进出口贸易增长率变化

资料来源：根据联合国工业发展组数据库和联合国商品贸易统计数据库的数据整理。

1990—2022 年，法国医药制造业产值与医药进出口贸易增长存在周期性与协动性变化，2002—2004 年和 2016—2018 年，法国医药制造业产值和医药进出口贸易处于高增长周期，而 2005—2007 年和 2009—2012 年，法国医药制造业产值和医药进出口贸易进入低增长甚至负增长周期，法国医药制造业产值和医药进出口贸易的增长出现明显协动性变化（见图 7-14）。

1990—2022 年，韩国医药制造业产值与医药进出口贸易增长存在周期性与协动性变化，2004—2006 年和 2016—2018 年，韩国医药制造业产值和医药进出口贸易处于较高增长周期，而 1995—1999 年和 2001—2003

年，韩国医药制造业产值和医药进出口贸易进入低增长周期，韩国医药制造业产值和医药进出口贸易的增长出现明显协动性变化（见图 7–15）。

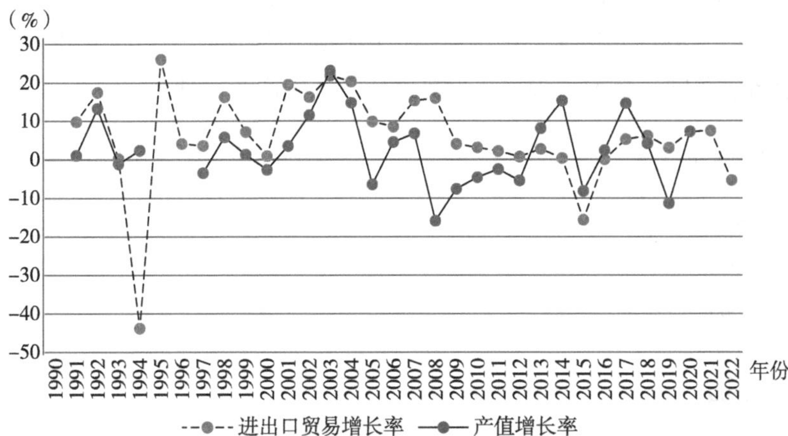

图 7-14　1990—2022 年法国医药制造业产值与医药进出口贸易增长率变化

资料来源：根据联合国工业发展组织数据库和联合国商品贸易统计数据库的数据整理。

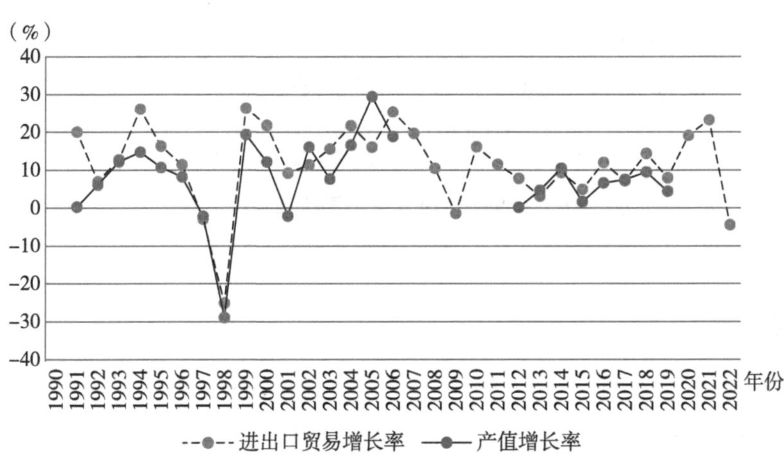

图 7-15　1990—2022 年韩国医药制造业产值与医药进出口贸易增长率变化

资料来源：根据联合国工业发展组织数据库和联合国商品贸易统计数据库的数据整理。

（三）医药行业分类发展比较分析

1.西药行业产值和固定资本形成总额的变化比较分析

（1）西药行业产值变化分析

2000—2019 年，全球西药制造业大国格局发生了很大变化。2010 年之前，美国曾经一直是西药制造业世界第一大国（见图 7–16、

图 7-17）。2005 年以来，中国西药行业进入快速发展阶段，中国西药产值从 2003 年的 349 亿美元增加到 2019 年的 4421 亿美元，中国西药产值在 2003 年居世界第四位（见图 7-18），2014 年居世界第一位（见图 7-19）。2003 年以来，中国西药产值持续较快增长，2011 年中国西药产值超过美国，目前中国稳居世界西药第一生产大国地位。

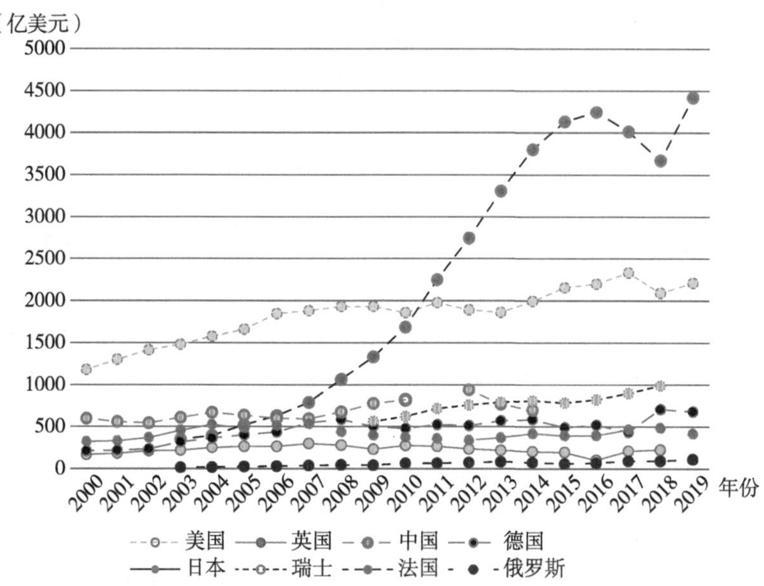

图 7-16　2000—2019 年主要国家西药产值变化

资料来源：作者根据联合国工业发展组织数据库的数据整理。

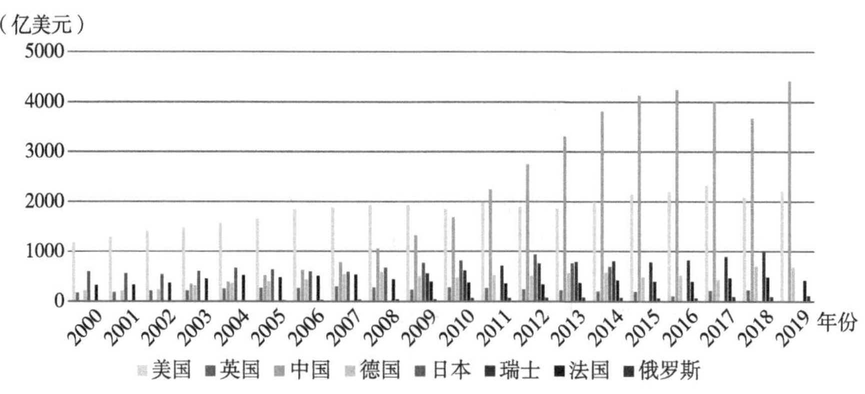

图 7-17　2000—2019 年主要国家西药产值变化

资料来源：作者根据联合国工业发展组织数据库的数据整理。

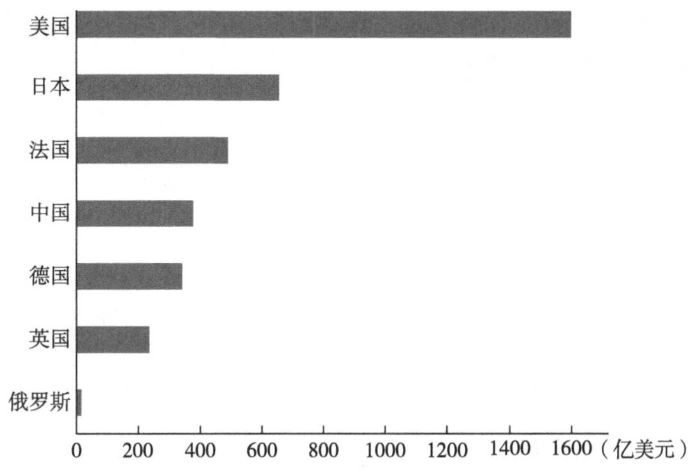

图 7-18 2003 年主要国家西药产值排序

资料来源：作者根据联合国工业发展组织数据库的数据整理。

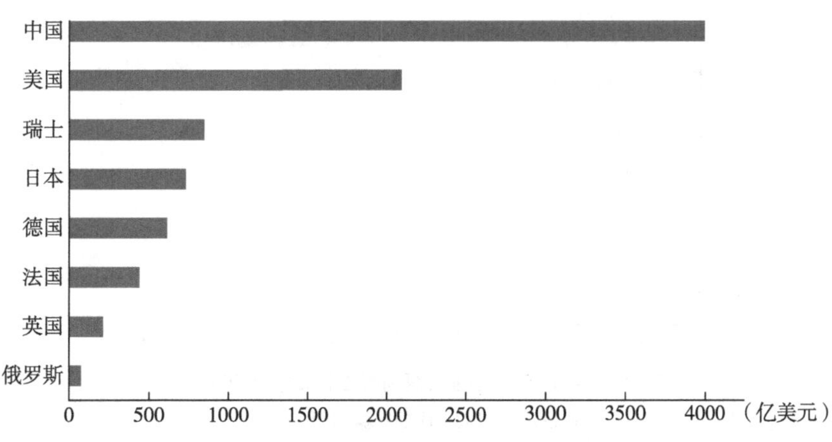

图 7-19 2014 年主要国家西药产值排序

资料来源：作者根据联合国工业发展组织数据库的数据整理。

（2）西药行业固定资本形成总额变化比较分析

2008—2020 年，主要国家西药行业固定资本形成总额发生了明显变化，美国的西药行业固定资本稳中有升。中国在 2011—2014 年西药行业固定资本形成总额快速增长，中国西药产值快速增长与西药行业固定资本快速增长存在密切的关系（见图 7–20、图 7–21），中国西药行业的产值和固定资本形成总额具有互动关系。2000—2021 年，法国、英国、德国的西药行业固定资本保持稳定，日本从2014年开始西药行业固定资本形成总额出现明显下降趋势。

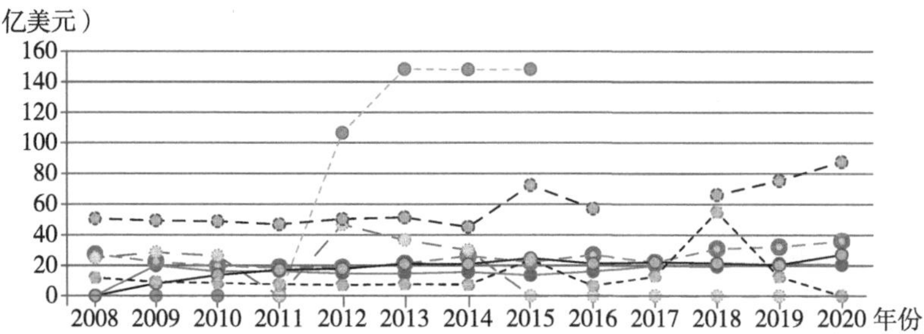

图 7-20 2008—2020 年主要国家西药行业固定资本形成总额

资料来源：根据联合国工业发展组织数据库的数据整理。

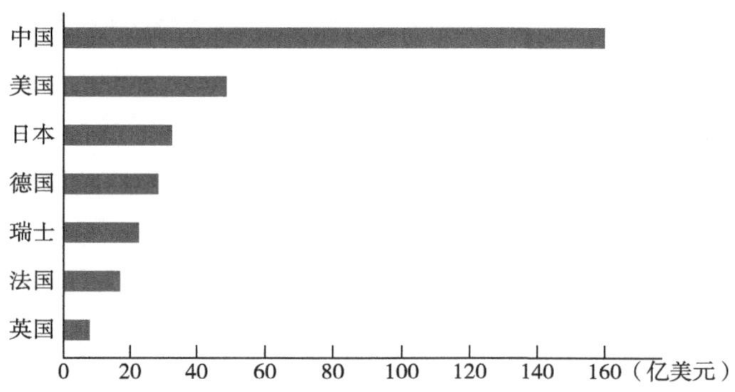

图 7-21 2014 年主要国家西药行业固定资本形成总额

资料来源：根据联合国工业发展组织数据库的数据整理。

2. 医疗器械行业发展比较分析

（1）医疗器械行业产值变化比较分析

全球医疗器械制造大国主要是美国、中国、德国、韩国、意大利、爱尔兰、英国等（见图7-22、图7-23）。2011年以前，美国一直是医疗器械制造世界第一大国，2000—2019年，美国的医疗器械产值继续稳中有升。

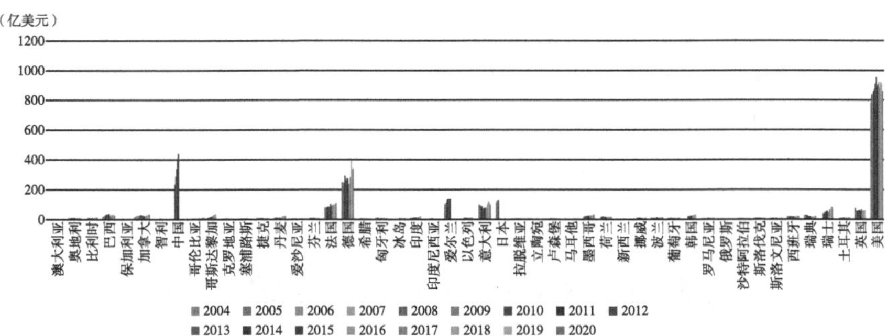

图 7-22　2004—2020 年世界主要国家医疗器械和光学仪器产值变化

资料来源：根据联合国工业发展组织数据库的数据整理。

2011—2019 年，医疗器械制造大国格局发生了明显变化。2003 年，中国医疗器械产值居世界第六位（见图 7–25）。2005 年以来，中国医疗器械产值持续较快增长，中国医疗器械产值从 2000 年的 24 亿美元增加到 2011 年的 1305 亿美元，再增加到 2015 年的 2381 亿美元。2011 年以来，中国医疗器械产值持续超过美国，中国持续稳定成为医疗器械产值世界第一大国（见图 7–25、图 7–26）。

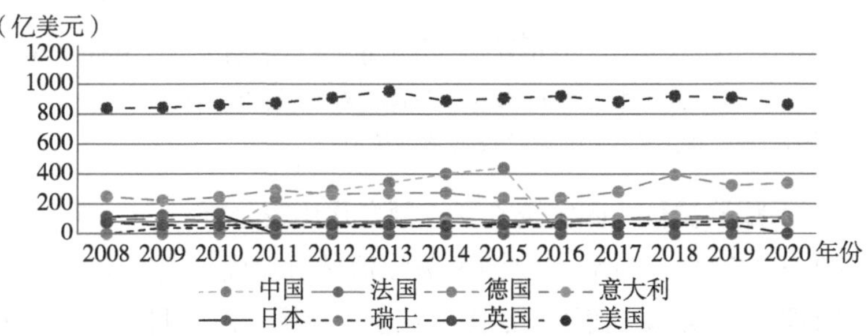

图 7-23　2008—2020 年世界主要国家医疗器械和光学仪器产值变化

资料来源：根据联合国工业发展组织数据库的数据整理。

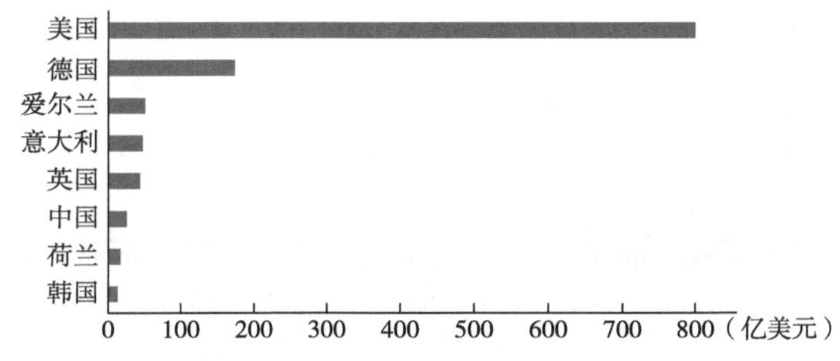

图 7-24　2003 年主要国家医疗器械产值排序

资料来源：根据联合国工业发展组织数据库整理。

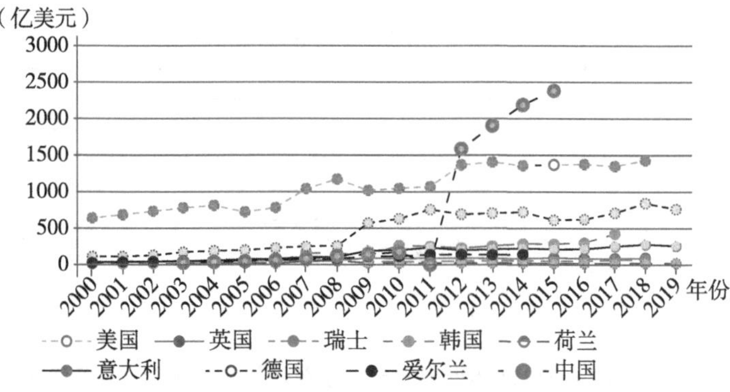

图 7-25　2000—2019 年主要国家医疗器械产值变化

资料来源：根据联合国工业发展组织数据库的数据整理。

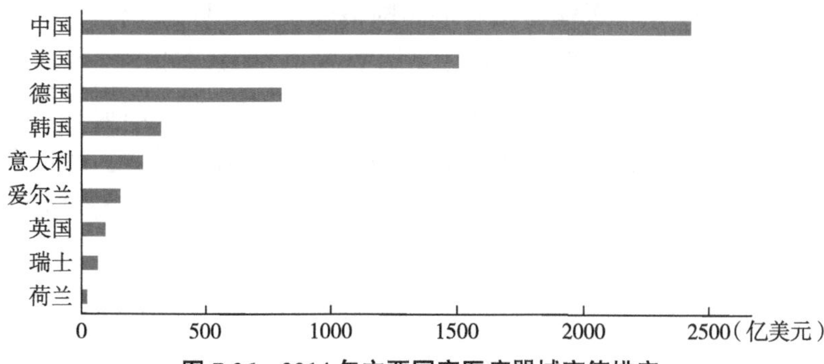

图 7-26　2014 年主要国家医疗器械产值排序

资料来源：根据联合国工业发展组织数据库整理。

（2）医疗器械行业固定资本形成额变化比较分析

2008—2020 年，世界主要国家医疗器械行业固定资本形成额进入稳中有升的阶段，美国、德国、法国、瑞士、英国、意大利、荷兰等国医疗器械行业固定资本形成额出现相对稳定的发展态势（见图 7–27）。中国的

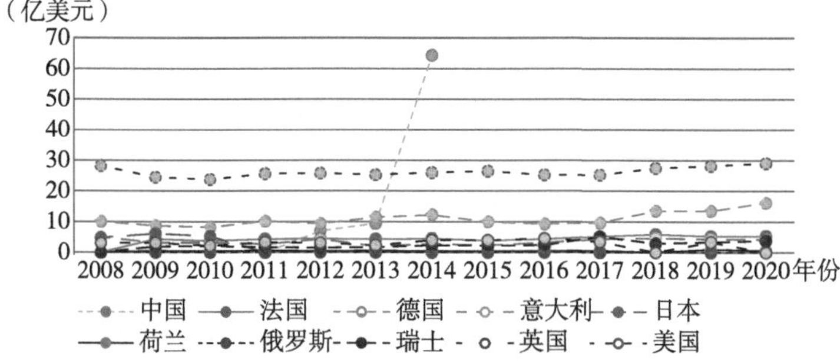

图 7-27　2008—2020 年世界主要国家医疗器械行业固定资本形成总额

资料来源：根据联合国工业发展组织数据库的数据整理。

医疗器械行业固定资本形成额在 2012—2014 年快速增长，2014 年中国医疗器械行业固定资本形成额超过美国居世界首位（见图 7-28）。2015 年以来，中国医疗器械行业固定资本形成额出现明显下降趋势，由于 2015 年以后中国医疗器械行业固定资产形成额的数据不全，难以对变化趋势进行分析。

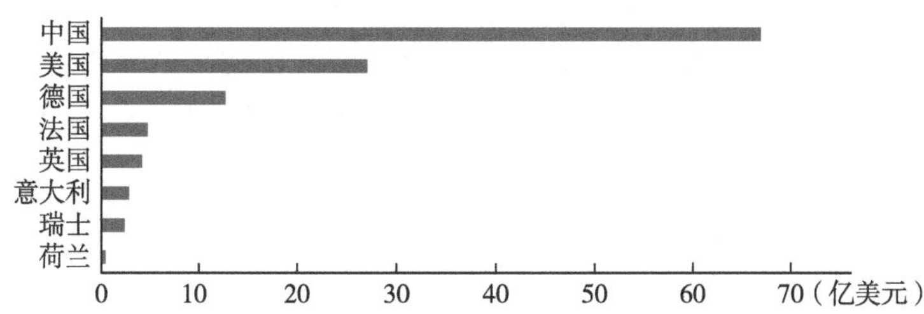

图 7-28　2014 年世界主要国家医疗器械行业固定资本形成额排序

资料来源：根据联合国工业发展组织数据库的数据整理。

3. 中药行业发展比较分析

2000—2020 年，世界主要国家的中药产值分布不太均衡。中国的中药发展历史悠久，中药和中医水平在世界上具有绝对优势，中国的中药产值持续增长并一直居世界首位，中国中药产值从 2000 年的 2300 万美元增加到 2020 年的 4428 万美元（见图 7-29）。韩国、日本、美国、法国、俄罗斯、德国、意大利等国的中药行业持续稳定发展，但中药产值规模都比较小（见图 7-30）。

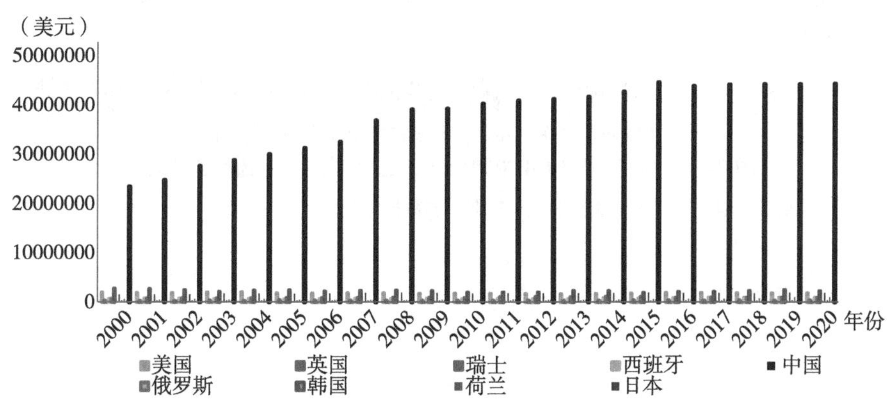

图 7-29　2000—2020 年世界主要国家中药产值变化

资料来源：根据联合国工业发展组织数据库的数据整理。

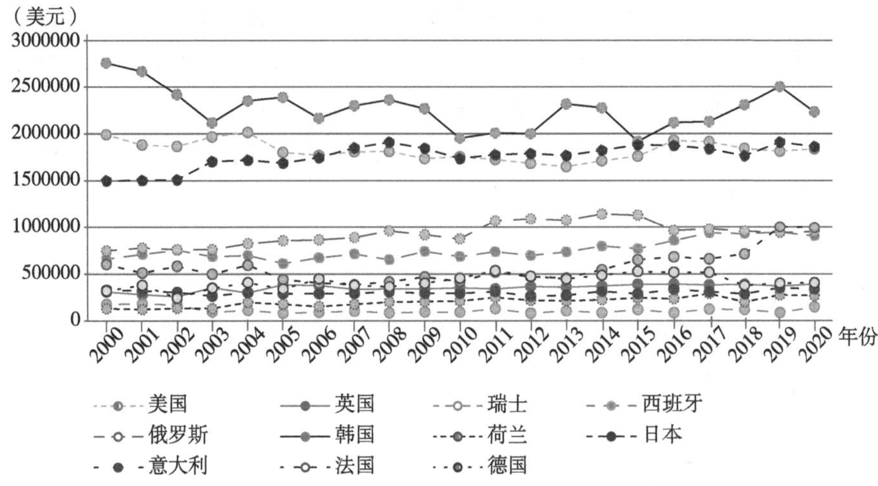

图 7-30 2000—2020 年世界主要国家（除中国以外）中药产值变化

资料来源：根据联合国工业发展组织数据库的数据整理。

中国中药产值一直居世界首位，但是中药产值规模明显比西药产值和医疗器械产值小很多（见图 7-31），2019 年，中国西药产值为 4421 亿美元，2020 年，中国中药产值仅为 4428 万美元，因此，中国中药产值与西药产值和医疗器械产值在同一张图中无法显示出柱形图。

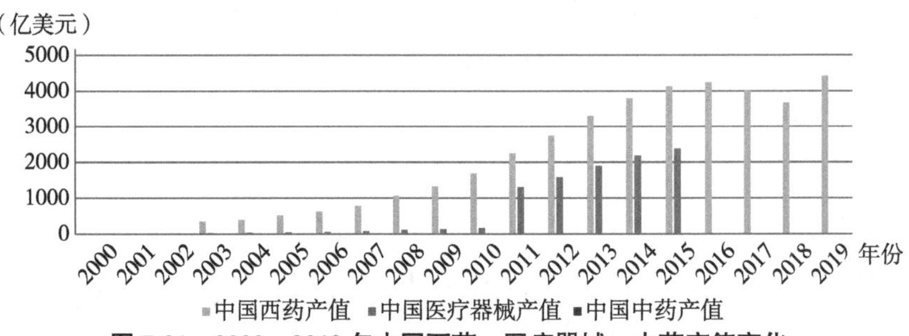

图 7-31 2000—2019 年中国西药、医疗器械、中药产值变化

资料来源：根据联合国工业发展组织数据库的数据整理。

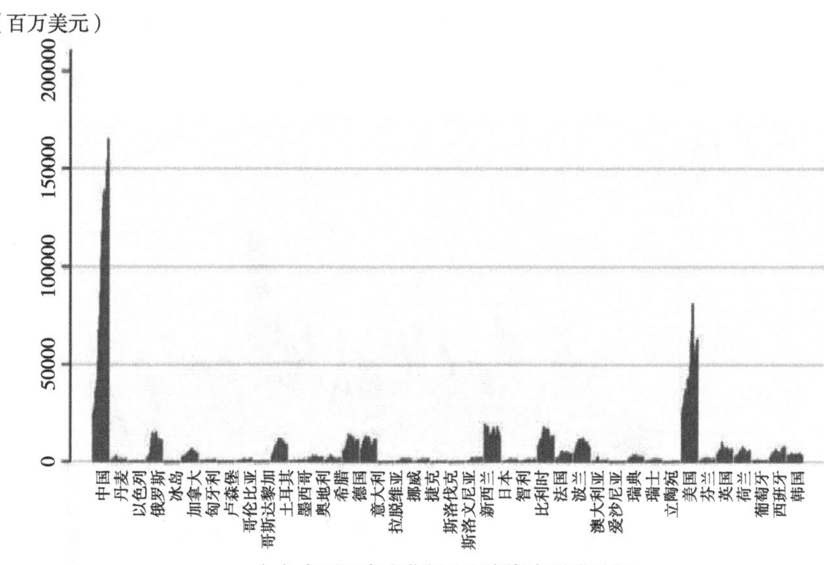

（a）主要国家中药行业固定资本形成总额

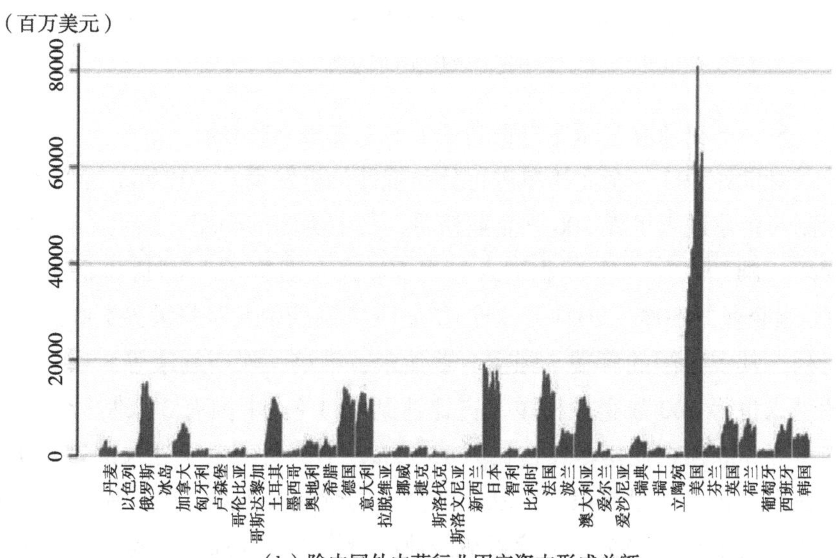

（b）除中国外中药行业固定资本形成总额

图 7-32　2000—2021 年世界主要国家中药行业固定资本形成总额

数据来源：根据联合国工业发展组织数据库的数据整理绘制。

4. 医药支出变化比较分析

从世界主要国家公共卫生支出与个人卫生支出的比例变化来看，公共卫生支出占 GDP 的比重有扩大趋势，而个人支出占 GDP 比重有缩小趋势。

其中美国的医疗卫生支出占 GDP 比重远高于一般国家，这是由于美国医疗价格高昂。中国个人卫生支出占 GDP 比重处于世界中游水平（见图 7-33）。

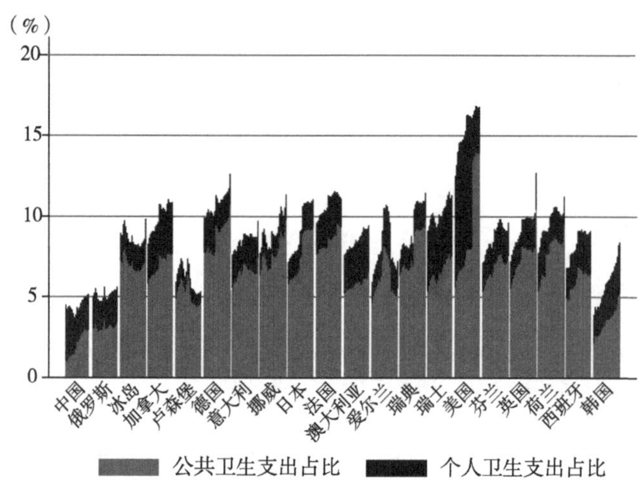

图 7-33　2000—2020 年公共卫生支出与个人卫生支出占 GDP 比重变化

资料来源：根据 OECD 数据库和联合国数据库的数据整理。

5. 医药企业发展水平与医药企业研发支出比较分析

对世界 500 强企业榜单进行分类统计分析发现，2012 年，全球有 10 家制药企业进入世界 500 强企业榜单，其中美国的辉瑞、强生、默沙东、雅培、阿斯利康 5 家企业进入世界 500 强企业榜单，占制药企业世界 500 强企业的 50%。2021 年，全球有 19 家制药企业跻身世界 500 强企业行列，其中美国的辉瑞、强生、默沙东、雅培、阿斯利康等 8 家制药企业进入世界 500 强企业榜单，占比达到 42.1%。中国有 3 家制药企业进入世界 500 强企业榜单，占比为 15.79%，中国制药企业进入世界 500 强企业数量排名居世界第二。从制药企业的营业收入看，美国制药企业营业收入规模独占鳌头。医疗器械企业跻身世界 500 强企业榜单的更少一些，从 2012 年至 2021 年，全球仅有 6 家企业进入世界 500 强企业榜单。

2005—2019 年，根据 OECD 和联合国有关医药研发与器械研发支出数据，美国医药企业研发支出规模居世界首位，日本、德国、中国的医药研发支出居世界前列。中国医药企业研发支出与美国和日本差距仍然明显，特别是在医疗器械企业研发支出方面差距更大（见图 7-34）。

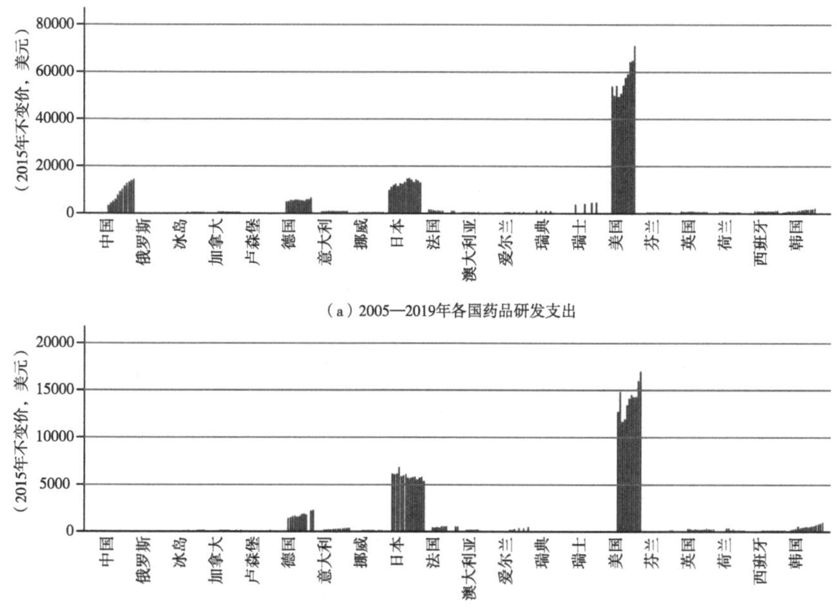

（b）2005—2019年各国医疗器械研发支出

图 7-34 医药企业研发支出

资料来源：根据 OECD 数据库和联合国有关数据库的数据整理。

三、主要国家医药进出口贸易发展比较分析

（一）主要国家西药进出口贸易发展比较分析

1. 西药进出口贸易额变化分析

1990—2022 年，世界西药进出口贸易大国是美国、德国、瑞士、英国、法国、中国、荷兰、比利时、爱尔兰、西班牙、加拿大（见图 7-35），其中美国一直是西药进出口贸易世界第一大国（见图 7-36），德国和瑞士西药进出口贸易居世界前列（见图 7-37）。中国西药进出口贸易额持续增长，从 1990 年的 10.6 亿美元增加到 2022 年的 666.7 亿美元，中国西药进出口贸易额从 2000 年的世界第 17 位（见图 7-38）提升到 2022 年的世界第 8 位。

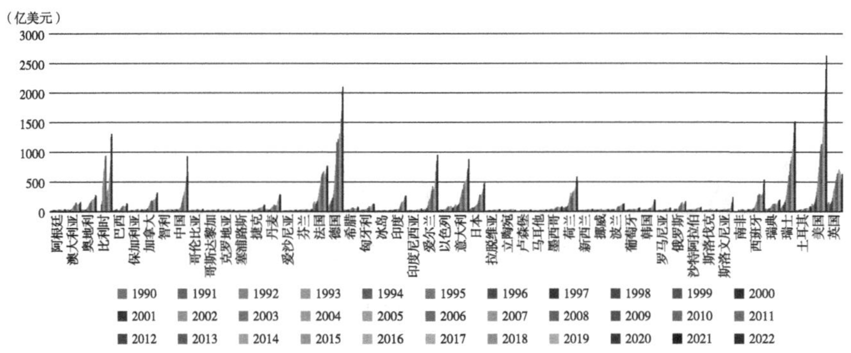

图 7-35　1990—2022 年主要国家西药进出口贸易总额变化

资料来源：根据联合国商品贸易统计数据库的数据整理。

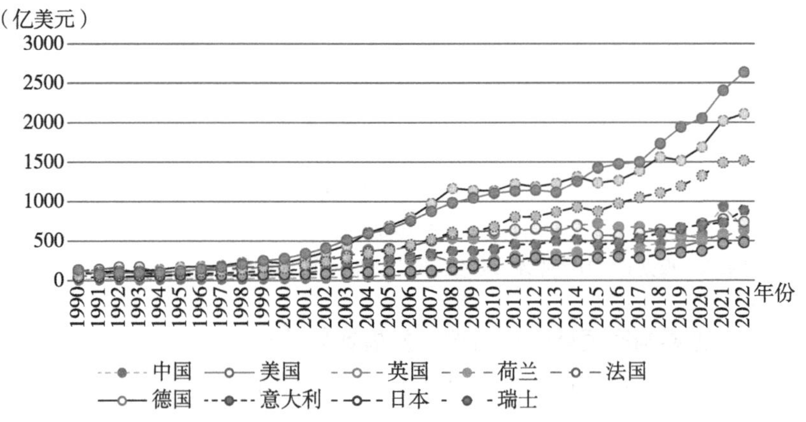

图 7-36　1990—2022 年主要国家西药进出口贸易额变化

资料来源：根据联合国商品贸易统计数据库的数据整理。

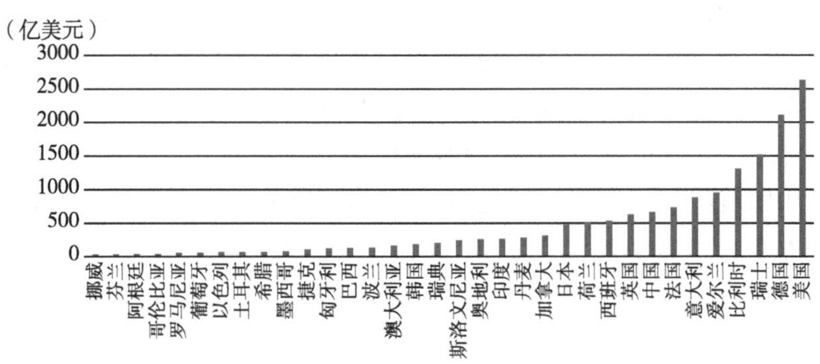

图 7-37　2022 年主要国家西药进出口贸易额排序

资料来源：根据联合国商品贸易统计数据库的数据整理。

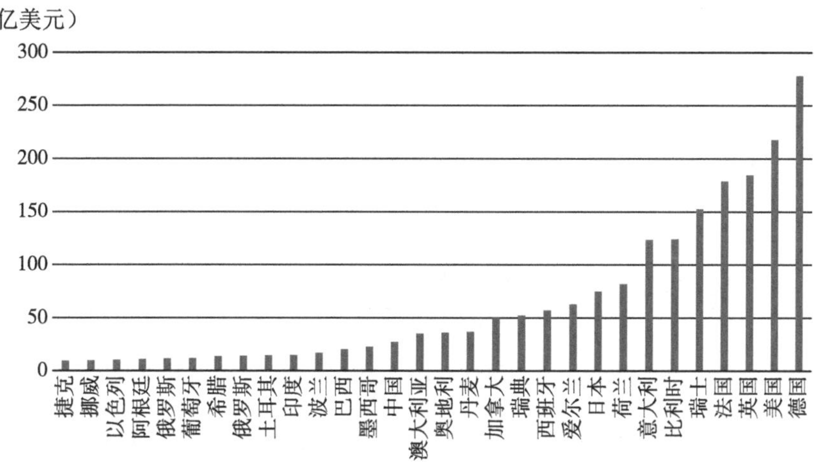

图 7-38　2000 年主要国家西药进出口额排序

资料来源：根据联合国商品贸易统计数据库的数据整理。

2. 西药进出口贸易增长分析

1991—2022 年，美国、中国、德国、瑞士等国家西药进出口贸易增长都经历了周期性变化，西药进出口贸易增长波动幅度也比较大（见图 7-39）。西药进出口贸易增长波动与经济周期有密切关系。2001—2007 年是经济增长繁荣周期，西药进出口贸易增长也处于繁荣周期；2009—2012 年，经济增长下降，西药进出口贸易增长也有所下降。西药进出口贸易增长也与重大世界性疾病存在密切关系（见图 7-40），2019—2021 年，新冠疫情全球蔓延，西药进出口贸易出现快速增长，2021 年，中国西药进出口贸易增长率高达 120% 左右（见图 7-41）。

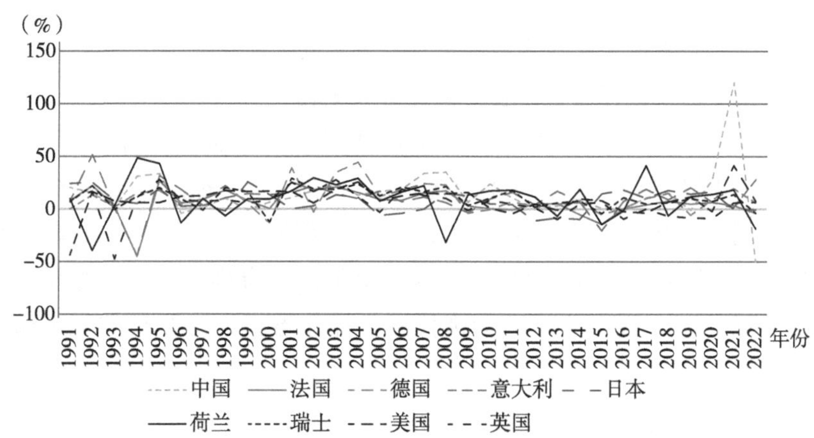

图 7-39　1991—2022 年主要国家西药出口贸易增长率变化

资料来源：根据联合国商品贸易统计数据库的数据整理。

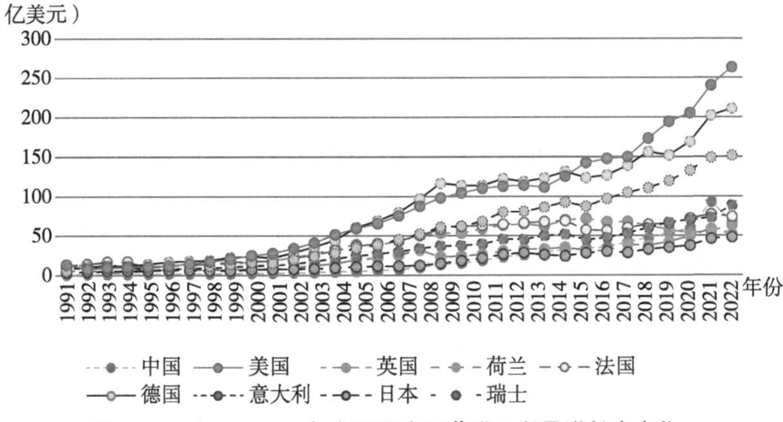

图 7-40　1991—2022 年主要国家西药进口贸易增长率变化

资料来源：根据联合国商品贸易统计数据库的数据整理。

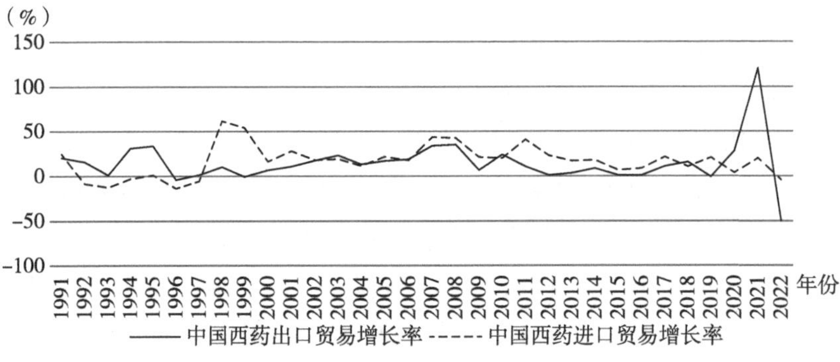

图 7-41　1991—2022 年中国西药进出口贸易增长率变化

资料来源：根据联合国商品贸易统计数据库的数据整理。

（二）主要国家医疗器械进出口贸易发展比较分析

1. 主要国家医疗器械进出口贸易总额变化

1990—2022 年，美国一直是医疗器械进出口贸易世界第一大国。2022 年，医疗器械进出口贸易额居世界前 10 位的大国是美国、荷兰、德国、中国、日本、爱尔兰、法国、墨西哥、英国、比利时（见图 7-42、图 7-43、图 7-44）。在医疗器械出口方面，美国、德国、荷兰居全球前列。医疗器械多为现代医学操作器械，与西医的发展密不可分。

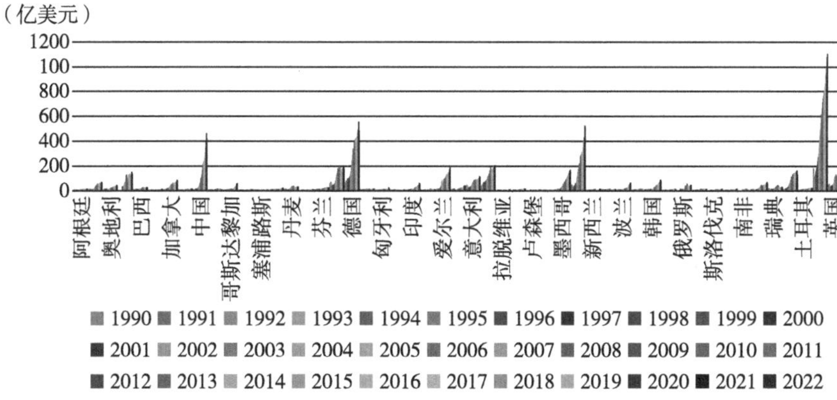

图 7-42 1990—2022 年主要国家医疗器械进出口贸易总额变化

资料来源：根据联合国商品贸易统计数据库的数据整理。

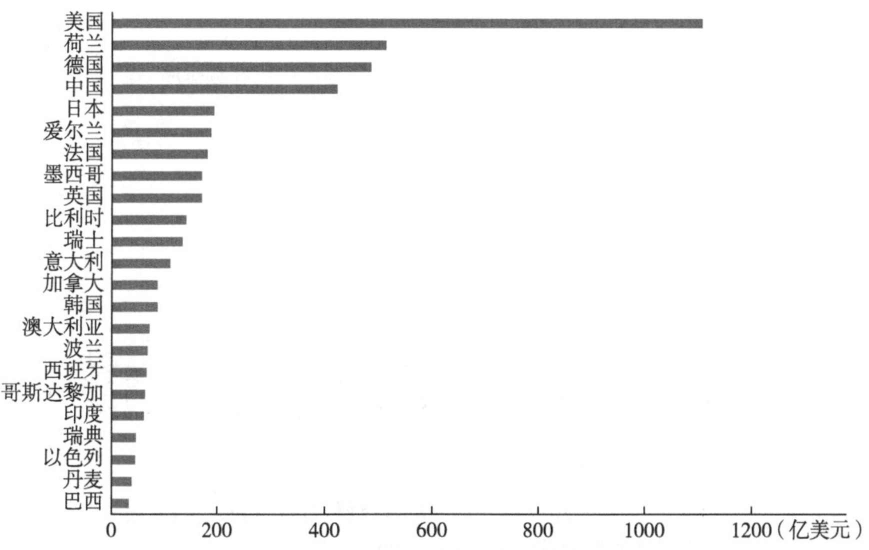

图 7-43 2022 年主要国家医疗器械进出口贸易额排序

资料来源：根据联合国商品贸易统计数据库的数据整理。

1990—2022 年，中国医疗器械进出口贸易额持续增长，中国医疗器械进出口贸易额从 2000 年居世界第 13 位上升到 2013 年居世界第 4 位（见图 7–45），2013—2022 年，中国医疗器械进出口贸易持续居世界第 4 位，2020 年，中国医疗器械出口贸易额超过医疗器械进口贸易额（见图 7–46）。我国医疗器械主要以中低端医疗器械为主，拥有自主专利的产品数量不多。我国在精密医疗器械的制造方面与美国、德国等发达国家存在很大差距。

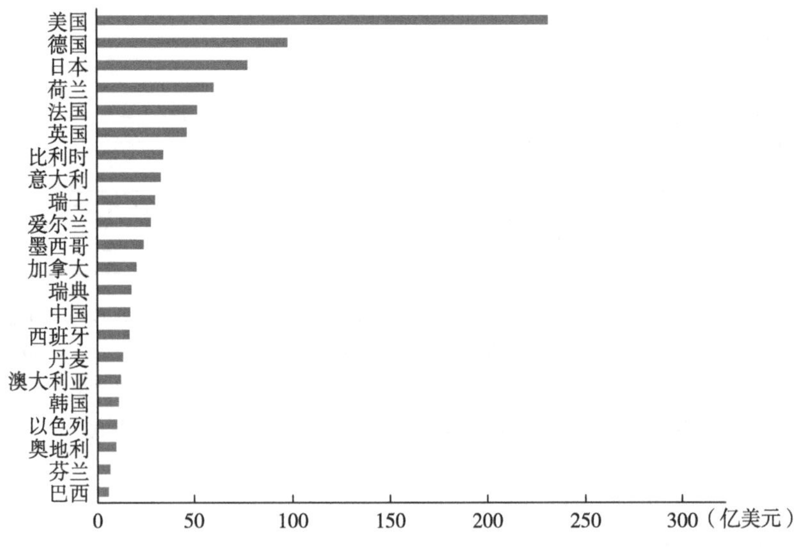

图 7-44　2000 年主要国家医疗器械进出口贸易额排序

资料来源：根据联合国商品贸易统计数据库的数据整理。

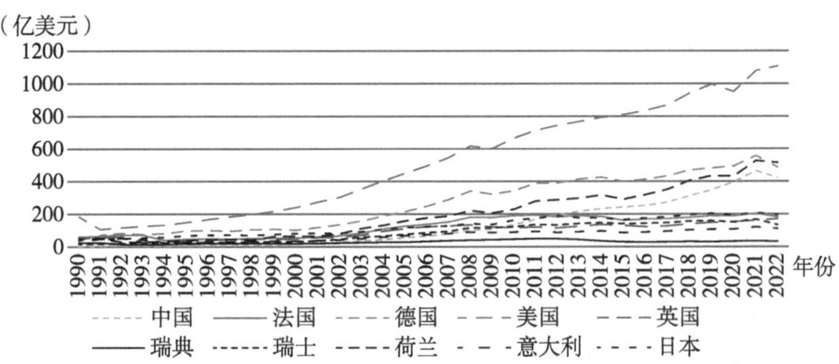

图 7-45　1990—2022 年主要国家医疗器械进出口贸易额变化

资料来源：根据联合国商品贸易统计数据库的数据整理绘制。

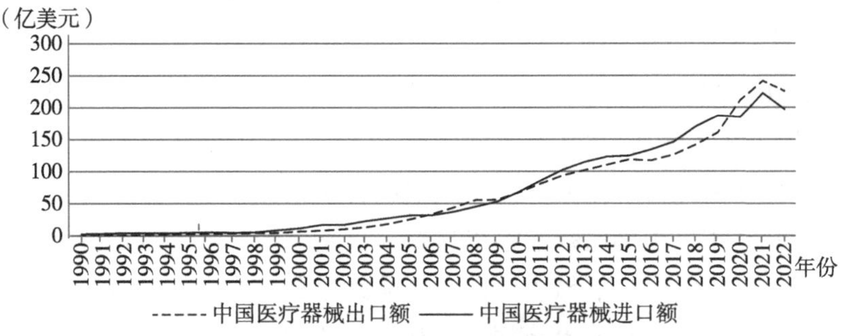

图 7-46　1990—2022 年中国医疗器械进出口额变化

资料来源：根据联合国商品贸易统计数据库的数据整理绘制。

2. 主要国家医疗器械进出口贸易增长率变化

1991—2022 年，主要国家医疗器械进出口贸易增长率出现周期性和协动性变化，2003—2008 年，主要国家医疗器械进出口贸易出现比较高的增长率，2010—2016 年主要国家医疗器械进出口增长率持续下降。2020—2021 年，由于新冠疫情全球蔓延，对医疗器械需求明显增加，主要国家医疗器械进出口贸易增长率提升（见图 7–47，图 7–48），从主要国家医疗器械进出口贸易增长率出现的周期性和协动性变化看，医疗器械进出口贸易增长率与经济增长和全球医疗需求存在密切关系。

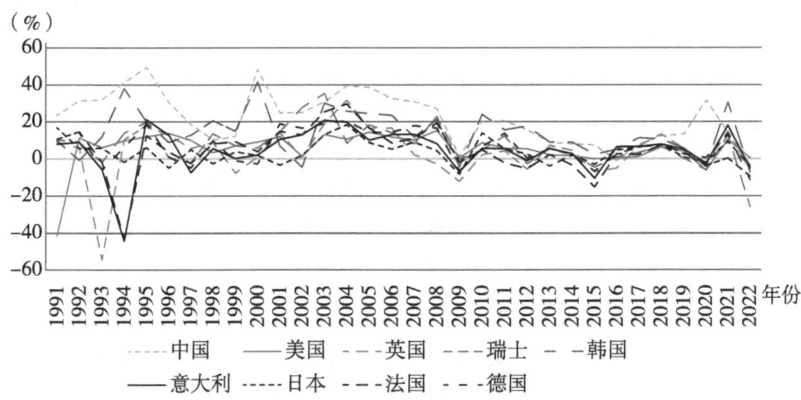

图 7-47　1991—2022 年主要国家医疗器械出口贸易增长率变化

资料来源：根据联合国商品贸易统计数据库的数据整理绘制。

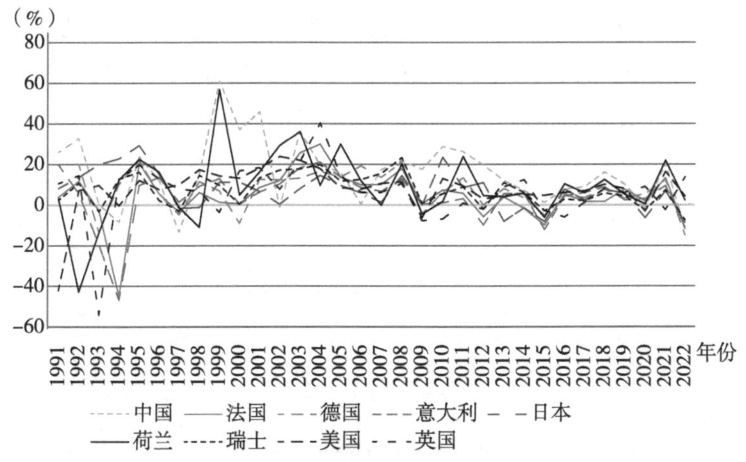

图 7-48　1991—2022 年主要国家医疗器械进口贸易增长率变化

资料来源：根据联合国商品贸易统计数据库的数据整理绘制。

1990—2021 年，中国医疗器械进出口贸易增长率出现周期性和协动性变化。1990—2008 年，中国医疗器械进出口贸易增长率的波动幅度比较大，2008 年以来，中国医疗器械进出口贸易增长率波动幅度有缩小趋势（见图 7–49）。

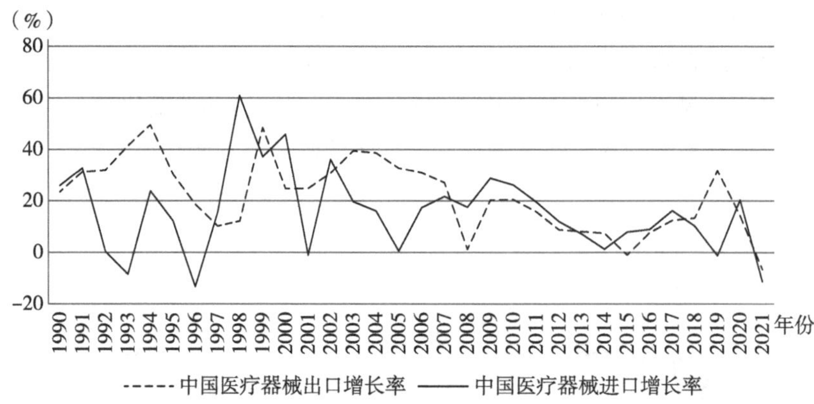

图 7-49　1990—2021 年中国医疗器械进出口贸易增长率变化

资料来源：根据联合国商品贸易统计数据库的数据整理绘制。

（三）主要国家中药进出口贸易发展比较分析

1990—2022 年，世界主要国家中药进出口贸易发展稳中有进，世界中药进出口贸易大国主要是中国、美国、德国、韩国、日本、法国、印度、意大利、加拿大、墨西哥等（见图 7–50）。1993 年以来，中国一直是中药出口贸易世界第一大国，2010 年以来，中国中药出口贸易进入快速增长阶段，与美国、日本、德国等国中药出口贸易差距明显扩大（见图 7–51），这说明中国中药出口贸易竞争力出现持续增强趋势（图 7–52、图 7–53）。美国是中药进口的世界第一大国和中药出口世界第二大国。

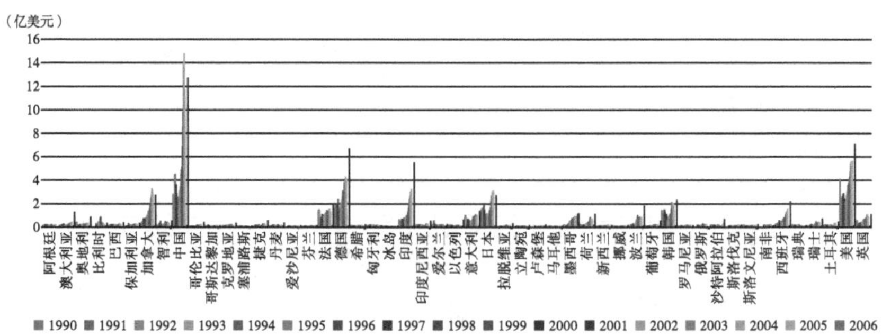

图 7-50　1990—2022 年主要国家中药进出口贸易额变化

资料来源：根据联合国商品贸易统计数据库的数据整理绘制。

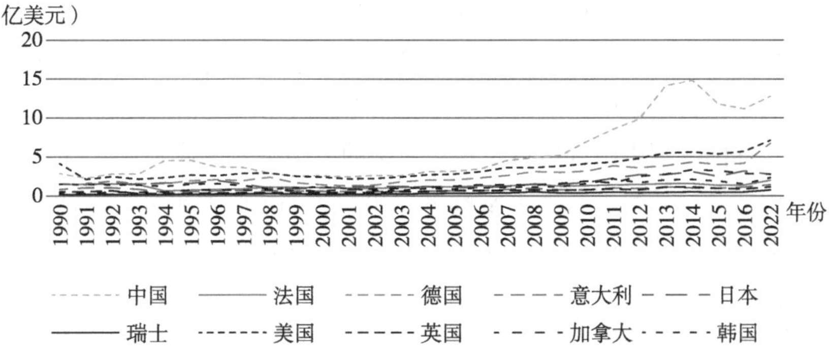

图 7-51 1990—2022 年主要国家中药进出口贸易额变化

资料来源：根据联合国商品贸易统计数据库的数据整理绘制。

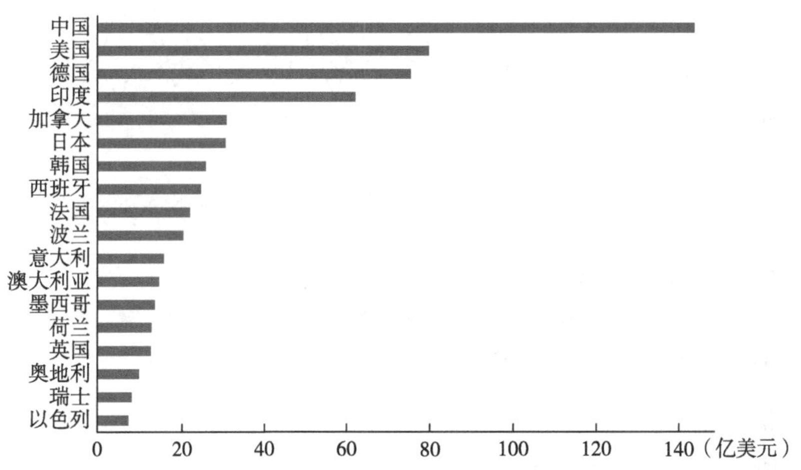

图 7-52 2022 年主要国家中药进出口贸易额排序

资料来源：根据联合国商品贸易统计数据库的数据整理绘制。

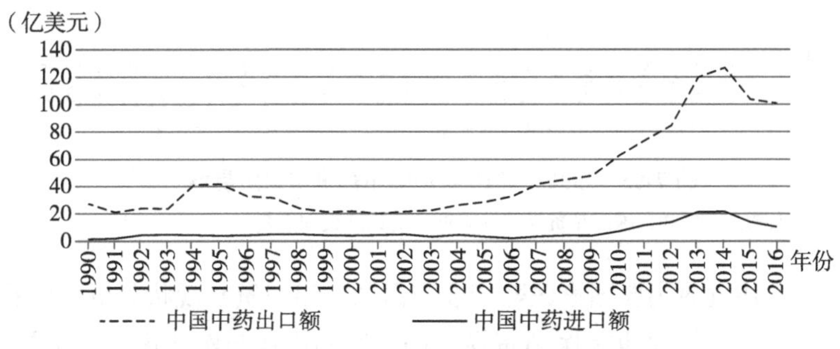

图 7-53 1990—2016 年中国中药进出口贸易额变化

资料来源：根据联合国商品贸易统计数据库的数据整理绘制。

（四）主要国家中药进出口贸易增长率变化

1991—2016 年，世界主要国家中药进出口贸易增长率存在周期性和协动性变化，但是中药进出口贸易增长率的波动周期相对比较短，中国、瑞士、韩国等国中药进出口贸易增长率的波动幅度比较大（见图 7–54），中国中药进口贸易增长率波动幅度比出口贸易增长率更大，可能与国际市场上中药原材料价格变化有一定关系（见图 7–55）。

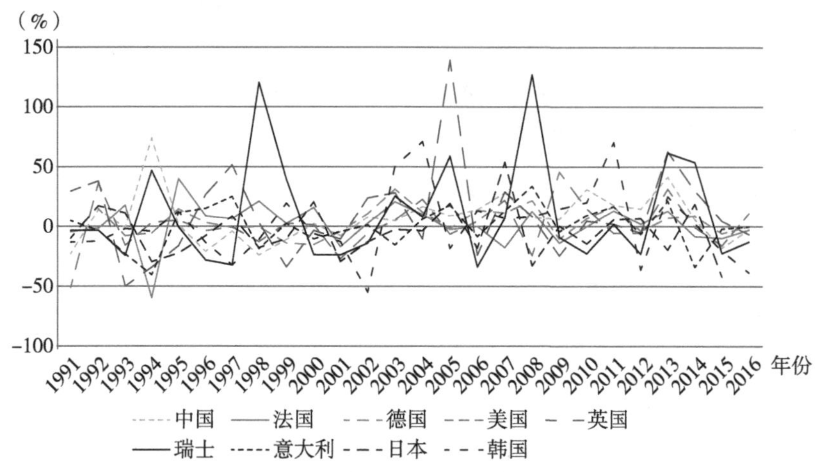

图 7-54　1991—2016 年主要国家中药进出口贸易增长率

资料来源：根据联合国商品贸易统计数据库的数据整理绘制。

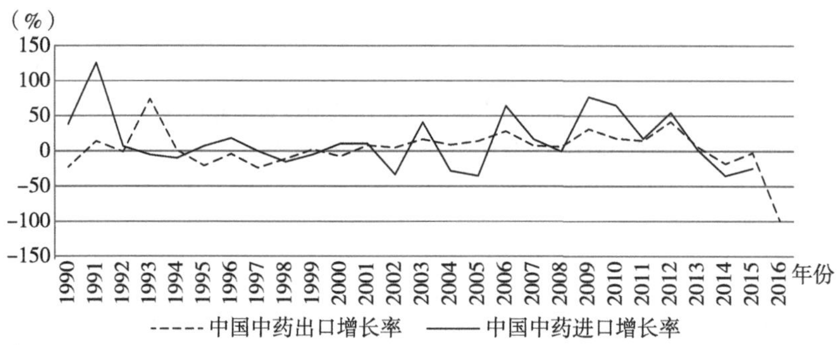

图 7-55　1990—2016 年中国中药进出口贸易增长率

资料来源：根据联合国商品贸易统计数据库的数据整理绘制。

从上述世界主要国家医药产业与医药进出口贸易现状分析可以看出，医药产业大国同时也是医药贸易大国，医药产业与医药进出口贸易存在协动性关系，有必要进一步深入分析医药产业与医药贸易的协动性及其影响因素。

第三节 我国生命健康产业及其供求现状分析

一、我国生命健康产业持续发展壮大

生命健康是促进人的全面发展的必然要求，是经济社会可持续发展的基础条件。生命健康产业是指人生命周期（从生到死的全周期）中的健康食品、医疗服务、医药、医疗器械、养生保健、健身休闲、健康管理、养老服务等产品和服务的总称。《“健康中国2030”规划纲要》提出，把健康融入所有政策，全方位、全周期保障人民健康，生命健康产业涉及人的生命健康全过程，生命健康产业链比较长。生命健康产业链主要由与生命健康相关的五大细分产业构成：一是医疗服务产业；二是医药和医疗器械制造产业；三是健康食品产业；四是健康检测和健康管理服务产业；五是健康养老产业。目前，生命健康全产业链体系处于形成发展初级阶段。

我国生命健康产业持续发展壮大，生命健康产业规模已经从2010年的2.6万亿元增加到2020年的8万亿元。“十四五”时期生命健康产业预期年均复合增长率约为12.5%，2030年生命健康产业规模将达到16万亿元，生命健康产业成为我国现代化产业体系中的战略性支柱产业。

目前生命健康五大细分产业发展不平衡、不充分的问题还比较突出。生命健康产业结构中，医药和医疗器械制造产业占比为50.04%，健康养老产业占比为33.04%，医疗服务产业占比为9.49%，健康食品产业占比为4.72%，健康检测和健康管理服务产业占比只有2.71%，医疗服务、健康监测和健康管理服务产业增长相对比较缓慢，成为生命健康产业链的短板。本文对生命健康产业中的医疗服务、医药和医疗器械制造、健康养老产业的供求现状进行分析。

二、医疗服务产业供给与需求分析

改革开放以来，我国医疗服务改革发展成就显著，医疗服务业供给规模和水平持续大幅提升。随着全面建成高水平小康社会，居民对医疗服务有更高的需求，生命健康新需求持续快速增长，医疗服务供给总体不足与需求不断增长之间的矛盾依然突出。

（一）中国31个省份医疗服务产业供给需求水平分析

2019年年末，医疗卫生机构数量居全国前列的省份是河北、四川、山东、河南、湖南、广东、山西、江西、湖北、陕西、江苏、辽宁、浙江、广西等，其中浙江医疗卫生机构数量为 34119 个，居全国第 13 位（见图 7–56），其中综合医院 577 家，居全国第 16 位（见图 7–57），三甲医院 134 家，居全国第 6 位（见图 7–58），医疗卫生机构床位 35.01 万张，居全国第 9 位（见图 7–59）。浙江省卫生人员总数达 62.8 万人，每千人口（按常住人口计算）拥有卫生技术人员 8.8 人、医生 3.12 人，每个人拥有医生数居全国第 7 位。

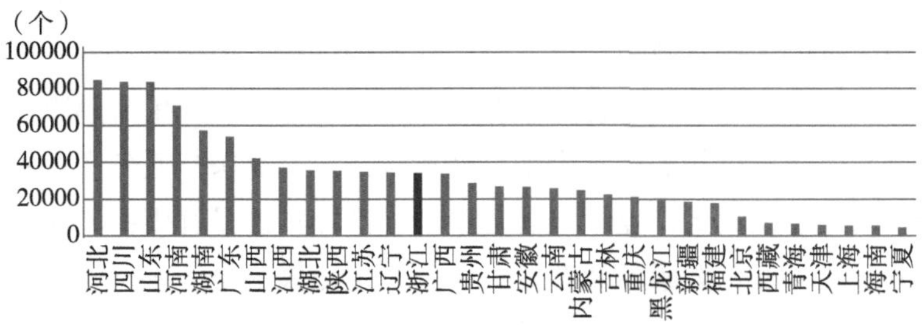

图 7-56　2019 年中国 31 个省份医疗机构数量分布

资料来源：《2020 年中国卫生健康统计年鉴》。

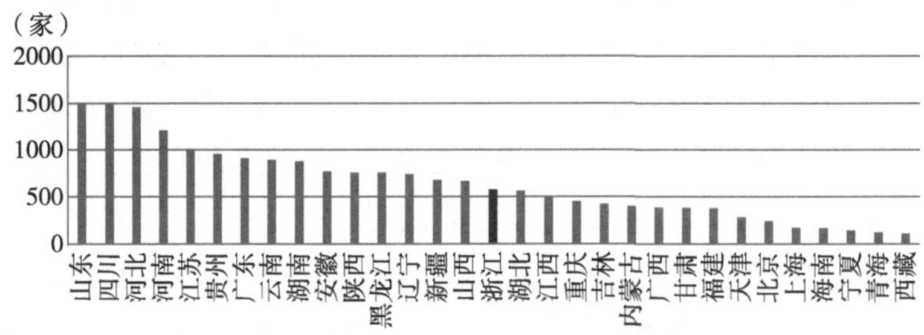

图 7-57　2019 年中国 31 个省份综合医院数量分布

资料来源：《2020 中国卫生健康统计年鉴》。

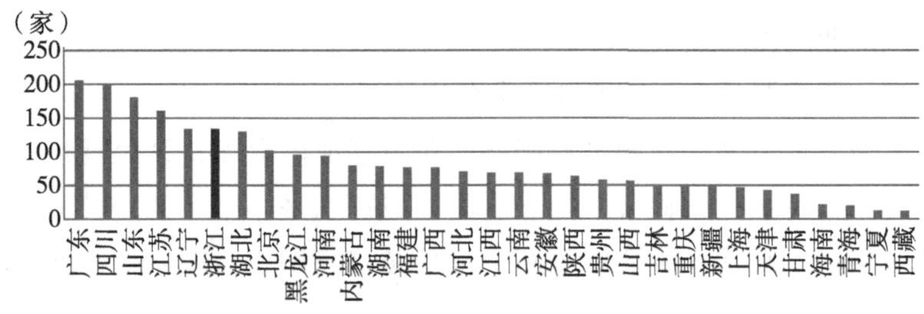

图 7-58　2019 年中国 31 个省份三甲医院数量分布

资料来源：《2020 年中国卫生健康统计年鉴》。

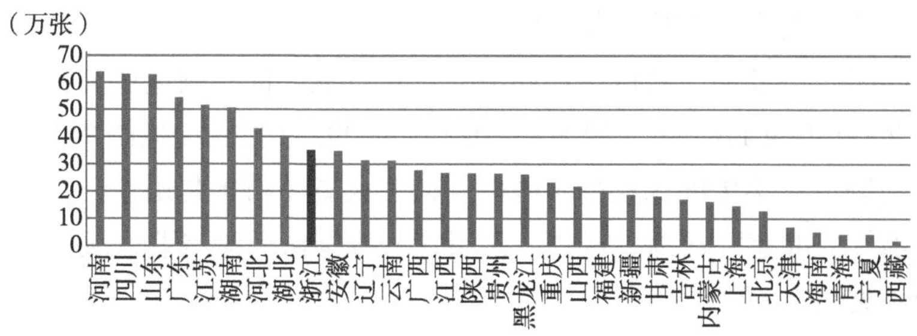

图 7-59 2019 年中国 31 个省份医疗卫生机构床位数量分布

资料来源：《2020 年中国卫生健康统计年鉴》。

“十四五”时期，我国居民消费能力大幅度提升，生命健康意识增强，医疗服务业需求持续增加，人口老龄化加速，人们对医疗服务需求和生命健康产品的需求持续增长，中国居民人均医疗消费支出从 1999 年的 131 元增加到 2019 年的 1902 元（见图 7-60）。

我国居民对医疗服务产业需求持续快速增长。2019 年，根据有关统计数据，浙江省诊疗人次数约 6 亿，居全国第 3 位；医院病床使用率 88.4%，其中公立医院和民营医院分别为 96.2% 和 67.9%，居全国第 5 位；医院出院者平均住院日为 9.8 日，居全国第 9 位；医院次均门诊费用 245 元，居全国第 12 位；人均住院费用 11310.4 元，居全国第 4 位。根据有关调查统计数据，浙江居民综合疾病死亡原因中，居城市综合疾病死亡原因前三位的是恶性肿瘤（30.77%）、脑血管病（17.43%）、心脏病（14.34%），居农村综合疾病死亡原因前三位的是恶性肿瘤（29.01%）、脑血管病（18.64%）、呼吸系统疾病（14.19%）。

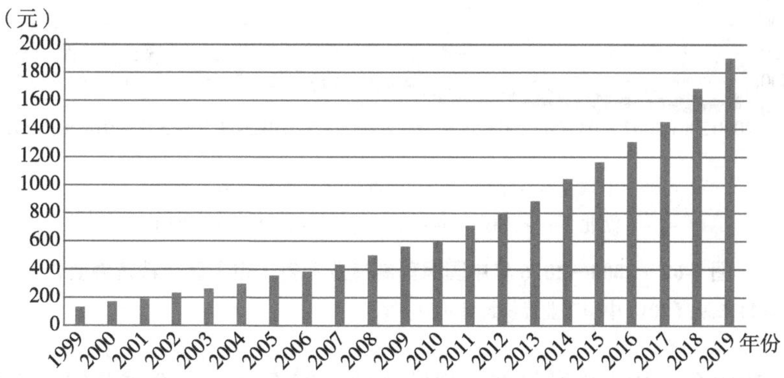

图 7-60 1999—2019 年中国居民人均医疗消费支出变化

资料来源：《2020 中国统计年鉴》。

（二）我国医药制造业发展分析

2000—2022年，我国医药制造业快速发展，医药制造业主营业务收入从2000年的1781亿元增加到2022年的29582亿元（见图7-61）。我国医药制造业集中度比较高，医药制造业大省（市）是山东、江苏、广东、浙江、北京、河南、吉林、四川等，我国医药制造业区域发展不太平衡（见图7-62）。

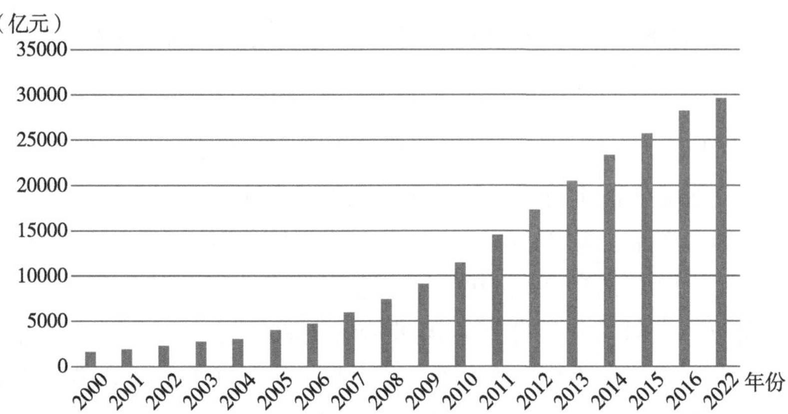

图7-61　2000—2022年中国医药制造业主营业务收入变化

资料来源:《2023中国工业经济统计年鉴》。

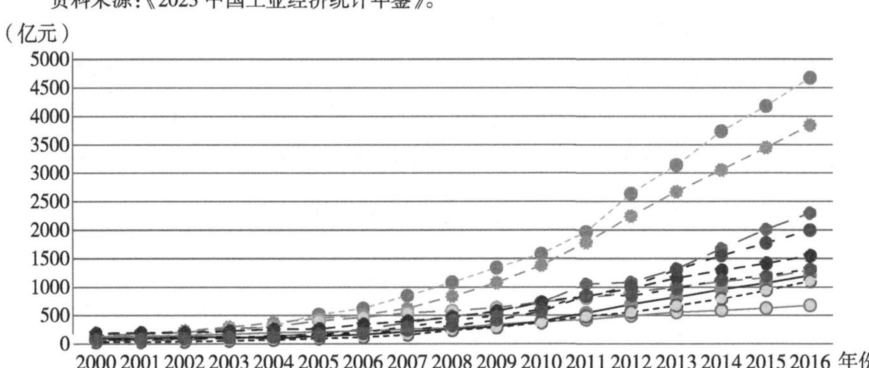

图7-62　2000—2016年中国医药制造业大省（市）医药销售额变化

资料来源:《2018中国工业经济统计年鉴》。

2018年，山东医药制造业规模达到4023亿元，居全国首位。江苏医药制造业规模为3227亿元，居全国第2位。广东医药制造业规模为1707

亿元，居全国第3位。浙江医药制造业规模居全国第4位（见图7-63）。

（三）养老医疗服务供给与需求分析

根据国家统计局的数据，截至2020年年底，我国60周岁及以上老年人口已经达到2.6亿人，占全国总人口的18.7%。《国务院办公厅关于推进养老服务发展的意见》提出“确保到2022年在保障人人享有基本养老服务的基础上，有效满足老年人多样化、多层次养老服务需求”。目前，健康养老产业活力尚未充分激发，健康养老产业体系不健全，养老服务供求不平衡、不充分的问题仍然比较突出，主要问题包括以下3个方面。

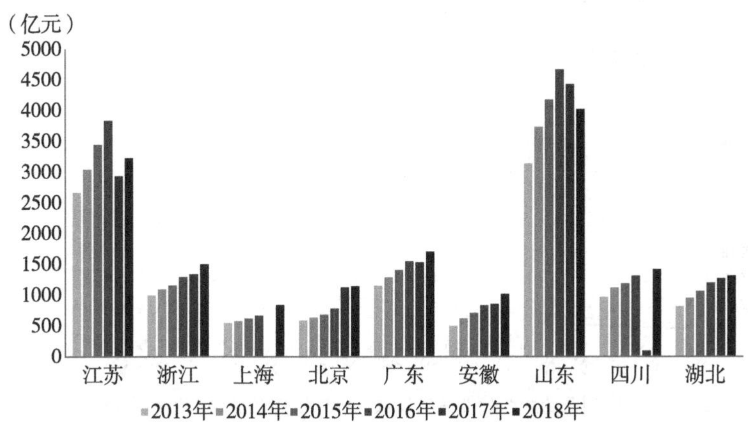

图7-63 2013—2018年中国主要省份医药制造业发展规模变化比较

资料来源：《2019中国工业经济统计年鉴》。

1. 居家养老服务有效供给不足

缺乏居家养老生活照料服务有效供给体系；缺乏居家养老的医疗护理体系；缺乏独居老人安全检测及急救报警系统；缺乏居家养老的精神互慰和文化交流活动系统；缺乏居家养老稳定的护理服务人才队伍；缺乏居家养老服务统一质量标准。

2. 社区养老服务需求与供给失衡

社区养老服务产业配套体系存在4个缺乏：缺乏社区养老公共基础设施配套体系；城区大批老旧社区缺乏公共活动场所和设施；缺乏为老年人开展日间照料、康复护理、助餐、助行等护理人员的稳定队伍；缺乏社区养老服务的质量标准和监管体系。

3. 机构养老服务发展不平衡、不充分

养老机构和养老机构床位数量不能满足高龄、失能、失智老人快速增长的需求，养老机构服务有效供给不足：多数养老机构的服务基础设施不完善；养老机构护理人员队伍不稳定，护理人员专业技术水平比较低；养老机构的医养结合体系不完善。

三、医药产业的国际竞争分析

（一）医药和医疗器械进出口贸易不平衡

医药和医疗器械长期进口额大于出口额，医药和医疗器械的贸易逆差持续扩大（见图 7–64）。医药产业进出口贸易不平衡的主要原因是我国出口的主要是中低端的医药产品和医疗器械，而进口的主要是高端医疗器械和高端药品。

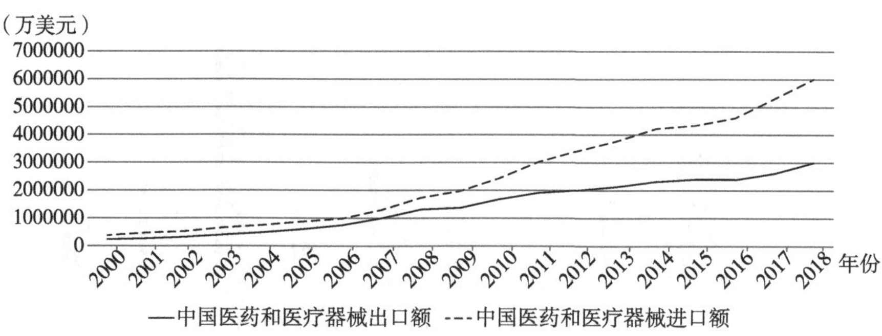

图 7-64　2000—2018 年中国医药和医疗器械出口额和进口额变化

资料来源：联合国商品贸易统计数据库。

（二）医药产业的创新能力和国际竞争力不强

德国、瑞士、美国、英国、日本等发达国家生命健康创新能力比较强，是世界高端医药和医疗器械的出口大国（见图 7–65），世界上生命健康产业专利居首位的是美国，美国专利占全球专利总数的 40% 左右。生命健康产业专利数量居第 2 位的是欧盟，2017 年以前专利数量居第 3 位的是日本。近年来，我国医药和医疗器械专利数量增长速度加快，2017 年以来，我国生命健康产业专利数量超过日本，居世界第 3 位（见图 7–66），但医药创新能力与美国相比差距还很大。

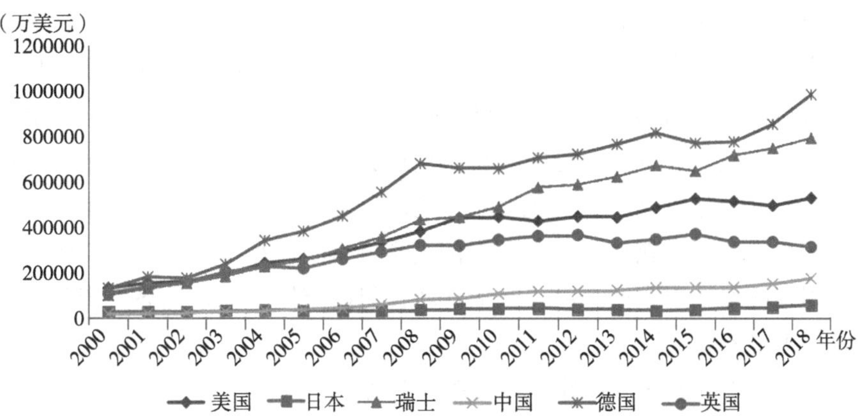

图 7-65　2000—2018 年主要国家医药和医疗器械出口额变化

资料来源：联合国商品贸易统计数据库。

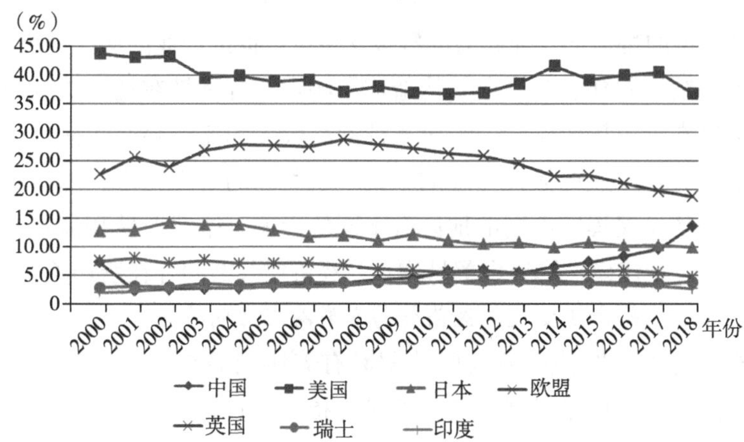

图 7-66　2000—2018 年主要国家医药授权专利数量占世界比例变化

资料来源：联合国商品贸易统计数据库。

第四节　医药产业与医药贸易协同发展的机制分析

本节对医药产业与医药贸易协同发展机制进行探讨，并运用耦合协调度测算方法对协同水平进行分析。

一、医药产业与医药贸易的协同发展机制

（一）产业发展水平决定贸易发展水平

医药产业是医药贸易的基础。生态良好的医药产业配置和优质的技术产品能促进医药产业的出口贸易。医药产业有技术密集型、科技密集

型产业的特征（吴志军，2017）[①]，也会受资源禀赋的影响。由此，笔者认为医药产业水平决定医药贸易水平。亚当·斯密的绝对优势理论是指一国对某种商品的绝对生产优势是此商品出口贸易的原因。大卫·李嘉图提出比较优势理论，指明要集中生产具有比较优势的产品，出口比较优势大的商品，进口比较优势小的商品。要素禀赋理论提出，应该集中生产并出口那些能够充分利用本国充裕要素的产品，进口那些需要密集使用本国稀缺要素的产品，产业比较优势决定贸易比较优势，产业结构水平决定贸易结构水平。

（二）贸易发展反过来促进产业发展

医药贸易发展促进医药产业发展。改革开放以来，我国凭借低廉的劳动成本承接国际产业转移、发展加工贸易（朱福林，2019）[②]，促进了我国产业结构升级（隆国强，2006）[③]。医药贸易能够加快资金回流，在科技密集型的特征下，强有力的资金支持可以促进产业的迭代升级。

贸易结构同样会对产业结构造成影响。克鲁格曼在规模效应的基础上，提出本土市场效应，一地对某种商品较大的需求会反向促进产业增长，最后导致产业优势在当地的聚集。迈克利的研究指出，出口对经济增长在经济发展程度不同的地区有不同的影响。格罗斯曼和赫尔普曼为内生技术进步建模，推导出贸易增长与经济增长之间存在密切关系。

（三）医药产业发展与医药贸易发展存在协同效应

在理论上，医药产业与医药贸易有着协同关系。2019 年《国务院关于推进贸易高质量发展的指导意见》指出，贸易高质量发展，产业是基础。产业发展为对外贸易发展提供了强有力的支撑，同时，贸易又连接着产业和市场，是产业发展的重要推动力。产业和贸易是互相支撑的。产业强国与贸易强国重合度极高，多位学者的研究结果表明两者有密切关联。本节作出 H1：医药产业是医药贸易的基础，医药贸易又反作用于医药产业，两者发展互相影响、相辅相成，存在协同效应（见图 7–67）。

---

① 吴志军：《生物医药上市公司资产重组绩效实证研究》，《企业经济》2017 年第 36 期。

② 朱福林：《中美货物贸易全球格局演变与中美贸易战的内在逻辑》，《上海经济研究》2019 年第 7 期。

③ 隆国强：《加工贸易发展问题研究》，《国际贸易》2006 年第 9 期。

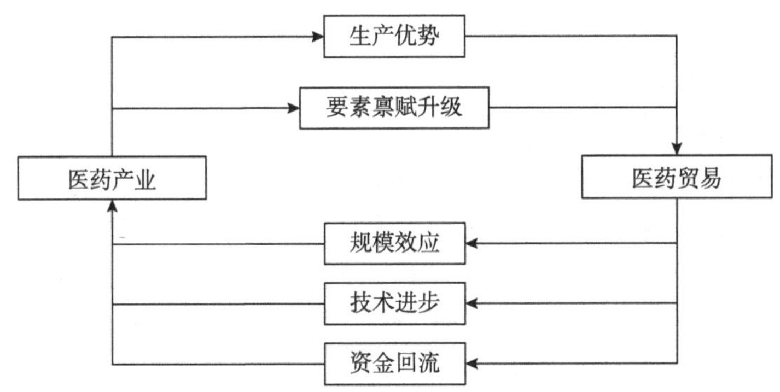

图 7-67 医药产业与医药贸易协同发展机制图

资料来源：作者自制。

二、医药产业与医药贸易协同发展测算方法

（一）构建产业与贸易协同发展评价指标体系

在构建医药产业与医药贸易协同发展评价指标体系时，要综合考虑医药产业的规模、现状、潜力等多方面因素，根据这些因素找到相应的能够量化的指标。除此之外，所选定的指标应当满足一些技术性的要求，主要包括：第一，指标数量适当，体系需满足一定程度的综合性要求；第二，指标数据可获得，资料来源需权威且可靠；第三，评价方法合理，合理的评价方法是实现合理评价的重要途径，否则不能实现评价的目的。

1. 构建评价指标体系的原则

根据建立评价指标体系的思路，为了使指标设计具有科学性和规范性，建立医药产业与医药贸易的评价指标体系时，应遵循以下原则：

第一，全面性、系统性原则。构建的指标体系应当全面、系统地反映医药产业与医药贸易的发展状况。各个指标共同构成一个系统而完整的整体。

第二，科学性原则。指标体系的构建应当符合医药产业的发展特点，能客观、清晰地描述医药产业与医药贸易的发展规律，影响过小的指标不应入选。

第三，可操作性原则。选取的指标应考虑数据的可获得性，确定的指标应可以获得权威且可靠的相关数据。

第四，通用可比性原则。指标的选取需满足横向和纵向比较的要求。横向比较是不同对象在同一时期进行比较，纵向比较是同一对象在不同时期进行比较。完整的指标体系可以让不同国家在不同时期进行比较。

2. 产业与贸易指标体系

（1）数据来源与指标构建

国家选取范围为OECD的38个国家和中国、俄罗斯，共40个国家。产业子系统数据来源于联合国工业发展组织，贸易子系统数据来源于联合国商品贸易统计数据库，并进行一定的计算。指标构建如表7-12所示。

表7-12　产业子系统、贸易子系统综合序参量指标

	一级指标	二级指标	指标含义
产业子系统	经济效益	行业产值	医药各行业产值
		工资薪金	支付给员工的工资薪金额
	发展规模	机构数量	机构数
		人员数量	员工数
	增长潜力	员工增长率	（当年员工数－上年员工数）/上年员工数（%）
		机构增长率	（当年机构数－上年机构数）/上年机构数（%）
	企业经营	企业资本	固定资本形成总额
		增加值	工业增加值
贸易子系统	贸易规模	贸易出口额	医药各行业出口总金额
		贸易进口额	医药各行业进口总金额
	增长潜力	出口增长率	（当年出口额－上年出口额）/上年出口额（%）
		进口增长率	（当年进口额－上年进口额）/上年进口额（%）
	贸易竞争	贸易竞争力	（出口额－进口额）/（出口额＋进口额）
		市场占有率	医药出口占世界医药出口的份额（%）
	贸易风险	出口依存度	出口额占GDP的比例（%）
		进口依存度	进口额占GDP的比例（%）

资料来源：作者整理。

（2）指标权重测算方式

权重反映数据指标在评价体系中的重要程度。在确定指标权重时，一般可使用主观赋值法和客观赋值法。而熵值赋权法由各个样本的实际数据求最优权重，反映指标熵值的效用价值，避免人为影响，同时使过程透明、可再现，因此本文指标权重使用熵值赋权法测定。

首先采用极值化方法进行数据标准化处理，u_{ijk}表示第i年j地区第k个指标的值，由于标准化后会出现0值，因此对标准化后的数据平移10^{-10}：

$$u_{ijk}=\frac{x_{ijk}-\min\left(x_{k}\right)}{\max\left(x_{k}\right)-\min\left(x_{k}\right)}+0.0000000001 \tag{7-1}$$

其中，$\min\left(x_{k}\right)$和$\max\left(x_{k}\right)$分别为第 k 个指标的最小值和最大值。

计算第 k 个指标的权重：

$$P_{ijk}=u_{ijk}/\sum_{i}\sum_{j}u_{ijk} \tag{7-2}$$

计算第 k 个指标的熵值（一共 r 年，n 个・地区）：

$$e_{k}=-\frac{1}{\ln(rn)}\sum_{i}\sum_{j}p_{ijk}\ln p_{ijk} \tag{7-3}$$

（7-4）

计算第 k 个指标的差异性系数，该系数越大，则指标对系统的贡献越大：

$$h_{k}=1-e_{k} \tag{7-5}$$

得出权重：

$$\lambda_{k}=\frac{h_{k}}{\sum_{k}h_{k}} \tag{7-6}$$

（3）权重测算结果

具体的权重测算结果如表 7-13 所示。

表 7-13　国际产业子系统、贸易子系统综合序参量权重

	一级指标	二级指标	中药权重		西药权重		医疗器械权重		视光学器械权重		总权重	
产业子系统	经济效益	行业产值	0.606	0.127	0.717	0.142	0.724	0.168	0.742	0.138	0.834	0.077
		工资薪金		0.169		0.121		0.157		0.132		0.064
	发展规模	机构数量		0.276		0.150		0.100		0.112		0.251
		人员数量		0.075		0.182		0.151		0.160		0.060
	增长潜力	员工增长率		0.033		0.046		0.038		0.069		0.201
		机构增长率		0.166		0.033		0.040		0.067		0.215
	企业经营	企业资本		0.068		0.172		0.165		0.182		0.062
		增加值		0.086		0.154		0.182		0.139		0.070

续表

	一级指标	二级指标	中药权重		西药权重		医疗器械权重		视光学器械权重		总权重	
贸易子系统	贸易规模	贸易出口额	0.394	0.142	0.283	0.232	0.276	0.246	0.258	0.202	0.166	0.238
		贸易进口额		0.090		0.190		0.205		0.145		0.203
	增长潜力	出口增长率		0.098		0.021		0.022		0.082		0.015
		进口增长率		0.385		0.015		0.017		0.010		0.016
	贸易竞争	贸易竞争力		0.033		0.034		0.038		0.065		0.033
		市场占有率		0.129		0.212		0.232		0.194		0.220
	贸易风险	出口依存度		0.069		0.084		0.177		0.254		0.078
		进口依存度		0.054		0.211		0.062		0.047		0.197

资料来源：作者测算。

（4）综合序参量测算方式

对于协同效应研究，国内目前普遍使用的有耦合协调度、相关系数、因子模型、固定效应回归、灰色关联度分析等方式。本文借鉴使用多数学者阐述多个子系统间相互关系的耦合协调模型，依据曾繁清和叶德珠（2017）[①] 的方法设定医药产业与贸易的协同模型，测算系统之间的耦合度与协调度，对医药产业与贸易协同进行定量分析。

设序参量 $X_{ij}(i=1,2;j=1,2,\cdots,n)$ 为第 i 子系统的第 j 指标，例如，i=1 为产业子系统，i=2 为贸易子系统。α_{ij}、β_{ij} 是序参量的上下限值，一般以序参量的最大值和最小值代替。

设功效系数 x_{ij} 为变量 X_{ij} 对系统的功效贡献值，$x_{ij}\in[0,1]$，0 为最不满意，1 为最满意，功效系数的计算方式为：

$$x_{ij}=\begin{cases}\left(X_{ij}-\beta_{ij}\right)/\left(\alpha_{ij}-\beta_{ij}\right),x_{ij}\text{具有正向功效}\\ \left(\alpha_{ij}-X_{ij}\right)/\left(\alpha_{ij}-\beta_{ij}\right),x_{ij}\text{具有逆向功效}\end{cases} \tag{7-7}$$

利用线性加权求综合序参量，λ_{ij} 为前文所求权重，U_1 为产业子系统综合序参量，U_2 为贸易子系统综合序参量：

$$U_i=\sum_{j=1}^{n}\lambda_{ij}x_{ij},\sum_{j=1}^{n}\lambda_{ij}=1,i=1,2 \tag{7-8}$$

① 曾繁清、叶德珠：《金融体系与产业结构的耦合协调度分析——基于新结构经济学视角》，《经济评论》2017 年第 3 期。

（5）综合序参量测算结果

根据以上方式，计算得到产业子系统 U_1 和贸易子系统 U_2 的综合序参量，因计算结果为每年、每国、每行业的所有序参量，数据众多，因此此处仅展示 2020 年数据情况（见表 7–14）。

表 7-14　　2020 年国际医药产业、贸易子系统综合序参量

国家	产业子系统	贸易子系统	国家	产业子系统	贸易子系统
澳大利亚	0.005	0.064	爱沙尼亚	—	0.077
加拿大	0.006	0.092	奥地利	0.003	0.135
中国	0.132	0.214	比利时	0.001	0.411
芬兰	0.002	0.063	波兰	0.016	0.094
法国	0.013	0.239	丹麦	0.002	0.163
德国	0.011	0.545	哥伦比亚	0.030	0.036
冰岛	—	0.043	哥斯达黎加	0.003	0.109
爱尔兰	0.002	0.401	捷克	0.002	0.108
意大利	0.015	0.227	拉脱维亚	0.001	0.082
日本	0.008	0.120	墨西哥	0.058	0.093
卢森堡	—	0.037	葡萄牙	0.003	0.067
荷兰	0.005	0.320	斯洛伐克	0.001	0.074
挪威	0.002	0.039	斯洛文尼亚	0.001	0.320
韩国	0.016	0.088	土耳其	0.047	0.048
俄罗斯	0.044	0.049	希腊	0.005	0.085
西班牙	0.012	0.127	新西兰	0.002	0.049
瑞典	0.002	0.112	匈牙利	0.003	0.171
瑞士	0.002	0.503	以色列	0.001	0.069
英国	0.004	0.179	智利	0.006	0.031
美国	0.052	0.517	立陶宛	0.001	0.101

注：部分国家缺失数据，无法测算其耦合度、耦合协调度。

资料来源：作者测算。

（三）医药产业与医药贸易协同发展测算方法

（1）耦合协调度测算方式

耦合度模型：系统耦合度记为 $C, C \in [0,1]$，

$$C=\frac{2\sqrt{U_1U_2}}{U_1+U_2} \tag{7-9}$$

协调度模型：综合评价指数记为 $T, T\in[0,1]$，α_i 为子系统权重，

$$T=\sum_{i=1}^{n}\alpha_i\times U_i \tag{7-10}$$

借鉴魏金义和祁春节（2015）[①] 划分的耦合度等级分类，如表 7-15 所示。

表 7-15　耦合度等级

耦合度 C	耦合等级	耦合度 C	耦合等级
（0，0.3]	低水平	（0.3，0.5]	低水平
（0.5，0.8]	中水平	（0.8，1]	高水平

资料来源：魏金义、祁春节：《农业技术进步与要素禀赋的耦合协调度测算》。

耦合是产业子系统和贸易子系统在不同发展水平下达到相互协同的一种情况。只考量耦合度难以反映两个系统在不同发展水平下的协同情况，因此引入发展水平构筑耦合协调度，不仅要考虑产业与贸易发展趋势的协同，更要考虑产业与贸易发展水平对协同的影响。

耦合协调度 D：

$$D=\sqrt{C\times T} \tag{7-11}$$

借鉴魏金义和祁春节（2015）划分的协调度等级分类，如表 7-16 所示：

表 7-16　耦合协调度等级

耦合协调度 D	耦合协调度等级	耦合协调度 D	耦合协调度等级
（0，0.3]	低度耦合协调	（0.3，0.5]	低度耦合协调
（0.5，0.8]	中度耦合协调	（0.8，1]	高度耦合协调

资料来源：魏金义、祁春节：《农业技术进步与要素禀赋的耦合协调度测算》。

（2）耦合协调度测算结果

根据以上方式，计算得到每一年各分行业的医药产业贸易耦合度、耦合协调度，2000—2020 年共 21 年的数据过于繁多，因此此处仅展现耦合度平均值、耦合协调度平均值作概览（见表 7-17、表 7-18）。

① 魏金义、祁春节：《农业技术进步与要素禀赋的耦合协调度测算》，《中国人口 · 资源与环境》2015 年第 25 期。

表 7-17　　2000—2020 年国际医药分行业贸易平均耦合度

国家	医药耦合度等级		中药耦合度等级		西药耦合度等级		医疗器械耦合度等级		视光学器械耦合度等级	
澳大利亚	0.584	中水平	0.788	中水平	0.910	高水平	0.736	中水平	0.921	高水平
加拿大	0.764	中水平	0.863	高水平	0.900	高水平	0.905	高水平	—	—
中国	0.961	高水平	0.878	高水平	0.823	高水平	0.945	高水平	0.822	高水平
芬兰	0.408	低水平	0.897	高水平	0.919	高水平	0.756	中水平	0.931	高水平
法国	0.643	中水平	0.773	中水平	0.893	高水平	0.968	高水平	0.993	高水平
德国	0.600	中水平	0.680	中水平	0.845	高水平	0.983	高水平	0.999	高水平
冰岛	0.224	低水平	0.875	高水平	0.844	高水平	0.485	低水平	0.990	高水平
爱尔兰	0.281	低水平	0.795	中水平	0.707	中水平	0.657	中水平	0.592	中水平
意大利	0.683	中水平	0.892	高水平	0.915	高水平	0.969	高水平	0.803	高水平
日本	0.832	高水平	0.852	高水平	0.930	高水平	0.954	高水平	0.888	高水平
荷兰	0.354	低水平	0.759	中水平	0.779	中水平	0.573	中水平	0.866	高水平
挪威	0.429	低水平	0.846	高水平	0.972	高水平	0.886	高水平	0.905	高水平
韩国	0.920	高水平	0.861	高水平	0.969	高水平	0.967	高水平	0.991	高水平
俄罗斯	0.882	高水平	0.732	中水平	0.967	高水平	0.970	高水平	0.743	中水平
西班牙	0.646	中水平	0.825	高水平	0.932	高水平	0.997	高水平	0.980	高水平
瑞典	0.433	低水平	0.719	中水平	0.826	高水平	0.866	高水平	0.984	高水平
瑞士	0.301	低水平	0.752	中水平	0.795	中水平	0.682	中水平	—	—
英国	0.520	低水平	0.852	高水平	0.829	高水平	0.911	高水平	0.950	高水平
美国	0.872	高水平	0.857	高水平	0.997	高水平	0.997	高水平	0.995	高水平
爱沙尼亚	0.287	低水平	0.854	高水平	0.945	高水平	0.688	中水平	0.930	高水平
奥地利	0.400	低水平	0.686	中水平	0.848	高水平	0.818	高水平	0.982	高水平
比利时	0.278	低水平	0.658	中水平	0.657	中水平	0.580	中水平	0.870	高水平
波兰	0.708	中水平	0.655	中水平	0.964	高水平	0.981	高水平	0.818	高水平
丹麦	0.438	低水平	0.812	高水平	0.892	高水平	0.703	中水平	0.958	高水平
哥伦比亚	0.978	高水平	0.903	高水平	0.932	高水平	0.903	高水平	0.789	中水平
哥斯达黎加	0.397	低水平	0.867	高水平	0.906	高水平	0.414	低水平	—	—
捷克	0.353	低水平	0.615	中水平	0.900	高水平	0.923	高水平	0.954	高水平
拉脱维亚	0.301	低水平	0.647	中水平	0.910	高水平	0.789	中水平	0.928	高水平
墨西哥	0.940	高水平	0.914	高水平	0.924	高水平	0.532	中水平	0.371	低水平
葡萄牙	0.488	低水平	0.796	中水平	0.959	高水平	0.899	高水平	0.913	高水平
斯洛伐克	0.305	低水平	0.865	高水平	0.825	高水平	0.796	中水平	—	—
斯洛文尼亚	0.228	低水平	0.892	高水平	0.720	中水平	0.744	中水平	0.943	高水平
土耳其	0.857	高水平	0.832	高水平	0.980	高水平	0.969	高水平	0.818	高水平
希腊	0.514	中水平	0.803	高水平	0.879	高水平	0.920	高水平	0.875	高水平

续表

国家	医药耦合度等级		中药耦合度等级		西药耦合度等级		医疗器械耦合度等级		视光学器械耦合度等级	
新西兰	0.384	低水平	0.565	中水平	0.964	高水平	0.768	中水平	0.877	高水平
匈牙利	0.353	低水平	0.610	中水平	0.856	高水平	0.901	高水平	0.897	高水平
以色列	0.332	低水平	0.684	中水平	0.888	高水平	0.709	中水平	0.982	高水平
智利	0.710	中水平	0.599	中水平	0.881	高水平	0.945	高水平	0.835	高水平
立陶宛	0.341	低水平	0.771	中水平	0.877	高水平	0.614	中水平	0.893	高水平

注：部分国家缺失数据，无法测算其耦合度、耦合协调度。

资料来源：作者测算。

表 7-18　　2000—2020 年国际医药分行业贸易平均耦合协调度

国家	医药耦合协调度等级		排名	中药耦合协调度等级		西药耦合协调度等级		医疗器械耦合协调度等级		视光学器械耦合协调度等级	
澳大利亚	0.096	低度	23	0.096	低度	0.175	低度	0.129	低度	0.163	低度
加拿大	0.147	低度	13	0.221	低度	0.198	低度	0.168	低度	—	—
中国	0.357	中度	2	0.406	中度	0.459	中度	0.361	中度	0.547	高度
芬兰	0.070	低度	32	0.062	低度	0.158	低度	0.157	低度	0.129	低度
法国	0.201	低度	7	0.154	低度	0.339	中度	0.314	中度	0.354	中度
德国	0.255	低度	3	0.162	低度	0.413	中度	0.487	中度	0.489	中度
冰岛	0.041	低度	39	0.071	低度	0.132	低度	0.094	低度	0.103	低度
爱尔兰	0.119	低度	20	0.089	低度	0.273	低度	0.244	低度	0.322	中度
意大利	0.180	低度	9	0.141	低度	0.300	中度	0.339	中度	0.390	中度
日本	0.205	低度	6	0.182	低度	0.313	中度	0.311	中度	0.475	中度
荷兰	0.121	低度	19	0.119	低度	0.231	低度	0.233	低度	0.228	低度
挪威	0.057	低度	36	0.056	低度	0.162	低度	0.118	低度	0.137	低度
韩国	0.160	低度	12	0.202	低度	0.193	低度	0.223	低度	0.300	低度
俄罗斯	0.190	低度	8	0.154	低度	0.197	低度	0.163	低度	0.193	低度
西班牙	0.138	低度	15	0.147	低度	0.250	低度	0.209	低度	0.204	低度
瑞典	0.097	低度	22	0.101	低度	0.207	低度	0.183	低度	0.200	低度
瑞士	0.142	低度	14	0.091	低度	0.405	中度	0.230	低度	—	—
英国	0.161	低度	11	0.121	低度	0.308	中度	0.244	低度	0.375	中度
美国	0.405	中度	1	0.251	低度	0.574	高度	0.676	高度	0.609	高度
爱沙尼亚	0.055	低度	37	0.098	低度	0.156	低度	0.117	低度	0.107	低度
奥地利	0.093	低度	24	0.105	低度	0.213	低度	0.154	低度	0.206	低度

续表

国家	医药耦合协调度等级		排名	中药耦合协调度等级		西药耦合协调度等级		医疗器械耦合协调度等级		视光学器械耦合协调度等级	
比利时	0.122	低度	18	0.100	低度	0.288	低度	0.173	低度	0.177	低度
波兰	0.124	低度	17	0.161	低度	0.189	低度	0.206	低度	0.222	低度
丹麦	0.102	低度	21	0.082	低度	0.235	低度	0.157	低度	0.176	低度
哥伦比亚	0.207	低度	5	0.249	低度	0.160	低度	0.102	低度	0.139	低度
哥斯达黎加	0.079	低度	28	0.123	低度	0.151	低度	0.144	低度	—	—
捷克	0.072	低度	30	0.099	低度	0.183	低度	0.167	低度	0.252	低度
拉脱维亚	0.064	低度	34	0.138	低度	0.181	低度	0.112	低度	0.193	低度
墨西哥	0.239	低度	4	0.259	低度	0.170	低度	0.158	低度	0.101	低度
葡萄牙	0.076	低度	29	0.085	低度	0.174	低度	0.120	低度	0.195	低度
斯洛伐克	0.059	低度	35	0.098	低度	0.156	低度	0.126	低度	—	—
斯洛文尼亚	0.065	低度	33	0.112	低度	0.179	低度	0.121	低度	0.169	低度
土耳其	0.176	低度	10	0.176	低度	0.179	低度	0.147	低度	0.135	低度
希腊	0.085	低度	25	0.104	低度	0.184	低度	0.119	低度	0.122	低度
新西兰	0.054	低度	38	0.066	低度	0.157	低度	0.115	低度	0.147	低度
匈牙利	0.081	低度	26	0.116	低度	0.204	低度	0.156	低度	0.216	低度
以色列	0.080	低度	27	0.059	低度	0.212	低度	0.157	低度	0.225	低度
智利	0.127	低度	16	0.157	低度	0.145	低度	0.106	低度	0.124	低度
立陶宛	0.072	低度	31	0.103	低度	0.165	低度	0.108	低度	0.158	低度

注：部分国家缺失数据无法测算其耦合度、耦合协调度。

资料来源：作者测算。

（三）医药产业与医药贸易协同发展的耦合度与耦合协调度散点图

以耦合协调度为横坐标、耦合度为纵坐标，绘制散点对比图。图 7-68 显示医药产业与医药贸易协同发展的耦合度与耦合协调度变化。由图 7-68 可知大部分国家的医药产业与贸易耦合度较高，耦合协调度不足；中国、美国近些年的耦合协调度有明显上升，韩国、英国的耦合协调度上升的同时，耦合度有所下降。

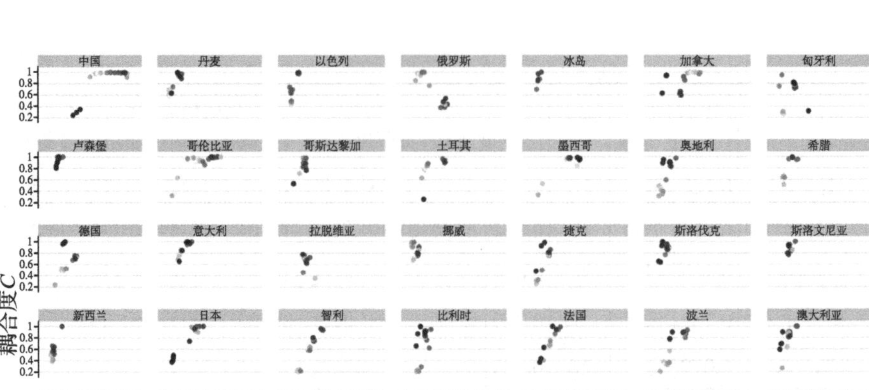

图 7-68　2000—2020 年国际医药产业与贸易耦合度和耦合协调度对比

资料来源：作者测算。

从国际中药行业与贸易耦合度和耦合协调度变化趋势看，中国与美国的耦合度以及耦合协调度在近些年有明显的上升趋势，其余国家处在耦合度较高、耦合协调度较低的水平（见图 7–69）。

从国际西药行业与贸易耦合度和耦合协调度变化趋势看，中国的西药行业耦合度明显高于中药行业。中国、美国近年来的耦合协调度有明显上升，德国、日本、法国、瑞士、英国等国耦合协调度居中位（见图 7–70）。

从国际医疗器械行业与贸易耦合度和耦合协调度变化趋势看，主要国家基本为高耦合度、低耦合协调度的情况。德国、美国的耦合协调度明显上升，中国耦合协调度有所上升，但是耦合度略微下降（见图 7–71）。

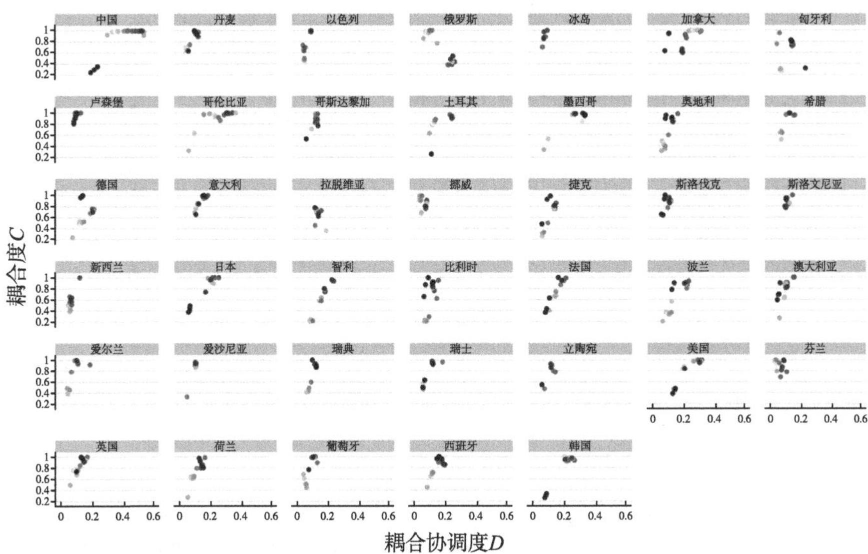

图 7-69 2000—2020 年国际中药行业与贸易耦合度和耦合协调度对比

资料来源：作者测算。

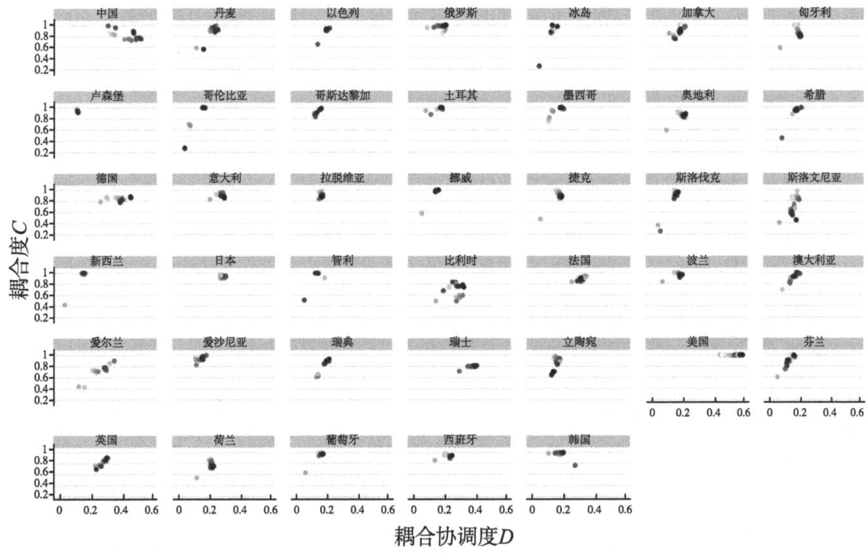

图 7-70 2000—2020 年国际西药行业与贸易耦合度和耦合协调度对比

资料来源：作者测算。

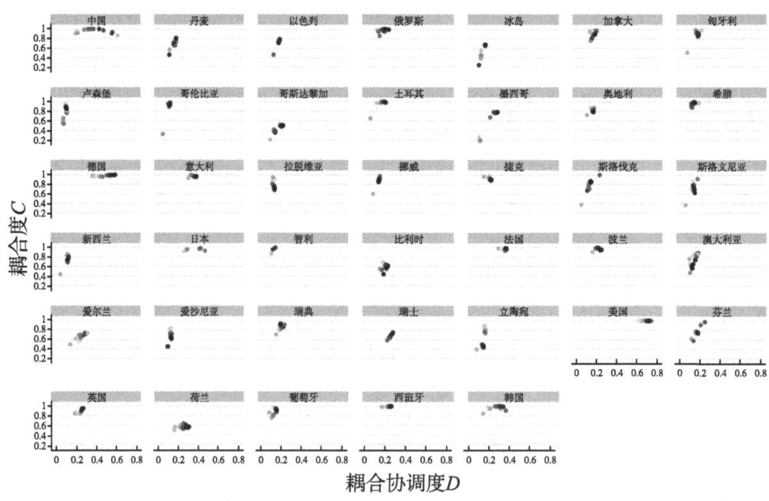

图 7-71　2000—2019 年国际医疗器械行业与贸易耦合度和耦合协调度对比

资料来源：作者测算。

从国际视光学器械行业与贸易耦合度和耦合协调度变化趋势看，美国、中国的视光学行业耦合协调度较高，在世界范围内处于顶尖状态。墨西哥、波兰、俄罗斯的耦合协调度有明显上升，其余国家耦合协调度较低（见图 7–72）。

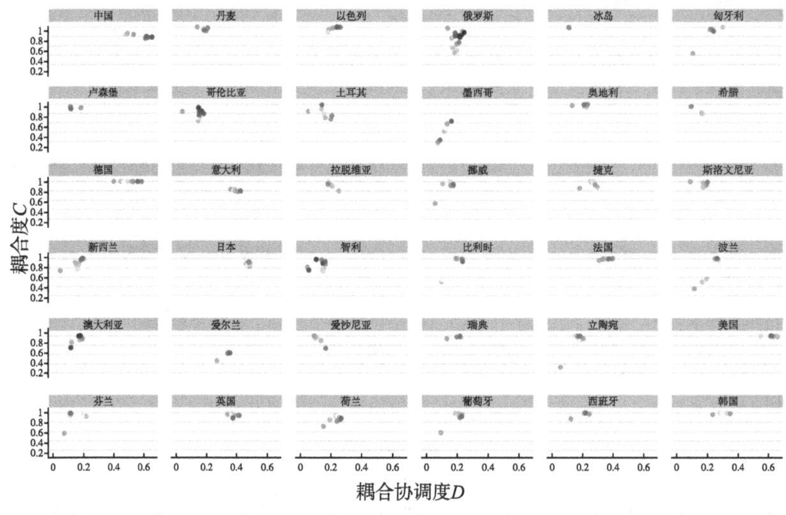

图 7-72　2000—2016 年国际视光学器械行业与贸易耦合度和耦合协调度对比

资料来源：作者测算。

本文选取2000—2021年世界医药前20强国家的面板数据，使用耦合度和耦合协调度模型对主要国家的医药产业与医药贸易的协同发展进行分析，研究结果显示，医药产业与医药贸易确实存在协同发展的趋势。2000—2019年，从医药产业与医药贸易的耦合协调度变化趋势看，美国处于高度耦合协调水平，中国、法国、德国处于中度耦合协调水平，其余国家为低度耦合协调水平。2000—2019年，我国的医药产业与医药贸易在高度耦合协调与中度耦合协调的范围内波动变化，与美国高度耦合协调水平仍然存在差距。

从医药分行业耦合协调度变化来看，2000—2019年，美国的西药行业与贸易发展处于高度耦合协调水平，中国、法国和德国为中度耦合协调水平，我国西药行业与贸易的协同发展水平与美国仍然存在比较明显的差距。从医疗器械行业与贸易耦合协调度变化来看，美国和德国是医疗器械行业与贸易协同发展的领先者。我国医疗器械行业与贸易协同发展的耦合度仍在中低水平阶段，我国的医疗器械行业与贸易协同发展的耦合水平与美国和德国存在比较明显的差距。从中药行业与中药贸易协同发展来看，中国、法国、德国、美国的中药行业与贸易发展耦合协调度为中度耦合，居世界较高水平。

从上述主要国家的医药产业与医药贸易的协同发展度分析，医药产业与医药贸易之间确实出现协同发展趋势，但是医药产业与医药贸易协同发展水平存在比较明显的差异。我国医药产业与医药贸易之间协同发展水平仍然与美国和德国存在明显差距，提升我国医药产业与医药贸易协同发展水平任重而道远。

第五节　医药产业与医药贸易协同发展的实证研究

本节将从实证研究的角度分析医药产业与医药贸易的协同情况，再次验证医药产业与医药贸易互相影响、相辅相成的协同H1。本节将使用经济合作与发展组织（OECD）38个国家以及中国、俄罗斯共40个国家2000—2021年共22年的面板数据进行分析。

一、模型构建与数据说明

（一）实证模型构建

在构建回归方程时，考虑到医药产业与医药贸易两者存在严重的内生性导致伪回归或造成计量结果的严重误差，本节借鉴白俊红（2011）[①]的研究方法，构建产业与贸易协同的联立方程，采用被解释变量滞后一期来解决内生性问题。因为面板数据为小 T 大 N 短动态面板，因此选用动态 GMM 模型进行实证检验。

医药贸易对医药产业影响的动态模型为：

$$\begin{aligned}O_t = \alpha_0 + \alpha_1 O_{(t-1)} + \alpha_2 MX_t + \alpha_3 Gini_t + \alpha_4 Up_t + \alpha_5 \ln Ms_t \\ + \alpha_6 \ln CO_{2t} + \alpha_7 \ln FDI_t + \alpha_8 \ln pGDP_t + \varepsilon_t\end{aligned} \quad (7\text{-}12)$$

医药产业对医药贸易影响的动态模型为：

$$\begin{aligned}MX_t = \beta_0 + \beta_1 MX_{(t-1)} + \beta_2 O_t + \beta_3 Gini_t + \beta_4 Up_t + \beta_5 \ln Ms_t \\ + \beta_6 \ln CO_{2t} + \beta_7 \ln FDI_t + \beta_8 \ln pGDP_t + \varphi_t\end{aligned} \quad (7\text{-}13)$$

（二）数据说明

1. 核心变量

医药产业代理变量：产值（O）。使用联合国工业发展组织数据库中分行业的产值 *Output*，单位为美元，取对数处理。

医药贸易代理变量：对外贸易额（MX）。使用联合国商品贸易统计数据库中分行业的出口量（X）、进口量（M）相加求得，单位为美元，取对数处理。

2. 控制变量

本节拟从创新、绿色、开放、共享维度研究医药产业与医药贸易所受影响的情况，因此选取如下控制变量：

（1）创新指标

人均 GDP（$pGDP$）。人均 GDP 能反映一地的富裕程度和经济发展水平，是经济学研究中常用的衡量经济发展状况的指标。资料来源于世界银行数据库，单位为美元，取对数处理。

（2）绿色指标

二氧化碳排放量（CO_2）。绿色发展注重解决人与自然和谐共生的问题，实现经济社会发展和生态环境保护协调统一、人与自然和谐共生，为人民创造良好生产生活环境，因此选择二氧化碳排放量衡量。资料来源于世界银行数据库，单位为美元，取对数处理。

---

① 白俊红：《中国的政府 R&D 资助有效吗？来自大中型工业企业的经验证据》，《经济学（季刊）》2011 年第 10 期。

（3）开放指标

外国直接投资（*FDI*）。外国直接投资是现代资本国际化的主要特征之一，可以通过此项指标判断一地的开放程度。资料来源于世界银行数据库，单位为吨 / 人，取对数处理。

市场占有率（*Ms*）。市场占有率又称市场份额，反映一地在市场上的地位。通常一国在国际市场占有率越高，该国的竞争力越强。计算方式为医药出口占世界医药出口的份额（%），由作者计算得出，出口额原始资料来源于联合国商品贸易统计数据库。

（4）共享指标

基尼系数（*Gini*）。基尼系数能够衡量地区居民收入差距，可以体现一地的贫富差异状况。共享发展注重的是解决社会公平正义问题，推进全体人民共同富裕，因此选择基尼系数衡量。资料来源于世界银行数据库。

最大城市人口占城市人口的百分比（*Up*）。最大城市人口占比可以提供该地区城市间发展的比较。最大城市人口占比越大，说明各城市发展越不均衡。资料来源于世界银行数据库。

（三）描述性统计与共线性检验

表 7–19 显示了已取对数各变量的描述性统计，可以发现各变量标准差较小，不存在异常值，可以进行回归分析。表 7–20 是解释变量与控制变量的皮尔逊检验系数，发现各变量的相关系数均低于 0.9，因此认为变量之间不存在严重的共线性。

为了避免模型回归中出现伪回归现象，一般而言，要对相关变量进行面板单位根检验。本节的面板数据属于小 *T* 大 *N*，*T* 仅有 22 期，*N* 有 40 个，可以不进行单位根检验和面板数据的协整检验。

表 7-19　　变量的描述性统计

变量	样本量	平均数	标准差	最小值	最大值
O	823	20.749	4.193	7.511	27.202
MX	878	22.876	1.651	18.663	26.570
Gini	621	34.257	6.988	23.200	58.700
Up	814	24.168	12.426	3.066	49.133
Ms	878	2.337	3.613	0.010	17.608
CO_2	800	1.952	0.567	0.223	3.243

续表

变量	样本量	平均数	标准差	最小值	最大值
FDI	769	23.116	1.751	14.509	27.322
pGDP	880	10.306	0.588	7.978	11.801

资料来源：作者使用 Stata17.0 整理得出。

表 7-20　　模型多重共线性检验

变量	（1）	（2）	（3）	（4）	（5）	（6）	（7）	（8）
O	1							
MX	0.433	1						
Gini	−0.061	−0.096	1					
Up	−0.390	−0.542	0.199	1				
Ms	0.317	0.732	−0.053	−0.420	1			
CO_2	0.124	0.226	−0.511	−0.235	0.224	1		
FDI	0.413	0.727	0.035	−0.546	0.564	0.281	1	
pGDP	−0.010	0.382	−0.606	−0.061	0.325	0.537	0.255	1

资料来源：作者使用 Stata17.0 整理得出。

二、实证基准回归结果分析

鉴于系统 GMM 比差分 GMM 利用了更多的信息，因此本节利用动态系统 GMM 模型回归检验，表 7–21 显示了基准回归结果。可以看出，医药贸易每增加 1%，产值增加 0.244%。医药贸易对医药产业、医药产业对医药贸易均具有正向作用。总体来看，医药贸易对医药产业的正向影响更为明显。实证结果验证了 H1。

表 7-21　　基准回归结果

变量	（1）	（2）
L.O	0.789*** （0.028）	
MX	0.244** （0.119）	
L.MX		0.951*** （0.009）
O		0.000 （0.002）
Gini	−0.007 （0.016）	−0.002 （0.001）

续表

变量	（1）	（2）
Up	–0.005 （0.008）	–0.000 （0.001）
Ms	0.002 （0.028）	0.012^{***} （0.002）
CO_2	0.011 （0.156）	0.035^{***} （0.012）
FDI	0.022 （0.070）	0.014^{***} （0.005）
pGDP	–0.298 （0.253）	-0.066^{***} （0.019）
Const	1.881 （2.581）	1.515^{***} （0.190）
AR（2）	0.473	0.598
Sargan	0.049	0.143

注:（1）被解释变量是产业;（2）被解释变量是贸易。** 和 *** 分别表示在 5% 和 1% 水平上显著，括号内数值为稳健标准误。

资料来源：作者使用 Stata17.0 整理得出。

三、稳健性检验

（一）替换变量法

医药产业与医药贸易的代理变量选择如果过于单一，可能会对结果造成影响，因此本节对核心变量进行替换，以期达到稳健性检验的效果（见表 7–22）。使用产值与 GDP 的比值（*OG*）作为产业的代理变量、使用进出口与 GDP 的比值（*MXG*）作为贸易的代理变量，重新进行动态系统 GMM 回归。

回归结果：医药贸易对医药产业、医药产业对医药贸易均具有显著正向作用，结论稳健。医药贸易每提升 1%，医药产业提升 0.001%；医药产业每提升 1%，医药贸易提升 7.285%。

表 7-22　　　　替换变量法稳健性检验

变量	（1）	（2）
L.OG	0.787^{***} （0.030）	
MXG	0.001^{***} （0.000）	

续表

变量	（1）	（2）
L.MXG		0.924*** （0.016）
OG		7.285*** （1.655）
Gini	0.000 （0.000）	-0.030*** （0.011）
Up	-0.000 （0.000）	0.013*** （0.005）
Ms	0.000 （0.000）	0.066*** （0.016）
CO_2	0.001 （0.002）	-0.121 （0.106）
FDI	-0.000 （0.001）	-0.029 （0.041）
pGDP	-0.002 （0.002）	-0.200 （0.141）
Const	0.021 （0.029）	3.808** （1.640）
AR（2）	0.833	0.481
Sargan	0.962	0.606

注：（1）被解释变量是产业；（2）被解释变量是贸易。** 和 *** 分别表示在 5% 和 1% 水平上显著，括号内数值为稳健标准误。

资料来源：作者使用 Stata17.0 整理得出。

（二）改变样本容量

数据样本中的极端值可能会对结论造成影响，因此需要剔除个别离群值来检验结论是否依然稳健。一般有取对数、截尾、缩尾等方式。由于原始数据已经是对数形式，因此本节对数据进行缩尾处理。将各国小于 1% 百分位数和大于 99% 百分位数的数值分别替换为 1% 和 99%，百分位数数值，之后再次进行回归。

由表 7-23 可知，缩尾处理后结论基本保持一致，依旧呈现正向影响，结论稳健。医药贸易每增加 1%，医药产业产值增加 0.244%。

表 7-23　　　　缩尾处理稳健性检验

变量	（1）	（2）
L.O	0.789*** （0.028）	
MX	0.244** （0.119）	
L.MX		0.951*** （0.009）
O		0.000 （0.002）
Gini	−0.007 （0.016）	−0.002 （0.001）
Up	−0.005 （0.008）	−0.000 （0.001）
Ms	0.002 （0.028）	0.012*** （0.002）
CO_2	0.011 （0.156）	0.035*** （0.012）
FDI	0.022 （0.070）	0.014*** （0.005）
pGDP	−0.298 （0.253）	−0.066*** （0.019）
Const	1.881 （2.581）	1.515*** （0.190）
AR（2）	0.473	0.598
Sargan	0.049	0.143

注：（1）被解释变量是产业；（2）被解释变量是贸易。**、*** 分别表示在 5%、1% 水平上显著，括号内数值为稳健标准误。

资料来源：作者使用 Stata17.0 整理得出。

（三）分样本回归

医药产业与医药贸易互相促进的作用是否存在行业异质性？本节将医药产业分类进行动态系统 GMM 回归，依据第二章中的分类标准，分为中药、西药、医疗器械、视光学器械 4 类。回归结果如表 7–24 所示。

表 7-24　　分行业回归结果

变量	（1）中药	（2）中药	（3）西药	（4）西药	（5）医疗器械	（6）医疗器械	（7）视光学器械	（8）视光学器械
L.O	0.987*** （0.006）		0.973*** （0.011）		0.987*** （0.012）		0.985*** （0.023）	
MX	0.001 （0.004）		0.035* （0.021）		0.036 （0.022）		−0.031 （0.043）	
L.MX		0.884*** （0.034）		0.892*** （0.013）		0.946*** （0.011）		0.901*** （0.027）
O		−0.110** （0.047）		0.045*** （0.007）		0.020*** （0.006）		0.023 （0.015）
Gini	0.002 （0.004）	0.003 （0.014）	−0.003 （0.002）	−0.005*** （0.001）	−0.006** （0.003）	−0.002 （0.001）	−0.012*** （0.004）	−0.007** （0.003）
Up	−0.001 （0.001）	0.000 （0.006）	0.003*** （0.001）	−0.000 （0.001）	0.003** （0.001）	0.000 （0.001）	0.001 （0.002）	0.000 （0.002）
Ms	0.002 （0.002）	0.041*** （0.016）	0.004 （0.003）	0.014*** （0.002）	0.001 （0.003）	0.005*** （0.002）	0.010 （0.007）	0.008* （0.005）
CO_2	−0.012 （0.017）	0.183 （0.131）	0.054*** （0.019）	0.044*** （0.012）	0.015 （0.028）	0.019 （0.013）	−0.008 （0.055）	0.003 （0.037）
FDI	0.002 （0.007）	0.086 （0.053）	0.007 （0.008）	0.010* （0.005）	0.018 （0.011）	0.020*** （0.005）	0.020 （0.027）	0.060*** （0.017）
pGDP	0.005 （0.023）	−0.434** （0.178）	−0.157*** （0.031）	−0.057*** （0.020）	−0.205*** （0.043）	−0.089*** （0.021）	−0.125 （0.079）	−0.080 （0.056）
Const	0.013 （0.236）	4.969*** （1.757）	1.214*** （0.316）	1.961*** （0.195）	1.360*** （0.413）	1.300*** （0.200）	2.087*** （0.761）	1.131** （0.520）
AR（2）	0.171	0.529	0.838	0.070	0.185	0.205	0.224	0.938
Saragan	0.928	0.083	0.216	0.010	0.000	0.064	0.417	0.824

注：（1）（3）（5）（7）被解释变量是医药产业；（2）（4）（6）（8）被解释变量是医药贸易。*、**、*** 分别表示在 10%、5% 和 1% 水平上显著，括号内数值为稳健标准误。

资料来源：作者使用 Stata17.0 整理得出。

本节选取 OECD 38 个国家以及中国、俄罗斯共 40 个国家 2000—2021 年共 22 年的面板数据，通过动态系统 GMM 回归，证明了医药产业与医药贸易存在互相影响的实际情况。实证研究结果表明，医药贸易对医药产业、医药产业对医药贸易均具有显著正向作用。总体来看，贸易对产业的正向影响更为明显。本节采用替换变量法、改变样本容量、分样本回归的方式进行稳健性检验，确认了结论的稳健性。

分行业来看，西药、医疗器械的回归结果与总样本保持一致，支持医药产业与医药贸易协同发展的 H_1。视光学器械基本符合假设，但是贸易对产业的影响符号不符合预期，且不显著，一方面可能因为视光学器械与科技密集型行业无关，而是与劳动密集型行业有关，贸易量的增加难以影响企业对其仪器的生产安排，另一方面可能因为视光学器械耦合协同度不够高，产业与贸易二者的相互影响不明显。中药行业的产业对贸易的影响符号不符合预期，且贸易对产业的影响不显著，一方面可能由于世界上中药生产与贸易多集中于东亚地区，其余地区极少参与此项商品的产业发展和贸易往来，另一方面可能由于中药的工业化生产和世界贸易尚且处于初始阶段，既往数据难以达到其余医药行业的发展状态。

本节从实证的角度再次验证了 H1：医药产业是医药贸易的基础，医药贸易又反作用于医药产业，两者发展互相影响、相辅相成，存在协同效应。我国政府在制定医药产业与贸易政策时，需要注意调研二者的发展程度是否相符，尽量补齐发展短板，对于中药和视光学器械，要抓住初始的发展机遇期，抢先达到产业与贸易的协同。

第六节　医药产业与医药贸易协同发展对医药产业高质量发展的影响分析

党的二十大报告中强调，“高质量发展是全面建设社会主义现代化国家的首要任务”，提出“深化医药卫生体制改革，促进医保、医疗、医药协同发展和治理”。本节将依托前文测算的医药产业与医药贸易协同发展关系，从实证研究的角度分析医药产业与医药贸易的协同情况对医药高质量发展的影响，使用 OECD 38 个国家以及中国、俄罗斯共 40 个国家 2000—2021 年共 22 年的面板数据进行分析。本节资料来源于世界银行、经济合作与发展组织、联合国工业发展组织、联合国商品贸易统计数据库、财富中文网等官方网站数据库。

一、医药产业与医药贸易协同发展对医药产业高质量发展影响的研究

鉴于在文献中鲜有医药产业贸易耦合协调度与医药产业高质量发展的模型设定，本节考虑借鉴其他与全要素生产率、高质量发展或耦合协

调度有关联的行业文献。王恒和方兰（2023）[①]通过对水—能源—粮食纽带系统安全水平与全要素生产率两者耦合协调关系图的绘制，发现全要素生产率有先下降再上升的趋势，而耦合协调度为逐步上升。在邱冬阳和白玉铭（2023）[②]的研究中，经济增长与经济高质量发展存在促进关系，但是目标弹性约束与高质量发展存在倒“U”形的非线性关系。农业方面，张丝雨等（2022）[③]研究表明耕地多功能与农业绿色全要素生产率有区域差异性。更早一些，钱学锋和余弋（2014）[④]的研究发现，出口市场多元化和企业生产率之间呈现U形关系。

不同领域的各个文献展示出的情况各异，但有证据显示全要素生产率与其他指标呈现非线性关系。可预见的是，在医药产业与医药贸易发展的过程中，前期两者发展的协同性不够，在发展的过程中通过市场磨合逐渐形成医药产业与医药贸易协同发展的局面。但是，在前期一国只对一方面投入更大，如产能强劲，而贸易局面尚未打开时，产业对高质量发展的单方面影响更为重要，因此会产生协同度低却呈现高质量发展的反直觉局面。为了验证以上想法，本节医药高质量发展指标借鉴大多数学者的方式，使用全要素生产率（TFP）作为代理变量，在模型构建时，引入耦合协调度的平方项作为核心解释变量进行回归。

基于对医药产业与医药贸易耦合协调度的初步探究和医药产业与医药贸易协同的实证分析，上述产业、贸易对经济发展的影响以及高质量发展影响因素的理论分析，可以发现：一方面，产业和贸易的协同发展可以有效整合资源，提高经济效益和竞争力。产业升级和技术进步可以带动贸易的增长，而贸易的拓展又可以促进产业的优化和质量的提高。另一方面，产业与贸易协同发展可以加强国际合作与交流，促进各国经济的共同发展。医药产业作为工业的一部分，应当遵守相同的经济规律（见图7–73）。因此，本节对医药产业做出H2：医药产业与贸易协同发展，对医药产业高质量发展有相关作用，呈现非线性影响。

---

① 王恒、方兰：《中国水—能源—粮食纽带系统安全水平与全要素生产率时空耦合协调关系分析》，《水资源保护》2023年第39期。

② 邱冬阳、白玉铭：《经济增长预期目标、弹性约束与经济高质量发展》，《改革》2023年第1期。

③ 张丝雨、胡伟艳、赵可等：《耕地多功能与农业绿色全要素生产率的耦合协调发展研究》，《世界农业》2022年第11期。

④ 钱学锋、余弋：《出口市场多元化与企业生产率：中国经验》，《世界经济》2014年第37期。

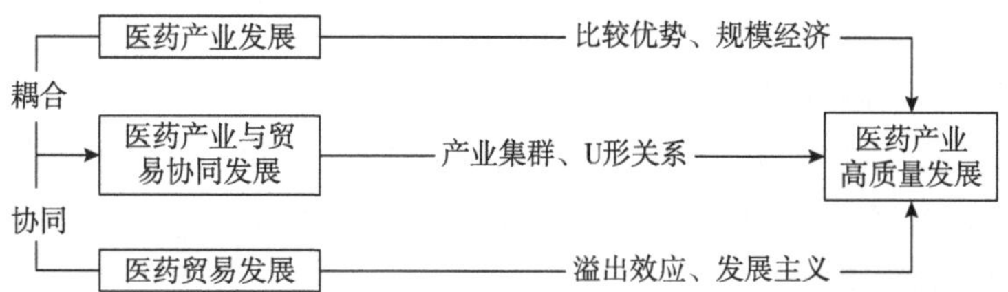

图 7-73 医药产业与贸易协同发展对医药产业高质量发展的影响机制

资料来源：作者整理。

二、医药产业全要素生产率测算

借鉴大多数学者估计全要素生产率（TFP）的方式，使用 C-D 生产函数估计，参照程惠芳和陈超（2017）① 的设定，将全要素生产率表示为：

$$TFP_{it}=Y_{it}/(L_{it}^{\alpha_{it}}\times K_{it}^{\beta_{it}}) \tag{7-14}$$

其中，i 指第 i 个国家，t 指第 t 年，TFP_{it} 指全要素生产率。Y_{it} 指产出，使用医药工业增加值作为代理变量。L_{it} 指劳动的投入，使用医药产业就业人数作为代理变量。K_{it} 指资本的投入。α_{it} 和 β_{it} 分别指劳动产出弹性和资本产出弹性，等于产出中劳动和资本的收入份额，两者在规模报酬不变的情况下相加等于 1。因此公式可简化为：

$$TFP_{it}=Y_{it}/(L_{it}^{\alpha_{it}}\times K_{it}^{1-\alpha_{it}}) \tag{7-15}$$

目前普遍采用的测算资本存量的方法是戈登史密斯（Goldsmith）在 1951 年开创的永续盘存法：

$$K_{it}=K_{it-1}\left(1-\delta_{it}\right)+I_{it} \tag{7-16}$$

其中，i 指第 i 个国家，t 指第 t 年，K_{it} 为实际资本存量，K_{it-1} 为前一年的实际资本存量，δ_{it} 为固定资产的折旧率，I_{it} 为投资。用各国基期固定资本形成总额除以 10% 作为基期资本存量。折旧率设为 9.6%。固定资产投资 I_{it} 使用固定资本形成总额作为代理变量。除 α_{it} 来源于格罗宁根成长与发展中心（Groningen Growth and Development Centre）外，其余数据均来源于联合国工业发展组织，为医药产业数据。

三、模型构建及数据说明

（一）实证模型构建

$$\begin{aligned}TFP_{it}=\beta_0+\beta_1D_{it}^2+\beta_2D_{it}+\beta_3Gs_{it}+\beta_4Up_{it}+\beta_5Ms_{it}\\+\beta_6\ln fdi_{it}+\beta_7\ln GDP_{it}+\beta_8\ln R\&D_{it}+\varepsilon_t\end{aligned} \tag{7-17}$$

① 程惠芳、陈超：《开放经济下知识资本与全要素生产率——国际经验与中国启示》，《经济研究》2017 年第 52 期。

式中，下标 i、t 分别指国家和年份。

（二）数据说明

被解释变量：TFP_{it}，指 t 时期 i 国的全要素生产率，由前文计算得出。

核心解释变量：D_{it}^2 为耦合协调度 D_{it} 的平方项；D_{it} 为耦合协调度，由第四节测算得出；

控制变量：Gs_{it}，政府强制卫生支出占 GDP 的百分比，资料来源于 OECD 数据库；Up_{it}，最大城市人口（占城市人口的）百分比，资料来源于世界银行数据库；

Ms_{it}，市场占有率，医药出口占世界医药出口的份额（%），由作者计算得出，出口额资料来源于联合国商品贸易统计数据库；$\ln fdi_{it}$ 为外国直接投资，资料来源于世界银行数据库，取对数处理；$\ln GDP_{it}$ 为国内生产总值，资料来源于世界银行数据库，取对数处理；$\ln R\&D_{it}$ 为医药产业研发支出，资料来源于 OECD 数据库，取对数处理。本节缺失的数据使用线性插值法补充。

（三）描述性统计

对医药产业贸易耦合协调度 D 与医药产业 TFP 之间的关系制作散点图（见图 7-74）。横轴是医药产业贸易耦合协调度 D，纵轴是医药产业

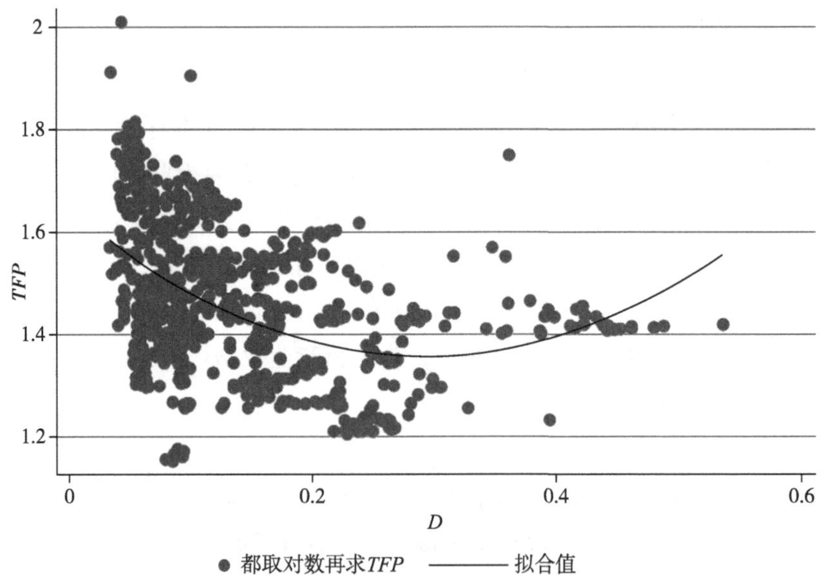

图 7-74　耦合协调度 D 与医药 TFP 散点图

资料来源：作者根据上文测算方式求得，利用 Stata17.0 绘制。

TFP，进行了非线性拟合，拟合结果呈现 U 形关系，这与前文机制分析部分相吻合，初步验证了计量模型的合理性，但两者之间的 U 形关系还需要进一步的计量检验证实。

表 7–25 显示了上述各变量（已取对数）的描述性统计，标准差较小，各变量不存在异常值。

表 7-25　　变量的描述性统计

变量	样本量	平均数	标准差	最小值	最大值
TFP_{it}	822	1.479	0.150	1.154	2.012
D_{it}^2	761	0.027	0.039	0.001	0.286
D_{it}	761	0.137	0.089	0.033	0.535
Gs_{it}	855	5.953	1.981	0.971	15.949
Up_{it}	814	24.168	12.426	3.066	49.133
Ms_{it}	878	2.337	3.613	0.010	17.608
fdi_{it}	769	23.116	1.751	14.509	27.322
GDP_{it}	880	26.660	1.625	23.196	30.644
$R\&D_{it}$	369	5.833	2.364	−1.398	11.380

资料来源：作者使用 Stata17.0 整理得出。

（四）共线性检验

表 7–26 是解释变量与控制变量的皮尔逊检验系数，各变量的相关系数均低于 0.9。表 7–27 是运用方差膨胀因子 *VIF* 进行检验，检验结果均小于 10。因此，运用以上两种方式检验后，认为变量之间不存在严重的共线性。

表 7-26　　皮尔逊相关系数多重共线性检验

变量	（1）	（2）	（3）	（4）	（5）	（6）	（7）
D_{it}^2	1						
Gs_{it}	0.030	1					
Up_{it}	−0.418	−0.186	1				
Ms_{it}	0.493	0.467	−0.420	1			
fdi_{it}	0.496	0.227	−0.546	0.564	1		
GDP_{it}	0.659	0.265	−0.617	0.579	0.738	1	
$R\&D_{it}$	0.625	0.427	−0.420	0.621	0.619	0.848	1

资料来源：作者使用 Stata17.0 整理得出。

表 7-27　　方差膨胀因子多重共线性检验

变量	VIF	$1/VIF$
GDP_{it}	7.02	0.14
$R\&D_{it}$	5.61	0.18
Ms_{it}	2.84	0.35
D_{it}^2	2.83	0.35
fdi_{it}	2.25	0.44
Gs_{it}	2.03	0.49
Up_{it}	1.69	0.59
Mean VIF	3.47	

资料来源：作者使用 Stata17.0 整理得出。

本节的面板数据可以不进行单位根检验和面板数据的协整检验。

（五）实证回归

本节利用固定效应模型通过逐个变量回归检验耦合协同度对医药产业高质量发展的影响（见表 7-28）。从基本估计结果看出，耦合协调度平方项每增加 1%，医药产业 TFP 增加 2.411%。耦合协同度平方项 D_{it}^2 对医药产业 TFP_{it} 具有显著正向作用。实证结果验证了前文所做 H2。

表 7-28　　基准回归结果

变量	（1）	（2）	（3）	（4）	（5）	（6）	（7）
D_{it}^2	3.879*** （1.318）	3.985*** （1.260）	3.891*** （1.242）	3.909*** （1.257）	3.865*** （1.206）	3.942*** （1.036）	2.411* （1.410）
D_{it}	−2.486*** （0.613）	−2.477*** （0.602）	−2.430*** （0.599）	−2.401*** （0.601）	−2.434*** （0.583）	−2.309*** （0.557）	−1.272* （0.692）
Gs_{it}		−0.022*** （0.007）	−0.022*** （0.008）	−0.020** （0.008）	−0.018** （0.008）	−0.005 （0.009）	0.012 （0.012）
Up_{it}			−0.001 （0.010）	−0.001 （0.010）	−0.002 （0.010）	−0.000 （0.010）	−0.004 （0.007）
Ms_{it}				0.007 （0.007）	0.011 （0.008）	0.017*** （0.006）	0.008** （0.004）
fdi_{it}					−0.014** （0.007）	−0.005 （0.007）	0.008** （0.003）
GDP_{it}						−0.165** （0.075）	−0.120 （0.078）

续表

变量	（1）	（2）	（3）	（4）	（5）	（6）	（7）
$R\&D_{it}$							-0.022^{**} （0.010）
Const	1.702^{***} （0.051）	1.831^{***} （0.078）	1.846^{***} （0.247）	1.818^{***} （0.249）	2.146^{***} （0.223）	6.241^{***} （1.879）	4.712^{**} （2.079）
固定效应	是	是	是	是	是	是	是
R-sq	0.2098	0.2498	0.2484	0.2510	0.2700	0.3195	0.1787
F [Prob>F]	16.72 [0.0000]	12.15 [0.0000]	9.14 [0.0000]	7.26 [0.0001]	9.50 [0.0000]	14.98 [0.0000]	3.18 [0.0090]

注：* 、**、*** 分别表示在 10% 、5% 和 1% 水平上显著，小括号内数值为稳健标准误，中括号内数值为 P 值。

资料来源：作者使用 Stata17.0 整理得出。

（六）稳健性检验

1. 滞后变量法

使用滞后变量法，将核心解释变量 D_{it}^2 和 D_{it} 滞后一期进行稳健性检验，表 7–29 回归（1）显示，解释变量系数符号相同，结论稳健。

2. 工具变量（IV）检验

本节采用了固定效应模型以期减弱因遗漏变量而产生的内生性问题的影响，但为解决核心解释变量与其他控制变量之间互为因果的内生性问题，考虑使用工具变量来处理内生性问题。使用工具变量法的前提是存在内生解释变量，为此，进行豪斯曼检验，显示在 5% 的显著水平上，拒绝“所有解释变量均为外生”的原假设。本文的工具变量有两个：一是使用耦合协调度平方项 D_{it}^2 滞后一期作为工具变量；二是采用第四节求出的耦合度 C_{it} 作为工具变量进行回归。表 7–29 回归（2）的结果发现，耦合协调度平方项 D_{it}^2 对医药产业 TFP_{it} 的显著正向影响依旧存在，支持原结论。经过过度识别检验，P 值不为 0，故认为工具变量外生，与扰动项不相关。为稳健起见，再使用有限信息最大似然法（LIML）检验，见表 7–29 回归（3），结果表明与 2*SLS* 系数估计值接近，印证了“不存在弱工具变量”。

3. GMM检验

本文进一步进行最优 GMM 检验，见表 7–29 回归（4）的结果，正向影响依旧存在。表 7–29 回归（5）使用迭代 GMM，结果发现与两步 GMM 的系数估计值相差无几。

表 7-29 稳健性检验结果

变量	（1）	（2）	（3）	（4）	（5）
D_{it}^2	2.760* （1.137）	2.920*** （0.982）	3.030*** （1.078）	5.103*** （0.518）	5.160*** （0.521）
D_{it}	–1.412* （0.510）	–2.076*** （0.723）	–2.137*** （0.776）	–3.702*** （0.382）	–3.774*** （0.383）
控制变量	是	是	是	是	是
固定效应	是	否	否	否	否
R–sq	0.1966	0.4341	0.4330	0.3206	0.3084

注：*、*** 分别表示在 10%、1% 水平上显著，小括号数值为稳健标准误。

资料来源：作者根据 Stata17.0 整理得出。

4. 分样本回归

医药产业与医药贸易耦合协调度与 *TFP* 的 U 形关系是否存在行业异质性？本节将总数据分为中药、西药、医疗器械、视光学器械 4 个行业进行分样本回归。鉴于中药、医疗器械的数据太少，因此对其进行线性插值法扩充数据。回归结果如表 7–30 所示。

表 7-30 分行业主要变量回归结果

变量	中药行业 （1）	西药行业 （2）	医疗器械行业 （3）	视光学器械行业 （4）
D_{it}^2	0.734 （1.722）	2.091** （0.888）	1.607 （1.635）	2.400 （4.469）
D_{it}	–0.367 （0.664）	–0.829 （0.326）	–0.013 （1.236）	–1.621 （3.615）
控制变量	是	是	是	是
固定效应	是	是	是	是
R–sq	0.0729	0.0663	0.0714	0.7014

注：** 表示在 5% 水平上显著，括号内数值为稳健标准误。

资料来源：作者使用 Stata17.0 整理得出。

本节梳理了医药产业、医药贸易协同发展对医药产业高质量发展的影响机制，提出了 H2。随后选取 2000—2021 年 OECD 的 38 个国家和中国、俄罗斯共 40 个国家的面板数据，采用固定效应模型进行实证检验，对回归结果进行稳健性检验，提升本文结论的可靠性，最后对中药、西药、医疗器械、视光学器械 4 个行业进行分样本分析，考察行业表现的异质性。

实证研究结果表明：医药产业、医药贸易的协同发展对医药产业高质量发展的影响呈现 U 形，H2 得到验证。而后，本节进行了稳健性检验以保证结论的可靠性。主要采用滞后变量法、使用工具变量法进行 2*SLS* 回归、最优 GMM 回归进行结论的稳健性检验。通过分析回归结果可知，本章结论通过了稳健性检验。

在行业分样本分析中发现：各行业的产业贸易耦合协调度对 TFP 的影响均呈现 U 形关系，但是又有略微不同。西药行业的产业贸易耦合协调度对 TFP 呈现显著的 U 形关系，但是中药行业、医疗器械行业和视光学器械行业中产业贸易耦合协调度与 TFP 的关系不显著。通过分析认为，西药行业在世界范围内的产业与贸易协同发展较为超前，因此在 U 形的拟合方面更为显著，中药、医疗器械、视光学器械的产业与贸易协同尚未达到足够完成 U 形曲线拟合的状态，产业贸易协同度较低。

世界主要国家的医药产业贸易耦合协调度对医药产业高质量发展呈现 U 形影响，我国政府在制定医药发展方向时，需要同时关注医药产业与医药贸易两者的发展进度，助力医药产业与贸易协同尽快跨越 U 形门槛。

第七节　研究结论与政策建议

一、研究结论

本章基于 OECD 的 38 个国家与中国、俄罗斯共 40 个国家 2000—2021 年共 22 年的面板数据，结合文献综述与现状分析，首先利用耦合协调度模型对医药产业与医药贸易的协调程度进行测算，通过耦合协调度将产业与贸易的协同情况进行量化，定级判断其所处的具体程度以及各国之间的差异性；之后通过创新、协调、绿色、开放、共享 5 个维度等控制变量的动态 GMM 面板回归对产业与医药贸易之间相互影响的因素展开分析，并通过替换变量、改变样本容量、分样本回归等方式进行检验；而后利用 OLS 面板回归，实证分析医药产业与贸易协同发展对医药产业高质量发展的影响；最后用工具变量检验、GMM 估计等方式进行稳健性检验。综上所述，本章所得到的研究结论大致可总结归纳为以下 3 个方面。

（一）医药产业与医药贸易的国际集中度比较高

根据医药产业与医药贸易国际比较分析，全球医药产业与医药贸易大国集中度比较高。全球医药制造和医药贸易大国主要是美国、中国、德国、瑞士、法国、日本、爱尔兰、韩国、印度、意大利、加拿大等，美国和德国是医药制造和医疗器械制造以及医药贸易的世界强国。我国在医药产值、西药产值、医疗器械产值、中药产值等方面的规模均居世界第一位，我国中药具有明显的国家竞争优势，我国的西药主要依靠仿制药，医疗器械主要是中低端医疗器械，我国高端医疗器械仍然依靠进口。

（二）医药产业与医药贸易协同发展趋势明显

国际比较分析和模型实证检验结果显示：医药产业发展与医药贸易发展存在相互促进、相互影响的互动关系，主要国家医药产业与医药贸易发展均呈现协同发展趋势，医药产业与医药贸易存在相互影响、互相促进的协同发展效应。但是，主要国家的医药产业与医药贸易协同发展水平差异比较大。美国是医药产业与医药贸易耦合协调度水平最高的国家，美国的医药产业与医药贸易耦合协调度居世界领先水平。德国、日本、法国、瑞士、英国的医药产业发展与医药贸易发展的耦合协调度居世界前列水平，德国和美国医疗器械制造行业发展与医疗器械贸易发展的耦合协调度居世界领先水平。我国医药产业发展与医药贸易发展的耦合协调度持续提升，目前我国医药产业发展与医药贸易发展协调度水平与美国和德国的协同发展水平还存在比较明显的差距。

模型实证分析结果显示，医药产业与医药贸易具有相互促进作用，医药产业是医药贸易的基础，医药贸易反过来促进医药产业发展。从医药分行业分析来看，西药和医疗器械行业与医药贸易呈现显著正向协同关系，视光学器械行业与医药贸易也存在正向协同关系，但是贸易对视光学器械行业的影响不显著。中药行业与中药贸易协同发展关系不太明显，可能由于中药的工业化生产和世界贸易尚且处于初始阶段。

（三）医药产业与医药贸易协同发展对医药产业高质量发展具有积极影响

根据实证分析结论，医药产业与医药贸易耦合协调度与医药高质量发展呈现 U 形关系。当耦合协调度很低，只有一方面发展强劲，另一方面较为萎靡时，医药 TFP 水平也会较高；随着产业与贸易两者的发展程度趋同，TFP 水平会略微下降；只有当耦合协调度达到一定水平时，才能实现助力医药产业高质量发展。目前大部分国家的协同发展水平尚未达到U形门槛右侧。

分行业来看，西药行业贸易耦合协调度和西药TFP依旧呈现显著的U形关系，但是中药行业、医疗器械行业、视光学器械行业二者的U形关系不显著，这可能由于行业数据不充分、行业发展尚未达到较高的耦合协调度，整体情况难以匹配U形曲线。

二、政策建议

美国、欧盟、日本、英国、瑞士等发达经济体高度重视医药制造和生命健康产业发展，从国家战略层面布局生命健康产业体系，生命科学、生物技术、数字健康技术不断取得重大突破，基因治疗、疫苗研发、干细胞治疗、3D细胞打印、智慧医疗和健康管理等领域产业化快速发展，医药制造和生命健康产业成为国际竞争的战略高地。为应对战略性产业的国际竞争，习近平总书记提出，加快推进数字经济、智能制造、生命健康、新材料等战略性新兴产业，形成更多新的增长点、增长极[①]。加快发展生命健康产业成为重要战略任务，本节提出以数字健康创新为枢纽，加快医药制造和生命健康产业双循环发展的建议，促进医药产业与医药贸易的协同发展，加快我国医药产业与医药贸易的高质量发展。

在数字经济时代，以数字健康创新为枢纽，加快生命健康产业国内国际“双循环”将成为医药产业转型升级的重要路径。数字健康将生命科学、信息技术、大数据、云计算、机器人、系统控制技术引入医药制造和生命健康产业，数字健康有利于促进供给侧改革，有利于大幅提高生命健康产业效率和质量，更快提升医疗服务能力和水平，有利于提升生命健康产业的创新能力和国际竞争力。加快健康产业数字化发展和数字化改革，有利于促进生命健康产业由“以治病为中心”向“预防疾病为中心”的转变，有利于实现健康服务的普惠性、便捷性和公平性，让人民有更大的幸福感和获得感。因此，本书提出以数字健康创新为枢纽，推动生命健康产业国内国际“双循环”发展的建议。

---

① 《习近平在看望参加政协会议的经济界委员时强调：坚持用全面辩证长远眼光分析经济形势 努力在危机中育新机于变局中开新局》,《人民日报》2020年5月24日，第1版。

（一）以数字健康创新为枢纽，构建生命健康产业国内国际双循环体系

以数字健康创新为枢纽，构建医药制造和生命健康产业国内国际双循环体系，要以满足国内人民的生命健康需求作为发展的出发点和落脚点，依托数字技术、大数据、云计算、物联网、人工智能、机器人技术等提供更加便捷、高效、专业、安全的生命健康服务，快速提升医药制造和生命健康产业的发展速度、质量和效率，畅通生命健康产业国内大循环系统，加快生命健康产业供给和生命健康需求协同发展。

以数字健康创新为枢纽，畅通生命健康产业国际大循环，要加快建设生命健康产业国际合作高端平台，加强与德国、美国、瑞士等强国的医药制造合作，加快引进和集聚全球生命健康高层次人才，加快引进世界500强医药跨国公司落户中国，加快提升生命健康产业的创新能力和国际竞争力，加快实现生命健康产品和服务的进出口贸易平衡。

（二）制定数字健康产业发展规划与政策

加强各级政府对以数字健康为枢纽的医药制造和生命健康产业链发展的战略布局和政策支持，发展改革、财政、医疗保障、卫生健康、科技、教育等相关部门负责人参与，研究制定生命健康和数字健康产业发展规划与政策。加大政府财政对数字健康投入力度，建立结果导向的健康投入机制，开展医药制造和生命健康投入绩效监测和评价。支持将疗效和成本有优势的数字健康医疗服务项目纳入基本医疗保险支付范围。

（三）建设“数字健康大脑”，人人拥有规范化的数字健康档案

推进数字健康大数据平台建设，加快数字健康数据库建设，建立合法合规的数字健康数据收集体系，加快数字健康产业运行基础设施建设，实施健康云服务计划，建设“数字健康大脑”，运用大数据、人工智能、云计算等数字技术实现对医疗数据的快速处理和有效判断，持续推进覆盖全生命周期的预防、治疗、康复和自主健康管理一体化的健康信息服务，人人拥有规范化的数字健康档案和数字健康卡，实现健康体检、医疗服务、医疗保障、药品供应、健康码、流行病预警、养老服务、健康管理服务在“健康中国”一网通办。

建立和完善数字健康和生命健康数据资源目录体系，加强数字健康大数据相关的法规和标准体系建设，加强数字健康的数据保护、数据共享和数据保密体系建设，加强数字健康医疗数据的安全保障和患者隐私

保护的监管体系建设。

（四）加快以数字健康为枢纽的医药制造和生命健康全产业链建设，打造一批数字健康产业创新中心

加快推动以数字健康为枢纽的医药制造和生命健康全产业链体系建设，鼓励医药企业努力成为医药制造和生命健康产业链主企业，增强医药制造和生命健康产业链自主可控能力。实施医药制造和生命健康产业“强链”行动计划，加快提升大中型医药制造龙头企业创新能力，发展一批具有较强创新能力和国际竞争力的大型企业，打造一批数字健康产业创新中心。

实施“健康管理服务补链行动计划”，积极发展生命健康新产业、新业态、新模式，依托生命健康的数字化改革和数字健康技术，推进老年医疗卫生服务体系建设，加快智慧养老产业发展。鼓励民营资本发展数字健康产业，鼓励发展健康体检和咨询等服务，促进个性化健康管理服务发展。

（五）加快数字健康研究院和国家级重点实验室建设，力争让数字健康科技创新走在世界前列

加快医药制造和数字健康研究平台建设，建立国家级数字健康研究院和重点实验室，积极引进全球和全国数字健康领军人才，积极引进世界著名生命健康研究机构，增强重大疾病防治和生命健康产业发展的科技支撑能力。加强药品、医疗器械质量标准建设，力争率先实施药品、医疗器械质量全面与国际接轨，建设数字健康科技成果孵化转化基地，加强数字健康知识产权保护，建设国家级临床医学研究中心，力争让数字健康产业创新走在世界前列。

（六）加快生命健康领域的数字化改革，建设数字健康城市和数字健康社区

加快生命健康领域的数字化改革，开展数字健康城市、数字健康社区、数字健康村镇、数字健康单位、数字健康家庭等改革试点工作。力争到“十四五”末（2025 年），建成一批数字健康城市、数字健康社区、数字健康村镇等示范基地，打造数字健康与紧急医学救援基地。

（七）加快数字健康复合型人才队伍建设，加快引进和培养生命健康产业创新带头人

医药制造、数字健康和生命健康发展需要复合型高层次专业人才支

撑，要加快数字健康人才培养培训，加强数字健康高层次人才队伍建设，引进和培养一批具有国际领先水平的学科带头人。鼓励高校开设数字健康专业，鼓励数字健康机构开展全科医生培训，加快数字健康复合型人才队伍建设。

（八）加强医药产业创新发展，促进医药产业与贸易协同发展

加强医药制造行业和医药制造企业的创新投入，提升医药贸易质量和水平，在满足国内人民群众对医药产品的需求的基础上，不断提升医药贸易国际竞争力，促进医药制造与医药贸易协同发展。

（九）加强金融对医药创新发展的资金支持，强化优质医药企业的资本化运营

医药创新发展和新药研发需要持续创新资金投入，金融机构要加强对医药企业和医药产业创新发展的资金支持，强化优质医药企业的资本化运营，利用完备的市场化投融资渠道，为医药产业的创新、医药贸易的发展提供更多金融支持。

（十）加快医药产业与医药贸易互动升级，加快医药产业与医药贸易协同高质量发展

加快医药产业结构与医药贸易结构的互动升级。医药产业贸易耦合协调度与医药高质量发展呈现 U 形关系，在经过耦合协调的深化发展、跨越门槛之后，进入医药制造与医药贸易高质量发展的转折点，加快医药产业与医药贸易协同高质量发展。

参考文献

[1] 安同良，魏婕，舒欣 . 中国制造业企业创新测度——基于微观创新调查的跨期比较 [J]. 中国社会科学，2020（3）.

[2] 白俊红 . 中国的政府 R&D 资助有效吗？来自大中型工业企业的经验证据 [J]. 经济学（季刊），2011，10（3）.

[3] 曾繁清，叶德珠 . 金融体系与产业结构的耦合协调度分析——基于新结构经济学视角 [J]. 经济评论，2017（3）.

[4] 程惠芳，陈超 . 开放经济下知识资本与全要素生产率——国际经验与中国启示 [J]. 经济研究，2017，52（3）.

[5] 程惠芳，岑丽君 . FDI、产业结构与国际经济周期协动性研究 [J]. 经济研究，2010（9）.

[6] 仇雪 . 价值链视角下江苏省医药产业竞争力分析 [J]. 现代商业，2021（23）.

[7] 褚淑贞，陈怡，徐芳萍 . 2017 年江苏省医药产业发展报告 [J]. 药学进展，2018，42（5）.
[8] 崔蓓，王磊 . 生物医药产业技术创新对外依存度评估指标体系构建研究 [J]. 军事医学，2022，46（2）.
[9] 丁静，茅鸯对 . 大数据战略下医药产业高质量发展协同共治路径研究——以浙江省医药产业数字化转型与监管为视角 [J]. 中国现代应用药学，2022，39（21）.
[10] 董微微，崔丽红，曹馨洁 . 京津冀健康产业协同发展现状与对策研究 [J]. 城市，2021（12）.
[11] 冯偲 . 传统中医药工业高质量发展研究 [J]. 经济问题，2022（6）.
[12] 冯晓玲，王孟孟 . 中美服务业产业内贸易与服务经济的协同发展研究——基于 VAR 模型的实证分析 [J]. 中央财经大学学报，2013（8）.
[13] 龚静 . 中国服务贸易产业内贸易与服务业发展的协同性研究——基于 VAR 模型的动态效应分析 [J]. 商业时代，2012（30）.
[14] 谷玉 . 政策协同视角下产业创新效率研究 [J]. 合作经济与科技，2020（24）.
[15] 郭春丽 . 中国药品生产流通：体制现状、存在的问题及政策取向 [J]. 经济学家，2013（9）.
[16] 郭倩倩，罗佳 . 产业结构约束下中国与“一带一路”沿线国家对外贸易的协同性研究——基于中国与“一带一路”主要贸易国家的门槛回归模型 [J]. 全国流通经济，2019（36）.
[17] 洪俊杰，张宸妍 . 产业政策影响对外直接投资的微观机制和福利效应 [J]. 世界经济，2020，43（11）.
[18] 黄勃，李海彤，刘俊岐，等 . 数字技术创新与中国企业高质量发展——来自企业数字专利的证据 [J]. 经济研究，2023，58（1）.
[19] 黄玖立，李坤望，黎德福，等 . 中国地区实际经济周期的协同性 [J]. 世界经济，2011（9）.
[20] 蒋天文，樊志宏 . 中国医疗系统的行为扭曲机理与过程分析 [J]. 经济研究，2002（11）.
[21] 焦建平 . 我国新医改的发展成就、困境及路径选择 [J]. 中国卫生标准管理，2022，13（13）.
[22] 李兰冰，刘秉镰 . 中国高技术产业的效率评价与成因识别 [J]. 经济学动态，2014（9）.
[23] 联合国统计司 . 所有经济活动的国际标准行业分类（修订本第 3 版）[M]. 纽约：联合国，1990.
[24] 刘秉镰，徐锋，李兰冰 . 中国医药制造业创新效率评价与要素效率解构 [J]. 管理世界，2013（2）.

[25] 刘玲玉，严帅 . 粤苏生物医药产业发展对比研究及对广东的启示 [J]. 科技管理研究，2020，40（6）.
[26] 刘坪 . 全力推动阿坝中（藏羌）医药传承创新发展 [J]. 当代县域经济，2022（2）.
[27] 刘岩 . 医药产业创新驱动与高质量发展的研究 [J]. 中国产经，2022（23）.
[28] 隆国强 . 加工贸易发展问题研究 [J]. 国际贸易，2006（9）.
[29] 卢锋 . 比较优势结构与开放型棉产业发展——我国棉花贸易政策面临十字路口选择 [J]. 管理世界，2006（11）.
[30] 齐建民，孙旭杰 . 贸易与产业结构双轮驱动下的中国经济增长方式——基于 VAR 模型的实证分析 [J]. 求索，2013（4）.
[31] 钱学锋，余弋 . 出口市场多元化与企业生产率：中国经验 [J]. 世界经济，2014，37（5）.
[32] 邱冬阳，白玉铭 . 经济增长预期目标、弹性约束与经济高质量发展 [J]. 改革，2023（1）.
[33] 全威帆，江铖 ."前沿"与"双圈"——从成都前沿医学中心看生物医药产业协同发展 [J]. 先锋，2022（5）.
[34] 邵蓉，赵丹，蒋蓉 . 中国创新药物研发政策与趋势 [J]. 中国食品药品监管，2018（1）.
[35] 孙晓华，王昀 . 企业规模对生产率及其差异的影响——来自工业企业微观数据的实证研究 [J]. 中国工业经济，2014（5）.
[36] 孙烨，孙立阳，廉洁 . 企业所有权性质与规模对环境信息披露的影响分析——来自上市公司的经验证据 [J]. 社会科学战线，2009（2）.
[37] 唐柳，俞乔，鲜荣生 . 经济发展方式的"两级转变"：基于协同论的分析 [J]. 管理世界，2014（5）.
[38] 唐文 . 推动生物医药产业高质量发展 [J]. 当代广西，2022（20）.
[39] 陶长琪，陈文华，林龙辉 . 我国产业组织演变协同度的实证分析——以企业融合背景下的我国 IT 产业为例 [J]. 管理世界，2007（12）.
[40] 万伦来，曹景帆，娜仁 . 长三角生物医药产业高质量发展的时空特征 [J]. 华东经济管理，2022，36（9）.
[41] 王恒，方兰 . 中国水—能源—粮食纽带系统安全水平与全要素生产率时空耦合协调关系分析 [J]. 水资源保护，2023，39（2）.
[42] 王雅琴 . 货币政策、财政政策与产业政策协同性研究——基于 TVP-VAR 模型的实证分析 [J]. 价格理论与实践，2020（9）.
[43] 王宇，王铁男，易希薇 .R&D 投入对 IT 投资的协同效应研究——基于一个内部组织特征的情境视角 [J]. 管理世界，2020（7）.
[44] 魏金义，祁春节 . 农业技术进步与要素禀赋的耦合协调度测算 [J]. 中国人

口・资源与环境，2015，25（7）.
[45] 文东伟，冼国明，马静 .FDI、产业结构变迁与中国的出口竞争力 [J]. 管理世界，2009（4）.
[46] 吴海霞，李野，赵双春 . 我国医药创新环境 SWOT 分析及战略选择 [J]. 中国药房，2006，17（19）.
[47] 吴鹏，夏楚瑜，何冲冲 . 区域产业结构贸易结构的关联匹配研究——基于灰色关联算法 [J]. 系统科学与数学，2020，40（11）.
[48] 吴志军 . 生物医药上市公司资产重组绩效实证研究 [J]. 企业经济，2017，36（12）.
[49] 肖威，刘德学 . 垂直专业化分工与经济周期的协同性——基于中国和主要贸易伙伴的实证研究 [J]. 国际贸易问题，2013（3）.
[50] 颜春霞 . 敦化市医药健康产业高质量发展策略研究 [J]. 中国产经,2022（21）.
[51] 杨山石，金春林，黄玉捷 . 全球医药及医疗器械领域专利布局及创新趋势 [J]. 中国卫生资源，2020，23（3）.
[52] 杨燕绥，秦晨 . 提高公卫应急能力需要常态化制度安排 [J]. 中国卫生，2020（8）.
[53] 杨子晖，田磊 . 中国经济与世界经济协同性研究 [J]. 世界经济，2013（1）.
[54] 叶伟巍，梅亮，李文，等 . 协同创新的动态机制与激励政策——基于复杂系统理论视角 [J]. 管理世界，2014（6）.
[55] 袁冬梅，陈晓佳，信超辉 . 贸易开放与产业升级对我国区域就业的协同影响——基于分区域省级面板数据的分析 [J]. 湖南师范大学社会科学学报，2018，47（5）.
[56] 臧新，李菡 . 垂直专业化与产业集聚的互动关系——基于中国制造行业样本的实证研究 [J]. 中国工业经济，2011（8）.
[57] 张兵兵 . 进出口贸易与经济增长的协动性关系研究——基于 1952—2011 年中国数据的经验分析 [J]. 国际贸易问题，2013（4）.
[58] 张国峰，王永进，李坤望 . 产业集聚与企业出口：基于社交与沟通外溢效应的考察 [J]. 世界经济，2016（2）.
[59] 张丝雨，胡伟艳，赵可，等 . 耕地多功能与农业绿色全要素生产率的耦合协调发展研究 [J]. 世界农业，2022（11）.
[60] 张昕，李廉水 . 制造业聚集、知识溢出与区域创新绩效——以我国医药、电子及通讯设备制造业为例的实证研究 [J]. 数量经济技术经济研究，2007，24（8）.
[61] 赵娜娜，孙利华 . 中国医药产业新药研发能力研究 [J]. 中国医药工业杂志，2018，49（9）.
[62] 周行，冯国忠 . 新时期我国医药产业安全对策分析 [J]. 现代商贸工业，2013

（2）.

[63] 周毅 ."新医改"下的我国医药产业可持续发展的国际竞争力研究 [J]. 国际贸易问题，2011（7）.

[64] 朱福林 . 中美货物贸易全球格局演变与中美贸易战的内在逻辑 [J]. 上海经济研究，2019（7）.

[65] 朱恒鹏 . 管制的内生性及其后果：以医药价格管制为例 [J]. 世界经济，2011（7）.

[66] 朱恒鹏 . 还医生以体面：医疗服务走向市场定价 [J]. 财贸经济，2010（3）.

[67] 朱玲 . 政府与农村基本医疗保健保障制度选择 [J]. 中国社会科学，2000（4）.

[68] Acemoglu D.，A. Finkelstein. Input and technology choices in regulated industries: evidence from the health care sector[J]. Journal of Political Economy，2008，116（5）.

[69] Acemoglu D.，J. Linn. Market size in innovation: theory and evidence from the pharmaceutical industry[J]. The Quarterly Journal of Economics，2004，119（3）.

[70] Azoulay P.，et al.. Public R&D investments and private-sector patenting: evidence from NIH funding rules[J]. The Review of Economic Studies，2019，86（1）.

[71] Cockburn I M.，J. O. Lanjouw，M. Schankerman. Patents and the global diffusion of new drugs[J]. American Economic Review，2016，106（1）.

[72] Costinot A.，D. Donaldson，M. Kyle，et al.. The more we die，the more we sell? A simple test of the home-market effect[J]. The Quarterly Journal of Economics，2019，134（2）.

[73] Currie J.，et al.. Addressing antibiotic abuse in China: an experimental audit study[J]. Journal of Development Economics，2014，110.

[74] DiMasi J. A.，H. G. Grabowski. The cost of biopharmaceutical R&D: is biotech different?[J]. Managerial and Decision Economics，2007，28（4-5）.

[75] DiMasi J.，et al.. The price of innovation: new estimates of drug development costs[J]. Journal of Health Economics，2003，22（2）.

[76] Haken H. Synergetics[J]. Physics Bulletin，1977，28（9）.

[77] Hind L. C.，Q. Yang. Open innovation: An opportunity for pharmerging countries to close the technology gap?[C]// Proceedings of the 10th International Conference on Innovation and Management. 2013.

[78] Ho K.，R. S. Lee. Insurer competition in health care markets[J]. Econometrica，2017，85（2）.

[79] Morgan S.，et al.. The cost of drug development: a systematic review[J]. Health Policy，2011，100（1）.

[80] Moser P.，A. Voena. Compulsory licensing: evidence from the trading with the enemy act[J]. American Economic Review，2012，102（1）.

[81] Munos B.. Lessons from 60 years of pharmaceutical innovation[J]. Nature Reviews Drug Discovery，2009，8（12）.

[82] Papageorgiou C.， et al.. International medical technology diffusion[J]. Journal of International Economics，2007，72（2）.

[83] PhRMA. Drug discovery and development：understanding the R&D process[R]. Washington，DC：PhRMA，2007.

[84] PwC. Pharma 2020：Virtual R&D - Which Path Will You Take?，Price waterhouse Coopers，2008.

[85] PwC. Pharma 2020：From Vision to Decision，Price waterhouse Coopers，2012.

[86] Rauch J. E.. Development through synergistic reforms[J]. Journal of Development Economics，2010，93（2）.

[87] Tempest B.. The structural changes in the global pharmaceutical marketplace and their possible implications for intellectual property[R]. Geneva：UNCTAD-ICTSD，2011.

[88] Vandaie R.. Basic and applied research collaboration trends in the pharmaceutical industry[J]. Industrial and Corporate Change，2022，31（6）.

[89] WHO. World Health Organization classification of tumours of the digestive system[M]. 5th ed. Lyon：IARC Press，2020.

[90] World Bank Group. Pollution prevention and abatement handbook：pharmaceuticals manufacturing[R]. Washington，DC：World Bank，1998.

[91] Zhang X.，H. Nie. Public health insurance and pharmaceutical innovation：evidence from China[J]. Journal of Development Economics，2021，148.

第八章

开放经济下知识资本、创新发展与全要素生产率互动变化分析

摘　要

我国正处在由创新追赶型国家向创新领导型国家转变的重要阶段，创新政策的重点应促进创新资源的有效配置，增强知识资本投入产出能力，加快发展新质生产力，提升制造业全要素生产率水平。知识资本是创新驱动发展的核心要素，开放经济下如何有效配置知识资本等创新要素、增强创新投入产出能力、提升全要素生产率是加快创新发展迫切需要研究的重要问题。本章把知识资本纳入开放型经济内生增长模型，对130个经济体的知识资本投入产出能力进行国际比较，运用宏观知识生产函数模型估计不同类型的知识资本对国家层面的全要素生产率的影响效应，旨在探讨知识资本对不同经济体全要素生产率影响的差异性，为我国创新驱动发展、创新要素有效配置和创新政策制定提供理论依据。本章对知识资本对工业企业全要素生产率、技术进步和效率变化的影响进行研究，运用全要素生产率模型，对不同区域和不同区域的知识资本的创新效应进行回归分析，对创新投入与制造业全要素生产率互动关系及其影响进行比较分析。研究结论表明，知识资本和创新要素对全要素生产率具有显著正效应，但是不同知识资本要素对不同创新水平的经济体和不同区域的制造业全要素生产率的影响存在明显差异。主要研究结论如下。

（1）运用宏观知识生产函数模型估计不同类型的知识资本对不同经济体的全要素生产率的影响效应。把国内知识资本分为研发资本、人力

资本、创新设施资本和技术资本，将国外知识资本分为进口溢出知识资本和 FDI 溢出知识资本，根据知识资本水平指数把 130 个经济体划分为创新领导俱乐部、创新追赶俱乐部和创新缓慢俱乐部，对知识资本与全要素生产率的关系进行了实证检验。结果显示：研发资本、人力资本、创新设施资本和技术资本的投入对全要素生产率均具有显著正效应，但是不同知识资本要素对不同创新水平经济体的全要素生产率的影响存在明显差异。知识资本对创新领导经济体影响程度顺序为：人力资本 > 研发资本 > 技术资本 > 创新设施资本；对创新追赶经济体影响程度顺序为：人力资本 > 创新设施资本 > 研发资本 > 技术资本；对创新缓慢经济体影响程度顺序为：人力资本 > 创新设施资本 > 技术资本 > 研发资本。

（2）对创新投入与制造业全要素生产率互动关系及其影响进行比较分析。构建了创新投入发展水平指标体系，从数字资本投入、人力资本投入、研发资本投入及基础设施投入 4 个方面对创新投入水平进行测度，基于 2000—2020 年全球 36 个经济体的 17 个制造业细分行业面板数据，利用固定效应模型检验了创新投入对制造业全要素生产率的影响效应，并把制度质量纳入分析框架，考察制度质量对创新投入与制造业全要素生产率两者关系的调节效应。分析结果表明：创新投入对制造业全要素生产率提升具有显著效应。中国创新投入发展水平稳步提升，不同类型创新投入在总量上与主要发达国家差距逐步缩小，但在人力资本质量、研发投入激励、创新基础设施建设等方面与发达国家还存在较大差距。

（3）对制造业全要素生产率进行国际比较分析。研究结果表明，各国间制造业全要素生产率差异明显，与世界主要发达国家相比，中国制造业全要素生产率还存在较大差距。从行业技术密集度来看，主要发达国家中高端制造业的全要素生产率处于领先地位，国际竞争优势明显；中国低端制造业全要素生产率取得显著进步，中高端制造业全要素生产率差距仍然比较明显。研究结果表明，创新投入能显著促进制造业全要素生产率，但不同类型的创新投入对制造业全要素生产率的促进效应存在明显差异性。从影响程度来看，数字资本投入对制造业全要素生产率的促进作用最大，人力资本投入次之。制度质量对创新投入与制造业全要素生产率的关系具有重要的调节作用。

（4）对知识资本对工业企业全要素生产率、技术进步和效率变化的影响进行了比较研究。运用全要素生产率模型和中国大中型工业企业面板数据，对不同区域知识资本的创新效应进行回归分析。研究结果表明：大中型工业企业知识资本投入结构已经发生明显变化，技术开发和技术改造投入与企业全要素生产率具有显著正相关性，国内外技术引进和消化吸收对企业创新的作用减弱。结果发现：东、中、西三大区域工业企业知识资本投入对全要素生产率影响存在明显差异，不同技术水平的企业知识资本的创新产出效应也存在明显差异。

（5）创新投入和知识资本对制造业全要素生产率具有显著的促进作用，但不同类型、不同区域的创新投入对制造业全要素生产率的提升作用存在差异性。我国要在重大关键核心技术领域实现领先发展、实现创新领跑，关键是要增加研发资本、人力资本、数字资本等投入强度，加快提升关键核心技术的自主创新能力；我国创新战略和政策重点应建设一批国家级战略产业研究院，加强大中型创新型企业技术研究院建设，加快提升产业和企业关键核心技术开发和自主创新能力。应根据区域和企业技术水平差异，实施差别化的创新驱动战略和政策，以更好地提高制造业全要素生产率和创新效率。

关键词：知识资本；数字资本；人力资本；研发资本；全要素生产率

第一节　有关创新发展与制造业全要素生产率研究文献

新一轮科技革命和产业变革正在重构全球创新版图，重塑全球经贸格局。世界各国纷纷立足本国优势领域和产业特色，通过加大突破性技术和硬科技领域的研发投入、培育和吸引多层次人才、完善数字技术基础设施以及强化科技和产业政策等措施，试图建立起新的制造业竞争优势（杨飞等，2018）[①]。2019 年，德国颁布《国家工业战略 2030》，提出要针对性地扶持重点制造业领域，进一步提高本国制造业创新能力，使德国在新一轮全球产业竞争中保持领先地位。2022 年，美国颁布《国家先进制造业战略》，重点围绕开发先进制造技术、发展先进制造业劳动力以及加强制造业供应链韧性 3 个方面提升制造业生产效率，以确保美国重新获得制造领域的领导地位。2021 年，我国颁布《中华人民共和国

① 杨飞、孙文远、程瑶：《技术赶超是否引发中美贸易摩擦》，《中国工业经济》2018 年第 10 期。

国民经济和社会发展第十四个五年规划和2035年远景目标纲要》，强调要“深入实施制造强国战略，增强制造业竞争优势，推动制造业高质量发展”。世界各国政策导向表明，提高制造业创新能力、实现制造业提质增效已成为塑造国家竞争新优势的关键所在。

我国经济发展依赖劳动力等传统要素投入的发展方式已经难以为继，加快创新发展，加快发展新质生产力，实现中国经济发展的质量变革、效率变革和动力变革迫在眉睫。作为我国现代化产业体系的核心，制造业无疑成为发展新质生产力的主阵地。我国已经具备全球门类最为齐全、产业体系最为完整的制造业，但与世界先进水平相比，我国制造业“全而不精”“大而不强”等问题尚未得到有效解决（余淼杰和张睿，2017）[①]，在自主创新能力、资源利用效率、质量效益等方面仍相对落后，转型升级和跨越发展的任务紧迫而艰巨。因此，加快形成以科技创新为主导、实现颠覆性技术突破而产生的新质生产力，推动制造业向专业化和价值链高端延伸，带动产业转型升级，着力提升制造业全要素生产率，是我国实现经济高质量发展的内在要求。

创新是引领制造业高质量发展的第一动力。创新投入作为开展科技创新活动的基本立足点，在提升产业全要素生产率方面起着重要作用。根据《2022年欧盟产业研发投资记分牌》，2021年中国正式超越欧盟成为全球产业研发投入第二大经济体[②]。然而值得注意的是，中国持续增长的产业创新投入规模似乎并未带来全要素生产率的同步提升。制造业“科技创新困境”现象受到国内学者广泛关注（戴小勇，2021[③]；叶初升和孙薇，2023[④]）。如何优化配置创新资源，将其有效转化为现实生产力，促进技术显著进步，进而提升全要素生产率是当前我国制造业发展亟须解决的现实问题。单纯的创新要素投入对提升制造业效能的作用相对有限，还需要适宜的制度环境来提高产业的资源转化效率。有关研究发现，若地区缺乏高质量的制度保障，如政府不当干预、产权保护缺失、环境

① 余淼杰、张睿：《中国制造业出口质量的准确衡量：挑战与解决方法》，《经济学（季刊）》2017年第2期。

② https://ec.europa.eu/commission/presscorner/detail/en/ip_22_7647。

③ 戴小勇：《中国高创新投入与低生产率之谜：资源错配视角的解释》，《世界经济》2021年第3期。

④ 叶初升、孙薇：《中国“科技创新困境”再审视：技术创新质量的新视角》，《世界经济》2023年第8期。

监管缺位等，会对数字技术变革、人力资本配置、创新研发投入转化以及创新基础设施建设等产生负面影响，这可能不利于推动产业转型升级、实现生产力的跃迁（戴翔和刘梦，2018[①]；齐俊妍和任奕达，2022[②]；任英华等，2023[③]）。同时，国家间的文化背景、资源禀赋、经济发展存在明显的差距，使得各国的制度质量有所不同，进而影响创新投入对本国制造业的驱动作用，由此深刻影响国家战略科技力量和国际竞争优势。因此，深入研究创新投入、知识资本、制度质量与制造业全要素生产率的内在关系及其影响效应具有重要的理论和应用价值。

一、创新投入的内涵及构成要素的研究文献回顾

1912 年，熊彼特首次在《经济发展理论》[④]中提出“创新”的概念，认为创新是“将全新的生产要素或生产条件的‘新组合’引入经济体系，从而建立起一个不同于以往的新的生产函数，这是产业突变的内生基础”。1973 年，弗里曼在对各国产业创新发展进行系统梳理后，认为创新投入是对新产品、新技术的投资，是帮助企业实现技术商业化转型的基础，并在《产业创新经济学》[⑤]中多次采用研发支出来衡量创新投入。以 Romer（1990）[⑥]为代表的内生增长学派将知识作为独立于劳动力和资本的一种生产要素，建立起基于 R&D 投入的内生增长模型，揭示了研发要素作为创新投入对经济增长的推动作用。Lucas（1988）[⑦]在继承乌沙华（Uzawa）人力资本概念的基础上对创新投入进行拓展，将人力资本作为一种生产要素纳入内生增长模型中。Barro（1988）[⑧]则构建了一个包含基础设施在内的增长模型，证实基础设施作为一种公共品投入对经济增长

---

① 戴翔、刘梦:《人才何以成为红利——源于价值链攀升的证据》,《中国工业经济》2018 年第 4 期。

② 齐俊妍、任奕达:《数字经济发展、制度质量与全球价值链上游度》,《国际经贸探索》2022 年第 1 期。

③ 任英华、刘宇钊、胡宗义等:《大数据发展、知识产权保护对企业绿色技术创新的影响》,《中国人口·资源与环境》2023 年第 7 期。

④ 约瑟夫·熊彼特:《经济发展理论》，商务印书馆，2000 年。

⑤ 克里斯·弗里曼:《产业创新经济学》，东方出版中心，2022 年。

⑥ Romer P. M.,“Endogenous technological change,” *Journal of Political Economy*, Vol. 98, No.5, 1990.

⑦ Lucas Jr. R. E.,“On the mechanics of economic development,” *Journal of Monetary Economics*, Vol. 22, No.1, 1988.

⑧ Barro R. J.,“Government Spending in a Simple Model of Endogenous Growth,” *NBER Working Paper*, 1988.

具有正外部性。美国经济学家 Griliches（1998）[①] 提出以知识资本和创新为增长源泉的企业内生增长理论框架，强调知识资本对企业全要素生产率的重要性，推动了学界围绕知识资本对创新投入的内涵进行扩充与丰富，研究从研发资本单一要素向国内研发资本、国外研发资本、人力资本等多要素转变。制度对创新潜力的促进作用也受到国内外学者的高度关注（Ang et al. ,2011[②]；Fang et al. ,2017[③]；Donges et al. ,2023[④]；黄远浙等，2021[⑤]；周楠和杨竹,2023[⑥]）。Rodríguez-Pose 和 Cataldo（2015）[⑦] 将制度质量作为一种创新投入纳入内生增长模型中，强调了制度要素在经济增长中的贡献。

21 世纪以来，以颠覆性数字技术引领的第四次工业革命改变了经济活动中原有的要素投入结构，数据已成为产业创新中不可或缺的要素投入，国内外部分学者（Müller et al.，2018[⑧]；Jones and Tonetti，2020[⑨]；Farboodi and Veldkamp，2020[⑩]；唐要家等，2022[⑪]；徐翔等，2023[⑫]）将数字资本作为投入要素纳入经济增长模型，并深入分析创新投入与产出的关系。随着理论模型的不断拓展与深入，创新投入的内涵及其构成要素也在不断扩充与丰富。大量文献基于不同角度对创新投入进行研究分析，

---

① Griliches Z.，“R&D and Productivity，” *NBER Working Paper*，1998.

② Ang J. B.，Madsen J.B.，“ Can second-generation endogenous growth models explain the productivity trends and knowledge production in the Asian miracle economies，” *Review of Economics and Statistics*，Vol.93，No.4，2011.

③ Fang L. H.，et al.，“ Intellectual property rights protection，ownership，and innovation：evidence from China，” *The Review of Financial Studies*，Vol.30，No.7，2017.

④ Donges A.，et al.，“The impact of institutions on innovation，” *Management Science*，Vol.69，No.4，2023.

⑤ 黄远浙、钟昌标、叶劲松等：《跨国投资与创新绩效——基于对外投资广度和深度视角的分析》，《经济研究》2021 年第 1 期。

⑥ 周楠、杨竹：《制度距离与中国企业跨国并购创新绩效》，《科研管理》2023 年第 2 期。

⑦ Rodríguez-Pose A.，Di Cataldo M.，“Quality of government and innovative performance in the regions of Europe，” *Journal of Economic Geography*，Vol.15，No.4，2015.

⑧ Müller O.，et al.，“The effect of big data and analytics on firm performance：An econometric analysis considering industry characteristics，” *Journal of Management Information Systems*，Vol.35，No.2，2018.

⑨ Jones C. I.，Tonetti C.，“Nonrivalry and the economics of data，” *American Economic Review*，Vol.110，No.9，2020.

⑩ Farboodi M.，Veldkamp L.，“Long-run growth of financial data technology，” *American Economic Review*，Vol.110，No.8，2020.

⑪ 唐要家、王珏、唐春晖：《数字经济，市场结构与创新绩效》，《中国工业经济》2022 年第 10 期。

⑫ 徐翔、赵墨非、李涛等：《数据要素与企业创新：基于研发竞争的视角》，《经济研究》2023 年第 2 期。

但国内外学者对创新投入内涵的认识不同，导致其对创新投入构成要素的划分也存在较大差异。创新投入的构成要素不仅是理解创新投入内涵的框架，也是探究创新发展水平的重要依据。因此，明确创新投入的构成要素是非常必要的。

本文在界定创新投入的内涵前，先对国内外权威文献中有关创新投入构成要素的内容进行梳理总结（见表 8-1），按照时间先后顺序进行排列，并归纳总结出 3 点趋势：一是学界对创新投入的内涵不断丰富与拓展（已从单一要素向多种要素转变），不再将研发投入作为创新投入的唯一代理变量，且对创新投入的界定主要从技术、人力、物力、财力等角度进行归纳总结。二是数字经济背景下，数字资本已成为驱动经济发展的新质生产要素，能够催生出新的产业和模式，充分发挥对经济发展的倍增效应，进而提高制造业全要素生产率。三是制度质量和制度性开放作为一种外部环境因素，能够引导创新要素合理流动，实现资源优化配置，提高要素产出效率。

本文围绕内生增长理论中关于创新投入的研究脉络，对创新投入的内涵界定如下：创新投入是创新主体拥有的或控制的，可以投入创新活动中并最终转化为经济价值和实现经济效益的全部资源投入，从具体构成上可划分为知识资本、数字资本、人力资本、研发资本、基础设施等。

表 8-1　　国内外学者对创新投入构成要素主要研究文献

作者	年份	研发资本	人力资本	基础设施	制度因素	知识资本	数字资本
Griliches	1991，1998	√				√	
Galbrainth	1969					√	
Lichtenberg①	1992	√	√				
Nadiri & Mamuneas②	1994	√		√			
Coe et al.③	2009	√					

① Lichtenberg F.R.，"R&D investment and international productivity differences，" *NBER Working Paper,* 1992.

② Nadiri M.I.，Mamuneas T.P.，"Infrastructure and Public R&D Investments，and the Growth of Factor Productivity in US Manufacturing Industries，" *NBER Working Paper*，1994.

③ Coe D.T.，et al.，"International R&D spillovers and institutions，" *European Economic Review,* Vol.53, No.7, 2009.

续表

作者	年份	研发资本	人力资本	基础设施	制度因素	知识资本	数字资本
Nadiri and Kim①	1996	√					
Chavas et al.②	1997				√		
Bernstein and Mohnen③	1998	√					
Furman and Hayes④	2002	√	√		√		
Basu et al.⑤	2003					√	
Moretti⑥	2004		√				
Furman and Hayes⑦	2004	√	√		√		
Griffith et al.⑧	2004	√					
Luintel and Khan⑨	2004	√					
Iranzo and Peri⑩	2007		√				
李平等⑪	2007	√	√		√		

① Nadiri M. I., Kim S., "International R&D spillovers, trade and productivity in major OECD countries," *NBER Working Paper*, 1996.

② Chavas J. P., et al., "An analysis of the source and nature of technical change: the case of US agriculture," *Review of Economics and Statistics,* Vol.79, No.3,1997.

③ Bernstein J. I., Mohnen P., "International R&D spillovers between US and Japanese R&D intensive sectors," *Journal of International Economics,* Vol.44, No.2,1998.

④ Furman J. L., Hayes R., "Catching up or standing still? National innovative productivity among 'follower' countries, 1978–1999," *Research Policy*, Vol.33, No.9, 2002.

⑤ Basu S., et al., "The Case of the Missing Productivity Growth: Or Does Information Technology Explain Why Productivity Accelerated in the US but not the UK," *NBER Working Paper,* 2003.

⑥ Moretti E., "Estimating the social return to higher education: evidence from longitudinal and repeated cross-sectional data," *Journal of Econometrics,* Vol.121, No.1, 2004.

⑦ Furman J. L., Hayes R., "Catching up or standing still? National innovative productivity among 'follower' countries, 1978–1999," *Research Policy*, Vol.33, No.9, 2004.

⑧ Griffith R., et al., "Mapping the two faces of R&D: Productivity growth in a panel of OECD industries," *Review of Economics and Statistics,* Vol.86, No.4, 2004.

⑨ Luintel K. B., Khan M., "Are international R&D spillovers costly for the United States," *Review of Economics and Statistics,* Vol.86, No.4, 2004.

⑩ Iranzo S., Peri G., "Migration and Trade in a World of Technological Differences: Theory with an Application to Eastern–Western European Integration," *NBER Working Paper,* 2007.

⑪ 李平、崔喜君、刘健:《中国自主创新中研发资本投入产出绩效分析——兼论人力资本和知识产权保护的影响》,《中国社会科学》2007 年第 2 期。

续表

作者	年份	研发资本	人力资本	基础设施	制度因素	知识资本	数字资本
Mancusi①	2008	√					
Coe et al.②	2009	√	√		√		
Ciccone and Papaioannou③	2009		√				
Lerner④	2009				√		
张宗和和彭昌奇⑤	2009	√			√		
Madsen and Timol⑥	2011	√					
Ang and Madsen⑦	2011	√					
Balsvik⑧	2011		√				
Peri⑨	2012		√				
罗思平和于永达⑩	2012		√				
孙琳琳等⑪	2012					√	
Berchicci⑫	2013	√					

① Mancusi M. L., "International spillovers and absorptive capacity: a cross-country cross-sector analysis based on patents and citations," *Journal of International Economics,* Vol.76, No.2, 2008.

② Coe D. T., et al., "International R&D spillovers and institutions," *European Economic Review,* Vol.53, No.7, 2009.

③ Ciccone A., Papaioannou E., "Human capital, the structure of production, and growth," *Review of Economics and Statistics,* Vol.91, No.1, 2009.

④ Lerner J., "The empirical impact of intellectual property rights on innovation: puzzles and clues," *American Economic Review,* Vol.99, No.2, 2009.

⑤ 张宗和、彭昌奇:《区域技术创新能力影响因素的实证分析——基于全国 30 个省市区的面板数据》,《中国工业经济》2009 年第 11 期。

⑥ Madsen J. B., Timol I., "Long-run convergence in manufacturing and innovation-based models", *Review of Economics and Statistics,* Vol.93, No.4, 2011.

⑦ Ang J. B., Madsen J. B., "Can second-generation endogenous growth models explain the productivity trends and knowledge production in the Asian miracle economies," *Review of Economics and Statistics,* Vol.93, No.4, 2011.

⑧ Balsvik R., "Is labor mobility a channel for spillovers from multinationals? Evidence from Norwegian manufacturing," *Review of Economics and Statistics,* Vol.93, No.1, 2011.

⑨ Peri G., "The effect of immigration on productivity: evidence from US states," *Review of Economics and Statistics,* Vol.94, No.1, 2012.

⑩ 罗思平、于永达:《技术转移、"海归"与企业技术创新——基于中国光伏产业的实证研究》,《管理世界》2012 年第 11 期。

⑪ 孙琳琳、郑海涛、任若恩:《信息化对中国经济增长的贡献: 行业面板数据的经验证据》,《世界经济》2012 年第 2 期。

⑫ Berchicci L., "Towards an open R&D system: Internal R&D investment, external knowledge acquisition and innovative performance," *Research Policy,* Vol.42, No.1, 2013.

续表

作者	年份	研发资本	人力资本	基础设施	制度因素	知识资本	数字资本
Buccirossi et al.①	2013				√		
Doraszelski and Jaumandreu②	2013	√					
Eberhardt et al.③	2013	√					
李左峰④	2013	√	√				
Manuelli and Seshadri⑤	2014		√				
Moser et al.⑥	2014		√				
Rodríguez–Pose and Cataldo⑦	2014				√		
Squicciarini and Voigtländer⑧	2016		√				
Acemoglu	2016			√			
吴超鹏和唐葯⑨	2016				√		
朱平芳等⑩	2016	√	√				
Agrawal et al.⑪	2017			√			
Akcigit et al.⑫	2017		√				

① Buccirossi P., et al., "Competition policy and productivity growth: An empirical assessment," *Review of Economics and Statistics,* Vol.95, No.4, 2013.

② Doraszelski U., Jaumandreu J., "R&D and productivity: Estimating endogenous productivity," *Review of Economic Studies,* Vol.80, No.4, 2013.

③ Eberhardt M., et al., "Do spillovers matter when estimating private returns to R&D," *Review of Economics and Statistics,* Vol.95, No.2, 2013.

④ 李左峰：《创新型企业创新投入要素的产出弹性估计》，《管理世界》2013 年第 2 期。

⑤ Manuelli R. E., Seshadri A., "Human capital and the wealth of nations," *American Economic Review,* Vol.104, No.9, 2014.

⑥ Moser P., et al., "German Jewish émigrés and US invention," *American Economic Review,* Vol.104, No.10,2014.

⑦ Rodríguez–Pose A., Di Cataldo M., "Quality of government and innovative performance in the regions of Europe," *Journal of Economic Geography,* Vol.15, No.4, 2014.

⑧ Squicciarini M. P., Voigtländer N., "Knowledge Elites and Modernization: Evidence from Revolutionary France," *NBER Working Paper,* 2016.

⑨ 吴超鹏、唐葯：《知识产权保护执法力度、技术创新与企业绩效——来自中国上市公司的证据》，《经济研究》2016 年第 11 期。

⑩ 朱平芳、项歌德、王永水：《中国工业行业间 R&D 溢出效应研究》，《经济研究》2016 年第 11 期。

⑪ Agrawal A., et al., "Roads and innovation," *Review of Economics and Statistics,* Vol.99, No.3, 2017.

⑫ Akcigit U., et al., "Immigration and the rise of American ingenuity," *American Economic Review,* Vol.107, No.5, 2017.

续表

作者	年份	研发资本	人力资本	基础设施	制度因素	知识资本	数字资本
白俊红等①	2017	√	√				
程惠芳和陈超②	2017	√	√	√		√	
李林木和汪冲③	2017				√		
Akcigit et al.④	2018	√					
纪雯雯和赖德胜⑤	2018		√				
Cai and Li⑥	2019	√					
张萃⑦	2019		√				√
Zacchia⑧	2019	√					
吉赟和杨青⑨	2020			√			
沈国兵和袁征宇⑩	2020					√	
Hervás-Oliver et al.⑪	2021	√					
佟家栋和张俊美⑫	2021		√				
何洋和宋林⑬	2022					√	

① 白俊红、王钺、蒋伏心等:《研发要素流动，空间知识溢出与经济增长》,《经济研究》2017年第7期。

② 程惠芳、陈超:《开放经济下知识资本与全要素生产率——国际经验与中国启示》,《经济研究》2017年第10期。

③ 李林木、汪冲:《税费负担，创新能力与企业升级——来自“新三板”挂牌公司的经验证据》,《经济研究》2017年第11期。

④ Akcigit U., et al., “Dancing with The Stars: Innovation Through Interactions,” *NBER Working Paper*, 2018.

⑤ 纪雯雯、赖德胜:《人力资本配置与中国创新绩效》,《经济学动态》2018年第11期。

⑥ Cai J., Li N., “Growth through inter-sectoral knowledge linkages,” *Review of Economic Studies*, Vol.86, No.5, 2019.

⑦ 张萃:《外来人力资本，文化多样性与中国城市创新》,《世界经济》2019年第11期。

⑧ Zacchia P., “Knowledge spillovers through networks of scientists,” *Review of Economic Studies*, Vol.87, No.4, 2019.

⑨ 吉赟、杨青:《高铁开通能否促进企业创新：基于准自然实验的研究》,《世界经济》2020年第2期。

⑩ 沈国兵、袁征宇:《互联网化，创新保护与中国企业出口产品质量提升》,《世界经济》2020年第11期。

⑪ Hervás-Oliver J. L., et al., “The drivers of SME innovation in the regions of the EU,” *Research Policy*, Vol.50, No.9, 2021.

⑫ 佟家栋、张俊美:《高层次人力资本投入与出口企业创新产出：横向创新与纵向创新》,《国际贸易问题》2021年第12期。

⑬ 何洋、宋林:《信息化对中国工业行业创新效率的影响》,《科研管理》2022年第4期。

续表

作者	年份	研发资本	人力资本	基础设施	制度因素	知识资本	数字资本
李磊等[①]	2022					√	
史丹和孙光林[②]	2022						√
汪意成和周伟岷[③]	2023						√
徐翔等[④]	2023						√

资料来源：作者根据相关资料整理。

二、有关全要素生产率内涵及其测度的研究文献

全要素生产率（TFP）不仅是评价创新发展水平的一个重要概念，更是创新投入转化的效率体现。Tinbergen（1942）[⑤]最先对 TFP 内涵进行理论阐述，他在生产函数中引入时间趋势项，通过时间来反映技术进步。Solow 等（1957）[⑥]将 TFP 定义为“各生产要素（如劳动力和资本等）投入之外的技术进步等贡献的经济增长，即剔除生产要素投入贡献后的‘剩余’部分”，这奠定了全要素生产率的理论基础。本文也遵循这一概念，将全要素生产率定义为“除了劳动力和资本投入以外，其他实现经济增长的贡献因素”。

全要素生产率是分析产业增长潜力、解读产业发展质量的关键因素。作为实体经济核心的制造业全要素生产率更是引起了国内外学者的广泛关注（潘毛毛和赵玉林，2020）[⑦]。学者围绕制造业全要素生产率的测算及分解进行了大量深入研究，采用的方法主要可分为参数估计方法（索洛余值法和随机前沿生产函数法）、非参数估计方法（数据包络分析法）、半参数估计方法（OP 法和 LP 法）三大类（见表 8-2）。

① 李磊、刘常青、韩民春：《信息化建设能够提升企业创新能力吗？——来自“两化融合试验区”的证据》，《经济学（季刊）》2022 年第 3 期。

② 史丹、孙光林：《大数据发展对制造业企业全要素生产率的影响机理研究》，《财贸经济》2022 年第 9 期。

③ 汪意成、周伟岷：《无形资本研究的新进展》，《经济学动态》2023 年第 7 期。

④ 徐翔、赵墨非、李涛等：《数据要素与企业创新：基于研发竞争的视角》，《经济研究》2023 年第 2 期。

⑤ Tinbergen J., “Critical remarks on some business-cycle theories,” *Econometrica*, Vol.10, No.2, 1942.

⑥ Solow R., M., Hamberg D., “Economic Growth and Instability,” *Econometrica*, Vol.25, No.4, 1957.

⑦ 潘毛毛、赵玉林：《互联网融合、人力资本结构与制造业全要素生产率》，《科学研究》2020 年第 12 期。

表 8-2　　有关全要素生产率测算方法及模型研究文献

类型	名称	基本模型	测算方法	优点	缺点	代表性文献
参数估计方法	索洛余值法	$Y=AK^{\alpha}L^{\beta}$	总产出的增长减去由于资本投入增长和劳动投入增长带来的变化，剩余增长部分是由除劳动和资本增长以外的其他因素带来的总产出的增长率	应用广泛、数据易收集、可行性强	假定与现实经济活动不相符	Solow（1957）；Madsen and Timol（2011）；Huo et al.（2023）；李晓钟和王倩倩（2014）；刘维林和程倩（2023）
	随机前沿生产函数法	$y=f(x,\beta)\cdot\exp(v-\mu)$	假定前沿生产函数形式和分布情况，估计生产函数中的待估计参数，进而测算出全要素生产率	将随机因素纳入考虑范围，可对技术的无效率产出进行有效估计	对生产函数设定敏感性较高	程惠芳和陆嘉俊（2014）；王卫和綦良群（2017）；Rawat and Sharma（2021）
非参数估计方法	数据包络分析法	$D^t(X^t,Y^t)=inf\{\theta:(X^t,Y^t)\in S^t\}$	通过线性规划的方式来构造生产前沿面，根据决策单元实际的生产点与前沿面的距离来评价多投入—多产出效率	无须设定具体生产函数形式和分布情况，不需要估算参数	数据敏感性高，稳健性易受数据误差影响	Sun et al.（2010）；Rath（2018）；Zhu et al.（2018）
半参数估计方法	OP 法	$y_{it}=\beta\cdot l_{it}+\gamma\cdot k_{it}+h(i_{it},k_{it})+e_{it}$	用企业投资额代表不可观测生产率的代理变量，设定投资是全要素生产率的严格单调增函数，通过反函数求解不可观测部分	可以解决因同时性偏差与样本选择偏差导致的内生性问题	要求投资额不小于零，但在实际经济活动中多数企业存在不投资现象，采用该方法会减少样本信息量	曹伟等（2022）；史丹和孙光林（2022）
	LP 法		在 OP 法的基础上，用中间品投入来代替企业投资额对全要素生产率进行测算	数据选择较为灵活，可使用中间品投入作为企业投资额的代理变量，避免样本量损失过多	没有考虑企业退出可能带来的内生性偏误问题	罗雨泽（2016）；史丹和孙光林（2022）

资料来源：作者根据相关材料整理。

索洛余值法。该方法最早是由 Solow 于 1957 年提出的，在确定总量生产函数后，采用产出增长率扣除各投入要素增长率后的余值来测算全要素生产率。基于规模收益不变和希克斯中性技术的假定，索洛余值法计算的全要素生产率等同于技术进步率。基于这一方法，Madsen 和 Timol（2011）① 对 1870—2006 年经济合作与发展组织 19 个国家的制造业全要素生产率进行测算，证实了经济合作与发展组织国家制造业生产率趋同现象。Fox 和 Smeets（2011）② 考虑到投入要素质量会对全要素生产率测算结果产生影响，对索洛余值法进行质量因素调整。Huo 等（2023）③ 指出外部冲击也是影响索洛残差的重要因素，强调测算过程中需要关注国际商业周期带来的外部冲击。国内学者主要通过索洛余值法对特定产业进行全要素生产率的测算。李晓钟和王倩倩（2014）④ 利用改良的柯布 – 道格拉斯生产函数，估算和比较了我国电子产业和高新技术产业的全要素生产率，发现电子产业全要素生产率明显高于高新技术产业，具有更强的创新水平。刘维林和程倩（2023）⑤ 利用索洛余值法测算全球数字产业 TFP 增长率及其溢出效应，并从不同层面考察了数字产业的技术溢出影响。虽然索洛余值法的前提假设比较严格，不同生产函数的设定将导致测算结果不同，但因其操作简单、适用性强等优点，在实际中被广泛应用。

随机前沿生产函数法（Stochastic Frontier Analysis，SFA 法）。相较索洛余值法，该方法中，总生产函数是由前沿生产函数和非效率两部分组成的，可以在技术无效率条件下估算全要素生产率。该方法通过估计随机前沿生产函数中的参数，将全要素生产率分解为技术进步、技术效率两个方面。程惠芳和陆嘉俊（2014）⑥ 基于 Malmquist 指数法把全要素

---

① Madsen J. B., Timol I., "Long-run convergence in manufacturing and innovation-based models," *Review of Economics and Statistics*, Vol.93, No.4, 2011.

② Fox J. T., Smeets V., "Does input quality drive measured differences in firm productivity," *International Economic Review*, Vol.52, No.4, 2011.

③ Huo Z., et al., "Utilization-adjusted TFP across countries: measurement and implications for international comovement," *Journal of International Economics*, Vol.146, 2023.

④ 李晓钟、王倩倩:《研发投入，外商投资对我国电子与高新技术产业的影响比较——基于全要素生产率的估算与分析》,《国际贸易问题》2014 年第 1 期。

⑤ 刘维林、程倩:《数字产业渗透、全球生产网络与非对称技术溢出》,《中国工业经济》2023 年第 3 期。

⑥ 程惠芳、陆嘉俊:《知识资本对工业企业全要素生产率影响的实证分析》,《经济研究》2014 年第 5 期。

生产率分解为技术进步和效率变化，重点考察了知识资本投入对工业企业 TFP 的影响效应。王卫和綦良群（2017）[①] 通过随机前沿生产函数模型对我国装备制造业及其细分行业 TFP 增长率进行测算，发现技术进步和配置效率变化是影响装备制造业 TFP 增长率的主要原因。Rawat 和 Sharma（2021）[②] 基于技术效率的动态性，将其划分为长期和短期，并根据 1999—2018 年印度制造业 17 个细分行业数据对 TFP 增长的驱动因素进行研究。虽然随机前沿生产函数法将随机因素纳入考虑范围，可对技术的无效率产出进行有效估计，但其对生产函数的设定敏感性较高，若错误设定函数形式则会造成结果的严重偏误。

数据包络分析法（Data Envelopment Analysis，DEA 法）。DEA 法是一种评价多个“输入”和“输出”决策单元相对有效性的模型，它主要与 Malmquist 指数相结合应用于实际测度中。该方法主要是采用线性规划方法构造有效生产前沿面，然后根据决策单元的实际产出与有效生产前沿面进行比较，测度出距离函数，基于距离函数用 Malmquist 指数对全要素生产率进行计算。Sun 等（2010）利用 DEA-Malmquist 指数方法测算了 1991—2001 年中国台湾 TFP 的增长率，并将其分解为技术效率和技术进步变化，以此来反映中国台湾的制造业产业创新水平。Rath（2018）[③] 基于数据包络分析法对 2008—2014 年印度制造业和服务业的全要素生产率进行测算，结果表明印度制造业和服务业主要由技术变革驱动，且与制造业相比，服务业的 TFP 更高。Zhu 等（2018）[④] 采用 DEA 法从技术、规模和管理 3 个方面对 1991—2014 年中国采矿业绿色全要素生产率进行了分析，指出技术进步对绿色 TFP 增长的贡献最大。DEA 法最大的优点是不需要设定任何函数或分布情况，但是该方法容易受到随机因素的影响，随机因素会对生产前沿面构造产生直接影响，导致测算结果不稳定。

---

① 王卫、綦良群:《中国装备制造业全要素生产率增长的波动与异质性》,《数量经济技术经济研究》2017 年第 10 期。

② Rawat P. S., Sharma S., “TFP growth, technical efficiency and catch-up dynamics: evidence from Indian manufacturing,” *Economic Modelling*, Vol.103, 2021.

③ Rath B. N., “Productivity growth and efficiency change: comparing manufacturing-and service-based firms in India,” *Economic Modelling*, Vol.70, 2018.

④ Zhu X., et al., “Green total factor productivity of China’s mining and quarrying industry: a global data envelopment analysis,” *Resources Policy*, Vol.57, 2018.

OP 法和 LP 法。部分学者也通过计算微观层面的企业 TFP 来反映特定产业创新能力（Berchicci，2013[①]；罗雨泽等，2016[②]；König et al.，2020[③]；曹伟等，2022[④]；史丹和孙光林，2022[⑤]）。OP 法和 LP 法作为估算企业生产率的常见方法，有效避免了传统测算方法中的同时性选择偏差和样本选择偏差问题。OP 法假定企业根据当前生产率进行投资，企业投资额是不可观测生产率的代理变量，通过求解反函数可以测度出全要素生产率。但是，该方法前提假设是企业投资额必须大于 0，而现实生活中存在许多不投资的企业，这就导致 OP 法不可行。基于这一点，LP 法用中间品投入来代替企业投资额，提高了数据的实用性，在实际运用中得到灵活运用。然而值得注意的是，以企业为单位，通过汇总企业数据来反映产业间的变化状况难免存在一定的测量误差，无法真实反映产业全要素生产率。

三、有关制造业全要素生产率影响因素的研究文献

创新投入与全要素生产率之间的关系一直是学界关注的焦点。大量学者围绕两者间的关系展开了广泛的研究与讨论，但对该问题的研究结论莫衷一是，主要可分为促进论、抑制论、非线性论以及不确定论 4 类观点。

（一）创新对制造业全要素生产率的影响

1. 促进论

产业创新理论认为创新投入是创新活动的物质基础，是产业持续发展的基本前提和重要保障。已有大量研究从理论和实证两个角度检验了创新投入对全要素生产率的促进作用。在理论方面，以研发投入为基础的内生增长模型是新古典经济增长模型的重要分支，代表人物有 Romer（1990）[⑥]、

---

① Berchicci L.，"Towards an open R&D system：Internal R&D investment，external knowledge acquisition and innovative performance，" *Research Policy*，Vol.42，No.1，2013.

② 罗雨泽、罗来早、陈衍泰：《高新技术产业 TFP 由何而定？——基于微观数据的实证分析》，《管理世界》2016 年第 2 期。

③ König M.，et al.，"From imitation to innovation：where is all that Chinese R&D going，" *Econometrica*，Vol.90，No.4，2020.

④ 曹伟、冯颖姣、余晨阳：《人民币汇率变动、企业创新与制造业全要素生产率》，《经济研究》2022 年第 3 期。

⑤ 史丹、孙光林：《大数据发展对制造业企业全要素生产率的影响机理研究》，《财贸经济》2022 年第 9 期。

⑥ Romer P. M.，"Endogenous technological change，" *Journal of Political Economy*，Vol.98，No.5，1990.

Grossman 和 Helpman（1994）[①]、Aghion 和 Howitt（1996）[②]、Griliches（1998）[③] 等。他们考虑技术进步的内生化，强调研发投入是加快创新发展和提高全要素生产率的核心要素。虽然上述理论模型初步建立了创新投入与全要素生产率之间的联系，但并未基于产业层面证实创新投入对 TFP 的具体影响。基于这一背景，Wang 和 Hagedoorn（2014）[④] 通过全球制药行业数据构建动态线性反馈模型发现，内部研发投入对行业 TFP 存在潜在的长期影响，但这一效应具有滞后性。Peri 等（2018）[⑤] 通过建立随机前沿生产模型进一步探讨了研发投入影响行业 TFP 的作用渠道，发现研发投入会通过提高技术变革速度、促进部门知识积累来提高行业生产效率。部分学者意识到单一的研发投入难以准确反映创新投入水平，便基于内生增长模型的理论框架，不断丰富和完善产业创新投入的构成要素，探究不同创新投入对 TFP 的影响。Rodríguez-Pose 和 Cataldo（2014）[⑥] 将制度质量引入内生增长模型，证实了制度作为一种投入要素会影响技术创新的约束和激励，进而作用于产业全要素生产率。杨俊等（2022）[⑦] 将大数据作为新的生产要素内生化引入生产模型，理论阐释了大数据能通过“乘数作用”和“研发模式转型”驱动技术进步，提升生产技术水平。龚六堂和吴立元（2023）[⑧] 构建了一个包含基础研究、应用研究的内生经济增长模型，指出两种研发投入对创新的差异性影响，强调优化研发投入结构是提升全要素生产率的重要手段。

在实证研究方面，Scherer（1965）[⑨] 最早通过建立线性回归模型来研

---

① Grossman G. M., Helpman E., “Endogenous innovation in the theory of growth,” *Journal of Economic Perspectives*, Vol.8, No.1, 1994.

② Aghion P., Howitt P., “Research and development in the growth process,” *Journal of Economic Growth*, Vol.8, 1996.

③ Griliches Z., “R&D and Productivity,” *NBER Working Paper*, 1998.

④ Wang N., Hagedoorn J., “The lag structure of the relationship between patenting and internal R&D revisited,” *Research Policy*, Vol.43, No.8, 2014.

⑤ Peri G., “The effect of immigration on productivity: evidence from US states,” *Review of Economics and Statistics*, Vol.94, No.1, 2018.

⑥ Rodríguez-Pose A., Di Cataldo M., “Quality of government and innovative performance in the regions of Europe,” *Journal of Economic Geography*, Vol.15, No.4, 2014.

⑦ 杨俊、李晓明、黄守军:《大数据、技术进步与经济增长——大数据作为生产要素的一个内生增长理论》,《经济研究》2022 年第 4 期。

⑧ 龚六堂、吴立元:《技术距离、研发投入结构与中国经济增长》,《改革》2023 年第 11 期。

⑨ Scherer F. M., “Firm size, market structure, opportunity, and the output of patented inventions,” *American Economic Review*, Vol.55, No.5, 1965.

究创新投入与产业创新绩效的内在联系，他指出研发投入对产业创新绩效具有显著的正向影响，且存在一定的滞后效应。Czarnitzki 和 Thorwarth（2012）[①]将研发投入细分为基础研究投入、应用研究投入以及开发研究投入，着重考察研发投入的异质性对行业生产率的贡献，发现相较应用研究和开发研究，基础研究对行业生产率的影响更为显著，尤其在高技术行业中，基础研究是产业提高生产效率、保持竞争力的重要来源。Pieri 等（2018）[②]将信息通信技术与研发同时视为创新投入，利用随机前沿模型对 1973—2007 年经济合作与发展组织产业中研发和信息通信技术的生产率效应进行了估计，发现两者对全要素生产率的贡献高达 95%。其中，研发投入对行业技术变革有显著的促进作用，信息通信技术则在产业间溢出效应方面更为关键。从人力资本视角出发，Ciccone 和 Papaioannou（2009）[③]发现世界前沿技术劳动效率的加速增长，使得拥有丰富人力资本的国家能更专注于人力资本密集型产业，提升国内产业创新水平。基于中国高等教育扩招的研究背景，Che 和 Zhang（2018）[④]采用双重差分模型证实了人力资本的增加会促进行业新技术的采用，进而提升行业全要素生产率。还有部分学者意识到在新一轮信息技术革命背景下，数字技术已成为推动产业创新发展的新兴力量（Goldfarb and Tucker，2019）[⑤]。黄群慧等（2019）[⑥]构建互联网发展影响制造业效率的理论模型，探究互联网发展与制造业效率提升的内在机制，指出互联网技术可以通过降低交易成本、减少资源错配以及促进创新等方面提升制造业生产率。史丹和孙光林（2022）[⑦]以中国制造业企业数据为样本，实证检验了数字资

---

① Czarnitzki D., Thorwarth S., “Productivity effects of basic research in low-tech and high-tech industries,” *Research Policy*, Vol.41, No.9, 2012.

② Pieri F., et al., “Modelling the joint impact of R&D and ICT on productivity: a frontier analysis approach,” *Research Policy*, Vol.47, No.9, 2018.

③ Ciccone A., Papaioannou E., “Human capital, the structure of production, and growth,” *Review of Economics and Statistics*, Vol.91, No.1, 2009.

④ Che Y., Zhang L., “Human capital, technology adoption and firm performance: impacts of China’s higher education expansion in the late 1990s,” *The Economic Journal*, Vol.128, No.614, 2018.

⑤ Goldfarb A., Tucker C., “Digital economics,” *Journal of Economic Literature*, Vol.57, No.1, 2019.

⑥ 黄群慧、余泳泽、张松林:《互联网发展与制造业生产率提升：内在机制与中国经验》,《中国工业经济》2019 年第 8 期。

⑦ 史丹、孙光林:《大数据发展对制造业企业全要素生产率的影响机理研究》,《财贸经济》2022 年第 9 期。

本投入对制造业全要素生产率具有正向作用。Nucci 等（2023）[①] 则根据 2016—2018 年的意大利企业数据，证实了数字化技术对全要素生产率具有显著的积极影响，且这种影响在服务业更为明显。

2. 抑制论

部分学者认为创新投入对产业全要素生产率没有提升作用，甚至存在抑制作用（Gordon，2016[②]；Bloom et al.，2020[③]；李小平和朱钟棣，2006[④]；孔东民和庞立让，2014[⑤]）。尤其在中国，国内学者广泛关注“研发投入迅猛增长而全要素生产率提升滞缓”这一现象，将其称为“科技创新困境”，并基于不同视角对该现象进行阐述。李宾（2010）[⑥] 认为由于中外产业存在巨大的技术差距，国内投入的研发资金通常用来消化、吸收国外先进技术而非自主创新，我国难以建立起真正的产业竞争优势。谷军健和赵玉林（2021）[⑦] 则指出研发资金投入和人力资本投入的错配与低效协同是导致我国制造业效率低下的现实原因。盖庆恩等（2015）[⑧]、戴小勇（2021）[⑨] 基于资源错配视角指出要素市场扭曲会通过影响企业的创新决策，进而阻碍制造业全要素生产率的提升。从技术创新质量角度出发，叶初升和孙薇（2023）[⑩] 采用 1998—2013 年中国制造业企业数据发现，政府主导下的创新资源配置错位阻碍了制造业全要素生产率的提升。

---

① Nucci F., et al., “Digital technologies and productivity: a firm-level investigation,” *Economic Modelling*, Vol.128, 2023.

② Gordon R., *The Rise and Fall of American Growth: The US Standard of Living since the Civil War*, Princeton University Press, 2016.

③ Bloom N., et al., “Are ideas getting harder to find,” *American Economic Review*, Vol.110, No.4, 2020.

④ 李小平、朱钟棣:《国际贸易、R&D 溢出和生产率增长》,《经济研究》2006 年第 2 期。

⑤ 孔东民、庞立让:《研发投入对生产率提升的滞后效应：来自工业企业的微观证据》,《产业经济研究》2014 年第 6 期。

⑥ 李宾:《国内研发阻碍了我国全要素生产率的提高吗？》,《科学学研究》2010 年第 7 期。

⑦ 谷军健、赵玉林:《中国如何走出科技创新困境？——基于科技创新与人力资本协同发展的新视角》,《科学学研究》2021 年第 1 期。

⑧ 盖庆恩、朱喜、程名望:《要素市场扭曲、垄断势力与全要素生产率》,《经济研究》2015 年第 5 期。

⑨ 戴小勇:《中国高创新投入与低生产率之谜：资源错配视角的解释》,《世界经济》2021 年第 3 期。

⑩ 叶初升、孙薇:《中国“科技创新困境”再审视：技术创新质量的新视角》,《世界经济》2023 年第 8 期。

3. 非线性论

Doraszelski 和 Jaumandreu（2013）① 认为，创新投入对制造业企业生产率具有重要影响，但两者并非单纯的线性关系，而是具有显著的非线性特征。大量实证研究（Berchicci，2013②；Azomahou et al.，2013③；Siliverstovs，2016④）表明，适度的创新投入有利于产业 TFP 的增长，而过度的创新投入反而不利于产业 TFP 的增长，即创新投入与产业全要素生产率之间呈现倒 U 形关系。国内学者张同斌（2014）⑤ 基于新增长理论框架构建了研发投入非对称效应与生产率分解的理论模型，证实在我国高技术产业研发投入存在"索洛悖论"特征，研发投入的积累对产业全要素生产率具有边际效应递减规律。而董明放和韩先锋（2016）⑥ 运用 Hansen 面板门槛回归模型发现，研发投入强度对我国战略性新兴产业 TFP 的影响呈显著的倒 N 形特征。唐要家等（2022）⑦ 则把数据作为一种新的生产要素纳入内生增长理论框架中，结果发现数字经济发展与创新绩效之间并非简单的线性关系，而是呈现动态的非线性关系。

4. 不确定论

少数学者提出创新投入可能会对制造业全要素生产率产生积极影响，但是存在一定的不确定性。第一，创新是一项极具风险和挑战的活动。创新投入往往因未能实现商业化产出而无法收回成本，导致大量企业面临退出风险，影响产业可持续发展（Howell，2015⑧；Fernandes and Paunov，2015⑨）。第二，创新投入的溢出效应取决于产业吸收能力的强

① Doraszelski U., Jaumandreu J., "R&D and productivity: estimating endogenous productivity," *Review of Economic Studies*, Vol.80, No.4, 2013.

② Berchicci L., "Towards an open R&D system: internal R&D investment, external knowledge acquisition and innovative performance," *Research Policy*, Vol.42, No.1, 2013.

③ Azomahou T., et al., "Nonlinearities in productivity growth: a semi-parametric panel analysis," *Structural Change and Economic Dynamics*, Vol.24, 2013.

④ Siliverstovs B., "R&D and non-linear productivity growth," *Research Policy*, Vol.45, No.3, 2016.

⑤ 张同斌：《研发投入的非对称效应、技术收敛与生产率增长悖论——以中国高技术产业为例》，《经济管理》2014 年第 1 期。

⑥ 董明放、韩先锋：《研发投入强度与战略性新兴产业绩效》，《统计研究》2016 年第 1 期。

⑦ 唐要家、王珏、唐春晖：《数字经济、市场结构与创新绩效》，《中国工业经济》2022 年第 10 期。

⑧ Howell A., "'Indigenous' innovation with heterogeneous risk and new firm survival in a transitioning Chinese economy," *Research Policy*, Vol.44, No.10, 2015.

⑨ Fernandes A. M., Paunov C., "Foreign direct investment in services and manufacturing productivity: evidence for Chile," *Journal of Development Economics*, Vol.97, No.2, 2015.

弱（Mancusi，2008[①]；赵勇和白永秀，2009[②]；Eapen，2012[③]；Aghion and Jaravel，2015[④]；鲁万波等，2015[⑤]；李梅等，2022[⑥]）。只有当本产业具有一定的吸收能力，才能有效吸收和消化创新投入并将其应用于商业实践。第三，创新投入对TFP的作用受到异质性因素影响，具有不对称性，包括不同所有制性质的创新投入（Madsen and Timol，2011[⑦]；孙早和宋炜，2012[⑧]；刘和旺等，2015[⑨]；Boeing et al.，2016[⑩]；叶静怡等，2019[⑪]；Hervás-Oliver et al.，2021[⑫]）、不同类型的创新投入（Griffith et al，2004[⑬]；Bin，2008[⑭]；叶祥松和彭贵，2013[⑮]；王斌和谭清美，

---

① Mancusi M.L., "International spillovers and absorptive capacity: a cross-country cross-sector analysis based on patents and citations," *Journal of International Economics*, Vol.76, No.2, 2008.

② 赵勇、白永秀:《知识溢出：一个文献综述》,《经济研究》2009年第1期。

③ Eapen A., "social structure and technology spillovers from foreign to domestic firms," *Journal of International Business Studies*, Vol.43, No.3, 2012.

④ Aghion P., Jaravel X., "Knowledge spillovers, innovation and growth," *The Economic Journal*, Vol.125, No.583, 2015.

⑤ 鲁万波、常永瑞、王叶涛:《中国对外直接投资、研发技术溢出与技术进步》,《科研管理》2015年第3期。

⑥ 李梅、朱韵、赵乔:《研发国际化、动态能力与企业创新绩效》,《中国软科学》2022年第6期。

⑦ Madsen J.B., Timol I., "Long-run convergence in manufacturing and innovation-based models," *Review of Economics and Statistics*, Vol.93, No.4, 2011.

⑧ 孙早、宋炜:《企业R&D投入对产业创新绩效的影响——来自中国制造业的经验证据》,《数量经济技术经济研究》2012年第4期。

⑨ 刘和旺、郑世林、王宇锋:《所有制类型、技术创新与企业绩效》,《中国软科学》2015年第3期。

⑩ Boeing P., et al., "China's R&D explosion: analyzing productivity effects across ownership types and over time," *Research Policy*, Vol.45, No.1, 2016.

⑪ 叶静怡、林佳、张鹏飞等:《中国国有企业的独特作用：基于知识溢出的视角》,《经济研究》2019年第6期。

⑫ Hervás-Oliver J. L., et al., "The drivers of SME innovation in the regions of the EU," *Research Policy*, Vol.50, No.9, 2021.

⑬ Griffith R., et al., "Mapping the two faces of R&D: productivity growth in a panel of OECD industries," *Review of Economics and Statistics*, Vol.86, No.4, 2004.

⑭ Bin G., "Technology acquisition channels and industry performance: an industry-level analysis of Chinese large- and medium-size manufacturing enterprises," *Research Policy*, Vol.37, No.2, 2008.

⑮ 叶祥松、彭贵:《要素投入与创新支撑：广东制造业增长路径的实证分析》,《南方经济》2013年第6期。

2015[①]；苏杭等，2017[②]；Akcigit et al.，2017[③]；Pieri et al. ，2018[④]）、产业特征（Fox and Smeets，2011[⑤]；Czarnitzki and Thorwarth，2012[⑥]；孙晓华和李明珊，2014[⑦]；魏洁云等，2014[⑧]；罗雨泽等，2016[⑨]）等。

（二）影响制造业全要素生产率的其他因素

虽然各国制造业全要素生产率间的差距主要来自创新投入水平的不同，但与生产率差异相关的其他因素也发挥了极其重要的作用。本文在梳理相关文献后（见表 8-3），将影响制造业全要素生产率的其他因素分为两大类：①外部环境因素。外部环境因素是一国制造业发展的重要外部保障，有助于行业内部要素的有机结合，其具体包含制度环境（Coe et al.，2009[⑩]；Czarnitzki and Toole，2012[⑪]；Rodríguez-Pose & Cataldo，2014[⑫]：Galasso & Schankerman，2015[⑬]）、政府政策（Buccirossi et al.，2013[⑭]；

① 王斌、谭清美：《要素投入能推动高技术产业创新成果的转化吗？》，《科学学研究》2015 年第 6 期。

② 苏杭、郑磊、牟逸飞：《要素禀赋与中国制造业产业升级——基于 WIOD 和中国工业企业数据库的分析》，《管理世界》2017 年第 4 期。

③ Akcigit U.，et al.，"Immigration and the rise of American ingenuity，" *American Economic Review*，Vol.107，No.5，2017.

④ Pieri F.，et al.，"Modelling the joint impact of R&D and ICT on productivity：a frontier analysis approach，" *Research Policy*，Vol.47，No.9，2018.

⑤ Fox J.T.，Smeets V.，"Does input quality drive measured differences in firm productivity，" *International Economic Review*，Vol.52，No.4，2011.

⑥ Czarnitzki D.，Thorwarth S.，"Productivity effects of basic research in low-tech and high-tech industries，" *Research Policy*，Vol.41，No.9，2012.

⑦ 孙晓华、李明珊：《研发投资：企业行为，还是行业特征？》，《科学学研究》2014 年第 5 期。

⑧ 魏洁云、江可申、李雪冬：《中国高技术产业创新投入与产出的关联测度分析》，《数量经济技术经济研究》2014 年第 1 期。

⑨ 罗雨泽、罗来军、陈衍泰：《高新技术产业 TFP 由何而定？——基于微观数据的实证分析》，《管理世界》2016 年第 2 期。

⑩ Coe D.T.，et al.，"International R&D spillovers and institutions，" *European Economic Review*，Vol.53，No.7，2009.

⑪ Czarnitzki D.，Toole A.，"The R&D investment - uncertainty relationship：do strategic rivalry and firm size matter，" *Managerial and Decision Economics*，Vol.34，No.1，2012.

⑫ Rodrıguez-Pose A.，Di Cataldo M.，"Quality of government and innovative performance in the regions of Europe，" *Journal of Economic Geography*，Vol.15，No.4，2014.

⑬ Galasso A.，Schankerman M.，"Patents and cumulative innovation：causal evidence from the courts，" *The Quarterly Journal of Economics*，Vol.130，No.1，2015.

⑭ Buccirossi P.，et al.，"Competition policy and productivity growth：an empirical assessment，" *Review of Economics and Statistics*，Vol.95，No.4，2013.

Moretti et al.，2021[①]）、外部投资（Keller and Yeaple，2009[②]；Fernandes and Paunov, 2012[③]；Guadalupe et al., 2012[④]；Newman et al., 2015[⑤]；毛其淋和方森辉, 2020[⑥]；李平和卢霄, 2020[⑦]）以及贸易开放程度（Topalova and Khandelwal，2011[⑧]；Bas and Causa，2013[⑨]；Gorodnichenko et al.，2019[⑩]；Coelli et al., 2022[⑪]；Fiorini et al. , 2021[⑫]；何欢浪等, 2021[⑬]）等。②内部核心因素。内部核心因素是制造业自身具备的维持竞争优势的能力，在全要素生产率提升过程中起到关键主导作用，主要包括吸收能力和劳动者素质。Cohen 和 Levinthal（1989）[⑭] 指出创新投入具有溢出效应，但必须具备相应的吸收能力才能转化为真正的创新能力（Mancusi，2008[⑮]）。研究重点关注教育和人才流动对劳动者素质的积极影响，即能促进创新投入

① Moretti, et al., "The effect of high-tech clusters on the productivity of top inventors," *American Economic Review*, Vol.111, No.10, 2021.

② Keller W., Yeaple S.R., "Multinational enterprises, international trade, and productivity growth: firm-level evidence from the United States," *Review of Economics and Statistics*, Vol.91, No.4, 2009.

③ Fernandes A.M., Paunov C., "Foreign direct investment in services and manufacturing productivity: evidence for Chile," *Journal of Development Economics*, Vol.97, No.2, 2012.

④ Guadalupe M., et al., "Innovation and foreign ownership," *American Economic Review*, Vol.102, No.7, 2012.

⑤ Newman C., et al., "Technology transfers, foreign investment and productivity spillovers," *European Economic Review*, Vol.76, 2015.

⑥ 毛其淋、方森辉:《外资进入自由化如何影响中国制造业生产率》,《世界经济》2020 年第 1 期。

⑦ 李平、卢霄:《外资自由化与中国制造业企业生产率》,《南开经济研究》2020 年第 4 期。

⑧ Topalova P., Khandelwal A., "Trade liberalization and firm productivity: the case of India," *Review of Economics and Statistics*, Vol.93, No.3, 2011.

⑨ Bas M., Causa O., "Trade and product market policies in upstream sectors and productivity in downstream sectors: firm-level evidence from China," *Journal of Comparative Economics*, Vol.41, No.3, 2013.

⑩ Gorodnichenko Y., et al., "Does Foreign Entry Spur Innovation," *NBER Working Paper*, 2019.

⑪ Coelli F., et al., "Better, faster, stronger: global innovation and trade liberalization," *Review of Economics and Statistics*, Vol.104, No.2, 2022.

⑫ Fiorini M., et al., "Trade liberalization, roads and firm productivity," *Journal of Development Economics*, Vol.153, 2021.

⑬ 何欢浪、蔡琦晟、章韬:《进口贸易自由化与中国企业创新——基于企业专利数量和质量的证据》,《经济学（季刊）》2021 年第 2 期。

⑭ Cohen W.M., Levinthal D.A., "Innovation and learning: the two faces of R&D," *The Economic Journal*, Vol.99, No.397, 1989.

⑮ Mancusi M.L., "International spillovers and absorptive capacity: a cross-country cross-sector analysis based on patents and citations," *Journal of International Economics*, Vol.76, No.2, 2008.

的吸收和理解，进而提升全要素生产率（Iranzo and Peri，2007[①]；Peri，2012[②]；Madsen，2014[③]；Akcigit et al.，2017[④]；Moretti，2021[⑤]）。

表 8-3　　影响制造业全要素生产率的其他因素

作者	年份	影响因素	样本	结论
Coe et al.	2009	制度差异	1971—2004 年 24 个国家样本数据	制度差异会影响其从本国和外国研发中获益的程度
Rodríguez-Pose & Cataldo	2014	制度质量	1997—2009 年欧盟国家	制度质量决定了区域进行技术创新的约束和激励，进而影响了将公共研发政策转化为创新的能力
Czarnitzki and Toole	2012	专利保护	1995—2001 年制造业企业的非平衡面板	专利保护降低了企业对市场不确定性的敏感性，导致更大的当前研发投资
Buccirossi et al.	2013	竞争政策	12 个 OECD 国家在 1995— 2005 年 22 个行业数据	良好的竞争政策对全要素生产率的增长有显著影响
Moretti et al.	2021	政府支持	1987—2009 年 26 个 OECD 国家的 26 个行业数据	政府资助的一个行业的研发增加会导致该行业或企业的私营部门研发显著增加，最终会引起生产率的提高
Keller and Yeaple	2009	进口和 FDI	1987—1996 年 1277 家美国制造业企业	外国直接投资导致国内企业生产率显著提高
Fernandes and Paunov	2012	服务业 FDI	1995—2004 年智利制造业企业数据	服务业 FDI 显著促进了制造业 TFP
毛其淋和方森辉	2020	外资进入	1998—2006 年工业企业数据	外资进入自由化显著抑制了制造业企业生产率
李平和卢霄	2020	外资自由化	1997—2007 年工业企业数据	外资自由化显著提高了中国制造业企业生产率

① Iranzo S., Peri G., "Migration and Trade in a World of Technological Differences: Theory with an Application to Eastern-Western European Integration," *NBER Working Paper*, 2007.

② Peri G., "The effect of immigration on productivity: evidence from US states," *Review of Economics and Statistics*, Vol.94, No.1, 2012.

③ Madsen J.B., "Human capital and the world technology frontier," *Review of Economics and Statistics*, Vol.96, No.4, 2014.

④ Akcigit U., et al., "Immigration and the rise of American ingenuity," *American Economic Review*, Vol.107, No.5, 2017.

⑤ Moretti E., "The effect of high-tech clusters on the productivity of top inventors," *American Economic Review*, Vol.111, No.10, 2021.

续表

作者	年份	影响因素	样本	结论
Guadalupe et al.	2012	外资收购	1990—2006 年西班牙制造业企业面板数据	收购会促进更多的创新
Topalova and Khandelwal	2011	贸易改革	1991—2001 年印度 4100 家制造业企业样本数据	贸易改革提高了印度企业的生产率，当政府对其贸易政策拥有自由裁量权时，关税削减与同期生产率水平相关
Bas and Causa	2013	贸易自由化	2001—2008 年中国制造业样本数据	贸易市场改革能显著促进中国制造业生产效率的提高
Gorodnichenko et al.	2019	FDI、贸易	18 个国家的大型企业层面和行业层面的数据	FDI 和贸易对新兴市场国内企业的创新具有很强的正向溢出效应
Coelli et al.	2022	贸易自由化	1992—2000 年 65 个不同国家制造业企业数据	多边贸易自由化促进了企业生产率增长
Fiorini et al.	2021	贸易自由化	2000—2006 年中国制造业企业数据	贸易自由化会促进制造业企业生产率
何欢浪等	2021	贸易自由化	1998—2008 年中国工业企业数据库	进口贸易自由化总体上促进了我国企业创新的质与量
Iranzo and Peri	2007	教育溢出	1960—2000 年美国各州的数据	教育具有巨大的私人和社会回报，会促进全要素生产率总体增长
Peri	2012	移民	1960—2000 年美国 50 个州及华盛顿特区数据	移民促进高效的任务分工，从而提高了全要素生产率
Madsen	2014	教育	1870—2009 年 21 个工业化国家数据	受教育程度的变化以及教育与边界距离之间的相互作用对生产率增长产生了影响
Akcigit	2017	移民	1880—1940 年的人口普查数据	移民发明家存量促进美国生产率的提升

资料来源：作者根据相关资料整理。

四、有关制度质量与创新发展的研究文献

创新驱动是国家产业竞争优势的重要来源。随着产业结构的转型升级，单纯的要素驱动难以维持产业生产效益的持续增长。如何实现增长由要素驱动向创新驱动转换的问题备受学者的关注。部分学者指出制

度是实现创新驱动发展的关键诱致因素（Spinesi，2009①；Aghion et al.，2013②；Acemoglu et al.，2017③；韩其恒等，2016④；陶长琪和彭永樟，2018⑤），认为高质量的制度能够正向激励创新主体的研发意愿，充分发挥创新活动中各种生产要素的效能。现有文献将制度质量影响创新发展的作用机制主要分为 3 个方面：一是从交易成本经济学出发，认为创新活动具有高度不确定性（龚六堂和吴立元，2023⑥），良好的制度可以通过减少不确定性和构建稳定的交易体制，降低交易成本（易靖韬等，2021⑦），即制度质量的差异直接决定着能否有效地控制、减少不确定性。二是从技术选择的视角出发，认为制度及其创造的激励会影响技术选择，当一国缺乏良好的制度框架时，技术落后国家在进行技术追赶时难以发挥潜在的成本优势，进而选择放弃前沿技术进行生产（Jones and Romer，2010⑧；肖利平，2011⑨），不利于效率提升。三是从要素质量匹配效应出发，认为创新生产过程是要素协作的过程，即一种生产要素作用的发挥需要其他生产要素的配合，才能实现效率最优化。这一过程不仅涉及要素数量匹配，还存在要素质量匹配的问题。具体来讲，若一国缺乏相应的制度环境与高质量的创新投入相匹配时，会影响创新投入的作用发挥，进而导致其生产效率损失，最终不利于创新发展（戴翔和刘梦，2018⑩）。因此，创新发展的根本动力来源于制度质量的不断提升，它是保障技术创新和全要素生产率的长期稳定增长的基本因素。

---

① Spinesi L.，"Rent-seeking bureaucracies，inequality，and growth，" *Journal of Development Economics*，Vol.90，No.2，2009.

② Aghion P.，et al.，"Innovation and institutional ownership，" *American Economic Review*，Vol.103，No.1，2013.

③ Acemoglu D.，et al.，"Asymmetric growth and institutions in an interdependent world，" *Journal of Political Economy*，Vol.125，No.5，2017.

④ 韩其恒、吴文生、曹志广：《要素重新配置型的中国经济增长》，《管理世界》2016 年第 1 期。

⑤ 陶长琪、彭永樟：《从要素驱动到创新驱动：制度质量视角下的经济增长动力转换与路径选择》，《数量经济技术经济研究》2018 年第 7 期。

⑥ 龚六堂、吴立元：《技术距离、研发投入结构与中国经济增长》，《改革》2023 年第 11 期。

⑦ 易靖韬、蔡菲莹、蒙双：《制度质量、市场需求与企业出口动态决策》，《财贸经济》2021 年第 9 期。

⑧ Jones C.I.，Romer P. M.，"The new Kaldor facts：ideas，institutions，population，and human capital，" *American Economic Journal：Macroeconomics*，Vol.2，No.1，2010.

⑨ 肖利平：《追赶理论研究的最新进展》，《经济学动态》2011 年第 11 期。

⑩ 戴翔、刘梦：《人才何以成为红利——源于价值链攀升的证据》，《中国工业经济》2018 年第 4 期。

回顾相关文献，学者们基于内生增长理论模型，对全要素生产率的影响因素进行分析，同时，对创新投入构成要素的相关研究也从单一要素向多种要素转变，不断丰富和完善创新投入的定义与内涵。通过对相关文献梳理总结，笔者认为现有研究仍有几个方面有待探索。

第一，在创新投入的构成上，现有文献界定的要素仍然比较单一，大多数研究通常采用研发支出对创新投入进行粗略估计，或者从研发经费投入和研发人员投入两个方面对创新投入进行研究，忽略了其他形式的创新投入对制造业发展的影响。由于不同类型的创新投入对全要素生产率的影响存在差异，笼统地将研发投入视为全部的创新投入并考虑其对全要素生产率的影响可能会导致研究结果不一致，因此，如何科学界定创新投入的概念并选取恰当的指标来反映各国创新投入状况，是未来研究需要深化的第一个方面。

第二，在研究对象的选取上，现有研究或是注重对制造业整体全要素生产率的比较分析，或是基于微观层面来测度制造业企业全要素生产率，鲜有文献基于中观层面对制造业细分行业的全要素生产率进行测度并进行国际比较分析。制造业细分行业的全要素生产率，不仅是制造业企业整体竞争力的综合反映，更是各国制造业发展水平的具体表现，是一国产业能否在国际竞争中取得优势地位的关键。因此，如何在确保数据完整性和可得性的基础上，尽可能涵盖更多经济体并对各国制造业细分行业进行测度分析，是未来研究需要深化的第二个方面。

第三，在研究视角上，既有研究大多基于投入产出视角对创新投入与制造业全要素生产率两者关系进行探讨，忽视了与其他视角的协同整合，导致研究结论大相径庭，削弱了理论解释的说服力。已有研究将制度质量纳入内生增长模型中，指出制度质量是实现创新投入优化配置，提高要素产出效率的关键（Rodríguez-Pose & Di Cataldo，2015①），但鲜有文献将制度质量、创新投入、全要素生产率三者同时纳入分析框架，考察在不同制度质量水平下，创新投入对各国制造业全要素生产率的影响是否存在差异性，这是未来研究需要进一步深化的第三个方面。

① Rodríguez-Pose A., Di Cataldo M., “Quality of government and innovative performance in the regions of Europe,” *Journal of Economic Geography*, Vol.15, No.4, 2015.

第二节　开放经济下知识资本与全要素生产率国际比较分析

我国正处在创新追赶型国家向创新领导型国家转变的重要阶段，创新政策的重点应放在促进创新资源的有效配置，增强知识资本投入产出能力，发展新质生产力，提高制造业全要素生产率。知识资本是创新驱动发展的核心要素，如何有效配置知识资本等创新要素、增强创新投入产出能力、提升全要素生产率是加快创新驱动发展中迫切需要研究的重要问题。本节把知识资本纳入开放型经济内生增长模型，对130个经济体的知识资本投入产出能力进行国际比较，运用宏观知识生产函数模型估计不同类型的知识资本对国家层面的全要素生产率的影响效应，旨在探讨知识资本对不同经济体全要素生产率影响的差异性，为我国创新驱动发展、创新要素有效配置和创新政策制定提供理论依据。

一、知识资本与全要素生产率研究文献

美国经济学家加尔布雷斯（Galbrainth）在1969年首次提出知识资本（Knowledge Capital）的概念，指出知识资本是与知识性活动有关的资本。在知识资本研究过程中，国际学者起初大多从微观视角出发，研究企业知识资本投入与产出。美国哈佛大学经济学教授格瑞里茨（Griliches，1979）① 是微观知识资本研究中最具国际影响力的代表人物，他首先发表了美国企业创新活动报告《R&D与企业生产率》，建立企业知识资本生产函数。Griliches（1981）② 对美国133家大企业在1966—1977年的产出、就业与物质资本和研发资本（R&D Capital）的关系进行分析，提出企业生产率与企业R&D投资存在显著正相关关系。Griliches（1998）③ 创建了以知识资本和创新为增长引擎的企业内生增长理论框架。

20世纪90年代以来，国际学术界对知识资本的研究从微观视角向

① Griliches Z.，"Issues in assessing the contribution of research and development to productivity Growth，" *The Bell Journal of Economics*，Vol.10，No.1，1979.

② Griliches Z.，"Market Value，R&D，and Patents，" *Economic Letters*，Vol. 7，1981.

③ Griliches Z.，"Productivity and R&D at The Firm Level，" *National Bureau of Economic Research*，1998.

宏观分析转变。Mohnen（1992）[①]用跨国面板数据研究国家层次知识资本与全要素生产率的关系，对 R&D 资本对 G5 国家（美国、日本、法国、德国和英国）1964—1985 年全要素生产率的影响进行分析，发现 R&D 资本能显著促进 G5 国家生产率的提高，其回报率达到 6% ~ 9%。Guellec and de la Potterie（2001）[②]用 16 个 OECD 国家 1980—1998 年的面板数据，对 R&D 资本与全要素生产率之间的关系进行分析，发现 R&D 资本对 OECD 国家的全要素生产率具有显著促进作用。Zhu and Jeon（2007）用 22 个 OECD 国家 1981—1998 年的面板数据，运用动态最小二乘法（DOLS）分析 R&D 资本对全要素生产率的影响，发现 R&D 资本投入有利于提高 OECD 国家的全要素生产率。Madsen（2008）[③]用 21 个 OECD 国家 1966—2003 年的面板数据，分析 R&D 资本对全要素生产率的影响，发现 R&D 资本对全要素生产率具有显著促进作用。但是这些研究的缺陷在于只将 R&D 资本总量作为知识资本的代理变量，并没有对知识资本构成要素进行细分及对不同知识资本要素投入对全要素生产率的影响效应进行比较分析。

Bodman 和 Le（2013）[④]将人力资本因素纳入知识资本研究，分析 R&D 资本和人力资本对东道国全要素生产率影响的差异性。Coe 和 Helpman（1995）[⑤]将国外知识资本因素引入开放条件下知识资本投入产出研究，使用 22 个 OECD 国家 1971—1990 年的面板数据，分析国内 R&D 资本和进口溢出的国外 R&D 资本对全要素生产率的影响，发现国内 R&D 资本和进口溢出的国外 R&D 资本对 OECD 国家的全要素生产率均产生了显著的促进作用。Coe 等（2009）[⑥]使用 24 个 OECD 国家 1971—

① Mohnen P., "International R&D spillovers in selected OECD countries," *UQAM Department of Economics Working Papers*, 1992.

② Guellec, D., B. V. P. de la Potterie, "R&D and productivity growth: a panel data analysis of 16 OECD countries," *OECD Economic Studies*, Vol.33, No.11, 2001.

③ Madsen J. B., "Semi-endogenous versus schumpeterian growth models: testing the knowledge production function using International data," *Journal of Economic Growth*, Vol.13, No.1, 2008.

④ Bodman P., T. Le, "Assessing the roles that absorptive capacity and economic distance play in the foreign direct investment-productivity growth nexus," *Applied Economics*, Vol.45, No.8, 2013.

⑤ Coe D. T., E. Helpman, "International R&D spillovers," *European Economic Review*, Vol.39, No.5, 1995.

⑥ Coe D. T., E. Helpman, A. W. Hoffmaister, "International R&D spillovers and institutions," *European Economic Review*, Vol.5, No.7, 2009.

2004年的面板数据，运用组间动态最小二乘法（GM-DOLS），结果发现国内R&D资本、人力资本和进口溢出的国外R&D资本对全要素生产率均具有显著促进作用。

近年来，国内学者也开始重视从宏观层面对知识资本投入与全要素生产率关系的研究。王英和刘思峰（2008）[①]提出，国内R&D资本、FDI和出口贸易渠道的知识外溢对中国全要素生产率的影响效应为正，ODI和进口贸易渠道的影响效应为负。高凌云和王永中（2008）[②]提出，国内R&D资本变动显著促进了全要素生产率的提升，而对进口贸易渠道的影响则不显著。谢建国和周露昭（2009）[③]研究发现，人力资本和进口渠道溢出的国外R&D资本对中国全要素生产率有显著的正影响。肖文和林高榜（2011）[④]研究发现，国内R&D资本、资本品进口溢出R&D资本和FDI溢出R&D资本对中国省际全要素生产率都具有显著的促进作用。

综上所述，国内外学者对知识资本的研究在不断深化发展，对知识资本与全要素生产率相关性的研究从研发资本单一要素向研发资本、人力资本、技术资本等多要素转变。但是目前有关知识资本投入产出的研究主要还是以知识资本总量研究为主，多数研究提出知识资本总规模与全要素生产率成显著的正相关关系，然而知识资本总量与全要素生产率的相关性并不能很好地解释我国知识资本规模增长与全要素生产率增长存在不协同的问题，即我国知识资本总规模增长比较快而全要素生产率水平提升相对比较慢的问题。改革开放以来，我国知识资本投入总规模不断扩大，R&D年支出总额从1981年的70.31亿美元上升到2014年的3199.90亿美元，同期R&D存量从319.77亿美元上升到11692.86亿美元[⑤]，科技论文数量从1676篇上升到258205篇，研究人员从21.70万人上升到152.43万人。2014年以来，我国知识资本总规模已居全球前列，研究开发经费支出额、科技论文数量居全球第2位，专利授权数量和研究人员数量已居全球第1位。但是我国全要素生产率水平提升却比较缓

① 王英、刘思峰：《国际技术外溢渠道的实证研究》，《数量经济技术经济研究》2008年第4期。

② 高凌云、王永中：《R&D溢出渠道、异质性反应与生产率：基于178个国家面板数据的经验研究》，《世界经济》2008年第2期。

③ 谢建国、周露昭：《进口贸易、吸收能力与国际R&D技术溢出：中国省区面板数据的研究》，《世界经济》2009年第9期。

④ 肖文、林高榜：《海外研发资本对中国技术进步的知识溢出》，《世界经济》2011年第1期。

⑤ R&D支出数据按购买力平价汇率换算成以2005年为基期的美元计价。

慢，根据世界经济总量数据库计算，2014 年我国全要素生产率水平仅处于全球第 86 位。

根据统计数据分析，笔者认为，我国知识资本规模增长与全要素生产率水平提升不协同的重要原因是我国知识资本总规模不断扩大，但是人均知识资本水平（或称为知识资本密度）仍然比较低。我国人均 R&D 支出额从 1981 年的 7.07 美元上升到 2014 年的 233.94 美元，同期百万人口研究人员数从 128 人上升到 1114 人，平均受教育年限从 3.86 年上升到 7.94 年，仍远低于 2014 年美国的 1341.25 美元、4239.59 人和 13.6 年。本文认为，研究宏观知识资本与国家全要素生产率关系，不仅要分析知识资本总规模对全要素生产率的影响，还要研究知识资本密度对国家全要素生产率的影响效应，即分析人均研究开发投入、人均研发投入强度、百万人口研究人员数、百万人口专利数量对全要素生产率的影响。

二、宏观视角分析知识资本构成要素及其密度对国家全要素生产率的影响效应

笔者认为，在知识资本与全要素生产率相关性研究中，微观知识资本和宏观知识资本的内涵及研究方法存在很大差异。微观知识资本是企业知识性活动和创新发展产生的资本增值总和，微观知识资本与企业全要素生产率研究可以揭示企业创新发展规律并为企业创新投入提供科学依据。宏观知识资本是一国拥有或控制的以知识形态存在的，以研发、人力、创新设施和技术等投入创新发展和生产发展并能最终转化为经济价值和动态能力的资本。宏观知识资本是一国创新发展中知识活动、知识资本创造、知识资本积累、知识资本流动、知识资本产业化过程中产生的资本增值和创新财富总和，是国家创新发展、全要素生产率增长及国家综合竞争力提升的重要支撑。研究宏观知识资本涉及国家的经济、科技、教育、创新制度和创新基础设施等诸多因素，对宏观知识资本投入产出进行比较研究，深入分析知识资本不同构成要素对不同经济发展阶段的国家全要素生产率的影响效应，对有效提升国家全要素生产率，加快建设创新型国家具有重要指导意义。

本文运用宏观知识生产函数模型评估不同的知识资本类型及知识资本密度对国家层面的全要素生产率的影响。本文建立了知识资本水平指数计算模型，用宏观知识资本要素构建国家层面的知识资本水平指数，根据知识资本水平指数，把 130 个经济体划分为创新领导俱乐部、创新追赶俱乐部和创新缓慢俱乐部。把知识资本纳入开放经济内生增长模型，使用 1981—2010 年的面板数据对 130 个经济体及三大创新俱乐部的知识资本投入产出进行国际比较分析，旨在揭示不同知识资本要素对不同创新俱乐部的全要素生产率的影响效应。

三、宏观知识生产函数模型

本文的理论模型借鉴了 Romer（1990）① 和 Lai 等（2006）② 的建模思想，提出有关假设条件和宏观知识生产函数模型。

（一）宏观知识生产函数模型的假定

①将“知识资本”变量纳入开放经济下的内生增长模型，提出开放经济下宏观知识资本由国内知识资本和国外知识资本组成，国内知识资本 KC^d 又由研发资本 RC^d、人力资本 HC^d、创新设施资本 IC^d 和技术资本 TC^d 构成，即 $KC^d = KC^d(RC^d, HC^d, IC^d, TC^d)$，国内的研发资本、人力资本、创新设施资本和技术资本等不同知识资本因素对技术进步和全要素生产率具有不同的促进作用。③

②假设开放经济中有 3 个部门，即完全竞争的最终品部门、垄断竞争的中间品部门和垄断竞争的研发部门。国内外知识资本可以投入最终品部门和研发部门。KC^d 中投入最终品部门和研发部门的数量分别记为 KC_Y^d 和 KC_N^d，假定 KC^d 为给定值：

$$KC^d = KC_Y^d + KC_N^d \tag{8-1}$$

③开放经济下最终品部门使用的知识资本生产的中间品有 3 种来源：本国生产的中间品、进口的中间品和外资企业的中间品。

④最终品和中间品的知识资本来源有国内知识资本、通过进口渠道溢出的国外知识资本和通过 FDI 渠道溢出的国外知识资本。

⑤在研发部门的生产中引入溢出系数 $\theta(im, fdi)$，它是关于进口和 FDI 这两种溢出渠道的函数，并将其取值设定在 0 到 1 的范围。

---

① Romer P. M., “Endogenous technological change,” *The Journal of Political Economy*, Vol.98, No.5, 1990.

② Lai, M. Y., S. J. Peng, Q. Bao, “Technology spillovers, absorptive capacity and economic growth,” *China Economic Review*, 17, No.3, 2006.

③ 为简便起见，我们在推导中仅考虑国内知识资本作为整体投入的情况。但在理论模型的命题设置以及后文的实证分析中，我们细分了国内知识资本不同要素对技术进步的影响效应。事实上，如果直接将上述 4 个变量代替国内知识资本引入理论模型中，只会使模型推导变得复杂，但不会影响模型的推导结果。

（二）宏观知识生产函数理论模型

开放经济下知识资本投入产出的运行机制为：研发部门使用投入的知识资本 KC_N^d 研发新技术并出售给中间品部门，中间品部门将新技术投入中间品生产并出售给最终品部门，最终品部门利用购买的中间品，同时投入一定数量的知识资本 KC_Y^d 来生产最终品 Y。

1. 生产技术与消费偏好

（1）最终品部门生产函数。根据上述假定，可以得到以 D-S 形式扩展的生产函数：

$$Y = A(KC_Y^d)^\alpha [\int_0^{N^d} (x_{i^d})^\beta di^d + \int_0^{N^{im}} (x_{i^{im}})^\beta di^{im} + \int_0^{N^{fdi}} (x_{i^{fdi}})^\beta di^{fdi}]$$

$$\alpha, \beta > 0, \alpha + \beta = 1 \quad (8\text{-}2)$$

其中，Y 为最终品产出量；$A > 0$，代表技术效率参数；KC_Y^d 为投入最终品部门的知识资本；α 为 KC_Y^d 的产出弹性，β 为中间品的产出弹性；N^d、N^{im} 和 N^{fdi} 分别表示国内、进口和外资企业的中间品种类数；x_{i^d} 表示国内生产的第 i^d 种中间品数量，$x_{i^{im}}$ 表示从国外进口的第 i^{im} 种中间品数量，$x_{i^{fdi}}$ 表示外资企业的第 i^{fdi} 种中间品数量。

（2）中间品部门生产函数。为简便起见，参照 Barro 和 Sala-i-Martin（1995）① 等人的做法，假设一旦新技术被研发出来以后，一单位任一类型中间品 x_{i^d} 的生产恰好耗费一单位最终产品 Y，即中间品部门的生产函数是线性的，$x_{i^d} = Y$。如果 K 表示经济中的物质资本存量，则有 $K = \int_0^{N^d} x_{i^d} di^d$。同时，物质资本积累方程可表示为 $\dot{K} = Y - C$。

（3）研发部门生产函数。在开放经济下，研发部门的产出取决于该部门的知识资本投入、国内已有的技术知识存量以及通过进口和 FDI 渠道溢出的国外技术知识存量，即：

$$\dot{N}^d = \delta KC_N^d [N^d + \theta(im, fdi)(N^{im} + N^{fdi})] \quad (8\text{-}3)$$

其中，$\dot{N}^d$ 为新生产出来的中间品种类数；δ 为研发部门的生产率参数；KC_N^d 为投入研发部门的知识资本；$\theta(im, fdi)$ 为国外知识资本溢出系数 $(0 \leqslant \theta \leqslant 1)$。根据前文所述，我们选择进口和 FDI 作为国外技术知识的

① Barro R. J.，X. Sala-i-Martin. *Economic Growth*，McGraw Hill，1995.

主要传递渠道，分别用 *im* 和 *fdi* 来表示。

（4）消费偏好。假设代表性家庭在无限期界上存在一个标准的不变替代弹性效用函数：

$$U(C)=\begin{cases}\int_0^{\infty}\dfrac{C^{1-\sigma}-1}{1-\sigma}e^{-\rho t}dt, & \sigma,\rho>0,\sigma\neq 1\\ \int_0^{\infty}\ln Ce^{-\rho t}dt, & \rho>0,\sigma=1\end{cases} \tag{8-4}$$

其中，σ（$\sigma>0$）为边际效用弹性，ρ（$\rho>0$）为消费者的主观时间偏好率。

2. 市场均衡分析

（1）最终品部门。最终品部门通过选择国内企业中间品 x_{i^d}、国外进口企业中间品 $x_{i^{im}}$、外资企业中间品 $x_{i^{fdi}}$，以及投入一定数量的知识资本 KC_Y^d，实现利润最大化。

$$\max_{KC_Y^d,x_{i^d},x_{i^{im}},x_{i^{fdi}}}\pi=Y\{KC_Y^d,x_{i^d},x_{i^{im}},x_{i^{fdi}}\}-E_{KC_Y^d}KC_Y^d-\int_0^{N^d}P_{x_{i^d}}x_{i^d}di^d-$$

$$\int_0^{N^{im}}P_{x_{i^{im}}}x_{i^{im}}di^{im}-\int_0^{N^{fdi}}P_{x_{i^{fdi}}}x_{i^{fdi}}di^{fdi} \tag{8-5}$$

其中，$E_{KC_Y^d}$ 表示投入最终品部门的知识资本报酬率；$P_{x_{i^d}}$、$P_{x_{i^{im}}}$ 和 $P_{x_{i^{fdi}}}$ 分别表示国内、国外进口和外资企业中间品的价格。根据式（8–5），得到最终品生产企业的利润最大化条件为：

$$E_{KC_Y^d}=\alpha Y/KC_Y^d \tag{8-6}$$

$$x_{i^d}=KC_Y^d(A\beta/P_{x_{i^d}})^{-\alpha}\text{，即 }P_{x_d}=A\beta(KC_Y^d)^{\alpha}x_d^{-\alpha} \tag{8-7}$$

$$x_{i^{im}}=KC_Y^d(A\beta/P_{x_{i^{im}}})^{-\alpha}\text{，即 }P_{x_{im}}=A\beta(KC_Y^d)^{\alpha}x_{im}^{-\alpha} \tag{8-8}$$

$$x_{i^{fdi}}=KC_Y^d(A\beta/P_{x_{i^{fdi}}})^{-\alpha}\text{，即 }P_{x_{fdi}}=A\beta(KC_Y^d)^{\alpha}x_{fdi}^{-\alpha} \tag{8-9}$$

由以上条件可知，所有国内和国外中间品均对称投入最终品部门进行生产，从而具有相同的需求函数，因此式（8–7）、式（8–8）、式（8–9）中的下标 i 都可以省略掉。

（2）中间品部门。假定最终品 Y 的价格 $P_Y=1$，那么国内中间品生产商的利润最大化原则为：

$$\max_{x_{i^d}} \pi_d = P_{x_{i^d}} \cdot x_{i^d} - x_{i^d} \tag{8-10}$$

将式（8–7）代入式（8–8），由一阶最优化条件可得中间品部门利润最大化的垄断定价为：

$$P_{x_{i^d}} = \bar{P}_{x_d} = 1/\beta \tag{8-11}$$

同理可得，国外出口企业和外资企业中间品部门利润最大化的垄断定价为：

$$P_{x_{i^{im}}} = \bar{P}_{x_{im}} = 1/\beta,\ P_{x_{i^{fdi}}} = \bar{P}_{x_{fdi}} = 1/\beta \tag{8-12}$$

由此可得，在均衡状态下，国内企业、国外出口企业和外资企业中间品生产部门的均衡定价和均衡产量都相等，表示为：

$$\bar{P}_x = \bar{P}_{x_d} = \bar{P}_{x_{im}} = \bar{P}_{x_{fdi}} = 1/\beta \tag{8-13}$$

$$\bar{x} = \bar{x}_d = \bar{x}_{im} = \bar{x}_{fdi} = A^{1/\alpha}\beta^{2/\alpha}KC_Y^d \tag{8-14}$$

将式（8–14）代入式（8–2），就可得到最终品部门在均衡状态下的产出水平：

$$Y = A^{1/\alpha}KC_Y^d\beta^{2\beta/\alpha}(N^d + N^{im} + N^{fdi}) \tag{8-15}$$

（3）研发部门。假设新技术的专利价格为 P_{N^d}，知识资本报酬率为 $E_{KC_N^d}$，在均衡状态下，可得投入研发部门的知识资本报酬率为：

$$E_{KC_N^d} = \delta P_{N^d}[N^d + \theta(im, fdi)(N^{im} + N^{fdi})] \tag{8-16}$$

根据中间品部门的非套利条件：

$$P_{N^d} = V(t) = \int_t^{\infty} \pi_h(s)e^{-\bar{r}(s,t)(s-t)}ds \tag{8-17}$$

其中，$\bar{r}(s,t) = \int_t^s r(v)\mathrm{d}v/(s-t)$ 代表时刻 t 与 s 之间的平均利率，如果 r 不随时间变化，则式（8–17）可变为：

$$P_{N^d} = V(t) = \pi_h(t)/r = (\bar{P}_x - 1)\bar{x}/r = (1/\beta - 1)\bar{x}/r = \alpha\bar{x}/r\beta \tag{8-18}$$

（4）家庭与市场均衡。根据式（8–4）可得代表性家庭效用最大化时的消费增长率为：

$$g_C = \dot{C}/C = (r - \rho)/\sigma \tag{8-19}$$

在均衡状态下，最终品部门和研发部门的知识资本报酬率应该相等，结合式（8–6）、式（8–14）、式（8–15）、式（8–16）以及式（8–18）可得：

$$KC_Y^d = \frac{r(N^d + N^{im} + N^{fdi})}{\delta\beta\left[N^d + \theta(im, fdi)(N^{im} + N^{fdi})\right]} \tag{8–20}$$

为简化计算，进一步假设 t 时刻技术水平总存量为 N^T，国外技术知识存量为 N^f，即：

$$N^f = N^{im} + N^{fdi},\ N^T = N^d + N^{im} + N^{fdi} = N^d + N^f,\ N^f / N^d = GAP \tag{8–21}$$

其中，GAP 代表本国与外国的技术水平差距，则进一步有：

$$N^d = N^T / (1 + GAP),\ \ N^f = N^T GAP / (1 + GAP) \tag{8–22}$$

将式（8–22）代入式（8–20），可得：

$$KC_Y^d = \frac{r(1 + GAP)}{\delta\beta[1 + (GAP)\theta(im, fdi)]} \tag{8–23}$$

因为 $KC_N^d = KC^d - KC_Y^d$，将式（8–3）两边同时除以 N^d 并结合式（8–21），可得平衡增长路径上的技术进步率 $g_{N^d}^e$ 为：

$$g_{N^d}^e = \delta(KC^d - KC_Y^d)[1 + (GAP)\theta(im, fdi)] \tag{8–24}$$

容易证明，在平衡增长路径上，各经济变量 C、K、Y 和 N^d 具有相同的增长率：

$$g_{N^d}^e = g_Y^e = g_K^e = g_C^e = \delta(KC^d - KC_Y^d)[1 + (GAP)\theta(im, fdi)] \tag{8–25}$$

再结合式（8–19）、式（8–23）和式（8–25），就可以得到命题 1：

$$g_{N^d}^e = \frac{\delta KC^d[1 + (GAP)\theta(im, fdi)] - (\rho / \beta)(1 + GAP)}{1 + (\sigma / \beta)(1 + GAP)} \tag{8–26}$$

命题 1 表明，在开放经济下，稳态技术进步率 $g_{N^d}^e$ 取决于国内知识资本投入 $KC^d(RC^d, HC^d, IC^d, TC^d)$、国外知识资本溢出 $\theta(im, fdi)$、国内外技术差距 GAP 以及技术参数 (δ, β) 与偏好参数 (σ, ρ)。

3. 比较静态分析

为了弄清楚各变量的变化对稳态技术进步的影响，通过对命题 1 中各变量求偏导数，可以得到以下命题[①]：

① 由于本文的目的在于检验知识资本相关变量对技术进步的影响效应，因而对技术参数和偏好参数不作命题假设。

命题 2：$\frac{\partial g_{N^d}^e}{\partial KC^d}>0$；$\frac{\partial g_{N^d}^e}{\partial RC^d}>0$；$\frac{\partial g_{N^d}^e}{\partial HC^d}>0$；$\frac{\partial g_{N^d}^e}{\partial IC^d}>0$；$\frac{\partial g_{N^d}^e}{\partial TC^d}>0$

国内知识资本投入 KC^d 对技术进步的促进作用主要表现在两个方面：首先，在式（8-26）中，通过对 KC^d 求导，发现 KC^d 的增加可以直接提高稳态技术进步率 $g_{N^d}^e$，原因在于研发部门的知识资本 KC_N^d 会随 KC^d 的增加而增加；其次，KC^d 的增加还可以间接促进技术进步。在式（8-24）中，通过 KC_N^d/KC_Y^d 对 KC^d 求导，可得 $\partial(KC_N^d/KC_Y^d)/\partial KC^d>0$，即国内知识资本存量越丰富的经济体，其研发部门与最终品部门的知识资本比值也越大，而研发部门知识资本比重的上升，会促进技术水平的提高。类似地，由于国内知识资本 KC^d 是由研发资本 RC^d、人力资本 HC^d、创新设施资本 IC^d 和技术资本 TC^d 构成，因而 RC^d、HC^d、IC^d 和 TC^d 投入的增加都可以通过上述直接或间接的途径来促进技术进步。命题 2 由此表明：国内知识资本投入的增加，尤其是研发资本、人力资本、创新设施资本和技术资本投入的增加，都有助于促进技术水平的提升。

命题 3：$\partial g_{N^d}^e/\partial\theta>0$；$\partial g_{N^d}^e/\partial\theta_{im}>0$；$\partial g_{N^d}^e/\partial\theta_{fdi}>0$

国际知识资本溢出 θ 对稳态技术进步率的影响主要表现在两个方面：首先，从式（8-3）可以看出，增加 θ 将直接提高研发部门的知识产出率，进而促进稳态技术进步；其次，从式（8-16）可以看出，研发部门知识资本的报酬率 $E_{KC_N^d}$ 是 θ 的增函数。因此，θ 增加会提高研发部门知识资本的报酬率，使得知识资本从最终品部门向研发部门转移，从而促进技术水平的提升。类似地，作为国际知识资本溢出两种主要渠道的进口和 FDI 的增加也都可以通过上述两个途径来促进稳态技术进步的提升。命题 3 由此表明：国际知识资本溢出尤其是基于进口和 FDI 的国外知识资本溢出程度的上升，都有助于提高稳态技术进步水平。

命题 4：$\partial g_{N^d}^e/\partial(GAP)\gtrless 0$

技术差距 GAP 与技术进步率 $g_{N^d}^e$ 间的关系是不确定的，这是由技术差距对国外知识溢出的双重效应所决定的。一种是 Gerschenkron（1962）[①]

① Gerschenkron A., *Economic Backwardness in Historical Perspective*, Belknap Press of Harvard University, 1962.

和 Kuznets（1973）① 等人提出的“后发优势”效应。他们认为国内外技术差距越大，技术落后国就越有可能利用技术后发优势获取更多模仿国外技术的收益，因此较大的技术差距有利于技术扩散的实现。另一种是 Matthews（1969）②、Lapan 和 Bardhan（1973）③ 等人提出的“持续落后”效应。他们认为知识产品的生产具有自我累积性和历史依赖性，致使技术落后国没有足够能力来吸收和模仿溢出的国外技术，因此较小的技术差距反而更有利于实现技术知识的溢出。命题 4 由此表明：国内外技术差距对技术进步的影响效应是不确定的，只能通过实证分析来确定。

四、宏观知识资本与全要素生产率

（一）宏观知识资本与全要素生产率模型

上述宏观知识生产函数理论模型分析了知识资本对稳态技术进步率的作用，本文在实证分析中以全要素生产率（Total Factor Productivity，TFP）作为技术进步率的代理变量，用跨国面板数据进一步对宏观知识资本对全要素生产率的影响进行实证检验。我们以 Coe 和 Helpman（1995，简称 CH）④、Xu 和 Wang（1999）⑤ 等人提出的国际 R&D 溢出模型（简称 CH 模型）作为知识资本投入产出研究的分析基础，通过对此进行相应的修正和扩展来检验本文理论模型的推导结论。CH 将全要素生产率作为衡量技术进步的代理变量，并将其定义为：

$$TFP = A(KC)^{\gamma} \tag{8-27}$$

其中，TFP 为全要素生产率，代表技术进步；A 为常数；KC 表示知识资本。在开放经济下，一国全要素生产率提升不仅取决于国内知识资本投入，还取决于国外知识资本的影响。开放经济下知识资本 KC 可以分为国内知识资本投入和国外知识资本溢出两部分，即 $KC=(KC^{d})^{\delta}(KC^{f})^{\eta}$。为了更好地分析知识资本不同要素投入对全

① Kuznets S.，“Modern economic growth：findings and reflections，” *American Economic Review*，Vol.63，No.3，1933.

② Matthews R. C. O.，“Why growth rates differ，” *Economic Journal*，Vol.79，No.314，1969.

③ Lapan H.，Bardhan P.，“Localized technical progress and transfer of technology and economic development，” *Journal of Economic Theory*，Vol. 6，No.6，1973.

④ Coe D. T.，Helpman E.，“International R&D spillovers，” *European Economic Review*，Vol.39，No.5，1995.

⑤ Xu B.，Wang J.，“Capital goods trade and R&D spillovers in the OECD，” *Canadian Journal of Economics*，Vol.32，No.5，1999.

要素生产率的影响效应，本文将国内知识资本 KC^d 进一步划分为研发资本 RC^d、人力资本 HC^d、创新设施资本 IC^d 和技术资本 TC^d，即 $KC^d=(RC^d)^{\phi}(HC^d)^{\varphi}(IC^d)^{\mu}(TC^d)^{\lambda}$。假定 4 种国内知识资本要素对提高全要素生产率具有不同作用。其中研发资本是自主创新的核心资本，通过关键核心技术研发提高全要素生产率。人力资本反映国家教育水平，是技术进步和全要素生产率提高的动力源泉；人力资本投资是通过创新财富效应不断促进全要素生产率提高。技术资本为全要素生产率的提高提供技术积累和技术支撑。创新设施资本为知识活动和技术进步提供基础设施支撑，通过提高创新效率进而提高全要素生产率。

开放经济下进口贸易和 FDI 是实现知识资本跨国溢出的两种主要渠道（Saggi，2002①；Keller，2009②），本文把国外知识资本 KC^f 分为基于进口渠道溢出的国外知识资本 KC^{im} 和基于 FDI 渠道溢出的国外知识资本 KC^{fdi}，再将技术差距 GAP 视为非物化溢出形式，则国外知识资本可表示为 $KC^f=(KC^{im})^{\upsilon}(KC^{fdi})^{\rho}(GAP)^{\varsigma}$。因此，知识资本 KC 就可以扩展为：

$$KC=(RC^d)^{\theta_1}(HC^d)^{\theta_2}(IC^d)^{\theta_3}(TC^d)^{\theta_4}(KC^{im})^{\theta_5}(KC^{fdi})^{\theta_6}(GAP)^{\theta_7} \quad (8\text{–}28)$$

将式（8–28）代入式（8–27），同时两边取自然对数，就可以得到本文理论模型命题 1 的具体回归方程形式：

$$\begin{aligned}TFP_{it}=\beta_{0i}+\beta_1\ln RC_{it}^d+\beta_2\ln HC_{it}^d+\beta_3\ln IC_{it}^d+\beta_4\ln TC_{it}^d\\+\beta_5\ln KC_{it}^{im}+\beta_6\ln KC_{it}^{fdi}+\beta_7\ln GAP_{it}+\varepsilon_{it}\end{aligned} \quad (8\text{–}29)$$

其中，i 和 t 分别代表经济体和年份；TFP 为全要素生产率，代表技术进步或知识资本产出；RC^d 表示研发资本，HC^d 表示人力资本，IC^d 表示创新设施资本，TC^d 表示技术资本；KC^{im} 表示进口溢出的国外知识资本；KC^{fdi} 表示 FDI 溢出的国外知识资本；GAP 表示国内外技术水平差距；$\beta_1\sim\beta_7$ 为各变量的产出弹性；β_{0i} 为经济体特定的常数项，ε 为随机误差项，ln 表示自然对数。

（二）资料来源与处理

根据全球性原则以及数据可得性，本文选择 130 个经济体作为实证

① Saggi K.，“Trade，foreign direct investment，and international technology transfer：a survey，” *The World Bank Research Observer*，Vol.17，No.2，2002.

② Keller W.，“International Trade，Foreign Direct Investment，and Technology Spillovers，” *NBER Working Paper*，2009.

分析的研究样本，包括 36 个发达经济体、18 个转型经济体和 76 个发展中经济体，选择的时间跨度为 1981—2010 年[①]。各变量的选取、资料来源与处理方法如下。

1. 国内知识资本各变量及资料来源

本文通过构建知识资本水平指数来反映各经济体的知识资本水平，并根据知识资本水平划分创新俱乐部。考虑数据可得性以及借鉴欧盟委员会、联合国贸易和发展会议和世界银行等组织相关指标体系中变量的选取情况，笔者选择由 4 个方面 12 个基础指标构成的指标体系来测度 130 个经济体的知识资本水平指数。具体为：①研发资本。使用人均 R&D 支出额、人均 R&D 支出存量和 R&D 支出强度等指标。②人力资本。使用每百万人口研究人员数、平均受教育年数和高校入学率等指标。③创新设施资本。使用人均耗电量、每百人口电话拥有量和每百人口互联网用户数等指标。④技术资本。使用每百万人口专利授权数、每百万人口科技论文数和高技术产品出口比重等指标。笔者根据易平涛（2009）提出的“全序列法”来对各基础指标的数据进行标准化处理，然后运用主成分分析法得到基础指标以及指数权重，进而求得各经济体历年的知识资本水平指数[②]。具体计算公式如下：

$$KC_{it}^{d} = \sum_{k=1}^{4} w_k \sum_{k=1}^{4} \sum_{n=1}^{3} w_{kn} y_{kn}^{it} \tag{8-30}$$

其中，KC_{it}^{d} 为经济体 i 在时期 t 的国内知识资本水平指数；w_k 为第 k 方面指数的权重，这里 $k=1,2,3,4$，分别代表研发资本、人力资本、创新设施资本和技术资本；w_{kn} 为第 k 方面指数下第 n 基础指标的权重，这里 $n=1,2,3$，分别代表每个方面指数下的 3 个基础指标；y_{kn}^{it} 为经济体 i 在时期 t 的第 k 方面指数下第 n 基础指标经过标准化后的数值。在式（8–30）中，如果分别令 k 等于 1、2、3 和 4，就可以分别计算出研发资本、人力资本、创新设施资本和技术资本的指数值。

各项指标的具体资料来源与处理如下：R&D 支出强度、R&D 研究人员数和高校入学率的数据主要来源于 CANAL 数据库、联合国教科文组

① 由于本文选取的研究样本包括中国香港、中国澳门和中国台湾等地区的数据，因而接下来大多数情况的描述均采用“经济体”这一术语。经济体类型根据联合国贸易和发展会议（UNCTAD）的标准划分。

② 使用“全序列法”可以解决静态无量纲化法在不同时点的不可比较问题，使用主成分分析法可以解决权重选取上过于主观的问题。

织统计数据库和历年《联合国教科文组织统计年鉴》; R&D 支出额的数据根据 R&D 支出强度与 GDP 金额的乘积得到。为使各经济体的数据具有可比性，笔者通过收集各经济体按照购买力平价汇率换算成的以 2005 年为基期的 GDP 美元计价数据（简称 GDP 不变价数据），得到各经济体历年 R&D 支出的不变价数据。GDP 不变价数据主要来自世界银行的 WDI 数据库; R&D 支出存量的数据使用永续存盘法计算得到，折旧率选择 15%；平均受教育年数（25 岁及以上人口）的数据主要来自 Barro-Lee 的教育程度数据库；人均耗电量、每百人口电话拥有量、每百人口互联网用户数以及总人口的数据主要来自世界银行的 WDI 数据库；专利授权数据来自美国专利商标局（USPTO）；科技论文数据来自美国科学信息研究所（ISI）的科学引文索引数据库（WoS）；高技术产品出口比重的数据来自世界银行的 WITS 数据库。另外，对于少数经济体在个别年份数据缺失的情况，我们根据 Ulku（2007）① 的处理方法进行估算。

从理论模型推导命题 2 的过程可知，国内知识资本投入的增加不仅可以直接提高稳态技术进步率，还可以通过增加研发部门知识资本的比重而间接促进技术水平的提升。因此预期变量 RC^d、HC^d、IC^d 和 TC^d 的系数应该都为正。

2. 国外知识资本各溢出变量及资料来源

首先是进口溢出的国外知识资本变量 KC^{im}。通过对 Kwark 和 Shyn（2006）② 提出的加权法进行适当的修正，可以得到 KC^{im} 的计算公式：

$$KC_{it}^{im} = \sum_{j \neq i} (X_{jit} / X_{jt}) KC_{jt} \quad (8\text{-}31)$$

其中，i 和 j 都代表经济体，t 代表年份；im 为进口符号，KC_{it}^{im} 是经济体 i 在时期 t 通过进口溢出的国外知识资本；KC_{jt} 是经济体 j 在时期 t 的国内知识资本；X_{jt} 为经济体 j 在时期 t 对贸易伙伴国的总出口；X_{jit} 为经济体 j 在时期 t 对经济体 i 的出口。各经济体国内知识资本变量的数据，上文已作了说明，考虑到经济体 j 对经济体 i 的出口实际上也就是经济体 i 对经济体 j 的进口，为保证数据完整性，本文从进口角度来收集贸易数据。各经济

① Ulku H., "R&D, innovation and output: evidence from OECD and nonOECD countries," *Applied Economics*, Vol.39, No.3, 2007.

② Kwark N. S., Y. S. Shyn, "International R&D spillovers revisited: human capital as an absorptive capacity for foreign technology," *International Economic Journal*, Vol.20, No.2, 2006.

体历年的双边进口数据主要来自国际货币基金组织的贸易方向统计数据库（DOTS），总出口数据根据各贸易伙伴国对该经济体进口数据加总得到。

从理论模型推导命题 3 可知，进口溢出的国外知识资本的增加一方面可以直接提高研发部门的知识产出率，进而促进技术进步率的提升；另一方面还会通过提高研发部门知识资本的报酬率，引起知识资本从最终品部门向研发部门转移，从而间接提高整体的技术进步水平。因此我们预期变量 KC^{im} 的系数应该为正。

其次是 FDI 溢出的国外知识资本变量 KC^{fdi}。通过对 Ciruelos 和 Wang（2005）[①] 提出的加权法进行适当的修正，可以得到 KC^{fdi} 的计算公式：

$$KC_{it}^{fdi} = \sum_{j \neq i} (OFDI_{jit} / OFDI_{jt}) KC_{jt} \tag{8-32}$$

其中，KC_{it}^{fdi} 是经济体 i 在时期 t 通过 FDI 溢出的国外知识资本；$OFDI_{jit}$ 为经济体 j 在时期 t 对经济体 i 的直接投资存量，$OFDI_{jt}$ 为经济体 j 在时期 t 对各投资伙伴国直接投资存量的总和。我们参照 Xu 和 Wang（2000）[②]、Zhu 和 Jeon（2007）[③] 等人的做法，使用 FDI 存量数据来计算 KC^{fdi}。在 $OFDI_{jit}$ 的资料来源方面，由于数据限制，目前并不能完全得到 130 个经济体在 1981—2010 年的双边对外直接投资存量数据，为了保证数据的统一性和完整性，本文借鉴 Tang 和 Koveos（2008）[④] 的做法，选择 G7 国家作为 FDI 的溢出来源国，G7 国家对外直接投资存量的数据主要来自 OECD 的国际直接投资统计数据库，G7 国家的对外直接投资总存量数据根据各投资伙伴国的数据加总得到。

与进口溢出的国外知识资本变量 KC^{im} 相似，理论模型推导结果中的命题 3 得出，FDI 溢出的国外知识资本 KC^{fdi} 的增加也可以通过直接和间接两种途径来促进技术进步。因此预期变量 KC^{fdi} 的系数应该为正。

最后是技术差距变量 GAP。技术差距变量的计算涉及基础衡量指标

---

① Ciruelos A., Wang M., "International technology diffusion: effects of trade and FDI," *Atlantic Economic Journal*, Vol.33, No.4, 2005.

② Xu B., Wang J., "Trade, FDI, and international technology diffusion," *Journal of Economic Integration*, Vol.15, No.4, 2000.

③ Zhu L., Jeon B. N., "International R&D spillovers: trade, FDI, and information technology as spillover channels," *Review of International Economics*, Vol.15, No.5, 2007.

④ Tang L., Koveos P. E., "Embodied and disembodied R&D spillovers to developed and developing countries," *International Business Review*, Vol.7, No.5, 2008.

的选取和参照国的确定。笔者参照 Madsen（2008）① 的做法选用全要素生产率作为技术差距的基础衡量指标，参照 Xu 和 Wang（2000）② 的做法选择美国作为参照国，同时借鉴 Castellacci（2002）③ 的做法，将技术差距表示为美国与各经济体全要素生产率比值的自然对数，具体的计算公式为：

$$GAP_{it} = \ln(TFP_{US,t} / TFP_{it}) \tag{8-33}$$

其中，GAP_{it} 为经济体 i 在时期 t 的技术差距变量；$TFP_{US,t}$ 为美国在时期 t 的全要素生产率，TFP_{it} 为经济体 i 在时期 t 的全要素生产率。在实证分析中，如果 GAP_{it} 变量的系数为正，则表明其余经济体与美国技术差距的扩大有利于各经济体技术水平的提升；如果 GAP_{it} 变量的系数为负，则表明其余经济体与美国技术差距的扩大阻碍了各经济体的技术进步。各经济体历年全要素生产率的资料来源将在下文中给出。

从理论模型推导命题 4 可知，技术差距对技术进步的影响是不确定的，而是由技术差距对国际知识溢出的双重效应所决定的。一方面是“后发优势”效应，即技术差距越大越有利于技术落后国利用后发优势获取更多国外技术模仿的收益，进而促进技术水平的提升。另一方面是“持续落后”效应，即技术差距的扩大会造成技术落后国没有足够的能力来吸收和模仿溢出的国外技术，反而不利于国内技术水平的提升。模型中的技术差距变量 GAP 的符号是不确定的，只能通过实证分析来决定。

3. 知识资本产出（技术进步率）变量及资料来源

技术进步的衡量一直是经济学界研究的热点问题，目前文献中主要有 3 种方法（Keller, 2004）④：一是技术投入法，比如 R&D 投入；二是技术成果法，比如专利数量；三是技术效应法，比如全要素生产率。本文选用全要素生产率作为技术进步的代理变量，理由是全要素生产率是经济学界使用比较多的代表技术进步的指标（李廉水和周勇，2006）⑤。与

---

① Madsen J. B., “Semi-Endogenous versus schumpeterian growth models: testing the knowledge production function using international data,” *Journal of Economic Growth*, Vol.13, No.1, 2008.

② Xu B., Wang J., “Trade, FDI, and international technology diffusion,” *Journal of Economic Integration*, Vol.15, No.4, 2000.

③ Castellacci F., “Technology gap and cumulative growth: models and outcomes,” *International Review of Applied Economics*, Vol.16, No.3, 2002.

④ Keller W., “International technology diffusion,” *Journal of Economic Literature*, Vol.42, No.3, 2004.

⑤ 李廉水、周勇：《技术进步能提高能源效率吗？——基于中国工业部门的实证检验》，《管理世界》2006 年第 10 期。

CH 等人的做法一样，我们使用索洛余值法来计算全要素生产率，具体的计算公式为：

$$TFP_{it} = Y_{it} / L_{it}^{\alpha_{it}} K_{it}^{\beta_{it}} \tag{8-34}$$

其中，TFP_{it} 为全要素生产率，代表知识资本产出或技术进步水平；Y_{it} 为经济体 i 在时期 t 的实际产出，K_{it} 为经济体 i 在时期 t 的资本存量，L_{it} 为经济体 i 在时期 t 的劳动投入；α_{it} 和 β_{it} 分别代表劳动和资本的产出弹性。我们在资本和劳动产出弹性的符号中加入下标 it，认为资本和劳动的产出弹性会随时间和经济体的变化而发生变化。从式（8–34）可以看出，全要素生产率的计算涉及实际产出 Y、劳动投入 L、资本存量 K、劳动收入份额 α 和资本收入份额 β 5 项指标的选择。各项指标的具体资料来源与处理如下。①实际产出变量用以 2005 年为基期的 PPP 汇率换算的 GDP 不变价表示，资料来源在上文已经介绍，这里不再赘述。②劳动投入变量以就业人数表示，数据主要来自 PWT8.0 数据库。③物质资本存量以固定资本形成总额作为计算基础，使用永续存盘法计算得到，折旧率选择 10%。④劳动收入份额的数据主要来自 PWT8.0 数据库。⑤假定劳动和物质资本在生产中具有规模报酬不变性，因此资本收入份额的数据根据 1 减去各经济体相应劳动收入份额计算得到。

五、实证分析与结果

（一）全球样本回归结果分析

1. 模型的预检验

在对式（8–30）进行回归分析前，需要分别对多重共线性、面板单位根和面板协整等进行预检验。

在实证分析中，首先，为处理细分知识资本之间的相关性、提高检验的可信度，笔者利用相关系数矩阵法和方差膨胀因子（VIF）法两种方法来检验多重共线性的程度。在相关系数矩阵法的检验上，我们使用 Lee（2006）[①] 和 Krammer（2010）[②] 等人的判断方法，即如果变量两两之间的相关系数大于等于 0.85，则认为模型存在明显的多重共线性，而如

① Lee G., "The effectiveness of international knowledge spillover channels," *European Economic Review*, Vol.50, No.8, 2006.

② Krammer S. M. S., "International R&D spillovers in emerging markets: the impact of trade and foreign direct investment," *The Journal of International Trade & Economic Development*, Vol.19, No.4, 2010.

果变量两两之间的相关系数小于 0.85，则认为多重共线性的存在对估计结果的影响并不显著。在方差膨胀因子法的检验中，我们使用李小平等（2015）[①] 和徐康宁等（2015）[②] 的判断方法，即如果各变量的 VIF 值大于等于 3，则认为模型存在明显的多重共线性，而如果各变量的 VIF 值小于 3，则认为模型不存在明显的多重共线性。从表 8–4 可以看出，所有解释变量两两之间的相关系数均没有超过 0.85，同时各变量的 VIF 值也都没有超过 3。因此，综合以上检验结果，变量间不存在明显的多重共线性，多重共线性问题不会影响估计结果的准确性。

表 8-4 各解释变量的相关系数和方差膨胀因子

变量	$\ln RC^d$	$\ln HC^d$	$\ln IC^d$	$\ln TC^d$	$\ln KC^{im}$	$\ln KC^{fdi}$	$\ln GAP$
$\ln RC^d$	1.00						
$\ln HC^d$	0.60	1.00					
$\ln IC^d$	0.61	0.81	1.00				
$\ln TC^d$	0.73	0.65	0.66	1.00			
$\ln KC^{im}$	0.60	0.54	0.53	0.62	1.00		
$\ln KC^{fdi}$	0.57	0.44	0.45	0.60	0.74	1.00	
$\ln GAP$	−0.63	−0.67	−0.66	−0.60	−0.50	−0.57	1.00
VIF 值	2.34	2.48	2.29	2.79	2.37	2.12	2.41

资料来源：相关系数使用 Eviews 8.0 运算得出，VIF 值使用 SPSS 21 运算得出。

为避免模型中出现虚假回归问题，确保估计结果的有效性，笔者使用 LLC 法进行各变量的面板单位根检验。从表 8–5 可以看出，LLC 法的检验结果表明所有变量都是非平稳的，由于这些变量的非平稳性，原假设即使在 10% 的显著性水平下也不能被拒绝。

表 8-5 面板单位根检验

变量	$\ln TFP$	$\ln RC^d$	$\ln HC^d$	$\ln IC^d$	$\ln TC^d$	$\ln KC^{im}$	$\ln KC^{fdi}$	$\ln GAP$
LLC 统计值	7.333	1.759	3.003	1.444	6.146	6.954	4.035	11.964
平稳性判断	非平稳	非平稳	非平稳	非平稳	非平稳	非平稳	非平稳	非平稳

资料来源：面板数据单位根检验结果使用 Eviews 8.0 计算。

① 李小平、周记顺、卢现祥等：《出口的“质”影响了出口的“量”吗？》，《经济研究》2015 年第 8 期。

② 徐康宁、陈丰龙、刘修岩：《中国经济增长的真实性：基于全球夜间灯光数据的检验》，《经济研究》2015 年第 9 期。

最后是面板协整检验。由于模型中各变量经面板单位根检验都是非平稳的，为确保变量之间具有长期的均衡关系，本文使用 Kao（1999）[①] 提出的统计量来进行面板协整检验，结果显示模型（1）~（5）的K统计值分别是 –4.76、–4.60、–6.09、–15.49 和 –7.44（见表 8–6），都在 1% 的水平上具有显著性，模型（1）~（5）都是面板协整的，模型中的估计系数代表了变量之间的长期均衡关系。

表 8-6　　全球样本组均 FMOLS 的回归结果

解释变量	模型（1）	模型（2）	模型（3）	模型（4）	模型（5）
$\ln RC^d$	0.01*** (3.00)	0.01*** (3.57)	0.02*** (4.71)	0.02*** (8.15)	0.01*** (3.53)
$\ln HC^d$	0.15*** (30.98)	0.12** (23.59)	0.15*** (17.99)	0.14*** (45.24)	0.14*** (15.71)
$\ln IC^d$	0.06*** (17.36)	0.05*** (12.83)	0.05*** (7.55)	0.06*** (87.06)	0.05*** (7.74)
$\ln TC^d$	0.03*** (20.85)	0.04*** (27.28)	0.02*** (6.27)	0.05*** (74.70)	0.03*** (9.47)
$\ln KC^{im}$		0.02*** (13.73)			0.01*** (4.93)
$\ln KC^{fdi}$			–0.01*** (–3.19)		–0.01*** (–3.61)
$\ln GAP$				–0.70*** (–110.66)	–0.67*** (–99.58)
R^2	0.7465	0.8697	0.7833	0.9765	0.9494
样本容量	3900	3900	3900	3900	3900
K 统计值	–4.76***	–4.60***	–6.09***	–15.49***	–7.44***
协整判断	协整	协整	协整	协整	协整

注：①为了检验国内外不同类型的知识资本投入对全要素生产率影响效应的稳健性，表 8–6 采用逐步回归法对式（8–29）进行估计。其中模型（1）涉及式（8–29）回归方程中的国内知识资本 4 个变量（RC^d、HC^d、IC^d、TC^d），模型（2）~（4）分别在模型（1）的基础上增加国外知识资本变量（KC^{im}、KC^{fdi} 和 GAP），模型（5）包括式（8–29）回归方程的所有变量。

② ** 和 *** 分别表示有关变量的系数在 5% 和 1% 水平上显著；各解释变量括号中的数值为 t 统计值。

资料来源：作者整理。

---

① Kao C., "Spurious regression and residual–based tests for cointegration in panel data," *Journal of Econometrics*, Vol.90, No.1, 1999.

2. 估计方法的选择

在确定了变量间存在协整关系后，本文利用组均完全修正最小二乘法（以下简称组均 FMOLS）来估计国内外不同类型知识资本投入对全要素生产率的影响，以期得到各模型的长期协整向量。原因主要有以下 3 点：首先，与传统 OLS 估计量相比，组均 FMOLS 估计量可以改善传统 OLS 估计中存在的变量内生性和误差项相关性问题，能够构造有效的 t 统计值。其次，与组内估计量不同，组均 FMOLS 估计量合并数据的方式具有较大的灵活性，它考虑了面板数据截面成员的参数异质性而不是给它们强加相同的斜率系数，产生的点估计能够被理解为协整向量的平均值，因而对其进行解释会更加有意义。最后，与组内估计量相比，组均 FMOLS 估计量在小样本容量下具有相对较小的规模扭曲性，因而能够得到参数的一致性估计。

3. 回归结果分析

笔者首先以 130 个经济体 1981—2010 年的面板数据作为全球研究样本，同时采用逐步回归方法以检验国内外不同类型知识资本投入对全要素生产率影响效应的稳健性。全球样本组均 FMOLS 的回归结果显示，研发资本、人力资本、创新设施资本和技术资本投入对全要素生产率的提升都具有显著的促进作用，而且具有稳定性，这一结果与本文理论模型推导的命题 1 是相吻合的。研发资本投入每增加 1%，会促进全要素生产率提高 0.01% ~ 0.02%；人力资本投入每增加 1%，会促进全要素生产率提高 0.12% ~ 0.15%；创新设施资本投入每增加 1%，会促使全要素生产率提高 0.05% ~ 0.06%；技术资本投入每增加 1%，会带动全要素生产率提高 0.02% ~ 0.05%。从影响程度上看，人力资本和创新设施资本投入对全要素生产率的促进效果要远大于研发资本和技术资本投入，这表明现阶段人力资本和创新设施资本投入对创新驱动和全要素生产率提升效应比较明显。

国外知识资本溢出效应结果显示，进口溢出渠道与全要素生产率的提高具有显著的正相关性。进口渠道溢出的国外知识资本投入每增加 1%，会促进全要素生产率提高 0.01% ~ 0.02%，这一结果与本文理论模型推导的命题 3 是相吻合的。FDI 溢出渠道与全要素生产率的提高具有显著的负相关性，即 FDI 渠道溢出的国外知识资本每增加 1%，会导致全要素生产率下降约 0.01%，这一结果与命题 3 的结论并不吻合①。原因可能是内含在 FDI 中的国际知识资本溢出的发生并不会自动实现，它还依赖于东道国具有相应的技术能力进行吸收，只有当东道国的技术能力达到或超过某一门槛时，才会促进 FDI 溢出效应的发生。国内外技术差距与全要素生产率的提高具有显著的负相关性，这一结果支持了命题 4 中 Matthews（1969）②和 Lapan & Bardhan（1973）③等人提出的"持续落后"假说，即各经济体与创新领导国的技术差距每缩小 1%，会带动这些经济体的全要素生产率增加 0.67% ~ 0.70%。从影响程度上看，以进口和 FDI 为主的物化型溢出渠道对全要素生产率的影响效应还较小，它们并没有成为全球技术进步的主要来源，而技术差距变量的系数在所有解释变量中是最大的，表明对于目前整个世界全要素生产率发展水平的提升，非物化型溢出渠道起了最主要的作用。

（二）对不同创新水平经济体的回归分析

1. 不同创新水平经济体的分类

依据知识资本密集度不同，本文运用系统聚类法对 130 个经济体进行分类，进一步分析和比较不同类型知识资本投入对不同创新水平经济体全要素生产率影响的差异性。系统聚类分析主要包括 3 个步骤：一是根据研究目的选择合适的聚类变量；二是计算样本间距离和类间距离；三是确定系统聚类的类数。笔者选取研发资本、人力资本、创新设施资本和技术资本指数在整个时期的平均值作为系统聚类的输入变量，选择欧式距离和 Ward 最小方差法作为样本间距离和类间距离的计算方法，同时为提高类数划分的可信度，本文将选用 R^2、半偏 R^2、伪 F 和伪 t^2 4 个统计量作为创新经济体类数的判断标准。系统聚类的结果如表 8-7 所示。

① 由于数据的限制，本文实证模型中使用的 KC^{fdi} 变量只是基于 G7 国家的数据，而不是由 130 个经济体的数据计算得到的。由于 G7 国家对外直接投资更多的是集中于发达经济体（占 83.22%），因而这种偏向性也可能会影响到 KC^{fdi} 变量对全要素生产率的促进作用。

② Matthews R. C. O.，"Why growth rates differ，" *Economic Journal*，Vol.79，No.314，1969.

③ Lapan H.，Bardhan P.，"Localized technical progress and transfer of technology and economic development，" *Journal of Economic Theory*，Vol. 6，No.6，1973.

表 8-7 系统聚类历史及关键统计量（1981—2010 年）

类别数	系统聚类			
	R^2	半偏 R^2	伪 F	伪 t^2
…	…	…	…	…
7	0.889	0.0127	164	27.5
6	0.876	0.0129	176	10.1
5	0.850	0.0265	177	14.0
4	0.816	0.0342	186	37.9
3	0.746	0.0700	186	49.0
2	0.575	0.1711	173	95.5
…	…	…	…	…

资料来源：根据系统聚类分析结果整理。

从表 8–7 看出，R^2 统计量在分为 3 个类别之前的并类过程中，数值是逐渐减少的，但变化并不大。然而，当分为 3 个类别时的 R^2 为 0.746，而合并后分为 2 个类别时的 R^2 则下降较多（R^2 =0.575），说明根据 R^2 统计量分为 3 个类别是比较合适的。半偏 R^2 统计量的最大值出现在类别数等于 2 时，其数值为 0.1711，说明根据半偏 R^2 统计量分为 3 个类别是比较合适的。伪 F 统计量的最大值出现在类别数等于 3 和 4 时，它们的数值均为 186，说明根据伪 F 统计量分为 3 个或 4 个类别都是比较合适的。伪 t^2 统计量的最大值出现在类别数等于 2 时，其数值为 95.5，说明根据伪 t^2 统计量分为 3 个类别是比较合适的。综合以上分析结果可以得出：依据知识资本密集度不同，将全球 130 个经济体划分为 3 个创新俱乐部是比较合适的。此外，根据每个俱乐部包含的经济体类型以及它们的数量特征，笔者将这 3 个创新俱乐部分别命名为创新领导俱乐部（包含 22 个经济体）、创新追赶俱乐部（包含 77 个经济体）和创新缓慢俱乐部（包含 31 个经济体），具体分类结果如表 8–8 所示。

表 8-8 130 个经济体的创新俱乐部分类

俱乐部	经济体
创新领导俱乐部	美国、瑞典、瑞士、日本、芬兰、以色列、德国、丹麦、加拿大、挪威、荷兰、卢森堡、英国、中国台湾、新加坡、法国、冰岛、韩国、澳大利亚、比利时、奥地利、爱尔兰

续表

俱乐部	经济体
创新追赶俱乐部	斯洛文尼亚、新西兰、中国香港、捷克共和国、爱沙尼亚、西班牙、匈牙利、意大利、葡萄牙、斯洛伐克、希腊、马耳他、马来西亚、立陶宛、波兰、俄罗斯、克罗地亚、塞浦路斯、拉脱维亚、中国、黑山、保加利亚、塞尔维亚、菲律宾、中国澳门、委内瑞拉、罗马尼亚、白俄罗斯、乌克兰、阿根廷、哥斯达黎加、突尼斯、乌拉圭、智利、土耳其、巴西、墨西哥、约旦、古巴、黎巴嫩、泰国、科威特、亚美尼亚、吉尔吉斯斯坦、马其顿、塞舌尔、格鲁吉亚、巴拿马、阿尔巴尼亚、文莱、波黑、哈萨克斯坦、阿塞拜疆、南非、特立尼达和多巴哥、摩尔多瓦、沙特、伊朗、毛里求斯、秘鲁、摩洛哥、乌兹别克斯坦、利比亚、牙买加、哥伦比亚、蒙古国、厄瓜多尔、博茨瓦纳、埃及、加蓬、玻利维亚、巴拉圭、萨尔瓦多、塔吉克斯坦、斯里兰卡、土库曼斯坦、阿尔及利亚
创新缓慢俱乐部	越南、印度、印度尼西亚、卢旺达、洪都拉斯、马拉维、肯尼亚、老挝、乌干达、危地马拉、尼加拉瓜、尼日利亚、塞内加尔、加纳、赞比亚、巴基斯坦、伊拉克、孟加拉国、冈比亚、马达加斯加、坦桑尼亚、苏丹、马里、贝宁、多哥、布基纳法索、尼泊尔、尼日尔、布隆迪、缅甸、埃塞俄比亚

注：表中各经济体按指数值大小的顺序进行列示。

资料来源：作者整理。

2. 回归结果分析

在估计方法的选择上，笔者同样运用组均 FMOLS 法来估计不同创新水平经济体的技术进步效应。

创新领导俱乐部的回归结果显示：研发资本、人力资本、创新设施资本和技术资本投入对全要素生产率均具有显著促进作用，促进顺序为：人力资本（0.09）> 研发资本（0.07）> 技术资本（0.06）> 创新设施资本（0.02）。创新领导俱乐部中，人力资本、研发资本和技术资本投入对全要素生产率的促进作用较大，其原因在于创新领导俱乐部经济体的创新基础设施已经比较完善，创新制度和知识产权保护制度也比较完善，在创新驱动发展中要保持领先地位，在关键核心技术领域保持领先必须加大研发资本和人力资本投入，持续加大人力资本、研发资本的投入，结果反映在研发资本、人力资本、技术资本对全要素生产率提升具有显著影响效应。基于进口和 FDI 渠道溢出的国外知识资本投入的增加以及国内外技术差距的缩小均有利于创新领导俱乐部全要素生产率水平的提升，影响顺序为：技术差距渠道（0.70）>FDI 渠道（0.06）> 进口渠道（0.02）。

创新追赶俱乐部的回归结果显示：研发资本、人力资本、创新设施资本和技术资本投入对创新追赶俱乐部的全要素生产率均具有显著的促进作用，促进顺序为：人力资本（0.18）> 创新设施资本（0.05）> 研发资本（0.02）> 技术资本（0.01）。创新追赶俱乐部中，人力资本和创新设施资本投入对全要素生产率的促进作用较大，原因在于创新追赶俱乐部中大多数经济体在创新追赶过程中要实行从模仿创新向自主创新转变，实现创新追赶必须加大创新人才和人力资本投资，加强创新基础设施和创新体系建设。创新追赶过程中的人力资本和创新设施资本增加对全要素生产率的提升作用比较明显。基于进口渠道溢出的国外知识资本以及国内外技术差距的缩小均有助于创新追赶俱乐部全要素生产率水平的提升，而基于 FDI 渠道溢出的国外知识资本投入的增加并没有带来全要素生产率的增长，影响顺序为：技术差距渠道（0.73）> 进口渠道（0.03）> FDI 渠道（–0.01）。

创新缓慢俱乐部的回归结果显示：国内知识资本各投入要素对全要素生产率的影响作用存在差异性，其中只有人力资本、创新设施资本和技术资本投入具有显著的促进作用，而研发资本投入的作用显著为负，促进顺序为：人力资本（0.12）> 创新设施资本（0.08）> 技术资本（0.01）> 研发资本（–0.05）。创新缓慢俱乐部中人力资本和创新设施资本投入对全要素生产率的促进作用较大，而研发资本投入的作用显著为负的原因在于创新缓慢俱乐部大多数经济体的创新基础设施比较差，创新投入水平低。创新缓慢俱乐部的人均 R&D 支出、人均 R&D 存量和 R&D 支出强度的平均数值分别为 3.69 美元 / 人、20.06 美元 / 人和 0.31%，远低于全球 135.12 美元 / 人、732.34 美元 / 人和 0.79% 的平均水平。在创新基础设施比较差和创新能力比较弱的经济体还不具备自主研发创新的能力的阶段，加强人力资本和创新设施资本投入对提高全要素生产率的效应比较明显。基于进口渠道溢出的国外知识资本以及国内外技术差距的缩小均有助于创新缓慢俱乐部全要素生产率水平的提升，而基于 FDI 渠道溢出的国外知识资本投入的增加并没有带动全要素生产率的增长，反而抑制了技术水平的提升，影响顺序为：技术差距渠道（0.77）> 进口渠道（0.02）>FDI 渠道（–0.02）。

比较 3 个创新俱乐部各变量的影响效应：研发资本投入对创新领导

俱乐部全要素生产率的促进作用最大，顺序是创新领导俱乐部（0.07）> 创新追赶俱乐部（0.02）> 创新缓慢俱乐部（–0.05）；人力资本投入对创新追赶俱乐部全要素生产率的促进作用最大，顺序是创新追赶俱乐部（0.18）> 创新缓慢俱乐部（0.12）> 创新领导俱乐部（0.09）；创新设施资本投入对创新缓慢俱乐部全要素生产率的促进作用最大，顺序是创新缓慢俱乐部（0.08）> 创新追赶俱乐部（0.05）> 创新领导俱乐部（0.02）；技术资本投入对创新领导俱乐部全要素生产率的促进作用最大，顺序是创新领导俱乐部（0.06）> 创新追赶俱乐部（0.013）> 创新缓慢俱乐部（0.008）。这些说明知识资本投入对不同经济发展阶段和不同创新发展水平的经济体的全要素生产率的影响效应存在一定的规律性和顺序性。

从国外知识资本溢出效应分析，进口渠道对创新追赶俱乐部全要素生产率的促进作用最大，顺序为创新追赶俱乐部（0.03）> 创新缓慢俱乐部（0.023）> 创新领导俱乐部（0.015）。FDI 渠道对创新领导俱乐部的促进作用最大，顺序是创新领导俱乐部（0.06）> 创新追赶俱乐部（–0.01）> 创新缓慢俱乐部（–0.02），原因是 FDI 溢出效应需要国内知识资本的配合，创新领导俱乐部较高的知识资本发展水平有利于实现 FDI 渠道对全要素生产率的促进作用，而创新追赶俱乐部和创新缓慢俱乐部较低的知识资本发展水平影响了 FDI 渠道溢出效应。技术差距渠道对创新缓慢俱乐部的影响作用最大，顺序为创新缓慢俱乐部（0.77）> 创新追赶俱乐部（0.73）> 创新领导俱乐部（0.70）。由于创新缓慢俱乐部和创新追赶俱乐部的技术水平比创新领导俱乐部的起点低，所以技术追赶的潜力也要比创新领导俱乐部大（见表 8–9）。

对 3 类创新俱乐部组均 FMOLS 的回归结果也显示：不同类型知识资本投入对不同创新俱乐部的全要素生产率的影响存在明显的差异性，即不同类型知识资本对不同创新俱乐部的全要素生产率具有不同的影响效应。

表 8-9　　　3 类创新俱乐部组均 FMOLS 的回归结果

解释变量	模型（6）	模型（7）	模型（8）
	创新领导俱乐部	创新追赶俱乐部	创新缓慢俱乐部
$\ln RC^d$	0.07^{***} （6.31）	0.02^{***} （5.89）	-0.05^{***} （–10.10）
$\ln HC^d$	0.09^{***} （9.68）	0.18^{***} （19.76）	0.12^{***} （4.84）

续表

解释变量	模型（6）	模型（7）	模型（8）
	创新领导俱乐部	创新追赶俱乐部	创新缓慢俱乐部
$\ln IC^d$	0.02** （3.28）	0.05*** （7.11）	0.08*** （6.69）
$\ln TC^d$	0.06*** （13.12）	0.013*** （4.41）	0.008*** （3.97）
$\ln KC^{im}$	0.02*** （5.24）	0.03*** （47.35）	0.02*** （10.72）
$\ln KC^{fdi}$	0.06*** （25.70）	–0.01*** （–2.71）	–0.02*** （–6.68）
$\ln GAP$	–0.70*** （–65.74）	–0.73*** （–83.04）	–0.77*** （–28.83）
R^2	0.9541	0.9138	0.9897
样本容量	660	2310	930
K 法检验值	–5.32***	–5.60***	–4.10***
协整判断	协整	协整	协整

注：**、*** 分别表示有关变量的系数在 5% 和 1% 水平上显著；各解释变量括号中的数值为 t 统计值。

资料来源：作者整理。

五、研究结论

本文把知识资本纳入开放型经济内生增长模型，对 130 个经济体的知识资本与全要素生产率提高的关系进行了国际比较，运用宏观知识生产函数模型估计不同类型的知识资本对于国家层面的全要素生产率的影响效应。研究结果表明：在开放经济下，国内知识资本和国际知识资本溢出都是促进全要素生产率的重要影响因素，但是不同类型的知识资本要素对不同创新水平经济体的全要素生产率的影响存在明显差异。一是研发资本、人力资本、创新设施资本和技术资本投入对全要素生产率的影响存在明显差异，上述 4 类知识资本每增加 1%，全要素生产率分别提高 0.01%、0.14%、0.05% 和 0.03%；进口渠道溢出的国外知识资本每增加 1%，全要素生产率提高 0.01%，国内外技术差距每缩小 1%，全要素生产率提高 0.67%；FDI 渠道溢出的国外知识资本每增加 1%，全要素生产率则减少 0.01%。人力资本、创新设施资本投入和技术差距对全要素生产率提升作用比较明显。二是知识资本投入对创新领导、创新追赶和创新缓慢型三大类经济体全要素生产率的影响存在明显差异。创新领导俱乐部顺序为：人力资本 > 研发资本 > 技术资本 > 创新设施资本；创新追赶俱乐部顺序为：人力资本 > 创新设施资本 > 研发资本 > 技术资本；创新缓慢俱乐部顺序为：人力资本 > 创新设施资本 > 技术资本 > 研发资本。本文实证分析表明，不同类型的知识资本具有不同的投入产出效应，同一类型的知识资本对不同创新水平的经济体也具有不同的技术进步效应。

第三节　制造业创新投入发展水平的比较分析

创新投入是制造业实现效率增长的关键因素。本文通过构建综合指标体系来反映创新投入发展水平，并重点对各国制造业的创新投入水平进行比较分析，这不仅有助于全面了解各国制造业在创新投入方面的发展趋势和国际竞争力，也有助于明晰中国制造业在创新投入上存在的短板与不足，为优化我国制造业创新投入结构和水平提供有益的参考依据。

一、创新投入发展水平的测度与评价方法

（一）指标体系构建原则

本节立足创新投入的内涵，遵循科学性、可行性、可比性、系统性等原则，构建创新投入发展水平的综合指标体系。

1. 科学性原则

指标选取应借鉴相关理论研究，充分反映研究对象的本质，切忌凭空捏造。资料来源应真实可靠，权重系数以及指标测算应选用公认的科学理论作为依据。

2. 可行性原则

指标体系涉及的数据，不仅需要有真实可靠的来源，还需要具备可操作性，方便测算。

3. 可比性原则

指标测算的最终目的是比较各国制造业创新投入的发展水平及存在的差异，因此，在指标选取上尽可能选取国际通用的指标，并确保各国相关指标在时间和空间上的一致性，避免由于统计口径的失误导致同一时期各国数据无法进行比较。

4. 系统性原则

系统性是指在构建指标时，应尽可能从多角度入手，对创新投入的各方面进行准确、全面的分析。

（二）制造业创新发展指标体系构建依据

2024年政府工作报告强调，大力推进现代化产业体系建设，加快发展新质生产力，充分发挥创新主导作用，以科技创新推动产业创新，加快推进新型工业化，提高全要素生产率。制造业作为我国经济稳定增长的压舱石，更需要以新质生产力为主要投入手段来不断释放发展动能，推动产业深度转型升级，实现我国从“制造大国”向“制造强国”的转变。新质生产力中的劳动者、劳动资料以及劳动对象等要素投入已发生“创新质变”，由此形成了推动经济发展的新动能，直接影响全要素生产率。

本文围绕新质生产力的三大构成要素，紧扣其内涵要义和本质特征来构建创新投入发展水平指标体系。一是更高素质的劳动者。这是新质生产力的第一要素。劳动者作为生产力中最活跃的因素，其素质和能力直接决定生产力的能级（郧璟璟等，2023①）。因此，加快发展新质生产力需要高质量的人才队伍。人力资本体现了劳动者知识和技能的凝结，能够决定行业技术创新能力从而直接影响制造业全要素生产率的增长，是劳动者质量的反映（杨建芳等，2006②）。二是劳动资料的“升级”。更高技术含量的劳动资料是新质生产力的动力源泉。新质生产力强调劳动资料由机器化向智能化和数字化转变。人工智能、工业互联网、物联网等新型基础设施突破了原有的要素边界限制，极大地提高了数据、人才以及知识等要素的流动，通过强化要素间的交流互动来加快创新效率，进而提升全要素生产率。可见，基础设施作为劳动资料的重要组成部分，是社会生产力发展的基础（肖玉飞和周文，2021③）。三是劳动对象的拓展。更广范围的劳动对象是新质生产力的物质基础。得益于创新活动的广度延伸、深度拓展、精度提高和速度加快，劳动对象的种类和形态得到大大拓展。新质生产力打破了传统生产要素的质态，强调数据、知识

---

① 郧璟璟、杨柔、李皎：《中国特色社会主义政治经济学的理论体系构想——基于中国资本积累的社会结构（CSSA）理论》，《政治经济学评论》2023年第5期。

② 杨建芳、龚六堂、张庆华：《人力资本形成及其对经济增长的影响——一个包含教育和健康投入的内生增长模型及其检验》，《管理世界》2006年第5期。

③ 肖玉飞、周文：《逆全球化思潮的实质与人类命运共同体的政治经济学要义》，《经济社会体制比较》2021年第3期。

等“无形化”要素的重要性（刘志彪等，2023①）。数字资本和研发资本作为资本生产要素，流动性强、潜力巨大，能够实现与传统生产要素间的优势互补，发挥要素倍增效应，大幅提升资源配置效率和全要素生产率（李海舰和赵丽，2023②）。

本文将新质生产力的构成要素延伸为数字资本投入、人力资本投入、研发资本投入以及基础设施投入 4 个方面（见图 8–1），并在此基础上构建创新投入发展水平指标体系（见表 8–10），对各国制造业创新投入发展水平进行分析。

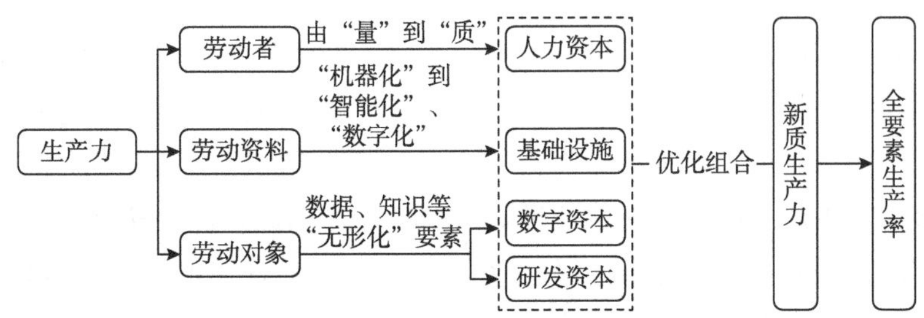

图 8-1　新质生产力与创新投入逻辑关系

资料来源：作者整理绘制。

表 8-10　创新投入发展水平指标体系

总指标	一级指标	指标说明	单位
创新投入发展水平	数字资本投入	制造业在计算机、电子产品和光学产品，通信，IT 与其他信息服务业 3 个行业的中间投入之和占制造业总投入的比重	
	人力资本投入	行业研发人员	人 / 年
	研发资本投入	行业研发支出	百万美元
	基础设施投入	制造业在交通、邮政、仓储业的中间投入之和占总投入的比重	

资料来源：作者整理。

① 刘志彪、凌永辉、孙瑞东：《新质生产力下产业发展方向与战略——以江苏为例》，《南京社会科学》2023 年第 11 期。

② 李海舰、赵丽：《数据价值理论研究》，《财贸经济》2023 年第 6 期。

二、指标体系测算方法

本节运用熵值法确定指标体系中不同指标的权重，并最终得到创新投入发展水平，具体测算步骤如下。

（一）标准化处理

为保证不同指标在数量级和量纲方面的一致性，本文先对原始数据进行标准化处理：

$$正向指标：y_{ijt}=\frac{x_{ijt}-\min(x_{ijt})}{\max(x_{ijt})-\min(x_{ijt})} \tag{8-35}$$

$$逆向指标：y_{ijt}=\frac{\max(x_{ijt})-x_{ijt}}{\max(x_{ijt})-\min(x_{ijt})} \tag{8-36}$$

其中，x_{ijt} 和 y_{ijt} 分别代表标准化前和后的 i 国 j 行业 t 年的指标值。

（二）信息熵计算

根据标准化处理后的指标值 X_{ijt} 计算信息熵 E_j：

$$E_j=\ln\frac{1}{n}\sum_{j=1}^{m}\left(\frac{X_{ijt}}{\sum_{j=1}^{n}X_{ijt}}\ln\frac{X_{ijt}}{\sum_{j=1}^{n}X_{ijt}}\right) \tag{8-37}$$

（三）权重计算

基于信息熵 E_j 计算创新投入发展水平指标体系中各项指标 X_{ijt} 的权重 W_j：

$$W_j=(1-E_j)/\sum_{j=1}^{m}(1-E_j) \tag{8-38}$$

（四）指数计算

基于得到的权重 W_j，采用线性加权法对创新投入发展水平指数 Q_j 进行测算：

$$Q_j=\sum_{j=1}^{m}W_jX_{ijt} \tag{8-39}$$

（五）数据来源及说明

本节创新投入发展水平包括数字资本投入、人力资本投入、研发资本投入以及基础设施投入 4 个方面。基于数据可得性，本节选取了 36 个样本国家进行制造业创新投入比较分析（见表 8-11），对 36 个样本国家 17 个制造业细分行业的制造业创新投入进行深入比较分析（见表 8-12），所采用的制造业细分行业的有关数据主要来自 OECD STAN 数据库以及 OECD TIVA 数据库。

表 8-11　　36 个样本国家名单

序号	英文简称	中文名称	序号	英文简称	中文名称
1	AUS	澳大利亚	19	ISL	冰岛
2	AUT	奥地利	20	ITA	意大利
3	BEL	比利时	21	JPN	日本
4	CAN	加拿大	22	KOR	韩国
5	CHE	瑞士	23	LUX	卢森堡
6	CHL	智利	24	LVA	拉脱维亚
7	CHN	中国	25	MEX	墨西哥
8	CZE	捷克	26	NLD	荷兰
9	DEU	德国	27	NOR	挪威
10	DNK	丹麦	28	POL	波兰
11	ESP	西班牙	29	PRT	葡萄牙
12	EST	爱沙尼亚	30	ROU	罗马尼亚
13	FIN	芬兰	31	SGP	新加坡
14	FRA	法国	32	SVK	斯洛伐克
15	GBR	英国	33	SVN	斯洛文尼亚
16	GRC	希腊	34	SWE	瑞典
17	HUN	匈牙利	35	TUR	土耳其
18	IRL	爱尔兰	36	USA	美国

资料来源：OECD STAN 数据库和 OECD TIVA 数据库。

表 8-12　　17 个制造业细分行业及行业代码

行业代码	行业名称	ISIC Rev.4	ISIC Rev.3
D10 ~ D12	食品的制造、饮料的制造、烟草制品的制造	10，11，12	15，16
D13 ~ D15	纺织品的制造、服装的制造、皮革和相关产品的制造	13，14，15	17，18，19

续表

行业代码	行业名称	ISIC Rev.4	ISIC Rev.3
D16	木材、木材制品及软木制品的制造（家具除外），草编制品及编织材料物品的制造	16	20
D17 ~ D18	纸和纸制品的制造、记录媒介物的印制及复制	17，18	21，22
D19	焦炭和精炼石油产品的制造	19	23
D20	化学品及化学制品的制造	20	24
D21	基本医药产品和医药制剂的制造	21	21
D22	橡胶和塑料制品的制造	22	25
D23	其他非金属矿物制品的制造	23	26
D24	基本金属的制造	24	27
D25	金属制品的制造（机械设备除外）	25	28
D26	计算机、电子及光学产品制造业	26	30，32，33
D27	电力设备的制造	27	31
D28	未另分类的机械和设备的制造	28	29
D29	汽车、挂车和半挂车的制造	29	34
D30	其他运输设备的制造	30	35
D31 ~ D33	家具的制造、其他制造业、机械和设备修理和安装	31，32，33	36，37

资料来源：OECD STAN 数据库和 OECD TIVA 数据库。

三、制造业创新投入水平国际比较分析

（一）制造业创新投入指数水平国际比较分析

根据制造业创新投入指数指标体系的计算结果，2000—2020 年，样本国家中制造业创新投入指数水平居全球前列的国家是美国、中国、韩国、德国、日本、意大利、英国、新加坡、法国、澳大利亚、瑞士等（见表 8-13）。2000—2020 年，美国制造业创新投入指数一直居全球首位，中国制造业创新投入指数从 2000 年的 0.2473 上升到 2020 年的 0.302，居世界第二位。

表 8-13　　样本国家制造业创新投入指数水平

国家	简称	2000 年	2004 年	2008 年	2012 年	2016 年	2020 年
美国	USA	0.3126	0.3346	0.2969	0.3034	0.3198	0.3132
中国	CHN	0.2473	0.2322	0.2353	0.2415	0.2845	0.302

续表

国家	简称	2000 年	2004 年	2008 年	2012 年	2016 年	2020 年
韩国	KOR	0.2234	0.2675	0.2401	0.2516	0.252	0.2474
德国	DEU	0.2571	0.2791	0.2479	0.2248	0.2318	0.2333
日本	JPN	0.2804	0.3027	0.271	0.2299	0.2293	0.2252
意大利	ITA	0.2148	0.2454	0.2167	0.2088	0.2121	0.2115
英国	GBR	0.2112	0.2362	0.2009	0.196	0.2049	0.2036
新加坡	SGP	0.1543	0.1957	0.1678	0.1694	0.1764	0.2024
法国	FRA	0.2383	0.2538	0.2169	0.2026	0.2026	0.1982
澳大利亚	AUS	0.1936	0.2081	0.1834	0.1841	0.1949	0.1949
瑞士	CHE	0.2005	0.233	0.2022	0.2043	0.1921	0.1845
波兰	POL	0.1262	0.1575	0.1403	0.1521	0.1604	0.1819
加拿大	CAN	0.2144	0.2175	0.188	0.1724	0.1858	0.1804
土耳其	TUR	0.1466	0.1706	0.1595	0.1633	0.174	0.1801
比利时	BEL	0.1795	0.193	0.1708	0.165	0.1697	0.1742
瑞典	SWE	0.2163	0.2451	0.2078	0.195	0.1785	0.1713
芬兰	FIN	0.2149	0.2341	0.2008	0.1799	0.1703	0.1707
奥地利	AUT	0.1831	0.2091	0.181	0.1664	0.1727	0.1696
西班牙	ESP	0.2224	0.2288	0.1946	0.1731	0.1751	0.1682
荷兰	NLD	0.1987	0.227	0.1935	0.1858	0.178	0.163
匈牙利	HUN	0.1069	0.1344	0.1211	0.1606	0.1362	0.1607
捷克	CZE	0.1414	0.1766	0.1509	0.1447	0.147	0.1472
葡萄牙	PRT	0.1299	0.142	0.132	0.1316	0.1342	0.1431
爱尔兰	IRL	0.1702	0.1915	0.1854	0.1557	0.1369	0.1423
卢森堡	LUX	0.1095	0.1247	0.1061	0.119	0.1093	0.1415
墨西哥	MEX	0.1722	0.2114	0.168	0.1445	0.1363	0.1397
挪威	NOR	0.1672	0.1864	0.1524	0.1414	0.142	0.1284
丹麦	DNK	0.1492	0.1613	0.1419	0.1372	0.1352	0.1283
斯洛文尼亚	SVN	0.1231	0.128	0.1189	0.1266	0.1228	0.1283
罗马尼亚	ROU	0.1335	0.1398	0.1182	0.1143	0.1096	0.1201
斯洛伐克	SVK	0.0972	0.1114	0.1143	0.1105	0.1321	0.1132
爱沙尼亚	EST	0.0919	0.0976	0.0843	0.1056	0.0931	0.1122
希腊	GRC	0.0755	0.0853	0.0799	0.0929	0.1005	0.1049
智利	CHL	0.1123	0.109	0.0976	0.0929	0.0975	0.0926
拉脱维亚	LVA	0.1088	0.1015	0.0963	0.0774	0.0845	0.0901
冰岛	ISL	0.0637	0.0717	0.068	0.0698	0.0756	0.0781

资料来源：作者测算所得。

（二）高、中、低技术制造业创新投入指数水平比较分析

2000—2020 年，美国的高、中、低技术制造业创新投入指数水平一直居世界首位，美国制造业创新投入发展水平处于世界领先地位，美国具有明显的制造业创新投入优势和竞争优势（见表 8-14）。日本、德国、韩国的高、中、低技术制造业创新投入指数比较高，为日本、德国、韩国的制造业国际竞争力提供了比较强的创新支撑。中国高技术制造业的创新投入水平持续提升，中国高技术制造业创新投入指数与美国的差距有所缩小，中国中技术制造业创新投入水平基本与德国、日本等传统制造强国持平，表明我国积极推动制造业创新发展、加快制造业转型升级取得积极成效。

表 8-14　部分样本国家高、中、低技术制造业创新投入指数水平比较

行业分类	年份	美国	英国	德国	法国	日本	韩国	中国
高技术制造业	2000	0.3979	0.2389	0.2829	0.2380	0.2592	0.3017	0.2642
	2005	0.3992	0.2456	0.2828	0.2444	0.2708	0.3131	0.2754
	2010	0.3828	0.2431	0.2832	0.2513	0.3236	0.3307	0.2781
	2015	0.3790	0.2553	0.3163	0.2906	0.3681	0.3417	0.3367
	2020	0.3964	0.2476	0.3134	0.2908	0.3364	0.3021	0.3441
中技术制造业	2000	0.2632	0.1896	0.2200	0.1848	0.2198	0.2224	0.2340
	2005	0.2671	0.1871	0.2218	0.1933	0.2260	0.2269	0.2255
	2010	0.2510	0.1876	0.2209	0.1874	0.2274	0.2283	0.2207
	2015	0.2660	0.1978	0.2358	0.2152	0.2450	0.2204	0.2472
	2020	0.2610	0.1975	0.2410	0.2236	0.2516	0.1970	0.2484
低技术制造业	2000	0.2477	0.1719	0.1843	0.1608	0.1892	0.2007	0.2199
	2005	0.2533	0.1600	0.1788	0.1618	0.1943	0.2037	0.1986
	2010	0.2336	0.1507	0.1790	0.1657	0.1984	0.1754	0.1965
	2015	0.2529	0.1798	0.1985	0.1820	0.2241	0.1678	0.2288
	2020	0.2491	0.1779	0.2022	0.1868	0.2344	0.1491	0.2391

注：不同技术密集度行业的创新投入发展水平采用的是行业平均值。

资料来源：作者测算所得。

四、中国制造业细分行业的创新投入发展水平比较分析

2000—2020 年，中国高、中、低技术制造业细分行业的创新投入水平稳中有升，但是高技术制造业的创新投入水平明显高于中低技术制造

业，其中计算机、电子及光学产品制造业（D26）的创新投入指数水平上升最明显（见图 8–2、图 8–3、图 8–4）。

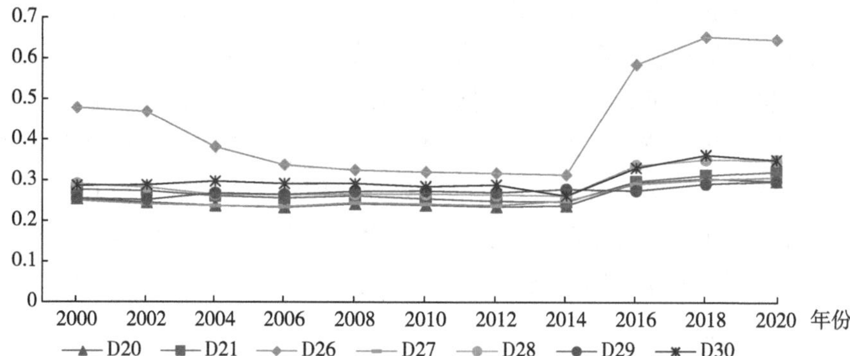

图 8-2　2000—2020 年中国高技术制造业细分行业创新投入指数变化

资料来源：作者计算制图。

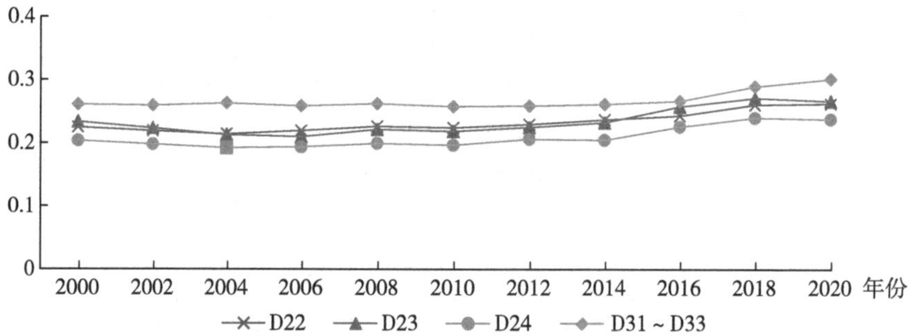

图 8-3　2000—2020 年中国中技术制造业细分行业创新投入指数变化

资料来源：作者计算制图。

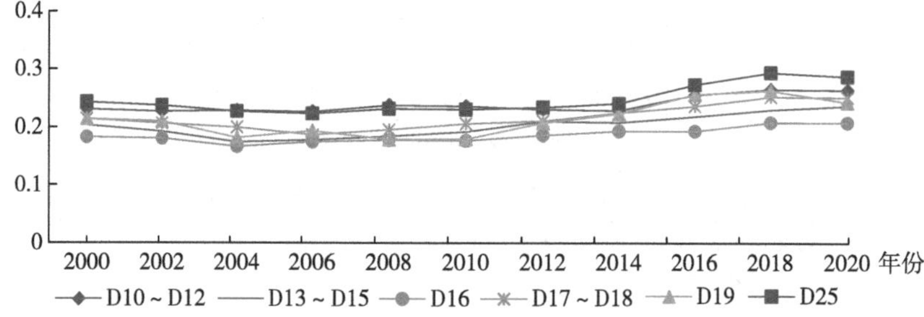

图 8-4　2000—2020 年中国低技术制造业细分行业创新投入指数变化

资料来源：作者计算制图。

五、制造业创新投入分类比较分析

（一）制造业数字资本投入水平比较分析

1.制造业数字资本投入国际比较分析

制造业数字资本是以行业在计算机、电子产品和光学产品，通信，IT 与其他信息服务业 3 个行业的投入之和占制造业总投入的比重进行比较分析。制造业数字资本投入呈现波动性变化态势。2020 年，制造业数字资本投入居世界前列的国家是新加坡、匈牙利、墨西哥、韩国、捷克、中国等（见表 8–15）。

表 8-15　　制造业数字资本投入指数国际比较

国家	简称	2000 年	2004 年	2008 年	2012 年	2016 年	2020 年
新加坡	SGP	0.0639	0.0762	0.1017	0.0408	0.0996	0.1363
匈牙利	HUN	0.1018	0.1097	0.1039	0.0943	0.0719	0.079
墨西哥	MEX	0.0978	0.074	0.0668	0.063	0.0699	0.0757
韩国	KOR	0.0826	0.0752	0.0671	0.0785	0.0763	0.0725
捷克	CZE	0.0175	0.0438	0.0492	0.0544	0.0366	0.0643
中国	CHN	0.0685	0.0546	0.0569	0.0521	0.0638	0.0616
爱沙尼亚	EST	0.0173	0.0161	0.0287	0.1165	0.0921	0.059
爱尔兰	IRL	0.0454	0.0716	0.0805	0.0616	0.0324	0.0472
瑞士	CHE	0.0407	0.0456	0.0424	0.06	0.0508	0.0448
芬兰	FIN	0.0853	0.0609	0.0667	0.0425	0.0363	0.0422
斯洛伐克	SVK	0.0187	0.0231	0.0668	0.0811	0.0713	0.0369
卢森堡	LUX	0.0204	0.0238	0.0224	0.0337	0.0252	0.0364
德国	DEU	0.0281	0.0267	0.0303	0.0239	0.0289	0.0343
罗马尼亚	ROU	0.0132	0.0138	0.0136	0.0164	0.022	0.0303
奥地利	AUT	0.0298	0.025	0.0229	0.0179	0.0218	0.0259
美国	USA	0.0567	0.0376	0.0261	0.0197	0.0226	0.0249
澳大利亚	AUS	0.0157	0.011	0.0125	0.0152	0.0208	0.024
法国	FRA	0.0342	0.0255	0.0238	0.0184	0.021	0.024
瑞典	SWE	0.0487	0.0355	0.0292	0.0242	0.0242	0.024
英国	GBR	0.0408	0.0301	0.0247	0.0215	0.0235	0.0233
波兰	POL	0.0193	0.0223	0.0228	0.0217	0.0234	0.0229
荷兰	NLD	0.0274	0.0273	0.0269	0.0296	0.0369	0.0228
拉脱维亚	LVA	0.0082	0.0087	0.0078	0.0088	0.0138	0.0226
斯洛文尼亚	SVN	0.0177	0.0172	0.0168	0.0209	0.0195	0.0215
意大利	ITA	0.0221	0.023	0.0189	0.018	0.0203	0.0212
葡萄牙	PRT	0.0184	0.0169	0.0173	0.0129	0.0153	0.0191
丹麦	DNK	0.0259	0.0195	0.02	0.0193	0.0209	0.0184
挪威	NOR	0.0289	0.0268	0.0215	0.0169	0.017	0.0162
加拿大	CAN	0.0321	0.0188	0.0169	0.012	0.0137	0.0152

续表

国家	简称	2000 年	2004 年	2008 年	2012 年	2016 年	2020 年
比利时	BEL	0.0213	0.0148	0.0118	0.0113	0.0129	0.0141
土耳其	TUR	0.0049	0.0088	0.0089	0.0086	0.0115	0.0136
冰岛	ISL	0.0086	0.0097	0.0097	0.0109	0.0119	0.0131
日本	JPN	0.0335	0.0283	0.0384	0.012	0.0123	0.0129
西班牙	ESP	0.0177	0.0152	0.016	0.01	0.0107	0.011
希腊	GRC	0.0069	0.0046	0.0042	0.0068	0.0074	0.0064
智利	CHL	0.0093	0.0079	0.0075	0.0104	0.0099	0.0053

资料来源：作者根据 OECD TIVA 数据库整理。

2.高、中、低技术制造业数字资本投入比较分析

2000—2020 年，从美国、德国、英国、法国等发达国家的数字资本投入变化看，高技术制造业的数字资本投入明显高于中、低技术制造业的数字资本投入，数字资本投入呈现由高技术制造业向中、低技术制造业依次递减趋势。中国持续加大数字资本投入，但是目前与美国、德国、英国、法国等发达国家相比，仍然存在比较明显的差距（见表 8-16）。

表 8-16　部分样本国家高、中、低技术制造业数字资本投入比较

行业分类	年份	英国	美国	德国	法国	日本	韩国	中国
高技术制造业	2000	0.0770	0.1001	0.0415	0.0669	0.0571	0.1498	0.1422
	2005	0.0477	0.0611	0.0368	0.0404	0.0701	0.1255	0.1133
	2010	0.0391	0.0369	0.0391	0.0430	0.0622	0.1384	0.1156
	2015	0.0352	0.0335	0.0362	0.0321	0.0209	0.1176	0.1200
	2020	0.0337	0.0328	0.0447	0.0419	0.0196	0.1154	0.1400
中技术制造业	2000	0.0188	0.0215	0.0151	0.0150	0.0095	0.0085	0.0136
	2005	0.0176	0.0224	0.0151	0.0137	0.0099	0.0085	0.0102
	2010	0.0166	0.0177	0.0237	0.0154	0.0058	0.0127	0.0088
	2015	0.0164	0.0203	0.0227	0.0140	0.0050	0.0156	0.0046
	2020	0.0183	0.0245	0.0296	0.0162	0.0063	0.0175	0.0045
低技术制造业	2000	0.0111	0.0155	0.0144	0.0101	0.0074	0.0064	0.0121
	2005	0.0112	0.0126	0.0113	0.0105	0.0079	0.0065	0.0086
	2010	0.0101	0.0088	0.0109	0.0085	0.0053	0.0087	0.0037
	2015	0.0110	0.0107	0.0113	0.0083	0.0054	0.0189	0.0029
	2020	0.0139	0.0153	0.0144	0.0100	0.0068	0.0187	0.0034

资料来源：作者根据 OECD TIVA 数据库整理。

3.中国制造业细分行业的数字资本投入比较

2000—2020年，我国高技术制造业行业的数字资本投入显著高于中、低技术制造业行业。高技术制造业中的计算机、电子及光学产品制造业（D26）数字资本投入最高，而低技术制造业的纺织品制造、服装制造、皮革和相关产品制造行业（D13 ~ D15）数字资本投入最低，中低技术制造业数字资本投入出现波动性变化趋势（见图8-5、图8-6、图8-7）。

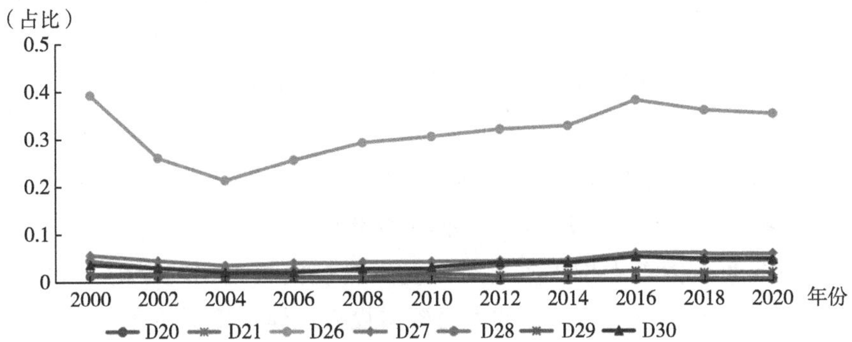

图8-5 2000—2020年中国高技术制造业数字资本投入指数变化

资料来源：根据OECD TIVA数据库计算制图。

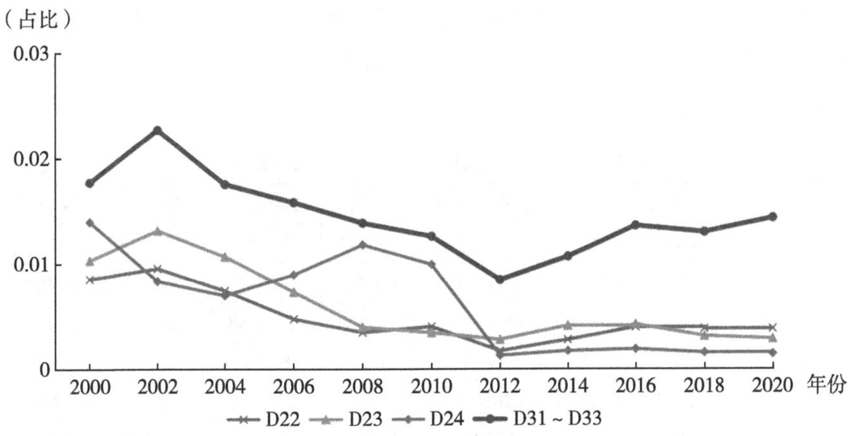

图8-6 2000—2020年中国中技术制造业数字资本投入指数变化

资料来源：根据OECD TIVA数据库计算制图。

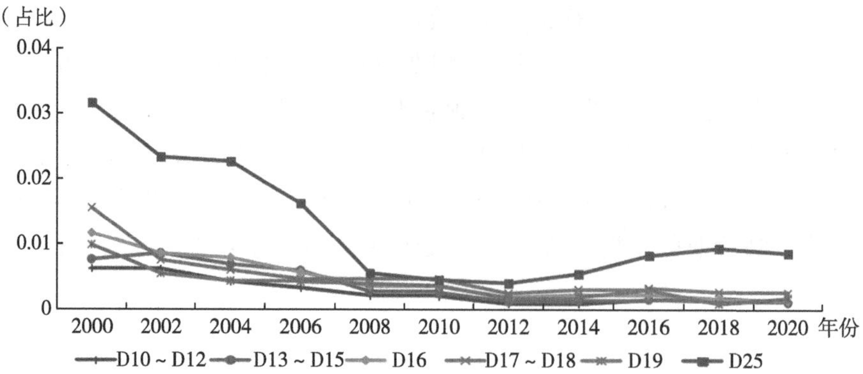

图 8-7　2000—2020 年中国低技术制造业数字资本投入指数变化

资料来源：根据 OECD TIVA 数据库计算制图。

（二）制造业人力资本投入水平比较分析

1.制造业人力资本投入规模国际比较分析

制造业人力资本投入主要对研发人员规模进行比较分析。2000—2020 年，样本国家的制造业的人力资本投入规模出现明显变化，中国、韩国、意大利、新加坡等国家制造业人力资本（研发人员）投入规模呈现增长态势，而荷兰、芬兰、加拿大、罗马尼亚等国家制造业人力资本（研发人员）投入规模出现下降趋势。2000—2020 年，中国制造业人力资本（研发人员）投入规模快速增长，2004 年以来中国制造业人力资本规模稳居全球首位（见表 8-17）。

表 8-17　　制造业人力资本（研发人员）投入规模国际比较　　单位：人 / 年

国家	简称	2000 年	2004 年	2008 年	2012 年	2016 年	2020 年
中国	CHN	401720	792549	1136392	2131538	2592367	3349924
日本	JPN	537082	513054	547644	518047	515768	560268
韩国	KOR	88231	110282	169286	223988	256384	306608
意大利	ITA	50920	48793	75637	84705	110014	132942
法国	FRA	148434	120310	123368	119036	123546	122418
比利时	BEL	25946	23081	19757	19467	17689	122417
英国	GBR	104144	84443	66410	66913	86211	100504
土耳其	TUR	3956	6951	15742	25640	34922	60980
加拿大	CAN	60986	69990	75351	58676	47336	54224
西班牙	ESP	30247	37059	39246	36320	36975	40121
奥地利	AUT	17647	20990	25580	28707	33762	39708
瑞士	CHE	26370	25745	28855	33396	32479	34835

续表

国家	简称	2000 年	2004 年	2008 年	2012 年	2016 年	2020 年
波兰	POL	13507	5929	6528	11624	20389	32476
瑞典	SWE	38381	39309	38971	37360	33905	30556
荷兰	NLD	33292	33186	31347	30418	29516	28641
澳大利亚	AUS	14419	18281	17649	19476	22032	24496
捷克	CZE	7284	8282	14553	16139	18170	21961
芬兰	FIN	23109	24665	23932	19915	15731	18034
丹麦	DNK	18267	17173	16405	18698	19270	17891
新加坡	SGP	7757	8821	10256	11793	13560	15593
匈牙利	HUN	4541	4665	6858	10868	8839	14728
葡萄牙	PRT	1963	2950	6169	6146	7591	10999
墨西哥	MEX	14494	13960	12669	9555	9833	8924
挪威	NOR	5905	6451	6878	6189	7034	7290
斯洛文尼亚	SVN	3171	3213	4538	5360	6100	6992
爱尔兰	IRL	2918	3419	4007	5023	6135	6447
罗马尼亚	ROU	14922	9404	5039	3227	4566	5171
希腊	GRC	7712	5283	3407	2435	2767	4432
斯洛伐克	SVK	1368	1026	1434	2026	2697	3709
智利	CHL	862	978	1157	1256	1423	1613

注：表中部分经济体数据缺失，本文按年均增长率均值和插值法进行补齐。其中，卢森堡和美国的数据缺失严重，为保证数据的科学性和准确性，未对数据进行填补。

资料来源：作者根据 OECD ANBERD 数据库整理。

2. 高、中、低技术制造业人力资本投入比较分析

2000—2020 年，发达国家高、中、低技术制造业人力资本分布不均衡，人力资本中的研发人员主要集中在高技术制造业。中国人力资本主要集中在高技术制造业，但是在低技术制造业和中技术制造业中分布相对均衡（见表 8–18）。

表 8-18　部分样本国家高、中、低技术制造业人力资本（研发人员）投入规模比较

单位：人 / 年

行业分类	年份	英国	加拿大	德国	法国	日本	韩国	中国
高技术制造业	2000	91832	51923	253074	125418	441002	78266	293310
	2005	66805	53183	243736	139226	398289	113917	608592
	2010	46030	44378	244392	86906	452488	164941	1168047
	2015	59879	36532	286240	95687	439562	214274	1873331
	2020	74995	41192	324496	98944	468801	252135	2256281

续表

行业分类	年份	英国	加拿大	德国	法国	日本	韩国	中国
中技术制造业	2000	3267	3471	13349	12652	51042	4982	60608
	2005	4260	5443	14015	13310	48888	5733	99920
	2010	6088	8111	21753	14144	48898	8366	215015
	2015	8422	8158	24681	14597	48939	17688	362900
	2020	10580	5314	26967	11399	52511	25119	529875
低技术制造业	2000	9045	5592	14292	10364	45038	4984	47802
	2005	9945	12394	11454	10627	37844	6803	90515
	2010	9497	12056	13277	12054	36774	10737	185396
	2015	9520	12128	12052	12197	34013	21362	366498
	2020	14929	7718	14314	12075	38956	29355	563768

注：表中部分经济体数据缺失，本文按年均增长率均值和插值法进行补齐。其中，美国数据缺失严重，本文采用同属 G7 的加拿大样本进行数据展示。

资料来源：作者根据 OECD ANBERD 数据库整理。

3.中国制造业细分行业的人力资本比较分析

2000 年以来，中国制造业细分行业的人力资本（研发人员）总体出现持续增长的趋势。高技术制造业人力资本（研发人员）规模比较大，特别是计算机、电子及光学产品制造业（D26）的研发人员最多。在中技术制造业中，人力资本投入呈现稳步上升的趋势。在低技术制造业中，纺织品制造、服装制造、皮革和相关产品的制造业（D13 ~ D15）研发人员相对较多，而焦炭和精炼石油产品制造业（D19）研发人员相对较少（见图 8-8、图 8-9、图 8-10）。

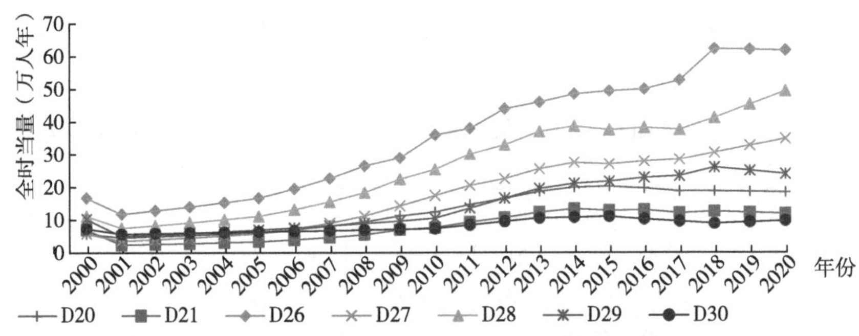

图 8-8　2000—2020 年中国高技术制造业人力资本（研发人员）变化

资料来源：根据 OECD ANBERD 数据库计算制作。

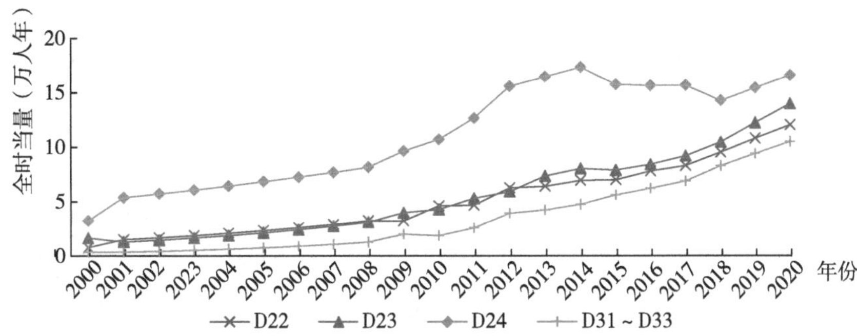

图 8-9　2000—2020 年中国中技术制造业人力资本（研发人员）变化

资料来源：根据 OECD ANBERD 数据库计算制作。

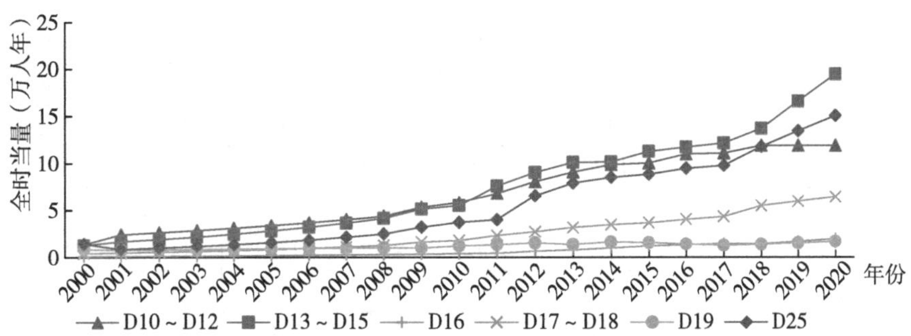

图 8-10　2000—2020 年中国低技术制造业人力资本（研发人员）变化

资料来源：根据 OECD ANBERD 数据库计算制作。

（三）制造业研发资本投入水平国际比较分析

1.制造业研发资本投入国际比较分析

制造业研发资本投入主要对制造业研究开发（R&D）支出进行比较分析。2020 年，制造业研发资本投入居世界前列的国家是中国、美国、日本、韩国、德国、法国、英国、意大利、土耳其等。2000 年以来，中国制造业研发投入持续较快增长。根据 OECD ANBERD 数据库，2016 年，中国制造业研发投入总规模超过美国，位居世界第一位（见表 8-19）。

表 8-19　制造业研发资本投入国际比较　单位：百万美元

国家	简称	2000 年	2004 年	2008 年	2012 年	2016 年	2020 年
中国	CHN	20197	48276	92139	182543	269269	349033
美国	USA	170224	181743	225922	218191	252927	288722
日本	JPN	85505	95362	113185	107037	111399	118103
韩国	KOR	13848	21279	30794	46564	54904	70542

续表

国家	简称	2000 年	2004 年	2008 年	2012 年	2016 年	2020 年
德国	DEU	50389	51455	58297	62998	67676	69879
法国	FRA	17917	18358	19502	19122	19939	20122
英国	GBR	11430	11226	9991	10290	12256	14223
意大利	ITA	8823	8360	10637	11508	13162	13547
土耳其	TUR	1276	1188	2868	3308	6087	9573
瑞士	CHE	5431	6633	7153	6972	7849	8513
比利时	BEL	4177	3870	4144	4759	5212	7154
奥地利	AUT	3221	3945	5113	5455	6094	7048
瑞典	SWE	7317	7147	7871	6868	6782	6703
荷兰	NLD	4164	4509	4881	5115	5671	6334
丹麦	DNK	2420	2540	2667	2920	3058	3087
芬兰	FIN	3589	3956	5117	3952	2759	2839
澳大利亚	AUS	2254	2977	3274	3110	2789	2835
新加坡	SGP	1989	2198	4610	3093	2822	2551
捷克	CZE	1066	1212	1297	1585	2002	2373
匈牙利	HUN	504	619	879	1111	1139	1978
爱尔兰	IRL	730	846	980	1073	1194	1545
葡萄牙	PRT	311	400	829	849	813	1044
挪威	NOR	908	898	968	874	995	1033
墨西哥	MEX	767	2337	2300	1058	1212	862
斯洛文尼亚	SVN	284	414	593	748	767	834
希腊	GRC	118	166	232	278	341	638
罗马尼亚	ROU	417	415	296	307	435	569
斯洛伐克	SVK	144	98	177	265	442	407
智利	CHL	39	53	87	119	172	160
爱沙尼亚	EST	44	53	46	191	62	142
拉脱维亚	LVA	8	13	19	36	34	60
冰岛	ISL	14	19	25	33	50	59

注：表中部分经济体数据缺失，本文按年均增长率均值和插值法进行补齐。

资料来源：作者根据 OECD ANBERD 数据库整理。

2.高、中、低技术制造业研发资本投入比较分析

2000—2020 年，美国、德国、法国、加拿大、日本等发达国家制造业研发投入呈现稳步增长的态势，发达国家研发资金投入偏向高技术制造业，发达国家对高技术制造业研发投入规模远超中、低技术制造业，

特别是美国高度重视对高技术制造业的研发投入。中国制造业研发投入持续增长，在中、低技术制造业的研发投入已远超主要发达国家，且领先优势在有所扩大。中国高技术制造业研发投入仅次于美国，与美国的差距在逐年缩小（见表 8-20）。

表 8-20　部分样本国家制造业分行业研发资本投入比较　单位：百万美元

行业分类	年份	美国	加拿大	德国	法国	日本	韩国	中国
高技术制造业	2000	150662	7870	45375	14997	73556	12278	14781
	2005	167253	6118	45855	15196	91505	21139	46668
	2010	189535	4820	50384	14396	88217	32988	92033
	2015	211469	3983	59716	15874	100919	48097	172051
	2020	252525	3265	63645	15795	103534	63983	220165
中技术制造业	2000	9630	445	3082	1841	6773	747	2852
	2005	10562	754	3016	1986	7617	1126	6059
	2010	14117	586	3703	1800	8525	1868	23881
	2015	19529	614	4967	2364	8831	2532	41305
	2020	23299	702	4085	2420	9097	3268	79673
低技术制造业	2000	9931	679	1932	1080	5177	824	2563
	2005	11443	1218	1743	1287	5422	884	6703
	2010	10498	1067	2039	1701	5436	1293	15354
	2015	10836	704	2034	1651	4913	2810	35700
	2020	12898	728	2149	1908	5471	3291	49195

注：表中部分经济体数据缺失，本文按年均增长率均值和插值法进行补齐。其中，英国数据缺失严重，本文采用同属 G7 的加拿大样本进行数据展示。

资料来源：作者根据 OECD ANBERD 数据库整理。

3.中国制造业细分行业的研发资本投入比较分析

2000—2020 年，中国高、中、低技术制造业细分行业的研发投入都呈现明显增长态势。高技术制造业研发投入规模比较大，其中，计算机、电子及光学产品制造业（D26）研发投入规模最大。中、低技术行业的家具制造、其他制造、机械和设备的修理和安装（D31 ~ D33）的研发投入持续增长。低技术行业研发投入持续稳定增长，研发投入持续增长推动低技术制造业的转型升级（见图 8-11、图 8-12、图 8-13）。

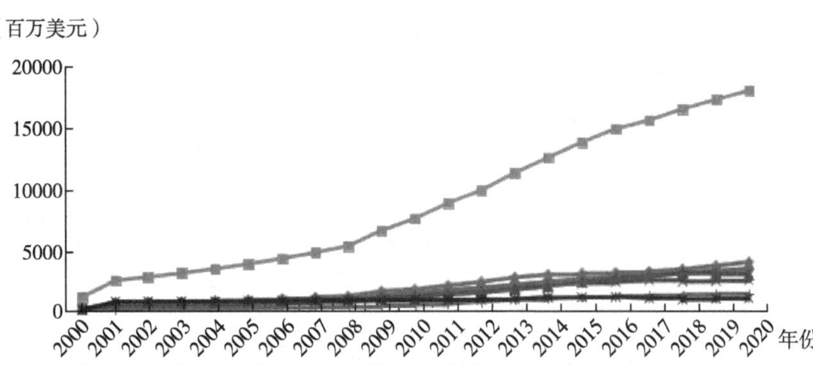

图 8-11　2000—2020 年中国高技术制造业研发投入变化

资料来源：根据 OECD ANBERD 数据库制作。

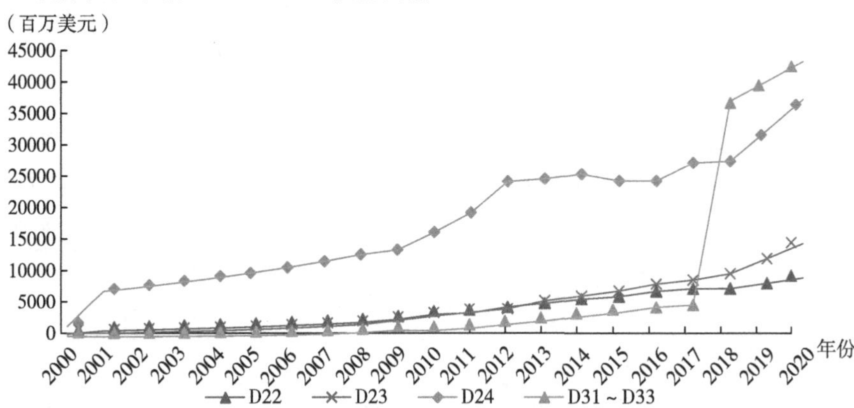

图 8-12　2000—2020 年中国中技术制造业研发投入变化

资料来源：根据 OECD ANBERD 数据库制作。

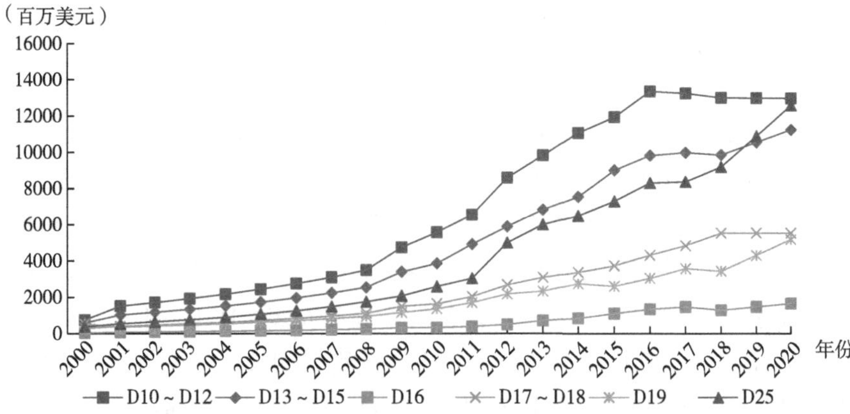

图 8-13　2000—2020 年中国低技术制造业研发投入变化

资料来源：根据 OECD ANBERD 数据库制作。

（四）制造业基础设施投入水平比较分析

1.制造业基础设施投入国际比较分析

制造业基础设施投入主要以制造业在交通、邮政、仓储业的中间投入之和占总投入的比重来进行比较分析。2020 年，样本国家中制造业基础设施投入居世界前列的是卢森堡、爱沙尼亚、芬兰、智利、澳大利亚、比利时、加拿大等国家（见表 8-21）。

表 8-21 制造业基础设施投入国际比较

国家	简称	2000 年	2004 年	2008 年	2012 年	2016 年	2020 年
卢森堡	LUX	0.0313	0.0294	0.0295	0.0626	0.0434	0.0897
爱沙尼亚	EST	0.0446	0.0444	0.048	0.0468	0.0478	0.0575
芬兰	FIN	0.0428	0.0443	0.0506	0.0595	0.0534	0.0531
智利	CHL	0.0539	0.0476	0.0471	0.0462	0.0498	0.0506
澳大利亚	AUS	0.0343	0.0449	0.044	0.0487	0.0471	0.0505
比利时	BEL	0.0437	0.0438	0.0463	0.0419	0.0461	0.0494
加拿大	CAN	0.029	0.0333	0.0428	0.0414	0.0508	0.049
波兰	POL	0.0277	0.0316	0.0362	0.0403	0.035	0.049
瑞典	SWE	0.049	0.0586	0.0633	0.0552	0.0386	0.0421
冰岛	ISL	0.0337	0.0372	0.0352	0.033	0.0384	0.0417
拉脱维亚	LVA	0.0899	0.1011	0.0639	0.0597	0.0599	0.0409
意大利	ITA	0.038	0.0411	0.0443	0.0449	0.0403	0.0402
德国	DEU	0.0362	0.0366	0.039	0.0357	0.036	0.0391
丹麦	DNK	0.0323	0.0363	0.0444	0.0419	0.0401	0.0386
土耳其	TUR	0.0359	0.0375	0.0427	0.0402	0.0371	0.037
英国	GBR	0.0354	0.0369	0.0363	0.036	0.0391	0.0369
罗马尼亚	ROU	0.0309	0.0254	0.0391	0.0387	0.0329	0.0352
中国	CHN	0.0217	0.0334	0.0288	0.0329	0.0344	0.035
日本	JPN	0.0276	0.0321	0.0321	0.0313	0.0298	0.0344
法国	FRA	0.0276	0.029	0.0275	0.0316	0.0316	0.0341
奥地利	AUT	0.0271	0.0351	0.0403	0.0334	0.0343	0.0338
葡萄牙	PRT	0.0233	0.0241	0.0275	0.0312	0.0311	0.0327
西班牙	ESP	0.0467	0.045	0.0425	0.0339	0.0366	0.0323
希腊	GRC	0.0229	0.0232	0.025	0.0333	0.0334	0.0322
新加坡	SGP	0.0451	0.0525	0.0333	0.0558	0.0321	0.0319
匈牙利	HUN	0.0274	0.0288	0.0293	0.0329	0.033	0.0318

续表

国家	简称	2000 年	2004 年	2008 年	2012 年	2016 年	2020 年
挪威	NOR	0.0372	0.0398	0.0392	0.0415	0.044	0.0315
美国	USA	0.0223	0.0237	0.0263	0.0273	0.0259	0.0309
瑞士	CHE	0.0445	0.0452	0.0444	0.0321	0.0293	0.0306
斯洛文尼亚	SVN	0.0367	0.0268	0.0354	0.0358	0.0297	0.0299
韩国	KOR	0.0171	0.0309	0.0335	0.0332	0.0324	0.0285
墨西哥	MEX	0.0337	0.034	0.0306	0.0355	0.0305	0.0281
捷克	CZE	0.0221	0.0299	0.0295	0.0256	0.0225	0.0269
斯洛伐克	SVK	0.0365	0.0277	0.0337	0.0271	0.0269	0.0255
荷兰	NLD	0.0232	0.024	0.0239	0.0245	0.0253	0.0249
爱尔兰	IRL	0.0289	0.03	0.0216	0.0235	0.0191	0.0177

资料来源：作者根据 OECD TIVA 数据库整理。

2.高、中、低技术制造业基础设施投入比较分析

2000—2020 年，样本国家高、中、低技术制造业的基础设施投入变化明显。日本低技术制造业基础设施投入呈现波动下滑的趋势。在中技术制造业方面，日本、韩国基础设施投入的增长明显，而英国和德国的基础设施投入水平则略有下降。在高技术制造业方面，美国的基础设施投入增速有所放缓，法国和日本增长明显。21 世纪以来，中国高、中、低技术制造业基础设施投资明显加快，基础设施整体水平稳步提升（见表 8–22）。

表 8-22　　中国与主要发达国家的制造业基础设施投入情况对比

行业分类	年份	美国	英国	德国	法国	日本	韩国	中国
高技术制造业	2000	0.0162	0.0314	0.0334	0.0238	0.0198	0.0135	0.0183
	2005	0.0161	0.0325	0.0323	0.0244	0.0209	0.0224	0.0320
	2010	0.0143	0.0346	0.0314	0.0274	0.0236	0.0260	0.0283
	2015	0.0165	0.0366	0.0323	0.0265	0.0244	0.0243	0.0305
	2020	0.0166	0.0351	0.0344	0.0301	0.0289	0.0196	0.0346
中技术制造业	2000	0.0234	0.0447	0.0386	0.0281	0.0172	0.0221	0.0304
	2005	0.0264	0.0458	0.0398	0.0308	0.0205	0.0501	0.0401
	2010	0.0266	0.0470	0.0382	0.0303	0.0320	0.0588	0.0350
	2015	0.0284	0.0441	0.0362	0.0299	0.0345	0.0497	0.0404
	2020	0.0372	0.0391	0.0380	0.0326	0.0393	0.0418	0.0392

续表

行业分类	年份	美国	英国	德国	法国	日本	韩国	中国
低技术制造业	2000	0.0298	0.0353	0.0398	0.0312	0.0494	0.0179	0.0206
	2005	0.0338	0.0371	0.0478	0.0329	0.0581	0.0370	0.0313
	2010	0.0355	0.0345	0.0438	0.0362	0.0420	0.0460	0.0281
	2015	0.0362	0.0367	0.0464	0.0369	0.0399	0.0376	0.0297
	2020	0.0456	0.0378	0.0502	0.0389	0.0400	0.0326	0.0325

资料来源：作者根据 OECD TIVA 数据库整理得到。

3.中国高、中、低技术制造业细分行业的基础设施投入比较分析

2000—2020 年，中国高技术制造业基础设施投入出现稳中有升趋势，而中、低技术制造业的基础设施投入出现波动性变化（见图 8-14、图 8-15、图 8-16）。

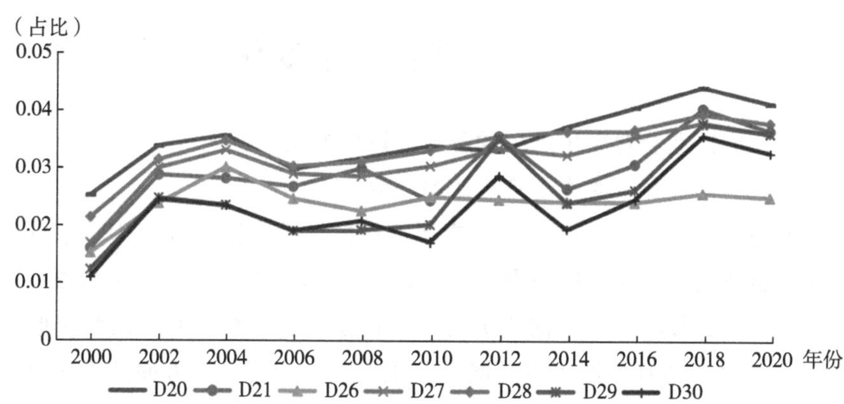

图 8-14 2000—2020 年中国高技术制造业基础设施投入变化

资料来源：根据 OECD TIVA 数据库数据制作。

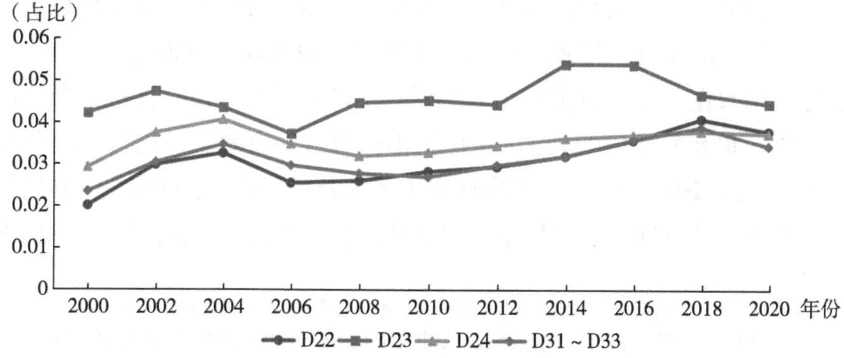

图 8-15 2000—2020 年中国中技术制造业基础设施投入变化

资料来源：根据 OECD TIVA 数据库数据制作。

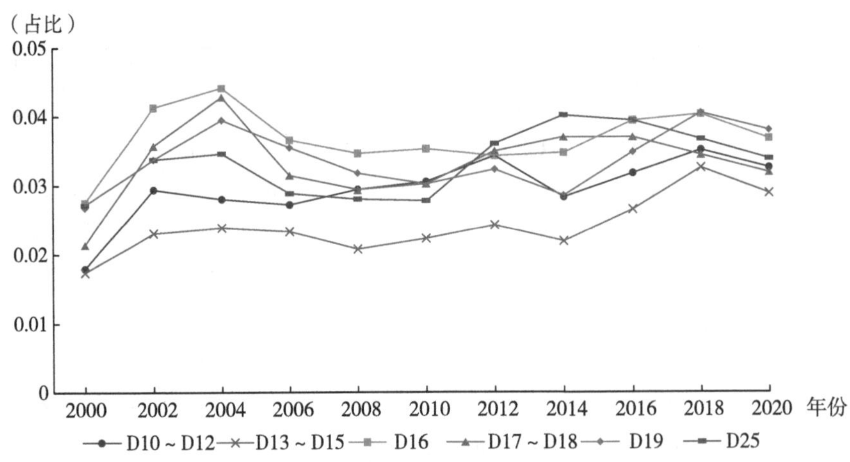

图 8-16　2000—2020 年中国低技术制造业基础设施投入变化

资料来源：根据 OECD TIVA 数据库数据制作。

第四节　制造业全要素生产率变化的比较分析

一、制造业全要素生产率的测度与评价方法

（一）制造业全要素生产率的测度方法

现有研究中有关制造业全要素生产率的测算方法主要分为参数估计方法（索洛余值法和随机前沿生产函数法）、非参数估计方法（数据包络分析法）、半参数估计方法（OP 法和 LP 法）三大类。本文最终选取索洛余值法对全要素生产率进行测算，主要出于以下 3 个方面的考虑：一是本文的研究对象是各国制造业细分行业，由于各国行业发展存在不平衡，个别行业间的技术差距非常大，行业内部技术水平分化也十分严重，采用随机前沿生产函数法来测算全要素生产率很可能会受到少数技术水平高的行业的影响，导致结果测度不准确（段文斌和尹向飞，2009①）。二是采用数据包络分析法得到的全要素生产率是相对值，且对于有效情况的生产单元效率值均为 1，这样就不能对这些有效单元进行比较分析（刘维林等，2023②）。三是本文研究主要涉及行业层面，OP 法、LP 法等半参数估计的方法主要适用于微观企业层面（谢谦等，2021③），故也未

① 段文斌、尹向飞：《中国全要素生产率研究评述》，《南开经济研究》2009 年第 2 期。

② 刘维林、程倩、余泳泽：《双循环技术溢出视角下中国产业技术进步的网络效应研究——基于全球生产网络下的全要素生产率增长与传导测算》，《管理世界》2023 年第 5 期。

③ 谢谦、刘维刚、张鹏杨：《进口中间品内嵌技术与企业生产率》，《管理世界》2021 年第 2 期。

选用这一方法。

综上所述，本文借鉴吕越等（2017）[①]、吕越和吕云龙（2019）[②]的方法，采用索洛余值法对各国制造业细分行业的全要素生产率进行测算，并假定 C-D 生产函数为：

$$Y_{ijt} = AK_{ijt}^{\alpha}L_{ijt}^{\beta} \tag{8-40}$$

生产函数两边取对数，可得到线性回归模型：

$$\ln Y_{ijt} = \ln TFP_{ijt} + \alpha \ln K_{ijt} + \beta \ln L_{ijt} \tag{8-41}$$

对式 8-41 进行线性回归，可计算得到资本和劳动对应的弹性系数 α 与 β，最终计算得出全要素生产率。其中，Y_{ijt}、K_{ijt}、L_{ijt} 分别表示 i 国 j 行业 t 年产出、资本投入、劳动投入。

需要具体说明的是：

①产出采用各国制造业细分行业的总产出（单位：百万美元）表示，并以 2000 年为基期采用总产出平减指数对其进行平减处理。

②资本投入采用永续盘存法进行测算，$K_{ijt} = (1-\delta)K_{ijt-1} + I_{ijt}$。其中，$I_{ijt}$ 表示 i 国 j 行业 t 年投资，是以 2000 年为基期采用固定资本形成总额平减指数对当年固定资产形成总额（单位：百万美元）进行平减得到；K 为基期资本存量，采用基期投资额与各国制造业细分行业年均投资增长率加折旧率之比计算得出。有关折旧率的选取，本文借鉴吕越和吕云龙（2019）[③]的方法，最终将折旧率确定为 5%。

③劳动投入采用各国制造业细分行业的从业人员人数（单位：千人）来表示。

（二）样本选取与资料来源

本文对样本国家制造业细分行业的全要素生产率进行测算，研究样本经济体主要来自 OECD 统计数据库。鉴于数据可得性，本文选取了 36 个国家作为样本国家（见表 8-11）。本文根据联合国制造业行业分类标准，将制造业划分为 17 个细分行业进行测算（见表 8-12）。

---

① 吕越、黄艳希、陈勇兵：《全球价值链嵌入的生产率效应：影响与机制分析》，《世界经济》2017 年第 7 期。

②③ 吕越、吕云龙：《中国参与全球价值链的环境效应分析》，《中国人口 · 资源与环境》2019 年第 7 期。

二、制造业全要素生产率的比较分析

（一）制造业全要素生产率国际比较分析

美国、德国、法国、英国、韩国等国制造业全要素生产率比较高，中国的制造业全要素生产率明显偏低，与世界主要发达国家相比存在明显差距。2000—2020 年，美国、英国、德国、法国和日本等国家制造业全要素生产率整体均有所下降，而韩国和中国制造业全要素生产率则呈现上升的态势（见表 8-23）。

表 8-23　部分样本国家高、中、低技术制造业全要素生产率国际比较

行业分类	年份	美国	英国	德国	法国	日本	韩国	中国
高技术制造业	2000	2.00	1.66	1.47	1.77	1.93	1.30	0.18
	2005	1.86	1.61	1.42	1.71	1.18	1.19	0.17
	2010	1.77	1.40	1.35	1.57	1.18	1.33	0.28
	2015	1.63	1.60	1.29	1.56	0.94	1.37	0.47
	2020	1.61	1.34	1.20	1.46	0.86	1.44	0.49
中技术制造业	2000	2.19	1.68	1.56	1.80	2.12	1.32	0.20
	2005	2.20	1.48	1.47	1.55	1.53	1.23	0.12
	2010	2.09	1.17	1.36	1.52	1.53	1.29	0.24
	2015	1.86	1.35	1.25	1.40	1.13	1.35	0.44
	2020	1.84	0.99	1.14	1.23	1.33	1.53	0.52
低技术制造业	2000	2.05	1.61	1.49	1.80	1.91	1.41	0.10
	2005	2.20	1.61	1.69	1.88	1.28	1.46	0.14
	2010	1.97	1.38	1.60	1.76	1.33	1.68	0.25
	2015	1.84	1.54	1.48	1.59	0.98	1.91	0.53
	2020	2.02	1.14	1.29	1.25	0.92	2.54	0.59

注：不同技术密集度行业的全要素生产率采用的是各行业的平均水平。

资料来源：作者自行计算得出。

（二）中国制造业细分行业的全要素生产率变化比较

2000—2020 年，我国制造业细分行业的全要素生产率呈现波动上升趋势，表明我国制造业创新发展取得成效。低技术制造业中，纺织品制造、服装制造、皮革和相关产品的制造业（D13 ~ D15）全要素生产率稳步增长，产业创新能力逐步增强，中技术制造业全要素生产率稳中有升，而高技术制造业全要素生产率提升相对比较缓慢（见图 8-17、图 8-18、图 8-19）。

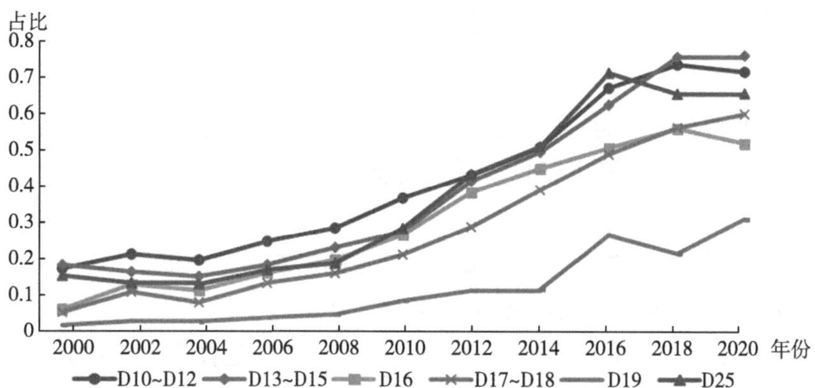

图 8-17 2000—2020 年中国低技术制造业全要素生产率变化

资料来源：作者自行计算。

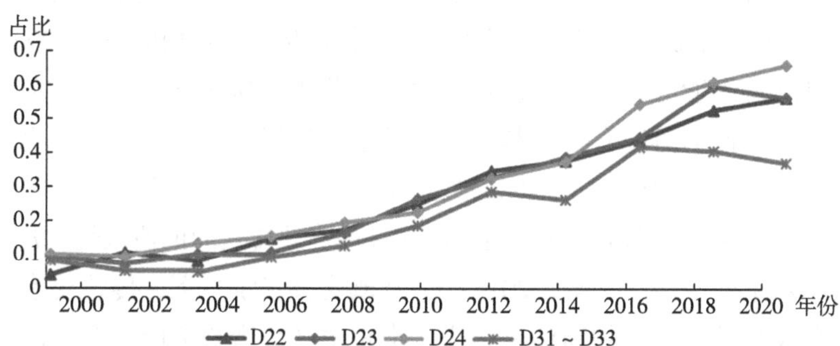

图 8-18 2000—2020 年中国中技术制造业全要素生产率变化

资料来源：作者自行计算。

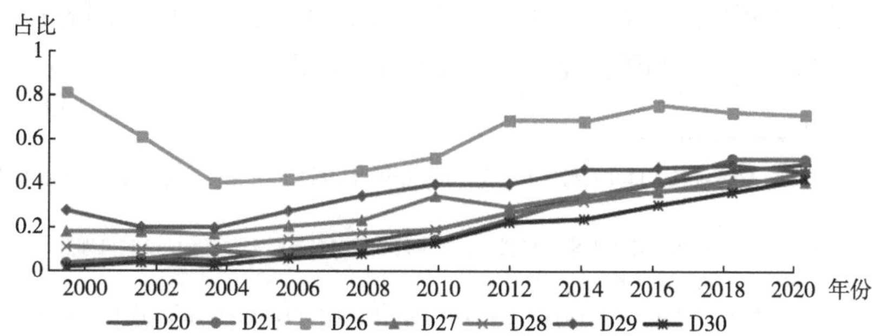

图 8-19 2000—2020 年中国高技术制造业全要素生产率变化

资料来源：作者自行计算。

第五节　创新投入与制造业全要素生产率影响理论机制分析

加大创新投入能有效促进技术进步和创新效率提升，提高制造业全要素生产率。本文对创新投入对制造业全要素生产率提升的影响机制进行分析。

一、创新投入对制造业全要素生产率的影响理论分析

创新投入能显著提升制造业全要素生产率

全要素生产率是经济增长的重要源泉，其本质是技术进步和要素配置效率的提高（陆旸和蔡昉，2016[①]）。在新古典经济增长模型中，技术进步和效率提升都是实现全要素生产率提高的重要路径（韩定夺和沈开艳，2024[②]）。加大创新投入能有效实现技术进步和效率提升，促进全要素生产率提升。内生增长理论指出创新活动是技术进步的源泉（Romer，1990[③]）。加大创新投入能为企业开展创新活动提供源源不断的支持，提高企业的创新能力，推动对现有知识基础和技术结构的颠覆，突破既有的生产边界（滕宇汯和卢现祥，2023[④]），促进全要素生产率的提高。技术效率的提升是指在现有技术水平下，通过增加各种资源要素间的协调性，充分释放技术水平的潜能（李平，2016[⑤]）。在既定技术水平下，传统要素投入已充分发挥效能，亟须新的要素投入来重塑经济增长潜能。企业加大创新投入能够替代传统要素投入，改变行业落后的发展模式，推动资源从效率低下的部门向生产高效的部门转移，实现资源的最佳配置，从而提高制造业发展的生产效益（路春城等，2023[⑥]）。因此，加大创新投入能通过获取技术进步和优化配置效率来提高全要素生产率。

---

① 陆旸、蔡昉:《从人口红利到改革红利：基于中国潜在增长率的模拟》,《世界经济》2016 年第 1 期。

② 韩定夺、沈开艳:《传统要素价格扭曲、技术进步偏向对全要素生产率的影响机理及实证分析》,《社会科学》2024 年第 1 期。

③ Romer P. M., "Endogenous technological change," *Journal of Political Economy*, Vol.98, No.5, 1990.

④ 滕宇汯、卢现祥:《制造业企业技术创新与创新驱动发展困境》,《科研管理》2023 年第 11 期。

⑤ 李平:《提升全要素生产率的路径及影响因素——增长核算与前沿面分解视角的梳理分析》,《管理世界》2016 年第 9 期。

⑥ 路春城、王翠翠、姜常梅:《政府补贴、创新投入与制造业企业全要素生产率》,《经济与管理评论》2023 年第 1 期。

综上所述，本章提出 H1：创新投入能显著提升制造业全要素生产率。

二、不同类型创新投入对制造业全要素生产率具有不同影响

创新投入包括数字资本、人力资本、研发资本以及基础设施等各种类型。不同类型的创新投入对制造业全要素生产率的影响效果可能存在差异。因此，本文将结合不同创新投入的特质，分析其影响制造业全要素生产率的差异。

（一）数字资本投入对制造业全要素生产率具有显著影响

数字资本作为新型生产要素融入制造业全产业链环节，改变了传统的要素结构形态，催生出以数字技术为重要驱动的产业发展模式，实现了制造业生产效率的跨越式升级。数字资本投入主要通过规模效应和技术进步效应来提高制造业全要素生产率。从规模效应来看，传统制造业受限于落后的生产能力，在一定程度上制约其生产规模的扩张（裴长洪等，2018①）。而数字资本具有交互性、非竞争性、排他性的特征（齐兰和何则懿，2023②），制造业企业可以依托数字技术的网络外部性，以近乎零成本增加要素投入，并利用数字交易平台有效连接生产端和需求端，充分发挥规模效应，从而推动制造业效率提升。从技术进步效应来看，加大数字资本投入可以推进企业的信息化进程，通过人工智能、大数据、云计算、物联网等信息技术的应用实现传统制造企业向智能制造转型（赵宸宇等，2021③），促进企业技术水平的提高，改善企业内部生产流程和经营管理，进而提高制造业全要素生产率。

综上所述，本文提出 H1a：数字资本投入能显著提升制造业全要素生产率。

（二）人力资本投入对制造业全要素生产率具有显著影响

人力资本作为产业发展的关键要素直接参与生产过程，对制造业的效率提升起到决定性作用，主要体现在 3 个方面：一是要素配置效应。人力资本能充分发挥要素配置功能，根据制造业现有的生产能力和组织方式不断调整要素内部组织结构，优化与传统生产要素的协作配合来改

---

① 裴长洪、倪江飞、李越：《数字经济的政治经济学分析》，《财贸经济》2018 年第 9 期。

② 齐兰、何则懿：《数字资本研究进展》，《经济学动态》2023 年第 10 期。

③ 赵宸宇、王文春、李雪松：《数字化转型如何影响企业全要素生产率》，《财贸经济》2021 年第 7 期。

进生产流程，实现要素资源的最佳配置，避免低效生产，进而实现行业全要素生产率的提升（程锐和马莉莉，2020[①]）。二是技术创新效应。人力资本作为先进知识、技术的核心载体，能通过“干中学”将新知识、新技术进行消化吸收，并利用溢出效应实现信息与技术的共享，推进创新交流与合作，加速技术创新与扩散并最终转化为生产效率。三是劳动力禀赋效应。高素质劳动力短缺是制约我国产业转型升级、发挥经济增长潜能的关键因素（刘伟和张立元，2020[②]）。人力资本作为高级要素投入，促进了知识、技术密集型等高技术产业的发展，推动我国制造业的比较优势从成本竞争优势向创新效率优势转变，加快产业结构转型升级，从根本上提升了制造业全要素生产率（王博和朱沆，2024[③]）。

综上所述，本文提出 H1b：人力资本投入能显著提升制造业全要素生产率。

（三）研发资本投入对制造业全要素生产率具有一定影响

新增长理论指出研发投入是推动技术进步、实现经济增长最直接的驱动因素（Romer，1990[④]）。研发资本投入的增加能加快知识和技术积累，有效提升企业创新能力，促进制造业技术进步和生产率提高。研发投入还具有溢出效应（潘文卿和刘庆，2012[⑤]），由于知识和技术具有非竞争性和不完全排他性（黄群慧和贺俊，2023[⑥]），当企业投入大量研发资金获得新知识和新技术时，同行业内其他企业也可以凭借知识交流和学习的方式来获取技术进步（林伯强和谭睿鹏，2019[⑦]），提高自身生产水平，促进行业全要素生产率的提升。但也有研究表明，研发投入的连续增加并不会带来全要素生产率的提高，即存在研发投入的“索洛悖论”

① 程锐、马莉莉：《高级人力资本扩张与制造业出口产品质量升级》，《国际贸易问题》2020 年第 8 期。

② 刘伟、张立元：《经济发展潜能与人力资本质量》，《管理世界》2020 年第 1 期。

③ 王博、朱沆：《创业选择中的正式制度作用差异解析——基于合约履行和产权保护的比较分析》，《南方经济》2024 年第 3 期。

④ Romer P. M.，“Endogenous technological change，” *Journal of Political Economy*，Vol.98，No.5，1990.

⑤ 潘文卿、刘庆：《中国制造业产业集聚与地区经济增长——基于中国工业企业数据的研究》，《清华大学学报（哲学社会科学版）》2012 年第 1 期。

⑥ 黄群慧、贺俊：《赶超后期的产业发展模式与产业政策范式》，《经济学动态》2023 年第 8 期。

⑦ 林伯强、谭睿鹏：《中国经济集聚与绿色经济效率》，《经济研究》2019 年第 2 期。

现象（李静等，2017①；易明和吴婷，2021②；谷军健和赵玉林，2021③）。这是因为，一方面，研发活动面临长周期、高风险、高投入的特点（余泳泽等，2019④），从研发资本投入到最终产品生产的过程面临极大的不确定性，难以在短期内有效转化为现实生产力（余东华和水冰，2017⑤；叶祥松和刘敬，2018⑥）。另一方面，由于研发资源的错误配置，导致在实际中研发资本与有效配置状态存在偏离（王文和孙早，2020⑦；张鑫宇和张明志，2022⑧），阻碍了研发投入的红利释放，导致创新效率低下，无法有效推动制造业全要素生产率的提高。因此，增加研发资本投入不一定会有效推动制造业全要素生产率的提高。

本文提出 H1c：研发资本投入对制造业全要素生产率具有一定影响。

（四）基础设施投入对制造业全要素生产率具有一定影响

基础设施投入作为制造业发展的重要资本投入，不仅能以要素投入的方式直接提高行业产出，还能通过“边界突破”效应和“分工深化”效应加快人力资本、物质资本等创新要素流动，促进新知识和新技术的传播与扩散，增强行业整体创新能力（诸竹君等，2019⑨；薛桂芝等，2023⑩），进而提升制造业全要素生产率。但基础设施投入仅仅是制造业发展的必要条件，而不是充分条件（魏后凯，2001⑪）。由于基础设施前期投入巨大，投资回报周期较长，短期内可能会挤占其他部门的要素投

---

① 李静、楠玉、刘霞辉：《中国研发投入的“索洛悖论”——解释及人力资本匹配含义》，《经济学家》2017 年第 1 期。

② 易明、吴婷：《R&D 资源配置扭曲、TFP 与人力资本的纠偏作用》，《科学学研究》2021 年第 1 期。

③ 谷军健、赵玉林：《中国如何走出科技创新困境？——基于科技创新与人力资本协同发展的新视角》，《科学学研究》2021 年第 1 期。

④ 余泳泽、刘大勇、龚宇：《过犹不及事缓则圆：地方经济增长目标约束与全要素生产率》，《管理世界》2019 年第 7 期。

⑤ 余东华、水冰：《信息技术驱动下的价值链嵌入与制造业转型升级研究》，《财贸研究》2017 年第 8 期。

⑥ 叶祥松、刘敬：《异质性研发、政府支持与中国科技创新困境》，《经济研究》2018 年第 9 期。

⑦ 王文、孙早：《中国地区间研发资源错配测算与影响因素分析》，《财贸经济》2020 年第 5 期。

⑧ 张鑫宇、张明志：《要素错配、自主创新与制造业高质量发展》，《科学学研究》2022 年第 6 期。

⑨ 诸竹君、黄先海、王煌：《交通基础设施改善促进了企业创新吗？——基于高铁开通的准自然实验》，《金融研究》2019 年第 11 期。

⑩ 薛桂芝、李建军、董旭：《传统基础设施建设还能提升城市全要素生产率吗——基于 223 个城市市政基础设施的研究》，《南开经济研究》2023 年第 8 期。

⑪ 魏后凯：《中国区域基础设施与制造业发展差异》，《管理世界》2001 年第 6 期。

入，导致资源配置的扭曲，进而造成行业整体效率不高（汪晓文和张凯，2018[①]；步晓宁等,2019[②]）。同时，基础设施作用的发挥需要数字技术提升、人力资本积累、研发投入增加等多因素的协同作用（张学良，2012[③]），单纯提高基础设施投入并不能确保制造业生产率的提高，还需要与其他投入要素相匹配才能发挥更好的作用（葛翔宇等，2019[④]）。因此，基础设施投入的增加难以对制造业全要素生产率产生显著的提升作用。

综上所述，本文提出 H1d：基础设施投入对制造业全要素生产率具有一定影响。

三、制度质量对创新投入与制造业全要素生产率具有促进作用

制度质量是保障创新驱动效应的重要前提（陶长琪和彭永樟，2018[⑤]）。由于创新投入的转化过程具有高度随机性，扩大创新投入并不一定会带来预期回报（叶初升和孙薇，2023[⑥]），导致创新投入对制造业全要素生产率的提升作用有限。但制度具有全局性、稳定性和长期性的特点（周昌发，2011[⑦]），有效的制度安排可以在创新投入体系中起到积极的引导和保障作用，降低创新过程中的不确定性，提高创新资源的配置效率（黄远浙等，2021[⑧]），充分发挥创新投入对制造业全要素生产率的促进效应。反之，若制度缺位会提高创新活动的风险，导致创新投入无法实现有效利用与转化（宋砚秋等，2021[⑨]）。因此，制度质量的提升能强化创新投入对制造业全要素生产率的提升作用。

---

① 汪晓文、张凯：《"一带一路"沿线省份基础设施投资与全要素生产率研究》，《江西社会科学》2018 年第 2 期。

② 步晓宁、张天华、张少华：《通向繁荣之路：中国高速公路建设的资源配置效率研究》，《管理世界》2019 年第 5 期。

③ 张学良：《中国交通基础设施促进了区域经济增长吗——兼论交通基础设施的空间溢出效应》，《中国社会科学》2012 年第 3 期。

④ 葛翔宇、黄永强、周艳丽：《交通基础设施投资与经济增长——基于准自然实验的证据》，《系统工程理论与实践》2019 年第 4 期。

⑤ 陶长琪、彭永樟：《从要素驱动到创新驱动：制度质量视角下的经济增长动力转换与路径选择》，《数量经济技术经济研究》2018 年第 7 期。

⑥ 叶初升、孙薇：《中国"科技创新困境"再审视：技术创新质量的新视角》，《世界经济》2023 年第 8 期。

⑦ 周昌发：《科技金融发展的保障机制》，《中国软科学》2011 年第 3 期。

⑧ 黄远浙、钟昌标、叶劲松等：《跨国投资与创新绩效——基于对外投资广度和深度视角的分析》，《经济研究》2021 年第 1 期。

⑨ 宋砚秋、齐永欣、高婷等：《政府创新补贴、企业创新活力与创新绩效》，《经济学家》2021 年第 6 期。

综上所述，本文提出 H2：制度质量对创新投入与制造业全要素生产率之间的关系起到正向调节作用。

（一）制度质量对不同类型创新投入与全要素生产率的调节作用

由于创新投入的类型具有异质性，制度质量对不同创新投入与制造业全要素生产率的关系存在复杂的调节作用。基于此，本文将根据创新投入的不同类型，进一步探讨制度质量在其中的具体作用。

1. 制度质量对数字资本投入与制造业全要素生产率关系的调节作用

数字资本具有高流动性、强渗透性的特征，能够嵌入各行业的生产经营活动中，降低企业生产交易中的信息不对称，实现资源有效配置，以此来提升企业生产效率（Goldfarb and Tucker，2019①；田秀娟和李睿，2022②）。良好的制度环境是数字资本投入得以发挥创新效应的保障（史丹和孙光林，2022③）。当一国制度质量处于较高水平时，市场环境更加公开透明，能够确保数字资本的有效投入，有助于制造业企业运用数字技术实现突破式创新，进而促进行业全要素生产率。反之，当一国制度质量处于较低水平时，数字资本的流动会受到阻碍，使得数字资本在企业设计研发、生产制造和销售服务等方面投入不足，难以与制造业实现深度融合，导致数字资本投入难以转化为直接的、现实的生产力（王开科等，2020④）。因此，提升制度质量能够减少要素流通障碍，实现数字资本投入的高效转化，促进制造业全要素生产率的提升。

综上所述，本文提出 H2a：制度质量对数字资本投入与制造业全要素生产率之间的关系起到正向调节作用。

2. 制度质量对人力资本投入与制造业全要素生产率关系的调节作用

人力资本作为高级要素（谢伟丽等，2023⑤），不仅能拓展生产要素的传统配置方式，优化资源配置效率直接推动制造业全要素生产率的

① Goldfarb A., Tucker C., "Digital economics," *Journal of Economic Literature*, Vol.57, No.1, 2019.

② 田秀娟、李睿：《数字技术赋能实体经济转型发展——基于熊彼特内生增长理论的分析框架》，《管理世界》2022 年第 5 期。

③ 史丹、孙光林：《大数据发展对制造业企业全要素生产率的影响机理研究》，《财贸经济》2022 年第 9 期。

④ 王开科、吴国兵、章贵军：《数字经济发展改善了生产效率吗》，《经济学家》2020 年第 10 期。

⑤ 谢伟丽、石军伟、张起帆：《人工智能、要素禀赋与制造业高质量发展——来自中国 208 个城市的经验证据》，《经济与管理研究》2023 年第 4 期。

提升，还能消化吸收先进的技术和管理模式，增强制造业知识转化的能力，间接提高行业效率（骆莙函，2021①）。提升制度质量可以减少外界干扰因素对资源配置效率带来的负面影响，充分发挥人力资本的要素配置效应，还能推动人力资本间的合作交流，加快对先进知识、技术的吸收与转化，提高边际生产率（张宽和黄凌云，2022②；王颖和刘艺扬，2024③）。但适应性的制度变革才是充分发挥人力资本优势的动力引擎（戴翔和金碚，2014④）。由于制度不是高度概念化的简单整体，而是多元制度构成的复杂结构（Jackson and Deeg，2019⑤）。并非所有的制度改善都会促进人力资本效能的发挥，制度间的作用机制差异将会产生潜在的抵消效应（王博和朱沆，2024⑥）。因此，制度质量的提升并不会显著影响人力资本投入对制造业全要素生产率的促进作用。

综上所述，本文提出 H2b：制度质量对人力资本投入与制造业全要素生产率之间的关系不具有正向调节作用。

3. 制度质量对研发资本投入与制造业全要素生产率关系的调节作用

研发投入是实现技术进步内生化的关键要素。研发投入本身具有不确定性、高风险和长周期的特质（崔惠玉等，2022⑦），当创新环境存在高风险时，企业很可能担心潜在收益损失而减少研发投资，削弱企业通过研发创新提高生产效率的激励。新制度理论认为，制度的存在能够降低创新过程中的潜在风险，减少创新溢出带来的负外部性（Davis and North，1970⑧）。一方面，制度质量的提升能减少研发投入的不确定性，

---

① 骆莙函：《人力资本结构高级化对服务业结构升级的影响研究——基于中国城市面板数据》，《广东财经大学学报》2021 年第 2 期。

② 张宽、黄凌云：《结构的力量：人力资本升级、制度环境与区域创新能力》，《当代经济科学》2022 年第 6 期。

③ 王颖、刘艺扬：《什么样的制度产生高人力资本经济增长效应？——一个基于动态 QCA 方法的研究》，《科学学研究》2024 年第 2 期。

④ 戴翔、金碚：《产品内分工、制度质量与出口技术复杂度》，《经济研究》2014 年第 7 期。

⑤ Jackson G., Deeg R., "Comparing capitalisms and taking institutional context seriously," *Journal of International Business Studies*, Vol.50, 2019.

⑥ 王博、朱沆：《创业选择中的正式制度作用差异解析——基于合约履行和产权保护的比较分析》，《南方经济》2024 年第 3 期。

⑦ 崔惠玉、田明睿、王倩：《增值税留抵税款抑制了企业研发投入吗》，《财贸经济》2022 年第 8 期。

⑧ Davis L., North D., "Institutional change and American economic growth: a first step towards a theory of institutional innovation," *The Journal of Economic History*, Vol.30, No.1, 1970.

降低创新成本，增强企业的研发投入意愿，激发企业的创新积极性，进而提升全要素生产率（张玉和胡昭玲，2016[①]）。另一方面，制度环境的改善能够提高创新知识技术的专有性（王雄元和卜落凡，2019[②]），降低创新产出被模仿侵权的可能性，保障企业获得相应的经济回报和超额利润（毛其淋和许家云，2015[③]），鼓励企业扩大研发投入，推动制造业实现创新驱动发展，提升行业全要素生产率。因此，制度质量的提升能强化研发投入对制造业的效率提升作用。

综上所述，本文提出 H2c：制度质量对研发资本投入与制造业全要素生产率之间的关系起到正向调节作用。

4. 制度质量对基础设施投入与制造业全要素生产率关系的调节作用

制度质量对基础设施投入与制造业全要素生产率的调节作用可能存在不确定性。一方面，基础设施能为企业研发生产提供良好的外部设施条件，推进各部门间的知识和技术的互动共享，降低企业获取创新资源的成本（肖叶等，2019[④]），激发企业进行研发创新，从而提高制造业全要素生产率。良好的制度环境可以消除创新要素流动的屏障，强化基础设施平台的传递共享功能，增强知识和技术在部门间的创新溢出效应，有效提升制造业的生产效率（姜慧和孙玉琴，2018[⑤]；王孝松和田思远，2019[⑥]）。另一方面，制度质量的提升意味着政府治理、市场化程度以及营商环境的更迭与变化，对制造业企业的经营治理会提出更高的监管与法制要求（洪俊杰和隋佳良，2023[⑦]）。为适应外部环境的改变，企业会相应地调整内部投资决策，加大治理支出来提高自身治理能力，这会挤

---

① 张玉、胡昭玲：《制度质量、研发创新与价值链分工地位——基于中国制造业面板数据的经验研究》，《经济问题探索》2016 年第 6 期。

② 王雄元、卜落凡：《国际出口贸易与企业创新——基于“中欧班列”开通的准自然实验研究》，《中国工业经济》2019 年第 10 期。

③ 毛其淋、许家云：《中间品贸易自由化、制度环境与生产率演化》，《世界经济》2015 年第 9 期。

④ 肖叶、邱磊、刘小兵：《地方政府竞争、财政支出偏向与区域技术创新》，《经济管理》2019 年第 7 期。

⑤ 姜慧、孙玉琴：《中国 OFDI、东道国基础设施建设与双边经济增长——基于“一带一路”东道国制度的视角》，《经济理论与经济管理》2018 年第 12 期。

⑥ 王孝松、田思远：《制度质量、对外援助和受援国经济增长》，《世界经济研究》2019 年第 12 期。

⑦ 洪俊杰、隋佳良：《立足国内大循环，推进高水平对外开放——基于全球价值链位置视角的研究》，《国际贸易问题》2023 年第 1 期。

出一部分创新投资。由于基础设施投资周期长、成本高、难度大（张鹏飞，2018[①]），导致企业对其投资积极性不高（王秀云等，2021[②]）。因此，制度质量的提升反而会挤出企业对基础设施的投入，进而无法有效促进制造业全要素生产率。

综上所述，本文提出 H2d：制度质量对基础设施投入与制造业全要素生产率之间的关系不具有正向调节作用。

第六节　创新投入对制造业全要素生产率影响的计量分析

在对创新投入水平对制造业全要素生产率的影响进行理论分析的基础上，本章重点对创新投入对制造业全要素生产率的影响效果进行实证分析。

本章提及的“创新投入发展水平”统一简称为“创新投入”，下同。

一、模型构建与变量说明

（一）计量模型构建

在对创新投入发展水平与制造业全要素生产率进行测算的基础上，本文重点分析创新投入[③]对制造业全要素生产率的影响效果。本文借鉴 Coe 等（1995）[④]模型将计量模型设定如下：

$$\ln TFP_{ijt} = \alpha_0 + \alpha_1 Input_{ijt} + \alpha_2 Control_t + \mu_i + v_j + \delta_t + \varepsilon_{ijt} \qquad (8\text{–}42)$$

式 8–42 中，$\ln TFP_{ijt}$ 是被解释变量，表示 i 国 j 行业 t 年的制造业全要素生产率（取对数），$Input_{ijt}$ 表示 i 国 j 行业 t 年的创新投入，$Control_t$ 是控制变量集合，μ_i、v_j、δ_t 分别代表国家、行业以及年份固定效应，ε_{ijt} 为随机误差项。

---

① 张鹏飞：《基础设施建设对“一带一路”亚洲国家双边贸易影响研究：基于引力模型扩展的分析》，《世界经济研究》2018 年第 6 期。

② 王秀云、王力、叶其楚：《我国基础设施投融资体制机制创新研究——基于高质量发展视角》，《中央财经大学学报》2021 年第 12 期。

③ 本文提及的“创新投入发展水平”统一简称为“创新投入”，下同。

④ Coe D. T., et al., “International R&D spillovers and institutions,” *European Economic Review*, Vol.53, No.7, 1995.

为了探究不同类型创新投入对制造业全要素生产率的作用差异，根据前文对创新投入的内涵界定，本文分别将数字资本投入（DC_{ijt}）、人力资本投入（HC_{ijt}）、研发资本投入（RC_{ijt}）和基础设施投入（IC_{ijt}）4类创新投入纳入式8-42，进一步探讨不同类型的创新投入对制造业全要素生产率的影响效果。

（二）变量选取及数据来源

1. 被解释变量

制造业全要素生产率（ln*TFP*）。具体测算方法详见第四节。

2. 解释变量

创新投入（*Input*）。创新投入具体可分解为数字资本投入（*DC*）、人力资本投入（*HC*）、研发资本投入（*RC*）以及基础设施投入（*IC*）4个方面。

3. 控制变量

为全面考察制造业全要素生产率的影响因素，本文在借鉴相关研究（白雪洁等,2022①）的基础上，选取外商直接投资（*Fdi*）、对外开放水平（*Open*）、人口规模总量（*Pop*）、宏观税负水平（*Tax*）以及国民收入水平（*Gni*）作为控制变量。此外，为了消除变量异方差问题，对所有非比例性质的控制变量均进行对数处理。

4. 样本选择及数据来源

本文对指标的选择说明如下：①本文在对部分国家缺失的R&D数据进行补充后，最终选取了36个样本国家。②本文主要根据ICIO行业分类代码和联合国产业数据库，把制造业分为17个细分行业进行比较分析。③研究的时间跨度和资料来源。时间跨度设定为2000—2020年，所采用细分行业的数据主要来自OECD STAN数据库以及OECD TIVA数据库。相关控制变量所采用的数据主要来自世界银行数据库、OECD数据库以及联合国数据库等。

（三）描述性统计

表8-24为变量描述性统计，数据显示：①制造业全要素生产率的均值为1.3206、标准差为1.6191，标准差大于均值，表明各国制造业细

① 白雪洁、宋培、李琳:《数字经济如何平衡"稳增长调结构"目标——基于地区—行业层面的分析》,《南开经济研究》2022年第7期。

分行业间的全要素生产率差异明显，说明可能由于基础设施、资源禀赋、制度供给等因素的不同，导致各国制造业细分行业的发展差异明显。②创新投入中数字资本投入的标准差略大于均值，说明各国制造业间的数字资本投入存在较大差别，相比之下，人力资本投入、研发资本投入以及基础设施投入相对集中。③控制变量中，各国在宏观税负水平、对外开放水平以及国民收入水平方面具有较大的差距，国家间的发展不平衡现象较为突出。

表 8-24　变量描述性统计

变量名称	变量说明	符号	观测值	均值	标准差	数据来源
全要素生产率	索洛余值法计算所得	*TFP*	12852	1.3206	1.6191	OECD 数据库
创新投入发展水平	熵值法计算所得	*Input*	12852	0.1711	0.0867	OECD 数据库
数字资本投入	行业在计算机、电子和光学产品制造，通信，IT 与其他信息服务业的中间投入之和占总投入的比重	*DC*	12852	0.0151	0.0255	OECD 数据库
人力资本投入	行业的研发人员（人/年，取对数处理）	*HC*	12852	6.0841	2.4809	OECD 数据库
研发资本投入	行业的研发支出（百万美元，取对数处理）	*RC*	12852	4.0662	2.4705	OECD 数据库
基础设施投入	行业在交通、邮政、仓储业的中间投入占总投入的比重	*IC*	12852	0.0380	0.0194	OECD 数据库
外商直接投资	外国直接投资净流入占 GDP 的比重	*Fdi*	12852	0.0568	0.1500	世界银行数据库
对外开放水平	货物和服务出口占 GDP 的比重	*Open*	12852	0.5217	0.3854	世界银行数据库
人口规模总量	国家人口总量（万人，取对数处理）	*Pop*	12852	7.3307	1.6875	世界银行数据库
宏观税负水平	税收占 GDP 的比重	*Tax*	12852	0.1872	0.0667	世界银行数据库
国民收入水平	国民收入占 GDP 的比重	*Gni*	12852	0.3079	0.1063	世界银行数据库

资料来源：作者根据 Stata17 结果整理。

（四）共线性检验

为了避免变量间存在多重共线性导致模型预测失真，本文使用方差膨胀因子进行共线性检验，检验结果如表 8-25 所示。膨胀方差因子的值越大，表明多重共线性越严重，一般认为 VIF 值大于 10 时，模型存在严重的共线性问题。可以看到，本文选取的变量的 VIF 值均小于 10，说明变量之间不存在严重共线性，可进行下一步实证分析。

表 8-25 VIF 检验

变量	VIF	1/VIF	VIF	1/VIF
Input	1.34	0.746269		
Gni	3.64	0.274619	3.70	0.270008
Tax	3.62	0.276374	3.66	0.273107
Pop	2.47	0.404886	3.21	0.311364
Exp	1.66	0.604103	1.73	0.578084
Fdi	1.14	0.879726	1.14	0.87786
HC			5.82	0.171912
RC			5.75	0.173863
DC			1.12	0.893514
IC			1.10	0.908027
Mean VIF	2.31		3.03	

资料来源：作者根据 Stata17 结果整理。

二、基准回归分析

根据回归结果，创新投入对制造业全要素生产率具有积极的影响（见表 8-26）。其中，列（1）是未加入控制变量的回归结果，创新投入的回归系数显著为正，初步证实了 H1。鉴于普遍存在的遗漏变量问题，本文在列（2）中将外商直接投资（*Fdi*）、对外开放水平（*Open*）、人口规模总量（*Pop*）、宏观税负水平（*Tax*）以及国民收入水平（*Gni*）等控制变量纳入回归模型，发现加入控制变量后，回归系数依然在 1% 的水平上显著为正。为进一步解决国家—行业维度可能存在的遗漏变量问题，本文借鉴吕越等（2023）的做法，控制了国家—行业固定效应以及时间固定效应，核心解释变量的系数依旧在 1% 的水平上显著为正，再次证实了 H1 的准确性，即创新投入对制造业全要素生产率具有显著的促进效应。

表 8-26　　　　创新投入的基准回归结果

变量	（1）	（2）	（3）
Input	1.6924*** （0.5687）	1.7121*** （0.5830）	1.3093*** （0.3486）
控制变量	否	是	是
年份固定效应	是	是	是
国家固定效应	是	是	否
行业固定效应	是	是	否
国家—行业固定效应	否	否	是
常数项	−0.2896*** （0.0973）	3.9041 （3.7174）	3.9717 （3.7376）
观测值	12852	12852	12852

资料来源：作者根据 Stata17 结果整理。

注：*** 表示有关变量在 1% 的水平上显著。

三、稳健性检验

为了保证回归结果的稳健，本文考虑了替换被解释变量法、滞后解释变量法、缩尾法、年份间隔法、滚动窗口法以及剔除特殊样本法等，对实证结果进行稳健性检验，具体结果如表 8-27 所示。

（一）替换被解释变量法

借鉴张军等（2004）[①] 和单豪杰（2008）[②] 的方法，本文分别采用 10% 和 9.6% 的折旧率对制造业全要素生产率进行重新估算，并替换原有的被解释变量进行回归，得到的结论与基准回归结果一致。

（二）滞后解释变量法

创新投入对制造业全要素生产率的提升作用可能存在一定的时滞。本文借鉴张梦婷等（2018）[③] 的做法，分别将解释变量的滞后一期和滞后两期替换原有的解释变量进行回归，发现创新投入的回归系数依然显著为正，研究结论具有稳健性。

（三）缩尾法

为了消除异常值对回归结果的影响，本文对解释变量和被解释变量

① 张军、吴桂英、张志鹏：《中国省际物质资本存量估算：1952—2000》，《经济研究》2004 年第 10 期。

② 单豪杰：《中国资本存量 K 的再估算：1952—2006 年》，《数量经济技术经济研究》2008 年第 10 期。

③ 张梦婷、俞峰、钟昌标等：《高铁网络、市场准入与企业生产率》，《中国工业经济》2018 年第 5 期。

均进行前后1%水平的缩尾处理，结果显示，稳健性回归的核心变量系数方向保持不变，结果稳健。

（四）年份间隔法

为避免样本数据可能存在部分年份缺失的情况，本文以2年为间隔（即样本期改为2000年、2002年、2004年……2020年）对样本进行处理。从回归结果可以看到，改变样本期限并未对核心解释变量的显著性产生影响，研究结论具有稳健性。

（五）滚动窗口法

为了避免变量自相关性，本文借鉴王明益等（2023）[①]的做法，引入时间窗口，采用3年滚动时间窗口期对变量进行重新估计，可以发现结果依然稳健。

（六）剔除特殊样本法

由于卢森堡经济体量偏小，创新投入规模相对偏小，回归结果可能受到极端值和异常值的影响。因此，本文剔除卢森堡这一国家样本，对模型重新进行估计，发现解释变量的系数方向和显著性与基准回归结果保持一致，证实创新投入对制造业全要素生产率具有显著的提升作用。

表8-27 稳健性检验

变量	折旧率为10%计算的全要素生产率 （1）	折旧率为9.6%计算的全要素生产率 （2）	解释变量滞后一期 （3）	解释变量滞后两期 （4）	缩尾1%处理 （5）	以2年为间隔的样本 （6）	滚动窗口法 （7）	剔除特殊样本 （8）
Input	1.6398*** （0.5699）	1.6451*** （0.5709）			2.1261*** （0.5988）	1.6836*** （0.5815）	1.7584*** （0.6114）	1.7545*** （0.5870）
L.Input			1.5957** （0.5958）					
L2.Input				1.5050** （0.6003）				
控制变量	是	是	是	是	是	是	是	是
年份固定效应	是	是	是	是	是	是	是	是
国家固定效应	是	是	是	是	是	是	是	是

① 王明益、陈林、张中意等:《自由贸易试验区的协同创新网络效应：空间断点与地理识别》,《世界经济》2023年第3期。

续表

行业固定效应	是	是	是	是	是	是	是	是
变量	折旧率为10%计算的全要素生产率 （1）	折旧率为9.6%计算的全要素生产率 （2）	解释变量滞后一期 （3）	解释变量滞后两期 （4）	缩尾1%处理 （5）	以2年为间隔的样本 （6）	滚动窗口法 （7）	剔除特殊样本 （8）
常数项	4.1593 （3.7260）	4.1408 （3.7254）	3.7607 （3.5788）	3.6326 （3.4660）	3.6313 （3.6785）	4.3390 （3.5504）	1.4410 （1.1786）	6.6685 （4.2481）
观测值	12852	12852	12240	11628	12852	6732	12852	12495
调整后 R^2	0.5781	0.5771	0.5595	0.5544	0.6018	0.5581	0.5894	0.5735

注：***、** 表示有关变量分别在 1%、5% 的水平上显著。

资料来源：作者根据 Stata17 结果整理。

四、内生性检验

基准回归和稳健性检验的结果证实了创新投入对制造业全要素生产率具有显著的促进作用，但在模型因果识别过程中可能存在内生性问题。关于内生性，一是遗漏变量导致的内生性。尽管在基准回归中加入了部分控制变量，但遗漏变量问题依旧存在。二是双向因果导致的内生性。因此，为保证估计结果的可信性，本文采用增加控制变量法和工具变量法来减少因内生性问题引起的估计误差。

（一）增加控制变量法

参照汪伟等（2015）[①] 的做法，本文在控制原有变量的基础上，将公共教育支出（教育公共开支总额占 GDP 的比重）和人口老龄化程度（65 岁及以上的人口占总人口的比重）这两个变量引入模型中进行重新估计，回归结果如表 8-28 列（1）所示，创新投入对制造业全要素生产率的正效应依旧显著。

（二）工具变量法

参照唐要家等（2022）[②] 的做法，本文采用同年份同行业其他国家创新投入的均值作为工具变量，这是因为本国某一行业的创新投入容易受到同行业其他国家创新投入的影响，难以对本国行业全要素生产率产生直接关联。因此，工具变量的选取应满足相关性和外生性两个条件。表

① 汪伟、刘玉飞、彭冬冬：《人口老龄化的产业结构升级效应研究》，《中国工业经济》2015 年第 11 期。

② 唐要家、王钰、康春晖：《数字经济，市场结构与创新绩效》，《中国工业经济》2022 年第 10 期。

8–28 列（2）、（3）、（4）分别汇报了工具变量的 2SLS、两步 GMM 以及迭代 GMM 的回归结果，核心解释变量的系数符号和显著性水平与基准回归保持一致，且工具变量不存在过度识别与弱工具变量等问题，这说明在克服潜在内生性问题后，H1 依旧成立。此外，使用工具变量回归的估计结果远大于基准回归，这说明内生性问题的存在低估了创新投入对制造业全要素生产率的实际促进效应。

表 8-28　　内生性检验

变量	增加可能遗漏的控制变量 （1）	2SLS （2）	两步 GMM （3）	迭代 GMM （4）
Input	1.6995*** （0.5825）	12.2945*** （4.2314）	12.2945*** （4.2314）	12.2945*** （4.2314）
不可识别检验		11.22 [0.0008]		
弱工具变量检验		21.89 {16.38}	21.89 {16.38}	21.89 {16.38}
控制变量	是	是	是	是
国家固定效应	是	是	是	是
行业固定效应	是	是	是	是
年份固定效应	是	是	是	是
常数项	6.7483 （4.3064）	1.9828 （1.5553）	1.9828 （1.5553）	1.9828 （1.5553）
观测值	12852	12852	12852	12852

注：*** 表示有关变量分别在 1% 的水平上显著。

资料来源：作者根据 Stata17 结果整理。

五、不同类型的创新投入对制造业全要素生产率的影响分析

前文已经证实了创新投入对制造业全要素生产率具有显著的促进效应，但由于创新投入具有不同类型，各类型创新投入对制造业全要素生产率的影响可能存在差异。鉴于此，本文将创新投入进一步分解为数字资本投入、人力资本投入、研发资本投入以及基础设施投入 4 类，深入研究不同类型的创新投入对制造业全要素生产率的差异性影响，得到结果如表 8–29 所示。其中，列（1）、（2）、（3）分别是未加入控制变量、加入控制变量以及加入控制变量的情况下控制国家—行业固定效应和时间固定效应的回归结果。列（4）是使用工具变量①后的回归结果。

① 本文选择工具变量的思路与前文一致，是借鉴唐要家等（2022）的做法，选择同年份同行业其他国家的创新投入均值作为工具变量。

（一）数字资本投入回归结果

表 8-29 中 Panel A 展示的是数字资本投入对制造业全要素生产率的回归结果。可以看到，数字资本投入的回归系数始终在 1% 的水平上显著为正，说明数字资本投入对制造业全要素生产率具有显著的促进效应。为了进一步缓解因内生性导致的估计偏误，本文采用 2SLS 工具变量法重新估计，结果如列（4）所示，数字资本投入的回归系数依旧显著为正，这说明在克服潜在的内生性问题后，H1a 依旧成立。根据列（4）的回归系数，表明数字资本投入每增加 1%，制造业全要素生产率就能显著提升约 6.51%[①]。

（二）人力资本投入回归结果

Panel B 是人力资本投入对制造业全要素生产率的实证结果。列（1）~（4）结果显示，无论控制何种固定效应的组合，无论是否采用工具变量，人力资本投入的回归系数始终保持显著，表明人力资本投入对提升制造业全要素生产率具有显著的积极作用，H1b 得证。列（4）的回归结果表明，人力资本投入水平每提高 10%，制造业的全要素生产率能显著提升 0.947%。

（三）研发资本投入回归结果

Panel C 汇报了研发资本投入作为解释变量单独回归的结果。列（1）~（4）中，研发资本投入的回归系数均为正数但不显著。在采用工具变量进行回归后，研发资本投入的回归系数依旧不显著，说明研发资本投入对制造业 TFP 具有正向影响，但效果不显著。可能的原因是，由于创新活动面临极大的不确定性以及研发资源错配现象的存在，使得研发资本投入没有实现最佳配置，创新效率低下，不能显著提升制造业全要素生产率（余东华和水冰，2017[②]；姚艳虹等，2019[③]）。

（四）基础设施投入回归结果

Panel D 展示的是基础设施投入对制造业全要素生产率的回归结果。列（1）~（4）的回归结果可见，基础设施投入系数始终为正但不显著，表明增加基础设施投入能提升制造业全要素生产率，但作用不明显。研究结论验证了 H1d，表明单纯增加基础设施投入对制造业长期可持续发

① 计算公式为［e^（0.01 × 6.3063）-1］× 100%=6.51%。

② 余东华、水冰：《信息技术驱动下的价值链嵌入与制造业转型升级研究》，《财贸研究》2017 年第 8 期。

③ 姚艳虹、高晗、昝敖：《创新生态系统健康度评价指标体系及应用研究》，《科学学研究》2019 年第 10 期。

展的作用有限，难以显著提升制造业全要素生产率，需要加强与其他资本投入相结合，共同促进基础设施的有效利用，提高其对制造业的供给效率（欧阳艳艳和张光南，2016①）。

在将不同创新投入与制造业全要素生产率进行单独回归后，本文根据设定的模型将数字资本投入、人力资本投入、研发资本投入以及基础设施投入一起纳入回归模型，得到结果如 Panel E 所示。可以看到，数字资本投入和人力资本投入显著为正，而研发资本投入与基础设施投入的回归系数为正但不显著，显著性结果与单变量回归结果基本保持一致，进一步证实了结果的稳健性。其中，数字资本与人力资本对制造业全要素生产率具有显著的提升作用，而研发资本与基础设施等投入对制造业全要素生产率具有正向影响但不显著。根据列（4）从经济意义上来看，数字资本投入每增加 1%，制造业全要素生产率能显著提升 6.25%②。人力资本投入每增加 10% 时，制造业全要素生产率则显著提升 0.875%。

表 8-29　　不同类型的创新投入对制造业全要素生产率的影响

变量	（1）	（2）	（3）	（4）
Panel A：数字资本投入的基准回归				
DC	3.7630***	3.7812***	2.8082***	6.3063***
	（1.1196）	（1.1301）	（0.6974）	（2.0066）
Cragg–Donald Wald F statistic				322.19
调整后 R^2	0.5605	0.5613	0.8934	0.5581
Panel B：人力资本投入的基准回归				
HC	0.0533*	0.0548*	0.0666**	0.0947***
	（0.0276）	（0.0275）	（0.0293）	（0.0323）
Cragg–Donald Wald F statistic				284.36
调整后 R^2	0.5582	0.5593	0.8943	0.5566
Panel C：研发资本投入的基准回归				
RC	0.0458	0.0448	0.0439	0.0306
	（0.0300）	（0.0302）	（0.0353）	（0.0325）
Cragg–Donald Wald F statistic				301.90
调整后 R^2	0.5569	0.5575	0.8931	0.5559

① 欧阳艳艳、张光南：《基础设施供给与效率对“中国制造”的影响研究》，《管理世界》2016 年第 8 期。

② 计算公式为［e^（0.01 × 6.0614）−1］× 100%=6.25%。

续表

变量	（1）	（2）	（3）	（4）
Panel D：基础设施投入的基准回归				
IC	0.0006 （1.4060）	0.1321 （1.4406）	0.5820 （0.7808）	0.3282 （4.2510）
Cragg-Donald Wald F statistic				97.80
调整后 R^2	0.5533	0.5541	0.8922	0.5541
Panel E：包含各创新投入的基准回归				
DC	3.5187*** （1.0835）	3.5424*** （1.0923）	2.6476*** （0.7008）	6.0614*** （2.2314）
HC	0.0391* （0.0227）	0.0425* （0.0224）	0.0576** （0.0213）	0.0875** （0.0378）
RC	0.0166 （0.0270）	0.0134 （0.0268）	0.0130 （0.0301）	0.0056 （0.0378）
IC	0.1446 （1.4527）	0.2678 （1.4811）	0.5727 （0.7284）	0.0087 （4.8052）
Cragg-Donald Wald F statistic				13.89
调整后 R^2	0.5648	0.5658	0.8955	0.5594
观测值、控制变量与固定效应（对全部 Panel）				
观测值	12852	12852	12852	12852
控制变量	否	是	是	是
年份固定效应	是	是	是	是
国家固定效应	是	是	否	是
行业固定效应	是	是	否	是
国家—行业固定效应	否	否	是	否

注：***、**、* 表示有关变量分别在 1%、5%、10% 的水平上显著。

资料来源：作者根据 Stata17 结果整理。

六、异质性分析

创新投入对制造业全要素生产率的影响效应很可能由于时间、国家、行业等因素而存在差异性。因此，本文将进一步从时间异质性、国家异质性和行业异质性出发，来分析和比较创新投入对制造业全要素生产率的影响效果。

（一）时间异质性

2008 年，全球金融危机对各国制造业造成严重的冲击，很大程度上影响了各国制造业的投资决策，导致各国对制造业的创新投入的影响明显。基于此，本文将样本时期划分为两个阶段，一个是2000—2007年，另一个是2008—2020年，探究创新投入对制造业全要素生产率的影响是否具有时间异质性。

表8-30列（1）、（3）展示的是创新投入的时间异质性回归结果。可以看到，创新投入对制造业全要素生产率的影响具有时间上的差异。在2008年之前，创新投入对制造业全要素生产率具有正向影响但不显著，而到了2008年之后，创新投入对制造业全要素生产率产生显著的促进效应。可能的原因在于，金融危机（2008年）对全球制造业造成了一定的冲击，倒逼制造业加快转型升级，企业加大科技创新投入，推动产业发展由要素驱动向创新驱动发展，由此显著地提升了制造业的全要素生产率。

列（2）、（4）展示的是各类型创新投入的时间异质性回归结果。可以看到，在2008年以前，无论是数字资本投入、人力资本投入还是研发资本投入和基础设施投入，回归结果均不显著。而在2008年以后，创新投入对制造业TFP的正向影响才显现。具体来看，数字资本投入与人力资本投入对制造业全要素生产率具有显著的促进效应，研发资本投入与基础设施投入的回归系数始终为正但不显著。这说明，全球金融危机爆发后，各国制造业更加注重数据、人力资本等先进要素的积累，以此来重塑产业发展新动能，实现全要素生产率的提升。

表8-30　　时间异质性分析

变量	2000—2007年		2008—2020年	
	（1）	（2）	（3）	（4）
Input	1.1018 （0.8254）		2.0144^{***} （0.5641）	
DC		1.0513 （2.0408）		5.2741^{***} （1.6739）
HC		0.0244 （0.0222）		0.0480^{**} （0.0219）
RC		0.0202 （0.0239）		0.0195 （0.0224）
IC		1.0295 （1.5090）		0.8463 （1.7112）
控制变量	是	是	是	是
国家固定效应	是	是	是	是
行业固定效应	是	是	是	是

续表

变量	2000—2007 年		2008—2020 年	
	（1）	（2）	（3）	（4）
年份固定效应	是	是	是	是
常数项	13.8129	13.7999	1.4871	1.2470
	（8.9008）	（8.5872）	（2.5097）	（2.6718）
观测值	4896	4896	7956	7956
调整后 R^2	0.6466	0.6835	0.5368	0.5780

注：***、** 表示有关变量分别在 1%、5% 的水平上显著。

资料来源：作者根据 Stata17 结果整理。

（二）国家异质性

纵观全球，各国在经济发展、科技创新、制度文化等方面呈现出巨大的差异，这可能导致创新投入对制造业全要素生产率的影响存在国家异质性。因此，按照经济发展水平的不同，本文根据国际货币基金组织的划分标准①，将样本国家划分为发达国家和发展中国家，具体如表 8–31 所示。

表 8-31　　发达国家和发展中国家分类

发达国家	发展中国家
澳大利亚、奥地利、比利时、加拿大、捷克、丹麦、爱沙尼亚、芬兰、法国、德国、希腊、冰岛、爱尔兰、意大利、日本、韩国、拉脱维亚、卢森堡、荷兰、挪威、葡萄牙、新加坡、斯洛伐克、斯洛文尼亚、西班牙、瑞典、瑞士、英国、美国	智利、中国、匈牙利、墨西哥、波兰、罗马尼亚、土耳其

资料来源：作者根据国际货币基金组织相关资料整理。

表 8–32 列（1）、（3）展示的是创新投入的国家异质性回归结果。可以看到，对于发达国家来说，创新投入对制造业全要素生产率具有显著的促进效应，而对于发展中国家来说，创新投入对制造业全要素生产率具有提升作用但不显著。这可能是因为，发达国家具有完善的基础设施、充裕的人力资本供给以及领先的数字技术优势等，能够充分发挥这些要素的协同效应，并转化为竞争优势，促进制造业全要素生产率的提升。而发展中国家在人才储备、基础设施建设以及数字技术基础等方面存在明显落后，且这些创新投入要素需要长时间积累，难以在短期内发挥作用（中国经济增长与宏观稳定课题组等，2009②）。

① https://data.stats.gov.cn/files/lastestpub/gjnj/2021/zk/html/fu.pdf。

② 中国经济增长与宏观稳定课题组、陈昌兵、张年：《城市化、产业效率与经济增长》，《经济研究》2009 年第 10 期。

列（2）、（4）汇报的是各类型创新投入的国家异质性回归结果。结果显示，对于发展中国家的制造业来说，研发资本投入对 TFP 的影响最为显著，而数字资本、人力资本以及基础设施等创新投入对制造业全要素生产率的提升作用不显著。对于发达国家制造业来说，数字资本投入和人力资本投入的回归系数显著为正，说明加大数字资本投入和人力资本投入能显著提升发达国家制造业的全要素生产率。结果表明，发达国家更应注重数字技术与人力资本的积累来促进制造业全要素生产率的提升，而发展中国家应持续加大研发资本投入，鼓励本国制造业企业积极开展研发创新活动，以此来提高制造业全要素生产率。

表 8-32　　国家异质性分析

变量	发展中国家		发达国家	
	（1）	（2）	（3）	（4）
Input	2.6524 （1.5018）		1.0784** （0.5040）	
DC		5.0793 （4.2211）		3.3713** （1.6130）
HC		0.0216 （0.0346）		0.0405* （0.0210）
RC		0.0790** （0.0269）		0.0093 （0.0264）
IC		6.2065 （3.5262）		−0.4095 （1.4904）
控制变量	是	是	是	是
国家固定效应	是	是	是	是
行业固定效应	是	是	是	是
年份固定效应	是	是	是	是
常数项	31.4173***	28.6386**	−1.0856	−1.3920
观测值	2499	2499	10353	10353
调整后 R^2	0.4830	0.5107	0.4783	0.5231

注：***、**、* 表示有关变量分别在 1%、5%、10% 的水平上显著。

资料来源：作者根据 Stata17 结果整理。

（三）行业异质性

不同行业对创新投入的依赖程度有着明显差异，导致创新投入对不同制造行业全要素生产率的影响有所不同。因此，本文从行业技术密集度入手，分析和比较对于不同技术水平的行业，创新投入对全要素生产率的影响效应是否存在异质性。本文借鉴张建华等（2023）① 的做法，将 17 个制造业细分行业划分为低技术制造业、中技术制造业以及高技术制造业三大类，具体内容如表 8-33 所示。

表 8-33　　高、中、低技术制造业分类

行业分类	行业代码	行业名称
低技术制造业	D10 ~ D12	食品的制造、饮料的制造、烟草制品的制造
	D13 ~ D15	纺织品的制造、服装的制造、皮革和相关产品的制造
	D16	木材、木材制品及软木制品的制造（家具除外），草编制品及编织材料物品的制造
	D17 ~ D18	纸和纸制品的制造、记录媒介物的印制及复制
	D19	焦炭和精炼石油产品的制造
	D25	金属制品的制造（机械设备除外）
中技术制造业	D22	橡胶和塑料制品的制造
	D23	其他非金属矿物制品的制造
	D24	基本金属的制造
	D31 ~ D33	家具的制造、其他制造业、机械和设备的修理和安装
高技术制造业	D20	化学品及化学制品的制造
	D21	基本医药产品和医药制剂的制造
	D26	计算机、电子及光学产品制造业
	D27	电力设备的制造
	D28	未另分类的机械和设备的制造
	D29	汽车、挂车和半挂车的制造

资料来源：作者根据相关资料整理。

表 8-34 展示的是行业异质性分析结果。其中，列（1）、（3）、（5）是创新投入对制造业全要素生产率的行业异质性回归结果。列（2）、（4）、（6）是各类型创新投入对制造业全要素生产率的行业异质性回归结果。

总体来看，创新投入对制造业全要素生产率的影响存在明显的行业差异。在中、高技术制造业，创新投入对全要素生产率具有显著的促进作用，而在低技术制造业，创新投入对全要素生产率具有负向作用但不显著。可能的原因是，以传统低端制造业为主的低技术制造业，主

① 张建华、赵英、刘慧玲：《国内国际双循环视角下中国产业结构转型升级研究》，《中国工业经济》2023 年第 9 期。

要依靠传统要素驱动发展，对创新要素投入不敏感（齐俊妍和任奕达，2022[①]）。

具体来看，在低技术制造业，人力资本投入、研发资本投入、基础设施投入对全要素生产率均具有不显著的正向作用，而数字资本投入具有负向作用。这可能是因为，一方面数字技术的运用需要具备一定的技术基础，而低技术制造业吸收数字技术溢出的能力有限，无法获取数字资本投入带来的红利（戴翔和杨双至，2022[②]）；另一方面，数字技术的引入需要大量前期固定成本，短期内无法收回，致使数字资本投入对低技术行业的全要素生产率具有抑制作用（张艳萍等，2021[③]）。

在中技术制造业，研发资本投入的回归系数显著为正，表明中技术行业正面临转型升级的发展需求，加大研发投入能有效促进行业全要素生产率，提高产业竞争力。而人力资本投入系数为负但不显著，这可能是因为中技术行业尚未形成与高质量人力资本匹配的技术基础，导致人力资本与行业发展需求不对等（杨仁发和郑媛媛，2022[④]），加大人力资本投入反而会抑制行业全要素生产率的提升。

在高技术制造业，数字资本投入与人力资本投入呈现显著的促进效应，而研发资本投入和基础设施投入对制造业全要素生产率具有正向影响但不显著。这是因为，高技术制造业已具备完善的基础设施投入，充足的研发资金支持、加大基础设施投入与研发资本投入对提升高技术制造业效率的边际作用递减（夏良科，2010[⑤]）。而高技术行业具有知识密集型、技术密集型的特点，对数字资本和人力资本的依赖程度更高。在生产过程中，人力资本能充分发挥“干中学”效应吸收消化数字技术，实现人力资本与数字资本的深度融合，形成具有高边际产出

---

① 齐俊妍、任奕达:《数字经济发展、制度质量与全球价值链上游度》,《国际经贸探索》2022年第1期。

② 戴翔、杨双至:《数字赋能、数字投入来源与制造业绿色化转型》,《中国工业经济》2022年第9期。

③ 张艳萍、凌丹、刘慧岭:《数字经济是否促进中国制造业全球价值链升级?》,《科学学研究》2021年第1期。

④ 杨仁发、郑媛媛:《人力资本结构与制造业高质量发展：影响机制与实证检验》,《经济体制改革》2022年第4期。

⑤ 夏良科:《人力资本与R&D如何影响全要素生产率——基于中国大中型工业企业的经验分析》,《数量经济技术经济研究》2010年第4期。

的创新溢出效应（杨晓霞和陈晓东，2022①），能显著提升制造业全要素生产率。

表 8-34　　行业异质性分析

变量	低技术制造业		中技术制造业		高技术制造业	
	（1）	（2）	（3）	（4）	（5）	（6）
Input	-0.5528 （1.7128）		2.4891*** （0.8892）		1.9508*** （0.5715）	
DC		-3.8045 （5.9018）		0.4451 （2.9283）		3.9001** （1.8320）
HC		0.0215 （0.0369）		-0.0333 （0.0313）		0.0826** （0.0360）
RC		0.0006 （0.0369） 0.1313		0.0980*** （0.0313） 3.2433		0.0118 （0.0333） 0.8551
IC		（2.0269）		（2.4935）		（1.2303）
控制变量	是	是	是	是	是	是
国家固定效应	是	是	是	是	是	是
行业固定效应	是	是	是	是	是	是
年份固定效应	是	是	是	是	是	是
常数项	7.1018 （4.1144）	6.1472 （4.2687）	1.3859 （4.1611）	0.7882 （4.5925）	2.9543 （3.9162）	3.4690 （3.8262）
观测值	4536	4536	3024	3024	5292	5292
调整后 R^2	0.5791	0.6314	0.7429	0.7569	0.5875	0.6173

注：***、** 表示有关变量分别在 1%、5% 的水平上显著。

资料来源：作者根据 Stata17 结果整理。

七、制度质量对制造业全要素生产率的调节作用

内生增长理论忽视了制度对创新的重要性，认为制度的存在是理所当然的，并不认为它们是独立的增长因素（Rodríguez-Pose and Cataldo，2015②）。实际上，制度不仅直接作用于创新发展，还通过影响要素投入

① 杨晓霞、陈晓东：《数字经济能够促进产业链创新吗？——基于 OECD 投入产出表的经验证据》，《改革》2022 年第 11 期。

② Rodríguez-Pose A., Di Cataldo M., "Quality of government and innovative performance in the regions of Europe," *Journal of Economic Geography*, Vol.15, No.4, 2015.

及其配置效率来促进创新。制度质量是影响创新投入转化的关键因素。因此，本文借鉴王永贵和李霞（2023）① 的做法，在式 8–43 的基础上引入创新投入与制度质量的交互项，考察制度质量在创新投入与制造业全要素生产率之间的调节作用，具体的模型设定如下：

$$\ln TFP_{ijt} = \theta_0 + \theta_1 Input_{ijt} + \theta_2 Input_{ijt} \times Quality_{it} + \theta_3 Control_t + \mu_i + \nu_j + \delta_t + \varepsilon_{ijt} \tag{8–43}$$

式 8–43 中，$\ln TFP_{ijt}$ 表示 i 国 j 行业 t 年的制造业全要素生产率，$Input_{ijt}$ 表示创新投入，$Quality_{ijt}$ 表示 i 国 j 行业 t 年的制度质量水平，$Control_t$ 是控制变量集合，μ_i、ν_j、δ_t 分别代表国家、行业以及年份固定效应，ε_{ijt} 为随机误差项。

由于不同类型的创新投入性质不同、制度质量的作用机理不同，对制造业全要素生产率的影响也不同。因此，本文还将创新投入进一步分解为数字资本投入、人力资本投入、研发资本投入、基础设施投入 4 个方面，探究制度质量在异质性创新投入中的作用效果是否存在差异。

（一）制度质量对创新投入的调节作用

表 8–35 显示了制度质量对创新投入与制造业全要素生产率关系的调节作用。列（1）、（2）、（3）分别报告了不加入交互项、加入交互项后未加控制变量以及加入控制变量的结果。从列（3）来看，创新投入和交互项的系数均显著为正，这表明制度质量的提升会放大创新投入对制造业全要素生产率的促进效应，由此形成正向调节作用，验证了 H2。

表 8-35　　制度质量对创新投入的调节作用结果

变量	（1）	（2）	（3）
Input	1.9193** （0.7998）	1.9993** （0.7998）	2.0142** （0.8142）
IQ	–2.0421*** （0.6543）	–1.9651*** （0.6500）	–2.0138*** （0.6602）
Input×IQ		3.4485* （1.8333）	3.4712* （1.8472）
控制变量	是	否	是
国家固定效应	是	是	是

① 王永贵、李霞:《促进还是抑制：政府研发补助对企业绿色创新绩效的影响》,《中国工业经济》2023 年第 2 期。

续表

变量	（1）	（2）	（3）
行业固定效应	是	是	是
年份固定效应	是	是	是
常数项	0.7568 （2.7596）	0.0011* （0.0006）	0.4851 （2.8408）
观测值	12852	12852	12852
调整后 R^2	0.5685	0.5708	0.5711

注：***、**、* 表示有关变量分别在 1%、5%、10% 的水平上显著。

资料来源：作者根据 Stata17 结果整理。

（二）制度质量对各一级指标的调节作用

1. 制度质量对数字资本投入的调节作用

表 8-36 显示了制度质量对数字资本投入与制造业全要素生产率关系的调节作用。列（3）的回归结果显示，数字资本投入和交互项的系数方向一致，且均显著为正，意味着制度质量发挥了正向的调节作用。这说明，随着制度质量水平的提高，数字资本投入对制造业全要素生产率的促进作用会得到强化，验证了 H2a。

表 8-36　制度质量对数字资本投入的调节作用结果

变量	（1）	（2）	（3）
DC	4.0188* （2.0060）	3.8527* （1.9788）	3.8693* （1.9968）
IQ	−1.9746*** （0.6706）	−1.9245*** （0.6546）	−1.9655*** （0.6770）
DC×IQ		6.3085* （3.4496）	6.3398* （3.4740）
控制变量	是	否	是
国家固定效应	是	是	是
行业固定效应	是	是	是
年份固定效应	是	是	是
常数项	0.9056 （2.8433）	0.0011* （0.0006）	0.6710 （2.8425）
观测值	12852	12852	12852
调整后 R^2	0.5646	0.5655	0.5657

注：***、* 表示有关变量分别在 1%、10% 的水平上显著。

资料来源：作者根据 Stata17 结果整理。

2. 制度质量对人力资本投入的调节作用

表 8–37 显示了制度质量对人力资本投入与制造业全要素生产率间的调节作用。由表 8–37 列（3）可知，人力资本投入与交互项的回归系数均为正，但交互项系数不显著，反映了加大人力资本投入能显著提升制造业的技术创新能力，促进行业全要素生产率的提高，但制度质量对人力资本投入与制造业全要素生产率之间的关系不具有显著的正向调节作用，H2b 得以验证。

表 8-37　　制度质量对人力资本投入的调节作用结果

变量	（1）	（2）	（3）
HC	0.0533*	0.0537**	0.0539**
	（0.0264）	（0.0256）	（0.0258）
IQ	−2.0928***	−2.0339***	−2.0515***
	（0.6641）	（0.6522）	（0.6515）
HC×IQ		0.1404	0.1379
		（0.0914）	（0.0919）
控制变量	是	否	是
国家固定效应	是	是	是
行业固定效应	是	是	是
年份固定效应	是	是	是
常数项	1.0685	−0.0042	0.6493
观测值	12852	12852	12852
调整后 R^2	0.5655	0.5680	0.5680

注：***、**、* 表示有关变量分别在 1%、5%、10% 的水平上显著。
资料来源：作者根据 Stata17 结果整理。

3. 制度质量对研发资本投入的调节作用

表 8–38 显示了制度质量对研发资本投入与制造业全要素生产率之间关系的调节作用。其中列（3）汇报了调节效应的最终回归结果。可以发现，列（3）中解释变量与交互项的回归系数方向一致，均显著为正，这说明制度质量对研发资本投入与制造业全要素生产率之间的关系有显著的正向调节作用，随着制度质量水平的提升，研发资本投入对制造业全要素生产率的正向促进效应不断加强，H2c 得以验证。

表 8-38　　制度质量对研发资本投入的调节作用结果

变量	（1）	（2）	（3）
RC	0.0461 （0.0293）	0.0509* （0.0292）	0.0506* （0.0295）
IQ	–2.1012*** （0.6634）	–1.9597*** （0.6235）	–1.9931*** （0.6227）
RC×*IQ*		0.2107** （0.0963）	0.2089** （0.0954）
变量	（1）	（2）	（3）
控制变量	是	否	是
国家固定效应	是	是	是
行业固定效应	是	是	是
年份固定效应	是	是	是
常数项	0.2368 （3.0821）	–0.0021** （0.0010）	0.1192 （3.1268）
观测值	12852	12852	12852
调整后 R^2	0.5642	0.5699	0.5769

注：***、**、* 表示有关变量分别在 1%、5%、10% 的水平上显著。

资料来源：作者根据 Stata17 结果整理。

4.制度质量对基础设施投入的调节作用

表 8–39 显示了制度质量对基础设施投入的调节作用。可以发现，基础设施投入和交互项的回归系数均为正但不显著，说明制度质量并未起到正向调节作用。原因可能是，制度环境的改善对企业治理提出了更高的要求，影响了企业的生产经营和投资决策，促使企业将投资用于经营治理方面，对基础设施投资产生挤出效应，从而无法提升制造业全要素生产率，H2d 得以验证。

表 8-39　　制度质量对基础设施投入的调节作用结果

变量	（1）	（2）	（3）
IC	0.3362 （1.7040）	0.5375 （1.5636）	0.6080 （1.6023）
IQ	–2.0604*** （0.6796）	–2.0168*** （0.6554）	–2.0569*** （0.6728）
IC×*IQ*		5.2151 （7.7502）	5.0697 （7.6794）
控制变量	是	否	是
国家固定效应	是	是	是
行业固定效应	是	是	是

续表

变量	（1）	（2）	（3）
年份固定效应	是	是	是
常数项	0.7951 （2.9590）	0.0018 （0.0026）	0.7510 （2.9189）
观测值	12852	12852	12852
调整后 R^2	0.5607	0.5608	0.5609

注：*** 表示有关变量分别在 1% 的水平上显著。

资料来源：作者根据 Stata17 结果整理。

第七节　知识资本对工业企业全要素生产率影响的实证分析

20 世纪 80 年代以来，欧美发达国家进入产业结构大调整的时期，企业发展方式从投资驱动向创新驱动转变，企业从物质资源配置竞争转向创新要素的集聚与创新效率的竞争。技术创新投入与政府创新政策不断催生创新型企业的成长，创新型企业快速发展，使“创新与成长”成为经济发展转型的重要特征。我国经济发展正在进入从投资驱动向创新驱动转型阶段，如何科学有效地配置创新资源，提高创新效率是政府和企业都迫切需要研究和解决的重要问题。

一、知识资本对工业企业全要素生产率影响的理论研究

（一）知识资本对工业企业全要素生产率影响的理论研究文献

美国经济学家加尔布雷斯（Galbraith，1969）提出知识资本（Intellectual Capital）概念以来，对知识资本的内涵及知识资本分类的研究不断深化发展。斯图尔特（Stewart，1997）[①] 在其著作《知识资本：组织的新财富》中指出，知识资本是知识、信息、知识产权和经验等可用于创造财富的知识要素，对知识资本分类并对其与创新竞争关系进行了分析。博迪斯（Bontis，1998）[②] 把知识资本分为人力资本、结构资本和顾客资本，并分析三者相互关系及其对企业绩效的影响。经济合作与发展组织（OECD，1999）对 OECD 国家的研究开发资本对生产率增长和竞争

① Stewart T. A., *Intellectual Capital: The New Wealth of Organizations*, Doubleday/Currency, 1997.

② Bontis N., “Intellectual capital: an exploratory study that develops measures and models,” *Management Decision*, Vol.36, No.2, 1988.

力影响进行分析。莱博维茨和孙靖夷（Leibowitz & Suen，2000）① 认为根据知识价值分类，知识资本可分为人力资本、顾客资本、结构资本和创新资本。随着知识资本在经济发展中作用不断增强，知识资本投入产出及其与生产率变化的关系已经成为国内外研究热点。

知识资本与企业生产率研究领域中最具有国际影响力的代表人物是美国哈佛大学格瑞里茨教授。格瑞里茨（Griliches,1980）② 自 1980 年以来发表了一系列有关研究开发资本（R&D Capital）和知识资本（Knowledge Capital）与企业生产率的研究论文。格瑞里茨（1980）③对 121 家美国大公司在 1968—1975 年 R&D 投入与专利申请数量之间的关系进行研究，发表了第一份有关美国企业创新活动的报告《R&D 与企业生产率》，报告的结论是企业 R&D 投资与申请并授权专利数量之间存在显著正相关关系，报告第一次提出知识资本生产函数（Knowledge Production Function）及 R&D 资本、知识私人价值等概念。格瑞里茨（1981）③ 提出 R&D 资本的计量模型和知识资本生产函数。格瑞里茨（1986）④ 对美国 1000 家大型制造业企业在 1957—1977 年 R&D 投资与生产率进行研究，结论是 R&D 资本对美国大型制造业企业生产率持续增长具有重要作用，私人企业 R&D 投资对企业提高生产率效应比政府 R&D 投资效应更明显。格瑞里茨（1998）⑤ 研究知识资本的计量方法，提出企业股票市场价值由有形资本（劳动力、物质资本）和无形知识资本共同决定，并提出用 R&D 资本存量和授权专利数量作为衡量知识资本的变量。格瑞里茨（1998）⑥ 提出以知识资本和创新为增长发动机的企业内生增长理论，建立了以创新投资驱动的企业内生增长理论框架，并对以 R&D 投资驱动的企业内生增长理论作出很大贡献。但是格瑞里茨（1998）⑦ 提出知

① Liebowitz J., C. Y. Suen, "Development knowledge management metric for measuring intellectual capital," *Journal of Intellectual Capital*, Vol. 1, No. 1, 2000.

②③ Griliches Z., "R & D and the productivity slowdown," *American Economic Review*, Vol. 70, No.2, 1980.

④ Griliches Z., "Market value, R&D, and patents," *Economic Letters* , Vol. 7, 1981.

⑤ Griliches Z., "Productivity, R&D, and basic research at the firm level in the 1970s," National Bureau of Economic Research, vol. 76, 1986.

⑥ Griliches Z., "Patent Statistics as Economic Indicators: A Survey, R&D and Productivity, the Econometric Evidence," University of Chicago Press, 1998.

⑦ Griliches Z., "Productivity and R&D at the Firm Level," National Bureau of Economic Research, Inc., 1998.

识资本生产函数和 R&D 投资驱动理论的重点只是研究企业内部 R&D 投资与企业内生增长的关系，该理论的缺陷是知识资本中只考虑研究开发资本，没有研究不同类型的知识资本对企业生产率的影响效应。

美国加州大学伯克利分校的霍尔教授（Hall，1989）等[①]自 20 世纪 80 年代末以来研究政府创新政策特别是财政政策对企业 R&D 投资的激励效应。霍尔（Hall，1999）[②]认为仅仅靠市场机制不能提供足够数量的 R&D 投资，因为 R&D 投资具有一定公共产品的特征，具有一定的社会溢出效应，政府要通过政策补偿 R&D 投资中的私人 R&D 投资溢出损失和社会回报效应。霍尔（Hall，1999）研究了 OECD 国家税收政策体系对 R&D 投资效应的影响，评估税收政策体系对企业 R&D 投资行为的激励作用，通过实证研究提出一美元的税收政策激励能够增加一美元的 R&D 投资。霍尔等（2007）[③]以欧洲 33 个国家上市公司为样本，研究了 1991—2004 年企业专利和 R&D 的市场价值，提出专利、专利质量和 R&D 等企业知识资本的市场价值计量模型。霍尔等（2009）[④]对 R&D 投资回报计量文献进行比较系统的评价，对企业 R&D 投资的溢出效应进行了计量分析，结果显示企业 R&D 投资回报比其他物质资本投资回报率更高，而且企业 R&D 投资的社会回报的溢出效应更高。霍尔的研究缺陷是对创新政策和企业知识资本的市场价值的研究主要是针对国内知识资本，没有考虑国际知识资本溢出效应及不同类型知识资本投入产出差异效应。

Coe 和 Helpman(1995)[⑤]研究 R&D 投资对全要素生产率的影响效应，研究结果显示国内 R&D 资本存量和贸易伙伴国 R&D 资本存量都对全要素生产率有明显影响。Xu 和 Wang(2000)[⑥]研究了国内 R&D 资本、资本

---

① Hall. B.H., Hayashi.F., "Research and Development As An Investment," *NBER Working*, National Bureau of Economic Research, Inc., 1989.

② Hall B. H., " Innovation and Market Value," *NBER Working Paper*, No. 6984, 1999.

③ Hall B. H., D. Foray, Mairesse J., "Pitfalls in Estimating the Returns to Corporate R&D Using Accounting Data," Revised version of a paper presented at the First European Conference on Knowledge for Growth, 2007.

④ Hall B.H., Lotti F., Mairesse J., "Innovation and productivity in SMEs: empirical evidence for Italy," *Small Business Economics*, Vol. 33, No.1, 2009.

⑤ Coe D.T., Helpman E., " International R&D spillovers," *European Economic Review*, Vol. 39, 1995.

⑥ Xu Bin, Wang Jianmao, "Trade, FDI, and international technology diffusion," *Journal of Economic Integration*, Vol.15, No.4, 2000.

品贸易、外商直接投资及对外直接投资渠道的国际知识溢出对美国、日本、德国、法国、英国等 13 国全要素生产率的影响，研究结论是：国内 R&D 资本能显著促进全要素生产率的提高；资本商品贸易渠道的外国 R&D 溢出与一国的生产率具有显著正相关性，资本商品贸易是国际技术扩散的重要渠道。但是这些研究的不足在于只注重国内 R&D 资本、国际贸易和国际直接投资的知识溢出效应，没有考虑国外引进技术和消化吸收过程中的知识资本溢出效应。

国内学者在 21 世纪初开始重视研究开发资本的投入产出问题。何玮（2003）[①] 以中国大中型工业企业 1990—2000 年的时间序列数据为研究样本，利用 Cobb–Douglas 生产函数实证分析了研究与开发费用支出对企业产出的影响，实证结果表明，我国大中型工业企业研究开发费用支出对产出具有促进作用，滞后期为 3 年，弹性系数为 0.35 ~ 0.44。程宏伟等（2006）[②] 选取了中国 96 家上市企业作为研究样本，对 R&D 投入与企业绩效进行了计量分析，发现 R&D 投入与公司绩效存在正向相关性。但由于中国企业研发投入强度较低，后续研发不足，导致研发的产出效应处于逐年递减的状态。吴延兵（2006）[③] 以中国制造业四位数行业数据为样本，对 R&D 与生产率及其产业差异进行实证分析。实证结果表明，R&D 能显著促进中国制造业生产率的提升，其中高技术产业 R&D 产出效应要强于非高科技产业。作者进一步加入市场因素和产权因素等控制变量对结果的稳健性作了检验，结果也表明 R&D 与生产率具有显著的正向关系。吴延兵（2008）[④] 对中国区域知识资本对生产率的影响进行了研究，创新之处在于，研究 R&D 资本的同时进一步考察了国内外技术引进等外部知识资本的溢出效应。李小平和朱钟棣（2006）[⑤] 的研究结论是国际 R&D 溢出促进了中国工业行业的技术进步增长、技术效率增长和全要素生产率增长。

综上所述，目前国内外有关知识资本投入产出的研究主要集中在对

---

① 何玮：《“我国大中型工业企业研究与开发费用支出对产出的影响——1990—2000 年大中型工业企业数据的实证分析”》，《经济科学》2003 年第 3 期。

② 程宏伟、张永海、常勇：《公司 R&D 投入与业绩相关性的实证研究》，《科学管理研究》2006 年第 3 期。

③ 吴延兵：《R&D 与生产率——基于中国制造业的实证研究》，《经济研究》2006 年第 11 期。

④ 吴延兵：《自主研发、技术引进与生产率——基于中国地区工业的实证研究》，《经济研究》2008 年第 8 期。

⑤ 李小平、朱钟棣：《国际贸易、R&D 溢出和生产率增长》，《经济研究》2006 年第 2 期。

R&D 资本与生产率增长的相关性方面，对不同类型知识资本与全要素生产率增长及其影响效应的研究还不多见。知识资本是创新驱动的重要推动力量，为了使知识资本在我国创新驱动中能够更好地发挥作用，需要对不同类型知识资本在创新驱动中的效应和效率进行进一步深入研究。

（二）知识资本对工业企业全要素生产率影响的理论分析

笔者认为，知识资本的投入产出研究不能仅仅局限于研究开发资本，而应该包括与知识活动有关的其他资本要素。知识是人类对客观世界认识与改造过程中的经验总结，知识资本是由知识性活动带来增值的资本，对知识资本投入产出效应的研究应该包括与知识活动有关的人力资本、制度资本、技术资本、社会资本、市场资本等。考虑到研究中数据的可获得性，本文重点考察与企业技术创新有关的知识资本中的技术资本（Technology Capital）。技术资本是企业在创新、生产和经营过程中的技术开发、技术改造、技术创新、技术引进和消化吸收等知识要素的总和，是企业知识资本的重要形态。本文的创新在于从技术资本的视角分析企业知识资本投入与全要素生产率变化的关系，并把技术资本分为技术开发资本、人力资本、技术改造资本、技术消化吸收资本、国外技术引进资本和国内技术引进资本等类型，对 1997—2010 年中国东、中、西三大区域大中型工业企业的知识资本投入对全要素生产率、技术进步和创新效率变化的影响进行实证比较分析。考虑到知识资本具有外部溢出效应，本文把知识资本分为企业知识资本的内部投入与外部溢出两部分，把企业内部知识资本投入细分为人力资本投入、技术开发投入、技术改造投入与消化吸收投入，企业外部知识资本溢出细分为国外技术引进投入和国内技术引进资本产生的溢出效应。

1997—2010 年，我国大中型工业企业知识资本投入规模持续扩大，其中技术开发投入持续快速增加，从 1997 年的 438 亿元上升到 2010 年的 7887 亿元，同期技术开发投入占企业技术创新总投入的比例从 24.3% 上升到 64.1%。技术改造投入规模持续稳定增加，但是所占比例从 1997 年的 61% 下降到 2010 年的 29.5%。国外技术引进投入规模略有增加，但所占比例从 13.1% 下降到 3.1%。国内技术购买和消化吸收投入的规模有所增加，所占比例变化不明显（见图 8-20、图 8-21）。

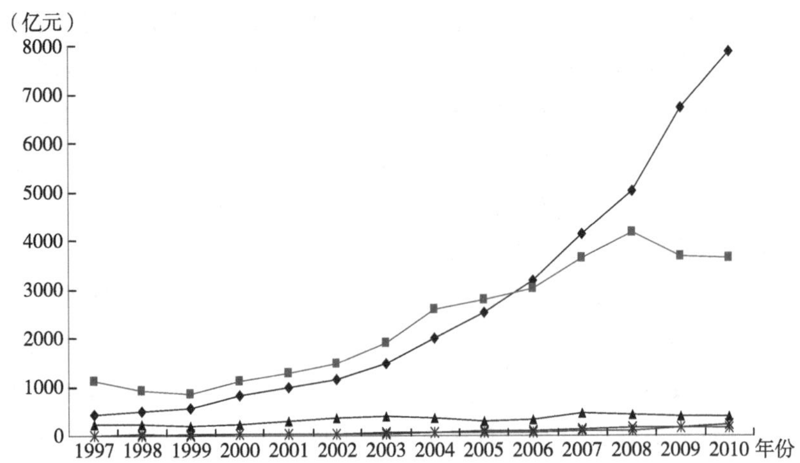

图 8-20　1997—2010 年中国大中型工业企业知识资本投入规模

资料来源:《中国科技统计年鉴》，中国统计出版社。

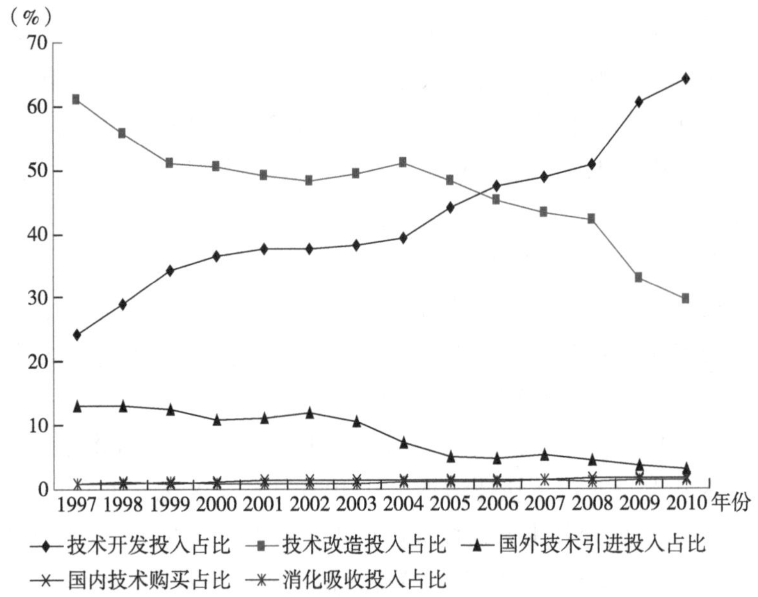

图 8-21　1997—2010 年中国大中型工业企业知识资本投入占比变化

资料来源:《中国科技统计年鉴》，中国统计出版社，作者计算整理所得。

图 8–20、图 8–21 中的数据表明，2006 年以来我国大中型工业企业以技术开发投入和技术改造投入为主，国内外技术引进投入和消化吸收投入对企业技术创新中的作用减弱，说明我国企业创新投资结构已经发

生重大变化，大中型工业企业已经进入自主创新的重要阶段。在企业创新投入结构变化中，研究不同类型的知识资本投入对企业全要素生产率的影响差异，对创新驱动战略和创新政策具有重要的现实意义。在创新驱动阶段，知识资本投入对经济转型和企业全要素生产率变化产生重要的影响。本文对我国大中型工业企业知识资本投入对全要素生产率、技术进步和效率变化的影响进行实证分析。

二、模型构建

国内外学者对知识资本投入与产出研究一般以总生产函数和知识生产函数为基础，并根据研究侧重点作相应的调整。本文分析的重点是不同类型的知识资本对工业企业全要素生产率变化的影响。全要素生产率变化的测算有多种方法，最早的方法由索洛（Solow，1957）① 提出，将全要素生产率表示为产出经济增长率扣除劳动和资本贡献之后的余额，主要用来衡量除去物质资本和劳动力以外的技术进步对生产率增长的贡献。Coe 和 Helpman（1995）② 提出 R&D 资本对全要素生产率变化的影响因素包括国内 R&D 资本、主要贸易伙伴国家 G7 发达国家 R&D 资本和其他发达国家 R&D 资本，提出全要素生产率测算回归模型（简称 CH），为：

$$\log TFP_{it} = a_i^0 + a^d \log S_{it}^d + a_7^d G7 \log S_{it}^d + a^f \log S_{it}^{f-CH} + \varepsilon_{it} \quad (8\text{-}44)$$

李小平、朱钟棣（2006）③ 提出知识资本（S）对全要素生产率影响的因素是本国本行业的 R&D 资本、本国其他行业的 R&D 资本和外国的 R&D 资本，计量模型为：

$$Y = AL^{\alpha} K^{\beta} S^{\gamma} \quad (8\text{-}45)$$

定义全要素生产率 $TFP = Y / L^{\alpha} K^{\beta}$，得到全要素生产率：

$$TFP = AS^{\gamma} \quad (8\text{-}46)$$

知识资本 S 包括国内本行业 $R\&D^d$、国内其他行业 $R\&D^{do}$、吸收外国 $R\&D^f$：

$$S = (R\&D^d)^{\beta_1}(R\&D^{do})^{\beta_2}(R\&D^f)^{\beta_3} \quad (8\text{-}47)$$

① Solow R. M., Hamberg D., "Economic Growth and Instability," *Econometrica*, Vol.25, No.4, 1957.

② Coe D.T., Helpman E., " International R&D Spillovers," *European Economic Review*, Vol. 39, 1995.

③ 李小平、朱钟棣：《国际贸易、R&D 溢出和生产率增长》，《经济研究》2006 年第 2 期。

得到知识资本与全要素生产率的回归模型：

$$\ln TFP_{it} = c_i + c_t + \beta_1 \ln R\&D_{it}^{d} + \beta_2 \ln R\&D_{it}^{do} + \beta_3 \ln R\&D_{it}^{f} + \varepsilon_{it} \qquad (8\text{-}48)$$

借鉴 Coe 和 Helpman（1995）[①]、李小平和朱钟棣（2006）[②] 的模型，知识资本全要素生产率（TFP）为除劳动与物质资本投入以外的其他所有因素对产出增长的影响，计算公式为：

$$TFP_{it} = Y_{it} / L_{it}{}^{\alpha} C_{it}{}^{\beta} \qquad (8\text{-}49)$$

笔者以柯布－道格拉斯生产函数作为投入产出分析的基本模型，将知识资本变量引入其中。扩展后的柯布－道格拉斯生产函数为：

$$Y_{it} = AL_{it}^{\alpha} C_{it}^{\beta} K_{it}^{\theta} e^{\varepsilon_{it}} \qquad (8\text{-}50)$$

其中，Y_{it} 为企业产出，L_{it} 为劳动投入，C_{it} 为物质资本投入，K_{it} 代表知识资本，i 代表地区（行业），t 表示年份，A 为常数，α、β、θ 分别表示劳动投入、物质资本投入与知识资本投入的产出弹性，ε_{it} 代表随机误差项。式 8–50、式 8–51 经过整理得到：

$$TFP_{it} = AK_{it}^{\theta} e^{\varepsilon_{it}} \qquad (8\text{-}51)$$

借鉴 Coe 和 Helpman（1995）[③]、Lichtenberg 和 Pottelsberghe（1998）[③] 等的模型，假定在开放经济下，企业知识资本来自企业内部投入与外部溢出两个方面，即：

$$K = (K^{d})^{\delta} (K^{f})^{\eta} \qquad (8\text{-}52)$$

根据笔者对知识资本的定义与分类，企业知识资本内部投入来自人力资本投入（H）、研究开发投入（KR）、技术改造投入（KG）与消化吸收投入（KX）等方面。企业外部知识资本溢出来自中间品贸易知识溢出、FDI 溢出、对外直接投资反向溢出等方面的溢出效应。因为本文侧重对知识资本投入的研究，模型不考虑这些间接溢出效应，所以本文重点考察国外技术引进投入（KF）和国内技术引进投入（KD）所产生的知识资本外部溢出效应。为进一步考察不同类型的知识资本对工业企业

①③ Coe D.T., Helpman E., " International R&D Spillovers," *European Economic Review,* Vol. 39, 1995.

② 李小平、朱钟棣：《国际贸易、R&D 溢出和生产率增长》，《经济研究》2006 年第 2 期。

④ Lichtenberg F.R., Van Pottelsberghe B., "International R&D spillovers: a re-examination," *European Economic Review*, Vol.428, 1998.

全要素生产率变化的影响，知识资本 K 可以扩展为：

$$K = KR^{\theta 1}KG^{\theta 2}KX^{\theta 3}H^{\theta 4}KF^{\theta 5}KD^{\theta 6} \tag{8-53}$$

将式 8-53 代入式 8-51，两边取对数后得到知识资本投入与全要素生产率的计量模型（模型一）：

$$\begin{aligned}\ln TFP_{it} = \alpha_0 + \alpha_1 \ln KR_{it} + \alpha_2 \ln KG_{it} + \alpha_3 \ln KF_{it} + \alpha_4 \ln KD_{it} + \\ \alpha_5 \ln KX_{it} + \alpha_6 \ln H_{it} + \varepsilon_{it}\end{aligned} \tag{8-54}$$

其中，KR_{it} 为技术开发资本，KG_{it} 为技术改造资本，KF_{it} 为国外技术引进资本，KD_{it} 为国内技术引进资本，KX_{it} 为消化吸收资本，H_{it} 表示人力资本，α_1、α_2、α_3、α_4、α_5、α_6 分别代表技术开发资本、技术改造资本、国外技术引进资本、国内技术引进资本、消化吸收资本以及人力资本的产出弹性，α_0 为截距项，ln 表示自然对数。

一般情况下全要素生产率增长来源于效率改善、技术进步和规模效应。为深入分析知识资本对企业全要素生产率变化的影响机制，本文把知识资本投入对全要素生产率的影响分为效率变化和技术进步两部分，效率变化主要反映企业通过对内外部的知识资本配置效率而产生技术赶超（Catching Up）引起全要素生产率变化，技术进步主要反映企业通过研究开发和自主技术创新（Innovation）产生前沿技术而引起全要素生产率变化。因此笔者构建技术进步模型（模型二）与效率变化模型（模型三），用以进一步衡量知识资本投入影响全要素生产率的变化效应，分别如式 8-55、式 8-56 所示。

技术进步模型（模型二）：

$$\begin{aligned}\ln TC_{it} = \beta_0 + \beta_1 \ln KR_{it} + \beta_2 \ln KG_{it} + \beta_3 \ln KF_{it} + \beta_4 \ln KD_{it} + \\ \beta_5 \ln KX_{it} + \beta_6 \ln H_{it} + \varepsilon_{it}\end{aligned} \tag{8-55}$$

效率变化模型（模型三）：

$$\begin{aligned}\ln EC_{it} = \gamma_0 + \gamma_1 \ln KR_{it} + \gamma_2 \ln KG_{it} + \gamma_3 \ln KF_{it} + \gamma_4 \ln KD_{it} + \\ \gamma_5 \ln KX_{it} + \gamma_6 \ln H_{it} + \varepsilon_{it}\end{aligned} \tag{8-56}$$

其中，TC_{it} 代表技术进步，EC_{it} 表示效率变化，其他参数含义与模型一相同。

三、变量选择及资料来源

（一）知识资本投入变量及资料来源

知识资本投入对于产出的影响具有滞后性，笔者借鉴 Hall 和 Mairesse（1995）① 等人的研究，选取知识资本存量作为知识资本的投入变量。

1. 技术开发资本存量（*KR*）

本文以国际通行的永续盘存法计算技术开发资本存量，基本公式为：

$$KR_{it} = RI_{it} + (1-\delta)KR_{it-1} \tag{8-57}$$

其中，KR_{it} 为 i 地区 t 年度技术开发资本存量，RI_{it} 代表 i 地区 t 年度的实际技术开发投入，δ 为知识资本折旧率。

根据上述公式测算研究开发资本存量，需要得到各年度实际技术开发投入与初始的技术开发资本存量。技术开发实际投入的计算，首先以 1997 年为基年的知识资本支出价格指数，借鉴朱平芳和徐伟民（2003）② 的处理方法，各地区历年知识资本支出价格指数（KPI_{it}）以消费者价格指数（CPI_{it}）和固定资产投资价格指数（FPI_{it}）的加权平均值表示，两者权重分别为 0.55 和 0.45。然后使用 KPI_{it} 将各年度名义技术开发支出平减以 1997 年价格为基准的实际技术开发支出。基期（1997 年）技术开发资本存量则根据 Hall 和 Mairesse（1995）③ 等的方法计算获得：

$$\begin{aligned} KR_1 &= RI_0 + (1-\delta)RI_{-1} + (1-\delta)^2 RI_{-2} + \cdots + (1-\delta)^2 RI_{-s} \\ &= \sum_{s=0}^{\infty} R_{-s}(1-\delta)^s = R_0 \sum_{s=0}^{\infty}\left(\frac{1-\delta}{1+g_r}\right)^s = \frac{R_1}{g_r+\delta} \end{aligned} \tag{8-58}$$

其中，g_r 表示样本期前技术开发投入年均增长率，假定各类知识资本年均增长率为 5%，折旧率 δ 为 15%。

考虑到统计年鉴只对各地区大中型工业企业进行知识资本投入分类统计，以及大中型工业企业是我国知识资本的主要投资主体。因此，本文使用各地区大中型工业企业各类知识资本投入，其中，技术开发投入使用各地区大中型工业企业技术开发经费内部支出。1997—2008 年资料来源于《中国科技统计年鉴》，2008 年以后，由于统计口径进行了变化，

---

①③ Hall B. H., Mairesse J., "Exploring the Relationship Between R&D and Productivity in French Manufacturing Firms," *Journal of Econometrics*, Vol. 65, 1995.

② 朱平芳、徐伟民:《政府的科技激励政策对大中型工业企业 R&D 投入及其专利产出的影响——上海市的实证研究》,《经济研究》2003 年第 6 期。

2009—2010 年的技术开发经费支出使用自回归趋势模型外推获得。根据 AIC、SC 最小化原则，笔者对各地区技术开发经费支出建立了自回归模型，获得最优滞后期及估计系数。各地区消费者价格指数、固定资产投资价格指数来自《中国统计年鉴》，广东省 1997—2000 年固定资产投资价格指数缺失，使用全国固定资产投资价格指数代替。

2. 技术改造资本存量（*KG*）

$$KG_{it} = GI_{it} + (1-\delta)KG_{it-1} \tag{8-59}$$

GI_{it} 代表实际技术改造投入，技术改造资本存量的计算方法与技术开发资本存量的计算方法类似。名义技术改造投入以各地区大中型工业企业技术改造经费支出表示，资料来源于《中国科技统计年鉴》。陕西省 2001 年的数据缺失，使用 SPSS16.0 提供的线性插值法获得（缺失数据处理方法下同）。

3. 国外技术引进资本存量（*KF*）

$$KF_{it} = FI_{it} + (1-\delta)KF_{it-1} \tag{8-60}$$

FI_{it} 代表实际国外技术引进投入，名义国外技术引进投入以各地区大中型工业企业技术引进经费支出表示，资料来源于《中国科技统计年鉴》。海南省 1999 年的相关数据缺失。

4. 国内技术引进资本存量（*KD*）

$$KD_{it} = DI_{it} + (1-\delta)KD_{it-1} \tag{8-61}$$

DI_{it} 表示国内技术引进实际投入，名义国内技术引进投入以各地区大中型工业企业国内技术购买经费表示，资料来源于《中国科技统计年鉴》。

5. 消化吸收资本存量（*KX*）

$$KX_{it} = XI_{it} + (1-\delta)KX_{it-1} \tag{8-62}$$

XI_{it} 代表实际消化吸收投入，名义消化吸收投入以各地区大中型工业企业消化吸收经费表示，数据来自《中国科技统计年鉴》。海南省 1998—1999 年、2002—2003 年的数据，青海省 2000 年、2003 年的数据缺失。

6. 人力资本（H）

西方学者对人力资本（H）的测算通常用平均受教育时间表示（Barro，1991[①]；Cohen and Soto，2007[②]），但由于我国大中型工业企业并没有员工平均受教育年限的统计数据，笔者用科技人员占全部从业人员的比重作为代理变量，数据来源于《中国科技统计年鉴》（见表 8-40）。

表 8-40　变量含义及数据来源

变量	变量含义	代理指标与数据来源
KR	技术开发资本存量	1997—2010 年大中型工业企业技术开发经费计算所得
KG	技术改造资本存量	1997—2010 年大中型工业企业技术改造经费计算所得
KF	国外技术引进存量	1997—2010 年大中型工业企业技术引进经费计算所得
KD	国内技术引进存量	1997—2010 年大中型工业企业国内技术购买经费计算所得
KX	消化吸收资本存量	1997—2010 年大中型工业企业消化吸收经费计算所得
H	人力资本	1997—2010 年大中型工业企业科技活动人员比重
Y	产出	1997—2010 年大中型工业企业产品销售收入
L	劳动投入	1997—2010 年大中型工业企业员工数
C	固定资本存量	1997—2010 年大中型工业企业固定资产净值余额
TFP	全要素生产率	Malmquist 指数计算得到
TC	技术进步	Malmquist 指数计算得到
EC	效率变化	Malmquist 指数计算得到

注：本文利用上述方法对各省（市、区）大中型工业企业 1997—2010 年以 1997 年为不变价格的技术开发资本存量、技术改造资本存量、消化吸收资本存量、国外技术引进资本存量以及国内技术引进资本存量进行了测算。

资料来源：作者根据整理所得。

（二）企业知识资本产出变量及资料来源

本文选用全要素生产率作为企业知识资本产出变量，并进一步将其分解为技术进步与创新效率变化。根据 Fare 和 Grosskopf（1994）[③] 的方法，使用数据包络分析（DEA）的 Malmquist 生产率指数分析法对各地

① Barro R.J.，"Economic growth in a cross section of countries，" *Quarterly Journal of Economics*，Vol. 106，No.2，1991.

② Cohen D.，Soto M.，" Growth and human capital：good data，good results，" *Journal of Economic Growth*，Vol. 12，No.1，2007.

③ Fare R.，Grosskopf S.，Norris M.，et al.，"Productivity Growth，technical progress，and efficiency change in industrialized countries，" *American Economic Review*，Vol. 84，1994.

区全要素生产率及其分解的变动进行测度。本文使用 DEAP 2.1 软件计算 Malmquist 生产率指数及其分解，选择规模报酬不变，基于投入导向型 DEA 模型，输入各地区历年的产出（*Y*）、劳动投入（*L*）、固定资本存量（*C*）数据完成计算过程。笔者将 Malmquist 指数转换成全要素生产率（TFP），假定基年 1997 年 TFP=1，则 1998 年 TFP 等于 1997 年 TFP 乘以 1998 年 Malmquist 生产率指数，并依此类推。技术进步（*TC*）、创新效率（*EC*）的计算方法与 TFP 相同。

各地区产出变量以大中型工业企业产品销售收入表示，并使用工业产品出厂价格指数（IPPI）将其平减为 1997 年不变价格的实际产品销售收入。大中型工业企业产品销售收入数据来源于《中国科技统计年鉴》，工业产品出厂价格指数来自《中国统计年鉴》。劳动投入使用各地区大中型工业企业职工总数表示，数据来自《中国科技统计年鉴》。固定资本存量选用大中型工业企业固定资产净值余额为代理指标，并使用固定资产投资价格指数折算为以 1997 年价格为基准的实际值，相关资料来自《中国统计年鉴》。

（三）知识资本与全要素生产率的相关性

利用散点图进行知识资本投入与全要素生产率相关性的定性分析。笔者分别分析我国大中型工业企业技术开发投入、技术改造投入、国外技术引进投入、国内技术引进投入、消化吸收投入以及人力资本水平与全要素生产率的关系，从图 8-22、图 8-23、图 8-24、图 8-25、图 8-26、图 8-27 中可以看出，随着各类知识资本投入的增加，全要素生产率也呈现出明显的上升趋势，两者之间具有明显的正相关性。

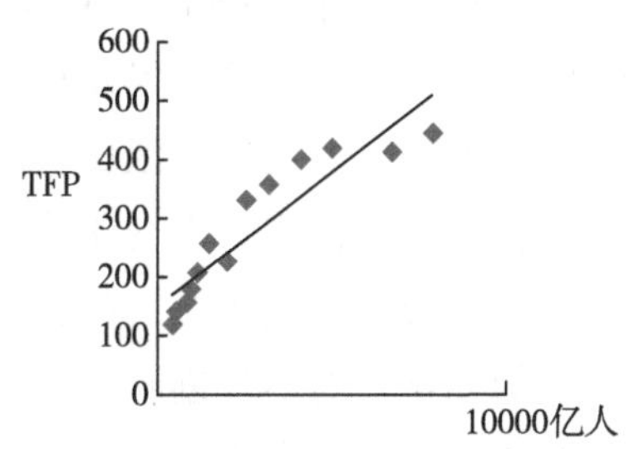

图 8-22 技术开发投入与 TFP

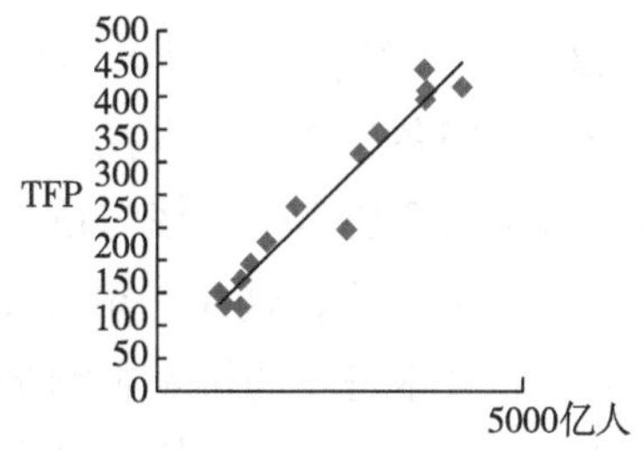

图 8-23 技术改造投入与 TFP

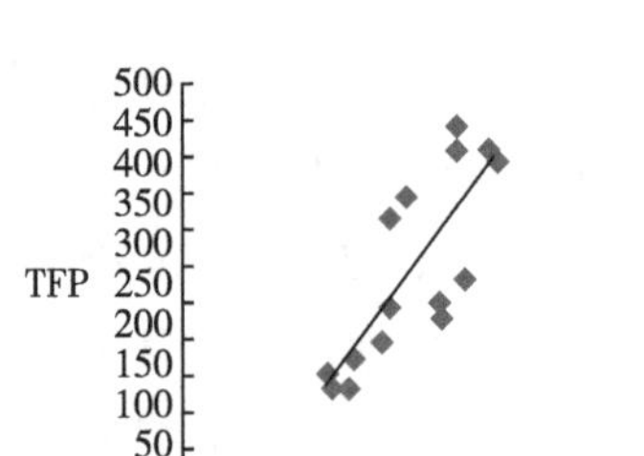

图 8-24　国外技术引进与 TFP

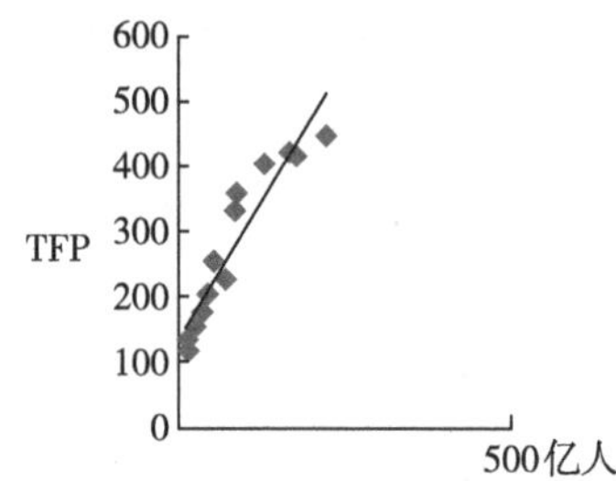

图 8-25　国内技术引进与 TFP

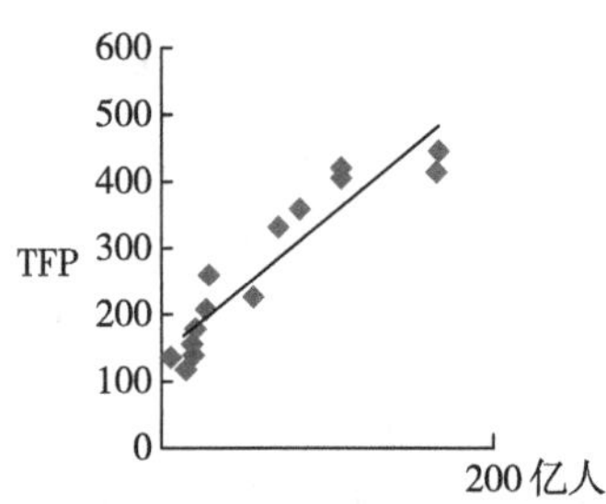

图 8-26　消化吸收投入与 TFP

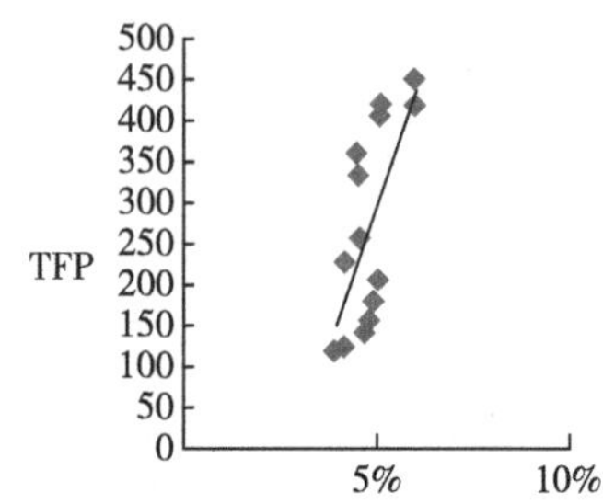

图 8-27　人力资本水平与 TFP

资料来源:《中国科技统计年鉴》和《中国统计年鉴》，数据经作者计算整理得出。

四、实证检验与结果分析

笔者运用 Eviews 6.0 对各个变量进行统计性描述，从统计结果看，在中国 30 个省（自治区、直辖市）1997—2010 年大中型工业企业各类知识资本中，以技术改造资本存量的年平均值最高，约占总知识资本存量的 48.72%；其次是技术开发资本存量，占总知识资本存量的比重为 40.41%。国外技术引进资本存量、国内技术引进资本和消化吸收资本存量均值显得相对较低，占总知识资本存量的比重仅分别为 8.56%、1.29% 和 1.01%。从统计的标准差和最大值与最小值之间的比较也可以发现不同省份之间各类知识资本投入具有较大差距，表现出了显著的区域差异性。各地区全要素生产率与技术进步的均值较为接近，与效率变化均值存在一定的差距，这在一定程度上也说明中国各省（自治区、直辖市）主要通过技术进步的机制影响全要素生产率的变化，而不是创新效率变化的改善。方差、最大值与最小值统计也同样表明了各省在全要素生产率、技术进步与效率变化上具有较大的差距（见表 8-41）。

表 8-41 **变量统计特征**

变量	*KR*	*KG*	*KF*	*KD*	*KX*	*TFP*	*TC*	*EC*
均值	260.6751	314.2961	55.24452	8.341052	6.520035	1.832004	1.762743	1.045487
中位数	118.8911	218.9716	34.91981	4.150537	2.713335	1.468203	1.515531	1.023648
最大值	2990.75	1676.21	298.4292	79.91957	71.68487	6.322042	5.091927	1.909172
最小值	0.64655	0.350597	0.0075	0.0032	0.00075	0.502	0.802944	0.349786
标准差	401.092	288.6419	58.72667	11.76862	9.995667	1.052851	0.857419	0.24231
偏度	3.502118	1.69099	1.901078	2.746572	2.849486	1.638121	1.04609	0.43238
峰度	18.14588	6.073079	6.451709	11.38697	12.57498	5.681753	3.948532	4.62396
Jarque-Bera 统计量	4872.997	365.4279	461.487	1759.027	2172.772	313.6974	92.34634	59.23848
概率	0.000000	0.000000	0.000000	0.000000	0.000000	0.000000	0.000000	0.000000
总和	109483.6	132004.3	23202.7	3503.242	2738.415	769.4418	740.352	439.1045
总体偏差平方和	67406527	34908638	1445056	58031.69	41863.7	464.4593	308.0348	24.6013
观测值	420	420	420	420	420	420	420	420
横截面	30	30	30	30	30	30	30	30

资料来源：作者根据 Eviews 统计软件计算得出。

（一）全国样本回归结果分析

在进行回归分析之前，为了避免伪回归，确保估计结果的有效性，本节使用 LLC 方法进行单位根检验，在给定置信水平 α 下，如果 Levin，Lin&Chut 统计值大于临界值，可认为截面序列不存在单位根，反之，认为存在一个单位根。单位根检验结果表明，各变量在 1% 水平上显著，表明面板数据是平稳的（见表 8-42）。

表 8-42 **单位根检验**

变量	Levin，Lin&Chut* 统计值	显著性
ln*TFP*	−8.42308	1% 水平显著
ln*TC*	−7.67171	1% 水平显著
ln*EC*	−7.62284	1% 水平显著
ln*KR*	−6.26964	1% 水平显著
ln*KG*	−5.41537	1% 水平显著
ln*KF*	−3.98833	1% 水平显著
ln*KD*	−4.11335	1% 水平显著
ln*KX*	−5.70433	1% 水平显著
ln*H*	−3.15498	1% 水平显著

资料来源：Eviews 6.0 面板数据 Unit Root Test 结果。

同时还需要考虑变量的共线性问题。本文使用 SPSS 对上述模型变量进行了多重共线性检验，结果发现变量之间存在显著的多重共线性问题。笔者认为产生共线性的原因是中国各类知识资本投入的统计值已经包含了人力资本投入，因此再引入人力资本变量将会引起共线性问题。3 个模型在排除人力资本变量（ln*H*）后，共线性检验结果显示，各变量容忍度均不小于 0.1，方差膨胀因子（VIF）小于 10，这说明变量之间不存在严重的多重共线性问题。采用去除人力资本变量后的模型进行回归分析，分别为模型一、模型二和模型三。

以中国 30 个省（自治区、直辖市）1997—2010 年的工业面板数据为样本，实证检验各类知识资本对全要素生产率、技术进步以及效率变化的影响。笔者采用个体固定效应模型进行回归分析。对于面板模型的估计，还需要注意变量的内生性问题。企业知识资本投入与全要素生产率形成互为因果关系，各类知识资本投入能影响全要素生产率的增长，全要素生产率增长也会影响企业知识资本的投入。在存在内生变量的情况下，使用固定效应 OLS 估计的结果会出现偏差。因此，笔者在作回归估计之前还需对模型中是否存在内生性变量进行检验。笔者采用解释变量的一阶滞后变量作为工具变量，对 3 个模型进行 IV 估计，然后采用 Davidson-MacKinnon（1993）提出的 D-M 检验判断是否存在内生变量，3 个模型的 D-M 检验的 *P* 值分别为 0.76、0.19 和 0.48，表明接受原假设解释变量与同期随机干扰项不相关，不存在显著的内生性问题。全国样本回归结果如表 8-43 所示。

表 8-43　全国样本回归结果

变量	模型一	模型二	模型三
	全要素生产率（ln*TFP*）	技术进步（ln*TC*）	效率变化（ln*EC*）
技术开发（ln*KR*）	0.347156*** （8.115867）	0.403842*** （11.4267）	–0.056551 （–1.60402）
技术改造（ln*KG*）	0.096078* （1.671333）	0.150163*** （3.161542）	–0.053659 （–1.132503）
国外技术引进（ln*KF*）	–0.008777 （–0.319114）	–0.061463*** （–2.704754）	0.052628** （2.321623）
国内技术引进（ln*KD*）	0.041337* （1.924782）	0.046562*** （2.624016）	–0.005409 （–0.305575）

续表

变量	模型一	模型二	模型三
	全要素生产率（ln*TFP*）	技术进步（ln*TC*）	效率变化（ln*EC*）
消化吸收（ln*KX*）	0.049567** （2.139901）	0.02046 （1.069063）	0.029091 （1.523733）
C	−11.42152*** （−15.86768）	−12.42353*** （−20.88974）	0.993996* （1.675459）
R−squared	0.863288	0.89475	0.618734
Adjusted *R*−squared	0.851215	0.885455	0.585064
F statistics	71.50434***	96.26344***	18.37632***

注：括号内数值为系数 *t* 的统计值；***、**、* 分别表示系数 *t* 值在 1%、5%、10% 的显著性水平上通过检验。

资料来源：作者根据 Eviews 软件计算得出。

全国样本回归结果表明，技术开发资本投入、技术改造资本投入、国内技术引进资本投入和消化吸收资本投入与全要素生产率增长呈正相关关系，国外技术引进资本投入与全要素生产率增长呈负相关关系。技术开发资本投入每增加 1%，全要素生产率提高 0.347%；技术改造资本投入每增加 1%，全要素生产率提高 0.096%；国内技术引进资本投入和消化吸收资本投入每增加 1%，全要素生产率则分别提高 0.041% 和 0.050%；国外技术引进资本投入每增加 1%，全要素生产率降低 0.8887%。表明技术开发资本投入和技术改造资本投入对全要素生产率的促进作用比较明显，也表明我国大中型工业企业已经进入自主技术创新重要阶段，加大技术开发资本投入和技术改造资本投入成为提高企业自主创新能力的重要途径。

技术进步的回归结果显示，技术开发、技术改造、国内技术引进、消化吸收等资本投入对技术进步的影响为正，其中技术开发资本投入和技术改造资本投入对技术进步效应明显，并通过 1% 的显著性检验，表明技术开发资本投入与技术改造资本投入对提高企业自主技术创新水平有显著的促进作用，加大研究开发投入对提高企业技术前沿水平有积极作用。国外技术引进资本投入与企业技术进步呈负相关性，表明国外引进技术资本投入对提高企业技术前沿水平的作用不大，这可能是因为我国大中型工业企业制造业技术水平已经达到国际先进水平，与国外制造业技术水平差距不断缩小，引进国外技术资本对大中型制造业企业前沿技术水平提升作用不明显。

创新效率变化的回归结果显示，国外技术引进资本和消化吸收资本与创新效率变化呈正相关性，但是不太显著，表明国外技术引进资本投入能够在一定程度上提高企业对知识资本的配置能力和创新效率，也表明国外技术引进资本投入对提高企业创新管理能力可能有帮助。消化吸收资本投入与创新效率变化呈正相关性，但是不显著，可能是消化吸收资本投入对效率变化还取决于人力资本、贸易开放度、金融市场效率等众多影响因素。

（二）东、中、西部三大地区企业样本回归结果分析

笔者进一步对东、中、西部三大地区的大中型工业企业知识资本投入对全要素生产率影响差异进行比较分析，回归结果表明不同地区大中型工业企业知识资本投入对全要素生产率的影响存在明显的差异。

东部地区企业的回归结果显示，技术开发资本对全要素生产率、技术进步与效率变化均有显著的正相关性；技术改造资本对全要素生产率、技术进步与效率变化均呈负相关性；国外技术引进资本对全要素生产率和效率变化呈正相关性，与技术进步呈负相关性；国内技术引进对全要素生产率和技术进步呈正相关性，与创新效率呈负相关性；消化吸收资本对全要素生产率、技术进步与效率变化影响不明显。数据表明，技术开发资本每增加 1%，东部地区大中型工业企业的全要素生产率提高 0.515%（见表 8-44）。东部地区弹性系数明显高于中西部地区，表明东部地区大中型工业企业的知识资本投资重点应该是增加研究开发资本投入，同时加大国内大型企业之间技术合作交流投入，增强企业自主创新能力。

表 8-44　　东部地区样本回归结果

变量	模型一	模型二	模型三
	全要素生产率（ln*TFP*）	技术进步（ln*TC*）	效率变化（ln*EC*）
技术开发（ln*KR*）	0.515211^{***} （8.678946）	0.417453^{***} （8.339146）	0.097303^{**} （2.473226）
技术改造（ln*KG*）	-0.3171^{***} （−3.477275）	−0.061433 （−0.798866）	-0.25466^{***} （−4.213658）
国外技术引进（ln*KF*）	0.066808^{**} （1.996416）	−0.031735 （−1.124575）	0.098401^{***} （4.436857）
国内技术引进（ln*KD*）	0.116144^{***} （3.516126）	0.148598^{***} （5.334745）	−0.032268 （−1.474018）

续表

变量	模型一	模型二	模型三
	全要素生产率（ln*TFP*）	技术进步（ln*TC*）	效率变化（ln*EC*）
消化吸收（ln*KX*）	0.025201 （0.706929）	-0.01152 （-0.383226）	0.036514 （1.545545）
C	-8.274433*** （-8.006706）	-9.917265*** （-11.37994）	1.632958** （2.384221）
R-squared	0.903744	0.925945	0.694436
Adjusted *R*-squared	0.893545	0.918099	0.662058
F statistics	88.60851***	118.0023***	21.44799***

注：括号内数值为系数 *t* 的统计值；***、** 分别表示系数 *t* 值在 1%、5% 的显著性水平上通过检验。

资料来源：作者根据 Eviews 软件计算得出。

对中西部地区企业回归结果显示，技术改造资本投入对中西部地区企业全要素生产率和技术进步有显著的促进作用；技术开发资本投入对中西部地区企业全要素生产率和技术进步呈正相关性；国外技术引进资本投入对中部地区企业全要素生产率增长和技术进步有正向影响；国内技术引进资本投入对中西部地区企业的全要素生产率和技术进步呈负相关性；消化吸收资本投入对中部地区企业的全要素生产率和创新效率呈明显正相关性，而对西部地区企业的全要素生产率和技术进步虽然也呈正相关性，但是不显著。回归结果显示，技术改造资本的投入对中西部地区企业提高全要素生产率、促进技术水平提高的作用比较明显。因此，中西部地区企业知识资本投入重点是加强技术改造、加大研究开发投入及消化吸收投入相结合，以促进全要素生产率增长，加快技术创新和技术进步（见表 8-45、表 8-46）。

表 8-45　　中部地区样本回归结果

变量	模型一	模型二	模型三
	全要素生产率（ln*TFP*）	技术进步（ln*TC*）	效率变化（ln*EC*）
技术开发（ln*KR*）	0.09366 （1.503101）	0.299404*** （4.983336）	-0.204268*** （-3.281998）
技术改造（ln*KG*）	0.27749*** （3.16106）	0.374565*** （4.425309）	-0.097673 （-1.11395）
国外技术引进（ln*KF*）	0.053734 （0.741988）	0.168336** （2.410754）	-0.113753 （-1.572581）

续表

变量	模型一	模型二	模型三
	全要素生产率（ln*TFP*）	技术进步（ln*TC*）	效率变化（ln*EC*）
国内技术引进（ln*KD*）	−0.016776 （−0.487631）	−0.035466 （−1.069129）	0.018048 （0.525206）
消化吸收（ln*KX*）	0.17831*** （4.168945）	−0.026564 （−0.64412）	0.204504*** （4.786916）
C	−12.75856*** （−8.774636）	−18.0037*** （−12.84161）	5.226883*** （3.598946）
R−squared	0.893668	0.898776	0.711754
Adjusted *R*−squared	0.881326	0.887026	0.678297
F statistics	72.40795***	76.49643***	21.27363***

注：括号内数值为系数的 *t* 统计值；***、** 分别表示系数 *t* 值在 1%、5% 的显著性水平上通过检验。

资料来源：作者根据 Eviews 软件计算得出。

表 8-46　　西部地区样本回归结果

变量	模型一	模型二	模型三
	全要素生产率（ln*TFP*）	技术进步（ln*TC*）	效率变化（ln*EC*）
技术开发（ln*KR*）	0.382735*** （4.257145）	0.512705*** （7.878184）	−0.130666 （−1.638192）
技术改造（ln*KG*）	0.258723** （2.534177）	0.189951** （2.570287）	0.069517 （0.767496）
国外技术引进（ln*KF*）	−0.112703* （−1.730245）	−0.070198 （−1.488803）	−0.042848 （−0.741464）
国内技术引进（ln*KD*）	−0.007822 （−0.182685）	−0.003566 （−0.115056）	−0.004251 （−0.111925）
消化吸收（ln*KX*）	0.00868 （0.208508）	0.025423 （0.843676）	−0.016463 （−0.445757）
C	−11.82704*** （−7.046649）	−14.35245*** （−11.81327）	2.525656* （1.696144）
R−squared	0.788319	0.896042	0.431174
Adjusted *R*−squared	0.763749	0.883976	0.365149
F statistics	32.08448***	74.25857***	6.530517***

注：括号内数值为系数的 *t* 统计值；***、**、* 分别表示系数 *t* 值在 1%、5%、10% 的显著性水平上通过检验。

资料来源：作者根据 Eviews 软件计算得出。

（三）不同技术水平产业回归结果分析

进一步对不同类型的知识资本和不同技术水平产业的影响效应进行比较分析，本文重点考察高技术产业和低技术产业的影响差异。产业回归结果表明，不同类型知识资本投入对低技术产业与高技术产业的全要素生产率、技术进步和效率变化也存在着明显的差异（见表 8–47、表 8–48）。

低技术产业的回归结果显示，技术开发资本、技术改造资本和国内技术引进资本与低技术产业的全要素生产率呈正相关性，并通过显著性检验。国外技术引进资本和消化吸收资本与低技术产业的全要素生产率及效率变化呈负相关性，原因是我国的低技术产业以劳动密集型为主，技术水平较低，国外引进技术和消化吸收能力相对较弱。

高技术产业的回归结果表明，技术开发资本与国内技术引进资本与高技术产业全要素生产率和技术进步呈正相关性且影响显著，而技术改造资本和消化吸收资本对高技术产业全要素生产率和技术进步影响不明显，国外技术引进资本与全要素生产率和效率变化呈负相关性。

表 8-47　　低技术产业回归结果

变量	模型一	模型二	模型三
	全要素生产率（ln*TFP*）	技术进步（ln*TC*）	效率变化（ln*EC*）
技术开发（ln*KR*）	0.345951*** （6.506986）	0.290387*** （5.750976）	0.055011* （1.833782）
技术改造（ln*KG*）	0.247055*** （2.617366）	–0.089145 （–0.994417）	0.336749*** （6.322824）
国外技术引进（ln*KF*）	–0.107531** （–2.06977）	–0.000409 （–0.008295）	–0.107454*** （–3.665595）
国内技术引进（ln*KD*）	0.139908*** （4.999444）	0.101786*** （3.829701）	0.037805** （2.39423）
消化吸收（ln*KX*）	–0.083529*** （–2.654498）	0.011095 （0.371258）	–0.094269*** （–5.309428）
C	–11.63886*** （–9.53195）	–6.061052*** （–5.226595）	–5.571596*** （–8.086948）
R–squared	0.899045	0.849757	0.826285
Adjusted R–squared	0.88945	0.835477	0.809774
F statistics	93.70038***	59.50964***	50.04706***

注：括号内数值为系数的 t 统计值；***、**、* 分别表示系数 t 值在 1%、5%、10% 的显著性水平上通过检验。

资料来源：作者根据 Eviews 软件计算得出。

表 8-48 高技术产业回归结果

变量	模型一	模型二	模型三
	全要素生产率（ln*TFP*）	技术进步（ln*TC*）	效率变化（ln*EC*）
技术开发（ln*KR*）	0.346864*** （3.599997）	0.327393*** （4.554809）	0.01876 （0.31345）
技术改造（ln*KG*）	0.056513 （0.330962）	−0.213001* （−1.672116）	0.270772** （2.552791）
国外技术引进（ln*KF*）	−0.16243 （−1.554242）	0.140569* （1.803009）	−0.302746*** （−4.663513）
国内技术引进（ln*KD*）	0.276423*** （4.168355）	0.111854** （2.260987）	0.164486*** （3.993027）
消化吸收（ln*KX*）	0.010494 （0.136189）	0.021698 （0.377458）	−0.011024 （−0.230315）
C	−11.21195*** （−4.729534）	−8.147348*** （−4.606925）	−3.08512** （−2.095045）
R-squared	0.822476	0.8301	0.801045
Adjusted *R*-squared	0.80187	0.81038	0.777952
F statistics	39.91537***	42.09331***	34.68779***

注：括号内数值为系数的 *t* 统计值；***、**、* 分别表示系数 *t* 值在 1%、5%、10% 的显著性水平上通过检验。

资料来源：作者根据 Eviews 软件计算得出。

（四）稳健性检验

为了检验估计结果的稳健性，笔者采用自体抽样法（Bootstraping）对模型进行了估计。自体抽样法是指从母体样本中随机抽取个体，组成新的样本，然后可重复地从母体中抽样模拟母体的分布。这种方法对于估计结果的准确性更为有利，更能反映总体的特征。一般而言，小样本抽样在 300 次以上就能较好地反映总体的特征，笔者选择抽样 500 次，结果表明在全国样本、分区域样本以及分产业样本中，估计参数的符号和显著性都没有明显的变化，因此模型的估计结果是较为稳健的。

五、研究结论

本文对我国大中型工业企业不同类型知识资本投入对全要素生产率、技术变化和效率变化的影响进行了实证分析，考虑到不同区域和不同产业工业企业的知识资本投入产出的非均衡性特征，本文对不同类型知识资本投入对全要素生产率影响效应的区域差异与行业间差异作了实证检验。研究结果表明：一是大中型工业企业知识资本投入结构已经发生明显变化，技术开发投入和技术改造投入对企业全要素生产率具有影响显著，而国内外技术引进投入和消化吸收投入对企业创新的作用减弱。在全国样本中，企业技术开发资本每增加 1%，全要素生产率就提高 0.347%，技术改造资本每增加 1%，全要素生产率提高 0.096%，国内技术引进投入和消化吸收投入每增加 1%，全要素生产率则分别提高 0.041% 和 0.050%，表明技术开发投入对企业全要素生产率影响最显著。二是东、中、西三大区域大中型工业企业知识资本投入对全要素生产率的影响效应存在明显差异，不同技术水平的工业企业知识资本投入产出效应也存在明显差异。实证分析表明，不同类型的知识资本投入具有不同的创新效应，同一类型的知识资本投入对不同技术水平的企业也产生不同的创新效应。今后有必要对知识资本投入结构优化与创新效率及生产率增长的关系进行进一步研究。

第八节 研究结论与政策建议

一、研究结论

根据知识资本、创新发展对制造业全要素生产率影响的理论和实证分析，结果表明，创新投入和知识资本对制造业全要素生产率具有显著的促进作用，但创新投入对制造业全要素生产率的提升作用存在明显差异性。

（一）创新投入和知识资本对制造业全要素生产率具有显著的促进作用

根据知识资本、创新发展对制造业全要素生产率影响的理论和实证分析，结果表明，创新投入和知识资本对制造业全要素生产率具有显著的促进作用，但不同类型、不同区域的创新投入对制造业全要素生产率的提升作用存在差异性。创新投入对制造业全要素生产率的影响呈现出显著的国别差异。创新投入对发达国家全要素生产率具有显著的促进作用，对发展中国家制造业全要素生产率的正向促进作用则不太明显。

（二）创新投入对不同技术水平行业的全要素生产率具有异质性

创新投入对中、高技术制造业的全要素生产率具有显著的促进作用，而对低技术制造业的全要素生产率的作用不太明显。制度质量放大了创新投入对制造业全要素生产率的促进效应。

（三）大中型工业企业知识资本和创新投入结构发生明显变化

大中型工业企业知识资本投入结构发生明显变化，技术开发投入和技术改造投入对企业全要素生产率具有显著影响，而国内外技术引进投入和消化吸收投入对企业创新的作用减弱。在全国样本中，企业技术开发资本每增加 1%，全要素生产率就提高 0.347%，技术改造资本每增加 1%，全要素生产率提高 0.096%，国内技术引进投入和消化吸收投入每增加 1%，全要素生产率则分别提高 0.041% 和 0.050%，表明技术开发投入对企业全要素生产率影响最显著。

（四）知识资本投入对全要素生产率影响存在差异

东、中、西三大区域知识资本投入对全要素生产率存在差异，不同技术水平的工业企业知识资本投入产出效应也存在明显差异。实证分析表明，不同类型的知识资本具有不同的创新效应，同一类型的知识资本对不同地区的企业也产生不同的创新效应。

二、政策建议

根据上述研究结论，创新发展、知识资本是提升全要素生产率、促进创新发展的重要源泉。有效配置知识资本及相关创新资源，增强知识资本投入产出能力已经成为我国实施创新驱动战略的重要任务，为此提出如下建议。

（一）加强研究开发资本投入，加快从创新追赶型国家向创新领导型国家转变

根据研究结果，我国已经处于创新追赶型国家向创新领导型国家转变的关键时期。我国已研发资本和技术资本平均指数值与创新领导型经济体相比差距明显。我国已进入加快创新驱动发展提升自主创新能力的重要时期，要在重大关键核心技术实现领先发展，实行创新领跑，关键是要增加研发资本投入强度，加快提升关键核心技术的自主创新能力。我国创新战略和政策重点是建设一批国家级战略产业研究院，加快大中型创新型企业技术研究院建设，加快提升产业和企业关键核心技术开发和自主创新能力。

（二）加大人力资本投入，加强复合型的创新人才队伍建设

研究结果显示，人力资本是加快提高全要素生产率的第一资本，人力资本对创新追赶型国家的全要素生产率影响最明显。我国制造业创新发展，需要巨大的创新人才队伍支撑，需要进一步加大人力资本投入。

目前，我国人力资本的平均指数值还低于创新追赶俱乐部经济体的平均水平。加快培育具有全球视野，熟悉全球治理体系、国际法律和国际规则的党政干部队伍、企业家队伍和专业技术人才队伍，积极支持高校与创新领导型国家的著名高校开展人才培养和技术创新合作基地建设，加快建设一流大学和一流学科，加大国内高层次领军人才培养和海外高层次人才引进力度，建立多层次的创新人才国际化交流平台，加快技术创新和管理创新等复合型创新团队建设，为创新驱动发展提供人才支撑。

（三）加大数字资本投入，数字技术赋能制造业高质量发展

数字资本和数字技术成为促进制造业高质量发展的重要推动力。加大数字资本投入，强化数字资本和数字技术对制造业赋能，加快智能制造发展，在研发设计、生产制造、运营管理、产品销售等产业环节加大数字技术投入力度，提升智能制造竞争力。加强数字基础设施建设、数字技术和智能制造，提升制造业全要素生产率水平。

（四）加强创新设施资本投入，完善创新基础设施体系

创新基础设施对提升制造业创新绩效具有重要的支撑作用。进一步加强创新设施资本投入，加快大数据、云计算、物联网、移动互联网等新一代信息技术、互联网安全技术、新能源技术等创新基础设施建设，加快国家大数据平台、产业数据中心、企业创新数据库、信用数据平台、区域创新平台和产业创新平台等基础设施建设，提升创新基础设施和创新平台的运行效率和服务水平，提高创新效率，降低创新成本，增强知识资本投入产出能力，加快提高全要素生产率。

（五）实施差异化创新战略，有效配置知识资本和创新资源

根据产业和企业创新发展的差异性，实施差异化的创新发展战略和创新政策支持，科学有效配置知识资本和创新资源。东部地区大中型工业企业的创新驱动战略重点是加强自主技术创新的研究开发资本投入，提高关键核心技术研究开发能力，提升企业创新效率，增强企业自主创新竞争力。对中、西部地区尚不具备自主技术创新能力的工业企业，创新驱动战略的重点是加强技术改造资本和国内外技术引进资本投入，提高企业智能化和自动化水平，提升全要素生产率和技术进步水平。

（六）实施差异化创新政策，增强制造业关键核心技术竞争优势

根据区域和行业之间企业技术创新水平差异和对创新需求差异，实施差异化的分类创新投资支持政策。针对东部地区的大中型工业企业自

主创新需求，创新政策重点是支持对企业技术研究院、重大专项、关键核心装备技术、新材料技术等的投入，支持科技领军人才引进和创新团队建设等。针对中、西部地区的工业企业技术进步需求，创新政策支持重点是加大技术改造的投资力度，引进国内外先进技术等支持政策。低技术产业的知识资本投入重点应通过加大研究开发、技术改造和国内技术引进资本等投入来提升企业的技术水平，提高创新效率。高技术产业的创新投入重点是加大自主创新的研发资本和科技领军人才的投入，提升自主技术创新能力和创新效率，增强关键核心技术竞争优势。

（七）完善创新供给和创新需求动态平衡的政策体系，加强技术创新产品消费的引导政策

随着企业知识资本投入产出能力增强，创新产品供给能力不断增强，在继续鼓励和支持企业加大知识资本投入，落实高新技术企业税收优惠，企业研究开发费加计扣除、企业研发仪器设备加速折旧等创新供给政策的基础上，迫切需要加强对技术创新产品消费的引导政策，鼓励企业、政府和教育科研机构优先采购创新产品，鼓励消费者购买和消费创新产品。从支持创新供给为主的政策体系向创新供给和创新需求并举的政策体系转变，实现创新供给与创新需求的动态平衡，有利于提高企业创新效率和创新效益。

参考文献

[1] 白俊红，王钺，蒋伏心，等．研发要素流动，空间知识溢出与经济增长 [J]. 经济研究，2017，52（7）.

[2] 白雪洁，宋培，李琳．数字经济如何平衡“稳增长调结构”目标——基于地区—行业层面的分析 [J]. 南开经济研究，2022（7）.

[3] 步晓宁，张天华，张少华．通向繁荣之路：中国高速公路建设的资源配置效率研究 [J]. 管理世界，2019，35（5）.

[4] 曹伟，冯颖姣，余晨阳，等．人民币汇率变动、企业创新与制造业全要素生产率 [J]. 经济研究，2022，57（3）.

[5] 程惠芳，陈超．开放经济下知识资本与全要素生产率——国际经验与中国启示 [J]. 经济研究，2017，52（10）.

[6] 程惠芳，陆嘉俊．知识资本对工业企业全要素生产率影响的实证分析 [J]. 经济研究，2014，49（5）.

[7] 程锐，马莉莉．高级人力资本扩张与制造业出口产品质量升级 [J]. 国际贸易问

题，2020（8）.
[8] 崔惠玉，田明睿，王倩．增值税留抵税款抑制了企业研发投入吗 [J]. 财贸经济，2022，43（8）.
[9] 戴翔，金碚．产品内分工、制度质量与出口技术复杂度 [J]. 经济研究，2014，49（7）.
[10] 戴翔，刘梦．人才何以成为红利——源于价值链攀升的证据 [J]. 中国工业经济，2018（4）.
[11] 戴翔，杨双至．数字赋能、数字投入来源与制造业绿色化转型 [J]. 中国工业经济，2022,（9）.
[12] 戴小勇．中国高创新投入与低生产率之谜：资源错配视角的解释 [J]. 世界经济，2021，44（3）.
[13] 单豪杰．中国资本存量 K 的再估算：1952~2006 年 [J]. 数量经济技术经济研究，2008，25（10）.
[14] 党琳，李雪松，申烁．制造业行业数字化转型与其出口技术复杂度提升 [J]. 国际贸易问题，2021（6）.
[15] 董明放，韩先锋．研发投入强度与战略性新兴产业绩效 [J]. 统计研究，2016，33（1）.
[16] 段文斌，尹向飞．中国全要素生产率研究评述 [J]. 南开经济研究，2009（2）.
[17] 盖庆恩，朱喜，程名望，等．要素市场扭曲、垄断势力与全要素生产率 [J]. 经济研究，2015，50（5）.
[18] 葛翔宇，黄永强，周艳丽．交通基础设施投资与经济增长——基于准自然实验的证据 [J]. 系统工程理论与实践，2019，39（4）：922–934.
[19] 龚六堂，吴立元．技术距离、研发投入结构与中国经济增长 [J]. 改革，2023（11）：38–54.
[20] 谷军健，赵玉林．中国如何走出科技创新困境？——基于科技创新与人力资本协同发展的新视角 [J]. 科学学研究，2021，39（1）.
[21] 顾夏铭，陈勇民，潘士远．经济政策不确定性与创新——基于我国上市公司的实证分析 [J]. 经济研究，2018，53（2）.
[22] 韩其恒，李俊青，刘鹏飞．要素重新配置型的中国经济增长 [J]. 管理世界，2016（1）.
[23] 何欢浪，蔡琦晟，章韬．进口贸易自由化与中国企业创新——基于企业专利数量和质量的证据 [J]. 经济学（季刊），2021，21（2）.
[24] 何洋，宋林．信息化对中国工业行业创新效率的影响 [J]. 科研管理，2022，43（4）.
[25] 贺正楚，潘为华，潘红玉，等．制造企业数字化转型与创新效率：制造过程与商业模式的异质性分析 [J]. 中国软科学，2023（3）.

[26] 洪俊杰，隋佳良 . 立足国内大循环，推进高水平对外开放——基于全球价值链位置视角的研究 [J]. 国际贸易问题，2023（1）.
[27] 黄群慧，贺俊 . 赶超后期的产业发展模式与产业政策范式 [J]. 经济学动态，2023（8）.
[28] 黄群慧，余泳泽，张松林 . 互联网发展与制造业生产率提升：内在机制与中国经验 [J]. 中国工业经济，2019（8）.
[29] 黄远浙，钟昌标，叶劲松，等 . 跨国投资与创新绩效——基于对外投资广度和深度视角的分析 [J]. 经济研究，2021，56（1）.
[30] 吉赟，杨青 . 高铁开通能否促进企业创新：基于准自然实验的研究 [J]. 世界经济，2020，43（2）.
[31] 纪雯雯，赖德胜 . 人力资本配置与中国创新绩效 [J]. 经济学动态，2018（11）.
[32] 姜慧，孙玉琴 . 中国 OFDI、东道国基础设施建设与双边经济增长——基于“一带一路”东道国制度的视角 [J]. 经济理论与经济管理，2018（12）.
[33] 克里斯·弗里曼，卢克·苏特 . 产业创新经济学 [M]. 上海：东方出版中心，2022.
[34] 孔东民，庞立让 . 研发投入对生产率提升的滞后效应：来自工业企业的微观证据 [J]. 产业经济研究，2014（6）.
[35] 李海舰，赵丽 . 数据价值理论研究 [J]. 财贸经济，2023，44（6）.
[36] 李静，楠玉，刘霞辉 . 中国研发投入的“索洛悖论”——解释及人力资本匹配含义 [J]. 经济学家，2017（1）.
[37] 李磊，刘常青，韩民春 . 信息化建设能够提升企业创新能力吗？——来自“两化融合试验区”的证据 [J]. 经济学（季刊），2022（3）.
[38] 李林木，汪冲 . 税费负担，创新能力与企业升级——来自“新三板”挂牌公司的经验证据 [J]. 经济研究，2017，52（11）.
[39] 李梅，朱韵，赵乔，等 . 研发国际化、动态能力与企业创新绩效 [J]. 中国软科学，2022（6）.
[40] 李平，崔喜君，刘建 . 中国自主创新中研发资本投入产出绩效分析——兼论人力资本和知识产权保护的影响 [J]. 中国社会科学，2007（2）.
[41] 李平，卢霄 . 外资自由化与中国制造业企业生产率 [J]. 南开经济研究，2020（4）.
[42] 李平 . 提升全要素生产率的路径及影响因素——增长核算与前沿面分解视角的梳理分析 [J]. 管理世界，2016（9）.
[43] 李小平，朱钟棣 . 国际贸易、R&D 溢出和生产率增长 [J]. 经济研究，2006（2）.
[44] 李晓钟，王倩倩 . 研发投入、外商投资对我国电子与高新技术产业的影响比较——基于全要素生产率的估算与分析 [J]. 国际贸易问题，2014（1）.
[45] 李左峰 . 创新型企业创新投入要素的产出弹性估计 [J]. 管理世界，2013（2）.

[46] 林伯强，谭睿鹏．中国经济集聚与绿色经济效率 [J]. 经济研究，2019，54（2）.
[47] 刘和旺，郑世林，王宇锋．所有制类型、技术创新与企业绩效 [J]. 中国软科学，2015（3）.
[48] 刘维林，程倩，余泳泽．双循环技术溢出视角下中国产业技术进步的网络效应研究——基于全球生产网络下的全要素生产率增长与传导测算 [J]. 管理世界，2023，39（5）.
[49] 刘维林，程倩．数字产业渗透、全球生产网络与非对称技术溢出 [J]. 中国工业经济，2023（3）.
[50] 刘伟，张立元．经济发展潜能与人力资本质量 [J]. 管理世界，2020，36（1）.
[51] 刘志彪，凌永辉，孙瑞东．新质生产力下产业发展方向与战略——以江苏为例 [J]. 南京社会科学，2023，（11）.
[52] 鲁万波，常永瑞，王叶涛．中国对外直接投资、研发技术溢出与技术进步 [J]. 科研管理，2015，36（3）.
[53] 陆旸，蔡昉．从人口红利到改革红利：基于中国潜在增长率的模拟 [J]. 世界经济，2016，39（1）.
[54] 路春城，王翠翠，姜常梅．政府补贴、创新投入与制造业企业全要素生产率 [J]. 经济与管理评论，2023，39（1）.
[55] 罗思平，于永达．技术转移、“海归”与企业技术创新——基于中国光伏产业的实证研究 [J]. 管理世界，2012（11）.
[56] 罗雨泽，罗来军，陈衍泰．高新技术产业 TFP 由何而定？——基于微观数据的实证分析 [J]. 管理世界，2016（2）.
[57] 骆莙函．人力资本结构高级化对服务业结构升级的影响研究——基于中国城市面板数据 [J]. 广东财经大学学报，2021，36（2）.
[58] 吕越，黄艳希，陈勇兵．全球价值链嵌入的生产率效应：影响与机制分析 [J]. 世界经济，2017，40（7）.
[59] 吕越，吕云龙．中国参与全球价值链的环境效应分析 [J]. 中国人口・资源与环境，2019，29（7）.
[60] 毛其淋，方森辉．外资进入自由化如何影响中国制造业生产率 [J]. 世界经济，2020，43（1）.
[61] 毛其淋，许家云．中间品贸易自由化、制度环境与生产率演化 [J]. 世界经济，2015，38（9）.
[62] 欧阳艳艳，张光南．基础设施供给与效率对“中国制造”的影响研究 [J]. 管理世界，2016（8）.
[63] 潘毛毛，赵玉林．互联网融合、人力资本结构与制造业全要素生产率 [J]. 科学研究，2020，38（12）
[64] 潘文卿，刘庆．中国制造业产业集聚与地区经济增长——基于中国工业企业

数据的研究 [J]. 清华大学学报（哲学社会科学版），2012，27（1）.
[65] 裴长洪，倪江飞，李越 . 数字经济的政治经济学分析 [J]. 财贸经济，2018，39（9）.
[66] 齐俊妍，任奕达 . 数字经济发展、制度质量与全球价值链上游度 [J]. 国际经贸探索，2022，38（1）.
[67] 齐兰，何则懿 . 数字资本研究进展 [J]. 经济学动态，2023（10）.
[68] 任英华，刘宇钊，胡宗义，等 . 大数据发展、知识产权保护对企业绿色技术创新的影响 [J]. 中国人口 · 资源与环境，2023，33（7）.
[69] 史丹，孙光林 . 大数据发展对制造业企业全要素生产率的影响机理研究 [J]. 财贸经济，2022，43（9）.
[70] 宋砚秋，齐永欣，高婷，等 . 政府创新补贴、企业创新活力与创新绩效 [J]. 经济学家，2021（6）.
[71] 苏杭，郑磊，牟逸飞 . 要素禀赋与中国制造业产业升级——基于 WIOD 和中国工业企业数据库的分析 [J]. 管理世界，2017（4）.
[72] 孙琳琳，郑海涛，任若恩 . 信息化对中国经济增长的贡献：行业面板数据的经验证据 [J]. 世界经济，2012，35（2）.
[73] 孙晓华，李明珊 . 研发投资：企业行为，还是行业特征？ [J]. 科学学研究，2014，32（5）.
[74] 孙早，宋炜 . 企业 R&D 投入对产业创新绩效的影响——来自中国制造业的经验证据 [J]. 数量经济技术经济研究，2012，29（4）.
[75] 唐要家，王钰，唐春晖 . 数字经济，市场结构与创新绩效 [J]. 中国工业经济，2022（10）.
[76] 陶长琪，彭永樟 . 从要素驱动到创新驱动：制度质量视角下的经济增长动力转换与路径选择 [J]. 数量经济技术经济研究，2018，35（7）.
[77] 滕宇汯，卢现祥 . 制造业企业技术创新与创新驱动发展困境 [J]. 科研管理，2023，44（11）.
[78] 田秀娟，李睿 . 数字技术赋能实体经济转型发展——基于熊彼特内生增长理论的分析框架 [J]. 管理世界，2022，38（5）.
[79] 佟家栋，张俊美 . 高层次人力资本投入与出口企业创新产出：横向创新与纵向创新 [J]. 国际贸易问题，2021（12）
[80] 汪伟，刘玉飞，彭冬冬 . 人口老龄化的产业结构升级效应研究 [J]. 中国工业经济，2015（11）.
[81] 汪晓文，张凯 ."一带一路"沿线省份基础设施投资与全要素生产率研究 [J]. 江西社会科学，2018，38（2）.
[82] 汪意成，周伟岷 . 无形资本研究的新进展 [J]. 经济学动态，2023（7）.
[83] 王斌，谭清美 . 要素投入能推动高技术产业创新成果的转化吗？ [J]. 科学学

研究，2015，33（6）.
[84] 王博，朱沆 . 外商直接投资与东道国创业活动——基于创业类型划分的机制解析 [J]. 经济管理，2024（3）
[85] 王博，朱沆 . 创业选择中的正式制度作用差异解析——基于合约履行和产权保护的比较分析 [J]. 南方经济，2024（3）.
[86] 王煌，黄先海，陈航宇，等 . 人力资本匹配如何影响企业加成率：理论机制与经验证据 [J]. 财贸经济，2020，41（1）.
[87] 王开科，吴国兵，章贵军 . 数字经济发展改善了生产效率吗 [J]. 经济学家，2020（10）.
[88] 王明益，陈林，张中意，等 . 自由贸易试验区的协同创新网络效应：空间断点与地理识别 [J]. 世界经济，2023，46（3）.
[89] 王卫，綦良群 . 中国装备制造业全要素生产率增长的波动与异质性 [J]. 数量经济技术经济研究，2017，34（10）
[90] 王文，孙早 . 中国地区间研发资源错配测算与影响因素分析 [J]. 财贸经济，2020，41（5）.
[91] 王孝松，田思远 . 制度质量、对外援助和受援国经济增长 [J]. 世界经济研究，2019（12）.
[92] 王雄元，卜落凡 . 国际出口贸易与企业创新——基于“中欧班列”开通的准自然实验研究 [J]. 中国工业经济，2019（10）.
[93] 王秀云，王力，叶其楚 . 我国基础设施投融资体制机制创新研究——基于高质量发展视角 [J]. 中央财经大学学报，2021（12）.
[94] 王颖，刘艺扬 . 什么样的制度产生高人力资本经济增长效应？——一个基于动态 QCA 方法的研究 [J]. 科学学研究，2024，42（2）.
[95] 王永贵，李霞 . 促进还是抑制：政府研发补助对企业绿色创新绩效的影响 [J]. 中国工业经济，2023（2）.
[96] 魏后凯 . 中国区域基础设施与制造业发展差异 [J]. 管理世界，2001（6）.
[97] 魏洁云，江可申，李雪冬 . 中国高技术产业创新投入与产出的关联测度分析 [J]. 数量经济技术经济研究，2014，31（1）.
[98] 魏敏，李书昊 . 新时代中国经济高质量发展水平的测度研究 [J]. 数量经济技术经济研究，2018，35（11）.
[99] 邬璟璟，杨柔，李皎 . 中国特色社会主义政治经济学的理论体系构想——基于中国资本积累的社会结构（CSSA）理论 [J]. 政治经济学评论，2023，14（5）.
[100] 吴超鹏，唐菂 . 知识产权保护执法力度、技术创新与企业绩效——来自中国上市公司的证据 [J]. 经济研究，2016，51（11）.
[101] 夏良科 . 人力资本与 R&D 如何影响全要素生产率——基于中国大中型工业企业的经验分析 [J]. 数量经济技术经济研究，2010，27（4）.

[102] 肖利平 . 追赶理论研究的最新进展 [J]. 经济学动态，2011（11）.
[103] 肖叶，邱磊，刘小兵 . 地方政府竞争、财政支出偏向与区域技术创新 [J]. 经济管理，2019，41（7）.
[104] 肖玉飞，周文 . 逆全球化思潮的实质与人类命运共同体的政治经济学要义 [J]. 经济社会体制比较，2021（3）.
[105] 谢谦，刘维刚，张鹏杨 . 进口中间品内嵌技术与企业生产率 [J]. 管理世界，2021，37（2）.
[106] 谢伟丽，石军伟，张起帆 . 人工智能、要素禀赋与制造业高质量发展——来自中国 208 个城市的经验证据 [J]. 经济与管理研究，2023，44（4）.
[107] 徐翔，赵墨非，李涛，等 . 数据要素与企业创新：基于研发竞争的视角 [J]. 经济研究，2023，58（2）.
[108] 薛桂芝，李建军，董旭 . 传统基础设施建设还能提升城市全要素生产率吗——基于 223 个城市市政基础设施的研究 [J]. 南开经济研究，2023（8）.
[109] 杨飞，孙文远，程瑶 . 技术赶超是否引发中美贸易摩擦 [J]. 中国工业经济，2018（10）.
[110] 杨建芳，龚六堂，张庆华 . 人力资本形成及其对经济增长的影响——一个包含教育和健康投入的内生增长模型及其检验 [J]. 管理世界，2006（5）.
[111] 杨俊，李小明，黄守军 . 大数据、技术进步与经济增长——大数据作为生产要素的一个内生增长理论 [J]. 经济研究，2022，57（4）.
[112] 杨仁发，郑媛媛 . 人力资本结构与制造业高质量发展：影响机制与实证检验 [J]. 经济体制改革，2022（4）.
[113] 杨晓霞，陈晓东 . 数字经济能够促进产业链创新吗？——基于 OECD 投入产出表的经验证据 [J]. 改革，2022（11）.
[114] 姚艳虹，高晗，昝傲 . 创新生态系统健康度评价指标体系及应用研究 [J]. 科学学研究，2019，37（10）.
[115] 叶初升，孙薇 . 中国“科技创新困境”再审视：技术创新质量的新视角 [J]. 世界经济，2023（8）.
[116] 叶静怡，林佳，张鹏飞，等 . 中国国有企业的独特作用：基于知识溢出的视角 [J]. 经济研究，2019，54（6）.
[117] 叶祥松，刘敬 . 异质性研发、政府支持与中国科技创新困境 [J]. 经济研究，2018，53（9）.
[118] 叶祥松，彭贵 . 要素投入与创新支撑：广东制造业增长路径的实证分析 [J]. 南方经济，2013（6）.
[119] 易靖韬，蔡菲莹，蒙双，等 . 制度质量、市场需求与企业出口动态决策 [J]. 财贸经济，2021，42（9）.
[120] 易明，吴婷 . R&D 资源配置扭曲、TFP 与人力资本的纠偏作用 [J]. 科学学

研究，2021，39（1）.
[121] 余东华，水冰．信息技术驱动下的价值链嵌入与制造业转型升级研究 [J]. 财贸研究，2017，28（8）.
[122] 余淼杰，张睿．中国制造业出口质量的准确衡量：挑战与解决方法 [J]. 经济学（季刊），2017，16（2）.
[123] 余泳泽，刘大勇，龚宇．过犹不及事缓则圆：地方经济增长目标约束与全要素生产率 [J]. 管理世界，2019，35（7）.
[124] 约瑟夫・熊彼特．经济发展理论 [M]. 北京：商务印书馆，2000.
[125] 张萃．外来人力资本，文化多样性与中国城市创新 [J]. 世界经济，2019，42（11）.
[126] 张建华，赵英，刘慧玲．国内国际双循环视角下中国产业结构转型升级研究 [J]. 中国工业经济，2023（9）.
[127] 张军，吴桂英，张吉鹏．中国省际物质资本存量估算：1952—2000[J]. 经济研究，2004（10）.
[128] 张宽，黄凌云．结构的力量：人力资本升级、制度环境与区域创新能力 [J]. 当代经济科学，2022，44（6）.
[129] 张梦婷，俞峰，钟昌标，等．高铁网络、市场准入与企业生产率 [J]. 中国工业经济，2018（5）.
[130] 张鹏飞．基础设施建设对“一带一路”亚洲国家双边贸易影响研究：基于引力模型扩展的分析 [J]. 世界经济研究，2018（6）.
[131] 张同斌．研发投入的非对称效应、技术收敛与生产率增长悖论——以中国高技术产业为例 [J]. 经济管理，2014，36（1）.
[132] 张鑫宇，张明志．要素错配、自主创新与制造业高质量发展 [J]. 科学学研究，2022，40（6）.
[133] 张学良．中国交通基础设施促进了区域经济增长吗——兼论交通基础设施的空间溢出效应 [J]. 中国社会科学，2012（3）.
[134] 张艳萍，凌丹，刘慧岭．数字经济是否促进中国制造业全球价值链升级 ?[J]. 科学学研究，2022，40（1）.
[135] 张玉，胡昭玲．制度质量、研发创新与价值链分工地位——基于中国制造业面板数据的经验研究 [J]. 经济问题探索，2016（6）.
[136] 张宗和，彭昌奇．区域技术创新能力影响因素的实证分析——基于全国 30 个省市区的面板数据 [J]. 中国工业经济，2009（11）.
[137] 赵宸宇，王文春，李雪松．数字化转型如何影响企业全要素生产率 [J]. 财贸经济，2021，42（7）.
[138] 赵勇，白永秀．知识溢出：一个文献综述 [J]. 经济研究，2009，44（1）.
[139] 中国经济增长与宏观稳定课题组，陈昌兵，张平，等．城市化、产业效率

与经济增长 [J]. 经济研究，2009，44（10）.

[140] 周昌发 . 科技金融发展的保障机制 [J]. 中国软科学，2011（3）.

[141] 周楠，杨竹 . 制度距离与中国企业跨国并购创新绩效 [J]. 科研管理，2023，44（2）.

[142] 朱平芳，项歌德，王永水 . 中国工业行业间 R&D 溢出效应研究 [J]. 经济研究，2016，51（11）.

[143] 诸竹君，黄先海，王煌 . 交通基础设施改善促进了企业创新吗？——基于高铁开通的准自然实验 [J]. 金融研究，2019（11）.

[144] Acemoglu D., Moscona J., Robinson J A.. State capacity and American technology: evidence from the nineteenth century[J]. American Economic Review, 2016，106（5）.

[145] Acemoglu D., Robinson J. A., Verdier T.. Asymmetric growth and institutions in an interdependent world[J]. Journal of Political Economy, 2017，125（5）.

[146] Aghion P., Howitt P., Brant-Collett M., et al.. Endogenous growth theory[M]. Cambridge: MIT press，1998.

[147] Aghion P., Howitt P.. Research and development in the growth process[J]. Journal of Economic Growth，1996，1.

[148] Aghion P., Jaravel X.. Knowledge spillovers，innovation and growth[J]. The Economic Journal，2015，125（583）.

[149] Aghion P., Van Reenen J., Zingales L.. Innovation and institutional ownership[J]. American Economic Review，2013，103（1）.

[150] Agrawal A., Galasso A., Oettl A.. Roads and innovation[J]. Review of Economics and Statistics，2017，99（3）.

[151] Akcigit U., Grigsby J., Nicholas T.. Immigration and the rise of American ingenuity[J]. American Economic Review，2017，107（5）.

[152] Ang J. B., Madsen J. B.. Can second-generation endogenous growth models explain the productivity trends and knowledge production in the Asian miracle economies? [J]. Review of Economics and Statistics，2011，93（4）.

[153] Azomahou T., Diene B., Diene M.. Nonlinearities in productivity growth: A semi-parametric panel analysis[J]. Structural Change and Economic Dynamics，2013，24.

[154] Balsvik R.. Is labor mobility a channel for spillovers from multinationals? Evidence from Norwegian manufacturing[J]. Review of Economics and Statistics，2011，93（1）.

[155] Barro R. J.. Government Spending in a Simple Model of Endogenous Growth[R]. National Bureau of Economic Research，1988.

[156] Barro R. J.. Economic growth in a cross section of countries[J]. Quarterly Journal of Economics, 1991, 106 (2).

[157] Bas M., Causa O.. Trade and product market policies in upstream sectors and productivity in downstream sectors: firm-level evidence from China[J]. Journal of Comparative Economics, 2013, 41 (3).

[158] Basu S., Fernald J., Oulton N., et al.. The Case of the Missing Productivity Growth: Or Does Information Technology Explain why Productivity Accelerated in the US but not the UK? [R]. National Bureau of Economic Research, 2003.

[159] Berchicci L.. Towards an open R&D system: Internal R&D investment, external knowledge acquisition and innovative performance[J]. Research Policy, 2013, 42 (1).

[160] Bernstein J. I., Mohnen P.. International R&D spillovers between US and Japanese R&D intensive sectors[J]. Journal of International Economics, 1998, 44 (2).

[161] Bin G.. Technology acquisition channels and industry performance: an industry-level analysis of Chinese large-and medium-size manufacturing enterprises[J]. Research Policy, 2008, 37 (2).

[162] Bloom N., Jones C. I., Van Reenen J., et al.. Are ideas getting harder to find? [J]. American Economic Review, 2020, 110 (4).

[163] Boeing P., Mueller E., Sandner P.. China's R&D explosion—analyzing productivity effects across ownership types and over time[J]. Research Policy, 2016, 45 (1).

[164] BontisN.. Intellectual capital: an exploratory study that develops measures and models[J]. Management Decision, 1998, 36 (2).

[165] Buccirossi P., Ciari L., Duso T., et al.. Competition policy and productivity growth: an empirical assessment[J]. Review of Economics and Statistics, 2013, 95 (4).

[166] Castellacci F.. Technology gap and cumulative growth: models and outcomes[J]. International Review of Applied Economics, 2002, 16 (3).

[167] Chavas J. P., Aliber M., Cox T. L.. An analysis of the source and nature of technical change: the case of US agriculture[J]. Review of Economics and Statistics, 1997, 79 (3).

[168] Che Y., Zhang L.. Human capital, technology adoption and firm performance: impacts of China's higher education expansion in the late 1990s[J]. The Economic Journal, 2018, 128 (614).

[169] Ciccone A., Papaioannou E.. Human capital, the structure of production, and

growth[J]. Review of Economics and Statistics，2009，91（1）.

[170] Ciruelos A.，M. Wang. International technology diffusion：effects of trade and FDI[J]. Atlantic Economic Journal，2005，33（4）.

[171] Coe D. T.，Helpman E.，Hoffmaister A. W.. International R&D spillovers and institutions[J]. European Economic Review，2005，53（7）.

[172] Coe D.T.. Helpman E，International R&D Spillovers[J]. European Economic Review，1995，39.

[173] Coelli F.，Moxnes A..Ulltveit-Moe K H. Better，faster，stronger：global innovation and trade liberalization[J]. Review of Economics and Statistics，2022，104（2）.

[174] Cohen W. M.，Levinthal D. A.. Innovation and learning：the two faces of R&D[J]. The Economic Journal，1989，99（397）.

[175] Cohen D.，Soto M.. Growth and human capital：good data，good results[J]. Journal of Economic Growth，2007，12（1）.

[176] Czarnitzki D.，Thorwarth S.. Productivity effects of basic research in low-tech and high-tech industries[J]. Research Policy，2012，41（9）.

[177] Czarnitzki D.，Toole A.. The R&D investment - uncertainty relationship：do strategic rivalry and firm size matter? [J]. Managerial and Decision Economics，2013，34（1）.

[178] Davis L.，North D.. Institutional change and American economic growth：a first step towards a theory of institutional innovation[J]. The Journal of Economic History，1970，30（1）.

[179] Donges A.，Meier J. M.，Silva R. C.. The impact of institutions on innovation[J]. Management Science，2023，69（4）.

[180] Doraszelski U.，Jaumandreu J.. R&D and productivity：estimating endogenous productivity[J]. Review of Economic Studies，2013，80（4）.

[181] Eapen A.. Social structure and technology spillovers from foreign to domestic firms[J]. Journal of International Business Studies，2012，43（3）.

[182] Eberhardt M.，Helmers C.，Strauss H.. Do spillovers matter when estimating private returns to R&D? [J]. Review of Economics and Statistics，2013，95（2）.

[183] Fang L. H.，Lerner J.，Wu C.. Intellectual property rights protection，ownership，and innovation：evidence from China[J]. The Review of Financial Studies，2017，30（7）.

[184] Farboodi M.，Veldkamp L.. Long-run growth of financial data technology[J]. American Economic Review，2020，110（8）.

[185] Fare R., Grosskopf S., Norris M., et all.. Productivity growth, technical progress, and efficiency change in industrialized countries[J]. American Economic Review, 1994, 94.

[186] Fernandes A. M., Paunov C.. Foreign direct investment in services and manufacturing productivity: evidence for Chile[J]. Journal of Development Economics, 2012, 97（2）.

[187] Fiorini M., Sanfilippo M., Sundaram A.. Trade liberalization, roads and firm productivity[J]. Journal of Development Economics, 2021, 153.

[188] Fox J. T., Smeets V.. Does input quality drive measured differences in firm productivity? [J]. International Economic Review, 2011, 52（4）.

[189] Furman J. L., Hayes R.. Catching up or standing still? national innovative productivity among "follower" countries, 1978–1999[J]. Research Policy, 2004, 33（9）.

[190] Galasso A., Schankerman M.. Patents and cumulative innovation: causal evidence from the courts[J]. The Quarterly Journal of Economics, 2015, 130（1）.

[191] Gerschenkron A.. Economic Backwardness in Historical Perspective[D]. Cambridge, MA: Belknap Press of Harvard University, 1962.

[192] Goldfarb A., Tucker C.. Digital economics[J]. Journal of Economic Literature, 2019, 57（1）.

[193] Gordon R.. The rise and fall of American growth: the US standard of living since the civil war[M]. Princeton University Press, 2017.

[194] Gorodnichenko Y., Svejnar J., Terrell K.. Does foreign entry spur innovation? [R]. National Bureau of Economic Research, 2015.

[195] Griffith R., Redding S., Reenen J. V.. Mapping the two faces of R&D: productivity growth in a panel of OECD industries[J]. Review of Economics and Statistics, 2004, 86（4）.

[196] Griliches Z.. Issues in assessing the contribution of research and development to productivity growth[J]. The Bell Journal of Economics, 1979, 10（1）.

[197] Griliches Z.. R & D and Productivity[R]. National Bureau of Economic Research, 1988.

[198] Griliches Z.. R & D and the productivity slowdown[J].American Economic Review, 1980, 70（2）.

[199] Griliches Z.. Market Value, R&D, and patents[J]. Economic Letters , 1981, 7.

[200] Griliches Z.. Productivity, R&D, and basic research at the tirm level in the 1970s[J]. American Economic Review, 1986, 76.

[201] Grossman G. M., Helpman E.. Endogenous innovation in the theory of growth[J].

Journal of Economic Perspectives，1994，8（1）.

[202] Guadalupe M.，Kuzmina O.，Thomas C.. Innovation and foreign ownership[J]. American Economic Review，2012，102（7）.

[203] Guellec D.，B. V. P. de la Potterie.R&D and productivity growth：a panel data Analysis of 16 OECD Countries[J]. OECD Economic Studies，2001，33（11）.

[204] Hall B.，Hayashi F.. Research and development as an investment[J]. NBER working paper，1989（2973）.

[205] Hall B. H.. Innovation and market value[J]. Finance，130.

[206] Hall B. H.，Mairesse J.. Exploring the relationship between R&D and productivity in french manufacturing firms[J]. Journal of Econometrics，1995，65.

[207] Hall B. H.，D. Foray，Mairesse J.. Pitfalls in estimating the returns to corporate R&D using Accounting Data[J].Research Methods & Methodology in Accounting eJournal，2007.

[208] Hall B. H.，Lotti F.，Mairesse J.. Innovation and productivity in SMEs：empirical evidence for Italy[J]. Small Business Economics，2009，33（1）.

[209] Harhoff D.. R&D and Productivity in German Manufacturing Firms[J]. Economics of Innovation and New Technology，1998，6.

[210] Hervás-Oliver J. L，Parrilli M. D.，Rodríguez-Pose A.，et al.. The drivers of SME innovation in the regions of the EU[J]. Research Policy，2021，50（9）.

[211] Howell A.. "Indigenous" innovation with heterogeneous risk and new firm survival in a transitioning Chinese economy[J]. Research Policy，2015，44（10）.

[212] Huo Z.，Levchenko A.，Pandalai-Nayar N.. Utilization-adjusted tfp across countries：measurement and implications for international comovement[J]. Journal of International Economics，2023.

[213] Iranzo S.，Peri G.. Migration and Trade in a World of Technological Differences：Theory with an Application to Eastern-Western European Integration[R]. National Bureau of Economic Research，2007.

[214] Jackson G.，Deeg R.. Comparing capitalisms and taking institutional context seriously[J]. Journal of International Business Studies，2019，50.

[215] Jones C. I.，Romer P. M.. The new kaldor facts：ideas，institutions，population，and human capital[J]. American Economic Journal：Macroeconomics，2010，2（1）.

[216] Jones C. I.，Tonetti C.. Nonrivalry and the economics of data[J]. American Economic Review，2020，110（9）.

[217] Kao C.. Spurious regression and residual-based tests for cointegration in panel data[J]. Journal of Econometrics，1999，90（1）.

[218] Keller W.，Yeaple S. R.. Multinational enterprises，international trade，and

productivity growth: firm-level evidence from the United States[J]. Review of Economics and Statistics, 2009, 91（4）.

[219] Keller W.. "International Technology Diffusion", Journal of Economic Literature, 2004, 42（3）.

[220] Keller W.. International trade, foreign direct investment, and technology spillovers[J]. NBER Working Paper, No.15442.

[221] König M., Storesletten K., Song Z., et al.. From imitation to innovation: where is all that Chinese R&D going? [J]. Econometrica, 2022, 90（4）.

[222] Krammer S. M. S.. International R&D spillovers in emerging markets: the impact of trade and foreign direct investment[J]. The Journal of International Trade & Economic Development, 2010, 19（4）.

[223] Kuznets S.. Modern economic growth: findings and reflections[J]. American Economic Review, 1973, 63（3）.

[224] Kwark N. S., Y. S. Shyn. International R&D spillovers revisited: human capital as an absorptive capacity for foreign technology[J]. International Economic Journal, 2006, 20（2）.

[225] Lai M. Y., S. J. Peng, Q. Bao.Technology Spillovers, Absorptive capacity and economic growth[J]. China Economic Review, 2006, 17（3）.

[226] Lapan H, P. Bardhan. Localized technical progress and transfer of technology and economic development[J]. Journal of Economic Theory, 1973, 6（6）.

[227] Le G.. The effectiveness of international knowledge spillover channels[J]. European Economic Review, 2006, 50（8）.

[228] Lichtenberg F.R., Van Pottelsberghe B.. International R&D spillovers: a re-examination[J]. European Economic Review, 1998, 428.

[229] Liebowitz J., C. Y. Suen. Development knowledge management metric for measuring intellectual capital[J]. Journal of Intellectual Capital, 2000, 1（1）.

[230] Loof H., Heshmati A.. On the relationship between innovation and performance: A sensitivity analysis[J]. Economics of Innovation and New Technology, 2006, 15（4-5）.

[231] Lerner J.. The empirical impact of intellectual property rights on innovation: puzzles and clues[J]. American Economic Review, 2009, 99（2）.

[232] Lichtenberg F. R.. R&D investment and international productivity differences[R]. National Bureau of Economic Research, 1992.

[233] Lucas Jr R. E.. On the mechanics of economic development[J]. Journal of Monetary Economics, 1988, 22（1）.

[234] Luintel K. B.，Khan M.. Are international R&D spillovers costly for the United States?[J]. Review of Economics and Statistics，2004，86（4）.

[235] Madse J. B.. Semi–Endogenous versus schumpeterian growth models：testing the knowledge production function using international data[J]. Journal of Economic growth，2008，13（1）.

[236] Madsen J. B.，Timol I.. Long–run convergence in manufacturing and innovation–based models[J]. Review of Economics and Statistics，2011，93（4）.

[237] Madsen J. B.. Human capital and the world technology frontier[J]. Review of Economics and Statistics，2014，96（4）.

[238] Mancusi M. L.. International spillovers and absorptive capacity：a cross–country cross–sector analysis based on patents and citations[J]. Journal of International Economics，2008，76（2）.

[239] Manuelli R .E.，Seshadri A.. Human capital and the wealth of nations[J]. American Economic Review，2014，104（9）.

[240] Matthews R. C. O.. Why growth rates differ[J]. Economic Journal，1969，79（314）.

[241] Mohnen P.. International R&D spillovers in selected OECD countries[J]. UQAM Department of Economics Working Papers，1992.

[242] Moretti E.. Estimating the social return to higher education：evidence from longitudinal and repeated cross–sectional data[J]. Journal of Econometrics，2004，121（1–2）.

[243] Moretti E.. The effect of high–tech clusters on the productivity of top inventors[J]. American Economic Review，2021，111（10）.

[244] Moser P.，Voena A.，Waldinger F.. German Jewish émigrés and US invention[J]. American Economic Review，2014，104（10）.

[245] M ü ller O.，Fay M.，Vom Brocke J.. The effect of big data and analytics on firm performance：an econometric analysis considering industry characteristics[J]. Journal of Management Information Systems，2018，35（2）.

[246] Nadiri M. I.，Kim S.. International R&D spillovers，trade and productivity in major OECD countries[R]. National Bureau of Economic Research，1996.

[247] Nadiri M. I.，Mamuneas T. P.. Infrastructure and Public R&D Investments，and The Growth of Factor Productivity in US Manufacturing Industries[R]. National Bureau of Economic Research，1994.

[248] Newman C.，Rand J.，Talbot T.，et al.. Technology transfers，foreign investment and productivity spillovers[J]. European Economic Review，2015，76.

[249] Nucci F.，Puccioni C.，Ricchi O.. Digital technologies and productivity：A firm–level investigation[J]. Economic Modelling，2023，128.

[250] OECD. OECD Science Technology and Industry Scoreboard 1999 Benchmarking Knowledge-based Economies[R]. Organization for Economic Co-operation and Development, 1999.

[251] Peri G.. The effect of immigration on productivity: Evidence from US states[J]. Review of Economics and Statistics, 2012, 94（1）.

[252] Pieri F., Vecchi M., Venturini F.. Modelling the joint impact of R&D and ICT on productivity: a frontier analysis approach[J]. Research Policy, 2018, 47（9）.

[253] Porter M. E.. The competitive advonioge of notions[J]. Harvard Business Review, 1990, 73.

[254] Rath B. N.. Productivity growth and efficiency change: comparing manufacturing- and service-based firms in India[J]. Economic Modelling, 2018, 70.

[255] Rawat P. S., Sharma S.. TFP growth, technical efficiency and catch-up dynamics: evidence from Indian manufacturing[J]. Economic Modelling, 2021, 103.

[256] Rodrſguez-Pose A., Di Cataldo M.. Quality of government and innovative performance in the regions of Europe[J]. Journal of Economic Geography, 2015, 15（4）.

[257] Romer P. M.. Endogenous technological change[J]. Journal of political Economy, 1990, 98（5）.

[258] Saggi K.. Trade, foreign direct investment, and international technology transfer: a survey[J]. The World Bank Research Observer , 2002, 17（2）.

[259] Scherer F. M.. Firm size, market structure, opportunity, and the output of patented inventions[J]. American Economic Review, 1965, 55（5）.

[260] Siliverstovs B.. R&D and non-linear productivity growth[J]. Research Policy, 2016, 45（3）.

[261] Solow R. M., Hamberg D.. Economic growth and instability[J]. Econometrica, 1957, 25（4）.

[262] Spinesi L.. Rent-seeking bureaucracies, inequality, and growth[J]. Journal of Development Economics, 2009, 90（2）.

[263] Squicciarini M. P.. Voigtländer N., Knowledge elites and modernization: evidence from revolutionary France[R]. National Bureau of Economic Research, 2016.

[264] Tang L., P. E. Koveos. Embodied and disembodied R&D spillovers to developed and developing countries[J]. International Business Review, 2008, 7（5）.

[265] Tinbergen J.. Critical remarks on some business-cycle theories[J]. Econometrica, 1942, 10（2）.

[266] Topalova P., Khandelwal A.. Trade liberalization and firm productivity: the case

of India[J]. Review of Economics and Statistics，2011，93（3）.

[267] Ulku H.. R&D，Innovation and output：evidence from OECD and NonOECD countries[J]. Applied Economics，2007，39（3）.

[268] Wang N.，Hagedoorn J.. The lag structure of the relationship between patenting and internal R&D revisited[J]. Research Policy，2014，43（8）.

[269] Xu B.，J. Wang.. Capital goods trade and R&D spillovers in the OECD[J]. Canadian Journal of Economics，1999，32（5）.

[270] Xu B.，J. Wang. Trade，FDI，and international technology diffusion[J]. Journal of Economic Integration，2000，15（4）.

[271] Zacchia P.. Knowledge spillovers through networks of scientists[J]. Review of Economic Studies，2020，87（4）.

[272] Zhang D.，Zheng W.，Ning L.. Does innovation facilitate firm survival? evidence from Chinese high-tech firms[J].，Economic Modelling，2018，75.

[273] Zhu X.，Chen Y.，Feng C.. Green total factor productivity of China's mining and quarrying industry：a global data envelopment analysis[J]. Resources Policy，2018，57.

附 录

附表 1　　　　包含各创新投入的内生性检验结果

变量	增加可能遗漏的控制变量	2SLS	两步 GMM	迭代 GMM
	（1）	（2）	（3）	（4）
DC	3.5140*** （1.0913）	6.0614*** （2.2314）	6.0614*** （2.2314）	6.0614*** （2.2314）
HC	0.0417* （0.0225）	0.0875** （0.0378）	0.0875** （0.0378）	0.0875** （0.0378）
RC	0.0144 （0.0269）	0.0056 （0.0378）	0.0056 （0.0378）	0.0056 （0.0378）
IC	0.2771 （1.5095）	0.0087 （4.8052）	0.0087 （4.8052）	0.0087 （4.8052）
识别不足检验		38.26 [0.0000]		
弱工具变量检验		13.89 {10.27}	13.89 {10.27}	13.89 {10.27}
控制变量	是	是	是	是
国家固定效应	是	是	是	是
行业固定效应	是	是	是	是
年份固定效应	是	是	是	是
常数项	7.0919 （4.5585）	4.2861** （1.7097）	4.2861** （1.7097）	4.2861** （1.7098）
观测值	12852	12852	12852	12852

注：①中括号内的值为统计量的 *P* 值，大括号内的值为 Stock-Yogo 检验 10% 的临界值。

②注：***、**、* 表示有关变量分别在 1%、5%、10% 的水平上显著。

资料来源：作者根据 Stata17 结果整理。

附表 2　　　　包含各创新投入的稳健性检验结果

变量	折旧率为10% 计算的全要素生产率	折旧率为9.6% 计算的全要素生产率	解释变量滞后一期	解释变量滞后两期	缩尾 1% 处理	以 2 年为间隔的样本	滚动窗口法	剔除特殊样本
	（1）	（2）	（3）	（4）	（5）	（6）	（7）	（8）
DC	3.3782*** （1.0762）	3.3909*** （1.0775）			4.0475** （1.6503）	3.5555*** （1.0540）	3.7244*** （1.1835）	3.4599*** （1.1116）
HC	0.0382* （0.0216）	0.0385* （0.0217）			0.0386** （0.0185）	0.0430* （0.0221）	0.0428* （0.0239）	0.0494** （0.0233）

续表

变量	折旧率为10%计算的全要素生产率	折旧率为9.6%计算的全要素生产率	解释变量滞后一期	解释变量滞后两期	缩尾1%处理	以2年为间隔的样本	滚动窗口法	剔除特殊样本
	（1）	（2）	（3）	（4）	（5）	（6）	（7）	（8）
RC	0.0148 （0.0259）	0.0147 （0.0260）			0.0222 （0.0228）	0.0091 （0.0271）	0.0130 （0.0271）	0.0112 （0.0269）
IC	0.3496 （1.4950）	0.3437 （1.4937）			1.1036 （1.4133）	0.3666 （1.4648）	0.0488 （1.7188）	0.6601 （1.4913）
L.DC			3.2475*** （1.1276）					
L.HC			0.0457* （0.0229）					
L.RC			0.0102 （0.0271）					
L.IC			0.1267 （1.5401）					
L2.DC				3.0030** （1.1376）				
L2.HC				0.0483** （0.0234）				
L2.RC				0.0072 （0.0275）				
L2.IC				0.1693 （1.5676）				
控制变量	是	是	是	是	是	是	是	是
年份固定效应	是	是	是	是	是	是	是	是
国家固定效应	是	是	是	是	是	是	是	是
行业固定效应	是	是	是	是	是	是	是	是
常数项	4.3078 （3.9548）	4.2906 （3.9554）	3.9354 （3.8027）	3.8558 （3.6567）	3.8877 （3.8708）	4.5716 （3.7867）	1.5533 （1.2137）	6.8710 （4.3871）
观测值	12852	12852	12240	11628	12852	6732	12852	12495
调整后 R^2	0.5799	0.5789	0.5619	0.5569	0.6023	0.5603	0.5893	0.5760

注：***、**、* 表示有关变量分别在 1%、5%、10% 的水平上显著。

资料来源：作者根据 Stata17 结果整理。

第九章

新时期数字经济与数字贸易协同发展机制研究

摘　要

数字经济与数字贸易日益成为新型国际竞争的关键领域，加快数字经济与数字贸易协同推动经济高质量发展，成为新时期迫切需要研究的重要课题。本章对数字经济与数字贸易的协同发展机制及实施路径进行深入分析，并从数字产业化与产业数字化两个维度，基于供给与需求角度，构建数字经济与数字贸易协同发展竞争力评价体系，测算我国省级层面数字经济与数字贸易竞争力水平，从生产者、消费者角度分析数字经济、数字贸易及其协同发展促进经济高质量发展的影响路径。

本章基于 2011—2019 年中国 31 个省（自治区、直辖市）的面板数据，利用动态面板系统 GMM 方法对数字经济与数字贸易的互动机制及实施路径进行实证检验。

（1）我国数字经济与数字贸易存在良性互动机制，数字产业化、产业数字化是数字经济与数字贸易互动的重要途径。本章运用耦合协调度模型测算得出我国各地区数字经济与数字贸易发展协同程度，其中，东部地区数字经济与数字贸易协同度比较高，中、西部地区协同度比较低，区域之间发展不平衡不充分的问题仍然比较突出。

（2）数字经济与数字贸易协同发展对经济高质量发展具有显著促进作用。本章通过对全要素生产率的分解，发现技术进步是我国数字经济、数字贸易及其协同发展以促进经济高质量发展的重要途径。通过对分地区样本进行分析可以发现，数字经济对各地区经济发展质量提升都有促进作用，但数字贸易对中、西部地区经济发展质量影响不明显。

（3）本章提出加快我国数字经济与数字贸易协同发展的建议：大力推进数字产业化与产业数字化融合发展，增强数字服务贸易发展新优势，推进数字贸易高质量发展；促进区域之间数字经济与数字贸易协同发展。

关键词：数字经济；数字贸易；经济效应

第一节　数字经济和数字贸易的主要研究文献回顾

一、有关数字经济的主要研究文献回顾

（一）有关数字经济内涵及其变化的研究文献

数字经济是继农业经济、工业经济和服务经济之后一种新的经济发展形态。数字经济正在不断深化发展，数字经济的定义也随着数字经济的深化发展不断变化。2016 年在杭州召开的 G20 峰会上通过的《G20 数字经济发展与合作倡议》中提出数字经济定义：数字经济是以使用数字化的知识和信息作为关键生产要素，以现代信息网络作为重要载体，以信息通信技术的有效使用作为效率提升和经济结构优化的重要推动力的一系列经济活动。《中国数字经济发展白皮书（2020 年）》对数字经济定义为：数字经济是以数字化的知识和信息作为关键生产要素，以数字技术为核心驱动力，以现代信息网络为重要载体，通过数字技术与实体经济深度融合，不断提高经济社会的数字化、网络化、智能化水平，加速重构经济发展与治理模式的新型经济形态。数字经济正推动生产方式、生活方式和治理方式深刻变革，成为重组全球要素资源、重塑全球经济结构、改变全球竞争格局的关键力量。

随着数字经济的深化发展，数字经济的内涵和范围不断拓展。数字经济定义最早可追溯到计算机技术创新与信息经济。马克卢普（1962）[①]针对信息通信技术（ICT）产业创新发展提出了“信息经济”的概念，将作为“重要的经济部门”的“向市场提供信息产品或信息服务的那些企业”称为“第一信息部门”。马克波拉特（1977）[②]在马克卢普提出的“第一信息部门”基础上加入“第二信息部门”，即融合信息产品与服务的其他经济部门。信息技术与互联网技术相互融合，催生了新业态和新

① 弗里茨·马克卢普：《美国的知识生产与分配》，中国人民大学出版社 2007 年版。

② 马克波拉特：《信息经济论》，湖南人民出版社 1987 年版。

商业模式，超越了“第一信息部门”和“第二信息部门”。

美国学者 Tapscott（1996）[①] 在《数字经济：网络智能时代的机遇与挑战》一书中最早提出“数字经济”一词，他阐述了网络智能、知识经济给旧经济中的生产生活带来巨大变革，但是书中并未给出数字经济的明确定义。尼葛洛庞帝（1996）[②] 在著作《数字化生存》中强调比特对未来信息化生活的作用，因而数字化时代具有四个特质：分散权力、全球化、追求和谐与赋予权力。Lane（1999）[③] 认为互联网中计算和通信技术的融合以及由此产生的信息和技术的流动，刺激了电子商务的发展和巨大的组织变革。Kling 和 Lamb（2000）[④] 提出数字经济应包括其开发、生产、销售或供应十分依赖于数字技术的商品或服务。Knickrehm 等（2016）[⑤] 提出数字经济是指经济总产出中由大量的“数字”投入产生的份额。Dahlman 等（2016）[⑥] 指出，数字经济是几种通用技术和人们通过互联网及相关技术进行的一系列经济和社会活动的融合。Bukht 和 Heeks（2016）[⑦] 认为数字经济是指信息通信技术在所有经济领域使用的经济。

我国学者对数字经济内涵的研究是在信息经济研究基础上进一步发展起来的。赵玉鹏和王志远（2003）[⑧] 认为，由于 ICT 技术的发展，通信、政务、商业、医疗、金融等方面出现数字化就叫数字经济。何枭吟（2007）[⑨] 认为，数字经济是一种新的经济形态，是由数字技术快速发展带来的生产生活全方位变化的革命。孙德林和王晓玲（2004）[⑩] 认为，数字经济的本质是信息化。逄健和朱欣民（2013）[⑪] 指出，数字经济是以信

① Don Tapscott:《数字经济：网络智能时代的机遇与挑战》，机械工业出版社 2016 年版。

② 尼葛洛庞帝:《数字化生存》，机械工业出版社 2017 年版。

③ Lane N., “Advancing the digital economy into the 21st century,” *Information Systems Frontiers*, Vol.3, No. 1, 1999.

④ Kling R., R Lamb., “IT and organizational change in digital economies: A Sociotechnical Approach,” Vol. 29, 2000.

⑤ Knickrehm M., et al., “Digital disruption: The growth multiplier,” *Accenture Strategy*, No.1, 2016.

⑥ Dahlman C., et al., “Harnessing the digital economy for developing countries,” 2016.

⑦ Bukht R., Heeks R., “Defining, conceptualising and measuring the digital economy,” *Development Informatics Working Paper*, No.68, 2016.

⑧ 赵玉鹏、王志远:《数字经济与数字经济时代浅议》，《广西民族学院学报（哲学社会科学版）》2003 年第 1 期。

⑨ 何枭吟:《美国数字经济的制度因素分析》，《工业技术经济》2007 年第 1 期。

⑩ 孙德林、王晓玲:《数字经济的本质与后发优势》，《当代财经》2004 年第 12 期。

⑪ 逄健、朱欣民:《国外数字经济发展趋势与数字经济国家发展战略》，《科技进步与对策》2013 年第 30 卷第 8 期。

息和通信技术为基础，通过互联网等途径，实现交易、交流、合作的数字化。裴长洪等（2018）[①]指出，数字经济是一种更高级、可持续的经济形态，将利用信息通信技术促进经济社会各方面发展。中国国家统计局（2021）[②]认为，数字经济是以数据资源作为关键生产要素、以现代信息网络作为重要载体、以信息通信技术的有效使用作为效率提升和经济结构优化的重要推动力的一系列经济活动。

综合国内外学者的研究，学界对数字经济的内涵研究不断深化，由前期主要聚焦于信息技术、数字技术相关的技术、商品与服务，逐渐拓展到数字要素市场、数字产业化、产业数字化、数字治理、数字贸易等。国务院印发的《"十四五"数字经济发展规划》指出，数字经济包括数据要素市场体系、产业数字化、数字产业化、数字基础设施、数字化公共服务、数字经济治理体系等。《"十四五"数字经济发展规划》提出了数字经济发展目标：到2025年，数字经济迈向全面扩展期，数字经济核心产业增加值占GDP比重达到10%，数字化创新引领发展能力大幅提升，智能化水平明显增强，数字技术与实体经济融合取得显著成效，数字经济治理体系更加完善，我国数字经济竞争力和影响力稳步提升。本章考虑到数字经济与数字贸易互动发展，将数字经济定义为：以数字化的知识和信息作为关键生产要素，以数字技术为重要驱动力，以现代信息网络为重要载体，通过数字技术与实体经济深度融合，实现数字经济与数字贸易互动发展，不断提高经济社会的数字化、智能化、现代化水平的新型经济形态。

（二）有关数字经济计量和分类的主要研究文献回顾

国际上对数字经济计量及分类大体分为三大类：一是按照数字经济核心产业（以ICT产业为主）测算；二是按照狭义数字经济测算，主要包括电子商务、数字媒体、互联网平台经济等；三是按照广义数字经济测算，包括数字技术和数字经济促进农业、工业、服务业的数字化等。

数字经济核心产业主要是指信息通信技术产业，包括基础电信业、电子信息制造业、软件及服务业、互联网业，采用数字经济核心产业这

① 裴长洪、倪江飞、李越：《数字经济的政治经济学分析》，《财贸经济》2018年第39卷第9期。

② 中国国家统计局：《数字经济及其核心产业统计分类（2021）》，2021年。

种计量方法的有联合国、经济合作与发展组织（OECD）、Bruegel 智库等。按照数字经济核心产业测算的数字经济规模普遍偏小。联合国、OECD 等国际组织的测算结果表明，数字经济核心产业占 GDP 比重约为 6%，核算方法为直接利用生产法计算 ICT 产业的增加值总和占国内生产总值比例。联合国（2017）在《数字经济报告》中指出，2014 年全球 ICT 部门产品和服务占 GDP 的 6.4%。OECD（2014）发布的《测量数字经济——一个新的视角》指出，2013 年 OECD 国家信息产业占 GDP 比重近 6%。Bruegel 智库（2018）在《中国的数字经济体量有多大》中指出，2016 年中国 ICT 产业增加值占 GDP 的 5.6%。

狭义数字经济是在 ICT 产业的基础上加入应用数字工具的经济部门，即直接运用 ICT 产业的经济部门以及新业态、新模式产生的新部门，采用这一界定范围的有国际货币基金组织（IMF）、美国经济分析局（BEA）、澳大利亚经济局（ABS）、波士顿咨询公司（BCG）、许宪春和张美慧（2020）①。广义数字经济既包括 ICT 产业及其直接产生的新业态、新模式，也包括数字技术外溢带来的间接经济效益，即数字经济的核算应该包括其对农业、工业、服务业的所有贡献，采用这一界定范围的有中国信息通信研究院、腾讯研究院、马克卢普、马克波拉特等。按照狭义定义测算的数字经济规模结果居中。IMF（2018）②发布的《数字经济测算》利用生产法测得绝大多数国家数字经济占 GDP 的比重不到 10%；BCG 2018 年发布《迈向 2035：4 亿数字经济的未来》③，计算出 2015 年中国数字经济占 GDP 的比重为 13%，并预测到 2035 年，这一比重将达到 48%；BEA 的 Barefoot et al.（2018）④测得，2016 年美国数字经济占 GDP 的比重为 6.5%；ABS（2019）⑤借鉴 BEA 的测算方法，对澳大利亚数字经济规模进行了测度；许宪春、张美慧（2020）借鉴 BEA 和 ABS 的统计框架，对 2017 年中国数字经济规模进行了测算，发现当年数字经济占 GDP 的比重约为 6.53%。

---

① 许宪春、张美慧：《中国数字经济规模测算研究——基于国际比较的视角》，《中国工业经济》2020 年第 5 期。

② International Monetary Fund, *Measuring the Digital Economy*, 2018.

③ 波士顿咨询公司：《迈向 2035：4 亿数字经济的未来》，2018 年。

④ Kevin Barefoot, et al., “Defining and measuring the digital economy,” *US Department of Commerce Bureau of Economic Analysis*, Vol.15, 2018.

⑤ Australian Bureau of Statistics, *Digital activity in the Australian economy*, 2019.

按照广义定义测算的数字经济规模覆盖面最广，体量最大。腾讯研究院（2018）[①]发布的《中国“互联网+”指数报告（2018）》利用回归分析方法，基于固定效应面板模型，估计“互联网+数字经济指数”与GDP之间的回归系数，再根据构建的“互联网+数字经济指数”推算数字经济增加值，测得2018年中国数字经济占GDP的比重为32.9%；中国信息通信研究院将数字经济分为数字产业化与产业数字化两部分，数字产业化部分包括电子信息制造业、软件服务业、电信业、互联网业务，产业数字化部分包括在三个产业中数字产业的增加值部分，自2015年起已连续五年发布数字经济相关报告，在《中国数字经济发展白皮书（2022年）》中，测得中国数字经济总规模占GDP的比重为36.2%。

数字经济发展速度不断加快，数字技术与实体经济融合和辐射范围不断扩大，数字经济对经济社会的影响程度不断加深，给数字经济计量带来一系列挑战。Bukht & Heeks（2016）提出数字经济计量面临挑战：一是不同的数字经济的定义使计量模型比较研究变得困难；二是存在数据缺失等数据质量问题；三是摩尔定律支配下所引发的价格问题；四是数字化经济活动的产出存在不可分辨性，对数字经济进行计量需要在覆盖全面性与数据可得性之中作出取舍。Mesenbourg & Atrostic（2001）提出，数字经济计量主要包括数字基础设施、电子业务流程和电子商务交易，并指出准确计量数字经济存在较大难度。Kling & Lamb（2000）指出，数字经济范围比信息经济更广，可以把数字经济计量分为四个部分：高度数字化的商品和服务，混合数字产品和服务，信息技术密集型服务或商品生产，支持这三个数字经济部分的IT产业部分。Knickrehm et al.（2016）提出，计量数字经济主要包括数字技能、数字设备和各种中间数字产品和服务。Dahlman et al.（2016）提出，数字经济计量包括数字技术的物理基础设施（宽带线路、路由器）、用于访问的设备（电脑、智能手机）、驱动应用（谷歌、Salesforce）以及提供的功能（物联网、数据分析、云计算）。我国学者对于数字经济的计量是从行业的角度进行划分的。刘昭洁（2018）将数字经济基础产业分为以下几个行业：计算机、电子及光学产品业、邮政和通信业、计算机及

① 腾讯研究院：《中国“互联网+”指数报告（2018）》，2018年。

相关活动业。荆文君和孙宝文（2019）提出，数字经济计量包括电子商务、互联网金融等互联网产业和传统产业的数字化转型。有关数字经济的内涵及变化的主要研究文献如表 9–1 所示。

表9-1　有关数字经济的内涵及变化的主要研究文献

学者及机构	数字经济的内涵及变化
何枭吟（2005）	数字经济：以知识为基础，在数字技术催化作用下，制造、管理和流通领域以数字化形式表现的一种新的经济形态。数字产品：由字符串 0 和 1 构成产品使用价值的任何产品
美国国际贸易委员会（2013）	数字产业：生产或提供数字产品和服务的产业。数字化产业部门：数字信息和通信技术在促进产品和服务的设计、开发、生产、营销和交付方面发挥重要作用的部门
TTIP（2015）	“服务、投资和电子商务”提案指出，计算机和电信服务等是数字经济的关键推动因素和推动数字经济的重要行业
俄罗斯《数字经济发展 2035 规划》（2016）	数字经济是一种公共关系的总和，使用电子技术、电子基础设施、电子服务、大数据分析和预测技术来优化生产、分配、交换和消费的过程并提高社会经济发展水平的组成部分
BEA（2018）	主要参考 OECD 的定义，主要从互联网和相关信息通信技术（ICT）的角度来定义数字经济：①数字使能基础设施；②数字交易（“电子商务”）；③数字媒体。BEA 的定义与经合组织和联合国统计部门信息通信技术部门的国际公认定义基本一致
《2020 年世界贸易报告》（2020）	数字经济：包括信息技术产品和服务，以提供数字基础设施、在线平台、数字化服务和跨境数据流动。信息通信技术[①]和数字部门的定义：主要活动与数字技术的开发、生产、商业化和密集使用有关的制造业和服务业
OECD 二十国集团数字经济工作组（2020）	数字经济：包含所有依赖于使用数字投入（数字技术、数字基础设施、数字服务和数据）或通过这些投入而显著增强的经济活动。数字经济体：指所有生产者和消费者，包括政府，在其经济活动中利用这些数字投入

① 《2020 年世界贸易报告》中信息通信技术产品包括电子元件、印刷电路板、计算机、电信设备、消费电子产品以及磁性和光学介质，信息通信技术服务包括开发、批发和维修计算机、计算机设备和软件，电信，数据处理，门户网站，托管和相关活动。

续表

学者及机构	数字经济的内涵及变化
中国信息通信研究院[①]	数字经济：是以数字化的知识和信息作为关键生产要素，以数字技术为核心驱动力，以现代信息网络为重要载体，通过数字技术与实体经济深度融合，不断提高经济社会的数字化、网络化、智能化水平，加速重构经济发展与治理模式的新型经济形态。 数字经济包括数据价值化、数字产业化、产业数字化、数字化治理
中国国家统计局（2021）[②]	数字产业化部分（数字经济核心产业）：数字产品制造业、数字产品服务业、数字技术应用业、数字要素驱动业，主要包括计算机通信和其他电子设备制造业、电信广播电视和卫星传输服务、互联网和相关服务、软件和信息技术服务业。 产业数字化部分：数字化效率提升

资料来源：作者根据相关文献整理。

（三）有关数字经济研究文献数量变化分析

1. 有关数字经济外文文献数量统计分析

以与数字经济有关的一系列关键词“digital economy”“Internet economy”“information economy”“digital technology”“information and communications technology”“digital industry”“digital infrastructure”“digital transformation”“industrial Internet”“digital trade”“digital service trade”“digital product trade”“digital trade rules”“e-commerce”在 Web of Science 核心合集数据库中检索得到有关论文共 224163 篇。从时间上来看，由 1990 年的 80 篇增长到 2020 年末的 19256 篇，且增长速度不断加快（见图 9-1 左），在文献被引量方面（见图 9-1 右），被引量超过 100 且不足 300 的文献数量达到 4022 篇，被引量 1000 以上且不足 1500 的文献也有 91 篇之多。其中，经济学国际权威主流期刊发文量为 205 篇（见表 9-2），*Journal of International Economics*、*American Economic Review*、*Econometrica* 刊登量均超过 35 篇，这表明国际上数字经济研究文献持续增多，研究成果不断涌现。

---

① 中国信息通信研究院：《中国数字经济发展白皮书（2020 年）》，2020 年。

② 中国国家统计局：《数字经济及其核心产业统计分类（2021）》，2021 年。

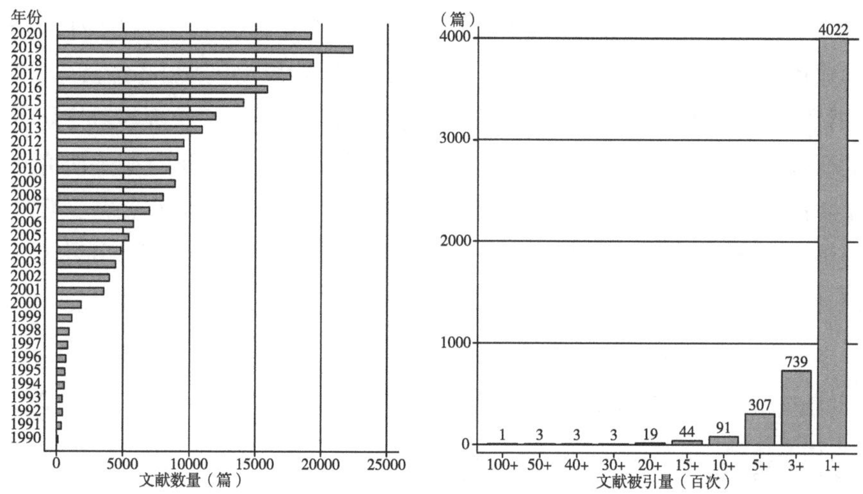

图9-1 1990—2020年Web of Science相关文献数量及被引量

资料来源：作者根据 Web of Science 核心数据库绘制。

表9-2　　1990—2020年经济学国际权威主流期刊论文

国际权威主流期刊	文献量（篇）
Journal of International Economics	40
American Economic Review	38
Econometrica	36
Journal of Finance	26
Journal of Development Economics	24
Quarterly Journal of Economics	22
Journal of Political Economy	19
总计	205

数据来源：作者根据 Web of Science 核心数据库整理。

2. 有关数字经济主题中文文献数量统计分析

以“数字经济”“互联网经济”“信息经济”“数字技术”“信息通信技术”“数字产业”“数字基础设施”“数字化转型”“工业互联网”“数字贸易”“数字服务贸易”“数字产品贸易”“数字贸易规则”“电子商务”为关键词在中国知网数据库检索得到有关论文共 99178 篇。从时间跨度上来看，由 1990 年的 13 篇增长到 2020 年末的 11755 篇（见图 9-2 左），增长速度同样不断加快，体现出国内学者对这一主题的研究正紧随国际步伐。在文献被引量方面（见图 9-2 右），被引量超过 100 且不足200的有193篇，超过600且不足700的有4篇。其中，国内经济学权威期刊发文量为117篇（见表9-3），《国际贸易问题》《经济学家》《财贸经济》的刊登量最多。从整体上看，国内对于数字经济与数字贸易的研究正处于起步阶段，当下经济数字化转型和数字贸易的相关研究正是我国政府部门和学术界聚焦的热点。随着后续研究的全面展开，数字经济和数字贸易的统计口径难题、发展演变规律、发展竞争力评估标准、两者互动发展的影响因素及经济质量效应等亟待进行更深入的探究。

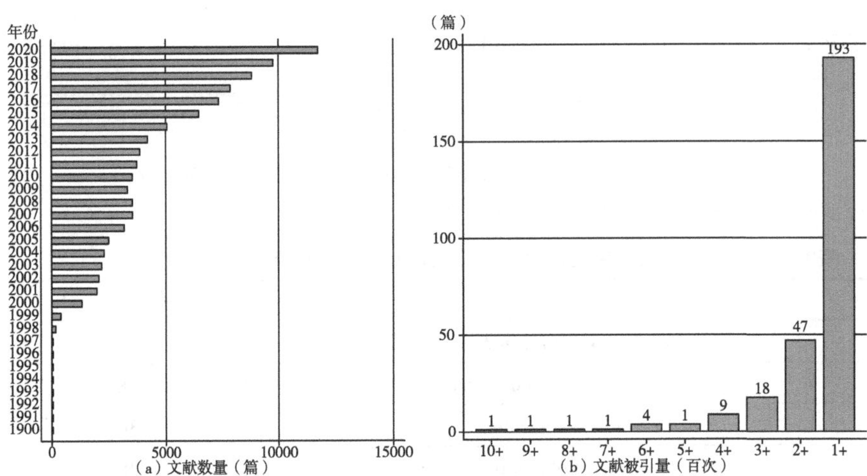

图9-2　1990—2020年中国知网数据库相关文献数量及被引量情况

资料来源：作者根据中国知网数据库绘制。

表9-3　　1990—2020年国内经济学权威期刊发表

国内权威期刊	文献量（篇）	最高被引用量及相应作者
《经济研究》	7	183次；张勋等（2019）
《管理世界》	13	225次；肖静华等（2015）
《中国工业经济》	9	253次；冯华和陈亚琦（2016）
《世界经济》	5	31次；阎坤和陈昌盛（2001）
《中国社会科学》	2	3次；李辉和史璟（2019）
《经济学（季刊）》	2	41次；赵冬梅（2008）
《数量经济技术经济研究》	16	33次；沈颂东和亢秀秋（2018）
《金融研究》	2	38次；谢康（2001）
《经济学家》	20	70次；荆文君和孙宝文（2019）
《财贸经济》	17	86次；裴长洪等（2018）

续表

国内权威期刊	文献量（篇）	最高被引用量及相应作者
《南开经济研究》	3	22 次；王金杰和李启航（2017）
《国际贸易问题》	21	72 次；马述忠等（2018）
总计	117	—

资料来源：作者根据中国知网数据库整理。

（四）有关数字经济发展作用的主要研究文献回顾

Zimmerman（2000）①指出，数字经济的发展将对经济体系和经济价值的创造产生根本性的影响。乌家培（2000）指出，信息网络有强大的支撑效应、渗透效应、带动效应，其发展演变过程中存在支配性的规律，即梅特卡夫定律、摩尔定律、达维多定律。

（1）梅特卡夫定律（Metcalfe's Law）②。梅特卡夫定律聚焦于信息网络的扩张效应，即网络价值以用户数量的二次方倍率提升，表明网络存在极大的正外部性。随着网络节点数量的不断增多，网络对经济社会的影响将不断增强，数字经济具有极强的渗透和融合作用。

（2）摩尔定律（Moore's Law）③。英特尔公司创始人之一 Gordon Moore（1965）在其观察评论报告中经过绘制数据发现，集成电路芯片上所集成的晶体管数量大约每隔 18 个月就能翻番，相应的计算机处理能力会提升，产品价格会下降。摩尔定律表明数字经济对相关产业的成本、价格和效率具有影响的规律性。

（3）达维多定律（Davidow's Law）。Davidow（1992）④提出，市场的第一代产品能自动获得 50% 的市场份额，而随后被动地以第二或第三家企业身份进入市场，所获得的利益将远不及第一家，因而一家企业要想在市场中一直维持主导地位，就需要第一个开发出新一代产品并第一个

① Zimmermann H.，"Understanding the Digital Economy：Challenges for New Business Models，" *Social Science Electronic Publishing*，Vol.402，2000.

② Gilder.，"Metcalfe's Law and Legacy，" *Forbes ASAP*，September 13，1993.（注：梅特卡夫定律是一个关于网络价值和网络技术发展的定律，由乔治・季尔德于 1993 年提出，但以计算机网络先驱罗伯特・梅特卡夫的姓氏命名，以表彰他在以太网上的贡献。）

③ Gordon Moore，" Moore's law，" *Electronics Magazine*，Vol.38，No.8，1965.

④ Davidow W.. H.，*The Virtual Corporation*：*Structuring and Revitalizing the corporation for the 21st century*，Harper Bus，1992.

淘汰自己现有的产品。达维多定律更侧重于竞争策略，也使得数字经济行业表现出更激烈的竞争性，数字产品更新换代的速度更快。

（4）Katz & Shapiro（1985）[①]研究了消费和网络的外部性，Angeletos & Pavan（2007）[②]进一步研究了信息带来的社会价值。Markovich & Moenius（2009）[③]研究了网络经济中的企业竞争，Wolitzky（2013）[④]分析了互联网控制下的博弈问题。数字技术创新、数字产业化和产业数字化成为第四次工业革命主流，数字技术在传统产业的全方位应用，将对企业、行业、宏观经济产生重要作用。

有关数字经济发展作用计量的主要研究文献见表 9-4。

表9-4　　有关数字经济发展作用计量的主要研究文献

学者	研究方法	研究样本
Hardy（1980）[⑤]	探讨了电信基础设施（电话）在经济发展中所起的促进作用，利用横断面时间序列数据确定电话对经济发展的贡献，采用通径分析和交叉关联技术。研究认为：电话确实对经济发展作出了贡献。 $y_i = \beta_0 + \beta_1 energy + \beta_2 tel + \beta_3 radio + \epsilon_i$	1960—1973 年 15 个发达国家和 45 个发展中国家样本数据
Brynjolfsson（1996）[⑥]	估计了消费者剩余的四种度量，包括马歇尔盈余、基于补偿需求曲线的精确盈余、“非参数”估计和基于指数理论的值。研究认为：IT 支出在美国以每年约 0.3% 的速度促进了经济增长，IT 投资为消费者创造的价值大约是其成本的 3 倍。 $\log q_{it} = \gamma_i + \alpha_i \log p_{it} + \beta_i \log p_{jt} + \delta_i \log y_{it} + \epsilon_{it}$	1987 年美国消费者数据

① Katz M L.，Shapiro C.，“Network Externalities，Competition，and Compatibility，” *American Economic Review*，Vol.75，No.3，1985.

② Angeletos G.M.，Pavan A.，“Efficient Use of Information and Social Value of Information，” *Econometrica*，Vol.75，No.4，2007.

③ Markovich S.，Moenius J.，“Winning while losing：Competition dynamics in the presence of indirect network effects，” *International Journal of Industrial Organization*，Vol.27，No.3，2009.

④ Wolitzky A.，“Cooperation with Network Monitoring，” *Review of Economic Studies*，Vol.80，No.1，2013.

⑤ Hardy A P.，“The role of the telephone in economic development，” *Telecommunications Policy*，Vol.4，No.4，1980.

⑥ Brynjolfsson E.，“The contribution of information technology to consumer welfare，” *Information Systems Research*，Vol.7，No.3，1996.

续表

学者	研究方法	研究样本
Oliner & Sichel（2000）[①]	在新古典主义的假设下，将通信设备与硬件和软件结合起来，从五种投入来计算对产出增长的贡献：计算机硬件、计算机软件、通信设备、其他资本和劳动时间。研究认为，信息技术促进了美国劳动生产率增长。 $Y=\alpha_C K_C+\alpha_{SW}K_{SW}+\alpha_M K_M+\alpha_O K_O+\alpha_L(L+q)+MFP$	1974—1999年美国非农业商业部门数据
孙宝文（2002）[②]	使用产业贡献率估计信息技术产业对 GDP 的短期影响，通过估计附加了信息化指数的柯布－道格拉斯生产函数来估计对信息技术产业的长期影响。研究认为：从短期来看，经济增长对 GDP 的贡献率明显提高，占到当时全部 GDP 增量的 10% 以上。 $\ln Y=\ln A_0+\alpha\ln K+\beta\ln L+\gamma\ln I+\delta D$	1990—2000年中国 31 个省（自治区、直辖市）面板数据、信息技术产业增加值
孙琳琳等（2012）[③]	分析了信息化对中国经济增长的贡献，主要从 ICT 资本深化、ICT 生产行业 TFP 改进和 ICT 使用行业 TFP 改进进行分析。研究认为，信息化对中国经济增长的贡献表现在 ICT 资本深化与 ICT 制造业 TFP 改进，但是 ICT 使用仍未带来行业 TFP 改进。 $d\ln A_{i,t}^{Y}=\alpha+\beta D+\gamma C+\delta D\times C+\epsilon$	1981—2005年行业面板数据

资料来源：作者根据相关文献整理。

二、有关数字贸易的主要研究文献回顾

（一）数字贸易定义及其变化的研究文献

数字贸易是以数字信息为关键生产要素，以现代化互联网络为载体，以数字技术为手段，进行的数字商品、数字服务和跨境电商等交换活动，数字贸易是数字经济时代的新型国际贸易方式。数字贸易概念起源于国外，随着数字贸易不断深化发展，数字贸易的定义还在不断发生变化。

美国经济分析局（BEA）在《数字化服务贸易的趋势》（2012）[④]中

① Oliner S.，Sichel E.，"The resurgence of growth in the late 1990s：is information technology the story，" *Journal of Economic Perspectives*，Vol.14，No.4，2000.

② 孙宝文：《信息技术产业对经济增长影响的实证研究》，《中央财经大学学报》2002 年第 6 期。

③ 孙琳琳、郑海涛、任若恩：《信息化对中国经济增长的贡献：行业面板数据的经验证据》，《世界经济》2012 年第 2 期。

④ BEA，"Trends in Digitally-Enabled Trade in Services，" 2012.

最早给出数字化服务的定义：数字化服务是指数字信息和通信技术在促进跨境服务贸易方面发挥重要作用的服务，主要包括专利使用费及许可证费用、保险、金融服务，电信及商业、专业和技术服务。美国国际贸易委员会在2013年《数字贸易1》①中给出了数字贸易的定义：通过固定线路或无线数字网络交付产品和服务，也指通过互联网提供的产品和服务的商业活动（见表9–5）。《美国—墨西哥—加拿大协定》（USMCA，2018）②将数字贸易单独列为一章，并给出了数字产品的定义。2019年，OECD、WTO和IMF提出，数字贸易包括“以数字方式订购”和“以数字方式交付”两种模式。RCEP（2020）③在促进电子商务发展条款中指出，缔约方应当考虑有关数字贸易的问题，如数字产品待遇、源代码、金融服务中跨境数据流动和计算设施的位置等。数字贸易发展愈发受到国际各国的重视。

我国数字贸易定义及研究明显晚于欧美发达国家。中国信息通信研究院发布的《数字贸易发展与影响白皮书（2019）》④将数字贸易分为两大类：一类是基于信息通信技术开展的实物商品贸易；另一类是通过信息通信网络（语音和数据网络等）传输的数字服务贸易。2020年9月中国国际服务贸易交易会期间，商务部、工业和信息化部等部门提出数字贸易定义：数字贸易是采用数字技术进行研发、设计、生产，并通过互联网等现代技术手段，为用户交付的产品和服务，是以数字服务为核心、数字交付为特征的贸易新形态。数字贸易既包括以数字内容、数字技术为主的数字服务贸易，也包括以跨境电商为主的数字平台贸易。马述忠等（2018）⑤认为数字贸易是以现代信息网络为载体，通过信息通信技术的有效使用实现传统实体货物、数字产品与服务、数字化知识与信息的高效交换，进而推动消费互联网向产业互联网转型并最终实现制造业智

① ITC, “Digital Trade in the U.S. and Global Economies, Part 1,” 2013.

② USMCA, “USMCA Trade Agreement—Chapter 19 Digital Trade Article,” 2018.

③ RCEP, “Regional Comprehensive Economic Partnership (RCEP) agreement (2020) —Digital Economy Partnership Agreement,” 2020.

④ 中国信息通信研究院：《数字贸易发展与影响白皮书（2019）》，2019年。

⑤ 马述忠、房超、梁银锋：《数字贸易及其时代价值与研究展望》，《国际贸易问题》2018年第10期。

能化的新型贸易活动。李轩和李珮萍（2021）①、高凌云和樊玉（2020）②等在研究中均给出了数字贸易的定义。综合国内外机构和学者的研究成果来看（见表9–5），数字贸易概念广受关注且不断发展。

表9-5　　美国国际贸易委员会对数字贸易的分类

数字贸易分类	数字产品与数字服务
数字交付内容	音乐 游戏（包括全格式的手机游戏、附加内容下载、游戏订阅、社交网络游戏和在线多人游戏） 视频（包括网络电视、电影和其他视频） 书籍（包括电子书、数字课程和有声书）
社交媒体	社交网络 用户评论网站
搜索引擎	通用搜索引擎 专业搜索引擎
其他数字产品和服务	软件服务，包括移动应用程序（App）和通过云（互联网）交付的软件 通过云提供的数据服务，包括数据处理和数据存储 通过互联网提供的通信服务，包括电子邮件、即时消息和互联网协议语音（VoIP） 通过云提供的计算平台服务

资料来源：作者根据美国国际贸易委员会相关资料整理。

（二）数字贸易的计量及分类主要研究文献

数字贸易的计量及分类包括基于信息通信技术的数字化产品贸易和数字化服务贸易。Hui & Chau（2002）③认为，从广义上讲，数字产品和数字服务是指任何可以数字化（转换为二进制格式）的商品或服务。王刊良（2002）④认为，数字化产品是指可以经过数字化并能够通过如因特网这样的数字网络传输的产品。解梅娟（2009）⑤认为，狭义上的数字产品是指生产、销售和使用均表现为比特流的产品，如网上软件、电子期刊等，而广

① 李轩、李珮萍：《"一带一路"主要国家数字贸易水平的测度及其对中国外贸成本的影响》，《工业技术经济》2021年第3期。

② 高凌云、樊玉：《全球数字贸易规则新进展与中国的政策选择》，《国际经济评论》2020年第2期。

③ Hui K. L.，Chau P. Y. K.，"Classifying digital products，" *Communications of the ACM*，Vol.45，No.6，2002.

④ 王刊良：《数字化产品的经济特征、分类及其定价策略研究》，《中国软科学》2002年第6期。

⑤ 解梅娟：《数字产品贸易及其发展策略分析》，《商业时代》2009年第35卷。

义上指可以被数字化并能够通过网络来传播的产品，是任何能够被数字化的产品，涵盖以磁盘销售的软件、书籍、电影等。此后，Weber（2010）①、Neeraj（2019）② 等人对数字产品的定义也与上述类似。

OECD、WTO 和 IMF 联合发布的《衡量数字贸易手册》（2020）③ 中划定的数字产品、信息和通信技术产品包括：计算机和外围设备、通信设备、消费电子设备、各种信息通信技术组件和商品；数字服务、信息和通信技术服务包括：软件发行、电信、编程和广播活动、其他电信活动、计算机咨询公司和计算机设备管理活动、计算机编程活动、数据处理、主机和相关活动、修复计算机和外围设备、电子商务、数字书、数字化教育、数据流动。马述忠等（2018）④ 认为，数字贸易交易标的包括：在电商平台上交易的传统实体货物、通过数字化手段传输的数字产品与服务、作为重要生产要素的数字化知识与信息。吴伟华（2019）⑤ 认为数字贸易大致包括四大类：数字音乐、数字书等数字化交付内容，社交网站等数字传媒，电子商务及数字零售交易，搜索引擎、移动 App、云服务等其他数字化产品和服务。

本章对数字贸易的范围界定和分类根据的是数字贸易定义：数字贸易是应用数字技术研发、设计、生产，以互联网平台为载体，以数字化产品和数字化服务为核心，以数字化交付为特征的国际贸易新形态（商务部、中央网信办、工业和信息化部等 10 部门：《关于支持国家数字服务出口基地创新发展若干措施的通知》，2021 年）。数字贸易主要包括：应用数字技术研发、设计、生产的数字化产品，基于互联网技术订购、交付的数字化服务。表 9-6 给出了部分代表性研究中数字贸易的定义及界定。

① Weber R. H.，“Digital Trade in WTO-Law - Taking Stock and Looking Ahead，” *Asian Journal of WTO and International Health Law and Policy*，Vol.5，2010.

② Neeraj R. S.，“Trade Rules for the Digital Economy：Charting New Waters at the WTO，” *World Trade Review*，Vol.18，No.1，2019.

③ IMF，OECD，WTO，“Handbook on Measuring Digital Trade（Version 1），” 2020.

④ 马述忠、房超、梁银锋：《数字贸易及其时代价值与研究展望》，《国际贸易问题》，2018 年第 10 期。

⑤ 吴伟华：《我国参与制定全球数字贸易规则的形势与对策》，《国际贸易》2019 年第 6 期。

表9-6　　代表性学者对数字贸易的定义及界定

学者	对数字贸易的定义及界定
美国国际贸易委员会（2013）①	数字贸易：利用互联网、固定线路或无线数字网络交付产品和服务的商业模式。 数字贸易范围既包括美国国内相关的商业活动，也涵盖有关国际贸易。其中排除了大多数的实物商品贸易，如网上订购的商品，以及有数字对应物的实物商品，如书籍、音乐、电影等②
美国国际贸易委员会（2014）③	数字贸易：互联网和基于互联网技术在订购、生产或交付产品和服务方面发挥着特别重要的作用的国内商业和国际贸易。 该定义被用来描述由互联网促成或通过互联网发生的各种各样的经济活动。报告中使用了更广义的数字贸易定义④
美国国际贸易委员会（2017）⑤	数字贸易：任何行业的公司通过互联网交付产品和服务，以及有关产品，如智能手机和联网传感器；同时也涵盖了电子商务平台与相关服务，但不包括网上订购的实体商品，以及具有数字对应物的实体商品（如通过CD或DVD出售的书籍、电影等）。 美国贸易委员会2017年的定义重回类似其2013年报告所述，并将数字贸易格局划分为六大功能类型的数码产品和服务⑥
美国—墨西哥—加拿大协定（USMCA，2018）⑦	在*Digital Trade*一章中规定：数字产品是指计算机程序、文本、视频、图像、声音记录或其他经过数字编码，生产用于商业销售或发行并可以电子传输的产品，不含金融工具的数字化表示

①② ITC，“Digital Trade in the U.S. and Global Economies，Part 1，” 2013.

③④ ITC，“Digital Trade in the U.S. and Global Economies，Part 2，” 2014.

⑤⑥ ITC，“Global Digital Trade 1：Market Opportunities and Key Foreign Trade Restrictions，” 2017.

⑦ USTR，“Agreement between the United States of America，the United Mexican States，and Canada 7/1/20 Text，” 2018.

续表

学者	对数字贸易的定义及界定
OECD、WTO 和 IMF（2020）①	数字贸易：数字订购和（或）数字交付的贸易，侧重于政策需求
中华人民共和国商务部等（2021）②	数字贸易：采用数字技术进行研发、设计、生产，并通过互联网等现代信息技术手段为用户交付的产品和服务，是以数字服务为核心、数字交付为特征的贸易新形态

资料来源：作者根据相关文献整理。

可以在联合国贸易发展会议数据库上查到两类数据：一是世界各国的ICT数字产品贸易数据，二是世界各国的数字服务贸易（Digital Service Trade）数据。数字贸易计量方法主要分为两种类型，一是以OECD、美国国际贸易委员会为代表的对数字贸易规模总量进行估计，二是构建综合评价指标体系对数字贸易发展水平、竞争力进行评估，主要用于样本横纵向比较分析。APEC（2000）③为评估电子商务领域的相对地位，构建了6个衡量电子商务准备情况的指标，包括基础设施与技术、获得必要的服务、网络使用水平和类型、推广及促进活动、技能与人力资源、数字经济的定位。欧洲国际政治经济中心（2018）④发布数字贸易限制指数DTRI，含100项指标。OECD公布的数字服务贸易限制指数DSTRI量化了数字化服务贸易的壁垒，主要包括基础设施和连通性、电子交易、支付系统、知识产权、其他影响数字化服务贸易的障碍5个方面。上海社会科学院（2020）⑤发布的全球数字贸易促进指数包括准入环境、基础设施、法律政策环境、商业环境四个部分。李轩和李珮萍（2021）⑥从数字设施、数字产业、数字创新和数字治理四个维度构建国家数字贸易竞争力指数。Ma et al.（2019）⑦从网络环境、

① IMF，OECD，WTO，“Handbook on Measuring Digital Trade(Version 1),” 2020.

② 商务部、中央网信办、工业和信息化部等10部门：《关于支持国家数字服务出口基地创新发展若干措施的通知》，2021年。

③ APEC：《电子商务准备状况评估指南》，2000年。

④ European Center for International Political Economy，“Digital Trade Restrictiveness Index,” 2018.

⑤ 上海社会科学院沈玉良课题组：《全球数字贸易促进指数报告（2020）》，复旦大学出版社2021年版。

⑥ 李轩、李珮萍：《“一带一路”主要国家数字贸易水平的测度及其对中国外贸成本的影响》，《工业技术经济》，2021年第3期。

⑦ Ma S., et al., “Policy Analysis and Development Evaluation of Digital Trade: An International Comparison,” *China & World Economy*, Vol.27, No.3, 2019.

物流环境、政策环境和贸易潜力四个方面选取14个指标测度中国省份数字贸易发展情况。姚战琪（2021）[①]从电子商务基础设施、数字化技术、数字产业化规模及贸易交易额、数字产业化贸易、依赖对外贸易的程度五个方面构建我国省级数字贸易综合指标体系。

（三）数字贸易影响因素的主要研究文献

1. 数字贸易与数字贸易规则

随着数字贸易加快发展，数字贸易规则制定权竞争激烈。WTO在电子商务谈判、无纸化交易、电子签名和验证等领域取得实质性进展。美国在《美国—墨西哥—加拿大协定》中设立“数字贸易”章节，提出数据跨境流动、知识产权保护等一系列规则。欧盟数字贸易规则注重对个人数据和隐私的保护。新加坡、智利和新西兰于2020年缔结《数字经济伙伴关系协定》（DEPA），韩国和中国在2021年正式提出申请加入DEPA。目前，全球共有45个特惠贸易协定中包含电子商务（数字贸易）条款或章节。李杨等（2016）[②]认为“美式模板”规则主要从两方面为数字贸易寻求规则出路：一是促进数字货物或服务的跨境移动，二是促进网络基础设施互联互通和技术规范标准的协调。Meltzer（2014）指出，要实现互联网和跨境数据流动对经济增长和国际贸易的作用，需要具备三要素：（1）制定法规提供交易保障。（2）确保在线信息的可获取性、跨境自由流动与安全监管。（3）必要的政府间合作以解决监管外部性。[③]李墨丝（2017）[④]探究了跨太平洋伙伴关系协定、跨大西洋贸易与投资伙伴关系协定和服务贸易协定中数字贸易规则和谈判的新趋势。蓝庆新和窦凯（2019）[⑤]指出美欧日逐步形成数字贸易规则制定的“数字利益圈”。

2. 数字贸易与数字贸易壁垒

在数字贸易国际规则建立基础上，数字贸易壁垒会对数字贸易的

---

① 姚战琪：《数字贸易、产业结构升级与出口技术复杂度——基于结构方程模型的多重中介效应》，《改革》2021年第1期。

② 李杨、陈寰琦、周念利：《数字贸易规则“美式模板”对中国的挑战及应对》，《国际贸易》2016年第10期。

③ Meltzer J. P.，“Supporting the Internet as a platform for international trade: Opportunities for small and medium-sized enterprises and developing countries，” *Brookings Working Paper*, No.69，2014.

④ 李墨丝：《超大型自由贸易协定中数字贸易规则及谈判的新趋势》，《上海师范大学学报（哲学社会科学版）》2017年第1期。

⑤ 蓝庆新、窦凯：《美欧日数字贸易的内涵演变、发展趋势及中国策略》，《国际贸易》，2019年第6期。

发展产生不利影响。Fefer et al.（2017）[①] 指出，数字贸易的发展带来了新的贸易壁垒问题，数字贸易限制同样可以分为关税壁垒和非关税壁垒，除关税外的数字贸易障碍外，还包括本地化要求、数据流限制、知识产权等。González & Jouanjean（2017）[②] 指出，东南亚部分国家颁布的限制数据传输的新立法将不利于数字贸易的发展。伊万·沙拉法诺夫和白树强（2018）[③] 研究认为，发展数字产品贸易合作机制需要以 TISA 协议为主构建合作模式，并将其纳入 WTO 管辖权。Marel & Ferracane（2021）[④] 发现，实行限制性数据政策的国家的互联网服务交易水平较低，严格的数据政策会对数据密集型服务的进口产生显著负面影响。有关数字贸易计量的主要研究文献见表 9–7。

表9-7　有关数字贸易计量的主要研究文献

学者	研究方法	研究样本
Freund & Weinhold（2002）[⑤]	通过跨国服务贸易的一般引力模型，研究了互联网在实践中对国际服务提供产生的影响。研究认为：互联网与服务贸易的增长有关，服务贸易的扩大对全球经济增长具有重要意义。 $\log IM_t = \alpha_1 + \log Internet_t + Cons_t + \epsilon_t$	样本：1995—1999 年美国 14 个服务行业的贸易数据
蓝庆新、窦凯（2019）[⑥]	构建评价指标并测算部分国家的数字贸易国际竞争力水平。研究认为：中国数字贸易国际竞争力快速增长，但与美、德、英三国相比仍存在差距。在影响因素方面，技术水平、数字贸易产业开放度、政府政策等对数字贸易国际竞争力有正向效应。 $LNDT = \alpha_0 + \ln HR + \ln Cons + \epsilon$	样本：2008—2017 年全球经济总量排名前十的国家

① Fefer R. F., et al., "Digital trade and US trade policy," *Current Politics and Economics of the United States*, Vol.19, No.1, 2017.

② González J. L., Jouanjean M. A., "Digital Trade: Developing a Framework for Analysis," *OECD Publishing*, 2017.

③ 伊万·沙拉法诺夫、白树强:《WTO 视角下数字产品贸易合作机制研究——基于数字贸易发展现状及壁垒研究》,《国际贸易问题》2018 年第 2 期。

④ Marel E., Ferracane M F., "Do data policy restrictions inhibit trade in services," *Review of World Economics*, Vol.157, 2021.

⑤ Freund C., Weinhold D., "The Internet and International Trade in Services," *American Economic Review*, Vol.92, No.2, 2002.

⑥ 蓝庆新、窦凯:《基于"钻石模型"的中国数字贸易国际竞争力实证研究》,《社会科学》2019 年第 3 期。

续表

学者	研究方法	研究样本
韩剑等（2019）[①]	运用自然语言文本处理分析方法，对数字贸易条款的异质性进行比较分析，并对数字贸易条款的影响因素进行实证检验，研究认为：区域主义下数字贸易条款碎片化问题严重，发达国家谈判能力强，扮演规则制定者的角色。 $D_{ij}=\alpha_0+\alpha_1 Dist_{ij}+\alpha_2 Remote_{ij}+\cdots+\alpha_{11} Rdtri_{ij}+\epsilon_{ij}$	样本：2000—2016 年签署并于 2001—2017 年生效的 RTA
Marel & Ferracane（2021）[②]	将可比的政策措施引入加权指数，以评估国家数据政策的限制性，研究了限制性数据政策对互联网服务贸易的影响。研究认为：严格的数据政策对数据密集型服务的进口产生显著的负面影响。 $\ln(SM)_{cjt}=\Phi+\theta DL_{cjt-1}+\delta_{ct}+\gamma_{jt}+\epsilon_{cjt}$	样本：2006—2016 年共 64 个国家的数据
周念利和姚亭亭（2021）[③]	对数字服务贸易限制性措施的贸易效应及其异质性展开经验研究。研究认为：经济体实施数字服务贸易限制措施会对其数字服务进出口均产生抑制作用，对出口的抑制作用比进口更显著。 $\log Y_{cit}=\alpha_0+\alpha_1 DSTRI^*_{cit}+\alpha_2 X_{ct}+\delta_c+\phi_i+\gamma_t+\epsilon_{cit}$	样本：全球 45 个经济体 2014—2017 年的经验数据
李轩和李珮萍（2021）[④]	设计数字贸易竞争力指标体系，利用层次分析法测度数字贸易水平，并测算中国与贸易国的贸易成本。探讨数字贸易与贸易成本的关系，研究认为：数字贸易发展能够降低双边贸易成本。 $\ln Cost_{it}=\beta_0+\beta_1\ln pcGDP_{it}+\beta_2\ln D_i+\cdots+\beta_7 Border_{it}+\epsilon_{it}$	样本：2009—2019 年 27 个“一带一路”国家面板数据

资料来源：作者根据相关文献整理。

三、有关数字经济与数字贸易互动关系的主要研究文献

（一）有关数字经济促进数字贸易发展的主要研究文献

数字经济发展催生了数字贸易，数字贸易发展又促进数字经济深化发展。早期研究主要从数字经济促进数字贸易的理论与经验假设出发，探

① 韩剑、蔡继伟、许亚云：《数字贸易谈判与规则竞争——基于区域贸易协定文本量化的研究》，《中国工业经济》2019 年第 11 期。

② Marel E.，Ferracane M. F.，“Do data policy restrictions inhibit trade in services，” *Review of World Economics*，Vol.157，2021.

③ 周念利、姚亭亭：《数字服务贸易限制性措施贸易抑制效应的经验研究》，《中国软科学》2021 年第 2 期。

④ 李轩、李珮萍：《“一带一路”主要国家数字贸易水平的测度及其对中国外贸成本的影响》，《工业技术经济》2021 年第 3 期。

讨了二者之间的关系。数字经济发展能直接带来贸易方式的改变。Arthur（2009）[①] 指出，新一代信息通信技术的创新与应用将通过技术扩散效应影响贸易活动，同时通过全球价值链产生正反馈机制。González & Jouanjean（2017）[②] 认为，数字化正在改变我们的贸易方式，例如，提供“大数据”分析、网络安全解决方案和跨境远程量子计算服务。另外，数字化正在改变已经建立的服务行业的可交易性，并使商品和服务的更大捆绑成为可能。易宪容等（2019）[③]、刘军等（2020）[④] 认为，数字化交易方式的出现深刻改变了贸易活动，一方面数字贸易的产生大大缩短了产品供需之中的各种环节，减少了信息成本、搜索成本等交易成本；另一方面，通过线上经营，数字化平台减小了信息不对称性，拓展了交易品类，也能降低产品的价格，重塑了“市场决定需求”的传统交易模式。在数字基础设施影响数字贸易的研究中，钞小静等（2020）[⑤] 指出，现有文献探讨信息基础设施主要从成本节约效应、市场扩展效应和分工深化效应三个层面进行。

数字技术的发展极大地提升了国际贸易的效率。Subirana（2000）[⑥] 指出，在一个行业中采用电子市场将具有潜在的中介作用，可以在生产者和消费者间建立直接的联系，从而降低了搜索成本，并允许客户在更多的供应商中进行选择，最终降低客户的成本和生产商的利润。随着电子商务发展到数字贸易时代，夏杰长（2018）[⑦] 认为，数字贸易兴起的直接原因是数字经济的发展，根本原因是技术创新引发的生产组织方式的深度变革。李忠民等（2014）[⑧]、Lund & Manyika（2016）[⑨] 认为，由于互联网

---

① Arthur, W. Brian, *The nature of technology, What it is and how it evolves*, Simon and Schuster, 2009.

② González, Javier López, Marie-Agnes Jouanjean, *Digital Trade: Developing a Framework for Analysis*, OECD Publishing, 2017.

③ 易宪容等：《数字经济中的几个重大理论问题研究——基于现代经济学的一般性分析》，《经济学家》2019 年第 7 期。

④ 刘军等：《中国数字经济测度与驱动因素研究》，《上海经济研究》2020 年第 6 期。

⑤ 钞小静等：《新型数字基础设施如何影响对外贸易升级——来自中国地级及以上城市的经验证据》，《经济科学》2020 年第 3 期。

⑥ Subirana, Brian, “Zero Entry Barriers in a Computationally Complex World: Transaction Streams and the Complexity of the Digital Trade of Intangible Goods,” *Journal of Organizational and End User Computing*, Vol. 12, No. 2, 2000.

⑦ 夏杰长：《数字贸易的缘起、国际经验与发展策略》，《北京工商大学学报（社会科学版）》2018 年第 5 期。

⑧ 李忠民等：《数字贸易：发展态势、影响及对策》，《国际经济评论》2014 年第 6 期。

⑨ Lund, Susan, James Manyika, “How digital trade is transforming globalisation,” International Centre for Trade and Sustainable Development and World Economic Forum, 2016.

的开放性，消费者对数字产品和服务的选择范围更广，贸易流程的大幅简化减少了企业和消费者的交易成本，提高了贸易效率，也提高了传统经济活动的效率（孙杰，2020）①。

数字经济促进数字贸易的实证研究不断丰富，对理论假说进行了多方面验证与拓展。Bojnec & Fertö（2009）②研究了互联网用户数量对OECD国家之间的双边制造业出口增长的影响，研究证实了互联网可以刺激制造业出口贸易，也发现在进口国中影响较大，在出口国中影响较小。Portugal-Perez & Wilson（2012）③经实证发现，一个国家越富裕，有形基础设施以及信息和通信技术对出口的影响越重要。Abeliansky & Hilbert（2017）④研究了固定电话和移动电话及互联网服务的电信数量和质量对各国双边商品出口的不同影响。王素云（2019）⑤研究发现，互联网对我国对外贸易的促进作用存在不平衡性，其出口效应显著大于进口效应。范鑫（2021）⑥研究了数字经济对地区出口效率的影响，指出减少出口成本和优化地区资源配置是其两个重要的途径。Jouanjean（2019）⑦研究了全球农业和食品价值链的跨境贸易，探讨了数字技术给价值链带来的变化。

（二）有关数字贸易促进数字经济发展的主要研究文献

目前，学界普遍认为数字贸易会对数字经济、产业升级产生一定的积极影响，总体来看数字贸易对数字经济、产业发展升级影响相关的文献还比较少。袁欣（2010）⑧认为，对外贸易能够促进产业结构升级的重

① 孙杰：《从数字经济到数字贸易：内涵、特征、规则与影响》，《国际经贸探索》2020年第5期。

② Bojnec，Štefan，Imre Fertö，"Impact of the Internet on manufacturing trade，" *Journal of Computer Information Systems*，Vol. 50，No. 1，2009.

③ Portugal-Perez Alberto，John S. Wilson，"Export performance and trade facilitation reform：Hard and soft infrastructure，" *World Development*，Vol. 40，No. 7，2012.

④ Abeliansky Ana L.，Martin Hilbert，"Digital technology and international trade：Is it the quantity of subscriptions or the quality of data speed that matters，" *Telecommunications Policy*，Vol. 41，No. 1，2017.

⑤ 王素云：《互联网与我国对外贸易发展：动因、机制与效应研究》，博士学位论文，上海社会科学院，2019年。

⑥ 范鑫：《数字经济与出口：基于异质性随机前沿模型的分析》，《世界经济研究》2021年第2期。

⑦ Jouanjean Marie Agnes，*Digital Opportunities for Trade in the Agriculture and Food Sectors*，OECD Publishing，2019.

⑧ 袁欣：《中国对外贸易结构与产业结构："镜像"与"原像"的背离》，《经济学家》2010年第6期。

要原因在于，对外贸易活动的规模经济效应对技术进步意义重大，从而可以使得一国的产业结构得到优化。现代电子商务活动对产业发展具有一定的推动作用。陈永富等（2018）[①]研究了电子商务对农业产业集群升级的影响，认为引进电子商务将带来与电商相关的关联性生产要素和生产条件，形成农业产业集群新的生产函数并实现农业产业集群升级。李建琴和孙薇（2020）[②]进一步拓展，提出电子商务主要通过技术创新效应、供需平衡效应和要素配置效应，从而实现驱动产业结构升级的最终目的。

夏杰长（2018）[③]指出，数字贸易是降低成本、提高生产效率、促进经济增长和商业版图重构的重要途径。马述忠等（2018）[④]认为，数字贸易是对传统贸易功能进行的深化，将促进资源流动，调节区域资源供求状况；强化经济联系，减弱信息不对称障碍；促进资源合理利用，充分发挥技术比较优势；激发创新活力，提升生产效率和经济效益。在新时代数字贸易推动下，拥有更低生产率的企业也将具备从事出口贸易的能力，而对于跨国企业来说，大数据的应用则能最大限度地降低生产成本和交易成本，同时兼顾消费者的个性化需求，从而提升企业核心竞争力。李辉（2019）[⑤]阐释了大数据对产业结构升级的影响机理，认为大数据改变了产业关联关系，促进了产业融合，并催生了三大产业，主要包括大数据直接产业、大数据关联业态产业和大数据渗透作用产业。在促进产业全球价值链提升方面，徐金海和夏杰长（2020）[⑥]认为，数字贸易发展将推动数字产品嵌入全球价值链，改变当前全球价值创造模式及收入分配格局，形成全新价值链。

赵伟和李淑贞（2007）[⑦]探究了出口与企业生产率的关系，发现在

---

① 陈永富等:《电子商务促进农业产业集群升级的机理分析——以江苏省沭阳县花木产业集群为例》,《浙江社会科学》2018年第10期。

② 李建琴、孙薇:《电子商务对产业结构升级的传导机制研究》,《产经评论》2020年第4期。

③ 夏杰长:《数字贸易的缘起、国际经验与发展策略》,《北京工商大学学报（社会科学版）》2018年第5期。

④ 马述忠等:《数字贸易及其时代价值与研究展望》,《国际贸易问题》2018年第10期。

⑤ 李辉:《大数据推动我国经济高质量发展的理论机理、实践基础与政策选择》,《经济学家》2019年第3期。

⑥ 徐金海、夏杰长:《全球价值链视角的数字贸易发展：战略定位与中国路径》,《改革》2020年第5期。

⑦ 赵伟、李淑贞:《出口与企业生产率：由实证而理论的最新拓展》,《国际贸易问题》2007年第7期。

发展中国家存在明显的出口学习效应，促进企业劳动生产率的增长。姚星等（2011）[①]研究发现，服务贸易能在短期内带动货物贸易发展，在长期中则有利于推动一国产业结构升级。马鹏和肖宇（2014）[②]利用跨国数据证实了服务贸易出口技术复杂度与产业转型升级呈正相关关系。杨玲（2015）[③]通过非竞争性投入产出模型，证实了生产性服务进口贸易能促进制造业产业升级。

（三）有关数字经济与数字贸易互动发展的主要研究文献

数字经济与数字贸易互动发展是新时期下信息化与工业化的新发展趋势，数字经济的出现与发展依托于互联网与通信技术，并以此为基础，衍生出跨境电商和数字贸易，两者拥有相同的产生与存在基础，一脉相承（张夏恒和李豆豆，2020）[④]。

对于数字经济与数字贸易之间的相互关系，陈维涛和朱柿颖（2019）[⑤]认为，数字经济是一种信息与商务活动都数字化了的经济系统，数字贸易在其中产生并且得到发展。黄鹏和陈靓（2021）[⑥]指出，贸易数字化的过程是“数字赋能贸易”的过程，数字贸易也会反作用于传统产业价值链关系。Ma 等（2019）[⑦]进一步指出，数字贸易在推动互联网和智能制造由消费导向向产业导向的转型升级中发挥重要作用，数字贸易通过互联网平台实现生产者和消费者之间的直接联系，借助大数据、云计算、智能终端和网络优势使得传统产业效率提升。孙杰（2020）[⑧]强调，数字经济和数字贸易并不是一种独立的经济形式，二者依然服务于提升

① 姚星等：《货物贸易与服务贸易发展的动态关系研究——基于143个国家1982—2008年数据的实证分析》，《宏观经济研究》2011年第9期。

② 马鹏、肖宇：《服务贸易出口技术复杂度与产业转型升级——基于G20国家面板数据的比较分析》，《财贸经济》2014年第5期。

③ 杨玲：《生产性服务进口贸易促进制造业服务化效应研究》，《数量经济技术经济研究》2015年第5期。

④ 张夏恒、李豆豆：《数字经济、跨境电商与数字贸易耦合发展研究——兼论区块链技术在三者中的应用》，《理论探讨》2020年第1期。

⑤ 陈维涛、朱柿颖：《数字贸易理论与规则研究进展》，《经济学动态》2019年第9期。

⑥ 黄鹏、陈靓：《数字经济全球化下的世界经济运行机制与规则构建：基于要素流动理论的视角》，《世界经济研究》2021年第3期。

⑦ Ma Shuzhong, et al., “Policy analysis and development evaluation of digital trade: an international Comparison,” *China & World Economy*, Vol. 27, No. 3, 2019.

⑧ 孙杰：《从数字经济到数字贸易：内涵、特征、规则与影响》，《国际经贸探索》2020年第5期。

传统三大产业的生产率。

石良平和王素云（2018）[①] 以互联网用户数作为代理变量来考察互联网对我国对外贸易的影响，证实互联网发展促进我国贸易增长，且对我国出口贸易量影响更为显著。王素云（2019）[②] 通过构建冰山成本模型指出，互联网以节约效应和溢出效应提高贸易增量，他采用引力模型对此进行验证。钞小静等（2020）[③] 认为，数字基础设施主要从贸易环节、竞争条件与要素流动三方面促进对外贸易升级，并用中国地级以上城市面板数据进行检验。姚战琪（2021）[④] 利用结构方程模型和中介效应检验方法发现，数字贸易通过 R&D 强度对中国产业结构升级产生显著的间接效应。

（四）有关数字经济、数字贸易与经济发展的主要研究文献

1. 有关数字经济、数字贸易与经济增长的主要研究文献

美国商务部在《浮现中的数字经济》（1998）[⑤] 中提出，在数字革命中，经济增长将由四种类型的经济活动所驱动：互联网建设、企业间电子商务、商品和服务的数字化交付以及有形商品零售。据 Oliner & Sichel（2000）[⑥] 估算，信息技术在 20 世纪 90 年代后至 21 世纪初的十年间对美国劳动生产率增长的贡献约达到 2/3。Jorgenson et al.（2007）[⑦] 研究发现，1995—2000 年信息技术行业投资的增加对美国产出增长的贡献达 0.72 个百分点，而 Basu & Fernald（2007）[⑧] 则发现，信息技术的促进作用存在时滞。Carlsson（2004）[⑨] 发现，

① 石良平、王素云:《互联网促进我国对外贸易发展的机理分析：基于 31 个省份的面板数据实证》,《世界经济研究》2018 年第 12 期。

② 王素云:《互联网与我国对外贸易发展：动因、机制与效应研究》，博士学位论文，上海社会科学院，2019 年。

③ 钞小静等:《新型数字基础设施如何影响对外贸易升级——来自中国地级及以上城市的经验证据》,《经济科学》2020 年第 3 期。

④ 姚战琪:《数字贸易、产业结构升级与出口技术复杂度——基于结构方程模型的多重中介效应》,《改革》2021 年第 1 期。

⑤ Margherio, Lynn, et al., *The Emerging Digital Economy*, U.S. Department of Commerce, 1998.

⑥ Oliner Stephen D., Daniel E. Sichel, "The resurgence of growth in the late 1990s: Is information technology the story," *Journal of Economic Perspectives*, Vol. 14, No. 4, 2000.

⑦ Jorgenson, Dale W., et al., "Industry origins of the American productivity resurgence," *Interdisciplinary Information Sciences*, Vol. 14, No. 1, 2007.

⑧ Basu, Susanto, ohn Fernald, "Information and communications technology as a general purpose technology: evidence from U.S. industry data," *German Economic Review*, Vol. 8, No. 2, 2007.

⑨ Carlsson, Bo, "The Digital Economy: What is new and what is not," *Structural Change and Economic Dynamics*, Vol. 15, No. 3, 2004.

数字经济对服务业的影响更大。Ark & Inklaar（2005）[①] 则发现，信通技术投资与欧洲和美国全要素生产率存在非线性的 U 形模式。我国学者施莉和胡培（2008）[②] 采用双推法估算了我国计算机硬件业、软件业、通信业生产效率提高对全要素生产率增长的贡献。王开科等（2020）[③] 构建了五部门投入产出模型，认为近年来我国数字技术应用显著提升了社会生产效率。在提升经济发展质量方面，荆文君和孙宝文（2019）[④] 指出，数字经济通过投入要素、资源配置、全要素生产率三方面促进宏观经济增长，同时数字经济具有一种自增长模式。

2. 有关数字经济、数字贸易与消费福利的主要研究文献

21 世纪以来，有关数字经济、数字贸易与消费福利的研究文献逐步增多，在消费者福利方面，有关数字化带来的福利的研究文献比较多。Goolsbee & Klenow（2006）[⑤] 通过计算互联网接入的消费者剩余收益发现，消费者从互联网上获得的收益很高。Greenstein & McDevitt（2011）[⑥] 研究发现，1999—2006 年美国宽带互联网创造的消费者盈利约在 48 亿美元至 67 亿美元。据 Brynjolfsson & Oh（2012）[⑦] 估计，美国免费互联网服务所创造的消费者剩余增加额每年超过 1000 亿美元。Bughin 等（2011）[⑧] 指出国内生产总值对消费者福利的衡量是不全面的。Brynjolfsson 等（2003）[⑨] 认为，电子市场产品种类增加是消费者福利的重要来源。Quintanilla（2015）[⑩] 认为信息技术促

① Van Ark, Bart, Robert Inklaar, "Catching Up Or Getting Stuck?: Europe's Troubles to Exploit ICT's Productivity Potential," Groningen Growth and Development Centre, 2005.

② 施莉、胡培:《信息技术对中国 TFP 增长影响估算：1980—2003》,《预测》2008 年第 3 期。

③ 王开科等:《数字经济发展改善了生产效率吗》,《经济学家》2020 年第 10 期。

④ 荆文君、孙宝文:《数字经济促进经济高质量发展：一个理论分析框架》,《经济学家》2019 年第 2 期。

⑤ Goolsbee, Austan, Peter J. Klenow, "Valuing consumer products by the time spent using them: An application to the Internet," *American Economic Review*, Vol.96, No.2, 2006.

⑥ Greenstein, Shane, Ryan C, et al., "The broadband bonus: Estimating broadband Internet's economic value," *Telecommunications Policy*, Vol. 35, No. 7, 2011.

⑦ Brynjolfsson, Erik, JooHee Oh, "The attention economy: Measuring the value of free digital services on the Internet," *International Conference on Information Systems ICIS*, 2012.

⑧ Bughin, Jacques, et al., "The impact of Internet technologies: Search," *High Tech Practice. McKinsey&Company*, 2011.

⑨ Brynjolfsson, Erik, et al., "Consumer surplus in the digital economy: Estimating the value of increased product variety at online booksellers," *Management Science*, Vol. 49, No.11, 2003.

⑩ Quintanilla, Gabriela, "Exploring the M-Government," Encyclopedia of Information Science and Technology Third Edition IGI Global, 2015.

进了政府服务效率提升。

3. 有关数字经济、数字贸易与产业结构变化的主要研究文献

吕斌和李国秋（2016）[①]认为，信息通信技术改变了全球制造业和服务业产业链结构。李晓钟和吴甲戌（2020）[②]利用计量模型分析了数字经济与产业结构转型升级的动态互动关系。余长林等（2021）[③]则利用上市公司数据研究了产业政策对数字技术创新的影响。夏炎等（2018）[④]研究指出，数字经济促进我国产业经济从劳动密集型向技术密集型转变。戚聿东等（2020）[⑤]研究证实了数字经济发展会给就业结构和就业质量带来诸多好处。张勋等（2019）[⑥]指出，数字金融提高了农村低收入家庭收入。

综上所述，根据国内外数字经济与数字贸易有关文献的整理，学术界对数字经济和数字贸易的定义、分类、影响因素及测算方法进行了比较深入广泛的研究，但是对数字经济与数字贸易的互动关系的研究文献尚不多见。一是缺乏对数字经济与数字贸易互动关系的深入理论分析，特别是数字贸易对数字经济影响的研究文献数量更少。二是缺乏对数字经济与数字贸易互动关系的实证分析，特别是缺乏对我国区域层面的数字经济与数字贸易互动发展的实证分析。三是缺乏对数字经济与数字贸易互动发展产生的经济效应的分析。本节重点对数字经济与数字贸易的互动关系及其经济效应进行理论和实证分析。

第二节　数字经济与数字贸易发展现状比较分析

一、数字经济与数字贸易发展的国际比较分析

（一）全球数字经济发展趋势分析

21世纪以来，全球数字经济持续较快发展。由于数字经济内涵和分

① 吕斌、李国秋:《GPT视角下的新一代信息化测度》,《图书馆杂志》2016年第1期。

② 李晓钟、吴甲戌:《数字经济驱动产业结构转型升级的区域差异》,《国际经济合作》2020年第4期。

③ 余长林等:《产业政策与中国数字经济行业技术创新》,《统计研究》2021年第1期。

④ 夏炎等:《数字经济对中国经济增长和非农就业影响研究——基于投入占用产出模型》,《中国科学院院刊》2018年第7期。

⑤ 戚聿东等:《数字经济发展、就业结构优化与就业质量提升》,《经济学动态》2020年第11期。

⑥ 张勋等:《数字经济、普惠金融与包容性增长》,《经济研究》2019年第8期。

类不同，目前缺乏全球数字经济总体规模数据，只有主要经济体的数字经济核心产业 ICT 服务业增加值、ICT 制造业增加值，主要经济体的 ICT 制造产品出口贸易及其占比和 ICT 服务业出口贸易及其占比的数据。根据联合国贸易和发展会议有关报告（2019 年报告），数字经济核心产业增加值规模占世界各国的国内生产总值的 4.5%～15.5%。

根据欧盟统计局的数据，2010—2022 年，全球数字经济核心产业增加值（“ICT 服务业增加值 +ICT 制造业增加值”）居全球前 20 位的国家为美国、中国、日本、德国、英国、印度、韩国、法国、加拿大、爱尔兰、意大利、荷兰、澳大利亚、西班牙、瑞典、瑞士、俄罗斯、波兰、巴西、比利时（见图 9-3）。

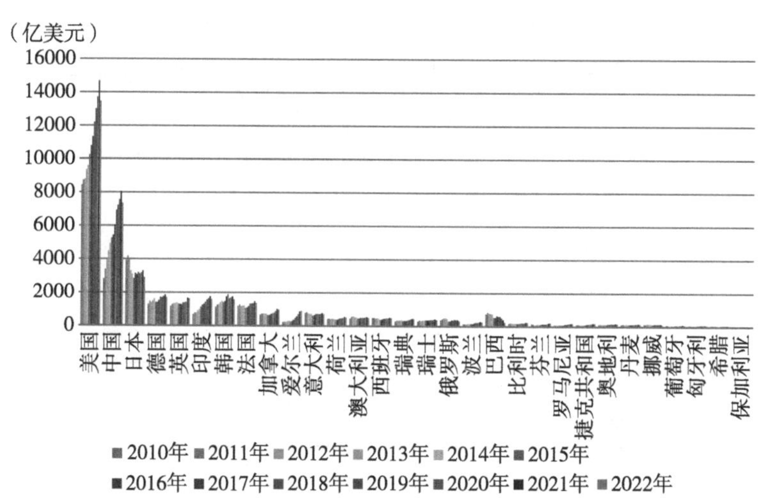

图9-3　2010—2022年数字经济核心产业增加值居世界前30位的国家

资料来源：欧盟统计局数据。

数字经济核心产业发展增加值占国内生产总值比例居世界前列的国家是美国、中国、日本、韩国、英国、德国、法国、加拿大、意大利。中国数字经济核心产业增加值占 GDP 的比例为 7.16%，居全球第 2 位（见图 9-4）。

2011 年以来，世界主要国家的数字经济核心产业增加值增长率出现波动性增长趋势，美国、中国、法国、德国等国家数字经济核心产业增加值增长率协动性变化明显，巴西、俄罗斯、爱尔兰等国家数字经济核心产业增加值增长率波动幅度比较大（见图 9-5）。

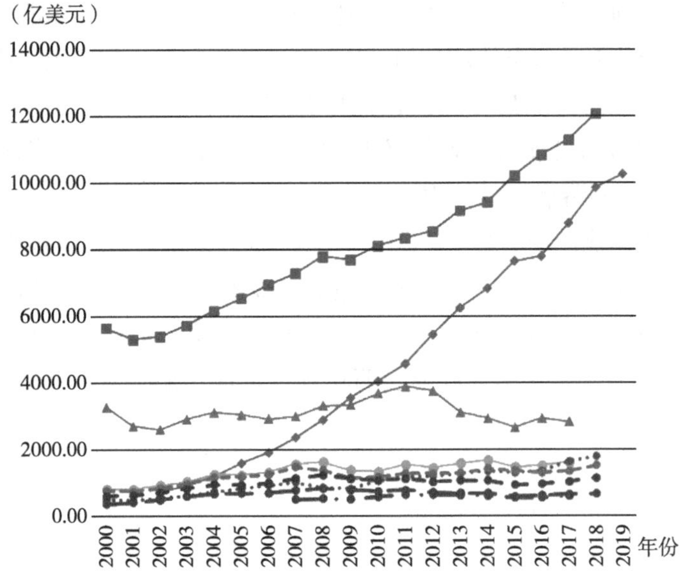

（亿美元）
14000.00
12000.00
10000.00
8000.00
6000.00
4000.00
2000.00
0.00
2000 2001 2002 2003 2004 2005 2006 2007 2008 2009 2010 2011 2012 2013 2014 2015 2016 2017 2018 2019 年份

（a）数字经济核心产业发展增加值

美国 中国 日本 德国 韩国 英国 法国 意大利 加拿大

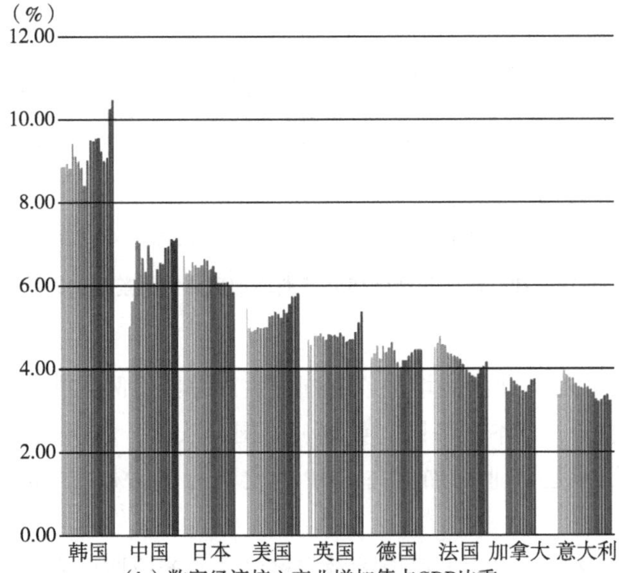

（%）
12.00
10.00
8.00
6.00
4.00
2.00
0.00
韩国 中国 日本 美国 英国 德国 法国 加拿大 意大利

（b）数字经济核心产业增加值占GDP比重

2000年 2001年 2002年 2003年 2004年 2005年 2006年 2007年 2008年 2009年 2010年 2011年 2012年 2013年 2014年 2015年 2016年 2017年 2018年 2019年

图9-4　数字经济核心产业增加值及其占GDP的比例

资料来源：作者根据 OECD、中国信息通信研究院相关数据计算得出。

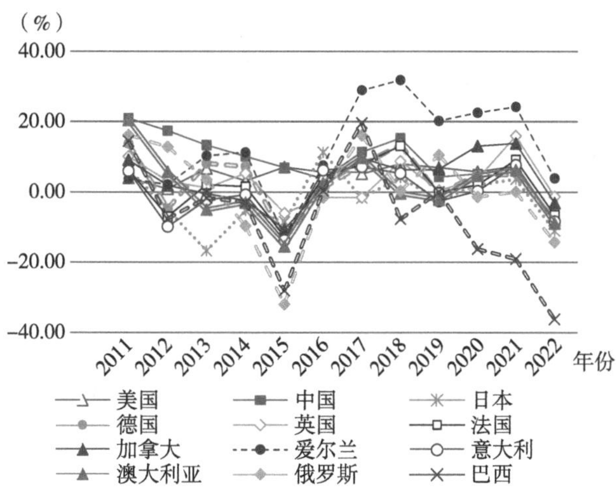

图9-5 2011—2022年全球主要国家数字经济增长率变化

资料来源：根据欧盟统计局数据制作。

（二）数字基础设施比较分析

数字经济发展速度和发展质量受到数字基础设施水平与互联网普及程度的影响。2008—2019年，主要国家居民移动宽带订阅量呈上升趋势，日本、美国、韩国、英国、中国、德国、加拿大、意大利居民移动宽带订阅量居全球前列。美国、中国、英国的国际带宽居全球前三位（见图9–6）。

2020年国际电信联盟（ITU）报告《衡量数字发展：事实和数字》指出，新冠疫情全球蔓延期间，全球通信基础设施的建设放缓，移动宽带用户数量的增长趋于平稳。ITU指出中国广大农村地区的通信基础设施发展空间和潜力很大，我国加快促进农村数字基础设施建设，加快推动数字经济与农业农村现代化的互动发展。

（三）数字贸易发展比较分析

数字贸易是以数字信息作为关键生产要素，以现代化互联网络为载体，以数字技术为手段，进行的数字商品、数字服务和跨境电商等交换活动。数字贸易是数字经济时代的新型国际贸易方式。数字贸易有利于降低传统国际贸易成本，拓宽国际贸易时空范围，提高国际贸易效率和效益。数字贸易促进传统国际贸易模式转变，促进贸易自由化便利化，在全球经济和国际贸易发展中发挥着越来越重要的作用。数字贸易具有广阔发展前景。

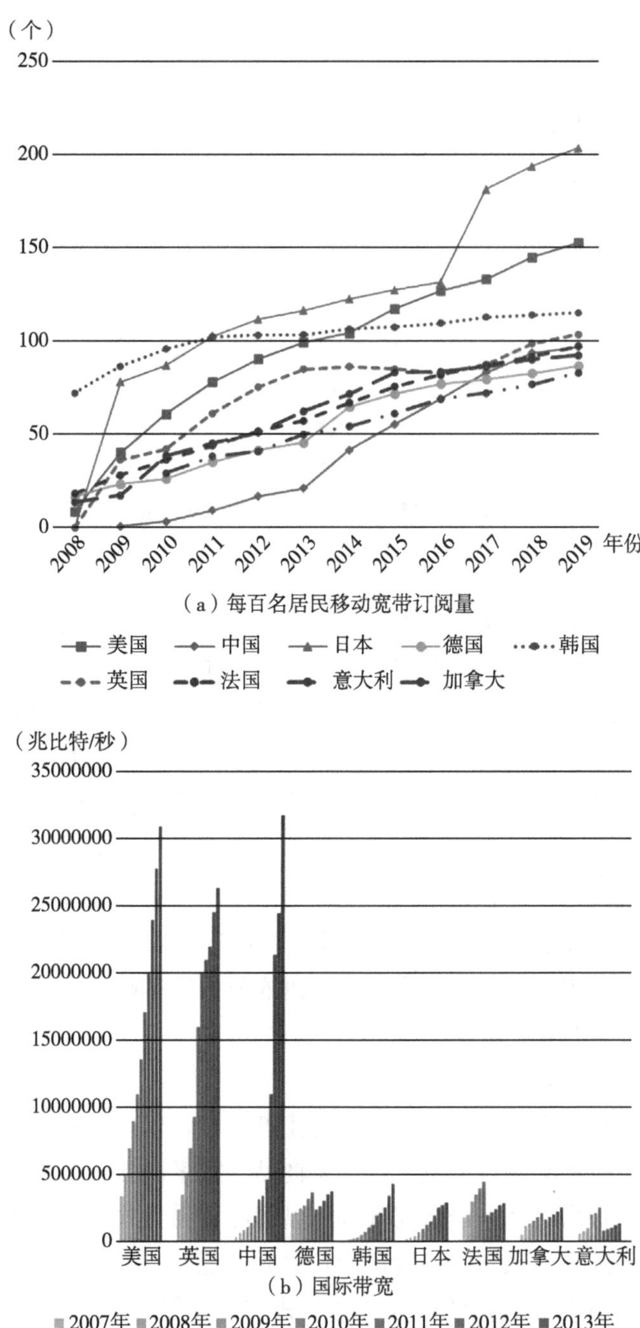

图9-6　数字基础设施发展的国际比较

资料来源：根据 ITU 数据库制作。

数字贸易主要可分为信息通信技术（ICT）商品与数字化交付服务两部分，本节主要通过收集整理联合国贸易和发展会议（UNCTAD）数据库中各国 ICT 商品[①]进出口数据和数字化交付服务[②]贸易数据，从两方面对部分国家的数字贸易发展进行分析。

1. 信息通信技术商品进出口贸易比较分析

全球信息通信技术商品进出口贸易持续增长，全球信息通信技术商品出口贸易额从 2000 年的 9999 亿美元增加到 2021 年的 23161 亿美元（见图 9–7）。全球信息通信技术商品进口贸易额从 2000 年的 9999 亿美元增加到 2020 年的 23549 亿美元（见图 9–8）。

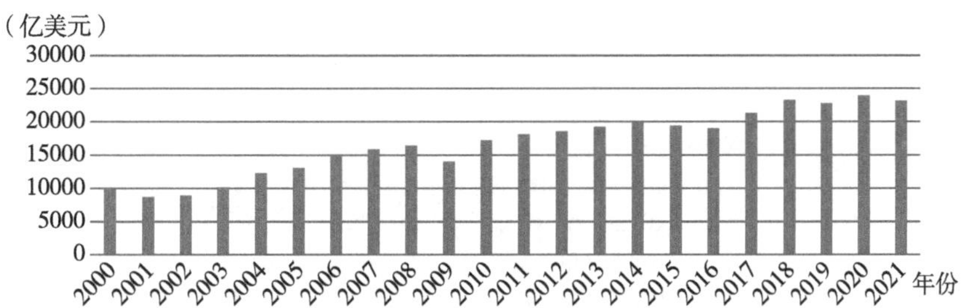

图9-7　2000—2021年全球信息通信技术商品出口额变化

资料来源：UNCTAD 数据库。

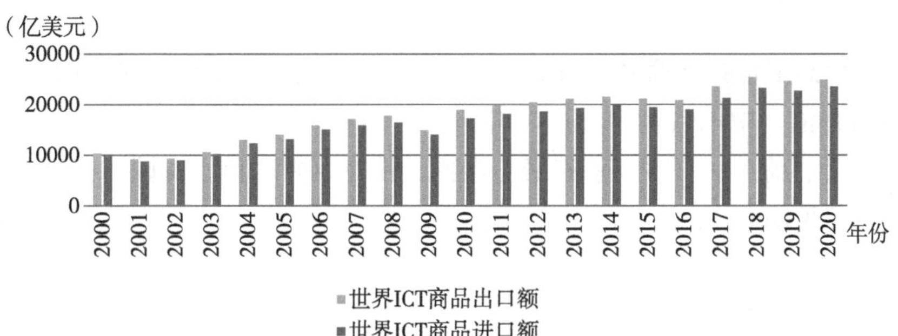

图9-8　2000—2020年全球信息通信技术商品进出口额变化

资料来源：UNCTAD 数据库。

① UNCTAD 统计的 ICT 商品主要包括：计算机和外围设备、通信设备、消费电子设备、电子元件、杂项。

② UNCTAD 统计的数字化交付服务主要包括：保险和养老金服务、金融服务、知识产权使用收费、电信、计算机和信息服务、其他商业服务以及视听和相关服务。

世界五大洲信息通信技术商品出口贸易额持续较快增长，其中亚洲信息通信技术商品出口贸易额从2000年的5020亿美元增加到2021年的17229亿美元，亚洲信息通信技术商品出口贸易额居世界第1位。欧洲信息通信技术商品出口贸易额平稳增长，欧洲信息通信技术商品出口贸易额从2000年的2781亿美元增加到2021年的3494亿美元。同期美洲信息通信技术商品出口贸易额从2165亿美元增加到2388亿美元。非洲和大洋洲信息通信技术商品出口贸易额规模较小，增长缓慢（见图9-9）。

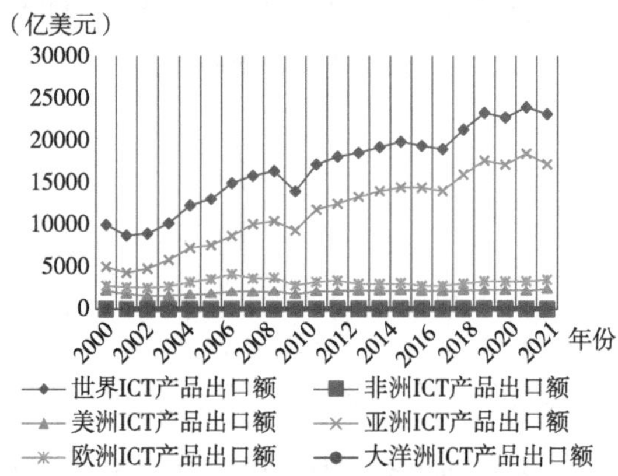

图9-9　2000—2021年世界五大洲ICT商品出口额变化

资料来源：UNCTAD数据库。

信息通信技术商品出口贸易额居全球前列的国家和地区是中国大陆、中国香港、中国台湾、美国、韩国、新加坡、越南、马来西亚、德国、墨西哥、荷兰、日本、菲律宾、泰国、捷克、阿联酋、法国、英国、波兰等（见图9-10）。

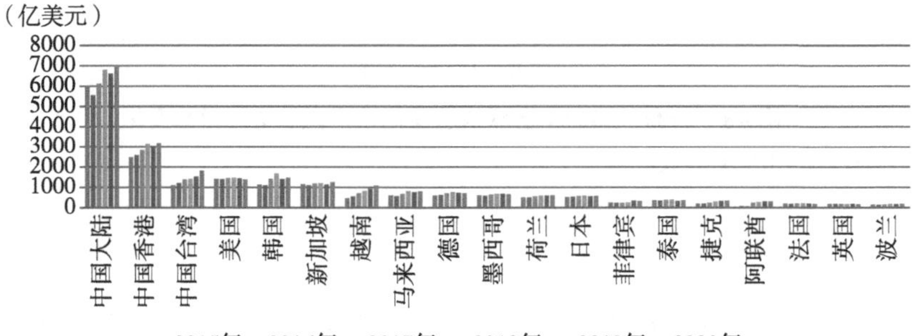

图9-10　2015—2020年信息通信技术商品出口贸易额居全球前列的国家和地区

资料来源：UNCTAD数据库。

中国大陆ICT商品出口额从2000年的441亿美元增加到2021年的8575亿美元，中国大陆ICT商品出口额居全球第1位（见图9-11），2000—2019年中国大陆ICT商品出口额占商品贸易总额的25%以上（见图9-12）。

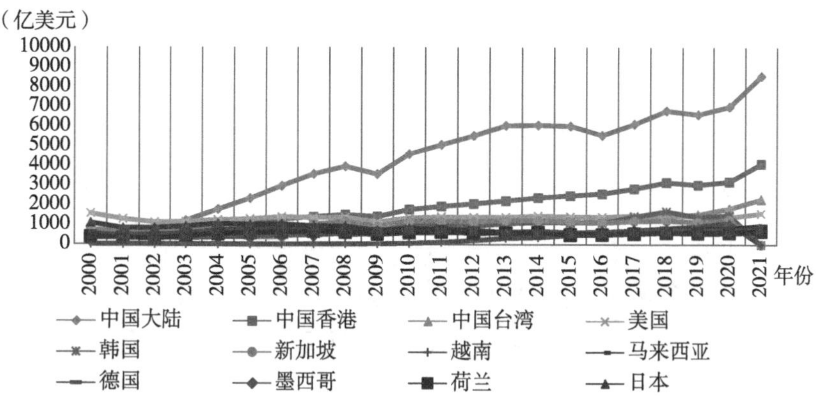

图9-11 2000—2021年ICT商品出口贸易居全球前列的国家和地区出口额变化

资料来源：UNCTAD数据库。

世界五大洲ICT商品进口贸易持续增长，其中亚洲ICT商品进口贸易额从2000年约3760亿美元增加到2021年的14592亿美元，亚洲ICT商品进口贸易额居世界第1位。同期美洲ICT商品进口贸易额从2972亿美元增加到5740亿美元，ICT商品进口贸易额居世界第2位。欧洲ICT商品进口贸易额从3373亿美元增加到5646亿美元，欧洲ICT商品进口贸易额居世界第3位，非洲和大洋洲ICT商品进口贸易额的差距比较小（见图9-13）。

2000—2019年，世界五大洲ICT商品进口额占商品进口总额比例相对稳定，在15%左右，其中亚洲ICT商品进口额占商品进口总额比例保持在20%左右，美洲ICT商品进口额占商品进口总额比例保持在15%左右，欧洲和大洋洲ICT商品进口额占商品进口总额比例保持在10%左右，非洲ICT商品进口额占商品进口总额比例保持在5%左右（见图9-14）。

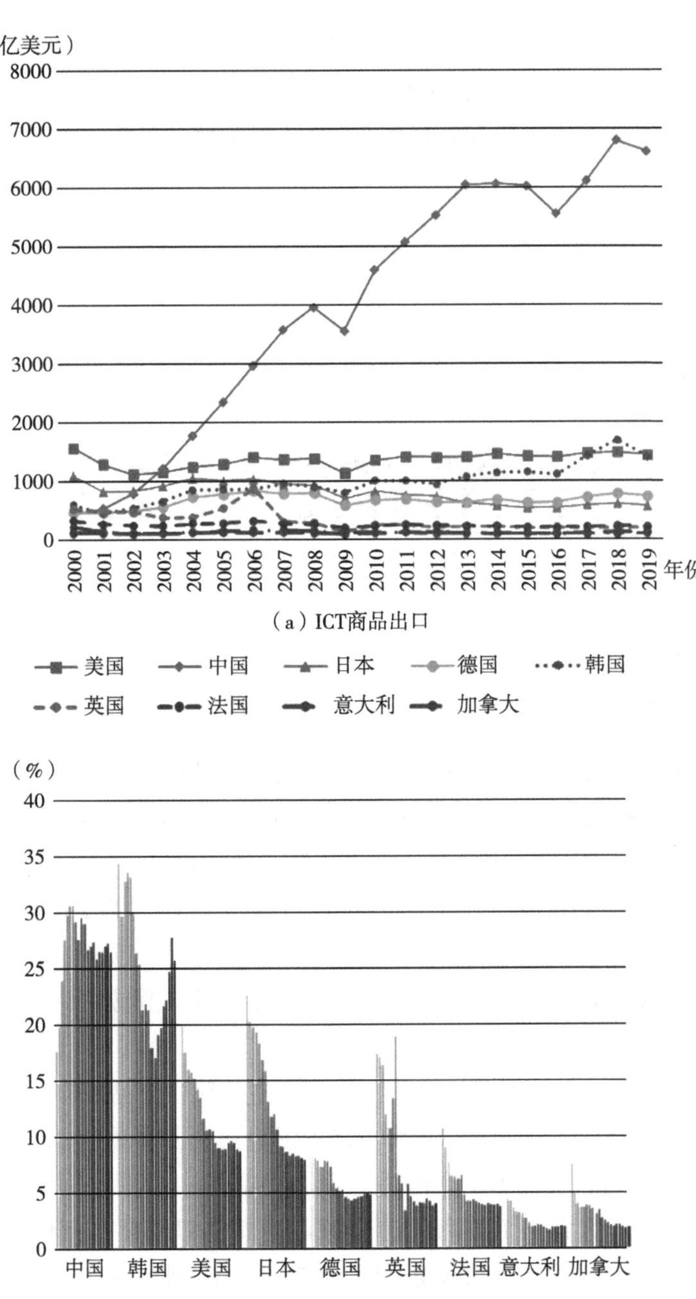

图9-12　2000—2019年ICT商品出口贸易发展的国际对比

资料来源：UNCTAD 数据库。

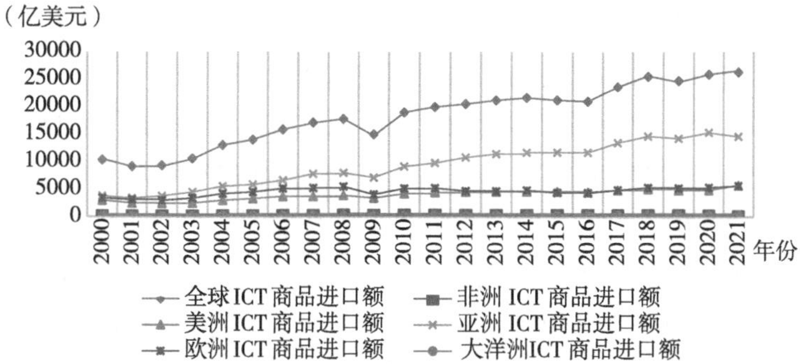

图9-13　2000—2021年世界五大洲ICT商品进口额变化

资料来源：UNCTAD 数据库。

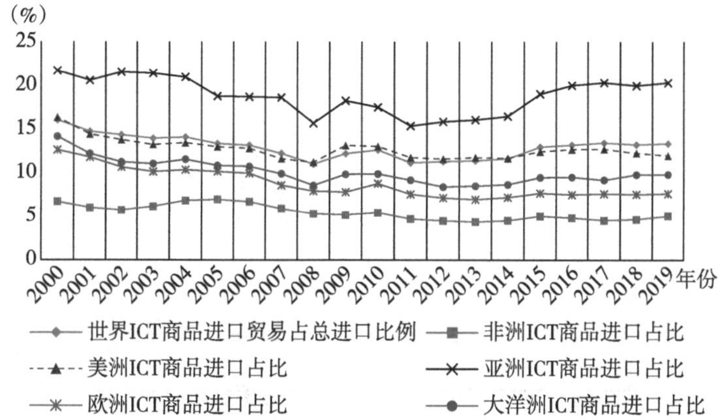

图9-14　2000—2019年世界及五大洲ICT商品进口额占商品进口总额比例

资料来源：UNCTAD 数据库。

2000—2021 年世界 ICT 商品进口大国和地区居世界前 6 位的是中国大陆、美国、中国香港、德国、日本和新加坡（见图 9-15）。

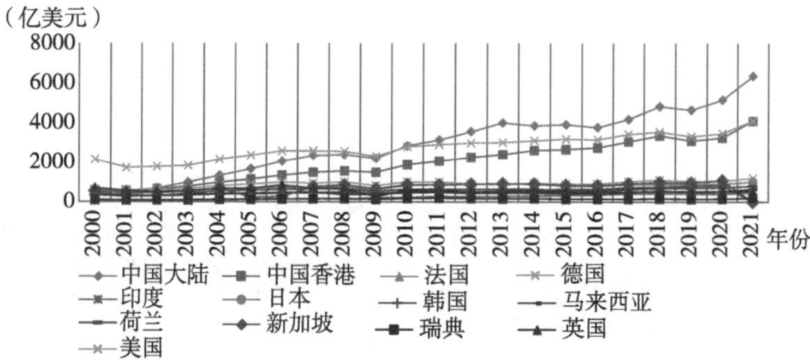

图9-15　2000—2021年ICT商品进口国家和地区进口额变化

资料来源：UNCTAD 数据库。

2. 数字服务贸易出口发展

（1）全球信息通信技术（ICT）服务贸易发展

全球数字服务贸易出口额在2005—2020年间增长了近4倍（见图9-16），全球ICT服务贸易出口额从2005年的1734亿美元增加到2020年的6762亿美元，在世界五大洲ICT服务贸易出口额中，欧洲ICT服务出口额从2005年的1107亿美元增长到2020年的3826亿美元，欧洲ICT服务出口额居全球第1位，同期亚洲ICT服务出口额从350亿美元增加到2010亿美元，美洲ICT服务出口额从197亿美元增加到677亿美元（见图9-17）。

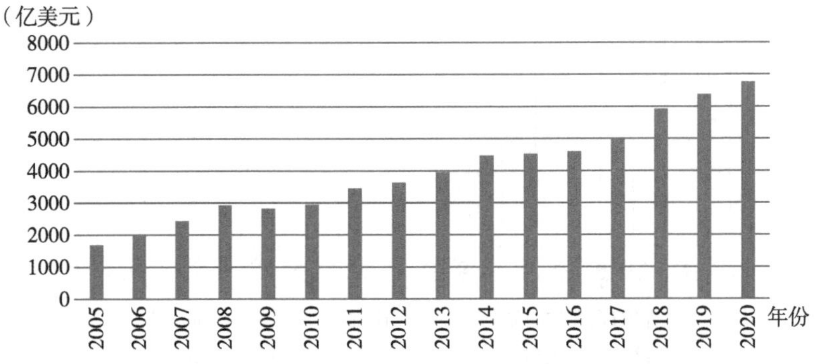

图9-16　2005—2020年全球数字服务贸易出口额变化

资料来源：UNCTAD 数据库。

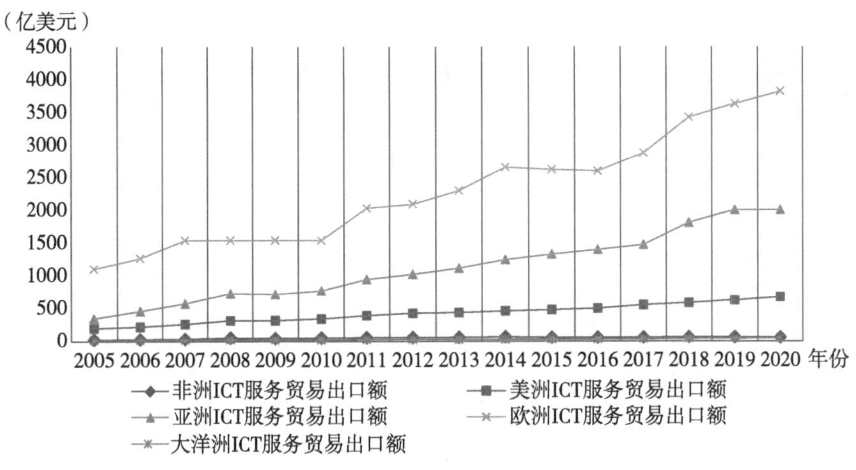

图9-17　2005—2020年五大洲ICT服务贸易出口额变化

资料来源：UNCTAD 数据库。

（2）全球 ICT 服务贸易比较分析

全球 ICT 服务贸易出口额居前 10 位的国家和地区是印度、中国大陆、美国、德国、英国、荷兰、法国、瑞典、新加坡、日本，其中，印度、中国大陆、美国、德国居全球前 4 位（见图 9-18）。

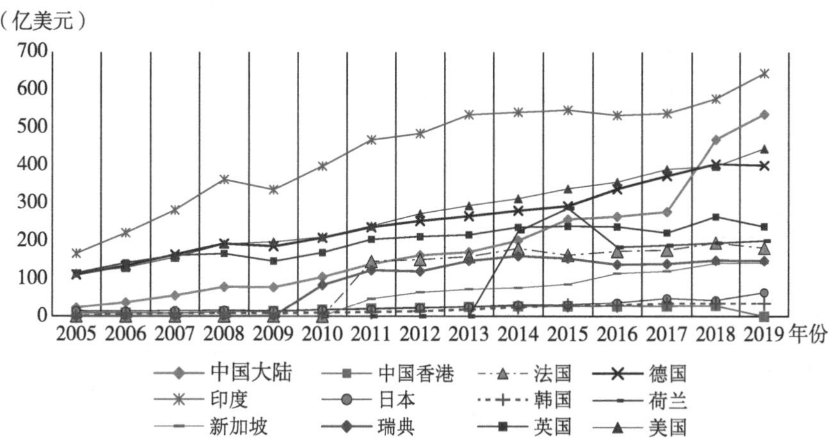

图9-18 2005—2019年ICT服务贸易出口额居全球前列的国家和地区出口额变化

资料来源：UNCTAD 数据库。

ICT 服务贸易进口额居世界前列的国家和地区是德国、美国、中国大陆、法国、日本、新加坡、英国、意大利、印度等，其中，德国、美国、中国大陆 ICT 服务贸易进口额居世界前 3 位（见图 9-19）。

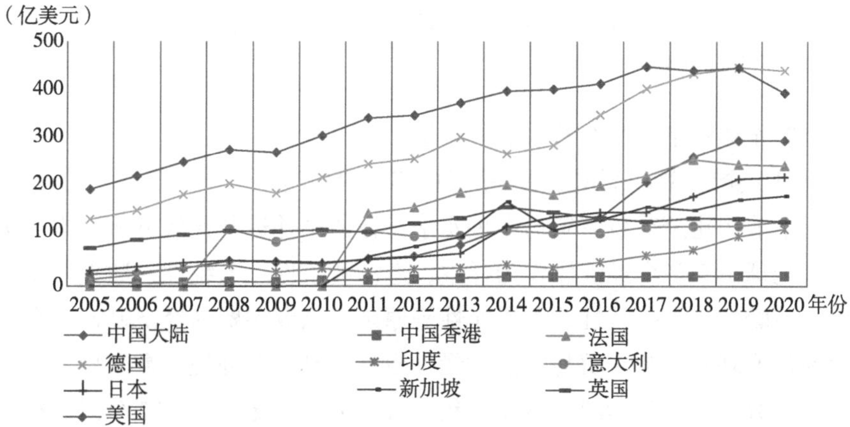

图9-19 2005—2020年ICT服务贸易进口额居世界前列的国家和地区进口额变化

资料来源：UNCTAD 数据库。

（3）数字服务贸易进口比较分析

各国数字服务贸易进口表现基本与出口一致，如图 9-20 所示，我国 2018 年起实现数字交付服务出口额超过进口额，顺差不断扩大。在占比方面，日本、英国等发达国家数字交付服务进口占比呈上升趋势，我国数字交付服务进口占比仍维持在较低水平，2019 年时仅为 24.6%。结合出口部分数据来看，美英两国的数字服务出口顺差常年较大，是世界重要的数字交付服务输出国，亚洲各国则存在总量不一的数字服务贸易逆差，这种情况近年来逐步得到改善。

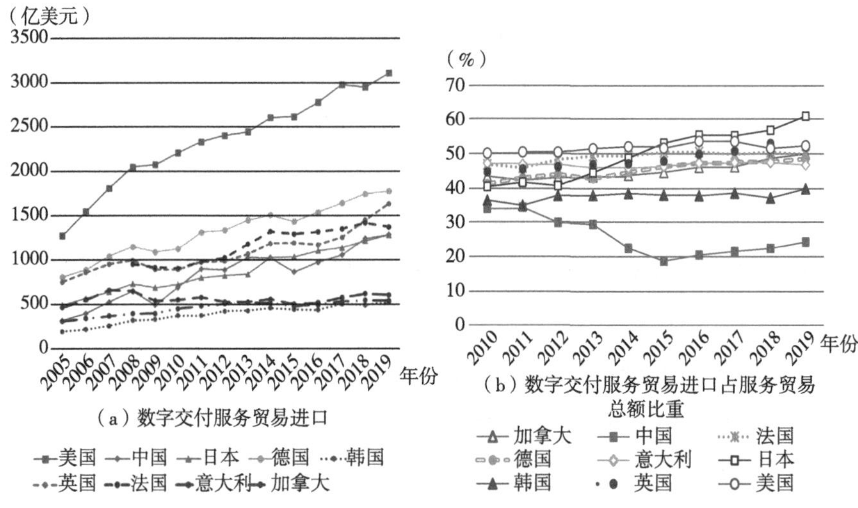

图9-20　数字服务贸易进口发展的国际对比

资料来源：UNCTAD 数据库。

3. 全球数字贸易发展水平比较分析

（1）全球数字贸易发展水平指标体系的构建

本节构建全球数字贸易发展水平指标体系并进行比较分析。本节选择了全球 140 多个经济体作为样本，遵循科学性、系统性、数据可获得性、前瞻性、可持续性、可操作性等原则，以数字贸易经济基础、数字贸易产业基础、数字贸易发展质量、数字贸易发展环境、数字贸易开放平台、数字贸易发展潜力 6 个一级指标，9 个二级指标，37 个三级指标构建评价体系（见表 9-8）。

表9-8　　全球数字贸易发展指数指标体系

一级指标	二级指标	三级指标	资料来源
数字贸易经济基础	经济基础	GDP	UNCTAD 数据库
		人均 GDP	UNCTAD 数据库
		货物和服务进口额	UNCTAD 数据库
		货物和服务出口额	UNCTAD 数据库
		最终消费支出	UNCTAD 数据库
		固定资产形成总额	UNCTAD 数据库
数字贸易产业基础	数字产业化	服务业增加值占 GDP 比重	世界银行 WDI 数据库
		技术和服务业就业占总就业比重	国际劳工组织数据库
	产业数字化	数字服务贸易额	UNCTAD 数据库
		数字服务贸易额占 GDP 比重	UNCTAD 数据库
		ICT 服务贸易规模	UNCTAD 数据库
		ICT 服务贸易规模占 GDP 比重	UNCTAD 数据库
		每百万人拥有互联网服务器数	世界银行 WDI 数据库
数字贸易发展质量	创新能力	研究机构质量	全球竞争力指数报告
		专利申请数	全球竞争力指数报告
		R&D 支出	全球竞争力指数报告
		R&D 支出占 GDP 比重	全球竞争力指数报告
		知识产权交易额	世界银行 WDI 数据库
数字贸易发展环境	基础设施	移动电话普及率	国际电信联盟数据库
		移动宽带普及率	国际电信联盟数据库
		固定电话普及率	世界银行 WDI 数据库
		固定宽带普及率	世界银行 WDI 数据库
	政策环境、法治环境	网络安全服务环境	全球网络安全指数报告
		知识产权保护环境	全球竞争力指数报告
		法治环境效率	全球竞争力指数报告
		营商环境便利度	世界银行 WDI 数据库
数字贸易开放平台	开放平台	区域贸易协定生效数	WTO RTA 数据库
		双边投资协定生效数	UNCTAD 数据库
		电子商务协定生效数	WTO RTA 数据库
		是否加入电子商务共同声明	WTO 数据库
数字贸易发展潜力	贸易潜力	网民比重	全球竞争力指数报告
		货物和服务贸易增速	UNCTAD 数据库
		货物和服务贸易全球占比	UNCTAD 数据库
		货物和服务贸易依存度	UNCTAD 数据库
	投资潜力	FDI 存量	世界银行 WDI 数据库
		OFDI 存量	世界银行 WDI 数据库
		资本增量	世界银行 WDI 数据库

资料来源：作者整理。

上述指标体系的创新主要体现在全球数字贸易发展指标体系设计上，首次从数字贸易经济基础、数字贸易产业基础、数字贸易发展质量、数字贸易发展环境、数字贸易开放平台、数字贸易发展潜力6个方面系统性评价数字贸易发展水平，有利于深入分析数字经济、数字产业化、产业数字化、数字贸易创新能力、数字贸易开放平台、数字贸易发展环境、数字贸易发展潜力等对数字贸易发展水平的影响。

（2）计算方法与步骤

先对原始数据进行标准化。设 χ_j^t 为第 j 项指标第 t 年的数值，u_j^t 表示在第 t 年的第 j 项指标经过标准化处理后的数值，M_j^t、m_j^t 分别表示第 j 项指标在 t 年中的最大值和最小值，对各指标进行标准化处理，标准化处理如下：

$$u_j^t = \frac{\chi_j^t - m_j^t}{M_j^t - m_j^t}（u_j^t\text{具有正功效}）；\ u_j^t = \frac{M_j^t - \chi_j^t}{M_j^t - m_j^t}（u_j^t\text{具有负功效}）\quad (9\text{-}1)$$

标准化完成后，使用面板数据熵值法进行处理。

指标选取：设有 θ 个年份、n 个经济体，χ_{ij}^t 为第 t 年经济体 i 第 j 项指标的标准化数值；

确定指标权重：$p_{ij}^t = \chi_{ij}^t / \sum_t \sum_i \chi_{ij}^t$； （9-2）

计算第 j 项指标的熵值：$e_j = -k\sum_e \sum_i p_{ij}\ln(p_{ij}^t)$，其中 $k > 0$，$k = \ln(\theta n)$； （9-3）

计算第 j 项指标的信息效用值：$h_j = 1 - e_j$； （9-4）

计算各指标的权重：$w_j = h_j / \sum_j h_j$； （9-5）

计算各样本得分：$H_i^t = \sum_j (w_j \chi_{ij}^t)$ （9-6）

在数字贸易发展指标体系构建完成后，建立样本国家数据库和37个指标数据库，数据全部来自世界权威机构数据库：世界银行WDI数据库、国际劳工组织数据库、联合国贸易和发展会议数据库、世界贸易组织数据库、全球竞争力指数报告、全球网络安全指数报告等。

（3）全球数字贸易发展水平排序比较

通过对数据进行标准化处理，应用熵值法对140多个经济体的数字贸易发展综合指数和6个分指数分值进行排序，确定2017—2020年全球数字贸易发展综合指数100强经济体榜单以及2020年全球数字贸易发展综合指数100强经济体榜单（见表9-9、表9-10）。

表9-9　　2020年全球数字贸易发展综合指数100强经济体排行榜单

排名	经济体	得分	排名	经济体	得分	排名	经济体	得分	排名	经济体	得分
1	美国	79.3	26	澳大利亚	31	51	黑山	20.5	76	洪都拉斯	13.7
2	中国大陆	53.1	27	捷克	30.6	52	泰国	20.5	77	蒙古	13.4
3	德国	52.4	28	希腊	30.5	53	哥斯达黎加	20.2	78	巴巴多斯	13.4
4	爱尔兰	51.4	29	匈牙利	30.0	54	巴西	19.7	79	巴拉圭	13.3
5	荷兰	47.8	30	中国台湾	29.8	55	文莱	19.5	80	老挝	13.2
6	法国	46.4	31	斯洛文尼亚	29.7	56	卡塔尔	19.1	81	塞舌尔	13.1
7	瑞士	46.3	32	波兰	29.0	57	乌克兰	19.1	82	科特迪瓦	12.9
8	日本	44.0	33	冰岛	28.5	58	哥伦比亚	19.1	83	尼加拉瓜	12.8
9	卢森堡	42.2	34	新西兰	28.5	59	哈萨克斯坦	18.9	84	尼日利亚	12.6
10	新加坡	41.1	35	立陶宛	28.2	60	巴林	18.8	85	肯尼亚	12.2
11	丹麦	39.2	36	罗马尼亚	28.0	61	格鲁吉亚	18.5	86	越南	11.9
12	英国	38.5	37	以色列	27.7	62	摩尔多瓦	18.3	87	贝宁	11.7
13	韩国	38.2	38	斯洛伐克	27.5	63	阿根廷	18.0	88	阿曼	11.4

续表

排名	经济体	得分	排名	经济体	得分	排名	经济体	得分	排名	经济体	得分
14	比利时	37	39	克罗地亚	27.5	64	巴拿马	17.9	89	喀麦隆	11.3
15	瑞典	36.6	40	挪威	27.3	65	秘鲁	17.4	90	阿塞拜疆	10.6
16	西班牙	36	41	拉脱维亚	27.1	66	科威特	17.3	91	布基纳法索	10.5
17	奥地利	35.8	42	保加利亚	27	67	印度尼西亚	17.1	92	伊朗	10.2
18	加拿大	35.4	43	阿联酋	26.4	68	菲律宾	16.4	93	亚美尼亚	10.1
19	中国香港	35.3	44	俄罗斯	24.2	69	萨尔瓦多	15.7	94	特立尼达和多巴哥	9.6
20	马耳他	35.3	45	马来西亚	22.9	70	阿尔巴尼亚	15.2	95	埃及	9.1
21	芬兰	34.4	46	智利	22.5	71	印度	14.7	96	波黑	9
22	意大利	34.3	47	墨西哥	21.8	72	毛里求斯	14.2	97	突尼斯	8.9
23	塞浦路斯	33.2	48	土耳其	21.8	73	塞尔维亚	14.1	98	摩洛哥	8.7
24	葡萄牙	32.6	49	沙特阿拉伯	21.8	74	危地马拉	14	99	约旦	8.3
25	爱沙尼亚	31.5	50	乌拉圭	21	75	厄瓜多尔	14	100	多米尼加	8.2

资料来源：作者根据相关数据计算。

从2017—2020年全球数字贸易发展综合指数分值变化看，美国是全球数字贸易第一大经济体。中国大陆数字贸易发展综合指数分值提升很快，从2017年全球第5位提升到2020年全球第2位，中国大陆成为全球数字贸易世界第二大经济体。

表9-10　2017—2020年全球数字贸易发展综合指数100强经济体排行榜单

排名	2017年		2018年		2019年		2020年	
	经济体	得分	经济体	得分	经济体	得分	经济体	得分
1	美国	66.0	美国	66.3	美国	77.9	美国	79.3
2	德国	41.9	德国	43.7	德国	51.9	中国大陆	53.1
3	法国	37.3	中国大陆	40.8	中国大陆	49.9	德国	52.4
4	荷兰	36.4	法国	38.2	荷兰	46.7	爱尔兰	51.4
5	中国大陆	35.8	爱尔兰	38.2	法国	46.2	荷兰	47.8
6	爱尔兰	34.7	荷兰	37.8	瑞士	44.9	法国	46.4
7	瑞士	34.4	瑞士	36.3	日本	43.5	瑞士	46.3
8	日本	33.3	日本	34.7	爱尔兰	42.0	日本	44.0
9	英国	32.6	英国	33.9	英国	41.6	卢森堡	42.2
10	卢森堡	31.3	卢森堡	32.5	新加坡	40.9	新加坡	41.1
11	新加坡	30.6	新加坡	32.1	卢森堡	40.8	丹麦	39.2
12	韩国	29.2	韩国	29.9	丹麦	38.7	英国	38.5
13	瑞典	27.6	比利时	28.1	韩国	37.9	韩国	38.2
14	比利时	27.2	瑞典	28.0	比利时	36.4	比利时	37.0
15	加拿大	26.0	丹麦	27.9	瑞典	35.9	瑞典	36.6
16	西班牙	25.5	西班牙	26.9	西班牙	35.5	西班牙	36.0
17	丹麦	25.4	加拿大	26.6	奥地利	35.0	奥地利	35.8
18	中国香港	25.4	奥地利	26.5	中国香港	34.7	加拿大	35.4
19	奥地利	25.3	中国香港	26.3	加拿大	34.7	中国香港	35.3
20	意大利	24.4	意大利	25.7	马耳他	34.0	马耳他	35.3
21	马耳他	24.0	马耳他	25.3	意大利	33.8	芬兰	34.4
22	芬兰	23.8	芬兰	24.7	芬兰	33.6	意大利	34.3
23	塞浦路斯	22.2	塞浦路斯	22.9	塞浦路斯	31.8	塞浦路斯	33.2
24	澳大利亚	21.7	澳大利亚	22.8	葡萄牙	31.6	葡萄牙	32.6
25	葡萄牙	21.2	葡萄牙	22.8	爱沙尼亚	30.5	爱沙尼亚	31.5
26	中国台湾	21.2	爱沙尼亚	21.8	捷克	29.8	澳大利亚	31.0
27	冰岛	20.8	中国台湾	21.6	澳大利亚	29.8	捷克	30.6

续表

排名	2017年		2018年		2019年		2020年	
	经济体	得分	经济体	得分	经济体	得分	经济体	得分
28	爱沙尼亚	20.8	新西兰	21.1	希腊	29.6	希腊	30.5
29	新西兰	20.3	希腊	21.0	中国台湾	29.4	匈牙利	30.0
30	希腊	20.3	匈牙利	20.8	匈牙利	29.4	中国台湾	29.8
31	捷克	19.8	冰岛	20.7	斯洛文尼亚	28.9	斯洛文尼亚	29.7
32	挪威	19.7	捷克	20.6	波兰	28.4	波兰	29.0
33	匈牙利	19.5	斯洛文尼亚	20.5	新西兰	28.3	冰岛	28.5
34	以色列	19.1	波兰	19.9	冰岛	28.2	新西兰	28.5
35	斯洛文尼亚	19.0	挪威	19.9	以色列	27.4	立陶宛	28.2
36	波兰	18.6	以色列	19.6	立陶宛	27.4	罗马尼亚	28.0
37	阿联酋	18.0	克罗地亚	19.0	挪威	27.4	以色列	27.7
38	克罗地亚	18.0	立陶宛	18.8	克罗地亚	27.3	斯洛伐克	27.5
39	罗马尼亚	17.7	阿联酋	18.8	罗马尼亚	27.1	克罗地亚	27.5
40	拉脱维亚	17.5	罗马尼亚	18.6	斯洛伐克	26.7	挪威	27.3
41	立陶宛	17.3	斯洛伐克	18.3	保加利亚	26.4	拉脱维亚	27.1
42	保加利亚	17.1	保加利亚	18.1	拉脱维亚	26.3	保加利亚	27.0
43	斯洛伐克	16.6	拉脱维亚	17.9	阿联酋	26.3	阿联酋	26.4
44	俄罗斯	15.9	俄罗斯	16.2	俄罗斯	24.2	俄罗斯	24.2
45	马来西亚	14.2	马来西亚	14.9	马来西亚	22.7	马来西亚	22.9
46	智利	13.3	塞舌尔	14.8	智利	22.0	智利	22.5
47	乌拉圭	12.9	智利	14.0	墨西哥	21.2	墨西哥	21.8
48	墨西哥	12.6	沙特阿拉伯	13.5	土耳其	20.9	土耳其	21.8
49	巴巴多斯	12.6	印度	13.3	乌拉圭	20.8	沙特阿拉伯	21.8
50	印度	12.5	毛里求斯	13.3	泰国	20.3	乌拉圭	21.0
51	毛里求斯	12.5	墨西哥	13.3	黑山	20.3	黑山	20.5
52	泰国	12.4	乌拉圭	13.2	哥斯达黎加	19.7	泰国	20.5
53	沙特阿拉伯	12.2	土耳其	13.1	巴西	19.6	哥斯达黎加	20.2
54	土耳其	12.2	塞尔维亚	12.9	卡塔尔	19.1	巴西	19.7
55	巴西	11.9	泰国	12.6	文莱	18.9	文莱	19.5
56	巴林	11.8	巴巴多斯	12.5	哥伦比亚	18.8	卡塔尔	19.1
57	塞尔维亚	11.8	黑山	12.3	格鲁吉亚	18.7	乌克兰	19.1
58	哥斯达黎加	11.7	巴西	11.8	哈萨克斯坦	18.7	哥伦比亚	19.1
59	塞舌尔	11.6	哥斯达黎加	11.7	巴林	18.7	哈萨克斯坦	18.9

续表

排名	2017年		2018年		2019年		2020年	
	经济体	得分	经济体	得分	经济体	得分	经济体	得分
60	卡塔尔	11.1	卡塔尔	11.5	乌克兰	18.6	巴林	18.8
61	哥伦比亚	11.0	文莱	11.2	巴拿马	18.0	格鲁吉亚	18.5
62	黑山	10.8	哥伦比亚	11.1	摩尔多瓦	18.0	摩尔多瓦	18.3
63	阿根廷	10.8	巴林	11.1	阿根廷	17.8	阿根廷	18.0
64	格鲁吉亚	10.6	格鲁吉亚	10.9	科威特	17.3	巴拿马	17.9
65	巴拿马	10.4	哈萨克斯坦	10.8	秘鲁	16.9	秘鲁	17.4
66	乌克兰	10.3	乌克兰	10.8	萨尔瓦多	15.5	科威特	17.3
67	哈萨克斯坦	10.2	阿根廷	10.7	阿尔巴尼亚	15.0	印度尼西亚	17.1
68	文莱	10.2	巴拿马	10.6	印度	14.3	菲律宾	16.4
69	伊朗	10.1	阿曼	10.5	蒙古	14.3	萨尔瓦多	15.7
70	阿曼	9.9	摩尔多瓦	10.3	沙特阿拉伯	13.9	阿尔巴尼亚	15.2
71	摩尔多瓦	9.5	伊朗	10.2	毛里求斯	13.8	印度	14.7
72	阿塞拜疆	9.2	越南	10.1	洪都拉斯	13.7	毛里求斯	14.2
73	秘鲁	9.0	阿塞拜疆	9.6	塞尔维亚	13.5	塞尔维亚	14.1
74	特立尼达和多巴哥	8.9	亚美尼亚	9.5	巴拉圭	13.2	危地马拉	14.0
75	波黑	8.5	特立尼达和多巴哥	9.5	巴巴多斯	13.0	厄瓜多尔	14.0
76	越南	8.3	科威特	9.4	塞舌尔	12.8	洪都拉斯	13.7
77	亚美尼亚	8.2	秘鲁	9.3	老挝	12.8	蒙古	13.4
78	科威特	8.2	波黑	8.9	尼加拉瓜	12.5	巴巴多斯	13.4
79	印度尼西亚	7.9	印度尼西亚	8.6	尼日利亚	12.4	巴拉圭	13.3
80	萨尔瓦多	7.7	埃及	8.0	阿曼	11.0	老挝	13.2
81	南非	7.6	菲律宾	7.9	越南	10.9	塞舌尔	13.1
82	埃及	7.4	突尼斯	7.7	阿塞拜疆	10.1	科特迪瓦	12.9
83	菲律宾	7.4	萨尔瓦多	7.6	伊朗	10.0	尼加拉瓜	12.8
84	突尼斯	7.3	南非	7.6	亚美尼亚	9.9	尼日利亚	12.6
85	摩洛哥	7.0	约旦	7.6	特立尼达和多巴哥	9.4	肯尼亚	12.2
86	约旦	6.9	阿尔巴尼亚	7.5	印度尼西亚	9.1	越南	11.9
87	厄瓜多尔	6.8	牙买加	7.3	波黑	8.9	贝宁	11.7
88	牙买加	6.8	多米尼加	7.1	菲律宾	8.5	阿曼	11.4
89	阿尔巴尼亚	6.8	摩洛哥	7.1	埃及	8.5	喀麦隆	11.3

续表

排名	2017 年		2018 年		2019 年		2020 年	
	经济体	得分	经济体	得分	经济体	得分	经济体	得分
90	委内瑞拉	6.6	蒙古	7.0	突尼斯	8.4	阿塞拜疆	10.6
91	危地马拉	6.5	危地马拉	6.9	南非	7.9	布基纳法索	10.5
92	多米尼加	6.4	厄瓜多尔	6.7	约旦	7.9	伊朗	10.2
93	阿尔及利亚	6.4	斯里兰卡	6.7	摩洛哥	7.8	亚美尼亚	10.1
94	斯里兰卡	6.3	委内瑞拉	6.4	多米尼加	7.7	特立尼达和多巴哥	9.6
95	蒙古	6.1	黎巴嫩	6.2	牙买加	7.6	埃及	9.1
96	黎巴嫩	6.1	阿尔及利亚	6.0	斯里兰卡	6.8	波黑	9.0
97	吉尔吉斯斯坦	5.8	吉尔吉斯斯坦	5.9	厄瓜多尔	6.6	突尼斯	8.9
98	博茨瓦纳	5.7	洪都拉斯	5.9	危地马拉	6.5	摩洛哥	8.7
99	洪都拉斯	5.5	博茨瓦纳	5.8	吉尔吉斯斯坦	6.5	约旦	8.3
100	加纳	5.2	巴拉圭	5.7	阿尔及利亚	6.4	多米尼加	8.2

资料来源：作者根据相关数据计算整理。

2022 年，全球数字贸易发展综合指数前 10 位的经济体为美国、中国大陆、爱尔兰、德国、日本、瑞士、荷兰、法国、韩国、英国（见图 9–21）。

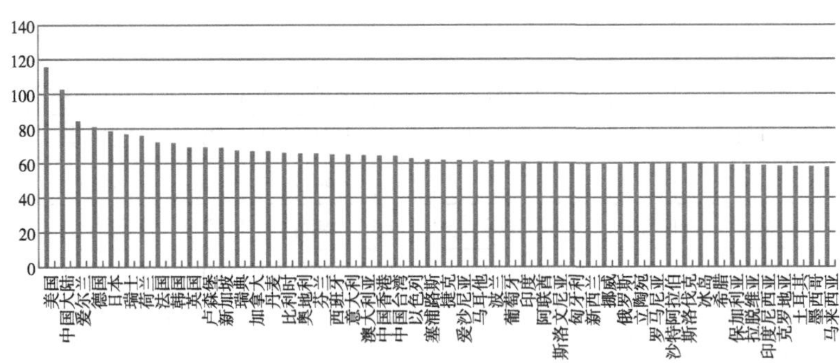

图9-21　2022年全球数字贸易发展综合指数50强经济体

资料来源：作者根据测算数据绘制。

（4）数字贸易经济基础指数

2022 年全球数字贸易经济基础指数排名前 10 位的经济体依次为美国、中国大陆、德国、日本、法国、英国、瑞士、荷兰、韩国、爱尔兰。

其中美国得分为 145 分，中国大陆得分为 126 分，相较于其他国家具有明显优势。与数字贸易发展总指数相比，数字贸易经济基础指数排名与其基本一致，说明经济基础在数字贸易发展中起重要作用（见图 9–22）。

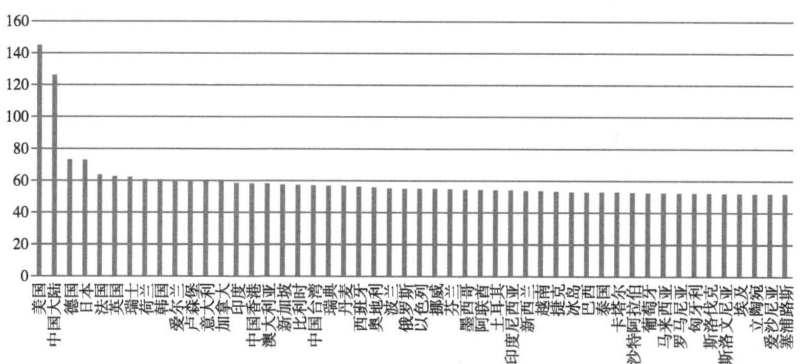

图9-22 2022年全球数字贸易经济基础指数50强经济体

资料来源：作者根据测算数据绘制。

（5）数字贸易产业基础指数

产业基础决定贸易格局，数字产业的存在和发展是数字贸易开展的必要条件。当前，各经济体数字贸易发展水平各异的一个重要原因在于各经济体相关产业发展程度存在差异。

2022 年，全球数字贸易产业基础指数排名前 10 位的经济体依次为爱尔兰、瑞士、美国、中国大陆、德国、英国、法国、新加坡、卢森堡、印度（见图 9–23）。2017—2022 年，爱尔兰的数字贸易产业基础基本居全球首位，其得分由 2017 年的 88 分快速提高至 2022 年的 122 分。

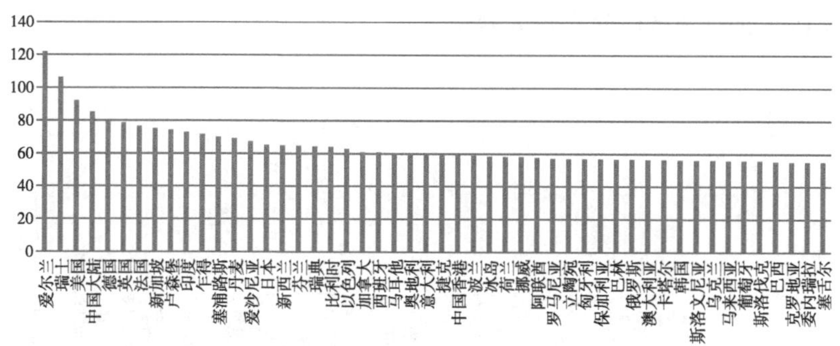

图9-23 2022年全球数字贸易产业基础指数50强经济体

资料来源：作者根据测算数据绘制。

（6）数字贸易发展质量指数

2022年全球数字贸易发展质量指数前10位的经济体依次为美国、中国大陆、日本、韩国、爱尔兰、德国、中国台湾、荷兰、瑞士、瑞典（见图9-24）。美国在数字贸易发展质量上长期居全球首位，但2017—2022年，其得分较为稳定，增长速度相对较慢，得分由2017年的108分提升至2022年的111分，仅提升了3分。在前10位经济体中，中国大陆数字贸易质量提升较为迅速，由2017年的78分提高至2022年的99分。

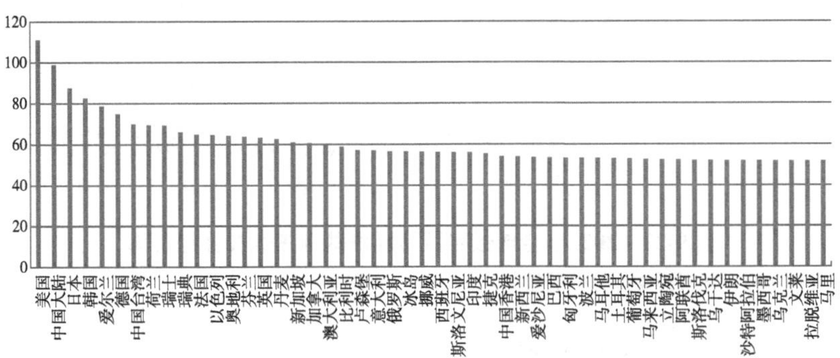

图9-24　2022年全球数字贸易发展质量指数50强经济体

资料来源：作者根据测算数据绘制。

（7）数字贸易发展环境指数

2022年数字贸易发展环境指数前10位的经济体依次为中国香港、马耳他、法国、日本、韩国、葡萄牙、美国、瑞士、德国、英国（见图9-25）。2017—2022年，中国香港的数字贸易发展环境指数一直居全球首位，2022年其发展环境指数为128分。2022年中国大陆数字贸易发展环境指数为107，全球排名第35位，在数字贸易发展环境上，中国大陆较其他前列经济体尚有较大差距。

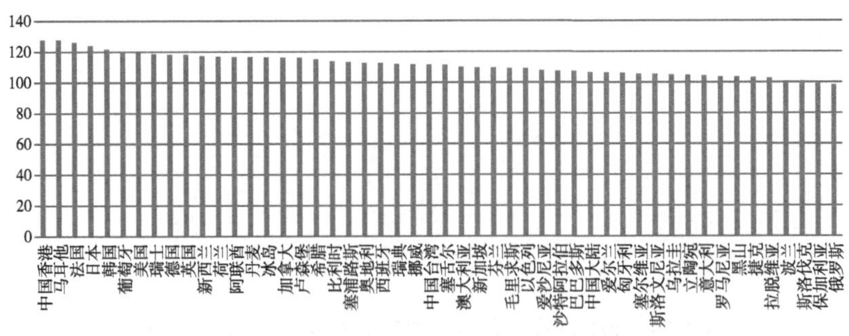

图9-25　2022年全球数字贸易发展环境指数50强经济体

资料来源：作者根据测算数据绘制。

（8）数字贸易开放平台指数

2022 年数字贸易开放平台指数前 10 位的经济体依次为爱尔兰、德国、法国、荷兰、罗马尼亚、捷克、卢森堡、比利时、芬兰、西班牙（见图 9–26）。数字贸易规模较大的经济体如美国、中国大陆，在开放平台上都尚有比较大的提升空间，2022 年美国和中国大陆开放平台指数分别为 100 分和 92 分，全球排名分别为第 34 位和第 43 位。

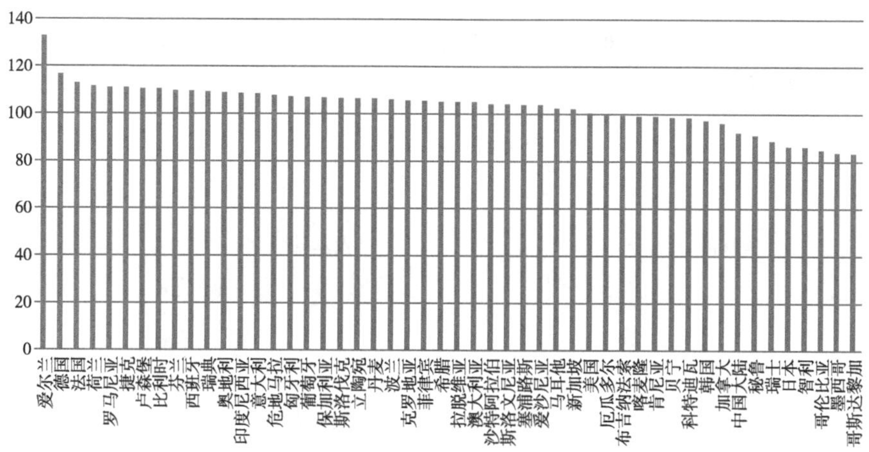

图9-26　2022年数字贸易开放平台指数50强经济体

资料来源：作者根据测算数据绘制。

（9）数字贸易发展潜力指数

2022 年全球数字贸易发展潜力指数前 10 位的经济体为美国、荷兰、中国大陆、德国、英国、中国香港、法国、日本、新加坡、加拿大（见图 9–27）。美国在数字贸易发展潜力指数上一直居全球首位，且得分显著高于其他经济体。2022 年，美国数字贸易发展潜力指数得分为 140 分，比排名第 2 的荷兰高出近 35 分。由此可见，美国的数字贸易发展潜力在未来较长时间仍具有全球领先水平。

（10）全球数字贸易指数：中国的优势与短板

2022 年，中国大陆数字贸易发展总指数居全球第 2 位，中国大陆在数字贸易产业基础、数字贸易发展潜力上排名靠前，但是中国大陆的数字贸易发展环境指数居全球第 35 位，数字贸易开放平台指数居全球第 43 位，与全球领先的美国还存在较大差距（见图 9–28）。

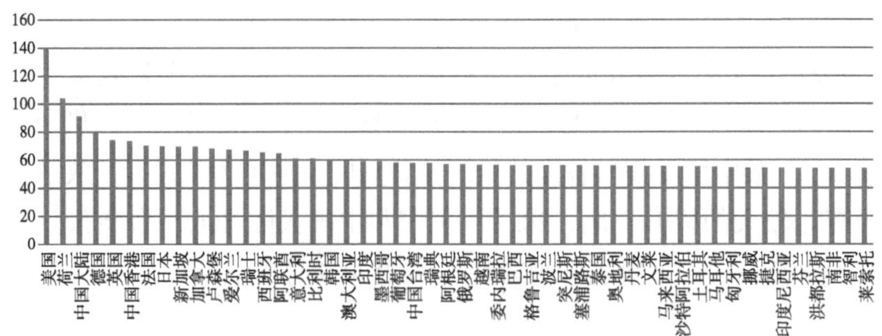

图9-27　2022年全球数字贸易发展潜力指数50强经济体

资料来源：作者根据测算数据绘制。

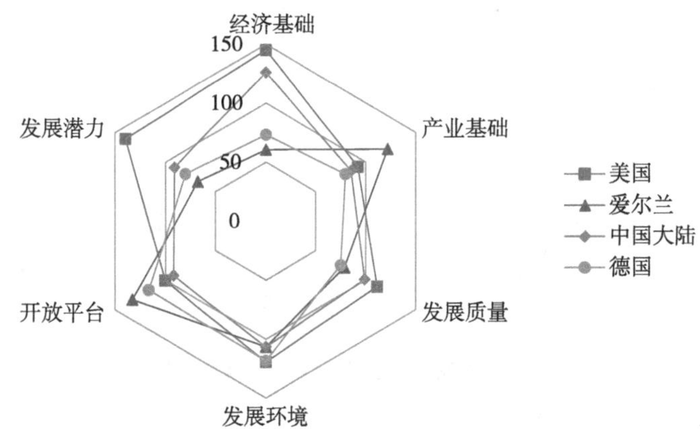

图9-28　2022年数字贸易总指数前4位国家分指数对比情况

资料来源：作者根据测算数据绘制。

二、我国数字经济与数字贸易发展比较分析

（一）我国数字经济发展趋势

1. 数字经济产业基础设施建设

数字经济发展需要配套基础设施建设，我国数字基础设施建设持续促进数字经济发展。我国通信基础设施逐年平稳向上发展，长途光缆铺设长度 2019 年较 2004 年共提升了 56%。移动电话交换机容量、互联网普及率 2006 年前后提升发展速度，到 2019 年移动电话交换机容量扩大为原来的 4.4 倍，互联网普及率更是从 10.5% 提升到了 64.5%；域名数代表着网络发展程度，2019 年域名数达到 5100 万个，互联网市场规模不断扩大（见图 9–29）。

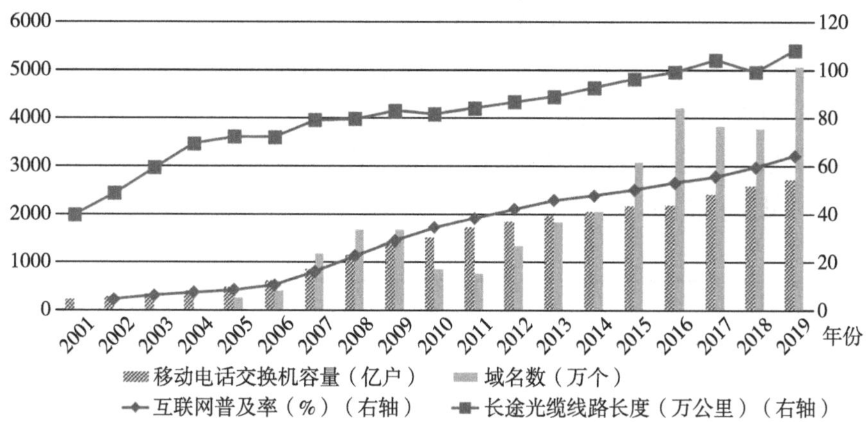

图9-29　2001—2019年中国数字经济产业基础发展情况

资料来源：中国国家统计局。

2. 电子信息制造业发展

我国电子信息制造业持续稳定增长，电信业务总量增长迅猛，得益于4G网络的建设普及，电信业务在GDP中的占比提升至接近11%。信息传输业的全社会固定资产投资达到年均21%的增长速度，其投资总体水平占全社会总投资比重提升至1.1%（见图9-30）。

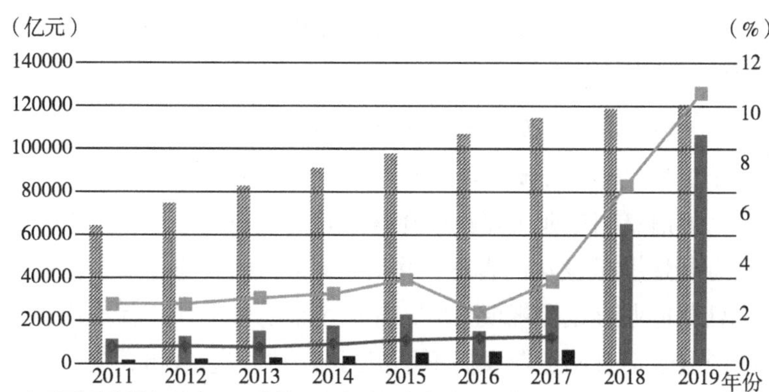

图9-30　2011—2019年中国电子信息制造业产业发展情况

资料来源：中国国家统计局。

3. 数字经济核心产业发展

2000—2019 年，我国电子及通信设备制造业、计算机及办公设备制造业从业人员年平均人数，信息传输、计算机服务和软件业城镇单位就业人员数呈现稳定增长的发展状态，在社会总就业人数中的占比也不断提升（见图 9-31）。

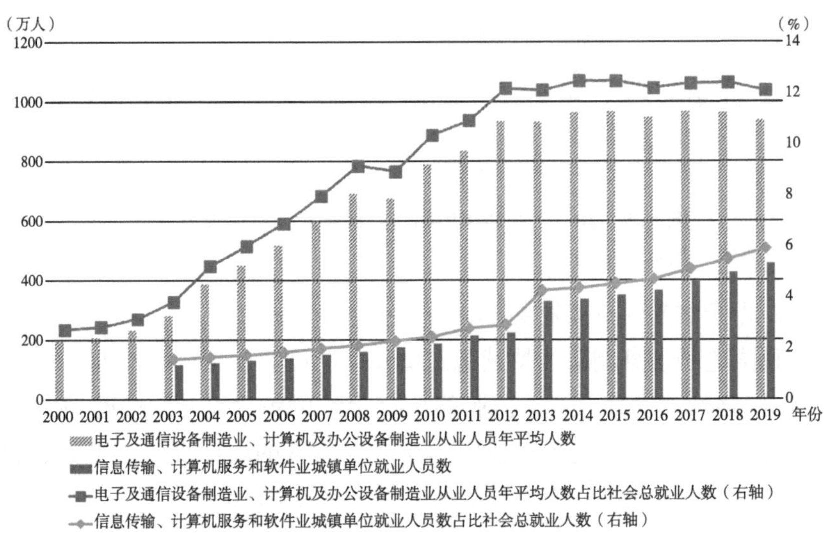

图9-31　2000—2019年中国数字经济核心产业发展情况

资料来源：中国国家统计局。

（二）数字经济区域发展比较分析

1. 电子信息制造业区域比较分析

我国电子信息制造业主要集中在珠三角、长三角地区，广东、江苏是电子信息制造业最发达的省份，华为、TCL、比亚迪等知名企业在广东电子信息制造业形成了规模效应，并通过辐射带动作用促进周边地区发展。我国电子信息制造业发展不平衡问题仍然比较突出，中、西部省份由于基础设施、政策支持、市场建设等条件长期匮乏，电子信息制造业发展比较缓慢。2005—2019 年我国部分省（自治区、直辖市）数字经济制造业收入发展情况基本呈逐年上涨趋势（见图 9-32）。

2. 电信业务区域比较分析

我国多数区域电信业务保持快速增长趋势，但是电信业务区域发展不平衡的问题仍然存在。从电信业务总量来看，广东、江苏、浙江、河南、山东居全国前五位。以广东、江苏、浙江为代表的沿海地区电信业务规模持续扩大，出现由沿海向内陆省份梯度下降的发展趋势（见图 9-33）。

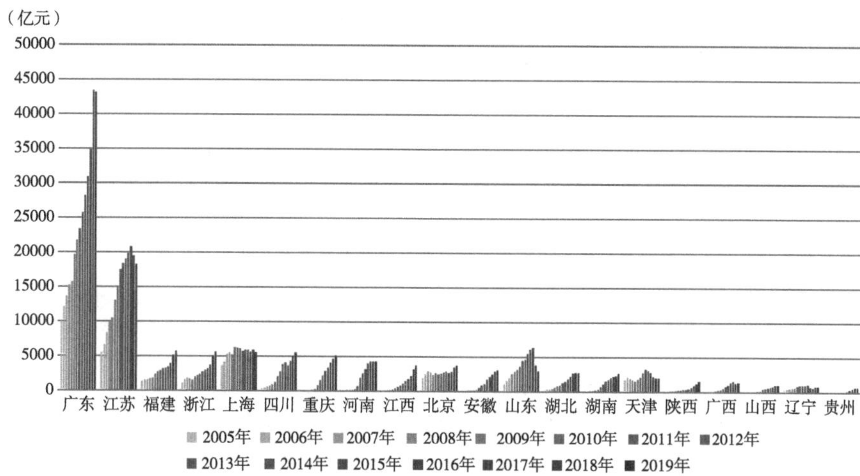

图9-32 2005—2019年中国部分省（自治区、直辖市）数字经济制造业收入发展情况

资料来源:《中国高技术产业统计年鉴》。

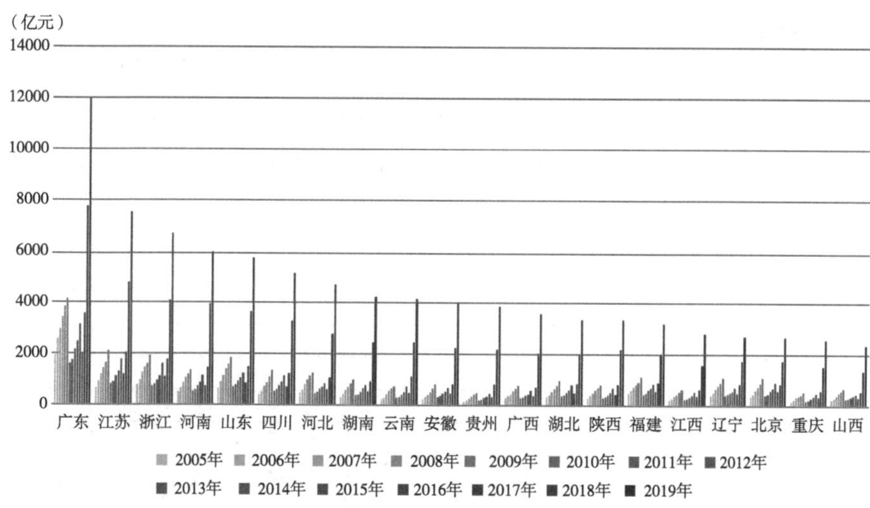

图9-33 2005—2019年中国部分省（自治区、直辖市）电信业务发展情况

资料来源:《中国第三产业统计年鉴》。

3. 信息传输服务业区域比较分析

2005—2019 年，北京、广东、上海、江苏、浙江的信息传输、计算机服务和软件业就业总人数居全国前五位。广东、上海、浙江等东部地区的就业人数增长速度较快，东、中、西三大区域和省份之间信息传输服务业发展不平衡问题仍然比较突出（见图 9-34）。

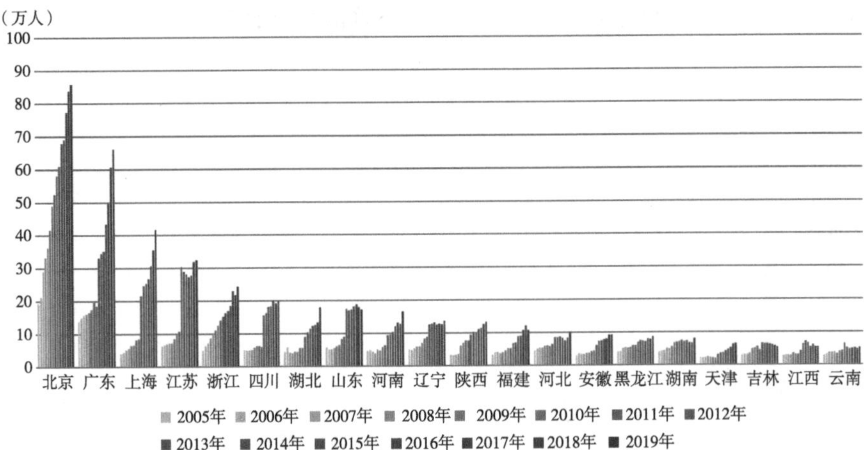

图9-34　2005—2019年中国各地区信息传输、计算机服务和软件业就业发展情况

资料来源：中国国家统计局。

（三）我国数字贸易发展比较分析

1. 我国服务贸易发展趋势

我国服务贸易的发展大致可以分为三个阶段：第一阶段为2000—2008年，服务贸易额逐年扩大，服务贸易逆差保持较低水平；第二阶段为2009—2014年，服务贸易进口快于服务贸易出口，服务贸易逆差扩大；第三阶段为2015—2019年，服务贸易出口加快，服务贸易逆差呈下降趋势（见图9-35）。

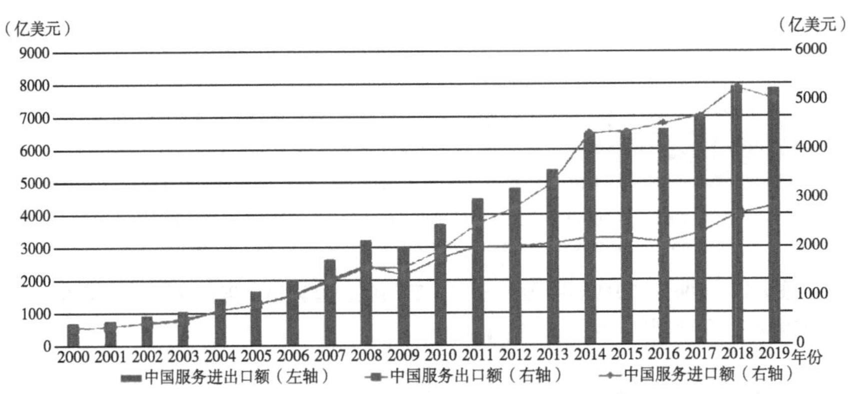

图9-35　2000—2019年中国服务进出口发展情况

资料来源：中国商务部。

2. 数字服务贸易发展

根据联合国贸发会议对服务贸易的分类，数字服务贸易主要包括保险服务、金融服务、知识产权服务、ICT服务（电信、计算机和信息服务）、其他商业服务及个人文娱服务六大类贸易。我国数字服务贸易规模排序第一的是其他商业服务，第二的是ICT服务（电信、计算机和信息服务），第三的是知识产权服务，第四的是保险服务。我国个人文娱服务贸易、金融服务贸易处于较低水平（见图9-36）。

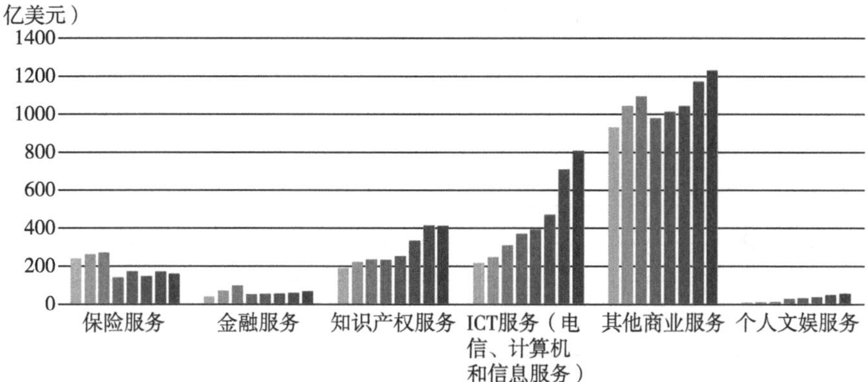

图9-36　2012—2019年中国服务进出口总额分类情况

资料来源：中国商务部。

3. 电子商务发展

电子商务是数字经济与数字贸易的重要组成部分。2013—2019年，我国电子商务规模持续扩大，电子商务销售额从2013年的5.67万亿元增长至2019年的16.93万亿元（见图9-37），年均增幅约20%。《中华人民共和国电子商务法》在全国范围贯彻实施，全国电子商务公共服务平台建成并投入使用，电子商务公共服务平台建设为我国电子商务加快发展作出了积极贡献。

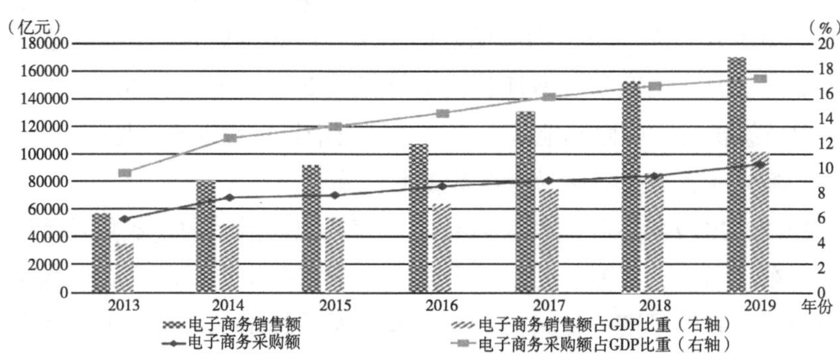

图9-37　2013—2019年中国电子商务发展情况

资料来源：中国国家统计局。

（四）我国数字贸易区域发展比较分析

1. 高技术产品进出口贸易发展

我国高技术产品进出口居全国前列的省（自治区、直辖市）是广东、江苏、上海、四川、河南、重庆、天津、北京、陕西、浙江、福建、山东等，高技术产品进出口居全国前三位的是广东、江苏、上海（见图 9–38）。

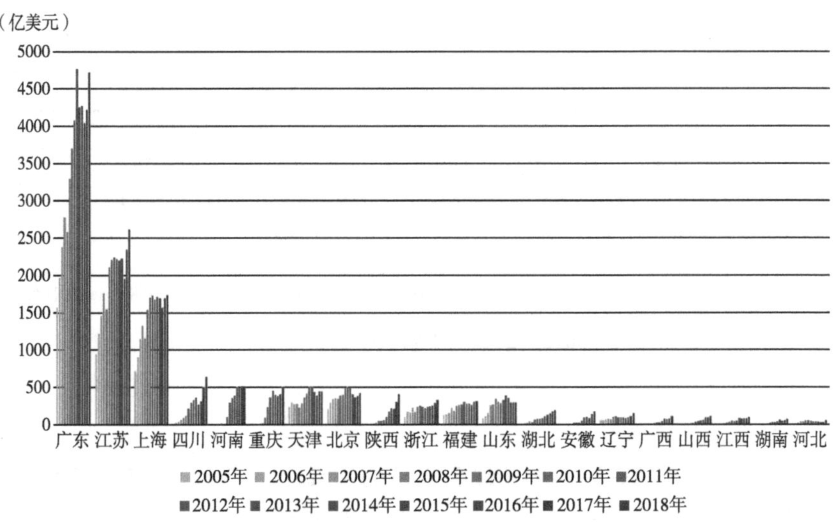

图9-38　2005—2018年中国各地区高技术产品贸易发展情况

资料来源:《中国高技术产业统计年鉴》。

2. 电子商务发展

电子商务规模居全国前列的省份是广东、北京、上海、山东、浙江、江苏。2019 年广东省电子商务销售额首次突破 3 万亿元，北京、上海也达到 2 万亿元，山东省、浙江省为 1 万亿至 2 万亿元。东部地区电商销售规模持续扩大，中西部地区电商销售规模增长相对缓慢（见图 9–39）。

3. 有电子商务交易活动企业数量的发展

2013—2019 年，我国各区域有电子商务交易活动的企业数量持续增加，广东、浙江、江苏、北京、山东有电子商务交易活动的企业数量居全国前列，有电子商务交易活动的企业数量持续增加，推动电子商务交易规模持续扩大，促进数字贸易加快发展（见图 9–40）。

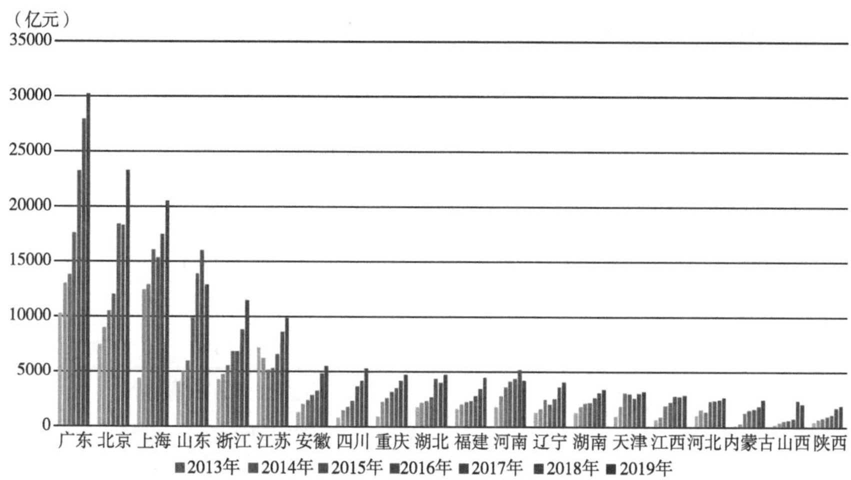

图9-39　2013—2019年中国部分省（自治区、直辖市）电子商务销售额变化情况

资料来源：中国国家统计局。

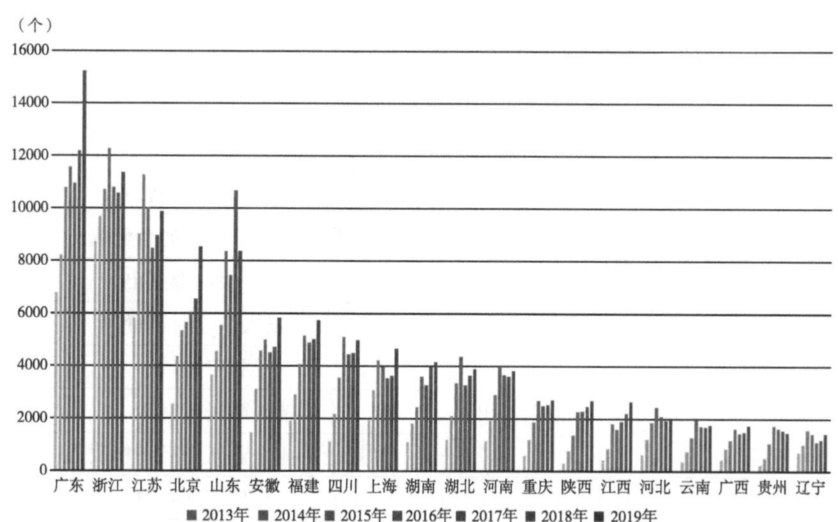

图9-40　2013—2019年中国部分省（自治区、直辖市）有电子商务交易活动企业数量发展情况

资料来源：中国国家统计局。

（五）我国区域数字贸易发展指数比较分析

1. 我国区域数字贸易发展指数指标体系构建

参照全球数字贸易发展指数的指标体系，本节从经济基础、发展现状、发展质量、发展环境、发展潜力、开放平台六大方面出发构建了评价国内31个省（自治区、直辖市）数字贸易发展的指标体系（见表9–11）。

表9-11　　中国数字贸易发展指数指标体系

一级指标	二级指标	三级指标
经济基础	总体发展	GDP
		人均 GDP
	贸易规模	进口额
		出口额
	投资消费	社会消费品零售总额
		固定资产投资存量
发展现状	数字交付	数字技术贸易相关产业收入
		数字技术贸易相关产业就业占比
		数字技术贸易相关产业收入占 GDP 比重
		服务贸易进出口额
		服务贸易进出口额占 GDP 比重
	数字订购	电子商务销售额
		电子商务销售额占 GDP 比重
		每百家企业拥有网站数
		有电子商务活动的企业数
发展质量	创新投入	研发经费内部支出
		研发人员全时当量
	创新产出	专利申请数
		技术市场成交额
		规上工业企业新产品销售收入
发展环境	数字基建	人均拥有网站数
		行政区划内光缆长度
		移动电话普及率
		互联网宽带接入用户
		互联网宽带接入端口
	政策环境	数字政府建设进度
		数字贸易政策文本数量
		知识产权政策文本数量

续表

一级指标	二级指标	三级指标
发展潜力	贸易潜力	网络零售额
		贸易增速
		贸易全国占比
		外贸依存度
	投资潜力	FDI
		OFDI
		资本增速
开放平台	综合平台	国家级、省级经济技术开发区数
		海关特殊监管区数量
		自由贸易试验区数量
	数贸平台	跨境电商综试区数量
		国家级服务贸易出口基地数量

资料来源：作者根据相关数据计算整理得出。

2. 计算方法与步骤

先对原始数据进行标准化。设 χ_j^t 为第 j 项指标第 t 年的数值，u_j^t 表示在第 t 年的第 j 项指标经过标准化处理后的数值，M_j^t、m_j^t 分别表示第 j 项指标在 t 年中的最大值和最小值，对各指标进行标准化处理，标准化处理如下：

$$u_j^t = \frac{\chi_j^t - m_j^t}{M_j^t - m_j^t}\text{（}u_j^t\text{具有正功效）；}\ u_j^t = \frac{M_j^t - \chi_j^t}{M_j^t - m_j^t}\text{（}u_j^t\text{具有负功效）} \quad (9\text{–}7)$$

标准化完成后，使用面板数据熵值法进行处理。

指标选取：设有 θ 个年份、n 个经济体，χ_{ij}^t 为第 t 年经济体 i 第 j 项指标的标准化数值；

确定指标权重：$p_{ij}^t = \chi_{ij}^t / \sum_t \sum_i \chi_{ij}^t$； （9–8）

计算第 j 项指标的熵值：$e_j = -k\sum_e \sum_i p_{ij}\ln(p_{ij}^t)$，其中 $k>0$，$k=\ln(\theta n)$； （9–9）

计算第 j 项指标的信息效用值：$h_j = 1 - e_j$； （9–10）

计算各指标的权重：$w_j = h_j / \sum_j h_j$； （9–11）

计算各样本得分：$H_i^t = \sum_j (w_j \chi_{ij}^t)$ （9–12）

3. 我国31个省（自治区、直辖市）数字贸易发展指数排序

（1）数字贸易发展指数分布与变化

2023年，中国31个省（自治区、直辖市）的数字贸易发展指数分布情况见图9–41。广东以117.76的指数值位居全国首位，江苏（103.05）、浙江（98.70）、上海（97.97）和北京（97.77）紧随其后，成为中国数字贸易的第一梯队，反映出东部沿海地区在数字贸易领域的显著优势。中西部地区中，四川（72.19）、湖北（70.35）、河南（69.91）等省（自治区、直辖市）指数相对较高，但整体仍与东部存在差距。宁夏（53.74）、青海（52.60）、西藏（51.77）等西部省（自治区、直辖市）排名靠后，指数值普遍低于55，表明区域间数字贸易发展水平呈现"东高西低"的梯度特征。

2017—2023年，中国31个省（自治区、直辖市）数字贸易发展指数呈现明显动态变化趋势（见表9–12）。纵向对比显示，各省区市指数均呈逐年上升趋势，但增速差异明显。广东连续七年保持领先，2023年较2017年增长23.3%，年均增幅约3.9%。江苏以103.05的指数值实现29.3%的累计增长，增速居全国前列。中西部省（自治区、直辖市）中，四川、湖北等年均增长率约为2.5%~3.0%，低于东部发达地区，而西藏、青海等增速最缓慢。总体而言，数字贸易发展指数的增长与地区经济发展水平和技术创新能力存在密切关系。

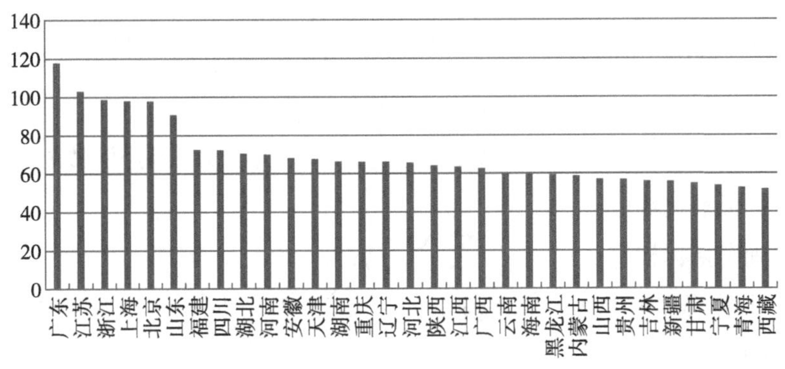

图9-41　2023年中国31个省（自治区、直辖市）数字贸易发展指数

资料来源：中国国家统计局。

表9-12　2017—2023年中国31个省（自治区、直辖市）数字贸易发展指数情况

省（自治区、直辖市）	2017 年	2018 年	2019 年	2020 年	2021 年	2022 年	2023 年
广东	95.50	99.84	102.67	107.10	111.82	115.82	117.76
江苏	79.72	82.18	85.78	88.77	93.17	98.86	103.05
浙江	74.65	77.19	80.04	83.51	88.86	94.62	98.70
上海	80.35	82.62	83.50	85.32	89.74	94.58	97.97
北京	78.49	80.64	83.00	84.61	89.57	94.83	97.77
山东	70.17	71.92	73.62	76.02	81.19	86.77	90.72
福建	63.15	64.55	65.60	66.41	68.60	70.91	72.41
四川	61.90	63.60	65.39	66.95	68.52	70.90	72.19
湖北	60.44	61.44	62.64	63.01	65.44	68.54	70.35
河南	61.74	62.50	63.12	64.21	66.24	68.39	69.91
安徽	58.92	60.36	61.49	62.99	64.69	66.45	67.97
天津	60.66	61.10	62.64	63.41	64.98	66.58	67.60
湖南	58.06	59.22	60.02	61.07	62.73	64.84	66.14
重庆	59.01	59.68	60.23	61.02	62.21	64.42	66.05
辽宁	60.28	60.99	62.06	62.61	63.74	65.08	65.99
河北	58.52	59.26	61.61	62.41	63.58	64.83	65.55
陕西	57.83	59.06	60.03	60.88	62.28	63.53	64.08
江西	56.18	57.01	57.89	58.76	60.22	62.18	63.43
广西	55.26	56.05	58.12	58.89	60.58	61.85	62.59
云南	54.26	55.28	57.66	58.17	58.63	59.34	59.81
海南	53.32	55.39	55.86	56.66	57.80	58.61	59.42
黑龙江	55.62	55.96	57.93	58.12	58.37	58.90	59.31
内蒙古	55.51	55.76	56.09	56.39	57.03	58.06	58.56
山西	53.90	54.63	54.87	55.09	55.83	56.47	57.00
贵州	53.63	54.15	54.37	54.65	55.15	56.02	56.78
吉林	54.26	54.55	54.60	54.77	55.13	55.94	56.02
新疆	53.38	53.86	53.91	53.95	54.33	55.22	55.76
甘肃	52.62	53.11	53.27	53.51	53.90	54.48	54.76
宁夏	52.04	52.18	52.36	52.30	52.75	53.39	53.74
青海	51.48	51.62	51.71	51.78	52.27	52.43	52.60

续表

省（自治区、直辖市）	2017 年	2018 年	2019 年	2020 年	2021 年	2022 年	2023 年
西藏	51.01	51.56	51.74	51.60	51.76	51.83	51.77

资料来源：作者根据测算数据绘制。

（2）数字贸易经济基础指数

2017—2023 年，各省（自治区、直辖市）数字贸易经济基础指数得分均实现了不同程度的增长，说明从整体上看，中国发展数字贸易的经济基础进一步夯实。2023 年广东、江苏、浙江、山东等沿海经济强省的经济基础指数值均达到 100 分以上，与当前我国经济发展地理格局匹配。与总指数一样，各省（自治区、直辖市）经济基础指数变化也呈现出极化趋势。2017 年所有省（自治区、直辖市）指数间的标准差为 15.95，逐年提高到 2023 年的 21.31，说明各省（自治区、直辖市）经济基础指数之间的离散程度正在扩大（见图 9-42）。

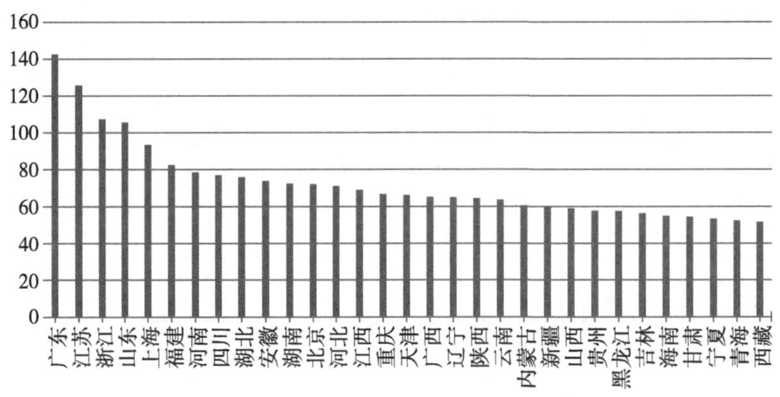

图9-42　2023年中国31个省（自治区、直辖市）数字贸易经济基础指数

资料来源：作者根据测算数据绘制。

（3）数字贸易发展现状指数

本节沿用商务部服务贸易和商贸服务业司对数字贸易的定义，即按照交易标的将数字交付贸易细分为数字技术贸易、数字服务贸易、数字产品贸易、数据贸易；数字订购贸易分为跨境电商交易的货物和服务。

本节按照数字交付贸易、数字订购贸易的定义对相关数据进行整理归类，综合评价各省（自治区、直辖市）数字贸易发展现状。

2023年，上海、广东、北京在数字贸易发展现状指数上居全国领先地位，指数值均在100分以上（见图9-43）。以上两市一省在指数得分上较为接近，但相比其余省（自治区、直辖市）领先优势显著。

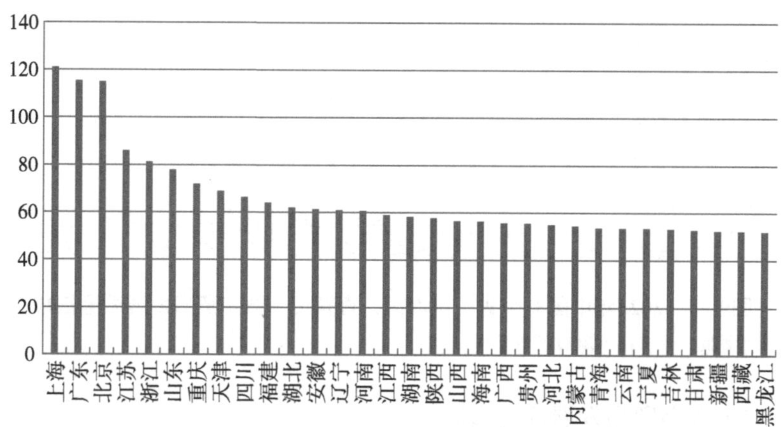

图9-43 2023年中国31个省（自治区、直辖市）数字贸易发展现状指数

资料来源：作者根据测算数据绘制。

服务贸易优势是上海数字贸易发展领先的主要因素，依托经济、金融中心优势，上海对外展开文化、金融等一系列服务贸易，而服务贸易又是数字订购贸易中的重要组成部分。

数字核心产业和人才集聚是北京数字贸易发展的主要原因，依托于中关村等电子信息类产业园区和高水平高校，北京较早实现了数字经济、数字贸易核心产业的布局培育，产业集群效应、人才集聚效应显著。

相较于北京、上海，广东依托其经济体量、市场规模和对外开放经验，将数字技术广泛应用于丰富的经济和贸易场景，广东跨境电商持续快速发展，目前广东省21个地市全部获批跨境电商综试区，实现综试区全省覆盖，数量居全国第一。

（4）数字贸易发展质量指数

本节从研发经费内部支出、研发人员全时当量、专利申请数、技术市场成交额、规上工业企业新产品销售收入等5个方面衡量各地区数字贸易发展的创新能力和发展质量。结果显示，广东、江苏、山东、浙江、北京在数字贸易发展质量上居领先地位，2023年数字贸易发展质量指数值均在100分以上。其中，广东、江苏在数字贸易发展质量上遥遥领先，总体得分和提升幅度远超其他省（自治区、直辖市）（见图 9–44）。

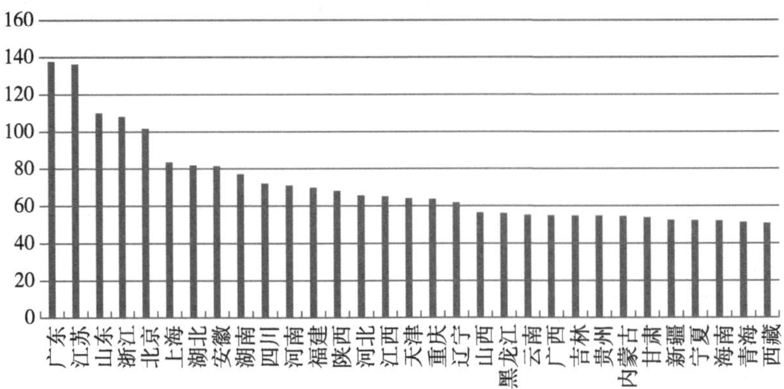

图9-44　2023年中国31个省（自治区、直辖市）数字贸易发展质量指数

资料来源：作者根据测算数据绘制。

（5）数字贸易发展环境指数

从数字贸易发展环境指数得分看，北京、浙江在数字贸易发展环境上优势明显，2023 年其指数在 100 分以上。在所有省（自治区、直辖市）中，浙江数字贸易发展环境的改善幅度最大，其指数值由 2017 年的不到 70 分提升到 2023 年的 103 分，说明这几年来浙江在“数字经济一号工程”、优化营商环境等方面的政策落在了实处（见图 9–45）。

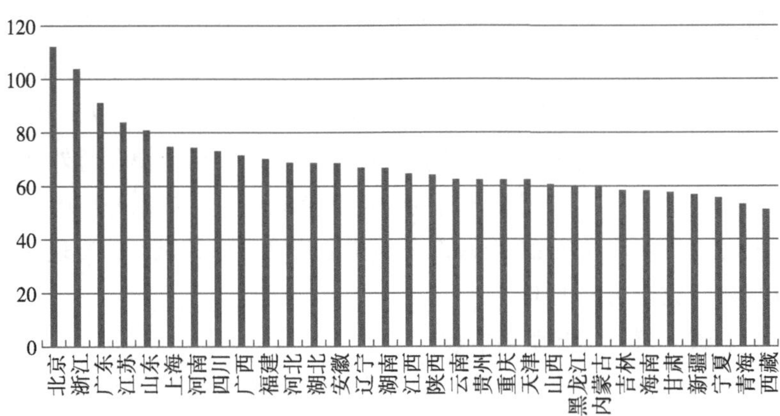

图9-45　2023年中国31个省（自治区、直辖市）数字贸易发展环境指数

资料来源：作者根据测算数据绘制。

（6）数字贸易发展潜力指数

数字贸易发展潜力反映了数字贸易发展的未来可能性，本节从贸易潜力、投资潜力两方面评估了数字贸易发展的长期趋势。2023 年，广东、上海、浙江、江苏、山东的数字贸易发展潜力指数居全国前列（见图 9–46）。

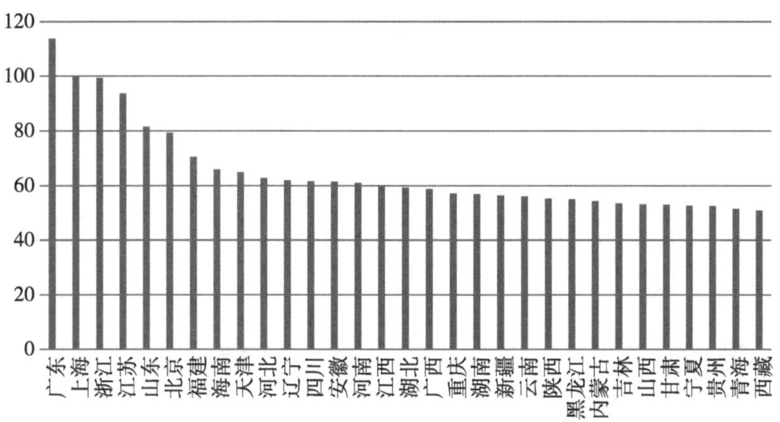

图9-46　2023年中国31个省（自治区、直辖市）数字贸易发展潜力指数

资料来源：作者根据测算数据绘制。

（7）数字贸易开放平台指数

数字贸易开放平台依托于各类经济技术开发区、自由贸易区的发展平台，2023 年，数字贸易开放平台指数超过 100 分的省（自治区、直辖市）依次为广东、江苏、浙江、山东、上海（见图 9–47）。

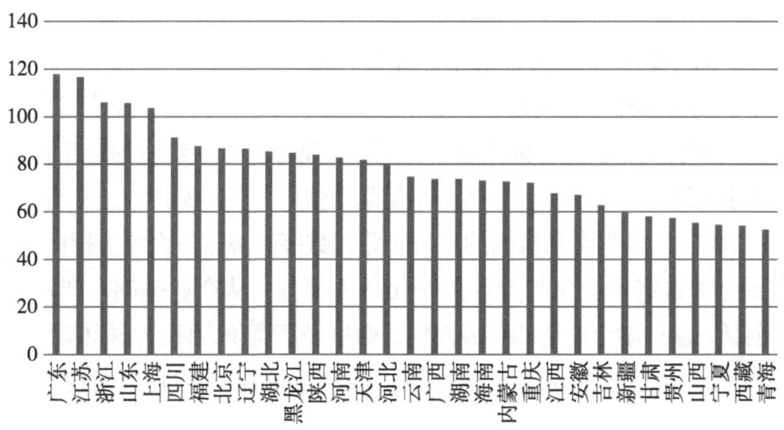

图9-47　2023年中国31个省（自治区、直辖市）数字贸易开放平台指数

资料来源：作者根据测算数据绘制。

2017—2023 年，浙江数字贸易发展指数排名由 2017 年的全国第 4 位上升至 2023 年的第 2 位。浙江数字贸易发展各分指数相对排名均处于全国前列（见图 9-48）。

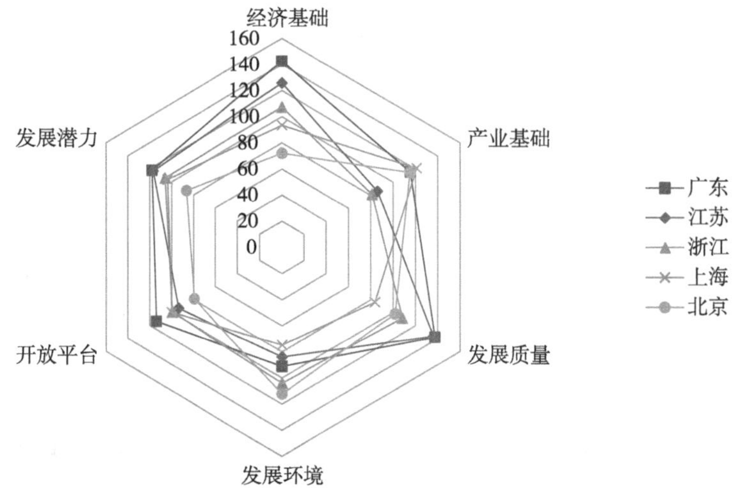

图9-48　中国数字贸易指数前五省（自治区、直辖市）分指数对比情况

资料来源：作者根据测算数据绘制。

第三节　数字经济与数字贸易的互动发展——基于竞争力测算

一、数字经济竞争力评价指标体系构建

本节选用指标体系构建法对数字经济竞争力进行测算，并依据全面性、科学性、简明性原则将指标体系进行完善。基于对数字经济的定义和界定，结合数字经济的发展特征，参考中国信息通信研究院（2017）[①]、张雪玲和焦月霞（2017）[②] 等学者和机构的评价思路，数字经济竞争力评价指标体系构建主要分为数字产业化与产业数字化两大部分，从产业基础、产业发展、产业创新、渗透融合应用四个方面构建数字经济竞争力评价指标体系。

产业基础指标主要用于评价数字经济发展所必需的基础设施建设、

① 中国信息通信研究院:《中国数字经济发展白皮书（2017 年）》, 2017 年。

② 张雪玲、焦月霞:《中国数字经济发展指数及其应用初探》,《浙江社会科学》2017 年第 4 期。

网络普及等。产业发展指标从电子及通信设备制造业、计算机及办公设备制造业、信息传输、计算机服务和软件业等产业规模总量、固定资产投资、就业人数等方面进行衡量，反映数字产品与服务的供给水平等。产业创新指标主要从专利、研发投入等方面进行衡量。渗透融合应用指标主要通过权威组织机构测算的若干融合指数来衡量（具体指标见表 9–13）。

表9-13　　数字经济竞争力评价指标体系构建

总指标	一级指标	二级指标	三级指标
数字经济竞争力	数字产业化	产业基础	X1 互联网普及率（%）
			X2 移动电话普及率（部 / 百人）
			X3 长途光缆线路密度（公里 / 平方千米）
			X4 域名数（万个）
			X5 移动电话交换机容量（万户）
		产业发展	X6 电子及通信设备制造业、计算机及办公设备制造业主营业务收入（亿元）
			X7 电子及通信设备制造业、计算机及办公设备制造业占社会总就业比重（%）
			X8 信息传输、计算机服务和软件业电信业务总量（亿元）
			X9 信息传输、计算机服务和软件业全社会固定资产投资（亿元）
			X10 信息传输、计算机服务和软件业城镇单位就业占社会总就业比重（%）
	产业数字化	产业创新	X11 专利申请授理数（件）
			X12 专利申请授权数（件）
			X13 政府科学技术支出占财政一般预算支出比重（%）
			X14 规上企业有 R&D 活动的企业数（个）
			X15 研究与试验发展 R&D 人员数（人）
			X16 研究与试验发展 R&D 经费投入强度（%）
		渗透融合应用	X17 数字普惠金融指数
			X18 信息经济指数
			X19 在线政府指数
			X20 数字生活指数

资料来源：X6、X7 指标来源于《中国高技术产业统计年鉴》，X14~X16 指标来源于《中国科技统计年鉴》，X17 指标来源于北京大学数字金融研究中心，X18~X20 指标来源于《中国信息社会发展报告》，其余指标来源于中国国家统计局。

二、数字贸易竞争力评价指标体系构建

数字贸易竞争力评价指标体系主要参考世界与中国数字贸易发展蓝皮书（2018）[①]、吴翌琳（2019）[②]等的指标体系，以贸易需求、电商发展、物流发展三个维度为核心构建。在贸易需求方面，从个人需求、网络需求、对外贸易层面选取指标，以衡量与数字贸易发生有关的国内外需求总量与居民的支付能力。在电子商务发展方面，由于数字贸易的产生和发展与电子商务的演变紧密相关，从整体发展与企业应用层面对数字贸易竞争力进行评估。传统货物贸易的数字化转型升级要求具有更高效率的物流产业相匹配，实现商品的快速运输，提升产业链、供应链企业间的运转能力，因而在物流发展方面，采用业务发展和基础设施水平对物流绩效进行衡量（具体指标体系见表 9–14）。

表9-14　　数字贸易竞争力评价指标体系构建

总指标	一级指标	二级指标	三级指标
数字贸易竞争力	贸易需求	个人需求	Y1 居民人均交通通信消费支出（元）
			Y2 居民人均教育文化娱乐消费支出（元）
		网络需求	Y3 互联网宽带接入用户（万户）
			Y4 网络社会指数
		对外贸易	Y5 高技术产品进出口总额（百万美元）
	电商发展	整体发展	Y6 电子商务销售额占 GDP 比重（%）
			Y7 电子商务采购额占 GDP 比重（%）
		企业应用	Y8 有电子商务交易活动的企业数（个）
			Y9 有电子商务交易活动的企业数比重（%）
			Y10 每百家企业拥有网站数（个）
	物流发展	业务发展	Y11 交通运输、仓储和邮政业增加值（亿元）
			Y12 交通运输、仓储和邮政业城镇单位就业占社会总就业比重（%）
			Y13 快递量（万件）
		基础设施	Y14 交通运输、仓储和邮政业全社会固定资产投资（亿元）
			Y15 邮路密度（公里 / 平方千米）

资料来源：Y4 指标来源于《中国信息社会发展报告》，Y5 指标来源于《中国高技术产业统计年鉴》，其余指标来源于中国国家统计局。

① 浙江大学“大数据 + 跨境电子商务”创新团队：《世界与中国数字贸易发展蓝皮书（2018）》，浙江大学区域开放与发展研究中心，2018 年。

② 吴翌琳：《国家数字竞争力指数构建与国际比较研究》，《统计研究》2019 年第 11 期。

三、数据处理

常用的指标赋权方法包括德尔菲法、层次分析法、变异系数法、因子分析法、主成分分析法、熵值法等，本研究主要参考蓝庆新等（2019）[①]的方法，采用熵值法对所构建的数字经济和数字贸易的评价指标体系进行计算。熵值法属于客观赋权法范畴，先根据数据的结构特征计算得出信息熵，再由各个指标的数据变异程度及其对数据整体结构的影响大小确定各指标权重。熵值法能够避免因主观判断造成指标权重赋值的不合理性，也能够充分体现各个指标在体系中的效用价值，更适合本节所关注的中国省级样本数据分析研究。其具体测算过程如下。

设第 t 年第 i 个对象的第 j 个指标为 X_{tij}。首先，为了消除量纲的影响，使得各项指标具备可比性，将原始数据进行标准化处理如下：

$$X_{tij}^{*}=\frac{X_{tij}-X_{tij}^{\min}}{X_{tij}^{\max}-X_{tij}^{\min}},i=1,2,\cdots,n;j=1,2,\cdots,m \tag{9-13}$$

其中，$X_{tij}^{\max}$ 为指标 X_{tij} 的最大值，$X_{tij}^{\min}$ 为指标 X_{tij} 的最小值。n=31，m=20 或 15。

其次，计算第 j 个指标相应的信息熵：

$$\delta_{j}=-k\sum_{t}\sum_{i}Y_{tij}\ln Y_{tij},\quad i=1,2,\cdots,n;j=1,2,\cdots,m \tag{9-14}$$

其中，$k=\frac{1}{\ln（t\cdot i）},Y_{tij}=\frac{X_{tij}^{*}}{\sum_{t}\sum_{i}X_{tij}^{*}},i=1,2,\cdots,n;j=1,2,\cdots,m$ （9-15）

再次，计算权重：

$$W_{j}=\frac{d_{j}}{\sum_{j}d_{j}},j=1,2,\cdots,m \tag{9-16}$$

其中，差异系数 $d_{j}=1-\delta_{j},j=1,2,\cdots,m$

最后，计算得出第 i 个省份的综合评价总分：

$$S_{ti}=\sum_{j}W_{j}X_{tij}^{*},i=1,2,\cdots,n;j=1,2,\cdots,m \tag{9-17}$$

在处理指标缺失值问题时，本章主要采用插值法进行数据填补。

四、测算结果分析

根据熵值法计算得出的 2011—2019 年我国 31 个省（自治区、直辖市）数字经济竞争力水平最终结果如表 9-15 所示。在我国数字经济竞争

---

① 蓝庆新、窦凯：《基于“钻石模型”的中国数字贸易国际竞争力实证研究》，《社会科学》2019 年第 3 期。

力的测算结果中，从整体上来看，近十年中我国各省份的数字经济竞争力呈现稳步上升趋势，但是区域间的差异十分明显。根据 2019 年的数据可以发现，广东的数字经济竞争力最高，江苏、北京、浙江、上海的数字经济竞争力较高，处于全国领先水平，分布在 0.2~0.3 得分区间的主要包括安徽、福建、山东、河南、湖北、湖南、四川。东部地区[①]的数字经济竞争力整体较强，东、中、西部地区之间差异明显。

表9-15　2011—2019年中国31个省（自治区、直辖市）数字经济竞争力排序

省（自治区、直辖市）	2011 年	2013 年	2015 年	2017 年	2019 年	2019 年排序
广东	0.334	0.421	0.504	0.612	0.772	1
江苏	0.296	0.389	0.439	0.464	0.564	2
北京	0.271	0.315	0.373	0.399	0.441	3
浙江	0.196	0.251	0.307	0.343	0.427	4
上海	0.253	0.282	0.295	0.315	0.335	5
福建	0.107	0.137	0.176	0.269	0.298	6
山东	0.119	0.197	0.212	0.231	0.269	7
四川	0.075	0.111	0.149	0.174	0.235	8
河南	0.062	0.095	0.131	0.164	0.232	9
湖南	0.060	0.084	0.115	0.152	0.229	10
湖北	0.070	0.096	0.137	0.156	0.220	11
安徽	0.067	0.102	0.138	0.173	0.217	12
江西	0.039	0.061	0.089	0.125	0.189	13
天津	0.129	0.160	0.180	0.177	0.185	14
河北	0.056	0.077	0.096	0.127	0.179	15
重庆	0.050	0.082	0.109	0.132	0.164	16
陕西	0.064	0.084	0.109	0.128	0.157	17
辽宁	0.084	0.103	0.117	0.112	0.137	18
广西	0.039	0.059	0.076	0.101	0.134	19
贵州	0.027	0.042	0.059	0.086	0.126	20
吉林	0.043	0.056	0.073	0.093	0.123	21
山西	0.052	0.075	0.079	0.088	0.115	22

① 在最新分组依据中，国家统计局将我国主要划分为东部、中部、西部以及东北地区。出于简洁性考虑，本文仍采用此前的分类标准，将我国大致划分为三大区域：东部地区包括北京、天津、河北、辽宁、上海、江苏、浙江、福建、山东、广东、海南；中部地区包括山西、吉林、黑龙江、安徽、江西、河南、湖北、湖南；西部地区包括内蒙古、广西、重庆、四川、贵州、云南、西藏、陕西、甘肃、青海、宁夏、新疆。

续表

省（自治区、直辖市）	2011 年	2013 年	2015 年	2017 年	2019 年	2019 年排序
黑龙江	0.047	0.069	0.081	0.089	0.115	23
云南	0.030	0.046	0.060	0.077	0.112	24
内蒙古	0.037	0.055	0.060	0.077	0.099	25
甘肃	0.022	0.038	0.052	0.063	0.087	26
海南	0.032	0.046	0.056	0.065	0.082	27
宁夏	0.027	0.038	0.050	0.065	0.075	28
新疆	0.031	0.045	0.056	0.061	0.072	29
青海	0.019	0.033	0.042	0.051	0.060	30
西藏	0.006	0.018	0.023	0.031	0.046	31

资料来源：作者根据相关数据计算整理。

2011—2019 年，从中国 31 个省（自治区、直辖市）数字经济竞争力变化看，数字经济竞争力水平都有所提升，但是数字经济竞争力提升幅度存在明显差异，区域之间数字经济竞争力不平衡问题仍然比较突出（见图 9-49）。

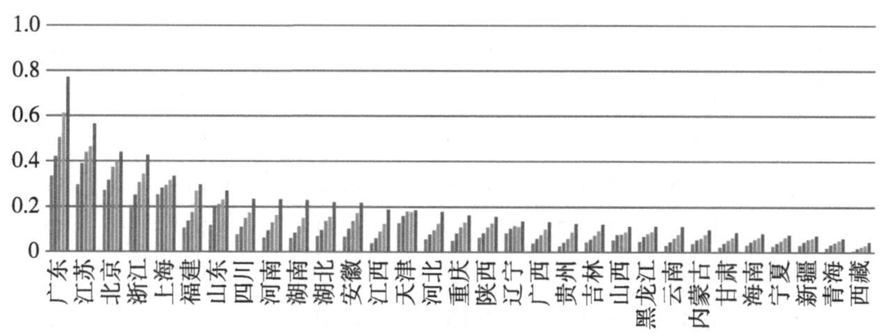

图9-49 2011—2019年31个省（自治区、直辖市）数字经济竞争力变化

资料来源：国家统计局。

数字贸易竞争力测算结果呈现出与数字经济发展相类似的分布态势。2019 年，广东以 0.751 的得分位居第一，北京、上海、浙江、江苏、山东五个地区位列其后，属于全国数字贸易竞争力较强的梯队；四川、福建、天津、河南等省（直辖市）基本处于 0.2~0.3 区间内，发展紧随其后；西部的众多省份同样也是数字贸易竞争力表现欠佳的地区，目前西藏、甘肃、青海、宁夏、新疆等地区的数字贸易发展速度仍然比较缓慢（见表 9-16、图 9-50）。

表9-16　　31个省（自治区、直辖市）数字贸易竞争力排序

省（自治区、直辖市）	2011 年	2013 年	2015 年	2017 年	2019 年	2019 年排序
广东	0.315	0.415	0.470	0.584	0.751	1
北京	0.278	0.337	0.365	0.469	0.502	2
上海	0.396	0.364	0.467	0.455	0.447	3
浙江	0.166	0.209	0.278	0.348	0.446	4
江苏	0.199	0.264	0.342	0.368	0.425	5
山东	0.116	0.151	0.195	0.267	0.309	6
四川	0.056	0.090	0.139	0.195	0.240	7
福建	0.088	0.120	0.155	0.192	0.234	8
天津	0.132	0.143	0.203	0.194	0.222	9
河南	0.052	0.096	0.144	0.181	0.219	10
湖北	0.059	0.092	0.135	0.163	0.199	11
安徽	0.05	0.08	0.136	0.156	0.196	12
重庆	0.052	0.089	0.132	0.156	0.183	13
河北	0.072	0.097	0.124	0.157	0.180	14
湖南	0.048	0.078	0.111	0.136	0.172	15
陕西	0.045	0.066	0.104	0.13	0.151	16
辽宁	0.069	0.099	0.123	0.131	0.15	17
云南	0.039	0.059	0.094	0.118	0.141	18
广西	0.038	0.063	0.085	0.101	0.133	19
江西	0.039	0.057	0.094	0.104	0.130	20
内蒙古	0.047	0.068	0.101	0.112	0.120	21
海南	0.046	0.060	0.101	0.101	0.116	22
山西	0.045	0.061	0.082	0.09	0.108	23
贵州	0.029	0.049	0.076	0.100	0.107	24
黑龙江	0.040	0.055	0.068	0.082	0.094	25
吉林	0.039	0.054	0.071	0.081	0.088	26
甘肃	0.021	0.038	0.067	0.079	0.086	27
青海	0.021	0.037	0.084	0.074	0.078	28
新疆	0.029	0.047	0.075	0.080	0.078	29
宁夏	0.030	0.045	0.06	0.074	0.075	30
西藏	0.007	0.020	0.039	0.042	0.058	31

资料来源：作者根据相关数据计算整理得出。

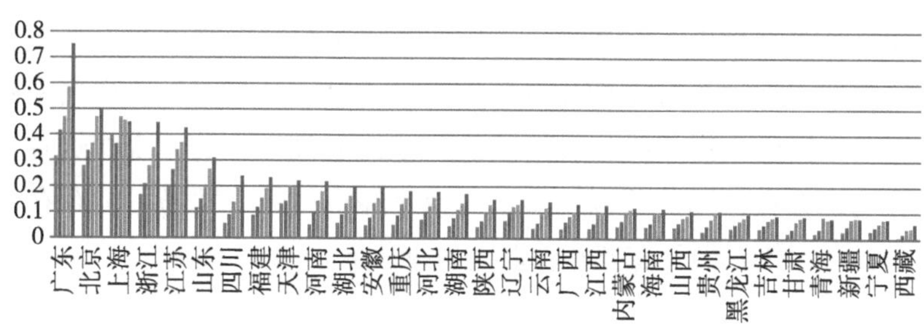

图9-50 2011—2019年31个省（自治区、直辖市）数字贸易竞争力变化

资料来源：作者根据相关数据计算整理。

本节将2019年全国31个省（自治区、直辖市）划分为数字发展引领区域与追赶区域，如表9-17所示。东部沿海地区因其区位优势与经济发展水平较高，在全国形成了相对稳定的，以北京、上海、江苏、浙江、广东为代表的数字经济与数字贸易发展引领梯队，中部部分地区由于前者的辐射带动作用而保持较快的追赶速度，中西部存在较多处于后部的追赶地区。

表9-17 2019年中国各地区数字经济与数字贸易发展分类

类别		地区
数字经济	引领区域	北京、上海、江苏、浙江、广东
	追赶区域	前部追赶地区：安徽、福建、山东、河南、湖北、湖南、四川 后部追赶地区：天津、河北、山西、内蒙古、辽宁、吉林、黑龙江、江西、广西、海南、重庆、贵州、云南、西藏、陕西、甘肃、青海、宁夏、新疆
数字贸易	引领区域	北京、上海、江苏、浙江、广东
	追赶区域	前部追赶地区：天津、山东、福建、河南、四川 后部追赶地区：湖北、安徽、河北、山西、内蒙古、辽宁、吉林、黑龙江、江西、湖南、广西、海南、重庆、贵州、云南、西藏、陕西、甘肃、青海、宁夏、新疆

注：得分前五位的为引领区域，其后得分大于0.2的为前部追赶地区。

资料来源：作者根据相关数据计算整理。

在理论分析与测算结果的基础上，本研究认为数字经济与数字贸易的发展存在着协同性，并将各地区数字经济与数字贸易发展竞争力置于同一坐标系下绘制散点图（见图9-51）。由图可以发现，不管是从全国层面还是从东部地区、其他地区（中、西、东北部地区之和）角度，我国各地区数字经济与数字贸易竞争力水平均呈上升趋势，表现出强烈的相关性。全国样本皮尔逊相关系数达0.9527且高度显著，表明这种共同的趋势的确存在，因此可以初步认为数字经济与数字贸易可能存在着某些互动关系，使它们具有互相关联的发展模式。

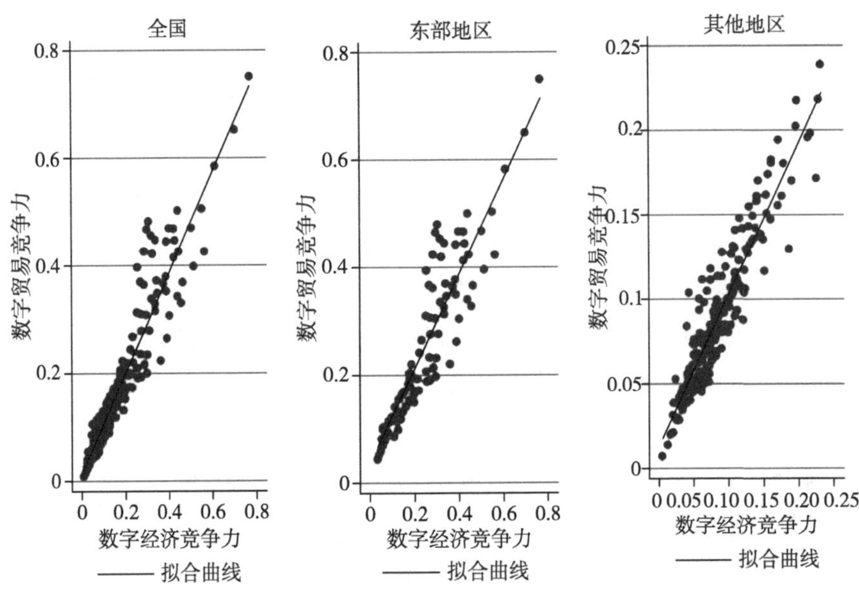

图9-51　中国31个省（自治区、直辖市）数字经济与数字贸易竞争力协同性散点图

资料来源：作者使用Stata16.0软件整理。

第四节　数字经济与数字贸易互动关系的实证分析

一、数字经济与数字贸易协同机制分析

数字经济与数字贸易之间存在互动关系。一是数字经济发展水平决定数字贸易发展水平。数字经济为数字贸易提供数字技术、基础设施、数字规则、数字人才、数字产业，推动贸易方式创新并发展出电子商务、跨境电商和数字服务贸易。二是数字贸易反过来促进数字经济发展。数字贸易促进创新链、产业链、价值链、贸易链的重构。数字贸易产生新业态新模式新需求。数据信息成为关键的新型生产要素，通过数字贸易在国际范围内流动，改变产业关联关系，促进数字技术与产业融合，激发创新活力，提升生产效率，催生新型数字经济产业模式，形成全新的

创新链价值链。

（一）数字经济促进数字贸易发展

1. 数字产业化与数字贸易协同发展

数字产业化促进数字贸易发展。数字产业化是数字经济发展的先导，为数字贸易发展提供技术、产品、服务和解决方案等，包括但不限于5G、集成电路、软件、人工智能、大数据、云计算、区块链等技术、产品及服务。数字产业化和数字化基础设施与数字化技术成为数字贸易的核心要素，互联网络、互联网平台为电子商务和数字贸易提供载体和发展平台。数字产业化既促进数字贸易，也提供了重要的新型数字基础设施。数字信息基础设施的改善对数字贸易发展起到了准确便捷地获取信息，降低搜寻成本、沟通成本、交易成本，拓展市场、深化分工的综合作用。数字信息基础设施克服贸易时间空间条件约束，拓展贸易的市场边界和外延，强化国际分工协作，促进数字贸易增长。数字产业化创造了新的贸易产品和数字服务，创造新型贸易方式。

2. 产业数字化与数字贸易协同发展

产业数字化主要从产业效率提升、产品创新、商业模式创新、贸易方式创新等方面促进数字贸易发展。产业数字化的重要特征之一是数字技术与传统产业生产的高度融合，全产业链数字化转型，数字技术、数据要素改进传统产业，催生制造业服务业内部变革，提升生产效率，优化产品质量，加速经济向网络化、数字化、智能化方向发展，助力产业链从中低端往高端演进（戚聿东和褚席，2021）①。产业数字化促进数字贸易，有效促进生产专业化分工，实现按需生产与精准营销相匹配，不断延伸并形成新产业链，提高供给效率，提升产品质量，提高贸易总量，满足不同国家不同人群的多样化需求，充裕实体经济供给，促进数字贸易的发展（戚聿东和褚席，2021）。

产业数字化促进数字贸易，还表现为改变传统的贸易方式。数字化商品与信息则以数据的方式通过网络流动和传输，使传统贸易效率得到了极大的提升，借助网络化平台，利用信息处理、搜索、分类和推送功能，进一步推动商业结构的扁平化发展。数字化平台可降低贸易成本，减少信息不对称，提高了数据传递的快捷性和准确性，提高了贸易的效率。

① 戚聿东、褚席：《数字经济发展、经济结构转型与跨越中等收入陷阱》，《财经研究》2021年第7期。

（二）数字贸易促进数字经济发展

数字贸易是数字经济发展的结果，在电子商务、跨境电商的基础上具有更丰富的内涵。数字贸易对数字经济的影响表现在数字产业化与产业数字化两方面。

1. 数字贸易与数字产业化协同发展

数字贸易促进数字产业化，首先表现为技术创新效应。在数字贸易发展过程中，随着数字化产品与服务的进出口，其中所蕴含的知识、技术、服务成果将通过技术外溢影响整个贸易链条。数据的收集、存储、分析与建模的数据价值链得到延伸，数字服务贸易规模不断扩大（赵新泉等，2021）[①]。数字贸易提升知识信息传播力度，贸易对象内涵日益丰富，贸易标的纳入了越来越多的技术密集型、知识密集型商品与服务，从而提高各经济主体从新知识中获益的概率。由此产生的知识共享交汇，可推动新技术的衍生、扩散与转化，刺激创新，加速数字产业的更新换代，加深数字产业化发展。

数字贸易促进数字产业化，通过资本积累实现进一步深化。数字化产品和服务与传统商品和服务存在本质区别：每多生产、销售一单位的数字产品给企业增加的成本微乎其微，但获得的收益与之前生产的产品无异，本产品占据市场越大，带来的收益越多。通过数字贸易的不断发展，触发正反馈机制，表现出强烈的马太效应，数字产业资本实现不断积累。另外，在知识经济时代，人力资本也受到知识、信息的强烈影响，数字贸易的发展提高了本国的线上教育水平，提供了更多边干边学的机会，促进本国人力资本的累积，进一步促进数字产业化。

2. 数字贸易与产业数字化

数字贸易促进产业数字化，依托数字平台建设，联通供给和需求双方，带来现有产业的全球价值链重构，缩短业务流程和贸易链条，减少生产贸易环节的冗余程度，不断提高全球贸易效率，在更新与淘汰中实现产业的进化与升级。数字贸易倒逼企业必须走高技术和高附加值路线，加快产业数字化改造、产品转型升级。数字技术的应用提升了分工专业化与合理化水平，促进生产要素的优化组合与产品附加值的提高，有助于研发新工艺和新产品，推动产业结构高级化，形成新型产业部门。

数字贸易促进产业数字化，体现为企业生产模式的改变。数字贸易

---

① 赵新泉等:《“双循环”新发展格局下我国数字贸易发展机遇、挑战及应对措施》,《经济体制改革》2021 年第 4 期。

能及时反映市场需求变化，促使产业制造模式的数字化转型。首先，多元化个性化的诉求要求生产体系具备快速反应能力，能够及时调整生产结构布局，形成生产的模块化与产品的模块化。其次，数字贸易进一步降低了贸易环节的各种成本，催生了生产的柔性化和协同化，新型制造模式得以广泛应用，生产环节被无限细分，实现线上线下相互结合、异地资源共享和业务互通。最后，数字贸易使得制造模式社会化成为可能，消费者用户能够更多地参与产品生产过程，完善了社会化分工网络。生产模式的改变离不开产业链的数字化。

数字贸易促进产业数字化，还表现在要素流动过程。传统的市场分割形成贸易壁垒，会阻碍要素资源的跨区域流动，扭曲资源配置。数据资源成为生产要素，参与全球的资源流动过程，能够增强开放联动效应。数据要素的使用打破了信息壁垒，数字贸易的发展使资本和劳动力等传统生产要素在某种意义上突破了由时空和政策塑造的区域壁垒，缓解了生产要素区域间不平衡的结构性矛盾，实现更自由、便捷和高效的流动。数据参与生产过程环节，使企业更加注重数字化创新，优化生产资源配置，减少贸易摩擦的负面影响，促进跨区域和跨产业的深度融合发展。数字服务既满足了消费需求，也满足了生产需求，增进了福利水平，同时促进了生产效率的提升。

由此本节提 H1：数字经济与数字贸易存在互动发展关系，数字经济发展促进数字贸易发展，而数字贸易反过来促进数字经济的发展（见图 9–52）。

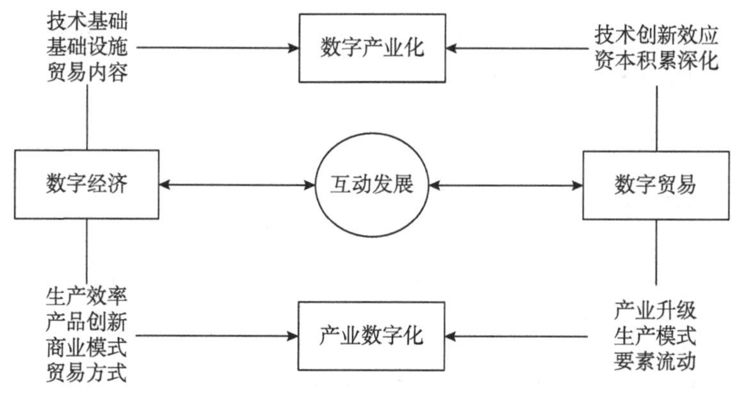

图9-52 数字经济与数字贸易协同发展机制

资料来源：作者绘制。

二、数字经济与数字贸易协同发展机制实证分析

（一）模型构建

本节主要借鉴胡善成等（2019）[①]金融结构与技术创新互动模型，构建基于系统 GMM 方法的动态面板联立模型，采用被解释变量的一阶滞后项来解决内生性问题，这样做的原因主要有：一是数字经济与数字贸易的发展受到自身发展路径的影响，因而会保持一定的惯性；二是数字经济与数字贸易的互动发展可能带来互为因果的内生性问题，采用被解释变量的一阶滞后项可以解决此问题；三是系统 GMM 方法可以提高估计的效率，并可以估算不随时间变化的参量（陈强，2015）[②]，短面板模型适用 GMM 方法。本节构建的回归模型如下：

$$DTI_{it} = \alpha_0 + \alpha_1 DTI_{i(t-1)} + \alpha_2 DEI_{it} + \alpha_3 Cons_{it} + \delta_i + \epsilon_{it} \tag{9-18}$$

$$DEI_{it} = \alpha_0 + \alpha_1 DEI_{i(t-1)} + \alpha_2 DTI_{it} + \alpha_3 Cons_{it} + \delta_i + \epsilon_{it} \tag{9-19}$$

模型（9-18）用于验证数字经济对数字贸易的影响，模型（9-19）用于验证数字贸易对数字经济的影响。其中，i 表示地区，t 表示时间年份，DEI_{it}代表数字经济竞争力，DTI_{it}代表数字贸易竞争力。$Cons_{it}$代表一系列控制变量，数字经济、数字贸易的影响因素众多，本节主要参考陈斌开和林毅夫（2013）[③]、干春晖等（2011）[④]、江小涓和李辉（2004）[⑤]等人的研究，选取经济发展水平、产业升级、城镇化水平等共 8 个控制变量以提高模型估计的准确性。δ_i代表固定项，ϵ_{it}代表随机误差项。

在综合分析数字经济与数字贸易的互动关系的基础上，本节进一步深入分析数字产业化、产业数字化与数字贸易的关系，并对数字经济、数字贸易的子指标进行了影响机制的讨论，设定模型如下：

$$DTI_{it} = \alpha_0 + \alpha_1 DTI_{i(t-1)} + \alpha_2 DEDI_{it} + \alpha_3 Cons_{it} + \delta_i + \epsilon_{it} \tag{9-20}$$

$$DEDI_{it} = \alpha_0 + \alpha_1 DEDI_{i(t-1)} + \alpha_2 DTI_{it} + \alpha_3 Cons_{it} + \delta_i + \epsilon_{it} \tag{9-21}$$

---

① 胡善成等：《金融结构对技术创新的影响研究》，《中国科技论坛》2019 年第 10 期。

② 陈强：《气候冲击、政府能力与中国北方农民起义（公元 25—1911 年）》，《经济学（季刊）》2015 年第 4 期。

③ 陈斌开、林毅夫：《发展战略、城市化与中国城乡收入差距》，《中国社会科学》2013 年第 4 期。

④ 干春晖等：《中国产业结构变迁对经济增长和波动的影响》，《经济研究》2011 年第 5 期。

⑤ 江小涓、李辉：《服务业与中国经济：相关性和加快增长的潜力》，《经济研究》2004 年第 1 期。

$$DTI_{it} = \alpha_0 + \alpha_1 DTI_{i(t-1)} + \alpha_2 DEID_{it} + \alpha_3 Cons_{it} + \delta_i + \epsilon_{it} \qquad (9\text{–}22)$$

$$DEID_{it} = \alpha_0 + \alpha_1 DEID_{i(t-1)} + \alpha_2 DTI_{it} + \alpha_3 Cons_{it} + \delta_i + \epsilon_{it} \qquad (9\text{–}23)$$

$$DTI_{it} = \alpha_0 + \alpha_1 DTI_{i(t-1)} + \alpha_2 DEB_{it} + \alpha_3 DED_{it} + \alpha_4 DII_{it} + \alpha_5 DEM_{it} + \alpha_6 Cons_{it} + \delta_i + \epsilon_{it} \qquad (9\text{–}24)$$

$$DEI_{it} = \alpha_0 + \alpha_1 DEI_{i(t-1)} + \alpha_2 DTD_{it} + \alpha_3 DTE_{it} + \alpha_4 DTL_{it} + \alpha_5 Cons_{it} + \delta_i + \epsilon_{it} \qquad (9\text{–}25)$$

在模型（9–20）~（9–23）中，$DEDI_{it}$表示数字产业化指标，$DEID_{it}$表示产业数字化。模型（9–20）、模型（9–21）用于进一步研究数字产业化与数字贸易的相互关系，模型（9–22）、模型（9–23）用于进一步研究产业数字化与数字贸易的相互关系。在模型（9–24）中，探讨数字经济子指标的影响机制，DEB_{it}、DED_{it}、DII_{it}、DEM_{it}分别代表数字经济的子指标产业基础、产业发展、产业创新、融合渗透应用。在模型（9–25）中，探讨数字贸易子指标的影响机制，DTD_{it}、DTE_{it}、DTL_{it}分别代表数字贸易的子指标贸易需求、电商发展、物流发展。

（二）数据说明

1. 核心变量

本节的核心变量主要包括数字经济竞争力、数字贸易竞争力及相关细分子指标。为了全面反映我国数字经济与数字贸易竞争力发展情况，本节采用综合指标构建法对两者进行测算，并将前节测算结果作为核心变量的代理变量。

2. 控制变量

本节共选取8个主要的控制变量：经济发展水平、金融发展水平、产业升级、城镇化水平、教育水平、政府支出规模、贸易依存度、对外开放程度。在对数字经济与数字贸易互动关系的研究中，尽可能减少遗漏变量产生的内生性误差。

经济发展水平（PGP），采用经CPI平减过的人均GDP表示（陈斌开和林毅夫，2013）[①]。人均GDP能够直接反映地区经济发展水平，经济

① 陈斌开、林毅夫：《发展战略、城市化与中国城乡收入差距》，《中国社会科学》2013年第4期。

发展水平是数字经济、数字贸易最直接的内生动力来源。金融发展水平（FID），采用金融业增加值占 GDP 比重表示（张杰等，2021）①。金融投资是数字技术、数字产业发展的重要资金来源，对于实体经济发展具有重要意义。产业升级（IND），采用第三产业产值与第二产业产值之比表示（干春晖等，2011）②。数字经济时代服务业的发展是数字产业化、产业数字化的重要外在表现。城镇化水平（URB），采用城镇人口占总人口数比重表示（江小涓和李辉，2004）③。数字化融合发展对地区发展基础提出了更高的要求，相对于农村地区来说，城市更具备产业基础优势。教育水平（EDU），采用人均受教育年限表示（赖明勇等,2005）④。以教育水平为代表的人力资本的发展是科技创新的重要保障。政府支出规模（GOV），采用地方财政支出占 GDP 比重表示（陆铭和陈钊,2004）⑤。政府是宏观经济调控的主体，通过政策引导资源配置，发挥引领作用。贸易依存度（OPEN），采用进出口贸易额占 GDP 比重表示（王小鲁等，2009）⑥。贸易发展代表地区的国内外环境联系程度增大，对于要素流动、技术转移吸收具有重要意义。对外开放程度（FDI），采用对外开放存量表示（陈国亮和陈建军，2012）⑦，主要参照资本存量计算方法得出。高质量的外商直接投资可产生技术外溢，通过国内技术吸收推动产业发展。

（三）资料来源与变量描述性统计

本节将样本数据选取为 2011—2019 年中国 31 个省（自治区、直辖市）的面板资料。其中，经济发展水平、金融发展水平、产业升级、教育水平、政府支出规模、贸易依存度的资料均来源于国家统计局，城镇化水平资料来源于《中国人口和就业统计年鉴》，对外开放程度资料来源于万得数据库，各年存量以 2011 年为基期采用永续盘存法计算得到。在

① 张杰等:《中国金融扩张下的本土企业创新效应——基于倒 U 型关系的一个解释》,《金融研究》2021 年第 4 期。

② 干春晖等:《中国产业结构变迁对经济增长和波动的影响》,《经济研究》2011 年第 5 期。

③ 江小涓、李辉:《服务业与中国经济：相关性和加快增长的潜力》,《经济研究》2004 年第 1 期。

④ 赖明勇等:《经济增长的源泉：人力资本、研究开发与技术外溢》,《中国社会科学》2005 年第 2 期。

⑤ 陆铭、陈钊:《城市化、城市倾向的经济政策与城乡收入差距》,《经济研究》2004 年第 6 期。

⑥ 王小鲁等:《中国经济增长方式转换和增长可持续性》,《经济研究》2009 年第 1 期。

⑦ 陈国亮、陈建军:《产业关联、空间地理与二三产业共同集聚——来自中国 212 个城市的经验考察》,《管理世界》2012 年第 4 期。

回归模型中，为了减少异方差对模型参数估计的干扰，对各指标采用取对数的方法进行处理，各变量的描述性统计见表9–18。从数据的均值、标准差来看，数据波动较小。从数据最值来看，所选数据处于正常范围内，受极端值影响小，所选数据正常。

表9-18 变量的描述性统计

变量	变量含义	观测值	平均值	标准差	最小值	最大值
DEI	数字经济竞争力	279	0.1446	0.1269	0.0064	0.7719
DEDI	数字产业化指标	279	0.1232	0.1179	0.0065	0.7036
DEID	产业数字化指标	279	0.1728	0.1462	0.0062	0.8618
DTI	数字贸易竞争力	279	0.1476	0.1244	0.0072	0.7514
DEB	数字产业基础	279	0.1796	0.1310	0.0184	0.6933
DED	数字产业发展	279	0.1012	0.1192	0.0019	0.7122
DII	数字产业创新	279	0.1341	0.1509	0.0003	0.8937
DEM	数字融合渗透	279	0.3608	0.1858	0.0262	0.9909
DTD	数字贸易需求	279	0.1646	0.1562	0.0052	0.8919
DTE	电商发展	279	0.1922	0.1464	0.0164	0.8225
DTL	物流发展	279	0.1141	0.1142	0.0007	0.6997
PGP	经济发展水平	279	10.6576	0.4206	9.6906	11.8322
FID	金融发展水平	279	0.0701	0.0297	0.0265	0.1846
IND	产业升级	279	0.1785	0.3791	–0.6405	1.6552
URB	城镇化水平	279	0.5666	0.1314	0.2271	0.8960
EDU	教育水平	279	2.1933	0.1374	1.4403	2.5480
GOV	政府支出规模	279	0.2968	0.2120	0.1200	1.3538
OPEN	贸易依存度	279	0.2738	0.2939	0.0128	1.4638
FDI	对外开放程度	279	7.5168	1.6814	3.2398	9.9088

资料来源：作者使用Stata16.0软件整理。

（四）共线性检验

本节所有变量均为2011—2019年的数据，考虑到如果控制变量之间存在多重共线性问题，将会导致估计结果失真或估计不准确，因此先要对各控制变量采用皮尔逊相关系数检验。判断依据为：若两变量相关系数绝对值大于0.8，则认为存在严重的共线性问题；若相关系数绝对值小于0.8，则认为不存在严重共线性，可不予删除。根据该判断依据，对检验结果（见表9–19）进行筛选，发现变量并未出现严重的共线性问题，故均予以保留。

表9-19　　控制变量的皮尔逊相关系数

变量	PGP	FID	IND	URB	EDU	GOV	OPEN	FDI
PGP	1.000							
FID	0.715***	1.000						
IND	0.547***	0.768***	1.000					
URB	0.781***	0.617***	0.355***	1.000				
EDU	0.586***	0.480***	0.345***	0.773***	1.000			
GOV	–0.343***	0.013	0.120**	–0.614***	–0.750***	1.000		
OPEN	0.755***	0.643***	0.454***	0.690***	0.512***	–0.298***	1.000	
FDI	0.581***	0.194***	0.012	0.560***	0.397***	–0.432***	0.535***	1.000

资料来源：作者使用 Stata16.0 软件整理。

（五）实证结果分析

1. 综合指标互动关系回归结果

在综合指标互动回归方面，结果如下。

根据实证模型构建设计，采用两步法估计基于系统 GMM 方法的动态面板模型，估计结果如表 9-20 所示。各回归方程底部的 AR（1）、AR（2）、Hansen 检验结果表明，本文所使用的系统 GMM 估计方法是合理有效的。

表9-20　　数字经济与数字贸易动态面板回归结果

变量	OLS–DTI	OLS–DEI	DTI		DEI	
	（1）	（2）	（3）	（4）	（5）	（6）
L.DTI			0.567*** （0.018）	0.519*** （0.037）		
L.DEI					0.871***	0.866***
DEI	0.362*** （0.072）		0.330*** （0.024）	0.379*** （0.036）		
DTI		0.304*** （0.052）			0.073** （0.027）	0.070** （0.026）
PGP	0.688*** （0.140）	0.628*** （0.104）		0.236*** （0.048）		0.256*** （0.037）
FID	0.597*** （0.067）	0.015 （0.066）		0.410*** （0.066）		0.124*** （0.036）
IND	–0.131* （0.067）	–0.040 （0.058）		–0.204*** （0.060）		–0.118*** （0.018）

续表

变量	OLS-DTI	OLS-DEI	DTI		DEI	
	(1)	(2)	(3)	(4)	(5)	(6)
URB	−1.080***	−0.354		−1.253***		−1.240***
	(0.257)	(0.227)		(0.149)		(0.127)
GOV	0.272**	0.197**		0.115**		0.042
	(0.114)	(0.096)		(0.046)		(0.032)
EDU	1.398***	1.495***		0.852***		1.000***
	(0.284)	(0.236)		(0.130)		(0.120)
OPEN	0.036	0.013		0.017		0.028***
	(0.027)	(0.023)		(0.013)		(0.007)
FDI	0.000	0.168***		0.063***		0.034***
	(0.000)	(0.059)		(0.011)		(0.006)
常数项	−3.365**	−7.540***	−0.121***	−4.395***	−0.014	−5.482***
	(1.463)	(0.974)	(0.023)	(0.781)	(0.019)	(0.663)
AR(1)-P 值			0.010	0.012	0.004	0.009
AR(2)-P 值			0.756	0.861	0.578	0.936
Hansen-P 值			0.152	0.238	0.103	0.102

注：在本节中，① *、**、*** 分别表示在 10%、5%、1% 的水平上显著，括号中的数字表示标准误。② Arellano-Bond 检验、Hansen 检验均列示 P 值。③ AR（1）检验的零假设为差分后的残差项，不存在一阶序列相关，若差分后的残差项存在一阶序列相关，则系统 GMM 仍然有效；AR（2）检验的零假设为差分后的残差项，不存在二阶序列相关，若差分后的残差项存在二阶序列相关，则系统 GMM 无效；Hansen 检验的零假设为过度识别是有效的。

资料来源：作者使用 Stata16.0 软件整理得出。

在核心变量方面，结果如下。

表 9-20 的列（1）、列（2）首先展示了利用双向固定效应的面板 OLS 回归结果，初步显示了数字经济与数字贸易间存在正向的互动发展关系。

表 9-20 的列（3）、列（4）展示了数字经济对数字贸易的影响。数字贸易竞争力（DTI）的系数均为正，且在 1% 的水平上高度显著，表明数字经济的发展对数字贸易进步起到显著的促进作用，我国各省（自治区、直辖市）的数字经济发展会对本地区数字贸易进步起到良好的促进作用。滞后一期的数字贸易竞争力的系数为正，通过了 1% 水平上的显著性检验，符合经济预期，表明数字贸易竞争力的发展存在自身内在的动力机制，存在渐进的发展特征。

表 9-20 的列（5）、列（6）展示了数字贸易对数字经济的影响。数字经济竞争力（DEI）的系数均为正，且在 1% 的水平上高度显著，表明数字贸易的发展也会对数字经济发展起到显著的促进作用，意味着地区数字贸易的进步起到了提升当地数字经济发展水平的功效。L.DEI 的系数为正，通过了 1% 水平上的显著性检验，表明数字经济的发展存在历史的累积性，以以往进步为基础朝着更优质高效的状态发展。通过动态面板模型的检验，可以认为数字经济与数字贸易之间确实存在着良性的相互促进关系，H1 得到了验证。此外，通过观察回归系数大小可知：数字经济对数字贸易的基础性作用更强烈。

在控制变量方面，结果如下。

经济发展水平（PGP）对数字经济竞争力（DEI）、数字贸易竞争力（DTI）的弹性系数均为正，通过了 1% 水平上的显著性检验。这与预期情况相符，即当前我国各地区经济水平的不断发展，形成了对数字经济、数字贸易发展的强有力支撑，二者的发展需要具备坚实的经济基础。

金融发展水平（FID）对数字经济竞争力（DEI）、数字贸易竞争力（DTI）的弹性系数均为正，通过了 1% 水平上的显著性检验，表明我国金融行业的良好发展能够对数字领域的进步起到助推作用。不仅如此，近年来随着金融业的数字化融合，在传统金融业的数字化、互联网金融的基础上，更是衍生出了数字金融的新趋势。

产业升级（IND）对数字经济竞争力（DEI）、数字贸易竞争力（DTI）的作用均为负，且在 1% 的水平上高度显著，与理论预期相悖，表明当前我国各地区第三产业的比重增加对数字领域的发展起到负向作用。可能的原因是，我国第三产业的发展还尚未达到高质量的水平，仅仅表现出总量大的特征，结合现状分析部分我国服务贸易发展状况可知，目前我国第三产业在国际上的竞争力还有很大的提升空间，众多领域仍存在短板，大而不强将是一段时间内的主要特征。

城镇化水平（URB）对数字经济竞争力（DEI）、数字贸易竞争力（DTI）的影响均为负，且通过了 1% 水平上的显著性检验，与理论预期不符，表明我国城镇化进程的加深并没有起到对数字经济和数字贸易发展的促进作用。可能的原因是，目前我国总体的城镇化率虽有提高，但是区域间人口流动并不均衡，社会保障制度亟待完善，城乡二元化发展的特征尚未完全扭转，未来仍需要在提高城镇化发展质量上下大功夫。

教育水平（EDU）对数字经济竞争力（DEI）、数字贸易竞争力（DTI）的弹性系数均为正，且通过了1%水平的显著性检验，符合理论预期，表明各地区教育水平的提高有助于推进本地的数字化进程，促进数字贸易竞争力的提升。教育是人力资本的重要来源，是数字化人才培养的关键环节，加大对各阶段教育的重视程度不仅有利于数字经济的发展，更是提升我国综合国力的保障。

政府支出规模（GOV）的弹性系数均为正，对数字经济的促进作用不显著。一方面，我国政府通过一系列的扶持政策，促进了我国数字产业的发展，为产业数字化奠定了良好的开端。另一方面，政府这只看得见的手的作用也受到了客观规律的限制，对于技术进步、产业创新，更多的是需要“政产学研用”的多方共同努力。

贸易依存度（OPEN）的弹性系数均为正，对数字贸易的促进作用不显著，表明贸易开放对于实现数字经济、数字贸易发展具有积极影响。对外开放是获得先进管理经验的重要途径，参与国际竞争也能促使国内生产效率提高、技术进步。

对外开放程度（FDI）的系数显著为正，与理论预期相符，表明外商直接投资的积累扩大有助于提升我国数字经济竞争力（DEI）、数字贸易竞争力（DTI）。外商直接投资是重要的技术进步来源，数字经济、数字贸易竞争力的进一步提升不仅在于制造业的智能化升级，更在于数字服务的长足进步，促进国际交流合作。

2. 数字产业化与数字贸易互动回归结果

上文初步验证了数字经济与数字贸易的互动关系，考虑到数字经济主要可以分为数字产业化与产业数字化两大部分，在进一步的分析中，笔者首先就数字产业化与数字贸易的关系进行论证，实证结果如表9–21所示。

表9–21的列（1）、列（2）展示了数字产业化对数字贸易的影响。数字产业化指标的回归系数为正，且在1%的水平上高度显著。这表明，在数字经济对数字贸易的影响过程中，数字产业化的确发挥着重要的作用，无论是数字技术的发展、数字基础设施的建设完善、互联网的普及应用，还是数字核心产业的优质发展，这些都是推动数字贸易发展的基础性工程。结合现状分析可知，我国数字产业化已经取得了丰硕的成果，当前在5G建设方面处于世界领先水平，国内数字核心产业发展平稳向

好，有助于推动数字贸易发展起点更高、基础更实。数字贸易的滞后项 L.DTI 的系数显著为正，满足理论的预期情况。

表 9–21 列（3）、列（4）展示了数字贸易竞争力（DTI）对数字产业化（DEDI）的影响。数字贸易 DTI 的回归系数为正，且在 1% 的水平上高度显著。这表明，数字贸易的发展，将同时对本地区数字产业化进步起到带动作用。国际贸易、数字贸易的发展产生技术创新效应，加深产业资本积累，将推动数字核心产业的发展。当前我国是国际 ICT 商品的主要出口国，也是国际数字服务贸易的大国，对自身数字产业效能、产业发展质量提出了更高的要求，通过需求带动、要素流动推动了数字产业化进步。数字产业化的滞后项 L.DEDI 的系数显著为正，满足理论的预期情况。

表9-21　　　　数字产业化与数字贸易动态面板回归结果

变量	DTI		DEDI	
	（1）	（2）	（3）	（4）
L.DTI	0.657***	0.620***		
	（0.016）	（0.034）		
L.DEDI			0.833***	0.855***
			（0.019）	（0.022）
DEDI	0.208***	0.192***		
	（0.019）	（0.027）		
DTI			0.132***	0.111**
			（0.020）	（0.041）
PGP		0.319***		0.204***
		（0.052）		（0.049）
FID		0.448***		0.115***
		（0.081）		（0.040）
IND		–0.155*		–0.079***
		（0.089）		（0.026）
URB		–1.518***		–1.095***
		（0.172）		（0.200）
GOV		0.009		–0.013
		（0.057）		（0.024）
EDU		0.958***		0.797***
		（0.146）		（0.194）

续表

变量	DTI		DEDI	
	（1）	（2）	（3）	（4）
OPEN		0.013		0.007
		（0.010）		（0.013）
FDI		0.077***		0.033***
		（0.011）		（0.009）
常数项	–0.030	–5.875***	–0.102***	–4.583***
	（0.025）	（0.752）	（0.023）	（0.950）
AR（1）–P 值	0.007	0.015	0.003	0.009
AR（2）–P 值	0.804	0.805	0.843	0.752
Hansen–P 值	0.140	0.214	0.143	0.138

注：*、**、*** 分别表示在 10%、5%、1% 的水平上显著，括号中的数字表示标准误。

资料来源：作者使用 Stata16.0 软件整理得出。

3. 产业数字化与数字贸易互动回归结果

产业数字化与数字贸易相互关系的实证结果如表 9–22 所示。

表 9–22 的列（1）、列（2）展示了产业数字化对数字贸易的影响。产业数字化指标（DEID）的回归系数为正，且在 1% 的水平上高度显著。这表明，产业数字化是数字贸易发展的重要推动因素之一。数字赋能产业发展不仅提升了生产效率、带来了产品创新，还推动了商业模式、贸易方式的变革，由此催生出新一代的工业互联网、物联网、智能制造等，应用数字技术实现传统产业升级改造，革新了生产效率，使得企业在数字贸易中获得国际竞争优势。此外，通过对比产业数字化指标（DEID）与数字贸易竞争力（DTI）的回归系数能够发现，产业数字化对数字贸易的推动作用更大。众多传统产业的数字化融合，对数字贸易带来的影响将是更广泛更深远的。数字贸易的滞后项系数显著为正，满足理论的预期情况。

表 9–22 列（3）、列（4）展示了数字贸易对产业数字化的影响。数字贸易竞争力的回归系数为正，在 5% 的水平上显著，表明数字贸易也会对我国产业数字化进程产生正向的带动作用。数字贸易发展对产业数字化的影响不只局限于转型升级、生产模式、要素流动等方面，更涉及品牌价值赋能、生态融合共生等更宏观的方面，产生更广阔的效应。产业数字化的滞后项（L.DEID）的系数显著为正，与理论的预期情况相符。

表9-22　　　　产业数字化与数字贸易动态面板回归结果

变量	DTI		DEID	
	（1）	（2）	（3）	（4）
L.DTI	0.474***	0.437***		
	（0.021）	（0.042）		
L.DEID			0.649***	0.781***
			（0.026）	（0.050）
DEID	0.472***	0.496***		
	（0.026）	（0.053）		
DTI			0.291***	0.112**
			（0.033）	（0.054）
PGP		0.135*		0.629***
		（0.067）		（0.099）
FID		0.275***		0.357***
		（0.079）		（0.050）
IND		−0.106*		−0.305***
		（0.061）		（0.061）
URB		−0.710***		−2.702***
		（0.127）		（0.278）
GOV		0.115*		0.096
		（0.067）		（0.068）
EDU		0.446***		2.298***
		（0.126）		（0.316）
OPEN		0.011		0.039*
		（0.014）		（0.020）
FDI		0.046***		0.068***
		（0.015）		（0.015）
常数项	0.283***	−1.974**	−0.292***	−12.928***
	（0.041）	（0.805）	（0.021）	（1.730）
AR（1）−P 值	0.015	0.013	0.001	0.076
AR（2）−P 值	0.654	0.871	0.320	0.853
Hansen−P 值	0.232	0.256	0.116	0.118

注：*、**、*** 分别表示在 10%、5%、1% 的水平上显著，括号中的数字表示标准误。
资料来源：作者使用 Stata16.0 软件整理得出。

三、影响路径检验

数字经济竞争力（DEI）、数字贸易竞争力（DTI）细分子指标的影响路径分析结果见表 9–23。表 9–23 的列（1）、列（2）展示了数字经济子指标对数字贸易的影响。数字产业基础（DEB）的系数为正，且在 10% 水平上显著；数字产业发展（DED）在 1% 水平上显著为正；数字产业创新（DII）系数不显著；数字融合渗透应用（DEM）在 1% 水平上显著为正。这表明在数字经济对数字贸易产生作用的四条路径中，产业发展与融合渗透应用是较为突出的环节，产业基础的作用更偏重铺垫性。由基础设施建设搭建框架，在数字产业发展的稳步推进过程中，产业数字化程度不断深化，最终有效提升了我国数字贸易的发展水平。未来可以借由我国规模庞大的 ICT 制造业贸易，全面带动产业数字化发展，继而提升数字贸易竞争力。

数字产业创新未能有效地促进我国数字贸易的发展。原因在于：一方面，产业创新、技术进步的作用一部分被产业数字化所覆盖，更多地直接从融合渗透应用层面得以彰显，因而虽然显著性程度不高但是仍表现为正向促进作用；另一方面，结合我国各地区数字产业创新的发展状况可知，地区间的创新能力并不均衡，创新往往由东部发达地区带动，向次发达地区扩散溢出，导致了全国层面数字产业创新对数字贸易的作用有限。

表 9–23 的列（3）、列（4）展示了数字贸易子指标对数字经济的影响。数字贸易需求（DTD）的弹性系数为正且在 1% 水平上高度显著，而电商发展（DTE）、物流发展（DTL）的弹性系数为正，但未能通过显著性检验。这表明在我国数字贸易对数字经济的带动作用主要是由贸易需求驱动的，无论是消费者个人的多样化需求，还是企业层面的生产增值需求都是数字经济进一步发展的重要动力来源。因此，在未来数字贸易的发展中尤其需要把握市场环境的变化，充分利用高效的数字技术促进信息交流，掌握消费端和生产端的需求变化，在瞬息万变中把握数字经济的发展。

电商发展、物流发展对数字经济的促进作用偏弱，主要的原因可能在于：电子商务的发展相对比较成熟，交易机制、平台建设、技术创新需求相对较弱，而电商中的部分需求则已经在贸易需求中得到反映；物流行业与数字经济的发展存在间接性的影响，直接关系不明显，数字经济的发展更多依靠网络，以数据要素流动为主要特征，物流行业主要服务于电子商务、传统的产业活动等。

表9-23 数字经济与数字贸易影响路径检验回归结果

变量	DTI		DEI	
	（1）	（2）	（3）	（4）
L.DTI	0.585***	0.480***		
	（0.030）	（0.043）		
L.DEI			1.080***	0.699***
			（0.024）	（0.037）
DEB	0.057***	0.048*		
	（0.019）	（0.027）		
DED	0.093**	0.199***		
	（0.035）	（0.052）		
DII	0.088***	0.001		
	（0.014）	（0.034）		
DEM	0.136***	0.154***		
	（0.038）	（0.041）		
DTD			0.094***	0.244***
			（0.020）	（0.038）
DTE			0.120***	0.021
			（0.005）	（0.018）
DTL			0.132***	0.001
			（0.012）	（0.022）
PGP		0.353***		0.356***
		（0.075）		（0.045）
FID		0.513***		0.204***
		（0.101）		（0.037）
IND		-0.285***		-0.106***
		（0.099）		（0.031）
URB		-1.575***		-1.758***
		（0.227）		（0.147）
GOV		0.053		0.027
		（0.101）		（0.068）
EDU		1.007***		1.368***
		（0.167）		（0.140）
OPEN		0.038*		0.034***
		（0.020）		（0.009）
FDI		0.088***		0.042***
		（0.015）		（0.009）

续表

变量	DTI		DEI	
	（1）	（2）	（3）	（4）
常数项	0.560***	-5.561***	-0.193***	-7.308***
	（0.115）	（1.147）	（0.034）	（0.640）
AR（1）-P 值	0.033	0.013	0.002	0.053
AR（2）-P 值	0.969	0.994	0.756	0.863
Hansen-P 值	0.205	0.208	0.219	0.257

注：*、**、*** 分别表示在 10%、5%、1% 的水平上显著，括号中的数字表示标准误。

资料来源：作者使用 Stata16.0 软件整理得出。

四、协同发展程度的测算

（一）耦合协调度测算模型

协同理论是分析经济组成要素之间互动协同发展的重要理论基础。理论物理学家哈肯于 20 世纪提出了协同这一概念，它属于系统理论的范畴并被广泛应用。其理论将所有的研究对象看成是由大量子系统、组元以协同作用方式所形成的宏观上呈有序状态、具有时间空间结构和一定功能的自组织结构。各个子系统之间存在物质、能量、信息等多种相互作用的渠道，从而形成一个整体系统。这一大系统中的各个子系统之间并存着诸多竞争与协同发展关系，促使宏观整体系统不断地从无序状态朝有序状态演化。协同理论中深刻蕴含信息论、控制论、突变论等现代科学理论思想，并引入了平衡相变论的序参量概念与绝热消去原理，着重强调各个子系统间的协同作用才是使得整体大系统呈现有序结构的关键因素，而不在于系统处于平衡态与否。序参量的出现标志着大系统实现了相变，序参量既能产生与子系统的协同作用，又能反过来影响子系统的行为。

国内研究基于协同思想对众多领域进行了探索。张延平和李明生（2011）[①] 构建了我国 31 个省（自治区、直辖市）人才结构与产业结构的耦合体系，并采用功效函数法进行了测算。王宏起和徐玉莲（2012）[②] 阐述了科技创新与科技金融协同发展机理并构建了协同度模型。张勇等

① 张延平、李明生：《我国区域人才结构优化与产业结构升级的协调适配度评价研究》，《中国软科学》2011 年第 3 期。

② 王宏起、徐玉莲：《科技创新与科技金融协同度模型及其应用研究》，《中国软科学》2012 年第 6 期。

（2013）[①] 对城镇化与服务业集聚互动发展的耦合度和协调度进行测算。唐晓华等（2018）[②] 测度了 2001—2015 年制造业与生产性服务业耦合协调程度，分析了其在我国行业和区域层面的演化趋势。通过上文对数字经济与数字贸易相互关系的梳理可以发现，数字经济与数字贸易在发展过程中存在着潜在的协同作用关系，它们分别构成了宏观经济环境中的两个子系统，形成相互影响、有机互动的复合系统。

本节将数字经济与数字贸易分别视作影响经济系统发展的两个子系统，采用张勇等（2013）[③]、唐晓华等（2018）[④] 的容量耦合系数模型对此进行评价。耦合意为两个及两个以上系统之间彼此相互影响并产生联合的一种现象，在这种动态联系中彼此互相依存、不断协调与促进。需要确定耦合协调度模型中的功效函数，设 $X_{ij}^{t}(i=1,2;\ j=1,2,\cdots,n)$ 为 t 年第 i 个子系统第 j 个指标的序参量，M_{ij}^{t}、m_{ij}^{t} 是此系统稳定临界点序参量的上、下限值，u_{ij}^{t} 是经标准化处理后的序参量 X_{ij}^{t} 对系统的功效贡献度，表示该指标相对总体目标的满意程度，计算方法如下：

$$u_{ij}^{t}=\begin{cases}\dfrac{X_{ij}^{t}-m_{ij}^{t}}{M_{ij}^{t}-m_{ij}^{t}},X_{ij}^{t}\text{具有正功效}\\[2ex]\dfrac{M_{ij}^{t}-X_{ij}^{t}}{M_{ij}^{t}-m_{ij}^{t}},X_{ij}^{t}\text{具有负功效}\end{cases}\tag{9-26}$$

由上式可知，$u_{ij}^{t}\in[0,1]$ 数值越大，满意程度越高。子系统 i 内各个序参量 X_{ij}^{t} 在 t 年对整体系统的总贡献即为综合序参量，设为 U_{i}^{t}，本节采用线性加权法计算，有：

$$U_{i}^{t}=\sum_{j=1}^{n}\lambda_{ij}u_{ij}^{t},\sum_{j=1}^{n}\lambda_{ij}=1\tag{9-27}$$

其中，权重 λ_{ij} 由前文面板熵值法确定，n 为指标个数。$U_{i}^{t}(i=1,2)$ 可以分别表示 t 年数字经济与数字贸易的综合序参量，并相应引入上述功效贡献度 u_{ij}^{t} 数据进行后续计算。

①③ 张勇等：《城镇化与服务业集聚——基于系统耦合互动的观点》，《中国工业经济》2013 年第 6 期。

②④ 唐晓华等：《中国制造业与生产性服务业动态协调发展实证研究》，《经济研究》2018 年第 3 期。

在一个多系统 q 维的容量耦合系数模型中，计算其耦合度 C_q^t，有：

$$C_q^t = \left[\frac{U_1^t \cdot U_2^t \cdot \cdots \cdot U_q^t}{\left(\frac{U_1^t + U_2^t + \cdots + U_q^t}{q} \right)^q} \right]^{\frac{1}{q}} \tag{9-28}$$

C_q^t 的取值范围落在 0 和 1 之间，其值越大，表示系统内部作用强度越大。但是，耦合度 C_q^t 仅能表示这 q 个维度系统之间的作用强度，难以反映它们之间的协调程度，需要进一步计算 q 维系统间耦合的协调程度，记为 D_q^t，计算公式如下：

$$D_q^t = \sqrt{C_q^t \cdot T_q^t}, T_q^t = \alpha_1 U_1^t + \alpha_2 U_2^t + \cdots + \alpha_q U_q^t, \sum \alpha_q = 1 \tag{9-29}$$

最终得到各系统之间的耦合协调度 D_q^t，一定程度上可以反映各年各地区数字经济与数字贸易的协同发展水平。T_q^t 为综合协调指数，α_q 为待定系数，代表各自的贡献程度。本节在此不对两个子系统权重进行区分，按照等系数法取权重 0.5 进行赋权。

（二）测算结果分析

1. 协同发展水平评价标准

本节主要参考唐晓华等（2018）[①] 对协调耦合发展的判定标准设定数字经济与数字贸易协同发展水平的评价标准，如表 9–24 所示。将处于 0~1 区间内的协同发展水平 D_q^t 等分为五个部分：极度失调、中度失调、基本协同、良好协同、优质协同。最终计算所得的中国 31 个省（自治区、直辖市）数字经济与数字贸易协同发展水平测算结果呈现在表 9–25 中。

① 唐晓华等：《中国制造业与生产性服务业动态协调发展实证研究》，《经济研究》2018 年第 3 期。

表9-24　　协同发展水平评价标准

协同程度	$0<D_q^t\leqslant 0.2$	$0.2<D_q^t\leqslant 0.4$	$0.4<D_q^t\leqslant 0.6$	$0.6<D_q^t\leqslant 0.8$	$0.8<D_q^t\leqslant 1$
协同类型	极度失调	中度失调	基本协同	良好协同	优质协同

资料来源：作者整理。

2. 协同发展程度评价

我国数字经济与数字贸易协同发展水平处于基本协同的发展状态，各地区数字经济与数字贸易协同发展水平平稳提升，优势地区突出，落后地区较为集中。2019 年测算数据显示，共有 15 个省（自治区、直辖市）的数字经济与数字贸易协同发展水平超过 0.4，达到基本协同及以上的状态，我国数字经济与数字贸易协同发展水平呈现平稳向好态势，同时其余地区均处于中度失调区间，经过长期的共同努力已无极度失调的区域，总体数字经济与数字贸易协同发展水平较 2011 年已经实现了较大幅度的提升。“优势地区”体现在：广东于 2018 年达到 0.823 水平，成为首个实现数字经济与数字贸易优质协同发展的地区，北京、上海、江苏、浙江四个地区处于良好协同发展状态。“落后地区”体现在：我国东北部黑龙江、吉林、辽宁三省，以及众多西部地区，如西藏、新疆、青海等省（自治区、直辖市）的数字经济与数字贸易协同发展水平较低。

东部地区整体协同发展程度较好，在东部 11 个地区中，有 1 个优质协同地区（广东 0.873），4 个良好协同地区（北京 0.686、上海 0.622、江苏 0.700、浙江 0.661），4 个基本协同地区（天津 0.450、河北 0.424、福建 0.514、山东 0.537），2 个中度失调地区（辽宁 0.379、海南 0.312），区域间差异比较明显（见表 9-25）。

中西部地区协同发展水平较低，没有达到良好协同发展的地区中，中部地区的安徽、河南、湖北、湖南等的协同度较高，与其经济发展程度具有一定的关联性。此外，西部地区如重庆、四川的数字经济与数字贸易的协同发展水平持续提升。

表9-25　中国31个省（自治区、直辖市）数字经济与数字贸易协同度测算排序

省（自治区、直辖市）	2011年	2012年	2013年	2014年	2015年	2016年	2017年	2018年	2019年
广东	0.570	0.607	0.647	0.66	0.697	0.727	0.773	0.823	0.873
江苏	0.493	0.532	0.566	0.592	0.623	0.623	0.643	0.673	0.700
北京	0.524	0.547	0.571	0.596	0.607	0.643	0.658	0.667	0.686
浙江	0.424	0.469	0.479	0.500	0.541	0.575	0.588	0.618	0.661

续表

省（自治区、直辖市）	2011年	2012年	2013年	2014年	2015年	2016年	2017年	2018年	2019年
上海	0.563	0.559	0.566	0.589	0.609	0.618	0.615	0.606	0.622
山东	0.342	0.369	0.415	0.429	0.451	0.482	0.498	0.529	0.537
福建	0.311	0.335	0.358	0.374	0.406	0.441	0.477	0.497	0.514
四川	0.255	0.285	0.317	0.348	0.379	0.408	0.429	0.458	0.487
河南	0.238	0.272	0.308	0.337	0.371	0.390	0.415	0.449	0.475
湖北	0.253	0.273	0.307	0.337	0.369	0.388	0.399	0.426	0.458
安徽	0.241	0.275	0.301	0.337	0.371	0.394	0.406	0.426	0.454
天津	0.361	0.400	0.389	0.422	0.437	0.435	0.431	0.440	0.450
湖南	0.232	0.256	0.285	0.31	0.336	0.359	0.379	0.413	0.446
河北	0.252	0.271	0.293	0.314	0.331	0.354	0.376	0.392	0.424
重庆	0.226	0.257	0.293	0.321	0.346	0.364	0.378	0.397	0.416
江西	0.198	0.216	0.243	0.267	0.303	0.316	0.338	0.366	0.396
陕西	0.232	0.248	0.274	0.301	0.326	0.347	0.359	0.377	0.393
辽宁	0.276	0.297	0.318	0.334	0.347	0.341	0.348	0.364	0.379
广西	0.196	0.218	0.246	0.266	0.283	0.300	0.317	0.338	0.365
云南	0.186	0.199	0.229	0.252	0.274	0.295	0.309	0.331	0.355
贵州	0.167	0.187	0.213	0.236	0.259	0.285	0.304	0.326	0.341
山西	0.220	0.239	0.260	0.270	0.284	0.294	0.298	0.324	0.334
内蒙古	0.204	0.222	0.247	0.268	0.279	0.292	0.304	0.316	0.329
吉林	0.202	0.218	0.234	0.254	0.269	0.278	0.294	0.308	0.323
黑龙江	0.209	0.226	0.249	0.266	0.273	0.281	0.292	0.302	0.322
海南	0.196	0.212	0.229	0.255	0.275	0.279	0.285	0.287	0.312
甘肃	0.147	0.168	0.194	0.222	0.243	0.253	0.266	0.280	0.294
宁夏	0.169	0.186	0.203	0.221	0.235	0.251	0.263	0.274	0.274
新疆	0.172	0.188	0.214	0.236	0.255	0.251	0.265	0.267	0.274
青海	0.141	0.167	0.186	0.205	0.244	0.262	0.248	0.256	0.262
西藏	0.082	0.119	0.138	0.162	0.172	0.193	0.191	0.219	0.228

资料来源：作者根据相关数据计算整理。

本节通过分析数字经济与数字贸易的互动机制，提出 H1：数字经济与数字贸易存在互动发展关系。本节选取 2011—2019 年中国 31 个省（自治区、直辖市）的面板数据，通过两步法估计基于系统 GMM 方法的动态面板模型，采用被解释变量的一阶滞后项解决内生性问题，对我国数字经济与数字贸易的互动机制及影响路径进行实证检验。

实证研究结果表明：数字经济与数字贸易间确实存在良性的相互促进关系，H1 得到验证，同时发现数字经济对数字贸易的基础性作用更强；被解释变量的一阶滞后项系数显著为正，表明数字经济、数字贸易的发展具备自身内在的自组织动力来源，存在渐进向好的发展特质。其中，数字产业化和产业数字化具有基础性作用，而数字贸易对数字经济的作用主要是由贸易需求驱动的，电商发展、物流发展对数字经济的促进作用偏弱。

在分析了数字经济与数字贸易互动关系的基础上，本节通过耦合协调度测算模型，对我国各地区数字经济与数字贸易协同发展水平作出评价。研究发现：从总体情况来看，我国数字经济与数字贸易协同发展处于基本协同水平，各地区数字经济与数字贸易协同发展水平平稳提升，东部地区协同发展程度较好，中西部地区协同发展水平较低。

第五节　数字经济、数字贸易及其协同发展的经济效应实证分析

数字经济发展在促进数字贸易发展的同时，对生产效率提升、产业转型升级与技术进步，对经济增长和经济高质量发展也具有积极作用。数字产业化加快高新技术产业和未来产业发展，产业数字化加快传统产业转型升级，促进产业高质量发展。为此，有必要对数字经济、数字贸易及其协同发展的经济效应进行进一步实证分析。

一、数字经济发展促进经济发展质量提升

本节从生产者和消费者两个角度对数字经济促进经济高质量发展进行分析。

（一）生产者角度，提升企业效率和效益

数字经济有利于企业扩大经济规模。从企业生产者角度看，数字技术和数据要素的开放性使得生产资料、数字产品、数字服务在更大市场范围内拓展，企业生产将形成局部产品网络与生态体系，推动形成全国一体化大市场，不断产生知识与信息的外溢效应。数字经济有利于破解企业生产规模化与范围化矛盾，使得企业更低成本地开展多样化经营，扩大利润来源，使得互联网企业不断做大做强。企业的数字化发展逐渐形成以数字化生产为特征的低边际成本的模式，产生了新型的规模经济

发展格局，促进了企业产能的提升。

数字经济有利于提升企业效率。数字产业化与产业数字化发展带来了新业态新模式，也带来了企业组织模式的变革，产生了模糊化的企业组织边界、平台型企业等，提高了企业技术效率与组织效率。数字经济的发展影响市场交易，改变企业的成本效率。数字技术的应用能够提高信息传播的透明度与准确度，将市场行情走向、消费者需求变化更迅速地反馈给生产者，提升企业决策水平。

数字技术能够提升个体的学习能力与创新能力，进而普遍提高全社会人力资本。教育投资将更注重员工数字化能力的培养，强化数字领域人才的培育和支撑，促进人才利用模式逐步转型，使企业具备创新优势，有利于提升各地区的创新效率。随着数字化赋能企业生产经营过程，科学合理运用数字化工具将提高管理效率，通过员工管理的数字化、工作流程的数字化，人力资源管理与使用途径得到大幅度优化，有助于激励员工不断提升工作效率，为企业降本增效，提升生产效能。

（二）消费者角度，促进消费多元化和消费升级

从消费者角度，数字技术进步与数据要素有利于促进消费方式便捷化和消费方式升级，数字经济促进消费需求朝着多样化、个性化、高层次方向发展，数字技术和数字经济加快消费升级和消费多元化发展。在消费方式升级方面，出现了移动支付等在线消费手段，消费方式逐步向网络化、平台化过渡，传统消费方式面临重塑挑战。物流、软件、平台、服务等消费基础配套趋于完善，将线上市场打造成线下市场的重要补充，扩大传统市场边界，弥合区域市场分割，极大地促进商品流通。数字经济扩充了消费业态，虚拟经济的发展降低了市场准入门槛，催生了更多小而精的微型商业，通过在线网络，全球范围内同一市场的参与者获得了更密切的联系，促使新产品和新服务不断涌现，为消费升级增强内生动力。

数字经济对消费者的积极影响还表现在信息互通方面，消费者与生产者的信息高度互联。消费者可以借助数字手段直接参与企业的生产、经营决策等流程，真正实现商品的定制化生产。互联网络可以将个性化需求、偏好实时反馈给生产者，使其可以利用大数据分析、人工智能等数字技术及时感知消费市场需求变化，按需调整生产进行精准营销，实现供需动态均衡。

本节提出 H2：数字经济能够提升经济发展质量，数字经济对经济高质量发展具有明显促进效应。

二、数字贸易发展促进经济发展质量提升

以大数据、云计算、区块链为代表的诸多数字化 ICT 技术的发展，显著减少了贸易方之间的通信与交易成本。贸易产品、服务不断向线上市场转移，服务贸易方式的创新，使得空间地理距离对世界贸易的约束作用降低，延展了贸易的范围，丰富了贸易品的种类。在新发展格局下，数字贸易的内容、范围、渠道有望得到进一步扩展，电信服务、计算机和信息服务、金融服务与其他商业服务等将推动经济发展质量取得更好成效。

（一）数字贸易发展降低交易成本

数字贸易发展能够降低交易成本，提升贸易效率与质量。有关交易成本，《企业的性质》中提出，成立一家公司有利可图的主要原因在于使用价格机制是存在成本的。通过价格机制组织生产最明显的成本是发现相关价格，同时企业运行必须考虑到在市场上进行的每笔外汇交易谈判和签订单独合同的费用。书中指出市场摩擦产生了交易成本，具体有寻找交易对象的搜寻成本、信息获取与相互沟通的信息成本、合同议价成本和监督成本。数字贸易对降低相关的交易成本起到了显著的作用。

国际贸易中数字技术的发展与应用能够降低企业获取市场信息、寻找贸易伙伴、建立贸易关系以及履行交付义务的成本，从而削弱由信息壁垒等所产生的阻力，实现集约化管理。数字贸易流程以数字化方式完成，交易的无纸化、虚拟化极大地提高了贸易效率。数字化平台的应用将成为数字贸易发展的基础单元，能够降低贸易的区位成本，提高资源配置和市场效率。数字贸易也有利于降低生产的固定成本，提升中小企业参与国际贸易的竞争力。在线搜索、网络交易，线上交易流程的规范化，帮助中小企业降低出口成本。数字贸易促使数据和信息等资源要素公开透明，提升线上流动性，降低了贸易发生的门槛，中小企业将拥有更多的机会和渠道，有助于形成竞争性的国内国际市场环境。

（二）数字贸易推动全球价值链重构

数字贸易提升商品、资金、信息的流动速度，在贸易参与者、贸易对象、贸易时效监管环节提升速度和效率。传统贸易按照固定的贸易流程发生，需要经过代理、批发、零售等多个中间环节，需凭借纸质单据等材料才可达成一项交易。数字贸易的发展降低了产品全球价值链的组织协调成本，提供新贸易品并创造相应的全球价值链。数字贸易促进全球价值链重构，减少生产贸易过程中的冗余环节，形成高效一体化的全球生产网络，推动价值链向高端迈进。

（三）数字贸易发展增进消费者福利

数字贸易为消费者带来更多数量与种类的消费品，更高效便捷地让消费者了解产品与服务的详情。数字产品和服务占比不断增加，数字贸易带动了影视娱乐、网络社交、在线教育的发展，满足和丰富了消费者精神层面的需求；通信服务、网络支付、数据服务为生活出行、日常工作等带来便利，增进消费者福利，提升经济发展质量。

本节提出 H3：数字贸易扩大消费、降低贸易成本、提升贸易质量和水平，随着数字贸易的发展，对扩大消费和提升经济发展质量的影响越来越显著。

三、数字经济与数字贸易协同发展促进经济发展质量提升

数字经济与数字贸易互动发展促进经济高质量发展。数字经济与数字贸易的协同发展有助于形成创新网络与市场环境。一方面，数字技术和大数据提升了产业的原始创新、集成创新和引进消化吸收再创新能力。另一方面，借助数字化平台建设，人才、技术、资本等创新资源有效实现全球化配置，充分自由流动、互动共享。在数字经济与数字贸易的发展作用机理中，数字经济为数字贸易提供发展所需的数字化基础设施和可数字化技术，引起产业形态和贸易方式的变革；数字贸易为数字经济提供参与方彼此所需的数据要素、数字化信息与市场需求，连接线上线下、国内国外的生产与贸易，从而达到推动整体经济朝高质量方向发展的目标。

数字经济与数字贸易被视为两个相互依存的子系统，当两个子系统协同发展时，更有利于促进经济的高质量发展（见图 9–53）。

由此本节提出 H4：数字经济与数字贸易协同发展能够提升经济发展质量，协同度越高，经济发展质量越好。

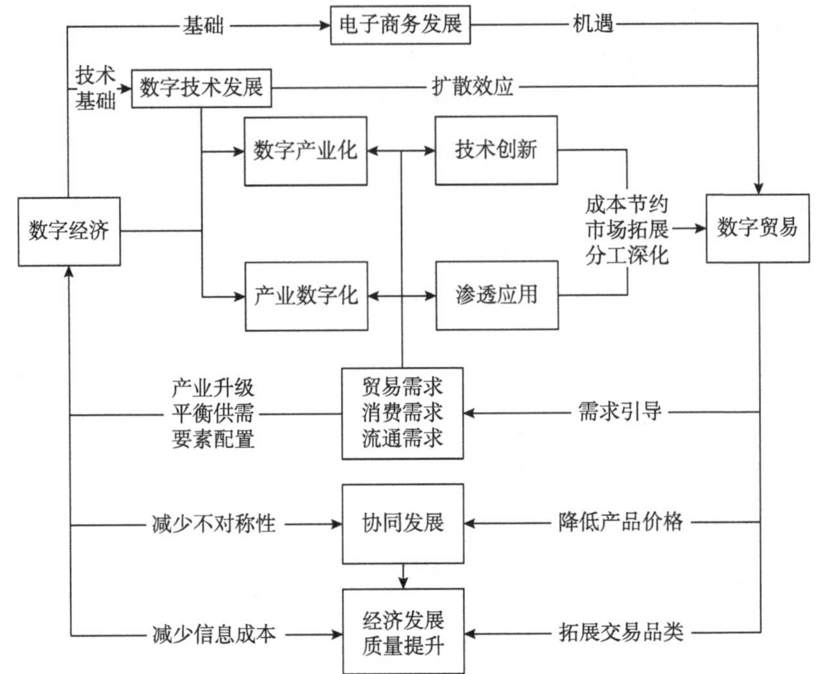

图9-53　数字经济、数字贸易与经济发展质量提升机制

资料来源：作者绘制。

四、模型构建与数据说明

（一）实证模型构建

基于上述对数字经济、数字贸易协同发展促进经济发展质量提升的理论探讨，在此对本节的 H2~H4 进行实证检验，构建基准回归模型如下：

$$TFP_{it} = \alpha_0 + \alpha_1 DEI_{it} + \alpha_2 Cons_{it} + \gamma_i + \delta_t + \epsilon_{it} \tag{9-30}$$

$$TFP_{it} = \alpha_0 + \alpha_1 DTI_{it} + \alpha_2 Cons_{it} + \gamma_i + \delta_t + \epsilon_{it} \tag{9-31}$$

$$TFP_{it} = \alpha_0 + \alpha_1 D_{it} + \alpha_2 Cons_{it} + \gamma_i + \delta_t + \epsilon_{it} \tag{9-32}$$

其中，模型（9–30）用于验证数字经济对经济发展质量的影响（H2），模型（9–31）用于验证数字贸易对经济发展质量的影响（H3），模型（9–32）用于验证数字经济与数字贸易协同发展对经济发展质量的影响（H4）。i 表示地区，t 表示时间年份，TFP_{it} 代表经济发展质量，DEI_{it} 代表数字经济竞争力，DTI_{it} 代表数字贸易竞争力，D_{it} 表示协同发展水平。$Cons_{it}$代表控制变量，参考刘秉镰等（2010）①、王小鲁等（2009）②的研究，主要选取经济发展水平、基础设施建设、政府支出规模、城镇化水平、贸易依存度等作为研究的控制变量。γ_i、δ_t分别代表个体固定效应、时间固定效应，ϵ_{it}代表随机误差项。本节主要采用时间个体双向固定效应面板模型进行回归验证，以控制年份与个体差异的影响，同时，为了研究区域差异性，在进一步研究中将样本个体分入东部地区与中西部地区，与上文分析保持一致。

（二）数据说明

1. 核心变量

本节的核心被解释变量为经济发展质量（TFP）。学界对经济发展质量指标的选取比较普通，其中，全要素生产率被许多学者用来作为经济发展质量变量，如黄磊和吴传清（2019）③、余泳泽等（2019）④、汤旖璆（2020）⑤等学者。数字经济对经济增长、全要素生产率的作用也是目前研究较为集中的领域，因而代理变量全要素生产率的选取具有一定的合理性。

全要素生产率的测算有多种途径，本研究主要选用两种主流的方法进行计算：Malmquist 指数法和索洛余值法。在全要素生产率的计算过程中，主要实际产出为以 2011 年作为基期的实际 GDP，主要投入为以就业人数表示的劳动投入、按照永续盘存法计算得到的 2011 年作为基期的固定资本存量，参考程惠芳和陈超（2017）⑥、张军等（2004）⑦的计算方法，将折旧率设定为 10%。运用 Malmquist 指数法得到的全要素生产率可以分解为技术进步指数和技术效率指数，本文进一步将其用于探讨数

① 刘秉镰等：《交通基础设施与中国全要素生产率增长——基于省域数据的空间面板计量分析》，《中国工业经济》2010 年第 3 期。

② 王小鲁等：《中国经济增长方式转换和增长可持续性》，《经济研究》2009 年第 1 期。

③ 黄磊、吴传清：《长江经济带工业绿色创新发展效率及其协同效应》，《重庆大学学报（社会科学版）》2019 年第 3 期。

④ 余泳泽等：《过犹不及 事缓则圆：地方经济增长目标约束与全要素生产率》，《管理世界》2019 年第 7 期。

⑤ 汤旖璆：《数字经济赋能城市高质量发展——基于智慧城市建设的准自然实验分析》，《价格理论与实践》2020 年第 9 期。

⑥ 程惠芳、陈超：《开放经济下知识资本与全要素生产率——国际经验与中国启示》，《经济研究》2017 年第 10 期。

⑦ 张军等：《中国省际物质资本存量估算：1952—2000》，《经济研究》2004 年第 10 期。

字经济、数字贸易、协同发展水平对经济发展质量的影响路径检验。用索洛余值法计算得出的全要素生产率用于稳健性检验部分。

核心解释变量主要包括数字经济竞争力、数字贸易竞争力、协同发展水平及相关细分子指标。本节主要将上述测算结果作为核心变量的代理变量。

2. 控制变量

影响经济发展质量、全要素生产率的因素众多，本节主要选取经济发展水平、基础设施建设、政府支出规模、城镇化水平、贸易依存度五个具有代表性的经济变量，以减小遗漏变量偏误产生的可能性。

经济发展水平（PGP），采用经 CPI 平减过的人均 GDP 表示。一个地区的经济发展水平越高通常意味着其要素禀赋、制度环境更具有优势，经济发展质量更好。基础设施建设（INF），采用各地区人均道路面积表示。基础设施的发展完善有利于优化资源配置、经济集聚和市场扩张，促进知识技术的区域间交流，带动全要素生产率提升。城镇化水平（URB），采用城镇人口占总人口数比重表示。劳动力要素由农业向城市非农产业转移，能改善资源配置效率，有效提升生产率。政府支出规模（GOV），采用地方财政支出占 GDP 比重表示。地方政府在经济发展中扮演着重要角色，是生产率提升不可忽视的关键因素。贸易依存度（OPEN），采用进出口贸易额占 GDP 比重表示。对外贸易是参与国际竞争、促进技术转移的重要途径，通过技术溢出与吸收转化提高效率。

3. 数据来源与变量描述性统计

本节样本数据选取的是 2011—2019 年中国 31 个省（自治区、直辖市）的面板数据。其中，经济发展水平、基础设施建设、政府支出规模、贸易依存度的数据均来源于国家统计局数据库，城镇化水平资料来源于《中国人口和就业统计年鉴》。在回归模型中，为了减少异方差对模型参数估计的干扰，对各指标采用取对数的方法进行处理，各变量的描述性统计如表 9-26 所示。从数据均值、标准差来看，数据波动较小；从数据最值来看，所选数据处于正常范围内，受极端值影响小，所选数据正常。

表9-26　变量的描述性统计

变量	变量含义	观测值	平均值	标准差	最小值	最大值
TFP	经济发展质量	279	0.9858	0.0326	0.8898	1.0779
TFP2	索洛法经济发展质量	279	1.0327	0.2754	0.6067	1.8565

续表

变量	变量含义	观测值	平均值	标准差	最小值	最大值
DEI	数字经济竞争力	279	0.1446	0.1269	0.0064	0.7719
DTI	数字贸易竞争力	279	0.1476	0.1244	0.0072	0.7514
D	协调程度	279	0.3539	0.1418	0.0823	0.8727
PGP	经济发展水平	279	10.6576	0.4206	9.6906	11.8322
INF	基础设施建设	279	1.5801	0.4130	0.0956	2.5027
GOV	政府支出规模	279	0.2968	0.2120	0.1200	1.3538
URB	城镇化水平	279	0.5666	0.1314	0.2271	0.8960
OPEN	贸易依存度	279	0.2738	0.2939	0.0128	1.4638

资料来源：作者使用 Stata16.0 软件整理得出。

4. 共线性检验

所有变量均使用 2011—2019 年的数据，考虑到如果控制变量之间存在着多重共线性问题，将会导致估计结果失真或估计不准确，因此先要对各控制变量采用皮尔逊相关系数检验。判断依据为：若两变量相关系数绝对值大于 0.8，则认为存在严重的共线性问题；若相关系数绝对值小于 0.8，则不认为存在严重共线性，可不予删除。根据该判断依据，对检验结果（见表 9-27）进行筛选，变量并未出现严重的共线性问题，故均予以保留。本节在回归模型中同时对时间效应、个体效应进行固定，豪斯曼检验在 1% 的水平上强烈拒绝原假设 H0，因此使用固定效应模型是可行的。

表9-27　　控制变量的皮尔逊相关系数

变量	PGP	INF	OPEN	GOV	URB
PGP	1.000				
INF	0.471***	1.000			
OPEN	0.755***	0.276***	1.000		
GOV	−0.343***	−0.197***	−0.298***	1.000	
URB	0.781***	0.591***	0.690***	−0.614***	1.000

注：*** 表示在 1% 的水平上显著。

资料来源：作者使用 Stata16.0 软件整理得出。

五、实证结果分析

（一）基准回归结果

1. 数字经济竞争力、数字贸易竞争力对经济发展质量的影响

在核心解释变量方面：

数字经济对经济发展质量（TFP）的影响结果见表 9-28 的列（1）、

列（2）。随着控制变量的加入，数字经济竞争力（DEI）的系数均为正，且在 10% 的水平上显著，表明数字经济的发展对我国地区经济发展质量起到显著的促进作用，本节 H2 得到了初步的验证。数字经济的发展与企业的数字化进程紧密相关，对于生产方能够起到降低企业成本、提升生产效率的作用，对广大消费者而言数字经济的发展能够有效促进信息透明化，带动消费升级，对经济发展质量的提升具有重要意义。

数字贸易对经济发展质量的影响结果见表 9-28 的列（3）、列（4）。数字贸易竞争力（DTI）的系数均为正。然而，随着控制变量的加入，回归结果显示数字贸易竞争力对经济发展质量的影响减弱，表明数字贸易的发展对我国地区经济发展质量起到的促进作用较为微弱，这对 H3 的支撑作用略有不足。结合第三节内容，从我国整体情况来看，虽然我国 ICT 商品进出口贸易十分发达，但是服务贸易是数字贸易中更重要的组成部分，我国整体的服务贸易进出口发展缺乏竞争力，对经济发展质量的带动作用尚未能充分地体现出来。在我国目前总体的服务贸易中，个人文娱服务、金融服务贸易仍处于较低水平，保险服务、知识产权服务贸易发展速度也较为缓慢，短板比较突出。另外，数字交付服务贸易数据，更能直接地显示出我国数字贸易发展的不足，与英美等国存在较大差距。我国数字贸易发展对经济发展质量的促进作用还处于起步阶段，原因有待深入挖掘。通过对比来看，相对于数字贸易来说，当前我国数字经济竞争力的提升对经济发展质量的促进效果更为明显。

在控制变量方面，结果如下。

（1）经济发展水平（PGP）对经济发展质量（TFP）的弹性系数均为正，通过了显著性检验，与预期情况相符。这表明当前我国各地区经济水平的不断发展，能够有效带动经济发展质量的提升，提供优质的要素与制度保障。

（2）基础设施建设（INF）对经济发展质量（TFP）的弹性系数均为正，通过了 1% 水平上的显著性检验。这表明我国基础设施的不断完善能够对经济发展质量提升起到积极的支撑作用。基础设施有利于资源配置、区域交流和市场扩张，能够有效推动全要素生产率提升。

（3）政府支出规模（GOV）的弹性系数均为正，在 5% 的水平上显著，与理论预期相符。这表明我国政府的调控行为能够起到提升经济发展质量的作用。政府的干预能够有效弥补市场失灵的弊端。

（4）城镇化水平（URB）对经济发展质量（TFP）的影响均为负，且通过了1%水平上的显著性检验，与理论预期相反。这表明我国城镇化发展对经济发展质量起到抑制作用。随着我国城镇化快速发展，总体的城镇化率稳步提高，但是在由农村向城市发展的过程中，仍有诸多问题尚未解决，城乡用地不集约、城市治理水平不高、服务业发展滞后等问题突出，人口流动仍然存在阻碍，城镇化发展质量有待提升。

（5）贸易依存度（OPEN）的弹性系数均为正，但是未能通过10%水平的显著性检验。这表明贸易开放对提升经济发展质量的作用不太明显。近年来，不少省份的贸易依存度出现了下降的态势，经济增长与外贸发展的关联程度不断下降，对外贸易影响经济发展质量的作用降低，随着双循环发展格局的提出，向内谋求新的经济增长点成为重要的发展趋势。

表9-28　　数字经济、数字贸易的经济质量效应实证回归结果

变量	TFP			
	（1）	（2）	（3）	（4）
DEI	0.042***	0.037*		
	（0.009）	（0.020）		
DTI			0.035***	0.007
			（0.008）	（0.015）
PGP		0.035		0.064***
		（0.024）		（0.022）
INF		0.068***		0.077***
		（0.020）		（0.021）
GOV		0.062**		0.080***
		（0.025）		（0.025）
URB		−0.289***		−0.199***
		（0.078）		（0.075）
OPEN		0.001		0.004
		（0.007）		（0.007）
常数项	0.079***	−0.499*	0.062***	−0.832***
	（0.020）	（0.282）	（0.017）	（0.253）
固定效应	是	是	是	是
R^2	0.222	0.681	0.194	0.690
F	21.762	35.668	19.340	37.132

注：*、**、*** 分别表示在10%、5%、1%的水平上显著，括号中的数字表示标准误。
资料来源：作者使用Stata16.0软件整理。

2. 协同发展对经济发展质量的影响

数字经济、数字贸易的协同发展对经济发展质量的影响结果见表9-29列（1）、列（2）。随着控制变量的加入，协同发展水平的系数均为正，且在10%的水平上显著，回归系数变化较为稳定。这表明我国各地区数字经济与数字贸易协同发展对区域经济发展质量的提升能够发挥显著的推动作用，本节假设4得到验证。数字经济的兴起带动了数字贸易的发展，数字贸易提供了数据要素流动的新渠道，畅通了信息与需求的交换，打破单一线性的个体创新模式，数字经济与数字贸易的协同发展有利于构建创新的网络和市场环境。当前我国数字经济与数字贸易协同发展处于基本协同水平的上升通道，各地区在数字经济与数字贸易互动发展过程中不断产生优秀协同典范，数字经济建设进程深化，数字贸易与公共服务平台建设如火如荼，创新发展试点相继落地，数字协同发展是未来经济发展质量提升的重要窗口。

我国数字经济与数字贸易的协同发展存在较为鲜明的区域特征，表现出东高西低的梯度性，因此协同发展的经济质量效应的区域差异值得深入研究。本节按照协同发展水平将全国样本分为东部地区与中西部地区两部分，分别进行回归分析，如表9-29列（3）、列（4）所示。结果显示：协调发展水平的系数均为正，东部地区样本的系数通过了5%水平的显著性检验，而中西部地区未能通过显著性检验。这表明我国东部地区数字经济与数字贸易协同发展已经形成了较为优质的整体大系统，子系统间形成良性互动发展循环机制，与外部市场、政府监管形成了提升经济发展质量的合力；而中西部地区由于历史发展、地理条件等原因在要素禀赋、区位优势上落后于东部沿海地区，数字经济或数字贸易发展竞争力相对较弱，两者相互促进的传导机制存在较大阻碍。

从控制变量情况看，相较于东部地区，中西部地区的经济发展质量提升更多是由经济发展水平、政府支持、对外贸易所驱动的。可以认为，目前我国区域经济发展质量提升存在两种主要模式：一是由数字驱动向智能化数字化转型的东部地区发展模式，二是由传统经济因素驱动向现代化发展的中西部地区发展模式。

表9-29　　协同发展水平的经济质量效应实证回归结果

变量	TFP		TFP—东部地区	TFP—中西部地区
	（1）	（2）	（3）	（4）
D	0.078***	0.069*	0.186**	0.014
	（0.017）	（0.040）	（0.093）	（0.046）
PGP		0.072**	0.064	0.173***
		（0.031）	（0.049）	（0.049）
INF		0.075***	0.129***	0.067***
		（0.021）	（0.045）	（0.023）
GOV		0.063**	0.003	0.133***
		（0.026）	（0.040）	（0.046）
URB		−0.250***	−0.267*	−0.359***
		（0.082）	（0.149）	（0.124）
OPEN		0.037	−0.054	0.117*
		（0.031）	（0.044）	（0.065）
常数项	0.072***	−0.344	1.431**	−1.583**
	（0.019）	（0.338）	（0.590）	（0.677）
固定效应	是	是	是	是
R^2	0.212	0.812	0.680	0.649
F	20.861	35.569	22.839	19.281

注：*、**、*** 分别表示在 10%、5%、1% 的水平上显著，括号中的数字表示标准误。

资料来源：作者使用 Stata16.0 软件整理。

（二）影响路径检验

1. 数字经济影响路径检验

数字经济四个细分子指标对经济发展质量的影响路径见表 9-30。数字产业发展（DED）的弹性系数在 5% 水平上显著为正，数字融合渗透应用（DEM）的弹性系数在 1% 水平上显著为正，而数字产业基础（DEB）、数字产业创新（DII）的弹性系数不显著。这表明在数字经济对经济发展质量产生作用的四条路径中，数字产业发展与数字技术的融合渗透应用是促进经济发展质量提升的关键。

产业数字化如数字化物流、在线消费和生活服务、在线医疗、在线办公、在线学习等生活服务业的数字化转型快速发展，满足了人们日益丰富的数字化服务需求，但部分制造业的数字化程度相对较慢，因此出现数字产业基础、数字产业创新对经济发展质量的促进作用较弱的现象。数字化转型中亟须加强关键核心技术攻关、加快制造业数字化进程、培育数字化场景、加强数字化人才培养，实现生产与生活数字化的均衡发展。本节认为，产生这种现象还可能是由于数字产业基础、数字产业创新的实际作用被数字产业发展、数字融合渗透应用这两种更宏观的指标所吸纳，因而显著性较弱。

表9-30　　数字经济对经济发展质量的影响路径检验回归结果

变量	TFP			
	（1）	（2）	（3）	（4）
DEB	0.006			
	（0.012）			
DED		0.023**		
		（0.009）		
DII			0.000	
			（0.009）	
DEM				0.030***
				（0.011）
PGP	0.056**	0.046**	0.062***	0.041**
	（0.022）	（0.020）	（0.022）	（0.021）
INF	0.074***	0.075***	0.076***	0.061***
	（0.020）	（0.020）	（0.021）	（0.020）
GOV	0.074***	0.078***	0.078***	0.049*
	（0.024）	（0.023）	（0.023）	（0.025）
URB	−0.209***	−0.300***	−0.206***	−0.297***
	（0.065）	（0.073）	（0.065）	（0.072）
OPEN	0.003	0.002	0.003	0.000
	（0.007）	（0.007）	（0.007）	（0.007）
常数项	−0.731***	−0.611**	−0.813***	−0.550**
	（0.277）	（0.239）	（0.265）	（0.245）
固定效应	是	是	是	是
R^2	0.681	0.683	0.681	0.681
F	35.667	36.030	35.692	35.688

注：*、**、*** 分别表示在 10%、5%、1% 的水平上显著，括号中的数字表示标准误。
资料来源：作者使用 Stata16.0 软件整理。

2. 数字贸易影响路径检验

在基准回归结果中，数字贸易竞争力对经济发展质量的影响较弱，使结论对 H3 的支撑不足，本节进一步将数字贸易三项子指标逐一进行回归，探讨其中影响总体特征的原因，结果如表 9–31 所示。

表9-31中的列（1）、列（2）、列（3）分别展示了数字贸易需求（DTD）、电商发展（DTE）、物流发展（DTL）对地区经济发展质量的影响途径。数字贸易需求（DTD）的弹性系数为正，在10%的水平上显著，电商发展（DTE）在1%水平上显著为正，与理论预期相符。这表明我国地区经济发展质量的提升受到数字贸易需求带动，也从电商活动的展开中获益。数字贸易产生新需求新内容，催生新业态，而电商发展是其重要的组成部分。数字贸易日益成为经济增长的新引擎，据统计，2020年我国数字贸易占服务贸易的比重达到25.6%，成为国内国际双循环相互结合、相互促进的一个综合性业态。数字贸易通过数据流动，强化产业间知识和技术要素共享，促使制造业、服务业紧密融合，带动传统产业数字化转型，深刻影响了经济发展的质量。

物流发展（DTL）的系数显著为负，与理论预期相悖，表明地区物流的发展会对经济发展质量产生抑制作用。笔者认为主要的原因可能在于，我国物流行业的发展方式比较粗放，物流基础设施的建设投放、运营维护是以高投入为代价的。各类生产性服务业未能有效发挥技术溢出和生产辅助效应，而且短期内资本、人力的大量投入还会阻碍制造业生产效率的提高（彭湘君和曾国平，2014）①。同时还有技术进步落后的原因，中西部地区生产性服务业基础薄弱，需要继续投入大量的人力、物力，加快发展（原毅军等，2009）②。

表9-31　数字贸易对经济发展质量的影响路径检验回归结果

变量	TFP		
	（1）	（2）	（3）
DTD	0.028*		
	（0.015）		
DTE		0.020***	
		（0.006）	
DTL			-0.044***
			（0.009）
PGP	0.055***	0.046**	0.102***
	（0.020）	（0.020）	（0.020）

① 彭湘君、曾国平：《基于内生经济增长模型的生产性服务业对制造业效率影响的研究》，《经济问题探索》2014年第12期。

② 原毅军等：《中国生产性服务业全要素生产率测度——基于非参数Malmquist指数方法的研究》，《中国软科学》2009年第1期。

续表

变量	TFP		
	（1）	（2）	（3）
INF	0.065***	0.061***	0.056***
	（0.021）	（0.020）	（0.019）
GOV	0.073***	0.055**	0.091***
	（0.023）	（0.024）	（0.022）
URB	−0.288***	−0.242***	−0.072
	（0.085）	（0.065）	（0.066）
OPEN	0.003	−0.001	−0.005
	（0.007）	（0.007）	（0.007）
常数项	−0.702***	−0.618***	−1.288***
	（0.240）	（0.235）	（0.233）
固定效应	是	是	是
R^2	0.689	0.683	0.702
F	36.952	35.940	39.439

注：*、**、*** 分别表示在 10%、5%、1% 的水平上显著，括号中的数字表示标准误。
资料来源：作者根据 Stata16.0 软件整理。

3.基于全要素生产率的分解路径检验

通常情况下，全要素生产率的提高可以分为技术进步、技术效率改善和规模效应三个方面（程惠芳和陆嘉俊，2014）①。在经济学意义上，技术进步主要是指代表最先进生产技术的生产前沿面的整体向外移动（实现以同样的投入组合生产出更多的产出，或以更少的投入获得同样的产出），技术效率改善主要是指企业生产活动向生产前沿面靠近所带来的宏观上的投入产出效率提升和经济发展质量增长，其本质是增加资源要素间的协调性、更大程度地释放既有技术水平的潜能（李平，2016）②。为了判断数字经济、数字贸易、协同发展对我国全要素生产率增长的促进作用究竟是由技术进步主导的，还是技术效率改善所主导的，本节利用 Malmquist 指数法的测算结果，将被解释变量经济发展质量（TFP）分别替换为技术进步（TC）和技术效率改善（EC）进行回归，结果如表 9-32 所示。

① 程惠芳、陆嘉俊：《知识资本对工业企业全要素生产率影响的实证分析》，《经济研究》2014 年第 5 期。

② 李平：《提升全要素生产率的路径及影响因素——增长核算与前沿面分解视角的梳理分析》，《管理世界》2016 年第 9 期。

表9–32的列（1）、列（2）、列（3）展示了数字经济竞争力、数字贸易竞争力、协同发展对技术进步（TC）的影响。其中，数字经济竞争力（DEI）、数字贸易竞争力（DTI）的弹性系数均在10%的水平上为正，协同发展（D）的弹性系数在5%水平上显著为正。这表明技术进步是当前我国数字经济、数字贸易及协同发展促进经济发展质量提升的重要途径。推动数字产业化，提供数字产品和服务；推进产业数字化转型，又为数字产业化提供源源不断的源头活水和数据资源。数字赋能时代赋予了技术进步更丰富的内涵，使得企业更加注重研究开发和自主创新，以适应市场不断变化的需要。通过观察系数及显著性水平，可以进一步发现数字经济与数字贸易协同发展对技术进步的促进作用更大，这意味着地区追求实现更高质量更快速的发展应疏通数字经济与数字贸易的传导机制和互动渠道，使子系统间保持良好生态，促进其协同发展。

表9–32的列（4）、列（5）、列（6）展示了数字经济、数字贸易、协同发展对技术效率改善（EC）的影响。其中，数字经济竞争力（DEI）、数字贸易竞争力（DTI）、协同发展（D）的系数都未能通过显著性检验。这表明技术效率的改善不是目前我国数字经济、数字贸易促进经济发展质量提升的渠道。笔者认为主要的原因可能是，我国数字经济、数字贸易尚处于起步阶段，企业内部管理组织模式、员工数字化素养、信息通信技术在生产经营中的应用、数字产业配套、数字规则设计等环节都处于磨合调整阶段，因此对资源配置效率的促进作用还未能充分发挥出来。

表9-32　　经济质量效应影响路径的进一步检验回归结果

变量	被解释变量替换为TC			被解释变量替换为EC		
	（1）	（2）	（3）	（4）	（5）	（6）
DEI	0.040*			0.006		
	（0.021）			（0.021）		
DTI		0.027*			–0.025	
		（0.016）			（0.015）	
D			0.094**			–0.041
			（0.044）			（0.042）
PGP	0.028	0.040*	0.025	0.038	0.081*	0.107**
	（0.026）	（0.023）	（0.026）	（0.054）	（0.047）	（0.052）
INF	0.051**	0.050**	0.046**	0.025*	0.026*	0.025*
	（0.022）	（0.022）	（0.022）	（0.014）	（0.014）	（0.014）

续表

变量	被解释变量替换为 TC			被解释变量替换为 EC		
	（1）	（2）	（3）	（4）	（5）	（6）
GOV	0.057**	0.058**	0.050*	0.130	0.316**	0.312*
	（0.026）	（0.027）	（0.027）	（0.160）	（0.156）	（0.160）
URB	−0.399***	−0.380***	−0.424***	−0.646*	−0.326	−0.195
	（0.084）	（0.080）	（0.087）	（0.340）	（0.307）	（0.332）
OPEN	0.008	0.008	0.007	0.003	0.005	0.004
	（0.008）	（0.008）	（0.008）	（0.007）	（0.007）	（0.007）
常数项	−0.440	−0.576**	−0.404	−0.380	−1.192**	−1.616**
	（0.303）	（0.270）	（0.298）	（0.644）	（0.518）	（0.626）
固定效应	是	是	是	是	是	是
R^2	0.601	0.600	0.601	0.364	0.370	0.364
F	25.142	25.099	25.154	19.567	19.799	19.557

注：*、**、*** 分别表示在 10%、5%、1% 的水平上显著，括号中的数字表示标准误。

资料来源：作者使用 Stata16.0 软件整理。

（三）分样本分析

本节进一步将全国样本划分为东部地区与中西部地区两部分，对基准回归模型分别进行检验，结果如表 9–33 所示。

在核心解释变量方面，结果如下。

表 9–33 列（1）、列（2）展示了我国东部地区数字经济、数字贸易对经济发展质量的影响。数字经济竞争力（DEI）、数字贸易竞争力（DTI）的系数在 10% 的显著性水平上为正。这表明在我国东部地区各省（自治区、直辖市）中，数字经济竞争力、数字贸易竞争力的提升有助于带动地方经济高质量发展，符合理论预期，H2、H3 在东部地区成立。对比回归系数大小可以发现，在我国东部地区，数字经济发展对经济发展质量提升产生的促进作用比数字贸易更强。

表 9–33 列（3）、列（4）展示了我国中西部地区数字经济、数字贸易对经济发展质量的影响。数字经济竞争力（DEI）的弹性系数为正，在 10% 水平上显著，但数字贸易竞争力（DTI）的弹性系数未能通过显著性检验。这表明在我国中西部地区，数字经济的发展能推动地方经济发展质量提升，数字贸易的发展对经济发展质量的作用不明显，只有 H2 在中西部地区成立。究其原因，笔者认为，我国中西部地区的数字贸易建设起步低、发展慢，技术水平存在较大短板，工业化、信息化发展落后，传统服务的数字化、新型数字服务难以在短时间内形成一定规模的竞争力，更多

的是采取跟随东部地区发展的战略，目前数字贸易还未能有效地带动本地区经济发展质量提升。进一步对比列（1）、列（3）回归系数可以发现，东部地区数字经济发展对经济发展质量提升产生的促进作用比中西部地区更强。

在控制变量方面，结果如下。

（1）经济发展水平（PGP）对东部、中西部地区经济发展质量（TFP）的弹性系数均为正，通过了显著性检验，与全国层面结果基本一致，表明地区经济水平是经济发展质量提升的重要保障。

（2）基础设施建设（INF）对东部、中西部地区经济发展质量（TFP）的弹性系数均为正，且通过了1%水平上的显著性检验，与全国层面结果基本一致。这表明基础设施完善对各地区的经济发展质量都有支撑作用。

（3）政府支出规模（GOV）对中西部地区经济发展质量（TFP）的弹性系数显著为正，对东部地区经济发展质量的弹性系数不显著，与全国层面结果不同，政府支出在中西部地区发挥的作用更明显，在东部地区偏弱。通过观察各地区政府支出规模在GDP中的比重，笔者认为可能的原因是，中西部地区仍较多地依赖政府在经济发展中的推动作用，政府经济活动是中西部地区经济增长的重要来源，与此不同的是，当前东部地区各地政府支出在GDP中的比重相对较低，经济活动更多地可以依靠市场来调节，因此在东部地区政府支出规模的系数显著性较低。

（4）城镇化水平（URB）对东部、中西部地区经济发展质量（TFP）的弹性系数均为负，与全国层面结果基本一致。这表明我国城镇化发展并未起到提升东部、中西部地区经济发展质量的作用，未来需提升城镇化发展的质量。

（5）贸易依存度（OPEN）对中西部地区经济发展质量（TFP）的弹性系数为正，与全国层面结果基本一致；对东部地区经济发展质量的弹性系数显著为负，与全国层面结果不同，表明我国东部地区的贸易开放对经济发展质量起到了抑制作用，不符合理论预期。究其原因，笔者认为，当前我国东部地区乃至全国各地区都普遍出现了贸易依存度下降的趋势，实际上这是当前国际经济环境使然，传统的国际经济循环明显弱化，甚至受阻。贸易形势的反常是造成贸易依存度（OPEN）表现出违背经济理论现象的根本原因，也是双循环发展格局提出的关键背景。

表9-33　　经济质量效应分样本检验回归结果

TFP	东部地区		中西部地区	
	（1）	（2）	（3）	（4）
DEI	0.073*		0.044*	
	（0.038）		（0.024）	
DTI		0.062*		−0.014
		（0.032）		（0.016）
PGP	0.144***	0.134***	0.070	0.159***
	（0.050）	（0.049）	（0.063）	（0.054）
INF	0.024***	0.142***	0.061***	0.074***
	（0.006）	（0.043）	（0.023）	（0.023）
GOV	0.020	0.017	0.094**	0.157***
	（0.038）	（0.038）	（0.045）	（0.042）
URB	−0.227*	−0.208	−0.382***	−0.321**
	（0.132）	（0.131）	（0.120）	（0.124）
OPEN	−0.068**	−0.067**	0.001	0.003
	（0.027）	（0.029）	（0.008）	（0.008）
常数项	1.432**	1.197**	−0.880	−1.856***
	（0.555）	（0.530）	（0.717）	（0.610）
固定效应	是	是	是	是
R^2	0.812	0.811	0.638	0.654
F	22.891	22.718	18.371	19.671

注：*、**、*** 分别表示在 10%、5%、1% 的水平上显著，括号中的数字表示标准误。
资料来源：作者使用 Stata16.0 软件整理。

（四）内生性检验

重要解释变量遗漏、测量误差、互为因果等因素可能会造成内生性问题，从而影响论文的实证严谨性。本节在核心解释变量之外引入了经济发展水平（PGP）、基础设施建设（INF）、政府支出规模（GOV）、城镇化水平（URB）、贸易依存度（OPEN）五个重要的控制变量，以尽可能减小遗漏重要解释变量的影响。针对测量误差问题，所有用于实证回归的数据均来源于国内外权威机构，计算过程严格遵循公式推导，同时采用时间个体双固定效应模型，增强了结论的可靠性。

对于互为因果所引发的内生性影响，本节主要采用两种主流方法进行内生性检验：采用滞后核心解释变量和工具变量法进行 2SLS 回归。这样做考虑的是，在数字经济、数字贸易、协同发展对经济发展质量产生促进作用的过程中，经济增长、经济发展质量不断提升反过来会进一步促进数字经济、数字贸易及它们的协同发展。为此，采用滞后一期的核心解释变量分别替换原变量的做法对原方程进行回归检验，其依据是，通常来说数字经济、数字贸易、协同发展对经济发展质量产生的作用可能存在滞后效应，而当期的经济发展质量无法影响过去一个时期的数字经济发展质量，结果如表 9-34 列（1）~ 列（3）所示。另外，通过将滞后一期的数字经济、数字贸易、协同发展分别作为各自的工具变量进行 2SLS 回归，对内生性检验进行进一步补充，结果如表 9-34 列（4）~ 列（6）所示。

表 9-34 的列（1）~ 列（4）检验了数字经济竞争力对经济发展质量的影响，滞后变量 L.DEI 与 DEI 的系数显著为正，表明数字经济对经济发展质量存在促进作用，验证了基准回归结果的可靠性。列（2）、列（5）检验了数字贸易竞争力对经济发展质量的影响，滞后变量 L.DTI 与 DTI 的系数未能通过显著性检验，表明数字贸易对经济发展质量的作用不明显，验证了基准回归结果的可靠性。列（3）、列（6）检验了数字经济、数字贸易协同发展对经济发展质量的影响，滞后变量 L.D 与 D 的系数显著为正，表明协同发展对经济发展质量存在促进作用，验证了基准回归结果的可靠性。经过内生性检验，可以认为基准回归部分的结论受内生性影响较小。

表9-34　　内生性检验回归结果

TFP	滞后核心解释变量			2SLS 回归		
	（1）	（2）	（3）	（4）	（5）	（6）
L.DEI	0.033*					
	（0.019）					
L.DTI		0.007				
		（0.015）				
L.D			0.066*			
			（0.039）			
DEI				0.057**		
				（0.025）		
DTI					−0.006	
					（0.031）	
D						0.088*
						（0.051）

续表

TFP	滞后核心解释变量			2SLS 回归		
	（1）	（2）	（3）	（4）	（5）	（6）
PGP	0.046*	0.054**	0.052**	0.037	0.069**	0.055
	（0.025）	（0.023）	（0.025）	（0.040）	（0.034）	（0.036）
INF	0.070***	0.073***	0.072***	0.068***	0.073***	0.069***
	（0.021）	（0.021）	（0.021）	（0.021）	（0.022）	（0.021）
GOV	0.028	0.033	0.031	0.029	0.047	0.037
	（0.026）	（0.026）	（0.026）	（0.032）	（0.033）	（0.032）
URB	−0.226**	−0.187**	−0.203**	−0.277***	−0.216**	−0.253***
	（0.089）	（0.090）	（0.096）	（0.093）	（0.104）	（0.097）
OPEN	−0.004	−0.004	−0.004	0.017	0.030	0.026
	（0.007）	（0.008）	（0.008）	（0.035）	（0.033）	（0.034）
常数项	−0.704**	−0.800***	−0.771***	−0.582	−0.952**	−0.789***
	（0.295）	（0.271）	（0.291）	（0.468）	（0.394）	（0.422）
固定效应	是	是	是	是	是	是
R^2	0.698	0.682	0.627	0.673	0.694	0.689
F	36.230	33.699	26.403	—	—	—
Wald 检验	—	—	—	110.648	119.014	116.446

注：*、**、*** 分别表示在 10%、5%、1% 的水平上显著，括号中的数字表示标准误。

资料来源：作者使用 Stata16.0 软件整理。

（五）稳健性检验

在稳健性检验中，主要采用替换核心被解释变量、缩短时间窗口两种方法。

如表 9-35 所示，列（1）~ 列（3）展示了用索洛余值法得出的全要素生产率替换被解释变量的回归结果。其中，数字经济竞争力（DEI）的回归系数显著为正，数字贸易竞争力（DTI）的回归系数不显著，协同发展（D）的回归系数显著为正，表明结论具有稳健性。

如表 9-35 所示，列（4）~ 列（6）展示了缩短样本时间区间为 2011—2018 年的回归结果。由于本节采用插值法对 2019 年部分缺失数据进行了填补，可能使结论受到人为因素的干扰，因此在稳健性检验中尝试将此年度数据剔除，然后进行回归检验。其中，数字经济竞争力（DEI）的回归系数显著为正，数字贸易竞争力（DTI）的回归系数不显著，协同发展（D）的回归系数显著为正，表明结论具有稳健性。

表9-35 稳健性检验回归结果

TFP	替换被解释变量为 TFP2			样本区间缩短为 2011—2018 年		
	（1）	（2）	（3）	（4）	（5）	（6）
DEI	0.293***			0.042*		
	（0.113）			（0.021）		
DTI		0.072			0.016	
		（0.087）			（0.016）	
D			0.369**			0.072*
			（0.173）			（0.043）
PGP	0.097	0.112*	0.076	0.026	0.046*	0.031
	（0.061）	（0.061）	（0.066）	（0.027）	（0.024）	（0.026）
INF	0.145***	0.143**	0.127**	0.046**	0.048**	0.043*
	（0.054）	（0.056）	（0.053）	（0.022）	（0.023）	（0.023）
GOV	0.270*	0.278*	0.213	0.070***	0.078***	0.070***
	（0.151）	（0.152）	（0.158）	（0.026）	（0.026）	（0.026）
URB	−0.545*	−0.562*	−0.718**	−0.251***	−0.206**	−0.249***
	（0.301）	（0.305）	（0.324）	（0.083）	（0.082）	（0.087）
OPEN	−0.004	−0.004	−0.005	0.004	0.006	0.004
	（0.006）	（0.006）	（0.006）	（0.008）	（0.008）	（0.008）
常数项	−1.142**	−1.287**	−0.886	−0.317	−0.561**	−0.390
	（0.545）	（0.541）	（0.620）	（0.316）	（0.283）	（0.310）
固定效应	是	是	是	是	是	是
R^2	0.658	0.662	0.676	0.664	0.667	0.660
F	23.128	23.229	23.567	30.951	31.423	31.026

注：*、**、*** 分别表示在 10%、5%、1% 的水平上显著，括号中的数字表示标准误。

资料来源：作者使用 Stata16.0 软件整理。

六、结论分析

本节对数字经济、数字贸易及其协同发展对经济发展质量的影响机制，提出了 H2~H4；随后选取 2011—2019 年中国 31 个省（自治区、直辖市）的面板数据，采用时间个体双固定模型进行实证检验，进一步探讨了影响路径差异，并对东部、中西部地区进行分样本分析，考察地区表现的异质性；最后对回归结果进行内生性检验与稳健性检验，以提升结论的可靠性。

实证研究结果表明：在全国层面，数字经济的发展对经济发展质量起到显著促进作用，协同发展对经济发展质量的提升发挥显著推动作用，而数字贸易发展起到的作用不明显，H2、H4 得到了验证。通过影响路径检验可以发现：首先，数字经济对经济发展质量的促进作用，主要通过数字产业发展与数字技术的融合渗透应用来实现；其次，数字贸易的促进作用主要由数字贸易需求、电子商务活动开展来实现，而物流发展会起到抑制作用；最后，通过全要素生产率的分解，发现技术进步是当前我国数字经济、数字贸易及其协同发展促进经济发展质量提升的重要途径。在地区分样本分析中发现：我国东部地区数字经济竞争力、数字贸易竞争力的提升有助于带动地方经济高质量发展，且数字经济的促进作用比数字贸易更大；我国中西部地区数字经济的发展推动地方经济发展质量提升，但数字贸易的作用不明显。通过分析可以认为，全国层面数字贸易的促进作用不明显，一方面来源于物流发展的抑制作用，另一方面来源于在中西部地区所表现出的促进作用不大。本节进行了内生性检验与稳健性检验以保证结论的可靠性：主要采用滞后核心解释变量、工具变量法进行 2SLS 回归对互为因果的内生性问题进行实证检验；主要采用替换核心被解释变量、缩短时间窗口两种方法进行结论的稳健性检验。通过分析回归结果可知，本节结论通过了内生性与稳健性检验。

第六节　研究结论与政策建议

一、研究结论

本章对数字经济与数字贸易协同发展机制进行了深入研究，一是通过构建数字经济与数字贸易竞争力评价体系，测算我国省级层面数字经济与数字贸易竞争力水平；二是对数字经济与数字贸易的协同发展机制进行实证研究，基于动态面板系统 GMM 法利用 2011—2019 年中国 31 个省（自治区、直辖市）动态面板数据进行实证分析。研究结果表明：数字经济与数字贸易存在良性互动发展关系。本章还从数字产业化、产业数字化两个角度探究影响路径。运用耦合协调度模型测算我国各地区数字经济与数字贸易发展的协同程度，并对数字经济与数字贸易的协同发展的经济质量效应进行实证分析，同时针对分样本分析区域差异性，采用内生性检验与稳健性检验加强结论可信度。主要研究结论如下。

（一）数字经济与数字贸易存在良性互动机制

数字经济与数字贸易间存在良性的相互促进关系，数字经济的发展对数字贸易进步起到显著的促进作用，数字贸易的发展也会对数字经济发展起到显著的带动作用。通过对比回归系数可以发现，数字经济对数字贸易的基础性作用更强。

（二）数字产业化和产业数字化是数字经济与数字贸易良性互动的重要途径

数字产业化和产业数字化是数字经济与数字贸易良性互动的重要途径，数字产业化、产业数字化发展能够推动数字贸易的发展，数字贸易的发展也会对数字产业化、产业数字化产生显著的带动作用。由回归系数可知，产业数字化对数字贸易的推动作用更大。

（三）产业融合渗透促进数字经济与数字贸易互动效应明显

通过细分指标影响路径检验发现：产业融合渗透促进数字经济与数字贸易互动效应明显，在数字贸易带动数字经济的过程中，带动作用主要是由贸易需求驱动的，而电商发展、物流发展对数字经济的促进作用不显著。

（四）数字经济与数字贸易区域协同发展差异明显，区域不平衡问题比较突出

数字经济与数字贸易具有良性协调发展关系，区域之间数字经济与数字贸易协同发展水平持续提升，数字经济与数字贸易区域协同发展差异明显，东部地区协同发展程度较高，中西部地区协同发展程度较低。

（五）数字经济对经济高质量发展具有明显促进作用

数字经济对经济高质量发展起到显著促进作用，但是数字贸易的促进作用不太明显。数字经济对经济发展质量的促进作用主要是由数字产业发展与数字技术的融合渗透实现的，数字贸易对经济发展质量的促进作用主要是通过数字贸易需求、电子商务活动开展来实现的。通过全要素生产率的分解，可以发现技术进步是当前我国数字经济、数字贸易及其协同发展促进经济发展质量提升的重要途径。

在地区分样本分析中发现：我国东部地区数字经济、数字贸易竞争力的提升有助于推动地方经济高质量发展，且数字经济的促进作用比数字贸易更强；我国中西部地区数字经济的发展能推动地方经济发展质量提升，但数字贸易的作用不太明显。

二、政策建议

（一）大力推进数字产业化与产业数字化融合发展

研究结果表明，数字经济与数字贸易之间存在良性互动发展关系，

其中数字经济发挥的基础性作用更强，要大力推进数字产业化与产业数字化融合发展，加强数字基础设施建设，推动工业互联网、人工智能、区块链、云计算终端、云平台等软件信息设施建设，推动信息基础设施和传统基础设施互联互通，推动信息基础设施升级。加快推动数字产业化，锚定数字技术的创新发展，积极发展新一代信息技术。在产业数字化方面要大力推进智能制造、柔性制造、绿色制造、服务型制造，加快推动传统产业转型升级。推动企业数字化转型，鼓励企业积极探索适合自身的数字化转型路径，加强政策支持引导，扶持各类企业实现数字化转型升级。

（二）加快推进数字贸易高质量发展

我国数字贸易对经济发展质量提升的促进作用较弱，数字服务贸易总体水平偏低是重要的原因。我国数字贸易要加快提升新优势，支持引导服务企业在研发设计、知识产权、信息技术、文化创意等方面全面提升研发强度，补齐结构性短板。推进金融业等现代服务业、信息传输和软件信息服务等高端服务业向更深层次对外开放，推动重点数字贸易价值链升级，积极打造数字贸易品牌，加快提升数字贸易竞争力。加快发展数字出版、数字音乐、数字影视等新兴数字服务贸易，推进跨境电商高质量发展，加快构建数字物流网络，加强数据采集和监测分析工作，为跨境电商支付结算及监管服务提供有力支撑，优化数字口岸营商环境，推进数字赋能服务贸易，推动服务供给端数字化创新和需求端数字化消费。抓住 DEPA 为中国数字贸易发展提供的新机遇，积极参与数字贸易国际规则的制定。

（三）进一步促进数字经济与数字贸易的协同发展

我国数字经济与数字贸易的协同发展对经济高质量发展具有显著的推动作用，应进一步促进数字经济与数字贸易的协同发展，推动数字产业化与产业数字化协同发展。推动数字贸易与服务贸易协同发展，提升数字产品和数字服务贸易水平，加强数字科技对数字经济和数字贸易协同发展的支撑，加强数字要素市场建设，加强数字技术和网络基础技术的研发，提升数字技术的创新能力，解决数据确权、定价、交易、使用四大问题，完善数据治理体系，形成数字技术创新和数字经济治理制度创新之间的良性互动。

（四）促进数字经济与数字贸易区域协同发展

我国数字经济与数字贸易的区域发展差距较大，需推动东中西部地区数字经济与数字贸易协同发展，探索区域数字经济和数字贸易协同发展模式。加强财政金融支持，鼓励设立数字经济发展区域专项资金，探索数字经济时代的税收体系。要加强高素质数字经济与数字贸易人才培养，加快数字经济与数字贸易相关专业课程建设，加强中西部地区数字技能培训，推动数字技术向落后地区转移。要加快数字示范区建设，将发展经验和成功模式向落后地区推广。

附录　全球141个经济体数字贸易发展指数统计

附表9-1　2017—2020年全球141个经济体数字贸易发展指数综合得分

排名	2017年		2018年		2019年		2020年	
	经济体	得分	经济体	得分	经济体	得分	经济体	得分
1	美国	66.01	美国	66.29	美国	77.94	美国	79.27
2	德国	41.94	德国	43.73	德国	51.89	中国大陆	53.05
3	法国	37.32	中国大陆	40.84	中国大陆	49.94	德国	52.44
4	荷兰	36.38	法国	38.18	荷兰	46.74	爱尔兰	51.42
5	中国大陆	35.83	爱尔兰	38.16	法国	46.22	荷兰	47.85
6	爱尔兰	34.70	荷兰	37.79	瑞士	44.95	法国	46.41
7	瑞士	34.39	瑞士	36.32	日本	43.47	瑞士	46.26
8	日本	33.29	日本	34.70	爱尔兰	42.01	日本	43.96
9	英国	32.65	英国	33.88	英国	41.62	卢森堡	42.15
10	卢森堡	31.26	卢森堡	32.48	新加坡	40.94	新加坡	41.13
11	新加坡	30.57	新加坡	32.07	卢森堡	40.84	丹麦	39.16
12	韩国	29.18	韩国	29.87	丹麦	38.68	英国	38.49
13	瑞典	27.62	比利时	28.08	韩国	37.86	韩国	38.21
14	比利时	27.20	瑞典	27.97	比利时	36.41	比利时	36.97
15	加拿大	26.01	丹麦	27.94	瑞典	35.91	瑞典	36.58
16	西班牙	25.52	西班牙	26.87	西班牙	35.54	西班牙	35.99
17	丹麦	25.39	加拿大	26.62	奥地利	35.03	奥地利	35.76
18	中国香港	25.37	奥地利	26.54	中国香港	34.69	加拿大	35.43
19	奥地利	25.30	中国香港	26.28	加拿大	34.66	中国香港	35.34
20	意大利	24.42	意大利	25.68	马耳他	33.97	马耳他	35.29
21	马耳他	24.01	马耳他	25.34	意大利	33.81	芬兰	34.44

续表

排名	2017年		2018年		2019年		2020年	
	经济体	得分	经济体	得分	经济体	得分	经济体	得分
22	芬兰	23.77	芬兰	24.68	芬兰	33.59	意大利	34.33
23	塞浦路斯	22.25	塞浦路斯	22.87	塞浦路斯	31.82	塞浦路斯	33.24
24	澳大利亚	21.73	澳大利亚	22.81	葡萄牙	31.56	葡萄牙	32.62
25	葡萄牙	21.18	葡萄牙	22.80	爱沙尼亚	30.54	爱沙尼亚	31.50
26	中国台湾	21.16	爱沙尼亚	21.81	捷克	29.78	澳大利亚	31.00
27	冰岛	20.79	中国台湾	21.64	澳大利亚	29.76	捷克	30.57
28	爱沙尼亚	20.77	新西兰	21.14	希腊	29.61	希腊	30.50
29	新西兰	20.32	希腊	21.02	中国台湾	29.38	匈牙利	30.03
30	希腊	20.27	匈牙利	20.84	匈牙利	29.38	中国台湾	29.81
31	捷克	19.76	冰岛	20.69	斯洛文尼亚	28.93	斯洛文尼亚	29.65
32	挪威	19.72	捷克	20.63	波兰	28.37	波兰	29.03
33	匈牙利	19.49	斯洛文尼亚	20.48	新西兰	28.30	冰岛	28.48
34	以色列	19.13	波兰	19.89	冰岛	28.23	新西兰	28.47
35	斯洛文尼亚	19.04	挪威	19.87	以色列	27.37	立陶宛	28.20
36	波兰	18.64	以色列	19.62	立陶宛	27.36	罗马尼亚	27.96
37	阿联酋	18.04	克罗地亚	19.04	挪威	27.36	以色列	27.74
38	克罗地亚	18.02	立陶宛	18.76	克罗地亚	27.31	斯洛伐克	27.50
39	罗马尼亚	17.67	阿联酋	18.76	罗马尼亚	27.05	克罗地亚	27.47
40	拉脱维亚	17.45	罗马尼亚	18.62	斯洛伐克	26.70	挪威	27.33
41	立陶宛	17.27	斯洛伐克	18.28	保加利亚	26.42	拉脱维亚	27.11
42	保加利亚	17.12	保加利亚	18.12	拉脱维亚	26.33	保加利亚	27.04
43	斯洛伐克	16.55	拉脱维亚	17.93	阿联酋	26.28	阿联酋	26.39
44	俄罗斯	15.86	俄罗斯	16.19	俄罗斯	24.19	俄罗斯	24.25
45	马来西亚	14.22	马来西亚	14.95	马来西亚	22.67	马来西亚	22.85
46	智利	13.34	塞舌尔	14.77	智利	22.00	智利	22.51
47	乌拉圭	12.93	智利	14.05	墨西哥	21.22	墨西哥	21.82
48	墨西哥	12.62	沙特阿拉伯	13.47	土耳其	20.95	土耳其	21.82
49	巴巴多斯	12.57	印度	13.34	乌拉圭	20.82	沙特阿拉伯	21.78
50	印度	12.52	毛里求斯	13.30	泰国	20.34	乌拉圭	21.04
51	毛里求斯	12.49	墨西哥	13.27	黑山	20.31	黑山	20.47
52	泰国	12.45	乌拉圭	13.19	哥斯达黎加	19.73	泰国	20.46
53	沙特阿拉伯	12.21	土耳其	13.13	巴西	19.58	哥斯达黎加	20.19
54	土耳其	12.18	塞尔维亚	12.85	卡塔尔	19.13	巴西	19.66
55	巴西	11.93	泰国	12.62	文莱	18.91	文莱	19.52

续表

排名	2017 年		2018 年		2019 年		2020 年	
	经济体	得分	经济体	得分	经济体	得分	经济体	得分
56	巴林	11.80	巴巴多斯	12.53	哥伦比亚	18.81	卡塔尔	19.14
57	塞尔维亚	11.78	黑山	12.27	格鲁吉亚	18.73	乌克兰	19.13
58	哥斯达黎加	11.69	巴西	11.80	哈萨克斯坦	18.67	哥伦比亚	19.12
59	塞舌尔	11.60	哥斯达黎加	11.72	巴林	18.65	哈萨克斯坦	18.90
60	卡塔尔	11.15	卡塔尔	11.53	乌克兰	18.63	巴林	18.76
61	哥伦比亚	11.02	文莱	11.15	巴拿马	18.03	格鲁吉亚	18.51
62	黑山	10.82	哥伦比亚	11.14	摩尔多瓦	17.99	摩尔多瓦	18.26
63	阿根廷	10.79	巴林	11.14	阿根廷	17.78	阿根廷	17.96
64	格鲁吉亚	10.64	格鲁吉亚	10.95	科威特	17.28	巴拿马	17.88
65	巴拿马	10.41	哈萨克斯坦	10.82	秘鲁	16.94	秘鲁	17.45
66	乌克兰	10.33	乌克兰	10.80	萨尔瓦多	15.49	科威特	17.32
67	哈萨克斯坦	10.23	阿根廷	10.66	阿尔巴尼亚	14.98	印度尼西亚	17.14
68	文莱	10.22	巴拿马	10.58	印度	14.27	菲律宾	16.39
69	伊朗	10.06	阿曼	10.54	蒙古	14.25	萨尔瓦多	15.69
70	阿曼	9.92	摩尔多瓦	10.27	沙特阿拉伯	13.90	阿尔巴尼亚	15.17
71	摩尔多瓦	9.55	伊朗	10.20	毛里求斯	13.76	印度	14.67
72	阿塞拜疆	9.23	越南	10.06	洪都拉斯	13.70	毛里求斯	14.24
73	秘鲁	8.99	阿塞拜疆	9.62	塞尔维亚	13.51	塞尔维亚	14.13
74	特立尼达和多巴哥	8.85	亚美尼亚	9.48	巴拉圭	13.16	危地马拉	13.98
75	波黑	8.54	特立尼达和多巴哥	9.46	巴巴多斯	12.96	厄瓜多尔	13.97
76	越南	8.26	科威特	9.38	塞舌尔	12.81	洪都拉斯	13.75
77	亚美尼亚	8.25	秘鲁	9.31	老挝	12.78	蒙古	13.42
78	科威特	8.17	波黑	8.87	尼加拉瓜	12.48	巴巴多斯	13.36
79	印度尼西亚	7.92	印度尼西亚	8.58	尼日利亚	12.36	巴拉圭	13.28
80	萨尔瓦多	7.74	埃及	7.96	阿曼	11.03	老挝	13.18
81	南非	7.59	菲律宾	7.85	越南	10.87	塞舌尔	13.09
82	埃及	7.43	突尼斯	7.68	阿塞拜疆	10.09	科特迪瓦	12.93
83	菲律宾	7.38	萨尔瓦多	7.61	伊朗	9.96	尼加拉瓜	12.82
84	突尼斯	7.31	南非	7.60	亚美尼亚	9.86	尼日利亚	12.56
85	摩洛哥	6.99	约旦	7.58	特立尼达和多巴哥	9.42	肯尼亚	12.21
86	约旦	6.92	阿尔巴尼亚	7.50	印度尼西亚	9.07	越南	11.92

续表

排名	2017年		2018年		2019年		2020年	
	经济体	得分	经济体	得分	经济体	得分	经济体	得分
87	厄瓜多尔	6.77	牙买加	7.32	波黑	8.92	贝宁	11.70
88	牙买加	6.77	多米尼加	7.11	菲律宾	8.49	阿曼	11.38
89	阿尔巴尼亚	6.76	摩洛哥	7.09	埃及	8.47	喀麦隆	11.30
90	委内瑞拉	6.62	蒙古	6.97	突尼斯	8.36	阿塞拜疆	10.56
91	危地马拉	6.55	危地马拉	6.85	南非	7.94	布基纳法索	10.53
92	多米尼加	6.39	厄瓜多尔	6.67	约旦	7.93	伊朗	10.15
93	阿尔及利亚	6.36	斯里兰卡	6.66	摩洛哥	7.77	亚美尼亚	10.06
94	斯里兰卡	6.29	委内瑞拉	6.36	多米尼加	7.68	特立尼达和多巴哥	9.56
95	蒙古	6.14	黎巴嫩	6.22	牙买加	7.57	埃及	9.12
96	黎巴嫩	6.11	阿尔及利亚	5.99	斯里兰卡	6.78	波黑	8.96
97	吉尔吉斯斯坦	5.80	吉尔吉斯斯坦	5.95	厄瓜多尔	6.60	突尼斯	8.87
98	博茨瓦纳	5.71	洪都拉斯	5.86	危地马拉	6.54	摩洛哥	8.69
99	洪都拉斯	5.54	博茨瓦纳	5.81	吉尔吉斯斯坦	6.48	约旦	8.33
100	加纳	5.22	巴拉圭	5.73	阿尔及利亚	6.39	多米尼加	8.20
101	尼加拉瓜	5.21	加纳	5.66	委内瑞拉	6.23	南非	8.08
102	老挝	5.06	老挝	5.12	黎巴嫩	6.20	牙买加	7.85
103	巴拉圭	5.02	尼加拉瓜	5.02	加纳	6.15	斯里兰卡	7.14
104	佛得角	4.88	佛得角	4.89	博茨瓦纳	6.09	吉尔吉斯斯坦	7.03
105	纳米比亚	4.88	纳米比亚	4.84	巴基斯坦	5.23	阿尔及利亚	6.60
106	巴基斯坦	4.54	巴基斯坦	4.81	佛得角	5.13	加纳	6.49
107	卢旺达	4.37	孟加拉国	4.62	孟加拉国	5.05	博茨瓦纳	6.31
108	孟加拉国	4.25	肯尼亚	4.55	科特迪瓦	5.00	黎巴嫩	6.27
109	科特迪瓦	4.16	科特迪瓦	4.54	纳米比亚	4.78	委内瑞拉	6.05
110	尼日利亚	4.14	尼日利亚	4.51	卢旺达	4.67	巴基斯坦	5.73
111	柬埔寨	3.94	卢旺达	4.50	肯尼亚	4.60	孟加拉国	5.53
112	肯尼亚	3.92	加蓬	4.24	冈比亚	4.39	佛得角	5.27
113	喀麦隆	3.89	冈比亚	4.24	柬埔寨	4.23	乍得	4.90
114	塔吉克斯坦	3.86	柬埔寨	3.97	玻利维亚	4.14	纳米比亚	4.81
115	塞内加尔	3.77	玻利维亚	3.86	塞内加尔	4.09	冈比亚	4.74
116	加蓬	3.72	塞内加尔	3.85	加蓬	4.05	卢旺达	4.73
117	冈比亚	3.68	塔吉克斯坦	3.80	尼泊尔	4.03	尼泊尔	4.55

续表

排名	2017年		2018年		2019年		2020年	
	经济体	得分	经济体	得分	经济体	得分	经济体	得分
118	玻利维亚	3.66	喀麦隆	3.78	坦桑尼亚	3.95	柬埔寨	4.52
119	斯威士兰	3.59	斯威士兰	3.66	塔吉克斯坦	3.86	玻利维亚	4.35
120	尼泊尔	3.55	坦桑尼亚	3.55	斯威士兰	3.79	坦桑尼亚	4.32
121	津巴布韦	3.31	赞比亚	3.55	喀麦隆	3.79	塞内加尔	4.31
122	乌干达	3.21	尼泊尔	3.54	贝宁	3.75	斯威士兰	3.98
123	赞比亚	3.19	乌干达	3.50	赞比亚	3.74	赞比亚	3.95
124	莱索托	2.98	贝宁	3.27	乌干达	3.60	加蓬	3.95
125	布基纳法索	2.84	布基纳法索	3.15	津巴布韦	3.36	乌干达	3.87
126	坦桑尼亚	2.79	津巴布韦	3.11	几内亚	3.15	塔吉克斯坦	3.82
127	马里	2.64	马拉维	2.87	布基纳法索	3.06	津巴布韦	3.55
128	马拉维	2.42	莱索托	2.75	马拉维	3.01	几内亚	3.41
129	埃塞俄比亚	2.40	马里	2.69	莱索托	2.86	马拉维	3.22
130	莫桑比克	2.40	埃塞俄比亚	2.47	马里	2.77	马里	3.00
131	塞拉利昂	2.34	莫桑比克	2.46	毛里塔尼亚	2.49	莱索托	2.93
132	贝宁	2.15	毛里塔尼亚	2.36	塞拉利昂	2.39	毛里塔尼亚	2.72
133	毛里塔尼亚	2.11	几内亚	2.33	莫桑比克	2.36	塞拉利昂	2.58
134	几内亚	2.05	塞拉利昂	2.19	埃塞俄比亚	2.32	莫桑比克	2.46
135	海地	1.83	海地	1.93	乍得	2.11	埃塞俄比亚	2.30
136	也门	1.76	马达加斯加	1.77	海地	2.01	海地	2.11
137	马达加斯加	1.67	也门	1.76	马达加斯加	1.82	马达加斯加	1.96
138	布隆迪	1.18	安哥拉	1.26	也门	1.81	也门	1.73
139	刚果	1.15	乍得	1.23	布隆迪	1.43	布隆迪	1.58
140	安哥拉	1.13	布隆迪	1.13	安哥拉	1.38	安哥拉	1.56
141	乍得	0.92	刚果	1.00	刚果	1.02	刚果	1.02

附表9-2　2017—2020年全球141个经济体数字贸易经济基础指数得分

排名	2017年		2018年		2019年		2020年	
	经济体	得分	经济体	得分	经济体	得分	经济体	得分
1	美国	81.77	美国	86.69	美国	88.95	美国	83.77
2	中国大陆	60.48	中国大陆	68.39	中国大陆	69.02	中国大陆	71.80
3	德国	28.73	德国	31.33	德国	30.50	德国	28.83
4	日本	24.42	日本	25.57	日本	25.70	日本	24.71
5	法国	17.98	法国	19.58	英国	19.28	法国	17.48
6	英国	17.93	英国	19.39	法国	19.11	英国	17.20

续表

排名	2017年		2018年		2019年		2020年	
	经济体	得分	经济体	得分	经济体	得分	经济体	得分
7	韩国	13.05	意大利	14.09	印度	13.94	荷兰	12.75
8	意大利	13.00	韩国	14.02	加拿大	13.61	瑞士	12.50
9	加拿大	12.97	印度	13.66	意大利	13.48	韩国	12.50
10	印度	12.88	加拿大	13.61	韩国	13.20	加拿大	12.34
11	荷兰	12.07	荷兰	13.36	荷兰	13.17	意大利	12.21
12	瑞士	11.87	瑞士	12.36	瑞士	12.25	印度	12.16
13	中国香港	10.66	新加坡	11.78	爱尔兰	11.98	爱尔兰	11.70
14	新加坡	10.63	中国香港	11.27	新加坡	11.64	新加坡	10.52
15	澳大利亚	10.17	澳大利亚	11.01	中国香港	10.85	中国香港	10.34
16	西班牙	9.71	爱尔兰	10.72	澳大利亚	10.74	澳大利亚	9.90
17	爱尔兰	9.50	西班牙	10.62	西班牙	10.36	卢森堡	9.59
18	卢森堡	8.87	卢森堡	9.61	卢森堡	9.46	西班牙	9.07
19	比利时	8.63	比利时	9.37	俄罗斯	9.34	比利时	8.69
20	俄罗斯	8.56	俄罗斯	9.28	比利时	9.08	俄罗斯	8.01
21	巴西	8.28	墨西哥	8.86	墨西哥	8.96	墨西哥	7.57
22	墨西哥	8.22	挪威	8.46	阿联酋	7.97	瑞典	7.38
23	挪威	7.73	巴西	8.16	巴西	7.97	中国台湾	7.24
24	瑞典	7.53	阿联酋	7.87	挪威	7.86	丹麦	7.03
25	阿联酋	7.22	瑞典	7.81	瑞典	7.51	挪威	6.90
26	中国台湾	6.63	奥地利	7.30	奥地利	7.11	阿联酋	6.89
27	奥地利	6.62	丹麦	7.15	中国台湾	7.03	奥地利	6.74
28	丹麦	6.61	中国台湾	7.02	丹麦	7.01	巴西	6.39
29	土耳其	5.57	沙特阿拉伯	6.28	沙特阿拉伯	6.29	波兰	5.74
30	沙特阿拉伯	5.55	卡塔尔	5.97	波兰	5.83	以色列	5.15
31	卡塔尔	5.34	波兰	5.79	卡塔尔	5.65	芬兰	5.10
32	冰岛	5.20	印度尼西亚	5.47	印度尼西亚	5.54	沙特阿拉伯	5.07
33	波兰	5.11	冰岛	5.39	以色列	5.21	印度尼西亚	5.00
34	印度尼西亚	5.10	芬兰	5.32	芬兰	5.20	土耳其	4.84
35	芬兰	4.88	土耳其	5.24	土耳其	5.05	卡塔尔	4.70
36	以色列	4.75	以色列	4.99	冰岛	4.99	泰国	4.31
37	泰国	4.43	泰国	4.94	泰国	4.97	冰岛	4.28
38	新西兰	4.11	新西兰	4.18	捷克	4.15	新西兰	3.97
39	马来西亚	3.72	捷克	4.18	新西兰	4.13	捷克	3.94
40	捷克	3.70	马来西亚	4.11	马来西亚	4.01	越南	3.91

续表

排名	2017年		2018年		2019年		2020年	
	经济体	得分	经济体	得分	经济体	得分	经济体	得分
41	阿根廷	3.50	科威特	3.45	越南	3.72	马来西亚	3.58
42	越南	3.07	越南	3.45	葡萄牙	3.30	葡萄牙	3.06
43	葡萄牙	3.01	葡萄牙	3.33	科威特	3.30	匈牙利	2.78
44	科威特	3.00	阿根廷	2.92	匈牙利	2.96	科威特	2.63
45	伊朗	2.69	匈牙利	2.91	希腊	2.70	罗马尼亚	2.58
46	匈牙利	2.60	希腊	2.77	罗马尼亚	2.66	斯洛伐克	2.52
47	智利	2.55	智利	2.76	斯洛伐克	2.62	希腊	2.40
48	希腊	2.52	斯洛伐克	2.66	智利	2.58	斯洛文尼亚	2.32
49	斯洛伐克	2.39	罗马尼亚	2.58	菲律宾	2.56	智利	2.31
50	南非	2.35	南非	2.50	阿根廷	2.52	马耳他	2.19
51	罗马尼亚	2.26	斯洛文尼亚	2.41	斯洛文尼亚	2.39	菲律宾	2.18
52	菲律宾	2.21	菲律宾	2.40	南非	2.37	阿根廷	2.11
53	马耳他	2.20	马耳他	2.39	马耳他	2.36	塞浦路斯	2.10
54	斯洛文尼亚	2.16	文莱	2.32	文莱	2.29	文莱	2.03
55	文莱	2.09	塞浦路斯	2.30	塞浦路斯	2.23	南非	1.95
56	塞浦路斯	2.09	伊朗	2.14	尼日利亚	2.19	尼日利亚	1.93
57	巴林	2.02	巴林	2.08	巴林	2.03	立陶宛	1.93
58	哥伦比亚	1.85	哥伦比亚	1.99	爱沙尼亚	1.95	爱沙尼亚	1.92
59	爱沙尼亚	1.71	爱沙尼亚	1.93	哥伦比亚	1.94	埃及	1.76
60	立陶宛	1.66	立陶宛	1.89	立陶宛	1.93	巴林	1.75
61	乌拉圭	1.63	尼日利亚	1.87	伊朗	1.78	哈萨克斯坦	1.61
62	阿曼	1.60	阿曼	1.76	哈萨克斯坦	1.76	孟加拉国	1.57
63	尼日利亚	1.59	哈萨克斯坦	1.73	埃及	1.68	哥伦比亚	1.56
64	哈萨克斯坦	1.57	乌拉圭	1.63	阿曼	1.64	拉脱维亚	1.53
65	巴拿马	1.54	秘鲁	1.62	秘鲁	1.63	秘鲁	1.40
66	委内瑞拉	1.53	巴拿马	1.59	巴拿马	1.60	克罗地亚	1.39
67	秘鲁	1.53	拉脱维亚	1.56	孟加拉国	1.56	阿曼	1.37
68	克罗地亚	1.38	克罗地亚	1.54	拉脱维亚	1.55	乌拉圭	1.35
69	拉脱维亚	1.37	埃及	1.47	乌拉圭	1.55	保加利亚	1.27
70	埃及	1.37	孟加拉国	1.46	克罗地亚	1.53	乌克兰	1.26
71	巴基斯坦	1.32	巴基斯坦	1.41	乌克兰	1.37	巴拿马	1.25
72	阿尔及利亚	1.31	委内瑞拉	1.41	特立尼达和多巴哥	1.32	伊朗	1.25
73	特立尼达和多巴哥	1.30	特立尼达和多巴哥	1.37	巴巴多斯	1.31	特立尼达和多巴哥	1.20

续表

排名	2017年		2018年		2019年		2020年	
	经济体	得分	经济体	得分	经济体	得分	经济体	得分
74	孟加拉国	1.28	阿尔及利亚	1.36	保加利亚	1.31	哥斯达黎加	1.19
75	巴巴多斯	1.26	巴巴多斯	1.28	阿尔及利亚	1.27	巴基斯坦	1.13
76	哥斯达黎加	1.22	保加利亚	1.27	哥斯达黎加	1.26	巴巴多斯	1.10
77	塞舌尔	1.14	哥斯达黎加	1.25	巴基斯坦	1.26	阿尔及利亚	1.03
78	保加利亚	1.13	乌克兰	1.23	塞舌尔	1.16	摩洛哥	0.98
79	乌克兰	1.08	塞舌尔	1.18	摩洛哥	1.10	塞尔维亚	0.97
80	摩洛哥	1.00	摩洛哥	1.09	多米尼加	1.06	多米尼加	0.91
81	多米尼加	0.96	多米尼加	1.03	厄瓜多尔	0.99	厄瓜多尔	0.88
82	厄瓜多尔	0.96	厄瓜多尔	1.00	塞尔维亚	0.96	塞舌尔	0.82
83	安哥拉	0.94	黎巴嫩	0.96	黎巴嫩	0.94	危地马拉	0.69
84	黎巴嫩	0.93	塞尔维亚	0.93	委内瑞拉	0.91	毛里求斯	0.69
85	毛里求斯	0.84	毛里求斯	0.90	毛里求斯	0.89	斯里兰卡	0.65
86	塞尔维亚	0.81	安哥拉	0.84	斯里兰卡	0.74	加纳	0.62
87	斯里兰卡	0.77	斯里兰卡	0.78	安哥拉	0.72	委内瑞拉	0.61
88	博茨瓦纳	0.68	博茨瓦纳	0.72	危地马拉	0.71	博茨瓦纳	0.59
89	危地马拉	0.67	危地马拉	0.69	博茨瓦纳	0.69	黑山	0.59
90	巴拉圭	0.64	阿塞拜疆	0.68	黑山	0.68	加蓬	0.58
91	约旦	0.61	黑山	0.68	阿塞拜疆	0.68	阿塞拜疆	0.58
92	加蓬	0.60	巴拉圭	0.67	加蓬	0.65	波黑	0.57
93	黑山	0.60	加蓬	0.66	约旦	0.63	约旦	0.57
94	阿塞拜疆	0.60	约旦	0.62	巴拉圭	0.62	巴拉圭	0.56
95	突尼斯	0.56	波黑	0.59	加纳	0.60	黎巴嫩	0.56
96	波黑	0.53	突尼斯	0.58	波黑	0.59	肯尼亚	0.56
97	加纳	0.53	加纳	0.58	突尼斯	0.57	突尼斯	0.53
98	肯尼亚	0.48	肯尼亚	0.53	肯尼亚	0.55	埃塞俄比亚	0.52
99	纳米比亚	0.48	牙买加	0.50	牙买加	0.50	安哥拉	0.50
100	牙买加	0.47	纳米比亚	0.50	埃塞俄比亚	0.50	科特迪瓦	0.47
101	玻利维亚	0.46	格鲁吉亚	0.49	格鲁吉亚	0.49	阿尔巴尼亚	0.46
102	格鲁吉亚	0.45	阿尔巴尼亚	0.48	阿尔巴尼亚	0.49	格鲁吉亚	0.43
103	萨尔瓦多	0.45	玻利维亚	0.48	玻利维亚	0.49	萨尔瓦多	0.43
104	埃塞俄比亚	0.45	萨尔瓦多	0.47	萨尔瓦多	0.48	牙买加	0.43
105	科特迪瓦	0.42	科特迪瓦	0.46	科特迪瓦	0.46	玻利维亚	0.42
106	阿尔巴尼亚	0.42	埃塞俄比亚	0.45	纳米比亚	0.45	摩尔多瓦	0.41
107	蒙古	0.37	蒙古	0.42	蒙古	0.45	蒙古	0.40

续表

排名	2017年		2018年		2019年		2020年	
	经济体	得分	经济体	得分	经济体	得分	经济体	得分
108	亚美尼亚	0.37	亚美尼亚	0.40	亚美尼亚	0.44	亚美尼亚	0.39
109	洪都拉斯	0.35	摩尔多瓦	0.39	摩尔多瓦	0.41	纳米比亚	0.37
110	摩尔多瓦	0.33	洪都拉斯	0.37	柬埔寨	0.39	柬埔寨	0.37
111	柬埔寨	0.32	柬埔寨	0.36	坦桑尼亚	0.37	坦桑尼亚	0.37
112	坦桑尼亚	0.32	坦桑尼亚	0.35	洪都拉斯	0.37	洪都拉斯	0.36
113	斯威士兰	0.32	刚果	0.35	刚果	0.35	刚果	0.34
114	老挝	0.29	斯威士兰	0.33	老挝	0.32	老挝	0.32
115	赞比亚	0.29	老挝	0.31	斯威士兰	0.32	喀麦隆	0.29
116	刚果	0.28	喀麦隆	0.31	喀麦隆	0.31	斯威士兰	0.28
117	喀麦隆	0.28	赞比亚	0.29	尼泊尔	0.29	塞内加尔	0.26
118	尼加拉瓜	0.27	佛得角	0.28	佛得角	0.28	尼泊尔	0.26
119	佛得角	0.26	尼泊尔	0.28	塞内加尔	0.25	佛得角	0.24
120	尼泊尔	0.24	塞内加尔	0.26	赞比亚	0.25	尼加拉瓜	0.24
121	塞内加尔	0.23	尼加拉瓜	0.25	尼加拉瓜	0.24	乌干达	0.24
122	津巴布韦	0.21	乌干达	0.22	乌干达	0.24	赞比亚	0.22
123	乌干达	0.21	津巴布韦	0.20	也门	0.22	也门	0.22
124	也门	0.19	海地	0.19	津巴布韦	0.20	几内亚	0.19
125	海地	0.17	莫桑比克	0.19	毛里塔尼亚	0.19	津巴布韦	0.19
126	毛里塔尼亚	0.17	也门	0.19	莫桑比克	0.19	毛里塔尼亚	0.19
127	贝宁	0.17	贝宁	0.18	吉尔吉斯斯坦	0.18	贝宁	0.18
128	吉尔吉斯斯坦	0.16	毛里塔尼亚	0.18	贝宁	0.18	布基纳法索	0.17
129	马里	0.16	马里	0.17	海地	0.18	马里	0.17
130	几内亚	0.15	吉尔吉斯斯坦	0.17	马里	0.18	莫桑比克	0.17
131	莫桑比克	0.15	布基纳法索	0.16	几内亚	0.17	海地	0.16
132	布基纳法索	0.14	几内亚	0.16	布基纳法索	0.16	吉尔吉斯斯坦	0.15
133	马达加斯加	0.13	乍得	0.13	马达加斯加	0.13	卢旺达	0.13
134	乍得	0.12	马达加斯加	0.13	乍得	0.13	乍得	0.12
135	卢旺达	0.12	莱索托	0.12	卢旺达	0.13	马达加斯加	0.12
136	塔吉克斯坦	0.12	卢旺达	0.12	塔吉克斯坦	0.12	塔吉克斯坦	0.12
137	莱索托	0.11	塔吉克斯坦	0.12	莱索托	0.12	马拉维	0.11
138	马拉维	0.09	马拉维	0.09	马拉维	0.10	莱索托	0.10

续表

排名	2017 年		2018 年		2019 年		2020 年	
	经济体	得分	经济体	得分	经济体	得分	经济体	得分
139	塞拉利昂	0.07	冈比亚	0.07	冈比亚	0.08	冈比亚	0.08
140	冈比亚	0.07	塞拉利昂	0.07	塞拉利昂	0.07	塞拉利昂	0.07
141	布隆迪	0.05	布隆迪	0.05	布隆迪	0.05	布隆迪	0.05

附表9-3　2017—2020年全球141个经济体数字贸易产业基础指数得分

排名	2017 年		2018 年		2019 年		2020 年	
	经济体	得分	经济体	得分	经济体	得分	经济体	得分
1	爱尔兰	60.73	爱尔兰	74.90	爱尔兰	89.29	爱尔兰	95.86
2	美国	55.81	美国	59.45	美国	67.61	美国	70.06
3	卢森堡	44.03	瑞士	52.59	瑞士	60.39	瑞士	68.31
4	瑞士	39.91	卢森堡	45.10	荷兰	47.95	德国	48.06
5	德国	38.55	荷兰	43.16	卢森堡	46.26	卢森堡	46.52
6	荷兰	37.82	德国	42.97	德国	45.52	新加坡	45.84
7	新加坡	34.39	新加坡	38.99	新加坡	44.18	丹麦	43.64
8	英国	32.43	塞舌尔	38.63	丹麦	43.27	荷兰	39.54
9	法国	28.47	英国	36.07	英国	35.18	中国大陆	36.85
10	塞舌尔	25.96	法国	31.70	法国	31.64	英国	34.63
11	新西兰	23.75	中国大陆	28.16	中国大陆	30.86	法国	31.50
12	印度	21.68	丹麦	26.57	印度	26.32	印度	27.97
13	塞浦路斯	21.57	新西兰	25.56	日本	24.01	塞浦路斯	26.57
14	中国大陆	21.46	印度	23.34	芬兰	23.45	芬兰	25.93
15	马耳他	21.15	马耳他	22.25	新西兰	23.36	日本	25.10
16	比利时	20.02	日本	21.58	瑞典	22.16	瑞典	23.66
17	瑞典	20.01	比利时	21.56	比利时	22.04	新西兰	23.38
18	日本	19.81	瑞典	20.95	塞浦路斯	21.82	比利时	23.16
19	丹麦	18.11	塞浦路斯	19.66	马耳他	21.57	马耳他	22.82
20	意大利	17.12	芬兰	18.72	塞舌尔	20.95	爱沙尼亚	22.59
21	芬兰	17.10	加拿大	18.35	中国香港	20.70	中国香港	21.80
22	加拿大	16.72	意大利	17.95	加拿大	18.80	乍得	20.09
23	西班牙	15.73	西班牙	17.04	爱沙尼亚	18.21	加拿大	19.79
24	冰岛	15.53	以色列	16.96	西班牙	18.08	以色列	19.62
25	以色列	15.51	冰岛	16.66	以色列	18.06	西班牙	18.80
26	中国香港	15.27	奥地利	16.51	意大利	18.03	意大利	18.74
27	奥地利	14.96	中国香港	16.45	奥地利	17.89	奥地利	18.61
28	挪威	13.27	捷克	15.14	冰岛	17.26	冰岛	18.26

续表

排名	2017年		2018年		2019年		2020年	
	经济体	得分	经济体	得分	经济体	得分	经济体	得分
29	捷克	13.11	爱沙尼亚	14.21	捷克	16.68	捷克	18.23
30	中国台湾	12.03	挪威	14.06	挪威	16.13	塞舌尔	18.18
31	爱沙尼亚	11.67	澳大利亚	12.73	澳大利亚	13.44	挪威	16.94
32	巴林	11.64	波兰	12.70	波兰	13.32	波兰	14.44
33	保加利亚	11.63	保加利亚	12.68	保加利亚	13.26	保加利亚	14.15
34	匈牙利	11.58	中国台湾	12.15	匈牙利	12.94	澳大利亚	13.81
35	巴巴多斯	11.23	匈牙利	12.12	中国台湾	11.91	匈牙利	13.56
36	澳大利亚	11.22	巴林	11.58	斯洛文尼亚	11.87	斯洛文尼亚	12.64
37	沙特阿拉伯	11.18	斯洛伐克	11.22	斯洛伐克	11.77	斯洛伐克	12.59
38	阿联酋	10.90	克罗地亚	11.15	巴林	11.70	巴林	12.54
39	韩国	10.84	沙特阿拉伯	11.11	俄罗斯	11.40	中国台湾	12.36
40	波兰	10.68	韩国	10.89	韩国	11.39	俄罗斯	12.11
41	委内瑞拉	10.66	斯洛文尼亚	10.84	拉脱维亚	11.32	立陶宛	11.96
42	俄罗斯	10.46	俄罗斯	10.73	克罗地亚	11.31	韩国	11.78
43	克罗地亚	10.42	巴西	10.67	沙特阿拉伯	11.21	葡萄牙	11.68
44	巴西	10.35	马来西亚	10.61	马来西亚	11.07	阿联酋	11.62
45	马来西亚	10.24	阿联酋	10.59	阿联酋	10.95	罗马尼亚	11.61
46	斯洛伐克	10.12	拉脱维亚	10.57	巴西	10.93	马来西亚	11.60
47	拉脱维亚	10.03	葡萄牙	10.43	罗马尼亚	10.85	拉脱维亚	11.36
48	斯洛文尼亚	9.64	委内瑞拉	10.28	葡萄牙	10.83	克罗地亚	11.28
49	葡萄牙	9.60	巴巴多斯	10.20	委内瑞拉	10.54	沙特阿拉伯	11.21
50	黑山	9.44	罗马尼亚	9.92	立陶宛	10.09	委内瑞拉	11.12
51	哥斯达黎加	9.07	黑山	9.70	乌克兰	9.72	巴西	10.96
52	罗马尼亚	8.93	毛里求斯	9.59	黑山	9.61	乌克兰	10.40
53	毛里求斯	8.82	哥斯达黎加	9.57	塞尔维亚	9.45	黑山	9.88
54	希腊	8.79	乌克兰	9.06	哥斯达黎加	9.44	哥斯达黎加	9.70
55	阿根廷	8.57	希腊	8.97	巴巴多斯	9.42	希腊	9.49
56	乌克兰	8.56	塞尔维亚	8.91	希腊	9.16	塞尔维亚	9.44
57	黎巴嫩	8.40	阿根廷	8.83	阿根廷	8.93	智利	9.32
58	塞尔维亚	8.38	黎巴嫩	8.80	乌拉圭	8.85	阿根廷	9.29
59	乌拉圭	8.21	冈比亚	8.42	毛里求斯	8.79	巴巴多斯	9.27
60	冈比亚	8.17	立陶宛	8.39	冈比亚	8.70	乌拉圭	9.19
61	菲律宾	7.81	乌拉圭	8.38	智利	8.62	毛里求斯	9.09
62	萨尔瓦多	7.71	菲律宾	7.98	菲律宾	8.31	冈比亚	9.08

续表

排名	2017年		2018年		2019年		2020年	
	经济体	得分	经济体	得分	经济体	得分	经济体	得分
63	立陶宛	7.62	文莱	7.94	文莱	8.14	文莱	8.97
64	阿曼	7.58	萨尔瓦多	7.82	萨尔瓦多	8.08	萨尔瓦多	8.39
65	文莱	7.35	阿曼	7.41	加纳	7.95	菲律宾	8.28
66	加纳	7.33	佛得角	7.39	阿曼	7.65	加纳	8.23
67	牙买加	7.24	加纳	7.28	黎巴嫩	7.59	阿曼	7.75
68	佛得角	7.22	牙买加	7.25	佛得角	7.44	土耳其	7.73
69	智利	7.06	智利	7.18	牙买加	7.44	卡塔尔	7.58
70	多米尼加	7.04	泰国	7.14	土耳其	7.40	印度尼西亚	7.50
71	危地马拉	6.96	危地马拉	7.13	泰国	7.35	牙买加	7.45
72	尼日利亚	6.91	尼日利亚	6.95	印度尼西亚	7.28	佛得角	7.38
73	特立尼达和多巴哥	6.84	印度尼西亚	6.95	危地马拉	7.19	泰国	7.36
74	哥伦比亚	6.81	多米尼加	6.95	多米尼加	7.09	哈萨克斯坦	7.31
75	泰国	6.81	哈萨克斯坦	6.92	南非	7.08	危地马拉	7.30
76	哈萨克斯坦	6.80	哥伦比亚	6.92	哈萨克斯坦	7.07	哥伦比亚	7.12
77	斯威士兰	6.70	土耳其	6.88	哥伦比亚	6.99	南非	7.11
78	巴拿马	6.65	南非	6.81	墨西哥	6.90	巴拿马	7.05
79	洪都拉斯	6.65	洪都拉斯	6.81	尼日利亚	6.88	多米尼加	6.99
80	墨西哥	6.64	巴拿马	6.64	洪都拉斯	6.78	墨西哥	6.95
81	土耳其	6.60	斯威士兰	6.57	巴拿马	6.68	黎巴嫩	6.93
82	印度尼西亚	6.51	墨西哥	6.56	斯威士兰	6.48	洪都拉斯	6.88
83	南非	6.49	特立尼达和多巴哥	6.47	波黑	6.48	斯威士兰	6.66
84	波黑	6.37	波黑	6.38	卡塔尔	6.35	摩尔多瓦	6.47
85	海地	6.08	摩尔多瓦	6.13	特立尼达和多巴哥	6.35	波黑	6.44
86	摩尔多瓦	5.81	海地	6.03	摩尔多瓦	6.19	尼日利亚	6.34
87	卡塔尔	5.75	尼加拉瓜	5.79	科威特	6.12	特立尼达和多巴哥	6.21
88	尼加拉瓜	5.63	卡塔尔	5.77	海地	5.95	科威特	6.17
89	加蓬	5.61	科威特	5.68	亚美尼亚	5.74	亚美尼亚	6.09
90	科特迪瓦	5.52	科特迪瓦	5.59	乍得	5.72	海地	5.85
91	博茨瓦纳	5.46	亚美尼亚	5.59	尼加拉瓜	5.70	科特迪瓦	5.75
92	亚美尼亚	5.45	博茨瓦纳	5.46	科特迪瓦	5.66	博茨瓦纳	5.66
93	厄瓜多尔	5.18	加蓬	5.37	博茨瓦纳	5.50	加蓬	5.65

续表

排名	2017年		2018年		2019年		2020年	
	经济体	得分	经济体	得分	经济体	得分	经济体	得分
94	科威特	5.14	巴拉圭	5.26	加蓬	5.37	尼加拉瓜	5.56
95	秘鲁	5.10	秘鲁	5.23	巴拉圭	5.22	秘鲁	5.31
96	突尼斯	5.03	玻利维亚	5.06	秘鲁	5.20	玻利维亚	5.29
97	阿尔巴尼亚	5.02	阿尔巴尼亚	5.05	突尼斯	5.07	巴拉圭	5.29
98	吉尔吉斯斯坦	4.96	突尼斯	5.00	玻利维亚	5.05	巴基斯坦	5.03
99	巴拉圭	4.92	厄瓜多尔	4.95	阿尔巴尼亚	5.02	突尼斯	5.01
100	约旦	4.82	约旦	4.84	厄瓜多尔	4.97	阿尔巴尼亚	4.96
101	塞拉利昂	4.81	巴基斯坦	4.82	巴基斯坦	4.89	厄瓜多尔	4.96
102	玻利维亚	4.75	吉尔吉斯斯坦	4.77	约旦	4.87	约旦	4.89
103	阿尔及利亚	4.73	阿尔及利亚	4.67	吉尔吉斯斯坦	4.83	吉尔吉斯斯坦	4.88
104	马拉维	4.63	蒙古	4.63	阿尔及利亚	4.63	马拉维	4.87
105	埃及	4.52	马拉维	4.62	斯里兰卡	4.62	格鲁吉亚	4.83
106	蒙古	4.51	塞拉利昂	4.61	格鲁吉亚	4.60	阿尔及利亚	4.80
107	巴基斯坦	4.32	格鲁吉亚	4.48	马拉维	4.54	斯里兰卡	4.43
108	伊朗	4.29	斯里兰卡	4.45	蒙古	4.51	阿塞拜疆	4.31
109	斯里兰卡	4.25	埃及	4.05	塞拉利昂	4.45	塞拉利昂	4.27
110	纳米比亚	4.14	纳米比亚	3.98	越南	4.04	越南	4.26
111	格鲁吉亚	4.09	喀麦隆	3.96	纳米比亚	3.96	蒙古	4.14
112	喀麦隆	3.99	越南	3.94	喀麦隆	3.96	埃及	4.11
113	阿塞拜疆	3.88	孟加拉国	3.72	埃及	3.95	纳米比亚	4.03
114	马里	3.83	毛里塔尼亚	3.70	阿塞拜疆	3.90	摩洛哥	3.98
115	毛里塔尼亚	3.66	马里	3.68	毛里塔尼亚	3.72	喀麦隆	3.94
116	越南	3.64	阿塞拜疆	3.67	孟加拉国	3.69	孟加拉国	3.74
117	孟加拉国	3.60	莫桑比克	3.67	摩洛哥	3.65	毛里塔尼亚	3.64
118	也门	3.45	摩洛哥	3.57	柬埔寨	3.57	马里	3.55
119	摩洛哥	3.39	柬埔寨	3.57	马里	3.56	柬埔寨	3.48
120	柬埔寨	3.36	伊朗	3.39	伊朗	3.05	几内亚	3.45
121	莫桑比克	3.06	也门	3.14	乌干达	2.95	乌干达	3.21
122	乌干达	2.98	乌干达	3.08	也门	2.83	贝宁	3.00
123	塞内加尔	2.95	贝宁	2.95	塔吉克斯坦	2.78	伊朗	2.77
124	塔吉克斯坦	2.80	塔吉克斯坦	2.75	几内亚	2.74	塔吉克斯坦	2.73

续表

排名	2017 年		2018 年		2019 年		2020 年	
	经济体	得分	经济体	得分	经济体	得分	经济体	得分
125	莱索托	2.52	塞内加尔	2.62	贝宁	2.71	莫桑比克	2.70
126	刚果	2.40	乍得	2.52	刚果	2.62	刚果	2.68
127	尼泊尔	2.40	几内亚	2.48	莫桑比克	2.50	也门	2.50
128	贝宁	2.38	刚果	2.47	塞内加尔	2.45	尼泊尔	2.48
129	赞比亚	2.17	尼泊尔	2.43	赞比亚	2.36	塞内加尔	2.24
130	安哥拉	2.13	莱索托	2.25	莱索托	2.29	赞比亚	2.08
131	几内亚	2.08	赞比亚	2.24	尼泊尔	2.29	莱索托	2.07
132	津巴布韦	2.00	卢旺达	1.85	卢旺达	1.91	马达加斯加	1.90
133	马达加斯加	1.74	安哥拉	1.70	肯尼亚	1.68	卢旺达	1.81
134	卢旺达	1.71	马达加斯加	1.70	马达加斯加	1.58	肯尼亚	1.75
135	乍得	1.53	肯尼亚	1.70	安哥拉	1.53	埃塞俄比亚	1.70
136	肯尼亚	1.49	埃塞俄比亚	1.43	埃塞俄比亚	1.48	安哥拉	1.65
137	布基纳法索	1.41	布基纳法索	1.33	布基纳法索	1.43	布基纳法索	1.32
138	埃塞俄比亚	1.24	津巴布韦	1.21	坦桑尼亚	0.96	坦桑尼亚	0.83
139	坦桑尼亚	1.00	坦桑尼亚	0.98	津巴布韦	0.72	老挝	0.46
140	老挝	0.36	老挝	0.41	老挝	0.45	津巴布韦	0.40
141	布隆迪	0.23	布隆迪	0.26	布隆迪	0.27	布隆迪	0.32

附表9-4　2017—2020年全球141个经济体数字贸易发展质量指数得分

排名	2017 年		2018 年		2019 年		2020 年	
	经济体	得分	经济体	得分	经济体	得分	经济体	得分
1	美国	66.17	美国	68.51	美国	69.91	美国	69.66
2	日本	39.34	日本	39.75	日本	41.02	中国大陆	46.24
3	中国大陆	31.38	中国大陆	38.14	中国大陆	40.53	日本	41.20
4	德国	29.27	韩国	30.85	韩国	31.61	韩国	32.94
5	韩国	29.06	德国	29.69	德国	29.07	德国	28.52
6	中国台湾	26.78	中国台湾	25.74	爱尔兰	25.24	爱尔兰	28.10
7	法国	25.98	爱尔兰	23.30	中国台湾	24.48	中国台湾	23.52
8	瑞士	22.96	瑞士	22.54	瑞士	22.23	瑞士	21.99
9	爱尔兰	20.38	法国	22.51	法国	21.60	荷兰	21.79
10	荷兰	20.30	荷兰	21.15	荷兰	21.09	法国	20.01
11	瑞典	17.81	瑞典	17.92	瑞典	17.51	瑞典	17.66
12	芬兰	16.29	芬兰	16.50	英国	16.09	英国	15.84
13	以色列	15.33	以色列	15.43	芬兰	15.70	以色列	15.83
14	英国	15.01	英国	15.43	以色列	15.67	芬兰	15.49

续表

排名	2017年		2018年		2019年		2020年	
	经济体	得分	经济体	得分	经济体	得分	经济体	得分
15	奥地利	14.54	奥地利	14.98	奥地利	15.13	奥地利	15.25
16	丹麦	13.70	丹麦	13.78	丹麦	13.71	丹麦	13.71
17	加拿大	12.10	新加坡	12.53	新加坡	12.44	新加坡	12.45
18	新加坡	11.89	加拿大	12.49	加拿大	12.11	加拿大	12.03
19	比利时	10.01	比利时	10.00	比利时	9.94	澳大利亚	9.98
20	意大利	8.99	澳大利亚	9.29	澳大利亚	9.47	比利时	9.86
21	挪威	8.62	意大利	9.00	意大利	8.85	意大利	8.51
22	澳大利亚	8.36	挪威	8.31	西班牙	8.28	卢森堡	8.11
23	卢森堡	7.86	西班牙	8.11	卢森堡	8.21	西班牙	7.91
24	西班牙	7.77	卢森堡	7.69	挪威	7.77	挪威	7.44
25	冰岛	6.49	冰岛	6.71	冰岛	6.69	俄罗斯	6.82
26	巴西	5.49	印度	5.81	印度	6.42	冰岛	6.79
27	印度	5.36	俄罗斯	5.62	俄罗斯	6.31	印度	6.61
28	俄罗斯	5.20	斯洛文尼亚	5.60	斯洛文尼亚	5.76	斯洛文尼亚	6.09
29	斯洛文尼亚	5.17	巴西	5.20	巴西	5.35	捷克	5.42
30	阿联酋	5.04	捷克	4.97	捷克	5.09	巴西	4.90
31	新西兰	4.51	阿联酋	4.60	新西兰	4.36	新西兰	4.27
32	捷克	4.36	新西兰	4.47	阿联酋	4.04	中国香港	4.10
33	中国香港	3.63	波兰	3.83	中国香港	3.92	阿联酋	3.74
34	波兰	3.55	中国香港	3.63	波兰	3.71	波兰	3.69
35	匈牙利	3.15	匈牙利	3.44	匈牙利	3.44	匈牙利	3.50
36	马来西亚	3.01	爱沙尼亚	3.28	爱沙尼亚	3.27	爱沙尼亚	3.48
37	葡萄牙	3.00	土耳其	3.14	葡萄牙	3.13	土耳其	3.25
38	爱沙尼亚	2.88	马来西亚	3.09	土耳其	3.11	葡萄牙	3.19
39	土耳其	2.80	葡萄牙	3.07	马来西亚	3.06	马来西亚	3.05
40	泰国	2.45	泰国	2.42	马耳他	2.36	马耳他	2.72
41	希腊	2.37	斯洛伐克	2.41	泰国	2.20	立陶宛	2.23
42	南非	2.10	希腊	2.30	希腊	2.08	斯洛伐克	2.09
43	卡塔尔	1.93	马耳他	2.23	沙特阿拉伯	2.05	沙特阿拉伯	2.06
44	沙特阿拉伯	1.92	立陶宛	2.12	立陶宛	2.04	希腊	1.95
45	阿根廷	1.86	沙特阿拉伯	1.98	斯洛伐克	2.02	文莱	1.94
46	文莱	1.83	加蓬	1.94	加蓬	1.95	墨西哥	1.94
47	斯洛伐克	1.82	南非	1.92	南非	1.90	泰国	1.86
48	马耳他	1.82	卡塔尔	1.87	文莱	1.90	伊朗	1.85

续表

排名	2017 年		2018 年		2019 年		2020 年	
	经济体	得分	经济体	得分	经济体	得分	经济体	得分
49	加蓬	1.74	墨西哥	1.86	墨西哥	1.89	南非	1.79
50	立陶宛	1.71	阿根廷	1.85	阿根廷	1.81	加蓬	1.78
51	墨西哥	1.66	文莱	1.83	卡塔尔	1.70	阿根廷	1.77
52	塞尔维亚	1.58	保加利亚	1.71	伊朗	1.65	乌克兰	1.63
53	马拉维	1.57	克罗地亚	1.61	马拉维	1.57	卡塔尔	1.61
54	克罗地亚	1.56	马拉维	1.57	保加利亚	1.51	马拉维	1.57
55	保加利亚	1.44	塞尔维亚	1.54	克罗地亚	1.48	保加利亚	1.55
56	伊朗	1.33	埃及	1.53	智利	1.44	拉脱维亚	1.51
57	卢旺达	1.31	伊朗	1.50	乌克兰	1.43	埃及	1.49
58	智利	1.30	智利	1.39	埃及	1.42	智利	1.47
59	埃及	1.29	乌克兰	1.33	塞尔维亚	1.39	克罗地亚	1.43
60	肯尼亚	1.27	罗马尼亚	1.32	卢旺达	1.32	卢旺达	1.32
61	罗马尼亚	1.26	卢旺达	1.31	拉脱维亚	1.30	塞尔维亚	1.32
62	摩洛哥	1.25	拉脱维亚	1.27	肯尼亚	1.29	肯尼亚	1.31
63	塞浦路斯	1.21	肯尼亚	1.26	罗马尼亚	1.25	罗马尼亚	1.26
64	喀麦隆	1.15	摩洛哥	1.25	摩洛哥	1.24	乌干达	1.25
65	塞内加尔	1.12	塞浦路斯	1.10	塞浦路斯	1.18	摩洛哥	1.23
66	拉脱维亚	1.06	突尼斯	1.06	突尼斯	1.08	马里	1.21
67	乌克兰	1.03	哥斯达黎加	1.02	哥斯达黎加	1.04	塞浦路斯	1.17
68	阿尔及利亚	1.02	埃塞俄比亚	0.96	埃塞俄比亚	0.98	哥斯达黎加	1.15
69	突尼斯	0.99	哥伦比亚	0.90	哥伦比亚	0.97	突尼斯	1.12
70	埃塞俄比亚	0.96	马里	0.86	尼日利亚	0.87	科威特	1.03
71	尼日利亚	0.86	尼日利亚	0.85	马里	0.86	埃塞俄比亚	1.02
72	哥伦比亚	0.85	喀麦隆	0.84	喀麦隆	0.84	哥伦比亚	0.99
73	哥斯达黎加	0.85	博茨瓦纳	0.83	博茨瓦纳	0.83	巴基斯坦	0.94
74	博茨瓦纳	0.83	坦桑尼亚	0.83	巴基斯坦	0.83	印度尼西亚	0.87
75	坦桑尼亚	0.82	塞内加尔	0.81	坦桑尼亚	0.82	尼日利亚	0.87
76	越南	0.77	厄瓜多尔	0.76	塞内加尔	0.81	约旦	0.86
77	孟加拉国	0.74	约旦	0.74	厄瓜多尔	0.79	博茨瓦纳	0.83
78	乌拉圭	0.72	乌干达	0.72	孟加拉国	0.78	坦桑尼亚	0.82
79	厄瓜多尔	0.70	孟加拉国	0.72	印度尼西亚	0.76	孟加拉国	0.80
80	老挝	0.66	越南	0.70	约旦	0.76	厄瓜多尔	0.79
81	巴基斯坦	0.65	巴基斯坦	0.66	乌干达	0.74	喀麦隆	0.72
82	塞舌尔	0.65	塞舌尔	0.64	越南	0.72	越南	0.72

续表

排名	2017 年		2018 年		2019 年		2020 年	
	经济体	得分	经济体	得分	经济体	得分	经济体	得分
83	印度尼西亚	0.63	黑山	0.64	黑山	0.66	莫桑比克	0.70
84	黑山	0.62	加纳	0.61	塞舌尔	0.66	黑山	0.69
85	加纳	0.61	乌拉圭	0.61	加纳	0.63	塞内加尔	0.69
86	约旦	0.60	阿曼	0.60	莫桑比克	0.63	塞舌尔	0.66
87	科特迪瓦	0.56	科威特	0.60	乌拉圭	0.62	加纳	0.66
88	阿曼	0.56	摩尔多瓦	0.57	科威特	0.60	摩尔多瓦	0.64
89	纳米比亚	0.52	科特迪瓦	0.56	摩尔多瓦	0.58	科特迪瓦	0.57
90	莫桑比克	0.50	老挝	0.56	科特迪瓦	0.56	乌拉圭	0.57
91	格鲁吉亚	0.50	印度尼西亚	0.56	老挝	0.55	阿曼	0.53
92	摩尔多瓦	0.48	格鲁吉亚	0.53	阿曼	0.55	纳米比亚	0.52
93	乍得	0.47	亚美尼亚	0.52	纳米比亚	0.52	老挝	0.51
94	亚美尼亚	0.47	纳米比亚	0.52	亚美尼亚	0.49	几内亚	0.51
95	尼泊尔	0.46	莫桑比克	0.51	乍得	0.47	亚美尼亚	0.49
96	津巴布韦	0.46	乍得	0.47	尼泊尔	0.47	波黑	0.49
97	马里	0.43	菲律宾	0.46	几内亚	0.47	尼泊尔	0.49
98	菲律宾	0.43	尼泊尔	0.46	菲律宾	0.46	贝宁	0.48
99	赞比亚	0.42	津巴布韦	0.46	津巴布韦	0.46	蒙古	0.47
100	斯威士兰	0.41	赞比亚	0.43	阿尔及利亚	0.45	乍得	0.47
101	几内亚	0.41	阿尔及利亚	0.42	贝宁	0.44	津巴布韦	0.46
102	贝宁	0.37	斯威士兰	0.40	波黑	0.43	赞比亚	0.42
103	布基纳法索	0.34	几内亚	0.40	赞比亚	0.42	斯威士兰	0.41
104	波黑	0.33	贝宁	0.37	斯威士兰	0.40	菲律宾	0.40
105	黎巴嫩	0.32	波黑	0.36	蒙古	0.37	阿塞拜疆	0.40
106	委内瑞拉	0.30	阿塞拜疆	0.36	阿塞拜疆	0.36	哈萨克斯坦	0.36
107	毛里求斯	0.30	哈萨克斯坦	0.33	格鲁吉亚	0.34	阿尔及利亚	0.36
108	阿塞拜疆	0.30	斯里兰卡	0.32	哈萨克斯坦	0.33	秘鲁	0.33
109	斯里兰卡	0.30	委内瑞拉	0.31	斯里兰卡	0.33	毛里求斯	0.31
110	秘鲁	0.29	秘鲁	0.31	秘鲁	0.31	斯里兰卡	0.31
111	哈萨克斯坦	0.28	毛里求斯	0.30	毛里求斯	0.31	格鲁吉亚	0.29
112	也门	0.27	布基纳法索	0.30	委内瑞拉	0.30	委内瑞拉	0.29
113	乌干达	0.27	黎巴嫩	0.30	布基纳法索	0.30	黎巴嫩	0.28
114	玻利维亚	0.25	也门	0.27	黎巴嫩	0.29	布基纳法索	0.28
115	萨尔瓦多	0.25	玻利维亚	0.25	也门	0.27	也门	0.27
116	科威特	0.25	蒙古	0.25	巴林	0.25	巴林	0.25

续表

排名	2017 年		2018 年		2019 年		2020 年	
	经济体	得分	经济体	得分	经济体	得分	经济体	得分
117	阿尔巴尼亚	0.25	巴林	0.24	玻利维亚	0.25	玻利维亚	0.24
118	巴林	0.25	阿尔巴尼亚	0.24	阿尔巴尼亚	0.24	阿尔巴尼亚	0.24
119	巴拉圭	0.23	巴巴多斯	0.22	巴巴多斯	0.22	巴巴多斯	0.21
120	巴巴多斯	0.23	冈比亚	0.21	冈比亚	0.21	冈比亚	0.21
121	冈比亚	0.22	萨尔瓦多	0.21	吉尔吉斯斯坦	0.19	吉尔吉斯斯坦	0.20
122	蒙古	0.22	巴拉圭	0.20	特立尼达和多巴哥	0.18	柬埔寨	0.18
123	特立尼达和多巴哥	0.20	吉尔吉斯斯坦	0.18	柬埔寨	0.18	布隆迪	0.18
124	柬埔寨	0.18	特立尼达和多巴哥	0.18	布隆迪	0.18	毛里塔尼亚	0.18
125	布隆迪	0.18	柬埔寨	0.18	毛里塔尼亚	0.17	塔吉克斯坦	0.17
126	牙买加	0.18	布隆迪	0.18	塔吉克斯坦	0.17	特立尼达和多巴哥	0.17
127	毛里塔尼亚	0.17	毛里塔尼亚	0.17	巴拉圭	0.16	佛得角	0.14
128	塔吉克斯坦	0.17	塔吉克斯坦	0.16	萨尔瓦多	0.15	巴拉圭	0.14
129	安哥拉	0.17	尼加拉瓜	0.16	佛得角	0.15	危地马拉	0.14
130	吉尔吉斯斯坦	0.16	巴拿马	0.16	巴拿马	0.14	刚果	0.13
131	巴拿马	0.16	刚果	0.13	尼加拉瓜	0.13	巴拿马	0.12
132	尼加拉瓜	0.16	危地马拉	0.11	刚果	0.13	尼加拉瓜	0.12
133	刚果	0.12	佛得角	0.11	危地马拉	0.12	萨尔瓦多	0.12
134	佛得角	0.11	莱索托	0.09	牙买加	0.07	牙买加	0.06
135	危地马拉	0.09	牙买加	0.07	洪都拉斯	0.04	洪都拉斯	0.04
136	莱索托	0.08	安哥拉	0.05	多米尼加	0.03	多米尼加	0.04
137	多米尼加	0.05	洪都拉斯	0.05	马达加斯加	0.03	马达加斯加	0.03
138	洪都拉斯	0.04	马达加斯加	0.03	塞拉利昂	0.03	塞拉利昂	0.03
139	马达加斯加	0.03	多米尼加	0.03	安哥拉	0.03	安哥拉	0.03
140	塞拉利昂	0.03	塞拉利昂	0.03	莱索托	0.02	莱索托	0.01
141	海地	0.00	海地	0.00	海地	0.00	海地	0.00

附表9-5　2017—2020年全球141个经济体数字贸易发展环境指数得分

排名	2017 年		2018 年		2019 年		2020 年	
	经济体	得分	经济体	得分	经济体	得分	经济体	得分
1	中国香港	90.70	中国香港	94.26	中国香港	94.49	中国香港	94.73

续表

排名	2017 年		2018 年		2019 年		2020 年	
	经济体	得分	经济体	得分	经济体	得分	经济体	得分
2	法国	89.54	法国	91.10	法国	92.02	法国	93.25
3	瑞士	84.96	德国	84.71	日本	86.02	马耳他	89.72
4	德国	83.69	日本	84.65	马耳他	85.46	日本	87.54
5	韩国	83.10	英国	84.15	韩国	84.81	韩国	85.78
6	英国	82.33	韩国	84.04	英国	84.48	英国	84.43
7	日本	81.99	瑞士	82.86	德国	83.97	德国	83.66
8	荷兰	80.70	马耳他	81.62	瑞士	82.88	瑞士	81.81
9	马耳他	77.28	荷兰	80.50	卢森堡	80.82	葡萄牙	81.57
10	卢森堡	76.45	卢森堡	80.46	荷兰	80.49	卢森堡	80.90
11	冰岛	75.90	美国	76.27	葡萄牙	77.96	荷兰	78.98
12	美国	75.56	新西兰	75.18	新西兰	76.15	美国	77.34
13	新西兰	74.22	葡萄牙	74.39	美国	75.98	加拿大	77.20
14	加拿大	74.19	加拿大	74.37	加拿大	75.65	新西兰	77.04
15	新加坡	72.94	冰岛	73.76	冰岛	74.53	中国台湾	75.77
16	瑞典	71.47	阿联酋	73.35	阿联酋	74.11	冰岛	75.44
17	澳大利亚	70.86	丹麦	73.21	西班牙	73.29	希腊	75.20
18	比利时	70.41	新加坡	72.88	比利时	73.13	阿联酋	75.00
19	阿联酋	69.31	比利时	72.16	新加坡	73.08	西班牙	74.64
20	丹麦	69.17	澳大利亚	71.87	中国台湾	72.88	奥地利	74.25
21	奥地利	68.61	奥地利	71.29	丹麦	72.64	比利时	73.59
22	葡萄牙	67.89	西班牙	70.85	奥地利	72.34	丹麦	72.92
23	以色列	67.70	瑞典	70.20	希腊	71.76	新加坡	72.61
24	爱沙尼亚	67.53	中国台湾	69.55	塞浦路斯	70.46	塞浦路斯	72.03
25	西班牙	67.49	以色列	68.75	以色列	69.22	以色列	69.72
26	爱尔兰	67.14	希腊	68.74	瑞典	68.85	瑞典	68.82
27	希腊	66.86	爱沙尼亚	68.56	爱沙尼亚	68.42	澳大利亚	68.57
28	中国台湾	66.41	爱尔兰	67.66	澳大利亚	68.17	爱沙尼亚	67.58
29	挪威	64.68	塞浦路斯	67.61	爱尔兰	67.61	毛里求斯	67.46
30	塞浦路斯	64.04	挪威	63.95	毛里求斯	64.53	爱尔兰	67.25
31	乌拉圭	59.42	毛里求斯	61.01	挪威	63.77	挪威	64.22
32	芬兰	58.57	斯洛文尼亚	60.96	匈牙利	62.49	匈牙利	63.80
33	毛里求斯	57.05	乌拉圭	60.90	斯洛文尼亚	62.00	斯洛文尼亚	63.32
34	意大利	56.83	匈牙利	60.59	乌拉圭	61.88	乌拉圭	63.17
35	斯洛文尼亚	56.34	意大利	60.26	意大利	61.08	巴巴多斯	62.84

续表

排名	2017年		2018年		2019年		2020年	
	经济体	得分	经济体	得分	经济体	得分	经济体	得分
36	匈牙利	55.81	芬兰	59.66	芬兰	60.67	意大利	62.66
37	巴巴多斯	55.75	巴巴多斯	56.53	巴巴多斯	59.85	塞尔维亚	62.09
38	克罗地亚	53.26	克罗地亚	56.33	黑山	58.72	芬兰	61.49
39	拉脱维亚	50.86	立陶宛	55.49	塞尔维亚	58.29	黑山	59.73
40	俄罗斯	50.43	塞尔维亚	54.91	克罗地亚	57.47	中国大陆	57.86
41	立陶宛	50.14	黑山	54.72	立陶宛	56.55	立陶宛	57.54
42	捷克	50.05	中国大陆	52.29	中国大陆	55.48	沙特阿拉伯	56.75
43	塞尔维亚	49.17	俄罗斯	51.22	捷克	54.77	克罗地亚	56.71
44	波兰	48.35	波兰	50.72	波兰	52.48	捷克	55.67
45	罗马尼亚	47.95	拉脱维亚	50.68	沙特阿拉伯	52.38	拉脱维亚	54.23
46	马来西亚	47.90	沙特阿拉伯	50.47	俄罗斯	52.21	塞舌尔	53.75
47	中国大陆	47.62	罗马尼亚	50.13	拉脱维亚	51.82	罗马尼亚	53.75
48	黑山	46.47	捷克	50.00	罗马尼亚	51.12	波兰	53.28
49	格鲁吉亚	46.43	马来西亚	49.76	马来西亚	51.06	俄罗斯	53.05
50	保加利亚	45.98	保加利亚	48.39	斯洛伐克	49.72	马来西亚	52.08
51	巴林	44.85	斯洛伐克	47.69	保加利亚	49.27	斯洛伐克	51.77
52	卡塔尔	44.11	格鲁吉亚	47.12	塞舌尔	49.04	保加利亚	50.14
53	伊朗	43.85	伊朗	45.72	格鲁吉亚	47.38	阿塞拜疆	49.76
54	沙特阿拉伯	43.85	卡塔尔	45.48	阿塞拜疆	47.09	阿曼	47.06
55	阿塞拜疆	42.21	阿塞拜疆	44.53	卡塔尔	46.59	土耳其	46.94
56	斯洛伐克	41.52	塞舌尔	43.03	阿曼	44.67	文莱	46.69
57	阿根廷	40.68	摩尔多瓦	42.54	哈萨克斯坦	44.43	卡塔尔	46.48
58	智利	39.73	文莱	42.35	摩尔多瓦	44.28	格鲁吉亚	46.05
59	文莱	39.58	哈萨克斯坦	42.30	伊朗	44.19	伊朗	45.86
60	泰国	39.50	阿曼	41.85	文莱	43.99	哈萨克斯坦	45.75
61	哈萨克斯坦	39.28	智利	41.52	智利	43.12	摩尔多瓦	45.59
62	哥斯达黎加	39.16	特立尼达和多巴哥	41.14	土耳其	42.81	智利	45.52
63	摩尔多瓦	38.71	土耳其	40.96	巴林	41.50	墨西哥	42.93
64	阿曼	38.39	巴林	40.73	特立尼达和多巴哥	41.16	哥斯达黎加	42.60
65	巴西	37.82	阿根廷	40.20	泰国	40.97	泰国	42.55
66	特立尼达和多巴哥	37.16	泰国	39.64	墨西哥	40.27	特立尼达和多巴哥	42.48

续表

排名	2017年		2018年		2019年		2020年	
	经济体	得分	经济体	得分	经济体	得分	经济体	得分
67	塞舌尔	36.78	哥斯达黎加	38.58	哥斯达黎加	40.19	巴林	41.64
68	墨西哥	36.68	墨西哥	37.69	阿根廷	38.96	巴西	41.30
69	波黑	35.39	波黑	37.35	巴西	38.61	阿根廷	40.13
70	土耳其	35.39	巴西	37.30	亚美尼亚	37.61	亚美尼亚	38.79
71	巴拿马	34.05	亚美尼亚	36.09	波黑	37.41	越南	38.78
72	哥伦比亚	33.57	巴拿马	35.02	乌克兰	36.10	乌克兰	38.41
73	乌克兰	32.57	乌克兰	34.41	越南	35.43	突尼斯	38.00
74	亚美尼亚	31.10	哥伦比亚	33.88	哥伦比亚	35.32	波黑	37.78
75	突尼斯	29.01	科威特	32.63	科威特	35.03	哥伦比亚	37.33
76	厄瓜多尔	28.00	越南	32.32	突尼斯	34.87	科威特	35.66
77	南非	27.36	突尼斯	31.11	巴拿马	33.62	埃及	35.05
78	科威特	26.90	阿尔巴尼亚	30.52	埃及	31.45	摩洛哥	34.13
79	斯里兰卡	26.81	蒙古	29.67	阿尔巴尼亚	30.98	巴拿马	32.93
80	牙买加	26.21	牙买加	29.52	牙买加	30.61	多米尼加	32.61
81	阿尔巴尼亚	26.20	斯里兰卡	28.76	印度尼西亚	29.66	牙买加	32.45
82	阿尔及利亚	26.11	埃及	28.48	南非	29.39	阿尔巴尼亚	32.34
83	埃及	25.31	印度尼西亚	27.96	多米尼加	29.38	斯里兰卡	31.98
84	蒙古	25.03	厄瓜多尔	27.41	斯里兰卡	29.35	印度尼西亚	31.38
85	印度尼西亚	24.86	南非	27.31	蒙古	28.95	南非	30.63
86	摩洛哥	24.65	多米尼加	26.39	摩洛哥	28.82	菲律宾	29.93
87	萨尔瓦多	24.35	约旦	25.00	约旦	27.00	约旦	29.46
88	秘鲁	24.04	摩洛哥	24.89	厄瓜多尔	26.92	阿尔及利亚	28.12
89	越南	24.04	博茨瓦纳	24.51	阿尔及利亚	26.78	博茨瓦纳	27.30
90	博茨瓦纳	23.98	阿尔及利亚	24.50	菲律宾	26.71	厄瓜多尔	26.95
91	委内瑞拉	22.64	秘鲁	23.98	博茨瓦纳	26.12	吉尔吉斯斯坦	26.65
92	多米尼加	22.19	菲律宾	23.47	秘鲁	25.28	秘鲁	26.42
93	菲律宾	21.54	萨尔瓦多	23.44	萨尔瓦多	24.41	印度	26.06
94	老挝	21.41	印度	22.43	印度	23.87	老挝	25.42
95	卢旺达	21.39	卢旺达	21.99	吉尔吉斯斯坦	23.30	萨尔瓦多	25.06
96	约旦	21.24	老挝	21.75	老挝	22.88	蒙古	24.45
97	印度	20.64	肯尼亚	21.49	卢旺达	22.82	加纳	24.43
98	纳米比亚	19.90	委内瑞拉	21.43	加纳	22.67	科特迪瓦	23.39

续表

排名	2017 年		2018 年		2019 年		2020 年	
	经济体	得分	经济体	得分	经济体	得分	经济体	得分
99	吉尔吉斯斯坦	19.62	吉尔吉斯斯坦	20.63	肯尼亚	21.78	卢旺达	23.39
100	黎巴嫩	19.39	加纳	20.56	委内瑞拉	20.91	肯尼亚	23.14
101	佛得角	19.06	巴拉圭	20.25	巴拉圭	20.63	黎巴嫩	22.66
102	危地马拉	18.65	危地马拉	20.24	黎巴嫩	20.56	孟加拉国	22.21
103	加纳	17.92	纳米比亚	19.80	科特迪瓦	20.41	尼泊尔	21.67
104	肯尼亚	17.84	黎巴嫩	19.64	佛得角	19.93	巴拉圭	21.08
105	塔吉克斯坦	16.49	佛得角	18.70	孟加拉国	19.35	佛得角	21.05
106	巴拉圭	16.28	科特迪瓦	17.77	纳米比亚	19.14	坦桑尼亚	20.97
107	尼泊尔	16.13	孟加拉国	16.82	尼泊尔	18.76	巴基斯坦	19.75
108	科特迪瓦	15.70	坦桑尼亚	16.53	坦桑尼亚	18.73	贝宁	19.74
109	喀麦隆	15.18	塞内加尔	16.10	危地马拉	17.68	委内瑞拉	19.58
110	塞内加尔	15.08	塔吉克斯坦	16.06	赞比亚	17.39	纳米比亚	19.20
111	孟加拉国	15.03	赞比亚	16.00	塞内加尔	17.36	赞比亚	18.90
112	赞比亚	14.00	尼泊尔	15.93	巴基斯坦	16.74	塞内加尔	18.77
113	乌干达	13.97	冈比亚	15.11	贝宁	16.64	尼日利亚	17.92
114	玻利维亚	13.38	乌干达	15.03	塔吉克斯坦	16.32	冈比亚	17.61
115	巴基斯坦	13.32	加蓬	14.88	尼日利亚	16.01	危地马拉	17.49
116	柬埔寨	12.73	喀麦隆	14.72	冈比亚	15.85	玻利维亚	17.02
117	尼加拉瓜	12.73	布基纳法索	14.39	玻利维亚	15.80	乌干达	16.68
118	布基纳法索	12.58	巴基斯坦	14.28	乌干达	15.74	塔吉克斯坦	16.17
119	尼日利亚	12.19	玻利维亚	14.16	喀麦隆	14.78	喀麦隆	15.86
120	冈比亚	12.16	尼日利亚	13.89	洪都拉斯	13.98	柬埔寨	15.50
121	坦桑尼亚	12.01	贝宁	13.63	布基纳法索	13.82	津巴布韦	14.87
122	津巴布韦	11.97	洪都拉斯	13.26	柬埔寨	13.77	布基纳法索	14.28
123	加蓬	11.77	柬埔寨	12.46	加蓬	13.72	洪都拉斯	14.11
124	洪都拉斯	11.55	津巴布韦	11.74	津巴布韦	13.34	几内亚	13.71
125	莱索托	10.93	尼加拉瓜	11.49	几内亚	13.07	加蓬	13.22
126	斯威士兰	10.71	斯威士兰	11.07	斯威士兰	11.57	尼加拉瓜	12.09
127	马里	9.42	莱索托	9.70	马拉维	10.42	斯威士兰	12.04
128	埃塞俄比亚	8.90	马拉维	9.54	莱索托	10.41	马拉维	11.42
129	塞拉利昂	8.03	马里	9.36	马里	9.96	马里	11.02
130	贝宁	7.56	埃塞俄比亚	9.12	尼加拉瓜	9.89	莱索托	10.71
131	几内亚	7.24	几内亚	8.70	毛里塔尼亚	9.05	毛里塔尼亚	10.43

续表

排名	2017 年		2018 年		2019 年		2020 年	
	经济体	得分	经济体	得分	经济体	得分	经济体	得分
132	莫桑比克	7.01	毛里塔尼亚	8.28	塞拉利昂	8.80	塞拉利昂	10.22
133	毛里塔尼亚	6.95	塞拉利昂	7.48	埃塞俄比亚	8.08	埃塞俄比亚	7.66
134	马拉维	6.93	莫桑比克	6.07	莫桑比克	6.85	布隆迪	7.59
135	布隆迪	5.14	马达加斯加	5.44	布隆迪	6.64	乍得	7.52
136	马达加斯加	4.90	布隆迪	4.78	马达加斯加	5.92	莫桑比克	7.41
137	也门	3.64	也门	3.76	乍得	5.21	马达加斯加	6.49
138	刚果	2.72	乍得	3.09	也门	4.21	安哥拉	5.22
139	乍得	2.33	安哥拉	2.80	安哥拉	3.91	也门	4.40
140	海地	2.08	海地	2.63	海地	2.87	海地	3.30
141	安哥拉	1.51	刚果	1.61	刚果	1.69	刚果	1.67

附表9-6　2017—2020年全球141个经济体数字贸易开放平台指数得分

排名	2017 年		2018 年		2019 年		2020 年	
	经济体	得分	经济体	得分	经济体	得分	经济体	得分
1	德国	47.42	德国	49.48	德国	97.94	德国	100.00
2	法国	44.31	法国	46.37	法国	94.84	法国	96.99
3	荷兰	43.63	荷兰	45.69	荷兰	94.16	荷兰	96.22
4	捷克	43.25	捷克	45.31	捷克	93.77	捷克	95.83
5	罗马尼亚	43.25	罗马尼亚	45.31	罗马尼亚	93.77	罗马尼亚	95.83
6	比利时	42.95	比利时	45.01	比利时	93.48	比利时	95.54
7	卢森堡	42.95	卢森堡	45.01	卢森堡	93.48	卢森堡	95.54
8	芬兰	42.28	芬兰	44.33	芬兰	92.80	芬兰	94.86
9	西班牙	42.18	西班牙	44.24	西班牙	92.70	西班牙	94.76
10	瑞典	41.98	瑞典	44.04	瑞典	92.51	瑞典	94.57
11	奥地利	41.69	奥地利	43.75	奥地利	92.22	奥地利	94.27
12	意大利	41.40	意大利	43.46	意大利	91.92	意大利	93.98
13	葡萄牙	40.33	葡萄牙	42.39	葡萄牙	90.86	匈牙利	92.92
14	保加利亚	40.24	保加利亚	42.30	保加利亚	90.76	葡萄牙	92.92
15	匈牙利	40.04	匈牙利	42.20	匈牙利	90.76	保加利亚	92.82
16	立陶宛	39.95	斯洛伐克	42.10	斯洛伐克	90.57	斯洛伐克	92.63
17	斯洛伐克	39.95	立陶宛	42.01	立陶宛	90.47	立陶宛	92.53
18	丹麦	39.85	丹麦	41.91	丹麦	90.37	丹麦	92.43
19	波兰	39.66	波兰	41.71	波兰	90.18	波兰	92.24
20	克罗地亚	39.36	克罗地亚	41.42	克罗地亚	89.89	克罗地亚	91.95

续表

排名	2017 年		2018 年		2019 年		2020 年	
	经济体	得分	经济体	得分	经济体	得分	经济体	得分
21	拉脱维亚	38.98	拉脱维亚	41.04	希腊	89.50	希腊	91.56
22	希腊	38.88	希腊	40.94	拉脱维亚	89.50	拉脱维亚	91.56
23	斯洛文尼亚	38.20	斯洛文尼亚	40.26	斯洛文尼亚	88.72	斯洛文尼亚	90.78
24	塞浦路斯	38.01	塞浦路斯	40.07	塞浦路斯	88.53	塞浦路斯	90.59
25	爱沙尼亚	38.01	爱沙尼亚	40.07	爱沙尼亚	88.53	爱沙尼亚	90.59
26	马耳他	36.94	马耳他	39.00	马耳他	87.46	马耳他	89.52
27	爱尔兰	36.06	爱尔兰	38.12	新加坡	84.80	爱尔兰	88.65
28	新加坡	35.75	新加坡	38.01	韩国	77.10	新加坡	84.80
29	韩国	30.50	韩国	30.50	瑞士	73.92	韩国	77.10
30	美国	28.89	瑞士	29.58	美国	73.23	美国	75.29
31	瑞士	28.79	美国	28.89	智利	72.34	澳大利亚	74.14
32	智利	25.84	智利	27.51	中国大陆	70.51	瑞士	73.92
33	英国	24.39	中国大陆	26.17	英国	69.91	智利	72.34
34	中国大陆	24.11	加拿大	25.26	加拿大	69.70	加拿大	71.76
35	加拿大	23.20	英国	24.78	澳大利亚	67.57	中国大陆	70.61
36	秘鲁	21.34	澳大利亚	23.23	秘鲁	67.35	秘鲁	69.41
37	澳大利亚	21.17	秘鲁	23.01	日本	67.16	日本	67.35
38	哥伦比亚	20.68	哥伦比亚	20.68	哥伦比亚	65.03	哥伦比亚	65.12
39	挪威	19.38	日本	20.66	哥斯达黎加	64.53	哥斯达黎加	64.53
40	冰岛	19.19	挪威	19.77	巴拿马	64.22	巴拿马	64.22
41	土耳其	19.13	冰岛	19.19	挪威	64.12	墨西哥	64.21
42	日本	18.60	土耳其	19.13	土耳其	63.66	土耳其	64.15
43	巴拿马	18.21	巴拿马	18.21	冰岛	63.53	挪威	64.12
44	哥斯达黎加	18.12	哥斯达黎加	18.12	墨西哥	62.15	冰岛	63.92
45	泰国	16.92	墨西哥	17.80	马来西亚	62.13	马来西亚	62.13
46	乌克兰	16.69	马来西亚	17.39	泰国	61.66	泰国	61.66
47	马来西亚	15.72	泰国	16.92	乌克兰	61.03	乌克兰	61.03
48	墨西哥	15.65	乌克兰	16.69	洪都拉斯	59.92	洪都拉斯	59.92
49	越南	14.06	越南	15.73	新西兰	59.24	新西兰	59.63
50	洪都拉斯	13.52	新西兰	14.90	萨尔瓦多	58.74	萨尔瓦多	59.13
51	俄罗斯	13.27	洪都拉斯	13.52	俄罗斯	58.00	俄罗斯	58.00
52	新西兰	12.84	俄罗斯	13.27	尼加拉瓜	57.86	尼加拉瓜	57.86
53	萨尔瓦多	12.72	萨尔瓦多	12.72	格鲁吉亚	57.54	格鲁吉亚	57.54
54	约旦	12.40	亚美尼亚	12.51	哈萨克斯坦	55.77	危地马拉	56.38

续表

排名	2017 年		2018 年		2019 年		2020 年	
	经济体	得分	经济体	得分	经济体	得分	经济体	得分
55	危地马拉	12.04	约旦	12.40	科威特	55.65	中国香港	55.99
56	尼加拉瓜	11.46	危地马拉	12.04	摩尔多瓦	54.60	哈萨克斯坦	55.77
57	科威特	11.21	尼加拉瓜	11.46	阿联酋	54.19	科威特	55.65
58	哈萨克斯坦	10.93	科威特	11.21	中国香港	53.83	菲律宾	54.99
59	格鲁吉亚	10.75	格鲁吉亚	11.14	巴林	53.34	印度尼西亚	54.80
60	埃及	10.51	哈萨克斯坦	11.03	中国台湾	53.25	摩尔多瓦	54.60
61	亚美尼亚	10.45	埃及	10.51	以色列	52.54	阿联酋	54.39
62	摩尔多瓦	10.15	菲律宾	10.26	阿根廷	52.23	巴林	53.34
63	菲律宾	9.87	摩尔多瓦	10.15	老挝	51.57	中国台湾	53.25
64	阿联酋	9.66	阿联酋	9.85	卡塔尔	51.38	英国	53.08
65	摩洛哥	9.65	摩洛哥	9.65	阿尔巴尼亚	51.36	以色列	52.54
66	阿曼	9.29	阿曼	9.29	文莱	51.30	阿根廷	52.23
67	巴林	9.00	巴林	9.00	乌拉圭	50.39	文莱	51.69
68	中国台湾	8.91	中国台湾	8.91	黑山	50.20	老挝	51.57
69	吉尔吉斯斯坦	8.70	吉尔吉斯斯坦	8.70	蒙古	49.90	卡塔尔	51.38
70	印度	8.61	印度	8.61	巴拉圭	49.61	阿尔巴尼亚	51.36
71	塞尔维亚	8.58	塞尔维亚	8.58	巴西	48.06	沙特阿拉伯	50.89
72	以色列	8.20	以色列	8.20	尼日利亚	46.58	乌拉圭	50.39
73	阿根廷	7.89	阿根廷	7.89	爱尔兰	42.24	黑山	50.20
74	印度尼西亚	7.62	印度尼西亚	7.62	越南	16.52	蒙古	49.90
75	巴基斯坦	7.02	卡塔尔	7.03	亚美尼亚	13.09	巴拉圭	49.61
76	阿尔巴尼亚	7.02	巴基斯坦	7.02	约旦	12.40	厄瓜多尔	48.55
77	中国香港	6.94	阿尔巴尼亚	7.02	危地马拉	12.04	巴西	48.06
78	老挝	6.84	文莱	6.95	埃及	10.51	喀麦隆	46.58
79	卡塔尔	6.74	中国香港	6.94	菲律宾	10.26	尼日利亚	46.58
80	波黑	6.73	老挝	6.84	摩洛哥	9.65	布基纳法索	46.48
81	沙特阿拉伯	6.55	波黑	6.73	阿曼	9.29	贝宁	46.29
82	突尼斯	6.52	沙特阿拉伯	6.55	吉尔吉斯斯坦	9.09	科特迪瓦	46.20
83	毛里求斯	6.34	突尼斯	6.52	印度	8.61	肯尼亚	46.19
84	伊朗	6.31	毛里求斯	6.44	塞尔维亚	8.58	越南	18.58
85	阿塞拜疆	6.13	伊朗	6.41	印度尼西亚	8.01	亚美尼亚	13.09
86	乌拉圭	6.04	阿塞拜疆	6.13	巴基斯坦	7.02	约旦	12.50

续表

排名	2017 年		2018 年		2019 年		2020 年	
	经济体	得分	经济体	得分	经济体	得分	经济体	得分
87	多米尼加	5.97	乌拉圭	6.04	伊朗	6.80	埃及	10.51
88	黑山	5.86	多米尼加	5.97	波黑	6.73	摩洛哥	9.65
89	特立尼达和多巴哥	5.68	黑山	5.86	沙特阿拉伯	6.55	阿曼	9.29
90	柬埔寨	5.57	特立尼达和多巴哥	5.68	突尼斯	6.52	吉尔吉斯斯坦	9.19
91	蒙古	5.55	柬埔寨	5.57	毛里求斯	6.44	印度	8.61
92	黎巴嫩	5.35	蒙古	5.55	阿塞拜疆	6.23	塞尔维亚	8.58
93	文莱	5.28	黎巴嫩	5.35	多米尼加	5.97	巴基斯坦	7.02
94	巴拉圭	5.27	巴拉圭	5.27	特立尼达和多巴哥	5.68	伊朗	6.80
95	牙买加	5.19	牙买加	5.19	柬埔寨	5.57	波黑	6.73
96	巴巴多斯	4.99	巴巴多斯	4.99	黎巴嫩	5.35	突尼斯	6.52
97	斯里兰卡	4.68	斯里兰卡	4.68	牙买加	5.19	毛里求斯	6.44
98	津巴布韦	4.60	津巴布韦	4.60	巴巴多斯	4.99	阿塞拜疆	6.23
99	厄瓜多尔	4.21	厄瓜多尔	4.21	斯里兰卡	4.68	多米尼加	5.97
100	孟加拉国	4.19	孟加拉国	4.19	津巴布韦	4.60	特立尼达和多巴哥	5.68
101	加纳	3.72	巴西	3.72	孟加拉国	4.29	柬埔寨	5.57
102	巴西	3.62	加纳	3.72	厄瓜多尔	4.21	黎巴嫩	5.35
103	阿尔及利亚	3.60	阿尔及利亚	3.60	加纳	3.72	牙买加	5.19
104	南非	3.42	南非	3.42	阿尔及利亚	3.60	巴巴多斯	4.99
105	纳米比亚	3.22	纳米比亚	3.22	南非	3.42	斯里兰卡	4.68
106	委内瑞拉	3.21	委内瑞拉	3.21	纳米比亚	3.22	津巴布韦	4.60
107	塔吉克斯坦	3.01	塔吉克斯坦	3.11	委内瑞拉	3.21	孟加拉国	4.29
108	马达加斯加	2.84	莫桑比克	3.02	塔吉克斯坦	3.11	加纳	3.72
109	塞舌尔	2.65	马达加斯加	2.84	莫桑比克	3.02	阿尔及利亚	3.60
110	斯威士兰	2.64	塞舌尔	2.65	马达加斯加	2.84	南非	3.42
111	莫桑比克	2.63	斯威士兰	2.64	塞舌尔	2.65	纳米比亚	3.22
112	塞内加尔	2.53	塞内加尔	2.53	斯威士兰	2.64	委内瑞拉	3.21
113	也门	2.53	也门	2.53	塞内加尔	2.53	塔吉克斯坦	3.11
114	埃塞俄比亚	2.43	埃塞俄比亚	2.43	也门	2.53	莫桑比克	3.02
115	海地	2.35	海地	2.35	埃塞俄比亚	2.43	马达加斯加	2.84
116	莱索托	2.25	莱索托	2.25	海地	2.35	塞舌尔	2.65

续表

排名	2017 年		2018 年		2019 年		2020 年	
	经济体	得分	经济体	得分	经济体	得分	经济体	得分
117	坦桑尼亚	2.24	喀麦隆	2.24	莱索托	2.25	斯威士兰	2.64
118	尼日利亚	2.24	坦桑尼亚	2.24	喀麦隆	2.24	塞内加尔	2.53
119	博茨瓦纳	2.15	尼日利亚	2.24	坦桑尼亚	2.24	也门	2.53
120	玻利维亚	2.15	博茨瓦纳	2.15	博茨瓦纳	2.15	埃塞俄比亚	2.43
121	喀麦隆	2.14	玻利维亚	2.15	玻利维亚	2.15	海地	2.35
122	布基纳法索	2.14	布基纳法索	2.14	布基纳法索	2.14	莱索托	2.25
123	贝宁	1.95	贝宁	1.95	贝宁	1.95	坦桑尼亚	2.24
124	科特迪瓦	1.85	科特迪瓦	1.85	科特迪瓦	1.85	博茨瓦纳	2.15
125	肯尼亚	1.85	肯尼亚	1.85	肯尼亚	1.85	玻利维亚	2.15
126	几内亚	1.66	几内亚	1.66	几内亚	1.75	几内亚	1.75
127	尼泊尔	1.56	尼泊尔	1.56	尼泊尔	1.56	尼泊尔	1.56
128	马里	1.56	马里	1.56	马里	1.56	马里	1.56
129	安哥拉	1.36	安哥拉	1.36	安哥拉	1.36	赞比亚	1.46
130	布隆迪	1.36	布隆迪	1.36	布隆迪	1.36	安哥拉	1.36
131	乌干达	1.36	乌干达	1.36	乌干达	1.36	布隆迪	1.36
132	赞比亚	1.36	赞比亚	1.36	赞比亚	1.36	乌干达	1.36
133	卢旺达	1.17	卢旺达	1.17	卢旺达	1.17	佛得角	1.26
134	加蓬	1.17	佛得角	1.17	佛得角	1.17	卢旺达	1.17
135	马拉维	1.07	加蓬	1.17	加蓬	1.17	加蓬	1.17
136	佛得角	1.07	马拉维	1.07	马拉维	1.07	马拉维	1.07
137	冈比亚	0.97	冈比亚	0.97	冈比亚	0.97	冈比亚	0.97
138	毛里塔尼亚	0.97	毛里塔尼亚	0.97	毛里塔尼亚	0.97	毛里塔尼亚	0.97
139	刚果	0.78	刚果	0.78	刚果	0.78	刚果	0.78
140	乍得	0.68	乍得	0.68	乍得	0.68	乍得	0.68
141	塞拉利昂	0.59	塞拉利昂	0.59	塞拉利昂	0.59	塞拉利昂	0.59

附表9-7　2017—2020年全球141个经济体数字贸易发展潜力指数得分

排名	2017 年		2018 年		2019 年		2020 年	
	经济体	得分	经济体	得分	经济体	得分	经济体	得分
1	美国	87.83	美国	77.91	美国	91.93	美国	99.50
2	中国大陆	29.94	中国大陆	31.88	中国大陆	33.24	荷兰	37.79
3	中国香港	25.04	中国香港	25.13	英国	24.77	中国大陆	34.97
4	德国	23.99	德国	24.20	德国	24.32	英国	25.74
5	英国	23.81	英国	23.46	中国香港	24.32	德国	25.60

续表

排名	2017 年		2018 年		2019 年		2020 年	
	经济体	得分	经济体	得分	经济体	得分	经济体	得分
6	荷兰	23.77	荷兰	22.87	荷兰	23.57	中国香港	25.07
7	瑞士	17.85	新加坡	18.23	新加坡	19.52	新加坡	20.55
8	新加坡	17.83	瑞士	17.96	法国	18.10	加拿大	19.45
9	法国	17.65	法国	17.78	加拿大	18.08	法国	19.25
10	加拿大	16.86	日本	15.99	瑞士	18.02	瑞士	19.04
11	日本	15.58	加拿大	15.60	日本	16.90	日本	17.87
12	爱尔兰	14.38	爱尔兰	14.26	爱尔兰	15.72	爱尔兰	16.94
13	比利时	11.16	比利时	10.38	比利时	10.81	卢森堡	12.27
14	西班牙	10.25	西班牙	10.33	西班牙	10.55	比利时	10.98
15	意大利	9.19	意大利	9.32	意大利	9.52	西班牙	10.76
16	澳大利亚	8.63	韩国	8.88	澳大利亚	9.17	意大利	9.85
17	韩国	8.51	澳大利亚	8.74	韩国	9.06	澳大利亚	9.57
18	卢森堡	7.41	俄罗斯	7.05	俄罗斯	7.89	韩国	9.14
19	俄罗斯	7.22	卢森堡	7.01	墨西哥	7.17	俄罗斯	7.49
20	瑞典	6.93	瑞典	6.88	瑞典	6.93	瑞典	7.40
21	墨西哥	6.88	墨西哥	6.87	卢森堡	6.79	墨西哥	7.34
22	塞浦路斯	6.57	塞浦路斯	6.48	中国台湾	6.71	塞浦路斯	7.00
23	中国台湾	6.24	中国台湾	6.46	塞浦路斯	6.68	中国台湾	6.71
24	阿联酋	6.12	阿联酋	6.29	巴西	6.53	阿联酋	6.67
25	巴西	5.99	印度	6.18	印度	6.47	印度	6.59
26	印度	5.94	巴西	5.75	阿联酋	6.39	巴西	6.35
27	奥地利	5.40	文莱	5.52	文莱	5.84	文莱	5.78
28	文莱	5.20	奥地利	5.42	奥地利	5.51	奥地利	5.45
29	丹麦	4.92	丹麦	5.00	丹麦	5.07	越南	5.30
30	马来西亚	4.73	马来西亚	4.72	沙特阿拉伯	4.93	丹麦	5.22
31	马耳他	4.64	泰国	4.69	泰国	4.91	泰国	5.01
32	挪威	4.62	挪威	4.65	越南	4.79	波兰	4.81
33	泰国	4.56	波兰	4.61	马来西亚	4.72	马耳他	4.76
34	波兰	4.51	马耳他	4.54	波兰	4.70	马来西亚	4.70
35	沙特阿拉伯	4.19	沙特阿拉伯	4.41	马耳他	4.63	沙特阿拉伯	4.69
36	捷克	4.08	越南	4.24	挪威	4.50	挪威	4.37
37	越南	3.97	捷克	4.18	捷克	4.22	捷克	4.30
38	南非	3.82	智利	3.92	智利	3.88	智利	4.08
39	匈牙利	3.73	匈牙利	3.76	芬兰	3.71	土耳其	4.02

续表

排名	2017年		2018年		2019年		2020年	
	经济体	得分	经济体	得分	经济体	得分	经济体	得分
40	土耳其	3.59	南非	3.65	匈牙利	3.67	芬兰	3.77
41	智利	3.55	斯洛伐克	3.58	土耳其	3.66	匈牙利	3.65
42	芬兰	3.53	芬兰	3.56	以色列	3.51	以色列	3.60
43	斯洛伐克	3.53	土耳其	3.45	斯洛伐克	3.50	南非	3.57
44	以色列	3.29	以色列	3.40	南非	3.49	斯洛伐克	3.38
45	葡萄牙	3.24	葡萄牙	3.21	葡萄牙	3.31	葡萄牙	3.30
46	巴林	3.07	巴林	3.20	印度尼西亚	3.19	印度尼西亚	3.27
47	卡塔尔	3.01	卡塔尔	3.06	卡塔尔	3.11	卡塔尔	3.06
48	爱沙尼亚	2.81	印度尼西亚	2.90	巴林	3.09	巴林	3.04
49	巴拉圭	2.80	爱沙尼亚	2.84	立陶宛	3.08	巴拉圭	3.00
50	印度尼西亚	2.77	斯洛文尼亚	2.82	科威特	3.00	立陶宛	2.99
51	斯洛文尼亚	2.73	巴拉圭	2.74	爱沙尼亚	2.84	爱沙尼亚	2.87
52	立陶宛	2.58	科威特	2.72	斯洛文尼亚	2.84	科威特	2.78
53	科威特	2.55	立陶宛	2.67	巴拉圭	2.73	斯洛文尼亚	2.77
54	哈萨克斯坦	2.52	哈萨克斯坦	2.61	哈萨克斯坦	2.68	罗马尼亚	2.77
55	新西兰	2.51	新西兰	2.54	罗马尼亚	2.68	多米尼加	2.67
56	塞舌尔	2.45	菲律宾	2.53	菲律宾	2.63	哈萨克斯坦	2.58
57	拉脱维亚	2.41	罗马尼亚	2.47	哥伦比亚	2.59	菲律宾	2.56
58	菲律宾	2.41	塞舌尔	2.47	新西兰	2.56	哥伦比亚	2.56
59	冰岛	2.40	哥伦比亚	2.47	多米尼加	2.53	新西兰	2.54
60	罗马尼亚	2.39	冰岛	2.46	黎巴嫩	2.46	拉脱维亚	2.49
61	哥伦比亚	2.36	拉脱维亚	2.45	希腊	2.46	塞舌尔	2.47
62	保加利亚	2.31	希腊	2.37	拉脱维亚	2.46	莱索托	2.44
63	黎巴嫩	2.28	阿曼	2.37	塞舌尔	2.43	塞尔维亚	2.40
64	阿塞拜疆	2.26	保加利亚	2.35	保加利亚	2.39	伊朗	2.39
65	阿根廷	2.25	阿塞拜疆	2.33	塞尔维亚	2.37	希腊	2.39
66	希腊	2.22	黎巴嫩	2.30	阿曼	2.37	保加利亚	2.32
67	克罗地亚	2.16	多米尼加	2.28	冰岛	2.35	阿曼	2.30
68	塞尔维亚	2.16	阿根廷	2.24	伊朗	2.30	阿根廷	2.25
69	阿曼	2.14	塞尔维亚	2.24	阿塞拜疆	2.27	冰岛	2.18
70	多米尼加	2.12	克罗地亚	2.21	阿根廷	2.26	摩洛哥	2.14
71	乌克兰	2.04	莱索托	2.08	克罗地亚	2.20	阿塞拜疆	2.12
72	莱索托	2.00	摩洛哥	2.07	摩洛哥	2.16	克罗地亚	2.06
73	摩洛哥	2.00	乌克兰	2.07	乌克兰	2.13	乌克兰	2.05

续表

排名	2017 年		2018 年		2019 年		2020 年	
	经济体	得分	经济体	得分	经济体	得分	经济体	得分
74	特立尼达和多巴哥	1.94	伊朗	2.05	莱索托	2.09	柬埔寨	2.04
75	巴巴多斯	1.94	黑山	2.01	格鲁吉亚	2.03	突尼斯	2.04
76	黑山	1.93	特立尼达和多巴哥	1.96	突尼斯	2.02	哥斯达黎加	1.94
77	波黑	1.90	巴巴多斯	1.93	巴巴多斯	1.98	格鲁吉亚	1.89
78	伊朗	1.89	格鲁吉亚	1.92	黑山	1.98	危地马拉	1.88
79	约旦	1.86	巴拿马	1.87	哥斯达黎加	1.92	斯威士兰	1.87
80	巴拿马	1.82	约旦	1.85	摩尔多瓦	1.91	黎巴嫩	1.84
81	摩尔多瓦	1.80	摩尔多瓦	1.85	约旦	1.91	摩尔多瓦	1.84
82	哥斯达黎加	1.75	突尼斯	1.79	波黑	1.89	秘鲁	1.83
83	突尼斯	1.72	波黑	1.79	巴拿马	1.89	埃及	1.78
84	阿尔巴尼亚	1.66	哥斯达黎加	1.78	柬埔寨	1.87	巴巴多斯	1.77
85	秘鲁	1.65	亚美尼亚	1.78	秘鲁	1.84	波黑	1.76
86	亚美尼亚	1.64	埃及	1.74	特立尼达和多巴哥	1.83	尼日利亚	1.72
87	格鲁吉亚	1.62	秘鲁	1.72	埃及	1.82	黑山	1.72
88	埃及	1.59	佛得角	1.70	亚美尼亚	1.81	巴拿马	1.71
89	乌拉圭	1.59	柬埔寨	1.70	佛得角	1.80	约旦	1.71
90	厄瓜多尔	1.57	阿尔巴尼亚	1.70	阿尔巴尼亚	1.76	阿尔及利亚	1.70
91	佛得角	1.57	厄瓜多尔	1.69	厄瓜多尔	1.73	厄瓜多尔	1.69
92	毛里求斯	1.55	乌拉圭	1.60	尼日利亚	1.65	特立尼达和多巴哥	1.64
93	柬埔寨	1.49	毛里求斯	1.53	乌拉圭	1.64	阿尔巴尼亚	1.62
94	加蓬	1.43	委内瑞拉	1.51	阿尔及利亚	1.62	乌拉圭	1.58
95	委内瑞拉	1.39	加蓬	1.45	毛里求斯	1.60	佛得角	1.54
96	阿尔及利亚	1.38	阿尔及利亚	1.42	牙买加	1.59	纳米比亚	1.54
97	牙买加	1.32	牙买加	1.41	委内瑞拉	1.49	牙买加	1.51
98	吉尔吉斯斯坦	1.21	莫桑比克	1.33	危地马拉	1.48	委内瑞拉	1.48
99	加纳	1.20	蒙古	1.30	加蓬	1.43	亚美尼亚	1.48
100	蒙古	1.18	尼日利亚	1.29	纳米比亚	1.38	毛里求斯	1.45
101	博茨瓦纳	1.14	吉尔吉斯斯坦	1.24	斯威士兰	1.34	塞内加尔	1.40
102	洪都拉斯	1.13	加纳	1.22	蒙古	1.34	加蓬	1.32
103	尼日利亚	1.05	博茨瓦纳	1.20	加纳	1.33	博茨瓦纳	1.32

续表

排名	2017年		2018年		2019年		2020年	
	经济体	得分	经济体	得分	经济体	得分	经济体	得分
104	莫桑比克	1.04	洪都拉斯	1.16	吉尔吉斯斯坦	1.29	加纳	1.32
105	尼加拉瓜	1.03	玻利维亚	1.05	博茨瓦纳	1.25	科特迪瓦	1.19
106	纳米比亚	1.03	纳米比亚	1.04	塞内加尔	1.16	洪都拉斯	1.19
107	玻利维亚	0.96	科特迪瓦	0.99	洪都拉斯	1.13	蒙古	1.17
108	萨尔瓦多	0.95	尼加拉瓜	0.99	玻利维亚	1.10	吉尔吉斯斯坦	1.10
109	斯里兰卡	0.91	萨尔瓦多	0.98	科特迪瓦	1.08	尼加拉瓜	1.05
110	赞比亚	0.90	斯威士兰	0.96	萨尔瓦多	1.06	萨尔瓦多	1.00
111	科特迪瓦	0.90	斯里兰卡	0.95	尼加拉瓜	1.06	玻利维亚	0.99
112	危地马拉	0.90	赞比亚	0.95	莫桑比克	0.98	海地	0.99
113	老挝	0.79	危地马拉	0.92	斯里兰卡	0.94	毛里塔尼亚	0.91
114	斯威士兰	0.76	老挝	0.86	老挝	0.92	几内亚	0.86
115	几内亚	0.75	毛里塔尼亚	0.83	毛里塔尼亚	0.87	尼泊尔	0.85
116	毛里塔尼亚	0.74	塞内加尔	0.81	津巴布韦	0.85	津巴布韦	0.79
117	塞内加尔	0.72	安哥拉	0.80	尼泊尔	0.82	老挝	0.78
118	孟加拉国	0.68	孟加拉国	0.79	也门	0.79	斯里兰卡	0.78
119	安哥拉	0.67	巴基斯坦	0.70	海地	0.72	莫桑比克	0.75
120	巴基斯坦	0.64	刚果	0.67	安哥拉	0.71	坦桑尼亚	0.69
121	津巴布韦	0.63	也门	0.66	几内亚	0.67	赞比亚	0.64
122	肯尼亚	0.61	冈比亚	0.65	孟加拉国	0.65	安哥拉	0.62
123	刚果	0.60	喀麦隆	0.64	卢旺达	0.65	布基纳法索	0.62
124	喀麦隆	0.59	尼泊尔	0.60	塔吉克斯坦	0.62	塔吉克斯坦	0.60
125	塔吉克斯坦	0.55	塔吉克斯坦	0.59	巴基斯坦	0.62	卢旺达	0.58
126	卢旺达	0.54	几内亚	0.59	赞比亚	0.62	刚果	0.56
127	也门	0.50	卢旺达	0.59	喀麦隆	0.60	孟加拉国	0.55
128	冈比亚	0.50	乌干达	0.56	乌干达	0.60	巴基斯坦	0.54
129	乌干达	0.50	布基纳法索	0.54	坦桑尼亚	0.59	冈比亚	0.51
130	尼泊尔	0.50	贝宁	0.51	贝宁	0.58	乌干达	0.51
131	塞拉利昂	0.49	马里	0.49	刚果	0.56	贝宁	0.50
132	贝宁	0.45	津巴布韦	0.48	布基纳法索	0.52	马里	0.50
133	布基纳法索	0.45	肯尼亚	0.46	马里	0.51	乍得	0.48
134	马里	0.43	马达加斯加	0.45	冈比亚	0.51	也门	0.47
135	埃塞俄比亚	0.41	乍得	0.45	埃塞俄比亚	0.47	埃塞俄比亚	0.45

续表

排名	2017 年		2018 年		2019 年		2020 年	
	经济体	得分	经济体	得分	经济体	得分	经济体	得分
136	乍得	0.40	埃塞俄比亚	0.43	乍得	0.45	喀麦隆	0.42
137	马达加斯加	0.38	海地	0.40	马达加斯加	0.44	马达加斯加	0.36
138	坦桑尼亚	0.33	塞拉利昂	0.38	肯尼亚	0.43	肯尼亚	0.33
139	海地	0.32	坦桑尼亚	0.36	塞拉利昂	0.39	马拉维	0.28
140	马拉维	0.26	马拉维	0.31	马拉维	0.34	塞拉利昂	0.28
141	布隆迪	0.10	布隆迪	0.14	布隆迪	0.09	布隆迪	0.00

参考文献

[1] 钞小静，薛志欣，孙艺鸣．新型数字基础设施如何影响对外贸易升级——来自中国地级及以上城市的经验证据 [J]. 经济科学，2020,（3）.

[2] 陈斌开，林毅夫．发展战略、城市化与中国城乡收入差距 [J]. 中国社会科学，2013,（4）.

[3] 陈国亮，陈建军．产业关联、空间地理与二三产业共同集聚——来自中国 212 个城市的经验考察 [J]. 管理世界，2012,（4）.

[4] 陈强．气候冲击、政府能力与中国北方农民起义（公元 25—1911 年）[J]. 经济学（季刊），2015，14（4）.

[5] 陈维涛，朱柿颖．数字贸易理论与规则研究进展 [J]. 经济学动态,2019,（09）.

[6] 陈永富，方湖柳，曾亿武，等．电子商务促进农业产业集群升级的机理分析——以江苏省沭阳县花木产业集群为例 [J]. 浙江社会科学，2018,（10）.

[7] 程惠芳，陈超．开放经济下知识资本与全要素生产率——国际经验与中国启示 [J]. 经济研究，2017，52（10）.

[8] 程惠芳，陆嘉俊．知识资本对工业企业全要素生产率影响的实证分析 [J]. 经济研究，2014，49（5）.

[9] 范鑫．数字经济与出口：基于异质性随机前沿模型的分析 [J]. 世界经济研究，2021,（2）.

[10] 弗里茨・马克卢普．美国的知识生产与分配 [M]. 孙耀君，译．北京：中国人民大学出版社，2007.

[11] 干春晖，郑若谷，余典范．中国产业结构变迁对经济增长和波动的影响 [J]. 经济研究，2011，46（5）.

[12] 高凌云，樊玉．全球数字贸易规则新进展与中国的政策选择 [J]. 国际经济评论，2020,（2）.

[13] 韩剑，蔡继伟，许亚云．数字贸易谈判与规则竞争——基于区域贸易协定文本量化的研究 [J]. 中国工业经济，2019,（11）.

[14] 何枭吟 . 美国数字经济的制度因素分析 [J]. 工业技术经济，2007，（ 1 ）.

[15] 胡善成，靳来群，刘慧宏 . 金融结构对技术创新的影响研究 [J]. 中国科技论坛，2019，（ 10 ）.

[16] 黄磊，吴传清 . 长江经济带工业绿色创新发展效率及其协同效应 [J]. 重庆大学学报（ 社会科学版 ），2019，25（ 3 ）.

[17] 黄鹏，陈靓 . 数字经济全球化下的世界经济运行机制与规则构建：基于要素流动理论的视角 [J]. 世界经济研究，2021，（ 3 ）.

[18] 江小涓，李辉 . 服务业与中国经济：相关性和加快增长的潜力 [J]. 经济研究，2004，（ 1 ）.

[19] 解梅娟 . 数字产品贸易及其发展策略分析 [J]. 商业时代，2009，（ 35 ）.

[20] 荆文君，孙宝文 . 数字经济促进经济高质量发展：一个理论分析框架 [J]. 经济学家，2019，（ 2 ）.

[21] 赖明勇，张新，彭水军，等 . 经济增长的源泉：人力资本、研究开发与技术外溢 [J]. 中国社会科学，2005，（ 2 ）.

[22] 蓝庆新，窦凯 . 基于“钻石模型”的中国数字贸易国际竞争力实证研究 [J]. 社会科学，2019，（ 3 ）.

[23] 蓝庆新，窦凯 . 美欧日数字贸易的内涵演变、发展趋势及中国策略 [J]. 国际贸易，2019，（ 6 ）.

[24] 李辉 . 大数据推动我国经济高质量发展的理论机理、实践基础与政策选择 [J]. 经济学家，2019，（ 3 ）.

[25] 李建琴，孙薇 . 电子商务对产业结构升级的传导机制研究 [J]. 产经评论，2020，11（ 4 ）.

[26] 李墨丝 . 超大型自由贸易协定中数字贸易规则及谈判的新趋势 [J]. 上海师范大学学报（ 哲学社会科学版 ），2017，46（ 1 ）.

[27] 李平 . 提升全要素生产率的路径及影响因素——增长核算与前沿面分解视角的梳理分析 [J]. 管理世界，2016，（ 9 ）.

[28] 李晓钟，吴甲戌 . 数字经济驱动产业结构转型升级的区域差异 [J]. 国际经济合作，2020，（ 4 ）.

[29] 李轩，李珮萍 . “一带一路”主要国家数字贸易水平的测度及其对中国外贸成本的影响 [J]. 工业技术经济，2021，40（ 3 ）.

[30] 李杨，陈寰琦，周念利 . 数字贸易规则“美式模板”对中国的挑战及应对 [J]. 国际贸易，2016，（ 10 ）.

[31] 李忠民，周维颖，田仲他 . 数字贸易：发展态势、影响及对策 [J]. 国际经济评论，2014，（ 6 ）.

[32] 刘秉镰，武鹏，刘玉海 . 交通基础设施与中国全要素生产率增长——基于省域数据的空间面板计量分析 [J]. 中国工业经济，2010，（ 3 ）.

[33] 刘军，杨渊鋆，张三峰 . 中国数字经济测度与驱动因素研究 [J]. 上海经济研究，2020,（6）.
[34] 刘昭洁 . 数字经济背景下的产业融合研究 [D]. 对外经济贸易大学，2018.
[35] 陆铭，陈钊 . 城市化、城市倾向的经济政策与城乡收入差距 [J]. 经济研究，2004,（6）.
[36] 吕斌，李国秋 .GPT 视角下的新一代信息化测度 [J]. 图书馆杂志，2016，35(1).
[37] 马克波拉特 . 信息经济论 [M]. 李必祥，译 . 长沙：湖南人民出版社，1987.
[38] 马鹏，肖宇 . 服务贸易出口技术复杂度与产业转型升级——基于 G20 国家面板数据的比较分析 [J]. 财贸经济，2014,（5）.
[39] 马述忠，房超，梁银锋 . 数字贸易及其时代价值与研究展望 [J]. 国际贸易问题，2018,（10）.
[40] 尼葛洛庞帝 . 数字化生存 [M]. 胡泳，范海燕，译 . 北京：电子工业出版社，2018.
[41] 逄健，朱欣民 . 国外数字经济发展趋势与数字经济国家发展战略 [J]. 科技进步与对策，2013，30（8）.
[42] 裴长洪，倪江飞，李越 . 数字经济的政治经济学分析 [J]. 财贸经济，2018，39（9）.
[43] 彭湘君，曾国平 . 基于内生经济增长模型的生产性服务业对制造业效率影响的研究 [J]. 经济问题探索，2014,（12）.
[44] 戚聿东，褚席 . 数字经济发展、经济结构转型与跨越中等收入陷阱 [J]. 财经研究，2021，47（7）.
[45] 戚聿东，刘翠花，丁述磊 . 数字经济发展、就业结构优化与就业质量提升 [J]. 经济学动态，2020,（11）.
[46] 上海社会科学院沈玉良课题组 . 全球数字贸易促进指数报告 [M]. 上海：复旦大学出版社，2021.
[47] 施莉，胡培 . 信息技术对中国 TFP 增长影响估算：1980—2003[J]. 预测，2008,（3）.
[48] 石良平，王素云 . 互联网促进我国对外贸易发展的机理分析：基于 31 个省市的面板数据实证 [J]. 世界经济研究，2018,（12）.
[49] 孙宝文 . 信息技术产业对经济增长影响的实证研究 [J]. 中央财经大学学报，2002,（6）.
[50] 孙德林，王晓玲 . 数字经济的本质与后发优势 [J]. 当代财经，2004,（12）.
[51] 孙杰 . 从数字经济到数字贸易：内涵、特征、规则与影响 [J]. 国际经贸探索，2020，36（5）.
[52] 孙琳琳，郑海涛，任若恩 . 信息化对中国经济增长的贡献：行业面板数据的经验证据 [J]. 世界经济，2012，35（2）.

[53] 汤旖璆 . 数字经济赋能城市高质量发展——基于智慧城市建设的准自然实验分析 [J]. 价格理论与实践，2020,（9）.

[54] 唐晓华，张欣珏，李阳 . 中国制造业与生产性服务业动态协调发展实证研究 [J]. 经济研究，2018，53（3）.

[55] 王宏起，徐玉莲 . 科技创新与科技金融协同度模型及其应用研究 [J]. 中国软科学，2012,（6）.

[56] 王开科，吴国兵，章贵军 . 数字经济发展改善了生产效率吗 [J]. 经济学家，2020,（10）.

[57] 王刊良 . 数字化产品的经济特征、分类及其定价策略研究 [J]. 中国软科学，2002,（6）.

[58] 王素云 . 互联网与我国对外贸易发展：动因、机制与效应研究 [D]. 上海社会科学院，2019.

[59] 王小鲁，樊纲，刘鹏 . 中国经济增长方式转换和增长可持续性 [J]. 经济研究，2009，44（1）.

[60] 乌家培 . 发展我国网络经济与电子商务的问题和对策 [J]. 信息系统工程，2000,（11）.

[61] 吴伟华 . 我国参与制定全球数字贸易规则的形势与对策 [J]. 国际贸易，2019,（6）.

[62] 吴翌琳 . 国家数字竞争力指数构建与国际比较研究 [J]. 统计研究，2019，36（11）.

[63] 夏杰长 . 数字贸易的缘起、国际经验与发展策略 [J]. 北京工商大学学报（社会科学版），2018，33（5）.

[64] 夏炎，王会娟，张凤，等 . 数字经济对中国经济增长和非农就业影响研究——基于投入占用产出模型 [J]. 中国科学院院刊，2018，33（7）.

[65] 徐金海，夏杰长 . 全球价值链视角的数字贸易发展：战略定位与中国路径 [J]. 改革，2020,（5）.

[66] 许宪春，张美慧 . 中国数字经济规模测算研究——基于国际比较的视角 [J]. 中国工业经济，2020,（5）.

[67] 杨玲 . 生产性服务进口贸易促进制造业服务化效应研究 [J]. 数量经济技术经济研究，2015，32（5）.

[68] 姚星，刘小差，黄枫 . 货物贸易与服务贸易发展的动态关系研究——基于143 个国家 1982—2008 年数据的实证分析 [J]. 宏观经济研究，2011,（9）.

[69] 姚战琪 . 数字贸易、产业结构升级与出口技术复杂度——基于结构方程模型的多重中介效应 [J]. 改革，2021,（1）.

[70] 伊万・沙拉法诺夫，白树强 .WTO 视角下数字产品贸易合作机制研究——基

于数字贸易发展现状及壁垒研究 [J]. 国际贸易问题，2018，（2）.
[71] 易宪容，陈颖颖，位玉双 . 数字经济中的几个重大理论问题研究——基于现代经济学的一般性分析 [J]. 经济学家，2019，（7）.
[72] 余泳泽，刘大勇，龚宇 . 过犹不及 事缓则圆：地方经济增长目标约束与全要素生产率 [J]. 管理世界，2019，35（7）.
[73] 余长林，杨国歌，杜明月 . 产业政策与中国数字经济行业技术创新 [J]. 统计研究，2021，38（1）.
[74] 袁欣 . 中国对外贸易结构与产业结构："镜像"与"原像"的背离 [J]. 经济学家，2010，（6）.
[75] 原毅军，刘浩，白楠 . 中国生产性服务业全要素生产率测度——基于非参数 Malmquist 指数方法的研究 [J]. 中国软科学，2009，（1）.
[76] 张杰，吴书凤，金岳 . 中国金融扩张下的本土企业创新效应——基于倒 U 型关系的一个解释 [J]. 金融研究，2021，（4）.
[77] 张军，吴桂英，张吉鹏 . 中国省际物质资本存量估算：1952—2000[J]. 经济研究，2004，（10）.
[78] 张夏恒，李豆豆 . 数字经济、跨境电商与数字贸易耦合发展研究——兼论区块链技术在三者中的应用 [J]. 理论探讨，2020，（1）.
[79] 张雪玲，焦月霞 . 中国数字经济发展指数及其应用初探 [J]. 浙江社会科学，2017，（4）.
[80] 张勋，万广华，张佳佳，等 . 数字经济、普惠金融与包容性增长 [J]. 经济研究，2019，54（8）.
[81] 张延平，李明生 . 我国区域人才结构优化与产业结构升级的协调适配度评价研究 [J]. 中国软科学，2011，（3）.
[82] 张勇，蒲勇健，陈立泰 . 城镇化与服务业集聚——基于系统耦合互动的观点 [J]. 中国工业经济，2013，（6）：57–69.
[83] 赵伟，李淑贞 . 出口与企业生产率：由实证而理论的最新拓展 [J]. 国际贸易问题，2007，（7）.
[84] 赵新泉，张相伟，林志刚 ."双循环"新发展格局下我国数字贸易发展机遇、挑战及应对措施 [J]. 经济体制改革，2021.
[85] 赵玉鹏，王志远 . 数字经济与数字经济时代浅议 [J]. 广西民族学院学报（哲学社会科学版），2003，（S1）.
[86] 浙江大学"大数据 + 跨境电子商务"创新团队 . 世界与中国数字贸易发展蓝皮书（2018）[R]. 浙江大学区域开放与发展研究中心，2018.
[87] 周念利，姚亭亭 . 数字服务贸易限制性措施贸易抑制效应的经验研究 [J]. 中国软科学，2021，（2）.

[88] Abeliansky A. L., M. Hilbert. Digital technology and international trade: Is it the quantity of subscriptions or the quality of data speed that matters? [J]. Telecommunications Policy, 2017, 41 (1).

[89] Angeletos G. M., Pavan A.. Efficient use of information and social value of information[J]. Econometrica, 2007, 75 (4).

[90] Arthur W. B.. The nature of technology: What it is and how it evolves[M]. Simon and Schuster, 2009.

[91] Barefoot K., D. Curtis, W. Jolliff, et al.. Defining and measuring the digital economy[J]. US Department of Commerce Bureau of Economic Analysis, Washington, DC, 2018, 15.

[92] Basu S., J. Fernald. Information and communications technology as a general-purpose technology: Evidence from US industry data[J]. German Economic Review, 2007, 8 (2).

[93] Bojnec Š., I. Fertö. Impact of the Internet on manufacturing trade[J]. Journal of Computer Information Systems, 2009, 50 (1).

[94] Brynjolfsson E.. The contribution of information technology to consumer welfare[J]. Information Systems Research, 1996, 7 (3).

[95] Brynjolfsson E., J. H. Oh. The attention economy: Measuring the value of free digital services on the Internet[J]. 2012.

[96] Brynjolfsson E., Y. Hu, M. D. Smith. Consumer surplus in the digital economy: Estimating the value of increased product variety at online booksellers[J]. Management Science, 2003, 49 (11).

[97] Bughin J., L. Corb, J. Manyika, et al.. The impact of Internet technologies: Search[J]. High Tech Practice. McKinsey&Company, 2011.

[98] Bukht R., R. Heeks. Defining, conceptualising and measuring the digital economy[J]. Development Informatics Working Paper, 2017 (68).

[99] Carlsson B.. The Digital Economy: What is new and what is not? [J]. Structural Change and Economic Dynamics, 2004, 15 (3).

[100] Coase R. H.. The nature of the firm (1937) [J]. Economica, 1993, 4.

[101] Dahlman C., S. Mealy, M. Wermelinger. Harnessing the digital economy for developing countries[J]. Paris: OECD Publishing, 2016.

[102] Don Tapscott. The digital economy: Promise and peril in the age of network and intelligence[M]. New York: McGraw-Hill, 1996.

[103] Fefer R. F., S. I. Akhtar, W. M. Morrison. Digital trade and US trade policy[J]. Current Politics and Economics of the United States, Canada and Mexico, 2017,

19（1）.

[104] Freund C.，D. Weinhold. The Internet and international trade in services[J]. American Economic Review，2002，92（2）.

[105] Gonzάlez J. L.，M. Jouanjean. Digital trade：Developing a framework for analysis[R]. Paris：OECD Publishing，2017.

[106] Goolsbee A.，P. J. Klenow. Valuing consumer products by the time spent using them：An application to the Internet[J]. American Economic Review，2006，96（2）.

[107] Gordon Moore. Moore's law[J]. Electronics Magazine，1965，38（8）.

[108] Greenstein S.，R. C. McDevitt. The broadband bonus：Estimating broadband Internet's economic value[J]. Telecommunications Policy，2011，35（7）.

[109] Hui K. L.，P. Y. K. Chau. Classifying digital products[J]. Communications of the ACM，2002，45（6）.

[110] Jorgenson D. W.，M. S. Ho，Samuels J. D.，et al.. Industry origins of the American productivity resurgence[J]. Economic Systems Research，2007，19（3）.

[111] Jouanjean M. A.. Digital opportunities for trade in the agriculture and food sectors[J]. 2019.

[112] Katz M. L.，C. Shapiro. Network externalities，competition，and compatibility[J]. The American Economic Review，1985，75（3）.

[113] Kling R.，Lamb R. IT and organizational change in digital economies：A socio-technical approach[J]. ACM SIGCAS Computers and Society，1999，29（3）.

[114] Knickrehm M.，B. Berthon，P. Daugherty. Digital disruption：The growth multiplier[J]. Accenture Strategy，2016，1.

[115] Lane N.. Advancing the digital economy into the 21st century[J]. Information Systems Frontiers，1999，1（3）.

[116] Lund S.，J. Manyika. How digital trade is transforming globalisation[C]//E15 Expert Group on the Digital Economy，ICTSD-World Economic Forum，2016.

[117] Ma S.，J. Guo，H. Zhang. Policy analysis and development evaluation of digital trade：An international comparison[J]. China & World Economy，2019，27（3）.

[118] Margherio Lynn，et al..The Emerging Digital Economy[R].Washington：U.S. Department of Commerce，1998.

[119] Markovich S.，J. Moenius. Winning while losing：Competition dynamics in the presence of indirect network effects[J]. International Journal of Industrial Organization，2009，27（3）.

[120] Mesenbourg T. L.，B. K. Atrosti. Measuring the US digital economy：Theory and practice[J]. Bulletin of the International Statistical Institute 53rd Session Proceedings，Tome LIX，Book 1，2001.

[121] Neeraj R. S.. Trade rules for the digital economy: Charting new waters at the WTO[J]. World Trade Review, 2019, 18 (S1).

[122] Oliner S. D., D. E. Sichel. The resurgence of growth in the late 1990s: Is information technology the story? [J]. Journal of Economic Perspectives, 2000, 14 (4).

[123] Portugal-Perez A., J. S. Wilson. Export performance and trade facilitation reform: Hard and soft infrastructure[J]. World Development, 2012, 40 (7).

[124] Quintanilla G.. Exploring the M-government[M]//Encyclopedia of Information Science and Technology, Third Edition. IGI Global Scientific Publishing, 2015.

[125] Subirana B.. Zero entry barriers in a computationally complex world: Transaction streams and the complexity of the digital trade of intangible goods[J]. Journal of Organizational and End User Computing (JOEUC), 2000, 12 (2).

[126] Van Ark B., R. Inklaar. Catching up or getting stuck? Europe's troubles to exploit ICT's productivity potential[J]. 2006.

[127] Van der Marel E., M. F. Ferracane. Do data policy restrictions inhibit trade in services? [J]. Review of World Economics, 2021, 157 (4).

[128] Weber R. H.. Digital trade in WTO—Law—Taking stock and looking ahead[J]. Asian J. WTO & Int'l Health L & Pol'y, 2010, 5.

[129] Wolitzky A.. Cooperation with network monitoring[J]. Review of Economic Studies, 2013, 80 (1).

[130] Zimmermann H.. Understanding the digital economy: Challenges for new business models[J]. AMCIS 2000 Proceedings. Paper, 2000, 402.